《甘州文化精粹》丛书编委会

总　策　划：张洪清　秦福伟

编委会主任：杨生效

编委会副主任：王登利　陈学彪　李亦武

张兴虎　贾红元　黄岳年

编　委：傅德锋　张全义　高文平　吴晓明

张述文　王专元　韩崇新　祁　强

赵海平　苏宏伟　赵江志　单成鹏

康文清　田　源　王建军　郑国珍

统　稿：高文平

甘州文化精粹丛书

GANZHOU WENHUA JINGCUI CONGSHU

丛书主编 / 杨生效

心斋杂言

XINZHAI ZAYAN

张全义◎主编

蘭州大學出版社

图书在版编目(CIP)数据

心斋杂言/张全义主编.—兰州:兰州大学出版社,2012.9

(甘州文化精粹丛书/杨生效主编)

ISBN 978-7-311-03959-2

Ⅰ.①心… Ⅱ.①张… Ⅲ.①社会科学—文集 Ⅳ.①C53

中国版本图书馆 CIP 数据核字(2012)第 218520 号

策划编辑 李 晖
责任编辑 李 晖 王淑燕
装帧设计 管军伟

书 名 心斋杂言
丛书主编 杨生效
主 编 张全义
出版发行 兰州大学出版社 (地址:兰州市天水南路 222 号 730000)
电 话 0931-8912613(总编办公室) 0931-8617156(营销中心)
0931-8914298(读者服务部)
网 址 http://www.onbook.com.cn
电子信箱 press@lzu.edu.cn
印 刷 兰州人民印刷厂
开 本 787 mm×1092 mm 1/16
印 张 12.25 (插页 2)
字 数 255 千
版 次 2012 年 10 月第 1 版
印 次 2012 年 10 月第 1 次印刷
书 号 ISBN 978-7-311-03959-2
定 价 286.00 元(共八册)

(图书若有破损、缺页、掉页可随时与本社联系)

序一:带着思考去创造

曹文海

用几十年的岁月,与一颗年轻的心交往、交流、互融,我感到灵魂深处似乎有着文化品质的相知相依。尽管我不敢自标高迈,独立无羁,但历史却用有情的钟摆在文化时空段上,将两颗心置换数次,规避庸态,以近乎"受想行识,亦复如是"的心性,把孱弱的文心一次次锻冶淬火,逼向纯粹,以其各自的艺术途径,向世人言说心声,表明观点。今天,我欣喜地翻阅了全义近年来发表于各类刊物的书法评论考鉴等文章,可谓五灯皆显,心头一亮。

作为一位中文教师,全义以他广博的文学知识和精湛的文学功底,坐享其育人之荣,桃李芬芳的情景本该足矣。然而,不甘寂寞的他,课余之时,频频冲刺当代中国书坛,其胆识皆因学养气度而构成;旨趣以酷爱艺术而滋生;评鉴因识见独特而见长,这不能不说是上天垂青的结果。

对于改革开放三十年中国书法历程的回顾与思考,世人早有总结:狂飙突进;回归传统;重温经典。这意义深远的复兴之路伴随着共和国国策与国运的渐变渐进趋势。时代为文化注入了活力,尤其在当下,文化艺术的活跃,需要年轻有为者为之不懈努力。以完满时代文化建构为己任,已成为历史的召唤,也是全义的使命。

作为书法评论,它从书法历史的源头流淌至今。其定位既有历史背景,又有时代特征。在生命角度、内证体验中,它因个体不同而有异;从书法传统批评原则看,它具有相对的静态性;而批评当代书法时,它却呈现出动态性。这合乎事物发展的规律,它是历史的,亦是辩证的,更是活性的。为使古老的书法艺术发展起来,有书写者必有评论者,评论自然得有书法审美史的宏观把握,综合观赏的能力,以及细致入微、洞察纤毫的审美鉴赏力,而我所认识的张全义,必是"苦其心志,劳其筋骨,饿其体肤,空乏其身",而后"增益其所不能",才有了今天的书评收获。这关乎书法自身的构建,道德意识与主体人格的完善,是一种高度的文化自觉。总之,书法批评家必须本着历史与现实的双重意识,来关注时代之潮流,以完成"精神之独立,思想之自由,学术之多元"的目标。

全义的书评大致可分为三部分:历代书法考鉴;当代书法批评;书法杂论。面对史料极其匮乏的古代书法,全义以他较为全面的文史知识与博征侧引的考据能力,使古代书法作品活在了历史背景中。他深厚的古文字功底,使其简约的行文中显露出犀利的文采。如《〈天发神谶碑〉二题》一文,行文较短,却精要成立,并阐发其作品在历史上应有的学术价值和影响力。想成为优秀的书法评论家,对于考证,资料只是一个方面,它与一个人平日善于读书,敏于思考,长于索引有着十分密切的关系。同时与其哲理思辨不无关联。博闻强识,搜真探微,发问多思是全义的专长,信口拈来记忆超群,常为业内人士所称道,而我更是自愧不如。全身心地投入当代书法评论,使全义崭露头角并多有收获。他以多产著称,思有线路,笔有所言,已成为当代书评的后起之秀。他的《国展建言六策》,献言献策,针砭时弊,切准尺脉,为构建公平公正的书评标准和有效机制注入了新鲜血液,也为新生力量崛起,给予了阳光和水分,这是难能可贵的。

理论若具有开创性,必将成为一面旗帜,虽然全义尚在持续进发中,但他有着别人没有的敏锐性。他的理论思维已趋于成熟,以中国古典文论为基础,他很顺利地牵住了书法女神的手,并尽情表白、直抒胸臆。他的书评具备明晰性、简洁性和时代性。他的许多批评是一剂良药,虽苦口却能润肺除燥,为当下不可多得的书评之珍。他的文风简朴古雅,富于节奏感。他的书评理论联系实际,常能以小见大,深入浅出,在严厉的匡正之中,表现出温文尔雅的君子风度,这正是我所看重的地方,也是他最宝贵的品质之一。

此外,历史人物随笔与十多篇文言亦不容忽略。全义所评人物,主要为思想巨匠或艺术大家。由于长期关注这些人物并多方搜求资料,所以立论资料翔实,能娓娓道来而左右逢源。这批文章以叙张本,以议点睛,既能站在古人的立场之上,抱有对古人的理解与同情,剖析功过得失;又能结合当下之世相,论前贤之得失,以求为今人所鉴,为"一切历史都是当代史"做了很好的诠释。文言语体作为我国几千年流行的书面语体,自有其独特魅力。一些与汉语相关的特定文体诗体,只有用文言才能表现其独有之魅力,白话文难胜其任。"五四"以来的白话文运动,使得这一语体由主流沦为边缘。百年之后的今天,反观这一变化,我们不无遗憾地发现,文言语体的边缘化,对母语的影响是致命的,它直接影响到母语的质地。"五四"以来的一批作家,之所以能达到今人无法企及的高峰,其白话文之下的文言气息所构成的良好的句子品质,是重要原因之一。全义对古典文学与文言语体情有所偏,多年尝试,能在文从字顺之中得古人之气息,且意蕴丰厚,确实极为难得!换而言之,全义的白话文之所以有较为浓郁的学人气息,原因正在于此。

我对全义的了解是全面而深刻的,加之亦师亦友、师友难分的关系,我们的友谊历久弥新。对文化艺术共同的兴趣,使我们在长期的相处中,为了文化理想而坚守自我,奋发

进取。而今全义将自己的文稿结集出版,无疑给当代书坛增添了一抹西部色彩,也为书坛新人鼓足一份干劲,给时下书法经典化的实践历程,置一部案头读本,其意义将因人而异地扩充至大,这是值得庆贺的。

鉴于我对书法艺术创作与批评的热爱,以及识见不够深刻,我只能勉强支撑一些看法,作为序言,实在是掩闭了这本文集的真实,还望同道法正,并期待全义书法评论的未来光彩夺目,有更多的学术成果奉献于世人。

是为序。

2012年4月23日曹文海于甘肃画院。

序二:张目全道义·儒雅著妙文

傅德锋

正在筹建中的甘州国学书院要出一套系列丛书,挚友张全义作为丛书的作者之一,将自己以往发表过的文章从中精选出一部分,集为一册,名曰“心斋杂言”,并嘱我为其写篇序言,我欣然应之。

以我多年与全义的交往,我对他的为人处世和写作动向以及所取得的成绩是比较了解的,由我来为他写这样的一篇评论介绍文章,倒也不算盲人摸象。

全义是学中文的,他对读书与写作的偏好,是一般人所不及的,因此具有比较深厚的文字功底和写作能力。他个性耿直,为人豁达,属于那种典型的豪放派。凡有一定文化修养和思想层次的人都很乐于和他交往。当然,在他的个性深处,也不乏一种高蹈与自信。因为他的高蹈与自信,多不愿与凡俗来往。现实中难免也有一些人以为全义矜持,抑或“高不可攀”。其实这绝非全义之过,盖因有此印象者或不了解全义,或大多一无思想,二无文化,三乏真诚之故也。

下面我不妨从几个方面切入,来谈谈我眼中的张全义。

全义首先是一位优秀的教育工作者。历年来,身为一名省级重点示范性高中的语文教师,无论是作为班主任还是任课老师,他都取得了显著的成绩。班级工作开展得井然有序,有条不紊。任教班级的语文成绩一直名列前茅,他以自己扎实的工作作风,赢得了广大师生的认可和好评。

全义还是张掖二中一位优秀的中层管理干部。敬业爱岗,兢兢业业,在学校的行政管理上拥有很多值得肯定的实绩。尤其是他对一些“问题学生”的“晓之以理,动之以情”的教育方式,得到了很多家长和学生的赞许。

除了干好本职工作之外,最能体现全义文化品位的,自然要数他在读书和写作方面不同于他人的表现。全义喜欢买书、藏书和读书,凡去过他书房的人,都会为他藏书的富有而赞叹不已。数千册的图书,都是他历年来精心选购的。他的藏书里边,很少有那种不

值一读的东西，更多的都是经史典籍、文学名著、诗词精诠、碑帖选编、理论著作等。他的藏书完全是用来研读，学以致用，而非摆设。有的人，藏书不可谓不多，但大多不过是充充斯文，装点一下门面而已，很少认真读过几本，更不要说付诸写作实践了。而全义的读书，一是自身之趣好所在，修身养性，提升品位；二是为了贮备知识，更好地用于教学；三是为了进行学术研究。从目前的情况来看，前者，有口皆碑；次者，有目共睹；后者，前景在望。他不仅自己喜欢购书、藏书和读书，还时常向朋友和自己的学生推荐值得一读的好书。有时遇到善本，往往不惜花费多购几本、十数本乃至数十本，欣然分赠师友同道和学生，让大家分享读书的快乐。

全义因为喜欢和书画界的朋友交往，多年下来，自己在潜移默化之中，也成了一个名副其实的书画爱好者。不仅自己研读有关书籍，还参与各种书画活动，真诚接待外地来张掖进行考察采风或艺术交流的书画家，他或者自己出资购买，或者得到书画家们的欣然馈赠，迄今已有相当数量和档次规模的书画艺术藏品。即便是一些专门进行书画收藏的人，也是望尘莫及。

因为这样的渊源，全义成了一个热心书画交流的人，也成了一个开始涉足书法评论的有心者。

全义和我惺惺相惜，私交甚笃。故在志趣方面，难免互相产生一些影响。就像竹林七贤和苏门四学士那样，在思想的碰撞之中会生发出智慧的灵光。我曾对全义讲，以贤弟如此好的综合素养，倘在此基础上，一边努力工作，一边进行一些定向的学术研究，则更能发挥自身的优势。同时，也会与大家形成一股合力，为张掖学术氛围的进一步形成，起到相应的推动作用。全义果然不负所望，积极付诸实践。不仅在联络、组织书画家进行艺术交流方面主动奔忙，还很快进入了书法理论批评方面的研究和写作。他的热情与坦诚，得到了书画家们的充分认可；他的勤奋与严谨，使他的理论研究很快进入一种理想状态；他的谦虚好学，也深为我所赏识。他在和我的交往与谈话当中，凡听到我说出一些关于书法的针对性强的敏感话题，就及时进行记录，作为自己写书法评论文章的参考。然后，迅速写出一篇文章来让我看，我都给予充分的肯定，并且积极推荐发表。

其实，书法理论批评文章的写作对于全义来讲，只存在一个熟悉和锻炼的过程，而不存在文字功底的问题。而且在此方面，他属于那种一点就通的人。因此，我对全义不仅十分看好，而且对他寄予了很高的期望。我经常对身边的书友们讲，如果张掖继我之后，能够出现下一位书法评论家的话，则此人必定是张全义。我曾对大家讲，从事艺术，起点要高，志向要远大，要有一定的思想高度。只要在这样的前提之下，由浅入深，循序渐进，一以贯之，则必有大成。而且要在走向成功的路途中，使用智慧来充分设定自己的阶段性

计划，不至于使其落空。如此步步为营，层层推进，大事焉能不成也？很多人以为只要借助聪明，便可成就自我，其实非也。聪明固然是智慧的前提，也是智慧的一个有机组成部分，但聪明和智慧绝对不是一回事。智慧的层次和境界绝非只有聪明者可以领会。有的人，仅靠聪明行事，用之过度，往往流于“小聪明”，最终失人误己，一事无成。而唯有那些拥有大气魄、大智慧者，方可左右逢源，运筹帷幄，指挥若定，所向披靡。全义不是那种专事“小聪明”的人，他不仅一直注重修炼自己的品艺，且善于听取好的意见和建议，因此也就决定了他日后必将取得大成就。

他的《心斋杂言》一书，分为三个部分。

第一部分为《昨夜西风凋碧树》，收录了他历年来撰写的有关文人学者的研究、评述文章。文史研究是全义的长项，因此，这一批文章，他写得得心应手，也写得文采飞扬。我们研究文史的一个最终目的就是达到“以史为鉴”，通过对各个朝代历史事件、历史人物的沉浮、兴衰规律的总体把握和对文人学者们的个案研究，不仅可以获得丰富的历史知识，也可以获得立身处世的成功经验，更可以吸取一些失败的教训。对历史人物的研究和品评，主要是围绕其历史背景、思想的发展演变和治学精神、治学方法以及对当时的贡献和对后世的影响而作出分析梳理与定位评价。

这个前提，就意味着对研究者的思想认识水平、分析鉴别能力和研究方法、论述技巧提出了很高的要求。要本着辩证的思维和历史唯物史观的原则去一一展开。我们从全义的这一批文章欣喜地看到，他不仅对中国历史有宏观上的把握，而且对具体的历史事件、人物、掌故十分熟悉。在论述方法上，不仅可以引经据典，分层剖析。尤其可贵的是，他能够比较客观公正地评价历史人物的成败得失，最后得出颇具自我见解的思想认识。他的那种为人间道义而张目的拳拳之情流溢于笔墨之间，让读者通过这种分析论述，获得相应的收益，实属难得。我认为，对于这样能够驾轻就熟的历史人物之研究，作为自己的长项，不妨继续深入，做大做强，把更多的精彩呈现给大家。

第二部分《艺道兴衰关时运》，是他近年来涉足书法理论批评以来的一些初试牛刀之作。这一批文章，不仅延续了他第一部分研究文章的优点，而且能够做到由文史思维向多向思维的转变。其文不乏精彩的论述和独立的思考。

最近几年，他积极采纳我的建议，主动学习书法本体理论，不仅不断深入了解书法历史、历代书论，而且密切联系当代书坛，以书法时评、杂感的形式进入书法文章的写作。其优点是，文字功夫好，文章不仅信息含量丰富，且能做到对书法问题一事一议，清楚明了。让人一望而知他在表达什么。而且他的那种弘扬书道正气，不断抨击时弊而敢于直言的做法，尤其令人称道。不足在于他对书法领域的涉足较晚，对当今书坛的总体把握

能力尚有待深入和提高，再加上自己在书法本体上的某种局限，在文章的思想定位和论述方法上还有某些不尽人意之处。但这一点在我看来，也属正常。任何人在某一研究领域，从涉足到入门，从入门到取得阶段性成果乃至到最后获得大成就，都有一个认识和磨砺过程。关键不在于取得了多少成就，而是方向是否明确，思路是否清晰，对各种问题的认识是否到位，能否一以贯之。而且全义对书法理论批评的涉足，既是我之建议，也是我之期望。一个人在某一领域的研究，他人的影响和帮助固然不可或缺，但不断地取得进步和最后的成功，靠的还是个人的坚持和努力。张掖的书法事业正在蓬勃发展，创作队伍不断壮大，而一直以来，理论批评却唯我一人独撑危局。而全义的出现和他的书法理论批评文章在专业报刊的频频发表，则预示着张掖书法理论批评事业也在发生着某种转变。但我们的理想是，立足张掖，放眼全国。岂急功近利和目光如豆者所能梦见也！有望大成如全义者，岂不更勉之！

第三部分《汉风晋韵道春秋》，是他为一些企业、文化单位和旅游景观专门撰写的文章的一个汇总，其中还有一些楹联。这一批文章，他充分发挥了自己文史类文章的写作优势，特别是其文言写作的能力，得到了淋漓尽致的发挥。而这一点，也是全义艺术生涯之中的一个亮点。文章不仅在形式上做到逻辑严密，文辞优美，而且其思想性和艺术想象力的丰富也得到了较好的体现。书家们以他的此类文章为创作内容，一经面世，便深受大家好评。

当今社会，能够以白话文把文章写得文通字顺者已然不易，而能完全以文言作文而出规入距者确属凤毛麟角，难得一见。因此，本地举凡碑记、家谱等等的撰写与整理，全义自然成为首选者之一。我为张掖市能够有这样一位在古文研究和使用方面驾轻就熟的朋友而感慨不已！

古人云："胸中有道义，再广之以圣哲之学，书乃可贵。"此虽为论书，然推而广之，比之著文，亦是同理。全义既有今日之起点，为全道义而以文章翰墨为其张目，此实为古人儒雅风范之再现也，故对全义之未来，我满怀期待。

是为序。

2012 年 4 月 27 日星期五，醉墨先生于古风堂西窗，时天朗气清，惠风和畅。

目　录

卷一　昨夜西风凋碧树

卷二　艺道兴衰关时运

卷三　汉风晋韵道春秋

卷　一

昨夜西风凋碧树

屈原:放逐的诗魂

屈原(约前353—约前283),名平,战国后期楚国诗人,改革家。他在楚地民歌的基础上创造了一种新的诗体——骚体。最终因为政治理想的彻底破灭,投汨罗江殉国。

作家黄秋耘写他的老师闻一多先生在清华大学这样讲《楚辞》:

> 每当华灯初上,或者皓月当头,他总是带着微醺的感情,步入教室,口里高吟着:"士无事,痛饮酒,熟读《离骚》,方可为真名士!"接着,他就边朗诵,边讲解,边发挥。时而悲歌慷慨,热泪纵横;时而酣畅淋漓,击节赞赏。

楚辞专家金开诚先生讲,上个世纪50年代,他从北大毕业后,留校师从王瑶先生研究现代文学。1959年冬,受组织安排,他担任游国恩先生的助手,协助编纂《楚辞注疏长编》。面对自己陌生且不喜欢的专业,他最初是不情愿的。为了完成游先生安排的任务,他将注解不尽相同的约一百五十个版本中的《九歌》《离骚》通研了一遍。这才发现,"楚辞"是一片迷人的风景,进去了,就很难愿意再退出来。就这样,金先生把大半辈子交给了屈原和楚辞。

日本京都东北,有一座诗仙堂,系江户时代(1603—1867)初叶诗人石川丈山所筑。堂内右边供奉着中国古代的36位诗人,排在第一位的是苏武,最后一位是曾儿。

这当中没有屈原。

对于屈原,司马光可谓推崇备至。

五哀诗·屈平

白玉徒为洁,幽兰未谓芳。
穷羞事令尹,疏不怨怀王。
冤骨消寒渚,忠魂失旧乡。
空余楚辞在,犹与日争光!

但是,司马光在《资治通鉴》中,却对屈原只字未提。

宋人邵博在《邵氏闻见后录》中这样解释:

> 司马文正公修《通鉴》时,谓其属范纯父曰:"诸文中有诗赋等,若止为文章,便可删去。"盖公之意欲士立于天下后世者,不在空言耳。

这是一个貌似合理但又讲不通的理由——屈原首先是一个政治家,然后才是一个诗人,他绝不属于"空言"者流。

我的老师——著名楚辞学者赵逵夫先生——指出了司马光不愿意让屈原出现在《资治通鉴》中的不便言说的原因：

> 司马光恐王安石与屈原认同，而世人也以屈原目王安石。……王安石与屈原一样，都是博闻强记，娴于辞令，都以诗名于世；同时，也都是主张变法革新的。……而且王安石在此期间因保守派的强烈攻击而两次罢相，与屈原的被疏被放颇为近之。……他(司马光)不愿意天下后世由屈原而联想及王安石，将王安石看做“伏清白而死直”的臣子，而将自己放到馋邪党人的位置上。

改革家是最值得敬重的人！

我之所以对改革家心怀崇敬之情，是因为他们旨在强国富民，却又往往极其孤独被动。他们是最遭当权者嫉恨的人，生难得善终，死后也往往背负千年的骂名。

屈原之前：

前395年，魏武侯亲赐鸩酒，毒死了魏文侯重用过的改革家李悝。

前381年，楚悼王病死，贵族乘机作乱，乱箭射杀改革家吴起。

前338年，秦孝公过世，贵族擒杀改革家商鞅后仍不解恨，又将其尸体弄到咸阳，车裂慑众。

……

“路漫漫其修远兮，吾将上下而求索。”屈原求索的这条道路，正是前辈改革家们没有一个能走出黑暗、迎来光明的那条死路。屈原非常清楚这一点，但是，这是一个为了政治理想而一往如前、蹈死不顾的人。

> 亦余心之所善兮，虽九死其犹未悔！
>
> 虽体解吾犹未变兮，岂余心之可惩！

屈原的悲剧在于：作为支持者的楚怀王属于弱智颟顸者流，态度很不坚决；反对者如上官大夫、靳尚、郑袖、子兰等人地位殊荣，拥有着优越的话语平台——他们几乎没有花费多大的气力，就把屈原给翻到了沟底。

先是屈原负责起草国家法令，上官大夫要求改动，屈原不答应，于是上官大夫就在楚怀王面前诋毁屈原，说他夸耀自己的功劳，这导致屈原遭到疏远，离开了权力中心。

然后是秦国的说客张仪到楚国来欺骗怀王，导致楚国兵挫地削，邦交被动，但楚国的亲秦派代表人物——楚王宠姬郑袖和权臣靳尚——说服怀王放走了张仪，屈原则建议怀王杀掉张仪。

再后来，秦昭王约怀王会面，怀王想去赴约，屈原建议怀王不要前去，怀王稚子子兰劝怀王前去，结果怀王入武关后被秦军扣押，最终客死秦国。

怀王长子即位为顷襄王后，任命子兰为令尹。子兰派上官大夫再次在顷襄王面前诋毁屈原，导致屈原遭流放。

《战国策·楚策》中记述了一个女人的片断：

魏王遗楚王美人，楚王说之。夫人郑袖知王之说新人也，甚爱新人。衣服玩好，择其所喜而为之；宫室卧具，择其所善而为之——爱之甚于王。王曰："妇人所以事夫者，色也；而妒者，其情也。今郑袖知寡人之说新人也，其爱之甚于寡人，此孝子之所以事亲，忠臣之所以事君也。"郑袖知王以己为不妒也，因谓新人曰："王爱子美矣，虽然，恶子之鼻。子为见王，则必掩子鼻。"新人见王，因掩其鼻。王谓郑袖曰："夫新人见寡人，则掩其鼻，何也？"郑袖曰："妾知也。"王曰："虽恶，必言之。"郑袖曰："其似恶闻君王之臭也。"王曰："悍哉！"令劓之，无使逆命。

遇上这样一个阴鸷残忍的对手，且能常常在楚怀王的卧榻吹枕边风，屈原根本没有胜算的可能。

生存，还是毁灭？这个身处困境时最难抉择的命题摆在了屈原面前。

《史记·屈原贾生列传》中这样记载屈原的死："于是怀石，遂自投汨罗以死。"

这是一个耐人寻味的细节——投江为什么要"怀石"呢？

春秋末期，因父兄被害而跑到吴国的楚人伍子胥，最后被吴王夫差赐死时，曾经要求将头颅(一说"双眼")悬于吴国国都的城门——他想亲眼目睹越国军队的长驱直入。恼羞成怒的夫差命人将伍子胥的尸体装入皮囊，抛入江中，日夜漂浮，谓之"鸱夷浮江"。

屈原或许是出于完全相反的考虑。

……

屈原过世后一百多年，一位才华横溢的年轻政治家被贬任长沙王太傅，路过湘水，感慨良深，作《吊屈原赋》。

1953年，世界和平理事会在芬兰首都赫尔辛基召开会议，会上，屈原被确定为世界四大文化名人之一。

二十世纪六十年代，湖北秭归，一尊屈原石像被当做"四旧"推入江中。

2005年，由韩国申报的江陵端午祭被联合国教科文组织正式确定为"人类传说及无形遗产著作"。

宋玉:风流总被雨打风吹去

宋玉,生卒年不详,相传系屈原弟子,战国后期楚国诗人,是继屈原之后的楚辞大家,为赋体文学的真正开创者。

二十世纪四十年代初,郭沫若在话剧《屈原》中,借婵娟之口,骂宋玉是"没有骨气的文人";学术研究上,郭氏坚持了同样的观点。

这在当时就遭到了一些学者的批评。1953年,文学史家郑振铎先生专门著文,肯定宋玉,批评了郭氏的观点。

那宋玉到底是怎样一个人呢?

文学史上,宋玉和屈原齐名,谓之"屈宋"。在楚天浩瀚的夜空中,如果说屈原当之无愧是那盘朗月,那宋玉就只能算做一颗星星——一颗没有留下清晰的轨迹就匆匆化为碎片的星星。

从那些碎片来看,这是一个机敏善辩而又风流不羁的文人。

碎片一:

大夫登徒子在楚王面前诋毁宋玉说:"宋玉这个人文雅潇洒,谈吐巧妙,生性好色,大王你不要让他出入后宫。"

楚王就拿登徒子的话来问宋玉。

宋玉说:"潇洒来自天赐;能言来自师传;至于好色,我谈不上。"

楚王说:"你不好色,可有根据?有根据就讲,没有就退下。"

宋玉说:"天下的佳人,莫如楚国;楚国的佳人,莫如我居住的里巷;我居住的里巷的佳人,莫如东家的姑娘。那姑娘,增加一分就太高,减少一分则太矮;着了香粉就太白,施了胭脂就过红。他的眉毛像翠羽,肌肤如白雪,纤腰若束素,牙齿似含贝。她嫣然一笑,阳城、下蔡的男子都为之倾倒。这个姑娘常常隔着墙头向我表示爱慕之情,三年了,我都没有答应。登徒子则不是这样,他的妻子头发蓬乱,耳朵挛曲,牙齿稀疏、露于唇外,身体佝偻、走路不稳,又疥且痔。登徒子非常喜欢,已经有了五个孩子。大王您仔细考察,到底是谁好色!"

碎片二:

楚襄王问宋玉:"先生大概有失于检点的行为吧?为什么那么多士人百姓都不赞誉你呢?"

宋玉回答说："情况确实如此。希望大王能宽恕我的罪过，让我把话说完。

有个外地人在郢都里唱歌，起初唱的是《下里》和《巴人》，有几千人跟他一起唱；后来唱的是《阳阿》和《薤露》，有几百人跟他一起唱；等到唱《阳春》和《白雪》时，只有数十人跟他唱；最后，他拉长声音后唱出激昂的商音，缩减声音后变成低平的羽音，再杂以抑扬流荡的徵音时，跟着他应和的不过几个人。这样看来，歌曲越是高雅，应和的人也就越少。

……

所以，不仅是鸟中有凤，鱼中有鲲，士人当中更有杰出的人才。圣人有宏大的志向和美好的操行，超出常人而独自存在。凡夫俗子，又怎么能知道我的所作所为呢？"

碎片三：

楚襄王游兰台宫，有风飒飒吹来，襄王敞开衣襟迎着风说："这风真叫人爽快！这是我和百姓共同享有的么？"

宋玉回答说："这只是大王您一个人独享的风罢了，平民百姓哪能跟大王共享呢？"

楚襄王很疑惑。

宋玉解释说："风在大地上生成，从水草的末梢飘起，逐渐进入山溪峡谷，在大山洞的洞口怒吼，然后沿着大山弯曲处继续前进，在松柏之下狂舞乱奔。它轻快移动，撞击木石，其势昂扬，像恣肆飞扬的烈火；闻之如轰轰雷鸣，视之则回旋不定；吹翻大石，折断树木，冲击密林草丛。等到风势将衰微下来时，风力便四面散开，只能透入小洞，摇动门栓了。大风平息之后，景物鲜明，微风荡漾。

所以那清凉的雄风，便有时飘忽升腾，有时低回下降，它跨越高高的城墙，进入深宫内宅。它吹拂花木，传散着郁郁的清香，它徘徊在桂树椒树之间，回旋在湍流急水之上。它拨动荷花，掠过香蕙，吹开秦衡，抚平新荑，分开初生的垂杨。它回旋冲腾，使各种花草凋落，然后又悠闲自在地在庭院中漫游，进入宫中正殿，飘进丝织的帐幔，经过深邃的内室。这才称得上大王之风呀。

那风吹到人身上，其情状仅只是让人感到凉丝丝而微微发抖，或冷得使人倒抽冷气。它那样的清凉爽快，足以治愈疾病，解除醉态，使人耳聪目明，身体康宁，行动便捷——这就是所说的大王之雄风。"

楚襄王说："你说得太好了！那平民百姓的风，是否也可以说给我听一听呢？"

宋玉说："那平民百姓的风，在闭塞不通的小巷里忽然刮起，接着扬起尘土，风沙回旋翻滚，穿过孔隙，侵入门户，刮起沙砾，吹散冷灰，搅起肮脏污浊的东西，散发腐败霉烂的臭味，然后斜刺里吹进贫寒人家，一直吹到住房中。

那风吹到人身上，其情状只会使人心烦意乱，气闷抑郁，它驱赶来温湿的邪气，使人染上湿病；此风吹入内心，令人悲伤忧苦，生重病发高烧，吹到嘴唇就生唇疮，吹到眼睛就患眼病，还会使人中风抽搐，嘴巴咀嚼、吮吸、喊叫不得，死不了也活不成。这就是所说的平民百姓的雌风。"

碎片四：

楚襄王与宋玉游云梦台。楚王看到高唐之上云气变化无穷，就问宋玉："这是什么气？"

宋玉回答说："这叫'朝云'。"

楚王问："为什么叫'朝云'？"

宋玉回答说："过去先王曾经游历高唐，疲倦后休息，梦见一妇人说：'我是巫山的女儿，是高唐的过客，听说君王来游高唐，特来陪侍。'辞别之时，神女又说：'我在巫山之南，为高丘所阻，早晨化为朝云，傍晚化为行雨，朝朝暮暮，都在阳台之下。'第二天早上先王去看，果如神女所言。于是立庙，取名'朝云'。"

……

宋玉过世以后，葬于云梦之泽（今湖南常德市临澧县），至汉魏六朝，碑文漫灭，被人误为"宋王之墓"。

至于晚唐，诗人李群玉发起修复宋玉墓，并建宋玉庙。清季，地方富贾出巨资对宋玉庙进行了大规模的整修和扩建，并在其旁修建"九辩书院"。

二十世纪七十年代，宋玉庙全部被拆除，遗址开发成为一片耕地。

上蔡之犬与华亭之鹤

历朝历代，政治危机是文人非正常死亡的重要原因之一，这在宫廷动荡与文字狱大兴时期尤为普遍。古代书法大家当中，秦代李斯与西晋陆机无疑是两位悲剧性人物。《晋书·陆机传》在篇末的赞辞中对二人有耐人寻味的评论："上蔡之犬，不诫于前；华亭之鹤，方悔于后。"千载而下，考量二人之生平，仍具有很强的启示意义。

据《史记·李斯列传》载，李斯早年任郡之小吏，看到官署厕所之老鼠以秽物为食，一旦有人或犬接近，总是惊恐万状；而仓中之鼠，食物丰足，却无惊扰之虞，于是感慨地说："人之贤不肖譬如鼠矣，在所自处耳！"

追随荀子研习帝王之道后，李斯考虑到事楚不足以成大事，于是西说秦王，得到吕不韦的赏识，并最终为秦王所重用，在秦统一六国的进程中屡献良策，功勋卓异，位列丞相。面对一人之下的隆尊，李斯曾经不无担忧。其长子李由任三川郡郡守，休假回咸阳，李斯在家中摆酒设宴，百官之长均前来祝贺，门庭若市。李斯叹息说："嗟乎！吾闻之荀卿曰'物禁大盛'。夫斯乃上蔡布衣，闾巷之黔首，上不知其驽下，遂擢至此。当今人臣之位无居臣上者，可谓富贵极矣。物极则衰，吾未知所税驾也！"

始皇三十七年(前210年)七月，嬴政在巡行中驾崩。宦官赵高敏锐地捕捉到这一政治投机的绝佳时机，劝说随行的公子胡亥自立，并蛊惑李斯假诏王命，逼公子扶苏自杀。

胡亥称帝后，赵高如愿以偿。为了架空胡亥，阴鸷歹毒的赵高怂恿胡亥纵情声色，大肆诛杀王族及始皇重臣，并施民以苛政，仅王子诛杀12人，公主车裂10人。杀戮与苛政导致人心惟危，群臣离心于庙堂，陈涉发难于江湖。

李斯多次请求进谏，二世不许，并以李由平叛不力为由，诘责李斯。李斯极度恐惧，为全身自保，上书极力迎合讨好，以求二世宽容。

为达到取而代之之目的，赵高趁机落井下石，陷害李斯。他建议李斯进宫规劝二世，并承诺如果二世有空闲，就及时通报李斯。结果赵高每每选择二世寝息淫乐时通报李斯。李斯多次进谏，惹得二世极为不悦。赵高又诬陷李斯因拥立胡亥而未能升迁，心怀怨尤，父子二人与盗寇互相勾结，意欲不轨。

李斯听到赵高构陷自己的消息以后，上书二世，指出如果对赵高不加防范，迟早会发动变乱。此时的赵高之于二世已近乎再生父母，李斯的进言，无疑加速了自己的灭亡。进言后不久，李斯被打入天牢。

在无休止的刑罚之下,李斯含冤认罪,上书为自己申冤辩白,但赵高命人弃置不报。赵高又安排门客十几批装扮成御史、侍中等朝臣,反复审讯李斯。李斯一旦更改口供,旋即遭到毒打。多次以后,李斯再也不敢为自己辩白。后来秦二世派人审讯复验,李斯以为与前此相同,供认不讳。二世派人前去三川郡调查李由时,李由已被项梁击杀。复命的使者在赵高的授意之下,诬报李由谋反。

二世二年(前208年)七月,李斯以谋反罪被判腰斩,并诛三族。临刑之前,李斯回头对次子说:“吾欲与若复牵黄犬俱出上蔡东门逐狡兔,岂可得乎!”

黑格尔说过:“历史上一切重大事件,可以说都出现过两次。”马克思在《路易·波拿巴的雾月十八日》中补充道:“第一次是作为悲剧出现,第二次是作为闹剧出现。”五百多年后,类似的遗憾出现在陆机身上。

晋武帝司马炎代魏之后,天下重归一统。当时“民和俗静,家给人足”,社会比较安定,经济上较之三国纷争时期有了较大发展。这样的局面,再一次激发起文人从政的热情,原来曹魏政权中的文人,纷纷转投司马氏政权,陆机、陆云亦自吴入洛。

陆机,字士衡,吴郡人,其祖父陆逊系吴国丞相,父亲陆抗曾担任吴国大司马。陆机少有异才,文章冠世,是西晋诗坛的代表人物,所谓“太康诗风”,即以陆机、潘岳为代表。陆机又是著名的文学理论家,其《文赋》是第一篇专门论述如何运思写作的文章。书法方面,陆机亦造诣极深,《平复帖》是现存最早并真实可信的名家书法纸本真迹。

“二陆”入洛之后,拜访地位尊崇的文人张华,张华说:“伐吴之役,利获二俊。……人之为文,常恨才少,而子更患其多。”在张华的举荐之下,太傅杨骏辟之为祭酒。后来杨骏被杀,陆机累迁太子洗马、著作郎。吴王司马晏出镇淮南,又任命陆机为郎中令,任升尚书中兵郎、殿中郎。赵王司马伦辅政,任命陆机为相国参军。因为诛杀贾谧有功,陆机受封关中侯。后来司马伦因预谋篡位被诛杀,齐王司马冏将陆机等九人交付廷尉。经成都王司马颖与吴王司马晏极力说情,陆机免死流放,遇赦而止。

当时成都王司马颖推功不居,劳谦下士。陆机既感激其搭救之恩,又见朝廷危机四伏,认为司马颖必能挽救晋室,于是委身而事,司马颖委以重任。司马颖与河间王司马颙起兵讨伐长沙王司马乂,任命陆机担任主将、河北大都督,督王粹、牵秀诸军二十余万。陆机以为三世为将,道家所忌,加之王粹、牵秀诸将皆有怨心,坚辞不受。未获允准后带兵前往。司马颖之左长史卢志素来嫉妒陆机,在司马颖面前构陷陆机。

陆机率兵遭遇重创,损兵折将,将士死于河道者,水为之断流。曾经与陆机有积怨的群小纷纷构陷,言陆机心怀异志。司马颖大怒,派牵秀密捕陆机。

陆机被捕时神色自若,对牵秀说:“成都命吾以重任,辞不获已。今日受诛,岂非命也!”被杀时年仅四十三岁,其二子陆蔚、陆夏亦同时被杀。他在临刑前给司马颖的信中写到:“华亭鹤唳,岂可复闻乎!”

陆机蒙冤而死,士卒莫不痛哭流涕,是日昏雾昼合,大风折木,平地尺雪。后来的南北朝

文人庾信在《思旧铭》中写道:“美酒酌焉,犹思建业之水;鸣琴在操,终思华亭之鹤。”

《易传》曰:“小人知进而不知退。”孔子有云:“危邦不入,乱邦不居。天下有道则见,无道则隐。邦有道,贫且贱焉,耻也;邦无道,富且贵焉,耻也。”又云:“防祸于先而不致于后伤情。知而慎行,君子不立于危墙之下,焉可等闲视之。”

王室内部复杂之矛盾,使得西晋的繁荣只是昙花一现。“二陆”入洛后不久,统治集团内部的矛盾就趋于白热化,战争一触即发。这样的局面,当时身处其中的文人们大多有清醒的认识,但却少有人急流勇退。张华晚年,其子劝其隐退,张华以“静以待之,以候天命”为由拒绝,被诛杀。潘岳得势时,其母劝其“知足”,“岳终不能改”,也被杀。顾荣、戴若思看到天下将乱,也都劝陆机还吴,但陆机自恃才华太盛,没有听从。

芝兰不生于臭椿之地,智者不处于谗谄之群;择人而谋,择地而居;进以当进,止于当止。清醒是一种智慧,将极度的清醒雪藏于表面的糊涂之中,是更大的智慧。以此而论,吴越之范蠡、汉初之张良、明代姚广孝的功成身退;战国之孙膑、五代杨凝式的装疯卖傻,对于后世,无疑具有永恒的经典启示意义。

王粲：从来英才遭天妒

王粲（177—217），字仲宣，山阳高平（今山东邹县）人，建安文学代表作家，建安七子之一，刘勰谓之“七子之冠冕”。

毛润之先生逝世前一年，因患白内障无法读书，于是请北京大学中文系芦荻先生来讲中国文学。一天，芦荻先生给先生诵读了一篇汉赋，先生称赞这篇赋写得好，并因为这篇赋作而颇多感慨。

这篇作品，是王粲的《登楼赋》。

从一些近乎夸张的记述来看，汉末至魏初这一段，是才俊之士备受延揽的时代。

《三国志·王粲传》中有这样一段：

王粲客居长安，左中郎将蔡邕（蔡文姬之父）对其非常推重。

当时的蔡邕才学深湛，地位显赫，系名流巨子。蔡府常常门庭若市，宾客满座。

一天，蔡邕听说王粲来访，赶忙出门相迎，匆忙之下，穿倒了鞋子。年轻体弱、身材短小的王粲大出宾客所料。蔡邕介绍说：“王粲系名门之后，胸怀异才，后生可畏，老夫是比不上了——我家中所藏书籍文章，以后都将赠送予他。”

蔡邕言之不虚。

湖北省襄樊市有纪念王粲的仲宣楼，楼下四周地面上零星地摆放着石雕的象棋棋子，颇耐人寻味。

《三国志·王粲传》中记述，王粲看人下棋，弈者如果乱了棋局，王粲就替他们复局。参与者多不相信，以帕巾盖住棋局，另用棋子棋盘让他来复，复局之后，没有出入——王粲记忆力超群，有过目不忘的本领。

王粲最负盛名的诗作是《七哀诗》：

战乱频仍，白骨遍野，饥饿的母亲无法弄到食物，于是狠心将孩子弃于草地。孩子哭声不止，母亲却无可奈何，只能挥泪而去。

……

建安二十一年冬，王粲随曹操征伐东吴，次年因传染病辞世，春秋四十有一。

王粲过世以后，曹植著文凭吊，称其“文若春华，思若涌泉；发言可咏，下笔成篇”。曹丕则亲临墓穴。他对送葬的人说：“仲宣一生喜好驴鸣，大家各作一声相送。”

于是坟头驴鸣声大作。

颜真卿的意义

论及陈寅恪先生“独立之精神，自由之思想”，学者葛兆光指出：“如果一个人的学术研究很差，恐怕他再有独立之精神，自由之思想，大家也不会把他当成象征性的人物。陈寅恪作为学者，学术研究的伟大成就，支持了他作为思想者的影响力和公信力。”

将这番话倒过来说，有助于我们理解颜真卿的意义。

唐玄宗天宝十四年（755 年），“安史之乱”爆发。百年承平，军备废弛。叛军势如破竹，河北各郡一触即降。玄宗听到战报后慨叹：“河北二十四郡，无一忠臣邪？”时任平原郡太守的一介书生颜真卿，联络从兄——常山郡太守——颜杲卿起兵抵抗。附近十七郡纷纷响应，集兵二十万之众，使得安禄山不敢急攻潼关。至叛乱平定，颜氏一门，三十多人为国捐躯，其中包括从兄颜杲卿与侄子颜季明。

唐代宗广德元年（763 年），吐蕃大举入侵，代宗仓皇出逃。宦官鱼朝恩因保驾有功，被封为天下观军容宣慰处置使，并统率京师神策军，后领国子监事，兼鸿胪、礼宾等使。大权在握的鱼朝恩干预政事，淫威百官，贪贿勒索，并置狱北军，迫害无辜。次年十一月十四日，汾阳郡王郭子仪自泾阳入朝，代宗诏命百官迎之于开远门，并于安福寺举行兴道之会。尚书右仆射、定襄郡王郭英乂为讨好鱼朝恩，藐视礼仪，抬高宦官的座次，将其礼遇高于六部尚书。众臣敢怒不敢言，但颜真卿直言不讳，致书郭英乂，援引历代及唐代成规，指斥其先后两次“不顾班秩之高下，不论文武之左右，苟以取悦军容为心，曾不顾百寮之侧目”，指出“卿监有卿监之班，将军有将军之位。纵是开府、特进，并是勋官，用荫即有高卑，会宴合依伦叙；岂可裂冠毁冕，反易彝伦，贵者为卑所凌，尊者为贱所逼！”这封书信即著名的《争座位帖》。

唐德宗兴元元年（784 年），长安再次战云密布。淮西节度使李希烈叛乱，一路攻陷汴州，兵锋直逼长安。刚刚经历了“安史之乱”的唐帝国元气大伤，风雨飘摇，无法组织有效的平叛，只能寄希望于和谈。“蓝面奸相”卢杞一向视颜真卿为心腹大患，必欲除之而后快，于是借刀杀人，提议派颜真卿前往敌营劝降。

叛军兵威正盛，李希烈志在必得，颜真卿此行，无异于与虎谋皮。友人纷纷前去劝阻，甚至于半道拦截，但颜真卿不为所动，毅然前行。李希烈企图拉拢德高望重的颜真卿为己所用，以抬高身价，加大政治影响力，于是软硬兼施，甚至以相位相许。颜真卿义正词严，大义凌然，最终杀身成仁。噩耗传至京师，三军恸哭失声，德宗皇帝废朝五日，追赠司徒，谥以“文忠”。

两年之后，灵柩运回长安。当灵车穿越朱雀门时，夹道相迎的百姓哭声一片。德宗将忠骨

厚葬于京兆万年颜氏祖茔，下诏废朝八日，举国悼念，并亲颁诏文曰："才优匡国，忠至灭身，器质天资，公忠杰出，出入四朝，坚贞一志，拘胁累岁，死而不挠，稽其盛节，实谓犹生。"

如果颜真卿只是一般意义上为国死难的士大夫，他对于后世的影响，也许会打折扣。正是因为他作为继"二王"之后最有成就的书法家的特殊身份，其人格与书法的完美统一，对中国书法的影响，就具有坐标意义，正如泰山北斗，人所仰望。在这方面，南宋末年长于诗文的民族英雄文天祥亦如此。

颜真卿的这种特殊意义，在宋代被挖掘与推崇到了极致。

靖康之变，赵构南逃，宋王朝由之前的江山一统变为北方沦陷，独据江南。四贼徽宗朝乱政，岳飞风波亭屈死，秦桧东窗内事发，让宋人认识到国运衰颓、山河分裂的原因在于奸贼佞臣祸乱朝纲。

两宋是一个文化高度发达的王朝。由于宋太祖推行崇文抑武之国策，使得宋代官吏以文人为主体。宋之历代帝王雅好文学，擅长丹青者不乏其人，宋徽宗赵佶与宋高宗赵构都是著名的书法家。上有好之，下必效之。宋代官员群体在文学与书法方面的素养，要远远超过前代与后世。这样的原因，使得徽宗朝擅长书法的四贼之一——蔡京，高宗朝精通书法加害岳飞的卖国贼秦桧就被推到风口浪尖，成为文人、书家个个挞伐，人人不齿的对象。汉代杨雄"书，心画也；心画行，君子小人见矣"的书家人品观念上升为书坛的主流观念，而临国难蹈死不顾的颜真卿，就不再仅仅具有书法的意义，而成为书家的道德楷模。陆游所谓"学书当学颜"，具有对其人品书品双重赞许的意味。《宣和书谱·颜真卿》载："惟其忠贯白日，识高天下，故精神见于翰墨之表者，特立而兼括。"欧阳修云："颜公书如忠臣烈士道德君子，其端庄尊重，人初见而畏之，然愈久而愈可爱也。其见宝于世者不必多，然虽多而不厌也。"欧阳修又于《金石录》云："鲁公于座位高下小有失，当犹力争如此，使之立朝其肯逢君之恶乎。"苏轼云："观其书，有以得其为人，则君子小人必见于书。是殆不然。以貌取人，且犹不可，而况书乎？吾观颜公书，未尝不想见其风采，非徒得其为人而已，凛乎若见其诮卢杞而叱希烈，何也？其理与韩非窃斧之说无异。然人之字画工拙之外，盖皆有趣，亦有以见其为人邪正之粗云。"

中国书法这种人书俱重，德艺双修的传统，在后世产生了深远影响。书法人的人格修养直接影响到对其书品的评价。元代的赵孟頫、清初的王铎，尽管在书法方面独树一帜，堪称大家，但由于其贰臣的身份，长期不为世人所重。至于严嵩、郑孝胥、康生者流，更为人所不齿。这种传统有其局限的一面，因人废书，影响到对书家艺术成就的客观评价，但更多的是积极的一面，即引导艺术家加强人格修养。在这种观念的影响之下，宋代以降，不管是身处庙堂之高，还是地处江湖之远的书法人，均表现出了很高的整体道德素养。

改革开放，尤其是进入二十一世纪以来，由于传统道德观念的式微，与市场经济相适应的价值观念尚未形成，意识形态的多元与主流意识形态的缺位等诸多因素的影响，艺术的各个门类，尤其是演艺界，道德下滑，丑闻不断。在这样的大背景之下，书坛尽管也并非一片净土，但整体仍旧表现出较高的道德水准，这与宋人推崇颜真卿所形成的道德传统有密切

关系。

翰墨小道，兴衰关乎时运；书画一理，庸奇多赖人品。国家教育部要求义务教育阶段学校开设书法课，确为明智之举，不独于汉字的书写与文脉的延续，从学生道德培养的层面而言，亦善莫大焉。笔者多次听到书法或美术教师在课堂上津津乐道名家书画作品的高价位，高水准艺术家奢华的生活，深以为忧。文化的传承，精神产品的创作中掺杂过多的利益因素，既有悖于文化传统之真义，也影响精神产品的品位。如果广大语文教师与专业书法教师不将其局限于以传统的书法经典教会学生如何写好字，如何去谋利，而是拓展到用书法中蕴含的传统道德观念去引导学生如何做好人，以文化艺术的营养去陶冶性情，滋润心智，可谓功莫大焉！

为师当如欧阳修

面对当下书坛之弊，想起宋人欧阳修。

宋仁宗嘉祐二年(1057年)，欧阳修担任礼部知贡举。这次考试，欧阳修之外的散文家苏轼、苏辙与曾巩同时考中；同榜的进士，还有后来成为著名哲学家的张载与程颢。

曹丕在《典论·论文》中尝言："文人相轻，自古而然。"在欧阳修的身上，看不到丝毫相轻的弊习。面对才华横溢的晚辈苏轼，欧阳修毫不吝惜赞美之辞。看完苏轼的文章，欧阳修说："此人可谓善读书，善用书，他日文章，必独步天下！"在给挚友梅尧臣的信中，欧阳修说："读轼书，不觉汗出，快哉快哉！老夫当避路，放他出一头地也。可喜可喜！"跟别人谈及苏轼，欧阳修慨然言之："三十年后，世上人更不道着我也。"

苏洵的文章以思想深刻、笔势雄健、文风老辣著称于世，但由于这种文风不合于欧阳修任主考之前的应试文风，苏洵屡试不中，最后断绝了应考的念头。如果这次"三苏"同时应考，以苏洵的笔力与欧阳修的眼光，苏洵落榜，几无可能。即便如此，欧阳修慧眼识英才，逢人说项斯。他在上书朝廷的《荐布衣苏洵状》中高度评价苏洵的文章："其论议精于物理而善识变权，文章不为空言而期于有用。其所撰《权书》《衡论》《机策》二十篇，辞辩闳伟，博于古而宜于今，实有用之言，非特能文之士也。"在欧阳修的奖掖推重之下，苏洵的文章很快获得文人士大夫的普遍认可，最终文名满天下，并被朝廷破格任命为霸州文安县主簿，又授任秘书省校书郎，与陈州项城令姚辟同修宋代开国以来的第一部礼书——《太常英革礼》。

对于晚辈王安石的文章才华，欧阳修同样非常欣赏。他曾一边诵读，一边抄写，并不遗余力地夸赞王安石："学问文章，知名当世，守道不苟，自重其身，论议通明，兼有时才之用，所谓无施不可者。"在赠诗中，欧阳修充分地表达了对王安石的赞许："翰林风月三千首，吏部文章二百年。老去自怜心尚在，后来谁与子争先？朱门歌舞争新态，绿绮尘埃试拂弦。常恨闻名不相识，相逢樽酒盍留连。"

在"学书都为稻粱谋"的当下书坛，像欧阳修这样对后学奖掖与扶持的大师名宿固然不在少数，但更多的是打压与骂杀。不过这种打压与骂杀的理由倒是冠冕堂皇的，诸如"年轻人不宜成名过早，成名过早容易滋生骄傲情绪"，"磨难是年轻人宝贵的财富，对其成长大有裨益"，"褒扬奖掖过度会捧杀年轻人" 等等。殊不知，思想史、科学史、艺术史上的许多青年俊彦，不是在奖掖扶持下沦为凡夫俗子，而是在打压与骂杀之下，"祇辱于奴隶人之手，骈死于

槽枥之间，不以千里称也”。之所以要打压与骂杀青年才俊，一方面是因为打压者胸襟逼仄，器量狭小；另一方面还在于名利作怪，担心青出于蓝而胜于蓝。对于艺术圈而言，名就是利，利就是名。在占领高端市场与低端市场的过程中，依靠官方背景与公权占据要津，获取名声，才能在一块蛋糕上切得更大的一份。每次换届时书家对于书协职位的趋之若鹜与一些书协单纯以职位确定润格的做法，便是明证。对于占有社会资源相对丰富的后起之秀而言，终有委屈的媳妇熬成婆的那一天；而对于社会资源相对匮乏的底层书法家，即便其书艺臻于上乘，但一生都只可能是这一领域的弱势群体。

除了书艺，中国书法传统中有格外重视道德修为的一面，讲究德艺双馨。以二王、颜真卿、苏轼等人为代表的一大批书家，之所以备受书坛推重，除了其出类拔萃的书法实践外，还因为其人品出众，高山仰止；而蔡京、秦桧、严嵩、郑孝胥、康生者流，并非书艺不高，而在于其为人臭名昭著；至于赵孟頫、王铎，在忠臣不事二主的传统之下，其贰臣的身份，自然影响到其书名的传播。今天我们自然无须囿于不合时宜的封建陈腐观念，但作为书界的权威与书协的领导，抛开门户之见，抵制党同伐异，屏蔽一己私利，挖掘可造之材，进行培养扶持奖掖，既是为师义不容辞的社会责任，也是协会的职责所在。否则，武大郎开店，既有损于自身的形象，也无助于书法的发展。

作为北宋诗文革新运动的领袖，欧阳修除了工诗擅文，对书法也造诣颇深。步入中年以后，由于公务繁杂，许多爱好都渐次荒废，但始终钟情翰墨，临池不辍。欧阳发在《先公事迹》一文中回忆说：“精劲雄伟，自为一家。当世士大夫有得数十字，皆藏以为宝。”理学大儒朱熹也说：“欧阳公作字如其为人，外若优游，中实刚劲。”但欧阳修却对书法苛刻到了不愿提及的程度，常常悔恨自己学书太晚，书法远不及古贤的境界。有人求文，视其为人，尚有应接之可能，倘若求字以刻碑，则一概拒绝。

庆历五年（1045 年），宋仁宗诏命宋祁等人重修《唐书》，九年后，又诏命欧阳修主持这一工作。书成之后，依照朝廷惯例，著作者只能署职位最高者。但欧阳修执意不从，以为宋祁从始至终参与这一工作且贡献巨大，署自己姓名，实属掠美之举，于是在列传部分具名宋祁，在本纪、志、表部分具名欧阳修。这种实事求是、低调谦让的做法，得到了朝野上下的一致肯定。

反观当下书坛，一些身处公门的书法票友，凭借自己所处的位置与掌控的公权，到处舞墨渔利，乐此不疲；甚或挤进各级书协的领导圈子，以书协的光环为自己扬名鬻利。至于掠人之美，巧取甚至豪夺他人成果者，更是不一而足。这些衮衮诸公，面对迎合者的逢迎吹捧，倘能有自知之明，谦虚低调，借助学书以娱情养性，可谓善莫大焉。如果真以为自己已经超越苏米，比肩王颜，恍恍乎如紫雾缠身，飘飘欲仙，无异于伊索笔下的赫尔墨斯，只会成为唾弃的笑料。

当今书坛，能接近欧阳修与徐文长水准的书家，实在是凤毛麟角。如欧阳修一般自谦低调者为数不寡，如徐文长一般张狂自负者则大有人在！当然，如果是建立在精湛的书艺与深

厚的学养之上的自信，是应该值得肯定的；但如果学艺不精，却又张狂自负，动辄以大师自居，实在是鄙陋之极！

1978 年，六十六岁的启功先生自撰《墓志铭》："中学生，副教授。博不精，专不透。名虽扬，实不够。高不成，低不就。瘫趋左，派曾右。面微圆，皮欠厚。妻已亡，并无后。丧犹新，病照旧。六十六，非不寿，八宝山，渐相凑。计平生，谥曰陋。身与名，一齐臭。"

如启功先生在书法与国学方面的造诣，尚能谦冲自牧，虚然自守，当今书坛未窥门径或初入堂室的伪大师、准大师们，可以将此作为一味澄心静气的清凉剂！

世上已无欧阳修

自隋代开科取士到 1905 年 9 月 2 日清廷下诏废止科举制，借助科举考试而能一匡天下之文风，欧阳修可谓旷古绝今。

唐宋八大家是唐宋散文公认的代表人物。可是，只要你稍作留意，就会发现这样一个尴尬的事实，在韩愈和欧阳修两座高峰之间的三百多年时间里，居然是一片平原和略微凸起的几块丘陵。

苏轼在《六一居士集序》中这样写道：

韩之后三百有余年，而后得欧阳子。……自欧阳子之存，世之不说(通“悦”)者。哗而攻之，能折困其身，而不能屈其言。士无贤不肖，不谋而同曰：“欧阳子，今之韩愈也。”

——欧阳修是宋代的韩愈。

在文学史上，挽救病入膏肓的散文，“古文运动”堪称范例。韩愈“文起八代之衰”，以自己杰出的创作实践和理论贡献，使骈文风光不再，散文则异彩纷呈。

韩愈讲究“词必己出”，炼句“惟陈言之务去”，但他的追随者，在这条路上越走越远，最终步入了险怪艰涩的死胡同，加之宋初西昆体诗宗李商隐，好用生僻的典故，导致宋初诗文都误入尚奇、晦涩的歧途。

历史选择了欧阳修。

北宋仁宗嘉祐二年，时任翰林学士的欧阳修受命主持当年的知贡举。 欧阳修决心借此机会彻底改变怪诞的文风，挽救式微的散文。

当时有一个举子叫刘几，文章作得特别奇险，许多人把他的文章奉为典范去模仿借鉴。欧阳修在阅卷时发现有一篇文章有“天地轧，万物茁，圣人发”的句子，断定作者一定是刘几，于是黜落不取，并在试卷上写道：“秀才刺、试官刷。”后来一开封，果然是刘几。

嘉祐四年，欧阳修继续主持知贡举，而刘几仍然在考。欧阳修看到一篇怪诞之文，以为又是刘几的作品，结果却是他人。对另一篇文章激赏不已，定为第一。唱名的时候，知道作者叫刘辉——有人告诉欧阳修，刘几现在改名为刘辉。

欧阳修惊得半晌无言。

那些名落孙山的时文写手，看到成为“天子门生”无望，就用各种方式报复欧阳修：

一些举子趁欧阳修上朝之际，在路上群起而攻之，辱骂诋毁，甚至投以纸笔砂石。更有举子将祭文送到欧阳修家中，诅咒欧阳修早死。

欧阳修不为所动,坚持自己的评文标准,文风怪诞者一概不取。

嘉祐二年的知贡举堪称龙虎榜,欧阳修之外的宋代散文五家,苏轼、苏辙、曾巩同时考中。如果苏洵当时不是因为复杂的原因放弃考试,以他“下笔顷刻数千言”的功力,再加上豪华的主考副主考阵营,苏洵第四次落榜的可能性几乎为零。

欧阳修坚持打击文坛险怪之风,终于使一代平易的文风逐渐形成。

李清照：莫道不消魂

零落成泥碾作尘，只有香如故。

——题记

南宋高宗绍兴二十一年，即公元1151年，年近古稀的李清照将凝聚了丈夫赵明诚和自己毕生心血的学术著作——《金石录》——进献给了朝廷。大约就在同时，膝下没有子嗣的李清照选中了一个姓孙的少女，打算将平生所学尽数教授与她，但那个少女以填词作赋不是女子正事为由，谢绝了李清照的美意。自此以后，就鲜有李清照的记述。有人说她老于金华，有人说她终于临安；有人说她享年68岁，也有人说她一直活到73岁。总之，令人遗憾的是，惊现乱世的咏絮之才，却没有得到时人足够的关注，以致寻访易安的道路荒芜而坎坷。

同中国文学史上的男性作家群相比，女性作家数量很少，影响深远的更是寥若晨星。在这为数不多的女作家中，李清照可谓一枝独秀，大放异彩。她以超群出众的文学才华，卓然自成一家。在词分婉约豪放两宗的宋代词坛，李清照的词被推为婉约派的正宗，后人效法，遂成"易安体"。"婉约以易安为宗，豪放惟幼安称首"（王士祯语），"男中李后主，女中李易安"（沈谦语），从这些评论中，我们可以看出她在两宋词坛上的突出地位。

一朵奇葩的盛开，必有其肥沃的土壤和充足的阳光。鲁迅先生在著名的演讲《未有天才之前》中深有感触地说："不但产生天才难，单是培养人才的土壤也难。"从思维品质来看，男性倾向于理智型和抽象性，女性则表现为情感型和形象性，因此，男性长于理性思辨，女性善于艺术表象，也就是说，女性较之男性，更适合从事文学创作。但由于缺之土壤，女性被剥夺了受教育的权利，许许多多有才华的"李清照"被埋没了。

但李清照是幸运的。

李清照出身于书香门第。父亲李格非是学者兼散文家，母亲王氏出生于官宦人家，娴于文墨。作为独女的李清照出生在这样优越的家庭环境中，家庭教育得天独厚。这就使李清照多才多艺，工诗词，善书画。

公元1101年，18岁的才女嫁给了太学生赵明诚。这是一桩堪称经典的婚姻——兰心蕙质、满腹华章的才女同文质彬彬、学养深厚的才子走到了一起。几十年的风雨历程，他们留下了丰硕的文学、学术遗产，也留下了诸多耐人品味的爱情佳话。我们不妨这样去假设，如果没

有这样的珠联璧合，那些《漱玉词》中最令人回肠荡气的篇章，该会是怎样。

据元人伊世珍《琅嬛记》所载：赵明诚年轻时，其父赵挺之为明诚择妇，明诚白天休息，做梦读书，醒来只记得有三句“言于司合，安上已脱，芝芙草拔。”他把这三句告诉父亲，赵挺之解释说：“你将娶一个长于填词的女子为妻。‘言于司合’是‘词’字，‘安上已脱’是‘女’字，‘芝芙草拔’是‘之夫’二字，不是说你是‘词女之夫’吗？”

野史或多出于杜撰，但它从一个侧面说明，李清照和赵明诚的结合是非常美满的。

婚后，赵明诚宦游在外，李清照生活孤寂，思念与日俱增，随夜渐浓。

一剪梅

红藕香残玉簟秋，轻解罗裳，独上兰舟。云中谁寄锦书来，雁字回时，月满西楼。花自飘零水自流，一种相思，两处闲愁。此情无计可消除，才下眉头，却上心头。

醉花阴

薄雾浓云愁永昼，瑞脑消金兽，佳节又重阳，玉枕纱橱，半夜凉初透。东篱把酒黄昏后，有暗香盈袖。莫道不消魂，帘卷西风，人比黄花瘦。

多么美妙的文字，笔下淌的是清辞丽句，眼里流的是清铅泪水。

《琅嬛记》中又载：李清照以《重阳·醉花阴》函致赵明诚，赵明诚赞叹不已，自愧不如，想胜过李清照，于是闭门谢客三日三夜，写成50阕，把清照的词作混入当中，请友人陆德夫品评。陆德夫玩味再三，说：“只有三句特别好。”明诚追问，陆德夫说：“莫道不消魂，帘卷西风，人比黄花瘦。”

赵明诚的词作一篇也没有流传到后世，“人比黄花瘦”却历久弥新。每每读到这篇词作，总能看到一个文弱女子立于窗前，深情远眺，如风中弱柳，雨中瘦竹。

爱情和生命是艺术永恒的主题。抒写爱情，李清照之前已经有很多精品，如《诗经》中的《蒹葭》《静女》，汉乐府中的《上邪》，李义山的《无题》（相见时难别亦难），秦观的《鹊桥仙》（纤云弄巧）等。值得注意的是，绝大多数的作品抒情主人公是女性，作者却是男性。男性来抒写女子的爱情，尽管也能臻于极致，终不免隔了一层。同这些作品相比较，出自李清照笔底的爱情诗词自然有其不同寻常的意义。但是，令人遗憾的是，当男性作家们的同类作品广为传唱的时候，李清照的这些优秀词作却遭到了极不公正的诋毁，被讥之为“闾巷荒淫之语”。这不仅让我想起了中国历史上另一位伟大的女性——武则天。这位能同任何一位优秀的男性帝王相媲美的女君王，仅仅因为她是女性，遭到了后世不遗余力的攻击，被叱为“牝鸡司晨”、“祸水”。如果攻击者是泛泛鼠辈，自然不值一哂，但是，这大批挞伐者当中，既有朱熹，又有张溥、王夫之。作为后世子孙，让我们汗颜的是：仅仅因为她们是女性，便对她们口诛笔伐，这不仅是口诛笔伐者的悲哀，更是一个时代的悲哀；这也不仅仅是武则天、李清照个人的性别悲剧，更是一段历史、一个民族的悲剧。读着那样的文字，想象着一帮文人墨客对于李清照，只是津津乐道于她晚年的改嫁和离异，我们觉得羞耻。

后来，赵挺之罢相，李清照夫妇屏居乡里十年，共同致力于金石书画的收集、整理和研究。夫妇二人琴瑟相和，夜里校勘，燃尽一烛。白日饭后，坐“归来堂”，烹上香茗，面对堆积的书册，互相考问，以决定饮茶之先后，往往因此而大笑不止，将茶喷得满怀都是。

一个人的命运固然取决于自我，但更多的则是为所处的国度、时代所左右。既然处在了一个软弱的时代，就免不了屈辱的岁月。

宋钦宗靖康元年，公元1126年，金人攻陷了汴京，徽宗和钦宗双双被俘。次年，北宋的这两位亡国君主被囚于五国城的一口枯井中，北宋政权被颠覆。覆巢之下，焉有完卵？次年，李清照载书15车南奔，大部分被盗，明诚留在家中的十余屋金石、古玩、书册由于金人攻陷青州而尽数被焚。

祸不单行，公元1129年，赵明诚病逝，是年李清照46岁。

王国维先生在《人间词话》中写道：“尼采谓‘一切文学，余爱以血书者也’，后主之词，真所谓以血书者也。”李煜的词固然是以血书写的篇章，李清照的词又何尝不是！

国破家亡，孀居独处，孤弱词人，孑然一身，飘零江湖，一腔怨愤：

夏日绝句

生当作人杰，死亦为鬼雄。

至今思项羽，不肯过江东。

西楚霸王羞于带八千江东子弟起兵而只身返回，在乌江亭边选择了死，——无颜见江东父老。“直把杭州作汴州”的南渡君臣却守着半壁江山歌舞升平，听凭生灵涂炭，怎能不叫人寒心。他们可曾想到自刎的霸王，可曾想到无颜见江东父老。

更多的是杜鹃啼血般的凄伤：

武陵春

风住尘香花已尽，日晚倦梳头，物是人非事事休，欲语泪先流。闻说双溪春尚好，也拟泛轻舟。只恐双溪舴艋舟，载不动，许多愁。

声声慢

寻寻觅觅，冷冷清清，凄凄惨惨戚戚。乍暖还寒时候，最难将息，三杯两盏淡酒，怎敌他，晚来风急！雁过也，正伤心，却是旧时相识。满地黄花堆积，憔悴损，如今有谁堪摘！守着窗儿，独自怎生得黑？梧桐更兼细雨，到黄昏，点点滴滴。这次第，怎一个愁字了得。

“国家不幸诗家幸”，又“诗，穷而后工”。李清照后期的创作实践是这些结论最好的诠释。民族和个人的巨大不幸在词人的情感世界里积淀成了感人肺腑、催人泪下的辞章。一任情感宣泄，亡国之恨，丧夫之痛，飘零之苦，在百字左右的尺幅中演绎得淋漓尽致。很多时候，我喜欢一边听钢琴曲《秋日的私语》、二胡曲《江河水》或小提琴协奏曲《梁祝》，一边去吟诵李清照的词。听那么忧伤的曲，读那么凄婉的词，或许更能体验到什么是心灵的震撼，什么是经典的

魅力。

作为一个王朝,在政治、军事层面上,宋代是不幸的。泱泱大国,在几个小国面前全没有天朝大国的气度,唯唯诺诺。南宋的历代帝王守着江南一隅苟且偷安,更伤透了“汉人”和“南人”的心,以至于最后的小皇帝被大臣陆秀夫背着投海而死——死,也不能丢尽民族气节,民族尊严。但在文学上,这个朝代无疑是一个文人生存并大放异彩的好时代,特别是北宋皇帝,对文人很是宽容。宋朝给我们的文学史贡献了一大批第一流的散文家和诗人,欧阳修、苏轼、李清照、陆游、辛弃疾……他们构成了文学天空中最灿烂的群星。尤其是李清照,正是由于有了这个光辉的名字,才使我们的“红颜”文学史不致有太多遗憾。

黄庭坚文祸

文祸之盛，莫过乎明清两代。

两宋统治者鉴于唐五代武人拥兵自重，尾大不掉的教训，崇文抑武，重用文官。两宋统治者忠厚开国，为文人提供了宽松的政治空气，这是宋代文化空前繁荣的主要原因。同时，在这样的背景下，两宋文祸量虽不寡，但鲜有血腥的屠戮。

宋代文人因诗文获罪，“坡、谷尤甚矣”（清·王士祯《居易录》），苏轼因“乌台诗案”被贬黄州，仕途一落千丈；黄庭坚因撰修实录被贬羁管，屈死宜州，而这两起文祸，均与两宋的新旧党之争有关。

元丰八年（1085年），宋神宗驾崩，哲宗继位。由于哲宗即位时年仅十岁，高太后临朝听政。高太后向来反对王安石变法，旋即废除新法，重用以司马光为首的旧党官僚，并依照惯例，任命司马光、黄庭坚、范祖禹、赵彦若等人编修《神宗实录》。元祐六年（1091年），《神宗实录》修成，修撰者获得恩赏。

元祐八年，高太后过世，倾向变法的哲宗于次年恢复新法，召回并重用新党人物章惇、曾布、蔡京等人，新党开始对旧党大肆打压报复。因为《神宗实录》的修撰者均系旧党人物，章惇等人认为《神宗实录》多诬枉不实之词，提出重修，并从中摘录条目，构陷属于旧党的黄庭坚。

黄庭坚在御史台受审时据理力争，毫不妥协。虽指证未能坐实，仍被贬任涪州别驾，安置于黔州。涪州、黔州已是荒凉之地，异地安置，新党之居心，诚属险恶。三年之后，黄庭坚移居戎州。宋徽宗崇宁二年（1103年），湖北转运判官陈举告发黄庭坚所作的《荆南承天院记》“幸灾”“谤国”，黄庭坚被羁管于宜州。

陈举告发的背后，关涉一桩私人恩怨。黄庭坚早年与赵挺之（李清照之夫赵明诚之父）有交往，黄庭坚偏激的言语伤害了赵挺之的自尊。赵挺之后来依附蔡京，位列重臣，于是借刀杀人，以泄私愤。陈举的告发，就是受了赵挺之的指使。

祸不单行，黄庭坚在宜州，又遭人构陷，被指为“谤讪”。

原来，黄庭坚在黔州时，有人送给他一幅画屏。画面上的内容是蝶触蛛网，群蚁运蝶。黄庭坚感慨万千，在画屏上题诗一首：“胡蝶双飞得意，偶然毙命网罗。群蚁争收坠翼，策勋归去南柯。”这幅画屏后来被人拿到东京相国寺出售，蔡京的门客买到后送给蔡京，极尽诽谤中伤之能事。蔡京玩味之后，怒火中烧，上书请求将黄庭坚贬到更为荒僻的永州。

而此时的黄庭坚，已于崇宁四年（1105年）九月三十日病死宜州。消息传到京师，蔡京才作罢。

朱张会讲与鹅湖之会

朱张会讲与鹅湖之会是南宋儒学史上的两件盛事。

南宋孝宗乾道三年(1167年),应岳麓书院山长张栻之邀,朱熹在两位弟子的陪同下,从崇安启程,抵达长沙。这一年,朱熹38岁,张栻35岁,但都已经是名满天下的理学宗师。

张栻是湖湘学派创始人胡宏的得意门生,是胡宏之后湖湘学派的代表。朱熹和张栻有共同的学术渊源和太多的人生经历,这为他们的学术友谊和学术交往奠定了基础。从师承来看,他们都是洛学宗师二程的四传弟子;从思想取向和人生经历来看,他们都反对和议,力主抗金,都曾在地方担任官职。

会讲之前,朱熹与张栻有过两次交流。朱熹从张栻处得到了胡宏的《知言》,通过张栻的介绍和自己的研读,了解了胡宏的学术思想。

源自《周易·系辞》的"太极"一词,北宋哲学家周敦颐首次将其作为自己学说的基本范畴加以阐发,并撰著《太极图》与《太极图说》。胡宏与张栻都很推崇周敦颐,而且以太极论性,提出"太极性也"的命题。朱熹对周子之书进行过深入的研究。这次会讲,双方对此展开了讨论。

关于孔子思想核心的"仁",两人讨论十分深入,观点大体一致。朱熹对张栻的观点极为认可。

关于《中庸》一书,朱熹侍行的弟子范念德记述两人:"论《中庸》之义,三日夜而不能合。"可见两人讨论非常激烈。

会讲时,两人的思想体系已经构建,但尚未完全定型。这次会讲,他们都给对方以关键影响。《宋书》载:"(张栻)既见朱熹,相与博约,又大进焉。"

张栻在之前的交流中,曾向朱熹介绍了湖湘学派"先察识后涵养"的观点以及本人对未发、已发的看法。朱熹发现自己未能沟通本性与行为、思想与知识、形而上界与经验世界的错误,在张栻"未发是性,已发是心"的启发下,获得中和旧悟。对此,朱熹说:"盖通天下只是一个天机活物,流行发用,无间容息。据其已发者而指其未发者,则已发者人心,而凡未发者皆其性也……向非老兄抽关启键,直发其私,诲谕谆谆,不以愚昧而舍置之,何以得此?"朱熹由衷地赞赏张栻:"钦夫之学所以超脱自在,见得分明,不为言句所桎梏,只为合下入处亲切。今日说话虽未能绝无渗漏,终是本领是当,非吾辈所及。"

后来朱熹得中和新悟,立即写信给张栻等人:"亟以书报钦夫及尝同为此论者。惟钦夫复书深以为然,其余则或信或疑,或至于今累年而未定也。"

对此，张栻在复信中“深以为然”。

涵养与体察并进，致知前后皆须涵养，这是朱熹中和新悟后的一贯主张。在朱熹看来，湖湘学派主张先察识后涵养，缺了未发时涵养一截工夫。张栻在乾道五年尚坚持“先察识后涵养”，到了乾道八年，明确宣称涵养和体察并进，且涵养是本，这与朱熹保持了一致。张栻的这个转变，显然是受到朱熹的影响。

那是一段非常美好的学术交流。除了同张栻会讲，朱熹应邀到湘江对面的城南书院讲学。张栻常常陪同朱熹横渡湘江，那个渡口，被当地人易名为“朱张渡”。

朱熹在后来的一首诗中写道：“忆昔秋风里，寻盟湘水傍。胜游朝挽袂，妙语夜连床。别去多遗恨，归来识大方。惟应微密处，犹欲细商量。”

淳熙七年（1180年）二月，48岁的张栻英年早逝。朱熹接到讣告，罢宴恸哭，并在相当长一段时间内心悲痛难抑。他在写给哲学家吕祖谦的书信中流露出对张栻之死的哀痛：“钦夫竟不起疾，极可痛伤。荆州之讣，前书想已奉阅。两月来，每一念及之，辄为之泫然。钦夫之逝，忽忽半载，每一念之，未尝不酸噎。”对朱熹来说，这不仅仅是一般性的丧友之痛，更重要的是丧失学术知音和道学同调的悲伤。在南宋的几位理学家中，只有张栻的思想同朱熹非常切合。他说：“钦夫之逝……盖不惟吾道之衰，于当世亦大有利害也。”

因为朱张的深厚友谊和双方的学术同调关系，张杓护送兄长的灵柩归葬湖南后，写信请朱熹为其兄撰写碑铭。张杓在信中说：“知吾兄者多矣，然最其深者莫如子。”

朱张会讲之后八年，南宋孝宗淳熙二年（1175年）六月，应吕祖谦之邀，朱熹与江西陆学的代表人物陆九龄、陆九渊兄弟在江西信州铅山鹅湖寺举行学术辩论，史称“鹅湖之会”。

关于这次辩论，陆九渊在《年谱》中这样记述：“鹅湖之会，论及教人，元晦之意，欲令人泛观博览，而后归之约；二陆之意，欲先发明人之本心，而后使之博览。朱以陆之教人为太简，陆以朱之教人为支离。”

鹅湖之会只持续了三天，之后到陆九渊谢世的十七年间，双方继续以通信的方式辩论，双方书信达四十多通。

陆九渊对自己的思想非常自信。鹅湖之会一开始，陆就赋诗一首：“墟墓兴哀宗庙钦，斯人千古不磨心。涓流积至沧溟水，拳石崇成泰华岑，易简工夫终究大，支离事业竟浮沉。欲知自下升高处，真伪先须辨于今。”

朱熹听到颈联非常吃惊，听到尾联则恼怒而沉吟不语。

陆九渊受佛学禅宗北宗与孟子的影响较深，禅宗北宗主张“即心即佛”、“道莫外求”、“明心见性”，孟子言“万物皆备于我”“求其放心”，在此基础上，陆九渊提出“心即理”、“切己自反”、“发明本心”。陆九渊认为“宇宙便是吾心，吾心便是宇宙”，“心，一心也；理，一理也。至当归一，精义无二，此心此理实不容有二。”对此，朱熹提出了尖锐的批评。朱熹主张性即理，认为心是知觉思虑之心，有善有恶，决不能说心即是理。朱熹分心为道心（觉于理者，需要操存

涵养)与人心(觉于欲者,需要省察克制),分性为天命之性(内容是仁义礼智,仁统摄后三者)与气质之性,通过“格物”、“居静”,以敬的心境引导自己的心灵,逐渐由情欲的杂乱趋向心性的纯然,从人心转向道心。

陆九渊认为人的本心就是天理,理由内出,学者只要把握本来就具备的人心,就已经成为道心。人的学习与修养,其指向与终极意义都只在向内培养心灵,所以学问的方向应该是向内体察而不是向外寻求,“收拾精神,自做主宰,万物皆备于我,有何欠缺!”陆九渊对学生说:“汝耳自聪,目自明。事父自能孝,事兄自能悌,本无欠缺,不必他求,在乎自立而已。”朱熹强调格物穷理,理由外入。面对弟子的提问:“天下万物不胜其烦,如何尽研究得?”陆九渊回答:“学苟知本,六经皆我注脚。”朱熹把各种知识看成体验真理的途径,实在是增加思想的负担却不能使精神纯粹。“学者疲精神于此,是以担子越重,到某这里,只是与他减担。”陆九渊讽刺说:“大世界不享,却要占个小蹊小径子;大人不做,却要为小儿态。可惜!”

朱熹严辨天理人欲,陆九渊认为不能把天人这样分裂,反对用天与人来区别理与欲,认为理与欲、道心与人心都出于一心,其差别只在一念之间。“克念”则为天理,为道心,人是圣贤;“罔念”则为人欲,为人心,圣贤为人。朱熹对陆九渊的这一观点做了形象的反驳,他认为陆九渊是私盐贩子,里面藏有很多私货,就是在道德本心的掩盖下有强调感性、欲望等等非本真的层面。

朱熹主张主敬以立其本,穷理以进其知,涵养致知如车之二轮。陆九渊对经典的注解、文献的研究有排斥之意,认为注重经典的学习是支离。

朱熹强调“道问学”,认为“尊德性”与“道问学”两者应当结合起来。陆九渊对此表示反对:“吾以为不可。既不知尊德性,焉有所谓道问学。”“尊德性”与“道问学”两者不是平衡的,一为主,一为次;一为本,一为末,不能把二者并列,必须以“尊德性”为主,为本。

朱熹强调要教人广泛读书,考察事物之理;陆九渊则主张反求内心,认为这比读书更为重要。关于这一点,朱熹批评说:“陆子静专以尊德性诲人,故游其门者多践履之士,然于道问学处欠了。某教人岂不是道问学处多了些子?故游某之门者践履多不及之。”陆九渊说:“元晦欲去两短,合两长,然吾以为不可,既不知尊德性,焉有所谓道问学?”

陆九渊作诗讥刺朱熹之学为“支离事业”,自诩所尊崇的乃“易简功夫”。朱熹则认为陆九渊的方法“太简”,全部学问除了“先立乎其大者”之外,别无伎俩。陆九渊比喻说,用石称,用丈量,快而少有差错;如果一斤斤称,一寸寸量,慢且容易出错。

朱熹综合了周敦颐的太极学说与程颐的理气学说,认为太极是宇宙的根本和全体,太极本身包含理与气。陆九渊认为无极出于老子,《太极图说》是周敦颐不成熟的作品,太极只是“中”,没有本体的意义。

在与朋友弟子的交流中,朱熹对陆九渊的学说流露出深深的担忧。陆九渊将心作为一切本原,等同人心与天理,否认知识的学习与涵养的修炼,会导致将世俗的人心提升到道心的高度,心灵中必然存在的人欲没有天理的制约,会导致道德与伦理堤坝的全面崩溃。

从明代中期王阳明追慕陆九渊，复兴“心学”，到晚明的道德现状来看，朱熹可谓一语中的！

后来朱熹知南康军，主讲白鹿洞书院。陆九渊来访，朱熹邀请陆九渊讲学。当陆讲到“君子喻于义，小人喻于利”一章时，“听者至有泣下，熹以为切中学者隐微深痼之病”。事后，朱熹将陆九渊之讲义勒石刻碑留世。

陆九渊晚年，感觉大限将至，对家人说：“吾将死矣。”又对同僚说：“某将告终。”于是沐浴更衣端坐，后二日日中谢世。

泪尽西风送菊天

明万历二十一年(1593 年),在逃亡中惶惶不可终日的朝鲜国王李昖,终于回到了首都王京(今首尔)。他设下盛宴,感谢助他挽救江山社稷的明朝蓟辽提督李如松。

寒暄之际,李昖问及李如松连战连捷的原因。李如松拿给他一本戚继光的《纪效新书》,说制服日本强盗的策略,都在这本书中。之后又说,自己熟悉其中的兵法,并非因为这本书,而是在该书尚未付梓之前,老师就已经将定倭之策传授给了自己。

但李如松不知道,几乎与此同时,那位传授他兵法的老师——徐渭,正在以一种无比凄惨的方式走向生命的尽头。

在山阴(今浙江绍兴)一所破屋之中,老师卖光了所有的字画,贫病交加,无人理会。他蜷缩在一堆稻草之上,陪伴他的,只有一堆书稿,一只饿犬。

翰墨散圣,文坛飞将

徐渭(1521—1593),初字文清,后改字文长,又字天池,别号天池山人、青藤道人、田水月等,山阴人。他是中国艺术史上的旷世奇才。每每念及他的时候,我都会想起另外一个人,那就是荷兰画家梵高。他们虽生活于两个不同的国度,但艺术成就与人生结局却是如此惊人地相似!

徐渭多才多艺,诗文书画俱佳。他对自己的书法尤为自负,自谓“吾书第一,诗次之,文次之,画又次之”。对此周亮工并不认同,认为“此欺人耳,吾以为《四声猿》与草草花卉俱无第二”。

要理解中国书法史上异峰突起的徐渭,需要将其置于元、明书法的坐标之上。正如宋代诗人在辉煌灿烂的唐诗面前不愿意亦步亦趋一样,在“尚韵”的晋人书法与“尚法”的唐人书法面前,北宋一批优秀的书家选择了一条大胆求变之路,由此形成了风格迥异的“尚意”书风。宋四家除蔡襄外,苏轼、米芾、黄庭坚书法均一别晋唐气象,笔墨恣肆,张扬狂放,追摹师法者代不乏人。但惜乎后继者学其皮相者多,得其精义者寡,以致误入歧途,导致南宋书坛每况愈下,萎靡不振。这正像宋初的诗人因学习李商隐不当而生出“西昆体”怪胎一样,帖学一脉岌岌可危。

有鉴于此,元代以赵孟頫、鲜于枢为代表的书家高举复古旗帜,承续二王传统,将复古书

风推向了后代无法企及的高峰。

明初书法可以视为元代书风的继续。政治的高压、科举的左右与帝王的喜好，复古书风最终导致馆阁体的泛滥，使得明初成为中国书法史上的一个低谷。在这样的背景下，杨维桢、李应桢、祝枝山、文征明、董其昌等一批书家对复古书风进行了尖锐的批评，并在书法实践中一反时流，博采前代书家之所长，锐意求变。书法终于在数百年的复古之后出现了新的时代风貌。

在求变的道路上，徐渭无疑是最特立独行的一位。他横空出世，其书法与“二王”帖学的温文尔雅迥然不同，以全新的面貌呈现于世人面前。

袁宏道这样评价徐渭的书法：“喜作书，笔意奔放如其诗，苍劲中姿媚跃出。欧阳公所谓‘妖韶女老自有余态’者也。余不能书，而谬谓文长书决当在王雅宜、文征仲之上。不论书法而论书神，诚八法之散圣，书林之侠客也。”

在草书式微的明初，徐渭主攻草书，兼擅行楷。他取法钟繇、二王、索靖、倪云林、苏轼、黄庭坚、米芾诸家，得意米芾尤多。其书作在点画、结体、章法诸方面，面目大异于前。加之徐渭个性张扬，情绪激越，块垒满腹，这种精神气质方面的独特因素融注于行草书这种更利于表现书家个性与审美情趣的书体当中，其风格就格外突出。

草书之弊，在于取法不高而信笔涂抹，以致杂乱无章，堕入野道。徐渭的草书点画狼藉，气势狂放不羁，乱而有序。结体欹正相生，章法团练一气。笔画飘逸张扬，兼能融入隶意。多字连绵萦带，一气呵成，满纸云烟，大气磅礴。这种蕴含着书家强烈主观情绪的作品出现在复古书风弥漫数百年后的明代中叶，不啻于颜真卿的《祭侄稿》出现在雍容雅正、富于庙堂气象的颜楷当中，为同时代的书家所震撼又难以接受。正如徐渭在《题自书一枝堂帖》中所说：“高书不入俗眼，入俗眼者非高书。然此言亦可与智者道，难与俗人言也。”

即以楷书而论，徐渭亦不囿于时风，依法而不泥法。字体方正而富于变化，气息含蓄而天真古拙，毫无循规蹈矩或媚俗之气。

较之书法，其绘画亦毫不逊色。徐渭一反前代花鸟画精描细绘众彩繁复之传统，开大写意花鸟之先河。吴昌硕赞之曰：“青藤画中圣，书法逾鲁公。”

书法对于水墨画的哺养，为人所共识。这在徐渭的写意花鸟画中表现极为突出。欣赏徐渭的画作，就像欣赏他的草书，笔墨之后的书法神韵跃然纸上。文学家张岱说：“今见青藤诸画，离奇超脱，苍劲中姿媚跃出，与其书法奇绝略同。昔人谓摩诘之诗，诗中有画，摩诘之画，画中有诗；余谓青藤之书，书中有画，青藤之画，画中有书。”

苏轼尝言：“论画以形似，见与儿童邻。”徐渭追求作品的精神境界，强调“不求形似求生韵”。在他的传世名作《墨葡萄图》中，画家信笔所至，不勾不染，一挥而就，全以率性恣肆的笔墨，通过笔墨的浓淡、干湿，线条的徐疾、疏密来传达葡萄、茎叶的质感，在酣畅淋漓的笔墨当中，尽显物象似与不似之神韵。后世的朱耷、郑板桥、吴昌硕、齐白石等画坛巨擘，正是在徐渭所开创的大写意画风的滋养之下，将花鸟画这一画史上处于劣势的画种推向了新的高峰。

文学方面，袁宏道尊徐渭为“我朝第一诗人，王、李为之短气”。即使是明代的大戏剧家汤显祖，对徐渭的戏剧作品也是推崇备至，称“《四声猿》乃词坛飞将”。

袁宏道在《徐文长传》中这样写道：“其胸中又有勃然不可磨灭之气，英雄失路，托足无门之悲，故其为诗，如嗔，如笑，如水鸣峡，如种出土，如寡妇之夜哭，羁人之寒起。”这可谓是对徐渭生平与诗文的精当之论。

在复古的道路上，明代前中期的诗歌比书法走得更远。明初的台阁体姑且不论，以李梦阳为代表的前七子与以王世贞为代表的后七子主张“文必秦汉，诗必盛唐”。徐渭对这种复古之风深为不满，加之他与王世贞私交甚恶，所以批评就极为尖锐，批评他们抄袭成风，甘当古人、他人的奴才，指斥他们的诗歌创作是“鸟学人言”。

人的诞生是父母情欲的结果，一诞生便受情感驱使。徐渭认为诗歌创作必须从真情实感出发。他提出了合乎诗歌本原的创作主张，但单枪匹马的他曲高和寡，应者寥寥，无法开宗立派。直到后来出现了公安派、性灵派和文学家汤显祖，其文学主张才开始大放异彩。

戏剧方面，徐渭不仅创作了《四声猿》(《狂鼓史》《翠乡梦》《雌木兰》《女状元》)，提出戏剧语言“本色”主张，还撰写了第一部南戏理论专著——《南词叙录》。在当时，杂剧被认为是戏剧的正宗，南戏不为社会所认可，就连青楼女子吟唱都是犯禁之事。

胸怀治平，腹有韬略

“安史之乱”爆发以后，李白曾经写过这样一首诗：“三川北虏乱如麻，四海南奔似永嘉。但用东山谢安石，为君谈笑静胡沙。”苏轼也曾经在《江城子·密州出猎》中表达了自己在军事方面建功立业的豪情与自信：“会挽雕弓如满月，西北望，射天狼。”但我们不要据此而高估两位文学家的政治权谋与军事才华。事实上，一流的文人与一流的政治军事才华之间并没有必然联系。《左传》中将立德、立功与立言视为人生三不朽。以立言与立功而论，中国历史上能二者兼立者，实在是凤毛麟角。更多的文人，恐怕也只能如李贺所言：“不见年年辽海上，文章何处哭秋风！”

徐渭则不然。在政治权谋与军事才华方面，徐渭表现出了超乎寻常的才能。

嘉靖年间，日本倭寇横行东南沿海。他们时聚时散，凭借先进的武器装备、出众的剑术与不惧死的武士道精神，肆意杀戮百姓，抢劫财货。仅在1554年的一次抢劫中，倭寇就在昆山地区烧毁房屋两千余间，杀死百姓一万多人。明军往往以数倍之众前去进剿，但是战斗力和装备与民兵无异的明朝野战部队，常常要么一哄而散，望风逃窜，要么九死一伤，大败而还。

徐渭不是一个只知道躲在书斋当中谋取功名的文人。他早年即留心军事，参加过绍兴城的防务。虽然身无一职，却几次换上短衣，冒险随军到前线观察形势，然后记录下战事的经过，分析成败的原因，向有司提出破敌方略。还为“王江泾之捷”与“陶宅之战”写过文章。

为了平定倭寇，明政府擢升胡宗宪为浙江巡抚，以经略东南，平定倭乱。为了完成抗倭重

任,胡宗宪物色了一文一武两位得力干将,谋士便是徐渭。

倭寇强大,而明朝政府的部队军纪涣散,战斗力极差。胡宗宪原以为在他的清剿之下,倭乱很快就能平定。但出乎意料的是,在不得力的清剿之下,倭乱越剿越乱,每年光顾达几十次之多。明军四面出击,败多胜少,疲于奔命,焦头烂额。

徐渭发现,倭乱之所以越来越严重,关键在于倭寇背后有两股强大的势力——汪直与徐海。这两股势力财力雄厚,兵强马壮。射人先射马,擒贼先擒王。徐渭向胡宗宪献言,先定大局,谋而后动。徐渭为胡宗宪设计了一个严密得近乎天衣无缝的绞杀倭首的计划。按照这个计划,胡宗宪软硬兼施,分化瓦解,最终除掉了汪直与徐海。《明史·文苑传》中这样记述:"渭知兵,好奇计,宗宪擒徐海,诱汪直,皆预其谋。"

后来胡宗宪因严嵩案牵连后入狱自杀。尽管徐渭也因此屡遭蹶踣,孤苦惨淡,但他关注国事的热情不改。出狱之后,在戚继光的推荐之下,专程拜访了辽东副总兵李成梁,并将平生参悟的剿倭之法尽数传授给了李成梁的两位公子——李如松与李如柏。

醉心王学,特立高标

论及欧洲的文艺复兴运动,恩格斯说:"这是一个需要巨人而且产生了巨人——在思维能力、热情和性格方面,在多才多艺和学识渊博方面的巨人的时代。"徐渭所处的时代,正是这样一个时代。就像法国在十八世纪贡献了狄德罗、伏尔泰、卢梭、孟德斯鸠等启蒙思想家一样,明代中后期出现了王阳明、李贽、黄宗羲、顾炎武、王夫之等一批思想家。

自元代以来,宋代的程朱理学成为钦定的官方意识形态。在明初,凡是违背程朱理学的新思想统统被斥为异端邪说,人遭刑责,书被焚禁。

王阳明"心学"的诞生,犹如久旱的高天一计响雷。王阳明早年"格竹"失败之后,开始对程朱理学产生怀疑,被贬官到贵州龙场驿任驿丞后,他对程朱理学进行了深刻反省并创立了"心学"(又称"王学")。王阳明认为心外无物,心外无理,提倡理性的自得与独断。在这之后,他借助书院传播思想,培养了一大批弟子。随着士大夫的推崇与官方控制力的削弱,王学逐渐从民间进入庙堂。万历十二年,皇帝颁旨将王学列为官方哲学,王学于是迅速风靡海内。

程朱理学的要义是"存天理,灭人欲",即要求人把世俗的情欲与天然的天理分开,以便人在世俗欲望与情感的克制中,逐渐提升到天理的高度。

在人的诸多属性,比如物性、人性、诗性、神性当中,物性是最原始、最基本的属性,程朱理学的荒谬之处就在于无视人的物性,希望在消灭物性的前提之下建造空中楼阁。他的直接影响是造就了一大批口是心非,言行不一的伪儒。在程朱理学一学独尊的时代,立言仁义道德,行事卑鄙无耻者比比皆是。

王阳明认为,人人皆有良知,良知的获得则需要知行合一。徐渭醉心于王阳明的"心学",在某些方面,比王阳明更加激进。

1549年，徐渭以王阳明的嫡传大弟子季本为师，后来又师从王学左派的代表人物王畿。王畿提出“以自然为宗”的观点，强调人的自然本质，反对一切礼教道德的束缚。徐渭深以为然。在心学的影响之下，传统的封建等级观念以及伦理道德，在徐渭的精神世界里完全褪去了光环。

徐渭批评理学的最高法则天理，认为天理压制了人的自然情感欲求，而自然性情才是人天生的永恒法则。徐渭蔑视礼教，轻慢权贵，狂放不羁，特立高标的行为，正是这种观念的外化。

在专制的王权时代，思想家正如分娩“另类”的母亲。她们需要独立承担分娩的痛苦，还可能因为分娩了“另类”而长期遭受王权的打压与世俗的指责。就像坚持“日心说”的布鲁诺被烧死在罗马的鲜花广场一样，在王权的淫威面前，顺之者昌，逆之者亡。中国历代思想家，如果其学说站在统治阶级的立场上为其统治服务，往往能够得到统治者的尊崇；反之，轻者穷困潦倒，苍凉一生；重者饱受打击，引颈受戮。

王阳明军功赫赫，位居要职，甚至被皇帝封为新建侯，其追随者遍及海内，尚且饱受弹劾。徐渭以一介布衣，在理学阴霾笼罩的背景之下，特立高标，其背负的压力可想而知。比徐渭晚六年出生的“名教罪人”李贽，就因为批判道学的虚伪，饱受卫道士指责。卫道士先烧毁了李贽出家的寺院，而后以“邪说惑众”的罪名将其投进监狱。自知在劫难逃的李贽，最终以剃刀自刎。

徐渭能以七十三岁高龄老死家中，已经诚属不易。

时运不济，命途多舛

造化弄人。命运似乎是一位顽皮的老人，他喜欢在捉弄摆布芸芸众生中获得满足。对于才华横溢而又个性张扬者，他兴趣更浓。

徐渭的母亲系父亲晚年所纳之妾。在徐渭出生百日后，父亲撒手人寰。生母婢女的身份使得徐渭在家中毫无地位。尽管嫡母苗夫人将徐渭当做亲生骨肉抚养，寄予厚望，但在徐渭十岁那年，苗夫人还是把他的生母逐出了家门。幼年夺母，对徐渭是一个很大的刺激。成年后入赘潘家，更使他的心理蒙上了阴影。好在妻子贤惠体贴。可是祸不单行，娇儿刚刚满岁，爱妻匆匆辞世。徐渭在《内子亡十年因感而作》中写道：“黄金小纽茜衫温，袖褶犹存举案痕。开匣不知双泪下，满庭积雪一灯昏。”

徐渭天资聪颖，才思敏捷。六岁学习《大学》，每天能记诵千余言。数百字的文章，他能过目不忘。十岁便仿扬雄的《解嘲》作了一篇《释毁》。

面对这样的“谢家宝树”，乡邻都认为跃龙门、举进士只是早晚的事。在两次考秀才未成后，徐渭在给提学副使要求复试的信中写道：“学无效验，遂不信于父兄。而况骨肉煎逼，箕豆相燃，日夜旋顾，惟身与影！”悲凉之情溢于言表。

二十岁考取秀才后，徐渭以更大的热情投入乡试当中，但接下来八次应试均不中。在那个只认功名不认才华的时代，才华与声名均不及徐渭的士子一个个金榜题名，而徐渭却屡屡名落孙山，其窘况可想而知。徐渭在杂剧《女状元》中写道："不愿文章中天下，只愿文章中试官。文章自古无凭据，唯愿朱衣暗点头。"激进的思想、高贵的灵魂、不幸的遭际以及对自己才华的高度自信，造就了徐渭狂放不羁、孤高自傲、不惧权势、偏激多疑的性格特点。

胡宗宪延请其出任幕僚，徐渭高卧不出，要求胡宗宪亲自登门来请。在胡宗宪的幕府，他人临深履薄，战战兢兢，唯独徐渭无所不言，饮酒谈笑，旁若无人。胡宗宪开玩笑说"卿文士耳，无我那得显！"徐渭应声回答："公纵英雄，非我必不传！"

胡宗宪系狱之后，徐渭自知覆巢之下，难有完卵，加之又开罪于炙手可热的礼部尚书李春芳，于是写了一篇文辞愤激的《自为墓志铭》后，备好棺木，决意自杀。他先是用利斧击破头部，血流被面，头骨皆折，却没有死掉；后又以利锥刺耳，深达寸余，又没有死掉；竟至于用锤子击碎肾囊，但还是没有死成。他在《感九诗》中写道："九死辄九生，丝断复丝续。"

后来因为怀疑继妻张氏与人有染而误杀妻子，进了监狱。入狱之后身带枷锁，满身虮虱，冬天雪积床头，冷得发抖，连朋友送来的食物也被抢走。

七年后遇大赦，经友人相助，年过半百的徐渭走出牢狱。经此打击，徐渭越发放浪形骸，嬉笑怒骂，肆无忌惮，被人目为"狂人"。终至四处游历，以卖画鬻字为生。

晚年的徐渭几乎闭门不出，凄凉孤独，贫病交加。从几首诗中，我们可以想见诗人的困顿窘迫：

其一：凫牛两碟酒三卮，索写梅花四句诗。想见元章愁米日，不知几斗换冰枝。

其二：曾闻饿倒王元章，米换梅花照绢量。花手虽低贫过尔，绢量今到老文长。

其三：半生落魄已成翁，独立书斋啸晚风。笔底明珠无处卖，闲抛闲掷野藤中。

尽管如此，凡来求购者，也必须正值经济极度匮乏之时。如果赶上囊中有钱，即使给的润笔再多，也难得一字一画。至于权贵求字索画，徐渭则一概拒之门外。山阴县令刘景孟高车驷马来访，徐渭闭门不见，从门缝中塞出一纸，上书："传呼夹道使君来，寂寂柴门久不开。不是疏狂甘慢客，恐因车马乱苍苔。"刘景孟布衣徒步前往，徐渭才开门相见。

过世前四年，徐渭又因醉酒跌伤肩骨，终至卧床不起。加之身患多种疾病，大约无法写字画画，生活更为贫苦。常常"忍饥月下独徘徊""有书数千卷，后斥卖殆尽。畴莞破弊，不能再易，至借稿寝"。最后在"几间东倒西歪屋，一个南腔北调人"的境遇中结束了残生。

名播万世，艺泽千秋

徐渭去世以后，享受了他生前无法料想的荣耀。

出于对这位旷世奇才的敬慕，乡邻保存了徐渭的故居。时至今日，绍兴的青藤书屋经历了四百余年的风雨沧桑之后，依然完好。

徐渭过世后四年，文学家袁宏道漫游吴越，偶然在陶望龄家中发现了徐渭的诗集《阙编》，大为惊异，叹为平生仅见。袁宏道不遗余力搜罗徐渭遗稿，大力宣扬，并为我们留下了一篇关于徐渭最为翔实可靠的传记经典——《徐文长传》。

到了清代，郑板桥"曾以五十金易天池石榴一枝"。又治印一方，印文是"青藤门下牛马走"。

到了近代，齐白石曾说："青藤、雪个、大涤子之画，能横涂纵抹，余心极服之，恨不生前三百年，为诸君磨墨理纸。诸君不纳，余于门之外饿而不去，亦快事也。"并题诗："青藤雪个远凡胎，老缶衰年别有才。我欲九原为走狗，三家门下转轮来。"

徐渭如果九泉有知，或许能够在无尽的悲凉中生发一丝慰藉！

林长民：乱世书生慎染兵

林长民（1876—1925），福建闽侯（今福州）人，幼名则泽，字宗孟，自称苣苳、苣苳子，又号桂林一枝室主，晚号双栝庐主人。民国政治家、书法家。

康有为跟伊峻斋（名立勋）论及书法，说："你们福建书家，却只有两位……"伊峻斋盛于书名，以为自己必在其中，谁知康有为却说："一个是郑苏庵（名孝胥），一个是林宗孟（名长民）。"

清人王铎有言："书不宗晋，终入野道。"林长民早年学书自晋唐入手，及中岁受时风之影响，兼及北碑，融帖学之雅秀与碑学之遒劲于一体，时人谓为"劲中之美"。其作品，尤以《旅欧日记》为世所称道。书作行云流水，散淡洒脱，随意而不失法度，疏朗中透着凝练。

书法之外，林氏亦擅诗文。

1919年，"巴黎和会"中国外交失败，原德国在山东的权益转手日本。当时正在巴黎的梁启超听闻这一消息，迅即电告林长民。林连夜写成《外交警报敬告国民》，于次日（5月2日）发表于《晨报》：

> 我政府，我专使非代表我举国人民之意见，以定议于内、折冲于外者耶！今果至此，则胶州亡矣！山东亡矣！国不国矣！……国亡无日，愿合我四万万民众誓死图之！

一石激起千重浪！这篇三百多字的短文恰如暗夜的雷电，击燃了干燥的积薪，仅隔一天，"五四运动"爆发。之后，"亲日派"文人在《每周评论》发表的一篇文章中写到："这回北京市民的公愤，全是外交协会林长民等煽动起来的。"

林长民于书法文章，少便蜚声。青年时期留学东瀛，入早稻田大学，专攻政治法律。归国之后，活跃于政界与学界，加之其人瘦面炯目，美髯丰神，于海内享有盛望。袁世凯任大总统，林当选第一届众议院议员，任秘书长。1916年丙辰元旦，袁世凯登基，林长民喜得贵子，奏称袁氏："圣主当阳，春和四被；臣幸诞一男，伏恳赐名，以为光宠。"袁执笔书"新华"二字付之，林氏表谢，诩为殊荣。

袁世凯倒台后，北洋政府频繁易主，林长民侧身其中，或浮或沉。曾一度携爱女林徽因漫游欧洲。归国以后，再次进入政坛。政局错综复杂，非常人所能把握。林于仕途既已不顺，又接连收到恐吓信，以至于惶惶不可终日。

1925年底，奉系郭松龄倒戈。郭松龄看中了林长民搞政治与对日外交的专长，于是请其

出关，为之筹划，并答应事成以后，郭主军，林主政。危墙之下的林长民此时恰如惊弓之鸟，自然视郭松龄的橄榄枝为救命稻草。加之其亦欲借此一展压抑多年的政治抱负，所以草率决断，仓促出京。

郭松龄旋即兵败被杀。弹雨之中，林长民主仆仓皇逃命，均被飞弹击中。林被击中头部，立时殒命。据说，林长民在兵败之际，念“无端与人共患难”不已。林长民一向引爱女林徽因为知已，曾在致女儿的书信中写到“做一个有天才的女儿的父亲，不是容易享的福。”率性之言，谁知竟然一语成谶。

林长民的胞弟林天民与族弟林朴初赶到东北，在日本领事馆看到兄长与仆人的尸体被分装在两个菜瓮之中，除头颅、胸肋、大腿的骨骼外，其余都已烧成灰烬。尸骨最终归葬福州老家。

噩耗传来，林的挚友梁启超撰挽联凭吊：

天所废，谁能兴，十年补苴艰难，直愚公移山而已！

均是死，容何择，一朝感激义气，竟舍身饲虎为之。

听水老人陈宝琛亦撰联缅怀：“丧身乱世非关命，感旧儒门惜此才。”

在一片悲叹、惋惜与取笑声中，一位老先生说：“政治这件东西，是可玩而不可玩的，自清末至今，因为玩政治而送却老命的，又何止林宗孟一个？不过这回玩得不大高明罢了，求仁得仁，又何怨焉！”

【后记】史料主要参考高拜石先生的《古春风楼琐记》。2012 年 2 月 8 日初稿，13 日定稿。

黄侃:国学大师的生前身后

清季民国学人当中,论读书治学,黄侃是第一流的种子。

1905年,20岁的黄侃到日本早稻田大学留学,同时师事国学大师章太炎。1919年,已经是北大知名教授的黄侃,为了得到经学真传,备现大洋,行跪拜礼,拜经学大师刘师培为师。刘师培仅比黄侃年长一岁多,二人的学术水平在伯仲之间。

——在黄侃看来,治学当恪守师承。

黄侃读书治学,以"扎硬寨打死仗"著称。

他在1928年5月3日的日记中写道:

> 余观书之捷,不让先师刘君。平生手加点识书,如《文选》盖已十过,《汉书》已三过,注疏圈识,丹黄烂然。《新唐书》先读,后以朱点,复以墨点,亦是三过。《说文》《尔雅》《广韵》三书殆不能遍数。

黄侃是一个思想活泼、富于生活情趣的人。他喜欢游山玩水,喝酒打牌,吟诗写字,但视学术为生命,无论怎样玩,自己规定每天应做的功课一定要做完。1935年10月5日,黄侃因饮酒过度,胃血管破裂,于8日去世。就在去世前一天,虽然吐血不止,仍抱病圈点《唐文粹补编》,并披阅《桐江集》五册。

对自己如此,对学生亦如此。

陆宗达年轻时打算治训诂学,去找黄侃拜师。黄侃知道陆的来意后,不置可否,只叫他先买一部白文本的《说文解字》,点完之后再说。陆花了一年半时间,再去见黄侃。黄侃叫他把书留下,再买一部,重点一遍。过了半年,第二部又点完,再去见黄。黄又叫他去买第三部……

这样数过之后,陆宗达才终于成为黄侃的门生。

——在黄侃看来,治学当博学多闻。

黄侃认为学者治学,要"为后世负责","急于著书"是初学者治学四病之一。黄侃有句名言:"五十之前不著书。"尽管章太炎先生多次劝说,黄侃都不为所动。黄侃的学术文字,主要是读书札记。

——在黄侃看来,治学当谨于言语。

惜乎天妒英才!

黄侃过世以后,他的门生,相当一部分成为学界的重镇。像语言学家陆宗达、历史学家范

文澜、文学史家程千帆、文史学者杨伯峻等。

黄侃过世以后，他的读书札记，已经出版和正在出版的，达数十种之多。《文心雕龙札记》，手批本《白文十三经》《说文解字》《尔雅义疏》《广韵》等，更是这一领域学者必备的参考书。

今天的学术界，能数出几个这样潜心读书治学的大师？

不学无术的导师，剽窃拼凑的成果，大言不惭的吹嘘，……学术腐败已经使中国学者在世界同行面前斯文扫地，尊严不再。

今天的学术界，还能包容这样"不出成果"的大师吗？

急功近利，已经成为中国学术界最大的毒瘤。我们的大学和研究院，都在花重金延请大师，但却没有包容大师的体制。像黄侃、像攻克"费马大定理"的安德鲁·怀尔斯这样下十年甚至数十年工夫铸剑的大师，按照中国大学和研究院的考核办法，早就被淘汰出局了。

2005 年 9 月 14 日凌晨，年仅 36 岁的中科院高能物理所研究员茅广军——一位曾经在德国和日本的知名学术机构从事研究的物理学家——跳楼自杀。原因是他的研究方向发生了变化，成果不可能出得太快，结果发表的文章数量较少，没有通过相关考核而被解聘。

出现这样丑闻的今天，像黄侃那样吝于著述的大师，能在一流的大学获得一份教职吗？

鲁迅：痛骂已成广陵散

10月19日，是鲁迅先生的忌日。1936年，先生在上海溘然长逝，岁月匆匆，已经走过了七十个春秋。

我们这一代人，都是从小读鲁迅长大的。残存的早年粗疏的记忆，现代的文学家，似乎就只有鲁迅先生。

在先生忌辰将近的日子里，提笔的冲动愈发强烈，这种冲动，正如先生在他的《记念刘和珍君》一文中所言："我也早觉得有写一点东西的必要了，这虽然于死者毫不相干，但在生者，却大抵只能如此而已。"

想写，但又颇多踌躇——这是一个方方面面都已经让研究家们梳理得井井有条的大师，即使如一般人，也可能会有专家味十足的评头论足，说什么好呢？

"横眉冷对千夫指"，还是说先生的"骂"吧！

曾经有一段时期，应该是起于二十世纪思想解冻后的八十年代，对一些现代作家的重新定位导致鲁迅先生的"神坛"有所下沉，下沉的原因之一，就在于鲁迅先生的"骂"。

鲁迅好骂，这在现代文坛是出了名的。

瞿秋白曾经在他那篇著名的《〈鲁迅杂感选集〉序言》中，把鲁迅先生比喻为希腊神话中的莱谟斯——一位狼的乳汁喂养大的英雄。

鲁迅骂过的人，相当多的是重量级的学人，像梁实秋、顾颉刚等人，更是大师级的人物。

鲁迅骂过的一些学人，因为特殊的政治学术空气，在一个相当长的时间，这些人近乎过街的老鼠。

梁实秋"丧家的资本家的乏走狗"的帽子，到死也没能摘取；据说陈西滢曾经一度发誓不再写散文；顾颉刚在新中国成立之后的几十年，也始终无法摆脱与鲁迅笔战的阴影。

流行的评价是：读鲁迅的文章长脾气，读胡适的文章长学问。一位我尊重的大学教授，在讲到鲁迅时，以"绍兴师爷的尖酸刻薄"来评价先生。

因为爱，所以恨；因为痛，所以骂。在这位怀有狼性的大师的痛骂背后，蕴含着的，正是今天相当多的知识精英所缺失的良知、正义和责任感。在那样一个文学急需要找回良心，却又处处受阻的年代，这样的痛骂，是最可贵的声音！

对于怙恶不悛的“怨敌”,鲁迅先生一个都不宽恕。面对帮闲的、御用的、反动的、散布流言的、搬弄是非的文人政客,鲁迅先生不惜四面出击,见一个骂一个,那是何等的痛快淋漓!

鲁迅先生在遗言中这样写道:

让他们仇恨去,我也一个都不宽恕。

今天的文化圈子里,还有这样振聋发聩的声音吗?偶然也能听到一些叫骂声,不是恶意的炒作,就是泼妇的谩骂,那种像投枪匕首般让龌龊低头的怒骂,已经成为永远的绝响。

痛骂已成广陵散!

鲁迅先生的教训

鲁迅先生在历史小说集《故事新编》中有这样两个片断：

《铸剑》：

眉间尺刚和他的母亲睡下，老鼠便出来咬锅盖，使他听得发烦。

……

他近来很有点不大喜欢红鼻子的人。但这回见了这尖尖的小红鼻子，却忽然觉得它可怜了，就又用那芦柴，伸到它的肚下去，老鼠抓着，歇了一回力，便沿着芦干爬了上来。

……

眉间尺大吃一惊，不觉提起左脚，一脚踏下去。只听得吱的一声，他蹲下去仔细看时，只见口角上微有鲜血，大概是死掉了。

《理水》：

“这这些些都是废话，”又一个学者吃吃的说，立刻把鼻尖胀得通红。“你们是受了谣言的骗的。其实并没有所谓禹，禹是一条虫，虫虫会治水的吗？我看鲧也没有，鲧是一条鱼，鱼鱼会治水水水的吗？”他说到这里，把两脚一蹬，显得非常用劲。

在这两段文字的背后，有着先生不太光彩的一面。

二十世纪二十年代，“古史辨派”代表人物顾颉刚先生撰文指出，中国古史系统系伪造的历史，很不可信——治水的大禹可能只是一条虫。

同一时期，因为一些众说纷纭的原因，同在厦门大学任教的鲁迅先生和顾颉刚先生结怨，之后发生文字上的争论，一直持续到三十年代。在争论的过程中，鲁迅先生过于意气用事，借助虚构的小说情节含沙射影，指桑骂槐，贻人笑柄。

《故事新编》中的两段文字，是鲁迅先生精心设计的——不仅观点直指顾颉刚先生，就连形象的体貌特征和行为举止也是针对顾颉刚先生的——顾颉刚先生鼻子有点红，并患有较为严重的口吃，被称为“板书教授”。

鲁迅先生的攻击，给顾颉刚先生带来了很大的伤害，以至于后者晚年在《自传》中写道：“我一生中第一次碰到的大钉子是鲁迅对我的过不去”。

作为鲁迅先生的“对头”，在那些极“左”的日子里，顾颉刚先生遭受到了严重的攻击和迫害，饱受屈辱。

“前事不忘，后事之师。”明了这段历史，或许对我们能够有所启示。

师道

一

已故复旦大学中文系教授蒋秉南先生毕业于清华国学研究院，师从国学大师陈寅恪先生。

晚年的陈先生失明膑足，栖身岭表，病卧床榻，欲将著作的整理出版委托最可信赖的弟子蒋秉南先生。见面之后，师生径直开始谈话。蒋先生一直毕恭毕敬地站在老师床侧，几个钟头始终没有坐下。

当时的蒋先生已是年过花甲。

文选出版后，上海古籍出版社付给蒋先生1000多元稿费。在当时，这是一笔不小的数目，但蒋先生却严词拒绝。他说："学生替老师编书，怎能收钱？"

复旦大学中文系教授章培恒先生是蒋先生的弟子。一次，他随蒋先生外出办事，晚上送老师回家。途中大雨，车到教师宿舍门口，遍地积水，而蒋先生穿的是家常布鞋。章先生提出要背蒋先生，全然不考虑自己也已直逼花甲，蒋先生则坚辞不受。于是，老师跨出车门，直奔寓所，学生手拎皮鞋，着一双白袜紧随其后。

二

弘一法师的弟子刘质平生前总结与老师的师生之情说："名虽师生，情胜父子。"

刘质平出生寒门，在浙江第一师范求学时，遇到李叔同先生。刘质平的勤奋好学深得李先生的钟爱，师生情谊日深。

1918年夏，已经准备出家的李先生给刘质平写了一封信。信中提到自己资助刘质平赴日留学，而刘质平尚未毕业，想借1000块银元帮助弟子完成学业。如果借不到钱，自己愿意再工作一段时间，等到筹齐学费再行出家。

弘一法师后来赠给刘质平十六幅条屏《佛说阿弥陀佛经》。1946年，国民党政要孔祥熙听到以后，欲以50根金条购买这组条屏。在当时，50根金条可以在上海买下带花园的洋房，但刘质平不为所动，一家人依然挤在亲戚家的一间亭子间。

这些作品连同弘一法师大量的其他墨迹，后来都无偿捐给了纪念馆。

三

词学大师叶嘉莹先生在怀念恩师顾随先生的文章中写道："自上过先生之课以后，恍如一只被困在暗室之内的飞蝇，蓦见门窗之开启，始脱然得睹明朗之天光，辨万物之形态。"

顾先生不同寻常的授课方式深深地吸引了叶先生。"先生所传授给学生的，绝不是书本的知识而已，而是诗歌的精魂与生命，以及结合此种精神与生命的，先生所表现出的整体的品格和风骨。"

更让叶先生敬重的，是老师的人格精神。顾先生勉励弟子"自觉，觉人；自利，利他；自渡，渡人"。叶先生毕业后长期从事古典诗词教学，成立中国古典文化研究所，致力于传播中国传统文化，退休后仍然奔波于各地讲学。

顾先生也非常喜爱才气横溢的叶先生，为弟子取笔名"迦陵"（本自佛典中的妙音鸟迦陵频伽，适与"嘉莹"谐音），精心修改并推荐发表弟子的作品。

叶先生在怀念老师的文章中写道："（离开北平）三十年来我的一个最大的愿望，便是想有一日得重谒先生于故都……"然而直到1974年叶先生第一次回国探亲，才得知老师早于1960年即在天津病逝。

四

1930年初，夏承焘先生到杭州之江大学国文系执教，朱生豪先生选修了夏先生开设的部分课程，还参加了夏先生主持的"之江诗社"。

夏先生从朱生豪历年的试卷中，敏锐地发现这位少年对传统诗词有着精妙的鉴赏力。1930年11月5日，"夕阅考卷，朱生豪不易才也。"12月8日，"阅卷，嘉兴朱生生豪读晋诗随笔，极可佩，惜其体弱。"1931年1月13日，"夜阅文科学生试卷，朱生豪止十八岁，真可钦佩。"6月8日，"阅朱生生豪唐诗人短论七则，多前人未发之论，爽利无比。聪明才力，在余师友之间，不当以学生视之。其人今年才二十岁，渊默如处子，轻易不肯发一言。闻英文甚深，之江办学数十年，恐无此未易才也。"

芦苇与屠刀

偶读徐百柯先生《刘文典:世上已无真狂徒》一文,感慨尤深,特录其中两段:

1928年,蒋介石掌握大权不久,想提高自己的声望,曾多次表示要到刘文典主持校务的安徽大学去视察,但刘拒绝其到校“训话”。后来,蒋虽如愿以偿,可是在他视察时,校园到处冷冷清清,并没有领袖所希望的那种隆重而热烈的欢迎场面。一切皆因为刘文典冷冷掷出的一句话:“大学不是衙门。”

后来安徽发生学潮,蒋介石召见刘文典。之前刘氏曾有豪言:“我刘叔雅并非贩夫走卒,即是高官也不应对我呼之而来,挥手而去。蒋介石一介武夫耳,其奈我何!”见面时,刘称蒋为“先生”而不称“主席”,蒋很是不满。进而两人冲突升级,刘文典指着蒋介石说:“你就是军阀!”后来的事,蒋介石以“治学不严”为由羁押刘文典,说要枪毙。由于蔡元培等人说情、力保,陈立夫又从中斡旋,蒋介石才以“即日离皖”为条件,释放了刘文典。

章太炎先生听到后,在病中特意作对联赠弟子,把刘文典比做敢于顶撞权贵的“祢衡”:“养生未羡嵇中散,疾恶真推祢正平。”

对于文人的这种精神操守,徐悲鸿先生说得好:“人不可有傲气,但不可无傲骨。”但在很多时候,这种铮铮傲骨恰如雪莲灵芝,难以寻觅,倒是那种龌龊的趋炎附势、肉麻的阿谀奉迎遍地都是。

晚年的陈寅恪先生在《赠蒋秉南序》中说:“欧阳永叔少学韩昌黎之文,晚撰五代史记,作义儿、冯道诸传,贬斥势利,尊崇气节,遂一匡五代之浇漓,返之淳正。故天水一朝之文化,竟为我民族遗留之瑰宝。孰谓空文于治道学术无裨益耶?”

精神的奇葩异卉,不仅需要像欧阳修那样的大师级人物去培育,更需要统治阶层精心保护。

宋代词人柳永曾经和当朝皇帝仁宗有过一段佳话:

胡仔《苕溪渔隐丛话》引《艺苑雌黄》载:

柳三变喜作小词,薄于操行,当时有荐其才者,上曰:“得非填词柳三变乎?”曰:“然。”上曰:“且去填词。”由是不得志,日与儇子纵游娼馆酒楼间,无复检率。自称云:“奉旨填词柳三变。”

经历了打击以后,柳永写了《鹤冲天》一词抒怀:

黄金榜上,偶失龙头望。明代暂遗贤,如何向?未遂风云便,争不恣狂荡。何须论得

丧？才子词人，自是白衣卿相。烟花巷陌，依约丹青屏障。幸有意中人，堪寻访。且恁偎红依翠，风流事、平生畅。青春都一饷。忍把浮名，换了浅斟低唱。

对于这样大不敬的“白衣卿相”，仁宗任其风流潇洒，并不予以追究。

这在赵宋王朝的历史上，是一个标志性的事件——两宋的皇帝，从来不肯因为一些拿不到桌面上的事情而对文人乱开杀戒，即使是对于文人触龙须，逆龙鳞之举，有时也会很宽容地一笑了之。

明代则不然。太祖朱元璋手持狼牙大棒，动不动就将文人打得血肉横飞，杀戮亦司空见惯。诗人高启只是因为一诗一文，便惹得龙颜大怒，年不满四十，被施以腰斩。

方孝孺是当时的士林楷模和朝廷栋梁。成祖朱棣在夺侄子建文皇帝帝位之前，其谋士僧道衍曾进言：“南方有个方孝孺很有学问，破城之日，他必定不降，请不要杀他。杀了方孝孺，天下读书的种子就断绝了。”结果，朱棣不仅对方孝孺施以暴刑，而且诛灭了十族，在天下文人心头投下了浓重的阴影。

法国思想家帕斯卡尔有过一个经典的比喻：“人是一株会思考的芦苇。”人确实如芦苇般脆弱，文人往往更是“弱不禁风”。帕斯卡尔的意思在于：人会思考，因而人坚韧而有尊严，他精神的强大远胜肉身的孱弱。就像海明威笔下那位老渔夫桑提亚歌所说——“人，你可以毁灭他，却打不败他！”

但现实却是，文人就像芦苇，统治者的屠刀既可以毁灭任何个体，也可以征服其中的大多数，使血性的勇士变成缺钙的奴才。不过，这种对文人肉体的摧残和精神的羞辱，其代价是惨重的。消灭了肉体，可能会摧垮了国家之栋梁；摧残了精神，就等于戕杀了士人的气节。杀戮和羞辱是一把双刃剑——首先遭遇的是士人，最后饮血的是暴君。

十年砍柴在《崇祯帝身旁的“陆秀夫”呢？》一文中举了下面两段史实予以对比：

> (南宋)丞相陆秀夫背着八岁的小皇帝蹈海自杀。史载：“后宫诸臣，从死者众”。“越七日，尸浮海上者十万余人”。大战中和帝室失散的张世杰知道少帝已死，领着船队再度出海，航至海陵岛一带海面时遇飓风溺死海中。
>
> 张世杰、陆秀夫和在北京就义的文天祥被后人称为“宋末三杰”。而为大宋殉葬的士人远不止这三人，蒙古兵攻陷潭州(今长沙)时，岳麓书院几百个儒生全部战死。
>
> 而明代呢？皇帝自杀时，身边连半个陆秀夫都找不到。清兵南下时，投降的大臣一个接一个，前赴后继。江南一些缙绅起兵主要是为保卫家乡、保卫引以为自豪的华夏文化，实在没有多少士人愿意为这个王室殉葬。连东南文人领袖钱谦益，口口声声要殉国，待到国亡时，柳如是劝他投河成大节，钱说水太凉了，以后再说。他最终还是投降了清朝，没当成陆秀夫。连后来的清代皇帝也瞧不起这些投降的大臣，说汉族文人太柔弱，让他们入了《贰臣传》。

方孝孺的灭族实则向天下的知识层昭示一个道理：不要忠于道统和原则，而是要忠于最终的胜利者。

傲骨、气节、操守，这是最绚丽的精神花朵。精神的花朵需要培育和保护数十年甚至上百年才能够绽放，而毁灭它，只需要短短几年甚至于一阵急风暴雨就足够了。

三国魏末，司马氏对忠于曹魏政权的文人肆意杀戮。司马昭下令处死文坛领袖人物嵇康时，洛阳的刑场上，三千名太学生集体请愿，希望朝廷让嵇康做他们的老师，以此来挽回嵇康的性命，但终未能幸免。

兔死狐悲，知识分子噤若寒蝉，于是发明了一种避祸的绝好方式——清谈。这就出现了柏杨先生在《中国人史纲》中所说的情况："所有行政官员以不过问行政实务为荣，地方官员以不过问人民疾苦为荣，法官以不过问诉讼为荣，将领以不过问军事为荣。"

晋朝建立以后，晋武帝司马炎的宰相何曾有一次对儿子说："国家刚刚创业，应该朝气蓬勃，才是正理。可是我每次参加御前会议或御前宴会，从没有听到谈过一句跟国家有关的话，只是谈些日常琐事。这不是好现象，你们或许可以幸免，孙儿辈恐怕逃不过灾难。"

自魏晋始，至于隋朝，在这段漫长的时间段里，万马齐喑，千人诺诺，直到初唐，才出现了以魏征为代表的"万士之谔谔"的局面。唐代的许多官员敢于从容进言，这都应该归功于李世民和他所开创的善于纳谏的风气。在当时的政治体制下，李世民能做到"允许每个公民能葆有自己的个性，允许他们发出自己的声音"（徐怀谦《盛世下的沉思》），真是难得。

生的留恋是动物的本能。以此为前提，精神的羞辱所遭受的痛苦往往远甚于死亡——后者只会持续很短的时间，而前者，甚至可能没有尽头。因为这样的原因，许多义薄云天的勇士，宁可引颈就戮，也不愿苟延残喘，这不仅在于担心饱受屈辱，还惧怕无法扛过经久的屈辱而留下千古的骂名。

士可杀不可辱，更何况那种甚于禽兽般摧残的黑夜茫茫，让人觉得等不到天亮。

1966年，老舍先生多次遭到红卫兵的揪斗、迫害，红卫兵甚至将先生剃成"阴阳头"进行侮辱——这年8月，先生投湖自尽。

同年9月2日夜，著名翻译家傅雷先生因为不堪红卫兵的凌辱，和妻子梅馥女士双双自尽。

这样的结局，在那个疯狂而又嗜血的年代，是一种凄美而无奈的选择——即使选择玉碎，也不苟且瓦全。

瓦全了，代价就惨痛了！

郭沫若、冯友兰……这些原本应该如雷贯耳的名字，可以举出一长串，但我不愿意多举，也没有资格。我宁可相信，如果没有那长达十年的浩劫，他们的名字将会和他们的学问一样盛誉满天下。

另外一部分知识分子站着死去或者终于挺了过来，陈寅恪、吴宓、马寅初、梁漱溟、季羡林……

身体是血肉之躯，但精神的伟大却可以使之成为钢筋铁骨！

文革后期，有人曾劝中山大学教授容庚，要容庚审时度势，起来批判孔子。容庚说："我宁

可去跳珠江，也不批判孔子。”同一时期，迫于政治压力，冯友兰教授背离了自己的学术良心，顺应潮流，撰写了一系列批判孔子的文章及《论孔丘》一书来推波助澜。

梁漱溟先生忍无可忍，终于站出来反对批孔，并就此中止了与冯友兰教授的交往。直到1985年12月初，梁漱溟先生还拒绝参加冯友兰教授90寿辰家宴。这一月，梁漱溟先生阅读了冯友兰教授寄赠的剖析自我和检讨历史的《三松堂自序》之后，才于月底和冯友兰教授见了最后一面。

1988年，梁漱溟先生过世后，新华社刊发先生生平的通稿，其标题是“三军可夺帅，匹夫不可夺志”。

冯友兰教授也送来挽联：

钩玄决疑百年尽瘁以发扬儒学为己任；

廷争面折一代直声为同情农夫而直言。

好一个“廷争面折一代直声”！

文人需要有这样的勇气，文人更需要这样的空气！

诗意地栖居

我们该如何经营生活?

德国诗人费里德里希·荷尔德林有过一句著名的诗:“人,诗意地栖居在大地上。”这句诗准确道出了我们应该追求的生存状态:不管物质条件如何艰苦,也不管生活环境怎样恶劣,人都应该“诗意地栖居在大地上”。

古希腊有位犬儒派哲学家叫第欧根尼。他穿着破衣服、吃别人的剩饭、睡在一个烂木桶里;但他却宣称:“我比国王还富有,比国王还快活。”

一天,第欧根尼在晒太阳,亚历山大对他说:“你可以向我请求你所要的任何恩赐。”第欧根尼躺在烂木桶里伸着懒腰说:“靠边站,别挡住我的太阳。”

征服过那么多国家的亚历山大,却无法征服一个哲学家,以至于亚历山大感叹道:“我若不是国王的话,我就去做第欧根尼。”

一个是穷困潦倒的哲学家,一个是富可敌国的统治者。哲学家无法感受呼风唤雨的荣耀,也无法品味珍馐美味的可口,但他却享受着上天赐予的一切可以享受的财富,包括那泽被万物的太阳。

东坡居士儒、释、道兼修,豪放旷达。虽然一生屡遭顿踣,但始终保持着良好的精神状态。他在《前赤壁赋》中说:“惟江上之清风,与山间之明月,耳得之而为声,目遇之而成色,取之无禁,用之不竭,是造物者之无尽藏也,而吾与子之所共适。”

西方智者与东方文豪在这一点上达成了高度的默契。

在这个物欲极度膨胀,人性空前浮躁的今天,太史公在两千多年前发的那句“天下熙熙,皆为利来;天下攘攘,皆为利往”的感慨,愈见其深刻。

我们很多人,只是埋头拉车,很少抬头看路;日日重复三餐,一日只为三餐。

一个考到师大的学生假期来看我,问我应该如何度过四年的大学生活。我语他六条:不抽烟,多读书;不酗酒,多喝茶;不泡网吧,多听音乐。之所以提出这样的要求,是因为我觉得,时下相当多的大学生四年的生活,是在浑浑噩噩、糊里糊涂中复制一种悲哀,复制一种往事不堪回首,但愿从头再来的悲哀。

闲暇之余,燃一炷书香,放几曲音乐,泡一壶清茶,在氤氲的书香与流淌的旋律营造的氛围里,你会愈来愈发现生命的乐趣。

台湾学者沈谦教授在自己的书房自署一联:“琴剑茅台酒,诗书冻顶茶。”由这一联,我敢

断定，沈先生的生活，一定是品位很高的生活；沈先生的为人，必定是一位纯正的性情中人。茅台酒是大陆名酒，冻顶茶是台湾名茶。像我这样为数甚多的一介穷儒，自然无福消受。但事实上，诗意的栖居，享受生活的惬意，关键取决于你有一种什么样的心态，你在以一种什么样的精神状态面对生活，并不取决于茶酒档次的高低和生活压力的轻重，正如前面的第欧根尼和苏东坡。

有的人身居豪宅，富贵优游，却无家园；有的人人在旅途，居无定所，却总是在家。家不仅仅是一幢房子，家的本质主要是精神的栖息地。有了一种诗意的心态，就能如颜回，“一箪食，一瓢饮，居陋巷。人不堪其忧，回也不改其乐。”

思想的境界决定生活的境界。不要指望物质的丰盈能带来长久的精神愉悦：许多人痛并快乐着，更多的人富裕但悲哀着——精神层面的愉悦只能靠精神层面的财富去维系和支撑。尽管物质的贫穷被视为是万恶之源，但我始终坚信：物质的富裕无助于解救精神的贫乏，但精神的富裕却可以补救物质的贫乏。

在这方面的认识上，时人已经很功利、很现实了。

我们许多人最大的悲哀在于视生存为唯一要义，推而广之的一点点欲念，无非是声色之娱，口腹之欲。这不啻是一种莫大的悲哀！

周国平先生说：“如果我去流浪，只许带走最少的东西，我就带这(诗和随感)两样。”

如果是我，就只带一样——诗意的心态。

人，是应该诗意地栖居在大地上。

知识·智慧·眼界·志向

柏杨先生的《中国人史纲》中有下面一则史实：

南朝梁代的第二任皇帝萧绎有很高的知识水准。当西魏远征军大举南下，前锋已经进入梁国边境时，萧绎还不忘表现他的雍容气度——他命令全副武装的将军到金銮殿上听他讲解《老子》。西魏远征大军到江陵不过数日，萧绎即率众投降。尤为可笑的是，投降之前，萧绎把所藏的十四万册图书尽数焚毁，成为文化史上一场浩劫。萧绎之所以迁怒于书，在于他认为是读书太多害得他国破家亡。

从萧绎这个颟顸身上，至少可以得出这样的结论：读书要汲取知识，更重要的是要历练智慧。

知识貌似智慧，但实际上，知识和智慧相去甚远。打个比方，如果说智慧是棋手出神入化的棋艺，那么知识顶多只是棋盘上那些为其所用的棋子。

我们很多人认识的误区在于，没有看到知识后面隐藏着的更为宝贵的智慧，费了九牛二虎之力，才仅仅得到了一些棋子，就以为自己已经是独步天下的棋圣。等到在斗智中碰了钉子，翻了跟头，却反过来迁怒于知识，以为是知识害了自己。

萧绎的可悲之处就在于此，他到死也没有明白，他所拥有的知识，和克敌制胜的智慧完全是两码事。

正像优秀的棋手没有棋子，照样可以对弈一样，有些人没有什么书本知识，也可能会有超乎寻常的智慧。但我们决不能因此而轻视知识，知识毕竟有助于提升智慧的层次。如果就此混淆了知识和智慧，一个普通人，可能只是耽误了自己；一个位高权重者，还有可能害了别人，伤了团体。

拥有知识却缺乏智慧的人，往往爱逞小聪明。一条基本的定律是：好逞小聪明者，委以重任，必坏大事。

《三国演义》中的杨修，论聪明，是可以和诸葛亮相媲美的。从《三国演义》中所写的“一人一口酥”、“阔”和“鸡肋”几个故事来看，这样的聪明和悟性，确实非常人可比。

《世说新语》中还载有杨修和曹操的一段掌故：

魏武尝过曹娥碑下，杨修从碑背上见题作“黄绢幼妇，外孙齑臼”八字。魏武谓修曰：“解不？”答曰：“解。”魏武曰：“卿未可言，待我思之。”行三十里，魏武乃曰：“吾已得。”令修别记所知。修曰：“黄绢，色丝也，于字为‘绝’。幼妇，少女也，于字为‘妙’。外孙，女

子也，于字为‘好’。齑臼，受辛也，于字为‘辞’。所谓‘绝妙好辞’也。”魏武亦记之，与修同，乃叹曰:“我才不及卿，乃觉三十里。”

众所周知，曹操是政治家中尊贤重能的典范，对于像杨修这样的“智囊”，怎么会舍得杀掉呢?

可能有人会说，罗贯中笔下的曹操，与历史上真实的曹操有很大出入，曹操杀杨修一段的描写，主要是为了凸现曹操的机变狡诈、阴险残忍。

我的观点是，不管是史学家笔下的曹操和杨修，还是文学家笔下的曹操和杨修，像杨修这样好逞小聪明的颟顸，曹操决不能留在儿子的身边。

曹植在文学上是巨人，但在政治上却是矮子。如果让他在狂风暴雨中的曹魏巨轮上掌舵，再加上有杨修这样的人出谋划策，其结果，让人不免联想到赵佶掌舵下的北宋和李煜掌舵下的南唐。

曹丕文学才华远不及曹植，但论政治才能，又远胜于曹植。加之有司马懿这样心思缜密、善于谋划的智者为其效力，这种君臣结构，应该是曹操最为满意的。至于之后的司马氏篡权，那就不是曹操所能预料和左右的了。

既然知识和智慧完全是两码事，智慧又高于知识，那么为什么我们很多人在学习的过程中，往往会重视芝麻，忽略西瓜呢?

我以为是因为眼界和志向所限。

青蛙之所以认为天只有井口那么大，是因为眼界！河伯之所以“以天下之美为尽在己”，是因为眼界！寒蝉和斑鸠之所以嘲笑鹏鸟，还是因为眼界！坐井观天、鼠目寸光者，即使兀兀穷年、皓首穷经，也不会获得大智慧，如果调理不当，走火入魔，成为书呆子的可能性倒是极大。

今天的许多读书人，对于周恩来年轻时候在南开中学的那句豪言壮语，或许会颇不以为然，以为此一时，彼一时，时过境迁，不足为训。但我们不得不正视的是，教育者和受教育者崇高理想的迷失，是今天教育的重要缺陷之一。

1917 年 1 月 4 日，蔡元培就任北京大学校长后，面对那所乌烟瘴气的高等学府，他对全校师生说，进入大学，不是为了以后升官，也不是为了以后发财，大学是做学问的地方。

今天的学校，有这样的品位吗? 尽管我们可能会摆出一千条理由来辩解，但是，因为考试和就业的压力，我们就降低教育的高度，下沉学校的品位，促狭求学的眼界，无论如何，是说不过去的。志向没有高度，眼界不去开阔，教书育人，读书治学，只能收获棋子，很难提升棋艺。

诸葛亮与徐庶、石广元、孟公威等人一道游学读书，“三人务于精熟，而亮独观其大略”。但就是这个只“观其大略”的诸葛亮，成了千古智者的典范。

其实，我们只要不忽略一些细节，就不会懵懂于诸葛亮智慧的来源。

诸葛亮高卧隆中时，给人的错觉似乎是一心隐居。当感动于刘备的知遇之恩，在隆中纵

论天下形势时,他居然了如指掌。这说明诸葛亮尽管身处草堂,但心忧天下,志向高远,眼界阔大,信息丰富。

没有一流的眼界,就不会有一流的智慧;没有美好的志向,就不会有不竭的追求。浮生一世,如果视生存为唯一要义,最大的欲念,也不过声色之娱,口腹之欲。

文章接近尾声,一副对联涌上心头,那是明代东林党人顾宪成在东林书院门口题写的一副名联:

风声雨声读书声,声声入耳;

家事国事天下事,事事关心。

燃心香一炷,愿天下读书人心存此联——读书,读出智慧!愿天下育人者心存此联——育人,育出智者!

三 原 色

红色:苏格拉底

“哲学(philosophy)”一词源自希腊文,由“爱(phileo)”和“智慧(sophia)”构成。

在西天晚霞凄红的背景下,天鹅是唱着歌死去的!

公元前399年春天的一个黄昏,希腊雅典,一座监狱里,年届古稀的哲学家苏格拉底接过狱卒递上的鸩酒,从容饮下……

爱琴海的上空,一颗大星陨落!

苏氏的得意门生——哲学家柏拉图——在《斐多篇》中记下了老师生命的最后时刻:

苏格拉底极为怡然自得、从容不迫,毫不畏惧、神色不变地以他往常的神态双目炯炯注视着狱卒,接过那杯毒药,说道:“用这杯祭神,你意下如何?我可不可以这样做?”

狱卒答道:“苏格拉底,我们只准备了我们认为恰好够用的分量。”

……

说完,他举杯到唇边,很轻松愉快地喝下了毒药。

……

当他的腹股沟开始变冷时,他露出脸来(因为他蒙住了自己的脸),说:“克里托,我还欠阿斯克勒庇俄斯(希腊神话中的医神。按照古希腊习俗,一个人被医生治好病之后,这个人应该给医神一只公鸡作为答谢)一只公鸡;你会记住把这债还了吗?”

克里托说:“我会记住还这债的,还有别的事吗?”

苏格拉底没有回答好友的问话,侍者揭开蒙在苏格拉底脸上的东西,发现他的双目已经发直。

在雅典的广场、大街小巷,苏格拉底是一个富有人情味、循循善诱的哲学导师,备受青年的爱戴。

当时的雅典,有一批“智者派”,他们周游各处,广收门徒,讲授雄辩的技术,收取高额的学费。这些智者传授的内容,主要是哲学、修辞和文法。

苏格拉底似乎做着与智者相同的工作，找人谈话，是他每天里最主要的事。与智者不同的是，从事这样的工作，苏格拉底从来不收学费，以至于他的妻子桑西普把他看成是一个毫无用处的懒虫，不能养家糊口，还败坏名声。

苏格拉底的父亲是一位雕刻匠，母亲是一位助产婆。苏氏更多地受到母亲职业的启发，他的谈话艺术非常高明，这种方法被称为“苏格拉底助产术”。

有人向德尔斐神坛求问，有没有人比苏格拉底更富有智慧，德尔斐神坛予以否认。但这位大哲学家在谈话者面前，却始终显得一无所知——因为他从来没有直接告诉过对方答案。他耐心地同对方问答、交谈、争辩，对方回答错了，他也并不指出错在何处，而是继续诱导，直至对方发现错误，得出苏格拉底认为正确的东西。

“我只知道一件事，那就是我什么也不知道。”

“神让我为人接生，可是不允许我自己生产。”

弟子美诺在和苏格拉底探讨一个道德问题时，被老师问得穷于应付，美诺说：“我早已听说了，你所有行为的结果是使自己也使别人困惑……可能会把你跟黄貂鱼弄混，因为谁要靠近它或触着它的话，就会麻木。”

苏格拉底回答说：“如果黄貂鱼在麻痹别人之前先麻痹自己的话，那你的比喻才很贴切。否则就很不恰当。因为我在使别人困惑的时候，自己对此也是完全迷惑不解的。”

智慧是困惑和思考的产物。

因为困惑不解，苏格拉底常常陷入沉思，甚至是经久的、旁若无人的沉思。

有一天早晨，苏格拉底想着一件不能解决的事，又不愿意放下这件事，所以站在那儿从早晨到下午。天黑下来后，几个好奇的人拿来铺盖睡在露天里，想看一看苏格拉底能不能站一夜。

第二天早晨太阳升起，苏格拉底面向太阳祈祷后离开。

苏格拉底是哲学家，也是战士。在战场上，他是一个勇敢而毅力非凡的斗士。

苏格拉底在青壮年曾经多次参战，尤其是参加第力安战役，坚守阵地，顽强作战，雅典的将军雷歧兹对他评价很高，认为苏氏的英勇表现足以为国人的表率。

一个寒冷的冬天，户外是严霜，其他战士不是躲在屋子里，就是从头到脚裹得严严实实；但苏格拉底还是穿着平时的衣服，光脚站在冰上——他比穿了鞋的战士走得更好。

苏格拉底把自己比做一只马虻，把雅典比做一匹马，自己的使命就是刺激马，不让它懈怠。

批评最终引发了被批评者的报复，报复者希望苏格拉底彻底沉默，不管是屈服，还是流放，或者死亡。

公元前399年春天，希腊悲剧诗人美勒多、煽动者吕安、政治家安尼多以渎神、败坏青年的罪名指控苏格拉底。

随后，苏格拉底接受审判。审判的场面极其宏大，仅出席的审判官就有五百零一人。

原告提出讼词后，苏格拉底进行了申辩。申辩结束，审判官投票，苏氏以二百八十一票对二百二十票被判有罪。

之后，原告提出判苏格拉底死刑，苏格拉底则提出接受少量罚款。结果被判死刑，苏格拉底选择了服毒自尽。

当时摆在苏格拉底面前的死路只有一条，生路却有四条：审判之前流亡国外；审判辩护时认错悔改，或者追述功勋以求将功补过；定刑时自愿接受足量的罚款；执行死刑前的一个月内逃亡（朋友已经打通了关节）。

苏格拉底既不愿意背叛祖国，也不愿意流亡国外、遭受屈辱，更不愿意在法庭上向淫威屈服：总之，苏氏不愿意为了求生而违背自己做人的准则和坚守的信仰。

法国新古典主义画家大卫有一幅名画叫《苏格拉底之死》：处于画面中间的苏格拉底面对哀恸的朋友弟子，右手去接毒酒，左手指天。画家想借此传达的是：即使选择死亡，也不动摇信仰！

……

苏格拉底辞世十四年之后：

诬告者之一——安尼多被驱逐出雅典，后被人用石头砸死；

雅典重新审理苏格拉底被控案，认定苏氏是受了冤屈，诬告者之一美勒多被判死刑。

雕刻家吕西波斯为苏格拉底雕像。

黄色：柏拉图

柏拉图就是哲学，哲学就是柏拉图。

——爱默生

公元前407年的一天，希腊雅典正在举行盛大的悲剧赛会。剧场前面，一个其貌不扬的老人在宣讲哲学，他的对面，一个丰神俊美的年轻人听得如痴如醉。

那位长者，正是苏格拉底，年轻人则是柏拉图。当时的苏氏已经六十三岁，而柏拉图刚满二十岁。

柏拉图是苏格拉底的杰作：没有苏格拉底，就没有柏拉图；没有柏拉图，也没有苏格拉底。

宣讲结束以后，柏拉图烧毁了自己的悲剧作品，毅然投身苏氏门下转修哲学，并很快成为苏门的得意弟子。

一个出色的导师，并不一定要传授给学生多少有用的知识或者教给学生多么科学的方法，有时候，导师以他的人格、学术魅力引领弟子进入某个领域就足够了。苏格拉底不仅将柏拉图带进了哲学的圣殿，还悉心教诲长达八年。柏拉图没有辜负老师的期望，最终成长为西

方最杰出的思想家之一，被认为是西方哲学第一位思辨的集大成者。

柏拉图经常说："感谢上帝，我生为希腊人而非野蛮人，生为自由人而非奴隶，生为男子汉而非女人；尤其是，我生逢苏格拉底时代。"

柏拉图感谢上帝、感谢老师；喜欢哲学的人，则应该感谢柏拉图！

苏格拉底一生述而不作，没有一篇文稿传世。他的生平事迹，由弟子柏拉图和色诺芬记录了下来，而他的思想，几乎全都出自柏拉图的对话体著作。

今天，当我们面对柏拉图著作中占有相当分量的苏格拉底对话录，我们不能不公正地说，与其说柏拉图在记录苏格拉底的思想，不如说学生在记录并创作老师的思想——柏氏著作中蕴含的所谓苏氏的思想，相当一部分是属于弟子的。所以，现在我们看到的苏格拉底的思想，准确的界定应该是"苏格拉底——柏拉图思想"。

在柏氏的《美诺篇》《斐多篇》《游叙弗伦》《申辩篇》《克力托》等著作中，我们看到了一个有血有肉、富于人格魅力的哲学家和他的思想体系。但如果没有这位高足，苏格拉底这位哲学范式的创造者，其思想体系，可能连最起码的轮廓都非常模糊。

这就如同老子，如果没有尹喜，飘然而去的老子，很可能不会有《道德经》传世。

苏格拉底陷狱受审时，柏拉图亲眼目睹恩师含冤负屈；苏格拉底饮鸩服刑时，柏拉图因病没有前往。

老师辞世后，柏拉图离开雅典。在以后相当长的时间里，除了几次回国服兵役，柏氏一直在国外游历。

公元前387年，阔别雅典十二年的柏拉图回到祖国。这一年，他四十岁。柏拉图开始收徒教学，在朋友的帮助下，他在雅典西北郊创办了学校，世称"柏拉图学园"。

"柏拉图学园"是欧洲历史上第一所综合性学校，它为后世大学的创办提供了一个可资借鉴的范例。学校集教学与科研于一体，前后持续了九百多年，培养出了一大批知名学者，其中就有亚里士多德。

学园主要培养哲学、政治人才，但柏拉图对自然科学，尤其是对数学、几何学非常重视。学园的门口有一行话："不懂几何学，请勿入我门。"

作为哲学家，柏拉图有很高的政治热情。公元前404年，雅典建立了"三十僭主"政体，柏拉图的亲舅父和堂舅父都在"三十僭主"之列，他们积极邀请柏拉图从政。当时的雅典刚刚遭受过重创，柏拉图对这个新政权满怀信心。但"三十僭主"破坏法律、滥施暴力，胁迫苏格拉底去违法乱纪，柏拉图对此失望透顶。

"三十僭主"垮台后，雅典建立的民主政权又吸引着柏拉图，但这个政权居然让自己的恩师含冤屈死，柏拉图愤而去国远游。

西西里是雅典之外柏拉图人生经历中最重要的一站。

公元前387年，柏拉图四十岁的时候，第一次来到这里。西西里的旭拉古城邦当时正处在狄奥尼修一世的寡头统治下，应狄奥尼修一世的内弟——大臣狄翁的邀请，柏拉图前来参

加政治改革。

柏拉图的主张惹恼了狄奥尼修一世，这个专制自负的政治寡头骂柏拉图是老糊涂，柏拉图则骂对方是暴君。恼羞成怒的狄奥尼修一世把柏拉图交给斯巴达使节，并授意使节在半路上处死柏拉图。使节不想亲自动手，就想了个借刀杀人的妙计，把柏拉图交给了仇视雅典人的伊齐那岛的土著。

柏拉图躲过了一劫，被罚做奴隶。但很快就在朋友的帮助下回到了雅典。

柏氏的思想极其丰富，即使从他构建的哲学大厦上随便抽取一块青砖来评析，也可能需要洋洋数千言文字。为了保证文章层次的合理匀称，我紧接上面的叙述，简略地介绍柏氏的政治思想。

柏拉图认为历史上依次出现过四种政体：荣誉政体、寡头政体、民主政体和僭主政体。在这四种政体的基础上，柏氏提出了他认为完美的政体——贤人政体——理想国。

理想国的公民应该有三类人构成：最高等级是神用金子创造的统治者；中间等级是用银子创造的武士；下层等级是用铜和铁创造的农夫和匠人。

公民的这三个等级是天生的，取决于人的本性。

理想的统治者应该是哲学王。一个完善的国家，应该具有智慧、勇敢、自制和正义这四种美德，四种美德中，正义处于最高层。大到国家正义，小到个人正义，都只有哲学才能实现，因此，只有哲学家从事政治，才能构建理想国。统治国家最需要智慧，只有哲学家才拥有最高的智慧。

哲学王需要通过教育来培养，柏拉图学园的使命之一就是培养哲学王。

公元前 367 年，花甲之年的柏拉图应旭拉古城邦首席大臣狄翁的邀请，二赴西西里从政。

这时候，狄奥尼修一世已死，继任者是其子狄奥尼修二世。柏拉图最初和这位新君相得甚欢，但由于反对改革者对狄翁的中伤，导致狄翁被诬陷阴谋篡位而遭到驱逐。失去了支持者，柏拉图的美政梦想再次破灭。

狄翁在柏拉图学园学习了近十年后，招募军队，攻下旭拉古，赶走狄奥尼修二世，成为新的统治者。几年后，狄翁遇刺身亡。狄翁是柏拉图心中理想的哲学王，狄翁遇刺，柏拉图的哲学王梦想彻底破灭。

公元前 347 年，八十岁的柏拉图去参加一个学生的婚礼。在别人的狂欢中，柏拉图找了安静的一角沉沉睡去。第二天早上，人们试图唤醒这位哲学老人，发现他的灵魂已经脱离了肉体。

数以万计的雅典人送这位哲学家到墓地。

蓝色:亚里士多德

苏格拉底授人类以哲学,亚里士多德则授人类以科学。

——靳南

黑格尔曾说:“所有伟大的历史事件都出现过两次。”马克思补充说:“第一次是作为悲剧出现,第二次是作为笑剧出现。”

公元前323年,远征国外的马其顿王亚历山大暴死。消息传到雅典,雅典反马其顿情绪立刻高涨。作为马其顿人和亚历山大老师双重身份的亚里士多德,自然而然地被推到民族冲突的风口浪尖。雅典人以不敬神的罪名指控亚里士多德,亚氏的处境,比七十六年前的苏格拉底更加危险。

生存,还是毁灭?这是一个问题!无所畏惧,从容赴死是潇洒的;有所珍惜,吝爱生命,有时弥足珍贵。

亚里士多德没有像苏格拉底那样选择死亡,他离开了雅典。据说,亚氏之所以作出这样的选择,是因为不愿意雅典人重复杀死哲学家的错误。这种传闻即便属实,也多少有些矫情。像亚里士多德这样的思想巨子,只要有逃生的机会,绝对不会甘心死于一帮异族的蠢货之手。

但这次政治事件,毕竟给了亚里士多德以致命的打击。第二年,亚氏病逝,终年62岁。有人说他死于胃病,也有人说他饮鸩自杀。

如果说苏格拉底是凄红的晚霞,柏拉图是黄色的大漠,那亚里士多德就是蔚蓝的大海,浩瀚无边。

亚里士多德从18岁师从柏拉图开始,在四十多年的学习、教学和研究中,写下了一百七十部左右的著作(传世不到五十部)。与前辈苏格拉底和柏拉图相比,师长都只是以哲学擅名,而亚氏不仅是伟大的哲学家,更是卓越的科学家。亚里士多德之前的西方科学,尽管涌现出了一批学者,但限于当时的认识水平和研究条件,成果极其有限。亚里士多德第一次将科学从哲学中分离出来,使之具有了独立的地位。亚氏创立了生物学、逻辑学,并对哲学、政治学、伦理学、物理学、心理学、美学等当时人们可能涉足到的领域,都进行了深入地研究,贡献了丰硕的成果。

两千多年前的亚里士多德所取得的成果,即使当时有一个科学院的众多学者来集体攻关,都是不可思议的;然而亚氏主要凭借一己之力,让群峰耸立,危乎高哉,这在人类文明史上,确乎是一个空前绝后的奇迹。

个中的原因,值得深思。

据说，德国哲学家海德格尔在讲授亚里士多德哲学时，用这样的话来评价亚氏的一生："亚里士多德出生，思考，而后死去。"

亚氏之后近两千年，法国哲学家笛卡尔有了这样一句话："我思，故我在。"笛卡尔用这样一句简短的话给思想家作了一个注脚：思考，是一个思想家的名片、通行证和墓志铭，也是思想家存在的唯一方式。

亚里士多德在童年时便失去了双亲，青少年时期的独立生活养成了他良好的思维品质，这在以后的学习和研究中，表现为独立思考问题，决不盲从陈说、敢于挑战权威。

亚里士多德不是一个沉默寡言、只顾埋头读书治学的学者。对真理的崇拜和对知识的虔敬使他更像希腊神话中的莱谟斯——一个用狼的乳汁喂养大的英雄。他尖锐地批评一切在他看来错误荒谬的学说，不遗余力，哪怕是恩师的观点。

亚里士多德说："吾爱吾师，吾尤爱真理！"

哲学上，柏拉图提出了著名的"理念说"。

柏拉图认为，除了我们身处的现实世界，还存在一个理念世界。现实的世界仅仅是对理念世界的模仿，是理念世界的影子。认识理念世界，感觉是靠不住的，只有借助理性才能认识。哲学家拥有理性，所以只有哲学家才能够认识理念世界。

亚里士多德则认为，所谓的理念，是老师虚构的根本不存在于物质世界的东西，在获取知识的过程中，人类主要依靠感觉，正是在感觉的帮助下，人们最终形成了概念。

思想上的冲突导致师徒有时难免出现过激的语言。亚里士多德负气地说，智慧决不会与柏拉图同归于尽，柏拉图则说弟子是一头吸干母奶就踢娘的小驹子。著名画家拉斐尔在《雅典学派》中形象地描绘了师徒二人在学术上的分歧——柏拉图以手指天，亚里士多德则以手指地。

真理的悲剧在于，越是她的钟情者，越可能陷入孤立无援的境地，成为一群愚氓嘲讽、攻击、迫害、甚至杀戮的对象。就像柏拉图"洞穴之喻"中那个首先走出洞口的囚徒一样，他看到了美好的理念世界，想解救其他的囚徒，却被这群愚氓当成疯子给弄死。

学术上，亚里士多德四面受敌；政治上，他来自雅典的敌国马其顿，又是马其顿王亚历山大的老师，雅典的反马其顿派时刻准备着向他开刀，就连那些追随者或者赞美者，有些也是别有用心或笑里藏刀。

这种情形，使得亚里士多德的生平事迹出现了极其可笑的尴尬：传到后世的人生经历只是一个大致的轮廓，但私生活却细节逼真，只是多为猥琐与龌龊。在强大的无法战胜的对手身后泼污水或放冷箭，是小人者之流惯用的伎俩，东西皆同，这大概就是所谓的"英雄所用略同"吧！

除了等身的著作，亚氏还有两样杰作：亚历山大大帝和吕克昂学园。

亚里士多德四十多岁的时候，马其顿王腓力二世邀请他作王子的老师。腓力二世在邀请信中说："感谢神灵赐我儿子，还不如感谢神灵让他生于你的时代。我希望你的关怀和智慧将

使他配上我，并无负于他未来的王国。”

亚里士多德重视王子人格的培养，对他进行哲学的熏陶，使他的身体、德行和智慧得以和谐发展。

亚历山大二十岁继承王位，三十三岁暴死，这期间的文治武功，可以和中国的康熙大帝相媲美。

亚历山大继位之后，亚里士多德回到雅典，创办了自己的学园——吕克昂学园，并形成了自己的学派——逍遥派。在吕克昂学园里，老师和学生经常漫步于花园亭台，一边散步，一边交流，师生相得，其乐融融，令人羡慕。

亚里士多德去世后的近两千年里，西方科学基本上处于停滞状态。一生以追求真理为使命的科学大师，万万不曾料到，自己的学说，竟然最终异化成为钳制思想、扼杀新说、阻碍进步的洪水猛兽。

这是悲剧，也是笑剧！

天 才 祭

1829 年，一名 17 岁的法国中学生向法国科学院递交了两篇数学论文。负责审查这两篇论文的是法国数学界泰斗奥古斯汀·路易斯·柯西。柯西为这个年轻人的工作所震惊，他把论文退还给年轻人，要求年轻人以专题论文的形式重新提交，以便角逐科学院的数学大奖。

1830 年，青年将论文整理后再次送交科学院。这次负责审查的是科学院秘书约瑟夫·傅立叶。不料，这位著名的数学家将论文带回家里，还没有来得及做出评判就去世了。虽然一堆论文被转交给委员会，但年轻人的论文却不在其中。

1831 年，青年第三次向科学院递交了论文。科学院由数学家波松院士主持审查这篇论文。这一次论文没有丢失，但论文崭新的数学概念和方法使波松那样赫赫有名的数学家一下子也未能领会。据说，波松前后看了四个月时间，最后以“完全不可理解”为由否定了这篇论文。

一年之后，青年辞世。他的全部成果是六十页数学手稿。

遵照年轻人的遗嘱，他的兄弟将论文抄本送交给一些数学家。但在十多年的时间里，这些论文的价值始终没有被发现。

十四年后，也就是 1846 年，法国数学家约瑟夫·刘维尔将青年的论文编辑发表在自己主编的《纯粹与应用数学杂志》上，这才引起了数学界迅速而巨大的反响。

在对论文的介绍中，刘维尔写下了这样一段话：“过分地追求简洁是导致这一缺憾的原因。人们在处理纯粹代数这样抽象和神秘的事物时，应当首先尽力避免这样做。……就像笛卡儿所说的那样，‘在讨论超前的问题时，务必空前地清晰。’”

这位青年，就是十九世纪法国天才数学家埃瓦里斯特·伽罗瓦。他的理论被称为“伽罗瓦理论”。

英国记者西蒙·辛格在《费马大定理——一个困惑了世间智者 358 年的谜》一书中写到了伽罗瓦的最后时刻：

伽罗瓦陷入了一桩风流韵事：与他相好的女人事实上已经订婚，那名绅士发现了未婚妻的不忠，非常愤怒。作为法国一名最好的枪手，他毫不犹豫地向伽罗瓦挑战，约定在拂晓时分决斗。

伽罗瓦非常清楚自己的实力：遑论开枪，就连数学演算，他都只在头脑中进行，而不屑于

在纸上把论证写清楚。决斗的前一晚，他相信这是自己最后的一晚，也是把自己的数学思想写在纸上最后的时刻。

整个晚上，他急躁地写着他在科学上的遗言，想在死亡之前尽快把他丰富的思想中那些伟大的东西写出来。他不时中断，在纸边空白处写上“我没有时间了，我没有时间了！”这些旁注和当年费马幽默地在费马大定理旁边写下的“我有一个对这个命题的十分美妙的证明，这里空白太小，写不下”比较起来，显得多么凄凉和悲壮！

第二天——1832年5月30日，科学史上那次损失最为惨重的决斗发生。伽罗瓦腹部中弹，肠子被打断，送到医院以后，腹膜炎已经形成。次日清晨10点，年轻的数学家与世长辞。

伽罗瓦过世后，在他桌子上发现了两张纸条，其中一张这样写道：“这个论据需要补充，现在没有时间。”日期是1832年5月29日。

一位当时世界上最杰出的数学家，在他20岁的时候就被杀死了，他的研究才刚刚起步！

他在决斗前夜写出的东西，一劳永逸地为一些折磨了数学家们几个世纪的问题找到了真正的答案。他潦草的手稿传到欧洲一些杰出的数学家手中时，那些天才的数学思想让数学家们惊叹。

应用伽罗瓦理论，不仅高次方程求根公式得到了彻底的解决，而且阿贝尔定理、古希腊三大几何作图难题、高斯关于正多边形作图的定理等著名的数学难题，都变成了显而易见的推论或简单的练习题。英国数学家安德鲁·怀尔斯在证明费马大定理的过程中，重要的一步就用到了伽罗瓦理论——数学显示了它强大的威力和迷人的魅力。

伽罗瓦群理论被公认为是十九世纪最杰出的数学成就之一，是解决数学问题的重要工具，它对于数学就如同语言对于人的重要性一样。正像人们评价的，“无论在什么地方，只要能应用群论，就能从一切纷乱混淆中立刻结晶出简洁与和谐。”

一场无谓的决斗，陨落了数学天空最耀眼的星星！

伽罗瓦辞世后五年，1837年1月27日清晨，在俄国彼得堡近郊的小黑河畔，另一场决斗发生：法国流氓丹特士首先开枪。枪声响起，亚历山大·谢尔盖耶维奇·普希金肺部中弹倒下，殷红的鲜血洒在雪地上，格外刺眼。两天后，诗人含恨长逝——“俄罗斯诗歌的太阳”过早地陨落了！

普希金不仅是“俄国文学之父”和“俄罗斯诗歌的太阳”，还是一位激进的革命者。

1820年，普希金被沙皇政府从彼得堡流放到了南俄。

1824年至1826年，普希金在父亲的领地被沙皇政府幽禁——沙皇政府企图以此逼迫诗人放弃革命信念。

1826年起，沙皇尼古拉一世给普希金恢复了“自由”。

1833年，对普希金的妻子娜塔丽亚垂涎三尺的尼古拉一世任命普希金为宫廷近侍，为自己接近诗人的妻子创造机会。沙皇在宫廷舞会上向娜塔丽亚大献殷勤，法国流氓丹特士也拼命追求娜塔丽亚——绯闻接连不断。

1836 年,普希金经常收到匿名信,信中辱骂诗人是“乌龟团副团长”——诗人决定用决斗的方式来洗刷耻辱。

……

普希金的一生,只经历了短短的三十八个春秋!

从 1814 年发表第一篇诗作《致诗友》开始,二十四年时间里,普希金在俄国文学的各个领域都进行了开拓性的创作并留下了典范的作品,使俄国文学从童年一步跨入成年,结束了俄国文学远远落后于西欧文学几个世纪的局面。

尘埃早已落定,嗟叹终将永存。

伽罗瓦和普希金死于决斗,是科学史和文学史上一个令人揪心的话题。他们在各自的领域,都是天才式的人物:伽罗瓦刚刚起步,就已经烈焰腾空;普希金正值创作的黄金时期。

我们不敢去做这样的假设——假如他们不去决斗。一些数学家认为,伽罗瓦的早逝,使数学的发展至少落后了几十年。

伽罗瓦太年轻了。他不被社会了解和尊重,也不珍惜自己的价值。他内心愤怒的浪涛最终冲破了理智的堤坝,过早把自己淹没了。

据说马克思也曾经受到过决斗的挑战,但马克思对此报以轻蔑的微笑。在他看来,使命、责任和生命的价值,远远高于个人的荣誉。勇敢的至境,不是为某件事壮烈地死去,而是为了崇高的使命屈辱地活着。一时的意气冲动,往往会带来无法补救的后果。

写到这里,忽然想起了太史公那句尽人皆知的话:“人固有一死,或重于泰山,或轻于鸿毛,用之所趋异也。”为了完成父亲的遗愿,为了自己视之甚于生命的名山事业,太史公选择了屈辱的腐刑。他在写淮阴侯韩信时,特意写了这位名将年轻时甘愿受胯下之辱的故事——在他们看来,能忍人之所不能忍,方能为人之所不能为!

【后记】伽罗瓦一生短暂而富于传奇色彩。由于他生前和身后一个相当长的时间不为人所重,所以生平材料不多,尤其是他先后三次向法国科学院递交论文的详细情况和决斗的内幕,数学史上说法纷纭,莫衷一是。本文综合各种意见,求同除异,特此说明。

海明威:不败的英雄

——海明威与《老人与海》解读

然而人不是为失败而生的:一个人可以被毁灭,但不能给打败。

——题记

要理解《老人与海》,不能不走进海明威。

1899年7月21日,海明威出生。

父亲是一个医生,酷爱钓鱼和打猎。海明威三岁生日那天,父亲送他一根鱼竿;十岁时,父亲又送他一支猎枪。父亲的影响培养了海明威终生对捕鱼和狩猎的热爱。

海明威29岁那年,父亲因为疾病缠身和经济困顿而开枪自杀。这在海明威的心里留下了浓重的阴影。

海明威的一生,是具有传奇色彩的一生。冒险、抗争、不屈是其一生的主旋律。

14岁时,海明威报名学习拳击。第一次训练中,由于对手是个职业拳击手,海明威被打得鲜血直流,躺倒在地。第二天,海明威又跳上了拳击台,后来在训练中,左眼受伤残疾。

18岁那年,海明威终于如愿以偿,来到一战战场,但两个月后,他的头部、胸部、上肢、下肢都被炸成重伤,一个膝盖被打碎,身中弹片和机枪弹头多达230余块,共做了13次手术——他硬是靠着坚强的毅力挺了过来。

一战结束后,海明威开始专力从事文学创作,但不幸似乎总是包围着他:作品多次寄出,石沉大海;手稿尽数丢失,前功尽弃;作品首次出版,无人问津——缪斯女神似乎有意在考验这位文学痴迷者的耐心。

1925年,在海明威最潦倒穷困的时候,妻子带着儿子离他而去。

1926年,海明威的长篇小说《太阳照常升起》出版并取得巨大成功。1929年,长篇小说《永别了,武器》问世,又引起轰动。

进入三十年代,写作、打猎、捕鱼、看斗牛是海明威生活的主要内容。1937年,西班牙内战爆发,海明威毅然拿起武器参战,加入正义的一方。1939年,海明威写成了他一生中最优秀的长篇小说——《丧钟为谁而鸣》。

1941年12月7日,珍珠港事件爆发,美国对日宣战。宣战的第二天,海明威就报名参加

了海军。他改装了自己的游艇，在上面配备了机枪和炸药，打算在海面上搜索德国潜艇，然后与之同归于尽。他指挥船员在海面上追踪德国潜艇近两年，但始终没有找到相撞的机会。后来盟军在诺曼底登陆后，海明威率领法国游击队立下了赫赫战功。

1950 年圣诞节后，海明威开始创作《老人与海》，1951 年 2 月完稿，前后还不到两个月。小说出版后创下了出版史上空前绝后的纪录：48 小时售出 530 万册。

海明威认为《老人与海》是他"这一辈子所能写的最好的作品"。因为这部优秀的中篇小说，1953 年，海明威获得普利策奖金，1954 年又获得诺贝尔文学奖金。获奖的理由是："因为他精通于叙事艺术，突出地表现在他的近著《老人与海》之中；同时也因为他在当代风格中所发挥的影响"。

借一篇中篇小说获此殊荣，海明威和《老人与海》都算得上一个奇迹。

1954 年，海明威和第四个（最后一个）妻子去非洲打猎，所乘飞机不幸坠落，但死神并没有挽留他。随后海明威又改乘另一架飞机，飞机只飞了片刻，便一头栽了下来，几秒钟后，飞机爆炸，燃起大火——海明威居然拉着妻子从飞机的残骸中爬了出来——死神总是和他失之交臂。

这次事故使他身体遭受重创，在病床上，他看到了用 25 种语言文字发表的他的讣告。获得诺贝尔文学奖之后，因为没有康复，海明威无法亲赴瑞典领奖，只好委托他人。

以后的几年里，疾病的痛苦一直困扰着他，让他无法钓鱼、狩猎、甚至写作，这位精神上的巨人终于再也无法忍受不能战胜疾病的痛苦。1961 年 7 月 2 日，海明威把猎枪的枪口放进嘴里，扣动了扳机……

海明威以这种独特的死亡方式，为自己一生的奋斗作了一个诠释——一个人可以被毁灭，但不能给打败——如果注定要失败，那么只有选择死亡。

《老人与海》可以视为作者的自叙传。

作品主人公是一位叫圣地亚哥的古巴老渔夫。

老人连续 84 天没有钓到一条鱼。第 85 天，一条大马林鱼上钩了。老人耗尽了精力，最后在鱼身上刺了一铁叉，终于制服了那只硕大无比的马林鱼，但不幸的是，鲨鱼循着血腥气追了上来。老人刺死了第一只抢夺食物的鲨鱼，失去了仅有的鱼叉；随后，又制服了另外两只鲨鱼；在制服了第四只鲨鱼后，又折断了刀刃——老人手无寸铁，只剩下两把桨、一个舵和一根短棍；又有两条鲨鱼袭来，老人使出浑身解数，终于打跑了鲨鱼；最后鲨鱼成群袭来——马林鱼只剩下一副骨架。

老人托着疲惫的身子回到了他的窝棚，男孩坐在身旁守着他，老人正梦见狮子。

故事情节之简单，人物数量之稀少，思理意蕴之深厚，艺术成就之伟大，使《老人与海》成为缩微精品的一个范例。

《老人与海》是作者人格精神和人生追求的生动写照。海明威是一位强者，是一名硬汉，他的一生充满传奇色彩，多次在死亡线上意外生还，但尽管如此，作者从没有因为险遭不测

而畏首畏尾,而是愈挫愈勇,逃出虎穴,又进龙潭,并且随时做好准备为正义事业而捐躯。作品中着力塑造的中心人物圣地亚哥也是这样一个人,在重压下不屈不挠,依然保持着优雅的风度。小说在极其简单的故事情节中着力凸显老人顽强的意志力:同马林鱼进行了三天三夜的较量,终于将其杀死;用简单的武器同鲨鱼搏斗,多次制服来犯的鲨鱼。

老人曾回忆过这样一个故事,曾经同码头上一个力量最大的黑人扳手腕比手劲,那次比赛从星期天早晨开始,到星期一早晨才结束,两人扳得指甲缝里都流出了鲜血。老人靠那种超乎寻常的意志力最终战胜了对手并从此彻底击垮了那个黑人的自信心。

作品中有一个细节几次出现,即老人梦见狮子。这是一个强者才可能做的梦,梦见狮子是老人的精神支柱。老人已到垂垂暮年,不再是生命力最旺盛的年龄,但由于意志力的强大,最终战胜了强劲的对手。

海明威尊奉美国建筑师罗德维希的名言:“越少,就越多。”他在1932年发表的《午后之死》中总结自己的创作原则时,提出了著名的“冰山原则”。他说:“冰山运动之雄伟壮观,是因为它只有八分之一在水面上”。简洁的文字、鲜明的形象、丰富的情感和深刻的思想是构成“冰山原则”的四大要素。《老人与海》就是运用“冰山原则”最成功的范例。海明威大量使用象征、隐喻等手法,把作品主题思想高度抽象化,使其完全隐藏在水下的八分之七中。小说以简洁的文字塑造出鲜明的形象,并把自己的思想藏在形象中,使之感情充沛却含而不露,让读者通过对鲜明形象的感受去发掘作品的思想意义。《老人与海》在短短的篇幅中蕴含了极其丰富的思想容量,同创作中贯彻“冰山原则”是密不可分的。

为了贯彻他的“冰山原则”,海明威对文学语言进行了大胆革新。他的小说语言具有朴素无华、准确生动、简洁明了的特点,被文学界称之为“电报体”。

海明威认为,要得到读者的理解,首先要信任读者,也就是作品要给读者留有充分思考的余地。那种一览无余的写法是历史的产物,随着时代的发展和读者欣赏趣味的变化,作者完全替代读者思考的时代已经一去不复返了。

正是因为这样的原因,对于《老人与海》,上面的解释仅仅只是冰山露出水面的那八分之一,如果你想感受水面下那八分之七的魅力,还是请你带上足够的耐心,翻开那本薄薄的小册子。

从迦叶如来寺到西夏国寺

学术界一般认为,产生于公元前6世纪的佛教进入中土,始自东汉明帝“感梦求法”。但据此前游牧于张掖的匈奴族铸“金人”祀天以及张掖作为佛教东渐的必经之路来看,应该早在秦汉之际,张掖人民已经接受到佛法的洗礼。明宣宗朱瞻基说:“甘州,古甘泉之地,居中国西鄙,佛法所从入中国者也。”

甘州西夏国寺的原点,可以追溯到始建于西晋的迦叶如来寺。

迦叶如来寺约建于西晋永康元年(300年)。魏晋五凉时期,中原战火频仍,但河西一带则相对安定。优越的自然条件与地理位置,加之统治者的喜好,在相当长的时间里,迦叶如来寺香火极盛,大批高僧于此传法布道。

北凉时期,涅槃宗创始人——印度高僧昙无谶——驻锡迦叶如来寺。当地僧人法进(又名道进、法迎)等人请求随其受菩萨戒,但昙无谶认为当地僧人修养不高,悟性有限,不配受菩萨戒,坚辞不传。虔诚的法进立其门七天七夜,至于第八日(一说苦请三年),昙无谶为其诚心所动,感叹说:“汉土亦有人矣!”此后,菩萨戒都由昙无谶所授,法进所传。随法进受菩萨戒者,达一千多人,连撰写《大涅槃经序》的著名高僧道朗也尊法进为法兄。此时的张掖成为北方佛教文化的中心。

北凉政权长期向北魏纳贡称臣,北魏太武帝一心想要“博通多识,秘咒神验”且能让妇人多子的昙无谶。于是,魏太武帝要求沮渠蒙逊速遣昙无谶赴魏。沮渠蒙逊“既吝谶不遣,又迫魏之强”。北魏延和二年(433年)三月,昙无谶以寻找《涅槃后分》为由,“固请西行”,沮渠蒙逊派刺客于途中杀害昙无谶。四月,沮渠蒙逊病卒。

昙无谶被杀的消息传开以后,举国僧众无不哀痛。法进等昙无谶之亲授弟子,为了纪念乃师,造涅槃佛像,以传承涅槃理论与涅槃教义。

佛道兼好的北魏太武帝消灭北凉以后,看到崇信佛教的北凉宫廷居然极为龌龊,之后,他又发现长安寺院僧徒有私藏兵器、聚敛财物等不轨之举。拓跋焘的军师寇谦之是道教的集大成者,而宠臣崔浩又不信佛教。在崔浩等人煽动之下,梁武帝下令毁寺杀僧。这就是佛教进入中国以后四次反佛——三武一宗——之一的魏武帝灭佛。

法难来临之际,法进等人将涅槃佛像秘藏于迦叶如来寺之下,而后逃往西域,迦叶如来寺自此成为一片废墟。法进进入高昌国后,正值饥荒,饿殍遍野,于是劝国王赈济灾民。一段时间后,当知道国库余粮已经为数不多,法进洗净身体,一手持盐盘,一手执快刀,割股肱之

肉施济灾民，最终舍身践法。逃往西域的一位僧人则念念不忘埋藏之佛像，为了能让佛像重见天日，他作记镌石，传于后世。

北魏文成帝拓跋濬解除佛教禁令之后，迦叶如来寺逐渐恢复，但到北周建德三年(574年)，武帝宇文邕再次宣布灭佛。两次灭佛行为虽然都是阶段性行为，但由于来自帝王，所以对佛教影响很大。至于隋代，因为文帝杨坚少年时期与佛教有很深的渊源(《隋书》载，杨坚生于佛寺，在寺中由尼姑智仙养到13岁。智仙曾预言杨坚能位尊九五，弘扬佛法)，因此甫一登基，他便尊崇佛教，下令恢复北周武帝废佛时破坏的寺院。位于张掖城内的万寿寺，在杨坚登基次年便得以重建。隋炀帝杨广西巡至张掖，在城中逗留六天(不含离开的一天)，亲自主持张掖互市，接见高昌王，并让随行高僧为高昌王讲《金光明经》。相传杨广的行宫即设在迦叶如来寺。

唐初改张掖郡为甘州。大唐国力强盛，政治安定，威慑四野，张掖又具有得天独厚的地理与资源优势，所以初唐盛唐一百多年，张掖经济繁荣，商贾云集。“安史之乱”以后，张掖先后长期被多个少数民族政权统治，佛教再趋衰落。

北宋时期，宁夏一带的党项族从回鹘手中夺取甘州。在攻占河西各州之后，建立了与中央政权对峙的西夏政权。西夏立国之后，出于政治需要，大力尊崇佛教，设置僧官，甚至以马匹与北宋皇帝交换经书。公元1086年，年仅三岁的乾顺即位，是为西夏崇宗，其母梁氏擅权。1099年，为了有效地控制西夏，辽道宗派使臣到西夏，以毒酒害死梁太后，结束了梁太后的专权。崇宗在辽国的扶持之下开始亲政。他一改之前的“尚武重法”为“尚文重法”，并进一步推崇佛法。

就在乾顺亲政前一年，甘州发生了一件轰动一时的大事，嵬咩国师在迦叶如来寺中发现了此前埋藏的涅槃佛像。

嵬咩国师法名思能，系西夏皇族。发现佛像以后，他视为佛祖的暗示，决心修建一所规模宏大的寺院，以供奉释迦涅槃佛宝。他一方面号召僧众从民间募化资金修建，另一方面向西夏朝廷积极争取。为了取信说服乾顺，张掖僧使将其中的三尊佛像献给了乾顺。在嵬咩国师的一再努力之下，西夏贞观三年(1103年)，崇宗下令在迦叶如来寺的基础上修建卧佛寺，并赐额“卧佛”，气势恢宏的西夏国寺——卧佛寺——落成。

进入元代以后，甘州地位进一步提升，被确定为甘肃行省都会及豳王封地，成为当时甘肃最大的城市。相传元世祖忽必烈之母克烈氏(后封别吉太后)因为卧佛寺佛法灵验，即将临盆的她前去朝拜许愿，在寺中产下忽必烈。别吉太后信奉基督教，忽必烈便在卧佛寺中增建基督教建筑，并将卧佛寺易名十字寺。别吉太后过世以后，亦葬于该寺。据此可见，元代的卧佛寺实为皇家寺院。成吉思汗最早信仰道教，甚至不远万里请来全真教教主丘处机担任军师。后来进入河西，受佛教，尤其是藏传佛教之影响，完全相信了顿悟之说。受其影响，元朝统治者笃信佛教，忽必烈曾将八思巴请到帝都，尊其为帝师。元世祖至元十三年(1276年)正月，丞相伯颜兵困临安，宋恭帝赵㬎“赍传国玉玺及降表”请降。之后，赵㬎与太后被羁送至上

都，赵隰受封瀛国公。后忽必烈夜梦金龙盘绕殿柱，赵隰因此险遭杀害。为了全身自保，赵隰遁入空门，释号合尊大师，移居张掖卧佛寺，忽必烈戏称其为“皇家佛”。后来合尊大师因诗中有“黄金台上客，无复得还家”一句，为元英宗所忌。英宗至治三年(1323 年)，合尊大师赐死于卧佛寺。

明太祖洪武五年(1372 年)，明军逼近甘州，元将开城投降。卧佛寺西夏与元朝隆尊的地位以及关于皇室的种种传闻，激发了明军强烈的复仇欲望。他们没有烧毁其他寺庙，而是将卧佛寺主殿之外的其他建筑焚毁或破坏。

明初儒道佛兼重，至明成祖朱棣，佛教地位得以提升。永乐九年(1411 年)，卧佛寺重建，八年后竣工，赐名弘仁寺。由于这次新修的弘仁寺规模极大，规格更高，当地人又称其为“大寺”。宣德二年(1427 年)，明宣宗朱瞻基下令全面修缮卧佛殿，并御制长达 722 字的《敕赐宝觉寺碑记》，赐名宝觉寺。

“贝叶成文，一片真心悟妙理；慈云普被，千秋宝筏济苍生”。明代除大规模修建寺院以及两次赐名之外，以明成祖朱棣御赐《佛曲》(全称《诸佛世尊如来菩萨尊者名称歌曲》)为起点，统治者以赐经与抄经的方式，为卧佛寺提供了大量的佛家经典。

正统十年(1445 年)，明英宗朱祁镇诏赐《大明三藏圣教北藏》(又称《永乐北藏》，简称《北藏》)。《北藏》集佛教经、律、论之大成，共收经 1261 部，6361 卷，分 636 函，以《千字文》编目，是迄今为止国内保存数量最多、最完整的初刻初印藏经。北京大学白化文教授称之为“我国现存最完整的一个佛教图书馆”。

明英宗正统六年(1441 年)，御赐《北藏》首部经书《大般若波罗蜜多经》初到张掖，钦差大臣王贵即购置名贵的绀青纸，延请张掖书画名家，用金泥、银泥开始书写 600 卷《大般若经》并作画。其序文以金泥书写，经文以银泥书写，凡“佛”、“菩萨”、“世尊”等称谓，复用金泥加以重描，每卷卷首扉页用金线描绘佛画一幅。1992 年，中国佛教协会会长赵朴初先生途经张掖。当他看到明代金银经以后，久久不愿离去。赵老对身边的工作人员说：“明代的佛经能够保存这么完好，真不容易，它是国粹，是国宝啊！”

清初米喇印、丁国栋发动回民起义，宣布反清复明。他们在进入卧佛寺“搜装锦甲”过程中，造成佛经失毁 900 余卷。清康熙十七年(1678 年)敕赐“宏仁寺”，但并未流行，只在书中为避乾隆皇帝“弘历”之讳，而写做“宏仁寺”。

清代因为卧佛寺东西延伸距离很长，给南北居民出行带来不便，便在中间形成一个便道，称为大佛寺街。便道将卧佛寺一分为二，便道以西部分称为弘仁寺，以东部分称为大佛寺。以西部分建筑越来越少，加之弘仁寺不够通俗，于是大佛寺成为近世流行的称谓。

清雍正元年(1723 年)，青海罗卜藏丹津叛乱，川陕总督年羹尧率师进驻甘州平叛。是年六月，年羹尧得知甘州城南崇庆寺喇嘛与罗卜藏丹津勾结，下令诛杀该寺喇嘛三十余人。这一事件导致西北更大规模的叛乱，许多藏传佛教僧人纷纷加入。年羹尧下令死守甘州城，两年之内，卧佛寺沦为兵营。平叛结束，经历了四年的平静之后，征西大将军岳钟琪率师西征，

卧佛寺再次沦为兵营仓库。至于乾隆朝，以其为仓库，民国时期，驻军长达十余年。

改革开放以来，卧佛寺的研究、保护与修缮进入新的时期。

1986年，张掖市（今甘州区）政府在卧佛寺设立博物馆。1996年11月20日，张掖卧佛寺被国务院公布为全国文物重点保护单位。国家先后拨款2000多万元，用于卧佛寺佛经等文物的保护修缮与卧佛寺旅游景区基础设施建设。2005年，张掖市甘州区政府斥资500多万元，对卧佛寺卧佛殿及壁画、塑像进行了百年以来最大规模的保护性维修。工程历时三年，于2008年9月18日竣工。千年古刹，重现佛光。

随着旅游业的发展与城市形象的提升，大佛寺作为甘州最重要的文化遗存，其名称之局限性日益凸显：

其一，国内多有寺庙以大佛寺命名，仅丝绸之路河西一段，武威、酒泉、山丹均有大佛寺。甘州大佛寺混同其中，无法区别于其他同名寺院，这既不利于对外宣传，也给游客带来不便。

其二，大佛寺肇始虽为迦叶如来寺，但经历了北魏太武帝灭佛之后，迦叶如来寺沦为一片废墟。而今大佛寺的主体建筑遗存——卧佛殿，系西夏首建，其他建筑也都是西夏以及后世所建。

其三，大佛寺在西夏处于国寺的地位，元明两朝虽不是国寺，但从元明帝王大规模的建设修缮以及赐经来看，对卧佛寺极为重视，其地位虽不是国寺，但却有着极为隆尊的地位。

卷 二

艺道兴衰关时运

《天发神谶碑》二题

一、谶纬之学与孙皓暴政背景下的《天发神谶碑》

《天发神谶碑》的出现，与秦汉两代流行的谶纬之学密切相关。

“谶”是谜语式的预言。“纬”相对于“经”而言，即辑录或杜撰预言与神话，以解释或附会经书，为统治者服务。

早期先民认为，天象、地象、物象与人事之间，存在着某种必然的联系。比如《左传》文公十四年记载：“有星孛入于北斗，内史叔服曰：‘不出七年，宋齐之君皆将死乱。’”《诗纪历枢》中载：“蟋蟀在堂，流火西也。”

这种认识与表述，在秦汉之前，只是零星出现，并不系统。进入秦汉，中国的思想世界由春秋战国时期的百家争鸣转向思想一统。这些荒诞之说不断向儒学靠拢，而以董仲舒为代表的儒者也主动地吸纳这些观念，来丰富自己的学说，鼓吹天人合一，为统治者服务。

借助儒者的吸纳整合，进入儒家经典体系后的这些观念脱胎换骨，系统化并神圣化，在东汉被尊崇为凌驾于经学之上的内学，成为服务于皇权统治最得力的思想武器。即便是为了颠覆皇权，这样的观念也往往能够一呼百应，取得奇效。

《史记·陈涉世家》中，陈胜为了表明起义的合法性，“乃丹书帛曰：‘陈胜王’，置人所罾鱼腹中。卒买鱼烹食，得鱼腹中书，固以怪之矣。又间令吴广之次所旁丛祠中，夜篝火，狐鸣呼曰：‘大楚兴，陈胜王。’卒皆夜惊恐。”《史记·高祖本纪》中载：“其先刘媪尝息大泽之陂，梦与神遇。是时雷电晦冥，太公往视，则见蛟龙于其上。已而有身，遂产高祖。”又载：“（高祖）拔剑击斩蛇。……妪曰：‘吾子，白帝子也，化为蛇，当道，今为赤帝子斩之，故哭。’人乃以妪为不诚，欲告之，妪因忽不见。后人至，高祖觉。后人告高祖，高祖乃心独喜，自负。诸从者日益畏之。”

如果说这样刻意而为之的异事在秦末汉初还只是偶尔为之，至于谶纬之说大兴的西汉末年、东汉、三国两晋，就层出不穷。上至官员士大夫，下至普通百姓，纷纷托名孔子，制造谶纬之说，敬献祥瑞异物，迎合统治者，以获得官爵或赏赐。东汉初年，著名学者桓谭鉴于谶纬之说的荒诞不经，曾上书光武帝刘秀禁绝谶纬，惹得刘秀龙颜大怒，桓谭几乎被斩首。王莽、刘秀都借助谶纬之说来证明自己是“皇权天授”。汉桓帝时，谶纬显示汉家气数已尽，“黄家当

兴”,巨鹿人张角首先借此发难,发动了黄巾起义。曹丕、刘备、孙权等许多帝王也都借助谶纬之说来表明自己称帝的合法性。

公元 264 年,东吴景帝孙休崩殂,乌程侯孙皓继位。孙皓是历史上少见的昏庸残暴之君,综其好色、嗜酒、滥杀、奢华,在历代帝王中实属罕见。其刑罚之残酷,至于凿人双目,剥人面皮。后宫佳丽多达数千人,仍旧派人四处采选。与娼伎昼夜声色,可以饮得下七升美酒。即位当年诛杀丞相濮阳兴、左将军张布。次年,诛杀景帝朱皇后及其长次二子,听信谗言诛杀五官中郎将徐绍。因厌恶别人看自己,群臣见他的时候不敢抬头。第四年倾尽国库之蓄大兴土木,修建昭明宫。第六年左丞相陆凯过世,孙皓因为忌恨他的耿直敢谏,下令将陆家迁到建安(今福建建瓯)。第九年酒中投毒想害死右丞相万彧,万彧没有被毒死,最终自杀。第十年杀死侍中韦昭,逮捕中郎将陈声,烧锯其头,投尸荒郊。其后五年,杀临海太守奚熙,车裂豫章太守张俊,杀其叔章安侯孙奋及其五子,烧锯中书令贺邵之首,杀死上书请求赈灾的会稽太守车浚公,残杀尚书熊睦,杀中书令张尚……

孙皓热衷于谶纬之说且深信不疑,屡次因谶纬而变更年号。公元 276 年,有人献上一块石头,上面刻有“皇帝”二字,说是从湖边得到。孙皓非常高兴,宣布大赦天下,并改元天玺。面对日益混乱的政局,为稳定人心,孙皓利用谶纬之术,佯称天降神谶文护佑吴国,命人书写并刻勒在一块矮圆的幢形石上,立于江宁(今南京)天禧寺,是为《天发神谶碑》,又名《吴天玺纪功刻石》《吴孙皓纪功碑》,俗称《三截碑》(一说碑石在宋代断为三截,一说此碑乃三石垒成)。

天降神谶文没有能够改变吴国覆亡的命运。公元 279 年,西晋六路并进,大举伐吴。“千寻铁锁沉江底,一片降幡出石头。”吴国人心涣散,军无斗志,或溃惑降。第二年,吴主孙皓自缚备棺出降。

那块自欺欺人的《天发神谶碑》于清嘉庆十年(1805 年)三月因火被毁。

二、《天发神谶碑》在后世的评价及其影响

《天发神谶碑》碑文的撰文者与作书者,历来众说纷纭,没有定论。比较一致的看法是华歆撰文,皇象书碑。

故宫博物院藏有该碑的宋拓本,上段存字 21 行,中段存字 17 行,下段存字 10 行,凡两百余字。

由于其产生的龌龊背景与书法的怪异无源,关于此碑的评价,历来纷异径庭。

贬之者称其为 “妖书”。明人郭宗昌在《金石史》中将其斥为“牛腹书”,称其有“牛鬼蛇神气”。此碑产生到清初的一千多年时间里,无人临习,几成绝响。

褒之者将其列入 “东吴四大名碑” 乃至 “中国十大名碑”。 唐人张彦远称其:“沉着痛快。”宋人黄伯思在《东观余论》中说:“建业有吴时《天发神谶碑》,若篆若隶,字势雄伟。”清人张叔未赞誉说:“吴《天玺纪功碑》雄奇变化,沉着痛快,如折古刀,如断古钗,为两汉来不可无

一，不能有二之第一佳迹。”清人杨守敬在《激素飞清阁平碑》中说：“篆兼隶体，时有怪异之笔，其奇作也。”清季民国康有为说：“吴碑有四，其《天发神谶》奇伟惊世。”又云：“笔力伟健冠古今。”

康有为在《广艺舟双楫》中指出：“变者，天也。”由于《天发神谶文》属于杜撰的天降神文，所以书家在书体的选择上似乎有意识地照顾了这一点，大胆求变，以增强其神秘性，使得碑中的书体犹如石猴出世，难究其源。清人王澍在《竹云题跋》中说：“书法铦利奇崛，于秦汉外别树一体。”尽管康有为认为《陶陵鼎铭》《瘗鹤铭》《启封镫》及《王莽嘉量铭》同为《天发神谶碑》之先声，但较之这些碑铭，《天发神谶碑》还是风貌迥异，魅力超群。

就结体而言，该碑属于篆书，但与篆书大相径庭，因为其用笔采用了隶书的笔法，给人以非篆非隶之感。其用笔，横画起笔收笔皆为方笔，转折之处方圆兼济，多外方内圆，好似斩钉截铁，力含千钧；竖画方笔起笔，悬针收笔，犹如利剑入纸，力透其背。清人杨宾用“三气一劲”来概括《天发神谶碑》的风格：“生气”，即用笔的铦利奇崛，结字的折槃盘回，取势的伟健劲拔；“涩气”，是指其笔画的入木三分，运笔的沉着稳健；“险气”，指其结构布势有奇险之意，变化莫测；“一劲”，则是指给人以雄奇的美感和强劲的力度。

《天发神谶碑》直到清代才进入书家的实践领域。较早受益的书家，当属活跃在雍正、乾隆两朝的扬州八怪之一金农。他在《冬心印识》中说：“余近得《国山》《天发神谶》两碑，字法奇古，截毫端作擘窠大字。”受两碑的影响，金农独辟蹊径，创造出用笔方扁，结字凝重的所谓“漆书”。

清季赵之谦的楷书深受北碑的影响并推陈出新，其楷书被康有为指责为北碑罪人的“靡靡之音”。在篆刻领域，他兼收并蓄，大胆融入《天发神谶碑》上方下锐的笔意，集五彩之丝，成一家之轴，化“腐朽”为神奇，使得印风刚柔相济，一别时流，在印坛开风气之先，将篆刻艺术推向了前所未有的高度。

齐白石先生更是从泼辣刚锐的《天发神谶碑》中获得灵感。在借其结体，融其笔意之后融会贯通，加以强化。爽利劲拔的单刀直入，犹如垦犁破地，一面追求平整光洁，另一面则任其破碎、滞涩，形成了被人讥讽为“厨夫抹灶”的大刀阔斧、斩钉截铁的齐派篆刻风格。

施蛰存先生《批〈兰亭序〉》之我见

——兼与张瑞田先生商榷

张瑞田先生在《书法报》(2011年12月28日)发表《施蛰存如何批评〈兰亭序〉》一文,转引施先生文章的观点及主要论述,提出"对名作、名人的再认识,再评价,是每一个时代必须面对的问题,也是对一代人智慧的考量。施蛰存对《兰亭序》的批判,让我们懂得了对文化经典需要持什么样的态度,又需要从什么角度进行解读。"

对于张先生的上述意见,笔者完全赞同,但对于张先生所认同的施先生的批评意见,笔者颇不认同。

从《兰亭序》进入高中教材以来,笔者已经与学生有过四次深入的交流。以下就施文的主要观点,逐一予以辨正。

其一,施先生据许梿的《六朝文絜》、王文濡的《南北朝文评注读本》以及曾国藩的《经史百家杂钞》都不选此文,认为《兰亭序》并不入文章家的法眼,进而指出,"这篇文章在近代的盛行,作为古文读物,还是姚惜抱的《古文辞类纂》和吴氏昆仲的《古文观止》给它提拔起来的"。

笔者以为,诗文集的选编,受多种因素制约,文本水准、历史评价、时代风尚、选家的文学观念是其主要因素。这些因素的综合作用,使得某文本的选与不选,与其水准之间并没有必然的联系。钟嵘无疑是古代最有影响的文学理论家之一,其《诗品》作为经典的文学理论著作,选梁代之前五言诗人一百二十余人,分三品九级评价,为后世所公认的大诗人陶渊明仅列中品,而诗艺平平的张协却名列上品。这样的情况,在后世的各类选本中屡见不鲜。一些影响较大的作品,在权威选本中的落选,留给时人与后世的,往往是争议与启示。钱钟书先生的《宋诗选注》不选文天祥的《正气歌》即是一例。

其二,施先生评价《兰亭序》"七拼八凑,语无伦次,不知所云"。说:

"'向之所欣,俯仰之间,已为陈迹,犹不能不以之兴怀。'这是说人生短促,一瞬之间,一切都过去了,使人不能不感伤。底下接着却说:'况修短随化,终期于尽。'这是说:何况寿命长短,都随大化(自然)决定,归根结底,都是同归于尽。这一节的思想是和上一节对立的,既然知道人寿长短,同归于尽,为什么还会感伤于人生之短促?这个'况'字怎么加得上去?"

这两节文字文意上根本不存在施先生所谓的对立。联系上文,两节文字是说原先所欣喜

者俯仰之间变为陈迹，尤且不能不让人因此产生感慨，更何况个体“终期于尽”。“尤”与“况”用得极为精准，它们的呼应，使两节文字逐层推进且环环相扣。

之后，施先生对“死生亦大矣”提出质疑，以《论语》中的“未知生，焉知死”为例指出：

> 孔子在生死之间，更重视“生”。他要解决、求知的是人的生存问题，而无暇考虑死亡问题。“仁者寿”，可见孔子并不以为“修短随化”，人的善良品德可以延长生命。颜渊早死，孔子哀恸道：“天丧予。”天使我大受损失。可知人的生与死，有时也是一个重大的得失问题。把“死生亦大矣”这一句的意义讲明白，就可以发现这一句写在“修短随化，终期于尽”之下，简直无法理解作者的思维逻辑。底下还加一句“岂不痛哉！”我们竟不知道他“痛”的是什么？

紧随上文的“古人云：‘死生亦大矣。’岂不痛哉？”同样紧承上文，逻辑清晰。这里的“死生”属偏义复词，偏于“死”。人不免一死，焉能不痛！施先生之所以面对此句“简直无法理解作者的思维逻辑”，“我们竟不知道他‘痛’的是什么？”是因为忽略了这篇文章产生的独特时代背景与思想世界。

魏晋时期战乱频仍，瘟疫流行，使得生命极其脆弱。“建安七子”之中，竟有五人因传染病于同一年英年早逝。司空见惯的非正常死亡，使得生者对于死亡，既痛且惧。这就像同样是丧亲之痛，白发人送黑发人的悲痛，要远胜于黑发人送白发人；经历过灾难的幸存者，对于死亡的惧怕，要远胜于常人。

施先生论文忽略了知人论世的原则，所以才会脱离文本，花较多的笔墨去阐发“孔子重视‘生’”，“孔子并不以为‘修短随化’，人的善良品德可以延长生命”。

至于施先生对《兰亭序》之后语句的指摘，因为种种原因，尤其是因对前文的误读，使得这种指摘完全没有道理。笔者以为，在之前的关键问题厘清之后，再理解后面的文字，其实并不困难。鉴于篇幅，这里不再赘述。

“有一千个读者，就有一千个哈姆雷特。”文学史上，越是经典的作品，越容易引起争议，这正是经典文本的魅力之一。鲁迅先生有言：“一本《红楼梦》，单是命意，就因读者的眼光而有种种：经学家看见《易》，道学家看见淫，才子看见缠绵，革命家看见排满，流言家看见宫闱秘事……”。意大利思想家安伯托·艾柯（Umberto Eco）更有极端的说法：“一切阅读都是误读。”

“尽信书不如无书。”只有不盲从成见，不迷信权威，独立思考，严谨治学，才能有所发现。对于经典文本的解读，我们非常欢迎论据充足、论证严密的新颖观点，但这种观点的产生，应该立足于立论者严禁的治学态度，忠实于文本，而又能够知人论世，以历史的观念去阐释，否则，很容易流于误读、过度阐释，甚至是恶搞。时下许多所谓的惊人之论，之所以经不起时间的考量，其原因正在于此。

施先生治学宏福，学贯百家，而又以长于属文、立论严谨著称。这样的大学问家，不轻易立论，一旦立论，往往很难有所纰漏，所以容易为学界信服。但是，智者千虑，或有一失。在独立思考的道路上，不盲从权威的权威，更能考量一个思想者的智慧。

良苦用心下的尴尬标准

张瑞田先生在《勿将这一点轻轻看过》一文中再次阐述了他在“2010 书法·中山论坛”上提出的书法家人格第一的标准(见 2011 年《书法报》14 期第五版),笔者不敢苟同。

艺术创作是人类高贵的精神活动,艺术品中自然充满了人类精神活动的种种印记。在一些艺术作品的欣赏中,我们能强烈地感受到艺术家的精神气质甚至人格,但并不是所有的艺术品都会给予我们这样的感受。艺术的功能是多方面的,人类在欣赏过程中,可能会认识世界,可能会陶冶情操,可能会获启受教,而共有的,是获得审美的享受,所以美悦功能是其他一切功能的基础。

艺术创作过程中,决定性的因素不是艺术家的人格;艺术家创作艺术品,其主要目的也不是渗透自己的人格或者表现人格,创造美才是艺术的最高法则。艺术创造的关键,是创造者的美学观念与表现能力,这两者的高下,决定了艺术品的档次。人格对于创作能力的影响,几乎可以忽略不计,对于美学观念的影响,也极其有限,所以我们看到,古往今来的艺术大师,无一例外是在艺术观念与创造能力两个方面同时达到了应有的高度,承续传统,别开生面。朱以撒先生在《书法家标准说》一文中将创造能力、艺术个性、开创新风作为书法家的第一标准,实属中肯之论。

艺术观念与创作能力息息相关,但又无法相互取代。正确而高屋建瓴的艺术观念有助于提高创作能力,指导创作实践,但并不等同于创作水平,正如磨刀石可以帮助钢刀锋利无比,但本身不会成为削切的利器。仅具备一流的观念,作批评家可以游刃有余,搞书法创作只会眼高手低。傅德锋先生曾指出,一流的书法家完全可能成为一流的评论家,而一流的评论家往往不一定是一流的书法家。傅先生的表述,是将理论批评与书法创作加以区别。就书法史而言,有人以书法创作争擅,有人以理论批评著称,也有人在两个方面俱臻高境。一般人不习惯将第二类人归入书法家,这是一个认识的误区。书史上一批在理论方面贡献巨大,在创作方面“短板”的书法家,千载之后,当我们回望观照时,更见他们的弥足珍贵。

明白了艺术创作的关键因素,我们不难明白,为什么秦桧、蔡京、严嵩、郑孝胥之流人格败坏,赵孟頫、王铎名担贰臣,但都不失为不折不扣的书法大家;芸芸苍生中的德高望重者,甚至文墨不同。

按照张瑞田先生的标准评判书法或书法人，理论上不能自圆其说，评判中难免有失偏颇。以人格作为书法人或书法的第一标准，那所有人格高尚而略染笔墨者，是否都可以称为书法家？但直到目前为止，我还没有听说过哪位年度"感动中国人物"是书法家。至于书法作品中的人格元素，实在是玄之又玄，难以捉摸。在人格第一的书法家标准之外，张瑞田先生还提出了一些另外的建议，多有启发之见，但书法家"应该懂得计算机，也应该了解当代文学、经济、法律和股票市场"的提法显然是缺乏深思熟虑下的信口之词。"汝果欲学诗，功夫在诗外。"字外的功夫固然不可或缺，内外兼修，更容易异峰突起，至于计算机、股票市场等等，对于学书人而言，实在是无关紧要的知识。对于处于金字塔顶尖的书法家而言，他们拥有丰富的社会资源，名播海内，家资殷实，他们的艺术品就是股票；对于不发达地区或社会底层的书法人，他们忙于生计，身无长物，电脑或许都是奢侈品，有什么必要让装满土豆白菜的肠胃去遐想龙虾鱼翅的大快朵颐！人的一生寿数有终，精力有限，而人类遗留的和正在生成的文明成果又极其丰富，在"外功"方面，尤须谨慎。对于钢刀而言，选料、锻造、磨砺至关重要，如果既磨刀刃，又磨刀背，实在是画蛇添足之举。在艺术的"外功"方面，范曾先生堪为楷模。除了书法绘画的创作，先生长年浸染于中国传统文化，精研国学，作诗著文，一代大家，令人敬仰！

张瑞田先生在立论中以爱国思想家顾炎武的言论为支撑。顾氏一生，尝外夷入侵、家国沦丧之哀痛；怀天下兴亡，匹夫有责之信念，读书治学，考察方舆，为光复奔走，道德文章，为海内所仰望。顾炎武也确实精于书道，唯其书名之外的德名文名太盛，其书名倒不广为人知。像顾炎武这样道德文章俱臻一流的思想家还有一大批，按照张先生人格第一的标准，他们都应该称得上是书法大家，但据我所知，许多人并不以擅长书法而闻名。如果将张先生的这一观点向艺术界、科学界推而广之，那人格高尚者实在可以称得上超天才的人物，因为在艺术、科学的所有门类，他都称得上大方之家。

形而上者谓之道，形而下者谓之器。在艺术创作的两个关键要素中，观念与技术分属于道器。由器的层面臻于道的层面，既有赖书法人的天赋与智慧，更有赖书法人的勤奋与善悟。南宋以降，江山半壁，黎民涂炭。在这样的背景下，士人格外看重像颜真卿那样在书艺与气节方面俱臻至境的大师，同时鄙视蔡京、秦桧之流祸国殃民的乱臣贼子。于是书坛逐渐形成了讲求人书兼修、德艺双馨的传统。应该说，这种传统同书法一样，是先贤留给我们的一份弥足珍贵的遗产，值得我们大力弘扬，发扬光大。中华民族传统道德的断层解构与市场经济的冲击，使得书法这片古人主要借以怡情养性的净土，渐次多了一些不和谐的色彩。张瑞田、张旭光诸先生正是基于"人格与修养被弃之敝屣，书法界尤甚"的现状，将人格这一元素置于一个相当的高度，以求匡扶正义，扭转时风。善念使然的适度拔高，相信每一位钟情书道的书法人都会领悟个中的深意。但作为艺术评判标准这一重要

的理论命题,如果在道德缺失的时候将道德评判(张瑞田先生所谓的“全人格”是一个伪命题。不论是概念的狭义还是广义,其外延都已经包含了“全”,毋需再以“全”冠之)过度拔高,在文化素养低下的时候将文化评判过度拔高,那书法还有没有永恒的标准?过犹不及,恰当最好。一厢情愿的率性之论,哪怕罩以人格的光环,也难以放射真理的光芒。偏激地立论,既有悖于人类追求与坚持真理的天性,也容易造成误导。毕竟,作为我华夏民族之国粹,在热闹与苍白并存的当下,相对于道统的式微,在观念与技法方面,我们丢失得更多。

书法大师成就的自身条件与外部环境

2008年，张海先生发表《时代呼唤中国书法经典大家》一文，在书坛引起广泛讨论。许多书法家参与讨论，发表了一系列有见地的观点。三年以来，书坛积弊毫无改观。相反，跟展之风愈演愈烈，浮躁之风阴霾罗天。天下熙熙，皆为名来；天下攘攘，皆为利往。这样的学书取向与书法环境，根本无助于书法人的健康成长，遑论大师的出现。有鉴于此，笔者对书法史上的历代大家与书法繁荣时期的基本特点进行了梳理，总结出一些规律性的结论，供书法人参考。

其一，痴迷书艺，矢志不渝。

孔子有言："知之者不如好之者，好之者不如乐之者。"痴迷是创造力的源泉，对艺术的痴迷可以产生持久的激情，这种激情会成为艺术家修艺与创造的不竭动力。

东汉"草圣"张芝钟情书艺，"凡家中衣帛，必书而后练之；临池学书，池水尽墨"。三国时期的钟繇对书法之痴迷可谓旷古绝今。据西晋虞喜《志林》载，钟繇曾于韦诞座中见到蔡邕的笔法秘诀，于是向韦诞苦求一阅。韦诞不与，钟繇竟至于捶胸顿足，不省人事。后经曹操命人施救，才得以存活。韦诞死后，钟繇命人掘其墓而得其书，自此方知书道精义。据《书法正传》载，钟繇曾对其子说："吾精思学书三十年……与人居，画地广数步，卧画被穿过表，如厕终日忘归，每见万类，皆书象之。"

王羲之也是痴迷勤学的典范。他任江州刺史时，曾于宅内挖练习书法用以洗笔的墨池。宋人曾巩《墨池记》载："羲之尝慕张芝，临池学书，池水尽黑。"右军的七世孙智永和尚在吴兴永欣寺修行时，登楼不下四十年，积年临习《千字文》，其用心之专，远甚于面壁修禅之达摩。

其二，底蕴深厚，修养全面。

宋人陆游有言："汝果欲学诗，功夫在诗外。"书理亦然。从必然王国到达自由王国，由器境臻于道境，没有深厚的文化底蕴予以支撑，没有全面的艺术修养进行滋养，几无可能。这也正是很多书法人穷其一生之心血而只能称匠，不能名家，许多书法家达到某一境界之后出现"瓶颈效应"，难以再进的原因所在。

曾经师事荀子的李斯，既是政治家，又是文章家。鲁迅评价秦代文学说："秦之文章，仅李斯一人。"王羲之能诗善文，由文不加点，一气呵成散文佳作《兰亭集序》来看，他具有很高的文学素养。颜真卿既是挽狂澜于既倒的政治家，又堪称文章大家，《祭侄稿》与《争座位帖》都是不可多得的散文佳作。王维诗开盛唐山水田园诗派，精于书画，通晓音律，他与诗文书画俱佳的苏轼是中国艺术史上最为全面的艺术大家。米芾集书画家、学者、收藏鉴定家于一身。徐渭自

谓"吾书第一,诗次之,文次之,画又次之",书法为"八法散圣,书林侠客",绘画创"青藤画派",诗歌为"我朝第一",戏剧为明朝一流。吴昌硕诗书画印堪称四绝。弘一法师精于诗文,明于音律,长于金石,又是佛学修养极高的律宗大师。郭沫若在文史领域天赋超常,近乎通才。

纵观书法史,找一位仅以书法擅名的大家,诚为不易。

其三,才情横溢,个性张扬。

艺术个性是艺术风格形成的必要条件,书法艺术需要别出机杼,自成一家,书法家就不能没有个性。性格过于内敛,搞政治是优势,搞艺术则是劣势。艺术需要创新,不同常人的精神世界,其思维的发散性与求异性,其情绪的饱满度与激越性更强,最有可能生发不同流俗的奇思妙想。丹纳在《艺术哲学》中说:"自然界有它的气候,气候的变化决定这种那种植物的出现,精神方面也有它的气候,它的变化决定这种那种艺术的出现。"艺术家张扬的个性,傲岸的风骨,就是自然界善变的气候。

"从来南朝皆旷达,可怜魏晋最风流。"旷达闲散的魏晋风度,孕育了一大批思想与艺术巨子。率性洒脱,不拘礼法的阮籍;蔑视权贵,从容赴死的嵇康;风流蕴藉,东床袒腹的王羲之;不慕名利,躬耕自守的陶渊明;喜好游历,寄情山水的谢灵运……

有唐帝国的包容博大,就有王维的半隐半仕,悠游洒脱;李白的笑傲王侯,貂裘换酒;张旭的仰天长啸,纵酒狂书;颜真卿的刚直不阿,据理力争……

《宋史》载:"米元章初见徽宗,命书《周官》篇于御屏。书毕,掷笔于地,大言曰:'一洗二王恶札,照耀皇宋万古。'"明浙江巡抚胡宗宪延请徐渭出任幕僚,徐渭一介布衣,高卧不出,要求胡宗宪亲自登门来请。在胡宗宪的幕府,他人临深履薄,战战兢兢,唯独徐渭无所不言,饮酒谈笑,旁若无人。胡宗宪开玩笑说"卿文士耳,无我那得显!"徐渭应声回答:"公纵英雄,非我必不传!"

一部艺术史,就是一部艺术家鲜活淋漓的个性史。

其四,书技末道,多为余事。

《左传》以"太上立德,其次立功,再次立言"为人生之三不朽。司马迁之所以隐忍苟活,是因为他无法立德立功,只能以屈辱偷生求得立言。魏文帝曹丕更视文章为"经国之大业,不朽之盛事"。中国历代雅好翰墨丹青的帝王代不乏人,尽管唐代书法理论家张怀瓘认为书法一如文学,为可以"化育天下"之"不朽盛事","文则数言乃成其意,书则一定已见其心",但书画的地位远不能同文学相比。文人的人生理想是正心、修身、齐家、治国、平天下,是"穷则独善其身,达则兼济天下"。

在这样的人生追求背景之下,虽然历代痴迷书法者比比皆是,但除个别朝代,如北魏时期,个别行业,如职业经生,处于江湖之远的职业书法家并不多见,至于像邓石如、吴昌硕那样名扬海内的职业书法家更是凤毛麟角。在软笔书写时代,书法素养可以体现出一个人的综合素养,擅长书法者,大多素质出众,长于属文。科举考试与文官制度的推行,使得书法人群体更多地进入政府各个部门,成为官吏。书法家的非职业化特点,表面看来似乎不利于书法

的发展，但事实恰恰相反。由于作书少为稻粱谋，使得艺术能够超脱于功利之外，直指心性，外溢性情，也就更容易臻于得意忘形、率意求真的境界。

其五，重以养心，淡以功利。

自隋代实行科举考试以来，个别王朝为了防止徇私舞弊，以保证考试的公正性，采取试卷转誊制度，即士子考卷由专门的誊抄人员书写之后，再封上姓名交给考官。个别朝代以书取士，或者将考生试卷糊名后直接呈给考官。这样的特点使得书法在古代，其功利性主要表现在科举考试中更有利于求取功名。尽管润格古已有之，但日常生活中，书法功能更多地表现为书写交流与娱情养性。

书法家并非不食人间烟火的神圣，书法作品作为一种特殊的商品，其功利性不可避免。但书法作品毕竟又是人类的精神产品，这一性质决定了书法家在创作过程中不宜有过强的功利性，否则会影响到书作的品位。正如美国诗人艾米莉·狄金森所言："美，不经造作，它自生，刻意追求，便消失；听任自然，它留存。"我们总结那些流传至今的经典法帖，尤其是历代名家传情达意时的手札、情绪激越时的随性之作与无名书法家的写经、残纸等，绝大多数是无求之境中的率意之作，而又达到了苏轼所谓的："书初无意于佳乃佳。"人到无求品自高，书理亦然。书法经典的超功利性，不仅表现于创作过程，也表现在鉴赏过程，诚如张怀瓘所言："深识书者，唯观神采，不见字形。"

其六，承续传统，适意求新。

张怀瓘在《书断》中将艺术家分为两类：一流的艺术家智商奇高，可以直师自然；二流的艺术家智商居中，可以向古代经典大家学习。事实上，尽管书画史上"外师造化，中得心源"的生动事例极其丰富，但单纯"直师自然"的艺术家并不存在。

史载钟繇"每见万类，皆书象之"，故其书"点如山颓，滴如雨骤，纤如丝毫，轻如云雾，去若鸣凤之游云汉，来若游女之入花林"。但钟繇绝不是只师自然，他少时曾随刘胜在抱犊山学书三年，又师从蔡文姬，是蔡邕书法的二代传人。至于听鼓吹之调悟草书笔法的张旭，闻水潮之声味草法之韵的怀素，观屋漏之痕明笔法之理的颜真卿，见常年荡桨乃悟笔法的黄庭坚，也都不是只师自然，而是"别裁伪体亲风雅，转益多师是吾师"。

李可染先生有句很著名的话："用最大的功力打进去，用最大的勇气打出来。"如果说继承传统是"用最大的功力打进去"，是蚕食桑叶，那推陈出新就是"用最大的勇气打出来"，是春蚕吐丝。

求变求新是艺术永恒的主旋律。康有为在《广艺舟双楫》中说："变者，天也。……故有宋之世，苏米大变唐风，专主意态，此开新党也；端明（蔡襄）笃守唐法，此守旧党也。而苏米盛而蔡亡，此亦开新胜守旧之证也。……盖天下世变既成，人心趋变。以变为主，则变者必胜，不变者必败，而书亦其一端也。"

历代开宗立派的大书家，无一不是集五彩之丝，成一家之杼，在继承的道路上进得深入，在求变的道路上变得丰富。千变万化，不失古法。正如郭象《庄子序》中所言："猖狂妄行而蹈

其大方。”苏轼曾不无自信地说：“我书意造本无法。……出新意于法度之中，寄妙理于豪放之外。”对于继承与创新，董其昌说得更妙：“妙在能合，神在能离。……拆肉还母，拆骨还父。”

反观当下书坛之“媚展”“跟风”所形成的千人一体，万众一面，同书法的推陈出新、百花齐放原则完全相悖，书法人焉能不深思而警醒之！

其七，亲炙名师，不入歧途。

天才脱颖而出属于低概率事件，因为天才的成功受诸多因素制约。人类历史上的天才，大多由于没有适合其生长的土壤、气候，最后沦为王安石笔下“泯然众人”的方仲永。在天才成长的诸多因素中，适逢名师尤为重要。上世纪二十年代创办的清华国学研究院能在短短数年间为国家培养出一批学术名流，与国学院延请梁启超、王国维、陈寅恪、赵元任四位大师担任导师密不可分。但天才常有，名师不常有。天才之遇庸师，恰如美玉之遇庸匠，遭到破坏是必然。愚学一生，不如名师一点。书法的研习，不管是入门，还是提高，都需要名师点拨。方法不对，工夫白费。人生苦短，禁不起折腾，在错误的道路上用功越勤，距离成功越远。所谓经验，就是磨刀刃不磨刀背。历数中国历代书法大师，绝大多数在学书的道路上有幸亲炙名师的教诲，避免了走弯路。王羲之的成功，得益于王氏世家深厚的书学渊源与卫夫人的悉心调教；而王献之的比肩其父，又缘于父亲的悉心指点；颜真卿早年亦曾多次拜访张旭，深得其法。

名师对于书法家成长与书法繁荣的推动作用，在地域书法与流派书法中表现同样突出。一位优秀的书法家，可能会引领一批书法人迅速成长，从而带动一个地区的书法走向繁荣，甚至让一个流派发展壮大。反之，处于领导地位的所谓领军人物如果徒有虚名，则可能会使一批书法人误入歧途，过早地终结艺术的生命。这种情况在书法史上并不常见，但在书法协会化与展览泛滥化的今天，却又极为普遍。

书法大师的成长，除了自身条件，还需要良好的外部环境。考量书法繁荣与大师辈出的时代，可以发现以下规律：

其一，理论繁荣，引领创作。

没有科学的理论，就没有科学的实践。书法发展到汉末魏晋时期，从自发时代进入自觉时代，一批书家开始对书学进行总结阐发，并产生了一批丰硕的理论成果。如蔡邕的《笔论》《九势》，相传为卫夫人的《笔阵图》等。理论的高度虽不能等同于实践的高度，但却有助于提高实践的层次，从钟繇痴迷蔡邕的理论与王羲之从父亲枕中窃读前代《笔论》而书艺精进来看，当时的书法家对于理论非常重视，并从中汲取了有益的养分。

唐代无疑是中国书法理论的制高点，孙过庭与张怀瓘则是这个制高点的双子星座。唐代书法的繁荣，是多重积极因素共同作用的结果，《书谱》《书断》等一系列理论经典的引领则功不可没。这种理论推动书法繁荣的规律，在宋代与清末民国时期表现同样突出。北宋欧阳修虽不以书法擅名，但其文坛领袖地位的影响与独具见地的书法理论，在宋代“尚意”书风的形成中起到关键作用。清末包世臣的《艺舟双楫》与康有为的《广艺舟双楫》高举“尊碑抑帖”的

大旗，使得碑学复兴，并进而形成碑帖兼融的风尚。书法理论就书法家个体而言，那些学者型或文人型的书法家群体，其艺术的总体水准，也要远远高于其他身份的书法家。

其二，上层雅好，导向正确。

中国书法的繁荣时期，几乎都是帝王或上层喜好与推崇的时期。汉末魏晋，世家名门鲜有不好书者，一些名门望族书家辈出，如晋朝的卫、王、谢三家。进入唐代，李世民嗜书成癖，对王羲之推崇备至，并且身体力行。他的喜好及后继者的推波助澜，使唐代成为书法群星璀璨、大师辈出的时代，不论是楷书与行草书的创作，还是理论建树，都涌现出一批对后世影响深远的书法家。宋代几乎所有的帝王都具有浓郁的文人气质，爱好笔墨丹青，不擅争伐杀戮。宋徽宗赵佶甚至设立了中国历史上第一家国家画院，并经常与御用画家交流画艺，逞较丹青。高宗赵构偏安江左，社稷风雨飘摇，仍旧常年临池不辍，并自成一家。上有所好，下必效之，宋代书法同样体现出很高的水准。

"楚王好细腰，宫中多饿死。"上层的偏好对于书法，不全都表现为促其繁荣。统治者对于书法的某些狭隘偏执的审美趣味，就像南朝各帝偏爱宫体艳诗影响诗歌的健康发展一样，也会阻碍书法的发展。明代前期书法的低迷，与明成祖朱棣对馆阁体的偏爱与推崇不无关系。

其三，政治清平，开放包容。

清平与包容，不仅是人类文明进步的重要标志，也是思想与艺术萌芽生长的绝好土壤。英国史学家汤因比曾经说："如果让我选择到某个国家的某段时期去生活，我选择中国的宋代。"诚然，宋太祖赵匡胤的"杯酒释兵权"，为宋代帝王开了一个好头。宋代的帝王在对外战争中鲜有强势的姿态，在对待国民的态度中，也表现出较为温和的一面，所以宋代政治相对清明，文人很少因言论获罪。苏轼遭遇"乌台诗案"，要是赶上明初或者清初，苏轼活着会株连九族，死了也可能被剖棺焚尸，但苏轼最终只是贬了官职，出任黄州团练副使。

明初与清初被视为中国封建社会政治最黑暗的时代。柏杨先生将中国文化比做"酱缸文化"，这两段时期尤甚。

出身卑微且相貌丑陋的朱元璋，从侄子手中夺得天下的朱棣，以少数民族的身份入关的清初各帝，在声威赫赫的皇权背后，裹藏的是极度的自卑。如果自卑者不拥有权力，受伤害的可能只有他自己。如果他拥有炙手的权势，就可能会从迫害下属中寻求心理的平衡与病态的慰藉。捕风捉影的文字狱，大开杀戒的鬼头刀，使得明清两朝开国后相当长的时间段里，文人噤若寒蝉，只求全身自保。明初几无可圈可点的大书家，清初尽管有朱耷、傅山、王铎这样的大师，但那是晚明谢幕的绝响。

鉴前世之兴衰，考当今之得失，书法大师似乎距离我们还很遥远。然多可忧，亦有所喜。在近几年的交游中，接触到个别功力深厚、学养深湛的书法家，他们对当下书坛的种种热风有着极为冷静的认识，不从俗浮沉，与时俯仰，而是心追古贤，淡泊自守，以他们的影响力团结青年才俊，相与从容讲学，潜心悟道，良可慰也！

从他们身上，我看到了中国书法的晨光！

率性而为与虔诚以之

书法圈的友人向我谈及一桩往事。

数年前书画市场刚刚活跃时，一位知名书家到本地来卖字。因为求字者众多而又润格较低，书家觉得食之寡淡，弃之可惜，于是草率书写，应付求字者。购买者昧于书家的地位与名望，得到之后大都奉若至宝，四处炫耀。看到这一情形，本地一位"不谙世事"的书家委婉指出该书家创作态度不够严肃。不料此君竟不加掩饰地说："说句实在话，你们买的主要不是我的作品，而是我的落款与印鉴。只要我的落款与印鉴没有问题，作品的水准几乎不是问题。"

之所以举出这样的例子，是因为当下书画界，这样的风气愈演愈烈，这样的书画家比比皆是。

乱世所贵者，枪炮黄金；盛世崇尚者，文物古董。当下的书画家，欣逢千年难遇之收藏盛世。收藏热的急速升温，热钱的大量涌入，使得不仅仅身归道山的大师名家之作备受哄抬，就是健在的知名艺术家，其作品也动辄以天价成交。因为这样的原因，许多书画名家，已近乎成为印钞机。他们所忧虑的，不是作品卖不出好价钱，而是登门求字鬻画者络绎不绝，而自己的创作时间与精力有限。在这样的情况下，大多数创作态度严肃的艺术家，出于对艺术的虔诚与职业操守的坚守，重质量而轻数量，这就很值得人们去尊重。而个别艺术家则不然，在巨大的利益诱惑面前，唯利是图，草率以之，甚至大量复制，遗人笑柄。一些艺术家埋怨自己的赝品泛滥，有时甚至不得不对簿公堂。赝品之所以大行其道，原因众多，其中重要一条，在于艺术家创作态度不够严肃。因为流布的作品艺术水准悬殊，在造假水平已至登峰造极的今天，面对大失水准的所谓真迹，不要说专业的鉴定家容易打眼，恐怕连艺术家本人也可能难以下结论。

诚然，书画创作确实存在刻意求工而不得工，无意于佳而成佳构的艺术规律。一些造诣极高的艺术家因为特定的环境与心境，萌生了强烈的创作欲望，一任情绪的宣泄，以情驭技，以道主器，从而创作了连自己都无法复制与超越的艺术精品。据说王羲之在兰亭之会上即兴创作了《兰亭序》之后，曾经多次重写，以求超越，但最终没有成功。我的一位朋友数年前写了一张作品，就一个"佛"字，层次很高。送给我之后，多次重写，怎么也写不出原作的韵味，就只好作罢。张旭、怀素酒后的草书作品，颜真卿的《祭侄稿帖》，杨凝式的《韭花帖》，苏轼的《黄州寒食帖》，黄庭坚的《松风阁诗帖》何尝不是率性之作！一些朋友送我的书法作品集中，常常能见到一些写到麻纸甚至是信封、账单上的作品，这当中不乏刻意而为，但个别恐怕是因为书

家无意精心创作下的得意之作。尽管如此，我们绝不能认为所有的书画经典都是艺术家率性而为的作品。事实上，以书体而论，率性而为行草书，能出好作品；若是篆书、楷书、隶书等，随意挥洒，往往多是败笔；而绝大多数经典书画作品，又都是艺术家严肃创作的产物。

文字的发明与造纸术，为人类文明的记录与传承提供了便利。因此，先民有敬惜字纸的传统。书法与国画艺术作为与汉字、纸张密不可分的国粹，在历代书画家心中，具有极其神圣的位置，他们向来是以极其严肃的态度对待，洒脱率性的苏轼给别人写手札，都要在书法上达到自我满意的地步。流传至今的古代书画墨迹与碑刻，大多因为其属于大家的经典，所以历代藏家倍加珍惜而流传至今。上世纪至今才被发现并面世的大量简牍、写经等民间书法作品，绝大多数应该是出于下层文吏、僧侣与经生之手，但也表现出卓然不俗的独特魅力。抛开其他因素不论，其严肃而虔诚的书写态度，应该是成就艺术魅力的重要因素之一。近几十年来，国人书写水准的急速下滑，固然有电脑普及、学生课业负担过重等诸多原因，书写传统断裂后书写观念的变化造成的影响亦不容忽视。

谢世不久的艺术大师吴冠中先生无疑是严肃创作的典范。上世纪80年代初，吴先生的画作曾以百万港元被人购藏。然而就在作品走红时，先生开始撕画。看着当时价值不菲的画作一张张被毁掉，亲友屡屡劝阻，但吴先生始终不为所动，先后撕掉了两百多张画作。面对别人的疑问，吴先生说："人老了，趁现在活着，赶紧将那些自己觉得不满意的作品撕掉。"在先生看来，作品的水准，不在于拍卖价格，关键看是否真正经得起历史的考验。先生说："我觉得遗憾的东西不能出去。"对于自己满意的作品，先生则大量无偿捐给了博物馆。

欧阳修在晚年编订文集时，严谨精审，对于自己不满意的作品，绝不收进文集。夫人对此大惑不解，问欧阳修："小时候谨慎认真，是怕先生批评，现在你已经名满天下，难道还怕先生训斥？"欧阳修回答说："不怕先生笑，就怕后生骂！"

马宗霍先生的《书林藻鉴·书林纪事》中记载了关于李北海的一则轶事：

唐人萧诚擅长书法，但是大书法家李北海看不上萧诚的书法。于是萧诚用西山的野麻与虢郡的吐谷造出了一种五色斑纹纸，模仿王羲之的笔法写了一幅作品拿给李北海。李北海看过以后，认定是右军的真迹，大加赞赏。萧诚道出了事情的原委，李北海再看作品，说："细看也未见好。"

当代书画在繁荣热闹的背后，本身就存在大师缺位的尴尬，加之这是一个崇尚权力与名望而忽视实力与修养的时代。像李北海这样的书法家，都会误判于"名人效应"，更何况一般人。人们收藏健在艺术家的书画作品时，更多考虑的是艺术家在书协或者美协的位置。正因为如此，当下的书画家对书美二协的位置趋之若鹜，拥有了光环，就等于占领了市场。对于这一点，胡传海先生在一篇文章中指出，有的书协领导接过罢免通知后，竟至于如丧考妣，眼泪夺眶而出。购字鬻画者的盲目追逐，使得艺术家如果没有官方的位置与光环，即使修养全面而又创作实力出众，也可能只占领低端市场，健在时艺名寂寞，谢世后才大放异彩。而一些属于票友水平的书画人，则因为地位隆尊，尺幅千金。这些人，实力既已不济，而创作态度又极

不严肃，高价位卖给别人的涂鸦之作，最终只能沦为一文不值的垃圾。

“李杜诗篇万古传，至今已觉不新鲜。江山代有才人出，各领风骚数百年。”今天的书画界，能够“各领风骚数百年”的艺术家实在是凤毛麟角，更多的人只能是过眼云烟。君不见，一些人在位时门庭若市，一纸千金；离职后门可罗雀，一落千丈。古语有云：“知人者智，自知者明。”在审美鉴赏能力相对较低的当下，一些缺乏艺术眼光的有钱人斥巨资购买当代艺术家的作品，不管是为了谋取利益，还是附庸风雅，都无可厚非。相对于那些挥霍无度，大把烧钱，甚至包养娱乐明星的人，这些人倒是值得我们去尊重，毕竟他们在关注艺术、亲近风雅。而艺术家以严肃的态度创作进入市场的作品，不仅仅是水平问题，更关键是人品问题。

数月前，见到了一位倾慕已久的青年书法家。因为我非常喜欢陈寅恪先生的《赠蒋炳南序》，请他人写了几张又都不满意，而该书法家擅长的书体又格外适合书写此篇，就向他索请一幅。答应之后，他对我说：“你不能催，写好之后，我打电话给你。我只育山参，不种白菜。”几天前他打来电话说：“文章非常精彩，写不好对不起陈先生。我写了三张，你从中选一张。”接完电话，除了温暖与欣喜，更多的是对这位新交书友创作态度的尊重。

吴冠中先生之所以能亲自销毁自己不满意的作品，是因为他从来就没有出手过这些作品。笔者更多见到的是，一些书画家曾经因为创作态度不严肃而使自己低水准的作品大量流入市场，等到后来发现自己的作品已经有损于声望时，才又不得不高价回购或者用精品去兑换。

早知如此，何必当初！

热钱的涌入，理性的缺失，投资的盲目，使得当下的艺术市场，尤其是当代书画艺术品市场已进入泡沫时代。出于牟利的购买者，在玩一个叫“击鼓传花”的游戏，鼓声震天悦耳，玩者忘乎所以。鼓声停止之时，就是泡沫消散之日。如果到手的是一件精品，倒也无所谓；如果是一堆垃圾，就只能自认倒霉！

在西方的思想传统中，艺术家是栖息在美神领地的天鹅。天鹅是一种有洁癖的珍禽，闲暇时喜欢洗澡与梳理自己的羽毛。以此而推，化用民国学者刘文典的那句名言作为文章的结尾——艺术家更应该珍惜自己的羽毛！

书法国展建言六策

第九届书法国展早已尘埃落定，第十届书法国展大幕即将拉起。作为中书协“国字号”书法展评中规模最大、层次最高的一种，在书法热持续升温的当下，其受瞩目的程度自然不言而喻。鉴于前几届书法国展存在的诸多弊病一直没有很好地解决，特建言如下：

其一，抛开门户之见，力求公正评选。

客观地讲，对于书法作品的评价，往往仁者见仁，智者见智，完全做到客观公正的评价，在理论上是一种苛求，在实践上几无可能。一百多年来的诺贝尔文学奖评定，因为受到政治与意识形态因素的干扰，一批优秀的社会主义阵营的文学大师没有获奖，即是明证。抛开这些因素不论，即便是资本主义世界，也有一批艺术水准远远胜于部分获奖作家的文学大师未获殊荣。但是，我们绝不能以艺术品评价的特殊性为借口而弱化评选的客观公正性。事实上，师承因素、裙带因素、地域因素、书风因素等综合于一处的情感因素的过分凸显，已经使得各类书法展评饱受书法人的批评与指责，其公正性备受质疑。

为了入围，琢磨评委，迎合书风者有之；投门子，拜山头者有之；更有甚者，牵裙带，拉关系，走后门。在这样的世风面前，许多有实力入围的书法人，最终沦为边缘人，成为潜规则的牺牲品。在不公正的评选之后，这些书法人轻者怀疑自己，转向迎合风气；重者放弃显规则，加入潜规则的行列。

其二，坚持百花齐放，扭转跟风现象。

模仿是学习的捷径，继承是变通的前提，变通是最终的追求。钱谦益说：“欲求进，必自能变始；不变，则不能进。”跟风绝非一无是处，书法流派形成的诸多要素当中，一批创作观念与书法风格接近的书家形成一个遥相呼应的群体，而其中的一位或者多位佼佼者成为这个群体的执牛耳者并标举倡扬，是重要的一条。但是迷失自我的一味跟风，就适得其反。这种跟风既有悖于百花齐放、百家争鸣的思想和艺术准则，又容易造成千篇一律的创作局面。一些书法人为了能够入展获奖，视扎硬寨，下苦功为畏途远道，视模仿跟风为终南捷径，迎合评委，乐此不疲。这既不利于自己在书艺道路上的健康成长，如果形成大气候、大环境，对书法艺术的健康发展亦极为不利。纵观书法史，前人有过惨痛的教训。南宋书家跟风苏轼、米芾、黄庭坚，学其皮相又不能变通，导致南宋书坛萎靡不振；明初书家跟风赵孟頫、鲜于枢，在复古的道路上误入歧途，导致馆阁体风行书坛，使得明初成为书法的一片洼地。

在流行书风甚嚣尘上的今天，转变跟风现象，国展是最好的机会。宋代文风之所以能够

扭转，就是因为欧阳修借助科举考试来改变。借助国展扭转风气，开创百花齐放的局面，诚属当务之急。

其三，厘清创新尺度，匡正创作风气。

在求变中确立新的书风，是书法家成长的必由之路，也是一个时代能否站立书法制高点的重要因素。晋人尚韵，唐人尚法，宋人尚意，晚清民国书家的抑帖扬碑，使得这些时代成为书法史上的高峰，为后世所瞩目仰望。但书法作为中国的国粹艺术，有其自身的独特规律，违背这些最起码规律的所谓创新，不仅无助于书法推陈出新，发扬光大，还会使其误入歧途。关于这一点，在著名的表演艺术家赵丽蓉编排的小品《如此包装》中，表现得淋漓尽致。当代书坛受展厅文化的影响，一些书家过分看重形势因素造成的所谓视觉冲击力与大效果，在一篇书作中众体纷呈，唯恐评委不知道自己诸体皆工；或者拼贴之术过度，一幅作品众色繁复，块面相接，如同百衲衣，令人眼花缭乱，纸色的冲击力超过了书法的冲击力，弄巧有余，实力不济，喧宾夺主，得不偿失；更有甚者，在双手功能正常的情况下创造所谓的口书、脚书之类，纯属标新立异，哗众取宠。

另外，国展还承担着挖掘新人，培养书家的重任。一些一反时流而又见地超群的创新，一开始往往并不一定为专家及大众认可。面对这样的创新，心怀宽容，不囿成见，以前瞻的眼光奖掖提携，伯乐选骥，就显得极为可贵。

其四，完善复审机制，力避枪手代笔。

在学术风气日益糜烂的今天，枪手介入书坛，早已是公开的秘密。在名声与利益的双重驱动之下，一部分书法人为了早日加入省书协或者中书协，不惜铤而走险，请人代笔。由于书法展评现场创作复审面较窄，举报后的复查处理缺乏力度，所以请枪手代笔者不乏其人。这样的做法之于音乐界，其恶劣影响正如假唱一样，千人挞伐，万众不齿。古人云：一人得道，鸡犬升天。一些国展高手，借个人之手，将自己的书友甚至文墨不通的亲属都打造成所谓书法家。于己遗人笑柄，于世则影响到书协的权威与声誉。如果能从本届开始完善机制，加大处理力度，书妖或能被打出原形，评展的纯洁性也才能得以保证。

另外，鉴于当代书法人文化素养相对偏低这一现状，为了扭转风气，中书协不妨借鉴青歌赛的做法，对入围书法人进一步进行较有深度的文化素养测试，提高获奖门槛，借此引导书法人读书学习，以提升书法人的文化素养与理论水准。

其五，严审书作文本，规范汉字书写。

因为简化字的推广、电脑书写的普及、语文教学质量的下降以及读书风气的式微等诸多因素的影响，现在人们书写错误早已经是见怪不怪，这在时下的书法作品中，也屡见不鲜。每届的国展作品集中，衍字、脱字、误字比比皆是，甚至于在书写的经典文本中遗漏句子、窜人句子或误写作者与篇目，令人骨鲠在喉，不吐不快。关于这一点，我在《书家焉能不读书》(见2010年12月22日《书法导报》)一文中已经详加论述，这里不再赘述。

中国古代文化典籍浩如烟海，名篇佳作繁星弥空，加之当代书法人在选择书体时，汉代

以前的甲骨文、金文、楚简、中山王、石鼓文、篆书等众体纷呈。面对这样的局面，评委也难免捉襟见肘。评委会聘请古典文学、文字学方面的专家严把质量关，对于保证评选的质量以及形成书法人严谨审慎的书写态度都大有裨益。

其六，评委端正态度，创作书法精品。

在每届国展结束后出版的作品集中，评委的作品往往饱受质疑。质疑的声音主要有二：其一，这样的创作实力怎么会成为评委；其二，这样的书写水准如何能保证评判的质量。其实，除个别因为行政原因跻身中书协评委圈的所谓专家之外，绝大多数评委，都是多年潜心书艺，众望所归的实力派书家。后者为国展创作的作品之所以遭到质疑，不是水平的原因，而是态度的问题。在国展的评委作品中，书写舛误者甚至不乏其人，其创作态度可想而知。近代国学大师刘文典有言："文人要爱惜自己的羽毛。"一些评委"不爱惜自己的羽毛"，盛名之下随意下笔，敷衍了事。因为是应酬之作，其水准自然不敢恭维。

另外，在编印作品集时，对于组织者当中的一些非专业人士的作品，编委会不妨大胆取舍，不要因人刊字，自暴其丑。笔者几年前拿到一本老师相赠的某省画院精品力作集。画院斥巨资出版的作品集，却将票友的涂鸦之作置于前面，正如李商隐所谓的"园中曝裈"，实在是大煞风景！

书家焉能少读书

明代散文家张岱在《夜航船》的序言中讲了这样一则故事：

一位出家人乘船远行，遇见一位书生高谈阔论，滔滔不绝。出家人原以为他学问高深，以至于晚上睡觉时竟然不敢伸腿，一直蜷缩着听讲。渐渐地，他觉得那位书生所谈疑点甚多，漏洞百出，于是就大着胆子开口道："敢问澹台灭明是几个人？"书生答曰："两个人"。出家人又问："那么尧舜是几个人？"书生说："一个人"。听罢之后，出家人说："请先生向里靠一靠，让我伸伸腿。"

这样的笑话在今天的文化圈子中，实在是稀松平常，见怪不怪。每届"青歌赛"的文化素质考查都会猛料百出。以今年为例，余秋雨先生问到下面几个常识性的问题，选手的回答是：

问：《清明上河图》的作者是谁？

答：齐白石。

问：我国第一部诗歌总集是哪一部？

答：《史记》。

问："焚书坑儒"是什么朝代发生的事情？

答：宋朝的铁木真。

问：《红楼梦》的作者是谁？

答：司马迁。

问："人生自古谁无死，留取丹心照汗青"是（ ）朝爱国诗人（ ）的名句。

答：清朝的关汉卿，之后改成清朝的文天祥。

我们不妨试想一下，如果书坛各种类型的国展也增加文化素质考查，并通过电视直播，其结果会如何？

我丝毫不敢乐观。

一本书法作品集中，一位书家书写的内容是李白的《行路难》，而其落款则是《将进酒》。

一份报纸上刊了一位书家书写的辛弃疾的《永遇乐·京口北固亭怀古》，篇幅中漏写了"斜阳草树"一句，将"被"写作"必"。而其落款，竟然是"右录北宋苏轼《念奴娇·赤壁怀古》"。

一位书家在办展览期间，一名中学生慕名向他求一幅墨宝。这名中学生给他提供了一张南唐后主李煜《虞美人》的竖排文本，这位书家竟然将末句当做首句，首句当做末句，倒着书写了一篇，令观者啼笑皆非。

一位老书家向一位女中书协会员建议写写“二王”。这位女书家一头雾水，不知道“二王”是谁。

千万不要以为这样的问题只是出现在一般的书家身上。在中书协九届国展的作品集中，笔者见到评委的作品中照样出现了不该有的硬伤，至于参赛者作品中的谬误，更是比比皆是。这样的作品堂而皇之地进入作品集，不知道编者是如何把关的。

因为这样的原因，笔者在收藏当代书家作品的时候，就格外谨慎。即使是一些自己尊重的书家，在订购他们作品时，也往往给他们提供规范的文本，以免瑕疵出现，让人觉得骨鲠在喉。

书法家首先必须是一个读书人，而且应该是一个层次不低的文化人，否则，即便书法达到一个相当的层次，也很难遑称书家。但在当下，这样的要求，几乎成为一种奢望。许多喜欢书法的人，在技法的层面上可谓苦心孤诣，穷其终生，但最终未能登堂入室。究其原因，在于字外的工夫不够。宋代大诗人陆游有言：“汝果欲学诗，功夫在诗外。”学诗学书，其理相通。正如《易经》所言：“形而上者谓之道，形而下者谓之器。”解决技法层面的问题，仅仅是解决了“器”的问题（事实上，很多所谓的书家，技法层面尚存在很大的问题），要想虫蛹化蝶，臻于“道”的境界，需要在书法之外多下工夫。书法之外的工夫，读书位列第一。

书家的成就，需要两个条件，其一是练，需要临池不辍，退笔如山，达到熟能生巧，解决技法的问题；其二需要养，借助深厚的学养、文化内涵，滋养笔墨中的人文精华，让书作内涵丰富，经久耐品。许多书法爱好者在达到某个层面之后，出现高原反应，感觉呼吸困难，每前进一步都非常困难，甚至迎风遇雪而退，究其原因，多在于读书不多，学养浅薄。这就如同花盆。读书不多，花盆不大，如果是在植物初生的时候，自然影响不大。但假以时日，那小小的花盆就会限制植物的茁壮成长。读书之道，在于扩大花盆的容量。苏轼讲，治学之道，在于厚积薄发；攻书之道，亦在于此。纵观书法史上的满天星辰，不以学问支撑者，可曾有过？

想起电视连续剧《天龙八部》的结尾。武功盖世的丐帮帮主萧峰以及长年藏身少林寺偷学武学秘籍的萧峰之父与慕容复之父，在少林寺一个扫除老僧面前居然不堪一击。金庸先生想借此强调的，也无非是功夫之外的功夫。

即使不是从成就书法家的角度而言，书法人对自身的文化素养也应该有较高的追求。一个长期靠电脑搞文字工作的人，偶尔提笔忘字或下笔手误，倒也无可厚非。一名书法人如果没有《书家必携》就寸步难行，或者一下笔就舛误百出，实在是有辱斯文，也有辱先祖留给我们的这份弥足珍贵的文化财富！

西泠之灵

2011年12月13日,在西泠印社第八届理事会第六次会议上,国学大师、著名书画家饶宗颐先生经理事会一致推选,成为该社第七任社长;会议同时推选著名书法家刘江先生担任执行社长。这意味着自启功先生谢世之后,该社长达六年之久空缺的社长一职,终于尘埃落定,产生了众望所归的岳牧北辰。

之前,杭州市与西泠印社曾多方征求意见,寻找合适人选,但由于印社内部缺乏比肩前辈之宗师,而海内外虽有合适人选,但又歧议纷纭,莫衷一是,所以最终虚席以待。直到今年10月,西泠印社派专人前往香港拜访饶宗颐先生,饶先生欣然接受提名,并最终当选。

西泠印社社长长达六年时间的虚位以待与饶宗颐先生的继任,再一次展现了西泠之灵的独特魅力。在笔者看来,所谓西泠之灵,即西泠印社大师级的执事标准与高起点的学术定位。

西泠印社创立于1904年,由浙派篆刻家丁仁、王褆、吴隐、叶为铭等召集同人发起创建,是中国现存历史最悠久的文人社团与全国重点文物保护单位。海内外研究金石篆刻的社团当中,西泠印社成就最高、影响巨大,是联合国人类非物质文化遗产——“篆刻艺术”与首批国家级非物质文化遗产“金石篆刻”的传承代表组织。该社团建有中国印学博物馆,拥有“中国驰名商标”、“中华老字号”、“全国文化产业示范基地”等称号,在国际印学界地位尊崇,有“天下第一名社”之誉。

正是因为超拔高标的西泠之灵,才使得西泠印社长盛不衰,奇葩独秀。其前四任社长吴昌硕、马衡、张宗祥、沙孟海诸先生,均为金石篆刻界泰山北斗,第五任社长赵朴初与第六任社长启功先生虽不以金石篆刻擅名,但都以书法驰名当代,且治学宏富。

学术社团是古代学术流派进入近现代以后组织化的产物。一个学术流派的确立,具有三个不可或缺的条件:一是一位或几位代表人物形成学术核心,具有很强的影响力与凝聚力;二是在核心人物的引领之下,一批中坚遥相呼应,蔚然成风;三是具有明确的学术观点。这三者当中,学术核心尤为关键。宋代的江西诗派是我国文学史上第一个有正式名称的诗文派别。该诗派以黄庭坚为中心,陈师道、陈与义为骨干,创作上宗法杜甫,理论上主张“夺胎换骨”、“点铁成金”,崇尚瘦硬奇崛的诗风。宋末方回把杜甫与黄庭坚、陈师道、陈与义称为该派的“一祖三宗”。桐城派是清代文坛最有影响力的散文流派,其作家之多,播布之广,绵延之久,为文学史所罕见。该派主张“言有物,言有序”、“修辞立其诚”、“学行继程朱之后,文章在

韩欧之间”、“义法、考据、辞章三者不可偏废”。其代表人物方苞、刘大櫆、姚鼐均系安徽桐城人，被尊为“桐城三祖”。西泠印社作为主攻金石篆刻的学术社团，同样具有以上三个特点。更难能可贵的是，西泠印社之发起诸君，于乾撼坤岌之际，以“保存金石，研究印学”为己任，不慕名利，不藏其私，相与从容论道于西子湖畔，诚属印界之幸事。

关于这一点，印社成立后不久，日本著名篆刻家河井仙郎在《西泠印社记》中写道：“夫以今日之势论之，甲兵训于野，商业竞于市，清国朝野上下，岌岌以讲求富强为急务。而诸君子独高尚其志，研兹美术，不得不为诸君记。诸君又能椎摹精拓，编辑印谱，不肯自秘以提倡后学。……是不特余之幸，亦为后世刻印者之幸。”

学术社团不同于一般社会机构，其构成者属于文化精英。较之芸芸众生，文化精英对于社会个体有着更高的期望，这种期望对于学术团体之执事，就有着近乎苛刻的要求。既希望学养深湛，又希望德隆望尊，惟其如此，才可能振臂一呼，应者云集。如果碌碌者忝居高位，根本不可能团结精英，领袖群伦，正所谓燕雀据高堂而鹓雏不屈就。

于此，不得不例及《水浒传》中的白衣秀士王伦。竖子功夫既已不济，智谋又数庸常，再加之器具逼仄，心胸狭隘，匹夫尚且难容，遑论天下英雄。在你死我活之当时，死于林冲之手，实在是罪有应得！

大师级的执事标准吸引着痴迷金石的印学精英，高起点的学术定位创造了令人仰望的印学奇迹。风雨沧桑，晨曦依旧，光风霁月，名流辈出。一百多年的风雨历程，西泠印社走出了一大批享誉世界的篆刻大家。在体制化与市场化的双重影响和书法篆刻界空前浮躁功利的当下，西泠之灵就显得弥足珍贵。这样的传统，如果西泠印社能够一以贯之，或许能够保证这一印学重镇历经千年而风采依旧；这样的传统，如果饱受诟病的中书协以及各级地方书协能够从中受到启发并借鉴之，无疑有助于改变其官本位与外行领导内行的尴尬局面；这样的传统，如果当下雨后春笋般产生的各色学术团体能够以之为鉴，无疑有助于社团的健康成长并发展壮大。

安徽淮南八公山访陈浩金先生记

【题记】陈浩金先生，当代帖学大家，中国书法家协会会员，沧浪书社社员，安徽省书法家协会艺术顾问，安徽省书画院特聘画师，淮南师范学院书画研究所名誉所长、教授。陈先生近半世纪倾心书艺，雅好释禅。2009年7月20日至26日，应河西走廊涅槃精舍诸君邀请，陈浩金先生赴丝路朝圣，先后参观了张掖大佛寺、国家湿地公园，肃南马蹄寺，嘉峪关关城，敦煌莫高窟、鸣沙山与月牙泉。2011年7月20日至24日，我与恩师——甘肃画院画家曹文海先生——前往淮南八公山拜访陈浩金先生。

天助机缘，好事多磨

20日清晨，与曹文海先生自兰州中川机场乘机，至陕西咸阳转机赴安徽合肥。

因为飞机晚点，到合肥已是下午两点多。汽车在没有任何征兆的情况下无法启动。司机小陈赶忙找来修理师傅更换电瓶，抵达淮南市区已经是四时许。中午陈浩金先生在七碗茶茶府备餐待客，因为我们的迟来，陈先生等了两个多小时。为了给我们准备饭食，特意安顿厨师中午没有下班休息。

忽然想起，两年前陈先生赴河西走廊，精舍诸君接先生到金鼎宾馆，刚好也是下午四时许。看来上苍于冥冥之中似乎在刻意制造戏剧效应，以不经意的两个小插曲来经营时间的完全合拍。

天意如此，无独有偶。次日参观陈浩金书法陈列馆，当曹文海先生指到墙上一个篆书“迫”字与陈先生探讨时，正对墙面的一个两年来没有发光的射灯，突然明亮，让陈先生与耿老师都非常吃惊。交流完毕，几人一转身，射灯即时熄灭。

之后的闲聊中再次谈及此事，我给那盏灯命名“太上感应灯”。

淮南论道，一见倾心

尽管曹文海先生对陈浩金先生仰慕已久，但两人的见面，还是第一次。简单的问候之后，两人即在茶府谈艺论道。

陈浩金先生早年学书自碑学入手，二十世纪八十年代即已在书坛独领风骚，大赛屡屡获奖，成为当时流行书风的发起与倡导者之一。在对书法的本体有了更加深入的体认之后，陈先生意识到龙飞凤舞的快意潇洒过于容易，而艺术一旦不加深研便表现出过于简易，多源自不得精义，误入歧途。进而认识到以“二王”为代表的帖学一脉，才是书法的正道，于是潜心“二王”法帖，并旁及赵孟頫、董其昌等人。先生用功之勤之专，分解“二王”经典，研习笔法，各个击破，而于《怀仁集王羲之圣教序》，揣摩临习即达13年之久。

在技法的问题大致解决后，为了达到与“二王”心性的契合一致，陈先生于淮南著名的八公山之上，建妙华山山房，远离时风，养心悟道。

陈先生指出，“二王”是中国书法的珠峰。王羲之被尊为“书圣”，在于其领悟到了书法的真谛，关键是笔法的真谛，加之其为人洒脱率性，不慕时流，从而道艺合一，俱臻极致。宋代苏轼有言：“取法乎上，仅得其中；取法乎中，仅得其下。”当代书法在面对继承传统这一重要命题时，主要存在的问题是目标不明，定位不准，继承不够；而所继承的所谓传统，又多是“伪传统”。在继承中，由于方法不对，所以当代书法普遍功力不足，表现在书作中，气血匮乏，面目苍白。而书法的高境界，应该是化百炼钢而为绕指柔，淬炼既已不足，刚柔自然难以相济。

在书法的审美意象方面，陈先生认为，书法之美，应表现为自然本真，其平和之美，应该是隐含于其中，而非靠外在形式所造成的所谓视觉冲击力。书法的风骨，应该出于自然，绝非刻意而为。关于这一点，曹文海先生认为书理近乎画理，创作中要追求“沉潜外溢”，即只有将所要表达的情韵沉入笔墨之中，方能溢出书画之外。

八公山上，岁岁平安

21日清晨，陈老师的助手，淮南书画院画家耿广春老师带我们到八公山参观陈浩金书法陈列馆及妙华山山房。

八公山是一座历史文化名山，因西汉淮南王刘安礼遇隐居此山的八公而得名。前秦王苻坚率数十万大军，以投鞭断流的自信于此地同东晋发生“淝水之战”，东晋谢安于谈笑之间，大破前秦劲敌。苻坚落荒而逃，在八公山一带“风声鹤唳，草木皆兵”，成为千古之谈。

二十一世纪初，在淮南市委市政府的大力帮助之下，陈浩金先生于八公山南麓之清代名胜——青琅轩馆——之侧，建陈浩金书法陈列馆并妙华山山房，以为交接道友及修静悟道之地。

在陈列馆内，大幅巨字“二王体”行书苏轼《前赤壁赋》、颜楷南朝吴均《八公山赋》、隶书《心经》与《淮南子》（节选），如黄钟大吕，气象雄正，撼人心魄；小幅连缀的真行《金刚经》、长卷《洛神赋》及其他创作，笔法精到，字字珠玑，酣畅淋漓；至于诸多如五代杨凝式之《韭花帖》、宋代苏轼、米芾的手札临本，更是气息高古，形神兼备，直逼原帖。

妙华山房，原是兵工厂车间，废弃多年，先生入山后，依山取势，略加改造，此举不见匠心，而匠心独用。园内清水疏莲，游鱼翕忽；茅屋青竹，灵芝紫藤，处处洋溢着主人高雅的情趣。耸翠的山峦，是天然的屏风；嶙嶙之怪石，是自然的盆景。绿树掩映，碧草如织，虽处山林，宛如仙境。

宾主于茶室坐定之后，陈先生以上等青瓷沏茶待客。一个茶杯因为放在沙发的扶手之上，曹文海先生谈兴极浓，不小心碰到地上，摔得粉碎。曹先生连连致歉，陈先生再三宽释。

为化解尴尬，我说："今天的杯子摔得真好！陈老师与曹老师一见如故，相见恨晚，天公也藉此预祝大家岁岁平安。"

众人大笑。此情此景，忽然想起苏轼《后赤壁赋》当中的句子："有客无酒，有酒无肴，月白风清，如此良夜何！"说到此句，陈先生亦正有此意，于是撤茶换酒，佐以泡制之花生，且饮且谈，畅所欲言。

乃文乃武，刚柔相济

交游诸君，还有淮南书画院院长史怀生先生、副院长徐若鸿先生、画家耿广春老师、张有铸老师，书法家廖亚辉老师、虞卫毅老师，淮南市山南新区副主任廖延顺君。此外，陈先生还邀请了旅美博士杨子仪女士、歌唱家刘晓风女士。

春秋时期齐国大夫晏子有言："橘在淮南为橘，在淮北则为枳。"此言不虚。

安徽西连中原河南，东接沿海江浙，北交山东，南壤江西。淮南人兼具南人的灵秀与北人的刚健。尽管同游诸君都是淮南书画界之精英，属于清俊文雅之士，但各个体格强健，尽显男子的阳刚雄武之气，很少看到传统文人柔弱的气息。其地风物涵养秀女，杨子仪博士婉丽沉稳，平和内敛，一派大家闺秀；刘晓风女士善解人意，开朗大方，亦是独有风韵。21日晚，酒酣兴浓，廖延顺君请大家去唱歌。令人称奇的是，除我之外，所有人似乎都有唱歌的天赋，引吭而歌，声惊四座，让我略有自惭形秽之感。加之饮酒过多，闷热难当，于是独自出来到街上透气乘凉。

北方人素以擅饮出名，但淮南人毫不逊色。刚开始还以小杯互相敬酒，等到酒过三巡，则大杯登场，二两左右的酒杯，往往一饮而尽，没有丝毫怯意。廖亚辉老师是傅德锋先生的朋友，知道我与德锋兄私交甚笃，与我连碰三大杯。歌唱家刘晓风女士刚开始还略有推辞，等到三巡过后，改以大杯，频频尽饮，可谓巾帼不让须眉。23日的晚宴，席间另一位女子娴静温雅，不多言辞，本以为不善饮酒，后来居然以分酒器请我共举，令人唏嘘！

神交古贤，内外兼修

作为帖学大家，"二王"一脉的当世奇峰，陈先生的学书之道与所悟之理，对今人启示良多。

陈先生以为，运用之妙，存乎一心；心手双畅，终须得法。书画同源，但不同流。绘画可以众色繁复，书法只有黑白二道。知白守黑，在于得法，一言以蔽之，“法”是书法的核心。书风的形成，必须建立在“法”的基础之上。书写得法，才能于软毫之柔，显精钢之利。

在研习笔法的过程中，于要紧处，要清心定气，心无杂念。譬如蚕之脱茧，仙家炼丹，务要精心以之。书法得“法”，才能从艺术的必然王国走向自由王国。

在讨论“二王”帖学的过程中，浩金先生曰：王羲之之雄健，赵孟頫之妩媚，赵之谦之散淡，余虽不才，稍得空灵。

示范笔法时，陈先生书写速度较快，没有丝毫的滞涩犹豫。在谈到书写速度时，陈先生说：“慢能得笔，快则得势，笔势兼得，方能造化，但必须以熟练为前提。”

至于学书取法，陈先生曰：清康有为的一段论书颇为精彩，“吾谓书法，犹如佛法，始于戒律，精于定慧，证于心源，妙于了悟，至其极也，非口手所能传焉”。

对于“拨镫法”，陈先生指出，该法的关键在于无名指。书写之道，顺势容易逆势难，“拨镫法”强调的是无名指逆势发力。用好力弱的无名指，才能真正做到“五指并用，八面出锋，万毫齐力”。

在学书的同时，陈浩金先生旁涉诸道，于中医、佛学、文学、武术的修习尤为特出。虽已花甲之年，但陈先生善食而健谈，步伐轻盈，没有丝毫的龙钟老态。宋人陆游有言：“汝果欲学诗，功夫在诗外。”由形而下之器，臻于形而上之道，需要内外兼修，否则很难在艺术上臻于化境。

只有一流的功力，才能化为高度的自信与从容。两年前在先生的《陈浩金墨迹两种》中曾看到《无题》二首。

其二

上穷碧落下黄泉，非佛非魔亦非禅。
吾家自有弥陀在，不去西天栽红莲。

在妙华山山房的侧门前，看到一副先生自撰自书的楹联：

余犹野鹤，岂能囿咫尺天地。
吾非池物，终难为釜中之鲜。

嘤其鸣矣，求其友声

此去淮南，主要原因之一在于陈浩金先生与曹文海先生在诸多方面有暗合之处。淮南之行，得到陈先生以及淮南同道的盛情款待。

陈先生于百忙之中交游论道自始至终。七月初知道我们前往淮南，根据我们的学艺方向，精心创作了两组四条屏，安排了接待行程，并嘱托蚌埠的朋友购买车票。待友之真诚，古

道之热肠，令人钦敬之至。

耿广春老师亲到合肥机场接机，最后送我们到蚌埠南站。交游中照顾无微不至，精心绘制《兰草图》与《四君子图》长卷，赠与曹文海先生与我，拳拳之情，每每念及，如瀚海甘霖，沁心止渴。

廖延顺君系政府公务员，正值假日，待以香茶名酒及地方美味奇珍。尤以劝酒之真诚，令人感佩不已。

寿县虞卫毅老师，引我们参观著名的寿县博物馆及寿县古城，中午以盛宴款待。素昧平生，而待客不遗余力，尽显三楚君子之遗风。

杨子仪博士陪行左右，后以珍藏多年之茅台款待远客。一别淮南数日，美酒之醇香，犹在唇齿之间。

黄敬东老师是淮上知名篆刻家，知道我们来到淮南，从异地赶来，因次日赶往合肥，来也匆匆，去也匆匆。之后短信道交接之情谊，言犹在耳，而其深敛而略显犹豫之神情，挥之不去，常忆常新。

寿县张秀猛老师，久闻其名。因张老师赴张家界，未能晤面，算是此行小小的缺憾。

《诗经》云："嘤其鸣矣，求其友声。"淮南之行，既是一次求道之行，又是一次结缘之旅，真诚地祈愿上苍，以后有缘再次相见。

甘泉子客居京华记于通州大运河博物馆。

批评家的眼光、操守与使命

所谓盖棺论定，其实未必。很多时候，盖棺之论，往往与其本来面目相去甚远，甚至大相径庭。造化弄人时，犹大被溢美为耶稣，天使被污化为魔鬼。

一代文宗，千秋楷模。对于韩昌黎，世人所熟知的一面，是他的词必己出，不平则鸣；是"一封朝奏九重天，夕贬潮阳路八千"；是东坡先生所谓的"文起八代之衰，道济天下之溺，忠犯人主之怒，勇夺三军之帅"。殊不知，昌黎先生的文集中，亦有数十篇谀尸谄墓的文字。这些墓志碑记所赞颂的，固然多有凤凰，也往往间以凡鸟，但这些凡鸟，是以凤凰的面目出现的。

盖棺尚难定论，更何况之于生者。被评论者如果处于江湖之远，人微言轻，山参一根，或许还能得到较为中肯的评价；若是位居庙堂之高，手握权柄，左右群伦，之于其人其作的点评，就很难会中允恰当了。一些官员书家，生前连篇累牍，享尽了批评者的谀美夸赞；尸骨未寒，又不得不承受甚至是来自原先高唱赞歌者的口诛笔伐。

世事沧桑，人心难料。这样的闹剧，实在是稀松平常，屡见不鲜。

做一个批评家，实在是很困难。一位艺术家，如果喻他为一棵奇树，那批评家，他关注的是森林，甚至气候、土壤等等。事因难能，所以可贵。批评家原本应该是因此而更多地得到尊重的群体，但事实却恰恰相反，艺术家需要批评家，但往往又不买批评家的账，谈及批评家，亦多有微词。究其原因，并不在于批评家缺乏准确评判的眼光与能力，而在于他们独具灵光的慧眼，在复杂的人情、炙手的权势与丰厚的利益面前，会失却本应有的敏锐。过度的功利性钝化了批评家的审美能力，左右了批评家的准确判断，于是批评家变得口是心非，评论逞吹捧之工巧，不惜颠倒黑白，指鹿为马。

当年的旷世文豪，或碍于难驳的情面，或耽于丰厚的润笔，良知失衡，分寸错乱，为千秋后世留下了扼腕唏嘘的文字，诚属憾事。但我并不以为这就应该受到苛责。死者长已矣！对于他们，即便是过于肉麻的文字，是根本上无关紧要的。但对于生者，批评不能实事求是，一味溢美褒扬，这样的批评者，在市场经济背景下的当下，实际上已经沦为被批评者的"托"——唱双簧行骗者的配角。

骗子的话，我们常常视作箴言慧语，因为骗子的吹嘘，不明就里的人屡屡上当受骗。

一个批评家，必须具备两条：一是眼光，二是操守。这两条正如鸟之双翼，不可或缺。缺乏眼光，香臭难辨，精伪不分；缺乏操守，会赞臭椿为兰蕙，会夸乌鸦为凤凰。

某君读完《傅德锋书法篆刻系列评论集》，对作者说："你的文章锋芒毕露，太尖锐了，你

应该有所收敛。像沈鹏、张海这样的大家,怎么能不加隐讳地指出人家的不足呢?”

听到这样的指责,我哑然失笑。文章之道,在于张扬个性,抒写真情,阐发真理,不平则鸣。所谓“隔靴搔痒赞何益,入骨三分骂亦精”。肯定长处,指出不足,是一个批评家所坚持的最起码的原则,背离这一原则,就谈不上真正的批评。艺术批评不需要“为尊者讳”。批评家不是政客,他的文字,其使命不在于粉饰太平、歌功颂德、吹捧上峰;批评家是磨刀石,他的使命在于磨砺龙泉、青霜。顽铁化为精钢,精钢铸成名剑,需要冰火两重天的反复淬炼;名剑要想削铁如泥,还须经受痛苦的磨砺。

一个真正钟爱书道的书家,是不会因为批评家善意的批评而耿耿于怀的。相反,他需要学养丰厚的评论家切中要害的批评,他会有接受批评的勇气和雅量,因为他深知:良药苦口,忠言逆耳。真正能够帮助书家提升书境的,不是谀者的赞辞,而是智者的诤言。

艺术创作中的场效应与催化剂

——兼论李斌权之音乐书法

艺术创作存在场效应，也需要催化剂。

“场”是一个非常奇妙的环境，正像铁器在磁场中受其影响一样，生活中各种各样的场，都会左右其中的个体。武侠世界中所谓的“人在江湖，身不由己”，就在于江湖也是一个场，长期身处其中，快意于血腥杀戮，纠结于恩爱情仇，有朝一日，想金盆洗手退出江湖，也会极其困难。

场效应与催化剂之于艺术家的创作，既有积极的一面，也有消极的一面。

当年的曹丕、曹植两兄弟，为了争夺“嗣君”之位，可谓苦心孤诣，费尽心机。后来曹丕胜出，成为魏文帝。据《世说新语·文学》载，意欲报复且顾虑重重的曹丕想杀掉曹植，以绝后患，要求曹植七步成诗，否则将处以极刑。手足煎迫的惨厉与屠刀相加的淫威所形成的创作场，激发了曹植的创作灵感，从而创作出五言古诗的不朽之作——《七步诗》。

东晋穆帝永和九年，王羲之、谢安、孙绰等四十余人，集山阴兰亭，赏茂林修竹，行修禊之事，流觞曲水，一觞一咏。正是在场效应与催化剂的双重作用下，右军诗兴大发，书欲蓬勃，文不加点，一气呵成，创作出之后自己都无法复制与超越的“天下第一行书”——《兰亭集序》。

艺术家的创作需要效应场与催化剂，但落实到具体的个体，则表现出很大的差异。这一方面在于，即便同一艺术门类之下，具体的艺术样式、风格存在差异；另一方面，艺术家个性气质、才情、喜好亦有所不同。以书体与艺术家个性而论，静态书体或个件内敛的书家之创作，一般需要相对安静的创作环境，即便有音乐与美酒助兴，也应该是清乐潺潺或美酒微醺；如果是个性张扬的书家创作动态书体，则有可能需要旋律激越的曲调或豪饮后的兴致。很难想象，如果让李斯在黄钟大吕的瘝坎镗鞈声中书篆，让弘一在钟鸣磬绕的佛家法事场中写经，结果会是怎样！同样，张旭、怀素、徐渭以草书擅名，又都喜欢以美酒佐兴，美酒之于他们，实在是不可或缺的催化剂。鲁迅先生写作时喜欢抽卷烟，巴尔扎克写作时喜欢喝咖啡。罗曼?罗兰不无调侃地说：“从巴尔扎克的小说中，我几乎能闻到一股浓浓的咖啡味。”对此，我们决不能说，香烟成就了鲁迅，咖啡成就了巴尔扎克，但可以肯定一点，正是这些适合于艺术家的特定催化剂，催生出了更多更好的艺术精品，从而让艺术家站到

了更高的艺术之巅。

因为这样的原因，古往今来，大量的艺术家总是非常在意创作的效应场与催化剂，甚至于个别艺术家于此之追求，发展到怪癖与变态的地步。中国古代文人士大夫作书属文，对窗明几净，熏香袅袅，童子煮茶，红袖添香的创作环境往往情有独钟，这固然是传统与追求优雅生活情趣的外化，换而言之，这样的创作环境，对于格调上温柔敦厚、平和冲淡的艺术品而言，无疑是绝佳的创作环境。

特定的艺术形式与艺术风格关联着特定的效应场与催化剂。兰亭雅集，觥筹交错，适合于王右军创作《兰亭集序》，却不适合颜鲁公创作《祭侄稿》；如椽大笔，观者如堵，适合于王冬龄先生创作《逍遥游》，却不适合张荣庆先生书写手札尺牍。即便是有助于艺术家或适合特定形式、风格的效应场与催化剂，也有度的限制。十八碗酒，到了武松腹中，武松可以打死老虎；如果到了张旭、怀素腹中，怕是善饮的颠张醉素连毛笔也难以拿起，遑论笔走龙蛇，作出惊世之作。

具有数千年历史的中国书法，从一开始便奇峰突起。魏晋以降，创作意识的自觉与纸的普及等诸多因素，更使得大师云集，群峰耸立。从帖学到碑学到碑帖兼容，从文人书法到民间书法到博采众长，从浩瀚江河到涓涓细流到百川汇海，从真草隶篆行到边缘书体到众体兼收并蓄，从笔法、墨法、字法、章法到剪裁拼贴印章繁复，可以说，书法大厦的每一个角落，前人都已经打进打出；一砖一瓦，先贤也都倾注了大量心血。现代书法的出现，固然与国外艺术观念的舶来密不可分，同时也是今人试图超越前人的一种无奈选择，这正如核能源的利用，明明知道其存在巨大风险，但对于一些能源需求大国而言，在传统能源无力为继的当下，除此之外，似乎别无选择。在这样的困境之下，今天的书法人遑论飞跃，即便是求得与古人齐或者迈出微小的一步，也极为困难。张海先生之所以提出“一厘米原则”，命意恐怕正在于此。

尽管如此，我们毕竟处在一个与几千年文明史迥乎不同的时代。工业文明、多媒体信息技术、多元的意识形态、开放的艺术观念……凡此种种，不仅改变了我们的物质世界，也改变了我们的观念世界，更为艺术家创造提供了更为丰富的物质条件与广阔的艺术空间。在这样的便利面前，我们在领略大师巨子贯通古今与融合中西的同时，也看到了跳梁小丑的粉墨登场与龌龊表演，而后者的招摇过市，已经影响到书法这一国粹艺术与书法人的形象。轻者如在双手功能正常的前提下之所谓脚书、口书、舌书、勺书之类；重者如前几年台湾人在裸女背上书写钤印之举，今年在北京通州区宋庄打着艺术幌子的性行为展示。

但我们欣喜地看到，一批实力不俗，眼光独具的书家，为弘扬祖国传统文化之精华，在向世界展示与推介中国书法方面迈出了可喜的一步。这当中，王冬龄、曾来德、李斌权三位先生尤其值得一书。自2003年始，王冬龄教授先后多次在杭州以草书创作巨幅大字《逍遥游》《道德经》《心经》等经典。书者酣畅淋漓，观者大饱眼福。2008年，曾来德先生和英国著名大提琴家罗瀚在伦敦大英博物馆联袂出演。在大提琴的背景音乐中，曾先生泼墨挥毫，让世界见证

了东方文化的灿烂辉煌与博大精深。李斌权先生长期致力于音乐书法的研究与实践，先后与著名歌手韩磊、齐秦、齐豫、沙宝亮、周晓鸥等合作，演绎出《蝴蝶自在》《天净沙》《山河》《知音三唱》等音乐书法作品，并与中国爱乐乐团、珠影交响乐团合作，在深圳大型广场、大型慈善晚会上伴随《墨侠》、贝多芬的《命运》等音乐作品创作书法。2011 年 1 月与 5 月，为庆祝中奥建交 40 周年，先后在奥地利维也纳金色大厅与皇宫举行中国书法音乐会，在《高山流水》《春江花月夜》《广陵散》《十面埋伏》《梁祝·化蝶》《明月几时有》等中国传统经典曲目的优美旋律中，即兴创作草书作品，笔歌墨舞，与任志宏、李玉刚、霍勇等一批优秀的中国艺术家联袂，为世界奉献了书法与音乐完美融合的饕餮盛宴。

可以说，李斌权先生于中国书法音乐探索的意义，不仅在于向全世界展示和宣传了中国书法的不朽魅力，其书法与音乐的水乳交融，对中国书法"书通音律"的传统，也是成功的挖掘、继承与发展。

艺门有别，其道相通。书法与音乐作为抽象艺术，书法有音乐的气质，音乐有书法的禀赋。张旭听鼓吹之调，而悟草书笔法；怀素闻水潮之声，而味草法之韵，这说明音乐能启迪书法。曹文海先生在《文海艺话——中国画美的探索》一书的"姊妹艺术"一章中阐述了绘画与音乐共存、相通、互养的关系，虽然谈的是绘画与音乐，其原理完全适用于书法与音乐。音乐构成的基本元素是音符，其表情达意的手段则是旋律与节奏。而书法作品中点线的质量与变化，如孙过庭《书谱》所言："一划之间，变起伏于峰杪；一点之内，殊衄挫于毫芒"，暗合音乐的旋律，至于墨色的浓淡与润枯，结体的剞正与偃仰，章法的呼应与气韵，无不关乎音律。自古及今，优秀的书法作品，一定散发着音乐的气质，缺乏这种气质，其面目则表现为呆板生硬，字前有法，字后无韵。庞中华先生所谓的"音乐是流动的线条，书法是凝固的旋律"，张辛汗先生所谓的"书法是有形的音乐，音乐是有声的书法"，都准确地道出了音乐与书法的关系。即以汉字之"六书"而论，其中绝大多数，也是含有声符的形声字。

不仅如此，如果将音乐气质有别的不同书体与中国最早的诗歌总集《诗经》相对照，我们会发现，以音乐来区分的风、雅、颂，与书法诸体存在一定的对应关系。风诗正如行草，率性洒脱，一派林泉之韵；雅颂正如篆楷，平和静穆，全然庙堂之气。历代书家在书写内容与书体的契合方面，正如文学上的诗以言志、词以抒情、文以载道，有较为清晰的区分。王羲之不以行书写《黄庭经》，颜真卿不以楷书写《争座位帖》，于右任不以草书写《秋先烈纪念碑碑文》，非不能也，乃是该书体的音乐气质与所书内容不尽和谐。以唐太宗李世民所撰的《圣教序》而论，在笔者看来，怀仁所集王羲之行书的音乐气质与书写内容并不合拍，倒是褚遂良的楷书，其音乐气质与内容颇为吻合。

不同书体具有不同的音乐气质，正如不同的刀具有不同的功能。菜刀主要用来切菜，屠刀主要用来宰杀。当安全受到威胁的时候，偶尔用菜刀防身，亦无不可，但如果拿一把菜刀，见东西就砍，就有些荒唐。欧阳修一生谨慎，做人如此，作文作书亦如此，其于文，多以载道；

赋诗,多以言志;而抒发“寸寸柔肠,盈盈粉泪”之私情,则诉诸长短句,良有以也。

我不知道李斌权先生是否意识到了这一点。从维也纳的两场书法音乐会来看,音乐与书写内容的选择,与李先生所擅长之草书的音乐气质非常和谐,而且书写中的舒缓疾徐,与音乐的旋律节奏之配合近乎无懈可击,诚属不易。然草书只是中国书法之一体,在今后探索发展与弘扬国粹的道路上,如何让更多的书体、题材主旨各异的书写内容同音乐相契合并取得成功,有待于书法人与音乐人的进一步探索与通力合作。

我们拭目以待!

我们翘首企盼!

国展背景下的评判准则与学书取向

面对持续升温的书法热潮与如火如荼的各类国展，大赛评委与参展选手都需要理性地加以应对。之所以言此，是因为爱之愈深，伤之愈重。评委居庙堂之高，即使评判失之公允，完全可以视口诛笔伐而不见；选手处江湖之远，怀揣梦想痴心以之，屡战屡败引发的，可能是彻骨的阵痛。

当下的国展，与古代的科举考试何其相像。士子与书者全身心投入，前者潜心读书，妙意属文，以求金榜题名；后者临池不辍，退笔如山，以求国展获奖。但问题是，不论是科举还是展评，本应成为关键因素的水平，在很多时候，由于时代风尚，考官或者评委的眼光、人情等因素的左右，并不是关键的因素。所以自隋代施行科举考试以来，一大批一流的文人屡试不中；自中书协成立后举办国展以来，很多实力派书家并没有获得相应的奖格。个中遗留的诸多遗憾，不能不引发我们深深的反思。

韩愈与欧阳修作为唐宋散文的代表人物，韩愈文起八代之衰，欧阳修力挽宋文狂澜。但就是这样的水平，韩愈三战三败，第四次之所以能够考中，一是碰到了慧眼独具的文章大家陆质，二是副主考梁肃与韩愈之兄韩会乃是至交。欧阳修两考败北，调整方向后才进士及第。至于同样位列唐宋八大家的苏洵，在屡试不中的打击之下，最终放弃了科举考试。他的两个儿子如果不是碰到深谙当时科考文风之弊而又精于诗文的欧阳修，第一次参加进士考试就能同时考中，实在是妄想。

每次国展落下帷幕之后，获奖入展的不一定实至名归，落选出局的也绝非尽是庸常之辈。评判的不公正现象，在一些市县承办的国展中表现尤为突出，获奖入展，该市县乃至该市县所属的省份人数往往居多。一些书法处于强势的省市倒也无可厚非；如果本身就是洼地，非要制造奇峰突起的轰动效应，实在是自毁声誉。不公正的暗箱是腐败滋生最好的温床，于是一些更善于投机钻营的选手，为了能够获奖入展，充分利用潜规则，在规则之外另寻终南捷径。无门径者寻找门径，有关系者投奔评委的山头，或者参加由评委举办的突击短训班，各类国展由此而饱受参赛者的诟病，其公正性备受质疑。

唐代的士子在考前可以携诗文干谒权贵名流，甚至考官，以求得到推荐或者让考官对自己的水平有一个预先的认知。这样的风气，使一批出类拔萃的知识分子早早及第，减少了科举之苦，也使得公正性遭到破坏，所以后世一些操守出众的考官，往往极其谨慎。据说欧阳修看到苏轼的文章后激赏不已，推测是出于自己的门生曾巩之手，担心判为第一后受到沆瀣一

气的讥讽，为了避嫌，于是改判第二。这样的冰操是值得赞许的，但这样的顾虑大可不必。水平到了相应的层次，完全可以给以相应的评判，而不必考虑之外的因素，正所谓“外举不避仇，内举不避亲”。真正应该挞伐的，倒是因为人情的原因而过度拔高，非要把笤帚列为大纛，把顽石评为良玉。

除了人情的因素，作为评委，对艺术本体准确把握而产生的不随时流的评判眼光与宽广前瞻的艺术视野，是更为重要的因素。耍枪的看不起弄棒的，少林的僧人瞧不上武当的道士。这种狭隘的胸襟与逼仄的眼光所产生的门户之见，是艺术评判的大忌。艺术崇尚百家争鸣、百花齐放，讲究继承传统而又推陈出新，如果评委的眼光与胸襟跟不上，做到评判的客观性与准确性的最大化，只能是一个无法实现的美好期愿。

在这方面，欧阳修为我们作出了表率。欧阳修对当时科举文风之弊病有着切身的感受，所以在他担任礼部知贡举时，一反时流，才使得苏轼、苏辙、曾巩、张载、程颢等一批具有真才实学的士子脱颖而出，并进而借助科考与自己的影响，一匡天下文风，使散文复归坦途。这一一举两得的经典个案，对于我们当下乃至后世的评委，都具有永恒的启示意义。因此，国展的功能，绝不仅仅是选拔评判功能，还应该有导向功能，通过正确的导向，促进书法的健康与繁荣，涌现出越来越多的大家，我们才能无愧于先祖留给我们的这份弥足珍贵的文化遗产。

在历史文化名人中，受科举考试打击最为惨痛的，当属清代的蒲松龄。他在小说《司文郎》中，巧借瞎和尚之口，对有眼无珠、不辨优劣的考官进行了辛辣的嘲讽。写得一手好文章的王平子名落孙山，狗屁不通的余杭生金榜高中。瞎和尚说：“（我）虽盲于目，而不盲于鼻；帘中人（指考官）并鼻盲矣！”

事实上，寄希望于评委客观准确的判定，仅仅是参展选手一厢情愿。慧眼识英才且凭借一己之力改变积弊者，千载而下，唯欧阳公一人而已。今天的书坛，没有振臂一呼，应者云集的大师，积习的改变，绝非立竿就能见影，云开便可见日。不能改变时风，就只能改变自己，以适应规则。

艺术有至高的境界，但也绝不排斥功利。梵高、徐渭需要吃饭；板桥、白石需要养家，安身立命的功利追求丝毫没有影响他们在艺术上创造巨大的成就。在有一份稳定收入的基础之上，书法可以作为陶冶性情，提升境界的手段；但如果捉襟见肘，一文不名，书法人就需要以此来养家糊口。在这样的境遇之下，写得一手好字，又能通过展览得到社会的认可，从而拥有市场，获得润笔，无疑是两得之举。艺术家的穷困落魄，对自己是一种折磨，对艺术是一种亵渎。所以，书法人如果将其作为一生追求的唯一事业，除了临池不辍的苦功，还需要权谋应变的巧功。

欧阳修少学韩昌黎文，及长，散文独步天下。在两次应考均铩羽而归后，欧阳修及时调整思路，苦练应试所规定的骈文，结果在后面的广文馆试、国学解试、礼部贡举中连拔头筹，最终在殿考中进士及第。

今天的书坛，跟风现象极为严重，跟国展之风，跟评委之风，跟名家之风。在这样的大背

景下，书法人特立高标，坚守正道，固然难能可贵，如果再能以迥异时风、一别前贤面目的书作抓住评委的眼球，从而华山登顶，开宗立派，诚乃书界幸事。问题是，在书法艺术绵延数千年后的今天，比肩已经不易，超越何其困难！更何况千里马常有而伯乐不常有，如果一意孤行，成功就变得遥不可及。笔者三年前在同安徽淮南名宿陈浩金先生谈及参展时，陈先生指出，参展有参展的规则，学书有学书的法门；按参展的规则参展，按学书的法门学书。待借助参展确立了自己在书坛的位置以后，就可以从容而自由地遨游于书艺的海洋。陈先生的意见，笔者深以为然。陈先生是这样说的，也是这样做的。二十世纪末，他在大展中屡次获奖，之后隐居淮南八公山，不再随时流沉浮。潜心书艺，澄心悟道，众体兼善，俱臻其妙，实在令人可赞可佩！

成也萧何，败也萧何。展评是一把双刃剑，他可以挖掘新人，引领新风；也可能扼杀天才于襁褓，助长歪风于既成。成败之间，高耸的灯塔尤为关键！

辨精微于毫末·理万象于笔端

——书法理论家朱以撒、傅德锋、薛元明述评

纸质媒体与网络媒体的空前发达，无疑为近十年来书法理论的活跃创造了前所未有的条件。这样的便利,使得现代人能够以最方便快捷的方式将文字流布于世。由于纸质媒体较高的门槛,绝大多数身处底层的书法思考者往往被拒之门外,他们更多地借助网络这一阵地来表达见解;朱以撒、傅德锋、薛元明三位先生则是近些年活跃于纸质媒体的书法理论家,其文章频频见诸各类书法主流媒体,为广大读者所习见。

朱以撒:精微剖析,龙虫并雕

清代和民国之书法有一个突出特色,即许多书家同时又是知名学者。如康有为、章太炎、郭沫若、沈从文等。这一方面是因为清代自乾嘉以来,国学(当时亦称汉学或朴学)研究臻于巅峰，其水准因师承与著述而薪火相传于民国；另一方面则是民国有重学术而轻文艺之时风。进入当代,由于诸多原因,造成了学术的二次断代,清代学术之余脉已气若游丝,而民国学术又后继乏人,这使得当代书家大多缺乏厚重的学术底蕴,集书家与学者双重身份于一身者凤毛麟角。

在这凤毛麟角的群体当中,朱以撒先生无疑是特出的一位。6 岁便开始临写古帖的朱以撒先生于书法之临习与创作,有童子功的扎实根基。1984 年参加《文汇报》举办的全国书法大赛,以写经小楷《台湾思乡诗抄》在数万件作品中脱颖而出,获得一等奖。大学毕业之后,朱先生长期在学院从事书法研究与教育,门人众多,著述宏富。作为一位双栖双擅的书法家,已属不易。更难能可贵的是,其文学浸染很深,在权威杂志上发表有数十万字的散文,出版散文集《古典幽梦》《俯仰之间》与《纸上思量》,前者获全国首届"冰心散文奖"。这样全面而深入的综合素养,使得朱先生的文章有别于他人,表现出浓郁的书卷之气与文学之美——既是学者之文,又是文人之文。

一流的书法理论家,不一定是一流的书法创作家。历史上如张怀瓘、欧阳修、项穆等人,在书法理论方面卓有建树,蔚为大家,但并不以书法创作闻名。而书法创作过硬的功力,无疑对书法研究具有很强的助推力。朱以撒先生数十年临池不辍,其于笔法、墨法、字法、章法、印

法以及神采、气韵、风格等方面,具有丰富的实践经验,这些经验与长年的理论研究相互碰撞交融,使得朱以撒先生在书法作品的品鉴方面慧眼独具,往往能够对作品从不同的角度作出精微的剖析,评鉴优点,分析不足,指明方向,条分缕析而言之有据。

这样的特点,在近年来发表于《书法报》"直击名作"专栏的《刘聚森:应更多些和谐》《傅亚成:装饰之累》《郑庆伟:画蛇何须再添足》《于明泉:丑得再有质量些》《曲庆伟:质朴地书写》等一批国展精英的作品分析文章中表现尤为突出。

平心而论,当下关于书法人的个案批评,对优点往往连篇累牍,不乏溢美之辞;对问题则避而不谈,即便涉及,也是轻描淡写,一笔带过。这在书法人作品集嵌入的评论中尤为常见。艺术评论是一件很困难的事,逝者长已矣,需要盖棺定论,为尊者讳之传统对评论的影响已经微乎其微,只要不涉及道德评判,批评家完全可以畅所欲言。但对于生者则不然,捧杀或者骂杀,对艺术家与评论家都会造成双重伤害。更何况面对有偿评论,人情的因素往往使批评家很难站到公正客观的立场上去作出准确的评价。即以人之本性而言,每个人都喜欢被肯定与夸赞,所谓闻过则喜,绝非芸芸众生之胸襟所能具备。对书家的个案批评,本应该像太史公写《史记》那样"不虚美,不隐恶(这里的"恶"非关乎人格,仅指书艺之不足)",但当下的这类批评,在笔者看来,绝大多数更像是悼词或者墓志铭。

明白这一点,再来看朱以撒先生的个案批评,就能发现其不同流俗、特立高标之处。朱以撒先生认为"只有批评才会进步,批评你是爱护你,是有很大帮助的,这需要勇气和胸怀"。他的书法批评就事论事,决不涉及人身攻击,观点鲜明,犀利中肯,直言不讳,独具风骨。当年的贾平凹先生摇身一变成为书法家、画家,并借助文名高价出售作品时,有谀者公然宣称:"贾平凹的作品无论是从品位还是高度上,都和苏轼站在了一个对等的位置。"甚至连著名评论家陈传席先生也作文称:"贾平凹的书法浑厚遒峭,一派西北气象,比当代很多著名书法家好得多。"一片阿谀声中,朱以撒先生在《贾先生》中直言:"一个人没有什么基本功却如此大胆,的确让人惊奇。像书法线条,那么抽象,在一根线里要写出神韵、气象,贾做不到,就靠蛮力了。至于绘画,没有画过模特,笔下人物就多是歪瓜劣枣,生理上的缺陷让人看了心酸。……贾领悟不了细腻之妙,他挥毫时最致命的就是笔提不起来,无法做到提按交替,轻重相生,粗细相激。就像面条都是粗的,没有细的。这一点不能改善,他的用笔就永远套在这么一个死结上。"

在《张羽翔:放大偏执的走向》一文中,朱以撒写到"书法创作是需要规矩的,个性是建立在规矩之上。一个书法家固然要规避教条,不为教条所缚;同时,书法家也要防止走向偏执、走向极端。任何精神活动都有其目的,书法创作是精神的漫游,最终的产品是要崇尚高雅、追求高雅。……古人认为有些作品是野狐禅,是入了魔道、撞上了魔障,也就是说离书法的传统太远了。对于张羽翔的这件书法作品(书法对联:小家碧玉,大块文章),只能如此认识。……明人谢榛认为:"人不敢道,我则道之;人不肯为,我则为之。"就看怎么理解,如果缺乏制约,胆大妄为,的确与人不同,却难有审美价值。无论朝哪个方向发展,都是要符合书法之道、笔墨的美感,如用笔的美感、结构的美感。如果这些成分缺失了,这件作品就难有审美价值,甚

至成篇之后，丑陋堆积，缺点愈发放大，给阅读者带来反感、厌恶、难以接受，甚至触目惊心、骇目伤神。张羽翔这件作品的创作状态，险怪奇涩，非同正常。由于创作状态不正常，那么接下来的具体步骤也就跟着不正常了。用笔不正常，不是写而是搓、拖、擦、扫，线条的质感都是扁平的，蕴涵不足，读起来很混乱，也不是书法作品线条所应有的形态、神采。

孔子有言："益者三友，损者三友。友直，友谅，友多闻，益矣；友便辟，友善柔，友便辟佞，损矣。"古罗马诗人贺拉斯关于批评家有所谓"磨刀石之喻"，朱以撒先生正属于不畏磨损自己，只求钢刀锋利的真正的批评家。这也是笔者厚敬其人的原因所在。

除此而外，书法随笔亦为朱以撒先生所长。书法随笔的撰写，需要创作者具备三个条件：其一，对书法理论体系、创作实践以及书坛掌故烂熟于心；其二，具有敏锐的感知力与洞察力，能够于常见的材料中善于发现问题并融会提炼；其三，熟练地整合材料，驾驭文字的能力。学院派出身的朱以撒先生在这三个方面均是强项。诚如其在书法随笔集《书法百说》的后记中所言："闲下来的时候，就会有一些书艺上的小问题冒出来。问题不论大小，都能引起人的琢磨，从小问题中可以见大，致广。"由于朱以撒先生积之厚且思之深，行文有话则长，无话则断，于从容挥洒中阐发微观问题，着墨不多，却又鞭辟入里，启人慧思。

草书之产生及于汉代之勃兴，本为顺乎时用，但汉人赵壹出于维护儒学道统之目的，撰写《非草书》一文，专力抨击草书，以为其"背经趋俗"，不足以"弘道兴世"，言辞颇为激烈。明人项穆以儒家的伦理观念为核心构建其书法美学体系，以"中和"为审美的最高尺度，所以其在《书法雅言》一书中，对晋人书法推崇备至，而对于以苏轼、米芾为代表的宋代书法则极力排斥。今天看来，赵壹、项穆论书之局限，可谓昭然。朱以撒先生浸染传统很深，其论书之标准，亦更多地以此为据，所以对书风的宽容性略显不足。楚王好细腰，唐人尚丰满。审美偏好是艺术史上亘古常新的话题，所以朱以撒先生之局限，自然非其独有。笔者对于完美之追求，之于朱以撒先生而言，或许就成为一种苛责。

傅德锋：厚积薄发，游刃有余

民国初期的北京，如果你看到一个留辫的车夫拉着一个同样留辫且极为黑瘦的老头，那这个老头多半是北大教授辜鸿铭。在丝绸之路的张掖市，如果你见到一位酷似鲁迅先生的中年人，包括发型与胡须，那人一定是傅德锋先生。

傅德锋先生集十数年之功临池、治印、读书、撰文，可谓"十年磨一剑"。其学书主攻大草，兼以汉隶，对怀素、张旭用功尤勤，不仅其书法与两者暗合，即以创作时的精神气质而论，也颇为合拍，情绪饱满，笔墨恣肆。在"展厅文化"盛行的当下，学书、参展、获奖、入会，是绝大多数书法人的必经之路，傅德锋先生亦未能免。但对文字的格外钟情，使之在临池奏刀之余，笔耕不辍。自 2005 年在《青少年书法》杂志发表处女作之后，一发而不可收，以每年一百多篇的发表量迅速崛起于主流媒体，形成书坛所谓的"傅德锋现象"。

在笔者看来，所谓“傅德锋现象”，包含以下三方面的含义：其一，只要有艺术的天分与浓厚的兴趣，超常的付出会让草根成为山参。只有高中文化程度的傅德锋先生，毕业之后长期浸染书艺。因为十多年的沉寂无果，他长年处在乡党的质疑甚至是嘲笑声中。但傅先生并没有因此而一改初衷，而是潜心悟道，一度甚至放弃了房地产公司优厚的待遇，专力修艺，文章写到右手中指一侧被钢笔磨出厚厚的老茧。所谓“艰难困苦，玉汝于成”，逆境与超长的付出最终使之凤凰涅槃，崛起书坛。其二，英雄不问出处，非学院派的科班出身，只要观念对，路子正，扎硬寨，下苦功，一样可以奇峰突起，在书法界比肩群雄。其三，厚积方能薄发，底气决定勇气。在人文与自然科学领域，所谓“自古英雄出少年”，更多地出现在文学创作与自然科学研究领域，对于人文科学而言，常见的情况是大器晚成，人书俱老，需要像黄侃那样“不到五十不著书”，如陈寅恪那样转益多师厚积蓄。

截至目前，傅德锋先生的研究可以分为三个阶段：

第一阶段，2005年底至2008年初，属于发轫期，其作品多以时评见长。由于傅先生长期关注书坛动态又身处社会底层，所以书坛之种种现状与底层书法人的悲欣甘苦，傅先生有着极为清醒的认识和书坛高端所不曾有的强烈体验。他在这一时期的时评多站在书法大众的立场，为弱势群体代言，往往能敏锐地抓住热点问题，剖析入木三分，文风老辣雄健。重要作品有《书法家：放下你的架子来》《要书协，不要书邪》《漫话领军人物》《不要神话张海》《引领与超越》《大师匮乏的当代书坛》《从评委“好色”谈起》《多给“弱势群体”一些关爱》《是谁登上了书法的高峰》等。

第二阶段，2008年三、四月间，属于转折期，作品以著名书法篆刻家个案批评为主。是年三月，傅先生从当代活跃的书法篆刻家当中精选60位，利用近两个月时间，写成“当代著名书法家二十人批评”、“当代著名篆刻家二十人批评”、“当代中青年书家二十人批评”三个系列。

三个系列发表之后，反响强烈，好评如潮。

这三个系列，其特出之处表现在以下几个方面：

其一，品评权威的气魄与胸襟。艺术批评有所谓“三易三难”：批评古人易，批评时人难；批评路人易，批评友人难；批评凡人易，批评名家难。对于名家之批评，不仅需要激扬文字之实力，还需要初生牛犊之勇气。二十世纪九十年代初，梅墨生先生在《书法报》和《中国书画报》发表“现代书法家批评”，首开书家系列批评之先河。尽管被评者大多系作古之先贤，也还是毁誉参半，多受指摘，更何况选择活跃于当今书坛之名家作为批评对象。傅德锋先生不畏时流，直面当代书坛高端，既不尊大于人，又不菲薄于己，仅就其勇气而言，就弥足珍贵；在重赞誉缺批评的当下，尽管个别结论未必完全恰当，但这样的勇气，就足以让我们满怀钦敬。

其二，全局考量的视角与笔触。任何一名书家，都是坐标系中的一点。所不同的是，一些书家书艺超群，开宗立派，能够在书法史的大坐标系中占据一席之地，对后世产生深远的影响；一些书家书艺平庸，抑或时无英雄，遂使之成一时之名，就只能在一时或一地之坐标系中获得席位。对于这两类书家，批评家首要的任务是确定适合于其人的书法坐标系，进行宏观

的定位与微观的剖析。傅德锋先生的这批文章,对于历史与当下、一体与数体、举国与一地、个体与流派等坐标的选择,因人而异,量身而选,将其置于适当的坐标去考量分析,既有助于书家对自身作出准确的定位,也有助于书家扬长避短,弥差补漏。

其三,实事求是的学风与态度。由于直面高端,谈问题不过于为尊者讳,这批文章也产生了一些争议。在读完《傅德锋书法篆刻系列评论集》后,一位先生曾指出:“傅先生的文章锋芒毕露,太尖锐了,你应该有所收敛。像沈鹏、张海这样的大家,怎么能不加隐讳地指出人家的不足呢?”对此,我在《傅德锋书法篆刻文选》的序言中写道:“批评家不是政客,他的文字,其使命不在于粉饰太平、歌功颂德、吹捧上峰;批评家是磨刀石,他的使命在于磨砺龙泉、青霜。……真正能够帮助书家提升书境的,不是谀者的赞辞,而是智者的诤言。”可以说,谈优点不吝其烦,指问题不讳其尊,正是这批文章的突出特点。

第三阶段:2008 年至今,属于成熟期,作品以书法篆刻家个案批评为主,时评为辅。这一时期具有代表性的文章,一是书家访谈系列;二是中生代,主要是沈鹏先生课题班“第一阵营”书家系列批评。

第二阶段三个系列出版以后,傅德锋先生先后多次出外交游,遍访胡抗美、刘正成、崔志强、曾来德、苏金海、陈浩金、何昌贵诸先生,写成《书家系列访谈》。2011 年 5 月,应《青少年书法报》社长何昌贵先生与沈鹏精英班导师曾来德先生之约,傅德锋先生受聘为沈鹏先生课题班特约评论家,为“第一阵营”四十八位书法家撰稿。从已经发表的近三十篇评论来看,这批文章延续了之前三个系列的优点, 又有所调整, 主要是因为这批书家正处于成长上升时期,对当下的他们而言,通过宣传与推介,让他们树立信心,明确方向,继续前进,是重要任务,所以文章主要以正面肯定来鼓劲打气。关于这一点,傅德锋先生在“第一阵营”总序《控制好书家评论的分寸和尺度》一文中有明确说明:“我对于正处在探索和发展阶段的中青年书家,则相对比较宽容,因为他们还没有在书界站稳脚跟,他们为之付出了很多,因此需要社会对他们给予更多的,也是必要的关注和爱护。对于他们的评论,则主要以分析其学书和创作方式为主,帮助其理清思路,以便使他们能够从理性的高度对自己所走过的路有一个系统深入的回顾,同时也能够使读者从他们的成长历程和学习、创作的观念意识当中有所启发。”

以一介布衣之身份,而能于短短数年时间在理论界确定其位置,已足见其扎实的根基与超常的勤奋。我们有理由相信,以目前的状态,假以时日,傅先生一定会取得更大的成就。

薛元明:天赋超常,四面出击

薛元明先生给我印象最深的, 主要在于其超乎寻常的作品发表量与颇有见地的篆刻与碑帖研究。除《书法报》《美术报》等少数几家媒体之外,薛元明先生在其他主流媒体上,几乎是在井喷式地发表文章,上海《书法》杂志甚至在首版为其开设专栏多年。除纸质媒体,在网络上,薛元明先生亦极为活跃,任多家书法篆刻类网站的版主,并设有书法工作室。其文章涉

及面之广，涵盖了书法篆刻研究的所有领域。

作为70后的薛元明先生成名较早。早在2004年，就获得该年度“书法媒体奖”一等奖（理论类）；2007年被《书法赏评》杂志作为第二期封面人物，同年被日本《书道》杂志专版介绍。相对于朱以撒先生与傅德锋先生，书法篆刻的创作与研究，只是其副业，但作为在大学教授经济类课程的薛先生，能以之为余事而在十年左右的时间有数百万字的发表量，且引领高端，令人仰望，确乎奇迹。以常人而论，遑论副业，即便是专攻一业，不计其余，全力以赴，也很难在短期内取得如此成就。以笔者推想，薛元明先生若非有韦编三绝与目不窥园的勤奋与专注，便是天赋超群，才情横溢，能够像梁启超先生那样一边打麻将，一边口授文章。

薛元明先生文章最为人称道者，当属篆刻研究与碑帖研究。这类研究，既有相对独立的个案研究，也有融合之后的综合论述。前者如《齐白石经典篆刻技法解析》（专著）《邓散木的篆刻》《领略古法生新奇——来楚生篆刻述评》《王福庵的篆刻艺术》《邓石如篆刻论》《<好大王>，不好玩》等，后者有《当下篆书的困窘》《风正一帆悬》《古人篆刻思离群》《何曾墨守汉家文》《浙江篆刻论》等。

关于治学，宋人苏轼有言：“厚积而薄发，博观而约取。”占有的材料越丰富，得出的结论往往越可靠；涉猎的领域越宽泛，交汇的结论往往越鲜活。正所谓“会当凌绝顶，一览众山小。”清代乾嘉学派与民国学术之所以奇峰连绵，为当下所仰望，前者具共有之特点，后者当中，相当多的学者既有扎实的传统根基，又有西方求学的经历，中西方文化与观念的交汇碰撞，对他们的学术研究无疑大有裨益。薛元明先生具有浓厚的“古典情结”，加之其人于学书悟道，讲求虚静自守，淡泊以之，所以于传统书法篆刻理论下过很大的工夫，对传世碑帖以及印史的研究极其深入。这样的特点，使得他的这类文章绝大多数表现出以下特点：看问题高屋建瓴，做研究材料翔实，下结论精思慎审。

相对而言，在碑帖研究与篆刻研究中，薛元明先生似乎更擅长后者。个中原因，主要在于薛先生学习书法篆刻师从安徽名宿张乃田先生，而张先生在篆刻方面的造诣，要远胜于其书法。受其老师影响，加之自身常年心研手勤，遍临诸家，对于篆刻之起源流变又精心梳理研究，所以其于篆刻之临习、创作与评鉴方面，就眼光独具。这从他的《视稿如本》一文中可以管窥一二。

关于印稿，一般讨论者无非是“写稿上石”，即草稿与渡稿两个步骤。薛先生指出：印蜕只是个静态的结果，“稿”是篆刻创作的重要注脚，提供了印人复杂思考过程中的思想火花，乃菁华和要害之所在，见证了篆刻的特殊性，是篆刻中不可分割的一部分，应该成为一个独立的范畴。进而从腹稿、起稿、渡稿、写稿、脱稿、审稿、评稿、画稿八个方面具体阐述，最后建议每一位印人应该给自己建立一个完整的档案。这样的论述与建议，小而言之，对印人的提高大有裨益；大而言之，如能形成风气，对于后人借鉴与研究前人，亦功不可没。

理论家有三个境界：下境重复理论，中境深化理论，上境生成理论。薛元明先生无疑是一位善于思考的理论家，他往往能于综合与交叉中把握到一般人不易把握的脉搏，宗罗百家之说，结合自己的创作实践与理性思辨，将前人的论述综合之后，进行深入的阐发与剖析，甚至

言人所未言,发人所未发,令人耳目一新。

在《个性形成中的非自愿与自愿选择》一文中,薛先生指出,关于书法的"个性",一般所关注探讨的主要是从碑帖取法的角度,吸收百家精华,熔铸个性,这只是形式或方式。真正的个性不能照搬,形式可以模仿,精神绝难雷同。个性形成主要在三方面:第一是自愿性;第二是非自愿性;第三是自愿与不自愿交织,被迫而成习惯。之后从历史格局中的社会环境与地域变迁、个人因素中的必然积累与偶然机缘、书法本体中的师承选择与取法资源等角度援引史实,条分缕析。

在《书法之"力"》一文中,薛先生指出,古人所谓的笔力,包括笔锋产生的纵向之弹力与横向之摩擦力,还有执笔时的握力。书法之力并非单纯的物理之力,表现笔力需要炼(应为"练")力,但绝非写字时越用力就越有笔力。笔力不同于物理之力,也不同于生理之力,但某些作品,尤其是大字与长篇的书写,又确乎需要充沛的体力。"力"通常用于形容雄强风格一路的作品,秀逸之作未必突出这一点。笔力是一种巧力,用得好则能"四两拨千斤"。有些"力"在纸面上能看到,点画老辣纷披,苍茫雄厚,正如铁画银钩;有些"力"则不现于外,是深藏其中的精神力量,是给人回味无穷的内蕴力。外在的猛利狂放,即过度张扬的所谓视觉冲击力,反而给人以轻浮狂躁之感,引而不发,蓄势待发,才可能产生震撼效果。内蕴力关乎学力、眼力、想象力,还包括生命力、定力、耐力。

谈及治学,钱钟书先生有言:"大抵学问是荒村野老屋中,二三素心人商量培养之事。朝市之显学,必成俗学。""寂寂寥寥扬子居,年年岁岁一床书;独有南山桂花发,飞来飞去袭人裾。"在人心浮躁,虚静难求之当下,"初唐四杰"之卢照邻在《长安古意》中描述的这种境界,几成奢望。薛元明先生修艺治学之境界,令人羡慕。"我的积习是白天写字刻印,晚上读书写稿,尤其是夜阑人静、万籁俱寂之时,拥一缕书香在手,此时不必正襟危坐,可以坐着,可以躺着,可以趴着,每到精彩处,心领神会,如沐甘露,如坐春风。"

当然,薛元明先生的理论并非无可指摘。当代书学研究同书法创作一样,表现极为热闹,成就极其有限。如果将其置于书法史的高度观照考量,很难想象我们能给后人留下怎样的思想成果。原创力的严重不足,使得当下汗牛充栋的书学论著,绝大多数都无法避免速朽的命运。当年的梁启超先生自谓千余万言的著作比不上陈寅恪先生数百字的文章,这当然属于自谦之言。而当下一些学者等身的著作,遑论齐身于《书断》《艺舟双楫》或《广艺舟双楫》,就是与《非草书》《书谱》等单篇论文相较,也都等而下之。陆游一生创作诗歌九千多首,真正的经典为数不多;范仲淹属文填词不过寥寥数篇,但都是传颂千古的佳作。

之所以唯独对薛元明先生提出过高的要求,一来是因为薛先生在别人才刚刚起步时就已经如日中天,成就斐然;二来余观其人,气象正大,目光深邃。文章千古事,得失寸心知。宋人欧阳修一生作文谨慎,至于晚年仍以"不怕先生骂,只怕后生笑"的敬畏之心反复修改文稿,以求精益求精。薛先生如果能够在继续大批量发表文章的同时,对每篇文章都有很高的要求,这对如我一般喜爱其文章的读者而言,可谓利莫大焉!

刘成：书到耐品气格高

在书法实用功能式微的当下，较之行草书，楷书这种历史上曾经风靡不止一世的热门书体，于今已然风光不再。尽管书法人在学书过程中，都会不同程度地借鉴取法，并多视之为入门书体，而一旦登堂入室以后，受时风之影响，则多视改攻行草为华丽之转身。许多以行草书示人的书家，人多以为其不擅楷书，事实上，很多人有着较为深厚的楷书根基。近年国展行草书的大盛，以及"重振唐楷"、"倡导今楷"、"新风馆阁"等关联楷书之观念的产生，良有以也。

受同乡邹紫楠先生之影响，刘成先生学书自唐楷入手，主攻褚遂良之《雁塔圣教序》，而以笔法与结体为核心，其用时较长。由于缺乏良师点拨，褚帖精妙之处，心会而难以手畅。后来到西安拜访吴振峰先生，吴先生热情款待，与之深析学书之困惑，并现场示范。愚学一生，不如名师一点。此后的临习可谓得其心而应乎手，进步神速。也正是在吴先生的启发下，刘成先生开始更多地关注书法家现场的临习与创作，从名家的书写过程中寻找自身之不足与取法之关键。

任何一种艺术样式，技法层面的高度完备，作为该艺术样式成熟的标志，如果后世的学习者只有"打进去"的智慧，缺乏"打出来"的勇气，成熟的技法就会成为阻碍从艺者前进的羁绊。楷书之临习者，黄自元的教训，不可不深鉴！

或许正是意识到这一点，在打进褚帖之后，为了能够打出来并开创一片属于自己的园圃，在西北师大曹恩东先生的引导之下，刘成先生同许多楷书的学习者一样，大量地从魏楷中汲取养分，这样的选择，对于有志在楷书方面有所突破的书家而言，无疑是一条正确的道路。

邱振中先生在《书法艺术鉴赏语言》一书中指出："老子说'无执故无失'，没有毛笔线条的各种表现规范、审美规范，将不会有中国书法这门艺术，有了这些规范，这些规范被我们所熟知并且可以技术性地训练，达到无动于心的操演的时候，中国书法的线条表现却有可能远离了人的心灵。"

清季民国以来的书法启蒙，过于强调自唐楷入手，从现今的创作实际来看，一些从唐代柳公权、欧阳询，甚至清人黄自元入手取法的书法人，之所以过早产生高原反应，迟迟不能突破瓶颈，最终难以形成风格，技术层面的限制是主要原因之一。

墓志书法于法度外的朴素，整饬外的变化，给取法者留下了较为宽泛的自我表现空间，加之传世之墓志数量大，在印刷业空前繁荣的当下，原来为少数人所独享的碑帖，于今可以

源源不断地摆上书家案头,为其所用。表现在创作中,虽然兼容唐楷与魏楷的书家在总体面貌上鲜有迥异的风格,但由于取法兼容的元素因人而异,所以面貌有别。因此,对于当下书坛所谓的“千家一体,万人一面”的指责,笔者并不完全认同。

刘成先生不善言辞,但书艺感觉敏锐,内心世界极为丰富,在融合唐楷与魏楷的过程中,既重视了取法上的和而不同,更重视书家性情元素的渗透,对方寸天地情有独钟。品鉴其斗方、扇面、手札等小尺幅作品,在精到微妙的用笔、别具机杼的结字与四面呼应的章法之内,沉潜着一种触及灵魂的东西;而历史上越是有影响的碑帖,这种荡人心魄的主观情愫越强烈。

刘成先生书法的这一特点,陈浩金先生、倪文东先生与曹文海先生也都颇为认可。

由于刘成先生为人极为理性,又坚守中和之审美范式,所以其楷书表现出典雅俊秀之美。所谓有得必有失,静态书体的书写,需要更多的理性参与,但过分的理性参与,反过来又会遏制性情、才情的渗透,势必会影响到作品的灵动之美,流于机械呆板。刘成先生的作品不乏灵动之美,他似乎已经觉察到这一矛盾,并在有意识克服。但由于他对楷书的韵味有着执著的追求,单纯靠意识去解决这一矛盾,还远远不够。向上诉诸儒、释、道之哲学,从中求诸韩愈之气以载文、王维之空灵散淡、苏轼之率性超然、弘一之铅华洗尽,会在无所察觉中从根本上解决这一矛盾。另外,艺术观念的执著,也使得刘成先生对艺术矛盾对立面中的浓淡、虚实、枯润、剞正等要素,似乎还没有给予更多的关注,因此笔法、字法、墨法、章法的丰富性还略显不足。之所以这样强调,是因为楷书入门容易,精进困难,在前人已经臻于高峰的情况下,今人遑论超越,即使逼近,也极为困难。在这样的现状之下,于技法层面,就需要书法家尽量地着眼于艺术构成诸要素之全部。过分地强调技法,容易沦为匠者;而轻视技法,则背离了书法的本质。道不得法,道则无依;法不载道,法则无魂。合理地处理两者之关系,是书法人一生需要思考的问题。古人所谓的“无意于佳乃佳”之境界,是建立在高超的书写技能之上,惟其如此,才能心手双畅,得意忘形。

“五岳归来不看山,黄山归来不看岳。”修艺决然不可以如此,在纵向与横向方面多向取法,转益多师,才能博采众长,集五彩之丝,成一家之杼。正如杜甫所言:“别裁伪体亲风雅,转益多师是吾师。”

较之行草书,楷书在张扬个性、沉潜性情方面,有其自身的局限性,易工而不易巧,易板而不易活。除了在技法层面上继续广采深悟以外,字外之功亦不可或缺。由技境臻于道境,作为一个烂熟的话题,却又是一个永恒常新的话题,而究其原本,无非是将艺术家的性情、学养等个性化的元素渗透其中,这样的元素越丰富,作品耐人咀嚼的滋味就越醇厚。

好在刘成先生既已富于学书之天分,又谦虚好学,虚静自守。我们有理由相信,循正道而又能砥砺以之,假以时日,刘成先生之楷书,将会更富于耐人品味之处。

吕懿：简约、丰富而高贵的宁静

【题记】在世相空前浮躁的当下，物欲的前庭车水马龙，精神的后园黄鹂空鸣。在吕懿君的精神园圃，春雨绵绵，杏花飘香。读她的画作，我仿佛看到一个清丽的江南女子，在悠扬的古琴声中挥毫素卷。画面一片宁静——一种简约、丰富而高贵的宁静。

与吕懿君素不相识，她的园圃，我是无意间撞见的。

因为文友书友多在新浪安家，为了交流方便，便也安了新居，并将天涯老家关于书法评论的文章搬了一部分过来，与朋友交流。一日到朋友家里串门，在朋友的空间里看到一张肖像，白皙纯净的肤质，简洁得体的妆饰，深敛澄澈而略带微笑的眼神——女性真正能让异性在心灵深处震颤的，是经久修炼滋润而得的气韵。

走进园圃，一丛丛奇兰异蕙逼入眼眸，几乎是在瞬间扼住了我的灵魂。说老实话，对于今人的画作，这样的感觉，我只有去年夏天在北京看到吴冠中先生的作品时才出现过。因为曾经学习美术与书法，我对书画情有独钟，但又极为苛刻。上眼的作品，购之不吝；庸常的画作，虽赠不受。所以受赠画作虽多，真正视为藏品而常常品赏的，不过寥寥数件而已。

下载了吕懿君所有的作品，编号整理之后，给吕懿君留言，表达了收藏其作品的诚挚意愿，故事在期待中似乎没有了下文。

二十多天后的昨天，整理新家，忽然发现吕懿君早已在我留言后的一两天就回了短信：

感谢您的抬爱，我的画都是随手率性而为，线条的是画在办公室用废的 A4 纸反面，上色的是画好黑白稿然后电脑上色，幅面都在 A4 左右，没有什么价值，只是自言自语说点小思想、小情绪而已。以后等国画练好了，送给您。新年快乐！

因为自己学画的失败经历，我固执地以为，艺术是很讲天分的，没有天分，勤于用功也很难成就大器。这样的偏执，从古今中外许多诸如黄公望、徐文长、梵高等艺术大师的经历中或可得到佐证。天分不够，强力而为，成家成匠，自不待言。

优秀的作品，初看可能不一定会怦然心动，但最终会让人魂牵梦萦，欲罢不能。如果最初的感觉就能够让人如临飞瀑，如涉胜景，流连忘返，自然是再好不过。过去看到吴冠中先生画作的印刷品，并不觉得有多么神妙。去年夏天，当我站在吴冠中先生一幅幅描绘江南水乡民居的作品面前时，才真正感受到了经典绘画撼人心魄的不朽魅力。在印刷品中已经被过滤得所剩无几的精神元素，在原作中展现得淋漓尽致，它们涤荡与升华着观者的灵魂。当时的我，

似乎不在金秋北国，而是处在充满诗情画意的江南水乡，眼前是朴素的青砖白墙，周身是氤氲的水汽云烟，置身画面，陶醉其间。

谈及当代国画，梅墨生先生指出，当代国画有六大怪象："大"、"满"、"涂"、"实"、"怪"、"做"。这六大怪象，使得国画远离其本质"虚灵"。对此，笔者深以为然。

艺术感觉对于艺术家之重要，远胜于金子之于葛朗台——吕懿君显然在绘画上有极高的天分。我不知道她对八大山人、齐白石、丰子恺诸先生是不是格外垂青，观其构图布局，如果不是受其启发，自然天机暗合。画者力避构成要素的繁复，知白守黑，以简驭繁，寥寥数笔，韵深耐品。

当然，艺术上的"简"，绝不是简单，四两能抵千金，简约能寓丰富，才是高境界的"简"。吕懿君的画作之所以深深地触动我，正在于简约的笔墨线条中，蕴含着丰富而能触及人灵魂的情愫意蕴。

这些情愫意蕴，既有古典的，又有当下的。

"一种风流吾最爱，南朝人物晚唐诗。"痴迷收藏以及对传统文化的钟爱，使得我成为怀旧情绪极浓的人。古代的器物，古人的诗词歌赋以及古贤的流风余韵，无不使我陶醉。吕懿君于此也是情有独钟，并加以过滤提纯。在她的画作中，一卷书、两杯酒、临风惆怅的易安居士、优游自适的读书闲人……恬淡高雅的古风流韵，在空灵的画面中，被渲染得那么唯美。"诗可以兴，可以观，可以群，可以怨。"如果吕懿君的画作是一首首五言律绝，那灵感多半来自"诗佛"王维笔下的诗句，"明月松间照，清泉石上流"、"不知栋里云，去作人间雨"、"当轩对尊酒，四面芙蓉开"，能让人在浮华的烟云中收获一份淡定，在喧哗的闹市中求得一份平静。

而淡定与平静作为最廉价的奢侈品，在今人这里，是多么的求之不易！

书脱燥气滋味厚，画得禅机品位高。我不知道吕懿君是否雅好释禅，在她的画作中，处处充满禅意。国画作为国粹艺术，儒释道思想一直是烹制其成为美味的高汤。许多画人之所以难以登堂入室，技娴而难以名家，就在于滋养不够，韵味寡淡。当然，直指心意者，并非全赖修而后得，禅宗所谓见性成佛，不言而教，全在一份心机，悟而自得。有些人无意于禅，而自得禅理；有些人终日礼佛，却去之千里。

翰墨小技，兴衰亦关乎时运；丹青一理，高下全赖以修为。静哉吕君！夙兴夜寐，晨起昼归，或许事务缠身，但能于喧嚣之上，虚静自守，兴之所至，无意于佳乃佳。琴瑟琵琶，青灯黄卷，将一份古典的幽情寄托于方寸天地，以寥寥数笔而能导人澄净，使观者发思古之幽情，实在是可贵之极！

石涛曾说："笔墨当随时代。"石涛所谓的笔墨当随时而变，关键是笔墨下的精神趣味，应该更多地彰显时代特色。在这方面，吕懿君同样做了较好的处理，能使人在物欲浮沉的苦海中获得超脱的启迪。

优秀的精神产品，并不一定要表明什么，关键在于启迪什么。欣赏者作为作品不可分割的一部分，他们拥有再创作的权利，所以，吕懿君只是尽其所能，将冰山露出海面的八分之一留给了读者，至于其下的八分之七，有待诸君去细细品赏。

魏阉的生祠与政客的墨宝

夜读明史,看到这样一些史实:

明朝天启年间,逆阉魏忠贤结党营私,一手遮天,被阉党尊之为九千岁。浙江巡抚潘汝桢与太监李实为了讨好魏阉,率先在杭州西湖边上为其立生祠供奉,取名普德祠。

之后,各地官员纷纷效仿,除福建外,其他各省都为魏忠贤修建了生祠,并木刻雕像予以供奉。顺天府官员甚至在京师崇文门内和宣武门外也修建了魏忠贤的生祠。

当时有个国子监监生叫陆万龄,建议说:“孔子作《春秋》,忠贤作《要典》;孔子诛少正卯,忠贤诛东林”,请在国学西为魏忠贤立祠,与孔子并尊。

后来崇祯帝朱由检即位,魏忠贤被逐,投缳自杀,各地迅速将其生祠清理得干干净净。

巨蠹胡长清任江西省副省长的时候,常有人请胡的“墨宝”,胡长清也乐此不疲——“墨宝”一张张拿了出去,“润笔”一沓沓收了下来。

明眼人都知道,那主要不是因为胡的字好。

后来的情况,胡长清东窗事发。一夜之间,南昌市的大街小巷上,胡长清题写的牌匾,统统不见了;大量的有胡长清题字的书籍画册,也不得不尽数销毁——昨天还引以为荣的东西,转眼之间,就成了一钱不值的垃圾。

早知有今日,何必要当初!

贪婪者之贪,不仅在于贪财,还在于贪名——贪名既有助于获利,又有利于隐私。

扬名的方式多种多样,像胡长清这样,借助翰墨书法,示人以风雅,实在是一种极高明的选择。

想起一道心理测试题:当你一丝不挂时,突然有熟人出现,你会最先捂住哪儿?

标准答案:捂脸。

一些贪婪者为了出名,往往是脸都不去捂——一副死猪不怕开水烫的架势。

魏忠贤的生祠,砸起来痛快;胡长清的“墨宝”,扯起来也方便。问题在于,现在的很多政客,更喜欢借助手中的权力,把自己的墨迹刻在不易损坏的材料上面,比如石材、不锈钢等等,这种心理,就像古代打了胜仗的将军,炫耀军功,多喜欢刻石。

石头、金属很难速朽!

现在和将来,还有许多魏忠贤的生祠需要推倒,也还有许多胡长清的“墨宝”需要销毁。

等到哪一天,那些耗费了巨资的石头还完好无损,那些精美的书籍才刚刚面世,就不得不因为政客的倒台而去毁掉,真叫人心疼!

诗人臧克家在《有的人》一诗中写道:“把名字刻入石头的人,名字比石头烂得更早;只要是春风吹到的地方,到处是青青的野草!”

热衷于扬名而发热发胀的头脑,亟需读一读这样的诗句。不然,烧坏了自己的脑子,那是咎由自取;靡费了公共的财物,那就罪莫大焉!

话语权与公信力

2011年12月28日的《书法导报》以四个整版刊登了一篇演讲稿，系唐双宁先生在香港城市大学的书法演讲——《书法与人的“立体生命”》。演讲中，唐先生花了较多的篇幅介绍自己书法石刻的照片以及与启功、杨仁恺、沈鹏、冯其庸、叶嘉莹、饶宗颐诸先生的合影，并附有所赠之墨迹图片。

冯其庸先生的《唐双宁狂草歌》让我大为惊骇。特录如下，以求奇文共赏。

> 予读唐君狂草，如少陵观公孙剑器舞，又如读太史公书项羽破秦军百万诸侯军山呼震岳，又如闻雷轰电掣，声光扫寰宇，复如听梧桐夜雨二泉映月，其奥微处在微茫之间，当以神会也。因为作狂草歌，略抒所感而已，不依韵律，一以吾乡音顺口为准(吾乡音多留古音，并存入声字)，惟求适意，不足称诗也。甲申岁末草，已酉岁首，大雪映窗时书，时方患病，臂力未复，不堪称书也。宽堂冯其庸八十又三书于古梅书屋。
>
> 疾风劲草如读书，君书都是剑器词。忽如惊风飘白日，忽如鲸鱼破苍波。忽如羿射九日落，忽如大禹劈山斧。忽如长桥斩蛟龙，忽如高天射雁鹜。忽如电扫四海黑，忽如雷轰山岳舞。忽如苍茫微月出云海，忽如旭日东升万象呼。忽如秋雨梧桐飘落叶，忽如漫天风雪银装素裹万里江山瑞雪赋。忽如铁马金戈十面埋伏九里山，忽如破釜沉舟巨鹿大战诸侯觳觫壁上呼。忽如剑阁闻铃凄凉夜未央，忽如平沙雁落万鸥翔集霜天曙。忽如二泉映月哀弦回肠声声苦，忽如昭君出塞胡沙万里琵琶声急铁马驰。忽如澹荡春风三月天，忽如柳丝飘拂艳阳时。忽如梨花院落溶溶色，忽如江上闻笛千里月明倚栏思。要之君书独得天地造化灵秀气，只有山河大地五岳风云堪与相吞吐。

无独有偶。2012年1月4日的《书法报》上，又读到陈传席先生为贾平凹先生写的《得其趣而不计手法》(摘录)。这里选录几段文字：

> 凡是懂画的人都说贾平凹的画好，越是懂画的人，越说他的画好。
>
> 书法的最高境界是从有技艺到无技巧，所有的艺术作品，技巧愈少而艺术品质愈高，过于讲究技巧的作品，格调必不会太高。而贾平凹的书法省却了“有技巧”的阶段，一超直入“无技巧”的阶段。他随意挥洒，却表现出西北人浑朴厚重、沉着大气的风格。所以，他的书法也是专业书家所达不到的。……他只是下笔直书，显其本色，但书法家也写不出他那雄浑厚重的气势。
>
> 他画的《邻院的少妇》不准而准，嘴歪眼空，但美丽动人。有很多专业画家，画人像比

例、结构都对，却未必像，而贾平凹画的却不似而似。黄宾虹说："画有三，一、绝似物象者，此欺世盗名之画；二、绝不似物象者，往往托名写意，亦欺世盗名之画；三、惟绝似又绝不似于物象者，此乃真画。"贾平凹的画就是这种"绝似又绝不似于物象"者。所以他的画乃是"真画"。

陈寅恪说："士之读书治学，盖将以脱心志于俗谛之桎梏，真理因得以发扬。"……贾平凹的文和画正是如此。若以形似墨色求其画者，真乃缘木而求鱼，潜渊而摸月也。

唐先生作为经济领域声名显赫的人物，对国家贡献巨大。他在高校关于书法的演讲，笔者不仅认真拜读，而且都做了剪报收藏。平心而论，演讲个性张扬，有一定的水准。至于其自创的所谓"飞狂草书"，实在不敢恭维。冯先生的那篇辞彩飞扬的《唐双宁狂草歌》，遑论唐氏，即便是起草圣张芝、颠张醉素于九原，恐怕读后也会汗颜唏嘘，自愧弗如。因为中文是笔者的专业，所以对贾平凹先生极为熟悉，爱屋及乌，其书画作品，也常常关注，对其评价，我比较赞同朱以撒先生的意见。总之，唐贾二人，处在相近的水准，与票友几无二致。

唐先生在清华大学做演讲，谈到练习书法的问题时曾认为"关键在悟而不在练"。陈先生论及贾先生的书画时，则反复强调练习、技法的无足轻重（笔墨的工拙固可以不计），这都似乎给人以某种启示，只要胆子壮，性情真，名望大，地位高，即便技法不过关，也都可以在书画圈成名成家。更为荒唐的是陈先生作文的霸王逻辑："凡是懂画的人都说贾平凹的画好，越是懂画的人，越说他的画好。"言下之意，如果谁说贾先生的书画不好，就只能归入不懂书画者流。

冯先生与陈先生都曾经是我所敬重的知名学者。每次看到其皇皇巨著，未尝不肃然起敬。一个人具备深厚的学术造诣与出众的文学才华，确乎极为难得。但必须清楚，学问的功能，主要是阐发真善美，鞭挞假恶丑。它一旦沦为杀人的利器、吹捧的谀辞或是别有用心的误导，对学问以及作文者而言，都是一种亵渎。我从来不反对善意的褒扬，相反，对适度而善意的褒扬之词以及褒扬者本人，从来都是心怀敬意。毕竟，来自权威的褒扬对被褒扬者而言，很多时候会化为强大的精神动力，激励后者不断努力。因为权势的淫威与政治的高压，至今还健在的一些学人，当年或曾有过在今天看来羞愧难安的阿谀逢迎之词。往事不堪回首，教训不可不明，忘记过去的人是注定要重复过去的。马克思曾说："黑格尔在什么地方说过历史往往重复自己，他忘了加上一句，第一次重复是悲剧，第二次则是闹剧。"在名利驱动的当下，需要谨防悲剧，更需要避免闹剧。

褒扬与吹捧，往往只有一步之遥。业界权威作为公共知识分子中的精英，更需要把握好这一步之度。否则，既会伤害到精英权威的公信力，给公众造成误导，还会给别有用心者留下可乘之机。关于这一点，教训不可谓不惨痛，比如去年杨伯达等专家的"金缕玉衣"丑闻以及徐悲鸿的假画事件。当学界精英沦为"公共知识分子"，我们所掌握的话语权将会大打折扣，公信力也将丧失殆尽。

在一个利益至上的时代，道德体系的崩溃，会让整个社会浮躁甚至疯狂。当下时有发生

的发疯事件，已足以证明这一点。在这样的现实之下，知识精英担当着较之芸芸众生更为重要的社会责任。“铁肩担道义，妙手著文章。”知识精英需要胸怀良知，肩荷道义，以自己的人格魅力与渊博学识去引领示范，仗义执言。这个群体又是道德堤坝的最后一道防线，一旦决堤，意味着整个社会道德体系的崩溃。古人之所以目“士之无耻，谓为国耻”，良有以也。

太史公司马迁“不虚美，不隐恶”，秉笔直书，才使得《史记》成为“史家之绝唱，无韵之《离骚》”。“文起八代之衰”的韩愈，在丰厚的稿酬面前，写下了大量替死者“谀墓”的文章，为后世所诟病。欧阳修一生为文谨慎，从不立虚狂之言，“有意于传久”，所以对于墓志铭、神道碑这类特殊的文体多所拒绝，即使是为谢世的师友属文，也都言而有据，绝不溢美。尽管如此，晚年审定文稿时，仍旧极为苛刻，留下了“不怕先生骂，只怕后生笑”的佳话。

民国学术大师刘文典有言：“文人要爱惜自己的羽毛。”我们已经有过惨痛的教训，殷鉴不远，今天的学人，焉能不深思而慎言！

从此文人不怕剽

从东窗事发到对簿公堂，再到终审判决，历经长达两年多时间的诉讼之后，“80后”代表人物郭敬明败诉，他的《梦里花落知多少》一书被确认是抄袭之作。

被抄袭的作品是庄羽的《圈里圈外》。

2006年5月22日，北京高院作出终审判决，要求郭敬明和春风文艺出版社共同赔偿庄羽经济损失20万元，同时赔偿庄羽精神损失费1万元；停止《梦里花落知多少》一书的出版发行，并在《中国青年报》上公开向庄羽赔礼道歉。

这无疑是一个尴尬的裁定，其尴尬在于，这本一度洛阳纸贵，被一个庞大的阅读群奉为经典的小说，竟然是一部伪经，而且是一部靠了卑劣的剽窃炮制出来的伪经。

在这本伪经面前，其他文人文章中的种种硬伤，就实在是微不足道了。

如果仅仅到了这一步就硝烟散尽，尘埃落定，那就实在过于老套了，因为文人的剽窃早已经不是什么新鲜的话题，近几年来，大有愈演愈烈的趋势。

郭敬明毕竟长于制造噱头，在短暂的沉寂之后，6月5日，他剑走偏锋，在新浪网上自己的博客中明确表态：拒不道歉，哪怕是简单的一句话。

到底是初生牛犊不怕虎，郭敬明的这种态度，大大出乎人们的意料。

和郭敬明相比，韩国的那位科技明星黄禹锡就太老土、太迂腐了，不就是伪造了几个数据，根本犯不着在媒体面前耷拉着个脑袋，一副做贼心虚的样子。如果他的学术造假事件暴露是在对郭敬明的裁定之后，或许他还能从郭氏身上获得某种启示，也不至于混到现在声名狼藉的地步。

又想起一个人。

《水浒传》里有个泼皮无赖叫牛二，可以说牛气冲天。这是一个贪婪无耻，蛮不讲理的无赖，最后成了杨志的刀下鬼。牛二的嘴脸，用“我是流氓我怕谁”来诠释，是再恰当不过了。

问题在于，郭敬明文质彬彬，根本不是牛二，为什么也会这么牛？

这是因为郭敬明太聪明了。

在郭敬明宣布“拒不认错”之后，他获得了自己粉丝空前的礼遇——完全是以胜利者的姿态在歆享生众的朝拜。

这就像一群人，围着一口锅吃面条，面条里吃出了苍蝇和老鼠屎，但厨子却备受食客的尊重。

郭敬明正是预料到了这一点,所以才敢学牛二上街,公然向道德评判宣战——拥有这样庞大的、最起码的道德判断缺失的粉丝群,懦夫也会变成猛士,更何况郭敬明本身就血气方刚,年少气盛!

天才的偶像遇上发狂的粉丝,理性被异化,道德糟践踏,就成了顺理成章的事。

郭敬明的"拒不认错",这在当代文学史上绝对是一个事件,郭敬明也会成为文学史上的一个重要符号。这次事件和这个符号表明,为人所不齿的剽窃已经粉墨登场并堂而皇之,从此以后,只要自己有足够的粉丝,文人可以放手去剽窃,而不必再担心会背负沉重的骂名。

两个月以前,因为在课堂上对周杰伦调侃了几句,一个女生在作文里提出抗议,抗议我丑化了她的偶像。

这种偶像崇拜本身无可厚非,对霍金的崇拜和对周杰伦的崇拜在本质上是一样的,但如果这种崇拜被异化,导致基本判断缺失,到了非理性顶礼膜拜的地步,就沦落为一种莫大的悲哀。

机关算尽太聪明,终误了卿卿性命。

认错,还是抵赖,这是一个问题!

对于这个哈姆雷特式的两难命题,我们期待郭敬明本人作一理智的思考,更期待千千万万忠实的郭氏粉丝给予理性的支持。

复制与剽窃

当下艺术界剽窃门事件之所以屡见不鲜且又难于界定，同中国艺术复制造假与过度借鉴之传统有关。

以书画而论，艺术家视自己的经典之作如爱侣，一般人不要说拥有，即便是一饱眼福，也近乎奢望。加之历代酷爱丹青的帝王高官不乏其人，他们借助掌控的权柄，将大量艺术精品收归内府，像唐太宗李世民、宋徽宗赵佶、清乾隆皇帝、明代严嵩、清代和珅，都是这方面的代表人物。至于收藏家更甚，一旦拥有，往往金屋藏娇，秘不示人。一些收藏家值弥留之际，甚至不惜以钟爱的经典墨迹殉葬。《兰亭集序》的真迹已随唐太宗李世民一道长眠于昭陵。“元四家”之一黄公望的山水长卷《富春山居图》，被称为中国十大传世名画之一。如果不是经收藏家吴洪裕的侄子从火中抢救而出，也早已在吴洪裕的灵柩前化为灰烬。加之历史久远，朝代更迭，天灾不断，战乱频仍，书画作品的不易保存性，使得经典墨迹往往存在毁坏或失传的风险，所以复制造假之风在古代极为盛行。在高水平的复制品面前，文人墨客不仅不会加以指责，甚至还津津乐道，传为美谈。据说宋人米芾借别人的画作，回家后临摹复制，真迹自己保存，假画还给人家。张大千未成名之前，复制了很多八大、石涛的作品，将其投入市场获得利润，一些著名的鉴藏家也为之打眼。这种传统的延续，使得当下区分借鉴与剽窃的界限极为困难。有关剽窃的事件每次曝光之后，总会引发争论热议，甚至不得不对簿公堂，通过司法程序作出最终的评判。

客观地说，古人复制经典这一传统，对于今人而言，有百利而无一弊。许多经典的临摹复制者本身就是书画大家，一些临作最大限度展现了原作的神韵风貌，个别临作由于临摹者处于更高的艺术水准，使得临作在某些方面甚至有所超越。所以我们要格外感谢这些优秀的艺术家，正是因为他们出色的非印刷复制，才使得古代一大批像《兰亭集序》这样的经典艺术品，在原作失传之后，后人还能一睹其芳容。

“旧时王谢堂前燕，飞入寻常百姓家。”在博物馆免费向公众开放以及复制与多媒体技术高度发达的今天，古代只能由个别人悦目怡情、借鉴取法的艺术精品，已经为全人类所共享。尽管如此，我们认为非印刷的高水平临摹与复制，仍旧不失为保护优秀书画艺术品的明智之举。在这方面，日本二玄社成绩尤为突出。该社从二十世纪七十年代开始复制中国古代书画精品，其中一大部分还是遗落在海外，一般人难得一见的绝品。这些复制品所达到的水准，曾被启功、徐邦达等许多书画鉴赏家给予很高的评价。启功先生认为：“经历数百年乃至千年

后，原件多有损坏，已失去原有的风韵，可这些复制品恢复了原作的色泽，简直整旧如新。所以在运用方便处，足可称‘上真迹一等’。”谢稚柳先生说：“这些复制品连原件的纸绢质感和古色古香都纤毫毕现，其艺术价值之高，是历史上任何双钩、临摹、刻拓乃至近代印刷品无法比拟的。这些精美复制作品的问世，是书法家、艺术鉴赏家的福音，它为无缘亲临收藏地观摩原件的艺术爱好者提供了目睹名迹神采的好机会。”

“宫女如花满春殿，只今惟有鹧鸪飞。”人类前行的历史，既是一部不断创造的历史，又是一部不断破坏的历史。几千年的自然灾害、战火狼烟与一己私欲，已经使得一大批文化瑰宝化为乌有。东隅已逝，桑榆非晚。让我们的后人拥有哪怕是灭绝物种的标本或失传艺术品的复制品，总比一无所有要好得多。

关于借鉴过度，在文学领域表现尤为突出。

西中文先生曾指出，古人崇尚“编新不如述旧”，要之不忘文宗，非徒蹈袭故句也。秦汉以降，诗歌取意，不离《诗》《骚》；文章所宗，无非诸子。

王羲之的《兰亭集序》被誉为“天下第一行书”，即就以文学而论，斯文也堪称经典。但这篇文章并非右军之原创，乃是明显借鉴了西晋文人苏绍的《金谷诗序》。南朝刘义庆《世说新语·企羡篇》云：“王右军以《兰亭序》仿《金谷诗序》，又以己敌石崇，甚有欣色。”苏绍是石崇的姐夫，其名望远不能同书圣相匹，加之搭上臭名昭著的妻弟，所以王羲之后来居上，将《金谷诗序》彻底湮没就成为必然。关于这一点，当年的郭沫若先生亦颇有微词：“如此雷同，对王羲之，恐怕不是太冠冕的事吧！”

无独有偶。宋人范仲淹的《岳阳楼记》无疑是古代散文之极品，但明人孙绪指出：“范文正公《岳阳楼记》，或谓其用赋体，殆未深考耳。此是学吕温《三堂记》，体制如出一轴。”

对照《兰亭集序》与《金谷诗序》，《岳阳楼记》与《三堂记》，我们确乎发现其间有很大的相似性。之所以并不认定王羲之与范仲淹是剽窃前人，一方面在于文学作品存在过度借鉴之传统；另一方面在于借鉴者均是一流的艺术家，拥有崇高的社会声望；还在于借鉴者的作品后出而转精。《兰亭集序》与《岳阳楼记》较之原作，不论是主旨立意还是形式因素，都大大超越了前人。正如孙绪所言：“《楼记》闳远超越，青出于蓝矣。夫以文正千载人物，而乃肯学吕温，亦见君子不以人废言之盛心也。”

事实上，过度借鉴是古人创作时的常态行为。曹操《短歌行》中的“青青子衿，悠悠我心”借用自《诗经·郑风·子衿》，“呦呦鹿鸣，食野之苹”借用自《诗经·小雅·鹿鸣》。王安石《桂枝香·金陵怀古》中有“至今商女，时时犹唱，后庭遗曲”，该句化用了杜牧《泊秦淮》中的“商女不知亡国恨，隔江犹唱后庭花”。宋人贺铸《水调歌头·台城游》中的“旧时王谢，堂前双燕过谁家”化用刘禹锡《乌衣巷》中的“旧时王谢堂前燕，飞入寻常百姓家”。元人王实甫《西厢记·长亭送别》中的“碧云天，黄花地，西风紧。北雁南飞。晓来谁染霜林醉？总是离人泪”化用范仲淹《苏幕遮》中的“碧云天，黄叶地，秋色连波，波上寒烟翠”。

一些借鉴甚至从“巧取”滑向了“豪夺”。比如金人吴激的散曲《人月圆》：南朝千古伤心

事,犹唱后庭花。旧时王谢,堂前燕子,飞向谁家?恍然一梦,仙肌胜雪,宫髻堆鸦。江州司马,青衫泪湿,同是天涯。

“犹唱后庭花”化用杜牧《泊秦淮》中的“商女不知亡国恨,隔江犹唱后庭花”;“旧时王谢,堂前燕子,飞向谁家?”化用刘禹锡《乌衣巷》中的“旧时王谢堂前燕,飞入寻常百姓家”;“江州司马,青衫泪湿,同是天涯”化用白居易《琵琶行》中的“座中泣下谁最多?江州司马青衫湿”与“同是天涯沦落人,相逢何必曾相识”。

再比如宋人滕子京的《临江仙》:湖水连天天连水,秋来分外澄清。君山自是小蓬瀛。气蒸云梦泽,波撼岳阳城。帝子有灵能鼓瑟,凄然依旧伤情。微闻兰芝动芳馨。曲终人不见,江上数峰青。

“气蒸云梦泽,波撼岳阳城”是唐人孟浩然《临洞庭湖赠张丞相》中的成句,“兰芝动芳馨。曲终人不见,江上数峰青”是唐人钱起《省试湘灵鼓瑟》中的成句。短短十句,有五句袭自前人。

今天我们处于更为宽泛的文化视野之下,受全球文化之影响,有了更为规范的科学研究与艺术创作标准。在这样的背景下,中国古人的这种过度借鉴,就显得极为不妥。如果是站在学术研究的立场,采取这样的方法,会毫无悬念地被认定为剽窃。这也正是前几年郭敬明的长篇小说《梦里花落知多少》(抄袭庄羽的《窗里窗外》)、冯小刚的电影《夜宴》(过度借鉴莎士比亚的《哈姆雷特》)、张艺谋的电影《满城尽带黄金甲》(过度借鉴曹禺的《雷雨》)饱受诟病的原因所在。

复制是为了保存旧作,创作则是为了生成新品。剽窃之所以千人挞伐,万众不齿,在于剽窃者不尊重其他艺术家的独创成果,以“巧取”甚至“豪夺”的方式据为己有,藉以沽名鬻利。

界定剽窃,需要把临摹(模仿)与创作,借鉴跟剽窃区别开来。

临摹(模仿)一般不会涉及剽窃,一方面是因为对于书画艺术而言,这是最重要的学习方式;另一方面,高水平的临摹既可以作为艺术品保护的辅助措施,也可以满足书画爱好者的“经典需求”。因为这样的原因,不会有人把参加临作展的作品或复制品视为剽窃之作。但如果艺术家整体照搬或大范围照搬别人的作品,却在题款或附注中不加以说明,以之发表、参展或销售,就成为明目张胆的剽窃。由于这种剽窃实在是太过于露骨,所以即便是蠢夫愚氓,也不敢公然冒天下之大不韪!

创作是不是剽窃,取决于创作中借鉴的尺度。

艺术作品不是仙石中崩裂而出的石猴,横空出世,无所依傍;而是母胎中分娩的婴儿,有其所本,继其基因。在艺术创作领域,完全意义上的原创几乎是不存在。后人的创造,总是以充分吸纳前人的成果为基础。《红楼梦》是中国古典小说的招牌,曹雪芹在创作时,明显受到了兰陵笑笑生《金瓶梅》的启发。

书画艺术家的艺术成长历程,一般会经过两个阶段:入——临摹借鉴;出——改造创新。在改造创新的过程中,艺术家在对他人书画艺术品的构成诸要素(如字法、笔法、墨法、皴法、

章法构图等）吸纳取舍基础上的创作，均属于常态之举，但如果以章法形制等方面的重组为掩护，在创作内容（或绘画题材）、字法、笔法与皴法等方面过分照搬，就沦为剽窃。世界上确实没有完全相同的两片树叶，书画艺术品有着相同的题材、原型与构成法则等，但却不允许在创作中出现非常接近的“两片树叶”。十多年前之所以会出现有关张大千剽窃的大范围争论，也就在于大千先生的许多所谓原创性画作，过度借鉴了前人的作品，难免遗人诟病。至于前一段曝光的第二届兰亭雅集 42 人展作品展中徐右冰抄袭门事件，虽然并非孤案，但却系典型的个案。

股神巴菲特有句很著名的话：“只有当潮水退去的时候，才能看出谁在裸泳。”

徐右冰作为一名很有潜质的艺术家，已经取得了不俗的成绩。但在市场经济背景下的名利诱惑面前却不惜铤而走险，多次裸泳不说，却又像海豚一样，常常浮出水面，才使得自己暴露得一览无余，从而最终站到了道德批评的风口浪尖，成为挞伐的对象。

在道德水准下滑与功利追求过度的当下，艺术的母腹中必然会孕育出剽窃、代笔等种种怪胎。这些怪胎招摇过市甚至跻身于艺术的圣殿，对艺术无疑是一种亵渎。而一旦水落石出，当事人无一不是斯文扫地、声名狼藉。

书画界与科技界不同于演艺圈，后者正如明清两代的秦淮河与八大胡同，属于道德操守的沦陷区。一名娱乐明星，哪怕是昨天因性乱或吸毒而名声败坏，今天照样可以粉墨登场而备受粉丝群的追捧。因为娱乐明星的玉米籽或粉丝群，充其量不过是一个狂热有余而是非判断缺失的弱智群体。而书画界、科技界则不然，尤其是书画界，有着积淀千余年而形成的深厚道德传统，讲究道器兼修，崇尚德艺双馨。书画家一旦丑闻缠身，也就等于自我放逐于艺术的苑囿之外。所以书画家要格外珍惜自己的羽毛，创作中力避瓜田李下之嫌，以防止自己衬衣上的虫子咬伤自己。

原广东省政协主席陈绍基、原河南省人大副主任王有杰，都曾经因政治地位的隆尊与长于书法而作为“省部级书法家”名噪一时。一旦东窗事发，锒铛入狱，原来近乎天价的墨迹，瞬间一文不值；刊有他们墨迹的书籍图册以及他们所题写的牌匾，也都统统沦为垃圾。

“尔曹身与名俱灭，不废江河万古流。”书画家保护好自己的羽毛，不仅需要厘清借鉴与剽窃的尺度，关键是要坚守操守的阵地！

【说明】文中涉及之材料，几经核定，不会有误。关于郭敬明长篇小说《梦里花落知多少》抄袭庄羽《窗里窗外》一事，系北京高院 2006 年的最终裁决。冯小刚的电影《夜宴》过度借鉴莎士比亚的《哈姆雷特》，张艺谋的电影《满城尽带黄金甲》过度借鉴曹禺的《雷雨》两点，对照文学作品与电影，不难得出结论。

将"伪经"逐出文学的圣殿

文学需要虚构,但无法容忍虚假。现在假文学大行其道,大有愈演愈烈之势。

经常有学生写文章拿方仲永的例子作为论据,每每看到这样的文字,就觉得如骨鲠在喉——这样一个荒诞不经的故事,怎么能作为论据来使用?

原来以为《伤仲永》已经从初中语文课本中扫地出门,后来才知道,这样的"伪经",居然数十年雷打不动,选在初中语文课本中贻害后学。

我之所以称王安石的《伤仲永》是一篇"伪经",是因为这篇文章完全是胡编乱造的结果,经不起一点理性的推敲。

上大学的时候,正是中华益智功(简称"中功")流行的时候。系上有位搞文艺理论的讲师练得如痴如醉,吹得神乎其神。他在自己的书中选录了几首某人练功以后无师自通写成的近体诗。我当时尽管对这门功法一窍不通,但依据最起码的常识和理性,断定那绝对是瞎子卖料子——胡扯。

方仲永自然不会练过中功,怎么会不识文墨就能出口成章?

让我们不妨再来看看这篇"伪经"的一个局部:

"金溪民方仲永,世隶耕。仲永生五年,未尝识书具,忽啼求之。父异焉,借旁近与之,即书诗四句,并自为其名。其诗以养父母、收族为意,传一乡秀才观之。自是指物作诗立就,其文理皆有可观者。……"

方仲永不要说接受过教育,就连文具都没有见过,忽然哭喊着要这些东西。父亲给他借来之后,他就能写成四句诗,并且以后"自是指物作诗立就",实在是滑天下之大稽。

上小学的女儿会背好些古诗,我把这个故事讲给她听,她很惊奇。但问到是否相信时,她怎么也不信——但我们很多成年人却相信——这让我想起了安徒生的《皇帝的新装》。

可能会有人说,中外历史上不是有那么多神童吗?比如七岁写《鹅》的骆宾王。

我不否认神童超常的天赋、过人的才华,但他们都和方仲永不同——他们有早期教育这一前提,而方仲永则是一个彻头彻尾的文盲。

从文章的结尾来看,连王安石也不相信自己编造的这个"黑色幽默",于是他把方仲永的奇迹归功于上苍:

"仲永之通悟,受之天也。其受之天也,贤于才人远矣。"

原来如此!

像王安石这样的大文豪，写出这样的败笔，简直不可思议！

不过，追溯文人造假的渊源，却不始于这位以文章擅名的政治家。宋人杨万里的《诚斋诗话》和陆游的《老学庵笔记》里记载了这样一则轶事：

北宋嘉祐二年(1057 年)，苏轼参加礼部进士考试，文题是“刑赏忠厚之至论”。为了支撑这一观点，苏轼信手编造了一段史料：

“当尧之时，皋陶为士，将杀人，皋陶曰：‘杀之三。’尧曰：‘宥之三。’故天下畏皋陶执法之坚，而乐尧用刑之宽。”

文章交上后，博学的主考官欧阳修不知道这则论据典出何处，只得在放苏轼金榜题名后才向他讨教出处。可万万没有料到的是，苏轼竟坦然直陈：“何须出处，想当然尔！”

这篇使用假论据的文章到了清代，被吴楚材、吴调侯当做散文典范选进了《古文观止》。

再往前追溯，早在汉末三国时期，“建安七子”之一的孔融也有这样的坏毛病：

曹丕纳了袁绍的儿媳甄氏后，孔融给曹操写了一封信，信中说：“武王伐纣，以妲己赐周公(即周公旦，武王之子)。”曹操问孔融典出何处，他回答说：“以今度之，想当然耳。”

“尽信书不如无书。”教育的目的之一是要赋予人理性，增强人的判断力。把《伤仲永》这样的“伪经”当做典范津津乐道，只能培养盲从和迷信。

王安石写《伤仲永》时 23 岁，苏轼写《刑赏忠厚之至论》时 22 岁。这样的年龄写成的作品，存在瑕疵甚至严重的缺陷，是可以理解并原谅的。但如果我们不加深究再推波助澜大声叫好，就有些可悲了。

无独有偶。二十世纪八十年代初，一篇名为《钱被风刮走之后》的通讯发表在《人民日报》上，并被评为全国好新闻。

通讯讲述的是 1980 年 1 月 20 日发生的一件事：一位老大爷在大风中数钱时不慎把钱撒了一地。很多人呼喊着上来“抢钱”，正当老大爷着急的时候，所有的人不约而同把钱送了回来，而且还比老大爷掉的钱多了一张。

后来证实，这是一篇假新闻。一些新闻学教材曾经以此作为反面例子，但就这样的篇目，竟然也会选在小学课本当中。

文学具有多种功能，这些功能发挥作用都是以“真”为基础。文学颂扬真、善、美，善、美也必须以“真”为其核心。文学重视虚构，虚构的情节不具有生活的真实，但也必须具备艺术的真实。文学中隐藏了虚假，就如同饺子里包上了苍蝇，一口下去，没有察觉，倒也罢了，一旦发现，令人作呕。时下许多歌颂母爱的所谓真实的故事，正是这种胡编乱造的神话。

“千教万教，教人求真；千学万学，学做真人。”当某一天我们的教育对象明白，在我们教育他们要讲诚信的同时，却在拿虚假的“伪经”欺骗他们，他们将会作何感想？

将“伪经”逐出文学的圣殿！

硬笔书法何时才能走出困境

钢笔自清代进入国门,已近一个半世纪。由于其携带方便,书写简便,不像毛笔那样需要备砚、研磨、洗笔,所以长期为知识阶层所钟爱。在钢笔数量有限、价格不菲的年代,一度成为身份的标志,男女之间,甚至以此为定情之信物。自二十世纪八十年代始,硬笔书法与毛笔书法同时升温,协会林立,展赛频繁。曾几何时,硬笔书法风头强劲,甚至超过了毛笔书法。进入新世纪,毛笔书法方兴未艾,持续升温;而硬笔书法则渐趋低迷,风光不再。许多曾经在硬笔书法国展中脱颖而出的书家,在诸多因素的左右之下,纷纷改弦易辙,弃“硬”从“软”,加入毛笔书写者行列。

在这热冷渐变与书家易辙的背后,有着多方面的原因:

其一,硬笔表现力的局限。

平心而论,较之毛笔,硬笔的表现力极为有限。谈及毛笔的优势,汉代书家蔡邕在《九势》中说:“惟笔软则奇怪生焉。”毛笔一如流水,至柔且至刚。它能传达虞姬挥泪的缠绵悱恻,又能表现霸王扛鼎的雄健刚强;它能演绎老僧木讷的含蓄内敛,又能彰显金刚怒目的激昂豪放;它能字字如漆,以实取胜;又能笔笔留白,虚实相生。可以说,在水与墨的巧妙配合之下,毛笔能将虚实、浓淡、明暗、刚柔、粗细、轻重、疾徐等艺术对比法则中的表现空间最大化。

硬笔则不然。除字法、章法外,书法构成的其他诸要素,硬笔的书写局限性显而易见。它无法像毛笔那样去表现笔法、墨法的丰富变化。以书体而论,毛笔可以随心所欲地表现任何一体,但硬笔在书写楷书、隶书、行草书方面尚可差强人意,对于金文、篆书等先秦文字,就捉襟见肘,力不能逮。以大小而论,毛笔可书蝇头小楷,又能书擘窠大字,硬笔只适合书写小字。

其二,理论支撑力的单薄。

两汉以降,历代书家在毛笔书法的理论建构方面取得了丰硕成果,涌现出张怀瓘、孙过庭、欧阳修、项穆、包世臣、康有为等一批卓有建树的理论大家,《书断》《书谱》《书法雅言》《艺舟双楫》《广艺舟双楫》等一批经典著作给书法家提供了丰富的理论营养。可以说,传统书论几乎涉及书法体系的所有领域,已经建立起了规模宏大的毛笔书法理论大厦。新中国建立以后,尤其是二十世纪八十年代中国书法家协会成立以来,新生代书法理论家在理论探索方面亦取得可喜的成就。理论作为先导,在书法创作实践方面起到了引领与推动作用。

硬笔书法在理论构建方面,先天既已不足,后天又乏善可陈。许多硬笔书法理论研究者,原创力不足,其研究多取毛笔书法理论,以资硬笔书法之用,且流于技法层面,学术内涵单

薄。尽管软硬二者之间多有相通之处，但由于书写工具的区别，亦多有不通之处。强行移植，未免方枘圆凿，格格不入。在经历了几十年的探索之后，贫血的理论无法推动创作的前进，硬笔书法的实践已经落入裹足不前的困境。

其三，书坛名利场的左右。

书法作品既是精神产品，又是物质商品；书法家需要艺术来滋养，更需要物质来生存。较之毛笔书法作品，硬笔书法作品的社会认可度较低，很少有人购买硬笔书法作品悬诸于室，以增风雅；除了名人以硬笔书写的手稿、题词等之外，很少有藏家从艺术欣赏或投资营利的角度去收藏硬笔书法作品。能够靠出版字帖获得稿酬版费者，毕竟屈指可数，相当多的职业硬笔书法人，不得不选择办班课徒。这样的现状，使得硬笔书法创作者沦为书坛的边缘人或弱势群体。在市场经济背景的当下，市场已经成为艺术活动最重要的推手，在这个推手的左右之下，硬笔书法的低迷自然成为难以逆转的必然。

另外，根深蒂固的传统观念，使得硬笔书法创作者难以获得起码的名分。毛笔在手，即使书写水准一般，善意者也会敬之以“书法家”的名号；而即使是书写水准很高的硬笔书写者，也都不会被社会所充分认可，以至于连硬笔书法人都觉得别人冠以“硬笔书法家”的名号有些滑稽。

其四，书写美观性的式微。

几千年崇尚书法与敬惜字纸的传统，使得古人的认知观念里，知识分子写一笔漂亮的汉字诚属天经地义，如果书写水准太差，难免遗人笑柄，沦为谈资。历朝历代，多有如唐太宗李世民、宋徽宗赵佶一样痴迷书艺的帝王。上有所好，下必效之，帝王的喜好成为中国书法异葩奇秀的重要原因之一。自隋代推行科举选士以来，封建王朝非常重视士子的书法，书写水准成为决定士子科考仅次于写作水平的重要因素，个别朝代甚至设立专科，以书取士，这无疑有力地激发了知识分子的学书热情。

改革开放以来，之前政治运动给文化以及国民的文化精神带来毁灭性的破坏，由此引发的文化断层与传统割裂，使得全社会对于书写美观性的追求不断下降，书写水准整体下滑。一些书写水准低下的名人，书写时有意将字形笔画极度夸张，或者写得极为潦草，以表现所谓的个性，粗俗不堪的“遮羞签名体”应运而生并大行其道，千人一面，俗不可耐。

其五，学校书写环境恶化。

模仿性是学习的基本属性之一，模仿也是行之有效的学习方式。越是起始阶段的学习，模仿性越强，模仿也越易于入门，所以教师的书写导向往往决定着学生的书写导向。近些年来，师范院校在英语、计算机、普通话等方面对在校生有着较高的要求，而对三笔字几乎没有要求。这样的培养导向，使得教师中擅长书写者凤毛麟角，其整体水准在不断逼近医生的书写水准。学生在黑板上与作业中很少能看到老师潇洒的笔迹，在学习书写最重要的阶段得不到正确的引导，看不到值得临习的范例，在日复一日的不良书写中将错误的方法转化为很难纠正的肌肉记忆。

另一方面,繁重的课业负担,使学生疲于奔命,为了完成作业,学生不得不常年快速书写。初学阶段,对于楷书这样的静态书体而言,书写速度不宜过快,一旦偏快,书写质量无从保证,正确的书写习惯也无法养成。

找原因易,寻策略难。由于硬笔自身的缺陷以及影响硬笔书法的诸多顽症,在当今体制下没有疗救的良药,救赎陷入困境的硬笔书法,显得极为困难。几年前,在与曾如影先生的一次关于硬笔书法的对话中,曾经在硬笔书坛享有盛誉的齐玉新先生亦流露出无可奈何的悲观情绪,认为硬笔书法作为一种"亚艺术品种","坑底太浅,再挖也没有水出来了"。至于当下硬笔书法界对于硬笔早于毛笔结论的精微考证与学术争论,于事无补,顶多只是为硬笔书法争得一些无关紧要的颜面而已。

倒是鼓励和引导在校师生加强对硬笔书法的学习,不仅有助于良好气质的培养,也不至于人们对手工书写越来越陌生。在"书法进课堂"的号召之下,如果能够保证好的师资力量的配备,说不定哪一天,我们的后来者会在硬笔书法上找到一个突破口!

卷　三

汉风晋韵道春秋

原 儒

《说文》曰："儒，柔也。"或以为儒者以柔为美——谬也；盖蒙昧之初，人皆好勇，儒者教以化之，化昧趋真，摧刚为柔。《汉书·艺文志》云："儒家出于司徒之官。"盖商周之世，司徒掌邦教，主礼仪，助人君顺阴阳而明教化者也。

儒教非本于仲尼[1]，滥觞[2]远矣。东周以降，天子式微[3]，诸侯征伐，礼崩乐坏。仲尼颠沛齐鲁，菜色陈蔡，以继周自命，克己复礼。然终于无可奈何，遂退而理经曲阜[4]，聚徒杏坛，至于经达四塞，道泽千秋，斯文远播，至圣素王之功也。

孔曰成仁，孟曰取义。仲尼殁[5]后百年而子舆[6]继之。亚圣周游列国，以引人入彀[7]之巧辩游说诸侯，于霸道攻伐之乱世宣扬王道，知其不可为而为之，圣之为圣，其名不虚。至于汉世，武帝罢黜百家，独尊儒术，外饰以儒，内蕴以法，遂为后世帝王为政之不二法门。

阐释儒学经典之专学谓之经学。经学之源，或以为始自孔丘删定六经，或以为出于武帝设五经博士。经学之流，两汉有今古文之争，魏晋南北朝有南北学之分，唐人尚义疏，宋明重义理，清人精考据。

夫儒者之道，修齐治平[8]。穷[9]则独善其身，达则兼善[10]天下。然自汉世始，经不能从心，道不能依性，儒者多行不切言，言不由衷，仁义出乎其口，秽行浸于其身，儒之所以败落，此大端也。

【注释】

[1]仲尼：孔子名丘，字仲尼。

[2]滥觞（shāng）：江河发源的地方，水少只能浮起酒杯。现指事物的起源。

[3]式微：国家或世族衰落，也泛指事物衰落。

[4]曲阜（fù）：地名，在山东，孔子故里。

[5]殁（mò）：死。

[6]子舆：孟子名轲，字子舆。

[7]引人入彀（gòu）：引人进入圈套，这里指孟子善于诱导的论辩技巧。彀，射箭所能达到的范围。

[8]修齐治平：修身、齐家、治国、平天下。

[9]穷：不顺，不通达。

[10]善：或作"济"，救助。

原　释

释，亦名佛，源自天竺[1]，盛于外邦。

初，迦毗罗卫城王子乔达摩悉达多感生老病死之疾苦，出王卫宫禁，游尼连禅河，悟菩提树下，得“四圣谛[2]”“八正道[3]”“十二因缘[4]”。王公贵宦，布衣乞者，如影随形，以成释教。

至于中土汉世，明帝“感梦求法[5]”，梵[6]佛东渐[7]。南朝、隋、唐之际，中土释教大盛。天台宗、华严宗、法相宗、净土宗、密宗、律宗、禅宗众派林立，而以禅宗为最。

昔日灵山之会，大梵天王以金波罗花献之佛陀。佛陀拈花示众，笑而不言，众皆不解。摩诃迦叶悟而不言，唯破颜而笑——禅宗以之为天竺初祖。其后，菩提达摩泛海东渡，一苇北航，面壁嵩山，论经少林，是为东土初祖。五祖弘忍之高足慧能、神秀，歧菩提明镜之辨[8]，分禅宗为南北二宗，南宗终一统之。

释教之义，艰深驳杂，统其大略，要旨有三：曰涅槃[9]；曰因果；曰轮回。以我观之，其精华亦有三：曰关怀；曰敬畏；曰善念。所谓“爱为信物，善是慈航”者也。

余尝朝圣甘州之大佛寺，敦煌之莫高窟，天水之麦积山，川渝之乐山、大足，见巨身大佛或立或卧，或凿或塑，处千仞之绝壁，临不测之深渊，未尝不唏嘘长叹，以为若非神力，难以为之。至读弘一法师涅槃之嘱[10]，始彻悟。

【注释】

[1]天竺(zhú)：我国古代对印度的称呼。

[2]四圣谛(dì)：原始佛教的基本教义之一，又称“四谛”。谛即真理，四谛也就是解释人生痛苦及其克服途径的四种真理。包括苦谛、集谛、灭谛、道谛。苦谛就是关于苦的真谛，说的是世俗世界一切皆苦，人生在世，就是无量众苦切身，所谓“苦海无边”，如生、老、病、死等；集谛，就是关于苦因的真谛；灭谛，就是灭绝苦因从而证入涅槃境界的真谛，说的是佛教的最高理想与最终目的；道谛，关于如何解脱痛苦的真谛，道就是途径，道谛说的是达到解脱境界的途径与方法，而这又构成了佛教的另一基本教义——“八正道”——的全部内容。四谛是佛教的总纲，所有的佛教派别都围绕着对四谛的解释而展开。苦灭二谛，尤为重要：人生极苦，涅槃最乐。甚至可以说，苦、灭二字，即可概括全部佛学。

[3]八正道：原始佛教的基本教义之一。涅槃是佛教的最高境界，要达到这一境界，有八种正确的途径与方法，即所谓“八正道”：正见，正确的见解，指对佛教教义的正确认识；正思，正

确的思考，指对佛教教义的正确思维；正语，正确的语言，指符合佛教教义的语言；正业，正确的行为，指不偷盗，不杀生，不淫邪等；正命，正确的生活，指符合佛教戒律规定的生活方式；正精进，正确的努力，指按照佛教的修持方法，止恶修善，精进不懈；正念，正确的意念，指明记四谛等佛教教义；正定，正确的禅定，指消除杂念，专注一境。与八正道相反的是“八邪”：邪见、邪思、邪语、邪业、邪命、邪精进、邪念、邪定。佛教认为，只要按照正确的途径修行，即可由凡入圣，由迷转悟，达到解脱之彼岸。

[4]十二因缘：原始佛教的基本教义之一。又称“十二缘起”。所谓“缘起”，即“诸法由因缘而起”，这是佛教最基本的理论，是全部佛法的理论基础。所谓“因缘”，就是关系与条件。佛教将生命过程分为彼此互为因果的十二个环节，以此来阐明人生痛苦的终极原因。这十二个环节是：无明、行、识、名色、六入、触、受、爱、取、有、生、老死。“无明”就是愚昧无知，即对佛理的无知；“行”指由于无明而引起的各种行为与意念；“识”指投胎时的心识；“名色”指胎中已具有身心的生命体；“六入”又名“六根”，即眼、耳、鼻、舌、身、意六种器官；“触”指胎儿出生后六种器官与外界事物的最初接触；“受”指六种器官与外界接触后获得的苦乐感觉；“爱”即贪爱，主要指物质贪欲与男女情爱；“取”指贪爱引起的追求执取；“有”指贪爱与执取而引起善恶行为，由善恶行为而招致的相应报应；“生”指善恶报应中的来世诞生；“老死”指有生必有死，来世之生仍将趋于死亡。佛教认为，人生就是这十二个互为因果的环节所构成的流转过程。

[5]感梦求法：公元前65年某夜，汉明帝梦见一神人，身有日光，在皇宫前飞行。次日，问于群臣。大学者傅毅告诉他，梦见的神人乃是西天佛陀。于是明帝派人到西方访求佛法。

[6]梵(fàn)：指古代印度。

[7]渐(jiān)：流入，此处意为传播。

[8]慧能、神秀，歧菩提明镜之辨：禅宗五祖弘忍考察弟子对佛法的领悟，神秀以五言心偈表现为：身是菩提树，心如明镜台。时时勤拂拭，莫使有尘埃。慧能看完神秀的心偈后不以为然，表达了不同的观点：其一，菩提本无树，明镜亦非台。佛性常清净，何处有尘埃。其二，心是菩提树，身为明镜台。明镜本清净，何处染尘埃。这是禅宗发展史上著名的公案。

[9]涅槃(niè pán)：佛教原指经过修行，达到超脱生死，彻底熄灭一切烦恼的精神境界。后用来指僧人去世。也说圆寂。

[10]弘一法师涅槃之嘱：弘一法师圆寂之前，留有遗嘱，第五款云：“另，在装入龛以前，不须移动，仍随旧安卧床上。如已装入龛，即须移承天寺。去时将常用之小碗四个带去，垫龛四脚，盛满以水，以免蚂蚁嗅味走上，致焚化时损害蚂蚁生命，应须谨慎。再则，已送化身窑后，汝须逐日将垫脚小碗之水加满，为恐水干去后又引起蚂蚁嗅味上来故。”

原 道

或曰:“道家者流,出于史官。”——盖老聃[1]为周守藏室之史也。太史公著《史记》,并老聃、韩非于同篇。余杭太炎先生[2]以为,老子所谓“鱼不可以脱于渊,国之利器不可以示人”,乃法家之根本;且法家者,道家之别子耳。余深以为然。

初,感周室之衰微,老聃骑牛东来,将西出函谷。关令尹喜阻而求文,老聃遂属《道德经》五千言,飘然而逝,不知所终。

老聃既殁[3],战国有庄周继其志。庄周漆园小吏,涸辙之鲋[4],然安贫乐道,不慕荣利。轻神龟之享[5],重逍遥之游[6],巧濠梁之辩[7],贱鹓雏之贪[8],鼓盆而歌[9]等生死,梦中化蝶[10]齐万物:庄周者,犹古希腊犬儒智者第欧根尼[11]者也。

东汉顺帝朝,沛国丰人张陵捐弃官禄,聚徒鹤鸣[12],结茅青城[13],创五斗米道,崇奉老聃,尊道重德。自南北朝至明季[14],道教大兴,宗派纷呈,羽客[15]遍布,真人辈出。

夫生死无常,盈缩[16]有终。养怡尚难得彭祖之寿[17],修道岂可求长生之期!羽客道姑藏身山林,清心寡欲,凝神养性,以行气、导引、吐纳、辟谷诸法修炼内丹[18],或可延年益寿;然服食金丹之所谓修炼外丹[19],而求羽化成仙,实为饮鸩[20]之举!

戊子仲秋,余与同道诸君过崆峒山,尝见一道人,玉簪穿丝,黑氅[21]白袜,仙风道骨,而今犹历历在目。

【注释】

[1]老聃(dān):老子姓李,名耳,字聃。

[2]余杭太炎先生:民国国学大师章太炎,名炳麟,浙江余杭人。

[3]殁(mò):死。

[4]涸辙之鲋(fù):干涸的车辙中的鲋鱼,比喻处于极度窘困境地、亟待救援的人。典故出自《庄子·外物》:庄周家贫,故往贷粟于监河侯。监河侯曰:“诺!我将得邑金,将贷子三百金,可乎?”庄周忿然作色曰:“周昨来,有中道而呼者,周顾视车辙中有鲋鱼焉。周问之曰:‘鲋鱼来,子何为者邪?’对曰:‘我,东海之波臣也。君岂有斗升之水而活我哉?’周曰‘诺。我且南游吴、越之王,激西江之水而迎子,可乎?’鲋鱼忿然作色曰:‘吾失我常与,我无所处,吾得斗升之水然活耳,君乃言此,曾不如早索我于枯鱼之肆!’”

[5]神龟之享:典故出自《庄子·秋水》:庄子钓于濮水。楚王使大夫二人往先焉,曰:“愿以境内累矣!”庄子持竿不顾,曰:“吾闻楚有神龟,死已三千岁矣。王巾笥而藏之庙堂之上。此

龟者，宁其死为留骨而贵乎？宁其生而曳尾于涂中乎？"二大夫曰："宁生而曳尾涂中。"庄子曰："往矣！吾将曳尾于涂中。"

[6]逍遥之游：典故出自《庄子·逍遥游》。庄子在该篇一再阐述无所依凭的主张，追求精神世界的绝对自由，提倡不滞于物，即无所羁绊，无所依靠，无所凭借，悠游自得。

[7]濠梁之辩：典故出自《庄子·秋水》：庄子与惠子游于濠梁之上。庄子曰："鲦鱼出游从容，是鱼之乐也。"惠子曰："子非鱼，安知鱼之乐？"庄子曰："子非我，安知我不知鱼之乐？"惠子曰："我非子，固不知子矣；子固非鱼也，子之不知鱼之乐，全矣。"庄子曰："请循其本。子曰：'汝安知鱼乐'云者，既已知吾知之而问我。我知之濠上也。"

[8]鹓（yuān）雏之贪：典故出自《庄子·秋水》：惠子相梁，庄子往见之。或谓惠子曰："庄子来，欲代子相。"于是惠子恐，搜于国中三日三夜。庄子往见之，曰："南方有鸟，其名为鹓雏，子知之乎？夫鹓雏，发于南海，而飞于北海，非梧桐不止，非练实不食，非醴泉不饮。于是鸱得腐鼠，鹓雏过之，仰而视之曰：'吓！'今子欲以子之梁国而吓我邪？"

[9]鼓盆而歌：典故出自《庄子·至乐》：庄子妻死，惠子吊之，庄子则方箕踞鼓盆而歌。惠子曰："与人居，长子老身，死不哭亦足矣，又鼓盆而歌，不亦甚乎！"庄子曰："不然。是其始死也，我独何能无慨然！察其始而本无生，非徒无生也而本无形，非徒无形也而本无气。"

[10]梦中化蝶：典故出自《庄子·齐物论》："昔者庄周梦为胡蝶，栩栩然胡蝶也。自喻适志与，不知周也。俄然觉，则蘧蘧然周也。不知周之梦为胡蝶与，胡蝶之梦为周与？周与胡蝶，则必有分矣。此之谓物化。"

[11]古希腊犬儒智者第欧根尼：犬儒学派是盛行于古希腊的一个哲学流派，其主要思想是，人要摆脱世俗利益而追求唯一值得拥有的善。犬儒学者相信，真正的幸福并不是建立在稍纵即逝的外部环境的优势。第欧根尼是该学派的代表人物，他对德行具有一种热烈的感情，他认为和德行比较起来，俗世的财富是无足计较的。第欧根尼追求德行，并追求从欲望之下解放出来的道德自由。据说亚历山大曾经去拜访他，问他想得到什么恩赐。他回答说："只要你别挡住我的太阳光。"亚历山大对随从说："如果我不是亚历山大，我愿意去做第欧根尼。"

[12]聚徒鹤鸣：张陵曾经与弟子隐居在四川大邑县西的鹤鸣山修道。

[13]结茅青城：东汉顺帝汉安二年，张陵登上青城山结茅，建立了二十四教区。

[14]明季：明朝末年。季，一个朝代的末世，含有贬损的意味。

[15]羽客：道士之别名，亦称羽士。

[16]盈缩：夭寿，寿命之长短。

[17]彭祖之寿：彭祖，传说中的寿星，活了八百多岁。

[18]行气、导引、吐纳、辟（bì）谷诸法修炼内丹：道教以长生为最终目标，其具体途径就是修炼。练气修性谓之炼内丹。行气、导引、吐纳、辟谷是炼内丹的具体方法。

[19]服食金丹之所谓修炼外丹：烧炼、服食丹药谓之炼外丹。

[20]饮鸩（zhèn）：喝毒酒。鸩，鸩毒。

[21]氅（chǎng）：外套。

说　玉

昔者楚庄王问鼎于周使[1]，以鼎乃国之重器；玉亦然。

玉形制万千，钺[2]、镰、璧、环、瑗[3]、琮[4]、圭[5]、璋[6]、璜[7]、玦[8]、璇玑[9]、刚卯[10]不一而足，然其用殊异，寓意有别：苍璧礼[11]天，黄琮礼地，赐环则还，赐玦则绝[12]，召人以瑗，贯发以簪，璇玑齐政[13]，刚卯辟兵[14]。

楚人卞和，于荆山得玉璞，献诸厉王。厉王使人鉴之，以为顽石，刖[15]其左足。厉王崩，复献诸武王，刖其右足。又献诸文王，终得和氏璧。楚赵联姻而璧入赵。秦昭王尝以十五城请易璧而不得。赵亡，幽王献诸秦，嬴政使玉工琢之为玺。项羽入咸阳，和氏璧不知所终。后世复见之说，皆稗官野史[16]者也。

《说文》曰："玉，石之美者。有五德：润泽以温，仁之方[17]也；角思理[18]自外，可以知中，义之方也；其声扬，专以远闻，智之方也；不桡[19]而折，勇之方也；锐廉而不技[20]，洁之方也。"璞之含玉，犹君子有德，所谓言念君子，温其如玉，此所以君子无故而玉不去身。

其质，或凿自昆仑山，或出于和田河。山川育其刚，冰水润其灵，君子美其性。质地温润，光泽柔和。除中热，解烦懑[21]，润心肺，助声喉，滋毛发，疏血脉，明耳目。

其蕴，古人造词炼句，美而纯者，则以玉言之，所谓亭亭玉立、玉树临风、玉洁冰清、冰肌玉骨，守身如玉；所谓"白茅纯束[22]，有女如玉"，"宁为玉碎，不为瓦全"，"二十四桥明月夜，玉人何处教吹箫"，"门外雪花飞，玉郎犹未归"。

琢玉之道，正如修身，琢与不琢，依乎其性。大器不琢，恐伤气韵；美玉不琢，恐伤其真。璞中含玉，雕琢方能成器；人或顽愚，修习才能趋真。

【注释】

[1]楚庄王问鼎于周使：春秋时，楚庄王陈兵洛水，向周天子炫耀武力，并向天子特使王孙满询问周朝的传国之宝九鼎的大小轻重，透露出要夺取周天下的意图。

[2]钺(yuè)：古代兵器，形状像斧而较大，刃部呈弧形，有长柄，金属或玉石制成，多用于仪仗。

[3]璧、环、瑗(yuàn)：圆形玉器中孔小边大者为璧，孔边相等者为环，孔大边小者为瑗。

[4]琮(cóng)：古代玉制礼器，方柱形或长筒形，中间有圆孔。

[5]圭(guī)：古代帝王、诸侯在举行典礼时手执的玉器，长方形，尖顶。

[6]璋:古代一种长方形板状玉器,像半个圭,用作礼器或信玉。

[7]璜(huáng):半璧。

[8]玦(jué):有缺口的环形玉器。

[9]璇玑:古代观测天象的仪器,或用玉装饰。

[10]刚卯:四方或六方玉柱,上刻符咒。

[11]礼:祭祀。

[12]赐环则还,赐玦则绝:《广韵》载:"逐臣待命于境,赐环则还,赐玦则绝。"

[13]璇玑齐政:《尚书》载:"在璇玑玉衡,以齐七政。"

[14]刚卯辟兵:刚卯用以辟兵、辟邪。

[15]刖(yuè):断足,古代肉刑之一。

[16]稗(bài)官野史:泛指记录逸闻琐事的文字。

[17]方:品类。

[18]角思(sāi)理:角上纹理。角思,角中骨。

[19]桡(náo):弯曲。

[20]锐廉而不技:刚直而不强悍。技,通"忮"(zhì);忮,强悍。

[21]懑(mèn):烦闷。

[22]白茅纯束:用白茅捆扎。

说　赋

王国维有言："一代有一代之文学，楚之骚，汉之赋，六代之骈语，唐之诗，宋之词，元之曲，皆所谓一代之文学，而后世莫能继焉者也。"

赋盛于汉，其源则远。荀卿滥觞[1]，有赋十篇，今存其五，总题《赋篇》。稍后宋玉，汲屈骚之精华，化而为赋，其《风赋》《高唐赋》《神女赋》《登徒子好色赋》诸篇，君臣问答，妙设譬喻[2]，言辞机辩，远过前贤。

赋者，铺也——铺采摛文[3]，体物写志者也。赋分四体：古赋、俳赋[4]、律赋、文赋。

古赋或称汉赋，盛于两汉，不拘对仗，不重声律。其大赋一体，动辄洋洋数千言，摹物穷形尽相，词采绚烂铺张。至于魏晋，骈文兴起，受其影响，俳赋出现。俳赋亦名骈赋，始以对仗争擅，骈四俪六句式整饬[5]，南朝沈约、周颙[6]倡"四声八病"之说，遂又辅以声律，两句一韵，平仄相调。

隋代科举取士，课之以律赋，唐宋沿袭，至元人易之以古赋，遂不复振起。律赋脱胎俳赋，较之后者，对偶愈严，音韵更苛，数百年来，竟无佳构名篇。

中唐以降，韩柳力倡道统，恢复古文。受古文影响，文赋产生。文赋不拘对仗，不重音韵，不求藻饰，不逞典故，以散文之章法敷衍，以自由之格调面世，名曰文赋，实则赋文。自文赋起，唐宋名家辈出，其特出者，唐有杜牧，宋有欧、苏。

究汉赋之盛，所谓上有好之，下必效之。武、宣诸帝，雅好辞赋，善赋之士，朝夕之间，则江湖庙堂，司马相如上子虚上林之赋，天子以为郎，是以文士竞相作赋，以求干禄[7]。

为文之难，难于为赋。世传扬雄奉诏制赋，帝限以时日。一篇赋成，竟至于梦中五脏泄地，醒来笃[8]病一岁。左思作《三都赋》，积十年之功乃成洛阳纸贵之佳篇。

【注释】

[1]滥觞(shāng)：江河发源的地方，水少只能浮起酒杯，比喻事物的起源。

[2]譬(pì)喻：比喻。

[3]铺采摛(chī)文：铺张辞藻，夸饰文采。

[4]俳(pái)赋："俳"的本义是游戏。宋代称对句为"俳语"，因称注重对仗的赋为"俳赋"。

[5]整饬(chì)：整齐。

[6]周颙(yóng)：南朝学者，精通佛理，工隶书，音韵学贡献很大。

[7]干禄：求取功名富贵。

[8]笃(dǔ)：病势沉重。

说泰解真

泰,古文作"夳"。《说文》曰:"泰,滑也。"

通达曰泰。十月坤卦,纯阴之象。十一月复卦,一阳生于下;十二月临卦,二阳生于下;正月泰卦,三阳生于下。冬去春替,阴消阳长,吉亨[1]之象,故曰:"三阳交泰[2],日新惟良。"张居正《贺元旦表》曰:"兹者当三阳开泰之候,正万物出震之时。"

安宁曰泰。夫士有五气:曰容气;曰正气;曰雄气,曰雅气;曰文气。襟怀坦荡,光风霁月[3],始能安详舒泰,至于海涵地负,胸容万物之境界,所谓"君子泰而不骄,小人骄而不泰[4]"。为政之求,国泰民安;泰安之道,涵德积义。汉哲王符有言:"政教积德,必致安泰之福,举错数失,必致危亡之祸。"

美好曰泰。象有乾坤,道有阴阳,开合为伍,盛衰相继,乃自然人世之通理。然,盛极或不趋衰,否极未必泰来,转象之机,在于人事。夫智者,穷究事理而求其本。处惊不变,临难不慌。阡陌纵横而董道不豫[5],长夜曦而北斗在胸[6]。初创艰辛,茹苦一如啖[7]甘;成长谨慎,防微当以杜渐。以此立业,何忧不泰!

《说文》曰:"真,仙人变形而登天也。"道家之登仙,犹儒家之成圣,佛家之涅槃[8],皆修持之至境。

精淳曰真。物求其精,精益求精;人求其淳,尽善尽美。清人王筠曰:"真者,精诚之至也。"谋事攻心,所谓"精诚所至,金石为开"者也。

本原曰真。凡物之初萌,其性必真。初萌之芽,始蘖[9]之枝,本真之童子,待字之处子,性情之狂大,虽无成熟之韵,尽显本真之美。

诚信曰真。立身立业,诚信为本。人无信不立,事无信不行。信约之冠,莫若尾生[10]。季子挂剑[11]赠徐君,清誉传四海;幽王燃烽戏诸侯[12],恶名扬八荒。

是为泰真。

【注释】

[1]吉亨:吉祥而亨通。

[2]三阳交泰:称颂岁首之语。

[3]光风霁(jì)月:雨过天晴时风清月明的景象,比喻开阔的胸襟与坦白的心地,也比喻太平清明的政治局面。

[4]君子泰而不骄，小人骄而不泰：语出《论语·子路》，意为：君子安详舒泰，却不骄傲凌人；小人骄傲凌人，却不安详舒泰。

[5]阡（qiān）陌纵横而董道不豫：道路纵横，但坚持正道毫不犹豫。田间小路，南北为阡，东西为陌。

[6]长夜无曦（xī）而北斗在胸：茫茫长夜看不到晨光，但是北斗七星的位置仍了然于胸。

[7]啖（dàn）：吃。

[8]涅槃（niè pán）：佛教原指经过修行，达到超脱生死，彻底熄灭一切烦恼的精神境界。后用来指僧人去世。也说圆寂。

[9]蘖（niè）：植物长出分枝。

[10]尾生：古代坚守信约的典范。典故出自《庄子·盗跖》：尾生与女子期于梁下，女子不来，水至不去，抱梁柱而死。

[11]季子挂剑：古代坚守信约的史例。季子名札，春秋时代吴国国君寿梦的小儿子。季札佩剑出使鲁国，经过徐国。徐国国君看到这口宝剑，嘴上虽然没有说，但表情却流露出很想得到这口剑的意思。季札因为还要佩剑出使中原各国，所以没有将宝剑献给徐君，但心里已经决定，回程时一定呈献。季札返回，路过徐国，徐君已经去世。季札解下宝剑要赠给徐国的嗣君。随从劝阻说："此剑乃吴国之宝，不可以赠人。"季札回答说："当日路过，徐君观剑，口虽不言，脸上的表情却显示着爱剑之意。那时，我已经决定回来再献。如今他过世，我不献剑，即是欺骗自己，为一口剑而自欺，正直的人不为。"于是把剑挂在徐君墓地的树上，行礼之后，踏上了归国之路。

[12]幽王燃烽戏诸侯：典故出自《史记》：幽王得褒姒，爱之，……褒姒不好笑，……幽王为烽燧大鼓，有寇至则举烽火。诸侯悉至，至而无寇，褒姒乃大笑。幽王说之，为数举烽火。其后不信，诸侯益亦不至。

左文襄公宗棠传略

左文襄公宗棠，字季高，以嘉庆十七年生于湘阴。左公少负大志，其读书为学，于儒经外，尤重舆地[1]、兵法，水利等经世致用之学。

未及弱冠，访贺长龄。贺氏仕位隆尊，以国士目之。湘人陶澍，督署两江，敬其品藻才具，结以秦晋之好。翰林侍读潘祖荫曰："国家不可一日无湖南，湖南不可一日无宗棠。"尝撰"身无半文，心忧天下；手释万卷，神交古人"以自勉，深孚士望。

咸丰元年，洪秀全起事于广西。左公为胡林翼所荐，入湖南巡抚张亮基、骆秉章幕府，多所筹划，军功卓异。同治五年，上疏奏请设局监造轮船，获准施行，又创办船政学堂。六年，拜钦差督办陕甘军务。

同治四年，浩罕国军酋阿古柏侵我新疆；十年，沙俄占我伊犁；十三年，日倭侵我台湾。李鸿章以东西难以兼顾，持"弃塞"之议。左公据理力争，以为自撤藩篱[2]，则我退寸而寇进尺。次年四月，扶棺西征，三军上下，莫不振奋。光绪二年，清师数路并进。三年，收复我新疆大部。六年春，复命三路共击，肃清阿古柏之残余。

后中法之战，福建水师全军罹难。左公临危受命，誓以渡海歼敌。十一年病故福州。临终含恨曰："未大伸挞伐，张我国威，遗恨平生，死不瞑目！"

初，左公为布衣，林公则徐闻其名。后林公过湖湘，遍寻左公，相语恨晚，夜继以旦。语及西北军政，二公持论相合。林公慨然曰："吾老矣，空有御俄之志，终无成就之日。数年来留心人才，欲将此重任托付！他日竟吾志者，其唯君乎！"尽付所集之新疆方舆文图，并手书一联相勖勉[3]："苟利国家生死以，岂因祸福避趋之。"

嗟夫！清季板荡[4]，国维[5]崩摧。当此之时，武夫怯懦，连失山河；文臣昏聩，屡辱家邦。然左公怀守土救民之志，内兴洋务，外御侵寇。我新疆之收复，左公之功哉！

丝路苦寒，绝少树木。左公之西征也，湖湘子弟沿途植柳。今嘉峪关东西之古柳，谓之"左公柳"。

【注释】

[1]舆地：地理。

[2]藩篱：篱笆，比喻门户或屏障。

[3]勖(xù)勉：勉励。

[4]板荡：政局混乱，社会动荡不安。

[5]国维：国家的支柱。

甘州赋

甘泉子问道青城山，结伴余杭生。

石蹬[1]盘曲而上，群峰叠翠，巨木参天。偶有裸石，亦青苔嶙嶙。溪水穿道而过，飞禽越林而翔。

余杭生且行且叹："盛名不实，虚有此行。"

甘泉子曰："子何出此言？"

余杭生曰："山林之美，峰峦示其刚，草木添其秀，水泽赋其灵，释道[2]蕴其厚；然贵乎变。青城四美兼具而不有变，是以有叹。夫余杭，人天堂，昔者柳屯田[3]有'三秋桂子，十里荷花[4]'之赞，完颜亮生'投鞭南侵[5]'之贪。陇中贫瘠，甲于天下。穷山裸裸，不藏灵珍；恶水浊浊，未有鲈鳖。子，怀瑾握瑜[6]之材，何不南迁？"

甘泉子曰："子大谬矣！夫甘州，丝路重镇，塞上古城。商旅通衢[7]，文脉要津。

斯地，南有祁连，群峰绵绵；北有合黎，柏柯苍苍。弱水导源冰川，润泽甘州，涵养居延，惠泽何止于桑梓[8]！甘泉如饴[9]，秀水遍布。蒹葭[10]摇曳，群鹭[11]缠绵其间；虹霓缱绻[12]，一鸢[13]镝鸣[14]而上。丹霞映彩，恍如神境；油花弥望，蜂蝶流连，乐山乐水[15]，见仁见智，斯地钟灵毓秀[16]，塞上江南。

斯文，西夏卧佛涅槃[17]，暮鼓晨钟；明代金经浩繁，海内孤藏。千年烟尘，未湮黑水古郡，数代板荡[18]，犹存隋塔风铃。汉明长城或断或续，倍增斯地雄浑之气；马可街衢[19]高楼林立，平添斯城异域风情。左公[20]长逝，红柳尚在；摩诘[21]登仙，雅韵犹存。霍去病扬鞭，胡尘始定；西路军喋血，青史留名。兼具刚柔，乃文乃武，斯地人杰地灵，文化名城。"

余杭生曰："我欲一往，子为我导之。"

【注释】

[1]蹬(dèng)：山路的石阶。

[2]释道：佛家与道家。

[3]柳屯田：北宋婉约派词人柳永，曾官居屯田员外郎，世称"柳屯田"。

[4]三秋桂子，十里荷花：语出柳永《望海潮》，系描写杭州美景之佳句。

[5]投鞭南侵：宋人罗大经《鹤林玉露》载，金主完颜亮听到有人唱柳永之《望海潮》，欣然慕于"三秋桂子，十里荷花"之景，遂起投鞭渡江之志。

[6]怀瑾握瑜：比喻才华出众，品德高尚。瑾、瑜皆为美玉名。

[7]通衢(qú)：四通八达之道路。

[8]桑梓：桑树与梓树，借指家乡。

[9]饴(yí)：糖。

[10]蒹葭(jiān jiā)：芦苇。

[11]鹜(wù)：野鸭。

[12]缱绻(qiǎn quǎn)：感情深厚，情意缠绵。

[13]鸢(yuān)：老鹰。

[14]镝(dí)鸣：镝，箭、箭头。鸣镝，古代一种射出后能发声的箭，军中用以指示方向。

[15]乐(yào)山乐水：语本自《论语·雍也》“智者乐水，仁者乐山”。

[16]钟灵毓(yù)秀：凝聚着天地精华之气的地方孕育出优秀的人才。钟，汇聚；毓，养育，产生。

[17]涅槃(niè pán)：佛教原指经过修行，达到超脱生死，彻底熄灭一切烦恼的精神境界。后用来指僧人去世。也说圆寂。

[18]板荡：形容时政混乱，社会动荡不安。

[19]马可街衢：指甘州城内马可·波罗新街。

[20]左公：指清末名臣左宗棠。左宗棠收复新疆时，率领三军在丝路栽种了大量红柳，世称“左公柳”。

[21]摩诘：盛唐诗人王维，字摩诘。王维出使边塞，路经张掖，曾经写下了著名的边塞诗《使至塞上》。

裕固赋并序

辛卯仲春，中共肃南县委、县人民政府树纪念雕像，并定于是岁七月举办中国首届国际祁连玉石文化旅游博览会。感我裕固族流迁融合之历史及今昔巨变，袭以前贤主客问答为赋之旧例，述而成赋。

中原有客过肃南访友人安布者，久闻其地寺窟、冰川、松林、草原之名，又闻裕固人好客而善歌舞，遂一往而观之。

至于马蹄寺，穿三十三天洞窟，遥向而东望。但见明净高天，鸢[1]飞雁翔，群峰蜿蜒，松柏苍苍，不觉且喜且叹，慨而言曰："尽道塞外苦寒，竟有胜景如此！"，及至康乐草原，碧草弥望，南向之祁连，含溪怀谷，翠峦纠纷，雪峰高接云天，苍松延展巨屏，东西远眺，难穷其边，于是引歌长啸，以为奇观！

安布曰："山川美景，岂能无酒！"遂于帐中对饮。

觥[2]来筹往，主客微醺[3]。客放言曰："惜乎此地，虽雄山秀水，灵气独无。若处江南，必毓人文之厚，而尽开发之功。"安布曰："子久处中原，不明我族之往史，不详斯地之当下，谬矣！请试为君言之。"

丝路形胜，河西要津。南遮雪岭，千流汇弱水奔涌；北望连峰，三山夹走廊绵延。远接焉支，水草飞汗血宝马；近通酒泉，琼浆发少年豪情。胡笳羌笛，难移征人卫国宿愿；梵音佛偈，潜滋沙弥弘法之心。千年板荡，大漠狼烟，多少英雄挥洒凌云壮志；数代迁徙，长河落日，几多俊秀蕴藉[4]风流文章。

中古之世，回鹘[5]崩析，河西乃有一脉；吐蕃[6]式微[7]，祁连而成胜地。军事要塞，边关守燕赵名将；商旅重镇，中原藏西域奇珍。黄色旋风，蒙古铁骑，惊断繁华一梦；黑纛[8]劲敌，西夏元凶，一改承平百年。怀青山远志，黄沙不绝我民族之血脉；兴恢复大计，狂飙[9]铸就我裕固之精魂。靖远定边，明廷设关外七卫；恃强凌弱，强虏屠我邦万民。移居东迁，创伤经年难愈；扎根祁连，哀恸数岁不平。观我裕固一族之兴衰，虽屡遭蹶踣[10]，数度迁徙，部落残破，生灵涂炭，然同心共气，勖勉以进，细流所向，终成河川。山水之美，兼具刚柔；人文民风，迥异江南。秋芳有别春华，寒梅不同夏荷，所谓各争其擅，何来高下！

且仅子之所观者，已臻其妙，尚有君所不知。围圈护草，封山育林，保万年冰川，聚千溪成河，涵养走廊，惠及居延，塞上江南，稻米飘香，昔日沙尘，渐趋势弱，其谁之功欤！更兼沿河水

电，科学开发，合理利用，利人富己，环保无虞。我裕固祁连，不惟有灵山秀水，亦富含矿藏，多有奇珍。煤钨钼铜，美玉彩石，党参黄连，雪豹白鹿，弥山满地，不一而足。其开发，既求造福当下，更兼延及子孙。青山赋其民以仁，秀水启斯人以智。反观当下之滥施开采之力，盲求发展之功，天地共愤，山河同悲，子焉能以此言之！

客默然不言。已而云沉西岫[11]，风荡中川，暮色祁连，雾岚[12]缠绵。客沉醉山色，陶然忘返。

【注释】

[1]鸢(yuān)：老鹰。

[2]觥(gōng)：古代用兽角做的酒器。

[3]微醺(xūn)：微醉。

[4]蕴藉(jiè)：含蓄耐品。

[5]回鹘(hú)：我国古代少数民族之一，又名回纥(hé)，唐代曾建立政权。

[6]吐蕃(bō)：我国古代少数民族之一，唐代曾建立政权。

[7]式微：国家或世族衰落，也泛指事物衰落。

[8]黑纛(dào)：军中黑色大旗。

[9]狂飙(biāo)：急骤的暴风，比喻猛烈的潮流或力量。

[10]踬踣(zhì bó)：被东西绊倒，比喻不顺利，遭遇挫折。

[11]岫(xiù)：山洞。

[12]岚(lán)：山里的雾气。

裕固族东迁纪略

裕固先民之东迁，为我民族之痛史，亦我民族之幸史。其徙众因错综，非止一部一时之流迁。众川交汇，殊途同归，协和诸部，终成一族！

初，裕固之一源居西至哈志。部落趋强，兵戈竟加以邻邦；族首昏昧，灾祸终染于己身。更兼信仰有殊，至于慈航[1]难静，佛光蒙尘，遂东迁。

李唐开成五年，回鹘汗国外侵纷扰，内乱相继，邦国分崩，流民远迁河西。至于五代，吐蕃内乱，依附之河西回鹘，势如中天之日，而其甘州回鹘尤甚。宣邻以睦，友结西域诸邦；示人以诚，名传燕赵市坊。惜乎西夏虎狼，攻我河西，屠我父兄，先民之一部，遂远涉沙州以西，栖身关外，辱称黄番。每读斯史，未尝不唏嘘！

有明一代，国势衰微，皇恩不足以抚远，国器不足以靖边，我族关外之七卫，外遭吐鲁番汗国及瓦剌[2]之侵扰，内存兄弟反目之攻凌，天灾频仍，地不滋养，部落残破，族民亦次第东迁。

背井流徙，远涉祁连之八字墩。每触及我民族之史诗及传说，黄沙扑面，强虏穷追，迷途焚心，饥渴煎迫，犹历历在目。东迁之惨痛，悲不复言！然我族子民，痛定思痛，内息宿怨而协心共气，外御家邦而同仇敌忾，东迁虽为痛史，亦不啻[3]为我民族不二之精神遗产！

先贤有言："多难以固邦国，殷忧以启圣明。"观我民族之兴衰迁徙，斯理诚道之至者。今我民族逢前世未有之勃兴，雪峰被绿，牛羊遍布，人民富裕，山河稳固。所以勒石树碑者，不独以纪盛世治平之功，亦以踬踣衰亡之痛史，以为我民族之共鉴！

【注释】

[1]慈航：佛教称佛、菩萨以慈悲之心救度众生脱出苦海，有如舟航，故名。

[2]瓦剌(lā)：又称斡亦剌惕、卫拉特，是西部蒙古民族，明代称瓦剌。

[3]不啻(chì)：不能不算是。

涅槃精舍记

十余年前，余先遇紫楠、振虎二君，深羡二君才华既已出众，用功亦称勤奋，久所过从，良多获益。数年前，又遇刘成君。刘君谦谦儒雅，文质彬彬，人如其字，字如其行，虽交游不多，但印象至深。年初，再遇德锋君。德锋君长于属文[1]，下笔千言，略无滞涩，言必有中，文势充沛。其文虽以潮海喻之，亦不为过。

结舍之初，四君与余，已多有创获。紫楠长于钤印[2]及笔墨，兼擅诗词歌赋；德锋长于评论，且廿岁刀笔不辍；振虎、刘成长于书艺，已臻佳境；余唯好文字，且读且作，乐此不疲。

志趣既已相投，又同道勖勉，偕伴而行，遂有结舍意。

一日宴饮，余敬酒德锋兄，祝之曰："年来所获之至大者，唯识君而已；所憾之至大者，相见恨晚矣！"

情至深处，竟至于司马青衫[3]湿，尽欢大醉而返。

遂结舍，共相策勉曰：胸无大志者，事必无大成；无有孜孜之劳，何来赫赫之功？

其名择以涅槃，缘于郭氏沫若《凤凰涅槃》序曲前之题解：

天方国古有神鸟名"菲尼克司"(Phoenix)，满五百岁后，集香木自焚，复从死灰中更生，鲜美异常，不再死。

涅槃系梵语 Nirvāna 之音译，旧作"泥亘"、"泥洹"，或意译作"灭"、"灭度"、"寂灭"、"解脱"、"圆寂"等，乃熄灭生死轮回后之境界，亦释教全部修习以求达到之至高理想。晋僧肇《涅槃无名论》曰："涅槃之道，盖是三乘之所归，方等之渊府。"

至于精舍，有多解。或释为学舍、书斋；或释为僧道修炼定居之所；或释为精致之宅室；或释为心。凡此种种，均切合命意。

佛陀先有竹林精舍，后有祇园精舍[4]。佛陀于此荟萃弟子，传经布道，普度众生。吾侪[5]借用，其意在于人我皆度——先求度己，再言度人。

佛陀涅槃之际，诲弟子曰："一切诸行，皆悉无常，勤行精进，切勿放逸。"

既以精舍名之，舍中诸君，亦当谨记之。

戊子仲春，张全义记于涅槃精舍。

【注释】

[1]属(zhǔ)文:作文。

[2]钤(qián)印:图章,引申为治印。

[3]司马青衫:典出白居易《琵琶行》:"座中泣下谁最多,江州司马青衫湿。"

[4]祇(qí)园精舍:释迦牟尼当年传法的重要场所,它比王舍城的竹林精舍要稍晚一些,是佛陀在世时规模最大的精舍。

[5]侪(chái):同辈,同类。

明德楼记

树人之道，必先树德。德厚则气正，气正则志明，志明则学问始可精进。故《大学》云，“大学之道，在明明德，在亲民，在止于至善。古之欲明明德于天下者，先治其国；欲治其国者，先齐其家；欲齐其家者，先修其身；欲修其身者，先正其心；心正而后身修，身修而后家齐，家齐而后国治，国治而后天下平。”

春秋之世，礼崩乐坏，霸道横行。至圣先师孔子颠沛齐鲁，菜色陈蔡，倡扬仁政，宣示王道，屡遭踬踣而不犹豫，数经困厄而无怨尤。至于游说之不成，退而治史修经，传道授业，教之以六艺，化以为仁德。好学者曲阜云集，贤者竟七十有二。至圣奔走于春秋，亚圣响应于战国，仁义相继，薪火相传，圣之为圣，岂不明欤，可不赞欤！

夫不朽者有三，德居其首，经世者唯一，是为才智，然才智不可不以德性御之！汉世之刘歆[1]，旷世大儒，附逆王莽，遗学人之叹。两宋蔡京、秦桧者流，精擅翰墨，然蔡乱政于前，秦卖国于后，千夫挞伐，万众不齿。近世之汪精卫，民国元老，才具卓异，值倭寇凌我中华之时，为虎作伥，沦为汉奸，悲不能言！叹不忍言！

西哲康德有言，“思之深而持之久者，两者而已，头顶之寥廓星空与心中之道德定律者也。”

予为斯文，不述明德楼建修之始末，不彰重教者慷慨之高义，独阐发明德之涵义，欲以勖勉师者以树德为从教之根本，学者以正心为读书之要义。

明德楼竣工之翌年秋，丝路甘泉子张全义谨记，鹤鸣斋主刘成书。

【注释】

[1]刘歆(xīn)：西汉后期著名学者。在儒学、目录校勘学、天文历法学、史学等方面都堪称大家。

南关学校酒钢教学楼落成碑记

治世之象，教化昌隆；乱世肇始[1]，纲维不振。故，兴国强邦之道，莫先乎举贤授能，贤能之源，本自庠序[2]。庠序兴，则兰蕙[3]称芳；庠序衰，则椿[4]蓬并茂。

昔五伯[5]征伐，七雄逐鹿，千秋而享盛名，以其幅员广袤、人口众多、兵威赫赫；然泰山以东之鲁，弹丸小国，地不逾千，兵不满万，亦擅名列强，惠及四邻，孔丘一人之力焉。流风余韵，播迁至今，皆教化之力也。

初，江宁[6]为湘军所陷，百废待兴，众业期举。曾文正公[7]集才力于江南贡院之恢复。中断十二年之江南乡试，遂告承续。两江腾跃，士子奔走相告。上至耄耋[8]老翁，下至二八童子，皆摩拳跃跃，欲一展平生所学，期兼善天下，此教化之功也。

河西走廊枢纽之酒钢，业界巨子，西陲翘楚。业在钢铁，心系教化，捐资四百万于甘州教育，斯楼遂告以成功，宁不赞否？

故为之记，既感念酒钢之义举，勉励受业诸生饮水思源，砥砺进取；亦以明教化之重，期与诸君同道共勖[9]。

中华人民共和国六十华诞前夕甘州张全义记。

【注释】

[1]肇(zhào)始：开始。

[2]庠(xiáng)序：古代学校名称。

[3]蕙(huì)：蕙兰，兰花的一种，初夏开花，黄绿色，有香气。

[4]椿：椿树，有香椿与臭椿。此处指后者。

[5]五伯(bà)：指春秋五霸。伯通“霸”。

[6]江宁：南京之别称。

[7]曾文正公：指曾国藩，晚清政治家、军事家、学者。文正系谥号。

[8]耄耋(mào dié)：八九十岁年纪，泛指老人。

[9]勖(xù)：勉励。

游甘州白塔记

古甘州半城塔影。其擅名者，城东有奇峰镇之定塔；城南有崇庆寺之火塔；城西有新墩镇之双塔；城北有白塔寺之水塔；城内有万寿寺之木塔，大佛寺之金塔、土塔。

白塔以白塔寺而得名。辛卯暮秋，应东道主童团德先生之邀，甘州书画院送文化下乡，常务副院长傅德锋先生与诸君同游斯地。

白塔寺之水塔，系古甘州“五行塔”之一，始建于明宣宗朱瞻基宣德年，明英宗朱祁镇天顺六年重修，清康熙三十三年复修。近世战乱频仍，寺塔久已摧毁，其遗迹唯存一庙，地处今之河西学院。古庙残破，然北侧之古柏两株，经久愈茂，巨干虬枝，缠绵而立，呈合欢之势。

甘州地处黑河中游，湿地遍布，蒹葭弥望，禽鸟众多，而白塔尤为之最。政府依托其得天独厚之地利，建国家湿地公园与滨河新区。

诸君乘观光电车，穿湿地自西而东。蒹葭断目，远接高天；栈道盘旋，凌水蜿蜒；夏荷已谢，残叶犹存；木屋点缀，倍添神韵。途中一载客之马车，为塞上水乡平添几许欧洲中世纪之风情。

滨河新区经三年之建设，规模初具。其玉水苑、涌泉湖尤为特出。湖南新添老子骑青牛出关之祁连墨玉雕塑，高纵数米。凭台望聆，远山无语，近水有声，其绕湖之丛林，金叶未零，飒飒然如群蝉欢吟。甘泉子慨然言曰：“徐悲鸿先生之所谓‘骏马秋风冀北，杏花春雨江南’，一山一水，宜居宜游，斯地兼具；而政府保护湿地，建修新区之盛举，千载而后，士民津津乐道者，或如白、苏[1]之于西湖，左公[2]之于丝路，林公[3]之于新疆，可不赞欤！能不赞欤！”

午后，童团德先生备笔墨，院长郭尚勤先生亦驱车前来。甘泉子口占绝句二首并草拟雅词数章，郑熙基、傅德锋先生及张振虎、李鉴锋、刘成诸君舒卷挥毫，书数纸赠白塔诸君，兴尽而归。

同游诸君，有黄岳年先生、张恒善先生、党玉刚君并赵晓燕、马自乾二淑媛[4]。

塞上甘泉子记于清泠堂。

【注释】

[1]白、苏：指白居易与苏轼，他们在杭州任职期间曾疏浚西湖，有白堤与苏堤。

[2]左公：指左宗棠。他在带兵收复新疆时，曾命令士兵在河西走廊大量栽植红柳，后人称为“左公柳”。

[3]林公：指林则徐。他因鸦片战争被发配（实为贬官）新疆后，曾组织当地人民大量挖井灌溉，后人称为“林公井”。

[4]媛（yuàn）：美女。

游平凉崆峒山记

陇东平凉有崆峒山[1]，为道、释、儒三教圣地。余过静宁，赴天水，取道平凉，与同行十人共游此山。

崆峒山势险路陡，石磴盘山，铁索环道，颇不易攀。亭台观宇，连峰而上，多有如鹰踞悬峰者，令人唏嘘。同道蔡君，以前日醉酒未过，未及十一，大汗淋漓，视其险峻，遂旋踵[2]而返。

至中山，有十二元帅殿，门嵌当世草书大家沈鹏手书牌匾，文曰“东瞰五岳”。殿内盘坐一道人，银丝穿簪，黑氅[3]白袜。余观其姿容，仙风道骨，气宇不凡，竟不忍舍。久之，道人睁眼微笑，复阖眼默念如故；须臾，起身以杯水敬余。余笑而颔之，恐伤其清净，遂不言而别。

行至山顶隍城，自左循磴而下，群峰叠翠，林壑深幽，而道人风姿犹历历目前。未几，有道姑清洁观楼，灰颜华发，形容憔悴，气度大异于前。与之闲谈，多言修道之艰辛，食蔬之粗粝[4]，始知化外之人，不惟闲云野鹤，悠游自在。

山下有弹筝湖，如玉带盘曲，平添雄峰灵秀之气，故崆峒有别北地他山。

己丑十月下旬，甘州张全义记于涅槃精舍。

【注释】

[1]崆峒(kōng tóng)山：位于甘肃省平凉市城西12公里处，东瞰西安，西接兰州，南邻宝鸡，北抵银川，是古丝绸之路西出关中之要塞。

[2]旋踵(zhǒng)：转身。踵，脚后跟。

[3]黑氅(chǎng)：黑色外衣。氅，外衣。

[4]粗粝(lì)：简单。粝，糙米。

送王绪生、张弘扬归天水序

羲皇故里[1],丝路要冲;人文荟萃,名流辈出。文脉勃勃之河东,素重翰墨丹青。上至倚杖之黄发,下于奔跃之垂髫[2],临池濡墨,乐而不疲。余尝数游斯地,每观墨彩之盛,家藏之富,未尝不唏嘘!

绪生、弘扬二君皆工丹青,尤擅书道。王铎[3]尝言:"书不宗晋,终入野道。"绪生法宗魏晋,笔追二王,尤能得大令[4]之意趣,取高古之气息,诚为难得。然其人更兼苦瓜[5]"笔墨当随时代"之启迪,帖碑融合,共济刚柔,古今交汇,熔铸新风,集五彩之丝,成一家之轴,殊为难能!

余观弘扬,双眸纯清,气息平和,而立甫过,已涵雅质,深以为敬。其于书艺,追本溯源,顺流而下,厚古贤而轻流俗,趋正道而避歧路,可谓善学者也;其丹青,独好八大[6]四僧[7],或可以为佐证。昔人所谓"雏凤清于老凤声"者,弘扬之谓也。

翰墨小道,兴衰亦关乎时运;丹青一理,庸奇多赖以人品。二君深谙此理,能脱尽俗气而清奇多趣,良有以也。

然,不能不为二君复言:

余尝曰:"书画之道,亦烹鲜之道也。"游于技者易,臻于道者难。自古而今,能书者恒河沙数[8],擅名者寥若晨星,非用功之不勤,乃烹鲜之不醇也。故攻书之道,不独于修习而砺,亦在于滋养之功。

绪生、弘扬游甘州将归天水,雨雪霏霏,以留二君,泉子亦于清泠堂属文以赠。

【注释】

[1]羲皇故里:指甘肃天水,是我国人文始祖伏羲出世之地。

[2]垂髫(tiáo):指儿童。髫,古代指儿童下垂的头发。

[3]王铎(duó):明末清初著名书法家。

[4]大令:指王献之,东晋著名书法家,王羲之之子,官至中书令,世称王大令。

[5]苦瓜:明末清初著名书画家石涛,四僧之一。法名原济,一作元济、道济。本姓朱,名若极,字石涛,又号苦瓜和尚、大涤子、清湘陈人等。

[6]八大:明末清初著名书画家朱耷,明朝宗室,号八大山人,又号雪个、个山 、入屋、驴屋等,入清后改名道朗,字良月,号破云樵者。

[7]四僧:明末清初四位书画大家,指石涛、八大山人、髡残和弘仁,因皆为僧侣,故名四僧。

[8]恒河沙数:形容数量很多,像恒河的沙子一样。

赠苟致远序

岁次丙戌，国庆日，午后属文四篇，逸兴正浓。思及受业弟子苟致远[1]君。余属文相赠之雅愿，遂师古人赠序一体，敷衍成文以遗之，期于共相策勉。

先生之于弟子，育当因材施教，游当情同手足。推究人情，亲疏不同，深浅有别，难于求同。自去岁秋日一见苟子致远，便怀倾心；久不晤面，遂生子衿幽思[2]；良多踌躇，唯恐一别成憾。

余早年贪恋嬉戏，读书不多，用功不勤，及弱冠[3]之年，始知发愤，旦暮披卷，苦吟不辍，积十年之功，略有创获。每与诸生交，唯深羡其才情之厚，天赋之高，喜而且妒。

然，人世千年，浮生一世，睿智颖慧者众如群星，终有所成者鲜[4]如北斗，无它，志业有高低，事功有勤惰，用心有静躁，如是而已。

苟子致远襟怀蓝田之玉，手随和之宝[5]，锦心绣口，妙语如珠。以此之才，心驰鹏鵩[6]，何愿而不遂？孜孜以求，何功而不成？

寄情经史，沉潜格致，博观约取，厚积薄发，十年铸剑，必成利器！

为师将拭目以期！

是夜，张全义序于清泠堂。

【注释】

[1]苟致远：弟子苟宁，非常聪慧。为便于作赠序，据宁取字致远。之后得知，其祖父为其取字即为致远，所谓“心有灵犀”者也。

[2]子衿(jīn)幽思：指思念对方。典出《诗经·郑风·子衿》：“青青子衿，悠悠我心。纵我不往，子宁不嗣音。”

[3]弱冠：指男子20岁成年。古代仪礼，男子20岁时举行加冠礼，表示已成年。

[4]鲜(xiǎn)：稀少。

[5]随和之宝：随侯珠与和氏璧，古代两件著名的宝物。

[6]鹏鵩(fú)：大鹏与鵩鸟。鵩，古代一种像猫头鹰一样的鸟。

郊林赏雪记

庚寅初冬，暮雪至晨未霁[1]。街衢[2]树木，枝摧干折。午时，马公成麟，邀余及同道二君，往城郊深林赏雪。

高天弥[3]絮，霰[4]雪纷舞。林莽苍苍，皆覆以白羽。于是穿林取景，相与谈笑遣兴。平常熙攘之园林，绝少人迹，唯禽鸟不避寒气，盘翔啼啭[5]，纵情嬉戏。

造化之奇，朝云暮霭，夏雨冬雪；平川织草卉之锦，林间涵蕙兰[6]之幽；高山奇峻，飞瀑喧豗[7]，蒹葭摇曳，清泉淙淙。然尘世生众，或汲汲[8]于富贵，或戚戚[9]于名利，睹奇景如无物，闻天籁[10]若无声。慕王子猷雪夜访戴[11]之情，思张宗子西湖赏雪[12]之兴，斯诚可惜可憾也！

同游二君，傅君德锋，张君希豹。

丝路甘泉子记。

【注释】

[1]霁(jì)：雨后或雪后转晴。

[2]衢(qú)：大路。

[3]弥：满。

[4]霰(xiàn)：下雪前或下雪时出现的小冰粒。

[5]啭(zhuàn)：鸟婉转地叫。

[6]蕙(huì)兰：兰花之一种。

[7]喧豗(huī)：喧闹声，这里指瀑布发出的巨大声响。

[8]汲汲(jí)：形容心情急切，努力追逐。

[9]戚戚：形容非常忧愁。

[10]天籁(lài)：自然界的声音。

[11]王子猷(yóu)雪夜访戴：王子猷，即王徽之，王羲之五子。《世说新语·任诞》载：王子猷居山阴，夜大雪，眠觉，开室，命酌酒。四望皎然，因起彷徨，咏左思《招隐诗》。忽忆戴安道，时戴在剡，即便夜乘小船就之。经宿方至，造门不前而返。人问其故，王曰："吾本乘兴而行，兴尽而返，何必见戴？"

[12]张宗子西湖赏雪：张宗子，即张岱，明末清初散文家。其游览西湖写成的《湖心亭看雪》，是明清小品文的精品。

咏明史

内祸生民外惧番[1],蛇蝎本性偏信阉[2]。
红颜[3]易主雄关破,换取清平数百年。

【注释】

[1]番:指瓦剌、满族等少数民族建立的政权。

[2]阉:指阉党,有明一代,阉人专权者代不乏人。

[3]红颜:指陈圆圆。史称李自成大将刘宗敏霸占陈圆圆之后,吴三桂打开山海关降清。明末清初诗人吴梅村有"恸哭六军俱缟素,冲冠一怒为红颜"一联。

春夜思亲步原韵酬梅墨生先生

壬辰初春，梅墨生[1]先生短信发来七律一首，甘泉子步原韵以酬。

春畴[2]未暖寒风劲，夜半沙尘万鼓敲。
大梦常因思泪断，薄牲[3]只为念肠烧。
曹娥索父碑可在[4]？李密陈情表未消[5]。
何日阴阳缘相会，晴空万里牧金雕。

附梅墨生先生《无题》：

正乙祠戏楼受邀看《霸王别姬》《天女散花》二戏，忽伤念父亲作。

正乙戏楼观古戏，伤心怕听奏笛箫。
父慈最爱聆生丑[6]，子逆何堪赏旦娇！
短气英雄东顾泪[7]，长巾天女楚宫腰[8]。
兴亡也自随流水，粉墨良宵慰寂寥。

【注释】

[1]梅墨生：当代著名书画家、书画评论家，亦工诗词。

[2]畴：田间。

[3]薄牲：微薄的祭品。

[4]曹娥索父碑可在：曹娥，东汉孝女，其父曹盱掉入江中以后，曹娥沿江寻找，17天后，也自投江中，5天后抱父尸出。后人为纪念她，改舜江为曹娥江。后来上虞县令度尚改葬曹娥于江南道旁，命弟子邯郸淳作诔辞，刻石立碑，以彰孝烈。

[5]李密陈情表未消：李密，三国西晋人。先仕蜀汉，蜀汉灭亡后，晋武帝征召其任职，李密作《陈情表》，希望晋武帝允许自己在家供养祖母。

[6]生丑：两种戏剧角色，对句中“旦”也是。

[7]短气英雄东顾泪：写西楚霸王项羽无言见江东父老，于乌江自刎。

[8]长巾天女楚宫腰：写霸王爱妃虞姬。楚宫腰，极言女子腰部纤细。

吊丁二兵先生

2012 年 4 月 13 日赴武威过访丁二兵[1]先生亲友，搜集资料，15 日返回。中途恩师文海先生发来短信，谈及丁老，感慨良深，作于道中。

劫波[2]渡尽雄风劲，翰墨诗文共一身。
泣血苌弘[3]虽已逝，斯世尚有断肠人。

【注释】

[1]丁二兵：(1927—2006)，甘肃武威人，当代著名书画家，亦工诗词。

[2]劫波：佛教用语，此处意为世间种种困厄打击。

[3]泣血苌弘：苌弘，周景王、敬王的大臣刘文公所属大夫，又称苌叔。刘氏与晋范氏世为婚姻，在晋卿内讧中帮助范氏，晋卿赵鞅为此来声讨，苌弘被周人杀死。神话传说其血三年化为碧玉。

酬恩师文海[1]先生口占

笔落高川惊鹜[2]鹤，情浇古柳醉林泉。
诗情若有云岚[3]伴，自在青霄响佩环。

【注释】

[1]文海：指曹文海先生，当代著名书画家、书画评论家，亦工诗词。

[2]鹜（wù）：野鸭、灰雁。

[3]岚（lán）：山里的雾气。

闻恩东[1]金陵[2]客居遥有此寄

秦淮[3]岸畔思归客，弱水[4]桥头赶路人。
皓月今宵白下[5]落，多情送我到君门。

【注释】

[1]恩东：指曹恩东先生，青年书法家，亦工近体诗。

[2]金陵：南京之别称。

[3]秦淮：即秦淮河，在江苏南京。

[4]弱水：黑河之别称。

[5]白下：南京之别称。

春夜独坐

永夜无眠忧远道,飞鸿过眼已半年。
残月不解沉吟意,还送清辉到窗前。

赠云鹏君

辛卯初冬，于泰真逢云鹏君。余观其气雅韵清，而语及文化及收藏，又良多雅见。辞别匆匆，遂属诗以赠。

云伴微岚[1]寒气深，目送九天淡飞鹏。
万壑寂寂苍松劲，一泉汩汩[2]秀水澄。
不速塞上逢远客，有缘座中沐清风。
惊鸿而今随霞去，留却弦音化作珩[3]。

【注释】

[1]岚(lán)：山间的雾气。

[2]汩汩(gǔ)：泉水涌流声。

[3]珩(héng)：美玉名，谐“恒”音。

采桑子

金城访曹文海先生返甘州，作于道中。

心恋菩提[1]常悟道，
一梦红莲，
再梦红莲，
昨夜精舍[2]生蕙兰。

华盖[3]劫波[4]几曾少？
植我木棉，
滋我木棉，
佛陀含笑玉指拈。

【注释】

[1]菩提：佛教用语，指觉悟的境界。

[2]精舍：佛教修行者的住处。

[3]华盖：运气。旧时以为人有华盖犯命，是运气不好。

[4]劫波：佛教用语，此处意为世间种种困厄打击。

张掖西夏国寺楹联

西佛[1]涅槃[2]，圣谛[3]度沙门[4]灵臻[5]般若[6]；

北藏[7]复现，正道启众生心念慈航[8]。

【注释】

[1]西佛：佛祖释迦牟尼系印度人，相对于中土，印度方位在西。

[2]涅槃（niè pán）：佛教原指经过修行，达到超脱生死，彻底熄灭一切烦恼的精神境界。后用来指僧人去世，也说圆寂。

[3]圣谛（dì）：原始佛教的基本教义之一，又称"四谛"。谛即真理，四谛也就是解释人生痛苦及其克服途径的四种真理。包括苦谛、集谛、灭谛、道谛。苦谛就是关于苦的真谛，说的是世俗世界一切皆苦，人生在世，就是无量众苦切身，所谓"苦海无边"，如生、老、病、死等；集谛，就是关于苦因的真谛；灭谛，就是灭绝苦因从而证入涅槃境界的真谛，说的是佛教的最高理想与最终目的；道谛，关于如何解脱痛苦的真谛，道就是途径，道谛说的是达到解脱境界的途径与方法，而这又构成了佛教的另一基本教义——八正道——的全部内容。四谛是佛教的总纲，所有的佛教派别都围绕着对四谛的解释而展开。苦灭二谛，尤为重要：人生极苦，涅槃最乐。甚至可以说，苦、灭二字，即可概括全部佛学。

[4]沙门：印度古代各教派统称出家者为沙门。

[5]臻（zhēn）：达到（美好的境界）。

[6]般若（bō rě）：佛家所谓的智慧，它不同于一般的智慧，而是指能观照万物的宗教智慧。

[7]北藏（zàng）复现：张掖西夏国寺藏有国家一级文物"佛国天书"——《大明三藏圣教北藏》，简称"北藏"。"北藏"由明英宗赐给张掖西夏国寺。二十世纪二三十年代，军阀马步芳等人统治河西走廊。为防不测，僧尼将"北藏"藏入密室。1972 年，张掖县文化馆在修葺西夏国寺时，发现了藏经的密室。"北藏"就此重见天日，成为张掖西夏国寺的镇寺之宝。

[8]慈航：佛教称佛、菩萨以慈悲之心救度众生脱出苦海，有如舟航，故名。

张掖甘泉公园楹联

美哉斯地，南仿明清古街，西通欧式新衢，邻二庠[1]乃教化渊薮[2]。

甘兮此泉，暑滟[3]苏杭清波，寒被塞乡沃雪，穿一水如灌顶[4]醍醐[5]。

【注释】

[1]二庠(xiánɡ)：庠，古代的学校。二庠，指张掖市第一中学与张掖市第四中学。

[2]渊薮(sǒu)：渊，深水，鱼类聚集的地方；薮，低湿的草地，禽鸟聚集的地方。比喻某种人或事物聚集的地方。褒义。

[3]滟(yàn)：犹"潋(liàn)滟"，水波荡漾的样子。

[4]灌顶：佛教仪式，弟子进入佛门或者继承高僧位置时，师父用水或者醍醐灌洒头顶，表示灌输大智慧。

[5]醍醐(tí hú)：从酥酪中提制的奶油，味极甘美。此处用以形容甘泉之水。

甘州国学书院国学讲堂楹联

韦编三绝[1],心游翰典,穷究天人众妙[2];

目不窥园[3],神驰格致[4],精研造化[5]诸端。

【注释】

[1]韦编三绝:韦编,用熟牛皮绳把竹简编联起来;三,概数,表示多次;绝,断。编连竹简的皮绳断了三次。比喻读书勤奋。语出《史记·孔子世家》:“读《易》,韦编三绝。”

[2]穷究天人众妙:典出自司马迁《报任安书》:“究天人之际,通古今之变,成一家之言。”

[3]目不窥园:原指汉代董仲舒专心治学,三年都无暇观赏花园中的景致。后用以比喻埋头钻研,不为外事分心。形容专心致志,埋头苦读。

[4]格致:中国古代认识论的一个命题,指穷究事物的道理而求得知识。最早见于《礼记·大学》。

[5]造化:大自然。

桃源居楹联

辛卯初冬,东湖易立军先生建桃源居,索门庭之楹联于余。余观其命意,取陶渊明之《桃花源记》;又,是居临甘州东郊之湿地清塘,蒹葭丛生,遂撰联。

雅好汉韵晋风,世外高趣推五柳[1];
适对清塘碧苇,人间胜景有一源[2]。

【注释】

[1]五柳:五柳先生,东晋文学家陶渊明的号。

[2]一源:指桃源居。

清泠堂联句

一生缘风雨兼程育桃李满园浩浩乎如江河行地；
半世情德才并重树栋梁倾国昭昭然若日月经天。

濠梁观鱼庄生淡泊名利超然恰似闲云野鹤；
赤壁作赋苏子寄情山水悠游正如明月清风。

汲天地精华养浩然正气树万世师表；
读古今奇书著雕龙文章成一家之言。

荟名师千秋树人沉潜经史，
萃英才十年磨剑笑傲江湖。

晨参禅暮悟道愈发困惑，
夏听雨冬看雪何时明白？

临亭读经史天高云淡，
凭槛诵诗书草青木华。

雨沛风和，丰怡斯地；
河清海晏，泽润是园。

槛外疏竹摇月影，
庭前丛兰沁书香。

长恨少陵草堂破，
但求梦得陋室安。

是地多崇山峻岭，
斯楼荟雅士贤良。

文致高贤语大道，
情交胜友炙小鲜。

焉支流韵滋夜露，
翰墨生香起晨风。

读书养正气，
做人明懿德。

后　记

张全义

在那个胃比思想更深刻的年代，父亲并没有只关注他独子的胃。

尽管家里出奇的忙，但父亲始终非常重视我的学习；尽管饭馆里吃碗面都布囊羞涩，但父亲对于我的购书还是不太吝惜。

在我成长的过程中，有许许多多的数量变化，最为明显的，莫过于藏书的变化。从几本连环画和一本张恨水先生的《啼笑姻缘》开始，变为现在的坐拥书城。

在初中的最后一年，我有幸碰到了当时的语文老师兼班主任付增林先生。尽管相处只有一年，但就是这短短的一年，改变了我一生的走向——他让我迷上了中文与教育。因为他的影响，后来在填报志愿时，我并没有遵从父母的意愿选择医学，而是报考了师范。

那是一段令人难忘的岁月。衣食既已无忧，学科上又没有像高考那么苛刻的要求。学校格外重视的，是学生的综合素质和个性发展。在这样的环境中，阅读时间相当充裕。

2000 年秋天，一次偶然的机会，我碰到已经退休在家的王征峰先生。先生是地方上罕有的耆宿，为人耿介高拔，学识渊博而人生阅历又极为丰富。在与先生的几次交谈中，我才发现，自己先前的读书，充其量只是食而不化的死读。

先生思想独立，看问题眼界开阔又起点很高。许多我曾经生吞活剥的问题，一经先生点拨，便往往如醍醐灌顶。以后的日子，一有闲暇，我就赶到先生家中，茶酒助兴，促膝畅谈。

在这样的交往中，马成麟、王韶华、黄岳年、赵海平、高增民、李春新等先生也渐渐成为我的师友。从他们身上，我学到了许多书本上感触不到的东西。

感谢生活对我的偏爱，让同道友人的清流源源不断注入我的心潭，让我的心灵不至于枯竭或腐浊。

在我行将走上工作岗位的最后一年，著名山水画家曹文海先生成为我的老师。如果说我在艺术上还有一点点贫瘠的感觉，在教学上还有一些粗浅的想法，我应该归功于文海先生。他的每一堂课，现在想来，对我都像是一部经典大片。那一年里，我深深领略了先生的学识与才情。尽管先生在我毕业之后离开张掖到了兰州，但我始终视师若父。经常性的电话求教，相

逢时的彻夜长谈，闲暇时的相约远行，先生之于我是一本永远读不完的经典。因为这样的原因，我常常语及弟子，愚学一生，不如名师一点。对于有梦想有追求的学子而言，能够亲炙名师的教诲，实在是一件幸运而又幸福的事。这样的名师，遇到了就要牢牢抓住。如果将其视为过客，诚为憾事。

每个人都需要舞台。感谢泰真集团董事长高尔戈先生，在他所提供的平台上，我发现了自己先前不曾意识到的一些潜能。我常常想，如果高先生从事教育的话，也应该是一位非常优秀的老师。他懂得尊重，他恪守规范，他更善于激发与点燃。可以说，这本书稿中好些文稿，尤其是文言文的撰写，高先生是催化剂。

感谢傅德锋先生！他及时发现了我潜能的另一部分，并利用一切机会鼓励奖掖。尽管当年求学时辅修的专业是绘画书法，但由于爱中文更甚，所以之前从来没有想过从事书画研究与评论的创作。在与他的交往中，我获益良多。可以说，书稿中的第二部分文字，灵感多来自与他的倾心交流。

最初确定的书名是"谁引诗情到碧霄"。隐居淮南八公山的老师陈浩金先生为我题写了书名，巴蜀俊彦龚小膑君为我题写了第一部分的名称——昨夜西风凋碧树。就在书稿即将印刷之前，出版社李晖先生打来电话，建议将书名改为四字，以协调丛书的其他七本。斟酌再三，将其改为"心斋杂言"。"心斋"系庄子所创的哲学术语，意为排除思虑和欲望，以加强精神修养。《庄子·人间世》有寓言：卫国国君专横独断，颜回向孔子请教游说他的方法，孔子让他先做到"心斋"，并指出这不是祭祀之斋，而是精神上的斋戒。颜回曰："敢问心斋？"仲尼曰："若一志，无听之以耳而听之以心；无听之以心而听之以气。听止于耳，心止于符。气也者，虚而待物者也。唯道集虚——虚者，心斋也。"

尽管我对文字极为虔诚又有着非常苛刻的要求，但我仍旧认为，这是一部并不成熟的书稿。不惑之年以前的东西，诚如前贤所言："以己之昏昏，焉能使人之昭昭！"民国学术大师黄侃先生抱定"不到五十不著书"的信念，我是深为赞同的。曹文海先生与傅德锋先生出于对我的厚爱，序言中良多溢美之词，虽然受之有愧，但我更多地把它视为对我的鞭策与鼓励。我相信，只要我一如既往，痴心以之，一定不会辜负师友的厚望。

我之前的想法是，在日薄西山之年，在文稿中选择一些可能会成活较好的小树，将它们移植在一起，成为一片小小的园林；但现在因为甘州国学书院的成立，不得不提前仓促移植。书稿修改润色过程中，因为受命参与校注《甘州府志》与《新修张掖市志》，任务繁重，时间紧迫，没有充裕的时间对这些树苗予以修剪，所以不尽如人意之处在所难免。真诚地希望来园中小憩的同道诸君，如果发现某个侧翼的枝条有碍观瞻，能给我提出宝贵的修剪意见。

2012 年 8 月 30 日

《甘州文化精粹》丛书编委会

总　　策　　划：张洪清　秦福伟

编 委 会 主 任：杨生效

编委会副主任：王登利　陈学彪　李亦武

张兴虎　贾红元　黄岳年

编　　　　委：傅德锋　张全义　高文平　吴晓明

张述文　王专元　韩崇新　祁　强

赵海平　苏宏伟　赵江志　单成鹏

康文清　田　源　王建军　郑国珍

统　　　　稿：高文平

甘州文化精粹丛书

GANZHOU WENHUA JINGCUI CONGSHU

丛书主编 / 杨生效

镇番商民

ZHEN FAN SHANG MIN

王专元◎编著

图书在版编目(CIP)数据

镇番商民/王专元编著. —兰州:兰州大学出版社,2012.9

(甘州文化精粹丛书/杨生效主编)

ISBN 978-7-311-03959-2

Ⅰ.①镇… Ⅱ.①王… Ⅲ.①商业会馆—史料—民勤县 Ⅳ.①F729

中国版本图书馆 CIP 数据核字(2012)第 218427 号

策划编辑 李 晖
责任编辑 饶 慧
装帧设计 管军伟

书　　名 镇番商民
丛书主编 杨生效
作　　者 王专元 编著
出版发行 兰州大学出版社 (地址:兰州市天水南路 222 号 730000)
电　　话 0931-8912613(总编办公室) 0931-8617156(营销中心)
　　　　 0931-8914298(读者服务部)
网　　址 http://www.onbook.com.cn
电子信箱 press@lzu.edu.cn
印　　刷 兰州人民印刷厂
开　　本 787 mm×1092 mm 1/16
印　　张 9.5(插页 2)
字　　数 183 千
版　　次 2012 年 10 月第 1 版
印　　次 2012 年 10 月第 1 次印刷
书　　号 ISBN 978-7-311-03959-2
定　　价 286.00 元(共八册)

(图书若有破损、缺页、掉页可随时与本社联系)

序　一

朱卫国

文化是民族的血脉，是人民的精神家园。在我国五千多年文明发展历程中，各族人民紧密团结、自强不息，共同创造出源远流长、博大精深的中华文化，成为中华民族发展壮大、伟大复兴的强大精神支撑，为人类文明进步作出了不可磨灭的重大贡献。

多年以来，我们在传承、保护老祖宗遗留的文化上，似乎做得还不够，以致一些宝贵的文化财富遭到破坏，甚至毁灭。尤其十年文革期间，文化更是几近致命。国人大都虽也心怀文化之殇，却无勤力保护文化之行。

"坚持中国特色社会主义文化发展道路，努力建设社会主义文化"。党的十七届六中全会，从时代要求与战略全局出发，以高度的文化自觉和文化自信，第一次提出了建设社会主义文化强国的奋斗目标。保护文化，是每个中国人对文化的起码尊重。

我们不是没有文化，不懂文化，而是缺少一颗发现并传承文化的心。一个年轻人拥有文化之心，是值得鼓励与肯定的。文化不分大小，没有高低贵贱，那些被历史遗忘的地域文化、行业文化更需要有人保护与传承。从某种意义上来说，《镇番商民》不能不说具备了填补空白的功能。这本书独辟蹊径，从当前被视为瑰宝却又濒临灭绝的会馆文化着手，小处着眼，娓娓道来，感同身受，细致描摹了镇番商民这个特殊群体的兴衰，进而由此引出陇商的历史形象与群体智慧，巧妙地将作为文化载体、似乎毫无生命气息的民勤会馆这个"壳"重新植入了强大生命力。该书远非鸿篇巨制，反而仅仅是个人志趣催生的闭门小构，但内容涉及广泛，文史、建筑、收藏等包举甚丰，值得一读。

在当今城市化的浪潮中，类似民勤会馆这样的古建筑，大多都没有得到充分的保护，以至于在经济发展过后，回头看那些逝去的遗产时却又捶胸顿足、追悔兴叹。亡羊补牢，为时不晚，提高全民保护文化意识迫在眉睫。当然保护这些老宅不但要修缮表皮，重塑里瓤更重要。只有这样，才能让人们真实而全面地了解前代曾经的文化风味与建筑风格。科学保护表皮与深度挖掘里瓤并举才能使古代建筑遗产得以最大的保护，使其文化风格得以向世人表明历史的本意。与此同时也得以最大的利用，这样大概才算是文化遗产的真正意义，而《镇番商民》无疑是对该会馆保护的最好诠释。

序　二

赵兴刚

一个东方古国的城市，在建筑上，如果完全失掉自己的艺术特性，在文化表现及观瞻方面都是大可痛心的。

——梁思成

“绵延万里的秦汉长城、恢弘壮丽的汉唐宫阙千年以前到底是什么模样？同绝大多数中国古老建筑一样，它们如今只留下一道道夯土或一堆堆台基，人们只能爬行在故纸堆里的文字上徒然费力想象”。

和世界其他古老文明相比，中国现存古老建筑的数量和漫长的文明历史惊人地不成比例。随着大量西方风格的摩天大楼、住宅社区日益遍地开花，如何保护古老建筑的问题日益引起关注。

世界上得以保存至今的古建筑或者比较完整的遗迹几乎都是使用石料建筑的，而中国古建筑几乎全都是土木或者砖木结构，即使侥幸免于虫蛀鼠啮，也难以经受气候和时间的考验，不少雕梁画栋的琼楼玉宇都在无名火灾中灰飞烟灭。

历史滚滚而逝，当今天的人们和饱经沧桑的古建筑同处一地时，幼稚的我们如何和这些风华不改的老宅子保持良好的“忘年交”成了每个人必须思考的问题。

中国先民对待古建筑的态度一向是追求“整旧如新”而不是“整旧如旧”，每一次整修都不是局部修缮而是整体重建，造成了对古建筑的一次次破坏。著名的岳阳楼虽然最早建于公元716年，但是唐代的韵味早已荡然无存。不少古老建筑不论其始建朝代如何迥异，最后往往都变成明清建筑式样，甚至上个世纪的面目。要真正保护好古建筑，只有尽力使其延年益寿，绝对不能伤筋动骨，否则形同新建。我国对文物的保护有着上千年的悠久历史，但把古建筑列入文物保护的范畴，还仅仅开始于20世纪二三十年代。历史上，除清朝等个别封建统治者在改朝换代之时，把前朝皇宫作为物质实体加以利用之外，大多都把前朝宫殿付之一炬。我国古代一些寺观、坛庙等宗教建筑得以留存的根本原因在于保神、保佛、保教，其本意并不是保护建筑。正是出于这样的目的，历史上许多

著名的古代寺观建筑被信徒和僧侣以“重修庙宇，再塑金身”为名改造得面目全非，损坏了建筑和塑像的历史价值，造成了无可挽回的损失，令人叹惋。这与今天我们提倡的以历史唯物主义观点来保护古建筑的出发点和性质都是不同的。我们所要保护的是作为历史的见证和劳动人民的智慧性创造。

在城市的现代化建设中，文物保护与城市建设两个方面必须紧密配合，才能两全其美、相得益彰、互为补益。否则，要么城市建设受到阻碍，要么文物古迹遭受损害，其结果是互相矛盾，两败俱伤。珍贵的古建筑文物中包含了丰富的文化传统，是不能轻易废弃的。古建筑作为祖先留给我们的体现古代建筑风格的遗产，从这个角度看，那是应该完全的、无条件的保护。

保护我国的文化遗产，是每一个公民应尽的义务和职责。因为文化遗产兼容了物质文化、制度文化、精神文化的多重属性，在人类社会发展过程中，各个时代不同群体的文化心理、价值观念、审美情趣、传统信仰、伦理道德、风俗习惯以及所反映的礼制等内容，具有普遍性、地域性、民族性等文化特性。在现代化进程中，继承历文化遗产，保留纯朴民风，弘扬民族优秀文化，增强民众爱国意识，对中国现代社会发展和文化创造有着重大而深刻的现实意义。

目　录

第三章　镇番商民文化解读

第四章　商民退出历史舞台

第五章　镇番商民的社会功绩

第六章　商民物件鉴赏解读

第七章　钩沉历史　感怀商民

第一章

会馆文化的兴盛没落

会馆的传统与嬗变

会馆,顾名思义,“会”是聚会,“馆”是宾客聚居的房舍。最早的会馆出现在明永乐年间,安徽芜湖人在北京设置了芜湖会馆,从此引领了风靡数百年的会馆潮流。后来,各省在京师纷建会馆成为时尚。明清时期,各省在北京的会馆和工商会馆,达五百余处。当时的会馆是分门别类的,一种叫试馆,专门接待赴京赶考的士子。当然还有同乡馆、行业馆等。

会馆历史上也是风云际会之地。曾国藩在会馆度过甲子大寿,纪晓岚在会馆修订《四库全书》,戊戌变法、五四运动中很多进步人士在会馆忧国忧民,甚至国民党成立的地方也在会馆。

明初到永乐年间,是中国传统会馆的形成时期。那时,远赴京城的官员买地建造旅舍,用作亲朋寓居或涉足商业活动。待其辞官归里,又把这份产业交给同乡京官作为聚会的场所。永乐皇帝迁都北京以后,南方各省官员积极倡导会馆建设,会馆这种同乡官员聚会之所便以民间自助的形式现身历史舞台。会馆的短暂的同乡聚会功能很快、很自然地转向服务于“公车谒选”,来自不同地域的官吏非常渴望自己乡井的子弟科举及第以便入朝为官,便把会馆作为家乡来京应试子弟落脚的理想场所,使会馆服务科举蔚然成风。每逢春闱秋闱,京城会馆纷纷为应试士子提供饮宿便利,也有的在原会馆之外再添新馆作为接待应试子弟的专门场所。

明中叶后,随着商业活动的活跃和社会财富的增加,会馆开始繁荣。商人以商业资本资助子弟读书为官,在各省府纷纷建造会馆。这种会馆在服务同乡子弟入京应试之外,还为京官侨居提供便利。商人为服务于官绅和科举的会馆捐资出力,反映了商人对封建政治的依附和投靠。

京师会馆过去多鄙视商人，哪怕是商人出资兴建的会馆，一般也不让商人使用。而商人作为流寓者，也需要同乡之间的交往，并平衡各种矛盾，实施自我管理和自我约束。商人会馆是中国传统会馆中数量最多的一部分，散布于全国各大都市和工商城镇。在工商业都市，士商合建的会馆反映了商人与士子的相互妥协，也是士子社会责任感的驱使——商人主观上的自卑与其客观上地位的卑微总使他们无法摆脱对官府的依附，而士子则多抱有治理社会的使命意识。“商业会馆的出现不仅是商人对官僚设置会馆的一种模仿，而且是商人势力强大之后对官僚会馆、试子会馆歧视行为的示威和抗争，同时也在谋求一种承认”。

在会馆兴盛时期，北至东北、内蒙古、甘肃等地，南至闽粤台直到海外，东至沿海，西至新疆，会馆样式千姿百态，活跃于该时期各地的历史舞台。散布于我国东北、台湾地区等的移民会馆大多以庙、寺、宫、观标明自己的存在。因为移民本身带有商业性，实质上与大都市和工商市镇的工商会馆有着同样的目标追求。但由于移民所从事的多为开发性的农业、手工业或商业活动，所处环境亦与都市和市镇有异，所以也颇具自己的特色。

清朝咸丰、同治以后是会馆的蜕变分化时期。1840年鸦片战争改变了中国历史的进程，工商会馆对此做出了积极反应。他们中有的着力加强了自己行业组织的特色，有的则把自己的经营目标直接转向对外，还有的通过集合会馆与分散公所的形式来壮大自己的集团力量，会馆在社会事务中越来越显示出自己的存在，也显示了“超越狭隘同乡观念并走向国家观念的趋势”。各会馆已不再仅把其他会馆作为对手，而是逐渐地显示出“合作共赢”的理念。

会馆的存在是以其建筑及其设置表现出来的。由于支撑会馆的官商集团社会地位显赫，经济实力雄厚，所以他们筹资兴建的会馆大多外观宏伟，做工精湛，大气而不失严谨；同时，能工巧匠们又能见缝插针地将传统民间故事、历史典故、传奇杂剧等文化要素融入每个建筑的细部，使得会馆在富丽堂皇的外观下，兼备了丰厚的文化情趣。可以毫不夸张地说，会馆不仅是一座精美绝伦的经典建筑，更是一座集中华民族传统哲学思想、民族伦理、商业理念、民俗文化等于一体的文化博物馆。

早期的京师会馆多由住宅演变而来，有的官商“舍宅为馆”，有的是由官商出资购买的民房、官宅转变而来。这种由民房官宅到会馆的转变本身就是一种信义之举，为信义的树立与普及提供一个良好基地。同时京师会馆因为服务于科举，经常送往迎来，所以在建筑设置上有日趋宏大之势。许多会馆规模庞大，水榭楼台，应有尽有，与当时整个社会风俗相适应。

在会馆集中的地方，竞相比富衍成风气。有的会馆从家乡，甚至不远千里运来建筑材料，延请乡里的能工巧匠，按家乡建筑风格在客地构建乡土景观，努力营造乡井氛围，展示自己的实力，彰显自己的地位。会馆建筑作为一种文化象征物和放射器，必然对其他地

域文化产生影响,它增加了客地的人文景观,让人们在异籍文化的对比中开拓眼界。

比较完备的会馆总是高屋华构,一般在中轴线上布置主要房屋,坐北朝南,自南往北依次构建戏楼、客厅、正厅和东西两厢房,有的会馆还设置假山、建亭挖池。会馆建筑的恢宏为人们提供了敦睦修义、遵序守礼的理想场所。会馆的规模既反映当时社会风气趋向浮靡,同时也表明人们为追求理想、积淀优秀文化所做的努力。

会馆文化是一门综合性的学科,会馆是历史时代的产物,故它是历史学科;它又是明清社会的产物,故它又属于社会学范畴。这一学科,和社会史、政治史、经济史、文化史、民俗史等各类学科有密不可分的关系。

毋庸置疑,一座保存完好的会馆就是一座文化宝库,每个人都可以从中汲取文化养分。

商业会馆文化综述

会馆的天然属性,即异籍人在客地的一种特殊的组织机构。在旧日会馆中"同乡"成了一种共同身份,个人的地位高低和贫富倒是其次。中国历史上的会馆作为一个时代的存在,其历史和文化意义是不容置疑的。

中国最早的会馆可上溯到明朝永乐年间。随着政治、经济和文化的变化,商品流通、科举制度和人口流动,促成会馆的诞生和勃兴。最初的会馆,主要为客籍异地乡人的聚会而设。

会馆是旧时中国一种独特的人文景观。最早的会馆产生在京城,是京城官吏为家乡来京考试的举子和在京候任官员而设的馆舍。后来,又出现了行业会馆。会馆既是谋求公益的组织,又是同乡集会议事、宴客娱乐的场所。随着商业经济的发展,全国一些交通便利、经济发达、商品市场繁荣的城镇也建起同乡或行业会馆。会馆戏楼早期和神庙结

合在一起,用作同乡公人在一起敬神祈福的场所,后来也发展成了酒楼、茶园、戏院式戏楼建筑。

伴随商业的发达勃兴,各地来往商贾、旅客络绎不绝。随着外来人口日渐增多,商人们需要一个沟通聚会的场所,商民们也需要一个相互联络的场地,于是会馆应运而生。会馆成为这些同乡人往来、聚集的理想场所。历经岁月沧桑,众多会馆糅合了各地移民带来的不同风俗和文化,形成了独特的会馆文化和会馆经济现象。

会馆的出现与商品经济的繁荣有密切的联系。地理位置优越,物产丰富之地,更是"商贾连樯,列肆殷盛,客至如林"。

会馆是清末民初商业繁荣的一个见证。这些会馆曾风光一时,座座会馆设计精致,巍峨壮观,显示了地方商团的实力。山陕会馆的富丽堂皇、气势巍峨,抚州会馆的清秀妩媚、别致精美,中州会馆的粗犷雄浑、厚重大气,江西会馆的朴实无华、严谨简洁,无不在建筑风格上凸显出自己的魅力。

许多会馆是为维护本地本行业利益而筹资兴建的,其性质类似行业工会,具有明显的现代商业特征。它们犹如一颗璀璨的明珠,在异地他乡熠熠闪光。多少年来,它以自己精湛的文化艺术魅力,吸引了四海游客,已使自己的名字跻身于中华名胜之林。

民勤会馆尽管有些苍老和破旧,但它是几代商民们日积月累,积少成多攒建的,至今仍顽强地显示着往日的富有和大气。会馆有戏楼和大殿各一座,呈南北对峙状。整个建筑较好地体现了南北建筑风格之精华,既具有北方建筑庄重高大的格调,又有着南方建筑华丽、细腻的特征。雕刻有山川河流、亭台楼阁、车马仪仗、鸟兽虫鱼、花草树木等,栩栩如生,争奇斗艳。

遗憾的是,历经百年沧桑,中国的大部分会馆已经化为云烟,荡然无存,为数不多的幸存者也大都破败不堪,变成了大杂院,风雨飘摇。一些有识之士认为,这些会馆即使不能全部恢复,也应该拆除馆内违章建筑,与环境风貌相协调。保护和整修现存会馆是地方政府和文物保护部门迫在眉睫的事情。让会馆在新的历史时期发挥作用,比如用作商业、戏曲、专题收藏馆、展览馆和博物馆,让会馆这一历史遗迹更好地保留下去,这对弘扬历史文化名城的商业文化、提高城市品味、延续城市文脉精神大有裨益。

会馆是商业文化与建筑艺术完美结合的"瑰宝"。会馆建筑艺术设计精湛,气势雄伟而秀美,工艺精巧而华丽,具有"无木不雕,无石不刻"的独特建筑风格和雕刻艺术。会馆通过建筑造型、布局以及木刻、石雕、彩绘、刺绣等建筑装饰图案,在浓烈的吉祥与神圣的气氛渲染之中,不仅突出地体现了崇商意识和"诚信为本"的商业信条,更着意强化了对"诚信为本"精神的宣扬。这种隐喻在装饰图案中的"诚信"道德教化,充分体现了会馆的文化特征。

会馆本身又代表了一种积极与和谐的文化理念。会馆"祀神、合乐、议事、互助",可

以达到增强同乡凝聚力，树立行业形象，实现自律和管理的功能。会馆的数量和规模可以作为一个地方发展和繁荣程度的重要参考。在动荡年代，作为商民，心灵上感到特别需要有神灵的保护，因此在会馆内供奉他们所崇拜信仰的神灵，定期祭祀是会馆的重要活动内容之一。有许多会馆是在先建神灵庙殿基础上发展起来的。

许多会馆始建于晚清民国，那是中国古建筑艺术臻于完善的最后一个高峰期，建造者当初“运巨材，访名匠”，用材之优，延聘名匠之多，冠绝一时。各地能工巧匠会聚在会馆工地，各展绝活，因此建筑和装饰艺术都达到了中国古代的巅峰状态。

还应该注意的是，会馆的社会价值也不容忽视：一是体现与传播了地域文化。会馆的建立使地域文化得以频繁交流，衍生出一种新的地域文化。二是会馆推动了各地商人在异地的彼此融合。如山西商人与陕西商人，他们共同建立了许多山陕会馆，形成了山陕商联盟，极大地推动了异域商贸的发展。

会馆是近代中国大地社会政治、经济发展到一定阶段的产物，其彰显的以儒家思想为主的士子文化、商业文化、地域文化、民俗文化等是中华民族传统文化的重要组成部分。同时，会馆是我国封建社会特别是明清时期特有的社会组织，围绕会馆形成的文化，对中国社会的发展产生了全方位的作用。关注会馆文化，不仅对继承民族优秀传统文化具有积极意义，而且发掘其中的政治、经济、思想道德文化，对今天也同样具有积极意义。

民勤会馆大殿内色彩艳丽的彩绘

鼓楼古意盎然的原色

观瞻会馆　洞悉春秋

自明末清初至民国,偌大的旧中国版图上活跃着山西商帮(晋商)、安徽商帮(徽商)、陕西商帮(西商或秦商、陕商)等著名商帮。其中,极富开拓精神的秦、晋商人们靠着近水楼台先得月的地理优势,用双脚踏开了艰险商道,用手中的算盘打开了西部的闭塞,几乎垄断了陇右广袤的商业行市,遍及陇右大地的山、陕会馆便是毋庸讳言的实证。秦晋商帮的商业成就的确使陇商相形失色,望尘莫及。然而,商场如战场,敦厚内敛的陇商依然能在夹缝中顽强地寻觅生存契机,随历史风云变幻或利益此消彼长,演绎了一段商业传奇,令生活在商业高度发达的当下人啧啧称叹,而素以"细微"扬名的镇番商民无疑是陇商中的一支奇军。作为坐落于张掖城内三大会馆(另二为山西会馆和陕西会馆)之一的民勤会馆就是明证。虽为来自大漠边陲弹丸小城的商民们捐建,但它大气厚重、毫不逊色、器宇轩昂地矗立着,闪烁着陇商曾经的荣光。

在康熙八年(1667 年)陕甘分省以前,陕甘一省,明代的陕西布政使司管辖包括甘肃在内的西北广大区域,有诗云:"大陇西来万岭横,秦亭何处觅荒荆;非子考牧方分土,陇右山川尽姓嬴。"当时所谓的陕帮商人,有许多就是甘肃人。最著名的就是乾隆年间巨贾穆士元,"原籍甘肃威武人,因办茶务居陕西泾阳之时多……"甘肃原本就是陕西商帮的重要发祥地之一,故在甘肃陕西商帮有更强的经济实力,因而他们与山西商帮的竞争便分外激烈,会馆建设也呈现出不同于其他地区的特点。陕西商人又视赴兰州经商为本土营生,纷纷远上陇右,独立或与甘肃人合伙经营,成为那时陕西商人经营的普遍现象。

入清后,清廷平定西域,为加强边疆建设,康熙八年(1667 年)实行陕甘分省,遂使山陕商人在甘肃的贸易形象发生了新的变化。山西商人由于开辟了沿蒙古草原南端入新疆的新商路,主营南大路贸易,他们在沿丝绸之路入新疆的北大路贸易方面实力有所减弱,从而为陕商在甘肃的实力增长留下了难得的发展空间。陕商改变了长期屈居晋商之后的被动局面,取得了在甘肃与晋商势均立敌的发展态势。同时,清廷改变了茶叶管营的"茶马交易"政策,使以主营砖茶为主的陕西茶商力量大增,经营布匹、茶叶、皮革和烟草的陕西商人迅速成为贸易大帮。祖籍山西的陕商马合盛便是垄断茶叶市场的巨头。清初,马合盛由陕西迁徙甘肃,独具慧眼,以镇番(民勤)为大本营,大量养驼,为垄断茶业做好了铺垫。慈禧西逃之时,马合盛抓住时机捐银 10 万两,龙颜大悦,被授以"护国员外

郎诰封资政大夫”。商人戴上红顶便商路恒通,连同茶砖都印上了“大引商人马合盛”的字样。马合盛创造的商业神话使原本生态恶劣、民生凋敝的镇番人从这位大茶商身上看到了生的希望。很快,“槐树店”、“天锡福”、“镇盛乾”、“万盛引”、“合盛隆”、“余记号”、“福盛西”、“新盛泰”、“新兴德”等商号声名鹊起,许多商号开始跨县、跨省经营。沙漠之舟——骆驼派上了用场,“驼商”也应运而生,如“万盛隆”等。大批农民走出薄田,开始向商业靠拢,逐渐形成了不可小视的镇番商帮。

镇番商贾以兰州为中心,开拓了三条商品流通渠道。这三条驼道:一是东路,从民勤驮盐直达兰州,再按商品信息确定去向,有时驮盐继续东下,有时把盐交到兰州后,再驮其它货物到咸阳、泾阳、汉中等地销售,又将本地需要的茶、铁、药材、调料等物资驮返民勤;二是西路,从民勤驮盐到兰州交售后,再将茶叶、调料、纸张等商品驮运张掖及新疆的哈密、吐鲁番等地,销售后又将新疆的棉花、葡萄等驮返民勤;三是北路,把民勤的甘草、枸杞、苁蓉、皮毛、大烟等运往包绥销售后,再将布匹、衣帽、火柴、糖、铁、铁锨等驮返民勤。清中期至民国初期,凡通过上述三条驼道经商者,大多生意兴隆。这一时期也是镇番商民名震西北之时。于是,异地打拼的镇番商民开始捐建会馆,抱团经营,踌躇满志,做好了在商场上与秦晋等大商帮对坐分羹的打算。

贸易陇右的山陕商人为了护卫他们的商业利益,联络乡情,化解客地乡愁和与外帮商人抗衡,联合或独立在甘肃各地设立了“山陕会馆”或“陕西(山西)会馆”。由于明清以来甘肃是山陕商人活动的主要区域,因此山陕商帮在甘肃设立的会馆也是最多的,它们分布在省会和河西走廊的城乡各地,像珠串般点缀在甘陇的大地上,闪烁着近代商业精神的光芒。对此,《甘肃商业志》有十分求实的总结:“甘肃近代商业经营管理落后,富商大贾者少,多属小本经营,皮毛、茶叶、布匹、绸缎,主要由山陕大帮经营,本地商贩主要经营杂货、饮食等。”山陕大帮为了扩大联络,在重要商品集散地的县城,一般都设有会馆。致富之后,有的携资还乡,有的就地安家落户,世代经营商业,成为当地的商业世家。明清以来山陕商人在甘肃各地设立的会馆多达二十余所,这些山、陕会馆部分保存相对完好,成为当地著名的文化景点。张掖(甘州)作为甘新两省之枢纽,甘省原料出产之地,“市井殷阗,人口稠密,商肆货柜横列门首”,故建有山西和陕西会馆,成为秦晋商人的祀福之地。而深信张掖为福地的镇番商民更是异军突起,他们团结、勤苦、仁厚、忠信、智慧,令山、陕商帮对陇商刮目相看,甚至许多山陕商贾雇请镇番人做掌柜为其创造财富,自己却在老家坐收银两。这种聘请民勤人打理生意的做法在陇商中更是屡见不鲜,有陇上第一名流之誉的水梓(1884—1973 年)在发展实业时也聘请民勤人杨纯儒做经理,镇番商民的商业素质由此可见一斑。然而,镇番商民与山、陕商帮度长絜大,毕竟不能同日而语。山陕商人不仅在甘肃的省会以及张掖等富区设有会馆,而且在一些县、镇也设有会馆,可见当时山陕商人的足迹从陇上的通都大邑一直渗透到穷乡僻壤。如凉州的古浪

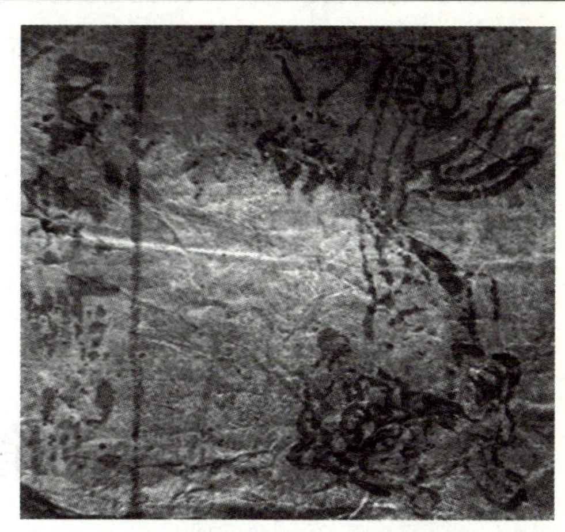
马合盛砖茶上“如意马记”印戳

县旧时“商兵多陕晋人”,他们在古浪的土门和大靖镇就设有山陕会馆。商业会馆作为同籍商帮联乡谊、敬神庙、议商事、保商情的重要场所和标志性建筑,其商务活动和建筑规模、建筑风格都是本帮商人经济实力的集中展示和物象反映。在甘肃,山陕商人虽然相互联合修筑山陕合省会馆占有主导地位,但陕西商人认为在家门口做生意,占尽天时、地利、人和的优势,因此当他们与山西商人实力相搏时,就会独立建造会馆,以致甘肃的山、陕会馆呈现出“分久必合,合久必分”的局面,这种独特的现象深刻反映了山陕商帮在甘肃既联合又竞争的矛盾关系和利益冲突。清初,由于陕商主要经营“茶马交易”,在陇右势力大增,故设立“骊陕会馆”。嘉庆道光期间,晋商实力增长,联合陕商设立“山陕会馆”。咸丰五年,陕商实力剧增,陕商又从山陕会馆中分离出来,单独设立“陕西会馆”。同治以后,陕商因镇压陕西回民起义而发展受挫,元气大伤,故于宣统年间又联合晋商设立“山陕会馆”。这种分合聚散真实反映了晋陕商帮在甘肃商界的兴衰。而作为陇商的镇番商民虽然通过抱团经营,实力大增,然而,整个陇商却显得凝聚力缺失,所以终不能名扬天下。古朴雄健的民勤会馆也只能低唱一时的辉煌!

第二章

民勤会馆的前世今生

民勤会馆简介

民勤会馆坐落于甘肃省张掖市第二中学院内，坐北朝南，四合院式结构。始建于清光绪十八年(1892年)，民国10年(1921年)由民勤商民及同乡会再次集资修葺并扩大规模，兴建了同乡聚会、议事、下榻、祭神之所。整个建筑群由南向北，中轴线上依次为山门(今已不复存在)、牌坊，牌坊左右为钟楼和鼓楼、左右厢房、大殿及东西配殿。占地面积1593平方米。

1943年秋，民勤商民在馆内创办民勤小学，招收同乡子女开馆授课。新中国成立后，张掖县人民政府在此基础上建立张掖县第一初级中学，丁育萱为首任校长。后来学校几经更名，发展成为今天享誉河西的省级示范性高中——张掖市第二中学。

现存建筑中牌坊、钟楼、鼓楼、大殿、配殿、厢房，均保存较为完好，在同类建筑中实属罕见。木牌坊气势雄伟，厚重沉稳，四柱三门；正楼大，左右交楼小，总面宽11.2米，歇山式顶，券口上雕刻二龙戏珠、大象、海马、麒麟，技艺精湛，神态生动。正楼坊上正面樘板浮雕二龙戏珠图案并刻有民国时曾任宁夏护军使、安徽省主席、蒙藏委员会委员长的马福祥题写的行书“福荫苏山”四个大字，背刻“膏流瀚海”，左右次楼嵌板上刻有楹联一副。牌坊左右，排列两座钟鼓楼，平面正方形，边宽6.2米，上下两层，四面坡攒尖顶。下层或东或西正中开门，过牌坊东西两边对称的厢房，各宽9间，深1间，悬山式顶，最后正中为大殿3间，平面正方形，宽14米，深14.6米，单檐歇山顶。殿内原

塑有三官、财神、关羽等神像以及壁画,现造像壁画尽毁。两侧为东西配殿,各宽3间,深1间。

整个建筑主次分明,保存完整。无论是从建筑风格,还是从它所承载的独特文化,民勤会馆在同类建筑中的出类拔萃是不言而喻的。

溯源镇番关帝庙

关帝庙就是为了供奉三国时期蜀国的大将关羽而兴建的庙祠。关帝庙文化早已成为中华传统文化的一个重要组成部分,也是迥异于他国文化的重要标志,与汉民族的生活息息相关。人们把关羽与后人尊为“文圣人”的孔夫子齐名,称之为武圣关公。一座关帝庙,就是一方水土的民俗民风的浓缩展示;一尊关公塑像,就是千万民众的道德楷模和精神寄托;一方青石古碑,就是一个感天动地的忠义教案。武圣关公似乎成为全世界华人骨髓里不可动摇的道德丰碑,所以只要有华人的地方就有关帝庙。

中国是一个信奉多神教的国家,在科学不昌明时代,人们感到“神”似乎生活在自己之外的世界,又似乎无时不与自己同在。山川草木,屋边灶角,俯仰之间,似乎都有“神”在。故而,深居边陲偏僻闭塞之地的镇番商民动辄警省自己:“头顶三尺有神灵。”“神”主宰着人间兴衰善恶, 掌控着个人时运吉凶,认为“善有善报,恶有恶报”,“众善奉行,诸恶莫作”。愚昧的人们希望通过“神”的佑护,世代过上美好生活。为了敬天尊祖,求神拜佛,便广修庙祠寺观。

明清以来,镇番(民勤)修建了不少庙祠寺观。这些建筑物直到新中国成立后若干年都随处可见。《镇番县志》载:“四大街、八小巷、东西南三城门内外都有。”具体说来,东南方有大关庙、小关庙、忠烈祠等18处;东北方有文庙(孔庙)、清源观(二郎庙)等12处;西北方有小关庙等8处;西南方有古关庙、马神庙等11处。除此之外,还有不少未被载入县志,鲜为人知。

据不完全统计，镇番大小庙祠寺观有八百余处。

县志载关帝庙有多处，个别关帝庙修建工艺高超，内部景物奇特。如大关庙的"一梁挑八担"、东镇和双茨科大庙的几个阁楼，中渠八卦庙的壁画等，修建工艺在民勤可称得上是空前绝后。众多的庙祠寺观，过去是群众供奉祭祀神佛、祖宗画像，进行迷信活动和议事集会的地方。新中国成立后，"古为今用"，有的成了乡村两级政府临时办公开会的场所，有的成了各类学校的过渡校舍。以后，随着时间流逝，各种政治运动的开展，特别是在经历十年"文革"，今天破"四旧"、树"新风"后，倒塌的倒塌，拆毁的拆毁，到今天，保存完整的寥寥无几。

清末，镇番商民为生计破釜沉舟，勇敢地打破"宁可东行千里，不西行一步"的铁教条，拖家带口，肩挑背扛，含泪向西。许多商民选择了物产丰富、民风淳朴的甘州谋生。在这里，他们大多抱团聚居张掖北街，人口众多，加之他们地域、宗族、亲戚观念强，镇番巷子(或称镇番街)便很快形成了。同时商民们开始集资兴建镇番庙，专门从关帝阁请回关公彩塑像，刻写碑文，从此香火不断，热闹非凡。更重要的是，这座镇番关帝庙成了镇番商民叙情谊、议营生的核心场所。

威震华夏，志在春秋。镇番关帝庙的建成在朴实勤劳的镇番商民内心树立了不可动摇的道德标杆和"贾道"原则，在当时纷扰的商业活动中奠定了良好的形象。

附：关帝庙楹联集锦

青灯观青史，着眼在春秋二字；
赤面表赤心，满腔存汉鼎三分。

圣德服中外，大节共山河不变；
英名振古今，精早同日月常明。

三教尽皈依，正直聪明，心似日悬天上；
九州隆享祀，英灵昭格，神如水在地中。

北斗在当头，帘箔卷起应挂斗；
南山来对面，春秋阅罢且看山。

力扶汉鼎、首闻麟经，秉忠义伐魏拒吴，统南北东西，四海咸钦帝君仙佛；
气禀乾坤、心同日月，显威灵伏魔荡寇，合古今中外，万民共仰文武圣神。

恕同文武；
志在春秋。

先武穆而神，大汉千古，大宋千古；
后文宣而圣，山东一人，山西一人。

国贼数操，谁曰不然，顾权无以异也，张挞伐、建纲常，天地低昂神鬼泣；
圣乡说鲁，迥乎尚已，唯解亦相侔焉，仰威灵、明祀事，山川磅礴庙堂巍。

王业不偏安，拒曹和权，诸葛犹非知己；
春秋大一统，寇魏帝蜀，紫阳乃许同心。

圣乃武成名，刚毅近仁，于清任时和中更增一席；
学于古有获，春秋卒业，在诗书易礼外别有专经。

心标日月；
义贯乾坤。

正气钟灵开正觉；
神明普佑显神功。

九伐威名襄夏政；
千秋正统凛春王。

敷天长戴仁，天知后天之不老；
大地同游乐，地真应地以无疆。

浩气丹心，万古忠诚昭日月；
佑民福国，千秋俎豆永山河。

作镇统元，居五岳之长；
资生合撰，妙万物而神。

乃圣乃神乃武乃文，扶四百载承尧之运；
自西自东自南自北，如七十子服孔之心。

汉封侯、晋封王、大明封帝，圣天子可谓厚矣；
内有奸、外有敌、中原有贼，大将军何以待之。

文武一龛如在上；
弟兄同节此登高。

夫子孰能当，孺妇知名，继文宣于千秋尔后；
精忠庸有几，馨香终古，唯武穆可一龛而居。

忠义莫灰心，千古扬名千古显；
奸贼休得志，一番择演一番诛。

数定三分扶炎汉，伐魏讨吴，辛苦备尝，未了平生事业；
志在一统佐熙朝，伏魔荡冠，神威远震，只完当日精忠。

威震华夏；
志在春秋。

一畦杞菊为供养；
半壁江山入卧游。

壮河英雄万代；
秉肝忠义千秋。

乃所愿学孔子也；
知我者惟春秋乎！

三晋英灵笃生夫子；
四时报赛先酌乡人。

义气薄云天，生不二心汉先主；
忠肝贯金石，后有千秋岳鄂王。

义存扶汉三分鼎；
志在吞金一片心。

虽经历代崇封，不忘汉寿亭侯四字；
要释当年遗恨，端在紫阳纲目一书。

春秋匪懈，祀典重新，汉千古，宋千古；
宇宙长存，神功并著，义一身，忠一身。

兵法读春秋必有文事；
官箴严月旦无作神羞。

此吴地也，不为孙郎立庙；
今帝号矣，何烦曹氏封侯？

若傅粉、若涂朱、若泼墨，谁言心之不同如其面；
为君臣、为兄弟、为朋友，斯诚圣不可知之谓神。

江声犹带蜀；
山色欲吞吴。

岷水溯雄图，神依西蜀；
焦峰冠灵宇，目俯东吴。

此吴山第一峰也，问曹家横槊英雄，而今安在？
去汉代两千年矣，数当日大江人物，不朽者谁！

三人三姓三结义；
一君一臣一圣人。

汉室赖三人,留得住百年社稷;
桃园尊一义,解不开万世肝肠。

西听梵王钟,感激千秋义气;
东临钵池水,洗淘一片丹心。

若敷粉,若涂朱,若点漆,谁谓心之不同如其面;
忽朋友,忽兄弟,忽君臣,信乎圣不可知则谓神。

志在春秋,孔圣人未见刚者;
气塞天地,孟夫子所谓浩然。

威镇雄州,野树尚含荆蒲绿;
神游故国,夕阳偏照蜀山红。

生蒲州,辅豫州,保荆州,鼎峙西南,掌底江山归统驭;
主玄德,友翼德,仇孟德,威镇华夏,眼中汉贼最分明。

帝爽有昭明,当朝谥号增崇,奉戴仪同文肃庙;
神功无代谢,亘古河山作镇,灵长运过蒋侯祠。

悠悠乾坤共老;
昭昭日月争光。

中国尊为圣人,庙食何论吴地尽;
此里故沿长乐,钟声犹似汉家无。

至诚之功,孚及豚鱼,虽阿瞒莫敢不服;
大义所归,坚如金石,惟使君乃得而臣。

天下事无非儿戏;
世上人何必认真。

关夫子、孔夫子，二位夫子；
作春秋、读春秋，一部春秋。

义气干霄，近指白云开觉露；
威声走海，遥凭赤手挽洪流。

如孟之刚，气配义道；
继孔而圣，志在春秋。

赤面秉赤心，骑赤兔追风，赤帝功垂；
青灯观青史，使青龙偃月，青史名标。

偃月钢刀千古锐；
守更银烛万年红。

潭印孤心，鼎足三分一轮月；
台影照胆，桃园双影六桥春。

王印署封侯，翊汉忠贞照日月；
钱塘新庙貌，倚亭清啸览春秋。

德必有邻，把臂呼岳家父子；
忠能择主，鼎足定汉室君臣。

圣湖庙宇重新，蠲洁如临潭上月；
武帝旌旗在眼，威灵共仰水中天。

仍是旧江山，何处荒祠吴大帝？
依然新庙貌，陋他疑冢汉将军。

史官评我曰矜，谬矣！视吴魏诸人，原同孺子；
后世尊我为帝，敢乎？论春秋之义，终是汉臣。

圣至于神，荐馨历千载而遥，如日月行天，江河行地；
湖开自汉，崇祀值两峰相对，有武穆在北，忠肃在南。

当时诸葛大名，荒祠古柏嗟回首，万牛何如，汉寿亭垂，遍开兰若；
此地洞天小有，绝壁修篁肃临风，千蠹休比，武陵源藐，空说桃花。

义勇冠三分，想西湖玉篆重摹，终古封侯尊汉寿；
威灵跻伍相，看东浙银涛疾卷，迄今庙貌并吴山。

拜斯人便思学斯人，莫混账磕了头去；
入此山须要出此山，当仔细扪著心来。

天地合其德，日月合其明，四时合其序，智者、勇者、圣者欤，纵之将圣；
富贵不能淫，贫贱不能移，威武不能屈，忠矣、清矣、仁矣夫，何事于仁。

有半点生死交情，方许入庙谒帝；
无一毫光明心迹，何须稽首焚香。

恨中原事业未尽西川，遂令三千载宏纲，龙德蛙声，正闰不明司马鉴；
缅故老衣冠犹存东浙，好把数百年往事，黄中赤伏，兴衰共话钓鱼台。

地居廉让之间，二分流水三分农圃；
学有经济者贵，半部论语一部春秋。

曰帝、曰侯、曰佛、曰圣人，名光日月；
安刘、安汉、安寿、安天下，志在春秋。

威名满华夏，真义士，真忠臣，若论千载神交，合与睢阳同俎豆；
戎服读春秋，亦英雄，亦儒雅，试认九霄正气，常随奎壁焕光芒。

兄玄德、弟翼德，德兄德弟；
友子龙、师卧龙，龙友龙师。

一曲阳春唤醒今古梦；
两班面目演尽忠奸情。

数定三分，扶炎汉平吴削魏，辛苦倍常，未了一生事业；
志存一统，佐熙明降魔伏虏，威灵丕振，只完当日精忠。

高树爽明漪，本来清净宜长住；
危峰当杰阁，合有英灵在上头。

赫厥声，濯厥灵，无师保如临父母；
天所覆，地所载，有血气莫不尊亲。

诡诈奸刁，到庙倾城何益；
公平正直，入山不拜何妨。

惟帝其难之，浩气忠心，史官休议一矜字；
夫子既圣矣，振顽起懦，后学宜尊百世师。

倚月高歌，阆苑三千蓬岛外；
临风吐韵，霓裳一曲紫云端。

绮丽风光，难得此时清岁稔；
升平欢笑，无非是巷舞衢歌。

帝之神在天下，忠肝义胆咸荐馨香，讵独诗山供瓣；
王有恩及闽中，辟草披榛清疆宇宜，偕后土永千秋。

日出时，月上初，雨中雪中，得无限好诗好画；
书数卷，棋半局，炉香琴香，到此间成佛成仙。

汉封侯，宋封王，清封大帝；
儒称圣，释称佛，道称天尊。

与天地、与日月、与鬼神争光，千古无二；
是君臣、是兄弟、是朋友大义，五伦有三。

心上人大哥三弟；
眼中钉北魏东吴。

匹马嘶回千里月；
单刀笑指一江风。

做好人行好事；
说好话读好书。

九伐威名襄夏牧；
千秋正统懔春王。

吴宫花草埋幽径；
魏国山河伴夕阳。

知我者其惟春秋乎？
乃所愿则学孔子也。

鼎立定中原，惜汉祚天移，未与生平完事业；
馨香崇古邺，问曹瞒地下，更从何处避英灵。

关帝庙文化遍及整个华人世界，当我们仰望这些掷地有声的铿然妙对时，灵魂被深深震撼了。中华民族博大精深的文化大树随意抽取一枝一叶就能辐射成一片文化之林，试问：放眼世界，还有哪国文化能与之媲美、比肩呢？

盛极一时的镇番巷子

镇番(民勤)地处边远,三面环沙,自然条件极为恶劣,可耕种土地与原有人口比例失衡。加之历史上社会制度的缺陷,常使人民无法安生,流离失所,背井离乡。

所谓“天下有民勤,民勤无天下”,就是指民勤人可以天下为家,外地人到民勤却几乎无法立足的意思。但是,民勤民勤,民勤人确实是劳动致富的强者,勤俭持家的能手,他们结伙拉帮四处安家,显示出惊人的生存适应能力,“物竞天择,适者生存”的法则似乎早已渗透进他们的血液里。早在晚清时期,镇番人就从羊路、西乡新沟、红柳园、西沟、香家湾等地的土宅子出发,或拖儿带女,或结伴为伙;有的拉骆驼,有的赶驴驮;身穿千补百衲的土布衫裤,脚蹬生皮子绷脚面的牛鼻子鞋,披星戴月、风餐露宿,向西进发,直至新疆。当时广袤的西北几无交通条件可谈。“出了嘉峪关,两眼泪不干,望前看,黑石滩,往后看,鬼门关。“即便如此,民勤人还是要冒着生命危险开始闯荡,找寻他们人生的桃花源与金牧场。

与其坐以待毙,不如奋起抗争。

“若要挣银子,走一回新疆奇台古城子。”“探路”者们远去新疆,很快捎回诸如此类的喜讯。生活的曙光在前,勇敢的民勤人打破了“宁可东行千里,不西行一步”的铁教条,毅然决然地锁上自家已被风沙掩埋了大半的土宅子,拖家带口,肩挑背扛,含泪西进。

大批移民穿越河西走廊时,甘州“若非祁连山顶雪,错把张掖认江南”的美誉深深吸引了西进的民勤商民,加之张掖物产丰富,民风淳朴,又与故土相距较近,自然就成了他们的首选福地,割舍难挨的民勤人就在此落脚了。由于他们的地域、宗族、亲戚观念极强,镇番巷子很快形成了,成为了镇番人在当地的归宿和依靠,这条巷子也就成了他们

的第二故乡。同时商民们开始集资兴建镇番庙。由于此庙的修建,这条巷子才被称为镇番巷(街),才成为镇番人的集居地。

“镇番人的亲,扯扯秧的根”,说的是镇番人宗族和亲缘关系的密切性,也说明他们在任何情况下都能互相团结和依存的优点和长处。从光绪十年(1884 年)到 1949 年相对漫长的 65 年中,先后来张掖安家落户的镇番人成千上万。他们各自谋生的方式虽不同,做鞋、卖布、开药号……但大抵是寻故觅旧、投亲靠友,逐步安身,步步为营。镇番人都能为老乡们热情服务,介绍工作,借款安家,抚恤孤寡,扶穷葬死,调解纠纷。由于老户们的热情关照和相互信赖,才使乡亲们各安生业,逐步扎根。随着张掖的繁盛发达,镇番人也人丁兴旺起来,若干家德高望重、生意兴隆、众口皆碑的商户脱颖而出。较著名的姓氏有下列二十八个:

潘杨刘马曾陶方　董严朱孟陈柳香

阎李辛王俞蒋赵　许薛骆罗徐高张

“美不美泉中水,亲不亲一乡人”。镇番人就是靠攀亲结友,迅速在各地衍生起来。镇番人在当地开发中,特别是农业生产中发挥了巨大的作用。他们随遇而安,勤劳吃苦,以非凡的生命力不断地改善着自己的地位和环境,用双手为身处异乡的自己创造了在社会生产中不容忽视的地位。

清末民初,镇番商人在张掖经营买卖的不胜枚举,散布于各条大街小巷,尤以北街、东街最为繁盛。他们大部分具有较殷实的经济力量和多种经营手段,从而在商业相对繁盛的张掖站稳脚跟并起到推动社会生产发展的重要作用。经营磨坊的,经营纸坊的,贩卖布匹的等应有尽有。在关内外,镇番商民声名远播。

在张掖农工商发展的历史长河中,数以万计的镇番人与本地人形成大融合,在繁荣和发展张掖的各项事业中,不能不说镇番人占有重要的一席。

民勤会馆之建筑文化

中国的古建筑在古代传统文化土壤中生长、发展,具有鲜明的文化特色。虽然建筑形式用语言描述很抽象,常用雄伟、高大、轻巧、秀丽等来形容它们,但是,先人们赋予了其深厚的人文寓意。比如,不同的屋顶、匾额、楹联等有着不同的含义,象征着不同的社会意义、等级制度等。读懂古建筑,我们可以领悟比建筑自身丰富得多的文化内涵。

民勤会馆修建于清末,正好处在中国古建筑史上最后一个高峰期内,明清建筑余风均有投射。风格表现上既有沉雄深远的北方建筑雄浑之风,又有南国严谨工丽、清秀典雅之范。虽然外形略显简单,和四合院制式大同小异,严格遵循平衡对称的原则,似乎缺了一点西方建筑的灵动与自由,然而进院后却发现内容极为丰富,不论是视觉、心理感受或是建筑内涵,曲折回转,别有洞天。这种历经千年发展而形成的建筑模式,至今拥有极强的生命力。如果你仔细揣摩, 会发现区区斗室竟然囊括了许多博大精深的中国文化。

中国古代人们的思维方式多数受到了《易经》的影响,认为将任何事情放在易学的大背景中去认识,可以发现它规律性的东西。在建筑上,也是如此。比如说,中国古代建筑为何喜用木构而不用石材,这并不是技术问题,而是一种独特的社会文化现象。"金、木、水、火、土","木"象征春天、绿色、生命,用于给生者建造房屋,如民勤会馆内枝繁叶茂的参天古槐就是明证。槐树象征"禄",故而自古就有庭中植槐的习俗,所谓"槐荫福地"。槐树以枝桠繁密为贵,会馆内古槐为龙爪槐,属珍贵树种,棵棵枝分无数,槐花吐香时节,冠盖整座老宅,香气弥漫。而"土"即是砖、石,"此生归无,可再生",多用于为死者修建陵墓、墓室。八卦、阴阳五行、风水等对中国古代建筑都有诸多影响。民勤会馆用土夯筑的宅墙,高大厚实,方砖、条砖、屋瓦等形制不一的各色青砖,气势恢宏、古朴苍拙的木牌坊等无一不深藏产生于远古时期的人类智慧。

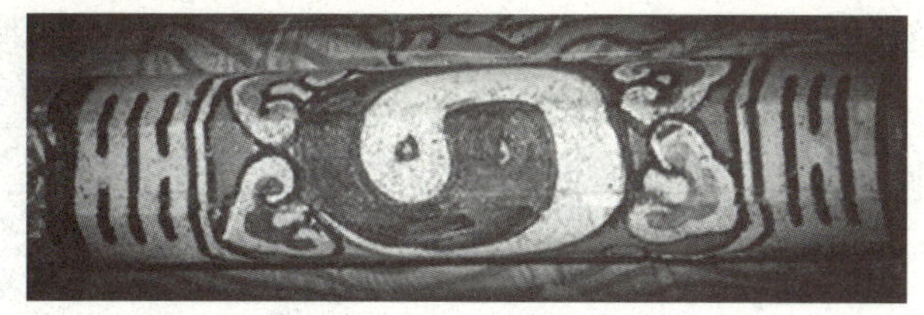
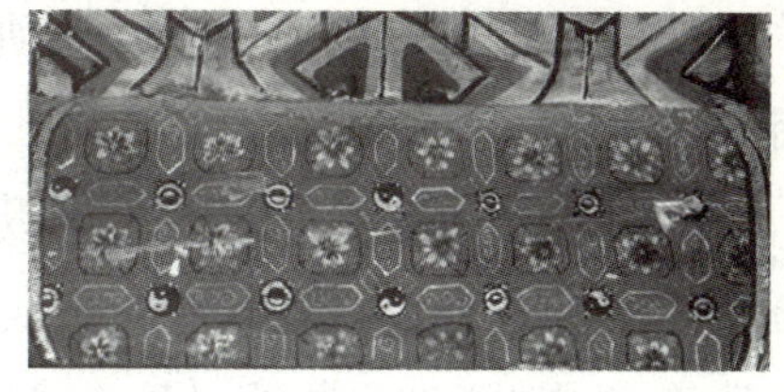

民勤会馆大殿房梁上太极八卦彩绘图案

民勤会馆钟楼鼓楼挑檐上悬挂的直径近乎碗口铸有“风调雨顺”字样的铃铎，造型质朴，体态遒劲，风动铃响，象征“梵音到耳”的佛法大意。因而会馆建筑又体现了佛教文化。许多古建筑四角皆悬金铎，“宝铎如鸣，铿锵之声，闻及十余里”(《洛阳迦蓝记》)。大殿门楣正中彩绘大鹏金翅鸟，又叫迦楼罗鸟，音译苏钵剌尼，意译羽毛美丽者。大鹏金翅鸟是三世诸佛智慧与方便的显现，也是如意宝等美好事业的象征，被称为一切护神之首，也是尊胜诸方的标志。

会馆挑檐上悬挂的铃铎

会馆大殿门楣正中彩绘大鹏金翅鸟

中庸和谐、伦理有序、依仁游艺、谐隐相生。儒家文化对中国古建筑产生了很大的影响。儒家文化在民勤会馆这座老宅里同样无处不在。雄劲的牌坊上就有“师孔成仁絜孟取义”的木雕字样。除此之外，大殿内梁栋之上孟母三迁等题材的彩绘内容更是儒家文化的又一处集中体现。

牌坊上刻有“师孔成仁絜孟取义”字样的匾额

当然，道家思想也被智慧的先人植入他们的房舍。既注重与自然的高度协同，体现“天人合一”的境界，又特别重视对中和、平易、含蓄而深沉的美的追求；在布局、空间处理上体现等级的伦理观念，但在外在的庄严氛围下，却交织着浪漫的意韵，追求人工与天趣的统一、端庄与含蓄的统一、规格化和多样化的统一，更追求理与情的统一。所有这

些特征使得会馆建筑形成一种飞动轻快、精致典雅、舒适实用的独特风格。

中国人崇拜祖宗,对祖宗崇拜历来得到高度重视。据说在三皇五帝时便有了祭天、祭祖的习惯,到商代就出现了称做名堂的祭祀性建筑。《周礼》对此做了记载并规定了王城规划必然重视祖庙的地位,按“左祖右社”进行布置。虽然古代社会通过宗庙的祭祖制度将人们分成了嫡子与庶子、大宗和小宗,体现了父与兄的权威,为巩固宗法等级制服务,然而,祖先崇拜又强调了同宗同祖的亲密性,给上下等级差异罩上了家庭般的和谐气氛,这又具有稳定社会、凝聚血缘团体的作用。正是这种对祖先崇拜的思想观念,决定了中国古代建筑的基本模式是许多房间组合在一起的群体, 是以某一房屋为中心向前后左右伸展的多组单层建筑群体;同时也决定了中国古代建筑在平面、空间上都是以“间”为单位,各单体房屋之间存在有机联系。民勤会馆是以面南背北的大殿为尊的,也是商民们尊祖祭神之所,其核心作用不言而喻。无论是紧挨大殿的东西左右配殿,还是延伸至牌坊的两排厢房,在大殿跟前只能“俯首帖耳”。

利用谐音文化在会馆建筑中也较为常见。比如会馆建筑装饰中鱼的造型则是应用了“鱼”与“裕”或“余”的谐音,象征丰裕有余;“鹿”谐“禄”,鹿的造型装饰象征了俸禄的源源不断;“蝠”同音“福”,“扇”同“善”,于是,蝙蝠与扇子的形象也出现在古建筑装饰中,来表达人们的良好意愿。

民勤会馆内石雕砖雕分类截图

民勤会馆还体现了一种独特的建筑色彩文化，本色质朴的牌楼，浓妆艳抹的大殿，稍作留意，便可一窥究竟。稳而单纯、清淡高雅的色调，是受了儒家的理性主义和禅宗的哲理影响的。会馆的核心部分，亦即经常可以得到日照的部分，采用暖色，尤其以朱红居多；格下阴影部分，则采用绿蓝相配的冷色。这样，强调了阳光的温暖和阴影的阴凉，形成悦目的对比。色彩的使用，在封建社会中是受到等级制度的限制的。在一般民用住宅建筑中，多采用青灰色的砖墙瓦顶，梁枋门窗多采用本色木面，也显得十分雅致。

清贫小家自有温馨，民勤会馆这座老宅虽藏之深闺无人问津，但内涵醇厚，意境幽远，特别是春暖花开后，独自漫步于其中可以尽享一方四角天地及草木，宁静而自然，亲和又惬意。

民勤会馆之大美三雕

建筑雕刻，是中国古代建筑的重要构件，也是形成中国传统建筑风貌的重要成分，在产生之初，大都是质朴无华的形象，承担建筑整体中的特定功能。随着历史的发展，渐渐被雕琢出艺术性的外观，以顺应人们日益提高的审美要求。木雕、石雕及砖雕合称为建筑三雕，三者在工艺和造型上相互借鉴，各有千秋，向人们展示着古建筑异彩纷呈的“门脸”。

民勤会馆的建筑雕刻题材丰富，雕工精湛，拙朴大美，令人叹为观止。置身于这座老宅，观者一方面惊叹于其中竟然会有这么多的建筑雕刻种类和部件，似乎有永远看不完，即使看完却又无法牢记的感觉。另一方面是痛心于如此璀璨的历史文化瑰宝在不断遭到无情的损毁。

木　雕

牌坊匾额木雕

梁架，中国传统木结构建筑中的骨架形式，包括柱、梁、檩、枋、椽以及附属构件等。单体建筑中的结构方式一般是先在垂直立柱上设置梁枋，圈制出“间架”，在主梁之上通过瓜柱筑起层层短梁来支撑檩条，檩条贯通“间架”的两端，从梁架顶部依次降至檐枋，

最后檩条之上设椽,这样就完成了整栋房屋的构架。中国古建筑以木为主的梁架,不仅具有结构功能特点,而且也具有重要的审美意义。梁部的雕刻多集中于梁枋的中央与两端,采用浮雕、采地雕、线雕等。题材包括人物故事、生活场景、花草鸟雀、祥禽瑞兽、建筑房舍等,有的保持原木本色,如民勤会馆的牌楼,就是原木本色,历经百年风雨,非但了却了油漆剥落的遗憾,而且更具古色古香的拙朴美。有的雕刻后设色沥金,如大殿内,梁栋檩椽,细致雕琢,工笔彩绘,美不胜收。檩是建筑中架设于两幅梁枋之上承载椽子的圆木,建筑中脊部的檩条称为“脊檩”。在传统房屋施工中,安装脊檩是大木结构的最后工序,象征着房屋结构即将完成,因此很多地方都有“立木”、“上梁”的传统:挑选黄道吉日,给脊檩披挂红绸、杀鸡取血、蒸盘祭天、书写年月、燃放鞭炮、分撒糖果、唱上梁歌等。檩部的雕刻面积相对狭小,内容多是花卉草虫等程式化的吉祥符号。

牌坊结构大殿内部梁架

石　雕

中国石雕艺术历史悠久,最早可以追溯到史前人类的打制石器。石雕自古刀法洗练、造型简洁,艺术风格古朴。

建筑石雕装饰在古建筑中运用广泛,起初多为仿木架结构,后来逐渐形成自己的风格。明代中期,社会稳定,经济繁荣,精雕细琢、坚不可摧的石雕成为高级建筑的新宠。石雕工艺在民间主要应用于民居住宅、祠堂、庙宇、牌坊、亭、塔、桥、墓等建筑局部和构件

上，如门楣、抱鼓石、台基、石柱、柱础、拴马石、栏杆、望柱等部位。民勤会馆牌楼下的四块长方体石雕就极具代表性。龙是石雕、砖雕中最广泛的题材，龙身长，有须，驼首，鹿角，蛇身，鱼鳞，鹰爪，能腾飞，能行走，能行云布雨，能驱邪制福，象征造福万物的神灵。麒麟，古代传为祥瑞之兽，雄为麒，雌为麟，其体形像麇身，牛尾，狼蹄，独角，是吉祥平安、太平盛世、天下一统的象征，也可辟邪赐福。民勤会馆所雕祥龙、麒麟、灵鹿、仙鹤形态矫健，栩栩如生，呼之欲出，名花异果如牡丹、葡萄，娇艳欲滴，触手可及。构图疏密有致，风格古拙、雄健、精细、立体。

会馆东配殿原本有一绝美石碑，据说为名家所撰刻，可惜遗失于"文革"中。

砖　雕

民勤会馆墙头照壁砖雕

砖雕是中国传统建筑特有的一种装饰工艺。历经千年演变，技艺炉火纯青，文化沉积厚重，风格流派众多。古代的砖有方砖、条砖、空心砖等，方砖和条砖广泛应用于各类建筑。古砖中的铭砖和画像砖弥足珍贵，前者镌刻年代或吉祥语，后者雕饰各种题材的图画和装饰纹样。这些遗存历史印迹的文物，对于历史研究有着重要意义。

至清代，砖雕技法不断开拓，制作精益求精，表现形式花样翻新，纹饰题材包罗万象，迎来了砖雕的黄金时代。清中叶，受"巴洛克"、"洛可可"等西洋建筑风格影响，砖雕工艺精细入微，并形成有地域特色的各种砖雕流派，使传统建筑更加绚丽多姿。

砖雕主要用于装饰建筑的外部构件，如照壁、门、窗、墙和屋顶等。照壁是具有屏障功能的独立墙体，砖雕的装饰重点在壁身部位。常见的装饰构图有两种：用线脚围成方

形“池子”,再以四角的“岔花”衬托“中心花”;或采用绘画形式,不拘一格地自由构图。照壁砖雕饰纹题材广泛。民勤会馆大殿两侧各有照壁砖雕一块,所雕题材是中国传统的祥龙吐瑞和松鹿延年,刀法细腻,出神入化。门户砖雕主要用于装饰门头、门楣等部位。砖雕门头与屋顶的结构相仿,顶形有一面坡、人字坡等样式,檐下也有檐板、斗拱、撑拱、额枋、垂柱等,均为仿木雕工艺的砖雕构件。饰有砖雕门头的牌楼式大门,精致、华美,富有气势。墙面砖雕可划分为檐墙砖雕、廊心墙砖雕、山墙砖雕、院墙砖雕等类型。廊心墙是檐廊下两端的墙体。廊心墙砖雕施用于墙中心偏上部位;工艺上有阴刻、平雕、镶嵌等手法;构图上既有中心花加岔角花的规则样式,也有绘画式的自由构图;装饰题材包括人物、动物、花草、文字题跋以及各种寓意吉祥的几何纹样。墀头是硬山山墙突出于檐下的装饰部位。墀头上部的戗檐和盘头下的垫花,外形方正而且幅面大,又是檐下的突出部分,因而成为砖雕装饰的重点。墀头砖雕纹饰题材广泛,多为喜鹊登梅、凤穿牡丹、狮子绣球等寓意吉祥的纹样。盘头部分为多层线形结构,雕饰以卷草之类的连续纹样为主。大木建筑的墙上嵌有一种小型砖雕构件,称之为“透风”或“透气”。透风多为长方形,纹样以梅、兰、竹、菊等花草为主,或采用瑞兽、吉语字符等;雕刻题材以具有吉祥寓意的图案为主,如花草鸟兽、福禄寿喜、岁寒三友、鹤鹿同春、麒麟卧松、博古花瓶、鸳鸯荷花等。这些雕刻寄托着房宅主人对美好生活的憧憬。纹饰中暗藏透雕孔洞,以便散发潮气,使墙内木柱免受腐蚀。屋顶砖雕主要用于装饰屋脊和各种脊饰。砖雕脊饰种类繁多,不同地区风格各异。

总体上北方砖雕工艺纯熟,造型洗练,风格古朴、豪放;南方砖雕技法丰富,造型精致,层次感强,风格或典雅或绮丽,颇具阴柔之美。

民勤会馆中的建筑雕刻,南北交融,技艺精湛,文化内涵丰厚,艺术造诣精深,是传统文化的宝贵遗产,也是人类的共同财富。

民勤会馆大殿内佛坛砖雕

民勤会馆匾额楹联解读

在我国,几乎所有的古建筑都与楹联文化密不可分。

民勤会馆牌楼匾额上书“福荫苏山”四个行楷大字,苍劲有力,气势雄浑,为西北书家民国上将马福祥所书。“福荫苏山”之“苏山”,即今甘肃省民勤县境内之“苏山”,亦称“苏武山”。源于苏武当年奉汉武帝之命出使匈奴,被匈奴王单于囚禁,放逐北海牧羊。相传北海就是民勤县境内当时的白亭海,那里人迹罕至,牧野千里。单于给了苏武一群羝羊(公羊),说要等羝羊生下羊羔才放苏武回去。苏武赶着一群羝羊,晨曦初见,便手持汉节登上山巅仰望长安,皓月当空与羊为伴,整整十九年。风沙撕破了他的衣裳,岁月漂白了他的鬓发,连白亭海的水也干涸了,在海边留下一条曲折的羊肠小道,今称“羊路”。山卜的村落便称“苏山”。民勤县博物馆还收存着一块“汉中郎将苏武牧羝处”的石碑。苏武山最高处有一个用黑土板筑而成的方斗形烽火台,被称为“野鸽子墩”。相传苏武在塞漠牧羊,思念中原故国,感动上苍,一夜之间筑成高墩,苏武遂用信鸽传书。汉昭帝得信,与匈奴修好,苏武归汉。后人敬仰苏武坚贞不屈的民族气节,在苏武山修建了苏武庙,怀念这位千古忠臣,同时也祈求神明佑护五谷丰登,畜群平安。

牌楼背刻“膏流瀚海”,“膏流”亦称“流膏”,意为滋润土壤的雨水。亦借指恩泽。《管子·度地》:“树以荆棘,以固其地,杂之以柏杨,以备决水,民得其饶,是谓流膏。”李咸用(唐)《同友生春夜闻雨》诗云:“此时童叟浑无梦,为喜流膏润榖芽。”“瀚海”原本指的是“海”,即北方的大湖,缘于民勤县远古有白亭海,今虽仍称湖区,但早已有名无实。后来指沼泽及北方广大地区,戈壁沙漠。唐代边塞诗人岑参著名的边塞诗《白雪歌送武判官归京》中就有“瀚海阑干百丈冰,愁云惨淡万里凝”之语。

牌楼有联:师孔成仁絜孟取义,如水行地落日在天。说的则是镇番商民背井离乡、立

足异地的道德准则。百代素王孔子学说的核心道德要求即为忠孝仁义,“仁”为克己复礼,孟子所谓“义”,即为仁而舍身取义。孔子说:“己欲立而立人,己欲达而达人。能近取譬,可谓仁之方也已。”(《论语·雍也》)孟子曾言:“大人者,言不必信,行不必果,惟义所在。”(《离娄下》)“如水行地”则表明镇番商民认为遵从孔孟之道德标准如水流于地般贴地而行,自然而然。“落日在天”则涵义甚丰,太阳虽东升西落,但无论升落,根在天上。“落日”或许可以视作镇番商民本身,虽屡经迁徙,终将落叶归根。落日与家园,相互依偎,妩媚里包裹着深沉的眷念,宁静中透出博大的温馨,令人遐思,也给人神奇的感受。好似一个初离家园出外远行的人临到与亲朋、与故土分别时,一步一回头,踯躅的脚步里显出了对亲人、对家园的眷恋与牵挂。

左右次楼嵌板上各刻有楹联一副,东联曰:门开圣域廷(应为“适”)佳日,春入贤关接瑞云。西联曰:者(即“这”)里乾坤自今古,此中身世如画图。此两联表达了民勤商民远赴张掖经商的美好憧憬,将眼前福地张掖喻为“圣域”,“贤关”,良辰福地,天时地利,四美齐具。

大殿门楣匾额从左至右依次为:源水归宗(左),忠贞万古(中),神圣感应(右)。从社会学的角度讲,人能做到“孝天下”已经很难得了,但是,从“孝”的本义讲,这还不是最大的孝。那么,最大的孝应该是什么?那就是“认祖归宗”。忠贞智慧,万古流芳,胸怀壮志、关心国事才堪称大写之人。“神圣感应”说的则是神明及圣贤对人事的反响。颜之推(北齐)《颜氏家训·归心》:“神通感应,不可思量。”刘知几(唐)《史通·书事》:“幽明感应,祸福萌兆则书之。”沈鲸(明)《双珠记·僧榻传音》:“恶有恶报,感应之常。”《清史稿·世祖纪二》:“考之《洪范》,作肃为时雨之徵,天人感应,理本不爽。”

民勤会馆历经百年,风华不改。这些虽留存较少却放之四海而皆准的朴素语言至今掷地有声,虽为木铎,却发金声。

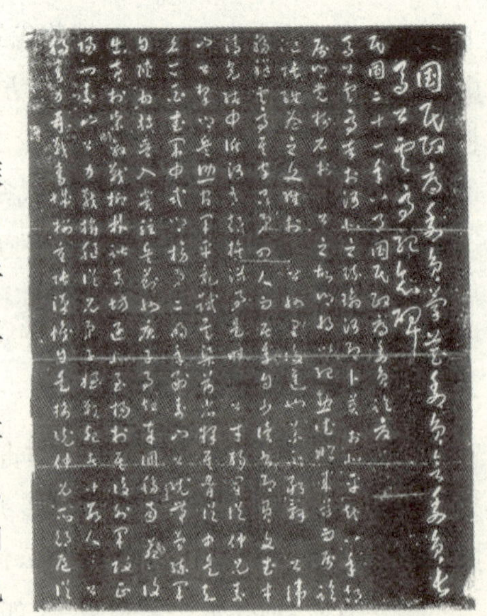

附:民国上将马福祥的传奇人生

马福祥(1876—1932年),字云亭。“宁马”回族军阀奠基人。世居甘肃省河州(今甘肃临夏回族自治州临夏县)城西韩家集阳洼山。辛亥革命后,与子侄辈长期主政宁夏,就以宁夏为“桑梓”,视为第二故乡。

清光绪二十一年(1895年),甘肃爆发“河湟事变”,武进士马福禄带领三弟马福寿、四弟马福祥,组织乡勇帮助清军镇压自己的同胞。陕甘总督衙门为了进一步实施“以回制回”的策略,批准马家三兄

弟组织一支回民地方武装，命名为“安宁军”，从此马福祥兄弟三人开始跻身宦途。光绪二十三年（1897年），马福祥中武举。光绪二十六年（1900年），甘肃提督、武卫后军总统董福祥将安宁军改编为简练军，辖马步七营旗，仍由马福禄、马福祥兄弟指挥，跟随董军开往京畿勤王。期间，在帝国主义组织的“八国联军”侵略军进犯北京时，董福祥所率领的甘宁回汉健儿，是敢于抗击外国侵略军和最有战斗力的少数部队之一。马福禄、马福祥兄弟又是董军中敢打硬仗的一支生力军。马部曾在京津之间的黄村、廊坊、落垡一带与义和团军并肩作战，搏杀洋鬼子入侵军。马福祥带领父子兵“挥短兵闯入阵，喋血相搏”，杀败鬼子兵，《清史稿》称其“为庚子之役第一恶战”。奉命退守京城后，担任镇守邻近外国使馆区的正阳门（即前门），再次与义和团一起攻打使馆区，保卫紫禁城。在血战中，马福禄饮弹阵亡，马家同时牺牲的兄弟子侄亲族有数十人。八国联军攻占北京后，由马福祥接统简练军，并主动担负起护卫慈禧太后、光绪皇帝等王公大臣们向西逃跑的特殊任务。“两宫”逃到西安后，马部又成为禁卫行宫的临时卫队。从此，马福祥受到西太后的赏识，并有机会结交到一批重臣和宫内权势宦官们，给以后的攀升创造了条件。“两宫”返回北京时，马以“在京有战功，沿途宿卫，亦著劳谨”，赏记名提督，实授靖远协副将。不几年就上升到总兵大员的高位。

辛亥革命爆发时，马福祥先持观望态度，后见清廷大势已去，很快就转变态度，与甘肃军政民议各界代表人物联名通电赞成共和。北洋政府先后任命马为阿尔泰护军使、西宁镇总兵兼署青海办事大臣。因内蒙古王公上层代表人物旺德尼玛响应外蒙古的独立运动，起兵呼应，大搞分裂活动，绥宁不靖，北洋政府改任马为宁夏总兵官。马福祥于1913年秋，率所部昭武军十三营2500名步骑官兵赴任，不久改任宁夏护军使兼满营将军。一直到1921年，因袁世凯在甘肃的代理人、甘肃督军张广健倒台，省内回、汉两派武装集团分别推举马福祥和陆洪涛争夺督军席位，从而在全省掀起“易督风潮”。北洋政府为防止事态扩大，引发甘肃回汉仇杀的恶剧重演，便采取调和的办法以陆洪涛代理甘肃督军，升调马福祥为绥远特区都统，所遗宁夏护军使由其侄马鸿宾接任，其子马鸿逵亦升任陆军第五混成旅旅长，随父开赴绥远驻防，西北大局方告平静。

马福祥在宁夏任职数年，做了一些有益事情。首先，有效维护了地方安定。马福祥上任伊始，就智擒内蒙古搞分裂活动的领头人旺德尼玛，消除了绥宁地区的一大隐患，为此马被晋授为陆军中将，奖二等文虎章。接着又擒斩伪皇达尔六吉的复辟活动，防止了宁蒙地区又一次大的动乱。还在抵制绥远“独立队”卢占魁部、陇东张九才部和河南白郎农民军西进等战斗中，艰难地实现了保境安民，使宁夏地区在北洋时期军阀混战的动乱年代，相对保持了局部的安宁，给宁夏人民得到了暂短休养的机会。北京政府为表彰马福祥的安边治宁功劳，以“积功在边陲，息贺兰之烽火”，特授予勋四位；又以“猛士守方，贵有安边之略……虽师于灵武，永无西顾之忧”，晋授勋三位；再以“勇著金城，勋高铜

柱”、“功建虎节于朔方”,续晋勋二位,加上将衔。

其次,重视文化和教育,尤其是关心民族教育。马福祥虽然是虔诚的穆斯林,但从小在接受伊斯兰文化教育的同时,也受到过良好的汉文化儒学教育,并以儒将自诩,对回汉子弟的教育格外关心。在镇守宁夏期间,他力主在各县设立劝学所,倡导青少年进学校受教育。他还带头捐资筹款在宁夏创办蒙回师范学校,又先后在宁夏各地分别捐资增设清真小学64所,并捐资在府城(今银川市)创办宁夏地区历史上第一所公共图书馆和讲文论武馆。还协助地方政府,于府城首次建立了甘肃省立第五中学和第八师范学校(合校),被时人称之为“五中八师”,从而首开宁夏现代教育之先河。他还带头捐资,出面募集教育基金,资助品学兼优的青年学生出省、出国深造,为宁夏培养造就了一批有用人才。他在任期间还亲自挂帅,主持编修完成了一部宁夏新方志——《朔方道志》。自古以来都讲“盛世修志”,而在民国初年,全国局势混乱,各省战乱频仍,处于这种时局之中,宁夏地区却能修成一部三十二卷的大型地方志,这在全国实属罕见,因此《朔方道志》在中国方志史上占有非常重要的地位。马福祥不仅为第二故乡宁夏的文教事业做出贡献,他还在兰州、西安、上海、南京等地带头捐资兴办回民学校。在北京主持建立成达师范学校、西北公学和创办全国最大的伊斯兰教杂志——《月华》。经过马福祥的努力,由他提议的“建立蒙古地方教育行政委员会”,以及“给以边疆教育基金”两个提案,在南京国民政府行政会议上获通过,为促进当时边疆的民族教育起到一定的积极作用。

再次,在封闭落后的宁夏地区,起步试办现代化建设。马福祥思想开明,接受新事物快,在宁夏力所能及地倡导创办轮船公司,积极开发黄河水运。筹办汽车股份有限公司,改善落后的交通状况。

同时,在政治上他对外反对日本帝国主义的侵略阴谋,不受其利用与拉拢,坚持爱国主义立场,反对日特策划建立“回回国”的分裂活动;对内则周旋于各大派系之间,在激烈的政治漩涡中,左右逢迎,巧于应付,力图自保。1924年,他既赴京参加段祺瑞主持召开的所谓的“善后会议”,同时又谒见孙中山,表示拥护“三民主义”,欢迎孙中山的领导。1925年,冯玉祥发动“北京政变”后,自任西北边防督办,命令所部西北军全线西撤,执行“入甘援陕”的战略转移。时任绥远都统的马福祥不得不交出地盘,改任冯的西北边防会办。后又改任北京政府的航空督办。1927年,蒋介石叛变革命之后,极力拉拢与利用西北回族军阀势力的代表人物马福祥,邀马赴南京,给他的头上加了国民党中央候补委员、南京国民政府委员、国民政府军事委员会委员和北平政府分会委员、开封政治分会委员、黄河水利委员会委员、赈务委员会委员、编遣委员会委员,以及蒙藏委员会副委员长、故宫博物院理事等许多头衔。蒋冯阎中原大战中,由于马氏父子倒冯助蒋,蒋介石对马福祥更加重视,先后让他担任青岛特别市(相当今直辖市)市长、安徽省政府主席、国民政府蒙藏委员会委员长。同时又任命马鸿宾为甘肃省政府主席,马鸿逵为宁夏省政府

主席，其三兄马福寿也曾一度以宁夏省民政厅长之职兼代宁夏省政府主席。马家兄弟子侄4人出任省主席等要职，这在中国近现代史上实为罕见。1932年，马福祥因病辞去蒙藏委员会委员长职务，隐居天津，潜心从事回族伊斯兰教经典的研究编印。他主持与资助编印《希真问答》等多部经书并题签、作序，积极筹备印行。著有《蒙藏状况》、《家训》、《训诫子侄书》。

1932年8月19日，马福祥病故，葬于北平(今北京市)阜城门外三里河坟地。治丧时，蒋介石发来《祭马云亭先生文》，戴季陶发来《挽马云亭先生诗》。军政要员、社会各界和全国各地穆斯林群众纷纷以各种方式致哀。称"马公云亭是吾教先进"、"马公云亭是边陲的关心者"、"追悼马公云亭要努力和倭奴奋斗"……1943年夏，国民政府委员、国民政府监察院院长，中国近代著名的书法家于右任先生在兰州视察工作期间，应邀书写了《马云亭纪念碑》碑文。

参见丁明俊著《马福祥传》，宁夏人民出版社2001年版。

客地修会馆 家乡建堡子

自清代至民国，恶劣的生态环境迫使大批的民勤人苦学而优者外出作官，仓廪盈余者口外经商，贫困潦倒者放羊牧驼……在新疆、青海、河西走廊、阿拉善等地区就曾有许多民勤人经营的商号颇有盛誉。

正是这么一个不愿在自己干涸的土地上坐以待毙的群落，民勤人赢得了世人的尊重，也才有了"天下有民勤人，民勤没有天下人"的费解之语。所谓"天下有民勤人，民勤没有天下人"，意思是民勤偏处西北一隅，僻壤边陲，少有外人来，但民勤人却不惜远走他乡，足迹走遍天下。

民勤人的地域、宗族、亲戚观念极强，"镇番人的亲，扯扯秧的根"说的就是民勤人宗族和亲缘关系的密切性，也说明他们在任何情况下都能互相团结和依赖的优点和长处，

这正是民勤人行走天下的法宝。

民勤人所到之处,镇番巷子(街)便很快形成,成为了民勤人在当地的归宿和依靠,这个巷子也就成了他们的第二家乡。随之开始集资修建镇番庙,民勤会馆依此而生。会馆的修建,成为民勤商民的精神依托与重要活动场所,同时成为民勤人强大向心力的载体。

几乎各地的民勤会馆均大同小异:坐北朝南,四合院式结构,主要有牌坊、钟楼、鼓楼、大殿、配殿、厢房等,都体现出南北结合的建筑风格。不仅翼角飞翘,造型优美,而且结构精密,稳固耐久。斗拱承上启下,右牵左拉,即使遭遇强震,也能做到"墙倒房不塌"的特殊功能。

衣锦还乡是中国人的传统。许多浪迹天涯、苦心经营后盆溢钵满的民勤人怀揣着银两返回故里,不约而同地会做一件事:修堡(pǔ)子。于是,在民勤县就留下许多因这些成功人士而出名的堡子,如张梅少堡、王参谋堡、瑞安堡(俗称王团堡子)、卢家堡子等等,这些风云一时的堡子大多早已被强行拆除,至今幸存下来的多已破败不堪,无人问津。但瑞安堡虽历经风雨沧桑,却依然风华绝尘。这是1938年民勤县的保安团长、地主王庆云调集全县工匠,历时两年修成的。瑞安堡继承了中国古典建筑的美学传统,造型独特巧妙,自成风格,厚重、坚实,小巧、精细。瑞安堡的外形是北方建筑,里面的雕刻多是南方风格。

瑞安堡内的建筑格局有很多讲究,诸如"一品当朝"、"凤凰展翅"等等,房屋140余间又分为"七庭八院"。更主要的是这些建筑及堡子保存相当完好。整个瑞安堡的建筑颇具匠心,房屋与城墙间的一些夹道被巧妙地营造成暗道机关。东南墙角与西墙中间的望月楼下的墙体又为空心结构。堡内前院较大,两道门楼,中院正堂和后院双喜楼建筑在一条中轴线上,格局严整,层次分明。层层推进的门阙,突出了院落丰富的空间变化,给人以幽深莫测的威严感。据估算,在当时的条件下修建瑞安堡,需要10万银元,折合成现今人民币,约为2000万元。1951年春,瑞安堡被收归公有,变成了当地国有单位的办公场所。1983年,当地文化部门接管了瑞安堡。2006年,瑞安堡列为被国家重点文物保护单位。自从瑞安堡被列为"国保"以来,保护和开发瑞安堡便成为重中之重。自2006年到现在,民勤县已投入80多万元,用于瑞安堡的修缮和保护。而由甘肃省文物保护维修研究所所作的《瑞安堡整体修缮保护方案》也已出台立项,国家文物局专门下拨100万元用于此项目。

与瑞安堡同时被列为国家级重点文物保护单位的民勤会馆该如何保护，如何重新唤醒它的生命力，成了摆在我们面前的文化发展困惑。

时至今日，无论是家乡的堡子，还是客地的会馆，都已成为民勤人永远的精神家园，因为那里留有民勤人先辈的足印。

民勤会馆保护喜忧参半

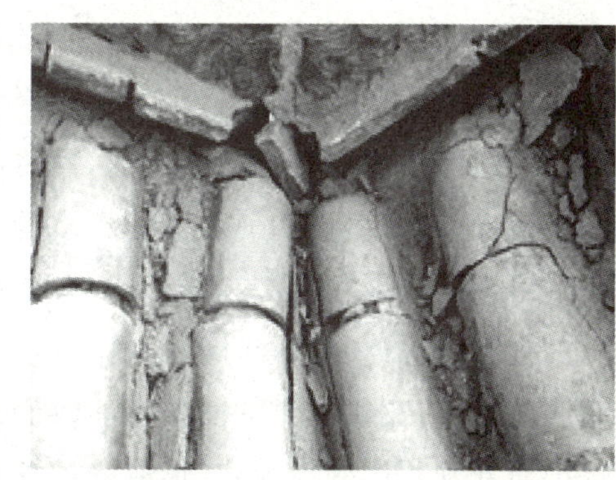

近几年来，河西走廊沿线城市在西部大开发的号角下展开了史上最大规模的城市建设和旧城改造，历史名城张掖也真正进入了“日新月异”的腾飞时期，“宜居宜游”的园林城市是其建设目标。在大规模拆迁的同时，承载着国人无数梦想和思乡情怀的众多古建筑，引起人们前所未有的关注。如何把根留住，把甘州文脉继承，如何很好地保存、保护和开发、利用它们，成了摆在政府以及每一位市民面前的难题。

古建筑是民俗文化保护和展示的最好载体。旧城改造，让一幢幢富丽堂皇而又毫无个性的高楼拔地而起。密集的楼群遮挡了阳光，割裂了蓝天，也使得曾经盛极一时的诸多会馆隐没在市井的喧嚣之中，变成了一个被人遗忘的角落。

民勤会馆有幸沉浸在甘州学子的朗朗书声里，但“养在深闺人未识”，如果不是有人指路导引，你几乎不可能目睹它真正的容颜。许多与民勤会馆有着千丝万缕联系的人们远道而来，却屡屡遭遇闭门羹，抱憾离去。

驻足于民勤会馆的大门前，几经风雨，曾经光鲜亮丽的油漆早已剥落，只剩下斑驳的粉卷，隐约泛着或红或棕的颜色。置身会馆，仿佛穿越百年，懵懂进入了时光隧道。古色古香的牌楼，技艺精湛栩栩如生的砖雕、木雕……一切的一切，都传达着这里丰富而不可替代的文化遗产讯息。宛如一位饱经岁月沧桑的老者，更是传统历史文化的“活化石”。

那么，如何才能使旧时的民勤会馆给当下的人们一种可居、可游、可赏的文化体验呢？剥落的油漆，泛白的灰色砖雕，向世人诉说着商民们的沧海与桑田。北京师范大学文

化创意产业研究院执行院长肖永亮曾说:“会馆与街区不可分割。会馆是街区之魂,街区是会馆之境,只有整体保护才能充分发挥作用。”而“现在流行的做法是,将本身很有价值的东西当做没有价值的东西来用,许多地方会馆沦为民居、校舍甚至废弃,拆除,让人心寒。”

民勤会馆作为民勤人在张掖的根,承载着民勤人在张掖的历史,记录着商民们一路走过的辛酸,体现了地方文化的归属感和一种珍贵的民间向心力。作为一种独特的历史遗存,民勤会馆承载着大量的历史文化讯息,蕴藏着大量建筑、曲艺、民俗、唱答、结谊等文化基因的种子,默默地诉说着历史的厚重、文化的赓续。

令人遗憾的是,民勤会馆早已陷入“有馆无会”的尴尬局面。那么,如何给会馆注入新的生命力,使其更好地服务于社会呢?“静态的文化遗产只有与时代接轨,才能为当下人接受,孤立、静止的观点是行不通的。”传承了百年有余的民勤会馆文化,如何才能在当代社会焕发勃勃生机,如何才能让更多的人感受民勤会馆文化的魅力,成为了新的课题。那么,开发利用是不是一定会破坏传统文化的“原汁原味”?其实不然。文物不是死的、静止的东西,它也会随着时代发展注入适应时代的新鲜元素。商业化只是一种手段,它的底线就在于,建筑本身的韵味不能改变,获利是为了文化更好地传承。探索出一条文物保护与开发利用的新模式,形成张掖独具特色的对外宣传窗口,打造一张亮丽的甘州文化名片。“老建筑无论是利用还是保护,必须对原有文化起到传承的作用”。民勤会馆承载着丰富的历史文化内涵, 它为展现一座城市的文化魅力和城市性格添加了深刻的内容。如果不及时采取措施进行文化保护和市场开发,这种稀缺资源将很快消逝,体现张掖城市文化魅力的这一重要元素将丧失殆尽。

任何一个会馆都有自身不同的地方特色,“会馆文化的传播, 并不是让全世界的人都到每一处每个点参观,而是看到一个大的品牌,一种整体的精神。”“文化产业的发展,既要务实也得务虚。重要的是让人们看到一种真实的文化震撼力。”

民勤会馆的保护也是一个聚集民间资本参与文化保护与开发的良好契机。当然,如何能够更好地传承过去旧有的文化,如何保护文化的多样性特征,又该确立怎样的市场定位以及经营方向,是值得探讨的。目的是使会馆资源真正成为一颗颗点缀在城市楼宇间的璀璨珍珠,而不是冷落一地无人问津的拼图,甚至沦为无情铁铲下的片片瓦砾。

会馆文化在全国各地星罗棋布,它“见证了历史文化大迁徙,它承载着民族间、地域间的文化交流大气象, 它遗存的是民族融合团结的精神遗产和各种精美艺术经典”,无论如何都应是我们文化遗产保护不该遗忘的重要文化品类、品牌和文化空间。

习惯了觥筹交错、厌倦了酒桌歌厅的人们,在会馆这样的氛围中聊着“城市、文化”,惊喜于不断矗立的钢筋水泥“森林”中尚且留存着这样一幢古厝,在成为将要旧貌换新颜的这座城市一道别致风景的同时,也承载了甘州文脉传承的梦想。何乐而不为呢?

老宅遭浩劫 满目皆疮痍

十年浩劫是国人不愿揭开的伤疤,因为那是一个极度扭曲的时代。

“文化大革命”开始后,随着红卫兵运动的兴起,极为荒唐的破“四旧”运动开始了。“破四旧”的“伟大创造”几乎彻底毁掉老祖宗几千年的文化。所谓的“四旧”,指的是旧思想、旧文化、旧风俗和旧习惯。由于当时对于“新”和“旧”的概念没有科学的标准和正确的态度,加之红卫兵的盲目和无知,在江青、林彪一伙人别有用心的煽动下,破“四旧”变成了砸文物、打人、抄家的同义词。

“金猴奋起千钧棒,玉宇澄清万里埃。”红卫兵小将们拿着这根千钧重棒,横扫一切剥削阶级的旧思想、旧文化、旧风俗、旧习惯的灰尘……“破四旧”运动如火如荼地展开了,文物古迹、图书字画等珍贵文化遗产,均成为“革命”对象的重中之重。

孔圣的泥胎被拉了出来,“万世师表” 的大匾被摘了下来……百代素王孔子的坟墓都被铲平了,封建帝王歌功颂德的庙碑都被砸碎了,孔庙中的泥胎偶像都被捣毁了。

小小的民勤会馆又算得了什么呢?虽地处边陲小城,可革命不落人后。由红卫兵和贫下中农组成的突击队,雄赳赳气昂昂来到民勤会馆抡起镢头,挥舞铁锹,狂砸狠刨……

今天的你我看到的是修缮后的古宅呈给我们的笑脸,可是谁又能从它显而易见的修补印迹中细究它遭受的凌侮呢?

轻踏落叶,漫步走近会馆大殿,门楣正中“威震华夏”的匾额已不复存在,空空的门楣上,似乎听得到奉命刮除牌匾文字的红卫兵小将因木刻坚硬而骂骂咧咧的埋怨声。大殿里空虚得可怕,原本它可是个艺术殿堂呀!正气凛然义薄云天的彩塑关帝哪去了?精彩绝伦惟妙惟肖的壁画哪去了?遒劲有力、铭刻历史的石碑哪去了?

我似乎看见了不堪回首的一幕。

那是风和日丽,槐花飘香的一天,气壮山河的红口号刚刚喊过,红卫兵小将们便“开赴”民勤会馆,开始了忙碌的工作:焚烧(于右任的字,张大千的画),拆除,打砸抢。一个视“四旧”如粪土的小将跑到大殿里撒尿,一泡尿冲刷出了有识之士用黄泥糊抹掩护起来的壁画。一声惊叫,唤来几十张铁锹,巨幅精美绝伦的壁画瞬间被铲得精光。正当红卫兵小将们欢呼雀跃时,又一个天大的秘密被人发现,大殿的北墙有夹层。原来为了保护

那些无价塑神,老师们事先紧贴神像砌了一堵墙。这个意外收获使红卫兵小将们再次蜂拥而入,直至“造就”了又一堆废墟,才意犹未尽地出来。眼尖的一位远远看见会馆门口钟楼鼓楼上光芒四射的宝顶,主动请缨,“任劳任怨”,攀爬上楼顶,手持木棍,挥舞横扫,琉璃宝顶被敲得粉碎。在众人的喝彩声中,小将们志得意满地回去了。

在红卫兵小将们看来,工作一定要做得尽善尽美。拆下的宽厚的刻满文字的木匾,请来一个木匠刨除残留的精雕细刻的纹饰,做成乒乓球台供他们娱乐。身材魁梧的木匠趴在匾上,抚摸着龙凤雕饰,泪洒刨痕,无语凝噎。

民勤会馆的保护与利用

民勤会馆深居张掖二中校园,既是二中创建的起点,又是二中发展的圆心。半个多世纪以来,历经沧桑,闹中取静,虽遭破坏,风采依然。

据“2010会馆保护与利用论坛”上公布的数据显示,作为全国会馆最为集中的北京西城区宣南地区,会馆数量比新中国成立初期减少了四分之三,比上世纪90年代减少了三分之二。这一地区现存的101个会馆中,有94处仍有居民居住,另外7处为商业、办公利用,预计未来只有约四成会馆原址能够避免“拆除”的命运。即使为数不多幸存下来的会馆,命运也大致相似。城市前进的滚滚步伐,让这些盛名在外,却已历经岁月洗涤的老建筑愈显单薄。

庆幸的是,近年来,党和国家领导人高瞻远瞩,提出了文化强国的伟大战略,使这些落寞的古建筑迎来了又一个温暖春天。

闲弃和仓储本身就是一种破坏

学校发展日新月异,办学规模今非昔比,教学大楼鳞次栉比,会馆校舍黯然退场。昔日核心,今已边缘。杂物存储,学生体训,竟成为唯一功能。民勤会馆,因藏之深闺,而识者甚少。其厚重的历史文化似乎与学校教育生生割裂了。历史之所以是历史,就在于它的连绵和延续,而老建筑是最真实的历史符号和记忆。民勤会馆的存在就像一部厚重的古书,讲述着若干年前的故事,割裂自然的延续不是一种明智的选择。

随着人们物质和精神生活越发富足,才意识到很多熟悉并有意味的东西已经荡然无存,才感到后悔和遗憾。正因为民勤会馆经历过创伤和破坏,我们现在才更应该懂得珍惜,整座完整的老宅本身就是一座上好的博物馆。

注入生命与活力，定性高度与品位

在寸土寸金的现代城市，1600 平方米可不是个小数字。青砖红墙，飞檐翘角，大美三雕，古槐参天，堪称绝美。在校园的朗朗书声中，会馆老宅就如同一位皓首穷经的老人，每个毛孔里都渗透着文化的气息。

作为中国文化的老建筑本该以体面的姿态存在，无论是修缮、翻新还是利用，都不该忽视建筑本身的特质，这样才能让每一座建筑有尊严地生存。而不应“委曲求全”，沦落为毫无生命和尊严的所在。好建筑会蕴藏着很多人和事，每一方石刻、每一块匾额都可能还原一段历史。保护和利用老建筑，前提是尊重建筑本身。

利用底线在于保留韵味，张扬个性

民勤会馆沉睡于张掖二中，与美丽的校园形成景中之景。然而很多在此就读过的人，竟然不知道它的存在，更不用说它所承载的厚重历史。许多人虽与之朝夕相处，却视作世外桃源，仅限远观。文化产业是公认的新兴产业，文化产业化是未来的必然趋势。一个城市不发展就会没有生命力，一座古建筑不发展，同样会消磨它的生命力。中国人民大学文化创意产业研究所所长金元浦说：“要夷平一片建筑或围起来保护很容易，而要将建筑融合为城市的一部分才是最大的考验。”

民勤会馆的保护和商业利用不是非得“你死我活”。它虽处校园腹地，有局限，但同时我们惊喜地看到它近水楼台的优越性。既能保证建筑本身的韵味不改变，又能提升学校甚至一区的知名度，进而获利，来更好地传承文化。

措施与步骤

1. 解读民勤会馆及历史，包括会馆文化，建筑风格，商民文化。
2. 深度挖掘有关民勤会馆的人和事，创建专门陈列室。
3. 大量搜集相关物件，创建商民物件陈列室。
4. 栽植名花异草，走精巧路线，景中植景。
5. 邀请深谙民勤会馆的老者及历史文化名城研究专家定位会馆发展。
6. 创建民勤会馆书画展馆及张掖二中书画研习中心。
7. 创办民勤会馆文化论坛，定期邀请教授学者进行文化专题讲座。
8. 建立专门网站，实行门票收费作为捐资，第一时间公示于网站。
9. 创建甘州国学馆，同时作为古文教学实践基地。

第三章

镇番商民文化解读

感怀商民 肃然起敬

笔者自懂事起，就和时代一起呼吸着“阶级斗争”的残余之气，刻骨铭心地记住了诸如“为富不仁”、“割资本主义的尾巴”这样的词句，进而也对商人种下了恶感，把那句流传好多辈子的“无商不奸”的话，作为“商人”品格的习惯性评价界定了下来。

“嫁得瞿塘贾，朝朝误妾期。早知潮有信，嫁与弄潮儿。”《江南曲》中的女子宁可委身弄潮戏水的少年，也不嫁作商人妇。白乐天“门前冷落车马稀，老大嫁做商人妇。商人重利轻别离，前月浮梁买茶去”的诗句更是道尽琵琶女对失败婚姻的悔恨，同时也是对商人重财薄情的道德人格进行了鞭挞。明代冯梦龙的《杜十娘怒沉百宝箱》，更是激起笔者对始乱终弃的商贾公子李甲的痛恨。文学大师们的只言片语让笔者在寻找人生坐标时早早框定自我：没有当官的血统，缺乏经商的细胞，和商人自觉划清了界限。现在看来，除了感染上了政治狂热的时疾，大约是民族文化中某些消极价值取向的遗传起了作用。

不言而喻，从社会发展的大视角看，今天的人们商业观念的增强确是中华民族向文明的阔步迈进。“无商不富”、“无商不能强国”的理念更是被大力倡导。如今的人们时时处处都能感受到商品经济的熏陶浸润，“尊商慕富” 的观念早已代替了旧有的 “抑商仇富”，甚至走向了另一个极端。“富而行其德”者少了，坑蒙拐骗者多了；“羡慕嫉妒恨”者多了，童叟无欺者少了。

国人喋喋不休大骂世风日下的同时，又开始追忆那些随历史远去、真正恪守“贾道”的商人们。而笔者要赞颂的正是自清至民国时期，活跃在中国西北的镇番商民，也许他们才是我们苦苦追寻、膜拜敬仰的商人群体。

商民即商人。《商君书·农战》：“国有事则学民恶法，商民善化。”《谷梁传·成公元年》：“古者有四民。有士民，有商民，有农民，有工民。”“商民，通四方之货者。”

笔者所说的商民并非那些在通都大邑富甲一方的人，而是来自郊野，拉驼闯荡，在异地他乡“针尖上削铁”谋求生计的农民。

镇番(民勤)在明以来，由于移民屯田，使镇番和外界联系更加广泛、密切。山西、陕西等省商贾来此经商。他们或肩挑货箱，走乡串户，人称“货郎子”；或租地居住，坐地经商。在外来商贾影响下，少数本地人也参与经商活动，或在街道旁摆摊设点，或到农村肩挑叫卖。如逢庙会(农历四月初八日)，民众自动聚集到苏武庙、娘娘庙、东镇庙、红柳园

庙、大寺庙等寺观庙宇进香、看戏、游览,小商小贩借机赴会,庙会自然也成了商业活动场所。清末民初,坐商、行商、摊贩、货郎并举而兴,商品流通范围扩大,花色品种增加。其时,全县有大小商号150多家。镇番地处边陲,生态恶劣,天灾人祸频发,大批乡民拖家带口外出谋生,"走口外"成了镇番乡民实现人生梦想的重要途径。北上内蒙,西走新疆,民族融合广泛而又深入,开创出了乾嘉时期西北民间商贸活动的繁盛局面,为固边兴邦做出了贡献。他们善于按商情及市场变化进行购销活动,价格、经营方式比较灵活,经营范围广,分布地区广,对当地民生有着相当的影响。商民们虽经济实力上有强弱,活动范围有大小,但都在其中发挥着自己的作用。当然由于所处历史时期的局限,从晚清到民国,他们历经重重磨难,饱尝兴衰荣辱滋味,大多免不了悲剧性的命运。

1929年,马仲英屠城后,民勤城市面凋零,不堪言状,更多的百姓涌出家乡四处谋生,故而身处异地的民勤商民有增无减。此后,经过几年的努力,商务稍有恢复。1937年,抗日战争爆发,由于抵制日货,加之重要交通要道被日军占领和破坏,商品输入中断,物价暴涨,纸币贬值。一些投机商人借机囤积居奇,发国难财,以致商品购销极为紧张,特别是布匹和日用工业品尤为紧缺。民勤妇女历来有纺织土布的传统习惯,自商品输入中断后,农民自种棉花,城乡妇女的纺棉织布一度兴起。所织土布除满足自需外,还有部分土布、土褐呢流入市场。民勤商民采取收购或用棉花兑换的办法,将土布经张掖运往新疆等地交易。抗战胜利后,商品流通渠道畅通,物价大跌。原来囤积货物的商人皆受到严重冲击,损失奇重,有的商号当即倒闭。1946年,解放战争开始后,国民党政府矢志内战,生产衰微,苛捐杂税日重,人民生活极度贫困,社会购买力极低,商业又处于冷落萧条状态。1953年新中国统购统销政策的推行,正式宣布商民退出历史舞台。然而,商民对国家对社会的贡献却远未停息。

镇番商民　勤甲天下

“天下有镇番(民勤)人,镇番(民勤)没有天下人”这句俚语大约在明末、清代、民国时被世人广为传播。为什么会出现这种情况呢?这跟当年的民勤生态环境遭到破坏,人口不能和环境、资源相协调发展息息相关。

从明清时期民勤的人口变化可以看出“天下有民勤人,民勤没有天下人”的来历。明洪武五年(1372年),朱元璋派征虏大将军冯胜平定河西,在民勤设置临河卫,驻扎官兵2500多人,奉命戍边屯田,并从山西、河西等地移民2000多人,实行民屯,次年军民垦田就达340顷。洪武二十九年(1396年),改临河卫为镇番卫,再次大举移民,境内人口已愈5000人。至明永乐十五年(1417年)全县已有2313户,6517人,耕地面积近3000顷。境内“民多相望,城廓俨然,红稻飘香,驼马盈野”,[1]享有“塞上江南”的美誉。但是,由于蒙古贵族统治的残余势力经常寇边犯关,绿林匪盗肆意烧杀掳掠,再加上频繁的洪水、飓风、地震等自然灾害的侵袭,明朝中后期,民勤人口大量外流。到嘉靖二十年(1541年),民勤人口只剩下1871户,3363人了,人口比100多年前的永乐年间减少了52%。[2]明末的民勤籍“盲流”已遍及全国。

清雍正二年(1724年),改镇番卫为镇番县,[3]清廷移民开发,当年人口达到1万左右,屯田约2500顷。清乾隆十三年(1748年),镇番县户数有8191户,人口在4万以上。

[1][清]张澍《凉州府志》,周鹏飞、段宪文点校,三秦出版社,1988年版。

[2]参见《民勤县人口志》。

[3]道光《镇番县志》载。

道光五年(1825年)多达16756户,184542人。及至道光十五年(1835年),镇番户数又增至16758户,人口数增至189462人。从雍正年间至道光十五年的百余年里,镇番县人口飞跃发展。人口的盲目骤增造成绿洲自然资源有限的承载能力更加难堪重负。道光《镇番县志》载:“镇邑在昔,土旷人稀……故百物丰裕,号为奥区。嗣以生齿日繁,兼风沙剧,上游移丘开荒者沿河棋布。因河水细微,泽梁亦涸,土活泽饶成往事矣。”1919年《续修镇番县志》亦云;本县“土地肥瘠视水转移。镇邑明末清初地广人稀,水足产饶……自风沙患起,上流壅塞,移丘开荒,逐水而居者所在皆是。殖民垦地,河流日微,将有大满上减之忧”。由此看来民勤人早就对人口不能与环境协调发展有一种深深的忧患意识。

道光《镇番县志》又载:“我朝轻徭薄赋,休养生息,户口较昔已增十倍,土田仅增二倍耳。”《续修镇番县志》亦云:“民众广而土不广,以三倍之地养五倍之人,人与地两相比例过之数已有二倍。此二倍之人垦田无田,垦地无地。……有可耕之人而无可耕之地,其病源已昭然可见。为司牧者若不设法开垦,急谋生聚,广积储以足食,轻负担以纾困,一任数万生灵流离迁徙而不为所是,社会经济日形支绌,农业政策不见发达,窃恐满土减,将来国家税,地方税无论直接间接,俱难责偿,能无惧焉!”人口大量增加,生态破坏,民勤绿洲已无法承受巨大的人口负载,那些“垦田无田,垦地无地”的人只好“流离”为“迁徙之徒”,奔走四方了。

从明朝永乐中期到清末,民勤人的外流没有中断过。先是由政府强制性迁出,如清廷曾将甘肃、宁夏、青海五十六州县2448户居民迁徙至敦煌,民勤人也在迁徙范围之列。据乾隆《朱批屯垦》载,乾隆三十六年(1771年)十二月凉、甘、肃三州迁往济木萨尔400户(镇番为凉州属县),乾隆四十三年(1778年)凉、甘、肃迁往新疆昌吉等地1255户。四十三年十二月至四十四年(1779年)三月,由凉州等地迁往乌鲁木齐等地1882户。四十四年十二月又由镇番迁往乌鲁木齐等处317户。可见镇番人在乾隆朝应清廷边疆政策被大批迁到新疆等地,做出了巨大的牺牲。

后来由于生存环境恶化加剧,人们开始为寻找理想的生存环境而自愿主动迁出。不愿坐以待毙的民勤人大量迁出是在清末。道光十五年(1835年)镇番县有189462人,至咸丰八年(1858年)增至189785人,时隔23年人口仅增加了323人,仅增长了1.7%,不能不令人费解。光绪六年至十六年(1880—1890年)全县户数减至10067户,人口数减至183403人,光绪二十七年至三十年(1901—1904年)人口数进一步减至123595人。由此可见,自咸丰至清末,民勤人口呈负增长态势,这在当时实属罕见。不言而喻,这与清末民勤人口的大量外流有直接关系,是生态恶化逼迫民勤人自然选择的结果。由于人口不能与资源(在民勤主要是水资源)、环境相协调发展,求生的强烈欲望使民勤百姓“不得不奔走他方,自谋生计”。人口暴增,耕地锐减,土地沙漠化等问题突出。同治年间,因兵燹、饥荒、疾病等各种原因民勤人口减少2万以上。此外,这时期人口外出以经商等手段

谋求出路者甚多,奔走内蒙与新疆人数数以万计。

及至民国,人口新增,耕地日减,当政者无一不怀有人满地减之忧。同时,武威绿洲农垦迅猛发展,石羊河上游各大支流被拦截,下游的民勤只能依其河道渗漏,溢出地表的泉水和灌溉回归水,汛期洪水灌溉,成为石羊河流域的余水灌区。石羊河支流大西河完全干涸,东大河的水全被引入农田,湖泊干涸而变为沙滩、碱盆,昔日的阻沙天堑,此时成为滚滚黄沙之源。同时,湖滨河滩、农业绿洲外的过度放牧和樵采也加速了土地沙漠化的进程。民国8年(1919年),全县人口降至124631人,比光绪九年减少了68500人,锐减已愈三成。人口如此大幅减少,足以证明民勤人曾经直面的生态恶化问题似乎已经病入膏肓,无力回天了。越来越多的民勤人封闭陋室,背起褡裢开始闯荡天涯了,也许就是这些人书写了民勤人"勤甲天下"的美名。

新中国成立前的近百年间,民勤县约有26万亩农田遭受风沙侵害,6000多个村庄被风沙填埋。每年有成千上万的民勤人,在"举目远望一片沙,大风一起不见家,朝为庄园夕为沙,流离失所奔天涯"的悲吟哀叹中,拖儿带女,背井离乡,北走内蒙,西去新疆。

民勤人远赴新疆谋生的最多,大约从清康熙年间起,民勤人口开始大规模向新疆迁移,先后定居奇台、库车、乌鲁木齐等三十多个州县。在去新疆的途中,很多人流落于张掖、安西、敦煌等地就近谋生。在旧奇台、敦煌的镇番庙内的文碑上,记载着民勤人西迁的坎坷情景,留下了难忘的历史足迹。据说新疆有民勤人50万左右,这个数字几乎就是今天民勤县总人口的两倍。有关资料表明,新疆36州县的旧志,有很多部的主修、主笔,就是由民勤人担任的,可以说新疆就是民勤人的第二故乡。

清中后期和民国时期,在甘州(张掖)的民勤人数量也很庞大。康熙年间民勤柳林湖屯田区隶属甘州(张掖)管辖,也就是镇番柳林湖2500户,约1.2万人归甘州管辖[1]。因历史上民勤与张掖的这种衣带关系,外出经商、移民迁徙,大多数民勤人选择远去张掖,而不近走武威。民勤人走新疆可以不过武威,但甘州是必经之地。长期的文化交流使民勤与张掖的民俗大同小异而与武威却大相径庭。民国时期,客居张掖的民勤人众多,整条北街就是民勤人聚居之地,甘州人称之为镇番街。这一时期,途经张掖远走新疆的人则更多。为方便乡人,商户们多方筹资,在民勤会馆东侧又兴建一院驿馆供来往商民歇脚。民勤商民崇尚文化,教子严苛,为便于培养后代读书,培育栋梁之材,1943年由商会赵会长发起,在民勤会馆内设置了民勤小学,成立了专门董事会,聘请王以聪等8名教师,开馆授课。因此,许多民勤人也荣称张掖是他们的第二故乡。"天下有民勤人",看来民勤人心目中的第二故乡绝不止一处。

新疆全境各州县几乎都有清代后期流入的民勤人,在张掖的民勤人更是无法统计。

[1]参见王宗维:《民勤县历史沿革》,甘肃人民出版社,1989年版。

清代中后期敦煌县专门设镇番石村来安置民勤移民。今日内蒙古阿拉善左旗、右旗到古浪大靖等地区约三分之一以上的人口系清末、民国时民勤移民的后代。民勤人大量外流,"天下有民勤人",外地的人很少有来民勤的,自然是"民勤没有天下人"了。

民勤人能遍闯天下,骆驼功不可没。民勤地处塞北边缘,三面被腾格里沙漠、巴丹吉林沙漠所包围,是天然养驼之地。因此,民勤人走南闯北、奔走天涯靠的就是沙漠之舟——骆驼。过去民勤养驼高峰期,驼户有三千之多,骆驼总数约在四五万峰以上。清朝民勤马永盛家是第一养驼大户,仅稀有珍兽白骆驼就拥有三百余峰,红骆驼更是无数。

民勤驼队所走的路线,四通八达,遍及大半个中国。北至大库伦,东北经北衙门、包头、张家口至京津,东南经兰州、泾阳、汉中到西安、河南,南经青海至西藏,西经哈密、乌鲁木齐至南北疆。所到之处,都有民勤人在那里定居。至于到张掖、嘉峪关、兰州的民勤人就很多了。在左宗棠西征收复新疆的过程中,民勤驼队运输物资、供军士骑乘,贡献不小,而且为后来民勤人走新疆"踏"开了许多"驼道"。在辛亥革命后,孙中山先生想送一批茶叶给苏联作礼品,因东北战乱频仍,决定派民勤的驼队,经新疆驮运前往。这支驼队由民勤商会会长魏永坤为总领队。他们分别从西安和甘肃境内装茶起运,到酒泉集中,经过敦煌的阳关,进入南疆的罗布泊,绕道到鄯善、巴里坤,过天山北面的奇台,从北疆再西行,直达伊犁。进入俄国境内,过阿拉木图,沿着高加索的北部继续西行,到莫斯科后魏永坤等受到列宁的亲切接见[1]。

"天下有民勤人,民勤没有天下人"。民勤人勇闯天涯,苦寻生命"世外桃源"的精神着实令人钦佩,让那些苟且偷生者汗颜。但更多的还是隐隐的凄楚与悲凉,遥想当年,民勤沙漠化日趋严重,生存环境每况愈下,被逼无奈的民勤人像一碟被撒落各地的苦豆子一样,顽强地扎根,适应。"卖儿鬻女,半是被灾之辈;离家荡户,尽为沙压之民"。有钱的骑骆驼,无钱的徒步跟随,穿戈壁,过沙漠,逾山岭,长途跋涉,千辛万苦,才有如今民勤人遍天下、美名扬。

[1]参见王维宗:《民勤历史沿革》,甘肃人民出版社,1989年版。

清末，民勤人走新疆要经过嘉峪关，有一句民谣唱尽了远离家乡的凄凉："一出嘉峪关，两眼泪不干，往前看，戈壁滩；往后看，鬼门关，出关容易入关难。"[1]当年一出嘉峪关，就是沙漠和广袤的戈壁，往往行走数十日杳无人烟，往返一次就需半年时日。民勤人拉着骆驼行走在茫茫的沙漠戈壁之中，只有"叮当"、"叮当"的驼铃声相伴。正如张籍《凉州词》中写的那样，"无数铃声遥过碛，应驮白练到安西"。清代著名学者张澍也有篇《囊驼曲》写民勤人走天下的情形："草豆为刍又食盐，镇番人惯走趁赶；载来纸布茶棉货，卸到泾阳又肃甘。"[2]

人口盲目增加，生态极度破坏，被沙漠所围的民勤人很快沦为"生态难民"，只好四处奔走了。"天下有民勤人，民勤没有天下人"确实是一种历史教训。我们应吸取教训，控制人口过快增长，节约资源，保护环境，建设美好家园。

民勤人真可谓迁徙之民，他们的先人被迁移到民勤那片苦甲天下的土地上，他们又为生活所迫掩面而泣、背井离乡，创造了勤甲天下的奇迹。

背井离乡　逃离大漠

民勤，历史悠久，在青铜器时代晚期，人们就在此繁衍生息。民勤今日的居民，大体可分为因戍边而入籍、由宦游而侨寓、缘商贾而居家、伙移而安室和当地土著五种。多年来，勤劳善良的民勤人民，用自己的聪明智慧和辛勤劳动开发了这片位于腾格里和巴丹吉林两大沙漠之间的绿洲。

漫步在腾格里沙漠、巴丹吉林沙漠环绕的民勤边缘村落，虽然村里的耕地并未完全

[1][2]参见王维宗：《民勤历史沿革》，甘肃人民出版社，1989 年版。

受到沙漠的直接侵吞、掩埋，可是大部分的村民还是远离了故土。院落颓败萧条，有的紧锁着，有的已不惜将尚好的房屋彻底扒掉——显然他们已经义无反顾地彻底离开了。如此下去，石羊河一旦断流，农民也都背井离乡，河西走廊上这有名的民勤绿洲也许就会彻底消失在沙漠中了。

苦涩的井水浇灌出的五谷杂粮，养育了一代又一代倔强的民勤人，纵然闯荡于千里之外，但心却与故土紧紧依偎。因为这片土地上安眠着他们的先人，而先人们的坟丘和墓庐早已在岁月的风雨中被侵蚀。但人们潜意识中总觉得他们没有死，而是以另一种形态和结构生存着，混杂在现世的人们中间，长久地观望和监督着他们的行动，有意无意地规范着他们的行为，导引着他们的人生趋向。许多人至今还记得儿时的自己亲手捡起脱落的乳牙掩埋在那老院的门槛底下，封存了他们童年的快乐时光。他们的胎衣也埋藏在那老院的断墙残垣之下，似乎那就是他们深深植入故土中的根，想象中它不只是一堆血污的肉团，也不会腐化为近于泥土的物质，它具备根所具有的特质，牢牢地握住土地，循序渐进地成网状辐射开来，使人们的意识中永远存在着对老家的思念。一个个沿石羊河迁徙的流民，不管是富贵还是贫穷，都没有在这里长久居留和成就大事的想法，只是浮萍一样为生存而随波逐流。当确定无疑地认定所到之处是一块养育人的沃土时，才毫不犹豫地把根扎下。

几百年来，从民勤这片土地上迁徙到了新疆、内蒙、宁夏、青海等地的移民不计其数，在甘肃境内主要的迁移方向是张掖、酒泉一带，这也许就是一方水土对人产生的无限魅力；这也许就是血浓于水的最好佐证。民勤籍作家唐达天说：“一个人的爱国主义教育应该先从爱家乡、爱宗族开始。对于一个小小的灵魂来说，国家这个概念未免有些虚无与笼统了。”[1]

早在晚清，民勤就出现了许多以拉骆驼进行营运活动的驼户，他们把本地的土特产通过东路、西路驮运到外地，再把外地的丝绸、日用品等驮回来，通过这种苦旅般的手段赚了钱，再把经商和营运密切联系起来。当年出现了许多身穿长袍马褂的商贾，分别在西安、兰州、张掖、武威、古浪等地经营药号、百货、酿造、印染、印刷等业。

作家唐达天的文字里记述了一位传奇人物唐多鳌。唐的父亲和他都是清末武举，身处边塞，没有经历战争，一身武艺无处施展。唐家先辈也许认为通过耍刀弄棒已混不出什么名堂，就让唐多鳌只身闯甘州，在一家商号当学徒。商号掌柜知其两代武举，便重用他充任驼队保镖。唐多鳌每次押运货物，都一帆风顺，从未出过麻烦，商号生意异常火爆。据传，一次，他因长途跋涉困倦了，躺在棉花包上休息，身上竟泛红光。掌柜疑是棉花着火，急匆匆赶去，原来是唐多鳌在睡觉。他暗地请了一位卜筮者询问，那人判定唐多鳌

[1]唐达天：《悲情腾格里》，敦煌文艺出版社，1998年版。

是白虎星下凡，主富贵，虽不能封侯拜相，必是腰缠万贯的富贵之人。于是老板请唐多鳌，盛情款待后拜为兄弟，并与他辟股分红，后终于发迹，手下经营数家商号，财源茂盛。更难能可贵的是，唐多鳌不是为富不仁见钱眼红的守财奴，一生干了许多慈善事业。在民国的一场饥荒中，他以每天 50 两白银的粮食赈济穷人，不分男女老少，生人熟人，逢人一升黄米白面，历时一月，闻讯者络绎而至，在当时也算豪举。在《镇番遗事历鉴》中也有对他捐资助学的记载。这些商人为推进这片穷乡僻壤的发展和进步，起到了积极的作用，这不能不给予客观上的肯定。

在民勤这些名人和商贾的家中，曾张挂过许多著名书画家的作品，如于右任、张大千等名家的名作。遗憾的是，这些宝贵的文化财富未能免于“文革”的洗劫。为了应付那场浩劫，有人曾把自己所有的名人字画都集中裱糊在小屋的墙壁上，有人裱糊在箱盖内。“文革”结束后，在重建居民点时，满墙的字画被作为垃圾永远毁埋了。

民勤是一个崇尚文化、尊师重教的地方，百姓中流传着一首妇孺皆知的民谣：“谢家一门三知县，卢家拿了翰林院，惟有马虎不成才，襄阳府里做道台。”这既是对成才学士的首肯和宗族尚学的褒誉，更是民勤人勤学苦读的明证。无论贫富人家都喜欢张贴几幅字画，当然以手写体为重，哪怕是初学者的也无妨。墙上挂了手写的字画，屋里就充满浓浓的墨香，劳苦一天的人，望着这些蜿蜒蛇行的墨痕，心里就有一种不能言传的平静和舒坦。每逢春节，再穷再苦的人也要把大红的对联早早贴上。

三年自然灾害带给民勤村庄的阵痛还没有完全消散，绿洲上奇迹般降生了许多儿女，每年归仓的粮食距离人们不断蠕动的胃的需求总差许多。人们凭麻苣苣、沙枣、沙米、碱菜籽、榆钱子这些代食品，补充着能量，完成了小学到中学阶段的成长过程，然后投身到农业生产的大会战中，与共和国共同成长。勤劳的人们以超乎寻常的精力劳作着，距离小康的水平却愈来愈远。

我们不具备指责和诅咒村庄的资格，无颜把贪婪的欲望之壑向它张开。倏忽而过的岁月如烟如雾，从事农业的人根本无暇顾及晨曦的绚烂和夜月的妩媚，他们关心的是春天满怀希望的播种和秋天不太如意的收获。

这些年来，民勤人的生活发生了巨大的变迁，但村庄却有点陌生了。早已远离故土的人要赶紧把自己千丝万缕的神经注入曾经拥吻的村落，把那些最原始、最能打动人心的乡村文化挖掘出来，一笔一画地记录下来，以满足自己对家乡的追寻和挚爱。

在外谋求营生的游子在岁月的河流中沉浮游弋，即使他们暂时离开或永远离开，但灵魂会永远地把故乡作为一种寄托和载体。这或许是一个失意落魄的农夫对村庄虔诚的感佩和一时心血来潮时的许诺；或许是对这方土地诚惶诚恐后的臣服和依恋，但这些都已不太重要。

多灾民勤 沙患驱人

攀登高峰望故乡，黄沙万里长，何处传来驼铃声？声声敲心坎。盼望踏上思念路，飞纵千里山，天边归雁披残霞，乡关在何方？风沙挥不去印在历史的血痕，风沙飞不去苍白海棠血泪。黄沙吹老了岁月，吹不老我的思念，曾经多少个今夜，梦回秦关。

这首催人泪下、几代人倾情传唱的《梦驼铃》，不知勾起多少在外漂泊的民勤人对家乡的思念。

镇番(今民勤)，是河西走廊的一个偏僻辽阔、十地九沙的县份。由于风、沙、碱、旱，常年累月丰年少，歉年多。清朝末期，官府衙门捐税繁重，匪盗横行猖獗，乡绅敲榨勒索，老百姓生活十分贫困。

每年的春天，是风沙的季节，也是治沙造林的季节。男女老少，全员治沙。不治沙，沙就会把庄稼吃了，把村子吃了。庄稼人没啥指望的，也就是指望能有一个好收成，指望多打点粮食。

红沙窝村的人永远也忘不了那一天。听到治沙的人们说天咋啦，全村老老少少就纷纷出了家门，都抬了头去望天；望着望着，一群乌鸦便铺天盖地由西向东飞了过来。红沙窝村的人从来没有见过这么大的乌鸦群，密密麻麻的乌鸦几乎是一个紧挨着一个，飞过头顶的时候，能感觉到翅膀扇动下来的凉风。血红的太阳已被乌鸦覆盖住了，地上的红浪也消失了。乌鸦的翅膀，乌鸦的身子，都被太阳染成了红色，乌鸦就不像了乌鸦，竟成了红鸟。乌鸦从天空掠过时，同时还发出“呱——呱——”的叫声，竟是那般的起落有序，

像齐声合唱,没有一点杂音。那音律,那节奏,仿佛有一种超乎它们之外的神力在指挥着,控制着。当你屏气凝神,再仔细听来,“呱——呱——”的叫声,竟变成了“走哇——走哇——”的呼唤。一声一声地,分明隐含了某种喻意,听来却是凄凄的,惨惨的。事过多年,当人们谈论起当时的情景时,都说乌鸦通人性,它们向人报信,黑风暴来了,让我们赶快躲开。庞大的乌鸦群飞了好长时间,待鸟群飞过之后,那热温也似乎被它们扇动的翅膀带走了,随之而来的是一股看不见的气流从地面上袭了来,很硬,很急。先是身子感到彻骨的凉,旋即,地面上的沙子便跟着跑了起来,沙坡上就浮起了一层浪,不高,却急,伴随着一声声“啾——啾”的鸣叫,迅速漫过一座沙包,又漫过一座沙包。

这种奇异的变化没有持续多久,西边的半边天就突然地塌了,一个黑茬头,翻着滔天巨浪,铺天盖地地席卷而来。这时候,天仿佛被什么东西劈成了两半,一半是晴天白日,一半是黑浪滔天。那黑浪像卷集的乌云,又像山洪暴发似的,一个浪头卷了过来,还没落下,又一个浪头覆盖了过来,翻滚的黑浪像一只硕大无朋的怪兽,仿佛要把蓝天白云一口吞没,要把整个世界一口吞没。随着“啾——啾——”的声音传来,天色突然暗了,空气中顿时弥漫着呛人的沙尘味,看不见的冷气嗖嗖地向人袭来。“老黑风来了。”村人几乎不约而同地说出了这句话。红沙窝村经历过的沙尘暴太多了,多得数不清。一年三百六十五天,几乎多半的时间就是风,他们已经习惯了。风来了,照样该干啥就干啥,从不误工。红沙窝村的人管沙尘暴不叫沙尘暴,叫风。风又从级别上、色彩上细化为大风、老风、黑风、黄风、白风。他们一看这阵势,知道这是一场老黑风,应该避一避了。男人们急忙收拾着工具,女人们却扯着嗓子在喊自家的娃。于是,沙坡坡上就荡起了长长短短地叫喊声:“三狗子哎——”、“六五旦哎——”那喊声,仿佛一支迎风而响的唢呐,拖着一条长长的尾音,在沙窝窝上空飘荡着。等男人们收拾好了工具,女人们喊来了自家的娃,风就铺天盖地卷来了,顿时,什么都看不见了。女人们一个个像老母鸡,将娃们的头紧紧揽在自己的怀里,有的扯下头巾裹在了娃的头上,有的甚至解开衣襟,将娃裹了进去。那沙子,就劈头盖脸扬了来,打在脸上,打在身上,就像鞭子在抽,火辣辣地疼。疼了一阵,疼木了,就不再疼了。用手一摸,头发中撒了一层厚厚的沙子,就像带了顶沙帽,护住了头,反而没有了感觉。脚下的沙子,却像波浪一样滚动着,身子怎么也站不正,仿佛漂在水上。于是,就顺着风,摸索到沙坡坡下,圪蹴了下来。眼睛是无法睁开看的,即使睁开了,也看不见什么。只听到狂风挟持着飞沙,从头上掠过时,带着尖厉的呼啸,像万马奔腾。听得久了,就听到了各种各样的怪声,在空中发出鬼哭狼嚎的吼叫,惊天动地,响彻云霄。地上的每一个物体,每一种生命,都在肆虐的沙尘暴的袭击下,别无选择地面临了一种生死攸关的磨难与考验。风沙中的人,都不敢再动了,只有相偎在沙坡坡下,才能躲过这可怕的风头。黑风口的沙子,却迫不及待地汇进铺天盖地的沙尘暴中,向红沙窝村呼啸而去……一棵百年的老白杨树,被拦腰折断,发出了一声清脆的绝响……一只老母

鸡,迅如闪电般飞逝而去,一头撞死在了饲养院的西墙上……一只小花狗箭一样随风射去,不知射向何方……后来,《镇番县志》做了这样的记载:沙尘暴来势异常,凶猛如虎,飞沙蔽日,力撼天地,持续半天一夜,毁坏良田四十八万亩,摧毁老树三千余棵,卷失牛羊驴马两千四百二十头,伤亡人员十二名,此乃我县历史上最大的一场沙暴……

沙尘暴过后的民勤,满目狼藉,一片凄凉。新栽的防护林带,压在沙窝上的麦草棱子,搭在房檐上的柳棵,几乎都被狂风乱沙卷走了。凡是能够被它掳走的,都被它掳走了,房顶上裸露出了光秃秃的黄泥巴,一下子显得丑陋无比。最致命的是,刚刚出土的田苗,还没来得及抽叶,就被沙压了。有的被压得趴了下去,有的干脆被埋到了沙子下面,再也直不起了腰。唯一能展示村史的几棵钻天杨,有的被拦腰折断了,有的被连根拔了。民勤失去往日的灵光,仿佛得了一场重病,没有了精气神。人们的脸上挂满了死灰一样的惨白,人的心从此凉透了。于是,揪心的悲痛便化作一首凄婉的长歌,在红沙窝村的上空飘荡了起来……

爹死了娘嫁了,哥哥嫂嫂没搭了;

房屋田产让沙压了,背上褡裢逃荒吧。

那悲伤凄凉的唱腔,声声似咽,句句如泣,仿佛满载了人生的无奈和辛酸,备感前途的不可预测和无限渺茫。让人听了,难受得要死。一些上了岁数的老年人,一听这曲儿,就唏溜唏溜地抹起了眼泪。

怎么办呢?我们总不能死守在这里,活活地等死!树挪死,人挪活。挪不了窝儿,就去讨口饭,先把命保住了再说。于是,村口结集了一群又一群的男女。汉子们打点好了行装,打算到外面去谋条养家糊口的生路,老人、婆娘们则背起了褡裢,拖着半大娃们,想到外面去讨吃。人们三个一伙,五个一堆,诉说着别离,叮咛着嘱咐着,有的抱头痛哭,有的挥泪作别。大家都知道,背井离乡的日子不好过,当讨吃的日子更不好过,但是,这也是没有办法的办法,田苗让沙埋了,就等于埋了一年的口粮,也埋了村人的希望。要不是这样,谁愿意去当讨吃,谁愿意风餐露宿,遭别人的白眼?没办法,老天不长眼,有啥说的呢?没说头,走吧!走吧!就这样,凄凄惨惨、悲悲切切地上了路。那路上,荡起了一层又一层的沙尘,渐旋渐高,留在了半空里,久久不肯落下。

民勤人眼中的精神家园

每每吟诵《回乡偶书》“离别家乡岁月多，近来人事半消磨。惟有门前镜湖水，春风不改旧时波”的诗句，对照自己没有波澜、没有涟漪、太过平淡的日子，内心便升腾起一种莫名的孤独感。

多年来离开家乡，只身在外，往往寂寞成了我无尘的书屋，幻想脚步无法到达的地方心灵可以抵达。局外者，不无同情我的孤独与生活的单调；局内者，却很是羡慕我的奢侈与心灵的自由。

“有时，走出是为了返回，离开是为了靠近”。鲁迅先生离开自己的故乡，才写出了一系列有关故乡的小说；沈从文离开湘西之后写出了脍炙人口的乡土小说。我本樗栎庸材，不敢自比前贤，但离愁别绪却与他们惊人的相似。远离了故乡，才能形成一种强烈的地域反差和人文反差，这种反差，恰是文学所寻求的个性。

我的故乡很有名。这名，不是因为出了达官贵人，也不是历史上发生过什么惊天动地的大事件，而是由于生态环境恶劣，民风淳朴，人民勤劳才名扬四海的。于是，故乡的名字也由镇番改成了民勤。如果你留意一下中国的版图，就会发现，在中国西北的巴丹吉林沙漠和腾格里沙漠的边缘有一片绿洲，那便是我的故乡民勤。我的故乡是中国四大沙尘暴的发源地之一，年均风沙日为 139 天，8 级以上大风日 29 天，最大风力为 11 级，风速每秒 25 米。这里的人民自己也说不清迎风吞下了多少沙子。这里的民谣说：风沙线上人民苦，一天吃进半斤土。白天吃得还不够，晚上还要接着补。由于生态环境日益恶化，许多村子已被黄沙掩埋了，地下水位每年在不断下降，上世纪 70 年代只有 2 米左右，80 年代到了 10 米，90 年代到了 25 米，现在许多地方到了 100 米，沙漠正以每年 8~10 米的速度吞噬着这片土地。这个曾经的重要商品粮基地县，这个曾经因为“人进沙退”

而令世界瞩目的小县,目前正面临着前所未有的危机,每年有近3万的生态移民背井离乡,迫不得已离开了自己的家园。生态的恶化有全球大气候的影响,也有盲目开发所带来的恶果。然而,无论怎样,民勤所处的特殊地理位置,决定了它有不同寻常的特殊作用。它就像一个楔子,楔在了巴丹吉林沙漠和腾格里沙漠之间。倘若没有民勤这片绿洲,两大沙漠一旦合龙,整个河西走廊就会被拦腰切断,周围的金昌、武威将会被黄沙掩埋,沙尘暴将会更加频繁地肆虐北京等地,从而受大气候的影响,南方的气候也会随之恶化。在这个意义上讲,民勤已不是甘肃的民勤,也不是中国的民勤,而是世界的民勤。国务院非常重视民勤的生态,早在2003年,温家宝总理就说,决不能让民勤成为第二个罗布泊。温总理的话就像一缕和煦的春风,让故乡的父老乡亲多了一些安慰,也多了一些自信。不能否认西部的贫穷与落后,即使是绕不过去的苦难,也有苦难中的温馨、幽默和欢乐,充满了人性的诗意与美好。真正的民勤人,面对苦难,并非是愁眉哭脸地叹息,他们所持的人生态度永远是积极向上的。

一代又一代的大漠中人之所以这样乐观地生活着,更重要的是,他们还传承着一种不屈不挠的精神,一种与自然顽强抗争的精神。如果没有这种精神的支撑,很难想象,在这样恶劣的环境中是怎样生存下去的。而这种精神,又何尝不是我们中华民族的精神,何尝不是我们的文学作品所要寻找和表达的?无论时代发展到什么时候,人类绝对不能没有自己的精神。小而言之,它是人生的支柱;大而言之,它是民族复兴的动力。

丝绸之路上的镇番铺子

丝绸之路源于汉武帝时期,公元前138年和公元前119年,两次派张骞出使西域,开拓了中原通西域的路线。19世纪,德国历史地理学家希特霍芬提出以丝绸为这条路命名,得到世人的普遍认同。

举世闻名的丝绸之路,是古代东西方之间政治、经济、文化交流的友谊之路,而清末至民国,遍布丝路的商铺成了那个年代商业文明不可或缺的载体,它们就像绸带之上缀满的碎玉,在星空下、丝路上熠熠生辉。

“镇番铺子”便是碎玉之中最耀眼者。

那时人们一直把民勤人开的商铺称为“镇番铺子”,这些铺子都是由骆驼上货的,也是晚上点着灯昼夜做生意的铺子。20世纪30年代初,这些镇番铺子很显眼,一方面与铺

子掌柜的民勤口音很重有关，另一方面是因为铺子里货物齐全，价格适中，人又很实诚，给当地人留下了很深的印象。这些铺子经营的商品有：烟、烧酒、糖，进口洋糖及疙瘩糖，洋钉、山货、布匹、陶瓷制品、杂品等类。多数商品时有时无，不能正常供应。每年年关时节，铺子还进些过节的年货，据说还有北冰洋的鱼。铺子的伙计早晨把门板一块块地卸下来，夜深时再一块块地安上，货柜外摆着几条长板凳，可供买主闲坐。这种长板凳，现在已退出历史舞台。货柜上放着烧酒、酒坛、提子、漏斗、酒碗。冬天，火盆上专门放置有烫酒的家什，以供过往的人喝热酒。过节了，巡警通知商家挂旗，伙计在门上由铺子西头到东头挂上一条与铺子一样长的红布，以表示庆祝。天一亮，漱洗完就有人围着羊杂碎独轮车吃杂碎。当时山西人的糊辣羊杂碎非常干净，老汤煮肉调料下得足，味道很香。清晨，山西人放开嗓子吆喝着："丫——羊头，丫——羊肚子"，推着独轮车，守候在镇番铺子门口。喝酒的人买上羊杂碎、羊羔肉、牛头肉拌蒜，就在铺子货柜上买酒，一面吃一面说闲话。

当时，民生凋敝，物质匮乏，社会上流通的货币既没有今天这么多，也没有这么方便，买东西赊欠是很普遍的现象。镇番铺子却能仁者为怀，宽容赊账。镇番铺子的货架前虽也吊着一块称为"水牌"的铁皮，上面写着"概不赊欠、免开尊口"八个大字，但水牌反面却写着欠账人的物品和钱数。一般还了旧欠，还可以赊点冷背货。当时赚钱很艰难，老百姓购物宁愿走很多路，货比三家，也不愿多出一文钱。商家没有假货，群众与商家之间都必须讲信誉。商人短斤缺两一传开就没有了生意。顾客要赖账，商人就像防贼一样防着你，有些热门货他就不卖给频繁赖账者。当时商人的利润率都有节制，商会有人管，商人经常说"针尖上削铁"，以此说明商民们赚钱的利润是极有限的。

镇番铺子里供着财神牌位，有时从外面可以看到里面的伙计正对着财神在磕头。铺子的伙计，隆冬时节穿一双毡窝窝（也叫大家公），羊、驼毛擀的毡底子比唱戏的靴底还厚，用铁匠打的长钉铆接，虽然笨重，但保暖效果极好，同时还练了脚力。铺子里的每个人都勤快至极，无论是掌柜的还是跟班，从小就学站货柜做生意，接受过长时间的历练。伙计们把门前的街道扫得干干净净的，货柜擦得锃亮，夏天把街上泼湿，从水渠中打水把水缸灌满；冬天天不亮就清扫街雪，烧好火盆后，剩下时间就是摆弄货架子上的货物，掸去尘土；稍有闲工夫，就噼里啪啦、没完没了地打算盘。镇番人把打算盘看做每个男人必备的技艺，其中技艺卓绝者会成为百姓中的偶像。镇番铺子里平日似乎除了咳嗽声外，几乎听不到声音，更不要说吵架拌嘴了。20世纪30年代，商品奇缺，棉布品种几乎都能数得出来——桂子皮、条绒布（即今灯芯绒）、铁力克、芝麻呢、士林布几种。老百姓多穿着带补丁的衣服。吸烟者多数吸旱烟和水烟，直到20世纪40年代才见到伊犁的莫合烟。纸烟的品种有"炮台"、"大楼"，还有带洋片的盒装烟。每盒烟里装动物照片三分之一张，画片为犀牛、河马之类，头、腰、尾各为一段，买三盒烟有时能对出一幅动物图案来。

当时的进口烟多为欧洲货,有英国的“哈德门”,当时的“哈德门”和现在的略有差异。烟标精致,内容丰富,有状元桥等。凡是在镇番铺子里买纸烟、洋烟的,都是可以买零根的,很少看见买整盒的,成条买烟的几乎没有。有的人买上两三根吸一根,其余夹在耳朵上就大摇大摆地走了。买茯茶也很少有买一整封的,镇番铺子里也都开封用秤称着卖。买煤油的人多数是端着洋灯直接让铺子里把油装在灯里。那个时代找个玻璃瓶很难,家里用的盘碗瓶罐都是西山家什窑烧制的陶制品,既笨重又不透明,瓷器家具破了留着打钯子,再把碗箍起来。老百姓用的地产土蜡芨芨灯芯,点着一闪一闪非常晃眼。瑞宝洋行“美丽”牌香皂,也叫“碱胰子”,盒子上画着裸肩的漂亮女人,多是天津人用碱、油脂、面粉制成的,一般老百姓只能趴在柜台上讪笑着瞅瞅以饱眼福。刷牙的人用食盐,也有盒装“黑人”牌牙粉卖,但那是不常见的商品。

镇番铺子里商民们似乎有一套张弛有度的“贾道”,重利却不轻义,经营尺度拿捏得得心应手。他们往往藏锋不露富,节俭以养德,常常把“挣一个不如省一个”挂在嘴边。镇番商民也巧妙运用中庸之道,讲究事不做尽,势不用尽,话不说尽,福不享尽,凡事在不尽处,意味最长。僧说:人人出生,都是一生一堆阳禄粮。节省吃的人,七八十岁也吃不掉,他是长寿人;把别人的粮夺来,把自己粮堆体积做大的人,是富裕人;把粮堆当了种子,依靠收获做大体积的人,是知识人。无视粮堆,任增任减,不增不减,那是佛。

镇番商民们的“贾道”,对时下急功近利、追求一夜暴富的现代商贾或许有一点警示吧!镇番商民“针尖上削铁”的苦心经营,获得的不仅仅是温饱、安寝,还有人心、公道。

镇番商民困苦偷生

民国时期，一批又一批的民勤生态移民跋山涉水进入到中国西部广袤的森林、草原、山谷、沙漠之中。一群原本毫不相干的人在一片陌生的土地上紧密而有秩序地维系在一起。那里广袤的土地,相对宽松的政治环境吸引了许多民勤商民去开拓和征服,但现实中的种种困境又迫使他们不得不为捍卫自身的权益而做出必要的努力，尤其是在法律的力量远未到达之时，这种压力和动力使得商会自治传统在商民中散发出了新的活力,并为当地的发展做出了不可磨灭的贡献。

镇番商民寄居他乡跑买卖,胆战心惊,苦不堪言。地方官吏勒索,兵痞蛮横抢夺,当地商家算计刁难排斥，地方刁民故意撒泼赖账。商民们虽动辄长叹“好出门不如呆在

家”,但为了养家糊口,商民们依然忍辱负重,笑脸相迎。

民勤商民大多赁屋开铺,携家带口,店无多屋,居住拥挤。所租之地,动辄有许多难民在院中露天度夜,“或架锅为食;或蹲卧吸烟乱语,喧噪盈耳,并有染瘟疫者不断之呻吟声、一班人下方之排泄气,遂造成一葱、薤、洋烟、水烟、旱烟、麻烟、汗臭、脚臭,以及便溺、畜粪混合臭气团。而驴骡满店奔逐,作兽性娱乐,亦若有意搅动,惟恐此混合臭气团不匀,未能尽量发放者。须臾之间,余几晕去。但无可奈何,只得投入。盖该地方宣布戒严,人心恐惶,若去郊外野宿,必启军警之疑,意外之灾不免也。”

一晚上的张掖店铺生活,使作家刘文海终身难忘。

民国时,张掖军事当道者对戴眼镜的人,肆意侮辱,许多戴老花镜的老商人,被险恶兵痞将眼镜摘下摔碎,被掌掴得鲜血直流,还带到警署扣留,需多人联名恳请,才能保释。内地军人知识浅陋,行为暴横,在当时可见一斑!

镇番商民生活四字谣

农家子弟，不可懒惰，娃娃大人，都要吃饭，
纺棉织布，谁不穿戴。小富由人，大富由天，
莫要赌博，勿吸洋烟，爹娘不愁，哥嫂不怨，
妻子喜幸，免受饥寒。衣裳袍褂，棉袄单衫，
褚襖裤子，系腰丝带，皮帽草帽，随季所戴，
褡裢皮袄，毛袜棉鞋，毡条被褥，上铺花毯。
甜瓜西瓜，杏子一盘，葡萄果子，葱秧蒜薹，
凤映紫花，葫芦茄子，笋子白菜，萝卜芫荽，
黄瓜且连，百合锁阳。花名梅占，芙蓉水仙，
石竹海棠，芍药牡丹，葵花向日，馒头鸡冠，
中秋绽菊，腊月梅开，名花异草，略表一番。
说起家庭，用物纷繁，厨房最要，锅灶碗盏，
勺子笊篱，风匣锅盖，切刀擀杖，筛筐蒲篮，
笤帚簸箕，缸罐瓶坛，火棍炉齿，锅铲案板，
盅子酒壶，筷子条盘，桌子板凳，香炉烛台，

洗脸盆子，中盆海碗，五寸碟子，满尺洋盘。
麦子拌湿，糜子晒干，推磨碾米，担水抱柴，
箱子笼子，竹席一块，火镰刀子，荷包烟袋，
东省录芋，乌木长杆，玉石嘴子，偏咬牙关。
要穗小帽，八牙分块，衣架帽盒，针线算盘，
红漆方桌，太师椅子，琴棋书画，轴帐两排，
栽毛褥子，被儿红毡，棉袖衫子，黑缎坎肩，
白绫汗巾，拴着玉环，洒金扇子，绉纱腰缠，
杭秀套裤，脚蹬缎鞋，广东袜子，下江布鞋。
家豪大富，到底体端，自家有钱，借人不算，
膘壮骡子，藤条鞭杆，氆氇褥子，昂然上街。
前走几步，就要下馆，包子卤面，上来几盘，
随我吃饱，任蹬摆鞍。抬头观看，十字大街，
两下铺面，杂货摆摊，各样货物，有钱可买，
永昌瓷盆，山丹黑碗，湖广青器，洋瓷白盆，
糯米小枣，甘州发卖，锁阳苁蓉，出于镇番，
青盐白碱，棓子皂矾，蔴糖瓜子，杏皮果丹，
核桃枣儿，兔果瓜干，梨儿果子，桃子味甘，
锅盔饼子，醪酒鸡蛋，乳饼酥油，牛乳羊乳，
辛红西录，靛花大蓝，中香表纸，白蜡黄丹，
镰把磨石，蒜窝砂罐，扬叉木锨，高底劈柴，
金果麻枣，鱼肚鸭蛋，海粉虾米，蜇皮紫菜，
荸荠草果，杀腥调饭，花椒大香，要宜薄淡，
枝圆广圆，金针发菜，胡椒生姜，冰糖味甘，
木耳蘑菇，海参鱿鱼，桂花燕窝，莲子枸杞，
石榴大瓜，柑橘柿子，梭棉布匹，堆积如山，
京装杂货，地道广川，绫罗绸缎，富汉可穿，
粗线褐布，贫家多买，金花挽袖，宽窄栏杆，
丝绒绣线，红绿青蓝，手帕手巾，毛线裤带，
玻璃镜儿，金银钗环，骨把篦子，针线蒲篮，
木梳篦子，铜系织穿，菱花镜子，胰盒随戴，
翠花玉镯，狄髻银簪，青铜墨盒，黄铜指环，
梅红净红，朱丹雄丹，圆光色纸，粉莲蜡板，

加长酡红，黑纸大宽，灶神门神，光必早开，
黄白金钱，印色耐看，大炮鞭炮，摆在架板，
书籍笔墨，一应俱全，光阴度日，吃穿为先。
勤苦用力，皇天不昧，天下乌鸦，黑色一颜，
男耕女织，老幼不闲，开垦安户，历代久远，
白亭古碛，由卫而县，路不拾遗，风俗淳美，
务农耕种，水利当先，昔有文公，均粮分水，
水期商定，无私无偏，川湖四坝，拟定水规，
小雪归湖，浇至次年，清明汇川，轮流派水，
每轮头派，首坝为先，轮浇六派，按节不违。
水从何来，略表根源，石羊白塔，河水大泉，
南北沙河，侍家湖沿，大渠磨沟，九墩浇田，
洪水一河，遍地生泉，蔡旗堡上，各河归源，
水源在兹，世辈远年，无论冬夏，长流大水，
文公定例，垂久文碑，夏日天旱，河水息微，
天降时雨，猛发山水，沙漠河道，全无河沿，
水性就下，横流蔓延，山南山北，西河之源，
截河黑水，东河之源，东西横流，正河无水。
送帖各沟，毋得鳌延，那坝不到，告状鸣冤，
差役执票，锁拿案前，老爷问道，辨明是非，
王子种田，当差随便，抗违差事，犯刑匪浅，
加号重犯，重责一千，河工水利，略表其言，
川坝种田，河工水规，人人共知，应当自勉。

文字通俗、内容残缺的四字谣集中反映了民国时期镇番商民的困苦生活，以及品种繁多的百姓日用百货，甚至当时民勤恶劣的生态环境、捉襟见肘的水资源状况。

商民书信法门

民国时期，河西走廊深居内陆，似乎与世隔绝，交通状况落后，加之气候条件恶劣，

"沙尘渐欲迷人眼","道路难行走泥丸","侧身西望长咨嗟",堪比峨眉蜀道。至于交通工具,则颇多样,主要有骆驼、驴、马、骡车、大车、人力车。交通工具种类虽多,但多以人力、畜力为主,落后性不言而喻。

书信理所当然地成了那个时代最主要的沟通形式。远离了鱼传尺素、驿寄梅花的诗意,在通迅手段非常落后的民国时期,我们常常能看到的还是书信的身影。微黄的宣纸上,是不多的话语,是为离家的孩子准备的温暖的依靠。当回忆已去,斯人已逝,那张薄薄的纸又是情感永存的见证。那些书信往返、诗意绵绵的时光已远逝,我们迎来了科技发达信息通达的年代,从此传统书信渐渐淡出人们视线。在这文明发展的进程里,我们却有点怅然若失了。

民国商民书信往来频繁,信内信外,讲究颇多,虽稍有晚清八股余风,但不可否认的是,他们的书信里承载的是满满当当的文化。

四时通候:

春候:春风摇曳化日舒长

夏候:赫曦司令赤帝经天

秋候:金风涤暑玉露横秋

冬候:朔风凛冽厚气严凝

久别候:

久违光齐裘葛几更　以别忆来迭更寒暑

远地候:

山川遥阻相隔云天　人居两地天各一方

近地候:

云山匪渺　栋宇非遥　朋友相交　浮言不套　敬惟

远候:

山远隔遥想千里　恭维

刻候:

日月如梭光阴似箭数日不面中心如焚

天各一方人居两地浮言不叙相交知已

写信册八类信面称呼:

一曰当堂开拆,二曰安启,三曰升启,四曰披阅,五曰玉展,六曰收启收入,七曰手拆,八曰接读。

若是寄官衔,则写某老爷当堂开拆;系寄家内尊长,则写某大人安启;若是寄有功名的人,则写升启;系寄窗友,则写某砚兄披阅;系寄家眷,则写玉展;系寄某铺某店,则写收启收入;系寄家内卑幼,则写某弟某侄手拆;系寄儿孙,则写接读。系寄外戚或商友铺

店，皆写收启、收入、玉展。此三项最为通用，亦要分别清楚。

信文章法：

凡行文必先晓得串合章法。而格有三层：第一层，起法；第二层，承法；第三层，束法；一起，说出忆别情义；二承，务要叙事明白；三束，要透情收煞。若至某事某物付与某人注在信文第三层乃合其式。

信文四忌：

一忌于犯不晓提头，二忌蒙混词不达意，三忌村鄙文欠和雅，四忌赘累翻说，须要删去此病，方成佳札。至于用字用句，务要变化加减，又在各人心灵手敏，不宜拘执。

题头法门：

凡外戚书不同家内一笔直落，亦不同商友徒用侧笔圈套或用谦言蜜语等项。须知认明尊卑厚薄，然后落笔思写，方无错混。系外戚尊卑写去卑辈，内用一贤字更为称羡，如贤甥贤侄之类是也。不必离开写，亦不必题头。系卑辈写去尊卑，书内要抬头。尊长宜用三抬头为止或起双抬头收。单抬头或起双抬头、收双抬头皆可并用。余尊称离开一字即是，不尽抬头又不可四五抬头，宜记。至若亲家礼书彼此一样抬头也。

结束法门：

书信结尾收束字样或用不既、不尽、不一、不戬、不罄、不悉、不备，皆同一体或写希惟、丙鉴不宣、希惟台鉴，不既统祈，藻鉴不尽，恭惟光照，不一惟祈，霁照不戬，统祈电照，不罄统祈，鉴照不悉，惟祈。内不备统，惟朗照不宣、希惟朗不既，任随所用。至于收法，字或用此，致此，达此，启此，复此，草此，肃此，谨此，亦可随用。但系回信，方写得复此二字，须知分别以上合句皆是写信收尾结束法也，乃通用活套随手拈举便是。

小字六义：

一曰电此，称人之眼目如雷电光明也。二曰临此，称人眼目高也。三曰鉴此，称人之看信如天鉴在兹也。四曰照此，称人之看信如日月之照临也。五曰顾此，人之怜顾也。六曰知此，言人之所共晓也。各称呼字上加一赐字或加一青字亦可。至鉴字或写均鉴，藻鉴，霁鉴，皆同一体，随意所用便是。以上合句不论外戚朋友皆可通用，独系一个知字勿用，惟父命子君命臣方可写得。

起首法门：

如上写某亲赐电则下写某某顿首是也，系尊辈与辈卑函名如上写某某贤婿、某某贤甥青览，不用写姓，然尊辈离开一行，写明愚外甥某某谨启愚舅末某某字启用单名一字便了，不用加姓，因信外写全姓名矣。信内函名略用一二字便明白周知，不用再赘再续。但称舅父函名太尊，恐压其本身父母，只可人称自己不宜自称。将岳丈二字写外舅，将舅父二字写舅末，方是系卑幼辈上尊长。函名可用单名一呈上，某岳丈大人，某舅父大人均鉴，然后卑辈在脚下双名接写：某外甥、某子婿、某某顿首，亦不宜落姓。凡为亲族，信内有名通称了。若加一姓则反为人矣。况信外有姓名写实,而信内又写则赘累之极矣。因何又要写全姓名以为带信两无识认,要凭信名然后交信,方无错误,此又不怕赘繁矣。

上落法门:

凡戚友信内上写法门有用四六联对偶起法,有用五七联对偶起法,有用四七联对偶起法,有用散行派起法,有用五字联对起法,有用七字联对起法。章法各异,理归于一,务必随意酌用,成章顺理,便为锦绣佳札。不宜尊执并彼此移挪通用,又在于各人灵悟耳。

变化法门:

凡客商朋友往来,礼书不同内己亲,不比外戚。盖至戚原有封赠,有服所压。所以尊卑名义凛然不得谦套如弟之钘封于兄,外孙之钘封于外祖,外甥之钘封于舅父是也。至于朋友客商不受管束者故不用拘实尊长卑幼。如年寿之人与年少之人相交乃是忘年之友,系功名势位之人与贫士相交亦是忘年之友,系父执之辈与后代子孙相交亦是世交之友,一气相承亦论尊卑。故往来书信彼此宜用三题头,然信题或点缀时令或雕绣花木或谦言蜜语奖赏恭颂,以上各法任由人用,至客商朋友往来亦然。盖商友本因求财利拜求照顾故用文情点染绘绣以成交结,不得潦草粗率。须知格外变化乃为通财之大义也。至若出入货单照实某货某价逐一写列明白,此不必用文词,当知变通可也。百福并臻千祥云集万事如意也。

在通讯欠发达时代,书信的地位不言而喻,作为乱世商民,尺素更是重于千金。那时的书信里装的不是传说,满满当当的是真诚、是文化;如今的手机短信中少了真诚,密密麻麻的是流言。

民国河西民生多艰

河西走廊地处西北一隅,天高皇帝远,貌似并无兵家必争之利,实则武力的强悍远胜他方,人民更是生活于水深火热之中。经济长期落后,人民生活贫苦,生态恶劣,物质匮乏,兵痞横行,只有零星的左公柳随微风翩跹起舞。左宗棠驻西北时,为防止沙漠化而种植的柳树曾“连绵数千里,绿如帷幄”,至民国却遭严重破坏,只因民众为求生存而将大刀伸向了“左公柳”。于是,福泽后代子孙的“左公柳”在人们的炉灶中化成了缕缕青烟,甚至在饥荒年月,人们“剥下树皮和草煮,又充饭菜又充汤”,杨柳青青的美景终究抵不上挽救生命的神圣。

虽为落后之地，税收却多如牛毛，搜刮者常巧立名目，一税多名更是司空见惯。为蓄一些救命粮，百姓常把麦麸“埋在墙根用土铺”，只为“留得大兵来送礼，免他索款又拉夫”。天灾更逢人祸，使河西走廊饿殍遍野，民众卖儿鬻女尚不得生息。鲁迅用“城头变幻大王旗”来揭示政权的不稳与社会的动荡，而土匪良民混淆现象，也从侧面印证了社会的混乱与民众心理的恐慌无依感。百姓身无保障，心无所依，生活极为贫苦。至于教育，则极为落后。一座古庙，换了牌匾便可成为学校。

民国时期的河西走廊贫困、闭塞，异域的新鲜空气很少能吹到这里。经济上，币制极为混乱，这为人们的出行带来诸多不便。虽然不满在心，但却不能任由人们大发牢骚，因为当地舆论不自由，“免谈国事，莫论军情”的揭帖随处可见，它随时提醒人们：祸从口出。为免遭“失踪”的下场，还是多做事少说话为好。

被生活所迫的有志商民们在颓废与陈旧的环境中，谨小慎微地默默前行着，渴盼着哪怕一丝微光。民国时期的河西走廊，洋货已崭露头角，瑞宝洋行的产品广告上裸肩的摩登女郎已开始映入百姓的眼帘。然而由于历史等原因，蕴藏在其中的荒凉、衰败、闭塞仍普遍存在。商民们穷则思变，用他们的智慧与勤劳顽强地抗争着那个制造饿殍的时代。

生意经：

进铺子，学买卖；迟些睡，早起来；清晨起，扫净地；

进厨房，端饭去；铡谷草，研料半；闲暇时，学算盘；见掌柜，站起来。

进得门来苏东坡，坐下韩信问萧何。借账好比三结义，讨账好比请诸葛。不是本人不赊账，讨账确实太啰嗦。

早眠早起门户最要小心，勿怠勿惰火烛更当谨慎。

世上无难事，只怕有心人。好马走千里，能人干百事。

过后才知前事错，老来方知少年非。

言语多失皆饮酒，道义短疏只为财。

进学门，图识字；出学粮，送节礼；

贪玩耍，哄自己；到老来，后悔迟。

枉费父母资财，不如另干他事。

养骆驼，跑买卖；冬九天，受风寒。

熬眼走路腿跑弯，暑伏天旱放场来，风雨不止日光晒。

种庄稼，养牛骡；不犁地，就套车；

收拾种，先打磨；水浇地，放粪多；

翻挖地，垦长田；受辛苦，成几年；

务农人，不得闲。

朝廷圣旨，父母遗言。

钱有一十百千万，粮有勺升斗斛石；

银有毫厘分钱两，布有寸尺丈数算。

数日多少轻重，长短权衡之法。

奇联妙语：

一张纸，白似雪，巧匠造成数十摺。头上盖，脸上遮，轻轻摇动飞蝴蝶。

圆非圆，缺非缺，好似天上半个月。蝉始鸣，中秋节，寒来暑往方始歇。

饥鸡盗稻童痛赶，暑鼠凉梁客咳惊。

今年好，霉气少，不得打官司。

今年好霉气，少不得打官司。

张义，非吾子也，家产仅与女婿女儿，外人不得争夺。

张义非，吾子也，家产仅与，女婿女儿外人，不得争夺。

昨晚本院听更三点五更五更三点点点凄凉红罗帐中喜看黑门牢黑门中忧叹秀才因喜得忧；

今朝生员卜卦八卦六爻六爻八卦卦卦皆准青龙抬头白虎低头凶望大人开绳解锁化凶为吉。

大老爷谋生银也要钞也要票子也要红黑一推辞不分南北；

小子们该死麦未收稻未收豆儿未收青黄两不接要甚东西。

民有是也国有是也民国何分南北；

总而言之统而言之总统不成东西。

当铺门对：

当时嫌少不知其可也；

赎来怨多是谁之过与。

诚意正心人律己；

辉金璞玉气通人。

农会商会自治会会中无我；
饭局酒局善后局局内有他。

东当铺西当铺东西当铺当东西；
春读书秋读书春秋读书读春秋。(下联一)
金锁子银锁子金银锁子锁金银。(下联二)

经营数十年宝藏兴货材聚商贾中称为巨擘；
管钥两三号学伯虎稀宏羊市井内推以奇才。

想当年诵诗读书青云路上学君子；
到今日以有以无买卖场中作丈夫。

货积如山每日有出有入上每闻善事心先喜；
财源似水终朝流去流来下时见奇书手自抄。

生意如山有春有秋青不改；
财源似海无冬无夏水长流。
富汉一蓆席；
贫汉丰年年。

静以修身俭以养德；
入则笃行出则友贤。

无功受禄；
寝食不安。

商民俗谚：
富不可重受，油饼子不可卷肉。
饱饭吃得，饱话说不得。
马瘦毛长勾子松，贫汉说话无人听。

莫贪意外之财,不饮过量之酒。

捉贼不如惊贼,兔儿不急不咬人。

败兵不可追,追就必吃亏。

商民戏联:

早戏晚戏何莫非苦戏乐戏且不可当做儿戏;

开场收场虽不是乡场试场也总得观着面场。

是是非非善善恶恶;

惶惶惚惚有有无无。

哭哭啼啼笑笑说说;

奇奇怪怪分分明明。

金榜题名虚富贵;

洞房花烛假姻缘。

格外文章卷外竹;

水中明月镜中花。

水笔铅刀几个人能文还能武;

旗车鞭马千里路过去又过来。

鸳鸯枕玉虎坠才子佳人春秋配;

龙凤麟火焰驹文官武将富贵图。

发于声高也低也悠也久也有同听鸟是为美;

奏其乐手之舞之足之蹈之若是班手可以观。

白露园展开锦绣图阴德榜上四进士;

金鸡岭设下英雄会紫霞宫中九莲灯。

一盆血二进宫三娘教子;

四进士五丈原六出岐山。

文成武就金榜题名虚富贵；
男婚女配洞房花烛假姻缘。

红粉佳人扭扭捏捏观足下悠悠大哉；
白面书生摇摇摆摆问胸中空空如也。

未曾南征北战常常挂印封侯；
何尝诵诗读书往往金榜题名。

地方小有家有国有天下；
几个人能文能武能鬼神。

唱字两个曰曰喜曰怨曰哀惧,从口中传来实义尽皆借口传言；
戏(戲)是半边虚虚君虚臣虚父子,自虚处道出真情俱是空动干戈。

远看红红绿绿不知什么缘故；
近听言言语语总是这个情由。

君非真臣非真君臣之道则真；
父是假子是假父子之情不假。

要看早些来好结果只在起手；
须听完了去大文章总要收场。

看我非我我非我；
扮谁像谁谁像谁。

白雪阳春清歌第一；
黄香江夏国士无双。

一盆血二度美三进士四郎探母五子魁；
六人奸七人贤八义图九莲神灯十状元。

重修海市事事修成全家福；
复创蜃楼楼楼创就满床笏。

染房门对：

发福无欺长似春夏秋冬水；
生财有道时照东西南北人。

深浅最难罔而非人无识也；
长短莫可欺则我自有权衡。

近朱者赤近墨者黑；
如山之绿如水之清。

白可涅而缁；
青可出于蓝。

土地祠对：

我来原自田界随他身闲身忙将根本认真应该当几年苦汉；
人皆耕于陇上任尔种多种少若工夫用到保管有十分庄稼。

欲打几石精米谷总要在家中受苦；
想过两天好日月且莫向地上偷闲。

遥望东山在目的，归去来兮一百里。
年年六月朔一日，谒庙焚香客不稀。
往来追走过街楼，一泉清水两边流。
山形崎岖石径斜，老松古柏甚不多。
岩石高峰真幽雅，舍身崖岸人惊怕。
跋山涉水忍饥渴，自觉来至如来阁。
诚意焚香求圣泽，感应生民无灾祸。

赤子诗心：

远望南山一块石，近看树木长不齐。

山中石乱真玉少,世上人多君子稀。
谈世事一片浮华,看人情全然是假。
雪中送炭君子少,锦上添花小人多。
聚宝盆中生玉草,摇钱树上结金瓜。

时来双富贵,运至斗量金。
手搬摇钱树,足登聚宝盆。

恭维:

前甘州府庠生徐兴隆恭维韶亭
仁弟先生本姓姜,韶亭是字卯子光。
生来原籍在镇番,贸易情愿到甘州。
家中椿荣兼萱茂,门外徒行后长光。
生意恰是春前草,财源犹如雨后泉。
贸易不欺三尺子,公平广进四方钞。
宝号称为广盛西,安居福地日照南。
时时作伴一侄子,天天莫忘二爹娘。
只望苍天多保佑,收拾账债转回年。

丧联:

殂落二月廿九日弃老妇以去冥界;
寿终六旬有二年丢小孙而升西天。

八子四孙同悲泣殂落二月廿九日;
三纲五常自兼全寿终六旬有一年。

正是春风节令雨洒杏花含孝泪;
将交上巳时辰风吹柳叶动哀声。

胸中一件报恩事父灵暂寄坟无择定茔无桉;
口内几句嘱托言弟语应允子未成主女走婚。

勤劳本多年辛苦自尝费尽寸心耗尽血;

光阴真转瞬堂柏业肯将登希寿倏登仙。

不送不迎孝子礼；
自去自来吊客情。

慎终须尽三年礼；
追远常怀一片情。
绿水青山谁做主；
桃花流水不知春。
序属残春雪花落就刚三日；
时维闰月荆树摧凋第四枝。

得伤寒以去世多有亲朋扶吾柩；
受毒热而终天全凭砚友祭我灵。

礼房熬煎受磨难一出一入有人管在今日冤屈未满刑之受了辱亦受了；
家中处事要点检三思三喂由己变待他年讼累已息兄也安然弟也安然。

念先君传修宝宅实在容易守易不易虽非金马玉堂可传于后；
看苗爨复建礼门甚是作难知难更难却无画栋雕梁弗胜以前。

将过五月节想去岁蒲酒称觞堂前多有龙门客；
正是百天辰忧今日艾糕犹存膝下偏无鹤发亲。

角黍投怀虽蒲酒称觞一念不贪五月节；
榴花照眼即兰汤荐浴双目流泪百天辰。

唱和联：
去冬辛酉日冷气连接青山寺在彼时雾气遮定青天气；
今春癸丑年文星临照泮池前幸此番星光不如红日光。

想去岁五洋选举洋服洋衣干洋事；
喜今春一路福星赴肃赴省又赴京。

上不恕天命伤我肝医父难救短命子；
下无尤人病应吾手良药能治寿长儿。

甘州东乡盈科渠徐家闸徐家寨人氏庠生徐兴隆亲手所撰徐升级过百天之哀言

民国17年古历五月初九日　宜祭之辰　不孝等；
谨以香烛应馔之品致祭于严父大人灵位前曰呜呼。
我父一去不复返，神其杳然，魂其杳然。
亲恩未报无相连，子泪涟涟，女泪涟涟。
要得相逢梦一场，出亦心旋，入亦心旋。
春风以前赴西方，梨花落院，柳絮落院。
端阳之后到百天，蒲酒称觞，艾糕称觞。
歌请禅师入了堂，申文超荐，讽经超荐。
聊备献馔与酒浆，父灵来尝，父魂来尝。
尚飨

婚联：

一团和气照萱堂萱堂座上添两婿；
四海劲风吹荆树荆树庭中少一人。

商民商业文书：

立写万金账之序(一)

尝闻生意之事足以致富，协力同心大道故能生财遍地，自出黄金时当嵇。古人云：管鲍有推让之遗风，陶朱有致富之大业，今有×××人领到×××贵东君鸿本若干两，言明何处设立某号某店，生意东伙，言清以按几股裁账。×××贵东应估本银股份若干，账内载明准定三年账期。自设立之后，东伙各无疑心，至三年期满另立清查大账，按年清算，除本银三年共获利银若干两。东伙按股份使自分之后，本账不准动用等，下账期满再行支使，上账利银领本亦不得任意支使，免乱号规。准其每年支使银以济家资。但愿财神默佑我号生意鸿发均沾恩无暨矣，是为序。

出本人：×××　领本人：×××　在中人：×××同说

立写万金账之序(二)

盖闻圣人治世之道而又士农工商。黄帝日中为市，管仲齐下招商，陶朱公泛舟于五湖，晏平仲寄迹于四海，此古今七俱殖贤者比矣。今我东伙某人心服志和，声气相应，情愿以异性笃同胞谊，于某郡立万世之基业。虽不敢踵古人之贤踪而各图蝇头之微利，不

知于二三其德者初而鲜终。有本者,将本求利;有人者,以人生财,由此东伙同心协力,移拳石可作泰山,积杓水能成沧海。有其德者始终义合,非图慕富贵势力之谓也,此实吾数人订交同伙之义举,此序。

出本人:××× 领本人:××× 在中人:×××

大中华民国17年古三月二十日立书万金账人

辞退生意字据

立写辞退生意合同字据文字人×××今因某东及子亲友×××等缘由,原于某年某东×××同心朋本在某城乡某处创设生意一处,原系某领袖经理。待至某领于某年病故,生意铺设外账全以空淡,众东均推某人经理,次第有年所得宏利按账分股,至于某年某东去世×××东抽本全友议定,某领添本一股,某东并及前股,共占生意几股几分,每股本银若干两,共集东本几股×××经理人股一份,改号×××字,于某年开股款项另有分金账据拨来往账内。近因年令不佳,生意匿迹,兼及东伙各生嫌怨,今因亲友说合,因某东子幼母寡,甚难经理,情愿全行推于×××人接手,彻底澄清,应扒鸿息,每股按几百几千金分账,然以残货外账,某东某子更难经手,央友再三,与×××人下情而某人念切东谊,账货皆己承受,同友议定,均交现款,所交本利共计若干两。某东某母子再三下情,某领念切东谊,子幼母寡,格外赠送下账。立据厚义银若干一并约于本年某月,交银若干两,次年×月交银若干两。虽则月限,然以人心不和转投某号过账以作。姜某应交东本鸿息,全交不欠,后日任某另议字号,财发万金,分毫不与×××东母子族户人等干涉,恐后无凭,立此藤葛两断,立据存证。

同亲子某人押同友××× ××× ×××人

诉状类(一)

具报告民人姜××现年三十三岁,民勤县人,暂居本城东街曹家院内开一小铺以出卖柴炭油盐为业,一家四口,日度光阴。为心怀鬼蜮,坑钱不付,设网作谋,贻害于人,恳乞提究以正诈风而安良民。有第三旅工兵营四连冯司书,永昌县人,情因旧历正月十四日早晨,小民在街上洒水,肩上搭驼毛围巾一条,冯看见此物,双手扯下围巾,用枪把子指着我言道:"借于我用,如若不从,要汝小命。"小民吓得魂不附体,再未推脱,借于他手。不想次日早晨冯又来到小民门口,未及招呼,直跳入小民的铺柜里边,私入民宅,又要吃芋,小民与他装芋。芋吃一毕得寸进尺,言说要借银元,翌日便还,小民无奈借与他若干,不料久候数天不见他还。我到西街找他讨要,仍然不与,又推至后晌,等了个昏黑,不见送来,小民屡讨屡抗不与,营门上去了好几回,进不去。无奈小民单身独立,弱不敌强,如此私取民财之人,逍遥法外,事关重大,不得不将苦情叩呈营长青天大人案下,电鉴作主提按讯究而安良民,小民沾恩无涯矣。

原告人:姜×× 被告人:冯××

诉状类(二)

具首词人姜××现年二十六岁，原籍民勤县人氏，暂居下七洋洪闸赵家村寓，肩挑贸易为业，为心怀鬼蜮，抗债不付，设网作谋贻害于人，恳请提究，以正诈风而安良善。今有本村刁民王××去年腊月间买去小的货物，言明收烟之日归还，至今分毫不与，小的屡讨屡推，直至七月十九日小的在伊妇手装来花籽儿四升，不料王××反起狼心而诈良民，率子及若干人等到小的门首大打出手，如此心险，故意欺人。小的单身独立，终究寡不敌众，心如泰山压顶一般，事关重大，小的不得不将苦情叩呈村长大人案下，电鉴作主提案讯究而安良善，小的沾恩无极矣。

原首人姜××　　被首人王××

开账祈福：

民国九年二月初八日于甘肃省甘州府张掖县大东街门牌三十三号居住，设立生意一处，今逢上元赐福，天官之日，四季清平，保佑康宁，一年顺利合号诚心满斗焚香。凡在二六时中香缭绕，雾气腾飞，上达九天，增福财神，天地三界，十方万灵真宰，天地水府三元三品三官大帝，龙王土地福德正神，东厨司命火府灶君，家族宗祖，救苦天尊。

信士弟子　百叩

光盛西宝号韶亭先生大人开账之鸿禧

盖闻天山南岐有温珠玉之光辉，弱水西流发财源之活泼。惟地灵而人杰，斯蒂固以根深如我韶亭威坛。猗顿之才久慕，陶朱之术、陈元龙卧百尺之楼，七通八达鸱夷之此，万钟之禄，五湖三江，积货通商，来往者不停于路，生财有道。经营者于德其门，存仁存义。三尺子之童勿欺，有经有权，千里之物可致，观活水源头发流必远顶云锦，于架上居货惟期松之茂竹之苞日新月盛。行有为，居有守，玉润珠圆，光前裕后，今逢上吉，大张其门，只为俚言援笔以赠是为序。

亲友谊　恒兴厚　涌同积　永长发　祥永和　长兴泰

丰盛公　兴茂源　大兴德　全兴公　光盛裕　大发源

裕泰丰　德兴源　四箴明达泉　赠贺

大中华民国二十年古八月吉日上浣穀旦　　立

生意窘状：

今年烟苗不种，商家停板，完全无做之生意，又加国难当头，四路不通，不堪尽言，况且来货根少，销路不巨。大股提价，小股价昂，不贪真正难干，不了不了，本重利轻，孰不畏惧。千文行一文，十干九不成。俗谚桃次卖快，礼之当然，本重之货不贪为上策，依我之愚见贪本轻的可卖可押，就是赔了也不失大茬。切记，切记。

镇番商民大多来自乡间，至多念过几年私塾，做过数载学徒，学问浅陋，见识狭隘，

然而在死气沉沉、形同铁屋的时代,他们有勇气,不拘泥,义结四方,勤走天下。在他们的账簿或信札中,用手中柔翰悉心记录着那个年代的真实,生意经、婚丧联、祈福言、诉状文、万金账……无所不包,我们不得不承认商民在那个时代所起的重要社会作用。

镇番商民信札

晚清至民国,商民是一个特殊的社会群体,他们大多并非继承先辈雄厚之资,坐拥深广人脉,反而往往是为生活所迫,白手起家的乡间油脂之农,虽有良好家风,却未接受足够的教育,许多人仅仅断断续续读过几年私塾罢了。但他们刻苦、勤奋,具有惊人的学习能力,每个人都有较长的学徒经历。在此期间,他们甘居人下,忍受他人颐指气使,潜心学习,虚心求教,写算能力与日精进,等时机成熟,他们便开始筹资,另立门户做掌柜,开始属于自己的营生。

以下选录的是在甘州经商的镇番商民近百年前部分珍贵的书信往来,从中可以窥见辛亥革命前后商民的活动状况以及当时张掖的社会政治经济等诸多方面的可贵信息。

昆山马老仁兄大人阁下:

清吉金安谭府大小人等均各福安迪吉为慰可贺耳!

敬启者于二月二十九日,弟和兄一同进城面面相叙。弟之家中之事兄备悉尽知,弟望向掌柜处使些银项,烦劳仁兄代回家中以销燃眉之急。而今家中来信二次,切要银项。家中困苦无急,又有别人之银债在紧,不能通和。弟在甘心如油煎,恨不能插翅来镇。前去一信不知存忘?弟左思右想:仁兄是疏财仗义君子,并非抛背天理之人。弟鼠身雀脚毫毛之项大约亦不能自顾不暇。不以三月十九日城上代来仁兄华函一支,内言仁兄母亲病故升天,仁兄多多受泪。无奈弟支些银项兄用,过与备舍为付。信内言说掌柜处再带些,掌柜银项乏少不能应容,兄你何不再思再三思,弟托兄代办此事,自古常言亲不亲一乡人,美不美泉中水。弟之家中全靠此项开销急用,春耕却无种,日度亦无粮,身靠无衣又有别人账债,而仁兄行有行,坐有坐,况且家豪富大将弟之屑小之事,见信之日急速付给兄。若不与此项,杀弟家中大小人等不用刀矣!千万切切再无别叙。

弟×××鞠躬

商民置身商场,多势单力薄,周转不便时有发生,故而写信向仗义掌柜或东家求助

之事稀松平常。信中往往极尽美言，诚挚有加，正所谓“三句好话暖人心”，此举往往能使生意峰回路转起死回生。

朋友相交　浮言不套　敬维

姜老仁兄大人阁下：

禔躬清泰起居安燕及宝号生意日增财源广进为颂为欣！

敬启者无别，前因宝号与弟周旋驼牌银一节，弟临身面嘱，赶十月中旬照如数代镇不误等情。至省之日无有妥脚顺人，无法，弟邻舍十月十三捎镇银子十两。纵然驼货甚少，路途艰辛，因然如数全未代足，阁下见字面弟之家将银收过，下欠未到之银赶至十月下旬有顺人捎镇(番)不误。卸下兰宾十丈白洋布、集字官茶、合盛，水芋。

商民在外经商，虽盈利不多，但老家告急之时，经常托可靠之人带回些许银两以解燃眉。

子光见览启者顷接

来函内情均悉，余前去信问李云峰，迄今并未接到李云峰回信，镇番号内并院内各样一概不知。余如此看来说原回号内两不相倚就干无益，如此情形不如另想办法，随后余回镇或到省再为谋事后查询李云峰此等犯号柜之事。再古人云：此处不留人，留人不在处。先请托人另寻一栖身之处为要。以免闲游。匆此，顺问春好。并问合家大小人等均各迪吉。

自北京顺治门内丰盛胡同门牌四号众议院议员罗绒

路上诸事打听之走节节小心上车下车等车站定慢慢下。

路上对车户和气，走到一处问店家前路好走不好走，节节问的总好。到观音堂上火车，叫店房内之人送你们上火车，叫他账房内的人取买三等火车票，大人每人票价银元八元多些，娃娃半价四元多些，买到郑州收票下火车住旅馆内。再另外买走京的火车票，每人三四元之谱，娃娃一二元之谱，买上票均一人拿好，之后恐有人验票，到京收票下火车。再者，男女大小便均火车上有圈，千万勿下火车，火车站定了再买吃的，快快在车上叫买，勿去下车，恐怕车走，上不了车。千万切记，再有，火车上也有卖茶、点心，就买上吃也好，将就坐车。以上所说，小心切记，如有含糊，多问几人，答复一样就好，此话不过预早，说知再无别言。

商民经常为生意不论寒暑，东奔西跑，出门在外，小心谨慎，三思后行。

金风涤暑　　玉霜横秋　　跪禀

母亲大人膝下金安纳福玉体健强。

儿自客以来身子精爽万事亨通，大人慎勿以儿之外游常挂心怀，思成痼疾也。

再有弟独理家务,少人扶持,大人宜时常叮咛令弟将诸事忍耐为高,工人伙计和容使用。古语云:少言胜于多言,息事强于滋事,此言欺人太甚!马媳之旧疾信云复重,伊疾乃自所为,圣人云:天作孽,有可违,自作孽,不可活,此之谓也。大人勿可悬心可也。书不尽言,跪请金安,容余后禀。

不孝男　　　　叩禀

甲申年全月二日自甘州

日月如梭,光阴似箭,转瞬间已至肃霜候矣。

岳丈大人近日清吉家中大小均各安好。

婿自居甘身子粗吉,营生顺适,大人勿多挂念矣。敬禀者无别有陈。小山君今居马南寺后山与陈寿基父子一处同寓耕种,今秋打粮一百余石,寿基收来五六十两土价,犹可粮价太贱,待至明春售过,父子同返故里。婿询问的实不敢袖手旁观,故于家报之中藏一草笺代禀,大人得知。肃禀敬请福安

商民长期在外,家中亲友牵挂,故时寄家信,以报平安。

名苑菊放荆树花开,肃霜佳节坚冰待来。分手足于两地,隔哀肠而千山。

敬维

吾弟子昌如晤,身体纳福及家中大小均各清吉。

兄居异域已经半载,目疾大愈,饮食如常,家内一切人等祈勿悬念,于九月初二日接得一函,内情得悉。口外洋烟虽多,兄非贪烟之徒,凡逢嫖赌吸烟恶习,在家早已弃过,如遗人所共知,以此视兄,失之远矣,况兄之出外,心有不白之冤者在也,岂如他人以邀本也。内云购赎地之事,弟自斟酌,以兄之愚见,此地耕种不便,如有便主耕种,其地租与他人可也否,再待兄回家再作定夺,再有北沙窝之地悬价已高搁数年,或找回以顾家用,或增明以归欠债。再者,棉花一节暂无顺脚,俟候随捎。兄观吾家收成粮石通共外有零亦大庆也,而日用亦当节俭。丰年须防凶岁,谨记谨记,慎勿淡漠视之。苜蓿麦草,是牲畜之度用,家内勿可引火。其余之事,弟自酌夺,如再来信件,书明各事,以免兄思念之情,书不尽言,特此。

商民身居异地,见闻甚广,往往能对家乡亲友的生产生活提出良好建议。

×××仁兄先生阁下角黍生香葛蒲增色及宝号财随时增,利与日新遥为贺之。

敬启者顷因来人言及弟去冬在镇时付给宝号德盛恒号开出一百四十金银条一支,宝号至期执条取银,该号反目不认等情是此狡懒,该号实属不顾体面已极,况此条原系当日对面订过之条,岂能信口支吾,其居心害人显悉已见,至祈阁下格外费心将此项转分,收来固属极好,该号万一估抗,分两不与,阁下即带弟或禀商会或令人武讨,均无不可至讨之时。如有事故有弟一面担承,至阁下劳神之处容弟异日面

谢，至闫会川由甘与弟归还的话系尽是诳言，阁下慎勿信是，近日甘丹境况买卖概行倍止。

肃此

韶亭仁兄大人阁下福祉绥和营经顺适及宝号生意骏发，财源茂盛，不卜可贺。

敬启者于五月廿四日接见阁下瑶章一支折视之下，领悉一切所云，令弟向德盛恒催讨银项之事，弟见信之下速为着人讨要。该号执事不但银项不与，反而口出恶言，弟无法，将该号控告，镇县主案下作主县长批谕商会于七月中旬同商会诸翁议论将此款项准作货物归还。弟不得不遵。将货收过，共合银两，所有货物另起花单，开列于后。祈阁下见信斟酌，将此货物何处销售，速为来信提明可也。肃此，敬请刻安。

生意场上，鱼龙混杂，偶有扑朔迷离的事发生，商民们往往能冷静分析，理出头绪，多方交涉，文讨武讨，稳妥定夺。

违教以来　瞬经数月　恭维

德翁东君大人阁下，身其叶吉，事多吉祥欣慰为颂耳。并呈及谭府清吉，亲眷佳安。

启者，无别自叙，生意之一节前所存些棉花今已售过，诸货皆不紧手，惟棉花镇番人需用之物又兼武威乡人以小麦银钱购之济既矣，其货价银高下不将贪买缺无。弟之欲见望阁下从兰垣东棉花办买一二十担亦能见些微利，如有其货，千万无误矣。祈有前阁下在镇置买刘姓之业基之一节，来往说话之人言之，如能成者，价银总得六百两之谱。如愿，急速来信提明。再者，前兰垣寄存大锅一口，蒲篮一块随和成驼棉花之驼捎来，家间使用。红黑骡子号内养喂，呈报镇邑诸货敬启者，于月之朔二日由邮寄去挂号信一支，谅想早为玉阅矣。前信之情，今不复述，惟云祈台办花一节，不知台如何办理。倘或办就，速为发镇。惟是银项之事以不能急切顾及，祈望台翁兰垣如有余资，或是往镇汇兑之款亦是顺茬，或在兰需用，弟另设法筹调。生意之道，泾渭分清，并不能以东之款顽梗顾耳。前台在镇之时，弟荐西乡安王二人与台，足下侍右，不知台事务如何办理，弟心想交伊，随后赴省，伊等茫然多多，而行到省之日，望台费神照鉴不宣敬请福安。

若天先生青览。

自镇别后一经月余，正拟修函致候，忽接来示敬悉一是，始知兄起居均佳为慰。弟居省均吉，堪慰仅注耳。惟内示棉花一节，省城价约之谱，如运镇番甚无利益，此后若果价落再为买带。再有刘杨李三姓之房基若果说合画字统在其内，六百两亦无

不可。弟多看能值钱一千五陆百串文,所有的统在其内外。说到跟前就出几个酒食钱亦可。如不能成者,暂作罢论。再,红骡子号内用,准给号用,与弟无涉;黑骡子有人出价七八十之数亦可出售。余可容后再报转祝顺候,财安。

戊申菊月望八日由金城南关缄

民国时期,社会动荡,物价大起大落,商民必须眼观六路,耳听八方,以保证低进高出,至少赢得最低利润,因为商民群体势单本小,一着不慎,满盘皆输。

吾儿子光见字知悉。

今家中新春佳节,合家大小均各迪吉,事务如愿,儿不必远念矣。有儿寓甘,未知身子精爽否?兹因客岁全月下旬收到儿从甘邮来一信,内情均为明悉,有谢哥车二十八日至镇遂信一封,所带之白米等旧衣服外包蓝布包袱一个,照信收过无遗。再有,去岁与儿信注赎地之事,刘家大田地赎取到手,典增价大钱一百二十八千文。价外又借伊永三青稞四升,糜子一斗五升,谷子二斗八升,亦为与伊还过,又外补翻地,约有一斗之谱。付给苦工大钱而千四百文,此项尽望,收借卢逢彪八十千文,焦兴和二十千文,焦壮和一十千文,均为二分行息,言明随时归还或正二三月有钱可还,四五六月不拘,无奈家中手无余资,有姜子高挑会挑头甚重。刻下不能可靠,若有一十串二十串之款随时还之不拘。若到秋收之日,利钱倍屡不轻,以致儿父无计可思。此地若不赎取,再过二三年,堂弟箭三每年借永三粮施欠不清以利折产。伊料想谁能赎取?目下,儿在甘寓号年期之日,除修金若干,来信提明即是。除多寡之钱且勿嫌少,凡生意之人总要自己上前干事,小心谨慎且不可稍有懈怠之心,如己事一般动用使账,买穿买带虽花自己之钱掌柜闻之于心不悦。若使钱代至家中日度光阴,人人常情。儿切记心中。今有谢哥车抵镇,大约正月初十日起程赴甘。再有姜子大来甘,正月初七福盛西除来修钱十千,随即告辞自己,情愿赴甘投事。

跪禀

谨父母亲二位老大人膝下万福金安,身其康强以兼诸务顺适,遥为念想。

敬禀者于本月二十五日接见家函,内情念悉。儿于四月二十九日由西宁驼帮邓口路经平番儿偶然得风寒之疾,沿路服药数付,未见实效。无奈由秦王川雇脚返兰,现有我邑李先生调理,连服七八付药,疾势已然大愈。目下头晕未退,胃口未开,其余调之无恙,再待几日,如有顺脚,不日起程返回。

老大人见信之日万无悬心襟怀。儿亦是今年运气当然,与人何干。儿异日到家我父子聚首同堂时刻,侍奉高堂,岂不两全而美。再报省垣斗价亦平常,惟街道困苦异常,尽以纸币流通市面,而且加色过大,生意人不敢伸手。

年青商民做事容易气盛,经常受教于老人,自然成长迅速。所以才有商民中流传的

谚语"不听老人言,吃亏在眼前"。

字拜

王老族祖大人:

请教孙兴,予当读神之章,后稷之语注解,教民之道,教以稼穑,树艺五谷。五谷熟而民食饱则已矣。大圣人又以忧为怀,思食饱,衣暖逸,居无教则近于禽兽,于是使契为司徒之官,教以人伦之道,父子有亲,君臣有义,夫妇有别,长幼有序,朋友有信。五者之道,乃千古不移之则,日用行常之理。予自知之,今闻此地有欺哥奸嫂之辈,颠倒人伦之徒,大纲法纪,请问伯祖可告否耶?孙在高庙儿地道途甚远,不知伤风败化之流斯人为谁望伯祖与孙指明,孙则禀告官长以振风化。不然,伯祖替孙代告以明人伦,亦可为地方之领袖矣。

大中华民国十八年端阳节后一日在甘州本号内财神桌上意涂

商民在闲暇之余,细心听闻国事家事天下事,发表一家之言。他们深知个体在整个社会大背景之下是微不足道的,只有关注社会,体悟变革,与时俱进,才能维系小本经营的稳定发展。

三月二十五日邮甘第吉号信一件　　恭维

绍亭先生均鉴,近日安好及家内老幼人等均各清吉,事务如愿。

敬启者无别情因,于月之十五日,兄由家起程赴甘,想该早到矣。兄别以来而春水浇足,西许陆斗地浇灌,惟有北岔之地全凭人力浇灌。其余秧苗干涸未浇。再有做布一节,现时棉花短少,价值甚大,所有售花之家尽是非卖现洋不卖标期。随后再看如何情形,若果有卖标期再做不误。目下民勤土匪完全肃清,人民皆安,各安生理,不知甘州如何情形,来信书明。余事后叙,敬请财安

古三月廿五日　　　　自民舍作　　　　姜子大具

第二号信件　　　　恭维

韶亭先生大人阁下清鉴。近日身其叶吉,事多吉祥,欣为远祝耳。

敬启者无别及家内大小人等均各迪吉,勿可远念耳。兄前三月十五日启程,临行言说,至甘急速来函。二十六日寄甘一函,谅想早视。四月初间,焦佑生家内接见磊生一函,视看字样竟是兄所写,不知兄来信失遗,家中大小人等昼夜常思。再者吾邑现在大世平清,惟天不降泽,河水微细,斗价又昂,无一人不愁时日,长叹若今年天不赐禄,本地之人完全立不着脚了,非东奔西逃不可。再者黄米售过七八斗之谱,所有外债一切付清。下剩黄米五六斗之谱。再买花之一节,所有字号之花一切运到凉州销售,家家就要现洋,不卖标期,如有现大洋非三四十元之谱不卖。吾们临近惟安。韶亭一人做布,再无第二个人。四月二十八日马绍蒲至家,接见兄一纸开拆之

下,内云箱内一事。弟今岁正月在甘州不好将箱子取开,货物包在一处送往全兴公那里。

商民身虽在外,心系家乡,天无甘霖,河水微细,老家告急,乡民逃荒,故土贫瘠,揪心难挨,商民针尖削铁,贴补故乡亲友。

商民信件是商民文化的缩影,当我们捧读先人文字,用心体会那个远去的时代时,就会被他们的勤劳、智慧、仁义深深感染、强烈震撼,思想转瞬之间变得成熟。

镇番在甘州商号

民国时期,客居甘州做买卖的民勤商号颇多,有凝德堂、积德恒、亲友谊、恒兴厚、涌同积、同源利、同盛合、涌泉茂、大兴福、永长发、祥永和、长兴泰、丰盛公、丰盛恒、丰盛祥、兴茂源、大兴德、全兴公、全盛昌、全盛永、光盛裕、大发源、裕泰丰、德兴源、德兴永、禧庆堂、天成西、天顺裕、天顺成、合义昌、光盛西、福盛西、福兴公、福兴魁、吴文堂、正兴基、元成昌、大成亨、源茂盛、义成永、四箴明达泉等。不少商号除了沿街各有店铺门面外,总店后面是宽敞的场院,院里有仓房、马厩、客栈等。西北地区少数民族众多,张掖地处河西走廊咽喉,往来商民络绎不绝,这里能听到他乡异域的南腔北调。外蒙的皮货、河套的小麦、宁夏的大米、本地的烟土都在小镇集散或交易。甘州人对各地货商司空见惯,他们从客商的穿戴、驮运工具就能分出来自何地。如喀尔喀蒙古人穿着靴尖上翘的船型牛皮靴,宁夏、青海的商人多戴白色、黑色和小花格的回族帽。各地客商的驮运工具也有差别。喀尔喀蒙古人、卫拉特蒙古人以及察哈尔省张家口等内地客商的运载工具全部是骆驼,陕、甘、宁、青的商人多使用驴骡。弹丸小城商业很是发达,运输业也随之红火。一支支驼队将悦耳的驼铃声洒过戈壁、草地、田野、市镇和村落。民勤人的驼队享誉西北,驼客们把异地出产的湖盐、小麦、干炭、罂粟,宁夏商人贩来的大米运往河套渡口或新疆。往事并不如烟,他们正在空渺、浩瀚的月牙泉边的鸣沙山上静坐着,守望着敦煌飞天;更在那并不曾消弭的楼兰古城上,以带哨的黄风为犀利的朱笔,审视着人类的灵魂。

第四章

商民退出历史舞台

1956年初公私合营的成功推行，使党和政府领导人民取得了公私合营社会主义改造的全面胜利，建立了社会主义经济制度，为进入社会主义初级阶段奠定了经济基础，开创了我国社会主义建设的新时期。公私合营使民族工商业者转变为劳动者，为最后实现消灭阶级、改造人的战略方针创造了有利条件。公私合营也迅速而大幅度地发展了社会生产力，有力地促进了整个国民经济的发展。

新中国成立后，绝大多数民勤商民重返故里，积极投身新中国的伟大建设中。长期漂泊他乡肩挑贸易的他们此时个个手有盈余，无一例外地跻身公私合营的伟大进程。有的商户虽小，财力单薄，但在民生凋敝、百废待兴的新中国农村，他们显然是掌握着较强经济实力的少数分子。面对一个朝气蓬勃的国家，他们的个人利益又算得了什么。商民们开始主动抛弃自己亲手打拼来的身份，靠自己长期学习、练就的医术、锻造等技艺，或治病救人，或发展生产，真正做到了一大二公。

据统计，1956年全国公私合营工业总产值达191.1亿元，较1955年这些企业的总产值增加了32%，1957年又比1956年增长8%。1956年全国公私合营商店、合作商店和合作小组的零售总额增加了15%以上，1956年全国公私合营工业的劳动生产率比1955年提高了20%~30%。在改造民族资本工商业这场涉及几亿人口的、大规模的、极其深刻的社会变革中，我国不仅在经济上没有遭到破坏，避免了生产力下降的情况，而且通过社会主义经济同民族资本工商业的联系，发展生产，活跃经济，积累资金，培训工人与干部，有力地壮大了社会主义经济力量，促进了整个国民经济的发展，为此后的社会主义建设和发展打下坚实的基础，这确实是一个了不起的巨大成就。

商民的返乡生活

1949年9月19日、21日，张掖、民勤相继解放，万恶的旧社会就此覆灭，可谓万象更新。然而数代人颠沛流离并稍有盈余的商民们却又一次茫然了，该如何融入眼前的新社会？国民党残余势力四处散布谣言，诬蔑共产党，恐吓老百姓。大批将信将疑的商民选择了回归故土，叶落归根。

老人往年体质强，挑水植树又放羊。
为人处世性和善，身染重病遭大殃。
为求生活真勤苦，放下耙儿弄扫帚。
过去社会黑又暗，历尽千辛并万苦。
全家生活没法度，借下粮账七石五。
拉驼翻山又越岭，深夜卸驼去寻井。
霜雪交加北风吹，掌柜缺货把人催。
拉驼两峰确实乏，行李铺盖没的拿。
少带铺盖多受罪，只为顾家挣运费。
回忆拉驼苦中苦，半夜睡眠五更起。
夜静更深正赶路，每晚只睡两小时。
冰天雪地露天睡，只为生活远贫贱。
数九寒天去驮煤，随后上池运压盐。
沙漠荒滩路难行，每天步行七十程。
黎明五更两顿饭，要问吃饭人心酸。
消些雪水拾堆柴，三个石头锅安排。
突然天爷有变幻，双手端碗吃得快。
饱经风霜与艰难，只为家中女和男。
某年庄稼大歉收，拉驼携眷赴甘州。
从此全家向西上，拖儿带女离故乡。
背井离乡无盼望，七亩薄田租亲房。
家父经历儿尽知，跌倒爬起无数次。

老人平生毅力强，请会求本习小商。
母亲织布又纺棉，为求生活没失闲。
张掖住了几十载，生活好转把家还。
家父一生多磨难，钢笔写秃书不完。
再讲二老卧病床，时刻未曾离身旁。
夜眠和衣不解裳，药物煎好我先尝。
远望南山一块石，近看树木长不齐。
山中石多真玉少，膝下儿稠孝子稀。
老人身患中风症，血压太高人昏沉。
时而明亮时而暗，右边半身不康泰。
老人神经失作用，右手持物不放松。
扶抱老人将身翻，紧攥肌肤痛又酸。
浑身长压真难受，毡褥层层铺得厚。
左瘫右痪不能动，关心寒暖难侍奉。
寻医问药大半年，煎药熬茶不曾闲。
中西医药都办到，服后病情不见好。
想方设法急挽救，灾殃磨难何日够。
只盼二老体康泰，苍天理应眼睁开。
老人病倒已半载，得病容易祛病难。
决心要和病魔战，如获灵药病自安。
初病反复不调和，大便夜里三点多。
便时早备一块布，便后马上送厕所。
久病期年卧病床，腹内健康消化强。
饮食未减如昔日，鹤发童颜两鬓霜。
老人起坐我扶放，一双热手垫肩上。
虽病时长身子重，轻扶慢抱放枕上。
为了二老不言苦，勤晒被褥把衣补。
有时一天好几次，二便污染勤洗裤。
夏日炎炎日光强，井水洗衣好凉爽。
秋后机停水不流，每天洗衣真发愁。
天寒水凉不能洗，挑桶上井把水去。
水井路遥走慌忙，心悬不离父母旁。
三步并作两步跑，急着回家看二老。

放下水把老人问，家父只说浑身困。
好话一句老人安，轻扶老人把身返。
二老不幸多病患，无情病魔将身缠。
夏秋季节还好办，寒冬腊月心里酸。
雁飞南北避寒暑，儿为爹妈昼夜苦。
他人城乡常来往，我把亲邻放一旁。
电影来村多次放，半次我也没入场。
二老病重炕上卧，唯我孤单灯前坐。
满腔悲伤无喜悦，心中往事对谁说。
灯前静坐夜已深，时辰夜里两点钟。
炉口封好熄灯睡，老人又要行大便。
急忙起身把灯点，却看秽物在眼前。
老人表情好为难，应尽天职理当然。
春夏秋冬四季天，寒来暑往紧相连。
子丑寅卯天又亮，何时二老体安康？
十月里来刚入冬，队里来人搞四清。
去岁工分超平均，今年老人没挣工。
今春二老卧病床，缺工欠肥又减糖。
但愿老人体康泰，损失争取我补偿。
党的政策讲得清，群众疾苦要关心。
报刊杂志经常读，农村政策要落实。
广大群众会听话，教育面积要放大。
农村政策讲得好，扣减范围要缩小。
全家三口人员少，百分七十老病号。
本人属于照顾户，分配划线应保护。
全队平均四百二，本人标准四零四。
春荒生活有疾苦，向队借粮一百五。
只盼二老病好转，迈开大步往前赶。
绾起袖子要大干，定让土地听使唤。
本年损失来年补，集体地上下功夫。
天生不怕苦和累，广阔土地有作为。
我的基础不算烂，苦战两年翻三番。
支渠以南地宽广，全是我队小粮仓。

经济作物较可靠,井旁试验栽水稻。
各种药材能繁植,渠沿要育苹果树。
东邻他村北靠渠,南面向阳养马湖。
我队要想旧貌改,现在动手不算晚。
干群齐心战两年,敢叫旧貌换新颜。
我队范围不太大,发展生产有办法。
骆驼皮车副业搞,经济收入要抓牢。
没水不能把船行,无钱各项都要停。
要想繁荣又昌盛,必须找好副业门。
老人病势不见转,双肩压着一座山。
早晚烧炕又做饭,勤扶老人把身翻。
今年老人病时长,欲坐稳放铺盖上。
软绵被褥垫得厚,靠墙坐坐也好受。
病情好转大幸福,开枷解锁出牢狱。
老人病好少受罪,放我出狱做贡献。
惨景窘相难形容,宣泄至此把笔停。

随着新中国统购统销、公私合营的实行,商民的社会角色便不复存在了,兜了一大圈又回到自家的土宅子里,回归面朝黄土背朝天的老路上来了。他们原本就是从群众中走出去的,只不过又回到群众中来了。异乎寻常的适应性让他们很快投入到新中国的伟大建设中,并做出了不可磨灭的贡献。

商民的荆棘平反路

新中国成立后,大批从张掖返回民勤的商民们,历经公私合营、反右斗争、十年浩劫等大动荡身心俱疲,许多人甚至抱憾离世。为能给自己或父辈昭雪清白,商民以及他们的后代们在"文革"阴霾尽扫之后,走上了艰难的平反之路。在此例举一封中国最基层的上访信,以期达到窥一斑而知全豹的目的。

大队管委会领导同志:

前几天,我在甘报(甘肃日报)上看到:落实党的政策,一定要遵从实事求是、有

错必纠的原则，切实加快冤案、假案、错案的平反昭雪工作。

不管什么时候，什么情况下搞的；不管是哪一级组织，什么人定的，批的，只要是不实之词，都要推倒；不正确的结论和处理都要纠正，全错的全平，部分错的部分平，遭受冤枉的一律平反昭雪，坚决不留尾巴。

我父于1960年被医疗站下放回家，受冤屈，遭陷害的过程因领导均是原班人等，在此，就不再赘述。

1971年春夏之交，几个别有用心的不肖之徒颠倒是非，无中生有，捏造事实，嫁祸于人，说我父出售假药，因此被打倒，年逾古稀仍被扣上“投机倒把”的帽子，给家庭带来极大不幸。亲友回避，不敢登门，街坊邻居，躲躲闪闪，怕遭株连；蒙昧无知之人冷眼旁观不说，还要狠狠踩上几脚以示自己觉悟之高。

当时×××等多位社员所欠医疗站的药费，按理说，应由医疗站承担收取药费的责任，而不能推给已被下放的我父，当时领导言之凿凿，掷地有声，可事后却出尔反尔，覆手为雨。

……

自家父病倒，家中生活举步维艰，希望党的好干部能关心百姓疾苦，兑现国家政策，像况钟那样为百姓辨明冤案，百世流芳。

在四人帮横行的十多年里，我父忍辱负重，心怀国家，备受冤屈。今大请求上级领导青红皂白，是非曲直，辨别清楚，并恳请妥善处理为盼，万望批复。

社员××呈上

1979年×月×日

诸如此类的上访信在那个拨乱反正的特殊年代多如牛毛，诸如此类的商民遭遇更是不胜枚举。遗憾的是，商民后代们在平反路上的挣扎与呐喊，许多都石沉大海，音信全无。

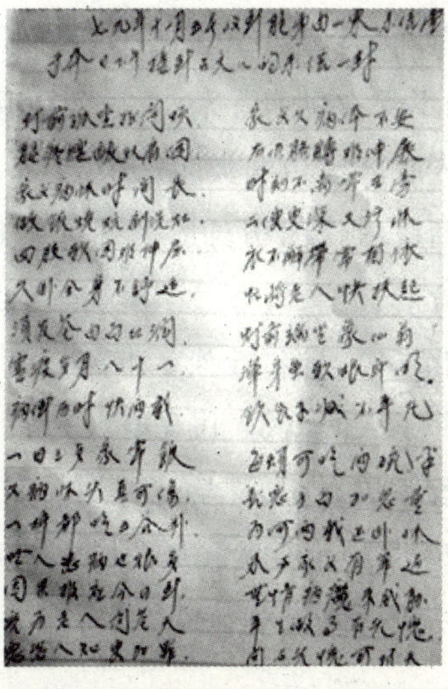

改革惠风抚平商民创伤

(商民日记)

1983年8月赴山东东营胜利油田看望胞弟学秀(1946—1948年在张掖民勤会馆小学上学,此时作为胜利油田特车大队队长因公被严重烧伤),眼见石油工人美好生活喜不自禁,遂赋诗一首:

做饭不烧柴和煤,每月洗澡四五回。家家隆冬通暖气,城乡对比两重天。

之后撰文赞天然气,对新生活的热爱更是溢于言表。

天然气管道斗转蛇形,似从天而降,穿村进院,散布街头巷尾,直至千家厨房,送来无穷方便。划着火柴,放入炉灶,拧开开关,炉内响起动听的旋律,可爱又可畏的炉火急向釜底猛攻,火舌五颜六色,好似朝霞染透朵朵祥云,又如公园春暖花开,繁盛似锦。气味虽有毒性,却有崇高威信。家家十分尊重,老幼满意可亲。承担煮饭重任,不管领导群众,都以平等待人,毫无贵贱之分。大讲礼貌文明,谦虚而又谨慎。花甲之人,久居僻壤疆村,祖先及我,专烧柴草畜粪。未曾听说,天然神气,神通广大,服务周到。文火武火,主人决定。虽然无象无形,惹下力大无穷。轻则伤人肌肤,重则房屋难存。稍不留神出错,它可不讲人情。饭后牢记规定,它才百依百顺……

商民后代大都恪守家风,崇尚文化,勤于学思,对社会变革能敏锐把握,积极响应国家号召。在他们的日记中可见一斑。

当前的市场经济越来越活跃,工农业产品终会堆积如山,一定会出现前所未有的盛况。看当今社会,不凭票证,照样可以随心所购。人的生命也会最终获得闻所未闻的尊重,朝不保夕的日子将一去不复返,我们应该从心底彻底消除久积心中的后顾之忧,放手投入联产承包的大包干中。

商民后代因切身遭受各种磨难、排挤,但对改革抱有较高的期望,时刻关注国事,直言针砭。

北国农家谣,唯独冬难熬。皑皑白雪春不晓,白把时光抛。

除了人间妖,人民乐坏了。三中全会撑咱腰,放心把富冒。

政策送春归,科学迎春到。四季枝头春意闹,秋收春还报。

20世纪80年代,是商民后代走出惶恐,走向希望的美好时期。高兴愉悦之情,在他们的字里行间静静流淌。

本人久咳气又短，喂猪三次早午晚。
饲料缺乏天愈寒，请来四弟把它宰。
大小人员齐到场，争先恐后来帮忙。
烧水急忙把猪烫，肉未进锅已闻香。

镇番商民之恪守孝道

在文学作品中动辄能读到“商人重利轻别离”这样的语句，但是在商民及其后代的文字里无不浸透着孝悌之义。百善孝为先，商民们对孝义的恪守，充分显示出他们高尚的道德品质，也时刻鼓舞着他们更高的精神追求。

1979 年农历十一月初八，阴风怒号，浊浪排空，日星隐耀，山岳潜行。扶老人安睡后，忽闻羊咩，进圈去看，羊在产羔，我心发愁：

思想不安心里烦，家父卧床腿难展。
苍天何日把眼睁，让我家人尽平安。
常言好人多磨难，两载卧床儿心寒。
儿孙亲邻常来探，八旬高龄貌非凡。
饮食未减消化强，面色红润放光芒。
怜父我常床头站，夜晚并床将身挨。
夜深只听老人哭，惊醒原是在扯呼。
所患导致脉不通，威胁老人右腿疼。
夜深风寒人烟尽，双手上下运搓功。
搓揉土法也顶用，气血凝结逐渐融。
全身各种搓揉用，好似注射安痛定。
时刻相依不远离，儿在老人心不急。
内衣定期常换洗，老人穿上心欢喜。
小便虽勤量不多，随时不烦送厕所。
我父病床一年半，病魔纠缠疼难堪。
去年今日我母在，如今父子可孤单。
昨日女儿将父看，见到老人心喜欢。

来时自做面条饭，家父吃了两碗半。
虽然病重量未减，身板未瘦面新鲜。
须发苍白面红润，好似莲花在水中。
二目有神视力强，虽无牙齿消化强。
耳听院内有人声，王三李四分得清。
时刻在旁耐心看，既离上灶去做饭。
洗净手脸欲淘菜，突闻老人将儿唤。
急忙唤儿有何干，小便应声即下来。
小便接罢送厕所，次数太勤量不多。
久卧之后扶起坐，进灶洗手把面和。
老人要我拉面做，鸡蛋炒了小半锅。
老人吃了对我说，菜的味道还不错。

商民的日记人生

1979 年 11 月 5 日　　阴转晴

打前孤坐好闷烦，家父久病体不安。
腿疼腰酸双肩困，左右胳膊难伸展。
家父卧床时日长，一刻不离守在旁。
做饭烧炕刷洗灶，二便更深又污床。
四肢软困难伸屈，衣不解带长相依。
久卧全身不舒适，忙将老人快扶起。
须发苍白面红润，灯前端坐像仙翁。
苦度春秋八十一，浑身虽软眼耳明。
病倒历时快两载，饮食未减不平凡。
一日三餐家常饭，每顿可吃两碗半。
久病床头真可伤，善恶方面加思量。
一样都吃五谷粮，为何两载还卧床。
世人患病也很多，未必家父有罪过。

因果报应今日扰，无情病魔来威胁。
儿为老人问苍天，平生做事有无愧。
唯恐人知更加罪，问心无愧可对天。
莫看当前无神鬼，善恶之报如影随。
方便让人亏多吃，报应不定在某年。
蓝色青天不可欺，善恶分明默默祈。
平生多做有益事，杂念私心全扫除。
请看七夕天河配，既有诸神又有鬼。
牛郎受尽千般苦，幸福美景后边随。

1979 年 11 月 9 日　　**气温急剧下降，做完家务信手闲笔**

教育儿女有礼貌，遇事忍让风格高。
尊老爱幼助人乐，待人谦虚品德好。
祖先世代苦耕田，布衣淡饭紧相连。
手心脱皮眼流汗，平常日月万万年。
人为生活到处奔，朝走西来暮投东。
诸般事儿皆具备，还想掌权树威名。
科处长职不理想，心比天高想中央。
劝君安心把农务，身心健强有余粮。

专治一切无名病症处方：
老实头一颗　好肚肠一条　慈悲心一片　孝顺半斤
忠直八两　道理一块　和气一团　小心一些
仔细十分　温柔四两　安分一钱　仁义广用
信心全用　公德心在　恩惠多施

1980 年 3 月 24 日

鹅毛大雪纷飞，茫茫大地皆白，迎风雪去祭祖。
雪压松枝头点地，河飘柳叶面朝天。

1982 年 5 月 4 日

三中全会认为，社员自留地，家庭副业和集市贸易，是社会主义经济的必要补充，任何人不得乱加干涉。

第五章

镇番商民的社会功绩

镇番商民的"贾道"意识

现代商业快节奏的程式化运营模式使人们对缺乏人情味的市场经济产生了审美疲劳，越来越多的人开始怀念先前那种人与人之间交易买卖的诚信与厚重。历史也真实记录了他们对社会发展的不朽功绩。镇番商人无疑是晚清至民国一支传奇商军，誉满中国大西北。

晚清至民国，中国西北广袤无垠，民族众多，边关天寒地冻、六畜不全，军民需要棉布御寒，商人就运贩布匹。边关少数民族同胞以吃牛羊肉喝奶酪为生，需要饮茶。茶叶成了少数民族不可或缺的必需品，所谓"无茶则难以为活"，商人们便抓住商机开始贩茶。起先是服从官府需要，贩茶换马，"茶马交易"，后来干脆全部商茶化。商民们将陕西紫阳茶区所产的绿茶经汉中、徽县、天水贩到兰州、宁夏，每年不下 15 万斤。后来发现绿茶味淡散装不便于运输和保管，而湖南安化的红茶枝粗味重便于挤压成砖，便赴安化贩运红茶到泾阳，压成茶砖再贩运到西部，这就是"湖茶"的由来。这些经营茶叶的大商号在西北名噪一时，如马合盛光运茶的骆驼就有千余匹，每次出发峰峰骆驼相连，蔚为壮观，连慈禧太后都亲封他为"大茶商马合盛"。边关产皮，也盛产奇花异草，成为中药材的主要产地，商民们又贩运药材。西藏、青海的冬虫夏草，甘肃岷州的当归，镇番的锁阳、苁蓉，陕西秦巴山区的党参、柴胡、秦艽，兴平的红花，都是药力强劲的名贵药材。马合盛家的药号"凝德堂"在全国有十大分号，其中乌鲁木齐东街十字最有名的"凝德堂"药材铺就是他家在新疆的生意。马合盛独具慧眼，选择民勤水草丰美之地畜养骆驼，奠定了其在西北商业的龙头地位。同时他突破陈旧的地域观念，不拘一格，大胆重用诚恳、勤劳、精明的民勤人做掌柜或学徒，最大限度拓展了他的贸易范围。更值得一提的是，马合盛所创造的商业神话深深触动了身处水深火热中的民勤人，与其在那片贫瘠的土地上坐以待毙，不如像马合盛那样在外闯荡，至少可以求一温饱。

商民们跋山涉水、征程万里、含辛茹苦，梦寐以求的就是在家乡能构建荫庇子孙的高房大院，这似乎是他们商业成就的物象反映。这样的高房大院原先遍布秦陇大地，在解放前，甚至连民勤这样的弹丸小城，雕梁画栋的高房大院也随处可见，而且规模并不见得都小于今天山西的乔家大院。绝大部分商宅大院的被迫拆除，使宝贵的"大院文化"几乎无法传承。

周公创立的周文化,深深扎根于秦陇商民的灵魂之中。家族亲缘关系的血肉联系,出入相佑、守望相助的宗法村社制度,是民勤人血液中流淌的文化基因。加上商民多以中小商人为主,资薄利单,这便注定了商民为了对抗外地商帮的欺辱,发展自身的商贸业务,抵抗商海的不测风险,化解缕缕忧思乡愁,而抱团构建会馆。陕西商人与山西商人共同创造了"合伙制"的经营体制,这是明清之际中国商界的一大创举。而聪明的镇番商民效仿陕西商人"财东与掌柜的分权制经营体制",将自己的生意做强做大。一个常年在大漠边陲小村生活的镇番商人,其生意却在天山南北,长江上下,靠的就是"两权分离"的产权制度创新。而且他们机智地解决了掌柜与投资人的"利益一体化"问题,利用"人身开股制"即掌柜人身入股,将掌柜的利益与商铺捆绑在一起,利润"银六人四",使掌柜等效力为商号卖命。特别是秦商在四川自贡创造的以"日分"为主要内容的管理体制,是中国历史上最早的"股份制"。擅长开拓创新的镇番商民大胆借鉴,进一步拉长了商业链条。这些对于我们今天的经济体制改革可提供实际的可供操作的历史经验。

"诚信厚重"、"童叟不欺"是镇番商民最重要的经营理念,做生意一言九鼎,不言二价,甚至有的商号就直接取名为"一言堂"。这种宝贵的诚信使商民们在异地他乡很快站稳脚跟,并且形成相对稳固的顾客群体,这对日后的进一步扩大经营打下了坚实的基础。

店堂文化和经营风格,体现了人与自然以及人与人和谐的"天人合一"观念。镇番商民的铺号名称、陈设、货源、营业时间等,无不体现他们以德取财、薄利多销、勤能补亏的理念。如凝德堂、积德恒、兴泰合、德兴源、德兴永、亲友谊、恒兴厚、涌同积、同源利、大兴德等招牌,无一不体现商民们健康良好的贸易心理。

镇番商民具有热心公益、提携乡党的传统美德,为家乡建设做出了贡献。由于商民多为农民进城经商, 这便注定了他们无法与农村脱离的历史命运。从乡下来又回乡下去,他们最终没有融入城市的主流人群,始终徘徊在城乡的边缘,处于边缘化的两难境地。力农致富、经商发家、以农守财是商人无法摆脱的历史心路,这便注定了商人末落的历史命运,退出了历史舞台。只留下落寞的宅院诉说着往日的辉煌。

历史上的商帮虽然解体了,但他们留给我们的历史遗产是多元和丰富的。特别是长期形成的以"诚信厚重"为主要内容的"草根商业文化",对于我们今天发展市场经济,振奋改革开放精神仍有十分重要的理论和现实意义。

镇番商民不畏艰险、闯荡天涯的开拓精神并没有因为商民时代的远去而消失,至今民勤人在陇右、西北,甚至全国都颇具影响。西部高山大川,冬长夏短,生活艰苦,生态环境恶劣,被南方商人视为畏途,却不能阻挡镇番商民经商致富的脚步。他们北入蒙,西进疆,飞沙走石的千里戈壁尚且有商人的袅袅炊烟,还有什么样的艰难险阻能够阻挡人求富的脚步呢?

商民不恋家舍,锐意经营,在乱世求生求安本身就已经突破并超越了他们本属的身

份群体。在自然经济社会里,恪守家园,“三十亩地一头牛,老婆娃娃热炕头”常常是束缚人们外出的思想阻力,而镇番商民却力主“吃得苦中苦,方为人上人”的信条。

商民不辞劳苦,奋志经营,旅外行商,异地求财,其中的艰难困苦无以言表。清代乾隆年间成都的陕西商人欲修筑“陕西会馆”,却遭到当地人的阻挠,允许会馆可盖,却不许动用当地一抔黄土,以免风水外泄,肥水外流。陕西商人毅然穿越千里巴蜀古道硬是背着一口袋一口袋的家乡的黄土到成都,盖了华丽的陕西会馆。真如李白《蜀道难》所言:其险也如此,嗟尔远道之人胡为乎来哉?这种不畏艰险的创业精神不足以震撼今天的我们吗?

镇番商民们同样拥有恪守本职、坚忍不拔的敬业精神。经商同其他行业一样,需要用心经营,不能三心二意。商民们一边从商,一边读书识字,成为掌握一定文化知识的人。“家有三升粮,送儿上学堂”,至今,民勤人还是竭尽全力坚定不移地供孩子上学念书。他们视读书为立身之本,生存之基。这也在某种程度上改变了他们先前面朝黄土背朝天的单一身份与社会角色,他们的后代中成为政坛文坛佼佼者的不乏其人。

商民诚实经营,恪守贾道的求实诚信精神。厚重质直、求真务实是人的性格本色。商民在长期的经商实践中,总结出生意想要做得长久必须按商业规律办事的经验,来自社会底层的商民脑海中开始萌生了“贾道”意识。

镇番商民们富而不奢,致富后,仍能保持生活简朴的醇厚民风,淡泊自守,不为声色犬马所动,珠累寸积,积巨万家资。往往居住在仅容一身的狭屋之中,每天只需温饱。他们发上等愿,却仅求享下等福;他们择高处立,却只喜就平处坐。镇番商民的后代至今有双手捧馍、生怕馍渣掉地的节俭美德。

在全面建设小康社会的新形势下,我们比任何时候都需要继承和宏扬优秀文化传统,发掘历史文化基因,努力开拓创新发。风云百年的商民文化虽已远去,然而遗留下来的精神文化却历久弥新,成为新时期不可或缺的宝贵精神养分。

镇番商民智慧经商歌诀

时贱而买,时贵而卖

陶朱公范蠡和商祖白圭认为,时贱而买,虽贵已贱;时贵而卖,虽贱已贵。强调商人

要善于捕捉商机，把握时机，不失时机地买进卖出。商业的利润源于买卖的差价。一旦发现买卖的时机一到，则要趁时若猛兽鸷鸟之发，当机立断。魏文侯时，国人注重农耕，而白圭却乐于观时机的变化。粮食丰收时他买进谷物，卖出丝、漆。待蚕丝上市时他就大量收购蚕丝，售出粮食。他曾说：我做买卖，就像伊尹和姜太公那样有计谋，如孙膑和吴起那样善于判断，还能像商鞅执法那样说到做到。有些人的智慧不能随机应变，其勇敢不能当机立断，其仁爱不能恰当地取舍，其倔强不能坚持原则。所以，这种人跟我学经营之道，我也不会教他的。这段话，把他掌握贱买贵卖时机的决断与智断阐述得淋漓尽致。白圭的经商原则和经验，都被后世商人所称道。他凭着自己的这套经营谋略，精心经营，以至家累千金。

薄利多销，无敢居贵

先秦大商理论家计然认为，贵上极则反贱，贱下极则反贵，主张贵出如粪土，贱取如珠玉。司马迁说过：贪买三元，廉买五元，就是说贪图重利的商人只能获利30%，而薄利多销的商人却可获利50%。《郁离子》中记载：有三个商人在市场上一起经营同一种商品，其中一人降低价格销售，买者甚众，一年时间就发了财；另两人不肯降价销售，结果获利远不及前者。汉高祖刘邦的谋士张良，早年师从黄石公时，白天给人卖剪刀，晚上回来读书。后来他觉得读书时间不够用，就把剪刀分成上、中、下三等，上等的价钱不变，中等的在原价的基础上少一文钱，下等的少两文钱。结果，只用了半天的时间，卖出剪刀的数量比平日多了两倍，赚的钱比往日多了一倍，读书的时间也比往日多了。所以民间有句谚语：张良卖剪刀——贵贱一样货。

知地取胜，择地生财

兵法云：夫地形者，兵之助也。料敌制胜，计险厄，远近，上将之道也。知此而用战者必胜，不知此而用战者必败。可见地形对作战之重要，为将者不可不察也。经商如作战，商场如战场，经商者往往会占据有利的地形，最终取得生意的胜利。

春秋时的范蠡深谙贾道，以战略家的眼光，认定陶地为天下之中，诸侯四通，是理想的货物贸易之地。遂选陶地为营销点，果然，十九年间他三致千金，成为世贾，陶朱公的美称也由此而饮誉古今，留名青史。《史记·货殖列传》中载，秦国灭了赵国以后，实行了移民政策，当时许多人贿赂官吏，不愿搬迁，要求留在原地，唯独富商卓氏要求迁往较远的纹山之下。他看中那里土地肥沃，物产丰富，民风淳厚，居民热衷于买卖，商业易于发展。几年后，卓氏成了远近闻名的世富。这种不唯任时，且择地的观念已为后世商人所接受。江苏扬州地处南北要冲，交通发达，水运便利，货往频繁。其地膏沃，有茶、盐、丝、帛之利，众多商人纷至沓来，一时商贾云集，秦商、晋商在这里定居经营。有名的徽商也就

是从这里开始起步,称雄江湖。

见端知末,预测生财

春秋时期的越王勾践,为雪亡国之耻,终日卧薪尝胆,励精图治。当得知吴国大旱,遂大量收购吴国粮食。第二年,吴国粮食奇缺,民不聊生,饥民食不裹腹,怨声载道,越国趁机起兵灭了吴国。苦心人,天不负。越王终成霸业,跻身春秋五霸之列。这里越王勾践做的是一桩大买卖,他发的财不是金银财宝,而是一个国家和称雄天下的霸业,是商贾之道在政治上运用的成功典范。《夷坚志》载,宋朝年间,有一次临安城失火,殃及池鱼,一位姓裴的商人的店铺也随之起火。但是他没有去救火,而是带上银两,网罗人力出城采购竹木砖瓦、芦苇椽桷等建筑材料。火灾过后,百废待兴,市场上建房材料热销缺货,此时,裴氏商人趁机大发其财,赚的钱数十倍于店铺所值之钱,同时也满足了市场和百姓的需要。管中窥豹,略见一斑,敏锐的观察力和准确的判断力是经商者财富永不干涸的源泉,也是经商者必备的能力之一。

以义为利,趋义避财

清朝有一商人名舒遵刚,精榷算,善权衡。经商之暇,喜读《四书》、《五经》,把书中的义理运用于经商之中。他曾说:钱,泉也,如流泉然。他还说:对人言,生财有大道,以义为利,不以利为利,国且如此,况身家乎。徽州商人李大皓告诫他的继承者说:财自道生,利缘义取。以此严于律己,做到视不义富贵若浮云。子曰:君子爱财,取之有道。以义取利,德兴财昌;舍义取利,丧失了义也得不到利,为商者应深以诫之。积善之家,必有余庆,积不善之家,必有余殃。如果一个经营者有长期的理性和智慧,他必不会用恶劣、卑鄙之手段去获利;用恶劣的手段去做任何生意,最终将会失去已获的利润。

雕红刻翠,流连顾客

《燕京杂记》中载:京师市店,素讲门面,雕红刻翠,锦窗绣户。有的店铺招牌高悬,入夜家家门口点起了五光十色的锦纱灯笼,把街面照得如同白昼。有的店铺摆挂商品宣传字画,张挂名人书画,附庸风雅,以此来提升店铺的品位和提高顾客的回头率。还有些茶肆、饭馆、酒店中特意安排有乐器演奏和评书为客人助兴。南宋京都杭州的面食店里,只要顾客一进店坐下,伙计立刻前来问顾客所需,尽合诸客呼唤指使,不致错误。经营者们深深懂得豪华的装饰反映的是一个店铺的实力,于是店堂设计画柱雕梁,古色古香,金碧辉煌,极尽铺陈之能事,以迎合达官巨贾、贵妇名媛以求高雅的消费心理。在服务上进门笑脸相迎,出门点头送行。这些敬客如神的作法加上高贵典雅的装饰,使众多顾客如坐春风,一见钟情,从而流连忘返、百顾不厌。

长袖善舞，多钱善贾

《韩非子·五蠹》中说："鄙谚曰：'长袖善舞，多钱善贾'，此言多资之易为工也。"这里强调了一个善字。资金不足，必须善于使用，使用的目的也是为获利，唯有资金与商品流通不息，才能使利润滚滚而来。对待商品要做到务完物，即贮藏的货物要完好，腐败之货勿留；处理资金要做到无息币，即指货币不能滞压，其行如流水，货币和商品流通了，买卖就活了。宋代的沈括举例说：十万元资金倘不周转，虽百岁故十万也；如果贸而流通，加快周转，则利百万矣。

居安思危，处盈虑方

《书经》有云：居安思危，思则有备，有备无患。《汉书·息夫躬传》有言：天下虽安，忘战必危。商人李祖理精理精勤，竹头木屑之微，无不名当于用，业以日起，而家遂饶。秦末有位任氏商人折节为俭，要求家人公事不毕则身不得饮酒、食、肉。古人关于经商理财的记载中还有：生意要勤快，切勿懒惰，懒惰则百事废；用度要节俭，切勿奢华，奢华则钱财竭。由此可见，经商者居安思危，勤俭为尚。处乎其安，不忘乎其危。少一些安乐，多一份忧患，将使经商者进入佳境。

奇计胜兵，奇谋生财

兵家常说：将三军无奇兵，未可与人争利，凡战者，以正合，以奇胜。司马迁《史记·货殖列传》中说：治生之正道也，而富者必用奇胜。书中还列举了卖油脂的雍伯、卖肉制品的浊氏等商人，他们都是掌握一技之长，经营奇物的商品而致富的。后世的张小泉剪刀铺亦然。清代山西太谷县一位曹氏商人，有一年看到高粱长得秆高穗大，十分茂盛，但他觉得有些异样，随手折断几根一看，发现秆内皆生害虫。于是，他连夜安排大量收购高粱。当时一般人认为丰收在望，便将库存高粱大量出手。结果高粱成熟之际多被害虫咬死，高粱歉收。而曹氏商人却奇计获利。

择人任势，用人以诚

孙子曰：计利以听，乃为之势，以佐其外。势者，因利而制权也。故善战者，必求之于势，不责于人，故能择人而势。春秋战国时期，有一位齐国的商人叫刀闲。当时的商人一般都不愿雇用头脑灵活的人做事，唯独刀氏专门使用这种人，并给以丰厚的报酬和充分的信任，放手大胆地让他们去干。这些雇工干得十分卖力，也非常出色。明代苏州有个叫孙春阳的人开了一间杂货店，其店分为南北货房、海货房、腌腊房、酱货房、蜡烛房，售者由柜上取下一票，自往各房发货，而管总者掌其纲。一日一小结，一年一大结。自明代至清乾隆年间二百多年，子孙尚食其利，无他姓顶代者。像苏州这个店铺林立之地，孙春阳

的杂货店生意竟然能兴盛二百多年,其成功之奥秘当得益于用人以诚,店规之严。清道光年间的黔商胡荣命在江西经商五十余年,由于他以诚待人,童叟无欺,名声大著。晚年罢业回乡,有人要求以重金赁其肆名,他一口回绝,并说:彼果诚实,何藉吾名也!可见,诚信为本才是贾道的根本。

镇番商民勤于归纳总结生意场上的经验与教训,也能虚心借鉴他人的经商诀窍,为己所用,所以他们便深悟贾道,财源广进。

民国镇番商民语录

毡做的腰带灰尘多,学问浅的人傲气大。

乐于别人恭维的人,也是善于谄媚的人。

泰山不是垒的,功劳不是吹的。

为善善日增,改过过日减,莫问能不能,但问肯不肯。

勤劳苦干般般有,好吃懒做样样无。

天冷不冻织女手,荒年不饿苦耕人。

能勤不能俭,到头没积累;能俭不能勤,到头等于零。

土地无偏心,专爱勤劳人。人勤地生宝,人懒地长草。

双手是活宝,一世用不了,不怕事难,就怕手懒。

人哄地一天,地哄人一年。敢过大江,不怕小河。

怕火星子的不是好铁匠。

青年饱经忧患,老来不畏风霜。

烂麻拧成绳,力量胜千斤。

云再高总在太阳底下。

把舵的不慌张,乘船的才稳当。

平日有储存,用时不求人。一顿省一口,一年省一斗。

你和时间开玩笑,它却对你很认真。

要想了解自己,最好问问别人。

做生意的不懂行,好比瞎子撞南墙。

深钻细研生意经,货物畅销客盈门。

庄稼人讲节令,生意人讲信息。

信息是块寒暑表,行市冷热全知晓。

控制贷款减利息,降低费用养成本。

鸟飞千里凭翅膀,货销千里凭质量。

花香自有蜜蜂采,货好自有顾客来。

灵活经营生意活,薄利多销利不薄。

经营灵活客盈门,墨守成规门罗雀。

零售小商品,能做大买卖。

秤砣虽小压千斤,好话不多表真情。

经商研文明,店堂暖人心。

服务热情客盈门,态度生硬店冷清。

百问不烦,顾客开颜;百拿不厌,顾客方便。

分斤破两千家乐,送货上门万户欢。

庄稼人讲节气,生意人讲和气。

信息灵通,生意兴隆。

问遍千家成行家。

不问时价,不成行家。不懂生意经,买卖做不通。

做生意三个宝,人好货好信誉好。

商重利,不忘义。

要想生意长久好,售后服务不可少。

多中取利,快中求赚。

宁卖九毛九,不卖一块一。

要经商,走四方。

人要衣装,货要装潢。

多听顾客言,生意在眼前。

顾客夸你好,胜过登广告。市场认得清,生意卖得精。

生意做到同行想不到的地方。

裁衣先量体,经商先摸底。

贵中看贱,贱中看贵。

宁肯自己麻烦千遍,不让顾客稍有不便。

与众不同,定会取胜。

挑挑拣拣顾客喜欢,不挑不拣顾客不满。

千买卖,万买卖,不如在家刨土块。

积善之家，必有余庆。

山不隔人，水不隔人，气隔人。

嫁鸡随鸡，嫁狗随狗，嫁给石头抱着走。

福不可重享，油饼不能卷肉。

商民的静坐沉思

商民们背井离乡，为养家糊口，形单影只在外漂泊闯荡，往往对自己的言行慎之又慎，故而少不了修身养性。许多商民经常拟写一些金玉良言来警示自己，如“静坐常思己过，闲谈莫论人非。”(清·金缨《格言联璧》)便是常见之语。意思是做人要严于律己，宽以待人。沉静下来的时候应当经常自省自己的过失，进而以是克非、扬善去恶；闲谈的时候不要议论别人的是非过错，这是儒家倡导的道德修身的重要方法。“躬自厚而薄责于人，则远怨矣。”(《论语·卫灵公》)是说多反省自己而少责备他人，怨恨就不会滋生。“自古及今，未有能全其行者也，故君子不责备于人。”(《文子·上义》)是说从古至今，德行再高的人也不能做到十全十美，故有德行的人遇事不迁责他人，不论他人是非，有容乃大。“不责人小过，不发人阴私，不念旧恶。三者可以养德，亦可以远害。”(《菜根谭》)

一个人的心性一半来自于童年。找个僻静的地方，安静地坐着，但也并不闲着。记忆渐渐褪色，也许这里面暗藏着什么人生的玄机。每个人一生中都曾有过烦躁的一段时日，尤其是青年时代。往往会内心不安分，有一种到遥远的地方去流浪的冲动。这是灵魂深处的一种不易觉察的骚动。为了使自己安静下来，他们选择了静坐。这是一种很好的方式。古人所谓“坐忘”、“守一”，无非就是自我磨砺着自己的心性。静坐的目的就是为了静心，这种“静坐”的形式，能让商民们有力对付那些艰难的岁月。

人的心灵和身体一样，是很容易沾染脏物的，要保证自己的干净，最好的方法是能经常静坐自省，让自己的灵魂变得清洁，变得单纯。只要有时光的地方，都可以静坐。在财神桌前，在雨水如注的屋檐下……都有静坐的俗身之影。一边劳作，一边静坐：一颗心静静地安放在一堆俗肉里，让它散发出世俗的芬芳，像花朵一样。一边思想，一边静坐：那些已经渐渐地变得沉重的东西，抽丝一般将它抽出来，像飞天一样。静坐的过程，有一种被我们称之为思想的东西，在时光中冉冉升腾。时光在远离我们，而我们总想拽着时光不放，那绝对是愚蠢的。与其抓住不放，不如同时光一起奔跑，让时光的翅膀载着我们的思想飞翔。

第六章

商民物件鉴赏解读

商民物件简介

有容乃大

升子,计量粮食的器具,容量为一升,一斗十升。人们换种子的工具便是计量公平的升子,用升子满满盛上粮食,大大方方穿梭在各家院子和门口。换种子可用同样的粮食换,也可用其他粮食换,有的人家的粮食会全部被换掉而变成来年的种子。在那些艰苦的年代,升子常常负担着借粮食的重任,常在东家出西家进。

精打细算

算盘是中国人在使用算筹的基础上发明的,迄今为止已有2600多年的历史。随着算盘的使用,人们总结出许多计算口诀,使计算的速度更快了。这种用算盘计算的方法,叫珠算。到了明代,珠算不但能进行加减乘除的运算,还能计算土地面积和各种形状东西的大小。

权衡天下

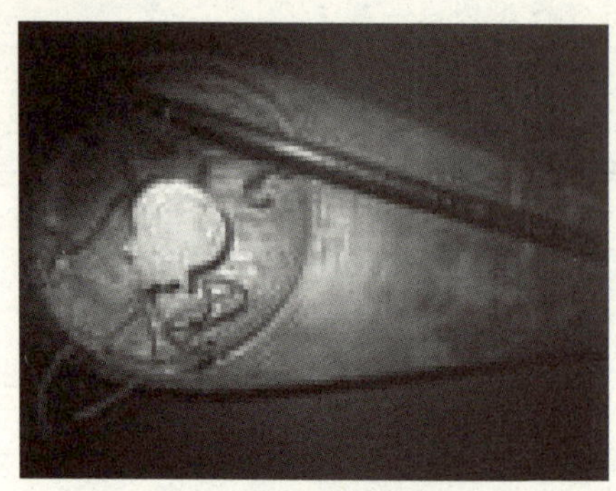

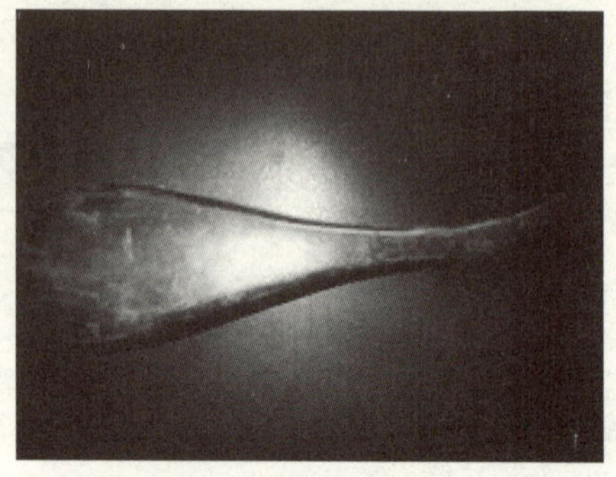

杆秤是人类发明的各种衡器中历史最悠久的一种。在中国湖南长沙东郊楚墓出土的公元前700年前的文物中,已有各种精制的砝码、秤杆、秤盘、系秤盘的丝线和提绳等。中国汉墓出土的公元前200年前的文物中,已有各种规格的杆秤砣。古代杆秤的发展,长期停留在采用绳纽、非定量砣和木、竹、骨秤杆的基础上,并由手工制作。直到20世纪,杆秤才由传统的绳纽结构,逐渐改变为外刀纽与刀承或内刀纽与刀承结构。新中国成立后,为了加强计量法制管理,先后制定了杆秤鉴定规程和国家标准。20世纪80年代,中国对杆秤结构做了一次重大改革,将原来的木质杆改为金属杆,从而解决了木质杆的计量准确度受地区及天气影响的弊病,并适应了半机械化、标准化、通用化和大批量生产的需要。但杆秤因其计量准确度低,已渐趋淘汰。

瓷耀中华

据考古发现和史料记载,最早的瓷碗是原始的青瓷制品,基本形状为大口深腹平底,使用于商周至春秋战国时期直至今日。

不同时期的瓷碗,其形状、釉水、纹饰是有着明显差别的。唐以前的碗,其型多为直口、平底,施釉不到底,基本无纹饰。唐代的碗器型较多,有直口、撇口、葵口等,口沿凸有唇边,多为平底、玉璧底及环条形底,施釉接近底部。精制的产品施满釉,有简单的画花装饰出现。宋代碗其型多为斗笠式、草帽式、大口沿、小圈足,圈足直径大小差不多是口沿的三分之一。釉色多为单色,如影青、黑、酱、白等,纹饰用刻、划、印等手法,将婴戏、动物、植物、文字形象绘在碗的内外壁或内底心上。元代碗型同宋代相比,突出表现为高大

厚重,圈足多为内斜多撇,断面呈八字形。多采用印花、刻花装饰。明代碗多鸡心式、墩子式及口沿外向平折式,圈足较为窄细,大多采用画花装饰。画花装饰技法用于碗上,自唐长沙窑始,至宋磁州窑过渡,经元青花激发,到明代才真正兴盛起来。清代碗无论在哪一方面均胜过前朝,形状、釉色、纹饰更为丰富多样,工艺制作更为精巧细腻,素三彩、五彩、粉彩装饰的宫廷皇家用碗更让人叹为观止。

湘妃滴泪

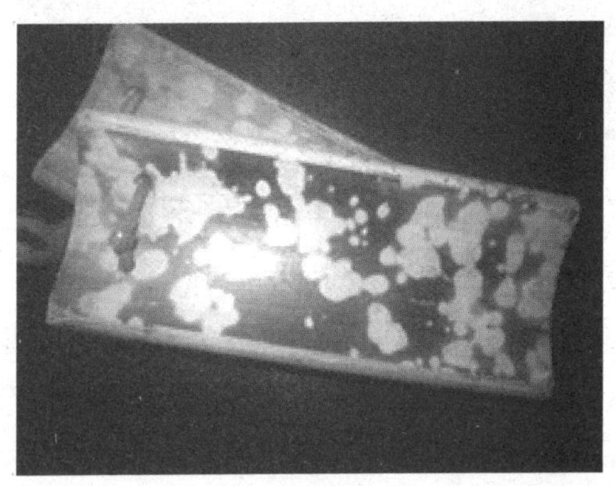

古书《博物志》载:“舜二妃曰湘夫人,舜崩,二妃以涕挥竹,竹尽斑。”相传舜南巡时死去,妃子娥皇、女英在江湘之间哭泣,眼泪掉在竹子上,从此竹子上有了斑点。

锁定乾坤

《辞源》曰:“锁,古谓之键,今谓之锁。”《辞海》解释为:“必须用钥匙方能开脱的封缄器。”另外,锁还有一层意思:“一种用铁环钩连而成的刑具”,引申为拘系束缚。比如古代县令判人有罪会说:“来啊,锁上。”用的就是一种木质枷锁,下为两块可以卡住的木板,上为一种铁环链。最早的锁,是主人为防他人开启而设的简单的机关,应用于门上最简单的锁就是门闩了。我国古代有石锁,并无钥匙,是以绳索或铁链束缚。商周时期,生产资料私有制进一步发展,贫富差距进一步加剧,社会矛盾十分突出,与此同时,冶炼技术成熟并立即被应用于制锁行业,于是,出现了用钥匙才能开启的铜锁、铁锁,以钥匙的不同匹配不同的锁。

香风荷包

荷包，是中国传统服饰中，人们随身佩带的一种装零星物品的小包。荷包的造型有圆形、椭圆形、方形、长方形，也有桃形、如意形、石榴形等；荷包的图案有繁有简，花卉、鸟、兽、草虫、山水、人物以及吉祥语、诗词文字都有，装饰意味很浓。

荷包的前身叫"荷囊"。荷者，负荷；囊者，袋也。所谓"荷囊"，即用来盛放零星细物的小袋。因古人衣服没有口袋，一些必须随身携带的物品(如毛巾、印章及钱币等)，只能贮放在这种袋里。最早的荷囊，在使用时既可手提，又可肩背，所以也称"持囊"或称"挈囊"。现存最早的囊实物，是春秋战国时期的遗物。

汉代以后沿袭其俗，《曹瞒传》："(曹)操性佻易，自佩小囊，以盛毛巾细物。"《晋书·邓攸传》也记载：邓攸梦行水边，见一女子，猛兽自后断其囊。由此可见，魏晋时期不论男女，身边都佩有囊。人们所佩的囊，并非全用皮制，也有用丝织物做成的，但仍然沿用囊的名称。至隋代则专施于良娣以下命妇，以别嫔妃的兽头囊。唐代放官印、鱼符(龟符)的佩袋与装细物的佩囊分开使用。许多少数民族都有佩带荷囊的习俗，而且所制作的荷囊都很有特色。

据考，唐宋时期作为饰物随身带的"鱼袋"、"龟袋"还多是盛物的口袋。荷包成为珍贵佩饰物当始于唐代。百官献囊名曰"承露囊"，隐喻为沐浴皇恩。民间仿制为节日礼品相馈赠，用做佩饰，男女常佩于腰间以盛杂物。

"荷包"这一名称，出现在宋代以后。所谓荷包，实际上就是以前的荷囊。元代民间也流行佩带荷囊。清代皇帝在年终多用荷包赏赐给大臣。荷包在明清时，也叫"茄袋"、"顺袋"。清代荷包有大量实物传世。通常以丝织物做成，上施彩绣。除荷包以外，清代男子在腰间还挂有褡裢、扇套、香囊、小刀、眼镜盒等物品，既有装饰意义，又有实用价值。妇女佩此者，比较少见，一般多在衣襟处挂上一二件小型饰物，如耳挖、牙剔和小毛刷子之类。

随着时代的发展、服饰的改变以及人们文化心理的变化，如今荷包在城市里已经成了人们的收藏品。荷包文化留给人们的不仅是可供欣赏的民间艺术品，还有丰富且深刻

的文化内涵。

八卦占卜

八卦的“卦”，是一个会意字，从圭从卜。圭，指土圭，开始以泥做成土柱测日影。卜，测度之意。立八圭测日影，即从四正四隅上将观测到的日影加以总结和记录，这就形成八卦的图像。八卦的最基本的单位是爻，多是记述日影变化的专门符号。爻有阴阳两类，阳爻表示阳光，阴爻表示月光。每卦又有三爻，代表天地人三才。三才的天部，包括整个天体运行和气象变化，这些星象之学，古称天文。地部指观测日影来计算年周期的方法，用地之理了解生长变化收藏的全过程。人部指把天文、地理和人事结合，以便按照这些规律进行生产和生活。每卦的次序是自下而上的，最下一横叫初爻，中一横叫二爻，上一横叫三爻。八卦代表八种基本物象：乾为天，坤为地，震为雷，巽为风，艮为山，兑为泽，坎为水，离为火，总称为经卦。由八个经卦中的两个为一组的排列组合，则构成六十四卦。乾三连，坤六断；震仰盂，艮覆碗；离中虚，坎中满；兑上缺，巽下断。

礼玉天下

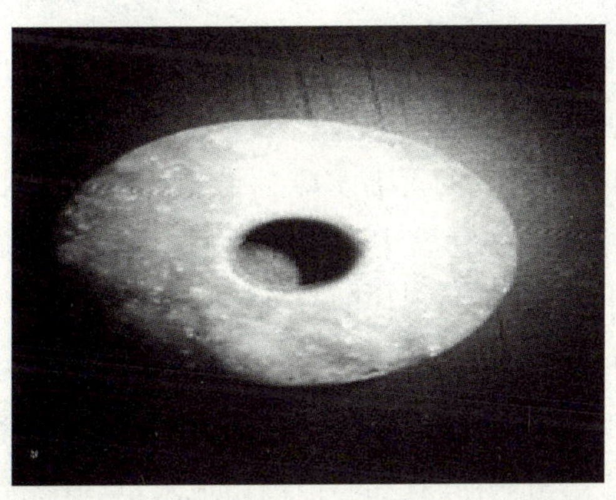

所谓礼玉，是据古文献《周礼》记载，用于祭祀的六种玉器，或称六瑞玉，是圆形扁平，中有圆孔的玉器，“以苍璧礼天。”有三种类型：璧、环、瑗。按《尔雅》的解释：“肉(玉体部分)倍好(圆孔)谓之璧，好倍肉谓之瑗，肉好若谓之环。”我们一般称小孔者为璧，大孔者为环。其实玉璧也用做佩饰和陪葬品，其大小、形状、花纹差别甚大。

苦心经营

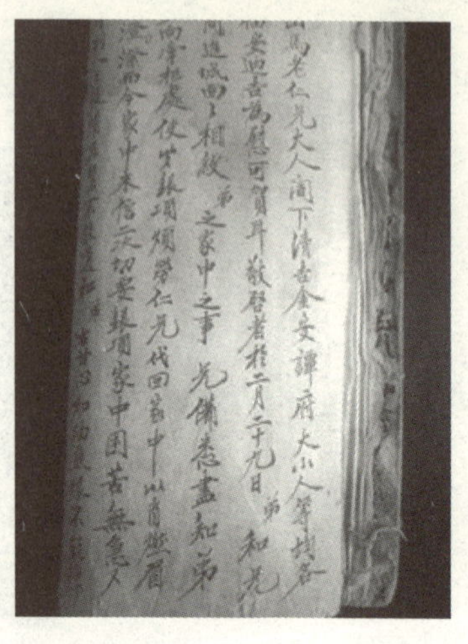

民国镇番商民账簿。该账簿记载了民国时期在甘州经商的镇番商民的贸易生活，内含账目往来、商民信札、甘州经济等重要信息。

方寸文化

中国印章，渊远流长，是中华民族传统文化的一朵奇葩。她以独一无二的艺术形式和丰富深邃的文化内涵，屹立于世界文化之林，闪耀着华夏民族的智慧光辉。中国印是2008年北京奥运会的会徽，其“京”字舞蹈的造型充分体现了中国传统篆刻的艺术魅力。

拙朴木雕

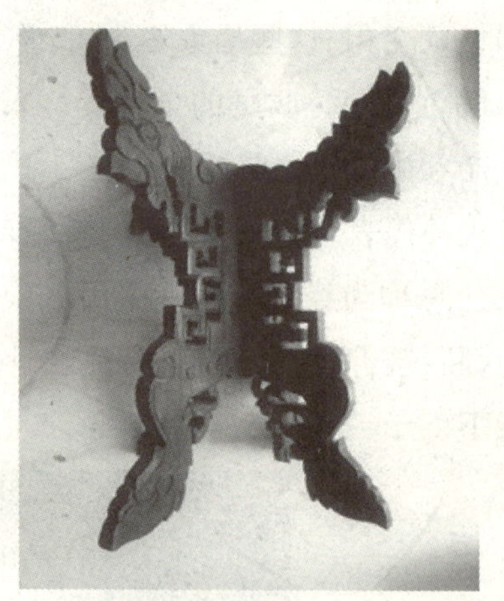

明清木雕指的是明代和清代的著名木雕，主要以福建和浙江的雕刻为主。明清花板、窗花等木雕挂件是中国传统建筑中的精华，也是建筑中传统文化精神的集中表现。在简单中求丰富，统一中求变化，与现代的装饰设计理念不谋而合。

虽然现代家居空间比以前小了许多，并不适合完全的传统中式家居布置，但如点缀以木雕挂件、屏风隔断和几件雕花案几，就使家居显得现代中蕴含着传统，明快活泼中透着沉静含蓄，简练中显露出渊博，犹如一曲高山流水，意境盎然。

传统的装饰木雕十分注意虚实主次、线条分割、层次节奏的处理，追求画面的严谨与变化，构图的饱满与均衡，另外揉合了国画的抽象精髓，使得木雕作品在写实中又有变化，实用性与装饰性达到高度的结合，非常耐看。

雕刻用木材一般以不过硬为好，像黄杨、梨木、香樟、苏木、核桃木、荔枝木、柚木、花

梨以及进口的酸枝等。它们结构均匀，材色纹理美丽，在传统建筑上用于垂花门、外檐、门窗、额枋、隔扇、屏风。

古币奇葩

中国古钱币，是中华古老文化艺术宝库中的奇葩，是一幅精美而不可复制的画卷，浸透着中华民族的血泪与汗水，展现着我们祖先的聪明与才智。

中国古钱币集政治、经济，历史、文化，文物、古董，金融、流通，书法、美学及冶炼、铸造、印刷、防伪等知识于一身。

对古代钱币的收藏、鉴赏及研究的意义在于：她是一种对知识与财富的积累，对历史与现实的回味，对文化与艺术的欣赏，对个人与社会的启迪；是一种更广泛与深入的学习；是人们对失去的那些真善美的怀念、追索、反思和重新认识；是引导我们沿着祖先的脚步走向未来的一项内容丰富、格调高雅、有广泛积极意义的高级文化娱乐活动。

在红斑绿锈、满目沧桑的古币间浏览，就像在漫长的中国历史长廊里徜徉，游历。每一枚古币，都是一件能触摸到的活生生的历史见证。端详抚摸这陌生而又熟悉的古币，从中可获得对中国悠久历史的一种身临其境的亲切感和满足感。那一枚枚大小不一，形状各异，伤痕累累，锈迹斑斑，谜一般的古币，就像中华民族历史上一座座政治、经济、文化、艺术发展的坐标，向世人昭示了中华文明的灿烂与不朽；就像镶嵌在中华历史长河上的盏盏明灯，照亮了中华民族那源远流长的五千多年古老的文明……

古钱币就是一部厚重的历史教科书。每一枚古币，不论其历史朝代，时代背景，经济价值，材质种类，版别制式，品相佳劣，在我眼里，都是珍贵的历史遗孤。每一枚古币，都承载着中国人民几千年来的苦难与福祉、衰落与繁荣；凝结着极其丰富的人文、历史、文化内涵；隐藏着亟待后人去探索发掘的历史传奇。

古钱币是国家历史发展的缩影。中国古钱币在它漫

长的发展过程中,已逐步形成了独具特色的东方钱币文化体系。各个时期的古钱币,在历史的风风雨雨中，经历了四五千年历史的考验而流传至今，创造了七十多项世界之最,这是世界上任何一个国家都无法比拟的。

民国执照

民国时期苛捐杂税如牛毛一般,百姓怨声载道,大呼苛政猛于虎。凡购物必上税,税费之高令人瞠目。上图为民国商民购驴执照。

百年山甲

穿山甲为我国特种药用动物之一,具有极高的药用价值。上图为民国甘州药号遗留的穿山甲甲片。

羚羊挂角

旧时羚羊角几乎家家都有,有的用来别铧犁,有的锯下它的尖角让孩子画地习字。图为当年民勤会馆小学学生识字工具。

万年蜜蜡

自古以来,蜜蜡深受人们的钟爱,它不只被当做手饰、颈饰等装饰品,更因为具有神秘的力量而获一致的赞扬推崇。所以欧洲一直有“千年琥珀,万年蜜蜡”之说。

女红顶针

据考证,距今1.8万年前我国古代山顶洞人已学会使用骨针。后来,随着铜器和铁器的广泛使用,铜针和铁针取代了骨针。有了针,自然就有了顶针,顶针是随着针的出现而出现的。

作为我国民间常用的缝纫用品——顶针,呈箍形,上面布满小坑。古代顶针,历经百年风霜磨砺,表面已形成一层自然的光泽,包浆十分明显,是弥足珍贵的民俗文化遗产。在男耕女织的旧社会,女人能纺纱织布,会缝衣做鞋,是生活中最重要的事。但是缝件衣服、纳双鞋底或鞋垫之类的,没有顶针岂能行?顶针是用一块小铁片或铜片做成的,一面磨制光滑,一面打制成一个个排列有序的像小麻子一般的小坑,然后弯成环状,将有小坑的一面向外。女人一般都戴在中指上,像一枚戒指。做针线活时,可以帮人使劲省力,提高速度,用起来极为方便。一双精致的绣花鞋,一身得体入时的服饰,一幅美丽玲珑的绣品,假如没有顶针,在我国古代可能也就没有多少真正出色的女红了。

就这么个小小的器物,人们在不知不觉中使用了几千年,也稀里糊涂地不知它的发明者是谁。

第七章

钩沉历史　感怀商民

古宅絮语

坐落于张掖二中院内的民勤会馆，风格典雅，异景惹眼。朱红色的外墙，遮天蔽日的古槐，栖身于校园净土，把大街的喧嚣隔离在了身后，这个一百多年的老宅子似乎自有一番别样的深沉。

百年老宅可不仅仅是我们眼中的一座建筑物，因为它承载着的历史堪称厚重。

这是一座让人一旦驻足于前就不愿离去的古宅，如同一樽年份悠长的醇酒，值得人们去仔细品尝、回味。也许因为河西走廊经济相对落后，反而没有太多世俗的浮躁，闭塞的环境更彰显古宅历史的隐秘。那些急功近利、涂鸦般"推陈出新"的改造虽然将某些古宅变得光鲜亮丽，但其生命究竟能够承载多少历史，多少前人的遗梦？谁能够回答我们并告诉给我们的子孙们。但愿这座古宅能够以自己的历史、以自己的特色、以自己的"落后"和"闭塞"换来自己古老的青春。

春来杨柳堆烟，庭院深深。古宅外挑出的灰色飞檐、高大的猫拱，在青瓦屋顶之间若隐若现，勾勒出古宅起伏的轮廓，驻足这里，会将你带回到尘封的历史中去……

有一位哲人说得好：历史是即兴之作。将此运用到这座老宅再合适不过了。曾经灿烂的会馆文化如今早已悄然隐退。暗红色的外墙，正在剥落的彩漆依稀看得到这座老宅曾经的华丽，只能用"古老"、"耐人寻味"来宽慰落寞的自我。置身细品，个中滋味，无法用文字来表达。

曾经的镇番商民到此经商并建造会馆老宅，也许因为地处偏僻，也许因为人们稀释了的怀旧情怀，如今的会馆，鲜有能读懂它的人进入。如果不仔细观察或者多方打听，是很难发现朱红的大墙里面竟然别有洞天。墙上露出飞檐翘角，向人们做出含蓄的欢迎姿

态，有点“犹抱琵琶半遮面”的味道。站在街道外面可以清晰地看到巍峨的房顶和挑梁，气派的斗门。老宅随处都有精美的木雕、精美绝伦的砖雕，雄浑大气的石刻花鸟虫鱼、祥龙瑞兽图案尽收眼底；到处流淌着阴柔与细腻之美。既有“长河落日圆，大漠孤烟直”的塞上恢弘之风，又有“廊腰缦回，檐牙高啄，各抱地势，钩心斗角”的江南秀丽之气。若没有好的心情是无法享受到其中的奥秘的。

老宅院方墙高，门斗玲珑，细看梁枋上浮雕的隔架及瓦角子都极富装饰性。院内建筑材料讲究，古朴幽雅，有厢房、大殿等，均小巧玲珑。可以想见，昔日的会馆，商贾攒动，人涌如潮，贸易游历，热闹非凡。商民们互通有无，彼此提携，虽处异方，乡音不改。而如今，旧时的风味已经被冲刷得只留下一丝淡淡的忧愁。

社会发展了，文明进步了，但在家的人没了渲染的离情别绪，“念去去千里烟波”之气氛，在外的人也失掉了寄寓思乡的愁苦，“独在异乡为异客，每逢佳节倍思亲”之意境，心里也觉得欠缺点什么。

平日里，老宅里很是安静，走在石板路上能清晰地听到自己的脚步声，如能屏息凝神甚至可以听得见院内槐花、沙枣花簌簌亲吻青石板的瞬间天籁之音。

这是一种难得的体验，或许只有用自己的肌肤触碰，并用心去揣摩，方才感受得到。

前世之约·回家

时光如迷眼的风沙，一眨一闭间荏苒而逝，切换着岁月的黑白屏幕。

8 年前的那个春天，我为讨得一份工作走进了张掖二中春暖花开的校园，路经民勤会馆时，突然冒出来一个强烈的念头：我回来了。

在此之前，缺乏自信的我不敢奢望自己会将人生写意涂抹进这座离我既远又近的城市。我只是清晰地记得我那可怜的母亲在我的孩提时代絮叨过她在这里度过的花样年华。然而，我却一度愚蠢地认为这座城市纠缠了我，愚弄了我，因为我两次被这儿唯一的高校录取了。来时的我几乎闭眼三百公里，心中默念：宁可东行千里，也不西行一步。

然而，5 年的曲折求学生涯，我早没了“孩儿立志出乡关，学不成名誓不还”的勇气，一个圈子兜回来了。无亲可投，无友可靠，我踽踽独行于城市的大街小巷，茫然无助地漫步于这个绿树成荫的校园，不自觉地又踱到了那座曾经瞥过一眼的老宅前。仰望着那直

矗苍冥的牌楼，自觉渺小地静静伫立。那里格外清静，连同鸟雀似乎也颇通人性，四散于他树“串门”。凭栏处，树影斑驳，风移影动，幽暗、深邃。老宅古槐森森，槐花铺地，花香四溢，沁人心脾。诗兴涌至心头：民勤会馆何处寻？二中校园槐蓊蓊。曾经的雕梁画栋已经萧条得斑斑驳驳，反而更显得厚重。这是我第一次将心填充于这座老宅，同时惊讶于世间扑朔迷离的巧合。儿时连自己都觉得荒唐的奇异一梦竟然在此衔接。记忆模糊得酷似眼前其文漫漶的匾额，那个梦却如同刚刚水洗一般：碧水漫至自家的老宅屋脊之上，我在碧波之上泛舟而行。

我出生的老宅与面前的民勤会馆极为相似，只是我家的老宅早在我年幼之时已经千疮百孔，破败不堪了。几经天灾人祸，至今，脑海中尚有火红的檩子从马头墙上跌落的遭火片段留存。我出生时堂屋已空空如也，只有一堆破桌子烂板凳以及用锅底灰抹出的黑板。那个特殊的年代，几乎所有高门望族的老宅都被借用办学，我家的堂屋也不例外，甚至她还有一个雅致的名字：文化完小。蹒跚学步的我动辄偷偷躲到堂屋门口的柱子背后，窥视着学校里面的精彩。戴着眼镜，摇头晃脑的先生似乎有无穷的魔力，还经常翻着白眼警告、驱赶门外无意搅扰课堂的不速之客。

有时，我恣意冥想，宿命地认为老天给了我一个读书人的角色让我在这里认真扮演。8年的回眸与守望，让我的身心都融进了这座老宅，似乎这就是我那儿时的家。每一次匆匆经过它时，便忍不住要回头瞥一眼，总觉得大殿门口的廊柱旁有一位头戴黑色小帽，身着长袖短襟的小黑褂、肥大长袍的老者端坐在太师椅上，目光如炬，慈祥平和地看着我。

沙窝里的女人们

沙窝里的女人们平凡得几乎没人记住她们姓甚名谁，生辰八字，可是她们一定会矗立在子孙的心坎上；沙窝里的女人们朴素得几乎不会涂脂抹粉，喷香饰玉，但是她们绝不会从她干瘪的乳房上推开一个气息尚存的幼孩。

沙窝里的女人一生可能只洗过三次澡（出生，出嫁，出殡），但她们的身心比大漠深处的泉水更清冽；沙窝里的女人一生没吃过几顿好饭，但她们的骨头也不比村里能扛起碾轱辘的莽汉软弱。

我一直在浩如烟海的美丽中文词汇里搜寻一个能诠释家乡女人的玑珠之词，可惜

搜寻到的不是词藻而是记忆里的几个鲜活的女性,平凡而又大义,智慧而又勤劳。

寡妇秀竹

小时候,时常坐在门前的土丘上听爷爷讲民国时的那些逃荒的事儿,讲到他的姑妈秀竹,一个带着五个孩子(最大的才 15 岁)的年轻寡妇是如何带孩子"出逃"的事,总会肃然起敬。那时的民勤,天灾人祸频仍,树皮都被扒光食尽,时有饿殍弃于沟渠。不屈的人们坚定地选择远走他乡。就在一个大雪纷飞的日子,秀竹带着五个孩子和其他逃荒者集中于卢绅士家的堡子门口,龙王庙前。他们雇乘的都是卢家的骆驼,骆驼已卧在门口,整装待发,准备启程。人越聚越多,除了打定主意外逃的,还有许多他们的亲戚乡邻们赶来送行。"牵衣顿足拦道哭,哭声直上干云霄",这儿一圈,那儿一簇,颔首牵手,有的无语凝噎,掩口抽泣;有的嚎啕大哭,散发解巾。男女老少悲悲切切,哭成一片。驼客们把逃荒者简单的锅碗瓢盆等什物往骆驼背上一捆扎,唱了一声"起",人们刚刚放缓的情绪又让抛至空中,顿时,地动山摇,鬼神嚎哭。秀竹的大儿子李元突然撒腿往自家的小土房跑开了,嘴里嚷着"我不去,我不想死",因为他听一个驼客说了"出了阳关道,便入鬼门关"的话。秀竹扔下东西追上去,一鞭杆敲在李元的干腿子上,说:"哪里的黄土不埋人?死也死在一搭里。"随手找了根沙枣木杈把上前把自家的墙给搡倒了,拿了根毛绳把娃子绑到骆驼上,挤巴在瓶瓶罐罐间就上路了。人们悲情决堤,撕扯不放,难舍难分。有人跟着驼队疯跑至昏厥不起。待驼队远去,影子融入莽莽苍苍的天际迷雾,沙天一线处。

雪下得更紧了,驼铃却响在耳畔。

安瘸子的婆姨

沙窝里的女人素面朝天,却心细如发。沙窝里的女人情深意重,也大义决绝。

安瘸子的婆姨的经历听来让人心碎。

1929 年的冬天,当安瘸子的女人从自家的盆里拿出最后一个用榆树皮磨成面烙的饼时,狠狠地攥碎,扔到窗外,开始收拾铺盖,准备逃荒了。

男人安六拗不过婆姨,只好去王三爷家雇了骆驼,打算西去新疆巴里坤,那儿有他们早期逃荒过去的亲戚。他们装好家当,把三个孩子捆扎在家里唯一的大皮袄里就上路了。安六脚上穿的还是脚趾头都外露的单鞋,他把仅有的一双棉窝窝留给了他爹。那一年的冬天分外冷,丝绸之路就如冰窟一般。行进至安西,雪深过膝,安六在雪窝里走了一天一夜,走得双腿失去知觉,一个跟头栽倒在雪里,再也爬不起来了。婆姨赶紧抱起男人

的双脚塞到自己的胸襟里，可是男人的双脚已经完全冻烂了。婆姨含着泪，用雪水清洗了男人的双脚，上了点儿止血的草药，用牙拆了驴拥子，锥缝了一双永远都脱不了的“皮鞋”。然后做出了让她追悔一生的决定：把男人扶上那辆破旧的架子车，拿起一根红柳鞭杆狠狠抽了小毛驴一鞭杆，让安瘸子原路返回了。

安瘸子的婆姨含泪西行，直至巴里坤。在那儿，寄人篱下，靠替别人缝补浆洗衣物安顿下来。托人给自己的男人写了信。起初，也收到过回复，说安瘸子能走了，虽然不稳当。之后的信便石沉大海，杳无音讯了。要强的婆姨很快在巴里坤站稳了脚跟，还开了一家杂货铺，连明昼夜地经营，慢慢地生活开始有点盈余了。三年后，安瘸子的婆姨把孩子交待给亲戚，雇乘去巴里坤送货的骆驼踏上了返乡之路，足足用了小半年的时间才熬到故土。在一个大雪纷飞的早晨，瘸子婆姨还未走到自家庄子，便看见无数纸钱挟着狂舞的雪片迎面翻卷，她的心顿时一怔，预感不祥。怕啥来啥，她的男人死了，刚刚出殡。墙根底下撂着那双她亲手锥缝的鞋，周围都开了线。瘸子婆娘发疯了，提起那鞋，骑上那头把男人拉回来的叫驴，冲出院子，朝边西(明长城，俗称边墙)狂奔而去，那里埋着她朝思暮想的男人。

拒绝缠足的四丫头

四丫头是祖父儿时的玩伴，出生不久，她便没了娘，在苦水里慢慢长大。那时的女孩儿家是必须要缠足的，脚的大小是当时社会评价女性重要的“变态”标准。做母亲的都必须含着泪，咬紧牙把自己孩儿稚嫩的脚趾用白布紧紧地缠进脚掌心直至小脚永久定型。

四丫头也不例外，虽然没了娘，但婶娘们出于责任开始给她施压，每次她都拿着剪子以死相逼，毫不屈从。无奈，家里只能将抱怨踢给她早逝的母亲。

大脚四丫无拘无束地成长，转眼成大姑娘了，果然无人问津。天生一双大脚不说，做事风风火火，举止间多丈夫气，好打抱不平，助人为乐，左邻右舍招之即来，来之能干，众口皆碑。

一年青杏变黄时，庄子上的女人们围坐在一起拿四丫头开心：“四丫头，你胆儿大，那你敢到卢绅士家的园子里给我们摘些杏子吗？你没看见你嫂子们都害(指女人怀孕妊娠反应)娃娃呢？”女人们七嘴八舌地吵嚷着，“院墙太高，我们掌柜的都上不去，四丫头能行吗？”“别的不说，就卢家的那两条大黑狗能睁只眼闭只眼不成。”女人们笑得前仰后合，一个劲儿地揉肠子。四丫头却面无惧色，慨然前往。女人们还继续着似乎无休止猜想的时候，四丫头大摇大摆地回来了，像极了凯旋的将军，潇洒地将满怀的战利品抖落至女人堆里，扬长而去。

四丫头最终还是打开情窦，拥抱了爱情，和一个来自金城与封建余孽划清界线的进步青年结合了。可惜那双大脚还是令恶毒的婆婆深恶痛绝，操起扫把打瞎了四丫头的一

只眼睛。四丫头没有要求丈夫和婆婆划清界线，毅然决然地选择了离开。

很快，倔强的四丫头又投入了另一段平淡而又温馨的感情中。

焦七伯家

记得那还是懵懂少年时，每逢冬闲，当太阳慵懒地照在高大颓败的堡子墙上爬不过去的时候，村里那些曾经拉驼西行以驼业为生的老驼客们叼着烟锅子，纺着驼毛线团子，挤巴在南墙根底下语笑喧阗，天上地下、游谈无根地神侃些里谈巷议，当然多为耳食之语。但有关焦七伯家(焦七伯的妻子)裸胸扯面的谈论，我听后便掩口而笑，似乎言之凿凿，印象极深刻。后来我旁敲侧击地向同样曾为驼客的父亲询问，终得以印证。

焦七伯原本也是我们村的一位驼客，不及弱冠就跟上掌柜的走内蒙上新疆，早早地就成了好把式。可是后来在一次赶驼进疆时遭了土匪，被打断了一条腿，无奈之下，他只好挈妇将雏住进山里替人放牧驼羊，赤贫如洗，衣不蔽体。驼客们与他交好，动辄途经焦七伯的羊房时给他捎带点烧酒黑面等吃食。每每这时，焦七伯就赶紧把面送到里屋让女人做饭，自己便迫不及待地和驼客们“吆五喝六”地享用“玉液琼浆”了。还未见酒意，里屋女人的驴肚带拉面就已经扯上了，不时传出“啪啪”的声音。原来焦七伯家缺衣少穿，正值三伏，椅席炙手，她便索性“赤膊上阵”，俯仰之间，两手上下翻飞，柔韧狭长的面条如龙蛇一般在扬起的面粉中间游走，不时拍打在焦七伯家若隐若现的乳房上，声似掌鸣。

后来，几个“饱尝”过焦七伯家驴肚带拉面的驼客不怀好意地将“裸胸”之事散布开来，并添油加醋大肆渲染，听者往往攒聚一处，语笑喧呼。

随着人生阅历的逐日见丰，当我再次回想起焦七伯家的故事时，我却再也笑不出来了。

浅陋刘三少

民国时期，张掖的民勤商号颇多。灵德堂、积德恒，亲友谊、恒兴厚、涌同积、永长发、祥永和、长兴泰、丰盛公、兴茂源、大兴德、全兴公、光盛裕、大发源、裕泰丰、德兴源，光盛西，福盛西、四箴明达泉等。仅做鞋开铺的就有23家，而张掖城里总共才25家。生意做

得大的要数刘家。刘家的积德恒商号遍及河西走廊，大当家的叫刘叔斋，并不住在张掖，但在张掖东街鼓楼附近有两套转廊院子（解放后改制为城关镇办公之所，今东街街道办）。刘家经营有方，财源茂盛，经常为民勤会馆慷慨解囊，为人敬仰。商民们总以能在会馆里碰上刘爷而倍感自豪。

刘家老三生性顽劣，不好读书，大掌柜就让他经营驼运，以免他不学无术，游手好闲，生出事端。别人看在刘爷的面儿，也称他为三爷，刘三少呢，还夜郎自大哩！有一次，商户们在会馆里过会(即定期有三五家商户请同乡商户们吃饭，议事)，刘三少也应邀到场。未见其人，先闻其声，他大摇大摆地跟熟识的几位大掌柜打招呼。有一个掌柜的就问："三爷，敢问令郎几个？"刘三少仰头大笑答道："五把子(一把子八峰驼)骆驼，三个铃铛。"话一出口，众人捧腹，刘三少丈二和尚摸不着头脑，傻愣了半天。

从此之后，刘三少把"令郎"当"铃铛"的笑话便不胫而走，传遍同乡，当然也传到当事人的耳朵里。刘三少自感羞愧难当，从此发誓潜心学习。数年工夫就用常人望尘莫及的成就终结了那个笑话的继续传播。

民勤人是极看重文化的，即便是肩挑贸易的小商民也粗通文墨。类似刘三少这样的人大多能浪子回头，终有所成。

大漠驼客

走不尽的戈壁过不完的河，啥人遗留下个拉骆驼？

人人都说拉骆驼好，铺冰盖雪谁知道？

掌柜的有钱热炕上睡，受苦人拉骆驼走草地。

搭起一顶帐篷烧滚一锅水,馕干粮冻得硬梆梆。

戈壁滩没路不失闲地走,天黑了还得喂牲口。

打罢二更打三更,拉骆驼的好比夜游神。

拉骆驼拉了十八年,挣不下八个麻麻钱。

民国时期,西北驼业兴旺,民勤更是把驼业当做支柱。从事长途运输的骆驼客为了应付旅途中的艰辛和不测,往往成帮成伙,结伴而行,长此以往便流传下了很多"拉骆驼"的小调。虽然歌词、曲调不尽相同,但都透着凄凄惨惨戚戚的悲凉之情。

沿着河西走廊踏进古西域的苍茫,过敦煌,入星星峡,经过苦水、烟墩、骆驼圈子、圪塔井、大泉湾……直至哈密。沿途的地名形象地说明,这一路缺水少雨,直到绵延的天山横亘于眼前,才开始有了稀疏的树木,孤零零的黄泥土屋,以及雪水滋润出的良田。

民勤人供货的骆驼队来了,停在各个商铺的门前,排列成一长串,沉默地站着,等候安排。天气又干又冷,拉骆驼的摘下了他们的毡帽,秃瓢儿上冒着热气,是一股白色的烟,融入干冷的空气中。

骆驼客找到买主,手拉骆驼鼻缰绳,轻轻一声"索索"(卧下),高大的骆驼便乖乖地卧下,然后,一边一人就轻而易举地把两大捆杂货卸下来。卸货结束,驼客就赶紧招呼骆驼吃草料。骆驼把前腿一屈,屁股一撅,就跪了下来。骆驼吃草料咀嚼的样子,异常安静,它们咀嚼的时候,上牙和下牙交错地磨来磨去,大鼻孔里冒着热气,白沫子沾满唇须。

骆驼,是最能沉得住气的动物。它们从不着急,慢慢地走,慢慢地嚼,总会走到的,总会吃饱的。也许它们天生是该慢慢的,走起路来,四平八稳,"器宇轩昂"。偶尔为躲避车马跑两步,姿势就颇为难看。

驼队打头的那一峰,长脖子底下总系着一个碗口粗细的大铃铛,走起来"当、当、当"地响。拉骆驼的人,耐不住那长途寂寞的旅程,所以才给骆驼带上了铃铛,增加一些行路的情趣,还能防止骆驼走丢。骆驼绵厚的蹄掌走在软软的沙漠上,没有一点点声音,走上三天三夜都不需饮水,只是不声不响地咀嚼着从胃里反刍出来的食物。

冬天快过完了,春天就要来,太阳特别地暖和,暖得让人想把棉袄脱下来。骆驼也脱掉它的绒袍子啦!驼毛一大卷一大卷地从身上滚落下来,垂在肚皮底下。剪驼毛的人一丝一缕都不会丢弃,就像捡拾碎金子一样把它们纳入囊中。拉骆驼的人也一样,他们身上那件反穿的大皮袄,也都脱下来了,搭在骆驼背的小峰上。

驼客们走过乡间,走向荒原大漠。他们跋山涉水,伴着驼铃,喊起自己的长调,想着家里的亲人,不畏艰辛,不畏风雪,迎着朝阳,远离家乡。驼铃为他们伴奏,骆驼是他们的忠实听众,骆驼客想念家乡想念亲人的那说不出道不明的心情,该是怎样的五味杂陈?

拉骆驼,一半以上的时间是走夜路,有时到深夜才歇息。卸下货物,给骆驼系上蹄绊(一种绊住牲口的双腿,既能就近吃草,又不会跑远的皮革器具),人们才能睡觉。一路上

倍加小心谨慎,万一骆驼受了惊骇,它们狂蹦乱跳,会把背上驮的所有物品抛得满地,然后一路狂奔,跑得无影无踪。

从河西走廊到中亚的漫长丝绸之路上,骆驼是运输的绝对主力。那一段丝绸之路,就在今天很多地段也是极难修筑道路的,在古代要修筑能让货运马车通行的道路,不要说技术上的困难了,单以要投入的人力、物力、财力,就是不可想象的。穿过戈壁和沙漠,运输不能不依靠被称为“沙漠之舟”的骆驼。不言而喻,丝绸之路很大程度上就是驼帮踩踏出来的。在运输主要依靠畜力的时代,“山间铃响马帮来”和“耳边响起驼铃声”,分别是云贵高原和丝绸之路的最大特色,但茶马古道享誉中外,大漠驼铃却销声匿迹。

在现代交通工具逐渐取代骆驼的进程中,骆驼以交通役用为主的价值在逐步丧失。“沙漠之舟”已经搁浅,骆驼数量锐减缘于天灾,更是人祸。曾与人类祖先共同创造了“丝绸之路”文明的骆驼正遭受现代文明的驱逐,生态恶化及贫困又使驱逐之路充满血腥,屠驼哀鸣取代了悠悠驼铃。沙漠之舟面临屠刀,在劫难逃,而曾经与之并肩作战的驼客们也早已黯然退出历史,无力保护舞台。

我们村叫文化

有一天,我拉着儿子的小手指向三百公里外的老家对他说:“儿子,记住,咱老家的村子叫文化。”

小时候,我总觉得自己生活的村落大得就像村外的沙漠,而我自己就如同漠野之上盲目狂奔的骆驼羔了,而且是那一群红骆驼里少有的白骆驼,怯生生的,有点儿多余。说真的,那时的我不知有多少次幼稚的幻想,幻想自己成为一峰高傲独特、昂首挺胸、阔步向前的白骆驼,而不想蹩脚地去做见了陌生人就紧张、惶恐的同类。

与生俱来的金黄色头发给我带来了许多侮辱性的绰号,渐渐地,我疏远了人群,人群也疏远了我。我的玩伴少得可怜。我变成了大漠里浑身长着小钩刺的苍耳,谁侵犯我,谁践踏我,我便快速反击,贴上去狠狠扎他一下。这样一来,伙伴就更少了。只有一个外号叫三瓜皮的娃子对我还不错,可我还是对他心存芥蒂,若即若离。因为他那当队长的爹奉上级指示拆了我家的老宅,我怎会轻易和他做朋友,妄想!那时,幼稚的我真的没有能力告诫自己“不应有恨”。

上世纪80年代,文化村一穷二白,百废待兴。村上“借”,不,是“占”,占着我家的堂

屋开办小学。为了把那块巴掌大的黑板抹黑,我们家的锅底灰都让刮光了。整日生活在朗朗书声里,年龄参差的学生混在一起,同处一室接受教育。老师摇头晃脑地领读,学生们全神贯注地聆听,我隔着花窗偷窥,听得我蠢蠢欲动,看得我心生向往。然而,我却不自信能跨过自家堂屋高深的门槛,因为我知道他们是在学习一种神秘的东西——文化。

村里人说我爹文化高(当然成分更高),写得一手好字,精通数理化,爹听了,总会找个没人的地方笑笑。天遂人愿,爹终于当上了一名民办教师,但他的第一身份则是饲养员,负责伺候学校的搐鼻骡子和那口半死不活的猪,爹还是欣然承担了下来。

在文化小学,我爹仅有俩好友:一个叫黄死人,当时重病缠身,别人都直称其黄死人,我爹则称呼他三爷。另一个是卢大爷,地主的儿子。他俩都比我爹大,都没人沾染。

文化村学校的教工宿舍紧缺,我爹入校时单出的就剩三爷了。我爹就跟他将就了,整日好生服侍,三爷竟起死回生,奇迹般缓过秧来了。后来,他还在我爹的问题上拍案而起,力排众议,挺了我爹一把。如今,黄死人还没死,我爹却没了。爹没了的时候我去请他,他正赶着一群羊疯跑。还未等我跪倒,他就嘿嘿一笑,“我估计就在这几天,好,再不遭罪了”。我默然。三爷在此之前,已经看望过爹多次了。

卢大爷是死在我爹前头了,他可是大户人家的破落公子。在那场令人战栗的浩劫中,卢家那棵大树招风招惨喽!因颇通文墨,也被文化村“重用”,安置在文化村的学校里来继续奉献他生命的光和热。卢大爷有个封建余孽嗜好——酗酒,几乎每天都晃晃悠悠地上讲台,满口酒气就开讲。他那个带木塞子的酒瓶就装在他破旧肮脏的中山装大口袋里,所剩无几的酒水在瓶里陶醉地晃荡着。不知为什么,卢大爷的课讲得出奇的好,字也写得异常潇洒,讲到酣处还要唱上两嗓子,唱得瓶里的酒哗哗作响,也唱得他自个儿老泪纵横,涕泗交流。

有一次,我偷偷将自己用了很长时间的文具盒打九折卖给了同学,买了两大把从未吃过的彩色糖块(以前吃糖也就趁家人不在时在糖罐里搅上一舌头),小手鼓鼓的,攥都攥不住了,还暗自担心一次吃这么多,牙齿会不会掉光。

纸终究包不住火。我的第一次“对外贸易”成果还是被卢大爷打没了。那次,卢大爷没喝酒,拿起准备好的竹条子把我的手心给抽成手背了。之后很长时间,我都在琢磨我那学者伯父对我们的告诫:我们家没有当官的血统,没有经商的细胞,耕读持家。

20 世纪 80 年代的教育简陋而又朴素。记忆中,我的小学时代总是有许多空堂及活动课。大块的空余时间让我们无所适从,所谓体育器械,无非就是一只拍下去弹不起来的篮球,一张烂砖头堆砌的乒乓球台,拍子是随手捡起的砖头,那乒乓球其实就是跌打丸的球形药盒。每天下午,我们拿着从废电池里砸出的炭墨棒在教室前划定的区域内写完作业便可高枕无忧地去野了。那些胆大的始作俑者往往会带我们去学校旁边的卢家堡子,当时早已废弃了。只有那高大的黄土夯筑的外墙向文化村的人们诉说着卢家曾经

的显赫与辉煌。听我爷爷说:堡子内原有三院串廊房子,雕梁画栋,极为阔绰。

我向来是不会追随他们的,因为我知道卢大爷是从不去他家的老宅的。但是有一次我还是忍不住强烈的好奇与他们同流合污了,因为他们说,青蛙皮(一个玩伴的外号)爬进老宅的地道摸出了一把锈迹斑斑的驳壳枪,只是没有子弹。此番进去一定能用子弹装满口袋。多么富有诱惑力与煽动性的爆炸新闻呀!我怎能无动于衷?我只是站在篱笆外看着草莓的普通孩子呀!

挺进至宅墙下,同伙们正为选择从地道的哪个洞口进入而争得不可开交的时候,我却被那宅墙吓退了几步, 似乎宅墙要向我倾倒一般。我摸索着前人踩踏的印窝攀上大墙,宽阔的墙体以及整个老宅尽收眼底,墙顶平面比咱全家睡的扯炕都大,宅子内空空如也,狼藉一片。突然,我有点恶心,赶紧爬下高墙。伙伴们灰头土脸,个个全身粘着鸡毛、鼠粪垂头丧气地爬出地道,无功而返。我心里却惴惴不安,久久不能平复。

就是那年冬天,卢大爷死了,在路上。穿着他那破旧肮脏的中山装,口袋里装着的酒也洒了一地,他唯一的家当,那辆自行车也倒在路旁。

20 世纪 90 年代,一位姓卢的台湾商人到我们文化村捐资助学,文化村的校长热情地接待了他,像熟人一样拉着家常。那时我们村的小学是全县最大的乡村小学,而校长就是我那做过饲养员的爹。

在黑水国凭吊楼兰

余寒犹厉的初春时节,我迎着风沙,踏上掩埋了黑水古城的漫漫黄沙,凝望着这座连废墟都所剩无几的黑水国,五味杂陈,百感交集,思接千载。也许是一种“同是天涯沦落城”的相似遭遇,使我不由得想起了遥远的楼兰古城,那个近乎完美的自然与历史的即兴之作。

楼兰的美是因为她出生在大漠,更值得人深思的是她在那儿的突然夭亡与消失。那种消失,是一种干净彻底的美,更是一种令人痛心疾首的美。所以说,楼兰之美大概就是因为她神秘的死吧。

楼兰之殇绝不是骇人听闻、令人毛骨悚然的哥特式恐怖小说,她是一个经典的历史记载,更是大自然的真实记录。

楼兰的消失就如大漠深处没有遮拦的一眼泉,随着沙丘的涌动越来越小,越来越细

……最后，我们只能绝望地仰慕。这种仰慕是沉重的，甚至是很不情愿的。而楼兰的消失却显得轻松异常，弹指间，就被“消失”二字替代得完美彻底。

凭吊楼兰，不是怀念她死了几千年的灵魂，而是重新感受她在消失的那一刻的疼痛。那种疼痛是神秘的，也是悲壮的，然而更多的是悲凉与凄惨。也就是那一刻的消失，才在我们后代人脑际留下了一点天荒地老的苍凉感和历史感。

“既然历史在这里沉思，我们怎能不沉思这段历史。”撩起历史缥缈的面纱，虽然我们仅仅能看到的只是楼兰模糊的容颜，但她毕竟诠释了一个历史的真谛和一条亘古不变的法则。古代文明留给我们的不仅仅是腐尸和废墟，还应有那种穿透了时空，至今还暗暗波动的生命气息。当然，这种气息是每个人、每个生命个体都希望幸存的。

历史的巧合，不是每一个都能一笑了之的，尤其是那些重演的悲剧。一场千年不遇的沙尘暴吞噬了楼兰，可悲的是我脚下的黑水古城重蹈了覆辙，就算这儿也曾山川秀美，商贾云集，可也毕竟只是历史的曾经。

风沙肆虐的春天，当我们揉着充满沙子的眼睛，逃进自家房屋时，是否会想起尘封在我们脚下的黑水古城，还有楼兰；是否会向往被沙尘遮蔽了阳光的城市上空重现湛蓝一片；是否有决心为濒临荒漠的家园创造一个别样的春天。

思想家奥修说：“这个世界就是一个沙漠，绿洲存在于你的觉知之中……生命的河流要延续下去的道路就写在沙子上。”

器亦不器

似乎就在不经意之间，曾经的文明已渐行渐远，那些曾经与我们朝夕相处的器物正在一样样地消逝：一个湘妃竹板、一把生锈的铜锁、一块苏绣老荷包、一杆袖珍的琵琶秤、一个计量粮食的升子……一件件简陋的古朴器物，装着村庄的昨天，抒写先辈们与土地搏斗后留下的人定胜天的佐证。就像一只只升子，一杆杆小秤，在经年的古色古香中，彰显着永恒的合理与公平，令人敬若神明，在农业文明的道路上，一路顶礼膜拜地走来。

升子是农村生活中不可或缺的量器，与农家生活息息相关。升子多精选木板，用心制成，口大底小，四棱台式，四平八稳。通常一石为十斗，一斗为十升。它们古而有之，沐浴过秦时明月、两汉时光，经历过唐风宋雨，抚摸过达官显贵，当然，也亲热过黎民草根。

升子虽贵为量器，竟多是自制，各式各样，似乎大小不一。升子盛满了再往上堆，到堆不住为止时叫满升，盛满时沿升口刮平叫平升。每到粮食收获时，计算一年的收成，论的就是多少石多少斗多少升；缺粮户向殷实户借粮食，论的也是多少升，往往遵循借平还满的原则。升子是农人的依赖，也是一代代先人们的魂魄，常年和麦子、谷子等依偎在一起，形影不离。陶潜"不为五斗米折腰"高唱归去来兮，"农人告余以春及，将有事于西畴"更引领我无限遐思，想象着千年以前一个春回大地的午后，同村乡邻来陶宅借种播田，不忘提醒不谙耕作的陶子，"陶公，该下种了"。

庄稼收了，粮仓满了，斗大的字不识半升，只知道勤劳耕耘的农人们，总会用升斗来算计一年的收成，多少石多少斗多少升，那种喜悦溢于言表。娃娃们也对升斗充满了敬仰，总是琢磨着大人们讲"聚宝盆中生玉草，摇钱树上结金瓜"的故事，盼望着自家"时来双富贵，运至斗量金。手搬摇钱树，足登聚宝盆"，粮食源源不断，全家人衣食无忧。

生活在同村的农人们，谁家哪块地的庄稼长得好，那块地的庄稼长得差，田把式们的眼睛总是明镜似的，产量高的庄稼品种当然就成了大伙盯牢来年要换的种子。换种的工具便是计量公平的升斗，用升斗满满盛上粮食，大大方方地穿梭于各家院子里。农人们敦厚、淳朴、善良，毫不设防，从不计较升斗满平，更不为换粮而换粮，总在换种的过程中，换出了更浓的乡情和幸福。

升斗除计量粮食外，也融入到人们的血脉中，成为生活中的无声语言。家有老人仙逝时，堂屋中央的遗像或讣告下常摆一盛满米谷的升子，插上三炷香，意为五谷丰登，用来表示对死者的祭奠及对后代的殷切祝愿。过年贴春联时，也不忘在家里的箱柜、升斗等器物上贴"福"字或将福禄祯祥合写一字，字形如同一位慈祥的老者，真所谓"字中有画"，或贴上"日进斗金"，以期来年丰衣足食，平安祥和。

升斗在农村使用频繁，磨损甚重，尤其那些有刻字的升斗更显饱经沧桑，拙朴古香。因为它默默地盛装着那个年代无穷无尽的生活背景。将升斗之上的历史沉积轻轻拂拭，它竟记录了难以风化或湮灭的农耕文化的群体记忆。

有容乃大，升斗当之无愧。

"天地之间有杆秤"。在农人家，并非家家有秤，换卖之前，双方议定用谁家的秤，以备日后礼尚往来，也照此秤进行还礼。升子杆秤就这样在农人们中间完成了相互尊重、互帮互助、彼此接济、和睦友好的邻里关系，完成了礼轻情意重的简单计量，维系着农村吃亏是福的朴素原则，也体现了一方朴素的民风。

在那些物质贫乏的年代，仅有的几杆秤在全村的院落里进进出出。那时农人家都不富裕，但乡情浓郁；那时杆秤虽少，公平却很多；那时动辄断粮，但相互间接济不断。

子曰：君子不器。（《论语·为政》）意思是君子不像器具那样，作用仅仅限于某一方面，用于赞美人多才多艺。我言：器亦不器。

李子才的传奇与义举

1929年4月，始及弱冠之年的尕司令马仲英屠掠民勤，遭遇民勤人民顽强抵抗，随后马仲英率部四面攻城。城破，县长牛载坤自杀，省参议员王步云、田毓炳及居民近5000人被杀。一夜之间，满城伏尸。

民勤县城大药号凝德堂的学徒李永栋(字子才，民勤县红柳园人)就在尕司令的铁蹄下慌乱中拉过一具尸体压在身上，才侥幸捡得性命。等匪军嚣尘散尽，他探出头来，横尸遍野的景象让他不寒而栗，于是带着绝望与恐惧离开了故土，开始西逃求生。当时的西北匪军混战，几无安宁之所，李子才衣不蔽体，食不果腹，颠沛流离于新疆广袤的土地上。替别人拉骆驼，给回、维族牧民放牧。慢慢地，手头稍有盈余，加之乡党资助，李子才选择在地处南北疆之交界的焉耆县开设小药号"同义永"。由于药材来源广，以诚信厚重经营，终于闯出了一片天地，羽翼渐丰。"同义永"很快成为民国时期当地最有名的药铺，声誉尤好，赢得了广泛的信任。

在西医尚未盛行时，人们生疮害病多靠中医中药，而且，当时少数民族聚居之地医疗设施差，医生的医疗水平落后，群众生活卫生条件也不好，因而患病率高，中草药便成了少数民族百姓的救命药。因此，开药铺可谓四平八稳的买卖，如果不出什么意外，一般是不会有崩败之险的。

"同义永"药源好，在百姓中颇有声望，加上掌柜李子才高超的医术，生意格外兴隆。然而当时新疆天灾人祸频发，动辄尸横遍野，惨不忍睹。"同义永"的伙计们从驼上卸下来的药包子，还来不及打开人们就纷纷前来争相购买，"同义永"门庭若市。

生意要做得好，不外乎一条原则：购销两旺。首先要买得回东西，其次要想办法把东西卖出去。生意买卖，卖是最重要的一环。买是人家来求自己，而卖是自己去求别人，卖不卖得出就全看你的本事了。李子才亲力亲为，明察暗访周边地区到底有多少家药铺，药铺大小，药材来源等。大药铺资金雄厚，人员众多，技术全面，一般都需要未加工过的生药。小药铺资金少，人员也少，没有能力到产地去进货，一般需要现成的熟药。根据掌握的情祝，李子才挨家去联系。大药铺比较难对付，你赚多了，他干脆自已到产地去买。所以，跟他们谈生意，在价钱方面要特别小心，要特别善于察颜观色，抓住时机适可而止。小药铺一般进货之心较切，可以多赚点。但这些小药铺一时拿不出现钱，李子才就大

胆赊销。临了还要挑明以后加强联系,守信互利等,最后开具药单拿给对方,由买家找驼客到“同义永”挑药。与“同义永”有过贸易的铺子,李子才还经常保持书信往来,大大加固了他们之间的深情厚谊。这样,“同义永”便有了非常固定且庞大的贸易伙伴,财源茂盛便指日可待。

由于李子才唯才是用,奖惩分明,数年之后,“同义永”药号遍及整个河西走廊,还在武威张掖开办“同义源”货栈。李掌柜本人也移师故里,长期居住张掖、武威,隔千山而掌控经营,做好了安享晚年的打算。

风云变幻,转眼间,新中国建立了,统购统销的政策让李掌柜的“同义源”货栈很快歇业,李子才退守新疆。1956 年公私合营,他主动上交全部财产,走上了社会主义道路。

丁育萱的坎坷平反路

张掖市第二中学志载:丁育萱,张掖市第二中学首任校长。解放前,在民勤组织参加学运、农运等革命活动,中共地下党员。解放后,任职于地方人民政府。1956 年至 1957 年 7 月任新设立的张掖县第一初级中学(现张掖市第二中学)校长,荜路蓝缕,艰苦创业,为学校创建做出了很大贡献。

寥寥数语,就把一个不大不小的人物给盖棺论定了,总觉得有点儿遗憾,看似遥远的一个人物似乎跟我有关。偶然捧阅年逾耄耋的姜学玲老先生的自传《忆往昔》时,有幸看到一小段有关丁校长平反的记述。

丁育萱是商民的后代,其父丁富年 13 岁背井离乡、历尽艰辛,在内蒙创立商号“兴泰合”,名重一时,当时商民中流传着“丁富年受尽苦中苦,背来了商铺兴泰合”的佳话。

解放前,丁育萱是西北师院的地下党核心成员,总共只出过三期却名噪金城的进步刊物《塞上春秋》的主要创刊人。解放后,任民勤县财政科长,后调至张掖。1958 年审查历史时,发现他历史不清,被定性为两开,即开除党籍、开除公职。直至 80 年代初,丁育萱才拿到平反结论。

可当我回望了丁育萱 86 年的人生历程时,却一时语塞,凝噎许久。他并没有得到真正的平反,或者说他本不应该被平反。

丁育萱被打倒了,年届不惑,却惑从中来。文弱书生赖以养家糊口的饭碗被时代甩了个粉碎,唯一完好无损的是他在明枪暗箭中练就的忠魂。“粉身碎骨浑不怕,只留清气

满乾坤”,为了清白他毅然选择直面人生。他坚信党是不会让他死的,一定要清白地活着,活着等待昭雪清白。

三年困难时期,在张掖城里人们时常会看见一个须发零乱、衣衫褴褛,戴着眼镜的中年人拉着臭气熏天的架子车,遮遮掩掩地奔跑在鼓楼下、苇池旁,掏茅厕,拉煤炭,苦苦维持着一家七八口人的生计。一个大雪纷飞的早上,丁育萱在车站拉上活就往城里头跑。车上坐的读书人箱包较多,到了门口,请求他搭把手。就在那一回头的瞬间,年轻人惊得从车上翻滚下来,大叫:“丁老师,我是××,你咋……”丁育萱赶紧低下头摆摆手,“小声点,以后别再叫我丁老师,更不能叫丁校长”。学生含着泪默默远离了他。

丁育萱的生活就像那场雪,越过活越紧巴,下放到张掖梁家墩的同学开始劝他:为了那几个可怜的孩子,离开你深爱着的伤心地吧。他咬咬牙把嗷嗷待哺的四丫头英子送给远在宁夏的亲戚,搭乘民勤老乡安排好的骆驼,离开了张掖,渐行渐远,一直走到中苏边境的阿勒泰。在那里的云母矿上,托人寻了个活。那里白雪皑皑,寒风凛冽,多少次,茅屋为风雪所破,丁育萱用事先装好石头的麻袋堵门掩窗,孩子们蜷缩成一团围在炕角。等到风停了,雪歇了,天明了,也该上工了。

育萱,多么富有诗意的名字啊!萱草,传说可以使人忘忧。育萱,那就是种植培育忘忧草了,他人忘忧了,自己内心却忧思成堆,变异成蔓草疯狂滋长,无边无际。

丁育萱终于等到了拨云见日之时。听到要落实政策的喜讯,冲破大雪封山的千难万险,重返爱之切切又隐隐作痛的张掖,主动请求给他落实政策。负责落实工作的正是与他并肩战斗过的挚友。工作组马上派出得力干将到原籍调查取证,谁料取证人员无功而返。原来丁育萱所提供的证人悉数死亡,取证进入了死胡同。

二十年物是人非,蒙冤者仰天长叹。

丁育萱没有绝望,毅然重返新疆。两年后,丁育萱第三次跨越千山万水,再返张掖,终获平反。他接回寄人篱下、目不识丁的女儿顶替自己的编制当了工人,自己带着平反结论平静地远离了这块曾经深爱着又已无所牵挂的土地,又一次搭乘老乡的骆驼返疆了。一路听着驼铃,徜徉在雪景里。那雪,白得晶莹剔透。

谈起父亲,丁英泪流满面,说起父亲所遭受的苦难,几番哽咽,泣不成声。父亲平反后待遇低,为了生计,放过马,下过矿。哥姐都因右派父亲而念书甚少,生活至今捉襟见肘。听说我要写一篇关于她父亲的文章,便一叠声地说“谢谢!”

是呀,谁说两个素昧平生的人就一定毫无瓜葛呢?过去的事情似乎和你我都有关联。

姜学玲先生轶事

漫步于河西学院绿草如茵的校园，时常会看见一位满头银发精神矍烁的耄耋老人扶杖而行。在那个校园里已经没有多少人认识他了，因为半个多世纪以前这里就已留下了他忙碌的身影。筚路蓝缕以启山林，芸芸众生中或许也只有他亲眼见证了闪耀于千里河西走廊的张掖教育整整一个轮回。他就是姜学玲先生。

1948 年，29 岁的姜学玲先生从甘肃师院(西北师大)毕业，开始任教于张掖师范。因其在兰州参与创办名重一时的进步刊物《塞上春秋》，故而当时民勤在张商会赵会长不拘一格，力邀他担任民勤小学(校址即民勤会馆)的名誉校长，虽任职日短，却与民勤会馆结下了不解之缘。

过会共话乡友谊

民勤会馆自清末创建以来，一直是团结商民的核心场所，商会也恪守着定期“过会”的传统，每逢过会，商民们济济一堂，摆上驼运自故土的美味羊肉、馕干粮，乡音不改，说买卖，话乡情，其乐融融。直至 1943 年会馆开馆办学后，过会传统依然谨守如昔。民勤商民崇尚文化，重视教育，每每过会，商会代表都会邀请学校师生悉数参加。馆内人头攒动，热闹非凡，胜似过年。姜学玲先生自然是座上嘉宾，至今还赞叹会馆羊肉宴的唇齿留香，回味无穷。当然，镇番羊肉脍炙人口由来已久。据说被梁启超先生誉为“五百年来第一伟人”的左宗棠在品完镇番羊肉后大发感慨：“天上的龙肉，地上的驴肉，哪里能比得上镇番的羊肉！”何况鲜知肉味的白面书生呢！

登楼远眺迎解放

1949 年 9 月 19 日拂晓时分，零星的几声枪响惊醒了全家寄居于民勤会馆的姜学玲先生。他登上鼓楼极目远眺，解放军威武整齐、浩浩荡荡地从张掖南城门进入。城内虽未组织群众夹道欢迎，但百姓惊喜过望无以言表，许多人爬上房顶欢呼雀跃。10 月 2 日这

一天，风和日丽、万里无云，军民四万余人聚集于城内试验场，欢庆中华人民共和国成立及张掖胜利解放，解放军一兵团司令员王震作了重要讲话。

赴青献旗遭劫难

1943年，在张掖的民勤商会为发展教育，创建民勤小学，并且专门成立董事会监管学校教学行为以及筹措办学经费。科学规范的办学、严谨务实的教风使民勤小学教育风生水起，在当时张掖城区原本就屈指可数的学校中堪称典范。时值战乱年代，许多在张商民为避兵燹远赴新疆，商会财力捉襟见肘，学校发展受阻，董事会忧心忡忡，无计可施。时值马步芳行将在青海西宁就任西北军政长官，张掖县便组织致敬团赴西宁恭贺，姜学玲先生代表民勤小学随行前往。马步芳初掌西北军政大权，急需笼络人心，所以故作慷慨，下拨黄金二百两给张掖教育，姜学玲先生还暗自窃喜不虚此行，定能使学校一解燃眉。可谁料，还未踏归程，致敬团团长杨××的"分羹"图谋已急不可耐地上演了：民勤会馆小学和山西会馆小学因属异籍各分十两，其余均为张掖本地学校所有。姜学玲先生不得不忍气吞声怀揣十两黄金怏怏而归。即便如此，十两黄金对于当时学校的发展依然弥足珍贵。令人匪夷所思的是，这件小事竟然成了"文革"干将们死揪住姜学玲先生不放的把柄，认为他"为马匪摇旗呐喊"，把他当成"走资派"的活标本，创造性地给他建立"罪行展览室"，拿活人当展品，宣读干将们捏造好的材料，打断胳膊还要筛沙……姜学玲先生可谓忍受了奇耻大辱。

"苟利国家生死以，岂因祸福避趋之"。姜学玲，这位被誉为"河西学院奠基人"，"山丹教育老祖宗"的老者生活节俭，不事张扬，自撰平生经历，取名为《忆往昔》，却不肯高调示人。耄耋之人，心怀教育，矢志不渝；暮年烈士，捐资助学，壮心不已。

李洁民先生家的花

每次去拜访李洁民先生，我都会径直地走向他家的阳台，急切地想看看他养的花。狭小的阳台简直就是一个精巧的花世界，总是湿漉漉的，每株花的叶片都嫩绿鲜亮。说实话，老人家的花没有富贵者，按时下流行语说，就是没有品位，没有档次。然而，培花养精神，滋兰生幽香。年届九旬的老人，人弃我取，把一盆盆他人定会弃如敝屣的花，用心

侍弄得枝叶透绿，蕊吐清香，精气神十足，不能不令人赞叹。

李洁民先生是解放前夕毕业的大学生，经历曲折，饱经风霜，却有常人稀缺的豁达气度与乐观心态。一如老先生的花，时时处处弥散着细嗅方觉的淡香。

初识李老是因他老伴仙逝，作为小老乡，我赶去尽能及之力，接到“赶制”祭文的重任自己又推脱不得时，便开始了我们之间的第一次交谈。老先生强掩丧偶之痛，思绪细细“翻检”与老伴儿多年厮守的生活点滴，絮絮叨叨，枯眼无泪，如花凋萎……

近几年来，随着对先生的拜访逐日频繁，似乎而立之年的我和耄耋之年的他早已成了忘年交，动辄促膝而谈，没大没小，忘乎所以。老先生鳏居多年，几近足不出户，然而思想通透开放，心态还是一如既往的好，真到了孔子所言“随心所欲不逾矩”之境。虽年事已高，生活却打理得井井有条：浇花，打拳，习字，读书，剪报……雅趣盎然。

心气浮躁的我器小易盈，动辄拘泥于自己的小世界，无谓地死撑着墙角之花的倔强。每每这时，便轻叩老先生的房门，看见他那平和的脸像花儿一样颔首微笑，便突然觉得自己就是一个自扰心绪的庸人而已。漫无边际地攀谈，眉飞色舞地比划，乐不可支。童心未泯的老爷子似乎转瞬间变成了天然去雕饰的黄发童蒙。

常常感慨长寿之人的超然心态，正如苏轼所言：“凡物皆有可观。苟有可观，皆有可乐，非必怪奇伟丽者也。哺糟啜醨，皆可以醉，果蔬草木，皆可以饱。”照此说来，李先生“安往而不乐”？

“色花不香，香花不色”。我懂得老先生的花之所以沁人心脾的缘故了。

爹这一辈子

北风呼啸，夕阳老去。

雪压松枝头点地，河飘柳叶面朝天。

叶落了，秋瘦了，雪哭了，冬凋了。

秋冬就是这样，把叶子纷纷抖落之时，也把无尽的悲伤与思念挂上了枝头。

爹就像一片饱经风霜、疲倦不堪的树叶悄无声息地飘逝了，归于遥远的沉寂。

想到我还在地上，他却将长眠于地下，阴阳两隔，父子再无法相见，顿时热泪汪洋恣肆，长声痛哭啊！

这是我的文字中首次出现“父亲”的记录。十二年前的寒冬，那个世界上最疼我的

人——母亲撒手人寰时，我曾为她写下和着血泪的文字，那是因为痛彻心扉的回忆击垮了我年轻心灵的脆弱与无助。

我常想，幸福之于我，节制得似乎有些过了，像爹脸上的笑容一样稀罕，然而我却只能像对待爹的斥骂那样低眉顺眼地默默接受。因为我们都是众生，上帝玩掷骰子，我们一样地无助。刚过而立，就没了双亲，疼痛得我只能叩问天地之苍茫，嗟叹人世之多变。

鳏居了十二年的爹一如十二年前的妈，终拖着一身嶙峋瘦骨在呻吟中永远睡去，卸下了责任，丢掉了羁绊，抛开了痛苦，摆脱了孤独。十年生死两茫茫，不思量，自难忘啊！

因了生活中的一些不寻常，我从小就有了一颗敏锐善感的心，成长中的疼痛都深深烙在心底。而如今，我开始追悔，后悔成长中堆积了不该记住的：爹的严厉、暴躁、怯懦、谨小慎微；也庆幸读懂了不该忘记的：爹的勤劳、宽仁、持家、淳朴厚道。

万里云天归落日，月过中秋终有缺。都说养儿能防老，我却说儿多催人老。单是青春期的叛逆就够一个做父亲的劳心伤神、折寿不少，何况爹要面对三份这样的叛逆，更何况这三份叛逆攻击的是一个未曾有过叛逆的人。

爹在该叛逆的时候是顺从的。爹十四岁就没了爹，家族门衰祚薄，分崩离析，留给爹的是一顶扣了他半辈子的“富农娃子”的大帽子。生活的内忧外患，幼小的心灵怎堪忍受，又如何应对？防守。谨小慎微的防守心理顺理成章地在他内心扎得根深蒂固，“小心不为错”成了他奉为圭臬的口头禅。

记得小时候，我们围坐在屋内的炉火前听爹讲过去的事，每每讲到目不识丁的小脚奶奶的遭遇时，我都不以为然，似乎那个不算遥远的年代跟我无关。长大后，当读到西方诗人“黑暗中扔出一颗石子，便传来几声惨叫”的诗句时，才对那个特殊的年代不寒而栗，也才深悟了爹在他本该意气风发的年龄远离人群去西山拉骆驼，盐池扛麻袋，马营砌水渠的孤独选择。

爹和妈的结合是高成分、高学历（爹是高中肄业，妈是张掖技校辍学）的“双高”结合，当然，毫无疑问，他们的结合更是一种“高风险”，对任何一方而言压力只会倍增。无法想象，那段岁月他们是如何挺过的，只是常常在夜里，时不时还会出现妈拉着架子车汗流浃背地疯跑的梦境。

1971年，妈给爹带来了福祉，低眉顺眼的“富农娃子”变成了村里教书育人的民办教师，还身兼数职：数理化全能教师兼学校饲养员。走上讲台的刹那间，爹觉得天旋地转，分不清那尺寸之地是用来揪斗还是作以传授。后来，爹凭着对教育的一腔热忱被任命为村小学校长，那可是全县最大的农村小学呀！爹浑身是劲，一心想在任上有所作为，无愧乡亲。有一年深秋，爹为保证冬天近千名学生的取暖，带领学生勤工俭学，由于所乘拖拉机途中故障，返回时已是大半夜了。等在校门口的乡亲们还未等爹从拖斗上下来便不由分说地开骂了，爹孤零零地蹲在高高的拖斗上，一句话也没说，也许他的思绪又回到了

那个特殊年代纷乱的揪斗中。我和姐就在行将散尽的学生队伍中默默地看着他,等他一起回家。

1986年的春天,爹决定大兴土木。一来我们姊妹四人逐渐长成,二来村里非要从我们家的高门大院通路,我们不得不亲手拆掉那座父亲出生时才建好的院落。至今我还清晰地记得,那座曾扮演过学校角色的偌大的堂屋轰然倒塌了。我跟着爹去拆墙时,他总是喋喋不休地说什么房子的木料驮运自陕西榆林,镂花是有名的匠人所刻之类的话。

说我家的新房是爹最后的一个孩子,毫不夸张。历时长久地酝酿,精打细算地积攒,苦心孤诣地设计,绞尽脑汁地规划,一院廊房在春将尽时拔地而起。"父母之爱子,则为之计深远"的思想在爹的房子上体现得淋漓尽致。三个儿子,三间大书房,三间小屋,连同屋内陈设都是一碗水端平,毫不含糊。可以想见,年逾不惑的爹妈睡梦中是如何憧憬着他们慢慢变老之时同享儿媳成群、子孙满堂的天伦。只可惜,天者诚难测,神者诚难明啊!

盖房的当年,爹就买来了果树苗,什么红元帅呀,香水梨呀,绿葡萄呀,大红枣呀。在那个物质匮乏的年头,蹲在树坑边,看着湿漉漉的树苗,我就已口水直流了,迫不及待地问爹:"啥时候才能吃上果子呀?"爹说,得三五年呢。年幼的我攒着眉,苦思冥想:三五年该有多长啊!然而,人老得总比树快。每当看着淘气的儿子被追着喂晶亮的大苹果时,总有一种说不出的滋味,唉,他怎能体会到为一个苹果所忍受的漫长的甜蜜等待啊!

妈活着的时候,总是忙忙碌碌,从不计较白天和黑夜;死了,日子便如满地黄花堆积起来。整整十二年了,爹也忍受了整整十二年的丧妻之痛。妈走时,娶进门的媳妇只大嫂一人,抱入怀的孙子仅侄儿一个。像我们家这样的,旁人都为之发愁,何况塌了半边天的爹呢!妈走的时候,我把路上的石子跪进双膝,在疼痛与哽咽中完成了我的成人礼,沉重得无法呼吸。我还是那盛开的花儿呀,怎会相信人生也有秋季啊!爹那根独木虽挺直了腰板,但终归已有些飘摇。那时,我高考失利铩羽而归正准备重整旗鼓,突然间,志气像是被腰斩了。

那个冬天格外冷,冷得我有些自闭,爹也像冻僵了一样。一天中午,我惊讶地发现爹蹒跚着出现在学校操场边的天桥上,提着一包大嫂做的馍,在放学的人流中急切地找寻,寻得是那样全神贯注。那张千沟万壑的老脸,瘦削不堪的身形,如同遭了狂风的蝴蝶。

转瞬之间,我辗转东西上了五年大学,花销着他的血汗,累积着他的担忧,只是隔三岔五地打些报喜不报忧的电话,满以为虽暂相别,终会久与相处。

爹退休的那一年,我接过了他手中的教鞭,算是子承父业了。内心隐隐的叛逆告诉我选择与爹相同的职业实属饥不择食的无奈之举。但看得出,爹是相当的满意,"稳定"、"富不了"、"穷不死"……而我也暗自庆幸求职的有惊无险至少没有延长对他的煎熬。

爹第一次来我所在的城市时,我还没个窝,临走时嘱咐我不要打学生。第二次来,是

因为他最小的儿子——我要大婚了。良辰美景,花好月圆,在接受娇媚贤淑的妻和雄姿英发的我的叩拜时,爹脸上的沟沟壑壑像极了层层叠叠绽开的花瓣,我知道,爹成功地掩饰了他形单影只的落寞和感伤。第三次来,是因为我们婚后不打算急于育儿,回老家看他时,细心的爹通过妻的鞋一举窥破。很快他专程前来"催生",训导我们,"孩子要早要","岁数大了难生,难养",俨然一个婆婆。第四次来,不用说,当然是我们光荣完成任务,爹最小的孙子办满月席的时候了。爹来了,没住。他因股骨头坏死已经拄上了我买给他的带圆凳的扶老,爹还说这个拐杖新奇得令他周围的老人羡慕不已。我自忖着,别人的妒羡怎能疗治你身心的疼痛呢?爹在我的屋里总共只来过四次,我却在他的屋里逗留了半生,还将度尽余生。

时间如我那幼子的脚丫不可控地在跳跃中疯长。爹的病把我的圆凳拐杖抛上了墙,又把二哥买的双拐弃至角落,继之大哥早已准备好的轮椅。四处寻医问药,无果。屋漏偏逢连阴雨。去年冬天的那场大雪后,爹又出现进食困难,经查,食道癌!子欲养而亲不存啊,所谓求生而辞死者,因生可喜而死可悲呀!我站在病房外,四顾茫然,不能自已,爹心中的疼痛就这样不容释放吗?谁又能做到屏气静心而识盈虚之有数呢?

我开始利用所能利用的时间频繁地朝着老家的方向飘飞,此时对老家已不再是地域上的眷恋与怀旧,而是血脉和灵魂的生死牵扯。

又是一年秋将尽。我又一次飘飞在回老家的路上,车窗外,通身灿灿金黄的树仍张扬在爹曾挥汗如雨奋战过的水库堤坝上,招摇着它们生命力的顽强,让人好生妒厌。躺在炕上的爹形容枯槁,"毛血日益衰,志气日益微",明显大不如先前了。平日沉默寡言、不苟言笑的我努着劲、眉飞色舞地和他攀谈着,然而他却听多言少,动辄默不作声了。

记得《论语》中子夏问孝,子曰:色难。有事,弟子服其劳;有酒食,先生巽。曾是以为孝乎?说的是孔子的学生子夏问:怎样是孝道?先生说:难在子女的容色上。若遇有事,由年幼的操劳,有了酒食,先让年老的吃,这就是孝了吗?不是。

好一个"色难"呀,和时有愠色、动辄暴跳如雷的爹在一起时该如何调"色"啊!

爹最后一次住院已经于病无补了,从动辄的气急败坏可见他对生的强烈渴望,我依旧低眉顺眼,每天迎着暖烘烘的太阳,推着他穿梭于那个城市的喧嚣与繁华。一周以后,我和医生上演了双簧。疗程已到,出院休养。回家的路上又瞥见库堤上那令人妒厌的树,树冠上的叶子已稀稀拉拉,没了轮廓。车内父子四人都未做声,我刚想没话找话试图打破那可怕的沉寂,爹说话了:"下午没事的话,都回家,有事交代。"话音刚落,爹便困乏不堪,睡着了。车很快就到了自家的院门,看着院内果树枝头红彤彤的苹果,爹仰面怅望了许久。

爹躺在炕上发话了,我们兄弟三人各寻一隅落座,成年的我们,谁也不愿将脆弱展现。"我对我这一辈子,是满意的,娶了你们的妈,盖了一院房,生了四个好子女……"他

并未说那句曾给我们无尽压力,早已厌烦了的"供了三个大学生"。"你们生的少,要教育子女相互团结。这院房子,我和你们妈盖得艰辛,经了谁的手,谁心疼,不要急于拆、卖,逢灾遭难时你们还能避一避……"

爹的后事仅用了一刻钟便交代妥了。

临来时,我对哥说,今年的果子别摘了。

又过了两周,我挈妇将雏去看爹,爹抓住小孙子肉肉的小手久久不愿放开。爹已日薄西山,气息奄奄了。

那天,淘气的儿子又在我跟前无理取闹,妻提醒我:"慈父多败儿,严是爱,向爹学习。"她话音未落,电话铃响,噩耗传来。

我又一次飞奔在回老家的路上,那条路是那么漫长,路旁已枯黄一地,窗外迷蒙,云山雾罩,远处是白茫茫一片素净的田野。

疼啊,爹在天之涯,我在地之角,生而影不与吾形相依,死而魂不与吾梦相接,彼苍者天,曷其有极!

爹,放心地睡一次囫囵觉吧,您的子孙无论一生怎样颠沛、痛苦,都会相守在一起。永远。

人生,是一个不以生为始,不以死为终的过程。活着的时候因为精神的富足才具有生命,逝去了之后灵魂的永驻才能延续寿数。

言有穷而情不可终,如其知也邪?其不知也邪?

(此文完结于爹去世的前一天晚上,次日清晨,听闻噩耗,怀揣此文,踏上归途,如释重负。)

补叙:

掩棺的那天早上,我打灵堂前走过,突然听到一个唤我名字的熟悉声音,低低的,沉沉的,有一点不愿请求,又有一丝不忍搅扰,像极了几周前陪护他时,每晚后半夜,痛胀难忍的爹不得不三番五次唤醒熟睡的我时的那声声略显内疚的轻唤!我下意识地快速走近棺木时,却再也听不到一丝声响。回首院子里,几位"元"字辈儿的本家们正吆喝着抬东西。

黑蛋小史

生活就像一副挑子,你有选择挑与不挑的自由,却没有选择轻重的权利。

对于善于理解幸福的人来说,世间处处皆是天堂。

——题记

黑蛋今年已年逾花甲了,要是她还健在的话。

黑蛋是我已过世多年的母亲的乳名,在我很小的时候,黑蛋自己笑着对我说的。我相信她决不会介意我这样没大没小的称呼,以前没有介意过,现在更不可能。

黑蛋的爷爷是一个在民国年间走南闯北肩挑贸易的商民,年青时,为生计所迫,逃出大漠,拉驼西行,牙缝里抠搜下一点积攒,在甘州开了一家铺号,取名“光盛西记”。从此举家移居甘州,而甘州也顺理成章地成了黑蛋的出生地。那时候,兵荒马乱,民不聊生,老百姓家生娃,往往先取个贱名,以便日后平安吉顺,除病消灾。因而,母亲便有了“黑蛋”这个名儿。

出生在崇尚文化的半个“书香门第”里,黑蛋自然少不了一个雅致的学名,可进入学堂的她还是喜欢别人叫她“黑蛋”。

黑蛋十二岁便没了娘,排行老大的她不得不在上学之余做起了弟妹们的小妈妈。尽管如此,黑蛋的功课依然出类拔萃。

在那个家道不得不衰的年代,黑蛋一家被迫离开客居十数年的甘州福地,重返大漠老家。黑蛋也从此终止了学业,含着泪过起了缝缝补补、背着抱着的艰辛生活,那时她才十四岁。

十年浩劫,阴霾密布。黑蛋嫁给了邻村的一个一贫如洗的富农娃子,原因只有一个:他是村里唯一的高中生。在一次又一次的批斗会上,识文断字的黑蛋即使把毛主席他老人家的话语倒背如流,也难免一顿皮肉之苦或劳动惩罚。富农媳妇沉默了。后来,富农娃子当上了村里的饲养员兼小学教员,黑蛋内心深处平添了几分骄傲与自豪,见人也不再躲躲闪闪了。

改革春风驱散了弥漫十年的乌云。在一个大晴天,黑蛋的最小的娃——傻儿出生了,这一年,黑蛋虽已过了三个本命年,却感觉神清气爽,浑身是劲,包产到户,憧憬颇多。当年的富农娃子也不再兼职,做了村小学校长。虽为学校忙得顾不了家,黑蛋毫无怨

言反而更高兴，一个人忙里忙外，把一个清贫小家打理得井井有条。

光阴荏苒，岁月匆匆，转眼间十余载稍纵即逝。双鬓斑白的黑蛋已迫近知天命之年，却依然奔波于田间地头，步履如风。两个儿子都已考入大学，傻儿也能搭把手了，黑蛋也该享享清福了，可她就是闲不住。

黑蛋果真没有享福的命。积劳成疾，病倒了，很快被确诊为癌症晚期。儿女们穷其所有，明知不可而为之，硬是把黑蛋的命“拽长”了一年半。

黑蛋走了，留下一丝微笑和一把皮包骨头。

残　手

黑蛋的左手是她十四岁时参加学校的义务劳动中被她的好朋友不小心砍伤致残的。从那以后，那只手的中指和无名指只剩下两截短短的“小树桩”了。黑蛋并未因此而对金梅耿耿于怀，还是一如既往地以诚相待。后来，黑蛋辍学回老家了，临别之时，她拉着金梅的手，泣不成声。

也许是命运的安排，黑蛋的手在岁月苦水的浸泡下，渐渐变得宽厚、粗壮、有力、灵巧了，两段残指的指尖也角化成厚硬的茧壳了。傻儿小时候问黑蛋，她的残指尖上再能长出指甲吗？黑蛋摸摸傻儿的小脑袋说：“傻儿真傻。这是命，就像指头之间的缝儿一样。”傻儿抓耳挠腮对她的“含糊”作答迷惑不解。

黑蛋是极少有闲工夫仔细端详她那只残手的。在傻儿的眼中，只要黑蛋是醒着的，她的手一定动个不停。有一次，傻儿看见黑蛋从箱子底摸出她娘留给她的银戒，并试图戴在其中一节“小树桩”上，可毕竟“树桩”太粗了，黑蛋看着自己的手苦笑了一下，便把那枚银戒层层包好，放回原处。为了儿子的工作调动，年届知天命的黑蛋带着一大包土特产和从土块中“刨出”的一千元钱去向已经位高权重的儿时好朋友求情，结果却换来一场空。傻儿又一次看到黑蛋坐在昏黄的灯光下，双眼噙满老泪呆呆地盯着自己颤抖的残手，无语凝噎许久。

黑蛋的残指就像“傻儿”一样，动辄受到外界的伤害，却无力“自卫”。有一次，黑蛋挥舞着双手掺拌醋糟，一不小心，筛子上的竹片扎进了残指尖，痛得她大汗淋漓。当她咬紧牙拔掉竹片时，疼得脸色顿时煞白。她赶紧用右手紧紧攥住那段受伤的残指，鲜血还是从双手的指缝间不可阻止地流出，滴到热气腾腾的醋糟上。

冬天的早晨，天刚蒙蒙亮，黑蛋便已扫完院子跑进屋来。傻儿像一只蹲在巢里的小麻雀，从暖得像黑蛋胸怀的被窝中探出头来，看着眉上挂着水珠儿，在炉子跟前直跺脚的黑蛋“嘿嘿”地笑。每每这时，黑蛋便会笑着走过去在傻儿光溜溜的身子上“冰”一把。傻儿不怕，还盯着她空摆着的指套惊问黑蛋：“你的手指头咋都没了？”黑蛋像变魔术一

样甩掉手套说:“手指头都怕冷,都躲到手心里了,这两个小‘傻儿’却躲不进去。”说着,赶紧用口中的热气温着已冻成两截“红萝卜”的残指,就像亲吻她的傻儿一样。

就在黑蛋离开傻儿的前一天,傻儿去看她。傻儿爬上黑蛋的炕头,习惯地抓住她的残手。突然他感到那两截残指再也不像以前那样鼓鼓的、硬硬的,倒像两段刚刚用开水泡过的腐竹。傻儿的心不禁一颤,松开了黑蛋的残手,眼前突然浮现出两段砍飞的小手指。

黑蛋走了,傻儿觉得自己就是黑蛋那两截带血的小手指。

手　帕

黑蛋的汗多,同村与她年龄相仿的女人们都晓得。无论是拉着架子车疯跑的年岁,还是坐在炕头上纳鞋底的光景,都是少不了手帕的。与其说是手帕,倒不如说是汗帕。

村里的赤脚医生说:“虚汗多一些,无甚大碍。”可也就是,黑蛋极少患病,也许是没有工夫吧。即使有个头痛脑热,吃几瓣大蒜,盖两条被子,蒙头大睡一宿,出身大汗便安然无事了。当然,黑蛋的手帕是注定不离手的。

冬天还好,到了夏天,黑蛋可以说是无帕寸步难行啦。尤其是麦黄时节,午饭一吃,猪呀、鸡呀都“伺候”了,黑蛋便坐在院子里“哧、哧”地磨起镰刀。傻儿蹲在她跟前帮她在磨石上滴水,滴不了几下便想溜,就对黑蛋说:“你的汗就是‘自来水’,用不着我滴了”,说完便没了人影。黑蛋年轻时割麦子在村里是有了名的,往地头那么一站,掏出大手帕子先擦一把汗,再往手心里啐一口唾沫,便猫下腰去挥舞着尺把长的大镰刀,真可谓“所向披靡”。片刻间,刚刚还站得好好的麦子已变成了一个又一个的大捆子横卧在黑蛋的身后了。等到眼皮子上的汗珠子连成了线,眼睛被和有麦灰的汗水蜇得睁不开的时候,黑蛋才直起身子再擦一把汗,随即猫下腰去……常常到日落西山,黑蛋才肯“封刀”。拖着被汗水浸透的身体走进里屋,借着昏暗的月光扯下紧黏在身上的衣服。傻儿赶紧跑过去帮黑蛋拿住湿衣服,还用小鼻子嗅嗅说:“嗯,妈妈的味道。”黑蛋笑笑,便用另一块手帕擦起了身子,滚动着汗珠的两个干瘪的乳房在昏暗的屋里熠熠发光……黑蛋自己擦完了前胸,傻儿便接过她手中的大手帕给她擦背。每每此时,黑蛋便不住地夸傻儿。

奇怪的是,自从黑蛋得了绝症之后,她的汗却突然少了,手帕也随之“失业”了。傻儿常常走近黑蛋的病榻,俯下身子,用一只大手轻轻撩起她额前不知是汗水漂白的还是手帕擦白的缕缕白发,呆呆地凝望着她木雕似的额头,似乎在竭力寻找那些曾经汩汩涌出的泉眼为何突然消失在大漠中的原因。也许只有黑蛋眉间那道像圆周率“π”的皱纹会给傻儿做出一点提示。

“呀!”黑蛋出汗了,傻儿一惊。片刻之后是一声长叹,是傻儿自己的泪珠滴落到黑蛋的额头上了。

打鼾

当暮色沉沉时，劳顿了一天的黑蛋收拾停当手头最后一码事之后便一头倒在炕上，随即便鼾声四起，往往连衣服也来不及解下，甚至那条褪了色的蓝头巾也来不及摘下。

说实话，黑蛋睡觉的样子很“难看”，但也不是“长妈妈”那样。黑蛋睡觉总是侧棱着身子，蜷着躯干，两只红肿的手搁在胸前，好像抱着她的傻儿，脑袋被两个不薄的枕头高高地架起。傻儿说黑蛋睡觉的姿势像一个准备随时起来迎战的战士，又说像是一条作茧的蚕儿。总之，黑蛋是顾不上听傻儿胡说的，转瞬间便发出酣畅的鼾声。也许像黑蛋那样打呼噜的女人是少之又少的，听着她的鼾声，有时你会忘了她的性别，总觉得炕头上睡的俨然是一个关东大汉，确实有番巾帼不让须眉的架势。黑蛋的鼾声让深处大漠的村落更显沉寂。打起鼾来，或急促或平缓，或变成呀呀呓语；或悄然中断。深深地，长长地，缓缓地吐出。悠悠的，匀匀的，像熨斗熨过一样，又像打铁匠用风匣扯文火时的声音，吞吐自如、舒卷自然，似乎有说不尽的酣畅。有时鼾声紧促，好像黑蛋在梦里拉着车子爬坡。紧促之后突然拔个尖儿，就像在炊烟四起的黄昏时分，黑蛋站在村口唤她的傻儿回家吃饭。急转之下，喊声走低，像屋外的沙枣花被夜风吹得簌簌下落，又像黑蛋在田间地头跟人低语。有时又戛然而止，像一只振翮翻飞的鸽子，只听见几声翅膀拍打的声音便悄无声息了。有时鼾声变成了呼喊傻儿的呓语，往往这时，醒着的傻儿便会像打暗语一样答应一声，黑蛋便不再说了。偶尔，黑蛋的鼾声变得异常急促，像胸口被压了个大碾盘一样，而且额上还渗出密密的一层汗珠子，鼾声中还夹杂着哭声。傻儿知道黑蛋魇住了，便赶紧用手去碰碰她，把她叫醒。这时黑蛋已浑身湿透，瘫软了。

傻儿九岁才爬出黑蛋的被窝，从小便像听《摇篮曲》一样听惯了她的鼾声。如果哪一天晚上黑蛋不在，小傻儿便觉得屋子就像一个刚刚散尽观众的戏园子，格外沉寂，久久难眠。傻儿长大了，读到“低眉信手续续弹，说尽心中无限事”的琵琶女和“余音绕梁，三日不绝”的王小玉处，每每拿来与黑蛋的鼾声作比。在傻儿看来，只有黑蛋的鼾声才能让他感到像“吃了人参果，无一处毛孔不畅快”。时间长了不听她的鼾声，傻儿便觉得耳朵痒痒了，偶尔回家来便与黑蛋睡在一个屋里，在黑暗中像欣赏贝多芬的《命运交响曲》一样静静聆听着她“千回百转”的鼾声，心中有说不出的惬意，似乎听一次，自己便能长大一些。

黑蛋走的时候是悄悄走开的，一点鼾声也没有。微弱的呼吸声像她手中的针引着线“嗞嗞”地穿过被褥中羊毛时的声音，越来越细；体温也伴着呼吸，越来越凉。傻儿没有觉察出黑蛋已走了，两眼噙满泪水，呆呆地望着定格在她嘴角与自己眼中的最美的微笑。

傻儿没出声，他怕惊扰了黑蛋，她太累了，也该歇歇了。

主要参考文献

1. [清]张澍辑录,周鹏飞、段宪文点校. 凉州府志 [M]. 西安:三秦出版社,1988。

2. [清]钟赓起著,张志纯等点校. 甘州府志 [M]. 兰州:甘肃文化出版社,1995。

3. 民勤县志编纂委员会. 民勤县志. 兰州:兰州大学出版社,1994。

4. 马长寿. 同治年间陕西回民起义历史调查记录 [M]. 西安:陕西人民出版社,1993。

5. 王宗维. 中国西北少数民族史论集 [M]. 西安:三秦出版社,2009。

6. 王宗维. 民勤县历史沿革 [M]. 兰州:甘肃人民出版社,1989。

7. 陈慧生、陈超. 民国新疆史 [M]. 乌鲁木齐:新疆人民出版社,2007。

8. 方步和. 张掖史略 [M]. 兰州:甘肃文化出版社,2002。

9. 唐达天. 悲情腾格里 [M]. 兰州:敦煌文艺出版社出版,1998。

10. 刘文海. 西行见闻记 [M]. 兰州:甘肃人民出版社,2003。

11. 张兰. 甘州史话[M]. 兰州:甘肃文化出版社,2010。

12. 聂振民,王兆年. 民勤县人口志 [M]. 兰州:甘肃文化出版社,2009。

13. 刘敦桢. 中国古代建筑史 [M]. 北京:建筑工程出版社,1980。

14. 楼庆西. 中国古建筑二十讲 [M]. 北京:生活·读书·新知三联书店,2001。

15. 丁明俊著. 马福祥传 [M]. 银川:宁夏人民出版社,2001。

16. 刘基,丁虎生. 西北师大逸事 [M]. 沈阳:辽宁人民出版社,2001。

跋

一方水土养一方人。

民勤，这个被沙所困的弹丸之地为何能吸引世人的目光久久遥望？为何数辈在外漂泊的民勤人竟还在自己的内心深处堆藏着腾格里沙漠的一抔相思细沙？因为在那里总有许多支血脉不甘于失败，九死不悔地追寻着他们的金牧场。

我自幼为人性僻，心思敏感而致密，喜好聆听，寡于言表。经常静坐冥想，想象自己从哪儿来，又意欲往哪儿去。

十多年前，我踩着先人的足印，和着八声甘州的曲拍来到张掖，似乎就是为了一个莫名的约定。民勤会馆，默默矗立在张掖二中的校园等待着我这个莽撞的毛头小伙。第一次邂逅并触碰这座老宅时，就有似曾相识的感觉涌动：我不就是那廊檐底下飞丢多年的燕子吗？脑际回荡着一个声音：回来吧，你的巢儿还在。那一次，我伫立于老宅外，仿佛看到了刚刚离世的母亲的影子，久久不忍离去。

八年前，我终于挣扎着飞回来了，羽翼未丰的我刚刚失去温馨却又幸运地觅得暖巢，我暗自感激上苍对我的偏爱与佑护。佛说：五百次的回眸才换得一次擦肩而过，而我与老宅的一次谋面竟换来了八年来两千多个日日夜夜的凝望。是的，这是前世之约。看来，命中注定我要来此赴约的。带着那几样儿时从垃圾堆里捡拾的“信物”来了，那些别人眼里不值一文的破烂玩意儿，我却视为珍宝，还当做进入老宅的“虎符”。我是商民的后代，睹物思人，老宅的一切让我遥想百年坎坷，思接数代辛酸。该为他们写点东西了。

当我工工整整地写下“镇番商民，勤甲天下”八个字时，我知道它们开始要左右我的人生了。几年慵懒的酝酿，致使我无奈地送走了家中几位至亲至爱的长者。我的意识开始了无休止地敦促。

成书的过程比起我那背井离乡、拉驼西行、颠沛流离、肩挑贸易、“针尖上削铁”的先人们算不得辛苦，短短数月的“闭门造车”就形成了拙作的雏形，然后字斟句酌核史料，程门立雪问长者。走访数十位先生、学究，所访之人无一不是知无不言，言无不尽。他们每每情至深处，老泪纵横，或嗟叹，或哀婉，唏嘘不已。尤其姜学玲(94岁)、李洁民(89岁)两位年逾耄耋的老先生，更是以他们非同寻常的思维记忆，在我的脑海中描摹勾画了近七十年的老宅印象。我虽十数次登门造访，他们都不厌其烦，事无巨细，殷勤作答。朱卫

国先生更是不顾身体有疾，彻夜读完书稿，勾画圈点，细致入微，高屋建瓴，点石成金，令我如饮醍醐，甘露洒心。

伯父王宗维生前"耕读持家"的勉励使我尽力摒弃浮躁，伏案笔耕不辍，以期成书祭亡灵，掩卷承家风。需感激者众，待致诚者繁。列以清单，以致谢忱！

王宗维教授，师承民族史泰斗马长寿先生，讲授、研究中国少数民族史和历史地理，著述甚丰，被誉为西北史真先生。其所撰《汉代丝绸之路的咽喉——河西路》入选季羡林主编的《东方文化集成》，其《中国西北少数民族史论集》堪称扛鼎之作。

姜学玲先生，曾任张掖师专(现更名为河西学院)首任校长、山丹一中校长等职。1948年曾出任民勤会馆小学名誉校长。

李洁民先生，曾任原张掖农校(今属河西学院)教授，与著名植物分类学家孔宪武亦师亦友。在张掖二中履职二十余年(1961—1983年)，曾亲眼目睹民勤会馆在十年浩劫中所遭的戕害。

李培英女士，商民后代，曾就职西北大学。

姜学秀先生，商民后代，胜利油田退休干部。1946年至1948年，就读于民勤会馆小学。

朱卫国教授，曾任河西学院党委副书记、院长，现任西北师范大学副校长，中国教育学会理事会理事、甘肃省当代文学研究会副会长，甘肃省文艺评论家。

赵兴刚教授，史学博士，现任陕西青年职业学院副院长，全国导游资格证考试评委会委员，中国青少年研究会会员。主编《中国历史文化名城》等高校教材多部。

多红斌先生，张掖市委宣传部副部长，中国作协会员，中国民间文艺家协会会员，河西文化研究会理事、河西文化研究所兼职研究员。

李寿福先生，特级教师，曾任张掖二中校长，在任期间，贡献颇多，对民勤会馆的保护更是亲力亲为。

李亦武先生，特级教师，省教育专家，现任张掖二中副校长，对民勤会馆及会馆文化颇有研究。

杨生效先生，特级教师，现任张掖二中校长，在任期间，着力建设校园文化，筹划开发利用民勤会馆。

黄大祥教授，现任河西学院文学院院长，国家级普通话水平测试员。

王多福先生，甘肃张掖公路分局局长。

李万贵先生，张掖市经济责任审计工作联席会议办公室专职副主任(副处级)。

《甘州文化精粹》丛书编委会

总　　策　　划：张洪清　秦福伟

编 委 会 主 任：杨生效

编委会副主任：王登利　陈学彪　李亦武

张兴虎　贾红元　黄岳年

编　　　　委：傅德锋　张全义　高文平　吴晓明

张述文　王专元　韩崇新　祁　强

赵海平　苏宏伟　赵江志　单成鹏

康文清　田　源　王建军　郑国珍

统　　　　稿：高文平

甘州文化精粹丛书

GANZHOU WENHUA JINGCUI CONGSHU

丛书主编 / 杨生效

礼乐中华

LI YUE ZHONGHUA

杨生效◎主编

兰州大学出版社

图书在版编目(CIP)数据

礼乐中华/杨生效主编.—兰州:兰州大学出版社,2012.9

(甘州文化精粹丛书/杨生效主编)

ISBN 978-7-311-03959-2

Ⅰ.①礼… Ⅱ.①杨… Ⅲ.①中华文化—基本知识 Ⅳ.①K203

中国版本图书馆 CIP 数据核字(2012)第 218626 号

策划编辑 李 晖
责任编辑 郝可伟
装帧设计 管军伟

书　　名 礼乐中华
丛书主编 杨生效
主　　编 杨生效
出版发行 兰州大学出版社 (地址:兰州市天水南路 222 号 730000)
电　　话 0931-8912613(总编办公室) 0931-8617156(营销中心)
0931-8914298(读者服务部)
网　　址 http://www.onbook.com.cn
电子信箱 press@lzu.edu.cn
印　　刷 兰州人民印刷厂
开　　本 787 mm×1092 mm 1/16
印　　张 10.5 (插页 2)
字　　数 202 千
版　　次 2012 年 10 月第 1 版
印　　次 2012 年 10 月第 1 次印刷
书　　号 ISBN 978-7-311-03959-2
定　　价 286.00 元(共八册)

(图书若有破损、缺页、掉页可随时与本社联系)

目　录

第四部分　汉服集萃

第五部分　诗词曲赋

第六部分　书画艺术

第一部分

圣贤大儒

第一章　孔子

一、孔子简介

孔子(前 551—前 479)名丘,字仲尼。春秋末期思想家、政治家、教育家,儒家学派的创始人。鲁国陬邑(今山东曲阜东南)人。

据考证,孔子的六代祖叫孔父嘉,是宋国的一位大夫,做过大司马,在宫廷内乱中被杀,其子木金父为避灭顶之灾逃到鲁国的陬邑,从此孔氏在陬邑定居,变成了鲁国人。

孔子的父亲叫叔梁纥(叔梁为字,纥为名),母亲叫颜征在。叔梁纥是当时鲁国有名的武士,建立过两次战功,曾任陬邑大夫。叔梁纥先娶妻施氏,生 9 女,无子。又娶妾,生一子,取名伯尼,又称孟皮。孟皮脚有毛病,叔梁纥很不满意,于是又娶颜征在。当时叔梁纥已 66 岁,颜征在还不到 20 岁。

公元前 551 年(鲁襄公二十二年),孔子生于鲁国陬邑昌平乡(今山东曲阜东南)。因父母曾为生子而祷于尼丘山,故名丘,字仲尼。

孔子 3 岁时,叔梁纥卒,孔家成为施氏的天下,施氏为人心术不正,孟皮生母已在叔梁纥去世前一年被施氏虐待而死,孔子母子也不为施氏所容,孔母颜征在只好携孔子与孟皮移居曲阜阙里,生活艰难。

孔子 17 岁时,孔母颜征在卒。

孔子 19 岁时,娶宋人亓官氏之女为妻。一年后亓官氏生子,鲁昭公派人送鲤鱼表示祝贺,孔子感到十分荣幸,给儿子取名为鲤,字伯鱼。

孔子 35 岁时,因鲁国内乱而奔齐。为接近齐景公,做了齐国贵族高昭子的家臣。

次年,齐景公向孔子询问政事,孔子说:“君要像君,臣要像臣,父要像父,子要像子。”景公极为赞赏,欲

起用孔子,因齐相晏婴从中阻挠,于是作罢。孔子不久返鲁,继续钻研学问,培养弟子。

孔子51岁时,任鲁国中都宰(今汶上西地方官)。由于为政有方,“一年,四方皆则之”。

孔子52岁时,由中都宰提升为鲁国司空、司寇。公元前500年(鲁定公十年),鲁、齐夹谷之会,孔子提出“有文事者必有武备,有武事者必有文备”。齐景公欲威胁鲁君就范,孔子以礼斥责齐景公,保全了国格,使齐侯不得不答应定盟和好,并将郓、讙、龟阴三地归还鲁国。

孔子54岁时,受季桓子委托,摄行相事。他为了提高国君的权威,提出“堕三都、抑三桓(鲁三家大夫)”的主张,结果遭到三家大夫的反对,未能成功。

孔子55岁时,鲁国君臣接受了齐国所赠的文马美女,终日迷恋声色。孔子大失所望,遂弃官离鲁,带领弟子周游列国,另寻施展才能的机会,此间“干七十余君”,终无所遇。公元前484年(鲁哀公十一年),鲁国季康子听了孔子弟子冉有的劝说,派人把他从卫国迎接回来。

孔子回到鲁国,虽被尊为“国老”,但仍不得重用。于是孔子不再求仕,集中精力继续从事教育及文献整理工作。

孔子一生培养弟子三千余人,身通六艺(礼、乐、射、御、书、数)者七十二人。在教学实践中,总结出一整套教育理论,如因材施教、学思并重、举一反三、启发诱导等教学原则和学而不厌、诲人不倦的教学精神,及“知之为知之,不知为不知”和“不耻下问”的学习态度,为后人所称道。他先后删《诗》、《书》,订《礼》、《乐》,修《春秋》,对中国古代文献进行了全面整理。老而喜《易》,曾达到“韦编三绝”的程度。

孔子69岁时,独子孔鲤去世。

孔子71岁时,得意门生颜回病卒,孔子悲痛至极。这一年,有人在鲁国西部捕获了一只叫麟的怪兽,不久麟死去。他认为象征仁慈祥瑞的麟出现又死去,是天下大乱的不祥之兆,便停止了《春秋》一书的编撰。

孔子72岁时,突然得知弟子仲由在卫死于国难,哀痛不已。

次年(前479年)夏历二月,孔子寝疾7日,赍志而殁。

孔子一生的主要言行,经其弟子和再传弟子整理编成《论语》一书,成为后世儒家学派的经典。

二、历代帝王对孔子的封号

纪元	封号
汉平帝元始元年(公元1年)	褒成宣尼公
汉和帝永元四年(公元92年)	褒尊侯
北魏孝文帝太和十六年(公元492年)	文圣尼父
隋文帝开皇年间(公元581—600年)	先师尼父
唐太宗贞观二年(公元628年)	先圣
唐太宗贞观十一年(公元637年)	宣父
唐高宗永徽年间(公元650—655年)	先师
唐高宗显庆二年(公元657年)	先圣
唐武则天天授元年(公元690年)	隆道公
唐玄宗开元二十七年(公元739年)	文宣王
宋真宗大中祥符元年(公元1008年)	玄圣文宣王
宋真宗大中祥符五年(公元1012)	至圣文宣王
元成宗大德十一年(公元1307年)	大成至圣文宣王
明世宗嘉靖九年(公元1530年)	至圣先师
清世祖顺治二年(公元1645年)	大成至圣文宣王先师
清世祖顺治十四年(公元1657年)	至圣先师

三、人类的师表

孔子是世界历史上最伟大的人物之一。学不厌、教不倦,使孔子成为中国的“大成至圣先师”。他主张“有教无类”,学生多至三千人,从《论语》书上看来,他教导学生的只是人生日常所必经问题的解答,以及人与人相处所必备条件的阐明。其道合理而平凡,易知易行,然而用之于身则身修,用之于家则家齐,用之于国则国治,用之于天下则天下平。

孔子生在春秋时代的大变局中,王室既衰,礼崩乐坏,诸侯力征,百姓困苦。他要复兴周代文化,志切行道,虽曾一度为鲁国司寇,三月而教化行,惜未能卒用。于是周游列国,凡十四年终不得行其志。孔子学说的重点,大都在六经,此外还有《论语》、《孝经》、《大学》、《中庸》。

孔子51岁始为官,后摄行鲁相,三月鲁国大治。齐惧鲁富强,选美色歌舞女子赠鲁君,遂使其沉迷酒色,政事荒废。孔子见国事不可为,罢官离鲁,周游列国十四年,未能一展抱负,深感君臣遇合之难,大道之不可行,决然返鲁,潜心于《春秋》、《诗》、《书》、《礼》、《乐》之修正,仍教育弟子,至73岁逝世。

他的学生分散各国游说诸侯,宣扬孔子学说,到了战国时代,孟子更发扬而光大之,遂奠定了儒家学说的理论基础,亦奠定了中华文化的基础。自西汉以迄今日,两千余年间,每次大乱之后,拨乱反正,重建新秩序,大多是确信孔子之道的人。中华民国政府规定以每年九月二十八日的孔子诞辰为全国教师节,以表示尊崇孔子之意。

孔子学说博大精深,不仅在中国成为两千五百年中华文化的础石,即使在国外,亦产生了宏远的影响。邻近中国的日本、韩国、越南等无论矣,其在西方,对于18世纪启蒙运动亦有巨大贡献。在中国为"万世师表"的孔子,必将成为人类的师表。

四、孔子年谱

1岁:公元前551年(鲁襄公二十二年)

孔子生于鲁国陬邑昌平乡(今山东曲阜东南)。因父母曾为生子而祷于尼丘山,故名丘,字仲尼。关于孔子出生年月有两种记载,相差一年,今从《史记·孔子世家》说。

3岁:公元前549年(鲁襄公二十四年)

其父叔梁纥卒,葬于防山(今曲阜东25里处)。孔母颜征在携子移居曲阜阙里,生活艰难。

5岁:公元前547年(鲁襄公二十六年)

孔子弟子秦商生,商字不慈,鲁国人。

6岁:公元前546年(鲁襄公二十七年)

弟子曾点生,点字皙,曾参之父。

7岁:公元前545年(鲁襄公二十八年)

弟子颜繇生,繇又名无繇,字季路,颜渊之父。

8岁:公元前544年(鲁襄公二十九年)

弟子冉耕生,耕字伯牛,鲁国人。

10岁:公元前542年(鲁襄公三十一年)

弟子仲由生,由字子路,卞人。是年鲁襄公死,其子裯继位,是为昭公。

12岁:公元前540年(鲁昭公二年)

弟子漆雕开生,开字子若,蔡人。

15岁:公元前537年(鲁昭公五年)

孔子日见其长,已意识到要努力学习做人与生活之本领,故曰:"吾十有五而志于

学”。(《论语·为政》)

16岁,公元前536年(鲁昭公六年)

郑铸刑鼎。弟子闽损生,损字子骞,鲁国人。

17岁:公元前535年(鲁昭公七年)

孔母颜征在卒。是年,季氏宴请士一级贵族,孔子去赴宴,被季氏家臣阳虎拒之门外。

19岁:公元前533年(鲁昭公九年)

孔子娶宋人亓官氏之女为妻。

20岁:公元前532年(鲁昭公十年)

亓官氏生子。据传此时正好赶上鲁昭公赐鲤鱼于孔子,故给其子起名为鲤,字伯鱼。是年,孔子开始为委吏,管理仓库。

21岁:公元前531年(鲁昭公十一年)

是年,孔子改作乘田,管理畜牧。孔子说:“吾少也贱,故多能鄙事。”(《论语·子罕》)此“鄙事”当包括“委吏”、“乘田”。

27岁,公元前525年(鲁昭公十七年)

郯子朝鲁,孔子向郯子询问郯国古代官制。孔子开办私人学校,当在此前后。

30岁:公元前522年(鲁昭公二十年)

自十五岁有志于学至此时已逾15年,孔子经过努力在社会上已站住脚,故云“三十而立”。(《论语·为政》)是年,齐景公与晏婴来鲁国访问。齐景公会见孔子,与孔子讨论秦穆公何以称霸的问题。弟子颜回、冉雍、冉求、商瞿、梁鳣生。回字渊,雍字仲弓,求字子有,瞿字子木,皆鲁国人;鳣字叔鱼,齐国人。

31岁:公元前521年(鲁昭公二十一年)

弟子巫马施、高柴、宓不齐生。施字子期,陈国人;柴字子高,齐国人;不齐字子贱,鲁国人。

32岁:公元前520年(鲁昭公二十二年)

弟子端木赐生,赐字子贡,卫国人。

34岁:公元前518年(鲁昭公二十四年)

孟懿子和南宫敬叔学礼于孔子。相传孔子与南宫敬叔适周问礼于老聃,问乐于苌弘。

35岁:公元前517年(鲁昭公二十五年)

鲁国发生内乱。《史记·孔子世家》云:“昭公率师击(季)平子,平子与孟孙氏、叔孙氏三家共攻昭公,昭公师败,奔齐。”孔子在这一年也到了齐国。

36岁,公元前516年(鲁昭公二十六年)

齐景公问政于孔子,孔子对曰:“君君、臣臣、父父、子子”。孔子得到齐景公的赏识,景公欲以尼溪之田封孔子,被晏子阻止。孔子在齐闻《韶》乐,如醉如痴,三月不知肉味。

37岁:公元前515年(鲁昭公二十七年)

齐大夫欲害孔子,孔子由齐返鲁。吴公子季札聘齐,其子死,葬于瀛、博之间。孔子往,观其葬礼。弟于樊须、原宪生。须字子迟,鲁国人;宪字子思,宋国人。

38岁:公元前514年(鲁昭公二十八年)

晋魏献子(名舒)执政,举贤才不论亲疏。孔子认为这是义举,云:“近不失亲,远不失举,可谓义矣。”

39岁,公元前513年(鲁昭公二十九年)

是年冬天晋铸刑鼎,孔子云“晋其亡乎,失其度矣”。

40岁:公元前512年(鲁昭公三十年)

经过几十年的磨炼,对人生各种问题有了比较清楚的认识,故自云“四十而不惑”。弟子澹台灭明生,灭明字子羽,鲁国人。

41岁:公元前511年(鲁昭公三十一年)

弟于陈亢生,亢字子禽,陈国人。

42岁:公元前510年(鲁昭公三十二年)

昭公卒,定公立。

43岁:公元前509年(鲁定公元年)

弟于公西赤生,赤字华,鲁国人。

45岁:公元前507年(鲁定公三年)

弟子卜商生,商字子夏,卫国人。

46岁:公元前506年(鲁定公四年)

弟子言偃生,偃字子游,吴国人。

47岁:公元前505年(鲁定公五年)

弟子曾参、颜幸生,参字子舆,鲁国人;幸字子柳,鲁国人。

48岁:公元前504年(鲁定公六年)

季氏家臣阳虎擅权日重。孔子称之为“陪臣执国政”。(《论语·季氏》)《史记·孔子世家》云:“陪臣执国政……故孔子不仕,退而修《诗》、《书》、《礼》、《乐》,弟子弥众,至自远方,莫不受业焉。”阳虎欲见孔子,孔子不想见阳虎。后二人在路上相遇,阳虎劝孔子出仕,孔子没有明确表态。此事当在鲁定公五年或鲁定公六年。

49岁:公元前503年(鲁定公七年)

弟子颛孙师生,师字子张,陈国人。

50岁:公元前502年(鲁定公八年)

自谓“五十而知天命”。(《论语·为政》)公山不狃以费叛季氏,使人召孔子,孔子欲往,被子路阻拦。

51岁:公元前501年(鲁定公九年)

孔子为中都宰,治理中都一年,卓有政绩,四方则之。弟子冉鲁、曹玲、伯虔、颜高、叔仲会生,鲁字子鲁,鲁国人;玲字子循,蔡国人;虔字子析,鲁国人;高字子骄,鲁国人;会字子期,鲁国人。

52岁:公元前500年(鲁定公十年)

孔子由中都宰升司空,后升司寇,摄相事。夏天随定公与齐侯相会于夹谷。孔子事先对齐国邀鲁君会于夹谷有所警惕和准备,故不仅使齐国劫持定公的阴谋未能得逞,而且逼迫齐国答应归还侵占鲁国的郓、讙、龟阴等土地。

53岁:公元前499年(鲁定公十一年)

孔子为鲁司寇,鲁国大治。

54岁:公元前498年(鲁定公十二年)

孔子为鲁司寇。为削弱三桓,采取堕三都的措施。叔孙氏与季孙氏为削弱家臣的势力,支持孔子的这一主张,但此行动受孟孙氏家臣公敛处父的抵制,孟孙氏暗中支持公敛处父。堕三都的行动半途而废。弟子公孙龙生,龙字子石,楚国人。

55岁:公元前497年(鲁定公十三年)

春,齐国送80名美女到鲁国。季桓子接受了女乐,君臣迷恋歌舞,多日不理朝政。孔子与季氏出现不和。孔子离开鲁国到了卫国。十月,孔子受谗言之害,离开卫国前往陈国。路经匡地,被围困。后经蒲地,遇公叔氏叛卫,孔子与弟子又被围困。后又返回卫都。

56岁:公元前496年(鲁定公十四年)

孔子在卫国被卫灵公夫人南子召见。子路对孔子见南子极有意见,批评了孔子。郑国子产去世,孔子听到消息后,十分难过,称赞子产是“古之遗爱”。

57岁:公元前495年(鲁定公十五年)

孔子去卫居鲁。夏五月,鲁定公卒,鲁哀公立。

58岁:公元前494年(鲁哀公元年)

孔子居鲁,吴国使人聘鲁,就“骨节专车”一事问于孔子。

59岁:公元前493年(鲁哀公二年)

孔子由鲁至卫。卫灵公问陈(阵)于孔子,孔子婉言拒绝了卫灵公。孔子在卫国住不下去,去卫西行。经过曹国到宋国。宋司马桓魋讨厌孔子,扬言要加害孔子,孔子微服而行。

60岁:公元前492年(鲁哀公三年)

孔子自谓“六十而耳顺”。孔子过郑到陈国,在郑国都城与弟子失散,独自在东门等

候弟子来寻找，被人嘲笑，称之为“累累若丧家之犬”。孔子欣然笑曰：“然哉，然哉！”

61 岁：公元前 491 年（鲁哀公四年）

孔子离陈往蔡。

62 岁：公元前 490 年（鲁哀公五年）

孔子自蔡到叶。叶公问政于孔子，并与孔子讨论有关正直的道德问题。在去叶返蔡的途中，孔子遇隐者。

63 岁：公元前 489 年（鲁哀公六年）

孔子与弟子在陈蔡之间被困绝粮，许多弟子因困饿而病，后被楚人相救。由楚返卫，途中又遇隐者。

64 岁：公元前 488 年（鲁哀公七年）

孔子在卫。主张在卫国为政先要正名。

65 岁：公元前 487 年（鲁哀公八年）

孔子在卫。是年吴伐鲁，战败。孔子的弟子有若参战有功。

66 岁：公元前 486 年（鲁哀公九年）

孔子在卫。

67 岁：公元前 485 年（鲁哀公十年）

孔子在卫。孔子夫人亓官氏卒。

68 岁：公元前 484 年（鲁哀公十一年）

是年齐师伐鲁，孔子弟子冉有帅鲁师与齐战，获胜。季康子问冉有指挥才能从何而来？冉有答曰“学之于孔子”。季康子派人以币迎孔子归鲁。孔子周游列国 14 年，至此结束。季康子欲行“田赋”，孔子反对。孔子对冉有说：“君子之行也，度于礼。施取其厚，事举其中，敛从其薄。如是则丘亦足矣。”

69 岁：公元前 483 年（鲁哀公十二年）

孔子仍有心从政，然不被用。孔子继续从事教育及整理文献工作。孔子的儿子孔鲤卒。

70 岁：公元前 482 年（鲁哀公十三年）

孔子自谓“七十而从心所欲，不逾矩”。颜回卒，孔子十分悲伤。

71 岁：公元前 481 年（鲁哀公十四年）

是年春，狩猎获麟。孔子认为这不是好征兆，说：“吾道穷矣。”于是停止修《春秋》。六月，齐国陈恒弑齐简公，孔子见鲁哀公及三桓，请求鲁国出兵讨伐陈桓，没有得到支持。

72 岁：公元前 480 年（鲁哀公十五年）

孔子闻卫国政变，预感到子路有生命危险。子路果然被害。孔子十分难过。

73 岁：公元前 479 年（鲁哀公十六年）

四月，孔子患病，不愈而卒。葬于鲁城北。鲁哀公诔之曰："天不吊，不慭遗一老，俾屏余一人以在位，茕茕余在疚，呜呼哀哉！尼父！无自律。"不少弟子为之守墓三年，子贡为之守墓六年。弟子及鲁人从墓而家者上百家，得名孔里。孔子的故居改为庙堂，孔子受到人们的奉祀。

第二章 孟子

一、孟子简介

孟子(约前372—约前289),战国时期伟大的思想家,儒家学派的主要代表之一。名轲,邹(今山东邹城市)人。约生于周烈王四年,约卒于周赧王二十六年。相传孟子是鲁国贵族孟孙氏的后裔,幼年丧父,家庭贫困,曾受业于子思的学生。学成以后,以士的身份游说诸侯,企图推行自己的政治主张,到过梁(魏)国、齐国、宋国、滕国、鲁国。当时几个大国都致力于富国强兵,争取通过暴力的手段实现统一。孟子的仁政学说被认为是"迂远而阔于事情",没有得到实行的机会。最后退居讲学,和他的学生一起,"序《诗》、《书》,述仲尼之意,作《孟子》七篇"。

孟子继承和发展了孔子的思想,提出了一套完整的思想体系,对后世产生了极大的影响,被尊奉为仅次于孔子的"亚圣"。他把"亲亲"、"长长"的原则运用于政治,以缓和阶级矛盾,维护统治阶级的长远利益。

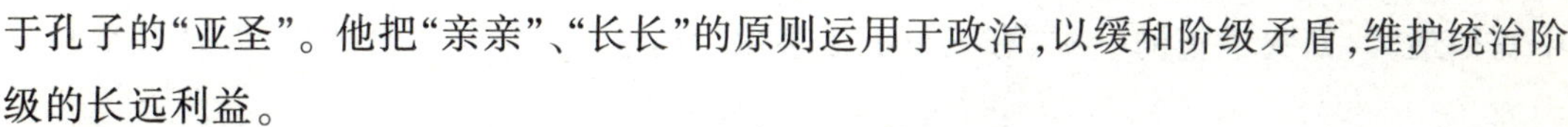

孟子把伦理和政治紧密结合起来,强调道德修养是搞好政治的根本。他说:"天下之本在国,国之本在家,家之本在身。"后来《大学》提出的"修齐治平"就是根据孟子的这种思想发展而来的。

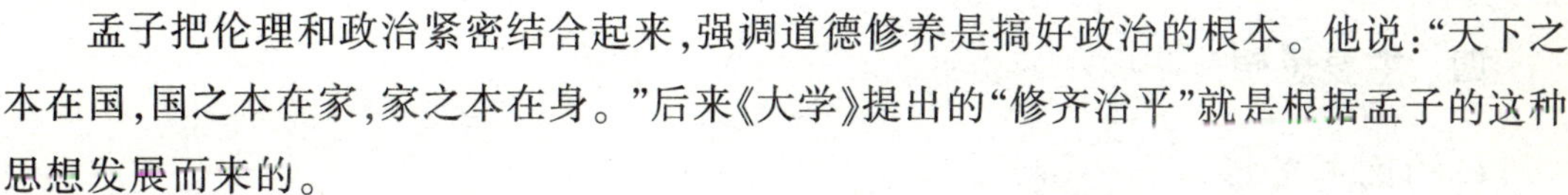

孟子哲学思想的最高范畴是天。孟子继承了孔子的天命思想,剔除了其中残留的人格神的含义,把天想象为具有道德属性的精神实体。他说:"诚者,天之道也。"孟子把诚这个道德概念规定为天的本质属性,认为天是人性固有的道德观念的本原。孟子的思想体系,包括他的政治思想和伦理思想,都是以天这个范畴为基石的。

二、生平阅历

孟子的出生距孔子之死(前479年)大约100年。孟子字号在汉代以前的古书没有

记载，但魏、晋之后却传出子车、子居、子舆等多个不同的字号，字号可能是后人的附会而未必可信。

孟子本为“鲁国三桓”之后，父名激，母仉氏。孟子远祖是鲁国贵族孟孙氏，后家道衰微，因而从鲁国迁居邹国。

孟子三岁丧父，孟母艰辛地将他抚养成人。孟母管束甚严，其“孟母三迁”、“孟母断织”、“不敢去妇”等故事，成为千古美谈，是后世母教之典范。《韩诗外传》载有“孟母断织”等故事，《列女传》载有“孟母三迁”和“去齐”等故事。

据《列女传》和赵岐《孟子题辞》说，孟子曾受教于孔子的孙子子思。但从年代推算，似乎不可信。《史记·孟子荀卿列传》说他“受业子思之门人”，这倒是有可能的。有一种说法是，孟子在十五六岁时到达鲁国后拜入孔子之孙子思的门下，但根据史书考证，孟子出生时子思已逝世三十载。所以还是如《史记》中所记载的受业于子思的门人的说法比较可信。就连孟子自己也曾说：“予未得为孔子之徒也，予私淑诸人也。”(《孟子·离娄》下)无论是否受业于子思，孟子的学说的确受到了子思的影响。所以，荀子把子思和孟子列为一派，这就是后世所称儒家中的思孟学派。(孔子逝世后，儒家分为八派。)

三、关于《孟子》

《孟子》一书是孟子的言论汇编，由孟子及其再传弟子共同编写而成，记录了孟子的语言、政治观点和政治行动，属儒家经典著作。其学说出发点为性善论，提出“仁政”、“王道”，主张德治。

《孟子》有七篇十四卷传世：《梁惠王》上、下；《公孙丑》上、下；《滕文公》上、下；《离娄》上、下；《万章》上、下；《告子》上、下；《尽心》上、下。

南宋时朱熹将《孟子》与《论语》、《大学》、《中庸》合在一起称“四书”。《孟子》是四书中篇幅最大、部头最重的一本，有三万五千多字，从此直到清末，“四书”一直是科举必考内容。

四、主要思想

(一)民本思想

孟子根据战国时期的经验，总结各国治乱兴亡的规律，提出了一个富有民主性精华的著名命题：“民为贵，社稷次之，君为轻。”认为如何对待人民这一问题，对于国家的治乱兴亡，具有极端的重要性。孟子十分重视民心的向背，通过大量历史事例反复阐述这是关乎得天下与失天下的关键问题。

孟子认为君主应以爱护人民为先，为政者要保障人民权利。孟子赞同若君主无道，人民有权推翻政权。正因此原因，《汉书·艺文志》仅仅把《孟子》放在诸子略中，视为子

书,《孟子》没有得到应有的地位。到五代十国的后蜀时,后蜀主孟昶命令人楷书十一经刻石,其中包括了《孟子》,这可能是《孟子》列入“经书”的开始。到南宋的孝宗时,朱熹将《孟子》与《论语》、《大学》、《中庸》合在一起称“四书”,并成为“十三经”之一,《孟子》的地位才被推到了高峰。传说明太祖朱元璋因不满孟子的民本思想,曾命人删节《孟子》中的有关内容。

(二)仁政学说

孟子继承和发展了孔子的德治思想,发展为仁政学说,成为其政治思想的核心。孟子的政治论,是以仁政为内容的王道,其本质是为封建统治阶级服务的。他把“亲亲”、“长长”的原则运用于政治,以缓和阶级矛盾,维护封建统治阶级的长远利益。

孟子一方面严格区分了统治者与被统治者的阶级地位,认为“劳心者治人,劳力者治于人”,并且模仿周制拟定了一套从天子到庶人的等级制度;另一方面,又把统治者和被统治者的关系比作父母与子女的关系,主张统治者应该像父母一样关心人民的疾苦,人民应该像对待父母一样去亲近、服侍统治者。

孟子认为,这是一种最理想的政治,如果统治者实行仁政,可以得到人民的衷心拥护;反之,如果不顾人民死活,推行虐政,将会失去民心而变成独夫民贼,被人民推翻。仁政的具体内容很广泛,包括经济、政治、教育以及统一天下的途径等,其中贯穿着一条民本思想的线索。这种思想是从春秋时期重民轻神的思想发展而来的。

孟子说:“夫仁政,必自经界始。”所谓“经界”,就是划分整理田界,实行井田制。孟子所设想的井田制,是一种封建性的自然经济,以一家一户的小农为基础,采取劳役地租的剥削形式。每家农户有五亩之宅,百亩之田,吃穿自给自足。孟子认为,“民之为道也,有恒产者有恒心,无恒产者无恒心”,只有使人民拥有“恒产”,固定在土地上,安居乐业,他们才不去触犯刑律、为非作歹。孟子认为,人民的物质生活有了保障,统治者再兴办学校,用孝悌的道理进行教化,引导他们向善,这就可以造成一种“亲亲”、“长长”的良好道德风尚,即“人人亲其亲、长其长,而天下平”。孟子认为统治者实行仁政,可以得到天下人民的衷心拥护,这样便可以无敌于天下。孟子所说的仁政要建立在统治者的“不忍人之心”的基础上。孟子说:“先王有不忍人之心,斯有不忍人之政矣。”“不忍人之心”是一种同情仁爱之心。但是,这种同情仁爱之心不同于墨子的“兼爱”,而是从血缘的感情出发的。孟子主张,“亲亲而仁民”,“老吾老以及人之老,幼吾幼以及人之幼”。仁政就是这种不忍人之心在政治上的体现。

仁,据孟子解释,就是“人心”。怎样才算是“仁”呢?根据《孟子》一书可以概括为:第一,亲民。孟子主张统治者要“与百姓同之”,“与民同乐”。第二,用贤良。“为天下得人者谓之仁。”(《滕文公》上)“尊贤使能,俊杰在位。”(《公孙丑》上)“贤者在位,能者在职;明其政刑。”第三,尊人权。孟子公开宣扬“民为贵”、“君为轻”的口号,提倡在一定的范围内

改善统治者和劳动人民的关系。第四,同情心。要求统治者拿“老吾老以及人之老,幼吾幼以及人之幼”的推恩办法来治民。认为这样做便能得到人民的欢迎和拥护,从而达到“无敌于天下”。第五,杀无道之者,也是仁,而且是最大的仁。孟子要求对一切残民以逞的暴君污吏进行严正的谴责,力图把现实的社会发展到“保民而王”的政治轨道上来。

孟子以“仁政”为根本的出发点,创立了一套以“井田”为模式的理想经济方案,提倡“省刑罚、薄税敛”、“不违农时”等主张,要求封建国家在征收赋税的同时,必须注意生产、发展生产、使人民富裕起来,这样财政收入才有充足的来源。这种思想是应该肯定的。作为新兴地主阶级的思想家,孟子还提出重农而不抑商理论,改进了传统的“重农抑商”的思想,这种经济观念在当时是进步的。孟子的“井田制”理想,对后世确立限制土地兼并、缓和阶级矛盾的治国理论有着深远的影响及指导意义。

(三)易子而教

孟子的教育思想,也是孔子“有教无类”(《论语·卫灵公》)的教育思想的继承和发挥。他们都把全民教育当做实行仁政的手段和目的。一方面,主张“设为庠序学校以教之”(《滕文公》上)加强学校教育;另一方面,要求当政者身体力行,率先垂范。“君仁,莫不仁;君义,莫不义;君正,莫不正。”(《离娄》上)以榜样的力量,教化百姓。教化的目的,就是使百姓“明人伦”,以建立一个“人伦明于上,小民亲于下”(《滕文公》上)的和谐融洽的有人伦秩序的理想社会。

孟子一贯以孔子的正统的继承者自居,他的教育贡献也是无与伦比的。他不仅授徒讲学,培养出了乐正子、公孙丑、万章等优秀的学生,还与弟子一起著书立说,著《孟子》七篇,留给后世,犹如绵绵春雨,普降于漫漫的历史文化中。

对教育方法的改进,孟子很推崇“易子而教”的传统教育方法。当他的得意门生公孙丑询问有的君子为何不亲自教育自己的儿子时,孟子回答道:“势不行也。教者必以正;以正不行,继之以怒。继之以怒,则反夷矣。……古者易子而教之,父子之间不责善。责善则离,离则不祥莫大焉。”(《离娄》上)父子之间由于感情深厚,父亲对儿子的教育往往不严,对于儿子的一些错误和毛病也因为溺爱和娇惯而放任,从而使正确的教育难以为继。所以,“父子之间不责善”,易子让别人来教育,既能从严要求,也能保持父子之间的亲密关系,不伤害感情。

(四)道德伦理

孟子把道德规范概括为四种,即仁、义、礼、智。他认为“仁、义、礼、智”是人们与生俱来的东西,不是从客观存在着的外部世界所取得的。同时把人伦关系概括为五种,即“父子有亲,君臣有义,夫妇有别,长幼有序,朋友有信”。孟子认为,仁、义、礼、智四者之中,仁、义最为重要。仁、义的基础是孝、悌,而孝、悌是处理父子和兄弟血缘关系的基本的道

德规范。他认为如果每个社会成员都用仁义来处理各种人与人的关系,封建秩序的稳定和天下的统一就有了可靠保证。

“仁、义”是孟子的道德论的核心思想。孟子所说的“仁、义”,是有阶级性的,是建筑在封建等级社会的基础之上的。但是,他反对统治者对庶民的剥削,反对国与国的战争和家与家的斗争。

仁是一个古老的政治思想范畴。《说文》解释仁字:“仁亲也。从人二。”随着社会的发展,它的含义有所衍变。孔子论仁,则给予了更多的充实和发挥。仁是孔子最高的道德理想,孔子在多种意义上运用仁的概念,反映了孔子学说的理论上还不够完整而严谨。

孟子也最重仁。孟子对于孔子仁的思想的发展,特别表现在孟子以“性善论”为基础,提出由此而生仁义礼智四德,其中心点是仁。还进一步论述仁义礼智四者的关系。第二,在关于仁的伦理思想的基础上,孟子提出了仁政的学说。孟子以仁作为施政的出发点,要求统治者“施仁政于民”(《梁惠王》上),还具体地提出了在经济、政治等方面的具体的仁政措施。

(五)性善论

孟子的主要哲学思想,是他的人类性善论。“性善论”是孟子谈人生和谈政治的理论根据,在他的思想体系中是一个中心环节。

“恻隐之心,人皆有之;羞恶之心,人皆有之;恭敬之心,人皆有之;是非之心,人皆有之。恻隐之心,仁也;羞恶之心,义也;恭敬之心,礼也;是非之心,智也。仁、义、礼、智,非由外铄我也,我固有之也。”(《告子》上)“人之所不学而能者,其良能也;所不虑而知者,其良知也。”(《尽心》上)

“性善论”是一套唯心主义的说法,不过,孟子以“性善论”作为人们修养品德和行王道仁政的理论根据,具有一定程度的积极意义。

第三章 荀子

一、荀子简介

战国时思想家、教育家。名况，时人尊而号为“卿”。汉人避宣帝讳,称为孙卿。赵国人。遭人谮害而赴楚,由春申君用为兰陵(今苍山兰陵镇)令。春申君死后,著书终老其地。韩非、李斯都是他的学生。批判和总结了先秦诸子的学术思想，发展了古代唯物主义。反对天命、鬼神迷信之说,提出“明于天人之分”的观点,认为“天行有常,不为尧存,不为桀亡”,肯定自然运行的规律是不以人的意志为转移的客观存在,并提出“制天命而用之”的人定胜天思想。经济上提出强本节用、开源节流和“省工贾 、众农夫”等主张。在其“正名”学说中,包含着丰富的逻辑理论,为建立古代名学作出了贡献。著作有《荀子》。今苍山兰陵镇东南有荀子墓。宋政和年间曾建荀子庙,已废。

二、《荀子》介绍

《荀子》一书为战国末期赵人荀况及其弟子所著。荀况本为孙氏,故此书又称《孙卿对书》或《孙卿子》。西汉刘向整理时定为32篇,它们大致可分为三类:一类是荀子亲手所著的22篇;一类是荀子弟子所记录的荀子言行,共5篇;一类是荀子及弟子所引用的材料,共5篇。前两类是研究荀子思想的直接材料,是《荀子》一书的主体。

《荀子》的“人性论”是荀子思想的逻辑起点。荀子主张人性恶,他认为,人的本性是好利恶害,如果任人顺性发展,人与人之间就会互相争夺,使社会陷入混乱;必须由圣人制定礼义,进行教化,才能使人转而为善,使社会正常安定。所以他认为人性是恶的,而善则是后天人为教育的结果;善不是性,而是“伪”。他与孟子一样,也肯定人人都可以经过自己的努力而成善成圣,只是成善成圣的途径与孟子所说的不同。他不是强调尽心知性,而是强调学习、积累和“注错习俗”,创造良好的社会风气来给人以潜移默化的影响。

荀子认为“能群”是人类区别于禽兽并能胜过和役使禽兽的基本条件，而“分”则是人类组成社会的基本法则。为了消除人们由于欲利而引起的争夺，必须明确规定人们在经济上、政治上贫富贵贱的等级区分。这就是礼义的起源和实质。在此基础上，他在政治上提出了“隆礼重法说”。在君民关系上荀子一方面尊君、隆君，一方面重视民本，提出君民舟水说。在天人关系方面，荀子认为天是客观存在的自然界，有它固有的客观规律；人类社会的治乱兴废，在人而不在天；人应顺应自然规律，利用自然，制天命而用之。在认识论方面，荀子特别提出“解蔽”，认为认识的片面性是人们的通病。他提出“虚壹而静”的解蔽方法，主张认识事物要虚心、专心、静心，以达到主观上的大清明境界。荀子又构成了以正名为中心的逻辑体系，他揭示了名反映实的本质，制定了关于名的划分和推演的理论，阐述了制名的原则，又揭示了命题的本质，特别是在直言判断的定义上超越了前人。

荀子以儒学为本，对诸子百家之说进行了激烈批评，其论虽不无偏颇，但足可称为先秦时期继孔子、孟子之后最有成就的儒学大师。

唐杨倞曾为《荀子》一书作注。其他较好的注本是王先谦的《荀子集释》(收入中华书局版的《诸子集成》)，较为浅近的注本有梁启雄《荀子简释》，还有《荀子新译》(中华书局1979年版)。其中《天论》、《性恶》、《解蔽》、《劝学》诸篇可细读。

第四章　董仲舒

一、董仲舒简介

汉代思想家和政治家。汉景帝时任博士，讲授《公羊春秋》。汉武帝元光元年(前134)，董仲舒在著名的《举贤良对策》中，提出他的哲学体系的基本要点，并建议“罢黜百家，独尊儒术”，为汉武帝所采纳。其后，任江都易王刘非的国相10年；元朔四年(前125)，任胶西王刘端的国相，4年后辞职回家。此后，居家著书，朝廷每有大议，令使者及廷尉就其家而问之，仍受武帝尊重。董仲舒以《公羊春秋》为依据，将周代以来的宗教天道观和阴阳、五行学说结合起来，吸收法家、道家、阴阳家的思想，建立了一个新的思想体系，成为汉代的官方统治哲学，对当时社会所提出的一系列哲学、政治、社会、历史问题，给予了较为系统的回答。

在董仲舒的哲学体系中，“天”是最高的哲学概念，主要指神灵之天，是有意志、知觉，能主宰人世命运的人格神。董仲舒把道德属性赋予天，使其神秘化、伦理化。同时，董仲舒吸收阴阳五行思想，建立了一个以阴阳五行为基础的宇宙图式。认为阴阳四时、五行都是由气分化产生的，天的雷、电、风、霹、雨、露、霜、雪的变化，都是阴阳二气相互作用的结果。董仲舒又把天体运行说成是一种道德意识和目的的体现。认为天任阳不任阴，好德不好刑。四季的变化体现了天以生育长养为事的仁德。董仲舒给天加上了道德的属性，自然现象成为神的有意识、有目的的活动，甚至日月星辰、雨露风霜也成了天的情感和意识的体现。

二、董仲舒的学说

(一)天人感应说

董仲舒天人感应说有两个要点：

1. 神学的灾异谴告说

认为"国家将有失道之败，而天乃先出灾害以谴告之，不知自省，又出怪异以警惕之，尚不知变，而伤败乃至"。(《对策》)灾异谴告，被认为是天对君主的爱护和关心。

2. "天人同类"、"天人相副"说

认为"天有阴阳，人亦有阴阳，天地之阴气起，而人之阴气应之而起。人之阴气起，而天地之阴气亦宜应之而起，其道一也"。(《春秋繁露·同类相召》)

上述两点往往交错或一道出现。

天人感应说牵强附会，带有浓厚的神秘色彩，有碍人们正确地认识自然和社会。他宣扬这一学说，也包含着限制君权、维护封建地主阶级长远利益的目的。

(二)人性论

在天人感应的基础上，董仲舒提出了他的人性理论。他认为人是宇宙的缩影，是天的副本；认为人是宇宙的中心，天按照自己的意志创造人，人的性情禀受于天。他说："天两，有阴阳之施；身亦两，有贪仁之性。"他还指出，人与禽兽不同，具有先天的善质，但这种善质是潜在的，要经过教育才能转化为人道之善。董仲舒将性划分为"三品"，认为"圣人之性"是善性，"斗筲之性"是下愚者，都不可以名性。只有"中民之性"才可以名性。他认为被统治者的大多数属于"中民之性"，需要统治者加强道德教育。

(三)伦理学说

董仲舒对先秦儒家伦理思想进行了理论概括和神学改造，形成了一套以"三纲""五常"为核心、以天人感应和阴阳五行说为理论基础的系统化、理论化的伦理思想体系。他认为道德是"天意"、"天志"的表现，他说"阳贵而阴贱，天之制也"，"君臣父子夫妇之义，皆取诸阴阳之道。君为阳，臣为阴；父为阳，子为阴；夫为阳，妻为阴"。从天人感应的神学目的论出发，董仲舒把人性看成是人"受命于天"的资质，并明确指出人性包括"性"与"情"两个方面。他认为，性表现于外则为仁，可以产生善；"情"表现于外则为贪，可以产生恶。因此，必须以"性"控制"情"，"损其欲以辍其情以应天"。人性虽然体现了天，可以产生善的品质，但这只是就其可能性而言，只有接受"圣人"的道德教育，才可以为善。所以必须以道德教化的"堤防"，阻止"奸邪并出"。

董仲舒继承了先秦时期孔子、孟子的义利观，提出"正其道不谋其利，修其理不急其功"的主张，强调义重于利。在志与功的关系上，他强调志，主张"本其事而原其志，志邪者不待成"，认为动机(志)不善就可以惩罚，不必等到酿成事实。

(四)历史观和社会政治思想

董仲舒认为，历史是按照赤黑白三统不断循环的。每一新王受命，必须根据赤黑白三统，改正朔，易服色，这叫新王必改制，但是"大纲人伦，道理、政治、教化、习俗、文义尽

如故”,封建社会的根本原则,是不能改变的。“王者有改制之名,无易道之实”。这种“天不变道亦不变”的形而上学思想,后来成为封建社会纲常名教万古不灭的僵死教条,起了阻碍社会发展的作用。董仲舒生活的时代,土地兼并日趋严重,阶级矛盾日益剧烈。官僚、贵族、侯王凭借封建特权,对土地进行大规模的掠夺,种种违法逾制行为十分严重。针对这些情况,董仲舒提出“限民名田”、废除盐铁官营等措施,主张减轻对农民的剥削和压迫,节约民力,保证农时,使土地和劳动力有比较稳定的结合,以缓和阶级矛盾,促进社会生产的发展,巩固大一统的封建国家,这些建议和主张在当时有进步意义。董仲舒把儒学神学化,为当时封建制度提供了主要的理论根据。因而被尊为群儒之首,成为汉代和整个中国封建社会的重要理论家。董仲舒著作很多,据《汉书·董仲舒传》称:“凡百二十三篇”,外加说《春秋》的《玉杯》等数十篇十余万言。现在尚存的有《春秋繁露》及严可均《全汉文》辑录的文章两卷。

(五)君主立宪制

东周数百年,到了后期,天子式微,礼崩乐坏。统治者的“合法性”出现危机。诸侯便逐鹿中原,僭位而上,在一场接力赛中夺取合法性的火炬。这时的诸侯接力赛,还都是贵族与使君的游戏。选手的起码参赛资格就得是公、侯、伯,也就是必须拥有那种源自血统、“经过努力也无法达到的权力”(遇罗克)。至于草莽英雄,最多只能择梧而栖。换句话说,那是政治局委员们对常委名额和总书记宝座的争夺。

但在秦亡之后,经过废封建、置郡县,贵族政治与封建制度开始退出历史舞台。当陈胜敢于说出“王侯将相宁有种乎”,当项羽生出“彼可取而代之”的心,观察历史的人自当看见,这是一个在欧洲要晚上一千余年才可能发生的变化。贵族封建制下的“合法性”已经被彻底打破了,古老的神权政治和源远流长的血统被中断。当出身平民的刘邦一统天下时,汉帝国的政权面临两个上层建筑必须解决的问题。

第一,既然血统与政统合而为一的局面已经结束,既然一个平民也可以凭借时势将具有神圣来历的第一家族取而代之,那么君临天下的合法性到底从何而来?天下将如何跪拜在草民刘邦的脚下而有高山仰止之感?除了暴力与铁血,还有什么可以拿来为至高无上的权力加冕?平民出身的汉帝国必须解决一个悖论:我夺取天下是天经地义的,我的政权神圣无比,但是,GAME IS OVER,你们再也不能这样了,你们不能够学我,你们再来搞我就是大逆不道!换句话说,既要证明一个现有的非贵族政权的合法性,又要堵住后来人的蠢蠢欲动。

第二,在贵族封建制下的人主,受着分封制下诸侯与各级封君的制衡。强大的地方自治既是对君权的限制,又是惹起战端的祸根。所以秦始皇不喜欢,要废封建、置郡县,将地方官员釜底抽薪,使其成为一个庞大帝国行政体系中的寄生虫,或者叫螺丝钉。让他们的物质享受仅仅与他们的职位而不是与他们的独立人格相连。这样就变为中央集

权的皇权专制主义(emperorism,李慎之先生提出之名词)。然而始皇帝作为第一个独裁者,对手中不受限制的权力还没有拿捏的分寸,未免得意忘形,过犹不及,以致帝国早夭,天下沸腾。因此,汉帝国政治体制改革的第二个任务就是在重新树立合法性之后,又如何在一个非贵族的官僚体制中解决去君权的无限膨胀和肆无忌惮。

所有的问题加起来,只有一个。

就是亟须一种可以自圆其说、可以深入灵魂、可以又辩证又统一的大一统的意识形态。

董仲舒最终成为几乎所有春秋时期思想资源的集大成者,他以儒家为蓝本,运用化功大法将法家、道家、阴阳家等的精华熔为一炉,然后“推明孔氏,抑黜百家”,慢慢地将经他之手神秘化、宗教化的儒家之道,变成了包括皇帝在内的每一个中国人大脑里的“操作系统”。董先生成功地解决了上述技术难题,使一个皇权官僚体制历时两千年,弥久而更新,为金观涛先生所言“中国封建社会的超稳定结构”打下了最为显要的地基。

既然是所谓“皇权专制主义”,什么样的改革可以使这一皇权官僚政体摆脱秦朝的覆灭悲剧,而居然坐大,成为一个现代马克思主义者梦寐以求而不得的“千年王国”呢?

倘若仅仅在于专制加上以德治国,是不够的。在我们常常一言以蔽之的“专制主义”的批语下面,观察历史的人自当看见,绝对的专制在历史上,正如绝对的民主,都是不曾有过的。年少时我曾天真地以为,皇帝想杀谁就杀谁,想做什么就做什么。后来看历史,远远不是那么回事。不然万历皇帝就不会在朝臣面前罢工 20 年了(黄仁宇《万历十五年》)。说中国的传统是专制主义,不过是相对于欧洲而言。董仲舒在皇权专制主义这样一个基本原则两千年不变的前提下 (“天不变道亦不变”《天人三策·第二策》),殚精竭智,完成了儒家对于皇权官僚体制的君主立宪。

下面这句话就是这个君主立宪制的总纲:

“屈民而伸君,屈君而伸天,春秋之大义也。”(《春秋繁露·玉杯》)

董仲舒运用阴阳、五行学说的形而上根据,与作为政治社会哲学的儒家结合起来,就把儒家宗教化了。他回到儒家传统中“天”的概念,把这个“天”加以强调,来为新政体提供合法性的凭借。“道之大原出于天”(《汉书·董仲舒传》)。董先生的这个“天”,在英文中有时译为“Heaven”(主宰之天),有时译为“Nature”(自然之天)。前一种译法接近于人格化的上帝,后一种译法则接近于古典“自然法”的概念。人的行为根据,一定要在天的行为中去寻找,因为天人之间有着密切的关联,人是天的副本。“人之为人,本于天,天亦人之曾祖父也”。“人之形体,化天数而成;人之血气,化天志而成;人之德行,化天理而成;人之好恶,化天之暖清;人之喜怒,化天之寒暑;人之受命,化天之四时。”(《春秋繁露·为人者天》)

这个“天”,不但是自然和人类社会的创造者,而且为众生设立了一个君王。董仲舒通过“君权神授”论重新为一个平民政权加冕。“王者承天意以从事”(《春秋繁露·尧舜汤

武》),化为后世所谓“奉天承运”的口头禅。“受命于天,天意之所予也,故号为天子者,亦视天如父,事天以孝道也”(《春秋繁露·深察名号》)。但如果君王张扬跋扈,不能够“视天如父,事天以孝道”,犹如秦始皇呢?那么,董先生讲“故其德足以安乐民者,天予之;其意足以贼害民者,天夺之”。这即《尚书》所谓“抚我则后,虐我则仇”。是董仲舒对三代革命论的继续(“殷革夏命”《尚书·多士》)。

这就为刘邦起于大泽之中奠定了根基。但是天不能言,如何得知谁才是真命天子,是上天的选民呢?《尚书》云:“天视自我民视,天听自我民听。”凡人能得到百姓的拥戴,便可视为受命于天。这等于是“成者为王、败者为寇”的理论版。所以在肯定了合法性的来源之后,这个“儒家革命论”在汉以后,就为统治者不喜,因而不彰。直到晚清才又高涨起来。

君权神授论,使这一皇权官僚体制中的统治权变得至高无上,皇帝成为九五之尊,上天的儿子和大祭司。从此君为臣纲, 春秋时代那种宾主之间亦师亦友的关系已然不在。这些都是“屈民而伸君”的内容,也是董先生对上述第一个政治问题的解决方式。而下面我要强调的是董仲舒对第二个问题的应对,即“屈君而伸天”的立宪制。其实君权神授论一方面树立了君王的绝对权威,一方面又在君王的脑门之上高悬了一个大象无形、大音无声的“天”。董仲舒企图通过将对“天”的解释权即对“宪法”或“自然法”的解释权牢牢抓在儒生职业集团的手中,以实现对君权的适当限制。让君王、官僚、百姓和上天这四者,形成一个“老虎、鸡、虫、棒”相互循环的政治食物链。这个“棒”是一根“天机棒”,既可以打老虎,又会被虫蛀。所谓民意即天意。另一方面,董仲舒的理论又为儒生集团夺得了意识形态的制高权。等于是为在皇权专制主义下失去了封邑与私有财产权的官僚集团打造了一个千年不变的“铁饭碗”。

董仲舒有把儒家宗教化的倾向,他的“屈君”一靠假天之威,二靠内部人控制。不论他的主观意图如何,这些理论的的确确抑制了皇权的过分扩张和残暴。从这个角度,我戏称之为“君主立宪”制,显示一种褒扬。这个“宪”,就是作为自然法则的“天”,具体就是以《春秋》为代表的儒家教义。但董仲舒一样仅仅迷恋于阴阳五行、灾异推演这些形而下的怪力乱神,无法为一个缺乏终极关怀的世俗文化带来真正的宗教化,也就无法真的实现政教分离和对皇权更加有效、更加制度化的钳制。失去私有财产权和封邑的帝国官僚们,在皇帝面前玩的一切权谋和理论上的花样,都不过是微不足道的狡谲,不可能对专制主义有实质上的矫正。

董仲舒在树立一套进行思想控制的大一统的意识形态上, 在承认并且膜拜这种权威的同时,借助意识形态对现实的专制力量所企图进行的种种制衡上,都是颇有创意的。对于今日之格局也不是全无启发。“天不变道亦不变”,但是这个“天”,已经一去不复返了。

我们显然需要更大的创意。

第五章 朱熹

一、朱熹简介

南宋哲学家、教育家、文学家。字符晦，亦字仲晦，号晦庵。徽州婺源（今属江西）人，侨寓建阳（今属福建）崇安，后徙考亭。其父朱松，进士出身，历任著作郎、吏部郎等职，因反对秦桧妥协而出知饶州，未至而卒。此时朱熹14岁。

绍兴十八年（1148），朱熹中进士，任泉州同安（今属福建）主簿，聚徒讲学，后罢归，监潭州（今湖南长沙）南岳庙。孝宗即位，朱熹上书反对议和。隆兴元年（1163）被召见，复言主战。朝廷虽屡任以官职，因与执政者政见不合，皆辞不就。淳熙五年（1178）史浩再度为相，荐朱熹知南康军（治所在今江西星子县），屡辞不许，次年赴任。访白鹿洞书院遗址，奏请修复旧观，订立学规，从事讲学。淳熙八年（1181），浙东大饥，朱熹被任命提举浙东常平茶盐公事。次年，由于屡次上疏弹劾台州太守唐仲友（唐仲友为宰相王淮姻亲）违法扰民的奏章被扣压，愤而辞归。淳熙十四年（1187），周必大为相，任朱熹提点江西刑狱。次年，升兵部郎官，以足疾为由请归。淳熙十六年，光宗即位，任江东转运副使，以病力辞，后改任漳州（今属福建）知州。绍熙二年（1191）辞归建阳，绍熙五年（1194）起任湖南安抚使，修复岳麓书院，扩建学堂，广纳四方游学之士。宁宗庆元元年（1195），为焕章阁待制、侍讲。次年，监察御史史继祖劾其伪学欺人，朱熹被革职罢官，归建阳讲学著述而终。

朱熹一生关心现实，对金人南侵、土地兼并、赋役繁重、民不聊生的现状焦虑不安，要求选贤任能，修明军政，爱养民力，实现统一。从中进士至死50多年间，虽为官仅9年，在中央政府任职仅40天，但在任上都能革除弊端，打击贪吏，救灾安民。

朱熹一生的主要精力倾注在讲学和著述上。他在哲学上发展了二程（程颢、程颐）关于义理关系的学说，集理学之大成，建立了一个完整的客观唯心主义的哲学体系，成为

后来封建统治阶级的正宗哲学,在思想领域中起了长期的消极作用。所撰《四书集注》(元代以后的科举考试规定士人发挥题义必须以此书为依据)影响极大。

在文学观点上,朱熹与二程相近。他倡导文道一贯之说,强调文道统一,认为道是文的根本,文是道的枝叶,二者不能分开,反对“文以贯道”:“这文皆是从道中流出,岂有文反能贯道之理?”(《朱子语类》卷一百三十九)主张人们只要修道明理而力行不倦,文便能随道的产生而产生,好的文章是文道合一的产物。因而,他对唐宋古文大家们重视文的作用不满,说他们是“弃本逐末”。与此相应,朱熹论诗重言“志”,即诗中要有道德修养,认为有此即自成佳作。他反对从格律、辞藻方面论工拙,强调质朴自然,因而形成他诗论中的复古主义观点。但他在具体论文论诗中,确有一些较公允的见解。如他认为学诗要从《诗经》、《离骚》开始;论古诗则重汉魏而薄齐梁;对陶渊明、李白、杜甫、陆游的诗和苏洵、苏轼的文都有较中肯的评价。同样,他的《诗集传》、《楚辞集注》也常表现出尊重事实、重视文学反映现实和抒发情志的作用的求实精神。

在道学家中,朱熹的诗歌艺术性最高;在南宋文坛上,他的文章也很有特点。

朱熹的父亲朱松和老师刘子翚,都是著名诗人,朱熹受他们的熏陶,也能写诗。他重古诗而轻律诗。学汉魏,学陶渊明,学唐人中诗风古朴的一派,往往即景即事,言志述怀,以表现其“雍容俯仰”的气象和“中和冲淡”的胸襟。篇幅较短,语言自然,不用典故,长于用白描手法写自然景色。《对雨》、《六月十五日诣水公庵雨作》、《卧龙庵武侯祠》、《康王谷水帘》等都是代表作,《秋日告病斋居奉怀黄子厚刘平父及山间诸兄友》中的“况复逢旱魃,农亩无余收;赤子亦何辜,黄屋劳深忧。而我忝朝寄,政荒积愆尤。……”,则反映了迫切的现实问题,抒发了忧国忧民的心情。

朱熹认为律诗讲究用韵、属对、比事、遣词,“益巧益密”,有害于诗的“言志之功”。但他自己还是写了不少律诗,有些篇章也值得一读。五律如《登定王台》,旧时选本多入选。《拜张魏公墓下》6首,通过对爱国宿将张浚的赞颂哀悼,揭露了朝政的昏暗。“公谋适不用,拱手迁南荒”,悲痛、愤激之情见乎词。他的七律也有佳作,如《和刘叔通怀游子蒙之韵》是晚年被贬逐之后写的。报国无门的悲愤,出之以苍凉委婉之词,弥觉沉痛。

朱熹的七绝清新明丽之作较多。《水口行舟二首》、《入瑞岩道间得四绝句》等都情景交融,很有韵味。

道学家用诗讲道理,写出的不过是“语录讲义之押韵者”。朱熹的诗中也有这一类“诗”,但比例较小。同时,有些诗尽管也讲道理,却不是抽象地讲,而是用比兴手法写客观景物,给人以启发。如《春日》:“胜日寻芳泗水滨,无边光景一时新。等闲识得东风面,万紫千红总是春。”《观书有感二首》:“半亩方塘一鉴开,天光云影共徘徊。问渠那得清如许,为有源头活水来。”“昨夜江边春水生,蒙冲巨舰一毛轻。向来枉费推移力,此日中流自在行。”寓议论于写景,富于哲理性而不乏诗味。七律《鹅湖寺和陆子寿》中的“旧学商量加

邃密，新知培养转深沉"，直接说理，但说得亲切，至今为人们所引用。

朱熹文章长于说理，风格近似曾巩。如《庚子应诏封事》力陈"国家之大务莫大于恤民，而恤民之实在省赋，省赋之实在治军"，结构谨严，逻辑周密，语言平实，很能代表其文章风格。他的一些记事、写景的短文，颇有文艺性。如《记孙觌事》(《文集》卷七十一)，寥寥200字，通过孙觌写降表"一挥而就"的情态及其"顺天者存"的议论，刻画出投降者的形象并给予辛辣的讽刺。《百丈山记》(《文集》卷七十八)，写涧水、瀑布、远山、日光和云涛变灭，细致准确，宛然在目。《送郭拱辰序》(《文集》卷七十六)，先写郭君为他画像表现出"麋鹿之姿，林野之性"，后写他将出游，欲画隐君子之形以归，而以郭君不能从行为憾。其国土日蹙、贤人在野、朝政昏暗之意，都见于言外，是历来传诵的名篇。

朱熹的《朱子语类》共140卷，涉及面很广，是宋代以后新的语录体奠基之作。这种讲经传道、品评是非的口语化的文体，其特点是质朴无华，平易近人。如他论陶潜诗："人皆说是平淡，据某看，他自豪放，但豪放得来不觉耳。其露出本相者，是《咏荆轲》一篇，平淡底人如何说得这样言语出来？"(《朱子语类》卷一百四十)论黄庭坚诗："如《离骚》，初无奇字，只凭说将去，自是好；后来如鲁直恁地着力做，却自是不好。"(《朱子语类》卷一百三十九)这些话语，大都是他平时语言的忠实记录，讲述者的情感和语气宛然，很有感染力。

所著《朱文公文集》100卷，有《四部丛刊》影明刻本。又有《续集》11卷，《别集》10卷，与《文集》合刊为《朱子大全》，有《四部备要》本。另有《朱子诗集》单行，共12卷，明程璩编，有正德十六年(1521)刻本。《朱子语类》140卷，有成化九年(1473)陈炜刊本、石门吕氏刊本。《诗集传》、《楚辞集注》均有上海古籍出版社新刊本。

二、朱熹的生平

中国人有一个喜欢神化伟人、为伟人制造光环的传统。所以，大凡伟人降生，总会出现吉祥的征兆。汉高祖刘邦的母亲在雷电晦冥之夜梦与神遇，且见蛟龙于其上，因而怀孕生下刘邦，就是一个著名的例子。

朱子的出世，则与吉祥的紫气相联系。据说，朱子诞生的那一天，在朱氏故居婺源老屋的一口井中，突然升起的紫色雾气不断上升，在天空中凝成一片美丽的彩云，直到朱子降生才慢慢散去。这口预兆着吉祥的古井，后来被人们称为"虹井"，至今安静地躺在婺源县城稠密的民宅之中。婺源将产生一位文化伟人的征兆，早在朱子出生100年前就曾被人道破。在婺源县城外的芙蓉山上，葬着朱子的四世祖母程氏夫人。一天，有两位世外高人路过此山，刚进山口，一阵扑鼻的香气袭来，令两人好生奇怪。其中一人说，此山风水极佳，葬在这里的人，100年后他们的后代将出现一位绝代佳人，并成为皇后，因为他闻到了胭脂的香气。但另一人却有不同的见解。他说，他闻到的是翰墨香，100年后此

人的后代将有一位圣人出现。果然,100年后诞生了程氏的四世孙朱子。后来,朱子中了进士衣锦还乡,亲往芙蓉山祭扫四世祖母之墓,并种下24棵杉树。现在程氏夫人墓完好地保存着。朱子手植的古杉现存16株,也早已长成几人才能合抱的参天大树了。人们为了纪念朱子和那个美好的传说,把芙蓉山改称为“文公山”。这些玄得有点离谱的传说,当然是不足为据的,但幼年时代的朱熹即已表现出过人的天资与探求真理的热情,恐怕并不是后人的虚构。朱熹4岁开始学话。有一天,他父亲指着天告诉他,“此天也”。不想牙牙学语的儿子竟会问他:“天之上何物?”这着实让他父亲吃了一惊。6岁时,当别的孩子还只知道在河滩上嬉戏时,他却一人端坐在沙滩上画起了八卦。后来人们把尤溪的这片沙洲称为“画卦洲”。

尤溪位于福建的腹地。朱松曾在这里任县尉,后寓居于此,并生下了朱熹。朱松的原籍为徽州婺源。朱氏是一个源远流长的望族大姓。被朱熹尊为一世祖的朱环,在唐天佑中(904—907)奉刺史陶雅之命,领兵3000戍防婺源,就此定居,后来被任命为掌管一方茶政的官员。但是,这个家族到7世孙朱森手中时,已彻底败落,一蹶不振。朱森的儿子朱松靠刻苦攻读中举出仕,入闽为官,并最终落籍于福建。

朱熹的幼年是在烽火中度过的。父亲朱松被战火驱赶着东躲西藏,几次丢掉官职。后来又因反对秦桧的主和政策受到打击而彻底丧失了仕进的前途。于是,他把全部希望寄托在儿子朱熹身上。他用严格的儒家教义管教儿子,要把他训练成一个饱学的大儒。朱松深受二程(程颐、程颢)理学的影响,他和李侗都师事于程颐的得意门生罗从彦。他在晚年总结自己的学术思想时说,早年游学京师,学为举子文,刻意于词章之学。宣和五年(1123)以后,从学于罗从彦,始闻河洛之学。从此尽弃旧学,潜心于六经诸史和二程理学。幼年的朱熹就是在父亲理学思想的熏陶下成长。他八九岁时就日读《大学》、《中庸》、《论语》、《孟子》,从不间断。当读到《孟子·变秋章》时,弄懂了孔子所说的“仁远乎哉,我欲仁,斯仁至矣”的道理,就是只要下工夫、不罢休地去做事情,就能成功。于是慨然发愤于自己的为学求知。10岁那年,当读到《孟子》“圣人与我同类者”时,“熹不自胜,以为圣人亦易做”,从此确立了做“圣人”的人生目标。

朱熹14岁那年,父亲朱松因积劳成疾,不幸壮年病故,留下了孤儿寡母的朱熹母子。

朱松临死前并没忘记托付自己的后事,尤其念念不忘的是爱子的学业与前程。他在病榻之上对朱熹说:“籍溪的胡宪、白水的刘勉之、屏山的刘子翚,这三位先生是我的好朋友。他们的学问是有渊源的,为我所敬畏。我就要死了,你应把他们当自己的父亲一样,唯其言之听。这样的话,我也就死而无憾了。”同时,他致书刘子翚,以妻、子相托。朱松死后,刘子翚把朱熹母子从建瓯接到五夫里,拉开了朱熹寄居他乡的生活之幕。

到了五夫里以后,朱熹进入刘氏家塾受学于三先生。在这里,他受到了严格、良好而

全面的儒家教育,为他以后的学术发展奠定了基础。

三先生在传授儒家经典的同时,也不时地将佛、道思想灌输给朱熹。儒、佛、道思想的掺和与混糅,是当时文化思想界的一种普遍现象。儒学的衰败和社会的动乱,使无可奈何的知识分子们纷纷向佛、道寻找精神上的慰藉与出路。在这种文化思想之下,三先生喜好佛、道,将儒学与佛、道相糅合,并把这种充满了禅机与玄理的儒学传授给朱熹,也就不足为怪了。朱熹少年时代所受到的佛、道影响,曾使他在一个很长的时期中沉湎于佛、道的经典与禅师的说教而不能自拔。但这也为他日后融儒、佛、道为一体,建立新儒学准备了条件。

1147 年秋天,建州举行“乡贡”。考官蔡兹在一群考生中发现一位考生的“三篇策皆欲为朝廷措置大事”。他断言,此人“他日必非常人”。这个考生,就是 18 岁的朱熹。

第二年,朱熹考中进士,3 年后(1151)授佐迪功郎,被任命为泉州同安县主簿。

初入仕途的朱熹,在踌躇满志于治国平天下的同时,丝毫也没有中止对学问、真理的追求。他在谋求学术思想的提升与深化。在同安上任前夕,他特意去拜访了父亲的“同门友”李侗。李侗与朱松曾一同师从程颐的再传弟子罗从彦。朱熹与李侗相见并拜其为师,决定了朱熹学术思想由儒、佛杂糅向纯儒的转变,也使他真正成为二程理学道统上的嫡传弟子。从此,一个以振兴儒学为目标、以接嗣道统为己任的朱熹出现在中国文化思想史的大舞台上,演出了一出可歌可泣的活剧。

1162 年,主和派的皇帝高宗赵构宣布退位,支持抗金的孝宗赵昚继位。这位新皇帝很想有所作为,所以登基不久即下诏书求直言。朱熹似乎从这位新君主的身上看到了抗金救国的希望,所以积极响应号召,上“对事”言政,提出了三点“振兴朝纲,恢复中原”的建议:一、“帝王之学不可不熟讲”;二、“修攘之计不可不早定”;三、“本原之地不可不加意”。就是要求赵昚以儒家的道统为治国平天下的理论指南,以修政事、攘夷狄为国家之大政策,以整顿朝纲、选贤用能为革除弊政的突破口,以期富国强兵,抗击外侮,恢复中原。在这一“对事”中,朱熹的社会政治思想初露端倪,并表现出坚决、强烈的主战反和思想。

此后,朱熹多次为朝廷所征招出任地方的行政长官,但他志不在为官,故屡次辞命,专注于学术研究与授徒讲学。史书上说他一生在外做官的日子加起来总共只有 9 年,在中央政府仅仅 40 天。但即使在这短短的 9 年中,朱熹的政绩也是卓尔不凡的。

1178 年,朱熹知南康军。恰在这一年,南康军发生了百年不遇的旱灾。朱熹在领导这场大规模的赈荒救灾中显示出卓越的行政才干。他那周密细致的救荒措施、敢作敢为的办事作风、不屈不挠的斗争精神,终于使陷于绝境的一方灾民脱离了苦海。史书上说他“全活甚多”,而人民则称誉他“政声报最惟清白”。朱熹在做地方官期间,大力推行过两项为民谋利益的改革措施:一为“设社仓”;一为“正经界”。“社仓”用于救灾赈荒,使贫苦

的农民免除高利贷的盘剥之苦；“正经界”则是为了铲除豪民及官僚地主兼并土地之弊。朱熹为官，每到一处，总不忘建学校、兴教育、聚徒讲学。在知南康军期间，他修复了荒废已久的白鹿洞书院，并为书院制定了学规。在书院正式开讲的那一天，他亲自为学生讲课。每逢休息日，他总是到白鹿洞书院去，与学生们一起研讨论辩，答疑解惑。64岁时，朱熹被任命为知潭州荆湖南路安抚使。到任不久，他即着手修复岳麓书院。据记载，朱熹白天处理政务，尽其辛劳；到了晚上，则与书院的学生们讲论学术，随问而答，略无倦色。他的讲学由于切己务实，切中时弊，又亲切诚恳，使听讲的学生很受感动。一时间，岳麓书院成为三湘士子问道学经的圣地，“学者云集至千余人，各质所疑，论说不倦”。(《光绪善化县志》卷11)

此外，朱熹还创办了武夷精舍、考亭书院等。每到一处，他必兴办书院；为官一方，他必整顿县学，为理学培养了大批人才。

朱熹的一生，主要是学术研究与著书立说的一生。如果1160年正式拜李侗为师标志着朱熹理学之路的开始，那么在这以后的40年学术生涯中，他的学术思想与学术活动中有几个重要的关捩与环节。

1168年，编成《程氏遗书》，这是朱熹辑录程颐、程颢二人与其学生“所见闻答问”之书。二程是理学的创始人，朱子由佛、道杂糅而入于儒之后，首先着手整理二程的遗文、遗训，其用心良苦。二程之世距朱子的时代已有百余年之久，他们的言论、著述已有不少为后人所窜易。朱子认为，理学开山祖师们的心传之要已受到歪曲，“失之毫厘，则其谬将有不可胜言者”。(《朱子年谱》卷之一下)所以，振兴理学必从其根本开始。他强调，读程子之书，“诚能主敬以立其本，穷理以进其知，使本立而知益明，知精而本益固，则日用之间，且将有以得乎先生之心，而于疑信之传可坐判矣”。(《朱子年谱》卷之一下)

1170年，朱子41岁，他的母亲祝氏去世。朱子在母亲的墓地筑寒泉精舍，一则以服三年守丧之期，再则接纳求学诸子，三则潜心著述。寒泉精舍的数年，是朱子学问大进、著述丰收的数年。

首先，他完成了自己理学体系中的哲学基本理论框架的构建。《太极图说解》、《西铭解》与《通书解》的成书与出版，是这一构建完成的重要标志。

其次，他开始编著《四书集注》，着手重建儒学经典体系。

第三，他完成了标志着他自己独特的理学家史学体系的历史巨著——《通鉴纲目》、《八朝名臣言行录》及中国学术史上第一部学派、学术源流的专著《伊洛渊源录》。

第四，他与吕祖谦合作，完成了中国历史上第一部哲学选辑《近思录》。这是一本理学的入门与阶段读物，也是朱子寒泉精舍著述几年思想的总结。在这本书中，他借用周敦颐、二程、张载的语言，表述了自己的理学体系，简明精巧。这本书后来成为朱子理学最基本的教科书。

1194年，光宗内禅，宁宗赵扩即位。为了“取天下之人望以收人心”（《玫愧集》卷26），赵扩采纳宰相赵汝愚的推荐，任命朱熹为焕章阁侍制兼侍讲。宋代的侍讲是一个很特殊的官职，其任务就是专门为皇帝讲读书史，讲论经义，备顾问应对。显然，这是接近皇帝并对其施加影响的好机会。但是，赵扩并不是一个真心要从理学中汲取治国之道的君主。他把朱熹招至麾下的目的，仅仅是粉饰太平、装修门面。所以，当朱熹以皇帝之师的身份向他宣讲“帝王之术”，要求他“正心诚意”、“动心诚意”、“动心忍性”，要求他读书穷理时，这位新君主立即产生了一种出自本能的反感。他觉得朱熹是个好多管闲事又夸夸其谈的书生。于是一道诏书将这位被大臣们推为“天下第一人”的大儒撵出了皇宫。这时，离朱熹入宫侍讲仅40天。

朱子在侍讲期间曾数度上疏言政。他主张限制君权，反对近习干预朝政，反对大臣专任己私，反对君主专断独裁。这不但引起皇帝的反感，更引起了以裙带关系入主朝政并专横独断的野心家韩侂胄的不满。由此引发了一场精心策划的、以朱熹及其学派为主要攻击对象的政治迫害。

1196年12月，朱熹被削职罢官。他的学术被斥为“伪学”，有人甚至上书要求杀朱熹以为道学者戒。朱子的学生蔡元定也被罢官流放。朱子的著作遭毁禁，一时间黑云压城，时论汹汹。1197年，又置《伪学逆党籍》，其中宰执4人、大臣44人、武臣3人、士人88，共59人被列入黑名单。

在如此残酷的政治压力下，朱子显示出一个纯儒处乱不惊、超然物外的大无畏精神。1194年，他从京城退隐福建建阳，卜居于风景如画的考亭，并建成竹林精舍（后名沧洲精舍），照旧聚徒讲学，传播理学思想。当有人告诉他，朝廷正严道学之禁，并有人上书要求杀害他时，他一笑了之，说：“死生祸福，久已置之度外，不必过虑。”（《朱子年谱》卷之四下）同时，他依然潜心著作，笔耕不辍。在罢官回乡到去世的短短4年中，他完成的论著有《仪礼经传通解》、《韩文考集传》（未全部完成，后由蔡沈补完）、《楚辞集注后语、辩证》。直到去世的那一天，还在修改《大学·诚意章》。

1200年三月初九午时，一代文化巨人朱熹终于走完了他曲折而光辉的理论思维之路，带着遗憾和屈辱，离开了人世。

但是，他留下的遗产却是一首永远不死的人本主义的颂歌和一条永远走不到尽头的理学文化之路。他的学说、思想、理论随着时间的推移，越来越显示出超越时代和历史的特殊价值。

韩侂胄死后不久，朱熹即被昭雪平反，恢复了名誉，谥曰“文”，并从此被尊称为“朱文公”。1227年，理宗下诏书曰：“朕观朱熹集注《大学》、《论语》、《孟子》、《中庸》，发挥圣贤蕴奥，有补治道。”自此以后，朱熹被历代统治者不断加封，他的著作被列为科举考试的官方教材，他的画像被供在孔庙受到祭祀。

三、朱熹思想浅释

朱熹是继孔孟之后学问最渊博和影响最深远的一代宗师。他继承了孔孟儒家学说，并将之发展到一个新的阶段，有了新的内容，故后人归纳为新儒学。

孔子出生于公元前551年春秋时代，鲁国人。他开创的儒家学派，影响了中国数千年的历史进程，是全世界公认的儒学开山鼻祖。春秋末期，王权衰弱，礼崩乐坏。孔子一方面要维护王权及王道，另一方面又要谴责那些乱臣贼子，以期达到“礼乐征伐自天子出”的目的。所以他的《春秋》大义是要作为统一国人思想的依据，认为“天命”是一种不可违抗的必然性。到了战国后期，荀子提出“天人相分”的观点，否定有意志的“天”。秦始皇统一六国之后，一场“焚书坑儒”将儒家学说打入了深渊。至西汉董仲舒，为了适合西汉政治的需要，将儒家学说和阴阳五行结合起来，扩展成“唯天子受命于天，天下受命于天子，一国则受命于君”的“尊王攘夷”王权思想。后来唐朝的柳宗元及刘禹锡对此加以批判，终于把“天”还原为自然。他们提出“天人不相预”、“天人交相胜”之说。宋代理学家的“天理”显然受到唐朝柳、刘的启示。二程(即程颐、程颢)强调“理”便是“道”:“有物必有则，一物须有一理”，便是指万物皆有其规律性。不但如此，程朱理学还包括道德伦理。二程说“父子君臣，天下之定理，无所逃于天地之间”。朱熹更认为“三纲之要，五常之本，人伦天理之至，无所逃于天地之间”。程朱把合于“法制”的理划为“人欲”，建立起“天理”和“人欲”的架构。可见天理人欲之辩，实质上是从古代天下之争演变而来的。

传统儒学在董仲舒把许多主观唯心和迷信思想引入经文后，便充斥了“天命论”，认为皇帝是天之骄子，受命于天，大宗世袭——“天是神化了的皇帝，皇帝是人化了的天”。朱熹集理学之大成，巧妙地以客观唯心的“天理”取代了“天命”。天理无所不包，无始无终。

天理虽是抽象之理，但一与人事相结合，就成了实理实学。这就是朱熹在理气论中论证的理气分合、虚实相兼的道理。抽象的天理，通过说明，万事万物都成为具体的理，包括宇宙生成、万物演化。依据“理气二元论”、“心性二元论”和“理欲二元论”，对主体意志作广泛又精微的分析论证，确立了理学的道德标准。朱熹深入细致地研讨了心、性、情、意、志、理、命各种哲学范畴及其中的关系，将之概括为“一以贯之，理一分殊”一句话。以天理贯穿始终而借“理一分殊”来具体分析万物演化，这包含了辩证因素。从对立两方面来分析事物，最后归于一统。就如太极图一样，阴阳两极各有一核心但又相互包容，成为浑然一体。

朱熹认为人性的培养十分重要。“知、廉、勇、艺、礼、乐”六者之中，“知”便是穷理，“廉”是养心，“勇”是力行。只要格物穷理，正心修身，加上操守礼乐的规范，便可成为一个内外兼修、才德具备的“全人”。白鹿洞书院的学规中指明“博学之、审问之、慎思之、明

辨之、笃行之”,要求学生按学、问、思、辨的“为学之序”“穷理”“笃行”。所以南宋之后,教育就体现了“注重自学,独立思考,问难论辩,学思并重,知行统一”的特征。这也符合现代教育和科学的发展规律,是我们应该研究的。

“存天理,灭人欲”是朱熹理学的主体。其主要内涵,可以从三方面去理解:

一、理与欲,也是公与私的对立。朱子说,“只要一人之心,合道理的是天理,徇情欲的是人欲”。革尽人欲,排除过分的私欲便是去恶;复尽天理,循道而行的便是存善。

二、“人心”必须服从“道心”。人心只考虑自己的需要,而不考虑合理不合理;道心则在考虑自己的需要之外,还要考虑是否合理。凡事如果不掺杂私心贪念,坚守道心,则办起事来可以执中不偏、恰到好处,这自然合乎天理了。

三、强调道德,德教使人自觉遵守各种道德规范。

随着时代的进步,科技发达了,经济方面有了长足的发展,但人的精神文明状态却每况愈下,道德沦丧殆尽。人与人之间的感情淡化,互信力消失,个人主义盛行于世,这一切都导致社会丑恶现象不停地上演。在这种形势下,极需“天理”“良心”来洗涤过分的人欲。文公说:“若能持敬以穷理,则天理自明,人欲自消。”这是我们应该奉行的道理信条。

第六章 王阳明

一、王明阳简介

王明阳，名守仁字伯安，浙江余姚人。因早年筑室于故乡阳明洞中自谓“阳明子”、“阳明山人”，世称“阳明先生”。明弘治十二年(1499)进士，历任知县、兵部主事、太仆少卿、江西巡抚、兵部尚书，以平定震濠叛乱加封新建伯。明正德三年(1508)春，因得罪宦官刘瑾，被廷杖40，谪为龙场驿(今修文县城)驿丞，三年到任。

王阳明于弘治十八年(1505)开始讲学活动，乃全国有名的朱熹学派思想家，到龙场之初三年中，他处于逆境之中，万念俱灰，转而冷静思索，领悟孔孟之道，省度程朱理学，从而摆脱了“以经解经”的羁绊，经独立思考，创立了“知行合一”的学说。王学的精髓在于“心即理”、“知行合一”和“致良知”，在其心学形成的过程中“龙场悟道”至关重要，它奠定了王学的基石。王阳明在贵州创办了龙冈书院，又应贵州提学副使席书之请，主讲文明书院，一时之间，学子蚁聚，风气大开，对贵州教育特别是自由讲学之风，起了推动作用。后来的阳明书院、正学书院、南皋书院都继承了这一传统。

王阳明不仅创立了主观唯心主义的阳明心学，于诗词歌赋方面亦有极深的造诣。在龙场三年，创作了许多歌咏贵州及龙场秀丽山川的诗篇，收入《王阳明全集·居夷诗》中。

王阳明在贵州三年，为促进民族团结与开发地方文化，所表现的高风亮节、博爱胸怀都反映在他的黔诗文中，是中国文化的一笔巨大财富，也是教育后代的宏伟诗篇。阳明之学已遍及海内外。清光绪三十一年(1905)，日本官侍讲文博士三岛毅曾赋诗曰：“忆惜阳明讲学堂，震天动地活机藏。龙冈山上一轮月，仰见良知千古光。”

王阳明卒于明嘉靖七年(1529),享年56岁,谥“文成”,著作有《王文成公全书》行世,他的弟子多建祠院以祀之。

二、王阳明龙场悟道

“圣人之道,吾性自足,向之求理于事物者误也。”史称龙场悟道。

1508年,乃是中国思想史叙事结构最值得纪念的历史性时间。这一年,王阳明得罪了朝廷权贵,受贬谪处罚,经过千辛万苦的长途跋涉,终于躲脱了宦官刘瑾一路派人追杀的生死险境,到达了他的谪居地——贵州龙场驿(今修文),但并没有让他从生命的紧张和焦虑中走出来,他感受到的依然是人生的无穷困厄。他希望自己不仅从世俗外部的得失荣辱中超越出来,而且从生命内部的生死存在困扰中解脱出来。在日夜端居静默之中,他苦苦探寻人生的究竟:“因念圣人处此,更有何道?忽中夜大悟格物致知之旨,寤寐中若有人语之者,不觉呼跃,从者皆惊。始知圣人之道,吾性自足,向之求理于事物者误也。”他的这一源自生命内部的“呼跃”,犹如思想史上的一声惊雷,打破了程朱笼罩下的数百年沉闷官学空气,吹拂出思想文化新天地的阵阵春风。这就是历史上最为震撼人心的思想性事件———龙场悟道。

龙场悟道不仅是王阳明个人心路历程长期探寻转折性的关键事件,而且在贵州学术史乃至整个中国思想上也有巨大的历史象征意义。

从个人心路历程看,尽管王阳明从11岁起就有了成圣成贤的生命志向,但却长期驰骋于辞章诗文,出入于释、老二氏。虽然他也按照宋儒“尊德性”的要求,不断以向外“格物”的方法来提升自己的精神境界,甚至花费了七日的功夫来穷格朱子的道理,但结果却加重了“圣人情结”引起的内在焦虑,使生命处于有限与无限极度对立的紧张之中。以致他不能不慨叹“圣贤是做不得的”。因为以有限的生命去穷尽外部世界无限的事事物物,如此才能成圣成贤,成圣成贤岂不就是一句空话?而龙场悟道正是在生死威逼的边际体验中,直接把成圣成贤的工夫扭转为向内领悟生命的终极意义,从而使他最终发现了生命存在的本体依据,并返归儒家正学的路途上来,自觉地以儒家精神价值为本位建构自己的心学体系。可见龙场悟道以后,王阳明的学问宗旨才发生了关键性转变,并找到了生命提升的最终归宿,恰如长江黄河,经过千山万壑,自此浩浩荡荡,一泻千里,直奔大海。

从贵州学术史发展演变的情况看,龙场悟道更是一件石破天惊的象征性思想史大事。因为自东汉尹珍以来,儒学大传统即不断传入贵州,并在大小传统互动的过程中推动了地方教育文化事业的发展。但至少迟至明代中叶以前,贵州历史上仍从未出现过较具规模的地域性思想学派。真正的地域性思想学派的形成,直到王阳明龙场悟道之后,才具备了较为成熟的历史条件和学术条件。换句话说,龙场悟道即意味着心学思想体系

的诞生，而心学思想体系的传播则是通过龙岗书院与文明书院的讲学活动得以展开。“黔中之有书院,自龙岗始也,龙岗之有书院,自王阳明先生始也”。正是在王阳明的影响下,贵州不仅出现了大规模的书院讲学活动,使心学思想得以迅速传播,而且通过讲学活动也培育了一批地方心学人才,形成了全国较早的地域性心学学派——黔中王学。

黔中王学的代表人物有陈文学、汤伯元、孙应鳌、李渭、马廷锡等人。他们承先启后,推波助澜,一方面发扬光大了王阳明的心学思想,使其朝着更加质朴笃厚的方向发展,一方面扩大了儒学在贵州的传播范围,使本土学术文化出现了前所未有的新气象。自黔中王学产生以后,贵州士习大变,人才浸盛,文教之风播及全省各地区,名臣大儒甚至敢与中原争雄,流风余荫沾溉黔省数百年,降及晚近仍发出极大的声光回响,慎终追始,溯其渊源,仍不能说与龙场悟道那颇具象征意味的一幕毫无关系。

龙场悟道当然更是中国思想史上具有划时代意义的象征性事件。王阳明远祧孟子,直承象山,针对程朱理学越来越脱离人的生命而知识化、外在化的倾向,特别是其末流暴露出来的支离破碎的弊病,以更加简易直接的功夫与“先立乎其大”的入手方法,开辟了另一条与朱子不同的成德之学,拓宽了主体自立自主的精神价值世界,展示了道德自律与人格挺立的实践精义及具体路径。他在龙场悟道之后,向诸生讲说的“心外无理”、“知行合一”等理论主张,实际就是强调人的生命内部有着道德理性和道德情感,人性内部也潜藏着无穷无尽的德用智慧或价值资源。真理不是与人的生命毫不相关的身外物。无论心灵或人性,都是精神价值的大宝藏。知识论应该与人的活泼生命结合,甚至也应该与宇宙论结合,不能离开人的生命行动与有体有用的宇宙大化空谈知识或格物。人所要做的努力，就是本着与天地一体的自强不息的精神，将生命本有的无穷德用显发出来,化为活泼的社会实践行为。可以说王阳明是继朱熹之后,中国思想史上的又一发展高峰。他的各种人生努力与致思方向，都代表了儒家重新调整内在发展思路的一种尝试。他的影响后来遍及大江南北,远到日本、朝鲜及其他世界各国。阳明学作为一种国际性的学问,已超越了国界而引起各国学者的广泛重视。但考察其传播源流,则仍以贵州为伊始,诚如王学益《改建阳明祠记》所说:“阳明之学言于天下,由贵(州)始也。”正是由于龙场悟道的象征性意义极为巨大,所以修文至今仍被海内外学者推尊为“王学圣地”。

王阳明之所以能在龙场形成并传播他的心学思想，与贵州人民对他的养育和帮助分不开。他在贬谪期间自然饱尝各种人生摧残与折磨,但也深刻感受到边地民众质朴人性的可贵和可爱。透过黑暗专制的缝隙,他呼吸到了民间小传统自由清新的空气。譬如彝族首领安贵荣知道王阳明在龙场的艰难处境后,便主动在生活上给予他各种照顾,使他通过与少数民族“礼益隆、情益至”的密切交往,看到了人世间还存在着心灵与心灵沟通的意义世界与情感世界，从而鼓舞了他的存在抉择勇气，加强了他对人性尊严的信心,激发了他悟道传道的生命热情。他相信人人都有生命成长的要求,天下没有不可化

之人。他在贵州质朴的文化风气下讲说本心之至善，很快就引起了读书士子的强烈共鸣，并取得了教化生命的真实效果。这自然对他一度受到伤害的心灵是一种莫大的慰藉。正是在这一意义上，我们才认为不仅王阳明影响了贵州人民，而且贵州人民也影响了王阳明。心学之风行天下，贵州文化实有功也。

第二部分

源远流长

第一章　科举制度

一、科举制度概述

科举制度是中国历史上通过考试选拔官员的一种基本制度。由于采用分科取士的办法，所以叫做科举。科举制从隋朝大业元年(605年)开始实行，到清朝光绪三十一年(1905年)举行最后一科进士考试为止，经历了1300年，对中国历史的发展产生了广泛而深远的影响。

科举制度在选拔官员时坚持的是“自由报名，统一考试，平等竞争，择优录取，公开张榜”的原则，打破了血缘世袭关系和世族对政治的垄断，对我国古代社会的选官制度是一个直接、有力的改革。从官制史角度看，科举制度的产生是历史的必然和巨大进步。它给中小地主阶级和平民百姓通过科举入仕提供了一个公平竞争的平台，使大批地位低下和出身寒微的优秀人才脱颖而出。

秦朝以前，采用“世卿世禄”制度，后来逐步引入军功爵制。西周时，天子分封天下。周礼之下，社会阶级分明。到了东周，稳定的制度开始崩溃，于是有“客卿”、“食客”等制度以外的人才为各国的国君服务。到了汉朝，分封制度逐渐被废，皇帝中央集权得以加强。皇帝为管理国家，需要提拔民间人才。当时采用的是察举制与征辟制。

魏文帝时，陈群创立九品中正制，由中央特定官员，按出身、品德等考核民间人才，分为九品录用。晋、六朝时沿用此制。九品中正制是察举制的改良，主要区别是将察举之权，由地方官改由中央任命的官员负责。但是，这种制度始终是由地方官选拔人才。魏晋时期，世族势力强大，常影响中正官考核人才，后来甚至所凭准则仅限于门第出身，于是造成“上品无寒门、下品无世族”的现象。不但堵塞了民间人才入仕之路，还让世族得以把持朝廷人事，影响皇帝的权力。

二、科举前选拔官员

(一)荐举

荐举是汉代选拔官吏的一种形式。四千多年前，舜继尧位，靠的是荐举；春秋时的祁羊，“外举不避仇，内举不避亲”，说的也是荐举。若是细分，荐举可分为三种：一曰内举，

即本单位的领导向组织建议对某人委任；二曰外举，即领导班子之外的人，也就是一般干部或群众推举某人担任一定的职务；三曰自荐，如毛遂自荐。荐举有考察、推举的意思，又叫察举。察举的主要科目有孝廉(汉代察举制的科目之一。孝廉是孝顺父母、办事廉正的意思。察举实际上多为世族大家垄断，互相吹捧，弄虚作假，当时即有童谣讽刺："举秀才，不知书；举孝廉，父别居。")、贤良、文学、茂才(汉代避刘秀讳，称秀才为茂才)等。《张衡传》："永元中，举孝廉不行。"《陈情表》："前太守臣逵，察臣孝廉；后刺史臣荣，举臣秀才。"

(二)征辟

征，是皇帝征聘社会知名人士到朝廷充任要职。辟，是中央官署的高级官僚或地方政府的官吏任用属吏，再向朝廷推荐。"连辟公府，不就。""安帝雅闻衡善术学，公车特征拜郎中。"(《张衡传》)

三、科举制名称

(一)科举

指历代封建王朝通过考试选拔官吏的一种制度。到明朝，科举考试形成了完备的制度，共分四级：院试(即童试)、乡试、会试和殿试，考试内容基本是儒家经义，以"四书"文句为题，规定文章格式为八股文，解释必须以朱熹的《四书集注》为准。

(二) 童试

童试，即科举时代参加科考的资格考试，唐、宋时称州县试，明、清称郡试，包括县试、府试和院试三个阶段的考试。院试合格后取得生员(秀才)资格，方能进入府学、州学、县学学习，所以又叫入学考试。应试者不分年龄大小都称童生。"及试，吏呼名至史公"(《左忠毅公逸事》)，这里就是指童试。"邑有成名者，操童子业"，"操童子业"(《促织》)是说正在准备参加童试。

(三)乡试

明清两代每三年在各省省城(包括京城)举行一次考试，称乡试。主考官由皇帝委派。因在秋八月举行，故又称秋闱。考后发布正、副榜，正榜所取的叫举人，第一名叫解元。

(四)会试

明清两代每三年在京城举行一次考试，称会试。因在春季举行，故又称春闱。考试由礼部主持，皇帝任命正、副总裁，各省的举人及国子监监生皆可应考，录取三百名为贡士，第一名叫会元。

(五)殿试

殿试是科举制最高级别的考试，由武则天创制，但当时尚未成定制，宋代始为常制。

皇帝在殿廷上，对会试录取的贡士亲自策问，以定甲第。实际上皇帝有时并不亲自策问，而是委派大臣主管殿试。明清殿试后分为三甲：一甲三名赐"进士及第"，分别称状元、榜眼、探花；二甲赐"进士出身"，第一名称传胪；三甲赐"同进士出身"。

（六）及第

指科举考试应试中选，因榜上题名有甲乙次第，故得名。隋唐只用于考中进士，明清殿试之一甲三名，赐"进士及第"的称号，亦省称"及第"。另外也分别有"状元及第"、"榜眼及第"、"探花及第"的称谓。《祭妹文》："大概说长安登科，函使报信迟早云尔。""登科"是"及第"的别称，也就是考中进士。

（七）进士

是科举考试的最高功名。参见"殿试"条。据统计，在我国1300年的科举制度史上，考中进士的总数至少是98749人。古代许多著名作家都是进士，如唐代的王勃、宋之问、岑参、贺知章、王昌龄、王维、韩愈、刘禹锡、白居易、柳宗元、杜牧等；宋代的范仲淹、欧阳修、司马光、王安石、苏轼等。考中进士，一甲即授官职，其余二甲参加翰林院考试，学习三年再授官职。

（八）状元

科举时代称殿试第一名为状元，又称殿元、鼎元，为科名中最高荣誉。历史上获状元称号的有一千多人，但真正参加殿试被录取的大约为七百五十名。唐代著名诗人贺知章、王维，宋代文天祥都是经殿试而被赐状元称号的。

（九）会元

举人参加会试，第一名称会元，其余考中的称贡士。

（十）解元

生员（秀才）参加乡试，第一名称解元，其余考中的称举人。

（十一）连中三元

科举考试以名列第一者为元，凡是在乡、会、殿三试中连续获得第一名，被称为"连中三元"。欧阳修《卖油翁》中提到的"陈康肃公尧咨"，陈尧咨与其兄陈尧叟都曾考中状元，而陈尧叟则是连中三元。

（十二）鼎甲

指殿试一甲三名：状元、榜眼、探花，如一鼎之三足，故称鼎甲。状元居鼎甲之首，因而别称鼎元。

（十三）贡士

参加会试而被录取的称贡士。

(十四)举人

参加乡试而被录取的称举人。唐、宋时有进士科,凡应科目经有司贡举者,通谓之举人。至明、清时,则称乡试中试的人为举人,亦称为大会状、大春元。中了举人叫“发解”、“发达”,简称“发”。举人俗称为“老爷”,雅称则为“孝廉”。举人可授知县官职。

(十五)生员

即秀才。通过院试(童试)的可称为生员或秀才。如王安石《伤仲永》“传一乡秀才观之”。东汉时避光武帝刘秀讳,而称秀才为茂才。《阿Q正传》中称赵少爷“茂才公”,表示讽刺。

(十六)八股文

明、清科举考试制度所规定的一种文体。这种文体有一套固定的格式,规定由破题、承题、起讲、入手、起股、中股、后股、束股八个部分组成,每一部分的句数、句型也都有严格的限定。“破题”规定两句,说破题目意义;“承题”三句或四句,承接“破题”加以说明;“起讲”概括全文,是议论的开始;“入手”引入文章主体;从“起股”到“束股”是八股文的主要部分,尤以“中股”为重心。在正式议论的这四个段落中,每段都有两股相互排比对偶的文字,共为八股,八股文由此得名。八股文的题目,出自“四书”、“五经”,八股文的内容,不许超出“四书”、“五经”范围,要模拟圣贤的口气,传达圣贤的思想,考生不得自由发挥。无论是内容还是形式,八股文都起到了束缚思想、摧残人才的作用。

(十七)金榜

古代科举制度殿试后录取进士,揭晓名次的布告,因用黄纸书写,故而称黄甲、金榜。多由皇帝点定,俗称皇榜。金榜题名就是指考中进士。

(十八)同年

科举时代同榜录取的人互称同年。“同年曰:‘君赐不可违也。’”(《训俭示康》)

四、历代学校名称

(一)校

夏代学校的名称,举行祭祀礼仪和教习射御、传授书数的场所。

(二)庠

殷商时代学校的名称。“谨庠序之教,申之以孝悌之义。”(《孟子·齐桓晋文之事》)

(三)序

周代学校的名称。古人常以庠序称地方学校,或泛指学校或教育事业。

(四)国学

先秦学校分为两大类:国学和乡学。国学为天子或诸侯所设,包括太学和小学两种。太学、小学教学内容都是以“六艺”(礼、乐、射、御、书、数)为主,小学尤以书、数为主。

(五)太学

太学是中国古代的大学,封建时代的教育行政机构和最高学府,太学之名始于西周。汉代始设于京师。汉武帝时,董仲舒上“天人三策”,提出“愿陛下兴太学,置明师,以养天下之士”的建议。《张衡传》:“因入京师,观太学。”

(六)乡学

泛指地方所设的学校,与国学相对而言。

(七)国子监

国子监是中国古代隋朝以后的中央官学,为中国古代教育体系中的最高学府。汉魏设太学,西晋改称国子学,隋又称国子监,从此国子监与太学互称,都是最高学府,兼有教育行政机构的职能。如明代设“国子监”,而在《送东阳马生序》中则称之为“太学”。

(八)书院

书院是宋代的地方教育组织。书院之名始见于唐代,但发展于宋代。宋代著名的四大书院是:江西庐山的白鹿洞书院、湖南长沙的岳麓书院、湖南衡阳的石鼓书院和河南商丘的应天府书院。

(九)监生

国子监学生的简称。或由学政考取,或由地方保送,或由皇帝特许,后来成为虚名,捐钱就能取得监生资格。《儒林外史》中的严监生是一个吝啬鬼的典型。

(十)诸生

指明、清时期经考试录取而进入府、州、县各级学校学习的生员。生员有增生、附生、廪生、例生等,统称诸生。顾炎武《书吴潘二子事》:“当国变后,年皆二十以上,并弃其诸生,以诗文自豪。”

五、古代学官

(一)学官

古代主管学务的官员和官学教师统称为学官,如提学、学政、祭酒、博士、教授、助教等。

(二)祭酒

古代主管国子监或太学的教育行政长官。战国时荀子曾三任稷下学宫的祭酒,相当

于现在的大学校长。

(三)博士

古为官名。秦汉时指通晓史事、掌管书籍文典的官职。《送东阳马生序》:“有司业、博士为之师。”

(四)司业

古代学官名。国子监或太学副长官,相当于现在学校的副校长,协助祭酒主管教务训导之职。

(五)学政

古代学官名。“提督学政”的简称,是由朝廷委派到各省主持院试,督察各地学官的官员。一般由翰林院或进士出身的京官担任。《左忠毅公逸事》:“乡先辈左忠毅公视学京畿。”就是指左光斗任京城地区的学政。

(六)教授

原指传授知识、讲课授业,后成为学官名。汉唐以后各级学校均设教授,主管学校课试具体事务。

(七)助教

古代学官名。国子监或太学的学官,协助国子祭酒和国子博士教授生徒,又称国子助教。

第二章　风俗礼仪

一、古代节日习俗

(一)元旦

我国传统习俗中最隆重的节日。“元”有开始之意,“旦”是天明的意思。此节乃一岁之首,又称元日、元正、新春、新正等,而今人称春节,是在采用公历纪元后。春节习俗一方面是庆贺过去的一年,一方面又祈祝新年快乐、五谷丰登、人畜兴旺,多与农事有关。历来有迎龙舞龙祈求龙神保佑风调雨顺的习俗,还有通过舞狮来震慑糟蹋庄稼、残害人畜之怪兽的传说。随着社会的发展,接神、敬天等活动已逐渐被淘汰,而燃鞭炮、贴春联、挂年画、舞狮子、拜年贺喜等习俗至今仍广为流行。

(二)元宵

我国民间传统节日。又称正月半、上元节、灯节。有赏花灯、包饺子、闹年鼓、迎厕神、猜灯谜等习俗。宋代开始有吃元宵的习俗。

(三)社日

农家祭土地神的日子。社日这一天,乡邻们在土地庙集会,准备酒肉祭神,然后宴饮。汉以前只有春社,在春分前后;汉以后开始有秋社,在秋分前后。“桑柘影斜春社散,家家扶得醉人归。”(王家《社日诗》)

(四)上巳

三月上旬的一个巳日,所以叫上巳。曹魏以后,这个节日固定在三月三日。早期,人们到水边去游玩、采摘兰花,以驱除邪气。后来,演变成在水边宴饮、到郊外春游的节日。杜甫有《丽人行》诗:“三月三日天气新,长安水边多丽人。”

(五)寒食

我国民间传统节日。节日期间严禁烟火,只能吃寒食。在冬至后的105天或106天,在清明前一二日。相传,春秋时期晋国公子重耳流亡在外,大臣介子推曾割股啖之。重耳做国君后,大封功臣,独未赏介子推。介子推便隐居山中。重耳后来闻之甚愧,为逼他出山受赏,放火烧山。介子推抱木不出而被烧死。重耳遂令每年此日不得生火做饭,以此追

念介子推，表示对自己过失的歉疚。因寒食与清明时间相近，后人便将寒食的风俗视为清明习俗之一。元镇《连昌宫词》："初过寒食一百六，店社无烟宫柳绿。"

(六)清明

按农历推算在三月上半月，按阳历推算则在每年4月5日或6日。此时天气转暖，风和日丽，"万物至此皆洁齐而清明"，清明节由此得名。其习俗有扫墓、踏青、荡秋千、放风筝、插柳戴花等。历代文人多以清明为题材入诗。

(七)端午

又称端阳、重午、重五。端午原是月初午日的仪式，因"五"与"午"同音，农历五月初五遂成端午节。一般认为，该节与纪念屈原有关。屈原忠而被黜，投水自尽，于是人们以吃粽子、赛龙舟等方式来悼念他。端午那天还有喝雄黄酒、挂香袋、插花和菖蒲、斗百草、驱"五毒"等习俗。杜甫有诗《端午日赐衣》："端午被恩荣。"

(八)乞巧

又称少女节或七夕。相传，天上的织女嫁给了地上的牛郎，王母娘娘将织女抓回天庭，只许两人一年一度鹊桥相会。每年七月初七晚上，妇女们趁织女与牛郎团圆之际，摆设香案，穿针引线，向她乞求织布绣花的技巧。在葡萄架下，静听牛郎织女的谈话，也是七月七日的一大趣事。和凝《宫词》："阑珊星斗缀朱光，七夕宫嫔乞巧忙。"

(九)中秋

农历八月在秋季之中，八月十五又在八月之中，故称中秋，又称团圆节。唐代将嫦娥奔月与中秋赏月联系起来后，更富于浪漫色彩。中秋节的主要习俗有赏月、祭月、观潮、吃月饼等。历代诗人以中秋为题材作诗的颇多。苏轼《水调歌头》："明月几时有，把酒问青天。"韦庄《送秀才归荆溪》："八月中秋月正圆，送君吟上木兰船。"

(十)重阳

《易经》将"九"定为阳数，两九相重，故农历九月初九为"重阳"。重阳时节，风清月洁，故有登高望远、赏菊赋诗、喝菊花酒、插茱萸等习俗。王维《九月九日忆山东兄弟》："遥知兄弟登高处，遍插茱萸少一人。"

(十一)腊日

古代岁末祭祀祖先、祭拜众神、庆祝丰收的节日。通常在每年的最后一个月(腊月)举行，南北朝时腊日就已固定在农历十二月初八。有吃赤豆粥、祭拜祖先等习俗。后来佛教的腊八粥后也渗入腊日习俗。杜甫有《腊日》诗："腊日年年暖尚遥，今年腊日冻全消。"

(十二)除夕

每年农历十二月三十日晚，家家户户在打扫干净的屋里，摆上丰盛的菜肴，全家团

聚在一起吃“年饭”。一般此夜大家通宵不眠，或喝酒聊天，或猜谜下棋，嬉戏游乐，谓之“守岁”。零点时，众人争相奔出，在庭前拢火燃烧(古称“庭燎”，取其兴旺之意)，并在这“岁之元，月之元，时之元”的“三元”之时抢先放出三个“冲天炮”，以求首先发达，大吉大利。

二、古代礼仪

(一)伯仲叔季

兄弟行辈中长幼排行的次序。兄弟排行的次序，伯是老大，仲是第二，叔是第三，季是最小的。古代贵族男子的字前常加伯(孟)、仲、叔、季表示排行，字的后面加“父”或“甫”字表示男性，构成男子字的全称，如伯禽父、仲尼父、叔兴父等。

(二)十二生肖

又称属相。古代术数家拿十二种动物来配十二地支——子鼠，丑牛，寅虎，卯兔，辰龙，巳蛇，午马，未羊，申猴，酉鸡，戌狗，亥猪。后认为某人生在某年就肖某物，如子年生的肖鼠，亥年生的肖猪等，称为十二生肖。古代，十二生肖常被涂上迷信色彩，一遇休戚祸福，往往牵扯起来，尤其是在婚配中男女属相很有讲究，有“鸡狗断头婚”、“龙虎不相容”等说法。

(三)生辰八字

一个人出生时的年、月、日、时，都各有天干、地支与之相配，每项两个字，四项八个字。根据这八个字，可以推算出一个人的命运。遇有大事，都需推算生辰八字。旧俗订婚时，男女双方互换庚帖，庚帖上有生辰八字。双方各自卜问对方的生辰八字、命相阴阳，以确定吉凶如何，能否成婚。

(四)孝悌

孝，指对父母要孝顺；悌，指对兄长要敬重。孔子非常重视孝悌，把孝悌作为实行“仁”的根本，提出“父母在，不远游”、“三年无改于父道”等一系列孝悌主张。孟子也把孝悌视为基本的道德规范。儒家提倡孝悌的目的，是维护宗法等级秩序。秦汉时的《孝经》更是进一步提出：“孝为百行之首。”

(五)牺牲

色纯为“牺”，体全为“牲”，古代专指祭祀用的牲畜。《左传·曹刿论战》中有：“牺牲玉帛，弗敢加也，必以信。”

(六)三牲

一说夏、商、周三代所用牺牲的总称。又一说古代用于祭祀的牛、羊、猪，后来也称鸡、鱼、猪为三牲。

(七)太牢、少牢

古代祭祀所用牺牲,行祭前需先饲养于牢,故这类牺牲称为牢;又根据牺牲搭配的种类不同而有太牢、少牢之分。牛、羊、猪三牲全备则为"太牢",而少牢只有羊、猪,没有牛。由于祭祀者和祭祀对象不同,所用牺牲的规格也有所区别:天子祭祀社稷用太牢,诸侯祭祀用少牢。

(八)家祭

古人在家庙内祭祀祖先或家族守护神的一种礼仪。唐代即已有专人制订家祭礼仪,相沿施行。宋代陆游《示儿》诗中写道:"王师北定中原日,家祭无忘告乃翁。"

(九)揖让

指禅让,即让位给比自己更贤能的人;或者指古代宾主相见之礼。分为三种,称为三揖:一为土揖,专用于没有婚姻关系的异姓,行礼时推手微向下;二为时揖,专用于有婚姻关系的异姓,行礼时推手平而致于前;三为天揖,专用于同姓宾客,行礼时推手微向上。

(十)长揖

这是古时不分尊卑的相见礼,拱手高举,自上而下。

(十一)拱

古代的一种相见礼,两手在胸前相合表示敬意。《论语·微子》有这样的记载:"子路拱而立。"

(十二)顿首

俗称叩头。一种拜礼,为"九拜"之一。行礼时,头碰地即起。因其头接触地面时间短暂,故称顿首。通常用于下对上及平辈间的敬礼,如官僚间的拜迎、拜送,民间的拜贺、拜望、拜别等。也常用于书信中的起头或末尾,如丘迟《与陈伯之书》:"迟顿首。陈将军足下无恙,幸甚幸甚……丘迟顿首。"

(十三)稽首

古代的一种拜礼,为"九拜"之一。行礼时,屈膝跪地,左手按右手,拱手于地,头也缓缓至于地。头至地须停留一段时间,手在膝前,头在手后。这是九拜中最隆重的拜礼,常为臣子拜见君王时所用。后来,子拜父,拜天,拜神,新婚夫妇拜天地、父母,拜祖,拜庙,拜师,拜墓等,也都用此大礼。

(十四)九拜

我国古代特有的向对方表示崇高敬意的跪拜礼。《周礼》谓"九拜":"一曰稽首,二曰顿首,三曰空首,四曰振动,五曰吉拜,六曰凶拜,七曰奇拜,八曰褒拜,九曰肃拜。"此乃

不同等级、不同身份的社会成员，在不同场合所使用的规定礼仪。

（十五）跪

两膝着地，挺直身子，臀不沾脚跟，以示庄重。如《廉颇蔺相如列传》："于是相如前进缶，因跪请秦王。"

（十六）坐

古代席地而坐，坐时两膝着地，臀部贴于脚跟。为了表示对人尊重，坐法颇有讲究："虚坐尽后，食坐尽前。""尽后"是尽量让身体坐后一点，以表谦恭；"尽前"是尽量把身体往前挪，以免饮食污染坐席而对人不敬。

（十七）冠礼

冠礼，是华夏民族嘉礼的一种，是古代中国汉族男性的成年礼。冠礼表示男女青年至一定年龄，性已经成熟，可以婚嫁，并从此作为氏族的一个成年人，参加各项活动。

冠礼在宗庙中进行，由父亲主持，并由指定的贵宾给行冠礼的青年加冠三次，先后加缁布冠、皮弁、爵弁，分别表示有治人、为国出力、参加祭祀的权利。加冠后，由贵宾向冠者宣读祝辞，并给起一个与俊士德行相当的美"字"，使他成为受人尊敬的贵族成员。

（十八）斋戒

在中国，斋戒主要用于祭祀、行大礼等严肃庄重的场合，以示虔诚庄敬。斋戒包含了斋和戒两个方面。"斋"来源于"齐"，主要是"整齐"，如沐浴更衣、不饮酒、不吃荤。戒主要是指戒游乐，比如不与妻妾同寝，减少娱乐活动。后以此指称相似的宗教礼仪。在佛教中，清除心的不净叫做"斋"，禁止身的过非叫做"戒"，斋戒就是守戒以杜绝一切嗜欲的意思。古人斋戒时忌荤，但并非忌食鱼肉荤腥，而是忌食有辛味臭气的食物如葱、蒜等，这主要是为了防止祭祀时口中发出臭气，对神灵、祖先有所亵渎。

（十九）再拜

先后拜两次，表示礼节之隆重。旧时书信末尾也常用"再拜"，以表示敬意。

（二十）膜拜

古代的拜礼。行礼时，两手放在额上，长时间下跪叩头。原专指礼拜神佛时的一种敬礼，后泛指表示极端恭敬或畏服的行礼方式。今人多用"顶礼膜拜"形容对某人崇拜得五体投地。

（二十一）折腰

即拜揖。鞠躬下拜，表示屈辱之意。《晋书·陶潜传》载：陶渊明曾为彭泽县令，州郡派督邮巡视至县，县吏劝陶束带迎见，他感叹地说："吾不能为五斗米折腰，拳拳事乡里小人邪！"李白《梦游天姥吟留别》："安能摧眉折腰事权贵，使我不得开心颜？"后来引申为倾倒、崇拜；如毛泽东《沁园春·雪》："江山如此多娇，引无数英雄竞折腰。"

(二十二)六礼

中国古代婚姻的六种手续和礼仪，即纳采、问名、纳吉、纳征、请期、亲迎。

(二十三)秦晋之好

春秋时，秦、晋两国国君几代都互相通婚，后称两姓联姻为"秦晋之好"。

(二十四)举案齐眉

古代妻子为丈夫捧膳食时要举案于眉，表示相敬。

(二十五)以文会友

古代文人交往、交友的礼俗，通过文字来结交朋友。文人相交轻财物而重情谊、才学，故多以诗文相赠答，扬才露己，以表心态。唱酬是通行的方式，即以诗词相酬答。在宴饮等聚会时，更是不可有酒无诗，流行尽觞赋诗之俗。

三、古代讳称

古人对"死"有许多讳称，主要有：

1.天子、太后、公卿王侯之死称崩、薨、千秋、百岁、晏驾、山陵崩等。

2.父母之死称见背、孤露、弃养等。

3.佛道徒之死称坐化、羽化、涅槃、圆寂、仙逝、仙游等。

4.一般人的死称亡故、长眠、长逝、谢世、逝世、寿终、过世、殒命、捐生、就木、溘逝等。

四、古代位次

(一)座次

古时官场座次尊卑有别，十分严格。官高为尊居上位，官低为卑处下位。古人尚右，以右为尊，右丞相比左丞相大；"左迁"即表示贬官。《廉颇蔺相如列传》："以相如功大，拜为上卿，位在廉颇之右。"古代建筑通常是堂室结构，前堂后室。在堂上举行的礼节活动是南向为尊。皇帝聚会群臣，他的座位一定是坐北向南的。因此，古人常把称王称帝叫做"南面"，称臣叫做"北面"。室东西长而南北窄，因此室内最尊的座次是坐西面东，其次是坐北向南，再次是坐南面北，最卑是坐东面西。《鸿门宴》中有这样几句："项王、项伯东向坐，亚父南向坐……沛公北向坐，张良西向侍。"项王座次最尊，张良座次最卑。

(二)席次

古代宴会席次，尊卑很有讲究。一般筵席用的是八仙桌，桌朝大门，位尊者居前。如果客多，可设两桌、三桌或更多，有上桌与散座的区别，上桌与单席的位次相同，散座则不分席次。

(三)虚左

古代座次以左为尊,空着左边的位置以待宾客称“虚左”。《信陵君窃符救赵》:“公子于是乃置酒大会宾客。坐定,公子从车骑,虚左,自迎夷门侯生。”足见信陵君对侯生之尊敬。今人有“虚左以待”一语。

第三章　姓名称谓

一、基本称谓

(一)称字

古人幼时命名,成年(男20岁、女15岁)取字,字和名有意义上的联系。字是为了便于他人称谓,对平辈或尊辈称字是出于礼貌和尊敬。如司马迁为司马子长;陶渊明为陶元亮;李白为李太白;杜甫为杜子美;韩愈为韩退之;苏轼为苏子瞻;苏辙为苏子由等。

(二)称号

号又叫别号、表号。名、字与号的根本区别是:名、字由父亲或尊长取定,号由自己取定。号,一般只用于自称,以显示某种志趣或抒发某种情感;对人称号也是一种敬称。如:陶潜号五柳先生;李白号青莲居士;杜甫号少陵野老;白居易号香山居士;李商隐号玉溪生;欧阳修号醉翁,晚年又号六一居士;苏轼号东坡居士;陆游号放翁;辛弃疾号稼轩;李清照号易安居士等。

(三)直称姓名

大致有三种情况:

1.自称姓名或名。如“修之来此,乐其地僻而事简”。

2.用于介绍或作传。如“左将军王凝之妻也”。

3.称所厌恶、所轻视的人。如“不幸吕师孟构恶于前,贾余庆献谄于后”。

(四)称绰号

又叫外号或诨名,绰号一般是根据某人的外貌、性格、行为等特征而另起的“名字”。绰号有褒有贬,如李白外号“诗仙”,项羽绰号“西楚霸王”等。

(五)称小名

称呼对方小时候的名号,以示亲密或侮辱。如称呼曹操为“阿瞒”。

(六)称庙号

皇帝死后,在太庙立室奉祀时的名号。一般开国的皇帝称祖,后继者称宗,如宋朝赵匡胤称太祖,其后的赵光义称太宗。也有个别朝代前几个皇帝皆称祖,如明朝朱元璋称

太祖，其子朱棣称成祖。但是在隋以前，并不是每一个皇帝都有庙号，因为按照典制，只有文治武功和德行卓著者方可入庙奉祀。唐以后，每个皇帝才都有了庙号。

(七)称年号

年号是封建皇帝纪年的名号，由西汉武帝首创，他的第一个年号为“建元”。以后每个朝代的每一个新君即位，必须改变年号，叫做改元。明朝以前，封建皇帝每遇军国大事或重大祥瑞灾异，常常改元。明朝自第一代皇帝朱元璋开始，包括明、清两代，每一个皇帝不论在位时间长短，只用一个年号，如明太祖只用洪武，清高宗只用乾隆。

(八)称尊号

尊号是为皇帝加的全由尊崇褒美之词组成的特殊称号。或生前所上，或死后追加。追加者亦可视为谥号。

(九)称谥号

古代王侯将相、高级官吏、著名文士等死后被追加的称号叫谥号。如称陶渊明为靖节征士；欧阳修为欧阳文忠公；王安石为王文公；范仲淹为范文正公；王翱为王忠肃公；左光斗为左忠毅公；史可法为史忠烈公；林则徐为林文忠公。而称奸臣秦桧为缪丑则是一种“恶谥”。

(十)称斋名

指用斋号或室号来称呼。如南宋诗人杨万里的斋名为诚斋，人们称其为杨诚斋；再如称蒲松龄为聊斋先生；梁启超为饮冰室主人；谭嗣同为谭壮飞(其斋名为壮飞楼)。

(十一)称郡望

韩愈虽系河内河阳(今河南孟州市)人，但因昌黎(今辽宁义县)韩氏为唐代望族，故韩愈常以“昌黎韩愈”自称，世人遂称其为韩昌黎。再如苏轼本是四川眉州人，可他有时自己戏称“赵郡苏轼”、“苏赵郡”，就因为苏氏是赵郡的望族。

(十二)称籍贯

如唐代诗人孟浩然是襄阳人，故而人称孟襄阳；张九龄是曲江人，故而人称张曲江；柳宗元是河东(今山西永济)人，故而人称柳河东；北宋王安石是江西临川人，故而人称王临川；明代戏曲家汤显祖被称为汤临川(江西临川人)；清初学者顾炎武是江苏昆山亭林镇人，被称为顾亭林；康有为是广东南海人，人称康南海；北洋军阀首领袁世凯被称为袁项城(河南项城人)。

(十三)称官地

指用任官之地的地名来称呼。如《赤壁之战》：“豫州今欲何至?”因刘备曾任豫州刺史，故以官地称之。陶渊明曾任彭泽县令，世称陶彭泽；骆宾王曾任临海县丞，世称骆临

海；韦应物曾任苏州刺史，世称韦苏州；贾岛曾任长江县主簿，世称贾长江，他的诗集就叫《长江集》。

(十四)称官名

如“孙讨虏聪明仁惠”，因孙策曾被授讨虏将军的官职，故称。《与妻书》：“司马春衫，吾不能学太上之忘情也。”“司马”指白居易，因他曾任江州司马。把官名用作人的称谓在古代相当普遍，如称贾谊为贾太傅；东晋大书法家王羲之官至右军将军，至今人们还称其为王右军；杜甫曾任左拾遗，故而被称为杜拾遗，又因任过检校工部员外郎，故又被称为杜工部；柳永曾任屯田员外郎，被称为柳屯田。

(十五)称爵名

《训俭示康》“近世寇莱公豪侈冠一时”，寇准的爵号是莱国公，莱公是省称。再如诸葛亮曾被封爵武乡侯，所以后人以武侯相称；南北朝诗人谢灵运袭其祖谢玄的爵号康乐公，故世称谢康乐；唐初名相魏征曾被封爵郑国公，故世称魏郑公；名将郭子仪在平定“安史之乱”中因功被封爵汾阳郡王，世称郭汾阳；北宋王安石被封爵荆国公，世称王荆公；司马光曾被封爵温国公，世称司马温公。

二、兼称几项

如《游褒禅山记》“四人者，庐陵萧君圭君玉，长乐王回深父，余弟安国平父、安上纯父”，前两人兼称籍贯、姓名及字，后两人先写与作者的关系，再称名和字；《促织》“余在史馆，闻翰林天台陶先生言博鸡者事”，兼称官职、籍贯和尊称；《梅花岭记》“督相史忠烈公知势不可为”，兼称官职与谥号，“马副使鸣騄、任太守民育及诸将刘都督肇基等皆死”，兼称姓、官职和名；《五人墓碑记》“贤士大夫者，冏卿因之吴公，太史文起文公，孟长姚公也”，前两人兼称官职、字和姓，后一人称字和姓。

三、古代谦辞

(一)自谦

1.臣

谦称自己不如对方的身份地位高。

2.愚

谦称自己不聪明，如愚兄——向比自己年轻的人称自己；愚见——称自己的见解。

3.仆

谦称自己是对方的仆人，使用它含有为对方效劳之意。

4.敢

表示冒昧地请求别人。如敢问——用于问对方问题；敢请——用于请求对方做某

事；敢烦——用于麻烦对方做某事。

5.家

古人称自己一方的亲属朋友常用谦词。“家”是对别人称自己的辈分高或年纪大的亲属时用的谦词，如家父、家尊、家严、家君——称父亲；家母、家慈——称母亲；家兄——称兄长；家姐——称姐姐；家叔——称叔叔，等等。

6.舍

用以谦称自己的家或自己的卑幼亲属，前者如寒舍、敝舍，后者如舍弟——称弟弟；舍妹——称妹妹；舍侄——称侄子；舍亲——称亲戚。

7.拙

用于向别人称自己的东西。如拙笔——称自己的文字或书画；拙著、拙作——称自己的文章；拙见——称自己的见解；拙荆——称自己的妻子。

8.鄙

谦称自己学识浅薄，如鄙人——称自己；鄙见——称自己的见解。

9.敝

谦称自己或自己的事物不好，如敝人——谦称自己；敝姓——谦称自己的姓；敝处——谦称自己的房屋、处所。

10.卑

谦称自己身份低微。

11.老

老人自谦时用老朽、老夫、老汉、老拙等，用于谦称自己或与自己有关的事物。如老粗——谦称自己没有文化；老脸——年老人指自己的面子；老身——老年妇女谦称自己；老和尚自称老衲；老官员自称老臣。

12.窃

有私下、私自之意，使用它常有冒失、唐突的含义在内。

13.小

谦称自己或与自己有关的人或事物，如小弟——男性在朋友或熟人之间的谦称自己；小儿——谦称自己的儿子；小女——谦称自己的女儿；小人——地位低的人自称；小子——子弟晚辈对父兄尊长的自称；小可（多见于早期白话）——是有一定身份的人的自谦，意思是自己很平常、不足挂齿；小店——谦称自己的商店。读书人的自谦词有小生、晚生、晚学等，表示自己是新学后辈。

（二）其他谦词

1.古代帝王的自谦词有朕（我，我的，从秦始皇开始专作皇帝自称）、孤（小国之君）、寡（少德之人）、不谷（不善）。

2.古代官吏的自谦词有下官、末官、小吏等。

3.因为古人坐席时尊长者在上,所以晚辈或地位低的人谦称在下。

4.女子自称妾。

5.对别国称自己的国君为寡君。

6.犬子、犬女——称自己的儿女。

7.笨鸟先飞:表示自己能力差,恐怕落后,比别人先行一步。

8.抛砖引玉:谦称用自己粗浅的、不成熟的意见引出别人高明的、成熟的意见,等等。

四、古代敬辞

敬辞,也叫"尊称",表示尊敬客气的态度。中国自古以来使用的敬辞很多。

(一)对帝王的敬称有万岁、圣上、圣驾、天子、陛下等。

1.驾,本指皇帝的车驾。古人认为皇帝当乘车行天下,于是用"驾"代称皇帝。

2.古代帝王认为他们的政权是受命于天而建立的,所以称皇帝为天子。

3.古代臣子不敢直达皇帝,就告诉在陛(宫殿的台阶)下的人,请他们把意思传达上去,所以用陛下代称皇帝。

(二)对皇太子、亲王的敬称是殿下。

(三)对于对方或对方亲属的敬称有令、尊、贤、仁等。

1.令,意思是美好的,用于称呼对方的亲属,如令尊——对方父亲;令堂——对方母亲;令阃——对方妻子;令兄——对方的哥哥;令郎——对方的儿子;令爱、令媛——对方的女儿;令侄——对方的侄子;令亲——对方的亲戚。

2.尊,用来称与对方有关的人或物,如尊上——称对方父母;尊公、尊君、尊府——皆称对方父亲;尊堂——对方母亲;尊亲——对方亲戚;尊驾——对方;尊命——对方的嘱咐;尊意——对方的意思。

3.贤,用于称平辈或晚辈,如贤家——对方;贤郎——对方的儿子;贤弟——对方的弟弟。

4.仁,表示爱重,应用范围较广,如称同辈友人中长于自己的人为仁兄,称地位高的人为仁公等。

5.对将军的敬称是麾下。

6.对有一定地位的人的敬称:对使节称节下;对三公、郡守等有一定社会地位的人称阁下,现在多用于外交场合,如大使阁下。

7.称年老的人为丈、丈人,如"子路从而后,遇丈人"(《论语》)。唐朝以后,丈、丈人专指妻父,又称泰山;妻母称丈母或泰水。

8.称谓前面加"先",表示已死,用于敬称年长的人或地位高的人,如称已死的皇帝为

先帝;称已经死去的父亲为先考或先父;称已经死去的母亲为先慈或先妣;称已死去的有才德的人为先贤。称谓前加“太”或“大”表示再长一辈,如称帝王的母亲为太后;称祖父为大(太)父;称祖母为大(太)母。

9.对品格高尚、智慧超群的人用“圣”来表敬称,如称孔子为圣人,称孟子为亚圣。后来,“圣”多用于帝王,如圣上、圣驾等。

10.对尊师长和用于朋辈之间的敬称有君、子、公、足下、夫子、先生、大人执事(称对方手下以代对方)等。

11.君对臣的敬称是卿或爱卿。

12.其他

(1)“大”字一族

尊称对方或与对方有关的事物。如:大人(多用于书信)——称长辈;大驾——称对方;大师傅——尊称和尚;大名——称对方的名字;大庆——称老年人的寿辰;大作——称对方的著作;大札——称对方的书信;大伯——除了指伯父外,也可尊称年长的男人;大哥——可尊称与自己年龄相仿的男人;大姐——可尊称女性朋友或熟人;大妈、大娘——尊称年长的妇女;大爷——尊称年长的男子。

(2)“贵”字一族

尊称与对方有关的事物。如:贵干——问人要做什么;贵国——称对方国家;贵校——称对方学校;贵庚——问人年龄;贵姓——问人姓;贵恙——称对方的病;贵子——称对方的儿子(含祝福之意)。

(3)“垂”字一族

用于别人(多是长辈或上级)对自己的行动。如:垂问、垂询——称别人对自己的询问;垂念——称别人对自己的思念;垂爱、垂怜(都用于书信)——称对方对自己的爱护;垂青——称别人对自己的重视。

(4)“高”字一族

称别人的事物。如:高见——高明的见解;高足——称呼别人的学生;高论——称别人的议论;高就——指人离开原来的职位就任较高的职位;高龄——称老人(多指六十岁以上)的年龄;高寿——用于问老人的年龄。

(5)“请”字一族

用于希望对方做某事。如:请坐——请对方坐下;请进——请对方进来;请问——用于请求对方回答问题。

(6)“敬”字一族

用于自己的行动涉及别人。如:敬请——请;敬佩——敬重佩服;敬谢不敏——表示推辞做某件事;敬告——告诉;敬贺——祝贺;敬候——等候;敬礼(用于书信结尾)——

表示恭敬。

(7)“光”字一族

表示光荣,用于对方来临。如:光临——称宾客到来;光顾(多用于商家欢迎顾客)——称客人来到。

(8)“屈”字一族

如:屈就(多用于请人担任职务)——委屈就任;屈居——委屈地处于(较低的地位);屈尊——降低身份俯就;屈驾(多用于邀请人)——委屈大驾。

(9)“拜”字一族

用于自己的行为动作涉及对方。如:拜贺——指祝贺对方;拜识——指结识对方;拜托——指托对方办事情;拜望——指探望对方;拜读——指阅读对方的文章;拜辞——指告辞对方;拜访——指访问对方;拜服——指佩服对方。

(10)“玉”字一族

用于对方身体或行动。如:玉体——称对方身体;玉音(多用于书信);玉照——称对方的照片;玉成——成全。

(11)“奉”字一族

用于自己的动作涉及对方的时候。如: 奉送、奉赠——赠送; 奉迎——迎接;奉托——拜托;奉达(多用于书信)——告诉,表达;奉复(多用于书信)——回复;奉告——告诉;奉还——归还;奉陪——陪伴;奉劝——劝告。

(12)“芳”字一族

用于对方或与对方有关的事物。如:芳邻——称对方的邻居;芳名(多用于年轻女子)——称对方的名字;芳龄(多用于年轻女子)——称对方的年龄。

(13)“老”字一族

用于尊称别人,有时特指老年人。如:老兄——尊称男性朋友;老总——现代尊称领导人(多和姓连用);老伯、老大爷、老太爷——可尊称老年男子;老前辈——尊称同行里年纪较大、资格较老、经验较丰富的人。

(14)“俯”字一族

公文书信中用来称对方对自己的行动。如:俯念——称对方或上级体念;俯允——称对方或上级允许;俯察——称对方或上级对自己理解;俯就——用于请对方同意担任职务。

(15)“华”字一族

称对方的有关事物。如:华诞——称对方生日;华宗——称人同姓;华堂——称对方的房屋;华翰——称对方的书信。

(16)“惠”字一族

用于对方对待自己的行为动作。如:惠顾(多用于商店对顾客)——来临;惠允——指对方允许自己(做某事);惠赠——指对方赠予(财物);惠存(多用于送人相片、书籍等纪念品时所题的上款)——请保存;惠临——指对方到自己这里来。

(17)“雅”字一族

用于称对方的情意或举动。如:雅教——称对方的指教;雅正(把自己的诗文书画等送给人时)——指正批评;雅意——称对方的情意或意见。

(18)“恭”字一族

表示恭敬地对待对方。如:恭贺——恭敬地祝贺;恭迎——恭敬地迎接;恭喜——祝贺对方的喜事;恭候——恭敬地等候;恭请——恭敬地邀请。

(19)“叨”字一族

如:叨扰(受到款待,表示感谢)——打扰;叨教(受到指教,表示感谢)——领教;叨光(受到好处,表示感谢)——沾光。

(20)府上

称对方房屋。

(21)指正(用于请人批评自己的作品或意见)

指出错误,使之改正。

(22)赐教

给予指教。

(23)鼎力(用于请托或感谢)

大力。

(24)久仰(多用于初次见面)

仰慕已久。

(25)璧还

归还物品。

(26)包涵

请人原谅。

(27)斧正

请人改文章。

(28)留步(用于主人送客时客人请主人不要送)

止步。

(29)笑纳(用于请对方收下礼物)

请接纳、收下等等。

五、古代贱称

表示轻慢斥骂的态度,有"竖子"、"小子"等称呼。《鸿门宴》:"竖子不足与谋! "《孔雀东南飞》:"小子无所畏,何敢助妇语! "《荆轲刺秦王》:"今往而不反者,竖子也。"《毛遂自荐》:"白起,小竖子耳。"

六、特殊称谓

主要有以下几种:

(一)对百姓的称谓

常见的有布衣、黔首、生民、庶民、苍生、氓、黎民、黎庶、黎元等。

(二)对职业的称谓

对一些以技艺为职业的人,称呼时常在其名前面加一个表示他的职业的字眼,让人一看就知道这人的职业身份。如《师说》中的"师襄"和《群英会蒋干中计》中提到的"师旷","师",意为乐师,表明职业;《庖丁解牛》中的"庖丁","丁"是名,"庖"是厨师,表明职业。"优",亦称优伶、伶人,古代用于称以乐舞戏谑为职业的艺人,后亦称戏曲演员;《柳敬亭传》中的"优孟",是指名叫"孟"的艺人。

(三)不同的朋友关系之间的称谓

不拘于身份、形迹的朋友叫"忘形交";

不因贵贱的变化而改变深厚友情的朋友叫"车笠交";

辈分不同、年龄相差较大的朋友叫"忘年交";

在道义上彼此支持的朋友叫"君子交";

心意相投、相知很深的朋友叫"神交"("神交"也指彼此慕名而未见过面的朋友);

情谊契合、亲如兄弟的朋友叫"金兰之交";

贫贱而地位低下时结交的朋友叫"贫贱之交";

在遇到磨难时结成的朋友叫"患难之交";

同生死、共患难的朋友叫"刎颈之交";

从小一块儿长大的异性好朋友叫"竹马之交";

情投意合、友谊深厚的朋友叫"莫逆之交";

以平民身份相交往的朋友叫"布衣之交"。

(四)年龄的称谓

古人的年龄有时不用数字表示,不直接说出某人多少岁或自己多少岁,而是用一种与年龄有关的称谓来代替:

初度(小儿初生之时);

襁褓(本义指婴儿的被子,后来借指未满周岁的婴儿);

周晬(婴儿周岁);

孩提(2~3岁的儿童);

龆龀(指小孩七八岁换牙期);

垂髫是三四岁至八九岁的儿童(髫,古代儿童头上下垂的短发);

幼学(小孩十岁);

总角是八九岁至十三四岁的少年(古代儿童将头发分作左右两半,在头顶各扎成一个结,形如两个羊角,故称“总角”);

豆蔻是十三四岁至十五六岁(豆蔻是一种初夏开花的植物,初夏还不是盛夏,比喻人还未成年,故称未成年的少年时代为“豆蔻年华”);

束发是男子十五岁(到了十五岁,男子要把原先的总角解散,扎成一束);及笄是女子十五岁(笄:古代盘头发用的簪子,表示成年了);

弱冠是男子二十岁(古代男子二十岁行冠礼,表示已经成人,因为还没达到壮年,故称“弱冠”);

而立是男子三十岁(立,“立身、立志”之意);

不惑是男子四十岁(不惑,“不迷惑、不糊涂”之意);

知命、半百是男子五十岁(知命,“知天命”之意);

花甲、下寿、耳顺之年是六十岁;

古稀、中寿是七十岁;

耄耋、上寿指八九十岁;

期颐指一百岁;

花甲重开指一百二十岁;

古稀双庆指一百四十岁。

第四章　古代官职

一、常见的官职爵位名

(一)太上皇

秦始皇追尊称他的父亲庄襄王为太上皇;汉高祖刘邦尊称他的父亲太公为太上皇,也尊称为“上皇”。历代皇帝未死时即传位于太子,也就自称太上皇。

(二)皇帝

这是最常用的名词之一,秦王嬴政统一六国之后,王绾、李斯等根据传说中的三皇的名称,上尊号为秦皇。嬴政决定兼采帝号,称为皇帝,意思是他的功德可以和“三皇五帝”相提并论。从此,历代封建君主都称皇帝,俗称皇上。

(三)驸马

驸马最早只是一个官职,汉代武帝时设置驸马都尉,意思是掌副车之马,原为近侍官的一种,多由宗室及外戚、诸公主的子孙充任。魏晋以后,皇帝的女婿照例加此称号,简称为驸马。

(四)学士

在古代学士不是指学位而是一个地地道道的官名。魏、晋时征文学之士,主管典礼、编纂、撰述等事务,通称学士。因所属机关不同,职权各异。有主管撰述的,如北齐的文林馆学士,唐代的集贤院学士等;有专为皇帝侍讲、侍读的,还有草拟奏令、参与机密的。宋代的观文殿、资政殿、端明殿学士与大学士是专门为那些需要礼遇的大臣或文学之士而设,全是虚衔,而明、清两代的殿阁学士实际上行使着宰相的职权,这是历代地位最高的“学士”了。

(五)博士

古代官名。六国时诸子、诗赋、术数、方技都设有博士,秦、汉两代都沿袭了这一官职。西汉时属太常,称太常博士,汉武帝建元五年设五经博士,晋代设国子博士,唐代有太学国子诸博士和律学博士、算学博士等,都为教授官,与执掌礼仪的太常博士不同。明、清两代有国子博士、太常博士,而以五经博士为孔孟及儒家诸族的世袭官,博士中不

乏著名的文学家和学者,如唐代的韩愈就是货真价实的国子博士。

(六)太师

指两种官职,其一,古代称太师、太傅、太保为“三公”,后多为大官加衔,表示恩宠而无实职,如宋代赵普、文彦博等曾被加太师衔;其二,古代又称太子太师、太子太傅、太子太保为“东宫三师”,都是太子的老师,太师是太子太师的简称,后来也逐渐成为虚衔。如《梅花岭记》“颜太师以兵解”,颜真卿曾被加太子太师衔,故称。

(七)太医

周官中设医师,主管医务政令。秦、汉两代设太医令丞。汉代初期属太常寺,后来改属少府。魏、晋、南北朝时相沿设置。隋代设置太医署,宋代改称太医局,元代又改为太医院,明清两代不变,其职责都没有大的变化。后世泛指皇帝的医生为太医或御医,把他“卫生部长”的职权反而忘记了。

(八)太傅

“三公”之一。又指“东宫三师”之一,如贾谊曾先后任皇子长沙王、梁怀王的老师,故封为太傅。后逐渐成为虚衔,如曾国藩、曾国荃、左宗棠、李鸿章死后都被追赠太傅。

(九)尚书

最初是掌管文书奏章的官员。隋代始设六部,唐代确定六部为吏、户、礼、兵、刑、工,各部以尚书、侍郎为正副长官。如《张衡传》:“上书乞骸骨,征拜尚书。”

(十)少保

指两种官职,其一,古代称少师、少傅、少保为“三孤”,后逐渐成为虚衔;其二,古代称太子少师、太子少傅、太子少保为“东宫三少”,后也逐渐成为虚衔。

(十一)上卿

周代官制,天子及诸侯皆有卿,分上、中、下三等,最尊贵者谓“上卿”。如《廉颇蔺相如列传》:“廉颇为赵将……拜为上卿。”

(十二)参知政事

简称“参政”,是唐宋时期最高政务长官之一,与同平章事、枢密使、枢密副使合称“宰执”。宋代范仲淹、欧阳修、王安石都曾任此职。《训俭示康》:“参政鲁公为谏官”,“鲁公”指宋真宗时的鲁宗道。《谭嗣同》:“参预新政者,犹唐宋之参知政事,实宰相之职”。

(十三)大将军

先秦、西汉时是将军的最高称号。如汉高祖以韩信为大将军,汉武帝以卫青为大将军。魏晋以后渐成虚衔而无实职。明清两代于战争时才设大将军官职,战后即废除。

(十四)军机章京

是军机处的办事人员,军机大臣的属官,被称为“小军机”。《谭嗣同》:“皇上超擢四品卿衔军机章京,与杨锐、林旭、刘光第同参预新政。”

(十五)军机大臣

军机处是清代辅佐皇帝的政务机构。任职者无定员,一般由亲王、大学士、尚书、侍郎或京堂兼任,称为军机大臣。军机大臣少则三四人,多则六七人,被称为“枢臣”。清末汉人只有左宗棠、张之洞、袁世凯等短时间地任过军机大臣。

(十六)爵位

即爵、爵号,是古代皇帝对贵戚功臣的封赐。周代有公、侯、伯、子、男五种爵位,后代爵称和爵位制度往往因时而异。如汉初刘邦既封皇子为王,又封了七位功臣为王,如彭越为梁王,英布为淮南王等;魏曹植曾被封为陈王;唐郭子仪被封为汾阳郡王;清太祖努尔哈赤封其子阿济格为英亲王、多铎为豫亲王、豪格为肃亲王。

(十七)御史

本为史官,如《廉颇蔺相如列传》“秦御史前书曰”,“相如顾召赵御史书曰”。秦以后置御史大夫,职位仅次于丞相,主管弹劾、纠察官员过失诸事。韩愈曾任监察御史,明代海瑞曾任南京右佥都御史,但并不是实际的官职,清代时则称为“额附”。

(十八)丞相

是封建官僚机构中的最高官职,是秉承君主旨意综理全国政务的人。有时称相国,常与宰相通称,简称“相”。如《陈涉世家》:“王侯将相宁有种乎?”《廉颇蔺相如列传》:“且庸人尚羞之,况于将相乎!”

(十九)宰相

封建时代对君主负责的人称为宰相,其位置大致相当于今天的“总理”或“首相”。宰是主持的意思,相是辅助的意思。历代都另有正式的官名,其职权大小以及行使权力的方式都有所不同。封建时代民间常用“一人之下,万人之上”来描述宰相的地位,但一般地说,由于君主集权的加重,宰相的权力也随之而减轻,这其中最为典型的是明朝。明代为了防止权臣篡位,废除丞相而以内阁大学士协助皇帝处理政务,后来大学士成为事实上的宰相。

(二十)尹

战国时楚国令尹的助手有左尹、右尹,如《鸿门宴》“楚左尹项伯者”,左尹地位略高于右尹。又为古代官的通称,如京兆尹、河南尹、州尹、县尹等。

(二十一)令尹

战国时楚国执掌军政大权的长官,相当于丞相,如《屈原列传》:“令尹子兰闻之大怒。”明、清时指县长,如《促织》:“天将以酬长厚者,遂使抚臣、令尹并受促织恩荫。”

(二十二)都尉

职位次于将军的武官。《陈涉世家》:“陈涉自立为将军,吴广为都尉。”《鸿门宴》:“沛公已出,项王使都尉陈平召沛公。”

(二十三)节度使

唐代总揽数州军政事务的总管,原只设在边境诸州;后内地也遍设,造成割据局面,因此世称“藩镇”。《红楼梦》第四回:“雨村便疾忙修书二封与贾政并京营节度使王子腾。”

(二十四)司马

各个朝代所指官位不尽相同。战国时为掌管军政、军赋的副官,如《鸿门宴》:“沛公左司马曹无伤言之。”隋唐时是州郡太守(刺史)的属官,如《琵琶行》:“元和十年,予左迁九江郡司马。”白居易当时被贬至九江,位在州郡别驾、长史之下。

(二十五)刺史

原为巡察官名,东汉以后成为州郡最高军政长官,有时称为太守。唐白居易曾任杭州、苏州刺史,柳宗元曾任柳州刺史。

(二十六)经略使

也简称“经略”。唐宋时期为边防军事长官,与都督并置。如范仲淹曾任陕西经略副使。明、清两代有重要军事任务时特设经略,官位高于总督。如《梅花岭记》“经略洪承畴与之有旧”,洪承畴降清后曾任七省经略,驻扎江宁。

(二十七)都督

参见“经略使”条。军事长官或领兵将帅的官名,有的朝代地方最高长官亦称“都督”,相当于节度使或州郡刺史。如《梅花岭记》:“任太守民育及诸将刘都督肇基等皆死。”刘肇基是驻地方卫所的军事长官。

(二十八)太守

参见“刺史”条。又称“郡守”,州郡最高行政长官。范晔曾任宣城太守。《桃花源记》:“及郡下,诣太守,说如此。”《孔雀东南飞》:“直说太守家,有此令郎君。”《赤壁之战》:“与苍梧太守吴巨有旧,欲往投之。”

(二十九)抚军

参见“巡抚”条。《促织》:“乃赏成,献诸抚军。抚军大悦,以金笼进上。”又称做“抚

臣”,如“诏赐抚臣名马衣缎”。

(三十)巡抚

明初指京官巡察地方。清代正式成为省级地方长官,地位略次于总督,别称“抚院”、“抚台”、“抚军”。如《五人墓碑记》:“是时以大中丞抚吴者为魏之私人。”抚吴,即担任吴地的巡抚。

(三十一)教头

宋代军中教练武艺的军官。如《水浒传》中的林冲就是京城八十万禁军的枪棒教头。

(三十二)提辖

宋代州郡武官的官名,主管训练军队、督捕盗贼等事务。如《水浒传》中的鲁智深。

(三十三)枢密使

枢密院的长官。唐时由宦官担任,宋以后改由大臣担任,枢密院是管理军国要政的最高国务机构之一,枢密使的权力与宰相相当,清代军机大臣往往被尊称为“枢密”。宋欧阳修曾任枢密副使。

(三十四)校尉

两汉时期次于将军的官职。如《赤壁之战》:“以鲁肃为赞军校尉。”鲁肃当时担任协助主帅周瑜规划军事的副将。唐以后地位渐低。

(三十五)知府

即“太守”,又称“知州”。《登泰山记》:“是月丁未,与知府朱孝纯子颍由南麓登。”

(三十六)从事

中央或地方长官自己任用的僚属,又称“从事员”。《赤壁之战》:“品其名位,犹不失下曹从事。”

(三十七)县令

一县的行政长官,又称“知县”。《孔雀东南飞》:“还家十余日,县令遣媒来。”

(三十八)里正

古代的乡官,即一里之长。如《促织》:“令以责之里正。”

(三十九)里胥

管理乡里事务的公差。《促织》:“里胥猾黠,假此科敛丁口。”

(四十)太尉

元代以前的官职名称,是辅佐皇帝的最高武官,汉代称大司马。宋代定为最高一级武官。

(四十一)左徒

战国时楚国的官名,与后世左右拾遗相当。主要职责是规谏皇帝、举荐人才。《屈原列传》:“屈原者,名平,楚之同姓也。为楚怀王左徒。”

(四十二)大夫

各个朝代所指的内容不尽相同,有时可指中央机关的要职,如御史大夫、谏议大夫等。《〈指南录〉后序》:“缙绅、大夫、士萃于左丞相府。”指的便是御史大夫、谏议大夫等。

(四十三)上大夫

先秦官名,比卿低一等。《廉颇蔺相如列传》:“拜相如为上大夫。”当时蔺相如比上卿廉颇的官位要低。

(四十四)士大夫

古代指官吏或较有声望、地位的知识分子。《师说》:“士大夫之族,曰师曰弟子者,则群聚而笑之。”《训俭示康》:“当时士大夫家皆然。”

(四十五)长史

秦时为丞相属官,如李斯曾任长史,相当于丞相的秘书长。两汉以后成为将军属官,是幕僚之长。《出师表》:“侍中、尚书、长史、参军,此悉贞良死节之臣。”“长史”指张裔。《赤壁之战》:“子瑜者,亮兄瑾也,避乱江东,为孙权长史。”

(四十六)太史

西周、春秋时为地位很高的朝廷大臣,掌管起草文书、策命诸侯卿大夫、记载史事,兼管典籍、历法、祭祀等事。秦汉以后设太史令,其职掌范围渐小,其地位渐低。司马迁做过太史令。《张衡传》:“顺帝初,再转,复为太史令。”《五人墓碑记》:“贤士大夫者,冋卿因之吴公,太史文起文公,孟长姚公也。”文起为翰林院修撰,史官,故称太史。

(四十七)侍中

原为正规官职外的加官之一。因侍从皇帝左右,地位渐高,等级超过侍郎。魏晋以后,往往成为事实上的宰相。《出师表》提到的郭攸之、费祎即是侍中。

(四十八)侍郎

初为宫廷近侍。东汉以后成为尚书的属官。唐代始以侍郎为三省(中书、门下、尚书)各部长官(尚书)的副职。韩愈曾先后任过刑部、兵部、吏部的侍郎。《出师表》“侍中、侍郎郭攸之、费祎、董允等”,其中董允是侍郎。《谭嗣同》:“八月初一日,上召见袁世凯,特赏侍郎。”袁世凯为兵部侍郎。

(四十九)参军

“参谋军务”的简称,最初是丞相的军事参谋,如《出师表》所说的参军蒋琬。晋以后

地位渐低,成为诸王、将军的幕僚,如陶渊明曾任镇军参军,《后汉书》著者范晔曾任刘裕第四子刘义康的参军。隋唐以后逐渐成为地方官员,如杜甫曾任右卫率府胄曹参军、华州司功曹参军,白居易曾任京兆府户曹参军。

(五十)郎中

战国时为宫廷侍卫。自唐至清成为尚书、侍郎以下的高级官员,分掌各司事务。如《荆轲刺秦王》:"诸郎中执兵,皆陈殿下。"此指宫廷侍卫。《张衡传》:"公车特征拜郎中","郎中"是管理车骑门户的官名。

二、官职任免升降术语

(一)拜

用一定的礼仪授予某种官职或名位。如《〈指南录〉后序)中的"于是辞相印不拜",就是没有接受丞相的印信,不去就职。

(二)举、辟

举:举荐;辟:招用,如:"举孝廉不行,连辟公府不就。"(范晔《后汉书》)

(三)征

君征召臣。如:"安帝雅闻衡善术学,公车特征拜郎中。"(范晔《后汉书》)

(四)擢

提升官职,如:《战国策》:"先王过举,擢之乎宾客之中,而立之乎群臣之上。"

(五)陟

提升,提拔,如"陟罚臧否,不宜异同。"(诸葛亮《出师表》)

(六)除

拜官授职,如"予除右丞相兼枢密使"(《〈指南录〉后序)》一句中的"除",就是授予官职的意思。

(七)假

临时充当使臣属吏。

(八)升

提升,如:"旋升宁夏道。"(梁启超《谭嗣同》)

(九)谪

降职贬官或调往边远地区。《岳阳楼记》"滕子京谪守巴陵郡"中"谪"就是贬官。

(十)黜

"黜"与"罢、免、夺"都是免去官职。如《国语》:"公将黜太子申生而立奚齐。"

(十一)迁

调动官职,包括升级、降级、平级转调三种情况。为易于区分,人们常在“迁”字的前面或后面加一个字,升级叫迁升、迁授、迁叙,降级叫迁削、迁谪、左迁,平级转调叫转迁、迁官、迁调,离职后调复原职叫迁复。

(十二)去

解除职务,其中有辞职、调离和免职三种情况。辞职和调离属于一般情况和调整官职,而免职则是削职为民。

(十三)革、削、免、罢、废、夺

革职、罢职或停职。如:“使者遂逮守,胁服夺其官。”(高启《书博鸡者事》)

(十四)贬

降职并外放,与“谪”相近,如:“贬连州刺史。”(《旧唐书》)

(十五)转

迁职调任,无所谓升降,如:“顺帝初,再转复为太史令。”(范晔《后汉书》)

(十六)徙

改任官职,特定语境下可以表示升职或降职,如:“衡不慕当世,所居之官辄积年不徙。”(范晔《后汉书》)

(十七)退

1.撤销或降低官职;

2.自己辞职。

(十八)斥

屏弃不用。

(十九)调

调动、调迁,如:“调为陇西都府。”(班固《汉书》)

(二十)出

京官外放,与“放”意思相近,如:“永和初,出为河间相。”(范晔《后汉书》)

(二十一)放

京官调任地方官,如:“既而胡即放宁夏知府。”(梁启超《谭嗣同》)

(二十二)乞骸骨

年老了请求辞职退休,如《张衡传》:“视事三年,上书乞骸骨,征拜尚书。”

第五章 天文历法

中国是世界上天文学起步最早、发展最快的国家之一，天文学也是我国古代最发达的四门自然科学之一，其他三门是农学、医学和数学。其中天文学方面屡有革新的优良历法、令人惊羡的发明创造、卓有见识的宇宙观等。中国古历采用阴阳合历，根据太阳一年内的位置变化以及由此引起的地面气候的演变次序，把一年又分成24段，分列在12个月中，以反映四季、气温、物候等情况，在世界天文学发展史上，无不占据重要的地位。

一、天文名词解释

(一)东曦

古代神话说太阳神的名字叫曦和，驾着六条无角的龙拉的车子在天空驰骋。东曦指初升的太阳。《促织》："东曦既驾，僵卧长愁。""东曦既驾"指东方的太阳已经出来了。

(二)老人星

为全天空第二颗最明亮的星，也是南极星座最亮的星。民间把它称作寿星。北方的人若能见到它，便是吉祥太平的事。杜甫诗云："今宵南极外，甘作老人星。"

(三)天狼星

为全天空最明亮的恒星。苏轼《江城子》词："会挽雕弓如满月，西北望，射天狼。"其中用典皆出自星宿，雕弓指弧矢星，天狼即天狼星。屈原《九歌》中也有"举长矢兮射天狼"，长矢即弧矢星。

(四)银河

又名银汉、天河、天汉、星汉、云汉，是横跨星空的一条乳白色亮带，由一千亿颗以上的恒星组成。秦观《鹊桥仙》词："纤云弄巧，飞星传恨，银汉迢迢暗度。"曹操《观沧海》："星汉灿烂，若出其里。"陈子昂《春夜别友人》："明月隐高树，长河没晓天。"

(五)牵牛、织女

"牵牛"即牵牛星，又叫牛郎星，是夏秋夜空中最亮的星，在银河东。"织女"即织女星，在银河西，与牵牛星相对。《古诗十九首》："迢迢牵牛星，皎皎河汉女。"唐代诗人曹唐《织女怀牵牛》："北斗佳人双泪流，眼穿肠断为牵牛。"

(六)天罡

古星名,指北斗七星的柄。道教认为北斗丛星中有36颗天罡星、72颗地煞星。小说《水浒传》受这种迷信说法的影响,将梁山泊108名大小起义头领附会成天罡星、地煞星降生。

(七)文曲星

星宿名之一。旧时迷信说法,文曲星是主管文运的星宿,文章写得好而被朝廷录用为大官的人是文曲星下凡。如吴敬梓《范进中举》:"这些中老爷的都是天上的文曲星。"

(八)星宿

宿,古代把星座称做星宿。《范进中举》:"如今却做了老爷,就是天上的星宿。""天上的星宿是打不得的。"古人认为人间有功名的人是天上星宿降生的,这是迷信说法。

(九)云气

古代迷信说法,龙起生云,虎啸生风,即所谓"云龙风虎"。又说真龙天子所产生的地方,天空有异样云气,占卜测望的人能够看出。如《鸿门宴》:"吾令人望其气,皆为龙虎,成五采,此天子气也。"

(十)流火

流,下行;火,指大火星,即东官苍龙七宿中的心宿。《诗经·七月》:"七月流火,九月授衣。"七月相当于公历的八月,流火是说大火星的位置已由中天逐渐西降,表明暑气已退。

(十一)北极星

星座名,是北方天空的标志。古代天文学家对北极星非常尊崇,认为它固定不动,众星都绕着它转。其实,由于岁差的原因,北极星也在变更。3000年前周代以帝星为北极星,隋、唐、宋、元、明以天枢为北极星,12000年以后,织女星将会成为北极星。

(十二)北斗

又称"北斗七星",指在北方天空排列成斗形(或杓形)的七颗亮星。七颗星的名称是:天枢、天璇、天玑、天权、玉衡、开阳、摇光。排列如斗杓,故称"北斗"。根据北斗星便能找到北极星,故又称"指极星"。屈原《九歌》:"操余弧兮反沦降,援北斗兮酌桂浆。"《古诗十九首》:"玉衡指孟冬,众星何历历。"玉衡是北斗星中的第五星。《小石潭记》中用"斗折蛇行",形容像北斗星的曲线一样弯弯曲曲。

(十三)白虹贯日

"虹"实际上是"晕",大气中的光学现象。这种现象的出现,往往是天气将要变化的

预兆,可是古人却把这种自然现象视作人间将要发生异常事情的预兆。如汉代邹阳《狱中上梁王书》:“昔荆轲慕燕丹之义,白虹贯日,太子畏之。”燕太子丹厚养荆轲,让其刺秦王,行前已有天象显现,太子丹却畏其不去。

(十四)运交华盖

华盖,星座名,共十六星,在五帝座上,今属仙后座。旧时迷信,以为人的命运中犯了华盖星,运气就不好。鲁迅《自嘲》诗:“运交华盖欲何求,未敢翻身已碰头。”

(十五)彗星袭月

彗星俗称扫帚星,彗星袭月即彗星的光芒扫过月亮,按迷信的说法是重大灾难的征兆。如《唐雎不辱使命》:“夫专诸之刺王僚也,彗星袭月。”

(十六)月亮的别称

月亮是古诗文提到的自然物中最突出的被描写的对象。它的别称可分为:

1.因初月如钩,故称银钩、玉钩。

2.因弦月如弓,故称玉弓、弓月。

3.因满月如轮如盘如镜,故称金轮、玉轮、银盘、玉盘、金镜、玉镜。

4.因传说月中有兔和蟾蜍,故称银兔、玉兔、金蟾、银蟾、蟾宫。

5.因传说月中有桂树,故称桂月、桂轮、桂宫、桂魄。

6.因传说月中有广寒、清虚两座宫殿,故称广寒、清虚。

7.因传说为月亮驾车之神名望舒,故称月亮为望舒。

8.因传说嫦娥住在月中,故称月亮为嫦娥。

9.因人们常把美女比做月亮,故称月亮为婵娟。

二、历法名词解释

(一)农历

我国的一种传统历法,在历史上长期采用。它是通过朔望的周期来定月,用置闰的方法使年平均长度接近太阳回归年,因此这种历法用了24个节气来指导农业生产活动,故称农历,又叫夏历、中历,民间俗称阴历。古人文章中,凡用序数纪月的,大多以农历为据。

(二)二十四节气

是我国古代历法的重要组成部分。古人根据太阳一年内的位置变化以及所引起的地面气候的演变次序,把一年三百六十五又四分之一的天数分成二十四段,分列在十二个月中,以反映四季、气温、物候等情况,这就是二十四节气。每月分为两段,月首叫“节气”,月中叫“中气”。二十四节气的名称和顺序为:

正月　立春、雨水　　二月　惊蛰、春分　　三月　清明、谷雨
四月　立夏、小满　　五月　芒种、夏至　　六月　小暑、大暑
七月　立秋、处暑　　八月　白露、秋分　　九月　寒露、霜降
十月　立冬、小雪　　十一月　大雪、冬至　　十二月　小寒、大寒

二十四节气歌谣：

“春雨惊春清谷天，夏满芒夏暑相连，秋处露秋寒霜降，冬雪雪冬小大寒。”

(三)四时

指春夏秋冬四季。农历以正月、二月、三月为春季，分别称作孟春、仲春、季春；以四月、五月、六月为夏季，分别称作孟夏、仲夏、季夏；秋季、冬季以此类推。欧阳修《醉翁亭记》：“风霜高洁，水落而石出者，山间之四时也。”

(四)社日

古代农民祭祀土地神的节日，在春分前后。《永遇乐》：“可堪回首，佛狸祠下，一片神鸦社鼓。”社鼓，指社日祭祀土地神的鼓声。

(五)初阳

约在农历十一月，冬至以后、立春以前的一段时间。此时阳气初动，故称“初阳”。《孔雀东南飞》：“往昔初阳岁，谢家来贵门。”

(六)初七

农历七月初七，民间有七夕乞巧的风俗。传说为牛郎织女聚会之夜。《孔雀东南飞》：“初七及下九，嬉戏莫相忘。”

(七)下九

农历每月十九日，是妇女欢聚的日子。

(八)干支

天干地支的合称。

1.天干：甲、乙、丙、丁、戊、己、庚、辛、壬、癸；

2.地支：子、丑、寅、卯、辰、巳、午、未、申、酉、戌、亥。

十干和十二支依次相配，组成六十个基本单位，古人以此作为年、月、日、时的序号，叫“干支纪法”。

“六十甲子”依次是：

甲子　乙丑　丙寅　丁卯　戊辰　己巳　庚午　辛未　壬申　癸酉
甲戌　乙亥　丙子　丁丑　戊寅　己卯　庚辰　辛巳　壬午　癸未
甲申　乙酉　丙戌　丁亥　戊子　己丑　庚寅　辛卯　壬辰　癸巳
甲午　乙未　丙申　丁酉　戊戌　己亥　庚子　辛丑　壬寅　癸卯

甲辰　乙巳　丙午　丁未　戊申　己酉　庚戌　辛亥　壬子　癸丑

甲寅　乙卯　丙辰　丁巳　戊午　己未　庚申　辛酉　壬戌　癸亥

三、古代纪年、月、日、时方法

(一)纪年法

我国古代纪年法主要有四种:

1.干支纪年法

如《与妻书》"辛未三月念六夜四鼓","辛未"应为辛亥。《〈黄花岗七十二烈士事略〉序》:"死事之惨,以辛亥三月二十九日围攻两广督署之役为最。""辛亥"指公元1911年。近世还常用干支纪年来表示重大历史事件,如"戊戌变法"、"甲午战争"、"庚子赔款"、"辛亥革命"、"辛丑条约"。

2.年号干支兼用法

纪年时皇帝年号置前,干支列后。如《核舟记》"天启壬戌秋日","天启"是明熹宗朱由校的年号,"壬戌"是干支纪年;《扬州慢》"淳熙丙申","淳熙"为南宋孝宗赵昚的年号,"丙申"是干支纪年;《梅花岭记》"顺治二年乙酉四月","顺治"是清世祖爱新觉罗·福临的年号,"乙酉"是干支纪年;《祭妹文》"旷乾隆丁亥冬","乾隆"是清高宗爱新觉罗·弘历的年号,"丁亥"是干支纪年。

3.王公即位年次纪年法

以王公在位年数来纪年。如《廉颇蔺相如列传》:"赵惠文王十六年,廉颇为赵将。"《左传·殽之战》:"三十三年春,秦师过周北门。"指鲁僖公三十三年。

4.年号纪年法

汉武帝起开始有年号。此后每个皇帝即位都要改元,并以年号纪年。如《琵琶行》"元和十年"、《岳阳楼记》"庆历四年春"、《梅花岭记》"顺治二年"、《游褒禅山记》"至和元年七月某日"、《石钟山记》"元丰七年"、《〈指南录〉后序》"德祐二年"等。

(二)纪月法

我国古代纪月法主要有三种:

1.地支纪月法

古人常以十二地支配称十二个月,每个地支前要加上特定的"建"字。如杜甫《草堂即事》诗:"荒村建子月,独树老夫家""建子月"按周朝纪月法指农历十一月。

2.时节纪月法

如《古诗十九首》:"孟冬寒气至,北风何惨栗。""孟冬"代农历十月;陶渊明《拟古诗九首》"仲春遘时雨","仲春"代农历二月。

3.序数纪月法

如《采草药》:“如平地三月花者,深山中则四月花。”《〈指南录〉后序》“德祐二年二月”,“是年夏五”,“五”就是五月。《谭嗣同》“今年四月,定国是之诏既下”,“八月初一日,上召见袁世凯”,“以八月十三日斩于市”。

(三)纪日法

我国古代纪日法主要有四种:

1.干支纪日法

如《殽之战》:“夏四月辛巳,败秦军于殽。”“四月辛巳”指农历四月十三日;《石钟山记》“元丰七年六月丁丑”,即农历六月九日;《登泰山记》“是月丁未”,指这个月的十八日。古人还单用天干或地支来表示特定的日子。如《礼记·檀弓》“子卯不乐”,“子卯”代指恶日或忌日。

2.序数纪日法

如《梅花岭记》:“二十五日,城陷,忠烈拔刀自裁。”《项脊轩志》:“三五之夜,明月半墙。”“三五”指农历十五日。《〈黄花岗七十二烈士事略〉序》:“死事之惨,以辛亥三月二十九日围攻两广督署之役为最。”

3.干支月相兼用法

干支置前,月相列后。如《登泰山记》:“戊申晦,五鼓,与子颍坐日观亭。”

4.月相纪日法

指用“朔、朏、望、既望、晦”等表示月相的特称来纪日。每月第一天叫朔,每月初三叫朏,月中叫望(小月十五日,大月十六日),望后这一天叫既望,每月最后一天叫晦。如《五人墓碑记》:“在丁卯三月之望”;《祭妹文》:“此七月望日事也”;《赤壁赋》:“壬戌之秋,七月既望”。

(四)纪时法

我国古代纪时法主要有两种:

1.地支纪时法

以十二地支来表示一昼夜十二时辰的变化。古天色纪时、地支纪时与今序数纪时对应关系见下表。

天色	夜半	鸡鸣	平旦	日出	食时	隅中	日中	日昳	晡时	日入	黄昏	人定
地支	子	丑	寅	卯	辰	巳	午	未	申	酉	戌	亥
现代	23—1时	1—3时	3—5时	5—7时	7—9时	9—11时	11—13时	13—15时	15—17时	17—19时	19—21时	21—23时

2.天色纪时法

古人最初是根据天色的变化将一昼夜划分为十二个时辰,它们的名称是:夜半、鸡鸣、平旦、日出、食时、隅中、日中、日昳、晡时、日入、黄昏、人定。

天色法与地支法是古代诗文中常见的两种纪时方法。如《李愬雪夜入蔡州》:“夜半雪愈急……愬至城下……鸡鸣,雪止……晡时,门坏。”《孔雀东南飞》:“鸡鸣入机织,夜夜不得息。”“奄奄黄昏后,寂寂人定初。”《芙蓉楼送辛渐》:“寒雨连江夜入吴,平明送客楚山孤。”平明是平旦的别称。再如《失街亭》:“魏兵自辰时困至戌时。”《景阳冈》:“可教往来客人于巳、午、未三个时辰过冈。”《祭妹文》:“果予以未时还家,而汝以辰时气绝。”

四、古代计时单位

(一)更

我国古代把夜晚分成五个时段,用击鼓打更报时,所以叫做五更、五鼓,或称五夜。如《群英会蒋干中计》:“伏枕听时,军中鼓打二更。”《孔雀东南飞》:“仰头相向鸣,夜夜达五更。”《李愬雪夜入蔡州》:“四鼓,愬至城下,无一人知者。”《登泰山记》:“戊申晦,五鼓,与子颖坐日观亭。”《与妻书》:“辛未三月念六夜四鼓,意洞手书。”古代夜间时辰、更、鼓与现代时间对照如下表。

夜间时辰	五更	五鼓	五夜	现代时间
黄昏	一更	一鼓	甲夜	19—21 时
人定	二更	二鼓	乙夜	21—23 时
夜半	三更	三鼓	丙夜	23—1 时
鸡鸣	四更	四鼓	丁夜	1—3 时
平旦	五更	五鼓	戊夜	3—5 时

(二)点

古人将一夜分为五更,每更分为五点。每点约等于现代的 24 分钟。

(三)刻

古人把一昼夜分为 100 刻,实算 96 刻,每刻 15 分钟。漏刻指很短的时间。

(四)鼓

古时常夜间击鼓报更,所以古人常以鼓代更。

(五)漏

古时用滴漏计时,夜间凭漏刻传更。

(六)时

时是时辰,见古代纪时法。

第六章 古代地理

一、地区名

（一）两都

汉代指长安、洛阳。又叫“两京”。

（二）三都

东汉的三都指东都洛阳、西都长安、南都宛。唐代的三都指东都洛阳、北都晋阳和京都长安。

（三）三秦

指潼关以西的关中地区。项羽灭秦后曾将此地封给秦军三位降将，故得名。《送杜少府之任蜀州》：“城阙辅三秦，风烟望五津。”

（四）三辅

西汉时本指治理京畿地区的三位官员，后指这三位官员管辖的地区。《张衡传》：“衡少善属文，游于三辅。”《记王忠肃公翱事》：“公一女，嫁为畿辅某官某妻。”隋唐以后简称“辅”。

（五）西河

又称河西，黄河以西的地区。如《廉颇蔺相如列传》：“会于西河外渑池。”《过秦论》：“于是秦人拱手而取西河之外。”

（六）西域

古代称我国新疆及其以西地区。《雁荡山》：“按西域书，阿罗汉诺矩罗居震旦东南大海际雁荡山芙蓉峰龙湫。”

（七）朔漠

指北方的沙漠，也可单称“朔”，泛指北方。《采草药》：“朔漠则桃李夏荣。”《木兰诗》：“朔气传金柝，寒光照铁衣。”朔气指北方的风。《林教头风雪山神庙》“仍旧迎着朔风回来”，朔风指北风。

(八)岭峤

五岭的别称,指越城、都庞、萌渚、骑田、大庾等五岭。《采草药》:“岭峤微草,凌冬不雕。”(这里特指两广一带)。

(九)江东

因长江在安徽境内向东北方向斜流,而以此段江为标准确定东西和左右。所指区域有大小之分,可指南京一带,也可指安徽芜湖以下的长江下游南岸地区,即今苏南、浙江及皖南部分地区。《史记·项羽本纪》:“且籍与江东子弟八千人渡江而西,今无一人还,纵江东父兄怜而王我,我何面目见之!”李清照诗云:“至今思项羽,不肯过江东。”《赤壁之战》:“兼仗父兄之烈,割据江东。”

(十)五岳

五大名山的总称,即东岳泰山、西岳华山、中岳嵩山、北岳恒山、南岳衡山。《梦游天姥吟留别》:“势拔五岳掩赤城。”

(十一)百越

又作百粤、诸越。古代越族居住在江浙闽粤各地,统称为百越。古文中常泛指南方地区。《过秦论》:“南取百越之地”,《采草药》:“诸越则桃李冬实。”

(十二)江表

长江以南地区。《赤壁之战》:“江表英豪,咸归附之。”

(十三)京畿

国都及其附近的地区。《左忠毅公逸事》:“乡先辈左忠毅公视学京畿。”

(十四)江南

长江以南的总称,所指区域因时而异。王安石诗云:“春风又绿江南岸,明月何时照我还。”白居易词云:“江南好,风景旧曾谙。”

(十五)江左

即指江东。古人以东为左,以西为右。《群英会蒋干中计》:“即传令悉召江左英杰与子翼相见。”

(十六)淮左

淮水东面。《扬州慢》:“淮左名都,竹西佳处”,扬州在淮水东面。

(十七)关西

指函谷关或潼关以西的地区。《赤壁之战》:“马超、韩遂尚在关西,为操后患。”

(十八)关中

所指范围不一,古人习惯上将函谷关以西地区称为关中。《过秦论》:“始皇之心,自

以为关中之固。"《鸿门宴》:"沛公欲王关中,使子婴为相。"

(十九)关东

古代指函谷关或潼关以东地区,近代指山海关以东的东北地区。曹操《蒿里行》:"关东有义士,兴兵讨群凶。"关东指潼关以东的地区。

(二十)山东

顾名思义,在山的东面。但需注意的是,因"山东"之"山",可指崤山、华山、太行山、泰山等数种不同的山,而所指地域不尽相同。下面是以崤山为标准的"山东"。如《过秦论》:"山东豪俊遂并起而亡秦族矣。"《汉书》曾提到"山东出相,山西出将"。《鸿门宴》:"沛公居山东时,贪于财货。"

二、政区名

(一)中华

上古时期华夏族居四方之中的黄河流域一带,故称"中华",后常用来泛指中原地区。如《三国志》:"其地东接中华,西通西域。"今已成为中国的别称。

(二)中国

现为中华人民共和国简称。但在古代文献中它是一个多义性的词组。从春秋战国至宋元明清,多用来泛指中原地区。大致范围是黄河以南、长江以北、淮河以西、嘉峪关以东的地区。如司马光《赤壁之战》:"若能以吴、越之众与中国抗衡,不如早与之绝。"孟子《齐桓晋文之事》:"莅中国而抚四夷也。"

(三)国

汉代诸侯王的封域,也是行政区。国的区域略大于郡,所以"郡国"连称。例如:"时国王骄奢,不遵典宪。"(《张衡传》)

(四)四海

参见"海内"条。指天下、全国。如贾谊《过秦论》:"有席卷天下、包举宇内、囊括四海之意"。《赤壁之战》:"遂破荆州,威震四海。"《阿房宫赋》:"六王毕,四海一。"《五人墓碑记》:"四海之大,有几人欤?"

(五)六合

上下和四方,泛指天下。如《过秦论》:"旷履至尊而制六合","然后以六合为家,殽函为宫"。李白《古风》诗:"秦王扫六合,虎视何雄哉!"

(六)八荒

四面八方遥远的地方,亦称"天下"。《过秦论》:"囊括四海之意,并吞八荒之心。"梁启超《少年中国说》:"纵有千古,横有八荒。"

(七)九州

传说中的我国上古时期划分的九个行政区域,州名分别为:冀、兖、青、徐、扬、荆、豫、梁、雍。后成为中国的别称。后来又有十二州说,即从冀州分出并州,从青州分出营州,从雍州分出梁州。一般地说,"九州"泛指中国。例如:"九州生气恃风雷,万马齐喑究可哀。"(《己亥杂诗》) 陆游诗云:"死去元知万事空,但悲不见九州同。"《过秦论》:"序八州而朝同列",秦居雍州,加上八州即九州。

(八)中原

又称中土、中州。狭义的中原指今河南省一带,广义的中原指黄河中下游地区或整个黄河流域。如《出师表》:"当奖率三军,北定中原。"陆游《示儿》诗:"王师北定中原日,家祭无忘告乃翁。"指整个黄河流域。

(九)赤县、神州

古人把中国称做"赤县、神州"。毛泽东词《浣溪沙·和柳亚子先生》:"长夜难明赤县天。"辛弃疾词《南乡子》:"何处望神州,满眼风光北固楼。"

(十)海内

古代传说我国疆土四面环海,故称国境之内为海内。王勃《杜少府之任蜀州》:"海内存知己,天涯若比邻。"司马光《赤壁之战》:"海内大乱,将军起兵江东。"

第三部分

礼仪典范

第一章　古代各种礼仪称谓

一、三礼

儒家经典《周礼》、《仪礼》、《礼记》的合称。

(一)周礼

儒家经典三礼之一,是关于先秦职官与各种典章制度的书,汉初名《周官》。改称《周礼》,约始于西汉末的刘歆。《周礼》属古文经学,分《天官冢宰》、《地官司徒》、《春官宗伯》、《夏官司马》、《秋官司寇》、《冬官司空》六篇。其中《冬官》一篇,在汉初已佚,补以《考工记》。《考工记》也是先秦作品。《周礼》为考求古代的各种制度必备的书,对后世影响很大,如王莽改制、宇文泰改革官职、王安石变法,都以《周礼》为理论根据。《周礼》有汉郑玄注和唐贾公彦疏。清孙诒让作《周礼正义》八十六卷,是研究此书的佳本。

(二)仪礼

儒家经典三礼之一。《史记·孔子世家》和《汉书·儒林传》都说它是孔子采集周代残留的礼而编成的书。原名《礼》,汉人以其所讲为士所必习的礼节,称之为《士礼》或《礼经》。到晋代,以所讲为具体仪节,不是礼的意义,才称之为《仪礼》。全书共十七篇,内容包括冠、婚、丧、祭、射、乡、朝聘等方面的基本仪节,为历代王朝制定礼制的重要依据。其中的《丧服篇》,更是一篇极为特殊的历史文献,它的关于"五服"制度的规定和亲亲、尊尊、长长、男女有别的精神,对后世的影响十分深远。

(三)礼记

儒家经典三礼之一,又名《小戴礼记》,原是解说《仪礼》的资料汇编。该书编定者是西汉礼学家戴德和他的侄子戴圣。戴德选编的八十五篇本叫《大戴礼记》,在后来的流传过程中若断若续,到唐代只剩下了三十九篇。戴圣选编的四十九篇本叫《小戴礼记》,即我们今天见到的《礼记》。这两种书各有侧重和取舍,各有特色。东汉末年,著名学者郑玄为《小戴礼记》作了出色的注解,后来这个本子便盛行不衰,并由解说经文的著作逐渐成为经典,到唐代被列为"九经"之一,到宋代被列入"十三经"之中,为士者必读之书。

二、五礼

古代吉礼、凶礼、宾礼、军礼、嘉礼的合称。其说源于《周礼·大宗伯》。吉礼即祭祀之礼。古代认为祭祀是“国之大事”,故列为五礼之首。祭祀对象有上帝、日月星辰、司中司命、风师雨师、社稷、五祀、五岳、山林川泽以及四方百物等。凶礼不单指丧葬,也包括对天灾人祸(如饥馑、水旱、战败、寇乱等)的哀悼。宾礼,指天子对诸侯的接见、各诸侯之间的聘问和会盟等等。军礼,主要是指战事和各诸侯可以拥有的兵力的规定。此外,田猎、建造城邑、划定疆界等事也属军礼。嘉礼内容比较复杂,有饮食之礼、婚冠之礼、宾射之礼、飨燕之礼、脤膰之礼和贺庆之礼等。

三、九礼

古代的九种拜礼。据《周礼·春官·大祝》,它们是:稽首、顿首、空首、振动、吉拜、凶拜、奇拜、褒拜、肃拜。前四种为正拜,即常用之拜。后五种依附于四种正拜。下面举几种主要拜礼来说明。

(一)稽首

九拜之一。用于臣子对君父。《周礼·春官·太祝》疏:“稽是稽留之义,头至地多时,则为稽首也。稽首,拜中最重,臣拜君之拜。”行礼方法与顿首同,区别在于要使头在地上停留一段较长的时间。

(二)顿首

九拜之一,即叩头。《周礼·春官·大祝》注:“顿首拜,头叩地也。”疏:“顿首者,为空首之时,引头至地,首顿地即举,故名顿首。”顿首是平辈之间的拜礼。韩愈《答胡生书》:“愈顿首,胡生秀才足下。”李陵《答苏武书》末尾称“李陵顿首”,是其例。古人席地而坐,姿势和跪差不多,行顿首拜时,取跪姿,先拱手下至于地,然后引头至地,就立即举起。因为头触地的时间很短,只是略作停顿,所以叫顿首。

(三)空首

九拜之一。《周礼·春官·大祝》疏:“空首拜,头至手。所谓拜手是也。”古书中常说的“拜”就是“拜手”的省称。《论语·乡党》:“康子馈药,拜而受之。”行空首礼时,身体先取跪姿,然后拱手至地,接着引头至手。所谓“空”,就是头并没有真正叩到地面上,而是悬在空中。空首又叫“拜手”。古人在行稽首、顿首礼时,一般要先行拜手礼。

(四)肃拜

九拜之最轻者。《周礼·春官·大祝》注:“肃拜,但俯下手(俯身拱手下地),今时撎(揖)是也。”疏:“肃拜者,拜中最轻,唯军中有此肃拜。妇人亦以肃拜为正。”军中用肃拜礼,是因为将士披甲,不便于拜,所以《礼记·曲礼上》说:“介者不拜”。《左传·成公十六

年》记晋楚交兵，晋将却只对楚君的使者“三肃使者而退”。这个“肃”，就是指的肃拜。《朱子语类》卷九一《礼》：“问：‘古者妇人以肃拜为正，何谓肃拜？’曰：‘两膝跪地，手至地而头不下为肃拜。’”

四、其他礼仪称谓

(一)再拜

拜两次。表示礼节隆重。《论语·乡党》：“问人于他邦，再拜而送之。”再拜之礼，用于平辈之间。如果臣对君，再拜之外，还要行稽首礼，所以古书中常见“再拜稽首”连文。《史记·项羽本纪》中有“谨使良奉白璧一双再拜献大王足下”。

(二)百拜

多拜的意思。《礼记·乐记》：“一献之礼，宾主百拜。”注：“百拜以喻多。”顾炎武《日知录》卷二八《百拜》：“古人之拜，如今之鞠躬，故通计一席之间，宾主交拜，近至于百。若平礼止是一拜再拜，即人臣于君，亦止再拜。礼至末世而繁，自唐以下，即有四拜。今人书状动称百拜何也？”

(三)拱

两手合抱以表示敬意。《论语·微子》：“子路拱而立。”合抱，一般是左手在外，右手在内。如遇凶丧，则右手在外，左手在内。

(四)揖

拱手为礼。今云“作揖”。这是宾主相见时的礼节。《公羊传·僖公二年》：“献公揖而进之。”注：“以手通指曰揖。”《说文》段玉裁注：“凡拱其手使关曰揖。”

(五)长揖

比拜轻的一种敬礼，用于略尊于己者。相见时，站立，身略俯折，两手合抱，重心稍下移。唐胡曾《咏史诗·高阳》：“路人高阳感即生，逢时长揖便论兵。”《东周列国志》第一百一回：“蔡泽布衣躧屩，往见范雎。雎踞坐以待之。蔡泽长揖不拜。”

(六)坐

古人席地而坐，姿势是：两膝着地，两脚背朝下。臀部落在脚踵上。坐姿像跪，但有不同，主要是跪时身体要耸直，臀部不得落在脚踵上。《礼记·少仪》：“受立、授立，不坐。”

(七)居

古代一种较为省力的坐法，即蹲踞。《说文》说：“居，蹲也。”《论语·乡党》：“寝不尸，居不客。”意思是睡觉不像死尸一样直躺着，平日坐的姿势，也不像接见客人或者自己做客人一样，把两膝跪在席上。姿势是脚板着地，两膝耸起，臀部向下而不贴地，和蹲一样。

(八)箕踞

最不恭敬的一种坐法。《礼记·曲礼上》:“立毋跛,坐毋箕。”箕,即指箕踞。姿势是:臀部贴地,两腿张开,平放而直伸,像箕一样。在他人面前箕踞是对对方的极不尊重。《战国策》:“(荆)轲自知事不就,倚柱而笑,箕踞以骂。”箕踞有时也是不拘小节的表现。

(九)跽

跪时挺身直腰。这时身体似乎加长。故又叫“长跪”。跽是将要站立的准备姿势,往往表示跽者将有所作为。《史记·项羽本纪》:“项王按剑而跽,曰:‘客何为者?’”按剑而跽是一种准备自卫的动作。至于乐府诗《饮马长城窟行》:“长跪读素书,书中竟何如?”则是妻子接到久别在外的丈夫的来信准备细读以知其究竟。

(十)席次

席位的次序。古代室内席次以东向(坐西面东)的最尊,其次是南向,再次是北向,最后西向。司马迁《史记·项羽本纪》:“项王即日因留沛公与饮。项王、项伯东向坐,亚父南向坐。亚父者,范增也。沛公北向坐,张良西向侍。”

(十一)君

周代称诸侯为君。《礼记·服问》:“君为天子三年。”即诸侯为天子服丧三年。又《曲礼上》:“君命召,虽贱人,大夫士必自御之。”知君在天子之下,大夫之上,称皇帝为君。《孔子家语·本命》谓“天无二日,国无二君。”君还是战国、秦汉时期贵族、功臣的封号。如齐国田文号孟尝君,魏公子无忌号信陵君,汉郦食其号广野君,刘敬号奉春君。又引申为对男子的尊称。

(十二)臣

上古指男性奴隶。《书·费誓》:“臣妾逋逃。”《传》:“役人贱者,男曰臣,女曰妾。”《诗·小雅·北山》:“溥天之下,莫非王土。率土之滨,莫非王臣。”《礼记·少仪》:“臣则佐之。”《疏》:“臣,征伐所获民虏也。”后“君”“臣”对举,臣包括国君外的任何人。

(十三)士

上古掌刑狱之官。商、西周、春秋为贵族阶层,多为卿大夫的家臣。春秋末年以后,逐渐成为统治阶级中知识分子的统称。战国时的“士”,有著书立说的学士,有为知己者死的勇士,有懂阴阳历算的方士,有为人出谋划策的策士等。如:荆轲为燕太子丹刺秦王、冯谖客孟尝君、苏秦连横等。

(十四)民

上古指奴隶。或称黎民、群黎、苗民、众人、庶人、庶民,通称庶民。庶,众多之意。民本与百姓对立,后由于阶级分化,演变为同义词。董仲舒《春秋繁露·深察名号》:“民者,

瞑也。”

(十五)奴隶

为奴隶主劳动而没有人身自由的人,常被奴隶主任意买卖甚至杀死。奴隶的来源主要是战俘,罪人和贫困卖身的人。甲骨文中的“工”、“奴”、“奚”、“臣”、“妾”等,也都是奴隶。奴隶中有的专门从事家务劳动,如小臣、仆侍、妾婢、阍人(看门人)、寺人(阉宦)等;有的从事手工业生产,如金工、车工等;大量的则从事农业生产。

(十六)君子

古代对贵族男子的通称。《诗·大雅·桑柔》郑玄笺:“君子,谓诸侯及卿大夫也。”《礼记·玉藻》郑玄注:“君子,士以上。”又泛指有道德的人。

(十七)小人

古代统治者对劳动人民的蔑称。《左传·襄公九年》:“君子劳心,小人劳力,先王之制也。”《孟子·滕文公上》:“有大人之事,有小人之事。劳心者治人,劳力者治于人。”注:“劳心,君也;劳力,民也。”《论语·颜渊》:“君子成人之美,不成人之恶,小人反是。”这里又指道德低下的人。

(十八)百姓

“百”,表示众多;“姓”是族号。《书·尧典》:“九族既睦,平章百姓。百姓昭明,黎民于变是雍”。这里讲的是尧的统治方法,自上而下,分三层次。一是九族,即尧的亲族;二是百姓,即百官;三是黎民,即奴隶。九族和睦了,百姓昭明了,黎民就会变得顺驯。到春秋后期,宗法制度逐渐破坏,有的庶民上升为新兴地主,有的贵族下降为庶民,故庶民可以称为百姓,百姓也可以称为庶民,“百姓”就成为平民的通称。

(十九)百工

即百官,也即古之百姓。《书·尧典》:“允厘百工,庶绩咸熙。”孔传:“工,官。”疏认为“工、官皆以声近为训”,今称双声通假。一说百工指掌握专门技术、占有手工业奴隶的奴隶主,是百姓的组成部分。唐代韩愈《师说》:“巫医乐师百工之人,不耻相师。”

(二十)黔首

战国时秦国及秦王朝对平民的称呼。《礼记·祭义》孔颖达疏:“黔首谓民也,黔谓黑也,凡人以黑巾覆头,故谓之黔首。”按秦始皇规定“衣服旄旌节旗,皆尚黑”。汉贾谊《新书·过秦论上》:“焚百家之言,以愚黔首。”《史记·秦始皇本纪》:“更名民曰‘黔首’”。

第二章 古代政治礼仪

一、祭天

周代人崇拜天，是从商代出现“帝”崇拜发展而来的，始于周代的祭天也叫郊祭，冬至之日在国都南郊圜丘举行。古人首先重视的是实体崇拜，对天的崇拜还体现在对月亮、对星星的崇拜。所有这些具体崇拜，在达到一定数量之后，才抽象为对天的崇拜。古代最高统治者为天子，君权神授，祭天是为最高统治者服务的，因此，祭天盛行到清代才宣告结束。

二、祭地

汉代称地神为地母，说她是赐福人类的女神，也叫社神。最早祭地是以血祭祀。汉代以后，不宜动土的风水信仰盛行。祭地礼仪还有祭山川、祭土神、祭谷神、祭社稷等。夏至是祭地之日，礼仪与祭天大致相同。

三、宗庙之祭

宗庙制度是祖先崇拜的产物。人们在阳间为亡灵建立的寄居所即宗庙。帝王的宗庙制是天子七庙，诸侯五庙，大夫三庙，士一庙。庶人不准设庙。宗庙的位置，天子、诸侯设于门中左侧，大夫则左庙而右寝。庶民则是寝室中灶堂旁设祖宗神位。祭祀时行九拜礼：稽首、顿首、空首、振动、吉拜、凶拜、奇拜、褒拜、肃拜。宗庙祭祀还有对前代帝王的祭祀，据《礼记·曲礼》记述，凡于民有功的先帝如帝喾、尧、舜、禹、黄帝、文王、武王等都要祭祀。自汉代起始修陵园立祠祭祀前代帝王。明太祖则始创在京都总立历代帝王庙。嘉靖时在北京阜成门内建立历代帝王庙，祭祀先王三十六帝。

四、对先师先圣的祭祀

汉魏以后，以周公为先圣，孔子为先师；唐代尊孔子为先圣，颜回为先师。唐、宋以后一直沿用“释奠”礼作为学礼，也作为祭孔礼。南北朝时，每年春秋两次行释奠礼，各地郡学也设孔、颜之庙。明代称孔子为“至圣先师”。清代，盛京(辽宁沈阳)设有孔庙，定都北京后，以京师国子监为太学，立文庙，孔子称“大成至圣文宣先师”。曲阜的庙制、祭器、乐

器及礼仪以北京太学为准式。乡饮酒礼是祭祀先师先圣的产物。

五、相见礼

下级向上级拜见时要行拜见礼，官员之间行揖拜礼，公、侯、驸马相见行两拜礼，下级居西先行拜礼，上级居东答拜。

六、军礼

包括征伐、征税、狩猎、营建等。

第三章　古代生活礼仪

一、诞生礼

从妇女未孕时的求子到婴儿周岁，一切礼仪都围绕着长命的主题。诞生礼自古就有重男轻女的倾向。诞生礼还包括“三朝”、“满月”、“百日”、“周岁”等。“三朝”是婴儿降生三日时接受各方面的贺礼。“满月”在婴儿满一个月时剃胎发。“百日”时行认舅礼、命名礼。“周岁”时行抓周礼，以预测小儿一生命运、事业吉凶。

二、成年礼

也叫冠礼，是跨入成年人行列的男子加冠礼仪。冠礼从氏族社会盛行的男女青年发育成熟时参加的成丁礼演变而来。汉代沿袭周代冠礼制度。魏晋时，加冠开始用音乐伴奏。唐宋元明都实行冠礼，清代废止。中国少数民族不少地区至今还保留着古老的成年礼，如拔牙、染牙、穿裙、穿裤、盘发髻等仪式。《淮南子·齐俗训篇》说：“中国冠笄，越人劗发。”劗发即断发。中国男子成年实行冠礼，女子成年实行笄礼。

三、宾礼

主要是对客人的接待之礼。与客人往来的馈赠礼仪有等级差别。士相见，宾见主人要以雉为贽；下大夫相见，以雁为贽；上大夫相见，以羔为贽。

四、飨燕饮食礼仪

飨在太庙举行，烹太牢以饮宾客，重点在礼仪往来而不在饮食。燕即宴，燕礼在寝宫举行，主宾可以开怀畅饮。燕礼对中国饮食文化的形成有深远的影响。节日设宴在中国民间食俗上形成节日饮食礼仪。正月十五吃元宵，清明节吃冷饭寒食，五月端阳的粽子和雄黄酒，中秋月饼，腊八粥，辞岁饺子等都是节日仪礼的饮食。在特定的节日吃特定的食物，这也是一种饮食礼仪。宴席上的座次，上菜的顺序，劝酒、敬酒的礼节，也都有社会往来习俗中男女、尊卑、长幼关系和祈福避讳上的要求。

五、五祀

指祭门、户、井、灶、中(中室)。周代是春祀户,夏祀灶,六月祀中溜,秋祀门,冬祭井。汉魏时按季节行五祀,孟冬三月“腊五祀”,总祭一次。唐、宋、元时采用“天子七祀”之说,祀司命(宫中小神)、中、国门、国行、泰厉(野鬼)、户、灶。明清两代仍祭五祀,清康熙之后,罢去门、户、中、井的专祀,只在十二月二十三日祭灶,与民间传说的灶王爷腊月二十四朝天言事的故事相合,国家祀典采用了民间形式。

六、傩仪

滥觞于史前,盛行于商周。周代的傩仪是四季驱邪逐疫。周人认为自然的运转与人事的吉凶息息相通。四季转换,寒暑变异,瘟疫流行,鬼魂乘势作祟,所以必须适时行傩以逐邪恶。傩仪中的主神是方相氏。两汉,傩仪中出现了与方相氏相配的十二神兽。魏晋南北朝隋唐沿袭汉制,傩仪中加入了娱乐成分,方相氏和十二神兽角色,由乐人扮演。至今仍有遗存的贵州土家族傩堂仪最为完整典型。

古代的吉礼基本都可以归入祭礼,程序大体上看也是接近的,这里只展开家祭礼。家祭的情况:四时祭,继始祖之宗于冬至祭始祖,立春祭先祖(初祖以下高祖以上之祖),继祢(父亲)之宗以上季秋祭祢,忌日,墓祭。

七、四时祭

前一月下旬卜日,定一个丁日或亥日:主人盛服立于祠堂中门外,西向,兄弟立于主人之南稍退,北上,子孙立于主人之后,同辈西向,北上。置桌子于主人之前,设香炉、杯珓(占卜工具,分为两半,看掷出的情况判断)、香盒、盘于其上,主人搢笏,焚香,缥珓而掷于盘,以一俯一仰为吉,若吉则定为上旬,不吉则卜中旬,中旬又不吉则直接取下旬。既得日,祝开中门,主人以下北门立,再拜,主人升,焚香再拜。祝执辞跪于主人之左,读曰:孝孙某将以来月某日,祇荐于祖考,卜既得吉,敢告。用下旬日则不言卜既得吉。主人再拜,降复位,与在位者皆再拜,祝阖门,主人以下复西向位。执事者立于门西,皆东面,北上,祝立于主人之右。命执事者曰:孝孙某将以来月某日,祇荐与祖考。有司、执事应诺,乃退。

前三日斋戒。前一日设位陈器:主人率众男子着深衣,与执事洒扫洗拭桌椅,务令洁净,设高祖考妣牌位于堂西北壁下,南向,考在西,妣在东,各用一桌一椅而并在一起。曾祖考妣、祖考妣、考妣以次而东,皆如高祖之位,世各为位,不相接。祔祭的牌位皆于东墙,西向,北上,或两边相向,尊者居西,妻以下则于阶下。设香案于堂中,置香炉、香盒于其上,于香案前及每位前地上设茅沙,设酒架于东阶上,设桌子于其东,设酒注一,酹酒盏一,盘一,受胙盘一,匕一,巾一,茶盒、茶筅、茶盏、托盘、碟、醋瓶于其上。设火炉、热水

瓶、香匙、火箸于西阶上，别置桌子于其西，设祝版于其上。设盥盆、帨巾各二于阼阶下之东，其西设台架，再设陈馔大床于其东。

主人率男子着深衣省牲，主妇率妇人着褙子洗祭器，具祭馔。每位果品六，菜及脯醢各三品，肉鱼、馒头、糕各一盘，饭各一碗，肝各一串，肉各两串。

天将明，设蔬果酒馔：着深衣，盥手，南端蔬菜、脯醢相间，然后盏盘、醋碟于北，盏西碟东，匙箸居中。设玄酒及酒各一瓶于架上，取井花水充于酒之西。在炉中烧炭，瓶中灌满水。主妇服褙子，炊馔，领极热，以盒盛出，放东阶下大床上。

天初明，奉神主就位：主人以下各盛服盥手帨手，至祠堂前，男子序立如告日之仪，主妇西阶下，北向立，主人有母则特位于主妇之前，诸伯叔母、诸姑继之，嫂及弟妇、姊妹在主妇之左，其长于主母、主妇者皆稍进，子孙妇女、内执事者在主妇之后，同辈皆北向，东上。主人升自阼阶，搢笏焚香，出笏，告：孝孙某，今以仲春之月有事于皇高祖考某官府君，皇高祖妣某封某氏祔食，敢请神主，出就正寝，恭伸奠献。搢笏，敛椟，正位、祔位各置一笥，各以执事者一人捧之，主人出笏，前导，主妇从后，卑幼在后，回至正寝，至于西阶桌子上，主人搢笏启椟，奉诸考神主出就位，主妇盥帨升，奉诸妣神主如上，其他祔位，则有弟子一人奉之。既毕，皆降复位。

第四章　朱子家礼中的冠礼衣冠

一、子服

双丫髻，也叫总角，这是最普遍的儿童发式，一般左右两个发髻，用朱红色锦绦扎系，这叫纷。童发式还有“鹁角”：留前发及两侧发，其余剃去，前发下垂至额，两侧头发编成辫，下垂。宋代还有童子剃发只留钱大，偏于左侧，叫“偏顶”；还有留在顶前，束以彩缯，名“鹁角”。穿四衩衫，显然是便于活动，与童子不裘裳、不帛襦袴是相同的。童子衣一般叫采衣，用缁布为衣，而饰以锦缘，锦一般用朱红。

二、加缁布冠、深衣、大带、纳履

见《朱子家礼中的深衣详考》。宋代，好以幅巾代缁布冠。

三、再加帽子、皂衫、革带、系鞋

帽子为纱帽，或绉纱帽。《宋史·舆服志》说：“士大夫尝好帽以乌纱，衫以皂罗，角带，系鞋”，皂衫大概为直裰一类。明代用襕衫。襕衫出现于唐代，以当时衣率通裁。由于古代布幅较窄，故而衣前后正中皆有缝合线，唯这类衣服于下摆处加一幅布作缘或者在膝部加一幅作装饰，像是用一条布拦断，故而称为襕。襕衫多圆领。《宋史》中说，襕衫用白细布，腰间有襞积。

四、加幞头、公服、革带、纳靴

幞头又名折上巾，有漆、纱二种，宋明公服同之，较有棱角，展脚各长一尺二寸。公服用贮纱或纱罗绢，袖长回肘，袖宽三尺(约合今 1.2 米)。明代公服有摆，从戏曲书上看应当是连在后片上，然后在后边左右有系绳辅助固定，想来摆应当是加了衬的吧。

第五章　古代女子服饰

一、头饰

旧时，成年女子挽髻，戴有各种头饰。

（一）笄

如骨笄、银笄或金笄。古时女子15岁成年时举行笄礼，俗称“上头”，盘发为髻，以笄横贯固之。笄的首端或两端镂以花鸟装饰纹样，并配以小垂链。

（二）簪

就质料而言，有骨簪、角簪、象牙簪、铜簪、银簪、金簪等。发簪是用来插髻使头发不散乱的饰品，后来经过改进，缀上珠宝花饰，装饰作用更加突出。

（三）钗

钗是一种由两股簪子合成、别在发髻上的首饰。有金钗、银钗，常配备成对，首端一缀凤，一缀凰，称为凤钗；还有钗首镶嵌珍珠的珠钗，镶嵌玉石的玉钗。

此外，发饰还有耳挖、发夹、发梳、扣花、扣链等。民国以来，去髻剪发，饰品一般只用发夹，夹上饰以金花。

二、耳饰

一般由金、银制成。

（一）耳环

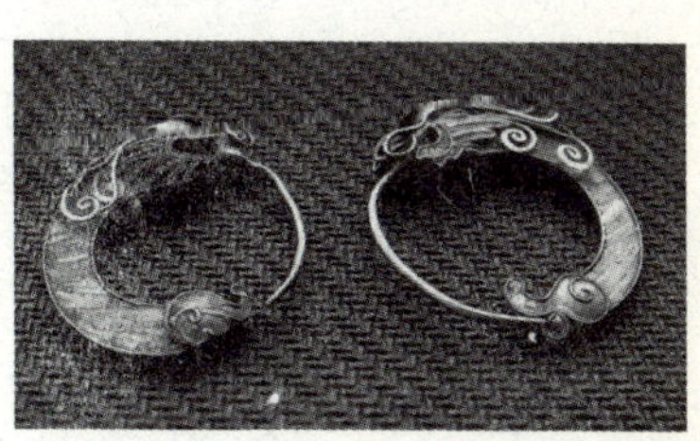

环状的耳饰，末端开口，可伸可缩；带坠耳环一般在坠上嵌以珍珠、玉石、翡翠、宝石之类。

（二）耳钩

状如倒置的问号，俗称“丁香”。

（三）耳栓

状如圆头螺丝钉，用螺母旋定。

清至民国，女童从小穿耳，拴以红线头，至十一二岁才戴耳栓或耳环。新中国成立

后，女童不兴穿耳孔，妇女不爱戴耳环，耳饰一度敛迹。20世纪80年代以来，年轻女子重兴耳饰热，且花样品种不断翻新。

三、足饰

有足圈、足链，多为少女少妇使用。至于婴幼儿的手饰（手圈、手链）、足饰（足圈、足链），一般为银制品，旁系小银铃，活动时叮当有声。

第六章　各种礼仪整合

一、祭礼

(一)乡饮酒

古代嘉礼的一种。也是汉族的一种宴饮风俗。起源于上古氏族社会之集体活动,《吕氏春秋》认为是古时乡人因时而聚会,在举行射礼之前的宴饮仪式。周代时,以致仕之卿大夫为乡饮酒礼的主持人,贤者为宾,其次为介,又其次为众人。仪式严格区分尊卑长幼,升降拜答,俱有规定,见载于《仪礼》等儒家经典。当时,此会也有举荐贤能之士以献王室的意义,一般于正月吉日举行。汉以后郡县往往于学校中行其礼,皇帝则于辟雍中行之。实行科举制度以后,则以州县长官为主人,为贡士饯行时亦行乡饮酒礼。明代,京师及州县以下,令民间以百家为一会,以里长或粮长主之,坐席时,以善恶分列三等,不许混淆,以此作为实行封建道德教育的手段之一。《礼记·射义》:"乡饮酒之礼者,所以明长幼之序也。"宋王溥《唐会要·乡饮酒》:"开元六年七月十三日,初颁乡饮酒礼于天下,令牧宰每年至十二月行之……各备礼仪,准令式行礼,稍加劝奖,以示风俗。"《渊鉴类函·礼仪·乡饮酒》:"汉永平二年,郡县行乡饮酒于学校,祀先圣先师周公、孔子,牲以犬。"《清史稿·礼志八》:"雍正初元,谕:乡饮酒礼所以敬老尊是非曲直,厥制甚古,顺天府行礼日,礼部长官监视以为常。"位于山东省宁阳县东南部的乡饮乡因多次举行古代鲁国最盛行的西周礼制"乡饮酒礼"而得名乡饮。

今以明代乡饮酒礼为例,加以分析:

1.人

以州县长吏为主人,以乡之致仕官有德行者一人为宾。择年高有德者为僎宾,其次为介,又其次为三宾,又其次为众宾,教职为司正。赞礼、赞引、读律,皆使能者。另外,乡校生员也全部列席,并根据他们的表现示以奖惩。并且古代的仪式并不排斥群众围观,从大门外迎宾到堂上奏乐……都是展示在乡民面前的。州县长吏(在周代是乡大夫)表示对老人、贤者的尊敬,这样,人们看到连官员都尊敬老人,知道老人是不能轻视的。以致仕而有德者为主宾,是因为古人认为他们了解乡人中的贤达,长官可以向他们询问,然后观察他们在礼仪中的举止,以便向朝廷举荐。

2.位置

宾、介在堂西，主人、僎在堂东。设席：六十者三豆，七十者四豆，八十者五豆，九十者六豆，堂下者二豆，主人同宾。在东阶下离开等于堂深的位置设席。

3.仪程

(1)迎宾

主人出门，在门东，宾、介、众宾在西，主人拜宾，宾答拜，主人拜介，介答拜，这都是再拜。然后主人揖众宾，宾揖介，介揖众宾，入门。至中道，揖，至阶，揖。然后宾主在堂上交拜，是再拜。

(2)主人献宾

主人取爵，降阶为主人洗爵，宾也降阶，主人辞让，宾辞让，主人辞，宾立于西阶等候。宾主一揖让，升阶，回到原位，相互一拜。主人降阶盥手(表示洁净)，宾亦降，揖让而升。主人进爵，宾拜手受爵，主人回原位拜手送爵。进脯醢俎豆，宾祭肺，哜肺，祭酒，啐酒，宾拜手称赞酒美，主人亦拜手，卒爵。宾主相互一拜。

(3)宾酢主人

大类上边，只是由宾献酒就是了。

(4)主人酬宾

主人降洗，如前揖让，一起揖让升阶。主人执觯(酒器，形似尊而小)，执事斟酒，与宾俱北向揖。主人跪祭酒，饮讫。相互一拜，主人降洗，宾亦降。揖让升阶，主人进觯于宾席前，宾拜手，主人回东阶后拜手。宾奠酒不饮，宾主揖让降阶。

(5)主人献介

略同献宾，但不用拜洗，不哜肺不啐酒，以示降于宾。

(6)介酢主人

略同上。

(7)主人献众宾

主人拜众宾，众宾答拜，主人三拜，三宾各答一拜。主人揖三宾升阶。后降洗。升阶，献三宾，拜手。荐脯醢，三宾跪祭酒，起身卒爵，复位。主人以爵遍送堂下众宾，荐脯醢，众宾坐祭，卒爵。主人揖宾，宾揖让，宾揖介，介揖众宾，升阶。

(8)一人举觯

礼生一人取觯就洗，由执事酌酒，然后由西阶升。执觯者揖宾，宾答揖。举觯者坐祭、饮尽，揖宾，宾答。执觯者自东阶降洗，自西阶升，至宾席前，献宾，退立于西阶。宾揖，举觯者揖。宾奠觯，礼生复位。

(9)迎僎、主人献僎、僎酢主人

僎至，主人、宾、介、众宾皆降，如初入门之位。三揖三让升阶，主人拜至。主人献僎如

介礼。为僎加席,进脯醢折俎,僎祭酒祭肺如宾,不哜肺不啐酒如介,卒爵,拜。僎酢主人如介礼。主人揖宾,宾揖僎,僎揖介,介揖众宾,依次升阶,复位。

(10)乐宾、献工、献笙、备乐

歌《鹿鸣》、《四牡》、《皇皇者华》。主人献工,瑟长一人跪受,拜谢,主人拜手。为众乐工上脯醢,瑟一人祭脯醢,祭酒,饮酒,授爵。笙入,奏《南陔》、《白华》、《华黍》。主人献笙,笙一人拜受,主人拜送,荐脯醢,笙一人祭脯醢,祭酒、饮酒,授爵。歌《鱼丽》,笙奏《由庚》,歌《南有嘉鱼》,笙奏《崇丘》,歌《南山有台》,笙奏《由仪》,奏《周南》、《关雎》、《召南鹊巢》、《周南葛覃》、《召南采蘩》、《周南卷耳》、《召南采苹》。

(11)司正扬觯

主人请傧为司正,一番谦让,傧同意。主人拜,司正答拜。司正取觯,洗讫。由西阶升,诣主人,主人请安宾,司正诣宾席问安。司正立于两楹之间,宾主交拜(北向再拜),司正揖宾主,复位。司尊为司正斟酒,司正自西阶降于中庭,饮讫,揖,平身,洗觯,奠觯。

(12)旅酬

笙《由庚》,宾持俎西之觯至主席,宾主北面揖,宾饮讫。执事斟酒,宾授主人,主人饮讫。宾主北面揖,复位。然后主人酬介,此时歌《嘉鱼》,然后主人酬僎,笙《崇丘》。司正升西阶,相(辅助)旅,于是三宾依次降阶,一宾酬次宾,次宾酬三宾,三宾酬堂下觯宾,然后司正复位。

(13)二人举觯

礼生二人,洗觯由西阶升,揖宾、介,宾、介答揖。二人祭酒,饮讫。自西阶降洗,升阶,执事斟酒,献宾与介,相揖如前,宾、介奠觯。

(14)坐饮无算爵,无算乐

司正自西阶诣主人,主人揖,请宾坐,司正请宾坐,宾辞以俎。如是撤俎。然后乃升席坐饮,可以进羞,无算爵,无算乐……这才算进入通常意义上的饮酒。大家这时才可以坐下,不醉不归了。

(15)宾出

乐奏《陔》,主人由东阶,宾、介、众宾由西阶,僎于西阶下,至于门。再拜相送,宾、介先退,主人与众宾揖,众宾退,主人入门,僎出,主人送,再拜,主人复位,礼毕。

以上采自李之藻《宫礼乐疏》,书中尚有奏乐曲谱。这一仪程,基本沿袭古礼,不过没有动作,皆由通赞、引来唱告。需要说明的是:按仪礼,在乡饮的第二天,还要宾拜谢主人,主人设宴慰劳司正。

(二)乡射礼

乡射礼盛行于先秦时期。每年春秋两季,各乡的行政长官乡大夫都要以主人的身份邀请当地的卿、大夫、士和学子,在州立学校中举行乡射礼。乡射礼的主持者,由一名德

行卓著、未获得官爵的处士担任，称为“宾”。射位设在堂上，箭靶称为“侯”，设在堂正南方三十丈远的地方。侯的左前方有一曲圆形的皮制小屏，供报靶者藏身之用，称为“乏”。弓、箭、算筹以及各种射具陈设在西堂。乡射礼的核心活动是射手之间的三轮比射，称为“三番射”。每番比射，每位射手都以发射四支箭为限。

第一番射侧重于射的教练。司射将挑选出来的六名州学弟子搭配成三组，分别称为上耦、次耦、下耦，即所谓“三耦”。每耦有上射、下射各一名。司射先为三耦作射仪的示范：先将左足踩到射位符号上，面朝西，再扭头向南，注视靶心，志虑专一，再调整步武，最后开弓射箭。示范毕，上耦的两位射手上堂。按照司射的指教，上射先射，下射后射，如此轮流将各自的四支箭射完。接着，次耦、下耦上堂，如法比射。由于第一番射是习射，所以不管射中与否，都不计成绩。

第二番射是正式比赛，要根据射箭的成绩分出胜负。参加者除三耦之外，还有主人、宾、大夫和众宾。主人与宾配合为一耦，主人担任下射，以示谦敬；同理，身份较高的大夫，也都与士一一配合为耦。先由三耦比射。射手像第一番射那样，轮流开弓射箭。如果射中箭靶，工作人员要“释筭”，就是放一支筭筹到地上计数。三耦射毕，由宾与主人配合成的耦、大夫与士配合成的耦、众宾之耦先后上堂比射。比赛结果公布后，胜方射手要脱去左袖，戴上扳指，套上护臂，手执拉紧弦的弓，表示能射。负方射手则穿上左衣袖，脱下扳指和护臂，将弓弦松开。各耦射手先后上堂，负方射手站着喝罚酒，然后向胜方射手行拱手礼。

第三番射的过程与第二番射相同，只是增加了音乐伴奏。乐工演奏《诗经·召南》中的《驺虞》，乐曲的节拍，演奏得均匀如一。只有应着鼓的节拍而射中靶心者，才抽出算筹计数；否则，即使射中也无效。第三番射的比赛结果公布后，各耦射手顺序上堂，负方射手喝罚酒，并向胜方射手行拱手礼。三番射至此结束。

旅酬是射礼的余兴节目，堂上堂下的宾客遍饮酬酒，音乐或间或合，歌奏不已，尽欢而止。

（三）燕礼（即宴礼）

1.男女分席。

2.要注意座次，然后入座。仪礼是主人在东阶，客人在堂西。后代有了八仙桌，就以朝南的坐位为上，而同排中以右为上。如果不止一张桌子，要安排重要人物分别坐上位，然后由主方作陪。

3.主人要向客人敬酒（献）；客人回敬（酢）；主人自饮然后劝酒（酬）。

二、释奠礼

释奠礼，原为古代学校的祭祀典礼，属于“三礼”中的“君师”之礼。周礼有释奠、释

菜和释币等名目。释奠是设荐俎馔酌而祭,有音乐而没有尸;释菜是以菜蔬设祭,为始立学堂或学子入学的仪式;释币即有事之前的告祭,以币(或帛)奠享,不是常行、固定的礼仪。释奠释菜礼,最初只是入学的一项仪式,先圣先师到底是哪些人,也没有具体的确指。至清代仍于每年四月举行。释奠是孔庙祭礼中规格最高的一种。曲阜孔庙举行释奠礼,除有皇帝亲临或御遣钦差外,例由衍圣公主祭孔子、四配,属官分祭十二哲、先贤、先儒、启圣祠、崇圣祠、寝殿、家庙等。

孔子逝世后的第二年(公元前 479 年),鲁哀公将孔子故宅改建为庙,收藏先师的衣冠琴车书册等遗物,年年祭祀。至汉高祖 12 年(公元前 195 年)过鲁,亲自以太牢祭奠,封孔子后裔为奉祀君。后汉武帝崇儒,开始了官方修庙……于是,经过两千多年的历代崇荣,由最初的三间故宅,成为今日九进五重门的曲阜孔庙。魏晋南北朝时期,国家分裂,于是各政权分别于京城建孔庙,至隋朝庙学合一,孔庙乃随州县学府遍布各地。

释奠先师的仪程根据历代对孔子的尊号而有所改变,从六佾八佾,到舞乐安排,到拜礼占位的细节……但是,迎神奠帛,三献读祝,饮福望瘗的基本构架却是几千年一脉相承的。明末释奠礼内容如下:

1.释奠礼在每年仲春、仲秋的第一个丁日,因为五行中丙丁属火,象征礼乐文明,而丙为明之初,丁为明之盛,故而在丁日祭奠先师。

2.参礼人员要斋戒,并于祭祀前一日省牲——检查祭品,宰杀牺牲,演习舞乐。此时,官员身着常服——常服乃是明代官员平时所着,袖宽一尺,回挽至肘,胸绣补子,头戴乌纱。

3.正祭日服饰:献官着公服,袖宽三尺,回挽至肘,胸绣补子,乌纱帽为长展脚,盘带,带笏。国学舞乐生着蝉冠朱盘领袍,革带云履——蝉冠,夏布为之,漆黑色,如梁冠,但梁上不设金,而于正前抹额上涂金绘作金蝉,取其高洁之义,再加青丝为冠缨。衣用红绢,如公服,盘领右衽,袖宽三尺,回挽至肘,只是两侧不加百,不加补子,而绘以大朵红花绿叶扶疏,不加边缘。革带用青布裹起,加黑角为饰。履用皂帛,前后有云缘,用白线作装饰,鞋底用皮革。外郡邑,则着生员所穿的儒巾襴衫,或者着深衣。

4.陈设

正位:太牢(牛一羊一猪一);登一实以太羹;铏二实以和羹;十笾实以形盐、干鱼、枣、栗、榛、菱、芡、鹿脯、白饼、黑饼;十豆实以菁菹、芹菹、酰醢、兔醢、笋菹、鱼醢、脾析、胉;簠二实以黍、稷;簋二实以稻、粱;篚一实以制帛;另酒尊三、爵三、馔盘一、祝文案(在坛西),罍洗一,盥盆二。四配四坛:羊一,豕一,铏二,爵三,簠二,簋二,笾十,豆十,篚一,馔盘一。十哲五位共一坛:每坛豕一,篚一,爵三,馔盘一;每位爵一,铏一,簠一,簋一,笾豆各四。东庑(西庑同):共享豕一,篚一,爵三,酒尊一,罍洗一,盥盆一,馔盘一;每三位为一坛,簠簋各一,笾豆各四,爵四。

5.舞乐

钟十六,磬十六,柷一,敔一,建鼓一,抟拊二,琴六,瑟二,箫六,笙六,凤萧二,横笛六,埙二,篪二,翟(头上装三根野鸡毛的杖)钥(一种管乐器)各四十八人(六佾),麾一,引节二。

6.过程

祭祀过程分为迎神、奠帛初献、亚献、终献(即三献礼)、饮福受胙、撤馔、送神、望瘗等十个部分。献官们头戴七梁冠,身着玄衣𫄸裳,足登云履,手持笏板,腰佩玉带,颈饰方心曲领,庄严肃穆,威仪俱足。身着传统汉服的乐舞生也格外引人注目。他们身穿红色圆领公服,头顶黑色金边三梁冠,举手投足尽显华夏衣冠风范。乐生们在台上向人们展示了正统的中华雅乐,敔、琴、瑟、埙、箫、篪、笙等八音齐奏,乐声悠扬,久久回荡。舞生则左手执龠,右手执翟,排列整齐地跳起了释奠礼专用的"六佾舞"。执士们身穿白色深衣,头顶"四方平定巾",和身穿玄衣𫄸裳的献官们共同完成了读祝、三献等祭祀的主体部分。整个祭祀仪式礼制完备,庄重肃穆,再现了华夏礼乐的庄严高贵,中正平和。

三、释菜礼

释菜礼,是古人入学时举行的"拜师礼",或作"释采、舍菜"。《周礼·春官·乐师》"入学者,舍菜"。《礼记·月令》"(仲春之月)上丁,命乐正习舞,释菜"郑玄注"将舞,必释菜于先师以礼之";又郑玄注《礼记》"释奠"曰"释菜,奠币,礼先师也"。汉应劭《风俗通义》载:孔子困于陈蔡间,七日不得食而弹琴于室,颜回释菜于其户外,以示对老师的敬重和不离之意。《说文》"释,解也",由"说解、解释、消除、松开"引申为"放置、舍置"义,《战国策·楚策三》"子释之"鲍彪注"释,犹置",《左传·哀公八年》"乃请释子服何于吴"杜预注"释,舍也"。古人拜师,要以"释菜、舍菜"为礼,菜虽礼薄,然"明有忠信之行,虽薄物皆为可用"。秦以后遂成制度。唐代已发展为成熟的太学开学典礼仪式,即设"酒、芹、枣、栗"等蔬果菜羹祭献孔子及颜渊等贤哲,《新唐书·儒学传上》"帝幸太学,观释菜,命(孔)颖达讲经"。清代尤其隆重,如顺治二年(1645),顺治皇帝下令每月朔日行释菜礼,设酒、芹、枣、栗,祭酒三献于孔子及颜渊、闵子骞等十哲位前,典礼时四鼓齐集,各司其事,文官主祭,武官相随,启扉迎神,舞六佾,奏咸平之乐,行三跪九叩大礼。直至今天,岭南有些地方还保留置菜于老师门外以示敬意的风俗。

四、冠礼

冠礼起源于原始社会,已有几千年的历史,汉族的冠礼具有浓郁的中国味,在汉字文化圈中最具有代表性。冠礼表示男女青年至一定年龄,性已经成熟,可以婚嫁,并从此作为氏族的一个成年人,参加各项活动。成年礼(也称成丁礼)由氏族长辈依据传统为青

年人举行一定的仪式。华夏族的成年礼，为男子冠礼，女子笄礼。经书记载，实行于周代。按周制，男子二十岁行冠礼，然而天子诸侯为早日执掌国政，多提早行礼。传说周文王十二岁而冠，成王十五岁而冠。古代冠礼在宗庙内举行，日期为二月，冠前十天内，受冠者要先卜筮吉日，十日内无吉日，则筮选下一旬的吉日。然后将吉日告知亲友。及冠礼前三日，又用筮法选择主持冠礼的大宾，并选一位“赞冠”者协助冠礼仪式。行礼时，主人（一般是受冠者之父）、大宾及受冠者都穿礼服。先加缁布冠，次授以皮弁，最后授以爵弁。每次加冠毕，皆由大宾对受冠者读祝辞。祝辞大意为：在这美好吉祥的日子，给你加上成年人的服饰；请放弃你少年儿童的志趣，造就成年人的情操；保持威仪，培养美德；祝你万寿无疆，大福大禄。然后，受礼者拜见其母。再由大宾为他取字，周代通常取字称为“伯某甫”（伯、仲、叔、季，视排行而定）。然后主人送大宾至庙门外，敬酒，同时以束帛俪皮（帛五匹、鹿皮两张）作报酬，另外再馈赠牲肉。受冠者则改服礼帽礼服去拜见君，又执礼贽（野雉等）拜见乡大夫等。若父亲已殁，受冠者则需向父亲神主祭祀，表示在父亲前完成冠礼。祭后拜见伯、叔，然后飨食。此加冠、取字、拜见君长之礼，后世因时因地而有变化，民间自十五岁至二十岁举行，各地不一。清中期以后，多移至娶妇前数日或前一日举行。某些地区自宋代以来，仪式简易，不宴请宾客，仅在本家或自家范围内进行。《仪礼·士冠礼》贾公彦疏：“诸侯十二而冠也。若天子，亦与诸侯同，十二而冠。”《左传》云：“冠而生子，礼也。”又《仪礼·士冠礼》：“始加（冠）祝曰：‘令月吉日，始加元服，弃尔幼字，顺尔成德。寿考惟祺，介尔景福。’再加曰：‘吉月令辰，乃申尔服，敬尔威仪，淑慎尔德。眉寿万年，永受胡福。’三加曰：‘以岁之正，以月之令。咸加尔服。兄弟具在，以成厥德，黄老无疆，受天之庆。’”

五、笄礼

笄礼，即汉民族女孩成人礼，古代嘉礼的一种。俗称“上头”、“上头礼”。自周代起，规定贵族女子在订婚（许嫁）以后出嫁之前行笄礼。一般在十五岁举行，如果一直待嫁未许人，则年至二十也可行笄礼。

笄，即簪子。自周代起，女子年过15，如已许嫁，便得举行笄礼，将发辫盘至头顶，用簪子插住，以示成年及身有所属。笄礼作为女孩子的成人礼，像男子的冠礼一样，也是表示成人的一种仪式，在举礼的程序等问题上大体和冠礼相同。但也有许多问题需要另行强调明确。《朱子家礼·笄礼》“女子许嫁，即可行笄礼。如果年已十五，即使没有许嫁，也可以行笄礼。笄礼由母亲担任主人。笄礼前三日戒宾，前一日宿宾，宾选择亲姻妇女中贤而有礼者担任。”笄礼冠服，用冠笄、褙子。将笄者初服，双纷、衫子。

受笄即在行笄礼时改变幼年的发式，将头发绾成一个髻，然后用一块黑布将发髻包住，随即以簪插定发髻。主行笄礼者为女性家长，由约请的女宾为少女加笄，表示女子已

经成年可以结婚。贵族女子受笄后，一般要在公宫或宗室接受成人教育，授以“妇德、妇容、妇功、妇言”等，作为媳妇必须具备的待人接物及侍奉舅姑的品德礼貌与女红劳作等技巧本颂。后世改为由少女之母申以戒辞，教之以礼，称为“教茶”。女子年十五岁，则称为“及笄”。《仪礼·士婚礼》：“女子许嫁，笄而礼之，称字。”《礼记·内则》：“女子……十有五年而笄。”

六、婚礼

婚姻者所以合二姓之好也。所以古代的婚姻不是对夫妻双方负责，而是对夫妻，尤其丈夫的家族负责。故而按照古代的原则，好媳妇的标准不是与丈夫卿卿我我，而是和公婆搞好关系，表现在婚礼中，就是婚礼要以庙见为完成。

（一）议婚

男子十六至三十，女子十四至二十，本人及主婚者无期以上丧的，乃可成婚。先使媒人往来通信，待女家许之，然后纳采。

（二）纳采

主人具书，清早告于祠堂。使子弟为使者至女家，女家主人盛服出见，献茶，然后谦让一番。女家主人以来书告于祠堂，复书。使者复命，主人复告于祠堂。

（三）纳币（仪礼有问名、纳吉，已经简化）

币是丝织品，这里用色绘的，少不过两，多不逾十，用钗钏、羊酒、果实之类也可。具书，遣使，女家主人受书，复书，礼宾，使者复命，同上但不必告庙。

（四）亲迎

前一日，女家来铺房。当天早晨，男家陈设桌椅。女家在门外设次。天初昏，新郎盛服。主人告于祠堂，醮子（赞者斟酒于案上，新郎再拜受盏，跪祭酒，起身，啐酒）。命之曰：“往婴尔相，承我宗事（若非宗子，只能说乘我家事），勉率以敬，若则有常。”新郎答曰：“诺，唯恐不堪，不敢忘命。”新郎乘马出，至女家，在次等候。女家告于祠堂（若非宗子之女，则由宗子告于祠堂），然后醮女，父起命之曰：“敬之戒之，夙夜无违尔舅姑之命。”母送至西阶上，为之整冠敛帔，命之曰：“勉之敬之，夙夜无违尔闺门之礼。”诸母、姑、嫂、姊送至于中门之内，为之整裙衫，申之以父母之命曰：“既呢听尔父母之言，夙夜无愆。”女家主人迎新郎于门外，揖让以入。新郎执雁，至于厅事，升自西阶，北向跪，置雁于地，主人侍者受之。新郎再拜，主人不用答拜。（若女子的父亲不是宗子，则主人应由宗子来作，父亲立于妻右。）姆（一般是女子的乳母或由老而无夫老而无子的妇女担任）奉女出中门，新郎向她作揖，然后由西阶降，主人不降。于是新郎出，新娘从之，新郎举起轿帘，姆辞让，女登车。（在仪礼中是登车，新郎要为新娘惠绥，那是非常浪漫的一刻，在汉代乐府

中每为妇人思念。)新郎乘马先于新娘的车回家。立于厅事,待新娘下车,揖之,引导入门。新娘从者布新郎的席于东方,新郎从者布新娘的席于西方,新郎在新娘从者的侍奉下盥手,新娘在新郎从者的侍奉下盥手。然后新郎揖新娘,入席,新娘拜,新郎答拜。新郎揖新娘,就坐,新郎在东,新娘在西。从者斟酒设馔,新娘祭酒,举肴,又斟酒。新郎揖新娘,举饮不祭,不用肴,取卺(小瓠一分为二)分置,于新娘面前斟酒,揖新娘,举饮不祭,不用肴。新郎出就他室,姆与妇留房中,撤馔于室外,新郎从者吃完新娘的剩余,新娘从者吃完新郎的剩余。然后新郎复入,脱去盛服,从者把蜡烛拿出。

(五)主人礼宾

在新人行礼的同时,男家主人招待客人。男宾在外厅,女宾在中堂。

(六)妇见舅姑

第二日清晨,媳妇盛服,公公婆婆坐于堂上,公在东,婆在西。媳妇先进于东阶下北面拜公公,然后奠执币于桌上,再降下,拜。然后至西阶下拜婆婆,并升阶奠执币,然后降阶下,拜。然后公婆礼妇,如同父母醮女一样。然后媳妇见尊长,尊于公婆者则如见公婆之礼,但无执,小姑小郎则相拜。如果是嫡长子之妇,则要妇家盛馔酒浆,为公婆进酒侍食。然后公婆礼妇,礼毕,公婆降自西阶,媳妇降自阼阶——这一个细节象征着媳妇成为这个家庭的新主妇了。

(七)庙见

婚后第三日,主人以妇见于祠堂。(确切地说,这时候才算正式成为家中的媳妇。)

(八)婿见妇之父母

庙见第二天,婿见妇父母,并见妇党诸亲,妇家礼婿如常仪。

当然,世俗的婚礼往往不同。仪礼中的婚礼不举乐,不庆贺。而从汉代开始,宴会也成了婚礼的一项,甚至连闹洞房也已经出现。故而,我们更加熟悉的婚礼,也许就是一拜天地、二拜高堂、夫妻对拜的仪式了。根据周礼,理想婚礼是没有盖头的,但红盖头却成了世俗婚礼的象征……理想的婚礼中,妇女的衣着是黑色红边的,而世俗婚礼则一概尚红,这一好尚也起自汉代。

第四部分

汉服集萃

第一章　商周篇

一、原始服饰

原始服饰指出现在茹毛饮血的猿人时期，人们用兽皮和树叶保护身体，遮蔽烈日或御寒的服装，这是最原始服装的雏形。在纺织技术尚未发明之前，动物的毛皮是人们服装的主要材料。当时还没有绳、线，可能用动物韧带来缝制衣服。在距今25 000年周口店山顶洞中发掘出的骨针足以证明，北京山顶洞人时期正是中国服饰的起源期。在山顶洞人的遗址及其他古墓里，发掘出大量的装饰物，其中有头饰、颈饰和腕饰等，材料有天然美石、兽齿鱼骨和海里的贝壳等，当时佩戴饰物，不仅是为了装饰，还包含有对渔猎胜利的纪念。

二、商代冠饰

河南安阳殷墟妇好墓出土的玉人头饰较有特点：长发，并将发梢拧在一起，盘在头顶，戴圆箍形冠。这种头饰是当时较为流行的式样。

三、商代发式

商代男子发式，以梳辫发为主。从形象资料来看，这个时期的男子辫发样式较多，有总发至顶、辫成一个辫子、垂至脑后的；有左右两侧梳辫、辫梢卷曲、下垂至肩的；有将发辫成辫子盘绕于顶的等等。

四、商周贵族服饰

这个时期的织物颜色，以暖色为多，间有棕色和褐色，但也有蓝、绿等冷色。只是以朱砂和石黄制成的红黄二色，比其他颜色更鲜艳，渗透力也较强，所以经久不变并一直保存至今。经现代科技分析，商周时期的染织方法往往染绘并用，尤其是红、黄等正色，常在织物织好之后，再用画笔添绘。

五、东周男子服饰

周代服饰大致沿袭商代，略有变化。样式比商代略宽松。衣袖有大小两式，领子通用矩领，这个时期的服装没有纽扣，一般在腰间系带，有的在带上还挂有饰物。当时的腰带主要有两种：一种以丝织物制成，叫“大带”或叫“绅带”；另一种以皮革制成，叫“革带”。

六、战国胡服

战国时期的服饰发生了明显的变化，就是胡服开始流行。胡服，实际上是西北地区少数民族的服装，它与中原地区宽衣博带式汉服有较大差异，一般为短衣、长裤和革靴，衣身瘦窄，便于活动。赵武灵王是中国服饰史上最早的一位改革者，他首先采用这种服装。短衣齐膝是胡服的一大特征，这种服装最初用于军中，后传入民间，成为一种较为普遍的装束。

上图左图为穿窄袖短衣的杂技艺人。中图为穿窄袖短衣胡服的奴仆(河北满城出土当户灯铜人)。右图为戴冠、穿齐膝窄袖胡服的男子（河南三门峡上村岭出土战国铜人)。

七、春秋战国其他服饰

春秋战国除胡服之外，还有一种服式，叫“深衣”。深衣不同于上衣下裳，是一种上下连在一起的服装，这种服装在社会上影响很大，不论身份贵贱，不分男女性别、文武职别，都可以穿着深衣。

八、楚国贵妇服饰

右图绣罗单衣及刺绣纹样为湖北江陵马砖一号楚墓出土实物。楚墓出土的战国中期服饰实物，有绢、罗、锦、纱、絛等各种衣着十余件，为目前所见的最早的实物。从实物来看，锦袍和禅衣样式基本相同，即前身、后身及两袖各为一片，每片宽度与衣料本身的幅度大体相等。右衽、交领、直裾。衣身、袖子及下摆等部位均平直。领、袖、襟、裾均有一道缘边，袖端缘边较为奇特，通常用两种颜色的彩条纹锦镶沿。

九、楚国男子服饰

右图为戴高冠、穿长袍的贵族男子(湖南长沙子弹库楚墓出土帛画)。画面中绘一有须男子,侧身而立,手执缰绳,作驭龙状。龙纹绘成舟形,上有舆盖,下有游鱼,表示龙在水中急驰。驭龙男子处于中心位置,神态自若,气宇轩昂,似墓主人形象。尽管画面内容带有神话色彩,但人物服饰的处理还是比较接近现实:头戴峨峨高冠,冠带系于颌下,身穿大袖袍服,衣襟盘曲而下,形成曲裾,是典型的深衣样式。在同时期的木俑、铜人身上,也能见到同样的服饰。可见这个时期男子穿着深衣已成普遍现象。

十、楚国妇女服饰

(一)楚国妇女的曲裾深衣之一

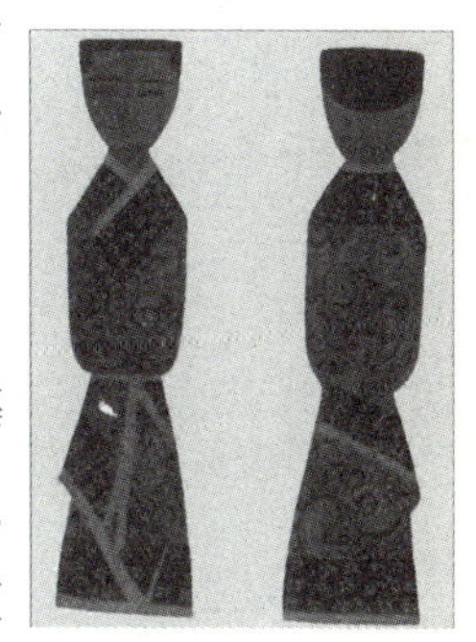

袍服的衣袖有垂胡,这种袖式后来也常用,主要是可以使肘腕行动方便。服装为上衣下裳,裳交叠相掩于后,腰间系带玉佩于前。当时诸侯礼聘及祭天祀神所穿礼服都佩玉,所谓"君子无故,玉不去身"。

(二)楚国妇女的曲裾深衣之二

右图为穿深衣的楚国妇女(按照湖南长沙楚墓出土彩绘木俑摹绘)。楚墓出土的陶俑中多数穿直裾袍,只有此图中的陶俑穿曲裾袍。袍式长者曳地,短者及踝,袍裾沿边均镶锦缘。袍身纹饰为雷纹和重菱纹,重菱纹又称"杯纹",因它形似双耳漆杯或称为"长命纹",取长寿吉利的含意。

十一、战国武士头盔

这个时期的盔帽,称兜鍪,又称胄、首铠、头鍪或盔,其形制各不相同,有用小块甲片编缀成一顶圆帽的,有用青铜浇铸成各种形状的。在铜盔的顶端,还竖有一根铜管,以便在使用时插上鸟羚及缨饰等饰物。这种铜盔的表面,大多打磨得比较光滑,而里面却高低不平,由此推断,当时戴这种盔帽的武士,头上都要裹头巾。

十二、战国妇女服饰

(一)战国时期中山国妇女的服饰

中山国是战国中期中原地区的一个由白狄族建立的少数民族诸侯国。河北平山三汲出土的中山国的玉人服饰,上穿紧身窄袖衣,下穿方格花纹裙,人物头上的卷型发饰,形似牛角,可能是中原地区流行的笄饰。

(二)战国妇女的曲裾深衣

曲裾深衣除了上衣下裳相连这一特点之外，还有另一个显著的特点，即“续衽钩边”。“衽”就是衣襟。“续衽”就是将衣襟接长。“钩边”就是形容衣襟的样式。它改变了过去服装多在下摆开衩的裁制方法,将左边衣襟的前后片缝合,并将后片衣襟加长,加长后的衣襟形成三角,穿时绕至背后,再用腰带系扎。

第二章　秦汉篇

一、秦代兵士铠甲

右图为秦兵俑中最为常见的铠甲样式，胸部的甲片都是上片压下片，腹部的甲片，都是下片压上片，以便于活动。从胸腹正中的中线来看，所有甲片均由中间向两侧叠压，肩部甲片的组合与腹部相同。在肩部、腹部和颈下周围的甲片都用连甲带连接，所有甲片上都有甲钉，其数不等，最多者不超过六枚。甲衣的长度，前后相等，皆为64厘米，其下摆一般呈圆形，周围不另施边缘。

二、汉代皇帝冕服

冕冠，是古代帝王臣僚参加祭祀典礼时所戴礼冠，用作皇帝、公侯等所穿的祭服。冕冠的顶部，有一块前圆后方的长方形冕板，冕板前后垂有“冕旒”。汉代皇帝冕服上的纹样大多采用同时期的帛画、砖画、漆画及画像砖等，如下图。

冕旒依数量及材料的不同，来区分尊卑贵贱。汉制，皇帝冕冠为十二旒（即十二排），为玉制。冕冠以黑为主。两侧各有一孔，用于穿插玉笄，以与发髻拴结。并在笄的两侧系上丝带，在颌下系结。在丝带上的两耳处，还各垂一颗珠玉，名叫“允耳”。不塞入耳内，只是系挂在耳旁，以提醒戴冠者切忌听信谗言。按规定，凡戴冕冠者，都要穿冕服。冕服以玄上衣、朱色下裳，上下皆绘有章纹。此外还有蔽膝、佩绶、赤舄等，组成一套完整的服饰。这种服制始于周代，历经汉、唐、宋、元诸代，一直延续到清代，绵延两千多年。

三、秦汉官吏袍服

秦汉时期的男子服装，以袍为贵。袍服一直被当做礼服。其基本样式，以大袖为多，袖口有明显的收敛，领、袖都饰有花边。袍服的领子以袒领为主，大多裁成鸡心式，穿时露出内衣。袍服下摆，常打一排密裥，有的还裁制成月牙弯曲状。右图这种袍服是汉代官吏的普通装束，不论文武职别都可穿着。从出土的壁画、陶俑、石刻来看，这种服装只是一种外衣，凡穿这样的服装，里面一般还衬有白色的内衣。文吏穿着这种服装，头上必须裹以巾帻，并在帻上加戴进贤冠。按汉代习俗，文冠奏事，一般都用毛笔将所奏之事写在竹简上，写完之后，即将笔杆插入耳边发际，以后形成一种制度，凡文官上朝，皆得插笔，笔尖不蘸墨汁，纯粹用作装饰，史称“簪白笔”。

四、秦汉妇女曲裾

秦汉时代，曲裾深衣不仅男子可穿，同时也是女服中最为常见的一种服式，这种服装通身紧窄，长可曳地，下摆一般呈喇叭状，行不露足。衣袖有宽窄两式，袖口大多镶边。衣领部分很有特色，通常用交领，领口很低，以便露出里衣。如穿几件衣服，每层领子必露于外，最多的达三层以上，时称“三重衣”。

五、汉代男子曲裾

汉代的男子的服式，大致分为曲裾、直裾两种。曲裾，即为战国时期流行的深衣。汉代仍然沿用，但多见于西汉早期。到东汉，男子穿深衣者已经少见，一般多为直裾之衣，但并不能作为正式礼服。

六、汉代舞女服饰

下图所列的陶塑舞女，服饰交代得比较清楚，头梳高大的发髻，髻上插满珠翠花饰，为典型的东汉装束。身穿曳地长袍，衣襟左掩，即史书所称的“左衽”。最有特点的是袖端接出一段，各装一只窄而细长的假袖，以增加舞姿的美观。后世戏曲服装

上的"水袖",可能是由此而来。

秦汉时期,我国的舞乐表演艺术有了较大进步,并出现了专职的歌舞艺人,以供封建贵族阶层观赏。在汉代的壁画、石刻、砖刻等艺术图像中常可看到这样的情况。

七、汉代直裾女服

汉代的直裾男女均可穿着。这种服饰早在西汉时就已出现,但不能作为正式的礼服。原因是古代裤子皆无裤裆,仅有两条裤腿套到膝部,用带子系于腰间。这种无裆的裤子穿在里面,如果不用外衣掩住,裤子就会外露,这在当时被认为是不恭不敬的事情。所以外面要穿着曲裾深衣。以后,随着服饰的日益完备,裤子的形式也得到改进,出现了有裆的裤子。由于内衣的改进,曲裾绕襟深衣已属多余,所以至东汉以后,直裾逐渐普及,并替代了深衣。

八、汉代妇女的襦裙

上襦下裙的女服样式,早在战国时代已经出现。到了汉代,由于深衣的流行,穿这种服式的妇女逐渐减少。据此,有人认为汉代根本不存在这种服饰,只是到了魏晋南北朝时才重新兴起。其实,汉代妇女并没有摒弃这种服饰,在汉乐府诗中就有不少描写。这个时期的襦裙样式,一般上襦极短,只到腰间,而裙子很长,下垂至地。襦裙是中国妇女服装中最主要的形式之一。自战国直至清代,前后两千多年,尽管长短宽窄时有变化,但基本形制始终保持着最初的样式。

第三章 魏晋篇

一、魏晋服饰

宋代苏轼的《念奴娇》中“羽扇纶巾”的纶巾，是幅巾的一种，一般认为以丝带织成。因传说为诸葛亮服用，故名“诸葛巾”。幅巾束守，即不戴冠帽，只以一块帛巾束首，始于东汉后期。一直延续到魏晋，仍十分流行。对唐宋时期的男子首服也有一定影响。魏晋时期冠帽也很有特色。汉代的巾帻依然流行，但与汉代略有不同的是帻后加高，体积逐渐缩小至顶，时称“平上帻”或叫“小冠”。小冠上下兼用，南北通行。如在这种冠帻上加以笼巾，即成“笼冠”。笼冠是魏晋南北朝时期的主要冠饰，男女皆用。因以黑漆细纱制成，又称“漆纱笼冠”。另外，帽类有几种样式：一种“白高帽”，“其制不定，或有卷荷，或有下裙，或有纱高屋，或有乌纱长耳”；一种“突骑帽”，“如今胡帽，垂裙覆带，盖索发之遗象也”，等等。

魏晋南北朝时期的服饰，有两种形式：一为汉族服式，承袭秦汉遗制；一为少数民族服饰，袭北方习俗。汉族男子的服饰，主要是衫。衫和袍在样式上有明显的区别，照汉代习俗，凡称为袍的，袖端应当收敛，并装有袪口。而衫子却不需施袪，袖口宽敞。衫由于不受衣袪等部约束，魏晋服装日趋宽博，成为风俗，并一直影响到南北朝服饰，上自王公名士，下及黎庶百姓，都以宽衫大袖、褒衣博带为尚。从传世绘画作品及出土的人物图像中都可以看出这种情况。除衫以外，男子服装还有袍襦，下裳多穿裤裙。

魏晋时期妇女服装承袭秦汉的遗俗，并吸收少数民族服饰特色，在传统基础上有所改进，一般上身穿衫、袄、襦，下身穿裙子，款式多为上俭下丰，衣身部分紧身合体，袖口肥大，裙为多折裥裙，裙长曳地，下摆宽松，从而达到俊俏潇洒的效果。加上丰盛的首饰，反映出奢华之风。男子服饰主要为胯褶及两裆等。

二、魏晋笼冠大袖衫

魏晋时期的男子一般都穿大袖翩翩的衫子，直到南朝时期，这种衫子仍为各阶层男子所爱好，成为一时的风尚。笼冠的形象与北朝墓葬中出土的图像略同，然而时间却比其他资料要早，可见笼冠并非出自胡俗，而是先在中原地区流行以后，才逐渐传到北方，成为北朝时期的主要冠式之一。

三、魏晋杂裾垂髾服

魏晋南北朝时期,传统的深衣制已不被男子采用,但在妇女中间却仍有人穿着。这种服装与汉代相比,已有较大的差异。比较典型的,是在服装上饰以“纤髾”。所谓“纤”,是指一种固定在衣服下摆部位的饰物。通常以丝织物制成,其特点是上宽下尖形如三角,并层层相叠。所谓“髾”,指的是从围裳中伸出来的飘带。由于飘带拖得比较长,走起路来,如燕飞舞。到南北朝时,这种服饰又有了变化,去掉了曳地的飘带,而将尖角的“燕尾”加长,使两者合为一体。

四、魏晋妇女衫裙

魏晋时期的妇女服装,都以宽博为主,其特点为:对襟,束腰,衣袖宽大,并在袖口、衣襟、下摆缀有不同色的缘饰,下着条纹间色裙,腰间用一块帛带系扎。当时妇女的下裳,除间色裙外,还有其他裙式。

五、魏晋织纹锦履

(一)履

魏晋南北朝时期,女子多穿履、靴等,有皮履、丝履、麻履、锦履等。凡娶妇之家先下丝鞋为礼。鞋子的形式有风头履、聚云履、五朵履;宋有重台履;梁有分梢履、立风履、笏头履、五色云霞履;陈有玉华飞头履;西晋又有鸠头履。有的以形式定名,有的以色饰定名。其中各种履不一定都是妇女所穿,如风头、立风、五色云霞、玉华飞头等属妇女所穿;重台履是厚底鞋,男女都有之,因为南北朝时男足女足无异样。 还有加以锈纹的履,例如陆机《织女怨》有“足蹑刺绣之履”;梁时沈约有“锦履并花纹”。另外木屐在当时也为妇女穿着。

(二)衫裙

在敦煌莫高窟甬道的两侧及佛教故事的下方,往往有一行行排列整齐的男女,小的仅有数寸,高的竟达几尺。他们中间有权势显赫的官吏,也有普通的平民百姓。这些人物,都为修造洞窟出过资金,他们把自己的形象画在壁上,表示该窟的菩萨佛像由他们供养,所以被称为窟主,也被称为供养人。很多供养人的身旁都附有题记,写明年代、职衔、排行及姓氏等等。图中所绘的服饰,在当时带有普遍性,河南洛阳等地出土的陶塑妇女,也穿这类服装。其特点是:对襟、束腰,衣袖宽大,袖口缀有一块不同颜色的贴袖。下着条纹间色裙。当时妇女的下裳,除穿间色裙外,还有其他裙饰。晋人《东宫旧事》记太子之妃服装,有绛纱复裙、丹碧纱纹双裙、丹纱杯文罗裙等。可见女裙的制作已很精致,质料颜色也各不相同。

六、南北朝裤褶

裤褶是北方游牧民族的传统服装，基本款式为上身穿齐膝大袖衣，下身穿肥管裤。这种服装的面料，常用较粗厚的毛布来制作。穿裤和短上襦，合称襦裤，但封建贵族必须在襦裤外加穿袍裳，只有骑马者、厮徒等从事劳动的人为了行动方便，才直接把裤露在外面。封建贵族是不得穿短衣和裤外出的。到了晋代这种习惯才有所改变。南北朝的裤有大口裤和小口裤，以大口裤为时髦，穿大口裤行动不便，故用锦带将裤管缚住，又称缚裤。

第四章　隋唐篇

一、隋唐五代妇女服饰

隋代发式比较简单，变化较少，一般为平顶式，将发层层堆上，如帽子状。唐代初期仍有梳这种发式的，只是顶部不如隋代那样平整，已有高耸趋势，大多作成云朵形。到太宗时，发髻渐高，形式也日益丰富。唐初妇女服饰，仍以小袖短襦及长裙为主，裙腰束至腋下。

二、初唐文吏服饰

唐代官吏，除穿圆领窄袖袍衫外，在一些重要场合，如祭祀典礼仍穿礼服。礼服的样式，多承袭隋朝旧制：头戴介帻或笼冠，身穿对襟大袖衫，下佩围裳，玉佩组绶一应俱全。在大袖衫外加着裲裆，也是隋唐时期官吏服饰的一个特点。

三、唐代官吏常服袍衫

唐代男子服饰，以幞头袍衫为尚，幞头又称袱头，是在汉魏幅巾基础上形成的一种首服。唐代以后，人们又在幞头里面增加了一个固定的饰物，名为"巾子"。巾子的形状各个时期有所不同。除巾子外，幞头的两脚也有许多变化，到了晚唐五代，已由原来的软脚改变成左右各一的硬脚。唐代官吏，主要服饰为圆领窄袖袍衫，其颜色曾有规定：凡三品以上官员一律用紫色；五品以上，为绯色；六品、七品为绿色；八品、九品为青色。以后稍有变更。另在袍下施一道横襕，也是当时男子服饰的一大特点。

四、隋唐短襦长裙披帛

襦裙是唐代妇女的主要服式。在隋代及初唐时期，妇女的短襦都用小袖，下着紧身长裙，裙腰高系，一般都在腰部以上，有的甚至系在腋下，并以丝带系扎，给人一种俏丽修长的感觉。妇女的裙子有不少名目，在中上层妇女中，曾流行百鸟毛裙，由于这种裙子都用禽鸟羽毛制成，使大批珍禽瑞鸟遭受损害，后被朝廷下令禁止。在广大妇女中间，则流行一种叫"石榴裙"的裙子，这种裙子用鲜艳夺目的红色染成，故名。唐代裙子款式之新、颜色之多、质料之精、图案之精美，都达到前所未有的水平。披帛，又称"画帛"，通常

以轻薄的纱罗制成,上面印画图纹。长度一般为2米以上,用时将它披搭在肩上,并盘绕于两臂之间,走起路来,不时飘舞,非常美观。

五、唐代舞女服饰

唐代舞蹈,有文、武之分。武舞又称“健舞”,文舞又称“软舞”,两种舞蹈风格截然不同:前者威武激越;后者飘然若仙。胡舞大多属于前者,而传统的汉族舞蹈,则基本属于后者。两种不同的舞蹈,决定了两种不同的服饰。总的看来,健舞的舞服以小袖为多,以便腾越旋转;而软舞的服装则多用大袖,以表现出婉转、舒展的姿态。隋唐时胡舞一度风行,对贞观、开元间胡服的普及,有一定的影响。

六、中晚唐回鹘女服

回鹘是西北地区的少数民族,即现在的维吾尔族的前身。在唐朝开元年间,回鹘曾一度是北方最强盛的少数民族政权。回鹘族的服装,给汉族人民曾带来较大的影响,尤其在贵族妇女及宫廷妇女中间广为流行。回鹘装的基本特点略似男子的长袍,翻领,袖子窄小而衣身宽大,下长曳地。颜色以暖色调为主,尤喜用红色。材料大多用质地厚实的织锦,领、袖均镶有较宽阔的织金锦花边。穿着这种服装,通常都将头发挽成椎状的髻式,称“回鹘髻”。髻上另戴一顶缀满珠玉的桃形金冠,上缀凤鸟。两鬓一般还插有簪钗,耳边及颈项各佩许多精美的首饰。足穿翘头软锦鞋。

七、唐代妇女面部化妆

唐代妇女的化妆顺序大致如次:一敷铅粉;二抹敷脂;三涂鹅黄;四画黛眉;五点口脂;六描面靥;七贴花钿。古时妇女常将原来的眉毛剃去,然后用一种以烧焦的柳条或矿石制成的青黑色颜料画上各种形状,名叫“黛眉”。唐代妇女黛眉名目甚多,从细而长的“蛾眉”到宽而阔的“广眉”,应有尽有。《簪花仕女图》中贵族妇女的眉饰,就是一种广眉。所谓“花钿”是两眉之间的装饰。据说在南北朝时,一日,寿阳公主卧殿檐下,一朵梅花正落其额上,染成颜色,拂之不去。宫女见之奇异,乃争相效仿。到了唐代,花钿除了用颜色染绘之外,还有用金属制造者。至于面靥,是因为有个贵妇,面颊上有块斑痕,特点此作为掩饰,众人觉其妍丽,便竞而效之,遂成一时风气。

八、唐代妇女发髻演变

唐代妇女发式有半翻髻、反挽髻、乐游髻、愁来髻、百合髻、蹄顺髻、盘桓髻、变环望仙髻及各种鬟式等。大体看来,隋代发式比较简单,变化较少,一般为平顶式,将头发层层堆上,如帽子状。唐代初期仍有梳这种发式的,只是顶部不如隋代那样平整,已有高耸趋势,大多做成云朵形。到太宗时,发髻渐高,形式也日益丰富。

第五章 宋明篇

一、宋服

宋朝是一个在经济、科技和文化方面高度发达的王朝。农业、制船、纺织和造纸业达到了新的高度，火药、指南针和印刷技术被发明。

宋代服饰总体来说可分官服与民服两大类，官服又分朝服和公服。

朝服用于朝会及祭祀等重要场合，皆朱衣朱裳，佩戴和衬以不同颜色和质地的衣饰，还有相应的冠冕。公服是官员的常服，式样是圆领大袖，腰间束以革带，头上戴幞头，脚上穿革履或丝麻织造的鞋子。依照规定，凡有资格穿紫、绯色公服的高级官员，都必须佩带用金、银装饰为鱼形的“鱼袋”。庶民百姓只许穿白色衣服，后来又允许流外官、举人、庶人穿黑色衣服。但实际生活中，民间服色五彩斑斓，根本不受约束。

宋代一般妇女所穿服饰有袄、襦、衫、褙子、半臂、裙子、裤等服装样式。宋代妇女以裙装穿着为主，但也有长裤。宋代妇女的穿着与汉代妇女相似，都是瘦长、窄袖、交领，下穿各式的长裙，颜色淡雅。襦和袄是基本相似的衣着，形式比较短小，下身配裙子。颜色常以红、紫为主，黄次之。宋代的襦裙样式和唐代的襦裙大体相同。身上的装饰并不复杂，除披帛以外，只在腰间正中部位佩的飘带上增加一个玉制圆环饰物，它的作用，主要是压住裙幅，使其在走路或活动时不至会随风飘舞而影响美观，史书所称的“玉环绶”，就是这种装饰。

宋朝流行一种叫褙子的外衣，宋代的褙子为长袖、长衣身，腋下开胯，即衣服前后襟不缝合，而在腋下和背后缀有带子。这腋下的双带本来可以把前后两片衣襟系住，可是宋代的褙子并不用它系结，而是垂挂着作装饰用，意义是模仿古代中单（内衣）交带的形式，表示“好古存旧”。穿褙子时，却在腰间用勒帛系住。宋代褙子的领型有直领对襟式、斜领交襟式、盘领交襟式三种，以直领式为多。斜领和盘领二式只是在男子穿在公服里面时所穿，妇女都穿直领对襟式。有身份的主妇则穿大袖衣。婢妾穿腋下开胯的衣服，行走也较方便。宋代女子所穿褙子，初期短小，后来加长，发展为袖大于衫、长与裙齐的标准格式。

二、明服

(一)明代士人服饰

士人服装的款式特点为斜大襟、大袖,袖长一律过手、衣长至脚面,穿时腰系丝绦,与道袍相似。宋朝时已有此衣式,是一种宽大而长的衣。元代禅僧也服此衣,一般士人也穿。明初太祖制民庶章服用青布直身即此。后有作民谣云:“二可怪,两只衣袖像布袋”,即指此衣。

(二)明代大袖衣

明代妇女的服装,主要有衫、袄、霞帔、褙子、比甲及裙子等。衣服的基本样式,大多仿自唐宋,一般都为右衽,恢复了汉族的习俗。凡命妇所穿的服装,都有严格的规定,大体分礼服及常服。皇后常服为戴龙凤珠翠冠、穿红色大袖衣,衣上加霞帔,红罗长裙,红褙子,髻上加龙凤饰,衣绣有织金龙凤纹。

(三)明代霞帔

霞帔是一种帔子,它的形状像两条彩练,绕过头颈,披挂在胸前,下垂一颗金玉坠子。霞帔早在南北朝时期就已出现,隋唐以后,人们常赞美这种服饰美如彩霞,所以有了霞帔的名称。白居易《霓裳羽衣舞歌》中就有“虹裳霞帔步摇冠”的形容。到了宋代,已正式将它用作礼服,并随着品级的高低刺绣纹样有所不同。

(四)明代官饰凤冠

凤冠是一种以金属丝网为胎,上缀点翠凤凰,并挂有珠宝流苏的礼冠。早在秦汉时期,就已成为太后、皇太后、皇后的规定服饰。明代凤冠有两种形式:一种是后妃所戴,冠上除缀有凤凰外,还有龙等装饰;另一种是普通命妇所戴的彩冠,上面不缀龙凤,仅缀珠翟、花钗,但习惯上也称为凤冠。

(五)明代官吏常服

明代官吏戴乌纱帽、幞头,身穿盘领窄袖大袍。“盘领”即一种加有圆形沿口的高领。这种袍服是明代男子的主要服式,不仅官宦可用,士庶也可穿着,只是颜色有所区别。平民百姓所穿的盘领衣必须避开玄色、紫色、绿色、柳黄、姜黄及明黄等颜色,其他如蓝色、赭色等无限制,俗称“杂色盘领衣”。明朝建国二十五年以后,朝廷对官吏常服作了新的规定,凡文武官员,不论级别,都必须在袍服的胸前和后背缀一方补子,文官用飞禽,武官用走兽,以示区别。这是明代官服中最有特色的装束。

(六)明代男子襟袍

明代男子的便服,多用袍衫,其制为大襟、右衽、宽袖,下长过膝。贵族男子的便服面料以绸缎为主,上绘有纹样,也有用织锦缎制作的。袍衫上的纹样,多寓有吉祥之意,比

较常见的是团云和蝙蝠中间,嵌一团型“寿”字,意为“五蝠捧寿”。这种形式的图案在明末清初特别流行,不仅在服装上使用,在其他的器皿及建筑装饰上也大量反映。另一种宝相花是一种抽象的装饰图案,通常以莲花、忍冬或牡丹花为基本形象,经变形、夸张,并穿插一些枝叶和花苞,组成一种既工整端庄又活泼奔放的装饰图案。这种服饰纹样在当时深受欢迎。从唐代开始,宝相花大量进入服饰,成为广大人民喜爱的艺术图案。到了明代,宝相花还一度成为帝王后妃的专用图案,与蟒龙图案一样,禁止民间使用。但很快解除禁律运用于各种服装上。

(七)明代褙子

明代妇女的服装,主要有衫、袄、霞帔、褙子、比甲及裙子等。衣服的基本样式,大多仿自唐宋,一般都为右衽,恢复了汉族的习俗。其中霞帔、褙子、比甲为对襟,左右两侧开衩。成年妇女的服饰,随各人的家境及身份的变化,有各种不同形制,普通妇女服饰比较朴实,主要有襦裙、褙子、袄衫云肩及袍服等。明代褙子,有宽袖褙子、窄袖褙子。宽袖褙子只在衣襟上以花边作装饰,并且领子一直通到下摆。窄袖褙子则袖口及领子都有装饰花边,领子花边仅到胸部。

(八)明代襦裙

上襦下裙的服装形式,是唐代妇女的主要服饰,在明代妇女服饰中仍占一定比例。上襦为交领、长袖短衣。裙子的颜色,初尚浅淡,虽有纹饰,但并不明显。至崇祯初年,裙子多为素白,即使刺绣纹样,也仅在裙幅下边一两寸部位缀以一条花边,作为压脚。裙幅初为六幅,即所谓“裙拖六幅湘江水”;后用八幅,腰间有很多细褶,行动辄如水纹。到了明末,裙子的装饰日益讲究,裙幅也增至十幅,腰间的褶裥越来越密,每褶都有一种颜色,微风吹来,色如月华,故称“月华裙”。腰带上往往挂上一根以丝带编成的“宫绦”,宫绦一般在中间打几个环结,然后下垂至地,有的还在中间串上一块玉佩,借以压裙幅,使其不至散开影响美观,作用与宋代的玉环绶相似。

(九)明代比甲

比甲的名称,见于宋元以后,但这种服饰的基本样式,却早已存在。比甲为对襟、无袖,左右两侧开衩。隋唐时期的半臂,就与比甲有一定的渊源关系。明代比甲大多为年轻妇女所穿,而且多流行在士庶妻女及奴婢之间。到了清代,这种服装更加流行,并不断有所变革,后来的马甲就是在此基础上经过加工改制而成的。

第五部分

诗词曲赋

第一章 音乐文娱

一、宫调

古代称宫、商、角、变征、征、羽、变宫为七声，其中以任何一声为音阶的起点，均可构成一种调式。凡以宫声为音阶的起点的调式称“宫”，即宫调式，而以其他各声为主者则称“调”，如商调、角调等，统称为“宫调”。

二、五声

也称“五音”，即我国古代五声音阶中的宫、商、角、征、羽五个音级，是我国古汉语语音学(传统称为“音韵学”)中的一个概念，即五类声母类型。《战国策·荆轲刺秦王》:“高渐离击筑，荆轲和而歌，为变征之声，士皆垂泪涕泣。”文中的“变征”是角、征二音之间接近征音的声音，声调悲凉。

三、俗乐

古代各种民间音乐的泛称。宫廷中宴会时所用的俗乐，称为“燕乐”。“雅乐”是统治阶级制定的典礼乐舞，寻根究底，几乎都来自民间音乐，只不过改变了它的内容和情调而已。有著名琵琶曲《平沙落雁》《霓裳曲》，琴曲《流水》《高山》《梅花三弄》等，丝竹曲《老八板》《春江花月夜》，广东音乐《雨打芭蕉》《旱天雷》等，以及大量的寺院音乐、各地各种乐曲，其中不少是我国传统文化中的珍宝。

四、雅乐

“雅乐”的意思即“优雅的音乐”，是中国古代的宫廷音乐。雅乐的体系在西周初年制定，与法律和礼仪共同构成了贵族统治的内外支柱。古代帝王祭祀天地、祖先及朝贺、宴享等大典时所用的乐舞。周代雅乐是指“六舞”(云门、咸池、大磬、大夏、大武、大镬，前四种属文舞，后两种属武舞)。以后历代统治者都把这奉为乐舞的最高典范，认为它的音乐“中正和平”，歌词“典雅纯正”，故称之为“雅乐”。各个朝代均循礼作乐，歌功颂德，此类乐舞统称为“雅乐”。

五、十二律

古代乐律学名词,是古代的定音方法。即用三分损益法将一个八度分为十二个不完全相同的半音的一种律制。各律从低到高依次为:黄钟、大吕、太簇、夹种、姑洗、仲吕、蕤宾、林钟、夷则、南吕、无射、应钟。十二律又分为阴阳两类,凡属奇数的六种律称阳律,属偶数的六种律称阴律。

六、霓裳羽衣舞

即《霓裳羽衣曲》,简称《霓裳》。唐代宫廷乐舞。其由来传说不一:有的说,唐玄宗登三乡驿,望见女儿山,归而作之;有的说,此曲是《婆罗门曲》之别名;有的说,唐玄宗凭幻想写成前半曲,又将西凉都督杨敬述进《婆罗门曲》改编成后半曲合而制之。白居易有首诗,对此曲的演唱作了详尽的描述。

七、春江花月夜

乐府《吴声歌曲》名。相传为陈后主(陈叔宝)所创,原词已佚。隋炀帝、温庭筠等都曾作有此曲。唐代张若虚所作的《春江花月夜》最为出名。

八、十面埋伏

琵琶大曲。明代后期就已经在民间流传。乐曲描写公元前202年楚汉战争在垓下最后决战之情景,运用了琵琶特有的表现技巧,表现古代战争中千军万马冲锋陷阵之势,十分生动。

九、五射

古代的五种射技:白矢、参连、剡注、襄尺、井仪。白矢,箭穿靶子而箭头发白,表明发矢准确而有力;参连,前放一矢,后三矢连续而去,矢矢相属,若连珠之相衔;剡注,谓矢行之疾;襄尺,臣与君射,臣与君并立,让君一尺而退;井仪,四矢连贯,皆正中目标。

十、文房四宝

旧时对笔、墨、纸、砚四种文具的总称。北宋苏易简著有《文房四谱》一书,叙述了四种文具的品类及故事等。这些文具,制作历史悠久,名手辈出,且品类丰富,风格独特。著名的有:安徽泾县的宣纸、安徽歙县的歙墨、广东端州的端砚、浙江吴兴的湖笔。

十一、书法

中国传统艺术之一,是以汉字为表现对象、以毛笔为表现工具的一种线条造型艺术。汉字经历了篆、隶、楷等发展阶段,技法日精,在文字书写的点画篇章之间,表达出作

者的性格、情感、意趣、素养、气质等精神因素，遂成为一门独立的艺术。

十二、六书

古人分析汉字的造字方法而归纳出来的六种条例，即象形、指事、会意、形声、转注、假借。今人一般认为后两种与造字无关。象形即描摹事物形状的造字法，如“山、羊、日、月、马”等，象形字全是独体字。指事是以象征性的符号来表示意义的造字法，如“上、下、本、末、中、甘”等，指事字也全是独体字。会意是由两个或多个字合起来表达一个新的意义的造字法，如“采、休、明、旦”等。形声是意符和声符并用的造字法，形声字占汉字的百分之八十左右。

十三、永字八法

“永”字具有汉字的八种基本笔画：点、横、竖、撇、捺、折、钩、提。

十四、阳文阴文

我国古代刻在器物上的文字，笔画凸起的叫阳文，凹下的叫阴文。

十五、岁寒三友

古诗文中的松、竹、梅。松，是耐寒树木，经冬不凋，常被看做刚正节操的象征。竹，刚直、谦逊，不亢不卑，潇洒处世，常被看做不同流俗的高雅之士的象征。梅，迎寒而开，美丽绝俗，是坚忍不拔的人格的象征。

十六、花中四君子

古诗文中常提到的梅、兰、竹、菊。“梅、竹”见上条。兰，一则花朵色淡香清，二则多生于幽僻之处，故常被看做是谦谦君子的象征。菊，它不仅清丽淡雅、芳香袭人，而且具有傲霜斗雪的特征；它艳于百花凋后，不与群芳争列，故历来被用来象征恬然自处、傲然不屈的高尚品格。

第二章 雅乐舞及伎乐舞

民族性、民俗性和地域性是古典舞蹈的主要特点。不同民族、不同地域的舞蹈表现出不同的风格特征，而且还常常和当地的地方风俗密切相关，带有明显的地方文化色彩。如南方民族的舞蹈婀娜多姿，自然轻柔，如云似水，优美抒情；北方民族的舞蹈往往豪迈粗犷，铿锵有力，动作快捷，节奏鲜明。这种差异反映了南北民族不同的审美情趣。

中国舞蹈在走出蛮荒、进入文明社会以后，便加快了发展步伐，很快趋向成熟。西周初年制定的雅乐体系，便是中国乐舞文化进入成熟期的里程碑。

史载：武王伐纣，推翻殷商，建立周朝不久，就命周公姬旦制礼作乐，因袭夏、商的礼仪乐制，建立了周王朝的礼乐制度。作为一种统治手段——礼乐教化的工具，乐舞艺术的地位和作用也被提到了前所未有的高度。这一部分乐舞就是所谓的"雅乐"、"雅舞"，以后一直是我国乐舞文化的重要组成部分，虽然几经兴衰，但在几千年封建社会中，始终居于乐舞的正统地位。

原始舞蹈在氏族社会中不仅是娱乐工具，也是教育工具、宗教工具，具有多种社会功能和极强的功利性。作为娱乐工具，既能自娱，也能娱人；作为教育工具，包含的内容更是多方面的，例如：氏族历史、战斗技能、生产劳动、伦理道德、强身健体等等，都曾是舞蹈教育的内容。但它归根结底是一项审美活动，在履行多种职能的同时，都不能没有审美的、使人(包括舞者自身)得到愉悦和美感享受的作用。而雅乐舞蹈单纯强调乐与礼的结合，使之和表现社会伦理的政治观念、典章仪制紧密联系在一起，从而成为一种重要的统治工具，被抬举到了神圣不可侵犯的高度。这一方面反映出当时的社会上层已经从长期的实践中，更深入地认识到了乐舞对人的思想感情、意识品行所发生的巨大感染和影响，另一方面也反映了我国传统乐舞理论中的片面性。

在儒家的乐舞学说中，强调了乐舞在人之内心修养方面的陶冶作用，强调了礼乐互为表里、相互为用的教化功能。礼规定了社会中贵贱尊卑的等级差异，乐则在等级社会中发挥调和的作用。协调配合，就能保持社会安定，达到统治者"揖让而治天下"的政治目标。

礼与乐的统一，在艺术上追求的就是内容和形式的统一、理与情的统一、伦理观念和审美意向的统一。总之，是善与美的统一。《论语·八佾》记下了孔子对文舞代表作《大

韶》和武舞代表作《大武》的评论,他认为:《韶》舞,“尽美也,又尽善也”;而《武》舞,“尽美也,未尽善也”。两者都是美的,但显然对武舞的思想内容在“善”与“尽善”的差别上,是持保留态度的。因为武王伐纣虽属正义之师,但宣扬的毕竟是武力,这在主张仁义礼治的儒学看来,就不合尽善的政治理念。

要达到“尽善尽美”的美学境界,当然不是所有乐舞都能做到的,这就要求对自然形态的乐舞进行节制、引导,进而改造,依据温柔敦厚、平和直易的美感标准来规范它们,也就是根据政治教化、道德伦理观念来管理和约束乐舞。

雅乐舞始终居于乐舞的正统地位,其作用则限于宗庙之中,协调人神之间的关系了。现在还有踪迹可寻的祭孔乐舞,便是雅乐舞之遗留。

与雅乐舞相对的,是伎乐舞。二者构成中国乐舞的重要两翼。伎乐舞,是一个宽泛的概念,举凡古代社会中除雅乐舞之外,种种由专业艺人表演的观赏舞蹈,例如秦汉的甬抵百戏、散乐杂伎,隋唐的九、十部伎,坐、立部伎,宋代的队舞等等,都可以归纳在这个范畴之内。

伎乐渊源于奴隶社会中的女乐——也就是乐舞奴隶,她们是继巫而起的真正专业歌舞艺人。据说夏朝开国之君启,即已在宫殿中“万舞翼翼”,末代统治者桀已有“女乐三万人”。到殷商末世,乐舞享受的规模更大,女乐充盈宫室。正是这些专事歌舞的女乐,创造了上古灿烂的舞蹈艺术,使舞蹈摆脱了原始状态而日趋完整精美。但她们的身份仍是处于社会最底层的奴隶,和其他奴隶一样,奴隶主可以任意买卖、馈赠甚至处死、殉葬。现已发现的殷商奴隶主大墓中,常有精美的乐器、舞具和随之殉葬的乐舞奴隶尸骨。

在一件传世的战国画像铜壶盖上雕有一位扬袖起舞的女乐形象,她高髻长袖,情意绵绵,大有乘风欲去之势。另一件燕乐渔猎纹铜壶上雕有一位正在击磬表演的女乐,两袖轻举,体态婀娜,极为生动。它使我们看到了三千余年前女乐的美妙舞态。

汉代是伎乐大发展的时期。汉代作为我国舞蹈史上的一大高峰,主要就表现在伎乐的繁荣上。这一时期出现了一些新的表演形式,如著名的角抵百戏、相和大曲;一些著名的舞蹈节目,如《盘鼓舞》、《巴渝舞》、《巾舞》;一些在历史上留下了姓名的乐舞伎人。这些都标志着我国的乐舞文化已进入了繁盛期。

“轻”是汉人对舞蹈美的普遍追求。在留下姓名的伎人中最著名的应该是赵飞燕。她舞姿轻盈美妙,是史书所公认的。河南郑州出土的一块汉画像砖上描绘一位女伎两袖飘飞,一足点地,一足抬起,似正腾空而起,动感极强。更巧妙的是,画面左上方有一只正凌空飞翔的燕子,无疑这是画家在告诉观者:这位舞伎正是身轻如燕的舞蹈高手。

盛唐是中国舞蹈发展史的黄金时代,也是伎乐舞蹈的全盛时期。当时,能歌善舞的乐伎遍及社会各阶层,蓄伎之风盛行,宫廷有宫伎,官府有官伎,军营有营伎,私家有家伎。多者成百上千,少者数人,如诗人白居易,晚年家居,还养有家伎红萼、紫房、小蛮、樊

素等人。

隋唐燕乐(泛指宴享娱乐的歌舞)标志着唐代乐舞文化的高峰,主要是由乐舞伎人表演的。其形式品种丰富,技艺高超,队伍庞大,以及在社会上流传普遍、深入,可以说是空前绝后。

唐朝盛时,隶属宫廷乐舞机构太常寺和鼓吹署的乐人、音声人、太常乐户子弟等乐工舞伎总数竟有数万人(《新唐书·礼乐志》)。开元二年,唐玄宗把演出燕乐的伎工从太常寺分离出来设立了内教坊,又在长安、洛阳两地设置了四处外教坊。另外,宫中还有特选的尖子三百名,由玄宗亲自培训排练,人称"梨园弟子"或"皇帝弟子"——这也是我国戏曲界习称"梨园行",演员称"梨园弟子"的由来。

宫廷燕乐所表演的节目主要有九、十部伎,其中除继承中原传统的《燕乐》、《清商乐》,大多是来自外族、外地的乐舞。如《高丽乐》——由朝鲜传入;《西凉乐》——来自西凉(今甘肃敦煌);《天竺乐》——天竺即今印度;《龟兹乐》——古龟兹国,在今新疆库车一带, 龟兹乐是唐代最盛行的舞种之一;《疏勒乐》——传自今新疆喀什一带;《安国乐》——今乌兹别克斯坦布哈位一带的乐舞;《高昌乐》——今新疆吐鲁番一带的乐舞;《康国乐》——古康国,在今乌兹别克斯坦撒马尔罕。从这些乐舞的传入地区可以看出,大多来自古西域,这和唐时丝绸之路的繁盛是分不开的。这些乐舞不仅供人享受娱乐,也有显示国威的典礼仪式意义。

娱乐性更强的是坐、立部伎和歌舞大曲。

坐部伎在堂上演奏,规模较小,共六部。立部伎共八部,在堂下表演,规模较大。主要节目有《圣寿乐》、《鸟歌万岁乐》、《破阵乐》、《龙池乐》、《庆善乐》等。太常(主管乐舞的大臣)考核坐部伎,不合格的转去立部,立部也不行,就送去学雅乐。可知坐部伎人的艺术水平是最高的。(《新唐书·礼乐志》)

歌舞大曲是唐代新形成的一种集器乐、舞蹈、歌曲于一体的大型表演形式。其中主要以中原传统乐器演奏、风格较清雅的作品又称法曲。唐代大曲数量很多,仅留传曲名于后世的就有六十多个,著名的有《剑器》、《柘枝》、《凉州》、《甘州》、《绿腰》、《薄媚》、《雨霖铃》、《春莺啭》等。其中的代表作,就是《霓裳羽衣》。《霓裳羽衣》属大曲中的法曲类,关于它的产生,有不少美丽的传说,有一则说它是唐明皇从月宫中偷记回来的仙乐,足见人们的倾慕。

唐代社会广泛流传的伎乐舞蹈有健舞、软舞两大类,其中也不乏世代传颂的佳作,如健舞类的《胡旋》、《胡腾》、《剑器》、《柘枝》,软舞类的《乌夜啼》、《兰陵王》等等,都以其不同凡响的表现为人们所铭记不忘。

第三章 乐器

中国古代音乐,最初乐和舞是密不可分的,“乐”时必有“舞”,“舞”时必奏乐;在远古时期的祭祀仪式中,巫者所跳的娱神舞,往往就有音乐伴奏,这可能就是中国音乐的最早起源。

据史书记载,传说中的黄帝、尧、舜和夏、商、周三代都有自己的乐舞。周代将这六代的乐舞合为六部,称为“六乐”,也可以称“六舞”,这说明,在周代文化中,乐和舞是可以举一而及其二的。当时的乐舞统归大司乐掌管,大司乐还负责以乐舞来教育贵族子弟。《论语·八佾》说:“子谓《韶》,尽美矣,又尽善也。”《论语·述而》也说:“子在齐闻《韶》,三月不知肉味。曰:不知为乐之至于斯也。”

孔子十分重视音乐的社会功用, 他把乐看成个人道德修养得以完成的一个重要阶段。“兴于《诗》,立于礼,成于乐”(《论语·泰伯》)。孔子论述音乐的随笔很多。他曾习琴,在悲伤与欢乐时抚琴以慰,并传授弟子。据说他三千弟子中通六艺者达七十二人。孔子之所教,可称为“诗、书、礼、乐”。也就是说,在他的哲学中,道德与音乐居于同等地位,力图以音乐来品德。

孔子非常爱好古琴,并能自行作曲,关于音乐的评论也见于《论语》中。他认为《韶》那样的音乐,尽美尽善,但武王的音乐,虽尽美而不尽善,这恐怕是指后者非常偏重技巧而没有内容,这是值得注意的。

在春秋战国时期,随着民间诗歌的兴起,乐、舞又和诗歌紧密结合起来,形成了诗、乐、舞三位一体的文化传统。这种文化传统在其后的音乐发展中得到了很好的继承。如战国时期的楚辞、汉代的百戏和乐府民歌、隋唐的歌舞、宋代的词曲等,都和音乐有着密切的关系。

秦统一六国后,秦地本土音乐和六国音乐出现了大的融合,胡地音乐也开始对秦乐产生一定影响。自汉代起,西域音乐开始传入中国,如琵琶、羯鼓、横吹、羌笛等,本来都是西域的乐器,这时已经与来自北方胡地的笳、角以及中原本有的乐器共同组成了汉代的鼓吹乐,这种乐器的组合反映了各民族间音乐文化的融合。

魏晋至唐代,南北方少数民族音乐进一步与汉族音乐相交融,流行在北方的相和歌与南方的吴歌、西曲相结合,形成了新的音乐形态——“清商曲”,产生了《春江花月夜》

等著名的传统民族乐曲。佛教音乐也在此时传入中国,出现了“改梵为秦”的中国佛教音乐。

中国音乐对各民族音乐的兼收并蓄,充分反映了中国文化的多民族特色,也反映了中国文化具有很强的兼容性和适应性。

中国很早对乐理就有了深刻的认识。周代就已经创立了五音阶体系和七音阶体系,称“五音”(或“五声”)和“七音”。五音即宫、商、角、征、羽,大致相当于现代简谱上的1、2、3、5、6;七音是在五音的基础上增加了变征、变宫,大致相当于现代简谱上的4、7。古人还把五音和五行相配合,宫、商、角、征、羽分别对应土、金、木、火、水。中国的乐器也有着极其悠久的历史,河南发现的18支七音孔和八音孔的骨笛,距今已有8000多年。据统计,《诗经》中所提及的乐器有29种,而有文献可考的周代乐器多达70余种。周代已开始对乐器进行系统分类,出现了依制作材料而划分的“八音”,即:金、石、土、革、丝、木、匏、竹。这种分类法一直沿用到清代。

一、打击类

(一)编钟

编钟是中国古代的一种打击乐器,用青铜铸成,它由大小不同的扁圆钟按照音调高低的次序排列起来,悬挂在一个巨大的钟架上,用丁字形的木锤和长形的棒分别敲打铜钟,能发出不同的乐音,因为每个钟的音调不同,按照音谱敲打,可以演奏出美妙的乐曲。

(二)磬

磬是古代石制的一种打击乐器。最早用于先民的乐舞活动,后来用于历代帝王、上层统治者的殿堂宴享、宗庙祭祀、朝聘礼仪活动中的乐队演奏,成为象征其身份地位的“礼器”。

(三)鼓

鼓是一种打击乐器,在坚固的且一般为圆桶形的鼓身的一面或双面蒙上一块拉紧的膜。鼓可以用手或鼓杵敲击出声。

(四)木鱼

木鱼,打击乐器。原为佛教“梵吹”的伴奏乐器。明王折《三才图会》:“木鱼,刻木为鱼形,空其中,敲之有声……今释氏之赞梵吹皆用之。”清代以来流行于民间。

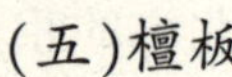

(五)檀板

檀板,简称板,乐器,因常用檀木制作而有檀板之名。唐玄宗时,梨园乐工黄幡绰善

奏此板，故又称绰板。满、蒙古、纳西、畲、汉等族互击体鸣乐器。满族称察拉齐。此外还有扎板、大板之称。

(六)胡笳

胡笳，蒙古族边棱气鸣乐器。民间又称潮尔、冒顿潮尔。流行于内蒙古自治区、新疆维吾尔自治区伊犁哈萨克自治州阿勒泰地区。

二、弦类

(一)琴

琴，又称瑶琴、玉琴，俗称古琴，一种七弦无品的古老的拨弦乐器。琴，作为一种特殊的文化，代表着古老神秘的东方思想。

古琴，在古代有“琴”、“绿绮”、“丝桐”等别称。虽说“伏羲制琴”、“神农制琴”、“舜作五弦琴”的传说不可信，但它的历史确实是相当悠久了。琴最早见于典籍的是中国第一部诗歌总集——《诗经》。《诗经·周南·关雎》中的“窈窕淑女，琴瑟友之”，《诗经·小雅·鹿鸣》中的“我有嘉宾，鼓瑟吹笙”，都反映了琴和人民生活的密切联系。可见，三千多年前，琴已经流行。后来，由于孔子的提倡，文人中弹琴的风气很盛，并逐渐形成古代文人必备“琴、棋、书、画”修养的传统。古琴伴随着人民生活，为我们留下了许多动人的故事：伯牙弹琴遇知音；司马相如与卓文君借助琴来表达爱慕之心；嵇康面临死亡，还操琴一曲《广陵散》；诸葛亮巧设空城计，沉着、悠闲的琴音，智退司马懿雄兵十万；陶渊明弹无弦琴的故事等，都为千古传颂。“焚琴煮鹤”、“高山流水”、“对牛弹琴”等妇孺皆知的成语都出自和琴有关的典故。

(二)瑟

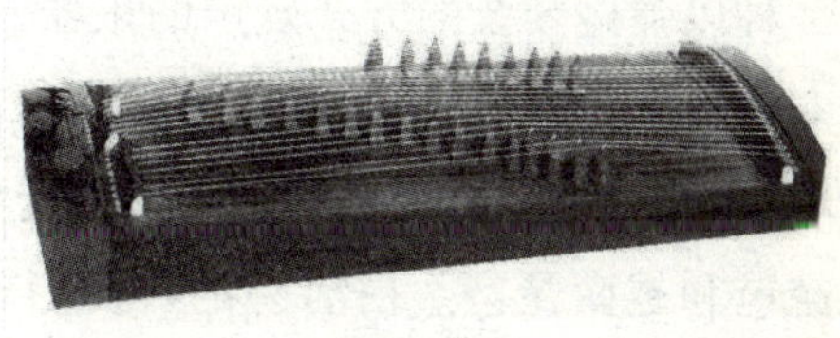

瑟，古代弹弦乐器，共有二十五根弦。古瑟形制大体相同，瑟体多用整木斫成，瑟面稍隆起，体中空，体下嵌底板。瑟面首端有一长岳山，尾端有三个短岳山。尾端装有四个系弦的枘。首尾岳山外侧各有相对应的弦孔。另有木质瑟柱，施于弦下。曾侯乙墓共出土瑟十二具，多用榉木或梓木斫成，全长约150~170厘米、宽约40厘米。通体髹漆彩绘，色泽艳丽。

(三)古筝

古筝是古老的民族乐器，结构由面板、雁柱、琴弦、前岳山、弦钉、调音盒、琴足、后岳山、侧板、出音口、底板、穿弦孔组成；筝的形制为长方形木质音箱，弦架“筝柱”(即雁柱)

可以自由移动，一弦一音，按五声音阶排列，最早以25弦筝为最多(分瑟为筝)，唐宋时有弦十三根，后增至十六根、十八弦、二十一弦等，目前最常用的规格为二十一弦；通常古筝的型号为S163-21，S代表S形岳山，是王巽之与缪金林共同发明，163代表古筝长度是163厘米左右，21代表古筝弦数21根。

(四)箜篌

箜篌是十分古老的弹弦乐器，最初称“坎侯”或“空侯”，在古代除宫廷雅乐使用外，在民间也广泛流传，在古代有卧箜篌、竖箜篌、凤首箜篌三种形制。从14世纪后期不再流行，以致慢慢消失，只能在以前的壁画和浮雕上看到一些箜篌的图样。

《箜篌引》所依的典故“公无渡河”出自晋人崔豹《古今注·音乐》，古乐曲为朝鲜艄公霍里子高的妻子丽玉所作。一天早晨，霍里子高去撑船摆渡，望见一个披散白发的疯癫人提着酒壶奔走。眼看那人要冲进急流之中了，他的妻子追在后面呼喊着不让他渡河，却已经赶不及，疯癫人终究被河水淹死了。那位女子拨弹箜篌，唱《公无渡河》歌曰：

公无渡河，公竟渡河！

堕河而死，将奈公何！

其声凄怆，曲终亦投河而死。霍里子高回到家，把那歌声向妻子丽玉作了描绘，丽玉也甚为悲伤，于是弹拔箜篌把歌声写了下来，听到的人莫不吞声落泪。丽玉又把这个曲子传给邻居女儿丽容，名字就是《箜篌引》。

另外，东汉乐府民歌《孔雀东南飞》中也提到了箜篌这一乐器：“孔雀东南飞，五里一徘徊。十三能织素，十四学裁衣，十五弹箜篌，十六诵诗书……”

(五)琵琶

琵琶，是东亚传统弹拨乐器，已经有两千多年的历史。最早被称为“琵琶”的乐器大约在中国秦朝出现。“琵琶”二字中的“珏”意为“二玉相碰，发出悦耳碰击声”，表示这是一种以弹碰琴弦的方式发声的乐器。“比”指“琴弦等列”。“巴”指这种乐器总是附着在演奏者身上，和琴瑟不接触人体相异。在唐朝以前，琵琶也是汉语里对所有鲁特琴族(又称琉特属)弹拨乐器的总称。中国琵琶更传到东亚其他地区，发展成现时的日本琵琶、朝鲜琵琶和越南琵琶。白居易的《琵琶行》中曾提到琵琶：“忽闻水上琵琶声，主人忘归客不发。寻声暗问弹者谁？琵琶声停欲语迟。”

三、管类

(一)埙

古代用陶土烧制的一种吹奏乐器，圆形或椭圆形，有六孔。亦称“陶埙”。以陶制最为普遍，也有石制的和骨制的等。

（二）箫

箫又名洞箫，单管、竖吹，是一种非常古老的吹奏乐器。它一般由竹子制成，吹孔在上端。以“按音孔”数量区分为六孔箫和八孔箫两种类别。六孔箫的按音孔为前五后一，八孔箫则为前七后一。八孔箫为现代改进的产物。

（三）笛

笛是中国传统音乐中常用的横吹木管乐器之一，即中国竹笛，一般分为南方的曲笛和北方的梆笛。笛常在中国民间音乐、戏曲、中国民族乐团、西洋交响乐团和现代音乐中运用，是中国音乐的代表乐器之一。大部分笛是竹制的，但也有石笛和玉笛。不过，制作笛的最好材料仍是竹子，因为这种材料的笛子声音效果最好。

（四）竽

竽，古簧管乐器，形似笙而较大，管数亦较多。战国至汉代曾广泛流传。《韩非子·内储说上》中记载有“滥竽充数”的故事。

（五）笙

笙，古老的中国乐器，属于簧片乐器族内的吹孔簧鸣乐器类，是世界上现存大多数簧片乐器的鼻祖。发音清越、高雅，音质柔和，歌唱性强，具有中国民间色彩。

第四章　中国古代文学传统

载道、教化、救世、哀民、崇义、养性、言情、尚美是中国古代文学传统的核心。在中华民族精神形成过程中发挥了至关重要的作用。

一、载道

中华民族自古以来就是一个十分理性的民族，这突出表现在对世间真理的追求上。文以载道，所谓道，其意是规律、事理，其实就是真理。孔子说："天下有道，则礼乐征伐自天子出。"又说："吾道一以贯之。"孟子说："得道多助，失道寡助。"其中的"道"都是指一种真理。

二、教化

《诗大序》："风，风也，风以动之，教以化之"，文学艺术本身具有教化的功能，这一点在先秦时期的文献中已有明确的认识。孔子谈到诗的教化作用，提出所谓兴观群怨四点，他说："小子何莫学夫诗，诗可以兴，可以观，可以群，可以怨，迩之事亲，远之事君，多识于鸟兽草木之名。"孟子也强调音乐的感化作用，说："仁言不如仁声之入人深也。"荀子也有同样的认识，说："夫声乐之入人也深，其化人也速。"

三、救世

救世和载道、教化有密切的联系。对一个文人来说，人生的意义就在于立德、立功、立言。很多人常常是立功不成而转为立言，或者先求立功而后求立言。因此，在中国古代文化的大背景下，许多文学家首先不是文学家，而是政治家，他们在政治上难有建树，而后则成为思想家或哲学家、教育家等，因其有了著述成就而成了文学家。先秦时期的孔孟老庄诸子，此后的李斯、贾谊、晁错、张衡等，魏晋之际的曹氏父子、建安七子、竹林七贤等，南北朝时期的王谢文学世家及庾开府、鲍参军等，唐诗巨匠李杜白及韩柳欧苏王安石曾巩这唐宋八大家，还有辛弃疾、陆游等，都是抱定治国安邦的远大理想的。

四、哀民

以人为本是中国传统文化中的一个重要内容。孔子提倡仁政，认为应当"节用而爱

人,使民以时",反对横征暴敛的苛政。孟子明确提出"民为贵,社稷次之,君为轻"的见解,认为统治者得民心则得天下,失民心则失天下,他说:"桀纣之失天下也,失其民也;失其民者,失其心也。得天下有道,得其民斯得天下矣。"

五、崇义

在中国古代的传统文化中,义是非常重要的一项内容,表现为一种社会理念和道德原则。孔子主张的核心是仁,但他对义也有论述,如"君子义以为上"、"君子喻于义,小人喻于利"等。孟子思想的核心是义,他的著名的观点就是"舍生取义"。

六、养性

即涵养德性之意。中国古代文学的这一传统,也与中国文化精神交融在一起。封建时代占统治地位的意识形态,所肯定的人生理想是修身、齐家、治国、平天下,其中首要的和基本的是修身。

七、言情

追溯中国文化的渊源,历史上很早就有言情的传统。先秦诸子的著作中,情不是单指爱情,而是指人的情感、情绪。《礼记·乐记》中说:"情动于中,故形于声,声成又谓之音。"《荀子·正名》篇云:"性之好恶喜怒哀乐谓之情。"孔子编定《诗经》,最早肯定诗歌的抒情特征。《毛诗序》说:"诗者,志之所之也,在心为志,发言为诗。情动于中而形于言,言之不足故嗟叹之,嗟叹之不足故永歌之,永歌之不足,不知手之舞之,足之蹈之也。"

八、尚美

中国传统文化是非常崇尚美的。中国古代作品的语言整齐,简练,节奏感强,生动传神,既具有形式之美,又具有意境之美,还具有神韵之美、音乐之美等。先秦时期的历史著作《尚书》、《左传》、《国语》、《战国策》等,理论与哲学著作如孔孟老庄诸子文献等,以及李斯的《谏逐客书》、贾谊的《过秦论》、桓宽的《盐铁论》那样的政论文等,当代学者研究文学史时都把它们看做文学作品,是因为这些作品确实都具有文学美的属性。

第六部分

书画艺术

书画是中国艺术领域中的又一枝奇葩。在中国书画发展史上,晋唐宋元书画更是独树一帜,充分显示出高超的艺术创造力。书法领域崇尚创造,晋唐宋元一路璀璨:晋人尚韵、唐人尚法、宋人尚意、元人尚态;绘画领域注重原创,晋唐宋元倡导在继承中创新,在师承中突破,在传承中崛起,在启承中成林。驾驭水墨色,融汇精气神,有傲立不屈之韵,无畏缩颓唐之相,历经风雨沧桑,仍见气魄风度。书画家在为书画提神的创作过程中,树魂立根,心灵升华,进入状态,有序传承。晋唐宋元书画艺术精神的深刻揭示,已成为"书画经典"。

书法发展到宋代,达到前所未有的高度。其中,书法"宋四家"(即宋代书法家苏轼、黄庭坚、米芾、蔡襄)是这一时期最重要的代表人物。他们于北宋中期以后崛起,"把书法艺术从客观的审美对象引申为关注主观的表现个体,为书坛带来了一股新风。"故宫博物院藏北宋黄庭坚的《草书诸上座帖卷》为纸本,系以狂草录写五代金陵(南京)僧文益的语录,为其友李任道所书。此帖卷纵横驰骋,结体多变,笔法圆劲,字迹俯仰,用笔波曲,体态开张,气势苍浑,纯熟之极。

元代绘画在主题意涵、风格特征和审美取向上与两宋时代有明显区别,文人画的成熟和经典佳作不断标志着元代绘画的巨大转变,构成了元代绘画的主体精神。元代文人画的代表性群体"元四家"为黄公望、吴镇、倪瓒、王蒙。故宫博物院藏元黄公望的《丹崖玉树图轴》为纸本,设色。黄公望,字子久,号一峰、大痴道人等,江苏常熟人。明王世贞《艺苑卮言》指出:"山水画……至大痴,黄鹤又一变也。"在《丹崖玉树图轴》中,层峦叠嶂,溪流潺潺,云雾蒙蒙,殿阁隐现,小桥横跨,老者策杖,领悟苍秀,悠然寻幽,笔法松灵,设色淡雅,无愧于"元季四大家之冠"的经典之作。

第一章　中国书法

中国书法艺术源远流长。在商代,中国青铜器就已经进入了高度发达的时期。几乎是在青铜器产生的同时,一种兼有纪实和装饰作用的文字出现在了钟鼎之上。这种青铜钟鼎之上的文字,被后人称为“钟鼎文”。古人把青铜称作“金”,因此这种文字又被称为“金文”。这些后来被证实是中国可以辨识的最为古老的文字体系。由于最初这种文字是刻在龟甲和兽骨之上的,后人便把它称作“甲骨文”。

公元前 221 年,中国历史上第一位皇帝——秦始皇统一六国,结束了长期的诸侯割据局面。当时秦国通用的文字书体有八种之多,秦始皇下令“书同文”,要求在全国使用统一的文字。丞相李斯在大篆的基础之上删繁就简,制定出一种比大篆更加简洁规范的文字——小篆。秦始皇把小篆定为标准字体在全国范围内推广使用。李斯也因此成为中国书法史上第一位留下了姓名的书法家。

小篆形体长方,用笔圆转,结构匀称,笔势瘦劲俊逸,体态典雅宽舒,主要用于官方文书、刻石、刻符等。流传至今的秦代小篆作品,石刻有《泰山刻石》、《峄山刻石》、《会稽刻石》等,相传均为丞相李斯所书。《泰山刻石》残存 10 字,现在山东泰安,是典型的秦代小篆书法。刻符有《阳陵虎符》,体势和刻石相同,圆润浑厚。秦代权、量、诏版刻的都是始皇和二世的诏书,文字也是小篆,但由于刀刻和受当时民间书风的影响,风格比较质朴,笔画多为方折,线条瘦硬,锋棱俏丽。

在秦朝通行小篆的同时,隶书在社会下层悄然而生。到了汉代,隶书取代了小篆,上升为通行字体。隶书是汉字中常见的一种庄重的字体,书写效果略微宽扁,横画长而直画短,呈长方形状,讲究“蚕头雁尾”、“一波三折”。隶书起源于秦朝,由程邈形理而成,在东汉时期达到顶峰,书法界有“汉隶唐楷”之称。隶书的出现是中国文字史上一次重大的变革,这就是文字史也就是书法史上著名的“隶变”。它使汉字告别了已经使用三千多年的古文字,彻底摆脱了古文字那种象形的特点,所以汉代人称隶书为“今文”。

到了汉代末期,隶书向正书、行书、草书三个不同的方向演变,形成了中国书法最主要的三种书体。

汉代通行的字体有三种。

①篆书:用于刻石、刻符以及高级的官方文书和重要仪典的书写,如,天子策命诸

侯、柩铭、官铸铜器铭文、碑上题额、宫殿砖瓦文字等;

②隶书:多用于中级的官方文书和经籍的书写,如天子尺一诏书、一般的经书和碑刻等;

③草书:用于低级的官方文书和一般奏牍草稿,如《永元器物簿》、武威的医药简、杂占诸简。

隶变是汉字发展史上的一个里程碑,标志着古汉字演变成现代汉字。有隶变,才有了今天的汉字。在隶变中,中国文字由小篆转变为隶书。隶变是中国文字发展上一个重要的转折点,结束了古文字的阶段,使中国文字进入更为定型的阶段,隶变之后的文字,接近现在所使用的文字,也比古文字更容易辨识了。

一、篆书

西汉碑刻篆书比较少,因丰碑大碣在西汉尚未兴起,留存至今天的多是一些题刻,如《鲁北陛石题字》、《祝其卿坟坛》等。其篆书由秦代的圆转逐渐趋向方正。东汉立碑之风兴起,著名篆书碑刻有《开母石阙铭》、《少室石阙铭》、《袁安碑》、《袁敞碑》等。东汉碑刻篆书,书法结体茂密、体势方圆结合、用笔遒劲,与秦代刻石风格不同。《袁安碑》和《袁敞碑》笔画完好,书法宽博舒展,字体遒劲。汉代碑刻篆书最为丰富多彩的是碑额,有的结构方整奇肆,有的婀娜多姿,不仅风格多样,而且用笔也层出不穷,或圆转巧丽、或方折挺拔、或茂密、或疏朗。如著名的《景君碑》、《韩仁铭》、《孔宙碑》、《孔彪碑》、《华山碑》、《张迁碑》、《鲜于璜碑》、《尹宙碑》、《袁博碑》、《王舍人碑》等碑额,各具风貌,无一类同。

汉代篆书另一丰富的宝库为铜器上的铭文。汉器铭文多先书写,再由工匠凿刻而成,因此笔画多为方折,转折处断而不连,使篆书呈现出另一种风格。但其结体和笔画仍然表现出多种多样的面目。如中山靖王墓中山内府铸造的铭文笔画粗壮雄浑,池阳宫行镫铭文典雅秀丽,曲成家行镫铭文较率直纤细,长杨鼎、黄山鼎铭文又比较端庄。新莽时期铸造的铜器铭文多为工整垂脚的方正小篆,结构舒展挺拔,风格典雅俏丽,《新莽铜量铭》、《新莽铜嘉量铭》为最典型的作品。

汉代砖瓦文字,大都是篆书,形体修长,富有装饰性。如《长乐未央方砖》、《单于和亲方砖》都是如此。瓦当文字随形书写,独具匠心,给篆书赋予了浓重的装饰趣味。

二、隶书

隶书起源很早,可以上溯到战国时代。四川出土的战国时期木牍,其中很多字已是隶书的体势和写法。隶书在秦代普遍流行于民间,经过不断的改正和完美,到汉代发展到最高阶段,成为汉代的主要字体。秦代到西汉初期,是隶书的古隶时期,西汉石刻除一部分是篆书,其余多为篆隶递变过程中的古隶,如《五凤二年刻石》,其结构已是隶书的

体势,但笔画尚未见典型的波磔。隶书到西汉末期和东汉时期发展到成熟阶段,其形体由长方趋向宽扁,由纵势转向横势,笔画已趋工整,波挑也更为完美,而点画俯仰呼应使隶书的艺术性达到和谐完美的境界。河北定州汉墓西汉宣帝时期(前73—前79)的简书,青海大通县115号墓宣帝时期的简书,敦煌出土西汉天凤元年(前14)的木牍等,都是成熟时期的隶书。东汉隶书用笔技巧更为丰富,在波挑中充分发挥笔毫的变化,提按顿挫、起笔止笔,表现出蚕头燕尾波势的特色。在结构上疏密的变化、点画的呼应,更加呈现出隶书复杂多变的姿态,而风格也更为多样。

汉代简牍和帛书为隶书主要的墨迹。从已发现的汉简来看,谨严工整的隶书多见于先秦典籍和官方诏令。居延出土的《尧典》残简,罗布泊出土的《论语》残简,武威出土的《仪礼》简、《王杖诏令》简等,都是谨严工整的隶书。居延出土的汉简,多为修筑边塞、屯田、置亭燧所遗屯戍文书,书写比较草率,似多不经意,而书写面貌也各不相同。

最能代表隶书成就的是东汉碑刻。东汉盛行立碑刻石的风气,碑本身就是一件石刻艺术品,而碑文作为碑的重要部分,要和其构成完美的艺术形式,因此特别重视书法。东汉碑刻隶书,大体可分为两大类型:一种类型字形比较方整,而法度严谨,波磔分明;另一种类型书写比较随意自然,法度不十分森严,有放纵不羁的趣味。

前者又可分为两种风格:

①倾向端庄秀丽的风格,刻得比较细腻,笔毫效果较明显,笔画波磔分明。结体方正,笔画顿挫有致。如《史晨碑》结体工整、风格浑厚典雅;《张景碑》书体宽扁、风格秀雅;《华山碑》点画俯仰有致、风格典雅华美;属于这种风格的还有《韩仁铭》、《李孟初碑》、《阳嘉残碑》等。这一类中还有一种风格比较秀丽的,如《曹全碑》、《孔彪碑》等。

②倾向古朴雄强的风格,刀刻的效果较明显,笔画方棱、转折崭齐、结体方正。比较有代表性的碑刻有:《鲜于璜碑》用笔方折,气势雄强,严谨中又带有自然的姿态;《张迁碑》体势方正,有骄横不可一世的气概;《幽州书佐秦君石阙》方折有力,气势非常雄强;《景君碑》笔画平直方硬,直笔下垂如悬针,在汉代隶书中很有特色。

后者也可分为两种风格:

①书写草率随便,字形大小参差不一。

②由于写在崖壁上,为不平整的石面所限制,所以随石书写,有自然不拘的效果。其代表碑刻有《三老忌日碑》、《马姜墓志》、《芗他君祠堂刻石》、《冯君阙》,以及各地出土的黄肠石。

隶书到东汉末年,由于过分追求形式和装饰性,波挑矫揉造作,而结构板滞,缺乏生趣,于是开始走向下坡路。这种趋势到魏晋时代更甚,隶书的衰落成了必然的趋势。

三、草书

秦、汉的草书是中国草书发展史中的章草时期。汉代早期的草书，是隶书(古隶)的简易、急速的书写，可以从《神爵四年简》见其大概，这时期的草书为草隶或隶草阶段。

东汉时期草书逐渐出现波磔，这时草书可以从武威出土的医药简牍、敦煌出土的“可以殄灭诸反国”简见其大概。至曹魏、西晋，草书经过书法家的不断加工，形成有一定规律的草法，后代称这类草书为章草，以区别东晋盛行的今草。

章草在东汉已普遍流行，除出土大量草书简牍外，如《急就章砖》、《公羊传砖》、《马君兴砖》，以及安徽亳州出土的曹氏墓砖，都是用章草书刻，可知东汉章草在民间相当流行。

草书是最为简便快捷的一种书体，它只保留了汉字的梗概，书写起来草率急就。草书到了唐代的张旭手里，犹嫌草得不够，于是就创立了狂草。狂草最为肆意放纵，草到了极致。张旭的草书蓦地而来、飘然而去，令人眼花缭乱地飞腾作势，心手两忘地抒发心中的激昂慷慨，展示了他傲视一切的胸襟，自然会使人联想到大诗人李白“安能摧眉折腰事权贵，使我不得开心颜”的那种张扬个性。

汉代著名书法家有史游、曹喜、杜操等。史游曾以隶书草写作《急就章》；曹喜是东汉人，记载说他创悬针垂露法；杜操是史载最早的章草艺术家，崔瑗也以善章草著名，后人并称“崔杜”。

中国清代书法在近300年的发展历史上，经历了一场艰难的蜕变，它突破了宋、元、明以来帖学的樊笼，开创了碑学，特别是在篆书、隶书和北魏碑体书法方面的成就，可以与唐代楷书、宋代行书、明代草书相媲美，形成了雄浑渊懿的书风。尤其是碑学书法家借古开今的精神和表现个性的书法创作，使得书坛显得十分活跃，流派纷呈，一派兴盛局面。

清代书法的发展在前期基本沿承了明末书风，所以这一时期书家的艺术创作，大多固守明代中叶兴起的浪漫主义色彩。虽说表面上依稀可见书家那种强烈的个性体现，但此间受到了时政影响而显得多少有些拘谨。

清初书坛，大体有上溯二王、董其昌和师米芾、王铎两股明显的潮流。

从书法艺术本体出发，王铎除在继承二王书风上取得了惊人成就外，同时还创造了被后世称为“连绵草”的独家书风。在当时，也许只有像“连绵草”那种极具个性张扬和表现力的书法形式，才能彻底反映出王氏本人沦为贰臣后的复杂心情，才能很好地通过笔墨释解他在入清后虽身居高位却不为世所重乃至遭人鄙夷的双重心态。再者，虽说“连绵草”的创立因了王铎晚年的“气节不保”在当时未能得到朝人的认可与重视，但王铎书法艺术中“连绵草”书体的出现，起码有着三个方面的意义：一是为清“写意派”书风的形

成和发展开启了门户;二是对近现代的日本书法发展影响巨大;三是为当世(尤其是近20年)的中国书法能走上“高、大、全”的发展方向,起到了决定性的启蒙作用。

与第一类书家相比,构成清代“遗民书法”的另一组成部分是一些避世书家。他们之中,以傅山最具代表性。傅山作为明朝遗民中最具影响力的书家之一,除了在创作上与王铎不相伯仲外,尤为可贵者乃其精于艺术美学的研究。“宁拙毋巧,宁丑毋媚,宁支离毋轻滑,宁直率毋排”理论的提出,不但反映出傅山在当时具有标新立异的书学思想,同时,还反映出作为书家的傅山对书法艺术本体的理解有着自己独到的认知。傅山在自己的言论中无不注重对人格气节的宣扬,曾作诗告诫他的子孙“作字先作人,人奇字自古。纲常叛周孔,笔墨不可补。未习鲁公书,先观鲁公诂。平原气在中,毛颖足吞虏”。他提出“作字先作人”的观点,也就是说如果背离了周礼儒学,那么做人就是立不住脚的,这样的人写出来的字也必然流露出一种“小人之态”,而这种低俗仅仅靠笔墨技巧是无法补救的。傅山告诉他的孩子们,在学习颜真卿书法之前,必须首先观看颜真卿是怎么说和怎么做的,就是要先学习颜真卿的做人。只要胸中有颜真卿那样的浩然正气,一管小小的羊毫也足以“气吞强虏”。

清代中前期书法的发展,因康、雍、乾三朝皇帝对“馆阁体”书风的钟爱,以及他们身先士卒的“表率”作用,使得“馆阁体”很自然地成为那一时期书法艺术发展的主流。并且,这一主流的发展足足延续了百年之久。

“馆阁”二字在宋代时是昭文馆、史馆、集贤院和秘阁、龙图阁、天章阁的统称。明清时因上述馆阁并入翰林院,故有称翰林院为“馆阁”者。“馆阁体”是指明清两代的色泽乌黑、大小一律、形体方正、线条光洁的官场书体(明代多称“台阁体”)。缘自封建社会科举制度和统治者们的极力倡导,“馆阁体”书法成为明清时期书法创作发展的正宗。

由于“馆阁体”最为根本的主旨是创作中要求笔墨结果指向“乌、方、光”,所以,在创作中,要求书家艺术思想必须既传统又严谨,甚至以近乎呆板的艺术理念作为支撑。“馆阁体”书法发轫于科举,由此,在其形成的过程中,文人士子们视之为人生仕途的敲门砖自是情理中的事。

书法艺术发展到清代中叶后,碑学一统江河,主要原因有以下几个方面:

第一,清初年间的书法发展虽说帖学一枝独秀,并且人为的“崇董尚赵”之风影响了百年之久,但此间有一段不容忽视的历史事实,那就是由清朝初年到雍正王朝的一百多年间,众多书家虽多碍于国朝体制和科举取士等条框的约束与限制,于书法的理解乃至创作不得不遵循“馆阁”一体,但亦不乏有思想的书家存在。这些人对艺术美的本真追求随时随处可以集结成股股思潮。这一思潮的存在,随着历史的演进和国人独立思想的逐渐强烈而显得日益明显。折射到书法艺术,最为直接的结果就是人们在思想上对帖学表现出一种“反感”。

第二，清朝历史的发展进入中叶以后，金石学的研究逐步走向深入与细致，一些分门别类的研究方法和相关著作的随之问世，又成了碑学中兴始于嘉庆、道光时期的一个重要因素。

第三，碑学大兴后，文人士子、考据专家多以文字训诂为读书治学的基本功。如此，进入中叶后的清代书法，随着主观、客观两方面因素的影响，尤其是文字狱的大兴，使得此间的书家对书法的研究与推进，势所难免地选择一些"民间化"的审美趣味。

第四，碑学在此间的大兴，还与包世臣《艺舟双楫》论著的问世，以及当时书写工具的日益改良不无关联。毕竟，理论的张扬与此间书法界始用羊毫笔，给书学注入了一股新鲜的气息和更为丰富的内蕴，广大的书法家都在积极寻找创新之路，所以，也就出现了清代书法史上碑学的第一次兴盛。

追溯清代的碑学倡兴，作为从理论上率先开启清代碑学门户的领头人，阮元无疑是整个清代碑学倡兴发展史上的一面旗帜。阮元对北碑南帖进行研究的目的只是让碑学能与帖学享有同等地位，其两部著述的面世并未引起学界人士的广泛关注。直到包世臣《艺舟双楫》的出台，碑学的地位才真正提升到了前所未有的高度。

步入后期的满清王朝，其书法艺术的发展，因袭了始自 1840 年鸦片战争后国运不济而碑学大兴的余绪。这一时期，书家对北碑创作与思考承继了嘉、道以来的遗风，在实践上大力提倡具有阳刚之气的碑体。同时，随着外来资本主义列强的入侵和国内一批有识之士兴起的求强求富的洋务运动，以及这一时期大批南北朝、北魏墓志的相继出土，使书法救国、以碑学为纲这一发展主流的形成成为必然。再者，大清国门因鸦片战争而洞开，封闭的中国明显受到外来文化的入侵，延承百年之久的清代经世之学受到了莫大的冲击，并且，国人之中，亦逐渐开始有了转变风气的"师夷长技以制夷"(魏源语)思潮的涌现。

进入晚清，碑学在经历了嘉庆、道光、咸丰、同治四个王朝的推行普及和完善发展，以康有为《广艺舟双楫》的面世为标志，高占书法艺术的统治地位。同时也因此间大量金石考据的倡兴，以及众多甲骨、简牍、残纸等书迹的出土，碑学的发展达到了巅峰状态。当时正如康南海所说："三尺之童，十室之社，莫不口北碑，写魏体。"

如果说汉字自身的逐渐演变为中国书法展开了广阔的发展空间，那么书法工具的逐步完善无疑又起到了推波助澜的作用。清代的刘熙载在他的《艺概·书概》中这样写道："书，如也。如其学、如其才、如其志。总之曰如其人而已。"一管柔毫、一张宣纸，就可以把人的精神性情清晰而又千差万别地体现在笔下的点线之中。以最简单的工具，直接地把握物我之真、万象之美。

东晋永和九年的三月三日，王羲之约了文人朋友共四十一位，到兰亭溪边饮酒游戏，即兴赋诗。大家把这些诗作汇集起来，公推王羲之为诗集作一篇序文。《兰亭序》就是

王羲之为这个诗集写的序文手稿。《兰亭序》叙写了兰亭雅集的盛况，抒发了人生的种种感慨，文笔隽爽流畅，洒脱无拘。而王羲之的书作将晋人的精神风貌和气质神韵抒发得淋漓尽致。恐怕连王羲之也没有料到，他即兴写下的这篇《兰亭序》竟然得以“天下第一行书”而风流千古。

唐代颜真卿在安史之乱平定之后，满怀悲伤地设酒祭奠死难的亲人。就是在这样的背景下，他写下了那篇震烁古今的《祭侄稿》。颜真卿用喷涌而出的激情，把原本一篇普普通通的祭奠文字写得奇崛雄健、浩气充塞，达到了超神入圣的境界。颜真卿忠义节烈，舍生取义，他的书法也一如忠臣烈士，庙堂之气十足。书法本身是极具象征性的，看到颜体楷书，自然使人联想到中国历史上像颜真卿这一类的忠臣良将。后人评价说颜体楷书正像“关羽坐帐，正气逼人”。三国时期蜀汉大将军关羽，之所以能与孔夫子并称为“文武二圣”，就是因为在关羽身上蕴涵着中国传统文化的伦理、道德，渗透着儒学的春秋精义。关羽是忠义楷模、仁勇化身，这和颜真卿的满门忠烈、舍生取义是一脉相承的。颜真卿堂堂正正的楷书和关公那种威武不能屈的意象叠加起来，儒家学说的伦理道德就这样在一个个的方块字上显现出来了。

无论是官居宰辅还是长为布衣，无论是豪壮奇杰还是脂腻粉渍，只要是中国传统文人，手中都握着这幅笔墨，笔墨间流淌的不仅仅是百折千回形态各异的中国文字，更体现了一种千百年来磨砺而成的文人性格以及生命状态。中国书法的走向一直受到传统文化和社会思潮的影响，而决定中国书法基本风貌的首先是儒家思想。“书以明道”，这个“道”就是儒家学说中的伦理规范。

书法艺术几乎成为封建文人士大夫生命形式的例子不胜枚举。纸砚笔墨、梅兰竹菊装点起来的生活环境也成为文人书家们追求高洁意境的荣耀象征。

说到鸿儒，宋代的大文豪苏轼自然是当之无愧，这位广学博才的大书法家谈及学识修养和书法时，这样说道，“作字之法，识浅、见狭、学不足三者，终不能尽妙”。书家如果学识浅薄、见识狭隘、学问不足，其书法是不可能达到尽妙程度的。苏轼本人就是中国书法史上最富有浪漫个性和学问文章之气的书法家，诗词文赋、书画音律无所不精。他的书法既有阳刚之美，又有书卷之气。苏轼广博的学识造就了他那种气吞万里的胸襟气度。观苏轼书法，就不由使人联想到他那“大江东去，浪淘尽，千古风流人物”的恢弘与豪迈。

无论是勤学苦练的求索，还是心手两忘的抒怀，无论是浪情恣肆的狂放，还是温文尔雅的内敛，中国书法作为中国传统艺术已经经过漫长的积淀代代相传，浸透在了民族久远的血液之中。透过变幻万千的点线形式，有种沉浸于笔底、洋溢于案头的生命存在。

第二章　中国画

一、中国画

中国画，简称“国画”，它用毛笔、墨和中国画颜料，在特制的宣纸或绢上作画。题材上有人物画、山水画、花鸟(卉)画、动物画等之分。在技法上又可分为工笔画和写意画两种，各有蹊径，互有特色。

在人物画方面，从晚周至汉、魏、六朝逐渐成熟。山水、花鸟等至隋唐之际，始独立形成画料。到五代、两宋流派繁多，为高度发展阶段。元水墨画盛行。明、清和近代，大体录袭前规。在世界美术领域，中国画具有鲜明的民族形式和独特风格。在描绘物象上，运用线条、墨色来表现形体、质感，有高度的表现力，并与诗词、歌赋、书法篆刻相结合，独特的装裱形式也起到衬托画体的作用，达到形神兼备、气韵生动的效果。

传统的中国画不讲焦点透视，不强调自然界对于物体的光色变化，不拘泥于物体外表的肖似，而多强调抒发作者的主观情趣。中国画讲求“以形写神”，追求一种“妙在似与不似之间”的感觉。在构图、用笔、用墨、敷色等方面，都有自己的特点。中国画的构图一般不遵循西洋画的黄金律，而是或作长卷，或作立轴，长宽比例是“失调”的。但它能够很好地表现特殊的意境和画者的主观情趣。同时，在透视的方法上，中国画与西洋画也是不一样的。透视是绘画的术语，就是在作画的时候，把一切物体正确地在平面上表现出来，使之有远近高低的空间感和立体感。因透视的现象是近大远小，所以也常常称作“远近法”。西洋画一般是用焦点透视，这就像照相一样，固定在一个立脚受到空间的局限，摄入镜头的就如实照下来，否则就照不下来。中国画就不一定固定在一个立脚点作画，也不受固定视域的局限，它可以根据画者的感受和需要，使立脚点移动作画，把见得到的和见不到的景物统统摄入自己的画面。这种透视的方法，叫做散点透视或多点透视。如我们所熟知的北宋名画、张择端的《清明上河图》，用的就是散点透视法。《清明上河图》反映的是北宋都城汴梁内外丰富复杂、气象万千的景象。它以汴河为中心，从远处的郊野画到热闹的“虹桥”；观者既能看到城内，又可看到郊野；既看得到桥上的行人，又看得到桥下的船；既看得到近处的楼台树木，又看得到远处纵深的街道与河港。而且无论站在哪一段看，景物的比例都是相近的，如果按照西洋画焦点透视的方法去画，许多地

方是根本无法画出来的。这是中国的古代画家们根据内容和艺术表现的需要而创造出来的独特的透视方法。

用笔和用墨,是中国画造型的重要部分。

用笔讲求粗细、疾徐、顿挫、转折、方圆等变化,以表现物体的质感。一般来说,起笔和止笔都要用力,力腕宜挺,中间气不可断,住笔不可轻挑。用笔时力轻则浮,力重则钝,疾运则滑,徐运则滞,偏用则薄,正用则板。要做到曲行如弓,直行如尺,这都是用笔之意。古人总结有勾线十八描,可以说是中国画用笔的经验总结。

用墨,则讲求皴、擦、点、染交互为用,干、湿、浓、淡合理调配,以塑造形体,烘染气氛。一般说来,中国画的用墨之妙,在于浓淡相生,全浓全淡都没有精神,必须有浓有淡,浓处须精彩而不滞,淡处须灵秀而不晦。用墨亦如用色,古有墨分五彩之经验,亦有惜墨如金的画风。用墨还要浓淡相生相融,做到浓中有淡,淡中有浓;浓要有最浓与次浓,淡要有稍淡与更淡,这都是中国画的灵活用墨之法。由于中国画与书法在工具及运笔方面有许多共同之处,二者结下了不解之缘,古人早有"书画同源"之说。但是二者也存在着差异,书法运笔变化多端,尤其是草书,要胜过绘画;而绘画的用墨丰富多彩,又超过书法。笔墨二字被当做中国画技法的总称,它不仅仅是塑造形象的手段,本身还具有独立的审美价值。

中国画在敷色方面也有自己的讲究,所用颜料多为天然矿物质或动物外壳的粉末,耐风吹日晒,经久不变。敷色方法多为平涂,追求物体固有色的效果,很少光影的变化。

二、中国人物画

中国人物画自魏晋南北朝开始分为工笔和写意两大体系,以顾偿之、陆探微为代表的"细密精致而续丽"的画风,人物造型准确精细,色彩鲜艳富丽,称为"密体";以张僧跷为代表的简练概括的画风,人物造型简练,赋彩单纯,"迹简意淡而雅正",称为"疏体"。唐代吴道子突破了当时工细密描、重彩积染的一般画风,创造了水墨淡彩及白描的新形式,吴道子作画时"落笔生风",在用线上,追求遒劲雄壮,飞扬流动的美感,即所谓"吴带当风";在用色上,"焦墨痕中略施微染,自然超出缋素",即所谓"吴装"。

两宋人物画成就相当高,出现了不少杰出的人物画家,题材范围也比过去更加广泛。元代以后,由于主流转入山水和花鸟,人物画走向衰微。明清和近代出现了不少优秀的人物画家,特别是任伯年,继承文人画的笔墨,大胆吸收西洋画的技法,他既有深厚的传统功底,又善于汲取外来艺术的长处,从而创造了雅俗共赏的风格,拓宽了人物画的创作途径,对现代人物画的发展产生了巨大的影响。从五四运动前后到新中国成立,李叔同、徐悲鸿、刘海粟等艺术大师,适应新时代的要求,把西洋绘画引入中国,促进了中国传统绘画的改革,创造出大量优秀作品,使中国传统人物画,走向新的境界。

三、中国山水画

中国山水画作为一个独立的画种，美术史学者一致认为是“始于唐、成于宋、变于元”。虽然早在东晋顾恺之的《洛神赋图》上已出现了山水树木，但它是作为人物的背景，有浓厚的装饰风味。现在所能看到最早的山水画是隋代展子虔的《游春图》(可能是唐人摹本，近于原作)。其基本画法是有勾无鼓，极重视色彩，所描绘的湖光春色艳丽明媚。唐代以李思训、李昭通父子为代表的一批青绿山水画家，继承并发扬了这一传统。盛唐吴道子进而发展了简练而又写实的山水画法，王维、张澡及中晚唐画家创造了水墨山水，此即山水画“始于唐”。五代两宋山水画发展很快并达到一个高峰。这一时期理法大备，名家辈出，如荆浩、关仝、董源、巨然、李成、范宽以及马远、夏圭等著名山水画家的作品对后世影响深远，即所谓“成于宋”。元代完成于元四家(黄公望、王蒙、倪雠、吴镇)的又一次重要变革，摆脱了宋人院体画风格，重视主观抒发，追求简淡高逸、苍茫深秀的艺术情趣。他们用干笔鼓擦代替湿笔晕染，逐渐用纸张代替绢素，此即“变于元”。

明清两代画派纷起，风格多样，技法更加丰富。但明末清初的山水画创作出现了两种倾向：一种是崇古守旧，以模仿为主，强调笔墨技巧，脱离现实生活，明代董其昌是这种倾向的代表人物；另一种倾向是打破前人陈规，勇于革新，创造出富有生活气息的山水画，清初“四僧”是这种倾向的代表人物。

清末民初及新中国成立以后，相继涌现出很多优秀山水画家，黄宾虹、傅抱石、李可染等都是学博艺高的山水画大师。

四、中国花鸟画

人类早期对花鸟的关注，是孕育花鸟画的温床。史书记载，魏晋南北朝时期已有不少独立的花鸟画作品，其中有顾恺之的《凫雁水鸟图》、史道硕的《鹅图》、陆探微的《半鹅图》、顾景秀的《蝉雀图》、袁倩的《苍梧图》、丁光的《蝉雀图》，如此等等可以说明这一时期的花鸟画已经有了一定的规模。虽然现在看不到这些原作，但是通过其他人物画的背景可以了解到当时的花鸟画已具有相当高的水平，如顾恺之《洛神赋图》中的飞鸟等。

中国花鸟画的题材内容非常广泛，举凡花卉、翎毛、草虫、鳞介、蔬果、树石、器物、池沼、溪潭、林莽、草地等等，除人物以外，自然界的一切几乎都属于花鸟画的表现范畴。生活中的花鸟本身就有着人们共同感受的自然美，它们可以陶冶情操，令人心旷神怡，如牡丹之富丽，水仙之素雅，松竹之刚劲，藤萝之繁茂以及仙鹤之举止不凡，雄鹰之志在千里，孔雀之美丽卓艳……都能给人以美的享受，引起美的共鸣。

中国的花鸟画不仅是表现花鸟之美，而且是以描绘花鸟为媒介，抒发和表达人的观念和情感。历代中国花鸟画家巧妙地运用喻、比、兴等手法，通过富于情感的花鸟形象，

表述画家对当时的社会、人生的体验和认识。清代郑板桥时常借竹抒发自己的胸襟,如他在一幅墨竹中题诗云:“咬定青山不放松,立根原在乱岩中。千磨万折还坚劲,任尔颠狂四面风。”他以竹子坚劲挺拔、不畏“千磨万折”、不屈不挠的精神,倾吐他一生坎坷、屡遭打击的不平和他的刚正不阿、孤傲倔强的性格。

现代的花鸟画作品,在技法上继承传统,大胆革新,在思想内涵上赋予新的时代精神,以新的花鸟画歌颂和赞美社会主义祖国欣欣向荣、繁花似锦的美好生活。

第三章　国画名词术语常识

一、宗教画

取材于宗教教义、故事和传说且服务于宗教宣传的绘画。如道教中表现神仙的画像,佛教中表现佛本身故事的绘画。早在魏晋时代就有专门关于神仙传说故事及神仙形象的中国道教题材绘画。佛教绘画兴盛于中古时代的印度,流传入中国(随佛教流传)后,逐渐被中国古代画家用中国绘画的形式描绘而形成了中国特色佛教绘画。

二、院体画

我国唐代已设徐诏、供奉等。五代时,西蜀、南唐设置画院,宋代设翰林图画院,选优秀画家,为皇室宫廷服务。历代画院里所画的山水、花鸟、人物等,大都要求工整细致、富丽堂皇、构图严谨,有些具有较强的装饰性,称为院体画。

三、民间画

在中国画中指除专业画家、文人画家等之外的专以绘画为生存手段的街头艺人所作种种画作。其作品倾向艳丽甜俗细腻,不同于专业画家、文人画家所作的画作较为讲究诗意、画境等文化内涵,而为一般文化层次的平民喜爱。民间画又称匠人画,比起院体画缺乏严格的技巧训练;比起文人画,缺乏文学和理论修养。但是,它趋于朴实、热烈,某些优点也是文人画与院体画所不及的,也有些为文人画和院体画所吸收。

四、扇面画

在中国画门类中,历代书画家都喜欢在扇面上绘画或书写以抒情达意,或为他人收藏或赠友人以诗留念。存字和画的扇子,保持原样的叫成扇;为便于收藏而装裱成册页的习称扇面。从形制上分,又有圆形的团扇和折叠式的折扇。

五、没骨(法)画

中国画传统花卉(花鸟)画的一种画法。直接用颜色或墨色绘成花叶,而没有“笔骨”——即用墨线勾勒的轮廓。《宣和画谱》著录有黄筌《没骨花枝图》一件;《洞天清录集》说

黄筌“真似粉堆，而不作圈线”(注：在中国古代粉即是色)，这即“没骨画法”。

六、工笔画

中国画传统画法之一。画法比较工整严谨，以描绘被画对象的准确形象为准则。相对于“写意画”。总的来讲，工笔画用笔工整细致，敷色层层渲染，细节刚彻入微，要用极细腻的笔触描绘物象，故称“工笔”。

七、主题画

在中国画中，画家通过一定的故事情节、人物、场景、题材展示给欣赏者的对社会和人生的某种看法或感想，或对某些历史故事事件场景与形象的刻画与再现等，具有一定的再现性、真实性或揭示性。一般每幅画的立意比较明确，时间、事件等较为明晰。

八、写意画

中国画传统的画法之一，相对“工笔画”而言，用豪放、简练、洒落的笔墨描绘物象的形神，抒发作者的感情。在表现对象上是运用概括、夸张的手法，丰富的联想，用笔虽简但意境繁邃，具有一定的表现力。它要有高度概括的能力，要有以少胜多的含蓄意境，落笔要准确，运笔要熟练，要能得心应手，意到笔随。

九、动物画

在中国画中以动物形象作为艺术语言，以表达人的希望、幻想和各种感情的一种绘画，描绘的题材很广泛，凡动物均可入画。但主要对象为人们常见的家禽、家畜和动物园中的各种动物。不要求惟妙惟肖，允许夸张与变形，但要有个性、要能引起观众的共鸣和对生活美好的联想。

十、界画

中国绘画很有特色的一个门类。在作画时使用界尺引线，故名“界画”。起源很早，晋代已有。主要表现庄严雄伟的建筑物，如宫殿、庙宇、楼阁、亭台等。现存的唐懿德太子李重润墓道西壁的《阙楼图》是目前我国最早的一幅大型界画，宋代的著名界画有《黄鹤楼》、《滕王阁图》。

十一、指画

中国传统绘画中的一种特殊的画法，至今已有300多年的历史，即以画家的手指代替传统工具中的毛笔蘸墨作画，别有一种趣味和技巧，故被称为指画。史书上记载的比较明确的创始人是清康熙年间的高其佩，成就卓著者有潘天寿大师，他的指画气势博大精深，格局新颖高雅。

大拇指作指画，一般情况下是很少用的。但可以用在一些特殊技法上，如用大拇指蘸色按出小鸟的头部和一些形似大拇指的物象，因为大拇指的螺纹较粗，留在画面上能体现指画的特点，也是一种美。手掌的用法与手背相反，可先用手指蘸水，再用手掌蘸墨。手掌落于纸上作推抹状，水从掌背上流下与墨自然混合，适合作巨幅和大面积擦染，其效果为水墨淋漓，力透纸背。而掌侧的运用似中国画中的斧劈。

总之，画毛笔画用的一般毛笔，如从最小的圭笔，到白云、衣纹，长锋到提笔等，用几个手指就足够了。看来好像并非易事，其实只要把每个手指的尖、头、侧、背、节、掌充分利用起来，手指就一定能够真正达到“得心应手”的妙用。

十二、山水画

系中国画特有的画种之一。在魏晋南北朝时已逐渐从人物画中分离出来，形成独立的画料，到唐代已完全成熟。山水画，是秉爱自然的精华、天地的秀气，所以阴阳、晦冥、晴雨、寒暑、朝昏、昼夜都有无穷的妙趣。从六朝到唐的山水画家虽然很多，但他们的笔法位置却很古拙。李思训、王维等完善了山水画的画理、画法、章法(构图)，逐渐形成了中国山水画的面貌。五代的荆浩、关同更有创新，出现了新的局面。

十三、浅绛山水画

中国山水画中的一种设色技巧。即凡以淡红青色彩渲染为主的山水画，统称浅绛山水画。其方法是先用浓淡、干温变化之墨线勾勒轮廓结构变化之后，再施以淡的赭石(或掺少许朱砂类)染山石、树木结构处，最后用淡红青类色渲染即成。

十四、青绿山水画

青绿山水画是具有独特风格的山水画，以表现山石树木的苍翠而得名，在古代绘画艺术中占有重要地位。这种画以青绿颜色为主，用笔工整，细笔重彩，色彩浓烈，富有生气。在勾线内用石青石绿着色。色彩浓烈的叫大青绿山水，彩色浅淡些的叫小青绿山水，有用金彩勾勒山石纹理的，显得画面富丽堂皇，这种叫金碧山水。青绿山水始创于唐代的李思训，北宋的王希孟所画的《千里江山图》也是青绿山水的代表作之一。

十五、水墨山水画

水墨山水画是唐代大诗人王维奠定的基础，不用色彩，以墨的浓淡、干湿，表现峰峦山石景色。王维既是杰出的诗人，又是山水画家。他常把景色写成诗，又把诗画成画，后人说他的诗中有画、画中有诗。到五代，水墨山水画又有了飞跃，开始用皴法表现效果，使山石更加雄伟壮丽。到明代，徐渭的泼墨大写意在水墨山水画上发展了水墨的技巧，把墨洒在纸上，几笔画就做到了挥洒自如。他的画法对清代的石涛、朱耷(八大山人)影

响很大。

十六、米点山水画

米点山水画也可包括在水墨山水画之内，也称为米家山水画。用墨点出山，用朦胧的调子，用浓淡墨、用明显与模糊的墨点表现山川景色。元代高克恭、方从义画得较好。明代董其昌、蓝瑛都有突出的成就。

十七、赭墨山水画

赭红就是酱色，赭墨山水画也叫浅绛山水画。此画法由元代黄公望创造，薄施色彩，描写江南风光，为了表现柔和的景色，用浅薄山水。明、清两代较多。

十八、水墨画

这是在中国画中，以中国画特有的材料之一——墨为主要原料加以清水的多少引为浓墨、淡墨、干墨、湿墨、焦墨等，画出不同浓淡（黑、白、灰）层次，而形成水墨为主的一种绘画形式。因其别有一番韵味被称为“墨韵”。

十九、白描画

这是在中国画里，纯以笔勾勒线条而不设色，或渲染水墨来描绘景物或形象的一种绘画形式。白描有单勾和复勾两种。

用线一次画成的叫单勾。单勾有用一色墨勾成的，也有根据不同对象用浓淡两种墨勾成的，例如花用淡墨勾，叶用浓墨勾。复勾是先用淡墨完全勾好，然后根据具体情况决定复勾一部分或全部。复勾的线不能依原路线刻板地重叠勾一遍。复勾的目的是加重质感和浓淡的变化，使物象显得更有神采。白描是用线条、用墨线浓淡、粗细、虚实、轻重、刚柔、曲直的表现技法。宋代李公麟，发挥了古代传统绘画的线描作用，创造了白描技法。元代钱选、明代陈洪绶画白描画都很成功。

二十、花鸟画（花卉画）

系中国绘画门类中特有的一种绘画画种。以描绘花卉、竹石、鸟虫等为作画主体。花鸟画中的画法有“工笔”、“写意”、“兼工带写”三种。工笔花鸟画即用浓、淡墨勾勒对象，再深浅分层次着色；写意花鸟画即用简练概括的手法绘写对象；介于工笔和写意之间的就称为兼工带写。

在我国四五千年以前的陶器上就出现了简单的鸟鱼图案，可以作为我国最早的花鸟画。唐张彦远《历代名画记》载：东晋、南朝宋时画在绢帛上的花鸟画已逐步形成了独立的画种。到了唐代，已趋于成熟，出现了以工笔勾填、画风艳丽的边鸾和以墨代色、墨分

五彩的殷仲容。五代时发展有“徐、黄二体”:一宗徐熙;一宗黄鉴。明代有沈启南、孙雪居等,涉笔点染,亦追徐熙。徐青藤的花卉,超然畦迳,经清石涛到“扬州八怪”的花卉,更完善地形成了诗、书、画三绝。

二十一、小品画

系中国画画家比较自由的抒情作品、随意之作,其艺术水平往往达到较高境界。其原因大概是在思想上没有过多的拘束,绝属随意发挥。

第四章　文房四宝常识

“文房四宝”指纸、墨、笔、砚四类书画用具。典出宋·梅尧臣《再和潘歙州纸砚》:“文房四宝出二郡,迩来赏玩君与予。”“文房”之名,起于我国历史上南北朝时期(公元420—589年),专指文人书房而言,以笔、墨、纸、砚为文房所使用,而被人们誉为“文房四宝”。

一、笔

“笔”是指毛笔。在林林总总的笔类制品中,毛笔可算是中国独有的品类了。传统的毛笔不但是古人必备的文房用具,而且在表达中华书法、绘画的特殊韵味上具有与众不同的魅力。不过由于毛笔易损,不好保存,故留传至今的古笔实属凤毛麟角。

毛笔以各种动物的毫为原料,人工精选,配上笔杆作用于书画。毛笔具有尖、齐、圆、健等特点,或粗或细,能轻能重,熟练运用,能妙笔生花,是其他笔所不及的。我国发现最早的毛笔是1954年在湖南长沙左家公山战国楚墓中出土的一支兔毫竹杆毛笔,与现在的毛笔没多大差别。秦时大将蒙恬制笔更为精到,《史记》载:“蒙将军拔山中之毫,始皇封之管城,世逐有名。”因此,人们又将毛笔称“管城侯”、“管城子”。三国时制笔技术上出现了著名的“诸葛法”、“韦诞法”。毛笔中“宣笔”曾长期受人青睐,它取材于安徽宣州一带山中的兔毫,采用“诸葛法”精制而成。唐代大诗人白居易在《紫毫笔》中云:“云南石山有老兔,吃竹饮水生紫毫。宣城之人采为笔,千万毛中拣一毫。”宋人叶梦得《石林避暑录话》云:“笔盖出于宣州,自唐惟诸葛一姓,世传其业。治平、嘉祐间,得诸葛笔者,率以为玩珍;熙宁后,世始无心散卓笔,其风一变。”“无心散卓笔”是一种或两种兽毫混合散立而成。风靡一时的宣笔的制作,自南宋之后渐渐衰落,后来居上的则是湖笔。明清时,湖笔与徽墨、宣纸、端砚,被人们称为文房四宝的代表。湖笔产于浙江湖州善琏,这一带的山羊毫质量上乘,是制笔的优良材料。又因宋室南迁,宣州一些制笔高手转到湖州一带寻求发展,这些又是湖笔得以发展的有利因素。因此,善琏的制笔在清代已进入了家家户户。如清代江登云《素壶便录》云:“湖笔出归安县善琏村,亦数千户地,非一姓罔不习其技者,至女流皆能为之,各省贩客群集,视太平尤盛。”此外,在苏州、杭州、金陵等地也有毛笔产制。这一时期,毛笔种类繁多,制作工艺考究,有的笔杆、笔套、笔盒都十分精

美,可称为工艺美术品。

(一)宋笔

宋代是我国制笔史上的一个重要时期。宋时的毛笔趋向多样化。价廉实用的羊毫笔和羊兔毫合一的兼毫笔得以广泛使用。宋陈着《负暄野录》中载:“以羊合免盛于今时,盖不但刚柔得中,适宜作字,而且价廉工省,故人所竟趋。”宋时的制笔业仍以宣州为中心,尤以诸葛氏一族和歙州吕道人、新安汪伯立所制之笔为佳,被列入“贡品”。诸葛氏所制“无心散卓笔”海内称第一,声誉最盛。这种笔毫长一寸半,藏一寸于管中,笔根牢固,弹性好,不掉毛,不开叉。宋人苏易简在总结前人经验的基础上撰写的《文房四谱》,是我国第一部文房四宝专著。卷一的笔谱,对毛笔的历史、制作、用料等都作了精辟的分析和总结,是后人研究我国文房四宝的一部难得的参考书籍。

(二)明笔

右图是一支以羊毛为笔毫、黑漆描金龙凤笔杆的明代毛笔,工艺精美,造型匀称。明代湖笔已成为制笔业的主流。在笔毫、笔杆的用料和制作技艺上都有新的发展。除采用传统的羊毫、狼毫、紫毫外,又有用貂毫、鸡毫、虎毛、猩猩毛、胎发等制笔。明屠隆《考盘余事》中载:“广东番禺诸郡,多以青羊毛为主,以雉尾或鸡、鸭毛为盖,五色可观。或用半孤毛、鼠须、虎毛、羊毛、鹿毛、羊须、胎发、猪鬃、猩毛造者,然皆不若兔毫为佳。”制作笔杆的既有朴实的竹质,又有名贵的檀木、花梨木及金、银、玉、瓷、象牙、玳瑁等名贵材质。一些笔杆上还施以雕刻、镶嵌、彩绘等工艺,成为精美的工艺品。就毛笔的制作,屠隆又在《笔墨纸砚笺》中首先提出以尖、齐、圆、健为笔的“四德”。这也就成了后人品评毛笔质量优劣的标准。

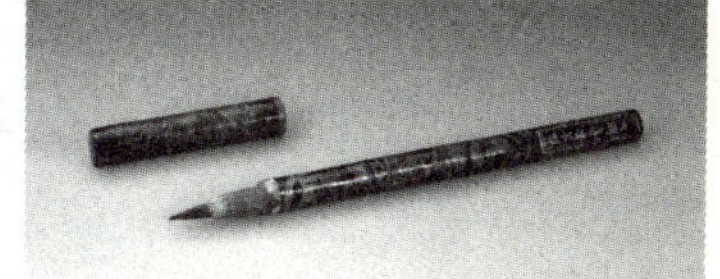

(三)堆朱人物雕管笔

笔管长21.2厘米,直径1.2厘米,全长29.4厘米,以堆朱为地,雕刻有细长条式的山水人物画,构图新颖,所刻山水人物清晰、生动。笔毫为貂毛,呈玉兰蕊形。它是明代毛笔中之珍品,珍藏于紫檀木制的笔盒中,笔盒以银片镶嵌莲花状花纹,盒中有檀木笔座。这对笔具有明代堆朱雕的典型特征,是难得的明代精美工艺制品。堆朱是一种工艺,如明王佐《新增格古要论·古漆器论》载:“假剔红,用灰团起,外用朱漆漆之,故曰堆红。”

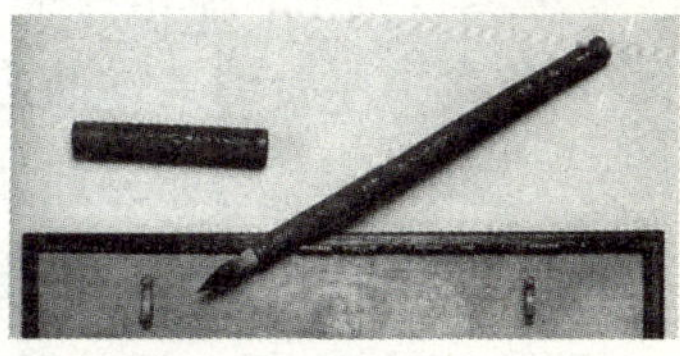

(四)各式清笔

现存北京故宫博物院的各式毛笔,多为宫廷制作的“御用笔”和江浙进贡的高档“御制笔”,有白竹管、棕竹管、湘妃竹营、玉管、象牙管、瓷管、珐琅管、木管(硬木、乌木、檀香

木)等多种质料,笔管装饰精美,有镂雕、彩绘等,题材多样,多为喜庆吉祥图案,有双龙戏珠、龙凤呈祥、八仙、云凤、云蝠、古钱等。

清道光以后,一统天下的“馆阁体”书风被打破,梁同书、康有为、包世臣、何绍基、邓石如等书法家提倡北碑,主张书法风格多样化,促使价廉实用的羊毫毛笔盛行。

(五)御制诗花卉雕管紫毫笔

清代康乾几位皇帝,都喜爱书法、绘画,更雅爱文房宝器。当时宫廷的御用毛笔在制作工艺上是十分讲究的。

右图是一套清代嘉庆时制作的毛笔, 笔长 23.8 厘米,箱长 28.2 厘米,宽 21.4 厘米,高 36.2 厘米。箱前开门,内有五屉,每屉装十支毛笔,笔毫为紫毫,笔杆分别为象牙、竹、檀香木等,笔套上雕刻花卉,笔杆上刻有隶书御制诗句。堆朱箱的四个侧面及顶部刻有山水人物,顶部中央嵌着一块玉片,上有“天葩垂露”四字,每一屉面上刻着缠枝莲花纹。整套毛笔工艺精湛,质料考究,装潢豪华,色彩绚丽,为清代宫廷文房之精品。

(六)宣笔

宣笔因产于安徽宣州(今宣城)而得名,又名徽笔。早在唐朝时期宣州就成为我国的制笔中心。宣笔深受文人墨客称赞,白居易有诗云:“每岁宣城进笔时,紫毫之价如金贵。”当时涌现出诸葛高、吕道人、汪伯立等一代制笔名家。宋代大诗人梅圣俞称:“笔工诸葛高,海内称第一。”宋代大文豪苏东坡晚年尤喜用宣城诸葛丰的鸡毛笔。

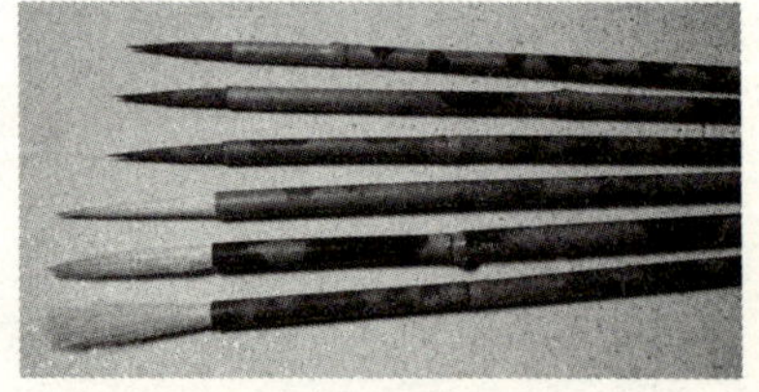

二、墨

墨给人的印象似稍嫌单一,但却是古代书画中必不可缺的用品。借助于这种独创的材料,中国书画奇幻美妙的艺术意境才能得以实现。墨的世界并不乏味,而是内涵丰富。作为一种消耗品,墨能完好如初地呈现于今者,当十分珍贵。墨是我国书写、绘画必不可少的黑色颜料,主要分成松烟和油烟两大类。一些牍简、历代书画,虽经上千年的岁月沧桑,被虫蛀残缺,但上面的墨色却依然清晰可见,这不能不说是墨的功绩。

在人工制墨发明之前, 一般利用天然墨或半天然墨作为书写材料。史前的彩陶纹饰、商周的甲骨文、竹木简牍、缣帛书画等到处留下了原始用墨的遗痕。人工制墨,目前发现最早的是湖北云梦睡虎地的秦墓中出土的墨块, 而最完整的则是湖北江陵凤凰山西汉墓中出土的颗粒状墨丸,与墨丸同时出土的还有毛笔、未书写的木牍、石砚等,成为

一套完整的"文房四宝"。隋唐制墨业继往开来,从颗粒状的墨丸,发展到刻模套印制成的墨条、墨锭,质量、配方和制墨工艺等均有提高。这对书画艺术的发展提供了有利条件。如国画的"墨分五色"就为武则天时的画家殷仲蓉所创,中国水墨画由此而起。制墨高手辈出,唐代易水的制墨名家祖敏,深受朝廷赏识,被封为墨务官。当时墨的产地主要是河北、山西一带多松的地区。而后,一位名叫奚超的制墨家率家南迁,到安徽歙州发展制墨业。其子廷珪所制之墨"丰肌腻理,光泽如漆",得到南唐后主李煜赞赏,并赐国姓,从此"李廷珪墨"誉满文坛。而歙州后称徽州,徽州的制墨业在李氏的影响下迅速发展,成为全国主要的产墨地区,徽墨从此声名日著,冠于天下。在同一时期,苏、浙、闽、赣、湘、川、晋、豫等地的制墨业也相继发展。这时的松烟墨、漆烟墨在质量和制作技艺方面都得到了进一步提高,同时还研制出了上等的油烟墨。

徽墨在宋时享有很高声誉,到明清进入提高发展的上升时期。明代在徽墨中出现了"文人自怡"、"好事精鉴"、"市斋名世"三大类型。墨造型丰富,雕刻精细,历史典故、文学诗词、戏剧人物、山水花鸟等题材,广泛运用于墨模上。这些都说明墨也开始走向玩赏、珍藏的行列。这时徽墨的制作主要以歙县、休宁、婺源为三大基地。罗小华、方于鲁、汪中山、邵格之、詹成圭等为这一时期制墨的代表人物。到清代又出现了曹素功、汪近圣、汪节庵、胡开文四大制墨名家。而后各家之法世代相传,繁衍广散。

(一)宋墨

宋宣和三年(1121),歙州改称为徽州。徽州一带的制墨业蓬勃发展,已成为全国主要的产墨基地。此外,苏、浙、闽、赣、湘、川、晋、豫、鲁等地的制墨业也相继繁荣,整个制墨行业一片兴旺。

宋人制墨对烟质、和胶、配料等十分考究,技艺不断提高,名家高手也由此载入史册。而记载这些事迹的文献,既体现了宋时制墨业的繁荣,又成了历史上珍贵的制墨业专著,如苏易简的《文房四谱》、晁说之的《墨经》等。油烟墨、漆烟再和墨均为这时所创。黟州著名墨工张遇所制的"龙香剂",一时享誉墨坛。此墨据元代陶宗仪《辍耕录》云:"宋熙丰(元丰)间,张遇供御墨,用油烟入脑麝、金箔,谓之龙香剂。"可见用料之名贵。

(二)程君房百子图墨

墨的正反两面如浮雕形式的图案中,神态各异的百名儿童在无忧无虑地嬉戏玩耍,洋溢着一派欢乐的气氛。画面构图饱满,繁而不乱,人物刻画生动细腻,体现出了较高的艺术性。此墨出自明代制墨名家程君房之手。

程君房,字幼博,号墨隐山人,安徽歙县人,少时对制墨就有兴趣,集前人之所长而又不断创新。"漆烟制墨法"、"桐油烟与漆烟混合制墨法"均为他所创。在制墨时,他不仅注重墨的内在质量,而且对墨的造型、图案也十分考究,并著有《程氏墨苑》一书传世。因

此,曾有人称他为"李廷珪后第一人"。

(三)宝露台墨(右图)

墨中的宝露台立于云气之上,台上置有"玛瑙瓮",中有"甘露"喷出。这一景象犹如墨上铭文所述:"黄帝时,丹丘之阁,伏玛瑙瓮,以盛甘露。至尧时犹存,谓之宝露。隋帝世之诸隆,时淳则满,时浇则竭,迁其瓮于衡山之岳,为宝露台,时有云气生其上。"铭文上端有"宝露台"三字篆书。此墨长18厘米,宽9厘米,厚2厘米,重350克,雕刻纹饰精细,墨质优良,四周为漆边,侧刻有边款,一面为"小华山人",下附一印:一面是"嘉靖乙卯年秋日"。

罗小华,名龙文,字含章,号小华山人,安徽歙县人,明代制墨名家。所制之墨以"坚如玉、纹如犀、黑如漆"而备受赞誉。

(四)潇湘八景墨

湖南有潇湘二水汇合流入洞庭湖,在洞庭湖东南部的青草湖一带,景色幽美,成了赋诗作画的好地方。

北宋时画家宋迪, 喜画潇湘山水,"山市晴岚"、"渙村夕照"、"远浦归帆"、"潇湘夜雨"、"烟寺晚钟、"洞庭秋月"、"平沙落雁"、"江天暮雪"八景,就是他的得意之作,称为八景图。当时的书画家米芾,观后拍案称绝,十分赞赏,遂给每幅画作诗相辅。为此,时人集资建八景台于长沙,将宋迪的潇湘八景图陈列于台上。

明清时以八景图用于制墨图案。墨的两面,镌刻潇湘八景图,米芾诗文草书,相集成套,妙趣横生。此墨色黝有光,雕镂精细,描金填银,在锦盒白绫的衬托下,墨与诗画更显其美。

(五)月精墨

月精为古代传说中之物。如《淮南子》云:"羿请不死之药于西王母,未及服之。妻嫦娥窃之得仙奔入月中,托身于月,是为蟾蜍而为月精。"此墨面上为一只蟾蜍,口吐玄气,上拱一轮明月,塑金填红,间以银色,艳丽中更显神奇。墨的反面上部刻有行楷"月精"二字,下面方框内为隶书铭文:"哉生霸,哉生明,望而阙,望而盈。何物蟾蜍薄太清,金精水气含玄英。"此墨坚细光润,黝黑如漆,图案纹饰十分精细,为嘉庆初"鉴古斋"所制。鉴古斋是清代制墨名家汪近圣的店号。

汪近圣,安徽绩溪人,有"今之近圣,即昔之廷硅可也"之誉,为清代徽墨四大名家之一。

(六)大吉昌墨

这是清代光绪时歙县知县谭献所定制的徽墨，是胡开文墨店的精品之一，上有篆文“大吉昌宜侯王”字样，故取名大吉昌墨。正面为金银相间的“湖桥乡思”图，这里的湖桥，是指歙县筥墩湖和湖上的铧卜桥。谭献在歙县任知县时，常来此桥，每逢明月当空，难免有几分思乡之情。图中的圆月和桥上的望月之人，正是谭献思乡的写照。因此，又有人称其为“湖桥乡思墨”。

(七)御制四库文阁墨

这是一套集锦墨。四锭造型各异的墨上，分别雕镂文渊阁、文溯阁、文源阁、文津阁四景，这四阁均为清代四库全书的收藏馆。墨上的四景图为沈喻所绘。

沈喻，字五峰，奉天人，善画山水，尤精楼阁。墨的另一面中有彭元瑞所书的四首御诗。彭元瑞，字辑五，江西南昌人，乾隆年进士，官至工部尚书。墨中的诗情画意，令人神往，精湛的书画艺术，给人以美的享受。在这精致华美的墨作中，散发出浓郁的宫廷气息。

(八)西湖十景彩色集锦墨

精致华丽的锦盒内，藏有一套造型各异、色彩不同的集锦墨。著名的杭州西湖美景——苏堤春晓、柳浪闻莺、花港观鱼、曲院风荷、断桥残雪、雷峰夕照、三潭印月、平湖秋月、南屏晚钟、双峰插云，均分别体现于这十锭墨上，并以楷书、隶书将西湖十景的名称题在墨的右上方。其中，“曲院风荷、花港观鱼、三潭印月、柳浪闻莺”据说为清康熙帝出巡南方时所题。这十锭墨以不同的造型、不同的色彩、不同的景色图案配套成趣，可谓是匠心独运，妙趣横生。这种墨为珍藏之品，亦可用于绘画、批文之类，为清代汪节庵所造。

汪节庵，字蓉坞，安徽歙县人，清代徽墨四大名家之一。他生前所造之墨多被选入朝贡，从此墨边款“歙汪节庵恭造”来看，它亦为贡墨。

(九)铜柱墨

铜柱墨是历史上中俄边界划定的见证。清代光绪年间，沙俄趁清王朝衰弱之际，侵占我国大片土地，清政府迫于朝野之强大压力，不得不在东北长岭一带立柱为界，以免沙俄继续蚕食我国领土。此柱为铜，上刻有铭文：“光绪十二年四月，都察院左副都御史吴大征、琛春，副都统依克唐何，奉命会勘中俄边界，既竣事，立此铜柱。名曰：‘疆域有共国有维，此柱可立不可移。”当时，吴大征还将柱上铭文拓下，并以此拓本缩小定制成“铜柱墨”，墨身通体上金，以石青填字，金碧辉煌，庄重典雅。

(十)鉴真东渡墨

鉴真东渡日本传经讲学，促进了中日两国的文化交流和友好往来，历代为两国人民所敬重。1983 年日本中华书局成立 20 周年，特在屯溪(即屯镇，建国后改名)胡开文墨厂

定制纪念墨,以纪念鉴真大师和中日友好的发展。墨为葵花瓣式圆形,直径10厘米,厚1.5厘米,重210克。一面刻二船往来于海上,上为“唐鉴真东渡船”,下为“日本遣唐使船”;另一面以铭文为主,两边饰以牡丹花和樱花。上端为篆文:“友好往来,源远流长。”中间为楷书:“中日两国,交往源远,两千年前,汉始唐时,日遣唐使十九次,有医画乐师、学问僧、留学生,以阿倍仲麻吕晁衡来华后,仕唐五十年余为着。唐人赴日以鉴真著称,大师应荣叟普照邀,五次东渡未成,荣僧逝于端州。至七五三年,终抵奈良。为圣武孝谦诸皇授戒,传经建筑、医药文化。发展交流,承前启后,世代发扬。”

此墨以桐油烟精制而成,图文并茂。填以金银,十分悦目。

(十一)魁星墨

奎星被称为北斗星中第一星。东汉时的人们推崇“奎主文章”。而在科举考试中得第一者,又称作夺魁,“魁”也就由此代替“奎”成为“主宰文运”的神。古人以此来塑造神像,安于庙宇中加以朝奉,以求“魁星点斗”在科举中能“独占鳌头”。因此,人们又根据这种心愿对魁星的塑造进一步完善。

魁星神像墨一为文魁星,一为武魁星。立体造型、雕塑精细。通体涂金描银,并以红色点缀,可谓出神入化。

三、纸

造纸是我国古代的“四大发明”之一,曾经为历史上的文化传播立下了卓著功勋。即使在机制纸盛行的今天,某些传统的手工纸依然体现着它不可替代的作用,焕发着独有的光彩。古纸在留传下来的古书画中尚能一窥其貌。

东汉蔡伦所造的纸很为皇帝欣赏,因而被称作“蔡侯纸”。自晋时推广以黄纸书写之后,唐代的造纸有了很大发展,并出现了“生纸”与“熟纸”之分。纸逐渐运用书写、绘画和发明的活字印刷之中。五代时对纸进一步加工研制,生产出了许多各具特色的松花纸、染色纸、金粟山藏经纸等。当时的四川成了造纸中心,蜀纸名扬天下。南唐,产于池、歙两州的“澄心堂纸”由宫廷督造,用料考究,做工精良,供皇室享用,被推为上等书画纸。到宋代,造纸以徽州为中心,歙县、休宁、黟县还有池州等地都为造纸之乡。纸的品种多样,有表纸、麦光纸、白滑冰翼纸、白滑纸等。泾县小岭于宋代晚期兴起了造纸业的生产,后成为久负盛名的宣纸之乡。

宣纸在明清已成为中国书画的专用纸。随着书画艺术的发展,纸的规格品种丰富多样,如松花笺、月日笺、石棉纸等等。明代造纸业除宣州一带外,赣、闽、浙、湘、川等省都生产出大量的文化和生活用纸,而最著名的则推新安纸与泾县纸,其中“新安仿造宋藏经笺”、“泾县连四”尤为世人所重。清代宣纸的制造有增无减,造纸技艺不断提高,为满足朝野书画家的需求,出现了大规格的“丈二匹纸”和“丈六宣纸”。其他品种依质可分棉

料、净料、皮料三大类二十几种，各类有色宣纸也相继问世。宣纸的制造以泾县著称，而泾县作为宣纸之乡，在今天其造纸业仍然是一片繁荣。

(一)敦煌写经纸

清代光绪二十六年(1900)，在中国佛教艺术的圣地敦煌莫高窟发现了手写的经卷、文书以及佛像等等，共有四万多件。这些极其珍贵的文物，被闻讯而来的国外"冒险家"、"考古家"连骗带哄，以极低的代价，大批运走了。至今留在国内的只是其中的一小部分。洞中所藏的文物，以写经为最多，共三万多卷，其中书写年代最早的是东晋，最晚的则是北宋，前后相距约有六百年时间。所用的纸张绝大多数是浸过黄檗汁的"黄纸"，所以很少有蛀蚀。纸的质量早期的较粗糙，隋唐及以后的一般较精细。(图为敦煌所出唐代写经的局部。)

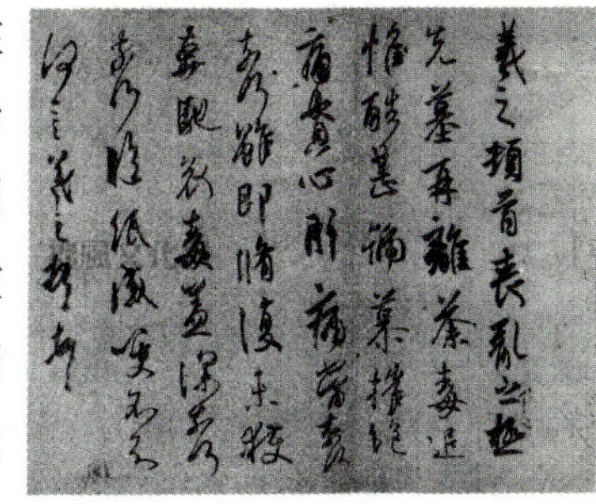

(二)麻纸

东汉蔡伦在制造世界上第一批植物纤维纸时，所用的原料中有"树肤、麻头、敝布、渔网"，其中除"树肤"(树皮)外，用其余三种原料制成的纸，都是"麻纸"。麻，是当时用来织布的主要原料。麻纸的纸质坚韧而较厚，不易破碎，直至唐宋时期，一直是纸中的重要品种。在唐代，唐太宗规定，皇帝的诏书必须用麻纸书写。至高宗时，发现白麻纸易蛀，又规定改用"黄纸"，就是以白麻纸用黄檗汁浸染而成的纸，可以防蛀。唐代及北宋时期，朝廷任命宰相，例须召集百官，当众宣读任命诏书，因为诏书是用麻纸书写的，故谓之"宣麻"。晋代陆机用来写《平复帖》的即麻纸。

(三)粉笺

在纸上涂布有矿物质的白粉，可以增加纸的白度。这些白粉同时也填塞了纤维间的空隙，减低了纸的透光度和渗水性，从而提高了纸的质量。现代用来印刷高级画册的铜版纸，也就是纸面上涂有白色涂料的涂布纸。这种工艺，实际上是从我国古代粉笺的制作发展而来的。

粉笺的制作除了涂布以外，还有一种称为"加填"的方法，就是把白粉直接加在纸浆里面，这样不仅减少了一道涂布的工序，而且也使这些白粉均匀地填塞在纸张内部的纤维间。如果把涂布或加填的白粉换成彩色粉末，造出的就是彩色粉笺。粉笺和彩色粉笺的最后一道工序是砑光。这样制成的纸，色泽洁白或带有彩色，质地细密而表面光滑，是我国古代的优质纸张。北京故宫博物院收藏的宋代米芾所书的《苕溪诗》，用的是经过加填和砑光的楮皮纸，是粉笺中的一种。

(四)水印笺纸

唐宋时期的笺纸,以彩色笺为主,其早期的主要产地在益州(今四川成都)。到了明代,笺纸中有了新的样式,即用木版水印法印制的笺纸。这种笺纸在未曾书写时,是一幅色彩淡雅的小品画,写上字迹以后,墨色与画面相互映衬,极为美观,比满纸单一色彩的彩笺更受人欢迎。这种木版水印笺纸,品种很多,印制方法也不一。其中较为简单的是用单块刻版,用一种颜色一次印成。较为精美的是用多块刻版,用多色套印而成的。如明末刊印的《十竹斋笺谱》和《萝轩变古笺谱》,就是这一类的笺纸谱。在清代,这种木版水印的笺纸仍盛行不衰。

近代名闻中外的宣纸,产于安徽泾县,泾县原属宣州,其纸故称"宣纸"。后来泾县划为池州,这种古宣纸就改称"池纸"了。泾县产纸,始于宋末元初。

泾县一带盛产青檀树,其枝条的树皮,纤维细长,拉力颇强,这就是泾县造纸的主要原料,加工成纸浆后,可制成优质的书画用纸。大约在清代中叶以后,造纸时加入了当地的沙田稻草为辅助材料。这种稻草秆矮,纤维细而柔软,加工以后,洁白如棉,称为"棉料"。用青檀树皮制成的"皮料"与"棉料"掺和造成的纸,既坚韧又柔软,洁白度亦较高。泾县宣纸有这样一些特色:一是洇墨,性能特佳,用于作画能充分表现墨色的浓淡层次;二是它的洁白度高,且能久藏不变;三是柔韧性强,抚摸时感觉柔软,经得折叠,不易断裂。长期以来,它一直是书画家们的首选用纸。

四、砚

"砚"是研墨的工具,而砚的形式又随着文化艺术的发展,日渐美化,成为一种传统的雕刻工艺品。

战国时期以及汉代早期的砚,大多形制较简单,砚身偏矮,而后受汉代石雕、漆器、铸铜、制陶等工艺的影响,出现了造型独特、工艺精美、有足有盖的多种形式的砚。汉砚在制砚史中占有重要的地位。砚在唐代以前,已出现了各种材质。人们在寻找、探求着一种最佳的砚材。而产于广东肇庆(古端州)的端溪石和江西婺源(古属歙州)的龙尾石,在唐代相继被用于制砚,选用专质石材制砚是制砚业的一大进步。这时,山西益州的澄泥砚也烧制成功。宋代,端歙两砚的采制进入了历史上的鼎盛时期,在砚坛占有主导地位。端歙两砚深受人们推崇,蜚声海内。同时,其他地区的石砚采制也十分普遍,如青州砚、洮河砚、成州砚、庐山青石砚、苏州褐石砚、虢州砚等等。在众砚中,人们又将端州砚、歙州砚、洮河砚、青州砚(临朐红丝砚)誉为中国四大名砚。而后又补入山西澄泥砚。

在砚的造型雕刻艺术上,唐宋的砚以实用为主,形制端庄,纹饰简洁。唐砚中的"箕形砚"、宋砚中的"抄手砚"具有时代特征。而其他各式造型则多达几十种。宋代,砚雕艺术的发展已走向成熟。

砚到明清进入了一个辉煌的时代。唐宋时各种砚材被开采制砚,长期以来,基本满足了人们使用的需要。这时的砚已由实用向玩赏转化,有的成了以玩赏为主的工艺美术品,体现了其特有的艺术价值和收藏价值。除各种石砚外,还有以名贵的碧玉、翡翠、玛瑙、水晶等用于制砚。砚的造型丰富多样,依类分为规矩形、仿物形和自然形。在砚雕艺术中题材更为广泛,有日月风云、人物山水、飞禽走兽、树木花卉等等。表现手法有圆雕、镂空雕、浮雕、浅浮雕和阴刻雕等多种,并明显地分出宫廷、民间、文人以及各地不同的砚雕艺术风格。同时,涌现出了一批刻砚家和砚台收藏家。这些都已充分说明,砚雕作为一门艺术已自成体系。在当代,砚雕艺术的发展出现了百花齐放的繁荣新局面。

(一)新石器时代砚(研磨器)

砚的历史已经很久远了,最早的砚可追溯到五千多年前新石器时代的"研磨器",它由研盘和研棒组成,质地为石,是原始人用于研碾粮食与颜料的重要工具,因此,分为农业用具和文化用具两类。

1972年在陕西临潼姜寨二期遗址中出土了一个研磨器,长18厘米,宽16厘米,为文化用具。在出土时发现,它与石盖、黑颜料和陶质水杯一起,组成了一套齐全的彩绘文具。不难想象,我国古代陶器上的纹样,便是用这种研磨器具研磨出的颜料绘成的。可见,新石器时代的研磨器与后来的砚有着渊源关系,两者用途相同,就其功能而言,实为同一物。因此,砚又有"研"之称。从研磨器中的圆形臼到石棒、石盖,就制作工艺而言,与其他石斧、石铲等石器相同,具有新石器文化原始而朴实的特征。

(二)三足石砚

汉代石雕艺术繁荣兴旺,画像石、画像砖、碑刻等已成为汉代书画艺术的主要形式。艺术间的相互作用,促进了汉砚雕刻艺术的发展。

右图就是一件具有汉代艺术风格的佳作,直径1 5.6厘米,高14.3厘米,1956年在安徽省太和县李阁乡汉墓中出土,由底、盖两部分组成,石质细腻,易于发墨。稳重的三足、高凸的顶纽与圆形的砚身构成了一个独特的形体,雄浑、凝重。砚盖的顶纽为盘曲对称的双龙,龙首昂起,中间镂空,巧为手提之用。砚身还刻有云纹和鹿、犬、马、鱼等动物图案,三足均刻为熊足。在雕刻上采用了镂空雕、浮雕、线刻等多种表现手法,图案生动,线条流畅,体现出了较高的艺术价值。

此砚在研墨时,仍须借助研石,可见汉代还未出现可直接于砚上研磨的墨锭,这种配套形式应该说是研磨器的延续。

(三)山峰陶砚

汉代制陶业十分繁荣,尤其是汉代后期,陶与瓷的制品在生活用具中占有较大的比例,一部分青铜器、漆器被其取代。这一方山峰林立的汉代陶砚(下图),长 18.5 厘米,宽 21.5 厘米,高 17.9 厘米。砚上三组各异的山峰环形相连,峰下平滑的砚堂,似广袤的土地,峰底相通的溶洞,实为墨池,巧妙地将实用与欣赏融为一体。中间的一组山峰下塑一张口龙首,水就由此而滴入砚堂,可谓此砚最奇之处。两侧峰下的负山老者,安稳泰然。砚底三足均塑成垒石,与砚上山峰浑然一体。此砚构思奇巧、造型别致,表现手法老练豪放,是汉砚中少见的陶艺佳作。

(四)箕形砚

箕形砚是唐砚中的一种典型形式，砚如人们生活中所用的畚箕状，其材质主要为石、陶两类,在形制上分方头方足、圆头圆足和圆头方足三种。图中此砚为方头方足,砚质为石,上窄下宽,砚堂与墨池以斜坡相接,联于一体,极为实用。下有三足着地,前一大足,后两小足,制作精巧,造型别致,为唐代制品。

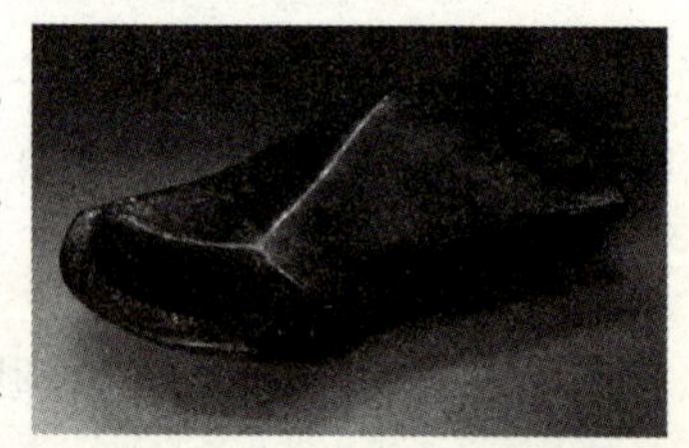

箕形砚古人又有凤凰池之称,宋人米芾《砚史》中载,“有如凤字两足者,独此甚多,所谓凤凰池也,盖以上并晋制”。“又有收得智永砚,头微圆,又类箕形”。这里所说的凤凰池、箕形为同一形式的砚,这种形式起源于晋,盛行于唐,而后,又随着时代的发展而变化。对此米芾在《砚史》中也谈到:“至本朝(宋)变成弯高腰受、刃阔钺镀斧之状”。到明清时,又演变成平扁无足的“凤”字形砚。

(五)卧羊釉下彩瓷砚

青瓷、白瓷、彩瓷和唐三彩成了唐代陶瓷的几大类型。当时的陶瓷业发展迅速,如浙江的越窑、金华窑,湖南的岳州窑,江西景德镇的湖田窑,江西永和镇的吉安窑,还有广东的帝岗窑、潮州窑等等,均相继闻名于世。各种不同瓷质的壶、钵、罐、碗、盘、杯、盒等生活用具各呈其美,陶瓷生产一片生机勃勃。

彩瓷中的釉下彩是唐代制瓷业中的一项新工艺,即在素胎上先彩绘以图案纹饰,然后施釉烧制而成。卧羊釉下彩瓷砚面上的彩色图案即为釉下彩。该砚产于唐代湖南长沙,长 18 厘米,宽 10.2 厘米,高 4.3 厘米,下为一只回首卧羊,卧羊背上是展开的箕形砚堂,砚首与羊头高起的两圆形,内空深下,可用于盛水或插笔。此砚造型生动奇特,色调沉着古雅,是一件罕见的陶瓷工艺品。

(六)龙尾双池砚

龙尾双池砚是一方长 11 厘米、宽 9.8 厘米、高 1.6 厘米的连体双池砚，为宋时所制。石出龙尾山济源坑，鱼子罗纹，质地温润，发墨尤佳。砚体方整，上以细砚边相割成两砚式，墨池桃形，边有两叶，相向对生，犹如一对“孪生兄弟”，十分有趣。

(七)铜暖砚

铜砚早在汉代就已出现。双层叠式的铜暖砚，是铜砚中的一种新形式。此砚长 17.1 厘米，宽 9.5 厘米，高 6.8 厘米，长方形，砚堂墨池一体，上圆下方，砚面上无任何雕刻纹饰。砚的四侧面采用镂空剔底的手法，雕成二方连续的缠枝图案。这种雕刻形式，既减轻了砚的重量，又增强了砚的美感，同时，作为暖砚，还起到通风旺火的作用。两层砚的前端都有一只抽屉，严冬时，屉内装上炭火加温。可免砚上墨汁冰冻。构思奇巧之至。

(八)洮河砚

洮河砚为中国四大名砚之一。始于宋代，产于甘肃省临洮县洮河沿岸，色碧绿，故有鸭头绿之喻。宋人赵希鹄对此砚评价甚高，他在《洞天清禄》中云：“除端、歙二石外，惟洮河绿石北方最贵重，绿如蓝，润如玉，发墨不减端溪下岩。”

明代的砚由实用而趋向于欣赏。这是一方明代洮河砚，长 26.5 厘米，宽 20.2 厘米，高 8.4 厘米，规整的椭圆形，敦实厚重，碧绿的砚肤，雅观朴素。整个砚上的精细雕饰，又为此砚增辉，令人悦目。淌池内的圆形砚堂，与周围的海浪云气、宫殿楼阁，还有翻腾的蛟龙，构成了一幅“日出东海”的工笔画。砚侧面上的“十八罗汉神游图”，犹如一幅国画长卷，绕砚一周。在雕刻手法上，采用浅浮雕与线刻相结合，使画面中的主次、虚实等关系在对比中得到了和谐统一，体现了较高的艺术性。

(九)降州澄泥砚

降州澄泥砚产于山西降州，为四大名砚之一。澄泥砚始于唐代，产自山西、河南、山东、江苏等地，其中最著名的当数山西降州澄泥砚。“降州人善制澄泥砚，缝绢袋于汾水中，逾年后泥已实裹矣。”(《贾氏谈录》)澄泥为陶类，从绢袋中取出的泥，还得造型雕刻，烧制后才能成砚。而泥的质量、烧制的技术，都是一方澄泥砚优劣的关键。优质的澄泥砚具有坚实如玉之美，发墨尤佳，可与上等石砚媲美。

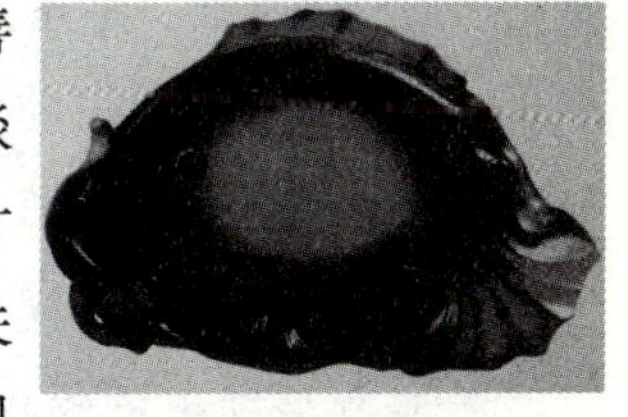

这是一方十分出色的朱砂澄泥砚，长 24 厘米，宽 15 厘米，高 2.2 厘米，经考为明代所制。此砚由荷叶鲤鱼构成，鱼腹宽平为砚堂，鱼尾往下弯曲与荷叶边相连，空隙处深下作墨池，砚背为一张荷叶。荷叶也称莲叶，取莲与鱼的谐音，意在“连年有余”。表现手法

概括洗练,造型优美,富有生气,黑红相间的砚肤,协调华丽。

(十)碧玉砚

明代的玉器从佩饰的珠、环、坠,到实用的杯、壶、盆、砚等,往往出自宫廷名匠和民间艺人之手,其材质精良,工艺考究,不少成为珍贵的工艺美术品,供皇室、贵族享用。玉有白玉、碧玉、青玉等不同品种。右图砚为碧玉,长16.5厘米,宽9.5厘米,高4.2厘米,前端微弧呈"圭"形状,下配以四足式木座,砚边细挺,前端为椭圆形小砚池。整个砚上无任何纹饰,黄色的木座却雕刻精细,与简洁的玉砚相得益彰,以繁托简,更显碧玉之美。

此砚出土于山东邹县明代鲁王朱檀墓中,为王室之物。可见当时玉砚在某种程度上,体现着享用者的地位。除玉砚外,在我国制砚业中还出现了以翡翠、玛瑙、水晶等材质制作的砚。

(十一)千斤猴王砚

清代砚的形式多样,而砚石中的天然美又极受人们喜爱,利用和保留砚石中的天然美,在制砚中已成为一种时尚,由此而出现了一种平板砚,又称砚板。

千斤猴王砚是一方具有天然美的清末端砚佳作,长22.5厘米,宽1 7.6厘米,高2.7厘米,集名贵的鱼脑冻、胭脂、火捺等自然纹色于一身。以砚堂中的鱼脑冻天然猴形为主题,在砚上端浅刻桃树、山峦相衬,一幅"猕猴攀桃图"跃然砚上。虽没有明显的砚边、砚堂和墨池,但又都以不同的形式和含蓄的手法,将其体现于此砚之中,所追求的是人工与自然的完美结合。此砚名为"千斤猴王砚",与同时制作的"白鹤砚"、"过面冻砚"一起,号称为广东三大名砚。而三砚相比,又推"千斤猴王砚"为首。

(十二)肇庆端砚

端砚为四大名砚之一,产于广东肇庆(古称端州)的端溪。清代的砚愈加趋向于欣赏,注重形制纹饰。追求工艺精细,在制砚业中已成为一种时尚,出现了许多佳作。就砚雕艺术总体而言,清代仍是一个发展提高的繁荣时期。这时,夸张、变形、寓意、象征等多种艺术手法,广泛在砚中得以运用、许多砚成为以欣赏为主的雕刻工艺品。

(十三)临朐红丝砚

临朐红丝砚也称青州红丝砚,为四大名砚之一。红丝石产于山东省临朐县的老崖崮和青州的黑山,有青州石之称(益都、临朐原属青州)。青州砚早在唐代就有采制,如唐代柳公权在《论砚》中载:"蓄砚以青州为第一,降州次之,后始重端歙、临洮。"红丝石纹理如丝、红黄相间、色泽艳丽、石质坚细,是制砚的上等石材。红丝砚虽在唐时就有采制,但后来却时断时续,甚至长期停产。因此,在存世的古砚中很少见到红丝砚。现代红丝砚恢

复采制，右图则是其中佳品之一，长 36 厘米，宽 26 厘米，高 4 厘米，自然形。石中天然的红黄丝纹，有行云飞霞之态，依形开出砚堂，砚堂左上角琢一轮明月为池，下部随砚边刻以云纹。“云月”与石纹相映生辉，随意中见法度，正如其砚铭所日：“云无定态。态千万，文无定法，法自在。”

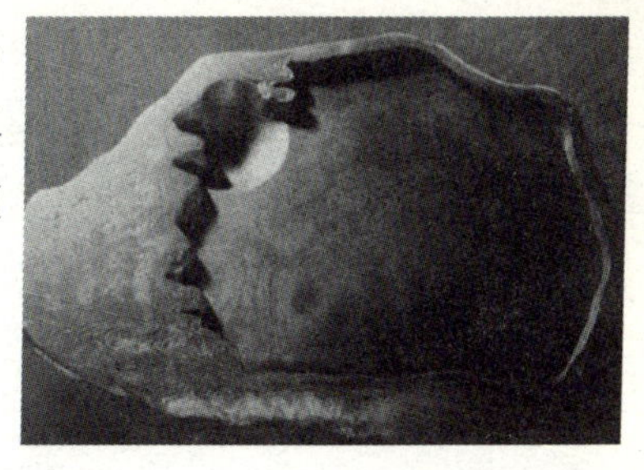

文房用具除四宝以外，还有笔筒、笔架、墨床、墨盒、臂搁、笔洗、书镇、水丞、水勺、砚滴、砚匣、印泥、印盒、裁刀、图章、卷筒等等，也都是书房中的必备之品。

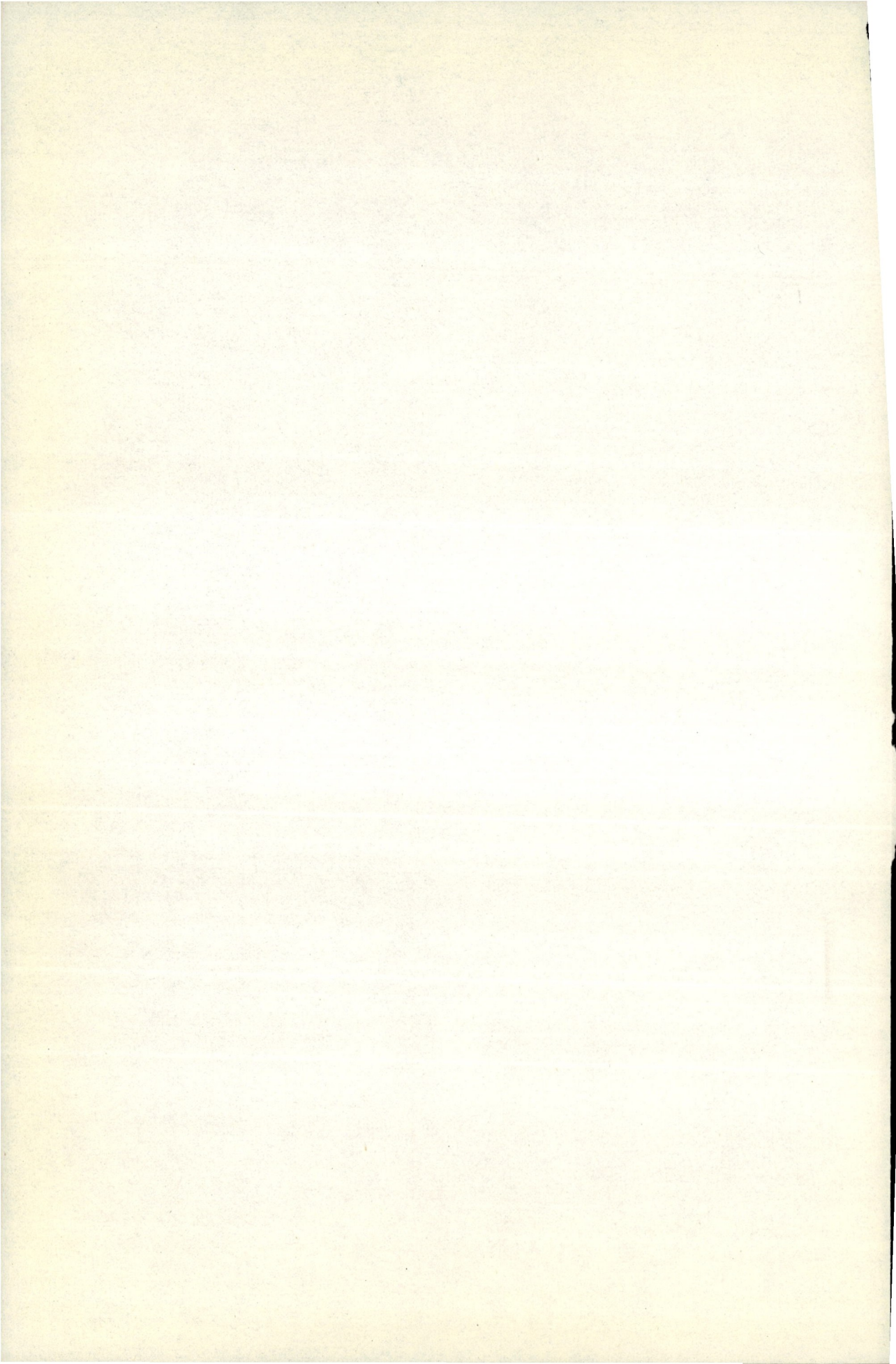

《甘州文化精粹》丛书编委会

总 策 划：张洪清　秦福伟

编委会主任：杨生效

编委会副主任：王登利　陈学彪　李亦武

张兴虎　贾红元　黄岳年

编 委：傅德锋　张全义　高文平　吴晓明

张述文　王专元　韩崇新　祁　强

赵海平　苏宏伟　赵江志　单成鹏

康文清　田　源　王建军　郑国珍

统 稿：高文平

甘州文化精粹丛书

GANZHOU WENHUA JINGCUI CONGSHU

丛书主编 / 杨生效

书坛观察

SHUTAN GUANCHA

傅德锋◎著

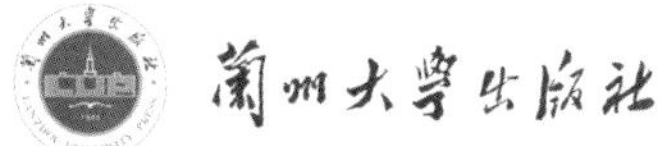
蘭州大學出版社

图书在版编目(CIP)数据

书坛观察/傅德锋著. —兰州:兰州大学出版社,2012.9
(甘州文化精粹丛书/杨生效主编)
ISBN 978-7-311-03959-2

Ⅰ.①书… Ⅱ.①傅… Ⅲ.①汉字—书法评论—中国—文集②篆刻评论—中国—文集 Ⅳ.①J292.1-53②J292.4-53

中国版本图书馆 CIP 数据核字(2012)第 218420 号

策划编辑 李 晖
责任编辑 李 晖 李 丽
装帧设计 管军伟

书　　名 书坛观察
丛书主编 杨生效
作　　者 傅德锋 著
出版发行 兰州大学出版社 (地址:兰州市天水南路 222 号 730000)
电　　话 0931-8912613(总编办公室) 0931-8617156(营销中心)
0931-8914298(读者服务部)
网　　址 http://www.onbook.com.cn
电子信箱 press@lzu.edu.cn
印　　刷 兰州人民印刷厂
开　　本 787 mm×1092 mm 1/16
印　　张 16.25 (插页 2)
字　　数 313 千
版　　次 2012 年 10 月第 1 版
印　　次 2012 年 10 月第 1 次印刷
书　　号 ISBN 978-7-311-03959-2
定　　价 286.00 元(共八册)

(图书若有破损、缺页、掉页可随时与本社联系)

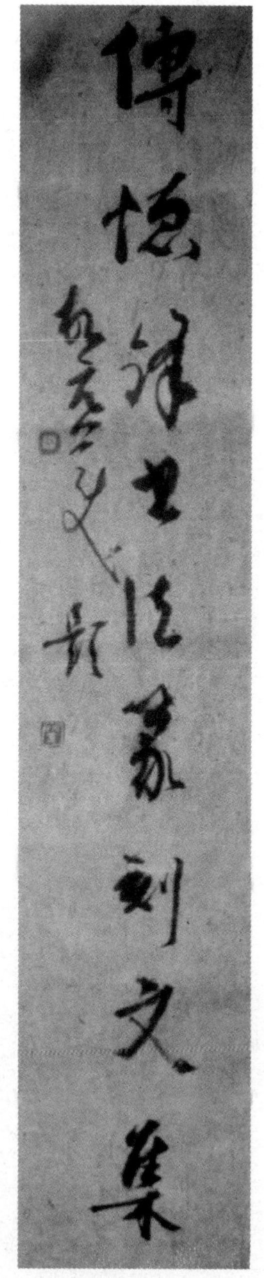

中国书法家协会副主席胡抗美先生为本书题写的书名

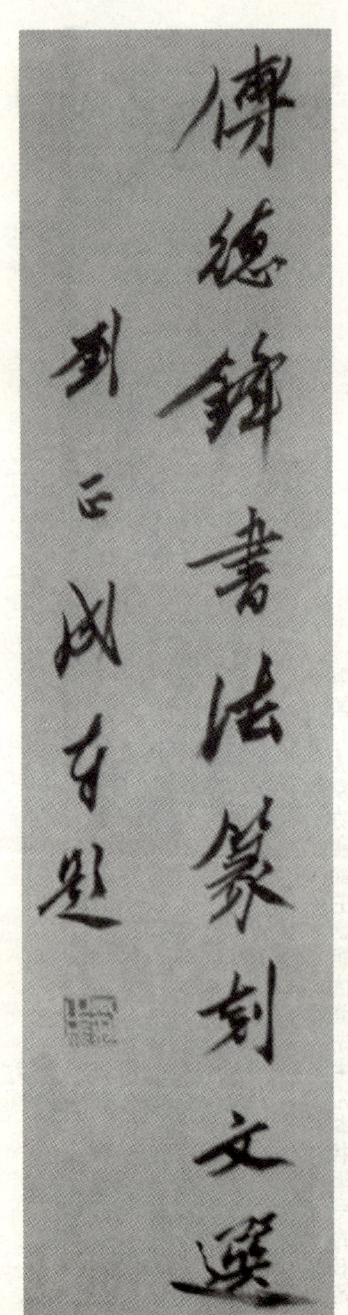

国际书协主席刘正成先生为本书题写的书名

傅德锋书法篆刻文集

来德

中国国家画院书法篆刻院执行院长曾来德先生为本书题写的书名

作者简介

傅德锋，1970年7月生，甘肃省张掖市人。书法家、著名书法评论家，多家书画报刊专栏作家。别号山石道人、海岳道人、醉墨先生、大漠居士，斋名古风堂。书法、篆刻作品在全国性展览中入展，获奖80余次，被《亚洲艺坛名流》、《中国学者墨迹选集》等20余部专业辞书收录。

2006年至今，在《人民日报》、《中国书法》、《书法》、《青少年书法》(青年版)、《书法导报》、《中国书画报》、《美术报》、《书法报》、《青少年书法报》、《印说》、《书法赏评》、《陇东书画》、《书画投资与收藏》、《品艺》、《东北之窗》、《甘肃书法》发表500余篇约150多万字的书法理论批评文章。代表作《当代著名书家二十人系列评论》、《当代篆刻二十家系列评论》、《当代中青年书家二十人系列评论》分别在《青少年书法报》、《羲之书画报》、《中国书画报》连载。2011年7月下旬撰写《第一阵营——中国国家画院沈鹏课题班系列评论》在《青少年书法报》开辟专版连载，引起极大轰动。《青少年书法报》、《书法报》、《书法导报》、《中国书画报》、《青少年书法》等曾作专题专栏介绍。

现为中国书法家协会会员，甘肃省书法家协会学术委员会委员，北京中国君自画院执行院长兼学术主持，深圳书法院学术主持，赣州书法院学术主持，甘肃省张掖市甘州书画院副院长兼学术主持，甘肃相约河西墨缘组合执事兼学术主持，全国各大权威书画报刊栏目撰稿人，书画国际网总版主，当代书法网专栏作家、特邀评论员，当代书法网学术专区“百家争鸣”版区总版主，书法网“书坛评批”版版主，中华国风文学论坛“书法篆刻综合版”首席版主，中国书画评论网总版主兼学术主持，中国书法艺术网“热门话题”版版主、专栏作家，水墨玩家总版主兼学术主持，中国书法在线网版主，中国书法家网总版主、专栏作家，中国网络书画论坛总版主，兰亭书法公社特约评论员，书论堂八大堂主之一等。

曾不远万里，奔赴各省，专访胡抗美、曾翔、刘新德、于明诠、苏金海、陈浩金、刘灿铭、燕

守谷、王厚祥、翟万益、洪铁军、吴振锋、魏杰、麻天阔、崔志强、刘正成、何昌贵等数十余位在当今书坛较具影响的书法篆刻家，撰写发表了大量的录音专访报道。足迹踏遍全国各地，和众多书画家结下了深厚的友谊。

作者电子邮箱:fudefeng1970@163.com　QQ:1281639307

傅德锋：一个智慧而坚韧的书坛问道者

（序一）

何昌贵

和书法评论家傅德锋先生认识并建立深厚友谊，源于他近年来不断地给《青少年书法报》投稿。当然，在此之前，他只是一个默默无闻而努力拼搏的普通书法爱好者。但让我惊讶且暗自佩服和欣赏的是，一个身处偏远大西北而有诸多不便的人，他居然在一种极为简陋的生活条件和非学术环境之下，于短短的五六年时间里，迅速在书坛崛起，一跃而成为能够与当今书坛那些已经功成名就的大腕级书法理论批评家相提并论的风云人物。

反观展览文化兴起三十年以来，书坛上风起云涌，异彩纷呈，创作和理论批评方面现象频现，人才辈出；然以一介“布衣”身份，涉足理论批评而能有所建树，并在书坛上呈现出活跃态势者，却并不多见。更多的成功者，一般都拥有相对比较优越的条件，且有众人相助，路子自然走得比较顺当。而像傅德锋先生这般，既无闪光的文聘，又无生活的保障，更无体制的支持，却能对书法研究甘之如饴，一以贯之，以惊人的速度和毅力，取得今日之成绩，的确令人刮目相看。

于是，我在想，这既然缺乏外在的诸多资源，里面必然有他自己的内在的深刻原因，而我作为最早就熟悉他的文章者，对此还是颇知个中情由的。

去年“六一”节，傅德锋先生到青少年书法报社来做客，他身上所体现出来的那份坦诚和朴实，睿智与厚道，与他文章留给我的印象颇为一致。他是一个很有想法的人，也是一个具有吃苦精神的人。那次他说要与报社合作，再搞一个大型的系列评论，鉴于对他一度的信任和厚望，我表示大力支持。我觉得，像傅德锋先生这样一个出生于农村贫寒人家，尽管经历了太多的生活磨难，但是在困难面前从不低头，而且愈挫愈勇的人，一个能够努力学习、艰苦打拼，不断出成绩的人，理应给予尽可能的支持。平心而论，作为专业报刊的主编，我喜欢和欣赏像他这样的优秀作者，尽管他

还有这样那样的不足，也正因如此，就更要给他提供一些继续磨炼自己的机会。

好在傅德锋果然没有辜负报社对他的期望，他很快就与我报理论版负责人葛世权策划推出了由中国国家画院书法篆刻院执行院长曾来德先生题写刊头并为之作序的《第一阵营——中国国家画院沈鹏课题班系列评论》。课题班40多位中青年书法家如王文杰、王厚祥、刘京闻、顾柯红、梁铁民、杨陌等积极响应，而他则迅速进入评论文章的持续撰写状态。

这个系列目前已经开辟专版连载30多期，目前还在继续，并且已经在读者当中引起了不小的轰动，也获得了众多读者的好评。这其实也是我预料之中的。说实话，近一年当中，要写好数十篇评论文章，显然还是有一定难度的，何况所评论的对象，沈鹏课题班的成员，大多都是当今书坛比较活跃的精锐骨干，对他们的评论，自然也就不能粗制滥造，随意敷衍。40多篇评论，一气写下来，他居然能够尽可能做到篇篇不同，且具有很强的针对性，评述客观公正，精准到位，实属难能可贵！这无疑也能反映出傅德锋先生比较深厚的文字功底和对当今书坛的方方面面较强的认识和把握能力。当然，要做到这一点，也绝非一蹴而就，肯定需要一个历练和积淀的过程。

记得傅德锋第一次向《青少年书法报》投稿是在2006年秋季，他那篇文章题目叫做《要书协，不要书协——对一些基层书协组织的透视与期盼》，当时还是手写稿，估计当时他还没有使用电脑写作的条件。由于当时中国书协刚刚换届，这个话题正是当时热议的焦点，尽管他的文章写得还存在一些问题，但选题很好，而且论述得也很犀利深刻，所以一下就引起了我的注意。于是，我亲自替他这个陌生的作者来稿做了适当的修改，然后安排发表。不成想，他此后便一发而不可收，每个月都会给报社连续不断地投来很多文稿，而我们看了差不多的，一般也都尽可能予以采用。而且与此同时，在《书法导报》、《美术报》、《中国书画报》、《书法报》、《羲之书画报》、《书法》等等专业报刊，也经常能看到他发表的文章。由此可见他的勤奋程度，同时也说明他的书法文章写作进入到了一个旺盛期。后来《青少年书法报》还专门在一版的“书坛掇英”栏目为傅德锋做了一期专题介绍，他的书法篆刻作品和自述文章同时刊登，也算是报社对一个他这样的优秀作者的一种特殊的关心和支持吧！

零星发表了两年文章之后，也就是2007年年底，傅德锋给我打电话，说要写一个《当代著名书家二十人系列评论》，希望能够得到报社的支持。鉴于他前面的出色表现，我没有拒绝他的要求，但也没有立马答应他，而是让他先撰写一篇评论发过来（当时他已经开始投送电子稿，由此也能看出他生活条件的改善和与时俱进的做法），待我看看没问题再说。他说好，就按我的意思办。然而，让我出乎意料的是，也就不

过一个半月的时间，他居然很快写完了整个系列评论的20篇文章，一次性给我发来。我看了几篇，感觉写得还真是不错，可以发表，于是就让他和我报副总编辑、理论版负责人葛世权取得联系，商量具体用稿事宜。很快，报纸给他安排专栏，以连载的方式发表，于是，当年就据此形成了一定影响。更让我出乎意料的是，他后来告诉我，他在给我报撰写《当代著名书家二十人系列评论》的同时，还写了《当代篆刻二十家系列评论》和《当代中青年书家二十人系列评论》，在《羲之书画报》和《中国书画报》同时开辟专栏连载。如此惊人的写作速度，并且能够在文章的质量上达到一个较高的水平，且能取得多家专业报纸的认可，充分说明，傅德锋不仅越来越刻苦勤奋，而且在不断学习和进步，且很会处事。面对这样一个智慧而坚忍不拔的优秀作者，我只有打心底里喜欢和欣赏。对于他的发展，自然也就更加关注，关注的同时，也尽可能予以扶持。

傅德锋的书法文章，涉及面比较广，既有技法解析方面的，也有书坛现象批评，更有书家个案研究。前者，可以看出他是一个有书法实践经验的人，而非那种空头理论家；次者可以反映出他对当今书坛各种现象具有敏锐的观察和分析辨别能力，而非那种不着边际的人；后者可以体现出他对当今书坛那些比较活跃的书法家的了解和熟悉程度，而非一叶障目，不见泰山者。综合起来看，傅德锋在书法文章的写作方面具有较强的实力，是一般作者所难以企及的。

尤其值得肯定的是，傅德锋是一个不畏权势、敢于直言的人。他的书坛现象批评文章，大多直面各种不良现象，评析到位，语言犀利，有理有据，进退自如。即便是他的有些书家评论文章，尽管面对书坛权威人士，也能畅所欲言，大胆提出批评意见。能够做到这一点，我感到就不仅仅是是否具备书法知识和文字功底的问题了，而是牵涉到人品修养和社会担当以及历史使命感的问题。一个缺乏时代担当者，纵然拥有再好的资源，也不可能站在一定的高度上，经常而持久地为匡正书坛不良风气而不遗余力，也不会对那些书坛炙手可热的强势人物评头论足。

而《青少年书法报》自创办以来，一直保持敢于批评的特色，因此能够得到广大读者的喜欢。从傅德锋本人的表现来看，一方面，他本人就是一个个性耿直、疾恶如仇的人，也是一个理智清醒、说话办事很有分寸感的人，能够借助书法评论来达到学以致用、对社会有所关注、有所“干预”（讽时警世）的人。另一方面，也能反映出他智慧的一面，他从一个默默无闻的普通作者于短短的三五年时间里迅速崛起，成名于书坛，是有一套他的策略的。从他总是能够抓住时代的脉搏和紧扣报刊的主题思想的一贯做法来看，也是其他一些虽然出道较早，而始终形不成较大气候者所无法想象的。

傅德锋从外表上来看，长得有几分像鲁迅，我的印象之中好像很多人都这么看。我倒是觉得，外表上的相似倒在其次，精神气质上的互为合辙才是尤为重要的。傅德锋写的一些文白夹杂的评论文章，那语气，那感觉，那力度，还真是有鲁迅杂文的气度。很多读者表示比较喜欢看傅德锋的书法评论文章，大概这也是主要原因之一吧。因此，我看好傅德锋。

去年他来佳木斯和我交谈时曾对我说，他要出一本发表过的书法文章的集子，说我比较了解他的文章，想请我为他写篇序言，我欣然应允了，但却一直未能动笔。现在，他说书快要出了，还在等着我的序言，我只得赶紧写了。好在我确实对他和他的文章以及很多想法比较了解和熟悉，因此写起来也就不大费事。或许我的文章还不够具体全面，但对大家进一步了解和认识傅德锋先生还是会起到一定的帮助作用的。

最后，祝他的书法文集顺利出版，也希望他再接再厉，为读者奉献更多的精彩！

是为序。

2012年3月18日

（何昌贵，中国书法家协会隶书委员会委员、创作评审委员，黑龙江书法家协会副主席、佳木斯市书协主席、青少年书法报社社长兼总编辑。）

他以简白质朴的文字直面书坛

——青年评论家傅德锋印象

（序二）

于明诠

大约五年前我第一次见青年评论家傅德锋先生，他从老家甘肃张掖先到成都，又转道济南，正行走着“万里路”。他有着远大的人生理想和敏捷的思维。他特别喜欢读书，读那些有档次、有品位的书，是一个完全靠自学成才的人。与他对酌时，我感觉他酒量挺大，也很健谈，然其酒风很正，也知道节制，没有丝毫的让人不舒服之处，体现着他作为西北人特有的豁达与豪放。他对书法上的事情都有很多独到的见解，非某些泛泛之辈所能望其项背。

那时他已在报刊上陆陆续续发表了近百篇文章谈论书法界的种种现象。那次他赠给我他自己打印的一本文集，细细翻看之后，给我的印象是无论思考方式、文字风格都很简白而质朴，绝无当下理论界的那种故作高深之态。对当代书坛林林总总的现象似乎都有所触及，或褒或贬痛快直接，不故作旁征博引，不无端拐弯抹角，也不“顾左右而言他”，更不以地位权势主流边缘“看人下菜碟”，尽管文中个别地方也难免存在某些未尽之处，但总体来说，我感到德锋君文如其人，有着诸多可爱之处。尤其是他在很短的时间内，能够迅速为活跃于当今书坛的六十位书法篆刻家撰写系列评论在几家报纸连载，他的这个魄力和出手的速度，足以让人欣赏和佩服。后来不断看到他发表在报刊和网络上的文字，依然保持着这种生猛的“劲头”，特别是当有人在报刊或网络上提出批评时，他都会立马作出反应，披挂上阵，短兵相接，甚至要来回地杀上几个回合，可爱极了。

在有关当代书法批评的文字中，我比较偏爱德锋君的这类风格，文风醇正，单刀直入，没有任何虚饰和矫情。由于批评文字的性质所决定，即便是对于当今那些大腕级的理论批评家来讲，也许偏激和浅薄是永恒的，而公平和深刻才是相对的。因此偏激和浅薄不可怕，世故和卑鄙才是最不可原谅的。最近读祝嘉先生的《书法罪言》就

有这样一种感觉，一位八十多岁的老人，还慷慨激昂、喋喋不休地指斥一些书坛现象，在某些学问家看来，难免有些偏颇浅薄之讥，起码是不值得，可就是这种“不值得”背后所揭示的却是一颗坦荡磊落和淳朴善良的童心。这样的童心是令人敬佩的，我在齐白石、吴冠中、资中筠等先生晚年的文字里都曾经真切地感受到过。德锋君出身底层草根，中学毕业后到一家建筑公司谋职，环境条件十分艰苦，更没有令人艳羡的学历头衔，他是凭借着勤能补拙的勇气与恒心写出这些文字的。单凭这一点就足以令许许多多的同龄人惭愧，至于说到他文字里边具体的观点看法，不论目前还存在着怎样的缺点不足，我想这并不重要，何况这本身就是个见仁见智的问题。重要的是，只要他踏踏实实地坚持笔耕不辍，重要的是，只要他无怨无悔地保持这种难得的简白与质朴并以其蒙养着文字里的风骨机锋，随着其学养的不断丰厚和思想的不断深刻，我们就有理由给予他更多更高的期待！从他目前的发展态势来看，他已经凭借自己的勇气和智慧闯出了一条真正属于自己的路子，得到了圈内的普遍认可，其生活状态也使很多人心生羡慕。但他还是那么劲头十足地朝前走着……

此外，很多人以为德锋君只从事理论研究，不搞创作，其实事实并非如此。他从事书法临池和创作的时间要远远早于其发表文章的时间。只不过，他现在淡出展览，很少把自己的作品拿出来示人罢了。他对五体书法都有过比较全面而深入的研究，对草书、隶书和榜书比较偏爱。他写的那些大轴草书，下笔渊源有自且能率性而为，笔墨飞动，气势雄浑，与其文章的锋芒颇有些相似，与其开怀畅饮时的那种豪放之情也十分契合。书法以外，他还从事篆刻，亦颇为可观。往往一些以创作家自我标榜的书家，恐怕也很难具备德锋君这样的境界和气象。正因为有长期的实践经验，因此他的书法评论文章才会言之有物，得到书界同道的广泛认可。

（于明诠，中国书协教育委员会委员，中国艺术研究院中国书法院副研究员，山东省书协副主席，中国沧浪书社社员。现为山东艺术学院美术学院书法工作室主任、硕士研究生导师、副教授。）

我看傅德锋

（序三）

黄岳年

不是友人说起，之前我竟不知道傅德锋先生。

然对于德锋来说，这倒没有什么关系，但对我，这个以桑梓文教工作为生的人来说，就不好。故乡出了这么个人，一个在全国有影响的人，在文化上有建树的人，一个著名的书画评论家，居然不知道，除了说明你孤陋寡闻，还能说明什么？

德锋是农家子弟，至今仍在体制之外，在山寨之中。不过，朋友们说，山寨里供奉的，还有山神爷。吾家黄宗羲公更说，仁义存于草野。德锋自然不是山神爷，但是书画界买德锋的账，书画报刊买德锋的账，各大书画专业网站买德锋的账。德锋那里有的，是深植于民间民族文化之大道与大义。也许在傅德锋本人而言，他这种“劣势”恰恰被他智慧地转化为一种优势，不在体制之内，反而能够不受约束，天马行空，独来独往，身心自由而痛快淋漓地写他的评论文章。

迄今为止，德锋已经在《中国书法》、《书法》、《中国书画报》、《美术报》、《书法报》、《书法导报》、《羲之书画报》、《青少年书法》、《书法赏评》、《青少年书法报》、《印说》等权威书画专业报刊上发表了数百篇约150多万字的书法篆刻理论批评文章。他的《当代著名书家二十人系列评论》、《当代篆刻二十家系列评论》、《当代中青年书家二十人系列评论》、《中国国家画院沈鹏课题班“第一阵营”系列评论》在《青少年书法报》、《羲之书画报》、《中国书画报》专版连载后，在书画界引起轰动，令人瞩目。

陈丹青说，看来看去，还是鲁迅先生样子最好看。朋友们说，傅德锋的样子像鲁迅。确实，形象上看起来，德锋就是鲁迅的样子。要是拍电影，有好导演，德锋或许会再现当年大先生风神。一个草根，一介布衣，一个貌似鲁迅而生活在尘世中的普通人，如何会取得如此不一般的成就？

德锋有德。有德者必也有所得。例如，他和四川省书协副主席、著名书法家刘新德，由于文墨因缘，结下了友谊。刘新德看重德锋的书评人品，就又介绍德锋给山东省书协副主席、山东艺术学院硕士生导师、著名书法家于明诠，于明诠又介绍他和山东省书协另一位副主席、著名书画篆刻家燕守谷相识……

德锋和朋友间的友谊，多是这样口口相传结下的。四川大学书法研究所所长吕金光介绍自己的朋友傅德锋给中国书法家协会副主席、中组部干部四局局长胡抗美先生的时候，胡抗美欣然赠作品给傅德锋，作为他曾经为自己写过一篇评论文章的答谢。此自然可以见出书界高层对德锋书评文章的见重。如此推而广之，现在的傅德锋，已经是交游满天下，随处做墨客了。

然而德锋的成才之路，说来崎岖。少年失怙，早早没了父爱关怀的农家子弟，遭际之难，可想而知。白眼不要说，能混饱肚子都得额手称庆。兄弟四人，孤儿寡母，生计之难，有时难于上青天。不过，也还真应了那句古话，艰难困苦，玉汝于成。少年德锋，以指为笔，画土为书，锅底灰就是他上好的墨汁，条件虽然简陋，但于三九三伏，临池不辍。在德锋那里，能有旧作业本、旧报纸练字，都是天赐爱物。田垄里十年劳作，干农活让他吃饱了肚子，也磨砺了德锋身上农家子弟的质朴和厚道。璞玉质美，赢得赏识只是早晚的事。他买来八角钱一张的宣纸，写了几幅字，挂到墙上，过几天又新换一批。美中不足，缺了红红的印章。迷恋书写的德锋自己刻起了图章。不想这一捉刀，便停不了。数百方章子刻下来，傅德锋成了篆刻家。书刻同源，刀笔并臻佳境。最早给了德锋鼓励的，就是他的篆刻作品入选全国书法篆刻大赛。似乎是十年寒窗无人问，一朝成名天下知。傅德锋初尝了一些“朝为田舍郎，暮登天子堂”的喜悦。然而温饱难足，大丈夫困顿未解，德锋得继续努力。他的身影出现在了城里的建筑工地上。他打过工，搬过砖头。但不以为苦，反以为乐，继续在劳作之余，坚持临池和写作，由此可见他心态的端和。后来，他因在书法篆刻上取得一定成绩，在其堂叔的房地产公司谋职，从普通业务员做起，一直干到总公司材料部主管的位置上，自此脱离农门，开始了城市生活，并成家立业。按说，当时正是建筑业暴利的发轫期，以德锋的智力，分得一杯羹应不是难事。但是，就在解决了从乡下到城市的基本生活问题之后，他不想总是在别人的支配之下像他人的影子一样活着，他要寻求一种真正属于自己的生活，实现自己的人生理想和生命价值。于是，傅德锋就主动放弃了那份别人十分艳羡的工作，毅然决然地踏上了一条追求艺术真谛的道路。

他走出去了，带着他的书，带着他的笔，带着他的刻刀。在酒泉卫星发射中心蛰居的两年当中，他的文章频频见诸报刊，呈现出良好的发展态势。2008年始，他足迹

遍及全国各地。深研精思，虚心探求。后来的情形是大家都知道的，德锋成功了。

现在的德锋，以艺术评论家的身份名世。其实他的书法篆刻作品，也有独到的一面。细观德锋的书法和篆刻作品，会产生在风雨之夕围炉谈天的感觉。拉家常，也有情感，亦庄亦谐，深入浅出。龙年春节，他曾给一位朋友写过一幅“龙”字中堂，墨淡意浓，隐显耸动，大小错落，尺幅之间，一字千态。他给我写过一幅字，内容是“回望甘州”，书写时，看似若不经意，一挥而就，但令人不可思议的是，甘州的“州”字看上去分明像立着的三个人，一泓碧波，弱水蜿蜒。他擅长榜书和狂草，时而借助酒兴，泼墨挥毫。放笔直书，略无凝滞，风驰电掣，气势夺人，豪情逸兴自然显露。他刻出的图章，有与高僧接谈，与名士交心，似连而断，似散而凝，欲罢不忍，欲求不得的感觉。观其字如闻金戈，味其刻如见其人。在德锋那里，书写是“魂灵的壮游”，随时可以发见名山巨川，古迹名胜，深林幽谷，奇花异卉。他把所见所历融入了书写，融进了生命。

我曾在傅德锋《当代著名书家二十人系列评论之十四　曹宝麟》帖后留言：“直探灵源，不枝不蔓。大吕黄钟，知音当赏。”傅德锋论书，往往推诚相与，亲切会心，意到笔随又自成一说，有厚重的分量，有小品的滋味。他的文字出人意表，却能切中肯綮。读到他的岁末总结，我也留了言：“久耽翰墨，嘎嘎独造，形成了独特的景观。三十张报纸，第一阵营，第一序列，数百家专论，是当代书坛的实录，亦文化中国的奇观。为今日写照，为未来存史，功莫大焉。这是过去的日子，2012，博主会给我们更多的惊喜，这是值得期待的。”

2011年岁末，浙江美术馆策划并组织实施了旨在传播浙江地域文明，反映浙江先进文化，塑造浙江人文精神，促进浙江艺术繁荣的“书风书峰：2011浙江书法名家作品展”活动。那是“浙江书坛第一方阵联手出征，创造当代浙江书法新风貌、新高度”的盛举。浙江书坛代不乏人，名家大家辈出。刘江、沈定庵、萧耘春、马世晓、章祖安、林剑丹、卢乐群、金鉴才、骆恒光、朱关田、俞建华、王冬龄等十二位年龄在六十五周岁以上，德高望重、艺术风格明显、有相当学术成就和代表性的浙江老一辈书法名家，以浙江历史上的文学名篇为创作内容，创作出在书法创作和学术研究方面取得双重突破的书法艺术精品之作。十二位书法名家的一百五十余件作品，诸体兼备，精湛独到，书文并茂，蔚为大观。书风之峰，书峰之风，交相辉映，极一时之盛。这些作品都被浙江美术馆收藏，传之后世，成为一代文化徽标。书山高处人为峰。《美术观察》主编李一说：“在沙孟海、陆维钊等一代大师谢世之后的今天，浙江有哪些代表性的书家？浙江书法发展到今天，有哪些变化？目前的浙江代表性书家

与沙孟海、陆维钊等老一辈书家相比有哪些不同？与全国其他地域相比有哪些特点？简言之，今日浙江书法的状况如何？都是人们所关心的问题。‘书风书峰：2011浙江书法名家作品展’的举办，正是人们寻找答案的绝好机会。”主办单位浙江美术馆特邀了傅德锋到杭州参加该展的开幕式和学术研讨会以及兰亭书法社成立盛典。对这位全国著名的艺术评论家给予了极大的重视和尊重。傅德锋为“书风书峰展”撰写的评论文章和其他权威理论批评家的文章一同被《美术报》“‘书风书峰展’众家集评”栏目发表，同时收入该展的学术文献集，在浙江美术馆和兰亭书法公社的网站上，“专业研讨观点”栏目中，傅德锋在学术研讨会上的精彩发言被置顶陈列着。其文对十二位德高望重的老书家的艺术成就逐一点评，公允客观，准确到位，深受重视，也就在意料之中了。

那次，出席峰会的傅德锋在主办方的招待宴会上，被特意安排和参展的几位老书家同坐一桌，同桌的还有中国书协学术委员会研究部主任刘恒与东道主浙江美术馆副馆长斯舜威、著名书法理论家李廷华，他们都对这个大西北来的书评家青眼有加。在兰亭书法社成立大会上，当傅德锋从浙江省委常委、常务副省长陈敏尔手中接过兰亭书法社特约评论家聘书的时候，我知道，大西北的傅德锋，是站在了宗匠辈出的西子湖畔，得到了书界前辈同道的充分认可。而兰亭书法社社长王冬龄先生特意将自己新出版的一套书，赠送给了傅德锋。

2012年2月16日的《人民日报》海外版上，傅德锋发表了占据半个版面的《李斌权其人及音乐书法的意义》一文，对素有“音乐书法第一人”的著名书法家李斌权先生的艺术探索及所取得的成就进行了公正客观的评价。打开李斌权的音乐书法视频，场面壮观、气势恢弘的音乐书法表演，就使人一下子进入到了情绪高昂、笔墨飞扬的艺术情境之中，浸染其中，欲罢不能。由此可见他评论眼光的敏锐。其后傅德锋应邀编纂《李斌权音乐研究》一书，此书将作为国内外首部系统研究音乐书法的理论文献，于8月份的伦敦奥运会音乐书法现场表演会上展示。春暖花开的人间四月天，在北京，李斌权先生专门邀约傅德锋，深谈所想，备极倾心。并专门为傅德锋演示了音乐书法，从中亦可见出李斌权先生对他的看重。

张掖要办甘州文化书院了，遴选主持的人。我推荐了德锋。主事者以为有道理。清华名校长梅贻琦曾说，“所谓大学者，非谓有大楼而谓也，有大师而谓也。”一样的道理，文化大市，得有文化的代表。没有大文化人，奢谈文化之强就是扯淡。张掖的人口和西藏的一样多，但张掖在全国有影响的文化人不多。我们要珍惜，要呵护。要知道，珍惜文化，是最大的文明。珍惜文明，就是珍惜我们自己。

2012年2月13日，13:27:05初稿，4月9日上午10:19改定。

（黄岳年，网名弱水月年。甘肃省张掖市人。甘肃省优秀教师。好读书临帖，以儒立命，亦窥内典、道藏，知中医、武术。涉经史，喜游，踪迹布海内外。有读书、教育、旅游、生态诸方面文字刊布。校河西方志。著有《走进河西》、《弱水书话》、《枕山集》、《弱水读书记》、《书林疏叶》、《水西流集》等书。）

目　录

第一部分　当代著名书家二十人系列评论

第二部分　当代篆刻二十家系列评论

第三部分　当代中青年书法二十家系列评论

第四部分　名家专访

第五部分　书家散论

第一部分

当代著名书家二十人系列评论

当代著名书家二十人系列评论之一　沈鹏

沈鹏，1931年出生，江苏省江阴市人。1950年起在人民画报社工作，曾任人民美术出版社编辑室副主任、总编室主任、副总编辑并兼任编审委员会常务副主任。享受国务院批准的政府特殊津贴、出版界专家待遇。1993年3月当选为第八届全国政协委员。沈鹏既是编辑出版专家，又是著名书法家、美术评论家及诗词作家，历任中国书法家协会常务理事、副主席，中国书法家协会主席、名誉主席。

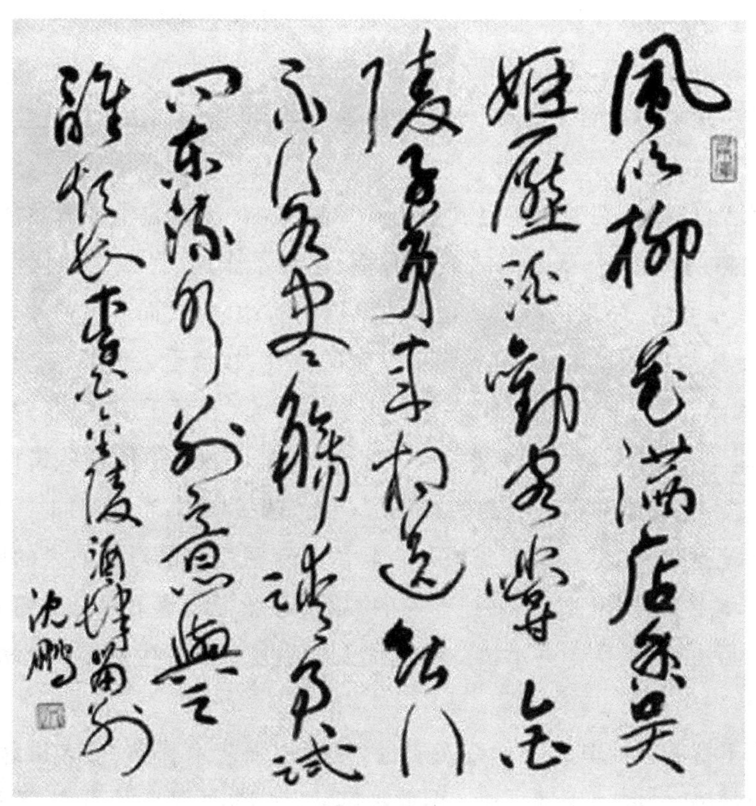

沈鹏书法作品

沈鹏先生的大名，书坛上尽人皆知，即使是书坛以外，知道沈先生的人也并不少见。当然，这除了他以一手功力深厚、风格独特的草书令人折服之外，也与他担任着书坛乃至其他领域的重要职务有关。当然，由此也可看出沈鹏先生的社会影响之大。

草书发轫于西汉之初。卫恒在《四体书势》中曾道："汉兴而有草书，不知作者姓名。"至汉武帝时，草书就已经在民间流行。我们从近代出土的汉简、汉墓砖上的文字可以得到验证。不过当时的草书在结构上还是依据隶书的形体，而将其写得急速潦草一些，所谓"解散隶体而粗书之"。后经杜操、索靖、皇象等人整理发展，经过了从"隶草"到"章草"、再到"今草"的数次演变。尤其是东汉的张芝，他将章草中带有隶意的波挑加以收敛，运用篆书中婉转回锋的笔法，使之气息流动，点画呼应，上下牵连，字之体势，一笔而成，偶有不连而血脉不断。故张怀瓘在其《书断》中说："张芝变为今草，如流水速，拔茅连茹，上下牵连，或借上字之下，而为下字之上，奇形离合，数意兼包。"由于草书包含了所有书体的各种笔法，同时笔势飞动，务从简易，不易辨认，故不易学亦难精。而且从实用的角度来看，意义不大。但草书又是最易抒发个人情感的特殊书体，即使比较难学，但它还是以独特的魅力赢得人们的喜爱。

当代书坛，自毛泽东、林散之之后，尽管以草书擅名者并不乏人，但真正能在草书方面取得较高成就者，当属沈鹏。他的草书笔致厚重，奇崛苍茫，点画处理富于变化，既有传统经典草书的高古之气，又兼具现代生活奔放跌宕的时代气息，形成了独特的个人风格。人们面对沈先生的草书作品，即使掩上名款，亦能迅速知其出自沈先生之手，由此可见其风格之强烈。

凡习草书者，皆无一例外地要受到唐人草书的影响，沈鹏先生亦概莫能外。由于唐代是草书的成熟期，也是今草发展的巅峰时期，出现了张旭、怀素、孙过庭、智永等一批草书大家，尤其是张旭、怀素的狂草。在书法已退出实用领域、而其欣赏审美功能日见强化的当代，向上述大家借鉴取法，最易张扬书家的个性，故备受人们青睐。沈先生于草法广取博收，以盘结奇气，丰富技法，但在结体上则于怀素《大草千字文》获益最多，尤其是那些纵笔(长垂笔)的使用颇得怀素《大草千字文》用笔之妙。但他那些横撑的结体与用笔之法，则出之于他自己并不太成熟的"草隶"。沈先生的草书当中，时时夹杂一些行书，尽管也以草书笔意出之，但在增加整幅开合起伏与疏密变化的对比效果的同时，也或多或少削弱了其草书的纯粹性。草书纯粹性的减弱，必然影响草书古意的精确表达，而这种草行搭配的写法，则又从中透示出一种现代人日趋复杂的人生情感。凡事有一得必有一失，以此观沈先生草书，应合此理。

沈先生为丰富和强化其草书的线条质量，从而加强艺术感染力，大量地使用了颇具一波三折、曲尽其妙的衄挫用笔之法。但此种笔法其实非沈鹏先生首创，此种笔法的"始作俑者"乃宋之黄庭坚，我们只要仔细品赏他的草书名作《太白忆旧游诗》便不难看出。而沈先生的创意在于他将这种笔法秩序化，并适当加强其草书线质的毛涩感，使其更加精致、细腻，从而化古为今，化他为我，将此形成自己的一种具有符号性意义的个情语言，写出了新意，写出了气魄，这是值得人们加以推重的。

沈先生的一些草书精彩之作，确实达到了“一画之间，变起伏于锋杪，一点之内，殊衄挫于毫端”的理想之境，殊非那些行笔直白外露、一览无余者可比。但沈先生的一些作品也有因衄挫用笔过多而失之自然的地方，且有因擒纵失控而流于信笔之处。我想，以沈先生之学问功力，虽有此不足，但仍不失为一代草书大家。

当代著名书家二十人系列评论之二　张海

张海，男，汉族，生于1941年9月，河南偃师人。现任中国书法家协会主席，郑州大学美术学院院长。全国政协常委，国务院批准有突出贡献的专家。曾任第八、九、十届全国人大代表，河南省文联主席，河南省书法家协会主席，河南省书画院院长等。

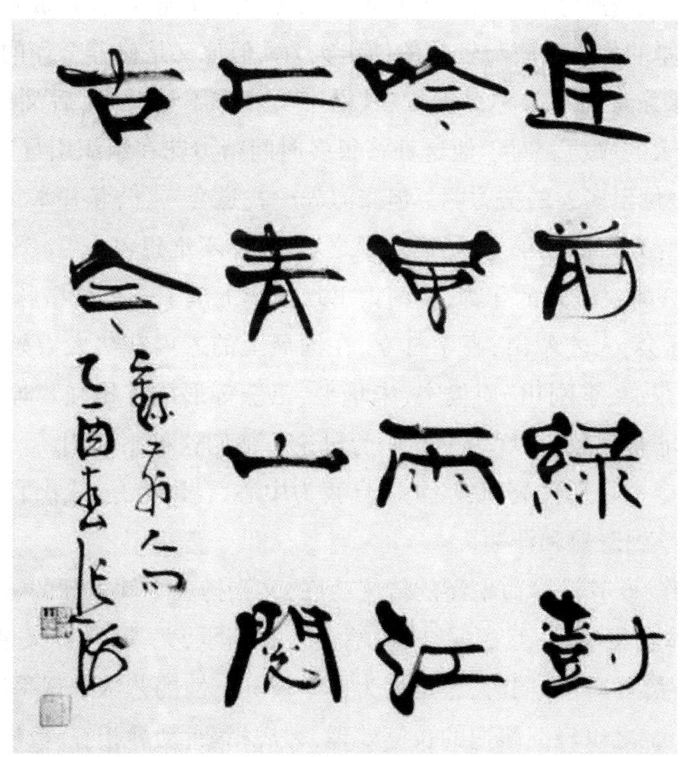

张海书法作品

谈及张海先生，便让人不得不把他与“中原书风”联系起来。因为从某种意义而言，是张海在一定程度上成就了“中原书风”，而“中原书风”又反过来造就了今日的张海。

十数年前的中原书坛，并不像今日这般抢眼，那时的河南，还属于书法上的落后省

份。大家都知道,河南拥有极为丰富而厚重的历史文化积淀,安阳殷墟甲骨早已驰名全球,被誉为是人类文明的一大重要发现,这对研究中国书法的起源与发端具有划时代的意义。而孟津作为一代书法大师王铎故里,也是闻名遐迩。在这样一个具有深厚文化底蕴的省份发展书法,无疑具有先天的优势。

但成事在天,谋事在人,文化底蕴再强,社会基础再好,如果没有一位深具器识与胆魄的智者挺身而出,组织引导,要谈发展亦何其难哉!

然而,张海以他扎实的书法功底和不同凡响的谋略,一步一步走上了河南书坛的领导岗位。在他的直接参与或谋划下,河南接二连三推出了一系列重大书法活动,如"国际书展"与"墨海弄潮展"的成功举办,在为河南书坛加强了人气的同时,也引起了全国书界对河南书坛的广泛关注。即使是由他参与策划的最初的那本尚嫌简陋的《河南百人书法集》也在书界开了风气之先。后来几届国字号展览和书学讨论会在河南的成功举办就更是令书界对河南和张海刮目相看。当然,这里面自然少不了李刚田、周俊杰、宋华平等河南书坛名将的功劳。

张海先生以一手意味隽永、古意盎然的小行草在第五届全国书展上获得全国奖,充分显示出了他深厚的传统功底与较强的创作实力。但他又是修养全面的书家,其早年即以风格独特、意象诡奇的草隶称名书坛,其楷书功底亦不让时贤,后又精研草书、篆书,居然都获得了很大的成功。对于他这种将很多时间精力花在组织引导工作上的书法家来说,这需要为之付出多大的努力啊。但张海先生技道合一,公私并举,在组织引导与书法创作和理论研究方面都成果斐然,而此中之艰辛,亦不难想象。

张海先生以狂飙突进式的作为,使河南书坛连续上演了一幕幕精彩好戏。一时之间,河南书坛,风云际会,人才辈出,高手林立,在国展上的入展获奖人数始终高居榜首,而河南书法也围绕张海、李刚田、周俊杰、宋华平、王登等形成了雄强霸悍的"中原书风",成为书坛的一大非常现象,一度为书界广为讨论。他们这种不断创新、不断推出新人新作的胸襟和胆识令书坛那些高高在上、以自我为中心、自以为是、夜郎自大、十数年一贯制的书协领导人感到羞愧和汗颜。

张海先生书作,既有深厚而精湛的传统功底,又张扬着个性强烈的时代气息。其楷、行、草、隶、篆五体互相生发,互相融合,用笔上一脉相承,尤其是"开叉笔"的巧妙运用,在大大增强其作品耐续性的同时,也定型为一个极具个性的艺术表现手法。其作品当中强调横画的排叠,辅之以轻捷飘逸的长笔处理,秀润相杂,动静相宜,极耐品味。

他的楷书在唐楷与魏碑之间,又兼具隶书的古雅淳厚,所作开张大气,厚重中不乏灵动。其隶书以《封龙山颂》为基,掺之以草法,横画主笔并不刻意作蚕头雁尾状,而是意到即止,斩钉截铁,富有时代情趣而又别具风姿,非常人所能为也。其草书以楷、隶、行为基,用笔在方圆使转之间,既重突出矛盾,又能使之自然和谐,线条凝练,气势通达,颇堪

寻味。

但张海先生的一些作品，也恰恰因为"开叉笔"的过度使用，使其作品亦不免流露出一定程度的安排造作之嫌，杀气重而静气稍欠。

其实书法本来就是一组组矛盾的巧妙组合，得失全在于分寸与尺度的把握。顾此失彼，物极必反，自然之理。张海先生似宜在苍涩的前提上反求温润，若一味求涩，则失之过矣。

当代著名书家二十人系列评论之三　聂成文

聂成文，男，汉族，1946年2月生。曾任中国书协副主席、草书委员会主任，辽宁省文联副主席，辽宁省书协主席。现为中国书协顾问。多年来主持辽宁书协工作，成绩斐然。重视少儿书法后备人才的培养，大力宣传辽宁老一辈书法家并推出中青年书法家群体。曾参加第1至第8届全国书法展、第1至第8届全国中青年书法展，以及中国书协举办的各种展览。此外还参加了中日书法家作品展、中国赴巴黎书法展等国际艺术交流活动。著有《加强基本功训练是当务之急》等数十篇论文，出版《聂成文书法集》、《聂成文书画集》。获辽宁省政府文艺奖、中国书协创作成就奖。

观聂成文先生草书作品，便不由让人情不自禁地吟哦起唐代大诗人白居易的名篇《琵琶行》当中的句子："嘈嘈切切错杂弹，大珠小珠落玉盘，银瓶乍破水浆迸，铁骑突出刀枪鸣……"

聂成文草书给人的直观感受是云烟满纸，纵横争折，人喊马嘶，旗幡飞舞，征战沙场，一片狼藉。

狂草始于汉末张芝，兴盛于张旭、怀素，线条诡异，气势奔放，如千军竞发，似万马奔腾，犹江河决堤，其势莫挡。至北宋黄庭坚，则强化点画的疏密对比，将密集的点杂于如同长枪大戟的横竖撇捺之中，用笔一波三折，多跳荡之意，则大草新境出焉。明代祝允明、傅山、王铎各自成家，俱臻其妙。祝枝山草书在于用笔的劲利与结体的奇崛，而傅山、王铎则强调旭素大草的体势连绵。清代黄慎则又将黄庭坚点线运用的特点加以改良，其作众星列汉，似万弩齐发，点画密集，笔挟风雨，气度非凡。

聂成文狂草则借鉴黄慎突出点法的结字方法，又兼具山谷草书的长枪大戟之特征，

而在用笔上又不乏旭素狂草的恣意。通篇观之，意气风发，气势骇人，如狂狷之士，大醉之后狂呼奔走于闹市，人或惊之避之，或奇而观之，每穿街过巷，则万头攒动而人声嘈杂，笑声、哭声、赞声、骂声、怨声、叹声混成一片，不绝于耳。聂先生作草至得意处则不计工拙，纵情挥洒，以此喻之，有何不可？

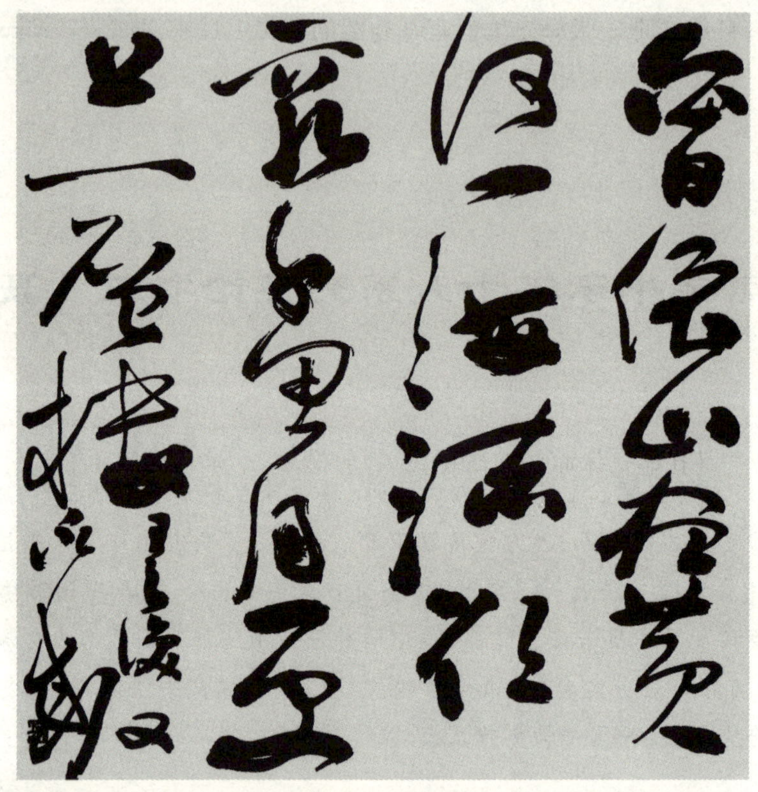

聂成文书法作品

草书之难，难在得势，其中揖让相合之法，亦非能勉强得之。张旭观公孙大娘舞剑而悟用笔之意，后又观公主与担夫争道，乃悟行款揖让之法。怀素观夏云多奇峰而悟草书用笔之妙。这些都充分说明草书创作的灵感皆由自然与现实生活中得来。而狂草作为书法皇冠上镶嵌的一颗明珠，其艺术表现力之强确非其他任何一种书体可比。“真则字终意亦终，草则行尽势未尽。”草书的笔意最能表达作者的个性和思想情感。通常而言，快速流畅的笔调可以表现出一种喜悦愉快的心情；郁勃顿挫的笔调，可以表现出一种悲愤激昂的情绪；沉着舒缓的笔调可以体现一个人的沉密安详；不徐不疾、悠游自如的笔调可以显示出一个人的简静平和。总而言之，可以“达其性情，形其哀乐”，可以“骋纵横之志，散郁结之怀”。

擅长狂草的大家，多能豪饮，借助酒的力量而将其功力和才情发挥到淋漓尽致的程度，张旭、怀素尤其如此，“张公性嗜酒，豁达无所营”，“怀素饮酒以养性，草书以畅志；时酒酣性发，遇寺壁、里墙、衣裳、器皿糜不书之”。

而聂成文先生却认为作狂草在于“意醉”,未必需要酒来辅助。他曾作一狂草歌行来表达自己不必饮酒也能至癫狂忘我之境界。当然,这作为一家之言,未必没有道理。但我们从李白斗酒诗百篇与癫张醉素大醉后作书来看，酒有时真的能大大激发人的创作激情,从而有超乎寻常的发挥。笔者本人对此亦深有体会。

聂成文先生的草书从整体上来看,气势宏大,撼人心魄,但有时只顾情感的尽情宣泄,而对点画的质量关注不够,虽说不计工拙,点画狼藉未尝不是一种自我风格,但从旭素狂草“从心所欲不逾矩”的情况来看,适当提高点画的精到性,其实更会强化作品的耐读性。远观气势,近看点画,二者兼顾,能够大大提升作品的艺术含量。聂先生狂草气象虽大,但笔法失之荒率,偶有信笔之嫌。旭素真醉而书,反致点画清俊,笔笔到位;聂先生佯醉,却似时有不能自控之笔也。

当然,在狂草式微的时代,在少有的几位擅草者中,聂成文先生无疑是一位具有引领意义的闯将。有人曾认为,聂先生是功力大于才情的书家,但才情对于狂草的创作似乎尤为重要。只是才情若没有相应的功力支撑,则亦不能达到功性合一的高超之境。聂先生于狂草之外,对其他诸体亦各有所长,然譬如怀素,仅狂草一体就足以言家,雄肆如聂先生于此得焉。

当代著名书家二十人系列评论之四　何应辉

何应辉,男,四川江津人,1946年6月出生,汉族。现任四川省文联副主席,中国书法家协会副主席,中国书法家协会创作评审主任委员,四川省诗书画院副院长,四川省书协主席,国家一级美术师,四川大学客座教授。享受国务院政府特殊津贴。

寄身巴蜀的何应辉先生是当代流行书坛上的一员主将,风头强劲,来势迅猛,以一种裹挟着浓郁巴蜀地域文化情调的率意书风感动和征服了大批的欣赏者。

何应辉先生对当代人才济济的四川书坛具有引领和开创之功。现今凡活跃于巴蜀书坛的中青年中坚分子,几乎无一例外地受到过他的影响。他是继四川名宿龚晴皋、谢无量、刘孟伉之后的又一位具有划时代意义的革新派书家,四川书坛之所以能有今日的兴盛局面,与何先生的影响、培养和带动息息相关。

何应辉先生以巴蜀人与生俱来的那种精干与敏锐,拨开传统的迷雾,洞察到了当代

社会背景下，书法时代审美的变化及特点，能够在意与法之间，找到适合张扬童心稚趣的支点，让透着野逸萧散之气的书法奇葩不失时机地盛开在当代书法异彩纷呈、奇趣迭出的百花园中，是那样的冷逸、妖艳而动人。

何应辉先生没有在正统的帖学当中做过多的深入，而是将目光聚焦到了汉碑、摩崖、简帛、砖铭之上，以获取稚拙天真、自由散淡的艺术因子。他作书尤重单字的造型，注重结体的夸张与变形。当然，这也是当代书坛总的审美时尚的具体反映。何应辉先生作为当代流行书风事业的直接参与者，岂能游离于此特殊环境之外？何先生的意义在于，他与王镛、石开、沃兴华、刘正成等人的亲身实践与多方努力，加快了当代书坛多样化格局的进程，并且让“流行书风”在国展上取得了“合法”地位。连续八届中青展的举办以及两届“流行书风展”的推出，使书坛根深蒂固的传统审美观念受到了极大的冲击，当代书法的可欣赏性得到了有效的加强。

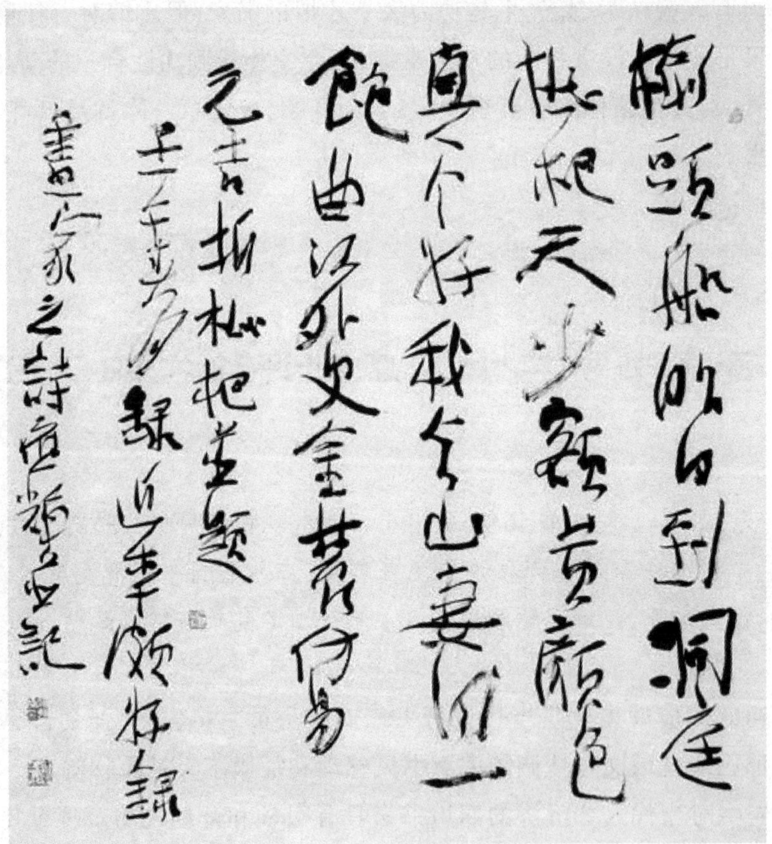

何应辉书法作品

但“流行书风”当中的“魏体行书”既是在当代出尽风头的一种书体，同时也是受书界质疑最多的一种书体。由于一些人在魏体行书的创作当中过度地夸张、变形，虽然有效地打破了来自传统书法的审美定势，产生出一种新的审美范式，但在此同时，夸张变形

又成为了他们唯一的创作手段,从而严重缺乏传统书法优秀因素的渗透意识,故此类作品便难免失之于荒率和怪诞。这就导致魏行艺术品位与审美格调的相应降低。

观何应辉先生早年的作品,尽管在个人性情的抒发方面达到了一个相当的高度,但实际上也存在过于远离传统帖学的倾向,漠视和弱化书写性,使其作品很难为更多的受众所接受。

上世纪90年代在《青少年书法》上进行的那场长达一年之久的"周(俊杰)李(尚才)论辩",问题的焦点正在于此。当然,就艺术而言,我们既需要"阳春白雪",也需要"下里巴人",精英文化必不可少,而通俗文化更是多多益善。书法在中国太需要普及,而不是为了保持所谓的精英性,刻意地将普通书法人群划出圈外。电脑的普及和书法实用功能的消退,书法的生存现状已是岌岌乎可危。因此,发展书法、举办展览还是应将普及与提高相结合,二者兼顾,和谐发展。

在后来的创作当中,很多以夸张变形为长的书家都对自身进行了一些相应的调整,将更多的帖意融入其中,使其作品达到了一个新的艺术境界。

在此方面,何应辉先生亦不例外,他在保持原先那种夸张变形的基本特征的同时,也开始注重对书写性的强化。尤其是他的以敦煌残纸为基调的小字行书,既具有碑的生拙与劲健,又具有帖的温润与畅达,碑帖结合,统筹兼顾,强化了作品内在气息的自然流露,显得拙朴而不乏空灵,张扬又不失蕴藉,摆脱了那种仅以夸张变形为表现手段所导致的偏颇性,从而使其创作达到了一个新的高度。他的这种示范作用,对四川乃至全国的一些中青年书家起到了一个很大的提示与警醒作用。

其实,以发展的眼光来看,碑与帖并不存在审美层次上的高低雅俗之分,它只有审美感觉与价值取向的不同。无论康、包的"尊碑抑帖",还是傅山的"四宁四勿",都有特定的社会氛围,对此我们不可无视客观而机械理解。片面尊碑,必然导致与传统帖学审美精神的近乎断裂,作品必流于粗野荒率,乏风雅蕴藉之美;片面学帖,必然又与时代的审美风尚格格不入,甚至会滑向甜熟靡弱的泥沼而不能自拔。

很显然,何应辉先生的成功,给书坛树立了一个碑帖巧妙结合的榜样。他在形成自我风格的同时,又大大推动了四川书法的发展,在原先刘孟伉、谢无量书风笼罩的情况下,又开辟了一条和而不同的新径。这条新径尽管曲折,但它却已使四川书风突出重围,走向未来。

当代著名书家二十人系列评论之五　尉天池

尉天池，1936年生，安徽省砀山县人。自1960年9月起，在南京师范学校(今南京师范大学)美术系执教书法，1986年4月晋升为书法教授。曾任日本文部省1986年度特聘书法教授，执教于国立爱知教育大学书法系。自1985年起，任硕士学位书法研究生导师、日本书法留学生导师。先后师承沈子善、林散之先生。书学篆、隶、草、楷、行诸体，尤擅行草，书风苍劲浑厚，潇洒豪放，秀逸清奇。书作曾多次参加全国书展和对外交流展。现为中国书法家协会副主席、江苏省书法家协会主席。

尉天池书法作品

尉天池先生书作给人的印象是风驰电掣、真情激荡，富有张力的点画线条在纵横争折中使其作品夹带有一股英迈之气。从其作品可以看出，尉先生似是一位疏狂豪放型

的书家，他的草书作品所体现出来的这种跳跃飞动之势，时人恐无出其右。

尉天池先生的行草，很显然是以晚明尚态书风为根本，以陈献章、徐文长尚情重势的审美风格作为自己的突破口，有意扬弃传统帖学的庸正与典雅，追求一种粗头乱服、不计工拙的即兴挥洒。

明代末年政局多变，官僚文人命途多舛。大量士人栖迟山林；即使出世，其内心也充满着矛盾与痛苦。在这种官做不得，同时又无法安心研究学问的情况下，一部分人便以书法排遣，借以宣泄胸中郁郁不平之气。结果，动荡的政局为林驱雀，将一批才华横溢的人才赶到了书法领地。加之时受王阳明心学的影响，艺术主张"独抒性灵，不拘客套，非从自己胸臆流出不肯下笔"的创作原则，于是，一场具有划时代意义的革新运动应运而生。天池山人徐渭首开其风，黄道周、倪元璐、张瑞图、王铎、傅山紧随其后，一时风起云涌，波澜壮阔。

观徐渭行草书，点画纵横排突，笔势狂放不羁，结体宽博开张，奇诡多变，意象恢弘，章法大小参差，倾倒错落，如骤雨旋风，作品中局部的技巧都丧失了应有的地位与价值，不计工拙，一切都服从于整体的审美效果，让人只看到线条的缠绕和点的迸溅，感受到书者那种愤懑的倾泻、痛苦的呼号和血泪的挥洒，进而为书者那慨然而不可磨灭的气概而顿然起敬，为英雄失路、托身无门的落拓命运而深感不平。可以毫不夸张地说，徐渭作品中奔放激越的情感和排山倒海的气势，在中国书法史上堪称空前绝后。

尉天池先生对徐渭的参悟，使他的作品具备了很好的表现力，迸溅飞动的点线使其草书作品呈现出强烈的动感。但不可否认的是，尉天池先生的作品给人有另外一种感受，即他的草书尚未能达到徐渭作品昂扬激越而不失理法，粗疏放任而深蕴内涵的特殊境界。徐渭草法多从黄庭坚草书化出，而能造诣独到，他的锋棱顿挫的笔法较之山谷的波荡摇曳似更见笔触感，线条中实，骨力洞达，在雄肆奔放中不乏法度的展现。但尉天池似乎只具备了徐渭作品表面的线形特征，并着意加以突出夸张，而其散锋、拖锋的过度运用，致使线条直白外露，中怯而乏厚实蕴藉之美。他的草书在很多字的结构处理上也有一种疏放有余而内敛不足之感，一味地纵放张扬，反致笔下失去控制，未臻收放自如、张弛有度之境。

平心而论，尉天池先生作为历届国展的评委，见多识广，同时作为长期生活在传统帖学中心南京并专门执教大学书法的学者型书家，他应该并不缺乏对传统书法经典的深入参悟和自身笔墨功底的锤炼。他的有些作品，比如少字数书法还是写得极为精彩的。但尉天池先生的多字数作品却每有激情有余而理法欠到的地方。或许尉天池先生只是想从天池山人徐渭狂草的某些特点上进行发挥，进而寻找到一个突破口，抒写内心世界的独特感受，或者说是尉先生并不属于为法度而法度，导致因法害意，反而有碍自我意识、昂扬激情的更高层面上淋漓尽致的表达。

对传统的过度反叛和破坏,尽管可以从某种意义上迅速形成自身的书法风格,但这种风格可能会因为传统书法支援意识的趋于淡薄而未必具有理想中的审美价值。

继承、破坏与重建无疑是每位具有明确创作观念与审美意识的书家走向成功必须经历的三个环节。至于继承什么,破坏什么,重建什么和如何重建,往往因人而异,但尺度与分寸的把握始终是一个关键;能否处理好这个关键,将会大大影响书家作品的品位与格调。

当代著名书家二十人系列评论之六　韩天衡

韩天衡,1940年5月生于上海,江苏苏州人,号豆庐、近墨者、味闲。工书法、篆刻,国画以花鸟见长。作品曾获日本国文部大臣奖、上海文学艺术奖等。出版有《韩天衡书画印选》、《中国篆刻艺术》等四十余种。所著《中国印学年表》获全国首届辞书评比奖。现为上海中国画院艺术顾问(一级美术师),中国书法家协会理事,鉴定、收藏委员会副主任,上海书法家协会副主席,西泠印社副社长,中国美术家协会会员,上海吴昌硕艺术研究协会会长,上海美术家协会理事,上海交通大学教授。

韩天衡先生对当代篆刻的复苏与推广具有他人无法替代的开创之功,他的既具深厚传统功底、又具强烈时代气息的篆刻风格获得了印坛的一致推重。人们曾以“韩流滚滚”来形容他对当代青年印人的影响,而他本人也因为在篆刻教育方面的丰硕成果,而被当今印坛推上了“盟主”地位。

由此观之,我们评论韩天衡先生,似更宜将他作为篆刻家来看待。但其实不然。韩先生的书法,尤其是篆书(草篆),风格独特,迥出时流,将其置放于当代著名书家之中显然毫不逊色。由于他的印名大于书名,往往书名为印名所掩,这样似不利于我们对韩天衡先生的全面研究与解读。

其实,纵观明清及近现代印史,凡称大家者,其书法亦十分可观。从赵子昂、赵之谦、邓石如、吴让之、黄士陵到吴昌硕、齐白石、来楚生无不是博学多才、书印俱佳的典范。显然,没有独特和深具审美价值的篆书风格,就不可能产生真正的篆刻风格。一位印人,往往会因为篆书功底的薄弱而使其无法进入真正的篆刻家行列。

韩天衡先生印从书出,一手奇崛雄逸的草篆令书界叹赏。他首创的“草篆”,在经典式

篆书中大量使用了草书的表现手法，从而赋予篆书以崭新的生命力，使篆书更富于运动感和节律美。

韩天衡作为一代篆刻大家，有着极为全面的艺术修养，他在书画篆刻等方面都达到了很高的艺术境界。撇开他的绘画和篆刻不谈，仅以书法论之，吾以为他的书法，尤其是草篆，在当代书坛独树一帜，将其视之为著名书法家应无欠当之处。

韩天衡作篆，逸笔草草，很多字在结构上多取隶法，简洁易识，用笔直来直去，既无传统隶书的蚕头雁尾状，也不拘泥于小篆的笔笔中锋，而是将大小篆、隶书互相融合，参以行草笔意，章法采用纵有行、横无列的形式，注重个性的张扬，在粗头乱服、不计工拙的任情挥洒中表达着自己对篆书的独特理解。

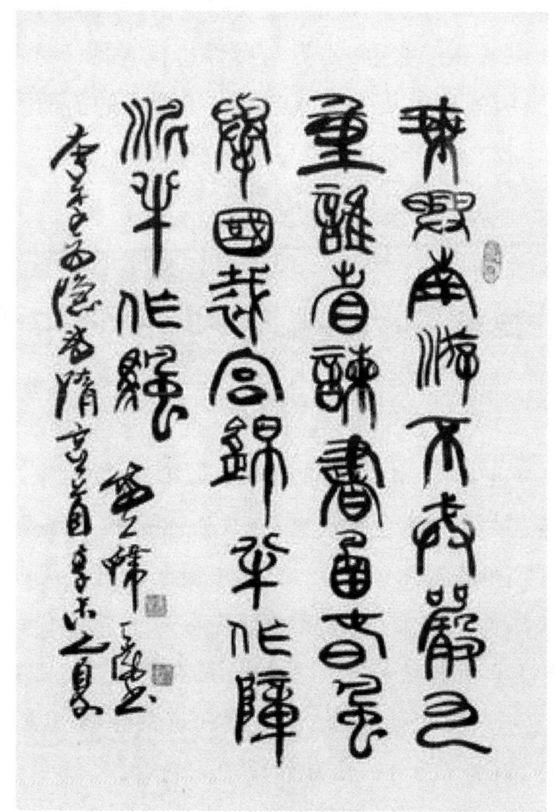

韩天衡书法作品

而韩天衡在鸟虫篆方面的研究探索和所取得的非凡成就也是很值得我们大书一笔的。他的鸟虫篆在方介堪的基础上，又形成了强烈的个人面目，线条跨度大，有极强的动势。他能抓住鸟虫篆的魂魄，依据六书的原理，对鸟虫篆繁杂的装饰笔画(次笔)进行艺术性的省减处理，加强了文字的可识性，清晰简练的字势和颇具流动感的线条使他的鸟虫篆别开生面。他广泛借鉴汉碑额甚至剪纸，文字结构有一种盘马弯弓、引而不发的蓄势，示人以奇诡跌宕之趣，线条则多注重夸张线形轮廓的摆动之势，令见者不忍释卷。韩天衡

鸟虫篆虽以篆刻的形式呈现在人们面前,但我们仍然可以将此作为一幅幅优美奇丽的鸟虫篆书法作品来欣赏。这种古老的文字形式在韩天衡刀笔的挥运之下,呈现出万千风姿,让她揭开历史的尘封,以一种崭新的姿态,向人们展示一种浓郁的时代气息。而在韩天衡先生的引领和带动下,很多中青年印人纷纷倾心于鸟虫篆,且都取得不俗的表现。在他们的共同努力下,鸟虫篆在当代艺苑重新焕发了青春,此者韩天衡可谓功不可没。

正因为韩天衡先生具有深厚的文化修养和不同一般的书法造诣,故能成就韩天衡一代篆刻大家的地位。曾经寂寞的印坛,也因为韩天衡的出现而日见热闹起来。书法上,韩天衡的贡献在于发展了草篆和鸟虫篆。当然,他的草篆也因太过于随意而流露出一些浮躁与火气,甚至他的行书因失之粗笨和怪诞而使人怀疑他的书法修养究竟如何,但这对于一位身处艺术变革紧要关口的艺术家来说,显然是很难避免的。嘎嘎独造与粗野荒率般的"野狐禅"之类往往只有一墙之隔,佛界与魔界也仅在咫尺之间,也许韩天衡还需要进一步调整和完善自己,但他显然某些领域已走在了众人的前面。

当代著名书家二十人系列评论之七　王镛

王镛,别署凸斋、鼎楼主人等。1948年3月生于北京,山西太原人。1979年考取中央美术学院中国画系李可染、梁树年教授的研究生,攻山水画和书法篆刻专业。现任中央美术学院教授、博士生导师、书法艺术研究室主任,中国艺术研究院书法创作院院长。原中国书法家协会篆刻艺术委员会副主任、中青展评委会副主任。王镛的书法篆刻作品问世后,即以鲜明的个性风格备受书坛关注。他的书法立意高古,粗犷质朴,取法于六朝碑版,胎息于汉魏简版式,并以视觉性极强、充满现代感的整体气象出之。特别是他的用笔,长短兼用,软硬兼施,满幅纵横,一任自然而功力内含,可谓前无古人;他的篆刻苍润奔放,古拙奇崛,参合汉晋砖瓦文字、三代铜器铭文乃至秦汉古印之神韵而自出机杼,从而以其真率、质朴、自然、大气磅礴以及与自己书法风格高度统一的印风,成为当代篆刻界最具影响力的开派人物之一。他是中国书坛的重量级人物,"流行书风"的发起人。他是当代印坛的顶级人物,与韩天衡、石开领袖印坛。其书印舒放张扬,大气磅礴,质朴雄浑,笔下刀下尽显一派苍润奔放、古拙奇崛的风范。书、画、印皆代表当代中青年艺术家最高水平,是当代艺坛修养全面、自成面目、最有希望成为开宗立派大师者。2002年辞去书协职务,编刊物,办展览,卓尔不群,一派艺坛领袖风范尽现。

在当代书坛,叱咤风云的王镛先生无疑是一位具有典型意义的书家,从某种意义而言,他甚至是当代书坛真正的向心所在。王镛先生于诗、书、画、印均有很高造诣,被人誉为“当代齐白石”,此或非过誉之词,以他对当代书坛印界所形成的巨大影响来讲,当无愧色。

撇开王镛先生的其他不谈,仅以书法篆刻论之,也仍然会在我们面前呈现出一位淳厚质朴、形象丰满的书法篆刻家形象。

新时期以来,随着人们思想的进一步解放,在书法的价值取向和审美观念方面也产生了很大的变革,广泛向民间书法取法成为一种新的时代潮流。而王镛先生始终以开创者和引领者的姿态走在众人的前面,以自己独特的审美视角和出色的创作实践,每每取得丰硕的成果,广为书坛印界所推重。他在理论研究和创作实践方面双管齐下,既具有高屋建瓴的理论眼光,又具有迥出时流的创作实践,两者合而为一,无疑成为当代真正的学者型书家的代表人物。王镛先生的成功和他所取得的卓越成就,具有划时代的文化启示意义,而且这种“启示意义”本身的社会价值远远超越了他个人的艺术价值。他像一座新旧观念交替转换的里程碑,在当代书法篆刻的复苏与繁荣进程中写下了浓墨重彩的一笔。

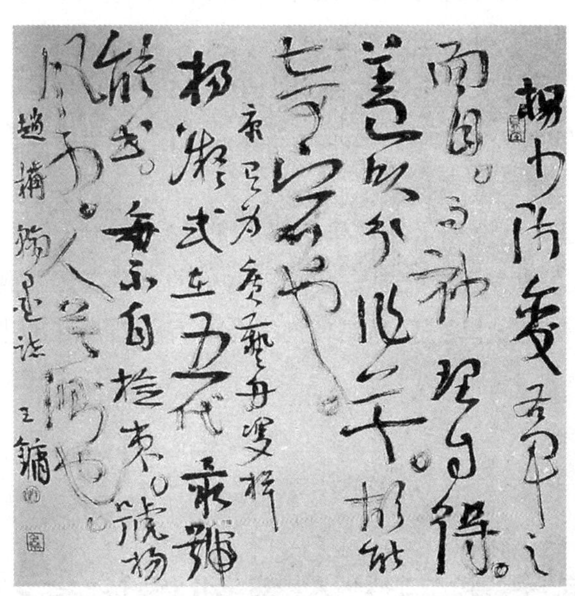

王镛书法作品

向丰富多彩的民间书法取法,是王镛先生始终如一的艺术主张。他对民间书法倾注了极大的心力,旁搜博取,扬长避短,苦心孤诣,形成了一种集雄肆、野逸、质朴、灵动等审美因素为一体的具有独特个性语言的艺术风格,在成就和奠定自身艺术地位的同时,无疑也给当代书法的健康有序发展注入了新的活力。

相对于清代包世臣、康有为的倡导碑学而言,王镛先生的取法范围与艺术主张更具

有宽泛的倾向。他将此推而广之,将三代吉金、秦权及砖瓦刻石、北朝墓志、魏晋残纸、地契简帛、唐人写经、汉代摩崖等都纳入取法视野,这无疑大大拓宽了他的取法空间。经过一番提炼融合,形成了他拙、大、厚、野的独特书法审美价值观。

王镛先生的敢为人先,本于他对民间书法抱有一种强烈的生命意识,他以自己充满睿智的目光,从民间书法当中体悟到了自己艺术情感的支点和依托。民间书法当中蕴涵的那种自然天真之美和蓬勃的生命力,显然是传统意义上的文人书法所不具备的。而王镛先生藉以完成了他骨子里对艺术本质的验证和自由心性的表达，这种前无古人的举措无疑也是对伪古典主义异化的某种嘲讽。

但王镛又不是那种只知以夸张变形为能事的所谓革新家所能望其项背。因为他并没有偏执地将自己的艺术主张与取法方式和传统文人书法从主观上对立起来;相反,他采取了一种近乎理性的方式,将明清文人书法的优点加以选取借鉴,为自己的民间书法研究设置了一条理法合一的底线,既可在民间书法的广阔空间里纵横驰骋,又自觉避免落入粗野狂怪的陷阱。

观王镛先生作品,特别是行书,一股清新灵逸之气扑面而来,在春风满面、温情脉脉中又透露出一种高古虚旷的历史沧桑之感。他那富有生命活力的笔墨线条,在诠释远古文明的同时,也体现出对时代精神的倡扬。

我们知道,仅取传统文人书法者,大多往往失之靡弱,纤巧有余而大气不足;仅取民间书法者,则又每每粗放有余而失之荒率浮躁。他能“取后者之骨,融前者之韵;取后者之势,融前者之情”,弥足珍贵。

当然,这并不是说王镛先生的创作达到了无可挑剔的脱化之境,人们对他的一些质疑除了针对他个人的某些不足之外，也与一些他的追摹者因对他的误读造成的后续不良影响有关,此非王镛先生之过,而是任何一位具有革新意义的书家所不可避免的现象而已。

当代著名书家二十人系列评论之八　周俊杰

周俊杰,笔名鲁严,1941年8月生于河南省开封市。从20世纪70年代起,书法作品入选国内外一系列重要展览,被收入《当代著名书法家作品精选》、《古今书法选》、《中南海藏书法精品选》、《巴黎·中国现代书法展作品集》等近百种大型作品集,为国内外多家博物

馆、碑林收藏、刊刻。发表论文、艺术评论、散文等四百余篇。为沈鹏、王镛等先生大型作品集，多种古代碑刻，当代书家作品集及学术艺术著作撰写序言六十多篇。出版有《书法美探奥》、《临帖指南》、《书法短论集》、《当代书法艺术论》、《周俊杰书学要義》等著作十多种。

曾执编《书法家》杂志。编辑国家重点图书《中国现代美艺全集·书法卷》(共三卷)，并分别为三卷撰写了长篇序论。为美国耶鲁大学出版社出版的《中国书法三千年》(中、英、法文本)撰写了近现代部分。主编《河南书法论文集》、《全国隶书学术讨论文集》及《二十一世纪书法》、《书法潮》丛刊。与沈鹏先生共同主编一百多万字的《当代书法论文集》等多种学术论著。

现为河南省书法家协会名誉主席、中国书法家协会学术委员会副主任、全国中青年书法篆刻家作品展览评审委员、河南省书法家协会副主席兼理论委员会主任、郑州大学名誉教授等。

周俊杰兼具书法家与理论家双重身份，因而人们更习惯于将他作为一位学者型书家来看待。周俊杰书风独特，精于草、隶，且著述颇丰，当代很多书家的评论介绍都出自其笔下，他既是“新古典主义”的倡导者，又是“中原书风”的主将，同时又直接参与了近三十年来中国书协主办的所有展览和理论研讨；因此可以说，周俊杰是新时期书法发展历程的一位见证人。

周俊杰的这种特殊经历促成了他在书法创作与理论方面的非凡识见，也因为他在创作与理论两方面都取得了令人瞩目的成就，故而让那些或只谙理论而疏于创作者和只长于创作而不尚著述者为之汗颜。

周俊杰在书法上出道很早，且早年以隶书擅名。他的隶书取法汉《开通褒斜道刻石》，取其拙朴、雄浑、大气之质。与此同时，他广泛参悟《张迁碑》、《石门颂》、《西狭颂》、《广武将军碑》、《三老读书日记》等。汉碑的雄迈大气与奇肆开张在某种意义上可以说代表着汉民族文化的精神，学隶书而若流入纤巧柔媚一路，则在格调气度上与汉隶的基本精神相去甚远。摩崖碑刻所呈现出来的那种阳刚之气和历史沧桑感与中原文化的地域特征互为合拍。而周俊杰先生作为中原书风的骨干人物，他对汉代摩崖碑刻的情有独钟，恰好是他作为理论型书家自身个性好恶的一个极好体现。他的隶书集浑厚、质朴、灵动、奇肆、开张等因素于一体，有一种很强的时代特色和生命意识。周俊杰隶书作品在用笔上尤富特点，点画线条具有一种明显的体积感，重笔静如山岳，力透纸背，轻笔动若脱兔，灵动而不浮滑，在笔与纸的互相抗争中营造出一种耐人寻味的笔墨意象。他在结字上也有别于其他擅隶者，或方或扁，或长或短，或宽或窄，皆因势生变，随形就势，出之自然，少了很多安排与造作，通观全幅，动静、轻重、虚实、开合、浓淡、枯湿对比丰富而不失和

谐，气势恢弘，令人震撼。

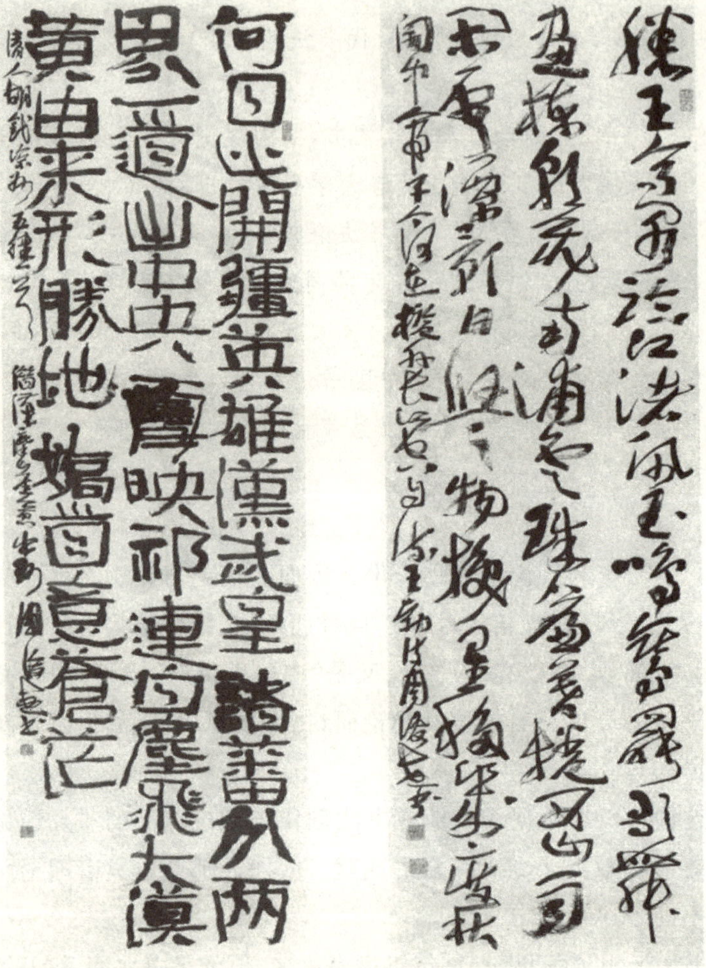

周俊杰书法作品

周俊杰早年除擅隶书外，其行草尚处于摸索阶段，气息较弱，亦无甚个人面貌可言。20世纪90年代初，他由章草进入行草研究，以陆机《平复帖》为基，参以汉魏简帛、残纸以及碑刻韵致和明清人行草笔意，几经辗转，竟很快创出自家行草路数。我们观其行草作品，结体生拙，用笔厚重丰实，线条刚柔相济，开合自然，章法上大起大落，疏密对比十分强烈，墨色变化丰富自然，汉碑的淳厚、章草的古澹、魏碑的倔强、旭素狂草的奇逸和明清人的诡异尽含其中，亦古亦今，具有很强的视觉冲击力。

周俊杰由于具有较高的理论水平，又加之他是一位非常活跃的书法活动家，见多识广，自己在创作方面又有着很强的自主意识；因此，他在创作方面既保持着基本风格的稳定性，又注重不断在技法技巧和书法本质精神上的锤炼提升和渐变。

一般而言，凡理论与创作兼擅的书家，大多在创作方面显得有些底气不足，但周俊杰

似乎更为注重在创作方面大幅度提升自己。他近年来主动求变,隶书方面广泛采用草书的结构和笔意,一改往日严整而规矩的布局手法,笔法更富动态,一派通透空灵之感。行草书则更趋于变化,诡异奇崛,气势开张,汪洋恣肆,已是狂草的气象和格局。他的这种生拙狠辣的狂草风格,在示人眼球以别样而新鲜刺激的同时,也因碑派笔法(方折用笔)的过多使用,使得其笔墨线条虽不乏奇肆倔强之味,但却失之于牵强与生涩,其作品虽看上去颇具大草的气势,但却没有了大草理应具备的那种圆润与畅达。由此可见,某些技法的过多采用,虽可以很快形成自我风格,但也会因对传统狂草笔法的过度扬弃而降低大草的品格。倘周先生在守常与求变之间加以适度的取舍,假以时日,其狂草作品应更为可观。

当代著名书家二十人系列评论之九　李刚田

李刚田,男,汉族,1946年3月生,河南洛阳人。号司工,室名宽斋、石鱼斋,进京后为玉泉精舍。幼承家训醉心书法、篆刻,擅多种书体,以隶、行见长。所作纵横舒展,意态俊迈。作品入选历届全国书法篆刻展览、历届全国中青年书法以及国际性交流展。获全国篆刻征稿评比优秀奖、中原书法大展一等奖、河南书法龙门奖金奖、《书法》杂志“书苑撷英”优秀奖、全国第四届书法篆刻展览二等奖、河南省首届文学艺术优秀成果奖、中国书协中国书法艺术荣誉奖等。致力于书法、篆刻理论研究。论文多篇入选历届全国书学讨论会,散论常见于多种专业报刊。著有《篆刻初步》、《隶书教程》、《篆刻教程》、《李刚田篆刻选集》等。现为中国书法家协会理事,中国书协篆刻委员会副主任,西泠印社副社长,《中国书法》杂志主编,河南书法家协会名誉主席,河南中国书协书法培训中心教授。

在印论研究上,二十余年来,李刚田出版了很多著作,如《李刚田书法集》、《李刚田篆刻精选》,论文集《书印文丛》,《历代印风·黄士陵印风》卷,《古印评改二百例》等,并且常常有书法篆刻研究类文章发表于专业报刊,以其扎实的专业见解为书界同仁所注目。有人评论说,“李刚田是一位创作实践者,他对书法理论的研究是立足于实践基础上的,所以他的研究不是空泛的,而是充实的;他勤于读书,敏于思考,所以他的研究又不是肤浅的,而是深刻的。”如他多年前的一篇论文《论篆刻创作观念的迁徙》,把篆刻艺术发展过程分为三个阶段,对三个阶段的创作方法、作品形式、创作理论、作者队伍进行分析与比

较,从历史的角度揭示了篆刻创作观念的必然走向,显示出他治学的能力。在篆刻上,李刚田从秦汉玺印到明清流派都有不同程度的涉猎,更接受晚清印坛“印外求印”的理念,采用各种文字素材入印,对当代篆刻是一大突破。他的篆刻创作篆法在平正排叠之中见奇思妙构,用刀挺健自然,在刀石相激中表现出勃勃生气,传承篆刻的内在金石气与现代艺术的形式构成相交融,形成在当代印坛李刚田篆刻的独特风格。

当代书坛,在书法篆刻和理论方面都具有较高造诣者,不过数人而已,而李刚田先生则属其中之代表性人物。由于李刚田印名远远大于书名,故人们通常将他作为篆刻家来看待。

当代印坛由于受总的时代审美风尚的影响,当书坛流行夸张变形书风之时,印界与之呼应,也大多以善治写意印为能事,章法大开大合,篆法奇诡多变,刀法纷繁复杂,印面效果多以荒率、粗犷、朦胧、残破、诡异为尚。而李刚田先生却能不为时风所动,依旧倾心致力于流派印的弘扬与发掘, 法乳黄士陵一路光洁整饬印式, 并融汇秦玺汉印之精髓,食古而化,自成家数,迥异时流,虔诚地捍卫古典篆刻的尊严。但李刚田先生又显然不属于那种顽固不化的守旧派;他的篆刻在演绎古典篆刻浑穆古雅风范的同时,亦从中透视出鲜明的时代气息,向印坛昭示着化古为我、古为今用的强烈讯息。

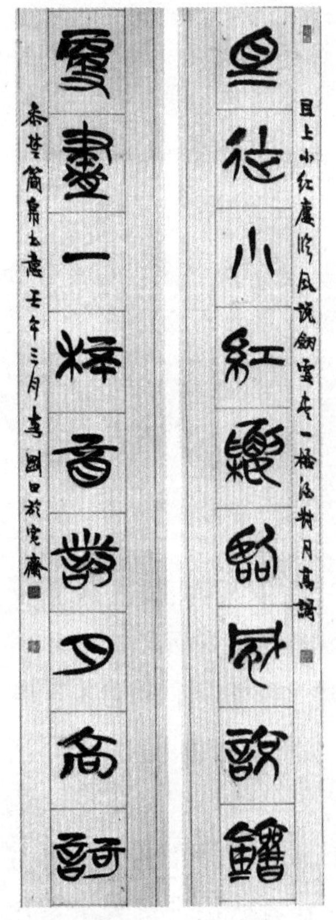

李刚田书法作品

也许刚田先生并不属于那种充满幻想和激情的艺术家,因此,他的书法也一如他的篆刻,以法寓情,在理性的支配下抒写着自己的人生理想和精神寄托。由李刚田对行草书采取迴避态度,似乎可以证明他不是那种天分很高、才华横溢的书家。当然,这仅是一种揣测而已,或许是李先生的性情使然,他更偏好端庄沉静一路书风,洗练精悍,内敛含蓄,不事张扬。

李刚田在书法上以小篆、楚简、魏碑的研究创作为主。这三种书体显然都属沉静古雅一路,而此类创作最易刻板僵死,学之不当, 则很难有所建树。而李刚田居然能在楚简的挖掘与弘扬方面开风气之先。其实,当代楚简创作至目前为止,也还只是停留在搜集、整理和临习摹仿阶段。因这种文字造型诡异,富于变化,加之资料所限,历来几无问津者。而李刚田则开启了楚简研究与创作之先河。近年受其影响, 一些青年书人纷纷效法,居然异军突起,脱颖而出。这实质也是“物以稀为贵”的一种体现。楚简的兴盛,尚有待时日。

然而,李刚田印凭借他较强的小篆功底,结合楚简结体和笔意,能跳出邓派樊篱,为自己找寻到一条充满个性的篆

书创作之路。

李刚田于魏碑，多本于《元略墓志》，同时受在书坛祭起“尊碑抑帖”大旗的康有为的影响较大。康有为借书法宣泄其在政治方面的失意和忧闷，他的艺术主张虽对魏碑艺术的发展不无裨益，但他这种任情使性、极具针对性的做派也不免带着一种极大的偏激。李刚田的高明在于，不是照搬康氏魏书的圆浑与宽博，而是将《元略墓志》结体的某些特点加以放大，中宫紧收，让横、竖、撇、捺尽量舒展，呈放射状，如黄山谷行书然。他将康氏的圆转运笔以侧锋代之，但在行气上却因字形的敧侧而生动势，得笔断意连之妙，更增加了其书作的含蓄蕴藉之美。

李刚田致力于魏碑，其实也是时代风气使然。由于当代书坛，创新求变之口号愈叫愈响，二王一脉行草书已经历代书家开拓，各种风格范式极尽变化，至时下已难出新；而魏碑资料众多，结体天真浪漫，笔势诡异多变，若循门而入，登堂入室，则可望有成。但事实表明，单纯师碑与单纯师帖性质是一样的，单纯师碑者，虽得其骨，却失之清逸；单纯师帖者，虽获其气，却失之甜俗。学之不当，师碑者易入丑拙怪诞一路，法帖者易入巧媚熟俗一路，各执一端，实难脱化。

康有为诗云：“北碑南帖孰兼之？更铸周秦孕汉碑。昧昧千秋谁作者，小生有意在于斯。”其志向虽大，但其书作却远未达到通脱浑融之境，牵强生硬之处时有显露。倒是他这首诗让后来的许多师碑者获益不少。李刚田先生能摒弃写碑的刀刻生拙，而佐之以毛笔书写的温润与蕴藉，作为一位长于以刀代笔的印家而言，诚属难能可贵。但遗憾的是，刚田先生创作得太过理性，也使得他的书作在灵气上打了折扣。

当代著名书家二十人系列评论之十　华人德

华人德，1947年3月生，江苏无锡人。1982年毕业于北京大学图书馆学系，文学学士。苏州大学图书馆参考特藏部主任，副研究馆员，中国图书馆学会会员，中国书法家协会学术委员，沧浪书社执事。

作品曾多次参加全国中青年书法篆刻家作品展览、全国书法篆刻展览、新加坡国际书法交流大展、北京国际书法交流大展。书法作品获得全国中青年书法篆刻家作品展大奖，入编《中国现代美术全集·书法卷》。

编著有《中国书法全集·三国两晋南北朝墓志卷》、《中国书法史·两汉卷》、《兰亭论

集》、《六朝书法》、《中国历代人物图像集》等。发表学术论文四十余篇。《中国书法史·两汉卷》获“中国书法兰亭奖·理论奖”；与美国波士顿大学艺术史系教授白谦慎合作的《兰亭论集》获得“中国书法兰亭奖·编辑出版奖”；《中国书法史》获“国家图书奖”；获“中国书法兰亭奖·教育奖一等奖”。

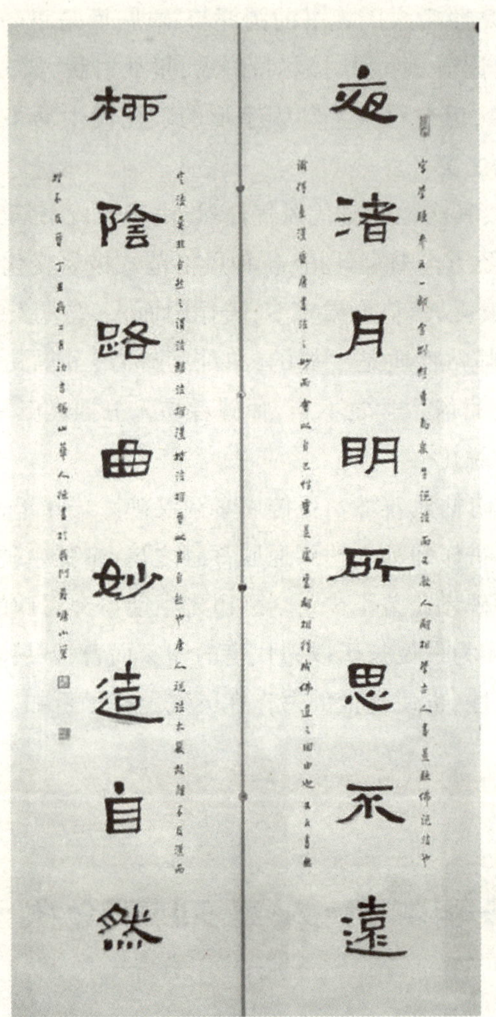

华人德书法作品

华人德是当代书坛在隶书创作方面达到较高水准的为数不多的书家之一。尽管他的小字行书也出手不凡，但相对于他的隶书，毕竟影响不大。

中国书法伴随着展厅文化的鼎盛于新时期复兴以来，书坛上普遍崇尚师碑已是一个不争的事实。在笔者看来，当代的尚碑风气与十年“文革”的思想禁锢有着极为直接的关系。二王书风，人们早已司空见惯，且在思想意识领域是正统的标志。而改革开放则迎来了人们对个性思想的呼唤。碑学(这里是一个广义的概念，包括汉碑、唐碑、魏碑等)广

阔的艺术空间为人们张扬个性、寄托情感提供了丰富多变的样式。碑的稚拙天真和阳刚大气极符合当代人的审美心理,因此受到了广泛欢迎。

但华人德的出人意料处在于,他在这种昂扬激越的书法时代风潮中,敢为人之先,有意将碑的雄强化为阴柔,一反常态,写出了一种不与人同的独特面目。这何尝不是华人德的聪慧与过人处?

在新旧观念的过渡时期,人们的思想波动幅度极大,很多艺术样式都倾向于宣泄和煽情。像流行乐坛,自20世纪80年代始,东西南北风逐一流行,刮遍全国。其实书坛何尝不是如此?权威展览也是生旦净丑纷纷亮相,粉墨登场。但华人德似乎并不为所动。

他将隶书写得静气十足,笔短意长。观其作品,颇有弘一法师书作中流露出的那种“一切动乱到此为止”之感,风平浪静,一流简古萧散之气。没有长枪大戟般的痛快淋漓,没有剑拔弩张式的英武之气,也没有刻意的夸饰与矫情,在不激不厉、不衫不履中显示着一种空灵浑融之境。

华人德隶书较之刘炳森隶书的雍容华贵、夏湘平隶书的错落有致、张海隶书的简静荒率、王宝贵隶书的轻拂徐振和刘文华隶书的苍涩多变,体现的似乎是一种冷艳的寂寞之境。如果说董其昌清朗与疏淡的书风与他几番起落的官宦生涯紧密联系的话,那么华人德隶书中显露出来的则是一种“沉浮各有数,天地一声笑”的超脱之感。从董其昌到朱耷,再到弘一和林散之,走的几乎都是一条“冷雨孤灯式”的寂寞之道,尽管他们的人生境遇各自有别,但他们在心灵上却是互通的,是千古知音式的情有独钟。

华人德在审美取向上是与上述诸家一脉相通的,他处在多重文化现象的包围之下又岂能对这些视而不见?也许寒山寺悠远的钟声、吴镇轻柔的草书、瓦翁旷远清淡的书风无时不在打动着他的内心,他在对汉魏碑刻的广泛取法中智慧地取舍着。而他笔下却时时流溢出《嵩山高灵庙碑》、《张永昌墓碑》和《永安侯墓石》的萧散灵逸之气。华人德选择了简约,在悠游自如的书写中,一种清寂冷逸跃然其上,犹如面对一个美人无声的微笑。

华人德其实是以一种帖的温润来改造碑刻的生拙,以最大限度的留白来体现空旷沉静的意境。我觉得华人德这种洗尽铅华、大味至淡的隶书面貌,在审美价值上要远远高于那些只知在技法技巧上炫技较能者,它们虽极尽夸张变形之能事,但却乏含蓄蕴藉之美。华人德隶书在内在气质上能示人以一种“谦谦君子,文质彬彬”的感觉,行卧起坐,井然有序,不慌不忙,从容不迫。仿佛一位得道之士,已然摒除一切世俗杂念,平平淡淡,自然而然。

故华人德堪称是第一个修得弘一禅书真义的书家。从两人所处的生活环境而言,华人德和弘一有着明显的不同,但他们的审美趣尚却是如此惊人地相似。然而弘一的孤独是寒冷的,他和一苇渡江的达摩一样沿着自己设计的路线一直走了下去;但华人德身处

繁华市井,却也将苏州的洁净、亮丽之美以寡淡、清净、寂然的学者情怀,自然而然地倾泻出一种二泉映月般的清净世界,从而发人幽思。

当代著名书家二十人系列评论之十一　刘云泉

刘云泉,号鲶公。斋馆,锄园、朵庐。1943年农历5月11日出生于四川省射洪县洋溪镇。曾担任中国书法家协会理事兼评审委员,四川省书法家协会副主席,四川美术家协会会员。

书法作品曾参展全国书法篆刻展览、中国明清·现代书法展、日中书道艺术交流展、新加坡·中国书法交流展、中外书法家作品邀请展、当代大陆书法精英展、当代中青年"书苑撷英"展、中日著名书法家百人展、日中友好会馆收藏展、国际书法交流大展、日中代表书家展、亚洲书法交流展、国际书法联展、中国现代书法画展、中国涉外扇面画展、中国当代著名书法家百家精品展、世纪之门·中国艺术邀请展、中国当代绘画书法作品展等。

刘云泉,四川射洪人。曾为中国书法家协会理事,中国书协创作评审委员会委员,四川省文联委员。作为与何应辉同处巴蜀一地的刘云泉,也是长期游离于正统帖学之外,将其主要精力花在对《爨龙颜碑》与《爨宝子碑》的研究之上,经过一番融会打磨,以一种不衫不履、孤傲野逸的书风称名于当代书坛。

四川名宿龚晴皋、谢无量、刘孟伉三人对当代四川书法影响极大,直至今日,直接或间接参悟他们书风者仍比比皆是。作为新时期四川书坛领导人物的刘云泉与何应辉,亦概莫能外。

展厅文化一度盛行以来,由于受各种外国文艺思潮的影响,寻找个性、呼唤自我,理所当然地成为任何文艺工作者塑造个人艺术风格的特殊驱动力。当然这也与人们的思想在十年"文革"当中的长期禁锢有关。作为诸多书法研究者也必然要找寻一种属于自我的宣泄方式,来张扬各自长期郁积的人生情感。

因此,在这种特殊的情境下,很多书家对温文尔雅的正统帖学采取近乎迴避的态度,他们更热衷于从奇诡多变的南北朝碑刻当中精心采撷自己倾心的艺术元素。而"二爨"的拙朴天真与奇崛多变,恰恰为他们所推重。此二碑堪称南朝碑刻当中最具变化之质者,且自碑学兴起以来,问津于此者尚为数不多,学之有道,则较易出现新面。《爨龙颜

碑》和《爨宝子碑》可谓汉晋楷法古朴雄浑一路的正传。碑刻文字在斑驳陆离当中，透出一种出自天然的雅拙之趣，使人有如对古圣轩辕端冕垂裳的心旷神怡之感，相对同时代出现在北方的北魏楷书而言，似乎别具一番潇洒出尘的宕逸之趣。

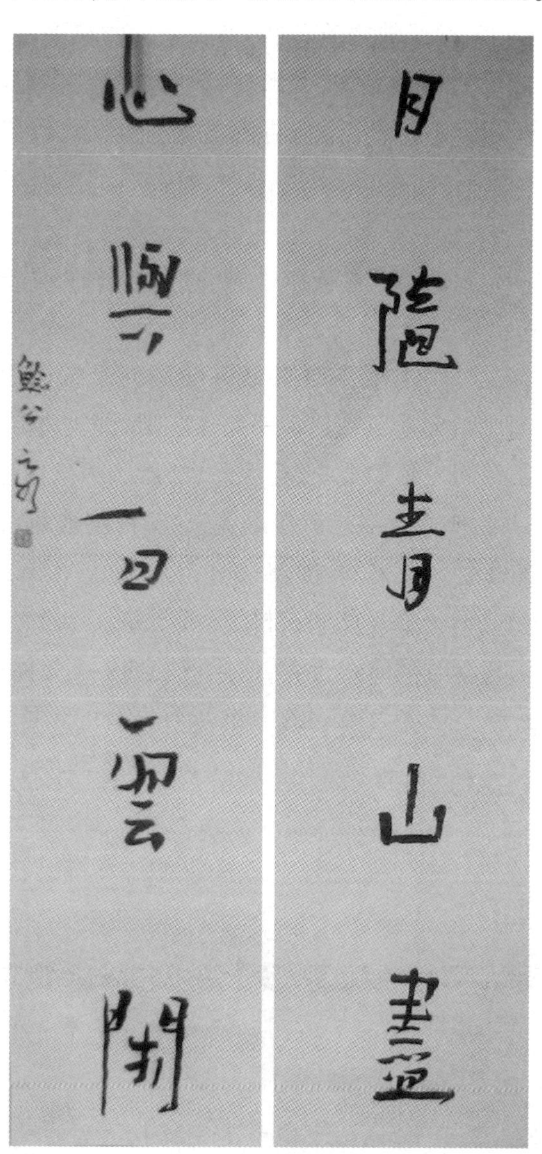

刘云泉书法作品

刘云泉正是看中“二爨”的这些优点，但他在学习此二碑的过程当中亦非机械照搬。他能够将“二爨”丰富多变的结体和内在精神加以消化吸收，在某些方面进行夸张变形的同时，也不完全排除对帖学的引入。毕竟毛笔在宣纸上的书写不同于斧凿刻石，刻意地去再现以刀刻石的生拙效果似乎也无多少实际意义。“金石气”相对于碑刻原石而言，刀味的切入实难避免；但若用毛笔在宣纸上去体现，依然照此法去理解就会失之于机械

与牵强。此时我们更多加以关注的应该是内在的精神层面上的东西，而不是一笔一画酷似原石的刀斧之迹。

刘云泉的魏碑行书在结构处理上大多以逆向思维法施以变化，且广泛采用并笔粘连的手法，以体现碑刻书法的漫湮残缺之美，同时增加字形的块面感，使字显得温润厚重。但刘云泉的不足之处在于他过度的夸饰、变形使得他笔下的字形徒具魏碑的形貌，在内质上反而失之于小巧，少了魏碑一脉行书应有的雄浑与大气。以每个单字来看，显然极尽夸张变形之能事，但此种手法的施用无度，却大大影响了作品行气上的通融与畅达，真是有一得必有一失。

自康、包倡扬碑学以来，后世书家对碑派书风的发掘开拓可谓渐成风气。金农、徐生翁、谢无量等在魏行领域异军突起，形成了令人耳目一新的艺术样式。然当代一些中青年书家虽继之而起，纷纷效法，但由于缺乏传统帖学的支援意识，使得他们的作品逐渐在单纯的追摹变化出新当中滑向了丑拙怪诞一路。新则新矣，遗憾的是失却了碑派书法应有的浑朴与大气。固然奇崛生辣如金农、徐生翁，虽能于书坛独标一帜，惜其作通变性不大，受众面十分有限。因此他们至多能算作是名家，却很难被列入大家的行列。而当下很多学之不当者，只知在表面上做文章，即使一时招人眼目，但却达不到耐久玩索的品位，比之刘云泉先生，更是等而下之。此中玄机，不可不知。

刘云泉作为碑派书法在新时期的践行者，他凭借一种不无过激的书写手法确立了自己的书法面貌，但夸张变形一旦成为唯一的为出新而出新的手段之时，其未来如何，令人深思。

当代著名书家二十人系列评论之十二　陈振濂

陈振濂，1979年入浙江美术学院（现中国美术学院）学习，师从陆维钊、沙孟海、诸乐三等，获书法学硕士学位。1993年任浙江美术学院教授、博士生导师。2000年任浙江大学人文学院副院长兼艺术学系主任、浙江大学中国艺术研究所所长、浙江大学文化艺术委员会常务副主任、浙江大学书画社常务副社长。现为中国书法家协会副主席、浙江省书协副主席、杭州市人大常委会副主任、西泠印社常务副社长兼秘书长，国家级专家并享受政府特殊津贴。

其书画篆刻作品多次入选国内外大型书画篆刻展览并被收入多种作品专集。曾先

后在日本、中国台湾、大陆等地举办个人书画篆刻作品展、书画篆刻著述展及书画篆刻文献展。已出版的学术专著有:《中国画形式美探究》、《书法学》、《书法美学》、《书法教育学》、《现代中国书法史》、《线条的世界——中国书法文化史》、《空间诗学导论》、《宋词流派的美学研究》、《中国书画篆刻品鉴》、《近代中日绘画交流史比较研究》、《现代日本书法大典》等40种。在书法创作方面倡导"学院派"书法创作模式,并以此获得中国文联"百名优秀青年文艺家"称号。在书法理论方面倡导"书法学"学科研究,主编《书法学》学术专著,获得文化部第一届优秀艺术科学成果奖、中国书法最高奖"兰亭奖·理论奖"。

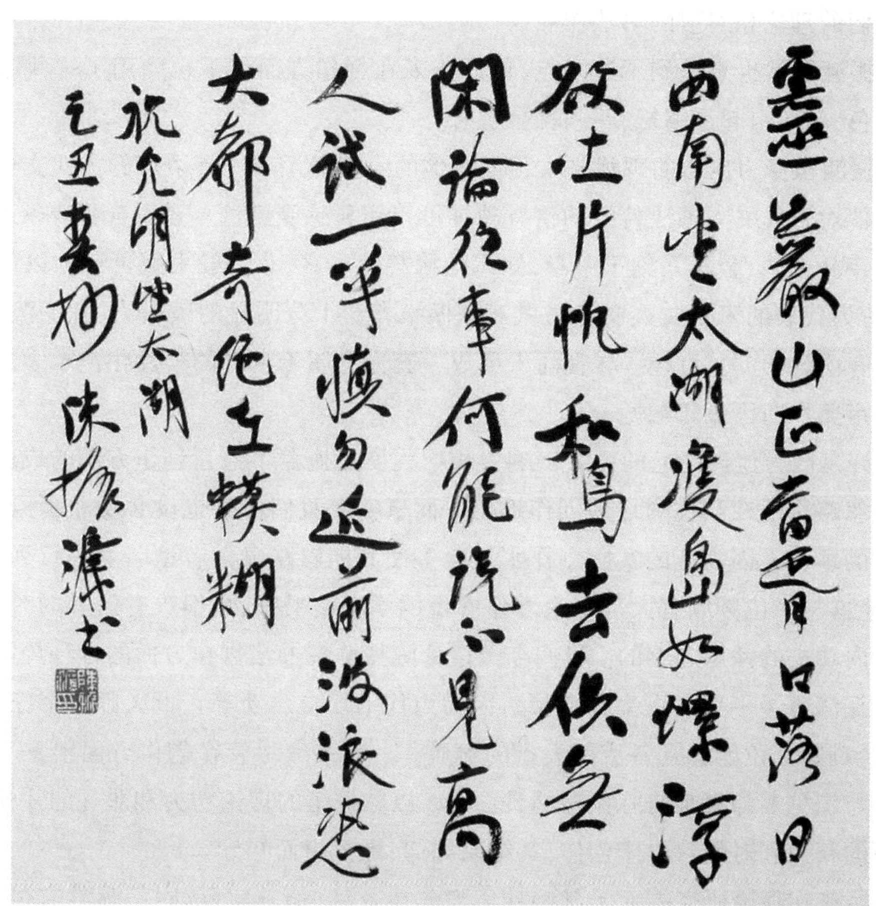

陈振濂书法作品

陈振濂在书法理论方面著作等身,见识超凡,并且因大力倡导"学院派"书风一度引起人们的广泛关注和争议。因此,陈振濂在当代书坛始终是一位带有强烈"新闻色彩"与"轰动效应"的人物。

对于陈振濂而言,书坛上似乎更为推重他在理论方面的建树,而对他的书法创作则显得有些暧昧,其主要原因,当然是因为他在创作方面的不尽人意。尤其是早些年,人们很难将他的书法作品与他的理论水平统一起来。

平心而论,他作为一代大家沙孟海先生的得意门生,理应在创作方面有不同凡俗的表现。但他显然是将更多的时间和精力花在了著书立说方面。他的理论著述无疑让他一跃而成为当代一流的理论家,影响所及,罕有其匹。但可惜的是,其创作实力的相对薄弱有时也不免使得他的理论建构有些空无依傍之感,甚至有几许无言的尴尬。

但这倒不是说陈振濂是那种空头的理论家,事实上古代很多理论大家在创作方面也多有令人遗憾处,像孙过庭这样的奇人,靠一纸《书谱》就足可让其跻身一流书家与一流论家之列,但如张怀瓘、项穆等,其理论建树似亦不在孙过庭之下,但我们却显然找不到能与他们的理论相对应的书法作品。

陈振濂显然也意识到了这一点,他近年来在创作方面似乎也颇用了一些心思,作品渐有起色,开始引起了书坛新一轮的关注。

陈振濂虽身为典型的现代文人，但在他的身上显示有一种浓郁的古代文士的情怀。我们从他对古代文人书法传统的情有独钟可以明显感受到这一点。自明清以来的文士,多为集诗文书画、金石篆刻于一身,知识结构甚为丰富,非一般书家可比。以苏轼、黄庭坚、米芾为代表的宋代文人尚意书风对陈振濂有着十分明显的吸引力,陈振濂早些年的作品带有明显的苏黄意趣。尽管尚未形成一套完全属于自己的个性化艺术表现语言,但自身的审美取向已显露端倪。

也许是因为他理论上的巨大影响力相当程度上掩盖了他在创作方面的成就,使得书坛几乎忽略了他在当代书坛的创作地位；而事实上我们似乎也没必要非得给他争一个大家级的地位，因为他的实际创作水准至多使其能够跻身学者型名家的行列。平心而论,像他这样一位频频有大部书论著作问世的学者型书家,是很难有足够的时间和精力用于书内功夫的锤炼之上的。我们今天谈论陈振濂在书法创作方面的种种局限,乃是源于对陈振濂寄予了更多更高的期望。因为当代书坛自启功等一批大师级书家相继谢世之后,便难有几位能够具备成就大家的潜质。一些书家尽管在创作方面很富有才情,但在学养与识见上却很难与陈振濂同日而语。以陈振濂的理论功力和非凡的才情,倘能分出相当的精力和时间致力于创作,其结果如何,当可想而知。

陈振濂在理论研究方面承其师沙孟海先生衣钵,但其实际建树,显然有过之而无不及。他凭借自己的刻苦与不懈努力在大大丰富了中国书法理论积累的同时,也成就了自己在当代书坛的显著地位,他的影响,在同辈乃至前辈书家之中也难有几人能与之相提并论。

然而他在书法创作方面却几乎没有受到沙孟海碑派书风的影响,而是更多地倾向于帖学。他的行草书并不在力度与气势上过多着力,而是在趣味和韵致方面多有用心,讲求的似乎是一种含蓄蕴藉而又不乏机趣、个性张扬的文人化书法风范。黄庭坚与米芾笔下的某些率意潇洒的笔致让他有所发挥地转化为自己的符号性用笔特点,大撇大捺,左

右争折，虽无黄山谷一波三折般的跳荡和米芾剧字式的凌厉，但在来去自如中也不乏陈振濂个人心线的流露。

我想，文化底蕴深厚的振濂先生经过一番精心的历练，走向未来的大家应该不只是一个梦想。

当代著名书家二十人系列评论之十三　石开

石开，1951年生于福建省福州市，原姓刘，别名吉舟，从事艺术职业后改姓石。青少年时期师从陈子奋、谢义耕、何敦仁等先生学习书法、篆刻、绘画、诗文。1998年迁居北京，为职业篆刻书法家。历任福建省书法家协会副主席、中国书法家协会篆刻委员会委员、中国书法进修学院教授。

石开书法作品

石开其人，颇有些齐白石的风范。之所以言此，乃是石开其人同样以书法篆刻擅名艺坛，又同样客居京华，以鬻字卖印为生。还有更重要的一点，即石开的书法篆刻一如齐白石书印，亦具有强烈的个人风格，于篆刻是当代印坛写意印风的代表，于书法是当代书坛荒率野逸一路书风的翘楚，其艺术生涯具有很大的传奇色彩，给人们以种种揣度和猜想。

其实石开远没有人们想象中的那般神秘,他只是凭借他迥出时流、脱略蹊径的书法篆刻鹤立鸡群式地生活在我们当中。

石开的书法在人们的印象中远没有他的篆刻那般突出，事实上他的书法创作实力并不弱,只是由于他在篆刻上的名声很大,人们习惯上更愿意将他作为一位篆刻家来看待。

在篆刻方面,石开巧妙地将傅抱石山水画中的“披麻皴法”引用到他的刀法当中,让他的印面线条平添了几分诡异,同时也不乏浪漫情调的散发。读他的印作,需要欣赏者必须具备一定的审美眼光和现代意识,否则很难体会到其中的妙处。正如石开自己所讲的:“如果我的作品不能很好地被人所理解,问题不外乎在两个方面:要么我所设计、编造的密码太艰涩,或是被贮入的信息不足以感人;要么就是读者尚未找到解译该密码的方法,设计或已成功,译者则须努力。”从他这一番话,我们也可以看出石开对自己作品的自信,且自信之中尚透出几分自负,这可能也是缘于他身上特有的那份孤傲与疏狂吧。

其实面对石开的书法作品,我们也会有一种如观其印的感觉。他的篆书在汉碑额的基础上更见粗放与诡异,结体奇特,线条在波动摆荡中不失挺拔遒丽之态。这种拖沓盘绕的手法,若换了别人便免不了流为俗笔;但在石开腕下,却成为他形成自我风格的标签式个性笔法。他这种别出心裁的夸张手法,在很大程度上表现出创作者悠闲自得而又不乏自我作古般的矜持。但在笔者看来,这既是石开的得意之处,也是他的偏颇之处。因为这种拖沓、盘曲、缭绕线条的大量使用,一方面使他的作品具有了鲜明的个性,但过度的采用,却又使其陷入了另外一层意义上的单调与雷同,隐隐之中,还夹带有少许的故弄玄虚之感。

石开对传统篆法的变革是以丧失篆书的古雅与天趣为代价的。至于某些论家认为“虽其病处,乃自成妍”,也无非是一种不无调侃之意的说法。因此,我认为石开笔下的篆书虽具奇诡峭丽之象,个性不可谓不强烈,但却乏可供他人借鉴取法的通变性,一不小心,便难免会落入“野狐禅”或“鬼画符”一路。作为石开本人,可能不失为一种高明的成功,但作为欲起而仿效者,却必须慎之又慎。

石开的行草书显然出自明清人一种,其中徐渭、黄道周、傅山、王铎的迹象时有所见。他将上述诸家的某些特点加以参合、融汇,形成了一种奇峭冷逸、纵横争折而又不乏大气磅礴的个人面目。石开这种书风虽然从表面上看来真气弥漫,但过于荒率粗放的用笔却使他的书作缺乏帖系书法应有的含蓄与蕴藉，很多点画的空怯乏力和结体上过大的变化幅度,使其作品流露出一定的信笔之嫌,气息阻隔,笔势不畅,看似自然,实有造作,且在章法上鼓努为力,撑满全纸,虽有霸悍威猛之势,但总不免示人以沉闷迫塞之感。但他在墨法的运用上颇费了一番心思,反倒使其作品平添几分灵逸之气。

但石开却又是一位在当代书坛上很活跃的人,他的成功一直被人们所津津乐道。这

只有一种解释,那就是他的篆刻上极大的名气遮盖了其书法作品的某些不足,虽然他的名气是因他的篆刻作品而得,但他的书法作品也并非毫无可取之处,只是当代这种不无强制性的名人推广,在造就石开等等名家的同时,也给人们留下了太多的思考。

当代著名书家二十人系列评论之十四　曹宝麟

曹宝麟,男,汉族,1946年5月生于上海,江苏无锡人,中国著名书法家。1964年9月入华东化工学院(现华东理工大学)化机系学习。1967年得戴尧天指导,学米芾间或兼习苏轼,孜孜以求,终得神貌。曾任安徽省书法家协会副主席、青年书协主席。现为暨南大学艺术学院教授,文艺学专业博士生导师,书法研究所所长,中国书法家协会会员,中国书法家协会学术委员,国际书法家协会副主席,沧浪书社社员,南方书法艺术研究院顾问,北京大学书法研究所客座教授等。目前专业方向为书法史论研究、书法艺术创作及古代碑帖考证等。

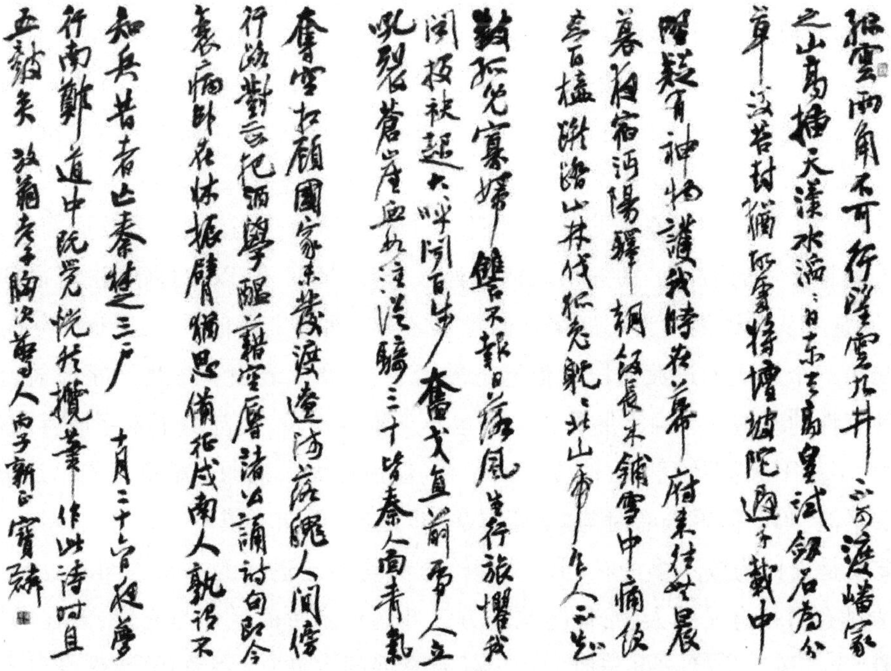

曹宝麟书法作品

在同辈书家当中，曹宝麟是一位热衷于在书坛上制造“轰动效应”的人物。他总是能够凭着自己的名气和智慧在书坛上不断制造看点，人越来越奇，字越来越火，这与传统文士抱朴守拙的一贯做法似乎有些格格不入。

曹宝麟是以一手米体行书称雄于书坛的。据史料记载，米芾也是一个“不安分守己”的主儿，着奇服，出怪言，行为放荡不羁。他笔下那“风樯陈马，八面出锋”的行书曾倾倒了一大批追随者，至今仍长盛不衰，被奉为热门。曹宝麟对米芾的追慕是近乎宗教信仰式的虔诚，这与赵孟頫对“二王”的尊崇显然如出一辙。赵对二王的传承只在技法技巧上的精熟，而且他这种“精熟”所达到的程度，后世人无出其右者。但赵孟頫恰恰因为对二王的近乎封闭式的研练，在得到二王笔法精髓的同时，却无法得到二王书法的那种简淡灵逸的高古气息，从而使得这位元代最杰出的复古派领袖始终无法走出二王的阴影。也许从赵孟頫自身来讲，他并不屑于那种自我作古式的创变，但换个思维来分析，或许以赵孟頫的天分与功力，若能在其晚年从复古的观念中跨出一步，那么他的实际艺术成就可能就需要重新加以定论。

曹宝麟之于米芾，其实也是走了和赵孟頫一样的路子，但他对米芾的继承却远没有达到赵孟頫对二王的精熟程度。相较于一般学米者，曹宝麟无疑是一位佼佼者，同时借助于他在考据理论方面所能达到的功力，更加强了他对米字的理解。在当代同辈书家中，曹宝麟是一位几乎未受时风影响的书家，他只是执著地在为自己营造的米芾天地里上下求索，看花开花落，任云卷云舒。

当代很多学米者，大多以能捕捉到米芾书法攲侧、劲利、如刷字般的外貌特征为能事，有的甚至刻意将这些表面特点放大化。殊不知，米芾虽能“风樯阵马”但“沉堕一偏之失”。米芾作为和苏轼、黄庭坚齐名的宋代“尚意”书风的代表人物，他们对书法的历史贡献在于突破唐人“尚法”观念所导致的那种为法所缚的僵化与刻板，勇敢地闯出了一条唯重个人意趣表达的路子。尚意书风的妙处在于，以情驭法，以法传情，法意之间，巧寓禅机，让欣赏者从中读到一种超然字外的意象之美。而曹宝麟似乎只达到了学米的第一个层次与第三个层次的过渡阶段。他笔下的米字，实质上还没有尽现米字原貌，反而进行了一种理性的改造。点画字形看上去倒也不乏雍容华贵，但却少了米字原有的那种原始的张力，不温不火，不偏不攲，法度无所不在，但情趣大大减弱。难道曹先生是想“绚烂之极复归平淡”吗？但平淡有时与“平庸”仅一步之遥，焉能不慎？

曹宝麟是当代为数不多的在创作和理论方面均不乏建树的书家，同时也是当代学米者当中具有引领意义的人物，他与沈培方等共同对米芾的景仰与心仪，曾在书坛上掀起了一股“米芾风”，当然这也与他一直担任着全展的主考官（评委）的特殊身份有关，其实这也是当代展厅文化的一个通病。评委的偏好，往往左右着大展的导向。但评委实际水准的高低又决定着展览评选的质量。那种“个人偏好式”的评选，曾经是展览参与者们

心中永远也抹不去的痛,想必曹宝麟先生在这方面会有很多令人敬服的表现。

曹宝麟在书法上的内外兼修为书坛作出了表率,他的学者身份和在学米方面所达到的高度一直被书坛的"米氏弟子"们所无上崇拜着。但从更高更深的层面而言,曹宝麟无疑在目前也陷入了一个学米的既定模式,因为他在过于彰显传统功力的同时,无意间丢失了米芾的法本心源的灵机与魂魄,理性的过多介入虽不至于出现太大的偏差,但这种小心翼翼的创作方式换来的只是对古典技法的信徒式卫护。

当代著名书家二十人系列评论之十五　邱振中

邱振中,中央美术学院教授、博士生导师,书法与绘画比较研究中心主任,潘天寿研究会副会长,中国美术馆专家委员会委员,中国书法家协会学术委员会副主任。1947年生于南昌,1981年浙江美术学院(今中国美术学院)书法研究生毕业。1995至1997年任日本文部省外国人教师、日本国立奈良教育大学客座教授。致力于书法理论与艺术创作。著有《书法的形态与阐释》、《中国书法:167个练习》、《当代的西绪福斯——邱振中的书法、绘画与诗歌》、《愉快的书法——进入书法的24个练习》、《书法》等。在北京、日内瓦、奈良、洛杉矶等地举办个人作品展览,书法与绘画作品参加国内外多种重要展览。

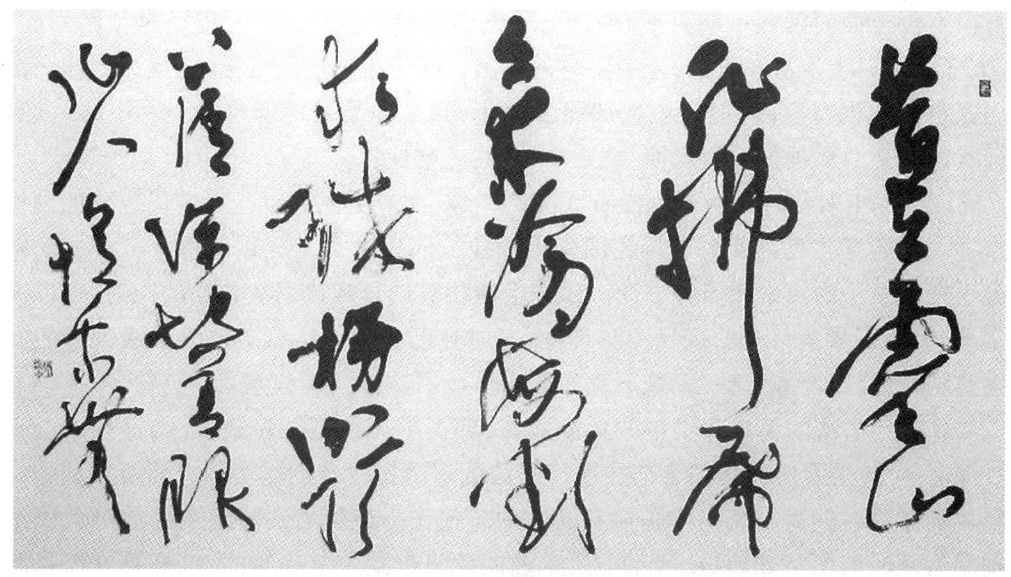

邱振中书法作品

在当代书坛,邱振中先生无疑是一位值得大家共同关注的人物,他在西化式书法理

论方面的突出建树和在现代书法方面的实践，使他成为当代书坛颇具前卫性的代表人物。邱振中在西学研究方面，有着较深的修养，因此他的书法理论在逻辑分析和哲学思辨上基本是从西方立场出发的，他几乎没有从当代书法美学的既有框架来讨论书法问题，而是从对书法的形式分析，书法和现代语言学、心理学内在联系的挖掘来对书法进行富有现代意味的注解和诠释。从这一点而言，邱振中是将书学研究与西方现代学术思潮达成一致并身体力行的关键人物。

但令人颇为费解的是，像他这样一位有效地加重了当代书法理论分量与提升了当代书法理论品位的重量级理论家，笔下却缺乏能与他的理论相匹配的出色的作品。他在传统书法功底上流露出的薄弱，使得我们在对他的创作进行评价时显然是颇为踌躇的。事实上，他的西方式书法理论也往往因为文辞的过于艰深晦涩和字句的拖沓而令更多的读者望而却步。我认为，在当代书坛，真正能读懂邱振中理论文章的人一定不会太多，或许邱先生是不屑于在大众当中普及推广自己的理论成果的，邱先生所更为看重的也许正是这种“曲高和寡”的“精英效果”，正如伯牙的琴声之于钟子期那样，高山流水，世间绝响，更富有传奇色彩。

但邱先生的理论还是得到了学术界的认可和推重，因为芸芸众生，自有识者，你读后感到高深莫测一头雾水，只能证明作为读者的“无知与浅薄”。其实放眼当今书界，非只邱先生的文章独领风骚，即使是那些后起之秀，也大多以将文章做到让人看不懂为荣。不信，诸君可随便翻翻那些权威性的学术期刊和全国书学讨论会的文集，那些占着大幅版面的大块高文又有几人明白他们究竟在喋喋不休地表白什么。

在创作方面，邱先生的一些张旭、怀素和黄庭坚一路的大草作品，也或多或少能够说明他在传统笔墨方面并非毫无把握和表现能力。但遗憾的是，邱振中先生似乎无意在这个方向上再全面而深入一些。平心而论，邱先生这种风格的作品写得还是很精彩的，豪放、大气、流畅，线条富有质感，充满生命的张力。邱先生若一路走下去，成为当代一流的草书家也并非没有可能，但邱先生却浅尝辄止，只是小品式地偶尔表现一下，远没有达到通常意义上的那种创作的规模，缺乏系统性、完整性。

或许邱先生对传统书法创作没有太大的兴趣，抑或更愿意以富有现代色彩的创作方式来进一步验证自己的西方立场式的理论构建，邱先生义无反顾地将自己更多的精力用到了现代书法的探索和研究方面。邱先生在积极创作现代书法作品的同时，也以大量的笔墨，撰写了数量可观的现代书法理论，来对自己和其他热衷于现代书法创作的同道们摇旗呐喊、擂鼓助阵，并一齐毫不犹豫地将传统书法推向现代祭坛。

从对现代书法的倡导和维护的角度而言，邱振中无疑是一位成功者，也是一位幸运者。说他是“成功者”，乃是因为他在现代书法的理论构建与创作实践方面所达到的高度和形成的影响在同类书家当中是罕有其匹的。他作为现代书法阵地上的前沿人物始终占据着引领时流的特殊地位，他手中所掌握的话语权是十分优越的，也是具有很强冲击力的，这些又何尝不是邱先生的幸运？

但他的现代书法诸如《文字待考系列》NO9、《不明飞行物》NO1和《现代草书》等等，本质意义上的汉字结构已不复存在，毛笔的书写性也变得模糊不清，说白了，不过是现代抽象水墨画以“书法”的名义称呼罢了。作为一种艺术形式的探索也许无可非议，但必须说明的是，这种相对于真实意义上的“书法”其实已走得太远。它可能是艺术，但以书法论之，不过是一种无聊的调侃。

当代著名书家二十人系列评论之十六　沃兴华

沃兴华，男，1955年5月出生，华东师范大学历史学系教授、博士生导师，上海市书法家协会副主席、秘书长。1973年起，不断有作品参加全国及国际重大展览并多次获奖。多次举办个人书画展，作品为国内外许多博物馆收藏。除在历史学、古文字学等方面发表了许多著作和论文外，书画方面的著作有：《沃兴华书画集》、《敦煌书法》、《敦煌书法艺术》、《中国书法》、《上古书法图说》、《秦汉简牍帛书》、《从临摹到创作》、《全文大学典》、《储云、沃兴华书画作品选集》等。

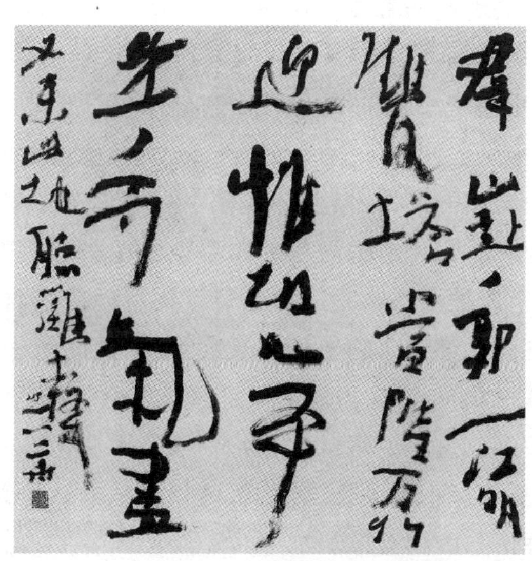

沃兴华书法作品

“我们发现唐宋时期的名家书法都能在当时的民间书法中找到基调和雏形，他们是在民间书法的基础上加以整饬完善而成一代大师的。明确这一点，好比来到珠峰脚下，扣除世界屋脊的高度，他们也不过如此。”这是沃兴华先生说过的一段富有个人情感反

叛意义的豪言壮语。这话乍听起来,似很在情在理,但仔细推敲,又多少有些牵强与作秀之嫌。

平心而论,作为处于新旧观念交替转换时期重要的理论型书家,沃兴华对民间书法的推崇与近乎狂热的创作实践还是具有积极意义的,就中国书法在当代的寻求多元健康发展,无可厚非。但需要指出的是,沃兴华先生在这番话里有一种不太好的倾向,即对旧有传统经典作品及其作者不必要的轻视心理的流露。学习研究书法,我们不提倡盲目崇拜,但也不赞成随意贬低。因为历史上出现的这些承前启后、开宗立派的书家,他们重要的历史地位毕竟是不容抹杀的。从继承的角度来讲是如此,从创新的角度而言亦如此。

沃兴华先生的话并非毫无道理。王羲之贵为“书圣”,创立今体,开宗立派,其影响之大非比寻常,他在出新的过程中肯定借鉴和吸收了前代或同代的民间书法,但我们能说,将构成王羲之书法的这些原素堆放到一起就是右军体吗?显然不是。颜真卿一变右军之法,再度出新,也未必没有参考和吸取民间书法(特指汉魏六朝碑刻),但我们能说将构成颜体的基本原素摆放到一起就是颜体书法吗?显然也不是。这样的例子还有很多,限于篇幅,故不一一列举。但这些起码说明一个道理,即王羲之、颜真卿本身的创造力才是形成他们书风的主因。沃先生完全不必为取法民间书法张目而无视经典作品及其作者的历史贡献。即使是沃先生本人的书法,也是同理,不必重过程而轻结果。

沃兴华对民间书法的取法是激情澎湃的,他以一种宗教信仰般的虔诚全身心地投入到对敦煌书法的探索和研究之中,而对其他则较少关注,尤其是传统文人书法,沃兴华则毅然采取了一种坚决迴避的态度。作为生存于具有相当社会影响的海派书法艺术氛围中的沃兴华,在初期的研究创作当中,并非没有直接面对传统经典书法,其实确切地说,他是在打下了一定传统书法的功底之后,为另辟新径,准备和海派书法分道扬镳的时候,才将自己的触角完全伸向了敦煌书法体系,而且他这种取法敦煌书法的纯粹性与其他取法民间书法的同代书家相比起来,更有一种“田横五百壮士”般的悲壮感。

沃兴华之所以能够以敦煌书法面目的作品很快在书坛上确立自己的地位并产生自己的影响,一方面源于敦煌书法本是一种尚待挖掘整理的东西,它在沃兴华之前还很少有人以他这种近乎狂热的姿态来将它搬进现代展厅,因此对于更多的受众而言,其新鲜感是不言而喻的。另一方面,沃兴华先生又是擅长理论研究的书家,他著述甚丰,在书坛上具有一定的话语权利,这是一般的创作型书家所无法比拟的。在理论与创作的结合上,沃兴华有着与邱振中类似的一面,他们都能以机敏的话语策略来为自己孤傲而又矜持的创作实践寻求理论方面的支撑。

但沃兴华在创作方面,仅以敦煌书法为本,极尽夸张变形之能事,在点画、结体、章法、墨色等方面刻意制造出一对对突兀的矛盾,虽具有极强的视觉冲击力,但这种感染力之于欣赏者又似乎是短暂的,勉强的,远没有从内在气息上做到这一点,有时一些丑拙怪诞的造形所展示给人们的是一种为变化而变化的生硬与牵强。其实,对民间书法取

法借鉴的本质，应该还是对原创精神的创造性的吸收与提炼，而不是仅从形貌上照搬甚至夸大化。因此从这个角度而言，沃兴华先生显然进入了一个误区。

当代著名书家二十人系列评论之十七　王冬龄

王冬龄(别署冬令，悟斋)，男，1945年12月生，江苏省如东马塘人。著名书法家，中国美术学院教授、博士生导师，中国书协理事，浙江省书协副主席，中国书法进修学院副院长，美国明尼苏达大学客座教授。

曾多次赴韩国、美国、法国、日本等国参加国际书法艺术展览，并先后在中、美、日、加举办个展二十余次。作品由中国美术馆、中国军事博物馆、北京图书馆、北京大学及伦敦大英博物馆、美国北达科他艺术博物馆、哈佛、耶鲁、斯坦福、伯克莱大学、德国石荷州美术学院等机构收藏。著作有《书画艺术》、《中国书艺史》、《书法篆刻教程》、《林散之》、《王冬龄书画集》、《王冬龄草书唐诗三十首》等。名字列入伦敦《世界名人录》、芝加哥《北美华裔艺术家名人录》。

王冬龄书法作品

近年来，精于草书的王冬龄先生以巨幅书法的形式将笔墨线条对人们的冲击和震撼力发挥到了极致。一通激情挥洒的《逍遥游》将大批懂或不懂书法的人们带入了一个中国书法的全新领域，让人们在惊讶、震撼与叹羡甚至不解和非议中再次感受草书线条所编织出的那种奇异诡丽的幻妙之境。

毋庸讳言，王冬龄并没有像邱振中和沃兴华那样，充分挥动手中的理论武器为自己惊世骇俗的狂草场面自圆其说，但他到底还是靠自己并不薄弱的传统功力和出乎意料的表演为自己赢得了阵阵喝彩。

王冬龄草书植根于二王，同时对带有浓厚章草意味的《书谱》情有独钟，他在这几家的草书世界里做了为时不短的盘桓与逗留，因此也打下了很纯正的不乏经典意识的草书基础。

细观王冬龄草书，从中不难看出他对林散之草书的仰慕与心仪。林散之在晚年自谓："余三十岁以后学行书，六十岁以后学草书。草书以大王为宗，释怀素为体，王觉斯为友，董思白、祝希哲为宾，始启之者，范(培开)先生，终成之者，张(粟广)、宾虹师也。"事实上林散之草书受董其昌草书《试墨帖》影响最为明显，董氏行草书的虚淡和禅意更是林散之尤为心仪的地方。只是林能以董为本，参以汉碑之意，一改董的纤弱寒俭之弊，得厚重之气、峻朗之骨，书风别开生面。其草书尤重笔墨表现，在文人书卷之气和雄逸之境的营造方面颇有独到之处，被世人誉为近三百年来开草书之新境者。散草在笔法、墨法上所能达到的精致最为人看重，但他在字法上与旭素狂草的风范尚有一段距离。

王冬龄取法林散之的成功之处在于，将以水泼墨漫洇笔法的大量采用和甚具张力弹性的圆润灵动线条以及字形结构的攲侧左倾和右提轻收巧妙结合，融会运用，并能以自己在孙过庭《书谱》当中获得的传统笔墨精华作为相应的支撑，从而使他与林散之在面貌神情上拉开了距离，王冬龄的草书也就具有了一定的当代书史价值。这种"当代书史价值"的大小有无，一方面取决于你在传统方面吸收了多少，另一方面还要看你在对传统笔墨具有深度把握的基础上又向前迈出了多远。

张芝作为一代草圣，在章草的基础上，施以简洁流畅之用笔，加强引带，开创"一笔书"，故其今草具有原创意义。张旭又在其基础上，参以隶书用笔，更见狂放颠逸之韵致。怀素则纯以篆书圆转笔法作草，细筋入骨，如屈铁盘金，柔韧而不乏爽健。二人皆借助酒的力量，营造出摄人魂魄的狂草意象。我们面对他们的作品，在整体印象上虽皆具汪洋恣肆、气势奔放之姿，但在不同作品的处理上却有一些内在的细微的差别，如张旭的《古诗四帖》与《肚痛帖》，怀素的《自叙帖》与《大草千字文》之间，理法虽同，但气象有别。

然而，今世之作狂草者，却似千篇一律，越往后，风格既定，便形成模式，幅幅大同小异，难有大的突破。王冬龄草书亦无出于此。

从技术层面来讲，王冬龄在草书笔法、结体方面的功力锤炼以"精熟"而论，似亦未

过。他对前人技法研练的纯粹性虽未必达到赵孟𫖯对二王书风的追摹程度,但在道理和路数上却显然是一致的。赵书的精致虽强似宋代的苏轼、米芾和黄庭坚,但在个人意趣的张扬和自家书风的确立方面则多有不及,可谓“收之桑榆,失之东隅”。而王冬龄草书亦同样存在这种问题。其基本功力比之当代其他草书家似有过之,但与此同时也逐渐染上了习气,即愈熟愈近俗,书路有很大的程式化倾向,在草书的精神气格、内在神韵的开拓与挖掘上存在相应的不足。

王冬龄先生可能也对此有所认识,但他找寻的突破口却是以将作品写大或在书写材质上做文章,其举虽不乏“新意”,但在本质上,却似乎无助于其书作品位与气格的提升。

当代著名书家二十人系列评论之十八　孙伯翔

孙伯翔,1934年出生于天津武清县,字振羽,别署师魏斋主人。现为中国书协理事、中国书协创作评审委员会委员、中国书法进修学院教授、天津市文联委员、天津市书协副主席。出版有《孙伯翔书法集》。师承王学仲、孙其峰诸名家。潜心翰墨六十年有余,曾习唐楷,后专师北魏石刻。早年书法筑基于《龙门二十品》,六朝摩崖、墓志,其中尤钟情于《始平公造像》、《杨大眼造像》、《魏灵藏造像》。取法高古,得其神髓。

孙伯翔以自己对碑学的独特理解,开创了使笔如刀,在自然随意的挥写中体现魏碑金石气象的崭新路子,给当代的碑派书法创作带来了新的启示。他这种强调“书写性”的魏碑书法创作观念较之清代李瑞清、曾熙可谓迥然有别,即使和当代以魏书擅名的胡小石相比,也有很大的不同。因此,孙伯翔的出现,对当代碑派书法创作观念和审美意识的改变具有非同寻常的意义。

北碑的刀斧之迹,并不能完全体现原先的书丹上石之原貌,棱角突出,锋芒尽显。自康、包倡导碑学以来,风气日盛,习碑者多以生硬模仿刀刻效果为旨归,欲以此改变颓废靡弱的帖派书风,惜因对碑学精义缺乏科学的认识,一味追求所谓“金石气”,矫枉过正,渐成陋习。很多书家遂因之放弃独守北碑的偏执,其余数位固守北碑而不敢稍越雷池半步者,则不免亦步亦趋,描头画角,生硬刻板,所作仅具北碑皮相,观之实有捉襟见肘之感。如李瑞清以颤笔为作碑之惯用手法,欲图雄浑强悍,反致习气难脱;曾熙以《张黑女》

为法，虽功底扎实，但斤斤于规矩点画之得失，几如算子，殊乏生趣；陶睿宣以柔锋力追刀斧之痕迹，描描画画，刻板僵直，较之上述几位，更是等而下之。碑学至此，已是强弩之末，魏楷领域几无大家矣。至民国，于右任虽在碑学方面建树卓著，惜其晚年偏居一隅，对大陆碑学之影响，未成气候，这不能不说是一种遗憾。

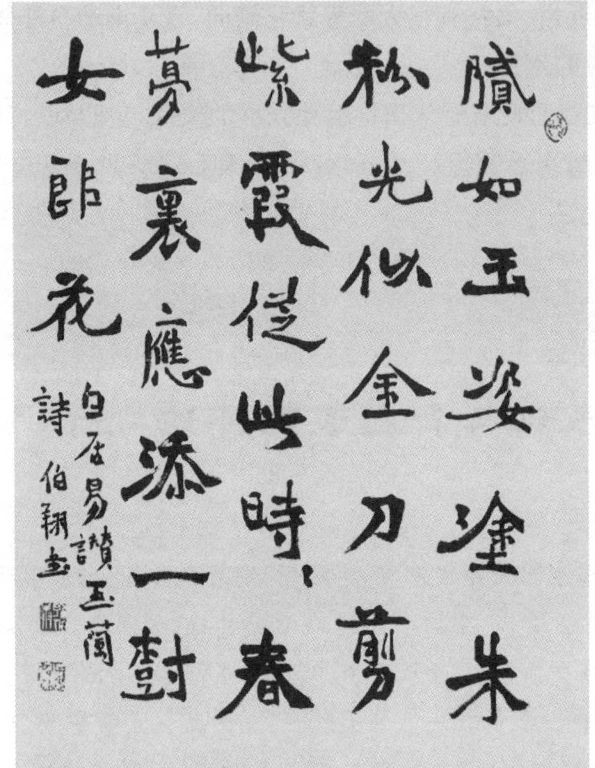

孙伯翔书法作品

其他一些习碑者，如萧娴、游寿、胡小石等，毕竟因局限种种，未臻化境，对书坛之影响十分有限。

于是，新时期碑学的再度兴起之责任，便历史性地落到了孙伯翔的肩上。孙伯翔能深刻认识到魏碑书法的通变规律，是笔书于石，借刀斧之力而成，而习之者当遵循“师笔不师刀”的原则，从而还原碑书刚健而不失温润的原貌。他对魏碑的这种独特理解，使他在自己的碑书实践中得以理智地分清“刀”与“笔”的主次关系，并能将其脱略蹊径的创作实践上升到理论的高度，揭开碑学研究的面纱，将魏碑笔法之玄奥一语道破，令后来者茅塞顿开，拨云见日。于是，魏碑创作，新境出焉。

孙伯翔习碑植根于六朝墓志摩崖以及《龙门二十品》，尤其对其中之《魏灵藏造像》、《杨大眼造像》、《始平公造像》有着独到的研悟。他作碑，在凝重而不失灵动的书写中自然体现魏碑生辣与朴拙之味，攲侧疏密，随形就势，结体章法，富于变化，朴成宕逸，雄秀并出，颇具空间变化造型之美。观《龙门二十品》原碑，方折圭角，刀痕毕显，习之者方法

失当，必以复制仿摹为能事，即达酷似之境，有何益哉？师碑法帖，同为一理，或遗貌取神，或形神兼备，所贵者，全在于作书者才力与性情之流露，若执法不变，即能原样搬来，亦无足道耳。然孙伯翔能以强调书写性而避开刀斧之僵直造作之气，墨气酣畅，笔势通达，出之自然。虽如此，但他仍能在不经意间表现出魏碑棱角分明、骨力洞达的雄强之美。

清代碑学兴盛，至晚期因对帖学的过于排斥，北碑创作几临绝境。其代表人物赵之谦、沈曾植也在创作上有了一些转变，即使是康有为，也明显流露出碑帖兼融的迹象。当然他们这种转变，可能还不是缘于审美观念上的自觉。

但在孙伯翔等人的引领下，碑学研究在新的历史机遇下有了很大的发展，人们对待传统的观念也由习惯性地视“二王”一路为不二法门转换为将师法的目光投向更为广阔的民间书法领域。而孙伯翔的重要意义在于，他的创作实践与理论阐释有力地提升了自清末民初以来魏碑创作的文化品位。尽管他的笔下有时也不乏拼凑安排之嫌的不尽如意之作，但这并不影响我们对他的魏楷书创作的书史地位的认同。

当代著名书家二十人系列评论之十九　周慧珺

周慧珺，女，1939年12月出生，浙江镇海人。为上海中国画院一级美术师，曾任中国书法家协会副主席、上海书法家协会主席、上海市文联副主席。曾得到沈尹默、拱德邻、翁闿运等著名书法家亲授。作品曾参加上海市书法展览、中国现代书法展览、旧金山东西方画廊举办的书画展览，多次赴美国、日本等国访问，进行书法交流。获得上海文联首届文学艺术奖。出版《鲁迅诗歌选行书字帖》、《长恨歌楷书字帖》、《周慧珺古代爱国诗词行书字帖》等。

周慧珺在20世纪70年代到80年代初，以一手典雅隽美、骨力遒劲的行草书成为海派书风的代表，风靡全国，从者纷起，其影响之大，非同寻常。周慧珺是继沈尹默之后海派最为杰出的书法家。沈尹默书法早年取法唐人，格调不高，气息柔弱，曾被陈独秀讥之为“其俗在骨”。此后转师北碑，并上溯魏晋，旁参宋元，逐渐走上了一条毕生取法“二王”之路。但由于沈氏对“二王”的理解太过于理性，故他的技法技巧虽在当时堪称一流，然精神气格却与魏晋风韵相去甚远。也许是唐人的尚法思想对沈尹默产生了较大的影响，使

得他在师法晋人的过程中开掘不够,始终都未能真正悟得"二王"书法的要义。"二王"笔下那种萧散简静、虚旷淡远的情致,并没有在沈尹默的笔下体现出来,这对于高蹈自许、书名显赫的沈尹默来说,不能不说是一个很大的遗憾。周慧珺作为海派书风的又一代表性书家,受沈尹默的影响十分明显。但由于周慧珺对米芾的"风樯阵马,沉着痛快"多有会通处,并能巧妙加以融会,故能使其字形结构富于变化,在骨力和气格方面亦似有胜沈尹默处。这就使得周慧珺书法在相当意义上一改海派书法原先具有的那种清秀典雅,而平添许多雄浑劲健之感。

周慧珺书法作品

然而,由于"展厅文化"的迅速兴起,中国书法迈入了一个全面复兴的历史阶段。同时因各种新观念、新思潮对书坛旧有审美观念的不断冲击和影响,书法的创新热潮风起云涌,书家的主体意识日益高涨,书法的价值取向和审美观念趋于丰富和多元。一些具有超前意识的书家在书坛上的迅速崛起,不仅打破了沈尹默时代和稍晚于沈尹默时代的由一种单一的书法主导风格构成整体笼罩书坛的局面,甚至有力削弱海派书风影响的同时,连周慧珺这种尚具备一些革新意识和表现手法的书家独领书坛风骚也变得再无可能。

周慧珺在这种书坛已呈多元化格局而创新口号愈叫愈响的特殊情况下,为与新的书法审美观念尽量合拍,在此后的创作实践当中尝试改变自己已有的风格范式,力求变法。她在原有的基础上,将黄庭坚笔下那种波动跳荡、长枪大戟的特征大胆引入自己的创作,以一种恣肆狂放但又失之剑拔弩张的行草书面貌取代了原先那种矫健遒媚的行书风格。她的这种变法后的风格,从表象上而言,虽与原先那种相对平稳的书风拉开了一定的距离,同时也不乏现代意识的流露,但从内在气格上而言,似乎沾染了一些近乎俗气的东西,那种萧散古澹之意荡然无存,从而大大削弱了其书作的耐读性。因此,周慧

珺的这种变化实质上是近乎失败的,她本来想藉此使自己达到一个全新的审美境界,既保持海派书风的既有特点,又发挥自身的创作优势,但事实上,连她笔下原先那种浓郁的书卷气也化于无形了。

其实,海派书家一向对魏晋风雅蕴藏之美情有独钟,“二王”书法的中和简澹与淳厚典雅向来是海派书家的终极审美追求,沈尹默、马公愚、邓散木、白蕉、周慧珺一直都是朝着这个方向努力的。他们的功绩在于,在近现代碑学引领书坛风骚的大背景下,让“二王”帖学一脉薪火传延不息。他们的这种对传统经典帖学的固守和力求创变,从某种程度而言,无疑是对书坛片面强化碑派影响的一个反正,为“二王”书风在近三十年以来的再度兴盛做了有益的铺垫。

我一直认为,无论是碑学还是帖学,它们在某个历史时段的兴起都与相应的社会文化风尚密切相关。任何偏执在彼时是合理的,在此时就未必适宜。因此,碑帖兼融是历史发展的必然。至于如何兼融则与具体书家的审美观和个人性情具有内在的联系。因此说,尽管周慧珺的创作给自己和书坛不可避免地留下了遗憾,但作为一位女性书家,她依然令我们满怀敬意。

当代著名书家二十人系列评论之二十　翟万益

翟万益,祖籍陕西三原,1955年12月生于甘肃平凉,毕业于中央广播电视大学,进修于北京大学考古系。现为中国书法家协会理事、中国书协评审委员会委员、中国书协培训中心教授、甘肃省书法家协会专职副主席、国家一级美术师。曾获甘肃省政府“敦煌文艺奖”一等奖,获中国书协“德艺双馨会员”称号、中国文联“德艺双馨文艺家”称号。论文获全国第四届书学讨论会三等奖、全国隶书学术研讨会一等奖,书法作品曾参加全国书法篆刻展、中日自咏诗书展等,作品被多家博物馆收藏并收入多种专集。出版有《砖刻拾缀》、《翟万益篆刻集》、《翟万益书法集》、《万益集契集》第一卷,书论、书评及诗文等散见于各种专业报刊。

甘肃书坛在近现代一直缺乏一位在全国深具影响的书法大家,这对甘肃书坛在新时代的振兴和发展而言,不能不说是一个很大的缺憾。尽管如魏振皆、黎泉、何俗、肖弟等在创作方面亦达到了一定的高度,但除黎泉外,其余几位实际上因种种原因并未在全

国形成更大的影响。黎泉是研究汉简的专家，他以一手汉简味十足、富有个性的隶书和行书在当代书坛独树一帜，但由于他的过早谢世，使他最终失去了向更高艺术境界攀登的机会。

而翟万益无疑担负了这一历史重任。从他目前所取得的实际成就、社会影响以及发展势态来看，将他列入我的这一评论系列应无不当。

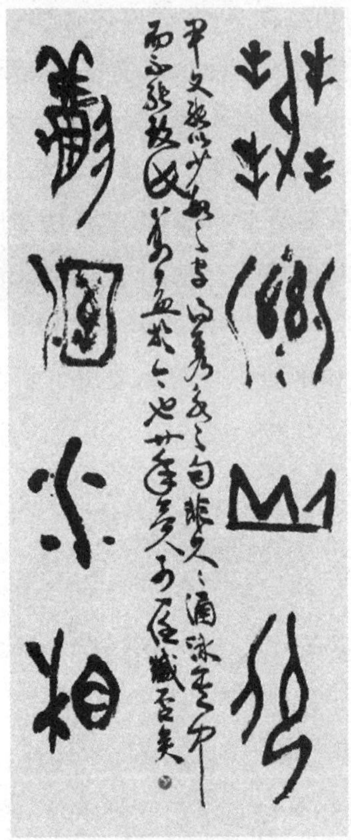

翟万益书法作品

翟万益在书法、篆刻、理论方面都具有较高的造诣。通常而言，翟万益似乎是以篆刻成名于书坛的，但如果没有他在书法和理论方面的建树，那他在当代书坛的影响将会大打折扣。因此，我们评价翟万益和他取得的艺术成就，必须将三者紧密结合起来，才可能得出一个比较中肯得体和全面的结论。

篆刻方面，翟万益致力于粗犷写意一路印风的研究与创作，在字法上以自己擅长的甲骨、金文为主，章法并不作刻意的疏密处理，刀法狠辣猛厉，甚得白石老人单刀直入之意趣，总体上营造出了一种集古拙、幽远、浑朴、苍茫而又不乏神秘意味的景象。翟万益颇爱砖刻，追求一种雄浑大气、斑驳陆离的艺术效果。由于古砖本身的材质特点，印面在刻制和拓制的过程中较易自然呈现生辣、朴拙而又不失野逸之气的特殊效果。翟万益经过一番融会与整合，能够将这种感觉巧妙地运用于其他印材的作品创作方面，视觉效果

上显得甚为统一。他在边款刻治上也与印面风格一致，虽以倒丁法刻魏楷，但气息上亦不失古拙生辣之味，印与款相得益彰，颇耐寻味。

翟万益书法以甲骨、金文为主攻方向，兼涉小篆，甚得斯、冰及邓石如、吴让之之三昧。他能从一个方面进行突破，将篆书写得很纯粹，并不似当代很多书家，动辄自谓“诸体皆精”，但细究其实，往往一样都难称其精。翟万益在大篆的研习与创作方面，有自己的独特理解，他似乎无意从字形结构方面去创立自己的篆书风格，而是着意于在捕捉古文字意象诡异的基础上强调毛笔的书写性，力求泯灭刀迹而充分发挥毛笔的特性，达到“惟笔软则奇怪生焉”的奇妙之境。从技术层面而言，翟万益并不囿于写篆书既有的那种思维定势，笔笔中锋，不敢稍有逾越，而是中侧锋并施，富于变化。在墨法的具体运用上，也尽量追求自然和谐的效果，浓淡枯湿相宜，与众星列汉一任自然的字形互相匹配，体现出一种古意盎然、大朴不雕的幽远之境。无论何种章法幅式，均能运用自如，如老僧吐纳，似苍鹰行空，有无尽的底气。翟万益篆书创作的成功之处在于，不过多进行刻意的夸张变形，也不以诸体杂交为能事，而是尽量保持了篆书的原创味和纯粹性，让人们透过他的笔锋，领略到三代吉金文字的幽远简古之美。他这种还原古文字原始书写性尝试，比之那种刻意去体现刀刻与铸造之味的大篆表现手法，在格调上显然高出一筹。

其实，除篆书以外，翟万益在草书方面也有较高造诣。他的草书在取法上似在孙延庭的基础上融入了王铎的一些笔意，其中尚不乏黄山谷草书的逸趣，虽尚未形成强烈的个人风格，但自我性情的流露已显端倪。倘假以时日，当更见进境。

翟先生亦长于理论，无论对书法还是篆刻均有独到见解。他的论文能多次在全国书学讨论会上入选和获奖，对提升甘肃书坛的理论品位和推动甘肃的书法理论发展深具影响。甘肃虽系书法弱省，但近年来在翟万益等人的影响和带动下，形势喜人，因此，我们有理由继续对他寄予厚望。

第二部分

当代篆刻二十家系列评论

当代篆刻二十家系列评论之一　韩天衡

韩天衡，工书法、篆刻，国画以花鸟见长。现为上海中国画院艺术顾问（一级美术师），中国书法家协会理事，鉴定、收藏委员会副主任，上海书法家协会副主席，西泠印社副社长，中国美术家协会会员，上海吴昌硕艺术研究协会会长，上海美术家协会理事，上海交通大学教授。

韩天衡篆刻作品

篆刻这门最具中国特色的古老艺术形式，从20世纪70年代后期至80年代始，逐渐开始复苏，经过展览文化三十年的洗礼，在新的历史时期重新焕发了青春。全国各地，印社林立，名家辈出，群星灿烂，蔚为大观。古玺印的神秘斑驳，秦汉印的浑穆奇伟，明清流派印的绚丽多姿，都在当代篆刻家的刀石撞击之下得到了很好的继承和弘扬。

但倘若要说到对当代篆刻具有发轫和开创之功者，当推上海韩天衡先生。

韩天衡印学功底深厚，具有大胆探索的创新精神。他在深入研究古玺秦汉及明清诸

家的基础上，形成了一种迥异前贤的雍正典雅的写意印风。其中尤值得一提的便是他那圆润盘旋、典雅融畅、绚烂多姿的鸟虫篆印作，以及他能够将创作实践智慧地上升到理论的高度，以通俗易懂的语言阐述自己的精辟见解，让自己充满激情的创作实践得到清晰而系统的理论观照，不至于使其空无依傍。从某种意义来讲，韩天衡无疑是高明的。

篆刻自元代王冕发现石质印材以来，大批文人的参与，一方面有力地提升了篆刻的艺术品位，使其由当初主要以实用为目的的社会功效转向自觉的艺术审美；另一方面，篆刻也由此走下神坛，流向民间，至明清两代，各种风格形式愈加完备，流派众多，在大大丰富了篆刻文化内涵的同时，也形成了又一座难以逾越的高峰。非学养深厚、见识超凡者，岂能轻易有大的建树？

如果以"文革"作为划分现代与当代的"分水岭"的话，现代篆刻大家齐白石、来楚生、方介堪等，宗秦法汉，出入明清，各自确立了自己的独特印风。他们在篆刻的发展历程当中，无疑具有承前启后的作用。尤为重要的是，他们对"文革"后篆刻在新的历史时期迅速崛起和繁荣做了有益的铺垫。"文革"结束，书法篆刻在新的社会形势之下得以复兴，其中出现了一批优秀的中青年篆刻家，韩天衡无疑是他们当中的突出代表。

韩天衡篆刻极具特色，刀法朴厚，笔意盎然，他在风格范式上能不为古法所囿，但在一招一式之间却又能准确显露出他扎实的传统功底。因此，他的篆刻既能为注重传统的前辈篆刻家所看重，又能激起勇于探索新境的青年印人们的创作热情。他曾这样说道："我在探索往昔篆刻和印学流派的认识上，开始归纳了奇中见平、动中寓静及雄、变、韵的探索目标。我自认为强调奇、动的效果，能获得不凡的抓人的第一印象。"我们仔细品读韩天衡的一些优秀之作，确实能体会到韩先生所描绘的这种感觉。如朱文印《万毫齐力》之奇逸跌宕，白文印《天下为公》之雄浑朴厚，白文印《吉祥如意》之错落有致，朱文印《万古》之婉约多姿，鸟虫印《月色书香》之意象瑰奇……

韩天衡治印在字法上能够与他意象生动、别开新境的草篆一脉相通，融合自然，天趣流荡，化机尽显，让人在似曾相识中又别具一种奇丽变幻的视觉感受。他在章法的安排上独具匠心，起承转合间，既能保持印面的平稳，又能透出一股诱人的灵气，在松紧适宜的布局中示人以平中见奇、动静相宜的美感。他在刀法的运用上，并不斤斤于一冲一刻，而是在冲刻结合、悠游自如中使其字法与章法得到近乎完美的彰显。而且在韩天衡的篆刻当中，刀法被提到了与字法、章法对等的地位，赋予了独特的审美价值。他使刀如笔，达到了刀笔合一的高超之境，令人观之叹赏不已。

读韩天衡印作，既能从中感受到东坡词句"大江东去"的阳刚之气，又能体会到柳永笔下"杨柳岸晓风残月"的婉约之美，如壮士拔山，似公孙舞剑，激起观者的诸多遐想……

当然，在他的刀下有时也不乏失败之作，但这相对于他的成功，只是美玉微瑕。

当代篆刻二十家系列评论之二　石开

石开，现为中国书法家协会篆刻艺术委员会委员，1951年生于福州。16岁开始学篆刻，从游谢义耕、陈子奋。不十年即走出樊篱，篆法结体自成系统，刀法亦有异于前人。曾任福建书法家协会副主席、河北长城印社顾问兼导师、福州市政协书画室秘书。出版有《陈子奋先生治印》、《石开印存》、《石开书法集》。作品多次入选全国大展并获奖。1998年戊寅移居北京。现为职业篆刻书法家。

石开篆刻作品

最早引起我注意的石开篆刻作品是他的那方多字白文印《猪八戒过子母河》，语句诙谐，意象诡异，线条柔中带刚，刀法湿润内敛之中不乏苍辣之趣。整个印面给人一种亦古亦今、亦庄亦谐的典雅与幽远之感。这方印十数年以来，像童年时代母亲讲过的故事一般，一直萦绕在我的脑际，挥之不去。

石开就是因为这方印，一直吸引和纠缠着我，因此，在书籍报刊上一旦发现他的印

作，便免不了要细细把玩一番，试图从中重温那种感觉。事实上，每次面对他的印作，总会被他的印面所显示出的那种由诡异而不乏古意的线条所营造出的富有现代生活气息的艺术氛围所感染和打动。

对工整一路印风，石开似乎从不染指，他完全痴迷和倾心于富于他个性语言的写意印风的创作，在散淡、漫不经心之中透视出一种瑰丽和机巧。他的印，表面上看起来粗疏、荒率，纵横歪倒，不衫不履，三分慵懒，七分醉意。但仔细品味，却又精致、细腻，纵横有象，风神洒落，三分幽默，七分含蓄。

其实，习惯于欣赏工整秀丽一路印风的人，大多看不出石开印作的妙处，甚至会被曲解为不会治印者所为。在这一点上，石开的印作有点像于明诠的书法，有的人将于的书法视之为"小学生的作业"，斥之为"无法之书"。其实于明诠的书法所注重的就是"无法之法"的天趣显露，只是看惯了二王、唐楷的眼睛无法窥见他书法当中蕴含的稚拙之美。石开的印作亦时时会有这样的遭遇，但石开显然早有所料，他说："如果我的作品不能很好地被人所理解，问题不外乎在两个方面：要么我所设计、编造的密码太艰涩，或是被贮入的信息不足以感人；要么就是读者尚未找到解译该密码的方法，设计或已成功，译者则须努力。"石开这句话既有对自身创作的理性的分析，其中也不乏作为锐意创新者的那种高蹈与自信。

石开用篆多从砖瓦和古陶文及汉碑额中获得启发，其中尚不乏缪篆及鸟虫篆的奇丽，冷艳中不失生动；章法上尤注重朱白的对比，巧妙利用文字结构的空间关系，闪挪腾让，使之透出许多灵气；刀法上将傅抱石的"披麻皴法"引进嫁接，刚柔相济，虚实相生，追求一种奇瑰幻美之境，看似近俗，实则极雅，此实为他的胜人之处。三法合而为一，便共同构成了石开印作高古、奇诡、冷逸、散淡而又不乏艳丽的艺术特征。

石开治印还有一个与众不同的特点，即喜欢以一些生活化的词句入印，颇具平民生活的市井情调。如"猪肉炖粉条"、"长发哥哥"、"嫁女心情"、"鸡蛋孵出凤凰"等等。他这种贴近现实生活的语言用古老的篆刻形式来体现，可谓之为"旧瓶装新酒"，古与今、新与旧、文与野、雅与俗，借助于刀石达到了和谐统一。平心而论，这也是石涛"笔墨当随时代"的艺术主张在篆刻家身上的具体体现，也是篆刻从上层建筑、书斋雅玩走向平民化的一次重要的尝试，也是一次成功的尝试。这比那些从内容到形式复制古人般的印人岂不高明许多？

观石开的写意白文印，便不禁令人轻轻吟哦起宋代理学家邵雍的《清夜吟》："月到天心处，风来水面时。一般清意味，料得少人知。"石开一向高标自许，他内心深处的那份隐士般的孤傲与矜持，倘以此诗解之，倒似恰切。

石开的某些朱文印作品较之他的白文印就显得有些气息孱弱，那份特有的冷艳与奇诡便多少打了一些折扣。但有的朱文印作却丝毫不让白文，如他的那方随形朱文印

《玉逍遥》,随形就势,意象丰富,线条极具质感,字法篆隶相济,章法大小参差,刀法虚实相生,真似印人在刀石撞击的嘎嘎声中步入庄子所描述的逍遥之境,无所谓今,无所谓古,有的只是篆刻家对艺术与人生的那份追求与向往之情……

当代篆刻二十家系列评论之三　林健

林健,1942年生,福建省福州市人,著名书法篆刻家。师事沈觐寿、陈子奋两先生。致力研讨秦汉篆隶,能融于刻印之中,追求雄劲奇肆的风格。作品风格强悍中杂调皮之状,开合处有幽默之趣。出版有《篆刻字汇》、《补砚斋书法篆刻》等。

林健篆刻作品

论及当代篆刻,林健无疑是一位不可不提的人物,他的篆刻曾受其师陈子奋的影响,但最为明显的师承,当属齐白石和吴昌硕。林健的印作善于造险,印面文字在造形处理上均有向左倾斜的明显特征，在增加画面动感的同时，也会产生使印面失去平衡的危

险,但他能够采取一些特殊的补救措施,从而转危为安,化险为夷。他巧妙地把两汉金石文字用类似汉金文的篆隶相合的手法进行融通变化,字形纵横交错,笔画方圆结合,结体篆隶相参,以自己对入印文字的独特理解进行极富个性的优化组合,审美感觉上有一种古中透着新、新中含着古的奇丽矫健之感,颇为招人眼球且极耐品读。

林健篆刻,尤具白石老人的劲健与猛厉,那种纵横往来、长驱直入的线条恣肆雄奇,甚得齐氏之精髓。为取精用宏,自成家薮,他自少壮始,即广泛搜集汉金文,多方揣摩研练,从不懈怠。打下较为厚实的汉金文基础后,他将自己的注意力集中到了对吴昌硕、黄牧甫等的研究方面。经过一番打磨,他得到了吴昌硕的苍浑与大气,也得到了黄牧甫的洁净与凝练。之后,又跨过近代诸家而上溯秦汉,竭力追寻秦汉印特有的那种古朴典雅而又奇诡多变的韵味。左右逢源,上下求索,终能脱略蹊径,自成一格,卓立印林,且从者如云。

林健对书印曾有一段精彩的论述:"书法、篆刻以线条为生命,文字之线条与造型相辅相成,线条形迹与作品风格息息相关。线条精善美,令人有入木三分之感,此非三年五载所能修成,故有一下笔便见功夫之说。倘若只图形式折改翻新,或可惊诸凡夫,一时风行,却因才力不逮,易被他人套用,欲求久远流传,谈何容易?故创新者旨在创线条之新,苟能于寻常一画之中,别具筋骨风神,即可终身受用不尽矣。"我们读他这段话的同时,品赏其印作,谓为信然。

当代印人,在文字方面取法较广,这完全得益于诸多文物的大量出土,举凡甲骨、钟鼎、石鼓、泉币、诏版、权量、古陶、砖瓦、墓志碑刻等均有效纳入了当代印人的视野。而完白山人邓石如作为取法汉篆的先行者,主张"书以印入,印从书出",这无疑对后来者如吴昌硕、齐白石影响甚大,吴、齐二位在篆书与篆刻两方面均自出机杼,达到了一定的高度,且在书与刻的内在联系上能够互为表里、高度统一。

而林健所尤为着力的便是"印从篆出"。他的字形的起伏开合、线条的互相穿插以及俯仰曲直、粗细、疏密等等的处理极富创见,他一方面讲求字法的渊源来由,一方面又善于安排变化,在示人以新鲜奇丽的同时,不乏古雅之意的流露。既重传统功力,又富丰富想象,殊为难得。

很多印家治印,在朱、白文的风格统一问题上,往往令人颇费踌躇,但林健在这一问题上却是个例外。他的朱白印风格一致,线条的质感亦不相上下,我们只要看看他的朱文印《与天地相翼》、《行云居》、《淳风》、《游于艺》、《惟精惟一》、《天风海涛》和白文印《与天地相翼》、《心无墨碍》、《长风荡海》、《花开见佛》等,即会明显感觉到这一点,其之所以能此,乃源于他对入印文字准确的把握能力与刀法的协调配合使用。观林健印作有一种诸葛军师进入铁甲森严、戈戟林立的吴营之中,虽身处危难,却能履险如夷,谈笑风生,刚柔适度,进退有据,全赖机敏与睿智。其中学养、见识、胆魄三者不可缺一。

当然，即使智慧如孔明，亦有算不到处。林健作品笔画的繁复排叠和一些夸张的手法虽有助于造势，但却流露出笔墨韵味的不足，而刀法的单一，就使得他的作品线条不无僵化直白之嫌，某些作品动态有余而含蕴称欠，这对林健而言，显然是优点太过便成了缺点，不能不说是一个遗憾。

当代篆刻二十家系列评论之四　刘一闻

刘一闻，原名刘沪声，斋号别部斋、得涧楼。祖籍山东日照，1949 年12月生于上海。中国书法家协会第五届理事会理事、篆刻委员会委员，西泠印社社员，上海书法家协会副主席兼篆刻委员会副主任，上海博物馆研究员。幼受庭训，书法、篆刻得艺坛前辈潘学固、苏白、方去疾、方介堪、商承祚等教诲。20世纪80年代初崭露头角，并逐渐形成其典雅清逸的独特艺术风格。1987年在沪成功举办“刘一闻书画篆刻展览”。作品曾多次入选全国书法篆刻展、全国中青年书法篆刻家作品展等。

刘一闻篆刻作品

刘一闻《别部余话》云：“在艺术上，认识是第一位的。只有认识精准，那围绕于整个艺术的创作活动、思维活动才会准确。这样，结合实践，临摹或创作时就始终有一个准绳，这个准绳不是别的，就是你自己。”他是这么说的，也是这么做的。

面对刘一闻的印作，如对谦谦君子，一幅举止风雅、文质彬彬之态。仔细品读，有一种清新淡雅之气隐隐扩散开来，沁人心脾。

刘一闻篆刻既不似规矩整饬一路印风的四平八稳，也有别于时下流行的那种粗野荒率、大开大合的印风，他的印作在儒雅、文静与大气中透出几分风趣与俏皮，自有引人入胜处。

刘一闻曾得海上印坛名宿来楚生、方去疾等先生点拨，宗秦法汉，兼及明清，打下了很好的传统印学功底。但他并不以此为满足，旋即投于方介堪先生门下，立雪程门，好学不已，其对篆刻之钟情当可从中见之矣。

刘一闻篆刻在古文的取法方面范围很广，但受侯马盟书、秦诏版和新嘉量铭文之影响尤为明显，光洁圆润、纵横游移之中夹杂稍许尖削锐利之笔，以增加字形的灵动之感。他无论以战国文字、瓦当文字还是镜铭文字入印，皆能力求使印面在冲淡平和之中透出几分灵逸之气。他在文字的取舍方面有着自己独特的审美理想，他在字形的处理上并不作刻意的夸张变形，而是尽量在保持古文字原貌的基础上作相应的印化处理，使之妥帖、自然、生动、和谐。

刘一闻在章法的处理上亦很有特色。他也并不刻意地去安排疏密来加大印面的"视觉冲击力"，而是以纵横排叠的线条布置先定出一个大的平稳疏淡的基调，再稍稍穿插和夹杂一些斜线、短画以及一些"钉头鼠尾"状的线条来丰富画面的空间变化，进而增加作品的耐读性。

刘一闻在运刀上亦很精到、细腻，或冲或切都不温不火、自然含蓄，控制得十分到位。他那种驱刀如笔般的手上功夫的确是令人为之叹服的，犹如大将用兵，从容不迫，胸有成竹，在举止谈笑间攻城略地，变化风云。因此，他的作品在字法、章法、刀法的高度协调配合之下显示出一派传统文士特有的书卷之气。他治印似乎很少有那种后期的制作痕迹，诸如刮削划磨敲等等手法并不多采用，而是在刻治的过程当中注重如用笔书写的一次性成功。从这个角度而言，刘一闻的用刀无疑是具有独到之处的。他这种突出"刻"而尽量避免"做"的刀法意识，无疑承袭了前人用刀的原创之味。他的印面亦不多施残破，尽量保持印章的完整与光洁，这与黄士陵印风颇有相通之处。这显然与他本人的个性、风格审美追求是相一致的。

刘一闻印作在线条的设计上多以纤细为主，很少有粗壮肥厚之失。小篆的婉转灵通，镜铭的清丽雅静，玉印的光洁劲挺，都在其印作之中得到了较好的体现。惜墨如金，以瘦硬清峻为尚，疏朗文雅，借金石抒写人生理想。

刘一闻自言："和书法创作一样，对印章创作的要求也应该是：一要有难度，二要有高度。诗化的艺术境界，是每个创作者都着意追求的；但要达到这个理想之境，真是谈何容易！对大多数实践者来说，能够获得创作上的基本要求已属难能，所谓心手双畅者，古来又有几人？"他一语道出了篆刻创作的"玄奥"与艰辛，自己也力求从理论的高度去认识和诠释篆刻艺术的真义。他著述甚多，其中如《中国印章鉴赏》、《一闻艺话》、《印章艺术及临摹创作》，行文纵横披阖，多有独到创见，读来启人心扉。

东坡诗云："谢家夫人淡丰容，萧然自有林下风。"刘一闻篆刻所呈现出的正是这种恬淡、萧散、灵逸、自然的儒雅风范。品读他的作品，毫无剑拔弩张、张牙舞爪之态，让人在

平静安详的氛围中去感受刀石相撞的幽静之美。刘一闻近年作品在运刀上有太过沉实之弊，少了一些虚旷之韵。尽管如此，但他仍不失为是一位成功的印家。

当代篆刻二十家系列评论之五　李刚田

李刚田，1946年3月生，河南省洛阳市人。其书法篆刻作品以及论文多次入选全国重要书法篆刻活动，并多次被聘为全国重要书法篆刻活动评审委员。著有《李刚田书法集》、《李刚田篆刻选集》、《边缘断想》、《隶书教程》、《篆刻教程》、《篆刻初步》、《中国当代篆刻名家·李刚田卷》等。现为中国书法家协会理事，中国书协篆刻委员会副主任，西泠印社副社长，中国书法杂志主编，河南书法家协会名誉主席，河南中国书协书法培训中心教授。

李刚田篆刻作品

篆刻之于李刚田先生，无疑属于一种招牌式的艺术专长。而李刚田又显然不是那种一般意义上的只会操刀刊石的作手可比。他更是一位集书法、篆刻、理论于一身的学者型艺术家。

由于李刚田在篆刻方面所取得的非凡成就，人们将他与韩天衡并称，谓为“南韩北

李”。李刚田的崛起印坛是与河南在全国书坛的崛起同步的。河南因为李刚田的存在而大大提升了中原印风的艺术品位，而河南书坛的整体崛起也进一步造就了李刚田在全国印坛的重要地位。

李刚田篆刻走的是平实儒雅一路,他的刀下,汉满白文印的敦厚朴实,黄士陵的光洁挺拔与气韵畅达都尽情显露,但他能将二者互相融会结合,并参以己意,收到了淳厚古雅而又通俗耐品的艺术效果。

李刚田篆刻创作中的审美理想,多呈现在他对入印文字的取舍方面。在艺术观念和技法技巧上,他尤为心仪黄牧甫。而黄牧甫是继邓石如与赵之谦之后,极力扩大篆刻文字取法范围并卓然有成,开印坛之新境的人物。在他们的努力实践下,为现当代篆刻引出了一个包括三代吉金文字在内的文字素材吸收并经一番印化处理然后入印的全新的命题。这一命题的提出,一方面提高了印人对入印文字处理消化能力的要求;另一方面,也给篆刻在现当代形成多元化风格拓宽了路子。篆刻在这种勇于创变的思想影响下,实质上面临了一次新的发展机遇。

而李刚田先生对此显然具有深刻的认识。他这样说道:“篆书不经印化,而用之于印则乏金石意,纯用摹印篆又觉刻板少生气,兼而用之,合而化之,可兼得厚重灵动之美,然欲浑然天成则大难矣。”李刚田在这种思想指导下,不仅能够利用自己对入印文字较好的变通能力将同时代文字兼而用之,又能大胆取法,不为时代所限,将大篆体系当中的文字广泛融入于整饬平实的汉印当中,平添几分机趣和虚实变化,着意突出印面的疏密对比,营造奇正相生、动静相宜的艺术效果,由此可见其“合化”能力之强。

比之刘一闻篆刻的清丽瘦劲,李刚田篆刻显示的是一种雄深浑朴的阳刚之气。奇丽多变的结体和厚重劲健的线条经过极具匠心的章法处理,再辅之以气势磅礴的刀意,使其印面富于变化，在起伏开合间获得了极为逮人眼球的视觉效果。他的白文印《李刚田》、《行者》、《素心独处》、《有恒者》、《自胜者强》等从形式到内涵,均韵味十足,耐人品读。较之他运用娴熟、悠游自如的白文印,他的朱文印创作似嫌稍弱,但又不可一概而论,其实他的朱文印如《纵横一气走风雷》、《希夷微》、《老子》、《一意孤行》、《老雕虫》等尤为精彩。其用刀上的那种爽利劲健之感,甚得齐白石刀法之三昧,但其含蕴之态似有过之。其余如《万寿无疆》、《食有鱼》、《神游四方》、《游目骋怀》等几方朱文印,在用刀上与上述几方朱文印迥然有别,其线条所呈现出的温润与光洁劲挺,甚得黄士陵之妙,但其中亦不乏个人性情之流露。他的这一路朱文印,正好真实地反映出了他对黄士陵印风的心仪与提炼,让人在一种似曾相识的感觉中读出他化古为我、移花接木的无尽妙处。

与明清印家一样，李刚田对自我篆书风格的着意塑造也处处显示着他作为一位理论型印家的智慧与机敏。他的小篆、楚篆与魏碑一路的行书,在精神格调上显然是一脉相承的。虽不求大的反差,从表面观之又很富于理性,但细细品读,内中又蕴涵着许多精

微的变化。

李刚田尽管在后来的创作中出现了一些习气，某些印作生硬刻板，手法单一，且渐趋程式化。但毕竟他的前期与中期的创作表现是值得印坛大书一笔的。他的印在师古与求新之间找到了一个恰当的切入点，正是“女娲炼石补天处，石破天惊逗秋雨”。他的篆刻使他当之无愧地列于当代大家之列，令人敬仰。

当代篆刻二十家系列评论之六　马士达

马士达(1943—)，书法篆刻家。别署骥者、老马、玄庐。祖籍江苏涟水，1955年移居江苏太仓。上世纪60年代初开始自学书法篆刻，因无人指点，进步甚缓。后蒙吴门诸公赐教，尤以受沙曼翁、宋季丁二位先生启迪，影响既久且深，始有进境。南京师范大学美术系副教授，中国书法家协会会员，江苏省书协理事，西泠印社社员，沧浪书社社员。书法、篆刻作品曾多次参加国内外大型艺术展览，曾在全国书展中获奖，并获得过全国中青年书展优秀作品奖、日本产经新闻社第七回国际书法大展优秀作品奖、海峡两岸书画名家作品联展二等奖等较高奖项。

马士达篆刻作品

在与韩天衡、李刚田、王镛、石开等并列的同辈印家当中,马士达的篆刻作品似乎是最具有阳刚之气和"视觉冲击力"的。马士达治印主张"刻、做、钤一体化",充分利用一系列的制作手段来完成单纯的冲、切、削所不能达到的那种奇诡变幻、斑驳陆离之境。

马士达富于激情,注重制造矛盾、突出矛盾、化解矛盾。其入印文字结体的大小攲正,线条的长短、粗细、方圆,章法的起伏开合,刀法的无所不用等等特点,都在他的作品当中尽情展现。他说:"我所理解的艺术创作,是一种以个性对抗共性的感情体验,因此作品本身必须具有独立不羁的个性特征与对人生况味的深刻品尝。故而,我一向固执地认为,时下印坛好以'流派'二字来标举明清篆刻的承传,似乎有悖于严格意义上'创作'二字的本意。"这番话讲得真好。其实,无论"浙派"也好,"皖派"也罢,无非是在篆刻三法(字法、章法、刀法)方面因侧重点不同而呈现出迥然有别的面貌(风格)而已。对于当代社会背景下日益求新求变的篆刻创作而言,似乎再无必要囿于某家某派,而更应将各家各派的优劣得失进行分析比较,进而融入自己对篆刻的独特理解,从中挖掘并提纯出一套既相对稳定又不拘一格的篆刻表现手法来。

马士达认为,铸印厚重,凿印劲利,新印光洁完整,旧印斑驳温润,各显其长,非单一的刀法所能勉强达到。而古印、封泥的那种残损斑驳与奇诡多变,又不是一次性的凑刀即可完成,必须辅之以后期的"做"、"钤"手法,多种因素综合运用,既可避免如黄士陵追求新印的完整光洁而导致的单薄,又可避免吴昌硕因过分追求如旧印般的残损斑驳所造成的臃肿。其实所谓黄氏的"单薄"与吴氏的"臃肿"也只是一种相对的说法。马士达无非是想从黄士陵和吴昌硕处获得一些启发,从而梳理出有别于他人的一套做印手段而已。事实上黄士陵与吴昌硕都是各自艺术主张的忠实践行者,而且各自都能总结出一套适合于表达自己审美理想的刀法,给后世印家树立了新的典范。

马士达在字法上以秦汉文字为主,着意于朴厚大气的意韵开掘;章法上强调疏密对比,大起大落,注重空间变化;刀法上在吴昌硕与齐白石的基础上更富诡异变幻之势,将吴氏的苍辣、齐氏的猛厉与自我心线融为一体,营造出了朴厚空旷、猛厉奇伟、撼人心魄的审美意象。如同诗鬼李贺的诗,出语不凡,意境超然,别具一番神韵。

中国哲学讲究"大智若愚"、"大巧若拙"、"大音希声",而马士达在他的篆刻天地里,始终以一种迥异时流的独特识见,表达着一种拙朴天真中透着厚重之气的精神追求。品读他的印作,我们不仅能了解到他对古典哲学的认知和诠释,更能直观地体察到他憨厚真率的性情在刀石之间的自然流露。比如他的印作《古调自爱》、《逸于作文》、《铜古人三镜》、《食古而化》、《何敢盗名欺世》、《物外》、《生欢喜心》、《老悔读书迟》等等,或则天趣自露,或则雄浑大气,或则憨态可掬,或则庄严肃穆,或则诙谐风趣,皆能随机所适,出之自然,非故作姿态、刻意变化者可比。

马士达篆刻无论朱白,在印边的处理上极具特色,他能将印边的刻制放到与印面文字同等重要的位置来对待,在方圆曲直、虚实离合之间与文字造型浑然一体,此实为其

过人处。

观马士达印，其拙朴苍辣不在王镛之下，颇有《雷霆霹雳》、《金戈铁马》的壮丽之象。遗憾的是，他一方面大力倡导“印从书法出”的艺术主张，一方面却未能形成面貌独具、富有个性化的篆书风格。作为具有向大师冲刺之潜质的马士达来讲，其篆法的单调平庸无疑是他前行道路上的一大障碍。但马士达的创新精神和独到造诣，却已将他推向了当代篆刻家的前列。

当代篆刻二十家系列评论之七　苏金海

苏金海，1952年生，江苏南京人。字博生，号长山亭长。斋名三省室、八百草堂、盉山精舍。书法篆刻作品参加全国及国际性展览60余次。作品被收入《当代中年著名篆刻家作品选》、《中国当代篆刻家作品集》、《中国现代美术全集·篆刻》、《历届全国展获奖作者书法集》、《二十世纪名家楹联墨迹大观》等80余种专集。2001年获第四届南京市政府文学艺术奖。出版有《齐白石丁二仲经亨颐简经纶来楚生印风》、《苏金海印集》等。现为中国书协篆刻委员会委员、西泠印社社员、南京市书协创作委员会主任、南京印社副社长兼秘书长、江苏省甲骨文学会篆刻研究部主任、南京艺术学院书法专业特聘篆刻导师、《印说》副主编、《甲骨天地》副主编。

苏金海以一手甲骨文印擅名印坛，其作严谨、细腻，静谧隽永，气息高古，在当代印林独树一帜，于一片声嘶力竭、大刀阔斧的创新求变的时代风潮当中，在慧眼独具、悄无声息的自然挥运中，完成了自我形象与风格的塑造。

从苏金海三十多年的甲骨文印章创作历程来看，有一个并不算短的时间跨度，但他一以贯之地坚持了下来，一直保持着一个十分纯正的路子，风格探索上没有大的摇摆。他的这种集中一点进行突破的创作研究方式，使他的甲骨文印显得很纯粹。苏金海的篆刻，堪称是当代印坛上谨严精细印风的突出代表，字法纯正，古意盎然，线条光洁利落，章法平正细致，在同类型的印家当中，可谓无出其右。他自始至终，以一种较为稳定的风格默默地感染和打动着欣赏者，从而给人们留下极为深刻的印象。

但苏金海对甲骨文印创作的这种数十年“一贯制”，在保证其纯粹性与稳定性的同时，也因此引起人们对他的一些误解。有很多人认为，他的印风前后面目相同，毫无变化。其实这只是一个简单的大致的印象，事实上他的印风一直在发生着细微的变化，但

从几方印作当中却不易感受到，如将其先后多年之间的印作统而观之，便可以从中看出其风格上的明显变化。

苏金海的篆刻创作大体可分为三个阶段。20世纪70年代为探索时期，80年代为创作的初始时期，90年代至今为风格的成熟时期。

苏金海篆刻作品

在探索时期，每个人都要面临一个继承传统的问题，而苏金海将自己的创作植根于秦汉印体系的梳理与研究方面，很多作品都明显倾向于平实敦厚、劲利刚健一路，用刀上也多以黄士陵刀法出之。这一时期的甲骨文印明显恪守着秦汉印及黄士陵的家薮，文字造型还停留在模仿前人的层面上，没有很好地进行自出机杼的“印化”处理，故缺乏明显的个人风格的显露。进入80年代，苏金海在甲骨文印的创作上步入了新境，其创作的作品有了个人的性情表露，无论是字法、章法还是刀法方面都有了质的飞跃，作品反映的是一种冷峻清逸而不乏瘦硬的审美感觉，从中亦能看出作者的较深厚的古文功底和与众不同的表现手法。这一时期的甲骨文印作，既有甲骨文本身的锲刻之美，又有篆刻作品特有的意韵，从中能够窥察到作者的通变化合能力。较之前期印作，此时的味道更为纯正、地道，整体上甚为和谐统一。到90年代，苏金海的甲骨文印创作已入炉火纯青之境，刀法娴熟，线条变化丰富细腻；章法处理上能因势生变，疏密开合，一任自然；字法亦很讲究，早已具自家路数，绝非那些将甲骨文字简单地置于印框者可比。无论朱文白文，皆能达到气息古雅、格调清新、风格独具、意境超然的艺术效果。

苏金海虽出道很早，但因个性等因素，反给人一种讷言敏行、不事张扬之感。论他的参展资历及艺术水准，其实并不在马士达、石开之下，但他在印坛上的影响似不及与他同时出道的一些印家。他的清瘦一路的甲骨文印风，在展厅文化"韩流滚滚"、"石浪滔滔"的特殊背景下，有一种遗世独立、格格不入的感觉，对于热衷于创新求变、竭力追求感官刺激的印坛缺乏较大的冲击力。这种古雅含蓄的印制似只能得到少数钟情者的首肯。而苏金海在甲骨文印创作方面的"不乏固执"的默默坚守，反映的是传统士人的学者情怀。他的成功，无疑在甲骨文印的创作上给后世留下了一个具有典型意义的范式，也有力地提升了甲骨文印的艺术品位。

苏金海的意义更在于向印坛表明，单纯的一贯到底有时要比刻意的创新求变更具有文化品位，在"不变"中求变，也不失为篆刻出新的一条可行之路。

品读苏印，便让人想起杜工部"书贵瘦硬方通神"的名句，大道无形，大味至淡，淡到无言最可人，此中真义，苏氏得之矣。

当代篆刻二十人系列评论之八　祝竹

祝竹，字竹斋，1942年生，江苏扬州人。篆刻家、画家。早年在江苏省新闻专科学校读书时，曾随南京艺术学院丁吉甫、罗叔子先生学习篆刻。1964年回扬州从事新闻工作，为扬州著名记者。同时潜心篆刻，师事扬州印坛名宿蔡巨川、孙龙父等先生。任邗江县政协文史委员会主任，兼及印史印论及金石碑版之学。曾参与点校《嘉定钱大昕全集》等古籍。现为中国书法家协会会员、南京印社理事、江苏省甲骨文学会理事。作品参加第一、四、五届全国篆刻艺术展，参加当代篆刻艺术大展。出版有《中国篆刻史》、《祝竹印谱》、《汉印技法解析》等。相关评论收入荣宝斋出版社《篆刻批评》(当代卷二)。亦擅绘事，专攻写意花卉。曾在扬州博物馆和北京画店举办个人画展，2007年在扬州举办金石缘——祝竹、顾工、朱天曙师生作品展。

祝竹先生治印在当代印坛独标一帜，其作以清逸灵动、温润淳厚示人。他的印作既有秦汉印的古朴，又具明清印的峭丽，同时尚不乏当代印风的灵巧。祝竹先生的篆刻作品，有一种变化无尽的空间感，用字自然大方，不有意讨巧，取意在工放之间，看似平实，却又耐人寻味。印面文字很少作夸张变形，但线条组合并不显单调刻板；章法能因字赋

形,随形就势,虚实相生,疏密自然。用刀不温不火,冲切并施,一派浑穆之象。

当代篆刻的总的审美特征是以写意印风为主,追求雄浑大气、奇逸多变的艺术效果。某种程度上已突破了传统的“印宗秦汉”的取法范围,在秦汉印、明清流派印现有的各种风格范式挖掘发挥得淋漓尽致的基础上,进行着新的探索。从字法上来讲,举凡碑碣、石鼓、诏版、权量、瓦当、古陶、汉简等等文字皆可经过一番通变印化,拿来入印,营造出全新的艺术效果。章法上也大胆吸收大写意画与现代书法的一些形式构成因素,强化疏密对比。刀法上则在冲切并施的基础上,又掺入一些新的技法技巧,举凡刮削划磨敲等等手法无不用之,甚至在钤印的过程当中也极为讲究,诸种因素互为作用加大了作品的信息含量。但不可否认,当代篆刻创作在较之前人有所突破的同时,也明显暴露出一些不足。片面地追求创变,导致很多印人对传统打入不够,跟风现象较为严重,缺乏对篆刻文化精神的深层把握,形式上虽五花八门,但内在蕴涵明显不足,很多作品虽能在瞬间内招人眼球,但却不耐品读。

祝竹篆刻作品

而祝先生的篆刻创作却能够祛除上述弊端,他在广取博收前人优点的同时,尤为注重个人风格语言的锤炼,有着非常清晰的指导思想。他说:“对于古人,我们不得不心存敬畏,但事实上,每个从事文艺创作的人,又总是在想着要超越前人。与其说这是一种时代责任感,不如说这是人的一种本能。我们这个时代让人们充分认识了这种本能,并且上升为一种理性的自觉,从而产生了超越古人的创新精神和创新潮流。我们这个时代的弱点则在于,人们让这种本能过分地膨胀了,由自负而迷恋,以致乱了方寸,反而损害了

自己的创新能力。”他对当代篆刻创作现状的这种理性分析，甚为中肯。我们从祝先生几十年的篆刻创作历程来看，他无疑是一位有着独立文化品格追求的篆刻家。他“不求与古人同而不得不同，不求与古人异而不得不异”，在片面追求创新而反致风格面目趋同的当代印坛，殊为难得。他的篆刻虽属写意一路，但却很少有时下的喧闹与浮躁之病，观其印作，便不难从中感受到一种宁静安详的冲和之气，在古意盎然的风格统摄下，自然展现着自己独特的审美理想。

祝竹先生的印作虽在本质上是以古典印风为依归，但他贵在食古而化，能化他为我，亦不刻意求形似，不做四平八稳状，方寸之内富于变化。一些印作在气息上酷似古人，但在表现手法上却具有着青年印人特有的时代感，如《山阳顾工字欲善五方斋所得》、《书生之福已多》、《不效邻家鸣声》、《吕欢呼》、《何不秉烛游》、《兴来小豁胸中气》等几方印即是。

祝先生在篆刻上创作与理论并举，互为促进，造诣独到，令人激赏。他的印，近“工”而不流于板滞，近“写”而不失之“粗野”，古典传统印风的雍容典雅与现代审美的灵巧多变在他的篆刻创作当中得到了近乎完美的统一。但他的一些印作因有意追求面目上的差异，试图从审美感觉上示人以不同的线条意象，在风格上却稍欠统一。这其实也是目前很多印人共同面临的问题。“守常”与“求变”的尺度与分寸的把握始终是考验一个印人功底深浅、见识高低的关键。而我们面对祝竹的篆刻作品，当中虽不乏一些小小的遗憾，但从他的作品中却可以获得从继承走向创新的某种启示。

当代篆刻二十人系列评论之九　徐正濂

徐正濂，以徐正廉行，号楚三，1953年生。1971年从田桓先生学书法，1972年从钱君匋先生学篆刻，越三十年而所刻迥异师风。作品入展三次全国书法篆刻展、五次全国中青年书法篆刻展、四次全国篆刻艺术展、三次西泠印社全国篆刻艺术评展等，在第二届兰亭奖评选中获奖。出版有《当代中青年篆刻家精品集·徐正濂卷》、《徐正濂篆刻选》(日本版)、《徐正濂篆刻偶存》、《诗屑与印屑》；与人合著有《徐正濂师生篆刻选集》、《中国历代玺印精品博览》等。现为中国书法家协会篆刻委员会委员、中国艺术研究院中国书法院研究员、中国篆刻艺术院研究员、西泠印社社员、上海市书法家协会副主席等。

徐正濂是当代印坛的一员健将，他的印作无论字法、章法、刀法，还是自身对篆刻的理解，都与其他人拉开了很大的距离。将他的作品置于众多印家作品当中，一眼即可辨认出其作，由此可见其自我风格的独特。他的印作，不刻意讨巧，而重在生拙意味的体现，力避熟俗，嘎嘎独造，刀意笔意合而为一，个人性情得以显露。他的印风曾一度引起众多青年印人追慕，然得其皮相者多，窥其堂奥者少。

徐正濂治印得益于钱君匋，他的一些印论文章明显受钱的影响。从他的印作，我们不难看出除明显受钱君匋影响之外，刀下既有来楚生的生辣与爽劲，又有黄牧甫的温和与静气。但他这种生辣与爽劲、温和与静气又是内在气息上的，其中又融进了徐氏自己对篆刻本质精神的独特理解。

徐正濂篆刻作品

他的作品有一个很明显的外貌特征，即朱文印大多采用秦玺的阔边，但又绝少四平八稳、正正方方，或以攲侧取势，或以宽窄粗细加以变化，印内文字则随形就势，因势生变，憨态可掬，从中透出一些风趣与幽默之感。白文印宽博大气，章法安排富有匠心，每方印都似有一个逮人注意力的"关键点"(人们通常所说的"印眼")。他在字形的处理上最具有符号性的手法是，注重长线条的纵横排叠，但又多以攲侧出之，力避呆板与僵直，中间辅之以斜线穿插和短线条及散点的排布，使印面生动、自然，力求无造作之气。

他在章法上追求一种奇丽诡异的意象，试图与打破通常篆法的逆向思维的文字造形相结合，再辅之以猛厉生辣的刀法来体现印作的天真稚拙之气。但由于过分的用心，他的一些印作实质上没有收到理想中的效果，多少有一点勉强与刻意。

从整体上来讲，徐正濂篆刻理性大于感性，印风虽很和谐统一，但手法上未免失之单一，每方印之间的区别不大，给人的视觉感受颇为雷同，这就使他的作品的通变性与观赏性打了一些相应的折扣。惯用手法的连续使用，一方面有助于印人自我风格的确立，但另一方面也容易陷入故步自封的局面。古法用之太过，固然可以束缚自我个性的发挥，但"我法"的用之太过，也同样会导致作品范式的僵化。

字法、章法、刀法三者之中，徐正濂皆有独到的理解与表现，他的印更多地注重现代社会日趋丰富复杂的人生情感的表达。观他的印作，有一种压抑之下的挣扎和快意当中的迷惘之感。

徐正濂擅长印论及批评，他的创作也基本达到了与印论对等的境界。这是一般印评家所不易达到的。或许正是他理论与创作的双向掘进，才确立了他在当代印坛的重要地位。

徐正濂的篆刻，给人印象最深的是他对印作局部(细节)的精心刻画，其中刀意流露尤为明显。他印作当中的这些富有情趣的"小动作"，如同影视剧当中的一个个特写镜头和相声小品当中的一个个"包袱"，既有深化主题之效，又能给人以会心一笑，这就是徐正濂的独到之处。

徐正濂在篆刻方面，将刻印、撰文、授徒三者结合起来，不失为一种充满智慧的选择。以刀耕不辍来检验自己的理论认识，然后再以不断升华的理论修养滋养和提升自己的创作品位，而授徒则可以收到教学相长的特有功效。三者合一，将对进一步扩大自己的社会影响十分有利。徐正濂印论短小精悍，构思巧妙，语言风趣幽默、简练犀利，讲得很中肯到位，具有很强的可读性。其文发表量大，影响甚广。他这种文风，无疑也是他的印风的一个有力支撑。文风、印风与为人作风的高度统一，将他的篆刻家形象塑造得独特而丰满。尽管他近年在一些作品中流露出语言平俗直白、篆法过于随意、用刀荒率等等不足，但他仍不失为一位成功的印家。

当代篆刻二十人系列评论之十　朱培尔

朱培尔，1962年生于江苏无锡。现任中国书法杂志社执行编辑、主编助理，全国中青年书法篆刻家作品展评委，中国书协会员，西泠印社社员。书法篆刻作品入选第一、二、三、四届全国篆刻展，第四、五、六、七届全国书法展，第三、五、六届全国中青年书法篆刻展，并在第三届中青展中获奖。曾担任第七、八届中青展评委。出版和主编《中国二十世纪书法经典·吴昌硕卷》、《当代青年篆刻家精选集·朱培尔卷》、《朱培尔山水小品集》、《当代著名青年书法家精品集·朱培尔卷》。2001年在广东举办"豪逸情怀——朱培尔山水、书法、篆刻及艺术成就展"。

朱培尔篆刻作品

在当代很多中青年印人当中，朱培尔是较早引起我注意的一位。他的篆刻很富有个人特点，生动自然，意象诡奇，字法、章法、刀法三方面都能依据不同情况加以灵活变化，在保持大体基调稳定的前提下，尽量追求一印一貌，给欣赏者以各不相同的视觉感受。尤其是他的那些朱白相间印、多字界格印、佛语印，构思奇巧，章法布局变幻莫测，在零零碎碎的既雕既琢当中用一种古拙生辣的气息使印面显得和谐统一。因此，他的这类作品，既具有强烈的视觉冲击力，在瞬间之内即可打动观者，又具有可供细细品读，耐久玩索的艺术品质。方寸之内，能有此功效，诚属不易。

面对朱培尔的印作，一种具有原始意味的拙朴、雄浑、苍茫及朦胧感会迎面而来，那种挥刀劈石的嘎嘎独造之声如在耳际回想，令人精神为之一振。他在用字上，将篆、隶、楷（魏碑）互相融合，施以夸张变形，体现粗犷、野逸、雄强、恣肆、高古、浑朴的奇妙意象；布局上也没有那种刻意的大开大合状，看似自然随意，不事经营，但实际上却蕴涵着作者丰富的人生情感和独特的审美理想，是大巧若拙、大智若愚、大朴不雕的生动体现。

朱培尔篆刻的最招人眼目处，首推他的刀法：大刀阔斧，生辣猛厉，气魄夺人，其刀意的浓厚较之齐白石及当下一些用刀狠辣者似有过之而无不及。而正是这种富有表现力的用刀，使得他的作品获得了与众不同的灵气和魅力。

与所有成功的印人一样，朱培尔也经历了宗秦法汉、出入明清的传统篆刻功底的锤炼过程。他善于汲取秦汉印的拙健浑厚之气，不囿于某家某派。他早期的一些印作，虽不乏传统印作古雅之气的显露，但个人的一些奇特想法也时有表现。他有一段很精彩的话，从中我们可以了解到他对篆刻的特殊理解："由于篆刻与书法、绘画、诗词有着明显的血缘关系，在这几个方面下工夫，不仅是提高素质、修养的需要，而且对作品内涵的增加与篆刻风格的形成，有着一系列直接与间接的巨大作用。其中，书法特别是篆书在篆刻中的作用自然不必多说，即使是看似与刻印无关的草书，除了也可以入印以外，它创作过程中笔锋的瞬间转换，运笔过程中主体潜意识的爆发，显然有助于改变传统篆刻中如起印稿、修改印面所带来的种种限制，有助于篆刻家主体情绪的体现与潜意识的外化，也有助于印面节律的丰富与深化。"朱培尔篆刻奇崛诡异的特征显露显然得益于他的这种独具慧眼的见识。

书法上有"想法决定写法"的说法，篆刻何尝不是如此？"想法"决定"刻法"，凡成功的印人无不是这样。一个优秀的印人，一方面要尽量深入地打入到传统当中去挖掘、消化和积累前人的成功经验，一方面要勤于实践，善于思考，勇于突破。让自己的创作路线一头伸入古典传统的强大阵营，一头伸向广阔的未知领域，渐悟渐变，形成一套属于自己的艺术表现语言。让人观之，既有渊源来历，又有自我面目。因循守旧永无出路，盲目变法亦难成功。

朱培尔治印还有一个特点，他把印的边框与界格和印面文字的处理有机地联系起来，形成了一种大印套小印、小印含大印的独特格局。局部看起来富于变化，"一字一世界"，但整体上又能浑然一体，气势恢弘。他的印作的边框与界格的巧妙布置与特殊处理，既达到了印面线条与留白所具有的抽象表现能力，又大大强化了印作的艺术感染力。如《洞达》一类印作，朱白相间，空间的层叠环套，使印面效果奇幻多变，引人入胜。其边款布局风格亦与印面有异曲同工之妙，黑白对比明显，拙朴生辣中不时透出几许灵逸之气。

朱培尔的篆刻代表了当代篆刻家的一种勇于创变的精神，对后来者无疑具有重要的借鉴意义。

当代篆刻二十人系列评论之十一　崔志强

崔志强，字苍岩，1953年8月生。号水墨樵夫、梦华堂主、受戒胡子、二百芙蓉斋等。研习书法篆刻艺术20余年，作品多次入选国家级及国际交流展。并多次参加代表中国书法界最高水平的书法篆刻作品展赴海外展览，多次应邀到日本、韩国及欧洲参加学术交流，作品被许多国内外博物馆收藏。其书法先从汉隶入手，继而改工篆书、行书和草书。书法风格雄强恣肆、粗犷豪放，线条变化丰富，极具感染力。篆刻初宗秦汉、后学明清流派，对吴让之、吴昌硕和齐白石艺术风格的学习用功颇深，食古而化，形成自己独特的刀法和艺术风格。

崔志强作品被收录出版的有:《当代篆刻名家精品集·崔志强》,《当代著名篆刻家十人字典》、《北京七人印集》等和各种名人录、书法篆刻作品集。

崔志强现为中国书法家协会篆刻艺术委员会秘书长、全国中青年书法篆刻家作品展览评审委员、全国篆刻展评审委员、北京印社秘书长、西泠印社社员、中国书法杂志社副社长。

崔志强篆刻作品

崔志强以一种荒率、野逸、雄浑、朴拙的大写意印风在当代印坛脱颖而出，引起人们对他的广泛关注。关于他的篆刻造诣，印评家们多有中肯之论。他能够在深入研究传统篆刻经典的基础上，敏锐地洞察到当代篆刻的审美趣尚，将古典气息与现代理念巧妙结合，在王镛与石开之间找寻到一个适当的契入点和突破口，诚为不易。2007年，他作为当代篆刻艺术大展评委会秘书长，用自己的智慧，周旋于展览和人事之间，以一个艺术家的真诚和良知捍卫着权威展览的纯洁，尽量将工作做到令人们满意的程度，他的"拒贿"之举在为自身赢得掌声的同时，无疑也是对展览文化的某种警示。崔志强因此也以一种更为完美的篆刻家形象呈现在芸芸大众的面前。

由于崔志强长期在中国书协工作，身边师友众多，这无疑使他的篆刻研究具有了得天独厚的优势。当然，优越的外部条件只是一个人从普通爱好者走向成功的一个方面，而学习者本身的才智、学养、功底和刻苦程度更是决定一个人成就大小的主要因素。

崔志强有着较深厚的古文修养，他的篆书功底不同一般，在字法体势和线条的凝练苍涩方面尤具匠心。这对提升他的篆刻用字的艺术品位提供了有力的保证。其实从某种意义而言，一位印人的篆书风格是形成他的篆刻风格的重要因素，其篆书的可塑性愈强，其篆刻的通变性亦愈大，根深方可叶茂。因此，作为一位印人，一生不断加强自身的书法(尤其是篆书)修养将是一个极具现实意义的命题。赵之谦、邓石如、吴昌硕在这一方面早已为我们树立了以资借鉴效法的榜样。而当代诸多优秀印家皆依此门径而入，登堂入室，渐成大器。韩天衡如此，李刚田、王镛、石开亦无一例外。而崔志强的成功，也恰好是凭借自己的篆书实力赢得篆刻舞台的极好佐证。

崔志强是个人表现意识很强的印人，故他的篆刻审美观即是出自己意，"以刻我心"。他的篆刻虽属大写意一路，但实际上他并不刻意追求那种狂怪与张扬，他只是利用自己的一套较为独特成熟的技法技巧，来营造一种古中寓新、拙中见巧、动中有静、幽中见丽的艺术效果。他在用字上取法先秦古篆，将汉印文字的平正淳厚与金文的远古气息从格调上统一起来，使之兼具二者之美，并能将隶意楷法融入其中，或化简为繁，或化繁为简，因势生变，灵活施用，在自然开合之间使其入印文字秩序井然，便于识读，而又气势奔放，从而满足其写意印风的特殊需要。崔志强在字法上的苦心孤诣，奠定了他写意印风的良好基础。他在章法的处理上，直取古玺、秦汉印平正朴厚的体势，然后略参己意，使之参差错落，则新境顿开。崔志强的用刀是极具个人特色的，甚至可以说他的刀法是完成他个人风格塑造的一个主要手段。他用刀注重"写"的感觉，劲健爽利，沉厚而不刻板。他的线质特征有齐白石单刀硬入后一边光洁一边毛涩的效果。但齐氏在猛利中略有单薄之失，爽劲则有余，而温厚则稍欠。崔志强对此深有体悟，他在单刀冲刻后，在毛的一面又辅之以一些补刀修饰之法，使之既具挺劲自然之美，又不浅露单薄。他曾言："我刻印从来不用单刀，看似单刀就认为是单刀的朋友很多，我强调刻，毛的一面要一刀完

成略加修饰,这是我独创的刀法。”统观其印,他这种手法的采用,无疑强化了其线条的质感,得浑厚古朴之意,有沉雄华丽之非凡气象。

崔志强治印的另一特点是善于运用开合大度的斜线,加大和丰富印面的空间变化,将字法、章法、刀法紧密结合,突出刀意。在感情与法度的双重表达当中能始终掌握一个准确的分寸与尺度,既有险峻通达、超逸洒脱的情感宣泄,又能以情驭法,不流于狂怪野俗,以一种不乏理性的自信与坚守,刻写着自己的人生理想。

当代篆刻二十人系列评论之十二　戴武

戴武,1961年生于六朝古都南京。中国书法家协会会员、中国书协篆刻委员会委员、安徽省书法家协会篆刻委员会副主任、安徽省青年书法家协会副主席。作品五次入选全国中青年书法篆刻家作品展,入选全国首届行草书展,三次入选全国篆刻展,两次入选全国楹联书法展,入选中日篆刻家交流展、中国书坛新人新作展、中日篆刻家交流展、中韩书艺展、国际篆刻展、天津书法艺术节展、全国百家书法精品展、中国书画小品展、国际青年书法展等,并多次获奖。被评为安徽十佳青年书法家。

作品见诸《人民日报》、《中国书法》、《中国篆刻》、《书法》、《书道界》(日本)、《香港书画报》以及各类专业报刊,载入《中南海珍藏书法集》、《当代著名篆刻家作品集》、《当代书法艺术大成》等近百部国家出版的权威图书。2001年应邀赴粤举办个人书法篆刻展。

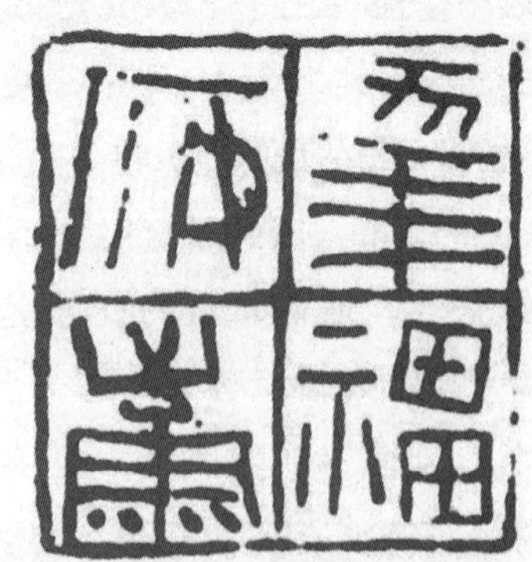

戴武篆刻作品

在20世纪60年代初期出生的一代印人当中,戴武显然属于比较突出的一位。他在早些年的国展上即以“古意泱泱,神采内藏”的极富个人面貌的篆刻作品赢得了人们的广

泛认可。戴武的篆刻明显带有一种"复古"意味,他走的是一条完全不同于他人的直逼古人、以古为新的特殊路子。

首届流行书风、流行印风提名展上,在北京今日美术馆,有位学术主持人曾这样评析戴武的作品:"戴武是复古的专家,他的拟古玺印作、拟将军印作,形神兼备,说可以乱真是绝不为过的。但是乱真不是戴武的目的,他是对'生活'作过一番提炼的。简单说,他拟古之作,都是古玺、将军印中的精品;要深刻一些地看,他在线条方面有自己的审美追求,在刻画方面有独到的技巧,所以是在自己创作观念的指导下,有传统资料的有效升华,是创造。"

戴武的篆刻有浓郁的古典气息,他摹拟古玺的很多作品,简静空灵,质朴敦厚,细腻精到。他有时着意虚化或剔除印章的底部边栏,以使与通常印作的完整方正有所区别,从而强化印面给人的视觉印象,使之甚具一番古雅苍茫、宽博通透的高古气象。他仿刻的魏晋南北朝官私印,亦呈现出一派浑穆沉雄之气,在线形力度、方圆、曲直、长短、粗细、疏密、虚实等方面极尽变化,线条细而不弱,壮而不臃,驱刀如笔,力求使刻痕自然体现出笔意的情趣和韵味,殊为难得。

戴武篆刻的"反流行"意味,使他犹如一位出色的古代"印工",他那古意盎然的对汉魏艺术精神的深度把握,颇有些"一超直入"的情感体现。但这倒不是说戴武篆刻只是古典印章的简单翻版,他的直追古人并不意味着艺术观念上的守旧。戴武只是试图通过这种古典精神的深刻体会,力求从中挖掘出一些具有现代审美色彩的艺术讯息。

当代篆刻的创新问题,实质上也就是一个观念更新与时代意识的认同问题。如何正确理解古与今、新与旧的辩证关系,始终是困扰当代印人的一个现实症结。我们对继承与创新的认同,往往不是仅从表面的技法技巧层面去对待,更应当将其上升到理论认识的高度,从精神境界上去寻求突破。戴武以古人的"曲调"填写自己的"新词",当中荡漾着的,更多的还是现代人的丰富情感。他的篆刻实践不是那种时下流行的"为赋新词强说愁"的牵强与苍白,而是"未成曲调先有情"的激昂与炽热。刀法运用上,戴武并不拘限于一冲一切,而是根据实际需要,灵活使用,或冲多切少,或切多冲少,或冲切参半,都颇有意到而刀未到处,率意恣性,爽快淋漓,给人以视觉上的不同刺激。章法安排上,戴武以直入古人为主,多以魏晋印风的富于空间变化的格局出之,稍参己意,空灵剔透之意味已跃然石上。这实质上也是以古法为我法的最好诠释。

戴武的篆刻若不看其边款,极易被观者误作为是古玺、秦汉印的原拓,从外在形貌到内在神韵上都十分逼似古印,从继承的角度来讲尤为可贵。我们可以通过这些印作看到他入古的深度与精度。他对传统印章的本体语言的准确把握与驾驭能力是一般学古印者所不易达到的。戴武对古印的情有独钟,虽然使得他的印作在个人情趣的表达方面没有那么直白而便捷,但他似乎是要将自我意识充分渗透到古典印章的本质精神之中去,进而间接地、更为含蓄地深刻表达。这是一种极具难度的表达,但也无疑是通向更高精

神境界的一个极好通道。

其实,戴武在达到这种逼似古人的情况下,也应多作一些融入时代气息的尝试(如文字内容的贴近生活等),以强化作品的时代气息。在用字上似宜尽量回避那些生冷难识之字,以增加印作的亲和力。

我想,以他的功力与见识,再开新境,应非难事。

当代篆刻二十人系列评论之十三　魏杰

魏杰,1962年生,陕西西安人。中国书法家协会会员、中国书协篆刻委员会委员、西泠印社社员、陕西省青年书协副主席、陕西省书法家协会秘书长兼篆刻创作委员会副主任、终南印社副社长、西安国际科技文化交流中心理事、西安美术学院书法教学研究中心教师。

魏杰篆刻作品

魏杰是从陕西乃至西北走出来的极具代表意义的印人，是全国为数不多的优秀中

青年篆刻家之一。在展览文化盛行以来，陕西印坛涌现出了几位较具影响的青年篆刻家，除魏杰外，尚有崎岖、陈根远、唐泽平、伏海翔、张哲、徐伟聪、张永红、董扬、郑墨泉等。陕西篆刻在新时期的崛起，与终南印社的培养与带动关系甚大，而终南印社的领衔人物傅嘉仪(已故)、赵熊二位先生为之付出了不可磨灭的贡献。

当代印坛的创作现状大致可分为古玺形式、汉印形式、宋元朱文形式和探索型形式四大类。秦汉印尤其是汉印形式，可以说一直是当代陕西篆刻赖以生存的基础，但伴随着篆刻审美风尚在当代的趋于多元发展，传统的汉印形式则相应地显露出了陈陈相因、因循守旧的劣势一面，如何转变新的思路，力求找寻新的生成因子，从而给已有的秦汉印创作注入新的活力，不啻是陕西篆刻获得新生的关键所在。十数年以来，魏杰通过对古文字深入而系统的梳理研究，在古玺的借鉴和创作方面取得了较大的突破，他的成功，不仅在陕西，同时在全国印坛也产生了一定的影响，有力地提升了陕西篆刻在全国的知名度。

西安乃是汉唐古都，有着浓郁的文化氛围和厚实的艺术积淀，长安古城的雄伟壮观和秦兵马俑的气魄宏大，无疑是秦风汉骨的精神留存。在这样深具历史感的环境当中进行篆刻研究，显然具有得天独厚的优势。

魏杰出身书香门第，从小就受到良好的艺术熏陶。他天性偏好艺术，可谓禀赋非浅。二十岁左右即已在篆刻上打下了不错的基础。后又在名师调教下，上访三代吉金，出秦入汉，并广取明清诸家之长。其印格调古雅，蕴涵丰富，有先秦玺印之古奥奇丽，有秦汉官印之雄浑大气，有瓦当封泥之灵逸绚烂，有碑版镜铭之爽健挺拔，有吴老的苍辣、黄牧甫的温润、齐白石的猛厉，综合起来，反映的毕竟还是属于魏杰本人的灵巧多姿的性情显露。

魏杰对印面文字的采用，不拘泥于大小篆抑或某一既定的文字系统，而是根据印制及范式的不同灵活运用。他的印路广，有多种面目，但无论是古玺秦印一路还是汉印风格，在他的刀下都能从内在气息上求得统一，自然和谐。他在章法处理上，以最大限度地获得空灵机巧而又不失之于刻意安排作为旨归，印面大疏大密，红白对比十分强烈，内在气势贯通，洒脱自然，妙趣横生，招人眼目，颇有如张瑜所评的那种特殊感觉："在我的诸多朋友中，魏杰的印恰如石之不可以无苔一样，只是那么温湿地一裹，冷漠的坚硬中也就泛起生的绿意。然而，这绿绿的生意中似乎总是少了些阳光的灿烂。"其实这句话在肯定了魏杰篆刻的优点的同时，也道出了其作品的不足，即阴柔有余而阳刚不足，未臻如秋风古道、金戈铁马般的苍浑奇肆之境。刀法上他冲切并施，单双刀互用，并无固定法式，皆依需择善而行，但刀法的精准与细腻无疑也是他用刀上的一大特点。

治印虽为文士余事末技，但其中之阴阳离合、虚实相生之道却极为玄奥。且诗书画印历来理法相通，互为渗透。一个印人，如果没有多方面的器识与修养，终究难脱俗气与

匠气。而魏杰在治印以外,广读书,深入钻研古文字,在书法(特别是篆书)上也有较高造诣,并且有一定的绘画功底,因此他的印作能得古雅与空灵之气。他的印作“不求工但求空”正是这种审美理念的具体反映。他的边款亦很有特色,或文字,或图案,皆古意盎然,情趣幽远。

张公者谓:“魏杰敢于大块留红,印作极富视觉冲击力。多采用古文入印,增添了远古之气。但魏杰在刀法上没有师法汉铜印之斑驳与苍茫,用刀利落具有写意。因大块留红留白,有些印章法上显得‘散’,在篆字结构上也有局促之感。”细品魏杰的一些印作,此论信焉。

当代篆刻二十人系列评论之十四　王丹

王丹,字复秋,号易斋,1963年生于锦州。作品在西泠首届全国印展、第五届全国书法展中获奖,在第二届全国神龙书法大赛中获“全能金奖”。25岁时在中国美术馆举办王丹金石书画展。王丹一直钟情于非石材治印研究。80年初凿砖制巨印;1990年开始专攻陶瓷印研究,于山林建虎溪窑自行烧制。已治印近千钮,其乐无穷。王丹有八部作品集先后由日本、新加坡、中国内地出版发行。十数次赴日本举办个人展及讲学。书画印作品被国内外博物馆、美术馆、收藏家收藏。

现为中国书协篆刻委员会委员,中国书协培训中心教授,辽宁省书协主席、篆刻委员会主任,西泠印社社员,全国第五届篆刻展评委,锦州市文联副主席。

王丹是当代屈指可数的几位在书画印三方面同时取得较高成就的艺术家。也恰恰是因为他具有着多方面的艺术修养,故能使他的篆刻创作能够站在一个相对较高的起点上向更高的境界攀登。王丹在书画印一体化的艺术追求中,颇有王镛的学者风范,是典型的文人篆刻在当代的突出实践者。

近年来,王丹一直致力于陶瓷印的研究与创作,苦心孤诣,情有独钟,取得了丰硕的艺术成果。王丹也因此而再度引起艺界的广泛关注。

王丹篆刻,取法广,路子正,在对古玺、秦汉印章及明清流派印的研究与继承方面倾注了大量的心力。他的印作气息淳厚,雄浑大气,古意幽然;印面文字与边框的处理浑然一体,生动自然;无论朱白,其印线条质感丰富,线条推劲而不乏苍茫之致,虚实相生,方圆刚柔相济,颇为耐人寻味。

王丹篆刻作品

品赏王丹的印作，绝少程式化的东西，他于每一方印似乎都有不同的审美追求。他的印作很少有那种四四方方、棱角分明的表现手法，而是在印面整体形状的设计方面也较多赋予了一种浑融无际、圆通自然的意味。印边处理极富变化，或粗或细、或虚或实、或断或续、或方或圆，皆能随机应变，意象丰富，这也可看做是王丹篆刻的一大特色。如他的朱文印《中庸》，在边框的处理上虽粗细变化不甚明显，但在破开边框四角的过程中却富有匠心。或斩钉截铁，一刀破之；或虚虚实实，欲断还连。通常情况下，朱文印同时破开四角，便有印气四散不聚之失，但由于王丹在“中庸”二字的处理上既得参差错落之致，又极具亲近团聚之势，故印边虽破，却似无散气之感，反有虚实相生、浑然一体之韵味。朱文印《君子不器》，边框与印面文字在线条的粗细上虽差别不大，但他却能利用线条的走向而施以俯仰向背之微妙变化，边框线条偏实，文字线条偏虚，“子”与“不”、“君”与“器”在字形处理上呈对角呼应关系。“不”字左侧边框的击残与“子”字末笔与边框的粘连又形成一组矛盾。四字当中(尤其是“器”字)的“口”形处理与全印边框又有内外呼应、环环相扣之感，同时也平添几分灵动。四字周边与外框有意留空，而印中则是以散点留红来加以呼应，一聚一散，一虚一实，使得此印方寸之内气象环生，妙境迭出，令人有无尽遐想。白文印《虎溪山房》，以秦玺形制出之，大块留红，四字以方圆、奇正、笔画粗细、字形大小加以变化，印边外拓，富有张力，中间以“十”字界格隔开，但并无拥挤之嫌，反而增加印面的团聚感。朱文印《惊世骇俗》，“惊”字独占半印之地而不显单调，其他三字占据印面另一半无拥挤迫塞之感，中间辅之以若断还连的竖线界格，强化印面的内在联系与流动感，印边左侧系借笔，笔断意连，且有一种向左突出印外的趋势，而印框右侧气势向里，颇具弹性，上下印边，一轻一重，对比明显，整个印面信息丰富而气息统一，尤

为精彩,这也是王丹的惯用手法。

以上只是举隅而已。韩天衡谓:“求生、求险、求大,生意勃发,没有作家气,是王丹可取且可贵的追求。”注重印章的“金石气”,是王丹治印的一个基本原则。他的印,无论大小、什么材质、何种风格,都讲究“金石气息”的精彩表达。

秦汉精神和时代情怀合而为一,有机地融入了王丹的陶瓷印创作当中,尽管陶瓷印并不是王丹的首创,也不能马上成为当代篆刻的主流方向,但他的对陶瓷印的精心探索却有力地提升了陶瓷印在当代篆刻当中的审美品位,也可有效带动和兴盛陶瓷印的研究与创作风尚,甚至有可能形成一种新的篆刻流派。总之,王丹陶印是他的一个标志性符号,如果少了他在陶瓷印方面的突出成就,王丹的艺术形象便不会有今日这般丰满。

当代篆刻二十人系列评论之十五　徐庆华

徐庆华,号了一,别署一斋。1963年生于上海。中国美术学院博士毕业。现为上海交通大学媒体与设计学院副教授、硕士研究生导师,中国美术学院现代书法研究中心研究员,中国艺术研究院副研究员、硕导 ,上海书法家协会副主席,上海市青年书法家协会主席,中国书法家协会会员,西泠印社社员,杭州西泠书画院特聘画师,中国西瀛书会名誉会长,上海香梅画院副院长兼秘书长,上海香梅艺术工程有限公司艺术总监,上海市青年文学艺术界联合会理事。

20世纪80年代初,韩天衡篆刻在印坛上异军突起,以锐不可当之势,引领时流,上演了一出“韩流滚滚”的精彩好戏。青年一代,从之者甚多,而徐庆华作为韩氏的入室弟子,韩天衡篆刻对他的影响不可谓不大。当时徐庆华印作“韩味”十足,后经韩天衡先生点拨并书赠四字曰“我者我也”,徐庆华深受启发,遂对自身创作现状进行新的分析和调整,逐渐和韩氏印风拉开了距离,形成了“简、拙、大”的徐氏印风,在新一代印人当中面目独具,为人称道。徐庆华从此走上了塑造与完善自我的道路。

徐庆华出生于上海并笃好艺事,而上海素来为风云际会、人才济济的繁华都市,凡有志于书法篆刻者,必受地域风尚之影响,其审美观念和价值取向必定在潜移默化之中与前辈艺术家发生某种内在的联系。智慧者可扬长避短,充分利用有利条件为我所用,保持思想观念上的独立性,从“夹缝”中求生存,勇敢地闯出一条属于自我的新路来。而甘于守成者则在一种类似于“团体操”式的从众性遮蔽下淹没自我,一生匠气、俗气、奴气

不脱，无所造就。

显然，徐庆华就是一位善于在高手云集的“夹缝”中破围而出的优秀印人。他的印作具有很强的抽象性和概括性，剔除很多繁冗缛节，以简练畅达为尚。在入印文字的处理上，能够做到不违古法而又不为古法所囿，从中融入了很多现代人的审美情趣。如他的汉式白文印《山水含清晖》、《上善若水》、《不尽意》等，文字从表面上来看，显得粗重笨拙，但内中实含机巧，笔画的长短、粗细、曲直、方圆、仰偃、向背颇具匠心，印面尽量保持完整，并不多做残破，但在文字点画的起收转折处却多以“粗头乱服”之意为之。令人观之如同面对一个出身华贵的少年，时常不衫不履，出言无忌，行为大胆，我行我素。他这一类的印作，文字很少夸张变形，整体上以平正示人，很多笔画直来直去、宽阔粗壮，但由于有了上述细微的变化，并无僵直板滞之失。

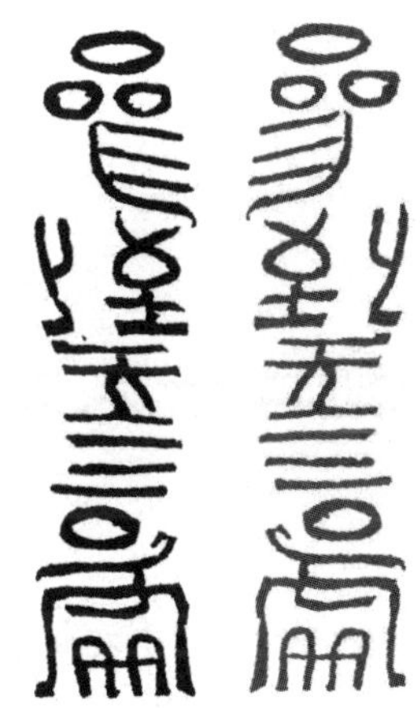

徐庆华篆刻作品

他的朱文印在印边处理上尤具匠心，绝少平直方整之态，有一种扭曲变形、纵横争折的力量感。他的印作边框或细于印文线条(如《不隔》一印)，或粗于印文线条(如《弘丽》、《庆华》、《旨在象外》等)，或与印文线条大体相称(如《心画》、《山水清音》、《子康》、《一花一世界》、《鹤寿千岁》等)，或形成对比，或互相统一，都能和谐自然，少造作之气，从视觉上给人以不同的感受。

徐庆华的朱文无边印《参到无言处》，文字造型参差错落，线条极尽方圆曲直变化之能事，在叠床架屋的妙造经营中透出一种直冲九霄的灵逸之气。白文印《百代过客》，篆法看似平淡无奇，但细品却实有令人会心处。四字之中，均有宽博粗重的笔画安排，以突出全印的拙大之气，而中间辅之以形态各异的细小笔画，以丰富印作的内涵并增加动势。印框红白对比鲜明，运刀在苍辣与温润之间，画面虽无大的开合，但幽雅之趣已跃然

而出。这种"小点画"修饰的手法是徐正濂的惯技,但徐庆华信手拈来,化他为我,也显露出了徐氏刻印的机趣。

徐庆华亦善书法,其印章边款无论何种字体,气息古雅,结体精到,行刀细腻。他的草篆受其师韩天衡启发,在韩氏草篆的基础上融入鸟虫书的结体和笔意,线条流畅,观之一派云烟缭绕之气。他良好的古文字学、书法修养强化了其篆刻创作的底蕴,这也是凡有志于篆刻研究者所不可或缺的。

徐庆华的佛像印极为简练、抽象,重写意,表现神韵,看似草草勾画之间,人物之姿态神情便栩栩如生。他在来楚生佛像印的基础上,更见简洁、洗练之韵致,机智中透着幽默。

最后值得一提的是,徐庆华的刀法是形成他的印风的关键所在。他用刀猛厉而又淳厚,在齐白石和吴昌硕之间,挥动当中,大刀阔斧,长驱直入,一起一落,斩钉截铁,不拖泥带水。但他这种过于体现刀味的手法,虽有助于自我风格的塑造,也在无意中形成了一种阻止品味内质的视觉障碍。

当代篆刻二十人系列评论之十六　鞠稚儒

鞠稚儒,1972年生于吉林,字在庠,号绳斋,别号铁篆头陀、梅林外史。别署至觳堂、盛心园、耦耕榭、磨兜鞬馆、玉梅堂、菴摩洛迦花馆、匠石山房、一千片两千石三千金厂。

师承刘廼中先生,精研书画、篆刻、诗赋、文辞、考据、题跋、鉴赏。现为西泠印社社员、中国书法家协会会员、中国艺术研究院篆刻艺术院副研究员、深圳市书法家协会理事、深圳印社社长。已出版《七〇年代代表书家·鞠稚儒卷》、《艺术品投资与鉴宝丛书·印章》、《绳斋集》、《元朱文印技法解析》、《绳斋书法集》。深圳电视台"鞠说好看"栏目主持人。

当代篆刻因受各种观念思潮影响,写意印风一度风靡印坛,曾经的"韩流滚滚"与"石浪滔滔"现象至今都还为人们所津津乐道。王镛、林健、黄惇、徐正濂、李刚田、陈国斌、葛冰华等皆以写意印风擅名印坛,在他们身后,继之而起纷纷效法者可谓不可胜数。因此,当代书法篆刻展览,弥漫着一股"杀气腾腾"的气氛。此路印风,虽具较强的视觉冲击力,但看得多了,也不免会产生相应的视觉疲劳。

工细一路如宋元朱文，至王福庵、陈巨来似已臻极致，若非回春妙手，恐再难出新，更多的人甚至从技术性这种可操作的层面也难以达到陈巨来朱文印的十之六七。再加上印坛片面强调出新，故印人们多不愿在很吃功夫的宋元朱文印方面用力。印坛舍弃工整追慕写意，欲求创作趋于多元，但在展览导向影响下，实质上又滑向了新的浅露和单一。

而陈葆国、冯宝麟、鞠稚儒等却能不受时风所限，精心致力于清秀工整、温润滋华的元朱文印的研究与创作，无疑为喧闹而浮躁的印坛吹入了一缕清风。

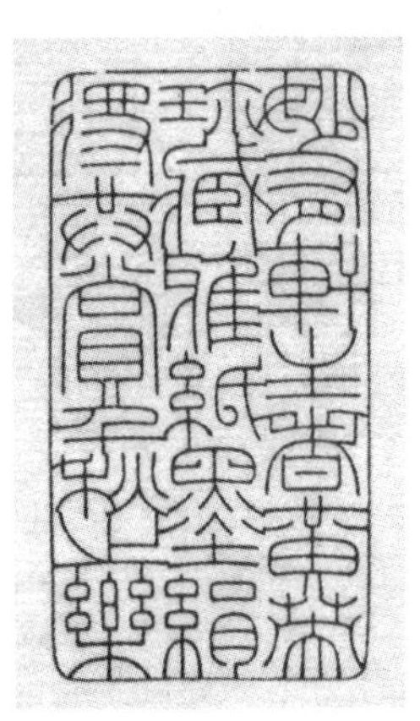

鞠稚儒篆刻作品

作为青年一代印人，鞠稚儒无疑是工细一路印风的突出代表。他们的努力，使我们从中看到了自王福庵、陈巨来之后，元朱文印未来发展的希望。

我尝以为，人们常说工细一路印风不易出新，只说对了一半，按他们的思路，就是写意一路较易出新。但事实上并非如此。其实写意印也不易出新，有时候印人们自己认为的那种“新”，说白了，只是一种错觉。很多印人的作品徒具一个写意的表象，实质上没有多少技术含量，气势看似不凡，但不耐品读。片面地求新求变，有时会陷入一个“创新”的误区。

鞠稚儒坚守在颇感寂寞的工细一路印风的阵地上，经过多年的默默耕耘，获得了很大的成功。

元朱文印，自问世以来，一直为历代印家所推重，然陈陈相因，几成定势。鞠稚儒问津于此，能承袭古法而不为所囿，很有创意地将古金文结字之法融入元朱文印的创作，别有一番情趣。他这种勇于探索的精神，值得称道。

鞠稚儒擅长刻制小印，篆法精巧别致，章法平实中透出灵气，刀法细腻精到，一丝不苟，从中显示出一个印人十分难得的优秀素质。他的小印，幅面虽小，但蕴涵丰富，以小见大，并不让观者感到吃力和局促。他亦善治巨印，取法汉铜印式，参以浙派刀意，气息淳厚古雅，富有金石气。他能尽量避免赵伪叔等晚年刀锋锐利及浙派用刀的程式化之弊。篆法上能将先秦金石、鼎铭、两汉碑额、封泥瓦当信手撷来，左右逢源，各成佳构，诚

为不易。

他的朱文多字印《古渝州易福平氏字持斋号砚佣别署褆安楼珍藏金石书画文字图籍之印》堪称是他的精品力作。此印在章法处理上极具巧思，穿插安排，错落有致，浑然一体。通篇呈现出一种从容不迫、气格雍容的气象。无论从哪一方面都似乎无懈可击，非具超凡之才情功力者安能为此？而他的另外一方多字白文印《鞠稚儒祖籍胶西郡降生额穆县字在痒号绳斋又号铁篆头陀别署庵摩洛迦花馆性以吉金寿石藏书乐画吟诗谱曲击剑抚琴校碑补帖为赏心乐事》，更是气象浑穆，用功精巧，古意森然，其刀意笔意达到了近乎完美之境，令人叹赏。

他的汉式白文巨印《庵摩洛迦花馆》，章法停匀，留红自然，结字规整中见机巧，刀法以汉烂铜印手法为之，气势恢弘，反映出鞠氏治印的另一面。

鞠稚儒的工细印风，得益于他深厚的铁线篆功底，印从书出与书以印入在他身上得到了最好的体现。在写意印风狂飙突进的年代，这种虔诚地守望古典工稳篆刻家园的印人，本身就具有很强的文化启示意义。如果他在今后的创作中能不染匠气，将会走得更远。

当代篆刻二十人系列评论之十七　陈国斌

陈国斌，1948年生于广西南宁，广东省新会县人，别署一庐。"广西现象"的缔造者，广西著名篆刻家。13岁从黄锡蕖先生学印。现为广西书画院副院长兼秘书长。陈国斌和他的学生们实现了书印速成的可能，让一个个陌生的名字进入人们的视野，也确立了他在印坛的特殊地位。

陈国斌在当代印坛是属于多方探索型的印人，他当年虽处祖国边陲偏远之地，但他的创作观念和意识却很新颖而超前。他与同样地处偏远的另一位印坛闯将——黑龙江的葛冰华，曾经在印坛上掀起了一股强劲的现代篆刻风浪，那石破天惊式的超凡表现至今令人们惊叹！

陈国斌的篆刻作品极具视觉冲击力，形式感强，内在蕴涵也很丰富。他在入印文字的取舍上具有很强的提炼整合能力，举凡古玺、秦汉印、盲文、人体绘画等皆可信手拈来，为已所用，但其中注入了自己强烈的人生情感和独特的审美理想。他的作品所反映

出的那种出人意料的胆魄与率真，足以让观者瞠目结舌，让观者产生“印居然也能这样刻”的疑问的同时，也会被其作品的气势和韵味所打动，并为作者这种独特偏见、一意孤行的胆识和才情而折服。他的印作给人的视觉感受是其他任何印人的作品所不具备的，只属于陈国斌自己。

就篆刻的风格来讲，陈国斌尤其注重表现印面的气势、张力，讲究宽博雄浑的线条意象。他的大写意印风，看似随意，实则严谨，看似荒野，实则精巧，并不以故弄玄虚、惊世骇俗为能事，而是在不无浪漫抒情色彩的刀石撞击中以一种奇丽诡异的线条造型来表达自己对艺术理想的真诚与渴望。

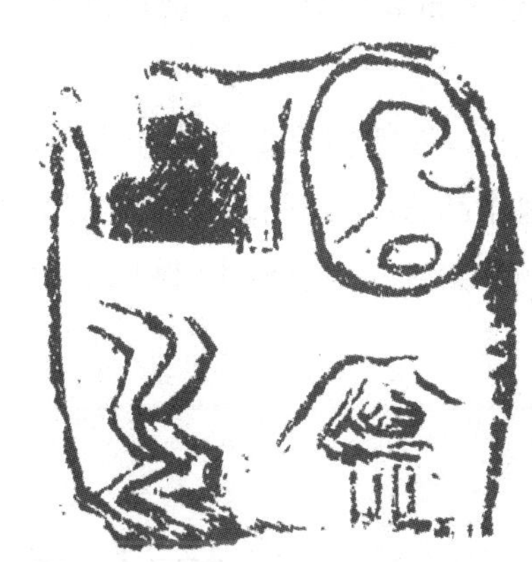

陈国斌篆刻作品

陈国斌的篆刻在刀法上颇具汉凿印的风神，冲切并施而不失笔意的表达。一印之中，虽篆法丰富多变，但又能在气息上互相统一。章法突出疏密对比，虚实相生，精心的空间处理使他的印作显露一派奇崛雄肆之气。他的用刀很具有个人特色，看似猛厉苍辣，但细品之又觉不温不火，洋溢着一份从容与淡定。如果单纯地从视觉表象上认为他的刀法只有霸王举鼎式的威猛，其实是不够准确的。

他的朱文印《图写山水》，线条造型稍有齐白石神韵，但实则将隋唐官印的阔边规制与现代书法和大写意画的表现手法互为通变而为之，方圆兼备，动静相宜，古拙中见出天真。白文印《二观堂了女观》，整体雄浑大气，壮丽奇诡；篆法化繁为简，一反常态；刀法苍浑有力，富于变化；中间界格似华山险路，险壁绝壑，逦迤而行，奇境迭出，令人惊叹。此印堪称是陈国斌白文印当中的得意之作。

《章太炎读书处》一印，从形制而言，属于汉将军印一路，但陈国斌能将书法的墨法与笔意掺入刀下，在游刃恢恢之中，既得书法的涨墨之趣，又具古碑刻的残损漫泅之味，平添了印面的可品读性。

陈国斌在古玺印式的取法方面亦有不俗的表现，味醇意长，其神情诡异处则他人不及。《鸿图之玺》一印，章法巧妙而不做作，以方中见圆的独特手法使印面如有翻滚之感，

当中许多散点与宽博厚重的印边形成强烈的点线面对比，丰富了印面的内涵。朱文《鬼斧神工》一印，边框仍以古玺印边的宽大为之，章法错落有致，线条淡化刀痕，集点为线，若断还连。全印内虚外实，对比强烈，真气充盈，令人感叹。尤令人称奇的是他的《午时之刻》一印。此印印文采用宋体，印之边框异乎寻常地整饬阔大，一派萧条森严之气，恍若刑场，杀气腾腾，庄重肃穆。他在印之左侧边框又饰以人物形象，与印内文字、形式遥相呼应，极具巧思和象征意味，匪夷所思。

陈国斌在汉印的研究与探索方面亦有独到之处，所作浑朴大气，极具变化。《一庐印信》取平正一路汉铜印神韵，章法施刀虚中有实，含蓄蕴藉。《主人自有沧州趣》和《二观堂》两印章法布局尤具匠心，前印线条挺健爽利，后者线条酷似万岁枯藤，回环盘绕，趣味横生。

陈国斌以独特的思维方式和大胆的创新精神创作出了很多令人振聋发聩、触目惊心的篆刻作品，这类作品表面上看起来似有点“另类”，但他的精神气韵却与传统印风息息相通。意象诡异而有所本，陈国斌迈出了成功的一步。

当代篆刻二十人系列评论之十八　葛冰华

葛冰华，1962年10月生，黑龙江省龙江县人。哈尔滨师范大学艺术学院书法篆刻专业副教授，石魂印社社长，中国书法家协会会员、篆刻艺术委员会委员。书法篆刻作品12次入展全国大展，并在全国第七届中青年书法篆刻家作品展中获三等奖，在第五届西泠印社篆刻展中获奖。出版有《当代青年篆刻家精选集·葛冰华卷》、《葛冰华书法作品集》等。1996年应日本盛岗市邀请，参加大中国艺术展，并举办书法篆刻展。1998年在中国书法家协会篆刻艺术委员会主办的当代中青年篆刻家展中被评为十杰篆刻家。2000年被中国书法家协会授予“德艺双馨书法家”称号。

提起葛冰华，便让人马上联想起他的两个标志性的篆刻系列：即公章系列和道教印系列。将现代圆形公章的形制引入篆刻，显然属于葛冰华的首创，现代公章有固定的模式，均以印面宋体文字围绕印中的五角星均匀排布，千印一同。但在葛冰华的刀下，却能“化腐朽为神奇”，为其赋予新的生命力。他的“公章系列”，虽曾引起印坛很大的争议，但这种“争议”本身又何尝不是对他大胆创新、勇于探索的创造精神的一种特殊的肯定。葛

冰华的道教印也是将流传于民间的一种通俗而又不乏神秘感的东西升华为一种全新的艺术样式，让这朵奇葩盛开在当代篆刻的百花园中散发出阵阵清香。

葛冰华的印作给人的艺术感染力是空前的，无论是他的“公章系列”还是“道教印系列”，都是以看似极俗的形式表达着极雅的人生理想。我们透过其印作形式的表面，能够强烈地感受到作者生命情感的迸发和他对艺术追求的执著。他的作品摒弃了对传统篆刻样式的过分依傍，而是从别人从未涉足过的领域找寻到了自己的精神归宿。

葛冰华篆刻作品

他的“公章系列”不仅具备形式上的新颖，在文字内容和字体的选用方面也紧密地和现实生活互相对接。如他的《石魂印社社长专用》一印，形式上采用了现代公章的造型，在文字排列上以环绕手法为之，正文“石魂印社”从右至左排列，与现代公章排序相反，而与传统篆刻排序一致，篆法极为简洁易识。印下方“社长专用”四字以现代公章通用的宋体为之，但点画灵活而不板滞，文字次序与现代公章同。印中五角星遗貌取神，化为一个十分模糊的符号，其中的一角十分突出，有向左扩张的趋势，斑驳苍茫，与整个画面团结一气，浑然一体。此印系阴刻，与现代公章正好相反，印面留红极为醒目，星罗棋布的残点更加强了印面的金石气韵，观之令人心动。《上善若水》一印，系阳刻，印文排序与《石魂印社社长专用》一印相同。字法在(魏)楷、隶之间，拙朴天真，驱刀如笔，游刃恢恢，笔意刀意自然显露，浑然天成，印章边框做了适度的夸张变形，体现出一种无尽的旋转与扩张之力。印下方“二〇〇一”既点出了治印的时间，又与边框融为一体，若断还连，新颖别致，颇具创意。将五角星置于印中偏下的位置，形状颇似风车状，其中一角尖利突出，平添几分飞动之势，五角星与印框似两个依顺逆时针方向不停旋转的球体，将印人

的生命情感与宇宙意识互相交融，达到了天人合一的境界，此非超凡之智慧才情，安能为此？当我们面对他的这一类型的印作时，情感伴随着视点的推移而激荡，深深为作者的创造力所震撼。欣赏此类创新之作，我们不必拘泥于传统印章的审美习惯，更多的时候需要从精神层面去捕捉和领会创作者古今结合的创作意图。我认为，"葛氏公章"的意义就在于将古典篆刻的本质精神移植到现代公章的规制范式当中，在求得新的表现形式的同时，也充分利用当代人特有的人生体验和艺术情感将古典印章的内在精神进行了一次升华。

《坐井观天》一印是葛冰华道教印系列当中的力作。此印甚得道教印之魂魄。这方印不留边框，字法高古诡异，巧妙地将他的"公章"中惯用的一个星体在这方印中又如同流星雨式地幻化为若干小星体，众星列汉，互相辉映，平添几分灵动和韵致。此印点线面互相穿插，意象上很古也很现代，体现出创作者对现实人生的真诚思考和对广阔的未知空间的无限神往。此印边款更是印面文字的图解，刻画精到细腻，有一种沧桑阅尽的超然之态和言不尽意的怅然。

他的《闲抱琵琶寻旧曲》一印似是作者对艺术人生的一次精彩言说，拙朴苍茫、自然天成的点画线条营造出了一种纷乱而又有序的现实画卷。其实，只有这种既有深重的历史沧桑感又有强烈的时代悲壮感的印人，才可以用刀石迸溅出出人意料而又令人心动的生命火花。

当代篆刻二十人系列评论之十九　张弓者

张弓者，亦称公者，1967年2月生，锦州市人。中国书法家协会会员，辽宁省书法家协会理事，辽西印社社长，兴城市书法家协会主席，兴城书画院常务副院长。中国书画杂志社执行主编。

作品多次参加全国中青年书法篆刻展、全国书法篆刻展、全国篆刻展、国际篆刻展等。在第四届全国中青年书法篆刻展中获"优秀作品奖"，在第五届全国书法篆刻展中获"全国书法奖"。曾发表理论文章及创作随笔等数十万字。入编《一九九三年中国人物年鉴》。2000年被评为"辽宁省优秀中青年书法家"、葫芦岛市"德艺双馨文艺工作者"。

张弓者首先是以富有生命情感的生活化语言以古老篆刻的特殊表现手段感染和打

动欣赏者的。因此，在我的感觉中，张弓者是一位以涌动的火热的激情在冰冷的石头上镌刻出温暖与浓厚而又炽烈感情的印人，他的表现没有无病呻吟般的故作姿态，也没有故作老苍般的晦涩与艰深，他所洋溢的是一种热情，一种特有的亲近感，能够让你在面对他的作品时，既有旧友重逢般的欢欣，又有忽遇新知似的激动。这就是我对张弓者篆刻作品的感受和理解。

张弓者自谓治印关注于三个方面：1.冲击力；2.精雅韵；3.传承性。他是这么要求自己的，也一直是在努力实践着的。

张弓者篆刻作品

张弓者篆刻，在字法、章法、刀法三方面都具有独立的审美意识，通常意义上的宗秦法汉、旁涉明清之于他，尚不能正确而完整地概括他的作品的全貌和真正意图。但善于在前人和他人的基础上进行极具匠心的改造，让他刀下的点画结构能够顺着自己的审美感知大胆而灵活地舞动起来，从而给人以新的震撼。

张弓者印路较为宽泛，他没有拘泥于一家一派、一招一式的机械承袭，而是能够智慧地从雄浑博大的传统经典中走出，并能够将浓烈的“平民意识”自然地融汇于其中，在古与今的交汇与对接中完成自己的心理旅程和美的诠释。这恰恰是一个现代艺者最可贵的艺术品质。

他的作品有时看上去奇奇怪怪，但透过这些新鲜而奇丽的意象，我们依然能捕捉到其中蕴涵着的幽远的古典气息。他的代表作《有约三生，这辈子下辈子再下辈子》，给人的视觉感受是非常新颖而别致的。此印以直白的现代语言表达了对情感人生的虔诚和

向往,他其中的寓意又岂是仅仅之于当代人的良好祝愿?我观此印,便不由想起陆游和唐婉的爱情故事,他们那种"一怀愁绪,几年离索"的凄凉和"山盟虽在,锦书难托"的无奈与怅惘,又何尝不是张弓者此印内在含意的另一种注解?张弓者的确是一位情感丰富的印人,也是一位有着极强的变通能力的印人。此印三个"辈子"繁复雷同,极难处理,但在他的刀下,这种矛盾却迎刃而解了。此三"辈子"的巧妙安置,既避免了点画的零碎感,又打破了印面的呆板,同时三"辈子"又形成了一个印中之印,又在不经意中有一种往里一收的感觉,大大强化了构图的层次感和空间感,可谓精妙至极!

他的另一方朱文无边印《泪如雨》又将我们带入了一个新的艺术氛围,或大雨滂沱,或涕泗横流,都是印面给人的直观感受。在此印当中,张弓者紧抓"雨"字进行创造发挥,又将"泪"字的三点水施以同样处理,两者交汇,真有一种"飞湍瀑汉争喧嚣"的壮观之势。"感人心者,莫先乎情",此虽为作文赋诗之道,但以刀刻石若无激情,便兴味索然了无生趣矣。

《平生不会相思才会相思便害相思者记》朱文多字印,是张弓者的又一杰作。此印每字独占一格,篆法简练古拙,章法虚实相生,刀法自然随意,颇有汉代画像的质感和生拙一路墓志碑刻的峻峭苍浑之韵,极富金石气。这种古拙浑穆的意象与贴近生活的文字内容有机融合,并没有那种审美感觉上格格不入的生硬与牵强,反而有如"思接千载,神游万里"般的跨越时空,寻觅千古知音以畅叙幽情的洒脱。

张弓者的仿汉印亦颇佳,平中见奇,拙中见巧,兴味悠长,如《方圆化蝶堂》、《欣欣居主人欣欣然》、《汉宫秋月》、《梦萦辰州》等。其白文印制如《皇遵令印》,章法平稳,字法多变,刀法淳厚敦实,甚得汉印精髓。

张弓者刀下的肖形印亦不同凡俗,意象生动,古朴自然,意在汉画像石、画像砖之间,化大为小,化他为我,静穆中不失飞动。

张弓者走了一条以情驭法的非常之路, 当浓烈的情感能够时时在理性的约束下奔腾时,他的未来将会更加美好。

当代篆刻二十人系列评论之二十　许雄志

许雄志,别署少孺。中国书协篆书委员会委员、中国书协培训中心教授、西泠印社理事、河南省书协副主席兼篆刻委员会主任、河南省文字学会理事。

书法作品在全国第五届书法篆刻展、全国第三届正书展、全国首届青年书法篆刻展中获奖,获全国第五届楹联书法展一等奖。学术专著《秦代印风》获首届“兰亭奖·提名奖”。

书法上诸体兼工,尤以新奇开张的隶书显于书坛。他是慧心人,以汉碑打底,复从汉人简牍中窥得隶书笔法的诀窍,以简牍作面,加之他又精篆刻和富于古代金石资料的收藏,挥运时所取之字多用他人较少谋面的“生字”,所以,他的隶书给人的第一印象是“新、奇、美”。出版作品有:《许雄志书法作品集》、《当代著名青年书法十家·许雄志卷》、《当代著名青年篆刻家精选集·许雄志卷》。学术著作有:大型印学丛书《秦代印风》、《秦印文字汇编》、《秦印创作技法解析》、《清明书画选集》、《古风与经典》、《鉴印山房藏古玺印精华》等。

许雄志篆刻作品

平心而论,在当代中青年印人当中,河南许雄志的篆刻一直以一种浓浓的古意和现实的情感深深地打动着我。中原印坛一直以来在李刚田先生的培养和带动下,涌现出了一批优秀的青年作者,而许雄志无疑是其中极为突出的一位。许雄志印作既有古玺的奇诡古拙,又具有汉印的雄浑大气,既有明清人的清丽,又有时人的灵巧,极堪把玩。

李刚田先生在谈到许雄志的篆刻创作时,曾这样讲道:“如果把秦汉印作为艺术之源,把明清以及近人作为流,或者把前者喻为根,后者指为标的话,雄志是经过几度由流溯源,再由源及流,由标寻根,再由根达标的反复。”刚田先生的这段话道出了许雄志篆刻研究的根本历程。许雄志这种由远及近又由近及远的追本溯源,几经离合的上下求索,使他的创作获得了很沉实厚重的底气。

许雄志的印作从整体效果上来看,很富有画意和诗意,线条的排叠穿插尤具匠心,每方印当中的长线条都显得非常开张大气,长驱直入,势如破竹,在拙辣生涩中透着劲峭与爽利,看上去很快意。

许雄志的篆刻在入印文字的选用方面有自己独特的路数。他出秦入汉、上溯三代,旁参明清及近代,打下了较深厚的古文字学基础。举凡《散氏盘》、《鄂君启节》、楚简、盟书及镜泉布铭文、秦权量诏版当中的文字,他都能灵活变通地加以采用,在总体上给人一种和谐统一之感。

许雄志篆刻的字法，从气息上观之，似很统一，但其中又蕴涵着一些细微的变化。一印在手，他能根据具体字形来确定章法，亦能因章法改造文字，将足以构成篆刻之美的各种因素诸如排叠、错落、方圆、虚实、奇正等等巧妙地加以整合配置，最大限度地为他所追求的审美效果服务。许雄志的刀法以齐白石的冲刀为主，线条排叠，劲健爽利，尤见韵致。在他的印作当中还可以看出受吴昌硕、来楚生影响较大，线条圆活，巧寓画意，亦如诗境般的节奏和韵律，令人把玩久之而不忍释卷。

白文印《爱已之钩》，结字高古，疏密搭配，松紧适宜，章法亦颇具匠心。"爱"字上紧下松，上部三横，团聚一气，密不透风，为打破板滞雷同，以并笔粘连手法加以处理，左旁一竖，一冲到底，顶天立地，气势贯通，修长挺劲的线条与上部三横的迟涩漫漶形成鲜明对比，下部偏旁施以短画和斜笔处理，形成动势，富有变化，将"已"字置放于"爱"字下方的大块留红处，使得两字有若一字，浑然一体。"之"字四周大块留红与"已"字、"钩"字之下留红遥相呼应，颇耐寻味。用刀苍劲老辣，金石气强烈，整饬的印边与印文当中挺直的长线强化了全印的骨力，阳刚之气十足。

朱文印《大明书记》是许雄志的又一力作。此印仿古玺形制，字形高古，开张大气，线条跌宕有致，气势舒展。"书"字借边，"明"字与边框粘连，力避竖画平行呆板之弊，左旁两字紧靠其左，右旁两字紧靠其右，中间留出大片空白，似城市的宽阔马路，两侧高楼林立，中间一马平川，足可往来驰骋。但为纠左右松散之失，将"大"字左旁两个斜笔与"明"字的末笔尽量向左伸展，得气势延伸之势，左右遂能团练一气。"书"字之方整与"明"字之圆转，对比强烈，亦庄亦谐。用刀冲切并施，线条刚柔相济，劲健而不乏厚重之气。

其余如《西斌之玺》、《怀啬私印》、《司马相如》等，气息与格调与上述两印颇相仿佛，但在具体细节上又各有变化，从中反映出作者极好的创作功底。这些印将传统古玺的神韵和作者特有的审美理想相互结合，营造出了一种既熟悉而又新鲜的视觉效果，见刀见笔，意味悠长，给人以无尽遐想。相对于他的印面，许雄志的边款似有些不尽人意，刻画单薄，气息靡弱，与印风颇不相合。作为一位具有较深功力与鲜明个性的印人，这不能不说是许雄志篆刻的一个缺憾。

第三部分

当代中青年
书法二十家系列评论

当代中青年书法二十家系列评论之一　于明诠

于明诠，本名于明泉，别署于是乎等。1963年生，山东乐陵人。系中国书协教育委员会委员、中国艺术研究院中国书法院副研究员、山东书协副主席、中国沧浪书社社员。现为山东艺术学院美术学院书法工作室主任、硕士研究生导师、副教授。多次参加全国书法展览并获奖，发表文章多篇，出版《是与不是之间——书法传统的文化寻绎与当代述说》、《常有梦斋初集》、《当代著名青年书法十家精品集·于明诠卷》、《墓志十讲》、《历代书艺珍赏·金农》等论著、作品集十二种。

毋庸讳言，于明诠先生堪称是当代"展览文化"背景下在书坛上颇具"轰动效应"的中坚人物。他的这种"轰动性"源于他曾在全国第六、第七、第八届中青年书法篆刻展中连续三次斩获一等奖的特殊经历。虽说没有这样的"轰动效应"，就不可能成就今日的于明诠，但如果片面地夸大展览的功效而忽略了他本身的生活与艺术追求，那么就会大大影响我们对于明诠的更深入的了解，也会影响我们对其书法作品的正确解读。因此评论他和他的作品，我们必须首先看到一个现实生活当中的完整的于明诠，一个真实的于明诠。

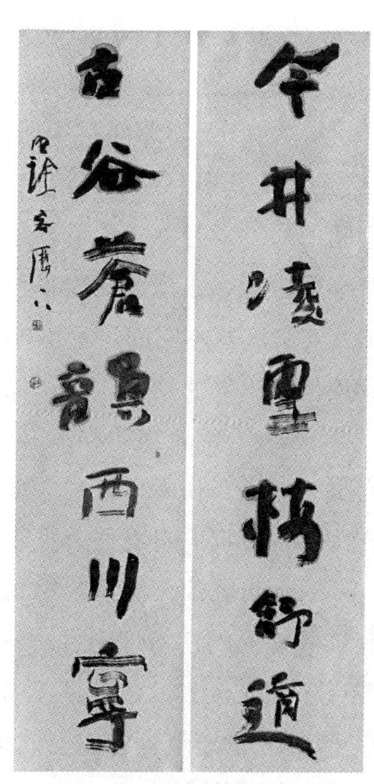

于明诠书法作品

于明诠读书量大，然亦非读而不化。读而知化，且每有创见，便决定了他的非比寻常的名士般的风度。他于书法取法高古，但作诗却极富现代情调：幽怨、感伤而不失其清逸旷达本色。他的书法看似野逸粗犷，但细细品味，内中却不乏柔韧内敛与温润凝重。他的书作偶以自作诗联为载体，在纵笔挥洒中体现出自己对艺术与人生的独特理解。他有很多联句在书坛被朋友传抄或被津津乐道，如"今井凌雪梅舒适，古谷仓韵西川宁"，"美酒加咖啡，花儿与少年"，"江山酷毙，风月帅呆"，"且读牛山四十屁，不论唐宋八大家"，"书翻费尔巴哈论，字入流行丑怪风"等。他写给新文人画家朱新建的

对联:“玩山玩水玩风雅,看书看花看美人”,话说得如此直白而不失风趣,足见其真性情之流露。此作看似平铺直叙,自然随意,但实则匠心独运,含蓄耐看。上联三个“玩”字,下联三个“看”字,利用疏密、轻重、攲正、枯湿等手法巧妙变化,平添几分机智与蕴藉。整幅作品在用笔的方圆、字形的大小、墨色的枯润等方面极尽变化,但却能达到自然而不做作、诙谐而不诡怪的境界,此非书内功夫深厚而又能博览群书且见识机敏者所能勉强达到也! 窥一斑而知全豹,对他的很多灵巧率意之作亦当作如是观。

于明诠书法以二王、颜苏入手,后广泛涉猎汉魏碑刻,并以此为根基,取其质朴厚重,再参以民间书法的天真散淡之意,辅之以金石韵致,体现生辣漫洇之味。但仔细品味他的书作,从中也不难看到传统经典的支援意识。从总体上观之,则示人以一种简静淋漓、天真质拙、不事雕琢之美。

他修养全面,除书法创作外,兼事篆刻、书法理论与批评研究,均能达到一定的高度,这与他所从事的教书职业是密切相关的。教师以“传道授业解惑”为天职,层次低者,授人以“鱼”;层次高者,授人以“渔”;守旧者往往陈陈相因,毫无机变创见,虽无大失,但亦无大得;激进者,则每每独有所到,一洗前规,虽具风险,然不乏胆识,一旦“破壁而出”,则非同凡响矣!

事实上,于明诠在对墓志及民间书法的研究与实践方面所达到的高度,也是有目共睹的。他的创作虽不乏我行我素、嘎嘎独造的孤傲与矜持,但其中也不乏理性的梳理与观照。他能够从理论的高度为自己独辟蹊径、迥出时流的创作实践找到本质精神上的文化依托,关于这一点,只要看过他的书论专著《是与不是之间》,就可以明白。

当然,广大读者面对于明诠的作品,亦并非毫无异声,很多观众表示看不懂他的作品,尤其是其中一些过于追求天真率意之作。或许明诠先生并不屑于在法意之间、美丑之间的那种对号入座式的浅层次理解,但换个思维去理解,这部分受众的感受似乎也并非毫无道理。古来名家之作,亦非篇篇上乘,精彩者有之,平庸者亦有之,岂可一概而论耶?其实这些不同的声音也能唤起书家自身对已有现状的重新度量与审视,否则超越自我便流为一句泛泛之言,不再具有深刻的哲学思辨意味。

说实话,笔者当初亦不喜于明诠书法,后稍感其佳,而如今观其得意之作,竟不忍释卷矣! 何以当初不喜? 实不懂也! 今手不释卷,盖产生共鸣之故也。其中显然存在一个作为欣赏者提升自身修养见识的问题。

毕竟于明诠作为当代书坛的一名名副其实的闯将, 以他极具感染力的书法作品和其独具创见的学术理念,以及他在文化修养方面的丰富性、全面性,给人们以某种启示。或许于明诠今日的成就还没有达到他本人和人们心目中的理想高度, 但在如此高的起点上,未来的于明诠一定会站得更高。因此,于明诠还行走在通向未来的大道上,我们还在殷切的期待中。

当代中青年书法二十家系列评论之二　刘新德

刘新德，男，1964年生于山东淄博。现为中国书协理事、四川书协副主席。作品主要荣获全国第六、七届书展"全国奖"；全国第七届中青展一等奖；全国第二届楹联书法大展金奖；全国第一届行草书展"妙品奖"；全国第一届正书大展优秀奖；四川省巴蜀文艺奖一等奖。1999年出席"向国汇报"优秀青年文艺家创作经验交流会，被中国文联授予"优秀青年文艺家"称号。出版有《刘新德行书板桥词》、《当代著名青年书法十家精品集·刘新德卷》。

当代书坛，时出精英，精英者，时代之拔尖者是也。既为精英，则非仅指书艺颇佳，更兼品德不让古人。倘若唯居一端，则恐难当"精英"之名。以上是我对当代"书坛精英"四字应有含义的粗浅理解。

蜀中书家刘新德先生即是一位才德俱佳者。刘新德由外籍入川，经过十数年艰苦打拼，以一手迥异时流、清逸脱俗的独特书风在四川扎稳了脚跟，奠定了自己的书法基业。刘新德与于明诠齐名，且过从甚密，切磋书道，南来北往，乐而忘返，颇有先贤遗风，令人叹羡。刘新德为人平实，敦厚质朴，言谈之间，平易近人，无论尊卑，皆可从容待之；说话办事，言出必行，从不虚与委蛇，虽正盛年，然已颇富长者风范。人品若此，用功又勤，书法焉能不佳也?!

笔者开篇即直指人品，无他，实因有感于时下书坛"世风日下，人心不古"之故也。虽说书品人品不可绝对一概而论，但无论如何，书艺既佳，人品又高，应该还是我们普遍而一致的期待吧?

刘新德学书，受业于何应辉先生，何先生乃当代书坛宿将，声名显赫，身兼多职，见多识广，博学多才。由高师授业解惑，刘新德学书起点不可谓不高。四川书风，曾一度为龚晴皋、谢无量、刘孟伉书风所笼罩，至何应辉先生等乃有改

刘新德书法作品

观。何先生书法兼有碑的骨力和帖的魂魄,这对刘新德书法具有重大之影响。观刘新德小字行书,一股简淡萧散之气扑面而来,其中虽不乏无量行书稚拙天真的影子,但骨子里透出的却是晋人遗风,用笔清健自然,结体收放有度,气势畅达,章法空灵。既适合展厅巡视,更适合案头把玩,品之愈久,其味愈甘。在不经意之中,个人性情得以自然显露。

刘新德将平常日课称之为“抄帖”,得空便抄,乐此不疲。如今虽已书名大著,但此习却未曾稍改。也许他并不屑于为创新而创新,但他又绝非书工笔吏般的亦步亦趋。其实,他所选择的“出新”之路,更多的来自于他个人对书法的独特理解。他说:“唯有除去俗念,除去浮躁,除去虚狂,耐得寂寞,深深扎根于传统沃土之中,日积月累,去粗存精,去伪存真,举一反三,触类旁通,循序渐进,方可春华,进而秋实”。此可谓语言平实而含义深刻,此非真识书者,焉能会之于心哉?愚以为,借平常心态,渐悟渐变,寻求自然脱化,无疑是进一步锤炼和升华书法风格与艺术品位的一条通达之路。

刘新德书法尤其是小字行书并不多具备人们常说的“视觉冲击力”,他所注重的,更多的还是线条的质量和意味的隽永,其中尚流露出书作诗意情境的表达。人多谓其书作耐看,其原因应该正在于此。细细品味他的这类作品,颇有一种进入陶渊明田园诗境的感觉,一派清新恬淡、闲适悠远之气。

刘新德除擅长小字行草外,亦作篆、隶、楷书,亦写大字对联。也许较之他的小字行草,其篆、隶、楷书和融篆入行的大字对联尚未臻理想之境,但其机心创意,已露端倪,假以时日,应非等闲。

时下书坛,很多人着意提倡书法家学者化,此论乍听之似觉有理,细思之甚感无谓。窃以为,学问修养原本就是作为真正的书法家必不可少的基本素质,无论王羲之还是苏东坡甚至更多书家都不是只会写字而腹内空空。这种必备修养到了非提倡不可的地步,无非是说明现今的“书法家”大多已沦为“写字匠”了。诗文书画本为一体,精神上息息相联,若单独去对待,则不免流于低俗。诗书辉映,言志传情,实为书法之魂魄,非此则不足以言书。古来书家虽未必皆能出口成章,文笔绝佳,但至少对前人佳作必有精神兴会处。古人名作在尽情挥运之间如同己出,且时开新境,潇洒磊落,不可名状,方可谓之为尽兴。倘能稍似古人,则尤为可贵。然若本无妙得,却强充解人,东拉西扯,牵强附会,不过徒增笑耳!此中深意,新德先生于平平实实、匝匝周周中得之矣。

刘新德书法,既有传统经典的意味隽永,又具现代书风的个性张扬,迥出时流,脱略蹊径,观其近作,已非昔日旧观,蚕蛹化蝶,凤凰涅槃,终究自成家薮。刘熙载曰:“书,如也。如其学,如其才,如其志,总之曰,如其人而已。”此非指人之形貌,乃指人之精神境界。以此观刘新德之书艺人品,诚如是也。

苏轼有言:“世之小人,字书虽工,而其神情终有睢盱侧媚之态,一种矜张怒目之形,一种恶俗之状,亦为人所不齿。”事实上,当今书界,东坡先生所论之小人可谓比比皆是,

夜郎自大，目无他人，“纵然腕下有鬼”，终归市井俗辈，有何足道？其实堪悲。

然刘新德先生，书名既著，尚自谦卑，仁义礼智，温良恭俭，言而有信，平易待人，以此论书，前途未可量矣！

当代中青年书法二十家系列评论之三　何昌贵

何昌贵，字泊远，1954年2月生于黑龙江省集贤县。现为中国青少年书法报社社长兼总编、黑龙江省书法家协会副主席、中国书法家协会会员、佳木斯市书协副主席。

擅长隶书、篆书、行草书，追求清劲豪放的艺术风格，创作手法不拘一格，喜爱篆刻，注重时代气息的显现。书法作品入选全国第二、三届楹联书法展，首届全国扇面书法大展，全国第六、七、八届中青展。荣获全国第六届书法篆刻展“全国奖”，全国报人书法大赛一等奖，中国文化部举办的“群星奖”书法铜奖，黑龙江省首届文艺工程大奖书法一等奖。硬笔书法入选全国首届、二届硬笔书法大展，全国硬笔临写传统碑帖展览。曾获1985年中国钢笔书法大赛一等奖、“东海双龙杯”全国集邮硬笔书法大赛一等奖。

1996年、1998年连续两届被评为佳木斯市文学艺术“特殊贡献奖”。2001年被中国书法家协会授予“德艺双馨会员”称号，2004年被黑龙江省委授予“德艺双馨艺术家”称号。

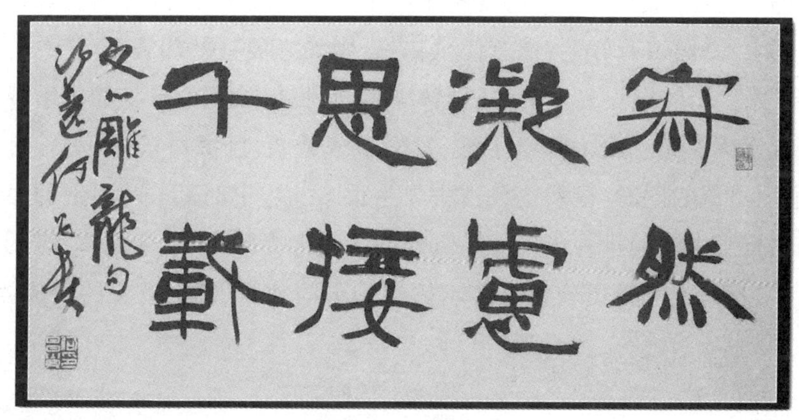

何昌贵书法作品

何昌贵先生是我所最为敬服的为数不多的书法家之一，然他以书家身份主编早已饮誉海内外的《青少年书法报》，使该报质量如同芝麻开花节节高，在当今众多专业媒体当中独树一帜，风格高标，深为广大读者所喜爱。

何先生早年以隶书擅名，饮誉书坛，后投身媒体，所见日广，所历愈深。他敬上爱下，

不以大报主编自居而做高高在上之态，每每提携后辈，扶持新人，令人感佩！

何昌贵先生之隶书，得汉隶之敦厚质朴，又兼具时人之秀逸灵动，既不似炳森隶的严整，又不同于刘文华的洒脱，“其隶书对联在华人德的静远上，略有精细处”(刘正成语)，这可能与他的军戎生涯不无关系。其实何先生早年隶书多出自《张迁碑》，运笔简洁，无明显蚕头雁尾，追求的是一种平和简静、空灵自然而又不乏厚重的禅意境界。字形结构并不刻意作过度的夸张变形，但他在结字的疏密、墨色的枯湿用意较多，点画看似平铺直叙，实则机心独运，富有韵味。这与那些刻意的夸张变形、张牙舞爪、故作姿态者相比，岂不高明上百倍？而其落款则多以章草味十足的小行草为之，使他的隶书作品更具高古简淡意象，远观浑然一体，近睹耐人寻味，非书内功与书外功的高度结合，岂能强为哉？这是他在全国第六届书法篆刻展中的获奖作品留给我的恒久印象。

然何先生的出人意料处，却在于他的狂草。人们对何先生的隶书印象极深，但他的大草作品似不多见，偶尔一见，则如突遇异人，令人惊叹矣！他的大草颇有唐人风范，并不像现代人那般在章法上大开大合，但却能张弛有度，纵横有象，以从容的点画来丰富其草书语言的内含，甚为可观。蔡邕《笔论》中曰：“书者，散也。……为书之体，须入其形，若坐其行，若飞若动，若往若来，若卧若起，若愁若喜，若虫食木叶，若利剑长戈，若强弓硬矢，若水火，若云雾，若日月；纵横有可象者，方得谓之书矣。”何先生狂草甚得此中三昧。

其实，书法一道，五体之间，既相连属，又各自独立。得之者往往能互相通会，融而化之，意象生动，情趣盎然；愚钝者即使专攻一体，亦难以有此成效。其原因在于不能承上启下，触类旁通，斤斤于一点一画，规规于一得一失。岂不知“诗文怕有好句，惟能使全体好，则真好矣。书画怕有好笔，惟有使全幅好，则真好矣”(刘熙载《游艺约言》)。

何昌贵先生能够擅长多种书体，且各臻其妙，我想除却他自身的机敏睿智外，与其所从事的职业不无关系。身为报纸主编，日间事务繁杂，且每每东进西去、南来北往，在丰富阅历、增加见识的同时，显然也会占去先生很多的习书时间。时间上的不能自主，自然也会影响到自身书艺的进一步锤炼。但或许何先生更倾向于“为人作嫁”的崇高选择，因为他的诸多付出，换来的不仅仅是艺术媒体的巩固和发展，更重要的还应当是每一位作者、读者的健康成长……

当代中青年书法二十家系列评论之四　孙晓云

孙晓云，1955年8月生于江苏南京。现为南京书画院副院长，国家一级美术师，江苏省书法家协会副主席，全国中青年书法篆刻展览评审委员，中国书法进修学院、中国书法培训中心特聘书法教授。

书法作品获七次全国奖，先后在日本、韩国、新加坡、香港、台湾、纽约等地展出，被香港艺术馆、江苏省美术馆等收藏。出版有书法作品集，楷书、行草书字帖。曾担任全国中青年书法篆刻家作品展评委、全国书法篆刻展评委。书法专著《书法有法》曾多次再版。

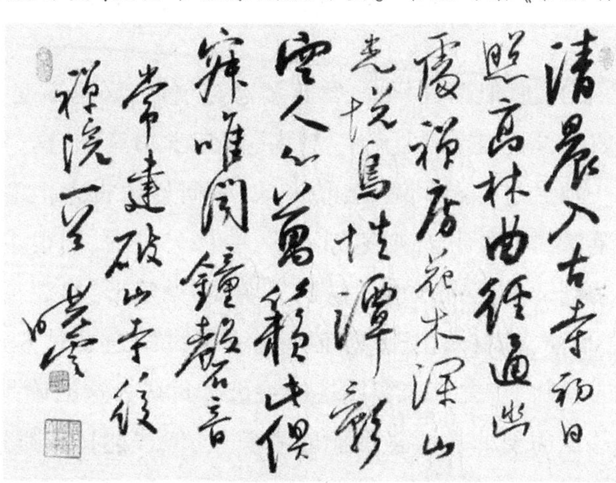

孙晓云书法作品

提及孙晓云女士，便不由人不想起她的“女红”说。女红原本是古代妇女的刺绣工艺，既细腻严谨，又幽雅闲适，其中所含者，非仅技术，更重心境。心境既佳，则妙品时生，此非身体力行者，恐难体会。孙女士将书法作为自己的“女红”，其中更见情调、气质、韵味与意境。

自古以来，女士善书者，可谓少之又少，晋之卫夫人，宋元之管道升，书艺虽未臻化境，但仍不失为女中英杰，为后世所推重。现代之萧蜕庵、游寿、周慧珺、陈佩秋等，才艺品格不让须眉，堪称女中之英流，师碑研帖，挥毫泼墨，俨然大家气象。当代之林岫、骆芃芃、胡秋萍、杨晓林、韦斯琴、阴凤华、沈颖丽等，虽皆女士，但经过一番修炼，均自成家薮，和而不同。她们除书法外，几乎皆善作文，笔致清丽，韵味幽长，不失丈夫风范。而孙

晓云女士则系其中之较突出者。

孙女士家学渊源,以“女红”自勉,在读书悟道间,勤于临帖。“女红”的内在精神便是淡定从容,悠游自如,这正是“二王”书风的真意流露处,因此,选择师法二王,并终生矢志不移,竭力追求魏晋间之萧散简淡之魂,自然也是她的性情寄托之必然。这一点在当代喧哗与骚动的现实生活中,显得何其可贵!

晓云女士的极具晋唐风韵的小楷与小字行草,一派娴静之气,点画细腻,笔笔到位,应规入矩,丝丝入扣,但字里行间也显露出许多灵动之态。因此,她笔下的小楷绝非状如算子者可比,也非动态有余而静气不足者可比。这就是严谨细腻与闲适洒脱合而为一的机心所在。其中需要几多心力,几多智慧?

孙晓云的楷书功底好,用功既勤,禀赋又高,其行草书自然可观。她作草时虽不似晚明草书之大开大合、汪洋恣肆,但挥运之间,用笔疾涩并施,翻腾起倒中虽不失二王法度,但亦有唐宋人狂草之奇诡,气势流畅,变化自然,如花木兰从军,似穆桂英点将,英迈潇洒之神态,尽显眼前矣。笔者虽从未与其谋面,但从其现场作书的录像来看,真是气度非凡!

孙晓云虽力追二王,但似不宜死追。得其姿态神情后,必思渐变,若追而不变,就令学成王羲之,亦终归奴书耳。晓云女士乃一智者,深知学书三昧,这一点我们读其《书法有法》一书便可知晓。她通过各种渠道,各种方式,精研妙悟古人把笔运腕之法,尤为所得者,即是“捻管”运笔法,执而不捻,则笔势不活,笔势欠灵活,则很难体现古人(尤其是二王)用笔的细腻与精到。虽然古人讲,“深识书者,不见笔形,惟观神采”,但形为神之基,神为形之用,“皮之不存,毛将焉附”?想必晓云女士试图通过对古人用笔精髓的深度把握与理解,在精深的基础上,去寻求实质性的突破。我认为这的确是通向成功的正途,虽然其中不乏难度,甚至需要非比寻常的胆略和勇气,但若能扬长避短,循序渐进,假以时日,必有大成。哪怕冒一点风险,也是值得的!

显然,今日的孙女士早已是享誉书坛的宿将,她能够获得许多书家尽毕生之功都不能达到的成熟和荣誉,是她本人刻苦努力的结果,当之无愧。但成名较早的书家,在喜获丰收的同时,惰性也会随之而来,社会应酬也伴随着声名的鹊起而应接不暇。有的人为此停步不前,满足于现状,在不断的“吃老本”之中慢慢削弱自己,如过眼云烟,似昙花一现。

但想必孙晓云女士应不是此种类型。她曾一再公开表示,要加强学习,继续努力,争取取得更大的进步。这正是所有关注她的人所共同期待的,因为在人们的心目中,希望看到一位更丰满、更成熟的女性书家。

孙女士,连同你的“女红”朝前继续……

当代青年书法二十家系列评论之五　白砥

白砥，本名赵爱民，浙江绍兴人。1990年毕业于浙江美术学院书法研究生班，师从沙孟海、刘江、章祖安先生。1996年复入中国美术学院，成为中国第一代书法博士生，师从章祖安教授，1999年毕业并获博士学位。现为中国书法家协会会员，中国美术学院书法系教授，现代书法研究中心研究员。主要著作有：《书法空间论》、《白砥书法艺术》、《汉张迁碑及其笔法》、《白砥小楷集》、《白砥行草书二种》、《当代书法名家字帖——白砥楷书集》、《王羲之书法解析》、《白砥书咏竹诗帖》等；主要学术论文有《金石气论》等二十余篇，发表于国家级专业报刊。

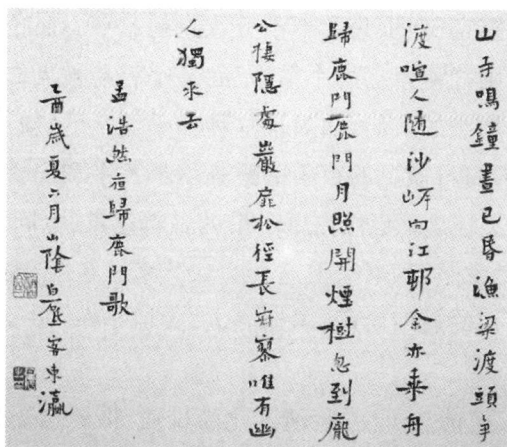

白砥书法作品

白砥，1966年生，山阴人。中国美术学院副教授、书法博士。一个四十余岁的青年人，便能够在论者的口中将其与叱咤书坛的风云人物王镛并列，称之为“南白北王”，那么透过这些罩在他身上的极为耀眼的光环，我们会看到一个怎样的白砥呢？直面他的书法追求和所取得的成就，人们又该作何感想呢？

白砥以擅写小楷而著称，但恰恰也是因为他的小楷曾经引起人们的非议，迄今为止，尽管认可他独具面貌的小楷的人越来越多，但不可否认，非议他的小楷的人仍然大有人在。这是具有开创意识、超前观念的书家都不可避免的遭遇。

一般而言，小楷书法以魏晋风韵为最高，后世善小楷者，无不从钟繇《宣乐表》，王羲之《黄庭经》、《孝女曹娥诔》，王献之《洛神赋十三行》出，宋之米芾，元之赵子昂，明之董

其昌、祝枝山皆是如此，在魏晋小楷的基础上，稍具自家面目。但传至今日，研习小楷而欲出新，何其难哉！

然而，聪明而又勤奋的白砥却走了一条不同寻常的小楷创新之路。他在精研魏晋小楷的基础上，先得清劲秀润的书卷之气，然后从汉简、隶书、魏碑以及唐人写经中汲取营养；又从对“金石气”的独特理解中获得启发，并借鉴当代创作观念，最后终于从尝试到成形，再从成形到成熟，百炼金刚，化为绕指柔，塑造出了一种集简静、奇崛、散淡、生辣、秀逸、厚重、苍涩、温润等多种审美因素为一体的自家小楷之法，亦古亦今，非古非今，恰是白砥的自家路数，风格独特，令人观之不忘。这就是白砥。他曾撰有《金石气论》一文，生动描述了他之于小楷出新的理想之境：“清逸与雄浑相结合为清雄。清雄为大顺的初级阶段，清雄再至极地，终得苍雄而柔润。苍雄而柔润者，正是金石气之本质。”而“金石气凝聚了优美范畴的柔和、清雅、细腻、圆润、舒缓、微妙等特征及崇高范畴的坚实、巨大、郁壮、拙朴、甚至丑陋。金石气宏壮的质体，同时又显出优美的姿态，看似极刚，又极其柔润，这是真正的大顺。”(白砥《金石气论》，载《书法研究》1991年第1期)事实上白砥的一些精彩之作的确达到了他本人预期的效果，至于别人认可与否，白砥这种在书法观念上颇具叛逆性格的书家，似乎是并不十分在意的。平心而论，白砥这种从表面上看来不无“丑怪恶札”而实则含蓄蕴藉的小楷作品，是很容易被人们“误会”的，因为看惯了书卷气十足的魏晋一路小楷的人们，面对他这种异乎寻常的“新面孔”，多有微词是极为正常的，因为“中庸”是人们习惯上的审美的最高境界，“平和简静，不激不厉，而风规自远”是根深蒂固的传统审美理想。也许白砥小楷的独特意象，也同样接近或达到了新的特定意义上的“中庸”，或者说是“和谐”，但这种突如其来的东西，人们缺乏心理上的准备，也少了一个中间审美习惯的过渡阶段，骤遇异人，大惊小怪，实属再正常不过之事，书法亦然。

颜鲁公法乳右军，而楷法一变，将清丽化为雄强，将灵逸变为严整，于二王以外，另辟新境，实为开宗立派之大家。然南唐李后主亦曾讥之曰：“颜书有楷法而无佳处，如叉手并脚田舍汉，大可鄙笑。”比之白砥，亦属同理。

这倒不是说，白砥的小楷已达化境，纵是白砥自己也定不如此认为，他还在继续探索中。

白砥小楷的意义在于为我们提供了一条小楷创新的崎岖险路，虽然险峻，但却能够给人以别样的惊讶与快意。

除小楷外，白砥在隶书与行草方面也有不俗的表现，灵动自然，奇逸多变，意象丰富。但假使没有这些，白砥也仍不失为一位颇富学养与识见的优秀书家。

当代中青年书法二十家系列评论之六 邵岩

邵岩，1962年2月生于山东文登市。现为中国书法家协会会员、中国现代书法艺术学会常务理事。作品五次入展中青年书法篆刻展，以现代派书法作品多次获得一等奖、二等奖和优秀奖；入展第二、第三届楹联书法大展；参加“中国书法主义”第一、第二届展览，首届国际现代书法双年展，当代著名书法家邀请展，法国“中国现代书法大展”，首届中国书法年展，“巴蜀点兵二十世纪中国现代书法回顾展”、“世纪之门——1997—1999年中国艺术邀请展”、中国艺术节当代书法邀请展以及北京大学举办的首届当代书画名家精品学术展等。成功举办“邵岩书法展”、“三剑客现代书法展”、“邵岩、徐海、沈惠文——书法三友书法展”、“北京书法五人展”。出版《三剑客现代书法作品集》、《当代著名书法十佳精品集·邵岩卷》。

邵岩书法作品

邵岩是当代书坛非常具有新闻性的书法家，之所以这么说是源于他的“现代书法”创作总是能够给大同小异的书法展厅带来别样的新鲜，给观众的眼球带来强烈的刺激。他似乎是一位遗世独立的书法狂客，用自己独特的艺术语言在诉说着自己对现代生活的认知和理解。

邵岩将自己的书法创作分为三个部分：“传统书法”、“现代书法”、“汉字艺术”。邵岩的传统书法创作尽管不是他的侧重所在，但我们从其作品中当可看出他扎实的传统笔墨功底。其实他的传统书法创作之于“现代书法”并非仅仅具备“基础”的功效，而是不断生发其现代书法创作的“原料厂”和“火花石”。如果邵岩没有对传统真、行、草、隶、篆五

体书法的较好把握，就必然会使他的“现代书法”和“汉字艺术”创作逐渐失去中国书法本质意义上的生成因子，从而被最大限度地“异化”，完全变为“另类”的东西，这恐怕也是邵岩所不愿为之的。但其独有的睿智和前卫的思维促使他将自己更多的心力花费在了“现代书法”和“汉字艺术”的研究探索方面。

“现代书法”在我国显然起步较晚，迄今为止，前后也不过二十年左右。当初由一些具有超前意识的书家受日本“现代派”书家和西方艺术理论的影响，在传统书法的基础上开始了尝试性的探索。但由于当时的各种条件限制，“现代书法”在我国的发展可谓步履维艰。而传统书法作为书法界主流，出于对现有地位的维护，在较长的时段里，体制内的“权威性”书法展览根本上是将“现代书法”拒之门外的，“现代书法”很难取得“合法”地位。但经过一批“现代书法”闯将们的执着探索和不懈努力，推出了很多震撼人心的精品力作，为现代书法在主流书展当中争得了一席之地。其中最为突出的代表人物是邵岩、白砥、杨林、邱振中、阎秉会等。尽管现代书法的风格难以统一，但他们之于“现代书法”的理解是建立在理性的基础之上的。并且同时逐渐建立起了“现代书法”的理论框架，虽然在文化积淀上要远比传统书法薄弱得多，但这毕竟为现代书法基本面目的确立和主流书法圈的初步认可带来了可能。

邵岩作为现代书法创作的代表性书家，以其出色的表现，居然在具有中国当代最具尝试性、探索性的全国中青年书法展中，以现代书法作品四次获得大奖，充分显示出他过人的谋略胆识和超凡的艺术创造力。1999年6月22日举行的“巴蜀点兵”作品研讨会及学术讨论会当中，邵岩曾这样说道：“我参加中国书协的各项展览都是按照要求来进行的，首先是强调书法的书写性，进行设计，然后完成，目的就是获奖。两个月进行设计，二十分钟创作。我获奖起码说明中国书协开始具有开放的包容性。”

由此可见，邵岩的成功并非是出于偶然，而是观念、功力、才情、胆识和谋略互相作用的必然结果。

邵岩的现代书法大致可分为三种：一是具有现代书法创作观念表现语言的传统风格作品，用他本人的话说叫做“传统情结”；二是少字数的现代书法，表现内容一般以诗句和词语为主，他在几届中青展上的获奖作品就是此种类型；三是单字作品，此种作品尤为注重对单个字的整体构图、结体造型、线条表现力、墨法的丰富性和墨象的神秘性进行匪夷所思般的构思和表现。通过以文字为载体，将具象与抽象进行近乎完美的结合，进而体现文字本身所具有的梦幻般的特殊情趣和意境。在将文字的诗境进行淋漓尽致的挖掘与生发的过程中，将自身完全融入这种自由理想的神秘意境中，让自己与笔墨一起奔向“墨舞”（邵岩作品）之门，即使“梦断风城”（邵岩作品），但“风铃”（邵岩作品）响处，依然能感受到艺术家生命的火焰在激荡和升“腾”（邵岩作品）。春去秋来，“四时花开”（邵岩作品），邵岩依然为“现代书法”而迷狂和沉醉，因为他无论如何也难以割舍现

代书法——他手心里的这块“宝”(邵岩作品)。

然而,现代书法在中国的发展历程毕竟还很短,还没有真正形成大的气候,它的参与者、欣赏者还十分有限。如何在创作当中尽可能保留文字的可识性和毛笔的书写性,而尽量避免那种炫奇涉怪、故弄玄虚的东西,我认为这或许是“现代书法”寻求健康发展的根本所在。优秀者如邵岩,尽管已迈出了值得肯定的一大步,但面对今后的漫长道路,邵岩和他的现代书法朋友们还须对他们的一些过于“边缘化”的探索重新审视。因为既然还称之为书法,不管再怎么“现代”,它所体现的还应当也必须是华夏民族的文化之魂。

当代中青年书法二十家系列评论之七　徐海

徐海,1969年生于北京。1992年本科毕业于中央美术学院书法艺术研究室。现任教于中央美术学院书法艺术研究室,同时攻读王镛先生的硕士研究生。中国书法家协会会员。

书法作品获全国第五届书法篆刻展“全国奖”,全国第六、第八届中青年书法篆刻展一等奖。参加首届中国书法年展。四次参加全国篆刻展。出版《全国中青年篆刻家精品集·徐海卷》、《当代著名中青年书法家精品集·徐海卷》。

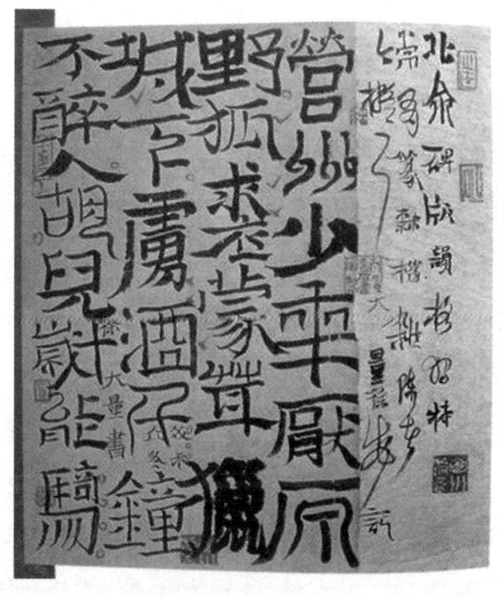

徐海书法作品

在中央美术学院王镛先生门下完成学业的书画篆刻优秀人才当中,年轻的徐海是

非常值得我们密切关注的一位。他于书、于画、于印，在本质的理解与把握和创作的水准上，在同龄者当中都处于拔尖地位。

有人将王镛誉为"当代齐白石"，乃是源于王镛在诗书画印四个方面都达到了同时代人当中的领先地位，王镛的成功，具有特定的文化启示意义。作为一位通才式的艺术家，他总是对他的弟子们如醍醐灌顶般地"授之以渔"。而徐海就是智慧地承袭其师衣钵而又迅速自成家数的艺术朝圣者。

徐海书画印兼擅，尤其在书法、篆刻方面表现最为突出。他的篆刻作品在全国第一、第二、第三、第四届篆刻艺术展中频频亮相，用他生辣拙朴、雄浑大气的篆刻语言描绘着自己的金石理想，将一种既保持相对稳定、又力求印印不同的篆刻风格呈现在人们的面前，也正是因为这种特殊的风格，让人们永远记住了徐海。

正如在篆刻上徐海受王镛师法砖瓦陶器一路印风影响外，徐海在书法方面也同样体现出了这样的倾向，他也更多地注重吸收民间书法的有益养料，以碑的雄强为基调，适当吸收帖意的细腻与灵动，参以砖瓦刻石的野逸和魏晋残纸、汉代画像的生拙，在实际书写中又将篆刻用刀的迟速融入其中，使得他的作品在结字的疏密攲正，行气的笔断意连，章法的起伏开合，墨色的枯秀变化，用笔的奇崛多变等方面均形成自己的特色。他印从书出，书以印入，当中尚不乏国画中点染擦手法的巧妙运用，故其作品极为招人眼球且能经受住仔细品味。

他的楷书既有魏晋小楷的高古意韵，又有唐人写经的精严规整，其中尚不乏汉隶的雄强和北碑的生拙灵逸之感，隐隐之中，兼具以刀刻石般的情趣和韵味，多种因素合而为一，反映出的就是作者自己的情绪与理想表达。雄浑、苍润、奇肆、秀逸、灵动、拙辣，这种种美的元素都在徐海的笔下得到了和谐而又统一的发挥，令人观之，久久不忍离去。

最逮人眼球的还是徐海的"魏行"，一幅作品当中，将楷、隶、行、草多种结体和笔法巧妙运用，多种因素，既相互对立冲突，又相互和谐统一，利用逆向思维，浇铸胸中块垒，颇得赵之谦行书三昧，虽不及赵书之凝练，但拙辣灵逸似有过之。

徐海行书对联与其三行式的条幅在气息上是一致的，但对联较之条幅，写得更加开张大气，能将苏轼的敦厚、黄庭坚的跳荡、米芾的凌厉融于其中，意象诡奇，别开生面。年届不惑，即有如此表现，倘更假以时日，前程无可限量矣！

徐海大篆对联写得更是得心应手，身为篆刻里手，在篆书方面自有不俗之表现。大篆经典之作的线质再加上砖瓦刻石及古陶文字的奇逸，使他的篆书作品充满灵气。观其作品如对孔门诸子，子路颜回各具风姿；似登华山极顶，东西诸峰每呈其险。

平心而论，以徐海这般年龄，在书法篆刻方面能够有此造诣，显然具有多方面的原因。

一是名师指点。师者，所以传道授业解惑也。思想与观念的正确与否是起决定作用

的因素，这个问题得不到很好的解决，只能困在技法技巧的浅层次怪圈里欲进不得，欲罢不能。而王镛先生的指导意义正在于此。

二是好学善思。“书痴者文必工，艺痴者技必良。”笃好艺事且精进不懈是实现艺术追求的根本所在。而善于思考就是指要在高师的点拨下创出属于自己的路数。此诸种因素缺一不可。勤于刀笔而不缀，好于学问(读书)而不惰，日积月累，焉能无成哉？

面对现有成绩，我想，徐海并不会知足。因为，艺无止境，在回望身后的同时，前方还有更远的路。

当代中青年书法二十家系列评论之八　李强

李强，1967年生于黑龙江。现为文化部青联青年美术工作委员会委员、中国书法家协会会员、中国教育学会书法教育专业委员会理事、中国宗教协会会员、小刀会重要成员、青少年书法报社副社长、荣宝斋画院教授、中央美院继续教育学院书法专业教师。毕业于首都师范大学书法研究生班、中央美术学院国画系、中国画研究院姜宝林艺术工作室，现就读于中国国家画院沈鹏书法精英班。

作品入选全国第五、第六、第八届中青年书法篆刻展(获第八届二等奖)，全国第五、第七届书法篆刻展(获第七届“全国奖”)。

参与的展事活动有：当代青年篆刻精英人物作品展、北京十月书法展、中国书法年展、流行书风大展、“实力与表现”中央美术学院十二人展、广州·中国山水邀请展、广州·汉唐雄风书法展、“篆刻先锋”全国精英提名展、中国篆刻艺术大展、2005年水墨敦煌中国画名家学术提名展、“水墨精神”六十年代画家展。并多次在韩国、新加坡举办作品展。

作品获得西泠印社首届国际书画大展国画最高奖、中国书协“兰亭奖·教育奖”，被评为当代最具关注度与投资潜力篆刻家、最具实力的书画十二家之一。

出版有《中国青年书法家·李强》、《中国书法家书风·李强》、《李强书法艺术工作室师生作品集》、《李强画集》、《李强山水集》、《小刀会篆刻集》(合著)、《当代大写意篆刻集》(合著)、《今日美术馆流行书风提名书家精品集·李强》、《中国印当代篆刻家全集·李强卷》、《艺税集·山水卷》(合著)等十余部作品专集。

一个脑后扎着甚为招人眼目的马尾刷的东北汉子，以一脸的豪放和自信，硬是闯进

关内,“杀”入京城——这个名家云集、高手如林的艺术领地。此为何人?李强是也。所赖何技?书法篆刻。

作为书印双栖的李强,年岁不高,但出道却很早。他以一手不同凡俗的技艺给人们留下了深刻的印象。

李强尝试用写帖的笔法去写碑,从而达到形成自己风格的目的,经过一番艰苦修炼,他的确获得了很大的成功。在治印方面,他以一种近乎荒率的刀法和生动泼辣的章法去表现着自己对印面文字的独特理解,看上去很古也很现代。他的书法也是如此。书印在他的刀笔之下,以极俗的手法达到了塑造极雅的目的。观念很现代,但气息又很高古。这一点很像他家乡东北的特有自然景观、气候风貌,白山黑水,冬天极冷,夏天又极热,但就是这样的环境方才养育出了朴朴实实、火火辣辣的东北人,方才孕育出了“东北三宝”。他的书印又像是东北的“二人转”和“大秧歌”,俗里见雅,雅中透俗,今人古装,诙谐自然,让人在活泼中严肃,让人在欢乐中沉思。

白山黑水成就了东北人剽悍的性格,火辣辣的情、火辣辣的爱是东北人抹不去的家乡情结。李强在刀与石的碰撞之中,在笔与纸的抗争之中,想要表达的就是白山的伟岸、黑水的缠绵、东北汉子的刚强与东北女人的柔美。这是笔者在赏读李强书印作品时的最大感受,虽然不乏欣赏者的延伸式联想,但这奇妙的联想毕竟是因他的书印而生。

李强行书,既具碑的厚重,又不乏帖的飞动,结体是碑的造型,用笔是帖的韵致,起初尚有勉强之嫌,但往后则愈近和谐。单纯写碑的人,易失之迟滞肥重;单纯写帖的人,易失之于轻佻浮滑。碑帖兼融可免此二失,但“融”的过程却又是何等的艰辛。在写碑上浅尝辄止,必不能得其拙朴;在临帖上走马观花,必不能取其畅达。两方面都必须深入,此为书内功夫。但若求在碑帖上食而能化,还须在相关学问修养上下功夫,文学、历史、哲学等等,少了哪样都不行。否则,便如书工笔吏般,吃遍“千字饭”,依然看不到自己。李强之所以在行书方面能取得今日之成绩,实在也是勤学苦练、内外兼修的结果。此中冷暖,李强自知。

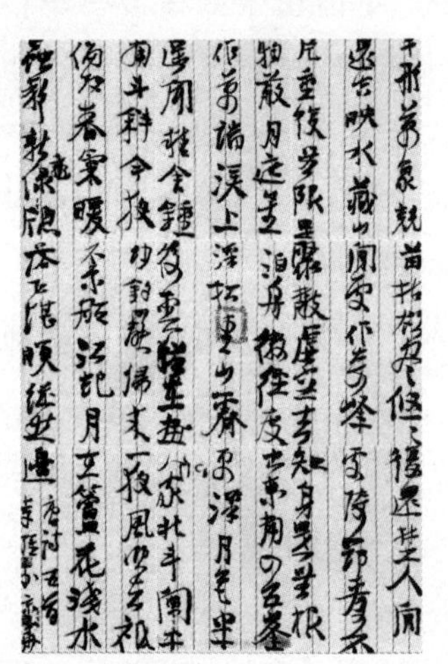

李强书法作品

李强大篆,骨子里和行书的审美理想如出一辙,就是想以最现代的观念手法去表现最高古的审美意象,这无疑是一个具有极高难度的美学问题,在分寸与尺度的把握上,稍有不慎,就会落入“恶俗”的怪圈,流为“野狐禅”。李强以传统经典大篆的意象为基调,兼取民间书法的天真稚拙,吸收西方抽象绘画的一些创作理念,再辅之以篆刻的“金石味”,竭力营造一种集奇肆、开张、拙朴、散淡、敦实、简古、随意为一体的特殊情境,并有意将金文的点和面的原始形态放大化,加以夸张、强调,以大块面和纵横交错的线条之间的强烈对比

来形成矛盾，然后力求从气息上将二者巧妙统一起来，使之生动、自然、和谐。但恰恰因为分寸尺度把握上的高难度，使得李强的某些作品虽然看上去具有很强的“视觉冲击力”，却总不免流露出一种勉为其难的感觉。这也许是所有处在探索阶段的艺术家们共同面临的问题吧！

孙过庭《书谱》曰：“初学分布，但求平正；既知平正，复追险绝；既知险绝，复归平正。初谓未及，中则过之，后乃通会。通会之际，人书俱老。”显然，李强书印应属于“复追险绝”的阶段。险不易得又不可不得，险不可不得，又不可多得。非积学之功，勤勉之力焉能在得险绝之后轻易“复归平正”耶！

近来李强一头扎进了“沈鹏书法精英班”，将来的李强如何动作，书界朋友们将拭目以待。

当代中青年书法二十家系列评论之九　张旭光

张旭光，字散云，1955年10月出生，河北安新县人。现任中国美术家协会分党组成员、副秘书长，中国书法家协会草书委员会副主任、硬笔书法委员会主任。北京大学书法研究所客座教授，清华大学美术学院张旭光书法艺术工作室导师，中央美术学院客座教授，中国美术馆艺术委员会委员。曾任中国书法家协会分党组成员、副秘书长，学术委员会副主任、评审委员会副主任，《中国书法》杂志主编。自1988年，张旭光先后在中国美术馆举办个人作品展，在中央电视台举办讲座，赴日交流讲学；作品多次入选国展、中青展、名家精品展等重大展览，收入《中国著名书法家精品集》、《中国当代美术全集·书法卷》等多部大型书法集；在曲阜、岳阳楼等多处名胜勒石刻碑；作品被中南海、中国美术馆、军事博物馆和日本、韩国以及欧美国家收藏；出版专著有《楷书》、《行书》教材，《现代书法字库·张旭光卷》、《张旭光书法集》、《张旭光系列艺术文丛》、《张旭光诗词书法》、《行书技法》、《行书临摹·创作》光盘，并有多篇文章发表。他先后担任中国书法“兰亭奖”，第八、第九届国展，首届青年展等重大评审活动评委会副主任，负责组织和评审工作。

身为中国书法家协会副秘书长的张旭光先生是近年来书界颇为关注的热点人物，但人们对他的关注，除了他的“书法官员”身份外，还应当是因为他的书法水平在近年来

上升到了一个新的艺术品位。

张旭光先生书法以取法二王为主，兼及诸家，尤其是对唐怀仁《集王圣教序》用功最勤。他在2003年我国流行“非典”期间，潜心临习《圣教序》多达数百通，自此书艺大进。因此，这段时间是张旭光先生研习书艺的一个“分水岭”。此后的作品较之以前，要含蓄蕴藉得多，尤其是对二王行书的理解与把握，取得了实质性的进展。

作为全国大展的评选负责人之一，张旭光经历了几乎所有国字号展览的评选，因此，他对当前的书法创作在整体上有着宏观性的把握。这种把握对他提升自己的艺术品位显然有着重要的影响。反过来，作为全国大展评选负责人之一的张旭光先生也不可避免地以自己的艺术审美观念和自我创作风格影响着书坛。

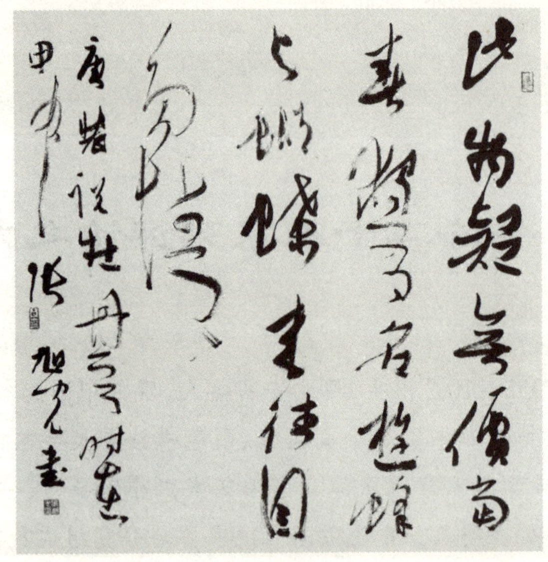

张旭光书法作品

张旭光先生专擅二王一路行草，植根于《圣教序》，但显然从《丧乱帖》、《二谢帖》、《鸭头丸帖》、《中秋帖》等二王手札精品中获益最多。他在研究书法的同时，酷爱作格律诗词，语言明快，格调清新，信手拈来，有感而发，不作无病呻吟，无故弄玄虚之弊。这一特点，对于一位现代书家来讲，的确难能可贵。

由于张旭光的身份和地位比较特殊，因此，他的一举一动、一言一行总是在有意无意地影响着书坛。平心而论，以前的张旭光在书法方面个人面目还不十分明显，处于集字探索阶段，所以人们习惯上将张先生视为一位书法官员。但现在的张旭光先生经过多年的历练，书风渐趋成熟，个人面目日益凸显，在精熟二王笔法的同时，也形成了一些自己的个性化语言。他将二王结字的某些特点加以夸张和强调式处理，用笔上参以米芾和黄庭坚笔法的意趣，这使得他的二王式作品经放大书写后，并无明显怯弱浮滑之弊，气息上看上去颇具晋人风韵，而在意趣上又不乏宋代尚意书风的机敏。从这一点而言，张旭

光无疑是高明的。

但他的“高明”还不仅仅体现在书法创作方面。他在创作和评选方面,总是能够提出一些颇有见地的观点和看法,在给大展评选带来便利的同时,也能够给他人的创作起到一定的提示作用。如他提出的“到位”与“味道”的观点就很具有针对性。但这也并非是张先生的首创,“到位”与“味道”实为祝允明《论书帖》中“有功无性,神采不生;有性无功,神采不实”一语的注释与引申而已。“到位”是临池功力的体现,“味道”是个人性情的张扬。功性合一,方可言书;功性两离,则或为书奴,或为“野狐禅”,终不足道耳!张先生在功性之间显然有了一个很好的把握。他认为学习书法不能仅仅从技术层面去着手,而应当将“读书、悟道、临帖、创作”互相联系起来。“读书破万卷”,方能“下笔如有神”,在大自然与现实生活中去参悟事理,结合精研法帖,日积月累,厚积薄发,在创作上方有进境。张先生将此四条作为对广大书法人的普遍要求提出来,具有很强的现实意义。

多年以来,张旭光先生一面组织引导书协的工作,一面潜心修炼自己,两方面双管齐下,赢得了书界的普遍认可。他的二王一路书风,被人们誉为“张旭光体”,这充分证明了书界对他书艺成就的肯定。他的成功,为“书法官员”如何在书界正确树立自身形象作出了一个很好的榜样。尽管他所提出的“激活唐楷”的主张,在得到一部分人认可响应的同时,也遭到了一部分人的质疑,但张旭光先生对唐楷在当代失落的忧虑,却在很大程度上反映出了他作为书坛领导人继承和弘扬唐楷的历史情怀,也许前景未必乐观,但他所付出的努力人们必将记住。

当代中青年书法二十家系列评论之十　薛养贤

薛养贤,1962年生于陕西韩城。中国书法家协会评审委员会委员,中国书法家协会培训中心教授,中国艺术研究院中国书法院副研究员,陕西省书法家协会副主席兼创作委员会主任。西安交通大学人文学院中国书法系主任、副教授、硕士研究生导师。

作品入展全国第六届书法篆刻展、全国第六届中青年书法篆刻家作品展、全国第一届行草书大展、全国首届书法百家精品展、全国首届优秀会员书法作品展、中国美术馆当代名家书法提名展、2008林散之书法双年展。作品获得首届中国书法“兰亭奖·创作奖”、全国第七届书法篆刻展“全国奖”、全国第七届中青年书法篆刻家作品展“提名奖”、全国第八届中青年书法篆刻家作品展二等奖、全国第二届楹联书法大展铜奖、全国第

一届扇面书法艺术大展银奖。论文获得全国第六届书学讨论会三等奖。

薛养贤书法作品

薛养贤是陕西书坛的活跃分子，是当代中青年书家当中较具代表性的人物。但在2001年5月举办“陕西智性书写双年展”之前，薛养贤的声名似乎并不十分响亮。“智性书写双年展”的意义之于他来说“是一种过渡而非抵达的书写”。但由于他们的精心设计和谋划，利用这次机会，居然在全国“闹”出了很大的动静，引起了一定的反响。这真是一次智性的过渡啊！

薛养贤不愧是一位智者，在艺术追求与现实生活当中不为眼前既得名利所困，能够以一种“苦行僧”式的心态对待自己心爱的书法。他长期浸淫于二王、苏东坡、黄山谷、杨凝式、八大山人法帖，追求的是一种高古、散淡而又富有禅意的笔墨效果，骨子里有一种孤傲、疏狂的东西能够让人为之怦然心动。

西安为汉唐古都，有着悠久的历史文化和书法传统，西安碑林为人们提供了一个观摩古代书法精品的极好场所，那洋洋大观的历代碑刻精品引得多少书法朝圣者前来观看。薛养贤生活在这样一个充满浓郁文化氛围的城市里，真是如鱼得水。但这对于薛养贤来说，又仅仅是一个方面，对书法的热爱程度、悟性高低以及刻苦程度，应该才是决定一个书人成就高低的关键因素。从薛养贤的作品以及别人对他的评价来看，他将这几条都占住了。

陕西原本是传统书法大省，但陕西自身的优势有时反而成了束缚人们观念思维的羁绊。面对古人留存的皇皇巨典，满眼敬畏，不免故步自封，且近亲繁殖。“会写字”的人固然不在少数，但真正有识见、有突破的书家在近年以来的陕西书坛却委实不多。这就好比国人以前津津乐道于“四大发明”，自己制造了火药，却要用大刀长矛去和外夷的枪炮对抗，问题就在于在时代观念上没有与国际接轨。陕西书坛在前些年的沉寂即是未与书法先进省份观念接轨所导致。

但无论如何，陕西的文化底蕴不可小觑，智者如薛养贤已用自身的实践给陕西书坛注入了新的活力。薛养贤是陕西在展厅文化盛行以来在国展上获得荣誉最多的书家。他的成功之路在于能将自己的很多想法和身边的书法资源相结合，能够真正沉下去，在传

统当中获取有益养料，食而能化，然后浮出，一鸣惊人。要做到这一点，如果缺乏对艺术的虔诚和从艺的执着与现实生存的谋略和智慧，是根本无法想象的！

薛养贤以一种近乎宗教信仰般的虔诚，在书法上为自己营造了一方“精神家园”。他的作品，有帖的温润、碑的霸悍；有苏东坡的天趣、黄山谷的禅意，也有八大山人的冷逸和时人的机智与灵巧。用笔在看似平铺直叙、横涂竖抹中却恰恰能体现出一种自然随意、无拘无束的生命意象。

薛养贤的一些大字行书对联写得尤为洒脱自然，纵情挥洒中能够随机生发，有意外之想，墨色或重若崩云，或轻如蝉翼，字形大小参差，错落有致，单个字看上去不乏“丑拙”，但通篇观之，却又浑然一体，很逮人眼球。他的一些行草条幅，既有八大山人的冷逸，又有弘一的静气，但其中更透出东坡行书的自出机杼。气息看上去很高古，但观念又显然很现代，始终没有把自己束缚在“写字”的层面上。但现代书家在注重个人情趣表达的过程中，也难免有对传统的过于反叛而导致的冒进之举，随意至极，便与粗疏荒率甚至任笔为体只有一墙之隔。这一点之于薛养贤似乎也不例外。他的一些作品虽有八大山人的笔致，却乏八大山人的内敛，火气躁气尚未完全剔除，难免生动有余，而含蕴不足。过于追求随意，有时反而显露出某种刻意。

墨守成规，固然无足称道，但大胆变法而乏相应的节制，往往失之于粗野。其实智慧机敏如薛养贤，自己也应该体会到了这一点。因此，以我个人的浅见，如何在今后的创作当中，使其作品更为耐品耐看，在“静”字上下工夫，恐怕是薛先生值得注意的一个方面。

当代中青年书法二十家系列评论之十一　陈忠康

陈忠康，1968年生，斋号沐斋，浙江永嘉人。自幼喜书，少年自习，后考入浙江美术学院书法专业本科，经系统学习，书艺大进，毕业后从事书法教学。现为中国书法家协会会员、中国书协行书专业委员会委员、浙江省书法家协会创作委员会委员、浙江省青年书法家协会副主席、温州市书法家协会副主席。中央美术学院书法博士研究生。擅长行草，曾获全国第六届书法展“全国奖”、第七届中青年书法展一等奖、浙江省全浙书法大展最高奖“沙孟海奖”。《中国书法》、《书法之友》曾对其作专题介绍。出版《当代著名青年书法十家精品集·陈忠康卷》。

陈忠康年方不惑，但在书界的声名却已老叟皆知，这缘于他以一手风神洒落的二王书风作品频频在国展上摘金夺银，使得人们不得不对他刮目相看。

以陈忠康这般年纪即取得如此令人叹羡之成绩，即使是那些书坛宿将也会为之动容。陈忠康是很有主见的书家，从不随人作计，亦步亦趋。作为当代传统帖学的忠实传承者，他在广大青年书法爱好者当中曾一度形成了“陈忠康书风”。他的作品，气息古意盎然，节奏舒缓，用笔富于理性，从其众多作品中我们仿佛都能窥见历代帖派书法大家的迹象，如二王、颜鲁公、苏轼、黄庭坚、米芾、何绍基等，他对传统的这种不同一般的消化吸收能力，实为时下青年书人中所鲜见。从继承优秀传统的角度而言，陈忠康的学书方式无疑为更多的书法爱好者树立了借鉴取法的榜样，给那些心浮气躁而急功近利者以某种警示和提醒。

但优点有时恰恰会成为一个人的弱点，或者说是不足。由于他在自己的作品中太过于注重传统气息的深度表达，故而在个人性情的体现上则显得不够明显。他还没有写出那种“功性合一”的个人面目强烈的激动人心之作。祝允明《论书帖》云：“有功无性，神采不生；有性无功，神采不实。”如何做到既有功又有性，这话说来容易做来难，需要相当时间的积累和深化，渐悟渐变，方期有成。王僧虔亦曰：“书之妙道，神采为上，形质次之，兼之者方可绍于古人。”这讲的是书法创作的极高境界。但无“形质”，则“神采”何来？“书之神韵虽得于心，然法度必资讲学”，宋代书家沈辽的这句话可能更适合评价目前的陈忠康。

或许陈忠康本人并不想过早地给自己确立书风面貌，而是想让自己在传统的汁液里浸泡得再久再纯粹一些。而事实上，刻意求变，往往越变越糟，有时甚至会陷入“创变”的误区中不能自拔。自然求变，或许走的路要更多更长一些，但对于一个真正的既对传统有足够的认识把握能力，又对创新具有自主的分析识别本领的书家来说，却无疑是一条更为康庄之路。

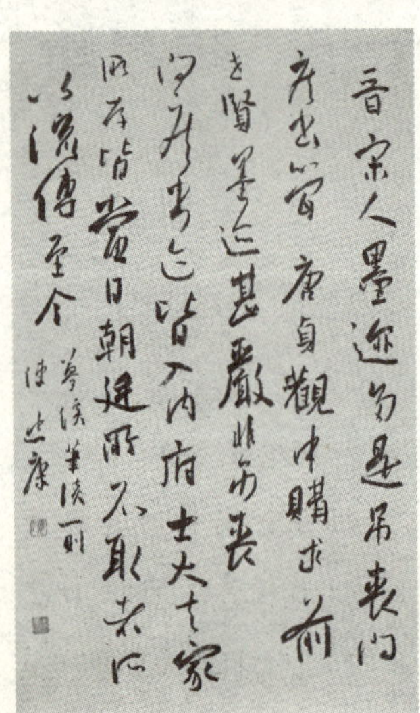

陈忠康书法作品

陈忠康认为，临摹的最大意义是通过准确重复古人的书写而达到与古人接近的书写状态及心理状态，入古深浅就看这了。因此这么的话，形的逼真很重要，是一个学书必要的环节。没有逼真的笔触模仿根本无法体验古人的书写情境和心理状态，就是不能入古。至于如何纯化学书动机，如何保持平静心态，则更是考验当代展厅文化背景下书法人综合素养的一把标尺。但陈忠康显然有自己智慧而准确的把握，否则的话，他就不可能在易于完成的二王风格里逗留这么久。陈忠康是能耐住寂寞的人，他的书法以二王晋唐为根本，用笔讲究细腻精到、气韵生动自然，在准确诠释传统

的基础上发挥出了一般的学书者所不能体现出的精彩而巧妙的东西。他这种出色的表现,让人感觉和他的实际年龄不相符合,从而令一些老辈书家也因之慨叹。

陈忠康学书能够运用“分解式”,一一剖析,尽量吃透,先拆开而后组合,弄清其中的原理,这种逐一消化的学习方法使得他对古帖的理解与把握比其他人高出一筹。这就是“想法决定写法”的极好佐证。

陈忠康的可贵之处在于他“一心”学古,很少受时风影响,这种不与时俗合流的做派需要多大的思想定力?我想热衷于“创新”时髦的人自有体会。陈忠康作品所透视出的强烈的古典气息和他的作品的频频获奖与人们对他的广泛认同充分说明, 尽管当今书法入古不易,创新更难,但并不意味着其中没有成功的可能。盲目追风固不可取,因循守旧更无出路。我虽不敢断言陈忠康已成就非凡, 但他在不断打动自己的同时也在打动别人,他尽管还行走在半道上,然而他的身后已留下一串坚实的脚印……

当代中青年书法二十家系列评论之十二　张羽翔

张羽翔,别名张小弟,广东开平人,1963年出生于广西南宁市。任教于广西艺术学院美术系。现为中国书法家协会会员、广西书法家协会副主席。书法篆刻作品曾入选第五、第六届全国书法篆刻展,第二、第四、第五、第七、第八届全国中青年书法篆刻展。20世纪90年代初,张羽翔以“广西现象”领军人物而名噪书坛,他在当时书法风格主义成为书坛主潮、维新之风笼罩书界的大势下,顺势而上,将风格主义推向极致。一时“广西现象”成为整个书坛令人艳羡的话题。

提及张羽翔,我就会自然而然地想到曾经广为人乐道的“广西现象”。如果说于明诠、刘新德、白砥、徐海等是注重个性体现的书法家的话,张羽翔则是一位致力于书法形式自身的研究以及晋唐经典书法作品的分析与临摹的专门家,是一位靠自身观念和实践影响指导他人走向成功的书法教育家。也正是因为这一点,在十几年前的全国第五届中青展上,经他和汪永江等的精心筹划,广西在书坛上上演了一出令人振聋发聩的“精彩”好戏。“广西现象”让人们关注广西的同时,也永远记住了张羽翔、汪永江和陈国斌的名字。

当代书写工具的变革, 使得学习书法无法与日常学习工作自然对接, 或专业或业余,都显然需要“专门”留意去做。书法爱好者在社会的绝对人口中占的份额极小,他们

对书法的学习只是一种业余的行为。传统书法的优秀技巧与形式因素在当代书法中大量流失甚至异化,这显然与书法在现实中与实用的分离有直接的关系。过去,凡经过科举应试的文士们都有一手不赖的笔墨功底,但在今天,上至政府各级官员,教授学者,下至各个阶层的普通知识分子,是否学好书法已不再是社会对他们的基本要求。因此,当代人对书法的学习大都停留在一个表面化的层次上,且大多各自为战,对古典传统的学习难以系统而深入。欲改变这一状况,就必须通过艺术院校的系统而深入的强化训练来提高学习者的形式技术把握能力与艺术思想品位。

而张羽翔则义无反顾地承担起了这样的社会责任。我们知道,任何书法作品都是由各种形式要素如线形、线向、线质的组合构成的,而这些形式因素又由书写过程中具体用笔的提按转折运用所决定。搞清楚构成书法作品的形式特征和形式规律,能够从宏观和微观两方面准确把握经典作品的内在涵蕴。其实对于各种猎奇涉怪现象层出不穷的当今书坛,沉静与理性显得是多么的可贵,尤其对于一位肩负教育后来者重任的书法教师来讲,其意义更是不言而喻。

从张羽翔的作品来看,很少有个人才气的张扬,而这种个人风格的不明显,使得人们对他书艺成就的肯定打了很大的折扣。他的书法作品本身的社会影响与他同时代的其他书家相比,显然要逊色得多,但从实践行为上,他又无疑是一个极端的典型。他的学习、研究手段几乎是完全西化的,这与很多恪守传统学习方法者相比迥然有异,但他所追求的却是最纯粹的古典传统,由此及彼、由表及里,分析探究经典作品的各种矛盾和细微变化,竭力恢复古人的本来面目,并大胆采用了西方美术中的形式构成分析方法来进行此项特殊工作,在强调理性作用的同时,注重追求形式技术的价值和意义。这也许才是真正体现张羽翔探索意义的地方。

张羽翔书法作品

“广西现象”,一石击起千重浪,展厅效应从此有了更为丰富的价值趋向,各种材料在书作当中搭配使用成为时下展览的一种时髦。作为“广西现象”的“始作俑者”之一,张羽翔显然注入了自己大量的心力。他的意义在于让年青的书法爱好者们懂得从作品的形式构成和对诸要素方面精细程度的注重去创作展览作品。这种努力在确实丰富了展厅视觉效果的同时,也引起了一个不利的方面,即重形式而轻内涵,创作逐渐演变为“制作”,很多追逐者的书作看上去“很精致”,但透过华丽的表面,却是一幅幅苍白乏力的面孔。

但这并不是张羽翔的错,更多的时候还是仿效者的理解和认识产生了偏差。这也就是广西书坛自第五届中青展爆出“广西现象”之后便逐渐销声匿迹的原因。虽说“广西现象”已

是昨日黄花，但以张羽翔的才干，他完全有能力将自己的作品再上升一个档次，因为能在书坛上造出偌大声势的人，本身就启人深思。

当代中青年书法二十家系列评论之十三　张继

张继，字续之，号皂白，四融斋主，1963年生于河南省长葛。原为中国石油书法家协会执行副主席兼秘书长，2004年6月特招入伍，现为中国人民解放军军事科学院政治部文艺创作室主任、中国书法家协会理事、中国书法家协会隶书委员会秘书长、中国国艺研究院副院长、北京国艺轩书画院副院长、东方印社社长、中华诗词学会会员等。1997年在中国美术馆举办个人书法篆刻作品展。1999年被中国文联授予“全国百名优秀青年文艺家”称号。2000年被评为中国书协“德艺双馨书法家”。

酷爱并执着追求隶书之魂的张继，能够在刘炳森、孙其峰、张海、刘文华、华人德、王宝贵、周俊杰等以隶书擅名的书家为代表的当代书坛争得一席之地，靠得是一手功底扎实、风格独特的汉简味十足的隶书。他的隶书无论从点画、结构、线质哪方面来看，都已具备了相当独特的个性化语言，观者无须察其款印，一望即可知为何人所书。张继能够达此境界，委实不易。

笔者关注张继，可追溯到上世纪90年代中期，那时的他已在书坛上崭露头角，他在《青少年书法》月刊上写的那篇学书心得给我留下了很深的印象。但那时他的作品因正处于摸索阶段，虽不乏机敏与灵气的流露，但却远没有现在的作品感人，因此也就没有留下多深的印记。

张继书印兼攻，文笔亦佳，总的来说修养比较全面，看得出他的为人亦坦诚朴实，与汉隶的雄浑朴拙如出一辙。

张继的篆刻尽管也很优秀，但相比起他的书法来，似未至卓然独立之境，然其中透出的功底与灵气，却远非泛泛之辈可比。其实将隶书写到这种程度而又兼习篆刻的人，是有能力将书法的灵气移植到治印当中去的。或许张继在篆刻上追求的就是一种灵动与大气，汉隶的丰富多变不啻是值得借鉴的无尽源泉。

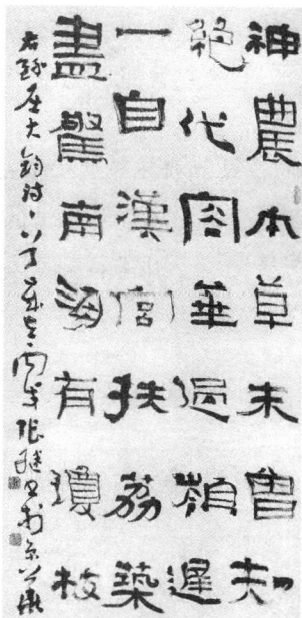

张继书法作品

张继早年即接触隶书，举凡《曹全碑》、《华山碑》、《乙瑛碑》、《张迁碑》、《石门颂》、《礼器碑》皆有涉猎。但张继隶书当中飘逸的长线条与偏侧的结体，显然前者出自于《曹全碑》、《石门颂》，后者则多得益于《张迁碑》和《礼器碑》。尤其是整体用笔明显的轻重反差则主要出自于《礼器碑》。世之学《礼器碑》者，多失之于纤细刻板，但张继却独能从中悟得作隶之灵逸之气，是见其悟性之高。

张继曾言："一件真正优秀之作品，传统是基础，创新是条件，个性是灵魂。然法度之个性生成绝非易事，往往须毕生追求。"张继是这么想的，也是这么要求自己的。他在遍临汉隶名碑的基础上，"化碑于简，以简融碑"，逐渐形成了一套自家路数。善于在纵情挥洒中制造矛盾、突出矛盾、化解矛盾。他笔下的隶书并没有明显而刻意的蚕头雁尾，但趋势走向却往来分明，无含糊犹豫之态。横画强调异常突出，竖画及撇捺的安排亦深具匠心，在叠床架屋中不动声色地展示着自己的审美理想。

一般而言，以隶写隶者，多失之单调；以楷书意识写隶者，则必流于甜俗刻板，千字一面，如印板排算，了无生趣，亦何足道哉！而以篆养隶，兼及楷、行、草之笔意和砖瓦权量诏版文字，则清逸灵秀之气生焉。隶书所贵者，到今日亦非仅"精密"可当，而在于朴厚中见清逸，拙辣中透机巧，整饬中见参差。在这方面，金农、邓石如、伊秉绶、何绍基等已给我们留下了足资借鉴的法式。而拙中见巧，同中见异，始终又是隶书创新的必经之路。刘炳森的严整，华人德的温润，刘文华的灵巧，王宝贵的简澹，张海的奇肆，周俊杰的苍辣，更是在丰富隶书风格的同时，也给后来的学隶者增加创新的难度。但聪明的张继却能从夹缝中求生存，通过对碑和简的一番谋划整合，居然奇趣横生。整幅字犹如一个巨大的操场（大块面），每个单字似是排列其上的体操运动员（小块面），在统一的指挥下做着不同的动作（点、线的灵巧多姿），动静相宜，自然和谐，颇堪寻味。

但籍此我却不能说张继的隶书已至出神入化之境，因为细观他的隶书作品，碑与简的糅合还没有真正达到那种不露痕迹的程度，某些点画因过于追求率意而失之单薄尖削，涵蕴稍嫌不足。但这却是任何处于探索阶段的书家都无法避免的问题。显然张继也给自己确立了继续努力的方向，再历经几番起落，我想，已具非凡品学根基的张继，或许会是又一个引领书坛时风的隶书大家。

当代中青年书法二十家系列评论之十四　刘彦湖

刘彦湖，1960年生于黑龙江鸡东县，斋号洪孤草堂，吉林盘石人。1980年始习书法篆

刻，先后师从罗继祖、周昔非、王镛诸先生。书法以篆书立基，由秦刻石、石鼓文上溯西周青铜器铭文，参以邓石如、吴昌硕等清代名家笔法，后习魏晋碑帖。行书以碑派结势，以二王一脉帖学统之，用笔以篆隶简纯圆劲为尚。擅长篆书、行书及篆刻。现为中央美术学院国画系副教授、吉林省书法家协会副主席、中国书法家协会会员。作品先后入选全国第二届篆刻展，全国第五、第六、第七、第八届中青年书法篆刻作品展(第六届获二等奖、第七届获一等奖)，巴黎中国书法大展，二十世纪中国书法大展，中国书法年展。出版有《当代大写意篆刻家作品集》、《当代篆刻家精品集·刘彦湖卷》。

前些年，刘彦湖在我的印象中一直是一位颇有见地的书法评论家、一位颇有影响的中青年印人。他于1993年发表的那篇洋洋万言的《当代中年篆刻家八人蠡评》给人们留下了难忘的印象，而那方法乳齐白石印风的《金错刀》便如同商标般在我的眼前晃来晃去……

刘彦湖成名很早。20世纪80年代初的首届大学生书法竞赛中，当今书坛的宿将如曹宝麟、华人德、丛文俊、王冬龄、陈振濂、向谦慎等皆是通过那次活动脱颖而出的，而年轻的刘彦湖就是其中的一位获奖者。尤其富有戏剧性的是，其他人皆学文，而刘彦湖却学的是理科。就是这么一次展览，刘彦湖成为了中国书法家协会的年轻会员。但刘彦湖却并不以此为满足，而是一头扎进古典文学的深水中去寻找华夏民族的文化之根。

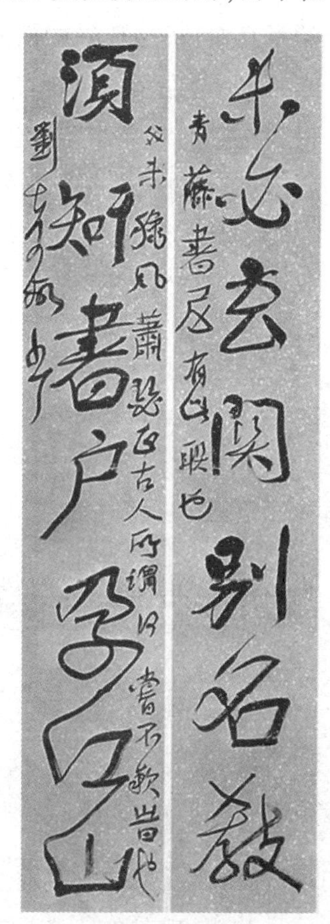

刘彦湖书法作品

在吉林古籍研究所当资料员，身边名师众多，典籍丰富，着实让刘彦湖大开眼界。他在罗继祖先生等的点拨下打下了近乎专业水准的古文字学基础，这无疑为他日后的篆书篆刻研究埋下了精彩的伏笔。从面壁读书的角度讲，刘彦湖无疑是幸运的。

然无独有偶，好事成双，他后来到中国书法杂志社任特聘编辑，可谓幸运之神又一次降临。在这样的氛围中，广交益友，垂询名师乃自然之事，许多人求之而不可得，为何上天独惠刘彦湖也？这应当与他做人的朴实与做事的机敏不无关系吧？

论及刘彦湖书法，他显然以篆书见长，其颇为专业的古文字学修养为他的篆书研究提供了强而有力的文化支撑。他在篆书和篆刻两方面互相影响，生化整合，演绎出了一套自家路数。他在研究古文字的同时用心临习了为数可观的铜器

铭文,取其质朴随意,与此同时,还精心双钩了《石鼓文》及秦代著名刻石等,以求深化。能够以细腻精到的笔法写得一手古意盎然的篆书,并且在其师周昔非先生的调教下纵笔追摹魏晋六朝碑版,墓志造像的诡奇多变赋予他许多创作的灵感。他用二王一路的笔法去体现六朝碑版的行草,巧拙相生,机趣自得,令朋侪刮目而视。

刘彦湖行书,乍看似很碍眼,平铺直叙且颇多生猛笨拙之笔。若依寻常眼量目之,必为“丑怪恶札”,亦乏书卷气。但换个思维去看待,却又觉刘彦湖的原创意味与不随世碌碌的非凡胆魄。如齐白石行草,喜好者亦无多,置诸花鸟画面,倒也机趣横生,但以整幅书法观之,也不免有伸腿挂脚之弊、浅陋浮滑之嫌。因之事物皆具正反两面,书家自我面貌的确立,实难兼收并蓄、面面俱到,顾此失彼,往往有之。但透过他们书法“丑拙粗笨”的表面,一种弥漫于字里行间的真气亦时时沁人心脾,其中尚不乏自己审美追求的矜持与虔诚。这些都是热衷于自我喧嚣的书家一贯的表现。譬如徐文长的狂草,满纸点线交绕,云烟飞动,古法为何?但在这眼花缭乱的线条意象中却实实在在透示出一种撼人心魄的力量,在激情挥洒中让人分明感受到一种生命的律动。

但不可否认,刘彦湖的书法,特别是行书,在树立自家面目的同时,也流露出了点画随意直白、机械单一的缺陷。一些点画过于轻飘,从含蓄深沉的角度来看,便嫌不耐寻味。横画与竖画的平行安排,总有印版排算之嫌,牵丝引带亦时有拖沓之感。我觉得传统根底扎实如刘彦湖,完全可以在此基础上进一步丰富和深化自己的个性语言。若将线质、结体经过一番新的锤炼和调整,定会更加意味隽永,情趣横生。

徐生翁心机独具,风格诡异,但终归名手,如是而已,非大师可当。后来学子只可鉴而品之,未宜仿而效之,若邯郸学步,东施效颦,则俗气未脱,习气又生,如此久之,便落入野道矣!

以此论刘彦湖行书,未知当否?

当代中青年书法二十人系列评论之十五　程风子

程风子,原名程春风,斋号闻梅堂,玄壶居。1964年生,安徽阜南人。现为国家广播电影电视总局美术家协会理事、中国书法家协会会员、中国美术家协会敦煌创作中心副主任,三峡大学艺术学院客座教授、《中外烟酒茶》杂志编委。擅长中国画、书法、篆刻,国画以山水见长,取法蒲华、石涛、黄宾虹等,后于北京画院深造,师从我国著名山水画家杨

延文先生，收举甚丰。作品率意洒脱，妙趣横生。书法初习苏东坡、黄庭坚等人墨迹，汉魏碑版，近年于徐生翁书法、敦煌遗画用功最勤。篆刻多取法陶文、汉将军章。书法生拙朴厚，不拘成法；其印更是用刀恣肆奔放，时出险绝，颇为大气。

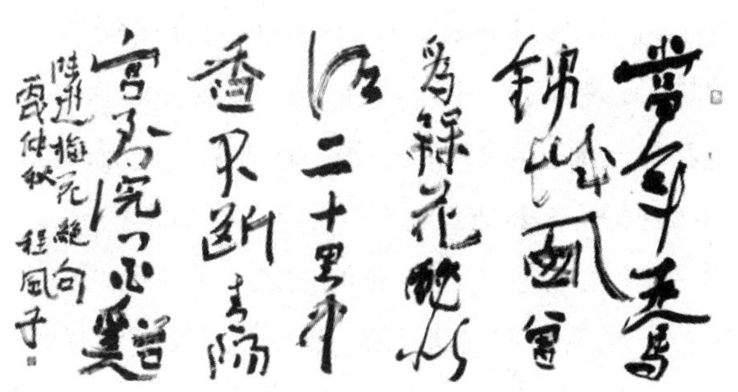

程风子书法作品

安徽程风子是近年来在书画圈内发展势头相当迅猛的人物，他修养全面，博学多才，凭着自己的一番打拼，在书画界树立起了自己的独特形象，广为人们所关注。

程风子书画印兼擅，书法古拙生辣，画简练自然，印敦厚大气，的确是一位颇具创作实力的中青年艺术家。其实，很多人习惯上更愿意将程风子以一位印人来看待，乃是源于他在篆刻方面的成就比他在书画方面的成就更大的缘故。

读程风子的印章，能够给人一种雄浑朴拙、开张大气、酣畅淋漓的感觉，他的印作多偏重于自我情感的宣泄，而对技法的展现似乎不多“用心”。故他的印章有些便流露出一种粗疏荒率之感，在细节把握上有欠精到。但他经过一番及时调整，使得他的作品更加经得住推敲。

程风子书法一如他的篆刻，也是情感大于法度，感性胜于理性，但这又充分说明他是一位很有个性和才情的书家。事实上，诗书画印本是一个人精神情感的寄托，是艺术家心灵的归宿，如何在深入传统、汲取前人的基础上塑造自己的个性化艺术表现语言，始终都是每一个从事艺术研究与创作的人毕生都要努力的事情。

正因如此，程风子在书法的取法上，偏重于宋代“尚意”书风，对苏东坡、黄庭坚情有独钟，同时对汉魏碑版用功甚勤，亦对敦煌遗书的简朴、徐生翁的生辣大胆吸收，得高古拙朴与淳厚之气象。

有人说程风子的篆刻多得益于他的书法，但他的书法的长足进步，又何尝不是得益于他的篆刻！印从书出，书以印入，互相影响，相辅相成，能够达到“刀笔合一”的超凡之境，委实不易。

程风子书法追求一种远古的民间简朴气息的表达，这与很多书家对魏晋书风的追摹从表面上看起来似乎迥然有别，但本质上却是一脉相通的。魏晋一路书风，笔法精到，气息高古，简澹自然；而敦煌遗书又具有难以遮盖的原创意味，用笔随意，不衫不履，素面朝天，它的技法技巧的不成熟性恰恰为后世书家提供了想象与驰骋的广阔空间。程风

子留意于此,未尝不是一个智慧的选择。但民间书法的天地里也存在很多的“陷阱”,我们选择参悟民间书法,其主要目的在于从朴素的用笔与结体当中找寻到一种生命本源的东西,以便在技法完备、尽善尽美的传统经典书风的夹缝中获得一条通向自我世界的幽径。但由于精神层面上东西的不易把握,最简便的方法就是直取民间书法的笔法与结体。相对于司空见惯的传统经典一路书风而言,固然能给人耳目一新之感,但相对于民间书法本身,似乎还是处于临仿的初级阶段,临仿人们熟悉的经典不能称之为“创作”,而临仿人们尚很陌生的民间书法是否就是“创作”?显然不是。

程风子的书法作品显然也存在这方面的问题,但他毕竟从对敦煌遗书的追摹中获得了用笔的灵气,其书作线条的质感尤其打动人心。或许他目前以敦煌遗书为基本面目的作品还不能说是形成了一种真正意义上的自我风格,但他显然也掺入了很多自己的审美理想。他的徐生翁一路行书的心理异态,充分验证了他欲丰富和深化因师法敦煌遗书的线条意象,从而弥补其用笔单一的缺陷;但徐生翁书法的艰涩又势必影响到敦煌遗书的圆活与通达。徐生翁书法以拙辣生涩取胜,但不足在于不易掺入自我的东西,因为他的个性太过于强烈。

我反而觉得,程风子若能将敦煌遗书的简古与东坡行书的敦厚和山谷行草的奇诡多姿加以融合,或许将来的路会更宽广一些。这就好比郑板桥的“六分半”书尽管新鲜、刺激,但却不宜师法,而金农的漆书虽嫌单一,却更易于加进个人的性情。我说的未必精当,但聪慧如程风子,或许可以从中引发新的一番审度与思考。

当代中青年书法二十家系列评论之十六　胡秋萍

胡秋萍,女,1962年8月生于河南开封。中国书法家协会理事,河南省书法家协会副主席,中华炎黄女诗书画家联谊会理事,河南省青年书法家协会副主席,河南省直书法家协会副主席,中华诗词学会会员,河南省诗词学会副主席,河南省青年联合会常委,河南省书画院专业书法家。

书法作品曾五次参加全国书法篆刻展览,六次参加全国中青年书法篆刻展览,并参加国际临书大展、中日书家诗书展和中韩第一届书展、河南省第二届“墨海弄潮”展、四川“巴蜀点兵”现代书法展、中国书法年展等大型展览。获第三届全国中青年书法篆刻展优秀奖,河南省第二届“龙门奖”银奖,“黄河杯”、“俸皇杯”等书法大赛一等奖。作品被中

南海、毛泽东纪念堂、河南省博物院、许昌博物馆、林散之纪念馆等收藏，黄河碑林、淮河碑林、岳庙碑林、曲阜孔子碑林、常德诗墙等数十家碑林刻碑。作品入选荣宝斋《孙子兵法》、《唐诗三百首》木刻水印珍藏本。1989年随中国妇女书法家代表团访问日本；2001年在镇江举办个展，在香港举办书法联展；2002年在郑州河南省博物院举办个展暨《胡秋萍书法艺术》首发式，参加笔阵——当代中国书法十二家作品展。出版《胡秋萍书法作品集》等。

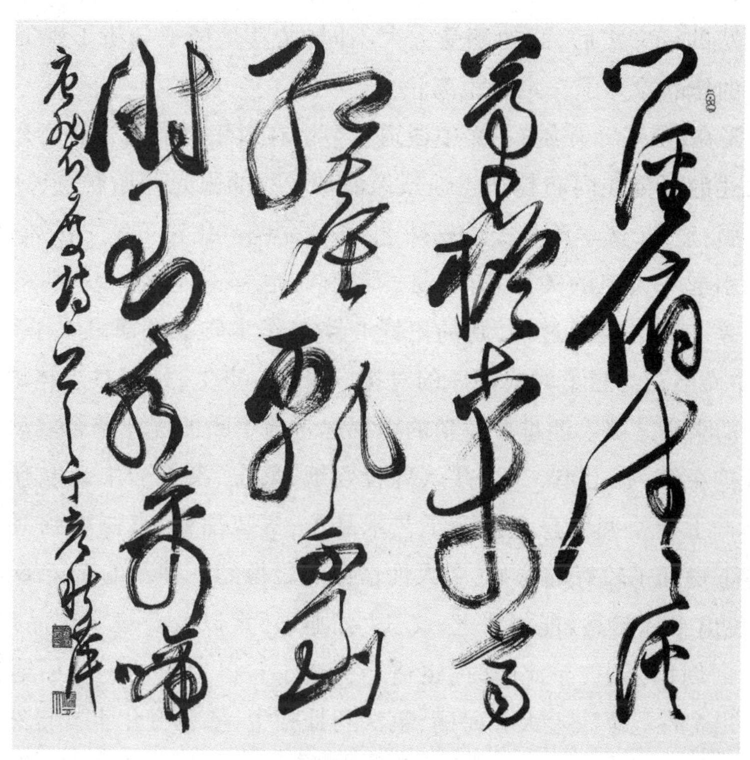

胡秋萍书法作品

我一向比较叹赏卫夫人、武则天、管道升这些女性书家，尽管她们的书艺成就与她们同一时代的杰出男性书家相比尚有一段距离，但因为她们的存在，却使我们在检点整个书史的过程中多了许多耐人寻味之处。在那男尊女卑的夫权时代，她们的出现无疑为女性自立意识的觉醒点燃了火种，成为广大妇女引以为荣的典范。而蔡文姬、李清照、秋瑾等也同样以她们的气节和才华折服和感动着一代又一代人。这不能不说是中国女性的骄傲。当代已产生的几位优秀的女性书家，她们以其出色的书艺成就与良好的综合素养赢得了社会的广泛认同和赞誉，为妇女书法事业迎来了一个全新的时代。

胡秋萍女士就是其中的优秀者之一。秋萍女士在近三十年以来的书法复兴与发展进程中，一直以她书法上的出色表现引起社会的广泛关注，同时她也是我非常敬重的一位集诗词、文章、书法多种才能于一身的艺术家。在她的散文集《秋萍墨韵》一书当中，她对自己的艺术历程进行了全面的回顾，其中伴随着一种理性的梳理与思考。我们从中可

以看出，胡秋萍绝不是那种一般意义上的书法家，她对整个书坛的审美取向与个人的风格追求始终保持着冷静的头脑。如果说在起初的十多年里，胡秋萍对王铎书作的心摹手追是当时的书坛潮流所影响的话，那么，她在近些年对自身取法与创作方向的不断调整则是一次又一次谋求超越自我的尝试，而且她的这种尝试也越来越多地得到了书界的认可。或许是我先前对秋萍女士的从艺历程及创作状态缺乏系统而深入的了解与研究，一直将她定位在“师法王铎”这个既有印象中，但近来赏读了她历年以来的大量书作以及她有关书法的诗文之后，我的感受大大不同，尤其是仔细分析了她的一批近作，我发现与她以前的作品拉开了一定的距离。

秋萍女士在《从王铎开始》一文中谈道：“……在对王铎研习十多年以后，一种对新的笔墨情趣表述的渴望在内心越来越强烈地涌动。我的眼光开始触及民间、现代以及音乐、舞蹈、绘画、建筑、文学等相关的姊妹艺术。”并说：“我在王铎书法风格基础上呈现的新面貌作品引起了大家的关注，有赞赏，有疑问，也有不理解……”其实，秋萍女士对王铎的师法只是一个必要的过程，她的王铎一路书作实质上里面融入了很多“二王”行书的成分，当中尚不乏与当下时代书风的对接。在这一点上，她显然与林岫、孙晓云走了一条殊途同归的求索之路。经过一番新的审视思考与不断的优化整合之后，她似乎已摆脱了王铎书风的束缚，她上追二王，并从魏晋残纸、墓志、汉隶当中汲取有益养料，其草书在原有的基础上及格调气息上提升了艺术品位，气势酣畅，点画精到，传统经典草书的韵致在其笔下得到了较好的彰显，个人性情亦随之得到一种新的审美感觉下的张扬。她的狂草，已跳出王铎樊篱，能将张芝、二王、张旭、怀素以及黄庭坚作品当中的优秀因素融入到自己的创作当中，与此同时，也适当保留了自己原有的一些用笔特点，在体现共性的同时突出个性。章法上大气磅礴，笔法巧拙相生，墨色变化丰富自然，同时亦有形式上的讲究，作品古雅、雄肆、开张，既有很强的“视觉冲击力”，又耐仔细推敲品读，能达到这样的艺术层次，十分不易。

面对同一位书家的作品，不同的欣赏者会有不同的感受，也许胡秋萍的作品在人们的心目中还存在个别的争议，对她创变的得失还有种种猜测，但我们如果走近她、了解她并理解她，系统面对她的诗词、文章和更多的书作，我们就会欣喜地感到，秋萍女士显然已迈出了成功的一步。即使或多或少走一点弯路，也并不可怕，可怕的反倒是那种取法上走向迷途而自我感觉良好的错觉。秋萍女士在坚持不泯灭个性的前提下，能不断地回顾和反思自己所走过的路并理智而又及时地进行调整，那么她将来取得更大的突破便是自然而然的事了。

卒文之际，试填《一剪梅·赠秋萍女士》一首，作为对她的良好祝愿：魏晋风流腕底收，孟津墨客，昔日曾留。笔挟风涛扫俗愁，艺坛独步，红巾翠袖。一霎韶光都几许，纤纤细步，阅尽神州。浸月斋里非寻梦，翰苑诗话，千古悠悠。

当代中青年书法二十家系列评论之十七　蔡梦霞

蔡梦霞，女，汉族，1972年7月生，江苏泰州人。1997年毕业于中国美术学院国画系书法专业。中国书法家协会会员。书法作品曾入选全国第五届、第七届中青展，并于第五届中青展中获奖；篆刻作品入选全国第四届中青展、第四届篆刻展。2002年作为唯一女性书法家参加“流行书风展”展览。多次参加中国书法家协会举办的全国展览和国内主要现代书法展，并举办个展，是目前国内极少数从事现代书法创作的女性艺术家之一。其创作受“学院派”书法影响，注重对传统资源的利用，同时大胆尝试各种可行的媒材和手法，以增强作品的视觉冲击力与思想深度。

王镛先生旗下，多出才俊，且都有一个最大的特点，即无论是篆刻英杰还是书法时贤，其风格都以王先生倡导的审美观点有着或强或弱的联系，视觉冲击力大，观赏性强，与大众层面的审美趣尚拉开了相当大的距离。按王镛本人的话说，就是“艺术书法”。

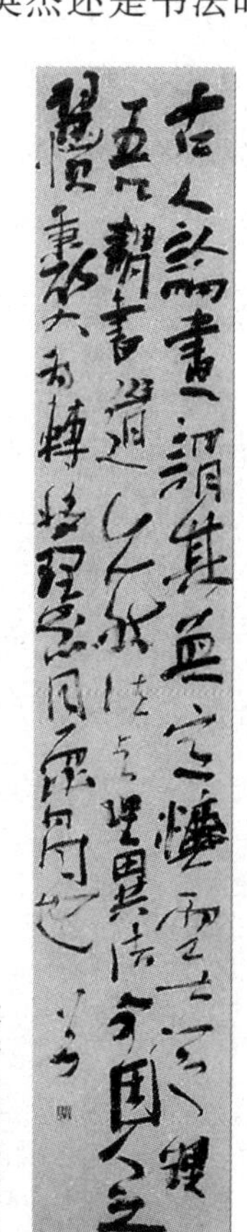

蔡梦霞书法作品

广西女将蔡梦霞就是这种书风的追随者。就我个人而言，我并不看好蔡梦霞的以六朝碑版为基调的一路行书，尽管这些作品在视觉上有很强的冲击力，为了追求字的动势，几乎所有的字都有向右倾斜的态势，亦即人们通常所说的“一边倒”。这种方法的采用，虽然可以“造险”，但也难免有千篇一律、造型单一之嫌。过多的方折用笔确实能够使字显得倔强有力，但过于缺乏圆转的调剂，便难免有拼字之嫌。内在气息的阻隔往往使其作品的艺术感染力大为削弱，这是梦霞女士应该引起注意的地方。

蔡梦霞的草书条幅，我倒觉得整体气息不错，写得开张大气，很多草书经典的构成因素都能够在她的笔下得到较好的体现。其笔力的雄健与用墨的大胆丝毫不让须眉。我觉得如果蔡梦霞能够将其行书与草书互相搭配融合一下，应该会有新的进境。

王镛先生门下弟子，无一不受其“艺术书法”主张的影响，所作大多都以荒率野逸的面目出现。如果说王镛先生是以他的“艺术书

法论"将"写字"与"书法"区别开来,从此让认同这一主张的书法家们"真正艺术起来";那么,我的看法是,写字是书法的基础,书法是写字的高级境界,前者偏向于实用,随着社会体制的变革,这一功能已悄然隐退,后者偏重于审美,在人们的倡导下,其欣赏功能得到了有效的加强,这的确是一个不争的事实。但问题是,如果"书法"太不注重"写字",或者是过于远离写字,"书法"还叫书法吗?

"学院派"的教学模式对丰富书法的形式可谓不无贡献,尤其是对作品的视觉效果的处理可谓用心良苦。撇开那些后期的制作手段不谈,仅就一件作品整个的构思来讲,它的可供观者欣赏的表面上的信息量似乎得到了一些有效的加强, 至少是有一种一刹那间很招人眼球的感觉。蔡梦霞的作品就有这种感觉,尤其是她的行书和草篆作品,很大气,富有张力,行书用笔以方折为主,生辣粗重,字字折叠,如强弓硬矢,铁甲森然,墨色或乌黑厚重,或枯笔飞白,亦能显示出一种灵气。但不足在于,失之于粗野,静气太少,有伤雅致。她的草篆写得诡异奇丽,线条苍涩,挥运自然,颇具大草笔意,跌宕有致。但二者的缺憾都在于可供欣赏者仔细把玩的因素似乎不多,让观者在短暂的兴奋之后,不免产生一种视觉上的疲劳。

这倒不是说"学院派"不好、"艺术书法"不好,关键在于你在丰富作品形式感的同时,是否真正注入了更多内在的耐人品读的东西。

蔡梦霞,乃一芊芊女子,然其笔下却是壮士拔山、霸王举鼎般的强悍意象。但无论是北朝墓志碑刻,还是残纸、地契、砖瓦刻石文字,我们所应该吸取的,还是以书写性为主,至于以刀刻石的效果,意到即可,大可不必太拘泥于刀意的表达。我以为毛笔书写的原始美感是最值得深入挖掘并消化吸收的。

蔡梦霞自全国第五届中青展获奖以来,她实际就成为了"广西现象"当中的代表人物。字形向右倾倒与用笔狠辣方折似乎成了她塑造自我风格的品碑手法。但以蔡梦霞的聪慧和她对书法的虔诚与热爱,理应向传统再深入一些,以便在今后真正能够达到"从心所欲不逾距"的自由之境。就蔡梦霞目前的作品而言,风格确已出现,但手法未免单一,生拙有余,而通变性不大,在师碑法帖的分寸与尺度把握上还有欠火候,许多作品有牵强之嫌。但尽管如此,作为当代的青年女性书家,蔡梦霞依然不失为一位值得人们关注并寄予厚望的人。

当代中青年书法二十家系列评论之十八　曾翔

曾翔，号一夫、曲堂。1958年生于湖北省随州。毕业于解放军军事学院。师从王任、刘炳森、沈鹏先生。中国艺术研究院中国书法院办公室主任、副研究员，中国书法家协会行书委员会委员，中国书协培训中心教授，小刀会成员。作品五次参加全国中青年书法篆刻家作品展，其中两次获得一等奖；参加全国第五、第六届书法篆刻展，20世纪书法展，中日名家书法展，首届全国中青年书法名家百人艺术书法展，“流行书风”和“流行印风”大展等。出版《启功论书钢笔字帖》、《回宫格颜真卿多宝塔字帖》、《草书入门电视书法教程》、《中国书法家书风·曾翔卷》、《流行书风提名书家精品卷·曾翔》、《曾翔书法篆刻作品精选》等。

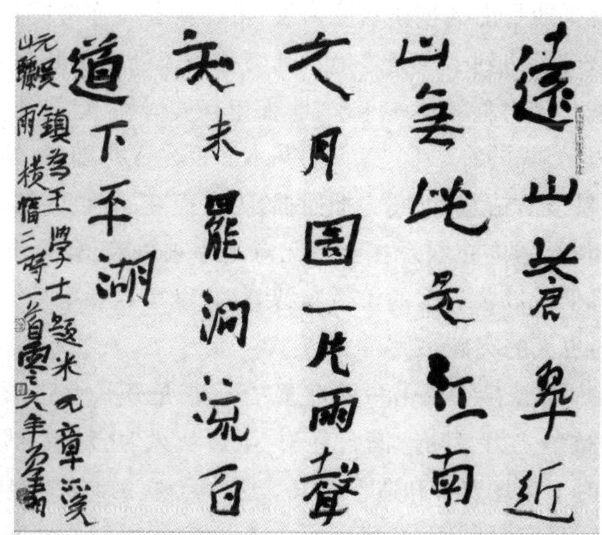

曾翔书法作品

在当代书坛众多身兼多技的中青年书家当中，书印双栖的曾翔无疑是比较典型的一位。

曾翔以他风格独特、迥出时流的书法篆刻作品为自己争得了不少的荣誉，他也因此成为许多青年书法篆刻爱好者临仿追摹的对象，这显然也从侧面证明了曾翔的综合素养与创作实力。

曾翔书印兼擅，书法以魏行为主，亦擅大篆和草书。观其魏行，可知其植根于“二

爨”,点画富有表现力,在凝练倔强中不乏厚实与灵动。二爨结字奇诡多变,在厚实中透出许多灵气,善学者,可得此两长,若学之不当,便落入乖戾粗俗,染成习气,很难得脱。但曾翔显然巧取其厚实与灵动,又能将碑与帖的温润淳厚互相融合,方圆兼备,攲正相生,达随机所适之境。

其实,曾翔行书的天真浪漫与四川名宿谢无量之“孩儿体”有异曲同工之妙。此种字体乍看起来,似无古法可言,任笔为体,纵横涂抹,犹小学生写的作业一般。但实则不然。小学生之作业,乃原始状态的自然流露,其中虽不乏机趣,但毕竟不能称之为艺术品。庄子所讲的“既雕既琢,复归于朴”,未经一番精心的雕琢打磨,只能让其停留于原始状态,若让其上升为艺术,则必须与书法本体内的诸种因素紧密结合,深入到传统碑帖之中去吸取自身所需的有益养料,去粗存精,扬长避短,找到与自己的审美趣尚相符合的东西,再结合自己的人生体验,将其提纯升华为富有个性的艺术语言。虽然“孩儿体”书作最终给人的视觉感受是随形就势,不计工拙,一任天真,但其与原始状态的孩儿体有着本质的不同。因为它里面包含着作者的功力、才情和思想。此类作品从单个字来看,攲侧不稳,粗头乱服,似无法度可言,但通篇观之,却井然有序,自然和谐,天机流荡,趣味横生。只不过,谢无量的字追求的是散笔落藻的晋人风韵,而曾翔则似以体现民间书法稚拙天真的意趣为主。就曾翔目前的创作状况来说,虽已具备了非常明显的自我风格,但我们还不能说他的行书已经达到了完美之境，其实曾翔还处在不断渐变的探索和积累过程中。他的有些点画过于随意,结体一味求拙,未免有失清隽,有伤雅宜。我想,曾先生自己或许并不如此认为,但我的看法是,魏行的基本面目是点画随意、结体多变、线质的金石味强。关键是,如果里面帖意太少,为拙而拙,为变而变,导致的结果必然是缺乏经典作品的温润与畅达,作品的内在联系在有意无意之中被隔断,仅具一个“拙”的躯壳,其审美品位将会随之降低。以曾先生的机敏与智慧,完全可以在融碑入帖的过程中,在分寸尺度的调整中寻得更大的突破。

曾翔的大篆在从容淡定中透出一股奇逸之气,很是开张大气,墨色枯湿相杂,笔纸之间,有一种无尽的抗争之力,甚有“润含春雨,干裂秋风”之气象,线条很富张力,章法布局空灵自然,似无时下刻意安排和造作之气。这一点殊为难得。但曾翔的大篆作品中因时时掺入一些隶字、草字,虽以大篆笔意为之,但在字法上似欠严谨。

曾翔的大草颇有旭素、山谷大草气格,狂逸而不浮滑,开张而不松散,用笔在方圆之间,使转顿挫,组合巧妙,加强了线条的韵味。在翻腾起倒中一股英迈之气跃然其上,此非有豪饮之量,豁达之怀,安得有此气魄哉?

曾翔隶书能化简入汉,在雄浑中时时呈现跌宕摇曳之姿,极具灵气,在古意盎然中尚不乏现代人生活情趣的流露,颇为可贵。

我们从曾翔的身上应该可以获得一点启发,即虽然身处展览风潮之上,但仍能保持一份淡定与从容,用自己富有个性化的艺术语言为自身撑起一方真正属于自己的天空。

当代中青年书法二十家系列评论之十九　柯云瀚

柯云瀚，笔名梦北，男，1958年8月生于福建省章浦县。现为中国书法家协会会员、福建省书法家协会副主席、漳州市书法家协会主席、漳州市市管专业技术拔尖人才、漳州市文联驻会副主席。8岁起在祖父指导下学书，后遍访省内外著名书家，学书从不间断。效法传统，取精用弘，直抒胸臆，书风鲜明，尤擅长行草书、隶书。作品入编《中国现代美术全集·当代书法卷》，被中国文联评为"中国百名杰出书家"。书法作品曾获全国楹联书法大展金奖、银奖，首届全国书协会员优秀作品奖、全国第八届中青展三等奖、全国政府最高综合性社会文化奖——全国第八届"群星奖"银奖、全国首届书法艺术节全国百家精品展精品奖、建国五十年全国书法大展一等奖、全国书画精品展银奖、福建省政府最高综合性文艺奖——福建省每二届"百花文艺奖"最高奖。作品四次入展全国中青展，入展全国首届行草书大展，参加全国首届扇面书法艺术大展、全国书法名家作品邀请展、世界华人书画展、99中国书法年展、"翰墨颂辉煌"全国庆祝建党80周年书法大展。论文入选《全国第七届书法篆刻家作品展览论文集》。书法作品流传海内外，被多处博物馆、旅游点、全国第四届书代会收藏，多处碑林镌刻，多处名人录、辞典、传略收录，《中国书法》、《现代书法》等海内外新闻媒介多次传播介绍其艺术成就。

柯云瀚的书作在近十几年以来的国展上频频获奖，使得人们不得不对他投以关注的目光。国展的入展获奖与否，尽管不是衡量一位书家造诣高低的唯一标准，但在当代社会背景下，国展却是一条重要的衡量标尺。因为现今活跃于书坛的书家大多都是从展览当中脱颖而出，从而得到社会的认可。

柯云瀚对五体书法皆有涉猎，但其主要成就还在于行草二书。其实对于一位称得上优秀的书家来说，无须样样精通，有一两手过硬的本事就足以言家。王羲之以楷、行、草三种书体擅名，颜真卿以楷、行两种书体名列大师行列，苏黄米蔡皆系如此。元代赵子昂的确是个例外，六体皆能，但真正对后世造成影响的，毕竟还是他的楷书和行书，其他由于缺乏独立的文化品格，后世则多为不取。这就充分说明，学书大要，贵在求精，若一味贪多，则食而不化，难成大器。至于时下那些动辄自称各体皆能者，大多是样样稀松平常，如是而已。而柯云瀚着意于行、草书研究与创作，成果斐然。

柯云瀚行草以师法王铎为主，但他在审美意趣上与其他诸多学王铎者拉开了距离。

世之学王铎者，多流于表面，大多只关注到王铎涨墨法的使用和线条的连绵缠绕，而对王铎书法的内在品质和精神格调把握不够，结果往往将王铎庸俗化，此类作品乍一看巨幛大幅，气势非凡，但仔细品读，却乏耐久玩索之蕴藉美。但柯云瀚不仅能从技术层面把握王铎，更能从精神层面去理解和诠释王铎。前者是基础，后者是脱化。观其作品，我们能够感受到他对王铎在点画线条的转折起伏而呈现出的匠心与力度的深刻理解，王铎书作的行气与章法的独特性在他的作品当中得到了较好的反映。同时由于柯云瀚具备较深厚的颜书功底，故他能将颜书的厚重与大气以及颜体行书的圆润与畅达的笔致巧妙地融会到自己的王铎风格的行草作品当中，加强了作品古典气息的同时，也丰富了作品的信息含量。但不足是某些单个字的笔画处理太过突兀，与通篇不甚协调，有些点画稍嫌做作，未能达到自然浑融之境。当然，就目前这些书坛中青年书家来讲，他们的研究与创作几乎都处在不断探索、不断完善的层面，他们在初步确立自我风格的同时，又大多不愿为目前的套路所束缚，因此在他们的作品当中便难免会或多或少出现一些“夹生”的东西。这种“夹生”的东西，就一件具体的作品而言，显然属于一种“不和谐音符”，但对于书家今后的探索来讲，也许是一种新的艺术感觉的偶然迸发，或许日后会被提纯升华为一种标志性的个性语言。但愿柯云瀚的这些作品当中的“偶尔波澜”也是我所估计的这样。

柯云瀚书法作品

柯云瀚行草作品不像许多写王铎者那样字字连绵缠绕，他的作品大多字字断开，但能做到笔断意连，用笔厚重中不乏劲健，线条很富力量感。结字也不似世之学王铎者那般有意东倒西歪，以寻求动势，但他虽以平正示人，却能够从单字本身的结构特征去造险，可谓平中见奇，令人叹服。他的行草作品通篇下来只有两三处施以上下牵连，在意态安祥中平添几分飞动之势，两相比照，反更见其动静相宜之美。

当然，品读柯云瀚的行草作品，除王铎本身的笔致与颜书的某些特征之外，尚有黄庭坚、米芾之神情流露，但整合起来又是不折不扣的“柯氏家法”。柯云瀚作品整体上所体现出的特点是雄浑、豪放，严谨中不乏灵气。但他在每件具体作品的创作上，又会因创作内容、创作心境与审美感觉的不同而表现出一定的差异，或萧散简远，富有禅意，或跌宕有致，充满现代情趣，亦古亦今，非古非今，能互相融合。

柯云瀚于行草之外，其篆、隶、楷书作品都能体现出一定的传统功底和个人性情，让人可知其书路的宽广。但即使不看这些，仅以行草论之，柯云瀚的书家形象也依然显得丰满而不单薄。

当代中青年书法二十家系列评论之二十　刘灿铭

刘灿铭，字粲名，号一无道人。1963年生，江苏靖江人。中国美术学院书法博士，现为南京航空航天大学艺术学院常务副院长，教授、硕士生导师，国家一级美术师，中国书法家协会楷书专业委员会委员，江苏省青年书法家协会主席，中华全国青年联合会委员，江苏省青年联合会副秘书长，江苏省青少年发展基金常务理事。作品多次入选全国展、中青展，并获奖。出版有《刘灿铭书法艺术》、《刘灿铭书法集》、《书法鉴赏》、《中国现代书法史》、《中国艺术家——刘灿铭》大型作品集。2007年荣获“德艺双馨艺术家”、江苏省“十大杰出青年”、“新长征突击手”，2008年获得文学艺术政府奖。

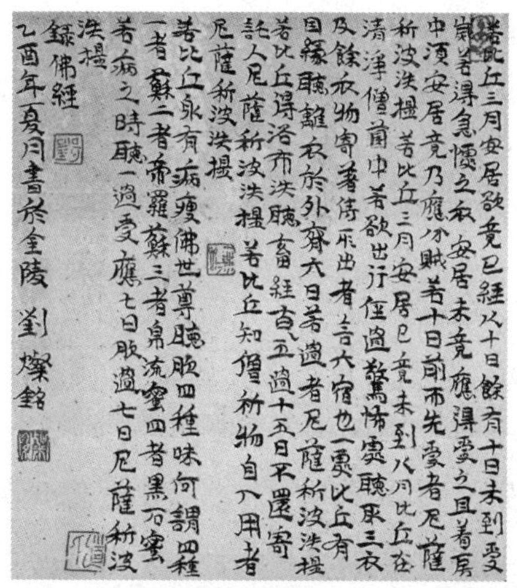

刘灿铭书法作品

关注刘灿铭是从1992年他的作品在全国第四届中青年书法篆刻展当中获奖开始的。同年6月，其作品又荣获第五届全国书法篆刻展“全国奖”，紧接着又在1996年的全国第六届中青年书法篆刻展中获得三等奖。三次获奖，让人们从此记住了刘灿铭。按他自己的话说，这三次获奖可以说改变了他的一生，基本奠定了他在书坛今天的地位。

刘灿铭书法颇具个人特点，有浓郁的书卷气，在深入研究传统的基础上，闯出了一条新路。他于书法，涉猎颇广，尤其在行、草书方面表现最佳，偶尔亦作楚帛书和隶书，也笔力老到，灵气十足。

刘灿铭学书始自《爨宝子碑》。通常情况下，学此碑之前，必须具备一定的唐楷基础，

并且要对相对规矩平正的北朝碑刻如《张猛龙碑》、《张黑女碑》有一定的掌握，古人所讲的"守其常而知其变"，指的就是这个意思。《爨宝子碑》古拙、厚重、质朴、奇崛、灵动，但若学之不当，易入"丑拙怪诞"一路。但刘灿铭却能够在直接师法《爨宝子碑》当中获得其拙朴灵动的韵致。行草书以明人为基调，上追宋、唐、晋诸家，旁参篆隶，形成了一种古拙厚重、奇逸灵动、劲健雄浑的艺术风格。

观刘灿铭行、草书作品，从整体上而言，有着很强的形式感，各种构成因素之间搭配协调，和谐自然，清新淡雅。

从作品形式而言，刘灿铭显然对斗方、条幅、手卷、册页、尺牍较为敏感，有着很强的布局应变能力。在当代展厅文化背景下，作品形式感的强弱已成为一个书家不得不加以重视的问题。展览评选，瞬间之内判高下，好的形式，可以招人目光，反之则会在匆匆数秒之间落得"遗珠"之憾。有时即使字写得很好，也会因此而大大削弱作品的竞争力。其次，从书写内容选择而言，刘灿铭亦有自己的见解。首先内容必须健康向上，内容的选择应与形式结合起来，比如写手卷等形式，最好有自然段落，易形成"头齐脚不齐"的感觉。最后，依刘灿铭在章法和墨法上的具体表现来看，他能够在特别重视笔法(技法娴熟)的前提下，增加字的奇逸、雄肆之感，作品行款多采用明人常用的字距紧密，行距却一反常态，没有了明人的宽松感，在视觉效果上则具有了一定的新鲜感。刘灿铭在墨法的运用上，变化颇为丰富，浓淡枯湿变化自然，其中的一些"涨墨"的搭配使用，增加了作品的厚实感和点线面的对比效果，但又不感到突兀，醒人眼目。

江苏青年书家最大的一个共同特点是，都较为重视笔法的研究，这同时也是他们的优秀所在。南方人做事，讲究精耕细作，在细腻和精到方面具有先天优势。刘灿铭在精研笔法的同时，在字形结构方面似乎更具个人特色，方圆兼备、融碑入帖的用笔和错落有致、灵动活跃的结体，大大增加了作品的耐读性，无论远观气势，还是近看点画，都较能经得起推敲。他的这些特点，共同构成了他具有个性化表现语言的风格特征，在中青年书法阵营当中独标一帜，是极为难能可贵的。

刘灿铭行书颇有吴昌硕行书的苍辣，但《爨宝子碑》笔意的融入，又使他的作品点画线质更见拙厚灵巧之姿，与吴昌硕拉开了距离。其草书在明人的基础上，适当掺入了章草的成分，质朴而简洁，但其草书在点画处理上却似乎没有其行书的精致与老到，很多地方因一味追求流畅，却失之浮滑，少沉静雄厚之致。正所谓有一得必有一失，书法诸要素，难以兼顾，顾此失彼，往往有之。但就艺术风格而言，我们完全可以不必责备求全、吹毛求疵，但对技术层面而言，却须统筹兼顾、精益求精。

刘灿铭正值盛年，已名显书坛，各种条件优越，加上他的好学与勤勉，必将于日后取得更为优秀的成绩。我们向他祝福并殷切期待！

第四部分

名家专访

参古定法　望今制奇

——刘新德访谈

时间：2008年7月15日

地点：成都花园大酒店

受访人：刘新德（中国书协行书委员会委员、四川省书协副主席）

采访人：傅德锋（书法家、职业撰稿人、书法评论家）

傅德锋（以下简称傅）：刘老师您好！见到您非常高兴，谢谢您能接受我的采访。这次我来成都，主要目的是请教学习。您是全国有影响的一位颇具代表性的青年书法家，又是中国书协理事、行书委员会委员和四川省书协副主席，书坛一直以来都很关注您，您在学习研究书法方面必然有很多成功经验，请先介绍一下您的学书经历吧。

刘新德（以下简称刘）：我是1984年1月当兵来成都以后才开始自觉进行书法学习的。刚到部队的时候，事情不是很多，闲暇的时候，就在旧报纸上练字。部队驻地离成都有十几公里，没有老师指点，走了不少弯路，但我一直坚持着。我想这缘于我小时候喜欢写写画画，记得自己用铅笔画过领袖像，还有几分像，看木匠在做好的家具上画一些花鸟，便神往不已，回家即拿毛笔临摹，好的就贴在墙上自我欣赏。1984年底调到机关当通讯员，进了城里，比较方便，买了一些字帖，有《欧阳询九成宫》、《灵飞经》等，还有一本《中国书法大字典》，从字典里选自己喜欢的字来写，劲头很大。1985年初，单位刘义国（会计）看到我练字，对我说："哎，小刘，我给你介绍个老师吧！"我说："好呀！"于是，他就带我去拜访成都很有名的青年书法家舒炯先生。他与舒炯是亲戚。舒先生当时对我说，你可以等我们以后举办书法班的时候来参加学习。以后，就暂时没有联系了。1987年初，我在《成都晚报》的一个广告栏里看到成

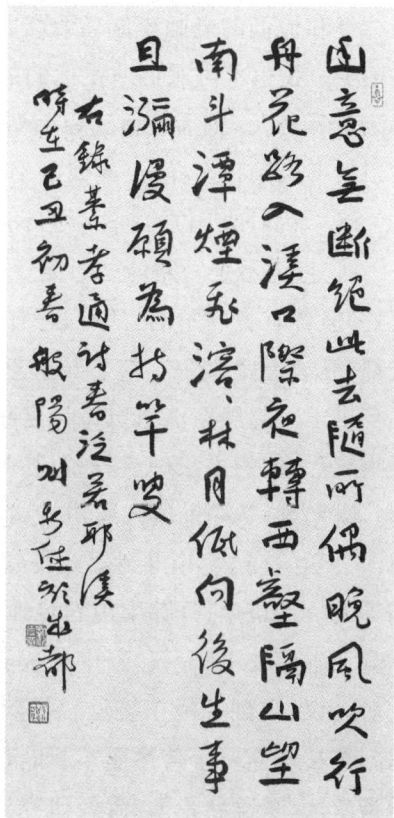

刘新德书法作品

都书协举办书法学习班,就报名参加。学习过程中,听说舒炯老师在省青年书画家协会办的一个书法班上课,我又去报了名。这使我从一个对书法一知半解的初学者,经老师指点,开始步入门径。学书兴趣越来越浓,记得1987年一年里只有两三天没写。年底结业,我被评为优秀学员。在结业典礼上,何应辉、张景岳、郑家林等老师都参加了。后来,参加成都一些书法展览,加入了成都青年书协,认识了一些书法界的朋友,有陈明德、任云、周正元、毛万疆、罗含杰、罗世成等等。他们比较活跃,我们经常在一起聚会,喝酒、品茶、切磋书艺。我最初学书经历就是这样。

傅:您的书法明显受四川地域书风的影响,而当代四川书风基本上都是围绕谢无量、刘孟伉、赵熙等人的书法进行发展,在我的印象当中,直到目前为止,似乎也没有较大的改变。请您谈谈自己的感受和看法。

刘:由于我到了四川,后来又留在成都,至今在四川生活、工作、学习已有二十四年多了,我的生活已经融入了四川的山山水水,对巴蜀文化也有比较深的体会和感受。虽是山东人,但我于书法的学习、创作却是在四川这个大的文化背景下进行的。而谢无量、刘孟伉、赵熙等前辈是清末、民国四川书法史上的代表人物,四川大多数作者受他们书风的影响是自然的,尤其是谢无量、刘孟伉对当今四川书坛的影响很大。刘正成、舒炯、郑家林等和他们的老师李灏就直接得益于谢书,何应辉主席也从刘孟伉、谢无量书法中获益不少。我也不可避免地受他们的影响。赵熙的影响主要在民国,其学生有向楚、江庸、郭沫若等名人。刘孟伉由于以前对外宣传不够,其影响有局限,这些年来要好些。如果说四川的书风是什么样子,他们的书法就能说明,他们的书风就是四川书风的早期代表。

傅:我因对这三位的书法所见不多,也没有专门的研究,他们三位的书风是不是一路的?

刘:肯定不是一路的。谢无量、刘孟伉、赵熙三位的书法风格外人从表面上看有相似之处,但各有各的不同,都有强烈的个人风貌。赵熙,资格比较老一些,他是民国时期的成都"五老七贤"之一,二十五岁考中进士,曾任翰林院编修,后在江西做官,辛亥革命后还乡讲学。赵熙在清末以诗词名扬海内外,梁启超曾向他问学诗文,著有《香宋词》、《赵熙集》等。他的书法碑意较重,初习颜书,后泛涉魏晋六朝,融为一格,风骨峻拔,书重巴蜀。谢无量,是一个风云人物,他4岁随父宦游安徽。他与李叔同、邵力子、黄炎培是上海南洋公学的同学,并得到蔡元培赏识,十多岁结识马一浮,后又结识章太炎、邹容、章士钊等人。1917年1月孙中山召见他,并经常与他讨论施政问题,留他任广州大学教授,国民党大本营秘书、参议,新中国成立前在多所大学任教。新中国成立后参加全国第二届政协会议,得到毛泽东接见,后经吴玉章提议任中国人民大学教授,之后又任中央文史馆副馆长。谢一生著述颇丰,如:《中国大文学史》、《中国妇女文学史》、《诗学入门》、《词学指南》、《楚辞新论》、《诗经研究》、《中国哲学史》、《佛学大纲》、《国民立身训》、《中国古田制考》等,涉及面非常宽。他又是一位才华横溢的诗人、书法家。他的作品中有一种虚

寥淡逸的超悟之境，这是沉郁后的超悟，是雄奇的超悟。谢书最大的特点就是两个字："童真"。洗尽铅华，纯粹是写他的才气，他的造诣全凭字外功，"非欲创新新自创"，到了那种"无意为书"的境界。刘孟伉，走的是革命的道路，是游击队司令、政委，曾参加刘伯承发动领导的泸州起义，新中国成立后任四川文史馆馆长。存有诗词集《冉溪诗稿》、《冻桐花馆词钞》、《砀隐集》等。幼年从其兄学习文史、书法、篆刻。其兄刘贞安为晚清进士，在贵州当过知县，擅长书法。刘孟伉其人风骨清癯，双目炯炯，气度超轶，博学多识，言论潇洒。他的书法创作路子广，行、草、篆、隶、楷兼长，书法雄强开张，气势宏阔，巴蜀受其影响的代不乏人。

他们都是四川人，都是我国近代著名的学者、诗人和书法家，他们将播惠九州。

傅：您是如何理解和看待继承与创新二者之间的关系的？

刘：这是一个老话题，也是一个大问题。有三个字："古生新"。古是传统的，新就是创新，创新是从继承传统而来的，没有继承谈不上创新，只继承也不行，要融古通今，要借古开今，就是"参古定法，望今制奇"是也。还有"书非尽百家之美，不能成一人之奇，非取法至高之境，不能开独造之域"。就是要博采众长，要取法高，才能有所创造。书法它不像绘画那样可以直接从大自然中获取形象、语言。书法呢，只能通过临摹前人的书法遗迹，来获取书法的表现语言，日积月累，才能够不断地提高自己的思想、认识，再把自己的品格、素养、情感融入其中，从而逐渐达到创立自己的艺术风格的目的。继承与创新，这也是每个书人迫切要解决好的一个难题，谁解决得越好，谁的成功系数就越大。尽管每个人的路子不一样，但它的基本规律是相通的。

傅：自二十世纪九十年代以来，您一直是国展当中的突出作者，您的作品曾经在国展当中多次获得大奖，请您谈谈当时获奖的感受和获奖给您带来了什么样的影响。

刘：二十世纪八十年代初全国第一届书展之后，书法创作大都是围绕展览来进行的。在当代以展览为中心的大背景下，学习书法的人，基本上都希望入展、获奖，只有入展、获奖，"圈内"的人才能够知道你，你才能被认可。你说你写了很多年，写得很好，但你从来没有参加过展览，人家就不大认可你。

我当时比较年轻，也积极地参加展览，二十多岁就入选全国展，九十年代初在全国第一届楹联大展、第一届正书大展获奖之后，连续在第六、第七届全国展，第六、第七、第八届中青年展，第一届行草书大展，第二届楹联大展中获奖，我是比较幸运的。今天回过头来看，当时获奖的作品问题也很多，这也与当时全国的书法水平普遍不高有一定关系。获奖了，并多次获奖，你立刻就"出名"了，出名之后，大家都盯着你，看你以后怎么走，走不好掉进泥潭里就很难出来。当然了，也不是说，你获了奖，你就把字写好了，更重要的是认清自己的不足，调整好自己的心态，找出差距，更加地努力，把字写得更好。

傅：最使您激动的一次获奖是哪一次？您每次得知获奖结果有没有感到过意外？

刘:每一个书法作者都希望自己能获奖。我最激动的当然是第一次在全国首届楹联书法大展上获奖,很高兴,也很意外,觉得自己的作品到不了获奖的高度。后来获奖多了,感到一切都很正常。当然这里也还存在一个“运气”的问题,有偶然性,我自己在这方面好像还是比较顺利的。再后来,投稿时自信心加强了,把握性大了,有种如果不获奖反而有点“不正常”的感觉。

傅:是啊!我是写文章的,第一次在权威报刊上发表文章,确实感到很激动,后来发多了,也就看得比较平淡了。

刘:其实我和你的感觉是差不多的。

傅:您最看重哪次获奖?

刘:尽管在全国展上多次获奖,但我还是比较看重全国中青展的那几次获奖,特别是第七届中青展获一等奖,只有十个人。书坛中的年轻人都比较看重这个展览,也是梦寐以求的,你在国展上获过一两次奖,人家不一定能记得住你,能够在中青展上获奖,一下子整个书坛都知道了。每个作者作品的入展、获奖也是对自己水平的一个检验,也是让大家认可自己的一种行之有效的途径。

傅:您是国展上的一位“获奖专业户”,请谈谈您是如何准备参展作品的。

刘:参加全国展首先要认真对待,认真准备参展作品。记得那时我们参加展览,每次征稿通知一下来,自己的“弦”都绷得很紧,提前通盘考虑,包括对书写内容、用纸、用墨、章法、形式等各个方面,做长时间的考虑和酝酿;你只有准备充分,在创作当中才能胸有成竹,才能达到“心手双畅,心手相应”,才能比较正常地发挥,才能达到你预想的效果。还有,就是要发挥自己的长处。很多作者大都不只会写一种书体,但你应当选择真正能够代表你自己水平的书体来准备参投作品,你擅长楷书,就写楷书,你擅长行书,就写行书。还有一些作者,他平时不写隶书,隶书展来了,他也要勉强去写;草书展来了,他平时不写草书,他也要应急性地去写。这样做,得不偿失。现在的全国展览比较多,要根据自身状况有选择地去参加一些,这样成功的可能性也会大一些。现在投稿,盲目追风比较盛行,谁在展览中有生杀大权,就追谁的风,最终落到自己不知道怎么写字了。其实要追,就追古人的风,因为我们离古人经典的高度还很遥远,要永远追下去才行。

傅:确实有这种情况,有的作者一看到国展的征稿启事,就往家里扛上几刀纸,天天就一个内容反复书写,写上一大堆然后从里面挑。或者准备十几甚至几十件作品投出去。像在第九届国展当中,有一位作者一个人就投了五十六件作品,被《书法》杂志评为年度十大人物之一,也不知道他的作品入选了没有。

刘:我想他可能不会入选吧!因为这位作者他首先缺乏自信。我是不赞成这样做的。我在参加全国展、省展评选的时候,就发现一些作者一下子投很多件作品,十几件二三十件的情况屡见不鲜。投稿一般投一件,最多两件就行。你要投两件以上作品的话,必须

是不同的书体,前提是你本身擅长多种书体。如果你不加选择地多投,白花参评费,没这个必要。我也不赞成一个作者书写十几件甚至几十件,从中挑出一两件来投稿,只要认认真真准备一两件即可。

傅:四川有"天府之国"的美誉,一直是我很向往的地方,因为它有着悠久的历史文化和迷人的自然景观。四川的书法在这些年一直很活跃,出现了很多优秀书家,四川也因此成了全国的书法大省。您作为省书协副主席,也可以说是四川书法在新时期发展历程的一个见证人,能否请您就四川书法的过去、现在和未来谈一下自己的看法?

刘:大致介绍一下吧。二十世纪八十年代初期,四川的书法就已经非常活跃了,有一大批青年书法家,如:何应辉、刘正成、张景岳、刘云泉、侯开嘉、谢季筠、郑家林、舒炯、乐林等等,他们当时也只有二三十岁,都在全国大展上多次入选、获奖,有的已经当了评委,在全国影响很大。在他们的影响带动下,新人不断涌现,至2000年,四川在全国展中入选、获奖的人数,在全国的排名是比较靠前的。这些年来,由于多方面的原因,四川书法队伍建设没有得到明显壮大,有些下滑。

四川是一个很神奇的地方,文化底蕴深厚、独特、奇异。特别是三星堆,金沙遗址,你那天刚刚看过,这些文化遗产都很奇异,和其他地方不一样,青铜面具、巴蜀铜印,至今没有解释清楚。四川作家魏明伦,他写的戏曲,比较诡异,被人称为"鬼才"。流沙河的诗文也独具一格。还有饮誉全国的川菜,火锅,麻辣烫。还有川剧变脸等等都能代表四川的地方特色。在这种独特的地域氛围下,各方面定有奇特之处。就四川书法的发展,其大环境还是很不错的,有自己独特的风格,它不像江南,也不像塞北,和中原也有区别,书家重书卷气、灵气、才气,书家队伍也比较齐整。但也因为在全国所处的地理位置,相对有些偏远,对外交流多有不便,有它的局限性,不像其他一些省份交通非常便利。目前来说,与江苏、浙江、山东、河南等书法大省相比,还有差距。将来要继续发展,我们就需要扬长避短,根据自身条件,不断地调整,坚持"立足当代,扩展视野,深入传统,力创精品",从而适应不断发展变化的新形势。

傅:无论是工作、生活还是学习,能否保持一个良好的心态非常重要。在您看来,学习书法应当保持一种什么样的心态?

刘:每个人学习书法的心态是不一样的。为什么?因为每个人的自身条件不同,生活环境不同,站的高度不一样,心态也就各有不同。比如说当老板的学书法是什么心态?当领导的学书法是什么心态?我想肯定和一般作者不一样。但作为一个有志于书法学习、创作的人来说,首先应该要具有不断的进取心、上进心,还应当有一个平常心。人们常说:"心态好,感觉才好。"对名利要能辩证地看待,比如重大展览,你的作品入展了或获奖了,你就觉得自己不得了了;入不了展览,获不了奖,你就沮丧抱怨,说这个不好那个不对。落选了也不要怨天尤人,关键是要多从自身寻找原因;你入展了、获奖了,还应当

回过头来重新审视自己的不足,要不断地提高自己的水平。你字写好了,有水平了,一切都会顺理成章,也早晚会出成绩。如果你靠什么关系入个展、获个奖,那有什么意思,也代表不了你的水平。更重要的是靠自己的作品来说话,别的都说明不了什么。学习书法,保持良好的心态尤为重要,这样在日后才会有更大的发展。

傅:目前,展览竞争异常激烈,很多书法爱好者都试图通过参与国展来寻求脱颖而出,但一些人却始终处理不好学习书法与日常工作生活之间的关系。请问您是如何看待这一问题的。

刘:现代社会是一个比较现实的社会,人的生存需要是第一位的。你必须先搞好本职工作,把物质生活尽量处理好,在此基础上去追求精神的东西。总不能饿着肚子去搞书法吧,这样也不现实。你说是不是?所以不能本末倒置,那样很可能最终什么都搞不好。

傅:我记得在某一期《青少年书法》杂志上,张海先生在一个访谈里面说,河南有一个农村作者,为参加展览,把自己家唯一值钱的一头猪拉出去卖了作为参赛费。张海先生说,这位作者热爱书法的精神可嘉,但做法欠妥。其实这种情况在全国还比较多,反映出家庭条件不好的书法爱好者学习书法的一种心酸和无奈。

刘:所以我说,一定要先处理好学习与生活之间的正常关系,有了物质基础,才能保持一个良好的、正确的心态去搞书法。对于通过书法获取名利,也要一分为二地来看待。并不是入了展、获了奖就一定能达到改变自身处境,要靠书法换钱也不容易,里面还牵扯到很多艺术之外诸多复杂的因素。对这个问题,还是要客观而理智地看待。

傅:您是以行书驰名书坛的,您认为要学好行书应当从何入手?其中最需要注意哪些问题?

刘:行书从风格上来讲,主要有纯碑意、碑帖结合和帖系一路。每条路子都可以走,因人而异,每个人的喜好不同,审美不同,路子也就不同,要根据自身情况来选择。我认为入手还是先练习一些二王的行书,古人说:书不入魏晋,聊徒成下品。不法魏晋难得书法真谛,容易坠于浮俗之流。根据我的经验,可先选择《圣教序》和王铎、沈尹默临的《圣教序》,还有二王一路的尺牍、手札,都可以拿来很好地临习。现在有很多作者直接学老师的,学当代人的,这样不好,取法一定要高,“取法乎上,仅得其中;取法乎中,仅得其下”。另外学习行书应当先具备一定的楷书基础,不管是唐楷还是魏碑,总要有这一基础;楷如立,行如走,你还没有站稳就走,肯定不行,所以一上来就直接学行书,一般来讲也是写不好的。开始应有老师指点为好,这样可以尽量避免少走弯路。

傅:请具体谈一下,比如材料什么的。

刘:对工具材料,笔、墨、纸、砚的选择也应适当地讲究一些。“工欲善其事,必先利其器。”工具的好坏直接影响你的书写效果。毛笔,有软、硬、兼毫,有大小、长短、粗细。行

书因其风格不同，所用毛笔也不一样，一般不要用太长的长锋，锋太长不容易驾驭，兼毫或者狼毫都可以。用墨，现代人没有太大的讲究，现成墨汁品种非常多，常见的一得阁、中华墨汁就行，图个省事，如果使用自己磨的墨，那效果会更好。纸，有生熟之分，品种也很多，写行书还是选择那种半生不熟的纸比较好，如：仿古纸、毛边纸、元书纸等。古人一般都用熟纸，纸要是太生了，线条的那种方俊挺拔的东西就不太容易体现。生纸比较适合用来写魏碑、摩崖刻石这种比较大气、粗放一些的作品。砚，好多人们都把它珍藏、把玩，很少拿来用，更舍不得用；如果不讲究的话，用些盘、碗什么的也可以。

傅：请介绍一下您目前的创作状况，比方说每天有什么大致的安排。

刘：现在我的创作没有固定的模式，是随意性的，比较松散一些。闲暇的时候，临帖多一些，那种真正意义上的创作相对就少，有计划的创作以前还没有，以后会有意识地去做。近年来，全国各地的一些展览约稿比较多，占去我很大一部分精力，这都不能太应酬，要认真对待，认真创作，尽量写得满意一些，少留些遗憾。

傅：学习书法，尤为讲究师承渊源，或师碑或法帖皆因人而异。从您的作品来看，您是走了一条碑帖结合的路子，请具体谈谈您对碑帖结合是如何理解的。

刘：我的书法面貌和生活的大环境有很大的关系。四川虽为西南但地兼南北，既有南方的特色，也有北方的特色。我是山东人，属于北方，我来到四川生活，时间一长，自己的生活习惯、审美观念也会发生一些变化。个人的资质肯定要受到大的生活和文化环境的影响，这就是入乡随俗，并且一直影响自己的一生。因此，碑的雄强和帖的妍美二者刚好能够符合这种大的地域特色和我个人的审美习惯。

傅：您都临习过哪些帖子？

刘：太多了。行书我最初写《圣教序》、《争座位》，后来写二王尺牍、宋人手札和王铎、八大山人、何绍基及刻帖里面的一些经典行书。楷书入手时写的是颜体，后来写魏碑、摩崖石刻。对草书、汉隶、钟鼎文也下过一番工夫。

傅：现在有一些学习魏碑的人，临习时可以用毛笔去体现碑刻的刀斧效果，您觉得有这个必要吗？

刘：无此必要。大部分碑刻都是先由书人书丹上石之后，再由刻工来镌刻完成的，因此，碑刻的那些圭角它不是本身所有的，它是在刻的过程当中人为造成的。我们习碑绝不是学那斧凿之痕，而是应该透过刀锋看笔锋，学习碑刻书法本身所具有的那种自然的用笔和结体，以及由此体现出来的鲜活的艺术风格。“金石味”也要靠长期的学习过程自然来获得，绝不是一蹴而就刻意地追求和那种在书写过程中停一下、顿一下就可以达到的，还是要以体现毛笔书写的原创味比较好一些。

傅：目前，书法人的文化修养普遍不足已是一个不争的事实，中国书协将2008年定为书法人的“读书年”。您是如何看待学习书法与读书的关系的？

刘:作为一个学习书法的人,不读书肯定是不行的,古人说:“读书可以明理”嘛。况且,“略翻书数则,便不愧三餐”。学书之人,应对书论、书史要熟知,对中国传统的文、史、哲要有所了解。大家都知道,书法是我国传统文化艺术中最具民族特色的一部分。一位书法人,只写字,不读书,你对书法的理解和认识就会受到极大的限制,必然走不远,更不会获得真正的艺术真谛。中国书协提倡书法家读书,多读书,很有必要,这也是每位书家必须具备的文化修养。作为一个真正意义上的书法家,用不着提倡,也会自觉地加强书法以外知识的素养。当然,读书要活学活用,不要读死书,不要让书反过来束缚了自己的手脚。

傅:现在有一种说法,说学习书法是“想法决定写法”,这就涉及了学书理念和创作观念的问题,您对此有何看法?

刘:这个说法很正确。“想法”就是指一个人的思想,你干什么都得有思考,有思想。“书艺之妙,皆在于思。”搞书法的人,必须有自己独立的、正确的审美思想,比如面对别人给你提的意见,你要有自己独立的分析和判断能力,有的建议可能适合你,有的建议也很对,但不一定适合你,如果自己缺乏这种能力,就会失去自己行走的方向。艺术创作是个体行为,如果没有独立的想法,也就不会形成独特的艺术风格。

傅:请谈谈您对自己的书法未来走向的一些构想。

刘:我现在画院专门从事书法创作研究工作,外界和自身都有一些相应的压力,因此在创作方面对自己的要求一定要严、要高。书法创作又不能着急,不能鼓努为力,要有长时间的堆积,岁月的历练,但也要认清自我。目前我自己的路子还过于单一,还想有计划地进一步拓宽一些。由于自身条件差,应不断努力,争取在这方面有所突破。

傅:请问您业余有什么爱好吗?

刘:前些年经常和棋友在一起下下围棋,但太花费时间,现在几乎不下了。偶尔和朋友去茶馆吃吃茶、斗斗地主,有时也去古玩市场逛逛,买些自己喜欢的瓶瓶罐罐。

傅:前两年您与于明诠先生举办了工作室师生展在书坛影响比较好。不知道您也在教学生?

刘:在画院除创作以外,还有一项工作就是教学。画院建立二十多年来一直面对社会培养书画创作人才,至今已举办六届研修班,有很多学员在全国展览中多次入展、获奖,在社会上产生了较好影响。研修班授课方式实行书画家工作室制,即每位书画家自己一个工作室。当今书画教学主要是美院教学,还有书画院等一些单位办一些研修班。画院的教学有别于美院教学,学员来自不同的工作岗位,不是脱产学习,每周上一次课,学习时间只有一年,教学要自由一些,颇似旧时的师傅带徒弟,主要针对书法的学与创。而美院教学要系统得多,时间也长,除了书法以外,文化科目多,效果更显著。

于老师是山东艺术学院书法工作室导师,创作教学都值得我好好学习,通过2006、2007年我们工作室交流展在成都、济南成功举办,我也学到了不少新的教学理念,这对

我今后创作教学有直接帮助。

傅:最后,请您讲几句能够对现在的年轻一代书法爱好者起到一点提示和告诫作用的话。

刘:谈不上提示和告诫。现在学书法,障碍比较多,一般都是为展览而创作,目的性强,但无论如何,还是不要投机取巧,献媚于上司,去走歪门邪道;要把"期盼值"稍微降低一些,不要为展览所左右,要将眼前的名利尽量看淡一些。"凡事须从规矩始,规矩者,中正之极也。"踏踏实实走一条具有自身特点的路子,才能在将来取得真正的成功。

傅:由于时间关系,您的事也比较多,这次谈话就到此为止吧。您谈得很精彩到位。以后有机会再请教。再次感谢您!

专访于明诠

时间:2008年7月20日

地点:见山见水楼(济南于明诠寓所)

受访人:于明诠(中国书协教育委员、山东书协副主席、山东艺术学院硕士生导师)

采访人:傅德锋

傅德锋专访于明诠

傅德锋(以下简称傅):于老师您好!见到您很高兴。首先感谢您接受我的采访。您是我所敬重的一位在全国书坛具有很大影响的书法家, 同时也是一位非常优秀的书法理论家和教育家。前一段时间拜读了您的书法理论专著《是与不是之间》,感到里面有很多

独到的个人见解，很受启发。这次我到济南来，目的是请教学习，有几个问题提出来，希望得到您的指教。第一个问题，新时期以来盛行的书法展览文化已经经历了轰轰烈烈的27年，我想请您就书法展览文化的利弊得失谈一下自己的看法。

于明诠（以下简称于）：我很欢迎你的到来。但首先我得给你纠正一下，你前面给我戴了很多帽子，什么这个家那个家，这都不妥当。我就是一个普通的书法老师，而且是从一个书法业余爱好者刚刚转到一个专业的书法教师的岗位上，并且在书法教学这个领域，我还算个新兵。我这样说，不是客气。你问的这个问题——书法27年来展览文化的利弊得失，我是这样看的：展览这个形式它不仅仅是书法这个艺术门类有的，而是所有的视觉艺术进入现代社会形态以后，都是以展览的形式出现的。在民国、清代以前，我们国家的视觉艺术就是存在的。你比如说文人画、书法和工艺制作，这些艺术作品完成以后，这些成果是如何来推向社会的呢？也就是说通过什么样的方式来得到社会的认可呢？当然它不是通过集中起来展示给社会受众这样一种形式来打通的，它是靠一种特殊的方式，比如说，在一个文人圈子里互相展示品评，比如说把工艺品送给达官贵人，供奉给朝廷，达官贵人再相互之间当做礼品赠送。它是在一个小圈子里面流通从而被社会认可的。而展览这种形式，它在人类社会上出现也不过就是两三百年的时间。在西方，它最早是“沙龙”式的，就是把作品放在一起，大家开个讨论会，一边观摩作品一边讨论，这是最早的展览形式。后来，西方开始有了专门的展览场馆，很多艺术就有了独立的生存空间，这样它跟社会受众交流起来就非常便利。这种形式引到我们国家是民国以后，我们经常看到一些资料，像吴昌硕、齐白石、徐悲鸿在当年曾经举办过展览。但他们那个展览基本上属于沙龙形式。比方说，他们在某一个酒店里面请大家去把作品挂上，然后互相欣赏品评。这种形式下创作的作品还是和挂在书斋、厅堂或者是完全实用的某个生活场所里的作品是完全无二的。今天我们创作的书画作品，它是怎样推向社会，被社会大众所接受的呢？它要通过一个中介形式，这个形式就是展览会。它和过去的那种沙龙式的展览会在形式上有很大的不同。它是属于一种专门的展览场馆，像中国美术馆，它里面可以挂上高三四米的作品，而且把几百件作品集中摆放在那里，还配有特殊的灯光照明，整个空间完全是按照艺术品本身所需要的氛围来设计布置的。而今天的视觉艺术（当然包括书画艺术）生存的社会环境和它跟社会的交流方式显然与没有这种交流方式之前的那种交流方

于明诠书法作品

式有了一个根本的不同。这实际上也就是视觉艺术完成了现代转型,或者说它必须要经过一个现代转型过程。换句话说,我们今天要创作一件书画作品送给朋友,这当然不用考虑展厅要求,你可以按照自己的书斋厅堂展示的要求完成就可以了。但是如果要作为一个纯粹的艺术作品要拿到展厅里面去展示给社会受众的话,你就必须要按照展览这种形式,按照展览场馆本身的特殊要求去创作。所以说,这不仅是书法面临的一个问题,而是所有的视觉艺术在现代社会里面都要有这么一个转换。

至于你让我评价书法展览经历了这么多年,里面有什么得失的话,我觉得这个问题还是不能笼统地看。因为展览既然是一个必然的趋势,那么我们就不能随意去指责这种形式有什么错误。比如说,今天我们不能指责报纸杂志,不能指责网络把书法艺术变成了什么什么,因为这是一个必然的趋势。有了报纸杂志,有了网络之后,我们写的书法作品,我们写的文章,跟观众交流的时候它就发生了一个变化,这种变化形式,你适应也好,你不适应也罢,你喜欢也好,你不喜欢也罢,它都是一个很客观的存在。

因此,我看到很多人抱有这样的观点,说现在书法展览这种形式使得书法艺术变得很浮躁了,变得不像原来的书法了,从而指责展览这种形式。我觉得这只是针对展览当中的一些表面现象来说的。今天的书法艺术的发展趋势和生存状态,它肯定与这个社会的政治的、经济的、文化的,包括建筑的等等社会因素的变化有关。而现代展览的特有形式肯定直接影响着书法艺术,那么它会给书法艺术带来哪些变化呢?变化当然是多方面的,对这些变化我们应该客观而冷静地去看。不是说我不喜欢这种东西,就不允许它出现。这实际上也是不可能的。

自唐代出现了高桌高椅,就使得书法艺术也发生了变化。魏晋的时候,大家都是蹲跪在地上,在类似于我们今天生活当中使用的茶几上面来写字,所以那时候的书法作品基本上都是手札式的,都是很小的。到了唐代,有了这样的高桌高椅之后,书法就变成了这样一种形式。到了明代有了高堂大屋,比如像文征明家的那种房子,就出现了两米多高的大作品,当时叫“壁挂书”,就是我们今天所说的很大的条屏。不仅是写四条屏,甚至写到八条屏、十二条屏、十六条屏。这与整个人们居住的环境、建筑和家具的变化都有关系。所以,你不喜欢明代的这种形式,你很希望大家都再回到写魏晋那样的字,是不可能的,毕竟周围的客观环境改变了。那么,今天这种现代化展览场馆的出现,应该是整个人类文明的一大进步,这种东西不管给我们带来哪些变化,这些变化它都是很客观、很正常的。在这样的一种情况下,就给今天的书法家的创作提出了特殊的要求。也就是说,现在的书法家面对展览就不能仅仅考虑到挂在自己的书斋或厅堂里是否合适,而是首先要考虑作品在跟社会接触的时候,它是出现在美术场馆、美术展厅的。如何让自己的作品适合在这种特殊场馆被人们所接受,才是我们首先要考虑的问题。

所以,我觉得好像不能单独说展览文化给书法艺术带来的影响是正面还是负面,我

不大同意从正面、负面来分析这个问题。展览给我们带来了这样的变化,我们应该充分地认识这种变化。在这种具体的变化当中,我们应该如何适应,让我们的作品尽量符合这种变化的趋势,而不是简单地去评论这种形式是好还是不好。

傅:请谈一下您当年在全国中青展上夺得"三连冠"的感受和一些具体的心得体会。

于:说到"中青展"这个话题,我确实有很多感慨。中青展到2000年为止共举办了八届。当时,大家公认中青展和全国展一样,也是全国级别的权威大展。后来,由于种种原因吧,书协方面对这个展览有一些新的看法,而社会上也对这个展览产生了很多的分歧,这个展览呢也被停止了。因此,中青展也就成为了一个历史了。我在当时是这么看中青展的:第一,中青展的参展作者和全国展的参展作者基本上是同一个群体,也就是说,在中青展上参展获奖的作者,一般而言,也是在全国展上的参展获奖作者,都是同一拨人。如果要把他们分成两个类型的话,中青展是把参展人员的年龄规定为60岁以内,60岁以上就谢绝参加了。其实全国展按照自由投稿来说的话,60岁以上的作者自由投稿的情况是很少的,除非是特约。所以我就认为这两个展览的投稿者是同一拨人。要说不同,可能主要在于它的评委组成有所不同。全国展的评委是由中国书协的评审委员会为主体组成的,而中青展的评委,一部分也是由全国展的评委担任,另外一部分是由历年来的大展当中涌现出来的获奖高手和一些在大学里边从事书法教学研究的专家共同组成的。中青展的评委班子相对来说比全国展的评委的年龄结构有一定的年轻化倾向,他们的另一个特点是比较注重学术,像曹宝麟、王镛、黄惇、丛文俊、沃兴华、华人德先生等。这些评委大多是大学里面的教授、博导,他们在书法创作、理论研究与教学方面都有很高的造诣,他们在全国都是得到公认的。因此,中青展的评委可能更为注重展览的学术性。另外,中青展自第六届开始,把"现代书法"纳入进来,中青展给人们一个印象,就是创作的艺术观念比较开放,比较包容。如果说不同的话,我觉得就存在以上所讲的这些不同。

近几年有人公开地批评中青展,说中青展"提倡创新",这似乎还不算批评。他们进一步地说,中青展是"流行书风"的"策源地",提倡"流行书风",提倡"丑书",我觉得这个观点好像有点过分。回想以前,在我的印象当中,每一次中青展举办之前,当时的评委会主任、副主任和主要的评委以及有关的媒体都发表大量的文章进行呼吁,要大家不要模仿评委的风格,不要模仿获奖作者的风格。而且展览结束以后,对一些模仿评委和获奖作者的风格甚至获奖作者重复自己原来的风格的现象,都从各个角度、各个侧面进行了批评。如果我们去看一下历届中青展作品集的话,我们会发现里面有很多现代书法和一些个性强烈的作品获奖,但同时也有很多写得很传统的作品获奖,并且获一等奖。比如王学岭的小楷、陈仲康的行书,都获得过中青展的一等奖。所以今天有人说中青展是反对传统,只主张创新,我觉得这种说法是有失公允的。现在中青展已经停办,也就已进入了

历史，至于它的相关得失，我想就留待后人进行一些客观的评价，我就不再多说什么了。

至于说到我自己在中青展获奖的情况，其实也没有什么太多要说的话题。1993年，我的作品入展全国第五届中青展。1995年举办第六届全国中青展的时候，我写了一件仿古卷绢本的行草书手卷，获了一等奖。这个结果当时非常出乎我个人的意料，现在来看，那件作品也确实是不成熟，有很多的毛病，那件作品和我后来的书法风格也是很不一样。

当时这件作品在获奖的时候，第六届中青展评委会采取了一个评审办法，非常大胆的一项改革，叫"一票定终生"。后来一些人也写文章批评这种办法，说"一票定终生"可能会在评审过程当中产生很多弊端。我认为这个问题还是要回到当时去看。当时评委会采取这个办法的出发点是什么呢？是考虑每次在评审作品的时候，有个性的作品，某些评委可能要给一个最高分，但在某些不喜欢这种个性风格的评委那里可能就会得零分。这样的作品往往就没有那些写得中庸一点、稳妥一点、风格古典一点的作品得票高。鉴于这种考虑，当时就让每一位评委按照自己的审美，按照自己的个性充分地去施展自己的评审特点，允许每一位评委在所有的入展作品当中挑出两件作品，三十几位评委从中共挑出六十多件作品作为获奖候选作品。后来有很多人说，这样做，可能评委首先要考虑自己的学生、朋友，会有私心。但是评委会当时有一个规定，就是选出的作品在展览和出作品集的时候，每一件作品都要附上相应的评委的名字，评委选拔的这些作品好与不好，责任由评委自负。假如某个评委选拔的作品很差，是自己的学生或朋友，当展览的时候和作品集发行的时候，就让全国的书法人都知道，是评委的评审眼光有问题，评审的公正性有问题。实际上这样做，就使很多评委一般不会拿自己的名誉开玩笑。所以我觉得不能简单地认为这种做法就会助长一些弊端。而且评委最终选出的获奖候选作品最后是由评委会主任和副主任讨论决定每件作品该获什么奖。但评委会主任和副主任没有权力从入展作品当中推选获奖候选作品，他们只能从三十几位评委推选的候选作品当中确定相应奖次。奖次确定后还要由全体评委最后进行复核，如有某位评委认为某件作品不应该获得某一奖次，则由该评委另外提议然后由大家共同表决。因此，评委会主任和副主任的评审权力也是受到限制和监督的。当时的评委班子在评委们没有任何预料的情况下突然把大家集中起来宣布这么一个评审办法，我觉得这在当时还是很有进步意义的。但我作为一等奖获得者，是得利益者，我说的话，有人可能认为带有个人偏见，但我说的这个情况却的确是当时的实际情况，很多媒体都有这方面的详细报道。

后来，我在第七、第八届全国中青展上也获得了一等奖，但这些作品和我以前作品的风格有很大的不同。大家如果对照一下几次展览的作品集，会看得很清楚。当然，有一些批评中青展的人往往拿着我这个例子说事，说我连续三次获得一等奖，可能背后有什么问题，而且还有一些侮辱我人格的话。对此我也不想在这里展开多说，我只说一句话，我们批评作品也好，批评现象也好，一定要本着客观公正，不能凭着自己的臆想和猜测，随

意地去侮辱别人的人格。侮辱谁的人格都是不好的,批评者不能侮辱作者的人格,作者和批评者也不能侮辱评委的人格,评委也不能侮辱作者和批评者的人格,我认为讨论这些问题的时候最好有真凭实据。

傅:请您介绍一下您当时是如何准备参展作品的?准备参展作品应该注意哪些问题?

于:这个问题很不好回答。因为每个人的习惯、想法、做法各有不同,我讲的可能也不具备普遍的指导意义,我就简单地说几句吧。一般而言,参加展览首先要发挥自己的长处,而且要尽可能发挥到淋漓尽致,千万不要拿自己的短处跟人家比。也就是说你擅长什么书体你就写什么书体,你擅长什么样的风格你就写什么样的风格,千万不要盲目"跟风",要弄清自己的优势和缺点,要做到知己知彼,这是一方面。另一方面,就是书写内容要尽量选一些不是被人们写烂了写俗了的,要写那些不太常见而又很高雅的内容,这种内容还要尽量与自己的书法风格比较协调一致。还有一点就是具体到每一次投稿的时候要考虑到自己的创作和上次参展的作品要有所变化和提高。我在第六届中青展的时候,写了一个手卷,过后我很注意报刊对我的批评,别人说我那幅字像吴振立老师的风格,有的说有点像王镛先生的风格,我看到这些说法后,尽管并不十分认可,但觉得这些说法也有一定的道理。所以我在1997年参加第七届中青展的时候,又写了一件册页,还是小字,我努力地改变自己的面貌,把字写得很方,用笔很涩,和第六届中青展的那件手卷完全不一样。我当时是想我把这件作品拿出来,让评委看看,让全国的作者们看看。我当时是不敢奢望再次获奖的,更不敢奢望再次获一等奖,只要入展就可以了。当评委和作者们面对我的作品时,他们能给我这样一个说法,说于明诠这一次写得比上一次有进步,有改变,有新的想法,我想我的目的和愿望就算达到了。到了第八届的时候,我本来不想投稿了,准备等自己有了大的改变和提高之后再把作品拿出来。但当时评委会有一个政策,说每一个作者都要采取积分制,规定入展一次得几分,获奖一次得几分,获一、二、三等奖各得几分,谁先积到15分,谁就可以进入评委库,就有可能当评委。看了这个规定以后,我本人也不能免俗,我算了一下自己的分值还是比较高的,我想哪怕再入展一次,多得一点分,我就向着那个评委的目标又前进了一步。呵呵,当时完全出于这种很俗的想法,第八届中青展时我又投了稿,结果,居然又一次获了一等奖。

傅:目前,书坛上创新口号愈叫愈响,也有一些人提出了"回归传统"的说法。而继承与创新又是一个老话题,请谈谈您对这个问题的看法。

于:书法界从20世纪80年代到现在,30年了,关于继承与创新这个话题老是扯来扯去地没个完,说明什么呢?说明书法界整体的素质太低,我是这样看的。这个问题在文学界、在美术界、在影视界、在哲学界、在思想界,根本就不是个问题!但在书法界却被大家反复地说,反复地说,还这么有兴趣,所以我觉得我们对这个问题的认识太肤浅。因为继承与创新不是两个问题,而是一个问题,是一个问题的两个方面。如果把继承与创新对

立起来，就是大错特错。纵观整个人类文明史，所谓的传统，里面就包括着非常鲜明非常强烈的创新在。任何一个时代、任何一种形式的艺术门类，都没有说，我们创新过了，我们要回去，我们要继承，任何一个历史发展时段都不是这样的。比方说“孔孟之道”，这是大家都认为的最传统的东西了吧？孔子是一个标准的客观唯心主义者，他说“生死由命，富贵在天”，他讲天，实际上是纯粹的客观唯心主义。而孟子是一个很标准的主观唯心主义者，他讲“吾心即宇宙，养吾浩然之气”，人人都可以做贡献，这不是典型的主观唯心主义吗？也就是说，这个东西它本来完全是两回事，但正是孟子发展了孔子的思想。到了董仲舒，它又回到客观唯心主义，说“天不变，道亦不变”，他讲了很多汉代人对孔子、孟子思想的理解。这个思想到了宋代程朱理学，又进一步地发展变化，又变成另外一种形式。整个儒家的思想它就是一个不断创新的过程，这也是继承，继承的同时又是创新，创新恰恰体现了他们的一种继承的态度，他们是怎么继承的。他是以创新这样的一种姿态来继承的，这本身一点都没有错。但是今天有一些人非要说：“你们这样是创新的。”我们来看一看书法界，有哪一个人是从没临过帖走向书法创作成功的？恐怕没有。他没临过颜真卿，他也许临过柳公权；他可能临米芾少了一点，但他可能临苏东坡多了一点；他可能对明清的书法临得少了一点，但他可能对魏晋的东西学得多了一点。反过来也是同理，这都是很正常的。所以，我们不能从一件书法作品的创作风格、面貌、样式上以为和你所熟悉了解的那种古典风格差别得远了一点，你就认为他是创新，没有继承，不能这样下结论。

胡总书记曾反复讲过，创新是一个优秀民族的灵魂。这个道理讲得是对的，也是很深刻的，这在哲学上具有普遍性。如果说有谁从来不学古人，也从来不看古人的东西，然后写字，完全无中生有地去搞什么创作，那你可以指责他，但是这种情况是很少的甚至是不存在的。再者说，我们继承古人学习古人，我们首先要看一看古人是如何继承他们的古人的，我们要看一看王羲之是怎样继承他的前辈的，再看看张旭、怀素、扬州八怪、刘墉、何绍基、于右任，他们是怎样继承前人的。我们应该从古人的这种学习方法当中来找到一个学习继承古人的正确的方法，而不是凭着自己的好恶把继承古人锁定在几家、几种或者几本字帖上。

傅：当年在书坛上曾有过一场非常激烈的美丑之争，而美丑又是一个相对的概念，互相之间是一种辩证统一的关系。请谈谈您对这一问题的看法。

于：美丑这两个概念在美学意义上跟在生活当中是不能混为一谈的。生活当中有美好的事物，也有丑恶的事物。生活当中的美丑似同冰炭，两者不可调和；而艺术上说到美丑的时候，它的含义是多层次的。有好多人(包括古人、今人，东西方的学者)讨论形成一个共识，就是美和艺术其实是不相关的，艺术的东西并不是以美或不美来判断的，不是说美的东西就是艺术。像我国的美学家高尔泰就有过这方面的论述，例子很多。

艺术是人类精神领域的一种活动，艺术创作跟每个人的思想感情是紧密联系在一起的。每个人的思想感情都具有个性，有很强烈的个人因素，所以不能一刀切，也不可能有一个标准答案。书法艺术也是如此，我们不能从书法用笔线条、点画的轻重、枯润和结字以及章法构成的形态去表面化地划分美丑。我经常在讲课当中一直坚持这样一个观点：艺术可以分雅和俗，即高雅与低俗、高雅与通俗，我们不能简单地分对与错、美和丑。比如傅山说"宁丑勿媚"，他这里用的这个概念，很显然不是指生活当中人们很讨厌的那种丑恶，如果是那样的话，用到这里肯定是不合适的。生活当中的丑恶比媚俗也好不到哪里去，傅山不可能这样来思考问题。那么他为什么要提出这样一个问题呢？因为他发现，在当时那个时代风气里面，有一种东西是很低俗的，而且甚至是很恶俗的，而这种媚俗和恶俗的倾向是不好的，要矫正这种倾向的话，他就要从相反的角度来倡导，也就是说，宁愿把字写得朴拙一点、丑拙一点，从而来达到自己主张的目的。所谓矫枉过正，傅山不可能拿一个同等于低俗或者很恶俗的、档次很低的概念来反对当时的那种不良风气。所以我觉得现代人老是习惯于从美丑的角度来谈这个问题就未免简单化了，或者说从潜意识当中没有把艺术上的美丑与生活当中的美丑区分开来。

傅：您觉得书坛上存在所谓的"丑书"吗？

于：如果把它(丑书)完全当做一个贬义词来理解，就是当做一种很不好的书法来理解，丑书当然是存在的。任何时代都是存在很好的书法，也存在大量很不好的书法，或者说存在一些根本就不能称之为书法的那些书写遗迹，对吧？如果你把这个东西叫做丑书、俗书、很坏的书法或叫做远远够不上档次的书法都是可以的。但是作为我们的理论家和作者，本不应该关注这些东西，只关注好的东西就可以了。这些不好的东西，从创作的角度而言根本不值得我们去关注。但是从社会学的角度讲，这也无可厚非，因为我们既可以研究学雷锋，也可以研究反腐败，这是另外一层意义。为了推动艺术的发展，我们也可以去批评那些不良现象，但是我们主要的是认准哪些是好的就可以了。然而，今天人们在谈论丑书这个问题的时候，往往里面掺杂了很多非艺术的因素，他们往往指责一部分人、一部分作品，这个问题就不是这么简单了。我举个例子：在中国书法网和书法江湖网以及很多网站上有一个帖子非常火，火了几年了，说王镛、沃兴华、白砥、于明诠他们都是非常浅薄的，然后就把我们批得狗血淋头，说我们写的简直是胡闹、丑恶至极，甚至说我们是狗屎一堆。这些话呢其实都是一些侮辱性的语言，在网络上散布，我们也没办法去计较了。后来又有一个帖子，说我们四个其实是很高明的，从反意义又把我们狠批了一通。我打个比喻：就像煎鱼一样，把我们这一面煎煳了以后再反过来煎另一面，反正是要把我们"赶尽杀绝"。我觉得，如果把我于明诠的字骂得狗血喷头，是"狗屎一堆"，我没什么意见，我写得本来也不好，我从来也没有觉得自己写得有多么好过。但是我在想，其他三位先生的字，大家还是要客观地来看。比如说王镛先生，他在20世纪80年代中

期的时候,已经在全国书坛得到了大家的一致认可,确立了自己的地位。他的作品是好是坏,人们已经给了一个公正客观的评价。可是经过了20多年的发展,反而把王镛先生说得一无是处,这里面有一些很值得反思的问题。我们虽不能说王镛先生达到了多么高的高度, 但我们起码不能说他是胡闹或不会写字。如果从这个角度来认识王镛先生的话,这里面肯定有很多艺术之外的因素,这只能说明当代书坛很可悲。再比如说白砥,他年龄虽然不大,但他的临摹功夫我认为在当今书坛绝对是一流的。包括沃兴华先生,大家看看他与白砥先生的临帖和他们谈临帖以及创作的体会文章,你就会发现:第一,他们有深厚的传统功底;第二,他们有深刻的思考;第三,他们的创作很有思想深度。我们不能简单地以自己看不懂就说他们是瞎胡闹。这样来说话,是不负责任的。当然,你非要这么认为也没有办法,如果很多人这么认为,或者有一部分人总是以这种话题无理取闹的话,那只能是我们整个时代的悲哀,说明人性背后有很多卑鄙龌龊的东西在里面。

傅:本来流行书风作为新时期书法发展历程当中的一种特殊现象,它本身可能存在一些这样那样的问题,但它的积极意义也是显而易见的,可在很多人的认识当中却成了一种近乎贬义的东西。您是如何看待这一问题的?

于:这个问题回答起来就比较麻烦,我只说这么几点意思吧。“流行书风”这个说法,是20世纪80年代中期出现在书法界的,最早是《书法》、《书法报》发表的一些文章里面出现了这个词。这个说法在书法界被大家反复地说了二十多年,在这二十多年当中,很多人指责自己不喜欢的、很反感的一些不良书法现象,但大家指责流行书风现象又各不一样,而是每个人心中各有不同的指向。有的人说这样一种风格是流行书风,有的人说那样一种风格是流行书风,并不是一个大家都认可的完全统一的现象叫流行书风。有很多现在已成名的代表性书家,当年都曾经被指责为他们的作品是流行书风。不仅今天参加“流行书风展”的作者,有很多反对“流行书风展”的名家、大腕当年也曾被指责为是流行书风,大家只要翻翻以往的报纸杂志就会知道。这是一点。第二点,既然这个说法在书法界闪闪烁烁、隐隐约约,有时小量、有时低回,被大家说了许多年,那么,为什么到了2000年以后, 反对流行书风的呼声突然之间大面积地爆发, 围剿流行书风成了一道风景了呢? 这里面有很多令人深思的地方,这里面有很多体制、权势或某个掌握权势的人的观点以及很多甘愿充当体制、权势和某个权势人物的棍棒、打手等等的因素。有很多人反对流行书风,批评流行书风,把矛头指向某某某、某某某,其实他们不过是表现给当时掌握书法界权势的某些人物和书法机构看的,就像“文革”时期一样,他是带有“站队”性质的。我们从历年来批评流行书风的很多文章里面可以看出这一点。这说明什么呢? 这说明书法界“文革”的遗风依然存在,这种倾向很可怕。它不在于批评了什么,也不在于它批评得怎么样,但以非学术的因素来理解学术问题,这是非常可怕的一个倒退。“兰亭论辩”刚刚过去才几十年,启功先生曾经为自己几十年前在那场论辩当中犯的错误一直追

悔莫及。而高二适如何在当时那种政治高压的情况下坚持了自己的观点，这些故事、这些人物，我们不应该这么健忘。第三点，流行书风展举办的时候，曾经有人问，你们解释一下，到底什么是“流行书风”。当时主持人让我来回答这个问题。我当时指着流行书风展展厅立面的所有作品说：“这就是流行书风！”也就是所有参加流行书风展的这些作品就是流行书风。而所有的关于流行书风的批评都应当集中到这些作品上，应该就这些作品的得失成败来谈你的学术批评观点。但是，我们当时举行的“流行书风论辩会”上，邀请的很多理论作者，他们的批评“流行书风”的文章，很少有从学术方面提供一些有价值的观点的。大多数都是从一些非艺术因素、一些现象，或者自己拟定一个靶子，猛攻猛打，而对“流行书风展”的作品视而不见。所以石开先生说：“你们批评流行书风的这些文章作者，我觉得你们缺乏起码的看图说话的能力。”我认为石开先生的话说到点子上了。第四点，关于流行书风这个词到底怎样来理解，今天很多人说，你们不应该用这个名称，这个名称不好，这个词很容易让人产生误解。而整个中外艺术史告诉我们，很多的流派、风格和一些书法展当中的阶段性创作倾向，都是在大家的不理解、讽刺、谩骂当中形成的。比方说西方绘画的“印象派”、“现实主义”、“野兽派”都属于这种情况。像流行歌曲、朦胧诗当初也不是褒义词，再比如上世纪三四十年代赵树理的小说被称之为“山药蛋派”也不是褒义词。像“鸳鸯蝴蝶派”等等，这些当初都是被人们嘲讽和批评的一个说法，这种说法后来就成为了一个符号，这个符号它有特指。如果有人说：“山药蛋派是什么呢？”我们就可以很直接地回答：“就是赵树理那样的小说风格。”对吧？至于说“山药蛋派”好不好呢，那你要看赵树理的小说好不好。一句话概括，就是不管你批评“山药蛋派”还是“野兽派”，你不能仅仅针对这个符号本身，你只有针对这些具体的作品展开批评才具有积极意义。批评流行书风也是如此，你不能只针对流行书风这个词，要从具体的作品去分析，如果这样的话，这种批评自然是值得肯定的。在这种情况下，你无论把流行书风批评得再怎么体无完肤，我认为对流行书风作者，对整个书法艺术的发展都是有历史功绩的。但是，如果通过打击、谩骂等等手段来达到他们不可告人的目的的话，是十分浅薄的，甚至是卑鄙无耻的。

傅：书法批评在当代一度不景气，而在很多人看来，从事书法批评就是选择了一件得罪人的事。但是，一些有志于书法批评的人士又不愿意放弃自己在这一方面的追求，可他们在现实当中又会遭遇很多尴尬和无奈。请问，您是如何看待这一问题的？

于：关于书法批评，大家都有一个共识，即当代书法批评缺席。书法批评在进入现代社会完成的转型比较缓慢。像美术批评、文学批评都比较独立。本来批评与创作是一对孪生兄弟，现代艺术离开现代批评简直无法生存，艺术创作如果离开批评，将会很不正常。因此，我们非常希望能够看到公允客观的书法批评。如果你是一个很负责任的批评者，你就应当用良知和思想水平说话。而那种不着边际的、不负责任的信口开河式的所

谓批评是根本不利于艺术的正常发展的。而正常的批评应该关注书法文本,尽量避免非艺术因素的干扰。但由于中国根深蒂固的陈旧思想,比如官本位思想,就直接影响着书法批评的正常进行。总之,书法批评难度很大,短时期内不会有太大的改变。良好的书法批评社会氛围的形成还有待来日。

傅:目前,我感到书法理论界有一种不良倾向,很多文章从所谓学术规范的角度来看无可指责,但就是文章写得晦涩艰深,古奥难懂,让大批的读者望而却步,敬而远之,而我们写文章的目的是准确明白地向读者传递自己的思想观点。你对这一现象有何看法?

于:这个问题我觉得是这样,由于每个人所读的书不大一样,有的侧重东方的,有的侧重西方的,有人写理论可能西方式理论用得多一些。但也没有什么可怕。关键是我们不要故作高深,在讲究学术规范的时候还要尽量注意让自己的文章通俗一些,好让更多的读者理解和接受。

傅:鉴于时间关系,您工作也很忙,这次访谈就到此为止吧!您讲得很精彩也很深刻,这些将会对广大书法人有一定的启发。还有很多问题,以后有机会再请教。再次感谢您!

燕守谷访谈录

时间:2008年7月21日

地点:山东济南阳光100燕守谷工作室

受访人:燕守谷(中国书协理事、山东省书协副主席)

访谈者:傅德锋

傅德锋专访燕守谷

傅德锋(以下简称傅):燕老师您好!很高兴见到您,也很感谢您接受我的采访。您是当代书坛一位非常活跃的实力派书法篆刻家,尤其是您在多年前就以篆刻称名书坛,书界一直很关心您的艺术发展历程,我想请您介绍一下自己学习研究书法篆刻的经历。

燕守谷(以下简称燕):不客气。从开始到现在有30年吧。我爱好篆刻从上中学就开始了,那是上世纪70年代,准确些说是1975年。那时候生活条件差,学习篆刻方面的资料非常少,但因为自己非常喜欢篆刻,就只能从报纸上剪一些,但那时候我还真是很有缘分地剪到了王(镛)老师的很多篆刻作品。比方说从《光明日报》上就见到他的一些作品,虽然当时并不认识,但自己感觉他刻得有意思,就剪下来一边欣赏一边仿刻,这也可以看做是一个起步吧!原来是爱好写(毛笔)字、国画。当时中国的文艺已经开始复苏,尽管报刊上刊登的书法篆刻还很稀少,但毕竟偶然可以见到以篆书创作的(篆刻)作品。我当时还不了解中国有什么古代印章,我们平时的学习也没有这个项目,我们的教育课程里面也没有这方面的课程设置,当时所谓的书法也顶多是写一写"大仿",哪里有什么传统的艺术,更没有机会了解古代印章,而且篆刻当时好像还被作为"四旧"。但我从报纸上刚一发现这些东西就非常着迷,觉得篆刻这东西有意思,所以从这个东西开始对古文字产生了浓厚的兴趣。我当时只有十五六岁,就已经敏感于中国古代文化,尤其是象形文字。因此就更多地侧重于对篆刻的学习。而学习篆刻势必要涉及书法,只是苦于缺乏资料,无法进行正规而系统的研究。后来我参加了工作,一方面自己也适当地有了一些能力,一方面上海的《书法》杂志也创刊了,当时再没有什么书法方面的专业报刊,只有《书法》,多年以后才有了《中国书法》,我学习篆刻只能从这本杂志当中获取一些资料和了解一些信息,在当时来讲这本杂志显得是多么重要啊!说实话,《书法》杂志对我起到了非常重要的启发作用。

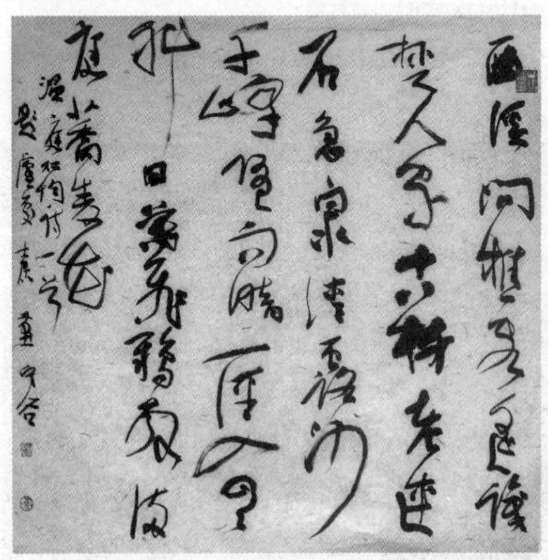

燕守谷书法作品

后来就好一些了，出现了书法展览，虽然当时还没有什么全国性的权威展览，但毕竟可以通过看看这些展览了解到更多的篆刻方面的知识。到1980年举办了首届书法篆刻展，是《书法》杂志组织的，在沈阳展出，但我们那时还是初学，只能算普通爱好者，还谈不上什么实质性的参与。我在1976年参加工作，6年以后终于实现了自己的一个愿望，从工厂调到了专业文化单位，这就算有了一个相对而言比较好的学习环境，可以比较专业地搞一些篆刻方面的研究了。我所在的枣庄原先是一个能源基地，100多年前就开煤矿，到我们这个时候，资源也快开采完了，枣庄的经济就相应地落后了，在山东也就属于比较闭塞的一个地区。这种现状一方面对我们的发展有一定程度的制约，一方面我们也没受到太多的经济大潮的冲击，能够保持一个相对平静的心态。我们也不是不想发展经济，而是没有机会，因此就把更多的时间和精力用于书法篆刻研究。我们热情很高，也形成了一定氛围，除了我之外，还有褚老师，都为枣庄的书法篆刻事业做了大量的工作。但是我们缺乏与外界的交流，只有几位老先生可以偶尔接触一下，而他们也因种种局限不能进行创作了。但他们的底子是厚的，虽说不能指导创作，但作为启蒙是可以的。在这种情况下，我们首先请来了上海的陈茗屋先生，这对我来说也是一种机缘。陈先生来了以后，连续讲了10天，把中国书法篆刻的历史发展演变讲了个通透。经过听陈先生的课，帮我解决了篆刻从临摹到创作转换过程当中的一系列实质性问题，这应该算是我在篆刻研究创作方面的第一个转折期。

在此当中，褚老师和几位学生为之付出了极大的热情和辛劳。这一举措，使我们从中得到了启发和提高，也有力地推动了整个地区书法篆刻事业的发展。后来枣庄承办全国中青展，并建立中国书协篆刻培训中心（枣庄基地），举办全国性篆刻创作培训班，王镛、石开、李刚田、崔志强等先生亲临授课，其间我们还争取机会走出去向韩天衡等大家请教学习，这就把枣庄的书法环境大大活跃起来了，而枣庄也由此形成了一个具有一定规模一定水准的书法篆刻创作群体。全国有很多这样的群体，这个情况你应该也是了解的，比如湖南的"永和"、四川的"蓬溪"、广西的"细柳营"、北京的"小刀会"等等。

随着自己学习的不断深入和创作水准的不断提高，我开始参与全国大展并不断取得一些成绩。尤其是我在参与第一、第二两届全国篆刻展的筹备当中，能够与大展的评委面对面地进行交流学习，比如陈大羽、潘主兰、刘江、韩天衡、李刚田、王镛、黄惇、石开等都能给我们以热心建议和指导，我感到获益匪浅。1992年秋，我有幸进入中央美院进修，在一年当中要完成本科四年的课程，进行深入系统的学习。我觉得这对我来说又是一大转折。

总的来说，我还算是比较幸运的，有主观的努力争取，也有客观上的影响带动，尽管付出了很多辛劳，但也使自己一步步成熟起来，终于走上了一条专业创作的道路。我的情况大概就是这么一个过程。

傅:您的印风属于写意一路,请谈谈您对工稳印风和写意印风的具体看法。

燕:呵呵,你提的这个问题比较尖锐。印坛向来由两大阵营组成,一批作者是从事工稳一路的,一批作者是从事写意一路的。但我们这个时代好像大家都在提倡写意印风。我觉得这个并不矛盾。写意的没必要反对工稳的,反之亦是。对这个问题首先要有一个正确的认识。苏东坡早就说过:"始知真放在精微",真正的写意印风也是很注重细腻与精到的东西,否则就会流于粗野与荒率,那不能算是真正的放开。越是个性化的作品越讲究内蕴。我对这个问题平时也考虑得比较多,也有一些自己的想法。我觉得刻工稳的当中要加入写意的流动感,刻写意的要融进工稳的精致,这里面有一个侧重的问题,但我们要把工稳与工细区别开来,把写意和粗野区别开来。工稳一路印风要尽量避免美术化或者说是工艺化倾向。比方说刻鸟虫篆印,这方面也有高手,像吴子健、韩天衡,他们在工写之间把握得比较精准。但如果一味地工细,就会滑向平庸和俗气,格调不高。写意印风比较讲求个人情趣的张扬,注重抒情,它可能更适合表达我们这个特殊时代的人生情感。至于你刚才讲的"工稳一路印风还有没有朝前发展的可能"这个问题,我觉得这主要还得看作者。你像刘葆国、冯宝麟、鞠稚儒几位,他们目前做得很优秀,印风都差不多,搞得很工细,从中显示出一定的才气。但问题是这几位继续这样走下去,究竟能走多远。我认为如果这些作者不介入写意精神的话,继续走下去恐怕很难。我不是否定他们目前的创作,尽管我和他们都不熟悉,但他们的作品我很关注。就现在来讲,他们都比较优秀,可问题是历史上从事工细一路印风的篆刻家能够走出来的不多。像上海的陈巨来,他在这方面已达到了一个极致,到杭州的王福庵,我感觉就缺乏一些情趣了。倒不是说他们的印不好,而是他们已经做得很精致了,现在我们还沿着这条路往下走的话,恐怕很难走通。艺术要发展,必须有创造性,要尽可能地表达作者丰富的思想感情,如果只注重技术性,工细得没有了情绪,也就失去了意义。我们要在前人的基础上充分发挥自己的创造力,要寻求突破。就我个人而言,我更注重的还是写意精神的深度挖掘。

傅:就篆刻而言,秦汉是源,明清是流,从一名普通的篆刻爱好者要成长为一位具有一定建树和造诣的篆刻家,您认为大体应该走一条什么样的路子?您也可以自己为例来加以说明。

燕:对于已成名的篆刻家来说,这个问题都解决了。他们成功的例子可以为参考和借鉴。一般而言,学习篆刻要从源到流,自上而下学起,这合乎篆刻发展的根本规律。但有的时候也并不都是如此,也有从流到源的情况。由于每个人掌握的资料不一样,有的作者一开始可能接触的不是秦汉印,而是明清流派或是当代大家,但学过一段时间后,就会产生困惑。你比如学习齐白石,不一定适合很多人,然后还得追本溯源,从古人那里学起。学习明清也是同理,明清也是出自于秦汉。无论从何入手,都得首先搞清楚印章(篆刻)的渊源流变,防止盲目性,避免走过多的弯路。大家都主张学习篆刻要集中一点

进行重点突破，我的看法也是如此。关键是要在古人的基础上有所创造。

傅：请问学习写意印一定要从工稳印开始吗？

燕：未必。我觉得这牵涉到一个技术因素。你要刻印，那你起码得具备一些基本的知识和技能，如篆法、章法、刀法这些首先得搞清楚，否则，你再丰富的感情也无法去传达。有的人将工稳印理解为是写意印的基础，这是不正确的。我觉得无论工写，主要还是下刀表现出的线条的品位高低。比如学习书法，现在人们还坚持非要从唐楷开始吗？只有这一条路吗？只有这一条路是正确的吗？其实是多条路。对于某些人来讲，从唐楷入手是可以的，但是有的人直接学草书也未尝不可。关键是在于对线条的理解把握能力。书法篆刻都是表现线条的艺术，理解认识能力跟不上，从哪入手都不会有实质性的突破。

傅：字法、章法、刀法作为篆刻创作的三大要素，三者必须协调配合。就每一位具体的印人而言，会根据自己的审美观点在实际操作当中有所侧重。请谈谈你对此事的看法。

燕：根据我的创作经历和目前的创作实践，我认为字法第一。许多年前我以为是刀法第一，因为当时将印章构思设计好了，刻不出预期的效果，可能是刀法不行。但后来解决了刀法问题，就不这么看了。尽管三者不可或缺，相互作用而完成一件好的作品，但我现在认为还是字法第一，章法第二，刀法第三。我认为一方印的成功主要在于有好的字形结构，只有形成自己的一套符号性字法和富有个性的章法组合特点，才便于形成自我风格；字法和章法问题解决了，至于刀法，相对而言，好解决一些。当然，这纯属我个人之见，不代表大家都会这么认为。

傅：其实我们有时注重的就是你的个人特点。很多爱好者都非常希望能够了解到你们作为成功人士的学习创作经验。

燕：你这么一说，我就感到压力比较大。其实所谓的成功人士也并不神秘，很多初学者认为我们可能有什么“秘诀”，甚至要把我当做楷模，我的确感到压力很大。其实我们看秦汉印、明清流派以及当代大家和身边高手的作品，主要靠悟，锻炼眼力，要看得深入，领会内在的东西。如果说要让我给大家指路子的话就不太好办，大家只能通过借鉴我们的学习创作方法，以自身特点寻找自己的突破口。并不是我让他如何他就如何，就一定能获得成功。

傅：那么我想知道的是，如果让您来带一个学生的话，您会怎样来指导他学习篆刻。

燕：初始阶段是可以教给学生一些具体的方法的，比如首先应当解决的基础功夫，了解篆书与篆刻的关系，章法布局的一般规律和用刀的一些基本方法等。当达到一定程度后只能靠自己领悟，靠自己对文字的敏感性。在这个阶段，老师只能就具体的作品进行一些点评，进行一些交流和沟通，起到一个启发的作用。我的具体创作方法只属于我自己，学生应该走自己的路。

傅：通常而言，一位具有成熟风格的印人，都有自成体系的篆书风格，而当代有一些

印人并不擅长篆书，却也形成了自己的篆刻风格。请您就这一现象发表一下个人的见解。

燕:这个问题我在平时都是思考过的,但现在如果要公之于世的话,会不会有什么后果？我的看法是,作者在每一时间段对自己的要求都是不一样的。一个印人如果不擅长篆书或者没有自己的篆书风格,那么他刻印就主要靠他的理解力进行“设计”。这种做法也许可以解决一些技术层面的问题,但却是有局限性的,他再往前发展,上一个层次的话就很难,因为他不能“由技进道”。他可以把一方印设计得很精巧、很好看,但未必品味就高。有的印人写的篆书是一种风格,刻的印章是另外一种风格。这在某一个时间段也是可以的,但他最终要将写刻统一起来,因为写与刻一旦脱节,就易流于工艺技巧,不能合于造化,出之自然,这样毕竟成不了大器,最终还是要写刻统一起来,融会贯通,一任天机。

傅:请介绍一下您当初是如何准备篆刻参展作品的,准备一件篆刻参展的印屏应该注意哪些方面。

燕:这个问题我们在迎接备战全国大展的作品点评会上讲得很多。面对具体的作品或者印屏时比较好说,但在没有作品可以点评的情况下,只能笼统地说一下。

准备参展作品,首先要确定自己的主调,也就是要注重突出自己的风格。几方印的格调气息要统一,不能搞大杂烩,什么风格的你都刻一方,那就是低层次的了。你刻的几方参展作品在整体风格一致的前提下还要适当地加以变化。至于做成一个印屏,首先要严格按照征稿启事的要求来进行,在作品数量上要在规定的数量内宁少勿多,越多越容易出问题。印蜕边款、题签的组合搭配要严格地按照一个大章法来布置,包括纸张的颜色都要根据印风做一些具体的考虑,要做得在整体上看起来统一、和谐、庄重、典雅、大方,要看上去很有气氛。总之,印屏设计要以突出印蜕本身的视觉冲击力为主,不能把印屏搞得鲜艳刺激,像一块花布一样,这样喧宾夺主,反而有碍于对篆刻作品本身的欣赏。

傅:您刻印对工具材料有什么特别的选择吗?具体的工具材料对风格形成有影响吗?

燕:其实每个人都相对地有一些选择,而这种工具材料的不同对作品风格的形成的确是有一定的关系的。我刻印用青田石较多,刀选择平口刀,磨得比较锋利。石质有软有硬,刀锋有宽有窄有薄有厚,都会根据自己的喜好有所选择。寿山石比较细腻,宜于表现工稳一路;青田石比较清脆,宜体现写意印风。我现在尝试陶瓷印创作,在陶瓷泥坯上刻印,那又是另外一种感觉,很快又形成一种新的面目。泥质松软,可写可划,更易于表现那种原始的美,这也是其优于石质印材的地方。借助陶瓷印可以用原生态的刻符方式体现现代人的思想情感。

傅:传统的治印刀法无非是冲刀与切刀两种,但发展到现在,尤其是刻写意印者,则在冲切之外,采用了很多辅助手法,比如刮、削、划、磨、敲等等。请发表一下您对这一问

题的看法，并介绍一下自己在用刀方面的一些具体体会。

燕：你讲的这个就看得比较准了。古人对刀法分析总结很多，实质上还是以冲、切为主。但是发展到现在，就像你刚才所讲那些刮、削、划等等方法，甚至是绘画当中的点染皴擦都用上了，在我看来这应该是一种进步。表现手法上的丰富性有利于创造出新的境界。这些方面我都试验过，我觉得在刀法上的多方探索是有积极意义的。时代在发展，不论是否有人提倡，但大家都在自发地进行相应的探索，而且都获得了相应的成功。这是时代风气使然。包括钤印也很讲究，因为印章除了拿原石在手上把玩之外，更多是在欣赏印蜕。篆刻毕竟是视觉艺术，所以为了将印章的本来效果真实地体现在纸上，就很讲究盖印的方法。包括印泥的质量，纸的优劣和印褥的厚薄，用力的轻重，都必须反复摸索，积累经验。不同的钤印方法会产生不同的拓制效果。我盖印喜欢用玻璃板做底子，垫一层连史纸，我是以忠实地把刀在石面上划过的那种很细微的痕迹都能反映出来为准则。至于用刀，我讲究一次性成功，无论冲切都要一刀完成，不做过多修饰，如果反复修饰，就会失去很多自然的东西，显得做作，影响线条的视觉效果。但这个前提是刀法必须要熟练，不能犹豫不定。

傅：有很多印人在介绍自己的治印经历时，大多说自己曾临摹过上千甚至数千方古印。您认为临摹古印是越多越好吗？您是否也有过这样的经历？

燕：我觉得不在于刻得多。单纯从技术层面来讲，当然是熟能生巧。但这个“巧”必须是建立在正确的理解篆刻精神层面的基础之上的。否则，“巧”便落入了俗套。理解能力上不来，摹一千方古印也就是重复一千次的错误。在提高认识理解能力的前提下，也需要达到一定的数量。我个人基本就是遵循这个原则的，刻得自然也不会少。

傅：入古与出新对书法篆刻而言一直是一个老话题，您在确立自己的印风当中有哪些具体的考虑？

燕：首先我要说明，印风的确立是经过一个较长的临创过程自然酝酿而成的，至于一些具体的考虑嘛，那还是要借助于好的眼力、好的观念和意识，要有较强的理解认识能力。像你刚才所说的刻一千方印的问题，如果眼力不够，理解认识上有偏差，刻得再多也是形不成真正的自我风格的。至于说到继承与创新的关系，我觉得首先必须搞清楚二者之间的内在联系。继承与创新是一个问题的两个方面，不能单独分开来看。我们在学习古人的过程当中，除了掌握一些具体的方法之外，更重要的是要领悟古人的艺术创造精神。继承的目的是为了出新，否则也就谈不上什么继承。一个缺乏创造精神的印人是称不上什么真正的篆刻家的。在学习过程当中还有一个根据自身特点进行取舍的问题。古人的东西有好有坏，不能一概而论，同样的东西，适合张三，未必适合李四。这一点我觉得非常重要。

傅：您认为一位优秀的印人应当具备哪些素质？

燕：要有创造精神和创造能力，包括对文字的理解把握能力、章法布局能力和运刀能力，还必须注重培养多方面的文化修养。

傅：请谈谈您目前的创作状况。

燕：我目前感到很困惑的还是字法问题，我想创造出一套自己的字形结构，现在这方面用心比较多。近年来对书法创作也比较注重，我想，书法上的突破也会带动篆刻创作水平的提高。篆刻目前主要致力于陶瓷印，虽然石质印材的创作也不会放弃，但我还是想在陶瓷印方面多作些探索。我现在正在筹建一个陶瓷印创作基地，建成以后，应该会给我本人及周围的朋友进行这方面的探索提供一些便利。

傅：请就当代篆刻的整体现状发表一下自己的看法。

燕：呵呵，这个问题由我来谈可能不太合适，我可以谈一点大体的感想。总的来说，目前篆刻界的整体表现是不错的。老一辈篆刻家大多已功成名就，确立了自己的风格，对中青年比较关心。而中青年篆刻家创作队伍非常强大，新人出现得比较多。中青年印人还在不断的探索当中，今后的路还相当长。虽然当中也有一些不良现象如作风浮躁、盲目跟风等等，但基本情况是积极向上的，主流是好的。各种风格流派之间应当互相尊重，共同进步，以寻求更大的发展。尤其是青年一代，要端正态度，目标明确，加强各方面的修养，为将来的发展奠定基础。

傅：鉴于时间关系，您的工作也很忙，我就不再提什么问题了。您谈得很具体全面也很到位，想必您的这些言论会对广大篆刻工作者及爱好者都有一定的借鉴启发意义。以后有机会再来请教，再次感谢您！

苏金海访谈

时间：2008年7月30日上午

地点：南京苏金海先生寓所

受访人：苏金海（中国书协篆刻委员、南京印社副社长、全国六届篆刻展评委）

访谈人：傅德锋

傅德锋专访苏金海

傅德锋(以下简称傅):苏老师您好!见到您很高兴,同时也很感谢您接受我的采访。我这次到南京来,主要目的是请教学习。您是我非常敬重的书法篆刻家,早在20世纪80年代初期,您就和韩天衡、王镛、李刚田、石开等几位先生同时在篆刻界确立了自己的位置。请您介绍一下自己早期的艺术经历。

苏金海(以下简称苏):好的。我出生在一个工人家庭,我父母在文学艺术方面没有给我带来什么影响。但由于其他原因,我从小就喜欢艺术,比如音乐啦、美术啦、文学啦等等。至于说到自己学习书法篆刻,我记得大概从1973年就开始了。但这和现在的年轻人相比还不算早,1973年我已21岁,现在好多人从十几岁就开始学刻印了。在学习篆刻之前,我的兴趣很广。喜欢吹竹笛、拉二胡、拉琴,喜欢写新诗、散文、杂文等等。除此之外,还喜欢足球、考古、播音(就是搞一些朗诵)。兴趣虽然很广,但是这些都没有搞成功。你比方说我搞文学作品写作,在给报刊投稿的时候就没有获得成功。为什么没有成功呢?因为在1973年前后,我们国家的文学期刊极少,只有《诗刊》、《人民文学》、《人民文艺》这三大杂志,它不像现在,每个省都有很多文学类的报纸杂志。现在你要爱好文学,可以去上文学培训班什么的,但是过去没有这个情况。而我作为一个初学者,又怎么可能轻易在这三大杂志上发表自己的作品呢?这里面差距很大。我想学考古,但也因为各种条件的限制未能如愿。总的来说,那时候自己虽然爱好广泛,但学习生活条件很差,不具备起码的便利,最后都没有搞成。直到1973年,我遇到了一位老师。他是我上小学六年级时的语文老师,也是我们的班主任。我后来才知道他是一位青年书法篆刻家。当时因为我还是个小孩,还不懂得这些。他在教学当中对我们的要求很严,我当时印象比较深。1965年我小学毕业,进入我现在的工作单位(就是南京第四中学)上初中,直到1973年我才知道这位老师(擅长书法篆刻)的具体情况。时隔8年,我又去找他。

我是1970年参加工作的,是老三届的最小的,高中毕业后留校工作。我在第四中学上学,又留在第四中学工作。1970年到1973年当中的两三年时间,作为青年教师,我一边从

事教学,一边进行自学(就是学习书法篆刻),但我当时纯粹是一个门外汉,什么书法、篆刻名家,我一个都不知道。在1973年年初,玄武湖举办一次庆春节南京市书法篆刻展览,我当时看到了徐昌先生的篆刻作品,其他人我一个都不认识,像高二适、萧娴我一点都不了解,就认得一个徐昌,因为他是我以前的班主任,是我的老师。之后,我就想办法与他取得了联系,最后终于在一所小学里面见到了他。(8年以后)我们再次见面,徐先生还是记得我这个学生的,因为我那时是班长,是学生干部,他有印象。我给他说,我想跟他学习刻印,他答应了。在这之前,我自己乱刻了一段时间。从那时到现在我一直都坚持刻印,从来没有间断过。我学习篆刻的大概情况就是这样。

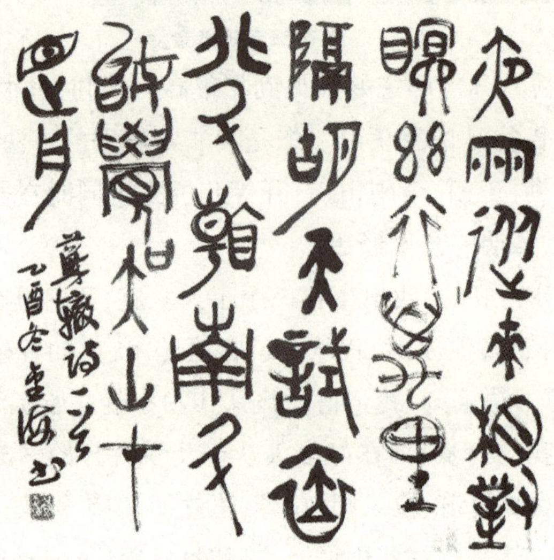

苏金海书法作品

傅:您从一个普普通通的书法篆刻爱好者成长为一位卓有建树的书法篆刻家,当中必然有很多丰富的人生经历以及对艺术与人生二者之间的深刻的体会与感悟,您能具体谈谈吗?

苏:是有一些想法。我总结有三点:第一,我在书法篆刻方面从21岁起到现在从来没有间断。虽然21岁起步并不算早,但我能自始至终一直坚持,这种情况是比较少的。很多人往往因为各种原因,中途都会中断。比方说他经商一段时间,然后又开始搞,有的甚至要中断好多次。第二,我的工作单位一直保持不变,也就是说,我从来没有跳过槽。但有的人参加工作一段时间,就又开始活动了,又要寻找新的工作单位。我觉得跳槽跳得多,工作环境可能会越来越好,这当然是好事,但是也有弊端,因为他在活动新的工作单位的这一段时间肯定要分散精力,要中断学习。而且到新单位以后,还存在一个适应新的工作环境的过程,显然也会影响到学习。如此反复多次,就会大大影响自己在艺术研究方面的进展。还有一点不太好讲,就是婚姻问题。我在这方面很专一,从来没有发生过波折和变化。我觉得如果婚姻生活不稳定的话,你结了婚又离婚,离了婚又结婚,必然牵扯

到自己的精力、时间、情绪等等。再加上经常跳槽，有时换了一个新单位又不能适应，再换一个新单位，换来换去，这样会对自己的学习研究非常不利。而我一直坚持这“三个不动”，就有一个相对稳定的学习、生活和工作环境，能够比较专心地进行自己的艺术研究，尽量不受其他因素的干扰。

傅：相比于同一时代的其他书法篆刻家，您在人们的印象当中一直都显得比较低调。但这种“低调”不是指您的艺术追求，而是指在包装宣传方面。您也因此给人们留下了不够活跃的印象。不知您本人是如何看待这一问题的？

苏：这个问题我是有自己的看法和考虑的。我从1973年学习篆刻到现在，经历了三十多年，在这三十多年的历程当中，自己从一个默默无闻的无名小辈到现在取得了一点小成绩，我对新时期全国书法界发展的整体情况还是比较了解的，因为我亲身经历了这个发展过程。根据我的体会，我觉得社会上存在很多不太公正的现象。比方说，一个人成功了、成名了，有的是名副其实，有的是名不副实。我认为这除了艺术水平之外，还有影响书法篆刻家成名的四个因素。哪四个因素呢？

一、供职单位。供职单位对一个从艺者至关重要，所以我把它排在第一位。最好是专业艺术院校，比方说南京艺术学院、南京师范大学美术系、中央美院、浙江美院。其次是普通高校艺术院系，比方说南京航空航天大学艺术学院。然后就是书协、文联、书画院等等。这些码头都不错，你在这些单位里面任职，会有很多便利，其优越性十分明显。

二、职称和职务。职称和职务对一个人的艺术发展关系也很大。像教授、研究员、博导、硕导，这些目前都是比较吃鲜的。再就是艺术学院的院长、副院长，书法研究所所长，书法系主任，书法研究中心主任，书法院院长，篆刻院院长等等。具备这些职称和职务的人士，他的起点就比较高，其拥有的便利不言自明。

三、居住城市。一个人所居住的地域对自身的发展影响很大。像我生活在南京，而南京是东南地区比较发达的省会城市，比你们西部地区要好，南京比兰州要好，但你在张掖，那儿比兰州还要差。最好是北京，其次是上海，然后是沿海发达地区省会城市和其他各省省会城市。因为这些城市是政治、经济、文化的交流中心，它的发达程度不一样，因此对一个人的成功会造成不同程度的影响。

四、社交能力。一个人活动能力、交际范围以及结交品位的高低也很重要。你如果能结交书法篆刻界的名流、评委，或者拜他为师，或者得到他们的赏识和提携，这反映出一个人的交际能力。比方说我和你，我认识的书法篆刻界的名流比较多，你认识的少，我就要占优势，你就要吃亏。我拜师我拜启功、沈鹏，你拜你们本省甚至本地的一个名家，我在外面作宣传、活动介绍时就比较占优势，你可能面临的困难就多一些。这绝不是通常所说的“拉虎皮扯大旗”，而是客观存在的事实。

以上四点，我觉得对一个从事书法篆刻的人来说十分重要，可以说是书法篆刻家成

名的四大要素。因为我非常清楚这几点,也很明白自己处于一个什么样的位置。这四个条件我没有占全,第一,我供职单位就不行,只是一个中小学教师,像很多人也在一些基层单位,比如中小型企业等等,我们的出身和社会地位都比较低微,这和出身高贵、社会地位高的人无法相比。我只是在南京市艺术团体里面担任一些小职务,像南京市书协副主席、江苏省甲骨文学会副会长等,稍微占一点点,但这都不是最重要的。最主要(吃鲜)的是省书协主席团成员,我连省书协理事都不是。现在社会看某一个人的作品"含金量",看作品价格,都要看是否是省书协主席、副主席,理事都没什么用。在南京来说,市级的书协主席团成员都是不行的, 最好是省级书协主席团成员。我所在的居住城市也不算差,南京虽比不上北京、上海,但却是东南地区发达城市,又是江苏省的省会,这一点还可以。我的社交能力一般化,很普通,属于中下等。要活动的话就得争取机会经常到处跑,但我本人很"懒惰",不怎么往外跑。我最南到杭州,最西到西安,东北到沈阳,其他地方都没有去过,不像人家有的人经常坐飞机到处跑,所以我的活动范围很有限,这对活动能力是大有影响的。活动能力大的人展览一路地搞,媒体不断地跟踪报道,造的声势很大。而我觉得自己没法和他们相比,因为我的条件属于一个中等偏下的水平。一方面,我首先将书法篆刻作为一种修身养性的手段;另一方面,如果要靠这个介入社会的话,要定位好自己,存在哪些优势和劣势,如何扬长避短,要根据自己的性格进行调整,要让自己的行为方式、处世方式适应周围的环境。

另外,我平时看书比较杂,特别对一些名人传记比较关注。我觉得能够从他们的奋斗经历当中获得很多启发。我记得有两句话说得非常好,大概意思就是,条件差的人和条件好的人在社会上取得同样的名声和成绩,那么,条件差的人的实际水平要高于条件好的人。这句话对我影响很大。因为一个条件差的人要想取得和条件好的人同等的成绩和社会声名,他必须付出比条件好的人数倍的努力。还有一句说的是,地位低贱的人和地位高贵的人在社会上受到同样的尊重,地位低贱的人靠的是人格魅力。我觉得这个意思非常好。我个人在现实生活当中也有很多这方面的遭遇和体会。我做什么事,一贯本着与人为善的原则,一般不会和别人去进行刻意的争夺和计较,我可以自然而然、水到渠成地去达到自己的目的。我觉得,至少对于我个人来说,正确处理好与同道、同事之间的关系,在一种相对和谐友好的氛围中寻求发展才是一条比较可行的路子。

傅:您刚刚谈的这些问题都比较实际,尤其对处于弱势的书法人具有很强的提示和指导意义。您这种处世为人和作学的心态比较实际,但也很超脱,富有智慧,也可以说是老子"无为而治"思想的一种具体体现。您尽管在处世上看上去很低调(当然也可看做是弱势人群的一种自然的选择),但从您的谈话中分明能感觉到您在研究作学方面的高昂与精明。请您就此再具体谈谈。

苏:因为我很清楚自己的客观条件,我的单位不是专业单位,在各个方面有一定的限

制，所以我针对这一情况，给自己设定了一个研究发展方向。前人讲过“艺贵专一”，对于专业单位工作的人来说，他条件好，时间多，可以同时搞几个项目，既可以做书法家，也可以做画家，还可以做篆刻家。但我条件差，时间相对有限，我就只能抓一项，突出重点。所以我首先选择篆刻进行重点突破，这样在精力、时间等各方面的投入会有一个相对好的保障。我如果面面俱到，全线出击，一开始肯定搞不好。现在有一些人诗书画印同时都搞，条件好的，基本也能搞好，但如果条件不好，那就什么都搞不好。我的条件不好，我可以专攻篆刻。其他方面固然不能和他人相比，但我有信心在篆刻方面做得比较好一些，篆刻一项做好了也一样可以在社会上立足。人家用了三年时间搞，我用十年时间，扬长避短，以勤补拙，应该可以有超过他人的地方。

其实条件好的人有时也有弊端，一方面他从事的项目多，精力分散。又要搞创作，又要搞理论研究，有时还要出国访问、讲学等等，这中间肯定要中断刻印。我虽然条件差出去的机会不多，但我可以一直坚持刻印，在数量和质量上都会有突破和提高，这样时间一长，我在篆刻方面就可以在这种比较专一的情况下有大的进步。凡事有一得必有一失，道理就在这里。篆刻里面也有很多项目，书画篆刻都搞的人，他在篆刻里面有可能只能搞一个项目，或者古玺、或者汉印。但我专攻篆刻，我可以多搞几个项目，甲骨文印、金文印和汉印我同时都搞，这样我在篆刻的整体实力上就会体现出某种优势。另外，篆刻家一定要搞书法。我当时把书法放在了第二位，但学书法也要分主次。五体书法我搞不了，我可以专攻篆书。书法界搞篆书的人很少，原因是篆书的社会市场小，经济地位差，来钱慢。但我主攻篆刻，搞好篆书可以更好地为篆刻服务。篆书我也分主次，我选择金文，集中精力研究。由于金文发掘空间大，有通变性，不像小篆有很大的束缚。展览我只参加三个：一是全国书法篆刻展，二是全国中青年书法篆刻展，三是全国篆刻展。我不乱投其他展览，时间精力也不允许。在这三大展览上我都投篆刻作品，从来不投书法作品。我的篆书投出去可能也能参展，但我还是考虑不投，所以外界的人对我的书法不太了解。而南京地区的展览，我拿出去的全是篆书作品，其他书体都不投。我比较注意自始至终对自身形象的树立。有的人什么都搞，像一个杂家，又想当书法家，又想当篆刻家，还想当画家，结果什么都没有搞好。最后书法家不承认他的书法，篆刻家不承认他的篆刻，画家不承认他的画。我觉得首先要把自己定位好，一般情况下，三者取其一就可以了，搞精一样。所以，我学习书法篆刻从来不跟风，我喜欢从别人不太关注的地方去寻找契入点，然后统筹规划，步步为营，认真对待。

傅：现在的很多年轻人都喜欢成为多面手，急于“一夜成名”，不肯下实际的工夫，最终大多一事无成。您的这些成功经验，很值得我们借鉴学习。接下来请谈谈您参加展览的一些具体情况。

苏：我投稿参展比较慎重，除了参加地方上的展览之外，比较注重在全国性的展会上

立足。总之一句话,就是要根据自身特点,首先集中一点进行突破。

傅:您在书坛上是前辈,必然在艺术与人生的联系方面有着很多深刻而独到的见解,请您随便谈谈。

苏:我在书法篆刻上探索了几十年,确实有一些体会和想法。我的这些体会和想法显然也不具备普遍的指导意义,但作为某种参考和借鉴还是可以的。前面我从艺术的角度谈了一些自己的看法,下面我想从做人的角度再讲一讲。我个人比较看重老子的一句话,就是"少则得,多则惑。"我还专门以此为内容,刻过好几方印。我不愿意贪多,我讲求专精,人的一生精力有限,如果能够有幸成为某一方面的专家,就很知足了。我平时注重寻找自我的心理平衡,在社会活动方面遵循"用之则行,舍之则藏"的原则,就是用到我的时候,我就努力工作,争取做好;不用我的时候,我就"隐藏"起来,从来不会主动和他人去争。这种情况下我更愿意把时间和精力用于读书和创作,不愿意纠缠于那些无谓的世事纷扰。我觉得凡是能够做到顺其自然、恪守本分很不容易,自己做到了就会免去很多怨恨和烦恼,这样既有助于身心健康,也有益于艺术创作。

比方说有关方面安排出作品集,人家把我计划在内,我当然高兴,也会争取在质量上尽可能搞得好一些。人家如果暂时还没有安排到我,我也毫无怨言,因为人家那样安排必然有人家的道理。等到别人该出的都出了,然后轮到我,我就认真出一本,这样也没有什么不好。别人取得了成绩,我们应该同样感到高兴,要祝贺,不能产生嫉妒心理,要努力学习他人的长处,不断提高自己的水平。

我前面讲了影响一个书法家成名的四个要素,我在实践当中还总结出篆刻家成功的几个要素:一是印名,就是篆刻水平,这是首先必须具备的一个条件。但仅此一项还很不够,还必须有书名,就是指书法水平,篆刻家应当要有书法作为支撑。三是文名,就是指理论著述水平,是体现一个篆刻家有没有学问的重要标志,也非常重要。如果一位篆刻家的篆刻水平不错,但书法水平和理论著述水平不行,那么其篆刻上的影响必然要受到很大的限制和影响。大篆刻家一般都有书名作为支撑,他同时也是书法家,但这个书法家最好是篆书家。如果没有书法方面的造诣,那就显得太单一和单薄,将来肯定走不远。我举几个例子,有好多老篆刻家,就是因为不擅长书法,许多年过去,就逐渐被人们淡忘了。像福建的周正文、江西的徐亦农等就是因为没有书名,所以影响不大。中青年里面像徐正濂、许雄志,他们篆刻水平高,书法也不错,而且都能写文章,因此在同辈印家当中显得比较突出,产生的社会影响也就比较大。而查仲林篆刻水平比较高,但他没有书名和文名,所以他和许雄志虽然同在河南,但他的发展后劲和许雄志比起来就显得差了一些,因此名声也受到了限制。前辈印家大多都有一定的书名,像陈巨来(陈巨来还差一点),尤其像吴昌硕,他不但书名很大,而且还有画名,因此他在篆刻方面的声名是一般印家所无法相比的。拿我自己来说,主要攻篆刻,书法次之,但我不擅长写文章,虽然

偶尔也写一点，但大多都是谈一些创作方面的心得体会，真正的理论文章自己感觉写不了。你让我刻十几方印我感到很轻松，你要让我写一篇几千字的文章，我感到很累很吃劲。因此，我自己也就没有什么文名，在这一点上无法和既擅印又善书同时还长于作文的人相比。

此外，我还有一个看法，就是，有的篆刻家，他的书名名副其实，的确是当之无愧的；但有的人虽然书名很大，但却名不副实。这些人他在社会上拥有一定的特权，什么特权呢？比方说，他的篆刻水平虽然和其他人旗鼓相当，但是他可以经常出任全国大展的评委，在当评委的情况下，他可以故意不展示自己的篆刻作品，他拿自己的书法作品来展示，这样，一次，两次，时间一长，人们就会认为他不仅仅是篆刻家，还是书法家。而且有很多人会认为，能当评委的人水平一定会高于其他人，但实际上并不绝对，因为能否当评委还牵扯到很多艺术水平之外的东西，二者并不能画等号。我觉得对这类人的书法我们还是要有一定的警惕，因为他的书名不是通过正常途径得来，我们对他的书法作品还需要一分为二地去看待。而我们没有这样的特权，就只能以一个篆刻作者的身份去参加展览，要面对展览评选，我们就必须认真创作自己的作品，此外别无选择。因此，我们对自己的要求也就比较严格。当然，我现在心态很好，平时经常读书看报，对一些现象多少有一些看法，但也只是随便说说而已。

傅：现在有很多书法篆刻爱好者，自始至终都将参加展览、入选获奖和加入中国书协作为自己的终极奋斗目标。从展厅时代的特殊角度而言，书法人抱有这样的想法也是无可厚非的；但由于展览竞争的日益激烈和书法展览本身的"游戏性质"，更多人的落选显然是在所难免的。少数的幸运者通过展览脱颖而出，而众多的落选者则体现出各种不同的心态，有的甚至由此怀疑自己是否适合学习书法。请您就这一问题谈一下自己的看法。

苏：这是一个非常实际也很敏感的问题，我的看法是，要正确对待落选。目前65岁以下的中青年书法篆刻家大多数是通过投稿—参展—入选获奖而步入书坛的，只有极少数"码头"好的人才可以例外。既然是投稿，就不能保证每投必中，肯定会有落选的时候。我本人也是如此。五届全国篆刻展中，我两次投稿两次入展，两次应邀参展，一次弃投；八届全国中青展中，我四次投稿两次入选、两次落选，四次弃投(第一届未公开征稿)；九届全国书展中，我四次投稿两次入展、两次落选，五次弃投(第一、二届未公开征稿)。照此算来，我的投稿入选率只有百分之六十，远远低于现今一些参展获奖"专业户"。这里我想谈两点体会：一、要正确对待落选，保持平和的心态，将失败与挫折当做前进的动力。遇到落选，首先要从自身找原因，不必一味抱怨评委。要知道落选的原因是多方面的，有的是作品质量出了问题，有的是作品风格与评委的导向不一致，也有的是高手如云，自己的运气不佳等等。要时刻牢记"失败是成功之母"这句至理名言。二、要有长远目

标,不要单纯追求参展、获奖的数量。世人考评一位书法篆刻家的成功与否,绝不会只看他们参展、获奖及担任评委的次数,而是要看他们的艺术实力与潜质。想当年,有一些参展、获奖次数多,运气特佳者,如今已很难再现踪影了。对这个问题,必须要有一个比较清醒的认识,否则,就很难取得一些成就。

傅:很多爱好者学习篆刻往往"为刻而刻"、"面面俱到",看到什么好玩就刻什么,很多年下来却很难显露自己的风格面目,最终也很难取得什么成就。请谈谈您对这一问题的看法。

苏:首先,我觉得学习篆刻同学习书法一样,也要有所选择。现在人们做什么都讲究"特色",就是要有自己的"看家本领"。对于书法来说,真、行、草、隶、篆五体书法,你必须先学某一体,不可能全面展开,否则哪一样都学不好。篆刻也一样,也要有所侧重。古玺、秦汉印、明清流派印名目繁多,风格各异,一般要从秦汉印入手,这样可以上承古玺,下启明清,待打下一定基础后,就可以溯源探流,来不断丰富和完善自己。我自己主攻篆刻,在篆刻里面我又主攻金文、甲骨文印。甲骨文印到目前为止,由于搞的人不多,搞出成就的人屈指可数,要点名的话,全国也就那么几个人,像浙江的刘江先生、天津的孙家谭先生等。我从二三十年前一开始就给自己定位,因此平时比较注意搜集一些古文字资料、古文字方面的研究文献,像一些大学的学报,一些关于古文字方面的学术研讨会论文集等都在我的搜集范围之内。能否占有一定的研究资料对自己的学习创作非常重要,我自始至终是将篆刻当做一门学问来对待,绝不是那种单纯的刻刻印章。另外,我搞篆刻还有一个特点,就是比较注重新出土的古文字的使用。一旦有新出土的古文字资料,我就经过搜集整理,拿来使用。这主要是为了增加印面的"新感觉"。我觉得搞篆刻也应当提倡文字的新颖,但只能从新出土的资料当中去找寻,绝不能自己随意编造出一个新的字形来。从这个意义来讲,其实"新"的也是"旧"的,所谓"推陈出新"就包含这一层意思。你像我手头这本《汉印文字增补》,本身里面很多都属于新发现的古文字资料,但经过这么多年,我在里面又增补了不少新的内容。像这些新增补的字形,别的人不一定能看到,但是我看到了,我把它增补进去,在搞创作的时候就可以拿来用,可以从字形结构上出现一些新意。总之,搞甲骨文印的学习创作难度比较大,我选择它,也有一些知难而进的意思。我以前读过一本书,其中有一句话,大概讲的是,你学习一门技艺,一开始入门比较容易的,可能不会取得什么大的成就;而入门比较难的,一旦深入进去并且坚持到底,可能会取得大的成就。入门简单的东西,搞的人比较多,不太容易取得成绩;而入门比较难的东西,搞的人少,你硬啃,而且坚持到底,肯定会搞出一定的成绩。我当初就是从这句话受到启发,选择甲骨文印,从冷门入手,经过二三十年的研究,也取得了一些成绩。事实上,就古玺而言,其字法随形就势,章法诡异多变,显然已属高深莫测;而金文入印又增加了印化的难度,一般印人将此视若畏途;甲骨文入印与金文相比更增加了一

定的难度，原因是它的文字诡秘、现有资料匮乏等。甲骨文入印必须具备以下四个方面的知识：一是古文字学；二是甲骨文书法艺术；三是甲骨文印化法则；四是古玺印的章法布白。要综合这四项内容于一印之中，显然增加了甲骨文印的创作难度。因此，我认为，凡艺术性愈高者，其学术性就愈强，正所谓峰越高路越险者攀登亦越难。也正是因为难，所以才需要知难而进，坚持到底，以期成功。

傅：我有一个感觉，就是一些和您同辈的印家到现在似乎都已经很少参加展览了，而您好像还在参与。您对此有什么具体的考虑吗？

苏：关于这个问题，我是这样想的，我始终认为自己处在“弱势群体”这个位置上，而人家们社会地位高，出头露面的机会要比我多得多。虽然同样是搞篆刻的，能否有机会当全国大展的评委，其社会效果是很不一样的，无论如何，作为评委毕竟有许多其他人所不具备的优越性，这是不言而喻的。我这些年一直都在有所选择地向展览投稿。有的人说，你已经成名了，在书坛上也有了一些地位，似乎没有必要再参加展览了。而我觉得，自己尽管通过自身努力，取得了一点小成就，获得了一些小名气，但作为一个专门以创作为主的作者，一般而言，展示自身创作成果（或者说才华）的机会本来就不很多，似乎主要还是靠参加展览。既然自己没有其他的机会，那么适当地参与一下展览就显得很有必要了。这么做，一来可以不断促使自己进步，二来也是希望人们不要淡忘自己。

傅：接下来请您具体谈一下您对篆刻三法（字法、章法、刀法）之间的关系以及印屏制作方面的一些看法。

苏：我觉得这些对别人并不具备普遍的指导意义，但可以作为一个参考。三法之中，我是把字法放在首位，章法次之，刀法又次之。之所以这么认为，主要还是因为甲骨文存世资料比较少，可资借鉴的东西太少，能不能很好地拥有相关文字资料并很好地解决甲骨文字的入印问题，显然是刻好甲骨文印的第一要务。而解决好第一点还不够，接下来必须处理好章法布局问题，有了好的章法也就等于有了刻好一方印的前提。至于刀法，尽管前人讲得比较复杂，但实际上也就是冲刀和切刀这两种主要的刀法，掌握了冲刀和切刀，或单独使用或混合使用都可以根据实际情况变化运用。关于印屏制作，我一般不太讲究。我不提倡把一件印屏搞得花花绿绿，要以朴素、大方、自然为原则，不要喧宾夺主。一些真正的篆刻家都是把作品本身的质量放在首位，印蜕上纸之后，只是在上面题一个签就可以了。对于一个篆刻爱好者来说，要掌握这些，必须要多看前人和他人的成功的印作，要善于领悟，还要多练习，在不断的实践当中磨炼自己，提高自身综合能力。

傅：在我看来，您在篆刻方面所取得的成就丝毫不在韩天衡、王镛、石开、李刚田、马士达几位之下，您的甲骨文印在当代印坛独树一帜，无论是从您创作的数量还是质量来讲，都达到了一个很高的层次。您目前的书法水平也明显处在高水准的篆书大家行列。但我不知道您是如何看待这一问题的？

苏:过奖了!你提到的那几位都是当代的大家,他们艺术水平高,社会影响大,我似乎不能和他们相提并论。尽管我现在也算取得了一点小成就,但我觉得自己只是一个中等水平,还需要加强学习,以期求得新的进步。

傅:您的谦和为本的做人原则很值得我们尊敬,也很值得我们学习。您今天谈的这些问题对于我们这些后来者来说,具有很强的启发和指导意义。您这种以社会大文化背景来看待做人为艺的眼光和视角,非常值得我们思考。今后有机会还要向您请教学习,再次感谢您!

专访刘灿铭

时间:2008年7月29日

地点:南京航空航天大学艺术学院

受访人:刘灿铭(中国书协委员、江苏省青年书法家协会主席、硕士生导师)

访谈人:傅德锋

傅德锋专访刘灿铭

傅德锋(以下简称傅):今天见到刘老师,很高兴。首先感谢您接受我的采访。您是江苏省的中青年代表书家, 又担任着江苏省青年书法家协会主席, 书坛上一直都很关注您。请您介绍一下自己的学书经历。

刘灿铭(以下简称刘):好的,不客气。实际上我呢一开始在大学里面学的并不是书法专业,而是学的工科(就是航空自动化控制系统电器工程专业),对书法的爱好自从参加工作以后也投入了大量的时间。学习书法,我一开始比较关注那些比较自然的、具有原创性的(碑帖)作品,直到现在我还在不停地一直关注和研究这些东西。自从2005年我

考上了王冬龄老师的(书法)博士生以后,才算有了一个最终的归宿。从学习书法的经历上来看,可以说从这个时候起才算是归入到了专业的队伍,过去好像一直在书法之外游荡。我现在还没有毕业,目前正在进行毕业论文的写作。大概就是这么一段经历吧。呵呵。

傅:您最早接触书法是什么时候?受到过什么人的影响?

刘:最早接触书法是1982年吧,但真正开始的时候,就是把它作为一个比较重要的事情来做。从比较有意识研习书法到现在也有个二十多年了。严格来说我是自学的,在这之前也没有专门拜过什么老师。但是我在1983年曾经参加过南京开办的一个书法培训班,结业以后呢又认识了杨延复老师,他是搞篆刻的,是一位老先生,现在已经去世了。我和他经常有一些交往,他家里面有很多的书法方面的字帖、报纸杂志和理论书籍,他就经常拿给我看,这个也算是比较早的一种影响吧。

刘灿铭书法作品

傅:您一开始的时候都写过哪些碑帖?

刘:一开始写过《张黑女》、《爨宝子》、《爨龙颜》,以魏碑为主体,当然“二爨”属于“南碑”,这里的“魏碑”是一个比较宽泛的概念。后来又开始写一些帖,这个“帖”,不是说一开始就都是二王体系的,——按照徐利明的分类,就是他将帖分为钟繇体系和二王体系,——我刚开始的时候学习的属于钟繇体系,进行从上到下、从下到上的反复探索。当然此后又回到二王体系,写得很多。我一直有一种观点,就是学习书法,在打基础的时候,要做“减法”,等到基础完成,也就是必要的积累完成以后,那就要做“加法”。这个“加法”呢,就是为了丰富自己的内涵、拓宽自己的书路。一开始为什么不能做“加法”?因为做“加法”会很浮躁,所以应该做“减法”,减到最极限,然后才能逐步深入,循序渐进。所谓“减法”,就是一开始不能乱写,不要见什么就写什么,要做到深入一家,立稳脚跟,就

是人们所讲的"案头帖少"。所谓"加法"就是指掌握一本碑帖之后,要兼取各家,进行融合,做到"胸中帖多",最终不被一家之法所束缚。

傅:我也比较赞同这种学书观点。我想问您一个问题(这可能是一个玩笑话),就是您当初学习书法的时候,是把书法仅仅当做一种业余爱好呢,还是想着将来要做一个书法家?当时有没有这种想法?

刘:开始我觉得反正是爱好,完全是一种爱好,也没有想着以后靠它来吃饭,这个嘛我是死活也没有想过这个问题,直到现在为止,也没有想到会走书法专业这条道路。最近在网上看到这么一句话,说的是:"男人不成熟的标志之一,就是把业余爱好当做事业。"呵呵呵!

傅:哈哈,仔细琢磨琢磨,这话还是很有道理的。

刘:确实是这样。我以前曾经也说过一句话,就是:"爱好是愉快的,一旦变成一种事业之后,它有可能会是痛苦的。"

傅:是啊!因为一旦把爱好当做事业,就会增加自己的思想压力和精神负担。这个问题确实需要理智而清醒地对待。我想请您介绍一下,就是您当初是国展上的获奖高手,而且连续在国展上获得了好多次大奖,请您谈谈自己当初获奖的一些情况和获奖的一些感受。

刘:随着学习书法的不断深入,我也是不断地参加书法展览。那个时候,入展获奖也很频繁,当初最早我在江苏省的青年书法家协会举办的一个展览里面获得了一个银奖,当时金奖空缺。获得这个银奖之后,好像一下子把自己的"胃口"吊得很高,这样就想着要"多获奖",自己就建立了一种愿望。当时就给全国中青展投稿,作品准备好之后,就拿给一些书法家看,他们看了以后,说你这个作品有可能要获奖,自己也始终在期盼。结果出来以后,果然获了奖,那次就是全国第四届中青展。对这个结果自己都不太相信,感到非常意外。应该说自己当时还是比较兴奋的。紧接着又投第五届全国展,结果再次获奖。我觉得当时江苏在书法方面的人才比现在要少得多,我的作品好像还蛮受欢迎的。当时就有一些人说,哎呀,这个刘灿铭很牛,一下子获了两次全国奖。自从那两次获奖以后,基本上一投就获奖。两年以后,又在第六届全国中青展上获奖。经过多年的努力,也是社会对自己的一种不断的认可。我曾经写过文章谈到过自己获奖这个事,我觉得有一种偶然性。毫无疑问,任何一个人获奖成功他都具有偶然性,但在偶然性之中它肯定包含有一定的必然性。这种必然性就是你经过自身努力把这种"偶然"变成了现实。为什么这么说呢?因为在获奖之前你已经真真实实地付出了很多,当时就是这么一个情况。总的来说,是获奖促使了我的书法的完善和在书坛影响的确立,如果不获奖,估计直到现在自己还会是个"门外汉"。而且通过多次获奖也改变了自己人生的轨迹,否则,也就不会有今天。不获奖的话,学习书法肯定还会继续,但绝不会是现在这个样子。实际上,中国书

协举办的这些展览造就了一批中青年书家，目前活跃于书坛的这些中青年书法家基本上都是通过当时的获奖出来的。你找找看，哪一个不属于这种情况？你写了这么多的文章，肯定了解这个情况。

傅：是啊！前几天我在济南采访于明诠先生的时候，他也谈到了这个问题，并且举了一个很有趣的例子，他说："我们现在都知道，刘翔是世界冠军，因为他跑得快。其实，我们这么大的国家，比刘翔跑得快的人肯定还有很多，但是如果不给他参加奥运会的机会，而让他像山里人那样追兔子，他就是跑得再快，甚至能逮着兔子（山里确实有一些跑得很快而能逮着兔子的人），又有什么用？毕竟成不了世界冠军。"参加全国展对于书法人而言也是同理。我觉得于先生这个例子举得好，他至少说明，在展览文化背景下，国展为书法人走向社会搭建了一个平台。

刘：于老师说得好。国家实行改革开放以后，中国书协给我们这一代的书法人很多脱颖而出的机会，可以说是搭建了一个很好的舞台，这个舞台就需要由广大书法人来进行"表演"，但是，有的人成功了，有的目前还没有成功。

傅：其实，成功与否，里面存在一个"功力加运气"的问题。

刘：对，是这样。我觉得这个"运气"它就是一种偶然性。现在有一些人为什么还未能成功？其实就是说，我们目前的这个"资本"还不够用，"资本"不够用的时候呢，就抓不住机会。你"翅膀硬了"以后，就比较有可能抓住机会。有的人一次机会也赶不上，有的人屡屡能赶上趟，可能主要原因还是体现在这里。

傅：下面想请刘老师详细介绍一下自己准备参展作品的一些情况，我想这些情况都是很多书法爱好者特别想了解的。您能谈谈吗？

刘：可以，没问题。要说这个的话，我就要回想过去了，因为最近这些年我已经很少参加中国书协举办的展览了。首先在准备参展作品之前，一定要进行全面而深入的思考酝酿。就是说，你要考虑自己这件作品用什么样的形式来表现，这种形式用什么样的书体来和它相匹配。因为很多形式都未必跟你这个作品相符合，所以一定要找到最佳的表现形式，然后才能谈得上表现什么样的内容。这个内容也很重要，你比如说，我选择了手卷这么一种形式，而这种形式你不可能等距离地去安排内容，文字要有多有少，将它掺杂在一起，才能有节奏感和层次感，这样才可以增加一些作品的空间变化。这个内容完成以后，还要考虑采用一种什么样的"裱"法（不允许装裱的情况下，就是指那种"拼接搭配"），这件作品完成以后，可能也不一定是成功的，有时候还需要再仔细看一看，要么重新写，要么再进行一些调整。但就我自己来说，我感到我的第一幅是最成功的。

傅：有的作者准备参展作品时，写上一大堆，从里面挑最好的，您对这个怎么看？

刘：呵呵，我是不赞成这种做法。作品有什么问题，其实有时候自己是最清楚的。我们平时写作品的时候，一件作品第一次写的时候，有可能这个字没写好，而下次写的时

候,这个字写好了,另外一个字又没有写好。总之不可能把所有的问题都一次处理掉。并且人的这个书写状态也会随时发生变化,你在反复书写中不可能一直保持那种最适合发挥的兴奋状态。所以,我觉得有时反而第一幅作品是最好的,尽管他在别人眼里还有问题。再说,你参加这个展览,评委也不一定花更多的时间来仔细看,来斤斤计较你的作品。就一件作品,你构思酝酿成熟以后,一次性完成,往往可以达到自己的最佳状态,没必要搞那么多,搞多其实也是自己缺乏自信的体现。对吧?

傅:应该是这样。您准备参展作品的时候,是征稿启事一出来就开始着手的对吧?

刘:不是一开始就动手写,而是思考的这个过程比较长,写的时间是很短的。我不会提前写,等考虑成熟,一挥而就,等快要截稿的前几天把它寄走。这几年也没有这个情况了,也不怎么投稿了,更多的时候都是一些定向的约稿。这些都是过去的一些体会和想法了。

傅:你们现在已经走出来了,在书坛上也确立了自己的地位。这些虽然已经成为了一种对过去的记忆,但是它对现在才刚刚起步的写书法的朋友们一定会有许多启发。

刘:是啊,长江后浪推前浪,一代更比一代强,但愿能够对他们有一些帮助。参加全国展,一定要认真对待,不能太应付。我自己这两年基本都是办个展,这可以集中表现一些自己的比较独特的构想。你比方说我在上半年就搞了一个目前来说江苏省规模最大的大草书个人展,把自己多年以来的草书创作总结了一下。现在又在准备下半年搞一个个人楷书展。我现在搞展览不是搞那种全面性的,而是一个专题一个专题地搞,尽量争取搞得更为纯粹一些。

傅:请具体介绍一下。

刘:我搞大草书展的时候,一方面作品是集中体现大草,另一方面很多作品都写得幅式比较大。其中也有一些小幅式的作品。这么做的目的就是想在大草书作品的视觉冲击力方面进行一些必要的探索,也是希望写得更为地道一些,富有情趣一些,力求体现一种新感觉,从而表达自己的一些创作理想。下半年搞的这个楷书展,楷书作品基本上都是以敦煌写经为主。我是以小幅式作品(册页、斗方、手卷)出现的,也就是一个小品展。当然其中也会有一些相对比较大一些的作品,像一些手卷作品,可能写得要长一些。我现在有一种想法,就是在创作当中表现一种比较个性的东西,一个是"放","放"到极点(书体表现极富动态的大草,幅式上也放大);一个是"收","收"到极点(书体表现极富静态的楷书,幅式采取小品形式)。这两个极端在一个人身上集中体现,体现出来之后,那么,它的中间是什么?应该就是行书。怎么样才能真正写好行书呢?这是我这些年主要思考的一个问题。

傅:您刚才说的这些,实质上又牵扯到了一个如何理顺多种书体之间的关系的问题,很想听听您在这方面的分析。

刘:从2003年开始,我就有意识地进行这方面的研究和探索,一边写大草,一边写小楷,行书处在一种中间状态,你把这两头都写好了,行书也就不难攻破了。对于写大草来说,人们都提倡先学好楷书,但你一定要有所选择,并不是所有的楷书都能够和草书进行对接,魏碑里面你要选择一些可以自由变化的碑刻去写。我认为技法技巧高度成熟的楷书(比方说唐楷)就不太能够顺利地实现和草书的对接。所以说要找一些具有原创意味的不太成熟的碑帖来写。

傅:讲得非常好。在这里我也首先预祝您的个人楷书展圆满成功!接下来我要问的是,从您的作品来看,您对各种书体都有涉猎,那么,您在写不同书体的时候,对书写的工具材料有什么具体的选择和讲究吗?

刘:谢谢你的祝愿。提到书写工具的问题,就我本人来讲,对书写工具好像没什么太大的要求。我好像在写大字和小字时有所选择。喜欢用硬毫,写大字用大硬毫,写小字用小硬毫。写小字一般用不太吸水的纸,也就是略熟一些的和比较光洁一点的纸,这样写出来效果不会走样。熟纸偶尔也用一点,但用得不多,不太容易达到理想中的效果。墨我比较喜欢使用宿墨,就是专门制作的那一种,我使用宿墨比较早。现在用的人就很多了。以前有些人对宿墨不太了解,看了我用宿墨写的作品之后,说怎么成了这个样子了。其实,宿墨一个最大的特点是,能够把你的用笔和行笔的过程全部地、毫无保留地反映出来,线条与线条的交叉都能准确地表现出来。好一点的宿墨,还可以增加线条的层次感,富有墨色变化,加强艺术感染力。但是,宿墨的使用也要掌握一个度,不能太过,你一味地去表现宿墨效果,就会使得作品显得太花,反而降低了作品的格调。

傅:您现在在大学里面是给学生讲授书法的,能否给我们介绍一下您讲书法课的一些情况?比方说有什么独特的教学理念和对学生的具体要求等等。

刘:这个嘛,有两类学生,一类是本科生,一类是社会生。对本科生要求就比较严格一点,对社会生就相对灵活一点,以探讨为主。总的来说是尽可能给他们灌输一些合理的学书观念和创作理念,而且要让他们积极地参与到这种探讨当中来。有时候我向他们提一些问题,很多本科生有时就装哑巴。而我是希望他们能够主动地提问题。事实上,能够主动提出问题的学生,才说明他是动了脑筋了。我们平常看书学习,要动脑子,要主动提出问题,不会提出问题的人,说明他缺乏思考。我要求他们平时在学习当中多读书,多思考,不断拓宽自己的知识面。对于知识积累比较差的人,还是要补课,要把基础打好。最终一个问题,就是努力的方向要对,俗话说,"方向不对,努力白费",就说得很有道理。方向不对,你花的工夫越多,你的错误越大,付出和收获就会成反比;方向对了,你花的工夫越多,你的结果就越好,付出和收获就会成正比。如果事半功倍,当然会更好。我觉得这就是学习的理念问题,这个问题解决了,以后在创作当中的一系列问题就会顺理成章地解决了。就是说我一般要花很多时间来帮学生解决学书理念和创作观念的问题。此

外,我还邀请其他的一些名家来上课,以使他们得到多方面的启发。而对进入了高层次的(比方说博士)学生,已经进入了自由探索阶段,导师基本上都不太管了,只是看看他们的这种探索是否偏离了方向,一般情况下就不会过问了。

傅:我再请教一个问题。现在大家学习书法,有的学碑,有的学帖,有的是二者兼学。有的人只是把魏碑当做碑,而把汉碑、唐碑(楷)不当做碑,这应该是理解上的失误。请谈谈您对碑、帖的本质精神的认识理解和碑帖如何兼容的问题。

刘:这个问题呢,又牵扯到了另外一个问题,就是如何继承传统的问题。传统怎么样理解?现在很多人对传统的理解都有一些片面和偏差。说二王是传统,这个大家好像都能理解。其实,传统里面包含的东西很多,他不仅仅是二王帖学,还应当包括三代文字、汉碑、魏碑、唐楷以及一些民间的书迹等等,传统是个广义的概念,是流动的、动态的,是经过历代的筛选留存和积累下来的,包括我们当代的一些东西也会进入到那个流动的动态的传统里面去。无论是写碑还是写帖,我认为在打基础阶段都是无可指责的,都是可以的。碑和帖它的用笔的体系和结体把握的程度都是很不一样的,但我们学习它们最为关键的问题是,我们从碑里面学什么,我们从帖里面学什么。你刚才说到碑的问题,不仅仅魏碑是碑,汉碑、唐碑都是碑,甚至我认为甲骨文也是碑,它只是刻在龟甲和兽骨上而不是刻在石头上而已,这个概念也很宽泛,不要简单化。"碑可以强其骨,帖可以养其气",我们这个时代的总的审美观念发生了很大的变化,单纯地学碑或单纯地学帖,可能都不太符合时代审美的需要,必须要走一个碑帖结合的路子。对于我来说,写碑,更多的是获取它的造型;写帖,更多的是获取它的笔法。帖(主要是指墨迹本),它的用笔的来龙去脉可以看得比较清晰;碑,它的造型千变万化,可以激发人的创造性思维。帖的精致和细腻加上碑的质朴和宽厚,就比较能够抒发现代人复杂多变的思想情感和审美理想。它的通变范围很大,可供不同的人自由发挥而不受局限。

傅:您走的就是一条碑帖结合的路子。那么您在具体学习当中,是写很长一段时间的碑,然后再写很长一段时间的帖呢,还是两者互相穿插、交替进行的呢?

刘:总体上来讲是二者交叉进行。具体说,在打基础阶段,是有你说的前一种情况,但到了后期,一般都是穿插进行。因为一开始根基未稳,就二者交替,容易造成混乱,后来理解把握能力强了就可以避免这种现象。前面讲了,写帖主要是解决笔法,写碑主要是解决结体(当然碑和帖本身也有它各自的笔法和结体,但我们现在分开来讲,则又是从一个更为广阔的视角去看待如何解决笔法和结体的问题)。比方说,我是南方的,我写帖,达到了用笔上的精致和精巧,但又会缺乏碑的那种雄浑和大气。所以说,两者都很重要。其实现在的展览作品,我们第一眼看到的不会是笔法,而是结构和章法。结构和章法这个大的印象在脑海当中留下来了,你产生仔细一观的愿望,走近之后,才会看到笔法。如果一开始什么都没有给欣赏者留下来,他可能就不愿继续看下去了。因为现在我们的

审美和观赏角度不同了。过去的观赏角度是什么？是将作品放在案头。放在案头看什么？他第一眼看到的肯定是笔法，是用笔。它的结构啊，章法啊，太小了。而我们现在把它挂到墙上去了，那就完全不一样了，它的观赏视角和整个的审美都发生了变化。所以我说结构和用笔是同等重要的两个方面，不能够随意忽视任何一个方面。

傅："流行书风"一直是前些年书坛上的一个焦点问题，也是大家共同关注的一个热门话题。书界对"流行书风"的看法可谓众说纷纭，褒贬不一，仁智之见，各有依据。今天不妨旧话重提，请您就"流行书风"，谈一下自己的观点和看法。

刘：说到"流行书风"，其实我也是其中的作者之一。"流行书风展"到目前为止一共搞了三届，每一届我都参加了。它在人们的眼中是在过去我们传统的或者是古典的书法之外的一个所谓的"流派"，是上世纪80年代以后中国书协建立的一个主体性的展览。不管大家承认也好，不承认也罢，总之，这个展览的精神在于，它所倡导的书风具有很大的包容性。"流行书风"阵营里面的作者，他们的取法是广泛的，他不仅仅局限于那些经典的东西，他更多地倾向于那些非经典的、不太成熟的作品。"流行书风"是一种碑帖结合的以行草书为主的书风，这个名称，它是别人给这一书风加的一顶帽子。比如像周俊杰先生搞的那个"新古典主义"，其实也是自己加的一顶帽子。至于"流行书风"这个帽子加得好与不好，我不评价它，但是，我觉得它(流行书风)作为一个主体的作品来说，是可以代表我们这个时代(的书风)的。现在几位先生也不搞("流行书风")了，好像这个帽子也不是那么回事，所以王镛先生又开始搞"艺术书法"，我猜测好像是要以这个来代替"流行书风"，这样换个称呼可能会好一点。但是我觉得"流行书风"所取法的这一部分东西，它仍然属于传统的一部分。因为现在我正在作现代书法史研究，我把这个看得很清楚。

傅：一般情况下，人们都认为全国展的作品比较传统，而以往举办过的八次中青展的作品探索性相对强一些，搞得比较前卫。可事实上，我们认真分析一下，就会发现一个十分有趣的现象，那就是中青展上的主要作者一般也是全国展上的重要作者，像刘新德、于明诠、燕守谷、胡秋萍、李强、曾翔和您，等等。您对这个现象怎么看？

刘：确实有这种现象。不过这两个展览它是有一些区别的。区别在哪里呢？我认为它的区别主要在于办展的理念不同。全国展的作品以"经典的、中庸的"作品为主，它还照顾到各个地区、不同年龄段的作者的平衡，那种前卫的、探索性强的作品是一件也不会接纳。总体上它是全面性的、四平八稳的、不太容易引起争议的展览。而中青展主要是面向中青年这个特定的群体，它允许甚至鼓励大家在坚持传统的基础上进行一些大胆的探索。这个展览就好像是一块"试验田"，大家在这里都可以尽情展现自己的创作才能。这两个展览，它的评委组成有一些差别，中青展的评委更为注重学术性，比较易于接纳那些相对新颖的创作理念和具有前瞻性的作品；而国展评委在艺术观念方面则相对"保守"一些。后来的"流行书风展"它基本上就是一个中青展的缩影。

傅:请问您当初在准备自己参加全国展和中青展的作品的时候,有什么具体的考虑?

刘:主要就是考虑让自己的作品尽可能合乎所参加展览的具体理念和定位。参加全国展的作品就不能太“张扬”,不能过于标新立异,风格要相对平稳一些,“古典”一些;而参加中青展的作品,就要尽可能突出自己的探索,要有自己明确的创作指向,从内容到形式,都要突出新的时代特色。

傅:南方人做事,讲究精耕细作,反映到书法上,则表现为特别重视笔法和技巧上的熟练以及形式上的精致和细腻。您作为南方优秀中青年书家,请谈谈你们的优势是什么,不足在哪里。

刘:南方人的优势在于善于处理“小”的地方,就是那些精细的东西,就有点像小桥流水式的那种感觉。但这种优势反过来恰恰是我们的不足。过于关注“小”的方面,就有可能在表现社会的大气象方面会差一些,不能够充分地反映我们这个时代的总体精神。我们这个时代的主体精神发生了变化,我们就应当关注到这种具体的变化。我们的心态也早已不是古人那种心态,不能总是生活在古人的那种东西里面缠夹不休吧。我这次在省文联举办的读书班里面讲话时也特别谈到了这个问题,就是说怎么样能够使书法家具有社会担当。当然,这种社会担当并不是说一定要让大家在社会上去做什么轰轰烈烈的事情,而是说,要考虑如何使你的作品能够反映社会和时代的气息。在这一方面,我们好像要差一些。今后我们确实需要在体现时代精神方面多加关注和用心。我现在搞的这些系列性的专题展览,你比如那次草书展以及下半年即将推出的楷书小品展,我从书写形式等各个方面都在如何体现时代气息方面进行了一些我个人认为比较有益的探索。

傅:现在有一些书法家倡导书法艺术和世界艺术相接轨,结果我们发现他们的一些探索实际上并不成功,至少是不能尽如人意。请谈谈您对此一现象的看法。

刘:你说得很对,目前的确存在此类情况。首先,大草是所有书体里面最能抒情的一种,其次,它能够比较容易和我们这个时代的审美情趣互相融为一体,并且能够进入到世界视觉艺术的行列。我这几年花了很多甚至是大量的时间和精力来探索大草和当代艺术之间有没有一个桥梁,以使大草能够进入到当代艺术的范畴。在进入当代艺术范畴的同时,还要不失书法艺术的本体。这次我搞了三十五件大草书,就主要是探索这个问题。这些作品的形式我基本上都用斗方,当然有大有小,并不仅仅局限于那种一般意义上的斗方。书写时,我采取满构图,四周的一些笔画已经撑出纸外,体现出一种视觉张力。这些作品都采取了西式装裱方式,不再采用传统的那些形式,希望藉此能够挖掘出大草书和当代艺术之间的微妙关系的一部分,算是一个尝试吧。从大草自身的发展来说,在唐代达到了一个高峰,往下走,就一步步衰落,这种衰落并不是说这种书体不好,而是它有可能不太适合那些时代的社会审美心理。而我们所处的这个时代,是一个追求高效率、快节奏的特殊时代,我们的一些新的思想和观念需要借助某种艺术形式宣泄或

是表达出来，而草书尤其是大草就恰恰具备这样一种表现功能。再加上世界格局已经形成，世界的艺术无时无刻不在影响着中国艺术，而中国艺术也在影响世界，我们就是要使书法艺术和世界艺术之间形成一种互动，在这种互动中寻求发展，要使它既不游离于世界艺术之外，又不失它的本体特色。现在有一些书法家，片面追求和世界艺术接轨，利用一些西方的艺术观念和表现手法，或者肢解汉字，或者完全只见书写而脱离汉字这个最根本的基础元素，结果使得他们的书法探索严重偏离了书法艺术本体，实际上是异化了中国书法。我是不太赞成这种做法的。我觉得无论如何，在书法艺术创作当中，它有一个"底线"绝不可以跨越，一旦跨越，可能其笔下的东西已经不能再称之为书法。在艺术创作方面，人的思想可以无边界，理念也可以无边界，但书法作品本身必须有边界。要既有书写性又以汉字作为载体，否则，就不叫书法。以汉字作为载体，又以毛笔作为书写手段，尽量将它放大到最极限，看看它有什么样的一种效果，这是我最近几年一直探索的一个问题。

傅：草书特别是大草，它是一种非常特殊的书体，因为它最能直接地淋漓尽致地抒发自己的情感。我自己也非常喜欢草书尤其是大草，对有些问题虽然从理论上有一定的认识，但是在实践方面还是有很多困惑。您是当代大草创作方面的突出作者，我想请问要学好大草，应该从何入手？当中要注意哪些问题？

刘：要写好大草，我觉得不能仅仅局限在大草书本身，必须具备全面的修养。这种修养既包括书法本体之内的，又包括书法本体之外的，只有二者互相结合，才有可能搞好大草。就书法本体之内而言，其实任何一种书体的"营养"都可以加入到大草书的学习和创作里面去。有的人把自己所有的精力都直接花费在了大草书里面，当然这是他的精神层面，我们还必须回到技术层面来，技术问题不解决，精神也就无法体现。要解决大草书的技术问题，就必须脚踏实地、老老实实地关注书法本体，追本溯源，进行自上而下的梳理学习，搞清楚书法的源流，弄明白大草书的来龙去脉和变化规律，做到胸中有数。你比方说从章草到二王的小草，再到张旭、怀素的大草以及宋元明清历代的草书，都必须进行通盘的了解和认识，熟悉技法，掌握技法，掌握它们的基本创作规律，如此循环往复，循序渐进，才比较有可能搞好大草。

傅：古人讲"图真不悟，习草将迷"，它揭示了学习草书的一般规律，但很多楷书功底深厚的人却并不擅长草书。您认为一个不太具备楷书基础的人，能不能学好草书甚至是大草？

刘：这个问题我是这样看的，关键是具备什么体系的楷书，如果不具备唐楷，我认为对于写好草书问题不大。但最好是要具备一种正书基础，或者魏碑，或者篆书，或者隶书，这样就比较容易把握其中丰富的笔法。草书虽然是一种独立的书体，它有自己的笔法体系，但是其中包含着各种书体的笔法因素，有一定的综合性。所谓"草以点画为形

质，使转为情性”，具备较好的正书基础有利于学习草书的深入和拓宽。

傅：在目前书坛，有一些从事大草创作的中青年书家，您比较欣赏和佩服的有哪几位？

刘：搞大草创作比较突出而进入我的视野的目前好像还没有，你举几个例子提醒我一下。

傅：年轻一些的比方说汪永江、陈海良……

刘：我觉得他们的大草创作好像还没有真正进入到一个精神层面，更多的还是徘徊在技法层面，还不能够代表我们这个时代的大草创作的高度。当然，也或许是我孤陋寡闻，对他们的了解和关注不够，呵呵。

傅：您的导师王冬龄先生现在的草书探索，一方面是将作品写得很大，一方面是尝试在不同的书写材料上进行创作。而我认为，大草书所谓的“大”，除了字形结构和用笔幅度上的大开大合更富于变化之外，更多的还是指它的境界气象的博大，而不是作品幅式的大小。从古代的大草作品来看，比如怀素《自叙帖》等等，幅式并不大，但境界气势很大。现在的展览作品也是越写越大，但内在的东西还是很缺乏。您对这个问题怎么看？

刘：最近我在写《中国现代书法史》，我在写到代表性的书家及其创作里面就提到王冬龄先生。我在谈到他的创作的时候，也提到他的草书作品的“大”，我觉得他这种“大”，是前无古人的，后面有没有来者，我们无法知道。他这种“大”我认为都带有很大的表演性质。他的很多大幅作品的创作，我认为都是在表演，因为他都是在很多人围观下进行的。他的理念好像是要将书法从过去的书斋转到今天的公众场所，使欣赏者有一种审美视角和欣赏习惯上的转换。但事实上，作品的“大”并不是幅式上的大，而正是你刚才所说的境界气象上的大。古人的作品幅式小，但能小中见大。但是幅式大的作品如果能够关注到那些小的东西，当然会更好。目前展览作品越写越大，也是展览评选本身的竞争性质所导致的，很多只注意到表面上的大，而没有关注到精神层面的大，因此，弊端是显而易见的。至于王冬龄先生的大作品实践，他可能更为关注的是幅式的大和气象的大的互相结合，他目前有没有真正达到这一目的，我不好确定，但是我认为他这种通过自身实践不断地将书法从传统的书斋推向公众、推向社会这个举动本身还是具有一定的现实意义的。创作一件好的书法作品还是要尽量做到小中见大，大中见小，所谓“尽精微而致广大”就是这个意思。

傅：刘老师今天谈的许多问题都比较具体到位，有些观点和看法也比较独特新颖，这对别人都会有一些不同程度的启发和借鉴意义。鉴于时间关系，今天的谈话就到此为止，别的话题以后有机会再谈。非常感谢您！

专访胡抗美

时间：2011年6月8日

地点：北京胡抗美先生寓所

受访人：胡抗美(中国书协副主席、著名书法家)

访谈人：傅德锋

傅德锋(以下简称傅)：胡老师您好！非常感谢您能接受我的采访。之前，我在鄂尔多斯参加"首届中国西部散文节"的时候，拜托吕金光兄向您代为说明我的情况，待收到您的手机信息后，我为您的平易近人感叹不已！您是我初到北京接触到的第一位我心目中的书法名家，又是草书研究方面的专家，您的很多书法理论文章我都仔细拜读过，从中获益不少。这次能和您面对面请教一些书法问题，真是莫大的荣幸。

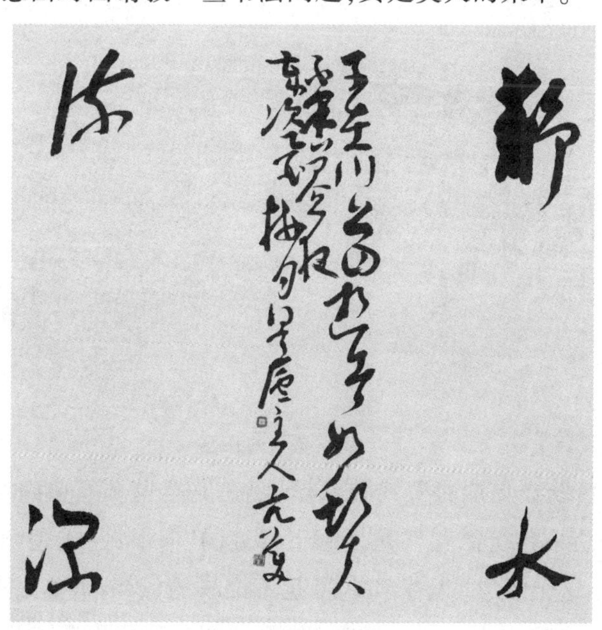

胡抗美书法作品

胡抗美(以下简称胡)：不客气。金光之前向我作了介绍，说你做学问写文章非常勤奋，在专业报刊发表了大量的书评文章，我也看到一些，有一定印象。特别是你写我的那一篇，文字功夫好，评论比较中肯到位。今天你来我很欢迎，我们随便聊聊吧！我还给你准备了几本我的作品集和一幅书法作品，你看看。

傅:感谢胡老师厚爱！我先收起来,回去之后再认真拜读学习。我知道您工作很忙,我也不便占用您太多的时间,有几个问题想请教胡老师。

胡:好的,你随便谈吧!

傅:胡老师的书法走的是很传统的路子,其中也有时代观念的融入。"流行书风"的话题在书坛上已经热议了许多年，如今虽说已是一个老话题了，但我还是请您谈谈您对"流行书风"看法。

胡:是啊!关于这些问题,都需要从艺术的本质上去认识它,在艺术圈里,尤其像你们这些写文章搞评论的对这些都应该有一些基本的立场。

傅:去年我在济南采访于明诠老师的时候,就"流行书风"的问题进行过比较深入的探讨,于老师也认为时下对"流行书风"的评论大多停留在表面现象,未能从"流行书风"的书法本体上去进行批评。于老师当时谈得比较多,也很精彩到位。

胡:于明诠很优秀,他理论做得也非常就好。我认为，"流行书风"它也是一种艺术风格,至于对这种艺术风格的看法怎么样,那是仁者见仁,智者见智。但总体来讲,就目前的时代性的要求来讲,所谓的"流行书风",其实,它也是走在前面的。现在有些人把书法分为传统派、现代派和流行书风派等等,这里所谓的"传统派"(特指当代意义上的),就是"横平竖直",我的理解这还处在一种写字状态,并没有进入艺术。

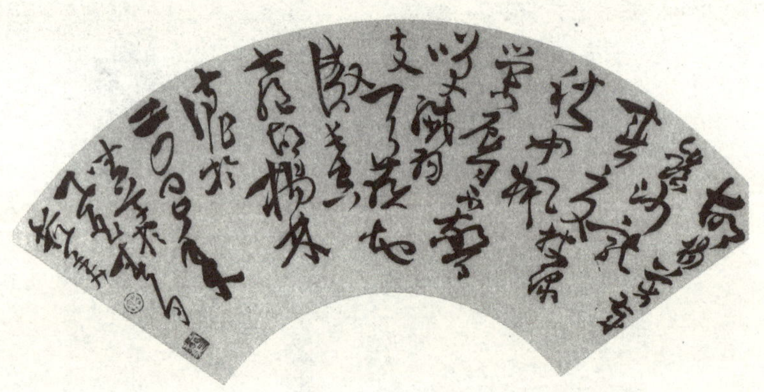

胡抗美书法作品

傅:其实这个传统派更应是经典技法派,就是完全遵从经典碑帖技法的那一派。"横平竖直"意义上的所谓传统派其实是指时下常说的"俗书派"或是"老干部体"。

胡:对,我正是这个意思。写字和艺术是不一样的,这有着本质的区别嘛！当然,如果说把传统派和流行书风来作一个比较的话,那可有着天壤之别。要是冷静地来分析这个问题的话,传统它应该是一个派,但是它不同于划的这个派。传统它有很多优秀作者和经典作品,所以,传统书法是非常博大精深的,也有很强的艺术性。它既继承了我们中华民族的传统文化,又具有自己的情感的表述,它不可能去简单地抄袭古人。周俊杰倡导新古典主义,他这个叫法不同了。流行书风后来在王镛那里又叫"艺术书法",也是在特

意强调一种学书和创作观念。王镛在二王书风、传统书风的基础上对民间书法进行了深入的研究，流行书风就它的主体来说，在书法的继承与出新方面都是走在前面的。它做了很多文章，它有很多原创的东西，在此方面与王镛、石开、刘正成、何应辉他们在艺术上作出的探索有关。

但是后来有很多人跟着学，就不太好了，没有学到他们的优点，反倒是学到了很多习气。流行书风其实是值得我们好好研究的。王镛在帖学传统的基础上对汉简、石刻、碑碣、石鼓、砖瓦、镜铭等文字都有一定的消化吸收。这里有一个对传统怎么认识的问题。很多人认为"传统就是二王，二王就是传统"，其实这是很狭隘的。传统应该是一个体系。中国书法的传统，其信息极为广泛，有中华民族传统文化的，有围绕中国书法发展的。比如说各种书体的演变、技法的发展以及书法理论的产生。二王书法只是传统的一个部分，并不代表传统的全部。而流行书风所关注的恰恰是二王以外的那一部分。对传统的思想认识统一起来之后，看问题就会在很大程度上避免偏激，大家就可以心平气和地交流探讨了。

有的人因为看不惯流行书风，甚至发展到后来的攻击谩骂，这其实如果除了审美观念和艺术眼力、艺术视野有局限的因素之外，可能另有原因，那就不是艺术范畴内的讨论了。其实，古代民间有很多书法高手，他们只是因为各种原因没有出名甚至出大名，所以当时不太被人们所看重。现在有人认识到了，把它挖掘出来，为我们这个时代所用，我认为这是一件很好的事情。现在就是要有一种大文化观念，不能囿于现有既定的陈旧观念看待问题。所以，对于流行书风的看法的关键在于统一对传统的认识。

傅：一般而言，楷书是书法的基础，楷书基础好肯定有助于行草书的创作。您是研究草书的专家，请您谈谈如果一个楷书基础不太好但是却具备很好的篆隶书基础的人能否学好草书？

胡：这个问题嘛，我是这样看的。草书里面包含了各种书体的笔法，信息含量极为丰富，这就需要扎实的基础功夫。要具备一定的正书基础，对篆书、隶书、楷书都要深入学习。一般而言，你要是打下了比较好的篆隶基础，而没有写过楷书，也是可以写好草书的。但假如不能打好基础功夫，想学好草书那是不可能的。当然了，楷书自身有很多优势，若能精研楷书，旁参篆隶行书，肯定更加有助于草书的学习。

傅：有一些人认为书法创作水平不高，其理论批评水平就一定不会高，或者换句话说，就是他们往往认为书法水平不高，就没有资格进行书法理论批评。您怎么看待这个问题？

胡：这个不一定，其实理论批评和创作并不是一回事。单纯搞书法理论研究的，他属于鉴赏和批评，他需要的主要是艺术鉴赏的眼力，他心里有，手上不一定能以书法的形式表现出来，但他可以用文字进行比较精准的表达，他的文字理论同样可以使人们受

益。理论工作者,他只要综合素养好,眼力高,有深厚的文化底蕴就可以了。而搞创作的人,你字写得好,你理论不一定就能搞得好,你心里的好多东西未必就能用合适的文字表达出来。作为搞理论的,他理论基础好,但也不一定在创作上有什么突出的表现,但这并不妨碍人家搞好理论。历史上就有很多著名的书法理论家其书法就不太好。创作、理论和批评都是书法不可或缺的重要组成部分,我们不要片面地去看待问题。当然要是创作、理论两手都能硬,那会更好。

傅:当代是一个非常注重形式包装的时代,反映到书法创作上,全国大展的参展作品大多搞得花花绿绿,使人眼花缭乱,但真正具有思想性的高境界的作品并不多。不知您是怎么看这个问题的?

胡:这个问题很有趣,但是我觉得不要简单地去理解。中国文化它一直在朝向一个求美的方向发展。先民刻甲骨、铸金文有时也要涂上各种颜色,其目的还是为了追求美观好看。比如说,留长发好还是留光头好?这还要看这个人的具体性格和形貌。适合留光头的你偏偏留个长发,而适合留长发的你又偏偏剃个光头,这就适得其反了。现在大家搞色宣创作,我们不要说他裁剪拼贴这种做法对不对,关键是看他最后做出来的效果好不好,美不美。如果不美,反添其丑,搞得俗不可耐,就不好了。任何形式上的讲究都必须服务于书法本体,要起到突出主题、深化主题的根本作用。首先要在书法本体上下大力气,在这个基础上寻找适合自己的表现形式,不能本末倒置。形式上的种种追求也要面临时间的考验,如果经不住历史的检验,它也不一定就是好的。

傅:您平时都临习哪些碑帖?现在还在坚持临帖吗?

胡:主要是写阁帖,一直在写。平时主要就是临帖,深入地分析琢磨研究。创作只是应酬,比如参加展览,馈赠朋友等等。多临帖,少创作,一切顺其自然。但应酬太多,也容易产生消极影响。

胡:我因为身体原因,不能谈太长时间。你这次到北京来还有什么别的安排?都认识哪些人?

傅:我知道您和沈老很熟,本来想如果您方便的话,可否带我去拜望一下沈老,看来这次是不行了。这次我是初到北京,吕金光先生帮我联系了您和王厚祥,还有中铁十六局的宋华,于明诠先生帮我联系了曾翔先生。我自己还有几位朋友要去拜访。

胡:呵呵,挺好。但我这次有些不方便,见沈鹏先生的事以后有机会再说吧。那你先去见曾翔他们吧。你文章写得好,发表量也很大,继续努力,将来机会还很多。有时间常联系吧!

傅:谢谢胡老师的关心和鼓励,我会不断努力的。您的谈话很有指导意义,对我们今后的学习有很大的启发。今天就到这里,不再打扰您了,告辞。

胡:好的,再见!

一次关于大草的对话

——傅德锋对话王厚祥

时间:2009年8月16日

地点:河北省廊坊市建设局王厚祥先生办公室

受访人:王厚祥(中国书协草书委员会委员、河北廊坊市书协副主席、沈鹏课题班班长)

访谈人:傅德锋

傅德锋与王厚祥

傅德锋(以下简称傅):王老师您好!很早就关注您的书法,近年来您的作品接连在全国大展上入展获奖,更加引起了书界的普遍重视。这次经吕金光先生介绍,能够在北京曾来德艺术中心沈鹏书法课题班学员作品点评会上认识您,甚感欣慰。特别书法五体当中,草书特别是大草,是最自由也最有难度的一种特殊书体。我也特别喜欢大草,学习了很多年,但是其中有些问题至今还是感到有些困惑。毕竟理论和实践之间是有一定的差距,理论可以引导实践,但实践又会反过来检验理论。您是大草研究方面的专家,在大草方面取得了令人瞩目的成就,我想请您谈谈您对大草的理解和认识。

王厚祥(以下简称王):呵呵,不客气!认识你我也很高兴。我很欢迎你的到来,同时感谢你给我写的评论,你那篇评论我将来要收到新出的作品集里边。说到草书专家,我是实不敢当,继续努力吧。草书呢,首先它是各种书体里面比较纯艺术化的一种书体,它离实用最远,而离艺术欣赏功能最近。然后草书是各种书体里面更能够比较完整地、淋漓

尽致地表达个人思想情怀的一种书体。其他的书体则在字形、取势方面具有较大的约束，小篆是竖长的，隶书是扁方的，楷书是以方形结构为主，相对都是比较单调的。而草书是能够随意打开字形结构的，大小疏密、粗细浓淡、快慢疾徐可以随着作者情绪的变化、随着你审美的要求自由控制和打开，随意地收缩、随意地变化。它的线条有的是粗犷的，有的是柔美的，有的是非常老辣的，有的是生机勃勃的；有散的，有完整的，有长线的，有短线的；有的是很飘逸的，像彩带一样，也有坚实的，像屈铁一样的。它更能表达人的性情，传递作者的思想感情。

傅：是啊！很多人喜欢草书，特别是大草，往往都是因为自身性格豪放，而借助草书正好可以很好地抒发自己的情怀。

王：是这样的。草书为什么在历朝历代为人们所推崇并且是一个具有一定神秘感的东西？主要是它能使人们实现一种追求浪漫的艺术境界，使人们的人生情感得到最大程度的释放。一种很难达到的东西可以通过草书获得。因此，它具有很高的难度。书法家之所以被人们尊重，就是因为书法具有一定的难度；如果书法没有难度，人人都可以的话，那么，书法家将不再被社会所看重。

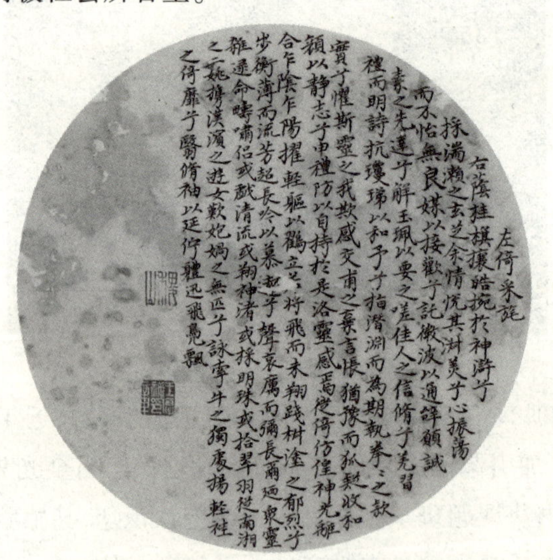

王厚祥书法作品

还有一点呢，就是从草书学习的角度来讲，它是各种书体之中最难的。昨天我们吃饭的时候，我不是给你说过，历史上的狂草大家之所以屈指可数，原因就是它的难度比较高。狂草为什么难？难的原因有两点：一是技法上要非常超绝，比一般的人基本功要好得多。我通常讲，一个人必须要有三十年左右的楷行书基础你才有可能进入狂草，也才有可能有所造就。因为草书书写的速度相对来说比较快，草书的美感其实也就是要通过不同一般书体的书写速度来体现，速度一快，可能在很多细节的地方就不能够很到位地控制和表现。

傅:确实有这种感觉,我本人就是因为在楷书方面未能深入进去,在学习草书特别是大草的过程当中,就有很大的障碍。由于以前家庭条件差,刚开始接触书法的时候,手头只有一本草书字帖,就一直照着临摹了好多年,倒是找到了一些写草书的感觉,写的时候,性情很好,就是点画的形质、线条的质量不太过关。现在又回过头来补正书的课。

王:你说的这种情况,许多学习草书特别是大草的人都经历过。我们说草书所包含的笔法最丰富,你要表现这种丰富,一味地求快也是不行的,那些传统的文化内容都必须得到精确的表达。写其他书体的时候,由于速度不是很快,你有足够的时间来考虑和安排字形结构,可是草书在实际书写当中不会给你这么多的时间。它要求你在一种奔腾不息、连绵不绝的前提下,还要控制好节奏,要内容丰富多彩,表现有条不紊。因此说,草书的另外一个特点就是沉静。某种意义上来说,草书的最高境界就是沉静,也就是说感觉上是沉静入骨、从容不迫的。锋芒毕露,剑拔弩张,缺乏音乐的节奏感,那给人的感觉也是压抑的、不完美的。音乐家在演奏钢琴的时候,它的那种跌宕起伏、回旋环绕的节奏感是控制得非常到位的,时而低沉、时而昂扬、时而轻快、时而凝重,只有这样才能够最大限度地打动欣赏者,给人以丰富的美感和无尽的遐想。歌唱家唱歌也是这个道理,你像唱《青藏高原》那首歌,在最后有一个很高很长的发音,这个发音里面有很多丰富的变化,因此,它既是这首歌的高潮,也是这首歌里面的一个最大难点。在大草书的实际创作当中也会出现高潮, 甚至会出现几个高潮, 有时候就会通过一些很夸张的长线条来体现。但其实长线条是最难的,技术要求是很高的。长线条在实际书写当中要有很丰富的变化,你不能搞得线条一样粗细,像小板刷一样很简单地一下拉下来,那样艺术感染力就会大打折扣。

傅:是啊! 您所讲的这些的确很关键。

王:我在少年宫工作室有一张书桌,面积比较大,是三米六乘以两米四的。我写的时候,就把两米多长的宣纸一下铺开,两头压好,这样就可以不受纸张的约束。我站在桌子的侧面,把一幅作品一气呵成。遇到需要用长线条表现的地方,就可以随意自如。长线条不能太随便,必须在情之所至的情况下写出来,并且具有很丰富的细微变化,才能具有感染力。如果你写得太简单,太过于直露、生硬,就反而不美了。当然,学习草书的人,要具有一定的草书情怀,就是说,你的骨子里要有一种昂扬激越、豪迈奔放的生命情感,否则是很难真正进入大草的。

傅:这个“草书情怀”的有无强弱,某种程度上的确是一个人能否学好草书和真正进入大草的一个前提。

王:的确如此。还要说的一点是,要学好草书还必须记好草法。草书不易识,但是它有规律可循。一个写草书的人你要是不按严格的草书草法来写的话,那就更有问题。有些老百姓错误地认为,草书是可以随便写的,甚至是胡写乱画的。其实不然。草书是有符

号的,有约定俗成的规矩和法度。你必须熟识草法,掌握规律,才能符合草书的基本法度。现在有很多写草书的人,对这个问题认识不是很到位,重视程度也远远不够。有些人所写的草书很不规范,不符合传统的草书法度,既影响识别,又无益于艺术情感的精确表达。

草书有法度,多一点、少一点,长一些、短一些和多一个弯、少一个弯,就有可能会成为一个错字或者是别字。因此,熟识草法极为重要。草书是否具有经典性,这个经典就主要体现在线条质量和草法方面。现在写草书的人他不是缺乏写草书的情怀, 与古人相比,现代人的草书情怀是有过之而无不及的,他们恰恰是缺乏草书的经典性。线条不过关,草法也不合规矩,经典程度远远不够。

傅:草法不规范,笔法不到位,那草书作品的艺术品位也就是经典程度一定不会太高。现在有一些人,学习草书特别是大草的,根本不得要领,从来没有深入临习过任何一本经典草书碑帖,只是凭借一点感觉,一味狂驰,乍一看龙飞凤舞、满纸云烟,而实则一点都不耐推敲,错漏百出,低俗恶札,还居然自称或被他人拔高为"当代大草第几人",而许多观众呢,又大多是外行,仅从表象上看待问题,盲目附和,盲目崇拜,混淆了人们的视听,这是极不可取的。事实上,那些所谓的草书名家、大家,甚至是大师,根本就没有入门!他们的草书恰好是孙过庭在其《书谱》里面所批评的"云蛇云露之流,龟鹤华英之类"。

王:这个你看得很准确,社会上确是大量存在这种现象。如果你写的草书连专家都无法认识,那一般人就更不用说了。并且"谬种流传,贻误后学",你是一个名家的话,以后有可能别人要学你,这问题就比较严重了。基于这样的认识,所以我在这些年,在熟识草法这一方面比较关注和用心。我自己在像《草书汇》和古人的经典草书字帖等等的草书资料上实实在在下了一番工夫,十几年一直这么做。因此,在这一方面我觉得自己做得还是比较好的。2003年的时候,有一次在北京,张旭光老师看了我的草书作品后,对我说,厚祥你写草书的素质比较好,我交给你一个任务,你用五年的时间解决好识草的问题。现在书坛上缺少草书研究方面真正的专家,这个问题解决好了,以后在草书创作当中必然会上升到一个新的层次。当时我很在意这个,实实在在听进去了,于是就一直在这方面狠下工夫。对每个字的草法甚至是多种写法,它的历史的演变过程和其中的规律我都尽量做到熟记在心,掌握规律。现在我即使面对那些生疏的内容,也可以随意写大草。基本上没什么文字和草法上的障碍。所以,我的草书作品拿出来以后,中国书协的很多专家都比较认可,认为在草书的研究方面比较过关。甚至在一些朋友雅集的圈子里,我一去,有的写草书的人就会说,哎呀,"活字典"来了!呵呵,从师友们对我的肯定中,我感到自己的工夫没有白下。看别人的草书作品,我不用去看释文,也不必去查字典就能够准确地识别,这个还是比较有自信的。

傅：从相关史料记载来看，张旭、怀素作为狂草大家，往往“一日九醉”，他们的好多书法作品都是在酒醉的情况下完成的，可见酒和狂草之间有一定的联系。您作为当代写狂草的代表性书家，我想听听您是如何看待这个问题的？

王：首先，我认为酒可以帮助人放松自己的心情，使书作者能够更加进入一种轻松自由的心境和状态，可能更加适合情感的抒发。所以，我认为喝酒和狂草是很有关系的。张旭是盛唐著名的大书法家，精通草书，以狂草最为著称。他的草书，与李白的诗、裴旻的剑舞，当时被称为“三绝”。相传他最嗜酒，往往大醉后呼喊狂走然后落笔，或以头濡墨而书，世呼为“张颠”。但是，我认为并不能理解为是用头来写字，而是抓着发髻，用头发蘸着墨来写。如果不将头发聚拢起来，是根本无法写的。这就是他大醉之后比较狂放的一种表现。怀素更是如此，往往“一日九醉”，就是每天喝好几次酒，基本上都是在喝了酒的状态下作书。但这里有一个比较关键的问题，那就是书家必须把自己平时对技法技巧的功力锤炼培养成一种下意识，首先具备了很强的笔墨功底，然后在喝了酒的状态下作书，他只是放松了身心，心无挂碍，但头脑还是清醒的，也不乏相应的理智，这样，才能达到“从心所欲不逾矩”的高级境界。

傅：您这个说法我很认同。“以头濡墨而书”，绝不是指直接用头来写字。“一日九醉”也只是指喝酒次数较多，也可能一天喝两三次或是更多。这里的“醉”应该是指“醉意”，或者三分，或者七分，情况各异，而不是说真正喝醉了，真要喝醉了，也就迷糊了，失去了记忆和理智，还怎么能写好草书？我喜欢喝酒，且酒量比一般人大，喝一斤多我还可以比较清醒地写字，要是喝到二斤以上，那就只有倒头就睡的份儿了，呵呵！

王：哈哈，这话不假。我因为自己也经常有喝了酒之后写大草的情况，有很真实切身的体会。但我要一再强调的一点是，你必须具备超绝的基础功夫，把古人草书的笔法结构等等的东西化作一种下意识，真正消化吸收为自己的一种能力。如果缺乏这个前提，你就是喝再多的酒也无济于事。假如一个人压根儿就没有什么书法基础，或者说他只是具备一些其他书体的功夫，根本没有对草书下过多大的功夫，他喝了酒放开来写，也不是真正的草书。当然，也不是说，写狂草非得喝了酒才能写，这个因人而异。而是说对一些人来说，他喝了酒之后，可能更能进入那种写大草的心理状态，能够更加淋漓尽致地发挥，写出的作品又规范，又自由，又有艺术品位。我的很多自己比较满意的狂草作品就是在喝了酒的情况下写出来的。在喝了酒的情况下，要使昂扬的激情时时受到理性的约束，这就具有很大的难度。因此说，这个问题要具体来看。

傅：对草书书写的速度的困惑一直是大家学习草书的一个重要问题，您从事大草写作多年，认识和体会应该比较深入。请就这一问题再专门地分析一下。

王：好的。其实在刚才已经涉及这个问题。总的来说吧，草书书写的速度相对于其他书体来说，的确是很快的。草书的特点就是加快书写速度。这也是一种发展的必然趋势。

赵壹在《非草书》一文当中对东汉时期人们热衷于草书的情况从批评的角度进行了形象生动的描述，说：章草的时候，比行书和其他书体都快；小草就比章草还快，它去掉了章草的那个燕尾，更加简捷；大草当然比小草更快。但是大草也不是一味地求快，它更加讲究节奏感，该慢的时候，还是要慢下来，只有快中有慢，才可能较为精准地体现细腻而丰富的笔法。由于草书特别是狂草更为注重抒情性，大草几乎完全失去了实用功能，充分发挥自身的自由、浪漫的抒情优势，满足人们的一种与众不同的审美需要。一句话，只有具备了深厚的传统技法功力，熟记古人的草法，对行气、章法等能够灵活、熟练驾驭的情况下，适当提高书写速度也不会出现多大失误。否则，一味求快，就会表现不到位，缺乏节奏感。

傅：学习书法，应该存在一个学习的先后次序的问题，缺乏必要的准备阶段，可能很难学好大草。您认为要学好大草，一般要经历哪些阶段？

王：这个认识是对的。我个人学习草书，经历了以下阶段：我首先注重拉开草书的"架子"，像胡(抗美)老师说我"进入了草书"，沈(鹏)老说我"进入了狂草"，也就说我找到了写狂草的感觉。但是草书的架子拉开之后，就要进一步规范，还要能收得住，不能一味地"放"。有的人写阁帖，写孙过庭的《书谱》，这一写，就需要好多年，一旦形成定向思维，怎么写都是小草的感觉，再以后写大草就不太好找到感觉。当然，我这个方法可能也有问题，就是一开始就放，将来能不能收回来，把其"规范"，把字的造型再搞准确一些。这两种方式都有它的缺点和优势，无所谓哪个对、哪个错，关键是要看具体的作者的造型能力和艺术感觉如何。我是在写大草之前经历过多年写正书的过程，对小草、行书也有一定程度的学习。我先拉开草书的架子，找到一种草书的奔腾之势，然后再来一步一步规范它，这种方法可能只适合我。

傅：我的看法是，别人的方法可以参考，但是不宜套用。因为每个人的具体情况多有不同，必须找到真正适合自己的方法。接下来，当进入大草的学习阶段之后，必然要定向临习大草的经典作品。我想请您谈谈临习经典作品的一些具体的心得体会，当然您可以临习《自叙帖》、《古诗四帖》为例来加以说明。

王：大草的经典作品非常少，我们所能见到的就是从王献之开始，有一个《冠军帖》说是张芝写的，实质上是王献之写的；然后是传张旭写的《古诗四帖》，是否张旭所写，还有待进一步考证；再就是怀素《自叙帖》、《大草千字文》、《圣母帖》、《苦笋帖》等。临习大草的经典，困难是比较大的，从张旭、怀素之后，能够完全以《自叙帖》和《古诗四帖》进入大草的人几乎没有。明清时期那些草书家，也没有真正能够以《古诗四帖》入手。当代很多人写大草，都是从明清入手，很少有真正从唐代、从《古诗四帖》和《自叙帖》入手的。从唐人入手，基本功差了，写不进去，根本就进入不到唐人草书里面去。我感觉我虽然用得还不够好，但我还是能够把《古诗四帖》用进去。中国美院有一个教授，叫梁小均，不知道你

听没听说过。这是他的作品集,你可以看看。

傅:对梁小均我有过一些耳闻,以前好像我在某一期《青少年书法》杂志青年版上看到过他的介绍和作品。我看他这个草书写得还真是不错!对古帖的理解比较深入。确实对《古诗四帖》等草书经典碑帖下了很大的工夫。他岁数不大,但书法却有老成之态,可谓年轻有为啊!

王:是的,他是专门研究《古诗四帖》的,他每年都要举办一次草书培训班。他在给学生上课的时候对学生说:"我认为当代能以唐人大草的笔法写大草的人, 恐怕只有王厚祥。"当然这也是对我的一种偏爱。我是从《自叙帖》开始的,写了三年,把《自叙帖》写了大约有一百遍。我比较崇尚《古诗四帖》和《自叙帖》所体现的那种大唐气象。怀素《自叙帖》,草法字法都比较规范。我写了三年,感觉已经初步掌握了《自叙帖》的结体和用笔规律,解决了技法上的问题。现在随便给一个生疏的内容,我也可以用怀素的笔法来体现。《自叙帖》六百多字,字数还是比较多的,通过对它的学习,对怀素草法的理解可以比较深入。张旭的《古诗四帖》点画结构和行气变化比较大,我对此也进行了专门的研究和学习。到现在,可以说基本上已经对它有了比较深刻的理解和运用能力。

傅:当代写草书的书家很多,写大草的不是很多,就那么几个人,真正领会和掌握唐人大草笔法的的确是凤毛麟角。这也就充分说明,唐人大草学习的难度极高。在我看来,梁小均先生讲得不错,王老师的确是当今不可多得的优秀大草书家,您的书写状态和您的大量的大草书法作品就是明证。接下来,我想知道王老师在写大草的时候对工具材料有没有什么特殊的讲究。

王:说到工具材料,有的书家要求很严格,有的书家却不一定。总之是要尽量达到得心应手。过去有一种说法叫"善书者不择笔",我基本上就是这样,没什么特别的讲究。我是抓到什么用什么,我认为写狂草的书家,艺术感觉应该是非常丰富的,每种不同的笔和纸,都会引起自己不同的感受。作为一个优秀的书家,应该对各种的笔和纸都有一定的熟悉和把握能力,通过尝试,善于捕捉各种艺术感觉。经验越丰富,积累越厚重,成功的可能性就会更大。

傅:也有一种说法叫"工欲善其事,必先利其器",对于条件好的人来说,适当讲究也无可厚非。条件差些的,可以顺其自然。而您是一种有意识的多方尝试,这个很有实际意义。有的人,从书体的发展排列顺序来讲,认为草书是成熟于楷行书之后,其实不是这样的。说楷书功夫不过关是不可能写好大草的,事实上,楷书、行书、草书是自隶书时代就并行发展的。所以这就引出一个问题,假如只有大小篆或者隶书的基础,而并不精于楷书的话,有没有可能写好大草?

王:说得对!草书和楷书是同时开始的。没有楷书基础也有可能写好草书。草书的笔法比较丰富,这就需要从其他各种书体里面来吸收。尽管没有楷书基础而只有篆隶基础

也可以写大草,但由于篆隶书的笔法比之楷书比较单一,笔法的丰富性不如楷书,而且篆隶书点画的精致细腻程度也比楷书弱;所以我觉得,要学好草书,应该对其他各种书体都要有所涉猎和研究,尽可能掌握更多的结体和用笔方法。如果能打下比较深厚的楷书基础,将会更有利于写好大草。当然,也不是说楷书基础好就一定能写好草书,还要看具体的作者究竟是否具备写草书特别是大草的禀赋和感觉。

傅:是啊!的确有这种情况。有的人精研楷书数十年,到了晚年也始终无法进入草书,尤其是无法进入大草。除了对草书本身不感兴趣的人,有些人对草书感兴趣,也有您刚才所讲的草书情怀,但往往又因为相对缺乏其他书体的基本功底,无法达到魏晋草书和唐人大草的经典程度。

王:是这样的。有的人性格比较拘谨,正书功底尤其是楷书功底非常了得,但就是因为缺乏草书情怀,无法进入草书,更不能进入狂草。不喜欢草书特别是大草者则另当别论,喜欢草书和大草的人之所以许多年下来写不好草书或是大草,主要原因就是,一方面正书基础不扎实,另一方面是学习的方法存在问题,对草书的方方面面缺乏深入的理解和认识。我觉得,对一个适合学习大草的人,写好大草最重要的几点就是:正书基础要扎实、要过好识草这一关、要真正领悟古人的笔法和结体。除此之外,没有什么其他捷径可走。

傅:说的这几点确实很重要,您这么一说,也使得我的一些学习大草的困惑大有拨云见日之感。我觉得,除了上述几点之外,多读书、多游历也对大草有很大帮助,对这个问题您怎么看?

王:尽管说,书读得多、游历广的人不一定就会成为优秀的草书家,但优秀的草书家一定是读书多、游历广的人。不读书、少游历,文化素养欠缺,视野不开阔,无法涵养一个人的气度和胸襟。一个没有气度和胸襟、缺乏雅致和豪情的人要学好草书是令人无法想象的!所以说,书内功夫要狠练,书外功夫也不容忽视,只有二者结合,才有可能取得较高成就。

第五部分

书家散论

文墨兼备 儒将风范

——王文杰将军书法述评

王文杰，兰州军区政治部副主任，少将军衔。中国书法家协会理事，中国作家协会会员，中国国家画院沈鹏工作室书法课题班成员，兰州军区美术书法研究院名誉院长。著有《大风歌与垓下歌》等多部散文、报告文学集。自幼爱好书法，形成了自己的风格，沉静而有书卷气。作品多次参展并获奖。多家专业报刊和大型网站曾对其作专题介绍。

傅德锋与王文杰

我和军旅书法家王文杰将军第一次见面是于2009年盛夏的某一天在北京曾来德艺术中心。当时来德先生赠我一套他出版过的书，正在书房内给我认真地签名，这时进来一位仪表堂堂、气度轩昂的先生。由于他当时身着便装，我一时并不知道是一位军人。王厚祥兄及时给我们做了介绍，方知来人乃一军中儒将。我和王将军稍作交谈，还顺便合影留念。王将军当时给我的感觉是极其沉稳干练，温文尔雅，举手投足之间果然处处流露出一种儒将风范。他的富有亲和力的言谈举止和平易近人，给我留下了深刻的印象。

第二次与王文杰将军会面是今年12月12日上午，在兰州军区政治部。当时我去深圳和赣州进行书法交流活动，结束后返回兰州。因王文杰将军是国家画院沈鹏书法课题班的重要成员，而《第一阵营——沈鹏课题班系列评论》正在连载和持续撰写当中。我此番正好顺便去军区拜访他，适当做些了解沟通，也好使评论文章写得更加客观实际一些。

文杰将军刚好就在军区,联系很顺利。他派人把我接进办公室,我们进行了面对面的交流。他依然保持着第一次见面时的那种亲近感,谈话不拘一格。我首先把《青少年书法报》已经连载过的20期《第一阵营》评论专题拿给他看,他对此给予了充分肯定和高度评价。然后,他一边谈自己对书法的理解,一边顺手拿出一些介绍他的专业报刊资料让我看。特别出乎我意料的是,当文杰将军把自己近期内创作的手卷拿出来打开让我仔细欣赏的时候,我被眼前的具有深厚传统书法功力和颇具书卷气以及个人审美情趣的数件小楷和行楷作品所深深感染和打动了!无论是二王一路小楷还是唐人写经,其作皆能笔法精到,结体自然,形式优美,洋洋洒洒,挥运自如,从容不迫,多有清雅萧散之姿而毫无拘谨板滞之态。

王文杰书法作品

通过对这几件作品的亲眼目睹,我完全改变了社会上一些人对现今一些将军书法家的惯常看法。一般而言,当今很多喜欢书法的部队高级将领,于书法一道,也仅是爱好

而已，作品的水准往往大多停留在一种很初级的水平线上。盖因将军们平日军务繁忙，可以用于翰墨的时间精力并不太多。然文杰将军却是个例外，他作为我军的高级指挥官，不仅在政治上、军事上过硬，而且在部队文化建设方面卓有贡献。

王文杰将军首先是一位作家，长期坚持文学作品创作，著有散文集《大风歌与垓下歌》、《蛛网》等多部文学作品。他曾担任《解放军日报》副总编辑，不仅自身勤于笔耕，还亲自批阅过难以数计的各类文艺作品稿件。因此，其生活阅历、艺术涵养和综合素质是一般的书法家难以相提并论的。中国书法，历来讲究文墨并重，书法一旦离开了文气的滋养，离开了深厚的文史哲思想和综合知识的有效支撑，是很难真正自成一家而为世人所见重的。古人所倡导的"读万卷书，行万里路"实有所指，绝非泛泛之谈。一个人的眼界和见识，决定着他的思想认识高度，而他的思想认识高度决定着他的价值取向和审美标准。我从王文杰将军的文章分明可以读出他宏阔的文化思想和独到的艺术见解。

他在《说"忠"谈"患"》一文中讲道："岁月如河，我们每个人都是划舟击水的过客，而我们祖先是一批聪明而极富智慧的过客，他们为后人留下一笔取之不尽、万世不竭的财富——中国汉字。汉字的构成，可谓丰富多彩，别有意味。最近，无意中看到两个字，一个是'忠'，一个是'患'，把这两个字一点点地拆卸开来分别剖析以后，会觉得很有意味。一个'中'字，底下加个'心'，上下搭建，成了一个'忠'，其意不言自明；再看看'患'字，本来一个'中'字加个'心'字，恰好构成个'忠'，可偏偏又多个'中'来凑热闹，两个'中'字串起来，把心死死地压在下面，喘不过气来，于是就有了'患'。如果我们的眼睛不仅仅把透示焦点集中在这两个字的表象上，还会看到隐含在这两个字后面的许多东西。"从这一段颇有意味的分析论述可以看出，他对中国汉字的理解认识之深。一个经常能够对先辈的文化遗产进行深度思考并不断反躬自省，藉此检阅自身言行的有心者，既是一个珍惜生命热爱生活的人，更是一个把思想上的吉光片羽行诸文字而对他人有所启发和教育的智慧之士。对此，他进一步阐释："人这辈子，只要认认真真干一件事是没有干不好的。条件是：一门心思，专心致志，就是专注。专注是一种厚积薄发的蓄势，是一种博存约取的积累，是与轻浮焦躁全然有别的安宁和沉静，是隐默自守淡定从容的一种修养，是不悔初衷锲而不舍的一种坚守。"读这样的文字，真是悦目赏心，可谓只嫌其少，不嫌其多。而文杰将军之思想情怀也由此可见一斑矣！

正因为文杰将军具备深厚的文学功底和高尚的思想情怀，所以在做人和为艺方面才会有这样的深刻认识。而他的书法研究和艺术审美理想的逐步实现，也正是建立在这样的基础之上。他自幼即对书法颇感兴趣，10岁前曾临习魏碑，有一定的童子功。近年来，经过适当调整，开始对二王书法展开深入系统的临习研究。二王书法的艺术高度不仅仅体现在技术方面，更多的还是体现在思想境界方面。二王雍正典雅的书法风格，不仅当之无愧地确立了他们作为一代开宗立派的书法大师的历史地位，而且为晋代以后

书法的发展提供了足资借鉴取法的经典法式。作为后世书家,学习二王,应该不仅仅是学习其技术(如笔法和结体)性的东西,而更应当学习二王立足前人、大胆变法的创新精神。很多人学习古人,终其一生而未能自立一家之体,其因不在于古人所创立的已有法度,而在于自身之天赋、功力、才情和创造力有限。

而对于处在学习和提升阶段的书人而言,未入传统而奢谈创新无疑是画饼充饥,空中楼阁。但找到打入传统的契入点之后,就需要清静自守,淡泊为怀。哪怕是面对种种世俗的诱惑,也要不为所动。那种朝秦暮楚、浅尝辄止的做法最终都会一事无成。

对此,王文杰将军有着清醒而深刻的认识。特转录一段其《滴水乾坤》一文当中的话:"清,是一种基调。唐代有个书法家叫怀素,他酷爱书法,整天拂砚伸笔,埋头写字,写坏了的笔头堆起来成为一座山丘。于是就挖了个坑来掩埋,并赋之一个富有诗意的名字:笔冢。中国人造字在造出冢字的时候,另外和它相像的字也诞生了——家。家与冢,两个有血缘关系的近亲字:秃宝盖上有个点叫'家',也许古人造字是用那一'点'比喻房梁上升起一颗太阳,喻示生命的起始;宝盖上的那一'点'挪到下面就成了'冢',可能是那颗太阳落山人入土为安了,比喻生命的终结。家是人生的起始,冢是人生的归宿,一个'点'构成两个字,像标图一样简洁地标示了人的一生。从山丘一样的笔冢,可以想象怀素当年独守清净,潜心练字,用了多少精力。"此处绝非空发感慨,而是意有所指。若非对人生和艺术具有丰富与深刻之体验和思考,焉能有此见识?!

综合前文,也就对王文杰将军醉心于二王书法,孜孜以求有了全面而深入的了解和认识。系统拜读了他的数篇妙文,掩卷沉思,不觉会心一笑。文杰将军之书法,最大的特色,就是清静二字。清以养气,静以修身,乃其书学审美思想之大要。他不仅对二王小楷深研细究,而且对二王行草条分缕析,逐一掌握,且能从外围触类旁通,寻求突破。他对唐人写经和赵孟頫行楷书的精打细磨,形神俱得,充分表明,他的一切努力,都是直奔他自己心目中的书法审美主题——清静境界而去的。他这种自上而下,再由下而上,从源到流,复由流及源的学书方式,显然属于学书正途。如此久之,早晚必得古人精义。

因此,对于他的书法作品的方方面面,我无须多费笔墨,也不必一一评点一番。单就从他目前的学习创作状态来看,无疑已经进入到了一个很高的层面。其作品点画清俊,气息渊雅,下笔有由,动静相宜,在一种书卷之气的统摄之下,全然一派传统文士风范。

以王文杰将军如此之好的综合修为致力于书道,登堂入室,自成一家,不过是瓜熟蒂落,水到渠成。

(原载《青少年书法报》2012年2月28日第9期2、3通版)

春风大雅 新境时开

——王春新书艺综述

王春新，1959年出生于河南永城。中国书协理事，武警陕西省总队总队长，少将军衔。书法以帖学为宗，继承传统，不断从二王及赵孟頫、褚遂良、王铎、董其昌等经典法帖中汲取营养，书法端正儒雅、清秀飘逸。楷书根基源自赵孟頫，兼收褚遂良的技巧特点；行书灵动丰富、落笔坚实、起止到位、结体紧密，清和中流露出董其昌的潇洒意趣。对其书法艺术，《书法》、《书法导报》、《中国收藏》、《解放军报》、《解放军画报》、《中国军网》、《人民武警报》等20多家新闻媒体，都作过专题报道。

作品曾入展全国第五届新人新作展、全国第二届扇面书法展、全国“高恒杯”书法展、第二届中国书法“兰亭奖”艺术展、第三届中国书法“兰亭奖”艺术展全国千人千作展、全国首届册页书法作品展、全国第二届草书展。作品获得《书法导报》创刊十八周年全国书法精品展精品奖、全军纪念改革开放三十周年书法大展三等奖、江南文化节翁同和书法奖提名奖。

傅德锋和王春新交流书法

很早就听说过军旅书法家王春新先生，对其书法也有所知晓。只是无缘谋面，未能对其各方面情况进行深入了解。

今年3月底，我自兰州乘机飞抵武汉考察云深书院，一路辗转于长沙、广州、九江，过长江，谒韶山，访花城，登庐山，无论是在岳麓书院还是在陈家祠堂，也无论是在白鹿洞

书院还是在毛泽东故居，置身于诸多自然景观和历史旧迹当中，其自然显露出来的那种浓郁的文化氛围与书香之气，使我深受感染，流连忘返。4月初，我抵达北京办事，其中与音乐书法家李斌权先生和兰州军区政治部副主任、著名作家、书法家王文杰少将，文化学者、书法评论家李廷华先生，书法评论家张瑞田先生以及沈鹏书法课题班众多成员如《中国书画博览》杂志总编辑马汉跃先生、白锐博士、袁波先生、杨陌先生等频繁接触，品艺交流当中，又有一些新的收获和感悟。深感天地人三者之间，那种互为映衬、互相影响的玄机奥妙，对艺术与人生之启迪绝非三言两语所能道尽也。

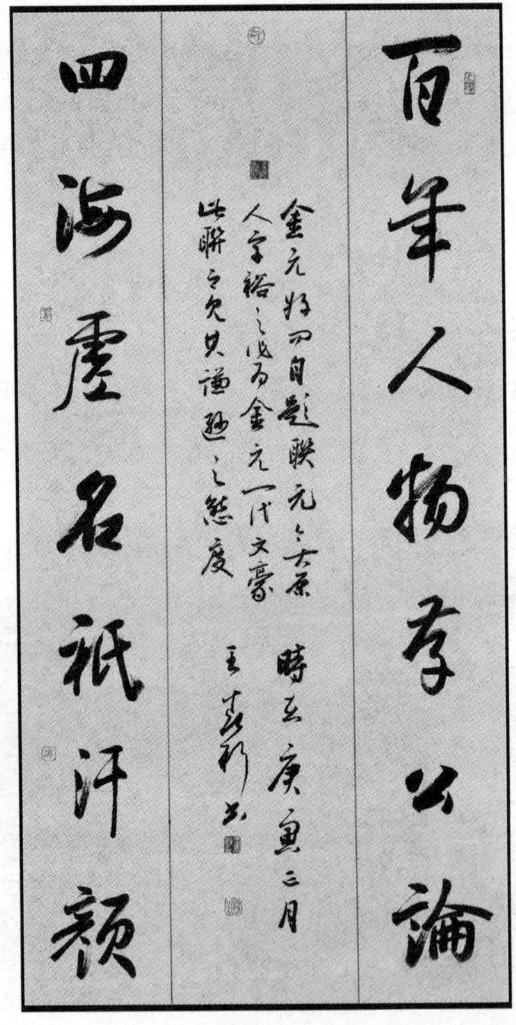

王春新书法作品

7日，应好友王厚祥先生之约，携同朱中原前往廊坊一聚。酒席之上，竟意外与王春新先生结识。先生虽为中国书协理事，且为一师之长，但他那种谦虚和蔼、平易近人、富有亲和力的言谈举止给我留下了深刻的印象，久久难以忘怀。

春新先生身材高大魁梧，沉稳干练，温文尔雅的谈吐之中并不乏作为部队高级将领

的那种威武气概。以聚席上的表现观之，先生亦善饮酒，与大家频频举杯，不苟言笑，但分寸尺度把握得非常到位，诚可谓不偏不倚，恰到好处。晚间，在刘京闻工作室，能够近观春新先生挥毫泼墨，其清静自然、稳健潇洒之姿与其为人颇为契合，不免使人立刻想起刘熙载《艺概·书概》当中的那段话："书者，如也，如其学，如其才，如其志，总之曰如其人而已。"此论，堪与"文如其人"之古训互为印证，大可深味。待春新先生书罢搁笔，我俩便畅谈一番，彼此虽只有短暂相处，但交谈之中，却毫无那种生疏之感。彼此之间都感觉有一种无形的吸引力，要走进对方的内心世界，去领略其艺术人生。

先生当时相邀，希我顺便随他去无锡，一来让我领略无锡风物人情，二来可做进一步的交流。然我当时因受人之托，有要事在身，难以成行，故坦然对先生说明，并表示来日必当亲往无锡，专程拜访。先生在谈话中曾言及我之书法评论，奖掖之情溢于言表。面对先生之首肯，我只能以此为动力，更加努力。

其实，我关注先生之书法久矣，经过此番接触交流，也就对先生有了更为直观的了解和认识。我虽久涉书评，为百余位活跃于当代书坛的老中青三代书法篆刻家撰写发表过系列评论文章。然迄今为止，为书艺精绝、人品高尚如先生之军旅书家撰写评论者，倒也屈指可数，盖因早年与军界贤达接触不多。自去年以来，在《青少年书法报》开辟专版整体推介"沈鹏课题班"全体成员，方有王文杰、沈一丹、龙开胜、吴天智、周剑初、徐健、杨陌等数篇军旅书家评论问世。前数日，武警重庆总队副总队长孙克利先生特意短信、电话与我，提及我为吴天智先生所写书评，认为客观公正，中肯到位，故欣然寄来书信、作品及相关资料，良有坦诚相交之意。我自感不才，蒙众多书道师友才俊错爱与不弃，不禁令我为之感慨不已。

王春新先生乃京华书法名宿张荣庆先生高足。荣庆先生一生精研二王，心无旁骛，人品出众，学养深厚，书法作品精益求精，雅俗共赏。且心志高远，时常召集雅集笔会，名流贤达，汇聚一堂，吟诗作书，思齐古贤，于当今书坛别树一帜，影响深远。春新先生游学于其门下，焉能不受其影响也。我观先生之书法，一如其师，行书法乳二王，深研《兰亭》、《圣教》，楷书于褚遂良、赵孟頫处获益最多。此外，广泛参悟自二王以降历代帖学一脉大家，并对汉碑亦有良多会心处。其书法总体而言，注重体现帖学一脉雍正典雅、萧散空灵之气象。其涉足书道虽较晚，然天资聪颖，灵气勃发，复又精思善悟，勤学好问，故不数年间，即可出规入矩，自成家数，结交名士，比肩群伦。

如今，我既与先生因翰墨结缘，便想就先生之书法谈点自己未必成熟的看法。且如春新先生这种学书经历和目前状态，的确具有一定的代表性，行诸文字，当对其他及后来学书者有所补益。故我不妨从以下几个方面来对春新先生之书法详加分析：

一是取法高古，书路纯正。学书贵在取法要高，路子要正，非此不足以言书。唐太宗《帝范》卷四曰："取法于上，仅得为中，取法于中，故为其下。"《孙子兵法》也云："求其上，

得其中;求其中,得其下;求其下,必败。"孔子曾教育学生:"取乎其上,得乎其中;取乎其中,得乎其下;取乎其下,则无所得矣"。宋末元初时期的诗词评论家严羽在其《沧浪诗话》中亦曰:"学其上,仅得其中;学其中,斯为下矣。"关于此,自古流传有众多版本,具体出处不易考证。但如果单从学习书法的角度来分析,"学其上者,得其中,学其中者,得其下",可谓一语道破玄机。学书不能"死"学,倘若取法不高,以俗为雅,不知变通,生搬硬套,则只能得其形而未得其神,即使"池水尽墨"、"退笔如山",皓首穷经,毕其一生,也难得其中之精义,更何来入古出新,自成一家也?!王春新先生一入书道,便为自己确立了明确的取法方向,以二王帖学为宗,悉心研磨经典,心摹手追,好之不辍。且能追本溯源,上下求索,以一种虔诚的心态,耕耘于砚田之间,十数年如一日,由浅入深,渐悟渐变,最终蚕蛹化蝶,凤凰涅槃,崛起于当今书坛。这岂是那些急功近利、涉奇猎怪者所能同日而语的?!

有人一生不能进入经典,有人进去了则未能出来。这一则是天分有限,一则是方法不当。所以我们学书要辩证地去学,同时更要力求发挥自身的创造力,这样艺术才能不断发展前进。求知是一个漫长且艰辛的过程。起点要高,所谓高屋建瓴,这句古语对人们的启示在于,只有放宽视野,定高目标,才能取得令自己满意的结果。同时,不宜囿于旧说,落入前人窠臼而不能自拔,尚须区别对待,智慧而为。有句古话说:"尽信书不如无书,尽不信书,则又如无书",道理都是一样的。春新先生深入古法,孜孜以求,临摹经典,形神兼备。所作点画精到,结体多变,行气洗练畅达,章法空灵和谐,墨色淡雅自然。无论是纯粹的楷书、行书还是行楷结合的作品,都具有很高的品位和格调。特别是他的作品在字里行间所流露出来的那种浓郁的文人气息,是一般人所不曾具备的。清新淡雅,书入高境,远非仅靠苦学所能为,志向、心智、思想、品格等等岂可或缺。春新先生军务之暇,浸染翰墨,志向高远,于书法一道,有此气象,岂是偶然也!

二是与时俱进,自然出新。学习书法有两种误区:要么不入正途,涉奇猎怪,朝学执笔,暮诩已能,矫揉造作,刻意标榜。这种情况大多会流于昙花一现,过眼云烟。要么囿于成法,不思变通,一生之中以能够写像一体一家为能事,每一笔都是古人,而唯独无一笔属于自己。王春新先生则不然,他从一开始进入书法,就完全避开时风,以晋唐经典为法,旁涉各家,且根据自己的性格和志趣,选择楷书和行书作为主攻方向。方向既定,又以最能代表楷行书最高水准的二王、褚遂良、赵孟頫、董其昌作品为临习对象,不以仅写像某一家为满足,而是在获得形似的基础上进一步追求神似。二王的简约,褚遂良的古淡,赵孟頫的圆活,董其昌的空灵,紧紧抓住经典碑帖之魂魄,兼收并蓄,为已所用,此实为善学者也。他不仅深入古代经典,对当代主流书风也给予一定程度的关注。作为一个当代书家,他的审美意识不可能完全脱离这个时代。头脑清醒的书家,也不会盲目追逐时风,而是在古代经典书风和当代书风之间找到一个契合点,出古入今,古今融合,突出

个性，表现自我。

从王春新先生的诸多作品来看，取法的高古，用笔的精到，结体的灵活，行气的畅达，章法的和谐，墨色的自然，这诸种因素综合作用，书作呈现出一种古雅的气息和正大的气象。他追求的首先是深入古法，得其门径；其次是承上启下，追本溯源；再次是熔冶古今，突出自我。他是从两方面来实现自我的：一是书法的技术层面，注重解决笔法问题，这是学书的根本。二是寻求精神气格上的渊雅气息，力求脱俗，从"道"的层面来实现自我超越。书法讲求"技道并进"，所谓"技近乎道"，能得古人笔法者，下笔自然不俗。再加上学养、气质等等因素，书境自高。

在当下展览文化背景下，形式美感也是一个不容忽视的方面，春新先生对作品形式感的注重也是十分明显的。他的书法创作，形式多样，无论条幅、中堂、横批、对联、斗方、扇面，还是册页、手卷、信札等等，皆能随机所适，信手拈来，运用十分娴熟而无丝毫做作。内容和形式高度结合，古典与现代统筹兼顾，法理兼融，情趣自得，神清气爽，意蕴生动，且能写出多种感觉，总体上又很协调统一，体现出作者深厚的传统功力和不懈的创新精神。春风大雅，新境时开，这也是他的书法深受人们喜爱的另一个重要原因。

其作品近年来频频入展国家级大展，并一度成为书界比较关注的一个热点人物，这就是对他的一个充分的认可。然而，在我看来，春新先生的志向并不仅在于此，而是在内心之中有着更为崇高的追求，那就是对更高艺术境界的追求和向往。书法与兵法本有诸多相通之处，笔底文字又何尝不是百万雄兵。一管毛锥，万千变化，挥运之间，奥妙无穷。身为一师之长，兵法书法互为一体，文武兼备，心手相合，其身上所洋溢着的那种英武之气，豪迈之情，足以感染每一个有心之人。

而他对书法古典情怀的坚守和对时代精神的弘扬，也使得他的书法研究有着更为广阔的发展空间。假如他一直朝着这个方向走下去，成为一位未来的书法大家，也就只是个时间问题。

卒文之际，赋诗一首，聊与春新先生共勉：

书道自古贵出新，磨穿铁砚用功勤。

知晓厚积言有物，笔底风流自清心。

气象高古 笔墨飞扬

——孙克利书法评弹

孙克利，1959年出生。现为武警重庆市总队副总队长，大校军衔。中国书协会员，中国楹联学会会员，重庆市书协理事。工作之余，临碑习帖，渐有体悟，受益良多。楷书从欧阳询入手，行书习《唐怀仁集王圣教序》，近年主攻章草，颇具心得。书法作品曾参加全军廉政书法展，重庆市第四届书法展，重庆与上海、重庆与新疆交流展等展览，多家报刊报道其艺术成果。为2012年中国武警第十五届十大忠诚卫士史诗报告会题写主题名“我们忠诚”。

傅德锋和孙克利

中国书法，源远流长，博大精深，非常人所可轻易理解和驾驭。唯有志向高远、学养深厚、性情豁达之人方可勉而为之。道有深浅，书分五体，书法里面蕴涵着丰富的艺术与人生哲理，往往穷尽毕生之力，亦难尽窥其妙也。中国书法之研究，对于很多作者而言，未必要全线出击，面面俱到。如果能够深入一两种书体，达到一定造诣，已然难能可贵。

当今书坛，群雄并起，名家辈出。其中涌现出了很多书法名家，孙克利先生就是一位充满才情的军旅书法家。他在书法上见解独到，特别对章草情有独钟，笔下有不俗之表现。

我印象中的孙克利先生首先是一位武警部队的领导干部，他在繁忙的军务之余，潜

心书道,刻苦修炼,取得了一定成绩。我认识很多将军书法家,他们在书法创作研究方面均出手不凡,且性情豁达,志向宏博,人品高尚,平易近人,给我留下了深刻的印象。2012年6月9日,我从无锡辞别武警181师王春新师长,赶往日照。12日,又从日照辞别日照军分区副司令员徐树良先生,自青岛乘飞机赶往重庆,有幸见到了孙克利先生。会面之后,孙先生热情接待,亲切交谈,极富亲和力,言语之中,其人品才情,令人如沐春风,难以忘怀。

在孙先生的办公室,我看了他的很多书法作品,并与之近距离交流。交谈当中,我发现他不仅在创作方面具有一定的综合实力,而且具有很多不与人同的独到见解。他对书法充满着一种社会学意义上的文化思考,他对艺术的这种深层次切入,无疑昭示着他的书法研究具有一定的深度和广度。

孙先生早年即对书法情有独钟,但他从来不带任何功利目的,而是完全出于一种发自内心的个人爱好。当这种个人爱好逐步发展成为一种难以割舍而挥之不去的人生境界的追求之时,则往往能够不断进取,超越自我,厚积薄发,有所作为。孙先生学书始于欧阳询楷书,以唐人楷则以正其手,书路纯正。欧阳询作为唐初四杰之一,在楷书方面具有很高成就。其《九成宫醴泉铭》堪为其代表作,法度森严而颇具隶意,的确是不可多得的楷书经典之作。以此作为初学范本,当无大失。此外,孙先生对《唐怀仁集王圣教序》下工夫尤深,悉心揣摩,勤于临池,打下了坚实的楷行书基础。孙过庭《书谱》云:“初学分布,但求平正;既知平正,务追险绝;既知险绝,复归平正。初谓未及,中则过之,后乃通会。通会之际,人书俱老。”从楷书到行书,再到草书,这是一个比较行之有效的学书正途,绝不至于一入手就误入歧途,涉奇猎怪,难以纠正。通过对经典楷行书范本的心摹手追,孙先生对古人书法的用笔和结体有了很深的体会和把握,从他的作品我们可以有一个直观的感受。但如果要进一步深入,则需要确立新的主攻方向。毕竟欧阳询楷书和《唐怀仁集王圣教序》,由于法度严谨,一丝不苟,作为入门功夫,并无不可;但要在此基础之上有所出新,则十分不易。后世评价欧阳询楷书“严厉不温和”,似有“印版

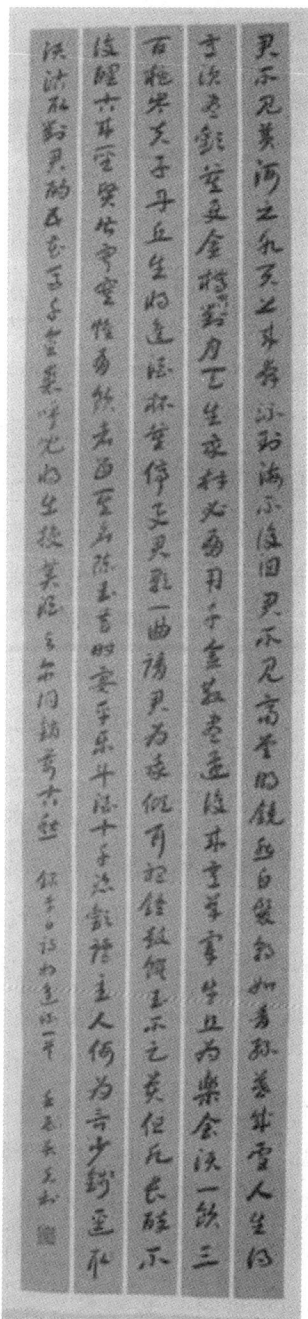

孙克利书法作品

排算”之嫌，倘若学之不当，则易陷入程式化，而难以超越。于是，孙克利先生经过一番思考和调整，把目光聚焦到了古淡朴拙、灵活多变的章草之上。近年以来，他广为搜集古代和今人的章草代表作品，进行深入系统的比较研究，不仅刻苦临池，而且对章草的演变脉络及不同作品的风格特征从理论上进行深层次的剖析，以领悟其中之精义。

平心而论，诸体书法之中，章草是最具古意且能自由发挥的一种特殊书体。此种书体由隶书演变而来，而隶书是朝两个方向发展的，一是楷化，二是草化。自汉魏以降，这种支派分流便渐趋明显。钟繇的小楷作品隶意十足，古朴淡雅，具有极高的艺术水准。到王羲之出现，今草已经完全成熟。但不可否认的是，王羲之草书，并未完全脱离章草之影响。其草书不仅笔势连绵，结体多变，且灵动飘逸，使转自然，妙境迭出，格调高古。之所以如此，就是章草笔意的适度参合使然。而在皇象、索靖之后，乃至民国之前，除宋克在章草方面有所建树之外，并未出现什么章草大家。这说明，章草的学习和创作具有极高难度。当代出现了几位在章草方面颇有建树的书家，主要有王遽常、刘艺、陈巨锁和陈新亚等。他们对当代的章草创作可谓卓有贡献。

孙克利先生经常问学于刘艺先生。刘艺先生是中国书协创作评审的奠基人，他德艺双馨，博古通今，治学育人，对孙克利教育鼓励甚多，使其受益匪浅。孙克利先生一边深研古代章草经典作品，一边对王遽常等人之章草作品进行广泛参悟，临摹与创作相结合，进步十分明显。从他创作的《章草千字文》作品来看，已经达到了相当高度。《千字文》之字数，相对较多，要以此为内容创作一幅书法作品，没有一定的临池功底和创作经验，则极难成功。而我们从孙克利先生所写的章草《千字文》，却能直观地感受到他驾驭笔墨的非凡功力。用笔点画精到，结体灵活多变，气势一脉相连，章法浑然一体，毫无疲弱牵强之处。整幅作品一气呵成，文气、诗意、书境自然显露，给人以极佳的视觉享受。这件作品，可以作为他这一时期的一件代表之作。

然而，孙克利先生却从来不满足于现状。他对自己的学书状态时时有新的思考。他曾对我说，有时候即便创作了一件当时还感到比较满意的作品，然未过数日，便又感满纸瑕疵，无法再观。而对他的这种说法，尽管认为其中不乏自谦之意，但我也是深有同感。一个人对书法精义的理解，会处在一种不断发展变化之中。难以看出自己作品之不足者，则说明眼力存在某种局限，而这种局限，必然影响到自身的进一步发展。只有善于不断发现问题，及时纠正，才能实现对自我的不断超越。艺术上的否定之否定，将会伴随着一个学书者的一生。书虽小技，可通大道，艺无止境，学乃为先。甘之如饴，孜孜以求，数十年如一日，朝斯夕斯，循序渐进，书法焉能不佳也！

也许从更高的艺术层面而言，孙克利先生的书法，目前还存在一些不足之处，甚至可以说，其自身的艺术风格还不十分明显；但横向作个比较，他在章草创作方面，经过一番勤学苦练，能够有今日之气象，实属难能可贵。以我的眼光来对其加以衡量，我觉得，他

本身是淡于名利的，他只是把书法当做一种修身养性之道，以一种业余的心态对待书法，耕耘砚田，在笔墨之间抒写自己的人生情怀，于字里行间流露出自己对精神家园的执著守望。他无须如当代很多书人那般急功近利，也无须在短时间之内创出什么强烈的艺术风格来。要知道，一种自我艺术风格的建立，需要三个方面的条件：一是扎实的临池功底，二是丰富的创作实践经验，三是丰赡的文化涵养。此外，尚需要好的人格魅力的支撑。过早地形成某种风格，恐怕并非好事。因为功力的不足和学养积淀的欠缺，形成的很可能不是真正的艺术风格，而是一种假象，一种伪风格。真正的艺术风格是各个方面的综合，是水到渠成，瓜熟蒂落，自然而然形成的，是人书俱老的真实体现。孙克利先生正是在这样的一种思想认识之下，坚定不移地选择了一条适合自身发展的道路，虔诚而愉快地行进着。

孙克利先生不仅从骨子里边深深挚爱着书法，甚至以一种近似于宗教崇拜一样的心情耕耘于砚田之间，而且对整个中国传统文化具有宏观上的认识和把握。他并没有从书法到书法，从形式到形式。因为仅仅玩弄技巧和形式者，绝难在书法上有大作为。只有从历史、哲学、文学互相综合起来的高度看待书法，才有可能高屋建瓴，洞察幽微，于平常事物中悟得至理。如此方有利于今后的长期发展。书法与历史、文学、哲学等等互为一体，不可分割，单独看待，则属于形而下的学习方式，很难进入道的层面。严格说来，学习书法，进门易，提高难。不同的学习阶段，会面临不同的问题和困惑。一旦卡壳，往往会很痛苦，一时之间无法实现对自我的突破。但能够时刻反躬自省，多与师友交流切磋，时机一到，自会豁然开朗，渐入佳境。迷惑与障碍并不可怕，可怕的反倒是自身处在迷惑与障碍之中而不自知。能够自知者，就已经说明自身的进步。坚守自我，迎难而上者，才会进入更高的境界。

孙克利先生除习好书法以外，亦颇好诗词和楹联，每有点滴感悟，则以诗联言志，表达自我心迹。他这种状态，与传统文人何其相似乃尔？我觉得以他目前的情况来看，我有一点可能并不成熟的建议，那就是一边继续深入临帖，巩固和强化章草创作，一边可以适当多向探索，对大篆、汉碑、魏碑和今草经典作品进行系统深入学习，但得暇日，可极其量而为之。这么做有一个好处，那就是通过这种自上而下的系统学习，丰富笔法，进一步提升结字能力，反过来推动章草的学习和创作。根深而叶茂，居高而声远，则其艺术高境之获得不过是早晚而已。

因此，我看好孙克利先生，并对他的艺术未来满怀期待。

卒文之际，特赋诗一首相赠：

金戈铁马笔纵横，克利书法见才情。

腕底皇象兼索靖，千文一篇气势雄。

李斌权其人及音乐书法的意义

在网络只要百度一下“李斌权”三个字,各种关于音乐书法的条目就会琳琅满目地出现在我们的面前。打开相关网页,一位气度轩昂、表情严峻的书法家出现在眼前,令人顿生敬慕之情。进一步打开他的音乐书法视频,场面壮观、气势恢弘的音乐书法表演,使人一下子进入到了情绪高昂、笔墨飞扬的艺术情境,浸染其中,欲罢不能。李斌权也恰恰是因为倡导“音乐书法”而成为近年的热点人物。他的个人网站、博客的点击率一路飙升,微博的粉丝成千上万,而一场关于音乐书法的大讨论也正在一步步展开。

李斌权为傅德锋演示音乐书法

李斌权先生提出“音乐书法”的理念,自有他的初衷在。一是他本人对中国书法的节奏感和音乐性的强调和推崇;二是对时下那些“江湖杂耍”式的所谓书法表演的反正;三是为中国书法的进一步宣传普及寻求新的方式;四是对书法表演的规格格调的全面提升和对书法生存空间的不断拓展。

中国书法特别是草书,是音乐性和节奏感十分强烈的艺术,而在高雅的主题音乐伴奏下的激情挥写,不仅会使其笔下的作品时时产生一些神来之笔,而且对所演奏的音乐曲目和所书写的文字内容本身所具有的意境有一种妙相契合的诠释功能。从李斌权先生的现场表演来看,当他写到高潮之时,人和笔同时舞动起来,真个是“笔下只看疾电流,时时只畏龙蛇走”,给人以心灵的震撼。有人对此颇不以为然,以为是一种“哗众取宠”之举,我则坚决反对这种看法。哗众取宠的人和现象并非没有,但李斌权和他的音乐

书法不是！他这种建立在比较深厚的传统书法基础之上的在主题音乐伴奏下的现场表演，恰恰是他对时下那些低俗不堪的哗众取宠行为的一个反正和驱逐。李斌权先生这种把书法和音乐不仅从内在情感上结合起来，而且从表达形式上也充分融合的创作尝试，的确是一个全新而有益的探索行为。

李斌权先生的音乐书法现场表演的另一个值得肯定的方面是，首先，他本人在书法上具有精深的艺术造诣，特别在草书研究方面，他所下的工夫是令人惊叹的！用"池水尽墨"和"退笔成冢"以及"被为之穿"来形容是毫不为过的。他的草书渊源有自，完全建立在传统经典草书作品的基础之上，而又有自己的很多特色，已经形成了独特的艺术风格。尤其是他的现场发挥和应变能力之强是一般人所很难达到的。他的这种专门性的特殊训练是经历了相当长的时间磨炼的。他对音乐的敏感和与各种器乐与声乐以及演唱的恰似自然天成的融合，既有先天的禀赋和气质在起作用，也与有针对性的训练息息相关。很显然，这种效果也绝非人人皆可达到。

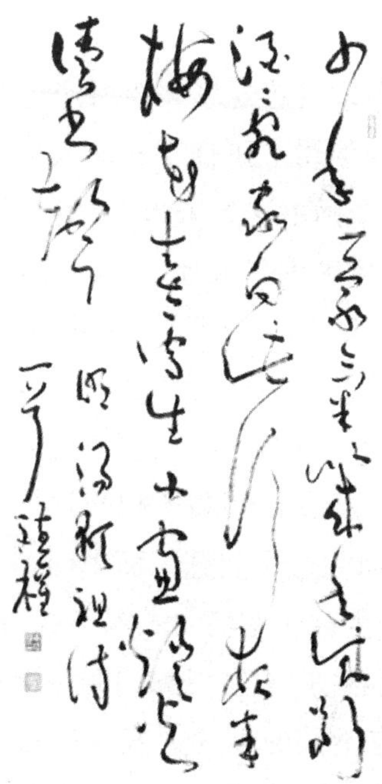

李斌权书法作品

因此说，时下社会上那些以"书法"为内容的江湖杂耍根本无法和李斌权先生的音乐书法同日而语。那些故弄玄虚、忸怩作态者，既无传统书法功力可言，又无高雅的表达方式，他们才是真正的哗众取宠者。二者之间的区别，诚可谓不能以道里计也！

从传统的角度而言，中国书法属于精英文化。但自从科举制度被废除，全民性教育逐渐普及以来，书法开始走下神坛，向民间广泛传播。展览文化的推波助澜，更是让书法成为一种全民运动。然而，这种说法也只能是相对而言。比之于以前，现在从事书法的人

数要远远多于历史上任何时期,但与目前社会的人口总量来比,书法人所占的比例还是相当悬殊的。加上硬笔、电脑这些新的书写和记录工具的介入,对书法的群众基础的巩固还是产生了一定的影响。越来越多的人不仅对书法愈来愈陌生,甚至连日常用硬笔书写的机会都越来越少了。长此以往,必然会对中国书法未来的发展形成不利因素。

而当代的广大青少年包括成年人对娱乐快餐文化的热衷与迷恋则说明，教育体制和知识结构的变化,使得新一代对中国书法的了解和认识有了很大的隔膜。甚至有一些人认为学习书法是一件十分枯燥的事情。而李斌权先生把书法和娱乐结合起来,就一下子拉近了大众与书法的距离,使他们能够和书法亲密接触,在轻松愉快的艺术氛围中感受中国书法的无穷魅力,进而产生爱好书法和学习书法的浓厚兴趣。网络上很多网友对李斌权音乐书法的热议和对李斌权先生的由衷叹服，则充分说明这种艺术表达方式很适合当代人的审美心理。他们看了音乐书法现场表演之后大部分都会产生学习书法的热情和冲动，不正说明音乐书法对中国书法的宣传普及发挥着积极而有效的微妙作用吗?!

可以说，一场形象生动的音乐书法现场表演所产生的艺术感召力要远远胜过许多次机械呆板的照本宣科式的书法演讲。不懂书法的人可以据此对书法充满各种憧憬和向往,而懂书法的人则会据此对中国书法的未来生存和发展形势产生很多新的思考。

通俗音乐、流行音乐在一度风靡中华大地,一次音乐会的举办就可以使一名歌手闻名全国。而一个书法家要扬名四海,则十分不易。原因就是娱乐圈是一个社会的大圈,它的范围可以延伸到任何一个具有正常视听功能的普通群众身上。但书法圈相对于娱乐圈就要小得多。在这样的现实之下,我们看到,很多优秀的传统艺术门类越来越失去了对当代人群的吸引,逐渐走向衰落,最后不得不以申遗的方式来获取最后的保护。中国书法其实在一定程度上同样会面临这个问题。而中国书法作为精英文化与通俗文化的组合,就完全有可能打破现有的生存状态而向纵深发展,其生存空间也将越来越广阔。

书法人往往认为,书法是高雅的,不应当拿到舞台上去表演。甚至认为凡是用来表演的都与俗气有关。对此,我有不同的看法。我倒是觉得,中国书法应该是和《三国演义》、《水浒传》、《西游记》、《红楼梦》这些经典文学名著是一样的。它既适合精英文化研究者欣赏,更适合普通人群欣赏,也就是我们通常所讲的雅俗共赏。四大名著并没有因为适合普通大众的欣赏口味而降低它的经典特性,它反而在这种老少咸宜、妇孺皆知、家喻户晓的情况下得到了最大限度的传播与弘扬，把它本身的审美欣赏功能和社会教化功能伸向了社会的各个角落。

持有一定保守观念的人,一方面把书法定位在了高雅艺术的范畴,而一方面又要坚持让书法在一个极其有限的社会空间里生存。这其实就是一对矛盾。高雅的艺术就更应当通过某种有效的传播途径让它最大限度地走向更为广阔的社会空间，让它在市场经

济社会背景下的中国社会占有更大的市场份额。君不见,很多从事通俗文化研究的人经济收入都很可观,而且生活品质非常理想。通俗文化能够在很多高层次的场所和艺术殿堂频频登台亮相,而书法却要书斋静守,偏居一隅,书法家们却要过着清贫的生活。这其实也是一种守旧的艺术思想和社会观念所导致的结果。

而李斌权先生通过音乐书法这种特殊的表达方式，成功地把书法搬上了很多原来鲜能进入的领地,比如进入像维也纳皇宫这样的高层殿堂,不正是一件很有说服意义的事情吗?!

音乐书法使得通俗文化当中融入了占据相当比例的书法因素，一方面加大了中国书法的传播力度,另一方面有效提升了通俗文化的民族气质。让书法可以据此进入任何人们认为高雅尊贵的社会场所,这不正是中国书法所应该拥有的生存发展空间吗?! 生存空间的微妙变化,对书法现场表演的品位与格调的提升也将具有一种助推作用,同时也将对人们改变对书法表演的看法起到不可估量的作用。

综上所述,不难得出一个这样的结论,那些排斥和反对音乐书法的人,都不是从如何更好地弘扬和传播中国书法的立场出发，而更多的是从庸俗社会学的角度体现出一种复杂的心理情状。但这些都丝毫无损于李斌权先生音乐书法本身所具备的实际社会意义。一个优秀的艺术家和一个能够开一代风气之先、进而起到时代引领精神作用的拓荒者,他会在一些不可避免的误解甚至嘲弄声中走出一条康庄大道来。而他所发出的振聋发聩的呐喊,也必将使那些尚在沉睡中的保守者慢慢苏醒过来。因此,我完全有理由相信,李斌权先生的选择是智慧而正确的,是既有传统文化传承又顺应时代发展潮流的,他的身后也必将有大批的欣赏者和支持者，和他一道，把中国书法推向一个全新的领域!

故我要在这里由衷祝福李斌权先生和他的音乐书法!

纵横各有得　挥毫谱新篇

——评谈当代中青年大草四家:胡抗美、张旭光、吕金光、王厚祥

中国书法是以汉字为载体的线条造型艺术,历经发展演变,形成了篆、隶、楷、行、草多种书体,大大拓宽了审美空间。而诸体之中,草书无疑是最富有艺术表现力的一种特殊书体,因为它几乎涵盖了各种书体的所有笔法,且在书写当中又可以随着书家情绪的波动而临机变化,尤其是大草,这种临机变化更是不可预测。当创作者在进行即兴的淋

漓尽致的发挥之时,至得意处,便有“心不知有手,手不知有笔”之感,笔下之迹,纵横争折、翻腾起倒,轻重迟缓,浓淡枯湿,纯任自然,一派天机。

关于草书的起源及流变,古今论家皆有著述,此文便不再详述。

大草又称醉草、狂草,首创者为汉末张芝。据张怀瓘《书断》称:“张芝变为今草,如流水速,拔茅连茹,上下牵连。或借上字之下而为下字之上,奇形离合,数意兼包。若悬猿饮涧之象,钩锁连环之状,神化自若,变态不穷。字之体势,一笔而成,偶有不连,而血脉不断,及其连者,气候通其隔行。惟王子敬明其深旨,故行首之字,往往继前行之末,世称一笔书者,起自张伯英,即此也。”至唐代,狂草大兴,张旭、怀素引领群流,影响至今。自唐之后,擅草书者虽代不乏人,但却难以超越前贤。毛泽东、林散之精研草书,气势磅礴,独具一格,为世所重。

自新时期近三十年以来的当代书坛,又出现了几位在草书方面卓有建树者,沈鹏先生即是其中之一。由于沈先生在草书特别是大草方面独到的造诣,人们将其草书称之为“沈草”,多有赞誉和推重。草书特别是大草,它的抒情达意的艺术表现功能是其他任何书体所无法相提并论的,如果能够掌握并很好地驾驭它,则创作者的忧悲、喜乐等等思想情绪均可借助于此得到淋漓尽致的宣泄和表达。在竞争越来越激烈的当代市场经济社会背景下, 人们的生活压力愈来愈大, 使得当代人无形中都背负有一种深重的压抑感,人们需要通过某种方式来缓解这种精神压力。而对于书法人来说,选择草书乃至大草,无疑是一种极好的宣泄途径。当然,这并不是说,所有从事大草研究的人都是出于这个目的,很多人选择大草,也只是性情喜好使然。

然平心而论,大草毕竟属于当代书坛的一个软肋,是弱项。在第七届全国书展评选当中,评委们认为“纯草书,包括获奖的大草作品不理想”。造成这一局面的原因相当复杂,但有两点是可以肯定的:一是康有为、包世臣“尊碑抑帖”思想的影响。狂草属于帖学范畴,显然会遭到冷落;二是学习大草的难度很高。很多书家在功力、才情、气质、修养以及识见方面有局限,不敢问津大草。要学好草书尤其是大草,要注意到很多方面,即使是对于那些具备一定的草书天赋的人来说,也需要统筹兼顾。除了了解学习草书本身的东西外,还必须注重综合修养。非此则不足以驾驭大草。

但近年来,随着行草书展、草书展的设立和持续举办,从事草书研究者日众,一些中青年书家在大草方面具备了一定的功力,在权威大展中脱颖而出,体现出一种良好的发展趋势。本文将要评述的胡抗美、张旭光、吕金光、王厚祥四位先生即是当代中青年大草书家的代表人物。尽管他们目前的大草风格尚未完全走向成熟,但通过对他们四位的分析与评述,或许会对众多从事大草研究的书家与爱好者有所裨益。

风神洒落胡抗美

胡抗美，号鹿门山人，1952年生于湖北襄阳。中国书协理事，创作委员会委员，中国书法院特约研究员。其主要成就在草书方面，作品曾多次在国展当中入选获奖。他在诗词研究上亦有相当造诣，在此方面受沈鹏先生影响较深。

胡抗美先生曾有这样的一段话："书法创作，不要把古人的衣服穿在自己的身上，而要把自己的衣服穿在古人的身上。要古质藏于内，个人形象露于外，只有这样才能通过临帖在创作中建立自己的风格。"我们从胡先生这段话可以看出，他对书法的继承与创新有着辩证的理解。作为一个草书尤其是大草研究者，仅仅具备一些笔墨功底是远远不够的，其思想认识水平以及综合素养的高低往往决定着其艺术品位的高低。如果对中国书法的渊源流变及历代草书大家的经典名作及其艺术主张缺乏全面深入的了解和认识，要想学好草书甚至大草的确是难以想象的。我们从胡抗美先生的作品可以看出，他的草书取法二王一路，以魏晋风流蕴藉、虚旷简淡的笔法和韵致为尚。对二王手札、王羲之《十七帖》、孙过庭《书谱》等浸淫甚深。笔法精致细腻，气势畅达；草法严谨，一丝不苟，绝无时下某些写草书者随意杜撰之弊；章法上无论何种幅式皆以体现风雅含蓄而又能不失空灵秀逸之气为原则，或如高山大河，或如小桥流水，或如两军交战，或如浅斟低唱，或如急风骤雨，或如细雨微风，皆随机所适，出之自然。

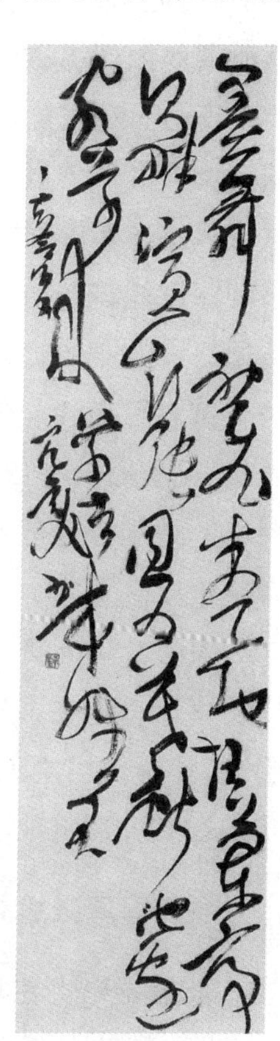

胡抗美书法作品

二王、孙过庭草书多有章草笔致，淳厚古雅，笔短意长。在技法技巧方面艺术含量很高，要真正领会并掌握它确非易事。这一方面需要勤奋，一方面需要悟性。胡抗美一直倾心致力于草书的创作与研究，取得了显著的成就。由于他自小在故里襄阳就受到了良好的艺术熏陶，故而在艺术灵性的培养上起步很早。他写有一首《书法自述》的诗，形象描写了自己的学书经历，诗曰："家住襄阳鹿门南，蒙童撮笔米颠前。登堂宝晋得真气，入室鲁公取密丹。斋馆庙堂双唇砚，柳枝笔杵沙土宣。今得晚课碑造像，始自追源秦汉间。"正是源于这种年少启蒙和后来的刻苦临帖，胡先生才能够在书法尤其是草书方面取得今日的成就。沈鹏先生在给他的《草书集》写的序言《进入狂草》一文当中曾说："我认为他（胡抗美）说的用心，不是一般意义上的认真努力，而是在创作中与'手'相应的那个'心'，是要调动全部情感、意志、悟性进入书写的那种状态。照此，临写就已经与创作的心态相通。反之，如果名曰创作而缺乏'心'的主宰，没有'心'的投入，那么便不可能真正进入创造性劳动。"从沈先生这段话，我们可

以得知胡抗美在学习书法上是属于那种心到则手到(勤奋),手到则心到(灵悟)的人,而其临创作品的数量之大,质量之高,以及对临习草书的独到之见解,显然是一般的草书学习者所不易达到的。也恰恰是因为这一点,才使得胡抗美能够真正深入到传统经典草书的奇妙世界里,既对草书的技法技巧具有较精准的把握,又能够对草书的魂魄和灵机有着敏锐的参悟,由技进道,技道合一,达到一个相对较高的创作审美层次。

汤临初《书指》中说:"善学书者其初不必多费纸墨,取古人之书而熟视之,闭目而索之,心中若有成字,然后举笔而追之,字成而以相较,始得其二三,既得其四五,然后多书以极其量,自将去古人不远矣。"一个从事书法研究者,不仅要善于临帖、勤于临帖,更应当注重背帖,去背临,背临之后再与原帖进行互相对照。比方在临写某碑某帖的过程当中,可以该碑帖的笔意去抄录一些诗文,力求在气韵上能与原碑帖相符。经过这种反复的研练,就可以达到逐渐脱离对碑帖的依赖性的目的,从而提高自己的创造能力。而胡抗美的学书方式恰恰就是走了这样的一个路子。他一边精研二王草书法帖,一边广泛参悟诸家之法,以求融会贯通,同时还致力于格律诗词的研究和创作。他这种诗书并重的学书理念,是与古人颇为相通的。古人云:"腹有诗书气自华",一个学书者,如果只知在字形结构上描描画画,而忽略对传统优秀诗文的学习,恐怕一辈子也不会有大的造就,其所谓的创作,只能形同于工匠式的制作,一生匠气,俗气不脱,是不可以称书家的。

我们面对胡抗美的草书作品,仔细品读,其点画的细腻精到,气势的贯通畅达,章法的空灵大气和流溢于字里行间的文士之气均能够给人留下深刻的印象。尽管他目前的个人风格还不够强烈,但他的书法功底尤其是草书功底无疑是深厚的。他对二王一路草书的深度挖掘与对旭素一路狂草的心摹手追,为他今后的大草创作打下了坚实的基础。他始终没有把自己局限在"写字"的低层次圈子里,而是将自己的临摹与创作上升到了一个富有思想性和创造性的层面上。因此,他的大草作品,既不失传统经典笔致的精确表达,又能时时显露出一种自我心性的自然展示,既讲究规矩法度,又不斤斤于古法,体现出一种雄深雅健、开张大气、文墨并重的文士风度。这显然是一般意义上的草书研究者所难以企及的。

因此,胡抗美似乎可以称得上是当代继沈鹏之后的又一位在草书方面具有大家潜质的书家,他在书法研究上的独到见解和较全面的综合修养以及他目前所达到的艺术层次,使得他当之无愧地成为当代为数不多的在大草方面取得较高成就的佼佼者之一。我们在充分肯定他的现有成绩的同时,也对他将来的发展寄予厚望并殷切期待。

质朴淳厚张旭光

张旭光先生在很多人的心目中,似乎一直是以"书法官员"的身份活跃于当代书坛的,这是源于他担任着中国书协的副秘书长,一直从事着全国大展的评选展出领导协调

工作。同时因为早年的张旭光在书法方面成绩不够突显，与人们理想中的书界领导者的书艺水准颇不符合。

然而，自2003年之后，张旭光的书名逐渐为书界所津津乐道。实质上，他的这种前后反差与变化，是完全符合任何一位书家成长的一般规律的。由于每一位具体的学书者的性格、气质、学识、修养和所处的生活环境以及情性和刻苦程度各有不同，因此在书法上的进步快慢和成就大小也就有所不同。

依笔者之愚意，张旭光先生长期在中国书法家协会工作，身边师友众多，其学习条件之优越是非常明显的。在这样的环境当中，长期从事展览的评选展出工作，接触大量的优秀作品，视野无疑是开阔的，对各种创作理念、创作手法的吸收借鉴也具有他人不及的优势。他早期创作的不够突出，有其特定的原因，但并不是说他就是一个纯粹的“书法官员”，而是他在书法上的功力积累和对书法的顿悟一时之间还没有达到喷薄而出的最佳时机。

2003年，在那场令人难忘的全国性的“非典”期间，张旭光闭门在家通临《圣教序》七十余遍，按他自己的话说就是经过这一番苦练，仅得两字“到位”。其实，临习古人法帖，能否达到“到位”，是否刻苦用功固然极其重要，但有无天分和悟性高低则显得十分关键。因为有的人即使临上上百遍上千遍也未必能收到理想中的效果；而悟性高者花同样甚至一半的工夫就能捕捉到古人作品的内在气质，笔下即有不俗的表现。其实，张旭光所说的“到位”，也不是说真的达到那种“逼似古人”的程度，而是在边学古人边细心领悟的过程当中明白自己想要的东西究竟是什么，且能将自己想要的这种东西巧妙地从碑帖当中提取出来，将古法为我所用。否则，“就令学成王羲之，亦终归奴书耳”。

张旭光书法作品

我们从张旭光的作品来看，他的主要成就显然在行草书和大草方面。他以二王为基，兼取颜鲁公之浑厚宽博，苏轼米芾之灵机意韵，形成了朴厚自然、典雅闲适的风格面貌。张旭光主张以现代审美感觉去挖掘古典，提出“开掘传统长河中的现代溪流”，使创作既从传统长河的源头而来，又能立于现代潮头之上。就他的行书而言，一方面全力追求二王运笔的精致，以得魏晋笔法的高古之气，一方面又以宋人的意趣将晋人的点画结构进行改造，从而出现新的面目。晋书的潇洒、唐书的厚重、宋书的意味兼而顾之，求韵、守法、得意三者归一，写出自家的心

线。这充分说明，张旭光是属于那种善于取法、精于融合多家意象的综合型书家。而其草书所反映出的风格面貌，才是真正能够体现他的器识修养的地方。如果说张旭光的行书更多的是偏重于对古人笔法的参悟与领会，从而既有古人用笔的娴熟和精到并稍具自家面貌的话，那么他的草书则是其审美主张下自由心性的一种淋漓尽致的表达。他以极具个人特色的点线、墨法表现阴阳之变化，生命之律动，亦古亦新，注重时代精神的张扬，由此形成了一套完全有别于他人的草书风格，这是殊为难得的。他的草书在当代众多草书作品当中独树一帜，由此引起书界对他的广泛关注。这种关注本身表明，今日的张旭光已不再单纯因为书法官员的身份而引人注目，而是反映出人们对其艺术成就的新的认同。

张旭光草书的基本调子仍然出自于二王，这与他擅长写二王一路行书是互为因果的。但二王行草多以手札形式出现，宜小不宜大，字一写大，不但点画韵致尽失，连结构行款也每有松散杂乱之弊。因此，一些尝试将二王行草书写大的书家，不得不从张旭怀素处取其奇诡变幻之势，从明清巨幛大轴当中借鉴行款布局之法。而旭素狂草、明清大幅行草笔法的多变，体势的连绵，墨色的丰富，恰恰可以弥补二王行草不宜写大的不足。从张旭光的大草作品来看，他能够将二王、旭素、明清调互相融合，突出运笔的节奏，加大墨色的对比，并时常在大草作品中出现个别行书单字，墨色浓厚，静如山岳，由此与笔势连绵的一组用淡墨、飞白、枯笔写成的字，形成强烈的对比。线条则刚柔相济，又以柔为多，且在很多字的起收之处出现一些明显的尖削之笔，与中段的厚重再次形成对比。这是张旭光用笔与结字的一大特点。

张旭光的大草之所以能在当今书界为人所看重，乃因取法很正，直追晋人，则下笔有源，不落俗格；书路宽广，多方取法，却不会为一家所限，既能下笔有由，又能丰富线条意象；而不囿陈法，大胆突破，则充分体现出书家的创新精神。拥有这三点，也就具备了向大草冲刺的本钱。大草是最具艺术表现力的一种书体，也是学习难度最大的一种书体，没有很高的修养器识、胸襟胆魄，实难问津，若勉为其难，大多徒费年月，终难有所建树。

而张旭光长期活跃于各大权威展览的评审展出活动，见多识广，加上自己的刻苦勤奋，取得今日之成绩，势在必然。他在创作、评审之余，对书法理论多有用心，在书坛上提出了一些不乏个人见解的艺术主张，如“到位”与“味道”、“读书、临帖、悟道、创作”等，广为书界所称道、引用，说明他是一个注重学养的书法家。他的“激活唐楷”的主张，尽管褒贬不一，众说纷纭，但从某种意义而言，也说明他作为书法家与书法官员对当代书法的深度思考与对发展唐楷的某种忧虑。也许前景未必乐观，但他的这种努力和付出，人们必将记住。

张旭光亦倾心于古体诗的研究与创作，反映出他浓郁的古典情怀。这种“借古开今”的传统修养与气质恰恰是当代很多书家所缺乏的。而张旭光却从这些似乎古老的平平

仄仄之中吟哦出了一个现代书家的时代情感。因此，我们有理由相信，未来的张旭光一定会站得更高，走得更远……

奇崛雄肆吕金光

吕金光先生是当代书坛近些年以一手形神兼备的倪(元璐)体大草在国家级大展上频频荣膺大奖的人物。当人们热衷于追摹二王，学王铎、张瑞图、黄道周之时，他却将目光投向了具有“新理异态”的倪元璐草书。他的这种不追随时风的取法方式，在追风逐潮大行于世的展厅文化时代，反倒使得他的书法颇具有一种遗世独立的品格。而他的成功也充分表明，同样在全国大展上脱颖而出，是否具有独立的学书品格，的确是衡量一个书家艺术品位高低的重要标准。也就是说，那些热衷于“跟风”的书家，尽管一时侥幸在国展上显山露水，但与吕金光这种力主不与人同的书家相比，其艺术品位与格调将会大打折扣。而吕金光自始至终对倪元璐草书的情有独钟，也就使得他成为了在当代书坛颇具代表意义的中青年书家。他在学习研究倪元璐书法上所取得的成就，是当代其他学习倪元璐草书者所不能相提并论的。因为他的这种师法方式更具有纯粹性，其深度与精度，是一般学倪者所无法比拟的。

倪元璐是明代天启年间进士，官至户部尚书，个性耿介，处世刚直，学问高深，工画山水竹石，书法于行草书有很高成就。他与黄道周同时，二人性情志趣相投，交谊甚笃，书法风格上有相近的地方，皆为法古开新的代表性书家。康有为曾言：“明人无不能行书，倪鸿宝(元璐)新理异态就多。”有明以来，凡二百七十余年之中，书家辈出，高手林立。当时碑学尚未兴起，书法上还是继承元代的传统。祝允明、文征明、董其昌各显身手，总领群流，被推为一时宗匠。但严格说来，他们依然未能跳出二王帖学之樊篱，没什么大的突破。而明时倪元璐、黄道周二人却能一变古法，形成了截然不同的艺术面貌，拉大了与二王行草的距离。故沙孟海先生在其著作《近三百年的书学》当中，将倪元璐与黄道周、沈曾植三人称之为“于二王以外另辟一条路线者”。黄道周一生磊落，刚正不阿，后起兵抗清，兵败被俘后遇害。倪元璐自缢殉国，其人品气节，素来为后世推重。

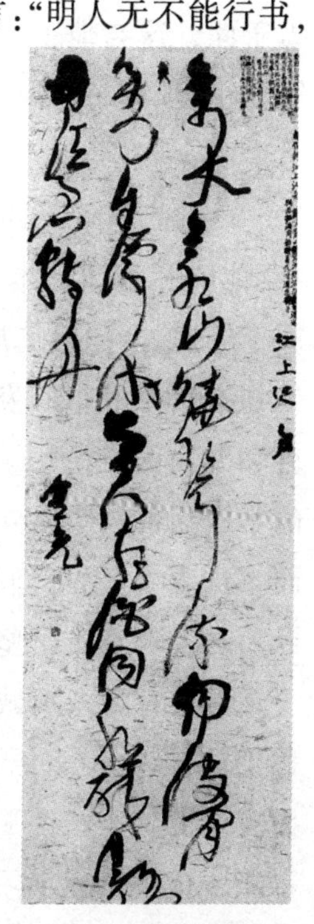

吕金光书法作品

吕金光先生以倪元璐为法，观其书作，我们不难领略到其深得倪书纵横捭阖、笔翻波澜的奔放之势。运笔忽徐忽疾，墨色时浓时枯，落纸云烟，气魄豪爽。整幅雄肆大气，气势流畅贯通，字之结体稍向左下方倾斜，产生一种奔腾不息的动势，天机充盈，激情荡漾，很富有艺术感染力。

吕金光前期的草书作品，较多忠实于倪元璐草书原貌的精确表

达。无论章法、结构、点画、墨法皆能形神兼备。尤其是在涨墨与枯笔飞白的运用方面，可谓深得倪书之精髓。我们面对这样的作品，如不看题款，会误认为是倪氏原作，由此亦可窥见其临池功力之深。但吕金光绝不是那种只知步古人后尘的书家，他在尽量保留倪书特点（如涨墨与枯笔和结体的奇崛等等）的基础上，更为注重体势的连绵与线条的奔放。细究其实，我们发现，他实际上是将张旭、怀素、黄庭坚、王铎、傅山、黄道周、张瑞图的某些笔法因素自然地融入其中，既加大了作品的信息含量，又不失倪书的基本风范，这显然也就于无意之中形成了吕金光本人的风格特点。他的一些作品在保持倪元璐两行半章法特点的基础上，又在作品的左上方或右上方题一两行小字，形成的小块面又显然与正文形成了一个对比，丰富了整幅作品的空间变化。但有时也不免给人留下重复落款的嫌疑。凡事有一得便有一失，处于探索阶段的书家，这些往往都是难以避免的。

由于倪元璐草书所表现的艺术层次较高，反映的思想内涵较深，其品位与格调显然是一般的追摹者所不易达到的。学之不当，难免流于草率与浮躁。但从吕金光目前的创作状况来看，他显然已迈出成功的一步。他的作品能连续在近年举办的权威大展上多次入选和获奖，则充分表明了社会对其学书成果的肯定。纵观历届国展、中青展和行草书展，师法倪元璐者，并不多见，能够达到较高水准者，更是凤毛麟角。这一方面源于倪元璐草书风格十分强烈，其点画结构以及用笔、墨法所体现出的“新理异态”，非常人所能驾驭。另一方面，还存在一个个性因素和学养因素。吕金光能不为时风所动，一直精心致力于此，这与他个人的偏好和与倪氏在个性气质上的契合不无关系。但仅有这些还不够，还必须具备丰厚的学养、过人的才情和胆识，至于学书的勤奋与刻苦更是不言而喻。吕金光十数年精心于此，也体现出他学书上不凡的定力。

吕金光就读于四川大学，师从侯开嘉先生攻读硕士学位，现为四川大学副教授。这几年，他以倪（元璐）体大草先后获得中国书法第二届兰亭奖创作奖、全国第九届书法篆刻展三等奖、全国第二届草书展一等奖。他在创作以外，在书法理论研究方面亦颇有建树。他在权威专业报刊发表过数量可观的书法理论文章，并有论文多次入选全国书学讨论会和九届国展论坛。其文立意深刻，选题新颖，论述严谨，且每有独到见解，体现出较高的学术品位。这充分说明，吕金光是一位注重学术修养的书法实践者，这与那些“为书法而书法者”是不可同日而语的。他的这种理论与实践相结合的艺术研究方式，无疑为他今后的发展奠定了坚实的基础。

吕金光为人坦诚朴实，既有山东人的豪爽，又有四川人的精明，他虽取得了许多令人称羡的佳绩，但言语之间却十分谦虚，不事张扬，具有中国传统文士的虚旷情怀，这是尤为可贵的。他这种平平实实做人、认认真真做事、勤勤恳恳做学问的人生态度，是很值得青年一代书法人学习和敬重的。

当我们面对他的书法作品，看到的不仅仅是点线的跳动，更能够体会和领略到其作

品所蕴涵的思想深度。我们品赏他的书作,再研读他的书论文章,我们会看到一个丰满而厚实、理性而又个性的当代中青年优秀书家的形象。

因此,可以毫不夸张地说,在笔者看来,我们将他定位为当代师法倪元璐的最具有发展潜质的书法家,应无不妥处。在展览文化背景下,他能够保持一种不与人同的学书品格,无疑是十分难得的。我们从其今日的成就可以料想其未来,而他目前这种平实谦和的学书心态,在给人们以某种启示的同时,也让我们对他的将来满怀期待。

遒劲放逸王厚祥

王厚祥先生是20世纪60年代之后出生的青年书家当中较为突出的一位。之所以言此,乃是源于他以一手富有古意而又兼具开拓精神的极具视觉冲击力的草书征服了大批的欣赏者,从而在当代书坛独树一帜,引人注目。王厚祥的草书作品在近年来的国家级书法大展上频频亮相且屡屡获奖,足以证明他目前的学书创作状态正在进入一个旺盛期。

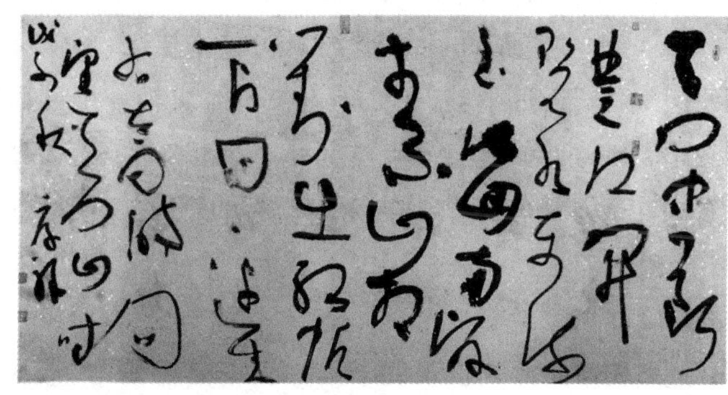

王厚祥书法作品

从他的草书作品来看,其草书是深深地植根于二王一路经典草书的。从历代草书家的成长历程及其基本规律来看,向二王一路经典草书取法是魏晋以后几乎所有的草书研究者都无法回避的一个现实问题,而且因为取法的程度不同、角度不同,最后所形成的自我风格和所取得的成就大小也会有所不同。尤其对于从事大草研究者而言,是否能够真正进入二王的书艺体系并智慧地进行取舍,将是决定其作品品位高低的一个关键。有人也许会对笔者这种观点不以为然,以为避开二王草书,依然可以进入大草。有这种想法的人,无非是觉得打下一定的正书或行书功底之后,直接从张芝、张旭、怀素、孙过庭、黄庭坚等的草书入手,亦可达到学好大草的目的。但我的看法是,自东汉张芝创立“今草”之后,二王无疑是今草的集大成者。经过他们父子的书法实践,既规范了草书,完善和丰富了草书的技法并形成了一个完全独立的“今草”体系,又进一步发展了草书,并由他们父子二人形成了中国草书艺术的第一座高峰。后世草书家无不从中取法受益。即使是像王铎、傅山、倪元璐这样的草书大家也必然或多或少从二王草书获得过启发。米

芾在其《论草书帖》中云:“草书若不入晋人格,聊徒成下品。张颠俗子,变乱古法,惊诸凡夫,自有识者;怀素少加平淡,稍到天成,而时代压之,不能高古。高闲而下,但可悬之酒肆,巩光犹可憎恶也。”在这段论述中,米芾对晋人草书可谓推崇备至,其中虽对张旭、怀素、高闲等人颇有微词,流露出一种不乏情绪性的意味,但仔细推敲起来,其中的道理还是不言而喻的。而王厚祥对二王草书的心仪与追摹,则为其草书创作定下了一个品味颇高的基本格调,这一点对于其今后的长远发展无疑具有着举足轻重的作用。

面对王厚祥的草书作品,我们可以看出他对二王草书具有着很强的把握能力,既有王羲之手札作品如《孔侍中帖》、《姨母帖》、《频有哀祸帖》、《初月帖》、《散乱帖》等的简古高远之韵致,又有《十七帖》及王献之《中秋帖》的洗练与畅达。但王厚祥的可贵之处是,他没有机械地照搬前人的东西,而是经过一番消化吸收之后,适当地融入了自己的理解,并由此体现出了一定的个性。事实上,任何可以称得上优秀的书法作品,都必须具备这样的特征,那就是,既要有古人的影子,又要有自己的思想。只有古人而没有自己,那就是人们通常所讲的“抄书匠”或“写字匠”;只有自己而没有古人,那么你笔下的东西恐怕已经不能称之为书法。学习古人的东西,首先解决技术层面(形似)的问题,这是毫无疑问的;但仅仅做到这一点还远远不够,还必须进一步解决精神层面(神似)的问题。而即使达到了对古人之作“形神俱似”(实质上这只是一个相对的概念,真正的“形神俱似”其实是不可能的,艺术毕竟不能和工艺技术等同)的程度,也只是具备了一个书法创作的前提,因为里面还存在一个是否在此基础之上创立出个人风格的问题。不然,“就令学成王羲之,亦终归奴书耳”!

事实上,王厚祥的大草作品并未仅仅囿于对二王草书的研习,他在一定程度上对二王草书具备认识把握能力之后,显然对张芝、张旭、怀素以及孙过庭乃至明清人的大草都进行了广泛的参悟和吸收。对于从事大草研究者而言,张芝、张旭和怀素是不可随意跨越的,避开他们几人,等于无视传统经典大草的存在。王厚祥能够立足二王,广取博收,足见他对草书的学习和创作具有着冷静清醒而又不乏智慧的理解和认识。他笔下的草书作品无论是从用笔、结体还是行气、布白方面来讲,都比较注重传统的经典意识的表达,笔法的细腻性、结体的准确性、行气的连贯性、布白的合理性以及墨色变化的丰富性都具有较好的体现。实际上上述注重因素恰恰是决定一件草书尤其是大草作品是否成功的几个重要方面,不可缺一。

在展览文化背景下,由于书法作为视觉艺术,更多的时候,它介入社会的途径主要以在现代大型展厅集中展示为主,其中还存在一个评委的“评审”过程。在这种特殊情况下,能否使自己的作品具备较强的“视觉冲击力”,也就理所当然地成为大家共同关注的一个首要问题。平心而论,“笔墨当随时代”,时代风气是不会以某个人的意志为转移的,作为具体的作者,只能充分考虑如何能使自己更加具备适应时代的能力。很显然,死守

古人的东西是非常不合时宜的,而完全置优秀传统于不顾,书法也会变得不伦不类。明清以前,书法作品的尺幅是不大的,明清之际,有了巨幛大轴,但比之现在的一些大幅作品还是有一些尺幅上的差异的。二王作品,宜小不宜大,要写大的话,就需要解决一些用笔和结体上出现的新的问题。一个有效的途径就是向明清人借鉴取法,就草书而言,就需要从徐渭、祝枝山、王铎、傅山、黄道周、倪元璐等的大幅作品(不仅要看他们的法帖,更应当争取多观摩原作)当中去获得启发。自北宋以来,书法家大多兼事绘画,像苏轼、米芾、文征明、徐渭、董其昌、黄道周等等,故北宋之后的书法在墨法方面有了新的突破。尤其是王铎对"涨墨"的大量使用,更加有效地增加了作品的视觉效果,对后世书家影响甚大。王厚祥大草作品就较好地解决了上述问题。他能够意识到,自己的作品既不能失之于粗疏荒率,又不能拘泥于小巧精致;既要有一个统一的基调,又要有一些相应的变化;既要保持经典的品格,又要突出时代精神。这无疑具有很高的难度。但经过多年的精心参悟和刻苦磨炼,他已不断地向草书艺术的高层次、高境界和高格调迈进。

面对王厚祥的大草作品,我虽不敢说他达到了一个多么高的高度,但在当代众多从事草书创作者之中,他无疑是一个优秀者。他的大草作品能够将简古、宽博、雄浑、大气以及厚重集于一体,在自由自在的挥洒下每每有一些出人意料之处,其中还不乏一种自信与安闲,的确是难能可贵的。四十多岁的他已在大草研究领域智慧地为自己赢得了一席之地,那么,我们更有理由相信,将来的王厚祥一定会有更多更佳的表现。

从以上论述可知,本文所评述的四位书家——胡抗美、张旭光、吕金光、王厚祥,他们的学书理念和研究方式在当今书界,显然具有一定的代表意义。他们四位在创作上的成就主要体现在大草方面,他们的取法各有不同,但他们对书法的这种真诚和执著却有着极为相似的地方。他们都注重继承传统,但同时都勇于突破和创新;他们都勤于实践,但他们又都关注理论,重视学养;他们都取得了骄人的成绩,但又都谦和平实;他们都致力于大草的研究,但又都形成了迥然不同的风格面貌;他们虽然都已"成功了"、"成名了",但又都继续保持着勇往直前的创造力。从书法史的角度来看,凡在书法方面有较高成就者,都绝不是那种心浮气躁、急功近利,为书法而书法者所可当之的。从钟繇、王羲之到张旭、怀素,从欧阳修、苏轼到祝枝山、徐文长,哪一位不是才艺并佳的饱学之士?有无学问修养或学养深浅是衡量一个学书者是家还是匠、是小家还是大家的一把重要标尺。只有那些深具器识修养和笔墨功力的人才可能在研究书法的过程当中,不断地提出很多新的问题,然后在实践中解决问题,从而给书史留下一些新的内容。而胡抗美、张旭光、吕金光、王厚祥四位虽身处展览文化时代,但却都始终保持着冷静而清醒的头脑,竭力保留着传统文士的那种历史情怀和对中国书法未来发展的忧患意识,在学习研究书法的过程中始终伴随着各自对艺术追求与现实人生的深刻思考。他们文墨并举、技道并重,目前已在诗文和书法上都有很高的修养与不俗的见解。他们凭着各自的书艺成就当

之无愧地成为了当代书坛的热点人物。若更假以时日,则此四位之前途将未可限量矣。或许以更高的眼光来看,他们四位的书法,目前还存在这样那样的不足,但如果能够长期保持他们这样的学书品格和艺术定力,我想,他们在未来的发展当中,将会非常值得我们期待……

故而,我将他们列为当代中青年大草四家,并非为哗众取宠或有意拔高,而是认为,通过对胡抗美、张旭光、吕金光、王厚祥四位的综合分析与客观评述,能够对当代青年一代书法人以些微启示。读罢拙文,或能略有补益,则余愿足矣。

2008年9月30日深夜于古风堂

说说薛元明的理论与创作

在近些年的书法专业报刊上,有一个读者非常熟悉的名字,他就是薛元明。他显然是一位多产的理论作者,他写文章出手快,发表量大,且能保持一定水准,非常不易。我虽素未与元明谋面,但他的文章 ,我几乎每篇必读,而且读得很仔细,时间久了,便永远记住了这个名字。

我也时常写点文字发表在专业报刊上。有一天突然心血来潮,将报社寄来的样报全部搬出,认真清理了一番,竟发现与元明同期刊发的文章竟有数十篇之多。当时想,我与元明尽管素昧平生,但从文字渊缘而言,应该也是神交已久的笔友吧?后来与元明的几次手机短信往来完全验证了我的这一想法, 从元明的短信可以读出他的感觉和我颇为相同。

我生性鲁钝,在文章方面,出手远没有元明这般“阔绰”,每月都能有十数篇文章见诸报刊,令人在叹羡之余也深为元明做学的睿智与勤勉折服。

刚开始,我一直以为元明只长于理论研究,虽然偶尔也能在报刊上一睹元明书印作品的风采,但因所见不多(也或许是我对元明发表的作品关注不够),故没有留下什么深刻的印象。后来蒙元明看重,给我寄来一些他的作品资料。认真品读之后,心中竟有一种别样的感觉:原来元明的书法篆刻创作比我想象的要好上许多。元明在短信中表示要我针对他的作品多提些诚恳的批评意见,而我也正有这样的想法,一来为加强同道之间的交流,一来为了却心中一直想写元明的夙愿。故不揣浅陋,借这篇小文就元明的创作谈

一点看法和感想。

我个人认为，在评价元明的书法篆刻作品之前，很有必要谈谈他的理论著述。我觉得一位1973年出生的青年人，在并不很长的生活时段里竟能撰写发表数百万字的理论文章，这在全国理论界委实是屈指可数的。元明的文章给我一个最大的感受，就是文风正，语言平实，通俗易懂，论述深入浅出，言简意赅，可读性强，既没有“掉书袋”式的学究风气，也没有“假洋鬼子”式的不良做派，与读者始终保持着一种亲近感。

薛元明书法作品

我一向比较反感人云亦云和故弄玄虚的文章，尤其对那些以把文章做到读者读不懂为荣的论者，更是敬而远之。我辈见识浅陋，费不得那般艰深苦读的工夫。而对短小精悍有所创见的文字则喜读再三，从中获益不少。元明亦有长文，但能保持和短文类似的品格，因而也能一气读将下来。

从元明的文章可以看出，他是一个实实在在下苦功做学问的人，远非那些时不时整点“官样文章”的作手可比。他显然对书法篆刻史有着较深入系统的研究，在书法篆刻美

学方面亦造诣颇深。无论是对古今书家的个案研究,还是对当代书坛的整体观照,都具有很好的把握能力,见解独到,言之有物,措词中肯,论述周详,让读者能从中有所获益。元明的一些书坛时评文章,最能吸引我的注意力。他敢于抨击时弊,揭露书坛的阴暗面,从中显示出一位理论工作者应有的品格,殊为难得。书坛上敢于直言的人实在是太少了,但薛元明、天生书呆子、一鸟等却让我们时时能感觉到“直谏”的存在。书坛需要肯定,但更需要客观务实的批评。

薛元明篆刻作品

元明于书法,各体皆有涉猎,无论何种书体,似乎多以“平正”示人,并不刻意做夸张变形状,用笔沉实厚重,富有学者气。虽尚未形成明显的个人风格,但从他书作的用笔和结体来看倒也不乏个人的一些想法。我有一种感觉,元明书作用笔基础扎实,但古意似嫌不够,以元明的学养见识,日后若能集中一点突破,然后举一反三,必有进境。作为一位将更多的时间精力用于撰文著述的人来说,已属不易。

相对于其书作而言,元明的篆刻显然更耐品读。其作古意盎然,金石味强。里面既有秦汉印的风骨,又有吴昌硕、来楚生的韵致,当中最为明显的显然是对齐白石刀味的心仪。但细细品赏,却有作者自己的思想在里面。众多印作,在气息上很统一,但每方印给人的感受却又或多或少有所不同。元明的印作,在字法、章法、刀法方面都有一定的特色,字法上随形就势能出之自然;章法上疏密相间能统一和谐;用刀上生辣猛厉而不失之浅露。此者甚为难得。其作个人风格已露端倪,但今后仍需在精深方面多作努力。然而,元明的篆刻较之时下那些为在展览上入选获奖而热衷于追风逐潮者来讲,品格上要高出许多,假以时日,应非等闲。

元明对自己的学习状况有这样的描述:“我的积习是白天写字刻印,晚上读书写稿,尤其是夜阑人静、万籁俱寂之时,拥一缕书香在手,此时不必正襟危坐,可以坐着,可以躺着,可以趴着,每到精彩处,心领神会,如沐甘露,如坐春风。”又说:“交往和独处是人生存的方式,目前来说,交流太多,独处太少,信息闭塞之时渴望交流,交流是一种能力,

其实独处也是一种能力,忍受不了孤独,希望和更多人无时无刻都在一起,反倒没有一种心灵空间。”

元明的言行和他所取得的成就,对那些心浮气躁、急功近利的书法人何尝不是一种提示?

此时,夜阑人静、万籁俱寂,我在斗室之中一气写下这些文字,既有对元明的肯定,也有对元明的期待。最后遥祝元明百尺竿头,更进一步。

2008年6月5日于古风堂西窗

平常心态　借书寓怀

——我看宋华其人其书

宋华先生是我初到北京专访胡抗美、曾翔等几位先生时,经好友吕金光先生介绍认识的朋友。尽管我们认识的时间并不长,但在书法方面似乎早已达到了无话不谈的地步。这一方面是源于我们都是从事书法研究工作的,自然就会有许多共同的话题;另一方面是因为他虽在单位搞行政领导工作,但做人很低调,从不张扬自己,而我呢恰恰就喜欢和这样的人打交道,所以我们的交往就少了很多世俗的客套,聊起来自自然然,就像交往多年的好友一般。

傅德锋与宋华在北京玩墨斋

其实,在我和宋华先生尚未见面之前,吕金光先生已经简略向我介绍了宋先生的一些基本情况,说宋华在书法方面研究多年,有着很深的造诣,作品曾多次入展中国书法家协会主办的展览,如今早已是中国书协会员,让我们见面后多多交流。我深知金光兄

的为人和在书法创作理论方面所取得的成就以及知人识艺的眼力，他是断然不会随便褒奖一个人的，他所举荐的人一定都很优秀。果不其然，待我和宋华认识后，经过一段时间的往来交流，他的待人处事表现和对书法的见识与金光兄所言如出一辙。这就引起我想为他写这篇评述文章的兴趣，因为我觉得他是很值得我去认真加以关注的一位中青年书法家。

宋华对我介绍说，他因为工作比较忙，没有太多的时间和精力去学习书法，但由于自己特别喜好书法，于是就尽量把工作以外的时间利用起来，以平常心态，把笔临池。他说自己不一定非要成为什么书法家，但生活中如果缺少了书法这个业余爱好，就会变得寡淡无味。对于他的这番话，我自是深以为然。书法之于他固然是“余事”，但借助书法，修身养性，萧散怀抱，也无疑是一种个人性情的自然体现。

他曾经拿出多件自己的作品让我看，诚恳地要我对他的作品多提些批评意见。而且一旦有好作品出来，他就把作品图片发我邮箱。宋华擅长行草书和榜书，气息古雅，格调很高，总体上已经达到了一个很高的水平。其书植根于二王，并以明清诸家为主调，旁参时人之意趣，特别对王铎、傅山、张瑞图、倪元璐、黄道周之书法有着专门的研究。他的作品写得流畅自然、雄浑大气，已经在无意之间形成了自己的艺术风格。书论家常言“书贵心悟”，说的是不论在解决书写技法技巧阶段还是在进入“道”的层面，都不能只知道下“死工夫”。“死工夫”对学习研究书法而言固然不可或缺，但若唯执一端，必然不得通达，不免时时“卡壳”，寸步难行。不然，著名书论家王僧虔就不会说“书之妙道，神采为上，形质次之，兼之者方可绍于古人”这句话了！事实上，王僧虔所讲的“形质”就是指点画结构，“神采”则是指内在的气韵和艺术格调。而点画结构(形质)就好比是一个人的外貌，内在气韵、艺术格调(神采)则如同一个人的气质和风度。人的五官骨架大致相同，但气质风度迥然有别，气质风度来自于一个人的修为和学养，是从不断的学习和生活历练中得来的。我们说缺乏气质风度的人乃是平庸之辈，也就是说没有学问修养的人是很难被人们所看重的。对于书法，亦是同理。因此说，“书贵心悟”，书法家要具备一颗妙悟自然法理的灵心。唯其如此，方可脱略蹊径，迥出时流，书艺人品方能并为世之所重也。

宋华书法作品

仔细观看宋华先生的行草书，用笔在方圆使转之间能够自然生化，随机应变；行款布白疏密得体，妥帖自然；墨法虚实相生，燥润相杂，不浮不飘，力透纸背；气息格调本于古人而又

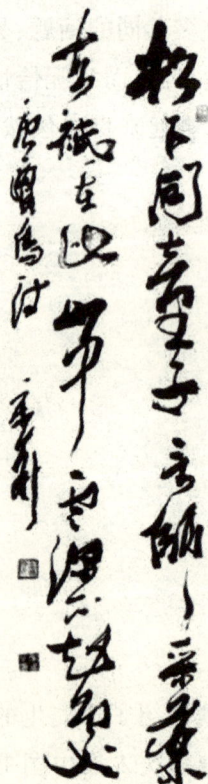

通晓变化之道，古今结合，不偏不倚，足可雅俗共赏。他的行草榜书，从气息格调上来看，基本上和他的多字数行草书作品是一致的，但与之相较，则更具有视觉冲击力。其实在当代总的审美观念及创作思潮影响下，任何一个书法家都必须正确面对当代的主流意识，否则就很难使自己的作品进入当代艺术的高端视野，不为高层次的批评家所看重。清代大画家石涛所讲的“笔墨当随时代”指的就是这个意思。当代人学习书法，学明清、法唐宋、追魏晋，其实只是一个进入书法领域的具体手段（或曰“门径”）而已，抒写个人性情，倡扬时代精神，才是我们的终极目的，不然，“就令学成王羲之，亦终归奴书耳”！不足贵也。宋华的书法探索已经进入到了一个让我这个专业从事书法理论批评者刮目相看的境地，这是殊为不易的。我在去年重点选择了沈鹏、张海、王镛、李刚田、邱振中、曹宝麟、于明诠、刘新德、孙晓云、何昌贵、韩天衡、石开、刘一闻、苏金海、陈国斌、葛冰华、张公者等六十位书法篆刻家，一口气写完《当代著名书家二十人系列评论》、《当代中青年书家二十人系列评论》、《当代篆刻二十家系列评论》在权威书画报刊连载，在书坛上引起极大反响之后，曾经给自己立下一条规矩，绝不为一般书作者乱写应酬性的评论文章，目的只为一个，就是要使自己的评论始终站在一个时代的高度。

今天，我欣然为宋华先生撰写这篇评述性的文字，就是因为他是值得我看重和不断关注的品学兼优的书法家。尽管他的作品还存在诸多不足，但我相信他一定会在今后的书法道路上逐步弥补。艺无止境，学贵有恒，我衷心祝愿宋华兄在未来的生活和艺术道路上迎难而上，艺事日进……

书坛俊彦龚小膑

四川素有“天府之国”之美誉，物阜民丰，人杰地灵，自古至今，曾经涌现过许多英雄豪杰，文人墨客。大诗人李白、杜甫等曾经遍游川中名胜，挥笔写下了很多脍炙人口的优秀诗篇。而龚晴皋、赵熙、谢无量书法泽被后代，大文豪郭沫若在书法方面的成就也深深影响着后来书人。近十数年以来，四川书坛在何应辉、刘云泉、张景岳、舒炯几位先生的影响、带动与培养下，涌现出了一批优秀的青年书法才俊，像刘新德、戴跃、洪厚甜、文永生、龚小膑几位，他们不仅是四川书坛的精英，而且是全国书坛的精英，他们的作品在中国书协举办的一系列权威大展上入选获奖、摘金夺银，充分展示了四川书法的艺术风采。

提起龚小膑，凡见过他的人在脑海中就会显现出一位留着寸发，英俊威武，言谈举止

文质彬彬的美男子形象。我之所以拟定这样一个文章标题,乃是因为,龚小膑不仅人长得帅,书法更帅。凡是接触过他的书法作品的人,都会有一个非常明显的感受,就是龚小膑的书法有一种风流蕴藉、儒雅含蓄、飘逸潇洒的美感,尤其是其小字行草,一过眼就会给人留下极为深刻的印象。他的书法,虽然不多具备时下人们所津津乐道的那种强烈的"视觉冲击力",但却又是很耐细细品读的那一类,一如品茶,在慢慢品咂中方可体味到其中的淳厚与清馨。

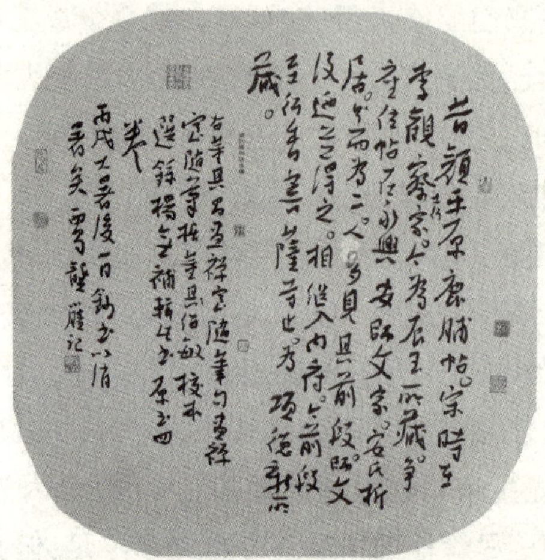

龚小膑书法作品

我关注龚小膑已经很久,确切一些说,关注他的书法已有近十年。在近十年的生活历程当中,他的作品连续在全国权威书法大展上频频入选获奖,他已由一个普普通通的书法爱好者跻身全国实力派青年书法家行列,而且从一名中国书协会员当选为中国书协理事,这无疑是他多年来辛勤耕耘、孜孜求学的回报,也是社会和时代给予他的充分认可与嘉勉。

2007年夏末,龚小膑由四川到甘肃旅游采风,应书友张振虎邀请,来张掖逗留数日,虽然我们只交谈了一次,他就给我留下了前文所描述的印象。在宾馆里,他向我们展示了他的许多书法作品,无论何种幅式,都写得潇洒、儒雅、大气。尤其是那些小字行草册页,写得极为细腻精致,细细展卷把玩,颇有二王手札之神韵,是典型的传统帖派书风经过当代四川地域书风改造之后的极佳表现。四川书风既不同于中原书风,也不同于江浙书风;中原书风体现的是雄强霸悍,江浙书风注重的是精致细腻,这是书界的一个基本共识。而四川书风则处于中原书风和江浙书风的中间状态,换句话说,就是四川书风既注重体现作品的视觉张力,又注重作品点画结构的细腻与精准。自上世纪80年代前后,谢无量书法引起书界普遍重视以来,四川许多书界学人对谢氏书法推崇备至,他们看中的是无量书法气息的萧散淡雅和点画的稚拙天真。事实上,谢无量书法对当代四川书风的形成起到了举足轻重的作用。

像何应辉、刘云泉、张景岳、刘新德等川籍书法名家，都不同程度地从谢无量书法得到过陶冶和启发。恰恰也是因为这一点，使得四川书风地域特点非常明显。龚小膑学书尽管侧重点在于“二王”一路，他的作品乍一看似是江浙书家所为，但仔细品赏则会很快感觉到其中的那种浓浓的“川味”，大胆、泼辣之中不失精致与机巧，理法合一、巧拙相生，章法布局空灵自然，字势结构随形就势，墨色变化燥润相杂，用笔方中寓圆，骨气遒媚，颇耐寻味。许多人作行草书，用笔上对“方圆”二字领悟不深，或则得“圆”而失“方”，笔势有转无折，轻率滑过，未免浮躁；或则得“方”而失“圆”，用笔只折不转，笔势不畅，气息阻隔。故前人告诫曰：“书之大要，可一言而尽之，曰笔方势圆。方者，折法也，点画波撇起止处是也，方出指，字之骨也；圆者，用笔盘旋空中，作势是也，圆出臂腕，字之筋也。故书之精能，谓之遒媚。盖不方则不遒，不圆则不媚也。书贵峭劲；峭劲者，书之风神骨骼也。书贵圆活；圆活者，书之态度流丽也。”(赵宧光《寒山帚谈》)

其实，峭劲与圆活，正是龚小膑书法的关节所在，尤其是他的行草书可谓深得古人笔意。他对二王行草笔法的那种深度把握是一般的学习二王者所无法比拟的，提按转折、轻重缓急，无不中规入矩，妥帖自然。有的人只注意体现用笔的精巧与细腻，却忽略了整体气息上的那种畅达与自然；有的人在整体把握上倒也差强人意，但用笔不够到位，似是而非，不耐推敲。这里面有一个问题非常值得我们注意，那就是，学习书法，既不能仅仅从技法技巧上去用力，也不宜只从碑帖的大体印象上作一些简单化的模拟，而是二者并重，要从整体到局部，从技法技巧到精神意境，进行通盘考虑。前者需要刻苦临池，后者需要博览群书，对于一个有志于书法的人来说，二者均不可偏废。虽说学者未必尽能善书，但通观书史，凡善书者，必多胸含锦绣，见识不凡。

四川乃山川灵秀之地，自古以来多出俊彦，所谓地灵人杰是也。一个人才的出现，是多方面因素的影响。迄今为止，四川书坛已形成了一个令全国书界刮目相看的人才方阵，从何应辉、刘云泉、张景岳到刘新德、戴跃、文永生、洪厚甜，再到龚小膑、吕金光、王义军等，都是当代书坛极为活跃的人物。他们有的是生于四川长于四川，有的是壮岁入川，受业成名于蜀地。而60后的四川中青年书家大多都是受何应辉先生等的影响和点拨。这充分说明，一个领军人物所发挥的作用是何等之大！我个人认为，学习书法，首先要立志高远，就是要有远大的志向。其次是要刻苦用功，要不畏艰险，知难而进。再次是要找到正确的学习方法，必须争取得到名师的指点。龚小膑可以说是将这些条件都具备了。他本人对书法的那种痴迷与执著和临池的刻苦程度，是他走向成功的前提。而他聪颖的悟性和何应辉等高师的指点，又使得他尽可能在学书道路上少走弯路。

龚小膑各体兼善，尤擅行草。对各体书法的广泛涉猎，可以有效地拓宽自己的书路，这对他主攻行草无疑是极为有利的。一位成功的书家，至少要能写好两种以上书体，各体之间互相生化，彼此影响，才会达到一个更深的层次。在书法的个人审美趣尚确立方

面，既要对历代的书法风尚了然在胸，又要对当代整个书坛的审美价值取向有整体上的把握，还必须搞清楚自己所在的地域书风的优势和劣势所在，然后在这个前提之下去进行不断的提炼和整合，才有可能达到一个较为理想的境界。我们从龚小膑的书法及其成长历程来看，他无疑正是经历了上述这样一个学书过程。他的书风是与60后那一批以专研二王一路书风的青年书家相一致的，同时也和四川的地域书风保持着一定程度的互通性。但他的可贵之处就在于，在保持共性的前提下，始终没有泯灭自己的个性，他的笔下有自己非常明确的独特的审美追求。他的这种风格追求，既顾及到了对优秀传统经典作品的精心研练和参悟，又没有与新的时代审美风尚相脱节。他的作品看上去取法很高，魏晋风韵的虚旷与散淡流溢在字里行间；他的笔法看上去极讲究，晋唐人运笔的那种生动与精微跃然于纸上；他的作品看上去很耐玩索，因为它里面包含了很多古今书法的优秀因素。他的书法也曾引起过很多后来学书者的追摹，甚至被人们当做一种当代书坛比较典型的风格范式，借鉴取法，这也充分体现出龚小膑书法的成功之处。

在当代展览文化背景下，书法热潮曾经一浪高过一浪，在推出一批又一批的书法人才的同时，也带来了一定程度的浮躁与投机心理，这是极不利于书法家继续朝纵深健康发展的。书法人对优秀传统文化修养的普遍不够重视，使得很多人沦为“写字匠”意义上的“准书家”，和传统意义上的书法家相去甚远。学术界针对这一情况，大力倡导大家重视文化、重视读书，努力提升自己的综合修养。权威大展日益浓烈的“商业”性，使得书法人的功利欲望极度膨胀，一切以既得名利的多寡来衡量，这其实也严重消解和削弱了当代书法的社会文化价值，这是不可取的。权威大展当中的各种不正常现象，也使得展览的“权威性”大打折扣，全国大展已经在很大程度上失去了往日的耀眼光环。真正成熟的书家已不再仅仅将自己的目光聚焦在展览之上，他们不过是自然而然地做着自己应该做的事情而已。因为他们深深懂得，入展获奖次数再多，也只能说明你在当代展览文化这场特殊的游戏之中属于一个比较“幸运”的参与者罢了，一旦时光飞逝，光环褪去，书法人继续能够拥有的将会所剩无几。

我在与龚小膑的谈话当中，明显能感觉到他在对待这个问题上和我的观点几乎是不谋而合的。作为一个真正有志于书道者，他的头脑始终是理智的、清醒的，他一直在保持着一种冷静的思考。对于书法展览和由此得来的一些名利，我们一定要准确把握，正确对待。我们无意贬低展览本身的社会功效，但书法人在展览上的成名，对于真正的书法上的成功而言，也绝非是一劳永逸。他虽然在书法上取得了令人艳羡的成绩，但他总是淡然处之，在和书友交流时的那种谦和与低调，无疑反映出一个读书人或者说是文化人的自然本色。当今书坛，盛名之下其实难副者，比比皆是，这些只不过是展览文化运动当中的“跑龙套”和凑热闹者。但龚小膑绝然不是，因为在我所关注的书家当中，他的独特的书法理念和他与众不同的书法作品，是他进一步走向更大成功的有力保证。因此，我们有理由相信，未来的龚小膑一定会有不断令人惊喜的表现。

守定一家 或成高格

——我看刘成及其书法

在甘肃省张掖市，如果有人让我说出一位最具发展潜力和我最为看好的青年书法家的话,我会毫不犹豫地推举刘成。

我之所以推举他,就必然有一定的理由。我看一个人是否有大出息、大作为,主要看这个人的学识如何,气质如何,胸襟如何,人品如何,然后再看他的所作所为。评价一个书法家,也绝不是仅看他的字写得有多好,关键也还是要看其为人如何。我始终把古人“字如其人”的观点看得比较重。当然,在这里我们还需把“字如其人”作一个正确的理解。所谓“字如其人”并不是说字如其人之外貌长相,而是反映出此人之精神气质。一个胆小怕事、唯唯诺诺的人,是决然不会写出雄肆大气、狂放不羁的草书作品来的。同样,一个行事拖泥带水、丢三落四的人,也必定写不出沉静入骨、规矩严正、气象浑穆的篆隶书和楷书来的。

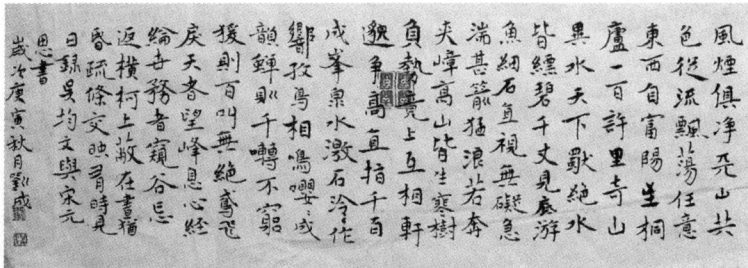

刘成书法作品

我不喜欢夸夸其谈而自视甚高的人，因为真正具备真才实学的人向来都是不会轻易向他人卖弄的。就像武侠小说里边的那些品行端正的顶级高手,他们含蓄内敛,是从不大呼小叫,张牙舞爪的。至于那些沽名钓誉之徒,焚琴煮鹤之辈,不肯在超逸中下实际的工夫,时常隳突乎南北,叫嚣乎东西,每每要些小聪明,依靠投机取巧而取得点滴所谓“成绩”就沾沾自喜,自以为是,夜郎自大,目无他人者,在我眼里,不过都是些跳梁小丑而已!

只有那些谦虚低调、刻苦务实的学书者,即便由于种种原因,一时之间不能见称于世,但他早晚都会取得较高成就。

我的同城好友刘成贤弟就属于此种类型,因此我甚是看好他。

刘成学书始自于20世纪90年代，由于及时得到了师友的提醒和指点，没有走太多的弯路，因此，入门路子比较正。他初学楷书，以褚遂良《雁塔圣教序》、《大字阴符经》和《倪宽赞》等为法，勤学苦练，十数年如一日。

唐楷是继魏楷之后的又一座楷书艺术的高峰。褚遂良便是"初唐四杰"之一。唐初由于太宗李世民极力推崇王羲之书法，故褚遂良亦深悟二王行草之法，以虚运实，化实入虚，形成了既饶骨力、又丰神韵，瘦润华逸、清静刚毅之艺术风格。张怀瓘《书断》评其书："若瑶台青琐，窅映春林。美人婵娟，不任罗绮，增华绰约，欧虞谢之。"褚书以永徽年间之《房玄龄碑》及《雁塔圣教序》为代表，尤其是《雁塔圣教序》，是他五十八岁之作，堪称褚书精品。王虚舟评之曰："笔力瘦劲，如百岁枯藤，空明飞动，渣滓尽而清虚来，想其格韵超绝，直欲离纸一寸，如晴云挂空，仙人啸树，故自飘然不可攀仰。"又说："褚公书看似疏瘦，实则腴润，看似古淡，实则风华，盘郁顿挫，运笔都在空中，突然一落，偶然及纸，而字外之力，笔间之意，不可穷其端倪。"由此可见，褚遂良书法甚具个人特色，且毫无机械呆板之态，艺术水平极高。

刘成多年以来，深研褚遂良楷法，良有所获。所作楷书，无论大楷、中楷，还是小楷，均能应规入矩，一丝不苟。从笔法到结体，从章法到墨色，均能从大处着眼，小处着手，精打细磨，形神兼备。因此他的楷书基础颇为深厚。甚至可以说，刘成的楷书功力在张掖书坛，恐无人能出其右。除了师法褚遂良之外，他对二王小楷和行草书，特别对二王之手札亦时常心摹手追，以循其源。故刘成的楷书实际上兼具褚遂良的瘦挺劲健和二王的萧散古淡。

楷书以外，刘成亦作行草、隶书，相比于其楷书，虽稍逊之，然因其楷书功底比较过关，故亦非一般之作行草、隶书者所能望其项背。

当然，如果把刘成的书作放置于全国书坛的较高层面上来加以考量的话，显然还存在诸多不足。技术性的东西倒在其次，关键还是在于书境格调的提升。当然，就刘成目前的创作实力而言，于入选国展，也不过是一步之遥。

书法讲究"由技进道"，技术问题解决不好，"道"的层面则极难突破。反过来，一个人的思想境界不够博大宏阔，也就无法领悟"道"为何物，最终还是从技术到技术，永远也走不出自己为自己圈定的那个樊篱。就像写书法理论文章，没有过硬的文字功底也就无法成文。但理论文章的精义则在于出古入今而成一家之言，不仅需要对整个中国书法史了然在胸，还需对各家各派之风格流变了如指掌，同时还需关注当下书坛现状。其中既需要理论修养，也需要书写体验，更需要敏锐的艺术眼光和哲学思辨能力。若完全缺乏临池实践，又没有高屋建瓴的指导思想，则只能寻章摘句，徒事文字游戏。乍看尚可，再观无物，不足道也！

鉴于如上认识，我倒是觉得，对于刘成来讲，目前似乎无需刻意为了创出某种风格而

朝思暮想,处心积虑。古人名作,大多看似貌不惊人,而实则暗含万千玄机。当下书人,往往为世俗名利所惑,急功近利而不得沉静,见异思迁而浅尝辄止。如此贪多求快,全线出击,只能空耗精力,徒费年月耳!

当今书坛,动辄碑帖兼融,碑帖兼融乃时代潮流,固然无可厚非,然今人却不知,时与世易,情随事迁,一种理念一旦为万众之所倡,则去"死胡同"不远矣!各种书体互相嫁接,非不能为之也,而是不宜一哄而上也。试观当下之篆隶书创作和楷书创作,大多诸体杂交,极尽安排造作、搔首弄姿之能事,变化不可谓不多,而唯不能得其醇正之态。初观逮人眼球,再看索然无味,苦求高格,反致低俗,此天意乎?人力乎?!如今人人皆以魏碑为高,此实则乃包世臣、康有为等辈一再倡导而后来者纷起效法之故也。此中情由,实为矫正明末清初帖学末流萎靡不振书风所致。时至今日,早已时过境迁。然时人仍将康包之说奉若圭臬,岂非咄咄怪事也?!殊不知,唐碑亦是碑,"尊魏卑唐"之说已历数百年之久。唐碑之严整规矩,气象浑穆,又岂是某些魏碑可以相提并论的?故如今创新楷法,直从唐碑契入,未尝没有出路也。

从当下魏碑楷书的创作现状来看,趣味性固然得到了强化,但楷书之醇正性却被消解了。因此,我认为,刘成在目前的情况之下面临着两种出路:一是追逐时风,糅合魏碑、行草之法于其楷书之中,极力创变,或可歪打正着,在展览上分得一杯羹。一是坚守褚遂良,深入褚氏诸帖,不妨就此做个褚遂良书法的集大成者。譬如吴琚,一生精研米芾,虽不能与前贤比肩,但尚可在书史上留下一笔。似当今之热衷于追风逐潮者,纵然一时之间春风得意,踌躇满志,惜乎并肩而坐者不知凡几,貌似有成,实则无为,最终会消失于历史的烟尘。若刘成既得褚氏家法,而更能自出胸臆,自成一家之书,则我之深望者也!幸甚之至。

因彼系我之挚友,故我今为刘成专作此评,分析建议居多,而品评臧否较少,非敷衍成文也,而是认为,忠厚坚韧若此君者,诚不宜做雨前风头,而应为临江之磐石也!

谨以此文与刘成贤弟共勉之。

时醉墨先生于2012年4月25日星期三凌晨0:33古风堂西窗下

后 记

我喜欢书法的时间较晚，是在高中毕业之后。进入社会，受他人影响所致。走上书法这条道，断断续续也已经二十余年。从第一次试着书写歪歪扭扭的春联贴到自家的大门到后来参加全国性书法展赛，付出很多，但收获也很大。一路走到今天，可以说，我就是一个不折不扣的书法受益者，就是因为有这个特长，我改变了自己的命运。虽说这是自己艰苦打拼的结果，但也充分表明，书法里面的确蕴涵着人生的“大道”，需要我们不断去领悟和发现。

书法之于我，既是一种自然而然的爱好，也是一种介入社会的特殊方式，但我对书法的态度，却从来不是从技术到技术，由书法到书法的，而是尽可能把它与文学、哲学和社会学等等互相结合起来对待。

自己创作的书法、篆刻作品在全国性展览上的不断入展获奖，或多或少也给了自己一些心灵上的安慰，也找到了若干自信。但这与我的理想之境还相去甚远。因此，我一直处于一种思考之中。我把自己的这些思考诉诸文字，不断地投给专业报刊，没想到竟然全部被采用发表。这就从另外一个角度圆了我曾经那个“想当作家”的梦想。从2005年发表第一篇书法文章到现在达到发表500多篇约150余万字的规模，使得自己在这一生活时段里，感觉到了一种进步，一种充实。

我的书法文章写作涉及面相对较广，尽管文章还远没有达到希望达到的那种深刻，但毕竟是有感而发，忠实地记载了自己的一个心路历程。平心而论，我自己也不想写那些晦涩难懂的古奥文字，不想把书法问题搞得太过于复杂化。中国书法固然十分玄妙，其中之深意，我们一辈子也无法研究通透，但我们可以通过实践和思考，使自己不断成熟。

我的文章大致可以分为四种类型，即碑帖解析、书家评论、书法时评和名家专访。其中有关于书法的，也有关于篆刻的，相比之下，谈书法的文章占据大多数。而在书法文章里边，书家评论和现象批评文章又有较重的比例。因为，我觉得，技法尽管很重要，但相对于社会意识形态而言，毕竟属于形而下的东西。作为一个研究者，不宜将眼光局限于唯技术是从的层面，还应当放眼整个书坛。

由于我的特殊处境，我对书法弱势群体的生存现状关注较多，对这些问题的阐述，

就尽可能做得深入浅出一些。那种所谓的"学术性"很强的理论文章,非不能为之,而是暂时不愿为之。这是我主观上对自己写作的一种基本定位。我希望能够尽可能代表身处社会底层的广大书法爱好者说话,为他们呼吁和呐喊,帮助他们认识自己,寻找自信。我的愿望未必能够完全实现,但我会继续努力。

我本人喜欢草书和榜书,乃是因为骨子里边始终有一种狂放,一种豪情,只有借助草书尤其是狂草和榜书才能够得到尽情释放。因此,文章写累了,就挥毫泼墨,写字的兴致没了,就写文章。两者互为结合,倒也其乐融融。

读书写作与临池挥毫成为了我的主要生活内容,篆刻以前搞得比较多,现在因为时间和精力关系,只是偶尔为之。但对书法篆刻的临摹与创作实践的重视,则是为了使自己在撰写相关文章的时候,不至于空发议论,泛泛而谈。我的确也不愿做那种空头的理论家。因为技术上可以允许你不够精到,但基本道理你一定要懂,否则,文章就不会有较强的说服力,故而实践经验的重要性委实不容低估。不仅草书和榜书,其实,我对五体书法都是具备实践经验的,只是现在从来不把自己的作品拿出来展示而已。我想等到合适的时候,我会认认真真举办一个自己的书法篆刻作品展,然后出一本自己相对满意的作品集。

近年来,我除了书斋静守,读书写作之外,几乎走遍了大江南北,长城内外,结识了众多活跃于书法篆刻界的老师和同道。各种原因综合起来,也就据此有了一些"小名声",也有了较多的社会应酬。但我还是尽可能保持一种清醒理智的状态,不至于使自己从此显得心浮气躁起来。只有平心静气,才能做好事情。在这种思想认识的基础之上,我基本上每年都会有很多大的计划和举措,书法评论系列一个接着一个推出,不仅仅是为了制造所谓"轰动效应",更在于进一步磨炼自己,同时也让大家时时能够感觉到自己的存在。

这次甘州区要依托张掖二中院内的民勤会馆成立甘州书院,朋友们向有关领导举荐我参与此事的策划、筹备和实施,作为本土人士,我是很愿意为之做一些实实在在的事情的,因为这毕竟是甘州文化事业建设当中的一件大事。

书院领导采纳了我的一些建议,决定出版一套系列丛书,我忝列其中,也是大家对我的一种期许和看重吧!

因此,我把自己发表过的文章进行了一番筛选整理,分为六个组成部分。由于时间比较仓促,很难做到尽善尽美,其中存在的问题一定不少,肯望广大读者提出宝贵批评意见,以利今后不断改进。

感谢中国书法家协会副主席胡抗美先生和中国国家画院书法篆刻院执行院长曾来德先生以及国际书法家协会主席、《中国书法全集》主编刘正成先生共同为本书题写书名;感谢中国书协隶书委员会委员、创作评审委员,黑龙江书法家协会副主席,佳木斯市

书协主席，青少年书法报社社长兼总编辑何昌贵先生以及著名作家、张掖四中副校长黄岳年先生共同为本书作序；感谢张掖市甘州区张洪清副区长、甘州区教育局秦福伟局长、张掖二中杨生效校长和王登利书记对我的信任和看重；感谢我的尊敬的母亲和兄长们，是他们的理解和支持使我一路走到现在；感谢我的妻子杨亚莉对我的关心和照顾，是她承担了很多诸如照顾孩子等等的家务，才使我得以顺利完稿；同时也感谢我的书友张振虎、刘成、李鉴峰以及所有关注和支持我的老师以及朋友们！

过去的已经成为了过去，现在的正在继续，不管未来会如何，但我一定会智慧地去把握。

2012年4月20日星期五中午记于古风堂西窗下

翰苑茗香

穆明署

《甘州文化精粹》丛书编委会

总　策　划：张洪清　秦福伟
编委会主任：杨生效
编委会副主任：王登利　陈学彪　李亦武
　　　　　　　张兴虎　贾红元　黄岳年
编　　　委：傅德锋　张全义　高文平　吴晓明
　　　　　　张述文　王专元　韩崇新　祁　强
　　　　　　赵海平　苏宏伟　赵江志　单成鹏
　　　　　　康文清　田　源　王建军　郑国珍
统　　　稿：高文平

甘州文化精粹丛书

GANZHOU WENHUA JINGCUI CONGSHU

丛书主编 / 杨生效

翰苑茗香

HANYUAN MINGXIANG

黄岳年◎主编

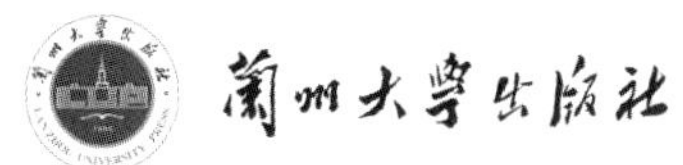

兰州大学出版社

图书在版编目(CIP)数据

翰院茗香/黄岳年主编. —兰州:兰州大学出版社,2012.9

(甘州文化精粹丛书/杨生效主编)

ISBN 978-7-311-03959-2

Ⅰ.①翰… Ⅱ.①黄… Ⅲ.①随笔—作品集—中国—当代 Ⅳ.①I267.1

中国版本图书馆 CIP 数据核字(2012)第 218607 号

策划编辑 李 晖
责任编辑 锁晓梅 余芬芬
装帧设计 管军伟

书　　名 翰院茗香
丛书主编 杨生效
主　　编 黄岳年
出版发行 兰州大学出版社 (地址:兰州市天水南路 222 号 730000)
电　　话 0931-8912613(总编办公室) 0931-8617156(营销中心)
　　　　 0931-8914298(读者服务部)
网　　址 http://www.onbook.com.cn
电子信箱 press@lzu.edu.cn
印　　刷 兰州人民印刷厂
开　　本 787 mm×1092 mm 1/16
印　　张 9(插页 2)
字　　数 172 千
版　　次 2012 年 10 月第 1 版
印　　次 2012 年 10 月第 1 次印刷
书　　号 ISBN 978-7-311-03959-2
定　　价 286.00 元(共八册)

(图书若有破损、缺页、掉页可随时与本社联系)

目　录

序　言

是真名士自风流

王文思

孔子曰："知之为知之，不知为不知，是知也。"应当承认，我没有资格为岳年先生这册书写序，不管是从年龄还是从学养上来看，他都是我尊敬的先生。从三年前开始读岳年先生的文字，到后来有机会见到并聆听先生纵古论今，我都只有敛首静听的份儿。先生是儒雅的人，爱好读书，在繁忙的工作之余，将一点有限的个人时间用于阅读与笔耕。在现今这个利益至上的社会，所有出于爱好或耽于寂寞而愿意读书的人，都令人欣赏，所有在忙完了生计的时候，有心与《船山全书》之类佳册相伴终老的人，都值得尊敬。因了这份敬重与欣赏，我记起一句话，叫做"恭敬不如从命"，是以，尽管没有资格，仍然遵岳年先生之命勉为小序。荀子说："言而当，知也；默而当，亦知也。"希望这篇非序之序言而有当，默亦有当。

名士一词，从广义上讲，泛指有名之士，但在中国古代，名士另有特定的历史意义，专指那些才能过人，却不愿为官的有风骨的一族。《礼记·月令》有"勉诸侯，聘名士，礼贤者"之句，郑玄为"名士"做注即为"名士，不仕者"。这类名士上可推至老子与庄子，他们虽然怀有经世治国之才，却平心静气，居于山野，志于著述。中国历史上可称为名士时代的时期是魏晋，那是一段黑暗的时代，为争夺政权，阴谋与战乱并起；那是一个绚丽的时代，因政局不稳，一些博学的人隐居以自保，为抒写无处施展的才略，他们放浪山水，斗酒狂歌。在后来的历史上，他们代表了那个时期的正义，是那个时代的象征。

朝代的更替为这类名士的归隐创造了条件。古时，旧朝老臣归附新朝会被视做没有气节，隐居并拒绝为新朝做事是有骨气臣子的上乘之选，张岱、陈洪绶、朱耷等等，皆是如此。这类名士原本学识渊博，又历经离乱，对世界对人生常常有着更深邃的思想和体悟，在他们身上，很有些可圈可点之事。

像王船山，在明朝无可挽回地被清朝取代后，拒绝清廷，隐居在老家衡阳的石船

山下著书立言，荒山寂寂，风雨凄凄，他的心念想来是苦的，是无法拯救的苦。可是，这苦并没有淹没他的气节，没有夺去他的才情。他不屈服于现实也不放弃自己，而是将丝丝苦点点痛放逐在旷远天地间，成绮思成妙想成绝唱，他笔下洋洋千万言的哲思给后世留下的是不朽是传奇。与王船山这种孤独隐逸、有风骨的名士相比，与王孝伯定义的“但使常得无事，痛饮酒，熟读《离骚》”的魏晋名士相比，赵普、沈葆桢、梁鼎芬、王闿运等人则为另外一种类型的名士，他们虽然也生逢战乱，却没有在朝代更替的夹缝中求生存的痛苦，在朝为官则尽己所能为朝廷做事，在野为民则心安理得为学为师。

从古至今，名士多则多矣，岳年先生在读书过程中甄选出自己感兴趣的约二十位名士加以圈点，成为册页间的文字。这些文章有考证有议论有生发，闲来阅读，既可消磨时光又能增加学问，盖因所讨论的既有古人也有今人，不管今古，均无例外地有着共同特点：是真名士自风流。

2011 年 12 月 2 日

自　序

黄岳年

负暄翁张中行谈到太湖石的时候，透过其形体的可爱，想到小民的汗水甚至血泪。他后来是谢绝去看秦始皇的兵马俑了，说对于以李斯、赵高为左右手，焚书坑儒，想拥有万世统治权的暴君一向没有好感，及于兵马俑，他看见会想到已经死了的在上者仍在横行霸道，小民则在下俯首听命，唯忍，忍，忍。他觉得还会想得更多，如人性、历史，俟河之清，难免要痛心。于是遵循汉高帝吕后的高明见解，以为人生短促，不宜自苦，躲开也罢。他奉劝自己，为了养生，还是随缘看看太湖石，少想些秦始皇吧。

愚意与负暄翁，并无二致。惜乎身处僻壤，欲寻太湖石而不得，遂于断墨残楮间网罗一二，为追思贤者之乐。

闲来饮茶，与友人聊起书。改坡翁句云，戏作小字君莫笑，从来佳书似佳人。友人怂恿者再，说翰墨文字，诗酒佳意，于可有可无间见性情本色，亦人生苦短中一乐也。于是莞尔，在册页间涂鸦，戏题翰苑茗香。虽不免僭越狂妄之嫌，但心向往之的愿望，却是真的。

时光荏苒，三复其年。过去只是贵族享受的文明文化，现在是深入寻常百姓中了。套用摩登话说，这是时代发展、社会进步、科技发展所赐。只要愿意，人人可以饮上品茶，读翰墨书。大家都是雅人了。生逢其时，常兴三生有幸之叹。回望往昔，读书人或宦或隐，或读或耕，历历可讽。徘徊于文字记录的历史中，今之视昔，亦犹后之视今者也。右军一语说中了历史，也说中了现实。且去翻书，且去品茗，莫论其他。

然而真实的文化，无不关乎人生，关乎性情，关乎民生。性情须要陶冶，生命亦当升华。圣贤如王船山，高道如刘一明，词客如顾太清，学者如王壬秋，宦游如梁鼎芬，读书如陆心源，前贤名士，事或可入茗，作茶余酒后谈资，而人，则已然千秋。虽是任人评说，却并不寡淡无味。且胡思乱想，信马由缰，做一回自由的自己。

忙碌于生计，或许忽略了人生和历史的滋味，何妨借书起兴。《旧约》有言："已有之事将来必有，已行之事将来必行，太阳底下无新事。"人生太过匆忙，文字几成呓语。但话总还是要说的。于尘封的书册中找寻意趣，不失为人生快事。是为序。

2011年11月7日

王船山:元明两代一先生

2004年,方克立给他的博士们荐书时,推荐了《船山全书》。方先生说:“我老了,不知道还能做多少事情!”在完成已承担的一项研究计划之后,如有时间和精力,他表示很希望能回到王船山,与《船山全书》相伴终老。他还说:“王船山是中国古代最渊博、最深邃的思想家之一,他不但是宋明理学,甚至也可以说是整个中国古典哲学的总结者和终结者。我很欣赏侯外庐把他比做中国的费尔巴哈,对其思想和人格有一种特殊的敬重。”

四十年从事哲学与文化教学和科研工作的老博导,要把剩余的岁月许给王船山,是够让我们回想一阵的。从1982年至1996年,岳麓书社陆续整理出版了船山遗著,以《船山全书》为名印行,共16册,计46种。1998年11月,《船山全书》共16册成套推出第二次印刷本,印数为1 500册,定价为880元。

《船山全书》的责任编辑杨坚先生曾经在书印出后,陆续把出来的书赠送给当世名家,以征询意见或结缘。当年,孙犁先生收到书后,于1991年5月10日写了《读〈船山全书〉》一文,孙先生说:“这是岳麓书社近年正在进行的一件大工程,实际负责编校者为杨坚同志。每出一册,必蒙惠赠。书既贵重,又系我喜读之书,深情厚谊,使我感念不已。我每次复信,均望他坚持下去,期于底成,因为这是千秋大业,对读书人有很大功德。”

对船山先生的评价,很多很多,不过,最能为我们所理解,并且最为亲切的,还是孙犁先生的话:

> 我对王氏发生敬仰之情,是在读《读通鉴论》开始。那是六十年代之初,我正在狂热地购求古籍。我认为像这样的文章,就事论事,是很难写好的。而他竟写得这样有气势,有感情,有文采,而且贯彻古今,直到《宋论》,就是这种耐心,这种魄力,也非常人所能有的。他的文章能写成这样,至少是因为:
>
> (一)他有自己的政治思想,政治经验;(二)他有丰富的人生阅历,了解民情;(三)他有表达自己思想感情的文字能力;(四)他有一个极其淡泊的平静心态,甘于寂寞,一意著述;(五)这很可能是时代和环境造成的,无可奈何的人生选择。
>
> 等到我阅读了他另外一些著作后,我对他的评价是:
>
> (一)他是明代遗民,但有明一代,没有能与他相比的学者;(二)他的著述,在清初开始传布,虽并没有得到应有的重视,但有清一代,虽考据之学大兴,名家如林,也

没有一个人能与他相比;(三)清初,大家都尊称顾炎武,但我读他的《日知录》,实在读不出个所以然来。他的其他著作,也未能广泛流传。人们都称赞他的气节、他的治学方法,固然不完全是吹捧,但也与他虽不仕清廷,却有一些当朝的亲友、学生作为背景有关。自他以下的学者,虽各有专长,也难望王氏项背。因为就博大精深四字而言,他们缺乏王夫之的那种思想,那种态度,那种毅力。

他是把自己藏在深山荒野,在冷风凄雨、昏暗灯光之下,写出真正达天人之理、通古今之变的书的人。

他为经书作的疏解,也联系他的思想实际,文字多带感情,这是前人所未有的。即以《楚辞》而论,我有多种注释本,最终还是选中他的《楚辞通释》一书为读本。

深谙写作三昧的孙犁,对船山先生及其著作的评价是相当高的。

谭嗣同称船山学术和思想"空绝千古","五百年来学者,真通天下之故者,船山一人而已"。

王船山《题长乐石仙岭船山祠》诗云:"一代先哲开生面,万古流芳启后贤。"他的《自题湘西草堂书室》联语云:"六经责我开生面,七尺从天乞活埋。"就是说,生命已经成为一种累赘,只有把它奉献于华夏文化传承,才是惨淡的生命获得意义与升华的唯一方法。他写下的文字,五经四书、老庄佛道无不涉及,每一部都是顶峰之作。他是中国的百科全书式人物。

1675年,王船山写下了《走笔赠刘生思肯》的七言绝句:"老觉形容渐不真,镜中身似梦中身。凭君写取千茎雪,犹是先朝未死人。"他是在"寤寐岂不思,力弱无能任"的无奈之下,在1677年作出最后选择,走著述终老之路的。终其一生,船山都是一个民族主义者。此后,他在石船山下以"顽石"自况,潜心于中华学术的研究弘传。他后来在《庄子通·自序》中说:"念予以不能言之心,行乎不相涉之世,浮沉其侧者,五年弗获已。"太可怕了,在场相当于不在场,生命已经埋葬在了过去。1685年,船山先生在《楚辞通释·九昭》里说:"有明王夫之,生于屈子之乡,而遘闵戢志,有过于屈者。"他说屈原"放窜之余,念大仇之未复,夙志之不舒,西望秦关,与争一旦之命,岂须臾忘哉"。"寒夜萧静,一念忽兴。神驰楚塞之外,而所以雪耻振威西吞殽函者,皆若惟我之驱驰而得志然。"他是在梦里实现了自己的心愿。这便是孙犁说的"他为经书作的疏解,也联系他的思想实际,文字多带感情"了。他的儿子王敔在《姜斋公行状》中这样描写父亲:"自潜修以来,启瓮牖,秉孤灯,读十三经。廿一史及朱张遗书,玩索研究,虽饥寒交迫,生死当前而不变;迄暮年,年羸多病,腕不胜砚,指不胜笔,犹时置楮墨于卧榻之旁,力疾而纂注。"船山于1691年完成了最后一篇作品《船山记》。逝世前夕,他为自己撰写的碑文为:"有明遗臣,行人王夫之,字而农,葬于此。其左则继配襄阳郑氏之所祔也。自为铭曰:抱刘越石之孤愤,而命无从致;希张横渠之正学,而力不能企。幸全归于兹丘,固衔恤以永世。"他还对儿子王敔

说:“墓石可不作,徇汝兄弟为之。止此不可增损一字。”以东晋名将刘琨、宋代大贤张载自况,是船山最后的心情。他的绝笔诗是这样写的:“荒郊三径绝,亡国一臣孤。霜雪留双鬓,飘零忆五湖。差是酬清夜,人间无一字。”这是一个对恢复故国有着强烈愿望,在“留发不留头”的高压下至死保“全”,并以此自慰的“有明遗臣,行人王夫之”。这是大清的一个死敌。他说过并坚持以为:“夷狄者,歼之不为不仁,夺之不为不义。”

清朝末造,船山著作成了革命党人的武器。有意思的是,授予大家的武器竟然是曾国藩先生。曾国藩最先从真正意义上发现了这位同乡先贤的巨大学术价值,他在金陵节署本《船山遗书·序言》里说船山“荒山敝榻,终岁孳孳,以求所谓育物之仁、经邦之礼,穷探极论,千变而不离其宗,旷百世而不见知而无所于悔”。他应该是船山的知音。曾夫子杀人无算,再造大清,是为中兴名臣。船山先生从来则是大明孤臣,中华文明的传人。可是如果没有曾文正将船山之作全面结集出版,不知道要到什么时候。这两个处在极端、论理应该水火不容的人,为什么成了隔世知己?写到这里的时候,正好又看到了章太炎的《书曾刻〈船山遗书〉后》,章太炎引用了当时人们的议论,说曾国藩和洪秀全的想法在本质上是一样的,洪急曾缓,目的都是赶走满人,理由是曾国藩以后,汉人开始手握兵权,“李鸿章、刘坤一、张之洞之伦。时抗大命,乔然以桓、文自居”。最后武昌起义,清廷命革。曾国藩实在是赶走清廷的发端者。“刻王氏遗书者,固以自道其志,非所谓悔过者也。”章太炎说:“余谓国藩初起抗洪氏时,独以拒祆教、保桑梓为言。或云檄文宜称大举义旗以申天讨者,国藩不肯用。然则种族之辨,夫固心知之矣。”消灭洪杨后,清朝“权柄已移,所谓制人不制于人,其计抑或如论者所言。观其刻王氏书,无所剟削。独于胡虏丑名,为方空以避之。其不欲厚诬昔贤,亦彰彰矣。虽然,论国藩者,如《公羊》之贤祭仲,《汉史》之与平勃可也。自君子观之,既怀阴贼以覆人之国,又姑假其威以就功名,斯亦谲之甚矣。狄梁公为武氏相,卒复唐祀,其姑犹以事女主为诮。国藩之志,乃不如一老妇人哉?”“谓其不欲覆清,则未可也。”这一评价是到位的,也说透了“力足以制洪氏,智足以蔽清宗”的曾国藩的心思。船山的名字在漫长的清王朝一直湮没无闻,曾国藩以后的百余年,船山终于得到了他应有的学术评价,与黄宗羲、顾炎武并列为明末清初三大思想家。

郭嵩焘曾为王船山题有一联,极有名:

笺疏训诂,六经于易尤尊;阐羲文周孔之道,汉宋诸儒齐退听;

节义词章,终身以道为准;继濂洛关闽而起,元明两代一先生。

如今,远在长沙的段炼兄,给我邮来了《船山全书》整整十六巨册,是1998年11月的成套本。触手爱书,想起的,是方先生的话,我也愿意在忙完了生计的时候,“与《船山全书》相伴终老”。

2006年8月16日晚10时许写毕。

赵普和"半部《论语》治天下"

说到赵普,"半部《论语》治天下"的话头就会被记起来。然而,治国竟然是如此这般的容易吗?这话对吗?"从来如此",就对吗?

"半部《论语》治天下"的话,最早是南宋人说的。

罗大经的《鹤林玉露》记载:"赵普再相,人言普山东人,所读者止(只)《论语》……太宗尝以此语问普,普略不隐,对曰:'臣平生所知,诚不出此。昔以其半辅太祖定天下,今欲以其半辅陛下致太平。'"

林駉《古今源流至论》前集卷八《儒吏》所记:"赵普,一代勋臣也,东征西讨,无不如意,求其所学,自《论语》之外无余业。"在这段话下面,有小注云:"赵普曰《论语》二十篇,吾以一半佐太祖定天下。"

此外,黄震的《黄氏日钞》,王称的《东都事略》,蔡绦的《铁围山丛谈》,吕中的《大事记讲义》,这些南宋著作中都说到了这个事。

罗书成于1251年,黄为1256年进士,蔡为蔡京季子,王是高宗、孝宗时代人,吕生活在理宗时代,几乎和罗、黄同时代。

元代脱脱等编修的《宋史·赵普传》(卷二百五十六列传第十五),有如下记载:

> (开宝)六年,帝又幸其第。时两浙王钱俶方遣使致书于普,及海物十瓶,置在左庑下。会车驾至,仓卒出迎,不及屏也。帝顾问何物,韩王以实对。上曰:"海物必佳。"即命启之。皆满贮瓜子金也。韩王皇恐,顿首谢曰:"臣未发书,实不知,着知之,当奏闻而却亡。"上笑曰:"但取之,无虑。彼谓国家事皆由汝书生耳!"

这赵普,收受贿赂,皇上竟然还不怪罪。这皇上不怪罪的主要原因,是"彼谓国家事皆由汝书生耳!"那么,皇上眼里受贿的赵宰相,也还不过是个书呆子罢了。赵普被看做书呆子,是不是这皇上的头脑出了问题?如果不是,那么是哪里出了问题?只读《论语》,人大约是"呆"不了多少的。看来,赵普读书的情况,还是值得认真考量的。

今之视昔,昔亦犹今之实也。从现在的现实看,某些官当大了之后,就会大兴土木,治宅建第,弄个豪宅或者别墅住一住。从传记上看,大宋的赵普也不例外。传记中说:

> 普为政颇专,廷臣多忌之。时官禁私贩秦、陇大木,普尝遣亲吏诣市屋材,联巨筏至京师治第,吏因之窃货大木,早称普市货鬻都下。权三司使赵玭廉得之以闻。太祖

大怒，促令追班，将下制逐普，赖王溥奏解之。

好家伙，看来我们大西北今天的黄土高原，童山濯濯，他赵大宰相也是要负一番责任的。是他派人“顶风作案”，破坏生态，买树砍山，坏了我们千百年的大好河山。皇上没有把他收拾掉，真要算他命大福大。千载之下，身处沙尘暴肆虐中的我们，读到这里的时候还不禁愤愤然。

赵普的脑袋是特别好使的，他常常念叨自己的短处。未发迹时的缺点，更是他说事的由头。也就是说，他很擅长于搞自我批评、自我作践这一套，大约也说了“我不是人”之类的话（说过之后，是人不是人的也必然没有人来追究），效果果然也不错，自然取得了皇上的谅解：

初，太祖侧微，普从之游，既有天下，普屡以微时所不足者言之。太祖豁达，谓普曰：“若尘埃中可识天子、宰相，则人皆物色之矣。”自是不复言。

在官场中，年轻时候的赵普不过是个小吏世家出身的人。身处动乱，读书不得，这是可以理解的。只是此人运气好得厉害，“东征西讨，无不如意”，勋业赫赫，最终做上了宰相。传记写道：

普少习吏事，寡学术，及为相，太祖常劝以读书。晚年手不释卷，每归私第，阖户启箧取书，读之竟日。及次日临政，处决如流。既薨，家人发箧视之，则《论语》二十篇也。

这就又回到文题了。这里说的“学术”，指的是对书本知识的不熟悉，不是说他的实际工作能力。赵普的实际工作能力，那应该是很强的，不然开国宰相的位子，他是得不到的。就因为这段话，流传甚广的“半部《论语》治天下”的故事，就有了正史依据。这似乎成为古往今来的美谈之一。其好处一是显示赵普的谦逊，学问不多，仅通半部论语；二是显示《论语》的伟大，仅半部即可安治天下。“半部《论语》治天下，三句《论语》看人生。”故事和神话编了一千年，人们也信了一千年。人其实是很容易上当的。赵普少年当小吏，对于学术所知甚少，当上宰相后，压力就来了，宋太祖常常劝他读书，晚年的赵普，读书已到了“手不释卷”的程度。

宋太宗在他御制的《赵普神道碑》里说：“（赵普）及至晚岁，酷爱读书，经史百家常存几案，强记默识，经目谙心，硕学老儒，宛有不及，既博达于今古，尤雅善于谈谐。”这可是不得了的事情。有宋一代的重文风尚，或许也是出于此种原因。

张其凡曾经有《“半部〈论语〉治天下”探索》一文，谈过赵普的问题。赵普的读书，有两个条件：第一个是十四年之久的中枢生活，“有丰富的官藏图书可以供他阅读。这是有利于赵普读书的环境条件”；第二个是“宋太祖赵匡胤好读书，也常劝勉臣下读书，这也有利于赵普的读书学习”。《续资治通鉴长编》卷七称赵匡胤“性严重寡言，独喜观书，虽在军中，手不释卷”，建隆三年二月，他对近臣说：“今之武臣，欲令尽读书，贵知为治之道。”

《宋朝事实》卷二记载,太祖有"宰相须用读书人"的慨叹。赵普是太祖的心腹、肱股之臣,怎么可以置圣命于不闻呢。《玉壶清话》卷二里说:"太祖尝谓赵普曰:'卿苦不读书,今学臣角立,隽轨高驾,卿得无愧乎?'普由是手不释卷。然太祖因是广阅经史。聂崇义,建隆初年拜学官,河洛之师儒也,赵韩王尝拜之。"这种情形下的赵普,不学也不行,不换脑子就换人,他肯定是不会拿身家性命当儿戏的。赵普不但从此转而好学,而且还拜了名师,做了高徒。这位皇帝的好学生,做出的成绩自然不俗,传记上这样记述赵宰相的能耐:

普性深沈有岸谷,虽多忌克,而能以天下事为己任。宋初,在相位者多龌龊循默,普刚毅果断,未有其比。尝奏荐某人为官,太祖不用。普明日复奏其人,亦不用。明日,普又以其人奏,太祖怒,碎裂奏牍掷地。普颜色不变,跪而拾之以归,他日补缀旧纸,复奏如初。太祖乃悟,卒用其人。有群臣当迁官,太祖素恶其人,不与。普坚以为请,太祖怒曰:"朕固不为迁官。卿若之何?"普曰:"刑以惩恶,赏以酬功,古今通道也。且刑赏天下之刑赏,非陛下之刑赏,岂得以喜怒专之。"太祖怒甚,起,普亦随之。太祖入宫,普立于宫门,久之不去,竟得俞允。

对自己认准了的事,赵普简直是"死缠烂磨"。只是这个"死缠烂磨",用正面的话说,应该叫做"有毅力"。这里的"久之"一词,需要引起注意,逆了龙麟,还要等着,伴君如伴虎,心里面的忐忑,要有一阵子了。所以,赵普的心理素质,不能不让人为之叫好。

以下是关于赵普功业的盖棺定论:

真宗咸平初,追封韩王。二年,诏曰:"故太师赠尚书令、追封韩王赵普,识冠人彝,才高王佐,翊戴兴运,光启鸿图,虽吕望肆伐之勋,萧何指纵之效,殆无以过也。自辅弼两朝,周旋三纪,茂岩廊之硕望,分屏翰之剧权,正直不回,始终无玷,谋猷可复,风烈如生。宜预享于大烝,永同休于宗祏,兹为茂典,以答旧勋,其以普配飨太祖庙庭。"

这是许多年后当朝皇帝的评价,所给的待遇是很高的。赵普比魏征幸运得多,既没有被毁坟,也没有被抄家。这或许要归功于他和他的皇帝培养并遗留下来的温文尔雅的风气了。

《宋史·赵普传》记载:

论曰:自古创业之君,其居潜旧臣,定策佐命,树事建功,一代有一代之才,未尝乏也。求其始终一心,休戚同体,贵为国卿,亲若家相,若宋太祖之于赵普,可谓难矣。陈桥之事,人谓普及太宗先知其谋,理势或然。事定之后,普以一枢密直学士立于新朝数年,范、王、魏三人罢相,始继其位,太祖不亟于酬功,普不亟于得政。及其当揆,献可替否,惟义之从,未尝以勋旧自伐。偃武而修文,慎罚而薄敛,三百余年之宏规,若平昔素定,一旦举而措之。太原、幽州之役,终身以轻动为戒,后皆如其言。家人见其断国大议,闭门观书,取决方册,他日窃视,乃《鲁论》耳。昔傅说告商高宗曰:"学于

古训乃有获,事不师古,以克永世,匪说攸闻。"普为谋国元臣,乃能矜式往哲,蓍龟圣模,宋之为治,气象醇正,兹岂无助乎。晚年廷美、多逊之狱,大为太宗盛德之累,而普与有力焉。岂其学力之有限而犹有患失之心欤?君子惜之。

这里又一次说到了他读《论语》的事。但说得更多的是他的事功。利国利民的赵宰相,也帮了自己的忙。

1962年,邓拓曾写过一篇文章,把"半部《论语》治天下"作为一个读书少而精的例子加以推崇,此文后来收入《燕山夜话》。但从实际考察的情况来看,赵普读的不仅仅是半部《论语》,开了他胸襟和眼界、帮了他忙的,还有许多的书;是这些博览过的群书,成就了他的功业。当然,《论语》应该是他最熟悉的书。

2006年8月13日晚间写毕。

赵普之奸

谁是大圣大贤？在不同的人那里，标准大约不会统一。前日的英雄，后来成了匪徒；当日的匪徒，后来成了主人。是与非，有时候还真有些不大好分。在宋真宗的诏书里，赵普被“配飨太祖庙庭”，算得上圣贤者流了。可读《船山全书》，感觉又全然不是这样。

宋太祖赵匡胤从黄袍加身开始，一统江山，赵普是谋士之一，立了大功。后来宋太祖拜赵普为宰相，事无大小，都跟赵普商量，以至于赵普收受吴越王钱俶贿赂十坛“海产”，也就是十坛“瓜子金”，太祖都没有追究。

赵普弄木料，为自己营造府第，在秦、陇关山伐木，联巨筏运到京师使用。他的部下又私自在东京贩卖秦、陇大木，违犯朝廷禁令。虽然没有被立即追究，但此后赵普却失去了皇上的欢心，接下来就是触霉头，再接下来就丢了相位。

王船山读《资治通鉴》，写出了脍炙人口的《读通鉴论》。在其中的《宋论》里，把宋朝称做“弱宋”。对宋朝的领导人，多有论述。让人感到诧异的，是他在卷二《太宗》里专立一节，题目就是《赵普之奸》。之后几节里，也还有连续的申说。船山说：“唐亡以后，鄙夫以成奸之习气，薰（熏）灼天下而不可浣。”赵普是受到熏染最严重的人。要不是爱读书的宋太宗大量起用文士救弊，宋朝也会同五代一样，“同其速亡”。他是把赵普列入为奸“鄙夫之尤”，“鄙夫充位为之”，从而使五代列朝“一传而遽斩”，“与冯道等”的人物行列的。

在船山笔下，赵普是一个“阿附朋党，倾危善类”“密谋行险，戕害天伦”“陷于大恶而不能自拔”之人；和导致隋朝灭亡的杨素一样的人物，是一个“不仁之人”。船山并且声明，这是不是过头之说，“非苛责之也”。

赵普之奸，表现在哪里？

船山说：“谋焉而当，决焉而断，与之言而不泄，处危疑而不移者也。而其残忍以陷我于戕贼，则独任之而不恤。呜呼！天下岂有劝人杀其妻子兄弟而可托以社稷乎？”赵普的能力极强，具备了做帝王心腹的重要才干。但是，“劝人杀其妻子兄弟”，伤天害理，无所不用其极，又是他最拿手的长项。换言之，赵普是一个才干高，人品却极低的小人。

其奸一：迫害功臣，阻止统一。

“凡普之进谋于太祖者，皆以钳网太祖之故旧元勋而敛权于己也。”赵普原为村学究，无甚远见卓识，却提出“以防弊之政，作立国之法”，他生怕武将功高，妨碍自己的福贵，

就倾害之，建议宋太祖赵匡胤“稍夺其权，制其钱谷，收其精兵”，不让名位已盛的大将掌握兵权。赵普的建议为宋太祖所采纳，“杯酒释兵权”，使武职官员形同虚设，名义上是节度防御使，实际上什么事也不管，只是依照品级领俸禄。此举虽然加强了专制主义的中央集权，但宋积弱之病却实源于此。《宋史》卷一《本纪·太祖》里干脆说，赵普不曾参与陈桥兵变、平西川、收两粤、下江南，赵普没有任何功劳，功臣们对窃夺了成功果实的赵普是很有看法的，所以赵普就唯恐他们功高权大，“使不得立不世之功以分主眷”。赵普立朝，最大的本事就是“惴惴畏人之有功，而折抑解散之，以偷安富贵”。在曹翰献取幽州之策的时候，赵普竟然说：“翰取之，谁能守之？”太祖说了就派曹翰守之，赵普竟然又说：“翰死，谁守之？”把一个堂堂的宋太祖欺住了，阻住了。太祖未取幽州的委屈，使得六百年后的船山愤恨万分：“宋之君臣匿情自困，而贻六百年衣冠之祸，惟此而已矣。”“当宋之初，岂无其人，而奚必此怀椠倚门，投身戎幕之策士乎？”实在不行，船山说窦仪、吕余庆还在啊，这些人都比赵普强多了。船山疾呼：“险诐之人，居腹心之地，一言而裂百代之纲维。呜呼！是可为天下万世痛哭无已者也。”船山觉得，有宋一代的积弱，赵普是始作俑者。

其奸二：制造“金匮之盟”，残害太祖子弟。

太平兴国六年(981年)，赵普帮助宋太宗赵炅制造所谓“金匮之盟”的证据，声称杜太后临死前，命宋太祖传位于其弟宋太宗，由赵普起草誓书，藏之金匮。赵普于是又做了宰相，并挟“金匮”之功，作威作福，积极参与迫害宋太宗之弟秦王赵廷美、宋太祖之长子赵德昭的活动，置他们于死地。按照“金匮之盟”的约定，兄终弟及，宋太宗“归天”之后，皇位继承人的顺序首先是其弟赵廷美，再由赵廷美传回宋太祖之长子赵德昭(太祖长子)、赵德芳(太祖次子)。

实际上，在太祖朝，赵普与赵光义多有密谋，他曾经秘密上书太祖要“警惕”赵光义，结果，此事为他的政敌卢多逊所揭发，为了显示“清白”，赵普与宋太祖君臣上演“双簧”闹剧，赵普公开上书“自陈”，太祖示之以众，并把文书“藏于金匮”，此地无银三百两式地表示太祖、赵普对晋王赵光义兄弟间没有猜忌。宋太祖末年，赵普已被剥夺实权。已经有了君臣饰演“双簧”的娴熟经验，且政治阅历丰富的赵普，为了获取新宠，就去见宋太宗，制造了杜太后临终嘱托太祖以帝位传弟的“金匮之盟”，要义是兄终弟及。这样做的主要目的，是为了防止如赵宋代周那样因为国君是“幼子”而丢失皇位的情况发生。其实，宋太祖死时，其子赵德昭已是成年人，绝非“幼子”。论年龄，赵德昭做继位之君已经绰绰有余。有了谎话，戏还得演下去。为了帮太宗解决好“传子”不“传弟”的问题，赵普又诬陷自己的老对头卢多逊与太宗之弟秦王赵廷美“暗中交通”，整死38岁的赵廷美，远贬卢多逊。并且，太宗大侄子赵德昭也在29岁时自杀，二侄子赵德芳23岁时也不明不白地死去。船山说，赵普要杀掉赵德昭们的心思，早在他在太祖面前“谮毁太宗不听之日”就有了。

有些"仁德"的宋太宗,起初曾有意传位给赵廷美,是赵普提醒:"太祖已误,陛下岂容再误!"一句话,赵普的丑陋面目也暴露无遗。既然深悉"父子家天下"的治世真理,船山愤怒地问,赵普这个太祖的"大忠臣"为何不在太祖活着时拼死力谏,把"不误之谋"面陈太祖。"忠言"迟了这么多年,不是阴险小人是什么!船山甚至有些幸灾乐祸地说,虽然是小人,诡诈万分,但他自发其隐的时候,谁又压得住。宋太宗如此残害亲人的行径,其长子赵元佐也觉得太黑,就佯狂作癫,火烧宫殿,表明自己不堪"储君"之位。不过,赵普确实是脸不变色心不跳,厚黑到了家,心里还是美滋滋的。日后,宋太宗把儿子赵元侃(改名赵恒)立为皇太子。太宗后来也渐渐明白了赵普的为人,只给了他很高的地位,"不委之以机要"。

船山说,赵普是想要最终拿下赵氏天下的,就像历代篡权的奸人一样,比如杨素,倘若杨素不死,江山就不是杨广的,而是杨素的。赵普之心,和杨素是完全一样的。太祖在世,赵普谋害太宗,一计不成,便扶太宗,他等待的,是太宗"身后之冲人",就是年幼的新主子,让他被自己所操纵,进而拿下江山。卢多逊则不和赵普一样,太祖时代,他想保全太宗,太宗时代,他想保全秦王赵廷美。船山说,卢多逊和赵普相比,"其立心远矣"。

船山说,引导别人残杀自己的兄弟子嗣,灭人天伦,"为何等事,而敢于人主之前无惮于心,无疑于口。非至不仁者,谁敢为之,而谁忍为之乎?"

丧心病狂,就是对普通的百姓,也是没法接受的,更何况那些王子皇孙。而这些事,在赵普做来,却是得心应手的。世上的小人多,有好下场的不多,像赵普这样的小人,做下了弥天的坏事,还能有好下场,真是叫人不寒而栗。心狠手辣,也许,世界上的所谓大事,大抵本来就是这样做出来的,冠冕堂皇,都是像赵普这样,被包装打扮好的,所以大家的被蒙骗和上当,也就是正常的了。

2006年8月23日写毕。

后来读书,见到两段文字,是可与去年所写关于王船山的文字相印证的,抄出来:

一、《万卷精华楼藏书记》卷二十七所录,元代大德初年(公元1297年)被荐举担任翰林国史院检阅官、翰林直学士、知制诰、同修国史,后又拜侍讲学士,奉旨修成宗、武宗、仁宗三朝大典,受到元英宗赏识,敕命撰述宋、辽、金史的大学问家袁桷《清容居士集》云:"秦王廷美、吴王德昭、秦王德芳,皆由赵普以死。今《宋史》普列传无一语及之。李焘作《通鉴长编》,亦不敢载。私家作普列传,始言普将死,见廷美坐于床侧,与普忿争。"

二、《万卷精华楼藏书记》卷二十七所录,同书录宋末书贾陈思之从孙,编过《宋诗补遗》八卷的元人陈世隆《北轩笔记》称:"比赵普以私怨恨卢多逊,不藉廷美则不中太宗之妒。不藉廷美以中太宗之妒,则中多逊不毒。""盖太宗为涂面之言,以遮谋杀廷美之故,

当时讳之，史臣难之，故其纪错乱而矛盾，使后世疑之而必辨之，则太宗之残忍，赵普之险恶，廷美之怨愤，昭然如日月之行天，万世不能掩也。”

按此二人俱早于船山三百多年，且亦深谙史实者。得此二论，余述船山之言当更翔实矣。

2007年3月13日

柳如是砚

2010年2月4日，“聚珍荟宝——馆藏珍玩展”在浙江省博物馆孤山馆区内吕霞光馆二楼开展。其中柳如是写经白端砚，是珍品中的珍品。说其珍，是因为它太能调动人的想象，让来这里的那些有文化修养的人，或好古之士，发思古之幽情。想想看，陈寅恪老先生，不就是因为一粒红豆，写出了皇皇巨著《柳如是别传》吗？

2011年2月16日，友人写文章，说他在杭州亲见了秦淮名妓柳如是的白端写经砚。多么稀有的事啊！

这一方柳如是白端写经砚，见到的人说，那算是杭州之行的一段艳遇。追寻来历，就找到了2010年第5期的《紫禁城》杂志，那上面有朱传荣的文字《萧山朱氏藏砚第十三柳如是写经砚》：“砚宽一二点六、长一九点四厘米，砚池中镌一牛，于疾走中蓦然驻足回望，极传神，砚背有‘柳如是写经砚’六字小篆，清秀一如其人。石质白色如凝脂，最宜研朱。[按：柳如是，明末吴江名妓，本姓杨，名爱。色艺冠一时，工词翰，作书得虞世南、褚遂良笔法。后归钱谦益为妾]原来是朱熹廿四世孙朱文钧翼庵先生的旧藏，老人是故宫博物院成立之初的专门委员；哲嗣朱家溍乃当世名家；在故宫博物院生活了一辈子；朱传荣则朱家溍女儿，《紫禁城》杂志的编辑。

流传有序，神物护持，可真是太好了！

拜现代技术之赐，我看到了柳如是白端写经砚的照片。这应该和友人看到的没有两样。

真是啊，此砚端雅大气，线条秀挺简约，石肤温润坚凝，观之良久，不觉心荡神驰。类似的白端我在南京还见过一方，那是去看徐雁先生的下午，我在南京文物总店盘桓之时，亲眼目睹的。

时光流向六十多年前。

那是1947年岁末，冬夜苍苍。故宫博物院专门委员张伯驹过访文玩巨擘溥雪斋。老友寒暄，不在话下。情深意长，友爱熠熠。

溥雪斋刚刚获得一块柳如是砚。雪斋是道光皇帝的曾孙，书画名家，所得自然不俗。张伯驹一代名士，雅致高怀，手眼亦自通天彻地。老友同好，自然得观。砚宽一尺五寸，当然是乾隆尺的尺码。高三寸八分，厚一寸，石质极为细腻，砚上镌刻有云纹图案，有四个

砚眼,作星月状。砚背上篆书铭文云:“奉云望诸,取水方诸。斯乃青虹贯巖之美璞,以孕兹五色珥戴之蟾蜍。”下面是隶书“蘼芜”小字款,阳文“如是”长方印,右上镌“冻井山房珍藏”一印,下面是“美人之贻”。砚下侧镌隶书“河东君遗砚”五字,左小字“水巖名品,罗振玉审定。”外花梨木原装盒, 温润有泽。

张伯驹叹赏有加,爱不释手。摩挲之余,请溥雪斋加润以让。雪斋毅然见允。伯驹当夜携归。归来后把玩再三,爱不释手,与潘素夫人灯下开颜,此且按下不表。

好故事发生在第二天。琉璃厂一古玩商人来找张伯驹,携砚求售。张伯驹让他拿出来看看。打开包袱,见到的是玉凤朱砚。张伯驹大喜。这是钱牧斋用过的古砚。砚宽乾隆尺三寸许,高二寸七分,白玉质,雕作凤形,刀工古拙,一望而知,这是明代的形制样式。古砚的外面是紫檀木原盒,上刻篆书铭文云:“昆岗之精,璠玙之英。琢而成砚,温润可亲。出自汉制,为天下珍。永宜秘藏,裕我后昆。”小字篆书款“牧斋老人”,下刻阴文“谦益”方印。张伯驹未动声色,即按商家价格留下了钱牧斋古砚。兑款之后,张伯驹拿出自己昨天收下的柳如是蘼芜砚,配对让商家同赏。商家后悔不已,连说自己要价太低。张伯驹赞叹莫名:“天下真有如此奇事?夫妇二砚离散近三百年,十小时内合于一家,落于我手,岂不是天下奇事?”

钱谦益与柳如是夫妇二人之砚奇迹般地为一代文玩大家所得, 自然被悉心地珍藏起来。

张伯驹慨叹:“一夜之间夫妇砚合璧,其巧岂次于南阜之得司马相如印。然南阜有梦,余则无梦。盖南阜事收汉印,日思得汉名人印,故有梦。余向不蓄砚,无得砚意,故无梦耳。此皆事之偶然巧合,无足奇也。”

南阜即高凤翰,著名的“扬州八怪”之一,是画家、书法家、篆刻家,也是诗人。艺绝千古,昭励后人。著有《南阜山人诗集》《砚史》等书行世。高凤翰有诗云:“老樵卧白云,修柯不以斧。笑拾泰山松,拄之下梁父。”高凤翰还有“印癖”与“砚癖”之称,收藏了许多印石与名砚。高凤翰藏砚过千,每块砚上都自作铭词亲手镌之。纪晓岚《阅微草堂笔记》称,高凤翰夜梦司马相如来拜,第二天就获得司马相如印,以为奇珍,宝若头目。这当然是偶然巧合的事。然而张伯驹的感叹并不是没有来由。你想,一向不收集名砚的大玩家,于无意中一夜间得大名士大名妓夫妇砚合璧,其欢喜与自矜,岂言语所能尽述?

据上海文物鉴定专家朱孔阳哲嗣朱德天所述,朱孔阳曾藏有柳如是“绛云楼扫眉镜砚”一方。“绛云楼”是钱谦益的私家藏书楼,藏书之多、之精,几乎可与内府相比,可惜全毁于火。“绛云楼”也是钱柳的爱巢,两人每日在此诗词酬唱,相得甚欢。“扫眉”即画眉。砚身约七厘米见方,砚面右有篆字“绛云楼扫眉镜砚”,左款为“南田草衣观”,显然是后人所题。砚座紫檀木制,长八点三厘米,宽七点七厘米。匣上方有凹槽,用以放眉笔,开奁画眉时则插铜镜。匣盖镶嵌宝钿,用贝壳作梅花,绿松石为梗,珊瑚为花萼,还有一游蜂,

制作非常精美。此砚为清代首任驻比利时大臣杨兆鋆旧藏,砚匣背和右侧都有他的铭文和款识,匣盖也有他刻的“晴云”二字和“杨四”小印。与砚台放在同一红木分层盒中还有一背面镌有“石家宝镜”四字的方铜镜及一本由凌霞题刻“柳梢月景”的题词册,内有杨兆鋆撰写的《绛云楼扫眉镜记》和其他名人题咏。

柳如是遗落在天壤间的珍物不多,陈寅恪据所得红豆结撰出《柳如是别传》,诚人间稀有之事也。1978年7月,黄裳翁在他的《关于柳如是》一文中据所见清代文献,列出以下几种:

(一)柳如是砚,背镌“秋水阁”印,印上有“如是”小款。砚右有“壬午”二字。(休宁戴延介《眉妩》词注。砚藏“吴竹桥仪部”处)

(二)柳如是印,“消寒第八集席上,盾卿出一印章,云得之赵秀才家。朱文如是二字,旁刻癸未春楚秀镌赠,其为绛云楼中物无疑。癸未崇祯十六年也。”(孙原湘《消寒词》注)(又见潘介繁《晓梦春红词》)

(三)红豆山庄玉杯:“江静萝明经(曾祁),予乙卯同年也。自言高祖处士某,工俞柎之术,陈確庵先生集中有传。处士曾为河东君疗疾,宗伯以玉杯为赠。上镌红豆山庄款识,属子孙世宝之。后为他氏所得。静萝踪迹赎还。今夏值君六十寿辰,出以觞客,属予作。”(孙原湘诗题注,《天真阁集》卷二十三)

(四)唐镜:“周南卿得柳如是所藏唐镜,背铭曰:‘照日菱花出,临池满月生。官看巾帽整,妾映点妆成。’”初白老人有诗云:“宗伯斂清世莫知,斂花映日月临池。点妆巾帽俱新样,不用喧传挽镜诗。”(见《金陵杂咏》)“南卿拟拓柳本装册,并摹河东小像于左,索同人题句,爰赋四绝。”(钱唐张云璈《知还草》卷五)“镜背铭曰:(略,上下两联误倒),其旁刻‘靡芜’二篆文,极遒劲。中为夔螭,刻画飞动。小折叠架,上刻‘绛云楼印’四字……”(邓之诚《骨董琐记》七)

(五)青田石书镇:“石长二寸有半,广二之一。刻山水亭树,款曰:‘仿白石翁笔’,小篆颇工致。面镌:‘崇祯辛巳畅月柳靡芜制。’今藏王砚农处。”(张鉴《冬青馆乙集》二)

(六)柳如是沉香笔筒:“陈文述《碧城仙馆诗钞》卷六,有此题七绝四首,无注。其第二首云:‘也合裘钟记小名,沉香禅味悦温馨。真珠四面泥金字,留得尚书旧日铭。’约略可知原物形状,其上并有牧翁铭记也。”

2011年6月6日上午完稿。是日端午,高考前一日也。学子莘莘,众生芸芸,余得一日闲,观书著文,至乐事也。

刘一明:乾嘉金丹姓字香

参访兴隆山

2010年4月6日。兰州。晨六时起,沐浴,打坐。写博客文字一小时许,没弄好废了。可惜。九时许,驱车前往兴隆山。

兴隆山位于兰州市榆中县城西南五公里处,距兰州六十公里,海拔只有2 400米,在大西北,兴隆山不能算高。因"常有白云浩渺无际"又名"栖云山",有"陇右第一名山"之称,相传,这里西周时就已成为道人凿洞修行之地。上世纪80年代念书的时候,我来过兴隆山,今天算是故地重游。兴隆山是乾嘉以来最著名的全真道长刘一明的福地洞天。刘一明在其他地方也有遗迹,但他最主要的活动地却是兴隆山。刘一明最重要的著作《道书十二种》,多在这里写成。1991年,我以60元买下此书线装本,今日已是珍本。以前来是看山,这回来是朝山,山前一笑留影,风光旖旎。有仙则名,兴隆山有刘一明,明媚中更添灵异,是仙家正脉,学问渊薮。刘一明有专写兴隆山风景的诗作:

栖云山二十四景寄调金人捧露盘

> 栖云峻秀,天梯冲虚透。白云窝,藏灵岫。朝阳谈道因,清波洗心疚。翻影庵,借风月炼真复旧。三台九宫全,五图七星凑。苍龙蟠,灵龟伏,寂静生偃月。面壁舍身肉。脱洒时,均利桥继前接后。

山门前不见人影,我寻找旅游纪念品商店,想买些关于刘一明的资料,门也不开,山间的风挺冷的,我说先上吧。有人喊起来,原来是让我们买门票的,一张30元。我问刘一明的事,他也说不上来。问有书吗?说有。就找出两本来。我翻了翻,是兴隆山的传说之类,没有多少刘一明的。进得山来,先看到的应是张一悟墓,竟未留意,只好在下山的时候补着行礼。蒋介石行宫是第一个景点,正在维修中。上世纪40年代初,蒋介石夫妇在此小住,遂成胜迹。由于再没有游客,也不见管理者,虽有维修工人,但他们是不管的,我得从容拍照,墙上的照片比延安杨家岭窑洞里挂着的伟人照处理得好,风尘尽落的历史真实,正在渐渐恢复,真是让人高兴的。蒋介石夫妇动员抗日的那张照片不好看,但一定是美的,丈夫呐喊,妻子发誓助威,民族在那一刻重生。家具不华贵,房子也比不得今日豪宅。上山,是丘祖殿,菩萨殿。一路寻觅的刘一明祠堂被错过了,只好留待返回的时候再

看拜。七真殿前有一个道士,我问刘一明,他知道,但说不上几句。倒是正在维修山路的一个中年女性,后来知道她姓郑,说起刘爷来头头是道,她是山下镇子上的人,嫁给了山里人家,爷爷是个医生,一生崇敬刘爷,辈辈相传,知道一些刘爷的事。她说,东山的后面有刘爷坟,在林子里。跟前有一个小碑牌,是修行的道士垒起来的。小郑念完了初中,算是文化人了。她告诉我,刘爷在栖云山住了40年,修了72座道观。七真殿前有一棵苍劲的油松,传说是刘一明从老家山西曲沃带来手植的。混元阁南面是"自在窝",为刘一明修行著书处,靠山面壑,风景绝佳,很暖和。"自在窝"是三层结构,一层是著书处和卧室,挂着祖师著书处牌子的门锁着,门两边的墙上有几个镜框,内中陈列着一些介绍性的书册,想看而不得,叹惋不已。也有刘一明关于"自在窝"和栖云山的诗作抄录,在身临其境的我们读来,有临风而向往之感。他为这里写的《自在窝铭》云:

栖云之阳,有个窟窍。左右护卫,前后紧要。风尘不侵,日月内照。至虚至灵,最神最妙。山人住居,独弦绝调。名利不牵,富贵难钓。有时自歌,有时自啸。有时自眠,有时自跳。噫!兴来岩头吼一声,恍惚空中有人叫。这个自在口难言,捧腹呵呵一大笑。

又铭(省城五圣词有小屋一间,予曾居之,亦名自在窝):

此间屋儿,不漏不破。不高不低,不大不小。外面是三楹,内里容一座。未许人来往,惟有我坐卧。无拘亦无束,自唱还自和。终日玩图书,深夜辨功过。常将玉液烹,闲把金华磋。噫!分明尘世造化窝,包藏天地古董货。其中趣味少人知,快活受用暗赏贺。

附:

灯壁铭

恰是太极形像,体具日月模样。内里一团光华,外面些儿不放。黑中有白蓄真,阴内含阳避瘴。噫!识得此物谨收藏,瞳仁不损长明亮。

有"自在窝"匾额的东头小洞室门上,只有链扣,开门就是小炕,有煨火小炕洞。三百年前光景,恍然在目。门前有半截华表(刚才小郑说过,是唯一的故物,当然被红卫兵砸烂了的)。二层是藏经洞,三层为炼丹处。本来,刘一明著作的刻板,全在这里的藏经洞里,可惜在"文化大革命"中都毁掉了。守山的道士云游去了,前往东山的索道也不开。我们徘徊着不忍离去。同伴说,奇怪了,这里好像有一种吸引力在拽拉着人,让人不肯离去。下山,看到剑竹在林子里长出绿芽了,同伴采下一枝,算是纪念,春花未开,天色尚寒的大西北,这是难得的绿色。寻到刘一明祠堂,我们看见有一位道姑在忙碌着。两位晒太阳的道人,一个年轻健谈一些,一个银须丰髯颔首微笑。问刘一明坟,说在东山之后,"文化大革命"中被毁,现在也未修复,砖瓦残碑都乱放在那里,道家是没有力量,旅游局又不拨款。那一带封山,有铁丝网,一般人去不了,去了也找不到。不过道士可以带路去。攀谈中道人从屋子里找出一块刻制的书板,是传说中的刘一明书板了,虽然有泥土,但是

字迹是清晰的。这是道人从老百姓手中找来的，殿中尚有三块，民间也还有三块。梨木坚固，至今未坏。抚去板上的泥尘，恍若晤对仙人，思绪万千。我嘱咐认真搜寻保护，这是兴隆山的珍宝。道者应允。锁门的道姑听我们说刘爷说得有滋有味，发了善心带我们去瞻拜祠堂里的刘爷。有同伴继续和两位道者聊。祠堂里是新的，神仙也是新的。记忆中曾经传言说“文化大革命”的时候，红卫兵把刘爷的像给毁了。

后来小陈告诉我们，那块经板，是从山下一户人家拿回来的。那家人老出些事情，请道士去禳除，当时有人看见经板，说道观上的东西放家里不好，就拿来了。

离开兴隆山不久，和一个友人说起了参访的事，她托人给我从兴隆山那里找来了解嘉庆二十年、二十二年自在窝刻板印出的《栖云笔记》四卷、《眼科启蒙》四卷，我又买到了道教丛书之一的《刘一明学案》。书缘之盛大亨通，一时空前。

仙家灵根天地心

刘一明是个什么样子？

一般的说法是：刘一明(1734—1821)，清代著名内丹家、医学家。号悟元子，别号素朴散人。山西平阳曲沃县(今山西闻喜县东北)人。按道教全真道龙门派系谱，他是龙门派第十一代传人。少年刘一明就好读儒家经典，一心向往功名，尤好技艺、医卜星相、地理字画。17岁时，刘一明身得重病，百药无效，幸喜一真人赐方，得以除病。“因病有悟，遂而慕道”。19岁外游访道，22岁于甘肃榆中遇龛谷老人，口授心印。此后，为求参证，足迹遍布京、豫、陕、晋、甘、宁诸省。37岁时，再遇仙留丈人于汉上，经其点化。乾隆四十四年(1779年)，来到兰州附近的兴隆山。兴隆山距榆中县城七公里，古有衡山道士秦致通、谏议大夫李致亨二人在此修行。刘一明观其山脉，源自马衔山，面对虎邱，左有凤凰岭，右有兴隆山，双峡锁水，四兽有情，于是决定留在这里修行。在此后的四十多年间，刘一明隐居兴隆山修道传教、行医济世、著书立说。他对内丹学的阐发颇为全面，主张性命双修，“若欲成道，非性命双修不可”。刘一明著作有《易理阐微》《孔易阐真》《神室八法》《西游原旨》《会心集》《阴符经注》《悟真直指》《修真九要》《通关文》等，后来汇刻为《道书十二种》，别称《指南针》。《道书十二种》刻本有两个系统，一为清嘉庆二十四年(1819年)常郡护国庵刊本，民国2年(1913年)上海江东书局石印本，民国14年(1925年)上海集成书局石印本。这一系统版本实收书13种。另一系统为光绪年间上海翼化堂本，实收书12种。两个系统收书数目不一，篇目也有异。盖因刘一明生前所出和后世补入所致。1990年7月，中国中医药出版社以常郡护国庵本为底本，以上海翼化堂本校勘补缺后出版影印本，实收9集20种道书，算是目前最佳印本，亦刘一明学术精华所萃者。《道书十二种》中未收的刘一明著作，尚有《三易注略》《道德会要》《心经解蕴》《金丹口诀》《栖云笔记》及医书《经验杂方》《经验奇方》《眼科启蒙》《杂疫症治》等。

刘一明《自题行乐像》云：“此像黑黄面皮，白须皓发，长首隆鼻，头裹蓝布包巾，身穿月蓝道袍。以磐石为坐,以犬皮为褥。两手搭膝,端然正坐,不偏不倚。”他对这个画像的评价是:“彼原不真,我亦是假。付于一笑而已。”这自然是世外高人的达观说法。当年的像是失传了,然而从他的文字里传达出的神韵,更见得到他的本质。他是一个苦于钻研道、活到老学到老的人。见道后写的《了愿歌》里说:“虽然发白志犹壮,不妨从新再换肩。有人问我怎如此,呵呵大笑面朝天。”

最能见出刘一明精神风貌的,应该是他写的《自乐记》:

> 山右鄙夫,新田懒汉,不喜荣华,只爱恬淡,慕的是云朋霞友,好的是日精月华。闲时节,参同、悟真看两篇。闷时节,无弦琵琶弹几调。性发了,提起眉毛,整顿精神,打开众妙门,步入威音国。饿虎挡道,镆铘剑飞在空中。毒龙阻路,金刚杵压于顶上。赤蛇摆尾,一字诀禁住。乌龟探头,两刃斧破开。擒玉兔而捉金乌,食交梨而咽火枣。收瓓玕,拾钟乳。采黄芽,取白雪。过华池,饮神水。到只园,嚼菩提。牟尼珠,装两袖。玛瑙石,盛一筐。美金花,插头上。白玉环,悬腰间。七宝林出入自在,五行山来往不拘。甚至情忘时,钻入鸿蒙窍,睡在希夷穴,梦游黄庭院,神入赤色门。元始宫里,盗饮返魂之酒,太乙炉中,窃取不死之丹。吃的(得)昏沉沉,忘物忘形。饮的(得)醉醺醺,无人无我。五老见面,只称一诺,三星问话,仅回平身。高兴时,太极图里养精神。厌烦处,无影山上击虚空。这个趣味,不有不无,非色非空,哑子难言,瞽者难画,说与世人,非谓其狂,必谓其妄。爰是记之,以自乐云。

刘一明学术的核心是全真内丹。在《道书十二种》里,趋真向道的智慧灵光不断通过刘一明的笔阐发出来,他说:“其内一字一点血,只为启后与继前。”他的著作不但被门人木刻印刷流传于道教界,经上海江东书局、翼化堂和常德府护国庵于嘉庆、道光、光绪及民国年间铜版印刷后,更在社会上广为流传,成为人们研究道教典籍的普及读物和修身养性的指南。在道教史上,明末清初著名高道王常月、乾嘉时期的刘一明和几乎同时期的闵一得,都是如《金盖心灯》中所说的“我朝高士第一流人物”。且都著述丰赡,而其中的刘一明,又是著述最富者。这著述,极大地丰富了我国古代的思想文化宝库。

刘一明的道教著作博大精深。从内容上看,可分为三类。

第一类著作是对古代典籍、著述的阐释发挥。这也是我国古代学术阐扬共同遵循的正途。有《周易阐真》《周易注略》《三易读法》《金刚经解蕴》《心经解蕴》《黄庭经解》《孔易阐真》《参同直指》《西游原旨》《无根树解》等。仅仅从题目上看,三教和合的特点也是明显的。他不拘泥于历代各家陈说,只是以性命双修这个主线,阐发自己独到的见解。在《周易阐真》中,刘一明指出,丹道即易道,圣道即仙道,《易》非卜筮之书,是穷理、尽性、至命之学。刘一明承其师之旨,祖述魏伯阳之意,“尽将丹法寓于周易图卦系辞之中,略譬象而就实义,去奥语而取常言,直指何者为药物,何者为火候,何者为进阳,何者为退阴,何者为下手,何者为止足,何者为煅炼,何者为温养,何者为结丹,何者为脱丹,何者

为先天,何者为后天,何者为有为,何者为无为,何者为逆运,何者为顺行。其图象、卦象、爻象,细为分析,通部分作二股,一进阳,一运阴,承上启下,一气贯串,使学者易于阅看。"《周易阐真》对魏伯阳的丹经理论有新的阐发,通篇以浅显的语言,就龙蛇铅汞之法,验以爻系图象,剔除其"劣歧",归于宗主,将炼丹与六十四卦卦体、卦辞一一阐释,使后学者少走旁门曲径,直奔本源。《西游原旨》一书,后世鲁迅点评过,胡适则对其中关于《西游记》作者为丘处机的说法提出了不同的观点。刘一明认为:三教一家,传性命双修。在释则为金刚法华,在儒则为河洛周易,在道则为参同悟真。《西游记》以西天取经为故事素材,发金刚法华之秘,以九九归真,阐参同悟真之幽,以唐僧师徒演河洛周易之义。刘一明指出,《西游记》立言与禅机颇同,其用意处尽在言外,或藏于俗语常言中,或在一笑一戏里分其邪正,或在一言一字上别其真假,或借假以发真,或从正以避邪,千变万化,神出鬼没。俗语常言中暗藏天机,戏谑笑谈处显露心法,古人所不敢道者不敢泄者,邱真君(丘处机)言之,其造化枢纽,修养窍妙,无不详明具备,可谓拔天根而钻鬼窟,开生门而闭死户,实在是返本之源流,归根复命之阶梯。悟之者不必遭八十一难之苦而一筋斗云可过,不必用降妖除怪之法,而一金箍棒可毕。后世之注家以《西游记》为演义传奇而已,仅取一叶半简,以心猿意马毕其全旨,且注解每多戏谑之语、妄证之词,未能贯通《西游》原旨。《西游原旨》则昭若日星、沛若江海,指出《西游》一书即《阴符》也,即《参同》也,《周易》也。《西游记》为修炼性命之书,犹如一灯明幽室,百邪自遁藏。书末的《西游原旨歌》,更是形象地概括了《西游记》的真谛及主旨,意在使后世读者豁然醒悟。用他的话说,就是:"有人识得其中妙,循序渐进涉大川。"

第二类著作是作者对修养性命感悟的总结,有《神室八法》《修真九要》《修真辩难》等。《神室八法》篇幅不长,但却是刘一明"尽其生平所得"的力作。在《神室八法》中,作者将人的修身立命比做修筑神室,以刚、柔、诚、信、和、静、虚、灵喻之,如神室之梁柱、木料、基址、椽瓦、门户、修壁、堂中、主人。《神室八法》语言平易、通俗,析理精微,讲修道即修神室,神室完全,大道成就,永无渗漏,脱灾免祸,人处于安然自在之境。《神室八法》,堪称自我修养的法宝。它告诉人们,行事应刚强、柔顺、诚实、守信、和同、静定、虚怀、灵妙,这样就可成就大事业。贯穿八字真言的思想主要是让人们始终如一、不怕困难、刚柔并济、和光同尘、真性不昧。《修真九要》系作者传述其师龛谷老人之说。在《修真九要》中,作者讲了自己青年时期走过的弯路,警示天下修道者,必须由浅入深,依阶梯登高,循九要而入,辨明邪道,纵不能行此天下稀有之事,亦可以知有此稀有之事,庶不致空过岁月,虚度一生。九要是:勘破世事、积德修行、尽心穷理、访求真师、炼己筑基、和合阴阳、审明火候、外药了命、内药了性。刘一明总结自己少年慕道而未遇明师、不辨是非而几乎受害的教训和幸遇龛谷老人、走上正道的感悟,整理完善了龛谷老人学道、修道的思想,总为九条,为初学者循序而入的阶梯,并且批评了"未曾学道,即欲成道,未曾学

人,即欲作仙”的糊涂思想。《通关文》实在是奇文实写,从平易中阐明大道的佳作。作者明确指出修真大道,窃阴阳,夺造化,了性命,脱生死,为超凡入圣、成仙作祖之大事。但世间学道者多如牛毛,成道者如凤毛麟角。究其原因,皆因一身偏病,满腔邪气,所以感不动师友,以致空过岁月,枉劳跋涉。作者积数十年修道经验,潜心著书,以结知音,使学者先尽自己之事,自卑登高,由近到远,而性命修持之功,也由此进步。作者在此书中罗列日常生活中的色欲关、恩爱关、荣贵关、财利关、穷困关,等等,共五十条,刘一明认为都是学道者的要命关口、阻路大魔,须要关关打通,才能进步。刘一明指出,性命之道,是天下第一件大事,天下第一件难事,非大力量、大功德之大丈夫,载不起,作不成。果能打通诸般关口,便是大力量、大功德、大丈夫。彼时大道在前,直登彼岸,纵横逆顺没遮拦,步步见功,何愁道之难成乎。《修真辩难》从体、用的角度把先天后天之道,统一为一体,所谓一阴一阳之谓道,是就道之用言。无形无象,是就道之体言。太极未分之时,道包阴阳,太极既分之后,阴阳生道,道者阴阳之根本,阴阳为道之发挥。所谓太极分而为阴阳,阴阳合而成太极,一而二、二而一者也。这种从宇宙生成论出发,以道为世界本源,阐明道与物相互为体的认识,给后世学者以莫大启迪。《修真辩难》以师徒问答的形式,阐述内丹功理。作者认为内丹乃性命凝结而成,所以必须性命双修,指出性命之道与阴阳之道密切相关,性命为阴阳之体,阴阳为性命之用。性即理,命即气,气不离理,理不离气,因此性不离命,命不离性,浑然一体,不容分割。修性即能立命,所以修行者必须重视修性,“不能修性,焉能立命?盖性者命之寄,命者性之存,性命原是一家,焉得不修性?”要求性命双修而侧重先性后命。他着重指出:“性命之学,中正之道也。中正之道,在儒谓之中庸,在释谓之一乘,在道谓之金丹,乃贯通三教之理也。知之者,在儒可以成圣,在释可以成佛,在道可以成仙。若舍中正二字,而别有所谓道者,即是邪道,便非正道。”他极为重视积德:“外而积德,内而修道,以德佐道,以道全德,道德并行,内外同济。”

第三类著述是大量的诗词、曲、杂文、楹联、散文和杂感。刘一明的这类著作,以《会心内集》《会心外集》《栖云笔记》《悟道录》为代表。其中的《太和记》《自乐记》《三教辩》《示李鼎实书》诸篇,抒写了自己“不喜荣华,只爱恬澹,慕的是云朋霞友,好的是日精月华”的襟怀。《太和记》写作者入一幽谷见到种种美妙、奇异景象,在一黄发丈人带引下,来到一个叫太和的小村,老丈人自我介绍号为太初子,隐居此地一万五千年矣,并诫之再三“无可妄泄,世无知音”。这里的境界,是刘一明非色非空,似有似无,杳杳冥冥,恍恍惚惚的修道体验,也是他的人生理想国。《三教辩》一文,述“鹦鹉以舌利而入笼,孔雀以尾文而受拘,獐兽以脐香而被害,狐狸以皮贵而丧生,龟以灵而剥壳,蚌以珠而剖腹,蚧以尾而受刈”的道理,申“鹦鹉藏舌,孔雀脱尾,獐兽失香,狐狸去毛”之义,阐发遁名晦迹,静养太和,以全大造之功的“修行立命”思想。刘一明说,儒、释、道三教虽有不同,但其大义总归是劝人向善。他归纳后称:儒有精一之道,道有得一之道,释有归一之道。儒有存心

养性之学，道有修心炼性之学，释有明心见性之学。儒有道义之门，道有众妙之门，释有方便之门。他溯源穷流，得出的结论是“三教一家”。

乾嘉之际，也是政治清明、经济繁荣的鼎盛时期，此时的道教功法，已突破了三教界线，趋向合一。刘一明适逢其会，成为这一时期最具代表性的革新派人物。他的诗文一以贯之地表达了他的思想。《达摩赞》《如来》《读西游有悟》《王母宫》《三易注略吟》《叹修道不识真》《西关礼拜寺》等作品，都是他思想体系的展现。他为兴隆山道观撰写的楹联“均是圣人何分儒释道三教，总归正理要会身心意一家”“三教原是一家又何必分门别户，一心归去敬三元只须秉烛焚香”更是直言了三教一家的革新观念。

《悟道录》是刘一明自遇龛谷老人后，在求道的艰难实践中的感悟和总结，当他明白了“大道必要真传，性命还须双修”的道理后，“悟得天地间万物万事，凡眼之所见，耳之所闻，足之所至，身之所经，头头是道，件件藏真，始知古今丹经子书所言先天后天、有为无为、药物火候、进退止足、结丹脱丹、顺行逆运等等法象，皆取天地间现现成成原有之理，发挥阐扬，并非强为捏造。”深刻的修真理论渊源于日用所接，经典也由此诞生。他拈取人所共见的日月星辰、云电雷雨、山川草木、鸟兽人物做题目，发挥阐扬，务求畅晓，使学道者看了能够少走旁门曲径，直悟大道。月借日光、木茂水长、松心竹节、水上火下、动热静寒、癫汉醉人、淘金拣玉、木偶泥胎、曲酒米粥、瓶满瓶半、空谷传声、蚌珠鸡卵、婴儿无心……人人眼前习见共知之物理，刘一明收集了八十一条，各就一事而分析之，取譬用喻，俱臻化境。刘一明借助自然和生活现象，先铺叙其固有的特征，后以有象穷无象，以有形辨无形，条分缕析，言浅理明地揭示出其中所蕴含的道来：借阳化阴、护持根本、心实节坚、水火相济、凝聚三宝、返老还童，后学者会从这些司空见惯的事物中，领悟出处处皆道及“大道至简”的道理，修身养命。

刘一明远取诸物，近取诸身，精研深究，志念坚定，积功累德，不但以其著述丰富了道教理论宝库，弘扬了道教思想，创立了“性命双修”的北宗学派，更以他笃诚的行动践履了济世度人的宏愿。他在几十年晨钟暮鼓的岁月里，完成了大量的道教著作，募化修建了灵宫殿、洗心亭、三清殿、黑虎殿、均利桥、混元阁、雷祖殿、斗母宫、王母宫、吕祖阁、邱祖堂、朝阳洞、三圣洞、迎善桥、菩萨殿等道观七十二座，开坛讲经，形成兴隆山道教丛林。在新庄沟荒坡地开垦五十多亩，部分主持自种，部分租种，作为零星补修之费。他在世时，兴隆、栖云两山败而复兴，殿、观、阁、廊、桥、路错落有致，善信弟子，皈依有所。

刘一明在醉心丹道的同时，“犹不忘情于医道”，他的《眼科启蒙》《经验杂方》《经验奇方》《杂疫症治》等医书至今仍是中医药学术宝库中的名作。在弘道过程中，刘一明常自制丹药，以医药济人。他的道书中，常有以医作譬，教人心法的。《会心集》里的《眼药方》，可为例证。诗曰：“若知自己痛与痒，急求明师问端详。先积法财买药料，次置器皿安丹房。老嫩迟速合度数，进退止足定柔刚。灵药成就随手效，立竿见影不荒唐。”刘一明善

于利用外丹技术、设备自制医用丹药，这对于传统制药学的发展很有意义。刘一明从道教内丹术的角度将医家区分为神医和人医。他认为神医乃先天之学，能培养先天元气，既能治己又能治人，无伤于彼，有益于我；而人医则是后天之学，只在五脏上下工夫，以草木之药祛邪除疾，不能治己专治他人。这是一种典型的道教医学观，反映了清代道教内丹术与传统医学融通的特色。他指出，医有神医、有人医。神医者，先天之学，转生杀，夺造化，和阴阳，调五行。后天中培先天，假身内保真身，采大药三品，除历劫病根，神明默运，推己及人。所谓有用中无用，无功里施功。如神农、黄帝、岐伯、雷公、扁鹊、抱朴子、华佗、孙思邈其人者。以上圣贤，皆有实学，先治己而后治人。所以药到病除，邪气退而正气复，起死回生，得心应手。人医者，后天之学，全在五脏上下工夫，草木上用心思。虽明得三关九候、七表八里，仅可医得应生之人，医不得应死之人。医得后起病，医不得根本之病。复得后天之气，复不得先天之气。治得有形之病，治不得无形之病。如仲景、叔和、河间、时珍其人者。以上数人，俱皆虚学，不能先治己而专治人，是舍己从人，顾外失内。所以有效不效，此其所以为人医也。他在《示李源昌书》里说，果是神医之道，则治己治人，无伤于彼，有益于我。人我共济，遂心运用，左之右之，无不宜之。

名山有幸长歌吟。甘肃有兴隆山，兴隆山有吃尽苦头、苦尽甘来的刘一明。刘一明在这里修真养道，世世代代被人们敬仰。

"大德从来有大寿，复命归根自天佑。"道光元年(1821年)正月初六亥时，88岁的刘一明进入善信预先为他箍好的墓洞，召集门人弟子，嘱咐他们"以性命为重，功行为先"，言毕安坐而化。

2011年10月2日定稿于夕照满目中。

顾太清：有清第一女词人

案头一册1998年上海古籍出版社出版的《顾太清奕绘诗词合集》，为张璋编校本，洵善本也。

说来顾太清，还和甘肃有缘。她是乾隆年间牵连进胡中藻《坚磨生诗抄》文字狱案、被赐自尽的甘肃巡抚鄂昌的孙女。鄂昌，又是大学士鄂尔泰的侄子。鄂昌的儿子鄂实峰娶香山富察氏女，生下一子二女，长女即太清，本名春，字梅山，号太清，别号云槎外史。太清一出生便是"罪臣之后"，父亲以游幕为生，她只好由祖母顾氏带到苏州养大。为避忌和祖父鄂昌的关系，遂改其原姓西林觉罗氏为顾氏，谓顾太清。这样，说顾太清是甘肃人，也不会有牵强之嫌。

如此一来，读太清诗词，享受中便又有了亲切的意味。

太清三四岁时，即由祖母教字，六七岁时，又为她请老师教文化。那时候的女性，学习不为科考赴试，所以太清专攻诗词歌赋。自幼不缠足的太清，天资绝美，又有天赋，时作男儿装，加上擅能填词，也就渐渐有了美名。

清末词家王鹏运曾说："满洲词人，男中成容若，女中太清春而已。"成容若，即纳兰性德，是大学士明珠长子，骁将年羹尧的岳父。笔力惊人，其《侧帽集》《饮水词》当时就脍炙人口，后来经人增遗补缺，合为《纳兰词》，收词三百四十九首，成为一代文化瑰宝。王国维认为纳兰是"北宋以来，一人而已"。朱祖谋也认为，纳兰性德是"八百年来无此作者"的一代词家。把顾太清和纳兰并称，是说她的成就之大。她成为满族第一女词人，靠的是极为深湛的造诣和丰赡的作品。

由于是"罪臣之后"，太清早年的生活很是不幸，受了不少苦。由于遇到了奕绘，顾太清才走进了幸福的人生。奕绘为荣亲王永琪之孙，字子章，号太素。永琪之妻是鄂尔泰的儿子鄂弼之女，此太清与奕绘，原就是亲戚，他们之间互有往来，又共同爱好诗词，由诗词而相互倾慕，由倾慕而结为伉俪。奕绘少年得志，是乾隆皇帝的曾孙，大清皇室的成员。他15岁时，写出受人赞赏的《读易心解》；17岁时，父亲荣郡王卒，袭爵贝勒；23岁出版诗作《观古斋妙莲集》；26岁时，排除万难，娶了心仪的才女太清为侧室；后来官拜正白旗汉军都统。正白旗汉军都统是军队中的高级职务。奕绘36岁的时候，在京城郊外建成南谷别墅。南谷位于永定河以西大房山之东。南谷别墅是他们幸福的天堂，是他们情笃才

高的见证处,也是他们终老的归宿。他们身后的园寝,也是这里,至今尚存。别墅中有霏云馆、清风阁、红叶庵、大槐宫等,都是奕绘度山势而构筑,天游阁则为奕绘邸中之一处,系太清、太素与诸友唱和燕憩之所。自兴建别墅后,奕绘、太清尽游房山诸名胜,归则宿于清风阁中,享受鸟语花香的幽境乐趣,真如神仙境界。这是太清一生最幸福、最快乐的时光。道光十八年(1838年)奕绘卒,光绪三年(1877年)太清卒,夫妇先后均葬于大南峪园寝。

太清与奕绘,伉俪情深到了极处。一个才貌双全,一个文武兼备。两人同年出生,字号相连,一个字子春,一个字子章;一个号太清,一个号太素;一个叫云槎外史,一称幻园居士。给诗集命名,一曰《天游阁集》,一名《明善堂集》。给词集命名,一称《东海渔歌》,一号《南谷樵唱》。呼应千秋,玉璧成双。夫妻间情投意合,亲密无间,赋诗填词,相得益彰,实李清照和赵明诚之后,文学史上又一对神仙眷侣。

太清与奕绘结为秦晋之好是在奕绘袭爵后。虽然在名分上太清是妾(侧福晋),但婚姻却十分美满。奕绘原配妙华不久逝世,奕绘既未续娶,又未再纳妾,官场俗务之余,只是与太清一道,登山临水,吟诗作画。太清对这份情义,更是十分珍惜。诗吟词颂,不胜枚举。夫妻唱和,相敬如宾。我们可以通过表达二人志趣的画像题词来看。结婚十周年的时候,他们留了道装写真画像。都有题咏,这里从略。又三年,他们39岁的时候,又请人画了一组:太清的是"听雪小照",奕绘的是"观瀑图"。此处我们只讨论他们自己为太清的"听雪小照"的题咏。

太清的词是《金缕曲·自题听雪小照》:

兀对残灯读,听窗前,萧萧一片,寒声敲竹。坐到夜深风更紧,壁暗灯花如菽。觉翠袖、衣单生栗。自起钩帘看夜色,压梅梢万点流玉。飞雪急,鸣高屋。

乱云黯黯迷空谷。拥苍茫、冰花冷蕊,不分林麓。多少诗情频在耳,花气熏人芳馥。特写入、生绡横幅。岂为平生偏爱雪,为人间留取真面目。阑干曲,立幽独。

词的意象与内容,可以说是完全根据画面而来的。毛文芳先生《一个清代闺阁的视角——顾太清画像题咏》对此有精彩的探讨,以下所述,即其成果:

画像原作者不知是谁,太清后人恒纪鹏将原画摄成照片,启功藏之,后名画家潘絜兹受李一氓所托,于1978年4月重新绘制,收入李氏收藏之西泠印社本《东海渔歌》卷首。主角所立身的周绕环境,闺房案上摆着书(兀对残灯读),帘幕钩起(自起钩帘),顾太清便装穿着(觉翠袖、衣单生栗),站在洞窗前(听窗前),右后方油灯一盏(壁暗灯花如菽),栏杆外寒竹数丛(寒声敲竹),庭院中古梅一株(压梅梢万点流玉)。顾太清独自一人倚栏杆(阑干曲,立幽独)的身姿,由雪景充满的视觉听觉开始,勾起她下片一连串寒夜苍茫的想望。太清具有女性词人的细腻敏感,长于空灵中的倾听。在小照中细听窗前寒雪敲竹,整首词充满诗情画意,是典型的才女闺阁画像的实例:

飞素暗群山，寒云幂空谷。
晚妆淡将卸，函书初罢读。
窗灯明冏冏，翠袖伊人独。
倚栏正倾听，皛然天地肃。
雪声不在雪，乃在梅若竹。
寒香扑鼻孔，清音慰心曲。
斯情正堪画，此景良不俗。
远胜暴富家，高楼纷酒肉。
行年垂四十，日月车转毂。
归去来山中，对酌春岩绿。

夫妻二人分别题画，并未混淆主客关系。太清的题词中，明显意识到画中人就是自己。兀对，听，觉，坐到，自起……等语，有自我色彩在内。奕绘的题诗，用“伊人”“翠袖”二语，先将自己置于旁观者的角度，再由远景逐渐拉近，简笔勾描画中景物，以及妻子的身影。寒香扑鼻，清音慰心，美景当前带来的精神丰足，远胜过高楼酒肉。看着太清画像，奕绘不免想起自己规划已久，位于大南谷即将完竣的“世外桃源”，也就是南谷别墅，并为自己和妻子提出宽怀之道：“归去来山中，对酌春岩绿。”逝者已远，行乐及时，流露了观画者由画像引发追求愉悦人生的体会。

这一时期，顾太清的创作进入全盛状态。其诗集《天游阁集》和词集《东海渔歌》共约千首诗词多完成于此一阶段，书名则呼应丈夫奕绘的《明善堂集》《南谷樵唱》，偕偶对称。这对神仙眷属的雅韵，羡煞士林。

太清的集子里常能见到《夏至同夫子登天游阁诗》《谷雨日同社诸友集天游阁看海棠》等为题所赋的诗词。奕绘歌咏夫妻志趣情味的作品亦复不少。据《名媛诗话》所述，顾太清“才气横溢，援笔立成。待人诚信，无骄矜习气，唱和皆即席挥毫，不待铜钵声终，俱已脱稿”。论者称“其词气足神完，信笔挥洒，直抒胸臆，不造作，无矫饰，宛如行云流水，纤毫不滞，脱却了朱阁香闺的情切切、意绵绵，吟风弄月之习，词风多近东坡、稼轩。太清词真如一串熠熠闪光的玑珠，令人喜读乐诵，其诗亦然。所涉猎题材之广，反映生活之吟，竟出自久居清廷宗室中一贵夫人之手，实不能不令人惊叹”。

对奕绘一生打击最大的罢官一事，发生在他们夫妇37岁的那一年。此后，奕绘一蹶不振，以四十英年而亡。而顾太清的人生，又有了一番可歌可泣的内容。这便是众口铄金的“丁香花公案”。

公案由一首闲诗惹起，经过某些热心人渲染，变得香艳、脍炙人口，亦假亦真，结果是顾太清被逐出王府。

道光十八年(1838年)，也就是顾太清守寡的第二年，杭州陈文述倡导闺秀文学，培养

了一些吟诗作对的女弟子。这年,他出资为埋骨西子湖畔的前代名女小青、菊香、云友等人重修了墓园,在当地引起反响。他那帮女弟子争相题诗赞咏,陈文述准备把这些诗收集起来,刊刻成册,取名《兰因集》。他让自己的儿媳周云林,去央托表姐汪允庄,向大名鼎鼎的顾太清求一首诗,以为诗集增色。汪允庄是顾太清做姑娘时的闺中密友,她从苏州赶到北京,请顾太清赐诗,谁料顾太清对这类故作风雅的事情根本不屑一顾,汪允庄只好悻悻而回。《兰因集》刊行后,陈文述特意托人送了两本给顾太清,里面竟赫然出现了署名顾太清的《春明新咏》诗一首。顾太清觉得此事太过荒唐,便回赠了陈文述一首诗:

含沙小技大冷成,野鹜安知澡雪鸿;
绮语永沉黑暗狱,庸夫空望上清宫。
碧城行列休忝我,人海从来鄙此公;
任尔乱言成一笑,浮云不碍日头红。

陈文述庸俗卑劣的神态在诗中活灵活现,给气坏了。

丈夫离世二年,顾太清又开始恢复了与京中文人雅士的诗词交往。与顾太清交往密切的诗友中,就有当时名扬天下的龚自珍。龚自珍进士及第后被授为内阁中书,又升为宗人府主事,他满腹才华寄托于诗词之中,成为顾太清看重的诗人。

这年初秋,龚自珍写了《己亥杂诗》中的一首诗,像他的其他诗作一样,很快就在京城文人中传抄开来:

空山徒倚倦游身,梦见城西阆苑春。
一骑传笺朱邸晚,临风递与缟衣人。

诗后有一句小注:"忆宣武门内太平湖之丁香花。"太平湖畔,距贝勒王府不远的地方有一片茂密的丁香树,开花时节,清香袭人。

风波就从这里开始了。陈文述这时也到了京城,他看到了这首诗。他认为诗中的"缟衣人"就是顾太清。但仅仅这些,还不足以证明两人有染。不想,此时龚自珍又填了一首忆梦的《桂殿秋》词:

明月外,净红尘,蓬莱幽谧四无邻;九霄一脉银河水,流过红墙不见人。
惊觉后,月华浓,天风已度五更钟;此生欲问光明殿,知隔朱扃几万重。

原本正常的诗句,在陈文述心里变了味,他觉得整治顾太清的时机到了。他说,那词正是夜会偷情的证据。他将忆丁香花的诗和记梦的词联系起来,开始传播顾太清与龚自珍的绯闻,本来毫无关联的人和事,被描黑了。最后,龚自珍离开了京城,江苏丹阳云阳书院暴死。据说是因为被王府派人毒害身亡。顾太清有理说不清,被奕绘正室妙华夫人所生的儿子载钧逐出王府,在西城养马营租了几间破旧的屋子,安置自己和儿女。顾太清一度失去了生活的信心,她曾想一死追夫,可看着可怜的儿女,只有忍辱耐贫地活下

去。下面的诗表现了她当时的悲惨境遇：

陋巷数椽屋，何异空谷情；
呜呜儿女啼，哀哀摇心旌。
几欲殉泉下，此身不敢轻；
贱妾岂自惜，为君教儿成。

困境中陪伴太清的，是学问和诗书。随着岁月的流逝，她的心渐渐在清贫的生活中得到了超脱。她在《静坐偶成》中有见道语云：

一番磨炼一重关，悟到无生心自闲。
探得真源何所论，繁枝乱叶尽须删。

她的人生进入了新的境界。这正合我意。人到中年，世事云烟，经历和阅历都有了一些，读前人作品，相似的人生感悟仿佛也从我心中流出。

顾太清59岁的时候，载钧死去，身后无嗣，太清亲生长子溥楣继嗣。顾太清得以重回王府，生活复入正常。晚年，她经常与朋友诗酒唱和，继续写出作品。太清晚年以"云槎外史"的署名续写《红楼梦》，题《红楼梦影》，形成影响。她是我国历史上第一位女小说家，也是续写《红楼梦》的第一个女子。

顾太清坚强地活到了73岁。

晚清文人作品中有不少糟蹋顾太清的地方，《孽海花》是其中渲染得最厉害的一种。在这部晚清有名的影射小说里，龚自珍、顾太清，连化名都没用，就直接写了进来。关于他们的内容都很鄙亵，情节也很荒唐，多属子虚乌有的捏造。《孽海花》里说，两人一见钟情，顾约龚外出，还把龚迷晕，醒来时，已在美人春宵帐里，等等。实际上，太清被赶出王府时是1839年3月，而龚的诗是8月间作的，太清怎可能是因为这个丑闻事发被赶出来的呢？再说了，就算太清失德被赶出，太清与奕绘亲生的儿女怎么会都一起被赶出来呢？

《孽海花》之前，顾、龚事最早见诸文字的，是冒鹤亭的《读太素明善堂集感顾太清遗事辄书六绝句·其六》：

太平湖畔太平街，南谷春深葬夜来。
人是倾城姓倾国，丁香花发一低徊。

第一句写奕绘与顾太清居住的府邸。奕绘《上元侍宴》诗注云："邸西为太平湖，邸东为太平街"；第二句写两人合葬之地，大房山东之南谷；第三句隐去一个"顾"字，即太清的姓氏；第四句则将龚自珍牵扯进来，引出了扑朔迷离的"丁香花公案"。

诗中所谓"丁香花"，就是龚自珍那首《己亥杂诗》的自注也说了的。这是将龚自珍与顾太清联系在一起的唯一的"确凿"证据，但诗无达诂，不能为凭。所以，冒鹤亭后来写《孽海花闲话》时，虽然依旧坚信"丁香花"一诗"确为太清而作"，却又不得不加上一句"然亦不过遐想"。他看到《孽海花》的作者根据"太清遗事诗"的提示编排出那么一段猥

亵不堪的故事，又后悔了："不意作者拾掇入书，唐突至此，我当堕拔舌地狱矣。"冒鹤亭自称，少时闻外祖周星诒说过太清遗事的详情，却没有提供更多的内容。曾朴的附会，特别是有关龚自珍之死的传说，或许另有口耳相传的来源。可对一般读者而言，这些都不过是小说野史，较不得真。启功先生对此颇多诘责，说："无论其事曾氏无从得知，即冒翁又何从而目遇？"启功先生进一步说："太清夫人幼遭家难，中居篷室，晚遘蜚语，竟为不幸所从，岂真有如昔人寓慨者所谓天意将以玉成其为词人者乎？"史学家孟森曾撰文为顾太清辩诬，在其《心史丛刊》三集中有《丁香花》一文，旁征博引，对所谓艳史予以否定。苏雪林也有进一步发挥，都是为太清辩诬澄清的。

2011年6月30日

周达武：兴教助学五世昌

2011年8月10日，风和日丽。陇原名校张掖四中，在办学126年后，迎来了创办人周达武的后世子孙，肖凯和她的丈夫李海涛及其长子李丹一行。应笔者之邀，李海涛先生写下了如下词句："饮水思源。周达武第四代、肖劲光大将长女肖凯及婿海涛率四子寻根至此。辛卯年秋月于甘州。"意犹未尽的海涛先生，还提笔染翰，用毛笔重写了一次。["中国画海第一人"，20年前在妻子陪伴下历时5年，走了三万一千多公里，画出50米长卷国宝《海疆万里图》的作者海涛先生，已是年近八旬]

这是近代教育史上少有的佳话。

湘军虎将周达武(1813—1895)，字梦熊，号渭臣，湖南宁乡人，原配夫人戴氏，久婚不孕，复娶妻姚氏。工诗，善书法，师颜真卿。达武年少时，兄弟皆读书，独其好武。他曾在宁乡石家湾一个煤矿当过工人，后投湘军，受知于骆秉章、左宗棠。在军旅中屡立战功，后官至四川建昌镇总兵，再迁四川提督、贵州提督，领尚书衔甘肃提督。《清史稿》有《周达武传》。

周达武本姓朱，是明代皇室吉王朱见浚的后代，朱元璋的26世孙，明亡后，将吉字加"冂"为周，以图隐匿。民国成立，他的次子周家纯，呈上家谱，请求湖南督军府批准复姓，改名朱剑凡。此事在当时闹得沸沸扬扬。

据《清史稿》，周达武在甘肃张掖的纪年事实为："光绪元年，乞病归。三年，授甘肃提督。十年，肃州妖民王林倡乱高台，讨平之，斩王林。十九年，万寿庆典，加尚书衔。二十年，卒官，赐恤，建专祠。"[按：高台，为今张掖市辖六县区之一。专祠，即后文所述之周公祠]

周达武在甘肃任职的时间是光绪三年(1877年)至光绪二十年(1894年)。当时，甘肃提督署设甘州府大衙门街，遗址至今犹存。

曾游周达武幕的廖树衡题周达武在甘肃的军营"毅武营"门联曰：

雄剑倚层云，貔貅夜肃天山月；
大旗招落日，鼓角霜严敕勒秋。

在张掖任甘肃提督期间，周达武捐资办学，奖掖后进，对张掖文化教育事业作出了特殊的贡献。周达武担任甘肃提督的第六年，即1883年，周达武所娶的四川籍姚氏夫人生下儿子朱剑凡。70岁的周达武得此佳儿，其欢喜之情可知，提督府张灯结彩，阖府欢庆。

或许命定,周达武家族对后世的更大影响,要通过朱剑凡来实现。在生命历程中,甘州府,对周达武和他的家族来说,是天生的福地。周达武此后的心境大变,他一心向善,要为甘州做一番回报。他留存后世的文化作品,也多在此后形成。周达武以为,天地所钟者,在于人才,人才之生,在于教养之得失。“至其卓然树立,一成而不可变,虽千摧百折,不易其素,彼何负于天哉。”在他看来,回报甘州最大的事,莫过于教育好甘州百姓的子弟。出于对文化的敬重,有感于张掖文化教育事业的落后,在调查研究的基础上,周达武认为张掖兴教,应认真办学。他请人选址,在城东长沙门外修建文峰塔以提文气文脉,在一园(清代甘肃提督署之园,后改称甘园,即现在的甘泉公园)之东兴建觻得书院以广育人才。

两年后的光绪十一年(1885年),心劲倍增的周达武兴建的甘州觻得书院(今张掖四中、金觻中学校园)落成,书院后院为园林,冠名“又一园”。召集同寅幕僚和院中士子修禊其中,属文做诗,筹资助学,并作《觻得书院又一园修禊序》,书于园壁:

> 觻得,汉张掖郡故地,萧咸旧治地也。所居有声,至今人思慕之。书院落成,因以为名。院后有园数亩,在一园之东。中多榆、柳、桃、杏、梨、枣之属。循径曲折,自成行列。于树之隙为堂、为亭、为阁。引水入园为池、为沟。莳杂花于其上,盖胜境也。今岁三月三日,余邀同寅、幕僚及院中士子修禊其中,立诗会,并捐廉二百镒,命监董其事,为逐年经久计。于时,杨柳始绿,生意郁茂,而桃子之萼如火齐然。相与藉草而坐,煎水而饮,酬唱乐甚。继而告诸客曰:凡游观之士,贵有心得,流连景物,得其心也。夫草木之华,始于蓓蕾,久或逾月,暂亦兼旬,然后分附含萼而华以吐焉。此逾月兼旬之中,濡以夕露,烯以朝阳,不知费化工几许经费矣。其间不幸为虫之所啮,雀之所啄,或疾风烈霜相乘,则发舒不足而零谢随之。若是其成之难也,而败之甚易。人不可及其盛时汲汲玩赏之耶?天地之生人也,因才而笃士者,天之所笃也。礼耕义种,学耨仁聚,君师造士之法,如是其详且备也。乃或未成而遽沮,或将成而自弃,才力识见迄无所适于用,此何异草木之花,虽盛而易衰乎?诸君子身列庠序者,宜其材力识见汲汲以计之也。虽然,桃、杏、梨、枣之属,不以花而以实,华萎于春而实出于秋,此其自成也。人才之生,夫岂偶然。其不成,性之善恶欤?教养之得失也。至其卓然树立,一成而不可变,虽千摧百折,不易其素,彼何负于天哉!余触物感怀,故为诸君子告尔。诸客曰:“善!此风诗比性之道,可以喻大者也。”乃记园壁以当序。

序中,周达武以汉代张掖太守萧咸兴教办学为榜样,策励自己,勉励书院学子努力学习,早日成才,谆谆之情,历历可见。该序是张掖四中建校史乃至张掖教育史上的重要文献。

[按:萧咸,汉代萧望之八子中做官做到两千石高位的三个儿子之一,字仲君,曾作过丞相史。史载,萧咸是成帝时丞相张禹的女婿。张禹生病,张禹在汉成帝来探望的时候说:“老臣有四个儿子一个女儿,但是爱女

儿胜过爱儿子。女儿远嫁张掖太守萧咸，道路遥远父女难以见面，让我十分思念。”于是汉成帝就将萧咸迁为弘农太守。萧咸在各地做了多年郡守后，回到长安又做了中郎将，与他的兄弟萧育、萧由同享令名。哀帝即位，萧咸的女婿王闳被提拔为中常侍。后来，哀帝在未央宫摆酒，与董贤父子宴饮，王闳兄弟也在场陪宴。哀帝有了酒意，看着董贤笑着说："我想效仿尧帝，禅位给舜，你们觉得怎样？"王闳大惊，正色谏道："天下是高皇帝（刘邦）传下来的天下，并非陛下您所有。陛下继承宗庙，应当传之子孙于无穷。统业至重，天子无戏言。"王闳被赶出宴会，再也不许他侍宴。不久哀帝去世，临终将玺绶都交给了董贤，叮嘱他说："不要随便交给别人。"王闳听说后，先报告了元帝皇后王政君，请她去收玺绶，一面提剑入宫，面斥董贤："皇上驾崩，国未有主，你受恩深重，应该悲哀号哭，为何把持玺绶，给自己招祸呢？"董贤只好交出玺绶。王闳后来受到堂兄王莽的排挤，出为东郡太守，颇有治声。王莽末年，天下大乱，王闳独能保全东郡。汉光武帝刘秀即位后，为表彰王闳，特别提拔他的儿子为吏，那就是萧咸的外孙。李白在《客中行》赞颂的"兰陵美酒"相传就是萧氏家酿]

将周达武的这一比方和后来的历史进行一个比照，周达武的文字似乎有了谶纬学的意味。张掖太守萧咸的后人杰出，驻守张掖的甘肃提督周达武后人，也颇有建树。

觻得书院落成后，周达武邀约名流撰联书写，制成牌匾悬挂于相宜处，联云：

窦将军海上销兵，喜从今听来园外读书声，一片承平雅颂；
赵武孟田余力学，愿多士忝列河西人物志，千年毋坠风流。

旧令伊夏屋补苴，睹楼台近水草木含芳，自惭润色未能，
宦迹倥偬虚岁月；
尔多士春华启秀，看文海回澜诗坛拔帜，从此会心不远，
人才蔚起奋风云。

其学本泗水而来，教育三千人，愿今日得稍分余绪；
此地在甘泉之右，扶摇九万里，望诸生早各奋前程。

探六经中道理说出乃是真学问；
从五伦上工夫做来此为大文章。

觻得书院中，尚题有趣联佳对多则，都是绘景状物、抒情达意之作：

数行柳，数丛花，料当九十春光，别绕雅趣；
一局棋，一壶酒，好与二三良友，共畅幽情。

隔墙有弦诵声，好助游人兴致；
别院多山水趣，都成此地风光。

问何人载酒而来，好山好水仅供咏吟；

助此地读书之乐，一花一草皆是文章。

在旁有桥，一水潆洄新雨后；

其形如笠，四周含翠夕阳中。

这些对联，或颂扬往圣先哲，或颂扬周公襟怀，典雅华美，寓意深厚。虽系他人撰写，却不难窥见周达武的心路历程和意趣志向。

光绪二十年(1894年)，82岁的周达武卒于甘肃提督任上，《新修张掖县志》中记载的张掖举人李桂荫挽联云：

去京师五千里而遥，治军旅缮甲兵俾河西一路永靖烽燧，公盖以裹革抒忠，与交趾马伏波并争丰烈；

握提篆十七年之久，兴学校构讲堂使关内诸生咸游邹鲁，我能不读碑堕泪，视岘山羊叔子同著奇勋。

80个字，将周达武驻守甘肃17年的丰功伟绩描写得淋漓尽致。张掖的仁人智士认为周公堪比汉代马革裹尸成语的主人公、名将马援和西晋初期著名军事家、政治家、文学家羊祜。

当年，羊祜作为晋征南大将军镇守襄阳，爱民如子，深得民心，连敌方吴军统帅陆抗也称赞羊祜的德行度量："虽乐毅、诸葛孔明不能过也。"咸宁四年(278年)，羊祜病逝后，襄阳百姓为纪念羊祜，在其生前游息之地岘山建庙立碑。每逢时节，周围的百姓都会祭拜他，睹碑生情，莫不流泪，羊祜的继任者、西晋名臣杜预因此把它称做堕泪碑。历代圣贤至此，都有题咏，如孟浩然《与诸子登岘山》诗云："人事有代谢，往来成古今。江山留胜迹，我辈复登临。水藻鱼梁浅，天寒梦泽深。羊公碑尚在，读罢泪沾襟。"

周达武在甘肃爱民如子，深得民心的事迹，也和羊祜一样，长留在百姓心中。

周达武还为巩固西北边疆，遏制沙俄侵略及国内分裂势力作出过贡献。由于他是收复新疆事业的参与者，他对那里的熟悉仅次于左宗棠，故而他去世的时候，实际已经调任新疆巡抚，但未及交卸便病故甘肃，灵柩被运回湖南老家安葬。

为纪念周达武，在与周达武一起创修了觻得书院、曾于光绪十年担任过张掖县知县的湖南人马寿芝发起之下，张掖士民在今天张掖四中的校址——觻得书院内建起了周公祠(也称报德祠)，内祀有功于张掖教育者：正位周公达武，右配龙公锡庆、饶公应祺、李公寿芝，左配王公廷赞、杨公翼武。这是进入国史的专祠，地位尊崇。祠内有献殿、宴会厅等，又一园就在其后。1947年，西北军政长官张治中将军巡视张掖时曾下榻于其中。今天，在觻得书院基础上发展起来的张掖四中和金觻中学，已成为享誉陇原的西北名校。

实在讲，周达武是文韬武略的儒雅帅才。出身贫苦的周达武，少年时代读过几年私塾，并未取得科第之名。但他颇爱读书，军营之中和回籍休养之时，手不释卷。他爱重文

人，也爱自己作诗，他将自己兵戎生涯中所作诗章辑为《剑水诗抄》二卷，请郭嵩焘制序，刊刻行世。郭嵩焘以为，本体气质与环境对周达武的诗歌风格产生了影响。他说："夫节士之言慷慨，边塞之音壮厉，其所处异也，而亦名随其功各树立震发其志气。阴山《敕勒》之歌，华林笳鼓之奏，激宕一时，踔踬千古，而他文不具见，将非婴时多故，腰弓横槊，乘陵荡决，良不屑与缀文之士俯仰沉吟，挈量尺寸者乎？"郭嵩焘盛赞周诗"闳深雅健，苍凉边塞之声"，称其雄才大略。

在周达武诗作中，可举两首来看：

登嘉峪关二律

其一

山河襟带限西东，南挟黄流一径通。
塞上重楼空突兀，道旁古冢半英雄。
远开国祚推元盛，轻戮贤豪陋吕隆。
往事不堪听鼓角，苍崖白日浩溟蒙。

其二

防边自古建雄关，圣代于今卧鼓闲。
万里胡天皆赤子，千秋颉利入清班。
风腾瀚海鲸鲵吼，月冷荒城剑戟环。
报国孤怀挥老泪，愁看鹏卷阵云间。

诗极雄浑，苍凉、壮美之品格不让老杜。那是周公1886年，也就是修建了觻得书院之后的第二年，登临嘉峪关，性情大畅的名篇佳作。诗作由曾简放甘肃宁夏知府，后来是太原太守，"书名满天下，妇孺皆得知"的著名书法家黄自元书丹，至今屹立嘉峪关城楼。

以为"深山大泽堪容剑，地老天荒独有诗"的《冷禅室诗话》以《周达武》为题，选录了此诗，并叙其事云："宁乡周渭臣提督（达武），湘中宿将也。当湘阴左公擢用时，周以其书生也，揶揄之，彼此因有隙。逮左督师陇上，周已老。左思有以报之，乃力荐周于朝，授甘州提督，周屡辞不获，遂慨然赴任。左欲俟其来省晋谒时，讥笑之一快。周乃超越而过。后左公西征新疆，道经甘州，周度其将至，托辞巡阅避去，卒莫得见也。一时传以为笑。"还说此诗"言外实讥左公也"。《冷禅室诗话》并称："予以为诗虽小道，未可概以雕虫末技视之。赵宋以下，谈诗者无虑数千百家，所记类皆当时名篇，以传艺林佳话。予虽不敏，忝慕斯旨，而不事剿（抄）袭，力避陈腐，尤予此书此志也。"

左周之事，史传已见，无足置喙。然则可以想象，周达武诗在当时，一定是海内传诵的名篇。

传世的周达武挽左宗棠联云：

文襄隆帝锡，视宗李韩岳，巩诸夏而独遇元良，懔万古此完名，问中兴有数阿衡，

毅然华栋；

忠勇自天生，遍南朔东西，扫群凶以复恢一统，瘁三朝之重寄，耸悲声长回大海，壮我皇枢。

晚清中兴名臣左宗棠辉煌而悲壮的一生，跃然纸上。而左周深情，也由此传于后世，流芳万年。周达武的文化修养，不仅成就了他当时的功业，也开启了后人重视教育的先河，影响了中南西北文明。周达武的后代，秉承家教，举办教育，人才辈出，蜚声海内外。特别是其子朱剑凡，由于受新思想和新式教育熏陶，眼光前瞻，十分重视教育，毁家兴学，把周达武重教兴文的思想和品行推到了极致。

朱剑凡1902年东渡日本，未几入弘文学院师范科。结识了黄兴、陈天华等人，投身到孙中山领导的同盟会反清革命斗争，并踊跃捐款。后来，朱剑凡成为毛泽东的好友，关系之深更是不同寻常。1920年，毛泽东在长沙一师附小作主事时，经朱剑凡介绍，寄宿于周南女校。毛泽东对朱剑凡评价很高，认为他有见识，有信仰，品行端正，学识渊博。周南女中有许多女生都报名参加了毛泽东创办的新民学会，并积极为《湘江评论》等革命启蒙刊物撰稿。在大革命时代，朱剑凡给予毛泽东很多支持，他赞成办农会、斗地主劣绅恶霸。抗战时期，毛泽东在延安遇到朱仲丽，他说："你爸爸是一个思想进步的人士，和我们一起创办新民学会。我年轻时，穷得没有饭吃，是你爸爸叫我住在周南女校校园内，吃饭不叫出钱，一天还吃三顿。"朱剑凡的大儿子，曾是外交官的朱伯深则说："1920年夏，毛泽东同志作为先父的客人，住在我家后面周南校园。在校园里，他时常闲步，凝目四望，若有所思……在毛泽东同志的影响下，先父自觉地支持了五四运动后湖南的历次进步学生活动……还参加了毛泽东同志和蔡和森同志领导的新民学会。"一次，毛泽东叹息着对朱仲丽说："唉！你爸爸死得太早，要不，就当上我们的教育部长了，可惜。"毛泽东说："朱剑凡是一个很有骨气的人，正大光明，可惜死得太早了。"毛泽东妻子杨开慧在长沙被反共军阀何键杀害后，她的孩子毛岸英、毛岸青也曾受到朱剑凡的照拂。"马日事变"发生时，作为湖南省国民党左派负责人，朱剑凡身兼湖南省政府委员、国民党长沙市党部常委、长沙市市长及市公安局局长，极受关注。武汉军政府负责人唐生智一边假惺惺地要他"采取必要措施，制止混乱滋蔓"，一边又密电何键："抓住朱剑凡等激进分子，剪除共党羽翼，扑灭湘省赤祸"，朱剑凡险遭毒手。1930年，朱剑凡和宋庆龄、杨杏佛、鲁迅等发起组织了"自由运动大同盟"，反对蒋介石政府推行的反动政策，宣传抗日，保护人权。1932年夏，朱剑凡因病辞世。1953年，中央人民政府将朱剑凡从上海迁葬至北京八宝山革命公墓。中央人民政府政务院副秘书长、总理办公室主任张唯一为朱剑凡及妻魏湘若合葬墓碑，题写墓志铭曰："树植女权，肇公之业。拥护革命，竟公之节。全公业者有夫人之懿德；成公志者公已寄期望于嗣哲。物化歇墟，魂萦新国。公之精神其不灭。"

朱剑凡娶湘军大家、晚清重臣魏光焘（曾任左宗棠的营务处总办、新疆巡抚、云贵总

督、陕甘总督、两江总督、南洋大臣、总理各国事务大臣等职）之女魏湘若为妻，孕育了八个子女，有六个走上了革命道路，成为共产党人。其中又以次女朱仲芷（原名朱穆慈）、次女婿肖劲光和幼女朱仲丽、幼女婿王稼祥最为有名。肖劲光为中国人民解放军大将，曾任海军司令员、全国人大常委会副委员长。王稼祥为红军著名领袖，后为外交家，曾任新中国第一任驻苏联大使。朱剑凡的学生中，也涌现出了许多巾帼英豪，如向警予、蔡畅、杨开慧、陶毅、帅孟奇、劳君展、黄彝、曹孟君、丁玲、秦厚修（马英九母亲）、劳安（朱镕基夫人）等。细绎周氏兴教办学的事业，我们可以见到这样的纪实：

1885年，周达武在张掖创办觻得书院。

1904年，朱剑凡回国后潜心研究教育，执教于宁乡速成师范学校（校址在长沙）。

1905年5月，朱剑凡创办周氏家塾，招收女性。

1907年，周南女校正式命名为周南女学堂。

1908年，朱剑凡将占地八十余亩的苏州园林式住宅蜕园无偿舍作校舍。学校称周南女校。

1911年，周南女校改名周南女子师范学校。1920年改为周南女中。

1912年，朱剑凡在宁乡创办玉潭中学，就是今天的宁乡一中。

2011年，朱剑凡孙女肖凯一家在张掖四中和金觻中学寻根问祖，为觻得书院即张掖四中捐赠多媒体电脑50台，建成周达武媒体室。

“兴教兴邦，五世其昌。”这是中华民族最好的祝福了。能获此厚福的人家，得积累多大的功德呢？周达武的家族是做到了。

周达武的发达也成就了老家的子弟，他们或回籍起屋买田，或送子读书，或开铺经商，使原本闭塞的老家道林地区从此眼界大开，风气大变，人文鼎盛。周达武家族理所当然地成为湖南近代著名的一个家族，他们在改变故乡道林和宁乡的同时也改变和影响着整个湖南和中国。几十年后，从道林走出了“道林三鲁”：曾任民国湖南、江西、浙江三省主席的鲁涤平，抗日名将鲁渭平，曾创办靳江中学（即今宁乡四中）的民国教育家鲁荡平。鲁氏子弟鲁实先在1942年29岁时，就被聘为复旦大学教授，后来成为国学大师。美学大师、道林人李泽厚的美学思想在20世纪的80年代影响了一代青年。靳水两岸还涌现出不少名将，杨忠民、杨达璋、肖德万、肖金友等都是当代解放军中有名的将军。出生在靳水上游的刘少奇更是一代元勋。

周达武老宅蜕园的名字源于湖南第一位进士刘蜕。刘蜕，长沙人，唐大中四年（公元850年）进士。在刘蜕之前，整个湖南还没出过一个进士，因此人称刘蜕为“破天荒”，为奖励刘蜕，观察使崔铉送钱17万，称为“破天荒钱”，刘蜕就拿这笔钱置下了蜕园。要是千余年前破了天荒的刘蜕闻知周达武及其后人的故事，或许要把“破天荒”的称号拱手相让了。

2011年8月11日初稿，8月20日修订完成于夕阳西下中。

郭嵩焘说周达武诗

光绪丙戌年(光绪十二年,1886年)夏四月,73岁的甘肃提督周达武登上嘉峪关,诗兴大发,援笔抒怀,写下了脍炙人口的《登嘉峪关诗并序》。诗《序》云:“嘉峪关,中外咽喉,自来战守必争之地。圣清受命,奄壹寰宇,关西万里,胥衽席之,今二百余年矣。依汉如天,罔有隔阂。登斯楼也,能无今昔之感欤!光绪丙戌夏四月,偕幕僚集此,赋诗二章,聊自写胸臆云尔。”以下即周诗:

登嘉峪关二律

其一

山河襟带限西东,南挟黄流一径通。
塞上重楼空突兀,道旁古冢半英雄。
远开国祚推元盛,轻戮贤豪陋吕隆。
往事不堪听鼓角,苍崖白日浩冥濛。

其二

防边自古建雄关,圣代于今卧鼓闲。
万里胡天皆赤子,千秋颉利入清班。
风腾瀚海鲸鲵吼,月冷荒城剑戟环。
报国孤怀挥老泪,愁看雕卷阵云间。

诗品雄浑,格调苍凉,壮美不输诗圣老杜。

后来,以为“深山大泽堪容剑,地老天荒独有诗”,选诗甚严的海纳川的《冷禅室诗话》,以《周达武》为题,收进了此诗,并叙其事云:“宁乡周渭臣提督(达武),湘中宿将也。当湘阴左公擢用时,周以其书生也,揶揄之,彼此因有隙。逮左督师陇上,周已老。左思有以报之,乃力荐周于朝,授甘州提督,周屡辞不获,遂慨然赴任。左欲俟其来省晋谒时,讥笑之一快。周乃超越而过。后左公西征新疆,道经甘州,周度其将至,托辞巡阅避去,卒莫得见也。一时传以为笑。”还说此诗:“言外实讥左公也。”《冷禅室诗话》并称:“予以为诗虽小道,未可概以雕虫末技视之。赵宋以下,谈诗者无虑数千百家,所记类皆当时名篇,以传艺林佳话。予虽不敏,忝慕斯旨,而不事剿(抄)袭,力避陈腐,尤予此书此志也。”左、

周之事，史传已见，不易置喙。但我们可以想象，周达武诗在当时，一定是海内传诵的名篇。按《冷禅室诗话》所引此诗末句中嘉峪关碑石上的“雕”，写作“鹏”，应为《剑水诗抄》纂成后周达武的最终定稿。钱仲联《清诗纪事》十六卷即咸丰朝卷亦选录此诗，文字与《冷禅室诗话》同。

周达武诗碑原在嘉峪关关城上，是三块各高33厘米，宽36厘米的石质碑刻，前两块刻字12行，有197个字，是周达武两首七律诗作和序引。最后一块前半部刻“宁乡周达武题安化黄自元书湘中四如山人李祺镌石”等字样，这是题诗、书写、镌刻人的姓名。后半部刻有郭嵩焘的行书跋语，是郭嵩焘手迹：

> 渭臣军门示嘉峪关诗，盖巡边所至，眺览言怀，寓兴一时。其诗雄深雅健，苍凉边塞之声，称其雄才大略。《寰宇记》酒泉有鸿鹭山，引《穆天子传》西循黑水至璧玉之山，即此。《明一统志》谓之嘉峪山，其西麓即今嘉峪关也。自汉通西域皆出玉门关，其南曰阳关，谓之南道、北道。明初弃边外瓜、沙地，乃建置嘉峪关，间别中外，遂为河西边界之锁钥。今西域万余里尽隶版图。旧时玉门关、阳关皆为内地。顾视嘉峪山雄扼戎羌之险要，犹衽席也。天下事变不常，控制中外，必先形胜。今时要害，又不在雍凉，而在燕晋北边之藩卫京师。军门余济之才，必有以豫畴之数十年之前，而制其胜。此诗老将临边之慨，其为之先引乎。黄觐虞太守为书而勒之石，嵩焘因记其后以告来者。时丁亥春正月，湘阴郭嵩焘谨记。

显然，郭跋是周达武诗写出后的第二年，即丁亥年(光绪十三年，1887年)的欣然命笔之作。检索郭嵩焘日记，光绪十三年正月廿五日有这样的记述：“锐堂出示周渭臣嘉峪关诗，谋刻之石，属为一跋。”“渭臣军门寄示嘉峪关诗，盖巡边所至，登临游览之作。其诗雄深雅健，苍凉边塞之声，称其雄才大略。”周达武诗作刊碑，当在此时之后不久。

郭嵩焘(1818—1891)，字伯琛，号筠仙、云仙、筠轩，别号玉池山农、玉池老人，湖南湘阴城西人，晚清名臣，湘军创建者之一，中国首位驻英公使。梁启超对李鸿章有“只知有洋务，不知有国务”的批评，而对郭嵩焘则盛赞之。黄自元(1837—1918)，字敬舆，号澹叟，湖南安化县龙塘乡人，清末书法家、实业家。光绪年间，历任河南道、陕西道监察御史，简放甘肃宁夏知府。著有《间架结构九十二法》，史载黄自元“书名满天下，妇孺皆得知”。“数十年来，碑碣之文，祝颂之作，皆得以先生书为荣，零缣片纸，人争藏庋，或诡冒模袭以弋厚利，虽穷荒鲰孺，无不知有黄先生书者。然而其内行之纯笃，蹈履之谨严，识量之超明，天怀之元定，所以越流俗二资矜式者，世顾罕称之。盖世人徒震于先生之艺术，至含章隐曜而卓然有自立之道，非平日默窥潜视未易而得名也。”黄自元一生书法创作颇丰，尤以楷书名世。

嘉峪关周达武诗碑，正是典型的黄自元楷书名迹。

诗碑所涉及的周、郭、黄三人，都是彪炳青史的人物，碑之珍贵，自不待言。

郭嵩焘对周达武及其诗歌,是极推崇的。除却诗碑跋语所颂的“闳深雅健,苍凉边塞之声,称其雄才大略”之外,周达武的诗作结为《剑水诗抄》,郭嵩焘欣然为之审定,并制序。在晚清大儒王先谦所编郭氏文集里,《剑水诗抄·序》赫然在列:

序

尝爱《左氏传》论谋帅之要,曰说礼乐、敦《诗》《书》,而以为《诗》《书》,义之府也。盖凡心意所发,涵濡浸溉,原本德义,循乎道之序而极乎言之文,则《诗》义备矣。范史称,祭征虏在军旅,不记俎豆,对酒设乐,雅歌投壶,当时未知其文章何若,而雍容闲雅,儒将之风,其意量固闳也。

宁乡周渭臣军门,提督关陇,列綮陈书,覃思吟咏,被服造次,必于儒者。军兴以来,湘人起文学,任将帅,肩项相望。一时武健强力,多知折节读书。军行所至,闻弦歌之声。周氏,世儒也,君少值寇乱废学,徒步从军,转战两湖间。蹑粤而西,历黔、蜀、秦、陇,功日以高,位日以崇。入蜀,登剑阁,僚佐从赋诗。君俯首四顾,览山川之雄峻,倚柱击剑,作豪语。诸兄桐峰孝廉惊曰:“此天籁也!试为之,必以诗名。”君闻亦自奋,日取古人诗读之,循章析义,校其音节格律,遇山水名胜,辄一发摅,既久益工。秦陇故边险,旷览古今形胜,益发其沉雄激越之气。于是诗愈多,名亦愈盛。间录其《剑水诗抄》,属嵩焘审定。夫节士之言慷慨,边塞之音壮厉,其所处异也,而亦各随其功名,树立震发其志气。阴山《敕勒》之歌,华林笳鼓之奏,激宕一时,踔踩千古,而他文不具见,将非婴时多故,腰弓横槊,乘陵荡决,良不屑与缀文之士俯仰沉吟,挈量尺寸者乎?昔吴主使吕蒙、蒋钦就学,皆当贵盛时,终以干略称。湘中诸将多杰出特立之才,亦由其能济之以问学也。而若君之豪荡感激,根原《雅》《颂》,漱其芳润而含茹之,上巉岩,绝大漠,穷极乎轨域,游扬乎藻翰,则亦幸际中兴之盛,控御万里,民夷绥辑,有以导其和平之旨,而发其怀古之情。迹其遭遇与其年寿之悠长,又非诸将之所及也。

君所居宁、潭之交曰靳江,世传靳尚墓在焉。然靳氏当怀王顷、襄之世,由郢徙寿春、徙陈,无因至湘以南,其名又无足比附。《长沙志》亦名之建江。君以江源自岳分,逶迤至潭,最高者罗仙山,矗立如剑脊,为之易名曰剑江。然吾观君提一剑从戎,略地数千里,划然若剑之利,始为诗又自剑阁,则是江也,君得专其名而人莫与争。既取以名集,剑水之名亦于是乎始。夫岂不以其人哉!

王先谦极服郭嵩焘文字,他说:“先生之文,畅敷义理,冥合矩度。其雄直之气,追配司马迁、韩愈,殆无愧色。”揆诸《剑水诗抄·序》,郭氏“雄直”之誉,非饰美也。在郭嵩焘看来,“诗愈多,名亦愈盛”的周达武激荡一时,卓然千古的诗作,实在也是随其功名阅历,振发其志气,控御万里,安宁百姓,有导其和平之旨,而发其怀古之情的佳构。

郭嵩焘在光绪十五年六月初三的日记中所记录的关于《剑水诗抄》的文字是:“接周渭臣寄笙亥书信。周渭臣并寄其《剑水诗抄》二卷,属为点定,并求序,由其世兄莲甫送

到，其侄周锐堂已两年不至省，想经以分发远行需次也。”莲甫，即周达武长子，笙亥即周达武兄弟。

[按：观王闿运《湘军志》，周达武亦一世之雄也。事存于《清史稿》，书存于图书馆。其子朱剑凡，即周南女中的创办人。孙辈中出了王稼祥夫人朱仲丽、肖劲光夫人朱仲芷。只是《剑水诗抄》两卷，却邈焉难寻，笔者遍询宇内，均无消息。但时间仅仅过去约一百二十年，天壤间应存此物。何时一睹，自当快慰平生，余馨香是祷]

2011年11月26日黄昏写毕于流霞余光中。

说明：此文并周达武、郭嵩焘图片刊载于甘肃省文史馆《甘肃文史》2011年第四期。

关于沈葆桢

佛门大德净空法师说到有福之人的时候,中古以后举了两个人:一个是范仲淹,一个是林则徐。林则徐制了一个《乘舆日课》,在佛门流传甚广,那是官宦大员修身养性的一个好法子,较之时下的各类思想教育,或许更要好些,比如林则徐自己的刚正和后来谭嗣同的赴义,都是好例子。

林则徐的福气,还表现在为女儿选择夫婿上。据说,某年除夕,林则徐衙门中的人大多回家了,只有沈葆桢还在抄抄写写。林则徐便问:"该回家过年的。你怎么还在?"沈葆桢恭恭敬敬地回答道:"事还没有做完,办完了就回。"看看沈葆桢,林则徐沉吟:"我还有一份奏章,今晚要抄好发出,你能帮我抄写吗?"奏章很长,沈葆桢点起蜡烛,就抄了起来。三更后,奏章抄完。沈葆桢以为差事已完,未料林则徐粗览一遍后又说:"字迹太草率了,得重抄才行!"听林大人这样说,沈葆桢便接过奏章,重新抄写起来。认真抄完后,天色已经亮了。奏章呈上后,林则徐微笑着点头,算是过关。此时,拜年的家人、宾客都已经来了。林则徐显得非常高兴,对众人说道:"今天贺新年,也庆贺我得到了一个好女婿。"突然听到这话,大家有些发懵。林则徐便把沈葆桢叫到面前,介绍他跟大家认识,行礼过后,林则徐指着沈葆桢说:"这就是我的好女婿!"沈葆桢长相平平、个头不高,小时候也多病,曾让大人担心。林则徐把女儿嫁给沈葆桢,除去疼爱外甥的因素外,更看中沈葆桢的前程,对这个女婿,林则徐心里是有数的。林则徐看重沈葆桢的勤勉刻苦和遇事不急不躁、任劳任怨的品格。林则徐自己性子较急,且易于动怒,曾特意写了"制怒"的字幅,悬挂在身边,提醒自己。不过,故事的传说性要超出真实性。因为据林夫人后来说,一度自己的主要任务就是劝沈葆桢矫正易怒的缺点,但效果并不明显。后来朝廷给沈葆桢的谥号,是"文肃",从中可以想见他冷面和铁腕的一面。

林则徐许配给沈葆桢的,是他的次女林普晴。林普晴是夜里出生的,爷爷林宾日按她出生时的情境"夜月明如昼",取名普晴。她自幼爱读书,学识渊博,能文善书,喜欢下棋,也爱刺绣和女红。

陈宝琛则说过:"吾闽百年来名臣最著者,数侯官林文忠、沈文肃二公。"侯官,就是现在的福州市。林、沈即林则徐、沈葆桢。

这翁婿两人,百年间相互辉映,为桑梓争光,确实不一般。

两家结亲，始于林则徐一代。林则徐的六妹林蕙芳嫁于沈葆桢之父沈廷枫。沈葆桢同林普晴是表兄妹。结婚时沈葆桢20岁，林普晴19岁。从此他们生死相依，走过了自己的一生。他们的结合是包办婚姻，但这桩婚姻却是少有的美满。他们是幸福的一对。

沈葆桢、林普晴夫妇间情感笃好。沈葆桢外放九江知府，林普晴南归省亲。夫妻分别后，沈葆桢写下了一封情深意长的家书，其中说："以妇职兼子职，使我无内顾之忧。自入蓬门，备尝艰苦，未审何日有以图报，则又感甚愧甚。"信中还有附着他原本少有的诗作之一《渔乐旅舍写怀》：

> 满地干戈此送君，间关万里一朝分。只因肠断天南路，不敢回头望白云。旅馆孤灯梦不长，鸡声无赖月凄凉。定知南浦销魂夜，百倍梁鸿忆孟光。两地关心行路难，雁书何日报平安。万重山色斜阳里，数到溪桥第几滩。此去高堂进寿卮，承欢佳妇胜佳儿。独怜宦海飘蓬客，欲问归期不自知。珍重休教风露侵，十年辛苦已曾禁。不须更织迴文锦，秋月春花共此心。忽闻犬吠便心惊，望眼如穿万里程。一穗残灯人不寐，夜深独自听车声。生生世世许同心，一刻休论十万金。身似鸳鸯分不得，寒宵况是病中禁。狮江喜鹊弄新晴，报道云軿下玉京。恼杀羽书何太急，盈盈一水不胜情。记否春风乍暖天，莲花朵朵上吟肩。西窗旧事从头话，辜负蟾光只度圆。转眼江城玉笛声，锦标得意数归程。天台有路人重到，莫使榴花碍客行。别来新梦太分明，说与君知君莫惊。君处春来又春去，人间天上几书生。

真的是刻骨铭心，关心无限。沈葆桢信里要贤妻"乞赐和"此诗，实际上，林普晴的诗词修养不亚于丈夫。

林普晴不仅是贤妻良母，还是沈葆桢事业上的智囊好帮手。沈葆桢的重要和绝密文件由她保管，奏折多由她缮写。沈葆桢的老师林昌彝进呈皇帝的《三礼通释》也请林普晴缮写，可见林普晴的不一般。林普晴的诗作收入郑士龙主编的《全闽诗话补编》，陈香的《清代女诗人选集》中也有。林普晴在历史上负有盛名的事迹是替夫守城。咸丰五年(1855年)，朝廷让沈葆桢由翰林内转御史，出守江西九江府，第二年又调署广信知府(今上饶市)。1856年，留子女在老家，和丈夫团聚的林普晴也到了广信。当时太平军已攻下金陵，位于江西东北部的广信府也是他们要攻下的要冲。当地兵力有限，为了防止太平军的大举进攻，沈葆桢一到任就着手招募兵勇。正当沈葆桢到各属县募兵筹饷，只留下夫人林普晴坐镇广信时，太平军蜂拥而至了。城中无主帅，官员们都跑光了。有人劝沈夫人林普晴也赶快出城避难，然后再设法与丈夫会合。林普睛却不为所动，自当誓死完成守城使命。她视死如归，一边代替逃走的官员登记簿册，发放物资，一边给就近可以支援，曾经是父亲昔日手下将领的玉山镇总兵饶廷选写"血书求援"，还亲自为士兵煮饭，鼓舞士气，平日里受父亲和丈夫的善待的兵士们同心戮力，加上援兵的到来，终于保住了城池。由于太平军所向披靡，当时江西一多半的府县陷落，沈葆桢坚守广信的战绩就

显得格外突出，因而受到咸丰皇帝的“特达之知”，得到提拔和重用。广信一战，保住了困难中鏖战的湘军的唯一补给线，曾国藩也十分感激和敬重沈葆桢。广信任职，是沈葆桢生涯中的重要转折点。据说，林普晴血书一直到“文化大革命”期间才丢失，但人们记忆中的文字，却流传了下来：“贼众已陷贵溪，上饶危在旦夕，贼首纠众七万，百道进攻，氏夫葆桢，出城募兵，更赴河口筹饷，全城男妇数十万生命，存亡呼吸系于一线之间。将军营以三千众而解嘉兴之围，奇勇奇功，朝野倾服，今闻驻军玉山，近在咫尺，沈林氏噬血求援，长跽待命，生死人而肉白骨，是所望于将军者。”字里行间，义愤填膺，大义凛然，怪不得当日打动了饶廷选，亲率援军前来解围。光绪帝后来有诏：“沈林氏着准其附祀沈葆桢广信府城专祠。钦此！”这是极罕见的事。

在沈葆桢的七子七女中，林普晴为他生了五个女儿，五个儿子(沈玮庆、沈莹庆、沈瑜庆、沈璿庆、沈瑶庆)。林普晴对其他庶出的二子二女也视如已出。

和沈葆桢一起共过患难的，还有他娶的如夫人潘氏和吴氏。潘氏原是林普晴的小婢女，广信危急时，小婢女意志坚定，誓死相从，协助她坚守城池，林普晴还为小婢女取名“广安”，即广信府平安无恙之意。后来林夫人不舍得潘广安外嫁，就让沈葆桢纳她为妾。林夫人对潘广安十分疼爱，精心培养。可惜，潘广安在1863年就病故了。第二年，沈葆桢派人送她的灵柩回福州安葬。潘广安生有一子沈璘庆，一女沈宝。林夫人对璘庆比对自己的儿子更关心，总将他带在身边。她还教璘庆读书。沈葆桢在《室人林夫人事略》中专门写了林夫人对璘庆的母爱：“璘庆，亡妾潘氏出，室人爱之如所生，课毛诗，四子书皆手录而口授焉，教之临唐碑，有所悟则喜动颜色。”潘广安后来也被诰赠为一品夫人。

沈葆桢另一位如夫人吴氏，也是诰封一品夫人。她生有一子沈琬庆，一女沈蘩。吴氏大约是在林普晴四十七岁左右患病时，被纳为妾的。1875年沈葆桢被任命两江总督时，是带着吴氏和几个儿女赴南京就任的。吴氏小沈葆桢许多岁，她的情趣和修养比不上潘广安，共同语言很少。但只有她能细心照料沈葆桢的饮食起居和疾病。沈葆桢很清楚自己离不开她，在他设计的晚年生活里，就有吴氏和小儿女。1878年，沈葆桢在59岁生日那天写信给他的妹夫吴仲翔说，他打算有一天“携一妾数雏买棹向西湖寄居……俟儿辈能养再归”。这“一妾”即吴氏，数雏大约是沈瑶庆、沈琬庆、沈繁等小儿女。只是他在第二年就去世了，来不及实现自己的这个愿望。

在沈葆桢故居的门上，有一副很有名的楹联：“文章华国，诗礼传家。”台南市古城堡上有“亿载金城”楷书石匾一方，长约三米，宽一米，是光绪元年(1875年)沈葆桢在台湾督办军务时所书。现在，“亿载金城”遗迹已是游览胜地。沈葆桢还在台南为郑成功建祠，并亲书祠联：

开万古得未曾有之奇，洪荒留此山川，作遗民世界；
极一生无可如何之遇，缺憾还诸天地，是创格完人。

联语贴切自然，祠主有灵，亦当颔首。

谈到如何用人的时候，曾纪泽和慈禧太后曾有过这样的对话，曾说："李鸿章、沈葆桢、丁宝桢、左宗棠均系忠贞之臣。"慈禧道："他们都是好的。"细细看，李鸿章、沈葆桢、丁宝桢、左宗棠这些晚清有识之士的代表，前仆后继，不屈不挠，终究是打开了中国近代化的大门。笔者手边有美国的庞百腾写的《沈葆桢评传》，副标题就是"中国近代化的尝试"。

保全广信后的沈葆桢，于名闻天下时升为广饶九南道道台。但耿直的性格让他讨不了上司的欢喜，于是去职回家养亲。后来他在原籍办团练，曾国藩很是赏识。咸丰十一年(1861年)，曾国藩请他赴安庆大营，委以重用。在曾国藩的推荐下，沈葆桢出任江西巡抚，倚用湘军将领王德标、席宝田等，在1864年捕杀太平天国幼天王洪天贵福、干王洪仁轩等。再后来，左宗棠在福建福州马尾办造船厂，还没有来得及开工，就调任陕甘总督。临行前，左宗棠上疏说：接任者非沈葆桢办不好船政。1867年，沈葆桢接替左宗棠，任福建船政大臣，主办福州船政局。沈葆桢一上任即建船坞及机器厂，并附设艺童学堂。造成船舰20艘，分布各海口。

沈葆桢总理船政八年，最初的中国海军即由他创建，他成了中国海军之父。在沈葆桢的经营中，福建船政局有了当时远东规模最大的新式轮船制造厂，马尾船政学堂也成为近代最早的科技航海学校和科技培训基地。此外，船政学堂从创办到辛亥革命前，选派数百名学生远赴欧洲，"究其造船之方"。由此培养了一批蜚声中外的时代精英，严复、詹天佑、魏翰、刘步蟾、陈兆翔等是这批人才的代表。慷慨悲歌、气吞山河的英烈如邓世昌、刘步蟾、林永升等，也出自这个学堂。

沈葆桢后来调离福建，不过，他对福建船政的关心却一直没有改变，他在生命走向终点的时候，还口授遗折，提醒朝廷，要看到日本"虎视眈眈"的威胁，要建设坚不可摧的海军，他说"铁甲船不可不办，倭人万不可轻视"。他对我国船政的深情贯穿了一生，说得上是生死以之、肝脑涂地了。他曾在船政局的门上悬挂过这样的对联：

以一篑为始基，从古天下无难事；

致九译之新法，于今中国有圣人。

船政大臣兼通商大臣，两江总督兼管台湾的身份，造就了沈葆桢不同凡响的人生。1874年5月，11艘日本兵舰载着3 500名士兵开到台湾，杀人抢物。其时"台地千余里，竟无一炮"，只能任由日本兵践踏。李鸿章担心兵连祸结，上书朝廷，推荐沈葆桢赴台处理。5月29日，朝廷任命沈葆桢为钦差大臣，办理台湾海防。

这一年的沈葆桢，已是54岁。他率船舰开赴台湾，命令扬武、靖远、振威等大型巡洋舰一字排开，巡弋在海上，以示军威。同时，沈葆桢要求李鸿章调7 000人的洋枪队支援台湾，随时待命。紧接着着手修建炮台。那时，日本海军还不如中国，日本打的是清政府不敢出兵的如意算盘，沈葆桢所为则恰恰出乎预料。日方方寸大乱，只好退兵。但是，朝廷

方面由于通讯方便，加上固有的保守观念和其他困扰，没有给予更为有力的支持。反而以中日签订《北京专约》收尾，不但在日方侵吞琉球问题上暧昧不明，还给了侵略者50万两的偿银。不过，由于沈葆桢坚决斗争的姿态和做法，令日本人有些胆怯，他们再未提出其他任何要求。

1874年12月20日，日军全部退出台湾。沈葆桢没有走，他上奏朝廷，建议开发台湾。

对台湾问题，沈葆桢站在未来的高度，提出以外交和实力相结合的对日斗争方针，具体有四点：一联外交，获得国际同情；二储利器；三储人才，做好准备；四通消息，取得长远便利。

沈葆桢在台湾任最高长官的时间只有一年零十五天。台湾的近代化过程，却是从他治台开始的。沈葆桢在台湾调整行政区划，增设郡县，设立了台北府。他整编了部队。他奏准建闽台水陆电线；用西法在安平、旗后等处建设新式炮台；购买洋炮及军火机械，并建军装局、火药局；调闽厂现造扬武、飞云等一批兵轮供台防之用，并大力倡购铁甲船，从此迈出军事近代化的步伐。1875年，沈葆桢奏请朝廷批准，使用机器开采基隆煤矿，翌年开始动工凿井，建立起台湾第一个近代民用工业。同时，沈葆桢解除渡台海禁，实行开山、抚垦，在香港、厦门、汕头等处设招垦局，招工来台开垦荒地，以促进内山的开发。他在台湾修路，开发台湾东部。这些都说明，沈葆桢与台湾近代化之路，有着独特的关联。在不到四百天的时间里，沈葆桢为开发台湾历尽艰辛，付出了极大的热忱、心血和艰辛，为今天台湾的发展奠定了基础。

宫巷沈家是重视读书、追求功名的大家族。自沈葆桢的父亲起，沈家后人就多为读书人。沈葆桢能文善书，对后代影响也很深远。以博采兼收、虚实相间、阴阳刚柔为特点的"沈葆桢体"是书界美誉。沈家后人家风不坠，直到"文革"前，还保留着一个不成文的传统，每逢正月初一早晨，在长辈督促下，小辈们都认真地手握毛笔，写些祝福自勉之类的话来迎春庆岁。沈氏家族把写好字与做好人、做好事联系在一起，教育子孙成人成才。沈葆桢在老家建立的"致远堂"，是带有家族特色的学堂，以教育自己和亲戚家的孩子们。沈葆桢留给后人的遗嘱说："我除住屋外无一亩一椽遗产，汝等须各自谋生，究竟笔墨是稳善生涯，勿嫌其淡。"书香绵延的宫巷沈家，后代中人才辈出，数十人成为东方或西方文化的饱学之士，国家的栋梁。

近几年，关于沈葆桢照片的风波闹得沸沸扬扬，时至今日，纷争也没有停息。事情的原委是这样的：一向被文史界广泛使用的"沈葆桢"或"中年沈葆桢"清代老照片，在北京和福建文史界引起争议。福建学者认为照片中的人就是沈葆桢本人，而北京专家则一致认定照片中的人物并不是沈葆桢，而是一名叫做徐润芝的三品参将。甚至在2010年11月18日北京举行的拍卖会上，编号为829拍品的老照片的中英文介绍里，中文标注是"徐润芝参将"。专家鉴定，这张照片是真品而非赝品。此次拍品的鉴定专家之一，新华社高级

编辑、摄影家曾璜对记者说，此前，这张照片的主人公都被当做沈葆桢，2007年秋季拍卖会上，就曾出现一张，那张照片也是真品，一位加拿大华侨把它作为沈葆桢照片买走了。曾璜称，他们在英国大英图书馆的查阅证明，这张照片最早出自（1876年7月—12月）《远东》杂志卷一。原照片下面有中英文并列“徐润芝参将”的人物说明，说他“正驻守北京”。拍摄者英国摄影师威廉·桑德斯，是摄影史上的重要摄影家，其作品常出现于世界各大拍卖场。福建省文史馆馆长卢美松则说，这张照片从1985年至今，一直在《福建文博》《福建船政局史稿》《中国近代海军史事日志（1860—1911）》等数十篇文章、专辑、专著上使用，这些出版物有内地出版的，也有香港出版的，图片上的主人公沈葆桢是公认的。他还说，沈葆桢是文官一品，按照清朝官服制度，官服上的补服前后均绣鹤，图片上人物的衣着是符合的。参将在清朝属于武官的三品官，按照当时的官服制度，补服的前后都绣豹。从这一点来看，图片上的人物就不符合参将的身份。2010年12月10日，《海峡都市报》上刊载文章说，北京的专家是弄错了的。证据是，2010年11月初，沈葆桢嫡系重孙沈祖勋从定居的美国到上海，再从上海回故乡福州探亲。年届九旬、高且瘦的沈老先生来到马尾造船厂厂史陈列馆瞻仰依据此一照片制作的乃祖塑像，老人家看后就感慨地说：文肃公下巴造型与我“一模一样”。众人一端详，确实如此，几乎是一个模子塑出来的。

还在2008年，《九州学林》夏季刊上就刊出过夏威夷大学荣休教授马幼垣的文章《沈葆桢照片真伪考》。或许，1994年作为“剑桥中华文史丛刊”之一，由剑桥出版社出版的英文版庞百腾著的《沈葆桢评传》（即David Pong. *Shen Pao-chen and China's Modernization in the Nineteenth Century*. Cambridge：Cambridge University，1994）书首的那帧来自博物馆或纪念馆展览品的珍贵画像，才是真实的沈葆桢。像片上沈葆桢双目炯炯有神。1939年出生的庞百腾是美国德拉威大学教授，东亚研究部部长，也曾是该大学的历史系主任，著有《清代广东省档案指南》（1974年哈佛大学东亚研究中心），编有《理想与现实：1860—1949年间中国近代社会与政治变更》（1985年美利坚大学出版社）、《台湾海防并开山日记》（1972年台湾银行经济研究室）以及史学论文数十种。庞氏从1969年撰写博士论文时就开始了对沈葆桢的研究，随后发表了一系列有关沈葆桢和中国早期近代化的论文，代表性的有《从沈葆桢的事业看中国近代化和政治》《朝代危机和监察官的回应：沈葆桢在1854年》《中国早期发展中的西方技术人员和技术援助：福州海军船厂1866—1875》《维持福州海军船厂：财政与中国早期的近代国防工业1866—1875》《沈葆桢与1874—1875年政策大辩论》等。由这些研究成果作为基础的庞氏《沈葆桢评传》，分量当然是足够的。马幼垣指出，遗憾的是2000年上海古籍出版社刊行中译本时，竟扔了独见于原书的珍贵图幅，代之以大陆刊物习见的徐润芝照片。更可惜的是，迄今尚未见有大陆和台湾学者自这本由世界顶尖大学出版社刊行十多年之书中选用这张照片。两岸学界同样裹足不前之程度由是可见。

2011年10月8日秋日已完稿。

王闿运过年记

岳麓书院至今挂着纪念周敦颐的门柱联：

吾道南来，原是濂溪一脉；

大江东去，无非湘水余波。

气象宏大，语惊天下，然而又贴切稳当。

此联作者是一代名士王闿运。

王闿运(1833—1916)，晚清经学家、文学家。字壬秋，又字壬父(或作壬甫)，号湘绮，湘潭县云湖桥山塘湾人，在长沙筑湘绮楼，作读书藏书养身之处，世称湘绮先生。咸丰举人，曾任肃顺家庭教师，后入曾国藩幕府，主讲成都尊经书院、长沙思贤讲舍、衡州船山书院、南昌高等学堂。授翰林院检讨，加侍读衔。著有《湘绮楼诗集、文集、日记》等。湘绮先生的成就得力于他的勤奋和毅力。从咸丰三年(1853年)起，他自定了每天抄书的量："自是日必抄书，道途寒暑不少辍，五十年中书字以万万计。"他还有读书的日课量。年复一年地读写，造就了学究天人的文化奇才。光绪二十年三月为止，王壬秋已经抄读了《仪礼·士冠》七遍，还说"犹未能无惑"。

王闿运"好治经学，主张通经致用，于群经多有笺注……他的诗文曾被人传诵一时，名望甚高……是晚清提倡汉魏六朝诗歌的湖湘派的首领。"[参见赵则诚等《中国古代文学理论词典》]汪国垣的《光宣诗坛点将录》，将王闿运置于"托塔天王晁盖"的领袖地位，钱基博《现代中国文学史》认为："五十年来，学风之变，其机发自湘之王闿运；由湘而蜀(廖平)，由蜀而粤(康有为、梁启超)，而皖(胡适、陈独秀)……"

袁世凯当国的时候，杨度出面，请王闿运担任国史馆馆长。据传，电报到长沙后，他勉强成行，先乘一竹椅小轿至汤芗铭的都督府，上身着对衿马褂，方领马蹄袖，脑后垂长约尺余小辫一条，一付遗老打扮。抵京后路过新华门，对门上匾额凝视久之，曰："为什么要起'新莽门'这种不祥的名字呢？"他是在以王莽来影射袁世凯。又据传，"民犹是也，国犹是也，何分南北；总而言之，统而言之，不是东西"之名联亦其所作。再后来，他悄然留下国史馆大印，回了湖南。

湘绮楼主人亦大教育家，门下著名三匠为：铁匠张登寿、铜匠曾招吉、木匠齐白石。张登寿是一边打铁，一边吟诗。当年的齐白石则土头土脑，外粗内秀。齐白石后来成就最

大，而且最感谢的老师就是王闿运。

过年了，读《湘绮楼日记》，觉其光绪九年(1883年)的过年记述，颇有意思。录述于下，作节日谈资。

初一那天，50岁的王闿运起得格外早，灯光里看不到天光，于是老头假寐。一觉醒来，太阳已出，工人还没有打开家门，这可是不多见的事。从后屋进入正房，老伴竟没有察觉。王闿运落座，等待家人洗涤。然后是设香案，行祀礼。祀毕，分年糕，饮茗品果。接下来登楼试笔，做读写功课。极目纵览，屋霜犹积。是日光霁，为湖南少有的晴天。

王闿运这天重读《樊敏碑》，思索考辨，颇有所得。

下午天朗，街上路面干爽。王闿运信步出门，女儿小纨相随不已，只好带着。父女俩来到又一村，绕旧湖堤看景后返回。到家后有贺岁的亲友来，晚间也有客人来。

冬夜的长沙，下起了雨。

初二日，天继续下雨。元旦喜神在东南方，王闿运继续向东南方漫步。从街东头到学院街，还是向东，循长沙城浏阳、小乌、高升三门还。一路上，老王忙着拜年，走走停停。一些人家进去拜了年，一些人家只在门口投了帖子。［按：那时候各家门前贴一红纸袋，上写“接福”两字，即为承放飞帖之用。此俗始于宋朝。当然是有仆人的人家才能有这样的排场。宋人周辉《清波杂志》云：“元祐年间，新年贺节，往往使用佣仆持名刺代往。”清代的《燕台月令》里则说：“是月也，片子飞，空车走。”显然在当时这已是时尚。大户人家特设“门簿”，以记客人的往来和飞帖，门簿的首页多虚拟“亲到者”四人：一曰寿白龄老太爷，住白岁坊巷；一曰富有余老爷，住元宝街；一曰贵无极大人，住大学士牌楼；一曰福照临老爷，住五福楼。以图吉利讨口彩］

游过归家，王闿运招呼客人，其乐融融。王夫人则乐呵呵看女儿们斗牌，王闿运赞曰：犹有童心也。

初三适逢国忌，王闿运没有出门。来王家拜年的客人络绎不绝。但多是投帖走人，鱼贯而入的只有两人。熊鹤翁送来贺年诗。熊以为长沙无诗人，王闿运不以为然，说这正和担心今世无才的想法一样可笑。不过他还是写了和诗。

接下来的日子，王闿运出行拜客，游玩尽兴，或登高临水，寻梅探春，赋诗填词，或与妻妾打牌，或课子弟读书，多有欢欣。观其正月初四《春游调》一词，可见其心情：

探梅信，看乍入新年，东风相趁。喜词人依旧，韶光艳华鬓。儿年人曰寻芳约，春早佳期近。更多情、逗酒迎香，斗十催韵。

红绽北枝认。似汉月窥檐，湘烟长晕。云麓台前，游屐苔墨。登临共道遨头好，花与人俱俊。料今年、先占一分春稳。

2011年2月2日，是日除夕，天朗气清。

微博：说到梁鼎芬

微博之来，如火如荼；微博方便，随时随处；而微博之恣肆，之无涯，又实实在在。

微博有什么意义？

病人呻吟有什么意义？寂寞了找人聊天有什么意义？打工仔用山寨机聊QQ有什么意义？IT闷汉手心握着眼睛盯着PSP傻乐有什么意义？有人喜欢在微博上报告自己睡醒了写"围脖"然后继续睡有什么意义？说不清楚道不明白，但大家都乐此不疲。

这是不是意义？能否认吗？

微博者善其身，是不是又一个人生尺度？

当下欢欣，活在当下。用不超过140个字的短信息来随意记录生活，用手机随时随地发表微博。用秒杀的速度发出，然后把微博导出，成Word文档，留作日记。分享身边的新鲜事儿，这是好听的；若是不好听的则是废话是噫语，但是你有你说话的权利，我可以誓死捍卫。这是微博存在的基础，竟暗合了民主政治的诉求。

名家大家领导人，百姓黎民和草根，虽不是全部，但数量已可观，都来微博，共织"围脖"。大家都说，未来不可限量，遇到喜悦或困难，第一时间的现场述说，传播速度和范围甚至超过了各类媒体，不用举例子，也不会有否认的人。有人处就有手机，有手机处就有微博。

微博会创造财富吗？回答是目前没有。将来呢？将来不好说，但一定会的。一切才刚刚开始。声音发出了，成为交流的通道之一，停下来的可能很小。

朋友们都有了微博，我也不免技痒。第一次写微博，心里忐忑，见有人转载了，方觉得吾道未孤，正应了俗话，有卖萝卜的，就有吃萝卜的。姑且录取一二，以窥一斑：

读《笑我贩书四编》，有双枪黄三妹条。三妹亦抗日英杰，鼎革后辗转海上，后归台湾，多有帮助乡亲事。

董桥的牛津版《记得》真是好，图和文字，加上装帧的漂亮，爱不释手只是感觉里最小的一点。这是小染的赠书。那天见到后，惊喜便时有出现。

对读《读书敏求记》。手头是两个版本，一为书目文献出版社1983年版，一为2007

年12月版。前者我曾借来一观，不过瘾，又复印之。后者是刚刚买下的，惜后出者“整理说明”中竟未提及前者，不知何故。

天奇冷。散书七册给朋友。收到叶德辉的《读书志》，雪夜读之，不亦快哉！

董而理之，成一痕迹，可喜也。读书人的柴米油盐酱醋茶，无非离不开书，说说书事，记记雅缘，正是情理。

其实那微博体，亦古已有之矣。古人即兴赋诗，或更早些的吭育吭育派，把吟咏留在山河大地间，你说那声音过去了就没有了，我说不是，三维四维五维六维，七维八维九维十维，维度和空间你都看见了？你都听得见？那该就是微博的老祖。《山海经》里的句子，比140个字少得多。那夸父逐日，“道渴而死，弃其杖，化为邓林”的美丽才只有37个字。还有《论语》，毋宁说也就是把微博文档整理之后的存录。六朝的文字如《搜神记》里也多有。后来苏东坡的《记承天寺夜游》只有84个字，合上今天的标点，也才98个字：

元丰六年十月十二日夜，解衣欲睡，月色入户，欣然起行。念无与为乐者，遂至承天寺寻张怀民。怀民亦未寝，相与步于中庭。庭下如积水空明，水中藻荇交横，盖竹柏影也。何夜无月？何处无竹柏？但少闲人如吾两人者耳。

晚清梁鼎芬，可算是“围脖”的高手。他在与吴补松往来的尺笺中说：“雪屋孤臣，此心千里。何日良晤，重与论文。”简约至极，妙趣横生！冬天下雪了，梁鼎芬致吴子修信云：“门外大雪一尺，门内衰病一翁。寒鸦三两声，旧书一二种。公谓此时枯寂否，此人枯寂否？”那情，那景，让人欲罢不能。他给缪荃孙的信则说：“寒天奉书，一室皆春气矣。”妙哉。与友人离别，有“天涯相聚，又当乖离，临分惘惘。别后十二到朱雀桥，梅犹有花，春色弥丽”，却哀而不伤，趣人趣语。

[按：梁鼎芬(1859—1920)，字星海，号节庵，广东番禺人。张之洞最得力的幕僚，也是同光间极负盛名的诗人。在中国近代政治史、教育史和文学史上，他都是一位不可忽略的人物。光绪皇后隆裕辞世，执意要殉葬者也。殉葬未成，后来独个儿到梁格庄陵去守居了三年。以一个三品微秩的汉族小臣而能做出这样愚忠的事来，使亡国后一批清室王公大臣和遗老极为惭愧，自叹不如。梁氏的事迹，除了弹劾李鸿章、义释黄兴、崇陵种树外，就是他和龚夫人、文廷式之间的三角恋了，此事亦为小说家好采用。梁鼎芬与文廷式，原本是跟着叶恭绰的爷爷读书时的同窗，还同庚，又都是翰林出身的文人，博学而有文采，又都敢仗义执言。因与法国办交涉的事，梁鼎芬上奏章弹劾李鸿章卖国，慈禧说他诬蔑重臣，把他从七品翰林编修降到九品太常寺司乐。梁鼎芬一气之下辞官，到镇江焦山海西庵闭门读书去了，他将房子和房子里的龚氏夫人，都委托给好友文廷式照看。文廷式与龚氏夫人，原是亲戚，从小相识，梁、龚、文三人过去常以诗词文字唱和。娴静美丽的龚夫人，是名儒王先谦的外甥女，原本也是才女。现在文、龚一旦朝夕往来，情愫日深，遂毅然抛梁鼎芬跟文廷式过日子，就是自然而然的事了。梁鼎芬也没有深究，由他们自去。艳事已成，绯闻难免。《孽海花》《二十年目睹之怪现状》，都把这些写了进去。董桥先生在《龚夫人之恋》里说：“同时代的人都说那是一出丑剧，不忍议论，不屑描绘，故

事从此成了一句话的故事，没有细节，没有关节。”

文廷式是“帝党”人物，戊戌政变后，清廷密电访拿，遂出走日本。光绪二十六年(1900年)夏，文廷式回国，与容闳、严复、章太炎等参加唐才常在张园召开的“国会”。唐才常的自立军起义失败后，清廷复下令“严拿”。此后文廷式在萍乡、上海、南京、长沙间往返，沉伤憔悴，寄情文酒，以佛学自遣，写出杂记《纯常子枝语》四十卷。

再后来文廷式死了，鼎芬时任武昌知府，龚夫人生活拮据，便到武昌向鼎芬讨钱，鼎芬公服出迎，大堂坐定，寒暄问候，并将三千两银票压于茶杯之下，端茶送客，龚氏收讫，鼎芬恭送如前。

龚夫人没有与梁鼎芬生过儿女，与文廷式私奔后，饱受家族歧视，并累及儿女。龚夫人不仅能诗，还是一位女学者，所研涉及子、史两部。她注过《道德经》，写过《明史正误》，哲学、史学都有心得。龚夫人殁于梁鼎芬身后，至少在1929年，龚夫人尚在，享年当在古稀以上]

古人是无处写，或写了留不下来；现在是随处可写，写了不仅留，还要传布开来。但都愿意写，有和无，古与今，竟是如此这般，惊人一致。当代人创造了原本没有的微博体式，微博满足了当代人自我表现的欲望。微博宜叙事，宜白描，有故事最好。倘有好事者搜集整理，出《微博新语》，那么传世是一定的。精雅应不减于流传了上千年的《世说新语》。

有网站发起2011年新年微博行动，让说出一个愿景，温暖人间，我也奉上一条微愿望：但愿明年吉祥事，各人多读数行书。

有人要评年度十大微博事件了，且去投票。

一切才刚刚开始，对微博来说。

2010年12月15日雪后初霁完稿，2011年6月30日雨后清爽中修订。

王韬之恋

中国近代真正称得上思想家的人不是很多,但王韬一定是一个。胡适曾说,如果王韬是日本统治阶层中的一员,他可能轻而易举地成为伊藤博文、大久保利通、大隈重信,至少也是西乡隆盛。南京大学出版社出版的中国历代思想家评传丛书里有一册《王韬评传》,可以看做后人对王韬认识的一个小结。

王韬其实早已荣膺"中国第一代资产阶级思想家"的美称,"只是当时已惘然",遭遇不好,时代百疴丛生,他自然也一生不安。他是早于"康梁"力主变法自强的人,他的思想、主张在当时颇有影响,他指出"富强即治国之本"。他提倡学习西方的科学技术,要求发展工商业和新式交通事业,主张改革封建的科举考试制度、学校制度,为戊戌变法做了思想准备。不过,清廷方面"用其言而仍弃其人",王韬的思想遭遇了冷淡。当然也有足够的理由,因为他曾有过与"长毛"为伍,为太平军出谋划策的历史。

王韬最初的名字是王利宾,字兰瀛。18岁的时候县考第一,改名为王瀚,字懒今,又字紫诠、兰卿、无悔,有许多号:仲弢、天南遁叟、甫里逸民、淞北逸民、欧西富公、弢园老民、蘅华馆主、玉鲍生、尊闻阁王,外号"长毛状元"。他是苏州府甫里村也就是今天的甪直镇人,所以现在,也还是苏州人对他有感情,比如,几年前,王稼句先生就出版了他的一部书,图文并茂,满纸云烟,喜煞爱书人。而老家甪直镇,则建了占地面积800平方米的王韬纪念馆,以王韬生平事迹陈列室、王韬故居、弢园三部分为主。门楼上书有当代著名书画艺术家钱君匋先生题写的馆名,宅中为面阔三间的鸳鸯厅,上悬匾额"蘅华馆",大厅正中竖有高大的木雕屏风,屏风前置有雕塑家王大进制作的王韬半身铜像。厅柱上分别镌刻着王韬自撰的对联:"短衣匹马随李广,纸阁芦帘对孟光。"还有当年康有为题赠给他的对联:"结想在霄汉,即事高华嵩。"一生惶惶的王韬,至此算有了一个合适的风景。

道光二十八年(1848年),王韬在上海结识了英国伦敦会的传教士麦都思、雒魏林等人,协助麦都思翻译中国第一部官话《圣经》,22岁的王韬,从此开始了从事中西文化交流的新生活。

太平天国革命和第二次鸦片战争相继爆发后,王韬多次上书,进献"平贼"和"御戎"方略,当局几乎未理,他深感失望。

咸丰十年(1860年),太平军攻克苏州、常州地区,进逼上海。同治元年(1862年)初,王

韬回乡探望病母,滞留老家三个月。在苏期间,他曾化名黄畹,上书太平军苏福省总理民务逢天义刘肇均,建议太平军以不进攻上海为条件,来换取外国不再资助清朝军火的保证,并建议太平军力争长江上游,分兵干扰清朝海道运输等。后来,上书落到清军手中,并被查明,李鸿章下令以"通贼"罪缉捕他。这年十月,王韬以"圣朝之弃物,盛世之罪人"身份,在英国领事慕西士的庇护下乘船逃离上海,开始了长达23年的流亡生活。以王韬为名字,号天南遁叟,就开始于那时。在香港,王韬协助英华书院院长理雅各将中国的四书五经译成英文,促进了中国文化在西方的传播。

1867年,王韬应香港英华书院院长理雅各之邀,赴苏格兰翻译《中国经典》。他从香港南下,经新加坡、槟榔屿、锡兰,入红海亚丁湾,至苏伊士运河,然后乘火车至埃及开罗,到意大利、法国,在巴黎看电影、参观卢浮宫,在伦敦参观电报局、英国议院、大英博物馆,还到牛津大学发表演讲。他在英国居住了两年。每至一地,他总要"览其山川之诡异,察其民俗之醇漓,识其国势之盛衰,稔其兵力之强弱",当时就将自己的见闻观感笔录下来,十几年后再整理成《漫游随录》。王韬漫游西欧,是中国知识分子第一次对欧洲的实地考察,是中国文化知识精英第一次以自由身份对欧洲的政治、经济、文化、教育、风俗等状况进行实地考察。游历西欧使王韬眼界大开,思想激变。他悉心研究富国强兵之道,深有心得。1874年2月4日,王韬在香港创办了著名的《循环日报》,自任主笔。《循环日报》是我国第一家以政论为主的报纸。通过报纸,王韬积极传播西方文化,呼唤改革开放,鼓吹变法图强,其思想对洋务运动、维新变法和立宪运动都产生了重大影响。林语堂称王韬是"中国新闻报纸之父"。1879年,应日本学者邀请,王韬东游日本,都下名士,争与王韬相交,盛况空前。他还和当时驻日使馆参赞黄遵宪结交,数日一会,"谈天下事"。

1884年,王韬在丁日昌、马建忠、盛宣怀等人的斡旋下,获得李鸿章默许,移家回到上海,结束了长期的流亡,被上海中西董事举为格致书院掌院,并担任《申报》编纂主任。此前,在一封写给盛宣怀的信中,王韬说过自己的打算:

> 弟自读书饮酒之外,了无所好。明春决作归计,行将于吴山越水之间,卜筑三椽,为菟裘以终老。从此杜门却埽,息虑寡营,藉以自全其天,虽有苏张其舌,不复出雷池一步矣。潘伟如(潘霨字)中丞之聘,弟已力却,诚以生平所挟持者,浅不足以献当道也。归来之后,蔬食莱羹,尽可优游以卒岁。

此后,王韬不再远游,在沪西构筑韬园,潜心著述。

1894年、1895年,孙中山、康有为相继来沪拜访王韬,畅谈中国变法图强的大业。王韬为孙中山的《上李鸿章》一文润色,并替孙中山转交李鸿章。

1897年秋,王韬在上海寓所城西草堂病逝,归葬故乡甪直。

钟叔河先生说过:"'沧海归来'的王韬,已经由一个风流自赏的唐伯虎,变成了忧国忧时的魏默深。"

王韬一生在哲学、教育、新闻、史学、文学等许多领域都有杰出成就，他著书四十余种，如《弢园文录外编》《漫游随录》《普法战纪》《法国志略》《弢园尺牍》《蘅花馆诗录》等。

王韬也是性情中人，是真名士。然而王韬之不幸，确实令人唏嘘。

据王韬说，他家是七代单传，237年中，仅存三男丁。他娶了妻子杨梦蘅，婚后四年就去世了，杨梦蘅生了两个女儿，长女嫁后亦殒，次女是哑巴。续弦林怀蘅，则未再生育。王韬和泪研墨，他一再感叹说："世乱家贫，年壮无室，每一念及，未尝不呵壁问天，拔剑斫地也。呜呼，天之所废，谁能兴之。"

王韬写过一部《眉珠庵忆语》。这是忆语体笔记中的代表作。忆语体笔记是明清时期文人以笔记体裁撰写的家庭回忆录。它以明末清初冒襄的《影梅庵忆语》为滥觞，到清末民初王韬的《眉珠庵忆语》为终结，形成一个独特的文体类别。如此定格，地位自然特殊。鲁迅在《中国小说史略》中指出："传奇风韵，明末实弥漫天下，至易代不改也。"《眉珠庵忆语》收在姜泣群所辑的《虞初广志》中，那么它所含有的杰出文人为异人侠客童奴乃至虎狗虫蚁作传的风格，也还是主要的。

王韬为《眉珠庵忆语》的女主人公写出过一篇传记。《眉珠庵忆语》即为记当时两人情事的文字。那都是真实动人的故事片段。

主人公名蘅，这是他在行文中没有说的。文字中王韬只称她为"某女士"。王韬对她怀恋到什么程度了？王韬娶妻后，他把颇有大家闺秀风范的妻子杨保艾改名为梦蘅，再后来续弦，又将林家小姐改名怀蘅，寓怀念青春恋人之意。由此可知，蘅女士和他四年间的情爱，有多么深。尽管他没有在文字中说这些。据他说，女士是他的同乡，和自己有过四年如一日的文字因缘。以下节录几段以管中窥豹：

> 闺阁之事，有甚于画眉者。只是以礼相待，始终未及于乱。时携纤手，并立檐下，以情妙之语，互相诘问。一颦一笑，一花一草，当时是无日不见，后来是无一刻可以去怀。

当时的王韬，还叫王利宾。两人初见，在寒梅着蕊的冬末早春时节。茜纱窗下，女士伏几，笑意盈盈，顽皮中眨着眼睛，只不做声。王韬则看见了几案边的一个画册，丛树寒鸦，墨迹澹秀。王问，这是谁的作品？女答，她自己画的。王利宾援笔题诗，其中有句云："人在西风正惆怅，又吹落叶上阑干。"

夏天的时候，王利宾在檐香精舍读书避暑，这是女士家的别墅，女士以冰碗供雪藕，凉沁肺腑。作为回报，王利宾带来的是琉璃瓶盛着的清露。一天，女士新汲井水，掺入姜丝，兑以杨梅汁，王利宾索饮，女士不许，说是担心太冷会使人致病。后来王韬在《眉珠庵忆语》里说："今予虽有消渴之疾，僻处于兹，无地可以逭暑，欲求甘泉一勺，洗此胸膈间俗气，不可得耳。"怅惘至深。

一次，女士看见王利宾的罗巾很脏了，就亲自要了去洗涤。到晚上时，才记起是晾晒

在院子里，就吩咐婢女收进来。不懂事的小婢女回嘴说："院子里晾下的东西很多，难道还怕一块帕子让人偷吗？"女士默不作声，竟为此哭了一夜。一往情深至极。

女士也能饮酒。岁末时曾有薄醉对饮。醉眼蒙眬，偷拢薄鬓，灯红酒绿里寻欢作乐。王利宾呼女士为"我的钩弋夫人"，女士也未见愠。

成年后，在四顾无人的时候，王利宾和女士之间曾有一次对话：

女士问：将来，我们两个人会怎么样呢？

王利宾答：在天愿作比翼鸟，在地愿为连理枝。此心耿耿，终不敢忘。

王利宾和蘅女士曾搜集古人小说，一起阅读。见到唐宋传奇说部中有涉情事的，女士就亲手抄录，日久积累，渐盈其箧。女士笑言，他日若得成书，当名之为《剪愁琐录》，还说："我两人情事，不可不志。"许多年后，王韬见到残稿，于西风起后，红豆开时，启缄细读，已是声泪俱下，泣不成声。

蘅女士酷嗜《红楼梦》，说黛玉是"天下有情人也"。女士如此认为，王韬也是。《牡丹亭》《西厢记》，研箧随身，笔床在手。左图右史，柔情似水。他两人常常促膝而谈，商榷古今，不拘形迹，结下了深厚的情谊。

在《眉珠庵忆语》中，王韬把关于女性最美的词都用在描述蘅女士上。在想象中，则把所能想象得到的所有美好，都集于蘅女士一身。

王韬说："予曾著《华胥实录》一书，纯记梦中与女士相遇之事，颇涉狎昵。女士见之，始则颊微赧，继而泪，继忽大愠，即欲持白父母。以情婉求之，不可。方缓颊间，其父母俱从堂中出，予窘甚，将逸，而女士已拭泪危坐。女士父母见其神色变异，问其故。则以天寒衣冷对。明日予至，即以书纳还袖中，予曰：昨日令人心胆俱裂，今请焚之以谢过。女士一笑而罢。近人拾题某记诗，有云'红闺最怕人俱说，为劝萧郎莫著书'。女士亦即此意。"

《华胥实录》中，追忆的早年那些梦幻片断，是呓语式的诗歌。"余以生为至悲，以梦为至乐"，他这样向我们说。但遗憾的是这本梦境日记从未出版，我们只能从他当时为此书撰写的序言中，略知那一时期他梦醒不分的生活之大概："夫人处宇宙间犹蜎蠕耳，其所历之富贵声华，曾不能一瞬，则生平之丰啬荣辱，悲喜合离，境也、遇也，而无非梦也。石火电光，镜花泡影，应作如是观……人虽觉而如梦，余虽梦而犹觉。蝴蝶悟理，身世皆空；蕉鹿忘机，尔我莫辨。使余长梦以终其身，勿觉以迷其性，则感促欢淹，亦云达矣。"根据《眉珠庵忆语》的叙述，王韬之所以不出版这本小书，是因为这些梦境片断除了记叙一个少年对功名的向往，其间还充斥着太多的情色意味。

而《眉珠庵忆语》之纯洁清雅，则是无与伦比的美丽。

但是王韬，确实是"阅尽春色"的。他是"醇酒妇人"了一辈子的。

1887年夏，60岁的王韬回了一趟老家。他去看望老朋友、大舅哥杨醒逋。杨醒逋已是64岁的老人，"遇世事以空字了之"，劝他看开些。王韬说："不能也，弟好货、好色，歆势

利，趋富贵，无异于世上一切众生，于生死关头亦未勘破，大抵是哀境多，乐境少了。”他正和沪上名妓王莲舫在热恋中，他还盼着王能为他生个儿子。但王莲舫还是他嫁了。王韬后悔没有早一点金屋藏娇，他在伤感中有诗曰：从此蓬山远凡尘，掉头休更问前因。平生心事都辜负，岂独伤怀到美人！

据《漫游随录》里自述，早在17岁那年，王韬还是个秀才时，就已踏进风月场并醉心此道了。道光二十六年（1846年）秋天，王秀才和老师顾惺等人一起，赴南京应举人试。住进贡院旁边秦淮河边钓鱼巷的龚家，“画槛临流，疏帘映日”，他“轻烟淡粉，初入欢场，布袜青鞋，遍搜胜事。”龚氏水阁之西的文漪楼和微波小榭，任素琴、缪爱香两校书艳帜高标，香名素著。姐妹花含睇宜笑，颇得人怜，两情既洽，小宴遂开。他还带着这两个烟花女子在秦淮河上荡舟游览，认识的人笑着说他：“阿兰（王韬小字兰瀛）坐拥两美，艳福真不浅哉！”他只是浅浅一笑，继续游玩。

《漫游随录》里有《白下传书》《白门访艳》，记录了当时的事。王韬或“贻某女士书”，或去某校书家吃酒，问柳寻花，殆无虚日，他又诗纪其事：“轻颦浅笑温存语，国士何尝不爱怜”，艳词绮句留住了过往的岁月。

他曾不无夸张地谈起过自己人生中的的一场场艳遇：

> 惟是余虽吴人，自试事外，鲜入城市，山塘泛棹，但作清游，灯舫征歌，只佐谈屑。丙午之秋，应试金陵，曾识任素琴、缪爱香两校书，固是年得魁花榜，而为此中翘楚者也，他处则皆游屐所未涉。而侨寓沪中为最久，亦尝问名曲里，浪迹芳丛。月地花天，寄豪情于一醉；灯红酒绿，抒绮思于千言。

王韬的日本之行，是在他50岁的那年。《扶桑游记》记述了他自光绪五年（1879年）闰三月初七到七月十五回上海期间的事。除去对中日文化交流的盛况记述外，这部猎色笔记中记下了五十多个日本艺伎的名字，小春、小今、阿朵、小胜、小铁、阿滨、阿清、小紫，等等。知天命之年都是如此好色，连日本友人也有些疑惑。王韬觉得，嗜酒好色，不过是率性而为，天真流露。在日本，他和那里的酒与女人一见如故，难解难分。有许多时候，王韬都在狎妓饮酒。到长崎的第二天，闰三月十二日那天，王韬去茶屋领略了艺伎的风貌。他和几个朋友刚进去坐下，就叫来了两个艺伎：“一年仅十四五龄许，雏鬟覆额，憨态可掬。顾其装束殊可骇人，唇涂朱，项傅粉，赤者太赤，白者太白，骤见不觉目眩。携三弦琴来，以牙板拨之，声韵悠扬。歌多咿哑之音，声呜呜然，有类于哭。两歌既阕，一则起而翩跹作舞。日本女子无不长袖广裾，腰束锦带，带余则垂于背。衣多织花卉禽鸟，绮错绣交。其舞之进退疾徐，亦饶有古法。”艺伎能为当筵之奏，不能为房中之曲，这让王韬联想到了唐宋间的营妓与官妓，千万里之外，王韬见到了万古诗国中的古风。

在神户，他“开樽歌舞，一如长崎。各人皆席地坐，飞觞劝酒”。朋友喊来的女子叫阿朵，“年十六七，姿仪中人，而微作男子相”。在大阪的温泉洗浴后，一日本女子邀请他去

半山腰的家中玩，他去了，但见花木萧疏，庐舍整洁如新，真有汉时刘阮误入天台山遇见仙女之感。西京的艺伎数量之多、装束之华丽，又胜大阪一筹。王韬说那一夕的欢宴："时帷幕下垂，灯火千万盏，皎同白昼。乐作幕启，则正面坐女子十六人，以八为行，盖舞伎也。两旁各坐十人，皆手操三弦琴，盖歌伎也。歌声一作，舞者双袂翩然齐举，两足抑扬，进退疾徐，无不有度。二八对列，或合或分，或东或西，约一时许始毕。"宴会散后回到客店，老板给他招来了两个姑娘：第一个脸白如雪，走近了看，全是粉霜，且年纪也太大了些，他不中意，又换了一个，是一个看上去才十五六岁的身材单薄的姑娘，"灯下视之，洁白无比。余倦已甚，拥之而眠，不觉东方之既白"，最后他说："柳下坐怀，实非难事。"

三日一小饮，五日一大筵，每筵必召艺伎。四个月中，他几乎一直醉卧在美人的裙下，游遍了当时日本的花柳胜地，对各地的名艺伎已经了如指掌。慕名邀他来访的日本朋友冈千仞说："先生儿女之情有余，而风云之志不足。"又说："知命之年尚复好色，齿高而兴不衰，岂中土名士从无不跌宕风流者乎？"

王韬后来还写了一本说狐谈鬼、专记烟花粉黛之事的小说《淞隐漫录》，1884年夏秋起在《申报》馆发行的《画报》上连载，后由点石斋出单行本，被书商易名为《后聊斋志异图说》翻刻，流行甚广。他自称生平对品竹弹丝、棋枰曲谱一无所好，写作这些文字是他最好的消遣，"聊作一时之消遣，而藉以抒平日之牢骚郁结者也。"他自哂这些自娱笔墨可作他的"醇酒妇人观"来看。这倒也不是自谦之词，鲁迅在《中国小说史略》里就说，王韬小说"狐鬼渐稀，而烟花粉黛之事盛矣"。

风月场上，绮罗粉黛让王韬投掷进大把的金钱与时间，在昏睡和慵懒中享受女人的抚爱。朋友吴瀚涛题诗赠他，中有"白壁青蝇宁足浼，美人醇酒亦堪哀"句，他觉得真是说中了自己一生之病：千古文章寸心自知，五大洲形势也尽在胸壑，于今老境将至，功名却还如天边装满鲜花的马车一样遥远！虽还强说着"天下事今犹可挽"，但霖雨苍生的夙愿怕是一辈子都不得实现了。他在醉中走笔奉和："卅年空下才人泪，四海谁知国士风"，心是伤了，然而骨气却依然还傲。

有论者说，王韬是一个有幸走在时代前头，而不幸被旧习气缠绕着的人。笔者却同意友人伍立杨在《烽火智囊》里说过的话。虽然长了一些，却精确精彩，不妨引述之：

> 王韬湛深经术，宗法汉学。他可以说是参谋之中的参谋，幕僚之中的幕僚。韬略之宝库，一切后来者，无论为帝王师，还是为时代所用，皆可从其羽变而来，稍加化用，即成佳酿，为后来者行事判断借鉴、参政的意义经久不磨。
>
> 古人是道不行，乘桴浮于海；他却是道不行，以文字为后来者鉴。
>
> 他庞杂的著作，诸如《火器略说》《法国志略》《普法战纪》《弢园尺牍》《瀛濡杂志》《老饕赘语》《遁窟谰言》《海陬冶游录》《花园剧谈》《艳史丛钞》《翁牖余谈》等，充溢可供实用的种种战策，以及制度优劣的比勘，可谓锦囊妙计的百宝箱。军事、国防、外

交、军备、舆地、行政、商贸、工农业……均有成套的、成系统的论述和建议。而且可操作性极强，警切处有似耳提面命。

白先勇感叹那永远的尹雪艳；他则是永远的王韬，永远的超级智囊。

2011年8月7日晚间完稿。

陆心源论说风水

陆心源(1834—1894),字刚甫,号存斋,晚号潜园老人,归安月河街(今湖州市月河街)人。天资聪颖,读书一目数行,过目不忘。精通九经,尤精于郑、许之学。先后拜名儒万青藜、吴式芳、张锡庚为师。与同乡姚宗堪、戴望、施补华、俞劲叔、王竹侣、凌霞合称"苕上七才子"。清咸丰九年(1859年)乡试中举,按例以知府分发广东,随总兵刘长佑赴直隶镇压太平军,为刘长佑所赏识,并被推荐为道员。同治四年(1865年),任广东南韶兵备道,同治六年(1867年)调高廉道,送部引见。同治十一年(1872年),任福建盐运使,总办税厘通商善后诸局并海防事宜,后置粮盐道。因与上司不和,多次被诬陷迫害,遂以母亲年高为由,请求归里。两年后,因其上司仍以损耗盐务罪名参奏,终被削去官职,返归故里。他在城东莲花庄旁辟一小园,取名"潜园"。园中有"四梅精舍""五石草堂"等十六景,以清旷雅致闻名。又独资建升山桥,修复安定、爱山两书院,创立忠教义庄,修建仁济善堂,举办义学等,当地百姓交口称誉。光绪九年(1883年),经山东巡抚张曜和直隶(今河北省)总督李鸿章保奏,得旨恢复原职,交军机处记名简放。光绪十九年(1893年),光绪帝召见,褒奖"著作甚多,学问甚好"。归途路经天津时染疾,次年卒于湖州。

陆家从心源祖父陆镛开始,三代藏书,以收藏宋版书而著称。陆心源更是酷爱藏书,见异书必倾囊以购。是清季著名的四大藏书家之一。在他削职家居期间,趁大江南北兵变纷繁,收购大量珍贵书籍,其中宋刻本一百多种,元刻本四百多种。建藏书楼三处,即皕宋楼、十万卷楼、守先阁。其中月河街陆宅的皕宋楼,藏宋元旧刻;十万卷楼,收明清时期的珍贵刻本、名人钞校本及名人著述手稿;潜园的守先阁,藏普通刻本和钞本,并开放供士人阅览。陆心源的皕宋楼,与聊城杨以增的海源阁、常熟瞿镛的铁琴铜剑楼、杭州丁丙的八千卷楼并称"清末四大藏书楼"。其号称二百部宋版(即"皕宋")的藏书,在佞宋成风的藏书界独占鳌头。陆氏藏书达十五万多卷,其子陆树藩在1907年将家传藏书以118 000元售于日本岩崎氏静嘉堂文库。这就是中国藏书史上的"皕宋楼事件"。此次买卖致122部宋版,133部金元版等共4 146部、43 218册图籍长离故国,这一数目至今仍然将近静嘉堂文库汉文古籍藏量的一半。其中如北宋版《白孔六帖》和南宋蜀大字本《周礼》等,已被日本政府定为重要文化财产。此事发生后,时人多为之叹惜,长歌当哭。王仪通作绝句十二首以纪其事,董康更决绝地说:"古芬未坠,异域言归,反不如台城之炬,绛云

之烬，魂魄犹长守故都也。”意思是珍籍东去日本，反不如毁于大火，虽化为灰烬但仍留故土。陆树藩将先人藏书售予日本，在当时不仅被视为变卖家产的不孝行为，更被视为伤害国人民族感情的不义之举。50年后的2007年第六期《万象》刊出虞云国《皕宋楼藏书散失百年祭》一文，算是有了为陆树藩辩解的话，当年在乡里曾有“陆大善人”美誉的陆树藩，在新时代遇上了知己。

陆心源学识渊博，著述甚富。古书源流、金石考证方面，著有《仪顾堂文集》《仪顾堂题跋》《续跋》《金石粹编续》《金石学录补》等；鉴别藏书画方面，著有《皕宋楼藏书志》《穰黎馆过眼录》等；记述故乡风雅，补志阙遗的，有《唐文拾遗》《唐文续拾》《宋诗补遗》《群书校补》《吴兴诗存》《归安县志》等；考证宋史繁衰、党禁始末的，有《宋史翼》《元祐党人传》。合署《潜园总集》，计九百四十余卷。刊刻《湖州丛书》《十万卷楼丛书》，在中国近代出版史上颇有地位和影响。《湖州丛书》是他藏书中的部分珍贵湖州地方文献，那是他记挂故乡的一个心愿。

陆心源死后葬于云巢逸山，假如仅仅是个官僚早就会被人淡忘了，但正因为他是个藏书家，而且是大名鼎鼎的“皕宋楼”楼主，才得永垂青史。

光绪五年（1879年），陆心源刊刻十万卷楼丛书初编。该丛书自刻于他家的潜园，托吴云在吴郡付印。丛书以罕见且流传不广的古籍为主，陆心源对书中的讹误都有考订。十万卷楼丛书中，很特别的一部是《地理葬书集注》。

2008年10月，拍卖会上见到了光绪五年（1879年）十万卷楼刊所刊元代郑谧撰著的《地理葬书集注》，当然，书中附录有赵汸的问对文字。

陆心源在重刻此书的时候特别写了序言，讲了重刻的命意。陆心源说重刻之目的，在于警示俗人不要相信江湖术士关于地理风水的胡编乱造之言，劝人行善积德，如此这般风水自好。重刻《地理葬书集注·序》云：

> 重刻本书系警示俗人勿信地理风水、术士之言。积德风水自然好。余素不信地理之说。同治六年，葬先荣禄公于城南三十里之逸村，葬师为之定穴，将下窆矣。启土一尺，水泉涌出，葬师犹执前说。余相度地形，改卜于高阜之上而藏焉。葬师谓：
>
> 数年之后，必丧家长。人皆为余危。于今三十年矣，老母康健，余亦疾灾不作。由是益叹方士之无凭，余之自信为不谬也。然每以告人，闻者不谓理之固然，而谓事之偶然。盖世俗之惑久矣。《晋书》本传载，璞从河东郭公受青囊中书九卷，遂洞（晓）天文五行卜筮之术，门人赵载尝窃青囊书，为火所焚，不信有葬书，然其言尚可节取，郑氏所注必推本于积德，亦异乎术士所为。嗟，迩来风水之书叠床架屋，其说愈鄙，信之者愈众，致有停柩不葬，屡迁其墓而安忍者，此又郭氏之罪人也。俗本作《葬经》，元刻独题《葬书》，钱遵王《敏求记》曾著于录，此外罕见流传。刻而传之，使世之信风水者，知郭氏复生，其言不越乎是，而不为术者所愚，亦区区警俗之苦心也。

书末文字为:“光绪五年，光绪五年岁在屠维单于吴兴陆氏十万卷楼重雕。陆心源校。”

[按:郭璞,字景纯,晋代河东闻喜人。从郭公学卜筮术,受“青囊中书”,遂通卜筮、禳灾之术。其门人赵载窃去青囊书,还来不及读,就被火烧了。事见《晋书·郭璞传》。杜牧《赠朱道灵》诗云:“刘根丹篆三千字,郭璞青囊两卷书。”]

千百年来,无数学者、术者对《葬书》的研究一直没有停止。而对《葬书》的褒贬,迄今未定。《四库总目提要》上说:

旧本题晋郭璞撰。璞有《雅注》,已著录。葬地之说,莫知其所自来。周官冢人、墓大夫之职称皆以族葬,是三代以上葬不择地之明证。《汉书·艺文志·形法家》始以宫宅地形与相人、相物之书并列,则其术自汉始萌,然尚未专言葬法也。《后汉书·袁安传》载,安父没,访求葬地,道逢三书生,指一处,当世为上公,安从之,故累世贵盛。是其术盛传于东汉以后。其特以是擅名者,则璞为最著。考璞本传,载璞从河东郭公受《青囊中书》九卷,遂洞(晓)天文五行卜筮之术。璞门人赵载尝窃《青囊书》为火所焚,不言其尝著《葬书》。《唐志》有《葬书地脉经》一卷,《葬书五阴》一卷,又不言为璞所作。惟《宋志》载有璞《葬书》一卷,是其书自宋始出,其后方技之家,竞相粉饰,遂有二十篇之多。蔡元定病其芜杂,为删去十二篇,存其八篇。吴澄又病蔡氏未尽蕴奥,择至纯者为内篇,精粗纯驳相半者为外篇,粗驳当去而姑存者为杂篇。新喻刘则章亲受之吴氏,为之注释。今此本所分内篇、外篇、杂篇,盖犹吴氏之旧本。至注之出于刘氏与否,则不可考矣。书中词意简质,犹术士通文义者所作。必以为出自璞手,则无可徵信。或世见璞葬母暨阳,卒远永患,故以是书归之欤。其中遗体受荫之说,使后世惑于祸福,或稽留而不葬,或迁徙而不恒,已深为通儒所辟。然如乘生气一言,其义颇精。又所云葬者原其起,乘其止,乘风则散,界水则止诸条,亦多明白简当。王祎《青岩丛录》曰:择地以葬,其术本于晋郭璞。所著《葬书》二十篇,多后人增以谬妄之说。蔡元定尝去其十二而存其八。后世之为其术者分为二宗,一曰宗庙之法。始于闽中,其源甚远。至宋王伋乃大行。其为说主于星卦,阳山阳向,阴山阴向,不相乖错,纯取八卦五星以定生克之理。其学浙中传之,而用之者甚鲜。一曰江西之法。肇于赣人杨筠松,曾文迪及赖大有、谢子逸辈,尤精其学。其为说主于形势,原其所起,即其所止,以定位向,专指龙穴砂水之相配,而他拘泥在所不论。今大江以南无不遵之者。二宗之说虽不相同,然皆本于郭氏者也云云。是后世言地学者皆以璞为鼻祖。故书虽依托,终不得而废欤。据《宋志》本名《葬书》,后来术家尊其说者改名《葬经》。毛晋汲古阁刻本亦承其讹,殊为失考。今仍题旧名,以从其朔云。

结论是“后世言地学者皆以璞为鼻祖。故书虽依托,终不得而废欤”。

陆心源以自己的亲身经历，说明了葬父时发生的事。明明挖好的穴中水出泉涌,另

选高处埋好父亲是再正常不过的事了。但当时风水先生说，你这样做了，数年之后，必丧家长。大家都为他担心。可是过去三十年了，陆心源老母康健，自己也非常健康。于是他感叹江湖术士的不灵，世人被迷惑得太深太久。他的观点是，郑谧的书，一定推本于积德，和江湖术士的话不会是一回事。他的良苦用心，是将原书刻而传之，让社会上相信风水的人知道，就算是《葬书》的原创者郭公复生，让他再说风水，也不过如此，也会推重积德行善的。大家不被风水术士所愚弄，就是陆心源的“区区警俗之苦心也”。

要之，是做善事好事积功累德，通人情，顺世情。福地福人居，福人居福地。

实际上，郭璞著的《葬书》是中国风水文化的经典著作，也是中国风水的开山之作。后世广为流传的风水学，其源头就是《葬书》。细读《葬书》，会发现《葬书》是一部很成熟的风水理论、实践著作，中国文化特色之一的风水学，从此发展起来了。陆心源关于《葬书》的序言，无疑是理解这部经典的一把好钥匙。

1990年10月到1992年12月，甘肃省文物考古研究所对敦煌汉代悬泉置遗址的全面发掘，出土了大量的简帛文书，其中的文化典籍中有古《葬书》内容。研究表明，郭璞《葬书》是四百多年间当时人们风水智慧的结晶，凝聚了两汉、魏晋数代风水文化研究者、实践者的心血形成的风水学经典，是集大成性质的著作。

《辞海》云：“郭璞(217—324)，东晋文学家，字景纯，河东闻喜人，博学古文奇字，又喜阴阳卜筮之术，东晋初为著作佐郎，后王敦任为纪室参军，敦欲谋反，命其卜筮，璞谓其必败，为敦所杀。王敦卒，追赠宏农太守。郭璞擅长诗赋，所作《游仙诗》表达了对神的境界的追求，表现出优生避祸的心情。词赋也较有名，所著《尔雅注》《尔雅音》《尔雅图》《尔雅图赞》，集《尔雅》学的大成。今存《尔雅注》三卷，刊入《十三经注疏》中，又有《方言注》，以晋代语词解释古语，可考见汉晋语言的流变。另有《山海经注》《穆天子传注》原集已佚。今传《郭宏农集》，系明人所撰。”可见郭璞在文学方面为东晋之冠。《辞源》上说，其文学为术数[按：风水也并非术数]所掩。风水一词，首先就是出之于《葬书》。郭璞对训诂非常精通，所作《尔雅》注、音、图、图赞，是我国最早解释词义的专著。他的贡献是多方面的，但后来的影响主要在方术界，突出的学术则是风水术数了。

2010年9月14日起稿，2011年9月27日晚间修订完稿。

2009年4月30日，金陵友人夏雷鸣以徐桢基著《藏书家陆心源》一书相赠，越明年，复赠以王绍仁《皕宋楼藏书流布及宋元版追踪》，佳册书香，诱人者再，思有作以纪其事。未果，且以此篇作异日深研之券。

冒效鲁事略

和蔡登山先生通信的时候，言及冒效鲁事，梳理以助谈资，亦趣事也。

文史名家冒效鲁（1909—1988），原名景璠，字孝鲁、效鲁，以字行，号叔子。晚清末年出生于江苏如皋，系成吉思汗后代。先祖为"明末四公子"之一的冒辟疆。效鲁系近世文化大家冒鹤亭第三子，十几岁即做旧体诗，深得康有为、陈宝琛、陈三立、樊增祥等名家的赏识，也常和胡汉民、章士钊、叶恭绰、夏敬观、赵尧生等名士唱和。

冒效鲁娶清末维新人士贺履之季女贺翘华为妻，贺氏父女皆善丹青，亦艺术世家焉。

1925年，冒效鲁入北京俄文专修馆学习，五年后以第一名的学绩毕业。冒效鲁精通英、法、俄等多门外语，尤以俄语水平见长。1933年，冒效鲁经胡汉民向外长罗文干引荐，被派往中国驻苏联大使馆做外交官，为大使颜惠庆当秘书。在苏联，冒效鲁先后为欧阳予倩、徐悲鸿、梅兰芳、冯友兰、胡秋原、邹韬奋等学者或艺术家的访苏做了许多事，并与他们结下深厚友谊。1938年8月，游学欧洲的钱锺书（字默存，号槐聚）、杨绛（原名季康）夫妇，抱着小女钱媛，乘法国邮船阿多士Ⅱ（*Athos* Ⅱ）回国。原在中国驻苏联大使馆供职的冒效鲁与妻子贺翘华，亦携子女由莫斯科取道欧洲回国。同乘一船，钱、冒相识，从此唱和不绝，友谊保持终身。在钱锺书所选甚严的《槐聚诗存》中，收有钱锺书与冒效鲁唱和的诗18首；冒效鲁《叔子诗稿》中则收有冒作与钱锺书唱和的诗23首。钱氏《谈艺录》小引称："友人冒景璠，吾党言诗有癖者也，督余撰诗话。"曰"咳唾随风抛掷可惜也"，"余颇技痒"，《谈艺录》由是而成。冒效鲁幼弟冒舒湮尝云，钱锺书于冒效鲁有"使君与操"、惺惺相惜之感。

冒效鲁的生平，有些扑朔迷离的是他在汪政权中的状况。当时和他有关系的，最主要的实际上是龙榆生主持的《同声月刊》和《求是》《古今》撰稿人，那几乎集中了当时诗词学界的著名学者文人，除去在汪政权中服务的赵叔雍、钱仲联等人之外，还包括张尔田、夏敬观、冒鹤亭、俞陛云、俞平伯、夏承焘等人。才华横溢的冒效鲁，与朋友们的交往，也就特别值得关注了。

1940年4月2日，龙沐勋任汪政权立法院立法委员。

1942年2月14日，除夕，汪精卫夜半赠诗龙沐勋。

1942年7月冒鹤亭来南京，曾在龙沐勋处借高丽本《乐学轨范》。同月15日，《同声月

刊》二卷七号出版，有《桥西唱和诗》12首，系龙沐勋、冒鹤亭、冒效鲁等人集于李宣倜桥西草堂时之唱和之作。

1942年8月，钱仲联来到南京，任教于中央大学。10月，钱仲联、冒效鲁相偕过访龙沐勋新居，皆有诗作述其事。钱诗云："相投同味在茶馨。"钱仲联1942年11月24日署理汪伪国民政府行政院参事，次年1月19日实任，1944年又升任伪检察院委员。

1943年，冒效鲁任汪精卫政府行政院参事，次年7月19日调任江苏省第九行政区督察专员，1945年1月3日调任江苏省第一区行政督察专员。

冒氏一家，与汪精卫及国共高层俱瓜葛深厚。1957年6月，冒效鲁父亲冒鹤亭，由幼子舒湮陪着去见毛泽东，在座有李维汉、胡乔木、吴冷西等。正谈话间，朱德踱入，毛向朱介绍了冒鹤亭，冒鹤亭指着舒湮说："我儿子访问山西八路军总部时，总司令款待过他。他后来在上海写了个话剧《精忠报国》，用秦桧影射汪精卫，汪精卫向我要人，幸亏他早跑了。"[按：舒湮，20世纪30年代就是名记者、名演员，见过蒋介石，单独采访过毛泽东并与之秉烛长谈，也采访过朱德。1933年单线加入中国共产党。20世纪90年代开会，遇到当年地下党的一位老领导，说：舒湮，你是我党的老党员嘛，他才想到要恢复组织关系，但又最终没有办理相关手续。舒湮有回忆录《微生断梦——舒湮和冒氏家族》，首章"八个梦"，述其先后与八位绝代佳人相恋的故事。该书2000年由中央编译出版社出版]冒鹤亭与周恩来情谊深厚，周的叔父周嵋芝与冒鹤亭是多年同事，周恩来的弟弟与冒鹤亭的一女有过婚约，因冒女早夭而未成婚。冒舒湮投奔解放区甚早，后来中共建政，"不大搭界"的诸位兄弟都基本上平安无事，他则因"革命惹的祸"，于1957年后"堕入拔舌狱，从此在人们的视线中消失"。

对当日从龙历史，当事人大多讳莫如深，冒效鲁也不大谈。依理推断，则龙、钱说项是一定有的，汪招揽人才的心境也是必然的。当然更多的，则是自愿，也不排除人情之常态趋向。而世交之谊，或为冒投靠汪政权的诱因之一。

据王春瑜《斯人独憔悴：忆舒湮》所述，上世纪末，电视连续剧《周恩来在上海》播出后，冒舒湮曾说："剧中的历史人物，我大多数都认识，与潘汉年(中共地下党高层负责人)也有过交往。潘汉年抗战后期去见汪精卫，与日本军队要员往来，是奉(中共)党组织的指示……我父亲与汪精卫是老朋友，曾唱和诗词，是诗友。汪精卫当了汪伪政权的主席后，曾来上海探望家父，谈诗论词，送他《双照楼诗词》。他还送了一笔钱，先父碍于情面，笑纳了。这纯粹是老朋友之间的私下往来。"

汪政权关张，钱仲联、冒效鲁、吕贞白等人隐居，汪政权上海市副秘书长赵叔雍是到香港，后任教新加坡大学中文系。宣传部副部长胡兰成躲到浙江乡间，后来安然出境。后来成为20世纪最负盛名的词学大师之一的龙沐勋留在南京，1945年8月1日还接任南京模范中学校长之职，负责善后事宜，那么之后的被捕就是正常的事了。实际上，胜利后国民党政府对汪政权中人物，除为首的陈公博外，多的也未深究，跑了也就跑了，隐居便也

隐居。

蔡登山先生有《太白楼诗人冒效鲁》，其中说：

抗战胜利后，冒效鲁到西康工作了一年，他把在那里所作的诗篇名为《邛都集》。钱锺书曾为他写过题识："叔子出示《邛都集》，江山之助、风云之气，诗境既拓，诗笔大渐酣放矣。东坡云：'须知酣放本精微'，愿君无忽斯语。与君文字订交，忽焉十载，乱离复合，各感余生。自有麒麟之阁，赏诗不羡功名。司空表圣有《杏花诗》，相遗鲂鲤之书，远客要慎出入。看将南行，记此为别，聊当车赠。丁亥(1947年)一月。"

1947年夏，冒效鲁住在北京王府井大街。傅雷夫妇到北京做客，冒效鲁陪他们逛了东安市场，浏览了厂甸的书铺和古玩铺，还去了北海公园等京城名胜。

1948年初秋，冒效鲁回到上海，傅雷特地在巴黎新村寓所设宴款待，钱锺书作陪。

1949年后，冒效鲁在复旦大学外语系工作，并兼任商务印书馆特约编辑及商业专科学校俄文教授。1958年，在安徽大学任教，兼任中华诗词学会顾问，安徽省文学学会顾问，安徽省考古学会理事及太白楼诗词学会会长等职。曾校译过《顿巴斯》《成吉思汗》《屠格涅夫评传》等著作。

1961年，冒效鲁按父亲遗愿，将其收藏的先人冒辟疆的行书诗轴、草书立轴、手稿、书札、画像以及《圆圆曲》作者吴伟业有关水绘园的手迹、《浮生六记》作者沈三白的《水绘园图》等一批珍贵文物共九百多件全部献给国家，现保存在上海博物馆内。冒效鲁在《贺戈宝权捐赠图书》一文中述及此事时说："我1961年把先父冒鹤亭所藏书画、古董全部捐献给上海博物馆，经过十年浩劫却安然无恙，则可算书命有福了。"

上世纪60年代初，陈毅视察安徽大学，召见冒效鲁教授，谈诗论学，颇见尊重。此后，五十来岁的冒效鲁即成为"冒老"，备受尊敬。

1968年，"清理阶级队伍"时，冒效鲁曾被关进"牛棚"。

1987年，冒效鲁去世，钱仲联作《悼冒效鲁》诗，开头两句说："四十年前梦尚温，灯边南北两王孙。"自注曰："君为成吉思汗裔，余为吴越王后。"冒效鲁为如皋冒氏后裔，如皋冒氏是蒙古人，更还是成吉思汗后代，冒效鲁当然是"王孙"了。吴越王，即五代十国时吴越王钱镠(即钱武肃王)，他的后代，自然也是"王孙"了。

安徽文艺出版社1992年印行冒效鲁《叔子诗稿》，钱仲联为之作序，钱锺书"敬署"书名。

1999年上海学林出版社出版冒怀苏编著的《冒鹤亭先生年谱》，顾廷龙、苏渊雷题签，钱仲联作序。2009年12月，上海博物馆编《冒广生友朋书札》，冒效鲁女儿冒怀科著文《〈冒广生友朋书札〉出版有感》介绍，这是与当年九百多件明清文物一起捐献给博物馆的，当时已装裱成册，共计22册，题"师友之贻"四字。《书札》集收156名作者的685通书札，数量之多，蔚为大观，晚清及民国时期名人如俞樾、周星诒、黄绍箕、孙诒让、林纾、叶

衍兰、梁鼎芬、江庸、张元济、郑孝胥、曹元忠、吴昌硕、李详、赛金花等多列其中。

友人冯永军撰《当代诗坛点将录》，拟冒效鲁为“天立星双枪将董平”，与褒扬之余论曰：“叔子晚年诗作率意颓唐，与早年所作如出两手，钱默存讥之曰：‘叔子三十以后所作，诗兴过于诗才。诗则摇笔即来，人则来者不拒。’亦是实录。”又说：“陈巨来为文论叔子，目之为‘狂人’，谓其‘好色惧内’。故余论诗绝句有‘当年妄拟双枪将，好色风流无不同’之句。”

2010年9月17日下午写毕。

陆公遗迹未全迷

张中行访王世襄,带着的人只一个,说这是“我已故大师兄陆宗达先生的哲孙陆昕”。而宗达先生,是国学大师黄侃的入室弟子,“章(太炎)、黄(侃)学派”的主要继承人和发展者,曾是中国训诂学研究会会长。一老一少一前一后同往朝阳门内南小街芳嘉园的身影,时常会浮现于我的眼前。

陆昕先生是张中行的小友,有书为证。张中行自己最喜欢的著作,是《留梦集》。《留梦集》系徐秀珊所编,《月旦集》也是徐秀珊所编。1995年8月,《横议集》出版前,张中行在自序中说:“编书,以徐秀珊女士帮助最多,这一本又是她,所以要谢。”《留梦集》书前,有一帧张中行和徐秀珊的彩照合影,应是老人特意放上去的,照片下面赫然署名:陆昕摄。换言之,张老视陆昕为入室弟子。古语云,老师有事,弟子服其劳,此之谓也。2005年,奉老人之命,陆昕编了一本书,是《张中行说北京》,销售颇旺,现在已不大见到。老人归了道山之后,陆昕写了数篇怀念或评价张中行的文章,都是我喜欢读的。论交情,陆昕说,当年张中行每出一书,“必送我”。想想,那是怎样的福气?

买下陆昕先生《闲话藏书》的时候是2005年6月5日,距我今日在雨天敲字,恰是六年整。那是书出版后第三年重印本上市的第二年,我在书店逡巡所得。这要算很有运气了,因为我所居的小城,旧日是算做塞外边陲的。这是一部关于藏书的好书,以谈话的方式,说了不少关于藏书的故事。那是我比较集中地接触版本目录文字的开始。余生也晚,加上地远路荒,之前,不要说亲访名家,就是寻找好书,也颇不易。这书入手,其欢喜之情可想而知。

打动了陆昕先生的、在他心里久久不去的人和事,也打动着我。比如关于他对其祖父陆宗达先生的回忆,和陆宗达先生对过往人与事的回味等等。书在手边,有空就翻,都掉页了,我粘好重新包装,继续以之为我的读书指导。陆昕先生在书里说:“将书的意趣融于自己的生命,使它成为一种超越时空超越生命的热爱。”我把这些话奉为圭臬,觉得自己也得了真传:“目极千古,神游八极,吐纳山川日月,包容天地古今。只有通过读书而至化境,才可以不负聚书之艰苦,因为你已经体现了书的终极价值——读。”

得知陆昕先生新书《乌啼集》出版,搜遍实体书店和网络书店没有结果的时候,我向素昧平生的陆昕教授求助。接下来的事让我高兴。陆昕先生寄来了他的签名本《乌啼

集》。唐人寒山寺诗境般的封面雅洁清亮。金色的月亮、古松虬枝和孤啼之鸟在深蓝的夜色里，映衬出古白色的宋体字书名。我爱不释手。书里面是启功，是章太炎，是钱玄同，是老北大，是琉璃厂，是湖畔，是古巷，是子夜，是寻踪。“人事有代谢，往来成古今。江山留胜迹，我辈复登临。”陆昕称引过的孟浩然诗意，成了我与他著作契合的写照。

陆昕先生约我，到北京的时候相见。

有时候，机缘是随着人的心思到来的。2010年10月，我到了北京。为接待我，陆昕先生在2010年秋季书刊资料拍卖预展开始的那天上午，早早来到中国书店。由于我们到得早，展区的人还不是很多。看到陆昕先生，工作人员热情地迎了过来，显然，他是这里的熟人了。跟着陆昕先生在珍籍间穿梭，我感受得到陆昕先生作为名家所受到的尊重。那天，我见到了中国大陆级别最高的古籍拍卖品。都可以翻看啊，难得的际遇。久闻其名未见真影的《诗刊》大字本，大字本二十四史，《海上述林》，精美绝伦的台北故宫博物院影印宋版书，我甚为关注的卢冀野《饮虹簃所刻曲》四十六卷，明清精刻，和傅增湘书毛泽民所裁楹帖、赵朴初为开封大相国寺所书抱柱联手迹，都让我大开眼界。662件珍品，无一不让人心驰神往。我家里书架上那些常读常新的经典，多能在这里找到祖本。

竹纸两函线装16册，康熙四十一、四十二年（1702、1703年）手书上版，写刻俱佳的《白氏长庆集》上有梁实秋先生墨笔题记：“戊子新正以五十元购于文奎堂，实秋年四十七。”这书是1950年梁先生购置的，那一定是他喜欢极了的书，不然，他怎么舍得动用糊口的银子来买书呢？同光间刊刻的《词律》两函16册白纸线装本，竟是陈伯达旧藏。书为康熙间词人万树等所纂，钤“卑以自牧伯达用章”印。日月飞驰，这其间的况味，有远超于书册者，摩挲再三，我留恋难舍。熊伯齐楷书辛稼轩词标价以7 000元起价，法书精妙，物有所值。熊氏为西泠印社理事，他的瘦金体书法很有名，曾有友人以之相赠，当时觉得人之所宝，不可擅取，现在看得心中所宝，也还有甚于物化佳制者，可见当初的选择是对的。

流传有序的善本有许多，时下难得一见的，算是见了不少。

陆昕先生递过来价值不菲的拍卖会图录，我和同去的友人各持一册。原以为我们要掏钱的，不想他连连摆手。原来这是预展对有特殊贡献者给予的特殊政策。

接下来的事顺理成章，不过我还是觉得有些意外，陆昕先生带我们去了中国书店旁边早就订好的饭店。古色古香的地方配合着文玩经典的气氛，琉璃厂什么都是文化。落座，奉茶，陆续到来的人有：谢其章，这是被誉为新一代藏书家中领军人物的；方继孝，这是写了《旧墨记》系列已有5册的收藏家，藏用结合，名满天下；终生以爱书、编书、写书、藏书为志并以集藏书票闻名的台湾学者吴兴文，他是远流博识网文化公司总经理，有关藏书票的著作在书界广为流传；《博览群书》主编陈品高；中国书店海王村拍卖公司总经理彭震尧；《文物天地》副主编王征等。气氛是热烈的，话题是投机的。这些人在一起，能说些什么？会说些什么？谈兴之雅之浓，都是记忆中的珍品。欢乐的时间过得很快，不觉

已是下午。

宴席散后,陆昕先生陪我逛琉璃厂。一起去的,是谢其章。谢先生的书,寒斋是全部入藏了的,谢先生多次表达了对拙作《弱水读书记》的肯定,这次见面,又申其意。我回来后,即将我们的合影和书一同发去,这是后话。

"我家在这条文化街上最西端的前青厂胡同,从高祖、曾祖算起,直到我这一辈,总共住了五代。而从祖父、父亲到我,又热衷于到琉璃厂的各书肆访书、淘书,延续到今天,将及百年。说起这里头的掌故变迁,我可以算是过来人了。"望着琉璃厂的西街,陆昕先生说,他上过的小学就在那里。我知道的,《乌啼集》里有一篇题为《母校》的文章,说的正是陆昕先生当年在北京第一实验小学上学的事,都不用去跟前,我就能想得到那里当年发生的事。陆昕先生当年,还是少先队的小队副。据陆昕先生说,当年上小学,多是爷爷接送。我想象着鹤发童颜的陆宗达先生,携着小孙子去上学的样子,琉璃厂一下子变得生动起来了。

满街都是书店、古玩店,到处都是文化,这就是琉璃厂。我看好了叶德辉的诗文集,这是没有见到过的。要买。谢其章指着一套书,说起了它的出版故事。

我们踱进了荣宝斋。范曾的画挂在那里。我仿佛听见张中行和陆昕逛荣宝斋的声音了:张老说,与过去比,现在是质次价高。

夕阳西下,我们在琉璃厂的街上留影。这是值得的,那街上,重叠着的,是中华文明。雷梦水收集的厂甸竹枝词里说"风光旖旎海王村",我觉得此刻的海王村,真还应着这句诗。三人合一张,和谢其章先生来一张,少不了和陆昕先生的。按下快门,露出开心的微笑。

谢先生有事先走了。我和陆昕先生一路行来,就到了陆宗达先生当年的旧居处。那应该是"前青厂",现在叫"椿树园"的地方。曾经的两进四合院早化做了楼宇。老屋没有了,一切都变了新的。陆昕先生的留恋写在眉宇间,我的贪看表现在迈不开的双脚上。陆昕先生缓缓地说着、指点着。"那时我家的住所很大,有里院、外院两个大院子,前门、后门加起来总共有三个以上。"里院三间北房不住人,全堆书。"列架充楹,琳琅满目,光放书的屋子就有北房三间,南房一间。其余各房也堆了不少,触目可及,触手皆是"。"院中有古槐一株,顶如巨伞,遮蔽了半个院子。少年时的我,搬了小凳,坐在树下读中外文学名著。院中常常寂无人声,只有瓜棚豆架,四周响着蜂鸣;偶然闪过蝶影,舞于树下花间。我长久地沉浸于书中所描绘的广大而神奇的世界,痴迷于那万花筒般绚烂而多彩的人生。及至眼前渐渐朦胧,方知黄昏已至,树枝间透出秋阳最后的金色落日余晖,晚风吹拂,白色槐花悠然飘洒,在我身旁泛起一片柔和的明亮。"跟着他的叙述,我的脑际出现一个个意味深长的蒙太奇画面:80岁的陆宗达先生每日总是四五点钟起床,随即刷牙、泡茶,然后一边抽烟喝茶,一边看书写作。7时许家人起床后,开始洗脸、吃早饭。8点开始

写作，11点左右吃午饭。饭后，抽一支烟，然后睡午觉，睡一个到一个半小时。两点开始写作至下午6点吃晚饭。饭后约看一个小时左右电视后上床休息。1982年8月起，陆先生废寝忘食，用一年半时间倾注心力写出45万字的《说文同源字新证》书稿。那是他数十年研究的心得，也应该是当代《说文解字》研究的最高成果，可惜，由于学术书籍出版难，至今仍未面世。经济高度发达的时代，如何能够给文明留出几许应有的空间？

出了街口，我还是贪看不已。我们又往左手走。陆昕先生指着小巷一边的一幢楼房说，这就是当年的京报馆，那边的二楼上，就是邵飘萍住过的地方。我拐进窄窄的巷子，想象着当年邵飘萍他们进出的样子。可惜是堵塞了，几乎挤不进去。望着风中显得破败的屋宇，我想为什么这里不辟为纪念馆呢？若说北京文化太多，连陆宗达先生故居也够不上保留下来的规格的话，那么《京报》和邵飘萍，应该是够格的。邵飘萍就一个，京报馆就一个。当年他不见容于北洋政府，后来又被张作霖所杀。邵飘萍也是五四运动的实际发起者之一，是李大钊最好的朋友。

我们是在大街上分的手。望着陆昕先生渐行渐远的身影，我想，那是黄侃、陆宗达法儒集于一身的影子。诗曰：

京华留梦说依稀，陆公遗迹未全迷。
诗酒风流高贤在，前青京报夕照西。

2011年4月5日起稿，6月5日傍晚完稿于弱水轩，时雷鸣已过，夕照明艳，端午前一日也。

卢冀野：师情依依答书迟

国学大师李审言本身是个什么样子？照片和画像，他的书，都给我们留下了印象。但可供思考的文字材料，却有明显不足的感觉。

前些日子，著名文史专家、台北出版家蔡登山先生来信，说正在整理卢冀野去世前两三年发表在小报的文章，“属小品文，又极富史料价值。江南才子之书，确实精彩。”“将这些随笔出版，亦一乐也。”知道我研读李审言，蔡先生便发来了李审言学生卢冀野以笔名饮虹发表的纪念李审言的文章。我在复信中说了这样的意见：“卢冀野书名就有以饮虹为名的，如曲集《饮虹乐府九卷》，剧曲《饮虹五种》《饮虹簃所刻曲》等。卢冀野此文，就现在所见相关李审言文字中为未见者，故堪称珍贵。李审言课堂情景及事迹，于此又添资料。冀野此文为临殁前所作，意义又自不同。”

以下是卢冀野的文字。

李审言二三事

饮　虹

徐一士先生所著的《一士谈荟》，亦记多半是近百年的故实，有些是我们熟悉的，也有些是我们所未详的。其中有“李审言文札”一则，记先师审言先生跟樊山的不相得，这是先生在日，对我谈起的，对于和陈善馀、况蘷笙的摩擦，一士先生没有叙及。给张次溪的信，要次溪出资刻其著述，此事虽无下文，但曾由同门集资，嘱稚甫世兄谋刊遗集，先生身后，亦曾有计议，后因战事起来，遂未实现。我受教于先生是在东南大学。还记得起第一次上课，先生见我名字，问我籍贯；于是说了他在尊经书院谒见我曾祖的故事。此后，我常往先生银鱼巷寓所去谈。先生对我说起他去见王壬秋，辞出时王老送至门口。对别人称君，独称他先生，这是平生自己最得意之事。可惜我那时未曾问他，在《匋斋藏石记》上所题诗的“轻薄子玄犹并世，可怜难返蜀川魂”。那子玄究指何人？此事至今各人看法不同，成一疑案。先生每日上课，由稚甫扶上讲堂，定焚起一炉香来，且谈且喘，这情景还如昨日，不觉已是二十五六年前的事了。先生素不满意桐城文派，但先生去后，姚仲实先生（永朴）即应聘至，我觉得“各有千秋”，至不敢甲乙其间的。先生有一封辞聘的信，被我收藏的，不幸毁于丁丑之劫。

卢冀野，原名卢正绅，名前，字冀野，号饮虹、小疏。1905年3月出生于南京，1927年毕

业于东南大学，为抗战以来有影响的学者和诗人。卢冀野是国学大师吴梅的得意门生，曾先后在金陵、河南、成都、暨南、光华、四川、中央等大学任教。抗战胜利后，任南京市文献委员会主任、南京通志馆馆长。著作宏富，才华横溢，人称“江南才子”。出身书香世家的卢冀野，“年十二三始好韵语，二十以前积稿二百篇。”卢冀野学术著作有《明清戏曲史》《读曲小识》《八股文小史》《词曲研究》《民族诗歌论集》等，笔记类著述有《冶城话旧》《东山琐缀》《丁乙间四记》《新疆见闻》等，新诗集有《春雨》《绿帘》，小说集有《三弦》《齐云楼》《金龙殿》等，旧体诗集有《梦蝶庵绝句》《卢冀野诗选》等，词集《中兴鼓吹》，散曲集《饮虹乐府九卷》，剧曲有《饮虹五种》《楚凤烈传奇》等，计约三百多万字。此外还有大量译作和论著。1928年前后，卢冀野在家中辟“饮虹簃”藏书楼，自署“饮虹簃主人”。他雇养了刻字匠，自费刊刻了《金陵卢氏饮虹簃丛书》《饮虹簃校刻清人散曲二十种》等散曲总集，《金陵卢氏饮虹簃丛书》包含了元明两代五十多名散曲作家近六十个散曲集子及一部曲韵，十分难得。

卢冀野刻书，逸闻亦传。据共读楼主人陈乃乾《读书识小录》所述，周越然曾购得明刻《词谑》，书口作墨丁，是未刻成时所印，故流传极少。《词谑》是一部很有价值的曲论著作，作者为“嘉靖八才子”之一的李开先。越然得此书，矜为奇秘，不轻示人。陈乃乾屡请借抄，才给了他一份微缩摄影片。第二年卢冀野过访，求借阅，陈乃乾以周越然之意告之，嘱咐不要广为传观。但数月后此书竟由卢冀野校订，而交中华书局出版。乃乾说：“余实不知也。”卢冀野自序云：“共读楼主人允余录副，属谱一套以易南归，江左当不失此约负。”乃乾说那是“主人凭空结撰，读之失笑。惟冀野自借此书后，不复通信，抗战转徙，遂成永别”。乃乾考辨语云：“李开先自刻所著书，不仅此书口皆作墨丁，亦未确定书名。此册分《词谑》《词套》《词乐》《词尾》四篇，亦无书名，若举一篇之名以当全篇总称，此晚近出版界所常有，而古人无是例也。卢冀野虽例名校订，似未细阅，既无暇考索书名，且不知作者姓名，匆遽之情可以想见。”

卢冀野最著名的作品是他在国难当头的抗战时期写的，那是他以笔代枪的《中兴鼓吹》，他自己也曾一度以中兴鼓吹者为别号。战时教育部部长陈立夫为《中兴鼓吹》作序云：“冀野先生所著《中兴鼓吹》见示，翻阅一过，觉其爱国情绪横溢纸上。”1940年5月，郭沫若在《大公报·星期论文》发表的《民族形式商兑》一文中也说：“卢冀野先生的《中兴鼓吹》集里面的好些抗战词，我们读了，同样发生钦佩而受鼓励。”《中兴鼓吹》，曾分赠抗日前线将士，鼓舞士气，起到了为民族复兴鼓吹的好作用。在福建永安城，卢冀野任教的地方，曾建有“中兴鼓吹亭”以志纪念。他是四届国民参政会参政员。卢冀野曾说自己“四参国政，两度天山(两次随于右任赴新疆巡视)”。于右任去新疆时，来过我的故乡张掖，并留有大美诗篇，此不赘述。那么卢冀野，也是来过张掖的。

1949年后，卢冀野奉周恩来之命到过北京，也见过去南京的董必武。作为原中央大学

未作安排的少数人之一,尽管处境未能为之改善,但他手中的笔并没有停下,据蔡先生说,他去世前两三年发表在小报的文章即有八百多篇(每篇四百字左右)。他还与甘南轩一起创作了写太平天国女状元的剧本《傅善祥》(仅写了两场),在上海报纸上连载的长篇小说《齐云楼》,也写于此一时期,他是很勤奋的了。

《李审言二三事》是卢冀野1950年10月30日写的。次年,也就是1951年4月,长期嗜酒的卢冀野因高血压、肾脏病并发症在南京大学医学院(今三牌楼铁路医学院)逝世,年仅46岁。临殁前背负人生重压、寄情翰墨的卢冀野,念及先师,情愫别样,为后世留得内涵厚实的特殊小照。师情依依答书迟。此时,距李审言身归道山已然二十余年。[按:《一士谈荟》,为掌故史料之巨擘徐一士极有名的作品,收文32篇,本为《国闻周报》《逸经》等杂志所写,对臧否人物极为慎重,对研究近代史颇有参考价值]《一士谈荟》中的《李审言文札》分两部分,一为"遗札",一为"遗文",谈及李审言与樊樊山"不相得"的文字,是"遗文"部分两篇中的第一篇,为李审言有名的《书樊云门方伯事》,后来曾在学界广为流布。蔡登山先生据此写出《李审言与樊樊山的文稿风波》,厘清一段公案。蔡先生的文章考辨详确,我引相关的两段以资谈兴:

从李审言的文章观之,在光绪三十四年(1908年)六月樊樊山任江宁布政使,由于李审言的知交缪荃孙(艺风)之推介,李审言把骈文稿交给缪荃孙转给樊樊山,经过月余后,李审言才去拜谒樊樊山。据文章中云:"余见樊山后,樊有诗寄艺风,末句'可有康成腻帢无',盖用《世说·轻诋篇》'着腻颜帢,逐康成车后'。戏艺风即以戏余,遂薄之不往。而索回文稿甚亟,樊弃之,不可得。艺风一再函问,不复。艺风复余书云:'前日方伯谈次,寻大作未获,杂入文书中矣。昨又函催,亦未复也。'余复作书求之,亦未答。"又说:"樊名满天下,后生小子唯樊为趋向。友人官京师,钞示樊山近诗,有'新知喜得潘兰史,旧学当推李审言'语,以是为重。数年后,上海有《当代名人小传》出。其文人一门,有李审言、潘飞声同传,云往樊某有诗,二人因得名。余之得名,非由樊始,海内先达,可以共证。然亦见世上拥樊者多,若以余一穷秀才,樊由庶常吉士官至藩司,一言之誉,足以定评。岂知余素不嗛于樊耶?"李审言说他之得名,何待于樊樊山之吹捧。文中极致不满之意。

香港掌故大家高伯雨晚年说:"六十年我读李审言此文,也认为他的文稿必定为樊山烧掉了,因为樊的老师李慈铭最后那几本日记,为樊山借阅,见其中有骂樊之语,遂不归还,因此1920年商务印书馆影印《越缦堂日记》时,缺最后五册(由光绪十五年至二十年,李逝世止),因有此前例,我对樊山好没收人家的文字有了成见。其实樊山没有毁灭老师的日记,樊死后七八年,他的家人先后把他的遗书出卖,有一次卖书时,其中夹杂了好些文稿,李慈铭的《日记》亦在其中,整批给收买佬买了。后来《日记》流到上海,为汪政权的一个部长陈群买了,藏在他的泽存书库中。中日战争结

束，肃奸人马没收陈群书籍，存入中央图书馆。李的《日记》未为樊所毁，那么李审言的文稿未必遭此厄运，只是下落不明而已。”高文写于1991年，他是看过1989年出版的《李审言文集》，当时是还没有找到这批失落的文稿。之后，是否有“发现”，亦未得知。

至于李审言和史学家陈善馀、写了《蕙风词》的况周颐之间的矛盾，则算是同事侪辈间的罅隙挤兑，在李审言，或许觉得与学生不谈也罢。然而那也是一生中颇为心酸的事。李审言和况周颐同在风雅成性的端方处时，收藏如群玉之府的两江总督端方，让缪荃孙给他鉴定字画，李审言与况周颐则分撰《匋斋藏石记》释文。由于蒯光典向端方推荐李审言，说了况周颐的不好，加上况周颐为人尖刻，就专拣拓本无首尾或漫漶不辨字迹的给李审言作释文题记，借以为难。但李审言对金石学、史籍、小学精研有素，虽花费不少精力，但并没有被难住。然而，李审言的身体和研究精力，却因此而受到重大损害。晚年，他从《匋斋藏石记》中选了160篇，自撰释文集为一卷，并记始末于其上。他万分痛心地说：“余亦目耗精销于此书矣。”当时，两人的关系甚至紧张到了即使宴会也“必避而不相见”的地步。

“遗札”所收的信则有四函，都是写给想要执弟子礼，后来成为著名史学家、方志学家张次溪的。徐一士云：“李氏学术交游，略见于此，其不满桐城派处，可与所作《论桐城派》一文参看。张君重其宿学，虽刻书之请，以力有未逮，未能遽应，而意极眷眷。”那是在1932年，李审言去世的次年写的。不过，李审言之子李稚甫编校的《李审言文集》最终还是在1989年出版了，泉下有知，这也该是卢冀野高兴的事。

卢冀野的曾祖父卢云谷同治十年辛未（1871年）中二甲59名进士，卢家遂成金陵名门旧家。卢云谷后来是翰林院编修，云南学政。致仕回到南京后，主讲尊经书院，旧居膺府街，再后来又移居升州路大板巷，最后是住在了门东剪子巷磊功坊的。据吴梅年谱记述，1934年6月14日，任教中央大学并兼金陵大学课吴梅教授曾为《卢云谷先生文集》作序。卢冀野第一次上课，李审言看到他的名字，询问籍贯后知道他是卢云谷先生的后人，便格外垂爱。李审言于是说了他在尊经书院谒见卢冀野曾祖卢云谷的故事。李审言在《脞语·前言》里曾说：“余少接长老，好问轶事。”当日亲近卢云谷，给他留下的印象是不能忘怀的。以后卢冀野就常去李审言居住的银鱼巷寓所，谈天说地，其乐融融。彼时师生的亲和，令人向往。李审言恨不能将平生所学，一夕间赋予学生。他对卢冀野说过自己一生中最为得意的事：那是1909年5月23日，光宣朝诗坛魁首王闿运被两江总督端方请来，愚园有宴，嘉朋鸿儒，李审言亦复与会。当时在座的，俱江南名士。才如文中子的王闿运，于谈笑间迭相问难。说到六朝诗的时候，王闿运说“（鲍）明远、（谢）元晖已开唐初律体”。王闿运举出谢朓的名句“大江流日夜，客心悲未央”为证，李审言则以谢朓《观朝雨》“朔风吹飞雨，萧条江上来”句为应，湘绮老人大喜，即书小轴赠之。据钱基博《现代中国文学史》

所述，彼时王闿运为书字幅者，尚有他人，但题款时只称李审言为“先生”，“其余或弟或兄，皆儿子辈畜之，未有称先生者。”此事流传甚广，当时的著作中多有称引，如沈其光《瓶粟斋诗话》，就有详细的记述，沈其光说，他和李审言相交的时候，“先生已六十有八矣。自是邮筒往还无虚岁，至谓得仆书如亲戚之謦欬其侧，殆昌黎所谓昌歜之耆，‘未识气先感’耶？”

卢冀野没有问李审言的诗句里引起猜疑的“轻薄子玄犹并世，可怜难返蜀川魂”，并云“那子玄究指何人？此事至今各人看法不同，成一疑案。”考李审言生平，为此诗端方于宣统三年(1911年)十一月被杀，“事闻，审言适于案头骤睹新刻《匋斋藏石记》印本，为赋三绝以哀之。”端方之学，郑孝胥曾评说如是：“岑春煊不学(学问)无术(权术)，张之洞有学无术，袁世凯不学有术，端方有学有术。”端方实近代新学的开拓者之一，在四川“保路运动”中被乱军砍头，传首数万里，诚无可奈何事也。李审言题《匋斋藏石记》诗云：

一

槐影扶疏红纸廊，冶城东畔又沧桑。
摩挲石墨人空老，忆到江南便断肠。
注：红纸廊，南京街名，在朝天宫之东。

二

脱略曾非礼数苛，上官有女妒修蛾。
濮阳金集儒书客，那得扬雄手载多。

三

觥觥含宪出重阍，传命居然奉敕尊。
轻薄子云犹未死，可怜难返蜀鹃魂。

汪国垣《光宣以来诗坛旁记》里说：“惟金蘅意(金鉽)处有审言手稿，‘子玄’作‘子云’‘川’作‘鹃’，与陈衍《近代诗钞》小异。第一首言曩时在南京红纸廊修书之事，今则因府主已逝，不胜存没之感。第二首言已之脱略，非疏于礼数，实以况嫉忌之故，然《藏石记》固多出于已也。第三首言况氏(况周颐)传端命以傲己，今则蜀魂难返，而况氏固腆然尚在人间也。此一段故实，世人间有知之而不能详，遂备记之。”[按：况周颐当清代四大词人之列，有其过人处。但况氏负才，性又乖僻，是“目空一切之况舍人”“况古人”，轻侮同人，不相包容，或又其短也。督府当时裁员，况周颐已在被裁之列。知道的人都说：“活该饿死。”但是端方则不同意：“我亦知夔笙必将饿死，但端方一日在，决不容坐视其饿死。”端方亲自用笔抹去裁员名单中的况周颐，并书打油诗宽慰之，其中有“纵裁裁不到词人”之句，况氏为之感泣。由于况周颐的短毁，端方对李审言是疏远冷淡了的。李审言《分撰〈匋斋藏石记〉释文题记》云：“其后以骄蹇无状败，皆左右唯阿者多，规诲绝少。”不满见诸文字，这固然和端方的轻慢有关，但端方权重位高，巧取豪夺，亦不免也。端方被杀后，李审言《悲涇阳为前江督端尚书作》诗曾云：“泰山鹅毛自轻重，惜君此死太无名”，“昔为人羡今人怜，纷纷过眼如云烟”。诗并以权奸贾似道、王涯方比端方收取碑版善本中的行径，李审言自以为可当得“异日诗史”。

善馀，是经史大师陈庆年的字。陈善馀自号石城乡人，后改横山乡人。江苏丹徒人。光绪二十九年(1903年)得端方保荐，任内阁中书。后辅佐张之洞，管理两湖学务。创办了江南图书馆，以缪荃孙为江南图书馆总办，他为坐办。该馆于1910年开放阅览。后改名为江苏省立图书馆。个人藏书处名“横山草堂”，藏书逾万册。李审言和陈庆年的过节也发生在两人同为端方幕友时。据1936年10月31日《江苏研究》第九、十期合刊上的《关于李审言》一文称，陈妒忌李的捷进，就设法挤兑，说李审言不过是一位名士，不是学人。李审言听到后刺激很大，说：“名士合璧何害？”他甚至专门写了一篇文章，题为《名士说义》，进行自我辩解。该文作者陆氏说：“简言自诠，无改本常，而人却以兀傲目之，因而见嫉愈深。”卢冀野没有听到老师念叨这些陈年旧事，但他说到了这些事，这表明，这是当时士林传言中有过的旧闻。被厄于况周颐和陈善馀，是李审言一生之痛]

李审言是桐城派的总清算者，名篇《论桐城派》写出后，他对桐城派的批判一直坚持不懈。故而授课过程中自然也要陈述自己的观点。卢冀野在李审言离开后，又听了深得姚鼐家法，造诣醇厚的桐城派后期大师姚永朴的课，觉得也大有可观，自然千秋，不敢贸然评判谁是谁非。

卢冀野说“先生有一封辞聘的信，被我收藏的，不幸毁于丁丑之劫”。李审言的辞聘有：辛亥革命前辞去只教授了一学期的安徽存古学堂教职回到江苏，此次辞职，存古学堂为挽留他竟然扣留了他的数箱书不给，到后来见诸报端索赔，李审言给友人处的信函自然不少。另一次辞职是1927年夏，李审言辞去东南大学教授一职，返回故乡。这次辞职，李审言也多次在致友人信中述及。卢冀野收藏的是哪一封，现在已不可考。

要之，卢冀野《李审言二三事》虽笺笺小幅，仅四百余字，却关涉乃师一生，大要关节，网罗其中，洵大家气象，如椽笔墨。“每日上课，由稚甫扶上讲堂，定焚起一炉香来，且谈且喘，这情景还如昨日，不觉已是二十五六年前的事了。”此情此景，便是今日读来，也还历历在目。先生后人倘若读到，必当馨香。

2011年2月14日脱稿。是日正月十二，元宵未到，仍在春节中。西方情人节已至。旭日初升中，口占一诗纪实：补怛亦我家，新绿映窗纱。妻云春信早，芷兰已着花。[按：太虚师云：清净为心皆补怛(普陀)，慈悲济物即观音]

俞平伯:神仙眷属琴瑟和

翻阅许宏泉兄签赠的《管领风骚三百年》至卷末,忽看到俞平伯题写的“来许亭”白底匾额了,来许亭三字,楷书,填以黑漆,气息古雅,一派清新。

思绪飘向去年夏秋之交的烟雨楼。那天下着雨,烟雨楼上雨如烟,范笑我陪我和陈克希、袁继宏,泛舟南湖,登烟雨楼一游。有意思的,是许宏泉去烟雨楼,见来许亭,也是范笑我作陪的。同地不同时,心思或者相异,景致理应未变。吴藕汀写烟雨楼写不完,范笑我带友人游烟雨楼,也游不尽,一样地,读书人对来许亭,对俞平伯,也谈不尽。说起来,烟雨楼和百姓民生连在一起,最值得看的名胜,还就是来许亭。那亭子,是为在嘉兴做了18年知府的许瑶光建的。

烟雨楼最值得记忆的人,是许瑶光。做官的人,做到许瑶光这样的份上,也就“岂其庶几乎”了。许瑶光是太平天国之乱后嘉兴的第一任知府。他在嘉兴广施仁政,兴利除弊,救人无算,嘉兴百姓对他感戴之至,走前留恋,走后盼来。同治十二年(1873年),嘉兴士绅在烟雨楼西北建一亭子,于许离嘉兴前在湖心岛设宴为其饯行,并将亭子取名为“来许亭”,意为希望许瑶光再来嘉兴。那年夏,许进京赴朝廷述职后,果然应了嘉兴士绅们“来许”的口订之约,仍回嘉兴续任知府。清朝的知府三年一任,许瑶光在嘉兴连任了18年知府,为官务实平易近人,又做了那么多好事,在当时被誉为少有的好官。这来许亭,意义别样。亭柱对联说:

因竹为亭春荫在地;
以兰作室静气可人。

没有说光荣正确,但丰神之俊、气象之正,却跃然可见。

许瑶光还延请画师作了“嘉禾八景图”,并立碑传世。有意思的是,这八景对农工商经济都有反映,不似别处弄景,只为风花雪月。又据说,许瑶光还参与过“杨乃武与小白菜”一案的复审。与其他官员不同的是,许在审讯中没有用刑,杨得以“尽翻前供”。

来许亭南北两面挂着两块匾,其中一块是俞平伯写的。据说,1983年修葺烟雨楼和来许亭的时候,地方上请写过《书带集》的园林专家陈从周题匾,陈从周则建议用俞平伯的字,还很主动地说,自己愿意代求。俞平伯自然是答应了。他在写给陈从周的信中调侃道:“从周兄:……屡承揄扬,俾鸦涂留迹湖山,诚为荣幸,其姓氏与内子偶合,尤触感怀,

他日将为鸳鸯湖上添一谈资矣。唯近眼昏手劣，笔墨疏懒，如勿多加招徕，更为铭感，当蒙鉴谅也。”此亦南湖一段佳话也。俞平伯、许宝驯伉俪，人说是20世纪最后一对旧式婚姻中的才子佳人。来许，便也有说他家事的意味，那么“来许亭”匾额的书写，实在说，也是有趣的事。

以俞平伯、许宝驯琴瑟和鸣、神仙眷属的生活，于山水名胜间有一个纪念性的亭子，确实是为山河增色的事。他们的修养抱负，于山河大地，是第一等的。

俞平伯夫人许宝驯(昆曲圈以字行，称许莹环)，是俞平伯生母许之仙的娘家侄女，幼小随任高丽国仁川领事的父亲许引之(字汲侯)前往高丽国，是名副其实的大家闺秀。回国后，许家在苏州安家，许宝驯时常到俞家与俞平伯姐弟玩耍，与俞平伯姐姐一起学琴，俞平伯与许宝驯可谓青梅竹马。俞平伯诗记其事云：“少小挑芯夜读书，闻来外姊辍伊唔。”二人于1917年在北京东华门箭杆胡同结婚，俞平伯时年18，许宝驯长他4岁。出身名门的许宝驯琴棋书画中除棋以外都非常精通，尤擅长昆曲。俞平伯曾说当时的场景：“易代之际，礼俗未定，余结婚时戴红绒缨帽，插金花，衣彩绣袍，盖舅氏意也。”他是在北大念过书的，北京大学教授黄侃及同班同学许德珩、傅斯年、杨振声等皆来致贺。

俞平伯、许宝驯新婚时，父亲从天津送女儿到北京，小脚的许宝驯由9岁的弟弟陪同。当时北京火车站内有手推独轮小车，许宝驯和弟弟分坐两边，就像载货物那样，吱吱作响，又颠又颤，他们出了车站后，即换乘马车，来到临时寓所。

许家人都和昆曲有缘。俞平伯的岳父许引之是名副其实的业余昆曲家，妻子的姐弟也喜爱昆曲。许宝驯嗓音特别好，唱起昆曲来字正腔圆，她还能为昆曲填词谱曲。许宝驯能唱整出的昆曲戏。在夫人的熏陶下，俞平伯也爱上了昆曲，他的歌喉虽不是很亮，但拍曲的功夫日益老练。据《燕郊集》日记所说，1933年，农历十月一日，许宝驯唱《折柳》，吹笛的是俞振飞。俞振飞是音谷曲社的组织者，是昆曲一代宗匠。后来曾是北方昆曲剧院院长的昆曲名家韩世昌说，音谷社的演唱以“俞平伯、许莹环夫妇的《情勾》《游殿》为最精彩”。韩世昌何许人也？《京报》创办者、五四运动的实际发起人邵飘萍殉难后，杀气密布，其家属、新闻界的同行都不敢出面为他收尸、下葬，昆曲名角韩世昌却拿出大洋两百元，拜托师傅侯瑞春出面为飘萍收尸，被誉为“义伶”。大师义薄云天、亲葬一代报人邵飘萍的故事不仅值得报业史永久记诵，中华戏曲史也不可忘记。俞、韩都非寻常人物，那么俞平伯夫妇的昆曲造诣，可称不凡。

1920年至1924年之间，俞平伯和既是舅父也是岳父的许引之共住在杭州孤山的俞楼——他的曾祖俞樾(号曲园)当年在杭州讲学的“诂经精舍”。当时雷峰塔正好倒掉了，满腹学问的许引之，带着女婿俞平伯，天天去雷峰塔一带收罗塔砖经传，然后整理归类，制作拓片，修补毁损的经卷。志趣相投的翁婿二人，忙得不亦乐乎。居家的许宝驯，和亲人在一起，过着适意温馨的日子，其身影留驻在俞平伯的心里，也在俞平伯的诗里。

据说，当时俞平伯有两次出国的机会，却都没有走开。推测原因，自然是温柔乡里的日子太惬意了。再加一个，就是他曾祖曲园老人的春在堂，那是他牵着曾祖父于1902年留了影的地方，这里浸透着的中国文化，引力太大了，那是让俞平伯奉献了毕生，都无法割舍的。75年后的1987年，88岁的俞平伯也携曾孙俞丙然在北京三里河寓中留影，一如当年的俞曲园与俞平伯。《俞平伯全集》的编者在编书的时候也匠心独具地把这两帧照片放在第一卷的同一张页面上，一黑白一彩色，历史感十足。

许宝驯缠足，很少抛头露面，据说，平时有客人到家里来，也是在帘子后面。这是婚后不久的情形。《俞平伯全集》第二卷里收有1934年他们全家在清华园寓所，也就是秋荔亭的照片，12岁的儿子润民跨坐在家具上，暖阁里的俞平伯袖手盘坐在床上，看着儿子。清雅秀丽的许宝驯着旗袍亭亭玉立，在书桌前凭窗眺望。第九卷里收有1937年俞平伯夫妇陪父母游青岛时的一帧合影，长者凭栏，俞平伯扶杖坐着，许宝驯站在一旁，那年，已是42岁的她，看上去也就三十左近。

1925年，俞平伯手写影印线装的《忆》出版了，要说，也该是才子佳人生活的诗意记录。这是他的第三部新诗集。36首新诗，都是写给爱人的。一边是他的手迹，一边是丰子恺的漫画，仅仅看书影（书内所载照片），就有美不胜收的感觉。还说全集第一卷里的书影吧，一边是他的诗，一边是爱人着流苏帽的倩影。诗曰：

有一天，黄昏时，
戴流苏帽的她来我家。

又有一天黄昏的时候，
她却带来新嫁娘的面纱来了。

是她吧？是的。——
只是我怎不相信呢？

红烛下靓妆的她明明和我傍着，
这更使我时时忆那戴流苏帽儿的。
她亦该忆着吧，——
或者妒而惆怅吧。

我总时时被驱迫着去追忆那戴流苏帽儿的。

青梅竹马的情愫与新婚燕尔的幸福，都在诗里了。后来，他曾多次提到过这帧照片。其实俞平伯一生，诗作中有一半多的篇幅，都和夫人有关。

1970年，71岁的俞平伯带着夫人到河南东岳集接受改造已经是第二年，无休止的“罪

行”交代，更衬托了患难夫妻情爱的珍贵。元宵节，他口占《新正》诗三首以赠夫人，回忆了他们缔结良缘、相互扶持的爱情生活：“如同再世为夫妇，一忆迢迢六十年。”他还用了宋玉《神女赋》里的句子来称颂着许宝驯：“秀兰香里亭亭立，楚艳庄妹非漫传。”美丽可以想象，艰难无足言说。在俞平伯诗词里，“赠内子”是一个恒久弥新的题材，写之不尽，越写越好。

1977年，为纪念结婚60周年，俞平伯写下了因事寓情的长诗《重圆花烛歌》。写之不足，他还和叶圣陶频繁通信，反复讨论修改之，叶老称“如急拍乒乓，亦复多趣”。关于这首诗，叶圣陶后来为《俞平伯旧体诗钞》一书写序时说，那诗“注入了毕生的情感。他数次修改都给我看，嘱我提意见。我也提了一些，有承蒙他采纳的”。这是俞平伯用生命写出的代表作：

重圆花烛歌并序

前丁巳秋，妻许来归于时，两家椿萱并茂，雁行齐整。余将弱岁，君亦韶年，阅识海桑，皆成皓首。光阴易过，甲子再臻，重来京国，倏又七年。爰永俚言，因事寓情焉尔。

一九七七年十月廿八日。

白首相看怜蓬鬓，邛距相扶共衰病。嬿婉同心六十年，重圆花烛新家乘。
苍狗白衣云影迁，悲欢离合幻尘缘。寂寥情味堪娱老，又见当窗秋月圆。
我生之初前庚子，君以娇雏随舅氏。锋刃丛中脱命来，柔荑掬饮黄泥水。
归来南国尚承平，吴苑莺花梦不惊。泛宅乘槎东海去，骇逢秦楚大交兵。
还日儿童都长大，三年流水光阴快。花好月圆胜曲园，青梅竹马嬉游在。
弱第萦情识面初，外家芝玉近庭除。高丽匣子珊瑚色，小蜡溶成五彩珠。
知音好在垂髫际，学抚弦徽从两姊。小院琴声佳客来，青荧照读灯花喜。
无何一去又天涯，北树南云望眼遮。十载匆匆削帝制，者回迎到璧人车。
新开鸳社辉红烛，撒帐交杯遵旧俗。谁家冠服别心裁，师友观之皆眩目。
三朝厨下作羹汤，先例迢迢说李唐。婉娩新人惟肃拜，红氍毹展见尊章。
好似金笼怜翡翠，其时海内兵戈屡。钜星光芒亘西天，社会主义初胜利。
羹沸蜩螗事几多，无愁沤鹭待如何。蓬莱水浅麻姑笑，绝倒田间春梦婆。
执手分携南又北，两返重洋颜色恧，赢得归来梦里游，湖烟湖水曾相识。
清华水木辟尘嚣，讲舍云连多俊髦。九转货郎谷音集，一天烽火卢沟桥。
奈何家国衰兴里，兀自关心全一己。莱妇偕承定省欢，朔风劲草良朋意。
箕裘堂构尽虚传，旧业园林散夕烟。记否围城厮抱影，回廊篝火驻军年。
童心涉世焉知淑，何限风波经往复。漫与彼相蓦危岑，误得而翁怜比玉。
丽谯门巷溯前朝，五十余年一梦遥。此后甄尘不回首，一肩行李出燕郊。
燕郊南望楚申息，千里宵征欣比翼。罗山苞信稍徘徊，一载勾留东岳集。

小住农家亦夙因，耕田凿井由先民。何期葺芷缭衡想，化作茅檐土壁真。
村间风气多淳朴，旷野人稀行客独。行来渐近客知家，冉冉西塘映萝屋。
忽忆居停小学时，云移月影过寒枝。荆扉半启遥遥见，见得青灯小坐姿。
负戴相依晨夕新，双鱼涸辙自温存。烧柴汲水寻常事，都付秋窗共讨论。
君言老圃秋容瘦，我道金英宜耐久。酒中一曲凤将雏，孙曾同庆佳辰又。
晚节平安世运昌，重瞻天阙胜年芳。为君再赋催妆句，退笔拈来字几行。

是年十二月廿二日冬至书于北京西郊寓次。

一九七八年二月四日交戊午春以呈。

情深意长，非寻常之作可以比拟。人家说，笔底质朴干净如儿歌，艳到浓时竟又流露出小仓山随园里淡淡几波烟水气。人生情味，至此为极致。

张中行是俞平伯的学生，他毫不掩饰地表达了对老师俞平伯的歆慕：诗书世家之后，曾祖俞樾为一代硕儒，父亲俞陛云为前清探花，老早就定下个大家闺秀成亲，最难得同声同气，唱曲吹笛，填词谱曲，神仙眷侣一甲子。当真是夫唱妇随，谁人不羡呢？

俞平伯的《重圆花烛歌》在亲友中引起很深的感触。许宝驯、周颖南都撰写了文章。直到1989年，为庆祝俞平伯九十华诞，周颖南还在新加坡影印了《重圆花烛歌》非卖品16开本纪念册。大家对《重圆花烛歌》的唱和，是这对伉俪凤凰于飞、和鸣铿锵的祝福。1980年10月，施蛰存写出的《贺俞平伯先生暨德配许夫人重圆花烛诗》并跋，可算得亲友间反响的一个代表作：

海外飞来绝妙辞。发封虔诵愧支离。师门双庆圆花烛。落魄鲰生总未知。
主人情重征题咏。鼓吹词林寿梁孟。三年鸳牒既添筹。一言均赋欣从命。
犹忆青云侍讲筵。曲园诗学有薪传。周南卷耳标新义。缉芷缭衡薄郑笺。
倚声颇许老白石。酒祓花销数高格。邯郸学步惜红衣。谬赏眉岑隐离碧。
五噫赋罢来海陬。鹿车聊作赁舂游。谢帷绛帐谐琴瑟。宝山路上寄俞楼。
我昔登楼事亲炙。月晦灯停难为客。高烧华烛照红妆。许我清言共瑶夕。
龙战玄黄兵气舒。黉宫人散杏坛虚。凤笙长引归京国。从此师徒异走趋。
沧桑几度更朝市。转绿回黄困流徙。遥瞻日下是长安。问道何曾申一纸。
颇闻生计足婆娑。秋月春花雅事多。度曲堂开汤玉茗。参禅人诣病维摩。
山东小儿妄讥讽。入主出奴肆搬弄。太清尘秽朝野喧。古槐梦遇红楼梦。
岂知儒道日凌迟。左建商君法外奇。孔门自古多能事。汉水荆山共夷旷。
燕燕归来鬓已霜。云开喜见日重光。丝萝无恙芝兰秀。凤烛双辉六甲觞。
头白门生昧法纪。世人欲杀幸不死。当年謦欬未全忘。拟托赪鳞耐而止。
谢公墨妙染霞笺。传与师门韵史篇。三中劫尽人间世。难觅童心五十年。
俚歌仓卒无文藻。感旧维新述襟抱。寄去京华寿一卮。春在堂中春不老。

一九二四年，余肄业上海大学，在青云路。平伯先生来主讲席，尝为文解《周南卷耳》。余亦撰文进一解，先生以为可。为发表于文学旬刊。先生文题曰《葺芷缭衡室札记》，拙文题曰《苹华室诗见》。先生又尝讲词，甚推白石道人。余作《惜红衣/用白石韵》一阕，以就正于先生。有"眉岑隐离碧"语，先生以为佳，施密圈焉。又先生与夫人时寓宝山路。余尝一夕登楼奉谒，会电灯失明，先生遽入市购红烛归。即烛光下谈艺论文，迄二鼓而退。尔后先生北归，学官不久亦解散，从此未获一面。此诗中所述本事也。施舍记。

在结婚纪念日，或家人美好的时候，赋诗作纪念，早已经成为俞平伯生命的常课。以1970年为例，迁居河南的俞平伯，从元宵"新正"开始，就有诗赠夫人，5月，他写出"赠内子"诗，表达对同甘共苦、相濡以沫的老妻的感激之情。10月15日，农历九月十六日，是他们成婚53周年纪念日，他写出《此日》诗二首，有序称："自京来豫，瞬息一年，四迁其居，颇历艰屯。然以积咎负累之身，犹获宁居无恙，同心鸳耦昕夕相依，人生实难，岂易得哉。""今遇斯辰，九秋圆月仿佛从前，辄发狂言以回倩盼。"歌颂了夫人的功劳。

许宝驯画画得不错，字也写得好。俞平伯的影印出版的《古槐书屋词》，书写就出于其手。简直可以说，没有许宝驯1979年搜寻重抄后的珍惜，就不可能有完整的俞平伯诗词。实际上，俞平伯的诗词得以保存下来，最重要的原因之一，还就是夫人的誊抄和保护。

许宝驯1982年逝世，当时俞平伯万念俱灰。百日之内，哀至即书，写下了"既不娱人，亦不悦己"的《半帷呻吟》，计收诗词20首，文两篇。据《七夕残宵纪闻》所述，俞平伯偶闻音声，恍若平生。结想成痴，感应斯应。"不得已仍为持弥陀六字洪名，亦伊生前所信念者"。要知道，俞平伯是以不念佛为标榜的，他能这样，除了说明对妻子的追怀之外，只能算是宿因了。

《妻许小传稿》则详细叙述了许宝驯的一生：

许宝驯（1895—1982），浙江杭县人。字长环，晚号耐圃。父引之，母程时嘉。清光绪乙未六月生于北京。六岁时避庚子之乱到苏州。随父之高丽仁川领事任。值日俄之战返国。辛亥前后家住天津。一九一七丁巳年九月十六日在北京与德清俞平伯结婚，以后居北京六十载。后丁巳重圆花烛平伯纪之以诗。

性喜文艺，届音律，能诗词书画，所做不多。在家时从其叔父初学昆曲。后渐深造有会，能自制谱。于三十年代初，偕清华大学师生结音谷曲社。一九五六年又偕同好在京结昆曲研习社，阅时八载。为其弟许宝驹《文成公主传奇》制谱。首折曰《远行》。唐宋词调久亡，后传之谱皆依曲为之，而节拍简短，声情未畅。今改用习唱之昆腔调法作谱。有如《沁园春》《卜算子》《鹧鸪天》等。羌无师承，而音节缠绵，动人惆怅，盖自制也。

一九六九年冬偕夫下放河南五七干校，黾勉四迁，不辞劳瘁。于息县东岳集田居

经岁。七一年迁京。

一九七九年为平伯手抄《古槐书屋词》二卷。影印行世。八二年壬戌正月十四日卒于北京,年八十有八,女二子一。

此外,则尚有《壬戌两月日记》(1982年2月6日—1982年4月7日),详记其艰难的日子。跋云,当时俞平伯"惊慌失措,欲哭无泪,形同木立"。"六十四年夫妻付之南柯一梦,畴昔称'古槐书屋'者,非即'槐安国'欤?"平常在家,俞平伯是不写日记的。过去,俞平伯出远门,都有日记,为的是回来后给夫人看,若初婚时。这次的日记,给谁看呢?悼亡词《玉楼春》云:"家居镇日浑无那,乌兔催人驴赶磨。朦胧闻说午时餐,吃罢归房重偃卧。梦中有梦焉知可,疑幻疑真谁是我。善忘应已遣悲哀,不意无端双泪堕。"

俞平伯全集中失收的《题吴研因〈凤吹〉》诗云:"愿与苍生共忧乐,何妨一往自情深。"借此而说俞平伯情事,也颇恰切。平伯家事,已是上世纪的文坛佳话,而世纪仙侣的情怀,亦人世间至可珍爱者。

1990年10月15日,91岁的俞平伯在北京溘然长逝。

俞平伯曾祖俞樾做过一件有趣的事。那件事原是要留待他断气的时候做的,断气的时候自然就说不出话了,于是他写好了一封信,题"末日启封",略云:"子孙有显达者,务必将吾全书重刻一版,以传于世,并将坚洁之纸印十数部,游宦所至,遇有名山胜境,凿石而纳之其中,题其外曰'曲园全书藏',庶数百年后有好古者,发而出之,俾吾书不泯于世。"当然,老人是及身而办,自己印好了书。

经历了浩劫的俞平伯是天下知名了,但要说显贵,自然还不能算。不过十卷本的《俞平伯全集》却在1997年印了2 000套,此时距俞平伯辞世,已是7年。偏远如我的书斋里,也藏了一套,说起来,社会还是进步多了。

2011年3月20日午后定稿。

林公武:乾坤胸襟自怡情

2006年1月4日,收得《书林清话文库》丛书之《夜读斋读书录》。作者林公武,河北教育出版社2005年版。当日挥笔,漫题“人间重宝,贺岁新书”。

自此不时翻检,多有所获。最大的,是对我读书,于我人生的相助。公武先生的父亲林琴秋公本来就是藏读通家,书法精妙,气象宽博,王世襄先生2003年曾为题签,耆宿多有咏叹,八闽大家赵玉林诗颂:“藏书万卷知风概,信笔由来见性真。”所可惜者,林家藏书在国难时寄存于亲戚家,后遭遗失,其苦可比丙丁之厄。琴秋公殁于1985年,世寿74岁。我73岁的老祖母也在那个时候去世,怅然间注目字行,温情袭人。

林公武先生是顾老廷龙、王老元化照拂过的学问家,他所藏的精刻《钟鼎字源》钤印“花阴满庭”“月色横空”,朱红印色的鲜艳,亦可用来方比手上的佳册:稀有难逢,字字珠玑。与之相照应的夜趣斋横额,是潘主兰写的,是谢稚柳写的,顾廷龙写的是“静乐楼”,源合欧阳文忠读书静中乐句。法脉历历,真实不虚。

说来好笑,风檐展读的那些冬日,我竟然在册页间涂鸦了如许文字:修养得似松雪,深广仿若孙犁,博雅可比徐雁。现在看来,委实浪漫天真。然而先生书,实我进步之阶也。先生述95岁的顾老西去哀情时说:“顾老写篆书极严谨,凡大篆所无,就借用《说文解字》小篆,以大篆字形书之,书写中不随便写人们不懂的字。”地偏路远缘悭如我者,何得而不以为现身说法乎?孙诒让说师今人不若师古人,原因是四部典籍俱在,善学者自能得师。那是博览群书的人,后来著作等身,学术上超越前人,除了父辈的影响外,主要是靠自己的专攻。自学也成才,但真师难遇,何妨以书为师。在《夜趣斋读书录》的观照下,我的读书,日渐精进。书于我,亦可算刻骨铭心,难以忘怀了。比如说好学立本,知足常乐,“无论何时,或困苦,或欢乐,或逆境,或顺境,常年读书,一以贯之……吾所好,广而全;吾所求,博而精。读书不厌,以书为师,自悟自得。”大可欣喜的,是先生关于读书的话,深为我之药石:古人黄金散尽为收书之言,说两种情况,一为读书做学问,一为藏书成嗜好,“我置书属前者。”金玉良言,何可轻看,勒而为铭,置之座右,自有释氏木鱼惊醒之效用。善本佳册固然好,可我只能从国家图书馆特藏展览中欣赏。以用为主的林公武收书观,便“深得我心”,成为我的精神支柱。购藏数万册,四壁皆书的林公武,从少年时即以“多读书积累文化知识,提高文化修养,为社会服务”为生命要务,白天上班,“读书于夜,

临池于夜，撰文于夜。”趣惟“三夜”，治学于夜，学成于夜，精思多在夜中，奉董遇“冬者岁之余，夜者日之余，阴雨者时之余”雅言，夜深拥书，过“夜趣斋”特有的笔耕生活。“黑夜给了我一双黑色的眼睛，我却用它去寻找光明”，书不停地读，笔不停地挥，生命不停地前进，一步步攀上艺术的高峰。以先生为榜样，是我读先生书形成的一个愿景。

“天地与我同在，书共乾坤长寿”，说的都是书，字字生根，句句有物，真的在书里见识了“惟陈言之务去”的风神。“上周于书市得顾廷龙先生所编著之《汉书选》，已惊奇万状。谓乃天赐美意，非人所能然。今又得久寻之《通志略》，为中华书局民国印行之袖珍本……虽残亦可一阅，足供雅玩。书与我有真缘，宇宙之大，均在指掌之中。凡诚心者，一切皆可顺心。焚香诵披，乃人生至乐、至快佳事；静坐读书，古人谓之有福，方可入高人雅士，至圣哲儒家。”服膺吾家丕烈公的士礼居题跋，以为那是天地间第一等读书文字，后继难能，读到《夜趣斋读书录》，有大愉悦产生，以为当世亦有高人，不输古人。“二十多年为有一本《金文编》，寝食坐卧，雨夕风晨，均心思夜梦，其心之苦，其欲之烈，难以言状。今竟得之，欣喜之态，犹如陆游言读书时，‘得其奇怪，则脱帽大叫，如鱼龙之陈前，袅庐之方胜也’。”先生题顾颉刚、顾廷龙辑《尚书文字合编》云：“余真乃大幸，当努力治学，以老人为楷模，方不负所望。”真读书人，当以先生为楷模，方不枉来世间走一遭。

先生书啊，是书人生活中的乐园，思想中的明灯，是读书支柱，是敬业主线。林公武收得八闽清朝头名状元林鸿年藏书的时候，“常于夜晚、节日展卷披读，欣然怡情，自有乾坤胸襟，透视人间百态。此亦所谓‘五湖之烟月尽入寸衷，千古之英雄尽归掌握’。”他说状元遗珍籍，世间添书香。漫卷香透的《夜趣斋读书录》，浸染了多少洞天福地的春风。

两天前，先生为寒斋所书“弱水轩”颜额飘落书案，展卷欣欣，欢喜踊跃，三生有幸，得此墨宝。先生得顾廷龙公赠《艺风藏书记》时所有的喜悦，我知之矣。

2010年10月26日雪后写毕。

韦力文字福琅嬛

传友兄真是神通广大，愣是让书界大家陪着他玩，这不，韦力写琅嬛墨痕专栏，一下子就写出了五篇，以飨读书人眼球，使之连声叫好。日前和一位友人聊天，感叹时风不古之余说起这事，友人啧啧称羡，以为能看到这些文字，真是颇有眼福。

对于韦力，报纸上已有介绍，说他是中国藏书第一人，著作等身，这里不再饶舌。就说事吧。

2008年，国图举行“国家珍贵古籍特展”，四百件展品来自国家级古籍重点保护单位和图书馆，仅有一部来自民间，即韦力的藏品，那是辽刻本《观弥勒菩萨上生兜率天经疏》。《辽藏》是卷帙浩大的辽代大藏经契丹藏经版本，为佛藏之最上乘者。辽刻实物，向不得见，宋沈括《梦溪笔谈》上说：“契丹书禁甚严，传入中国者法皆死”。因此辽刻本长期隐秘不传，在中国印刷史上成一空白点。“文革”破四旧，红卫兵在山西应县木塔打碎一尊佛像，从佛像腹中发现许多经卷。红卫兵们不假思索就将它们烧掉了，但其中一个红卫兵偷偷藏起来一卷，就是《观弥勒菩萨上生兜率天经疏》。1974年，应县木塔进行维修，又有18件辽藏从另一尊佛像腹内发现，国家博物馆收藏了这些经卷。而当年被“红卫兵”藏起的那卷再没露面。多年后，那个“红卫兵”迫于生计把经卷拿出来卖，几经辗转，于1994年被韦力以30万元买下，成为韦力收藏中的得意之作。

上世纪90年代后期，韦力曾经用五年时间走遍了大江南北所有古书中曾有记载过的藏书楼。虽然结果让他失望，但刨根问底式的研究与挖掘，却让他的胸臆厚重得不能再厚重。他在写所收阮元六言隶书字对联“采南皮之高韵，诵先人之清芬”的专栏文章里，记录了那一份独特。因为寻找藏书楼，扬州就成了韦力的必访之地，而阮元当日藏书读书的文选楼，更是他心仪的地方。可惜，韦力只寻访到了阮元故居和家祠所在地，他看见了毓贤街上墙上镶嵌的石碑：太傅文达阮公家庙。故居只有一亩大，仅能在房檐处依稀窥见当年庙宇的影子。不过，他遇着了阮元第八代孙的儿媳，那妇人指着门窗上的雕花板，说都是当年阮公旧物。他从拍卖行取回阮元对联拍品的当日，正是午间饿着的时候，从拍卖公司楼上下来，见路边有卖烧饼的，就买了两个。饼家以油纸袋裹烧饼的瞬间，韦力记起了阮元和烧饼的故事，禁不住笑了。《清稗类钞》里记载了的，说精于收藏钟鼎彝器及碑刻版本的阮元在学海堂宴请自己的学生，所用器具都是三代鼎彝尊罍之类，

奢华之至。学生中的捣蛋鬼知道阮元痴迷钟鼎铭文，一次在旅馆中买烧饼充饥，看见烧饼的一面斑驳之样，像极了钟鼎铭文，灵感突发，就用纸拓后寄给恩师阮元，扯谎说在一家古董店里看见了一个古鼎，惜囊中羞涩，也不知此器为何代古物，惟将铭文拓出，寄请阮师考订，以鉴真伪。阮元见信，大喜过望，当即邀来当地名士，鉴赏考定。大家百般猜度，各持己见。最后，阮元指着《宣和图谱》中的某鼎说，学生寄来的定是此物拓片，盖因其拓文与鼎上某字某字相合，只不过因拓手技术未精，故有漫漶云云。后来他的学生听到了，大笑不止。韦力说他写文章的时候，想起那时"腹有烧饼充饥，怀有阮公旧物，脑海中有阮公痴迷铭文，人间之大满足，莫过于是"。

你看，韦力以丰厚的学养进行了收藏和读写，得来的是快乐感和幸福感。时下拜金，人心浮躁，腰缠万贯未必云福，而韦力写读书人藏书人和他们的图书收藏，却给我们传达出十足的文化意蕴，实在是读者之福，不可轻看。

据韦力自述，少年时期的他就曾嗜书，惜乎银子太少。为了解决困难，他下海经商。他成功了。既经商，也买书，这个情形和他文章中写过的李宗翰状况相类。他说李氏先人李宜民少年失怙，几乎无钱安葬父亲，但文人天性，成为巨富的李宜民还是寄望儿孙能够光耀门楣，遂请来诸名师课馆，李氏子弟也不负所望，俊彦代承，多有所成。李宗瀚之父李秉礼是李宜民的次子，他以读书为乐，曾有诗云："平生无所嗜，所嗜拥书坐，朝览犹未足，夜复就灯火。"李宗瀚深受父亲影响，淡泊名利，性喜聚书藏帖，《清史稿》说他"孝谨恬退，中岁以养亲居林下十年，书法尤为世重"。一个爱好成就一生事业，这事业又足以传世，有多么好。韦力收藏着李宗翰的一幅立轴，文字为："幼怀贞敏，早悟三空之心；长契神情，先苞四忍之行。松风水月，未是比其清华；仙露明珠，讵能方其朗润。故以智通无累，神测未形。超六尘而迥出，只千古而无对。戊申春仲临圣教。"为什么收下这幅字轴？原因在于李宗瀚既为大书法家，也是著名的藏书大家。韦力多年来收藏书家墨迹不断，全因为爱书之深。与书相关的一切，韦力都喜欢，他说那是极快乐的事，那满纸气韵，俊朗生姿。我们在读韦力文章的时候一睹为快，也算是沾上了前人的福惠，这是要深深感谢韦力的。

2010年初冬，韦力以两万元的价格拍得了杨守敬76岁时所书的七言楷书字对"流风迴雪落花依草，空谷传声古镜照神"，博古斋20世纪50年代制式装池，风韵别致。杨守敬书法"睥睨一世，高居上座"，当时就风靡海内外。流传一百年后，透过韦力文字一见，可谓有福。杨守敬是发愤练过书法的人，行、隶、草、篆样样精湛，还写过书法著作《楷法溯源》《评碑记》《评帖记》《学书迩言》，震惊东瀛，荡气回肠，作了"日本现代书法之父"。韦力所得，自然是杨老的佳制，宝爱之余，爬梳剔抉出一段鲜为人知的历史公案。原来，老人写信给梁启超，欲刊刻毕生心血所系的巨著《水经注疏》，不意竟引动大总统袁世凯，袁颂其书为"教师之圭臬、地舆之指南"，并通过黎元洪邀其出山。韦力以自己的努力瞩

意国史，拳拳之心，洋溢于字里行间，真奇文也。

韦力对自己藏书的未来有着清醒的认识，他说所得的书，早晚会离我而去，“自己享受这个过程就足可以了，自己曾经得到了、欣赏了，它随之而去了，会交给下一任藏家继续流传书的故事，我很高兴。”“因为跟公藏打交道多年，我能知道公藏之后就不能再回放到世面流通，所以我不想捐公藏，也不建私人图书馆，而是卖散，让其他藏书家分享我当年藏书的快乐。我死了后，书卖多少钱跟我无关，但我希望这个钱建成一个藏书基金会，用这笔钱奖励一些今后对藏书有贡献的人，研究上能有成果的人。因为我知道，遇到好书没有钱买的时候，我的痛苦。我希望尽我之力，能够让今后的藏家得到些许的赞助，得到自己心爱的书，这是我对我个人对未来的看法。”这些话正确与否，大家会见仁见智，但对于爱书藏书人来说，那也会是有意思的话题吧。

追随溥仪的“遗老”，溥仪赐其以人臣极美“文忠”谥号的陈宝琛，也有内容是《文心雕龙》节录的书法条屏四帧为韦力所得，那是不咏兴亡咏落花的87岁老翁最后的心音。尽管笔锋冷峻遒劲，上溯二王，下取宋意，瑟瑟中似有剑影，也难掩笔下无奈而绝望的烽烟味。韦力笔触还原的历史真实，看得人心房颤颤。他的银子，不白花。

傅增湘是有作为的藏书家，藏书处为“藏园”，园内有双鉴楼，藏书之数量与质量在当时皆独步天下，仅宋、金刻本即一百五十余种，笔者也曾撰文在《人物》杂志上介绍过他的成就。看到韦力以役书而不为书所役论说傅增湘，我心有契焉。辛亥革命，傅增湘是唐绍仪和谈代表团成员；五四前，他是国家教育总长；之后，他不再出山。他最主要的事就是闭户校书，校书之外，每年抽暇到江南有名图书馆和藏书家处浏览参阅古籍珍本，或选胜景登临游览。傅增湘用了30年时间校书16 000卷，五岳及诸名胜登陟殆遍，撰游记20卷，著述在200万言以上。1949年秋，陈毅致函周恩来，要求照顾傅增湘，相关人员持陈毅原信及总理批示探视他时，他已然离世。韦力以为，傅增湘役书而不为书所役的境界，“吾此生不可能修到”。似乎古往今来修到的人也少。他弃官不作，30年倾力于书，这是何等气概。往来无白丁，唱酬皆名家，这又是何等滋味。祭书之事，以吾家黄丕烈公所倡最力，翁方纲继续，后来鲁迅也写过文章。傅增湘是在每年苏东坡生日那天，摆出当年获得佳册，邀上同好在藏园进行祭书活动的。受邀之人也带上当年所得好书，与众欣赏。韦力也想，在残腊时节东坡生日那天，邀上书友若干，带上当年所得最善者，于帘外雪色晶莹，桌上楮墨灿然时祭书。“然而每次此念初起，忧心随之而来，恐届时藏家少而贩者多，书未祭而价先谈，祭书又变成卖书矣。”

相比之下，作为凡人的我，就幸运多了。受沪上博古斋陈克希先生影响，我也写过一篇关于祭书的文章，并学克希先生，于除夕日拿出心仪之书，馨香祷祝，读书有福。念及韦力先生，不免会心一乐：少善本，不亦乐乎？

2011年8月31日黄昏写出。酷热难耐，读书清凉，文字般若，有胜于福地洞天者。

最关情处是竹山

在扰攘纷纷的年关之前,腊月二十六日,我收到一个来自湖北十堰的邮包,那是年近八旬的胡荣茂先生签赠的《书外杂写》。那是怎样的情谊呢?黄成勇在试序里说:“人到中年之后,才渐渐懂得人间情谊的宝贵。但愿此书的受赠者,法眼及于小文时,体察到我的感恩的心。”我无法眼,但长者赐书,金针相度,何可忘怀。感恩之心,自也长此挂怀。

这一天的白天和晚上,我都和这册书在一起。

先关注作者介绍。荣茂先生生于1934年。我已经故去的父亲,生于1938年。岁月流过,对于那个年代生存生长的人,我无来由的有一份情愫想要亲近。

袁小修诗曰:“平原门下三千客,几个知恩解报恩。”作序的罗维扬、唐明文、郭显庆、黄成勇,原来都是为报恩而呼与鼓的“竹山文脉”延续者,是阵势堂堂。罗是《古今传奇》的主编,郭是红学专家,在武汉高校,唐是《湖北戏剧》的主编,黄成勇则书界明星,声腾海内。“故土文坛,四璧联袂”,昔日竹山情,此际拳拳心。同声同气,历历不磨,共推鄂西文艺的泰斗:胡荣茂当之无愧。

这是一部劝学的书。《书友》办报,不无荐书之意,《书外杂写》的文字多为此而来。“当冰心老人为青少年题下‘读书好,多读书,读好书’这几个字时,她是倾注了自己一辈子的心血,寄托了她无限的爱心与企盼的。”(《减负之后》)这话也是胡荣茂的夫子自道。他的心愿,无非是书店借此发点小财,而福泽所及,民族幸甚,国家幸甚。

多好的老人啊。用心良苦而循循善诱,说压岁钱而旨归是书,书是孩子们的乐园,压岁钱有变迁,礼品书已兴起,那些话那颗心,在书页间闪耀。《书外杂写》共3卷87篇,其中介绍图书的是71篇,无一不道书,而言则谆谆。即便是玩具,也别说意趣:书香扑克“寓教于乐,茶余饭后,甩上一把,书香盈握,平添雅趣;闲暇把玩,或可赏心益智。”(《书香扑克》)湖北某要人肯言:“干部要读书,出差要带着书,每天晚上要看点书,要养成一个习惯,不看书就睡不着觉。”(《读书与做官》)虽然对于官员来说,这话也类于痴人说梦,但是说,总比不说好。

由于《书友》的基础是浩如烟海的图书,所以《书外杂写》也就算得上无所不谈了。但是谈书,却又别具情怀:“安徒生曾说:‘对我来说,旅行是返老还童的秘方。’我们是否可以从另一角度来体验———在人生旅途中,精神的遨游与追索,是童真复归的乐园。”

有一篇的题目是《六十感言》，乍看之下，我以为是老人60岁时候写的。看下来，才知道不是。那是说《书友》报经历五年零八个月，出刊届六十期的时候。这是精心培育了刊物的老编辑对心爱报纸的呵护。"以书为友，以书会友，是我们的初衷。以书为业，以书自励，是我们的夙愿。书业是我们的饭碗，我们为之奔走；作者是我们的良师，我们为之鼓呼；读者是我们的主人，我们为之劳作。"说得多么好。这样的心思贯穿全书，随处可拾。而其精粹，则与培根说过的另一句话相契："卓越的人的一大优点是，在不利和艰难的遭遇里百折不挠。"方向也一样是竹山的万家忧乐，和武当文明。我在除夕前的晨光中阅读，大感快慰。

从全国第二届民间读书讨论会的民间书声到武当说文，从关于罗维扬的四篇札记，到五四至新时代的3个30年，或大或小，可歌可泣，胡荣茂都梳理了，也明白了。他要和我们共享的，是火中炼出的真金："艰苦奋斗，服务人民的宗旨不能忘；改革开放，致力创新的路子不能变；实事求是，解放思想的路子不能丢。"

而纸短情长的文人杂记和往事杂忆两辑里，晚年读益苦，阅益丰，几乎无所不涉猎的流沙河先生，学者风神，飘逸嫣然的教授夫妇，绿原、曾卓，还有身归道山的谷林先生，都留下了身影。作者的母亲、作者经历过的童年、他在竹山的寻梦，还有他幸福美满的家人，都留在了书里。书末结语，至为沉痛。他的老伴张翠玉，12年中支持胡荣茂参编《书友》报，不遗余力，《书外杂写》新版终校，却溘然长逝，作者"抚稿追昔，回肠九转"，情何以堪。据说，《书外杂写》校对了十遍。老伴是在校对到第六遍之后不久离开的。此后，他又校对了四遍。

最关情处是竹山。胡荣茂是鄂西北文化领军人物，他不是竹山人，但他在竹山工作了14年。然而他念兹在兹的是竹山，是竹山文脉。鄂西书香，时见其书，若邵子南（《歌剧白毛女》创作先行者），若施洋，若"拥书闲读"的李传新和"书香扑克"，都让人难忘。胡荣茂《再后记》里说是黄成勇在说到《书外杂写》装帧的时候说那是秉承了荣公的意思："牛红在设计增补本书衣时，仍然取用竹山县城山水素材，做了超大护封，气势磅礴；封面仅用流沙河老师的题笺、钤印，其余均留白。"拿着书我想，竹山啊，不只是荣公的梦，他是把竹山视为自己生命的书，"书外杂写"四个字，就写在竹山之上。

2011年2月1日起稿，春节期间边读边作札记。6月7日修订完稿。是日高考，百万学子赴考场，一代景观，岁岁年年。6月20日，《书友》宿将李传新告诉我："书友信箱我打不开，估计现在也已经废弃了，呵呵！"

九十遁叟章好德

20岁前

章好德先生,1921年10月1日生于民乐大泉沟,大泉沟后转六沟乡老罐嘴,所以后来写出生地,也就写作老罐嘴。

先生家贫,13岁前,在当放羊娃。父亲章行善是一个猎户,自己没有土地,在租来的地上打下粮食,拉扯一家人过日子。

13岁开始,章好德在肃南祁连县属的大泉沟私塾上学,启蒙老师是钱选青、王世贞。两位老师是前清秀才,人品好,书也教得好。90岁的章好德忆及恩师,还很感念,说是终身受益,好老师,一辈子也忘不掉。

私塾念书时期,章好德读了不少书,大多都可以背得出来。可举的有《三字经》《百家姓》《弟子规》《时兴杂字》《四书》《诗经》《幼学琼林》《古文观止》《历史指南》《地理指南》《东来博议》等。私塾的老师很重视写字训练,章好德练的是柳公权的书法,写得有模有样。钱选青老师在章好德的练字本上写下了"此字渐入佳境,不可变迁"的评语。私塾四年,为章好德的人生打下了好的基础。

从17岁开始,章好德在洪水完全小学接受新式教育。洪水完小是国立学校,章好德在那里学习了两年,19岁毕业。

师范

1941年,为适应抗战需要,从临夏迁来的学校以张掖师范的名义在张掖文庙招生。章好德报名参加考试,上了张掖师范学校。1942年,马步芳麾下占据木塔寺、驻防张掖的韩启功师,被张掖百姓告发,移防青海。木塔寺被划拨给张掖师范,师生们就到了木塔寺新校址继续学习。校长是王发科,教导主任白岷山。王校长是青海湟中人,很有才华,写得一手圣教体的好毛笔字。同学们在草上睡,草上面铺一个毛毡,土多,过一段时间之后,毡上就有了人的影子,像是印上去的。

同学们唱着由王发科校长作词、郝韵枫老师作曲的校歌欢欢喜喜地学习着:

巍巍祁连,
蕴藏富源。
滚滚弱水,

利灌良田。
吾校设斯，
优美环境，
得天独厚。
济济多士，
同之本源。
校光与国光，
永垂一万年。

新环境下，青年章好德的学习又上了新的台阶。在张掖师范、张掖农校、张掖中学联合组织的以《有恒为成功之本》为题的学生国文大赛中，章好德获一等奖，并代表学生在大会上发言，受到好评。章好德做了张掖师范的好学生。

当时的张掖师范叫简师。学习四年，章好德于1944年毕业。按照规定，师范的毕业生有一年的服务期，章好德回到洪水小学任教，当了半年的训育主任。之后，为谋继续升学的章好德又来到张掖，在校址设陕西会馆、校名由于右任题写的三秦小学(今青东小学)任教，任教导主任。1946年，章好德又到张掖师范上学，修学师范科，是中师性质；两年后的1948年，章好德中师毕业。师范时期，由于学业突出，章好德在师生中有很高的威望。

工作

师范毕业后的章好德，最初在洪水小学工作，在做了半年的教导主任后，他开始担任洪水小学的校长。

这时候的学生中，有后来成为西北师范大学名教授的季成家，他是中国西部文学所所长、《丝绸之路》杂志社社长和主编、大型工具书《丝绸之路文化大辞典》的主编。他每次回家，都要专门到张掖来看望老师章好德，师生之情，堪称典范。学生张志纯，长期致力于张掖文献的整理出版工作，作出了突出贡献。他也时常来看望老师，章好德常说，张志纯的忠厚和成绩，是少有的。

1949年秋，民乐解放，章好德参加青年宣传队的工作。在县委宣传部长张步杰的带领下，宣传队下乡，在民乐新添、李寨乡开展工作。一次工作汇报中，章好德被张掖行署副专员孟浩发现，孟浩曾经是杨虎城部队的营长，作风干练，雷厉风行。孟专员向民乐县委书记、县长推荐章好德。刚好旧政府文教科长施溥辞职，政府就调章好德到文教科工作，并担任民乐县政府文教科副科长。后来章好德正式就任民乐县文教科科长，并兼任女子学校校长。当时，县上的主要领导就只有书记、县长和组织部长、民政科长、文教科长几个人。章好德是第一个穿灰布褂，也就是新政府工作人员制服的民乐本地干部。章好德响应号召，在马蹄区开展征粮活动。工作能力很强的章好德，被任命为东乐七乡工作组组长。工作组的工作是综合性的。当时匪患严重，土匪残余和特务都很猖獗。章好德带

领由16人组成的猎户队，和公安局长贺德贵等人一起，进山抓捕土匪，将捕获的魏姓土匪头子关锁在后来成为著名书法家的赵正家的堂屋里。减租反霸的时候，章好德参加减租减息工作，负责在六坝、三堡开展工作。1950年3月18日，政府正式补发了章好德调动工作的调令。1952年土改开始，章好德被任命为民乐县新添区土改工作团副团长，兼任杨房、景会乡土改工作组组长。当时民乐县搞土改的老干部有24人，土改工作团副团长是一个很重要的位置。章好德的工作是很突出的，在全县的土改工作会上，章好德曾经做过专门的经验介绍。1954年后，曾经是章好德工作组组员，后来担任了国营张掖农场场长的万孝在回忆录《我的回忆》一书中，专门有一节《启蒙老师章好德》，写到了他的老领导：

> 他是我刚参加工作时间不长遇到的又一位老领导。那是1955年的夏天，南古区委把我和区委组织干事王毓琏分配到景会乡朵家庄队去整顿农业社。章好德同志当时是民乐县文教科科长，也分到朵家庄了。到朵家庄队，我们三人就一起研究整社的方法步骤。那时我才18岁。对整社工作尽管区上有安排，但如何灵活应用就难了，特别是对县上来的科长，我就有点胆怯了。章科长对我说："年轻人嘛，你放心干，有了问题我承担，况且还有你们的王干事在，不要胆小。"他对我一是领，领上我走家串户，了解民情；二是推，在群众大会上把我推出去讲话。为了讲好，他叫我试讲一次，我边讲他边纠正指导。正式在会上讲时，他在一边听。这对我来说，心里就慌了，尽管过去在学校组织学生下乡当宣传员，我给群众宣讲抗美援朝、解放台湾、过渡时期总路线等，那都是有提纲的，况且没有领导在场，我就放心大胆讲。这回可不同了，虽然有笔记本记的文件精神，但还要联系实际，更为难的是县上的科长在，所以我就不自在了。但是还得硬着头皮讲，讲完后身上都流汗了。当时，章科长上到讲台上说："万干事都讲了，讲得很好，大家好好讨论一下整社的问题……"散会后，我说："章科长，我讲啥好，前言不搭后语的，请你指教吧！"王毓琏同志说："我听了也可以。"章科长说："就是要把你推上去锻炼哩，不然，你有依赖思想，也提不高你的工作能力。以后多看看报纸杂志，紧跟形势，提高认识，多方面掌握材料，脑海里储备知识，下次你还讲。"过了几天又要召开群众会，章科长给我口头列举了在会上讲话的提纲让我讲。我讲完后，王干事又讲了清工分、清账目、清财产的具体事宜。散会后，章科长说："万孝，这次讲得比前次讲得还好。"我说："有了科长的提纲，我就心里踏实了，但讲得还不行。"章科长说："慢慢锻炼嘛。"
>
> 在清理账目、工分时，因为我当过信用社会计，会打算盘，我就和清账小组的同志一块清账目、清工分，我打算盘，别人记数。章科长说："万孝手底下还麻利，再往精里打。"章科长对我语重心长地教工作方法，讲注意事项等，使我受到了教育，得到了提高，至今忘不了他对我的关怀。我后来长期担任基层领导工作，之所以能够大胆

地讲话，讲出政策、讲出形势、讲出问题、讲出任务与措施，以此推动工作，这与章科长培养我大胆讲话的基础是分不开的。

土改中，反霸斗争要求斗倒恶霸。章好德很注意掌握分寸。杨房乡一带有一个天主教堂，堂主常守信是一个德国人，很漂亮，也很干练。根据政策，章好德尊重信教群众的信仰，和他交起了朋友，通过他团结广大信教群众，充分贯彻落实了党的宗教政策。就是对有民愤的恶霸，章好德也坚持以理服人，以清楚而确凿的事实来定性。民乐东门外有一个陈宗四，是定了的恶霸。开斗争会的时候，有人要动手打，章好德就进行了制止。上级领导也对章好德的工作给了充分地肯定，县委书记就说，别的地方搞土改，都弄死了人，章好德带领的工作组好，既解决了问题，也贯彻落实好了政策。在做好工作的同时，章好德还参加了永固乡的“三反”“五反”运动。

章好德很尊重知识分子，对于地方贤达、各界文化人，能帮的，总是尽力进行帮衬。刚刚解放，头绪很多，有些事政府一下子顾不过来。辛亥革命时期新疆伊犁起义的四个幸存者之一、后任哈密县长的武威籍耆老何铸九，曾给章好德当过老师，新中国成立后一度赋闲在家，生活艰难。章好德就把自己每月的六元工资交给老人用，又按照孟专员的意见，安排何铸九做了女子学校的校长，使老人一家的生计有了保障。1954年，省上要报文化名人，章好德报了何铸九，何铸九当选，成为全省第一批的四个人之一。后来，何铸九当了张掖地区的人大代表，甘肃省文史馆馆员。据章老说，何铸九是大文人，对章好德的文字，特别是诗文遣词造句的指导，用心很深。何铸九也把章好德当做自己的传人看。何铸九临殁，曾将自己凝聚心血的《遁叟诗集》稿交给章好德，希望日后出版。他没有想到，自己的学生后来所受的磨难，甚至连生存都几乎不保。对老师的恩德，晚年章好德念念不忘，他把自己的一点点进步，都归功于恩师的栽培。在他写的字幅上，遁叟的署名赫然在目，老人说，那是为了纪念自己的师尊。90岁的章好德，对老师的作品还能出口成诵。和笔者交谈中，他脱口诵出了恩师何铸九的《赠山东陈寒剑》诗三首：

其一

万里生还俱可哀，英雄成败岂论哉。
相交肝胆今犹在，今戴头颅却复来。

其二

早把侠心埋铁狱，敢将骏骨市金台。
追惟四十年前事，多少良朋痛化灰。

其三

匆匆倏又过重阳，木叶萧萧几断肠。
白发无情催人老，黄花不语笑我狂。

回乡生活

1958年，章好德被打为“右派”，被送往夹边沟参加劳动改造。其间经历了批斗等磨难。后来获得平反，平反后回乡。

返乡后，章好德被指到山丹(当时山丹、民乐两县合并)去找领导，在山丹等了半个月，县委书记刘峰豪也没有回来，来了，也不认人。本来，大家都是很熟悉的。最后，主办的人给了一个条子，上面写着：

章好德解除劳动教养，否定三人小组，回家生产，予以适当安置。

拿着这张小条，章好德回了家。公职没有了，章好德只好回家。当时家产只有三间堂屋，一个砧子，一个土炕。两个孩子都还小。章好德一边干活，一边带孩子，一边养家。

一直在念书的人，一下子干农活，得重新学。不过，经受过了夹边沟的磨难，章好德那里已经没有什么更难的事了。春耕夏耘，秋获冬藏，浇水磨面，洗衣做饭，扫雪修路，挑渠开沟，拉渣滓，端土块，养猪喂牛，章好德样样都干下来了。在双树寺修水库的时候，大女儿给他带来了5元钱，章好德也没舍得花，回家时，照样把5元钱带回来，放在枕头边，贴补家用。艰难中的妻子和儿女，是章好德生活下去的强大精神支柱。

章好德喂养了一头黑膳驴，黑膳驴帮他做了很多事。后来为筹措孩子上学和生活的费用，黑膳驴被卖到秦家庄去了，卖了一百块钱。驴和人之也结下了很好的感情，一段时间后，章好德带上一些喂驴的小豆子食料，专门抽时间去看望卖了的黑膳驴，喂过驴后，黑膳驴抿着耳朵，显得十分亲近。章好德留些食料，嘱咐新主人分开给食，善待黑膳驴，不要鞭打。临离开的时候，章好德还依依不舍，用手摩挲着驴的耳朵说：“你是我的难友，风雨中的擎天柱，可是天下没有不散的筵席，我留不了你，你就去吧，去吧。”

生活并没有磨尽章好德的心志，他写下了“欲除烦恼原无我，历尽艰难好做人”的对联，来鼓励自己。劳作之余，他学了20年的医书，药典本草，汤头歌诀，章好德烂熟于心了。一部《医宗金鉴》，被他已经翻烂了。他觉得当个医生，给人看看病，谋个生活，也很好。鸡叫的时候进山拉羊粪，太阳出来上工，都没有耽误章好德的学习。不仅自己学，章好德还让孩子们学，没有老师，自己就教，有了老师，就坚决地供孩子上学，一个也不落下。别人笑话说，念书的章好德，自己都念成了那副样子，还让娃娃念，念书有啥用。章好德想，我黑了，娃娃不能黑，孩子们的前途要紧，书非念不可；古往今来，哪个有成就的人不念书；书里有知识，知识可以改变人的生活，增加技能，念书没有错。在恶劣的环境里，章好德坚信人生最大的财富还是读书。他不相信天永远会阴下去。在信念的支持下，章好德挺了过来。在父亲的督促下，孩子们好学上进，他们也争气，都有不错的成绩。不知不觉中，20多年过去了。20年后，章好德的6个子女都成了才，成为国家的栋梁。

那时候，章好德还养了一条黄狗。狗通人性，忠实地陪伴在章好德的身边，为他的劳动生活增添了乐趣。后来，黄狗死了，章好德专门做了一个盒子，把狗装起来，放到洪水

大河里,让河水和泥沙,带走主人的爱犬,和青山流水共眠。

1979年,章好德平反。原民乐县委书记、张掖地委组织部长杨敦林找章好德谈话,说,你平反了,平反的人,有复职的,有不复职的,复职以45岁为界,超过的就不复职了,你已经59了,看来,你是不能复职了。章好德问,党的政策说,不仅要平反,还要赔礼道歉,赔礼道歉我就不要了,但不复职,我不同意,你看看人,我的身体没有问题,我还能干,叶副主席八十几了,还吟诗作赋,我再干好多年,都不会有问题。杨书记说,可以给你复职,你先回去等消息。

复职的文件下来了,章好德进了民乐一中。章好德是愿意当医生的。要复职,他原来是教师,也应进文教科;并且当时百废待兴,教育缺人,就又让他当了老师。知道教育需要,章好德也就同意了。

老友

在章好德平反的过程中,他特别感念上师范时候的老同学,笔者的伯父黄兴城。在当年的张掖师范,作为品学兼优的学生,黄兴城是三民主义青年团的干事长。"三青团"是在1947年并入国民党的。黄兴城作为下层青年,在当时的情况下有情非得已的一面。但黄兴城就因为这个原因,后来蒙受了说不尽的苦难,几乎搭上性命。章好德和黄兴城是同学中关系极好的朋友,也是师范学生中的一对学习尖子。每次国文课,老师读范文,多有黄兴城的;老师让大家从黄兴城的作文中,学习写作的技巧。黄兴城的毛笔字写得漂亮极了,笔者写字,也受到了他的影响。黄家的家族大,那一带的地名就叫黄家庄子。上师范前,地方上推举有文化的黄兴城当过一年保长,所以在学校里,大家都叫他黄保长。黄兴城个子不高,能写会画,能歌善舞,特别拉得一手好风琴。他组织能力很强,同学们都服他。毕业后在青西街的建华完校,就是今天的青西中学担任教导主任,在当时的张掖教育界相当有名望,产生了很大的影响。笔者的父亲也是兴城伯父带着,就住他家,在城里读完了小学的。终父亲一生,始终视伯父为长者,逢年过节,都要带着我去看望伯父。在我从教的最初一年,伯父也正好被聘任,又当着民办教师,他对我的指导和影响,一直持续到了今天。也是在20世纪50年代后期,由于所谓历史问题,黄兴城被错误定性为历史反革命分子、老右分子,遭到批斗,并被遣返回乡。20世纪70年代末,历史问题被解决,黄兴城当了几年民办教师,虽说抹(mā)了帽子,但生计并没有得到改善。章好德落难,在民乐方面派人调查章好德的时候、正在遭受磨难的黄兴城坚决地说:"章好德没有三青团等方面的历史问题,他来得迟,不知道这些事。三青团是我一个人负责的,别人没有参与。"义薄云天、肝胆相照的老同学,没有给章好德再雪上加霜,更没有落井下石。后来平反,黄兴城的证词发挥了重大作用。章好德说,黄兴城是我一生历史的见证人,也是我的恩人之一,没有他的证明,我这一辈子都难说得清楚。患难后的章好德,去黄家庄子探望故人。黄兴城赶着驴拉架子车,带上老同学去石岗墩滩上他种的西瓜地里,散心

聊天。夜里,睡在瓜房子里的老同学、一对年过半百的老人,一觉醒来,摘来西瓜吃过后,连床夜话,直聊到天亮。黄兴城让老友写字留念。左邻右舍的人家,章好德都给写了墨宝。从此黄兴城家里的墙上,就有了老友书写的中堂:

老同学兴城雅正

光阴荏苒五十年,每一鸡鸣西窗前。
木塔雄风今犹在,镇远钟声招四贤。
年近古稀同病怜,节逢盛世歌尧天。
日月千载重生辉,故园万里尽春山。

弟章好德书

回去的时候,黄兴城赶着驴车,送老友到了新沟。一路上看着滩上的茁壮生长的葵花和玉米,章好德诗兴不减,口占歌曰:

黑河滚滚向东流,沙漠无垠也有秋。
葵花向阳歌盛世,玉米露穗报丰收。

当了多二十年右派分子,一朝要再上讲台了,章好德有些激动。但他置不起一身衣服。安玉文主任和财政局交涉,发给了章好德补助款三百元。拿上三百元,等了三天,章好德做了一身新衣服, 去学校报到上班。安玉文是章好德剿匪的时候介绍参加工作的人,很厚道。在找人平反的时候,章好德就吃住在他家,后来做了行署专员,安玉文也还常来看望章好德。章好德有联颂此情谊云:风雨途中逢知己,患难时节见真情。

章好德把平生所学,尽数教给了渴望求知的学生。在民乐一中,他又教了9年书。1987年,67岁的章好德退休。本来,他是该离休的,但是没有人管他的事。大家觉得他一个曾经的右派反革命分子,能退休就算不错了。当年的档案,也没有人理得清。

退休之前,已是地区领导的吴毓恭《送章好德老师归里》诗云:

先生步履去难留,正气堂堂贯斗牛。
卅载育才心沥血,两番贬出霜染头。
谁无客久归乡梦,官大偏丢忆故忧。
报国情怀何处是,桃花源里乐悠悠。

那年,笔者和章好德先生说起生活的时候,章老说,说句公道话,组织上对我还是不错的,县上照顾我,我是一、二、三届县政协的委员、党风监督员、张掖地区离退休模范教师、洪水学校的校外辅导员,省上还发了铜牌。

章好德退休后,和老同学的来往是一大乐趣。高一清是上秦乡高家闸人。在上简师、中师的时候,高一清和章好德都是同学。高一清家兄弟六个,有两个姐姐。其中一个姐夫是张掖文史专家周定国,其子周密,后来是甘肃省农业银行行长。高家是张掖名胜高总兵府主人的后代,算是世家大族。高一清的父亲高多寿,是当地的有钱人家,后来被定的

成分是地主。高父心善,也有文化,叫章好德是章生。老人家知道章好德生活困难,每到开学的时候就嘱咐儿子,多带一份钱粮,给章生备上。章好德常常去高一清家,吃住之外,老人问寒问暖,很是关心。高一清在反"右"时期落难,被发往新疆改造,两个女儿也就在新疆落了户。高一清平反后回到张掖,先是在张掖六中工作,后来在张掖四中定居。孙儿高双成和祖父住在一起,学了电脑专业,后来办了电脑公司。浩劫过后,挚友相逢,章好德与高一清、黄兴城他们又见面了,高兴是不待言说的。有时间的时候,章好德常常去高一清在四中的家。高一清的妻子很贤惠,每次章好德去,都是热情相待,一回都不曾怠慢。高一清带着章好德再回老家,吃老家的茄子饭,感觉特别好。劫后重生,恍若隔世。高一清妻子过世后,他病了,章好德也去照管过。他们的友情保持了一生。高一清去世,章好德送挽幛送礼,儿子章晓文也上了一千元的礼。在当时,一千元是一个人一年的工资了。

老同学中,张伯仁的父亲是民国时期银行的行长,家里用度颇为讲究。当年放假的时候,章好德他们的行李便寄放在张伯仁的家里。张父有威,同学们去了感觉有些拘束。但张家待人诚恳,特别是伯仁的母亲很和蔼,来了去了都要留章好德吃饭。退休后,章好德也去看过两次张伯仁,都相谈甚欢。章好德还念叨着师范时的老同学李世英。她是一个天主教徒,她们家在县府街,房子多。章好德母亲病重的时候,想吃葡萄,她去天主教堂摘了,让章好德连夜送回民乐老家,算是尽了孝心,没有留下人生遗憾。低两班的同学魏淑珍,情谊深厚,假期总要写信,问候学长章好德。魏淑珍后来和曾耀结为夫妻,在兰州定居,80岁以后和章好德通电话,还记得当年的生活。

亲情

晚年章好德生活中,最愉快的是带着孙子上学。爱孙章亮平小学三年级时的作文《我的爷爷》里曾经这样写道:

> 我的爷爷今年73岁了,他平时爱穿一件蓝衣服。
>
> 爷爷最喜欢写毛笔字。有一次我在玩,妈妈喊吃饭了,我去喊爷爷,爷爷刚写完字,他说:"写毛笔字不能说话,也不能休息。"
>
> 我5岁的时候,爷爷就教我写毛笔字了,就是为了我将来成为一位书法家。

章亮平和爷爷在一起的日子,爷爷最为开心。能书善画的孩子,很聪明,也很好学。他把爷爷的教导,牢记在心里。在老人永久珍藏着的物品中,章亮平的毛笔字书法作品《咏柳》,放在最重要的地方。

不幸的是,1994年,其爱孙章亮平溺水而亡,年仅11岁。度尽劫波的老人悲痛欲绝,仰天长叹:"天不灭曹,吾岂无后!"

经历了种种人生磨难和打击的老人坚强地挺了过来。想念孙儿的时候,他就默念刘禹锡的《西塞山怀古》中的句子:人世几回伤往事,山形依旧枕寒流。在经典中体味人生

的苦难,苦难也就升华了。世事兴亡,人生变幻,老人洞穿了一切,也瞩望着未来。

1995年,孙儿章治平诞生后,老人全身心地关注了他的成长,接送他上学,辅导他功课。现在,章治平已经是朝气蓬勃的高中生。

福寿双全的章好德先生说:"九十年来,我一家有了三十多口人。这是很幸运很幸福的事。儿子儿媳对我照顾得很好,我享了福。我的老伴,在我落难的时候,操劳全家生活,供子女们读书,张罗孩子婚嫁……在照顾家人上,费了心。我的父亲心善公去世,也是她买来一桶红漆,给父亲的寿房上了油漆,发送老人。老伴还买了四包点心,招呼前来吊唁的亲友们,那也是当时所能有的最好的待客食品了。一辈子生活,不容易。我和二儿子晓文生活在一起,他们两口子和孩子照顾我,无微不至。尤其是二儿媳钟为玲,照顾我二十多年,很难得。我们的家庭,是地区表彰的模范家庭。"

民乐籍的大学者,《新疆志》的编者王野蘋撰有《章好德先生事略》,是情文兼具的美文,兹录于下:

章好德先生事略

先生章姓,讳好德,籍隶民乐县老罐嘴。世以农耕相传。境况清平,自甘淡泊,然古道热肠,慷慨好义,人如其名。一时莘莘学子,以先生言行为旨归。民乐僻处丝道之南,干旱少雨,地瘠民贫。先生以治愚为治贫之本,就学于张掖师范,慨然以振兴家乡教育为己任,曾任洪水小学主任、校长,及文教科科长。虽政海升沉,历风霜而不变其操,经历难而不移其志,此先生守人之所不能守者,"大跃进"时期,形而上学猖獗,左派幼樨病蔓延,浮夸冒报,弄虚作假,先生顶风持正,横遭诬陷。"文革"以后,返乡务农,风雨辰昏,备尝艰辛,仍泰然处之,此先生忍人之所不能忍者。在社会主义建设新时期,拨乱反正,先生从教于民乐一中,被推选为县政协首届、二届、三届委员,和党风监督员,高风亮节,刚正不阿,指陈时弊,切中肯綮,好德先生言人之不能言者。隐退之后,被评为张掖地区退休模范教师,指领子弟下海经商,为之把关定向,参赞事物,使所营粉丝诸业声誉遍甘、青、新。此先生为人之所不能为者。余与先生谊兼师友,心旌其为人,故略述生平梗概云尔。陇上王野蘋敬撰。

章好德是知恩报恩的人。老家的章忠,为章好德打掩护,让他少吃苦头,在章好德受难的日子里照顾他和家人。章好德记得,章忠和他自己在山坡上一起打了三间窑洞,在打窑洞的辛劳中,章忠无私地帮过自己。章忠有题为给《好德爷爷》的一首诗:

昔日集体务农时,沾泥带水苦度日。
社会运动随时到,我俩相应互支持。
春雷一声大地暖,你荣我贫各东西。
生活高低均无限,你耋我耄途尽日。
抬头一生云烟过,低头旧情似相依。

古今新旧事，都属笑谈中。
唉！苦辣酸甜都尝过，
真是乐中也有悲，喜中也有泪。
夕阳无限好，只是近黄昏。

侄孙章忠侃言

二〇〇八年正月初三

乡里乡亲，也都没有在苦难的时候欺负过他，歧视过他。生活好了，章好德嘱咐儿女们，老家有事的时候，要记着帮，一定得帮。

在当年挨斗的时候，四类分子站队被惩罚在烈日下晒太阳，基干民兵章永德大声呵斥，站队时让他往里头去，实际是站在里头，打手的拳头就打不上了。在其他时候，章永德也总会给予照顾，难得的是他不避嫌疑，曾偷偷送糖块给苦难中的章好德。后来章永德去世，彻夜不眠的章好德写下挽诗，怀念老家的好兄弟：

冬至已过寒鸦啼，忽闻噩耗弟归西。
彻夜不眠披衣起，凄风苦雨忆昔时。
操戈请缨率由之，长夏暗护义不辞。
丧魂落魄人事移，二坝桥前送糖饴。
贫困不改男儿志，淡泊纯洁保正气。
不卑不亢有胆识，人到井下不坠石。
我已残烛日坠西，遥望白楼招手附。
含泪忍痛献挽词，深情厚谊弟应知。

老罐嘴要修学校了，章好德带着儿子捐了几十万元。修桥、引水、引电，章好德都支持。只要是能帮上忙的地方，章好德都不遗余力。乡亲们的好处，他都记着，一些小的过节，也都不计较。人生一世，善心为先。章好德老人这样说，也这样做。老家的人们，也没有忘记90岁的章爷爷。常常，章家的客厅里，都有老家来的乡亲们。

附记：

好德先生，父执也。家伯父张掖师范同学、故友。父亲在日，多所怀念。余识先生，在伯父、父亲离开后。然先生照拂，不减情谊。每常关怀，如春风然。与先生接，获益良多，无以为报，谨录所述，略志先辈风华，作感念之券。

2009年5月10日初稿，2011年9月15日第六次修订，2011年9月28日定稿。

因为父亲的缘故，80岁的好德先生来找我，我们认识了。父亲兴峰公幼时，跟着城里大学校当教导主任的堂伯父兴城公上学，吃住在伯父家。后来伯父成了“历史反革命”，落难回乡，亲友侧目。但曾是“四不清”的父亲却常常带上我——他的长子，从街上昂首走过，去伯父家里。每年春节的拜年，是孩子们的事。独有给伯父拜年，父亲要亲自去，带

着我。我的手里提着父亲买的用红纸包着的点心,那是当时极贵重的礼品。好德先生是伯父最好的同学。硕果仅存,我亦深惜。每每过访,多生感喟:为浩劫之时,为浩劫之生,更为浩劫之永不再来。愿太平时日久长,愿社会进步久长。深谈之余,笔录成文,遂有此文。章学诚说过"家有谱、州有志、国有史,其义一也"的话,梁启超复云:"欲知历史真相,决不能单看台面上几个大人物几桩大事件便算完结,重要的是看见全个社会的活动变化。"老人在90年间亲历和见证过的,本身是社会的财富。这些文字,或许因而有了社会学的意义。

2012年4月22日补记。

先驱者的思想光辉

在梳理西北教育情状的时候，一副上世纪20年代写在宣纸上的书法作品，引起了我的重视：

> 家庭教育视学校为难，而关系独大。盖学校，可施严格，生徒在校又不过数年，其系属较轻。若家庭，则毕生相依，尤有密切之关系，有一不良子弟，则受其害者，上及于父母，中及于兄弟，下及于子女，盖三世被累矣。

细究下来，惊奇连连。作者是五四先驱、陇上英杰丁益三。

丁益三，字逸山，号毚谷，原名丁尚谦，1896年出生甘肃榆中三角城乡丁官营村。1911年考入甘肃省立第一中学，1916年考入北京大学，1919年参加五四运动，参与罢课、集会、游行和示威、火烧赵家楼、痛打章宗祥。运动中，丁益三被推举为学生代表，与段祺瑞政府进行谈判。丁益三和在京的榆中籍青年学生张一悟、张亚衡一起被喻为“榆中三杰”。丁益三认为救国最好是办实业。北京大学毕业后经北大图书馆主任李大钊举荐，他留学日本，考取日本早稻田大学，学习食品加工和农业改进。其间参加留日学生进步社团后秘密转入中共组织。1923年冬，丁益三回到兰州，积极推进地方教育发展，又在省城创办了罐头加工坊。丁益三创办的罐头加工坊是甘肃省最早的罐头加工厂，也是西北数一数二的实业企业；实业家丁益三因而被称为“丁罐头”。1924年，国共两党合作时期，丁益三又潜入国民党内。丁益三在兰期间积极从事农业改进和食品制造研发，曾任甘肃省建设厅，甘肃省农业改进所所长，是西北地区少有的留洋知识分子干部。1925年，丁益三以公开的国民党左派身份与国民党右派势力展开坚决的斗争，秘密配合中共在甘肃省成立了第一个党的组织，丁益三也是中共甘肃特支最早的创建人之一。此后，丁益三又成为王孝锡、胡廷珍建立的“青年社”第一批社员，他充分发挥其能写会唱的特长，积极宣传三民主义。他还深入藏区热情支持“藏民文化促进会”的工作，住在拉卜楞寺，帮助藏族同胞学习汉文、汉语，对促进汉藏文化交流作出了贡献。1927年2月，丁益三还被选为国民党甘肃临时党部执行委员之一，在许多方面，丁益三留下了有志之士为振兴中华民族努力的印记。1928年2月，丁益三在国民党清党中被捕入狱，受尽酷刑，留下终生残疾；1931年2月，被保释出狱；随后被迫离开兰州辗转南京、上海、江西、宜黄、宁都等地继续传播真理，从事革命活动；1936年带着狱中致残的伤病返兰；1937年病逝，葬于故土，

终年41岁。由于丁益三是秘密加入中国共产党的，所以长期以来许多史志工作者误认为他是国民党左派人物，以致在已经出版发行的《榆中县志》中他也被表述为国民党左派人士。2010年1月，榆中县委党史办在了解到省委党史研究室编辑《中国共产党甘肃历史》(第一卷)的消息后，认真细致地查阅了丁益三的原始档案和甘肃早期党员窦香菊、王子光、李果等人的回忆，走访了丁益三的三个女儿，通过回忆和排异法最终确定丁益三是中共党员。该结论得到了省委党史研究室的认可。2010年7月，《中国共产党甘肃历史》(第一卷)正式出版，丁益三的照片和事迹收入其中，这标志着尘封70年之久的历史有了一个真实的还原。

丁益三存世的著作有《农艺》《文艺》《戒庵诗草》《逸山随录》《狱中诗抄》等，我见到的丁益三手迹还有若干幅，最为完好的除前述文字外，尚有唐诗中堂：

汉文皇帝有高台，此日登临曙色开。
三晋云山皆北向，二陵风雨自东来。
关门令尹谁能识？河上仙翁去不回。
且欲近寻彭泽宰，陶然共醉菊花杯。

作者崔曙，是宋州人，开元二十六年登进士第，以《试明堂火珠》诗得名。有诗一卷传世，此诗题为《九日登望仙台呈刘明府》。重九登高，诗人所登的是汉文帝的望仙台，诗又是赠给县令的，内容不能不受制约。但诗人有机地契合眼前所见的风景来抒发感情，对县令的揄扬含而不露，用陶渊明九月九日在宅边菊丛中逢王弘送酒来的典故，既切又工。

丁益三的行楷布局严谨，潇洒遒劲，大与赵松雪相类，可以见得深厚的文艺修养；倘若天假以年，时运太平，在工作之余，一定会成为一大宗匠。说起来，甘肃有丁益三这样的文理通才，是我们的福气，可惜多灾多难的岁月，消磨了一代英杰，给后世留下无穷的遗憾。

话题回到丁益三“家庭教育乃一切教育之本”的观点上来。

虽说我国自古就看重家庭教育，但真正喊起来，也就是这几年的事。随着人民生活水平的提高，社会对教育重视的程度越来越强烈。近几年，家庭教育作为一种学科被当一个门类来研究，在我国算是开始了。一些相应的机构，如家庭教育研究与指导中心、家长学校等，陆续建立了起来。

早在上世纪20年代，留日归国，极其尊师重教的丁益三就认为，家庭教育要比学校教育难得多，两者间且又有密切之联系，但家庭教育却极为关键。一个人在学校接受教育的时间毕竟有限，可家庭的教育与影响却是终身相依相伴的。一个家庭若有一个不肖子弟，深受其害者，上连父母，中牵兄弟，下祸子女，必殃及三代都要受累了。

既然如此，那么在生活稳定、衣食无忧之后，稍有知识者，谁还敢忽视对子女的家庭教育？

大教育家苏霍姆林斯基曾把儿童比做一块大理石。他说，把这块大理石塑造成一座雕像需要6位雕塑家：家庭、学校、儿童所在的集体、儿童本人、书籍、偶然出现的因素。其中家庭被排列在第一位。

丁益三“家庭教育乃一切教育之本”的观点表明，在一个人的成长过程中，家庭教育除了传授一般的生活技能和良好的基础知识外，更重要的影响一生且又容易被忽视的教育，往往是传统道德的教育，这一点才是孩子在家庭的成长中最重要的因素。

重要性大家都知道，可是如何操作呢？

古往今来许多仁人志士，在幼年时期受到良好的家庭教育对他们后来的成长都起到了很好的作用。德国大诗人、剧作家歌德两三岁时，就被父亲抱到郊外野游，观察自然，培养歌德的观察能力。三四岁时，父亲教他唱歌、背歌谣、讲童话故事，并有意让他在众人面前讲演，培养他的口语能力。这些有意识的教育，使歌德从小乐观向上、乐于思索、善于学习。歌德8岁时就能用法、德、英、意大利、拉丁、希腊语阅读各种书籍，14岁写剧本，25岁用一个多月的时间写成了闻名于欧洲的诗歌《少年维特的烦恼》。我国古代以“父子书法家”著称的王羲之、王献之，有过1 350多项发明的大发明家爱迪生，一代文学巨匠郭沫若，丁益三在北大求学时的同学茅盾(沈雁冰)等都是在良好的家庭教育环境下，早期智力开发得好的例子。反过来说，由于人在幼年时期得不到良好的家庭教育，从而影响发展的事例也很多。比如印度“狼孩”卡玛拉，从小被狼叼去，8岁时被人发现，但其生活习惯已与人类迥异，其生活习惯几乎与狼一样，四肢爬行，吃生肉，昼伏夜行。后来经过人为的训练，2年后才能站立，6年后可以像人一样行走，4年内学会了6个单词。在他17岁时，智力水平仅达到3岁孩子的水平。据《中国妇女报》披露，南京市一姓马的工人因患有精神性心理疾病，深怕孩子受人迫害，将自己的三个子女从小锁在家中，不让他们与外界接触，长达十几年，致使这些孩子智力低下、言语迟缓，与同龄人相比，智力及生活能力差异很大，近乎白痴。

当代美国家庭教育的推广有很多值得我们学习的成功经验。他们有一个非常著名的家庭教育民间组织，也是全美最大的，英文名称是*Focus On The Family*，每年都召开很多国际性的家庭教育研讨会议，包括组织学术性的论坛，出版各种书籍和论文，指导着美国家庭教育的发展。其他国家和地区，例如澳大利亚、新西兰等，也包括我国的台湾地区，对家庭教育也有很多自己独树一帜的研究。

台湾的家庭教育值得借鉴。台湾在家庭教育方面的专门立法是《家庭教育法》。它以立法的形式规范家庭教育，这就很值得称许。作为教育补充的方式之一，台湾做得比较好的，是它的民间团体、社会志愿工非常发达，形成了有效的教育补充，或者说是家庭教育和学校教育的延伸。台湾有一家机构叫彩虹集团。台湾地方小，人口也少，但是仅就彩虹教育集团下面的志愿工就有8 000人，8 000位志愿工无偿地在为整个家庭教育奔波，

在一线传教授道。这些彩虹志愿工有一个好听的名字叫彩虹妈妈,每天都到全台湾的小学、幼儿园里给小朋友们讲故事,这些故事融入了很多理念,这些理念通过故事传播给了孩子。

历史过去快要一个世纪了,当代教育的理念、方式和条件都发生了深刻而巨大的变化,无论从内容上还是从形式上看,都更好了,但家庭教育还是往往被忽略。大多数家庭对子女的教育,不是过分地娇纵溺爱,就是无奈地盲从纵容。其实家庭教育,是对子女进行道德教育最好的、最重要的课堂。在一个人的一生中,道德观、人生观的初期形成,家庭教育是其他教育不能替代的。作为学校教育和其他诸多教育的基础和延伸,家庭教育是一个人从幼年到成年,人生接受所有教育中至关重要的最为基础的教育。

历史过去快要一个世纪了。今天我们重温五四先驱、陇上英杰丁益三的"家庭教育乃一切教育之本"的话语,愈发深刻地感到,其中所闪现出的思想光辉,已到发扬光大的时候了。这是百姓子孙发展需要的事,也是民族复兴的根本大计。而全民素质的提高,也将寄希望于此。

2010年8月2日傍晚写毕。

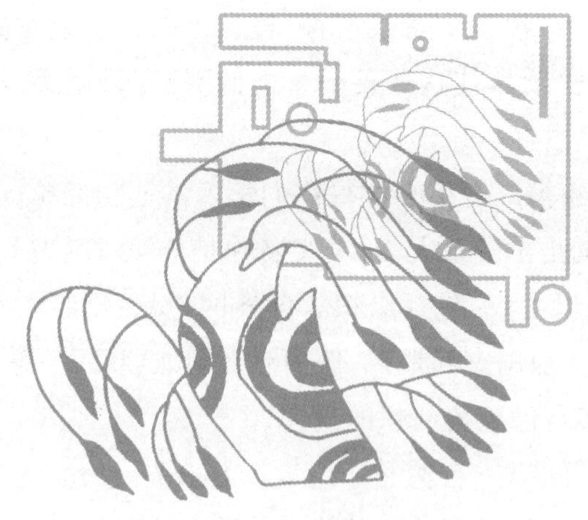

张聘之事略

张聘之(1914—1968),甘肃张掖人。父亲是张掖南街兴盛瓷器店老板,家教很严。家中弟兄四人,老大张慎之,在北京上大学时曾撰文宣传、支持李大钊思想,后来担任过张掖民团团长,在红军来河西的前两年辞了官,后被抓,坐了两年牢。张慎之还当过国民党政府张掖县教育科的科长,娶有四房妻妾。新中国成立后张慎之当过代质所所长,在工商联工作过,还当过培训教师,写得一手好字。

张聘之在家中排行老三,在张掖觻得书院等处学习期间,接受的是很传统的孝悌忠义的教育。当然,英雄故事对少年张聘之的激励是少不了的。爱国、个人英雄主义、升官发财的梦想是张聘之和同学们共有的。他们认为,这就是革命。接受中学教育的时候,张聘之看不惯当时马步芳军队在地方上的横行不法,借机组织同学们罢课闹学潮,反对当局的暴行。结果,被当局以武力镇压,张聘之遭到了开除、监禁的处理。此后,离乡背井的张聘之投考兰州农校,毕业后,又考入甘肃学院读书。1937年"七七事变"发生,日本开始全面侵华,抗日战争爆发。在全民族爱国精神的感召下,爱国热情高涨、个性强烈的张聘之和一拨人激于大义,效法班超,投笔从戎,寻求报国之路。当时,从军报国是热血青年共有的心声,去黄埔读军校,更是大家心之所向。当时的黄埔军校毕业生中,将星闪烁,辉煌耀眼,感召着建功立业的青年。张聘之终于考取了黄埔军校,成为第十四期学员。当时,原在南京的中央陆军军官学校刚刚迁至成都,张聘之就在这一年前往成都受训。中央军校在抗日战争中成为培养抗日官兵的大本营,各期毕业生都一律开赴抗日前线参战。张聘之以为从此找到了光明大道怀着无限热望,他记住了军校教给他的精神:精忠报国、不怕牺牲、要勇敢、消灭日本侵略者。军校设置的课程主要是步兵操典、战术、射击教范、筑城教范、总理遗教、三民主义、力行哲学、野外演习、射击演习、蒋介石言行录等十门课。军校原定的学习时间是三年,由于抗战需要,学制缩短一年,毕业提前了。毕业的那天,张聘之和一千多名毕业生集体加入国民党,宣誓效忠党国;但是党证没有领到,到前线后也一直没有领上。

1939年,军校毕业的张聘之来到部队,他参加了国民革命军八十三师,一开始是排长,后为连长,再后来是营长、干训队队长,一度当上了副团长。当时队伍中的流行语,是黄埔军校毕业的学生不怕死、会打仗。张聘之担负重任,就很自然。在艰苦卓绝的中条山

战役中,80%以上的战友牺牲,800壮士舍身跳入黄河,中国血性男儿的姓名,留在了抗日战争的历史上。最惨烈的是1941年,日军华北方面军集中了10万人的部队,包括从华中中国派遣军和关东军中抽调的部队和飞行团,进攻中条山地区中国第一战区的16个师近18万人的部队。折行中条山位于山西省南部,紧靠晋、豫、陕三省边界地区和黄河大转弯处北岸,东西约170公里,南北约50公里东至太行山、太岳山,西接吕梁山,向西屏障潼关、西安,向南护洛阳,向北接同蒲路,是华北、中原和西北的战略枢纽地带,是华北沦陷后中国正面战场在黄河以北所保有的唯一较大而突出的阵地,中条山战役(又称晋南会战,日方称之为“中原会战”)是抗日战争进入相持阶段后,正面战场国民党军队在山西范围内的唯一一场大规模的对日作战。中国军队很多高级将领在中条山之战中相继阵亡,二十七师师长王竣、第三军军长唐淮源、十二师师长寸性奇、二十二师副师长梁希贤、二十四师少将参谋长陈文杞,都在中条山壮烈殉国。其残酷和牺牲可想而知。最危急的时刻,张聘之和战士们高呼“有我无敌,有敌无我”,跟日寇奋力厮杀。张聘之集合队伍,说要守住阵地,决不后退;牺牲是为了国家,把日本鬼子赶出中国的土地。日军空军威胁极大,交通线、通讯联络经常被切断,战斗中,师以上司令部多数被袭击。后来张聘之说:“鬼子的飞机最坏,很可怕;飞机一来,我们的军心就动摇了。部队遭到众多日本兵的围攻,飞机大炮的狂轰滥炸。日军进攻中大量使用毒气弹,中国守军几乎无法坚守。老百姓送来大批木头,帮助部队把木头横放在重机枪阵地上,再在上面堆上土做成掩体。对垒处和日军的阵地最近的距离仅有一百米。对付日军的坦克迫击炮,枪支不起作用,需要平射炮,可是部队没有。炮弹呼啸着从天而降,轰隆声不绝于耳。一次,队伍分成两股前进,约定了会合的地点。到达目的地后才知道,另一支队伍遭到日军的攻击,已经全军覆没,一个人也没有活下来;张聘之所在的这支,躲过了一劫。

队伍在黄河边作战,行军打仗掉入水里的事时有发生。晚上,日军打燃烧弹和照明弹;紧接着就施放毒气弹,毒气在阵地上弥漫开来,人吸后喷嚏一个接着一个地打,鼻涕眼泪一起流。连以上的官员有防毒面具,其他官兵每人只发一个口罩。口罩不管用,战士们想了一个好办法,在地上挖一个坑,正好可以把头伸进去,在坑里面呼吸能防止毒气的攻击。战友们大多牺牲了,阵地也相继失守;张聘之腿部中弹、满身是血,人倒在地上昏死过去。醒来后发现和主人有着深厚感情的战马没有离开,救了张聘之。他得到了山里老乡们的抢救。在极端困苦的环境下坚守中条山,抗日军队有力地阻滞了日军的进犯,使三秦大地乃至整个西北地区免遭日军铁蹄的蹂躏,对整个中国战局乃至二战格局发挥了重要作用,举国称颂为“中条铁柱”,日军视其为中国战区的“盲肠”。失去战友和队伍的张聘之回到老家养伤,和家人说起战场,只说是枪林弹雨中爬冰卧雪,九死一生,所幸捡回一条命。养好伤后,目睹民不聊生、官贪民苦、社会凋敝,他也对当时的现实失去了信心,一腔爱国热情渐渐化为乌有。他可能是张掖人中打过恶战,在抗日战场上经

历最惨烈的人。

20世纪40年代末，张治中将军到张掖视察；张聘之以抗战功臣的身份进言，为极端困难的张掖民生争取到了20万大洋的救济资金。

生计无着而又饱尝军政界辛酸滋味的张聘之，想干一份远离尘嚣的工作，便应聘做了张掖农校的教员。如此三年，颇觉惬意。但后来又感到不如意，复燃起“时势造英雄”的幻想，想效法石达开，自创天下。1945年，张聘之前往兰州，和旧日同上中央军校的同学陆进贤（后曾在张掖专署、山丹县政府工作）、康军实（后曾在甘肃军区工作）等会晤，秘密商议革命，组织反对马步芳的集团，将活动范围主要确定为甘肃和新疆；并且随119军中将副军长兼244师师长蒋汉城的部队赴新疆，展开工作。张聘之等人是要想把迪化（今乌鲁木齐）作为基地的，没想到马步芳势力也行动迅速，先他们而入。见无机可乘，张聘之只好返回河西。1946年，在朋友的介绍下，张聘之在武威就职，任武威六区专员公署兼保安司令部中校参谋，逐渐掌握了各县地方武装。这期间，全国进步浪潮汹涌，张聘之的思想也与之相应，反对马步芳、革命到底的信念越来越强了。当时陇东南、兰州一带学生反对马步芳运动的基础实际上是张聘之等人打下的。

抗战胜利前夕及解放战争中，反对内战的潮流和先后回归人民解放军序列的国民党军队起义行动，使张聘之深受影响。1948年，张聘之在兰州方面的朋友逐步和中共地下党组织进行了接触，他们介绍张聘之和在武威的地下党党员王英（新中国成立后任中共武威专署宣传部长、延安党校校长）、康君实（新中国成立后在甘肃军区司令部工作，后是甘肃省民盟宣传部长）、赵敦升（新中国成立后任中共武威专署组织部长）联系，并给了革命书籍让张聘之学习。张聘之的思想发生了深刻变化，他递交了入党申请。1949年4月30日，张聘之正式加入中共地下党，并立即开展工作。首先是扩大地下组织，进行革命活动，争取更多的青年参加革命，发展革命武装。张聘之组织了西北平民同盟，又和杨光荃组织了西北人民民主同盟会河西支部。按照兰州地下党负责人王善卿、杨实的意见，以西北平民同盟、民主教育研讨会、人民教育社的名义在中小学知识分子中发展党员，并在各地建立党支部。当时河西地下党组织的名称是“中共河西区委员会”，王英任书记，赵敦升任组织部长（兼武威党支部书记），杨光荃任宣传部长，张聘之任武装部长，中共河西区委员共有党员64人。地下党组织了中国人民解放军河西区指挥部，张聘之是负责人。他们原想在1949年5月20日西安解放前进行起义，后考虑时机还不是很好，就在1949年8月26日兰州解放后决定起义。此前，蒋汉城也在甘肃南部率部8 720余人宣布起义，影响巨大；他的部下大多是张聘之在中条山的战友。

由于张聘之在武威警备司令部供职的特殊身份，地下党一些重要会议，特别是起义的秘密策划，都在他家进行。当时，地下党最重要的任务就是组织起义，迎接解放。策动所属部队的成功起义，则是张聘之的首要事务。7月7日，地下党在张聘之家里开会，研究

起义的事情。当时,由于党内有人叛变,兰州地下党负责人王善卿被捕,地下党的部分名单在新中国成立前几天到了武威专署警备司令的手里。看到机密文件,张聘之就通知党建国等党员疏散撤退;王英、赵敦升离开武威去找解放军。由于张聘之觉得自己还得留下组织队伍起义,再说也没有暴露,便和大儿子留了下来;以防万一,安排家里的其他人返回老家张掖,在甘浚乡下的亲戚家躲藏起来。

1949年8月26日,溃逃中的国民党甘肃省政府代主席丁宜中一行抵达武威。8月30日,国民党中央任命的代理西北军政长官公署长官刘任率公署进驻武威。武威专署专员傅子赉西逃,下令保安大队保护他们上路,保安大队长张聘之拖延并在最后拒绝了他的命令。

1949年8月31日,中国人民解放军第一野战军前委正式发出挺进河西走廊的命令。张聘之等人武装起义的准备工作已经基本到位。

9月13日晚,张聘之召集地下党部分成员左子瑜、刘春元、侯辉山等在家中开紧急会议,传达党组织关于迎接大军西进和平解放武威、待机起义的指示,同时部署了起义的组织工作。

张聘之策动好的主要是两支部队。为确保起义成功,他以演习为名,拉队伍出城,在城外驻扎。改了番号的官兵们胳臂上带着红袖标,手持小红旗,迎接解放军的到来。左子瑜(曾经做过国民党金塔县的县长)通知张聘之带人进城。张聘之在回城的路上遇见了一个卖西瓜的人,告诉他城门楼上有大量的民团,并且架有机关枪。张聘之觉得事情蹊跷,局势不对,就返回起义队伍。1949年9月14日凌晨,张聘之率保安大队、自卫大队、便衣大队等千余人队伍在北门外十字路口宣布起义,并向队伍宣读了迎接解放军、和平解放武威的意义,散发了朱总司令向解放军发布的文告等材料。随后队伍向大柳东沙窝一带集结,并在此后转移布防,粉碎了国民党城防司令杨盛生和骑兵团长窦仁山的威胁。在解放军大部队到来的时候,武威顺利解放。是日,中国人民解放军武威军事管制委员会奉命成立,张聘之把队伍交给了解放军四军和武威分区司令部;司令部任命张聘之担任分区警卫大队长,随着建制的改变,先后担任分区警卫营营长、科长等职。

武威解放后,领导上找张聘之了解张掖、酒泉地下党组织的情况,张聘之一一作了介绍, 并推荐了党员党建国, 党建国后来成为配合解放军进入张掖的地下党积极分子之一。

新中国成立之初,形势复杂,张聘之在司令部主要是做极其艰苦的剿匪工作。武威地委书记王俊在以剿匪反霸为主要任务的各族各界代表大会上讲话并指出:“土匪不消灭,人民就不能安心工作生产。”陈士南司令讲话并指出:“现在特务造谣是建设武威的大障碍,还有土匪抢劫人民的财产。要坚决肃清土匪特务,扫除生产上的障碍。”由于党政军各方面的齐心合力,大规模的剿匪肃特运动取得重大成就。在不到两年的时间内,

武威消灭股匪17股，共937人，消灭惯匪45股，约800人；破获敌特案件6起，捕获首要分子50人，破获较大抢劫案80多起，破获电台案4起。此外收容散兵956人，总共歼匪2 837人，缴获各种炮7门、轻重机枪47挺、步枪1834支、短枪225支、冲锋枪25支，各种弹药五万多发。剿匪任务完成后，随着1950年5月分区的合并，组织上安排张聘之转入地方工作，身份是武威中学(后来的武威一中)的总务主任兼政治教员，配合校长做工作。在武威中学，张聘之是唯一的党员，所以他代表的实际上是党的形象。他做了许多事，突出的是清理财务、整顿仓库、制定制度、改善学生伙食，、修理家具和房屋等。他还在各种会议上宣讲党的方针政策，带头学习、发挥党员作用、带了国家建设的好头。

在武威中学任职的时候，张聘之介绍生活困难的亲戚在学校参加了工作，做武威师范的事务主任。不料所用非人，此人品行不端，贪污了公家财产；"三反""五反"运动开始的时候，在批斗会上反咬一口，说贪污的赃款全部给了张聘之，这下张聘之百口莫辩，家被抄，人也被隔离，进行审查。后来甄别落实，张聘之只是接受了他买给的一块怀表，价格十元，说其贪污，显然是冤枉了。

张聘之被调往永昌，担任永昌一中校长的职务。和在武威的时候相比，张聘之这次身上再不佩枪了，警卫员也没有了，但住的还是永昌城里唯一的二层小楼。大鸣大放的时候，上级号召写大字报提意见，张聘之也组织了动员大会。但是，当教导主任王家英写了大字报，组织大家签名的时候，张聘之拒绝了让自己签名的要求。没想到这个拒绝救了自己。反右运动开始的时候，大字报上签名的老师和领导都被抓了。有一个晚上，一次就抓了七八个人，其中有的人被送往夹边沟，就再也没有回来。作为一校之长，张聘之又一次受到审查，毕竟，他是从国民党那边过来的。

"大跃进"的时候，张聘之写过一分很长的材料。据见过这份材料的人说，那份材料上的话，和后来见到的彭德怀万言书上的语言，几乎一模一样。带着学生没日没夜大炼钢铁的张聘之说，"大跃进"过火了；大炼钢铁，砸锅卖铁，土法炼钢，得不偿失。军人出身的张聘之性格耿直，他接受不了百姓们挨饿，却不让说的现实。这份材料递到了永昌县委，县长是王虎发，书记是蔡子清。结果，张聘之被打成了右倾机会主义分子，被撤销校长职务。每月只发给他50元的生活费。大学毕业不久的罗中老师，竟然被活活打死在批斗会上。张聘之因此受到很大打击。后幸不久后进行甄别，在1959年下半年他就被平反。据子女所述，当时上小学的张聘之幼子，一次给家里打醋，后面就有一群小孩追着喊："右派右派，像个妖怪！"。小孩子都受到这般羞辱，环境的恶劣可想而知。在无可奈何之中，伤心的张聘之只好送正在上五年级的儿子回到老家完成学业。

1960年4月6日签署了姓名并盖章的张聘之《自我检讨材料》(原件)里有这样的陈述："关于我反党反社会主义的右倾机会主义错误罪恶言行事实，虽向组织做了详细交代和检讨，但认识还不深刻，检讨得还不彻底，经过党的教育和帮助，我把我的问题再作进一

步的交代和深刻的检讨,以达到彻底教育我、挽救我、改造我的目的,并争取组织对我的宽大处理。"这份《自我检讨材料》是这样写的:"在收缴废铁中,企图把学校的两个铁火炉留下不交,事务(人员)上交了,我还问:'不是研究过不交了,怎么又交上?'学校的一口破大铁锅也交了,我知道以后就说:'我们没有大锅,焊一下还能用,怎么也交了?'这从表面上看来是两个炉子和一口锅的问题,而在我的思想深处则算经济账,认为每个炉子价值一二十元,炼出铁来每斤只值两三毛钱,不划算,实质上与得不偿失的谬论没有什么区别,也反映了我反对大炼钢铁的具体表现。""1958年春,学校提出年产人造棉30万斤的任务没有完成,我不但不很好地检查我的右倾思想,反而说是'吹了牛皮'。人家二中老师还是对的。1958年夏季参观酒泉中学以后说:'酒泉中学的拖拉机,是各处找零件制成的,现在放在操场里,只展览,还不能大量生产使用。'""把群众运动比成人海战术。""1959年反右倾开始后,一次参加电话会议回来,在支部会上就借口说:'今后有事应找县委的找县委,应找人委的找人委,只找县委不找人委,那中央的刘少奇主席就没事做了。'""从兰州开会回来,把沿途看到由武威到乌鞘岭各车站都有武威跑出去的男男女女,火车到站不开门的情况,也对有的教师说,借以散布,认为武威闹粮很紧张。"

张聘之继续留在永昌工作。操劳、担忧和伤感,使张聘之的身体出了问题。他打报告,向组织提出退休要求。经过研究后组织上同意了。于是,他退休回到了张掖,那是1964年。回到张掖的张聘之,住在张掖二中,和苏德礼、夏尚诰等老师住在一起。两三年后,张掖县在东大街道德巷附近修了退休干部宿舍,张聘之就搬了过来,和那些老红军、老干部们住在了一起。

退休在家的张聘之,还是热心给人服务。直爽仗义的军人性格,无论是在家里还是在外面,都让人觉得他值得信赖。加上高于普通人很多的文化知识,他又担任了张掖县退休党支部的负责人。"文化大革命"到来的时候,东街有人组织了街道红卫兵,头头叫银方,是张聘之在永昌一中时的学生。因为刘少奇是地下党的头子,这些人为了找到向上爬的资本,就拼命搜罗河西地下党的黑材料。在银方眼里,知道详细情况的张聘之自然是揪斗的首要目标。尽管历史问题早已由地委五人小组做了结论,但红卫兵仍说他是国民党。一天,张聘之被强拉上街,挂牌游行。张掖城里的大街小巷,贴满了铺天盖地的大字报,要揪出河西地下黑党的总后台。让几个小流氓羞辱到这等程度,张聘之无法接受。在游行的过程中,他悲愤交加,昏了过去。家中的文物书籍,都在这期间被毁坏。之后的二三天,张掖行署的专员苗彪被红卫兵活活打死。消息传来,张聘之感到绝望了。1968年2月12日,62岁的张聘之含冤自杀,丢下妻儿,离开人世。妻子悲愤地说:"张聘之一辈子刚强,枪林弹雨也没要了他的命,却死在了小混混小流氓的手里,天理何在,天理何在!"当时只有21岁的小儿子张尔聪在家,长子远在乌鲁木齐,次子在山丹一中。有理无处说的张尔聪,草草安葬了父亲。

张聘之的妻子叫朱翠英，是张掖市甘州区城关镇人，小丈夫一岁，1991年去世，享年76岁。张聘之育有三子一女，现在都已退休。长子张尔才，是《新疆科技志》的主编；次子张尔慧，曾任张掖中学副校长；三子张尔聪，退休前是张掖四中高级教师。

[按：本文最初的主要内容据张聘之哲嗣张尔聪2009年2月20日晚间口述整理。后来找到张聘之大约在1950年写的《自传和自我检讨》(复印件)、1960年4月6日写的《自我检讨材料》(原件)有署名和盖章。之后对其进行了订正和修改]

2009年2月26日二稿，2009年2月28日修改，2009年3月12日三稿，2009年3月13日四稿，2009年3月16日录入张氏后人修改意见后定稿。

丁师勤:音乐在我的生命中没有休止符

2002年,丁师勤先生写了一篇文章,题目是《我的儿子丁毅》,介绍金张掖走出的歌唱家,中国国家歌剧院和悉尼歌剧院首席男高音、中国音乐学院教授丁毅。在张掖大地上,曾经是音乐家协会主席的丁师勤桃李满天下,被冠以"播撒欢乐的人",享誉四方。

丁毅是张掖的骄傲,更是父亲的骄傲。在丁师勤先生的眼里,走向成功的儿子是裕固草原给他们家族的最大恩赐;音乐,则是他回报生活回报人生的上佳礼品。

丁师勤生于1939年,甘肃榆中人。五四时期参加火烧赵家楼爱国行动的北大学生代表、陇上英杰丁益三,就是他的叔父。丁益三是甘肃最早的中共党员之一,他也是民国时期甘肃著名的教育家。近年来,丁益三"家庭教育乃一切教育之本"的论断越来越受到海内外有识之士的重视。丁毅的成功,在一定意义上说,也是丁益三教育思想最好的实践。

20世纪50年代的丁师勤,是兰州中学生乐团的骨干分子。"蓝蓝的天上白云飘,白云低下马儿跑",如梦似幻的旋律,带给少年丁师勤无限的向往。1959年参加工作,他义无反顾地离开了省城,去了肃南,去了大草原。肃南草原的优美和牧民的淳朴,感染了青年丁师勤。在父亲去世后,他把母亲也接来了,一家人在草原扎了根。丁师勤如痴如醉地迷恋着草原牧歌。他兢兢业业、任劳任怨,渐渐喝惯了酥油茶,学会了骑枣红马。他和牧民生活在一起,歌唱在一起。他在肃南草原生活了十三年,歌唱了十三年。

十三年的草原生活,奠定了丁师勤裕固音乐大师的地位。

草原上悠扬的歌声,经过十三年的融合,化入了丁师勤的生命,也化进了丁毅的生命。1962年丁毅出生的时候,丁师勤引得妻子发笑的第一句话就是:"你听,第一声啼哭就是男高音C,是未来的男高音苗子。"是啊,裕固草原天高地远,原本就是嘹亮歌声的最好苗圃。

在草原上,咿呀学语的丁毅养成了自己的音乐细胞;在草原上,和歌声和琴声生活在一起的丁师勤孵化着自己的个性。

他从牧民的生活里,找到了音乐的灵性,也找到了自己信仰的灵性。他发现,裕固音乐,是冥冥中上苍赐给自己的信仰。他找到了人生的方向,也找到了生活和创作的源泉。

每一次生活经历,就有一个故事;每一个生活故事,都是一支原生态的生命之歌。传遍肃南草原的《裕固新歌》的诞生过程就尤为典型。那天,正在大街上骑着自行车的丁师勤,脑海里突然响起了一段动人的旋律。那是数天前他在草原上,在山野间,在牧民帐篷

里的感觉，他不能自已，也顾不了许多，就把车子撂在了路边。他手舞足蹈掏出纸笔，哼哼着唱了起来、写了起来。路人侧目，他不管不顾。雪山巍峨，泉水叮咚，花香鸟语，牧人引吭，都进来了，都进来了。曲子写完后，他看着秀美的山川，在灿烂阳光里笑了。

再后来，《山歌越唱羊越多》《祁连山黑河水》《裕固族姑娘就是我》《我的草原》等等不胫而走的百十首民族风情浓郁的欢歌，带着丁师勤的祝福和裕固儿女的希冀，穿山越岭，走进千家万户，融进民族音乐的海洋，载入史册。

以整理创作裕固族民歌为己任的丁师勤，凭自己丰硕的成果成为裕固族民歌整理创作的集大成者。国家级金奖等奖项也对丁师勤的辛劳给予了应有的肯定。他是欢乐的播撒者，也是欢乐和幸福的收获者。

在丁师勤的上衣袋里，有一个小小的备忘本，扉页上写着这样一行字：

音乐在我的生命中没有休止符。——丁师勤

这是他的人生箴言了。

20世纪50年代，丁师勤曾是省内有影响的兰州中学生合唱团成员；20世纪70年代，他是张掖师范音乐教育的负责人；20世纪80年代，他是张掖市音乐家协会主席。60年音乐生涯、40年教书育人，丁师勤为国家培养了大量的音乐人才。桃李满天下，是丁师勤音乐教育的真实写照。著名裕固族音乐家银杏吉斯、阿依吉斯，都是他的高徒；其子丁毅，更是在父母精心培养下成长为世界著名男高音歌唱家的。这样的成就，不是人人都能梦见的。丁师勤是集音乐教育、创作、指挥和社会活动于一身，在多方面都有精深造诣的民族音乐家。丁师勤曾参加各类音乐教育教材的编写工作，其论著和个人传记，也被《中国音乐家名录》等专著收载。

古稀之年的丁师勤说，他一生中有三个梦想：一个是看到学生成气候，看到儿子成为世界第一流的音乐家，这个梦已经在2002年实现了。那年，当他看到儿子站在悉尼歌剧院舞台上演唱的时候，他就觉得自己的人生已经很圆满很幸福了。第二个是能在肃南草原办一次自己裕固族音乐作品的演唱会。一辈子与音乐为伍，创作了那么些歌曲，作为一个一生追求完美的音乐家，有这样一个心愿，应该是再正常不过的事了。第三个是把自己一生的作品汇编在一起，最好是出一张光盘，留下来，算是给自己的人生一个交代。

就在这篇文字快要完成的时候，笔者得知，肃南草原将在自己的节日里为丁师勤举行专场音乐作品演唱会。他的朋友、他的高足、他的儿孙、一切和他有缘的人们，都将在这场音乐会上再度聆听天籁般的歌声。而他的心愿、他的梦想，都将在这个节日里奇迹般地得以实现。

最后，就以丁师勤手书在一张纸条上的话，也是一段歌词，作为本文的结束语：

来吧，爬山的朋友沿着小道，不怕路遥，攀上峻岭，哪怕山高！远眺，蓝天白云，鸟儿欢叫，努力前跑，目的就快到。

2011年7月7日晚间完稿。

温暖一千年

宁文兄真是会编书。在书店看到他编的流沙河文集《晚窗偷读》的时候，我就舍不得放下了。精装布封，淡黄的书册、在时下的书界，是较为罕见的精品。

细说起来，和先生还真是有缘。先生在答已是百岁老人的《文坛登龙术》作者章克标询问时，说过自己名字的由来，曾用笔名流沙，"出自《禹贡》之'西至于流沙'，指塞外沙漠。卑意喜其浩瀚而已"。河西走廊习用的版本是"导弱水至于合黎，余波入于流沙"。版本或异，情事则一，故无伤也。命意是清楚的。因前人用过流沙二字，遂缀一"河"字于后（又一说因国人名字惯为三字，遂将"河"复补，亦无伤也）。由此看来，先生是喜欢"东至于海，西至于流沙"的意境。

先生有《庄子现代版》行世，老庄老庄，可知先生也是推崇道家老祖老子的。那老子，据刘向说，是骑青牛，"西入流沙，莫知所终"的，可见流沙之魅力无穷也。而我的故乡，就是沙漠戈壁中的绿洲，就多有流沙河，也有牛魔王洞，有火焰山，还有高老庄。而史传中流沙所趋的居延海，也就在周边。

以上是老天的安排，先生叫了流沙河，我则生在流沙河边，虽说是风马牛不相及，却也是天地生，有关系。"思之可发一笑"也。

以下说书缘。今年4月份，托成都龚明德先生的福，我收到了刚出版的《再说龙及其他》的毛边本，上面有先生的软笔亲笔题签："黄岳年先生。流沙河二〇〇九年四月十六日。"并盖有满是古意的小方朱文印章。书到手的时候，先看到的是最前面的序言，题目是"五句说明"，整篇文章，只有五句话。第三句、第四句和第五句，尤为感人："蒙读者的厚爱和鼓励，拙著尚有小小的市场。""世间总有一些不可救药的读书人，耗费'即金钱'的时间，来读一些无用之书如拙著者。""年衰体弱，朝夕畏寒，难得蒙赐这小小的温暖，在下道谢了。"当时我写了一篇短文，专说这事，标题就用了"温暖"二字。

冬天将要过去了，回想先生书带来的温情，真是无可言说。先生的著作，我最早得到的，是《流沙河诗选》。后来陆续得到、成为架上珍爱之物的，是《台湾诗人十二家》《故园别》《游踪》《庄子现代版》《Y先生语录》《老成都》《书鱼知小》《流沙河短文》等。我不是收藏家，所以没有收全先生的二十多部著作，但我却是流沙河的铁杆粉丝。无端觉得，流沙河的际遇和南怀瑾有些相似，只是不知道从何说起。

闲翻《晚晴簃诗汇》，就看见了清代彭县人杨岱写下的《大慈寺》诗：

久废先朝榜，何人礼大慈。
青苔荒石马，昏月宿寒鸱。
不见张蠙咏，空留孟昶碑。
年年春草绿，古迹问谁知。

杨岱是康熙丙午举人，做过上杭知县，有《村山诗集》行世。他的诗，让我想起了大慈寺茶聚。杨岱的诗表明，大慈寺的有名是从古到今的。而我知道大慈寺，却只是因为有了流沙河。天涯社区闲闲书话发帖的蜀中友人，常常在帖子里说到大慈寺茶聚。又因常常有流沙河先生，也使得那茶聚的精髓和灵魂，就像那位妙语连珠的文化老人。这当然是我的感觉。

这回的书中，又见到了曾收入《流沙河短文》里的《晚窗偷得读书灯》，文说："昨日清明，大慈寺中茶聚，座设东廊。微雨而寒，友聚不多，顿生寥落之感。"正好和杨岱的诗相印证。不知道大慈寺杨岱诗里说过的碑还在不在，但是我知道，先生对孟昶的评价还是很高的，他曾在《老成都》那部书里花大篇幅颂扬孟昶。"尔俸尔禄，民脂民膏。下民易虐，上天难欺。"孟昶留下的官箴用了一千多年，至今仍未过时。那天的老先生没有说孟昶，但是他想起了千家诗，他说："友聚不多，亦不足减我清淡的兴味。"他想起了戴罪八年，还在劳改时候，灯下日记中录入的宋人王称禹的诗歌："无花无酒过清明，兴味萧然似野僧。昨日邻家乞新火，晓窗分与读书灯。"他说诗人独自点灯读书，不随流俗；词美韵精，可读可听，"尤可自家娱悦。有古人甚多，他们夜夜在灯下陪伴我，谁能孤立我？我何必去怨怼沉江，吾友岂少也哉。书生不死，其故在此。"

那天回到家，流沙河戏改古诗，形成新诗：

无家无友过清明，心态惶惶似罪僧。
白日红旗瞒场长，晚窗偷得读书灯。

他说："原诗作者王称禹，已故九百九十九年了，似乎还在。"此篇是晚上读的，读后没了瞌睡，就又打开电脑，看先生大慈寺茶聚的图片，看先生呼吁恢复正体字。有这样的文化老人，在大声疾呼着固有的文明，且看网友"军队"2007年10月23日的记录：

> 流沙河先生讲"聚"字，很有些惊心动魄：古文字中，聚字上面是"取"字，下面是三个人字，"取"字很血腥，一只左耳，右为一只手，意为取人头颅。古人说："秦人尚首功。"秦国鼓励士兵杀人，所以六国都说："秦乃虎狼之国也。"连投降的都不放过，就是砍下人的头，割下左耳朵，用以计功，这样好操作，好计量。你说你立了战功，很简单，拿你杀人的数量来看看嘛，头颅多了不好收集，故规定以左耳计数，故秦兵腰间都有一个串耳朵的索。我想，秦兵马俑身上也许能找到这个证据。幸好，聚会的"聚"只取了一个声符，不然，太可怕了，你要是知道这个"取"，意为取人左耳朵的话。

流沙河先生讲“寧”字更有趣:你看,“寧”字上面是一间屋子,中间是一颗心,下面是一个饭碗(皿字),丁是声符,不参与意义。孟子说人要“收放心”,我们的心,常常是被放飞的,有许多的奇思妙想,有许多的如意盘算,躁动不安,故要收心,把心收回来,有住的,有吃的,心儿当然就“寧”静了,就安“寧”了。为什么现在许多人不安“寧”呢?现代人一是心在外,二是无住房,三是无饭碗。怎么能安“寧”嘛!现在将“寧”字简化为“宁”,“宁”这个字古文字中本来就有,就是“贮”,在甲骨文中“宁”的写法是几个半圆合在一起,就如许多的罐子放在一起,罐越多,表示“贮”藏的东西越多。你看,古代汉字是活的,是有思想的,今天我们仍能从古文字中读出三千多年前古人的一些观念和思想。古人在汉字中留下了这么多文化内涵和密码,我们要好好保护古文字。古文字一简化,什么古代信息都没有了。

龚明德先生在2009年最后一天发表的《说点儿正体汉字的事》里说到了流沙河:“年近八十高龄的文化前辈,在啼血呼唤正体汉字的归来……”

那是海啊,那是山;是智慧之海,是智慧之山。我握笔在手,书写感动:

茶聚大慈寺,寥落过清明。

温暖一千年,晚窗读书灯。

古来圣贤皆寂寞。先生冰雪情操,在万丈红尘里是个异数。他是主张“游心于艺”的,他说那给他带来了快乐,“游心于艺,使我在二十年贫贱中觉得富有而且高贵,不必嗟贫而穷愁,无须叹贱而自卑。现在老了,虽无成就可以自慰,也不必去眼红张三发财,更无须去歆羡李四升官。”那么我看,这《晚窗偷读》,便是先生游心于艺的产物,也是我游心于艺的爱物。

我是喜欢读书的。读到了某一处时,就会手痒,想写点什么。先生说读书人写文章,是从书里蛀点什么的,我也愿意。向先生请教,他不一定有时间;有时间了,又不一定有精力,不一定方便。那么就多读一些他的书,受些感染和熏陶,虽不一定是真传,却也来得实际。书在,先生就应该在的。那天大慈寺人少,想着先生的落寞,想要是我恰好就在近旁,能亲承謦咳,该有多美。可惜,我没有修成这样的福德因缘。成都今年有会,龚明德先生办的,流沙河一定会在,我预备去。那时,见得到老人家,应该不是奢望。

2010年1月6日晚间写毕。

真是福缘深厚。2010年11月18日,我在成都全国读书年会上亲耳聆听了流沙河先生讲说读书的报告。先生在他的著作《流沙河认字》上为我签了字。合影的时候,心中诵起先生那首名为《自述》的诗章:“浅含笑,深鞠躬。性情怪,世故通。/植过棉,做过工。未享福,总招凶。/不务实,老谈空。改恶行,求善终。”人生悠悠,先生万年。我从心底里感叹。

信札两通

一、王稼句来信

岳年：

大著《水西流集》一册拜收，书名起得好，书装也可人。前些时候收到兴化姜晓铭寄下的《积树居话书》，我回信说："无论装帧，还是版式，都合乎我的想法。主持这套《读书风景文丛》的朱晓剑先生，做了一件好事，书话随笔需要不断推出新作者，也需要有一个壮观的阵容。我看了一下勒口上的名字，除阿滢、岳年、国华、立民等几人外，其他都不熟悉，可见同道者很多，这是值得高兴的事。惟晓剑先生在《编者的话》中称之为'民间读书人'，我并不苟同，读书岂有非'民间'者。"今再补充几句，不但喜欢写这类文字的人很多，读者也很多，只是如今发行有点困难，不少民营书店关门，新华书店依靠的是教材教辅，心思不在上面，如果从网上购买，一般需要知道作者或书名，如果都不知道，就有点难度了。那就要做点宣传，好在作者都是此道中人，应该互相"吹捧"一下。苏州天气太热，也做不出什么事来。一本《桃花坞木版年画》已三校了事，下月或可印出。另外，编了一本《采桑小集》，内容一如《听橹》《看云》，也是小精装，年内总也该印出吧。还继续做一点地方文献的点校，拿自己的话来说，既是做功课，又是赚稿费，作为盛夏的消遣，那是挺合适的。近况可好，时在念中。今年读书年会放在东莞，可有时间参加？

馀言后叙，顺颂安好。

稼句谨覆

2012年7月23日

二、黄岳年复信

稼句先生：

收到来信，真是高兴。有先生一语，书林即称纸贵。《水西流集》及读书风景文丛复得先生揄扬，幸何如哉，幸何如哉。

在读书人眼里，姑苏王稼句，是天上的星辰，地上的神仙。《看书琐记》《听橹小集》是红尘万丈里的清凉，其畅销也恰能印证大家的喜欢。年内小精装《采桑小集》的面世，会是又一次"悦读"的盛宴、生命的甘霖。太好了。

也是因为书的缘故，应朋友之邀，我18日晚间离开张掖，19日上午抵昆明，之后在彩云之南游走。丽江、大理、楚雄、石林之后，多的时间在昆明。23日去了一二一路的昆明师范大学。这里是当年西南联大的旧址。纪念亭，纪念广场，联大路，梅贻琦、张伯苓、蒋梦麟几位校长的雕像，联大教室，西南联大纪念碑，闻一多先生衣冠冢，一二一烈士纪念碑，一一在目。我对友人说，有了这些人，就算是国家没了，都会重建好的。无论对国府还是对新中国，西南联大都是文明之根。

昆明有一个阳宗海，是二级水源地。这两天我就住在水边上，凉风习习，气候宜人。在风景如画的地方读读写写，感觉倒是蛮好，只可惜琐事缠身，身不由已，乘凉的时日确乎不多。

29日，云南书事将告一段落，预定行程结束，我回张掖家中，再继续惯常的生活。

晓剑兄是性情中人。我们在天涯社区相识，后来在成都读书年会上相见，再后来在《水西流集》的编辑过程中熟悉。他是一个做事勤勉、效果显著的好人。这样的人，今天不多了。

先生寄来的《城东诗抄赏析》并《翰苑茗香》题签都佳，特别是后者，于我是人生重礼，甚为宝爱。书或在九月间印出，届时奉上请益。

即颂书安

岳年上

20127月26日于昆明。

知音之赏

2012年7月15日，下午3:58，收到株洲兰祁峰兄手机短信：

岳年兄：雅著《水西流集》已于今日收到。展卷摩挲，感佩之情油然心生。先生非特读书人耳，实一至情至性之人。诚如序中所云，交游谈艺是人生一大乐事，亦人生化境。余虽不敏，然亦受教无穷矣。弱水西流固然是地理事实，在我却想到一种逆“滔滔者天下皆是”的姿态，更想到一种“门前流水尚能西”的豪迈。真喜欢这个书名！兄以为然否？于归家火车上记此几句聊表谢意，弟兰祁峰。

[按：兰祁峰，一个喜欢购书、乐于淘书更善于读书的人，我的同道。《蠹鱼日记》记录了他生活的点点滴滴。在博客上，他如是述说自己：“对于一个生活在城市里某个街角的普通人，无论是来是去，是停是走……套用读者老板的话，都只不过留个脚印，脚印而已。”]

“门前流水尚能西”，句出东坡居士《浣溪沙·游蕲水清泉寺》，原词前引曰：“寺临兰溪，溪水西流。”清泉寺在今湖北浠水县。被贬黄州时期的元丰五年(1082年)三月，苏轼曾游此寺。词云：

山下兰芽短浸溪，松间沙路净无泥，萧萧暮雨子规啼。
谁道人生无再少，门前流水尚能西，休将白发唱黄鸡。

白居易曾有《醉歌示妓人商玲珑》：

罢胡琴，掩秦瑟，玲珑再拜歌初毕。
谁道使君不解歌？听唱黄鸡与白日。
黄鸡催晓丑时鸣，白日催年酉前没。
腰间红绶系未稳，镜里朱颜看已失。
玲珑玲珑奈老何？使君歌了汝更歌。

“黄鸡催晓”“白日催年”，是说人就是在黄鸡的叫声、白日的流动中一天天变老的。因此他慨叹“腰间红绫系未稳，镜里朱颜看已失”。

坡翁“休将白发唱黄鸡”，反用白乐天诗意，意为不要叹息年华易逝，只要精神不滑坡，返老还童应不是什么难事。《浣溪沙·游蕲水清泉寺》一词的上阕描绘兰溪美景：浸在溪中的兰草的嫩芽，不见泥泞的松间小路，下个不停的潇潇暮雨，婉转啼鸣的杜鹃，构成了一幅清丽、洁净又富有生机乐趣的图画，抒写出诗人轻松、愉悦、怡然自得的心情，为

下文抒怀做了很好的铺垫。下阕以反诘起句:谁说人生只会变老,不能再次变得年轻?然后即景取喻,道出了富有人生哲理意味的诗句:"门前流水尚能西。"意思是门前的溪水还能由东流转为西行!言外之意,人不应把变老视为畏途,只要心态好,老也可变为年轻。结句又反用白居易的诗意,再次奉劝人们不要叹息年华易逝,人生也会返老还童的。东坡居士在被贬中尚能不以逆境为患,唱出如此乐观的曲调,展现了他旷达的胸怀,给人深刻的启示。全词语言白浅,但"浅浅语亦觉不凡",充分体现了作者善于驾驭语意,并使其蕴含韵味的能力,而句中折射的哲理、积极和高亢的情调,千百年来更是感动了无数的读者。

兰兄所引滔滔句,出《论语·微子》:"滔滔者天下皆是也,而谁以易之?且而与其从辟(避)人之士也,岂若从辟(避)世之士哉?"原意谓洪水弥漫,遍地都是,社会纷乱,万象纷呈,你跟谁来改变它呢?追随避人之士,哪里比得上追随避世之士,出世而隐居呢?兰兄以"滔滔"论姿态,以坡翁说"豪迈",高谊嘉愿,弥见珍贵。念及此,惭愧也。于是复信,略云:

祁峰兄:得此一信,胜逾万金。人逢知己,书遇知音。红尘千丈,友情至真。有朋如兄,足慰平生。祝好。岳年匆复。

兰祁峰说过这样一些话:"我一直在想,书要碰对人,人也要碰对书,但这不是一件容易的事。""也许真的冥冥之中,自有天定,一些书,它们仿佛就等待着这一刻的来临。""难道人与书的缘分真的可以有这般的神奇吗?书,你不只是一个纸制品,你是古往今来人类灵魂的信使,你一直都在谛听后来者的心声。"我说,《水西流集》碰对了他该碰见的人,人生得一知己足矣,到兰祁峰手里的那一刻,《水西流集》啊,称得上算是没有枉来世间一遭了。

2012年7月17日傍晚写于雨后夕照中。

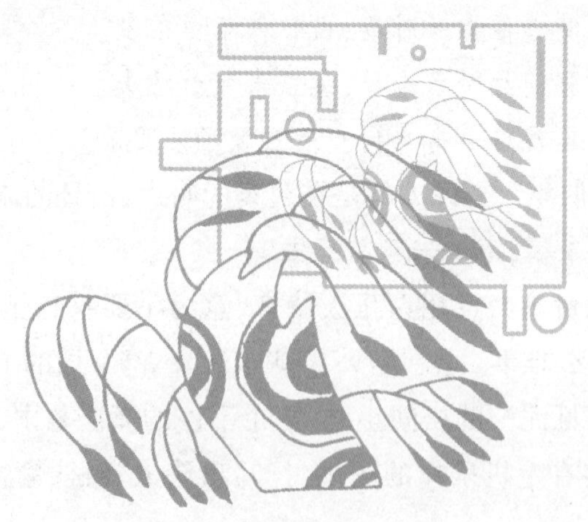

中国有个"悦读时代"

2011年过去的时候,82岁的原中国社会科学院美国研究所所长、著名国际政治及美国研究专家资中筠发表了题为《岁末杂感》的致友人信,说当代中国"忧在萧墙之内",被誉为感时忧世的最佳年终总结。

资中筠文章以西汉贾谊《治安策》中的话为魂魄:"今之事势,可为痛哭者一,可为流涕者二,可为长太息者六。若其他背理而伤道者,难遍以疏举。进言者皆曰天下已安已治矣,臣独以为未也。曰安且治者,非愚则谀,皆非事实知治乱之体者也。夫抱火厝之积薪之下而寝其上,火未及燃,因谓之安,方今之势,何以异此? 本末舛逆,首尾衡决,国制抢攘,非甚有纪,胡可谓治!"资中筠说:"这段话就其抽象意义而言,竟可以一字不改适用于今天。"耄耋老人剀切诚挚地揭出了我们时代的病根。能否引起疗救的注意,唯有馨香祷祝矣。

然而读书所造就的读书人和读书人群体,有担当道义、心忧天下的自觉性。这个群落里的人往往手无缚鸡之力,却有所谓的"家国情怀",他们深知"天下兴亡,匹夫有责"。

从孔夫子到范仲淹,到黄宗羲、王船山,到曾国藩,到胡适之,到周氏兄弟,到陈寅恪,这么些读书人,才正是中国文化的代表。他们生命里的使命意识是与生俱来的。当然,秦始皇们,也是中国文化里的人物,他们也有使命。不过,对后世对后人生命生活还继续给予关怀的,一定不是秦始皇。

在今日中国,真正的读书人都看到了一册充满了书卷气的书,这就是中国阅读学会的会刊《悦读时代》。《悦读时代》不愤世嫉俗,《悦读时代》不硝烟弥漫,但《悦读时代》沁入了大家的心田。《悦读时代》给展卷者带来了素养,带来了修养,或许还有一点点思想。这些都是看不见摸不着的,但这些会成为人生的底气或背景,会在生命旅程里起大作用,或许是根本作用。

《悦读时代》创刊三周年了。三年何其短,在历史的长河中是微不足道的;三年又何其长,那是一千多个日日夜夜啊! 市场经济时代,大家都要效益要好处,这《悦读时代》免费寄赠,钱呢? 办刊的人就不喜欢钱? 不喜欢效益?

然而《悦读时代》期期不落,如期出刊。有人愿意写稿,有人愿意出刊,有人愿意并喜欢读。众人拾柴,就这么撑持了三年。这就是担当,这就是仁义。仁义在民间。"不要人

夸颜色好，已留清气满乾坤”。从东到西，从南到北，《悦读时代》赢得了众口一致的好评。

《悦读时代》为读书、为读书人、为书香、为书香社会。声气相通，意气相和，如春雨，点点滴滴；如细流，汩汩未已。一脉之来，可欣可钦。泱泱大国，有那么多的报纸杂志，每天要出来多少。《悦读时代》终就让读书人念兹在兹，这就是成功，这就是效果。《悦读时代》滋养的，是读书种子和他们的心灵。

当代中国的书林，有了《悦读时代》，就有了一道风景。

公益和慈善，是未来社会人们生活的必有成分。我以为《悦读时代》是书界的公益，是书界的善良。人说，人权和科学，是这个世界上让更多的人生活幸福的两大课题；民主和法治，是这个星球上让更多人幸福的两大保证。我说，读书和思考，是社会文明和进步的永恒原动力。从这个意义上讲，《悦读时代》所带给我们的，就不仅仅是一册书、一份杂志。

说起来，要是拒绝民主和法治，全民族都会是输家。要是没了书，没了“悦读”，人或许也会少了许多不该少的。在一切向钱看的社会，幸好有心灵纯美的读书种子。他们，会使世界变得美好！

因而，我们为中国有这样一份纯读书的杂志而高兴，为中国有个“悦读时代”而憧憬。

祝《悦读时代》越办越好。

2012年2月11日

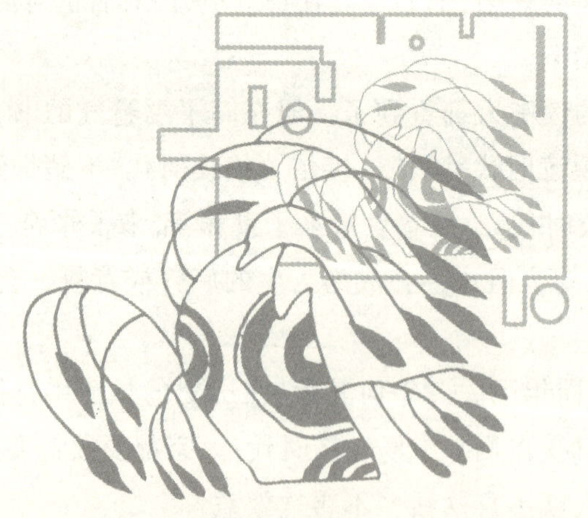

我的书生活

去年文字结集的时候，想好了一个题目：书生活。不想心有所动，上网搜索，居然有人已经用了这个名字，只好在书的后面加进一个“蠹”字，是为《书蠹生活》。书在台北出版，欢欣鼓舞，一喜也。

和大家一样，我的读书生活，始于自己的小学时代。那会儿正是“文化大革命”后期，同伴中有人拿着一册《黑旋风李逵》，应该是梁山故事的缩写本，我看得如痴如醉。后来老师见到，以为不合时宜，就给收了去。虽然后来同伴没有深究，可我觉得总是对不住朋友，就一直记了下来。

一次父亲进城，我央他给我买书。大概当时的新华书店也没有多少可买的书，回来时，就给我带来了两本。一本薄一些，是《鲁迅的故事》；一本厚得多，是郭沫若的《奴隶制时代》。薄一些的好看，我对鲁迅的了解，应该就从那册书开始。《奴隶制时代》就是拿现在的眼光去看，也还是豪华本，开本也大，里面的照片很瘆人，是恁大的墓穴。这是当时的印象。关于鲁迅的那一本，早不见了，大约是同伴们借去了。郭沫若的这一册，我一直也没有读完，现在还插在家里的书架上。父亲过世已经八年了，每一念及，就别是一番滋味在心头。

后来在工作中，能有时间看看自己喜欢的书，就成了一份奢侈。不过，读书带来的乐趣，总是让人欣喜。我在《弱水轩记》里写过这样的话：“打拼归来，我焚香啜茗，把卷清心，惬意非凡。藕益大师曾视一椅一榻一蒲团一经卷一声佛号为修行人的极致，我则视此时此刻此情此境为人生的极致。”那是真实的感觉。不过话说回来，看书，哪怕是业余的闲读，也给我的工作带来了诸多方便。关于工作状态的改善且不说，就是上进的动力，读书带给我的也多。

现在的节假日和公休时间多，空闲时高兴的事莫过于旅行和读书了。相比起来，旅行受到的限制多，读书就更自由些。不需要太多太好的条件，有平时买下的书，就好。要是有了新的册子，就算是“上娱[作者按：引自叶圣陶俞平伯通信集书名《暮年上娱》]”。在我的书斋里，“醒时眠时，坐处卧处，风晨雨夕，书卷覆我，我读书卷，在在处处，神物相随，我之书正多，我之乐无穷，我之福，亦无穷矣。”

以前的读书人给我们留下了很好的榜样，他们白天处理俗务，晚来在灯下读书咀嚼

人生真谛,收获都很大。曾国藩在战事最激烈的时候也不废半天办公,半天读书的成例。他那些脍炙人口、流芳后世的文字,多在戎马倥偬中完成。文化史上,那些老死书斋的所谓学者多为陋儒,而宦游四方的公务人员则往往成为文化英雄。治国平天下的事功无意中变成了治学为文所必需的田野工作,这似乎是公理。不过,读书致用是形而下的层次。读书的最高境界是养心,是悟道,是对人性的了悟与同情,是对宇宙的洞察与皈依;而人格的丰富、威猛与从容,还应该只是读书的副产品。

近些年,读书之余的我往往喜欢做些札记。我感觉到,读是在欣赏美好,写是在挖掘自己。读的时候接受阳光和雨露,写的时候在升华人生。读别人的时候,也时常审视深藏于自身中的灵魂,在挑剔世界之际,也挑剔自己。这样,读和写结合起来,心态就越来越达观、开阔和善良了。

边读边写,觉得生活很充实。前些日子,董桥先生在来信中说,他是每周写一篇文字,作为自娱的。先生是《苹果日报》的社长,工作多忙啊!古稀之年的长者,无意间聊过的话,我记着了。手边常放着心仪的书,常翻常读;受到些许感染,是自然的,也是我乐意的。

2011年10月19日上午在秋日阳光中写毕。

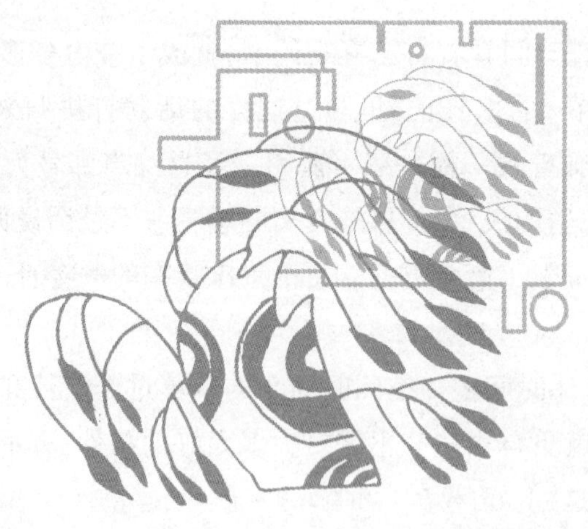

《水西流集》自序

2009年11月27日，我在博客上写了记录金陵雁斋主人书题《弱水读书记》的文字：

接到南京大学徐雁教授来函，云“昨晚方从教研室取回题赠新著《弱水读书记》”，心怀有感：“江淮今日，雾锁南北。午后从容浏览尊序。君所谓‘适心快意读书法’，吾心曰同也。教书而读书，最是吾辈天职，可惜同道乏人，古调难鸣矣。学海无边，自一瓢而二三瓢，可知先生愈饮愈欢当至欣然之境而鼓之舞之矣。书此为祝，兼谢赠书。”徐雁有言，为我们民族的跨世纪发展培育下千万个“读书种子”。从先生所领之军，发读书之愿，做一个新脉望，生活于书林，亦快事也。勉之。

岁月匆匆，2012年的春节也已经过去了。心愿依旧。

书斋里那册流沙河先生题签的《再说龙及其他》毛边本，也裁开来读了数遍。借先生用过的词说，是日月跳丸，千余次了。常翻常新，感动时有。

82岁的国际政治及美国研究专家资中筠，岁末给友人写了一封信，在深忧当代中国“祸在萧墙之内”之余，说她每每见到“在方今熙熙攘攘之世仍有人有所追求，有所坚守，不计利害、安危，执著地为百姓的权益鼓与呼，破谎言、求真理，为社会正义、民族振兴脚踏实地、见缝插针地做着有益的事，都感到欣慰，升起希望，乃至肃然起敬。”虽做不了先生所期望的事，但在家常早起，忧国愿年丰的心愿总是保有着的。于是常常涂抹一些心向往之的文字。蒙读者朋友厚爱和鼓励，尚能出版，真是幸运。

这些文字多的曾在《人物》《博览群书》《杂文月刊》《开卷》《藏书报》《悦读时代》《海南日报》《日记杂志》《太原晚报》《温州日报》《甘肃文史》《文化兴化》《清泉部落》《温州读书报》《太原晚报》《书脉》等纸媒上刊载过。当然，也在博客上和大家见过面。数十万朋友，以金钱般珍贵的时间来看我无用的文字，想到就觉得温暖。

随园主人袁枚说过，“文字之交有甚于骨肉妻孥者”。《随园诗话》云：“万里之外，交生情，情生文。存其文，思其事，见其人，又可弃乎？”笔者两百一十余年后在随园故址读其诗文，述其往事，想见其人，亦人生难得之境也。乡居有幸，得值善友，上上之善也。赋诗论文，自不可妄与前人比，但友情之享，或有过前人处。

余与读书诸君，君子之交也，其淡如水，不尚虚华，以义相择。其人贤，其言雅。往来如春风拂照，欢欣无限。昔人云，若无花月美人，不愿生此世界。余益之云：若无翰墨友人，

人生必也无趣。以书会友,与读书人天涯比邻,交游谈艺,亦人生化境,智者所欣。

拙编面世,同好辄相赏玩,会心多有。援笔著文,予以称扬,虽云谬奖,情真意实。凡数万言,奖勉至多。予不敏,然铭心感佩之念,亦自久萦。

西域之水,多向西流。弱水,是其大者,流过故乡而向西向北,成其敦煌与居延文明。在瀚海绿洲丹霞流彩中读写,并看长河落日圆,是人生一大乐事。

此集,即上述生活之映照也。

2012年2月5日晚间写出,时为立春后第一日,元宵节前一日,街灯明艳,华彩流光,置身其间,不知天上人间。

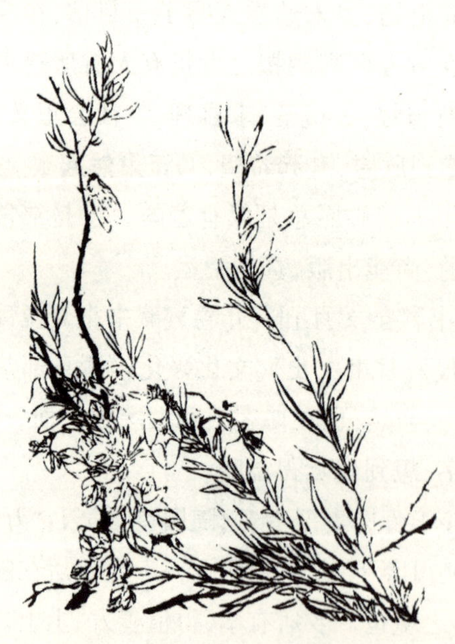

读书种子黄岳年

王成玉

读“弱水月年”博客，闻黄岳年先生亦久矣。在春节即将来临之际，黄先生过年不忘赠书，惠寄大著《书林疏叶》，成玉受之有愧也。他在题词中说：“和您的交往，让我觉得格外高兴。”这更让我受宠若惊。百忙之中，千里之外，以书传情，共度佳节，真乃读书种子也。

成玉乃一粗人，才浅学薄。虽然识得几个字，然风雨晨夕，随遇而安，读书作文，常常也是不求甚解。近几年来，幸交二三书友，得读书之乐，亦颇不寂寞矣。所谓读书种子，至少我看，在当今之世，那些“读书而不仕”的人，才是真正的读书人。读书不忘过年是一境，过年不忘读书又是一境，过年不忘赠书乃又一境也。

初读此书，我发现了一个很有趣的现象，即作者读书的兴趣和爱好与我有惊人的相似。例如《张舜徽的〈清人文集别录〉》《读书者校书》《陈平原的书》《关于钱仲联》《黄侃阅读小札》《关于黄裳》《也论傅增湘》《初说扬之水》《谷林的〈书边杂写〉》《止庵》等等，十几二十年前，这些人和书都是我枕边的读物，据此还写过一些文字。自误入所谓的书话研究以来，不读亦久矣。今读岳年大著，旧梦重温，如晤故人。既温馨又感伤，当年曾经之事，在岳年笔下滚滚而来。记得有一天，我到一家旧书店看书，因为与店主是老朋友，他就把我请到二楼他私人藏书的地方，说要送书给我，让我随便挑。这时我一眼就看到这本《清人文集别录》，这是我久寻不得之书，还有一本钱谦益的《钱注杜诗》。我买过好几本张先生的书，其中有一本关于《汉书·艺文志》的书（书名忘了），我最喜欢读的还是那本《爱晚庐随笔》。岳年读书精细典雅，怪不得他的文字有学问，书读得多，根深而叶茂矣。

我似乎相信，从来没有人在读书，而是在书中读自己。去发现自己，寻找自己。我读岳年的书，边读边写边回忆，恍如昨日。他在《关于钱仲联》的文中说：“寒斋有幸，收得钱先生著作大半，得以日夕亲近之，亦人生至乐也。”我最早买钱仲联的书是《梦苕庵论著二种》，当时受黄裳先生《关于吴梅村》一文的影响，很想读吴梅村的诗，但此时《吴梅村全集》还未出版，正好此书收录了吴梅村的很多名诗，如《圆圆曲》等，后来我又买了《梦苕庵论文集》《梦苕庵诗话》等，以及《鲍参军集注》《韩昌黎诗系年集释》（五十年代版本），以及《钱仲联学述》等。特别值得一说的是由他辑录的沈增植《海日楼札丛》和《沈增植诗

集校注》,那是他几十年的心血,最令人感佩。

多年前我买过一本《量守庐学记》和黄侃先生的其他著作,今读岳年《黄侃阅读小札》,倍感亲切。前几天在家找书,翻出一本《中国海峡两岸黄侃学术研讨会论文集》,是华中师范大学1993年5月出版的。齐冲天在《黄侃先生的治学特色》中说:"最后我想说的是:治学者建立起自己的宏伟事业,必定有与他相称的科学品格。否则,是不可想象的。对于黄侃先生来说,例如他的脚完全踩在实处,所谓实处,就是一个字一个字的订正,岂能有一点贪图省事和取巧之心。又如一个真正追求科学的人,他必定勇敢自信,不隐瞒自己的观点,敢于发表意见,同时,又是十分谦逊而不自满的。这些品德,在对黄侃先生的回忆录中,也都有具体的记载。再有,一个积极追求科学的人,必定要终身勤奋工作,死而后已。他看待生命的价值就在于此,而不愿沉湎到一些低级趣味中去。黄先生在生命的最后几天,还在攻读古籍,就是这种精神的表现。在一生中始终如此不懈,似乎是平凡的,却不也是伟大的吗?"所谓道德文章,岳年说,做人第一,做学问第二也。

春节临近,坐在这寂寞的案头,读朋友从远方寄来的新书,实在是一件很愉快的事。况且作者的新书,其所谈之话语又是这样的熟悉和亲切。我一向疏懒,读书作文,不求甚解。而岳年此书,引征详赡,我自愧不如也。如《关于黄裳》和《止庵》,我虽然曾经有过这方面的文字,但写作时总是懒得去查资料。岳年就不一样,他把黄裳女儿的博客详引在书中,立此存照。见仁见智,公道自在人心也。草此小文,我又在他博客上看到写俞平伯、叶德辉的文章,出手不凡,真是好文字。叶德辉是读书种子,黄岳年也是读书种子。中国文化,历经坎坷,但读书种子,绵延不绝。有种子在,就有希望也。

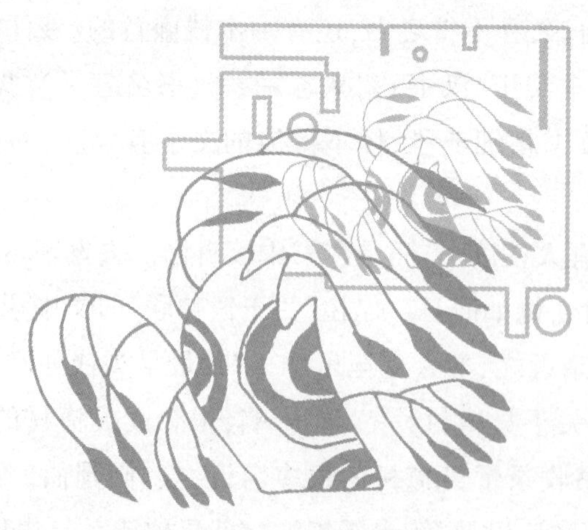

相识在天涯

姜晓铭

这几天忙于琐事，没有登陆天涯，打开天涯发现提示：今天是我注册天涯六周年的日子。

2005年5月21日我注册天涯，六年来我在天涯结识许多书友并成为好友，在天涯开博相互交流，受益颇多。

相逢何必曾相识，在天涯我与黄岳年、吕浩、吴昕孺、袁滨、葛筱强、刘学文、朱晓剑、陈跃军等书友相识，与阿滢、崔文川、冯传友、刘德水等旧友重逢。

2006年8月12日，在黄岳年兄建议下我在天涯开博，与更多的书友结识，得到他们的赠书及对我文字的品读，与朋友们同读书，快哉！是谓读书使人快乐、忘忧。花开花落已六年，我们相聚在天涯谈书说书。我枕边所读的都是朋友赠送的书，读他们的书如与他们交谈，西安吕浩（文泉清）兄在天涯闲闲书话上写到他淘到《韵琴诗词》注释者李西亭先生签名本，我读到此文即跟帖简介刘韵琴先生，吕浩先生知刘韵琴系吾同乡，遂将此签名本慨赠予我。我写就"文采风流说韵琴——读《韵琴诗词》"，此后吕兄多有赠书，书友之谊朋友之情使人铭记；吴昕孺、袁滨二兄与我同龄，吴昕孺兄赠我的《穿着雨衣的拐角》诗集，昕孺兄是新乡土诗派代表诗人之一，我们俩有着相同的童年经历，都是外婆带大的。我喜欢读昕孺兄的诗，故而昕孺兄就不断地寄我刊有他诗的刊物及朋友们的诗集，我们虽然没有见过面，但我感觉到他的儒雅、谦逊、内省和诗人的善良、纯真、宽恕。他在《衣袂》一诗中写道：我就躺在这草坪上/听任自己破碎然后/聚拢。听任自己的身体/变成流水/哗哗，淌入爱情温暖的/下水道。而你的衣袂/依然猎猎如旗/不断抽打我的上空。我喜欢读着昕孺的诗，犹如听他在歌唱。

寒斋存有袁滨兄的《盈水诗草》《草云集》《盈水集》三本签名毛边本，袁滨兄是诗人是特立独行的读书人，袁兄的诗人气质造就他文字的独特美感，读袁兄文字如听袁兄讲演，如与之交谈，如与之开怀畅饮，雅趣盎然。

黄岳年兄喜读书临帖，以儒立命，窥内典、涉经史，笔耕不辍，被读书界称为"河西第一读书种子"；蒙他赠的著作有《弱水读书记》《书蠹生活》；前几天又接到岳年兄赠的新著《风雅旧曾谙》，是我枕边正读之书。岳年兄新著文字亦为我喜欢，一些文字在结书前就拜读过，他所写民国人物史迹扎实耐读，文字层层递进，有古风新意，读来如沐春风。

所写吾邑乡贤李审言。[按:李审言,明代状元宰相李春芳八世孙。著名文学家、学者,“扬州学派”后期代表人物。1923年受聘为东南大学国文系教授。1928年与陈垣、鲁迅、胡适等12人同被聘为中央研究院特约著述员]史料翔实,将国学大师李审言这位篝灯夜读、自学成才、立言不朽、学问赅博、文章淳雅的风雅人物再现,我钦佩岳年兄这种做学问的精神,并将岳年兄文字介绍在我地报刊刊出,亦为一种书缘吧。

时光荏苒,转瞬六年,我们相识在天涯,结缘于天涯;六年来晓铭得书友惠泽,感念不忘,唯愿相识相交相知的朋友们平安吉祥、健康幸福。

乡贤弱水轩主人黄岳年先生

傅德锋

余近年致力于书画篆刻理论批评研究,平日关注书画界翘楚精英较多,而对文学界之风云人物渐有疏远,淡出记忆。

记得当年钟情于文学,每日所读之书必不离中外文学名著,且对当时文坛才俊高名大作如数家珍。多年后的现在,竟如隔雾看花,对文坛诸事居然不甚了然矣。

前不久,余友张掖市甘州区电视台副台长张恒善兄予余青田小章料一方,谓:请刻朱文"黄岳年印",可否?余欣然应之。

数日后,刻毕,交与恒善兄并说:"此石甚小,近来因视力欠佳,刻两公分以上见方之印章则可轻车熟路,石小若此者,刻朱文铁线,则较费眼。然既是兄之嘱刻,又岂敢敷衍塞责?必当尽力而为之。"恒善兄笑道:"我当初不知此情,以后则知也。"余曰:"无妨。既为兄所推重之人,料非泛泛之辈。先前对黄岳年先生略有所知,偶阅《张掖四中校史》故也,既为传道授业解惑者,余实亦敬之。"而此外余竟对黄先生藏书治学等情知之甚少。想想同居一城十数余载,何其孤陋寡闻若此耶!

又两日后,余邀恒善兄至博悦来酒楼一聚,恒善兄于席间言黄岳年先生见到余所刻印章,颇为满意,且盛情相邀一见,先期托恒善兄转余黄岳年先生著作《弱水书话》一册,并亲笔于扉页题款。余当即打开信封,看到岳年先生大作,书虽系平装,然极温醇淡雅,阵阵墨香流溢于字里行间,当时便有一睹为快之感。

待到酒酣耳热,席终人散,与恒善兄步行至所居小区,已是夜深人静,遂话别回家。躺在床上,趁着浓浓醉意翻阅黄先生著作,倒也别具一番风味。看毕三两篇,便知黄岳年先生实非等闲人也。其文气畅达,笔意清新,随心所欲,通俗易懂。一事一议,时出己见。无晦涩艰深之弊,有启人心扉之思。

余此前虽知黄先生乃一中学优秀教师,且长期担任张掖四中副校长、金觵中学常务副校长之职,然尚不知黄先生乃一醉心典籍、专志作学之士,且至今已有多种读书笔记和学术专著行世。余亦偏好读书,沉浸翰墨,书文为伍。多年来甚感张掖地处边塞,偏居一隅,颇具学养见识之士鲜能一见。故近年有数次远游,涉黄河,越长江,出塞北,下江南,寻师访友,求贤问道,虽长途跋涉,却获益良多。足迹踏九州,高朋遍天下,亦平生之快事也。如今同城之中竟有高致雅量如黄先生者,居闹市而心如止水,处喧嚣而著书治

学，岂止与众不同？实属难能可贵，岂非天顾我欤?！由是顿生尽快结识之意。

前日(2010年1月24日)晨起，恒善兄电话谓余，说你若今日无事，我打电话给黄校长，联系你们见面叙谈。此则正中我之下怀。遂到张掖四中拜访。

黄先生担心余找不到，电话中详告住址。余则“按图索骥”，随即到达黄先生所住单元。尚未至五楼，黄先生已然开门招呼，其好客之情，如和煦春风，扑面而来。

进门后，握手寒暄，互相又表述一番仰慕之意。主人沏上好茶，话匣子便由此打开。余观其客厅，四壁书画，阳台也辟为书柜，典籍满架。一派书卷之气，果然书香门第。黄先生一边招呼我喝茶，一边向夫人和公子介绍余之大要。

黄先生给余之第一印象则是为人虚和，平易近人，中等身材，不胖不瘦，精明干练。谈笑之间，儒雅之气溢于言表，绝无一般领导们通常所具有的那种骄矜之感。这就有了平等交往之基础。我之待人向来秉持如下原则：位高权重而缺乏亲和力者，敬而远之；德高望重而平易近人者，深为敬之；有职有学而待人以诚者，可师可友。黄先生则显然属于第三种。进则可为师，退则可为友，书斋樽前，谈书论道，互通有无，不亦快哉！

交谈中知悉，黄先生将其所居命名为“弱水轩”，此既有因地取名之意，亦有谦虚自守之心。赖母亲河“弱水”养育，又以老子《道德经》“水性者，处柔处弱”之思想鞭策自己，其虚旷为怀之胸襟由此可见一斑也。

黄先生可谓真识书者，爱书、寻书、购书、藏书、读书、著书、赠书，多位一体。爱其所欣赏者，寻其所需要者，购其所欲得者，藏其所拥有者，读其所过眼者，著其所感悟者，赠其所交游者。游弋书海，其乐融融。

黄先生之文，有考证、有校注、有随笔，若非特殊情况，则多以短文为主，很少长篇累牍。余偿以为，高手著文，往往直指心要，言简意赅，虽仅千余言乃至数百言，其意已明。所贵者，作者之才情与思想也。或为长文，下笔万言，洋洋洒洒，旁征博引，亦当以体现自家之见解为主，若是只见古人他人而不见作者自己，实非佳制，误人累己而已。黄先生所读之书范围甚广，举凡文、史、哲等典籍皆有涉猎，所作之文，大多有感而发，探烛幽微，新意时见，无牵强附会之嫌，有胸臆自述之辞。

或有言曰：“略翻书数则，便不愧三餐。”然则在当下岂止汗牛充栋实则浩如烟海的出书狂潮之下，除了古籍经典和真正才高饱学之士所著述之外，值得一读之好书又有几何？且伴随着社会的进一步追求娱乐化，如黄先生这般爱书、购书、读书、藏书且呕心著书之人又有多少？偌大个张掖城，数十万人口，恐怕也是屈指可数吧！

虽说如今随着生活水平的逐步提高，关注文化重视文化者越来越多，然细究其实，往往是附庸风雅者多，发自内心者少。君不见，多少达官显贵，富商巨贾，问津文化多是作为一种时髦的点缀，其意不在文化价值本身，实在于借助文化抬高身价而已。斤斤于得失，汲汲于名利，托弘扬文化之名，行败坏文化之实。此情此景，宁不可悲?！

由是,余对黄先生风仪感叹莫名。推去茶酒饭局,远离市井喧哗,藏书为乐,读书为用,著书立说,交游同道,以有生之年,做无限之事,砥砺自我,惠泽学人,实为余所推崇者。

余学书法篆刻二十余年,从事书印评论亦历数载,书斋静守,江湖行游,甘苦自知。我所论者虽指书法,然书法实乃中国传统文化之重要组成部分,更有甚者,则将书法目之为"中国文化的核心之核心"(熊秉明语),对此论或有不以为然者,以为传统文化之核心当数文学与哲学。余以为,中国书法恰恰就是以文学和哲学作为学术支撑的一门艺术,其所体现的艺术性或曰境界格调又何尝不是文学基础和哲学思想的一种高度结合?丰厚的综合学养,浓郁的书卷之气和灵动多变的点画结构又何尝不是文学修养和哲学思想的反映和折射?

从这个角度而言,余与黄岳年先生实际是殊途同归。我们出自乡间,且又为同乡,黄先生在体制之内,余则在体制之外,处境不同,然追求一也。且黄先生爱好广泛,读书藏书著书而外,亦好金石翰墨,临池,抄书,几成日课。郁郁芊芊,自有文气生焉。虽不操刀刊石,然对金石印谱甚是宝爱,偶得师友佳作,视若拱璧,此又为余等操刀治印者视为知音耳。与黄先生数小时的谈话随着我当场为他所刻一方朱文藏书图章"岳年书印"的收刀而结束了。

中午在其家中随缘用餐,且小酌数杯,倒真个是文友相聚的本色所在,没有客套,只有交心。故在此要特意对张恒善兄举荐余与如此乡贤结识而深表谢意了!

不知不觉,小文竟已达两千余言,为与黄先生善作短文看齐,故不得不权作收尾,未尽之言,或可面谈;然钦佩之意,则又意犹未尽也。故赋诗相赠:

数载翰海书山游,甘苦自知度春秋。
寻才访贤频有得,评书论道岂无忧。
我携篆笔歌四海,君著文书传九州。
一朝相识弱水轩,高山清音心中留。

醉墨傅德锋匆匆于古风堂西窗下,时庚寅年(公元2011年1月26日)小年夜。

后记

七月下旬，我记录了一些云南行游的感受，其中说：

丽江不夜城，流水听新琴。
人住懒窝里，不复思乡情。

暑天云南行，天凉气也清。
滇中多少事，最忆是老金。

"懒窝窝"是束河一个客栈的名字，妻子那天说，这回可真是懒人住了"懒窝窝"，懒到家了。我笑了，说懒是天性，惰是懈怠，只要不惰就好了。老金是一个战斗英雄，军转创业的模范，受他精神的鼓舞，我的云南之旅充满了激情。

自昆明返回甘肃的那天是7月30日，雨一直在下着。我们西北，也降温了。

早晨买车票很费劲，说是回张掖的列车，今天已经没有票了。我说那么多的西去列车，如何就没有了呢？售票员查了查，说下午有一列，只是没有座号。想都没有想，我就定下了。

候车的时候，电话铃声响了起来。谁呢？来电显示的是兰州的号码。等一下。我问，你好，找谁呢？一个女声传了出来，问你是黄老师吗？我说是。接着我知道了，是《翰苑茗香》的责任编辑打来的，谈书稿的出版事宜。简短交谈后我说，这个电话要是早来两个小时就好了，那样我今天就不走了，正好可以面对面交换意见。

遗憾归遗憾，行路归行路。车上也没有想象的那么紧张，座位也还是坐上了。我如期回到张掖，到家了。

回来后我打开邮箱，看责编发来的书稿修订电子版。

看着书稿，我很高兴。见着的朋友说，这个编辑很认真啊。我说是。这是我知道的编辑中很用心的一个。

我写这些话的时候，是在完成了校稿后。

几年来，我印了一些书。这样或那样的问题，总会让我产生一些没有必要的困扰。这一次，因了兰大出版社的缘故，文字讹误的困扰没有了，我很高兴。

8月2日，在与西行考察途中的兰州大学冯培红教授唱和中，我说：

行路复行路，人生不计苦。

今我非故我，岁岁在征途。

《翰苑茗香》是我人生和读书行程中的又一个驿站，就要付印了，欢喜依旧。书名由姑苏名士王稼句先生题写，再好不过。恰好前些天收到先生来信，我正好收进来，为拙编增辉，这是要深为感谢的。王文思君应约欣然制序，给我鼓舞。没有朋友的支援，我什么也做不好，这里再说谢字，都显得苍白了。

2012年8月7日晚间校稿后写于灯下。

《甘州文化精粹》丛书编委会

总　　策　　划：张洪清　秦福伟

编委会主任：杨生效

编委会副主任：王登利　陈学彪　李亦武

张兴虎　贾红元　黄岳年

编　　委：傅德锋　张全义　高文平　吴晓明

张述文　王专元　韩崇新　祁　强

赵海平　苏宏伟　赵江志　单成鹏

康文清　田　源　王建军　郑国珍

统　　稿：高文平

甘州文化精粹丛书

GANZHOU WENHUA JINGCUI CONGSHU

丛书主编 / 杨生效

魅力二中

MEILI ERZHONG

高文平◎主编

兰州大学出版社

图书在版编目(CIP)数据

魅力二中/高文平主编. —兰州:兰州大学出版社,2012.9

(甘州文化精粹丛书/杨生效主编)

ISBN 978-7-311-03959-2

Ⅰ.①魅… Ⅱ.①高… Ⅲ.①中学—办学经验—张掖市 Ⅳ.①G639.284.23

中国版本图书馆 CIP 数据核字(2012)第 218497 号

策划编辑 李 晖
责任编辑 钟 静
装帧设计 管军伟

书　　名 魅力二中
丛书主编 杨生效
主　　编 高文平
出版发行 兰州大学出版社 (地址:兰州市天水南路 222 号 730000)
电　　话 0931-8912613(总编办公室) 0931-8617156(营销中心)
　　　　 0931-8914298(读者服务部)
网　　址 http://www.onbook.com.cn
电子信箱 press@lzu.edu.cn
印　　刷 兰州人民印刷厂
开　　本 787 mm×1092 mm 1/16
印　　张 10.5 (插页 2)
字　　数 200 千
版　　次 2012 年 10 月第 1 版
印　　次 2012 年 10 月第 1 次印刷
书　　号 ISBN 978-7-311-03959-2
定　　价 286.00 元(共八册)

(图书若有破损、缺页、掉页可随时与本社联系)

校长理念

杨生效

学生成长的声音如同花开的声音，需要你耐心等待，细心倾听，用心体验，真心回应。教育是生命影响生命的过程，是心灵与心灵相通的过程。它承载着昨天，支撑着今天，并以关怀赏识的目光托起明天的梦想与希望。

二中坚持“让每一个学生都成材”、“让教师发展学校”的办学理念。坚持学生成功，教师发展，两代人的素质一起抓。切实践行“培训是最大福利”、“管理是严肃之爱”的教师可持续发展理念，努力提高学校的核心竞争力。恪守“爱是教育的基础”的座右铭，努力实现尊重的教育。

眼光是一种看问题想办法的胸怀、视野和境界。胸怀的宽度决定成功的大小，视野的广度决定思想的深浅，境界的高度决定工作的成败。没有登高望远、全局在胸的发展眼光，加快发展、科学发展、创新超越就是一句空话。

抓教育质量，必须从认识上抓紧，不能掉以轻心；从时间上抓紧，做到时不我待；从行动上抓紧，务必全力以赴。培养人才，保证质量，这是学校的核心追求。站在新的历史起点，清醒认识存在的差距和不足，不为过去的成绩而自满；清醒认识面临的机遇和挑战，不为既有的经验所束缚；清醒认识发展阶段的变化和特征，不为传统的模式所局限。在解放思想中统一认识，在不断改革中开拓创新，在持之以恒中狠抓落实，真正把内涵发展体现在具体工作中，落实到解决问题上。

目　录

一、理念制度

二、发展路径

三、高端论坛

四、媒体报道

一、理念制度

甘肃省张掖市第二中学办学章程

(2011年5月20日修订稿)

第一章　总　则

第一条　为全面贯彻党的教育方针,全面实施素质教育,全面提高教育质量,不断提高办学水平和管理水平,为国家培养更多更好的合格人才,根据《中华人民共和国教育法》、《中华人民共和国教师法》和《国家中长期教育改革和发展规划纲要(2010—2020)》等法律法规,以及省市区有关文件精神,结合学校实际,制定本章程。

第二条　学校名称:张掖市第二中学。

第三条　学校地址:张掖市甘州区青年东街165号。

第四条　办学形式:全日制普通高级中学。

第五条　办学单位:甘州区人民政府

第六条　主管部门:甘州区教育局。

第七条　学校性质:全民事业单位。

第八条　经费来源:财政全额拨款。

第九条　管理体制:校长负责制。校长是学校法人,负责学校全面工作。

第十条　办学思想:在邓小平理论、"三个代表"重要思想、科学发展观和党的教育方针的指引下,崇尚一流、开放民主、科学管理、务实创新。

第十一条　办学目标:全市领先、河西一流、陇上知名,高水平、有特色人民满意的省级示范性高中。

第十二条　办学宗旨:为每一个学生会学、善学、乐学引航;为每一个学生成人、成材、成功奠基。

第十三条　办学理念:"让每一个学生都成材"、"让教师发展学校"。

第十四条　办学思路:按照"优化活力二中,夯实质量二中,展现魅力二中,创建和谐二中,打造品牌二中"的基本思路,通过"三全"、"三特"、"三个有利于"的整体改革,促进学生"五会";坚定不移地围绕"一个中心"(教育质量),狠抓"两支队伍"建设(干部队伍、

教师队伍),构建"三全"管理模式,实施"四大工程",实现学校"六化"。

【"三全":全面贯彻党的教育方针,全面实施素质教育,全面提高教育质量。"三特":学生有特长,教师有特点,学校有特色。"三个有利于":有利于提高质量,有利于学生成材,有利于学校发展。"五会":学会求知,学会生存,学会健体,学会审美,学会创新。"三全":全面、全员、全程。"四大工程":学校精神家园工程、课堂教学改革工程、青年教师培养工程、校风教风学风建设工程。"六化":办学规范化、管理精细化、教师专业化、质量品牌化、硬件现代化、环境人文化。】

第十五条 学校精神:高度负责、艰苦创业、团结协作、开拓进取。

第十六条 学校特色:教师队伍业务精湛、校园环境宽敞优美、管理文化宽松和谐、工作态度勤奋敬业。

第十七条 管理目标:学生全面发展,有特长;教师专业发展,有特点;学校科学发展,有特色。

第十八条 管理模式:学校统一领导,处室具体指导,年级直接管理的全面、全员、全程低重心运行、精细化管理模式。

第十九条 教职工座右铭:爱是教育的基础

第二十条 校训:敬业 笃行 务实 创新

校风:文明 和谐 严谨 勤奋

教风:严(严谨、严明、严格)

精(精湛、精确、精彩)

活(活教、活导、活用)

创(创业、创新、创立)

学风:勤思 探究 坚韧 创新

第二十一条 培养目标:让学生学会求知,学会生存,学会健体,学会审美,学会创新。为高一级学校输送大批合格新生,为社会培养大批合格劳动者;努力培养科研型教师、创新型管理人才、专家型校长。

第二十二条 育人原则:面向全体,为所有学生的成长负责;

面向未来,为学生的终生发展负责;

塑造心灵,为学生的人格完善负责;

尊重个性,为学生的成材成功负责。

第二十三条 分配原则:按劳分配、多劳多得、优质优酬。

第二十四条 学校建校纪念日:9月8日。

第二十五条 每学年9月份为"学生行为养成教育月",9月28日定为"班主任节";5月份为"校园艺术月",5月28日定为"校园艺术节汇报演出暨毕业典礼日"。

第二章　行政管理

第二十六条　学校实行校长负责制，校长是学校的行政负责人，全面负责学校行政工作。

第二十七条　校长职责：

1.坚持正确的办学方向，依法治校，保护师生的合法权益。

2.制订学校发展规划、工作计划，统一安排学校工作，定期检查、总结工作，接受上级党政及教育主管部门的领导、指导和监督，定期向上级主管部门请示和汇报工作。

3.严格执行教育教学法规，保证教学计划和教学大纲的执行。

4.规范学校管理，坚持民主集中制，充分发挥行政班子的智慧和力量，定期向教职工代表大会或全体教职工报告学校工作，自觉接受教职工监督。

5.加强师资队伍建设和管理，切实提高教师的教育教学水平。

6.积极改善学校办学条件，推进学校建设，促进学校发展。

7.关心教职工工作、学习、生活，提高教职工福利待遇。

8.勤政廉洁，以身作则，为人师表，带头实干。

第二十八条　校长有下列权利：

1.决策权：在广泛听取多方面意见的基础上，对学校教育教学和行政管理等方面重大问题有决定权。

2.人事权：从学校工作的实际需要出发，聘任干部、教职工，安排调整干部和教职工工作。

3.奖惩权：对在教育教学和其他工作中成绩优秀的干部、教职工进行奖励，对在工作中犯有严重错误或在工作中出现重大事故的干部、教职工按分管权限进行处罚或提出处罚意见。

4.财政权：在服从上级教育行政部门的统一规划和管理的前提下，决定学校内部布局、基建。在法律法规允许范围内，筹集、管理和使用学校经费。

第二十九条　学校副校长对校长负责，协助校长分管具体工作。

第三十条　学校设党总支办公室、行政办公室、教导处、政教处、质检处、教科处、编辑部、总务处、电教中心、公寓处、工会、团委、3个年级部等部门。

各部门设主任1人，设副主任1~2人，部门负责人由学校考察，校长聘任，报区教育局备案。

第三十一条　学校定期召开校长办公会议、行政会议、行政扩大会议和教职工大会。

第三章　教育教学管理

第三十二条　以培养学生有“高远志向、高尚人格、高雅情操”为目标，将德育工作课程化、系列化、过程化。

第三十三条　贯彻中学德育大纲，加强和改进德育工作，通过学科教学、班团活动、主题教育活动和社会实践等形式对学生进行爱国主义、集体主义、社会主义、人生观、价值观教育，进行理想、道德、纪律及民主法制教育，提高学生政治思想素质。

第三十四条　学校建立以党总支、政教处、年级部、工会、团委负责人及班主任组成的德育工作领导小组。党总支下辖各年级党支部及退休支部，团委下辖各团支部和学生会，政教处是学校德育工作职能部门。

班主任既是学校教育工作最基层的组织者、教育者和指挥者，又是班级教学活动的协调者，担负着协调本班各学科教学工作和沟通学校与家庭、社会教育之间桥梁和纽带等多重责任。

第三十五条　学校主动与社会、家庭配合，建立家长学校，构建学校、家庭、社会三位一体的德育工作网络，发挥社区教育作用，形成教育合力。

第三十六条　切实加强班主任队伍建设，提高班主任工作的责任感和业务水平。

第三十七条　认真贯彻《中学生守则》、《中学生日常行为规范》及《张掖二中学生一日常规》，将规范转化为学生的自觉行为。

第三十八条　学校严格按照国家课程标准，开齐、开足、开好各门课程。坚持以教学为中心，实施素质教育，推进课堂教学改革，更新教育观念，改进教学方法，提高教学质量。

第三十九条　学校教学必须面向全体，因材施教，使学生全面发展，学有所长。在思想觉悟、道德情操、知识视野、兴趣特长、生理心理等方面均有所提高，达到较高标准。

第四十条　学校加强对教学工作的管理和领导，建立由分管校长、年级部、备课组、班主任为一体的教学管理体制。

第四十一条　严格执行课程标准和教学计划，科学制定、严格执行校历工作安排表、作息时间表和课程表。

第四十二条　全体教师要严格执行《张掖二中教师教学常规》。

第四十三条　按照上级主管部门的规定，组织期中和期末教学质量检查和考试，按要求组织参加会考和高考。

第四十四条　教材、学习资料的征订由学校统一管理，校长办公会议研究决定，质检

处具体负责，任何个人不得擅自向学生推销任何学习资料。

第四十五条 规范学生在校运动总量，开展形式多样的课外活动，充分发挥学生社团的作用，激发学生兴趣，挖掘学生的创新潜能，提高学生素质。

第四十六条 加强对实验室、各学科专用教室、体育场地、图书馆、阅览室、信息技术设备的管理。充分发挥教学设施、仪器设备、文体器材、图书音像资料尤其是现代教学设施的使用效益，防止设备设施的闲置和浪费。

第四十七条 教导处加强学籍管理，健全学籍档案。对转学、休学、复学等严格履行手续程序，严肃各项纪律制度。

第四十八条 学校师生应"说普通话，写规范字"。

第四十九条 加强档案资料管理，建立电子档案管理系统。各部门要认真做好教育教学资料的收集与归档，每学期进行一次统一的整理归档。

第四章 教学科研管理

第五十条 落实"科研立校、科研强校、以研促教、以研促学"的基本方针。立足教学抓教研，立足课堂抓教改，依靠课题促教研，坚持科研与教学工作紧密结合。

第五十一条 教科处是指导、协调、组织学校教育科研工作的业务部门，教导处、质检处及各年级部配合教科处具体开展工作。

第五十二条 教研活动以学科组、备课组为单位进行。学科组长、备课组长按照学期安排根据本学科实际情况研究教学、实施课改、督促教学、检查反馈。

第五十三条 定期去兄弟学校观摩学习，轮流派教师去外地参观、学习、培训，参加学术活动。

第五十四条 学校积极支持"课题"研究，针对教育教学中的疑难问题提出"课题"进行研究，探索教育教学的规律和方法。

第五十五条 鼓励教师撰写教育教学论文，总结推广教育教学经验。校报校刊积极刊登教职工优秀论文和教育教学心得、经验。

第五十六条 每学年有重点地支持二至三个省级以上课题，督促按时结题，出成果，结合新课程实施进行"高效课堂"教学研究。

第五十七条 按照《张掖二中教育科研成果奖励暂行办法》对教职工教育教学科研成果每年奖励一次。

第五章　财务、财产

第五十八条　学校经费来源以政府拨款为主,多渠道筹措为辅。学校依法向上级有关部门报告经费安排情况,申请经费支持。学校按照上级教育、物价、财政部门确定的收费项目和收费标准,依法向学生收取学费、书费、杂费。学校依法向社会筹集办学资金,并接受社会组织和个人对学校的捐赠。

第五十九条　坚持艰苦奋斗,开源节流,合理使用资金。搞好经费的预算、执行和决算,坚持统筹计划、保证重点、照顾一般、严格把关的原则,提高经费使用效益。

第六十条　建立健全财务制度。经费的具领、支付、报销等工作按规定进行严格的财务审查和复核,学校领导、财务人员、教职工和学生,按照财务制度办事。

第六十一条　坚持总务工作为教学服务、为教育科研服务、为师生生活服务的原则,坚持服务第一和讲究效益的原则。

第六十二条　学校财产管理按照处室隶属关系,坚持谁使用、谁管理、谁保管、谁负责的原则。学校财产处室无权借出,确需借出必须经主管财务副校长批准,并填写“借物登记单”方可借出。

第六十三条　建立财产分类账和明细账。严格执行领物、借物制度。新增固定资产应及时编号登记入账,做到账物相符。每学期要进行一次财产清点、核对及总结工作。

第六十四条　师生应爱护学校公共财物,遗失、损坏必须照价或折旧赔偿。

第六章　教职工

第六十五条　按照择优引进、重在培养的原则,落实“培训是最大福利”、“管理是严肃的爱”的教师可持续发展理念,努力造就一支师德高尚、业务精湛、结构合理、充满活力的高素质专业化教师队伍。

第六十六条　大力开展“立师德、铸师魂、练师能、正师风”的师德师风建设活动,促进全体教师严谨笃学,甘于奉献,不断增强教师教书育人的责任感和使命感。

第六十七条　学校教职工必须遵守宪法、法律、职业道德法规和各项规章制度,自觉维护学校荣誉和利益。教师有体罚或变相体罚学生情况,实行一票否决。学校必须依法维护、保障教职工的合法权益。

第六十八条　教师是办好学校的主体力量,学校必须尊重教师,尊重知识,尊重人才。教职工必须树立主人翁意识,在工作中必须牢固树立精品意识,内强素质,外塑形

象，自觉维护学校形象。

第六十九条 教师享有《教师法》规定的权利，必须履行《教师法》规定的义务。任何组织和个人不得侵犯教师的合法权益。

第七十条 教师应爱岗敬业，勇于创新，刻苦钻研，精通业务，崇尚科学，师德高尚，教书育人，为人师表。

第七十一条 学校实行全员聘任合同制，教职工必须履行聘约，服从学校分工，执行学校教育教学和各项工作计划，完成教育教学和各项工作任务。

教职工不履行聘约的，须提前三个月向校长提出申请，经批准后，方可解除聘约。对不服从学校分工或不能完成教育教学和各项工作任务的，学校将予以辞退。

第七十二条 学校执行国家教师资格制度和教师专业技术职务聘任制度。教职工职称聘任的原则和次序为：先评者先聘，先工作者先聘，同等条件者量化考核业绩优异者先聘。

第七十三条 鼓励教师开展教育教学改革和实验，鼓励和支持教师从事科学研究、学术交流和参加进修或其他方式的培训。

第七十四条 学校采取各种形式，建立教师业务档案。依据学校目标管理方案，对教职工的政治思想、业务水平、工作态度和工作实绩进行客观、公正、准确的考核。

第七十五条 教职工在教育教学、培养人才、科学研究、教学改革和学校建设等方面成绩优秀的，学校予以表彰、奖励。对有突出贡献的教职工，按程序报请上级有关部门给予表彰和奖励。对违反学校规章制度，在工作中造成失误和严重影响的教职工予以教育、批评和处罚。每年教师节学校对业绩突出教职工集中表彰奖励1次。

第七章　学生

第七十六条 凡按有关规定经正常手续被本校录取或转入我校学习的学生即取得本校学籍。

第七十七条 学生享有下列权利：

1.接受平等教育的权利。

2.参与学校管理，评议学校工作和教师教育教学工作。

3.参与学校安排的各种教育教学活动，使用和维护教学设备和仪器。

4.在学习成绩和操行评语等方面获得公正评价。完成规定的学业后获得相应的学业证书。

5.对学校给予的处分不服，对教师侵犯其人身权、财产权等合法权益，可向有关部门提出申诉。

6.法律、法规规定的其他权利。

第七十八条 学生必须履行下列义务：

1.自觉遵守国家法律、法规和学校各项规章制度。

2.尊敬师长，行为文明，友爱同学，养成良好的思想品德、道德情操和行为习惯。

3.关心班级，勤奋学习，刻苦钻研，培养能力，勇于创新，立志成材。

4.自尊、自爱、自重、自强、自信、自律，做文明人。

5.自觉抵制不良思想与行为。

6.维护学校声誉，用实际行动为学校增添光彩。

第七十九条 学校共青团组织受学校党组织领导，是学校教育中对学生进行教育、引导和服务的重要力量，要配合党组织全面贯彻教育方针，认真搞好自身建设，在推进素质教育的进程中发挥积极作用。

第八十条 学生会是全校学生的群众组织，由学生代表大会选举产生，每届任期2~3年。

第八十一条 学校对取得优秀成绩的学生予以表彰和奖励，对为学校赢得荣誉，有杰出成绩的学生予以重奖。学校对违反《中学生守则》、《中学生日常行为规范》和学校各项规章制度的学生予以教育、批评和处分。

第八十二条 学校对学生在校期间的安全负责。

第八章 附则

第八十三条 本章程经学校教职工代表大会讨论通过后实施。

第八十四条 学校依据本章程制定各项规章制度。原有规章制度与本章程有抵触的，应予修订。

第八十五条 本章程如与国家法律法规和上级有关政策相抵触的，一律以国家法律法规和上级有关政策为准。

第八十六条 本章程解释权属于张掖市第二中学校长办公会议。

甘肃省张掖市第二中学"十二五"发展规划

（2011—2015年）

背景分析：二中高中办学阶段定位（1998年9月创办为独立高中）

1.1998—2002年，打基础四年，创建为省级示范性高中。

2.2003—2006年，求提升四年，以高分通过省级示范性高中复验。

3.2007—2010年，创品牌四年，高考质量持续提高，10周年庆典。

4.2011—2015年，强内涵五年，实施新课标，配套新资源。教学质量进一步提高，办学实力明显增强，品牌效应显著提升。

基于对学校科学发展、加快发展的迫切愿望和对学校发展的阶段性特征、任务的基本判断，结合《国家中长期教育改革和发展规划纲要》和国家省、市教育工作会议精神，本着客观具体、适度超前的原则，特制订本规划。

办学目标：全市领先、河西一流、陇上知名，高水平、有特色人民满意的省级示范性高中。

办学规模：教师350人，学生5000人，班级90个。

基本思路：始终秉承"让每一个学生都成材"、"让教师发展学校"的办学理念，以提高质量为核心，以改革创新为动力，以"四个工程"为抓手，按照"优化活力二中，夯实质量二中，展现魅力二中，创建和谐二中，打造品牌二中"的基本思路，继续发扬"高度负责、艰苦创业、团结协作、开拓进取"的二中精神，力求实现"六化"（办学规范化、管理精细化、教师专业化、硬件现代化、质量品牌化、环境人文化），从而真正确立学校"陇上名校"的目标定位。

一、基础设施建设（新增校舍面积17000平方米）

根据学校办学目标，从构建与实施富有二中特色的新课标背景下的课程体系的总体目标出发，按照整体规划、循序渐进、稳步推进、先易后难的原则，积极稳妥、扎实有效地推进学校基础设施的更新改造升级。

1.新建体育馆、阶梯教室。（根据《甘州区"十二五"规划纲要》，积极争取立项，总投资2500万元）

2.分步骤更新教职工办公设备;从2011年起分批配套更新学生课桌椅。

3.新建微机教室6个,每个30万,投资180万元。

4.新建18个选修课教室,装备投影仪、电视机、电子白板等多媒体设备,投资约54万元。

5.改造升级原有的理化生实验室12个,投资72万元。

6.建设6个探究数字化实验室,投资96万元。

7.建设6个通用技术专用教室,投资120万元。

8.配备新课程要求的综合素质教室,包括乡土、地理、历史、音乐、美术、合唱、琴房、书法、雕塑、素描、国画、油画12个专用教室,投资60万元。

9.运动场地维修及体育器材添置工程,投资50万元。

10.建设学校标准化心理咨询室(宣泄、训练及放松设备)。

11.高标准建设集防疫、体检、医疗、紧急抢救等为一体的校医室。

12.加快"天一中学"标准化建设步伐,学校规模稳定在26个班,学生1500人。

二、教师队伍建设

教师队伍稳定在350人左右。按照择优引进、重在培养的原则,进一步落实"培训是最大福利"、"管理是严肃的爱"的教师可持续发展理念,努力造就一支师德高尚、业务精湛、结构合理、充满活力的高素质专业化教师队伍。

13.学历:本科合格率100%,研究生学历比例达到20%。

14.职称:高级教师比例达到40%。

15.骨干教师:选拔校级骨干教师,比例达到教师总人数的30%;新增区级骨干18人,达到63人;新增市级骨干9人,达到36人;新增省级骨干6人,达到19人。区级以上骨干教师比例达到40%。

16.名师工程:培养全市能引领、全省有影响的专家型教师3~5人,其中特级教师达到3人。

17.教师培训:青年教师的培养以校本培训为主。校本培训参训率100%,新课程培训参训率90%,骨干教师培训参训率70%,班主任培训参训率45%,行政中层人员培训参训率100%。

18.师德建设:大力开展"立师德、铸师魂、练师能、正师风"的师德师风建设活动,促进全体教师严谨笃学,甘于奉献,不断规范职业道德和操守,切实增强教师教书育人的责任感和使命感。

三、教育科研工作

切实把"科研立校,科研强校,以研促教,以研促学"作为指导教学科研工作的基本方针。立足教学抓教研,立足课堂抓教改,依靠课题促教研,坚持科研与教学工作紧密

结合。

19.课题研究：争取立项国家级课题2项，省级课题10项，市级课题15项，并能取得较好的成果鉴定等次，确保省级二等奖以上不少于4项。

20.论文：每年发表省级以上论文20篇以上，5年不少于100篇。

21.学科竞赛：积极培育“艺体创特、奥赛创优”的办学特色。组建学校艺术团队，如器乐队、合唱队、舞蹈队；组建学校体育队，如篮球队、足球队、排球队、田径队；努力培养奥赛教练师资，分年级每科重点培养1~3人，各科组建奥赛兴趣小组。

22.课堂教学：省级优质课，一、二等奖不少于6节；市级优质课(2届)，一等奖不少于12节，二等奖不少于16节。(含赛课、说课)

23.校本教材：全校特色性校本教材不少于3部，其中政教处编写集行为规范、文明礼仪、励志感恩等为一体的《德育与成长》学生德育教材1部；各学科结合各自学科特点编写各具特色的校本教材1册，注重学法指导，作为校本教材使用。

四、教学工作

牢固树立“教学质量是学校一切工作的生命线”的意识。把时代和人民群众对高中优质教育资源最直接、最迫切的需求与我校实际情况相结合，找准切入点、选好突破口，在重视高考成绩“量”的突破的同时，更加重视“质”的飞跃。

24.课堂教学：推进新课标背景下的课堂教学改革，坚持“诱思探究”教学理论在课堂教学中的深入落实，开展“高效课堂”探索研究，形成二中课堂教学模式。

25.课程开设：建立与新课程相适应的课程体系，积极探索开发学校隐性课程，开齐必修课，开足选修课，辅以拓展课、活动课、研究性课。

26.学生素质目标：科学组织学生综合素质测评、学业测评，着力培养学生的创新精神和实践能力。

27.高考目标。

基础性目标：确保每年的高考成绩各项指标均达到全市前两名。

发展性目标：重点录取率每年递增3%，2015年达到33%；二本录取率每年递增4%，2015年达到65%。

亮点目标：全省理科前100名不少于3人，文科前100名不少于3人；全市文理科前10名各不少于4人。每年确保2个以上的学生被北大、清华录取，且有逐年增长的发展后劲。

28.科学建立教师教学评价体系，制定完善评价办法和评价程序。

29.制定《张掖二中教学管理规范》，严格教学过程管理。

五、德育工作

以培养学生有“高远志向、高尚人格、高雅情操”为目标，将德育工作课程化、系列化、过程化。力争“十二五”期间将学校创建为“全国精神文明先进单位”。

30.教育网络化。积极发挥党总支、团委、学生会及社会、家长的育人作用,强化各科任课教师课堂思想道德教育的主渠道作用,高度重视家长委员会、社区委员会在德育工作中的作用,积极尝试开辟家校通信平台,实现德育系统化、网络化。

31.队伍专业化。加强班主任队伍建设,组织班主任上岗培训,建立班主任队伍档案,制定班主任评价体系,提高班主任待遇,努力培养和造就一支责任心强、工作能力出众的班主任队伍。

32.管理科学化。坚持以人为本,坚持爱是教育的基础,尊重学生的人格,用人性培养人性,用人文教化人文,用爱心滋润爱心。每学期组织一次德育工作研讨会,每学年组织一次"先进班集体"、"模范班主任"评选活动;开展激励教育,坚持开展"十佳"、"百优"、"千星"评选活动,激发学生内动力,确保每月召开一次主题班会。

33.行为规范化。规范教师的教育管理行为,让教师不仅成为文明成果的传播者,言传的典范,同时成为道德行为的示范者,身教的楷模;从社会公德、家庭美德、个人品德和法制层面,规范学生的行为,培养学生良好的行为习惯。

34.活动序列化。制定《张掖二中学生序列德育活动手册》,保留并优化现有的高质量的教育活动,借鉴外校的特色活动,开发新的教育活动;重过程、重效果,将教育活动按照一定的序列合理安排在3年6个学期内全部完成,从而使学校德育工作课程化。

六、学校文化建设

充分利用学校悠久的办学历史和丰厚的文化底蕴,用文化育人,让墙壁"说话",引导学生知史明理,倡导学生志存高远,激励学生勤学创新,不断增强校园文化发展的活力和影响力。

35.充分利用民勤会馆、校史馆、陈列馆、书法绘画展室,开展地方文化和学校传统文化教育。

36.编纂《张掖市第二中学校志》第二辑(2008—2016)60周年。

37.把校报《张掖二中》、校刊《耕耘》作为宣传张掖二中的窗口。

校报由半月刊改版为周报,发行量突破5000份,覆盖甘州区所有初中和甘肃省省级示范性高中;校刊由季刊改版为双月刊;校报、校刊创办为"全国中学优秀校报校刊"。

38.加强学校网站、校园广播站、校园电视台建设。利用学校网站实现无纸化办公;校园广播站每周播放2次,每次时长15分钟;校园电视台,每周播放2次,每次时长10分钟。

七、对外合作交流

积极走开放办学、内涵发展的路子,以"增进友谊,加深了解,互相学习,共同发展"为目的,加强对外交流与合作。

39.建立5所友好学校,其中省内3所、省外2所。达到师生互访、学科共建、互通有无、资源共享之目的。

40.积极创造条件,加强与省外专局的沟通与衔接,聘请外籍教师来充实英语教学,不断提高英语教学质量。

41.办好"河西高中2012年校长论坛"、争办一次"甘肃省高中新课程实施现场会"。

42.充分发挥示范性高中的带动作用,加强与全区各兄弟学校的交流合作和对口支援,借助于学校师资力量,承担"甘州区教师培训中心"的相应教师培训工作。

八、体制机制改革(创新三种机制,提升办学层次,提供制度保障)

创新用人机制、激励竞争机制和评价机制,通过机制创新来改善办学行为,使办学行为进一步激发师生工作学习的积极性、主动性和创造性。

43.深化教师聘任制、中层竞聘上岗制、岗位责任制和目标管理制。优化"三级捆绑"评价机制和年级部管理考核评价机制。

44.严把教师进口关,建立能进能出的教师流动机制。今后选聘教师学历要求必须是部属六所师范院校优秀毕业生、师范类应届硕士研究生或省级骨干教师。

45.建立分配激励机制。根据新课标规定重新认定教师工作量标准,修改完善学校绩效工资方案,严格贯彻按劳分配、多劳多得、优质优酬的分配原则;制定教职工评优晋级奖惩办法和高考奖励办法;制定《张掖二中办学章程》,依法治校、依法执教,努力提高学校管理水平。

九、教职工福利保障

46.坚持"四多":思想上多沟通,业务上多指导,生活上多关心,困难上多帮助;认真落实"六必":有情绪必疏通,有困难必帮助,有疾病必看望,有矛盾必化解,有喜事必祝贺,有丧事必慰问吊唁。

47.逐步提高教职工福利待遇。送生日贺卡和鲜花,每两年为教职工体检一次。每年为教职工做两件实事。

48.关心离退休教职工生活,每年在春节和教师节各慰问一次,做好医疗报销等方面的协调服务工作。

规划是蓝图,关键在落实。全校教职员工要进一步统一思想,明确认识,立足本职,扎实工作,努力形成加快学校发展的强大合力,为圆满完成各项工作任务,开创"十二五"规划新局面而努力奋斗!

2011年4月5日

张掖二中内部管理体制改革方案

随着社会主义市场经济体制的不断完善，教育改革的重心已逐步倾向于学校内部管理体制的改革，学校管理要逐步适应市场经济的规律，学校的生存空间取向于能否为市场和社会提供优质的教学服务，赢得社会、家长和学生的认可。二中作为甘州区教育系统的龙头学校，肩负着为高一级学校输送合格、高质量学生的重任，关系着千家万户望子成龙的心情，也直接担负着甘州区经济振兴、文明传承的重任。所以，创新学校管理体制是保证二中人力资源和物力资源充分发挥效益的平台，是学校搞好教育教学质量的根本保证，也是总结积淀二中学校管理文化和传统的重要环节。只有这样，才能使学校发展空间不断扩大，从而赢得在市场经济浪潮中搏击的主动能力。实行内部管理体制改革已经东南沿海发达地区及兄弟学校实践认定是办好学校的一大法宝。目前市委市政府、区委区政府及上级主管部门对实行内部管理体制改革已作出了政策性的调整和支持。我校内部环境也更需要建立更能适应市场经济规律的管理体制，更进一步盘活二中的人力资源和物力资源，使学校焕发出新的生机和活力。为此制定此方案。

一、队伍建设

(一)领导工作作风建设六项要求

学校实行校长负责制，领导班子由学校高层的正副校长、中层的处室主任和基层的年级主任、学科室主任组成。学校对干部的思想、组织、工作作风提出如下要求。

(1)要讲学习。加强政治理论学习，和党中央保持高度一致，和上级组织、学校党总支方针政策保持高度一致，不断提高落实政策和相关教育法规的水平。加强管理知识、业务知识的学习，不断提高教育理论水平和管理水平。加强自我修养，具备应有的良好思想政治素质、文化素质、智能素质、心理素质、身体素质和外在素质。

(2)要勤政。做到有动力、有能力、有魅力、有精力、敢于管理、善于管理，尽心尽责，全身心投入，全面地、高质量地抓好分管工作。

(3)要廉洁奉公。严格遵守财经制度，学校收支情况每学期向教代会汇报一次，接受群众监督。要工作在前，吃苦在前，享受在后。

(4)要牢固树立为下级服务的思想。密切干群关系,加强与教职工的沟通和联系,关心教职工疾苦,切实帮助教职工办实事、办好事。

(5)要讲团结。各机构人员之间,要相互信任,互相支持,互相帮助,互通情报;做到工作上分,目标上合;职责上分,思想上合;制度上分,关系上合。

(6)要自觉接受群众监督。自觉接受一年一度教代会组织对主要领导的评议。

(二)教职工职业道德行为建设十项准则

(1)热爱社会主义祖国,拥护中国共产党的领导。认真学习政治理论,不断提高政治思想水平。热爱二中,为二中的发展多作贡献。

(2)忠诚人民的教育事业,具有强烈的事业心和责任感,乐教敬业,发扬奉献精神。

(3)治学严谨,精益求精,坚持业务进修,不断提高科学文化和教育理论水平,积极投身教育教学改革和教育科研。不能故步自封,不思进取;不能得过且过,误人子弟。

(4)全面贯彻教育方针,遵循教育规律,做到“十认真”:认真研究大纲考纲、教材和学生实际,认真完成教改课题,认真备课、上课,认真布置和批改作业,认真辅导,认真做好实验,认真组织测试和考试,认真分析,收集总结教学成果,认真与学生交换教与学的意见,认真进行家访。经常和家长联系,互通信息。尽职尽责,教书育人。

(5)努力提高教育质量,积极推进素质教育,创新教育,面向全体学生,热爱、尊重、了解和严格要求学生,循循善诱,诲人不倦。保护学生身心健康,促使学生全面发展。

(6)不得歧视后进生,不得用语言侮辱学生,不得体罚和变相体罚学生。不得态度生硬,不得训斥家长,不得利用学生家长的关系为自己谋取私利。

(7)遵纪守法,作风正派,自尊自重,为人师表,做到“三个一样”:校内校外形象一个样,教育教学中对待优生和差生一个样,对待任何家长的语言和态度一个样。

(8)文明执教,教仪正派大方,着装整洁,教态文明、亲切、自然,充分展示教师的风度和气质。

(9)热爱学校,关心集体,谦虚谨慎,团结协作。

(10)追求健康文明的生活方式,积极参加健康的社会公益活动和文体活动,不得参加赌博和变相赌博,不在公共场所或学生面前吸烟,不喝或少喝酒,不参加封建迷信活动,不得看黄色书刊、录像等,不在上班时间上网聊天、打游戏。

(三)树立“培训是最大福利”的观念

我们面临知识经济的挑战,一方面,要求老师必须具备广博的文化基础,精深的专业知识,扎实的教育学功底。教师必须具备灵活地适应科学技术发展和时代变化的综合能力,即更新知识的能力。另一方面,教育是一门创造性的艺术,它要求教师能根据不同的学生,随时创造性地设计教学、组织教学。因此,必须建设一支科研型、信息型、工程型和经济型的专家、学者型老师队伍,以满足培养现代化高素质人才的需要。面对挑战,需要

老师继续学习，接受培训，因为只有接受培训才是使自己拥有成功素质，形成无形资产，铸造自己“金饭碗”的有效途径。在新观念的引领下，使自己接受培训成为教职工最迫切的愿望。

(四)树立“管理是严肃的爱”的观念

学校做好管理工作，要以人的发展为本，调动全体教职工的积极性，并充分发挥其主动性和创造性，释放人的智慧潜能。管理不仅仅是服务，更是严肃的关爱，严肃反映管理的刚性，关爱体现管理的柔性，刚柔相济形成学校的科学管理。管理要出积极性、出创造性、出敬业精神；管理要提升教职工的整体素质，提高教职工的竞争能力，促进教师素质的全面发展和提高。要建立面向社会、自主决策、开放灵活的管理体制，建立能自我调控、自我发展的运行体制，在学校的管理上力争做到“宽严有致，恩威并重，张弛有度，刚柔相济”，从人格化管理的角度出发，为老师和学生创造一个可持续发展的环境空间，提出树立“管理是严肃的爱”的新理念。

(五)树立“可持续发展”的观念

“可持续发展”的观念是保证学校长期稳定高速发展的关键，要使人才、资源、环境三者保持协调，才能保证学校的可持续发展。要合理地整合学校现有的资源，科学地规划学校的发展，既要保持适度的超前发展，又要防止盲目冒进，更要增强竞争意识、忧患意识，克服故步自封、自我感觉良好的麻木思想等。“等”、“靠”、“要”只能延误学校的发展机遇。若只顾眼前利益，分光、吃光、喝光，而不注重积累和发展，会自绝学校发展后路。教师要树立终身教育的观念，领导要为学校发展着想，保证教育资源的增值和提升，推进学校内涵的可持续发展，要按照可持续发展的观念处理学校发展的重大战略问题，诸如老师的培训、以人为本管理制度的建立、办学条件的改善、学生的培养方向、教学经费的投入等问题的解决，都要体现学校可持续发展原则。

二、构建和谐的内部管理体制

为转变学校管理观念，理顺人事管理关系，形成良好的人际氛围，学校管理步入良性轨道，管理要从育人、用人和评价三个方面着手。

(一)从育人的角度改进学校管理工作

要从育人的角义改进学校管理工作，使教职工的综合素质不断提升。

1.确定一个管理理念

“一个理念”即“制度+培训”。以制度解决态度、责任及规范性问题。从教学管理、德育管理到总务后勤管理，从干部、教师到工人管理，建立系统的规章制度，使各项工作都有法可循、有法可依，从而增强工作实效，采取学校培训、分类培训、自主培训等形式。转变干部、教师的观念，提高干部、老师的教育教学能力及管理水平。

2.落实“三个管理”内容

职业道德——热爱事业、奉献精神、工作责任。

思想观念——教育服务、全面育人、乐观竞争。

能力水平——从“经验型教师”到“科研型教师”,从名牌教师到教育专家。

3.注重管理中的“三个结合”

行政指令与科学指导相结合。

安排使用与培养提高相结合。

制度规范与思想引导相结合。

4.明确“一个管理目标”

建设有实力、有个性、有激情的教职工队伍。

(二)从用人的角度改进管理工作

要从用人的角度改进管理工作,创设“人尽其才、扬长避短、用其所能、优势互补”和“真诚友善、积极互助”的工作氛围。

1.确定“四制”

(1)教学工作管理线:主管副校长—教导处、教科处—年级组、学科室—班主任—任课教师—学生。

(2)教育工作管理线:主管副校长—政教处—年级组—班主任—任课教师—学生。

(3)管理服务线:主管副校长—总务处、电教中心、财务室—教职员工—学生。

(4)管理监督线:办公室、工会—处室—教职员工—学生。

2.实行能级目标管理

上一级负责下一级,下级服从上级,上对下不越级安排指挥,但可越级检查;下对上不越级报告工作,但可越级反映问题,追求“连杆传动”效果而又信息畅通。

(三)从评价的角度改进管理工作

要以学校全体成员为主体,以其学习、工作的态度和效果及个性发展为内容,以全面、客观、公正为原则,形成性评价与终结性评价相结合。

对教育教学工作采取“三级捆绑”式评价。以教学班为单位的“一级捆绑”,学科教师对班主任负责;以年级组为单位的“二级捆绑”,各班对年级主任负责;以部门为单位的“三级捆绑”,各部门对校长负责。

通过常规的工作过程考核、工作绩效积分、员工自评互评、部门的测评、学生及家长监评、学校终评等手段,对教职工实行全面考评,促成学校各项工作的不断优化。目的是使实干的人不会吃亏,能干的人干得愉快,后进的人感到危机而去努力奋斗。实现人力资源的合理配置,为创优质教育提供坚实的人才支撑,使学校管理进入良性发展。

三、建立民主管理制度

市场选择只认“优”。怎样管理才能把学校的教育质量提升到市场认可的“优质水准”,怎样管理才能以优质的教育服务赢得社会、家长和学生认可的良性循环,二中管理是否科学,要接受市场检验,要接受服务对象即“顾客”(家长、学生、教职工)的监督。要使管理适应教职工的心理需求,就必须建立民主管理制度。

(一)建立学校决策中心

(1)学校决策中心由校长、书记、副校长、办公室主任、教导处主任、政教处主任和总务处主任组成。

(2)学校决策中心的工作职责:讨论学校改革与发展中遇到的重大问题和大事;学校发展规划和建设计划;学校工作思路或计划;重大工作举措;学校工作目标;整体工作部署或安排;学校改革方案;校内重大法规;重大人事安排(行政主任、副主任、年级主任、学科主任的选配聘任);教职工聘任计划;对教职工行政警告以上处分;晋升职称;评定校级以上先进个人及处室;年级组学科室集体的总结评价;学年度工作人员聘任和工资审定;向教职工代表大会以及上级提交的全面工作总结或报告。

(3)决策中心里校长是中心决策人,校长负责与集体决策相结合,既要保证决策的科学、民主,又要保障决策的高效。

(二)建立学校党总支领导下的教职工代表大会制度

(1)每年召开一次教职工代表大会,报告学校工作,公布经费收支,讨论学校工作计划,讨论重大事件。

(2)每年度由党总支和工会组织教代会,对校级领导和中层领导,包括年级主任、学室主任,进行一次信任度投票测评。如果对校级领导的信任度比例低于50%,党总支应建议上级组织部门谈话或处理或免职。其他中层行政领导的信任度比例低于50%者,党总支或校长要找其谈话,处理或解聘。

(三)校务公开制度

在党总支的直接领导下,实行校务公开制,对学校的收费、支出、人事变动、晋级、职称评定、工资改革等重大事项进行公示制度,接受社会和教职工的广泛监督。

(四)内部监督制度

学校内部管理,由学校督导室定期或不定期对教师课堂教学、科研工作、班主任工作和各处室工作进行督察和评议,调查研究,分析情况,提出整改意见和建议,为校长决策提供信息保障。

四、实行岗位任期目标责任制

对学校各方面工作细化、定岗、定责、定员,合理设置管理层,合理安排内部分工协作,科学、高效地发挥每位教职工的主观能动性,保证指挥畅通,提高工作效率和质量。

(一)管理机构

党总支政治保障及监督，校长负总责，“两室”(行政办公室，总支办公室——团委、工会和教代会，)“四处”(教导处、政教处、总务处、教科处)为中心的管理机构设置，年级组和学科室并存为基层管理实体。

(二)机构人员职数

学校党总支：总支书记1人，副书记1人，总支委员5~7人。

总支办公室：主任1人(兼组织委员)，干事1人。

学校行政委员会：校长1人，副校长3人，委员7~9人。

行政办公室：主任1人，副主任1人，干事2人，司机1人。

教导处：主任1人，副主任2人，干事4人(专职2人，兼职2人)；理化生实验员4人。

政教处：主任1人，副主任2人，干事3人(专职1人，兼职2人)；学生科科长1人，科员3~4人。

教科处：主任1人，副主任2人，干事2人(专职1人，兼职1人)；图书管理员1人，科员3~4人。

总务处：主任1人，副主任1人，干事3人(保管1人，保卫干事1人，事务1人)。

电教信息中心：主任1人，副主任1人，干事1人，专职电教员1人，网络员2人。

团委：书记1人，副书记(兼干事)1人。

工会：主席1人，委员5~7人(兼职)。

年级主任：高一年级2人，高二年级2人，高三年级(甲、乙)2人，实习年级1人。

学科室主任：语文学科1人，数学学科1人，英语学科1人，物理学科1人，化学学科1人，生物学科1人，政治学科1人，历史学科1人，音体美学科1人。

财务室：会计1人，出纳2人。

(三)岗位责任

(1)行政办公室根据聘任结果及工作责任，制定校长、副校长、各处室主任、副主任的职责和目标管理细则。

(2)分管副校长制定各处室主任、副主任分工及工作责任；处室主任制定干事及所有工作人员职责和目标管理细则。

(3)教导处制定年级教学目标职责和学科教学目标职责。

(4)政教处制定年级教育管理目标职责，并协同年级主任制定班级管理细则。

(5)教科处制定学科教育教学科研目标职责。

(6)年级主任制定班主任教育教学管理目标职责。

(7)学科主任制定各备课小组教育教学科研目标职责。

(8)班主任制定各课任教师教学目标职责。

每个聘任期逐级进行目标责任书签订工作。责任层层分解，实行跟踪管理，定期督察，追求管理的实效。

五、岗位聘任制

根据学校内部的岗位设置和教师职数,实行分级聘任;优化组合,最大限度地发挥人的能动性,创造出最大的效益和价值。

(一)聘任程序

第一级聘任:按竞聘上岗程序,由校长主持聘任中层主任、副主任。

第二级聘任:

(1)由教导处、政教处联合聘任年级组长,并编制各年级组任课教师名额和名单,提交学校决策中心研究确定,下达到年级组,对年级组主任发聘书,年级主任与学校签订目标责任书。

(2)由教导处、教科处联合聘任学科室主任,提交学校决策中心研究确定,聘任并发聘书。学科主任与学校签订目标责任书。

第三级聘任:年级主任聘任班主任,学科主任聘任备课组长。

第四级聘任:班主任聘任本班任课教师。

第五级聘任:各处室聘任干事及工作人员。

(二)聘任原则

(1)双向选择,教师和学校有同等选择权。

(2)按需择优聘用。

(3)满工作量聘任,控制超工作量,优秀教师超工作量控制在主课一个班。

(4)落聘率控制在5%以内。

六、结构工资制(多元无级结构工资制)

1.教职工国拨档案工资作为其基础工资。

2.校内效益工资包括:

(1)课时津贴=月授课时数(或相当授课数)×教师职级系数×单位工作量津贴数+超工作量津贴工勤教辅人员发行政津贴。

(2)学期效益工资=量化考核等级奖励工资

(3)业绩工资=教学佳绩奖+学科竞赛奖+科研奖+优秀奖+特殊贡献奖。

3.处罚项目:

(1)师德师风处罚。

(2)工作失误责任追究处罚。

(3)教学成绩末位或未完成目标处罚。

(4)劳动纪律问题处罚。

七、教师内部职级制

学校承认教师的历史劳动和劳动积累,激励现实劳动和劳动水平,鼓励面向未来的

提高和发展。反映教师劳动的范围既有课内也有课外,体现教师劳动的个体性和成果的集体性,具有对教师发展方向的导向性,引导教师成为实践和研究紧密结合的学者型、专家型教育工作者。为此,对教师的管理实行内部职级制,实行七级管理(分别按不同的职级,享受不同的课时津贴待遇)。

(1)教育教学专家——鼓励研究,总结经验,是学校的宝贵财富。

(2)名牌教师——学校教学支柱,品牌。

(3)学科拔尖人才——学校教学生力军。

(4)校级骨干教师——学校教学后备力量。

(5)教学新秀——大胆放手使用,鼓励冒尖。

(6)青年教师——加强培养,促其进步。

(7)见习教师——加强教育,促其成熟。

八、协调机构

1.党总支和工会联合成立以总支书记为中心的“内部管理体制改革协调委员会”,委员会由3~5人组成,具体负责协调解决在改革中出现的教职员工普遍反映的矛盾问题,掌握教职工思想动态,及时与校长沟通,协调解决。

2.教职员工对学校改革过程中出现的决策失误或个人意见,应报着对二中负责的态度,首先向校总支,学校工会或协调委员会反映,不越级上访或匿名告状。

3.校长及行政领导应广泛联系群众,理论联系实际,虚心听取教职工的意见或建议,勇敢开展批评与自我批评,及时纠正错误或失误,反对武断专行,听不得反面意见的做法,充分发扬实事求是的工作作风。

4.对落聘人员的待遇:

(1)工作不满三年的人员,建议调离到其他学校(控制在2%以内)。

(2)工作满三年的教师,建议其做行政教辅及工勤工作,可聘其任行政教辅工勤人员。

(3)落聘教师若学历不达标者,愿意离职进修学习者,发给全额基础工资,支持离职进修学习。

(4)落聘一年内发给全额基础工资,在学校正常上班自修提高业务能力者,做待聘对待。

(5)落聘时间超一年者,发给全额基础工资的80%,自行联系工作。

(6)教师年龄:若女教师年龄超过50岁,男教师年龄超过55岁,本人不愿意离岗者,学校安排其他工作,不愿做其他工作者发放全额基础工资,不享受效益工资,福利待遇同已退休教师,以待退对待。

本方案为讨论稿,由教代会通过后,从2006年秋季学期执行。

2006年6月1日

实施"四个工程" 打造教育品牌

教育传承着历史,教育服务于现实,教育决定着未来,教育的这种先导及全局作用使每一个张掖二中人都有一种神圣的使命感和责任感。

张掖二中自1998年创办为高级中学以来,全体教职工充分发扬"高度负责,艰苦创业,团结协作,开拓进取"的二中精神,坚持以学生全面发展为本的教育观,以提升学生全面素质为本的质量观和以人的能力发展为本的人才观,努力创设人才健康成长的环境机制。经过不懈努力,学校办学规模、教学设施、师资力量、教学质量诸方面都实现了跨越式发展。其间实行了多项改革,具有二中特色的管理文化已基本形成。但是,要践行"让每一个学生都成材"的办学理念,实现今后二中又好又快发展,一些问题不容忽视。为此,张掖二中全体教职工已深刻意识到学校教育教学工作必须走改革之路。不创新就会僵化,不改革就会停滞,只有不断地创新和改革才能为我们的教育带来勃勃生机。在"创新—改革—发展"这条张掖二中的成功之道上,我校以创新为基础,以改革为动力,以质量为核心,以人的发展为重点(让每一个学生都成材,让教师发展学校),两代人素质一起抓。打造成功教育,真正实现了"尊重的教育"。

要落实科学发展观,重铸二中精神,切实促进学校教育教学质量稳步提高,促进学校可持续和谐发展,就必须全力推动实施"四个工程"。以创建"和谐、温馨、团结、奉献"的人文环境为目标,深入实施建设学校精神家园工程;以"轻负担、高质量、低耗时、高效益"为目标,全力推动以"三转"、"五让"为主要内容的课堂教学改革工程;进一步深化校风、教风、学风建设工程,向学生要学风,向课堂要质量,以一流的教风、学风实现一流的教育教学质量;全面实施青年教师培养工程,切实践行"培训是最大的福利"、"让教师发展学校"的理念,全面提高学校的核心竞争力。"四个工程"中精神家园是灵魂,课堂改革是关键,三风建设是重点,教师培养是保障。四者相辅相成,有机统一。

打造精神家园,建设人文和谐校园

教师是建设精神家园的关键。教师师德高尚,业务精湛,学识渊博,方可使学生"亲其

师，信其道”，从某种程度上说，教师的人格就是升学率，教师的魅力就是学生良好品德形成的催化剂。老师要带着感情善待学生，充满激情干好工作；要用博爱的心灵，感知人性的美丽；用赏识的眼光，打量生命的奇迹。

讲政治，达到“四种境界”

学校领导班子要以“一切以学生为重，一切从大局出发，一切为师生着想，一切对未来负责”为座右铭。始终以坚定的政治立场、饱满的工作热情、强烈的事业心和政治责任感投入到工作中去，加强政治理论学习，坚定信念，爱校如家，全心全意为师生服务，牢固树立正确的世界观、人生观和价值观。

树正气，做到“四个远离”

1.让教师远离庸俗。“爱是教育的基础”，老师应该拥有一颗慈母般的心，平等地呵护每一位学生，无条件赏识每一个学生，不以城乡定高低，不以智力分亲疏，不以成绩评优劣，以无私的师爱凝聚学生不断进取的上进心。

2.让教师远离铜臭。要“静下心来教书，潜下心来育人”。

3.让教师远离低级趣味。倡导教师应把精力放在业务钻研上，放在学法指导上，放在精心备课上，放在提高课堂效率上，放在对学生的管理教育上，放在后进生的转化上，放在作业辅导上。一心一意钻业务，全力以赴抓成绩，聚精会神搞教学，锐意创新谋发展。

4.让教师远离自满自足。“探索有佳境，追求无止境”，要让教师有目标、有追求。

讲团结，协调“四种关系”

教师要爱岗敬业，为人师表，倡导尊重他人、和谐人文的团队精神，积极协调好“四种关系”：

1.教师尤其是班主任要搞好与家长的关系。沟通思想，让家长关注学校、关心教育、关爱孩子。

2.建立和谐融洽的师生关系。要勤于联系、善于沟通、巧于引导。

3.建立和睦的同志关系。要善于合作、善于奉献、善于心理换位，学会理解和宽容。

4.协调个人与集体的关系。牢固树立“校兴我荣，校衰我耻”的意识。

讲奉献，努力实现“四个目标”

教师的职业是不能用时间和金钱来衡量的，教师要想使自己的人生价值在短暂的几十年教育生涯中得以升华，就必须努力创造条件实现“四个目标”：和谐的人际关系。和谐产生凝聚力、战斗力和竞争力。温馨的人文环境。环境能改变人，更能塑造人，发展人。奋发向上的精神风貌。人活的就是精、气、神。充满激情的工作学习状态。老师燃烧激情，学生才能激情燃烧。

通过精心打造“精神家园”，创造适合学生发展的教育，搭建引领师生成功的舞台。使二中真正成为学生体验成功、享受成长快乐的理想乐园；真正成为教师精神寄托、实现

专业发展的理想家园。

改革课堂教学，促进全体主动发展

切实把“科研立校，科研立教，以研促教，以研促学”作为指导教学改革的基本方针。

在多年的办学实践中，我们深深认识到，没有科研指导的教育教学是盲目的；没有科研指导的教学质量是不稳定的。老师不能一辈子只当“教书匠”，不能只是生产知识的“机器”，而应该加强教育教学研究，努力提高能力水平，从“经验型”教师到“科研型”教师，从名师到教育教学专家。学生也不能只是接受知识的“容器”，而应该加强自主学习能力的培养，由“学会”变成“会学”，自主学习，自主发展。

坚持以“三转”、“五让”为主要内容的课堂教学改革

课堂教学改革的关键是教育思想和观念的改革。要明确改革的目的是教会学生学习，落实学生是教学活动的主体，教师是教学活动的引导。要以“把课堂还给学生，让学生成为学习的主人”为根本点、出发点和归宿点。以“轻负担，高质量，低耗时，高效率”为目标，实行“三转”、“五让”课堂教学改革。

“三转”是指课堂教学要实现三个转变，即：变注入式教学为启发式教学；变学生被动听课为主动参与；变单纯的知识传授为知能并重。

“五让”就是教师在课堂教学中，能让学生观察的要让学生观察；能让学生思考的要让学生思考；能让学生表述的要让学生自己表述；能让学生动手的要让学生自己动手；能让学生总结的要让学生自己推导得出结论。

坚持以“尊重的教育”作为指导教育教学工作的基本理念

我们提出“尊重的教育”就是要使我校师生牢固树立“以人为本”的观念，树立一切为了人、使人成为社会人的理念。在教育活动中尊重受教育者，使受教育者在接受道德和法律约束的同时充分发展个性。没有尊重，个性发展的环境就不可能存在，没有个性的发展难以培养出创新意识和创新能力。“尊重的教育”其内涵可以有五个方面：一是尊重教育规律；二是尊重人才成长规律；三是尊重教育对象的身心发展特点和规律；四是尊重学生的人格人性，创造和谐的教育环境，尊重学生的个性发展以及他们的独立性、选择性和创造性；五是让学生学会尊重，把尊重的种子根植于学生心中。这个理念的核心是“以人为本”，目的是通过尊重学生、尊重个性而激励创新。

坚持以“诱思探究教学”理论作为指导课堂教学改革的基本教育思想

长期以来，课堂教学基本上离不开“教师滔滔讲，学生默默听”的“填鸭式”、“满堂灌”的传统模式，领导抓得忙，老师教得累，学生学得苦，师生饱尝“应试教育”之苦。为改变这种局面，我们学习引进了“诱思探究教学”理论进行教学改革的实验，把“诱思探究教

学"理论作为课堂教学改革的基本指导思想,用"诱思"理论指导、改革、评价我们的课堂教学,坚定不移地走"诱思探究"教改之路,坚定不移地研究和实践"诱思"理论。

(1)切实落实三维教学目标论,即"掌握知识,发展能力,陶冶品德"。三维教学目标论,体现了全面育人、全面发展的教育思想,而且其表述方法也一改过去对学生采取俯视态度,将学生置于客体的陈旧表述,变"传授"为"掌握",变"培养"、"训练"为"发展""陶冶",体现了对学习主体的尊重。

(2)切实落实"变教为诱,变学为思,以诱达思,促进发展"的思想主张,主张教师"道而弗牵,强而弗抑,开而弗达",使学生始终保持一种"愤启悱发"、"心求通"、"口欲言"的心理状态,为学生自主学习、独立思考展开了广阔的空间和时间,而这种独立意识的培养正是创新精神的源泉。

(3)切实践行"四为主"的教学观点,即"教师为主导,学生为主体,训练为主线,思维为主攻",这一观点深刻揭示了教与学的辩证关系,张扬主体,尊重主体,充分调动学生学习的"能动性、独立性、创造性、发展性",体现了创新教育的基本原则;主张"七动"训练,即动手做、动眼看、动情读、动口议、动耳听、动笔写、动脑思,把培养思维能力作为训练的主攻方向,揭示了创新思维训练的基本规律和方法。

(4)切实遵循六条教学原则,即"整体优化、教学和谐、强化训练、丰富情感、多向反馈、促进迁移"。六条原则,深刻阐明了一切教学策略的基本出发点和落脚点在于"落实学生的主体地位",把创新主体的独立性、自主性置于应有的高度,为弘扬学生主体精神、激发创新兴趣、培养创新能力创设了最佳的教学情意场。

课堂教学改革的精髓,就是使学生会思考、掌握科学的方法;会探究,掌握发现创新的思维方式。在获取知识的同时,获得发展。其最主要的教学主张就是变教为诱,变学为思,从而落实学生的主体地位,为学生成长提供人格解放,为学生爆发创新意识和形成综合素质消除屏障,创设情境,形成学生独立思考的习惯和创新意识。最终促使"人人成功,个个成材"。

狠抓三风建设,营造良好育人氛围

张掖二中内部管理体制改革方案中,将二中的教风明确确定为:严(严谨、严明、严格),精(精湛、精确、精彩),活(活教、活导、活用),创(创业、创新、创立)。将学风确定为:勤思、探究、坚韧、创新。经2005年全校教职工大会讨论、研究,达成了共识并一致通过,应该说二中的校风体现了前沿的教学理念。

教育实践中,我们深刻地体会到,教育的成功不仅在于学生已经学到了什么,更在于使学生终身都有一种学习的强烈欲望,都懂得怎样去学习。张掖二中多年的一切改革都

是着力于激发活力，提高效率，健全体制，以人的发展为中心，把成材的主动权交给学生，坚持“把空间留给学生，把时间还给学生，把方法教给学生”的价值取向，用成功的教育培养成功的人，倡导“发现人的价值，发挥人的潜能，发展人的个性”的教育理念，切实构建“以人的发展为中心”的素质教育新体系，为全体学生的全面发展、主动发展、个性发展、创新发展、持续发展以至于终身发展奠基。为此，学校以深化教育改革、推进素质教育为目标，以“教必务实、学必求是、言必达理、行必规范”为抓手，积极推进学校的校风、教风、学风建设。

以创建“人文校园”、“和谐校园”为目标，在“科学发展，和谐育人”人本化管理理念引领下，积极开展健康、丰富多彩的校园文化活动和新课程背景下教育教学实践活动，来彰显学校“文明、和谐、严谨、勤奋”的校风。回顾、总结、提炼学校建校以来的文化，以现代学校文化建设的视角，来积淀学校文化，增强校园文化的底蕴；建立学校、社区和家庭三位一体的教育网络，经常性互通信息，交流情况，沟通思想，统一认识，协调工作，形成教育合力，推进校风建设；从“以人为本”理念出发，进一步修订学校规章制度，为校风建设提供人文的制度保障；积极开展各项校园文化活动，如校园艺术节、运动会、科技节、读书活动等强化活动育人氛围。

深入学习课程标准，积极推进高中新课程课改，通过实践—反思同伴互助、课例研究、课程开放、信息技术与学科整合等校本研修形式，积极形成“严、精、活、创”的教风。在仔细调查摸底、搞清学校教师教育教学现状的基础上，认真制订教师培养计划，采取务实有效的方法途径，对不同层次的教师进行分层培训、分类指导，为形成良好的教风奠定基础；高度关注在市场经济和多元文化背景下功利化价值趋向对教师队伍建设所带来的负面影响，以新课改的精神实质和本质要求，通过宣传、培训重新建构二中教师的职业道德和行为规范框架；发挥名优教师优良教风的示范引领作用，凝结和提炼校本优势教学资源，放大其示范辐射功能；开展以“轻负担，高质量”为要求的行动策略研究，努力向“低耗高效”的目标前进；以发展性评价为基点，改革教师评价体制，营造一种以评价促发展的人文环境，针对不同的学科特点，设计不同类别的、具有共性与个性相统一的评价标准，促进学校教风的优化。

注重对学生的学法指导，关注学生的健全人格塑造和良好品行、健康心理的培训，促进学生个性充分和谐地主动发展，开发学生的多元智能，提升学生的多种能力，丰富学生的学习经历和精神世界，提升其生命质量，从而创建“勤思、探究、坚韧、创新”的学风。研究学生的学习规律，有效开展学法指导，帮助学生掌握科学的学习方法，提高他们学习的主动性和有效性；减轻学生过重的课业负担，做到精讲、精练，让学生有更多的空余时间自主发展；切实以“十佳”、“百优”、“千星”评选活动为平台，开展对学生的激励教育；以创建和谐校园为目标，开展丰富多彩的校园文化活动：如法制教育、安全教育、励

志教育、感恩教育、礼仪教育、健康教育、心理教育等专题教育活动，以提升学生生命质量；健全学校与家长沟通的长效机制，定期开展"家校"联系，通过家庭教育的力量促进学生学风的转变。

总之，要以优良的教风带动学风建设，以良好的学风促进教风发展，形成师生互动、教学相长的局面。经过几年的努力，我校"文明、和谐、严谨、勤奋"的校风得以充分彰显，从而使学校成为课程改革的实验基地，人才培养的沃土，对外交流的窗口，成为河西一流、陇上知名，具有优质教育品牌，鲜明办学特色的窗口示范学校。

实施名师工程，夯实学校发展后劲

教师是教育之本，也是学校教育持续改进的最深刻的变革力量，教师的发展是学生发展的重要前提，没有教师的可持续发展就没有学生的可持续发展。实现了教师、学生的可持续发展，实质上就是实现了学校的可持续发展。对学校而言，拥有一支具有核心竞争力的精英化的教师队伍，是学校教育教学质量的根本保证，更是学校内涵不断提升的动力源泉和实现可持续发展的最关键因素。张掖二中牢固确立了"培训是最大福利"和"管理是严肃的爱"的教师可持续发展的观念。

师资队伍建设方面，我们最大的优势在于，将别人做过的事情做得更好。近年来，我校教师队伍中年轻教师居多，水平参差不齐。对此，学校一方面结合教学实践活动，加强教师的理论学习；另一方面积极开展校本培训，为教师搭建不断提升的舞台。实行青年教师过关制。青年教师要在四年内过五关，即思想品德关、教学技能关、教材教法关、教育管理关、教学科研关；建立青年教师成长档案，记录青年教师成长过程；开展"八个一"活动锤炼年轻教师的教育教学能力；充分调动全体教师投身科研的积极性，力求做到科科有课题、人人有专题，提倡教学研究课题化，课题研究教学化，努力实践教育科研与继续教育的结合；创办《张掖二中》、《耕耘》校报校刊，为学术思想的交流，为教育理念的提升和教育科学研究成果的推广提供了舞台；完善竞争激励机制，坚持每年组织评选"青年教坛新秀"活动，并给予大力宣传表彰；打造属于张掖二中自己的名师，制定《张掖二中教师培训工程》和《张掖二中名师工程》，分层次地培养全体教师，对青年教师提出"一年入门、两年过关、五年成熟、八年骨干、十年成名"的目标，通过考核制定名师逐级申报制；构建"聘请专家多方指导—借助名校资源共享—外出学习开阔视野—引进吸纳先进理念—骨干名师与青年教师结对帮扶—校内切磋提高技能"的教师发展模式。通过这些努力，大批青年教师脱颖而出，为学校的发展不断注入了活力。如今的二中，教师队伍梯队合理、结构优化、素质优良。他们以高尚的情操、渊博的知识、严谨的态度、灵活的方法、方正的人格，践行着"让每一个学生都成材"、"让教师发展学校"的办学理念，他们无

私奉献、任劳任怨,用聪明才智为二中的发展不断书写着新的辉煌篇章。

总之,要通过全力实施“四个工程”,崇尚一种理念,让每一朵花儿都开放,让每一位学生都成功;坚持一种观点,学校因为学生而存在,教师因为学生而成功。要实现二中持续、健康、和谐发展,就是要在时间上,与时俱进持续发展,在速度上,分秒必争跨越式发展,在效率上,争先创优实现品牌发展。要积极打造教育品牌,努力重铸二中精神,从而真正实现“教在二中,让二中成为老师成就事业的沃土;学在二中,让二中成为学生和谐发展的摇篮”。

2008年10月21日

二、发展路径

精细化要求，向课堂要质量
低重心规划，靠管理出成效
——张掖二中第九届三次教职工代表大会学校工作报告

(2007年1月10日)

2006年已经过去，我们满怀豪情地迎来了2007年，回顾过去的一年，我们的工作是成功的，高考工作稳中有进，600分以上学生人数位居张掖各校之首，特别是顺利并以高分通过了省级示范性高中的复评，使学校品位在甘肃省高中阶段学校中提升了一层。这些成绩的取得是广大教职工和学校领导班子同甘共苦、艰辛努力的结果。在这里我代表学校党总支、校委会向全校教职员工表示衷心的感谢和最诚挚的问候！

一年来，学校高举改革发展的旗帜，全面贯彻党的教育方针，向改革要效益，向管理要质量，在区委、区政府和市、区教育行政主管部门的坚定领导下，学校特色日趋凸现，各项工作取得了显著成绩，尤其是在完善办学理念、加强设施建设、展现校园文化、实现名师工程、强化教育科研、推进信息化进程等方面进行了不懈努力和大力探索。学校工作始终坚持科学发展观，以提高质量为核心，以改革创新为动力，紧紧围绕一个中心(稳步提高教育教学质量)，建设两个支点(提高师资水平和学校管理水平)，突出三个重点(加强青年教师培养、加强“三风”建设、加强学校管理文化建设)，实现四个特色(业务精良的名师队伍、宽敞优美的校园环境、宽松和谐的管理文化、勤奋敬业的工作态度)，发扬高度负责、艰苦创业、团结协作、开拓进取的二中精神，有力地保证了学校工作持续、健康、协调、快速发展。回顾一年的工作，主要有以下几个方面需要认真总结。

一、加强校园文化建设，推进学校高品位发展

2006年学校为迎接省级示范性高中复评工作，将2006年确立为“二中改革发展年”，确立了复评高分通过的奋斗目标，主要以加强校园文化建设，促进学校高品位发展为突破口。在全校师生和学校领导班子成员的共同努力下，在上级领导的强有力支持下，学校做了大量艰苦的工作。

1.投资200多万元用于搬迁征地，艰难地实现了2003年计划报批的图书实验大楼建设项目的开工。

2.投资500多万元修建了塑胶运动场和篮球场，同时投资40多万元将校园东北角的空地进行整理美化，建设成了一块运动场地，治理了校园脏乱差的环境。

3.投资230多万元将校园进行美化、硬化,修建了音乐喷泉、萃英亭、中心广场、孔圣广场,使校园面貌焕然一新、赏心悦目。

4.全校教职工包括个别离退休教师自愿捐款建立孔圣雕像、蔡元培雕像和爱因斯坦雕像,让传统的中华民族精神和文化精髓以及科学精神成为了学校主流文化的一部分,凝聚了师生献身教育、热爱科学、崇尚文明的精神。

5.采取学校补贴教师出资投资100多万元为教师配备第二批笔记本电脑125台,学校投资近100万元第二次为40多个教室安装了数码教学投影仪多媒体设备,投资20多万元安装建成精品课录播室和非编系统设备,使学校信息技术建设上了新台阶,加强了信息技术应用与课堂教学整合的力度。

6.为每个教室安装学习园地黑板,统一要求布置教室,更新校园内标语、灯箱、亭台长廊、匾牌、橱窗等,充分展示了二中的校园文化底蕴。

重视学生的文化禀性,已成为当今教育发展的一种价值取向。校园文化是一种传统、一种精神、一种品德、一种无形资产,它能产生春风化雨、润物无声的教育效果,对培养学生的精神、气质、修养产生积极的作用。

二、牢固确立先进发展理念,不断提升管理水平

创新的时代呼唤创新的精神、创新的举措和创新的行动,思想观念是加快发展的总开关。

7.总结每年的办学经验,分析二中的现实校情和发展形势。顺应时代教育发展的要求,二中提出了“让教师发展学校”、“让每一个学生都成材”的发展理念,确立“管理是严肃的爱”、“培训是最好福利”和培育可持续发展力的管理思路,保证了不断提升管理水平的思想基础。

8.推出了《张掖二中教职工思想政治工作若干条例》和《张掖二中内部管理体制改革方案》,对领导班子成员明确了讲学习、讲政治、讲正气,加强自身修养,以身作则,勤政廉洁,工作讲公平、有魄力、出成效,坚持制度办事,依法治教,接受师生监督的政治要求。对教师提出了“十认真”的教学具体要求。在抓班子、带队伍,统一思想方面了取得一定的效果。

9.按照《张掖二中内部管理体制改革方案》的精神,对中层领导进行了竞聘上岗,对教师实施了岗位聘任,激活了队伍的内动力,初步形成了队伍管理新格局。

10.不断完善科学的管理体制,转变管理观念,理顺人事关系,初步营造了和谐的人际氛围,使学校发展步入了良性循环的轨道。明确了管理机制的“四项八部”的系统和教育教学管理工作评价的“三级捆绑”方式,其基本思路逐步清晰,并渗透和落实到工作实际当中。这降低了管理重心,使管理落到了实处。

三、探索教学改革，走科研强校之路

11.针对教学中存在的问题，掀起“个性化”为主题的教学改革与探索活动。从转变教育观念、改革评价制度入手，首先对学生的评价改变过去只看考试成绩而忽视学生其他方面的片面评价手段，推行了激励教育工程，在各年级评选“十佳”、“百优”、“千星”学生，这是改变对学生评价的第一步。班集体评价推行“样板班”、“先进班”、“达标班”的评选。

12.借准备示范性高中复评之东风，开展校本课程开发利用的工作。教科处牵头组织十个学科室，结合甘州区地方人文知识，编写完成了校本教材13部，共计39册校本教材。

13.创办《张掖二中》、《耕耘》一报一刊，为学术思想的交流，为教学理念的提升和教育科研成果的总结推广提供平台，坚持开展每学期一次的教育科研大会和论文评选活动，增加了学校浓厚的学术氛围。

14.树立教育即科研、课堂即教研的思想，树立科研为教育教学服务、科研为课堂教学服务的思想，结合问题搞科研、积极承担各级科研课题和校本科研课题成为一种良好风气。

2007年是二中发展的新起点。2007年，党中央要召开党的十七大，区(县)、市、省的党代会都已相继召开，祖国建设将进入一个新的历史时期，在区、市两级党代会政府工作报告中，关于经济建设的中心词，都是又快又好地弘扬科学发展观和共创和谐社会的指导思想。我们应清醒地认识到，张掖二中今后的发展机遇和挑战共存、优势和困难同在，张掖中学是我们的竞争对手，近两年高台一中崛起，临泽一中也紧随其后。2006年高考综合评估中，我校虽仅以不到一分的得分值位居第二名，但第一名是高台一中，而不是民乐一中和张掖中学，从近几年的高考排名看，民乐一中、张掖中学、高台一中、张掖二中四所学校的高考情况是四面旗帜不相上下，这就是压力，也是今后我们学校工作的动力。我校必须要牢固树立质量意识、竞争意识、可持续发展意识，要培育学校发展力，自满、自大。故步自封肯定是要掉队的。分析二中现时校情，2007年乃至今后的工作应从以下几方面加强。

四、抓班子，带队伍，为可持续发展积蓄人力资源

15.要下决心加强班子建设，从班子工作作风入手，要求班子成员讲学习，加强政治理论学习，和党中央，上级组织、学校党总支的方针、政策保持高度一致，不断提高落实政策和相关教育法规水平。加强管理知识、业务知识的学习，不断提高教育理论水平和管理水平，加强自我修养，具备应有的良好思想素质、道德素质、文化素质、智能素质、心理素质、身体素质和外在素质。要勤政：做到有动力、有能力、有魅力、有精力，敢于管理、善于管理、尽心尽责、全身心投入，全面地、高质量地抓好分管工作。要牢固树立为下级服务的意识，密切联系群众，随时沟通与教职工的联系，关心教职工疾苦，切实帮助教职

工办实事、办好事。要讲团结,各成员之间要互相信任、互相支持、互相帮助、互通情报,做到工作上分、目标上合,职责上分、思想上合,制度上分、关系上合,多琢磨事、少琢磨人。

16.对中层以上领导成员的工作从德、能、勤、绩四个方面,分学期和学年进行目标量化等级考核,由学校校长组织考核评委小组,制定考核细则。考核结果与成员评优、晋升挂钩,并将行政津贴根据考核等级按学期一次性发放,以此促进班子成员在其位、谋其事、尽其责。

17.强化教职工职业道德行为建设。要将学校教职工职业道德行为建设十项准则作为要求老师的标准,切实加强师德师风建设,对出现师德问题的教职工实行评优、晋级一票否决制。

18.强化教师目标量化考核评价机制,要以教师教学效果为重心,注重对教师教学常规的严要求,对教学过程的严管理,切实督促教师落实课堂教学"十认真"的要求,如:必须将备课作为教学环节的首项严格要求,试想一位老师写不出好的教案来,能上出好的课来吗?对不写教案的老师要严惩。再如上课,没有好的教案上不好课,就是有好的教案也不一定能上出好课来,还有个人能力的差别,所以我们提出一个口号"老师要认认真真上好每一堂课"。"每一堂课都是精品课"的提法,要求向外可以讲,实际做不到,永远做不到。教师上课的水平和上好每一堂课的问题不解决,提高教学质量永远是一句空话。因此,对老师目标量化考核细则的制定中要抓大放小、抓实让虚。

五、低重心管理,精细化要求

19.用提高教学质量的办法解决学校前进发展中的各种困难和矛盾问题,特别是高考要作为学校管理的重点工作。成立以校领导为主要成员的高考领导小组,对高考工作加强研究和指导,要经常召开专题会议,分析研究高三备考各个阶段的工作以及教育教学活动中存在的问题,形成全校上下抓高考、服务高考、支持高考的共识。

20.构建低重心管理模式,让管理落到实处,避免在学校管官的官多,管老师、管学生的官少的官僚作风,真正落实"三级捆绑"的管理评价措施。特别是加强年级部管理,成立以教导主任为组长,政教主任为年级党支部书记,年级主任、年级部领导小组全面负责所辖年级的整体教育、教学管理、老师考核评价和学生管理评价工作,真正使管理工作融合到日常教育教学的实际当中,真正实现向管理要质量,向课堂要质量的目标。

21.各年级部要实行以学生为主体的评价方式,坚持对学生成绩跟踪管理,制定出《学生成绩跟踪及教学目标量化考核实施办法和细则》,根据学生入学成绩、学习现状、招生形式下达年级班级具体任务目标,并对每一个班、每一个任课教师的教学成绩进行目标量化考核,将其与奖励和年度考核挂钩,解决"责任不清、目标不明"的问题。

22.要实行精细化的课堂教学过程管理。课堂教学是教学的主阵地,没有好的课堂教

学效率就没有好的教学质量，这是必须要让每一位老师认识清楚的问题。抓课堂教学管理要在备课、上课、批改作业、辅导、测验这五个环节上形成规范要求，每个环节上都不能弱。

六、狠抓备考研究，科学确立备考策略

23.高考年级教师必须要熟读精读《高考大纲》和《考试说明》，研究考点和确定复习环节和复习计划，把握复习重点、难点、弱点、疑点、技能点，明确复习要强化什么、注意什么、取舍什么，帮助学生明确各知识点的基本要求和考查的基本方式，找准学生掌握知识的薄弱环节和复习的主攻方向。

24.教导处、科研处、各学科室、备课组，特别是高考年级要深入研究高三年级复习教案如何写，高考年级教师怎样运用教学参考书，高考年级如何评讲试卷或练习题，如何充分利用早、午、晚自习时间对学生进行辅导和答疑，以及培优与补差的关系和方法等一系列与高考相关的问题。

25.要注重研讨教材、优化教学过程，要求老师根据考纲要求及学生实际，集体研讨教学内容，以精为主，大胆取舍，具体教学中精讲多练，以练为主，重点和难点讲清讲透、讲到点子上、讲到关键处，该练的练细练实，抓住典型，限时限量，保证效率，使教学过程优质高效。

26.对学生反映强烈、教学功底弱、存在态度问题的教师，年级部领导小组集体跟踪听课、评议，促其改进和提高。同时高考领导小组的校级领导、主管教学的副校长和校长，要不断地对高考年级教师进行推门听课、评议分析，准确掌握高考年级教学备考各项工作的动态和形势，即时调整和督察。

七、狠抓青年老师的教学基本功培训，造就一批教学后备力量

27.严格要求青年教师过语音关、讲普通话、规范学科语言，作为一名本科毕业生，上课用方言，能有好的教学效果吗？这也有碍老师的形象素质。对35岁以下的老师限时一学期内改掉方言，上课能操基本普通话，学期结束学校进行考核成绩记入教师考核档案，课堂评价方案中要提出讲普通话的要求和权重。

28.要求青年老师过书写关，要求教师要加强练标准的行书体，板书字要规范、醒目，大小轻重适当，能对学生书写起到示范作用。每学期在35岁以下青年教师中开展一次钢笔字行书、板书行书竞赛评比，成绩记入教师业务档案，课堂评价和教案规范中也要提出要求和权重。

29.青年教师要将能否过课堂教学关作为能否站稳讲坛的大事来看待，课堂教学是老师语言能力、书写能力、组织能力、学业知识与技能的综合展示平台。特别是备课的功夫直接影响课堂的效果，教导处对备课要求和环节把握要明确，上课的基本环节要明确规范，力求教师认认真真上好每一堂课，真正落实向课堂要质量、要效益。

30.对青年教师学校要“敢于压担子,任务要明确,责任要到位,培养要具体。请进来教,派出去学,学校要从生活上多关心、政治上严要求、业务上精培养,鼓励深造,岗位练兵,真正把青年老师的培养工作作为二中可持续发展的基础人力资源的大事来抓”。

八、抓学生发展,实施“爱心”和激励教育

31.“让每一个学生都成材”,并非是让每一个学生都考上名牌大学,更重要的是让学生在高中三年的学习生活中养成良好的行为习惯和学习习惯,有了好的习惯学生终身受益,具有人生的发展后劲。经验证明,行为习惯和学习习惯好的学生一般都学业成绩较好。这是最受人喜欢的学生,也是素质教育所追求的目标。

32.教师是教育工作者,学校是育人的地方,教师和学校要以教育的规律为指南,行使教育的功能,而不能是警察、消防队员、保安。对各年级学生在学校应该接受的教育活动按必修课的形式,要以常规性的方式固定下来,做到教育活动系列化,按部就班,减少随意性。

33.切实以“十佳”、“百优”、“千星”评选为平台,开展对学生的激励教育。建立新型的师生关系,以创建和谐校园为目标,建立老师和学生、家长和谐相处,学生和学生和谐相处,老师和老师和谐相处,领导和教职工和谐相处的人际关系。

34.加强师生心理健康教育。学校要着力建设心理健康教育体系,对师生紧张、恐惧、焦虑等不良心理现象,加强研究和沟通,让师生能在宽松和谐的环境中工作、学习和生活,让师生感到学校是知识的殿堂,是平等尊重的教育空间,是自我完善和自我发展的场所。

学校教育教学质量的提高是一项长期而艰辛的任务,也是一个系统工程。学校工作一定要坚持以提高教育教学质量为核心,全面加强各方面的精细化管理,在上级教育主管部门的领导下,全校上下一条心,艰苦奋斗,齐抓共管,以办人民满意的二中为宗旨,真抓实干,开拓创新,为大幅度地提高教育教学质量而努力奋斗。

学校工作报告

——在张掖二中第十届一次教职工代表大会上

(2008年1月12日)

各位代表：

我受学校党总支和行政会议委托，向参加张掖二中第十届教职工代表大会的各位代表、特邀代表和列席代表作2007年度学校工作报告，请予审议，并请各位代表提出宝贵的意见或建议。

2007年学校工作回顾

2007年是我校各项工作取得重要进展的一年。一年来，在区委、区政府和市区教育主管部门的正确领导下，在全体教职员工的共同努力下，我们坚持以邓小平理论和“三个代表”重要思想为指导，认真学习落实科学发展观，与时俱进，开拓创新，抢抓机遇，迎难而上，积极巩固提升省级示范性高中办学成果，真抓实干，务求实效，较为圆满地完成了各项工作任务。

一、办学理念基本形成

近年来，我校认真探索教育规律，总结多年的办学经验，顺应时代发展潮流，努力构建学校特色，提出了“让教师发展学校”、“让每一个学生都成材”的办学理念，确立了“管理是严肃的爱”，“培训是最好福利”的教师可持续发展理念。同时坚持“务实创新、开放民主”的办学思想，强化“敬业、笃行、务实、创新”的校训，强调“爱是教育的基础”，致力于培养“文明、和谐、严谨、勤奋”的校风。先进的教育思想和科学的办学理念已成为学校加快发展的主流文化和精神支柱。

二、管理体制不断完善

进一步明确和理顺“低重心规划，向课堂要质量；精细化要求，靠管理出效益”、“讲台洗礼，聚焦课堂”等管理思路，学校明确分工，定责放权。改革和理顺管理体制，进一步加大“三级捆绑”的评价力度。转变管理观念，理顺人事关系，初步营造了和谐的人际氛围，

使学校发展步入了良性循环轨道。

三、学校规模进一步扩大

学校由2002年初的47个班2960名学生,发展到现在的71个班4714名学生。其中高一年级20个教学班1322人,高二年级21个教学班1280人,高三年级20个教学班1312 人,补习年级10个教学班800 人。同时,民办高中的筹建工作开局良好,前期工作有条不紊。量的扩张为质的提升打下了坚实的基础。

四、硬件建设成绩显著

投资200多万元用于搬迁征地，艰难地实现了2003年计划报批的图书实验大楼建设项目的开工;投资500多万元修建了塑胶运动场和篮球场,同时投资40多万元将校园东北角的空地进行整理美化,建设成了一块运动场地,治理了校园脏乱差的环境;投资230多万元将校园进行美化、硬化,修建了音乐喷泉、萃英亭、中心广场、孔圣广场,使校园面貌焕然一新、赏心悦目;采取学校补贴教师出资投资100多万元为教师配备第二批笔记本电脑125台，学校投资近100万元第二次为40多个教室安装了数码教学投影仪多媒体设备,投资20多万元安装建成精品课录播室和非编系统设备,使学校信息技术建设上了新台阶,加强了信息技术应用与课堂教学整合的力度。

五、高考成绩有了新的突破

2007年,张掖二中升学预备教育迈出了新的步伐,为甘州48万人民交上了一份满意的答卷。魏小东以703分的高分摘取甘肃省高考理科榜眼,张掖市理科状元;一般本科共计上线555人。如果加上三本、专科、高职,上线率、升学率在80%以上。这看似不平凡的成绩,其实是必然的结果。这是学校长期致力于抓质量、抓管理、抓改革的结果。它印证了学校办学理念的正确性,渗透着老师和家长的万千心血。

六、教师队伍建设成果丰硕

师资力量是一所学校办学的根本条件,也是一所学校核心竞争力的主要因素。近年来，我校克服办学规模迅速扩大而人员编制严重不足以及少数教师向发达地区流失等困难,致力于造就一支数量充足、素质优良的教师队伍。首先,严把入口关。招录教师严格按照公开、透明、公正、竞争的原则与程序操作;其次,严格培养年轻教师。对新进教师进行岗前培训,实行新教师拜师制度和汇报课制度,同时对年轻教师大胆使用,为他们的迅速成长搭建平台,为他们的脱颖而出提供舞台;与此同时,学校大力实施名师工程,鼓励教师报考教育硕士,对中青年骨干教师进行重点培养。学校还通过继续教育、组织教育理论学习、提倡和鼓励教师读书、组织教师参加各级教学比赛和论文评比等途径提高教师的业务素质与师德水平。学校希望二中的教师具有哲人的睿智与诗人的情怀,坚持操守而保有尊严,心有阳光而胸有清泉,向往高尚而远离低俗,追求卓越而拒绝平庸,用自已的爱心与耐心、真诚与热忱、理智与机智去引导学生全面而有个性地发展,快乐

而健康地成长。通过努力，一大批青年教师脱颖而出，目前，我校教师队伍结构日趋合理，现有教职工274人，其中中学高级教师68人，中学一级教师106人；全国模范教师2人，“园丁奖”获得者8人，特级教师2人，省级教育教学专家1人，省级学科带头人3人，省级骨干教师11人，省级教学能手5人；市级骨干教师18人，市级学术技术带头人11人，区级骨干教师40人；有硕士研究生和在读研究生15人。

七、德育工作有了新成效

紧紧围绕理想、习惯和心理健康教育三个重点，以加强班级管理和班风、学风建设为中心，以培养学生自我教育、自我管理的意识与能力为目的，开展了丰富多彩、卓有成效的活动。学校坚持开展以爱国主义为核心的理想成材教育和以遵守《中学生日常行为规范》为核心的习惯养成教育，认真组织读书活动，开展了“拒绝不良诱惑”、“远离网吧”、“校园拒绝邪教”、“节水校园”、“安全教育”等活动。根据新时期高中生的身心特点，积极探索和研究学校成功实施德育教育的突破口和常新、长效生长点，适时组织“励志教育”、“爱心教育”、“感恩教育”、“诚信教育”、“礼仪教育”等活动，不断创新德育工作的形式、方法、途径和手段。将德育教育融入学校教育的各个环节，切实增强学校德育工作的时代性、针对性、实效性和主动性，全面提升了学生的思想道德水平。

八、创建“平安校园，和谐校园”工作进一步深入

学校安全重于泰山，安全工作常抓不懈，警钟长鸣。认真学习贯彻落实各项安全工作会议精神，牢固树立“生命不保，何谈教育”的意识，成立安全工作领导小组，完善安全工作计划，丰富安全教育内容。

建立学校安全工作责任制，切实落实安全工作责任追究制。签订安全目标责任书，主要领导亲自抓，分管领导具体抓，一级抓一级，层层抓落实。一年来，通过开展“安全知识讲座”、“告学生家长安全书”、“平安二中，和谐二中”宣誓签字、“安全杯知识竞赛”、“安全主题班会”、“防溺、防火、防盗及预防传染病知识大型图片展”等系列活动，建立了安全防范的长效机制，师生安全意识明显增强，安全工作效果明显。同时，学校定期排查各种安全隐患，即知即改，不留后患。加强对校门口、食堂、学生公寓的安全监管力度，使创建“平安二中，和谐二中”活动向纵深方向发展。

总之，在看到成绩与进步的同时，我们也要清醒地认识到学校面临的困难与存在的不足，主要有：高考面临形势依然严峻，办学经费仍然紧张，教学改革不够深入，科研工作缺乏后劲，教师编制缺口较大，生源范围依然受限，学校内部运行机制活力不够，不和谐的因素时有出现，学校的核心竞争力有待提高等。

2008年学校工作展望

2008年学校工作的总体思路是：坚持以科学发展观统领学校工作发展全局，以提高质量为核心，以改革创新为动力，调整优化管理机制，转变课堂教学模式，紧紧围绕一个中心(稳步提高教育教学质量)，建设两个支点(提高师资水平和学校管理水平)，突出三个重点(加强青年教师培养、加强“三风”建设、加强学校管理文化建设)，实现四个特色(业务精良的名师队伍、宽敞优美的校园环境、宽松和谐的管理文化、勤奋敬业的工作态度)，坚持以学生全面发展为本的教育观、以提升学生全面素质为本的质量观和以人的能力发展为本的人才观，努力创设人才健康成长的环境机制，充分发扬高度负责、艰苦创业、团结协作、开拓进取的二中精神，努力实现张掖二中又好又快发展。

一、进一步落实“低重心规划，向课堂要质量；精细化要求，靠管理出效益”的管理思路

改革管理体制，坚持以教学为中心，敢为人先，不断创新，全面推进素质教育。教学是学校工作的中心，课堂教学是全面实施素质教育的主渠道。要进一步落实“低重心规划，向课堂要质量；精细化要求，靠管理出效益”的管理思路，调查研究，理性思考，集思广益，明确分工，定责放权。

按照“近距离管理，近距离服务”的理念和“缩小管理单元、下移管理重心、激活管理活力、提高管理效能”的思路，组建年级部领导小组，实行以年级部为主体，主管副校长负责的目标责任制。继续推行副校长管理年级部的目标责任制，定责放权，学校从人员调配、教师评价、经费投入等方面都给予相应的支配权，使年级部基层有责任、有权力、有压力。

改革和理顺管理体制，进一步加大“三级捆绑”评价力度。为实现“人人都是学校主人，个个参与学校管理”的人本理念，继续实行以班主任为中心，任课教师为班主任负责的一级捆绑；以年级主任为中心，各班主任为年级主任负责的二级捆绑；以校长为中心，各年级部主任及分管副校长为校长负责的三级捆绑的管理模式。真正增强全校教师的凝聚力和向心力，真正形成众人划桨开大船的大好局面。

构建低重心管理模式，让管理落到实处。避免学校机构臃肿，人浮于事的不良作风，真正落实“三级捆绑”的管理评价措施，特别是加强年级部管理，成立以教导主任为组长，政教主任为年级党支部书记，年级主任、年级部领导小组全面负责所辖年级的整体教育教学管理模式，老师考核评价和学生管理评价工作，真正使管理工作融合到日常教育教学的实际当中，真正实现向管理要质量、向课堂要质量的目标。

各年级部要实行以学生为主体的评价方式，坚持对学生成绩跟踪管理，制定出《学生

成绩跟踪及教学目标量化考核实施办法和细则》,根据学生入学成绩、学习现状、招生形式、下达年级班级具体任务目标。对每一个班、每一个任课教师的教学成绩进行目标量化考核,并将其与奖励和年度考核挂钩,解决“责任不清、目标不明”的问题。

要实行精细化的课堂教学过程管理。课堂教学是教学的主阵地,没有好的课堂教学效率就没有好的教学质量,这是必须要让每一位老师认识清楚的问题。抓课堂教学管理要在备课、上课、批改作业、辅导、测验这五个环节上形成规范要求,每个环节上都不能弱。

二、实施“四个工程”、重铸二中精神

学校牢固树立以教师为本、以学生为本的思想。始终奉行“以人为本、和谐发展”的管理理念,始终坚信“学校教育的终极目标是发展教师、培养学生,就是使教师和学生成为充满人性、张扬个性、整体和谐、全面发展的人”。“方圆兼济,人本至上”,彰显教师和学生的人性,尊重其人格,开发其才能,重视其发展,是实践“尊重人、解放人、发展人”的人本化管理理念的出发点和归宿。

要落实科学发展观,重铸二中精神,切实促进学校教育教学质量稳步提高,促进学校可持续和谐发展,实现二中又好又快发展,必须全力推动实施“四个工程”。深入实施建设学校精神家园工程,以创建“和谐的人际关系,温馨的人文环境,奋发向上的精神风貌,充满激情的工作学习状态”为目标。使老师燃烧激情,学生激情燃烧;全力推动以“三转”、“五让”为主要内容的教学改革工程,以教科处为龙头,学科室教师为主体,以“轻负担、高质量、低耗时、高效益”为目标,实行“三转”、“五让”,改革课堂教学;全面实施青年教师培养工程,切实践行“培训是最大福利”、“让教师发展学校”的理念,全面提高学校的核心竞争力;进一步深化教风、学风建设工程,向学生要学风,向课堂要质量,以一流的教风、学风实现一流的教育教学质量。

三、狠抓教育教学质量,实现高考、会考新突破

用提高教学质量的办法解决学校前进发展中的各种困难和矛盾问题,特别是要把高考作为学校管理的重中之重。成立以校领导为主要成员的高考领导小组,对高考工作加强研究和指导,要经常召开专题会议,分析研究高三备考各个阶段的工作以及教育教学活动中存在的问题,形成全校上下抓高考、服务高考、支持高考的共识。

我们深知弱者畏惧竞争,庸者逃避竞争,强者勇于竞争,智者善于竞争。2008年可谓“危机与机遇并存,困难和希望同在”,质量对于数量有着压倒一切的权威。二中近几年的现实就说明了这一点。在目前竞争激烈的条件下,我们既面临着难得的发展机遇,也面临着新的严峻挑战。我们要居安思危,坚定信心,迎难而上,努力为实现我校2008年高考、会考各项指标均要达到全市前两名目标和任务而团结奋斗。

2008年承担高考任务的管理人员及全体老师都要进一步理清思路,扎实工作,全力

以赴，聚精会神抓教学，一心一意提质量。学校全员都要为高考做贡献，心往一处想，劲往一处使，确保高考不能再出现失误。特别是将高考中尖子学生输送到清华、北大等名牌大学的学生数，力争要有新的突破。

四、创办二中天一学校，夯实学校发展后劲

根据省教育厅文件规定和周济部长的讲话精神，2008年将坚决取缔公办高中办补习班。为实现二中持续发展，做大、做强、做优的目标，以二中现有的影响力将补习学生全部放回社会，这对二中是一项很大的损失。但社会需要补习班，学生家长更需要补习班。为此，以二中为依托创办民办性质的二中天一学校将是二中可持续发展的需要，也是夯实学校发展后劲，增强学校发展活力，实现学校又好又快发展的需要。目前，民办学校的筹建工作进展顺利。

五、以校庆活动为契机，展示二中新风采

2008年9月，张掖二中将迎来建校五十二年暨独立高中成立十周年校庆，这是二中发展史上的重要里程碑。为能客观地总结提炼过去二中五十二年发展过程中形成的成功经验和文化积淀，回顾二中几代人呕心沥血、艰苦奋斗、自强不息的发展历程，展示二中进入新世纪，特别是成立独立高中以来学校不断改善办学条件，不断提高教育教学质量，实现了跨越式发展的巨大成就，同时，为二中今后努力建设精神家园，提升学校教育教学管理品位，促进学校教育教学改革不断深入，坚持科学发展观，以人为本，构建和谐校园，实现创建陇上名校，推动学校又好又快发展的奋斗目标，学校决定将隆重举行张掖二中建校五十二周年暨独立高中成立十周年校庆活动，号召全校各部门及全体教职员工和学生都要为搞好这次校庆贡献力量，使我校教育教学及管理工作再上新台阶，再出新成果。

关于校志编纂工作，相关责任人要高度负责，按照进度，确保质量，扎实推进，力争校志编纂高质量、高水平，使二中校志真正起到总结规律、承续传统、弘扬精神、激励后学的作用。

六、强化硬环境，优化软环境

克服种种困难，多方筹措资金，力争图书实验大楼2008年6月全面竣工，投入使用。该工程的建成，将使我校进一步改善办学条件，完善硬件设施，提升办学品位，实现教学资源的优化配置。

我校秉承“教化育人、陶铸精英”的办学信念，开拓创新，锐意进取，经过近几年不懈的努力，学校校园文化建设取得了实质性进展，今日二中，自然景观与人文景观交相辉映，传统文化与时代特色相得益彰。古老文化与现代气息的相互融合，营造了浓郁的文化氛围和温馨浪漫的育人环境。要进一步整合校园文化资源，挖掘环境育人潜能，把校园文化的潜在价值用活、用足、用好，真正发挥校园文化春风化雨、润物无声的育人

功能。

七、实施“科研兴校、科研兴教”战略

高中新课程的实施是一次深刻的教育观念变革。在这场变革中，学生是“知识的建构者”，学校是“学习的共同体”，老师是“反思性实践者”，要发挥我校已有的学习资源和课程资源，调动老师的学习主动性、积极性和创造性，树立终生学习的理念，创建学习型校园，把学习作为学校成员推动社会文明进程的一种责任。

要立足教学抓教研，立足课堂抓教改，依靠课题促教研，坚持科研与教学工作紧密结合，充分调动全体教师投身科研的积极性，力求做到科科有课题、人人有专题，提倡教学研究课题化、课题研究教学化，努力实践教育科研与继续教育的结合。

教科处和学科室要拿出切实可行的办法，高度重视特长生的辅导和培养，重视全省、全国的奥林匹克学科竞赛，力争在重大活动赛事上我校学子能够摘金夺银取得优异的成绩，展示二中学子新风采，树立二中新形象，打造二中新品牌。

切实办好《张掖二中》、《耕耘》一报一刊，进一步明确办刊方向，严格用稿质量，提高采编水平，为学生习作的展示、教师学术思想的交流、教学理念的提升和教育科研成果的总结推广提供平台，从而大力增强学校浓厚的学术氛围。

八、活动育人，实施“爱心”和激励教育

“爱是教育的基础”，没有爱便谈不上教育，教师只有爱学生、爱教育、爱学习才能推动教育教学质量的稳步提高，教师只有关心学生学习生活，关爱学生身心健康，关注学生个性差异，才能促进学生的全面协调可持续发展。教师只有一如既往地用真诚呵护学生的自尊，用爱心换取学生的真情，用宽容赢得学生的尊重，学生才能在爱的土壤里生长、发芽、开花、结果。

切实以“十佳”、“百优”、“千星”评选活动为平台，开展对学生的激励教育，建立新型的师生关系；以创建和谐校园为目标，建立老师和学生、家长和谐相处，学生和学生和谐相处，老师和老师和谐相处，领导和教职工和谐相处的人际关系。

以2008奥运年为契机，抓好艺术健康教育，认真落实《张掖二中艺术教育规程》。艺术教育是学校教育教学工作的重要组成部分，学校要搞好一年一度的校园艺术节、师生书画作品展、秋季田径运动会、冬季越野赛、各种球类比赛等重大活动，努力发现和培养在艺术、体育方面有特长的学生，增强学生的体质，提高学生的艺术素养，努力为艺术人才创造成长、成材、成功的有利条件。

九、关注民生，扩大民主，逐步提高教职工福利待遇

继续做好教职工的福利工作，积极开展丰富多彩、健康有益的休闲娱乐活动，关注教职工的心理健康，定期分批分次为教职工体检，引导广大教职工不仅努力地工作，而且要优雅地生活，积极提高其生活质量；继续一如既往地关心离退休教职工的生活、学习

和娱乐活动，努力增进教职工的幸福感，积极构建和谐校园。

树立“二中精神”，努力使广大教职工增强大局意识、服务意识、质量意识和忧患意识，全面提高教育教学质量；充分发挥教代会、工会的作用，坚持教代会参与并监督学校管理，审议学校工作要点和财务，讨论通过学校重大举措和各项制度；全面实行校务公开，提高行政管理的透明度，加大民主监督力度，尊重教职工的意见，虚心接受合理化建议，关心、爱护教职工，处处为教职工着想，真正做到用事业凝聚人、用感情凝聚人、用政策凝聚人、用待遇凝聚人。吃苦在前，事业为先，无私忘我，想教职工之所想，急教职工之所急，为教职工在思想上释疑解惑，在生活上排忧解难，心里装着教职工的冷暖，深入教职工，了解他们的实际困难和需要，以实际行动赢得全体教职工的支持和信任。

十、加强领导班子作风建设，切实提高管理艺术和管理水平

认真学习党的十七大精神，坚定马克思主义信念，爱校如家，全心全意为师生服务。学校领导班子要以“一切以学生为重，一切从大局出发，一切为师生着想，一切对未来负责”为座右铭。始终以坚定的政治立场、饱满的工作热情、强烈的事业心和政治责任感投入到工作中去，加强政治理论学习，牢固树立正确的世界观、人生观和价值观。进一步加强学校领导班子团结协作，对学校重大工作坚持集体定原则，分头做工作，各司其职，各负其责，相互协作，整体配合。在各项工作中，学校班子要协作成一体，心往一处想，劲往一处使，共同努力把二中的工作做好。

加强学校常规管理，切实增强学校依法行政、依法治教意识，落实各项管理措施，进一步端正办学思想、规范办学行为、创新管理方式、提升管理水平，大兴学习之风、服务之风、实干之风，强化不同层次管理者的素质。校级领导要不断提高自身理论水平素质，切实提高管理能力和管理水平；中层领导能严于律己，努力做到业务精湛、工作作风务实、工作方法灵活、创新意识鲜明；年级组长和学科组长在教育教学管理中要率先垂范，敢为人先，充分体现能力强、业务精、方法新、成绩好的特点。

各位代表，张掖二中正处在加快发展的关键时期，新的形势催人奋进，新的任务光荣艰巨。实现学校既定的宏伟蓝图，赢得新发展，实现新跨越，是时代赋予我们的历史重任，也是全区人民的殷切希望。让我们在区委、区政府及区教育局的坚强领导下，高举邓小平理论伟大旗帜，认真贯彻“三个代表”重要思想，全面落实科学发展观，紧紧依靠全体教职员工，凝心聚力，开拓创新，扎实工作，顺势推进，推动我校各项工作又好又快发展，为早日实现创办“陇上名校”的宏伟目标而努力奋斗！

深入学习实践科学发展观　扎实推进"四个工程"建设　实现学校可持续发展的宏伟目标

——张掖二中第十届二次教职工代表大会学校工作报告

(2009年1月16日)

各位代表：

我受学校党总支和行政会议委托，向参加张掖二中第十届二次教职工代表大会的各位代表、特邀代表和列席代表作2008年度学校工作报告，请予审议，并请各位代表提出宝贵的意见或建议。

2008年学校工作回顾

2008年是我校各项工作取得重要进展的一年。一年来，在区委、区政府和市区教育主管部门的正确领导下，在全体教职员工的共同努力下，我们坚持以邓小平理论和"三个代表"重要思想为指导，认真学习落实科学发展观，与时俱进，开拓创新，抢抓机遇，迎难而上，积极巩固提升省级示范性高中办学成果，真抓实干，务求实效，较为圆满地完成了各项工作任务。

一、管理机制进一步优化

坚持"让每一个学生都成材"、"让教师发展学校"的办学理念，活化机制，强化制度，理顺体制，践行"人人都是学校主人，个个参与学校管理"的人本思想，按照"缩小管理单元、下移管理重心、激活管理活力、提高管理效能"的思路，组建了年级部领导小组，切实落实"学校统一领导，处室具体指导，年级直接管理"的管理模式，从而最大限度地调动起了广大教师的工作积极性。

二、硬件建设进一步完善

投资800多万元的砺志楼全面竣工(包括4个物理实验室、6个化学实验室、2个生物实验室、2个多功能会议室、图书馆等设施)；投资近100万元完成了锅炉房整体搬迁及取暖管网改造工程；为迎接校庆投资10多万元修建孔子圣像围栏，同时进一步净化、硬化、绿

化、美化校园环境，使校园环境更具文化气息；采取学校补贴教师出资方式，投资近5万元为教师配备第四批笔记本电脑10台；学校投资38万多元对砺志楼学术报告厅装备音箱、视频设备，使学校信息技术建设进一步优化。至此，学校基本建设阶段性任务已经全面完成。

三、文化品位进一步提升

新规划修建了“砺志园”一处，假山亭台相映成趣，为师生开辟了新的学习休憩之所；邀请张掖市书画界的名家题写了许多具有深厚文化韵味的牌匾，真可谓“雨过琴书润，风来翰墨香”；为“总结规律，承续传统，弘扬精神，激励后学”，组织专人下大力气精心编写了具有较高质量的《张掖市第二中学志》和学校画册，重建了学校校史馆，为学校校本教材的开发和校史教育开辟了新的途径和领域。

四、校庆活动成功举行

2008年9月8日，我们隆重地举行了“张掖二中建校五十二周年暨创建高级中学十周年”庆典活动。校庆期间，市区各级领导、甘州区社会各界人士和来自各行各业新老校友近500人，欢聚一堂，畅谈学校变化，忆中学美好生活，抒师生深厚情谊，思母校光荣历史，议二中发展大计。通过校庆，校友们加强了联系，增进了友谊，也进一步关心支持母校的发展；通过校庆，我们向社会宣传了学校走过的光辉历程和取得的优异成绩，进一步提高了学校的知名度，为学校的进一步发展创造了机遇；通过校庆，在校师生更进一步了解了学校发展的历史和光荣传统，继而更加热爱自己的学校，师生间的凝聚力和自豪感也进一步增加。应该说校庆活动是成功的，达到了预期目的。

五、教学质量再攀新高

2008年高考，在全体师生的共同努力下，我校基本实现了既定目标，且有新的突破，提前重点录取284人，二本以上录取739人，高考升学率达82%以上，宋欣、李杨、肖积强、肖滋润、李磊5名学子以优异成绩被北大、清华录取。739人，“一清四北”，我校用实实在在的行动，实现了高考成绩量的突破和质的飞跃，用实实在在的成绩诠释了“让每一个学生都成材”的办学理念。

六、办学模式更加开放

2008年，我校先后邀请广西师范大学李英庆教授、清华大学张学政教授来我校讲学，受到了老师们的普遍好评；同年6月，又邀请陕西师范大学张熊飞教授专程来我校作了为期4天的“诱思探究教学论”的全员通识辅导，极大地推动了我校课堂教学改革的发展。在强调“请进来”的同时，我们也积极主动地“走出去”，学校先后组织管理人员和学科骨干前往衡水中学、师大附中、酒钢三中、民勤一中等省内外著名高中参观交流学习，特别是10月初组织学科室主任和部分备课组长一行23人赴山东章丘考察学习，这次学习更有针对性，更注重实效性，大家更为直观地感受到了诱思探究课堂教学的真谛。这

些活动使老师们进一步开拓了思路、开阔了眼界、冲破了束缚、受到了启发,收到了良好的效果。

七、"四个工程"扎实推进

为切实促进学校教育教学质量稳步提高，促进学校可持续和谐发展,2008年我们启动实施了"四个工程"。全力推动了以创建"和谐人文校园"为目标的学校精神家园工程;深入实施了以"三转"、"五让"为主要内容的课堂教学改革工程;以践行"培训是最大福利"、"让教师发展学校"的理念为出发点,全面实施青年教师培养工程,以提高学校的核心竞争力;进一步深化教风、学风建设工程,向学生要学风,向课堂要质量,以一流的教风、学风实现了一流的教育教学质量。

八、德育工作不断深入

紧紧围绕理想、习惯和心理健康教育三个重点,以加强班级管理和班风、学风建设为中心,以培养学生自我教育、自我管理的意识与能力为目的,开展了丰富多彩、卓有成效的活动。学校坚持开展以爱国主义为核心的理想成材教育和以遵守《中学生日常行为规范》为核心的习惯养成教育,认真组织读书活动,开展了"拒绝不良诱惑"、"远离网吧"、"节水校园"、"和谐校园"、"安全教育"等活动。根据新时期高中生的身心特点,积极探索和研究学校成功实施德育教育的突破口，适时组织"砺志教育"、"爱心教育"、"感恩教育"、"诚信教育"、"礼仪教育"等活动,不断创新德育工作的形式、方法、途径和手段。将德育教育融入学校教育的各个环节,切实增强学校德育工作的时代性、针对性、实效性和主动性,全面提升学生的思想道德水平。

总之,在看到成绩与进步的同时,我们也要清醒地认识到学校面临的困难与存在的不足,主要有:高考面临的形势依然严峻,办学经费仍然紧张,教学改革不够深入,科研工作缺乏后劲,教师编制缺口较大,生源范围依然受限,学校内部运行机制活力不够,不和谐的因素时有出现,学校的核心竞争力有待提高等。

2009年学校工作展望

2009年,学校工作的总体思路是:坚持以科学发展观统领学校工作全局,以提高质量为核心,以改革创新为动力,调整优化管理机制,转变课堂教学模式,坚持以学生全面发展为本的教育观,以提升学生全面素质为本的质量观和以人的能力发展为本的人才观,努力创设人才健康成长的环境机制,充分发扬高度负责、艰苦创业、团结协作、开拓进取的二中精神,努力实现张掖二中又好又快发展。

做好2009年学校各项工作,必须把握好两个基本原则:一要抓主抓重,努力提高教学质量,保证高考成绩稳步提高,打造新亮点,树立新品牌,这是2009年学校工作的首要任

务和核心工作。二要统筹兼顾,促进教师队伍和谐稳定,提升教职工幸福指数,这是2009年学校工作的出发点和落脚点。工作中要围绕实施"四个工程",贯穿两个转变:一是将人力、物力转到狠抓教育教学质量上来;二是将财力、物力转到切实提高教职工生活质量上来。从而将目前学校发展形势之"危",化作大力推进"四个工程"、推动学校科学发展之"机"。

一、加强师德铸师魂

要以深入实施建设学校精神家园工程为依托,加强师德修养,切实践行"让每一个学生都成材"的办学理念,建设人文和谐校园。

1.讲政治,达到"四种境界"

学校领导班子要以"一切以学生为重,一切从大局出发,一切为师生着想,一切对未来负责"为座右铭。始终以坚定的政治立场、饱满的工作热情、强烈的事业心和政治责任感投入到工作中去,加强政治理论学习,坚定信念,爱校如家,全心全意为师生服务,牢固树立正确的世界观、人生观和价值观。

2.树正气,做到"四个远离"

第一,让教师远离庸俗。"爱是教育的基础",老师应该拥有一颗慈母般的心,平等地呵护每一位学生,无条件地赏识每一个学生,不以城乡定高低,不以智力分亲疏,不以成绩评优劣,以无私的师爱凝聚学生不断进取的上进心。

第二,让教师远离铜臭。要"静下心来教书,潜下心来育人"。

第三,让教师远离低级趣味。倡导教师应把精力放在业务钻研上,放在学法指导上,放在精心备课上,放在提高课堂效率上,放在对学生的管理教育上,放在后进生的转化上,放在作业辅导上。

第四,让教师远离自满自足。"探索有佳境,追求无止境",教师要有目标、有追求。

3.讲团结,协调"四种关系"

教师要爱岗敬业,为人师表,倡导培育人文和谐的团队精神,积极协调好"四种关系"。

第一,教师尤其是班主任要搞好与家长的关系,让家长关注学校、关心教育、关爱孩子。

第二,建立和谐融洽的师生关系,要勤于联系、善于沟通、巧于引导。

第三,建立和睦的同志关系,要善于合作、善于奉献、善于心理换位,学会理解和宽容。

第四,协调好个人与集体的关系,牢固树立"校兴我荣,校衰我耻"的意识。

4.讲奉献,努力实现"四个目标"

教师的职业是不能用时间和金钱来衡量的,教师要想使自己的人生价值得以升华,

就必须努力创造条件实现“四个目标”：和谐的人际关系，和谐产生凝聚力、战斗力和竞争力；温馨的人文环境，环境能改变人，更能塑造人、发展人；奋发向上的精神风貌，人活的就是精、气、神；充满激情的工作学习状态，老师燃烧激情，学生才能激情燃烧。

要通过精心打造“精神家园”，创造适合学生发展的教育，搭建引领师生成功的舞台，使二中真正成为学生体验成功、享受成长快乐的理想乐园，真正成为教师精神寄托、实现专业发展的理想家园。

二、创新机制抓管理

5.高站位思考

进一步明确和理顺“低重心规划，向课堂要质量；精细化要求，靠管理出效益”的管理思路，创新教育管理机制，完善“学校统一领导，处室具体指导，年级直接管理”的管理模式。各处室、年级部要明确细化分工和职责，互相补位不拆台，统一协调保畅通。

6.低重心运行

按照“近距离管理，近距离服务”的理念和“缩小管理单元、下移管理重心、激活管理活力、提高管理效能”的思路，组建好年级部领导小组，要在“精”字上做文章，在“细”字上下工夫。要进一步完善以年级部为主体的管理模式，健全年级部管理制度，确保全校各项工作运转务实高效。

7.精细化要求

下学期4月份要召开“年级部管理模式研讨会”，各年级部领导小组成员要深入分析研究试行年级部管理模式以来的成败得失，各处室主任也要认真分析此项管理模式运行的利弊，特别是年级部和各处室在工作中互相掣肘、推诿扯皮、弱化管理效能的地方，坚决不能回避，要冷静思考，集思广益，对症下药，要通过研讨，突破学校管理上的体制性障碍，完善制度，活化机制，形成管理的强大合力。

8.高质量目标

进一步加大“三级捆绑”评价力度，为实现“人人都是学校主人，个个参与学校管理”的人本理念，强化实行以班主任为中心、任课教师为班主任负责的一级捆绑，以年级主任为中心、各班主任为年级主任负责的二级捆绑，以校长为中心、各年级部主任及分管副校长为校长负责的三级捆绑的管理模式。切实增强全校教师的凝聚力和向心力，真正形成众人划桨开大船的大好局面。

三、持之以恒抓质量

9.教学质量是学校一切工作的生命线

要用提高教学质量的办法解决学校前进发展中的各种困难和矛盾问题，要切实抓好起始年级的教育教学管理，要让学生养好习惯、夯实基础、发展能力，进入高三学生才能走得稳，进得快，提得高。要把高考作为学校管理的重中之重，成立以校领导为主要成

员的高考领导小组，对高考工作加强研究和指导，要定期召开专题会议，分析研究高三备考各个阶段的工作以及教育教学活动中存在的问题。

10.全体教职员工要居安思危、未雨绸缪

要进一步认清2009年高考所面临的严峻形势和存在的困难，要正确分析形势，理性看待成绩，准确把握高考动向，扎扎实实抓学风，认认真真抓教学，规规矩矩抓常规，科学安排后期复习措施，鼓足干劲，坚定信心，团结拼搏，扎实工作，努力为实现我校2009年高考、会考各项指标均要达到全市前两名的目标和任务而团结奋斗。

11.2009年承担高考任务的管理人员及全体老师都要进一步理清思路，扎实工作，全力以赴，聚精会神抓教学，一心一意提质量

学校全员都要为高考做贡献，心往一处想，劲往一处使，人人念高考，个个研高考。领导要关注高三，中层要盯住高三，教师要守在高三，学生要享受高三，形成全校上下抓高考、服务高考、支持高考的共识。要积极发挥高三教师队伍特别能吃苦、特别能攻坚、特别能奉献的优良作风，确保2009年高考备考工作有序、有力、有效开展。

四、聚精会神抓教学

要以全力实施诱思探究教学论为理论基础的课堂教学改革工程为契机，讲台洗礼，聚焦课堂，内强素质，外树形象。

12.切实把"科研立校，科研立教，以研促教，以研促学"作为指导教学改革的基本方针

要立足教学抓教研，立足课堂抓教改，依靠课题促教研，坚持科研与教学工作紧密结合，充分调动全体教师投身科研的积极性，提倡教学研究课题化，课题研究教学化，努力实践教育科研与继续教育的结合。

13.教科处确定校内以课堂教学、班主任工作及自己工作性质为背景的教育教学科研课题目录

教师要做到教学科研与自己的教育教学实践相结合，旨在提高水平，解决教育教学难题。要切实做好备课组集体研究备课工作，备课组是教师研究教学的平台，要充分发挥其作用。

14.组织好公开课和汇报课

教科处和教导处要组织好区级以上骨干教师在每学期开校前三周上好一堂公开示范课，工作不满3年的青年教师每学期要上好一节汇报课，校级领导至少听课30节，主管校长至少听够50节，副校长要坚持带课深入课堂实际指导教学，中层主任(教导处、教科处)要至少听够30节课，教师至少听够15节课。省、市级骨干教师或学科带头人，每学年至少要作一次专题讲座，由教科处做好计划。

15.坚持推进以诱思探究教学论为理论基础的课堂教学改革

教无定法，教要得法。教师要注重个体差异，既要面向全体学生，又要因材施教，学校积极鼓励教师进行诱思探究教学模式的深入研究与实践，努力使学生真正成为课堂学习的主人，给学生提供更多的动手做、动眼看、动情读、动口议、动耳听、动笔写、动脑思的方法和机会，切实落实"教师为主导，学生为主体，训练为主线，思维为主攻"四为主的教学观点，真正把掌握知识、发展能力、培养品德、增强学生的自我发展意识，作为教学的根本目标。

16.充分运用现代化教学手段，提高课堂教学质量

学校为各教室装配了多媒体设备，为每位教师补贴购置笔记本电脑，保证网络畅通。教师要加快学习步伐，提高利用率。教导处和教科处要对教师运用多媒体设备的能力和频率进行考核，逐步实现教学手段的现代化。电教中心要做好信息电教器材的管理使用工作。

17.在教学管理中，从高一年级到高三高考年级各科教学成绩，实行任课教师教学目标责任制

按照班级学生情况，教导处根据分班时的中考成绩或上学期期末考试成绩，分班级按平均分、优秀率、合格率做参数制定每位教师所任科目远期(高考目标)和近期(本学期)指标，将其完成情况作为学期考核的重要内容纳入到教师学期考核中，以此来强化教师任课的过程管理。

18.辅导培训工作

2009年4月上旬将再次邀请张熊飞教授来校做现场辅导培训，进行诱思探究实验研究全员达标活动，要求40岁以下课任教师参加全员达标活动。2009年秋学期要进行第二轮深化实验研究全员达标活动，以提升学生学习力为主题，争取在我校召开揭题现场会。为此，教导处、教科处要扎扎实实组织好诱思探究课改工作，认认真真做好现场会准备工作。

五、坚持不懈抓队伍

要牢固树立"培训是最大福利"、"管理是严肃的爱"的理念，以实施青年教师培养工程为载体，切实落实"让教师发展学校"的理念。

19.实行青年教师过关制

青年教师要在四年内过五关，即思想品德关、教学技能关、教材教法关、教育管理关、教学科研关。由教导处、政教处、教科处共同操作，并组织评委会根据平时表现和教学成绩对青年教师进行考核，考核通过的教师发过关证书。

20.对青年教师要加强管理

认真落实《张掖二中教学常规》，加强对青年教师常规管理；每学年由党办、政教处牵头组织一次师德报告会，树立新教师师德典型；由教导处牵头对新分配的青年教师，每

年要举行一次教学基本功达标比赛；由教导处、教科处、年级部牵头定期召开青年教师座谈会，青年教师工作汇报会；由教科处牵头定期组织青年教师培训会，由学校领导、骨干教师对青年教师进行专题培训；未带完两轮高三的青年教师原则上要随高三学生参加业务考试，提倡文科教师每周写千字文，理科教师每学期做千道题并由教导处组织专门人员批阅，成绩记录在案。

21.落实结对帮扶制

每一名新分配教师都要拜师学艺，学校选派师德高尚、业务精湛的骨干教师担任新教师的指导老师，结对帮扶，每年9月份学校组织拜师仪式。指导教师要对新教师的备课、讲课把好关，每周至少要听新教师新授课的一半以上；指导教师要对新教师专业发展负责，一般要保持三年稳定；每学年进行一次“最佳新人”评选活动，同时设置“人梯奖”，对培养青年教师作出突出贡献的指导老师进行表彰，并在评优晋级时给予政策倾斜。

22.完善培养模式和竞争激励机制

学校一方面要结合教学实践活动，加强教师的理论学习，另一方面要积极开展校本培训活动，为教师搭建不断提升的舞台；要进一步完善“聘请专家多方指导—借助名校资源共享—外出学习开阔视野—引进吸纳先进理念—骨干名师与青年教师结对帮扶—校内切磋提高技能”的教师培养模式。坚持每年“教师节”期间组织评选“青年教坛新秀”的活动，并给予大力宣传表彰；给青年教师创造继续教育、进修学习的机会，让更多的青年教师参与学校的教育教学管理。

六、强化措施抓“三风”

23.积极推进学校的校风、教风、学风建设

学校要以深化教育改革、推进素质教育为目标，积极推进学校的校风、教风、学风建设。以“教必务实、学必求是、言必达理、行必规范”为抓手，坚持“把空间留给学生，把时间还给学生，把方法教给学生”的价值取向，把成材的主动权交给学生，用成功的教育培养成功的人，从而为全体学生的全面发展、主动发展、个性发展、创新发展、持续发展以至于终身发展奠定基础。

24.要狠抓教风，强化班风，促进学风，优化校风

要激发活力，提高效率，严格依法治校，依法治教，依法管理教师，依法管理学生，要切实加强校风重在全面育人，加强教风重在面向全体，加强学风重在全面发展，从教师职业道德、敬业精神、师德精神风貌等方面充分展示学校形象，为学生创造良好的学习、生活和成长的优良环境。

25.校风建设

要以创建“和谐人文校园”为目标，充分彰显学校“文明、和谐、严谨、勤奋”的校风。积

极开展健康、丰富多彩的校园文化活动(如校园艺术节、运动会、科技节、读书活动等)以及新课程背景下教育教学实践活动;进一步总结、挖掘、提炼学校建校以来的文化,以现代学校文化建设的视角,来积淀学校文化,增强学校文化的底蕴;建立学校、社区和家庭三位一体的教育网络,互通信息,交流情况,统一认识,协调工作,形成教育合力,推进校风建设;从以人为本的理念出发,进一步修订学校规章制度,为校风建设提供人文制度保障。

26.教风建设

以积极推进高中新课程课改为依托,积极形成"严、精、活、创"的教风。在仔细调查摸底、搞清学校教师教育教学现状的基础上,采取务实有效的方法途径,对不同层次的教师进行分层培训、分类指导,为形成良好的教风奠定基础;高度关注多元文化背景下功利化价值趋向对教师队伍建设所带来的负面影响, 切实践行二中教师的职业道德和行为规范;发挥骨干教师优良教风的示范引领作用,凝结和提炼校本优势教育资源,发挥其示范辐射功能;以发展性评价为基点,改革教师评价体制,针对不同的学科特点,设计不同类别具有共性与个性相统一的评价标准,促进学校教风的优化。

27.学风建设

注重对学生的学法指导,关注学生健全人格的塑造和良好品行、健康心理的培养,促进学生个性充分、和谐、主动地发展,从而努力营造 "勤思、探究、坚韧、创新"的学风。研究学生的学习规律,有效开展学法指导,帮助学生掌握科学的学习方法,提高他们学习的主动性和有效性;减轻学生过重的课业负担,让学生有更多的空余时间自主发展;切实以"十佳"、"百优"、"千星"评选活动为平台,开展对学生的激励教育;以创建和谐校园为目标,开展丰富多彩的校园文化活动,如法制教育、安全教育、砺志教育、感恩教育、礼仪教育、健康教育、心理教育等专题教育活动,以提升学生的生命质量,通过活动育人彰显自我,促进学生学风的转变。

七、与时俱进抓品牌

28.把时代和人民群众对高中优质教育资源最直接、最迫切的需求与我校实际情况相结合

要找准切入点、选好突破口,在重视高考成绩"量"的突破的同时,更加重视"质"的飞跃,从而培育新亮点,打造新品牌,大力增强学校的社会影响力。

29.教导处和学科备课组要拿出切实可行的办法

要真抓实干,高度重视特长生的辅导和培养,重视全省、全国的奥林匹克学科竞赛,力争在重大学科竞赛上我校学子能够摘金夺银取得优异的成绩,展示二中学子新风采,树立二中新形象,提高学校竞争力。

30.切实办好《张掖二中》、《耕耘》一报一刊

进一步明确办刊方向，严格用稿质量，提高采编水平，为学生习作的展示、教师学术思想的交流、教学理念的提升和教育科研成果的总结推广提供平台，力促校报校刊上台阶、上品位，鼓励教师在省级以上刊物上发表学术文章，积极营造学校浓厚的学术氛围，大力增强学校生命力。

31.打造名师队伍，培养名师，宣传名师，进一步加大典型示范带动作用

充分发挥名师德高、业务精、能力强、方法多、成绩突出的特点，高度重视组织教师参加各级各类优质课比赛，力争取得好成绩，积极做好国家级、省级骨干教师的申报工作，努力打造品牌教师，以优秀的师资大力增强学校的吸引力。

32.要认真组织参加好省、市、区组织的体育竞赛、文艺比赛等重大比赛

积极培育优势项目，打造精品节目，利用重大节庆日，集中展示学校风采，大力增强全校师生的凝聚力和向心力。

八、以人为本抓和谐

33.开发综合楼一楼

坚持"学校引导，改造先行，市场运作，开辟财源"的原则进行开发，从而增加学校收入，逐步提高教职工的福利待遇，提升教师的幸福指数。

34.积极开展丰富多彩、健康有益的休闲娱乐活动

关注教职工的心理健康，定期分批分次为教职工体检，引导广大教职工不仅努力地工作，而且要优雅地生活，积极提高生活质量；继续一如既往地关心离退休教职工的生活、学习和娱乐活动，努力增进教职工的幸福感，积极构建和谐校园。

35.进一步完善高考奖励机制

坚持按劳分配、效率优先、多劳多得、优劳优酬、优质优酬的原则，使想干事、能干事、会干事、干成事的教师在中层提拔、职称评聘、物质报酬上得到应有的肯定与回报。

36.进一步完善高考年级在高考结束后外出学习的制度

使此项制度规范化、制度化，为老师们开阔眼界、丰富阅历、增长才干、陶冶情操搭建良好的学习平台。

九、严于律己抓班子

37.加强学校领导班子团结协作

认真学习党的十七大精神，坚定马克思主义信念，爱校如家，全心全意为师生服务。进一步加强学校领导班子团结协作，对学校重大工作坚持集体定原则，分头做工作，各司其职，各负其责，相互协作，整体配合。在各项工作中，学校班子要协作成一体，心往一处想，劲往一处使，共同努力把二中的工作做好。

38.加强学校常规管理,落实各项管理措施

进一步端正办学思想、规范办学行为、创新管理方式、提升管理水平,大兴学习之风、服务之风、实干之风,强化不同层次管理者的素质。校级领导要不断提高自身理论水平素养,切实提高管理能力和管理水平;中层领导能严于律己,努力做到业务精湛、工作作风务实、工作方法灵活、创新意识鲜明;年级组长在教育教学管理中要率先垂范,敢为人先,充分体现能力强、业务精、方法新的特点。取消学科室,加强各年级学科备课组的学科建设作用。

39.定期对中层领导进行考核

每学年教代会期间学校要对中层领导从德、能、勤、绩、廉等方面进行考核,按照领导评分、民主测评、个别谈话等方式进行定量、定性评价,提出存在的问题,指出努力的方向,将考核结果适时和岗位津贴挂钩,促进其改进工作方法,提高管理水平,切实增强中层领导的紧迫感、责任感和使命感。

各位代表,张掖二中正处在加快发展的关键时期,新的形势催人奋进,新的任务光荣艰巨。实现学校既定的宏伟蓝图,赢得新发展,实现新跨越,是时代赋予我们的历史重任,也是全区人民的殷切希望。让我们在区委、区政府及区教育局的坚强领导下,高举邓小平理论伟大旗帜,认真贯彻"三个代表"重要思想,全面落实科学发展观,紧紧依靠全体教职员工,凝心聚力,开拓创新,扎实工作,顺势推进,推动我校各项工作又好又快地发展,为早日实现创办"陇上名校"的宏伟目标而努力奋斗!

用文化铸就品牌 以信心点燃未来

——张掖二中第十届三次教职工代表大会学校工作报告

(2010年1月14日)

各位代表：

我受学校党总支和行政会议委托，向参加张掖二中第十届三次教职工代表大会的各位代表、特邀代表和列席代表作2009年学校工作报告，请予审议，并请各位代表提出宝贵的意见或建议。

2009年学校工作回顾

2009年是我校各项工作取得重要进展的一年。一年来，在区委、区政府和市区教育主管部门的正确领导下，在全体教职员工的共同努力下，我们认真学习和实践科学发展观，与时俱进，开拓创新，抢抓机遇，迎难而上，积极巩固提升省级示范性高中办学成果，真抓实干，务求实效，较为圆满地完成了各项工作任务。

一、管理机制进一步优化

坚持"让每一个学生都成材"、"让教师发展学校"的办学理念，活化机制，强化制度，理顺体制，切实践行"人人都是学校主人，个个参与学校管理"的人本思想，按照"缩小管理单元、下移管理重心、激活管理活力、提高管理效能"的思路，进一步落实了"学校统一领导，处室具体指导，年级直接管理"的管理模式，从而使"低重心规划、精细化管理"运行机制的效果进一步突现。

二、教育质量稳步提升

教学质量是学校一切工作的生命线，学校善于用提高教学质量的办法解决学校发展中的各种困难和矛盾。2009年高考基本实现了学校既定目标，提前重点录取298人，本科以上录取918人，高考升学率继续保持在80%以上，高考各项指标及高分段人数在全市同级同类学校中名列前茅。

三、学科竞赛有了新的突破

学校高度重视特长生的辅导和培养，进一步明确了学科竞赛与高考的关系，通过科

学辅导、精心培养，2009年我校学生在重大学科竞赛上取得了较好的成绩，理、化、生、地各科张掖市第一名均被我校夺得，有4名学生进入甘肃省决赛，其中杨建国同学以全省第三名的成绩代表甘肃省参加了全国总决赛，并获得了铜牌。我校学子以自己出色的表现、优异的成绩，充分展示了二中学子新风采，树立了二中新形象，提高了学校知名度和影响力。

四、学习交流更加广泛

8月，副校长陈学彪、张兴虎参加甘州区赴北京校长高级研修班学习；9月初，副校长贾红元赴天津101中学挂职学习3个月；9月底，由副区长娄金华、教育局副局长刘文带队，学校高三年级部管理层相关人员共9人赴河东天水一中、静宁一中等校学习考察；10月，政教处相关人员共9人在副校长张兴虎同志的带领下也前往河东进行了考察学习；10月26日，由教科处牵头，学校一行23人赴山东阳谷参加了“全国第二届新课程改革现场会”；12月20日，副校长陈学彪、苏红伟赴武威二中参加“河西高中联合会”校长论坛；同时，本学期学校先后派出高三教师17人次参加2010年高考研讨会。一系列各个层次的外出学习考察活动，使老师们进一步开阔了眼界、开拓了思路、冲破了束缚、受到了启发，给学校的管理和教育科研注入了新鲜的血液和强大的活力。

五、改革步伐务实坚定

面对新形势，学校坚持“把空间留给学生，把时间还给学生，把方法教给学生”的价值取向，着力于激发活力、提高效率、优化体制，进行了一系列大胆而务实的改革。学校相继出台了《张掖二中晚自习及周末补课改革方案》、《张掖二中行政值周制度》、《张掖二中“五禁”教育实施方案》、《张掖二中教师考核办法》等改革方案，这些制度的出台，创新了激励考核评价机制，使办学行为更能激发师生工作学习的积极性、主动性和创造性，更加符合现代教育的发展要求，更加遵循教育规律，更能促进人才的培养。

六、办学模式更加开放

根据甘肃省教育厅文件和有关会议精神，结合甘州区普通高等教育现状和我校实际，我校适时将天一补习学校改制为天一中学，并于2009年秋学期正式开始招生。目前，天一中学高一招生4个班247人，补习级招生10个班600余人，预计2011年在校生将达到1200余人。可以说，以二中为依托创办民办性质的天一中学，极大地拓展了学校发展的空间，夯实了学校发展的后劲，增强了学校发展的活力，满足了人民群众对优质高中教育的迫切需求。天一中学的创办必将为实现二中进一步做大、做强、做优和可持续发展产生积极而深远的影响。

七、德育工作不断深入

紧紧围绕理想、习惯和心理健康教育三个重点，以加强班风、学风建设为中心，以培养学生自我教育、自我管理的意识与能力为目的，开展了丰富多彩、卓有成效的活动。学

校和各年级部根据新时期高中生的身心特点，积极探索和研究学校成功实施德育教育的突破口，适时组织“砺志教育”、“爱心教育”、“感恩教育”、“诚信教育”等活动，不断创新德育工作的形式、方法、途径和手段。将德育教育融入到学校教育的各个环节，切实增强了学校德育工作的时代性、针对性和实效性，全面提升了学生的思想道德水平。

八、各项工作全面进步

办学理念的更新、教学方式的改革和学校管理的科学严格，带来了学校各项工作的全面进步。2009年是全校上下同心同德、务实进取的一年，是学校各项工作扎实有效、稳步推进的一年。一年来，学校紧紧依靠全体教职员工，深化改革，开拓创新，真抓实干，在创建“平安校园”、精神文明建设、实施素质教育、开展教学改革等方面都取得了显著成绩。学校党总支被评为“甘州区教育系统先进基层党组织”，教导处荣获“甘肃省五一劳动奖状”，学生会荣获“甘肃省优秀学生会”，校团委被评为“张掖市优秀团支部”，学校网站连续两年被评为“张掖市十佳校园网站”，学校成功创建为“张掖市语言文字规范化示范校”，学校连续六年获区教育“综合评估一等奖”。这些成绩的取得无不包含着每一位教职员工的心血和汗水，在此，我代表学校向辛勤工作的全体教职工表示衷心的感谢！

总之，在看到成绩与进步的同时，我们更要清醒地认识到学校面临的困难与存在的不足，主要有：高考面临的形势依然严峻，办学经费仍然紧张，教学改革不够深入，科研工作缺乏后劲，教师编制缺口较大，生源范围依然受限，教师的培养力度不够，短板效应比较明显，学校的核心竞争力需要进一步增强。

2010年学校工作展望

2010年学校工作的总体思路是：坚持以科学发展观统领学校工作全局，以提高质量为核心，以培育文化为重点，以改革创新为动力，以信心教育为切入点，进一步调整优化管理机制，转变课堂教学模式，坚持以学生全面发展为本的教育观，以提升学生全面素质为本的质量观和以人的能力发展为本的人才观，努力创设人才健康成长的环境机制，充分发扬高度负责、艰苦创业、团结协作、开拓进取的二中精神，努力实现张掖二中又好又快地发展。

为实现学校的既定目标，我校将在信心教育旗帜的引领下，继续全力推进“四个工程”建设，在培育学校核心竞争力方面，着重构建六大文化，以此来推动教育教学质量的稳步提升。

一、构建校长文化——当好学校文化的领头雁

校长的视野决定着学校的视野，校长的高度决定着学校师生的高度。所以，要高度重视校长文化的打造，努力以校长队伍的自身素养提升学校的文化层次，以校长的胸襟

影响师生的和谐进程。为加强信心教育,校长们要坚持在“五多”上狠下工夫。

1.多鼓励

及时发现每个老师的优点,多表扬,多给教师成长搭建舞台。通过“多鼓励”促使教师更加充满自信,从而不断增强学生的信心,从而使提升教育教学效率的“动力源”始终充满阳光和朝气。

2.多交流

走进课堂与老师共同研究教学,走进办公室、走进食堂和师生们“聊家常、话冷暖”,让师生时时感受到校长对他们的关心和认可。通过“多交流”增进教师与校长的亲近感,进而使教师“信其道”,使校长的威望在教师的信任中树立起来。

3.多走动

视教师为合作伙伴,视教育为自己酷爱并为之奋斗的事业。“多走动”说明校长对自己所钟爱的学校教育事业已经达到了乐此不疲的境界。同时,正是因为再忙再累也不知疲倦整天“泡在学校里”,也就有了对学校的更多的思考与研究,学校应该会得到更好的发展。

4.多用人

充分信任每一位行政成员的工作能力,尊重每一位同志的工作热情,发挥集体的智慧,努力协调好、调动好各成员的管理积极性。一个校长能力再强,也不可能包揽全校工作,所以校长们要重视选人、用人,善于发现人之所长,同时要用德才兼备之人,这样自然会形成一种正确的用人机制导向,会使更多的教师更加努力地工作。

5.多示范

校长要严于律己,各项工作率先垂范。“多示范”的第一位就是校长具有示范的资本,校长的优秀让全校教师心向往之,校长的要求自然就有了“不令而行”的权威性。

通过校长队伍的“五多”,使教师爱岗敬业、团结、自信,使学生自信、自强、积极、进取。

二、构建管理文化——促进学校和谐发展

文化是学校的灵魂,管理是学校的根本。教育的对象是有思想、有个性、有情感、有素质差异的人,为此,要在低重心、精细化为目标的“三级捆绑”管理机制下,进一步发挥各管理层的力量,加强督导、检查的力度,通过科学化、规范化、精细化、人文化的“三级督导”管理模式的实施,多方位地管理学生的学习、思想及生活。

6.按照分工明确与各尽其职的科学管理原则制定“三级督导制”

一级督导由校长任组长,中层领导任组员,负责对全校的各个方面的监督、检查和考核,并负责对二、三级督察的上岗情况和履行职责情况进行监督、检查和指导;二级督导由年级主任任组长,班主任任组员;三级督导由学生会干部任组长,由品学兼优、责任

心强的班干部任组员。二级和三级督导负责对学校各个方面的监督、检查，并对一级督导负责。

7.落实“三级督导制”

督导的目的不应该锁定在监督、批评上，而应该是为了让教师更好地工作，学生更好地进步，学校更好地发展。要通过科学化、规范化、精细化的既督又导，督导者责任具体明确，被督导者则乐于接受并勇于不断改进，进而有效地促进学生的全面发展。“三级督导”互补互动既督又导，可以进一步完善促进学生全面发展的评价体系。

三、构建教师文化——架起名师成长的桥梁

教师文化建设的关键在于建设教师的思想文化，转变教师的思维方式，进而有效地建立教师的行为文化。

8.教师应具备的优秀素养和智慧

以爱心平等地对待每一个学生；熟练驾驭课堂教学；建立融洽的师生关系；创造性地开展工作；酷爱读书。教师在教育教学中要特别注意：心怀“信心”和“感激”；赞美学生，毫不吝啬；换个思路激励学生；善待有错误的学生；尽量不当众批评学生；主动问候学生；上课要有激情；始终面带微笑。

9.要树立“良好的师生关系就是教学质量”的意识

爱心得到拥戴，平等显示胸怀。当老师笑容满面地走进课堂的时候，传递给学生的是一种积极向上、和谐友善的信息，自然会在学生的心底产生一种高效学习的动力。师生情感上的不和谐必然造成教学效率的低下，所以，“赞美学生，毫不吝啬”促使学生的自信心不断提升，让其内在的自信品质伴随其生命成长，从而使每一个学生都拥有一个幸福的人生。

10.倡导教师读书，为自己打点文化底色

教师要在紧张的工作之余，读大量的高品位的书，从专家和大师那里汲取最有价值的东西，享受最有思想与文化含量的交流，从中获取丰厚的回报。以自己的渊博学识，延伸自己的生命，提升自己的文化品位，提高自己的教学能力，彰显自己的人格魅力。

11.通过“外力”聚合提升教师能力

要通过培训、座谈、讨论、经验交流、专家报告会等多种形式，积极创造条件不断为教师“补钙”。通过建立目标考核奖励制度将教师分类入档，为优秀教师的成长创造良好的条件；通过新老教师结对子、课堂大比武以及开设教师论坛等活动为教师搭建专业发展平台，促进其专业化成长；通过对外合作交流引进高端智慧以开阔教师视野，转变教师的思维模式；通过深入开展新课标培训，积极有效地应对高中新课程改革。

12.深入实施“青年教师培养工程”

加强青年教师培养力度，不仅是对教师负责，更是对学生负责，对二中的可持续发展

负责。青年教师最大的资本是年龄,容易接受新事物;同时,他们也有一个致命的弱点,那就是经验不足与学识不丰。所以,在为他们规划发展前程的时候,既要有近期发展目标,又要做好打“持久战”的准备,通过青年教师培养工程的深入实施,达到以老带新,以新促老,新老教师互帮互学共同提高。

四、构建德育文化——彰显文化育人本色

为推动德育文化建设,要积极探索新方法、新途径,努力使德育工作常做常新。

13.将德育工作融入养成教育之中

从“德育”走向“育心”,强化学生自我反思自我教育意识。针对目前高中生以自我为中心、对集体和他人缺乏关心、缺失传统美德的现状,要利用各种节日开展“社会公德、家庭美德、个人品德、职业道德”和“祖国情、亲子情、师生情、朋友情”为主要内容的“四德四情”教育活动,以培养学生对父母亲人、老师长辈、同学朋友、国家民族的健康情感,学会知恩、感恩,友爱互助,忠诚奉献,并转化为学习成长的动力。要围绕“四情”教育开展以“十心”文化教育为主题的实践活动,即“忠心献祖国、孝心献父母、爱心献社会、诚心献他人、信心留自己、雄心立壮志、恒心泰山移、勤心成大业、虚心长见识、专心定成败”,并把“十心”内容融入“每周寄语”、班训、班歌、誓词、宣言中,融入学生每天的学习生活中。

14.实施班主任建设工程

通过举办班主任论坛等活动强化对班主任的八条要求:育人为本,关爱为先;理解、宽容、善待每个学生;让学生做班级的主人;多表扬、多鼓励学生;因材施教,关注后进生;创设良好班风,创建丰富的自信文化;协调好与任课教师之间的关系;与家长交流,共同促进学生自信心的成长。

“理解、宽容、善待每个学生”是班主任工作的基础。只有善待学生,把每一个学生都当成可塑造、可发展、可成材、可以给自己带来幸福的人,认真研究其思想、性格、生理等特点,才能真正地理解他们,正确地对待他们。以此在师生之间形成“理解、宽容、善待”的和谐氛围,形成一种优质的班级文化,使班主任工作变得轻松甚至愉悦。

“让学生做班级主人,实现自我教育,自我发展”是班级工作的理想境界。主人翁产生责任感,责任感激发自信心。强烈的自信心和责任感,会促使学生创造性地开展班级工作,并作出令班主任意想不到的奇迹来,积极主动的心理状态必然会自觉地迁移到学习上,从而形成一种良性循环。

15.实施家校牵手工程

构建学校、家庭、社会“三位一体”的德育网络。要求家长在大休和节假日,对回家的学生做到“三要”:要问学生在校的表现,要谈家长的期望和要求,要说“你能行”。另外,要开设家长接待日、实施家访制、致家长一封信等活动,让家长积极配合学校对学生实

施有效的信心教育。

16.切实加强对学生的心理辅导

目前,有相当一部分高中生存在着不同程度的心理健康问题,严重影响了他们的身心发展,也制约着他们自信心的发展。今后每学期都要对学生进行心理测试,测试题目要涉及学习、生活、交往、信心、精神状态等多方面。要强化心理疏导教育,通过设立心理咨询室与心理咨询热线、测试等,解决学生已经出现的心理问题,有效预防即将发生的问题。要始终以健康的学习心理,促成和谐的学习氛围,达成高效的学习效果。

五、构建学生文化——促进学生全面发展

利用各种活动向学生进行信心教育,让学生在自信文化的感召下,生成更大的自信心,从而建立学生文化。

17.倡导送给学生七大祝福

一祝信心百倍,二祝毅力超群,三祝养成好习惯,四祝刻苦勤奋,五祝学会感恩,六祝学会做人,七祝拥有强健的体魄和良好的心理素质。

18.送给学生六件成功之宝

坚信自己是一道独特的风景;从总结和反思中发现和积累钻石元素;让目标引领我们去开采金矿;让你的生活因主动而色彩缤纷;让沟通从心开始;每天多坚持一点点。

19.提醒学生五大问题

平时学习,你认真反思了吗?你非常相信老师吗?你的方法做到科学高效了吗?面对成绩,你的心态摆正了吗? 做最好的自己,你准备好了吗?

20.开展学生"闲暇教育"的研究

结合高中课程改革,通过采取学分制、开发校本课程、规范学生社团、开展课外活动等措施开展学生"闲暇教育"的研究,提高其闲暇生活质量。新课程中设置选修课,让学生"各取所需"又"各取所好",从而使他们进入到乐学且收获颇丰的境界;开发校本课程让教师真正走进课程,享用自己的开发成果,并在开发之中提升自己的课程意识与文化品位;积极培育和规范学生社团,为其提供个性发展的乐土。让学生走出教育这个相对狭小的范围,了解社会,关注社会,开阔生命视野,去体验与感受社会的美丽与复杂。

六、构建环境文化——打造精神文明的乐园

文化的作用,不在于灌输,而在于熏陶与浸润。让学生在校园的任何地方,都能充分感受文化之美,充分感受校园文化的生命张力。在"随风潜入夜"中"润物细无声"地渗入到学生心田,让校园文化持续不断地产生积极的心理暗示,激发自信内化到学生的心田,促使学生个个神采飞扬、人人意气风发,使每一个学生都成为学校一道独特而亮丽的风景。

21.要进一步培育校园文化

力求让学校的每一面墙壁、每一块绿地都化作信心教育的使者。积极美化教室、实验室、图书室等公共场所的环境，积极开展学生公寓文化建设活动；通过解读校园文化，设置各种人文标志、文化宣传长廊、阅报栏、名人介绍和名言警句宣传牌，充分发挥环境育人的功效。

22.重视校园环境文化内涵的挖掘

开展全校性的“校园文化·诗歌散文”征文比赛，力图使整个校园变成一部立体的、多彩的、富有吸引力的教科书，变成一座流光溢彩、充满人性光泽的学园、乐园和精神家园，让师生时时处处都能受到一种潜移默化的文化熏陶。

七、打造质量二中——以文化提升品牌

质量就是生命，高考就是大局。要牢固树立质量意识、忧患意识、责任意识和品牌意识。

23.高考质量对二中而言就是立校之本、生存之根、发展之源

高考成绩稳步不前，没有“量”的突破和“质”的飞跃，“办人民满意的教育”就是一句空话，“河西一流、陇上知名”的办学目标也是一句空话。近几年，我们与兄弟学校已处于相持阶段，谁的管理更严格、措施更得力、备考更科学，谁将在下一轮激烈角逐中抢占发展的先机，否则就会被动挨打，错失良机。因此，2010年高考工作，我们要用文化凝聚人心，以和谐产生力量，充分调动各个层面的积极性，要在“实”字上下工夫，出实招，干实事，求实效；在“精”字上做文章，勤分析，善反思，育精品；在“细”字上谋全局，复习备考、心理疏导、填报志愿要做到细心、细致、细微。以此来确保2010年高考能够取得优异的成绩，为学校可持续发展注入强劲的动力。

24.特色是质量的基本内涵

教学质量是生命力，特色教育是发展力。没有很高的教学质量，学校就失去了立校之本，缺乏应有的底色；没有鲜明的特色，学校就失去了兴校之根，缺乏应有的亮色。由于长期受制于高考升学的压力，学校传统体育、艺术教育、优势学科竞赛等特色不明显，因此要大力倡导“发现人的价值，发挥人的潜能，发展人的个性”的新课程理念，切实构建“以人的发展为中心”的素质教育新体系，从前瞻性、可能性、创造性的原则出发，发挥比较优势，有所为，有所不为，积极培育“艺术创特、体育创强、学科创新、数奥创优”的办学特色，为学校品牌化发展注入强劲的活力。

各位代表，激情成就梦想，信心点亮未来，张掖二中正处在加快发展的关键时期，新的形势催人奋进，新的任务光荣艰巨。实现学校既定的宏伟蓝图，赢得新发展，实现新跨越，是时代赋予我们的历史重任，也是全区人民的殷切希望。让我们在区委、区政府及区教育局的坚强领导下，深入学习和实践科学发展观，按照“优化活力二中，夯实质量二

中,展现魅力二中,创建和谐二中,打造品牌二中”的基本思路,紧紧依靠全体教职员工,凝心聚力,开拓创新,扎实工作,顺势推进,推动我校各项工作又好又快地发展,为早日实现创办“河西一流、陇上知名,高水平、有特色的人民满意的省级示范性高中”的宏伟目标而努力奋斗!

践行课改理念　坚持改革创新

努力办好人民满意的教育

——张掖二中第十届四次教职工代表大会学校工作报告

(2011年1月14日)

各位代表：

我受学校党总支和行政会议委托，向参加张掖二中第十届四次教职工代表大会的各位代表、特邀代表和列席代表作2010年度学校工作报告，请予审议，并请各位代表提出宝贵的意见或建议。

2010年学校工作回顾

2010年是我校各项工作取得重要进展的一年。一年来，在区委、区政府和市区教育主管部门的正确领导下，在全体教职员工的共同努力下，我们坚持以邓小平理论和“三个代表”重要思想为指导，认真学习落实科学发展观，与时俱进，开拓创新，抢抓机遇，迎难而上，积极巩固提升省级示范性高中办学成果，真抓实干，务求实效，较为圆满地完成了各项工作任务。

一、管理水平再上新台阶

以“为每一个家庭着想，为每一个学生负责”为出发点，活化机制，强化制度，理顺体制，践行“人人都是学校主人，个个参与学校管理”的人本理念，以“缩小管理单元、下移管理重心、激活管理活力、提高管理效能”为目标，进一步优化完善了年级部为主的管理模式，使“学校统一领导，处室具体指导，年级直接管理”的原则更加科学化、具体化，从而最大限度地调动起了广大教师工作的积极性。

二、教学质量实现新突破

2010年高考，质量、数量全面丰收：3人被北大、清华录取；4位同学进入全市文科前10名，7位同学进入全市理科前10名；71位同学进入张掖城区文科前100名，62位同学进入理科前100名；600分以上达28人，提前及重点批录取299人，本科以上录取981人，录取率为62.17%，高于全市14个百分点；高考共正式录取1440人，录取率为91.74%，高于全省30

个百分点。

三、制度改革迈出新步伐

大力倡导“发现人的价值,发挥人的潜能,发展人的个性”的新课程理念,坚持“把空间留给学生,把时间还给学生,把方法教给学生”的价值取向。学校相继新出台了《张掖二中晚自习及周末补课改革方案》、《张掖二中教职工考核办法》、《张掖二中师生行为规范》等,通过一系列的改革,创新了激励评价机制,解放了学生,解放了教师,提高了教学效率,激发了学习潜力,初步实现了让教师更好地工作、学生更好地进步、学校更好地发展的改革目标,使办学行为更加符合现代教育的发展要求,更加遵循教育规律,更能促进人的发展,为学校品牌化发展注入强劲的活力。

四、学习交流步入新阶段

积极创设对外交流学习的平台,突出学校管理、课改培训、高考研讨、学生交流四个重点。2010年学校两次派管理层人员参加了“河西五市高中联合会2010年校长论坛”和“甘肃省普通高中课改实验样本校校长论坛”; 学校相继组织学科骨干教师赴重庆、兰州、云南等地参加课改培训,共有11个学科40多名学科骨干教师,参加了省级以上的高中新课程培训;6月份, 学校第三次邀请张熊飞教授来我校进行高中新课改全员培训;9月初,学校第一次组织10名同学,参加了2010年第三批中日学生友好访问团访日活动,活动中二中学子以自己出色的表现向国际社会展现了甘肃高中生的良好风范;9月25日,高三年级各学科备课组长一行15人,参加了由省教科所在兰州举办的“甘肃省2011年高考备考研讨会”;11月10日, 高三年级部一行12人在副校长张兴虎的带领下就学校管理、高三备考等事项赴民勤考察学习。这些活动使学校管理层和一线教师进一步开拓了思路、开阔了眼界、冲破了束缚、受到了启发,收到了良好的效果。

五、新课程实施取得新进展

学校新课程工作领导小组多次召开专题会议对课程方案进行全面组织与实施;新课程起始年级,严格按照《课程标准》和《新课程设置方案》,配备教师,开足所有课程。课程设置除必修课外,还开设了书法、阅读、艺术、社会实践及校本课程(研究性学习)等选修课程,让学生“各取所需”又“各取所好”;组织新课程专项听课、青年教师培训、新课程全校教学大比武、青年教师业务考试等活动,以活动促课改;通过借鉴先进经验,深入一线调研,召开专题会议,积极研究建立与新课程相适应的教师评价、学生评价、考试评价、学校评价新制度、新机制,确保了新课改顺利有效地开展。

六、教育科研取得新成绩

“教而不研则浅,研而不教则空。”学校高度重视教育科研工作。近三年来,我校教育科研取得了丰硕成果。出版专著两部,校本教材6本;省、市级获奖科研课题7项;发表国家级、省级论文136篇;省、市级优质课获奖58人次,区级优质课一等奖19人、二等奖28

人;奥林匹克竞赛辅导奖11人次,体育竞赛省、市级获奖5次,电视专题片3部。同时3年来共推荐评选省级骨干教师4人,省级青年教学能手2人,市级骨干教师8人,区级骨干教师22人,区管拔尖人才2人,晋升高级教师41人,其中破格晋升5人。可以说教育科研工作为学校可持续发展注入了强劲的动力。

七、德育工作取得新成效

紧紧围绕理想、习惯和心理健康教育三个重点,以加强班级管理和班风、学风建设为中心,以培养学生自我教育、自我管理的意识与能力为目的,开展了丰富多彩、卓有成效的活动。学校坚持开展以爱国主义为核心的理想成材教育和以遵守《中学生日常行为规范》为核心的习惯养成教育,认真组织读书活动,开展了“远离网吧”、“节水校园”、“和谐校园”、“安全教育”等活动。根据新时期高中生的身心特点,积极探索和研究学校成功实施德育教育的突破口,适时组织“砺志教育”、“爱心教育”、“感恩教育”、“诚信教育”、“礼仪教育”等活动,不断创新德育工作的形式、方法、途径和手段。将德育教育融入学校教育的各个环节,切实增强学校德育工作的时代性、针对性、实效性和主动性,全面提升了学生的思想道德水平。

八、各项工作全面进步

办学理念的更新、教学方式的改革和学校管理的科学严格,带来了学校各项工作的全面进步。2010年是全校上下同心同德、务实进取的一年,是学校各项工作扎实有效、稳步推进的一年。一年来,学校紧紧依靠全体教职员工,深化改革,开拓创新,真抓实干,在创建“平安校园”、加强精神文明建设、实施素质教育、开展教学改革等方面都取得了显著成绩。学校被区委、区政府授予“先进集体”荣誉称号,学校正式创建为“甘肃省文明单位”,被中国地理学会评为“全国地理教育先进单位”,在甘肃省第一届中学生运动会上我校取得了2金2银4铜的优异成绩,被评为竞技体育“先进集体·一等奖·第一名”,学校网站连续三年被评为“张掖市十佳校园网站”,学校连续八年获区教育“综合评估一等奖”。这些成绩的取得无不包含着每一位教职员工的心血和汗水,在此,我代表学校向辛勤工作的全体教职工表示衷心的感谢!

成绩令人鼓舞,前景催人奋进。回顾一年多来所取得的工作成绩,可以坚定我们的信心。反思存在的问题,可以提醒我们必须保持清醒头脑。在看到成绩与进步的同时,我们要更加清醒地认识到学校面临的困难与存在的不足,主要有:高考面临的形势依然严峻,办学经费仍然紧张,硬件设施尚不配套,学科竞赛缺乏后劲,教师编制缺口较大,生源范围依然受限,学校内部运行机制活力不够,不和谐的因素时有出现,学校的核心竞争力有待提高等。

2011年学校工作展望

2011年学校工作的总体思路是:坚持以科学发展观统领学校工作全局,践行新课程理念,坚持以人为本,以提高质量为核心,以改革创新为动力,突出针对性、系统性和协调性,以改革推动发展,以改革提高质量,以改革增强活力,努力构建充满活力、富有效率、更加开放的管理体制机制。继续坚持以学生全面发展为本的教育观、以提升学生全面素质为本的质量观和以人的能力发展为本的人才观, 始终把办人民满意的教育作为学校各项工作的出发点和落脚点,充分发扬高度负责、艰苦创业、团结协作、开拓进取的二中精神,努力实现张掖二中又好又快地发展。

一、以"四个工程"为载体,在管理水平上求突破

1."四个工程"中精神家园是灵魂,课堂改革是关键,三风建设是重点,教师培养是保障。四者相辅相成,有机统一。要以扎实推进"四个工程"为载体,牢固树立"向管理要质量"、"靠管理出效益"的观念,重铸二中精神,进一步提升各个管理层的管理水平,确保全校教育教学工作有序、有力、有效开展,为师生成为充满人性、张扬个性、整体和谐、全面发展的人积极搭建平台。

2.要把培养人、使用人、关心人、发展人作为管理工作的重点,按照"高站位思考,低重心运行,精细化要求,高质量目标"的总体要求,积极构建"职责明晰、体系完整、运作协调、规范高效"年级部为主体的管理体系,充分调动人的积极性,真正做到有"法"可依,有"章"可循。

3.要把刚性管理和柔性管理有机结合,以刚性管理为主体;把静态管理和动态管理有机结合,以动态管理为主轴;把精神激励和物质激励有机结合,以精神激励为主线;把行政管理和民主管理有机结合,以民主管理为主导。要以"课堂成就梦想,细节决定质量,合作促进发展,和谐同创辉煌"为方针,坚持实行全天候、全方位的三级精细化管理,力促学校管理水平再上新台阶。

二、加大学校融资力度,在改善办学条件上求突破

4.积极向上争取项目资金,加强与金融系统的合作,努力降低投资风险,使学校轻装上阵搞好适应高中新课程的配套工程。根据高中新课改的要求,从构建与实施富有二中特色的课程体系的总体目标出发,按照"统筹兼顾、整体规划、循序渐进、稳步推进"的原则,2011年将实施两项工程,投资估算约178万元。

5.新课改教师培训工程。完成全员解读新课标,学习新教材校本培训任务。为每位教师购置新课标、新教材等必备的学习资料;组织教师参加省级和国家级上岗培训,使所

有一线教师都取得高中新课程上岗资格证,此项工程需用经费约60万元。

6.新课改硬件建设工程。新建设高标准微机教室4个,每个25万,投资100万元;为先期进入课改的高二年级装备6个选修课教室,配备投影仪、电视机、电子白板等多媒体设备,投资约18万元。

三、以"品牌二中"为目标,在教学质量上求突破

7.教学质量是学校一切工作的生命线。要把时代和人民群众对高中优质教育资源最直接、最迫切的需求与我校实际情况相结合,找准切入点,选好突破口,在重视高考成绩"量"的突破的同时,更加重视"质"的飞跃,从而培育新亮点,打造新品牌,大力增强学校的社会影响力。要把高考作为学校管理的重中之重,高考领导小组要进一步加强对高考工作的研究和指导,定期召开专题会议,分析研究高三备考各个阶段的工作以及教育教学活动中存在的问题。

8.全体教职员工要居安思危、未雨绸缪,进一步认清2011年高考所面临的严峻形势和存在的困难,要正确分析形势,理性看待成绩,准确把握高考动向,扎扎实实抓学风,认认真真抓教学,规规矩矩抓常规,科学安排后期复习措施,鼓足干劲,坚定信心,团结拼搏,扎实工作,为实现我校2011年高考各项指标均要达到全市前两名的目标和任务而团结奋斗。

9.2011年承担高考任务的管理人员及全体老师都要进一步理清思路, 扎实工作,全力以赴,聚精会神抓教学,一心一意提质量。学校全员都要为高考作贡献,心往一处想,劲往一处使,人人念高考,个个研高考,领导要关注高三,中层要盯住高三,教师要守在高三,学生要享受高三,形成全校上下抓高考、服务高考、支持高考的共识。要积极发挥我校教师队伍特别能吃苦、特别能攻坚、特别能奉献的优良作风,确保2011年高考备考工作有序、有力、有效地开展。

四、以新课程实施为契机,在教育科研上求突破

10.要坚定不移地走诱思探究课堂教学改革之路,切实把"科研立校,科研强校,以研促教,以研促学"作为指导教学科研工作的基本方针。要立足教学抓教研,立足课堂抓教改,依靠课题促教研,坚持科研与教学工作紧密结合;要注重个体差异,既要面向全体学生,又要因材施教,实施分层教学,合理确定不同层次班级的必修、选修模块,积极稳妥地组织好学分认定,科学规范地建立好学生的成长档案。

11.教导处、教科处和各学科组要按照打造"艺术创特、体育创强、学科创新、数奥创优"的办学特色,拿出切实可行的办法真抓实干,高度重视特长生的辅导和培养,重视全省、全国的奥林匹克学科竞赛和各种文体赛事,力争在重大学科竞赛上我校学子能够摘金夺银取得优异的成绩,展示二中学子新风采,树立二中新形象,提高学校竞争力。

12.扎实推进新课程,认真落实新课标,充分发挥骨干教师的示范作用,对青年教师

进行传帮带,形成良好的教学研究梯队,充分挖掘教师的教学潜能和智慧,加强校本培训和校本教研的工作力度。进一步规范课题研究行为,扩大课题研究参与面,最大限度地把课题研究成果引入到教学实践中。进一步完善以研究和解决教学实际问题为切入点的校本教研制度,充分发挥学科组长和骨干教师的引领作用,重点解决教材分析和教学方法两个方面的问题,为教师的可持续发展提供有力保障。

五、以培育文化为坐标,在育人环境上求突破

13.积极培育校园文化。要以秉持"让每一个学生都成材"、"让教师发展学校"的办学理念和"敬业、笃行、务实、创新"校训为依托,大力弘扬"高度负责,艰苦创业,团结协作,开拓进取"的二中精神,不断丰富和创新学校文化,打造文明、和谐的育人环境。充分利用学校悠久的办学历史和丰厚的文化底蕴,用历史育人,让墙壁"说话",要通过孔圣广场、翠英亭、雕塑、文化石、砺志园等引导学生知史明理,倡导学生志存高远,激励学生勤学创新。通过校史馆、宣传橱窗、校园广播、校园网络等平台,增强校园文化发展的活力和影响力,努力彰显"文明、和谐、严谨、勤奋"的校风,大力弘扬 "勤思、探究、坚韧、创新"的学风。切实增强学校浓郁的文化底蕴,树立文明的学校风尚,提升良好的育人品味,映衬和谐的二中文化。

14.努力办好校报校刊。扩大校报校刊的发行规模,提高报刊质量,加强与甘肃教育社、张掖日报社、甘州区文联《黑河水》等的交流与合作,不断拓宽师生作品发行渠道,吸引更多学生参与其中,陶冶学生情操,开阔学生视野,开发学生才华,提高学生的写作能力,力争使更多作品在国家、省、市级的刊物上发表,使校报校刊成为校园文化建设的一个亮点。要利用校报校刊和二中网站,加大对外宣传报道的广度、深度和力度,广泛宣传,扩大影响,不断凸显"全省高中课改实验样本校"和"省级示范性高中"的引领和示范作用。

六、以崇礼明德为引导,在德育工作上求突破

15.以培养学生有"高远志向、高尚人格、高雅情操"为目标,将德育工作课程化。坚持德育为首,积极编印德育校本教材,将德育内容列入学校课程教学计划,充分发挥课堂教学的主渠道作用,将情感、态度与价值观纳入备课范畴,从而实现德育内容的课程化。要建立以政治教育、思想教育、法纪教育、道德品质教育和心理健康教育等五大内容为主体的大德育研究框架,建立校内外德育实践基地。高度重视家长委员会、社区委员会在德育工作中的作用,积极尝试开辟家校通信平台,实现德育的制度化、系统化、网络化。

16.重视德育活动常态化、过程化。充分挖掘学校德育元素,实施常态化德育活动,利用每周的班会课实施"三个一"德育常规活动:一月一主题,一周一重点,一日一反思。要寓德育于细节,正行为于养成。要以著名科学家、感动中国年度新闻人物的感人事迹为

着力点，进行励志、感恩教育，精心设计各类“体验”活动，吸引学生参加，开展“文明伴我行”、“感动校园人物”评选、“做文明学生、创和谐校园”演讲比赛等活动，让身边的榜样发挥示范作用，使德育活动日益创新，文明之风日臻浓郁，感动校园人物不断涌现。

17.继续以“十佳”、“百优”、“千星”评选活动为平台，大力实施赏识激励教育。要变“分数唯一”为“指标综合”，变“主体单一”为“全员参与”，变“选拔淘汰为主”为“激励发展为主”，对每一位学生进行道德、心理、学业素质和活动表现等方面的全面评价，通过“十佳”、“百优”、“千星”活动的评选，进一步提升学生的自信心，激发学生的上进心。

七、以“内引外联”为方式，在合作交流上求突破

18.对外合作交流是当今社会一所品牌学校工作的重要组成部分，学校的发展离不开外部环境，离不开与全省、全国乃至全世界的联系与沟通。要积极走开放办学、内涵发展的路子，以“增进友谊，加深了解，互相学习，共同发展”为目的，加强与各名牌高中的交流与合作，积极与省内外学校建立友好交流关系，争取2011年缔结友好学校2~3所，与人之便，发展自己，加强合作、互通有无、信息共享、实现双赢。

19.主动加强同高校、科研院所、博物馆、企业、部队等的交流与合作，积极合理地利用好校内、校外两种课程资源。为使更多的学生有机会到省外、国外体验异域文化，增长见识，开阔视野，学校要积极通过多种渠道，争取国家扶持的不同形式的国际文化交流项目，让学生走出张掖，走出甘肃，走出中国，从而充分展示二中人的风采，展示张掖人的风采，展示甘肃人的风采。

20.积极创造条件，为学生搭建纯正的外语学习与交流平台，2011年要加强与省外专局的沟通与衔接，继续着手聘请外籍教师来充实我校的外语教学力量。要积极利用国外智力、异域文化激发学生学习英语的浓厚兴趣，着力提高外语教学质量，为促进师生的英语口语水平的长足进步发挥积极的作用。

八、以“创先争优”活动为平台，在队伍建设上求突破

21.校级领导和中层干部要精心谋事、潜心干事、高效处事、谨慎行事，要在平时的工作中做师生的表率，务求实效，善于管理，敢于负责。要强化服务意识，始终把师生利益作为学校的第一目标，把师生需要作为部门的第一责任，把师生满意作为自己的第一追求。

22.要努力造就一支师德高尚、业务精湛、结构合理、充满活力的高素质专业化教师队伍，完善教师素质提升机制，更加重视教师职业理想和职业道德教育，增强广大教师教书育人的责任感和使命感；大力开展“立师德、铸师魂、练师能、正师风”的师德师风建设活动，促进全体教师严谨笃学，甘于奉献，不断规范自己的职业道德和操守；要进一步健全教师培养培训体系，完善培养培训制度，采取更加有力的措施，全面提高教师队伍的业务素质，切实增强教师队伍的活力。

23.继续做好教职工的福利工作，积极开展丰富多彩、健康有益的休闲娱乐活动，关注教职工的身心健康，定期分批分次为教职工体检，不断提升教职工的生活质量；继续一如既往地关心离退休教职工的生活、学习和娱乐，努力增进教职工的幸福感，积极构建和谐校园。充分发挥教代会、工会的作用，坚持教代会参与并监督学校管理；全面实行校务公开，提高行政管理的透明度，加大民主监督力度，尊重教职工的意见，虚心接受合理化建议，力求真正做到用事业凝聚人、用感情凝聚人、用政策凝聚人、用适当的待遇凝聚人。

各位代表，张掖二中正处在加快发展的关键时期，新的形势催人奋进，新的任务光荣艰巨。实现学校既定的宏伟蓝图，赢得新发展，实现新跨越，是时代赋予我们的历史重任，也是全区人民的殷切希望。让我们在区委、区政府及区教育局的坚强领导下，深入学习和实践科学发展观，按照“优化活力二中，夯实质量二中，展现魅力二中，创建和谐二中，打造品牌二中”的基本思路，紧紧依靠全体教职员工，凝心聚力，开拓创新，扎实工作，顺势推进，推动我校各项工作又好又快发展，为早日实现创办“河西一流、陇上知名、高水平、有特色的人民满意的省级示范性高中”的宏伟目标而努力奋斗！

凝心聚力　内涵发展

努力实现学校各项工作新跨越

——张掖二中第十届五次教职工代表大会学校工作报告

（2012 年 1 月 6 日）

各位代表：

我受学校党总支和行政会议委托，向参加张掖二中第十届五次教职工代表大会的各位代表、特邀代表和列席代表作2011年度学校工作报告，请予审议，请各位代表提出宝贵的意见或建议。

2011年学校工作回顾

2011年是我校各项工作取得重要进展的一年。一年来，在区委、区政府和市区教育主管部门的正确领导下，在全体教职员工的共同努力下，我们坚持以邓小平理论和“三个代表”重要思想为指导，认真学习落实科学发展观，与时俱进，开拓创新，抢抓机遇，迎难而上，积极巩固提升省级示范性高中办学成果，真抓实干，务求实效，较为圆满地完成了各项工作任务。

一、管理水平再上新台阶

以“为每一个家庭着想，为每一个学生负责”为出发点，活化机制，理顺体制，强化各处室与年级部的管理职责，加强了横向（处室）与纵向（年级部）协调，使各项管理更加科学、具体、有效，从而最大限度地调动起了广大教师的工作积极性。

二、硬件建设实现新突破

抢抓政府为民办实事机遇，为高一年级新配发课桌椅1400套。投资30万元维修了学校取暖设施，投资20万元对逸夫楼进行粉刷维护及部分设备更新。根据高中新课改的要求，从构建与实施富有二中特色的课程体系的总体目标出发，学校克服困难、不等不靠，本年度投资83.1万元，新建通用技术教室5个；投资130万元，新建微机室2个、电子白板教室2个，确保了学校教育教学工作的正常运转。

三、制度建设取得新成绩

本着客观具体、适度超前的原则，结合《国家中长期教育改革和发展规划纲要》和国家、省、市教育工作会议精神，集思广益、多次论证制定了《张掖二中"十二五"发展规划》，《规划》的制定明确了我校"十二五"时期的奋斗目标和发展路径；同时为进一步增强依法治校、依法执教意识，努力提高学校管理水平，学校经过反复论证制定了《张掖二中办学章程》。《章程》的制定将使今后学校工作有法可依、有章可循。

四、教学督导迈出新步伐

9月下旬和10月下旬，学校对高三、高一两个年级进行了全方位的教学督导评估。两周督导，对两个年级任课教师从课堂教学、教案备写、作业批改、听课情况、评教评学、教学成绩等方面进行了深入细致的督导检查评估。

两次督导涉及高三、高一年级所有任课教师，重过程、重实际、重课堂、重细节，各学科督导组分别向质检处提交了督导评估总结，对每位任课教师的教学情况进行量化排名并在全校教职工大会上进行了反馈。质检处及时形成督导报告，以书面形式下发了存在的问题及整改意见。活动的扎实推进，有力地促进了教学常规的落实，推动了各年级部的教学工作，在老师们中间反响很大。

五、科研工作展示新风采

本年度，在"张掖市第九届基础教育科研优秀成果评选活动"中，我校有2项课题获一等奖，4项课题获二等奖，2项课题获三等奖；在"甘州区第五届基础教育科研优秀课题评选"中，我校有3项课题获一等奖，4项课题获二等奖，3项课题获三等奖。一年来，教师在省级以上刊物上共发表论文60篇；在刚刚结束的省级优质课评选中我校教师有3人获一等奖，2人获二等奖，这是历次省级优质课比赛中成绩最好的一次。

六、学习交流步入新阶段

以学校管理、课改培训、高考研讨为重点，积极搭建对外交流学习的平台。一年来，学校先后派5批70多位骨干教师赴上海、广州、包头、银川等地学习交流考察，这些活动计划周密，组织到位，规格高，重体验，效果好。活动的开展使学校管理层和一线教师进一步开拓了思路、开阔了眼界、冲破了束缚，受到了很好的启发。

七、课程改革取得新进展

学校新课程工作领导小组多次召开专题会议对课程方案进行全面组织与实施；实施分层教学，合理确定不同层次班级的必修、选修模块，积极稳妥地组织学分认定，科学规范地建立学生的成长档案。借鉴先进经验，深入一线调研，积极研究建立与新课程相适应的教师评价、学生评价、考试评价、学校评价新制度、新机制，确保了新课改顺利有效开展。上半年在"甘肃省普通高中新课程实验跟进调研"中，省上专家组对我校的新课

程实施工作予以了充分肯定。11月份由我校承担省教科所组织的新课改“课堂教学”实验课题顺利通过结题。

八、德育工作取得新成效

以培养学生有“高远志向、高尚人格、高雅情操”为目标，以“尊师爱生”为核心，通过“毕业典礼”感恩教育、“庆祝教师节师生大会”、“感恩班主任”征文比赛、行为养成教育月、“班主任高级论坛”、“首届班主任节”等系列活动，将德育教育融入学校教育的各个环节，切实增强了学校德育工作的时代性、针对性、实效性，全面提升了学生的思想道德水平，初步实现了隐性工作显性化，思想教育具体化，德育工作课程化。本年度我校荣获全区社会治安综合治理考核第一名。

九、管理体制展现新风貌

按照稳中求进、运转高效的原则，积极推进内部管理机构改革，经过充分酝酿、反复讨论，12月份我们对全校行政管理体系进行了必要的改革，校级领导不下年级、分管处室，条块管理，相互协作，整体配合。整合处室，精简机构，中层轮岗，各司其职，各负其责。通过改革，加强了校级领导对全校分管工作的全面指导，增强其工作的规划性、预见性、针对性，提高其驾驭全校工作的领导能力和管理水平。中层管理体系由过去以年级部为主转向以年级部与处室管理并重，进一步落实低重心运行、精细化要求的管理策略，力促全校管理水平整体提升。

回顾一年来所取得的工作成绩，可以坚定我们的信心；反思存在的问题，可以提醒我们必须保持清醒的头脑。在看到成绩与进步的同时，我们要更加清醒地认识到学校面临的困难与存在的不足，主要有：高考面临的形势依然严峻，尖子生培养、抓后三分之一学生、促中上学生提高成绩的问题比较突出；教学改革不够深入，教法、学法研究成果所起的作用不明显；课改所涉及的一些深层次矛盾日益凸显，学校开发校本教材的力度不够，选修课程的开设滞后；学校品牌化发展的支撑点不够明显，特色不够鲜明；学校内部运行机制活力不够，学校的核心竞争力有待进一步提高等。

2012年学校工作展望

2012年学校工作的总体思路是：坚持以科学发展观统领学校工作全局，与时俱进，深化改革，内涵发展，深入推进新课标，实施素质教育，优化学校管理机制，全面提高教育教学质量。始终把办人民满意的教育作为学校各项工作的出发点和落脚点，凝心聚力，锐意进取，努力实现学校各项工作新跨越。

一、强化内涵提升　促进可持续发展

抓好学校内涵建设，是实现学校可持续发展的必由之路，也是提升学校综合竞争力

的核心任务。学校内涵建设是相对于学校发展规模、数量等外延性发展指标而言的，绝对不是指学校发展的低水平重复，而主要指向于学校在办学思想、管理效能、教育质量、教学能力、师德师风等方面的有效提升。通过内涵建设，使学校教育更加适应教育自身发展和社会进步的需要。今后，学校在内涵建设方面将以学校文化发展为支撑，以提升学校管理效能、提高教育教学质量、建设学习型团队为重点，着力提升学校综合竞争力和学校的可持续发展水平。

二、加强学校管理　提升管理效能

学校管理的真谛是最大限度地发挥人的主观能动性，让广大教师人尽其才、人尽其力、人尽其心，形成一家人、一股劲、一条心。学校管理的关键是唤醒教师内在的创造激情，处理好约束与调动的关系、服从与协调的关系、使用与培养的关系、求同与存异的关系，着力提高执行力。

要按照"高站位思考，低重心运行，精细化要求，高质量目标"的总体要求，借这次精简机构、合并处室、实行中层轮岗之机，积极优化"职责明晰，体系协调，运转高效"的管理体制，认真推进学校民主化进程，实施校务公开，不断提高管理能力，提升管理水平。积极倡导学校管理者应做到：待人——掏出一颗心，真情、真意、真心；处事——端平一碗水，公正、公开、公平；律己——对照一面镜，慎思、慎言、慎行。

三、优化激励机制　形成全员合力

为进一步提高工作效率，突出工作业绩，体现"按劳分配，多劳多得，优劳优酬，优质优酬"的分配原则，在提高课时津贴和班主任津贴的前提下，改革津贴发放方式，发放标准由过去以"工作量"为主转向"量质结合，以质为主"。

津贴绩效部分的发放，教导处要科学制定《张掖二中教师课时津贴考核办法》，根据办法，进行教学质量评价后，分等次发放。政教处要根据《张掖二中班主任津贴考核办法》对班主任进行量化考核后，分等次发放。要加大对二中作出突出贡献的教师的奖励力度；要通过调整学校内部绩效工资方案，进一步体现超工作量教师和教学成绩突出的教师的工作价值；要奖惩分明，使教师都争当班主任，都愿意多上课、上好课。要通过激励机制的不断优化，来激发教师的工作积极性、主动性和创造性，从而促进学校各项工作再上新台阶。

四、深入推进课改　提高课堂效率

教师是学校的第一人力资源，要结合"青年教师培养工程"抓好对教师的校本培训，促进其专业成长。我们一向倡导"课堂是真功夫，成绩是硬道理"、"聚焦课堂，讲台洗礼"。因此，要以课堂教学方法的改革为重点，以课堂教学为主阵地，以开展高效课堂教学实验研究为主渠道，练就课堂教学的真功夫。

要结合张掖的乡土文化、学校的背景特色、教师的学科个性特点、学生的学习实际，

搞好校本课程的开发，让教师真正走进课程，享用自己的开发成果，并在开发之中提升自己的课程意识与文化品位；让学生“各取所需”又“各取所好”，从而使他们进入到乐学且收获颇丰的境界。积极搞好学生的实践活动、探究性学习、素质评价，加强课程指导，科学合理地做好学分认定工作。积极培育和规范学生社团，为其提供个性发展的乐土。让学生关注社会，开阔生命视野，去体验与感受人生的美丽与复杂，从而真正实现“教得愉快、学得轻松、考得有效”的教育境界。

五、狠抓高考质量　打造教育品牌

成绩是硬道理，质量是生命线。质量的高低、成绩的好坏关键在于管理层和教师责任意识的强弱，关键在于其精神状态、工作作风的好坏。必须坚定不移、持之以恒地抓高考质量，在任何时候、任何情况下，抓质量的决心不能动摇、目标不能降低、力度不能削弱、劲头不能松懈。要始终把高考工作摆在重要位置，切实增强抓高考的紧迫感和责任感。越是压力大，越要振奋精神、勇往直前；越是任务重，越要敢挑重担、乐于奉献；越是困难多，越要转变作风、攻坚克难。

承担2012年高考任务的管理人员及全体老师要牢固树立质量为先、实干为本的思想，切实把心思用到抓课堂上，把精力放在抓质量上，把工夫下到抓落实上，把2012年高考的压力和忧患意识转化为精心部署、真抓实干的具体行动，一步一个脚印，稳打稳扎，直至取得实效。

六、培育学校文化　促进教育创新

学校文化是学校发展的“灵魂”和“软实力”，也是学校教育创新的“动力之源”。学校文化不同于校园文化，它更多地指向于学校的教育价值观、精神理念、制度规范和组织文化。学校文化具体包括学校的精神文化、制度文化、教师文化、学生文化、课程文化和物质文化等，其核心是学校教职员工所共同认同和遵守的价值体系。学校文化的建设，可以从理念、行为和形象三个方面开展。今后，学校文化建设的重点是要突出精神文化建设，抓好“凝聚力”，激发师生创新力，推动学校卓越发展。

认真贯彻十七届六中全会精神，抓住中央关于“推动文化大发展大繁荣”的机遇，结合《张掖市“十二五”旅游发展规划》，努力彰显张掖二中在甘州文化发展中的独特魅力，弘扬中华民族传统文化；学校要抢抓保护维修“民勤会馆”国家投资的历史机遇，开发利用“民勤会馆”，创办“甘州文化书院”或“甘州国学讲坛”，使其成为传播弘扬中华民族传统文化的基地窗口；努力办好校报校刊，进一步明确报刊定位，扩大发行规模，提高报刊质量，加大对外宣传报道的广度、深度和力度，加强与兄弟学校和主流媒体之间的交流与合作，利用校报校刊和二中网站，广泛宣传，扩大影响，积极筹办好“2012年河西高中校长论坛”，进一步凸显“全省高中课改实验样本校”和“省级示范性高中”的引领和示范作用。

七、理顺天一体制 促其协调发展

认真核算天一中学的运行成本，在注重必要的经济效益的同时更加注重其社会效益。要根据《民办教育促进法》和相关教育政策法规，制定适合天一中学的运行机制。进一步明确天一中学的性质定位——民办普通高中；严格控制学校规模——1500名学生，26个班以内；着力提高办学质量——诚信办学、彰显特色，提高吸引力。

要进一步理顺二中与天一中学的关系。二中集体是天一最大的股东，享有天一中学80%的股份，天一的兴衰关系到二中每一位教职员工的切身利益，关系到二中的可持续发展力，我们必须予以支持，促进其健康和谐发展。同时我们必须清醒地认识到，天一中学的创办顺时顺势，在缓解全市升学压力，促进普通高中教育均衡协调发展方面发挥了不可低估的作用，但天一作为民办高中必须坚持"四独立"即独立的法人、独立的经费核算和人事管理、独立的校园校舍、独立进行教育教学。因此，天一中学要进一步规范办学行为，严格依法办学。

八、加强工作纪律 强化师德教育

毛主席曾说：加强纪律性，革命无不胜。要深入推进"四个工程"建设，严格执行课程标准和教学计划，严格执行校历工作安排表、作息时间表和课程表，办公室和各职能处室要加大督察力度，切实强化"三表"的严肃性和权威性；要强化时间观念，规范坐班行为，整肃校纪校规；要大力开展"立师德、铸师魂、练师能、正师风"的师德师风建设活动，促进全体教师严谨笃学，甘于奉献，静心做事，潜心育人，从而不断增强教师教书育人的责任感和使命感。

各位代表，回顾过去，成绩令人鼓舞；展望未来，前景催人奋进。让我们更加紧密地团结起来，全力以赴，真抓实干，不动摇，不懈怠，进一步凝心聚力抓内涵，改革创新谋发展，重点突破上水平，锐意进取创辉煌，以更加奋发有为的精神状态，创造更加扎实的工作业绩，不断提高学校的办学水平和核心竞争力，为早日实现创办"陇上名校"的宏伟目标而努力奋斗！

三、高端论坛

大力开展学校文化建设

凸现示范性高中的示范性和引领作用

——省级示范性高中校长论坛

张掖市第二中学　杨生效

学校文化是师生精神风貌、思维方式、价值取向和行为规范的综合体现,学校文化建设是育人规律的挖掘,是教育发展的需要,也是构建和谐社会的需要,是提升教育内涵、促进教育可持续发展的重要途径。我省实行"示范性普通高中"的评审、督导复评等一系列工作,为全省各个普通高中办学品位的全面提升、师生素质的综合发展、教育教学质量的稳步提高提供了良好的契机。

我们学校在被省教育厅命名为第二批"省级示范性普通高中"的四年来,全面贯彻党的教育方针,向改革要效益,向管理要质量,学校特色日趋凸现,各项工作取得了显著成效,也积累了一定的经验。我们认为,要办好一所名副其实的省级示范性高中,必须从开展学校文化建设入手,在完善办学理念、夯实基础设施、展现校园文化、实施名师工程、加强教育科研、推进信息化进程、构建和谐校园等方面进行大胆的探索和实践。

一、先进的办学理念是学校文化的核心

要开展学校文化建设,首先要坚持依法治校,依法治教,形成先进的办学理念。张掖二中始建于1956年,在半个世纪的历程中,我校逐步形成了"让每一个学生都成材"的办学理念。为了使办学理念得到学生、家长、社会、教师等各层次、各方面的支持与赞同,把办学理念渗透到教育教学中去,要不失时机地通过各种媒体对办学理念进行广泛宣传,使办学理念得到学生、家长、社会、教师等各阶层、各方面的大力支持与赞同。

二、加强领导班子建设是学校文化的关键

学校文化建设,关键是要有一个好的领导班子。而领导班子建设关键是要维护班子的团结,只有一个结构科学合理、团结凝聚的领导班子,才能有效率,才能有战斗力,才能有执行力,才能出成绩。班子的建设,要致力于"两抓":

第一,抓班子团结层次的提高。首先,班子成员之间要从工作上的相互尊重、支持和谅解,升华到思想感情上的融洽和谐;其次,要从相互"客客气气"的浅层次,升华到形成勇于开展批评和自我批评的良好氛围;再次,要从"与人为善"的朴素心态,升华到在坚

持党性原则的基础上求团结。要坚持大事讲原则、小事讲风格，认真贯彻民主集中制，加强班子内部的互相监督。

第二，抓班子团结的环境建设。一方面，抓班子内部团结的增强。要通过加强理论学习，开阔班子成员的眼界和胸襟，坚定政治信仰，能抗得住压力，顶得住诱惑，管得住小节。另一方面，抓外部条件的优化。班子的团结，无不受到周围各种不利于团结现象的影响，对此，应从思想教育入手，加强班子成员的党性修养，增强免疫力。从自身做起，不做不利于团结的事，及时消除不利于团结的各种苗头，对一些团结的“影响源”，要有所警惕，严重的要严肃对待。

三、科学的管理是学校文化的灵魂

学校文化建设的一个关键要素就是科学管理，向管理要效益。在管理中，领导班子成员首先要自觉讲学习、讲政治、讲正气，加强自身修养，率先垂范，以身作则。要从制度建设入手，培养一支高素质的教师队伍，引导教师自觉树立正确的人生观、价值观和世界观；明确提高学生思想素质、知识素质、智能素质、身体素质、心理素质、劳动素质，为高一级学校输送大量合格优秀人才的培养目标；坚持高度负责、艰苦创业、团结协作、开拓进取的工作精神；树立以工作为荣、以创造为乐、以多作贡献为最大自尊和为家长学生服务的价值理念；将“爱——是教育的基础”作为自己的座右铭。

不断转变管理观念，不断完善科学的管理体制，理顺人事管理关系，形成良好的人际氛围，使学校文化步入良性轨道。我们学校的管理机制，实行“四线八部”：即教学工作管理线、教育工作管理线、管理服务线、管理监督线四条主线贯穿学校八个部门。对教育教学工作采取“三级捆绑”评价方式：即以教学班为单位的“一级捆绑”，学科教师对班主任负责；以年级组为单位的“二级捆绑”，各班对年级主任负责；以部门为单位的“三级捆绑”，各年级对校长负责。将学科室、年级部作为学校行政管理基层单位平行运行，学科室主要加强学科教学和教研教改工作，年级部则主要行使整个年级的行政管理。教学和管理两手都抓，两手都要硬，以便保证教育教学的中心地位，突出教学质量生命线这个重点。

实行全员聘任制、岗位责任制，充分调动教师教书育人的积极性。按需设岗，以岗定责，以责定人，工作包干，责任到人，目标落实。以岗定薪，人事分离，按劳分配，多劳多得，优劳优酬，优质优酬。实行各级目标管理，上一级负责下一级，下级服从上级，上对下不越级安排指挥，但可越级检查，下对上不越级报告工作，但可越级反映问题。“连杆传动”的直接效果是信息畅通、言路畅通。

近年来，我们通过学生、家长和社区负责人参加的座谈会、家长会和设立“三箱一栏”（校长信箱、家长信箱、举报信箱和校务公开栏）、校长热线、校长接待日、教学公开日等方式，加强了学校与学生、家长和社区的沟通与联系，使其有效参与并监督学校工作，同

时也保证了学校各项工作的规范性和有序性。

四、特色是学校文化的个性化反映

长期以来,我国的办学体制比较单一,逐渐形成了“千校一面”、整齐划一的局面。自从邓小平同志提出“建设有中国特色社会主义”理论以来,“特色”一词就在社会广泛流传和使用。当前,我国正处在工业现代化和知识现代化的进程之中,在此进程中,产业结构和生产力更加多元化,这就决定了人才需求的更加多元化,这就要求各个学校也必须根据自身的基础条件培养出适应不同生产力水平、不同规格要求的高素质专门人才,因此,“特色办学”、“ 特色学校”也就成了当前教育界关注的热点和各级各类学校追求的目标。

当然,一所学校要真正办出特色,全体师生非得作出大量艰苦细致的努力不可。第一,特色办学必须要坚持正确的办学方向和办学思想,并将其融入到学校的教育教学实践中去。第二,特色办学就是要做到“人无我有,人有我优,人优我特”,必须克服按部就班和因循守旧的思想,大胆改革,锐意进取,开拓创新,形成自己的鲜明个性。第三,特色办学就是要通过改革和创新,追求完美,追求卓越,要代表广大人民的根本利益,得到社会的认可。第四,特色办学是全校师生共同参与的一个全校性、全方位的系统工程,少数几个教师指导少数几个学生在某个大赛中得了少数几个奖,这不是特色办学。特色办学必须由全员参与,不是单打独斗。第五,“事物之独胜处曰特色”。特色办学一定要有独创性和创新性,必须转变妨碍学生创新精神、创新能力发展的教育观念、教育模式,教师要变单向灌输知识为开发学生的潜能, 学生要变以考试分数论成败为发展自己的个性特长。创新意识是孕育特色办学的温床,没有它就没有做好学校工作的激情,特色办学就无从谈起。

五、独特的校园文化是学校文化的载体

要不失时机地让当地源远流长的历史文化进校园,让民族的主流传统文化进课堂,让厚重的文化积淀与浓郁的现代气息并存, 让匠心独具的布置点缀与和谐自然的人文精神并重,既注重美化育人环境,又体现环境对学生的熏陶和耳濡目染作用,为学生自由呼吸、自我发展提供广阔空间。发挥“隐形教育”的作用,有计划地在墙壁、楼道、教室、办公室内布置名人画像、书画,让每一堵墙壁说话,让每一块地面唱歌,让每一株花草树木跳舞。“圣人无言,泽被后世”,我校孔圣广场、塑胶运动场、篮球场的建设,为师生活动提供了极大方便。学校文化建设,孕育和催生出的是办学的高质量、高效益,能够提升和显示学校的档次。

六、教学研究是学校文化的根本

2006年11月下旬,我有幸参加了在北京举办的一次以我国基础教育发展状况为主的校长高峰论坛,聆听了国内一些专家对我国现阶段基础教育的评价。他们中的大多数人

认为,新一轮基础教育课改进展比较顺利,并取得了一定的成绩。我们要十分珍惜来之不易的改革成果,同时也要看到改革的长期性、艰巨性和复杂性。

为实现基础教育中国家、地方、学校三级课程管理发展目标,弘扬和传承张掖几千年的优秀文化,我校组建了校本课程开发领导机构并出台了《校本课题实施方案》,结合张掖市的地方特色,编写完成的校本教材13部共计39册,很好地弥补了国家统编教材大一统的不足,更加贴近河西走廊、丝绸之路、古城甘州的地域特色和风情,更加贴近学生的生活,在学生中间激发出了更加生动鲜活的教育效果。

七、激励教育是学校文化的主流

经济社会的发展,首先是人的发展,所以要坚持以人为本,用先进的思想武装教师,谋划发展,寻求新的突破口。要推行激励教育,要求教师不仅要关心学生的学习成绩,同时也要关心学生的身心健康和终身需要;要求学校领导不仅要关注教师的教学水平,更要实施尊重教育,关注教师的品行塑造。要教师、学生两代人的素质培养一起抓。

要帮助学生树立自信心,使其形成正确的价值观。坚持以正面引导教育为主,以榜样引路,以身边的人、身边的事教育身边的人。对学生多鼓励,少责备。要拿着放大镜来找学生的闪光点,激励其进步,鼓励其进步。我们学校实施的是学生“十佳”、“百优”、“千星”评选方案,以按月评、学期评、学年评的方式,把学生的进步放大,让其长处得到发展,使其个性得到张扬。

在教职工中广泛开展激励教育活动。“十佳教师”、“十佳班主任”、“十佳科研标兵”、“十佳师德标兵”、“十佳青年教师”、“十佳教育工作者”等系列评选活动,极大地调动了广大教职工工作的积极性和主动性。学校还在教师队伍中实行“职级工资制度”,教师按不同职级享受不同的课时津贴。这一激励机制对教师确立发展方向起到了导向作用,推动了教师向学者型、专家型的转变。

八、名师是学校文化的基础

名校出名师,名师育英才。名师是学校的宝贵财富,高素质的教师队伍是一所学校文化的人力根基和永恒乐章。我们提出让“教师发展学校”的观念,加强校本培训力度,打造名师校本培训试验基地,特别是把对青年教师的培养作为学校可持续发展的一项重要工程来抓。对青年教师的基本要求是一年学会上课,二年胜任教学,三年脱颖而出,六至九年形成自己的教学特色,成为教学新秀或教学骨干。对青年教师一是大胆压担子;二是多保护、多支持、多教育,促其进步;三是对他们在心理上关心,在工作上支持;四是改进评价体系,促进合作。在学校这个大集体的前提下,实行以班主任为核心的班级教师小集体;以备课组长为核心的年级学科教师小集体;以学科主任为中心的学科教师小集体;以年级主任为核心的年级教师小集体;以科室负责人为核心的科室小集体。建立老中青结合,相互促进为目的的拜师学习制度,组织教师开展教科研活动;青年教

师成材要有计划、有督导、有点评、有观摩,尽一切可能让青年教师脱颖而出,成为学校可持续发展的重要力量和不竭之源。

九、和谐是学校文化的主旋律

和谐是我国传统文化中具有代表性的观念,是事物存在的最佳状态,也是一切美好事物的共同特点。实现和谐,是古往今来人类孜孜以求的美好理想和愿望。而调动一切积极因素构建和谐文明的校园环境也将是一个永恒的主题。构建和谐校园从建立和谐的师生关系开始,同时教育学生建立和谐的同学关系,关心帮助有困难的同学,让他们感受到和谐校园的温馨。保持良好的心态,宽容待人,用一颗真诚的心去换另一颗真诚的心。构建和谐校园当然也需要建立好的校风、好的教风和好的学风,我们倡导一种蓬勃向上的团队作风,脚踏实地的学习精神,将校风建设的目标指向"文明、和谐、严谨、勤奋",将教风建设的目标指向"严(严谨、严明、严格),精(精湛、精确、精彩),活(活教、活导、活用),创(创业、创新、创立)",将学风建设的目标指向"勤思、探究、坚韧、乐观",师生共同奏响和谐校园的乐章。

十、信息技术教育是学校文化的重要手段

信息化是当今教育的制高点,是未来世界发展的"金钥匙",毋庸置疑,多媒体技术的广泛应用,对提高教育教学质量和办学效益一定会起到巨大的推动作用。我们学校在每个教室和实验室内都装了多媒体设备,普遍将计算机、投影仪、VCD、录像机等作为教学辅助手段,以多媒体教室、电教教室或利用多媒体教学网络系统来进行课堂教学大改革。在引导教师尽快掌握信息技术方面,一要抓培训,二要抓整合,三要抓激励,四要抓考核。

一抓培训。要将学校培训、人事教育部门培训和专业培训相结合,集中培训和自学相结合,通过学校定级、人事教育部门考级、计算机专业等级考试等认定。

二抓整合。重点抓现代化教学手段的使用、资料下载、课件制作、课堂教学中的应用几个环节,使信息技术与课堂教学整合落在实处,把是否使用现代化教学手段和CAI课件,作为评优课能否获奖、示范课是否优秀的必备条件。

三抓激励。以活动促应用,以奖励促提高。通过课件、网页制作大赛、多媒体教学评优,促进信息技术与课堂教学的整合。

四抓考核。把信息技术的应用水平、课堂教学中现代化教学手段的应用情况与教师的业务考核挂钩。做到节节课有记载,月月有考核,学期有评比。

十一、质量是学校文化的目标

江泽民同志曾说过:"创新是一个民族进步的灵魂,是一个国家兴旺发达不竭的动力。当今世界的竞争,归根到底,是综合国力的竞争,实质则是知识总量、人才素质和科技质量的竞争。"教学质量是学校的生命线,学校文化的建设,就是要为教育教学质量的

提高服务。学校的从教者是全体教师,教育的对象是全体学生,只有全体教师和全体学生的广泛参与,才可能有普及基础上的提高;只有个体老师的突出业绩和个体学生的突出成绩,才可能得到社会的认可。2002年以来,我校连续四年高考成绩名列全市前茅,重点、本科上线比例逐年提高,比2002年分别累计增长26.96%和71.98%,受到社会和周边县市的高度关注,特别是2006年重点录取大面积丰收,重点上线240人,本科上线614人,600分以上53人,重点上线率达19.6%,本科上线率达50.1%。2003—2006年本科上线连续位居张掖市前列,赢得了社会、家长和学生的广泛赞誉。

十二、办学经费短缺是制约学校文化发展的"瓶颈"

我省地处西北地区,经济基础、教育基础都比较薄弱,甚至是落后。政府对教育的投入不足,导致办学经费短缺,这使学校运行遇到很大的困难,它制约着学校发展的进程。教师队伍的不稳定,学校主体性职能的失衡等,都与办学经费的短缺有相当大的关系。在硬件方面,虽加快了校园建设,加大了对教学设备、图书仪器等的投入,但与快速增长的学生需求还有一定的差距,何况各校基本上都在负债发展,到还贷期,学校面临的困难就更多,挑战也更大。在教师队伍建设上,一方面,近几年教师虽然增加较多,新进教师学历层次也比较高,但这些教师缺少教学经验;另一方面,一些高学历、高职称、有经验的教师又主要由于待遇低而远走高飞,导致师资队伍的青黄不接、后继乏人。由于办学经费短缺,在与其他地区进行学术交流、资源共享时,只能走出去,不能请进来,无形中增加了交流的成本。

当前,我国的教育,从政府的角度看是政策教育,政府支持的力度跟学校的发展是成正比的,所以,现在的学校最需要的,仍然是政府持续不断的政策、资金等方面的支持。

我们深知,示范性高中是一个动态的概念,示范性高中建设是一个与时俱进的建设过程。通过参加这次校长论坛,进一步开阔了眼界,拓展了思路,我们既看到了取得的成绩及长处、优势、特色,也清楚地认识到我们目前还存在一定不足。不过我们深信,在各级党委、政府及教育主管部门的亲切关怀和大力支持下,通过我们自身的不懈努力,迎难而上、发挥优势、与时俱进、勇于创新,全面开创教育教学工作的新局面,就一定能够办好人民满意的教育。

创新学校管理机制　提升学校办学品位

当今社会正处在一个转型期,我国教育也经历着深刻的变革。面对新的形势,校长应从新的视角研究学校教育,促进管理的优化和创新,尤其是要与时俱进,树立先进的教育理念,并把它转化为办学治校的教育行为,转化为广大师生的自觉行动。正确的教育思想和先进的办学理念对校外是一面旗帜,对校内是一个纲领;对历史是一个总结,

对未来是一个目标。纵观教育的发展史和我们面临的挑战，我们深入实际，调查研究，认真总结多年的办学经验，顺应形势发展的要求，提出了“让教师发展学校”、“让每一个学生都成材”的办学理念，同时坚持“务实创新、开放民主”的办学思想，强调“爱是教育的基础”，致力于培养“文明、和谐、严谨、勤奋”的校风，积极进行内部管理制度改革，创新校园文化建设，加快教学设施现代化建设，以先进的办学理念来引领学校管理水平不断提升，开拓学校可持续发展的新路。

以人为本　靠管理出效益

科学的人文性管理是学校文化的灵魂。管理科学告诉我们，人始终是管理的中心。从本质上说，学校管理就是人的管理。促进人的成长、关注人的发展是教育的目的，也是学校管理的终极目的。现代学校管理就是要尊重、关心校内每个人的发展和需要。校长必须牢固树立以教师为本、以学生为本的思想。对此，我校始终奉行“以人为本、和谐发展”的管理理念，始终坚信“学校教育的终极目标是发展教师、培养学生，就是使教师和学生成为充满人性、张扬个性、整体和谐、全面发展的人”。这些思想深受广大师生的信赖和拥护。“方圆兼济，人本至上”，彰显教师和学生的人性，尊重其人格，开发其才能，重视其发展，是实践“尊重人、解放人、发展人”的人本化管理理念的出发点和归宿。

当前，面对迅猛扩大的学校规模，首要解决的问题是缩减学校管理层次，打通校长和一线教师的关系壁垒，实行管理的低重心。为进一步明确和理顺“低重心规划，向课堂要质量；精细化要求，靠管理出效益”、“三级捆绑”评价机制、“讲台洗礼，聚焦课堂”等一系列管理思路，我校创新教育管理机制，探索了一条“学校统一领导，处室具体指导，年级直接管理”的管理模式。学校采取校长负总责，每位副校长分管一个年级部，一名教导处主任或副主任担任年级部主任。按照“近距离管理，近距离服务”的理念和“缩小管理单元、下移管理重心、激活管理活力、提高管理效能”的思路组建年级部领导小组，领导小组一般有5人组成，其中校级领导1名，中层干部2名，年级部甲、乙部组长各1名。

实行年级部主任和主管副校长签订目标责任书，主管副校长和校长签订目标责任书，年级部制定具体目标和相应的奖惩办法的一体化管理模式。分管年级部的副校长直接对校长负责，是年级教育教学质量的第一责任人。实行副校长管理年级部的目标责任制后，学校定责放权，也就是从人员调配、教师评价、经费投入等方面都给予相应的支配权，使年级部基层有责任、有权力、有压力。学校将班主任津贴、教育教学研究活动经费、教育教学考核奖励经费、各种竞赛奖励经费等按标准划拨年级部，由年级部自主制定分配方案，奖勤罚懒，奖优罚劣。同时教师早、晚自习，四制津贴的统计、造表和发放全权由年级部负责。进一步完善分配制度，实行同工同酬，多劳多得，优劳优酬，优质优酬。用实

际行动实现同工同酬,以便更广泛地调动教师工作的积极性。

改革和理顺管理体制,进一步加大"三级捆绑"评价力度。为实现"人人都是学校主人,个个参与学校管理"的人本理念,实行以班主任为中心,任课教师为班主任负责的一级捆绑,以年级主任为中心,各班主任为年级主任负责的二级捆绑,以校长为中心,各年级部主任及分管副校长为校长负责的三级捆绑的管理模式。切实增强全校教师的凝聚力和向心力,真正形成众人划桨开大船的大好局面。

管理不仅仅是管住、管好,更是为了人的发展,促进人、发展人。管理是严肃的关爱。严肃反映管理的刚性,关爱体现管理的柔性,刚柔相济形成学校的科学管理。管理要出积极性、出创造力、出执行力,要管出师生的精、气、神。管理要高站位思考,推行精细化要求,低重心管理模式,从而真正实现"尊重的教育"。

讲台洗礼向课堂要质量

"讲台洗礼、聚焦课堂"是我校为提升教育教学质量推出的有效举措。二中目前已经做大了,下一步的目标是做强、做优、做精,以教育教学的高质量实现"办人民满意的教育"。"讲台洗礼、聚焦课堂"的含义,就是坚持"精细化要求,向课堂要质量;低重心规划,靠管理出成效"的工作思路。以课堂教学为中心,以培养高素质人才为目标,以提高整体升学质量为主线,营造自主学习、合作学习的浓郁氛围。这一思路的关键是改革课堂教学。我们已深刻认识到教学必须走改革之路。不改革,就会僵化,不改革就停滞不前,就会被人甩在后面,只有改革能为我们的教育教学带来勃勃生机,使我们永远立于不败之地。学校以教科处为龙头,以学科室教师为主体,改革课堂教学。学习衡水中学的教改经验,启动"三转"、"五让"为主要内容的教学改革工程。

课堂教学改革的指导思想以新课程改革的基本理念"以人为本,关注人的发展,促进人的发展"为主流,充分强调发挥学生的主观能动性,倡导学生主动学习,主动求知,主动根据自己的体会和思维方式去探索、去发现,去再创造有关知识。然而自主的过程,是从"张口等食"到"主动觅食"的过程。学校应担当引导教师通过调整教学策略,从改变学生原有的学习习惯、思维方式、情感态度和价值观入手,来实现学生由"被动学习"向"主动学习"的过渡。

教学改革的目的是教会学生学习,具体目标是轻负担、高质量、低耗时、高效益。课堂教学中实行"三转"、"五让"。"三转"是指课堂教学要实现三个转变,即"变注入式教学为启发式教学,变学生被动听课为主动参与,变单纯的知识传授为知能并重"。"五让"就是教师在课堂教学中,能让学生观察的要让学生自己观察,能让学生思考的要让学生自己思考,能让学生表达的要让学生自己表达,能让学生动手的要让学生自己动手,能让学

生总结的要让学生自己得出结论,教师不能包办代替。

通过课堂教学的“三转”、“五让”这样的创新实现“两个转变”,即角色转变,从过去“师道尊严,惟师为尊”到建立“师生互动,平等参与”的新型师生关系;学习方式转变,从“吃大锅饭”到“享有自助餐”,尊重学生的个性差异,促进学生健康发展。在具体操作评价中,要坚持以“三个有利于”的标准来衡量学校课改工作,即有利于全体学生发展,有利于学生的全面发展,有利于教育教学质量的显著提高。以此来真正实现“让每一个学生都成材”的办学理念。

厚德载物 “让教师发展学校”

胡锦涛同志在今年全国优秀教师座谈会上的讲话中对教师提出要求, 激励全国教师奋发进取。其中有三句话给我们以深刻的启示:第一句是“着力提高教育质量”;第二句是“没有高水平的教师队伍,就没有高质量的教育”;第三句是广大教师要“静下心来教书,潜下心来育人”。三句话归根到底,学校要提高办学质量,实现跨越式发展,教师是关键。教师才是学校的第一资源。如何落实“教师第一资源”观呢?

教师是教育之本,也是学校教育持续改进的最深刻的变革力量,教师的发展是学生发展的重要前提,没有教师的可持续发展就没有学生的可持续发展。实现了教师、学生的可持续发展,实质上就是实现了学校的可持续发展。对学校而言,拥有一支具有核心竞争力的精英化的教师队伍,是学校教育教学质量的根本保证,更是学校内涵不断提升的动力源泉和学校可持续发展的最关键因素。张掖二中牢固确立了“培训是最大福利”和“管理是严肃的爱”的教师可持续发展的观念。

师资队伍建设方面,我们最大的优势在于,将别人做过的事情做得更好。近年来,我校教师队伍中年轻教师居多,水平参差不齐。对此,学校一方面结合教学实践活动,加强教师的理论学习。另一方面积极开展校本培训活动,为教师搭建不断提升的舞台;开展“八个一”活动锤炼年轻教师的教育教学能力;充分调动全体教师投身科研的积极性,力求做到科科有课题、人人有专题,提倡教学研究课题化,课题研究教学化,努力实践教育科研与继续教育的结合;创办《张掖二中》、《耕耘》校报校刊,为学术思想的交流,为教育理念的提升和教育科学研究成果的推广提供了舞台;打造属于张掖二中自己的名师,制定《张掖二中教师培训工程》和《张掖二中名师工程》,分层次地培养全体教师,对青年教师提出“一年入门、两年过关、五年成熟、八年骨干、十年成名”的目标,通过考核制定名师逐级申报制;构建“聘请专家多方指导—借助名校资源共享—外出学习开阔视野—引进吸纳先进理念—骨干名师与青年教师结对帮扶—校内切磋提高技能” 的教师发展模式等等。

通过这些努力，一大批青年教师脱颖而出，如今的二中，教师队伍结构日趋合理，现有教职工282人，其中特级教师2人，省级“园丁奖”获得者8人，省级骨干教师15人，省级学科带头人及省级教学能手18人，市级骨干教师30人，区级骨干教师40人，高级教师105人，研究生学历的教师达20人。他们以高尚的情操、渊博的知识、严谨的态度、灵活的方法、方正的人格，给一届届学生留下了深刻印象。他们无私奉献、任劳任怨，用聪明才智为二中的发展抹上了浓重亮丽的一笔。名校出名师，名师育英才。二中已真正成为教研的沃土，德育的天地，智育的乐园，成才的摇篮。

在矢志不渝的教师队伍建设中，张掖二中实现了跨越式发展。这得益于学校提出的“让教师发展学校”，“让每一个学生都成材”这一具有前瞻性、现实性、科学性、可行性的发展理念。

“爱是教育的基础”，教师只有爱学生、爱教育、爱学习才能推动教育教学质量的稳步提高，教师只有关心学生学习生活，关爱学生身心健康，关注学生个性差异，才能促进学生的全面协调可持续发展。张掖二中相信教师的人格力量。二中人始终坚持高度负责、艰苦创业、团结协作、开拓进取的工作精神；始终树立以工作为荣、以创造为乐、以多作贡献为最大自尊和为家长学生服务的价值理念；始终恪守 “爱是教育的基础”的座右铭。

流淌着汩汩爱心的二中，学生成材是必然，走向高等学府也是必然。因为“爱是教育的基础”，穿透着人的灵魂，处处流淌着生命的气息，处处洋溢着人文的关怀。二中人始终把教人成功这棵大树扎根在爱的土壤里。二中人懂得，教育孩子，首先要爱孩子。教育是建立在爱的基础上的，没有爱，就没有教育。只有把爱作为教育的前提，孩子才能健康成材。教育又是一门爱的艺术，如罗曼·罗兰所言：“要散布阳光到别人心里，先得自已心里有阳光。”所以，只有教师的心里流淌着爱的河流，学生定会听到爱的回声。

教育是一项爱心工程。收集关于张掖二中师生之间爱心传递的点点滴滴，我们似乎又看到了多少教师在讲台上谆谆教导洒下的爱的种子，又有多少学生在人生之路上都传递着这份爱心。在这里，每一个学生的潜能都能得到充分发挥，她会让自卑者找到自信，让孤独者找到温暖，让奋进者找到力量，让迷茫者看到希望。多年来，教师们一如既往，用真诚呵护学生的自尊，用爱心换取学生的真情，用宽容赢得学生的尊重，所以爱始终是张掖二中教育的主旋律。没有爱便谈不上教育，张掖二中的教育始终遵循：宽容是本，幽默是金，理解是桥，爱是土壤。爱很简单，就在二中老师给同学们温暖的举手投足之间，就在一言一行之中。二中人坚信，这世上没有不会开的花，只要找到适合的土壤，只要找到证明自身价值的机会，所有的花都能在此结果。

润物无声 让环境陶冶英才

没有文化就没有品牌,没有品牌就没有竞争力。学校是传道授业解惑的地方,自身文化底蕴不深,就培育不出高水准的人才;办学理念不新,就培养不出符合时代发展要求的人才;方式方法没有特色,就失去了“摇篮”固有的含义。在半个世纪的发展历程中,几代人筚路蓝缕,呕心沥血,勇于探索,艰苦实践,秉承教化育人、陶铸精英的办学信念,开拓创新,继往开来,不断走向超越和嬗变。今天的二中,已变得成熟而富有魅力,强大而富有实力。电脑、网络、空调、楼房、塑胶运动场等“硬件”更加完善;骨干教师、学科带头人、特级教师、名师等“软件”不断升级。“软”与“硬”的有机结合,古老文化与现代气息的相互融合,营造了浓郁的文化氛围和温馨浪漫的育人环境。今日二中,自然景观与历史景观交相辉映,人文精神与科学精神比翼双飞,传统文化与时代特色相得益彰。

“春风化雨润无声,于无声处孕芳华”。走进张掖二中,迎面矗立的是至圣先哲孔子的圣像。“温而厉,威而不猛,恭而安”的孔子雕像,再现了孔圣人的前世今生。瞻顾先哲,感悟到的是文化的韵味,体会到的是教育氛围。圣人无言,泽被后世,传统文化的生生不息和博大精深,令人肃然起敬,感慨万千。圣像背后,是古建筑民勤会馆。碧瓦红墙,殿内古木参天,充满浓郁的传统文化气息。殿东,绿草如茵,繁花似锦,著名教育家蔡元培先生和伟大的科学家爱因斯坦的雕像栩栩如生,他们兼收并蓄、思想自由和科学、创新、民主、务实的人文追求使人浮想联翩,引导学子爱美、奋发和不懈追求。会馆西北的萃英亭飞檐斗角,夺目耀眼,韵味无穷,喻示着二中会聚了甘州区三所学校的精英,开始了新的跋涉。由会馆向南望,音乐喷泉、中心花园、草坪地灯等尽收眼底。加上教学楼里琅琅的书声与青春奔放的笑脸,似梦似幻,如诗如画。在这里,每一堵墙壁都能说话,每一朵花、每一株草都在倾听,每一个人都在追求完美。

最富精彩之笔的是师生赞誉和社会各界广泛认同的塑胶运动场、篮球场及绿草如茵的足球场。这个可容纳万余人的运动场,富有领跑意义。它的建成,体现了张掖二中师生更快、更高、更好、更新、更强的精神风范和气魄。喻示着一代代莘莘学子将从这里施展抱负,走向全国,飞向未来。校园体育文化是营造学校人文气息和文化氛围不可或缺的内容,是推动校园文化发展的最有效的催化剂。体育运动所崇尚的是一种公平竞争、团结协作的道德风尚;一种尊重自己、尊重他人、自强不息、自信不止的道德品质;一种促进相互交流、相互协作的精神。毛泽东同志早就说过:“文明其精神,野蛮其体魄。”马克思也说:人一要生存,二要发展,三要享受。这是寓教于学,寓教于乐,体现人文精神,实施素质教育最本质的要求。

二中教育文化的现实充分告诉我们,21世纪文化立校、文化育人已成为当代教育的

一种新趋势。文化是学校无形的资产，一流的学校做文化，一流的学校靠文化。学校文化是学校品牌的第一要素,体现学校品牌的含金量。校园文化的魅力是代代相传的,具有包容性、传承性、熏染性、滋养性的磁场效应；校园文化是一种传统，一种精神，一种风尚，一种品位，能产生春风化雨、润物无声的教育效果,能对学生的精神、气质、修养的培养产生积极的原动力，是学生审美观、价值观、人生观形成过程中的必不可少的全能的文化维生素，对学生的终身发展将产生深远的影响。二中的实践说明，校园文化建设具体要落实为文化基础设施的不断加强，图书报纸杂志的种类及流通量，阅览室的开放，信息网络的建设以及网络资源的利用率，还包括校报校刊、学校广播电台、文学社、舞蹈队、合唱团等文艺团体的建设。校园文化看得见，摸得着，感觉得到，她弥漫在校园的空间，驻留在师生的心田，诗情画意充分流淌。书香满园,墨香满园,书声满园，歌声满园，具有浓郁的文化味，强烈的求知欲，浓厚的文化情。学校也不再是一个封闭的场所，而是古今文化长河中的一个美丽的港湾，是当代文化信息交流的一个节点。

文化是发展之根，文化是力量之源。整合后的张掖二中在短短几年里走向成熟，赢得社会各界的一致看好，关键是抓住了文化育人、环境育人、管理育人这个根本。“探索有佳境，奋斗无止境”。成绩只能说明过去，未来的路还很长，任务更艰巨。二中的师生坚信，只要抱着对党、对学生、对家长、对社会高度负责的态度，创造性地开展教育教学工作，就一定能在新的起点上阔步前进，就一定能把二中的升学预备教育推向一个新的高度。

(2007年河西高中校长论坛)

以爱心换取理解　以真诚赢得尊重

——在2010年班主任工作论坛上的讲话

校长　杨生效

尊敬的各位班主任：

大家下午好！

首先我代表学校领导班子，向在近年来为我校学生管理工作付出艰辛劳动的政教处的同志及全体班主任老师表示衷心感谢！感谢你们为学校学生管理质量的提高作出的巨大贡献。正是由于你们的忘我付出和努力，才换来家长们的信赖和好评；正是你们始终如一的出色表现，才使学校声誉得以不断提升。

老师们，学校召开本次班主任工作研讨会的主要目的：一是进一步突出班主任在育人方面的地位和作用；二是进一步明确班主任的职责和任务；三是进一步提升班主任的素质和管理水平。

我始终坚持：班主任是学校的钢铁脊梁，班主任的层次就是学校的高度，班主任的战斗力就是学校可持续发展的支撑力。因此我在学校2010年工作报告中，明确提出要构建德育文化——彰显文化育人本色。其中最重要的一点就是努力建设一支最佳的班主任队伍，开创最优的学生管理局面。近年来，我们的班主任早出晚归，为了学生的成长进步，为了家长的殷切期盼，为了学校的持续发展，默默地奉献着，用教书育人、为人师表的模范行动，谱写了一曲动人的教育乐章。

每周星期日的晚自习，班主任们都是7点半前到校，这是一件让人感动的事，仅此一例就足以看出我校班主任们的辛苦。一年里班主任为了自己的班级、自己的学生，作出的感人事迹举不胜举。我再一次向班主任们表示诚挚的谢意！

班主任是学校与学生及家长联系和沟通的桥梁和纽带，是班级任课教师的核心。班主任是学校面对学生和家长的代言人，是张掖二中形象的具体化身。学生及家长对学校的评说，很重要的方面取决于对班主任的满意度。80位班主任就是张掖二中的80个窗口，是张掖二中整体形象折射出的80个侧面。

在我看来，班主任要具备三个方面的基本素质：一是要具备强烈的事业心和责任感，

把从严治学、从严治教作为工作导向；二是要具备敬业爱生的天职的观念，把栽桃育李作为从教的最高境界；三是要具备良好的处理人际关系的能力，把学校—家庭—社会力量凝聚起来，形成互动的育人网络，引导学生积极健康成长。目前形势下，班主任尤其要注意做到以下几点：

一、让学生的学习生活因主动而色彩缤纷

"让学生做班级主人，实现自我教育，自我发展"是班级工作的理想境界。主人翁产生责任感，责任感激发自信心。强烈的自信心和责任感，会促使学生创造性地开展班级工作，并作出令班主任意想不到的奇迹来，积极主动的心理状态必然会自觉地迁移到学习上，从而形成一种良性循环。

我们强调"管理是严肃的爱"，在班级管理中，要严在当严处，爱在细微中。班级管理制度要严，执行要有始有终，制度要简单明了。人人明白，人人遵守，让学生有序有效地学习、生活。只要制度落实了，一个团结、文明、和谐、奋进的班集体，就会展现在你的面前。

目前处于价值多元化时期，学生面临诱惑多，在成长过程中会遇到很多挑战。而且现在的学生普遍缺乏感恩之心和家庭责任感。我们要加强思想引领，而不是出了问题简单处罚，要明理在前，预防在前，教育在前。

二、让学生在阳光下健康成长

我校将"爱是教育的基础"作为全体教职员工的座右铭，其目的意义不言而喻。"理解、宽容、善待每个学生"是班主任工作的基础。只有善待学生，把每一个学生都当成可塑造、可发展、可成材、可以给自己带来幸福的人，认真研究其思想、性格、生理等特点，才能真正地理解他们，正确地对待他们。以此在师生之间形成"理解、宽容、善待"的和谐氛围，形成一种优质的班级文化，使班主任工作变得轻松甚至愉悦。

罗曼·罗兰说："要散布阳光到别人心里，先得心里自己有阳光。"所以，只有教师的心里流淌着爱的河流，学生才会听到爱的回声。事实告诉我们，如果缺乏了解，爱就是盲目的；如果缺乏足够的尊重，爱就会变成支配与控制；如果缺乏关怀与给予，爱就显得空洞和苍白；如果缺乏责任，爱就显得轻薄。

对学生的管理要始终建立在对其爱的基础上，班主任对学生的爱是一种师爱，与父母的爱不同，父母的爱是一种血缘之情，是种本能，是一种义务。而师爱是一种职业道德，是一种无私的崇高精神境界。班主任对学生的这种爱，是不分家景的贫与富，不论成绩的好与差，不管长相的俊与丑的博爱，是一种挚爱。要说有理、教有方、严有度，多一点宽容，多一点耐心，多一点引导。要有一颗爱心，关心学生的心理、生活、健康、困难，设身处地换位思考，把"严"体现在爱心之中。宽严相济，宽严相生。

三、把简单的事做好就不简单

好的班主任让同行津津乐道，让学生、家长念念不忘。其实能“细处入手，实处求效”扎扎实实做好本职工作，就是一位很好的班主任。

“天下大事，必作于细；天下难事，必成于易。”就是说，做人、做事，要注重细节，从小事情做起。班级工作琐碎繁杂，班级管理更是如此。各位班主任要立足于班级，认真履行岗位职责，把学校要求落实在具体的行动之中。学校布置的工作要实实在在地做，不能推诿扯皮。要务实，不搞花架子，不搞形式主义，班级管理、主题班会要力求实效；着眼于学生实际、班级实际，按照教育的规律、学生成长的规律从事教育工作。组织一次班级活动，关注一名困难学生，观察、记录一次学生的言行，查一次学生宿舍，与家长进行一次交流沟通，指导学生换下一个灯泡、拧紧一个螺丝钉等等，可以说事无巨细。这些看似简单的事情，却包含深刻的教育价值，把简单的事做好，做漂亮，就是成功的班主任。

四、要有告别昨天的勇气

一个没有发展眼光的人，就没有告别昨天的勇气，就没有机会和明天握手。一个班主任最可怕的就是安于现状，躺在功劳簿上，沉浸在过去的成绩中，没有勇气和过去说“再见”。喜欢重复过去的故事，就难以步入新的境界，走上新的台阶。有些班主任虽然有较长的工作经历，也积累了一些经验，但随着教育的发展，一些旧理念、老方法已经不适应新的形势，需要我们有告别过去的勇气，昂起头，勇敢地和明天握手。要全面了解学生的思想、学习、生活及家庭情况，根据不同情况进行个别教育和特殊教育。将理论和实践有机结合起来，针对当前高中生特点，积极寻找解决问题的新途径，创造性地开展工作。

今后，学校将进一步践行“让教师发展学校”、“培训是最大福利”的教师可持续发展理念，加大班主任队伍建设力度，在班主任待遇方面进一步有所提高，在教师评职、评优等方面向班主任倾斜。

我也希望全体班主任能够牢固树立“爱与责任”教育信念，能在百忙中抽闲多学习一些先进的教育理论，多尝试实践一些优秀班主任的成功经验，多探索总结自己管理班级的成功经验和有效办法，不断提升工作水平。坚持走自我反思—同伴互助—专家引领的成功之路，以此来促进学校赏识教育更加顺利高效的开展，推进学校教育管理水平不断得到提升。

最后，我想把这样一句话送给大家，以此共勉：把学生看成天使，老师就生活在天堂；把学生看成魔鬼，老师就生活在地狱，让我们从地狱走进天堂。谢谢大家！

2010年4月10日

强化课改理念，构建合作型学校

——在学校教育科研大会上的讲话

(2010年12月25日)

各位领导、老师们：

大家好！

20世纪美国曾进行了一场大规模的课改运动，但未能取得预期效果，美国专家进行了反思与总结，认为：改革很多时候，被视为失败，是因为改革从来就没被理解，更没有得到很好的实施。所以再好的思想，再好的文本，再好的要求，再好的愿望，也无法得到落实。可见，学校管理者和一线教师对课改的价值判断与基本态度，直接影响着学校实施新课改的方向。因此面对新课改，我们只有积极应对，才能变挑战为机遇，只有扎实推进，才能变困难为动力，从而推动学校教育教学持续发展。为此，面对新课改，我从以下几个方面谈一些浮浅的认识，供商榷。

一、校长是新课程改革理念的践行者

苏霍姆林斯基说："学校领导首先是教育思想的领导，其次才是行政领导。"校长只有不断反思，了解新课程，研究新课程，走进新课程，自觉接受新课程的洗礼，学校才有借课改之力腾飞的可能。

首先，校长要当好课改的引领者。在课程改革中，校长要引领全体师生走进新课程，实现新课程目标，必须要准确深刻地领会新课程改革"人本"思想的实质和精髓，并在此基础上形成与新课程相适应的办学思想和教育管理方式。

其次，校长要做好课改的指导者。一方面，校长应关注学生，关注课堂，及时了解课改信息，准确掌握第一手资料，将之作为学校进行教育改革决策的重要依据。另一方面，校长应坚持深入到年级组、教研组与教师一道讨论课改理论，探究课改实践，针对教师的教学行为提出改进意见和建议。

第三，校长要当好本校课改的践行者。校长只有真正走进新课程，走进学生和课堂，才能有真切的课改体验，才能较好地把握课改的节奏、进程和方向，才能更好地觉察治校方略中的不足，从而更有针对性地指导本校的课程改革。

二、教师培训是实施新课程改革首要的资源开发

学校领导班子是课改工作的设计者、执行者、监督者，必须首先吃透课改理念，从管理角度讲，学校不能仅仅局限于政策制度的出台，更应深入教学一线，研究落实课改的方法。特别强调的是全校各部门要以创建合作型的管理团队，来带动形成合作型教师队伍。

教师培训是课改的关键性工作，按照教育部“先培训，后上岗，不培训，不上岗”的原则，学校要立足校本培训，采取多种形式加强教师培训。校本培训要按照“边实验，边培训，边总结，边提高”的原则持续于课改全过程，要把新课程培训作为今后一段时期教师继续教育的重要内容，与教师业务进修考核直接挂钩。

要激发教师课改的内在动力，激发教师投身课改的热情。新课改有利于学生的可持续发展和教师的专业化发展。这次课改从目标到内容、教学方法、学习方式等均和以往课改有了明显的改变，它能满足学生的个性发展和未来社会对人才的需求；同时，在新课改背景下，新的教育思想，新的课程设计，新的教学手段，打破了过去相对僵化的教学内容和单一重复的教学方法，一定程度上讲，教师获得了更大的教学空间，其教育教学的主动性因为课改而有了更多发挥的可能。

三、开展合作型教科研活动，为教师专业成长搭建平台

为构建合作型学校，从2007年开展“诱思探究教学论”实验初期，就已成立了以校长分管年级，学科、中层主任下年级部和学科组，深入教育教学一线进行管理的年级部负责制。三年来在提高教育教学质量上取得了良好的效果，特别是大大加强了领导管理层的合作意识，面对课改新形势，我们还要进一步更深入地培育合作型教学科研团队，合作型课堂教学模式。

第一，开展课改研讨课。要以省、市、区级骨干教师为骨干，组建课改研究团队，在体现课改新理念、新方法、新模式上狠下工夫。骨干教师要积极承担观摩研讨课，以“一课两上三讨论”或“同课异构”等方式组织教师模拟演练，就研究课中的优缺点各抒己见，认真评议反思自己的教学行为。

第二，加强集体备课。集体备课有其自身的优势，在新课程改革背景下，集体备课作为校本教研的重要形式之一已被赋予了新的使命，即借助教师的群体智慧解决新理念如何科学合理地落实到课堂中的问题。传统教学备课主要着眼于“怎样教”，而现在则应着眼于指导学生“怎样学”。因此，集体备课的重点应锁定在借助团体智慧解决学科推进新课程过程中的个性化问题上。

第三，开展家长汇报课。课改并不只是学校和教师的事，它需要社会各部门的积极参与和大力支持，而作为学校最简捷的方法就是与学生家长密切配合，赋予家长在课程改革实践中的职能，将课改课堂直接展示给家长，让家长直接参与到我们的课改中来，

了解课堂中的一些新理念、新方法，明白课改的重要性，从而形成合力的教育资源。

四、讲台洗礼，聚焦课堂，不断反思，优化教学行为

关注课堂是课程改革的核心所在。面对新的课程标准和教材内容，我们要有勇气进行一次讲台洗礼，要把目光聚焦到课堂上，把着力点放在教学研究上，通过教学研究，树立新的教学理念，改变教学行为，提高课堂效率。反思是人进步的阶梯，实践只有通过不断反思才能得到提炼和升华。开展“案例式”教学研究，如：教学目标的定位如何避免偏难、偏低或错位；教学情境创设如何激发学生的学习兴趣；设问的难度、梯度，思维价值如何把握；如何解决课堂中学生参与度不均衡的问题；如何有效地利用多种教学方式等问题的研讨。要靠教师的研讨，共同破解新课程实施过程中的困惑和疑难问题，不断提升新课程实施的有效性。

教师的成长是循序渐进的过程，除了善于反思，还要善于交流与协作，善于发现并解决问题。课改的最终目的是改善我们的课堂，这主要体现在学生有情感的投入，有心灵的对话，有强烈的求知欲；学生潜能得到开发，个性得以张扬，学校课堂与社会大课堂等相互融合。因此学校鼓励教师写教后记，对课堂教学进行不断反思和总结，通过定期开展论文、教学案例以及课改教学设计的交流和评比活动，展示校本教研成果，促进教师成长。

五、几个值得注意的问题

第一，不能割裂“三维目标”。“三维目标”的提出是新课程改革的一大特色。一线教师必须明确“三维目标”的真正内涵。“知识和技能”、“过程和方法”、“情感、态度和价值观”是新课程目标的三个维度，而不是三种目标，就像一个立方体的长、宽、高。首先，“三维目标”具有内在的统一性，统一指向人的全面发展。其次，“三维目标”是交融互进的，相对于人的发展，任一目标都不能脱离整体而单独优先发展。再次，“三维目标”不是均等存在的，人的发展是“三维目标”的整合，缺失任一维度，都会使发展受损，但这并不意味着“三维目标”对人的发展的贡献是等值的。因而，着眼于人的发展的教学要根据各学科的特殊性和学生原有基础有所侧重。

第二，合作学习要有实效。合作学习是一种有创意、重实效的教学理论与策略，它可以改善课堂气氛，在促进学生形成良好的认知品质，在大面积提高学业成绩等方面实效显著，被人们誉为“近几十年来最重要和最成功的教学改革”。但是，部分教师不能正确理解合作学习的要义，片面追求小组合作的形式化。大部分合作对象都是同桌、前后桌，老师一声令下，学生迅速加入合作小组，由于学生还没有来得及思考问题情境，更谈不上有自己的独立方案，造成班内优生一言堂，其他学生人云亦云，表面看，课堂很热闹，但热闹的背后是放任随意，讨论时间并未按学生实际而定，小组中只有优生发言，没有学生间的互动，且讨论的问题都是“预设”的而非“生成”的，学生被迫进行讨论，没有兴

趣可言。这样的合作学习只是追求形式互动,追求表面上的课堂气氛的活跃,而忽视活动的效益与目标,忽视学生的兴趣爱好,忽视了学生的全面发展。

第三,学生主体地位不能忽视。"以生为本"是现代教育观的核心,课堂上教师要顺着学生的思维展开教学,学生是学习的主体,教师只是组织者、引导者。然而,在现实的课堂教学中,如果组织不到位,或理解上有偏差,容易出现两种极端。

表现一:学生"假主体"现象。一些教师有强烈地控制学生、控制课堂的倾向,以至于课堂成了教师的舞台。课堂表面是师生互动,但往往因缺少等待,提出问题很快就以暗示性的语言迅速把学生的思路、解决问题的方法牵引到设计好的标准答案上来,学生的回答一旦脱离自己的预设,多数教师要么对此束之高阁,要么一语带过。这样的课堂看起来严整有序,实际上并没有把学生真正放在主体的位置上,而是过分关注如何紧密安排自己的教学活动,过多地注意自身的教学行为。

表现二:一切迁就学生。在课堂上有些教师为了不违背"学生主体"的新课程理念,上课时完全跟着学生走,学生想干什么就干什么,导致课堂过度涣散。教师必须要明白自主学习不等于学生自己学习,学生的自主学习若离开教师的指导,就是一盘散沙。

教师的引导应贯穿于整个教学过程,对学生力所能及的,教师应避之,学生力所不及的,教师应为之。真正意义上的自主学习应是在教师指导下,在不背离学习目标的前提下,让学生对学习内容拥有适当的自主选择权,在不脱离教学实践的前提下,让学生拥有对学习方法的选择权。只有这样,学生的主体地位才能得到切实保证,自主学习才能真正落到实处。

第四,多媒体使用不能泛滥。使用多媒体教学有效地帮助学生丰富了想象,架起了由感性认识到理性认识的桥梁,达到激发兴趣、理解知识的目的。但是,如果使用多媒体技术庸俗化,也会成课堂教学的问题行为,具体表现在:①"多媒体"成了单媒体,忽视了语言、姿态、教具、板书等其他教学手段。②只注意教学手段,而忽视了教学手段为教学方法服务,教学方法为教学目标服务。③有时画面过于花哨,让人眼花缭乱,反而分散了学生的注意力。④课件过于形式化,使学生既无法记笔记,也难以保持思维速度与其合拍,造成学生当堂理解困难,课下复习也困难。⑤多媒体过于强调形象化,使本该抽象思维训练的过程被弱化。总之,"多媒体教学"不是包治百病的良药,更不是一个"功能转换器",它是一个"放大器",可以将好的放大得更好,但也会把差的放大得更差,它可以使优秀的教师更加优秀,使其教学信息量更大,内容更丰富,课堂更生动,但也会使喜欢照本宣科的教师更容易照本宣科。

第五,探究式学习方式不能滥用。实践中,有的教师将课程改革理解为教学形式的改革,为活动而活动。表面上看似很热闹,实质上是忽视教学最本质的东西——学习能力的提高。如在教学中的一些名词、概念等可以用陈述和讲解的方式讲授,类似记忆、模仿、练习等为特征的陈述性知识也不必全都让学生花时间去探究。老师们必须明确，探究式学习并不意味着全盘否定接收式学习，探究式学习和接收式学习在课堂中不能截然分开，应该交替使用，在接受中探究，在探究中接受。两者应取长补短，不可偏废，教无定法，学无定法，但教学一定要得法。

六、坚定不移地走“诱思探究”课堂教学改革之路

当今，基础教育改革中课堂教学方式的理论众多，各种流派层出不穷，如建构主义学习理论、多元智力理论、人本主义教学理论等对改变教学方式都有深刻的启示。作为高中教师了解并掌握一些理论，对于转变观念，自主地运用多种教学方式进行教学，提升自身理论素养和教学水平大有益处。从教学方式上看，主要的有探究教学、合作教学、体验教学等。我校从2007年11月把“诱思探究教学论”作为课堂教学改革的指导理论，开展课改实验以来，经过理论学习、实验应用、三轮全员研摩达标活动，取得了一定的成效。可以说，我校三年来诱思探究课堂教学改革，最大的收获是：使老师们及早了解了新课程自主合作探究的理念，通过实践初步掌握了探究性教学方式的应用。可以说，诱思探究教学改革成就了教师，成就了学生，在最近省上、张掖市普通高中新课程实验优质课比赛和我校青年教师教学比武活动中我校师生的出色表现，更加坚定了我们改革信念。今后，在新课程实施过程中，课堂教学方式的改革要坚定不移地走“诱思探究教学论”的推行之路，学校要制定出新一轮三年时间推行“诱思探究教学论”课堂教学方式改革的实验工作规划，力争在新课程背景下的课堂教学改革取得成功的经验和达到预期的效果。

总之，新课程背景下的教学改革是当今基础教育领域的重点工程。面对新课改，学校和教师要有变革传统的决心，要有挑战现状的胆量，要以“科研立校、科研强校、以研促教、以研促学”为宗旨，把新课改理念变为全校师生及社会的共同愿望，通过团队合作，榜样引领，总结推广，以渐进和自我完善的方式实施课程改革。把实施新课程作为提升张掖二中教育教学水平的良好机遇，力争将二中办成全员合作型的优质品牌高中，以优良的业绩回报甘州人民。

四、媒体报道

打造教育"航母" 服务父老乡亲

张掖二中钟灵毓秀,人杰地灵。

张掖二中教化育人,陶铸精英。

今年,张掖二中师生空前振奋:一是高考再创佳绩,文理科600分以上达53人,重点录取263人,本科录取854人,在全省高考录取率下降的情况下,仍比全省平均水平高出近30个百分点,这不能不说是一件激动人心和充满希望的喜事。二是"至圣先师"孔子圣像落户我校和孔圣广场、萃英亭、崇文亭、尚德亭落成,使学校的每个角落都洋溢着浓郁的道德人文气氛。三是按照国际标准修建的塑胶运动场竣工并投入使用。张掖二中学子将在这里孕育生机,蓄势待发,奔向全国,飞向未来,施展久远的抱负和才智。

与时俱进 蕴含丰富的教育文化

教育界曾有种说法,20世纪90年代比建设比条件,新世纪初比师资比管理,如今要比文化比品牌。这种说法准确与否权且不论,但作为系统工程的教育,没有文化就没有品牌,没有品牌就没有竞争力,倒是不争的事。学校是传道授业解惑的地方,自身文化底蕴不深,就培育不出高水准的人才;办学理念不新,就培养不出符合时代发展要求的人才;方式方法没有特色,就失去了"摇篮"固有的含义。在半个世纪的发展历程中,几代人筚路蓝缕,呕心沥血,勇于探索,艰苦实践,秉承教化育人、陶铸精英的办学信念,开拓创新,继往开来,不断走向超越和嬗变。今天的二中,已变得成熟而富有魅力,强大而富有实力。电脑、网络、空调、楼房、塑胶运动场等"硬件"更加完善;骨干教师、学科带头人、特级教师、名师等"软件"不断升级。"软"与"硬"的有机结合,古老文化与现代气息的相互融合,营造了浓郁的文化氛围和温馨浪漫的育人环境。特色日趋明显,竞争力显著提升。一个个时代的宠儿从这里走向中国的名牌大学, 莘莘学子把二中优良的传统和作风带到了祖国的大江南北。他们为二中赢得了骄傲和荣誉,他们是二中的脊梁。

荣誉的背后渗透的是二中人辛勤劳作的心血和汗水。走进张掖二中,迎面矗立的是

至圣先哲孔子的圣像。圣人虽无言,但能泽后世,传统文化的生生不息和博大精深,令人肃然起敬,感慨万千。圣像背后,是古建筑民勤会馆。碧瓦红墙,殿内古木参天,充满浓郁的传统文化气息。殿东,绿草如茵,繁花似锦,著名教育家蔡元培先生和伟大的科学家爱因斯坦的雕像栩栩如生,他们兼收并蓄、思想自由和科学、创新、民主、务实的人文追求使人浮想联翩,引导学子爱美、奋发和不懈追求。会馆西北的萃英亭飞檐斗角,夺目耀眼,韵味无穷,喻示着二中会聚了甘州区三所学校的精英,开始了新的跋涉。最富精彩之笔的还数得到师生赞誉和社会各界认同的塑胶跑道、篮球场和绿草如茵的足球场。这个可容纳万余人的国际标准运动场,在河西地区乃至甘肃都独一无二,富有领跑意义。它的建成,体现了张掖二中师生更快、更高、更好、更新、更强的精神风范和气魄,喻示着一代代莘莘学子将从这里施展抱负,走向全国,飞向未来。由会馆向南望,音乐喷泉、中心花园、草坪地灯等尽收眼底。加上教学楼里琅琅的书声与青春奔放的笑脸,似梦似幻,如诗如画。在这里,每一堵墙都能说话,每一朵花、每一株草都在倾听,每一个人都在追求完美。二中教育文化的现实充分告诉我们,21世纪文化立校、文化育人已成为当代教育的一种新趋势。文化是学校无形的资产,一流的学校做文化,一流的学校靠文化。学校文化是学校品牌的第一要素,体现学校品牌的含金量。它还告诉我们,目前教育界强调学校的文化属性,重视学生的文化秉承已经成为教育的一种新的价值趋向。校园文化的魅力是经过代代相传的,具有包容性、传承性、熏染性、滋养性的磁场效应;校园文化还是一种传统,一种精神,一种风尚,一种品位,能产生春风化雨、润物无声的教育效果,能对学生的精神、气质、修养的培养产生积极的原动力;是学生审美观、价值观、人生观形成过程中必不可少的全能的文化维生素,对学生的终身发展将产生深远的影响。二中的实践还说明,校园文化建设具体要落实为文化基础设施的不断加强,图书报纸杂志的种类,图书的流通量,阅览室的开放,信息网络的建设以及网络资源的利用率,还包括校刊、校报、学校广播电台、文学社、舞蹈队、合唱团等文艺团体的建设。校园文化看得见,摸得着,感觉得到,它弥漫在校园的空间,驻留在师生的心田,诗情画意充分流淌。书香满园,墨香满园,书声满园,歌声满园,具有浓郁的文化味,强烈的求知欲,浓厚的文化情。学校也不再是一个封闭的场所,而是古今文化长河中的一个美丽的港湾,是当代文化信息交流的一个节点。

孔子圣像的落成和全省一流塑胶运动场的建设,展示出了二中发展育人的大手笔、大气魄。“温而厉,威而不猛,恭而安”的孔子雕像,再现了孔圣人的前世今生。瞻顾先哲,感悟到的是文化的韵味,体会到的是教育氛围。对教师来说,孔子雕像的奉立,实际上是给后世的教师树立了为师的典范,因为孔子的理想是实现人与人之间充满仁爱。为了实现大同世界,关键是要把仁爱思想灌输到社会中去,为此需要培养一大批有志于弘扬和推行仁道的志士和君子。这类志士和君子既要有弘道和行道的志向,又要有弘道和行道

的德才。现代教育的目的也正在于此,在物质文明高度发展的今天重提孔子的意义也在于此。

建国际标准的塑胶运动场,不是追风,更不是作秀,它是教育现代化的基本要求,也是中学素质教育的强力保证。看着现代化的运动场上干净靓丽、欢呼雀跃的孩子,我们看到的是民族的希望。校园体育文化是营造学校人文气息和文化氛围不可或缺的内容,是推动校园文化发展的最有效的催化剂。体育运动所崇尚的是一种公平竞争、团结协作的道德风尚,一种尊重自己、尊重他人、自强不息、自信不止的道德品质,一种促进相互交流、相互协作的精神。毛泽东早就说过:"文明其精神,野蛮其体魄。"马克思也说:人一要生存,二要发展,三要享受。这是寓教于学,寓教于乐,体现人文精神,实施素质教育最本质的要求。

文化是发展之根,力量之源。整合后的张掖二中在8年里走向成熟,赢得社会各界的一致看好,关键是抓住了文化育人、环境育人、管理育人这个根本。

厚德载物　牢固确立"教师发展学校"的理念

在矢志不渝的校园文化建设中,张掖二中实现了跨越式发展。这得益于学校提出的"让教师发展学校,让每一个学生都成材"这一具有前瞻性、现实性、科学性、可行性的发展理念。拥有了先进的、科学的教育理念,犹如二中师生站在了加快发展的制高点。

张掖二中相信制度的力量和教化的力量。在二中当老师, 必须要牢记崇尚一流、务实创新、开放民主、强化管理、以研促教、狠抓质量的办学思想;必须明确提高学生思想素质、知识素质、智能素质、身体素质、心理素质、劳动素质和培养专家型校长,智慧型、科研型教师以及为高一级学校输送大量合格优秀人才的培养目标; 必须要坚持高度负责、艰苦创业、团结协作、开拓进取的工作精神;必须要树立以工作为荣、以创造为乐、以多作贡献为最大自尊和为家长学生服务的价值理念;必须要通晓"爱是教育的基础"的座右铭。否则,你就无法融入群体之中,无法有所建树,无法教好学生和实现个人价值。为了建设一支政治强、作风硬、纪律严、业务精的教师队伍,二中要求领导班子成员自觉讲学习、讲政治、讲正气,加强自身修养,率先以身作则:要勤政廉洁,各项工作讲公平、有魄力、有成效;要坚持按制度办事,依法治教,接受师生监督。对老师也提出了具体的要求。比如,治学严谨精益求精,积极投身教育教学改革和教育科研,不故步自封,不墨守成规,不得过且过,不误人子弟;遵循教育规律,坚持做到认真研究大纲、考纲、教材和学生实际,认真完成教改课题,认真备课,认真上课,认真布置和批改作业,认真辅导,认真做好实验,认真组织测试和考试,认真收集总结教学成果,认真与学生交换教与学的意见,认真进行家访,经常和家长互通信息;推进创新教育,面向全体学生,热爱、尊重、

了解和严格要求学生,循循善诱,诲人不倦,保护学生自身健康,促进学生全面发展;不歧视后进生,不用语言侮辱学生,不体罚和变相体罚学生,不利用学生家长的关系为自己谋取私利;遵纪守法,作风正派,自尊自重,为人师表,做到三个一样:校内校外形象一个样;对待优生和差生一个样;对待任何家长的语言和态度一个样;等等。制度的先导性、严肃性、公平性,使张掖二中牢固确立了"培训是最大福利"和"管理是严肃之爱"的可持续发展的观念。

实施名师工程是张掖二中师资队伍建设的重要做法。省、市、区级骨干教师,特级教师,教学专家,全国模范教师,省级学科带头人,"园丁奖"获得者比比皆是:李寿福、李亦武、王斌、王玉杰、贾红元、吴佩禄、张兴虎、杨志杰、帖华、王彬林、赵殿杰、张维福、单成鹏、苏宏伟、康文清、王建军、李生佑、田沛霖、宗志红、雷兴福、周勉、杨兴彬、陆海波、彭中、朱惠君、张克晟、张红生、向国寿、杨瑛、彭万坤 赵燕玲、张述文、贺登川、赵江志、田源、卞正东、胡永晖、韩玉明 保继哲、何巍、何瑛、樊文生、魏立强、李军、周少敏、潘积强、岳秀芳等名师高尚的情操、渊博的知识、严谨的态度、灵活的方法、方正的人格,给一届届学生留下了深刻印象。他们无私奉献、任劳任怨,用聪明才智为二中的发展抹上了浓重亮丽的一笔。名校出名师,名师育英才。二中是教研的沃土,德育的天地,智育的乐园,成材的摇篮。二中的名师是个让学生记住并效法的人,一个尽最大努力让自己的学生走向崇高的人。

青年教师是学校可持续发展的重要力量。为促进年轻老师健康快速成长,二中先后制定和完善了《教师培训计划》、《青年教师培养办法》、《指导教师职责》等行之有效的规章制度,优化了教师继续教育、敬业爱生的办法。建立老中青结合,以相互促进为目的拜师学习制度,组织青年教师开展教研教科研修活动,改进教师工作评价机制,推动教师由"合格型"向"优秀型"转变,由"职业型"向"事业型"转变,由"经验型"向"教研型"和"专家型"转变。在特级教师、模范教师,在省、市、区级骨干教师的传、帮、带下,大批青年教师在这个转变中脱颖而出,撑起了二中快速发展的半壁江山。同时,学校坚持用事业激励人才,用感情挽留人才,用待遇安定人才。全国劳模王斌赴美国考察学习,骨干教师王林虎、李生佑、魏春梅等多次赴欧洲讲学。聘请中外专家、学者来校举行学术交流活动,丰富教师的知识,拓宽教师的视野。坚持从西北师大等名牌大学选拔优秀学生,补充教师队伍;老教师、骨干教师与青年教师结对帮扶,青年教师成材有计划、有督导、有点评、有观摩,人才队伍建设工程步履坚实。上好每一堂课,让每堂课都成为精品,让每个学生都能从中有所收获,是广大教师永恒的追求。青年教师陆海波参加省级优质课评选,整堂课博得满堂喝彩。教师以创新的理念经营每一堂课,构筑起了二中实施精品战略的钢铁长城。如今,一个个年轻人、一批批教学新秀已成为省、市教育界最亮丽的风景。

德育工作是张掖二中提高教育教学质量,培养更多优秀人才的核心和基础。学校成

立德育工作领导小组,构建品德教育体系,利用班会、团队会、法制报告会、演讲、军训、个别辅导、心理咨询等许多生动活泼的形式,把思想教育放在首位、落到实处,讲求实际,注重行为,思想教育如春风化雨,润物无声。定期召开法制报告会、形势报告会、家长联系会、学生民主评议会,每学期的“十佳”、“百优”、“千星”活动,大大激发了学生的上进心。教学育人、环境育人、管理育人、服务育人、文化育人的氛围在二中相当浓厚;“欲教人人成材,先教人人成人”的德育理念已成为二中老师的共识。走进二中,做二中的主人,茁壮成长;走出二中,做祖国的建设者,成栋梁之材。二中的德育工作多次受到了上级领导和社会各界的高度评价。

神圣殿堂　学子成材的摇篮

乌江镇敬依村的丁霞,在二中学习三年后,今年顺利考入北京大学。她说:“是张掖二中把我锻造成了金凤凰。”去年被北大录取的学生杨爽对二中的教诲至今记忆犹新:“关爱是二中老师给我的深刻印象。他们不是板起脸来训人,不是摆大道理吓人,而是晓之以理,动之以情。二中的老师还注重人格的培养和心灵的塑造。他们的爱无法称量,在生命与生命的互动中让学生圆了自己的梦。”今年被武汉大学录取的肃南籍学生郭炯杰,发表文章称:“作为张掖二中培养的学生,我为母校雄厚的师资力量骄傲,因为二中每年高考600分以上的学生在张掖市各学校中占有绝对优势。2006年高考中600分以上的学生有50多人。也许你会说,二中今年的高考没有文理科状元,但我想说,地球只拥有一个太阳,一个月亮,我们不可能都成为太阳和月亮。北大、清华的牌子的确很诱人,也是千百万学子梦寐以求的高等学府,但作为家乡的一所省级示范性普通高中,她的教育责任和培养目标不是只为‘一星闪亮’,而是要‘群星璀璨’。因为她办学的宗旨不只是为了培养一两个清华、北大的学生,更不是面向两个学生和家庭。”无论是谁,只要你到张掖二中,都会被她强烈的文化氛围和教师的精神所感染,被她干净整洁、优雅漂亮的环境所吸引,被她良好的教学秩序、铁的纪律所折服。流淌着汩汩爱心的二中,学生成材是必然,走向高等学府也是必然。因为“爱是教育的基础”,穿透着人的灵魂,处处流淌着生命的气息,处处洋溢着人文的关怀。是啊,二中这几年,一步一个台阶,一年一度辉煌,就是把教人成功这棵大树扎根在爱的土壤里。二中人懂得,教育孩子,首先要爱孩子。教育是建立在爱的基础上的,没有爱,就没有教育;只有把爱作为教育的前提,孩子才能健康成长。教育又是一门爱的艺术,如罗曼·罗兰所言:“要散布阳光到别人心里,先得自己心里有阳光。”所以,只要教师的心里流淌着爱的河流,学生定会听到爱的回声。

教育是一项爱心工程。收集关于张掖二中师生之间爱心传递的点点滴滴,我们似乎又看到了多少教师在讲台上谆谆教导洒下的爱的种子, 又有多少学生在人生之路上都

传递着这份爱心。在这里,每一个学生的潜能都能得到充分发挥,她会让自卑者找到自信,让孤独者找到温暖,让奋进者找到力量,让迷茫者看到希望。多年来,教师们一如既往,用真诚呵护学生的自尊,用爱心换取学生的真情,用宽容赢得学生的尊重,所以爱始终是张掖二中教育的主旋律。没有爱便谈不上教育,张掖二中的教育始终遵循:宽容是本,幽默是金,理解是桥,爱是土壤。爱很简单,就在二中老师给同学们温暖的举手投足之间,就在一言一行之中。二中坚信,这世上没有不会开的花,只要找到适合的土壤,只要找到证明价值的机会,所有的花都能在此结果。

高标准下出成绩,严管理中结硕果。二中尊重学生、理解学生、关心学生、热爱学生,学生也给了他的母校以最高的荣誉。二中是摇篮,她会使每个学生都能够自由自在地放飞理想。

以研促教　为学生终身发展负责

追寻张掖二中发展的轨迹,人们会不难发现,除了硬件建设超前发展,文化建设富有特色,师资队伍质量整齐划一,德育工作硕果累累外,一个很重要的因素是以科研提升教育教学质量的全面提高。

为充分发挥教育科研对教学的拉动促进作用,二中高度重视教育科研队伍的建设,形成了教育管理研究队伍、德育研究队伍、教学研究队伍。这三支队伍互相促进、互相补充,从不同层面、不同角度研究并解决好一些学校发展和教师在教育教学中存在的实际问题。这为教育教学质量的稳步提高和取得实质性突破提供了有力保障。同时,他们以科研为依托,既研究学法、教法,又研究考法、用法,突出教学研究的实效性、针对性和指导性。当一个教师不能接受新思想,不能及时修正自己,而这些决定着他有无发展前途时,还有哪一位教师会墨守成规、因循守旧呢?学校也为老师开展教育教学研究搭建了平台和机会。创办《耕耘》、《张掖二中》校刊校报,为学术思想的交流、为教育理念的提升和教育科学研究成果的推广提供了舞台。坚持每学期、每学年开展教学研讨会和论文评选活动,自2003年以来,二中承担国家级科研课题3项,省级科研课题34项,市级课题20多项;有21项科研课题获省、市、区级科研成果奖,60篇论文获省级奖励,300多篇论文在省内外教育科研杂志上发表;出版校本教材近百本,专著10余部。教师个人的成功,为全面提高教育教学质量奠定了坚实的基础;教育资源的充分利用,为学生均衡发展提供了有力保证。

张掖二中还在日常教学中牢牢树立"生存意识、质量意识、名牌意识"。规范常规教学措施,坚持"低重心、高起点、严要求",做到抓起始年级、抓基础科学、抓应届学生,积极改进教学方法,加强学术指导,优化课堂结构,构建"主体参与、师生互动、启发研究、民

主和谐”的多元化教学模式。分年级制定不同的施教方式，高一、高二打好基础，坚持“以纲为纲，以本为本”，落实“双基”目标，适当加深、拓宽、拔高；高三深入钻研《考试大纲》，重视考试改革动向，研究高考命题的变化，合理安排教材、单元、综合“三阶段”复习进程，合理使用复习资料，力求精选、精练、精讲；科任教师守好课堂阵地，着眼素质教育，采取启发式、点拨式、讨论式、合作式的教学方式；加强实验教学，充分利用多媒体等手段，促进教学质量有质的飞跃。

思想决定方法。教师之功，贵在引导，妙在学生开窍，高在激发动机、培养兴趣。在正确理念的引导和老师的潜心运作经营下，二中顺利实现了轻负担、高质量、低耗时、高效益；实现了变注入式教学为启发式教学、变学生被动听课为主动参与、变单纯传授知识为知行并重的三个“转变”；实现了能让学生观察的要让学生观察，能让学生思考的要让学生思考，能让学生表达的要让学生表达，能让学生动手的要让学生动手，能让学生自己总结认识的要让学生自己推导结论的五个“要让”。“科研型”、“专家型”教师的培养使学生充分认识到：老师的教学是一种艺术的享受；体验和感悟是最好的教育；“用”是最好的“学习和接受”。在这里，思想无禁区，发展也无禁区。教师的每一节课、每一个活动，都是一项思想教育和教育理念的实践；教师们对待每一节课、每一次活动都像设计一件艺术作品那样去构思、去设计，思想是统一的，表现形式是多样的，作品是富有个性的和千姿百态的。在这样的环境氛围下，伴其三年，会受用一生。加强教育教学的科学研究，为张掖二中的腾飞插上了翅膀。

站在前沿思考的校长

社会认为，一个好校长，就是一所好学校。张掖二中能够实现今天这样一个“靠科学的教育理念来指导教学实践，又不断地在实践中丰富和完善理念”的大好局面，其实就因为历届都有一个好校长。

现任校长杨生效从事教育已有30余年。他自青西小学调整为独立初中后，开始当校长，时间不算太长，但他突出的特征是强调思想立校、依法治教和管理育人。到二中当校长，诸如“让教师发展学校”、“让每个学生都成材”、“爱是教育的基础”和推进“尊重教育”等提法，已得到师生的广泛认同。和杨校长谈教育，他关注的是教育发展的走向，致力的是如何激发潜能和提升管理水平。他认为教育的首要任务是使人类有能力掌握自身的发展。实际上，教育在把发展建立在个人和社区认真负责参与基础上的同时，应使每个人都能掌握自己的命运，以便使自己拥有的生命能够为社会进步作贡献。老师是学校发展的最大财富。这一优势资源如果不被充分挖掘，就不可能创出品牌，产生巨大的社会效益。培养好学生是教育发展的终极目标，若不充分张扬个性，释放潜能，就失去了

教育本有的含义。因此，我们提出让“老师发展学校，让每一个学生都成材”，其实是时代发展的要求，是推进素质教育的要求，是坚持以人为本的具体表现。

杨生效校长认为中国当前的教育正在进行有史以来的第三次重大转型。第一次是铁耕问世。“官学制度”逐渐失去垄断地位，知识分子聚徒讲学，出现了诸子百家和百家争鸣、百花齐放的时代。第二次是蒸汽机的出现。受西方工业革命的冲击，致使中国教育从传统的“四书五经”转向“文史地、数理化”时代，产生了影响后世的五四运动。第三次就是当今的信息技术教育。信息化的发展缩短了人们交往的距离，地球被誉为村子。新一代学生是在信息化的平台上成长起来的，他们的眼界和能力不能低估。传统教育的“小鞋”穿上让他们难受，也束缚了他们走向新世界的手脚。他们渴望改变学习方法，渴望探索改变自身命运的有效途径。青少年的思想道德建设已提上了国家整体发展的重要议事日程，作为学校，必须要面对浩浩荡荡、汹涌澎湃的教育转型，义无反顾地担负起培养新世纪人才的重任。

要用先进的教育思想武装教师，谋划新的改革思路，寻求新的突破，追赶飞速发展的教育现代化。杨生效说，这方面我们的做法是实施“尊重教育”。经济社会的发展首先是人的发展。“尊重教育”其实就是尊重教育规律，尊重教育者和被教育者的身心发展规律，尊重学生的人格、人性，创造和谐的教育环境。面对第三次教育转型，实施“尊重教育”，能够表达现代教育的主流思想和时代主流，顺应民主、开放的社会未来发展趋势，倡导一种文化氛围和价值期望。为什么近代以来世界上100项重大科技发明中没有中国人？诺贝尔奖诞生百年了，为什么到今天没有一个正牌的中国人与此有缘？联合国教科文组织在《学会生存》的报告中指出：“教育具有开发创造精神和窒息创造精神的双重压力。”这是一个非常宝贵的认识。江泽民也曾精辟地指出：“并不是所有的教育都能兴国。”如果我们的理念不改变，如果我们的教育不能从体制机制上创新，每迈一步都很艰难。坚持以人为本，尊重人是最重要的。只有尊重老师、尊重学生，开发创造的精神才能得以淋漓尽致地发挥。

教育事业有其内在规律，不能务虚搞花架子，没有实实在在的态度和行动是不行的。杨生效说，校长要善于驾驭全局，出思路、想办法、用老师；要抓微观，善于调查研究，对教学一线准确把握，对教育问题有深入研究。细节决定成败。不从小处着手，就不会把教育观念和思想落到实处。在这方面，一是要把教师的智慧力量凝聚起来，最大限度地调动他们教书育人的主动性、创造性、积极性。二是要建立公平、公正、平等的竞争机制，以工作实绩论英雄；在校长眼里不能有“红人”，要有公平、事业、发展和大局。三是要做教师利益和学生利益的代言人。在制定、执行政策时，要体现民主。校长对教师没民主，教师对学生就没民主；没有民主的管理，就没有民主的教育，也就不可能有公平的竞争氛围。

校长与学校的发展关系不言而喻。在学校这个“精神特区”,校长影响着师生,又影响着前途。这是一个不容置疑的事实。

厚德载物育桃李,与时俱进谱华章。结构调整的8年,是张掖二中快速发展的8年。美丽的校园已成为学生的“家”;在良好的教育文化中接受熏陶,学生的心灵净化,理想升华。今天的张掖二中,已非同一般。先进的教育理念已深入人心,正变为师生共同实践的自觉行动。站在新的起点上阔步前进,作为省级示范性高中的张掖二中将会展示出更加夺目的光彩。他们的目标是打造教育“航母”,这似乎并非神话。

(2006年9月28日《张掖日报》孔圣广场落成庆典)

发挥特色优势　创办陇上名校

——记进入快速健康持续发展时期的张掖二中

高考作为选拔性考试，具有初次社会分层的功能，也是青年获得高等教育机会、实现阶层向上流动的最重要、最公平的通道。它是目前一个非常公平的制度。然而，进入这个通道，参与制度的建设和竞争，最大限度地发挥个人聪明才智，作为升学预备教育的高中阶段又是至关重要的。

——题记

2007年的张掖二中在升学预备教育上迈出了新的步伐，为甘州50多万人民交上了一份满意的答卷。

魏小东以703分的高分摘取甘肃省高考理科榜眼，张掖市理科状元；一般本科共计上线555人。如果加上三本、专科、高职，上线率、升学率在80%以上。这看似不平凡的成绩，其实是必然的结果。这是省级示范性高中最精彩的一笔，也是学校长期致力于抓质量、抓管理、抓改革的结果。它印证了学校办学理念的正确性，渗透着老师和家长的万千心血。

二中优异的高考成绩，是对各级领导、各位家长殷殷厚望的最好回报。高分学生的频繁出现，说明二中的教师队伍结构日趋优化，说明二中的基础设施建设不断改善，校园文化建设效果初步彰显，说明二中的管理水平日趋规范科学、内部体制改革已经显效，说明二中的办学理念适应了新的形势的发展要求，也说明张掖二中注重人文素养和心理健康教育，把“让每一个学生都成材”的承诺落到了实处。二中的教师把育人当成事业，把教书当成一门学问，把学习和研究当成生活中不可缺少的重要部分，正在努力构建书香和谐学校。

专家：特色优势凸现，形成了省内少有的浓郁的文化氛围和育人环境

二中的目标是升学，是为高等学校输送合格的大学生。二中的教师相信，只要努力，每个学生都有可塑性，都能培养成人才，但前提是要对家长、学生、社会的预期负责，核心是弘扬、坚持创造精神，在思想上对学生有所引领，发自内心地关注每个学生和教育公平，并把教育提炼成一种感人肺腑的艺术和精神，有先进的理念、坚韧的毅力、非凡的创造。2006年11月初，由省政府督学、省教材中心主任张海鹰任组长的督导复评组受省教育厅的委派，按照有关要求，对张掖二中进行示范性高中的督导复评。4年一次的全面检阅，全校师生捏了一把汗，教育主管部门捏了把汗，各级领导捏了一把汗。虽然各项工作扎实、深入、细致而富有创新，但面对全省知名的一批教育专家，二中能否过了这个关？我们的教育理念、教学管理、制度建设、信息化水平等等能否经受住教育专家的检查？如果这个关口过不去，如何面对甘州区的50多万父老乡亲？经过几天的听、看、查、走访和问卷调查，专家们对张掖二中的变化和实力广为称道，一致认为张掖二中不仅符合省级示范性高中的要求，而且达到了相当高的水平，完全有条件跻身陇上名校。形成的四条意见使各级领导、广大师生兴奋之情溢于言表：一、学校的办学理念体现了时代特征、发展规划展现了美好前景。“让每一个学生都成材”的办学理念，体现了新时期“办人民满意的教育”的时代要求，统领着学校各项工作的发展。提出的建设目标、管理目标等符合实际，已具备可以实现的初步条件，学校发展规划所展现的美好前景将会有效地引导学校各项工作持续向前发展。二、学校组织结构合理、制度健全、运行有序。学校内部管理日趋制度化、规范化、精细化并能规范高效运行，初步形成了较为合理的激励机制；教学秩序良好，学风浓厚，按照省上制定的有关标准收取各种费用，无乱收费现象。三、课程实施规范、注重学生发展。学校形成了“以学论教”，教案撰写案例化，教学过程量化指标、细化要求的教学常规管理特点，为学生全面而富有个性的发展创造了宽松的环境。积极探索电化教育资源与课堂教学的有效整合，取得较好成果，学生有良好的品德和文明习惯，会考平均优良率和高考上线率逐年提高，高考重点和二本上线率稳定攀升。四、学校环境与办学条件不断改善。古、现代建筑和亭廊、雕像相映成趣，建设了堪称全省中学一流的塑胶运动场，形成省内少有的浓郁的文化氛围和育人环境。同时，几个亮点值得肯定。一是领导班子成员自身素质高，团结协作好。二是开展师生激励教育活动，搭建了师生共同发展的平台。三是建成了教育功能突出的校园文化环境。四是实施名师工程，形成了人数较多的骨干教师队伍。五是学校在张掖市中学教育和周边地区高中教育中的引领作用发挥较好。六是学校硬件建设持续大幅度增加。七是学校在国家课程方案的执行方面能依法依规，全面实施国家的课程计划，地方特色的校本课程开发也

有显著成效。之于此,二中以高分通过省级示范性高中的督导复评,并受到了省教育厅的嘉奖。

市教育局:管理水平领先、校园文化建设领先、教育科研领先、队伍建设领先

经过8年的发展,结构调整后的二中如雨后春笋,茁壮成长。全省知名的教育专家给予非常高的评价,其实际情况究竟如何,能否担当大任,不负众望,跻身陇上名校?今年4月6日,市教育局会同甘州区教育局对张掖二中进行教育教学大检查。这次检查从各高中和市、区教育局抽调62名省、市级骨干教师、学科带头人和教研管理人员,利用3天时间,从教学常规管理和课堂教学、教研教改、教师培训、设备应用和活动开展等方面入手,全方位、多层面地对张掖二中的教育教学情况进行了检查和调研。这次检查充分体现了调研性、诊断性、评价性、交流性和研讨性。经过全面综合分析,检查调研组认为:张掖二中自2002年创建为省级示范性高中以来, 特别是在2005年班子调整后, 学校发展快,变化大,经过5年的不懈努力,实现了"四个新突破":办学规模的新突破、办学条件的新突破、办学效益的新突破和办学水平的新突破;达到了"四个领先":管理水平领先、校园文化建设领先、教育科研领先、队伍建设领先。检查调研结果表明,张掖二中创建为省级示范性高中以来,在曲折中求进步,在调整中谋发展,是扩张规模、夯实基础的5年,是奋发有为、阔步前进的5年,也是深化改革、凸显特色的5年。主要成效和特点体现在八个方面:一是立足校情定目标,办学理念科学先进。二是管理务实重实效。办学效益逐步提升。学校按照前瞻性定位、全员式参与、低重心管理、精细化操作的要求,通过实行"四线八部"的运行机制创新和"三级捆绑"的管理措施改革,形成了决策层、管理层和操作层上下联动、运行有序、反应灵敏、高效快捷的管理网络和运行机制,提升了学校的管理水平,得到了社会各界的认可。三是狠抓教学促质量,社会声誉日益提高。正确处理传承与创新的关系,不断加强教育教学质量监控,狠抓教学过程管理,优化课堂教学,利用现代教育手段等措施,全面提高了教育教学质量。近年来学校高考重点、本科上线率位居省、市前列。四是校园文化重品位,育人环境明显优化。学校追求高品位的育人环境,形成了具有突出教育功能的校园文化环境,处处蕴含人文活力。高标准现代化塑胶运动场、中心广场为师生提供了良好的活动场所。整个校园充满一种和谐、健康、向上的氛围。五是队伍建设抓优化,师资素质明显提高。坚持用事业激励人才、用感情挽留人才、用待遇安定人才,教育资源合理配置;青年教师成材有计划、有督导、有点评、有观摩,形成了"压担子、多保护、关心心理、改进评价"的青年教师培训特色。"让教师发展学校"的观念为学校的进一步展奠定了坚实基础。六是多方筹资搞建设,办学条件显著改善。5年累计投资4000多万元,建成国家一类标准实验室20多个、多媒体教室78个、精品课录播室1个、

校园数字化电视台1个、微机室10个。现代教育教学资源比2002年增长了4.8倍,基本实现了教师人手一台手提电脑的目标。七是教研教改求突破,科研兴校取得成效。5年来,学校承担了2项国家级课题、28项省级课题、12项市级课题的研究工作，有多项课题获国家、省、市奖励。教师教育科研蔚然成风,174篇论文在省内外教育科研杂志上发表,多篇论文获省、市、区级奖励,53人次在市级以上教育教学评比中获奖。结合本土特色,编写完成了校本教材13部计39册。八是领导班子作风实,凝聚力不断增强。校长和班子成员自身素质较高,熟悉教育教学和学校管理业务,具有较高的组织协调能力和决策指挥能力,在民主管理、人事制度改革、教育科研、校务公开等方面进行了卓有成效的探索和实践。

成绩和荣誉是抹不去的。干出来的实绩得到了领导的充分肯定。今年4月19日,市委常委、甘州区委书记杨继军在二中调研后认为:“学校办学很有章法，教育教学有条不紊,是我看过的高中里最突出的。在经济不发达的情况下达到这样一个层次和水平很不容易。有些观点我非常赞同,比如,‘让教师发展学校’、‘让每一个学生成材’,很有超前意识,很前卫也很科学。我十分赞同。我们要义无反顾地支持二中的工作,使之办出水平、办出特色,争创一流。”

专家、领导和教育主管部门给予很高的评价,二中的师生在兴奋之余,更多地感到的是压力。成绩只能说明过去,未来的路还很长,任务更艰巨。二中的师生坚信,只要抱着对党、对学生、对家长、对社会负责的态度,创造性地开展教育教学工作,就一定能在新的起点上阔步前进,就一定能把二中的升学预备教育推向一个新的高度。

旗帜是这样高高飘扬起来的

到二中学习,就是要考上大学;在二中当老师,就是要培养出合格的大学生,就是要坚持知行并重、坚持知识教育和心理承受教育相结合,把二中办出特色、创出牌子。为使甘州的升学预备教育有大的突破,二中总结多年的办学经验,顺应形势发展的要求,提出了“让教师发展学校”、“让每一个学生都成材”的发展理念,由此形成了“务实、创新、开放、民主”的办学思想,确立了“敬业、笃行、务实、创新”的校训,培育了“文明、和谐、严谨、勤奋”的校风,养成了“勤思、探究、坚韧、创新”的学风以及“严、精、活、创”的教风。这已成为学校加快发展的精神支柱,也得到了各级领导、社会各界、历届学生家长的广泛认同。一是转变管理观念,理顺人事关系,营造了和谐的人际氛围,使学校发展步入了良性轨道。学校管理机制实行“四线八部”:即教学工作管理线、教育工作管理线、管理服务线、管理监督线四条主线贯穿学校八个部门。对教育教学工作采取“三级捆绑”评价方式:即以教学班为单位的“一级捆绑”,学科教师对班主任负责;以年级部为单位的“二级

捆绑”,各班对年级主任负责;以部门为单位的“三级捆绑”,各部门对校长负责。教学和管理两手抓,从而保证了教育教学的中心地位,突出了教学质量生命线这个重点。二是实施全员聘任制、岗位责任制、内部结构工资制,充分调动教师教书育人的积极性。教师在学校聘任后再进行岗位聘任,优化组合,三年一届,择优录用。按需设岗,以岗定责,以责定人,任务落实,责任包干。以岗定薪,人事分离,按劳分配,多劳多得,优劳优酬,优质优酬。“连杆传动”的直接效应使信息畅通、言路畅通、工作贯通;公平的制度建设、良好的人文关怀,唤起的是教师强烈的社会责任感和学生立志成材的信心决心。

任何人都有惰性,但张掖二中坚信制度的力量、教化的力量能使人发挥巨大的潜力。二中的老师相信一点一滴的突破和探索的巨大价值效应,他们注重均衡发展,治学严谨,精益求精,积极投身教育教学改革和教育科研,不故步自封,不墨守成规,不得过且过,不误人子弟;遵循教育规律,推进创新教育,整合资源优势,面向全体学生;严格要求学生,循循善诱,诲人不倦,保护学生身心健康,促进学生全面发展。制度的先导性、严肃性、公平性,思维的超前与实际,民主与法治思想的牢固确立,使张掖二中牢固确立了“培训是最大福利”的观念、”管理是严肃的爱“的观念和可持续发展的观念。进了二中的门,就是二中的人。二中老师把自身命运和学校命运紧密联系,对学生负责,对学校负责,对家长预期负责,直接效果是学生整体实力的增强,升学率的大面积丰收。他们把品格、能力、修养自觉地体现在了教书育人上,考入“211”和“985”大学的学生比比皆是。二中能走向时代的前列,深受社会的好评,与老师高度负责的精神密不可分。

实施名师工程是张掖二中师资队伍建设的一贯做法。省、市、区级骨干教师,特级教师,教学专家,全国模范教师,省级学科带头人,“园丁奖”获得者比比皆是。有才华可以在这里尽情地施展;有聪明才智的老师学校高看、学生高看、他人仿效。老师高尚的情操、渊博的知识、负责的态度、灵活的方法、富有魅力的人格,给一届又一届的学生留下了深刻印象。他们无私奉献、任劳任怨,用聪明才智为二中的发展抹上了浓重亮丽的一笔。名校出名师,名师育英才。二中是教研的沃土,德育的天地,智育的乐园,成材的摇篮。二中的名师是一个让学生记住并永远效法的人,一个尽最大努力让自己的学生走向崇高和胜利的人。

青年教师是学校可持续发展的重要力量。在特级教师、模范教师和省、市、区级骨干教师的传、帮、带动下,大批青年教师脱颖而出,撑起了二中加快发展的半壁江山。坚持用事业激励人才、用感情挽留人才、用待遇安定人才,人力资源得到最佳配置和发挥。聘请中外专家、学者来校举行学术交流活动,丰富教师的知识和视野。坚持从西北师大等名牌大学选拔优秀学生,补充教师队伍;老教师、骨干教师与青年教师结对帮扶,青年教师成材有计划、有督导、有点评、有观摩,人才队伍建设工程步履坚实。上好每一堂课,让每一堂课都成为精品,让每个学生都能从中有所收获,是广大教师永恒的追求。教师以

创新的理念和精神经营每一堂课、教育每一个人，构筑起了二中实施精品战略的钢铁长城。如今，一个个年轻人，一批批教学新秀已成为省、市教育界最亮丽的风景。

德育工作是张掖二中提高教育教学质量、培养更多优秀人才的核心和基础。有教育专家说，如果所有的学校都像哈佛，那么这个社会将崩溃；如果我们所训练的人都获得诺贝尔奖，那么这个社会也将崩溃。校长杨生效认为，围绕高考"指挥棒"转的体制我们无法改变，但我们可以在机制上创新，使每个学生的理想都能如愿。学校成立德育工作领导小组，构建品德教育体系，利用班会、团队会、法制报告会、演讲、集训、个别辅导、心理咨询等许多生动活泼的形式，把德育放在首位，落到实处，思想教育如春风化雨，润物无声。定期召开法制报告会、形势报告会、家长联系会、学生民主评议会，每学期的"十佳"、"百优"、"千星"评选活动，大大激发了学生的上进心。教学育人、环境育人、管理育人、服务育人、文化育人的氛围在二中相当浓厚；"欲教人人成材，先教人人成人"的德育理念已成为二中老师的共识。走进二中，做二中的主人，茁壮地成长；走出二中，做祖国的建设者，成栋梁之材。二中的德育工作，多次受到了上级领导和社会各界的高度评价。为充分发挥教育科研对教学的拉动促进作用，二中高度重视教育科研队伍的建设，形成了教育管理研究队伍、德育研究队伍、教学研究队伍。这三支队伍互相促进、互相补充，从不同层面、不同角度研究并解决着一些学校发展和教师在教育教学中存在的实际问题。这为学校教育教学质量的稳步提高和取得实质性突破提供了有力保障。同时，他们以教科处为依托，既研究学法、教法，又研究考法、用法，突出教学研究的实效性、针对性和指导性，这已成为一项硬性的制度。当一个教师不能接受新思想，不能及时修正自己，而这些又决定着他有无发展前途时，还有哪一位教师会墨守成规、因循守旧呢？因此，教师个人的成功，为全面提高教育教学质量奠定了坚实的基础；教育资源的充分利用，为学生均衡发展提供了有力保证。

张掖二中还在日常教学中牢牢树立"生存意识、质量意识、名牌意识"。规范常规教学措施，坚持"低重心、高起点、严要求"，做到抓起始年级、抓基础学科、抓应届学生，积极改进教学方法，加强学术指导优化课堂结构，构建"主体参与、师生互动、启发研究、民主和谐"的多元化教学模式。分年级制定不同的施教方式，高一、高二打好基础，坚持"以纲为纲，以本为本"，落实"双基"目标，适当加深、拓宽、拔高；高三深入钻研《考试大纲》，重视考试改革动向，研究高考命题的变化，合理安排教材、单元、综合"三阶段"复习进程，合理使用复习资料，力求精选、精练、精讲；课任教师守好课堂阵地，着眼素质教育，互相取长补短，采取启发式、点拨式、讨论式、合作式的教学方式；加强实验教学，充分利用多媒体等手段，促进教学质量实现质的飞跃。

社会各界的期望寄于二中和二中的老师，二中的老师是勤奋的、敬业的，也是完全可以信赖的；只要他们的苦、他们的累，能够换来家长的欣慰、学生的理想，他们就心满意

足了。正是在老师的潜心经营下,二中顺利实现了轻负担、高质量、低耗时、高效益;实现了变注入式教学为启发式教学、变学生被动听课为主动参与、变单纯传授知识为知行并重的“三个转变”。“科研型”、“专家型”教师的培养使学生充分认识到:听课是一种艺术的享受;体验和感悟是最好的教育;“用”是最好的“学习和接受”。在这里,思想无禁区,发展也无禁区。教师的每一节课、每一个活动,都是一项思想教育和教育理念的实践;教师们对待每一节课、每一次活动都像设计一件艺术作品那样去构思、去设计,思想是统一的,表现形式是多样的,作品是富有个性的和千姿百态的。在这样的环境氛围下,伴其三年,会受用一生。老师不计索取的品格和功力,为张掖二中的腾飞插上了翅膀。

站在新的起点上阔步前进

省级示范性高中的顺利验收、高考优异成绩的再次取得,对于二中来讲,仅是万里长征迈出了第一步。这看似偶然的良好成绩,其实蕴藏着必然的因素。新形势下的二中,犹如逆水行舟,不进则退。但二中是有信心和力量的。他们完全有能力把这艘巨舰推向胜利的彼岸。

“讲台洗礼、聚焦课堂”是该校为提升教育教学质量推出的有效举措。校长杨生效说,二中目前已经做大了,下一步的目标是做强做优做精,以优良的质量确保进入二中的学生人人都能考上大学、考上名牌大学。“讲台洗礼、聚焦课堂”的含义,就是坚持“精细化要求,向课堂要质量;低重心规划,靠管理出成效”的工作思路,以教学为中心,以高素质人才培养为目标,以提高整体升学质量为主线,营造自主学习、合作学习的浓郁氛围,“让每一个学生都成材”;就是让全部学生都享受优质教育资源,实现均衡发展;就是要做到迎进来的是孩子,送出去的是人才;就是要使课程突出“精品+特色”,给学生一片科研的“海洋”,站在国际、国内潮头看大千世界,走出校门适应纷繁复杂的社会生活,课堂之外的生活丰富多彩;就是最大限度地开发利用人力资源,既尊重教师,又培育人才,使学校和学生得到可持续发展;就是要从开展学校文化建设入手,在完善办学理念、夯实基础设施、彰显校园文化、实施名师工程、加强教育科研、推进信息化进程、构建和谐校园等方面进行大胆的探索和实践。

文化是发展之根,文化是力量之源。过去的二中靠校园文化建设起家,靠文化理念取胜,靠文化环境育人,未来的二中坚持的还是以文化建设凸现示范性高中的示范性和引领作用的方向,因为学校文化是师生精神风貌、思维方式、价值取向和行为规范的综合体现,是育人规律的挖掘,是教育发展的需要,是构建和谐社会的需要,也是提升教育内涵、促进教育可持续发展的重要途径。中外著名大学的发展也无一不是靠文化建设取胜的。没有文化内涵的学校是不可想象的。对此,二中的决策者是这样认为的:一是先进

的办学理念是学校文化建设的核心。要开展学校文化建设,就必须坚持依法治校、依法治教、依法治学。未来世界的发展,既是人才的竞争,又是思想水平的竞争。谁能在思想认识上抢先一步,谁就能占领发展制高点。二是加强领导班子建设是学校文化建设的关键。学校文化建设,关键是要有一个好的领导班子。要抓班子团结层次的提高,抓班子团结的环境建设;抓住了班子的团结、素质、能力、品行的培育,实际就是抓住了快速发展的根本和机遇。三是科学的管理是学校文化建设的灵魂。学校文化建设的一个关键要素就是科学管理,向管理要效益。在管理中,要把为家长、为学生服务的价值理念牢固地确立起来;要不断转变管理观念,不断完善科学的管理体制,理顺人事管理关系,形成良好的人际氛围,以保证教育教学的中心地位,突出教学质量生命线这个重点;要尊重教师、理解教师、关爱教师,充分调动教师教书育人的积极性,建设和谐学校。四是特色是学校文化建设的个性化反映。一所学校要真正办出其物色, 必须要最大限度地依靠全体师生。要坚持正确的办学方向和办学思想,并将其融入到学校的教育教学实践中去;要做到"人无我有,人有我优,人优我特",大胆改革,锐意进取,开拓创新,形成自己的鲜明个性;要通过改革和创新,追求完美,追求卓越,体现办人民满意教育的要求;必须转变妨碍学生创新精神、创新能力发展的教育观念、教育模式,做到人尽其才、物尽其力。五是独特的校园文化是学校文化建设的载体。要不失时机地让当地源远流长的历史文化进校园,让民族的主流传统文化进校园,让民族的主流传统文化进课堂,让厚重的文化积淀与浓郁的现代气息并存,让匠心独具的布置点缀与和谐自然的人文精神并重,既注重美化育人环境,又体现环境对学生熏陶和耳濡目染的作用,为学生自由呼吸、自我发展提供广阔空间。只有这样,才能孕育和催生出办学的高质量、高效益,提升和显示学校的档次。六是激励教育是学校文化建设的主流。经济社会发展,首先是人的发展。坚持以人为本,要推行激励教育,教师不仅要关心学生的学习成绩,同时也要关心学生的身心健康和终身需要。学校领导不仅要关注教师的教学水平,更要实施尊重教育,关注教师的品行塑造。要教师、学生两代人的素质培养一起抓。七是名师是学校文化建设的基础。名师是学校的宝贵财富,高素质的教师队伍是一所学校文化的人力根基和永恒乐章。要牢固确立让"教师发展学校"的观念,加强校本培训力度,打造名师校本培训基地。只有把教师的积极性、主动性、创造性充分调动起来,学校才能焕发出勃勃生机,才能培养出高素质的合格人才。八是质量是学校文化建设的目标。学校的文化建设,其目的是为教育教学质量的提高服务。致力于文化建设,受文化潜移默化的影响,肯定能使学生的心态愉悦,使其才智有效发挥,促进其快速健康发展。

思想观念是加快发展的总开关。二中的决策者是理智的,以人为本的,也是善于思考研究问题的。思想认识的高度,必将决定二中未来发展的速度。

(2007年8月23日《张掖日报》魏小东以703分获得甘肃省高考理科第二名)

为学生的成人、成材、成功奠基

——写在张掖二中2008年高考再创佳绩之际

“一清四北”续写华章，满园春色香溢河西！

古人云：“求木之长者，必固其根本；欲流之远者，必浚其泉源。”的确，根生方叶茂，源远而流长。

引　言

教必有方滴滴汗水诚滋桃李满天下，

诲人不倦点点心血勤育英才泽九州。

自信创造成功，拼搏铸就辉煌。2007年高考，二中学子魏小东以703分全省理科第二名的成绩被清华大学录取，奏响了张掖市高考史上的最强音，高琰飙以678分的成绩被上海交大录取，刘浚榕以667分的成绩被北京航空航天大学录取。2008年二中高考再创佳绩：重点282人、二本上线723人，整整超出第二名100人，居甘州区第一。宋欣以647分全省文科第七名的成绩，被北京大学录取，李杨以671分的成绩被清华大学录取，肖积强以672分的成绩被北京大学录取，同时肖滋润、李磊也分别以656分、654分的优异成绩被北京大学录取。598人，“一清四北”，二中又一次创造了奇迹，书写了张掖市高考史上新的辉煌。“一花独放不是春，万紫千红春满园”，二中用实实在在的行动，实现了高考成绩量的突破和质的飞跃，用实实在在的成绩诠释了“让每一个学生都成材”的办学理念，真真切切实现了办人民满意的教育，为全市人民交了一份骄人的答卷。

辉煌的成绩背后，究竟是什么力量在发挥着巨大的作用？到底是哪些因素让张掖二中有如此上佳表现？是什么助推着甘州区唯一的省级示范性高中——张掖二中持续、快速、健康发展？

对此，二中校长杨生效说：“桐花万里丹山路，雏凤清于老凤声”，张掖二中之所以能取得这样的成绩离不开市区党委政府多年来的正确领导，离不开上级教育主管部门的关心指导，更离不开社会各界及甘州50万人民一如既往的厚爱和热心支持。同时，二中

先进的办学理念，厚重的文化底蕴，团结奋进的领导班子，科学的人文性管理，师德高尚、业务精湛的教师队伍，高效的课堂教学，优良的校风、学风，高雅的育人环境以及由此产生的“高度负责，艰苦创业，团结协作，开拓进取”的二中精神，是二中持续健康发展的不竭动力，是二中引人注目并不断书写辉煌的主要原因。

弱者畏惧竞争，庸者逃避竞争，强者勇于竞争，智者善于竞争。面对新的形势，二中从新的视角研究学校教育，促进管理的优化和创新，尤其是与时俱进，树立先进的教育理念，前瞻性地提出了“让每一个学生都成材”、“让教师发展学校”的办学理念，强调“爱是教育的基础”，致力于培育“文明、和谐、严谨、勤奋”的校风，积极进行内部管理体制改革，创新校园文化建设，加快教学设施现代化建设，以先进的办学理念，来引领学校管理水平不断提升，开拓了学校可持续发展的新路。

管理篇：以人为本　靠管理出效益

管理是严肃的爱。

严肃反映管理的刚性，关爱体现管理的柔性，刚柔相济形成学校的科学管理。

科学的人文性管理是学校文化的灵魂。“方圆兼济，人本至上”，彰显教师和学生的人性，尊重其人格，开发其才能，重视其发展，是实践“尊重人、解放人、发展人”的人本化管理理念的出发点和归宿。因此促进人的成长、关注人的发展是教育的目的，也是学校管理的终极目的。张掖二中牢固树立以学生为本、以教师为本的思想，始终奉行“以人为本、和谐发展”的管理理念，始终坚信“学校教育的终极目标是发展教师、培养学生，就是使教师和学生成为充满人性、张扬个性、整体和谐、全面发展的人”。

当前，面对全市人民对优质高中教育资源的迫切需求，面对迅猛扩大的学校规模，首要解决的问题是缩减学校管理层次，打通校长和一线教师的关系壁垒，实行管理的低重心。为此，张掖二中提出了“低重心规划，向课堂要质量；精细化要求，靠管理出效益”、“三级捆绑”、“讲台洗礼、聚焦课堂”等一系列管理思路，二中不断创新教育管理机制，探索了一条“学校统一领导，处室具体指导，年级直接管理”的管理模式。按照“近距离管理，近距离服务”的理念和“缩小管理单元、下移管理重心、激活管理活力、提高管理效能”的思路组建年级部领导小组，从而最大限度地调动起了广大教师的工作积极性。

改革和理顺管理体制，进一步加大“三级捆绑”评价力度。为实现“人人都是学校主人，个个参与学校管理”的人本理念，二中实行以班主任为中心，任课教师为班主任负责的一级捆绑；以年级主任为中心，各班主任为年级主任负责的二级捆绑；以校长为中心，各年级部主任及分管副校长为校长负责的三级捆绑的管理模式。“三级捆绑”机制确确实实以“为每一个家庭着想，为每一个学生负责”为出发点，把一切落到了实处，切实增

强了全校教师的凝聚力和向心力,真正形成众人划桨开大船的大好局面。

管理不仅仅是管住、管好,更是为了促进人、发展人。管理出积极性、出创造力、出执行力。二中管理者就是高站位思考,通过精细化要求、低重心管理,从而真正实现了“尊重的教育”。

教学篇:讲台洗礼 向课堂要质量

一路风雨一路阳光,一路攀登一路成长。

天时授良机,地利育英才,人和促发展。

成功的教育者不是精心地选择适合自己教育的学生,而是精心地选择适合学生学习的教育方法。

“讲台洗礼、聚焦课堂”是二中为提升教育教学质量推出的有效举措。其基本的含义就是坚持“精细化要求,向课堂要质量;低重心规划,靠管理出成效”,以课堂教学为中心,以培养高素质人才为目标,以提高整体升学质量为主线,营造自主学习、合作学习的浓郁氛围。这一思路的关键是改革课堂教学。近年来,二中适时启动了“三转”、“五让”为主要内容的课堂教学改革工程。学校要求教师把微笑带进课堂,关爱每一个学生;把民主带进课堂,建立和谐的师生关系;把探索带进课堂,激发学生的求知欲;把合作带进课堂,在合作中促进思考、创新;把成功带进课堂,让每一个学生都体验到成功的喜悦。

课改的基本理念是“以人为本,关注人的发展,促进人的发展”,充分强调发挥学生的主观能动性,倡导学生主动学习,主动求知,主动根据自己的体会和思维方式去探索、去发现、去再创造有关知识。二中通过引导教师调整教学策略,从改变学生原有的学习习惯、思维方式、情感态度和价值观入手,实现了学生由“被动学习”向“主动学习”的过渡。

教改的目的是教会学生学习。课改的精髓是使学生会思考,掌握科学的方法,会探究,掌握发现创新的思维方式,在获取知识的同时,获得发展。其最主要的教学主张就是变教为诱,变学为思,从而落实学生的主体地位,为学生成长提供人格解放,为学生爆发创新意识和形成综合素质创设情境、消除屏障,形成学生独立思考的习惯和创新意识。最终促使“人人成功,个个成材”。

教学实践中,二中的每一个老师都已深刻地体会到,教育的成功不仅在于学生已经学到了什么,更在于使学生终身都有一种学习的强烈欲望,都懂得怎样去学习。张掖二中多年的一切改革都是着力于激发活力,提高效率,健全体制,以人的发展为中心,把成材的主动权交给学生,坚持“把空间留给学生,把时间还给学生,把方法教给学生”的价值取向,用成功的教育培养成功的人,倡导“发现人的价值,发挥人的潜能,发展人的个性”的教育理念,切实构建“以人的发展为中心”的素质教育新体系,为全体学生的全面

发展、主动发展、个性发展、创新发展、持续发展以至于终身发展奠定基础。

教师篇:厚德载物 “让教师发展学校”

胡锦涛同志在全国优秀教师座谈会上的讲话中对教师提出要求,激励全国教师奋发进取。其中有三句话给我们以深刻的启示。第一,是“着力提高教育质量”;第二,是“没有高水平的教师队伍,就没有高质量的教育”;第三,是广大教师要“静下心来教书,潜下心来育人”。三句话归根到底,学校要提高办学质量,实现跨越式发展,教师是关键。

教师才是学校的第一资源。如何落实“教师第一资源”观呢?

教师是教育之本,也是学校教育持续改进的最深刻的变革力量,教师的发展是学生发展的重要前提,没有教师的可持续发展就没有学生的可持续发展。实现了教师、学生的可持续发展,实质上就是实现了学校的可持续发展。对学校而言,拥有一支具有核心竞争力的精英化的教师队伍,是学校教育教学质量的根本保证,更是学校内涵得到不断提升的动力源泉和学校可持续发展的最关键因素。张掖二中牢固确立了“培训是最大福利”和“管理是严肃的爱”的教师可持续发展的观念。

师资队伍建设方面,我们最大的优势在于,将别人做过的事情做得更好。近年来,我校教师队伍中年轻教师居多,水平参差不齐。对此,学校一方面结合教学实践活动,加强教师的理论学习。另一方面积极开展校本培训活动,为教师搭建不断提升的舞台;开展“八个一”活动锤炼年轻教师的教育教学能力;充分调动全体教师投身科研的积极性,力求做到科科有课题、人人有专题,提倡教学研究课题化,课题研究教学化,努力实践教育科研与继续教育的结合;创办《张掖二中》、《耕耘》校报校刊,为学术思想的交流、教育理念的提升和教育科学研究成果的推广提供了舞台;打造属于张掖二中自己的名师,制定《张掖二中教师培训工程》和《张掖二中名师工程》,分层次地培养全体教师,对青年教师提出“一年入门、两年过关、五年成熟、八年骨干、十年成名”的目标,通过考核制定名师逐级申报制;构建“聘请专家多方指导—借助名校资源共享—外出学习开阔视野—引进吸纳先进理念—骨干名师与青年教师结对帮扶—校内切磋提高技能” 的教师发展模式等等。

通过这些努力,一大批青年教师脱颖而出。如今的二中,教师队伍结构日趋合理,现有教职工282人,其中中学高级教师78人,中学一级教师106人;全国模范教师2人,“园丁奖”获得者8人,特级教师2人;省级教育教学专家1人,省级学科带头人3人,省级骨干教师15人,省级教学能手8人;市级骨干教师24人,市级学术技术带头人12人,区级骨干教师40人;有国家留学基金委员会“理丁项目”留学生3人,硕士研究生和在读研究生18人。

他们以高尚的情操、渊博的知识、严谨的态度、灵活的方法、方正的人格，给一届届学生留下了深刻印象。他们无私奉献、任劳任怨，用聪明才智为二中的发展抹上了浓重亮丽的一笔。名校出名师，名师育英才。二中已真正成为教研的沃土，德育的天地，智育的乐园，成材的摇篮。

张掖二中将“爱是教育的基础”作为全体教职工的座右铭，不错，教师只有爱学生、爱教育、爱学习才能推动教育教学质量的稳步提高，教师只有关心学生学习生活、关爱学生身心健康、关注学生个性差异，才能促进学生的全面协调可持续发展。

流淌着汩汩爱心的二中，学生成材是必然，走向高等学府也是必然。因为“爱是教育的基础”，穿透着人的灵魂，处处流淌着生命的气息，处处洋溢着人文的关怀。二中人始终把教人成功这棵大树扎根在爱的土壤里。收集关于张掖二中师生之间爱心传递的点点滴滴，我们似乎又看到了多少教师在讲台上谆谆教导洒下的爱的种子，又有多少学生在人生之路上都传递着这份爱心。在这里，每一个学生的潜能都能得到充分发挥，她会让自卑者找到自信，让孤独者找到温暖，让奋进者找到力量，让迷茫者看到希望。多年来，教师们一如既往，用真诚呵护学生的自尊，用爱心换取学生的真情，用宽容赢得学生的尊重，所以爱始终是张掖二中教育的主旋律。没有爱便谈不上教育，张掖二中的教育始终遵循：宽容是本，幽默是金，理解是桥，爱是土壤。爱很简单，就在二中老师给同学们温暖的举手投足之间，就在一言一行之中。二中人坚信，世上没有不会开的花，只要找到适合的土壤，只要找到证明自身价值的机会，所有的花都能在此结果。

文化篇：润物无声　让环境陶冶英才

文化是发展之根，文化是力量之源。

没有文化就没有品牌，没有品牌就没有竞争力。

学校是传道授业解惑的地方，自身文化底蕴不深，就培育不出高水准的人才；办学理念不新，就培养不出符合时代发展要求的人才；方式方法没有特色，就失去了“摇篮”固有的含义。在半个世纪的发展历程中，几代人筚路蓝缕，呕心沥血，勇于探索，艰苦实践，秉承教化育人、陶铸精英的办学信念，开拓创新，继往开来，不断走向超越和嬗变。今天的二中，已变得成熟而富有魅力，强大而富有实力。古老文化与现代气息的相互融合，营造了浓郁的文化氛围和温馨浪漫的育人环境。今日二中，自然景观与历史景观交相辉映，人文精神与科学精神比翼双飞，传统文化与时代特色相得益彰。

“春风化雨润无声，于无声处孕芳华”。走进张掖二中，迎面矗立的是至圣先哲孔子的圣像。“温而厉，威而不猛，恭而安”的孔子雕像，再现了孔圣人的前世今生。瞻顾先哲，感悟到的是文化的韵味，体会到的是教育的氛围。圣人无言，泽被后世，传统文化的生生不

息和博大精深,令人肃然起敬,感慨万千。圣像背后,是古建筑民勤会馆。碧瓦红墙,殿内古木参天,充满浓郁的传统文化气息。殿东,绿草如茵,繁花似锦,著名教育家蔡元培先生和伟大的科学家爱因斯坦的雕像栩栩如生,他们兼收并蓄、思想自由和科学、创新、民主、务实的人文追求使人浮想联翩,引导学子爱美、奋发和不懈追求。会馆西北的萃英亭飞檐斗角,夺目耀眼,韵味无穷,喻示着二中会聚了甘州区三所学校的精英,开始了新的跋涉。由会馆向南望,音乐喷泉、中心花园、草坪地灯等尽收眼底。加上教学楼里琅琅的书声与青春奔放的笑脸,似梦似幻,如诗如画。在这里,每一堵墙壁都能说话,每一朵花、每一株草都在倾听,每一个人都在追求完美。

最富精彩之笔的是师生赞誉和社会各界广泛认同的塑胶运动场、篮球场及绿草如茵的足球场。这个可容纳万余人的运动场,富有领跑意义。它的建成,体现了张掖二中师生更快、更高、更好、更新、更强的精神风范和气魄,喻示着一代代莘莘学子将从这里施展抱负,走向全国,飞向未来。校园体育文化是营造学校人文气息和文化氛围不可或缺的内容,是推动校园文化发展生的最有效的催化剂。毛泽东早就说过:"文明其精神,野蛮其体魄。"马克思也说:人一要生存,二要发展,三要享受。这是寓教于学,寓教于乐,体现人文精神,实施素质教育最本质的要求。

二中教育文化的现实充分告诉我们,21世纪文化立校、文化育人已成为当代教育的一种新趋势。文化是学校无形的资产,一流的学校做文化,一流的学校靠文化。学校文化是学校品牌的第一要素,体现学校品牌的含金量。校园文化是一种传统,一种精神,一种风尚,一种品位,能产生春风化雨、润物无声的教育效果,能对学生的精神、气质、修养的培养产生积极的原动力;校园文化是学生审美观、价值观、人生观形成过程中的必不可少的全能的文化维生素,对学生的终身发展必将产生深远的影响。校园文化看得见,摸得着,感觉得到,校报校刊、学校广播电台、文学社、舞蹈队、合唱团等等各种活动精彩纷呈。它弥漫在校园的空间,驻留在师生的心田,诗情画意充分流淌。二中书香满园,墨香满园,书声满园,歌声满园,具有浓郁的文化味,强烈的求知欲,浓厚的文化情。二中已不再是一个封闭的场所,而是古今文化长河中的一个美丽的港湾,是当代文化信息交流的一个节点。

和谐篇:实施四个工程　建设精神家园

和谐产生凝聚力、出战斗力和竞争力;

环境能改变人,更能塑造人,发展人;

老师燃烧激情,学生才能激情燃烧。

教育传承着历史,教育服务于现实,教育决定着未来,教育的这种先导及全局作用使

每一个张掖二中人都有一种神圣的使命感和责任感。

张掖二中始终坚持以学生全面发展为本的教育观，以提升学生全面素质为本的质量观和以人的能力发展为本的人才观，努力创设人才健康成长的环境机制，在“创新—改革—发展”这条张掖二中的成功之道上，二中以创新为基础，以改革为动力，以质量为核心，以人的发展为重点(“让每一个学生都成材”，“让教师发展学校”)，两代人素质一起抓，打造成功教育，真正实现了“尊重的教育”。

为落实科学发展观，重铸二中精神，切实促进学校教育教学质量稳步提高，促进学校可持续和谐发展，张掖二种全力推动实施“四个工程”。以创建“和谐、温馨、团结、奉献”的人文环境为目标，深入实施建设学校精神家园工程；以“轻负担、高质量、低耗时、高效益”为目标，全力推动以“三转”、“五让”为主要内容的课堂教学改革工程；进一步深化校风、教风、学风建设工程，以一流的教风、学风实现一流的教育教学质量；全面实施青年教师培养工程，切实践行“培训是最大福利”、“让教师发展学校”的理念，全面提高学校的核心竞争力。

教师是建设精神家园的关键。教师师德高尚，业务精湛，学识渊博，方可使学生“亲其师，信其道”，从某种程度上说，教师的人格就是升学率，教师的魅力就是学生良好品德形成的催化剂。每一个二中老师都用博爱的心灵，感知人性的美丽；用赏识的眼光，打量生命的奇迹。

近年来，二中以深化教育改革推进“尊重的教育”为目标，以“教必务实、学必求是、言必达理、行必规范”为抓手，积极推进学校的校风、教风、学风建设。通过精心打造“精神家园”，创造适合学生发展的教育，搭建引领师生成功的舞台。

“三载同窗师生情，千日教诲慈母心。带着自信和力量，阳光照我奔前程。”这是二中高三学生宋欣《写在毕业依依之际》组诗中的一节。让校园充满阳光，“把阳光洒进学生的心里，唤醒学生的自信，圆一个成功的梦”，这是二中老师共同的愿望和教态。面对应试失败、心理受挫的学生，二中老师按“四度”要求悉心抓“双补”：一手补以前落下的旧知，一手补心理和习惯养成，重点加强心理辅导和调适，以心灵对心灵的抚慰谈心、交流，开展多种活动，排除心理障碍和困惑，以多种激情求趣的方式，培养阳光向上的心态，使学生健康愉快地学习、生活。

“当我手捧高考分数单/内心无比感恩/618分/这绝非简单的数字/它凝聚着二中老师的辛劳和爱心/黑板上您书写的自豪/讲台上您树立的崇高/校园里您执著的目光/人海里您深情的微笑/我永远铭记在心中！”这是今年高三学子李宏伟写给老师的感谢信。它代表了全体毕业学生的心声。每年高考结束时这样的诗篇会从四面八方飞来校园。

“酿得百花成蜜后，为谁辛苦为谁甜？”透过学生的坦言，我们真切触摸到了二中那种深藏于表象里面的脉动，这是一股清泉，脉脉流淌，香甜甘冽；是阵阵微风，润人心腑，惬

意舒爽!

二中注重对学生学法的指导,更注重对学生健全人格的塑造和良好品行、健康心理的培训。促进学生个性充分和谐地主动发展,为学生的多元智能开发,多种学力的提升,丰富学生的学习经历和精神世界,提升生命质量,努力培育"勤思、探究、坚韧、创新"的学风。研究学生的学习规律,有效开展学法指导,帮助学生掌握科学的学习方法,提高他们学习的主动性和有效性,让学生有更多的时间、更大的空间自主发展。以"十佳"、"百优"、"千星"评选活动为平台,开展对学生的激励教育;以创建和谐校园为目标,开展法制教育、安全教育、励志教育、感恩教育、礼仪教育、健康教育、心理教育等丰富多彩的校园文化活动,以提升学生生命质量。二中正是以优良的教风带动学风建设,以良好的学风促进教风发展,形成了师生互动、教学相长的局面。经过几年的努力,二中"文明、和谐、严谨、勤奋"的校风得以充分彰显,张掖二中已真正成为西部课程改革的实验基地、人才培养的沃土、对外交流的窗口,已成为河西一流、陇上知名,具有优质教育品牌,鲜明办学特色的窗口示范学校。

结束语

伯乐在此,何虑难寻千里马?

青山不老,哪能不出栋梁材!

二中崇尚一种理念,让每一朵花儿都开放,让每一位学生都成功;坚持一种观点,学校因为学生而存在,教师因为学生而成功。

教在二中,二中已真正成为教师精神寄托、实现专业发展的理想家园;学在二中,二中已真正成为学生体验成功、享受成长快乐的理想乐园。张掖二中已经张开热情的双臂,欢迎各位有志学子的到来,二中将继续坚持"让每一个学生都成材"的办学理念,坚持"爱是教育的基础",为每一个学生会学、善学、乐学引航,为每一个学生成人、成材、成功奠基。

鲲鹏展翅九万里,风帆正举看二中!桐花万里丹山路,雏凤清于老凤声。选择二中、祝你成功,就读二中、乐在其中。

(2008年6月23日《张掖日报》高考创"一清四北"佳绩)

乘势而上　打造品牌　再铸辉煌

——写在张掖二中创建高级中学10周年暨建校52周年之际

五十二年艰苦创业，
五十二年风雨兼程，
五十二年自强不息；
十年凝心聚力，
十年科学育人，
十年和谐发展。
张掖二中站在了新的历史起点。

品牌铸就辉煌，发展赢得尊重。张掖二中已成为全市名副其实的高中升学预备教育的排头兵和课程改革的实验基地。她正朝着河西一流、陇上知名、具有优质品牌资源的窗口学校的方向、目标挺进。

闪光的足迹　光辉的历程

张掖二中付出的是心血，播撒的是种子，收获的是希望。建校52年以来，共培养初中毕业生1.1万余名，高中毕业生2万多名。1978年恢复高考以来至1998年共向大中专院校输送优秀毕业生1118名。创建为高级中学的10年来共向大中专院校输送优秀毕业生万余名，其中大批优秀学子进入清华、北大等重点名牌大学深造。

翻开张掖二中的壮丽画卷，幅幅引人入胜，章章可圈可点：1998年8月，张掖城区高中结构布局调整，整合原张掖一、二、四中的高中教育优质资源，一所崭新的、富有魅力的、不负众望的独立高级中学在甘州区诞生。从那时起，她就步步坚实，自觉肩负起了振兴甘州教育的重任。10年来每前进一步，都渗透着各级干部群众的关爱、关怀和心血，是广大教职员工的共同努力和呕心沥血，助推了这艘教育航母乘风破浪，到达胜利的彼岸。

2000年9月，张掖二中被评为“全省教育系统先进集体”。

2002年8月，张掖二中创建为省级示范性高中。

2005年8月，张掖二中高考重点、本科录取人数首次突破千人大关。

2006年11月,张掖二中以高分通过省级示范性高中复验。

2007年4月,市、区教育局对二中进行教育教学大检查,二中卓著的成绩,得到了上级领导和与会专家的高度评价。

张掖二中步履坚实,持续不断地向党和人民交上了份份满意的答卷。2007年高考,二中重点、本科上线率达80%以上,优秀学子魏小东以703分全省理科第二名的成绩被清华大学录取,奏响了张掖市高考史上的最强音。2008年二中高考再创佳绩:提前重点录取282人、二本以上录取723人,高考升学率达85%以上,宋欣、李杨、肖积强、肖滋润、李磊5名学子以优异成绩被北大、清华录取。723人,"一清四北"的佳绩,二中又一次创造了新的辉煌,书写了全市高考史上崭新的一页。二中用实实在在的行动,实现了高考成绩量的突破和质的飞跃,用实实在在的成果诠释了"让每一个学生都成材"的办学理念。二中没有辜负全市父老乡亲的殷切厚望。

辉煌成就印证发展奇迹,沃土深根定会枝繁叶茂。这看似不平凡的成绩,其实是必然的结果,因为张掖二中长期致力于抓质量、抓管理、抓改革;坚持不懈地完善办学理念,改革教学方法,充分体现了对社会、对家长、对学生高度负责的使命感、责任心。

十年磨一剑,十年上台阶,十年奏凯歌。创办为高级中学的10年,是二中全校师生员工团结奋斗、锐意进取的10年,是学校持续快速健康发展的10年。张掖二中集一流师资、办一流教育,实现了跨越式发展。特别是2002年创建为省级示范性高中以来,二中发展快、变化大,实现了"五个新突破",达到了"五个领先"。"五个新突破":一是实现了办学规模的新突破。学校由1998年初的38个班2100名学生,发展到现在的78个班近4800名学生。二是实现了办学条件的新突破。投资5000多万元,新增和在建的校舍建筑面积2万多平方米,总建筑面积是1998年以前的3.5倍,教学硬件设施达到全省领先水平。三是实现了办学效益的新突破。教学质量稳步提高,高考升学率连续8年高于省、市平均水平,其中重点和本科上线率位居全市前列,社会声誉逐年上升。四是实现了办学水平的新突破。学校于2006年高分通过"甘肃省示范性普通高中"复验,并获得省教育厅的表彰奖励,标志着学校办学水平上了新台阶。五是实现了高考成绩品牌的新突破。2007年高考二中学子魏小东,以703分的成绩,勇夺甘肃省理科第二名,2008年高考二中又创造了"一清四北"的骄人业绩。"五个领先",即办学理念领先、管理水平领先、校园文化建设领先、教育科研领先、师资队伍建设领先。

张掖二中是渊博的、厚重的,经得起历史和时代检验的。创建为高级中学的10年,她在曲折中求进步,调整中谋发展,是扩展规模、夯实基础的10年,是奋发有为、阔步前进的10年,是强化管理、提高质量的10年,也是深化改革、凸显特色的10年。

特色张扬个性 品牌铸就辉煌

在市场经济条件下,优势产生特色,特色促进发展。张掖二中坚持与时俱进,把握时代脉搏,紧扣发展主题,致力于优势的培育、特色的凸显、个性的张扬。通过52年的发展特别是近10年的跨越式发展,经验丰富、管理有方、特色彰显、底蕴深厚、成果丰硕、魅力无穷、声名远播,已成为河西大地教育界高高飘扬的一面旗帜。

品牌效应凸现。二中始终以先进的办学理念,促进管理的优化和创新,开拓了学校可持续发展的新路。学校坚持“让每一个学生都成材”的办学理念,以“爱是教育的基础”为座右铭,高举特色旗帜,弘扬奉献精神,崇尚科学管理,创新课堂教学,注重能力培养,重视个性差异,因材施教,拔尖培优,面向全体,“教风正、学风浓、质量高”的特征和“心齐、气顺、劲足”的局面已经形成。选择二中,就是选择成功的优质教育资源品牌已被社会各界广泛认同。

升学率稳步提升。2002年考入重点大学120人,本科219人;2003年考入重点大学161人,本科524人;2004年考入重点大学189人,本科651人;2005年考入重点大学257人,本科844人;2006年考入重点大学263人,本科854人。2007年高考实现了新的突破,考入重点大学302人,魏小东以703分的高分摘取甘肃省高考理科第二,张掖市理科状元,被清华大学录取。2008年高考再创佳绩,重点录取382人,本科723人,有5人以骄人的成绩被北大、清华录取。近年来,二中高考升学率始终保持在80%以上,高茂林、樊晓红、李玮、杨爽、何韬、丁霞、于晓栋、刘星伟、陈智健、宋欣、李杨、肖积强、肖滋润、李磊等先后考入清华、北大等名牌大学。

机制创新生机盎然。面对全市人民对优质高中教育资源的迫切需求,面对迅猛扩大的办学规模,学校缩减学校管理层次,打通校长和一线教师的关系壁垒,提出了“低重心规划,向课堂要质量;精细化要求,靠管理出效益”的管理思路。不断创新教育管理机制,探索了一条“学校统一领导,处室具体指导,年级直接管理”的管理模式。按照“近距离管理,近距离服务”的理念和"缩小管理单元、下移管理重心、激活管理活力、提高管理效能”的思路组建年级部领导小组,从而最大限度地调动起了广大教师的工作积极性。二中管理者高站位思考,全方位审视,通过精细化要求,低重心管理,真正实现了“尊重的教育”。尤其是以“为每一个家庭着想,为每一个学生负责”为出发点,活化机制,强化管理,理顺体制,践行“人人都是学校主人,个个参与学校管理”的人本理念,切实增强了全校教师的凝聚力和向心力,真正形成众人划桨开大船的大好局面。

名师队伍奠基未来。二中崇尚一种理念,让每一朵花儿都开放,让每一位学生都成功;坚持一种观点,学校因为学生而存在,教师因为学生而成功。老师是二中发展的主

体、主人,二中的老师是高度负责的,非常敬业的。他们深信:孩子是耽误不起的,教育是不能等的。鉴于此,实施名师工程是张掖二中内强素质,外树形象的重要举措。省、市、区级骨干教师,特级教师,教学专家,全国模范教师,省级学科带头人,“园丁奖”获得者比比皆是:杨生效、李亦武、王斌、陈学彪、王玉杰、贾红元、吴佩禄、张兴虎、杨志杰、帖华、王彬林、赵殿杰、刘文、张维福、单成鹏、苏宏伟、康文清、王建军、田沛霖、宗志红、周勉、杨兴彬、陆海波、张臻、彭中、朱惠君、张克晟、张红生、向国寿、杨瑛、彭万坤 赵燕玲、张述文、贺登川、赵江志、田源、曹斌、卞正东、胡永晖、保继哲、何巍、何瑛、樊文生、魏立强、李军、潘积强、岳秀芳……名师高尚的情操、渊博的知识、严谨的态度、灵活的方法、方正的人格,给一届届学生留下了深刻印象。他们无私奉献、任劳任怨,用聪明才智为二中的发展抹上了浓重亮丽的一笔。

讲台洗礼提高效率。“讲台洗礼、聚焦课堂”是二中为提升教育教学质量推出的有效举措。其基本的含义,就是坚持以课堂教学为中心,以培养高素质人才为目标,以提高整体升学质量为主线,营造自主学习、合作学习的浓郁氛围。这一思路的关键是改革课堂教学的方式方法,研究探索教法、学法、考法,实现教与学的成功对接。近年来,二中适时启动了“三转”、“五让”为主要内容的课堂教学改革工程,要求教师把微笑带进课堂,关爱每一个学生;把民主带进课堂,建立和谐的师生关系;把探索带进课堂,激发学生的求知欲;把合作带进课堂,在合作中促进思考、创新;把成功带进课堂,让每一个学生都体验到成功的喜悦。课堂教学改革的基本理念是“以人为本,关注人的发展,促进人的发展”,目的是教会学生学习,精髓是使学生会思考,掌握科学的方法,会探究,掌握发现创新的思维方式。其最主要的教学主张就是变教为诱,变学为思,从而落实学生的主体地位,为学生成长提供人格解放,为学生爆发创新意识和形成综合素质创设情境、消除屏障,形成学生独立思考的习惯和创新意识,最终促使“人人成功,个个成材”。在教学实践中,二中的老师都深刻地体会到,教育的成功不仅在于学生已经学到了什么,更在于使学生终身都有一种学习的强烈欲望,都懂得怎样去学习。

校园文化建设独具特色。没有文化就没有品牌,没有品牌就没有竞争力。张掖二中秉承教化育人、陶铸精英的办学信念,积极加强校园文化建设,取得显著成效。孔子圣像的落成和全省一流塑胶运动场的建设,展示出了二中人环境育人的大手笔和大气魄。“温而厉,威而不猛,恭而安”的孔子雕像,再现了孔圣人的前世今生。蔡元培、爱因斯坦雕像的树立,彰显了“兼容并蓄,民主科学”的学术精神。圣人无言,泽被后世,传统文化的博大精深和现代理念的思想碰撞,令莘莘学子感慨万千、动力倍增。瞻顾先哲,感悟到的是文化的韵味,体会到的是教育氛围,增添的是立志成材的催化剂。放眼今日二中,自然景观与历史景观交相辉映,人文精神与科学精神比翼双飞,传统文化与时代特色相得益彰。古老文化与现代气息的相互融合,营造了浓郁的文化氛围和温馨浪漫的育人环

境。“春风化雨润无声，于无声处孕芳华。”二中把校园文化作为一种传统、一种精神、一种品位，已切切实实产生了春风化雨、润物无声的教育效果。

日常管理润人心腑。近年来，二中在日常管理中，以推进“尊重教育”为目标，重视对学生的人文关怀，以“教必务实、学必求是、言必达理、行必规范”为抓手，积极推进学校的校风、教风、学风建设。通过精心打造“精神家园”，创造了适合学生发展的教育环境，搭建了引领师生成功的舞台。

“酿得百花成蜜后，为谁辛苦为谁甜？”透过二中学子言行举止的点点滴滴，我们真切触摸到了二中那种深藏于表象里面的脉动。这是一股清泉，脉脉流淌，香甜甘洌；是阵阵微风，润人心腑，惬意舒爽！

“给孩子一个梦想，让学生心中充满阳光。”二中不仅注重对学生进行行为习惯养成教育，更注重对学生健全人格的塑造和良好品行、健康心理的教育。促进学生个性充分和谐地主动发展，为学生的多元智能开发，多种学力的提升，丰富学生的学习经历和精神世界，提升生命质量，努力培育“勤思、探究、坚韧、创新”的学风。研究学生的心理特点和学习规律，提高他们学习的主动性、创造性、积极性和系统性，让学生有更多时间、更大的空间自主发展。以“十佳”、“百优”、“千星”评选活动为平台，开展对学生的激励阳光教育；以创建和谐校园为目标，开展法制教育、安全教育、励志教育、感恩教育、礼仪教育、健康教育、心理教育等丰富多彩的校园文化活动，切实提升了学生的生命质量。二中以优良的教风带动学风建设，以良好的学风促进教风发展，形成了师生互动、教学相长的良好局面。

顺应时代要求 办人民满意的教育

二中在10年时间里实现了质的飞跃，成为全市教育发展的排头兵，受到社会各界的普遍青睐和好评；一年能有5个学子考取清华、北大，百余名学生到“985”和“211”大学深造，其辉煌成绩的背后，究竟是什么力量在发挥着巨大的作用？到底是哪些关键性因素让张掖二中有如此上乘的表现？透过学校发展的成功实践和宝贵经验，我们得到了一些有益的启示：

启示一：

人本化管理理念是基础。二中始终相信科学的人文性管理是学校文化建设、发展的灵魂。二中坚持“让教师发展学校”、坚持按制度管理学校、坚持依法治理教育教学行为，坚持“让每个学生都成材”的管理理念和方法告诉我们，人始终是管理的中心和核心任务。从本质上说，学校管理就是人的管理，就是促进师生的全面发展。促进人的成长、关注人的发展是教育的目的，也是学校管理的终极目的。现代学校管理就是要尊重、关心、

服务校内每个人的发展和需要，牢固地树立以教师为本、以学生为本的思想。“方圆兼济，人本至上”。彰显教师和学生的人性，尊重其人格，开发其才能，重视其发展，是实践“尊重人、解放人、发展人”的人本化管理理念的出发点和归宿。因此，二中始终渗透、践行“以人为本、和谐发展”的理念，始终坚信“学校教育的终极目标是发展教师、培养学生，就是使教师和学生成为充满人性、张扬个性、整体和谐、全面发展。”这是二中走向成功的关键因素。

启示二：

“办人民满意的教育”是前提。创新的时代呼唤创新的理念。思想观念是加快发展的总开关。二中认真总结多年的办学经验，顺应形势发展的要求，提出了“让每一个学生都成材”的办学理念。这个具有时代发展特征的理念，在二中不仅仅是一种观念，更是一种行动，是学校建设和发展的坚强基石。在这个先进的、科学的教育理念的指引下，二中高瞻远瞩、运筹帷幄，努力使新时期“办人民满意的教育”的时代要求，统领学校的各项工作，大面积提高教育教学质量，形成了“务实、创新、开放、民主”的办学思想，确立了“敬业、笃行、务实、创新”的校训，培育了“文明、和谐、严谨、勤奋”的校风，养成了“勤思、探究、坚韧、创新”的学风以及“严、精、活、创”的教风。每年80%以上的升学率就是最好的佐证。

启示三：

建设名师队伍是关键。教师是教育之本，也是学校持续发展最富生机的变革力量。没有教师的可持续发展就没有学生的可持续发展。对学校而言，拥有高水平的教师队伍，就拥有了高质量的教育教学成果。二中之所以能取得优异的成绩，其实靠的是一大批师德高尚、业务精湛、甘为人梯的优秀教师群体，靠的是一支具有核心竞争力的精英化的教师队伍；在于牢固确立了“让教师发展学校”的观念。目前的二中，教师队伍结构合理，素质优良，业务精湛，高度负责。现有教职工282人，其中中学高级教师78人，中学一级教师100人；全国模范教师2人，“园丁奖”获得者8人，特级教师2人，省级教育教学专家1人，省级学科带头人3人，省级骨干教师11人，省级教学能手5人；市级骨干教师27人，市级学术技术带头人11人，区级骨干教师40人。可以说二中是名副其实的教研的沃土，德育的天地，智育的乐园，成材的摇篮。

启示四：

实施“爱心工程”是保证。二中教师用博爱的心灵、感知人性的美丽、赏识的眼光，打量生命的奇迹。“爱是教育的基础”的座右铭在二中根深叶茂。二中教师爱学生、爱教育、爱岗位、爱学习，他们关心学生学习生活，关爱学生身心健康，关注学生个性差异，良知、责任穿透学生灵魂，满含家长寄托，促进全面协调可持续发展。在二中，每一个学生的潜能都能得到充分发挥，她会让自卑者找到自信，让孤独者找到温暖，让奋进者找到力量，

让迷茫者看到希望。教师始终遵循宽容是本，幽默是金，理解是桥，爱是土壤的育人原则，用真诚呵护学生的自尊，用爱心换取学生的真情，用宽容赢得学生的尊重，所有的花都能在二中开花结果，所有学生基本都能进入大学深造。

启示五：

校园文化建设是支撑。文化是发展之根，文化是力量之源。整合后的张掖二中在短短几年里走向成熟，赢得社会各界的一致好评，关键是抓住了文化育人、环境育人这个节点。实践已经证明，没有文化就没有品牌，没有品牌就没有竞争力。学校是传道授业解惑的地方，自身文化底蕴不深，就培育不出高水准的人才；办学理念不新，就培养不出符合时代发展要求的人才；方式方法没有特色，就不能够做到与时俱进。所以，二中致力于建设厚重的文化底蕴，温馨的校园环境，浓郁的学习氛围，实现了自我的超越和发展方式的嬗变。走进二中，洋溢在每个人脸上的是强烈的进取心；步入教室，沁人心脾的是学生强烈的求知欲；进入办公室，步入眼帘的是教师强烈的事业心。

启示六：

质量、科研、特色是立校、强校、兴校的根本。质量是学校生存与发展的生命线。张掖二中围绕提高教学质量这个核心，突出教学中心地位，按照高中新课程改革的要求，深化教学改革，创新人才培养模式，实现了从注重知识传授向更加重视能力和素质培养的转变。立足教学抓教研，立足课堂抓教改，依靠课题促教研，坚持科研与教学工作紧密结合，充分调动全体教师投身科研的积极性，做到了科科有课题、人人有专题，提倡教学研究课题化，课题研究教学化，实现了教育科研与继续教育的有机结合。始终倡导“发现人的价值，发挥人的潜能，发展人的个性”的教育理念，切实构建起了“以人的发展为中心”的素质教育新体系，人才培养的适应性、整体性、前瞻性、可能性、创造性原则得到充分地坚持和遵循。

在新的征程上阔步前进

这里，传承着辛勤园丁光华璀璨的智慧和躬耕杏坛的理想；

这里，激荡着人民教师学高身正的追求和立德树人的情怀；

这里，沉积着甘州学子敬业报国务实创新的时代风貌；

这里，回响着莘莘学子追求真理要求进步的时代强音。

新的形势催人奋进，新的任务光荣艰巨。张掖二中根植于甘州沃土，记录着历史，见证着变迁，创造着辉煌，但她永不满足；放眼华夏神州，沐时代之风，浴改革之雨，张掖二中将再唱教育新歌。

面对新的任务和新的形势，校长杨生效表示，二中将以科学发展观统领学校工作发

展全局，更加重视用科学的态度、改革的方法、创新的精神解决前进发展中的困难和问题，在发展中求提高，在创新中树品牌。坚持以提高质量为核心，以改革创新为动力，调整优化管理机制，转变课堂教学模式，紧紧以稳步提高教育教学质量为中心，提高师资水平和学校管理水平，切实加强青年教师培养，加强“三风”建设，加强学校管理文化建设，体现“四个特色”，即业务精湛的名师队伍、温馨优美的校园环境、人文和谐的管理文化、勤奋敬业的工作态度。要在时间上，与时俱进持续发展；在速度上，分秒必争跨越式发展；在效率上，争先创优推进品牌发展。其基本途径是：学校工作以教学为中心，向科学管理要质量；教学工作以课堂为中心，向45分钟要质量；课堂教学以改革为中心，向教学科研要质量。要努力组织落实好依法治校、质量立校、人才强校、特色兴校“四个方略”，重点实现五个转变：战略取向，由量的扩张向质的提升转变；办学模式，由相对封闭向更加开放转变；管理重心，由教师主体向学生主体转变；治理结构，由条块分片向低重心精细化转变；激励机制，由单一评价激励向多元评价激励转变。在全校师生员工的共同努力下，用3至5年的时间，把二中打造成河西一流、陇上知名，具有优质教育品牌的窗口学校，打造成为高水平、有特色的人民满意的省级示范性高中。

点燃青年学子的希望，就是点燃我们民族的希望。二中已处在又好又快发展的关键时期，她必将在新的征程上为全市人民群众共享改革发展的成果再立新功。

（2008年9月8日《张掖日报》 校庆专版）

为了庄严而神圣的承诺

——张掖二中和谐发展科学发展纪实(上)

高文平

引　子

管子云:“一年之计,莫如树谷;十年之计,莫如树木;终身之计,莫如树人。”

张掖二中近年来取得丰硕的教育教学成果, 源于始终肩负起了神圣的社会责任:教好每一位学生,幸福每一个家庭,不负民众重托;源于坚守了一个执著的发展信念:让每一个学生都成材;源于充分体现了人本意识:让教师发展学校,打造优质教育品牌。为了这份崇高的社会责任和庄严的承诺,学校的升学率年年攀升:2006年考入重点大学263人,本科854人。2007年考入重点大学302人,魏小东以703分的高分摘取甘肃省高考理科第二,张掖市理科状元,被清华大学录取。2008年考入重点大学382人、本科729人,有5人以骄人的成绩被北大、清华录取。

张掖二中,人才成长的摇篮;

张掖二中,走向成功的起点;

张掖二中,理想放飞的殿堂。

一、人本关爱,铸造师魂

“为每一个学生会学、善学、乐学引航,为每一个学生成人、成材、成功奠基”,是张掖二中不变的信念和永恒的追求。结构调整的10年来,张掖二中始终倡导“以学生的呼声为第一信号,以学生的需要为第一选择,以学生的利益为第一追求,以学生的满意为第一标准”。全体教师在感情上温暖学生,人格上尊重学生,心理上开导学生,目标上指引学生,学习上激励学生。始终坚持每个学生都有接受公平教育的权利,每个学生都有得到尊重的平等地位,每个学生都有着独特的个性、特长和品格。

“没有激励,一个人的能力发挥不过20%至30%;实施激励后,人的能力可能发挥到80%至90%。”这是美国哈佛大学詹姆斯教授研究激励问题得出的著名论断。二中教师对

此深信不疑和坚持付诸实践。他们把学生当做自己的孩子去关爱、关心和温暖，鼓励学生爱护自己、全面协调发展，最大限度地实现了学生的品行优良发展、个性充分张扬和家长的夙愿和梦想。

“总有一种力量，让我们信心倍增；总有一种人格，让我们不断完善自我；总有一种信念，让我们坚持到底；总有一种行为，为我们树立榜样。你们付出的是汗水，运用的是智慧，收获的是超越！现在，我们把这份殊荣颁发给你们！愿今日的成绩灿烂在未来，愿今天的祝福定格在永远！”这是张掖二中“十佳”、“百优”、“千星”光荣榜上的前言。“十佳”每个年级评选10人，“百优”每个年级评选50人，“千星”(希望之星、学习之星、勤奋之星、进步之星、纪律之星、管理之星、艺术之星、体育之星、诚信之星、环保之星)全校评出1000人。每学期全校三分之一的学生会因为不同方面的进步而受到学校的表彰奖励。二中适应市场经济发展的需求，改变评价机制，变“分数唯一”为“指标综合”，变“主体单一”为“全员参与”，变“选拔淘汰为主”为“激励发展为主”，对学生进行道德、心理、学业综合素质和活动表现等全面评价，尽可能让每个学生都获得良好评价，从而激励信心，克服困难，勇攀高峰，向更高的方向努力。

登上台子展示——竭力创设机会赞美与激励。“数子十过，不如奖子一功。”“赞扬如阳光，批评如利剑。”二中倡导教师用放大镜照学生的优点，努力寻找学生的长处；鼓励学生“不求事事优秀要有一点出色”；要求教师“宽容学生过错，放大学生亮点”。每个班级都定期坚持召开“你身上的闪光点”主题班会，并有目的、有计划、有针对性地给每个同学找优点、找闪光点、找突破口。集体“望闻问切”的结果是有时连学生本人也意识不到自己还有如此巨大的潜能需要释放，还有实现个人价值的潜在功能。

蹲下身子看学生——发自内心的重新审视与定位。部分学生因受分数定成败的影响，在经受了老师一次次批评后，很有可能得不到父母、老师和同学的关注、肯定和尊重，这在一定程度上会造成性格的扭曲和心理的不健全。毋庸置疑的是，他们更易于心态失和、意气用事、情绪失控、偏激极端、屡教屡犯，但同时他们身上又蕴涵着可贵的潜质——率真和勇气。他们敢做敢当，少顾忌得失；肯承认错误，不矜持虚伪；不惧怕失败，能探究冒险；讲友情义气，少暗藏私心——他们有盲动更富勇气。这些极其可贵的人格品质，只是因为生长在成绩差和“劣等生”的土壤里，又往往被无情地扼杀了。公平、公正、客观、务实和一分为二地评价他、鼓励他，又成了二中老师义不容辞的责任和长期坚持的做法。

坐着与他谈话——严格保证同等的人格与尊重。二中教师在办公室与学生谈话都坚持“请坐、倾听”的做法，特别忌站立、忌武断。请学生在面前坐下，耐心地先倾听发自内心的诉说，给学生以足够的平等地位和人格尊重。在做学生工作时，教师不是站在学生面前而居高临下，也不是让学生站立而自己颐指气使，而是保持平等的高度，适时地

高看他，发自内心的爱护他、赞扬他。当学生犯错误和有了缺点时，经常站在学生的角度开展换位思考，理解他们的行为，体谅他们的难处，交给他们解决问题的办法。换个角度看待学生的缺点，挖掘学生缺点背后的潜力，引导学生想自己、想他人；尊重自己、善待他人；少看矛盾、多存温馨。在这样的心境下对待每一位同学，二中的师生关系变得十分和谐。

挺起胸膛——强调步调一致凝神聚气。"思想指导行动，细节决定成败。"虽说升学预备教育，强调的是向高一级学校输送合格人才，但二中更强调学生应对社会的积极的姿态、精神和能力，强调人的精神品质、价值判断的进一步提升。张掖二中从提升学生的精神状态、情感培养和知识准备入手，坚持倡导学生"五起来"，即"额头抬起来、校徽挂起来、胸膛挺起来、声音响起来、手脚甩起来"，以此提升学生自信、阳光的气质；重视早起、早读、早操、早餐"四早"的精神面貌的培养，长年坚持，从不间断。四个年级部的学生，近5000名学生，80多个方阵，从百米外的各教学楼汇集运动场，自早操铃响到集合完毕，仅需5分钟。塑胶运动场上，不同年级的校服，齐刷刷的步伐，响亮的口号，英姿飒爽，凝聚心气，振奋人心。练出的不仅是强壮的身体，而且是精气神和二中学子特有的风貌。

人本关爱聚集生命活力。结构调整的10年来，张掖二中教师已对教育的本质、职业的使命有了自己特有的体悟："以心灵感受心灵，以感情赢得感情"是教师从教的基本功，"爱是教育的基础"是为人师表必须恪守的座右铭，"眼中有生命、心中有学生"已成为全体教师的行为准则。

二、质量第一，科学管理

先进的办学理念在这里得到诠释。二中始终以先进的办学理念引领管理水平、教学质量的不断提升，优化和创新了可持续发展的环境。高举务实旗帜，弘扬奉献精神，崇尚科学管理，创新课堂教学，注重能力培养，重视个性张扬，因材施教，拔尖培优，面向全体，"教风正、学风浓、质量高"的特点已经形成，近年来二中高考升学率始终保持在80%以上。

学科竞赛，精英辈出。二中始终倡导"发现人的价值，发挥人的潜能，发展人的个性"的教学理念，切实构建"以人的发展为中心"的素质教育新体系，在人才培养方面从适应性、整体性、前瞻性、可能性、创造性出发，发挥比较优势，积极培育和凝练特色，高度重视特长生的辅导和培养，重视全省、全国的奥林匹克学科竞赛，重视省、市、区重大体育文艺赛事，充分展示了二中学子新风采，树立了二中新形象，打造了二中新品牌。

三、活化机制，展现魅力

"第一层次的管理是人对事的管理，第二层次是人对人的管理，第三层是以人为本的管理，第四层是人格管理。学校管理不仅要研究组织意图如何实现，还要研究教师个体的价值实现。"校长杨生效说。

面对全市人民对优质高中教育资源的迫切需求，面对迅猛扩大的学校规模，学校要实现快速健康发展，首先要解决的问题是缩减管理层次，打通校长和一线教师的关系壁垒，实行管理的低重心。为此，张掖二中提出了“低重心规划，向课堂要质量；精细化要求，靠管理出效益”的管理思路。不断创新教育管理机制，探索了一条“学校统一领导，处室具体指导，年级直接管理”的管理模式。按照“近距离管理，近距离服务”的理念和“缩小管理单元、下移管理重心、激活管理活力、提高管理效能”的思路组建年级部领导小组，形成了“人人肩上有责任、千斤重担大家挑”的局面，最大限度地调动起了广大教师的工作的积极性。

以精细化管理提高教学效益。二中按照“高站位思考，低重心运行，精细化要求，高质量目标”的总体要求，进一步完善年级部为主体的管理模式，健全年级部管理制度，在“精”字上做文章，“细”字上下工夫。通过召开“年级部管理模式大讨论”，深入分析试行年级部管理模式以来的成败得失，认真研究此项管理模式运行的利弊，特别是对年级部和各处室在工作中互相掣肘、推诿扯皮、弱化管理效能的地方，坚决不回避矛盾和问题，冷静思考，集思广益，对症下药，弥补不足，取长补短。通过研讨，突破了学校管理上的体制性障碍，完善了制度，活化了机制，形成和谐发展、科学发展的强大合力。

二中从最容易被忽视的教学细节管理入手，变注入式教学为启发式教学和探究式教学，变学生被动听课为主动参与的合作学习，变单纯的知识传授为基础知识、基本技能和基本方法“三基”并重，创建健康的学习心理环境，把对话、交流、分享、共探等作为课堂教学的基本途径，实施教学精细化管理：制定教学管理、教研、教学、学习、考试、阅卷、辅导规程；制定具有鲜明特色的教学工作计划，检查、公布教师教学计划，检查、评比教师教学设计；每周公布各学科诱思探究课堂教学行为表现；每周质检处通报深入课堂教学听课情况；严格限制教师占用学生自习时间；定期进行学生问卷调查；建立学生学情和发展档案……课堂上力求解放学生的嘴巴，让他们多说一说；解放学生的大脑，让他们多想一想；解放学生的双手，让他们多做一做；解放学生的眼睛，让他们多看一看；解放学生的空间，让他们多动一动。强化教学过程监督，落实教学规程、教研规程、学习规程，每月对班级、教研组、任课教师进行全面量化考核，从根本上提高了课堂教学效益。

二中管理者高站位思考，以“为每一个家庭着想，为每一个学生负责”为出发点，践行“人人都是学校主人，个个参与学校管理”的人本理念，把最先进的理念、最有力的措施、最管用的办法落到了实处，真正实现了“尊重的教育”。

四、名师队伍，奠基未来；治校兴业，人才为先；治教兴学，唯在得人

二中崇尚一种理念，让每一朵花儿都开放，让每一位学生都成功；坚持一种观点，学校因为学生而存在，教师因为学生而成功。“没有教师生命质量的提升，就很难有高的教

育质量；没有教师精神的解放，就很难有学生精神的解放；没有教师的主动发展，就很难有学生的主动发展；没有教师的教育创新，就很难有学生的创造精神。”“二中之所以能取得今天这样非凡的成绩，不是靠一两个人支撑的结果，而是靠一大批师德高尚、业务精湛、任劳任怨、甘为人梯、尊重学生的优秀教师群体团结协作的结果。”党总支书记王登利说。

在二中看来，建立良好的激励环境和激励机制，对不同人才采取恰当的激励策略，是学校走向成功的关键。近年来，大批优秀教师会聚二中，寻求的正是自已新的发展和自我价值新的展现。为适应这样的内在需求，力促教师发展，让有能力愿意做事的人尽量有较多的事做；让愿意做又想把事做好的人尽量有事做，二中建立了集聘任、考核、培养于一体的人性化用人机制。学校各种岗位都按“双向选择、平等竞争、择优聘任、目标管理”的办法进行岗位竞聘：学校聘任年级主任，年级主任聘任班主任，班主任和科任老师双向选聘；按需设岗，聘用时尽可能照顾教师特长；在双向聘任基础上微调班级教师搭配，尽可能做到优势互补，从而建立起“能者上、庸者下，优者胜、劣者汰”的人才竞争和流动机制，实现了教师从“身份管理”向“岗位管理”的转变。

分层次制定教师考核标准，教师自评、教研组评、生评、年级组综合评价和学校终评结合，二中从师德师风、教学质量、公开课、指导学生成绩、科研成果等方面，全面评估教师工作绩效和专业发展水平。每学期让学生从教学目标、教学态度、学习方法、心理情况、教学状态、师生关系等方面，对教师进行课堂教学和师德评价，提出具体的意见和建议，促进教师改进教育教学行为，初步建立了目标多元、形式多样的教师差异发展评价体系。同时引导教师自我剖析教学案例和成长过程，审视、反思自己的教育教学决策、行为和效果，明确所处的成长阶段，找到优势、差距和努力方向。二中把学校人力资源的潜能，聚集、释放成了科学发展的强劲势能。

实施名师工程是张掖二中内强素质、外树形象的重要举措。学校现有教职工282人，近3年来，一大批优秀教师脱颖而出，教师在省级以上学术刊物上发表论文300多篇；18项科研成果获得国家级、省级、市级奖励。涌现出特级教师3人，省级“园丁奖”获得者8人，省级骨干教师12人，省级学科带头人及省级教学能手15人，市级骨干教师27人，区级骨干教师40人，高级教师100人，其中研究生学历达20人。他们在平凡中坚持，在清贫中恪守，在寂寞中奉献，在拼搏中超越，铸就了二中新的优势和特色，促进了高素质人才向更高水平发展。

五、诱思课堂，动力激扬

“教育的成功不仅在于学生已经学到了什么，更在于使学生终身都有一种学习的强烈欲望，都懂得怎样去学习。”二中的每一个老师都深刻地体会到了这一点，社会也体会到了这一点。二中有凤毛麟角的学生，但更多的是高考的大面积丰收，考取“211”和

"985"大学的学生非常普遍。

"讲台洗礼、聚焦课堂"是二中为提升教育教学质量推出的有效举措。其基本的含义，就是坚持以课堂教学为中心，以培养高素质人才为目标，以提高整体升学质量为主线，营造自主学习、合作学习的浓郁氛围。这一思路的关键是改革课堂教学。近年来，二中适时启动了"三转"、"五让"为主要内容的课堂教学改革工程。学校要求教师把微笑带进课堂，关爱每一个学生；把民主带进课堂，建立和谐的师生关系；把探索带进课堂，激发学生的求知欲；把合作带进课堂，促进思考、创新、消化、吸收；把成功带进课堂，让每一个学生都在知识的接受、更新、升华和人格的完美、超越的过程中体验到成功的喜悦和快乐。

二中坚持"教师为主导，学生为主体，训练为主线，思维为主攻"的诱思探究"四为主"的教学观点，充分调动学生学习的"能动性、独立性、创造性、发展性"；主张"七动"训练，即动手做、动眼看、动情读、动口议、动耳听、动笔写、动脑思，把培养思维能力作为训练的主攻方向；坚持"整体优化、教学和谐、强化训练、丰富情感、多向反馈、促进迁移"的诱思探究教学的六原则，把"落实学生的主体地位"作为教学过程、教学策略的基本出发点和落脚点，从而为弘扬学生主体精神、激发创新兴趣、培养创新能力创设了最佳的教学情意场。有专家指出，二中课堂的最大亮色是"变教为诱，变学为思，把课堂真正变成学堂"。

"有百分之一的希望就要尽百分之百的努力，决不让一个人掉队。强化质检处、备课组的学习、交流和研究职能，在备课组开展新授课、复习课、专题课、练习课、讲评课等课型的实践研究，促进各学科教师形成自己独特的文化愿景和教学资源库，营建了一个融洽、和谐、进取、富于探索研究精神的微观文化环境，促进了教学研究的质量和效益，为确保课堂效果和让每个学生实现有效学习提供了坚强保障。"副校长贾红元说。

面向每个学生推进分层教学。高一学生李亚娟，按母亲意愿分在了A层次班。经过一段时间的学习，她感到自己认知结构、思维水平等与该班同学存在明显差距，就根据学校"自主选择学习层次"的原则，征得母亲同意后主动要求转入了B层次班。一学期后，又以明显优势"昂首"回到了A层次班级。这实际就是二中"分类要求、分别指导、分层推进"管理策略，全面落实"多鼓励，少指责；多理解，少猜疑；多帮助，少为难；多关心，少冷落；多指导，少抱怨"的"培优促中补差"原则的具体缩影。

在经历了"诱思探究教学论"思想的深刻洗礼后，二中人普遍认为："成人比成功重要，成长比成绩重要，过程比结果重要，激励比名次重要，奖励比指责重要"；"让每位学生都得到提高，但不求同步提高；让每位学生都合格，但不求相同规格"。思想认识的高度，决定了二中的发展速度。同时，二中认定，高效课堂就是以最小的教学和学习投入获得最大学习效益的课堂，其目标就是轻负担、高质量、低耗时、高效率。特级教师、副校长

李亦武说:衡量课堂高效,一要看学生知识掌握、能力增长和情感、态度、价值观的变化程度;二要看教学效果是通过怎样的投入获得的,是否实现了少教多学;三要看师生是否经历了一段双向激发的愉悦交往过程。

为了庄严而神圣的承诺

——张掖二中和谐发展科学发展纪实(下)

高文平

张掖二中,历经半个多世纪的风雨烟云,主动适应社会需求,积聚了人才培养优势和特色,为国家输送了一批批优秀人才,办学实力逐年增强,办学效益稳步提升,赢得了各级党委政府、教育主管部门和社会各界的认可、支持和厚爱。

六、校园文化,春风化雨

没有文化就没有品牌,没有品牌就没有竞争力。张掖二中秉承"教化育人、陶铸精英"的办学信念,"硬件设施"不断完善,"软件建设"不断升级。"软"与"硬"的有机结合,使传统文化与现代文明相得益彰,营造了浓郁的文化氛围和温馨浪漫的育人环境。

孔圣广场。圣人无言,泽被后世。传统文化的生生不息和教育思想的博大精深,潜移默化,润物无声,为师生树立了教化和求知的典范。

民勤会馆。碧瓦红墙,古木参天,既有很好的建筑艺术价值又有较高的美学价值和历史传统文化的厚重感。现已开辟为二中师生书画习作展览室。

名人雕像、文化石。蕴含兼收并蓄、民主自由、科学求知、严谨创新的人文追求,使人浮想联翩,引导学子爱美、奋发和不懈追求。

萃英亭。飞檐斗角,夺目耀眼,韵味无穷,喻示着1998年二中会聚了甘州区三所学校的精英,昭示着全体二中人以团结协作、开拓进取的精神风貌开始了新的跋涉。

塑胶运动场。体现了张掖二中师生更高、更快、更强、更好的精神风范。喻示着一代代莘莘学子强身健体、施展抱负,奔向未来。高标准的体育设施是教育现代化的基本要求,也是中学素质教育的强力保证。

砺志园。喻含"磨砺锻造、百炼成钢,务实进取、志存高远"之意味。同时假山亭台相映成趣,为师生开辟了新的学习休憩之所。

音乐喷泉、中心花园、文化长廊,邀请名家题写匾牌,营造了浓厚的书香气,同时力求让每一堵墙、每一块地都能说话,每一朵花、每一株草都在倾听,每一个人都在追求完美,使校园文化弥漫在校园的空间,驻足于师生的心田。

校报《张掖二中》、校刊《耕耘》为师生学术思想的交流、教学理念的提升和教育科研成果的总结推广搭建了平台,营造浓厚的学术文化氛围。

本着“总结规律，承续传统，弘扬精神，激励后学”的宗旨，精心编写了具有较高质量的《张掖市第二中学志》和学校画册，重建了学校校史馆，为学校校本教材的开发和校史教育开辟了新的途径和领域。

图书馆、阅览室“汗牛充栋”，倡导师生读好书、好读书、读书好，努力打造“书香校园”。

广播电台、文学社、舞蹈队、合唱团等艺术团体的建设及丰富多彩的校园文化活动，以“发现人的价值，发挥人的潜能，发展人的个性”为出发点，倡导“把空间留给学生，把时间还给学生，把方法教给学生”的价值取向，切实构建“以人的发展为中心”的学校文化教育新体系。

一枝一叶皆文化，一言一行总关情。二中把校园文化作为学校的一种传统、一种精神、一种品位，已切切实实产生了春风化雨、润物无声的教育效果。

七、日常管理，潜移默化

生活在批评之中，就学会了谴责；生活在恐惧之中，就学会了忧虑；生活在耻辱之中，就学会了负罪；生活在鼓励之中，就学会了自信；生活在接受之中，就学会了宽容；生活在赏识之中，就学会了自爱；生活在分享之中，就学会了慷慨；生活在诚实之中，就懂得了敬畏、民主、真理和公正……

由此可见，学生学习生活的环境对其成长发展的作用是多么重要。近年来，二中在日常管理中，以推进“尊重的教育”为目标，重视对学生的阳光人文关怀，以“教必务实、学必求是、言必达理、行必规范”为抓手，积极推进校风、教风、学风建设。通过精心打造“精神家园”，创造适合学生发展的教育，搭建引领师生成功的舞台。

“大气包容的学校环境促我反思，沁人心脾的人文关怀叫我奋进”。透过二中学子言行举止的点点滴滴，我们真切触摸到了二中那种深藏于表象里面的脉动，这是一股清泉，脉脉流淌，香甜甘洌；是阵阵微风，润人心腑，惬意舒爽！

“给孩子一个梦想，让学生心中充满阳光。”二中不仅注重对学生进行行为习惯教育，更注重对学生健全人格的塑造和良好品行、健康心理的教育。促进学生个性充分和谐地主动发展，为学生的多元智能的开发，多种学力的提升，丰富学生的学习经历和精神世界，提升生命质量，努力培育“勤思、探究、坚韧、创新”的学风。以创建和谐校园为目标，开展法制教育、安全教育、励志教育、感恩教育、礼仪教育、健康教育、心理教育等丰富多彩的校园文化活动，切实提升学生生命质量。二中以优良的教风带动学风建设，以良好的学风促进教风发展，形成了师生互动、教学相长的良好局面。

八、高端智慧，强势推进

张掖二中不遗余力引进高端智慧，办学模式更加开放。2008年初，邀请广西师范大学李英庆教授来校作“学会感恩”报告会，师生反响强烈；5月份，清华大学张学政教授应邀来校就教学艺术和方法讲学，受到了老师们的普遍好评；6月份，陕西师范大学张熊飞教

授专程来校作为期4天的“诱思探究教学论”的全员通识辅导,极大地推动了学校课堂教学改革。10月下旬,由定西市渭源县四套班子组成的教育考察团一行67人专程来校参观考察,对学校的办学理念、管理体制、校园文化、教学科研、课堂教学诸方面给予了高度评价。2009年3月17日,静宁一中一行5人来校参观交流;3月24日,西北师大英语系教授曹进来校就高中英语教学及高考应试技巧作了专题报告;3月30日,市委常委、宣传部长徐永成,市委常委、区委书记杨继军一行30多人来校检查指导“校园文化建设”情况并召开座谈会;4月30日,全省科学发展主题实践观摩团120多人我校参观考察……一批批专家、领导、学者来访指导,给二中注入了新思想、新理念。

二中在“请进来”的同时更加注重“走出去”。学校先后组织管理人员和学科骨干前往黄冈中学、衡水中学、兰州一中、师大附中、酒钢三中、武威一中、民乐一中等省内外著名示范性高中参观交流学习。2008年10月,由学校4位校长带队,学科室主任和部分备课组长一行23人赴山东章丘考察学习。这次学习更有针对性,更加注重实效性,每位教师听课都在10多节,大家更为直观地感受到了诱思探究课堂教学的真谛。2009年3月4日,学校选派2名英语骨干教师参加为期20天的北京师范大学英语教师岗位专业培训;3月12日,选派10位教师赴兰州参加2009年高考研讨会;4月份,学校先后分3批18人赴兰州参加班主任培训,现场聆听了全国模范班主任和教育专家的报告;4月18日,由副校长陈学彪带队,高二年级一行16人赴民勤一中、武威六中、永昌一中进行了为期4天学习、听课考察活动……二中创造一切条件为教师开阔思路、增长见识,用实实在在的行动践行着“培训是最大福利”的发展理念。

九、育德育心,个性飞扬

播下一种动机,收获的是一种行为;播下一种行为,收获的是一种习惯;播下一种习惯,收获的是一种性格;播下一种性格,收获的是一种命运。

“牵引一股波涛行走的,可能是它身边的一段岸;而牵引千万条江河奔涌的,只能是浩瀚的大海。召唤一只鹰飞翔的,可能是它寻觅的一个瞬间目标;而召唤千万只雄鹰奋飞的,只能是高远的蓝天……既然选择了前方,就只能风雨兼程;既然理想是蓝天,就必须给自己插上翅膀。”

“为寻人生的真谛,为营事业的丰碑,为了理想放飞,我们相聚二中,订此公约,诚出于有则改之、无则加勉之意……成大事者在人品,德高方能望重,我们一定自律、自警、自立、自强,规范言行,注重修养,提升品位……”集理想建构、人格修炼、心智培育、学法感悟等于一体,这份集体创作的《班级公约》,激情飞扬,情操高旷,直叫人怦然心动。这再次验证了苏霍姆林斯基那句著名论断:“只有能够激发学生去进行自我教育的教育,才是真正的教育。”

奔着这个目标,二中构建了内力激发的学生自主管理模式:建立学校和年级的学生

自主管理及各班自主管理监督岗,他们在值周、值日教师指导下,参与学校管理。在二中,学校运动会、艺术节、英语周、科技活动月等大型活动,都有学生参与设计、组织,二中电视台、校园之声广播站、校报校刊、青年志愿者服务队等,都是在老师指导下学生自主运行;学生还自创集棋类、球类、歌舞等于一体的"快乐周末"活动。

德育育心,催生班级文化。一场"感动10班人物"主题班会正在上演,每个人都仔细搜寻自己的感人事迹,写成推荐词,参与小组演讲,胜出者全班角逐。主持人热情洋溢的颁奖词宣读后,4个"感动人物"激动不已地答谢,亲历整个过程的全班师生、家长都"受到了一次深刻的教育"。副校长张兴虎说:"贴近学生学习、生活、心理实际开展主题教育活动,原始想法是以活动促进群体聚合力,让同学们在目标达成中共同发力、共受挫折、共享成功。"活动不仅锻炼了个体,更催生了班级精神文化,形成了"志存高远,宁静致远"的班级奋斗目标、"勤而立信,忠以成器"的班训、"用激情夜以继日,用理想超越自我"的班级格言。

二中紧紧围绕理想、习惯和心理健康教育三个重点,以加强班级管理和班风、学风建设为中心,以培养学生自我教育、自我管理的意识与能力为目的,开展了丰富多彩、卓有成效的活动。

在二中,班主任普遍把心理学上的基本原理用于班级文化建设,促进德育与班级管理、班级活动有机结合,开展多种形式的心理健康教育活动,推动学生自主管理。高一的自信教育、高二的励志教育、高三的理想与前途教育,成为二中德育的重要主题;每月一次的心理健康教育主题班会成为德育的固定内容;体验性活动、反思性活动、问题辨析活动等成为德育活动的主要形式。

"教育是心心相印的活动,唯独从心里发出的,才能打到心的深处。"陶行知这句教育名言,在二中生发为"育人育德,育心育情"的德育思想,老师们从对学生日常生活和病痛疾苦的关照入手,深入学生学习心理、人际适应、人格修养的不同区间,对生命成长进行终极性关怀。

二中从"德育"走向"育心"。针对学生以自我为中心,对集体和他人缺乏关心、缺失传统美德的现状,二中利用各种节日开展"社会公德、家庭美德、个人品德、职业道德"和"祖国情、亲子情、师生情、朋友情"为主要内容的"四德四情"教育活动,以培养学生对父母亲人、老师长辈、同学朋友、国家民族的健康情感,让学生学会知恩、感恩,友爱互助,忠诚奉献,并将之转化为学习成长的动力。围绕"四情"教育开展各种形式的主题班会活动,以及"忠心献祖国、孝心献父母、爱心献社会、诚心献他人、信心留自己、雄心立壮志、恒心泰山移、勤心成大业、虚心长见识、专心定成败"的"十心"文化教育活动,并把"十心"内容融入"每周寄语"、班训、班歌、誓词、宣言,融入学生每天的学习生活。

育德育心,开发心理机能的"育心"文化,进行生命方向、生命智慧、生命情感、生命意

志的发掘和培育,激扬生命真谛发展的强大能量。近年来,二中涌现出了舍己救人的贺靖同学、拾金不昧的张玲同学、见义勇为的鞠丽丽同学等一批先进典型,各新闻媒体对他们的先进事迹作了详细的报道,这在学校和社会上引起了强烈反响。二中学子成长因“德育”和“育心”两把钥匙的开启,向着生命卓越的星空释放着巨大能量。

十、激情燃烧,拥抱成功

“追求卓越并不一定是追求完美。往最坏处想,向最好处做,努力做最好的自己,你会发现成功其实很简单。”这是高三(6)班班主任王英志老师在班会课上说的话。

“我是教师,肩负着学生的未来,家长的希望,人民的嘱托,需要全身心投入。”“我是一名考生,我正处在人生发展的关键时刻,今天的拼搏是为明天的发展奠基;珍惜时代给我的机会,不辜负学校、家庭和社会的期望……”二中师生的“备考宣言”,折射出二中兑现教育使命和本质的有机统一,不仅注重发展学生的全面应试能力,更着眼于奠基学生一生的素质发展。

在二中,到处可见这样的备考标语或班级格言:“拼一把,拼一个青春无悔;搏一回,搏一个灿烂前程。”“豪情满怀,壮志擎天;争分惜秒,勤奋苦钻;全力以赴,卧薪尝胆;挑战极限,铸我辉煌。”进入“激情燃烧的高三岁月”,每个班都围绕“适应高三、拼搏高三、决胜高三”确立班级格言,每个学生写出备考宣言,将高考与自己的责任、应持的态度,以言简意赅的个性化语言表达出来,激发自己奋力拼搏。

“学习要注重过程。所谓过程,就是用口去读,勤问勤记忆;用眼去看,增加感性知识;用耳去听,发挥听觉器官的最大潜力;用手去做,养成‘不动笔墨不读书’的习惯;用腿去跑,主动上门请教别人或实地考察;用脑去想,积极地思考和发现问题;用身体去经历,实践是最好的老师;用心灵去感悟,在学习中反思,在反思中前行。”这些针对性很强的“年级寄语”,如“及时雨”,既有鼓励希望,又有方法指导。

高考是学生在知识、能力、身体和心理上的全面竞争。二中提出“向非智力因素要质量”的教学策略,全体教师不仅抓学生学习成绩的转化幅度,更要强化学生和谐心理、人生责任、拼搏精神等非智力因素的培育和激发。

全面培育“备考文化”,加强高三过程管理,二中把高三分成三个阶段:“适应高三”阶段,着重引导学生形成竞争、拼搏和升学意识,召开“适应高三”动员大会,组织学生制订年度个人学习生活计划、班级学习规程和行为规程,适时调整教育教学管理策略;“拼搏高三”阶段,重点引导学生学会学习、夯实基础和形成良好的学习氛围,全年级学生反思总结“影响学习效率的因素”;每年高考前100天的“决胜高考”阶段,二中都要召开“决胜高考,百日冲刺”誓师大会,举办“成人仪式”。高三学生以班为单元,在班主任引领下列队在学校“孔圣广场”,集体朗诵誓词:“自信创造成功,拼搏铸就辉煌,牢记我们心中的梦想,不断地挑战自我、挑剔自我,跳出自我、超越自我,让我们在激情燃烧的六月中,以

分数说话，以实力说话，追求卓越，实现梦想……”由此点燃了师生冲刺高考的激情，营造了最佳的应考氛围。

站在新的起点，二中形成了这样的共识：要切实坚持科学理念，不能为定势所困；要切实增强忧患意识，不能为成绩所累；要切实树立发展眼光，不能为视野所限；要切实强化进取精神，不能为艰难所惧。

教育是既有共性又有个性的事业。在长期的办学历史中，每个学校有不同的侧重点，形成了各自的学风、校风和特色、优势。在张掖二中，抓好教学工作，提高教学质量，永远是学校各项工作的重中之重。

以科学发展观统领学校发展全局，转变发展观念，创新发展模式，破解发展难题，坚持走质量立校之路是二中人的必然选择。深谙教育成功之道的二中学校领导班子明白，质量是学校的生命线，任何时候都要坚定不移、毫不动摇地抓教育质量。抓教育质量，必须把内涵发展、均衡发展、人的发展放在首位。示范性高中的创建、复评为学校奠定了良好的可持续发展的坚实基础，下一步的中心任务就是要把已经形成的好经验、好做法坚持好、实践好、发展好。注重内涵发展、保证育人质量，这是学校赖以生存和发展的基础。这种渴求进步、积极进取的态度，足以显示张掖二中高瞻远瞩又谨慎务实的风格。这既传承着张掖二中一贯的作风，又预示着迎接未来严峻挑战，坚定信心毫不动摇。

未来的教育面临更加激烈的竞争，更加严峻的挑战，更加艰巨的任务。二中要实现新起点上的新跨越，就要站得更高，看得更远。高瞻远瞩是一种朴素的人生观，是一种开阔的视野，更是一种高远的境界。正确的思想指导正确的行动，正确的行动才能实现科学发展。学校实现又好又快地发展，必须“高度负责，艰苦创业，团结协作，开拓进取”，必须要对社会负责、对学生负责、对家长负责。

成绩属于过去，未来在于自我把握。二中人没有丝毫的松懈情绪。他们牢牢运用解放思想、改革创新这一有力武器，以科学发展观提升核心竞争力，把发展作为学校建设的永恒主题，突出强调提高教育质量，突出强调提升办学水平，突出强调科学发展、创新发展、和谐发展，努力实现学校在新起点上的新跨越。

目标就像轮船的指南针，指引着航船在茫茫大海中朝着正确的方向航行。在激烈的教育竞争中，定位就是指南针。站在新的历史起点，张掖二中确定了“优化活力二中，夯实质量二中，展现魅力二中，创建和谐二中，打造品牌二中”的基本思路。学校将继续解放思想，坚持育人为本，深化教学改革，坚持科学发展，促进校园和谐，依靠全校师生员工通过3年的努力，把张掖二中真正打造成为全省高中升学预备教育的排头兵，西部课程改革的实验基地，打造成为河西一流、陇上知名，具有优质教育品牌的窗口学校，打造成为高水平、有特色的人民满意的省级示范性高中。

(2009年5月22日、23日《张掖日报》两个专版)

老师，我们永远敬重你！

高文平

让我们记住这个时间：第25个教师节来临之际；

让我们记住这个地方：张掖市第二中学；

让我们记住这份激动：重点、本科录取人数再创新高！

把蓝天给了你，把大地给了你；不求你的留恋，不求你的回报，只求同学们个个成材。

把真诚给了你，把爱心给了你；不求你的馈赠，不求你的感激，只求同学们人人成功。

——校长给2009届毕业生的赠言

恰逢祖国60华诞，张掖二中2009年高考又创历史辉煌，获得丰硕成果，重点名牌大学录取再创新高，提前重点录取298人，录取率为17.48%；二本以上录取688人，录取率为40.2%；独本以上录取918人，录取率为54.3%。高考各项指标及高分段人数在同级同类学校中名列前茅。

一时间，张掖二中的校园成了老师、学生和家长互相庆贺、互致勉励的场所。现在，又有一批莘莘学子将从这里迎来人生新的起点。张掖二中是张掖市高中教育的一张名片，这些优异成绩的取得再次证明了这所有着53年历史的学校蕴涵着强劲的发展势头。这些成绩是张掖二中全体领导班子成员励精图治的结晶，是全体教职工敬业奉献的成果，是全体师生实践教育新理念、构建课改新模式的写照。

其实，2009年取得的佳绩只是一个缩影。2006年我校考入重点大学263人，本科854人；2007年高考实现了新的突破，考入重点大学302人，魏小东以703分的高分摘取甘肃省高考理科第二，被清华大学录取；2008年高考再创佳绩，重点录取382人，本科729人，有5人以骄人的成绩被北大、清华录取人。近年来，二中的高考升学率始终保持在80%以上，高考各项指标及高分段人数在全市同级同类学校中名列前茅。

53年来，张掖二中坚持正确的办学方向，打造精良的教职工队伍，教学成绩优异，创

造了一个又一个辉煌。

53年来,张掖二中教职员工负重拼搏,团结奋斗,培养出大批优秀学生。

53年来,张掖二中教职员工把真心和爱心奉献给了他们的孩子!

先进的办学理念

半个世纪风雨沧桑,五十三载积淀升华!

为了甘州50万父老乡亲的期望,在半个世纪的文化积淀中,张掖二中逐步树立了“让每一个学生都成材”、“让教师发展学校”的办学理念,提出了“敬业、笃行、务实、创新”的校训,明确了努力打造“河西一流、陇上知名,高水平、有特色的人民满意的省级示范性高中”的办学目标,形成了“文明、和谐、严谨、勤奋”的校风,提倡“严(严谨、严明、严格),精(精湛、精确、精彩),活(活教、活导、活用),创(创业、创新、创立)”的教风和“勤思、探究、坚韧、创新”的学风,实现了“由传统教育向现代教育、由知识教育向能力教育、由应试教育向素质教育”的三个根本性转变。近3年来,学校又提出“为每一个学生会学、善学、乐学引航,为每一个学生成人、成材、成功奠基”的教育信念,遵循“面向全体,为所有学生的成长负责;面向未来,为学生的终生成功负责;塑造心灵,为学生的人格完善负责;尊重个性,为学生的发展成材负责”的育人原则,通过“教书育人、管理育人、服务育人、环境育人”等途径,让学生“学会做人、学会求知、学会健体、学会审美、学会交流、学会合作、学会宽容、学会生活、学会创造”,将来能够担当起社会重任,成为国家、民族的栋梁之材。

为贯彻和落实以上理念,学校带领全校师生以高昂的斗志、饱满的热情、强有力的措施实施“四大工程”:“建设学校精神家园工程”、“诱思·探究课堂教学改革工程”、“青年教师培养工程”、“深化教风、学风建设工程”。努力把张掖二中建设成文化风气浓厚、师资力量雄厚、教育管理科学、设施设备先进、教学质量一流、办学特色鲜明、品牌优势明显的优质省级示范性高中,成为甘肃省展示教育成果、精神文明建设的重要基地,为学校早日跻身西部名校奠定坚实的基础。

高效的领导团队

张掖二中学校领导班子将“一切以学生为重,一切从大局出发,一切为师生着想,一切对未来负责”作为班子成员的座右铭,并身体力行加以实践……

二中领导班子既有较高的政治素质,又有深厚的专业功底;既有统筹全局、大刀阔斧的工作魄力;又有诚恳待人、积极进取的人格魅力。领导班子全体成员在区委、区政府和

市、区教育局的正确领导下，精筹划，重发展，敢拍板，善决策，具有改革者的气魄、创业者的胆略、实干家的拼劲。在学校管理方面，他们都亲赴教学第一线，勤于督察，高度决策，低重心运行，精细化管理，全方位服务；在团队精神方面，各位领导既有分工又有协作，不论是功力深厚的学术权威，还是年富力强的教学中坚、初出茅庐的青年才俊，都能各尽所长，心往一处想，劲往一处使，真正做到群策群力；在工作作风方面，他们以身作则，廉洁自律，率先垂范。他们把精力放在为师生干实事上，放在谋求工作实效上，放在解决教职工最关心的现实问题上。

多年来，他们的心紧贴在一起，手牢握在一起，劲狠使在一起，汗挥洒在一起……是他们引领二中人团结奋进撑起了张掖教育的一片蓝天。

一流的教师队伍

木铎金声，春华秋实。名师队伍，奠基未来。近些年，社会、家长普遍看好二中，除了二中科学严格的管理，浓厚的文化氛围，更重要的是看中了二中有一支精英化的教师队伍。

是的，没有教师生命质量的提升，就很难有高的教育质量；没有教师精神的解放，就很难有学生精神的解放；没有教师的主动发展，就很难有学生的主动发展；没有教师的教育创新，就很难有学生的创造精神。一句话，没有高水平的教师队伍，就没有高质量的教育。二中之所以能取得今天这样不俗的成绩，不是靠一两个名师支撑的结果，而是靠一大批师德高尚、业务精湛、甘为人梯的优秀教师群体团结协作的结果。

在二中看来，建立良好的激励环境和激励机制，对不同人才采取恰当的激励策略，是学校管理成功的关键。近年来，大批优秀教师投奔二中而来，寻求的正是自己新的发展和自我价值再现。

为适应这样的内在需求，力促教师发展，让有能力愿意做事的人尽量有较多的事做，让愿意做又想把事做好的人尽量有事做。二中建立了集聘任、考核、培养于一体的人性化用人机制。学校各种岗位都按“双向选择，平等竞争，择优聘任，目标管理”的办法进行岗位竞聘：学校聘任年级主任，年级主任聘任班主任，班主任和科任老师双向选聘；按需设岗，聘用时尽可能照顾教师特长；在双向聘任基础上微调班级教师搭配，尽可能做到优势互补。从而建立起“能者上、庸者下，优者胜、劣者汰”的人才竞争和流动机制，实现了教师从“身份管理”向“岗位管理”的转变，促进了教师差异发展和队伍结构优化，增强了教师发展的主动性和创造力。

分层次制定教师考核标准，教师自评、教研组评、生评、年级组综合评价和学校终评结合，二中从师德师风、教学质量、公开课、指导学生成绩、科研成果等方面，全面评估教

师工作绩效和专业发展水平。每学期让学生从教学目标、教学态度、学习方法、心理情况、教学状态、师生关系等方面，对教师进行课堂教学和师德评价，提出意见和建议，促进教师改进教育教学行为，初步建立了目标多元、形式多样的教师差异发展评价体系。同时引导教师自我剖析教学案例和成长过程，审视、反思自己的教育教学决策、行为和效果，明确所处的成长阶段，找到优势、差距和努力方向。二中力促发展和动力激发，把学校人力资源的潜能，聚集、释放成了学校发展的强劲势能。

构筑教师差异发展的平台助力。根据教师不同的发展水平和发展需求，分段分层提出专业发展要求，帮助教师规划职业生涯，二中搭建了青年教师、骨干教师和名师专业发展的"入格"、"升格"、"风格"的三级平台，让各个层次的教师根据自己的条件和特点，选择适合的发展目标和发展路径：新教师和教学能力相对较弱的教师向优秀教师拜师学艺，尽快实现教学"入格"；骨干教师在教学能手和学科带头人带领下尽快"升格"为"专业行家"；各级名师尽快形成独特的教学风格。

通过一系列内强素质、外树形象的重要举措，放大教师专业发展的科研助力，平台支持，机制助力，科研推动，张掖二中全面激发、聚集、释放、放大了教师专业发展的能量。近年来，一大批优秀教师脱颖而出，教师在省级以上学术刊物上发表论文300多篇；18项科研成果获得国家级、省级、市级奖励；300多名学生在全国、省、市学科竞赛中获奖。涌现出特级教师3人，省级"园丁奖"获得者8人，省级骨干教师14人，省级学科带头人及省级教学能手16人，市级骨干教师30人，区级骨干教师40人，高级教师108人，其中研究生学历达20人。他们在平凡中坚持，在琐碎中恪守，在清贫中奉献，在拼搏中不断超越自己，铸就了辉煌。

名校出名师，名师育英才。经过近10年的努力，目前，二中品牌教师已比比皆是：李亦武、贾红元、王斌、卞正东、张全义、赵培林、胡永晖、岳秀芳、吴晓明、张述文、张清、王建军、吴佩禄、赵殿杰、赵海平、滕好波、秦传明、刘文、魏立强、张红生、杨瑛、单成鹏、苏宏伟、麻仲瑾、保继哲、田沛霖、何巍、何瑛、赵燕玲、王定国、陈学彪、张兴虎、蔡小平、李文福、彭中、向国寿、周勉、杨兴彬、施晓红、赵江志、康文清、张克晟、郑登基、帖华、宗志红、田源、王兴瑜、刘霞、王彬林、陆海波、张臻、张维福、曹斌、于吉海……他们个个都是教育教学的行家里手，各有自己独到的一面。他们崇尚一种理念，让每一朵花儿都开放，让每一位学生都成功；坚持一种观点，学校因为学生而存在，教师因为学生而成功。正是像他们这样大批的优秀教师，以高尚的情操、渊博的知识、严谨的态度、灵活的方法、方正的人格，给一届届学生留下了深刻印象。他们无私奉献、任劳任怨，用聪明才智为张掖教育的发展抹上了浓重亮丽的一笔。

教在细微处，爱在点滴中

人本关爱聚集了教师生命的最强发展力……二中教师已对教育的本质、教师职业的使命、人本关爱的理念有了自己深刻的体悟。在二中教师看来“以心灵感受心灵，以感情赢得感情”是教师从教的基本功，“爱是教育的基础”是老师们恪守的座右铭，“眼中有生命、心中有学生”已成为全体教师的基本行为。

当老师难，当中学老师更难，当二中的老师更是难上加难。但二中作为全区唯一的省级示范性高中，二中人时刻铭记着自己的神圣责任与崇高使命——教好一位学生，幸福一个家庭，造福一方社会。为了这份神圣与崇高，他们不懈地追求着，默默地奋斗着——

【蜡炬成灰，照亮别人】老师们每天从早上6点20到晚上11点30十五六个小时连轴转，每天看着孩子还在睡梦中去上班，望着孩子仍然在睡梦中才回家，真是别是一番滋味在心头！孩子还小啊，心疼，但一想到有更多的孩子还在等待自己，更多的家庭还在期待着自己，他们只能舍小家，坚持，再坚持，心里默默地说，孩子妈妈将来一定补偿你！可是“铁打的营房，流水的兵”，送走了一批，又迎来了一批。一切就像一日三餐一样平朴、实在、自然。每个人都不言放弃，永不言悔，永不言累，都在充满希望地努力着。学生也在这种清新和谐的气氛中追求尽善尽美。的确，教育是一场静悄悄的革命，需要奉献和忘我，需要受得了辛苦、耐得住寂寞、经得住诱惑。

【善待每一个学生】“善待每一个学生”是二中教师共同的话语与追求。为了给学生创造一个心理健康的环境，杨校长要求教师放下架子，把学生放在心上。他经常强调宽容的价值，要求教师宽容学生的错误和过失，宽容学生短期时间内学习成绩徘徊不前甚至明显后退。他说如果一个老师缺乏应有的理智和宽容而大打出手，那是教师黔驴技穷、教育无能、山穷水尽的表现。关心学生的情感体验，让学生感受到被关怀的温暖。学生并非不通情理者，让他们在被宽容中受到感动，也在被宽容中奋发努力不断进步。

【和煦话语如沐春风】潜力无穷的经典话语与心理暗示产生着巨大的教育推力，副校长陈学彪时常说，个别学生基础差，并不等于他们的智力差，更不等于他们的潜力小。璞玉不琢，良玉难就。为了充分挖掘学生内蕴的巨大潜力，他要求老师必须做到的“三个一”：每天送给学生一个微笑，每天说一句鼓励学生的话，每天找一名学生谈话。高三(5)班班主任赵典杰老师说，师生从“三个一”活动中受益匪浅：“一个微笑”温暖了学生困乏疲惫的心灵，“一句鼓励”激发了学生的自信，“一次谈话”沟通了师生之间的感情。

【信心·成功】高三(7)班班主任张宏汉则在对群体进行信心教育的同时，又对那些好玩、心理不稳定、性格古怪者及个别有谈情说爱倾向的学生进行了特殊的关爱，从而使

全班学生拥有了走向成功的信心。同学们学习激情空前高涨,学习信心大幅度提高。于是,“山高人为峰,努力定成功”的哲言,成了学生共同的信奉。副校长张兴虎说,教师之言异常重要,向学生注入一种什么信息,就会结出一种什么样的果实。持久的师言,就会定格在学生的心理深层,对学生产生持久的影响。所以他要求全校教师对学生不能说“不”,更不准说“你不行”;要说“你行”、“你一定行”、“第一是你的”等鼓励之语。在这种长期“你能行”的话语氛围里,学生一个个都感到自己真的行,学习成绩也逐渐提高。好的成绩又给学生带来好的心情与新的动力,一种心理与学习之间的良性循环也就形成了。

【桃李不言,下自成蹊】谈到师德高尚、业务精湛、教学成绩突出的教师,在二中可以说不是一个两个,而是一大批。但所带班高考成绩一直处于同级前茅,同事们津津乐道,学生们念念不忘,始终赢得学生爱戴,同事赞扬的,不得不提及魏立强老师。魏老师在工作上一直兢兢业业,一丝不苟,他善于教法研究,在高中数学教学上有自己独到的一面,往往能将抽象的数学问题具体化、形象化,举一反三、深入浅出,所讲解问题具有很强的针对性、典型性和预见性,易于学生理解,能达到事半功倍之效。

从2003年开始,魏老师开始了自己的奥班生涯,同时也开始了他痛苦而艰辛的心历路程。许多人都认为带奥班是一件光荣的事,是可以扬名立传的好差事,可又有多少人了解其中的酸甜苦辣,社会的关注、家长的期盼、领导的嘱托、同行的猜疑、学生的渴求……一桩桩一件件都会压向他,但他都勇敢地挺了过来。为了责任,每天早晨6点半,他会准时出现在教室门口,风雨无阻,组织学生学习。晚上满城灯火稀疏,他才拖着疲惫的身子回家,刚坐到沙发上就睡着了,爱人都不忍心叫醒他让他吃饭。2005年11月,因长期超工作量上课损坏了声带,做完手术本应在家休息,可是他病未痊愈就跑到学校,不能说话就用纸和笔与学生谈心交流,有人说他疯了,可大伙知道责任心和爱心在督促他,由不得他自己。2005年,班上有位同学叫何�,思想激进,情绪很不稳定,晚上睡不着觉,和同学关系很紧张,他看在眼里急在心上,就到同学家里去找原因,才发现因为何瑫给自己定的目标太高,而每次月考成绩又不太理想,过度焦虑造成的,于是魏老师就决定和他一起上下学,谈心、释放压力,很晚的时候还陪何瑫学习,经过一段时间的努力,何瑫同学的心态调整过来了,2005年以优异的成绩考取北京大学。如今,他的声带息肉又复发了,但他表示,只要能讲话,他就会在三尺讲台耕耘。

2002年他被评为张掖市教育系统“优秀共产党员”。2005年他被评为张掖市“十佳青年教师”,特别是2005年高考中,他所带班级的48名学生有25人成绩在600分以上,其中杨爽和何瑫同学被北京大学录取,另有46名同学被南京大学、同济大学、武汉大学、中山大学等全国知名院校录取。在2008年高考中,所带班级再一次取得优异的成绩,李杨同学被清华大学录取,李磊和肖滋润同学被北京大学录取,另外有魏浩明等54人被北京航

空航天大学等全国知名本科大学录取,同时所带班级数学平均成绩达120分以上。2008年1月他被评为“张掖市骨干教师”。魏立强老师勤勤恳恳地工作,孜孜不倦地追求,他把自己的爱心和青春献给了自己所钟爱的教育事业,他用爱心诠释了教育的真谛。

【育人育心·动情共情】一名学生报到注册填写“父亲”一栏空缺,细心的班主任张学君老师以为他父亲去世了,对他特别关注。发现他不爱说话、精神不振、脾气暴躁、不思学习……便找他谈心,提到他的父亲时,小凡说了句“我没有父亲”,就一言不发了。张老师“穷追不舍”,小凡突然放声痛哭,把长期的郁积一股脑儿宣泄了出来,然后道出了原委:读初三时父母离异,他很想妈妈;爸爸给他找了后妈,他从此很恨父亲,不愿回家……“男儿有泪不轻弹,你能在我面前把苦闷哭出来,说明你信任老师。”张老师趁机启发,“你现在已经16岁,距成年不远了。妈妈走后,爸爸带你多年打拼,同样需要温暖的港湾,他重新结婚合理合法,情感上也是可以理解的……如果你理解、爱他,你将拥有一个幸福的家,这对你是多么的重要!单纯想妈妈只是浅层次的爱,把爱化作学习的动力才是深层次的。”入情入理的一番疏导,小凡紧闭的心门訇然开启,他鼓足勇气回家,喊出了8年没有叫过一声的“爸爸”。敏锐洞悉学生的心理倾向,有效干预他们的心理问题,发自内心的情感共鸣从未如此贴心。张老师感悟道:“育人育心,必须育情、育德、育美,需要创造真诚的情感生活,以情传情、动情、共情、悟情,唤起学生自信、开朗、阳光……”

【人文关怀心理无痕】某女生染了一头黄发,在校园里格外“扎眼”。班主任何魏老师没正面批评,而是“拐”了一道弯儿:“你像个补习生。”“为什么?”女孩大惑不解。“染了头发看起来显老。”老师一本正经。第二天,她便悄无声息地“还给”了自己一头青丝。何老师由衷赞美道:“你今天好青春!”女孩乐得美滋滋的。没用校纪去“框”,没有“上纲上线”,抓住女孩爱美的心理巧引妙导,轻轻抹去了教育的痕迹。何老师认为:“误判引发学生不良表现的原因和性质,结果往往是很严重的。而对学生问题行为进行科学诊断和矫治,不仅是减少学生抗拒教育心理的有效方法,更是本质意义的人文关怀。

【肺腑之言】“李家多才俊,都是二中人。”甘浚镇有这样一句话广为流传。说的是甘浚镇有一户农民,有三个子女李鑫、李磊、李蕊都在二中就读,2008年、2009年先后以高分考取了上海交大、北京大学、上海外国语大学,此事在当地一时传为佳话。今年当李蕊拿到录取通知书时,她激动地在毕业感言本上写道:“三年的时光我们一起走过,走过欢笑,走过泪水,走过凄风苦雨,走过迷惘彷徨。老师的话语时时回旋耳畔,母校传承人文的精神将铭记于心。带着这一切,我心里沉甸甸的,那都是老师您给我的……老师你付出的是辛劳,收获的是无悔,铸就的是我们一生发展的潜质……真心的谢谢老师,谢谢二中所有的老师!”

结束语

神圣的职业,崇高的使命。在甘州区区委、区政府和市、区教育局的正确领导下,学校不断深化教育教学改革,创新教育理念,狠抓师资队伍建设和教学常规管理,形成了鲜明的办学特色。学校教风严谨、学风端正、校风文明、作风扎实,特别是在硬件建设、设备设施、课程改革、教育创新等方面均达到了很高的水平,综合实力和办学水平显著提升,教育教学质量大幅提高,取得了令人瞩目的办学业绩,最大限度地满足了人民群众对优质教育资源的需求。

站在新的历史起点,张掖二中确定了"优化活力二中,夯实质量二中,展现魅力二中,创建和谐二中,打造品牌二中"的基本思路,学校将继续解放思想,坚持育人为本,深化教学改革,坚持科学发展,促进校园和谐,依靠全校师生员工艰苦奋斗,开拓进取,通过3年的努力,把张掖二中真正打造成为河西一流、陇上知名,具有优质教育品牌的窗口学校,打造成为高水平、有特色的人民满意的省级示范性高中。

无须再用更多的语言表述,我们已能真切地感受到——

昨日的二中人,把真诚和爱心都献给了张掖的历史,他们用自己对教育的热爱和忠诚,抒写了一部记载辉煌和光荣的历史;

今日的二中人,把真诚和爱心都献给了张掖的人民,他们正在用自己的汗水、青春、热血乃至生命,谱写一曲长篇交响乐;

明日的二中人,把真诚和爱心必将献给张掖的未来,他们定会珍藏昨日的辉煌,握好未来的画笔,绘就更加宏伟、更加壮阔的蓝图……

(2009年9月8日《张掖日报》庆祝教师节)

张掖二中，一种独特的教育气质和资源

这是一个收获的季节。

这是一个莘莘学子超越梦想的季节。

这是学校向社会、向人民交出答卷的季节。

在今年的高考成绩张榜后，张掖二中的高考成绩取得了历史性的新突破，无论是质量，还是数量都实现了新的跨越。钱悦以616分位居甘肃省文科第二名，李怡婧以664分位居张掖市理科状元，杨建国以651分位居张掖市理科第三名；钱悦、李怡婧、杨建国、任小雪、杜蕊、何瑞林等6位同学进入全省文理前100名；4位同学进入全市文科前10名，7位同学进入全市理科前10名。张掖城区文科前100名二中学子占据71个，理科前100名占据62个；600分以上达29人，占全市600分以上学生人数的三分之一，重点一本上线224人，二本以上上线560人，二本上线率37.56%，高于全市一、二本23.38%的上线率14个百分点。高考各高分段人数以绝对优势继续领跑各兄弟学校。这是莘莘学子不懈努力的结果，是全体教师辛勤耕耘的结果，是各级党委、政府和教育主管部门关心关怀的结果。

今年5月7日，市委书记陈克恭在学校调研时，对张掖二中的教育教学工作给予高度评价："张掖二中学校底蕴深厚，文化气息浓郁，很受冲击，令人震撼。'让每一个学生都成材'的办学理念超前，富有前瞻性，与新课改理念十分吻合。坚持以人为本，机制不断创新，管理很有章法，教育教学工作有条不紊；教学质量高，近年来高考升学率始终保持在80%以上，实属不易。总的感受是，学校领导班子和全校教职员工意气风发、昂扬向上，是真正用心思办学、带感情治校的一班人。"他希望张掖二中要抓住新课改机遇，发挥自身品牌优势，顺应时代要求，努力把二中真正办成高水平、有特色的人民满意的省级示范性高中。

张掖二中在半个多世纪的文化积淀中，逐步树立了"让每一个学生都成材"、"让教师发展学校"的办学理念，提出了"敬业、笃行、务实、创新"的校训，明确了努力打造"河西一流、陇上知名，高水平、有特色的人民满意的省级示范性高中"办学目标，形成了"文明、和谐、严谨、勤奋"的校风，实现了"由传统教育向现代教育、由知识教育向能力教育、

由应试教育向素质教育”的根本性转变。

多年来,张掖二中始终遵循“面向全体,为所有学生的成长负责;面向未来,为学生的终生成功负责;塑造心灵,为学生的人格完善负责;尊重个性,为学生的发展成材负责”的育人原则,通过教书育人、管理育人、服务育人、环境育人,让学生真正学会了做人、学会了求知、学会了健体、学会了审美、学会了交流、学会了合作、学会了宽容、学会了生活、学会了创造,真正实现了“为每一个学生会学、善学、乐学引航,为每一个学生成人、成材、成功奠基”的奋斗目标。

张掖二中取得的丰硕的教育教学成果, 源于始终铭记了自己的神圣责任与崇高使命——“教好一位学生,幸福一个家庭,造福一方社会”。为了这份神圣与崇高,学校不懈地追求着,奋斗着。2007年高考考入重点大学302人,魏小东以703分的高分摘取甘肃省高考理科第二,被清华大学录取;2008年高考再创佳绩,重点录取382人,本科729人,有5人以骄人的成绩被北大、清华录取人。2009年提前重点录取298人,三本以上录取918人,单佳慧位居全市理科第二名,李晓位居全市文科状元。4年来,张掖二中的高考升学率始终保持在80%以上,高考各项指标及高分段人数在全市同级同类学校中名列前茅。

“一切以学生为重,一切从大局出发,一切为师生着想,一切对未来负责”是张掖二中学校领导班子成员始终奉行的座右铭。领导班子既有较高的政治素质,又有深厚的专业功底;既有统筹全局、大刀阔斧的工作魄力,又有诚恳待人、积极进取的人格魅力。他们的心紧贴在一起,手牢握在一起,劲积攒在一起,汗挥洒在一起,撑起了张掖二中教育教学发展的一片蓝天。

张掖二中大力倡导“发现人的价值,发挥人的潜能,发展人的个性”的新课程理念,坚持“把空间留给学生,把时间还给学生,把方法教给学生”的价值取向,切实构建“以人的发展为中心”的素质教育新体系。科学化、精细化、人文化的“三级督导”,激发了潜力,提升了能力,促进了教师更好地工作,学生更好地进步,学校更好地发展。校长杨生效多次强调:以人为本就是彰显师生人性,尊重其人格,开发其才能,重视其发展。二中强调“管理是严肃的爱”,通过科学、严格、规范的制度约束,达到严而有度、严而有爱、严而有恒、严慈相济,管出了师生的精、气、神,切实践行了“以学生为本”的理念,为学校的品牌化发展注入强劲的活力。

实施《普通高中新课程方案》,充分发挥课程体系的整体教育功能,着力培养学生创新精神和实践能力。2007年11月,陕西师范大学张熊飞教授现场传授“诱思探究学科教学论”。2009年10月底,全国第二届新课程改革现场会在山东阳谷二中召开,校长杨生效在大会上作了《卓尔不群,疾风知劲草 决胜课堂,质量显真功》的交流发言,引起了与会代表的强烈共鸣。各位专家学者和教学一线教师对张掖二中的实践成果给予高度评价:“张掖二中诱思探究课改活动,在教师导向性信息诱导下,学生全身心投入,手脑并

用,亲身体验、主动探究、合作交流已蔚然成风。教师精心准备辅导设计,巧‘诱’妙‘引’,辅导‘潇洒’,效果‘精彩’,学生的能力得到了全面提升,值得其他实验学校学习和借鉴。”是新课改成就了教师,成就了学生,成就了学校。

张掖二中努力打造“学校要有书香气,老师要有书卷气,学生要有书生气”的书香校园,让书籍成为学生进步的阶梯,让读书成为学生向上的车轮,从而在全校范围掀起了浓厚的读书热潮,营造了浓郁的校园书香气息,多读书、读好书已蔚然成风。同学们已普遍感受到“腹有诗书气自华”,读书是一种乐趣,更是一种享受。读书就像呼吸,已成为学生生命的一部分。

用博爱的心灵,感知人性的美丽;用赏识的眼光,打量生命的奇迹,是张掖二中德育教育的一大特色。二中从“育德”走向“育心”,彰显了德育文化的强大生命力,强化学生的自我反思、自我教育意识,切实增强了学校德育工作的时代性、针对性、实效性和主动性,全面提升了学生的思想道德水平。

科学高效,是张掖二中备考制胜的一把“金钥匙”。力求让每位教师通过转变教学观念,彻底解决课堂效率低下的问题,从而提高备考效率;加强领导与科任教师的沟通,使备考工作紧密协调,形成巨大的教育合力,取得良好的教育效果。协调好学科间局部与整体的关系;协调指导与主导的关系;协调好培优与补差的关系;协调好教师与学生的关系;协调好劳与逸的关系,有效激发了团队团结协作的整体力量。

辉煌凝众志,重任催奋进。张掖二中师生将以更加饱满的激情、昂扬的斗志、旺盛的精力、必胜的信念和果敢的行动迎接新的挑战,为把二中早日创建成为陇上名校而努力奋斗。

(2010年6月30日《张掖日报》高考创“一清两北”佳绩,钱悦以616分获得全省高考文科第二名)

《甘州文化精粹》丛书编委会

总　　策　　划：张洪清　秦福伟

编 委 会 主 任：杨生效

编委会副主任：王登利　陈学彪　李亦武

张兴虎　贾红元　黄岳年

编　　　　　委：傅德锋　张全义　高文平　吴晓明

张述文　王专元　韩崇新　祁　强

赵海平　苏宏伟　赵江志　单成鹏

康文清　田　源　王建军　郑国珍

统　　　　　稿：高文平

甘州文化精粹丛书

GANZHOU WENHUA JINGCUI CONGSHU

丛书主编 / 杨生效

春风化雨

——张掖二中学校文化解读

CHUNFENG HUAYU

张述文◎主编

兰州大学出版社

图书在版编目(CIP)数据

春风化雨/张述文主编. —兰州:兰州大学出版社,2012.9

(甘州文化精粹丛书/杨生效主编)

ISBN 978-7-311-03959-2

Ⅰ.①春… Ⅱ.①张… Ⅲ.①中学—校园文化—建设—张掖市 Ⅳ.①G637

中国版本图书馆 CIP 数据核字(2012)第 218468 号

策划编辑 李 晖
责任编辑 李 晖 杨晓帆
装帧设计 管军伟

书　　名 春风化雨
——张掖二中学校文化解读
丛书主编 杨生效
主　　编 张述文
出版发行 兰州大学出版社 (地址:兰州市天水南路 222 号 730000)
电　　话 0931-8912613(总编办公室) 0931-8617156(营销中心)
0931-8914298(读者服务部)
网　　址 http://www.onbook.com.cn
电子信箱 press@lzu.edu.cn
印　　刷 兰州人民印刷厂
开　　本 787 mm×1092 mm 1/16
印　　张 11(插页 4)
字　　数 215 千
版　　次 2012 年 10 月第 1 版
印　　次 2012 年 10 月第 1 次印刷
书　　号 ISBN 978-7-311-03959-2
定　　价 286.00 元(共八册)

(图书若有破损、缺页、掉页可随时与本社联系)

张掖市第二中学标志

张掖市第二中学校旗

学校鸟瞰图

北校门

翠英亭

孔圣广场

南校门

坐落在校园里的民勤会馆

爱因斯坦雕像

蔡元培雕像

晨读园

校园一角

校园一角

校园一角

逸夫楼

综合楼

科技楼

教学楼

塑胶运动场

大力培育学校文化，凸显省级示范性高中的示范引领作用

杨生效

学校文化是一所学校全体师生经过长期积淀而孕育形成的、相对稳定的精神风貌、思维方式、价值取向和行为规范的综合体现。培育学校文化是教育发展的需要，是构建和谐社会的需要，也是提升教育内涵、促进教育可持续发展的重要途径。文化是发展之根，文化是力量之源。中外著名学校的发展无一不是靠文化建设取胜的。没有文化内涵的学校是缺乏活力的，也是缺乏发展后劲的。张掖二中正是以学校文化建设为重点，努力提高示范性高中的办学品位，全力提高师生的综合素质，全面提高教育教学质量，从而凸现示范性高中的示范引领作用。

先进的办学理念是学校文化的核心

创新的时代呼唤创新的理念。思想观念是加快发展的总开关。思路决定出路。我校认真总结多年的办学经验，顺应形势发展的要求，提出了"让教师发展学校""让每一个学生都成材"的办学理念。这个理念不仅仅是一种观念，更是一种行动，是学校建设和发展的依据。而对于张掖二中来说，拥有了先进的、科学的教育理念，犹如站在了教育的制高点，想问题、做事情更加深思熟虑、高瞻远瞩。科学的理念是行为的先导，先进的教育理念可以使学校教育事业事半功倍，也必然会带来学校教育品牌、质量的大幅提升。学校的办学理念体现了时代特征，"让每一个学生都成材"的办学理念，体现了新时期"办人民满意的教育"的时代要求，统领着学校各项工作持续健康发展。把"爱是教育的基础"作为教职工的座右铭，没有爱，就没有教育。科学理念的引领，形成了"务实、创新、开放、民主"的办学思想，确立了"敬业、笃行、务实、创新"的校训，培育了"文明、和谐、严谨、勤奋"的校风，养成了"勤思、探究、坚韧、创新"的学风以及"严、精、活、创"的教风。这已成为学校快速发展的主流文化和精神支柱。

2006年11月初，由省政府督学、省教材中心主任张海鹰任组长的督导复评专家组

按照有关要求,对张掖二中进行示范性高中的督导复评。这是四年一次的全面检阅。经过几天的听、看、查、走访和问卷调查,专家们对张掖二中的变化和实力大为称赞,一致认为学校发展不仅符合省级示范性高中的要求,而且达到了相当高的水平,尤其是超前的办学理念,深厚的学校文化底蕴,显著的教学质量,完全有条件跻身陇上名校之列。鉴于此,二中以高分通过省级示范性高中的督导复评,受到了省教育厅的嘉奖。

2007年4月6日,市教育局会同甘州区教育局对张掖二中进行教育教学大检查。这次检查从本市各高中和市、区教育局抽调62名省、市级骨干教师、学科带头人和教研管理人员,用三天时间,从教学常规管理和课堂教学、教研教改、教师培训、设备应用和活动开展等方面入手,全方位、多层面、立体式地对张掖二中的教育教学情况进行了检查和调研。这次检查充分体现了调研性、诊断性、评价性、交流性和研讨性的特点。经过全面综合分析,检查调研组一致认为:张掖二中自2002年创建为省级示范性高中以来,学校发展快,变化大;经过五年的不懈努力,实现了"四个新突破"——办学规模的新突破,办学条件的新突破,办学效益的新突破和办学水平的新突破;达到了"四个领先",即管理水平领先、校园文化建设领先、教育科研领先、队伍建设领先。检查调研结果表明,张掖二中创建为省级示范性高中以来,在曲折中求进步,在调整中谋发展,是扩张规模、夯实基础的五年,是奋发有为、阔步前进的五年,也是深化改革、凸显特色的五年。

2007年4月19日,市委常委、甘州区委书记杨继军在二中调研后说:"学校办学很有章法,教育教学有条不紊,是我看过的高中里最突出的。在经济不发达的情况下达到这样一个层次和水平很不容易。有些观点我非常赞同,比如,'让教师发展学校''让每一个学生都成材',很有超前意识,很前卫,也很科学,我十分赞同。我们要义无反顾地支持二中的工作,使之办出水平、办出特色,争创一流。"专家、领导和教育主管部门也给予二中很高的评价。

2010年5月7日上午,市委书记陈克恭,市委常委、区委书记张健,副市长董永芳以及市区教育主管部门领导一行30多人来我校调研,通过实地考察、查阅资料、听取汇报、座谈交流等方式对我校各项工作进行了检查指导。

在调研结束时的座谈会上,陈书记作了总结性讲话,他对我校工作予以了高度评价:"二中,学校底蕴深厚,文化气息浓郁,很受冲击,令人震撼;'让每一个学生都成材'的办学理念超前,富有前瞻性,与新课改理念十分吻合;坚持以人为本,机制不断创新,管理很有章法,教育教学工作有条不紊;教学质量高,近年来高考升学率始终保持在80%以上,实属不易。总的感受是二中在教育主管部门的正确领导下,学校领导班子和全校教职员工意气风发、昂扬向上,是真正用心思办学、带感情治校的一班人。"他希望二中要

抓住新课改机遇,发挥自身品牌优势,顺应时代要求,努力把二中真正办成高水平、有特色、人民满意的省级示范性高中。

科学的人性化管理是学校文化的灵魂

学校要实现持续发展,必须构建和谐校园。对此,我校始终奉行“以人为本、和谐发展”管理理念,始终坚信“学校教育的终极目标是发展教师、培养学生,就是使教师和学生成为充满人性、张扬个性、整体和谐、全面发展的人”。这些思想深受广大师生的信赖和拥护。“方圆兼济,人本至上”,彰显教师和学生的人性,尊重其人格,开发其才能,重视其发展,是实践“尊重人、解放人、发展人”的人本化管理理念的出发点和归宿。当前,面对迅猛扩大的学校规模,首要解决的问题是简化学校管理层次,打通校长和一线教师的关系壁垒,实行管理的低重心。为进一步明确和理顺“低重心规划,向课堂要质量;精细化要求,靠管理出效益”、“三级捆绑”评价机制、“讲台洗礼,聚焦课堂”等一系列管理思路,我校创新教育管理机制,探索了一条“学校统一领导,处室具体指导,年级直接管理”的管理模式。学校采取校长负总责,每位副校长分管一个年级部,一名教导处主任或副主任担任年级部主任。按照“近距离管理,近距离服务”的理念和“缩小管理单元、下移管理重心、激活管理活力、提高管理效能”的思路组建年级部领导小组,领导小组一般有5人组成,其中校级领导1名,中层干部2名,年级部甲、乙部组长各1名。

实行以年级部为主体,主管副校长负责的目标责任制。实行年级部主任向主管副校长签订目标责任书,主管副校长向校长签订目标责任书,年级部制定具体目标和相应的奖惩办法的一体化管理模式。分管年级部的副校长直接对校长负责,是年级教育教学质量的第一责任人。推行副校长管理年级部,实行目标责任制后,学校定责放权,也就是从人员调配、教师评价、经费投入等方面都给予相应的支配权,使年级部基层有责任、有权力、有压力。学校将班主任津贴、教育教学研究活动经费、教育教学考核奖励经费、各种竞赛奖励经费等按标准划拨年级部,由年级部自主制订分配方案,奖勤罚懒,奖优罚劣。同时教师早、晚自习,四制津贴的统计、造表和发放全权由年级部负责。进一步完善分配制度。实行同工同酬,多劳多得,优劳优酬,优质优酬。用实际行动实现同工同酬,以便更广泛地调动教师工作的积极性。

改革和理顺管理体制,进一步加大“三级捆绑”评价力度。为实现“人人都是学校主人,个个参与学校管理”的人本理念,继续实行以班主任为中心,任课教师为班主任负责的“一级捆绑”;以年级主任为中心,各班主任为年级主任负责的“二级捆绑”;以校长为中心,各年级部主任及分管副校长为校长负责的“三级捆绑”的管理模式,真正增强全校教师的凝聚力和向心力,真正形成众人划桨开大船的大好局面。

“讲台洗礼、聚焦课堂”是我校为提升教育教学质量推出的有效举措。二中目前已经做大,下一步的目标是做强、做优、做精,以优良的质量确保进入二中的学生人人都能考上大学、考上名牌大学。“讲台洗礼、聚焦课堂”的含义,就是坚持“精细化要求,向课堂要质量;低重心规划,靠管理出成效”的工作思路,以教学为中心,以培养高素质人才为目标,以提高整体升学质量为主线,营造自主学习、合作学习的浓郁氛围。“让每一个学生都成材”,就是让全部学生都享受优质教育资源,实现均衡发展;就是要做到“迎进来的是孩子,送出去的是人才”;就是要使课程突出“精品+特色”,给学生一片科研的“海洋”,站在国际国内潮头看大千世界,走出校门适应纷繁复杂的社会生活;就是最大限度地开发利用人力资源,既发展教师,又培育人才,使学校和学生都得到可持续发展;就是要从开展学校文化建设入手,在完善办学理念、夯实基础设施、彰显校园文化、实施名师工程、加强教育科研、推进信息化进程、构建和谐校园等方面进行大胆的探索和实践。

管理不仅仅是服务,不仅仅是管住、管好,管理更是严肃的关爱。严肃反映管理的刚性,关爱体现管理的柔性,刚柔相济形成学校的科学管理。管理要出积极性、出创造力、出执行力,要管出学生的精、气、神。管理要高站位思考,推行低重心管理模式,精细化要求,“讲台洗礼,聚焦课堂”,向课堂要质量。

构建低重心管理模式,就是让管理落到实处,真正落实“三级捆绑”的管理评价措施,特别是加强年级部管理。年级部领导小组,全面负责所辖年级的整体教育、教学管理,老师考核评价和学生管理评价工作,真正使管理工作融合到日常教育教学的实际当中,真正实现向课堂要效益,向管理要质量的目标。坚持用提高教育教学质量的办法解决学校前进发展中遇到的各种困难和矛盾,形成全校上下抓教学、服务教学、支持教学的共识。

实行精细化的课堂教学过程管理。课堂教学是教学的主阵地,每一位教师都清楚地认识到,没有好的课堂教学效率就没有好的教学质量。而抓课堂教学管理又必须在备课、上课、批改作业、辅导、测验这五个环节上形成规范要求,每个环节上都不能薄弱。各年级部实行以学生为主体的评价方式,坚持全员参与、全过程跟踪、全方位管理,制定出了《学生成绩跟踪及教学目标量化考核实施办法和细则》,根据学生入学成绩、学习现状、招生形式等,下达年级、班级具体任务目标,并对每一个班级、每一位任课教师的教学成绩进行目标量化考核。

高水平的教师队伍是学校文化的基石

厚德载物,牢固确立“让教师发展学校”的理念。胡锦涛同志在全国优秀教师座谈会上的讲话中对教师提出要求,激励全国教师奋发进取。其中有三句话给我们以深刻的启示:第一是“着力提高教育质量”;第二是“没有高水平的教师队伍,就没有高质量的教

育”;第三是广大教师要“静下心来教书,潜下心来育人”。三句话归根到底,指出学校要提高办学质量,实现跨越式发展,教师是关键。教师才是学校的第一资源。那么,如何落实“教师第一资源”的观念呢?

教师是教育之本,也是学校教育持续发展最深刻的变革力量。对学校而言,拥有一支具有核心竞争力的精英化的教师队伍,是学校教育质量的根本保证,更是学校内涵不断提升的动力源泉和学校可持续发展的最关键因素。张掖二中牢固确立了“培训是最大福利”和“管理是严肃的爱”的教师可持续发展的观念。师资队伍建设方面,我们最大的优势在于,将别人做过的事情做得更好。目前,我校教师队伍中年轻教师居多,水平参差不齐。对此,学校一方面积极开展校本培训活动,为教师搭建不断提升的平台。近年来,结合教学实践活动,加强教师的理论学习;开展“八个一”活动,锤炼年轻教师的教育教学能力;充分调动全体教师投身科研的积极性,力求做到科科有课题、人人有专题,提倡教学研究课题化,课题研究教学化,努力实践教育科研与继续教育的结合;打造属于张掖二中自己的名师,制定《张掖二中教师培训工程》和《张掖二中名师工程》,分层次地培养全体教师,对青年教师提出“一年入门、两年过关、五年成熟、八年骨干、十年成名”的目标,通过考核制定名师逐级申报制;构建“聘请专家多方指导——借助名校资源共享——外出学习开阔视野——引进吸收先进理念——骨干名师与青年教师结对帮扶——校内切磋提高技能”的教师发展模式等。通过这些努力,一大批青年教师脱颖而出。如今的二中,教师队伍结构日趋合理,现有教职工272人,其中中学高级教师68人,中学一级教师153人;全国模范教师2人,“园丁奖”获得者8人,特级教师2人,省级教育教学专家1人,省级学科带头人3人,省级骨干教师11人,省级教学能手5人;市级骨干教师18人,市级学术技术带头人11人,区级骨干教师40人;有国家留学基金委员会“理丁项目”留学生3人,硕士研究生和在读研究生15人。他们以高尚的情操、渊博的知识、严谨的态度、灵活的方法、方正的人格,给一届届学生留下了深刻印象。他们无私奉献、任劳任怨,用聪明才智为二中的发展抹上了浓重靓丽的一笔。名校出名师,名师育英才。二中是教研的沃土,德育的天地,智育的乐园,成才的摇篮。

在矢志不渝的学校文化建设中,张掖二中实现了跨越式发展。这得益于学校提出的“让教师发展学校”“让每一个学生都成材”这一具有前瞻性、现实性、科学性、可行性的发展理念。

张掖二中相信制度的力量和教化的力量。在二中当老师,必须要牢记崇尚一流、务实创新、开放民主、强化管理、以研促教、狠抓质量的办学思想;必须要明确提高学生思想素质、知识素质、智能素质、身体素质、心理素质、劳动素质和培养专家型校长、智慧型

和科研型教师以及为高一级学校输送大量合格优秀人才的培养目标；必须要坚持高度负责、艰苦创业、团结协作、开拓进取的工作精神；必须要树立以工作为荣、以创造为乐、以多作贡献为最大自尊和为家长学生服务的价值理念；必须要通晓“爱是教育的基础”的座右铭。维护制度的先导性、严肃性、公平性。无论你是谁，只要你到张掖二中，都会被这浓厚的文化氛围、教师的敬业精神所感染，被这干净整洁、优雅漂亮的环境所吸引，被这良好的教学秩序、铁的纪律所折服。流淌着汩汩爱心的二中，学生成材是必然，走向高等学府也是必然。因为“爱是教育的基础”，穿透着人的灵魂，处处流淌着生命的气息，处处洋溢着人文的关怀。二中人始终把教人成功这棵大树扎根在爱的土壤里。二中人懂得，教育孩子，首先要爱孩子。教育是建立在爱的基础上的，没有爱，就没有教育。只有把爱作为教育的前提，孩子才能健康成长。教育又是一门爱的艺术，如罗曼·罗兰所说，“要散布阳光到别人心里，先得自己心里有阳光。”所以，只有教师的心里流淌着爱的溪流，学生才会听到爱的回声。

教育是一项爱心工程。收集关于张掖二中师生之间爱心传递的点点滴滴，我们似乎又看到了多少人民教师在讲台上谆谆教导，洒下爱的种子，又有多少学生在人生之路上传递着这份爱心。在这里，每一个学生的潜能都能得到充分发挥，它会让自卑者找到自信，让孤独者找到温暖，让奋进者找到力量，让迷茫者看到希望。多年来，教师们一如既往，用真诚呵护学生的自尊，用爱心换取学生的真情，用宽容赢得学生的尊重，所以“爱”始终是张掖二中教育的主旋律。没有爱便谈不上教育。张掖二中的教育始终遵循：宽容是本，幽默是金，理解是桥，爱是土壤。爱很简单，就在二中老师对同学们温暖的举手投足之间，就在一言一行之中。二中坚信，这世上没有不开的花，只要找到适合的土壤，只要找到证明价值的机会，所有的花都能在此结果。

独特的校园文化是学校文化的载体

没有文化就没有品牌，没有品牌就没有竞争力。学校是传道授业解惑的地方，自身文化底蕴不深，就培育不出高水准的人才；办学理念不新，就培养不出符合时代发展要求的人才；方式方法没有特色，就失去了“摇篮”固有的含义。在半个世纪的发展历程中，几代人筚路蓝缕、呕心沥血、勇于探索、艰苦实践，秉承教书育人、陶铸精英的办学信念，开拓创新，继往开来，不断走向嬗变和超越。今天的二中，已变得成熟而富有魅力，强大而富有实力。电脑、网络、教学楼、塑胶运动场等“硬件”更加完善；骨干教师、学科带头人、特级教师、名师等“软件”不断升级。“软”与“硬”的有机结合，古老文化与现代气息的相互融合，营造了浓郁的文化氛围和温馨优良的育人环境。

走进张掖二中，迎面矗立的是至圣先哲孔子的圣像。圣人无言，泽被后世，传统文化

的生生不息和博大精深，令人肃然起敬，感慨万千。圣像背后，是国家级重点文物——民勤会馆。碧瓦红墙，殿内古木参天，氤氲着浓郁的传统文化气息。殿东，绿草如茵，繁花似锦，著名教育家蔡元培先生和伟大的科学家爱因斯坦的雕像栩栩如生，兼收并蓄、思想自由和科学、创新、民主、务实的人文追求使人浮想联翩，引导学子奋发图强，不懈追求。会馆西北的"萃英亭"飞檐斗角，夺目耀眼，韵味无穷，喻示着二中汇聚了甘州区三所学校的精英，开始了新的跋涉。最富精彩之笔的还得数那得到师生赞誉和社会各界认同的塑胶跑道、篮球场和足球场。这个可容纳万余人的国际标准运动场，在河西地区乃至甘肃都独一无二，富有领跑意义。它的建成，体现了张掖二中师生更快、更高、更好、更新、更强的精神风范和气魄，喻示着莘莘学子将从这里施展抱负，走向全国，飞向未来。由会馆向南瞻望，音乐喷泉、中心花园、草坪地灯等尽收眼底。加上教学楼里朗朗书声与青春奔放的笑脸，似梦似幻，如诗如画。在这里，每一堵墙都能说话，每一朵花、每一株草都在倾听，每一个人都在追求完美。全球教育和文化的发展现实充分告诉我们：在21世纪，文化立校、文化育人已成为当代教育的一种新趋势。文化是学校无形的资产，一流的学校做文化，一流的学校靠文化。学校文化是学校品牌的第一要素，体现学校品牌的含金量。这种现实还告诉我们：目前，教育界强调学校的文化属性，重视学生的文化秉承已经成为教育的一种新的价值趋向。校园文化的魅力是经过代代相传的，具有包容性、传承性、熏染性、滋养性的磁场效应；校园文化还是一种传统，一种精神，一种风尚，一种品位，能产生春风化雨，润物无声的教育效果，能对学生的精神、气质、修养的培养产生积极的原动力；是学生审美观、价值观、人生观形成过程中必不可少的全能的文化维生素，对学生的终身发展将产生深远的影响。二中的实践还说明，校园文化建设具体要落实为文化基础设施的不断加强，体现在图书报纸杂志的种类，图书的流通量，阅览室的开放，信息网络的建设以及网络资源的利用率。它还包括校报《张掖二中》、校刊《耕耘》、学校广播电台、文学社、舞蹈队、合唱团等文艺团体的建设。校园文化看得见，摸得着，感觉得到，它弥漫在校园的空间，驻留在师生的心田，诗情画意充分流淌。书香满园，墨香满园，书声满园，歌声满园，具有浓郁的文化味，强烈的求知欲，浓厚的文化情。学校也不再是一个封闭的场所，而是古今文化长河中的一个美丽的港湾，是当代文化信息交流的一个节点。

孔子圣像的落成和全省一流塑胶运动场的建设，展示出了二中发展育人的大手笔、大气魄。"温而厉，威而不猛，恭而安"的孔子雕像，再现了孔圣人的前世今生。瞻顾先哲，感悟到的是文化的韵味，体会到的是教育氛围。对教师来说，孔子雕像的奉立，实际上是给后世的教师树立了为师的典范，因为孔子的理想是实现人与人之间的仁爱。为了实现

大同世界，关键是要把仁爱思想灌输到社会中去，为此需要培养一大批有志于弘扬和推行仁道的志士和君子。这类志士和君子既要有弘道和行道的志向，又要有弘道和行道的德才。现代教育的目的也正在于此，在物质文明高度发展的今天重提孔子的意义也在于此。

建国际标准的塑胶运动场，不是追风，更不是作秀。它是教育现代化的基本要求，也是中学素质教育的强力保证。注视着现代化的运动场上干净靓丽、欢呼雀跃的孩子，我们看到的是民族的希望。校园体育文化是营造学校人文气息和文化氛围不可或缺的内容，是推动校园文化发展的最有效的催化剂。体育运动所崇尚的是一种公平竞争、团结协作的道德风尚，一种尊重自己、尊重他人、自强不息、自信不止的道德品质，一种促进相互交流、相互协作的精神。毛泽东说过："文明其精神，野蛮其体魄。"马克思也说："人一要生存，二要发展，三要享受。"发展校园体育文化是寓教于学，寓教于乐，体现人文精神，实施素质教育最本质的要求。

文化是发展之根，文化是力量之源。整合后的张掖二中在短短几年里走向成熟和成功，赢得社会各界的一致好评，关键是抓住了"文化育人、环境育人、管理育人"这个根本。"探索有佳境，奋斗无止境。"成绩只能说明过去，未来的路还很长，任务更艰巨。二中的师生坚信，只要抱着对党、对学生、对家长、对社会高度负责的态度，创造性地开展教育教学工作，就一定能在新的起点上阔步前进，就一定能把二中的升学预备教育推向一个新的高度。

二中赋

张　清

河西文脉汇聚，丝路形胜独揽。祁连巍峨，化育精魂；弱水淇觞，钟灵毓秀。群英荟萃，有亭翼然；三校献芹，谱写新章。[1]厚德载物，树蕙滋兰。

肇自庠序[2]，公学滥觞。萌蘖[3]五六，沧桑半百。躬逢圣世，整章建制；筚路蓝缕，勾画蓝图。宣秉黄钟[4]之声，弘铸从师之道，严谨治学，梓楠其人；道德文章，灿若北辰；培才育人，大雅扶轮[5]。敬业笃行，求实创新。校训昭昭，与时俱进；学风莘莘[6]，规言矩行。千秋伟业，历久弥新。宏兹圣德，立校之本。

往哲先贤，姝采其成。忆往昔济济才俊，厚积硼中[7]，一代先辈肝肠热；抚今朝甘州鸿猷[8]，开拓创新，云程路上虞[9]攀登。名师云集，新蕊比秀。因材施教，润物无声。学子虚怀若谷，彬彬有礼审问之；同仁志同道合，耿耿丹心勤自省。书山有路，韦编三绝[10]，历览前圣绝学；学海无涯，凝神静虑，将各幅蓝图点睛。奋发图强，面壁十年图破壁；勤勉谦逊只为一朝折桂枝。

骐骥奋蹄，指点迷津施以晖润；大匠运斤[11]，璞玉浑金洎[12]以精琢。呕心沥血，殷殷师心，尽在三尺讲台；五湖才俊，济济[13]一堂，若非八斗诗才。点点汗水，勤育桃李芳天下；滴滴心血，诚滋英才遍九州。

杏坛葳蕤[14]，薪火相传，厚积薄发，戒骄戒躁。昔日殊勋，载誉史册；今朝鸿图，任重道远。欣逢校庆，唯祝唯颂。

岁在戊子年金秋八月，值张掖二中创立高级中学十周年暨建校五十二周年，校友张清撰文尹立发书。

注释：

[1]群英荟萃，有亭翼然；三校献芹，谱写新章：1998 年，张掖一中、二中、四中合班并校，张掖二中创办为独立高中。2008 年，为纪念三校合一，特建萃英亭记之。

[2]庠序：音 xiáng xù，古代的地方学校。后也泛称学校或教育事业。出自《孟子·滕文公

上》:“夏曰校,殷曰序,周曰庠。”

[3]萌蘖:音 méng niè,萌,生芽、发芽。蘖,树木砍去后又长出来的新芽。喻指事物的开端。萌蘖五六:借指张掖二中 1956 年建校。

[4]黄钟:音 huáng zhōng,亦作“黄鐘”。乐律十二律中的第一律。《礼记·月令》:“(季夏之月)其日戊巳,其帝黄帝,其神后土,其虫倮(luǒ),其音宫,律中黄钟之宫。”孔颖达疏:“黄钟宫最长,为声调之始,十二宫之主。”《吕氏春秋·适音》:“黄鐘之宫,音之本也,清浊之衷也。”陈奇猷(yóu)校释:“黄鐘即今所谓标准音,故是音之本。但黄鐘是所有乐律之标准……黄鐘既是标准音,则自黄鐘始,愈上音愈高,愈下音愈低,故黄鐘是清浊之衷。”

[5]大雅扶轮:音 dà yǎ fú lún 。大雅,《诗经》中的一部分;扶轮,在车轮两翼护持。指维护扶持正统的作品,使其得以推行和发展。出自清·黄景仁《两当轩集·寿州赠知州张荪(sūn)甫先生》:“知公独有千秋意,造士皆成一代才。大雅扶轮归老辈,小山承盖属舆台。”

[6]荦荦:音 luò luò,分明貌,显著貌。出自《史记·天官书》:“此其荦荦大者。若至委曲小变,不可胜道。”

[7]弸中:音 péng zhōng,弸,充满。指人内有才德,则有文采,赞美德才兼备的人。出自汉·扬雄《法言·君子》:“或问:‘君子言则成文,动则成德,何以也?’曰:‘以其弸中而彪外也。’”

[8]鸿猷:音 hóng yóu,深远的谋划。

[9]廑:音 qín,同“勤”。

[10]韦编三绝:音 wéi biān sān jué ,韦编,用熟牛皮绳把竹简编联起来;三,概数,表示多次;绝,断。编联竹简的皮绳断了多次。比喻读书勤奋。

[11]大匠运斤:音 dà jiàng yùn jīn ,比喻人技艺精湛或文笔娴熟高超。出自《庄子·徐无鬼》:“郢(yǐng)人垩(è)漫其鼻端,若蝇翼,使匠石斫(zhuó)之,匠石运斤成风,听而斫之,尽垩而鼻不伤,郢人立不失容。”

[12]洎:音 jì。

[13]济,音 jǐ。济济:众多的样子。形容有才能的人很多。

[14]葳蕤:音 wēi ruí,草木茂盛,枝叶下垂的样子。这里指人才济济。

目 录

第二部分　南北校门

第三部分　国家级重点文物——民勤会馆

第四部分　建　筑

(一)主体建筑

(二)亭台楼阁

第五部分　雕　塑

第一部分

制度文化

形象鲜明、个性张扬的二中人
——校旗、校徽、校服

张克兵

校旗

张掖二中校旗呈长方形，长与宽之比为3:2。旗面由三个平行且相等的横长方形构成，从上至下分别为蓝、白、绿三色。蓝、白、绿是色彩中的三原色，蓝色有一种天然的幽静和清爽，代表天空，象征浩瀚深邃，同时也代表严谨，象征求是创新。白色则有一份高雅和纯洁，代表白云，象征淡泊，同时也代表着纯洁，象征正直诚实和学术神圣。绿色则是大地的颜色，被看做是生命的原色，它不仅象征着青春、活力，也象征博爱。

蓝、白、绿三色寓意二中人头顶蓝天，脚踏大地，呼吸祁连精气，追求做人、做事、做学问的完美统一，用蓝、白、绿三原色打造教育底色，为学生的终身发展奠定坚实的基础。

校徽

张掖二中校徽由现任校长杨生效先生首倡并提出设计构思，由原办公室主任王斌先生执笔设计，经美术老师刘君配色定值而成。寓意二中人将走向更高更强，奔向未来。

图中“二中人”做冲刺状，意为二中人充满活力，锐意进取。

“二中人”是奋进的，他们将以高效的工作作风，强烈的竞争意识，再创教育教学的辉煌业绩。

“冲刺的二中人”足下有一椭圆形跑道，意为二中人以二中特色为起点，脚踏实地，科学高效，从此跃起，从此跨出。椭圆缺口，意为张掖二中正在向外强劲跨越。

“冲刺人”的头和肩构成“二”，腰腿部和椭圆组成“中”。图为三色，头部红色谐“宏”，意为二中人有宏大的奋斗目标，有超前的奋斗意识。

“冲刺人”身体为绿色，意为二中人充满青春活力，奋发有为。

“冲刺人”脚下的跑道为橘黄色，意为二中人已有成功的过去，丰收的今天，必将会有硕果累累的明天。

校服

张掖二中学生校服和校训、校徽、校名一样都是看得见、摸得着的符号，对二中学子产生着潜移默化的影响，具有深刻的教育意义。穿在学生身上的校服代表着学校，承载着学校的办学理念、办学宗旨和育人的价值取向，具有丰富的文化内涵。

张掖二中致力于养成学生规范的行为习惯,为了避免学生在穿着打扮上的攀比,营造平等和谐的教育氛围,更好地对学生进行教育,1999 年由学校行政会议决定,由原政教主任王斌设计,开始统一校服。

二中校服分为夏季校服和秋季校服。每一届学生所穿校服的颜色是统一的,直到高三毕业。

秋季校服共分为三种,以起到区别学生所在年级的作用。秋季校服的样式是运动型,为海蓝色丝光绒质地。海蓝色与天空颜色接近,学生身着此色显得有精神和活力,意为二中学生在天高海阔中茁壮成长。

秋装上衣,胸前背上拼成机器人脸谱图形。机器人代表二中学子的现代气质,脸谱仿中国古代戏剧脸谱,寓意二中有着深厚的文化积淀和深广的文化素养。

夏季校服是由白色和黑色组成的休闲运动装。女生上衣为短袖黑底衫,衣领、衣肩均有夜光白带两条,裤子为休闲型运动裤,在裤缝处也有夜光白带两条。男生上衣为白色短袖衬衫,裤子与女生相同。每年五月中旬天气转暖以后到当年的十月中旬天气变凉期间穿夏季校服。

校服选用这几种颜色意在营造一个阳光、进取、拼搏的氛围,培养学生的团队精神,强化学校整体形象,增强集体荣誉感。

菁菁校园,到处张扬着春潮热力,年轻的欢声笑语充溢着校园的每一个角落。而校服正是这青春活力最直观、最生动的载体,是校园里永远流动的风景线。同时它也与校旗、校徽共同构成了二中的精、气、神。它时刻提醒二中学生,当你从走进二中校门的那天起,你就和二中成为一个整体,穿上二中校服,佩戴二中校徽,看着随风招展的校旗,你的内心应是充满了自信与骄傲。而此时,你就是二中无声的形象代言人,你以身为二中的学子而自豪,二中也会因你的优异而骄傲。

二中是有灵魂的

——校训和“三风”建设

石 杰

校训

校训是广大师生共同遵守的基本行为准则与道德规范，它既是学校办学理念、治校精神的反映，也是校园文化建设的重要内容，是一所学校教风、学风、校风的集中表现，体现了一所学校的办学传统，代表着学校的校园文化和教育理念。

张掖二中校训是：敬业、笃行、务实、创新。

“敬业”即专心致志，以事其业。也就是用一种严肃的态度对待本职工作，勤勤恳恳、兢兢业业，一心一意教书育人，服务学生，尽心尽责，在踏踏实实的工作中找到一种幸福感和荣誉感。

“笃行”即要努力践履所学知识，使所学知识最终有所落实，做到“知行合一”。只有具备明确的目标、坚定的意志的人，才能真正做到“笃行”。

“务实”即讲究实际、实事求是，探索规律，追求真理的科学精神。

“创新”意为开拓、创新，不断进取。

校风建设

校风是学校的风气和师生员工精神面貌的总和，具体表现在学校的办学水平、教育教学质量、办学效益、教育特色、为教学服务等各个方面。优良的校风具有强烈的昭示、感染、同化、激励和规范作用，良好的校风是学校生存和发展的必要条件。

张掖二中校风是：文明、和谐、严谨、勤奋。

“文明”是指我校的精神气象，表现为一种置于积极、健康、向上的文化成果之上的风貌。

“和谐”是指全校师生之间的关系融洽、协调，无根本利害冲突，人与人之间相互尊重、气氛良好。

“严谨”是对待学习和工作要有一个科学的态度，要严肃认真、严格要求、严密组织，要谦虚谨慎、戒骄戒躁、精益求精。严谨是追求真理的科学态度，是事业成功的必由之路。

“勤奋”是指振作精神，不懈努力。勤奋是事业成功之本，是爱岗敬业的体现，是捕捉机遇的基础，是通向理想的金桥，是攀登高峰的云梯。业精于勤，勤能补拙，天道酬勤。勤

奋学习,则学业必成;勤奋工作,则功业必就。

教风建设

教风是校风的一部分,主要是指教师严谨治学,从严治教的作风。拥有一批具有一流师德师风的高水平师资队伍是提高教学质量的根本保证,教师的思想、语言行为会直接或间接影响和感染学生,起到潜移默化的示范作用。

张掖二中教风是:严、精、活、创。

严(严谨、严明、严格)是指遵循科学精神,严谨治学;遵循教育规律和教学基本规范,严于律己,业务上不断充实、提高,高标准施教;对学生既关心爱护,又严格要求,教书育人,做学生的良师益友。

精(精湛、精确、精彩)是指不断提高业务能力,用精湛的教学水平科学精确地施教,形成精彩的课堂教学。

活(活教、活导、活用)是指不断更新课堂教学理念,因地制宜开展教学活动,注重启发诱导,注重教材的合理有效利用。

创(创业、创新、创立)是指不断增强自我专业成长意识,提倡教育创业、教学创新和个性化风格的创立。

学风建设

学风是一个学校的灵魂。学风是凝聚在教与学过程中的精神动力、态度作风、方法措施等,它依不同特点的学校表现出独有的特色和丰富的内涵,并通过学校全体成员的意志与行动,逐步地形成和固化,成为一种传统和风格。这些传统和风格对学生的成长起着重要的作用,对学校的发展和建设产生着深远的影响。优良的学风是保证和提高教育教学质量的前提条件,它体现了学校的办学理念,同时也反映了学校的办学和管理水平。

张掖二中学风是:勤思、探究、坚韧、创新。

勤思:要勤于思考,勤于学习,勤于探索,刻苦努力,崇尚实践,学以致用。

探究:要在学习情境中开展诱思探究的教与学,即通过观察、阅读,发现问题,搜集数据,并进行交流、检验、探究性学习。

坚韧:要在学习上有不屈不挠的精神,意志坚定的信念。

创新:要有创新意识、求进之心,不断提高知识技能水平和思想道德修养,学会自主学习、勇于探索,不断增强创新意识,提高实践能力。

学生是学校的主体,所以学生的学风是学校方方面面作风的集中体现。学校的培养目标,指导着学生的学习方向和教师严谨的治学态度、严格的治学要求,对学生的学习具有榜样和示范作用;良好的校园学术风气,可以提高学生的学习兴趣;严格的管理措施,可以规范学生的学习行为,养成学生良好的学习习惯等等。因此,学风建设应该

是多方面的，但归根到底要立足于学生，见效于学生，并以学生的学风变化为根本的检验标准。优良学风一旦形成，就会产生一种无形的力量，使学生在学习上精益求精，奋发向上。

校风、教风和学风建设是一项长期而艰巨的任务，二中全体师生员工要增强紧迫感、责任感，密切合作，开拓进取，共同努力，把我校的校风、教风和学风建设提升到一个新的高度。

让每一个学生都成材

——办学理念之一

胡永晖

徜徉于美丽的张掖二中校园内，无论是漫步在宽阔的校园广场内，还是停留在学风浓厚的教学楼内，抑或是驻足于严整的校园墙壁前，你都会看到几个醒目而鲜明的大字——让每一位学生都成材。这个响亮的标语性口号，是张掖市第二中学这所颇具历史的省级示范性学校的办学理念和宗旨。

一、办学理念的内涵

让每一位学生都成材，让不同层次的学生都得到不同的发展，这是素质教育的要求，也是和谐教育的要求，更是张掖二中全体教育工作者共同的理想和追求。

为适应时代发展的需求，尊重学生的个体差异，用智慧的眼睛发现学生的特长，用知识开启学生的智慧，用爱心挖掘学生的潜能，学校致力于努力让每一个学生都能够成长、成才、成功。

让每一个学生都成材，也即要让优秀学生更为优秀，让特长生的特长得以更好地发挥，让后进生也能重新扬起自信的风帆。要相信人人都能成材，人人都有成材的权利，人人也都有成材的可能。学校要为每个学生编织成材的梦想，要为每个学生的明天积蓄成材的力量，要为每个学生开辟多条成材的道路，要为每个学生提供最适合他们发展的教育。这一理念的确立要求全体教育工作者树立崭新的教育观、质量观和人才观，面向全体学生，因材施教，让每个学生都充满信心，并对每个学生的实际问题，对症下药，让每个学生都能愉快地学到知识，都能健康成长。

二、办学理念的提出

先进的教育理念是办学的灵魂，是办好一所学校的基础，也是一所学校办学成熟的标志。它的确立必须具有现实性（立足于对学校办学历史的继承和学校所在区域教育事业的现有基础）、前瞻性（把握时代进步和社会发展的总趋势）、科学性（遵从教育事业和生命发展的基本规律）、实践性（确保学校、教师、学生的可持续健康发展）的特点。

据此，张掖二中提出了“让每一个学生都成材”的办学理念，使之成为学校建设和发展的依据。拥有了这一先进、科学的教育理念，以它作为学校一切行为的先导，就可以使学校教育事业沿着正确的轨道前进，也必然会带给学校教育质量的腾飞。

三、理念确立的现实基础

1. 继承学校历史传统的选择

我校有五十多年的办学历史,形成了自己的办学特色。写作、体育、艺术、外语曾在不同时期确定为学校的办学特色。艺术教育曾经享誉张掖,体育教育在很长时期作为二中的一个特色,曾获得"全国群众体育运动先进单位"称号。

2. 学校不断发展的必然趋势

自调整为独立高中的十四年间,我校高考录取人数不断攀升,从1999年的200多人,发展到2010年的1165人(应届),高考升学率已经达到89.62%。2010年600分以上高分段的学生有28人,文科取得了全省第二名的佳绩。2006年至2011年,我校先后有10名同学被清华、北大录取。

3. 学校的办学思想日臻完善

主要包括以下几个方面:学生的培养目标——努力提高学生的思想素质、知识素质、智能素质、身体素质、心理素质、劳动素质;教职工座右铭——爱是教育的基础;教研工作"八个一"工程的思路;学校艺术团的组建;2006年高一招生恢复招收体、音、美特长生;2009年甘肃省实施高中新课改以来,学校开设阅读课、书法课、体育分项课,及各类文化课选修课;考试激励教育思想,教职工"十佳"建设工程,学生"十佳、百优、千星"的评选。

4. 二十一世纪对基础教育的新要求

二十一世纪的竞争,就是人才的竞争。站在新世纪的门槛上,教育必须担负起培养具有创新精神和实践能力、具有健康人格素质、开放型和研究型素质、具有竞争意识和合作精神的人才的历史使命。

四、办学理念实施的途径和措施

1. 加大教学管理改革力度

诺贝尔奖获得者、美籍华人杨振宁教授,针对中国教育的时弊,曾语重心长地指出:"中国的教育基本是教师教、学生记的模式。这种程式如果不改变,再过三十年也很难获得诺贝尔奖。"因此,为了学生的发展,张掖二中在教学上加大了改革力度,努力实现选用教材更为科学,设置课程更为合理,教学手段更为先进,组织形式更为灵活,课堂教学更为民主,自学时间更为充裕,探索空间更为广阔的要求。

(1)课程设置上,在开足国家规定课程的同时,实现课程设置的多元化。活动课程、综合课程、实践课程、潜在课程(隐性课程)和研究性课程等并行发展;用各具特色的必修课和选修课、地方课程和校本课程,为学生提供优质教育;通过研究性学习课,让学生大胆质疑、探究未知领域,培养创新精神和创造才能。

(2)课堂教学上以张熊飞教授的"诱思探究"理论为指导,从"以教师为本"转变到

“以学生为本”。

优化课堂教学目标。实现课堂教学认知目标、能力目标和情感目标的优化组合,力求用概括性语言表述的目标转化为可操作性的目标。

优化教学过程。实现四个转变:教师由“演”到“导”,由“灌”到“启”,由“硬性调控”到“软性调控”的转变;教师由“评判者”到“组织参与者”,由“先知型调控”到“共知性调控”的转变;教学反馈由“生——师”到“生——生”、“生——师——生”、“师——生——师”等的多向交流转变;由教师单一讲授到学生自主与探究学习的转变。

优化教学模式。倡导综合运用五种课堂教学模式:激趣——鼓励——创新;问题——探究;自然——指导;目标——导控;情境激趣——动手实验——探究点拨。

优化教学心理。课堂教学贯彻“民主”“和谐”“兴趣”“成功”四个原则,营造良好的课堂教学心理环境。

优化教学方法。大力推行探究式、启发式、讨论式、暗示式、自学式、谈话式、尝试式、发现式、导创式等科学教学方法。

优化教学手段。大面积使用声、光、电、像等电化教学手段,充分利用“班班通”,各班已配置数字投影仪,教师已普及笔记本电脑的优势,尽可能使用网络等现代教育技术。

2. 不断进行课程改革

秉承人性化、以人为本的教学理念,始终把人的发展目标放在首位,把人文关怀渗透到教育教学的每个环节,同时以开放自主、尊重个性和促进学生的全面发展的价值观和精神氛围进行的人格化管理,依靠人性解放、权力平等、民主管理,从内心深处来激发每个学生内在潜力、主动性和创新精神,在潜移默化中使每个学生的个性得到健康的发展,真正实现以人为本,关注人的发展,促进人的发展。将尊重个性自由与关注人的发展和谐地结合起来,努力使人人都有明确的发展目标,人人都有追求目标的动力和活力。

课程改革追求的目标应当是使课程内容更为密切地关注学生身心的健康发展,使学生有一个健全的人格,培养学生终身学习的愿望和能力;更新知识价值观,确立最符合时代要求,最符合学生发展的知识是最有价值的知识的观念;改变传统的课程观,以人本主义思想为指导,树立真正以学习者为中心,以学生发展为本考虑课程设计,考虑学科体系和知识结构,考虑学生学习现实和学习基础,考虑未来经济建设、社会发展和青少年身心发展的需要;拓展课程适应内容,改进教育方法,使课程内容密切联系社会实际,贴近学习生活,挖掘隐性课程的人文教育功能,整合学校、社会、家庭三者的教育力量,加强德育和人文教育。

3. 加强学生管理

学生是学习的主体,让每一个学生都成材,首先要做到每一个学生都想成材。需从以下方面加强管理。

(1)以德为先。德是一个人成才的关键因素,是一个人显露他的才华的必要条件。“欲成材,先成人。”“教育的本质是文化的传递。教育的核心问题是培养人的思想文化素质,主要是完美人格的塑造。”[1]

(2)给予自信。教育就是要使学生认识到“我能行”,就是使学生从小就有学习的自信心,做人的自尊心。

(3)学会学习。首先要培养学生的兴趣,兴趣是最好的老师。培养学生良好的学习习惯尤为重要,包括预习习惯、听课习惯、思考习惯、提问习惯、作业习惯、阅读习惯、答题习惯等。其次是学习方法,良好的方法可以取得事半功倍的学习效果。读死书,死读书不行。只学文化课,不参加体育艺术活动、不参加社会实践活动不行;只学高考科目,不学会考科目和选修科目也不行,要尽可能博学、博览。

4. 加强校本培训和校本研修

通过校本培训,让学校的管理思想,包括办学理念、办学思想、培养目标、教学管理改革思路,被每位管理人员和教师认同,使教师的思想观念适应于、满足于学校的教育理念。通过校本培训和校本研修最大限度地提高教师的业务水平,使每位教师理解和熟悉课标、教材、考纲;能调动每位学生的学习积极性、挖掘其学习潜能;能更好地驾驭教材,选择最适合教学内容、最适合学生的教学方法;引导学生自主学习、探究性学习,培养学生的创新精神、创新能力;能掌握现代教育理念、现代教学手段,让新教师尽快成熟、成材,让中老年教师适应时代、更加优秀,让学校“让每一个学生都成材”的办学理念变成现实。

注释:

[1]引自中国艺术教育促进会常务副会长仇春霖语。

爱是教育的基础

——办学理念之二

胡永晖

“道德中最大的秘密是爱。”爱学生是师德的核心，爱的传递能激起师生感情共鸣、心灵共振。教师只有把一份爱心献给学生，学生才能真正感受到老师的爱，这样才会取得意想不到的教育效果，这就是所谓的“浇花要浇根，育人要育心”。

一名优秀的教师，热爱学生是最基本的行为准则，是师德范畴的一项重要内容。作为一名人类灵魂的工程师，在培养学生的过程中，应该像斯大林所说：“要小心翼翼地培养人，就要像园丁栽培心爱的花木一样。”我们知道，学生是具备主体意识的人，即具备自立、自尊、自重、自信、自爱的意识。只有具备这些道德主体意识，人才能获得符合人性且全面的发展。

一、对老师“爱”的理解

世界上的爱各种各样，而老师对学生的爱是一种复杂而高尚的精神境界。教育心理学家认为，这种爱是由老师的理智感、美感和道德感凝聚而成的一种高尚的教育情操。内容上表现在老师深入细致地了解学生，真心实意地关心学生，充分尊重、信任学生，严格地要求学生等。老师对学生的爱不同于父母对子女的天然之爱，它蕴含着更多的社会内容。老师的爱不仅是个人之间的一种态度，一种积极的肯定情感，它还是一种评价。老师对学生的态度常常反映学生所在集体，甚至是社会对他的某种评价。因此，学生往往把老师对自己的关怀、爱护、信任与老师对自己的评价联系在一起，同自己在集体中的地位和人格价值联系在一起。老师一句话有时能改变一个学生的一生。由此可见，老师对学生的爱对教育好学生是何等的重要！

二、爱学生是教育学生的起点和基础

教育不能没有爱，就像池塘不能没有水一样，没有爱就没有教育。前苏联著名教育家苏霍姆林斯基则把教师热爱学生作为“教育的奥秘”，他的座右铭是“把整个心灵献给孩子们”。有经验的老师都会有这样的体会，当学生意识到老师是真心爱护他、关心他、为他操心时，无论你是耐心的帮助，还是严肃的批语甚至是必要的斥责，学生都会乐意接受，这就是所谓的“亲其师，信其道”。

相反，如果老师没有取得学生的信任，那么即使教育目标正确、教育方法科学，教育

也无法达到期望的结果。因为在教育过程中,学生既是老师作用的对象,又随时显示出一种“反作用”。这种反作用表现在:老师的教诲和要求,都要经过他们的情感过滤或催化。如果师生没有达成信任,学生面对老师的教导就会无动于衷,严重的还会产生抵触情绪和对抗行为。

三、用爱心去感染学生

前苏联著名教育家赞科夫说:“当教师必不可少的,甚至几乎是最主要的品质就是热爱学生。”只有给予学生爱,让学生感受到爱,体会到被爱之乐,他们才会学着去爱别人。每一位学生,哪怕是教师眼中的“差生”,都是独立的、具有他人不可替代的生命价值的活生生的个体。对于这些“差生”“后进生”,作为教师,应坚持“多予”“少取”,即多一些宽容,少一些强迫;多一些关爱,少一些孤立;多一些鼓励,少一些责备;多一些机会,少一些代替。“金凤凰”要爱,“丑小鸭”更得爱。唯有爱满天下,才能换来桃李芬芳。

四、用爱心滋润学生,给学生以进步的动力

“爱是教育的基础”,师爱是师德之核心,师爱也是师之魂。教师热爱本职工作重要的体现是热爱学生,教师只有热爱学生才能赢得学生的尊敬,从而建立起“尊师爱生”的融洽关系。凡是担任过班主任的老师恐怕对此体会尤为深刻。

如果没有对事业的真爱,就不可能产生教育的智慧,当你真正的,没有任何私心地爱你的学生时,当你把学生当成自己的孩子培养教育时,你的智慧会层出不穷,你会想方设法帮助每一名学生,你会竭尽全力调动每一名学生,你会在意每一名学生每一点细微的变化。“爱孩子是一名教师合格的底线”,如果一名教师连起码的“爱孩子”的心都没有,严格地讲,他是不适合做人民教师的。老师的爱不同于父母的爱,它应印刻着日渐成熟、深刻的思想。所以,在学生面前,教师应是导师,应是慈母,应是朋友。给学生导师般的厚爱——多一点教导和激励,多一点严格和期待,多一点训练和督促,多一点召唤和鞭策;给学生以慈母般的仁爱——多一点信任和搀扶,多一点温暖和体贴,多一点呵护和爱怜,多一点表扬和鼓励;给学生以朋友般的挚爱——多一点平等和尊重,多一点帮助和支持,多一点理解和关心,多一点肯定和赞赏。对那些让我们头疼的学生,如果我们出乎内心、发乎自然地把他们当成自己的孩子、当成挚友亲朋的孩子去爱、去管时,教育将是温馨的、将是充满智慧,充满力量的。

真诚的师爱是促进学生上进的动力。在学生眼里,教师的一言一行、一举一动,都会给学生以榜样。俗话说:“教育无小事,事事是教育;教育无小节,节节是楷模。”为人师表,身教重于言传。愿广大教育工作者都能以《教师职业道德修养》规范自己的言行,在这半亩方田里勤耕力作,用自己丰富的知识、得体的言行感化学生的行为,用自己高尚的师德、真诚的师爱塑造学生的灵魂,让自己的生命之火为教育事业而燃烧。

管理是严肃的爱，培训是最大的福利
——办学理念之三

胡永晖

管理是严肃的爱。严格要求，是为了帮助大家养成容易成功的习惯，是爱大家；什么是最大的福利？工资，住房，医疗保险，还是轻松自在的工作？非也！这些更像慢性毒药，让你拥有暂时的安逸舒适，实际上是废你武功、乱你心智。提供培训，是让你拥有能力和知识，具备成功者的素质，这是你的无形资产，是最大的福利。

为什么说严格的学校管理是利大于弊呢？

首先，学校的管理是通过制定一些学生必须遵守的规章制度为基础的，这些规章制度的制定本身就是严肃和严格的。这就正如我们法律的制定也是神圣庄严的一样。至于严格，我们说那是指学校的规章制度在执行上的严格。试想一下，有了规章制度却没有严格的强制手段作为保障，那规章制度本身就会成为一纸空文，无法实行。俗话说“无规矩不成方圆”，假如那个规矩是用橡皮泥做的，软弱无力，能画得出方圆吗？

其二，我们说严格的学校管理是有利于学生的学习生活的。当今社会不良诱惑多，如上网吧打游戏、抽烟、喝酒、打架、吸毒等，而学生的自我约束力普遍较差，难以抵抗这些不良诱惑的狂轰滥炸。如果学生被此浸染，最终会导致学习成绩下降，严重者会导致他们荒废学业，离家出走，给社会带来种种问题。我们认为学校实行严格的管理，正好给学生树立一面强有力的盾牌，帮助学生抵制不良诱惑，把不良诱惑驱之于校园门外，给学生营造一个良好的、洁净的校园环境。

其三，我们说严格的学校管理是有助于学生身心的健康发展的。高中生这个年龄段是人生中最为关键的塑造期，这个时期学生的心理表现为开始拥有自己的想法，自己的世界观、人生观，并渴望能在现实中实现自己的想法、愿望，依自己的方式待人接物。但由于学生毕竟是处于塑造期，各种想法、人生观、世界观普遍不够成熟，心理的成长上往往会出现偏差。严厉的学校管理，能纠正学生由于不良心理而引发的不良行为，从而使学生能及早发现普遍存在的心理问题并帮助学生塑造良好、健康的心理。一棵小树苗一时长歪了，其实很容易匡正，说的就是这个道理。

其四，学生总有一天要离开校园，走向社会。施行严格的学校管理，正是着眼于学生的未来，从小培养学生遵纪守法的纪律意识。试想一下，如果学生从小就习惯于校园宽

松的环境，一旦离开校园，将无法适应严格的社会法律的约束，甚至触犯了法律还不知道。因此，从学生的未来着眼，学校理应实施严格的管理制度。

培训是最大的福利。这是一种全新的观念。这充分说明，历经市场经济的洗礼，所有处在激烈竞争中的人员都会切身体会到，自身素质的提升对创业的极端重要性。知识、素质改变个人及学校命运的观念已深入人心。

在一份京、沪、穗、深职业经理人的总体情况调查报告中，涉及了薪酬、福利、企业认可度、个人满意度、生存状况等情况的对比。其中在福利的调查项中，85.7%的经理人普遍反映，与医疗、住房等其他方面的福利相比，他们更看重培训进修，培训是最大的福利。

学习培训，可以从根本上提升学校的竞争力。但是，时下我国的一些学校，特别是一些办学条件差的学校，对管理人员和老师的培训还没有摆上应有的位置。一些学校犯了“急功近利”症，他们只看到眼前的利益，而看不到学校的长远发展后劲。吝惜老师培训经费的投入，对老师重使用、轻培训。有的学校虽然有心投资对老师进行培训，但是又苦于没有管理和约束手段，担心老师一具备了较强的专业技术水平，又反过来向学校提出过高的薪酬要求或待遇，如不达目标，就会“跳槽”到其他学校，所以权衡利弊，还是下不了决心让老师去参加培训。

在这个“知识资本”的年代，在这个残酷竞争的市场中，不论是对一个学校，还是对一名老师来说，不进步就意味着退步，就面临着被淘汰的命运。培训是众多世界名校赖以生存的资本。正是凭着其规范、科学的培训机制，他们方能在世界各地演绎其企业文化，攻城略地，占领国内外市场。有了培训，他们才能有效地保证每一名老师素质的一致性，老师与学校运作的充分吻合。一些驰骋教育界的精英之所以能够“更聪明地工作”，高人一筹，就是因为能够不断地学习新知识，从而不断提高自己的应变能力和创造能力，为学校的发展创造出辉煌的业绩。

为了应付一个不断变化的世界，所有的人和组织都必须培养应变能力和创新能力；而学习培训恰恰是适应环境和不断成长壮大的战略。作为学校来说，培训固然需要花费相当部分的人力、财力资源，然而它回报给学校的，是这小小的培训费用的几十倍；要改变学习培训费用的成本传统观念，将培训视为一种投资，把培训学习制度化，并从人、财、物、时、空等方面予以投资和帮助，实现人力资源向人力资本转化；就老师而言，要摒弃安分守己、一岗定终身、一张文凭打天下的观念，把握学习机会，主动学习，不断地提高自己，只有这样，才能在竞争日益激烈的社会上站稳脚跟。

学会做人，学会求知，学会健体，学会生存
——办学理念之四

胡永晖

一个学校的口号能体现出一个学校的个性，能秉承传统，维系学脉，增强师生的凝聚力、荣誉感和责任感。

二中学生宿舍楼西墙上的这则标语——“学会做人，学会求知，学会健体，学会生存”，通俗易懂，言简意赅，可以看做是二中的办学方针。简洁凝练的十六个字，从四个方面对培养学生德智体美全面发展提出了高要求。

一、学会做人

“做人”是一种通俗的说法，它指的是一个健全人必备的基本素质。它是思想品德、道德规范、世界观、人生观、价值观以及各种非智力因素如情感、意志、毅力等方面的总和。它的核心内涵是人格或心理因素，包括自尊心、自信心、自强心、好奇心、同情心、自立精神、敬业精神、竞争合作精神、开拓拼搏精神、实干精神、乐观精神、表达能力、操作能力、交际能力、适应能力、抗挫折能力、自学能力、生活处理能力、行动自律、决策自主、品德自修、情感自悦、心态自控等方面。所谓“学会做人”，按中国传统说法就是“修身”，按现代科学理论叫做完成“人的社会化过程”。

学做一个有理想的人。同学们要把个人今天的成长进步同祖国明天的繁荣昌盛紧密联系在一起，树立起振兴中华的雄心壮志，立志为民族争光，为祖国争光。在远大志向的激励下，从现在开始努力，脚踏实地地克服各种不利因素，战胜一切困难，努力使自己成为品德合格、体魄强健、素质优良、技能精湛的应用型技能人才。

学做一个有道德的人。德始终摆在学校教育的首位，始终摆在知名企业录用人才标准的首位。同学们要从小事做起，严于律己，在日常的学校学习和家庭生活中加强道德修养，不断完善自我。

学做一个有责任感的人。每位同学都要树立责任意识，对自己的学习负责，对自己的生活负责，对自己的前途负责，要使自己懂得，现在的努力、刻苦是为了将来更好地为人民的利益和祖国的现代化建设服务，是为了最终成为有理想、有道德、有文化、有纪律的社会主义新人，也为将来的美好生活打下基础。

学做一个懂得感恩的人。感恩是一种处世哲学，是生活中的大智慧，我们要感谢父

母的养育之恩，感谢学校、老师的教育之恩，感谢同学的帮助之恩，特别是要感谢那些在危困时刻向你伸出温暖双手的、在你迷茫时为你指点迷津明确前进方向的人、那些用肩膀助你攀上人生高峰的人。

二、学会求知

让学生掌握一定的科技文化知识，奠定一个牢固的科学文化基础，对于做一个合格的社会主义现代化建设者是非常必要的。但更重要的是让学生掌握获取知识的技巧和能力。历史上的各种知识汗牛充栋，现代知识急剧膨胀，每个人竭尽毕生精力，终日苦读，也只能学得百分之一二。授之以鱼，莫如授之以渔。中小学生之所以课业负担沉重，一个普遍的原因就是很多教师只注重知识的输入，忽视学习方法传授，让学生读死书，使学生成为只知其一而不知其二的书呆子。学生大量的时间精力消磨在死记硬背的重复劳动中，降低了他们的学习兴趣，学习效果不佳。因此，教师在向学生传授知识的同时，要向学生传授记忆概念、理解原理、把握规律的方法和技巧，增强由此及彼、由表及里、由现象到本质的认识能力。只有这样，才有能效地学好书本知识和课外知识，以及日新月异的新知识。

其实，一个人在学校学习的知识百分之八十终生用不上，那我们为什么还要在学校孜孜不倦地学习呢？我们实际上一直在学习一种方法。

小学最早开的课一定只有两门：语文、算术。语文——形象思维；算术——逻辑思维。以后十几年即使读到博士，总体上也超不出这个范围。百分之八十的知识浪费掉，听来十分可惜。问题是用得上的那百分之二十，我们事先并不知道在哪儿。知识的积累就是神童也需要时间，在积累的过程中，聪明的人会早些发现学习的规律，让学习变得简单。

走向社会，马上会发现一些新的问题毫不客气地摆在你的面前。社会是不会因为你的学历高就网开一面，相反学历高的人遇到的问题往往更难，这是社会自然筛选的结果。

这时候就需要重新学习了。触类旁通，举一反三，要靠个人的本事或悟性了。有不断学习能力的人一定是社会适应力强的人；而社会适应力强的人，一定比别人容易成功。

我们常常羡慕别人成功，那只是个结果。我们应该羡慕过程，学会学习，学会求知。不怕自己掌握的知识过时，只要掌握了学习的方法，又有学习的愿望，成功就离你近了一大步。要知道，所有的成功都是一步一步走出来的。

三、学会健体

学生的主要任务是学习，但没有健康的体魄，很难完成学业，也很难成长为社会主义事业的建设者和接班人。

根据2005年全国对10万名学生体检调研，66%的学生每天锻炼时间不足，其中24%的学生每天基本不锻炼。调查显示，57%的学生因为“怕累”，24%的学生是因为“怕

受伤”,而不愿意参加体育锻炼,更有23.2%的学生不愿意参加体育长跑锻炼。这样就导致了学生身体素质下降,如肌肉变软、骨骼疏松、视力下降等问题。

身体是智慧之所、品德之舟、生命之本。现在一些家长不重视孩子的身体锻炼,整天逼着孩子学习,另一些家长只重视竞技体育,想让孩子学会一技之长,升学考试可以加分,这都是不正确的。家庭健体最重要的是教给孩子健身的技能,养成健身的习惯,使孩子“学会锻炼”,提高孩子的身体素质。哪怕是简单的跑步、散步,如果长期坚持对健身也是很好的活动,这里最重要的是长期坚持,养成习惯,切记不能半途而废。

体质的增强,表现在生长发育达到更高水平,各器官系统生理功能良好,各项身体素质强,对外界自然环境变化的适应能力、抗病能力以及病愈后康复能力都较强。

合理的营养与科学的体育锻炼,能使青少年的体质朝着良好的方向发展,而坚持体育锻炼是最积极有效的手段之一。生理学家很早就观察到,经常奔跑的野兔的心脏比运动不足的家兔的心脏要发达得多。运动生物化学专家在实验室中对动物进行实验观察也证实,经过运动训练后的动物,肌肉中蛋白质及各种能量物质含量均明显增多。美国学者对实验小鼠的观察表明,活动多的小鼠的大脑皮质神经细胞比活动少的小鼠长得大,神经分枝也多。这表明运动对促进神经系统的生长发育也是十分有益的。还有资料说明:学校中的运动员患感冒的人数,仅为不从事运动的学生患感冒人数的18%。由此可见体育锻炼对人是多么重要。

运动就要出力流汗,运动就要增加能量的消耗,这样做才有利于增加食欲,克服挑食、偏食的毛病。所以,为了让孩子有一个强壮的体魄,身心都得到全面发展,应鼓励和引导他们积极参加体育锻炼。

体育锻炼中的几点注意事项:

1. 要循序渐进,不急于求成

指导孩子参加体育锻炼,动作必须从简单到复杂,运动量要从小到大,有节奏地增加,教育孩子克服急躁情绪。

2. 注意全面发展,不单从兴趣出发

青少年身体的全面平衡发展特别重要。为了使他们的速度、力量、耐久力、灵敏度等素质都得到发展,选择的锻炼项目要多样化。不宜让青少年过早地进行专门项目的锻炼,否则会造成他们的局部负担过重,破坏了全面协调的发展,甚至造成畸形,给健康带来危害。

3. 要注意安全,掌握适当的运动量

通常未成年人玩起来非到筋疲力尽才肯罢休。这样运动量过大,容易造成神经系统过度紧张疲劳。因此,要提醒青少年,注意劳逸结合。一般来说,每次活动以一小时为宜。一般体育活动应在餐后一小时后再开始,运动后一般要休息30分钟再进餐,否则易影

响食物的消化。此外,在运动中和运动后立即大量饮水,会使血容量骤增,心脏负担加重,也应予以注意。锻炼时至少要脸色发红,身体略微出汗,每分钟心率达130次左右,锻炼后有惬意的疲劳感,食欲增加,睡眠深沉,说明活动量是适宜的。锻炼中要特别注意安全。

4. 要经常锻炼,帮助孩子养成勤于锻炼的好习惯

体育活动对身体生理机能的良好影响,只有坚持经常锻炼才能产生。

此外,父母还要为孩子创造一些必要的体育锻炼条件,如运动衣、鞋、相关运动器具等。对于自制力差的未成年人,父母如能抽时间陪同锻炼,既是必要的,也是有益的。

我校是省级示范性高中,以向各类高校输送人才为己任。由于学习紧张,课业负担重等原因,很多同学对体育课和课外活动存在认识上的误区,以为体育就是打打球、放松自己。因此,有些同学的课间操不够认真、动作不到位、随随便便,草草了之。上体育课时,心情高兴了才去参加,心情不好就懒得动手动腿。

总之,中学生必须要坚持体育锻炼、学会合作与互助;坚持体育锻炼、学会严守纪律与自控;坚持体育锻炼、培养吃苦耐劳精神。所有这一切都是为了一个目标,促进学习、提高效率,使同学们成长为身心健康、品质优良、全面发展的现代中学生。

四、学会生存

人生是人类的永恒主题。有的人将人生当做一场战斗，有的人则将人生比做演戏。演的是喜剧,还是悲剧?自然是仁者见仁,智者见智。有的人将人生当做一部由酸、甜、苦、辣、咸谱成的变奏曲来欣赏;有的人则将它作为赤、橙、黄、绿、青、蓝、紫染成的彩虹来观赏;有的人将人生视做充满艰难困苦、狭窄崎岖的羊肠小道;有的人誓将人生搞得轰轰烈烈生动而有趣;有的人则将人生弄得平平淡淡味同嚼蜡。的确,人生之中有理想,有幻灭;有成功,有失败;有真善美,有假恶丑;有欢乐、幸福,有痛苦、悲伤;有难有易,有荣有辱,有矛盾有斗争……

唯有全面的终身教育才能够培养完整的人，今天的人不可能一劳永逸地获取终身所需的知识,而需要终身学习如何去建立一个不断演进的知识体系——学会生存。我们都知道,孩子是祖国未来的希望,是国家建设的后备力量,是将世界推向文明、幸福的重要力量。他们的成长发展、未来的生存技能在很大程度上受到全社会给他们的教育的影响,尤其是家庭教育和学校教育。教育的目的是什么?教育必须培养人类去适应变化,这是时代的显著特征。教育应扩展到一个人的一生,成为每个人生活的一部分;教育应把社会的发展和人的潜力的实现作为它的目的。了解世界是教育的主要目标。教育应帮助人们解决他们今天所面临的各种问题。教育本身不能克服邪恶,但应力求增进人民控制自己命运的能力。教育应该努力帮助每一个人发展能力,实现其潜能,解放其创造力,并要阻止那些抹杀人性的事物的侵扰。

生存教育是人生最基本的教育。随着我国经济发展的不断加速,城市化进程不断加快,在这种社会背景、时代变革的逼迫下教会学生自我保护意识、增强生存能力已经迫在眉睫。据有关部门统计,目前中国每年约有1.6万名中小学生非正常死亡,平均每天约40名孩子。触目惊心的数字告诉我们,中小学生正处在人生的成长阶段,在面对突发事故、灾难时更容易受到伤害。目前国内教育在生存教育领域尚处在缺失的状态,我们的孩子如何自救和救助他人?如何在各种灾害中逃生?如何从容面对危险?这些已经成为亟待解决的问题。

家庭是生存教育的第一站。抗击挫折是生存教育的首要一环。有的父母对孩子进行"缺憾教育",告诉孩子"世上不如意事,常有八九"。把教会孩子生存的本领,让他吃些苦头、锤炼他坚强的意志作为家庭教育的基本内容。这样培养出来的孩子,坚强、勇敢、乐观、坚忍不拔,大有出息。有的父母则想心甘情愿地替孩子受累、吃苦,恨不得替他生病、读书,把前进路上的一切障碍都为他扫除。过度的爱护、保护,造就的不是顶天立地的强者,而是怯弱、退缩、心胸狭隘的弱者。具有健康的体魄和健康的心理,也应是生存教育问题中应有之义。试想,未来社会的竞争越来越激烈,人类个体作为社会人面临的压力越来越巨大,尤其是在全球经济一体化的社会环境下,要在竞争中取胜,除了具有丰富的大脑、多元的知识、坚强的意志力以外,如果没有健康的体魄和心理会是一种怎样的情形?简直不可想象。

现在有部分家长出于对孩子的爱,运用各种办法为孩子选好了一条路,并试图排除一切障碍,从而使孩子能在所谓的顺境中成长。其实这样的做法并不明智。孩子就像飞蛾一样,必须经过磨炼才能真正地展翅飞翔,在激烈的社会竞争中生存下来。如果父母总是在孩子出现困难时,帮助他或者甚至于完全代替他处理所有问题,那渐渐地孩子就会产生一种对父母的依赖感,认为所有问题都应该由父母解决,而自己什么也不需要做,从而就注定了孩子在社会竞争中失败者的地位。

学校教育是生存教育的第二站,我们作为在第一线的教师,更应该明确这样的目标——让学生学会学习、学会生活、学会做事、学会生存。现在我们已经在感慨:哪一行的饭都不好吃。所以未来的人才不仅需要有健康的体魄,还要有健全的人格。所以我们在教学的同时应该思考的更多一些、更全面一些。教师的职责现在已经趋于越来越少地传递知识,而越来越多地激励思考;除了他的正式职能以外,他将越来越成为一位顾问,一位交换意见的参加者,一位帮助发现矛盾论点而不是拿出现成真理的人。他必须集中更多的时间和精力去从事那些有效果和有创造性的活动,以期达到互相影响、讨论、激励、了解、鼓舞的目的。

在孩子的成长过程中,父母和教师应该是孩子的引路人,而不是决策者。不管孩子处理问题采取的是什么办法,即使是最不适宜的,对孩子来说也是有利的。只有在挫折、

失败中他们才会不断吸取教训，总结出更好的办法。这样才能为他们在今后激烈的竞争中生存下来打好基础。让我们记住："人永远不会变成一个成人，人的生存是一个无止境的完善过程与学习过程。人和其他生物的不同点主要在于他的未完成性。事实上，他必须从他的环境中不断学习那些自然和本能所没有赋予他的生存技术。为了求生存和求发展，他不得不继续学习。"

生存教育又是人生最基本的教育。在人类的不断进步、世界经济的飞速发展、城市化进程不断加快的要求下，教会学生学会自我保护、增强生存能力已经是一个时代的呼唤和要求，相信同学们一定会有展翅飞翔的那一天！

规范日常行为，形成良好习惯

——学生日常行为与教师教育管理行为规范

张全义

为进一步提高学校管理水平，规范学生日常行为与教师教育管理行为，形成科学、有序、规范的管理机制，特制定本规范，请全体师生遵照执行。

一、早读之前

暖季，值日生在早读前5分钟做完卫生；寒季，各班派4名值日生在早操期间做好环境卫生，周一的环境卫生在升旗仪式开始前20分钟做完。承担卫生间卫生的班级，值日生分别在早读开始后、午自习开始后、晚自习开始后清理。冬季下雪后，各班利用早读、午自习时间，在当天将积雪清理干净，以免次日结冰。

学生在早读前10分钟进入校门，前5分钟进入教室开始早读。行政值周组与年级部值周组在检查学生出勤时，以上面的时间为标准。

【说明】精确界定时间并严格检查，目的在于培养学生良好的时间观念。形成这种观念，终身受益。

二、早读

早读以诵读记忆和默写检测为主要方式。教师要明确诵读记忆任务，并通过默写检测来强化落实。行政查班领导在检查早读时，不能只登记老师是否到岗，还要记录反馈那些悄无声息早读的班级，借助反馈通报促其转变。

【说明】语言属于口耳之学，读说是学习的关键环节，利于培养语感。默读的收获远不如放声诵读，所以早读要书声琅琅。

三、升旗仪式

师生在升旗仪式开始前5分钟到位。要求班级队形整齐，师生保持标准立正姿势，班主任、旗手、班旗各自整齐成行。升旗时师生表情要严肃庄重，目视国旗徐徐升起。国歌响起，师生不论处于什么位置，都必须站立，面向国旗方向。为确保升旗的严肃性，各班班长与文体委员处于队列末尾，年级部值周老师与值周学生处于年级部队伍之后，整齐排列并均匀分布，检查各班级升旗情况。教职员工位于升旗会场的前台和中心，要按时到位，列队整齐。

【说明】升旗仪式是严肃的教育活动，必须通过明确的要求与严格的约束来保证其严

肃性。教职员工要率先垂范，起到榜样示范作用，真正成为身教的典范。

四、早操

各班级在指定位置迅速集合，文体委员整好队伍，旗手、班旗各自整齐成行，等待出发。班主任、文体委员互相配合，保证全程队形整齐，精神饱满，口号响亮。各班在跑动中不得忽快忽慢或者随意停止。班级之间距离要调整适当。分散到足球场做操时，各班加速行进，以便快速整齐地排好队形。做操结束，各班2列迅速调整为4列，文体委员整好队形方可解散。班主任必须全程跟操，如遇特殊情况，安排助理班主任代理。

【说明】早操关乎学校形象，是培养学生集体观念，形成学生纪律意识的重要方式，班主任、文体委员要从严要求，努力将早操打造成学校的品牌活动。

五、上课

教师提前2~3分钟到教室门口候课，同时组织学生进入教室准备上课。教师在备课时合理安排教学时间，尽量避免拖堂，不允许因拖堂、实验课而影响眼保健操或下一节课。学生不得逃课或干扰课堂教学。课堂上播放多媒体音频材料，要关好门窗，以免干扰邻近班级教学。

【说明】拖堂影响学生的情绪与休息调整，影响下一节课的教学效果，教师应该视此为忌讳，尽量避免。

六、课间

教学楼内属于公共学习场所，学生要遵守公共场所的基本准则，行止规范，言语适度，不得从事体育活动或者打闹，不得喧哗，不得在楼道逗留甚至大声交谈。

【说明】遵守公共场所的基本准则，是每个公民必备的基本素质，应该在日常生活中渗透训练。楼道内逗留交谈，会影响他人通行。

七、上学与放学

通校生上学与放学正值行人高峰期，为了他人与自身的安全，要遵守交通规则，尤其是要做到走人行道，过斑马线，不在校门口滞留，不横穿马路，不闯红灯，不单车带人，不高速飙车。

【说明】不遵守交通规则，往往害人害己。单车斜梁带人，既存在安全隐患，又极不雅观。

八、午休

为保证下午上课与晚间自习精力充沛，学生要养成午休的好习惯。要求午饭之后马上休息，住校生在一般在12:30之后不允许在校内从事体育活动。

【说明】精力充沛，专心致志，学习才能事半功倍。部分同学中午从事体育活动，不仅影响自己，还干扰老师与其他同学休息。

九、下午课前

值日生在课前5分钟做完卫生，学生在课前10分钟进入校门，课前5分钟进入教室

准备上课。上课10分钟后进校门的学生,门卫准确落实,登记后放行,年级部值周组利用检查眼保健操的时间检查各班学生缺席情况。

【说明】个别同学迟到后不进校门,或者不上第一节体育课,待到第一节课后才进校门。这些现象要严厉杜绝和惩罚。

十、眼保健操

下午第一节课的任课老师不得拖堂,督促学生做完眼保健操之后再离开,文体委员负责组织。值周检查既要检查学生做操情况,还要检查教师是否在岗。

【说明】缺乏教师的督促,眼保健操质量不能够保证,容易流于形式。

十一、自习

自习分两种:辅导性自习与自主性自习。辅导性自习,老师集中辅导或者个别辅导。为防止影响邻近班级,要求关好门窗。自主性自习,学生安静地自主学习,不得以任何理由交谈。自主性自习,除寒季通暖气期间,其他时间一律打开前后门。教室前后门小窗,任何时间都不得蒙上。第二个晚自习开始,学生要及时进入教室,并迅速进入学习状态;第一个晚自习值班教师也要及时进入教室,组织好学生,然后登记离开。

【说明】自习质量对学习水平具有重要的影响。实践证明,抓自习是抓学风、促高考的有效手段。课堂需要活跃,但自习需要安静。

十二、晚自习后

学生在晚自习后15分钟内离开教学楼。住校生迅速回宿舍洗漱就寝,不得交流过度,挤占睡眠时间;不得挑灯夜读影响其他同学休息;不得夜不归宿。通校生要及时回家,按时休息,以保证充足的睡眠。行政值周教师、年级部值周教师要在晚自习后到宿舍楼检查督促,公寓科管理人员要严格管理,及时准确反馈。

【说明】充足的睡眠是高效学习的重要保证,只有合理安排时间,才可能高效地学习。

十三、仪容仪表

暖季,学生到校一律穿着全套校服;寒季,校服上衣或者裤子至少穿着一件。不得穿奇装异服。校服上不得乱涂乱画。上体育课不得穿皮鞋、高跟鞋或者凉鞋,不得穿牛仔裤,女生不得穿裙子。发型按照学校统一要求修剪,不得染发、烫发。不得佩戴除手表、发夹之外的饰物。信仰宗教的同学亦不得佩戴佛像、十字架等关联宗教的饰物。学生要佩戴校卡,校卡上方张贴正规照片,清晰准确填写基本信息。

【说明】以上要求,既便于学校管理,也符合审美要求。

十四、“五禁”要求

“五禁”是指:禁止学生携带手机、游戏机、MP系列视听娱乐工具;禁止学生阅读不健康印刷品;禁止学生进网吧、酒吧等娱乐场所;禁止学生抽烟、喝酒、打架;禁止学生在校内吃零食。

【说明】“五禁”中所列禁止条目，对中学生健康成长具有很强的负面影响，全体教职员工都应该从“让每一个学生都成材”的高度出发，从严要求，让校园真正成为一片绿色、生态、和谐、有序的净土。

十五、上下楼梯

上下楼梯时，学生必须按照指定的路线行走，并逐步养成习惯，不得突然快行或推搡。

【说明】安全第一，人命关天，各年级要确定科学合理的学生行走路线图，严格上下楼梯制度，通过严格的检查督促使学生养成习惯，以消除安全隐患，避免校园踩踏事故发生。

十六、卫生习惯

养成良好的卫生习惯，加强传染性疾病的预防。不串用水杯、餐具，经常清洁自身及衣服被褥，不食用垃圾食品、变质食品，不乱吐乱扔，清洁用具与个人用品要摆放整齐。公共场所的果皮纸屑等杂物要主动捡起来放到适当的位置。安排好教师办公室值日，值日教师安排学生及时、干净、彻底地做好办公室卫生，教师随时整理好个人物品，及时清除不需要的物品。

【说明】良好的卫生习惯是一个人教养的重要组成部分，扔一块杂物到地面，是陋习；捡一块杂物在手中，则是美德。

十七、大扫除与考试期间卫生

双周周末、节假日、参观检查、考试等特定时间组织大扫除，班主任要亲临一线指导督促。大扫除要求干净、彻底、及时。考试期间的卫生，各班要精心安排，责任到人，并将安排表上交政教处。安排的值日生，要标清楚承担的区域、考号与联系电话，以便政教处随时联系。

【说明】大扫除与考试期间卫生常常出现问题，有时甚至影响到学校形象，班主任要认真负责。

十八、诚信考试

诚信考试，不得作弊。每次考试前，班主任要通过各种方式的教育来引导学生诚信考试，各班要组织学生填写《诚信考试签名表》。

【说明】考试作弊，人所共耻，有悖诚信做人的传统美德，是学风败坏的重要标志。

十九、安全事故

做好“四防”(防火、防电、防水、防盗)。禁止学生玩火或者在宿舍内使用蜡烛等燃烧物照明；禁止学生在公共场所燃放烟花爆竹，节日校外燃放，要将安全置于首位。禁止学生在教室、宿舍私用电器。学生不得摇动暖气管道，以免因管道断裂导致蒸汽外泄烫伤师生；禁止学生到水塘、沟渠等处玩耍、游泳。学生要保护好重要物品，不要随身携带较

多现金。

【说明】人命关天,生命至上。为防止安全事故发生,上面的要求要严格落实,以防患于未然。

二十、节日

过好中华民族的各种传统节日，严禁以任何借口搞与圣诞节等国外节日相关的活动。国外节日期间,不准赠送与此相关的礼品,住校生不准请假外出。

【说明】文化是一个民族的精神血脉,要引导学生过好祖国的传统节日,弘扬优秀民族文化。

二十一、请假

严格请假制度,使用学校统一的规范请假单与班主任印章。通校生一式两份,出校门带一份,座位上贴一份;住校生一式三份,其中一份放在宿舍。班主任保留学生请假条,并在第一时间将学生请假或旷课情况反馈家长。住校生没有请假条,公寓科通报反馈后补交请假条不予认可。班主任不在学校,学生到年级部请假。

【说明】请假制度有漏洞,很容易出问题。

二十二、突发疾病

学生在校期间,如遇心脏病、眩晕、癫痫、暂时性休克等突发疾病,班主任要迅速拨打120急救电话并通知家长,切不可打出租车或人力护送。

【说明】不专业的救助,初衷是救人,最终可能会害人。

二十三、沟通家长

班主任建立学生信息、学生家长联系方式档案,以便于随时随地沟通。对于违纪学生,班主任要选择恰当的方式及时告知其家长。

【说明】联系家长,取得配合,是教育的重要方式与手段。学生违纪受处分,班主任如果不及时告知家长,学生再次违纪,政教处处理难度很大,也不易善后。

二十四、外出与集会

外出参加活动,要统一着装,整好队伍,打班旗,按时出发,提前到位。行进中,要遵守交通规则,右手统一规范带板凳,队形要整齐有序。到位后,整齐就座,不得交谈,不得吃零食,不得扔杂物。离开时,捡干净地面杂物,有序带回。

【说明】外出与集会,是对外宣传、展现学校形象的最佳时机,年级部与班主任要从严要求,向社会充分展示学校的良好形象。

二十五、言传身教

教师既是言传的典范,又是身教的楷模。不说不合适的话,不做不恰当的事。着装规范,修饰得体。除教学需要播放或展示,上自习不得带电脑进入教室。办公室内不得利用电脑做与工作无关的事。上课、会议期间将手机调到静音,不得接打电话、收发信息、阅

读图文。

【说明】教师的一言一行，都会对学生产生积极或者消极的影响，所以教师需要慎言慎行，以德化人。

二十六、班会

班主任开好每周的班会。未经政教处、年级部统一安排，班主任不得随意安排班会之外的活动。

【说明】班会是教育学生、培养团队的主阵地，班主任借此可以树立威信。要精心准备，务求实效。

二十七、违纪处理

学生违纪，教师不得将其逐出教室或者学校。需要处分的违纪学生，处分程序是：出现了伤害事件，待受伤害人病愈出院，政教处将事实调查清楚之后再处理。开除学籍以下的处分，政教处会议讨论决定；开除学籍处分，校长办公会议或者行政会议研究决定。

【说明】将学生逐出教室或者学校，耽误学习，很大程度上是断送了学生的前途。

二十八、男女生交往

男女生交往要适度，要合乎中华民族传统道德规范。

【说明】中学生男女交往不适度，影响心理的健康成长，对学习会造成影响，还会影响良好校风的形成。

政教处

二〇〇六年八月三十日

五十六年自强路，五十六载奋斗魂
——校史馆

张述文

凝聚历史，是为了更好地展望未来。逝去的岁月是一首不老的歌，它承载着二中人的奋斗与拼搏，镌刻着几代人的努力与艰辛，展示着播种者与耕耘者的才能与风华。不懈的耕耘是一支舞动的笔，描绘出一幅又一幅绚丽的奋斗画卷，续写出一曲又一曲壮丽的奋进之歌，成就了一批又一批德艺双馨的骨干名师，培养了一代又一代品学兼优的栋梁英才。执著的追求是一绳坚忍的索，它给跋涉者在艰苦的征程中注入不竭的动力，它给前行人在艰难的困境中增添无穷的耐力，更给永不言弃的二中人浇铸强韧无比的意志，最终炼成传承永远、生生不息的二中精神。

张掖二中校史馆设在校园东南角的砺志教学楼六楼，面积170平方米。校史馆共陈列展示板46块，由近两百张照片和图片及简介、说明文字构成，版面设计创意精彩，文字说明清晰简洁，全面、真实、客观、生动地反映了张掖二中建校五十六年的发展历程和各个时期、不同历史阶段所取得的辉煌成就。展板内容有：学校历史沿革，学校历任及现任领导，学校管理体系，师资队伍，德育教育及政治思想工作，教学活动及教育科研，高考，学生活动，学校设施，校园景观，学校未来发展规划沙盘模型，学校荣誉等12个板块。

“学校历史沿革”板块有4块版面，分四个阶段，全面、客观地介绍了张掖二中建校五十六年来的沿革变迁、风雨沧桑、励精图治和辉煌共创，配有珍贵的早期照片和中近期各项活动剪影，图文相佐、简洁明了。

第一阶段——1956年—1966年 源水归田，创业艰难

张掖市第二中学坐落于张掖城东南隅民勤会馆旧址，始建于1956年，其前身为张掖县第一初级中学，占地面积100亩。当时有教学班12个，教职工约30人，学生400余人，首任校长丁育萱。1958年9月，学校改名为张掖师范学校附属中学。次年，又改名为张掖县第五中学，并增设高中班。当时有教学班19个，教职工约70人，学生近600人。1961年，学校撤销高中班，在校高中学生转入张掖县第一中学(原址在今木塔寺)，同时将张掖县第二中学(原址在今甘州区医院)并入我校。1962年，我校更名为张掖县第二中学。

第二阶段——1966 年—1976 年 滋兰树蕙,举步维艰

十年浩劫,学校教育工作受到了前所未有的冲击,幸而在一代学人的努力下,二中依然在艰难中继续发展。1967 年,学校改名为张掖县工农兵中学。1968 年,又恢复为张掖县第二中学。1970 年,学校恢复高中班,建成普通完全中学。

第三阶段——1976 年—1998 年 改革开放,阔步向前

1976 年,"文化大革命"宣告结束。1977 年底全国恢复高考,二中第一次设立高考考场。党的十一届三中全会以后,学校迎来了改革开放的时机。1980 年,学校进行了体制改革,领导帮子进行了调整。在"三个面向"(面向世界、面向未来、面向现代化)方针的指引下,学校进一步明确了办学思想,有计划有步骤地进行教育教学改革,实施岗位责任制。1985 年,张掖县建市后,学校改名为张掖市第二中学。1986 年,学校以"四有"(有理想、有道德、有文化、有纪律)教育为中心,重点加强对学生的思想教育、法制教育和爱国爱校教育,对学生的德育实施量化管理,促进了良好校风的形成。同时,学校加强了正规化建设,建立完善了学校规章制度。这一年,开设了两个职业高中班,高考成绩稳步上升,教学班达 33 个,在校学生 2300 余人。王征峰校长任期,在 1987 年学校建起了全区第一座教学楼,建筑面积 4000 平方米,大大改善了办学条件。1991 年,高考升学率首次居全市各中学之首。1996 年是国家"十五"计划的开局之年,也是张掖二中发展史上具有重要意义的一年。学校调整了工作思路,确立了新的工作目标。一方面,以教学工作为中心,切实加强师资队伍建设。另一方面,学校积极探索办学路子,扩大办学规模。这一年,学校各项工作均有突破性进展,成功举办了盛大、隆重的四十周年校庆,为二中创办高级中学奠定了基础。

第四阶段——1998 年—2008 年 荟萃群英,再创辉煌

1998 年,学校被调整为甘州区唯一一所以升学预备教育为主要目标的独立高中,聚集了区属三所中学(一中、二中、四中)一大批业务水平高,教学能力强的高中部各学科教师,可谓群英荟萃,群贤毕至。现学校占地 141 亩,建筑面积 43789 平方米,有教学班 80 个,学生 4740 人,有教学楼、科技楼等 10 栋,并建成了孔圣广场和全省首家高标准现代化塑胶运动场。

"学校历任及现任领导"板块有 3 块版面,共介绍了历任及现任校级领导 25 人的任职简历,以及在不同历史时期对学校发展作出突出贡献的校长。生活化取景的人物照片加上简练的文字介绍,鲜明了然、风格洗练。

历任校级领导

丁育萱——新中国成立前,在民勤组织参加学生运动、农民运动等革命活动,后任职于地方人民政府。1956 年 9 月—1957 年 7 月任新设立的张掖县第一初级中学校长。筚路蓝缕,艰苦创业,丁校长为学校创建作出了很大贡献。

康和厚——1957年7月—1959年2月任校长，当时学校更名为张掖县第五中学，并增设高中班。他创作了反映陕北革命斗争的长篇历史小说《红林浩峰》。

戴武昌——1958年4月—1959年10月任党支部书记，任内学校两度更名，由普通初级中学发展为普通完全中学，为学校党组织的起步建设作出了贡献。

张国良——1959年11月—1962年10月、1963年7月—1965年5月为学校行政负责人，1959年11月—1965年5月、1979年3月—1984年3月为党支部书记，是我校任职时间最长的领导。后任张掖市教委巡视员。

马中立——1961年10月—1965年5月为学校行政负责人，后任张掖县教育局局长、市委统战部部长、市政协副主席等职。

马英——1961年1月—1966年6月任校长，任内正值“文革”前夕，为提高教育教学质量做了大量工作。后任张掖县教育局局长、张掖师范党支部书记。

童贵德——1962年10月—1963年7月任校长，任内正值调整学校布局，我校改称为张掖县第二中学，后任张掖县第三中学校长。

李培友——1965年5月—1971年3月任学校党支部书记，1966年10月—1968年4月任学校文革小组组长，1968年12月—1971年3月任学校革委会主任。

宗培田——1971年3月—1973年3月任学校革委会主任兼党支部书记，后任张掖市人大常委会副主任等职。

田科荆——1973年3月—1979年7月任学校革委会主任兼党支部书记，后任张掖市人大常委会副主任等职。

尹可夫——1979年7月—1980年2月任校长，任内正值国家恢复高考，我校学生应考曾取得较好成绩。

王征峰——1980年10月—1987年8月任校长，1984年3月—1987年8月兼任党支部书记。耿介清廉，重节务实。后任张掖市教委主任、总支书记、卫生局局长、市委统战部部长、市政协副主席等职。

裴大文——1978年8月—1990年8月任党支部书记，1987年8月—1988年8月主持学校工作。后任张掖市职业中学巡视员。

陈尔炽——1988年8月—1993年8月任校长，任内我校高考升学率大幅提高。后任张掖市职业中学副校长。

熊祥兆——1990年8月—1993年8月任党支部书记兼校长，任内努力抓高考工作，成绩显著。

贾天杰——1993年3月—1996年11月任校长，任内着力整顿教育教学的内外部环境。1996年成功举办了四十周年校庆活动，后任张掖市教育局局长。

于德才——1993年8月—1999年8月任学校党支部书记，任内配合校长抓教师队

伍的思想建设、作风建设及基建工作,后任市二中调研员。

徐咸章——1997 年 3 月—2000 年 3 月任校长，任内实现了学校调整为高级中学后的第一步办学目标:将学校办成全市一流的、高质量、有特色的高级中学。后任甘州区教育局局长。

李寿福——1993 年 8 月任副校长,1999 年 8 月兼任党支部书记,2000 年 4 月任校长。任内努力改善办学条件,实现了学校第二步办学目标:成功创办省级示范性高中。

现任校级领导

校长杨生效——中共党员、本科学历、中学高级教师。1997 年 3 月担任张掖一中副校长。1999 年 3 月任张掖二中副校长。2001 年 6 月任青西中学校长。2005 年 9 月至今任张掖二中校长。先后多次被评为区级优秀教师、先进工作者和优秀党员、市优秀教育工作者。

党总支书记王登利——中共党员、本科学历、中学高级教师。1997 年 3 月至今在张掖二中工作,现任党总支书记兼副校长。先后被评为市级教学新秀、市级优秀教师、市级骨干教师、市级德育先进个人、区级优秀教师、市级优秀班主任、市级优秀共产党员。

副校长陈学彪——中共党员、本科学历、中学高级教师。1992 年 8 月至 2007 年 8 月在张掖市三中任教,先后担任教导主任、副校长、校长。2007 年 8 月调入张掖二中担任常务副校长。荣获“2003 年甘州区十佳校长”“2004 年张掖市优秀教育工作者”“2006 年张掖市科研工作先进个人”等荣誉称号。

副校长李亦武——中共党员、本科学历、中学特级教师。1982 年 8 月至张掖二中任教,2000 年任副校长。甘肃省“特级教师”,甘肃省中小学学科带头人。2007 年评为“全国优秀地理教育工作者”,担任省地理教学研究会理事、省地理学会第六、第七届理事会理事。

副校长张兴虎——中共党员、本科学历、中学高级教师。1998 年 8 月起在张掖二中任教并先后担任总务处副主任、政教处副主任,2002 年 5 月至今任副校长。1998 年被评为张掖地区“跨世纪学术带头人”,2002 年荣获甘肃省“青年教学能手”称号,2005 年被评为市级优秀教师。教育科研成果获省级优秀成果奖一次,市级一、三等奖各一次。在国家级教学刊物上发表教育教学管理论文 30 余篇,省级刊物上发表教育教学管理论文 20 余篇。

副校长贾红元——中共党员、本科学历、中学高级教师。甘肃省中学语文研究会理事。1998 年在张掖二中任教至今,先后担任班主任、政教处副主任、教导处副主任、教导处主任,2007 年 8 月任副校长。1998 年评为甘肃省优秀教师,获省“园丁奖“称号。2004 年被评为甘肃省骨干教师。

“学校管理体系”板块设 1 块版面,主要以文字的形式介绍了学校现行的“三级捆绑”

式评价管理体系和“四线八部门”职能管理线及管理部门,用线条图示的方式表达,简明流畅、清晰明确。

“三级捆绑”式评价管理体系:从评价的角度改进管理工作,以学校全体成员为主体,以其学习、工作的态度和效果及个性发展为内容,以全面、客观、公正为原则,形成性评价与终结性评价相结合。对教育教学工作采取“三级捆绑”式评价,即以教学班为单位的“一级捆绑”,学科教师对班主任负责;以年级组为单位的“二级捆绑”,各班级对年级主任负责;以部门为单位的“三级捆绑”,各部门对校长负责。

“四线八部门”职能管理线:教学工作管理线——主管副校长→教导处→教科处→年级部、学科室→班主任→任课教师→学生;教育工作管理线——主管副校长→政教处→年级部→班主任→任课教师→学生;管理服务线——主管副校长→总务处、电教中心、财务室→教职员工→学生;管理监督线——办公室、工会→处室→教职员工→学生。

“师资队伍”板块有3块版面。我校现有教职工290人(至2008年),教师278人,其中特级教师2人、省级“园丁奖”获得者8人,省级骨干教师15人,省级学科带头人及省级教学能手18人,市级骨干教师30人,区级骨干教师40人,高级教师108人、研究生学历教师达20人。

国家级优秀教师:康宗卫(1982年国家教委、国家体委授予“体育传统项目学校先进个人”称号)、曹承平(1993年国家教委、总工会授予全国“优秀班主任”称号)、杨尚明(1987年国家教委、国家体委授予“体育传统项目学校最佳领导”称号)、赵建军(1989年国家教委、国家体委授予“体育传统项目学校优秀教练员”称号)、王斌(1996年获甘肃省“园丁奖”称号,2004年9月国家人事部、教育部授予“全国模范教师”称号,并享受省级劳模待遇)、王建军(2007年教育部授予“全国优秀教师”称号)。

中学特级教师、省“园丁奖”获得者:白亚西、李亦武、李寿福。

甘肃省“园丁奖”获得者:朱锡舜(1986年获甘肃省“园丁奖”)、裴新颖(1992年获甘肃省“园丁奖”)、单成鹏(1993年获甘肃省“园丁奖”、省骨干教师)、徐咸章(1994年获甘肃省“园丁奖”)、王玉杰(1997年获甘肃省“园丁奖”)、杨生效(2008年获甘肃省“园丁奖”)、贾红元(1998年获甘肃省“园丁奖”、省级骨干教师)、蒋德虎(2000年获甘肃省“园丁奖”、省级骨干教师),以及省级骨干教师赵江志、苏宏伟、康文清等名师的亮丽风采在这里得到生动展示,同时还展示了从1959年到2008年间全体教师合影多幅,形象地描述了张掖二中不断发展壮大的身影。

“德育教育及政治思想工作”板块有2块版面。

德育教育:我校坚持开展以爱国主义为核心的理想成才教育,以遵守《中学生守则》《中学生日常行为规范》为核心的习惯养成教育,认真组织读书活动,开展“拒绝不良诱惑”“远离网吧”“校园拒绝邪教”“节水校园”“安全教育”等系列活动。根据新时期

高中生的身心特点，积极探索和研究学校成功实施德育教育的突破口和常新、长效的生长点，适时组织“励志教育”“爱心教育”“感恩教育”“诚信教育”“礼仪教育”等活动，不断创新德育工作的形式方法、途径和手段。将德育教育融入学校教育的各个环节，切实增强学校德育工作的时代性、针对性、实效性和主动性，全面提升了学生的思想道德水平。学校还紧紧围绕理想、习惯和心理健康教育三个重点，以加强班级管理和班风、学风建设为中心，以培养学生自我教育、自我管理的意识与能力为目的，开展了丰富多彩、卓有成效的活动。实施爱心和激励教育，以“十佳”“百优”“千星”评选活动为平台，开展对学生的激励教育，以创建和谐校园为目标，建立新型的师生关系。“爱是教育的基础”，没有爱便谈不上教育。教师只有爱学生、爱教育、爱学习，才能推动教育教学质量的稳步提高。教师只有关心学生身心健康，关注学生个性差异，才能促进学生的全面协调和可持续发展。

政治思想工作：重点展示了自 2007 年始张掖二中创建“精神家园”工程的举措。“爱是教育的基础”，教师的人格就是学生品德形成的良好催化剂。教师具有较强的人格魅力，才能让学生受到潜移默化的影响，学生就会喜欢他，从而模仿他的言行，听从他的教诲，“亲其师而信其道”。2007 年 3 月，我校决定在全校范围内创建“精神家园”工程，目的是以十七大精神为指针，大力倡导“四种精神”(奉献精神、进取精神、求实精神、创新精神)，思想上达到四种境界(从大局出发、以事业为重、对未来负责、为师生着想)，行动上遵循四种要求(办事公道、作风正派、埋头苦干、无私奉献)，作风上实现四个远离(让教师远离庸俗、让教师远离铜臭、让教师远离低级趣味、让教师远离自满自足)，努力实现四个目标(和谐的人际关系、温馨的人文环境、奋发向上的精神动力、充满激情的工作学习氛围)，以塑造高尚的教师人格。同时我校结合《加强教职工政治思想建设的若干意见》和“高度负责、艰苦创业、团结协作、开拓进取”的二中精神，力争在教师中形成“尽职业责任，讲职业道德、守职业纪律、树行业新风”的良好风气，造就一批以艰苦工作为荣，以努力创业为乐，以多作贡献为最大自尊的学者型教师和科研型管理人才。

“教学活动及教育科研”板块有 5 块版面。

教学活动：五六建校，沧桑半百；发轫筚路，厚积薄发。教育实践中，我们深刻地认识到，教育的成功不仅在于学生已经学到了什么，更在于使学生终身都有一种学习的强烈欲望，懂得怎样去学习。张掖二中多年的改革都是着力于激发活力，提高效率，健全机制，以人的发展为中心，把成才的主动权交给学生，坚持“把空间留给学生，把时间还给学生，把方法教给学生”的价值取向，用成功的教育培养成功的人，提倡“发现人的价值，发挥人的潜能，发展人的个性”的教育理念，切实构建“以人的发展为中心”的素质教育新体系，为全体学生的全面发展、主动发展、个性发展、创新发展、持续发展、终身发展奠定基础。为此，学校以深化教育改革、推进素质教育为目标，以“教必务实、学必求实、言

必达理、行必规范”为抓手，积极推进学校的校风、教风、学风建设。十年树木，百年树人。十年风雨路，学子满神州。张掖二中自1998年成立独立高中以来，秉承“办人民满意的教育”理念，十年间实现了持续跨越式发展，2008年高考捷报频传，“一清四北”的佳绩更使二中的教育教学锦上添花。

教育科研及教师科研课题获奖、教师论文发表：学校以“科研立校、科研立教、以研促教、以研促学”为治校方略，优化教育资源，实施名师战略，打造科研品牌。学校被中央教科所评为“全国科研兴教先进单位”，杨生效校长被评为“全国教育科研杰出校长”，胡永晖老师被评为“全国科研优秀教师”，承担着国家“十一五”重点科研课题《学科教育体现素质教育要求研究》。我校参加了全国教育科学规划教育部重点课题《诱思探究教学深化研究》实验研究课题，为副组长级单位。学习引进了“诱思探究”教学理论进行教学改革实验，坚持以“诱思探究”教学理论作为指导课堂教学改革的基本教育思想。充分调动全体教师投身科研的积极性，力求做到科科有课题、人人有专题，提倡教学研究课题化，课题研究教学化，努力实践教育科研与继续教育的结合。创办校报《张掖二中》、校刊《耕耘》，为学术思想的交流、教育理念的提升、教育科学研究成果的推广提供了舞台。2003年来，学校承担国家级科研课题3项，省级科研课题51项，市级课题20多项；教师在省级以上学术刊物上发表论文600多篇；22项科研成果获得国家级、省级奖励，80多人获得市级奖励，编辑出版校本教材23册，省级出版社出版教学类专著10余部；300多名学生在全国、省、市学科竞赛中获奖。同时校报《张掖二中》、校刊《耕耘》更为展示师生才华，彰显学生个性搭建了理想的平台。

“高考”板块设1块版面。用柱状图的形式立体展示了1978年至1998年高考录取示意图及1999年至2008年高考录取示意图，从1978年刚刚恢复高考录取的5人到2008年的1528人，直观凸显了五十年间学校教育教学质量不断提高的良好发展态势和发展后劲。2004年考入重点大学189人，本科651人，1人被清华录取；2005年考入重点大学257人，本科844人，有2人被北大、清华录取；2006年考入重点大学263人，本科854人，1人被北大录取。2007年的张掖二中高考实现了新的突破，考入重点大学302人，魏小东以703分的高分摘取甘肃省高考理科第二，张掖市理科状元，被清华大学录取。2008年高考再创佳绩，重点录取382人、本科729人，有5人以优异的成绩被北大、清华录取。近年来，二中的高考升学率始终保持在80%以上，高考各项指标及高分段人数在全市同级同类学校中名列前茅。

“学生活动”板块有2块版面。学校面向全体，因材施教，特长教育，拔尖培优，形成了“严、精、活、创”的务实求真的校风。教风正、学风浓、质量高，成为张掖市连续三年获得“高考综合评比第一名”的学校。编辑校报《张掖二中》，举办“校园艺术节”“体育运动会”“科技展览月”“诗歌朗诵会”等大型活动，如源头活水，润学生心田，展学生才华，扬学生

个性。本板块主要以图片的方式直观展示了二中历届学子进行的丰富多彩的课内外学习、劳动、校园艺术节、田径运动会等活动镜头，展现了二中学子在课堂内外的广阔天地里健康发展的身影。

“学校设施”板块有1块版面。现在我校办学设施先进，有教学楼、科技楼等16栋教学用楼，建成了400米标准塑胶运动场1个，篮球场8个，排球场4个，其他各种体育设施齐全。学校现有馆藏图书18万册，电子图书10万册，每年订阅报纸杂志400多种；有物理、化学、生物等实验室32个；音乐、美术、舞蹈专业教室8个；计算机室、电子阅览室等设施完备；建成1000兆赫的校园网和多媒体教室78个，拥有计算机800台，全体教师都配备了笔记本电脑，另外学校还建成了“校园之声”广播站，精品课录播室，校园电视台。本版面同时以图片的方式直观展示了图书室、阅览室、实验室、多媒体教室等教学硬件设施装备，设备先进，环境雅洁，赏心悦目。

“校园景观”板块有1块版面。校园以古朴典雅的民勤会馆为中心，北有孔子雕像、音乐喷泉，西有萃英亭，塑胶体育场，东有爱因斯坦、蔡元培雕像，文化长墙；南倚东、西仿古长廊，“鱼跃龙门”“勤奋”“晨读”雕塑群，间以苍松古槐，披风柔柳，簇锦团花，铺地浓荫，通幽曲径，使古朴与现代相得益彰，显示出极其深厚的文化底蕴。学校现有教学楼1栋，科技楼1栋，综合楼1栋，图书楼1栋，逸夫楼1栋，公寓楼2栋，餐饮楼1栋以及全市最早建成的现代化高标准塑胶体育场。理化生实验室具备国家一类标准，所有教室内配备多媒体投影设备，每位教师配备笔记本电脑，校园网接通各个教室，教学设施现代化。这个版面以多角度的全景或特写镜头展示了校园优美典雅的育人环境，既有浓郁的时代气息，又彰显了深厚的文化底蕴。

“学校未来发展规划沙盘模型”则立体展示了现任学校领导对学校未来发展规划的全局、整体构思，前瞻理性，显示出高远的发展眼光和深远的发展战略。

“学校荣誉”有1块版面。2002年经甘肃省教育厅评估验收，学校被确立为“省级示范性普通高中”。近年来学校先后荣获“国家学校体育工作优秀学校”“全国科研兴教先进单位”“省教育系统先进单位”“省级文明单位”“甘肃省五一劳动奖状”市级“普通高中办学一级水平学校”“德育工作先进学校”“首批信息化花园式示范学校”“绿色学校”，“高考综合评比第一名”三连冠学校，连续六年获“区教育工作综合评估一等奖”。

五十六年自强路，五十六载奋斗魂。五十六年，一代代二中人走过风雨，走过沧桑，走进辉煌。五十六年，壮怀一个个奋飞的梦想，历经风雨坎坷，二中人在曾经走过的路上留下了几多坚实的足印。岁月不待，五十六年弹指一挥。过去的五十六年，对二中人来说，是艰辛而充实的，也是漫长而凝重的。五十六年，我们脚踏实地，一步一个脚印地去追求、去奋斗。我们在追求中超越，在超越中完善，在不断的跨越式发展中点亮了流光溢彩的奋斗岁月。五十六年，二中人用自己的睿智和不倦，创造着一个又一个成功和精彩，在

居延故地、弱水之滨高奏出一曲曲辉煌崛起的劲歌。五十六载历经磨砺,五十六年辉煌璀璨。五十六年,精神和理想在这里磨合锻铸,青春和激情在这里燃烧放彩,历史和文化在这里交融积淀,耕耘和收获在这里熠熠闪光!

五十六年的历史,是一部厚重的书,它沉淀着二中人不屈的理想与追求、不懈的奋斗与艰辛、不言的苦痛与欢乐。五十六年的校园,是一部美丽的童话,多少飞腾的梦想在这里织就,多少成功的欢乐在这里绽放,又有多少努力的脚步从这里迈出,走向成功,奔向远方。

五十六载风雨路,岁月峥嵘;几代代人同心搏,华章再续。站在五十六年的窗口,我们承前启后,任重道远;站在五十六年的新起点,我们倍感肩上承载着格外沉重的历史责任。

五十六年,白驹过隙,汗水与硕果同华;五十六年,辉煌如斯,沧桑与欢笑高歌。无论是昨日的拼搏,还是今朝的奋飞,奏响的都是进击的强音,不变的是二中人奋发向上、求真务实、开拓进取的精神。

在时间的长河里,五十六年只是短暂的一瞬,但它却昭示着二中人不老的信念和执著,无悔的努力和奋斗。钟声依旧悠扬,岁月仍在奔流。回首历史,我们承继宝贵的智慧和经验;展望未来,我们更添前行的勇气和力量。张掖二中校史馆纪录着二中人的昨日,启迪着二中人的今天,更展示着二中人的明天。愿二中人在将继的岁月里用不辍的耕耘和强劲的拼搏在未来的校史里谱写出更华彩的篇章。

系统管理，提高效能
——处室部门

王清宇

行政办公室

张掖二中办公室成立于1986年9月，对外是代表学校的“窗口”，对内是协调的“枢纽”。设主任一人。2007年9月将财务、医务室纳入办公室管理。

办公室现有12人，主任1人，副主任1人，干事3人，会计、出纳4人，校医2人。全体工作人员以“规范、文明、高效、创意、和谐”为服务宗旨，忠于事业，忠于学校，忠于职守，履行承办、参谋、管理、协调、指挥职责，沟通上下，协调内外，对内服务领导，负责学校文秘、职称、工资、考核、档案、考勤、保密、会务、财务、师生医疗保健工作；对外搞好接待、宣传，树立二中良好的社会形象。

总支办公室

张掖二中总支办公室始建于2004年5月。成立初，党总支办公室与学校行政办公室合并办公，设主任2人，干事2人。2006年8月，根据工作需要，学校总支办和行政办分离。总支办公室的主要职责是向全校师生宣传党的路线、方针、政策，执行上级党组织的决议，加强党员思想教育，发挥党员先锋模范带头作用，安排党员的组织生活和大型主题教育活动，协调公会、共青团以及各民主党派关系，在学校教育教学中发挥作用。

党总支办公室协助总支书记负责教职工政治学习，党员培训和发展，教职工师德师风监察、检查，上下行文的处理，党员“三讲”教育，学校各类大型主题教育活动，献爱心活动等的开展。在调动各方面积极因素，保证学校各项工作顺利开展方面发挥了重要作用。

教导处

张掖二中教导处是负责学校教学管理的中层处室。由主管教学的副校长分管，现有管理及工作人员13人。

教导处是学校教学管理的核心机构，主要管理职能有：

1. 制定学校教学工作计划，并具体组织实施；

2. 按规定管理检查监督全体教师的日常教学工作，保证正常的教学秩序；

3. 负责各级各类考试的组织工作；

4. 负责教师业务培训工作；

5. 负责招生工作及学生的学籍管理；

6. 负责物理、化学、生物实验室的管理；

7. 负责学校艺术体育教学及课外活动的管理。

“教学质量是学校一切工作的生命线。”教导处全体成员牢记自己的工作职责，牢记“让每一个学生都成材”的办学指导思想，本着“为学生的发展负责，为学校的发展负责”的态度，精诚团结，锐意进取，坚持从严治教，对工作高标准、严要求。尤其是学校提出“课堂是真功夫，成绩是硬道理”的理念以来，教导处大胆创新，开展了一系列极富成效的活动，紧抓“学风、考风、教风”建设的主线不放松，进一步规范了教师的教育教学行为，进一步促进了学风建设，已在全校形成了专注学习的良好学风和“重实效、重基础”的优良教风，学校教学质量大幅度提高。

教导处全体成员决心全心全意为学校教育教学工作服务，为全面提高学校教育教学质量努力工作，为学校争创陇上名校尽自己的一份力量。

政教处

张掖二中政教处始设于1985年，曾一度改名学生科。2012年以来，为了便于开展工作，学校团委并入政教处，共同承担学生的思想教育工作。

政教处的主要职责是：选配好班主任，领导班主任做好学生的思想政治教育工作；做好年级组长、班主任的考核和评定工作；定期召开班主任会议，布置各阶段的德育工作，提出班务工作的改进意见；指导班主任搞好班风建设；指导班主任做好后进学生的转化工作，提出对学生的奖励和纪律处分意见；定期检查环境、教室、楼道和宿舍卫生，并予以通报；随时抽查住校生的休息情况，及时纠正不良行为；组织开展各种形式的教育活动；负责新生军训和入学教育工作。

2000年至2006年，校医室及心理咨询室隶属于政教处，2006年分离后归办公室。2005年，学校设公寓管理科，负责住校生管理和餐厅管理，并将其归入政教处。2006年，学校推行主管校长、年级主任负责的“三级捆绑”管理模式，政教处主任、副主任分管任课年级的德育工作，并兼任年级党支部书记，负责支部党建工作。

经过多年的探索与实践，政教处摸索出了一套行之有效的教育管理模式，开展了许多丰富多彩的教育活动，如校园艺术节、学生五项技能大赛、法制教育报告会、巡回演讲团、辩论赛、模拟法庭等德育活动，教育效果明显，深受师生好评。

课改处

课改处是2012年学校为顺利进行新一轮基础教育课程改革，由原教科处、质检处改组而成的学校管理机构，旨在督促新课改进程，更好地管理教育科研，进行教育教学质量检查，主管12个学科室，辖图书室、学生阅览室、教师阅览室。

课改处的主要管理职能有：获取课改和考试信息，提供课改、科研和考试咨询；开展科研、教研和考试研究；负责教师继续教育、青年教师培养和教师学生竞赛工作；执行并指导课题立项、研究和教育评价；检查所有教师的教案、上课、听课、作业布置及批改；组织考试及命题工作；进行高考信息收集和课本及相关资料的征订；充分利用现代网络技术，为学校教育科研成果及学生竞赛成果等进行有效宣传。

课改处自成立以来，精诚团结，锐意进取，大胆创新，以“让每一个学生都成材，让教师发展”的办学理念为指导，以“科研立校、科研立教、以研促教、以研促学”作为指导教研工作的重要方针，以争创科研名校为目标，以“诱思探究”课堂教学改革、“名师工程”、“研究性学习”、“校本课程开发”为重点，富有成效地开展了一系列教育科研活动。课改处将坚持不懈地走科研强校之路，创造性地为学校的教育科研做好工作，全心全意地为全校教职工的成长和发展服务，为全面提高学校的教育教学质量，为学校争创陇上名校竭忠尽智。

总务处

总务处成立于 1956 年，曾于 1999 年至 2001 年与办公室合并，更名为行政处，现名仍为总务处。

总务处成立之初就以“服务师生，保障教学”为宗旨，行使学校财产添置、配发、维修、保管等管理职能，在学校 52 年的发展中发挥了应有的作用。

总务处现有正式在册职工 8 人，设置主任 1 人、副主任 2 人。承担财产保管、水暖电维修、锅炉房运行、家属区物业管理、农场管理等多项工作。目前，总务处全体员工正以团结协作、昂扬向上的精神状态，增强服务意识，倡导优质服务，保障教学，服务师生，在工作创新中出成效，在热情服务中求创新，真抓实干，集思广益，努力开创总务工作的新局面。

电教中心

电教中心成立于 2002 年 9 月，是主管副校长分管的集管理、教学、应用和服务于一体的机构。现有教学管理人员 11 人，其中专职电教管理人员 2 人，专职计算机教学人员 7 人，网络管理人员 1 人，专职干事 1 人。2012 年为方便管理，电教中心并入总务处。

电教中心有三个方面的主要工作：一是全面负责校园网的建设、运行和维护，负责学生机房、多媒体教室、电子备课室、多功能厅、学术报告厅、精品课录播室、校园广播、现场直播系统和高考听力系统的管理和维护工作；二是承担高一和高二年级的信息技术教学，加强信息技术与课堂教学的有效整合，积极进行现代教育技术在教育教学中应用的科学研究，组织开展信息技术第二课堂活动；三是为教学、管理、科研、宣传和会务提供服务，为教学工作制作多媒体课件，录制精品课案例，制作校园风光片和专题片，负责校园活动的录像和摄影工作。

多年来,电教中心不断提高工作能力和技术水平,为学校的教学、科研、管理和宣传提供服务,圆满完成各项工作。在今后的工作中,电教中心将不断创造条件,改进工作方法,加强队伍建设,完成从传统电教技术向现代电教技术的转型,更好地为学校现代化教学服务。

共青团委员会

共青团张掖市第二中学委员会成立于1956年,现有书记、副书记各1人,组织委员、宣传委员、文体委员共10人。

共青团张掖市第二中学委员会具有以下九个方面的工作职能:

1. 团结和领导全校团员青年,通过多种形式的教育活动,对学生进行爱国主义、社会主义、集体主义教育,努力提高青年学生的思想素质、政治觉悟和理论水平。

2. 严格遵照《中国共产主义青年团章程》的要求,巩固和加强共青团自身建设,通过健全和规范团的组织生活,组织团员政治理论学习,对团员骨干进行培训等方式,不断提高团员素质,积极向党组织推荐、输送青年中的优秀分子。

3. 有效利用团刊、橱窗、黑板报、广播台等宣传阵地,积极向团员青年宣传党的方针政策、国内外形势、学校发展和学生学习生活动态以及其他社会信息,形成和保持健康向上的校园舆论导向。

4. 充分利用各种学生文化场所,组织各种富于教育性、为学生所欢迎的群众性文体活动,丰富青年学生的校园文化生活。

5. 遵照素质教育要求,大力开展多种形式的学生课外学术科技活动、暑假社会实践活动、青年志愿者活动、社会公益与社区服务活动,积极帮助和引导青年学生全面发展,健康成材。

6. 大力加强学校共青团工作队伍建设,切实关心共青团员的思想、工作、学习和生活,在学校党总支的领导下努力做好这支队伍的稳定和发展工作。

7. 做好对校学生会的指导、监督和管理工作。

8. 积极开展共青团工作理论研究,组织团情调研和学生思想状况调查活动;组织有关共青团工作交流活动。

9. 完成上级团组织及学校交办的各项工作。

财务室

学校财务室在学校的领导和上级财务主管部门的指导下, 统一管理全校的财经工作,现有工作人员3人。校财务室严格贯彻国家财经法规政策,遵守国家财经纪律和财政制度,坚持“平等、礼貌、准确、高效”的方针,为师生员工,为促进学校教学、科研等事业发展提供优质服务。严格执行《会计法》和学校财务管理规章制度,组织核算,办理日常会计业务;做好会计基础工作,保证会计资料记载准确、财目清楚、凭证完整、装订规

范，做到日清月结、账款相符；严格报账手续，对各项开支进行审核；及时、准确、完整地编报各类财务报表，为学校领导提供各项会计信息和财务情况汇报；整理、保管好各类会计档案资料；监督，确保资金和财产物资安全、完整。

校医室

校医室始建于1956年，现有工作人员3名。主管校医1人，护理1人，会计1人。校医室在检测学生体质健康状况，对学生进行健康教育，开展师生常见病、多发病、传染病的防治工作，改善学校教学卫生环境等方面作出了一定的贡献。

校医室设有检查床1张，观察床4张，冰箱1台，药品柜5个，氧气瓶1个，氧气袋2个，五官检查仪1套以及六合治疗仪、周林频谱仪、雾化吸入器、脊椎牵引器等基本的医疗器械。配备有一定的急救药品、一般消毒药品和各种诊疗器械，执行药品、消毒、废弃物处理登记制度。学校的医疗设施达到国家标准要求，为满足广大师生基本的医疗服务提供了便利条件，也为学生突发医疗事件的急救提供了可靠保障。

彰显师生情才，书写二中春秋

——校报校刊编辑部

王清宇

学校是社会主义精神文明建设的主要阵地，肩负着传播先进文化，培养"四有"新人的历史重任。学生思想的进步、品德的形成及素质的提高在很大程度上受育人环境、成长舞台的影响。一所有80多个班、4000多名学生的学校如何渗透性地对学生施加影响，而不致产生太重的灌输者角色痕迹？如何发挥无意识的因素在教育过程的作用，让学生在潜移默化中完成接受教育的过程？答案就在校报校刊中。校报校刊具有浓厚的校本特色，具备得天独厚的优势，是一门培养人文精神最实用的校本课程。

其一，校报校刊取材于学校、立足于学校、服务于学校，而师生对身边的榜样与示范作用最容易接受，在不知不觉中对校训、校风、学风、治校方略及办学目标会产生认同，并逐渐内化成为自己的行动，有利于凝聚人心，提升人气，培养集体主义精神。

其二，校报校刊贴近学校、贴近生活、贴近学生，用学生的话说这就是他们自己的报刊。它对学生正确生活的引导、心理障碍的消除都会有意想不到的作用。

其三，校报校刊有倡导学生勇于创新、参与实践的良好舆论导向作用；有促进学生新闻采访与写作、报纸编辑与评论的良好诱导作用；有形成良好的校园文化氛围的孵化作用。

其四，素质教育是促进学生全面发展的教育，校报校刊给学生营造了一个展示个性，施展才华的舞台。学生的书法、美术和摄影作品可以最先在这里展示；对社会、人生、历史的思辨可在这里最先得到张扬；美文或好的习作可在这里最先发表；对领导、教师及同学的建议与呼声可在这里得到反映。校报校刊就像一块沃土，学生在这里可以健康成长，从而实现学校全面育人、全员育人的目标，达到学生素质的全面升华。

张掖二中校报校刊编辑部成立于2008年8月，其前身为学校教科处管辖的编辑部门。2008年，为适应学校文化工作发展需要，正式从教科处分离出来，专门主持校报校刊编辑发行工作，现设编辑部主任1名，执编3名，兼职编辑10名。校报《张掖二中》创刊于2006年3月15日，截止2012年3月已发行70期。2012年3月起，经校领导、编辑部成员共同研究决定，第70期扩展为双面，2开大版面。校刊《耕耘》创刊于1994年1月，在编辑部成立之前，由主管副校长主持编印发行。2001年经学校同意，对《耕

耘》正式改版之后又重行发行，2006年，正式由编辑部主持编辑发行，截止2012年3月已发行32期。

校报《张掖二中》是学校对外宣传的窗口，是学校党政的"喉舌"。校刊《耕耘》是学术交流的平台，是师生耕耘的沃土。它们的创办，既是二中文化血脉的传承与延续，也是弘扬校本文化、扩大学校影响、促进对外交流的客观要求，更是深入开展素质教育，全面实施"四个工程"，加强未成年人思想道德建设的必然产物。他们围绕学校中心工作，广泛开展宣传、报道工作，传达领导指示和上级文件精神，加强校际交流，促进校园文化建设，为建设质量二中、特色二中、活力二中、和谐二中和品牌二中营造积极进取、无私奉献的精神氛围。

校报校刊体现出了学校的办学理念、管理思想和奋斗目标；承担着人文精神的培养，人文关怀的实施和社会文明成果创造、传承的历史责任；是熏陶和塑造学生高尚人格的重要文化载体。为办好校报，编辑部立足于较高的起点，新颖的思路，过硬的功夫，绝不把校报办成学生的习作园地或部门的公告专栏，而是注重宣传师生情才和教学科研。编辑部还特别注重报纸的政治性、科学性、可读性、知识性和观赏性，报道的重点倾向于反映全局、涉及面广的学校中心工作，如围绕着学校的发展及重大决策开辟一些专栏等。

要办好校报校刊，编辑部既要有高度的政治责任感，又要有敏锐的洞察力，还要有良好的专业素质。因此，编辑工作者们努力加强同读者、作者的联系，广泛听取各种意见和建议，根据需要和可能，不断改进工作，公平地对待来稿，并树立愿为他人做嫁衣的奉献精神。根据办报的任务、宗旨和每期的中心，从全局出发，挑选、处理、修改好每一篇来稿。他们把"弘扬改革精神，体现办学理念；展示学校风采，宣传办学业绩；报道学校要务，交流教学信息；反映课改动态，传承校园文化；搭建学术平台，促进对外交流；推进素质教育，促进内涵发展"作为办报宗旨，既弘扬主旋律，又体现校报校刊特点。在校报上，编辑部开辟了学校管理、校园新闻、名师谈学法、经典教育案例、中学生法制在线、心理驿站、英语角、高中课改、校园生活、学生天地、年级风采等具有校园特色的栏目，体现出了校报的权威性、群众性和专业性。在校刊上，编辑部开设了学校管理、德育论坛、教研课改、高考研究、教师文苑、学生天地等具有综合性、实用性、知识性、可读性、趣味性的栏目，深受二中师生和兄弟学校的好评。

校报校刊是学校文化的载体，是学校历史的记录，从某种意义上说它是学校的一种名片。在信息社会里，校报校刊是一个展示平台，学校各个方面的工作成绩、工作动态包括学校要闻、教育教学、科研、校园生活等各项活动都能展现出来。校报校刊又是一个论坛，教学上的主要问题、学习上的主要问题、大家关心的主要问题及各方的呼声，都可在校报上体现出来。校报校刊还是一块文艺园地，师生们的文艺作品都可以拿

到校报上来发表。

学校计划在第73期，校报《张掖二中》将升级为《甘州书院报》，届时编辑部将“立足二中，面向全区”，在一个新的高度谱写二中新的灿烂华章。

管理的力量与艺术

——班主任节

贺登川

一、设立的目的和意义

班主任是学校管理的顶梁柱，是学生思想教育的主力军，是学校、家庭、社会沟通的纽带与桥梁，是提高教育质量的基础与保障。班主任是学校工作中最辛苦的人，他们不但要完成作为一个普通任课教师所要完成的教学任务，更要花大量的时间和精力，有时甚至要放弃照顾孩子和父母，去时刻关心学生的思想、身体和学业。班主任为学校的发展付出了大量的努力，作出了卓越的贡献，所以我们要关心班主任，尊重班主任。

学校设立班主任节意在充分展示班主任的精神风貌，表达对班主任的尊重和敬意，同时进一步营造尊重、热爱、理解和支持班主任的氛围，推进和谐校园建设。

具体说来，我校设立班主任节的目的和意义有以下几条：一是充分展现学校广大班主任的工作风采和业绩，促进班主任队伍的专业化成长；二是弘扬班主任勇挑重担、敬业奉献的可贵精神，在全校营造创先争优的浓厚氛围；三是进一步提高班主任的政治待遇、精神待遇和物质待遇，激发班主任的职业荣誉感和自豪感，努力使班主任成为一个“个人热爱、学生尊敬、教职工羡慕”的岗位角色，不断增强班主任工作的成就感，努力营造理解班主任、尊重班主任、热爱班主任、争做班主任的良好氛围，让一批师德高尚、教育理念先进、教育艺术精湛、教育实绩显著的班主任脱颖而出，整体提升我校班主任队伍的素质。

我校班主任队伍建设不断完善，班主任在校园文化建设中发挥着重要的作用。他们以自己丰厚的文化底蕴和人格魅力赢得了学生和同事的尊敬，他们的工作经验和教育艺术无疑将成为我校的宝贵财富。为了热情讴歌班主任老师的平凡与伟大，充分展示班主任老师的精神风貌，反映班主任工作的辛劳，表达对班主任的尊重和敬意。2011 年学校决定将每年 9 月定为班主任月，将 9 月 28 日孔子诞辰日确定为班主任节。通过举行系列活动，真正做到对班主任“政治上关心、业务上培训、待遇上倾斜”。

二、活动内容及具体安排

活动一：班主任风采展示

采集内容：班主任的个人生活照、尊崇的教育格言、最欣赏的人和最乐意做的事、最

想对学生说的话、最喜欢读的书等。

展示方式：展板展示、建立班主任网页展示。

活动二：学生的心愿采集

采集内容：学生对班主任的感谢、祝福、希望、建议等。

传递方式：由班长收齐后交至团委办公室，将学生心愿统一打成礼品包，在活动当天送给班主任当做节日礼物。

活动三：推选“____________的班主任”

方案建议：设计表格，以班级为单位，选出最能体现出本班班主任风格、特点的形容词，如“可爱的班主任”“可信赖的班主任”“幽默的班主任”“认真的班主任”等。最后以班级为单位申报，选出学生心目中“________的班主任”。

活动四：“感恩班主任”班会及主题黑板报展评

各班组织召开一次主题班会，要求形式新颖、内容充实。主题黑板报要图文并茂，主题明确，目的是营造班主任与学生之间民主、和谐的良好氛围。

活动五：“师爱·感恩·成长”——感念班主任征文和讲演活动

活动内容：学生以第一人称的形式，用真情实感撰写一个发生在自己身边的、班主任老师关爱、帮助学生使自己健康成长的感人故事。要求客观真实，情节感人，写实记录，文风朴实无华，不编造、不夸大。

活动六：班主任初级论坛及高级论坛

为进一步提升我校班主任队伍的专业水平，积极探索新时期班主任切实有效的工作方法，汇聚班主任在实践与管理中的经验和智慧，激励广大班主任更积极地投身于德育创新事业，促进优质教育资源共享，推动素质教育的深入实施，经学校研究决定每年定期举办张掖二中班主任初级论坛及高级论坛。

活动要求：

1. 以素质教育和新课程理念为指导，反思自己的教育实践，选取典型事例(包括经验和教训)，撰写成文，不少于1500字。

2. 年级部举行班主任初级论坛，各年级部选出两位优秀班主任参加班主任高级论坛。

活动七：节日庆贺

时间：每年9月28日

活动安排：

1. 校园里，张贴标语、插上彩旗、布置教室。

2. 橱窗中展出班主任风采。

3. 班主任节开幕仪式：

①校长致贺词。

②学生向全体班主任献花。

③学生向全体班主任节日献礼——赠送“学生心愿礼品包”。

④班主任代表发言。

⑤班主任节表彰仪式。

学生心目中“______的班主任”、个性班主任推选结果揭晓、颁奖及学校“功勋班主任”“资深班主任”“新秀班主任”等荣誉称号颁发仪式。

活动八:班主任外出学习考察活动

此项活动具体时间、地点另行通知。

春风化雨，道成德立

——班主任誓词

贺登川

前言

宣誓是神圣与忠诚的代名词，宣誓是向社会公众展示宣誓者形象的一种权威方式，也是社会公众的知情权得到实现的形式之一。宣誓在很大程度上具有非常明显的政治意义、社会意义和法律意义。宣誓也是宣誓者向全社会公开承诺和展示其责任的一种形式。这种责任的公开宣示，使广大社会公众可以在知情权满足的基础上，对宣誓者履行职责情况进行合法监督。

教育是塑造人类灵魂的工程。教育者誓词涉及多个方面，如教师专业理想与信念、教师的专业技能、教师专业自由与协作及专业行为操守等方面的精神内涵。这份誓词是一种象征，一种号召，一种心声，更是一种信念。

班主任作为一个班级的主要领导者、组织者和管理者，是学校教育任务得以顺利完成的重要力量，班主任在学校工作中起着举足轻重的作用。班主任誓词更是一种对班主任事业的叮咛，一种对班主任精神的坚守与期待，一种对班主任工作的神圣信仰。

张掖二中班主任誓词分为两部分：领誓词和誓词。领誓词由领誓人朗诵；誓词由领誓人朗诵一句（断句处为分号、感叹号或句号处），全体班主任跟诵一句；最后一句领誓人朗诵一遍，班主任朗诵两遍。要求宣誓人吐字准确、有力、清晰流畅，声音洪亮、圆润、朴实明朗，节奏分明、适度、变化有序，表达恰切、充分、生动、自如，表情适度、得体、自然、大方。

班主任誓词

领誓词：

教育，是我们无悔的选择；教师，是我们骄傲的称号；班主任，是我们神圣的职责。我们将全身心地投入神圣的工作，做学生人生发展的引领者，做教育改革和学校发展的主动参与者，做终身学习的积极实践者。

现在，请全体班主任举起你们的右手，庄严宣誓：

我是一名省级示范性高中的班主任。我将严于律己，恪尽职守；启智求真，修身立德；志远行近，博文约礼；砥砺德行，为人师表；爱生如子，爱校如家；爱学如痴，有教无类；用

爱心去塑造学生,用真情去感化学生;用榜样去激励学生,用人格去熏陶学生。为科教兴国,上下求索;为民族复兴,广育英才!

我无悔,我无怨,我努力,我成功。

二中振兴,我的责任!(两遍)

宣誓人:

班主任誓词解析

一、领誓词

“教育,是我们无悔的选择。”“起始于辛劳,收结于平淡。”这是我们教育工作者的人生写照。我们既然选择了这个职业,就会无怨无悔。一个人的生命是有限的,而我们的事业却是常青的。我们的生命在学生身上延续,我们的价值在学生身上体现。我们无悔于我们的生命,更无悔于我们的选择!

“教师,是我们骄傲的称号。”“一年之计,莫如树谷;十年之计,莫如树木;终身之计,莫如树人”,塑造灵魂这一神圣的使命是金钱所无法衡量的。为了挚爱的教育事业和全体学生,我们付出了全部心血,我们是天底下最幸福的人。

“班主任,是我们神圣的职责。”师爱在性质上是一种只讲付出不计回报的、无私的、广泛的且没有血缘关系的爱,在原则上是一种严慈相济的爱,是一种神圣的爱。

“我们将全身心地投入到神圣的工作中,做学生人生发展的引领者,做教育改革和学校发展的主动参与者,做终身学习的积极实践者。”全身心地“投入”是做好班主任工作的前提和基础。班主任必须全身心地投入到班级工作中去,统揽全局,全盘思考,通过对种种情况的分析、比较和综合,选择出切合班级实际和学生特点的最佳治班途径。学生人生观、世界观、品德的形成,良好学习习惯、学习能力的培养,生存技能的训练,乃至整个综合素养的高低,在很大程度上取决于班主任的引领。一个成功的引领者必须明白教育的真谛、引领的新理念,做教育改革和学校发展的主动参与者,而不是被动接受者。我们生活在这样一个时代:一个新技术、新知识层出不穷的时代,一个教育教学改革风起云涌的时代,一个教师的权威受到空前挑战的时代,一个不学习、不进步就要被淘汰的时代!终身学习是我们永恒的选择!只有爱学习、不断地丰富自己、充实自己才能成为一名始终被学生喜欢的班主任。

领誓词由远及近,由表及里,是对班主任工作的高度定位,是对班主任工作的宏观要求。

二、誓词

“我是一名省级示范性高中的班主任”。“省级示范性普通高中”是教育部门用来衡量普通高中总体办学质量的评估体系,通过评估的普通高中会被冠以“省级示范性普通高中”的荣誉称号。张掖二中在2002年经甘肃省教育厅评估验收,被确立为“省级示范性

普通高中”。班主任誓词中体现出学校定位,也是班主任对自己工作的定位。

“我将严于律己,恪尽职守。”“严于律己”,出自陈亮《谢曾察院君》:“严于律己,出而见之事功;心乎爱民,动必关天治道。”“恪尽职守”则出自《孙子兵法》。严于律己、恪尽职守体现了高度的责任感和自律精神,是班主任工作的自律要求。

“启智求真,修身立德。”所谓“启智”,即在教育学生时,班主任要尽量启发学生,使他们敢于独立思考,有敢于“异想天开”、探索创新的精神。所谓“求真”,就是“求是”,也就是依据解放思想、实事求是、与时俱进的思想路线,不断地认识事物的本质,把握事物的规律。所谓“修身”,就是使自己的心灵得到净化、纯洁。《左传·襄公二十四年》载:“大上有立德,其次有立功,其次有立言,虽久不废,此之谓不朽。”这是班主任工作对学生的最高要求。

“志远行近,博文约礼。”诸葛亮在《诫外生书》中说:“夫志当存高远。”就学校来说,所谓“志远”,就是学校要从战略的高度思考未来发展;对教师来说,所谓“志远”,就是教师要从事业的高度思考自己的发展;对学生来说,所谓“志远”,就是要从未来的高度思考自己的发展。但仅有“志远”是不够的,还须“行近”。《礼记中庸》中讲“行远自迩。”荀子说:“不积跬步,无以至千里;不积小流,无以成江海。”因此要实现“志远”的目标,关键还须“行近”。关注过程,关注细节,以每一件小事作为实现“志远”的载体。《论语·雍也》:“君子博学于文,约之以礼,亦可以弗畔矣夫!”博文约礼,即格物致良知,是学者之利器。这两句体现了班主任工作厚重的文化品位和丰富的精神世界。

“砥砺德行,为人师表。”砥砺德行即磨炼品德行为,形容对自己要求严格,奋发向上,是指为人师表者首先要做道德楷模,要培养学生良好的道德品格。师表,即榜样和表率。为人师表,即在人品学问方面作别人学习的榜样。语出《北齐书·王昕书》:“杨愔重其德业,以为人之师表。”这句话告诉我们,要在班主任工作中砥砺自己的德行,使个人素质日臻完善,让品格更加高尚。

“爱生如子,爱校如家。”著名教育家陶行知曾经说过:“爱满天下,爱生如子。”这是做一名班主任的最高境界。“家”是温馨、和谐、友爱的代名词,校园是我们的第二个家。班主任要拥有爱校如家的责任感,树立爱校如家的主人翁意识,用实际行动为创造文明优美、健康和谐的校园环境尽自己的一份力量!

“爱学如痴,有教无类。”班主任应以自己的好学、爱学影响自己的学生。《论语·卫灵公》曰:“子曰:‘有教无类。’”教育面前人人平等,教育人,不应该给所受教育的人分三六九等,应一视同仁。

“用爱心去塑造学生,用真情去感化学生。”著名教育家夏丏尊说过:“教育没有情感,没有爱,如同池塘没有水一样。没有水,就不能成其为池塘;没有情感,没有爱,也就没有教育。”的确,作为班主任,单靠丰富的知识去教育是不够的,还得靠崇高的人格魅力去

影响学生，以无限的爱心去感化学生，让学生时时处处感受到你的关心和呵护，这样你才能打开他的心扉，倾听他的心曲，并及时地给他点拨、引导，慢慢地扬起他走向成功的风帆。

“用榜样去激励学生，用人格去熏陶学生。”心理学证明，大部分的人类行动是通过对榜样的观察而习得的，即一个人通过观察他人知道了自己应该怎样去做，这一被编码的信息在后来起着引导行为的作用。这就是说，任何人在社会生活中都会自觉或不自觉地学习、模仿自己心中的榜样。有了榜样，人们学有方向，赶有目标，会时时受到激励。榜样具有时代特色，代表了前进的方向。作为榜样的模范人物的言行生动地告诉人们，应当怎样做，不应当怎样做，提倡什么，反对什么。同样，班主任应该用高尚的人格魅力去影响学生、感染学生，才能赢得他们的敬仰。

“为科教兴国，上下求索；为民族复兴，广育英才。”“科教兴国”是指全面落实邓小平同志提出的“科学技术是第一生产力”的思想，坚持教育为本，把科技和教育摆在经济、社会发展的重要位置，增强国家的科技实力以及由此向现实生产力转化的能力，提高全民族的科技文化素质，把经济建设转移到依靠科技进步和提高劳动者素质的轨道上来，加速实现国家的繁荣强盛。屈原在《离骚》中有“路漫漫其修远兮，吾将上下而求索”之句。上下求索，就是努力工作，刻苦钻研。中华民族伟大复兴，教育义不容辞。我们要以繁荣国家为己任，培养各方面、各层次的人才。

“我无悔，我无怨，我努力，我成功。”做好班主任工作，就必须有无怨无悔的精神。没有最好，只有更好，只要努力，你收获的将是满园桃李。

“二中振兴，我的责任。”班主任必须认清自己的责任，认准责任的分量，认清履行自身责任的基本要求，并把这些要求一点一滴一丝不苟地落到实处。对家长负责，对学校负责，也为自己负责。

誓词高屋建瓴，气势如虹，是对班主任工作的崇高定位，也是对班主任工作的严格要求。相信班主任们一定能将誓词精神化为行动，为张掖二中的发展继续奋力前行。

聆听校园之声，弘扬校园文化

——“校园之声”广播站

管　兵

广播站是学校进行宣传的重要窗口，是对学生进行德育的重要阵地，更是加强校园文化建设的主要内容。一个好的校园广播站就是一座联系学校和学生的桥梁，也是一条团结全体同学感情的纽带。

张掖二中“校园之声”广播站成立后，已然成为学校重要信息传播的媒体机构。自开播以来，广播站积极妥善地开展校园文化宣传工作，传播校园先进文化，反映校园最新动态，及时传达学校各项精神，反映学生意见，努力为我校师生创建交流平台，架筑沟通桥梁，同时大力探索并适时增加适合我校学生欣赏品味和审美情趣的新闻、教育、文化、娱乐等节目内容，体现了广播节目寓教于乐的特点。

目前我校的“校园之声”广播站已经建立了严格的管理制度和健全的管理机构。广播站下设记者团、编辑部、录制部、播音部等部门，他们承担着每天节目的策划、采集、编辑、录制、播出的任务。各部门协同合作，为每天“校园之声”广播站的正常运行服务，才有了“校园之声”广播站蒸蒸日上的今天。

广播站一般在周一至周五播出，时间为早晨8:00～8:30，每天一个特色版块。一周五个版块可为学生的课余生活提供了丰富多彩的内容。

周一，《新闻时空》栏目将在第一时间向师生报道发生在校园里、发生在我们身边的重要新闻，让师生在片刻的休息中足不出户就可事事关心。

周二，《守望麦田》栏目将带你走进文学的殿堂，感受文学真谛，领略文学气息。这里有名家的卓然文采，亦有新秀的后起之作。小说、散文、诗歌、寓言等篇篇佳作，抒尽人生百态。

周三，《青春驿站》栏目将用清新的笔触，隽秀的字体记载师生流逝的岁月、青春的心语。让大家与“青春驿站”一同品味痛苦的辛酸，幸福的甜蜜；一同追忆飞逝的美丽；一同期待朝阳的绚烂。

周四，《阳光英语》栏目让学生去感受拂面扑来的异域之风，畅游英语的海洋，激发学习英语的活力。

周五，《音乐漫步》栏目中流行音乐的青春气息扑面而来，经典歌曲的熟悉韵律接踵

而至，古典音乐的舒缓曲调纷至沓来。"流行谍报"，使你始终走在时尚的前沿；"金曲回放"，让你永远留住青春的美丽。

五大栏目，五种风格，却有着同一个宗旨——采撷校园新风，报道校园新闻。在清晨的时光里，用一声温暖的问候叫醒我们的耳朵；用一曲明快的音乐点燃我们的激情；用一首清新的小诗揭开我们新一天的灿烂。

回首过去，展望未来，张掖二中广播站已成为学校弘扬校园文化的主窗口。在我校建设陇上名校的进程中，作为宣传部门的广播站肩负着学校领导和同学们的殷切希望。无论何时何地，张掖二中"校园之声"广播站都将以饱满的热情、创新的精神、务实的作风，创造性地开展工作，去打造内容更为丰富，形式更为多样的精彩节目，为这个充满时代气息的校园增添青春的色彩，文化的气息。

第二部分

南北校门

仿古南校门，二中王者风
——南校门

张彩萍

张掖二中南校门高不过五六米，微微向前倾斜的牌匾给每个人的瞻望提供了一个极为恰当的角度，让这里成为一个让人入校不得不仰视的地方。

2001年，学校投资16.5万元，修建了与综合楼连为一体的仿古南校门。门前置石狮、石鼓各一对。因与北京大学西校门相似，人称“北大门”。

南校门充分体现了中国古代明清建筑风格。门面装饰形式多样、寓意深刻、技艺精湛。校门上面嵌有武威书法家樊应举先生书写的张掖二中校名牌匾。

二中南校门独特的设计表现出设计者对古典建筑的高度尊重，同时又不无创新。

有人说，二中南校门具有真正的“王者风范”。歇山卷蓬式屋顶的王府大门、屋宇式结构全是建筑师的精心设计。

南校门呈屋宇式结构，由五间房屋构成。屋宇式门以前多出现在宫廷、有官阶地位或经济实力雄厚的上层人家的重要建筑中。它依据房主的地位可分为一、三、五、七间。除一间外，其余几间并不完全开启，有三间启一、五间启一或者七间启三等情况。二中南校门为五间启一式。其结构为木结构，做工比较精细。高大的台阶，有彩画、木雕，其门为板门，刷有朱漆，装饰以门钉、铺首、角页来彰显其华贵。

门簪上面置有门匾。门匾上有书法家谢斌先生以隶书题写的“明德博识”四个大字，款识为“贺张掖二中”。门簪的正面或雕刻或描绘，饰以花纹图案，很有装饰性和趣味性。图案为四季花卉，分别为春兰、夏荷、秋菊、冬梅。

门钉古代俗称“浮沤钉”，是中国传统建筑大门的一种特有装饰，尤其是在等级较高的建筑上出现较多。雄厚平整的门板上一排排硕大的金色门钉不仅使大门显得坚固、威严，也更呈现出一种奕奕煌煌的气势，倍增建筑的壮丽厚重之美。清代制度，九路门钉只有宫殿可以饰用，亲王府用七路，世子府用五路，一般建筑则不可用门钉。有专家考证认为，门钉源于古代城门门扇防火攻。二中南门两扇大门各为七路门钉，凸起的门钉纵横皆成行，与厚重的门扇相称，以助观瞻。

铺首由具有实用价值的门环配以装饰性的底座构成，是富有驱邪意义的传统门饰。铺首多为铜质，也有铁制者。二中南门铺首为铜制。门环悬挂于铺首，人于门外拍环，门

内闻声而开门。近年出版的《汉代图案选》中载有朱雀、双凤、羊头铺首,虎、狮等兽头状铺首,猛兽怒目,露齿衔环,将威严气象带上大门。南门铺首造型为狮头置于圆形的球面突起上,上带钮头圈子,样式简洁而不乏装饰之美。

砷(shēn)石即门框或门柱内外两抵之右。傍于门侧下者如枕,又称门枕石。砷石底部为长方形石座,称为砷座;上部为竖起的扁圆鼓形石,俗称"盘陀石",又名"抱鼓石"。砷座的侧面、前面以及抱鼓石内外侧,有各种题材的纹样和雕刻,常见者为狮砷、纹头砷、书包砷、葵花砷等。砷石高低式样以圆鼓形部分直径为标准尺寸,一般砷座约占全高的四分之一,整体高低尺寸则根据门之高低调整。二中南门门柱外侧各立一抱鼓石,或称石鼓。石鼓侧面有狮头雕刻。

在木构件表面涂刷油饰彩画以利防腐并装饰建筑,是古建筑传统的做法。二中南门整个建筑色调对比强烈、鲜明,彩绘以蓝色和绿色为主,衬托着绿树蓝天,再加上檐下十二根朱红色圆柱,使整个建筑显得古朴而素雅。

在门的装饰中,雕刻艺术占了相当重的分量。二中南门主要有石雕和木雕。石雕主要体现在门前的构件——抱鼓石上面,为浮雕;木雕则见于门簪、雀替、门联上面,尤其在格扇门上使用广泛。

校门左右两侧还有一对威武的石狮,鬈发虬(qiú)卷,目光炯炯有神,为南校门增加了几分庄严。这一对石狮,雄狮右前爪踏一绣球,雌狮则左前爪踩一幼狮。两头石狮的背上还分别趴着两头小石狮,憨态可掬。这种造型设计在中国民间往往有娱乐升平和人间之爱的象征意义,体现了人们趋向太平祥和的美好愿望。

二中南门石狮的造型采用民族传统手法,比例匀称,整体结构严谨,富有一定的精神活力。肌肉圆鼓,肩、腿筋肉突出,眼、鼻、口两颌(hé)加以适当强调,具有生动的美感和庄严雄伟的气魄。

在书法艺术方面,除"张掖二中"与"明德博识"两匾之外,六根红漆柱子之上还有当地书法家书写的三幅楹联。自右向左,分别为:

教书育人承万古智慧,滋兰树蕙传千秋文明。

桃李广培情寄甘州,英才层出誉驰陇原。

金玉其心,芝兰其实;仁义为友,道德为师。

几幅对联的内容概括地体现了张掖二中"办人民满意的学校"的办学宗旨和"让每一个学生都成材"的办学理念,也体现出二中人坚持以人为本,以"爱是教育的基础"为座右铭,教书育人、无私奉献、求真务实的办学精神。

现代北校门，大气二中人
——北校门

王志强

走近二中，一座造型奇特、气势非凡的校门横立于眼前，这就是张掖二中北校门。北校门由立体圆弧形建筑和参差的长方体立柱组成。它蕴含着这样的寓意：张掖二中是甘州学子获取知识和发展能力的有利平台，不论是“圆弧形”还是“长方体”，都将是社会有用之才。只要同学们立志高远、奋发向上，都会成为国家建设的栋梁之才。

北校门东西相距约 80 米，圆弧形立柱(平面图形近似“n”形)与警卫室呈对称式结构。两组门分别位于校园主干道“圣贤路”和“奥运路”的中轴线上。校门正中央红褐色大理石贴面的墙外侧题写着七个遒劲有力的鎏金大字——张掖市第二中学。墙内侧镌刻着邓小平同志题写的“三个面向”——教育要面向现代化，面向世界，面向未来。

墙脚则是绿化带。初夏，粉的芍药，白的牡丹，花色艳丽，如一张张笑脸热情迎来送走各位学子；深秋，金菊一片，金黄灿烂，如大自然送的喜报，极力显耀我校每年高考的辉煌。重大节日，北校门彩旗飘扬，大红灯笼高高挂起，古典和现代融为一体，传统和时尚相得益彰，开门见喜，令人身心愉悦。傍晚时刻，地灯照着校门，霓虹灯忽明忽暗，不停闪烁，使人顿觉朦胧迷离，恍处仙境。

校门两面弧形墙，恰似两本展开的教科书，让人爱不释手！又恰似一位巨人伸开双臂拥抱着莘莘学子，广纳八方贤才！

校门外一条大街横贯东西，车水马龙，人来人往，喧闹繁华。校门内干净整洁，秩序井然，动静有度。一道大门，隔出两个世界；一道校门，贯通两种生活。

站在校门外往里看，只见绿树树冠枝繁叶茂，如一堆堆绿云在空中停留歇脚；只见翠英亭檐牙高啄，若蝶展翅；只见古建筑红墙青瓦，古色古香；只见几座高楼风格迥异，高大挺拔，透着书卷气。

站在大门内向里观望，校内景色一览无余，涌上你心头的定然是一种亲和中敬仰的热流！

音乐喷泉吐露着晶莹的水珠，在太阳的照耀下如珍珠玉石，大珠小珠落玉盘，演奏着动人的乐曲。

孔圣人气定神闲，背靠着民勤会馆站在那里，目光越过北大门看着校外的世界，思考

着人类的未来。

绿树如伞似盖,使校园建筑有藏有露、含情脉脉;灌木花草如歌似诗,使二中校园有滋有味、姿态高雅。

透过北校门,可以看到古典建筑民勤会馆前的大成至圣先师孔子巨幅雕像和红绿相间的塑胶运动场,充分体现了学校深厚的文化底蕴和鲜明的时代气息。

这就是充满魅力的二中北校门——张掖市最宽大的校门,更有"陇原第一大门"的美称。这里,彰显的是二中人开阔的视野、开放的胸襟和宏大的气魄。

春去冬来，一片生机——最美的语言

——校园四季风光

朱永久

走进张掖二中美丽的校园，只要你穿行其间，各种花草树木便迫不及待地进入了你的眼帘。亭台楼阁在绿树掩映之中，各种花草都攀援在泥土之上，学子们的身影穿梭在树木之间，朗朗的读书声伴着草木淡淡的清香在空气里弥漫，整个校园就是一个飘香的家园。

每天穿行其间，那些花草树木都亲切可爱得如自己的学生一样。一年四季，她们变换着美丽的衣裳，让这个校园如诗如画。也许花草树木就是大地的衣裳，也是大自然最宠爱的孩子。因为有她们的地方，就有了勃勃生机；有她们的地方，就传递着不息的生命。

很多时候，喜欢一个人走在校园里，听听草木竞长的声音，嗅着她们芬芳的气息，就感觉岁月静好。很多时候，花草树木才是最善解人意的。

这是一个初冬落雪的清晨，我用眼神去抚摸花儿的容颜，用视线去拥抱小草的坦荡，用心去触摸树木的年轮。

独自走在校园里，偌大的校园静穆而有诗意，有雪花轻轻飘落，没有风，自然没有纷纷扬扬的感觉。雪花不大，这是入冬以来的第一场雪，所以还有些秋天的味道。似乎秋天不甘心就这样被一场雪覆盖，而冬天自然显出一种力不从心的怅惘，所以这场雪注定了下得有点含蓄，有点暧昧。天地之下，都被一种湿漉漉的气息笼罩，草木凋零的味道在空气里流散，落叶就像是疲惫的蝴蝶在地上或者是在枝丫间诗意地栖息。飞扬的雪花，飘飞的树叶，枯萎的花草，还有郁郁苍苍的松柏，似乎就是一幅线条疏朗而又意境深远的国画，平淡中有无穷的韵味。

冬天的校园是美丽的，诗意的。树木脱去了季节的盛装，校园里便显得开阔了许多，空旷中透出的是不尽的内涵，凋零中又显得有几分诗意的苍凉。冬日的校园就是一幅写意画。散淡、清淡、平淡，但淡得有声有色，淡得有滋有味。

其实，大西北的春天总有几分迟钝，总不像南方的春天一样醒目。忽然草绿了，忽然雨落了，忽然杏花就开了。不，大西北的春天就是被一场又一场的风摇醒的，醒了之后还有几分懵懂。当然，如果有一天你忽然发现草坪里的小草探出了她的小脑袋，教学楼西面的那几棵大柳树远处看有了微微的绿意，有几分“草色遥看近却无”的味道，你会惊喜

地感觉到春天来了,这时,时令上的春天已经所剩无几了。

这个时候校园里其实正在酝酿着纷繁的花事,草坪边上那一树树连翘开了,一夜之间就忽然开得满满当当。花朵就那样俏皮地挂在枝头,很干净,很文静,很随意。她显得有点特立独行,开花就是开花,绝不拖泥带水,就像一个团队,说开大家一起开,从来不需要绿叶陪衬,真有一种“删繁就简三秋树,标新立异二月花”的感觉。花朵不大,可是开得很集中,枝条上一朵一朵看上去没有什么秩序,可感觉却井然有序。其实她的花苞很别致,就像是挂在春天里的一个个绿色的小螺号,似乎等待春天一声令下,就奏响走向春天的号角。所以盛开的连翘像是一个个小喇叭,挂出了春天第一抹色彩,吐出春天的第一声呼吸,也吹出了一片灿烂一团温暖。她们从容自在地挂在枝条上,那一树的黄让你感觉黄得高贵,黄得洁净。在蓝天之下,似乎就是阳光下一树树绽放的童话,关于她一定有一个美丽的传说。这时候的校园里,到处都是她妖娆的身影,校园也显得高贵而又典雅。

当然,当连翘占尽风情的时候,榆叶梅也不甘落后了。校园开始变得色彩缤纷了,到处都是黄灿灿、粉嘟嘟的花,空气里都是花开的味道。可是榆叶梅却不像是连翘那样简单,她叶叶心心,舒舒卷卷,娇艳得有些过分,开得张扬,开得喧闹,开得霸道,开得欢天喜地,开得扬眉吐气,看上去更是浓墨重彩又本真纯粹。很远就看到一树的红,很抢眼,她理直气壮充斥着人们的视线,是自信,也是霸气,根本不在乎其他花草的感受。

当她们泼泼洒洒开了一路的时候,校园里几乎是这个小城最美丽的地方了。而学子们穿梭在树丛中,青春的身影就像是盛开在春天里的花一样,他们也在校园里绽放自己,因为他们正值花样年华,在墨香中绽放着自己,在书海里放飞着自己。

校园里流光溢彩的季节是夏天,那是草木的流金岁月。如果说树木就是大地的孩子,那么民勤会馆里那一棵棵苍天的槐树就是最恋家的孩子。近乎百年的光阴从她的头顶呼啸而过,她依旧坚守着脚下的土地。硕大的树干,沧桑的容颜,繁茂的枝叶,似乎诉说这丝绸之路古道上曾经远去的繁华,又似乎在守护她身边那些已经被冷落的建筑。她一半在泥土里沉默,一半在风雨中徜徉,她是包容的。其实槐树就是一个关于“故乡”的象征性符号,是中华民族“文化之根”的象征。它既是民族精神的载体,又是民族精神和传统文化的象征。她的身上永远传承着生生不息的文明。

到了夏天的时候,大槐树葱茏得随心所欲,她的头顶就是鸟雀们的乐园,鸽子、喜鹊、麻雀、燕子,还有各种不知名的鸟雀们飞来飞去,似乎在那里开一场盛会。它们的家就安在那里,它们可以一览校园的风光。甚至那些俏皮的麻雀会在孩子们读书的时候偷偷落在他们身边,好像要瞥视他们在读什么。我在想,把家安到学校的鸟雀们,它们是不是也热爱读书,也热爱教育,是不是也是有文化的鸟雀呢?尤其是夕阳西下的时候,校园里热闹得有些喧嚣,蓝天碧树中是鸟儿们灵动的身姿,孩子们欢快的身影,你就真正感觉到

了什么是和谐校园。其实什么是人与自然的和谐，鸟雀们比人类更懂。也许多年以后，学生们依旧记得那棵树，那些快乐的鸟雀。那里是鸟雀的天堂，也是孩子们的家园，是他们的精神的家园。

夏天的校园是一幅浓墨重彩的油画，牡丹、月季、椿树、海棠、槐花一个个争先恐后地装点着如诗如画的校园。夏日的校园是艳丽的，娇艳、浓艳、鲜艳，可是艳得不动神色，艳得气定神闲。

当然，在那些娇艳的花朵中，最引人瞩目的还是民勤会馆前面那一树树的丁香花，那一树树密集的淡雅的花朵显得含蓄而又静雅。我相信，在这座小城里，那里是丁香花最密集的地方了，那是春末夏初最典雅温情，最富有诗意的一笔！她周围开得快乐而热闹的花花草草都是她的点缀，她高洁、孤傲、美丽……诗人的笔墨为她赋予了那淡淡的哀愁。尤其细雨飘飞的日子里，她显得落寞而又生动，凄美而又古朴。她典雅的气质，不事张扬的个性，何尝不是二中精神的一种体现呢！可是，我知道，当她选择了美丽的校园，她就有了更深的内涵，她寓意着坚韧、勤奋、谦逊，象征二中的良好校风。

到了秋天的时候，最先嗅到秋天气息的是那些古老的槐树，似乎一夜之间，风就脱去了她们华美的外衣。那些纷纷扬扬的树叶就是秋天的标签，依附在地面上似乎在听大地的心跳。尤其是龙爪槐，几乎不挽留一片树叶，盘曲的身姿，优美的曲线，看上去似乎是一身正气满怀清风。她葱茏的时候几乎不给阳光留下空隙，可是到了凋零的时候，她不挽留一片树叶，那是一种生命的纯粹，自开自落自坦荡。树叶凋零之后就看到她寂寞的身躯了，所有的沧桑都写在脸上，她把空间都留给了阳光，那些光秃秃的枝丫就像是伸向天空的手臂。

柳树叶子总是迟迟不肯落光，她似乎像是一个爱美的女子一样，尽量让青春逗留。如果偶尔下点秋雨，她就像是一个风韵犹存的妇人，忽然兴致来了，画了一个淡妆，显出几分娇美的味道。柳树具有强大的生命力，折取一枝纵横倒顺插之，皆能够正常生长，所以有“有心栽花花不开，无心插柳柳成荫”之谚。有时候，教育何尝不是这样，也许一句简单的鼓励，一个温暖的眼神就可以让一个学生有了绽放自己的理由。“柳者，留也。”她柔美的模样似乎是对一届又一届的莘莘学子的挽留，也是对一年又一年校园里青葱岁月的挽留。

校园里参天的白杨树很多，那是大西北最常见的树，那是力争上游的一种树，她懂得成功必须要学会恪守生命中最宝贵的东西，永远保持一颗积极向上的心，永远保持昂扬的斗志。

榆树也随处可见，高大挺拔，夏日不张扬，冬日不落寞，似乎在告诉人们：对待事物要执著，追求梦想要勇敢，从不轻言失败。

校园里最有气质的还是参天的松柏，她们美丽的造型，庄严的外表让人多了几分敬

畏。校园里的柏树很多,有些是侧柏,有些是圆头柏。圆头柏显得圆润,侧柏看上去舒畅。草木秋死,松柏独存。流而不返者,水也;不以时迁者,松柏也。她传递的是一种生命的永恒。可是滔滔逝水,匆匆流年,唯有珍惜,生命才能书写出最美丽的华章。

校园里的花草树木就是一本季节的书,花开叶落都是岁月的标签。当然不管是哪个季节,都是"淡妆浓抹总相宜"。

喜欢漫步在校园里,没有季节之分;喜欢徜徉在草木丛中,没有时光隔阻。丰草绿缛而争茂,佳木葱茏而可悦。那些花草树木就是一本大自然出版的杰作,传递着世间最美丽的语言,又像是一件精神的衣裳。一棵树,传递着一种精神;一株草,诉说着一种文化。在这里,似乎每一棵树都会言语,每一株草都会说话。树有树的精神,草有草的品质,大有大的风范,小有小的特色。

一粒种子,可以长成一棵大树;一个思想,可以长成一个信念。

徜徉在校园,你的灵魂为之飘香,你的精神为之芬芳,你的心灵为之丰饶。在这个校园里,花草树木似乎是花草树木,似乎又不是花草树木,她们都以绽放的形式告诉自己的存在,证明自己的独特。这里就是一个精神高地,是放飞莘莘学子的平台,是草木的家园,是鸟雀们的天堂,莘莘学子的乐园。其实,她何尝不在告诉我们,每一个孩子都是一棵会开花的草,如果有适合的土壤,只要给她开花的时机,她一定会绽放出最灿烂的自己。不要轻易拔掉一棵草,就像不要轻易否定一个孩子,给她们提供最适宜的土壤,最温暖的阳光,让她们如期绽放。

二中,就是一棵会开花的树。她把辉煌都写在心里,她永远散发着勃勃生机,因为她的根已经深深扎在这片泥土里,定会结出丰硕的果实。二中,又像是一本最经典的书,每一个章节都用最美的语言书写着灿烂的过去,续写着辉煌的明天。

第三部分

国家级重点文物
——民勤会馆

国家级文物保护单位

——民勤会馆简介

王专元

民勤会馆坐落于甘肃省张掖市第二中学院内，坐北向南，四合院式结构。始建于清光绪八年(1882 年)。1921 年由民勤商民及同乡会再次集资修葺并扩大规模，成为民勤同乡聚会、议事、下榻、祭神之所。整个建筑群由南向北，中轴线上依此为山门、牌坊、牌坊左右的钟楼和古楼、左右厢房、大殿及东西配殿，占地 1593 平方米。

1943 年秋，民勤商民在馆内创办民勤小学，招收同乡子女开馆授课。建国后，张掖县人民政府在此基础上建立了张掖县第一初级中学，丁育萱为首任校长。后来学校几经更名，沿延并发展成为今天的张掖二中。

会馆现存建筑主要有牌坊、钟楼、鼓楼、大殿、配殿、厢房，其保存较为完好。木牌坊四柱三门，正楼大、左右较楼小，总面宽 11.2 米，歇山式顶，券口上雕刻二龙戏珠、大象、海马、麒麟，神态生动毕肖。正楼坊上正面樘板浮雕二龙戏珠图并刻有曾任宁夏护军使、安徽省主席、蒙藏委员会委员长的马福祥所写的四个行书大字——福荫苏山，背刻“膏流瀚海”四字，左右次楼嵌板上刻有楹联一副。牌坊左右，排列两座钟鼓楼，呈平面正方形，边宽 6.2 米，上下两层，四面坡攒尖顶，下层或东或西正中开门。过牌坊东西两边对称的厢房，各宽 9 间，深 1 间，悬山式顶，最后正中为大殿 3 间，呈平面正方形，宽 14 米，深 14.6 米，单檐歇山顶。殿内原塑有三官、财神等神像，现造像尽毁。两侧为东西配殿，各宽 3 间，深 1 间。整个建筑主次分明，保存完整。2006 年，民勤会馆已晋升为国家级文物保护单位。

镇番商民，勤甲天下

——天下民勤人

王专元

“天下有镇番(民勤)人，镇番(民勤)没有天下人”这句俚语大约在明末、清代、民国时被世人广为传播。“天下有民勤人”与民勤的人口向外迁徙有直接关系，“民勤没有天下人”是说从明末到民国时很少有外地人到民勤的。为什么会出现“天下有民勤人，民勤没有天下人”这种情况呢？大概是由于当年的民勤环境遭到破坏，人口不能和环境、资源相协调发展的缘故。

从明清时期民勤的人口变化可以看出“天下有民勤人，民勤没有天下人”的来历。明代洪武五年(1372年)，朱元璋派征虏大将军冯胜平定河西，在民勤设置临河卫，驻扎官司兵2500多人，奉命戍边屯田，并从山西、河西等地移民2000多人，实行民屯，次年军民垦田就达340宗顷。洪武二十九年(1396年)，改临河卫为镇番卫，再次大举移民，境内人口增至5500之多。至永乐十五年(1417年)全县已有2313户人家，65170口人，耕地面积近3000顷。县境内民多相望，城郭俨然，红稻飘香，驼马盈野，享有“塞上江南”的美誉。但是，由于蒙古贵族统治的残余势力经常寇边犯关，绿林大盗肆意烧杀掳掠，再加上频繁的洪水、强风、地震等自然灾害的侵袭，明朝中后期，民勤人口大量外流，到嘉靖二十年（1541年）只剩下1871户，人口仅有3363口，比一百多年前的永乐年间减少了52%。明末的民勤籍“氓流”已遍及全国。

清雍正二年(1724年)，改镇番卫为镇番县，政府移民开发，当年人口达到1万左右，屯田2500顷左右。清乾隆十三年(1748年)，镇番县户数有8191，人口数在4万以上。道光五年(1825年)户数多达16756，人口184542。及至道光十五年(1835年)，镇番户数又增至16758户，人口数也增至189462。从雍正年间至道光十五年的百余年里，镇番县人口飞跃式发展。人口的盲目增长造成绿洲自然资源有限的承载能力更加难堪重负。道光年间《镇番县志》载：“镇邑在昔，土旷人稀，……故百物丰裕，号为奥区。嗣以生齿日繁，兼风沙据，上游移丘开荒者沿河棋布。因河水细微，泽梁亦涸，土活泽饶成往事矣。”1919年《续修镇番县志》亦云：本县“土地肥瘠视水转移。镇邑明末清初地广人稀，水足产饶，颇形优渥(wò)。自风沙患起，上流壅塞，移丘开荒，逐水而居者所在皆是。殖民垦地，河流日微，将有大满上减之忧。”由此看来民勤人早就对人口不能与环境相协调发展有一种

深刻的忧患意识。

道光《镇番县志》又载:“我朝轻徭薄赋,休养生息,户口较昔已增十倍,土田仅增二倍耳。”由此发出了以二倍之田何以养十倍之民的慨叹。《续修镇番县志》亦云:“民众广而土不广,以三倍之地养五倍之人,人与地两相比例过之数已有二倍。此二倍之人垦田无田,垦地无地。……有可耕之人而无耕之地,其病源已昭然可见。为司牧者若不设法开垦,急谋生聚,广积储以足食,轻负担以纾(shū)困,一任数万生灵流离迁徙而不为所是,社会经济日形支绌,农业政策不见发达,窃恐满土减,将来国家税,地方税无论直接间接,俱难责偿,能无惧焉!”人口大量增加,生态破坏,民勤绿洲已无法承受巨大的人口负载,那些“垦田无田,垦地无地”的人只好“流离迁徙”,奔走四方了。

从明朝永乐中期到清末,民勤人的外流是没有中断过的。先是由政府强制性迁出,如清廷曾将甘肃、宁夏、青海五十六州县共2448户居民迁徙至敦煌,民勤人也在迁徙范围之列。据乾隆年间《朱批屯垦》载,乾隆三十六年(1771年)十二月凉、甘、肃三州迁往济木萨尔400户(镇番为凉州属县),四十三年(1778年)凉、甘、肃迁往昌吉等地1255户。四十三年十二月至四十四年(1779年)三月,由凉州等地迁往乌鲁木齐等地1882户。四十四年十二月又由镇番迁往乌鲁木齐等处317户等。可见镇番人在乾隆朝被大批迁到新疆等地。

后来由于生存环境遭到破坏,人们为寻找理想的生存环境而自愿迁出。民勤人口的大量迁出是在清末。从民勤人口的变化来看,镇番县道光十五年(1835年)有189462人,至咸丰八年(1858年)增至189785人,时隔23年人口增加了323人,仅增长了1.7%,光绪六年至十六年(1880年—1890年)全县户数减至10067,人口数减至183403人,光绪二十七年至三十年(1901年—1904年)人口数进一步减至123595人。可以看出自咸丰至清末,民勤人口呈负增长态势。这与清末民勤人口的大量外流有直接关系,是民勤人口自然选择的结果。由于人口不能与自然资源(在民勤主要是水资源)、环境相协调发展,民勤人“不能不奔走地方,自谋生计”。当时,土地沙漠化是很突出的问题。同治年间,因兵燹(xiǎn)、饥荒、疾病等各种原因人口减少约2万人以上。此外,这时期人口外出经商或谋求其他出路者甚多,奔走内蒙古与新疆人数可以万计,从此便有了“天下有民勤人,民勤没有天下人”这一奇语。

到了民国,人口新增,耕地日广,使当政者怀有“人满地减之忧”。同时,武威绿洲农垦迅猛发展,石羊河上游各大支流被拦截,下游的民勤只能依其河道渗漏,溢出地表的泉水和灌溉回归水,汛期洪水灌溉,成为石羊河流域的余水灌区。石羊河支流大西河完全干涸,东大河的水全被引入农田,湖泊干涸而变为沙滩、碱盆,昔日的阻沙天堑,此时成为沙源。同时,湖滨河滩,农业绿洲外的过牧和樵采也加速了土地沙漠化进程。1919年,全县人口降至124631人,比光绪九年的减少了68500人。这些人就成了奔走天下的镇

番人。

新中国成立前的近百年间，约有26万亩农田遭受风沙侵害,6000多个村庄被风沙埋压。每年有成千上万的民勤人,在“举目远望一片沙,大风一起不见家,朝为庄园夕为沙,流离失所奔天涯”的悲吟哀唱中,拖儿带女,背井离乡,北走内蒙古,西去新疆。

民勤人到新疆的最多,大约从清康熙起,民勤人口大规模开始向新疆迁移,先后定居奇台、库车、乌鲁木齐等30多个州县。在去新疆的途中也有很多流落于甘州(张掖)、安西、敦煌等地的。在旧奇台、敦煌的镇番(今民勤)庙内的文碑上,记载着民勤人西迁的坎坷情景,留下了难忘的历史足迹。据说新疆有民勤人50万左右,有关资料表明,新疆36州县的《旧志》,有很多部主修、主笔,就是由民勤人担任的,可以说新疆就是民勤人的第二故乡。

清中后期和民国时期,在甘州的民勤人数量也很庞大。因康熙年间民勤柳林湖屯田区隶属甘州管辖,也就是镇番柳林湖2500户,约1万2千多人归甘州管。因历史上民勤与张掖的这种衣带关系,外出经商、移民迁徙,大多数民勤人则远去张掖,而不近走武威。民勤人走新疆可以不过武威,但必须经过甘州。长期的文化交流使得民勤与张掖的民俗大同小异,而与武威却相去甚远。民国时期,居住在张掖的民勤人众多,路过张掖奔走新疆的人则更多。为方便民勤人,就修建了“民勤会馆”,为便于培养后代读好书,在民勤会馆内设置了小学。因此,许多民勤人也荣称张掖是民勤人的第二故乡。“天下有民勤人”,看来民勤人心目中的第二故乡绝不止一处。张掖有幸算一处。

新疆全境各州县几乎都有清代后期流入的民勤人,在张掖的民勤人更是无法统计。清代中后期敦煌县专门设镇番石村来安置民勤移民。今日内蒙古阿拉善左旗、右旗、甘肃古浪到大靖旗等地区约三分之一以上的人口系清末、民国时民勤移民的后代。民勤人大量外流,“天下有了民勤人”,外地的人很少有来民勤的,自然是“民勤没有天下人”了。

民勤人能走遍天下,骆驼功不可没。民勤地处塞北边缘,三面被腾格里沙漠、巴丹吉林沙漠所包围,是天然养驼圣域。因此,民勤人走南闯北、奔走天涯靠的就是骆驼。过去民勤养驼高峰期,驼户有三千之多,骆驼总数约在四五万峰以上。清朝民勤马永盛家是第一养驼大户,仅稀有珍兽白骆驼就拥有三百余峰,红骆驼更是无数。

民勤驼队所走的路线,四通八达,遍及大半个中国。北至大库伦,东北经北衙门,包头、张家口至京津,东南经兰州、泾阳、汉中到西安、河南、南经青海至西藏,西经哈密、乌鲁木齐至南疆北疆。所到之处,都有民勤人在那里定居。至于到武威、张掖、嘉峪关、兰州的民勤人就很多了。在左宗棠西征收复新疆的过程中,民勤驼队运送物资、供军士骑乘也作了不少贡献,而且为后来民勤人走新疆“踏”开了许多“驼道”。在辛亥革命后,孙中山先生想送一批茶叶给苏联作礼品,因东北战乱频仍,决定派民勤的驼队,经新疆驮运前往。这支驼队由民勤商会会长魏永坤作总领队。他们分别从西安和甘肃境内装茶起

运，到酒泉集中，经过敦煌的阳关，进入南疆的罗布泊，绕道到鄯(shàn)善、巴里坤，过天山北面的奇台，从北疆再西行，直达伊犁。进入俄国境内，过阿拉木图，沿着高加索的北部继续西行，到莫斯科后魏永坤等受到列宁接见。

"天下有民勤人，民勤没有天下人"，每当听人说起这句话，作为一个民勤人，我有一丝自豪感，因为民勤人勇闯天涯，苦寻生命的"世外桃源"。但更多的还是隐隐的凄楚与悲凉。遥想当年，民勤沙漠化严重，生存环境恶劣，被逼无奈的民勤人像一碟被撒落各地的苦豆子一样，顽强地扎根、生存。"卖儿鬻(yù)女，半是被灾之辈；离家荡户，尽为沙压之民。"有钱的骑骆驼，无钱的徒步跟随。穿戈壁、过沙漠，逾山岭，长途跋涉，千辛万苦，才有如今民勤人遍天下。

清末，民勤人走新疆要经嘉峪关，有一句民谣唱尽了远离家乡的凄凉："一出嘉峪关，两眼泪不干(或眼泪要流干)，往前看，戈壁滩，往后看，嘉峪关(或门就关)，出关容易进关难。"当年一出嘉峪关，就是沙漠、戈壁往往行走数十日杳无人烟，往返一次就得半年。民勤人还是拉着骆驼行走在茫茫的沙漠戈壁之中，只有"咣呤""咣呤"的驼铃声相伴。正如张籍《凉州词》中写的那样，"无数铃声遥过碛(qì)，应驮白练到安西"。清代著名学者张澍(shù)也有篇《囊驼曲》写民勤人走天下的："草豆为刍又食盐，镇番人惯走参覃，载来纸布茶棉货，卸到泾阳又肃甘。"人，并非越多越好。人口盲目增加，生态破坏，人们就会沦为"生态难民"，只好四处奔走了。

"天下有民勤人，民勤没有天下人"确实是一种历史教训，我们应吸取教训，控制人口过快增长，节约资源，保护环境，建设美好家园。

盛极一时的民勤之家

——镇番巷子

王专元

镇番，是甘肃省民勤县的旧称。此地自然条件极为恶劣，可耕种土地少。加之历史上社会制度的缺陷，常使人民无法安生，流离失所，背井离乡。

所谓“天下有民勤，民勤无天下”就是指民勤人可以天下为家，外地人到民勤却无法立足。但是民勤人，镇番人民确实是劳动致富的强者，勤俭持家的能手，结伙拉帮四处安家。光绪十五年(1890年)以后，甘肃的镇番人从羊路、西乡新沟、红柳园、西沟、香家湾等地出发，或拖儿带女，或结伴为伙；有的拉骆驼，有的赶驴驮；身穿千补百衲(nà)的土布衫裤，脚登生皮子绷面的牛鼻子鞋，披星戴月、风餐露宿，向西进发，直至新疆。当时的交通条件极其恶劣。“出了嘉峪关，两眼泪不干，往前看，黑石滩，往后看鬼门关。”在这种情况下他们还要冒着生命危险西来，这主要是因为希望之光在向他们招手。与其坐以待毙，不如奋起抗争。“若要挣银子，走一回新疆奇台古城子。”探路者们远去新疆，很快捎回这样的喜讯。生活的曙光在前，勇敢的民勤人打破了“宁可东行千里，不西行一步”的铁教条，毅然决然地锁上自家已被风沙掩埋了一半的宅子，拖家带口，肩挑背扛，含泪西去。

大批移民途径张掖期间，发现张掖物产丰富，民风淳朴。张掖自然就成了他们的首选福地，加之与故土相距较近，饥饿难耐的民勤人就在此落脚了。由于他们的地域、宗族、亲戚观念强，镇番巷子很快形成了，成为了镇番人在当地的归宿和依靠。这个巷子也就成了他们的第二家乡。他们同时还集资兴建一座镇番庙。由于此庙的修建，这道巷子才被称为镇番巷，才成为镇番人的集居地。

“镇番人的亲，扯扯秧的根”说的是镇番人宗族和亲缘关系的密切性，也说明他们在任何情况下都能互相团结和依存的优点和长处，从光绪九年(1884年)到1949年解放的六十五年中，先后来张掖安家落户的镇番人成千上万。他们各自谋生的方式不同，但大抵是寻故觅旧、投亲靠友，逐步安身，步步为营。镇番人都能为老乡们热情服务，介绍工作，借款安家，抚恤孤寡，扶穷葬死，调解纠纷。由于老户们的热情关照和相互信赖，才使乡亲们各安生业。随着张掖的繁盛发达，镇番人也人丁兴旺起来，较著名的姓氏有下列二十八个：

潘杨刘马曾陶方，董严朱孟陈柳香；

阎李辛王俞蒋赵，许薛骆罗徐高张。

“美不美泉中水，亲不亲一乡人。”镇番人就是靠攀亲结友，迅速在各地衍生起来。镇番人在当地开发中，特别是农业生产中发挥了巨大的作用，他们随遇而安，勤劳吃苦，以非凡的生命力不断地改善自己的地位和环境，他们用双手创造事业，也奠定了他们在社会生产中不容忽视的地位。

清末民初，镇番巷子陆续定居了十几户镇番人，他们大部分具有较雄厚的经济力量和多种经营手段，从而在商业繁盛的张掖站稳脚跟并起到推动社会生产发展的重要作用。经营磨坊、纸坊的，贩卖布匹的等应有尽有。在关内外，镇番人享有很高的声誉。

在张掖农工商发展的历史长河中，数以万计的镇番人与本地人口形成了大融合，在繁荣和发展张掖的各项事业中，镇番人占有重要一席。

第四部分

建筑

雨过琴书润，风来翰墨香
——科技楼

马晓龙

科技楼，顾名思义，由邓小平的“科学技术第一生产力”名言而寓名，它作为二中的主体建筑之一，雄踞于校园南部，总共六层，是二中的行政总部及各处室办公室所在处。

科技楼建于2000年10月。整栋大楼气势宏大，颇具规模，设计风格时尚简约，外墙色彩清雅明快。

近观此楼，大楼门厅前四根巨柱将大楼稳稳擎举，给人以庄严、稳固之感。巨柱之上楹联二副：“古屋有耳聆听书声，圣人无语培植慧根。”“戮力同心振兴中华可期，鲲鹏展翼争创陇上名校。”两联寄意教育大计，语关育人真谛，耐人寻味，发人深省。

进入一楼大厅，首先袭人眼球的是两侧墙壁上的大型浮雕《甘州风情》和《传承文化》，画面意蕴深刻，含蓄唯美。拾阶而上，但见各类古今书画、中外名人画像张挂于各个楼层：其中有诸葛亮之《诫子书》，至理之文，明释勤学励志之要义；有至圣孔子的名言“三人行，则必有我师焉，则其善者而教之，其不善者而改之”；既有盛唐诗仙李白神思之千古绝句，也有南宋诗人杨万里的诗情画意；有“雨过琴书润，风来翰墨香”的文雅意境，亦有“几番磨砺方成器，十载耕耘自见功”的激昂斗志……徜徉其中，书画同列，相得益彰；古圣今贤，高山景行；熏陶传统，如沐春风；感受科学，催人奋进。所到之处，无不彰显着传统文化的幽远魅力；目之所及，无不散发着经典雅韵的浪漫气息。这张张书画、句句诗文，有如颗颗丰盈的珠玉，又似双双灵动的眼睛，将科技楼点缀得分外灵秀深邃。不仅如此，科技楼还是一栋综合性实验大楼，其中配备了多种功能齐全、设施先进的实验室和其他功能性设施，如化学实验室（一楼）、生物实验室（二楼）、物理实验室（三、四楼）、多媒体室（四楼）、舞蹈练功厅（四楼）、教师阅览室（四楼）、广播室（五楼）、学校电视台（五楼）、多功能厅（五楼）、精品课录播室（五楼 ）、校史馆（六楼）等。其中最引人驻足流连并值得称傲的当属校史馆，馆内陈列着学校在社会各界、各领域内获得的各种奖项和荣誉，它们是二中与时俱进、铸造辉煌的最好诠释与明证。

科技楼前，是二中校园的中心广场，广场中央是一座汉白玉国旗台。每次举行升旗仪式时，所有二中人齐聚于此，庄严肃穆、目光如炬，共同亲历和见证着二中的成长发展和伟大祖国的腾飞强大！

时光荏苒,岁月如歌。朝饮晨露,暮送夕阳。已然,有多少莘莘学子步入大学殿堂,孜孜以求、创造着明天,唯一不变的是这栋大楼绵延不息的无私奉献和殷切守望。

正所谓"筚路蓝缕,以启山林",一栋大楼的恢弘与博奥,不仅凝聚着一代代二中人艰苦奋斗的精神和追求卓越的信念,而且还昭示着二中的明天始终会以"敬业、笃行、务实、创新"为箴言,为甘州教育书写出最辉煌的篇章。

后人有诗云:百年育人铸华章,滋兰树蕙一功成。幸得跃马扬鞭志,陇教苑中扬真名。

重德重才德才兼备，教书教人文武双全
——教学楼

王　煜

1986年，随着办学规模不断扩大，教学用房十分紧张，加上建校初修建的校舍已经破损严重，原平房教室25年的使用期限已到，急需更新校舍。学校拆除了建校初修建的那栋半“蝴蝶展翅”形办公室和后面东、西两栋教室12个，办公室东、西面七十年代修建的两栋教室4个，在民勤会馆中轴线上正对南校门，修建了建筑面积4156平方米的教学楼，于1987年竣工。教学楼共四层有教室31个，办公室13个。现在为高二年级部(2010级)使用。

教学楼坐北朝南，南门为正门，北门为后门，东西有侧门，这样便于学生疏散。教学楼为双面楼，楼道宽敞，光线充足。东侧墙面上有三个镀金大字“教学楼”。南门有六根门柱，每根柱子上都挂有木制牌匾，从东到西分别是“重德重才德才兼备，教书教人文武双全”“大道本无私能熔铸中西方称圣学，甘州多古迹凡名垂简册皆是吾师”，此联道出了铸成宗师、绝学的境界和标准；“敬业爱生笃定求精，自主创新合作竞争”，此联则体现了二中的办学理念。大门正中上方匾额上为“沉潜弘毅”，“弘毅”语出自《论语·泰伯》：“士不可以不弘毅，任重而道远。仁以为己任，不亦重乎？死而后已，不亦远乎？”意思是抱负远大，意志坚强，是希望每一个学生都能有远大的理想，并且有坚定的意志，在为了实现理想的道路上，执著勇敢地走下去。同时这也是对每一位教师的希望：甘于寂寞，无私奉献。

教学楼北面上方挂着一副牌匾，乃张掖二中校训：敬业笃行，务实创新。楼门厅正中央摆放着一座木框大镜子，背面写着张掖二中办学理念：“让每一个学生都成材。”东面墙上挂着《中学生守则》，西面墙上是我国的教育方针：“教育必须为社会主义建设服务，必须与生产劳动相结合，培养德、智、体全面发展的建设者和接班人。”

教学楼每个楼层的楼道都挂着名人字画、画像和名言，以期感染和教育学生。

站在四楼北面的教室，透过窗户看到是一幅优美的图画：雕像和喷泉动静结合；仿古长廊、草坪、花园相映成趣；民勤会馆古朴厚重，自成一体；远处蓝天衬托着色彩艳丽的楼宇，让人心旷神怡，逸兴遄(chuán)飞。

山不在高，有仙则名；楼不在新，有功则伟。

教学楼历经二十多年的风雨,犹如实实在在的中年人;教学楼方方正正、朴实大方,犹若勤勤恳恳的老实人。常言道,身教重于言教。这座为代代二中学子忠实服务的大楼正是全体学子无声的楷模。

水不在深,有龙则灵;楼不在高,有绩则大。

忠实的教学楼啊,你送走了一批又一批的学子,送他们走向理想的彼岸;尽职的教学楼啊,你迎来了一批又一批的学子,托起他们火热的梦想、燃烧的青春和勃勃的雄心。

桃李不言,下自成蹊。

日月无语,四季是歌。

斯楼静静矗立,内心不老;二中步步发展,前程似锦。

陶冶性情游书海，磨砺意志跃龙门
——砺志楼

马　宏

作为张掖二中教育教学四大主体建筑群之一的砺志楼，坐落于二中校园东南角，竣工于2009年9月，原本为教学辅助建筑，内部主要设施为生物实验室，还有图书室、阅览室、多功能会议室、阶梯教室、校史馆等。2009年10月，因教学规模扩大，砺志楼在保留原有设施和功能基础上，又加以最大限度地使用，成为一个单独的年级部教学楼。

陶冶性情育栋梁——砺志楼外景文化览胜

从科技楼前向东走近这座造型独特的楼宇，仰望所见，便是由张掖市著名书法家王训端题写的“砺志楼”三个字，字体大方，笔画流畅，笔力遒劲，观之令人精神一振，足以使广大师生顿生凌云壮志，“砺志”之意得以充分诠释。

到了楼门前，首先见到的是造型独特、形态各异的三块草坪，自南向北，各依地势，呈“品”字形排列。南面的草坪为丘状草坪，中间建有假山喷泉，一块竖着的假山石上雕刻有老子的“上善若水”四个大字，喷泉之水循环不息，象征“善”的思想源远流长，令人不禁流连止步，伫望静思。“仁者乐山，智者乐水”，为学为师，“善”为根本。

楼门前空地中间的马路左边，是一块草木相间的绿地。草坪四周栽植松柏，中间由小乔木组合而成的“太极图”，红绿相间，煞是好看。“太极图”边，一条小路横贯南北，小路中间建有一座“双亭合一”的欧式凉亭，象征着“中西合璧”，体现出二中人开放、睿智的办学理念，也预示着二中的这片沃土将会培养出一批又一批“学贯中西”的人才！

马路右边，是一块以一座弧形欧式挑台为主体建筑的草坪。草地、树木只是这一建筑的陪衬和点缀。挑台上筑有仿松木挑檐31根。据笔者推测，设计者拟为草坪上种植爬山虎、葡萄等攀附类藤蔓植物，以形成一绿色凉亭。如此，则是一夏天读书纳凉的绝佳去处。有自然风物，又有人文关怀，学子怎不神清气爽，志得意满！挑台地基为一圆形地坪，以各色大小不等的碎瓷砖拼成，变幻无定；圆内又含一小圆，以灰色大理石碎砖拼出底色，又以红黑相间的瓷砖拼出“北极星”图案——北极星，指引方向的星，它指引着二中师生向着“更高、更快、更强”的目标奋力前行！

草坪边稀设路灯，中式、西式各臻其妙。入夜，路灯光线柔和，带来光明，极尽温馨之意。

缓步而行，到得楼前。拾阶而上，如修德求学般“从善如登”，砺志向上。手扶台阶边的

护栏，不经意间会发现护栏及石柱间的石制屏风设计颇具匠心。阶前两边第一个石柱前各有一屏风，两边刻有祥云图案，上托一圆形荷花图案，荷花盛开，祥云环绕，一片和谐吉祥之韵。自下而上，台阶两边依次排列十个石柱。其中，第一个石柱上雕刻着一只形神毕肖的小狮子，雄壮威武，镇守着整座楼宇。其余方形石柱上方，均雕刻有相同形制的荷花装饰。每根石柱的正反两面，又雕刻有中国传统绘画艺术的工笔线描式山水、花卉，线条流畅、清晰，雕镂精细工巧，画面古朴典雅，颇具文人雅趣。

最引人注目的当是石柱间的仿古石制屏风，屏风上雕刻的中国传统绘画内容丰富，极具文化底蕴。笔者大体将这些雕刻内容划分为三类。

“以画喻德”类：有梅、兰、菊、竹之“花卉四君子”，画面配以假山、珍禽，喻文人高洁、傲岸的品德修养。还有松、竹、梅之“岁寒三友”，更有“桃、李、杏，春暖一家”等，人文气息浓厚。

“审美情趣”类：有“鸳鸯戏水”“鲤鱼跳波”“鸟鸣山涧”“孔雀开屏”“虎栖松下”“麒麟望月”“金鸡报晓”“玉兔双栖”等雕刻，情态各异，无不神形兼备。仔细观之，如漫步于中国古典绘画和雕刻艺术的海洋，怎不令广大师生深感我华夏文明之博大，人文积淀之深厚！置身艺术王国，陶冶品德性情，超尘脱俗，宠辱皆忘，自可潜心向学，专心育人。

“寓教于乐”类：有“儒家开馆授徒”“道家讲经论道”“铁杵磨成针”等浮雕。学生注目一观，便知其中用意，文化育人，潜移默化；春风化雨，润物无声。所谓“大音稀声”，“大象无形”，寓教于乐，远胜于苦口婆心的说教。

走上台阶，便至楼前正门。正门极为开阔，总体呈扇形、三进，每进均为四扇两开门，方便师生进出。向上一望，又有一设计巧妙的雨篷，用玻璃覆盖，钢屋架支撑，既明亮又遮雨，尽显人文关怀。正门两边，粗大的石柱上悬挂一幅木制楹联，上刻“读书应以宏博渐次为贵，求学必由基础次第而生”，字体为隶书，隽秀舒张，端方谨严，与联句内容相得益彰，可谓匠心独运！这正是：砺志楼前细端详，陶冶性情育栋梁。

磨砺意志铸辉煌——砺志楼内部设施解构

砺志楼为六层框架结构，内设教室 20 个，办公室 10 个，可以供一个年级部全面开展教育教学工作。一楼设生物实验室 5 个，能够满足全校各年级随时随教学进度开展生物学科的实验教学；三楼整层为学校的大型图书馆和阅览室。图书馆藏书 12.8 万册，电子图书 10 万册；阅览室宽敞明亮，可容纳 200 名学生同时阅读，是我校开展课外阅读教学的重要阵地。近年来，我校各年级结合教学实际，创造性地开设了阅读课，各班每周安排一节阅读课，充分利用学校现有的图书和杂志，全面广泛地开展课内外阅读，拓宽学生视野，积淀人文素养。

五楼配备多功能会议室一座，可容纳 476 人参加会议。座椅为舒适的靠背软座，每个座椅右扶手内设有可以随时伸缩的简易书写平台，方便参会者作好会议记录，充分体现

出一种人文关怀。会议室面对观众席的正面墙体左右两侧配置投影屏幕,由专职的信息技术老师操控,根据会议需要随时显示相关图片视频资料。主席台声控设施先进,发言人只要启动自己面前的扩音设备,即可开始发言,不需要专门的发言席。

六楼为大型阶梯教室和校史馆。其中阶梯教室有476个座位,从前到后的座椅和桌面高度渐次升高, 即使坐在最后一排的学生仍然可以看得到活动黑板或投影屏幕上的内容。扩音设备先进,音箱布控在教室四周,在任何位置均可以清晰地听到授课或讲座者的讲解。阶梯教室又名"学术报告厅",主要用于开设公共课,举办学术讲座或对学生开展学法指导等活动。我校各年级定期举办的"经典雅诵杯"诗歌、散文朗诵会、演讲比赛、辩论赛以及"英语风采大赛"等活动均在这里举行,是学校文化建设成果展示的重要平台。

校史馆位于阶梯教室对面。馆内陈设有张掖二中自1956年建校以来各个时期珍贵的办学资料、学校的历史沿革和变迁的情况展示、学校办学成果展示等资料,内容均十分具体充实。其中学校校本教材研发的成果展示是一大亮点。在每年的新生入校教育活动中,均安排参观校史馆,以增强学生爱校意识和激励学生努力学习的意识。这一活动已成为我校教育活动的一项重要内容,充分体现出了 "砺志楼"的设计意图。正所谓:砺志楼内得真谛,磨砺意志铸辉煌。

百年树人功德传，手脑并用学新知
——逸夫楼

保世华

逸夫教学楼为学校主体建筑，与教学楼、科技楼、砺志楼等形成一个整体。逸夫教学楼修建于2002年，总投资247.47万元，其中邵逸夫先生捐赠80万元。楼体结构为5层框架，共有教室15个，办公室10个。在上级教育部门的关心支持下，在学校逸夫楼项目领导组全体成员的精心组织和各施工管理部门的积极配合下，经过近一年的建设，2003年8月28日清晨，阳光洒满校园，逸夫教学楼迎来了她的第一批师生。

誉满天下——"逸夫楼"之名由来

凡是邵逸夫先生捐款建造的建筑物，都被命名为"逸夫楼"，我校逸夫教学楼的命名也不例外。

邵逸夫先生是邵氏影业的创始人、香港电影大王、著名慈善家。1957年，他在香港创办邵氏兄弟(香港)有限公司，自立发展电影事业。1965年，他与友人共同投资创办香港电视广播有限公司。邵逸夫在中国电影史上写下了诸多"第一"和"之最"。邵氏家族可以说是中国电影事业名副其实的拓荒英雄。从默片到有声，从黑白到彩色，中国电影的每一步变迁都有邵逸夫及其家人献出的心血。从二十年代从事电影业到现在，邵逸夫经历了电影不同时代的演变，目睹中国电影的成长与兴衰，堪称中国电影的见证人。

邵逸夫是一个精通业务的电影企业家。尽管他受教育的程度不高，但他干一样，学一样，从不懈怠。他从最卑微的职位做起，一步步奋斗，最终成为电影公司的大老板。他几乎熟悉电影制作每一个方面和环节的工作。从剧本、摄影、剪辑到导演、演员的选聘，他样样在行，而影片推广、发行、剧院管理更是行家里手。邵逸夫工作非常勤勉，精力过人。年轻时曾有一天看九部片子、一年看七百部片子的纪录。他说："我晚上只睡一个小时，其余时间便是工作。"为了树立邵氏的良好形象，他对影片的质量严格把关。出现劣片，他往往亲手烧掉，毫不手软。他说："在早期，我成日烧片，没有好的戏，我宁愿烧。"

散尽千金济众生。多年来，虽然邵逸夫一直稳居香港超级富豪排行榜，但他视金钱为身外之物，乐善好施，热心公益，是港岛屈指可数的大慈善家。他长期向中国内地捐助巨额慈善资金。多年来，他为中国内地和香港的教育、医疗捐助超过数以十亿港元的款项。

邵逸夫先生秉承了中国人代代相传重视教育的传统。作为父亲,他说:“我对儿子们的责任,是让他们接受最好的教育。”作为一个有几十年艰苦创业经验的商人,他深深体会到,中国的发展,百业待兴,教育为本。多年来如此热心于教育事业,源于他常与周围人交流的一个私愿:“中华民族要繁荣昌盛,扶助教育,启迪青少年智慧,广育中华英才,至关重要。”邵逸夫先生自1985年以来连年向内地教育事业捐赠巨款,基本用于学校建设。

迄今为止,邵逸夫向内地捐赠的款项已达17多亿港元,用这些捐款兴建的教学楼、图书馆、科技馆等项目已达1800多个,受惠的高等院校遍布于内地大江南北,逸夫楼、逸夫图书馆、逸夫会议中心等已经如繁星般点缀了内地的浙江大学、天津大学、南京大学、华东师范大学、云南大学、西北大学、北京师范大学、北京大学等多所名校。据不完全统计,截至2008年,邵逸夫捐助内地事业的资金达32亿元,受惠学校及教育项目近5000个,遍布31个省市及自治区。近几年来,邵逸夫还不顾耄耋(mào dié)之躯,多次亲临大江南北、长城内外、视察捐赠项目。此外,邵逸夫在英国、美国、新加坡及香港等地都有巨额捐赠,合计金额早已超过30亿元。就张掖市来说,六县区都有逸夫教学楼,城区中小学几乎都有逸夫教学楼。在古今中外捐资助学史上,邵逸夫可称为当之无愧的第一人!

2002年11月15日,一条从香港发出的消息吸引了全世界的目光。由著名香港实业家、慈善家邵逸夫先生捐资创立的“邵逸夫奖”在香港正式宣告成立,用以表彰全球造福人类的杰出科学家。

“邵逸夫奖”设天文学、数学、生命科学与医学三个奖项,每年颁布一次,奖金100万美元。第一届颁奖于2004年举行。颁奖原则是,不论得奖者的种族、国籍、宗教信仰,以其在学术及科学研究或应用领域获得突破性成果,且该成果对人类生活有意义深远的影响为宗旨。由于其设奖宗旨和巨额奖金媲美声名显赫的“诺贝尔奖”,有人称之为“东方诺贝尔奖”。

“我的财富取之于民众,应用回到民众。”这位以“大丈夫贵兼济,岂独善一身”为人生信条的影视巨子,不仅是这样说,更是这样做的。早在1973年他就设立邵氏基金会,致力于各项社会公益事业,为此他受到了广泛的好评。1977年,英国女王册封他为爵士,成为香港娱乐圈获此殊荣的第一人。美国三藩市为表彰邵逸夫对该市的福利贡献,将每年的9月8日命名为“邵逸夫日”。

1990年,中国科学院紫金山天文台为表彰邵逸夫对中国科学教育事业的贡献,将一颗新发现的行星命名为邵逸夫星。这是该台首次以当代知名人士命名小行星。

遒劲刚正之书——楹联

逸夫楼正门有三根芝麻白花岗岩嵌面石柱,石柱上悬挂木制黑底豆绿楹联,其左为

"善诱则通善思则得,诱思交融众志成城",中为"教贵善诱,学贵善思,以诱达思,启智悟道",右为"食贵自化学贵自得,深思熟虑积水成渊"。这三幅楹联是由张掖市文联副主席、张掖市书画院院长王训端用行草撰写的,字体典雅自然,不谐流俗,骨格清健,遒媚刚劲,挥洒自如,一气呵成,给人一种严正方刚之气,看罢有怡悦清新之感,心灵尽受洗涤。

"我思故我在",是法国哲学大师笛卡尔充满哲理的名言。"我在故我思",则是"诱思探究"教学理论的创始人、陕西师范大学教育研究所张熊飞教授教育思想的核心内容,也是张教授六十年人生历程的真实写照。

为了实施"科研兴校、科研兴教、以研促教、以研促学"的教学计划,2008 春学期开始,我校引入了张熊飞教授的"诱思探究"教学理论和实践,真正把课程改革作为实施素质教育的核心和切入点,在新课改实践中不断运用并发展"诱思探究"这一理论,与时俱进地提出了"以教师为主导,以学生为主体,以问题为主轴,以训练为主线,以思维为主攻"的"五为主"教学指导思想。二中课改,改出了教育发展的新天地,最明显的变化是学校和教师的人才观、质量观在实践中得到了根本改观。"诱思探究"教学极大地推动了我校教学水平的提高,对更新教学观念和提高教师的理论素养都起到了非常大的作用,特别是保证了我们课堂教学改革的效果,而这三幅楹联则是这种思想和成果的集中反映。

科技火花之廊——通用技术实践室

张掖二中是张掖市首批科技示范校,学校有十几年的科技教育传统。2010 年为配合甘肃省普通高中新一轮课程改革实验的启动,紧跟新课改的步伐,同时也为了遵循"以人为本,以学生终生可持续发展为目标,提高学生技术素养为宗旨"的教育理念以及学校整体文化建设的需要,学校在逸夫教学楼第一层建成了一个具备声、光、电多方面作用的科技走廊——通用技术实践室,并购置了部分金工、钳工、木工等常用工具。

逸夫教学楼一层建成的通用技术实践室和科技专业教室,集先进性、科技性、示范性于一体,不仅为学生们创造了一个先进、舒适、具有教育功能的活动场所,也成了二中一道亮丽的风景。置身其中,就如进入一个科技殿堂,有一种神奇的感觉。

通用技术主要有"技术与设计 1"和"技术与设计 2"。"技术与设计 1"使学生在九年义务教育的基础上对技术有更为深刻而全面的理解,初步掌握一个通用的、完整的设计过程,学会与设计有关的各种途径、方法,了解设计中可能遇到的各种问题及解决办法。"技术与设计 2"是在"技术与设计 1"的基础上进行的一种专题性设计,集中体现了一些重要的技术思想和方法,它更关注设计过程中"结构""流程""系统"和"控制"的基本思想和设计的基本方法,注重学生对这些思想和方法的应用及实际问题的解决。

我校通用技术实践教室包括汽车驾驶与保养教室、简易机器人制作实践教室、智能

控制单片机实践室、无线电工程实践室等6个教室。

“汽车驾驶与保养”课程可使学生们了解汽车的主要构造、主要系统及其作用,掌握发动机的工作原理和工作过程,初步学会汽车驾驶和例行保养的基本方法,增强交通安全意识和环保意识,不断提高自身实践能力和技术素养。

“简易机器人制作”课程以应用性设计为主,具有实践性强的特点,它涉及计算机、传感、人工智能、控制和机械等基础技术,体现了现代信息技术与传动机械技术的综合、软件技术与硬件技术的结合,是知识和技能的综合运用,对学生们提高自身技术素养,促进全面而有个性的发展,乃至形成创新精神和提高人生规划能力都将起到积极的作用,为他们应对未来挑战、实现终身发展奠定坚实的基础。这门课程要求学生们在学习活动中,要有大胆的想象、怀疑和批判的勇气,要积极参与实践活动,有敢于创新、善于创造的精神。

“单片机”全名单片可编程序微型计算机,具有计算机所有的控制功能。从功能上看,单片机相当于一个智能、可编程序的电子开关,结合传感器技术可对周围环境的温度、光线、磁场、电信号、声音等的变化自动作出反应,从而实现智能调节、控制的目的,广泛应用在智能仪表、机电一体化、工业流水线生产、实时控制、军工领域、分布式多机系统、民用电子产品等领域。

“无线电测向”是学校的传统实验项目,它是指利用无线电接收设备和专门的定向接收天线结合电磁波的传播特点,接收并寻找到无线电发射信号源的位置,从而实现无线电测向。

无线电测向运动,是以现代高度发展的无线电技术去取代传统游戏的一种竞技项目,是集科技与体育,智力与体力相结合的一项科技活动。它要求运动员在必须学好无线电方面的知识,掌握测向机的使用和电子制作的技能的前提下,更要对电磁理论,尤其是电磁波传播的特点做到相当程度的了解。在当今电子技术迅猛发展的时代,学生有了这一技之长将会终身受益。

技术试验室是学生进行技术试验和技术制作,培养学生实践能力和创新能力的场所。技术试验主要作用是让学生亲历技术试验过程,初步掌握测量、加工、安装、调试等简单的技术操作技能,形成初步的技术试验能力;技术制作的主要作用是为学生提供亲自动手的机会,经历技术方案的实现和物化的过程,促进学生动作技能的发展;技术探究主要作用是培养学生的探究精神,提高学生的技术探究能力。

技术试验教室建成后,由于桌椅设计新颖,摆放灵活多变,能充分体现分组教学和合作式探究的课改思想,有利于开展课堂实践活动。因此,我校的通用技术教师和学生们都很喜欢在该教室上课。另外,试验教室后面的布置又是该教室的一道亮丽的风景线,它展示了同学们上技术课的制作成果,极大地发挥了试验室在教育教学中的作用,成了

学校最有特色的教室之一。

技术改变生活,设计改变人生。在学校的正确领导与支持下,在全体教师的共同努力下,通用技术学科的教育教学正在成为二中素质教育的一个鲜明的亮点。

立德聚缘俯仰间，修身明志起居对

——学生宿舍楼

宋建华

莘莘学子，孜孜以求。在张掖二中4000多名辛勤忙碌、刻苦攻读的学生中，每年住校生大约有1800多人，占全部学生比例的三分之一。他们离别父母，离开家园来到这所省级示范性高中，带着自己对未来的无限神往，带着父母亲友的殷切期盼来这里铺就自己通往理想的成功坦途。学习，是他们只身出外的最神圣的使命；学校，是他们学习生活的最重要的家园；而宿舍，则是他们生活栖息的最主要的场所。

随着二中声誉的不断扩大，学生的不断增多，住校生数量也相应地逐年俱增，为解决这一庞大的学生群体的生活住宿问题，学校分别在1997年、2002年、2005年修建了学生宿舍楼，学生公寓楼、综合楼，占地面积共4363平方米，共有宿舍248间。其中，学生公寓楼专供在校女生住宿，现有宿舍81间，可容纳住校生640人。男生公寓楼供高一、高二男住校生住宿，也有宿舍81间，可容纳住宿学生640人，综合楼专为高三男生提供住宿，可容纳住宿生300人。它们分别位于学校的西、东、南三个方位，呈半包围结构向学校的中心——教学楼相向，这样的布局，为住校学生来往于教室、宿舍的学习、休息提供了便利。

学生宿舍不仅是住校学生学习、生活、休息的重要场所，也是建设校园文明，培养良好校风和学风的重要阵地。学生宿舍管理的优劣，对学生的人格塑造、个人情趣、行为习惯、道德养成都有着举足轻重的影响。因此，建设一个文明有序、秩序井然的学生宿舍，创建一个优美舒适、温馨友爱的住宿环境，营造一个积极进取、奋发向上的育人氛围，增强住校生自我教育、自我管理意识和能力，对学校来说颇为重要，是不容懈怠和不可忽视的任务和工作。

学校十分重视对住校生常规管理工作，成立有专门的公寓科。公寓科委派工作人员入驻学生各个公寓楼内办公，解决学生生活和住宿中的实际问题，负责住校生每天的常规管理。学校努力美化宿舍环境，重视人文化的管理，把单一的师生关系丰富为带有家庭式的、富有亲情的互助互爱的关系。公寓楼内安全设施完备，防火通道畅通，安全标志醒目。学校还制订了《张掖二中住校生管理细则》，把住校生管理工作进行系统化、精细化，并把各项责任落到实处，切实为来我校求学的住校学生作好有力的后勤保障，真正

使他们能全身心投入到紧张繁忙的学习中去。

纵观整个学生宿舍，最引人注目的就是学生公寓西墙上用鲜红的颜色书写的十六个赫然的宋体大字："学会做人，学会求知，学会健体，学会生存"，它就像一块屹立的丰碑，向每天进进出出、来来往往、早出晚归的学子予以昭示和警醒，向他们揭示着来二中求学的真正目的和终极目标。这十六个简洁凝练却又掷地有声的大字是二中的办学宗旨，也是二中的办学思想，从四个方面对培养学生德、智、体、美全面发展提出了更高的要求，进行了更长远的展望。

"学会做人"是立身之本。它从让学生树立正确的思想观、价值观、人生观的角度来确立做人的价值标准，以学生是学生和公民的双重身份出发，要求学生既要遵守学生守则，又要遵守社会的各种基本道德规范，养成良好的文明习惯，明晓为人处世的道理。"学会求知"是成才之要。它引导学生找回学习的乐趣，讲究学法，在轻松中学习，在合作中探究。"学会健体"是成功之首。通过健体，既锻炼学生体魄又培养学生的特长，丰富校园生活。"学会生存"是立足之策。二十一世纪，只有具有高度科学文化素养和人文素养、掌握基本的学习工具、具备基本的知识与技能以及正确的价值观和态度，才能具有能够生存下去、有尊严地生活和工作、改善自己的生活质量、充分发展自己的能力，才能全方位地参与社会的发展，这也是教育的全部内容和最终目的。

这四个"学会"，使德、智、体、美、劳教育和谐统一，教导学生按照科学的方法轻松愉快地学习，在学好科学文化知识的同时，学会做人，学会求知，学会创新，全面提高素质，做一个对国家、对社会、对家庭、对自己都有益的人，一个有理想、有道德、有文化、有纪律的人，成为一个有责任感、人格健全、富有创新精神和实践能力、能适应科技日新月异和竞争日趋激烈的现代社会的有用之才。

学路漫漫勤为径，流连徜徉即是景
——校园路

张仁堂

一条道路就是一个跳动的音符、一篇优美的诗章、一部浓缩的词典。张掖二中具有深厚历史文化底蕴的校园路，不仅可以潜移默化地影响师生的情趣和心智，而且有助于提升校园文化品位，建设和谐校园。

励志路、圣贤路、奥运路、仁爱路、修身路的命名体现了学校的办学理念、历史传统、文化积淀和治学精神，同时对凝聚人心和增强校园文化氛围发挥了重要作用。

进入校门，圣贤路映入眼帘。这条路连接了学校北门和教学楼。分三段：圣贤北路在孔圣广场东侧，是师生进出学校的必经之路，在这里可以看到伟大的教育家孔子的雕像，使学生进校就能感受到师道尊严，受到传统文化的熏陶。圣贤中路在民勤会馆东侧，师生在此可以欣赏到苍天的古槐和古典建筑——民勤会馆。圣贤南路直通教学楼，取名于“孔圣贤人”，以勉励二中的学子追求贤明、才德，在学问上精益求精，成大才，以天下为己任。圣贤路也体现了二中尊师重教的历史传统和学校的文化积淀，它的存在，进一步提升了二中校园文化的品位。

励志路连接了学校北门和学生公寓楼及中心广场，也分三段：励志北路在蔡元培雕像东侧，是学生进出公寓的必经之路；励志中路、南路在科技园东侧，师生在此可以看到爱因斯坦雕像以及各种花卉，适宜工作学习之余陶冶性情。励志路的得名也源自于名人雕像的启悟，它意在勉励二中的学子磨炼意志，唤醒内在创造力，激励斗志，学习名人成功方法，激发学习热情，以科学家为榜样立大志，成为建设国家的栋梁之才。励志照亮人生，成功改变命运。

奥运路连接了学校北门和操场，在孔圣广场西侧和操场之间，是学生进出训练场地的必经之路。在这里可以看到二中学子整齐的上操队伍，体育生严格的训练和各种体育赛事。“更快、更高、更强”的奥运精神在这里得到体现，顽强拼搏的意志在这里得到见证。奥运路取名之意在于勉励二中学子学习奥运健儿勇于奉献、顽强拼搏、敢于超越、乐于付出的精神，为以后的工作学习打下坚实的基础。

仁爱路连接了励志路和奥运路，分东、西二路，取名于孔子的“有教无类”和二中的座右铭“爱是教育的基础”。它喻指不管什么样的学生都可以在二中受到老师严格的管理

和无私的爱,真正体现了“让每一个学生都成材”的办学理念以及和谐二中的精神风貌。

修身路连接了励志路和圣贤路,取名于《礼记·大学》的“修身齐家治国平天下”中“修身”之意,意在勉励二中师生要加强自我修养,端正自己的思想。修身是立业的根本,是治学的前提。修身路的命名体现了二中以德育为首的教育思想,意在陶冶身心,涵养德性。

学校是教书育人的地方,优美的环境可以陶冶学生的性情,高品位的文化可以造就幽雅的人文气息,优雅的人生情趣。漫步二中校园,处处是文化。“蓬生麻中,不扶而直”,走在二中的道路上,我们时刻能感受到厚重的道路文化对师生产生了良好的潜移默化的教育效果。

仰观宇宙赋盛事，俯察品类览美景
——萃英亭

寇俊英

2006年，我校投资16.8万元在校园西北角、塑胶运动场东北斜三角地带建成萃英亭、崇文亭、尚德亭，三亭合抱，造型独特，合称萃英亭，以此来纪念1998年张掖市学校布局调整，由原来的张掖一中、二中、四中的部分教职工组建新二中这一划时代的大事。

张掖二中萃英亭西北毗邻标准化运动场，绿茵场间橙红色跑道，东北角是塑胶篮球场，东临至圣先师孔子塑像和孔圣广场。宋代《营造法式》中讲到亭子不仅是供人憩息的场所，又是园林中重要的点景建筑，而我校萃英亭布置合理，故而起到了点景之功效，灵动有致，全园俱活，位置得体而顺序感、层次性极强，营造了园林空间中美好的景观艺术效果。

亭台建筑的历史十分悠久，但最早的亭并非供观赏用的建筑。如周代的亭，是设在边防要塞的小堡垒。魏晋南北朝时，代替亭制而起的是驿。之后，亭和驿逐渐废弃。但民间却有在交通要道筑亭为旅途歇息之用的习俗，因而亭被沿用下来。也有的亭作为迎宾送客的礼仪场所，一般是十里或五里设置一个，十里为长亭，五里为短亭，唐代李白的《菩萨蛮》中有云："何处是归程，长亭更短亭"，是之谓也。

亭作为点景建筑，开始出现在园林之中，是在隋唐时期。这一时期园苑之中筑亭已很普遍，如杨广在洛阳的西苑中就有风亭月观，唐代长安城的太液亭、沉香亭等。

亭子在中国园林的意境营造中起到很重要的作用。虽然亭子有各式造型，但它们的基本结构是相同的：屋顶加柱子，中间是空的。这样的建筑物其作用在于能把外界大空间的景象吸收到这个小空间中来。

作为园亭的审美意义是后来才有的，为有顶无墙、供人停歇赏景之亭。随着亭成为构成园林风景的重要元素，人们越来越重视亭的造型之美，亭显现着古典园林艺术家的匠心。

张掖二中萃英亭实为亭台建筑艺术的优秀之作，三亭合抱，造型独特。十二圆柱三翘亭顶再辅以歇山顶，空间更大，视野更宽。亭子四面通透，二中校园无限景，都聚一亭中，使驻足者能够借助这一建筑突破有限而通向无限，在对自然的宁静观照中最终达到一种"天籁人籁合同而化"的审美境界。这种美感颇具东晋的王羲之在《兰亭集序》中的

描述，曰："仰观宇宙之大，俯察品类之盛，所以游目骋怀，足以极视听之娱，信可乐也！"

萃英亭与苏州私家园林中亭子的玲珑剔透相比，更显得古拙朴素、厚重大方、包容空阔。如果说苏州园林之亭流露出小家碧玉的风韵，那么萃英亭自有一股大家闺秀的风范，少了几分精致和雕琢，却多了几许质朴、包容和豪气。

在我国园林建筑群落中，几乎都离不开亭。在园林中高处筑亭，既是仰观的重要景点，又可供人统览全景；在叠山脚前边筑亭，以衬托山势的高耸；临水处筑亭，则取得倒影成趣；林木处筑亭，半隐半露，既含蓄而又平添情趣。

萃英亭以其美丽多姿的轮廓及其独特的造型与周围景物构成二中美好的画面。三亭合抱的萃英亭选址极为恰当，东面临通途——奥运西路，西南临塑胶运动场，东望孔圣广场、音乐喷泉。花树掩映，衬托着飞檐翘角的红黄蓝绿色琉璃瓦屋顶，这种色彩上的对比和空间上的疏密相间、参差起伏，增加了空间景观层次感，更加凸显出亭子的自然结合，建筑与天人合而为一的思想。师生于亭内居高临下，于远可以纵情四目，有楼宇、有绿茵、有坦途、有蓝天白云，于兹可襟怀天下，有师、有生、有书、更有未来。

在众多类型的亭中，方亭最常见。它简单大方。圆亭更秀丽，但额坊挂落和亭顶都是圆的，施工要比方亭复杂。在亭的类型中还有半亭和独立亭、桥亭等，多与走廊相连，依壁而建。亭的平面形式有方、长方、五角、六角、八角、圆、扇形等。亭顶除攒尖以外，歇山顶也相当普遍。张掖二中的萃英亭融合了圆亭的秀丽和方亭的大气，自成一派，风格独具。萃英亭有独立亭的简单绰约又兼具桥亭多柱、复杂布局的特点。八角辅之以攒尖顶和歇山顶的高度统一，萃英亭就如欧阳修笔下的醉翁亭般"有亭翼然"了。

亭子是人们凭借一定材料建造出来的，而材料的特性，也必然会对建筑的造型风格产生影响。萃英亭不同于传统中主流的木亭、砖亭、茅亭、朱亭，单一材料构建亭子，而是在材料的选择上广开言路，兼收并蓄。景观设计是自然与文化、形式与功能、生态与生命的全面融合。萃英亭的设计是在寻找崭新的、既是民族的又是个体的设计之路，它的设计布局必须汲取传统文化的精髓。所以在取材上萃英亭用当地常见的粗壮厚重的木、石、瓦等，因其三亭合抱的特殊性，还多见用钢筋混凝土代替木头，如支撑亭顶的十二根粗硕的圆柱，有了如此选材及造型，故而亭子显现出了坚固、质朴、稳重的特点；萃英亭的屋顶，是南方和北方常见的几类亭子特点的交融互渗，丰富变化的曲线构筑，显得萃英亭生动活泼，舒展大方，亭与此处甘州之风致、二中之神韵很是匹配，正确地诠释了二中兼容并包、求同存异的办学理念。

亭既是重要的景观建筑，也是园林艺术中文人士大夫出联题对点景之地。张掖二中萃英亭通过匾额、题咏、楹联等手法表达其一定的文化内涵。与一般园林中亭子的文化含义有所不同。萃英亭楹联并非文人墨客对大自然深情的心志寄托，萃英亭上的匾额、题咏、楹联是三联通俗易懂的劝勉警言，萃英亭曰"萃甘州精英，聚陇上俊杰"，尚德亭联

“立德立言乃立功之本，做人作文须报国为基”，崇文亭云“立志读尽人间书，发奋识通天下字”。其言词之朴质，笔墨之精良，装饰之典雅，风格之迥异，挂于亭上，名亭、名句、名校，堪称三绝。

萃英亭的三幅楹联以优美的语言艺术与精湛的书法和镌刻艺术融于一体，达到珠联璧合之效果、与周围景致交相辉映。师生及观游者也在潜移默化中由联语的意蕴悟得事理。独特的三亭合抱和独特的楹联渗入了特殊的比德、劝学、励志、导化、启智等寓意，哲理之中极富理趣和启发性，让人获得最佳的审美效果，从有限的时间空间进入无限的时间空间，从而引发带有哲理性的人生感、历史感。

随着时光流转，萃英亭不但会慢慢地披上历史厚重的外衣，附着层层的浓墨重彩，其艺术价值也会在我们二中历届师生心里越发鲜活、清晰。试看今日之落日余晖，平添一园春色，明日之生花妙笔，写尽天下文章。

雕梁画栋显底蕴，流光溢彩写春秋

——仿古长廊

管　兵

一抹晨曦晕染了淡淡的晨雾，二中的校园也在一线明朗中慢慢醒来。晨曦越过朴实素雅的教学楼，穿过雕梁画栋的仿古长廊，漫过绿草如茵的操场，校园就在这一片宁静祥和中迎来新的一天。

走进二中校园，一石一木皆是景，尤以长廊备受赞誉。

廊是中国古代建筑中屋檐下的过道或独立有顶的通道。它不但是厅厦内室、阁楼亭台由主体建筑连接各处的纽带，还是室内外过渡的空间，起到分隔景致，划分空间，组成景区，形成透景、借景等多种形式布局的作用。而其本身亦可作为园中一景，供人遮阳避雨，赏玩小憩，这也正是廊的精妙之所在——既可作为园中景物的点缀，又有一定的实用价值。

廊，是中国园林建筑艺术中具有独特风格和气韵的小品，它丰富了中国建筑宝库的内容。如果没有廊，就不会有今天我们所看到的极富空间感与层次感的建筑群。

张掖二中仿古长廊是两坡顶式的双面空廊，分为东、西两部分。它实为求索园的主体建筑，南起教学楼，北抵民勤会馆。长廊为木质仿古建筑，长 24 米，宽 3 米，高 4 米，深进 8 间。朱红色的廊柱配以砖红色的廊顶，古朴典雅，庄严大气。其间朱漆廊柱环列，画栋雕梁生辉，彩绘栩栩如生。走近长廊，古韵木香可观可品，令人心旷神怡。

长廊两端朱红廊柱上各有楹联一副。东、西长廊入口处是雕刻版的楹联："为人师表教书育人，立志高远爱国敬业""千教万教教人求真，千学万学学做真人"；出口处是"勇开拓百尺竿头更进步，善创新九天云海竞当先""做人明懿德，读书养正气"；横批前为"敬业""务实"，后为"创新""笃行"。四副楹联深刻地诠释了张掖二中人求真务实的工作作风和二中学子明德笃学的学习态度。

长廊最吸引人之处还在于它是一座名副其实的彩画长廊。长廊的梁枋之间，绘满了色彩鲜明的苏式彩画。一幅幅色彩艳丽的彩画，就像一个个中国历史和文化的窗口，漫步长廊之中，欣赏着梁枋间的彩绘图案，自然得到中国传统文化的感染和熏陶。

在建筑上作彩画是中国一门由来已久的传统工艺。中国的古建筑大多数都像长廊一样以木料作为建筑材料，而彩画所用的油漆对木材有防腐防蛀的作用。因此，彩画既

有装饰美化作用,又有保护建筑的功能,成为中国建筑上的必要装饰。

在中国古建筑彩画的各种类型中,长廊彩画属于苏式彩画这一类。苏式彩画大约在清朝乾隆年间流传到北方,据说是康熙、乾隆两位皇帝分别下江南巡视时,发现苏杭地区的彩画很漂亮,就叫内务府传苏州匠师来北京绘制,于是他们绘制的彩画得名苏式彩画,俗称“苏州片”。

苏式彩画主要的画面被括在形似大半贺的轮廓线之内,民间称之为“包袱”画。彩画底子色调多采用砖红、土黄色或白色为基调,基本构成暖色调。采用分段布图的方法,中间一段包袱画里的图案就是我们看到的人物故事、山水风景等,外边的彩“退”的手法,就是用一层比一层深的颜色画上包袱框,显得非常有立体感,使得主体图案突出,辅助图案更显得花团锦簇。

苏式彩画最大的特点就是创作自由、生活气息浓郁、色调艳丽多彩、装饰雍容华贵,彩画内容从博古器物、山水花鸟到人物故事、翎毛花卉,无所不包,无所不有。这些丰富的彩画内容,能让行走在长廊之中的人产生“人在画中游”的美感。

二中的长廊里,每一间枋梁上都绘有人物、山水、花鸟等各种彩画。

这里,一个个历史故事在活现:“刻舟求剑”的寓言故事令人深思;“厉兵秣(mò)马”的战争场景犹现眼前;而其中的彩画有东晋祖逖(tì)“闻鸡因起舞”、北宋鲁智深“醉酒闹五台”等,人物构图形神毕现,栩栩如生。“生公说法,顽石点头”,更象征着二中学子在老师的循循善诱下健康茁壮成长。

这里,一幅幅山水画卷在展开:蒙蒙江南烟雨,氤氲(yīn yūn)出“天青色等烟雨,而我在等你”这般江南所独有的细腻温婉;潺潺奔涌的流水,静静流淌出“问君能有几多愁,恰似一江春水向东流”的意境;秀美的长江三峡,勾勒出“两岸猿声啼不住,轻舟已过万重山”的情景,仿佛依然有猿声在这里回响。

这里,一句句古典诗词在跳跃:李白“呼儿将出换美酒,与尔同销万古愁”的洒脱;范曾“飘飘美髯(rán)敞风襟,一曲骚魂寄意深。袖拂云天堪揽日,潇湘碧水九歌心”的壮志;辛弃疾“众里寻她千百度,那人却在灯火阑珊处”的缠绵;郑板桥“四时花草最无穷,时到芬芳过便空。唯有山中兰与竹,经春历夏又秋冬”的气度;李商隐“初闻征雁已无蝉,百尺楼高水接天。青女素娥俱耐冷,月中霜里斗婵娟”的清冷……种种情感皆在这一方方小小的画面中凝结闪耀。

这里,一丛丛花草在上面绽放馨香:这一处空谷幽兰“虽无艳色如娇女,自有幽香似德人”;那一片竹林“风来笑有声,雨过净如洗”;这一丛菊花“花开不并百花丛,独立疏篱趣味浓”;那一枝梅花“斩新一朵含风露,恰似西厢待月来”。这里的牵牛花“绿蔓如藤不用栽,淡青花绕竹篱开”;这里的荷花“览百卉之英茂,无斯华之独灵”;这里的松柏“苍苍松桧阴,晓日露西岭”;那里的柳树“数树新开翠影齐,倚风情态被春迷”。朵朵烂漫的鲜

花带着美好的寓意和祈愿,无声地绽放在长廊,默默地熏染着过往的学子。

移步换景间,一段段动人的故事在有声有色地讲述着,一幕幕旖旎(yǐ nǐ)的山水花鸟画卷在舒展着。长廊就这样默默地传承着传统的脉络,承载着文化的蕴涵。

东、西两条仿古长廊将求索园分成了三部分。长廊西侧,花坛里芳草萋萋,绿意盎然,树木欣欣向荣,勃勃生机中透出无限的活力。伫立于花坛中间的"腾飞"雕塑,你会遥想二中学子历经寒窗苦读,终将从这里腾飞,飞向更美好的明天。

两条长廊中间是被鲜花绿树环绕的"鲤鱼跃龙门"雕塑,寄托了学校对学子们的殷切期望——期望学子们能通过知识改变命运,创造灿烂的未来。

长廊东侧则是名为"晨读"的雕塑,两名长发飘飘的少女相对而坐,手中捧书读得津津有味。雕塑前有雕刻有"学无止境"四个字的晶莹剔透的青石,提醒着二中学子"一日之计在于晨",要抓紧时间,学海无涯,努力奋进。环绕着雕塑,有一圈石凳。清晨,莘莘学子在这方静雅的小天地里习书诵读,朗朗书声不绝于耳。

长廊南端简约质朴的教学楼里不时传来学生们读书研讨的声音, 风声雨声读书声在长廊里回荡。在长廊北端庄严肃穆的民勤会馆的映衬下,书卷之气愈发浓郁。青春的活力与历史的深厚在这条长廊里激荡碰撞,但并不显得突兀。坐在长廊,常常让人心生感慨,这种兼收并蓄、有容乃大的氛围或许就是仿古长廊建造的初衷所在吧!

时光荏苒,岁月如梭,不知不觉间长廊已度过了十余载春秋,而"日暮长廊闻燕语,轻寒微雨麦秋时",秋天是长廊最美丽的季节。

一场场秋雨悄然无声地将草木染成了金黄色,一阵阵秋风拂落了片片金叶,朱红色的长廊在金色的装点下显得格外美丽。看,三两学子在长廊里或读诗诵文,或讨论商榷,廊柱映衬着他们年轻的面庞,此时的长廊,仿佛就是一位耄(mào)耋(dié)之年的老者,正安详地注视着他的孩子,那砖红色的斗角飞檐,正是此时他嘴角甜美的微笑。

时间仿佛定格在了这一刻,古朴与现代,历史与青春,和谐地融筑在了一起。长廊不长,而每一个榫卯都承载着五千年悠久的文明;长廊不曲,但每一根檐柱都记载着学子们青春闪光的岁月。长廊静谧,将默默见证张掖二中灿烂辉煌的明天。

尺寸之地显手笔

——励志楼小广场

邵克林

励志楼前小广场从校园整体布局来看,确属尺寸之地。它位于励志楼和逸夫楼之间,居教学区东南角。地方不足400平方米,形状呈不规则形。本着“环境育人”的宗旨,有创新精神的二中人让这块尺寸之地变成了学生的“第二课堂”,成了探索求知的学园、生动活泼的乐园、充满亲情的家园、清香幽雅的花园。

从励志楼正门下楼梯,有一条长30米、宽3米的通道。通道用灰色为主体的长条方砖铺成,方砖四周分别以黄色、绿色、白色和红色为边条。两边的轧路石自然衔接于路两侧的花园边脚。这是一条彩道,是通向科技楼前广场的通道,更是莘莘学子走向成功的大道。本着“追求高品位,着眼实用性”的原则,道路两边有五架立柱式路灯,周围布置了四块不锈钢架宣传窗口,高三学生 “十佳百优”系列的彩照整齐地布置其中。版面是活动的,优秀作文、艺术作品、优秀试卷、先进事迹等都分批分期展现在宣传栏中。这是二中学子张扬个性的平台,更是二中校园文化体现发展主题,培育时代精神的见证。

道路的右侧是一块三角地带, 根据地形特征, 极其巧妙地建造了一个弧形读书廊。地面上用彩色花岗岩铺就的三角形中有内圆, 圆中又有围绕中心而向八方衍射的长短相间且不规则的角形图案,以红、黑两色为主色调。太阳光放射状图案寓意为:二中是阳光的,二中人是阳光的,二中的明天是阳光的!它又像花朵,在春分秋雨的润沐之下灿烂绽放。二中是花园,散发着馨香,熏陶着学子,使他们的激情在这片沃土上燃烧。也许它更像一朵太阳花,向阳而开,怡人性情,育人品格,催人奋进。弧形长廊由八根柱子环绕而成,柱子为白色棱柱体,柱子顶部有突出的一角,上漆紫红色花纹图案,呈“檐牙高啄”之势。距地面一米左右有长条石椅连接柱子,既有装饰造型之效,还有实用坐读之用,可谓匠心独运。每到课间休息和课外活动时间,环廊中充满健康的歌声、甜美的笑声、朗朗的读书声,谈吐风生。在这里,学子们树立目标,志存高远;在这里,学子们汲取养分,成就自我。

道路的左边是一梯形区域,中间有亭,两亭合抱而成为一个有机的整体。设计极富匠心而创意非常。交叉分立的八根白色的圆柱撑起了铺有天蓝色瓦片的亭顶。亭子八角扑出,有“钩心斗角”之形。亭子由大理石铺成,典雅美观。连接柱子的椅子靠背是雕花的

栏杆。亭子四周是草坪、绿树及呈八卦造型的各色花卉。“春有花,夏有荫,秋有香,冬有绿”,鸟语花香,生机盎然,清新幽雅,相映成趣,相得益彰,自然天成。这里是学子思悟的天堂,是他们和古圣先贤神交的地方,更是他们与自我心灵对话的佳所。从整体构思来看,亭子是“地”的象征,和右边的“天”遥相呼应,诉说着天圆地方的故事,见证着天地间最荣耀的事业。

“人创造了环境,同样环境也创造了人。”逼仄的局域之地,在二中人的手中变成了恢弘的大天地,前苏联著名教育家苏霍姆林斯基说:“我们的教育应当使每一堵墙都说话。”在二中,每一寸土地都在说话,说沧桑的历史,说艰辛的历程,说做人的道理,说奋斗的方向……在二中校园里,人们能够体验得到先进的思想理念、厚重的文化内涵和学子们良好的行为习惯,从而产生对学校这个精神家园的认同感、依恋感和归宿感,形成强大的向心力和凝聚力,进而带动和促进全体学子优良品质的形成和综合素质的提高,特别是个性特长和能力的充分发展。

学校是学生成长的摇篮,是培养创造性人才的沃土。高雅的校园文化,使人如沐春雨、如坐春风;人文的校园文化,能启迪理智、陶冶情操、净化心灵;创新的校园文化,能够塑造品格、开阔视野、活跃思维;厚重的校园文化,“润物细无声”,虽无“立竿见影”之效,但可收隐性教育之功,而且代代相传,历久弥新,影响深远。

探求知识的奥秘

——求索园

吴　杰

在学校中轴线上，由北向南依次排列着孔子雕像、民勤会馆、求索园和教学楼。求索园位于学校教学核心区，向南正对民勤会馆大牌坊，背靠英才荟萃的知识殿堂——教学楼，东西两侧仿古文化长廊，把求索园和"陶行知""钱学森"两园相隔，使之形成遥相呼应之势。

整个布局以求索园为中心展开，内植挺立如拔的青松翠柏，尽显古朴清幽之派；园中四周绚烂美艳的迎春花点缀其间，上有碧空浮云莺歌语，下有钟流毓秀之气，和谐典雅美如画。独具匠心的设计，让校园文化的内涵呈现出丰富性和可感性。

求索园中的主体建筑是一尊老子雕像。老子是我国历史上著名的思想家和哲学家，道家学派的创始人，他所著的《道德经》虽言辞微妙难识，却蕴涵大道，对中华文明影响深远。其中老子哲学中蕴含的教育理念、教育倡导如："贵质朴" 的德育观；"涤除玄鉴"的心理健康教育；"唯道是从"的师道观等，在今天仍有启示作用和教育功能。老子雕像与孔子雕像南北相望，所体现出的是二中对两位哲人育人思想的践行。

求索园取名"求索"，大概是希望我们要有大胆创新探索的意识和精神，这符合高中新课程改革，关于培养学生自主探究和创新能力的目标。"路漫漫其修远兮，吾将上下而求索"，屈原《离骚》中的这句话，千百年来已成为无数仁人志士前进中的座右铭，形成了在艰难险阻中不屈不挠，艰苦奋斗的民族精神。二中校园文化秉承中国传统文化的精髓，以建筑的、雕塑的艺术形式为载体，将无形的文化以有形的形式展现在同学们面前。

身处在二中，无论你是漫步于曲径通幽的长廊，还是流连于小风明月下的杨柳；是沉醉在槐荫花香中的读书，还是于运动场中展现你的飒爽英姿，你都能在潜移默化中，感受到二中校园文化的魅力。在三年的求学征途上，二中校园以厚重纯粹的文化滋养着二中学子的心灵世界，铸就着二中学子高尚的人格。使你成为一个全面发展的人。在这样文化底蕴深厚的校园中学习生活，岂不是人生的一大幸事？

二中将大力发扬求索务实的精神，使教育教学质量得到全面稳步提高，使求索精神成为再铸二中新辉煌的精神动力。

海纳百川，有容乃大
——兼容园

尚国栋

学校，是教书育人之地，更是思想交流之殿堂。古人云："海纳百川，有容乃大。""兼容"即同时容纳。兼容园故名，含义深远。意为无论学子，还是学校，具有"虚怀若谷""兼容并包"的胸襟都是极其重要的。

兼容园位于孔圣广场东侧，南面仅隔"仁爱东路"，与科技园相邻，长方形的园内并无多少植物花草，园子里齐整干净，只有蔡元培先生的雕像静立于中央。

蔡元培先生是第一位提出"军国民教育、实利主义教育、公民道德教育、世界观教育、美感教育皆近日之教育所不可偏废"等思想的教育家，主张五育并举。蔡元培先生教育思想内容之丰富、范围之广泛、影响之深远，在中国教育史上确属罕见。特别是"兼容并蓄"的学术思想，至今仍是一笔宝贵的文化教育遗产，值得我们珍惜和重视。

这尊花岗岩雕像正面是蔡元培先生上半身雕像，基座上横刻着"中国近代教育家"几个字及蔡先生的生卒年月。蔡元培先生身穿中国传统服装——马褂，一手翻书，戴着眼镜的双眼深思地凝视着前方孔圣广场孔子的雕像。这里，以孔子为代表的中国传统文化和以蔡元培为代表的中国近代文化，实现了穿越时空的交流和碰撞，这正是"兼容园"的意义之所在。雕像背面竖刻着"学高为师"四个大字。

2005年，在杨生效校长的倡导下，蔡元培塑像落户张掖二中校园，并把月季争艳的百花园正式命名为"兼容园"。桃李不言，下自成蹊。无论是清晨，还是傍晚，也无论是漫步，还是学习，置身兼容园，蔡元培先生就如一位不知疲倦的导师，激励学子永远奋发向上、博学深思，创造人生辉煌。

遨游于科技的海洋

——科技园

吴　杰

学校是学习科学文化知识的殿堂,它承载着传播人类最优秀文化成果的神圣使命。一所学校必须以“求真知”“扬美善”作为立校之基和育人之本。二中校园文化通过一系列的艺术形式,从各方面诠释着文化校园的魅力给学生带来的最直接、真实、精髓的“悦读”体验。

二中科技园坐落在学校东面，处在校园文化核心区，正西与国家级文物保护单位——民勤会馆相对,北面与兼容园相邻。科技园是二中校园中面积最大的园林,足见科技在校园文化中所占的比重。

科技园呈长方形,四周种植迎春花,每当春暖花开时,色彩绚丽、香气四溢的迎春花如彩墙一样,花团锦簇般地把科技园围绕起来,盛为壮观。一排直立高大的柏树,在紧靠民勤会馆的一侧栽植，柏树的苍翠与会馆的红墙相得益彰，一下提升了园子的古朴气息。曲径相互交错,把园子从四角与外界联通,供师生行走,并且把园子分割成了大小和形状不同的多块草坪。

草坪内种植着外观呈球形的榆叶梅,花开之时一片红褐色。还有树形美丽,叶片苍翠,冬夏常青的刺柏分种各处。远眺如白方缭绕,以树冠广、枝叶茂密的特点而得名的云杉也零星地栽植于园内。

园内中央的小花坛内，有一尊爱因斯坦雕像伫立。他左手搭在右手之上交错相放,右手拿笔,左手压书两本,书名“相对论”,一脸沉思,安详地注视前方。雕像是花岗岩材料,由中央美术学院监制,其后竖题“崇尚科学”四字。雕塑周围种植有“花中皇后”的月季和“国色天香”的牡丹等花,盛夏来临时,月季以它的清韵淡雅,吐蕊芬芳,牡丹则以它的雍容华贵、富丽端庄,独压群芳。

科技园中交错蜿蜒的小径联通各处,体现了发散的科学思维;园内各种植物花卉的搭配分布,是研究了它们生物习性的设计结果;爱因斯坦的雕塑体现的则是对科学知识的尊重,而长方形的科技园,从整体上体现出了科学思考的严谨态度。

二中校园的文化,从细微处体现,以内涵的丰富和独特,让二中学子沉醉其中。

励志求学，和谐之地
——励志园

吴　杰

二中励志园位于学校东南角，因位于励志楼前小广场而得名。励志园东、南、北三面临楼，只有西面敞开。与科技楼广场连为一体，与青灰色的教学楼遥遥相对，南邻乳白色的科技楼，北接哈佛红的逸夫楼。在钢筋混凝土的天地里，有这么一个精致花园点缀其间，更显出了那绿色和花香的珍贵。

励志园的建筑样式与别处不同，这不仅体现在园子的大小规模上，也体现在园内的建筑风格上。励志园被两条小路分成了各自独立却又相互联系的三部分。南面是耸立如峰的假山园。从高处看，绝壁林立，有“会当凌绝顶，一览众山小”的气势；从远处看，山峰波浪起伏，才领悟到“不识庐山真面目，只缘身在此山中”的深意。其中有泉水流动，增添了假山的灵动，兀立的“高峰”上有“上善若水”四个大字，有如画龙点睛之笔，让假山有了智者的思想，醒目般地提醒着来往的师生善思而善行。

另一处是一个扇形的小园，里面修建了两座具有西洋风格的亭子。两座亭子没有如三亭合一那样的雕梁画栋，无论是建筑的风格，还是装饰的搭配都非常简洁明了。如果把翠英园和励志园的亭子作一形象比较的话，那么翠英园中的三亭合一是端庄典雅的贵族小姐，而励志园的亭子就如活泼朴素的农家小女。其中的文化因子是一种简约而不简单的审美体验和处事方式。

北面的园子呈一个圆形。圆形是完美的体现，以这样一种建筑形式，映射出的是张掖二中和谐校园文化的内涵。校园文化的和谐体现在方方面面，比如师生之间的和谐，要平等；教师之间的和谐，需合作；教师和家长之间的和谐，是沟通；学生和家长之间的和谐，善理解。这些和谐是二中和谐文化的具体体现，正是在这样的文化滋润下，才为学校的长远发展营造了良好的环境。

此外，在大理石圆形平台的一边上，建造了一个小半圆形的亭廊，它是一个半开半合的木质建筑，作为二中文化的承载，其深刻的内涵体现出张掖二中开放的文化姿态。一所学校要发展，要走向未来，必须有开放的胸怀。一方面要积极吸收外来的理念文化，另一方面还应主动走出去，了解其他先进的理念文化。

张掖二中以有形的和无形的校园文化，熏陶滋养着二中学子，也正在这样独特的校园文化内涵指引下，二中才会在近半个世纪的岁月里，特别是十数年来，引领着张掖地区高中教育的快速发展。

英才荟萃，尽显二中魅力

——萃英园

吴　杰

学校正门西北面有一块三角之地，它西接运动场，北靠篮球场，东隔奥运路，与孔圣园相望，这就是二中的翠英园。

翠英园主体建筑是由相互合抱叠加的翠英亭、崇文亭、尚德亭组成。13根朱红圆柱如人的脊梁一般，把3座亭子雄伟擎起。9条石椅栏杆相互连接，供学子读书休息。由亭口引出的3条曲径，把周围的空地分割成了大小和形状不一的3处草坪。3座亭子所形成的9个亭檐，以优美的曲线向上弯曲，像戏剧脸谱中张飞、李逵的蜷脸胡似的直勾苍穹。而仿汉代青灰色的瓦当，顺着亭势整齐交叠排列，更显示出一种历史的厚重。另外红、绿、蓝中国传统色调的和谐搭配，又使整座建筑呈现出一派典雅与尊贵。

翠英亭四周槐树环绕，草坪内花树点缀，有一平滑、不规则长方体大青石醉卧园内，其前凹刻“博”，其后凸琢“雅”，它仿佛像守护者一样，年年岁岁默默驻守在翠英园，见证了二中每一次发展的足迹，折射出二中人奋斗的光辉。

三亭合一是一种文化的象征，象征着二中多元文化的融合。文化来自于不同的领域，二中像一座大熔炉，让认识和经历有别的学生、老师、家长在这里和谐相处，相互平等交流。思想的碰撞激起了智慧的火花，点燃起二中快速前进的激情。有容乃大，涓涓溪流汇聚于中，这是二中创造力的源泉。

三亭合一也是一种历史的铭记。张掖二中始建于1956年，1998年8月张掖市区高中结构布局调整，整合了原张掖一中、二中和四中的高中教育资源，才有了现在独立的高级中学——张掖二中。历史是一面镜子，忘记过去就意味着背叛，一个忘记历史的民族是没有希望的民族。作为一所学校也同样不能忘记自己的过去。张掖二中以独特的建筑形式铭记历史，这是对过去的总结，更是对未来的发展充满了希望。

“发奋识通天下字，立志读尽人间书。”崇文亭上的这副对联寓意张掖二中学生“广阅读，扩视野，明事理”的读书精神。尚德亭“做人作文须报国为基，立德立言乃立功之本”的对联，则更明确地提出了二中培养学生的根本宗旨，这也与几千年儒家文化所宣言的为学精神一脉相承。杨生效校长所提的翠英亭对联“聚陇上俊杰，萃甘州精英”，蕴涵着学校发展的根本乃是人才。

每副对联用不同的书体写成，或以端庄的正楷，或以行云流水般的行书，中国传统书法作品的美学特征在这里得到突出的体现，学生在欣赏之时也会受到潜移默化的熏陶。张掖二中的文化不是抽象的，而是具体的、鲜活的。

“雏凤学飞，万里风云从此始；潜龙奋起，九天雷雨及时来。”张掖二中校园文化的建设已从这里起步，必将以其独特的文化内涵去发展每一名学生，让每一位学子走向成功。

第五部分

雕塑

一棵行走的树
——孔圣广场

吴晓明

2006年9月28日，在张掖市第二中学的历史上，是一个值得铭记的日子。这一天，至圣孔子穿过2500多年的时光隧道，迈着典雅的步伐，诗意地栖居在张掖二中美丽的校园里，像一朵智慧之花绽放在这片肥沃的土壤里，又像是一棵树，植根于这片精神的沃野上。

他站着，永远站着，因为他需要世人仰望；他似乎又在行走，因为他一直在路上，他的足迹遍布世界各地。他配着一把剑，有几分游侠的风度，当然更多的是学者的气度。他看上去洒脱而又高贵，散发着柔和的光芒，那是一种灵魂深处散发出来的智慧之光，没有人能遮挡得住，岁月更是无法遮掩。

他选择了一片草木繁茂、诗意开阔的地方停下了脚步，那地方因为他的停留有了一个雅致的名字——孔圣广场。黑色的大理石基座撑起了他的高度，汉白玉的塑像彰显着他的至真至纯，质朴的黑与柔和的白显得和谐而又温婉。

他面向着正北方，向着学校的正门——北大门，就那样屹然矗立着。他睿智的额头，柔和的表情，超脱的气质，优雅的风度都传递着一种无声的语言。也许沉默就是最丰富的语言。他打量着路上的每一个行人，打量着迈着匆忙的步履走过他身边的莘莘学子。

汉白玉的底座，大理石的基座。基座的正面用篆文写着"至圣孔子"，背面刻着捐款教职工的名字，上面是四个大字"德泽万世"。这座雕像是全体教职工捐资修建的，在至圣的身上凝聚着每一位二中人的敬仰之情。"因材施教""温故而知新""教学相长"……那些质朴而又踏实的文字像水一样柔软，蔓延在校园里，也蔓延在每一个二中人的心头。"让每一个学生都成材"，这是至圣思想在这片土地上的传承，更是精神的延续。

至圣孔子的塑像高6米左右，大理石基座四周是汉白玉的台阶，周围是汉白玉栏杆。栏杆上雕刻着惟妙惟肖的狮子和细致逼真的莲花座，错落地栖息在栏杆之上。那些小狮子似乎有一种随时可以徜徉在树丛中的俏皮，似乎和那些鸟雀们相互逗乐，似乎每一根毛发都熠熠生辉。而那些含苞待放的莲花，好像一阵风吹过，有一种迎风灿然绽放的感觉。那些花朵像水一样的坚硬，又像水一样的柔软。它似乎可与周围的菊花、榆叶梅、牡丹相媲美，和谐而又诗意。

栏杆四周都是敞开的，可以从不同的角度欣赏雕塑。栏杆内侧的砖面上有16幅浮雕，每一幅都是一个故事，都是一段历史。孝感动天、文王敬太公、单衣顺母、卧冰求鲤、铁棒磨成针、周游列国、孔子教学、挂角改书、夜读春秋、苦读书文、苏武牧羊、负米养亲、望云思乡、闻鸡起舞、望子成龙、精忠报国。每一幅浮雕都细致而又传神，人物的穿戴、表情、发型都惟妙惟肖，动物更是栩栩如生，足以看出雕刻者用心之缜密。每一个故事不一定与圣人有关，可是一定和教书育人息息相关。尽管浮雕不是很大，可那就是一段段凝固的历史，就是一段段柔软的时光，就是一段段葱茏的岁月。它传递着教育，教学子学会爱人，学会感恩，小故事里蕴藏着历史的博大精深，蕴藏着做人的大智慧，传递着人间的大爱。到这里，你就能感觉到这片土地的柔软，它滋长着思想，滋长着智慧，滋长着教育的内涵。

栏杆的外侧墙砖上也是16幅精美的浮雕，以花草和鸟雀为主，诸如鲤鱼跃龙门、喜鹊踏枝等，同样雕刻得细致而入微，每一朵花都绽放着盛开的乐趣，每一只鸟，都传递出它们飞翔的欢乐。那些浮雕没有文字作为标签，可那些精美的浮雕就是凝固的文字、行走的诗句。它们安静而又灵动，踏实而又俏皮，似乎和周围的那些花草鸟儿相依偎。行走其中，那一静一动互相映衬，恍惚之中，你就分不出虚与实、物与我。

一年四季，至圣雕像的身边花朵次第绽放，草木竞相生长。各种鸟儿在树丛中飞来飞去，那时候，你感觉到这种伟大的精神就像是草木一样生生不息，你油然感觉到孔圣广场就是一片精神的高地、灵魂的净地、思想的沃土。

圣人是安静的，也是沉默的，可是看着周围如画的风景，他一定是满心的欢喜，因为至圣是喜欢大自然的。“知者乐水，仁者乐山”，热爱自然，热爱山水。其实，他本就是山，本就是水。他站立在那里，就像是一座巍巍高山，岿然不动，让人感觉到一种“壁立千仞，无欲则刚”的霸气；他行走在路上，他的思想像水一样蔓延，水一样包容，当然就有“海纳百川，有容乃大”的豪气。

“人类如果要在21世纪生存下去，必须回首2500年前，去孔子那里汲取智慧。”这是1988年一批诺贝尔奖获得者汇聚法国巴黎发表的共同宣言。这足以说明，他的脚步遍及世界各地，并且一直在路上，没有停留。

他这样形容自己：“其为人也，发愤忘食，乐以忘忧，不知老之将至云尔。”他的专注，他的率真，他心灵的那份丰盈和高尚是需要我们用心捧读，用行动感悟的。“学习因专注而高效，行为因自律而优雅”，这何尝不是孔子思想的传承，精神的延续？

也许泥土能够永恒，可是比泥土更永恒的还有文字。我不止一次地伫立在他的面前凝望，他的文字沾着历史的气息，带着睿智和永恒扑面而来，也许唯有他才真正懂得教育的内涵。

至圣在二中校园里，是一座精神的丰碑，一个思想的导师。

有时候，恍惚之间，感觉至圣孔子的雕像就像是一棵树，有2500多年的根系，有2500多年的土壤，怎么能不枝繁叶茂，怎么能不根深蒂固呢？思想就是根系，文字就是果实。他就是开在中国人心中的一朵仁爱之花，一朵教育之花，一朵思想之花，一朵智慧之花。他就是一棵会行走的树，就是中国人心中一座永恒的精神丰碑。

雕像前面，是现代化的音乐广场。每当夕阳西下的时候，校园里就热闹得有点拥挤，学子们朗朗的读书声、说笑声，像水珠四溅。喷泉伴着音乐欢快地舞蹈，溅出一朵朵快乐的浪花，整个校园就是一个快乐的海洋，空气里弥漫着湿漉漉的气息和草木的清香。尤其是秋天的傍晚，映着晚霞，明净的天空，欢腾的水柱让整个校园充满生机。站在孔圣广场，你就有一种“落木千山天远大”的辽阔与宁静，那是校园里流光溢彩的季节，放眼远望，“落霞与孤鹜齐飞”，不仅仅在王勃的笔下，也在你的眼底。

雕像的背后是历经百年的古建筑——民勤会馆，热烈的红色似乎在提醒着曾经喧嚣的过往，曾经多少镇番商客在这里歇脚。苍天的古槐在碧瓦琉璃间守望，苍翠的松柏在飞檐斗拱间静默，互相映衬又互相陪衬。民勤会馆的屋顶上那些雕龙狮子似乎在高处应和着孔圣雕像周围栏杆上的狮子。也许在夜深人静的时候，它们会对话，会打闹，它们的话题是不是也与教育有关，我不知道，可是它们的打闹一定与快乐有关。一阵风过，会馆周围的风铃叮当作响，好像是孔子讲学结束的铃声一样，我们似乎听到了历史的钟声，听到了历史的足音，让人感觉没有比这个校园更悠久、有诗意的地方了。

孔圣雕像巧妙地把古典和现实对接，让历史和未来对接，我们感觉到了时间在这里交汇，历史与现实在这里握手，现代文明和古典气息融为一体。

岁月的脚步可以远去，可是灿烂的文明却生生不息。

如今他选择了在这个美丽的校园安静地守望，没有谁比他更懂得坚守，没有谁比他更懂得“教育”两个字真正的分量和内涵，因为教育就是教人们学会爱。仁者，爱人也。

2500多年的光阴，足以覆盖所有的过往，可是，却永远荒芜不了他脚下的路。

二中校园里的一草一木似乎都散发着文化的气息，传递着书香校园特有的韵味。孔圣广场的前面，有一块黑胆石，不是很大，可是却成为校园里一道独特的风景。它就像是孔子面前打开的一本书，那是一本厚重的书，也许没有比它历史更久远的书了，也没比它更纯粹的书了。黑胆石，它沉着、有个性，似乎就是大自然中的一个任性而又率真的孩子，不经意的瞬间到校园里玩耍，也许被校园的花草树木吸引了，它便选择了在这里驻足。黑胆石不说话，可是它在沉默中见证着繁华与辉煌。

一块圆润的石头表面虽粗，但是内心细腻，从中间巧妙切割，就像是打开了一本天书，那是大自然的杰作。历史的脚印，风雨的足迹，岁月的精华都在其中，值得你仔细品读。它无声，却传递着一种不朽；它不言，却诉说着一种精神。它不会像宝石那样炫耀自己的价值，只是无声地栖息在岁月深处，安静地卧在圣人的脚下，散发着通透的光芒。就

如，当它选择了这个美丽的校园，它的生命也就翻开了新的一页，为它的生命赋予了新的内涵。黑胆石是一种坚强的石头，似乎在暗示学子们，追逐明天的梦想，要勇敢又坚强。沉稳的个性似乎在提醒学生处理事物要有条不紊。

它清晰的纹路铭记着走过的岁月，它倔强的光芒传递着一种不朽的精神。它表面粗粝(lì)，似乎走过的沧桑都写在脸上，感觉是锈迹斑斑，可那斑斑的锈迹正是那沉淀的历史。

石头，大自然的瑰丽元素，以自己的姿态凝望着历史，打量着未来。

黑胆石被巧妙翻开之后，上面雕刻着张掖二中校训：敬业、笃行、务实、创新。八个浑厚苍劲的行楷是校长杨生效先生的手笔。它像一本书，又像是一面镜子。因为翻开的字迹互相映衬着，似乎就像是一面黑色的镜子把字体倒映在黑色的湖面上。如果把那本书合起来，那些字体就会合二为一。所以这本书，打开是一种思想，合上是一种智慧。

校训就以那样独特的方式书写在石头上，也书写在每个二中人的心中。

站在秋天的边缘，向四周看，榆叶梅、迎春花、丁香树、松树、柏树等都似乎在回味夏日的绚烂，而菊花却盛开在属于她的季节里。当然，校园里菊花是最多的，那也是校园里的一道独特的风景，把她选成校花一点也不为过。黄的高贵，红的娇艳，紫的含蓄，白的淡雅，舒舒卷卷，余味悠长。似乎传递着一种“不是花中偏爱菊，此花开尽更无花”的独特与高贵，更向世人展示着“宁可枝头抱香死，何曾吹落北风中”的那种坚守和气节，到了深秋时节，大有“满园尽带黄金甲”的壮观。

那些松树、柏树，用她们不变的容颜来陪衬那座永恒站立的雕像，预示圣人的精神就如松柏一样长青。

孔圣雕像，站立在校园，也站立在二中人的心中，他诗意地栖居，永恒地站立，站立成我们心中的一棵树，思想沉淀，精神绽放。

“高山仰止，景行行止。”他屹立在天地之间，他的精神之花灿然绽放在陇上这座美丽的诗意的校园里。

他就是一棵会行走的树！

思想之风，教育之光
——蔡元培像

邓彦英

秋风飒飒，黄叶凝霜。我静静地伫立在您的面前。凝视着您那宽阔的额头、浓浓的眉毛、深邃的目光，不禁心潮起伏，思绪万千。先生学界泰斗，颂者殊多。然而此时频频撞击着我心扉的还是那“兼容并包，思想自由”的八字教育学术方针。“我对于各家学说，依各国大学通例，循思想自由原则，兼容并包。无论何种学派，苟言之成理，持之有故，尚未达自然淘汰之命运，即使彼此相反，也听他们自由发展。”（蔡元培《自写年谱》）八字方针是一面高扬的旗帜，荟萃和培育了中华一代精英，当时北大云集陈独秀、李大钊、胡适、钱玄同、刘半农、鲁迅、李四光、竺可桢、赵元任、傅斯年……群贤毕至，何可胜数！令人钦敬的先生！

蔡元培（1868 年—1940 年），字鹤卿，号孑（jié）民，曾化名蔡振、周子余，浙江绍兴人。1917 年任北京大学校长，是北京大学创始人之一。蔡先生积极支持新文化运动，使北大成为新文化运动的中心。提倡学术研究，主张对新旧思想“兼容并包”。1919 年五四运动爆发后被迫辞职。1927 年任国民党政府大学院院长，后改任中央研究院院长。毛泽东同志称他是“人世楷模，学界泰斗”，先生又是东方的“普罗米修斯”。

许多介绍蔡元培先生的书籍和文章都赞誉先生是一位雍容大度的长者，表面看上去好像是无可无不可，谦谦君子加好好先生的样子，但实际上，在许多关键问题上，先生有自己的见解和主张。不过，先生只将其限定在个人观点的范围内，决不强求别人思想上的统一。针对当时甚嚣尘上的定孔教为国教的议论，蔡先生明确表示反对，认为学术只有在相互争鸣中才能发展，定孔学为一尊，实行思想专制，是会适得其反的。先生要求学生“以研究学术为天职”，鼓励学生兼听不同学派的课，进行独立评判，并大力支持学生成立各种学会和研究会，培养学生自由思考和独立学术研究的能力。

先生倡导和坚持的“养成人格”的教育和“思想自由，兼容并包”的办学理念，成为当时北京大学改革、发展的纲领和奋进的行动指南。联系到我们今天高等教育的现实和实践，先生的教育思想仍然是我们宝贵的精神财富，并且有着深厚的时代意义。

蔡先生的教育思想对我校的办学理念有一定影响。2006 年 6 月 6 日蔡元培雕像在我校东北角塑成。他手持一书，凝神远望，他看到的是希望，他看到的是中国教育的希

望，看到的是二中的辉煌……张掖二中本着“一切为了学生，为了学生的一切”宗旨办学，2008年以来，二中实施“诱思探究”的教学方法，在课堂上遵循“七动”的原则组织办学，鼓励学生独立、创新思考。基于此，“为学生的发展而教”成为二中教师的共识和教学行为准则，也成为办学的出发点和归宿。秉承以人为本的教学理念，始终把人的发展目标放在首位，把人文关怀渗透到教育教学的每个环节，同时以开放自主、尊重个性和促进学生全面发展的价值观进行人性化管理，从心灵深处来激发每个学生内在潜力和创新精神，在潜移默化中使每个学生的个性得到健康发展，真正实现以人为本，关注人的发展，促进人的发展。二中人要让进入二中的学生“能飞的飞，能跑的跑，不能跑的推上一把”，让每一个学生发挥个性特长，得到更好的发展，这就充分体现了蔡元培先生的“思想自由，兼容并包”八字方针。

蔡先生曾说：“我们教书，是要引起学生的读书兴趣。”中国的学问向来是以政治为马首，中国的学问家们，也向来是以政客们的脸孔是瞻。但蔡元培是个异类。这位东方的普罗米修斯，这个从科举考试的漫天妖焰里浴火重生，从八股取士的铜墙铁壁中打破樊笼之后，仍旧从容不迫，丝毫不带烟火气的谦谦君子，为近代中国盗来了文明的火种，烧毁了政治在学校大唱傀儡戏的舞台，彻底颠覆了中国腐朽的教育体制。在把北京大学办成中国近代最大的文化集散地和论战战场之后，还能那样气度雅致，休休有容，像对待自己的孩子一样慈祥地看着这场改变中国命运的伟大变革的忠厚长者，正是先生。他为中国建立了第一座真正的高等学府，带来了真正的高等教育理念，为中国文化的重新架构提供了基地，也为中国文化的万古长夜点燃了一盏明灯。

时代在前进，跨越地前进；教育在发展，快速地发展；我们的认识也在与时俱进。半个世纪以前，蔡先生倡导的教育思想和教育理念，现在仍然是发展教育事业的行为准则和向导，我们必将肩继重任，阔步向前。

巨人之眼，科学之光

——爱因斯坦像

倪 农

阿尔伯特·爱因斯坦(Albert Einstein 1879—1955)半身雕像坐落在张掖二中科技园中，四周花团锦簇。姹紫嫣红的花朵和生机勃勃的绿草簇拥着这位科学巨匠。这座雕像的主要材质是花岗岩，由中央美术学院监制，作者雷兴福，于2006年6月6日完成。

雕像中的爱因斯坦，身着一件带有领结的西装，素雅大方，看上去俨然具有大师的风范。他注视前方，双手交叉于身前，右臂下垫着他的杰作——《广义相对论》。他用右手轻轻地抚摸着自己的著作，这是他一生的心血。但他不骄不躁，敢于超越，正在思考着更加深远的问题。学高身正，这是一位伟大学者的典型形象。雕像背面下方刻有端庄的四个大字——“崇尚科学”，鲜明高雅，寓意深刻，这是二十世纪最伟大的科学家对世人最真诚的忠告。爱因斯坦一生淡泊名利、不拘小节并且热爱运动，他也是一位著名的思想家和哲学家。

爱因斯坦目视前方，眼光迥远，前方正对着的是国家级文物保护单位——民勤会馆。古色古香的木质建筑、灰砖红墙与洁白的现代伟人雕像遥相呼应，古往今来，意味深远。继承中有发展是历史前进的特点。爱因斯坦站在前人的肩膀上，在时空观彻底变革的基础上建立了相对论力学，并且给出了著名的质能关系式：$E=mc^2$。复杂的世界，多变的万物，被他归结于一个简约的公式；五个符号，一个公式，这就是世界的运行规则。爱因斯坦却说：“我自己不过是自然的一个极微小的部分。”他把一切献给了人类从自然界获得自由的征程中，最后连自己的骨灰也回到了大自然的怀抱。

伟大的物理学家爱因斯坦雕像坐落于张掖二中，这是二中人的骄傲和自豪。时光流转，伟人已逝，但他的精神永存，他永远注视着二中的发展。二中人要始终发扬“崇尚科学”的精神，牢记“敬业、笃行、务实、创新”的校训，尊重知识，尊重教师，尊重人才，努力奋斗，在平凡的岗位上学为人师，行为世范，教书育人，携手共创二中新的更大的辉煌。

教育大家，万世师表
——陶行知像

倪　农

《周易·系辞》曰："易，穷则变，变则通，通则久。"

他书写宣言："创造之神！你回来呀！……只要你肯回来，我们愿意把一切——我们的汗，我们的血，我们的心，我们的生命——都献给你。"

他勉励青年："创造主未完成之工作，我们接过来，继续创造。""处处是创造之地，天天是创造之时，人人是创造之人，让我们至少走两步退一步，向着创造之路迈进吧。"

他坚定认为："教育者不是造神，不是造石像，不是造爱人。他们所要创造的是真善美的活人。真善美的活人是我们的神，是我们的石像，是我们的爱人。教师的成功是创造出值得自己崇拜的人，先生之最大的快乐，是创造出值得自己崇拜的学生。"

他提醒教师："你的教鞭下有瓦特，你的冷眼里有牛顿，你的讥笑中有爱迪生。你别忙着把他们赶跑。你可不要等到坐火轮、点电灯、学微积分，才认识他们是你当年的小学生。"

他大胆断定："教师职责是千教万教，教人求真；学生职责是千学万学，学做真人。"

他是谁？

布莱恩赞誉他是一代伟人，名扬千古，他的教育思想不仅是中华民族教育史上的一枝奇葩，也是世界教育之林的一面旗帜。郭沫若把他与两千年前的孔仲尼相媲美，董必武称其为"古今一圣人"。

他就是中国近现代伟大的教育家陶行知先生(1891年—1946年)。

有人说先生还活着！

有人问先生在哪里？

有人说他心系祖国教育，四海为家，无从回答！

我要说他现在在张掖二中的校园里，在二中人的心中。

在二中仿古长廊的东侧有一尊新铸的陶行知先生塑像。该塑像由两部分组成，底座是长方体形的，用黑色的大理石瓷砖砌成，正面刻有四个金黄的繁体大字——万世师表，这是伟大的爱国主义者宋庆龄女士对先生的赞誉。底座上面则是先生的全身塑像，由工匠利用锻铜技术精心塑造而成，颜色以古铜色为主。塑像高度与先生身高大体一

致,给人一种栩栩如生的感觉。

先生身着长衫,领口紧结,形象鲜明,雄姿英发;短平小发,佩戴留洋人士回来特有的铜铸镜框和茶色水晶眼镜,学者气息浓厚;他右手挎兜,左手将一本书紧握,行是知之始,知是行之成,他始终躬亲从教,彰显伟大教育家的风范;他脚穿皮鞋,右脚微前,以矫健的步伐向我们走来,传承文明,启迪思想。该塑像所处位置与四周关联性强,寓意深刻,与北侧的爱因斯坦像遥相呼应,与西侧的钱学森塑像分布于仿古长廊两侧,南边则是教学楼和广场。整个塑像尊重历史依据、约定俗成印象,准确体现其伟大学者、教育家、思想家以及中国近现代教育形象代表身份,形神俱佳;其神态以先生留洋归来像为样本;在形象上,服饰、姿势以先生行教图为依据;年龄掌握在四十岁至五十岁之间,面部表情“温而厉,威而不猛,恭而安”,体现庄严慈祥、和蔼和谐、谦和智慧的万世师表形象。

学习改变命运,未来成就教育。陶行知先生与教育有缘,在他少年时就曾发出“我是一个中国人,应该为中国作出一些贡献来”的豪言壮语,激励自己为祖国早日走向现代化而发奋学习。知行合一,他一直为此奔波。留学时,他师从美国教育家杜威。但在美国期间他深感先进国家与落后国家之间的强烈反差, 这重重地刺激着他那颗忧国忧民的心,所以他放弃了条件优越的工作,毅然回国,以德立教,“爱满天下”。他的一生,是在人民涂炭、国家多难、民族危急之秋度过的。他以“捧着一颗心来,不带半根草去”的赤子之心,与劳苦大众休戚与共,与共产党人亲密无间,推动平民教育,关心乡村教育,提出并终生推行“民主第一”“全民教育”“全面教育”“终生教育”,特别推崇“生活即教育”“社会即学校”“教学做合一”的三大主张,为人民教育事业、为中国的民族解放和民主斗争事业鞠躬尽瘁,奋斗终生,作出了不可磨灭的贡献,在旧中国矗立起一座人民教育的丰碑,铸就了民心所向的一代师魂,成为中国近现代教育史上的一代巨人。同时,先生著作宏富,论述精当,与当前的社会主义教育学息息相通,堪称中国近现代教育史上的“一代巨人”。毛泽东主席称之为 “伟大的人民教育家”。可以说,陶行知不仅属于中国,也属于世界,他是真正的圣人。

在新世纪的今天,陶行知先生塑像的落成,标志着张掖二中多了一位精神引领者。二中的每位老师和同学都应以陶行知先生为榜样,学习他追求真理的革命精神,学习他无私奉献的精神,学习他开拓创新的精神,继承和发扬先生“爱满天下”的博爱精神,力践行“千教万教教人求真,千学万学学做真人”的教诲。全体教师要勇于进取、乐于奉献,做好教书育人工作,并积极投身于新课改中;全体学生需学会学习,学会做人,从小事做起,养成良好的学习习惯和行为习惯,争做合格、优秀的公民,以感恩之心回报父母、老师、学校和社会,完成先生未竟事业,为国家的富强作贡献,为中华民族的伟大复兴努力!

徜徉于二中校园,仰望先生塑像,做一个真诚坦荡、表里如一、言行一致的人,做一个以真为本、求真务实的人,这正是先生留给我们的思考。先生一直活在二中人心中!

知识的宝藏，科学的旗帜，人民的典范
——钱学森像

倪 农

大千宇宙，浩瀚长空，全纳入赤子心胸。惊世两弹，冲霄一星，尽凝铸中华豪情，霜鬓不坠青云志。寿至期颐，回首望去，只付默默一笑中。

日月如梭，时间一晃，我国杰出的科学家钱学森离世已有两年多了。

钱学森(Hsue-Shen Tsien)是我国杰出的人民科学家，是新中国火箭、导弹、航天事业的重要组织者和创业奠基人，他不仅是科技大家，更是一位具有远见卓识的战略家、思想家和教育家。他把毕生心血献给了我国的科技事业。钱老赤胆忠诚的爱国情怀、全心全意的奉献精神、严谨求实的科学品质、不断创新的开拓意识，值得我们永远学习并不断发扬光大。

在张掖二中仿古长廊西侧就矗立着一座钱老的塑像。钱老身着西装，英俊潇洒，站于台前，目视远方。周围绿草如茵，花团锦簇。民勤会馆在身后，陶行知先生从左侧走来，东北角还有爱因斯坦的指导。面对伟人的塑像，我们深感自我的渺小，再华丽的语言也无法与钱老的成就相属，我们只有默默地追忆，只有用无声的文字来回忆钱老的丰功伟业和精神思想！

钱学森所从事的开创性工作可以用20个“第一”来概括：

1. 第一次在中南海给中央书记处和国务院领导做《导弹概论》的讲座。
2. 唯一一位向国家提出《建立我国国防航空的意见书》的科学家。
3. 参与筹备组建“航空工业委员会”的第一人。
4. 第一位火箭、导弹研究机构“国防部第五研究所”的创建者和第一任院长。
5. 组建第一个空气动力学专门研究机构。
6. 中国运载火箭研究院第一任院长。
7. 中国第一枚液体燃料探空火箭的设计者。
8. 中国第一枚近程地地导弹发射的组织者。
9. 中国第一枚中近程地地导弹飞行试验参与者。
10. 中国首次导弹与原子弹“两弹结合”飞行试验的组织者。
11. 指导完成我国完全自主设计研制的中程导弹首飞试验。

12. 中国空间技术研究院首任院长。

13. 中国第一颗人造地球卫星发射的组织者。

14. 组织完成了“实践一号”卫星发射试验，首次获得了空间环境探测数据。

15. 参与起草中国发展载人航天的报告。

16.领导设计制造了中国第一艘核动力潜艇。

17. 指导设计并成功连续发射了六颗返回式卫星。

18. 组织领导了中国洲际导弹第一次全程飞行试验。

19. 参与组织领导首次潜艇水下发射导弹飞行试验。

20. 参与组织领导了地球静止轨道通信卫星的首次发射任务。

钱学森的主要论著有：《工程控制论》《组织管理的技术——系统工程》《论系统工程》《导弹概论》《星际航行概论》《钱学森第六次产业革命通信集》《钱学森系统科学思想文库》《钱学森书信》《钱学森文集》《创建系统学》《钱学森手稿》《关于思维科学》等。

钱学森获得的荣誉与奖项：1989 年荣获国际技术与技术交流大会和国际理工研究所授予的“W.F.小罗克韦尔奖章”“世界级科学与工程名人”和“国际理工研究所名誉成员”称号。1991 年荣获国务院、中央军委授予的“国家杰出贡献科学家”称号和一级英雄模范奖章。1995 年被列为首届“何梁何利基金优秀奖”首选人物。1996 年由江泽民题写馆名的“钱学森图书馆”矗立在西安交通大学，这是中国第一座以科学家命名的图书馆。1999 年荣获中共中央、国务院、中央军委颁发的“两弹一星功勋奖章”。2001 年中国科学院紫金山天文台将发现的国际编号为 3763 号小行星命名为“钱学森星”。2001 年荣获第二届“霍英东杰出奖”。2007 年被美国《航空周刊与航天技术》杂志评为感动世界名人。2007 年被中央电视台评为当年 “感动中国年度人物”。2009 年荣获《世界因你而美丽——2008 年影响世界华人盛典》终身成就最高荣誉大奖。2009 年入选“中国因你而骄傲，世界因你而感动”为主题的“建国 60 年感动中国 100 人”。

党和国家领导人对钱学森的亲切关怀：1956 年毛泽东在国宴上邀请四十五岁的钱学森坐在他的身旁。1975 年在四届人大召开前夕，周恩来总理抱病从北京去长沙向毛泽东请示工作，毛泽东专门嘱咐：“我想起两个人，一个是钱学森，一个是侯宝林，请你查查人大代表名单里有没有，如果没有就把他们补上。”钱学森一直受到周总理多方关照，多次一起研究工作，解决问题。1989 年邓小平专门接见了钱学森。1996 年江泽民总书记专程去钱学森家看望。温家宝总理曾四次到钱学森家看望。2008 年胡锦涛总书记专程去钱学森家看望。2009 年 10 月 31 日钱学森去世，中共中央政治局胡锦涛、吴邦国、温家宝、贾庆林、李长春、习近平、李克强、贺国强、周永康九名常委全体参加了 2009 年 11 月 6 日为钱学森举行的追悼会，中共中央前总书记江泽民和前国务院总理朱镕基也赶往八宝山吊唁。

建造钱学森塑像的单位有:中国航空航天大学、中国科技大学、中国运载火箭研究院、中国空间技术研究院、西安交通大学、中国航天时代电子公司、北京师大附中、保定第三中学、上海交通大学、中国科学院力学研究所、武汉生物工程学院等。

钱学森为人一直非常低调,他说"我作为一名科技工作者,活着的目的就是为人民服务,如果人民对我一生所做的工作表示满意,那才是最大的奖赏。真正伟大的是党,是人民和我们的国家。"他一直坚持"五不",不题词,不作序,不出席各种应酬活动,不担任顾问或名誉顾问,不调换个人住房。新华社在《钱学森同志生平》一文中称赞他是:"中国共产党的优秀党员,忠诚的共产主义战士,享誉海内外杰出的科学家和中国航天事业的奠基人。"

钱老学科贡献甚广,涉足应用力学、航天与喷气推进方面、工程控制论、物理力学、系统工程、系统科学、思维科学等领域。他以科学为本,思想为导,更像一个伟大的思想家。按照"大成智慧教育"的构想,他认为学龄提前,学制缩短,人人皆可早成才;注重学生掌握现代科学技术体系,培养理工文艺结合的"全才";主张科学技术与哲学的统一结合,品德情感与智慧能力并重,培养高尚品德和科学精神。他的个人语录深刻经典,个性鲜明,发人深省。如"我姓钱,但我不爱钱。""Nothing is final !!! (没有什么认识是最后的)""Knowledge was boundless(学无止境)"等。钱老平身轶事颇多,人生经历丰富。赴美留学珍惜机会,自立自强;归国之旅虽然曲折,周总理不惜释放美国战俘助他回国,而他也始终坚信:"我的事业在中国,我的成就在中国,我的归宿在中国。"那罗布泊的"蘑菇云"是他认为世界上最美丽的和平之花。而"钱学森之问"——"为什么我们的学校总是培养不出杰出人才?"引起上至国务院总理温家宝下至普通学生的深思,我们需要直面和回应"钱学森之问"!

张掖二中建造钱学森塑像, 意在感念伟大科学家钱学森先生对我国科学和教育事业的倾心,意在弘扬以钱学森先生为代表的中国科学家不畏艰险、永攀高峰的科学探索精神,意在促进二中崇尚科学的校园文化的建设。全校师生需以史为鉴,秉承钱老精神的精髓,弘扬"敬业、笃行、务实、创新"的校训精神,牢记"实事求是,不自以为是"的教诲,探索客观真理,掌握精深学术,为实现二中远大的发展目标贡献智慧和力量!

在他心里,国为重,家为轻,科学最重,名利最轻。五年归国路,十年两弹成。他是知识的宝藏,是科学的旗帜,是中华民族知识分子的典范。

道法自然

——老子像

吴 杰

老子及其著作《道德经》作为中国传统文化的重要组成部分之一,历来受到人们的重视,是人们认识自然和社会的又一扇窗户。“道”是老子的哲学思想核心,“道法自然”是其朴素唯物主义的具体表现,“无为而无不为”是老子处世的最高境界。那么作为中国文化的两颗璀璨明星的老子和孔子,并立相对于传播文化、教书育人的二中校园之中又有何寓意呢?我想这里的寓意是明显的,也是深刻的。

老子并没有直接从事过教育工作,而是以他深沉的智慧、丰富的人生阅历以及他做过周王室图书馆管理员的饱学多识,用笔墨给我们留下了内涵丰富、深邃玄奥而又博大精深的哲学体系,其中无时不显现出有关德育的智慧火花,堪称中国德育思想史上的奇葩。而孔子则以一个政治家和教育家的救世之心开创私学,以他的“礼”“仁” 之教,聚徒讲学“述而不作”,与道家的德育理论相得益彰,共同塑造了中华民族的精神心灵。

“久居周室” 而饱读经书的老子,对孔子产生了一种巨大而无可阻挡的吸引力。孔子数次向老子讨教道德问题,老子以长者的口吻对孔子多有教诲与训诫,秉持“当仁,不让于师”的孔子,虽然并非在一切方面都赞成老子的观点,但由于老子的睿智、人生阅历的丰富以及对道德教育极具批判性和辨证性的诸多观点,还是在孔子的心底留下了深深印迹。孔子对老子道德哲学思想有传承和弘扬,但二者的教育思想也有鲜明的不同之处。

第一教育的目的不同。老子要培养的是“圣人”,孔子要培养的是“君子” 。无论是“圣人” 还是“君子”,他们都需要具有德才兼备的品质。老子和孔子都认识到,教育对于社会有着重大作用。但不同的是,老子培养的“圣人”是要将所有的陈旧的礼法全部推翻,寻求“自然无为”,使社会复归于“小国寡民”的安定局面;而孔子的“君子” 是要实施“仁政”,修复西周的礼教,改变天下混乱的政治局面,回到他心中理想社会,这是两者教育目的的主要区别。

第二教育的对象不同。老子和孔子一样都是要教育所有的人, 但严格意义上说,其实老子的教育对象要比孔子来的更广泛一些。老子针对的教育的全天下之人,无论是统治者还是“失道” 之人,都有其教育相对应的方法;而孔子虽说要教育所有的人,但是他

还是针对的是士民阶层，教育的是“可教”之人，有一定的局限，所以在这个方面上看，老子的思想更接近于真正的“有教无类”。

第三教育内容上不同。老子与孔子都强调道德教育。老子希望人通过道德教育，从而摒弃私欲，“希言自然”，可以“为道”。孔子主张道德教育要以文化知识为基础，学习好文化知识，从而更好的“为学”，成为一名君子。

在教育方法上，老子、孔子有相似之处，如：老子提倡的“抱一为式”与孔子倡导的“不愤不启，不悱不发”的启发式教育；老子提倡的“损有余而补不足”与孔子都倡导的“各因其材”。当然，不可否认的是孔子在这些教育方法上比老子的论述来得更加精辟，论述的更加充分。除此之外，老子还提倡“图难与易”“知行合一”“益损互用”的教育方法，孔子倡导的“学”、“思、“行”相结合、“温故知新”等等教育方法对现代教育都有着有益的启示。

在“师道观”上，老子与孔子有相似之处，如；身教重于言教，对待受教育者要一视同仁等等。也有不同之处，老子强调的是教育者的自我修养的提高从而影响受教育者，强调的是典范式教育：而孔子更为强调的是教育者自身才能的提高对从而教授受教育者，使受教育者能力的提高。

老子雕像的设立，传达出二中在育人方面对传统优秀文化的继承。这样一所具有深厚文化底蕴的学校，把文化立校作为发展的特色之路，在陇上大地也是屈指可数，更体现出了学校内涵式发展的思路。

精美的石头会说话
——校园文化石

吴晓明

张掖二中校园里巧具匠心地排布着七块精美的文化石,我们把它们称为“七星石”。因为它们以北斗七星的排列方式栖息在这个诗意的校园里。

七星石原本是明朝嘉靖年间的镇石。传说明代建都北京时想寻找一处祭天场所。一天夜里,天门大开,北斗七星从天而降,因而建天坛祀天。当然这只是一个美丽的传说,但从此这七块普通的石头便不再普通了,它们有了生命,也有了使命。

任何一个故事,都有它的源头;任何一块石头,都有它的个性。

栖息在张掖二中校园里的这七块精美的石头,每一块都用文字给它们做了标签,就像是文身一样。它们背负着文字,也背负着一种责任,承载着教育的内涵,传递着生生不息的文化,书写着绵延不绝的历史。

它们不管是在花草树木掩映之中,还是在碧草蜂蝶的簇拥之下,都显得坚硬而又柔软,圆润而有个性,沉默而又具丰饶的内心。

那七块石头,也许是在成长的过程中,大自然充分尊重它们的个性,让它们率性而生,随性而长,每一块都独特而又精美,色泽透亮而又温润。石头是大自然的孩子,它们沉默也顽皮,看上去一样憨厚,可是这世间却没有两块相同的石头,它们都是独一无二的个体。不管是一块巨石还是不起眼的一块卵石,都用自己的独特装点着这个世界。它们没有缤纷的色彩,却有高贵的气质;没有绚丽的外表,却有一颗朴素的心;不与花草树木争艳,不与珠宝钻石争宠,就那样撒布在世界的各个角落,从不在乎自己是在繁华的都市还是荒凉的大漠,只要选择了属于自己的位置,就选择了坚守。

在孔圣雕像西北、东北两角,赫然直立着两块巨大的石头。它的前面是现代化的音乐喷泉广场,身后是孔圣雕像。

东面的那块,就像平地上耸起的一座小山,安然卧在那里,安静地守望着每一个日出日落。这块巨石,我们喜欢把它称为“山石”。因为它不但像是一座山,而且造型很像是一个“山”字:中间两部分低洼,凸起的地方就像是“山”的三竖,和底部浑然一体。如果从地形的构造来看,它很像新疆的地形特点:山脉与盆地相间排列,盆地被高山环抱,感觉就像是“三山夹两盆”,似乎就是被缩小而又具体了的新疆地貌。我时常怀疑,它的根是不

是就在遥远的新疆呢？如果在那里，它又是怎么漂泊到故郡甘州（张掖），而又选择了这样一个诗情画意的地方落脚呢？这也许是时光的秘密，大自然的秘密，没有人能够知晓。

如果从文字的角度来说，它还像篆文"水"字，也许它那么独特的造型就是流水冲刷的结果。它的身上都是流水走过的痕迹，都是水留下的深深浅浅的脚印，上面的花纹就像是水的波纹一样显得灵动而又质感，有一种流动感，更有一种沧桑感和历史感。石头上面有一个个洞穴，似乎藏匿着光阴的秘密，我们不知道多少流水从它的身上走过，多少时光从它的脚下流过。在广袤的空间中和无际的时间里，它把自己镌刻成了一个字，似乎提示人们，它就是水的孩子。水，才是生命之源。

其实，如果你换个角度再看，它又像是一个"川"字，凸起的棱角每一笔都浑然天成，那三笔鬼斧神工，就是波涛汹涌的水面上卷起的波浪，那是大自然的手笔，我们似乎看到了一条湍急的河流，也似乎看到了广阔的平地。这个字，一半是流水，一半是平地；一半是灵动，一半是沉稳。

一块精美的石头，用自己美丽的造型书写着汉字里最简单而又最丰富的三个字。

它选择了校园，似乎就在告诉我们，要有"会当凌绝顶，一览众山小"的凌云壮志，要有勇于进取，积极向上的人生态度。它还告诉我们，"上善若水任方圆"，最高层次的善就像水一样，滋养万物而不争其功，情愿处在低处。"上善若水"中所提倡的行为处事原则即低调务实、谦逊执著、与人为善，不正是德行的核心吗？踏踏实实学习，谦虚低调做人，执著追求梦想，用善良渲染生命的底色，不正是教育的内涵吗？如果每一个孩子都有一颗善良而柔软的心，人类精神的家园一定会莺飞草长。一个"川"字，也在告诉世人："海纳百川，有容乃大。"一个人豁达大度、胸怀宽阔，就是有修养的表现。教育何尝不需要一颗包容的心、豁达的胸襟呢？

如今，在它的身体上镌刻上了"滴水穿石"，它告诉莘莘学子，学习就是一个积累的过程，面对目标，我们要努力奋斗，要有滴水穿石的精神。目标专一，持之以恒，只有这样，才能实现我们美好的理想和愿望。它上面还镌刻着"业精于勤"四个字。是啊，"业精于勤荒于嬉，行成于思毁于随"。学业由于勤奋而精通，却荒废在嬉笑声中，事情由于反复思考而成功，却能毁灭于随便、散漫里。旁边还有一个"勤"，告诉我们，天才出于勤奋。自古以来学有建树的人，都离不开一个"勤"字。人生在勤，不勤何获？聪明出于勤奋，天才在于勤奋，形成天才的决定因素就是勤。多少名人的经典语言似乎都在这里得到了诠释。滴水穿石不正就是坚持和执著的结果吗？

这块巨石的西边相对的地方，又有一块大气厚重大石。只要是石头，总是吸收了天地的精华，总是接受了上苍的风雨。石头也像是一面镜子，照射的是人的内心。它的上面镌刻着"有教无类""信""爱"六个字，这块石头承载着太多的思想。

"有教无类"，是孔子的教育思想。今天，我们重新审视这四个字，它告诉我们，平等对

待每一个学生，教师要学会俯下身子对学生说话，只有平等才能体现尊重，教育就是一门爱的艺术。

“信”，早在《论语》中孔子就强调它的重要性，“人言为信”“人无信不立”，一个人说话就要算数，如果没有信用就无法在社会上立足。“言而无信，不知其可也”，所以，要教育学生讲诚信，诚信做人，用诚信铸就生命的本色。

“爱”是教育的核心。没有爱，就没有教育，教育就是一门爱的艺术。一个心中没有爱的教师，不管有多么渊博的知识，一定不是一个优秀的教师。教育就是教人学会如何爱人的艺术。

萃英亭南面的草坪上还有一块石头，似乎随意躺在那里。这块石头上刻着两个字：“博”和“雅”。这块石头，造型简单，表面光滑。博学，意为广泛地学习。“博学之”就是为学首先要广泛地猎取，培养充沛而旺盛的好奇心。好奇心丧失了，为学的欲望也随之消亡，博学遂为不可能之事。“博”还意味着博大和宽容。唯有博大和宽容，才能兼容并济，使为学者具有世界的眼光和开放的胸襟。

“腹有诗书气自华”，一个人的高雅是一种心灵的语言、精神的衣裳，行为因自律而优雅。一个人只有广博地学习，加强自己的修养，才可能成为一个高尚的人，一个优雅的人。一个“雅”字，也是教育追求的崇高境界。

西面仿古长廊西侧的草坪上，也卧着一块巨石，像是一座小山丘，挺拔而又俊俏，上面写着一个“仁”，一个“礼”。这块石头，距离孔子雕像不是很远，似乎孔子思想的种子在这里洒落、生根、发芽了。

孔子提出了以“仁”为核心的学说。“仁”的内容包涵甚广，核心是爱人。“仁”字从“人”从“二”，也就是人们互存、互助、互爱之意，故其基本涵义是指对他人的尊重和友爱。

所谓“礼”，就其根本性质来说，一言以蔽之，就是一种社会文明。《礼记·曲礼(上)》云：“鹦鹉能言，不离飞鸟，猩猩能言，不离禽兽。今人而无礼，虽能言，不亦禽兽之心乎？”这段话强调的正是“礼”作为人类文明的基本特征。这一“礼”字提醒学生做文明人，从小事做起，从身边做起，引领文明风气，创建文明校园！

民勤会馆东侧，蔡元培雕像旁边，矗立着一块石头，它不像其他的石头那样卧着，而是亭亭站立着，站在远处看就像是一叶绿色的帆船，光滑、细腻、通透，像是一块温润的碧玉，散发着柔和的光芒。它上面刻着“潜志”二字，提醒学子们“长风破浪会有时，直挂云帆济沧海”，在知识的海洋里乘风破浪，奋勇向前。“潮平两岸阔，风正一帆悬”，每一个学子都应该树立远大的志向，潜在的志向就是隐形的翅膀，总有一天会“大鹏一日随风起，抟(tuán)而上者九万里”。常言说得好：“男儿不展凌云志，空负天生八尺躯。”

东面仿古长廊东侧草坪上还卧着一块巨石。石头的颜色就像是一块墨玉，表面光滑、细腻，可是又记录着流水的脚步，上面也有很多洞穴，似乎能感受到水在那些洞穴里吞

吐的情形。“学无止境”四个字刻于其上。黄昏的时候，学子们喜欢坐在上面谈古论今。只有明白学无止境，用知识实现梦想，在读书中寻找乐趣，用知识创造生活，你的人生才会树起永不沉沦的风帆。人生有涯，而知也无涯。路漫漫其修远兮，吾将上下而求索。

砺志楼小广场草坪上还有一块石头，它不是卧着，也不是站着，而是蹲着，远远看去就像是一只碧玉雕琢的蟾蜍一样。夏天，它的周围是各种花草树木，它蹲在花坛边上，看上去像随时都可以跳到草丛中去一样。它踞于此，有它的寓意所在。蟾蜍本来是吉祥如意的象征，它仰着头，当然是蟾宫折桂之意，预示着二中的莘莘学子必将金榜题名。

七星石属于历史，也属于现在，属于那遥远的地方，也属于张掖二中这块生机勃勃的沃土。

在这块神圣的沃土上，每一块石头都沉默而又丰盈，内敛而又丰富。每一块石头都懂得用它们的沉默内敛影响学生，用它们的身躯启示学子。如果你穿行在这些石头中间，你会真正感觉到教育是一种无声的力量，潜移默化就是最好的教育方式，让学生自己教育自己就是最成功的教育。七星石承载着校园文化，承载着教育的使命，它们以独特的方式守望着校园，以柔软的方式传播着文化。二中的校园里，每一堵墙都散发着文化的气息，每一尊雕塑都吐纳着芬芳的呼吸，每一株草都有思想，每一棵树都有志向，每一朵花都会唱歌，每一块精美的石头都会说话。

第六部分

楹联牌匾

木铎金声，百年文华

——民勤会馆匾额楹联

王专元

民勤会馆牌楼匾额上书“福荫苏山”四个行楷大字，苍劲有力，气势雄浑。“福荫苏山”之“苏山”，即今甘肃省民勤县境内之“苏山”，亦称“苏武山”。源于苏武当年奉汉武帝之命出使匈奴，被匈奴王单(chán)于囚禁，放逐北海牧羊。北海是民勤县境内当时的白亭海，人迹罕至，牧野千里。单于给了苏武一群羝(dī)羊(公羊)，说要等羝羊生下羊羔才放苏武回去。苏武赶着一群羝羊，晨曦初见，便手持汉节登上山巅仰望长安，皓月当空与羊为伴，思念故土，风沙撕破了他的衣裳，岁月漂白了他的鬓发，连白亭海的水也干涸了，在海边留下一条曲折的羊肠小道，今称“羊路”。山下的村落便称“苏山”。民勤县博物馆现今还收存着一块“汉中郎将苏武牧羝处”的石碑。苏武山最高处有一个用黑土板筑而成的方斗形烽火台，被称为“野鸽子墩”。相传苏武在塞漠牧羊，思念中原故国，感动上苍，一夜之间筑成高墩，苏武遂用信鸽传书，汉昭帝得信，与匈奴修好，苏武归汉。后人敬仰苏武坚贞不屈的民族气节，在苏武山修建了苏武庙，怀念这位千古忠臣，同时也祈求神明佑护五谷丰登，畜群平安。

牌楼匾额背刻“膏流瀚海”，“膏流”亦称“流膏”，意为滋润土壤的雨水，亦借指恩泽。《管子·度地》载：“树以荆棘，以固其地，杂之以柏杨，以备决水，民得其饶，是谓流膏。”唐朝李咸用的诗《同友生春夜闻雨》言：“此时童叟浑无梦，为喜流膏润榖芽。”“瀚海”原本指的是“海”，即北方的大湖，缘于民勤县远古有白亭海，今虽仍称湖区，但早已有名无实。后来指沼泽，也泛指北方广大地区，戈壁沙漠。比如唐代边塞诗人岑参著名的边塞诗《白雪歌送武判官归京》中就有奇句“瀚海阑干百丈冰，愁云惨淡万里凝。”

牌楼有联：“师孔成仁携孟取义，如水行地落日在天。”说的是镇番商民背井离乡，立足异地的道德准则。“百代素王”孔子学说的核心道德即为“忠孝仁义”，“仁”为克己复礼，孟子的“义”，为仁而舍生取义。孔子在《论语·雍也》中说：“己欲立而立人，己欲达而达人。能近取譬，可谓仁之方也已。”孟子曾在《孟子·离娄下》言：“大人者，言不必信，行不必果，惟义所在。”“如水行地”则表明镇番商民认为遵从孔孟之道德标准如水流于地般贴地而行，自然而然。“落日在天”则含义甚丰，太阳虽东升西落，但无论升落，根在天上。“落日”或许可以视做镇番商民本身，虽屡经迁徙，终将落叶归根。落日与家园，相互

依偎,妩媚里包裹着深沉的眷念,宁静中透出博大的温馨,令人遐思,也给人神奇的感受,好似一个初离家园出外远行的人临到与亲朋、与故土分别时,一步一回头,踯躅(zhí zhú)的脚印里显出了对过去、对家园的不舍与牵挂。

左右次楼嵌板上各刻有楹联一副(东):“门开圣域廷(应为“适”)佳日,春入贤关接瑞云。”(西):“者(即“这”)里乾坤自今古,此中身世如画图。”此两联则表达了民勤商民远赴古甘州(张掖)经商的美好憧憬,将眼前福地张掖喻为“圣域,贤关”,良辰福地,天时地利,四美齐具。

大殿门楣匾额从左中右依次为:“源水归宗”“忠贞万古”“神圣感应”。从社会的角度讲,人能做到“孝天下”已经很难得了。但是,从“孝”的本义讲,这还不是最大的孝。那么,最大的孝应该是什么?那就是“认祖归宗”。忠贞智慧,万古流芳,胸怀壮志、关心国事堪称大写之人。“神圣感应”说的则是神明及圣贤对人事的反响。北齐的颜之推在《颜氏家训·归心》曰:“神通感应,不可思量。”唐朝刘知几《史通·书事》载:“幽明感应,祸福萌兆则书之。”明代沉鲸《双珠记·僧榻传音》:“恶有恶报,感应之常。”《清史稿·世祖纪二》:“考之《洪范》,作肃为时雨之徵(zhēng),天人感应,理本不爽。”

民勤会馆历经百年,风华不改。这些虽留存较少却放之四海而皆准的朴素语言至今掷地有声,虽为木铎,却发金声。

文字盈园，书香满室

——校园主体建筑及仿古建筑楹联匾额

杨仟林　倪　农

张掖二中环境古朴典雅，如诗似画，时代气息浓郁，文化底蕴深厚。漫步校园，三步一廊，五步一亭，牌匾随处可见，楹联熠熠生辉。木铎金声，文字盈园，彰显着二中深厚的文化底蕴和严谨的治学精神。

南校门楹联

"仁义为友道德为师，金玉其心芝兰其实。"

——仿古南门，日日矗立，楹联昭示。唐朝孔颖达言"仁是施恩及物，义是裁断合宜。"仁者爱人，德行为先。只有具有仁爱之心，具备高尚品德的人才可以为人师，做人友。晋葛洪笃定"金玉在九窍，则死人为之不朽"。"芝兰"喻优秀子弟，芝兰有秀，二中之宝。不论二中的教师还是学生都具有金玉般纯洁的心灵和芝兰般高洁的道德。此楹联告知世人，凡二中人即符合此联要求也。

"英才层出誉驰陇原，桃李广培情系甘州。"

——天下桃李，悉在二中矣。二中历史悠久，五十六年来一直倾心于甘州的教育事业，以广博的胸怀培育桃李满天下；二中更放眼陇原大地，为甘肃的发展输送了大批优秀人才。"问渠那得清如许，为有源头活水来。"二中是甘州教育的窗口，是甘州声誉的缔造者。薪火相传，二中的教育必将乘风破浪，继往开来。

"教书育人承万古智慧，滋兰树蕙传千秋文明。"

——《礼记·大学》载："物有本末，事有终始。"水有源，木有本。时代在巨变，但二中人心中始终明晓，教书育人是亘古不变的本业。北宋梅尧臣《桃花源》诗曰："英雄灭尽有石阙(què)，智惠屏去无年华。"二中人站在古之圣人的肩膀上，传慧明智，站得更高，看得更远，传承文明，树人滋世，贤者辈出。明末清初的顾炎武言："风吹兰蕙色，一夜落关中。"二中的兰蕙可谓满天下，遍四海，在各行各业挺起民族的脊梁，播撒文明的火种。

南校门匾文

"沉潜弘毅"

——二中人目标虽远大，成绩虽骄人，但深知教育不能一蹴而就。心沉于书，沉醉于中华文化的博大精深，沉浸于学业的宏大宽厚；心迷于学，潜心钻研，勇攀高峰，不达目

的决不罢休。只有这样才能弘文励教，镕古铸今，才能让二中的教育事业蒸蒸日上。四字匾文，字字意深，日日醒目，振威心灵。

教学楼南门中楹联

“大道本无私，能熔铸中西方称圣学；甘州多古迹，凡名垂简册皆是吾师。”

——传承圣学，学为人师。师道何在？唐朝韩愈言：“是故，无贵无贱，无长无少，道之所存，师之所存也。”这才是真正的师道。大道无言，师道无私，在古之圣人的指引下，国人牢记教诲，继承创新，学贯中西，让东方文明在西方闪闪发光。教师是天底下最光辉的职业，二中的教书匠们代代接力，虽清贫一生，但他们的师道师德将名垂青史，与甘州古迹永存历史。春蚕到死丝方尽，蜡炬成灰泪始干。奉献的二中人是甘州最可爱的人！

教学楼南门左楹联

“重德重才，德才兼备；教书育人，文武双全。”

——二中人乃大有作为之人。教师德才兼备，能文能武；学子更是长江后浪推前浪，德、智、体、美、劳全面发展。二中人已经逐步摆脱应试教育的桎梏，尊重教育的规律，正在深入开展素质教育，塑造复合型的人才。新世纪新课程，新理念新人才。二中的人才观就是德才兼备，二中的素质观就是文武双全。

教学楼南门右楹联

“敬业爱生笃是求精，自主创新合作竞争。”

——教育是育心，仁爱是德心。爱岗敬业，爱生如子，慎思笃行，精益求精。言传身教，口心一致。睁眼看世界，闭眼观自己。笃厚才会精深。二中人紧随时代的潮流，大胆自主创新，开展新课程改革，合作学习，竞争互行，共同创造太阳底下最光辉的事业，这也印证了二中校训：敬业、笃行、务实、创新。

教学楼四楼匾文

“以懿文德”

——《象》曰：“风行天上，小畜；君子以懿文德。”学为人师，行为世范。嘉言懿行，是君子要蓄养的文明之德。懿德高风，令人景仰。学校教育应从小处着眼，从细节入手培养学生良好的道德品质。二中人需文从字顺，能文能武，有文有德，才能通行天下，潇洒人生。二中人均是堂堂正正的“君子”。

东仿古长廊楹联

“善创新九天云海竞争先，勇开拓百尺竿头更进步。”

——海阔凭鱼跃，天高任鸟飞。创新是二中的灵魂。凭此二中人就能上天入地，敢为人先，傲气面对万重浪，热血像那红日光。胆似铁打，骨如精钢，雄心百千丈，眼光万里长。

求真务实，开拓创新是时代精神。欲穷千里目，更上一层楼，学无止境。二中人奋勇前行，不断进步。百尺竿头，更进一步，再接再厉，精益求精，必创佳绩。

"千教万教教人求真,千学万学学做真人。"

——伟大的教育家陶行知先生极力主张读书求学、教书育人的第一要务就是"求真"。他在晓庄师范时期就以此联来勉励自己和他人。晚年,他还把"求真"写进了"育才学校"的校歌——涵养一片向真之赤心。

教育的根本目的就是要让人成为一个真正的人。当一个知识渊博的人连最基本的做人品质都缺乏,那么学校对他的教育也是失败的。只有师生学会了做人,才能真正掌握其他知识,才能让知识对社会也有作用。此联的本质是要求我们去做一个真真正正的人,这是教育的目的与宗旨,也是我们做其他一切事业的基础。真心待学,真人无敌。

西仿古长廊楹联

"立志高远爱国敬业,为人师表教书育人。"

——二中教师作为知识分子,需立志远大,甘于清贫,弘扬"五四"精神,爱岗敬业。巍巍学府,煌煌其著。二中是有灵魂的,校训映耀的恰是二中精神的魂魄与精髓,折射的正是二中文化的根基与底蕴。

甘州二中,灼灼其华。办学之路繁花满途,桃李无涯,铸就出了被万千学子引为绳墨的校训:敬业、笃行、务实、创新。"所学要为世人之师,所行应为世人之范。"学为人师,就是要使"学"能成为后学的师表。行为世范,就是要方方面面,时时刻刻,都光明正大,能够成为社会的模范。"学"作为生命存在的基本状态,以"学"去积极分享人类创造的精神财富,迈向丰富高远的人生境界。它要求学习者以开放进取的精神不断学习,终身学习,养成亲近书籍、崇尚学问、服膺真理的习惯;注重学品修养,追求学术创新,敢于发前人所未发,大胆地破除笼罩在真知上的种种迷雾。"行为世范"之"行",蕴含立身处世两个层面:立身要有爱国之心,存民族大义,树远大理想,养浩然正气;处世要有历史使命感,关注国计民生,以天下为己任,要有社会责任感,满腔热情服务社会,积极投身构建社会主义和谐社会的伟大实践。此联简练精到,要旨明晰,作为二中人要牢记。

"做人明懿德,读书养正气。"

——认认真真做事,踏踏实实做人。做人最难,做人是做事的前提,做人是生活的根基。学会做人才是人生的主题,做人成功才是最大的成功。做人的根本在哪里?在道德。作为教师,师德高于一切。以德做人,以德育人。

《礼记·文王世子》曰:"秋学礼,执礼者诏之;冬读书,典书者诏之。"腹有诗书气自华,读书,读一本好书,让我们得以明净如水,开阔视野,丰富阅历,益于人生。自1956年建校以来,二中的读书氛围浓厚,老师和学生都一身正气,堂堂正正做人求学问。因此,学会学习,学会求知,学会做人正是二中孜孜以求的教育理念。

科技楼楹联

"圣人无言培植慧根,古屋有耳聆听书声。"

——桃李无言,下自成蹊。教育不是大张旗鼓的宣传活动。悟得真经大道意,圣人佛祖皆无言。真正的教育力量不在外物的强加,而在于心灵的震撼。水滴石穿,锲而不舍,金石可镂。教育的目的不在一时的成绩,而在于教师适时地、广泛地播撒智慧的种子,为学生将来的终身学习和发展奠定基础。有限书屋,朗朗书声,微微力量,贵在坚持。眼看,耳听,口念,手记,心悟,这就是二中踏实的学风和校风。

科技楼门柱内楹联

“鲲鹏展翼争创陇上名校,戮力同心振兴中华可期。”

——二中人大有“鲲鹏展翅九万里”的豪气,信心百倍,凌云之志,超越自我,争优创先,打造陇原名校;二中人更心系国运,肩负国家和时代的责任,同心协力,扎根三尺讲台,为中华崛起而教书,为民族复兴而奋斗终生。此联屹立于科技楼,每每领导视察都可以看到,大显二中立身家乡、光耀中华的雄心。二中人始终是祖国的儿女,肩负着神圣的使命,心系着民族的兴衰。

“弘扬科学精神,倡导科学方法。”

——邓小平说科学技术是第一生产力。二中人要始终用科学的精神去面对更多的未知领域。什么是科学?科学是反映事实真相的学说。科学是文明的永恒、普适和唯一。科学不一定是真理,真理一定是科学。

我们作为教育工作者所肩负的责任就是引领学生去学习知识,去探索科学。知识和科学都具有一个共同的特征,那就是“客观真实性”。作为一位教育工作者能违背科学去误人子弟吗?绝对不能。那样不是教书育人而是愚化智慧,扼杀人性,只会导致孩子成为一个一无所知的白痴。这难道不是谋财害命和亵渎知识与科学吗?所以,二中人务必尊重规律,尊重科学,相信科学的力量。

逸夫楼楹联

“食贵自化学贵自得深思熟虑积水成渊;教贵善诱学贵善思以诱达思启智悟道。”

——教学是一个过程。春秋时期的颜渊称赞孔子的教学方法:“夫子循循然善诱人,博我以文,约我以礼,欲罢不能。”因此教师的教育倡导循循善诱,谆谆教诲。学生的学习提倡自主探究。作为当今新课程理念所提倡的一种学习方式,它要求学生要做课堂的主人,要在老师的引导下发挥自己的主观能动性,调动自己的各种感觉器官,通过动手、动眼、动嘴、动脑,主动地去获取知识。

学习是有法的,我们要牢记孔子“学而不思则罔,思而不学则殆”的教诲;做到朱熹的“三到法”:心到、眼到、口到;践行子思的“博学之,审问之,慎思之,明辨之,笃行之”的理念。这才是真正的教育和学习之道。

师者,诱也!所以引路、开窍、促进也!学者,思也!所以体验、探究、创新也!随着教

育的改革开放，二中人正在学习先进的教育理念，深入开展诱思探究教学实验。积土成山，锐意进取，引领师生点亮智慧人生，参悟人生大道。

砺志楼楹联

“读书应以宏博渐进为贵，求学必由基础次第而生。”

——“宏博”者，宽宏大度也。上善若水，厚德载物。读书求学是甘州子弟出人头地、实现抱负的重要途径。不论时代怎么变，现实多残酷，读书求学有其规律。博学知志，循序渐进最珍贵；基础是根，不断充实源头，步步为营，可持续发展，师生们协力建造的高楼大厦才能拔地而起，屹立于甘州大地，泽被后世，千秋万代。

校园的楹联匾额文化充分体现了我校严谨的办学精神，也是办好学的根本所在，同时，楹联匾额文化也早已成为我校校园文化最亮丽的风景。

旭日东升，校园繁花似锦，金色的二中沐浴着春晖。站在时代的新起点上，抚今追昔，我们踌躇满志。“敬业、笃行、务实、创新”的校训萦绕耳畔。木铎金声，熠熠生辉的楹联阐发辞约而意丰，言简而义达。它是二中人手中的一方热土，拥着它，我们就固守了宁静高洁的精神家园；它是二中人面前的一方明鉴，对着它，我们就谨严了世棋举落间的思想言行；它是二中人头上的一盏明灯，顺着它，我们就瞥清了雄关漫道上的不尽征途；它是二中人心中的一座丰碑，依着它，我们郑重地镌刻下历史，谱写出未来。

第七部分

诗词彩绘

二中不言，下自成蹊

——往届师生咏怀二中的诗词

八声甘州 咏园丁

任作扃[1]

阅骚人墨客咏园丁，拳拳爱师情。看慈眉善眼，丹心正气，敬业爱生。授业传道解惑，似驼负重行。漠视名和利，粪土宦佞。

社稷开基创业，可尊师爱士，教育为尊。古有《师说》篇，现布《纲要》文。法仲尼诲人不倦，效鲁迅唤醒众灵魂。观扶桑，科学强国，功系黉门[2]。

二〇〇八年三月

注释：

[1]任作扃(jiōng)，系原张掖县第二初中教员，从教时间为 1957 年—1961 年。

[2]黉(hóng)门，古代称学校，有黉门、黉宫、黉宇、黉序、黉校等说法。

潇潇雨 献给教师节

任作扃

已许身孺子愿为牛，书海作楫舟。在讲台三尺，吐珠纳玉，教改风流。攀登山峰无限，识奥更揆[1]幽。鳜鲫龙门[2]，天地悠优。

恰似杏坛[3]风范，数千门弟子，才俊方遒[4]。献青春无悔，弯脊壮金瓯[5]。漠豪门琼楼金库，鄙权佞[6]覆雨翻云猷[7]。春蚕事，到终丝尽，锦绣寰球[8]。

注释：

[1]揆：音 kuí，从手，癸声。本义：测量方位。《说文》：“揆，度也。”

[2]鳜：音 guì，鳜鱼，亦作“桂鱼”。龙门跳，即“跃龙门”，古人将科考称之为“跃龙门”。

[3]“杏坛”，是传说中孔子聚徒讲学的地方，也泛指聚众讲学的场所。

[4]遒：音 qiú，强劲。

[5]瓯：音 ōu。

[6]佞：音 nìng，奸邪谄媚的人。

[7]猷：音 yóu。

[8]寰球，音 huán qiú，整个地球，全世界。

退休高级教师朱荣镛（yōng）从成都发来建校四十华诞的贺电：

回眸风雨四十载，心血浇铸桃李开。

两鬓银丝雄心在，为党为国育英才。

遥祝二中建校四十周年，祝愿我校繁荣昌盛，桃李芬芳，全体同仁风雨同舟，共创未来。

朱荣镛

一九九六年九月十二日

育才中学高级教师校友程学霖建校四十华诞的贺词：

为二中四十周年校庆活动的祝贺敬献寄思：

风雨耘耕四十年，校李争艳百花颂，

科教兴国创一流，德才育就中华魂。

程学霖

一九九六年七月十七日

教师校友刘文海建校四十华诞的贺词：

市二中校庆筹备办公室：

在校庆之际，我怀着激动的心情表示热烈祝贺！欣然命笔，赋诗一首，敬请笑纳。

飒飒金风校庆来，喜看满园桃李开。

长江后浪推前浪，园丁精心育英才。

刘文海

一九九六年九月十二日

农校高级讲师、教师校友张锦洲建校四十华诞的贺词：

校庆筹备办公室：

欣逢张掖二中建校四十周年大庆，成诗一首，以示最热烈的祝贺。

庆祝张掖二中建校四十周年

参横斗转[1]四十春，岁月峥嵘天地新。

去日松翠已参天，今朝园丁更丹诚。

振兴华夏需广才，擎天栋梁赖群英。

任重遥远昂首出，众志成城再进军。

张锦洲

一九九六年八月二十八日

注释：

[1]参横斗转：音 shēn héng dǒu zhuǎn，北斗转向，参星打横。指天快亮的时候。出自《宋史·乐志》："斗转参横将旦，天开地辟如春。"

七言排律十七韵并序

——四十年校庆献师生

单鹤村

卌[1]年校庆，盛况空前。校容剧变，成就辉煌。质量日高，不同凡响。誉满万方，前景灿烂。建校之初，任教初中。年始而立，教运亨通。六年辛勤，任务双重，桃李争艳，其乐无穷。年当天命，复进二中。先初后高，迅步前空。十又二载，分秒万钧。八六退休，年逾耳顺。一生从教，沐浴春晖。三十八年，弹指一挥。丝尽炬灰，无愧无悔。但愿长久，老有作为。退休十载，年过七旬。为偿夙愿，风骚重温。虽患绝症，未辍咏吟。为时为事，留取丹心。校庆吉日，真情洋溢。应约赋诗，欣然命笔。敲谱七言，排律一首，斟酌二百，四十二字。词旧意深，推陈今用。藉古迪今，承扬创新。弄斧班门，序诗并奉。献诸师生，互励奋进！

校庆欣逢不惑年，无量功德喜空前；

园丁秉炬传三代，桃李溢香输万千。

东箭南金[2]艰责担，幽兰丽慧重任肩；

蕙兰出萃彰优胜，骐骥[3]超群奏凯旋。

为国育才妆蜡炬，献身四化作春蚕；

良师锐意鹏程远，学子壮怀鸿志坚。

学贯中西求博广，攀登泰斗得周全；

千寻峰顶唯嫌后，百尺竿头独步先；

投笔从戎冲陷阵，乘风破浪弄潮尖；

声扬四海九州美，誉满五洲万国瞻。

映雪囊萤[4]非草昧，悬梁刺股[5]岂愚憨？
流长源远损招满，博大精深益受谦。
求索园中探奥妙，腾飞台上测新鲜；
名登金榜恩三老，鱼跃龙门望九天。
巧学精勤勤有岸，耕耘陶乐乐无边；
学而不厌教何倦？德业永辉为国捐。

一九九六年八月二十四日

注释：

[1]卌，音 xì，四十。

[2]东箭南金：音 dōng jiàn nán jīn，东方的竹箭，南方的铜，古时都认为是上品。比喻可宝贵的人才。出自《诗经·尔雅·释地》："东南之美，有会稽之竹箭；西南之美，有华山之金石。"从这以后就以"东箭南金"泛指各地的英雄才俊。

[3]骐骥，音 qí jì，骏马，好马。

[4]囊萤映雪：音 náng yíng yìng xuě，囊萤：晋代车胤（yìn）少时家贫，夏天以练囊装萤火虫照明读书；映雪：晋代孙康冬天常利用雪的反光读书。形容家境贫穷，勤学苦读。

[5]悬梁刺股：音 xuán liáng cì gǔ，形容刻苦学习。出自西汉·刘向《战国策·秦策一》："（苏秦）读书欲睡，引锥自刺其股，血流至足。"东汉·班固《汉书》："孙敬字文宝，好学，晨夕不休。及至眠睡疲寝，以绳系头，悬屋梁。"

诗一首

梁承栋[1]

默默奋战四十春，久卧病榻意未沉。
白衣战士驱病魔，花甲之年又逢生。
金鸡一唱天下明，大地回春万物生。
等到春花烂漫时，定将余生献人民。

一九九三年一月

注释：

[1]梁承栋，1933 年 3 月生于兰州市榆中县，1949 年 9 月参加工作，1987 年首批评聘为中学高级教师。1993 年 1 月病逝。在我校工作 30 多年，深受师生爱戴，特别在语文、音乐教学上有很高的造诣。他一生追求进步，始终不渝地向党靠拢，表现出很高的思想境界。1991 年终于实现了加入中国共产党的夙愿，这首诗是梁承栋同志逝世前在病床上写成的，高风亮节，跃然纸上，非常感人，催人振奋。

祝贺张掖二中教学楼落成

——调寄《渔歌子》《捣练子》《十六字令》并序

单鹤村

喜见张掖二中教学楼落成并启用。过往行人，啧啧赞扬；学生家长，由衷高兴；教职员工，内心喜悦；各班学生，会心含笑。我虽退休抱病居家，未临其境，但也情趣盎然，情不由己。遂粗谱《渔歌子》《捣练子》各二首，《十六字令》十首，凡十又四首，为教职员工聊敬一言，以示祝贺。

渔歌子二首

其一

惠雨春风满学堂，
大兴土石起楼房。
三十立[1]，
换时装。
振兴教育志昂扬。

其二

桃李三千集一堂，
桃红李艳吐奇香。
图破壁，
学悬梁[3]。
东箭南金国增光。

注释：

[1]三十立：《论语·为政》中“子曰：‘吾十有五，而志于学，三十而立，四十而不，五十而知天命，六十而耳顺，七十而心所欲，不逾矩”。张掖二中 1956 年新建，1986 年修成教学楼，恰三十年。

[2]图破壁：本佛家显生静修行道很深，比喻某一方面造诣很深。周总理诗：“面壁十年图破壁。”

捣练子二首

其一

春送暖，
百花香，
桃李争芳为国光。
新建楼房人意满，
千秋功德福无疆。

其二

桃竞艳，
李争芳，
李翠桃红吐异香。
一代奇才惊海内，
环球震撼国威扬。

十六字令十首(之一)

楼

铸就英才第一流，
惊中外，
环宇比无俦[1]。
楼，
勤奋精研德业优。
功名就，
伟绩世长留。
楼，
学贯中西岁月稠。
奇才出，
宏业震全球。
楼，
万户千家喜眯眸[2]。
无量德，
世代乐忘忧。
楼，
沥血呕心不计酬。
称师表，
万世放歌讴。
楼，
桃李争芳为国谋。
凌云志，
奋发占鳌头。
楼，
夜读灯明不用油。
匡衡[3]再，
岂担壁光偷？
楼，
树惠滋兰夏复秋。
精雕刻，
虽苦乐悠悠。

楼，

负重千钧孺子牛。

耕耘乐，

身外欲何求?

楼，

肯不胜蓝永不休。

成龙凤，

文武遍神州。

一九八六年九月八日写

一九九六年八月十八日抄

注释：

[1]俦，音 chóu，同辈的人，同类。

[2]眸，音 móu，眼睛。

[3]匡衡，字稚圭，东海郡承县人。西汉经学家，以说《诗》著称。元帝时位至丞相。他家里很穷，祖祖辈辈都是农民，匡衡就想出个法子，在贴着邻家的墙上凿穿一个孔洞，“偷”它一点光亮，让邻家的灯光照射过来。他就捧着书本，在洞前映着光来读书。这就是著名的凿壁偷光的故事。

撷景取迹绘甘州

——“甘州八景”彩绘

赵培林

张掖二中二号家属楼南侧围墙，东西走向，高约 2 米，长 50 多米。面向南的墙面绘满了装饰图案画，它运用大色块，画出整体形象，注重轮廓和整体意象，舍弃细节。画面色彩艳丽，造型富有个性，注重对称，富有美感，令人震撼。画面的内容是著名的“甘州八景”，有六个主题画面，由西向东依次是：“神奇甘州”“鼓楼唱远”“木塔倩影”“佛寺光辉”“土塔风铃”“大漠驼铃”。它选取甘州富有地方特色的景物、名胜古迹，描绘甘州优美的自然风光、神奇的地域特征，表现了甘州美丽的风景、悠久的历史、灿烂的文化。观此画面，深感甘州山水之美，令人陶醉；更睹甘州发展之快，使人欣慰。

神奇甘州

天是那么蓝，像是无边无际的海洋；天是那么高，只有朵朵白云和它为伴。蜿蜒连绵的祁连山静静地站立在甘州的身边，像威武雄壮的国王，身着青色的长袍，头戴冰雪结晶的王冠，深情地望着脚下这块神奇的土地。

这是一个神奇的地方。从东进入甘州市区，首先迎接人们的是金张掖牌坊楼。它中间是三重歇山顶，两边亭阁，红色的柱子，黄色的琉璃瓦，古香古色，简洁大方，高大巍峨。牌坊楼正中有一匾额，上有“金张掖”三个鎏金大字。1992 年 8 月，中共中央总书记、国家主席江泽民同志第一次来张掖视察，欣然提笔写下了“金张掖”这三个大字。2000 年 6 月，总书记再次莅临张掖，称赞张掖变化巨大，再次泼墨挥毫，题写了“再铸金张掖辉煌”七个大字。

张掖是一个神奇的地方。公元前 111 年霍去病西征匈奴，汉武帝“张国臂掖，以通西域”设郡张掖；隋炀帝西巡张掖，会见西域二十七国国王及使者；唐朝陈子昂奉旨视察张掖，撰写《上谏武后书》；林则徐途经张掖，一路豪情一路歌。回首历史，是他们吟咏出一曲曲动人的“八声甘州”。

张掖是一个神奇的地方。甘州，黑河穿境而过，“一湖山光，苇溪连片”，有“塞上江南”之美誉。大片大片的湿地，夏天是绿色的海洋，秋天是多彩的画卷。成行的左公柳，撒叶最早，落叶最迟，把最深沉最绵长的恋情献给甘州大地。神奇的丹霞，是七彩虹降落人间；大自然的鬼斧神工，在祁连山留下太多的神奇雕塑。

张掖是一个神奇的地方。几千年的灌溉农耕文化，源远流长，现如今万亩良田，小麦翻细浪，金灿灿的玉米种子撒到了大江南北。过去天苍苍，野茫茫，无边的草原，牛羊织锦缎，现在更是处处都有现代化的养殖场。绿洲飘香，沙井的红枣红遍天涯海角；水乡泛波，长安的韭菜走向漠北南疆，都把金张掖"瓜果之乡""蔬菜之城"的美名传扬。

鼓楼唱远

登楼望远，情满思涌。

北宋文学家范仲淹登岳阳楼，宠辱偕忘，把酒临风，引吭高唱"先天下之忧而忧，后天下之乐而乐"；初唐四杰之一王勃登滕王阁，叹时运不济，命运多舛(chuǎn)，仰天长啸"穷且益坚，不坠青云之志"。登上张掖钟鼓楼，顿生思古之情、怀远之意。

钟鼓楼为三层木构塔形，飞檐翘角，雕梁画栋，结构精巧，造型雄伟壮观。

钟鼓楼于明朝正德二年初建，四面悬有匾额：东为"金城春雨"，西为"玉关晓月"，南为"祁连晴雪"，北为"居延古牧"，意为东迎金城春雨，西送玉关晓月，南眺祁连雪峰，北望居延牧场。

清朝顺治五年烧毁，康熙七年重修。三楼有匾额：东"九重在望"，西"万国咸宾"，南"声教四达"，北"湖山一览"。是说看楼高入云端摩九天，登楼一览无限湖光山色，甘州政通人和声名远播，西域顶礼膜拜四方来朝。

顶层有"唐钟"一口，钟身饰有朱雀、玄武、白虎、青龙等图案。古钟洪亮的声音，从唐至今，响彻整个古城，远播四方。

现今登临鼓楼，但见四周楼房林立，高高低低，错落有致，形状各异，风格不一，个性突出，魅力十足，足见今日甘州之繁荣。

明清古风更显神韵。明清仿古一条街，甘州旧城官署民居风格。街区入口牌楼巍然屹立，沿街楼房错落摆布。画梁雕栋，青砖绿瓦，飞檐翘角，古朴典雅；风灯黄昏，好像时光倒流，百姓悠闲数星星；酒旗招摇，仿佛时空穿越，客人沉醉不知归。

异域风情欧式街。13世纪来自意大利的世界著名的旅行家和商人马可·波罗站在街心十字，看车水马龙，人来人往，一脸的茫然，惊叹今日甘州之热闹。外地来客，放眼大街两侧，罗马立柱、穹窿屋顶、圆筒拱顶，全是欧式风格，简直不相信自己是在古郡甘州。

木塔倩影

木塔巍巍，白鸽翔天。

白鸽在木塔身边飞来飞去，将它们的喜悦变成轻松舒展的飞行表演；它们在地上优雅地散步，左顾右盼，尽显生活的自在；在人们的手上啄食，在人们的肩上站立，与人共同书写太平盛世和谐的诗篇。

"塔势凌霄汉，钟声叩白云"，木塔钟声已不复在，只有白云飘。上摩蓝天，眼界高远，把古今世界看遍；脚踏实地，多少年巍然挺立，虽饱经风霜至今风采依然，何须问多

少时光。

木塔初建于北周，塔高九级，每级八角上有木刻龙头，口含宝珠，下挂风铃。塔主体为木质结构，外檐系楼阁式建筑，塔身内壁为空心砖砌，每层都有门窗、楼板、回廊、扶栏和塔心，窗上雕有花饰，门楣嵌砖雕横额。全塔没有一钉一铆(mǎo)，全靠差斗拱、大梁立柱联结，纵横交错，相互拉结，完全是一件艺术精品。

塔身附有楼梯，供人登临，登上塔顶，扶栏远眺，广场风光尽收眼底。

广场上，“再铸金张掖辉煌”的霓虹灯对着古塔不停地变换着笑脸，翩翩起舞的音乐喷泉，也把欢乐一遍遍喷溅。

广场翠柳拂青丝，绿草织锦毯。串串红，越开越红；彩纸鸢(yuān)，越飞越高。每逢节日，人如潮，塔如擎天柱，盛世风光如诗如画。

大佛光辉

“万众歌盛世，佛恩佑太平。”

大佛寺广场在空间布局以东西向为主轴，沿主轴线依次设计石牌坊、静心池、景观石，空间布置景观石灯、佛像雕塑小品等，四周覆植景观花草树种，在南北分隔带区设置仿古长廊。

牌坊正面刻有“张掖大佛”的藏头联：张万里丝路，大道有成开盛世；掖千年宝刹，佛法无边度慈航。横批为“和谐乐土”。牌坊背面刻有张掖六县区名的藏头联：月临白塔，山幻丹霞，看鹫(jiù)影飞来，高卧莲台拜肃像；霖泽甘州，民熙乐土，听驼铃唱远，低吟丝路媲南天。横批为“塞上禅林”。

张掖大佛寺原名迦叶如来寺，因寺内供奉释迦牟尼涅槃像，故又名“卧佛寺”“大佛寺”。大佛殿是大佛寺的主体建筑，殿内卧佛头枕莲花，侧身而卧，两眼半闭，嘴唇微启，神态安详。此卧佛是全国最大的室内卧佛，横卧七间大殿。身后为十大弟子举哀像，两侧是十八罗汉塑像。

大佛寺有楹联：创于西夏，建于前明，上下数百年，更喜有人修善果。视之若醒，呼之则寐，卧游三千世界，方知此梦成真空。

临松薤(xiè)谷马蹄石窟，飞天菩萨广结佛缘。天马行空在此落，“神骥足迹”马蹄寺。千佛洞有500多个摩崖佛塔窟龛(kān)，那是人们在山上开的一扇扇窗户，透过它们，我们看到了佛的世界，看到了佛的安详、镇定、从容。佛祖菩萨则透过它静看日出月落、花开叶落，欣赏窗外的青山、秀水和奇峰。

土塔风铃

白杨树，如西北的汉子，挺拔笔直，顶天立地，正气凛然，甘当陪衬，衬托出土塔的玲珑。

蓝天，好像硕大的幕布，纯粹单纯，昼夜变换，四季易容，作为背景，显出土塔的圣洁耀眼。

"旧时王谢堂前燕，飞入寻常百姓家。"紫燕飞来飞去，自言自语，给土塔带来春的消息；飞上飞下，呢喃细语，安慰土塔站立千年的孤寂。

土塔，或称弥陀千佛塔，为覆钵式金刚宝座塔，位于大佛寺内。塔基为高大的四方形台座，台座四周有重层回廊环绕。双层木塔构檐，檐上置须弥座。座上建覆钵型塔身，塔身上再建须弥座和十三天塔刹。华盖直径 4 米多，四周饰有 36 块铜质板瓦，悬挂着 36 个流苏风铃。

土塔身后是大佛寺佛殿佛堂，红墙黄瓦，香烟缭绕；北边是山西会馆，青砖碧瓦，雕梁画栋。整个建筑群威严凝重，疏密相间，错落有致，将白色的土塔衬托，犹如众星捧月。土塔则如白衣秀士，风姿卓异，翩然而立。

土塔静静地看着面前的甘泉广场，看那霓虹灯整夜地闪烁，听那酒肆饭店的高谈阔论，看着广场上松柏四季不变色，看着花花草草开了又谢。

清风不甘寂寞，一年四季随时来，敲敲土塔一个个风铃，演奏曼妙的乐曲送给千年古城。

沙漠驼铃

张掖，青山高碧水长，草场戈壁大漠到天边；张掖，冰川老湿地广，神奇丹霞原始森林藏深山。

大漠孤烟直，长河落日圆，驼铃响天边，定格几千年。

骆驼从容地迈着坚实的步子，昂着高高的头颅，一步步从远古走来。

它们走过烽燧(suì)，残阳如血，尸骨闪白光，风沙卷狼烟。它们走过峡谷，怪石嶙峋，松柏遮天日，云雾罩人间。走过茫茫戈壁，海市蜃楼，望断天涯路，何时归故乡。

驼铃声声，它们驮着张骞走向西域，打通丝绸之路，让东西方广泛碰撞交流；驼铃唱远，它们驮着玄奘走向佛国天竺，一路讲经说法，将佛光普照华夏；驼铃叮当，它们驮着左宗棠走入新疆，一路遍栽绿柳，引得春风度玉关。

骆驼卧于沙地，抬头望着远方，将草料在口中细细咀嚼，好似将历史慢慢品味，好似将记忆一一回放。自难忘，茫茫沙漠，晴空下、狂风中跋涉前行。

沙漠驼队，驮着古郡向前；驼铃悠扬，吟诵盛世华章。

八百祁连华天宝，三千弱水育人杰

——“弱水三千”彩绘

樊　明

沿着学校砺志路前行，在学校二号家属楼西侧的围墙上，即学校东校墙上，有一幅长约25米，宽1.5米的山水画，画题为《三千弱水育人杰，八百祁连华天宝》。

这是一幅以张掖城区为中心，以祁连山和黑河为主要景观，展现张掖乃至河西走廊自然风貌的山水巨制。画作中心，张掖城区的一些标志性建筑，如牌坊楼、鼓楼、大佛寺、木塔等清晰可见。远处，在山水掩映中，还可看到张掖周边一些新兴的工业区，如龙首水电站，张掖火电厂等。伫立于画前，震撼人心的是画中那满目的山和水。连绵起伏的祁连山脉像一条巨龙向远方延伸；而黑河，这条张掖人民的母亲河，无声无息地流淌在山间、田野，滋润着这方古老而神奇的土地。

八百祁连华天宝

祁连山位于青海省东北部与甘肃省西部边境，由多条西北——东南走向的平行山脉和宽谷组成。西端在当金山口与阿尔金山相接，东端至黄河谷地，与秦岭、六盘山相连。长近1000千米，故有“八百祁连”之誉。最宽处在酒泉市与柴达木盆地之间，达300千米。山峰海拔多在4000~5000米之间，最高峰疏勒南山的团结峰海拔5808米。海拔4000米以上的山峰终年积雪，山间谷地也在海拔3000~3500米之间。

山的海洋。甘肃有多长，祁连山就有多长。丝绸之路有多远，祁连山就有多远。西北高原有多高，祁连山就有多高。祁连山，山连山，岭连岭，山山岭岭，千山万岭。近观，琼峰耸云端；远眺，层峦入画来。那山，连绵不断，座座与天试比高；那谷，皱皱褶褶，涧涧与人比胸怀。明朝陈棐(fěi)有言：“马上望祁连，奇峰高插天。西走接嘉玉，凝素无青烟。对峰拱合黎，遥海瞰居延。四时积雪明，六月飞雪寒……”祁连山，山的海洋。祁连入画，寄寓二中学子长成如山一样魁伟高大的身躯，铸就如高山般刚毅坚韧的性格，追求似幽谷般虚心宽阔的胸怀，形成如大海般容纳百川的气魄。

五河之源。祁连山有“五河之源”之称，是河西人民赖以生存的天然固体水库。全世界的山岳冰川面积30多万平方公里，中国有冰川4.6万多条，祁连山有2815条，面积1931平方公里。在亚洲，在中国，在中国的西北，有塔克拉玛干沙漠，有河西荒漠，如果没有这些冰川供水，那是不可想象的。新疆一些废弃的城市，就是随着冰川的减少而消失

的。祁连山冰川是被迫切需要、最为实惠慷慨的冰川。它在哪里，哪里就有生命，哪里就有繁荣。祁连山共有冰川2815条，这些冰川储量相当于两个多三峡水库的蓄水量。这些冰川发育了河西的三大内陆河：石羊河、黑河、疏勒河，并相对应地从东向西形成了民勤——武威绿洲、张掖绿洲、酒泉——玉门——安西——敦煌绿洲。河西的水有65亿立方米，而这65亿立方米里，主要是祁连山河流的水。祁连入画，乃寓二中学子常具冰川晶莹之心，学冠峰巅，甘于奉献，润泽华夏。

英雄的史诗。"失我祁连山，使我六畜不蕃息；失我焉支山，使我嫁妇无颜色！"足见祁连山对汉匈两族人民生存的重要性。自古以来，祁连山就成为汉族和匈奴的必争之地。忆历史，李广勇武箭没石，去病豪情战匈奴；看今朝，西路军血战河西马步芳。英雄事迹炳千秋，烈士浩气传万古。祁连入画，寄寓二中学子孕育英雄的性格，秉承浩然正气。

三千弱水育人杰

"弱水"一词最初为古代河流的名称，古籍记载甚多，始见于《尚书·禹贡》："黑水西河惟雍州，弱水既西。""导弱水至于合黎，余波入于流沙。"这是有关"弱水"的最早记载。清朝孙星衍的《尚书今古文注疏》曰："郑康成曰：'弱水出张掖。'"此"弱水"即今甘肃张掖河，俗称黑河，入内蒙古境后，称额济纳河。按古籍言"弱水"亦见于《史记·大宛传》《汉书·地理志》《后汉书·东夷传》与清朝毕沅(yuán)注的《山海经》等。另外，"弱水"还是古代传说中的河流的名字，其水不能负芥，不通舟楫，不胜鸿毛。西汉东方朔《西洲记》云："风麟洲在西海中央……洲四面有弱水绕之，鸿毛不浮。"古时许多浅而湍急的河流不能用舟船而只能用皮筏过渡，古人认为是由于水羸(léi)弱而不能载舟，因此把这样的河流称之为"弱水"。先秦地理著作《山海经》载"昆仑之北有水，其力不能胜芥"，就是此意。"弱水三千"的提法当源自明朝吴承恩《西游记》第二十二回《八戒大战流沙河，木叉奉法收悟净》，该回描写流沙河之险要赋诗曰："八百流沙河，三千弱水深。鹅毛飘不起，芦花定底沉。""弱水三千"便由"三千弱水"而来，其中的"三千"盖出自佛家的"三千世界"之说。佛经《严华经》称，小千世界、中千世界、大千世界合起来即为广阔无边的世界——三千世界。如唐朝武元衡《春题龙门香山寺》诗云："欲尽出寻那可得，三千世界本无穷。"以后，"弱水三千"便慢慢地成了"多"的文学说法。谚有"弱水三千，我只取一瓢饮"语，最早见于清朝的《红楼梦》第九十一回《纵淫心宝钗工设计，布疑阵宝玉妄谈禅》，该回里宝玉有一句"任凭弱水三千，我只取一瓢饮"，以示其感情专注之决心。这里的"弱水三千"已引申为爱河情海之意。今天，"弱水三千，我只取一瓢饮"有引申为多中取一，杂中取精之意，已不再专用于感情了。

弱水，现为黑河，发源于河西走廊南山的南坡，在托来山和走廊南山之间一直向东流淌，在祁连县与八宝河汇合后，突然折向北流，在走廊南山和冷龙岭之间切开一道险峻的峡谷——黑河大峡谷，流向河西走廊，然后流向内蒙古的额济纳旗，注入居延海。黑河

是河西人民的母亲河，沿途哺育了数十万河西人，“金张掖”“塞上江南”的美誉均因黑河而来。

老子曰：“上善若水。水善利万物而不争，处众人之所恶，故几于道。居善地，心善渊，与善仁，言善信，正善治，事善能，动善时。夫唯不争，故无尤。”意思是说，最高的善像水那样。水善于帮助万物而不与万物相争。它停留在众人所不喜欢的地方，所以接近于道。上善的人居住要像水那样安于卑下，存心要像水那样深沉，交友要像水那样相亲，言语要像水那样真诚，为政要像水那样有条有理，办事要像水那样无所不能，行为要像水那样待机而动。

至圣孔子云：“水有五德。”因它川流不息，能普及一切生物，好像有德；流必向下，不逆成形，或方或长，必循理，好像有义；浩大无尽，好像有道；流几百丈山间而不惧，好像有勇；安放没有高低不平，好像守法；量见多少，不用削刮，好像正直；无孔不入，好像明察；发源必自西，好像立志；取出取入，万物就此洗涤洁净，又好像善于变化。

千江有水千江月，万里无云万里天。水的精义在于：为政之道，应不忘“拯救黎民于水火”；做官之道，应抱定“君子不饮盗泉之水”；交友之道，应恪守“君子之交淡如水”；修身之道，应牢记“流水不腐，户枢不蠹(dù)”。水容纳污垢，但神奇的自净功能使其能永葆纯洁。水有三态变化，但万变不离其宗，最终必汇入汪洋大海。“上善若水，厚德载物”，多做好事、善事，日积月累就像滴水汇成江河湖海而升华为高尚的品德。而具有高尚品德的人就会受到人们的拥戴，恪守道德准则的团体就会健康发展。

物刚易折，物壮则老。杨柳披风，却不失柔美；雪压冬枝，柔条不易折；利剑劈水，柔水不死；泰山可崩，江海难断，柔能克刚，刚难克柔，筑坝可阻水，终究水毁坝，所以，经常地表现出柔顺，利他利己。水，滋润万物，却不与万物争；水，净化万物，却不居高处；水，成人之美，却从不把冤喊；水，幻化飞翔，无怨无悔；水，流停进退，柔弱谦卑。它万变不离其宗，动静不离其源。

黑河，千百年来默默地在河西这片土地上徜徉，哺育了一代又一代智慧而勇敢的河西人。这“三千弱水”早已不仅是河西人生命的源泉，更成为了河西人精神的家园。

第八部分

体育设施

现代标准操场,运动生命激情

——塑胶操场

王席选

2006年春为了提升学校形象,增强竞争力,学校筹措资金500多万元,修建了高标准的塑胶运动场,彻底改变了旧操场尘土飞扬的状况,为师生健体、运动提供了良好的条件。

塑胶运动场坐落于学校的西侧,与学生公寓、餐厅毗邻。红色的跑道,绿色的球场,白色的分割线,十分鲜艳醒目。塑胶运动场包括人工草坪足球场、塑胶跑道、排球场、羽毛球场等。

足球场由象征着生命、平衡、和谐的绿色人工草铺成,像地毯一样平整,并且深浅相间以示阴阳两合。白色的边线、中线、中圈线、禁区线等方圆成体、动静有分、恒变相间。南北各放置一个大足球门,东西各放置两对小球门,最大限度地解决了师生进行足球活动的场地问题。课外活动和体育课上,同学们在这绿茵场上生龙活虎地释放青春激情,彰显青春的活力和个性。一条代表热情、活泼、奔放的红色跑道环绕着操场,仿佛是一条系在操场上的腰带,与足球场合为一体,蕴含我国先祖易家之学的"天圆地方"之意,昭示天地之和、世界之谐。八条跑道用柏油垫底,红色的底、白色的线非常整齐划一。每年的秋季运动会的田径比赛,跑道上洋溢着胜利的喜悦和拼搏的精神,展现着生命在于运动的无穷魅力。二中学子在积极参与的过程中发扬着顽强拼搏、乐观向上、锐意进取的精神。

操场的西面正中是主席台,主席台墙上"文明、和谐、严谨、勤奋"的标语非常醒目,彰显了我校的精神气质以及全校师生对待工作和学习的科学态度。看台整齐地分列在主席台的两侧,每逢大型活动,全校师生都会在主席台下隆重集会。操场南面还有一个不大的沙池,同学们都喜欢在这里跳高、跳远。这里时常凝聚着欢声笑语,在一次次的跳跃中激励着同学们向更高更远的目标前进,向人生的高度发起冲击。足球场北面是排球场和羽毛球场,场地有可升降、能移动的篮球架、排球架、羽毛球架,给师生提供了多元便利的活动场所。

这块运动场平整规范,有很好的弹性和防滑性,可以有效防止运动意外伤害,给师生健身提供了便利条件。师生们经常在这里活动,有时踢毽子,有时跳跳绳,有时踢足球,

有时打篮球，有时跑步或跳远……尤其到了课外活动，操场上笑声、欢呼声此起彼伏，操场顿时变成了欢乐的海洋，充满了无限生机与活力。开会、做广播操、军事训练、文艺表演等重大活动，现在都在操场进行，它俨然已成了一个功能齐全的万能场所。运动场不仅给同学们带来快乐，而且也成为了校园文化建设的靓丽之笔，与美丽的校园环境相得益彰，成为展示二中良好形象，为二中增添光彩的一个优秀窗口。

我运动，我快乐，我成长

——篮球场、乒乓球场

李　进

张掖二篮球场设施先进、功能完善，新建于2006年，是张掖市校园内最早的塑胶球场。篮球场位于学校西北角。驻足球场，南眺足球场，东瞻萃英亭，北观青东小学。古韵典雅与现代时尚相得益彰。球场周围榆槐掩映，苍绿翠黄，生机盎然。

球场占地面积近2000平方米，地面由青褐相间的塑胶软层铺设而成，弹性十足，这不仅是运动快乐的催化剂，而且大大降低了同学们在运动期间的受伤率。白色的线条清晰地勾勒出罚球线与三分线，规整美观的线条醒目地诠释着运动的规则。

场内共有篮球架11个，均为钢架结构，被鲜艳的绿漆包裹着的篮架上挂着让人血液沸腾的红色球筐。刚强有力、整齐有序的篮球架坚守着球场，面对篮球的袭击从不畏惧与退缩。

每到课间和体育课，这里便是同学们切磋球技、提高篮球水平的乐园。每个球架下都有身着校服的少年迎风奔跑、跳跃的身影。运球、抢球、带球过人、投篮；一道弧线划过，一片欢呼，一片掌声。呐喊声、助威声不绝于耳，团结的力量与精神在这里得到了最好的诠释。时常有路人驻足篮球场外观战，为同学们鼓劲、加油。场内场外、校内校外，人人既紧张又兴奋，操场边用功学子的读书声、场内进球的呐喊声、青东小学孩子们的嬉戏声交织在一起，生机勃勃、活力四射。不仅如此，篮球场还是历届精彩赛事的经历者与见证者，如2008年人寿杯区教育系统教职工篮球大赛、2010年张掖市中学生篮球大赛、2011年星赛季高二年级部学生篮球联赛等都在此举行。

运动强健体魄，运动带来快乐。青春的汗水在这里挥洒，青春的梦想在这里成长。

我校共有乒乓球活动场地4处，占地面积1500平方米，分别位于民勤会馆西侧、学生宿舍楼北侧、二号家属楼南侧及教工之家活动室。

乒乓球作为国球，热爱者在我校不胜其数，上至退休教职工、各科教师，下至各年级学生、教师子女，人人无不钟爱乒乓球，喜欢在乒乓球场一显身手。

每到课间，便有无数乒乓球爱好者集聚此处。油绿色的台面上一枚精巧灵动、暗藏乾坤的小球往来自如。同学们在这儿尽情地展开体力与脑力的角逐，发球抢攻、正反手削球、抽球、扣球、斜线推挡，身轻如燕的同学们跑动自如，汗水中绽开的是开心的笑脸。

朝阳映衬着乒乓球场,这儿的每一块红砖都亘古永恒,每一张球桌都是青春与活力的象征。忠实的球场纪录着历史与欢笑，它用博大与真诚欢迎每一位同学来此一展风采。运动中我快乐,快乐中我成长!

运动不停息，进取无止境
——运动器械及场地

吴　杰

张掖二中自创办以来，一直把学校的文化建设放在首要地位。从硬件和软件两个方面着手，营造符合二中自身的文化平台。其中体育运动方面颇有成效，成为二中校园建设亮丽的大手笔。回顾过去，那些骄人的、至今还令人激动的成绩，还在不断激励着二中人前行。那么我们就从运动器械入手，去领略在其背后所体现的二中文化精神。

1956 年建校初期，学校的办学条件十分简陋，没有什么像样的运动器械。没有条件就要创造条件，依靠大家集体的智慧和努力，张掖二中的航模代表队在全省大赛中名列前茅，这是二中独特的团队魅力和创造精神的体现。

进入六十年代，国内经济暂时困难，“文化大革命”风云迭起。但是二中人并没有放弃自己优良的体育运动传统，自己动手在操场挖游泳池，夏天游泳，冬天滑冰，成为学校一道独特的风景线，体现出二中人艰苦奋斗的精神。

到了七十年代，二中调入了一大批热爱体育教学、吃苦耐劳的教师。在这些年轻有活力、热爱体育的年轻老师带动下，学校利用现有的运动器械，如乒乓球台、篮球场和排球场开展了丰富多彩的体育活动，而且在校级、县级和省级比赛中都取得了骄人的成绩，体现出二中创造条件、敢于争先的精神。

七十年代后期，二中体育比赛成绩的日益辉煌，在社会上形成了良好的声誉，学校领导越来越重视体育教育，因此加大了对体育的支持力度，场地、器械等越来越好。配备了田径用的跨栏架 15 个左右，铅球、铁饼、标枪 20 多个。当时的校办工厂还自制了大量的体育运动器械，如乒乓球台、跳箱、起跳板、篮球架、排球架、足球门等。

八十年代，学校的运动器械有了大的改进，1982 年从部队购买了跳马 10 个、单杠 15 副、双杠基座 4 个、杠面 20 副、拉杠 4 箱、螺栓 4 箱等。运动器械如单杠、双杠、联合器、肋木、跳箱等 26 件。这些运动器械到现在还发挥着作用，其中所传承下来的不仅是实物，更是二中不断拼搏、自强不息的精神。

跨入新世纪，在创建省级示范性高中的进程中，学校的体育设施更加完善。现有塑胶篮球场 4 个、排球场 4 个、硬化篮球场 3 个、乒乓球台 34 个、400 米国际标准塑胶运动场及人工草坪足球场 1 个。另外，学校还有一个健身房——教师之家，备有跑步机等健

身器材和13副标准乒乓球台,体现出二中与时俱进、健康前行的理念和精神。

这些运动器械,不仅是为了满足师生的锻炼需求,更是传承着一代又一代二中人昂扬向上的进取精神。这样的精神是二中的文化内核,也是二中能够不断向前发展的强大精神动力。所以,校园文化建设不能丢弃体育运动的优良传统,更不能忽视运动器械所凝结的二中精神。

一所学校的生存必须要以优异的教学质量为根本,但是教学质量的稳步攀升,学生学习成绩的全面提升,只能反映出学校刚性的指标要求。而要让学校实现可持续发展,就要走特色之路。二中深厚的文化内涵和积淀,使得教师和学生能够在文化氛围中受到潜移默化的熏陶,在学生取得优异成绩的同时,也满足了他们在人格修养、强健体魄方面的诉求,实在是意在当代,功在未来！二中人运动无止境,进取的脚步永不停息！

跋

高文平

文化是立校之根，文化是力量之源。求木之长者，必固其根本；欲流之远者，必浚其泉源。

文化是一所学校精神家园的重要标志，是一所学校内涵发展的不竭动力，更是一所学校最为永恒的靓丽风景线！学校作为传播文化、塑造灵魂的主阵地，对师生而言，人文与科学素养如鸟之双翼，车之二轮，缺一不可。

基于此，2011 年 10 月 25 日下午，校长杨生效在科技楼三楼会议室主持召开语文学科组全体教师会议，其中心议题就是安排和落实关于《张掖市第二中学学校文化读本》的编写工作。由贾红元副校长负责，语文学科主任张述文牵头，组织全校 40 多位语文教师解读校园文化并结集成册，从而让全校教师和每一届学生充分了解学校信息，深入感悟文化，增强母校情结，终生有所裨益。

2012 年 1 月 6 日，校长杨生效在第十届五次教职工代表大会上作关于学校工作的报告中，进一步明确提出要以培育学校文化为支撑，大力促进学校内涵发展，从而着力提升学校综合竞争力和学校的可持续发展水平。

新学期伊始，为进一步提升学校文化品位，促进其内涵发展，根据市区关于推动文化大发展、大繁荣的有关会议精神和市委、市政府提出的“一山一水一古城，宜居宜游金张掖”的目标定位和发展战略，结合“民勤会馆”在我校中心位置的实际情况，我校积极争取、超前谋划，经区委区政府及相关部门同意，决定由区教育局牵头，以我校为主体，依托“民勤会馆”，借全校之力筹建“甘州国学书院”。

为此，学校决定加快《张掖市第二中学学校文化读本》编纂力度，力求文质兼美、精益求精，将其作为“甘州书院”揭牌庆典的文化献礼之一。可以说，该书的编纂顺时顺势，水到渠成，是适应高中课改、开发校本课程的需要之举；是彰显名校底蕴、弘扬学校精神的必要之举；也是传承传统文化、加强国学教育的重要之举。

没有文化就没有品牌，没有品牌就没有竞争力。现代教育的现实充分告诉我们：21 世纪的文化立校、文化育人已成为当代教育的一种新趋势。文化是学校的无形资产，学校文化是学校品牌的第一要素，体现着学校品牌的含金量。

一砖一瓦必为品，一草一木皆有情。

一言一行均至理，一生一世报春晖。

发挥全体语文教师的智慧，从不同视角全方位解读学校文化，赋予校园所有景致其文化内涵，使凝固静止的景物，富有流动鲜活的生命张力，发挥校园文化春风化雨、润物无声的熏陶作用，从而切实提高全校师生的人文素养。纵观这一活动的始终，确为高瞻远瞩的明智之举。

校园文化是一种传统，一种精神，一种风尚，一种品位，能产生“春风化雨润无声”“于无声处孕芳华”的教育效果；能对学生的精神、气质、修养的培养产生积极的原动力；校园文化是学生审美观、价值观、人生观形成过程中的必不可少的全能的文化维生素，对学生的终身发展必将产生深远的影响。

总之，通过精细解读，校园文化看得见、更生动，摸得着、更细腻，感觉得到、更有内涵。其所具有的浓郁的文化味，浓厚的文化情，弥漫在校园的空间，驻足于师生的心田。二中校园必将会成为师生工作学习的乐园、精神寄托的家园。二中校园，文化校园；二中文化，和谐文化！最后衷心祝愿张掖二中的明天更加美好！

二〇一二年三月二十日

《甘州文化精粹》丛书编委会

总　策　划：张洪清　秦福伟

编委会主任：杨生效

编委会副主任：王登利　陈学彪　李亦武

张兴虎　贾红元　黄岳年

编　　委：傅德锋　张全义　高文平　吴晓明

张述文　王专元　韩崇新　祁　强

赵海平　苏宏伟　赵江志　单成鹏

康文清　田　源　王建军　郑国珍

统　　稿：高文平

甘州文化精粹丛书

GANZHOU WENHUA JINGCUI CONGSHU

丛书主编 / 杨生效

甘州文脉

GANZHOU WENMAI

吴晓明◎编著

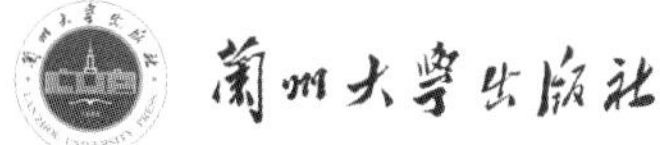

图书在版编目(CIP)数据

甘州文脉/吴晓明编著. —兰州:兰州大学出版社,2012.9

(甘州文化精粹丛书/杨生效主编)

ISBN 978-7-311-03959-2

Ⅰ.①甘… Ⅱ.①吴… Ⅲ.①散文集—中国—当代②诗集—中国—当代 Ⅳ.①I217.1

中国版本图书馆CIP数据核字(2012)第218578号

策划编辑 李 晖
责任编辑 马继萌
装帧设计 管军伟

书　　名 甘州文脉
丛书主编 杨生效
作　　者 吴晓明 编著
出版发行 兰州大学出版社 (地址:兰州市天水南路222号 730000)
电　　话 0931-8912613(总编办公室) 0931-8617156(营销中心)
0931-8914298(读者服务部)
网　　址 http://www.onbook.com.cn
电子信箱 press@lzu.edu.cn
印　　刷 兰州人民印刷厂
开　　本 787 mm×1092 mm 1/16
印　　张 12(插页2)
字　　数 230千
版　　次 2012年10月第1版
印　　次 2012年10月第1次印刷
书　　号 ISBN 978-7-311-03959-2
定　　价 286.00元(共八册)

(图书若有破损、缺页、掉页可随时与本社联系)

文化(代序)

陈 洧

一

甘州是一本卷帙浩繁、内蕴深邃的书。

独特的地质地貌，独具的湖光山色，独有的民俗风情，独享的历史遗存……构成了独立的章节，文采斐然，华章生彩，音韵铿锵，韵味隽永。书因历史而厚重，章因自然而增色，节因人文而高昂。

二

甘州文化是中华传统文化的组成部分，闪烁着民族的光华，又映射着独具风采的地域特征。

以儒家思想为主体的中华正统文化，列诸子百家精华，取经史子集典范，打造出礼仪仁智信的理念，派生出梅兰竹菊松的信奉，培育出甘州人的道德情操和处世为人观念，至今还影响和主导着甘州人的价值观。

农耕文化是甘州文化的重要章节。好山好水好地方，好田好地好农家。以农业为主的甘州人用辛勤的劳作换来了丰硕的果实，被外人冠以“金”字招牌。春耕、夏管、秋收、冬藏的每一节里都渗着甘州人的创造和汗水。民以食为天，农以地为本。甘州农耕文化所展示的创新与奋进是以踏实、诚心、勤劳为基础的人文精神。

甘州人具有宽容大度的秉性和崇善敬德的品格。宗教文化影响着甘州人的是非辨析能力。儒、道、佛以及19世纪末传入的天主、基督教为多种元素构成的宗教文化，使得甘州对中外文化兼容并济，于是有了规模恢弘的西夏国寺，有了高耸入云的木塔，也有了宁和平静的心态和谦让有礼的心境。

甘州是建立在湿地之上的一块净地。丰盈的水资源涵养了甘州的生态文化，植树种花蔚然成风，护林固泉已成习惯。柳絮飘飞，桃红杏白，沙枣花香，芦荻秋风，一派陶然。生态文化营造出甘州人的纯净和纯美。

生于民间、长于民间、成于民间的民俗文化是甘州人淳朴民风的再现和豁达大度的表露，民歌民谣语言生动活泼、节奏明快，民间艺术形式多样、各具风采，民居民宅古朴规整、大方宽亮，民风民俗有章有法、礼仪先行。

现代文化吐故纳新，摈弃腐朽，迎接新奇，合着时代节奏，吟唱历史新歌；继往开来，勇于创新，融入中华传统文化长河，交汇时代改革开放洪流，五彩缤纷，绚丽夺目。

诸多的文化元素构成的甘州文化是城市的亮点、地域的特征。

三

甘州是一本书，一本沉甸甸的书，一本凝聚历史光彩、展示地域文化、凸现人文现象、荟萃自然风光、表现风情民俗的厚重之册。

阅读甘州这本书是要花工夫、费力气的，读懂这本书需要深钻精研，潜心致力，而编写一本关于甘州的书更是重负在身，责任倍增。再难的书也得有人写，再难的事也得靠人去做，于是，我们知难而进，破难而行，诚邀文坛高手、妙笔新锐，以不同的感受、不同的角度、不同的笔触、不同的风格聚焦甘州历史文化，展望甘州未来前景，成此篇章，汇集成册，奉献于众，企盼评说。

书是人写的，书也是可以再续的。抛砖引玉，期待更多佳作问世，耀甘州光芒，抒甘州真情。

目　录

第一部分　走进甘州

第二部分　吟咏甘州

第一部分

走进甘州

甘州盛开

阎强国

甘州城生长在湿地上。

甘州盛开着。

说盛开如花，俗了些，失了想象力。仔细品阅甘州，攒劲了回味甘州，甘州的印象便是天赐予的那种盛开和绽放。甘州，只有甘州那样地盛开。

甘州有水，地表上有黑河水漫过，但甘州，更是一眼大甘泉，地球深处的水脉在甘州——盛开绽放。

地球要呼吸，陆地上多是坚硬的外壳，甘州的天然湿地，是大地呼吸的一张口，吐故纳新，那呼与吸的暗脉之纹，那起伏与动感，正若盛开与绽放的韵律。

小时候，听说家乡的古浪峡有一块甘州石，是神仙助力飞来的，好奇不忘。不久前，家乡人把这块甘州石费力搬到了县城中心广场，为广场显眼标志，或曰是镇守之宝。所以，留意着关于这块甘州石的种种传说，觉得人们想象奇特至极。私下想，最切合实际的情形也许是，那所谓甘州石，本来是古浪峡自生自长的，因为奇特硕大与位于人行过路处，便以为奇石。或许是在某一日，不解事的孙子问放羊的爷爷，此石为何石，爷爷随口笑答曰：甘州石。由此传开来。为何爷爷要说成甘州石，而不说成别的地方的石头，缘是这甘州啊，自古就是最繁华最养人的地方。繁华可以人为，可以如灰散去；最养人，那是天地之意了。养人的甘州那是大地呼吸之口，万物盛开之地。古浪离甘州，五六百里之遥，今日交通半日可达，靠步力的过去那已经是遥不可及之处，也是心向往之处。甘州石，乃家乡人对甘州向往之意，尤其在人们以农耕为首温饱为上的悠远年代，甘州乃靠天下雨的旱山之地人们心中的天堂了。

如果说甘州石非甘州飞来之石，那么甘州的神沙窝，越看越像他处飞来之物。偌大的石头飞几百里路，是传说神奇；一块沙漠移动而来，那是眼前就有的事。甘州的神沙窝，是一块不算小的沙漠，不过四周完全被绿洲包围，而且看上去也没有向外扩张的威力，很驯服，走进沙漠深处，还有一种佯装原始和大漠无边的感觉。神沙窝的方圆数百里外，看不到相近的沙漠，你还真猜不出这神沙窝是从何方跑来的和尚，老庙在哪儿。也辛苦神沙窝了，如果说沙漠也向往甘州这块水泽之地，千辛万苦靠自己的力量而来，那么我更愿意想，大地的呼吸之口，总有我们人类探寻不到的力量，“吸”来了这一块沙漠。现

在住在甘州城里的人,也是迷在钢筋与水泥筑成的小森林里。试想,甘州土城墙筑起的年代,哪个人脚下不是水泽湿地。神沙窝之所以成为神沙窝,是因为来得奇怪,也有神奇之处。至少是,脱不开湿漉漉感觉的甘州人,容易把自己弄到神沙窝里去,好晾干自己一次。如今呢,佯装着原始的神沙窝要被甘州人开发了,甘州人去一次湿地弄湿自己,再到神沙窝里晾干,还能领略一次大漠风光,并在人类自造的乐趣中玩上一玩,弄得自己心花盛开了。

神沙窝被开发了,要在人们的眼前绽放一下。不过,在甘州的景象里,这神沙窝也只是一片本色金黄的叶子。更添色彩的,那是甘州及甘州周边神奇的丹霞山。大自然总是不经意间让人类明白自己的渺小,甘州丹霞美轮美奂的色彩,让人们明白大自然才是地球上最伟大的画家,将调好的色彩,像江河一样泼向大地,人们的眼里,除了这色彩,一切都苍白了。当你双眼迷离时,大自然还会落下清清雨水,空山新雨,这色彩给你的是无与伦比的震撼。我只是无法理解,以水为韵、以绿为主色的甘州,在其中,竟也有豪泼的丹霞炫目美景,真是大地太垂青于她这呼吸之地了。

在甘州的绽放里,你的脚步无法企及的是南边遥远处却看得见的晶莹雪山,那是黑河水的源头;向下来是森林,是甘州水系涵养林,也是甘州生态生命最忠诚的守护神;再下,是山地草原,是牛羊和草原上生命的乐园;到了草原边缘,是阡陌交错的农田。到了甘州北,那里还有延绵的戈壁和似乎沉默了千年的东大山,你不知那里又蕴藏着什么。甘州是这样一个绽放与盛开,以湿地为中心,大自然把自己仅有的生态系都在这里浓缩了一下。城区、农区、牧区、林区、雪山、戈壁层层推开,还镶嵌着一片金色沙漠,泼出几块美丽丹霞。或许,大地只有在其生命的呼吸之口,才装缀如此的景致。地之灵,何处再觅胜处。

我在甘州住了几年。我所住的北关以东,就是湿地,湿地后来干枯了,东北角保留的那块芦苇,以为多余,以为多年后会被钢筋水泥取代。似乎是在突然间,这块湿地就被恢复了,还好大一块面积,又多了几池湖水,新修的栈道也使人们的脚步能伸到湿地中央去了。看芦花飞扬,看湖水微澜,心生的感动却不为景色,而为着天地早已对甘州这样的赐予,为着把这赐予恢复得如此壮观、温馨又和谐的甘州人。我知道当人们在湿地里欢笑,在湖水中嬉闹的时候,大地母亲也笑逐颜开了。甘州,人有的有了,大自然有的也有了。围绕甘州城,或许人们更多在城里追觅自己的幸福和乐趣,城边上,大自然中的生灵也找到了自己的乐园。甘州啊,也许本该就是这样一个自然与人和谐相处相依的甘州,是这样一个天地视角上的大盛开与大绽放。那大佛寺、西来寺及五行塔等,正是曾经大盛开与大绽放后的落叶,只是这落叶受了几代人的膜拜与香火的滋养,已有了神灵之气,使其虔诚的子民心有所依。

多年前,走在甘州街上,多见“再铸金张掖辉煌”的标语,金张掖即甘州,不单是离我

们最近的昨天辉煌过，翻开甘州的历史，都有曾经的辉煌，或许更准确些说，在不同的时代，甘州都有自己的一种令人羡慕的盛开与绽放。

甘州东关有至今保存最完整的明代粮仓，叫东仓，俗称大仓。甘州自古是米粮之乡，河西大粮仓，前几年的叫法是商品粮基地。当你走进农区，会发现这里的庄稼，已经不是原来的庄稼，农业科技以至最尖端的农业科技，早在这里生根开花，天宝物华之地的甘州人，随着时代的节拍，力争把绽放在甘州之中的农业这片叶，修整得最美丽最出色。在畜牧业上，也不断创新，开拓进取，比如力争把甘州建为河西肉牛基地等。这些都显现地灵之处的甘州人，积极进取、昂扬向上的精神风貌。或许，你到张掖国家湿地公园的栈道上走一走，到甘州的新城区看一看，就能领略甘州人的那种激情与智慧的盛开与绽放。

天地有造化地方的人更努力。

甘州食事

王新军

河西地面上,吃面食是颇有些讲究的。做法上倘若省了一道工序,口感就会弱上几分。面这个东西,的确怪得很,虽然来自一粮一秫,仿佛自有些性情,你对它用了几分力,它必给你几分的劲道。

总之,面就一直被这么吃着。

东街拉面

面食当中,最具阳刚气的,当数拉面。拉面当中的翘楚,被当下食界推为兰州拉面,但在河西地面,并不以为然。甘州拉面就颇得食客——至少是我的赏识。事实上,不独我好这一口,只要那一碗劲道的面条吃下去,很多人都会成为拉面店里的回头客。

甘州城里的拉面,东街的最好。东街拉面的老店,开在城东靠北的一条街上。丈多宽的门面,当门一口卤肉大锅坐在火炉上,大块的猪肉在红油油的卤汤锅里翻滚着。一起翻滚的,还有大料、肉桂这些调货。一个精瘦的师傅站在门面靠左、锅与案板架成的三角处,右转掌勺,左转切肉,不紧不慢的。店的最里面,是拉面的地方,由一道合金架起的玻璃墙隔着。一个小门可以出入。揉面的,醒面的,搓面剂子的,捞面的,男女四五个人在条案和灶台前忙碌。最是拉面的师傅叫满屋子食客长见识——两手捉住五六根醒好的面剂子,抖腕一抻,阔臂一拉,再下膀子一甩,复一提,筷子粗的面条便抽得案板"啪啪"一阵响,接着双手一收,"嗖"的一声,面条已撂进沸腾的大锅里了。这叫人惊诧的手艺,能增加食欲。一顿足,却发现这个拉面的,原来是个敦实的女师傅。不禁愕然了。

面出锅,一碗一碗排开在一个条盘里,洒上焯过的芹菜丁,端到门口肉案前。掌勺的精瘦师傅一手端了漏勺,一手伸到肉堆上抓一把切好的卤肉放上,往滚滚的卤锅里一荡,另一只手提一只大勺接住余汤,翻手一并盖在面上,一碗正宗的甘州拉面就好了。吃的时候,或佐以红油辣椒,拌上醋,或就一瓣生蒜,口味就上来了。也有佐一些咸菜的——咸韭菜,也是下面的极品。

如果胃口好,再要上半斤卤排骨也无妨。

一碗面下去,一定要来两口热面汤。这是一定的,否则不舒坦。

第一次吃东街拉面,是随了一个采风团,一帮人,稀里哗啦,吃完就走。第二次是我独自去的,一路看着街景,一路有事无事地打问些甘州城里的老去处,像一个绝对的闲客。东街拉面,有时候吃一碗并不过瘾——当然,我说的是如我一般的壮男们。

孙记炒炮

"炒炮"这个东西,不是河西人,乍一听是不懂的。不是被当成炒制火药的,就是被言之凿凿地认为是制作花炮的——年头节下,"嘭"一响,"啪啪"一阵乱爆,完事——就那玩意儿。甘州西街的"孙记炒炮",就往往被外来者当成这样的一家作坊。当然了,这种错我是犯不上的。

"炒炮"是"炒炮仗"的简称,炮仗也的确是"嘭"一声那样放着听响儿的,但这里的"炮仗",取的只是它的形——面搓成筷子粗的圆棒,十数人围一口沸腾的大锅,寸许的面段"刷刷刷"地揪进去。一茬一茬揪进去的面段——形如炮仗,滚透后又一茬一茬捞出来,菜锅里一炒,大碗里一盛,上面盖一层卤肉,一碗地道的"炒炮"就上桌了。传统的吃法没有多少讲究,大老碗一端,一筷头辣子一股子醋,两瓣紫皮生蒜就上,或者坐,或者门前台阶上一圪蹴,呼噜呼噜,一阵阵就是一身顺沟子的热汗。

孙记炒炮在甘州城里是有名的,说是有百年的历史了,但我以为未必。一是没有考据,一切不足信;二是觉得"炒炮"这个东西,在甘州也许百年不止。前些日子在甘州,主人把午餐安排在孙记炒炮,情形与我原来预想的已经不大一样了。一是店面阔了,上下两层不说,还设了若干包间雅座。二是菜的样数多了,不像一家专事"炒炮"的了。三也许是最为要命的一点,"炒炮"的"炮仗",不用手揪了,改用刀切。那齐茬茬的切口,怎么看都是经营老店的一种失误。

乐口斋的搓鱼子

甘州城里,面食上有"东拉西炮,南搓北臊"的说法,这里说的"南搓",就是指乐口斋的搓鱼子。"乐口斋"是一家自成特色的面食店的名号,店里面,素的有,荤菜也有。

乐口斋仿佛并不在城南,但也许是按古城方位的说法罢。我在河西走廊的许多地方,都吃过搓鱼子这种面食,炒的,汤的,干拌的,但都没有吃出乐口斋的味道来。搓鱼子,甘州最地道。

在乐口斋,据说有十多个妇女专门搓搓鱼,四时不停。白面的,青稞面的,荞面的,都有。寸许长,两头细尖,中腰处也只筷头一般粗细。揽一簸箕下进锅里,拿二尺长竹筷子一搅,真就似一群摇头摆尾的小毛鱼在水里游动。

搓鱼子搓得好的,据说一巴掌过去能搓六根面,而且搓出来的搓鱼子,大小粗细如一。以我多年吃面的经验,面这个东西,上不得机器,甚至近不得铁器。最好吃的面,往往是离这些东西远的。妻子在家也会偶尔搓搓鱼,但她一次只能搓一根,但搓出的搓鱼,我和女儿都比不上。

乐口斋的搓鱼子样式很多,吃法上也有数种,但大抵都是因个人口味,或干,或汤,或炒,或拌。吃起来,醋和红油辣子多多少少都要加一些。我有一个朋友,秋天的时候请我去过一次乐口斋。先上的菜,然后才是搓鱼。结果我菜吃多了,搓鱼一碗没吃掉。入冬后又去乐口斋,便有了经验——菜上来,筷子先不动,专等搓鱼子。

吃面食,菜是其次的。

为了看那红色的宇宙……

铁穆尔(裕固族)

许多年前,我父亲对我说,在青大坂(尧熬尔人叫腾格里大坂,祁连山的高峰之一,位于黑河以东)以南有个叫莱纳贺的山谷,那里有一片皂荚林,到秋天皂荚树叶红的时候,整个山谷都会变成一片红色。我舅舅又补充说,那里不只有皂荚,还有白桦、黄柏刺、醋栗、柏树、杨树、云杉……

很长时间内,我有一种强烈的渴望,就是想看一看那个把一条山谷都染红了的皂荚林,看一看父辈们说了无数遍的那个高山悬崖间的草地。青大坂南北两边是我们的部落在半个世纪前游牧和狩猎的群山。我们的部落在半个世纪前甘肃省和青海省划分界线时,奉当时省委省政府的指示离开了那里,没有留下一个人。如今那里是青海省的地方。

青大坂南边有个火红的皂荚林……

如今,去看这个想了很多年的地方时,就这么匆匆忙忙启程了。我、国鹏和几个朋友把翻越祁连山、青大坂和拍摄皂荚林的计划简单说了一下就出发了。我们八个人在大雨中乘车走了几个小时,到了祁连山北麓黑河以东的西流水山谷里,有一个藏族村庄——正南沟。我早已在电话里和村长环阔尔说好了,让他找了熟悉道路的三个人和驮行李的三匹骡子,由我们付报酬。

当说起我们要翻越青大坂和渡过潘杰尔河(黑河源头支流之一,位于黑河东边祁连山中)的计划时,给我们带路的环阔尔和赛恩阔尔加禁不住摇起了头,但我们还是坚持行走的计划。

到正南沟后雨一直没有停,我们住在村长环阔尔家心急如焚,但也无奈。第二天的大雨里,没有任何事干,也只好接受熟人和朋友的邀请,望着云雾缭绕的群山松林吃肉喝酒。正南沟是我二十年前工作过的地方。那时候,现任的村长环阔尔还是个小孩。如今,很多熟悉的老人都不在了,许多当年的小孩都长大了。往事历历,但这连绵的秋风秋雨让我来不及一一回忆。因为我们眼下就要翻越险峻的青大坂到火红的皂荚林里,其他一切以后再说。

下午天转晴又阴了,天空布满了灰黑的云,不知明天将会怎样。

第三天早晨起来一看,谢天谢地,天晴了。我们欣喜若狂地喝过早茶就起程了。云雾

仍然笼罩着远山和墨绿的松林，从正南沟和西流水南侧的大义马龙峡谷（藏语叫达合龙,老虎沟之意)进入时,干涸的河床两边的云杉渐渐茂密起来,接着看见了雪水河。沿途有牧人盖的土石和木料结构的简易房子,现在的牧民渐渐不住帐篷了。林间空地是极美妙的牧人营地,从营地的岩石上凿开的长方形小槽来看,这里曾是一个很古老的游牧人的营地。

涉过了一道又一道蓝色的雪水河,峡谷渐渐狭窄陡峭。骡子驮着行李,我们跟着三个朋友和向导——环阔尔、赛恩阔尔加、洛尔加顺着峡谷向上攀登。从夏日塔拉赶来的道尔旦舅舅,是我们这支小小队伍的顾问。他在路上断断续续地说着1959年甘青两省划界时的大搬迁,他们赶着牲畜在冰天雪地中走过这个峡谷和大坂的情景,那是一段刻在他们心上的苦难岁月。

峡谷里有任意突兀的悬崖绝壁,中间是缓缓地流过的溪水,纵横交错的树木和巨石。有针阔叶混交林和其他数不清的植物,赤橙黄绿青蓝紫的颜色叫人目不暇接,秋叶静静地落入流过岩石的清流中。直插云霄的绝壁上往往能看到一两颗鲜红的皂荚树,那里只有自由的风在吹拂着它的枝头。皂荚树是牧人的庇护神,它的根永远深扎在祁连山的悬崖峭壁上,它的红叶被掠过悬崖的白云擦拭着。

明天或后天,前方还有那奇异的红色皂荚林。想到皂荚林,我尽量压抑着内心按捺不住的狂喜,想起我的妹妹、作家纪尘写过这样一句话“为了看那红色的宇宙,我愿意把心,烧成晚霞”。

到义马龙峡的垴子时,可以看见哲贺尔大坂,那是祁连山的主脉高峰之一。大坂下有牧人早已经搬走的夏营地,营地上柏木柴很多,我们就在这里打尖。用锅端来旁边雪水河的水,支起三块石头后烧茶,喝茶、吃饼子和羊肉,坐在草地上休息一忽儿,然后起程爬哲贺尔大坂。悬崖下的雪水河旁有死去的青羊尸体残骸和巨大的青羊角。

驮东西的骡子浑身流着汗水,向导挥舞着缰绳吆喝着。云雾笼罩着人和骡子。陡峭的悬崖和山梁上已经没有植被生长,全是红色砾石组成的岩屑堆积物,更高处的大坂顶上覆盖的是粗硬的粉状颗粒,射出死气沉沉的寒光。除此之外就是千古寂静,这是来自白垩纪大灭绝后的寂静。我们的呼吸渐渐觉得困难起来。

翻越大坂后是一个乱石纵横的漫长峡谷，叫做莱尔干郭勒。有回族牧人的帐篷,站在帐篷旁的回族牧人好奇地看着我们。1959年后,这里新的居民以回族牧民为多数。

我们到沟口的宿营地莱尔干三岔时天已擦黑，这里是道尔旦舅舅小时候游牧过的地方,所以他很熟悉。扎帐篷、燃篝火,吃放了熟羊肉的方便面。盘腿围着篝火坐着,月亮已升上山顶,星星也在好奇地眨眼。篝火继续燃烧着,我和大个子建林躺在火堆旁边聊天,一团浓浓的白雾从下边的沟口飘进来又诡秘地缩了回去,看着让人有点脊背发凉。

晚上果然大雾茫茫,潮湿而寒冷。道尔旦舅舅的白布帐篷倒了,我听见他们的埋怨

声和笑声在夜幕中回荡，他们只能凑合着睡到天亮。

翌日太阳升起时，我们爬上了莱尔干三岔以西著名的锐布藏山顶。拄着一根木棍的道尔旦舅舅健步如飞，我们被他远远抛在身后。我明白老人回到自己出生和成长的地方时的心情。我也很清楚，自1959年的大搬迁后，思乡病是在他们一代人身上难以消失的。1958年的"平叛、反封建"运动(卷入此案中的人员于1980年由中共中央宣布彻底平反)让我的族人彻底改变了模样，紧接着1959年的大搬迁也把他们从自己居住了数百年的故乡迁了出来。所以，故乡或者说是原乡，在这个边缘小族群的老辈人中代表着自己的已经失去的游牧文化，代表着过去的一切或失去的一切，它不同于一般意义上的故乡，它是一个文化符号。所以在尧熬尔人中可以看到那么痴迷的思乡情绪，不少老人去世前就叮嘱儿女，要把自己的骨殖送到故乡的山崖间。我的外祖母去世时唯一的要求就是要喝一口故乡鄂金尼河的水，吃几粒鄂金尼河畔的野沙棘果子，当时因路途遥远，这么一个微薄的要求竟没有能实现。其实"故乡"早已没有任何亲人，也没有同族人，新的几代人包括我们一代都出生在新的地方。这些都让我在很长时间里难以理解，而在我表示不解时，他们总是沉默不语。

远山一抹微云，从这里可以尽情地让眼睛享受黑河两岸触目惊心的峡谷和高山，还有山坡悬崖间的片片森林和草甸草原。锐布藏山顶上的风几乎要把我们刮到大峡谷里，脚下就是刀削般的万丈山崖。一个回族牧人在半山腰处放羊，鹰从山腰处呼啸着擦身而过，又飞往远处的悬崖绝壁上，高傲而无所顾忌地盘旋着。

我们下山时，锐布藏山坡上的一座黑帐篷里走出一名回族牧民，也赶着牦牛驮牛和我们同行。

下山后，继续沿沟下去是长着芨芨草的宁恰郭勒，渐渐热起来了。山岬上有古代藏族部落留下的用来阻秽禳灾和镇邪的玛尼石堆，这些玛尼石堆多是数百年前尧熬尔人从西域迁来之前就有的。道尔旦舅舅说有的地方玛尼石堆已经没有了，可能那些刻字的石板被后来的人用于修建或是别的什么原因消失了。

出了沟就到了大名鼎鼎的夹道郭勒河，这是祁连山中的黑河源头之一。河床里和阴坡上长满了云杉，有时可见一片片针阔叶混交林。阳坡草叶稀薄，阴坡森林茂密。道尔旦舅舅让我们看部落著名的夹道寺遗迹，顺着他的手指从夹道河对岸看去，寺院遗迹如今只是一些在草丛间的模糊土坎和些许的石头，除此之外一无所有，只有高高的芨芨草无言地摇曳着。河畔有清代和民国时的淘金者用石头垒就的棚屋，棚屋上的木料早已让人用来烧火了，也有现在回族牧人的简易小棚屋。我们在河畔的林中穿行着，有时可以从横倒在河上的枯树上面走着渡过小河。

当我们到达营地时，祁连县的回族牧人和我们的藏族牧人向导们，盘腿坐在河畔草坪的芨芨丛中聊天。环阔尔给我们介绍了一个年轻的回族牧人，他叫易布拉，他的父辈

是环阔尔的父辈们的朋友,是关系非常铁的世交。

听向导的建议我们在那里扎了营。回族牧人易布拉和几个藏族向导都说,明天翻越青大坂几乎是不可能的,除山势陡峭以外,这两天因下雨更加难以行走,更可怕的是山下的潘杰尔河水,下雨河水暴涨时经常冲走过河的人。所以近些年来,在黑河峡谷修了公路后,这里的牧人基本上已经放弃了翻越青大坂和渡过潘杰尔河的路,而是绕道从黑河新修的公路走。但我们还是坚持翻越青大坂,山下那个火红的皂荚树似乎在秋风中簌簌摇曳着,绝世而独立……

拾来河畔的枯树枝燃起了篝火,对岸高山上有一群雪白的羊,它们静静地在金黄色和赭红色灌丛中布成一个散兵线吃草,那是易布拉的羊群。

篝火在燃烧, 西边山顶上那镶着金边的火烧云不停地变幻着形状。我们喝着酒,凝视着篝火那跳动的火焰,篝火总是比酒还要让人沉醉。

睡下后,梦里都是一片片晚霞、皂荚林和闪烁的篝火。黎明前我们就起床了,天似阴似晴,叫人犹豫不决。早茶后,队伍开始陆续朝青大坂方向前进。昨夜住在易布拉营地上的环阔尔和易布拉等人来了,再次神色凝重地说今天青大坂下雨路太难走,而且潘杰尔河水雨后肯定要暴涨,那可是冲走人的河。他们建议我们改道从夹道峡谷顺河而下,到黑河畔的夹道口,再从修建水电站的工地上雇车,沿新修的黑河公路去祁连县,从祁连县再作计划去莱纳贺的皂荚林。他们说情况就这样,让我们自己决定。国鹏也觉得他们说得有道理。看看阴沉沉的天空,没有多少时间了,我想了一忽儿,决定放弃翻越青大坂渡潘杰尔河去莱纳贺皂荚林的计划。放弃这个盼望多年的计划实在是无奈,但只能这样了。一首接连不断的古朴而激越的歌谣戛然而止,太阳好像在我心中下沉……

风雨是不等人的,渐渐暴涨的雪水河更是无情的。人马迅速掉转头顺着夹道河而下,狭窄的峡谷两边是直插云端的悬崖绝壁,中间是水流湍急、白浪飞溅的夹道河。阴沉的天空眼看就要下雨,我们只得抢时间一次又一次涉过冰冷的夹道河,每个人的下半身早已让雪水河泡得精湿。幸好有勇敢精悍的三个藏族朋友和回族青年易布拉,国鹏扛着摄像机,我们牵着手互相扶持着涉过河水,人马都穿梭在纵横的河水、树林和巨石之间。易布拉牵着我们的手过河,又匆匆跑去探路,他像是山崖间敏捷的松鼠一样,在雪水河中、在巨石间飞奔。

我们约走了十多公里的峡谷,第二十二次涉过河水时终于看见了峡谷口,看见了奔腾的黑河和大峡谷。大雨随之而来,如果稍迟几分钟雪水河暴涨,那我们真不知道会怎样。

峡谷口正在修建电站,机器在轰鸣,山崖在坍塌。

听说去祁连县的公路已经让暴雨和泥石流冲坏,那我们只能找车先到张掖再说。掏四百元租了一辆翻斗车,车主答应把我们送到黑河峡谷中段的柳树园护林站,到那里还

需要再找车去张掖。黑河峡谷里寒雨萧萧,我们告别了三个藏族朋友和回族青年易布拉后,八个满身是泥水,冻得发抖的人挤在驾驶室里。眼前的路是让人魂飞魄散的黑河大峡谷悬崖绝壁上的简易公路。到柳树园后八个人分头找车往张掖。沿途的路上不时会遇到从山坡上滚下来的石块和泥沙,必须不停地下车搬走石块再走。

在张掖歇了一夜,调整了队伍,道尔旦舅舅和建林有事要返回夏日塔拉,安雪龙带着我父亲和二舅从夏日塔拉赶来,父亲和我二舅是作为新的顾问而来的。我们又从张掖起程,越过大雾迷漫的扁都口到了祁连县。住了一夜后天晴了,天助我们!

我们驱车到乌兰哈达——黑河畔高高的红色悬崖,悬崖下面就是尧熬尔人鄂金尼部落头目的冬窝子,再往北叫做达尔罕塔拉。然后沿陡峭的盘山公路上了高高的达乌尔山半腰处,这条公路是近两年因为要开采达乌尔山那边的铜矿而修建的。我们到当年父辈们的夏营地停下了。当年著名的雪尔古鄂博就在旁边山坡上。微风从山脊草甸上吹来,雨后的天空蓝得让人不安,青色悬崖顶上疾驰着朵朵白云。我父亲和舅舅给我们讲述着当年游牧的路线和一些轶事。他们指着远处白云下的高山悬崖,说着老一辈人天葬的地方,一个家一个氏族地细细说着。我看见他们眼睛发亮,衰老的手颤抖着指向天边。有多少往事会涌上他们的心头。我知道他们是最后一次看到自己童年和少年时代的故乡。时间就是这么一忽儿。

我父亲和舅舅说皂荚树最多的莱纳贺谷地去不了,因为不仅还要翻越几座陡峭的大山,还要涉过那条冲走人的潘杰尔河,再说20世纪50年代末和60年代"农业学大寨"时,祁连县组织人把皂荚林几乎砍伐完了。我父亲说如果剩下一些皂荚林也不会太多。我反复问他,皂荚林真的砍完了吗?他认真而黯然地说,1979年左右他骑马去的时候看见基本上砍完了,就算剩下也不会太多……

听到这些后,我的心反而平静了。

神州大地上一直是生产第一,经济增长优先。20世纪大规模砍伐森林和开垦的时代已经告诉我,工业化和城市化已经告诉我,我父亲和舅舅已经告诉我,难以越过的青大坂和冲走人的潘杰尔激流已经告诉我,还有那早已失去了的鲜红的皂荚林也已经告诉我:那个皂荚林把整个山谷染红的浪漫时代,确确实实离我们远去了,那个"马逐水草、人仰潼酪"的时代,那个人人都穿着羊毛长袍或皮袍坐在篝火旁边讲述英雄史诗的时代都已离我们远去,先辈们的生活和寂静的群山草原都在迅速成为传说,甚至连传说都没有一个人知道。

回来后在县城的街上,碰到的熟人问我,你在张掖市买楼房了吗?我愕然无言以对,目瞪口呆地望着他,青大坂……皂荚林……楼房……

这么多年我在群山草原间寻找的是什么呢?是因为悬崖峭壁间那个风雨飘摇的帐篷那古朴之魅力吗?是为了期待什么非同寻常的事或是渴求什么奇迹吗?是寻求永恒的

幻想吗？是我因逃避而虚构或是将别的什么掩饰在一个认真的借口之下了吗？只有这样才能得到拯救吗？这是我生活中唯一的梦吗？这一切的意义用那片火红的皂荚林中的辞藻才能说清楚吗？

日本现代著名文艺批评家小林秀雄在说到美国生物学家卡森的著作《寂静的春天》时说："卡森将目光投向大自然的平衡。这样的观念是基于我们人类的情绪和爱情，与自然诗人的诞生一样古老。或许应该说，我们人类与生俱来的直觉出现在现代科学家的分析意识中是一个非常有意思的现象。我将之称为审美的单一观念。这种观念是科学家无法像发明滴滴涕一样，用复杂的分析和计算来创造的。或许这种抵抗是从意识的深处浮出意识表面的。毫无疑问，我们内心世界里也存在着某种与自然环境生活的动态的平衡非常相似的功能。这是从原始生物开始，在几亿年间不断进化的生物的某种本能。"

在我当年录制的尧熬尔民歌中，有这么一首古歌：

天空被太阳烧得火红
风送来皂荚树的清香
为了看那红色的晚霞
我骑着马儿飞向天边
……

一遍一遍地听着，我能听到歌声中轻轻吹过皂荚林的风声，天边的晚霞和野营者孤寂的篝火。这首古歌中有一种早已被人们遗忘的自豪感和幸福感，这种自豪感和幸福感一下子占据了我的整个身心，其他一切变得毫无意义。这是一种像辽阔自由的群山草原，像青大坂悬崖上盘旋的苍鹰，像黑河岸上那明媚的阳光，像壮士一去不复返的自豪感和幸福感。

一梦醒来头全白。前方肯定还有看不见的激流和悬崖，但我的感官、意念和心境都进入了很平静的状态。有时，我会我轻轻吹吹口哨：

天空被太阳烧得火红……

在张掖的行与思

杨献平

第一次去张掖，正是8月，烈日如火，当天上午，我就去了位于市中心的大佛寺(公元1098年，西夏建，原名迦叶如来寺)，站在门口，对着那副著名的对联发呆("睡者长睡睡千年长睡不醒，问者永问问百世永问不明")。抬脚入寺，蓦然觉得身心清凉，睡到的佛，也是清醒的，周边的市声在抬脚进门的那一刻，就像往事一般鸦雀无声了，寺内是静，博大、沉肃的静，让我在嘈杂之中获得了一种只有在偏远野地才可能的身心放松。当晚，睡在不远处的金城宾馆，凌晨，似睡非睡之间，似乎听到了来自大佛寺的钟声，若即若离的那种，张耳细听，似乎有，又似乎没有，想到那尊身形卧倒，但始终通彻天地、神统万物的佛像，内心当中，仍旧漾着一汪暗夜莲花的宁静。

还有一次，在距离大佛寺较远的金粮宾馆，午夜，我要醒来，却怎么也睁不开眼睛，似乎被重压，被窒息。我挣扎，感觉像是溺水者。那一刻，我意识到了某种可怕的结局，是无端的死亡抑或某种生命掠夺。后来，是楼下剧烈的扭打与嘶喊声，把我从无助的境界解救出来。我一身冷汗，开窗，看到五楼之下的巷道里，的确有人在打架，三个男人和两个女人，似乎都喝醉了。我想喊一声，向他们表示谢意，但又觉得不合适，就把脑袋探出窗外，让已经发凉的河西走廊夜风把脑袋吹清醒。

打架的人走了，我把脑袋拿回房间，仔细打量，却发现，那房间是椭圆形的，西边环形窗台上，放着两只泥陶，暗红色。我走过去，拿起一只，看到一个丰腴的赤身女子，曲线雍容，双臂从背后绕起，托着一只葡萄果盘。另一只泥陶上，凸显的是三个同样赤身的女子，围在葡萄架下嬉笑着舞蹈。她们的舞蹈好像是传说中的胡旋舞或叫胡腾舞，据说是隋唐时期从波斯或阿富汗地区传来的，在唐代，许多那里的歌伎在河西走廊乃至长安，为寻常百姓、官要、商贾及皇帝表演这种舞蹈，李白、岑参、高适等诗人诗歌当中经常出现这种描述。

还有一个夜晚，与兰州和张掖的朋友在街道一边吃烤羊肉，有人卖唱，唱的是张掖小曲或者河西三弦。我努力听，可就是听不懂他们到底唱的什么，但曲调是美的，是那种黏带了土腥味的民间谣唱，听得人心里悲苦，也还有一种洞彻世事人情的豁然之感。似乎从这个时候开始，我开始搜求张掖的这种民歌，几年后，有朋友寄来一册当地文化单位编纂的民歌集，翻看多次，也没找到那一晚听到的那首。

多年以来,每次到张掖或者路过,要是能听到有一个当地人给我讲明歌词,我一定会认真听,听一夜,或者两夜,更多,我都愿意。再没有什么比民歌的力量更能深入内心了。从那儿以后,我就觉得,民歌是灵魂的调剂师,也是最朴素和锋利的刀子。可惜,很多的民歌都被改编了甚至阉割了,现在唱出来的,上架销售的,都不是我最想听的。还有几次,在张掖的夜晚,和当地的朋友在木塔寺下喝酒,傍晚的燕子成群飞进飞走,广场上的人和远处的灯火,处身在那样一种境界,我觉得是一种自在的美,是一个人和一群人将自己放在喧闹中的泰然自若,还有独坐亭台,消磨黑夜的悠游自在。

再有一些,我似乎还记得,在张掖,我多次喝醉,呕吐,在某些房间说话,或者沉沉睡觉,当然,可能还有一些时候连自己都不记得,或许是美,或许是癫狂的,都在我的内心留下了痕迹。最近的一次,我从武威到张掖,日暮时分,在鼓楼周围转了一圈儿,然后在旁边的宾馆住下,一夜之后,又去了木塔寺(建于北周初年。《重修万寿寺碑记》载:"释迦牟尼涅槃时,火化三昧,得舍利子八万四千粒。阿育王造塔置瓶每粒各建一塔,甘州木塔其一也")和大佛寺。拍了一些照片,然后,沿着浓绿的柳荫,行一步一回首。看着多次去过,但丝毫不厌的大佛寺。不知怎么了,忍不住流下眼泪。想起第一次在张掖凌晨听到的大佛寺的钟声,以及多次在张掖的种种际遇,从内心觉得,这座城市与我这个过客,已经有了某种割舍不掉的联系或情愫。

几乎每去一次,我都以张掖或者甘州为题写一首或者两首诗歌,写给自己,也写给这里的朋友和这座城市。我还记得,张掖的刘虎和柯英带我去过张掖城西大约 20 里的黑水国遗址。夏天,上午的阳光热烈异常,周边的民居沉浸在白杨树下,大片的玉米地郁郁苍苍,不多的农人在田里采摘。

爬上一道高高的黄土墙壁,看到一个深陷的土坑,里面落满了碎的砖块和瓷片。柯英说,这里是张掖第一个郡府所在地,具体时间可能是公元前 121 年左右,霍去病奇袭焉支山(接应匈奴浑邪王降汉),将匈奴彻底逐出河西走廊之后修建的。至于何时废弃,谁也说不清楚。单从建筑风格及周围发现的墓葬看,以两汉及北魏居多。

站在依旧坚固的城垛上,看着对面的祁连山,我想到,在西汉之前,张掖是匈奴的驻牧地之一。而在匈奴之前,这里也是大月氏民族游牧之地。在大月氏之前,这里是乌孙人和羌人的草场和领地。在纪元前,张掖及其四周的大片区域是混血的,不断有民族迁徙、暂居、战争、战败、被逐离,这似乎是游牧部落的生活常态。从有限的资料看,大月氏和匈奴在这里盘踞时间可能最久,其中,公元前 3 世纪到公元前 2 世纪,大月氏在张掖一带游牧。

按照游牧民族的习惯,他们的首脑部位不会设置在前后无挡的开阔之地,必定要依山而建,前敞后靠,左右有山,以便于进退和防守。我想,当年的大月氏汗王庭帐,一定就建在对面的祁连山下某处。而且彼时的张掖,不见城郭,高山之间,雪水如练,夹在流沙

与大山之间的张掖，东西平阔，湿地连绵。当时，月氏王者的庭帐一定是这一带最显眼的人类建筑，也是整个河西走廊最繁忙和最热闹的地方。阔大庭帐四周，肯定有茂盛的松树和白桦树，还有沙枣树和红柳灌木。无遮无拦的马莲和芨芨草接天连地，分片生长的芦苇丛郁郁苍苍，其中不断飞出野鸭甚至天鹅。

山坡上，金露梅和银露梅寂寞盛开，还有山丹丹花，以及至今密密艾艾的狗尾巴和羽毛草。成群的鹰隼占领高空，做闪电般的飞翔或俯冲，在大月氏及匈奴民族的头顶，是最自由的精灵。此外，旱獭、棕熊、苍狼、雪豹、猛虎等兽类寻常可见。

那是一种蒙昧的境界，是历史黎明时期最生动的游牧生活景象。而现在，祁连山仍旧巍峨，发源自青海的黑河照样哗哗流淌，而大月氏民族和他们当年的庭帐，还有遍野的牛羊和战马，蓝眼黄发的民众，都在张掖无迹可寻。朋友还说，近年来，在黑水国一带，发现了很多西汉及北魏时期的墓葬，但没听说有月氏或者匈奴人的。我想，一个人在某地生存多年，不留存一点痕迹是司空见惯的，但一个庞大剽悍的民族在生活多年的地方，不给后来者保留一点蛛丝马迹，这可能是最悲哀的。

傍晚，在一家小旅游点吃饭、喝酒，有点醉的时候，乘车返回张掖市区，借着辉煌夕阳，我看到的黑水国遗址似乎是一座敞开的神秘古堡。所有人似乎都重新出现，穿着各种各样的衣服，骑马或者步行，握刀或徒手，在灿烂的光芒下，大声喧哗，且还有着生动的面部表情。我惊呼一声，叫身边的朋友跟我一起看。他们努力张开眼睛，顺着我的手指的方向，看了一眼，然后叹息一声，说我喝多了，复又靠在车座上。

第二天，和柯英乘车到民乐，沿途村庄古朴宁静，临街的地方挂着各种招牌，给人一种宁静的繁乱之感。越是向上，心和身体越来越轻。到民乐县城，看着背后的山坡，以及两边的沟壑及村庄，也蓦然觉得，这里也是游牧汗国庭帐最好的选建点，高寒险峻的祁连山是天然军事屏障，向北，则像是一面斜坡，对冷兵器年代的马队和骑士来说，这其实也是一种加速度和杀伤力。尤其是长着各种树木及花草的民乐公园里，我更加觉得，自己的猜想有几分正确。在纪元前或者人类蒙昧时期，民乐和张掖一定是游牧民族所喜欢并倚重的驻牧地甚至王侯庭帐的营建之地。

晚上喝酒，很多朋友，我至今记得他们。我知道，在高处，诗歌和民歌是最好的心灵圣物，歌吟可以制止孤独蔓延，书写可以把灵魂和生命抬得更高一些。夜里，带着酒意睡下，也还可以闻到积雪的气息。我想，即使现在，民乐也是一个适合生存的地方，空气和阳光，还有雪水，都是第一手的。即使尘埃，也是单纯的，少了许多的油烟及其他有害物质。

早上起来，趁着朝阳去扁都口，在炒面庄外，看到满山遍野开放的油菜花，金黄、无际，似乎匈奴的黄金庭帐，还有某些宗教及诗歌当中的宏阔景象。扁都口内，风声如雷，如吼如喊；河水哗哗，直入青海。站在任何位置，都会明显感觉到一种吹动，一种向上的

轻盈感。山坡上的牛羊如同一定的岩石,好看的小牦牛让我有一种亲切感。遇到一位骑马的藏民,高大的马,蹄声踩着卵石,踏踏而行。诗人王登学对我说,当年,匈奴从这道峡谷穿过,隋炀帝(公元609年)也从这里穿过,还有西路军将士,以及马步芳的部队,当然,还有很多的民众、僧侣以及戍边军人。扁都口以下,是隶属于青海的祁连县,有规模颇为宏大的怀柔大寺,鄂博镇外,废弃军营里长满荒草。

而从民乐返回张掖的过程,我觉得是一种降落,在民乐的那种漂浮感和轻盈感丧失殆尽,不由得心生留恋,忍不住朝民乐又看了一眼。一直觉得,在河西走廊,民乐绝对可以称得上膏腴之地,处在焉支山与肃南草原之间,雪山似乎挂在眉毛上,植被比牲畜和人丰茂。

再一年后,5月,我又去到张掖。第二天,同几位朋友,从民乐县城一边穿过扁都口,横渡大峡谷,从山顶到山下,去到了青海的祁连县。在县城外围,看到美丽峭拔的青海云杉,在浑浊的河流一边,触摸龙鳞大白杨。听一位张姓女子讲卓玛山的故事。第三天,在海拔3500米的高度,与朋友们站在尚还干枯的草地上对着虚空大声嘶喊。也才觉得,人到了某种高度,身心才有可能是纯净的。自然所给予的某些绝妙及美好境界,不是每个人都可以真切体验的。在那里,我第一次去到了黑河(在张掖及高台境内)—弱水河(高台及金塔境内)—额济纳河(内蒙古额济纳境内)的发源地——八宝河。

我在车上,在鄂博镇的小饭馆里写诗,那诗歌是沉静的,是高处的看和想,是纯净时候的爱与灵魂。返回民乐的时候,再次停留,我觉得,这个小城或者地域依旧是美的,它安静的只有湿润的风,不怎么喧哗的人群与伸手可摘的星星。下午,和孟澄海等朋友一起喝酒,我沉沉醉倒,醒来,却发现自己睡在了张掖市内的某个房间,旁边是同来的酒泉诗人倪长录及我的山东兄弟丁位华。我叹息了一声,心里不禁遗憾:要我清醒,就一定会在民乐再住一个晚上。我喜欢那里的夜晚,有积雪的气息,还有清凉的睡眠。

每次到张掖,鼓楼一带是我常去的,还有木塔寺和大佛寺。鼓楼是明代的,虽然在四周的楼宇环衬下不再显赫,但古风犹存,气势尚在。我觉得,这种古典和现代融合,给人一种温和的扩张感。或许,这一形式与张掖自古以来的混血品性,以及丝绸之路的间隔性的繁华有着直接关联。古丝绸之路,应当不仅仅是一条横贯欧亚大陆的商业通道,且是一根悬挂马蹄、宗教、文化及政治的强劲弓弦。

在张骞未踏上“凿空西域”险途之前,匈奴也达到了其东方历史上最强盛时期,冒顿马踏东胡,围困刘邦三十万大军于“白登山”之后,匈奴帝国版图节节扩大,控制了整个蒙古高原及其周边地区,成为草原上第一个大部落联盟,构成了历史黎明时期蒙古高原最灿烂的游牧景观。公元前176年,冒顿遣派其子稽粥出击大月氏,稽粥几乎没费吹灰之力,就将在张掖驻牧半个多世纪的大月氏汗国逐到了今敦煌一带,其中一部分,被分割并驱赶进入祁连山内;第二次,是冒顿的继承者老上单于稽粥独立实施的,他不仅将

大月氏彻底逐出了甘肃境内，并割下大月氏汗王头颅，做成了精致的镶金酒具。

与此同时，匈奴的势力范围也空前性地拓展到了西域"城郭诸国"。大月氏在天山南麓稍作停留后，在匈奴与乌孙的联合打击下，只能唱着哀歌，翻越葱岭，彻底离开了东方版图。此后，大月氏向西迁徙的历程，便在勒内·格鲁塞《草原帝国》一书当中有了确切的说法："匈奴在把月氏逐出甘肃的过程中，引起了一连串的反应，这些反应在远至西亚和印度都能感觉到。阿富汗地区丧失了希腊化特征，亚历山大远征在这些地区留下的最后的遗迹被消除，帕提亚的伊朗暂时承受了震动；从甘肃被赶走的部落已经在喀布尔和印度西北部建立起一个意想不到的帝国。……在草原一端发生的一个轻微的波动，不可避免地在这条巨大的迁徙地方的每个角度都产生了一连串意想不到的后果。"

也就是说，从公元前 174 年开始，匈奴成为甘肃大部地区的统治者，张掖及其周边地区，自然也不例外。在河西走廊，借助祁连山及其余脉焉支山的肥沃草场，作为堪与西汉"冠带之室"相提并论的"引弓之国"匈奴实力大增，尤其是冒顿晚年及其子稽粥对西域的开拓与经营，不仅显示了匈奴两代单于的战略胸襟，更重要的是，对河西走廊及西域的掌控，对后世匈奴生存发展而言，有着战略缓冲甚至起死回生的作用。

"以战止战""以战养生"是游牧民族的共性。我想，夺取了大月氏驻牧地之后，驻守张掖及掌控整个河西走廊的匈奴王者应当是浑邪王。他的王侯庭帐似乎也应当在今天张掖市某处，或许直接因袭了大月氏汗王庭帐。

有一年夏天，我和朋友驱车去肃南的皇城草原，到倪家营子乡内，却发现，这里的山谷是开阔的，青山与荒山两两相对，山峰迭起，壁立千仞，几乎每一道山谷，都无比曲折幽深。尤其是皇城草原，简直就是天造地设的牧场，大片的松林是原始的，青草匍匐无际，旱獭随意翻滚，至今还有狼群、棕熊和野猪。

站在如毯的青草山岭上，极目四望，到处都是绿色，看不到一面石崖。羊群如云，驴子和骏马，在草尖上甩着尾巴。天空蓝得压在鼻梁，清风湿爽，草腥如蜜。难怪裕固族作家和学者铁穆尔不止一次在其文章中自称为匈奴后人。铁穆尔唱歌的样子总是让我想起腾格尔，长发、黑脸庞的铁穆尔，我一直认定他是我最好的兄长。他对匈奴的民族认同，我想是有原因的，河西走廊及祁连山山地草原，是匈奴在公元前 174 年到公元前 121 年之间最重要的驻牧地之一。关于这一点，从至今流传的匈奴古歌"失我祁连山，使我六畜不蕃息，失我焉支山，使我妇女无颜色"得到充分验证。

肃南、民乐及山丹的焉支山，应当是张掖最好的地方，或者说，这些都是河西走廊当中既有历史意蕴，又保持了大自然原始调节能力的"灵魂之地"。而张掖市，似乎也在某种不得不为的历史进程中悄然转变。从历史黎明时期开始，这里经历的变换，大都是以游牧民族为主的，乌孙、大月氏、匈奴、鲜卑、柔然、党项、蒙古、羌人，他们当中的天骄或者汗王，留下的似乎只是发黄典籍中的断续传说。其中，北魏在河西走廊的痕迹是显赫

的佛教建筑，还有散落在张掖的墓葬，最持久和辉煌的似乎是敦煌莫高窟，还有肃南临松山上的马蹄寺，还有那位在张掖主持举办“万国博览会”的隋炀帝杨广(由青海至，在扁都口，突遇暴风雪，他的美丽妃子冻死，坟茔至今在民乐留存)。后来的匈奴后裔或旁支刘元海、石勒、段业、沮渠蒙逊等人，也似乎都与张掖有着某种不可割舍的渊源。

其中的肃南，我觉得是纯洁心灵，甚至是锻造灵魂的美好之地。从张掖，我去过肃南多次，和不同的朋友，反复走两条可以抵达的路。但在肃南，见到的却是固定的，其中，铁穆尔是最多的，也最投缘，至今时常想起，并有一种特殊的温暖与信赖感。这个男人，不论站在那个角度去看，我都觉得，他坚持了自己的信仰，一是对自己民族历史及传说的信仰，二是对某种精神和条规戒律的恪守，三是对自己民族异乎寻常的热爱与忠诚，四是作为红尘俗世中男人、爱人、父亲和儿子的那些应有且永恒的美德。

距今7年的夏天，在张掖参加一个会。晚上，一群人喝酒，铁穆尔醉了，很厉害，盘膝坐在床上，一个劲儿地说对不起(民族、自己及良心)，我和另一位朋友替他喝下半碗酒，给他脱衣服，他不让，坚持自己脱，但一弯腰，就吐了出来。几个月后，我突然很想他，打电话约他到张掖见面，他说他也想我，可就是不能去张掖，他说要去一次青海，还有阿尔泰。我知道他去那儿的目的，他已经在大地上孤身漫游惯了，从祁连到青海，从藏地到蒙古，他寻找他要证实的和不知道的。

还有一次，我和他从呼和浩特到兰州稍作停留。当晚，我的同学小平请吃饭，几个人喝得只剩下一桌子酒菜。第二天晚上，列车开车的铃声响了的时候，他才出现，醉醺醺地，爬上车，提着几箱子从包头带回来的奶酒横穿车厢，我去接他，他冲在前面，箱子不断碰到正在放行李的其他旅客，人骂他，我在后面走，其中一个骂他的话很难听，他没听到，我和那人争了起来，差点动手。

可我第一次经由张掖去肃南，却没见到铁穆尔。在那里待了两天，和一群人，在祁连深处看到无边的青草，在肃南县城呼吸到清凉的空气，我觉得自己到了仙境。在深处的大岔牧场，和一群人喝酒，吃半生不熟的羊肉。一个女性牧民斟酒唱歌，她唱牧歌，没经过改编的那种。她高亢的嗓音让人身心嘹亮。第二次在县城不远处的老虎沟，青草掩埋膝盖，帐篷前的流水清澈如银，喝一口，甜美入心。晚上，铁穆尔唱歌喝酒，我们也跟着齐声喊叫。凌晨，小雨如珠，我还在酒中酣睡，忽觉眉心发凉，睁眼一看，珍珠的雨水从帐篷破损处噗噗落下。我觉得了一种神意的美好。上午，太阳初升，青草发亮，漫山遍野飞起蝴蝶，似乎是幽灵的舞蹈。那种纯粹的美，置身大地，并与自然的深入融合，是神仙一般的逍遥和干净，可以真切地感到自身的微小，还有灵魂的玲珑剔透。

最近一次到肃南，从张掖，乘车走过险峻的山路，涉过一道大水的河谷，下午在肃南县城见到铁穆尔，还有当地众多的朋友，在肃南县城另一个地方喝酒，我醉了，可能还和一位朋友发生了点不愉快。早上醒来，发现自己睡在肃南的某一个饭店里。心里觉得惭

愧，还有对不起。到现在，我已经有两年没去张掖了，倒是在很多时候，时常想起铁穆尔及在张掖的其他朋友。我总是想，真好的朋友要定期会晤，每隔一段时间，选择一座像张掖的城市，大家聚聚，在夜晚和白昼四处走走，在酒水、歌声、无忌和自由中，体味一种狂狷而又美好的地域及人间气息。

孟澄海散文

孟澄海

落日般辽远的张掖故地

落日熔金，西地平线上蛰伏着雪山的影子，弱水早已被秋风吹瘦，不见了古渡口，连废墟上的石头也渐渐风化，成了黑色的碎片。我记住了这个黄昏。这个黄昏像内心的乡愁，覆盖了张掖故地，辽阔，幽远，无边无际。2007 年 10 月 8 日，最早的一颗星从祁连山那边升起，照亮了傍晚旷古的秋色苍茫。在一个农家酒店，我推开窗子，看见茫茫的原野上行走着羊群，漫天飞舞的黄叶遮住了牧羊女子的背影。我们是来探访黑水国古迹的，一大群记者、作家和摄影爱好者围坐在火炉边聊天、喝酒，喧嚣吵闹。大家谈论着月氏、匈奴、回纥与身着狼皮袍子的远古羌人，想象着弱水对岸的神秘遗址，幻听幻视，一切仿佛在西地平线那边。但我发现西面只有落日残阳，还有云朵和芦苇的花穗，整个天空凝结成了一颗露珠，悬挂在牧羊女的额头。

弱水之岸，渐渐隐去的是废弃的城堡，残垣破壁，一身风尘。霜花悠悠飘荡，夏日的蝴蝶和蜜蜂只剩下尸骸和亡灵。土地空空荡荡，零星的向日葵独立秋风，吹奏荒凉。从酒馆里走出来，我们霎时迷失了方向。河水平静，于迷离的天光中沉默，没有手势，听不到低语。有人吵嚷着渡河，有人提议原地宿营。夜幕开始降临，东南西北的荒原渐次被雾岚淹没。雪狐的影子闪过，眼眸幽蓝，仿佛是野鬼的灯盏，诡秘，恐怖。大家的意见最后趋于一致：离开荒野，走回城市。而就在这时，不知谁唱起了张掖民歌，粗粝的嗓子里，旋律低沉，歌声尽含远古的苍茫。

我曾想，一条河与人的相会，默契交融，应该是宿命。在此之前，我独自来到弱水之湄。是一个黎明，朝霞打印在水面，波纹一圈圈地漾开，宛若神秘的微笑。天空落下来，水汽落下来，弦月落下来，覆盖了灵魂般寂静的大地。就在那种寂静中，我走进了黑水国遗址，爬上了那一堵古城墙。黄土夯筑的墙体，绝大部分已经坍塌，立在那里的几片断壁，孤绝，伤情，比皱纹还要破旧腐朽。我在那些墙壁的缝隙里抠出了几块残破的陶片，然后再把它们放进水流，让随风泛起的涟漪，亲吻它们美丽忧伤的花叶图案。

也就是那一刻，我眼前恍惚凸现出一个个陶罐，有月光、水、鸟影、花瓣，安静地睡在

里面,而古月氏人的影子也在陶罐里若隐若现。一个陶罐就是一个民族的脸谱,一个民族的脸谱就是一部沧桑历史。黑水国的朝阳从战火与杀戮中升起,又沉落于某个狼烟弥漫的黄昏。就是那个黄昏,一群头戴翎羽的少女背着陶罐去黑河边汲水,突然被鸣镝击杀,陶罐和梦随之在铁马秋风中破碎……

很多次靠想象虚构黑水国的历史,但得到的不过是零碎的梦幻残片。时间的灰烬中,不可能长出青青野草,破碎的陶片也无法复原完整的陶罐。回城路上,我们与一匹赤红的马不期而遇。马的鬃毛分披,双耳竖立,眼神中有刻骨铭心的伤感与落寞。汗血马。蒙古马。波斯马。大宛马。紫骝啸天,足踏飞燕,它的祖先一一消失于遥远的岁月,留在它血液中的记忆,只能不断地复制长河落日,西风流云。

一辆火车向西疾驰。火车带着东方潮湿的气息、海风以及幸福的表情,开往新疆,开往更加遥远的西北亚草原。兰新铁路经过张掖,它的两边是村庄、城镇,还有墓地。秦代的墓,汉代的墓,唐代的墓,元代的墓,明代的墓,清代的墓,20 世纪的墓,21 世纪的墓,墓冢累累,宛若大地上的星座。死者化为灰烬,亡灵隔河眺望,他们会不会看见火车古怪的躯体?

最为邈远的应该是太阳落山的地方,我们即使是乘坐现代化交通工具,也永远无法抵达。《大荒西经》上说,神居住在昆仑悬圃。神的花园,只有白云和风可以在那里停留。我们的目光只能在黑水国的废墟上逡巡游荡，穿越的也仅仅是时光的表象。在岁月深处,倾圮倒塌的宫殿、城墙,在时光中走失的人群,连影子也没有留下。神谕:不要砍树,当弱水消失之后,张掖就会变成另一个黑水国。

张掖城就在眼前。夜幕拉开,城市的灯火灿烂、绚丽,失明后的博尔霍斯说,夜晚的城市就像内心金黄色的老虎。我看见鳞次栉比的楼房,一半立于星光之下,一半沉沦于黑暗之中,白色瓷砖被霓虹灯打上闪烁迷离的星斑,恍若摇曳寒风的豹皮。乡村进入睡眠,城市却依然在疯狂。世纪游乐中心。白天鹅桑拿洗浴池。红磨坊歌舞厅。摇滚乐。流行歌曲。人流和车流。朦胧的水汽和欲望。商贾。游人。嫖客。妓女。夜晚,民间的生活史被反复书写,庸常,世俗,晦暗,真实。

脚下的路通向街心广场，路边的广告牌提示我们，这里已经是古城最繁华的地段。在我身边,一个记者朋友不停地絮叨张掖的历史——西王母,玄奘,元世祖,大佛寺,木塔,土塔,钟楼,鼓楼,山西会馆,临松故园,羌笛琵琶与异国风情,丝绸和方言土话,马刀下的羊肉，吹奏东风的梅花鹿角，从诵经声中升起的黄昏，比海子还犹豫的天鹅的眼睛——朋友说,如果时间可以倒流,他会用摄像机拍下那每一个天籁般的场景。他喜欢铁锈色的历史,在那种情景里荒寒以至老去,让灵魂长出斑驳苍苔,可以幸福一生。

张掖是美丽的。张掖的美丽在于秋天的黄昏至傍晚,一片古槐的黄叶落下来,穿过喧嚣与骚动,穿过世俗的烟尘,像一声岁月的叹息,轻轻砸疼我的心灵。

黑河:深秋或初冬的影像

我坐下来。黑河从面前悄然流过。秋天,准确说是晚秋,流水很平静地映着祁连雪峰、云朵、鸽群、阴郁而伤感的杉树和白杨。衰草连天,冷风萧萧。一条河在黄昏的影子中缓慢前行,穿越田野荒漠,然后消失,像一个梦境,或者是留在梦境里的灰色飘带,轻盈、魔幻、迷迷茫茫。

面对黑河,我总有一种置身远古的幻觉:金橘般的夕阳从褐灰色的冈峦上滚落,点燃了河谷里的芦苇,绯红的火焰笼罩着水波。一棵胡杨撑开满身灿烂的黄叶,摇曳,闪亮,飘洒,坠落,让蝴蝶似的叶片覆盖刻有咒语的陶罐和铜镜。芦花飘荡的河岸上,月氏的女萨满赤身裸体,挥舞着剑,一边舞蹈,一边吟唱祭奠水神的歌谣……

风吹过来,风声很大,像有人在吹埙。幻觉中的事物没有轮廓。我看见一弯月牙,忧伤地挂在对岸的峰顶。月色下,只有起伏晃动的野草和灌木。一只狐狸在不远的地方蹀躞,偶尔抬起头,朝我张望,目光暗淡苍凉。商人?秦人?月氏人?鞑靼人?匈奴人?也许,狐狸就是先民的一个幻影,一个亡灵,从古到今,默默地守候着河岸,在这里等待那消逝的家园。月光回溯着以往的宁静,狐狸在暮色中渐走渐远。河床里的红柳雾气氤氲,暗影幢幢,恍若鬼魅。从胡杨树丛里望过去,我发现有一块巨大的页岩横卧河心,流水漫过石头,溅起隐隐水花。苍老的岸,苍老的石头,苍老的山河树木,那么,水呢?水流激石的时候,会不会有苍老的皱纹跌落在波心?

我不能描述黑河。黑河就是黑河,一条流淌了数亿万年的河,一条大西北普通的河,一条没有木船帆影的河,一条缺乏审美意义的河。黑河之于我,完全是偶然的机缘。若干年前的一个初冬,我从偏远的故乡出发,走进了祁连山北麓的荒原。我是来这里寻找诗歌的。大漠。孤烟。长河。落日。唐人留下的苍茫意想,给我心灵以巨大的震撼,使我第一次靠近雪山和漠野,第一次目睹了蛮荒而粗粝的沙滩与河流。那个冬天有雪。蝴蝶般的雪片落在荒草中,落在黑河边,落在石头上,但没有一瓣能落进我的心湖。热爱诗歌的我始终是干涩的,犹如长满枯草的河岸。我漫无边际地向前走着,在黑水国遗址,遇到了几个考古工作者,他们来自遥远的省城,一直驻扎在这里搞丝路文化研究,据说挖掘出了许多有价值的文物。在他们眼中,一片残陶和木箭,一个瓮棺和陶罐,一支鸣镝与箭镞,都能构成极富内涵的人文立面。而我苦苦寻觅的诗歌意想却杳如梦幻,甚或连一句在场的句子也没有酝酿成功。暮云合璧之际,我看见了平静如初的黑河,还有河边闪着磷光的鬼火,以及坟场,坟场中被风吹响的枯骨和骷髅。

秋风白露的季节,我又一次来到黑河边。这一次,我已经远离了诗歌和激情,内心的视角开始转换。不再多愁善感,见落日而伤情,闻秋风而伤感,怀古的幽思一点点崩溃、

坍塌，如芦花草叶，随烟尘飘远。黄昏的天光里，黑河无声无息。在我目力抵达的地方，有几个农民正在拉运玉米秸，车子嘎嘎作响，人和牛都弓着腰，一幅拖沓疲惫的样子。而他们的后面则跟着女人和孩子，还有毛茸茸的小狗，似乎在吵嚷着什么。从他们的头顶望过去，高处是庄园，比庄园高的是雪山，更高的就是天空和云朵。苍凉空阔的背景下，卑微的生命亘古如斯。这里似乎没有诗意的景象，除了艰辛苦难的农人之外，剩下的只有沉默的河，以及岸边的枯草老木。河滩被挖沙的民工占领，到处是心疼的伤疤。在我的面前，只有零星的野菊花在秋风中摇曳，瑟缩颤抖，若孤魂般幽怨。

我曾经在一本民间刊物上读到过一则故事：很久的年代，一个村姑恋上了黑水国的王子，但由于门庭相差悬殊，她无法走进那个深宫大院，后来相思成疾，卧病不起，死时便化做菊花的种子，随风飘进宫墙，从此后，年年岁岁，在黑水国的土地上就有了深蓝或黑紫的花朵，经秋不衰，直到初冬才开始凋零。我一直不喜欢野菊花，因为那幻若月亮的花盘有太多的阴郁和伤感。相比之下，更钟情黑河岸边的蒲公英，即使在晚秋，那些洁白的伞盖依旧于风中闪烁、盘旋，让人想起白衣飘飘的剑客侠女。

距离黑河最近的城市就是张掖，那是一个有着千年历史的古城，风华绮丽，热闹非凡。元朝时，意大利探险家马可·波罗游历河西走廊，曾驻足于此，用一双蓝眼睛打量张掖的异域风情。那个年代，佛教盛行，梵天净土的云朵擦拭着城市的每一个角落。当然也不乏世俗生活的温情与浪漫：驿站、会馆、赌场、妓院，戍卒、商贾、诗人、嫖客，所有的场景和人物会聚纷纭，构成别样的景观。但马可·波罗并没有留恋这里的风烟阜盛，在他的笔下，出现最多的词汇，依然是黑河，是黑河两岸破旧的茅舍、衰落的村庄，以及无家可归的乞丐和流浪汉。也许在他看来，河流是历史的记忆，千古兴亡之后，只有苦难的黎民百姓，才能洞见黑河亘古的永恒和虚无。

巴丹吉林的时光碎片

柯 英

南滩，巴丹吉林沙漠甩出的一个小尾巴，静静地伏在村子的边上。偶尔过一场风，掀动一下，细碎的沙子欢欢势势地跑起来，跑累了，就地趴下，沙漠又恢复到原先的静谧。人常说风过无痕，其实，风有风的形态，那些沙子形成的波粼状、网络状的图案和鱼脊般的沙丘，就是风在沙漠里奔跑的足迹和形态。看这浑然天成的图画，真叫我喜爱之极。

我看着同伴从波浪般松软的黄沙上走过，真像走进了画中。静寂的黄沙，悠远的蓝天，他们是最生动的风景。他们身后，留下一串串或深或浅的脚印，颇有些人生哲学的意味。我不知道走过的脚印能保留多久，但肯定不会太久，一场风过去，就会抹平所有的一切。我们总想留住一些过往的东西，然而总是徒劳无功。时光像一把无形的刷子，它会把这一切毫不留情地清除干净。

在空空荡荡的沙漠，远离伙伴，独自走路，颇有些胸怀天下的豪迈。人往往就在无参照物的状态下自视甚高，这是人性深处的本然。听惯了闹市的喧嚣，面对没有声息的广漠，竟然无比的舒畅和惬意，一个人放肆吼叫，纵声高唱，哪怕五声不全，七音不准，在观众缺失的舞台上上演自己，这本身就是一种酣畅淋漓的快感。我想，多年来，我的内心深处一直在这样尖叫，这样渴望。尘世的空间，我们都是活给别人看的，你的言行，你的声音，你的喜乐，你的脸色，总要顾及认识的、不认识的人的看法，你能听到发自内心的声音吗？你能肆无忌惮地情感渲泄吗？

空寂的广漠仿佛被我的吼叫声吓着了，不易觉察地抖动一下，四下里回响着嗡嗡的回音。我看到憨憨的小蜥蜴从一棵草下惊慌失措跑出来，躲到不远的地方，翘着扁扁的小脑瓜，朝我望着。它肯定在研究这个擅自闯进它的王国的庞然大物意欲何为。这小家伙挺乖巧，我们曾叫它"沙爬爬"，也叫四脚蛇。把它摔一下，它就装死，趁你不注意，迅速爬起来就逃走了。少时，我们一群乡村淘气没正经事干，常常捉弄这个小不点，玩腻了，还把它用泥裹了烧着吃，现在已想不起什么滋味了，只是见到它格外亲切，像旧时故交似的。我亲热地跟它打声招呼："嗨，伙计，叫什么名字？"可惜它听不懂我的话，一溜烟跑了。

巴丹吉林沙漠里有我熟悉的许多东西，白刺、芨芨、沙芦草、沙米，这是沙漠中最常见的植被。巴丹吉林沙漠中还有一些非常奇特的草，居然能在滚烫的沙子里扎下根，有的

枝叶碧绿，纯净的绿，塑制品一般；有的居然能开很艳的花，刺状的花萼，火红火红，只可远观，不可亵玩；还有的长成一人多高的灌木，结着樱桃一样的果，而这红果实看着水灵，用手去摘却是一团刺，不小心就会弄破你的细皮嫩肉。这些超越生命极限的耐旱植物，简直不可思议，凭我们有限的经验或常识，几乎难以想象它们是怎样发育成长的。草根、花丛底下，蛄蝼、蚂蚁、甲虫、飞蝇成群出没，爬到净沙上晒太阳。那些黑色的小甲虫很有意思，出行的时候总是排成长长一队，组织性很强的样子，有个把调皮的家伙脱离了队伍，但很快又回归原位，我强行从中间截断它们的去路，后面的队列竟然绕过我的手指，从另一个方向追赶前面的队列。一根枯草、一片土坷垃，在人看来微不足道，对它们来说，就是一道岭、一座山，要费很大的周折才能翻越过去。我不知道它们从哪里发号施令，更不知道这支浩浩荡荡的队伍去干什么。相对于人来说简单无聊的事情，或许对这些小东西来说乐趣无穷呢。昆虫的世界也是这么不可思议，不论哪个角落都有它们的容身之地。无所事事时，我们拿一个玻璃瓶捉各种虫子投放进去看它们如何相互厮杀，成了我们最大的乐趣，现在想想真有些残酷，而当时肯定没有比这更有刺激的事了。回想时，我一直认为人也许是天地间最残忍的动物，天然存在以杀戮和虐待比自身弱小的动物为乐的本性。

“叽叽叽叽”，一大群麻雀呼啦啦从对面的山腰间飞出来，密密麻麻，荫翳蔽日。同伴们惊呼一声：“哇，这么壮观！”在沙漠里看到成群的麻雀，的确出乎我们的预料。转而一想，这些鸟儿生活在沙漠里其实很幸福啊，沙米啦，草籽啦，昆虫啦，都是纯天然的绿色食物，根本不用担心被超标的农药毒死。细看时，这些麻雀都是细长身子，绝非我们村庄周边的那些绒球似的小麻雀。看来，鸟儿也各有各的地盘。如果那些村庄里抢食庄稼的麻雀飞到这里，肯定没有容身之地吧。按照自然界物种平衡原理，我想，这里肯定还有麻雀的什么天敌在哪个山旮旯儿里藏匿着，只是我们无缘看到罢了。

现在，我和同伴要找的是一地黄花。就在这片沙漠的一块洼地里，五月间灿然绽放的一地黄花。

那片洼地四周被沙格楞围起，恰如襁褓，山坳里是一片湿地，野草疯长，蒿子、马蔺、马莧、芨芨、甘草、芦草，还有许多绿洲地带才有的植物，这儿竟能看到。我年少时跟父母去割沙芦草，偶然碰到过这片风水宝地。滚滚黄沙中，一片灿烂黄花赫然入目，这花开得直让人惊讶，我抑制不住地欢呼一声，心里涌满从未有过的幸福和快乐，尽管往后的岁月里我看到过无数的名花艳卉，但都没有这片野花给我视觉的冲击感。母亲告诉我一个俗不可耐的名字：猪板肠。我以为她弄错了，大声地说，不可能！这么美的东西咋会叫这名字！她说，你挖出根看看就知道了。我拔起一根，一看，它的根弯弯曲曲，真的像猪板肠。后来，我也弄明白了它的学名，叫黄芪，村里一位老中医说的。很偶然的一次，我去买药，老中医正在给本家的大伯看病。大伯精神萎靡，吃了好多西药片片都不见效，愁苦得

像要死了。老中医这次却没给他开药,说:“有个偏方你试试,你挖些黄芪泡茶喝。黄芪也就是猪板肠。土方治大病,说不定就好了。”大伯半信半疑,后来喝了一段时间,果真见效了。

自然界的闲花野草,历来是我们的救命良药,人食五谷,本就源于草啊、木啊的。生活贫困时,草根百姓病不起,也看不起病,生了病就靠野地里生长的闲花野草对付。一辈辈人积累下来的土办法有时还真管用。头疼脑热了,挖点芦苇根、茅草根、甘草,扯几根薄荷、柴胡,揪几颗苍耳子、连翘子,再加片生姜熬着喝几次,马上就能根治。腹泻了,把车前子、生姜、甘草和红枣熬着喝。尿不利,用车前子和马莲子药治。牙疼了,用冰草根、柳树皮和甘草熬着喝。不小心蹭破了皮,扯一撮马苋花敷上,立马止血……这些都是野生野长的东西,在野地里随便就能找到,谁家也不缺。民间的土方,野生的草木,治愈了贫瘠时代的多少病痛啊。

我要找的那一片摇曳在黄沙中的黄芪,多少年了,寂寂而荣,寂寂而谢,谁也没在意过它的存在,它也没有刻意去为谁而媚艳妖娆,春花秋月任去留,它只高擎生命的本真,枯荣自然,静躁自安。广袤天地,赋予它们多么自由活泼的天性。

我们在巴丹吉林沙漠穿行了半天,却怎么也找不到那片茂盛的黄芪地。一地占据我多年的野趣,像一场梦掠过了我曾经的岁月,像一场风经过了茫茫大漠。我应该早就想到的,走出乡村已经多年了,一时一景哪还能保持经年的风姿永恒不变呢。

而巴丹吉林沙漠依然保持千古不变的样子,修为极深,如一本时光久远的古书,天地寂远,岁月如注,我们的身影眇小得微不足道。

精神与品格

——张掖人文现象解读之一

陈　洧

一

精神是人类文化遗存中优秀的思想内涵而形成的一种力量，具有物质所不能代替的作用。

精神是无形的,是一种影响人们思维和行为的内在,并不以形式存在。

精神又是有形的，它以无形的存在放射出耀眼的思想光华影响和指引着人类行进的步伐,有时给予人的是一种具体的行为规范,甚至是具有很明显的指向性的喻示。

品格是思想境界所达到的一种高度,是整个社会所展示出的标尺,是一个具体的人所表现出的一种思想、文化、修养、道德、情操的外在形式。

品格也是无形的,它的存在与表现是人内心深处的一种存在。

品格也是有形的,它可以通过人的具体的言谈举止和对事对人以及所采取的方式直接展示在世人面前。

精神是人类不可缺失的光芒。

品格是人类不断追求的目标。

古城张掖的精神与品格是通过有形有色有血有肉有情有义的人所呈现给世人的。

二

张掖佛城广场的西南角,有一尊汉白玉雕像,坐像慈眉善目,端庄娴淑。这并非雕塑家的创作,这座雕像的原型,功德无量的姚道姑本身就是一个慈眉善目、安详和蔼的出家之人。这位保护了大佛寺镇寺之宝,被定为“国宝”级文物的经卷的至圣之姑,我早在20世纪60年代中期就已经熟悉了她的身影和容貌。

姚道姑长期栖居在今大佛寺藏金殿南隅的一间阴暗的小屋中，每月靠文化部门的几块钱的补助度日过岁。而我当时求学的南街小学就设在大佛寺院内。藏金殿破败的殿

堂和缺胳膊少腿的塑像是我们课外活动时间经常光顾的地方，但姚道姑居住的小房子在殿堂后侧土塔边深长的小巷深处，我们心怯胆虚，从来不曾涉足。那时已是“横扫一切牛鬼蛇神”的狂飙骤落之际，作为封建迷信的大佛寺的看护者姚道姑更是在劫难逃。所以我们常常看到一袭灰道袍，一顶灰道帽，打着绑腿，显得干脆利落的姚道姑挥着大扫帚清扫庭院的身影。年幼无知的学生们有时会追着姚道姑喊出一些时尚的政治口号和侮辱人格的语言，姚道姑会停止扫地，立定在原地，两眼直直地盯着顽童，一副无奈而又悲哀的神情。

她只有无奈。

她只能悲哀。

以至过了几十年，我还能清晰地记着她那无奈悲哀的神情。

20世纪80年代中期，被下放农村重新回城的家又搬回了张掖。父亲被从“牛棚”里解放出来，安排到了文化馆工作，返城的家一时找不到合适的住房，文化馆腾出了三间房子权作居家之所。姚道姑仍住在土塔边的小房子内。那时的文化馆以土塔西为界，和大佛寺院落分隔成两部分。青灯染白发、黄卷伴青衫的姚道姑长期孤居寡住，当院落里有了伴时，常常在夏季的傍晚同我母亲端坐在图书馆借书处(今关圣殿)前过堂里纳凉叙谈，有时帮我母亲缕缕麻择择菜。五岁的小侄女无知无畏，跟着姚道姑到其居住的小房子里打闹上一阵，还会尝尝姚奶奶熬的小米汤。此时的姚道姑我已没有了小时候对她的神秘感，已把她视为一个和蔼可亲可近的邻居，“姚奶”的称谓中渗入了更多的尊长之敬。后来，家搬出了文化馆，我又在临泽工作，故见到姚奶的时候就少了。

一个冬日，我正在张掖参加排练，中午回家后听母亲说，姚奶住的小房子起火，姚奶走了。听到消息，心中一震，顿而又觉释然。一个出家之人以这种方式归天，天意？人祸？我突然有了凤凰涅槃的感觉。

据母亲讲，清晨，馆里的人来家叫父亲的时候，大家只是感到突然，惋惜不已，并没预示到有什么大事情发生。

最早进入焚烧已尽的小屋的是父亲和两位王姓馆人。在清理现场时，从被烧裂的夹心墙壁后有了惊人的发现。十个完完整整的大木柜整整齐齐地排列成行。人们打开木柜，被内存震惊了。里面完整地保存着明英宗颁赐大佛寺的佛经7000余卷，其中明代用金银粉书写的《大般若波罗蜜多经》就有588卷(287本)。莫说无价之宝的经卷，就是这十个经柜都是不可多得的珍贵文物。而姚道姑的房内简陋得只有最简单的生活用具。

大佛寺经卷的发现震惊国内，被称为“稀世之宝”“国内仅存”“无价可量”。历经几百年战乱动乱骚乱兵乱，寺院几经修缮毁损，几十代寺主更迭变换，7000余卷佛经竟完好无损保存下来，实属罕见。几十年青灯黄卷，面壁四徒，备受欺凌，生活贫困潦倒而痴心一片苦守寺宝的姚道姑的行为叫世人刮目相看。她只要有一点点私心，有一缕缕杂念，

有一点点怯懦，有一点点动摇，就可摆脱贫困，就会挣脱欺凌，就会名利加身，可是，姚道姑没有私心，没有杂念，没有怯懦，没有动摇，佛心长存，圣洁在心，痴心不改，赤胆真诚，守清贫护佛经捧虔诚奉忠贞，护的岂止是传世至宝佛经，她留给后人的是忠于职守、谦恭诚信、不为金钱名利所诱惑、甘守清贫志不改、质本洁来还洁去的精神。

前几年我曾和姚道姑的两位侄子谈起过这位老人，侄儿们眼含泪花说，日子过得那么艰难都不曾麻烦过他们，十年动乱，停发了生活费，靠拾破烂度日，都没有透露过经卷的秘密，更莫说运动的冲击，红卫兵的拷问……

凤凰在烈火中涅槃，得到了新生。姚道姑在烈火中圆寂，无儿无女无遗产，但她所守护经卷展示出的献身精神，为古城增色添彩，金光照耀，永记史册。

三

古城张掖有一个流传了几百年的故事。说的是城西万家巷万婆婆施粥救人的善举。当年有一顽劣之人将家产败尽，专干些偷鸡摸狗的勾当，被族人赶出村子，流落在张掖街头行乞讨要。天长日久，人们厌烦了此人，愿意施舍者愈来愈少。一日，此人头昏目重，病卧在万家巷口，无人理睬，眼看病饿交加，就要一命归西了。

万家巷内有个万婆婆，贤惠聪淑，使得一手好针线，做得一手好茶饭，上孝公婆，下护弟妹，左睦邻舍，右善义举，见人先带笑，开口必有礼，是个人见人喜欢的婆婆。这一日万婆婆出门，见一乞讨之人病卧巷口，饥饿难耐。万婆婆一惊，心想：佛法讲，救人一命，胜造七级浮屠。此人病饿加身，性命难保，不救于心不忍，于理不通，于法不容，于情不顺。于是，忙从家中端来半砂锅冷粥施于病卧之人，后又施以衣物披其身，好言劝道：此地并非久留之地，还是到外面闯荡去吧！此人喝了粥有了气力，加了衣有了温暖，叩谢之后毅然东去，这是后话。

万婆婆一碗冷粥救活了一个人，一袭旧衣鼓起了一个人求生的勇气，乃大义大仁大善之举。不料，此人日后竟成流寇，带兵血洗张掖。万婆婆的善举被官府当做“通匪”之嫌而锒铛入狱。万婆婆救人救出祸来，施衣施出灾来，但并不后悔。万婆婆认为她救的是性命，施的是仁义，依的是礼信，何罪之有？救人施衣无怨无悔。读到此处，一个古代有情有义、善良贤淑、深明礼信的母亲形象跃然纸上，一种中华民族崇奉的扶危济困、助贫救难的美德，一种千百年支撑中国人精神支柱的见义勇为、见难施救的品格升华为一种精神，为古城的人文形象增添了不少光彩。

品格具体表现在行动上，万婆婆施粥的行为是品格的表现。勤劳是品格的表现，与邻和睦相处是品格的表现，礼正行端是品格的表现，救人施恩横遭灾祸无怨无悔又是品格的表现。品格在万婆婆身上闪射出的是礼义仁智信交织辉映的光芒。

万婆婆是一个传说故事中的人物，但她的形象和行为几百年来为人们所传颂。从人们的讲述中，我们看到了一个白发苍苍，步履蹒跚，颤巍巍地一手拄拐、一手端碗的老妪在向我们走来，眼中饱含着同情和怜悯，脚下走出的是品格，手杖支撑起的是美德。

我们也可以想象出年过半百、风姿依旧、干脆利落、爱打抱不平、善走家串户的热心肠婆婆的形象。步履轻盈地端粥施衣，软语温言的劝慰难者，眼角眉梢都是善，举手投足皆是义。不管哪一种形象，万婆婆都是一个品格的体现者，美德的诠释者。

品格是平地，人们可以在上面履步如飞；品格是高峰，人们需要奋力攀登。不管是平地还是山峰，足下的每一步都应走在品格的“格”中，行在品格的“品”中。

四

姚道姑的精神境界，万婆婆的品格美德，是张掖人的宝贵财富，是精神与品格寓于具体行为而产生的无可估量的价值观。

古城为之骄傲！

张掖为之光荣！

创造与宽容

——张掖人文现象解读之二

陈　洧

一

创造是人类智慧与体能相结合,思想与行动相融汇的结晶。

创造是多种形式的。以智慧和聪睿凝成的哲理思想,所形成的观念理念是创造。展示于世人面前的具体的物件也是创造。因此,创造是以抽象和具体两种形式出现的,是以逻辑思维和形象思维并行而产生的。

创造是劳动。既是繁杂的脑力劳动,又是繁复的体力劳动。只有不断地创造,人类才能生存,历史才能前进,社会才能进步。

宽容是胸怀的体现,融入了道德观、价值观、名利观、生死观等诸多因素,是对一切事物和不合理、不合情、不合法的事情和具体的人的具体的行为采取的大度,是具体的人表现出的气量和大度。

宽容说起来容易,但在具体事物具体人物面前,理智地、明智地、慧智地表现宽容却是不容易做到的。

宽容是人的秉性、文化修养、道德情操、处事原则和社会阅历的综合产物。

张掖人的创造与宽容是历史积淀、社会沉淀、人文精神、宗教理念、审美品位的交会。

二

张掖民间有歌谣传唱:张掖有个钟鼓楼,半截子栽到云里头。

听听,何等的气派。

西安乃六朝古都,贞观盛世之发祥地。钟鼓楼居于城中,雄伟大气,俯视四方,颇有皇家风范。区区张掖小城,丝绸之路上的一个驿站,竟然也在城中建造起一座钟鼓楼来,虽形制规模不敢和西安钟鼓楼相比,但在西部也是独一份的。

张掖钟鼓楼雄居城中,辐射四方,建筑巍峨,形式大方,匾额气派,语惊四方,想象力

何等丰富,创造力何等生动,足以展现一个城市、一方地域的人文品格和进取之心。站在钟鼓楼上,俯视四面,城衢尽收眼底,胸中豪情万丈,登高望远,心境大开,意境更远……端庄、稳重、大方、气派是张掖人创造力的生动体现。

张掖又有民谣相传:张掖有个木塔寺,离天还有七八尺。

木塔耸入云霄,身高九级,昂然挺立,几百年来一直是张掖最高的建筑,远方游客几公里外就可隐见其影,为其倾倒。

木塔远可追溯到隋代,据说当时的木塔中以铁柱支撑,可随意转动。民间还有传说,当年修此木塔,技术难度极大,工匠们一筹莫展,恰有鲁班路过,用韭菜豆腐搭成模型竟自而去,工匠们待明白过来,木匠之神已飘然而遁。传说固然有传之嫌,但木塔的结构、高度、形制却是张掖人创造力的又一证明,否则,何用鲁班下界,木神下凡?

木塔是西域路上最高的塔物,难怪民间要唱离天还有七八尺。

近日路过大佛寺广场,突见巨石之上的"大佛寺"三个大字已改为"西夏国寺",初而愕然,继而释然。大佛寺原本就是西夏皇家寺院。九五开间的大殿正是皇家专用定数,35米长的卧佛全国第一,世界少有。900多年前的张掖人就有如此大的气魄,如此浩大的工程,如此宏伟的建筑,如此尊长的卧佛,创造力实在是太有创意,太有气魄,太有品位了。而更为令人惊讶的是,明英宗颁赐的7000余卷佛经,张掖人竟然倾其财力,用金银粉对《大般若波罗蜜多经》进行了再创作,字迹工整堪称字帖,细工精笔更为一绝,永世不变立意高远。张掖人的创造力达到了极致,叫后人莫不惊叹诚服。588卷(287本)金银粉书写的经卷已成为大佛寺的镇寺之宝,更是具有民族保存价值的"国宝"。

三

张掖人的胸襟是博大的,气度是宽容的。

当中央王朝还未同外邦有广泛联系时,张掖人就以真诚友好的胸怀接纳了意大利旅行家马可·波罗。这位高鼻子深眼窝,操一口谁也听不懂的异邦之腔的外国人来到张掖后,拜庙堂,逛商铺,赏芦苇,进民居,尝小吃,竟对张掖产生了浓厚的兴趣,一住就是半年之多。试想,如果张掖人不宽怀不宽容,他能待那么长时间吗?张掖人的宽容是淳朴民风、善良民心、真诚民意的表达方式。

这位张掖人据史载第一次接触到的外国人,在游记中对张掖进行了描述,成为第一个向世界宣传张掖的外籍人。虽然他的游记中对张掖人有微词,但大度宽容的张掖人在20世纪90年代在新辟的欧式街上仍竖起了他的塑像。张掖人的宽容又一次展示得如此磊落如此大方。

张掖是古丝绸之路南北中三条通道的交会点,也是商埠重地。但是张掖人并没有把

这一资源和优势据为己有，而是以宽容的心态接纳了南来北往东行西去的商客在此经商从业。20世纪三四十年代，张掖城内已为山西、河南商界占据了半壁河山。连一向被人称为“细微”的民勤人，在张掖都集资建起了会馆。山西人更不用说，会馆建得更早。今天，当我们走进结构严谨，规模齐整，设备健全，功能多用，布局合理，集议事、会商、洽谈、居住、交友为一体的会馆，一面为外地客商的精诚团结而感叹，一面又为张掖人的宽容大量而自豪。俗话说：一山不容二虎。而张掖人却以如此博大的胸怀接纳了这么多的异域客商，在半城芦苇半城塔影、寸土如金的城区内划拨出如此大的黄金地段，让外地人修会馆盖堂所，并且让他们集会议事，共商生财之道，同辟发财之路，这是一种何等的气度，何等的宽容呵！

正是张掖人的宽容接纳了四面八方的旷野清之风，才使古城张掖千年不衰，渐趋繁荣。张掖人的宽容是中华民族博大胸襟同本土民风民俗民意民心的完美结合，是“四海之内皆兄弟、华夏之土尽族人”的中国情结、民族情结、人文情结的融会贯通。

四

从历史走来，历史显得凝重，创造也更加叫人敬重。

向未来走去，未来更加辉煌，宽容将是和谐社会的起点……

永远不要停下创造的步伐。

永远打开宽容的心扉！

陶渊明与张掖

黄岳年

历史文化名城张掖，有许多名胜古迹，奇闻轶事，但要说我国天才的田园诗人、“古今隐逸之宗”陶渊明到过这里，恐怕就鲜为人知了。

但是，陶渊明确实到过张掖并留下了诗作，而且，他那个在人类文明史上占有辉煌位置，让中国人陶醉了一千五百年的理想国“桃花源”的蓝本，也正是被誉为“塞上江南”的张掖。

翻开《陶渊明集》，陶渊明悼国伤时、追慕节义的诗章赫然在目：

少时壮且厉，抚剑独行游。
谁言行游近？张掖至幽州。
饥食首阳薇，渴饮易水流。
不见相知人，惟见古时丘。
路边两高坟，伯牙与庄周。
此士难再得，吾行欲何求！

——《拟古九首》之八

从本诗所述之志和《拟古九首》末章“种桑长江边，三年当望采，枝条始欲茂，忽值山河改”的句子看来，前引诗作应写于元熙二年(420年)前后。宋武帝刘裕于义熙十四年戊午(418年)十二月幽禁晋安帝于东堂，立恭帝。恭帝元熙二年庚申六月，又逼恭帝禅位于自己。陶渊明是晋室大司马陶侃的后人，他发“山河改”之类的感慨是很自然的事。此时的陶渊明，已经56岁，“烈士暮年，壮心不已”，晚年的陶渊明，虽已隐居多年，但显然仍在关心着时事，难以忘情于壮志满怀的青春岁月和自己的理想，关心着自己到过并且留下了深刻印象的张掖。

那么，陶渊明为什么会到张掖来呢？

原来，晋代自“八王之乱”以后，中原地区就已经被逐鹿争雄的统治者弄得兵连祸结、民不聊生了，正如当时民谣所唱的那样：“秦川中，血没腕。”可是，河西一带在西晋灭亡之后，却由于原西晋凉州刺史张轨的儿子张寔治理得力，子孙保有一方，成了西北中国

唯一政治安定、经济繁荣、人民安居乐业的好地方。许多中原大族、文人学士相继携家大批来此,百姓们也络绎不绝,奔向这块乐土,躲避战乱(《桃花源记》所谓"避秦时乱")。河西的经济文化呈现出一种极为罕见的兴旺景象:那个时候,我国与中亚地区的文化交流主要在这里进行;敦煌的莫高窟、武威的天梯山石窟、张掖南部的马蹄寺石窟也都在那个时候开始营建;文化巨人、译经大师鸠摩罗什也在那时驻足张掖。"区区河右,而学才埒于中原"(《北史·文苑传》),"号为多士"(《资治通鉴》卷123)。这些都标志着河西学术在当时的盛况。陈寅恪先生曾就此指出:"刘(渊)石(勒)纷乱之时,中原之地悉为战区,独河西一隅自前凉张氏以后尚称治安,故其本土世家之学术既可以保存,外来避乱之儒英亦得就之传授。"(《隋唐制度渊源略论稿》)陶渊明的另一篇诗作《赠羊长史》证明,作为将门之后的青年陶渊明,从西归将士的口中听到过上述情形并流露了由衷的钦羡。自然,"少时壮且厉"的陶渊明对于河西,就免不了怀有一份"心向往之"的激情了。于是,在尚游士风的影响下,一向追慕古人、称许过侠士荆轲的陶渊明,就随着西来的人流,仗着热血青年的豪气,"抚剑独行游",欣然来到了远离战火的世外桃源、物候条件甲于河西的塞上明珠张掖。

对张掖的风土人情,陶渊明应该是十分熟悉而且喜爱的,张掖在两晋人心目中的地位也是很醉人的。不然,晚年的陶渊明是不会念念不忘、赋诗以记并引为自豪的。

陶渊明来张掖的路线,是从丝绸南路经大斗拔谷(今民乐扁都口)到达张掖。因为这是当时中原通往河西的最佳路线。大斗拔谷横穿祁连山,两山峡峙,一水中流,群峰争势,风景如画。入山则鸟语花香,树木葱茏;出山则一抹平畴,沃野千里,于峡口放眼张掖,但见"阡陌交通","土地平旷,屋舍俨然",与《桃花源记》所述内容极为相似。

陶渊明生于公元365年,卒于公元427年。29岁任江州祭酒、镇军参军等,41岁任彭泽令,此后挂冠去职,不为五斗米折腰,再未出仕。他到张掖来的时间,当在22岁至28岁之间(387—393年)。此时,正是后凉吕光在位(386—399年)时期,张掖属吕光所辖,河西相对安定。

在这样一个特殊时期感受了张掖人民安乐生活的陶渊明,面对中原一带饱受战乱的局面,时时想到张掖这个世外桃源般安定和平而又文明美丽的好地方,就是一种最自然不过的事了。也就在写过《拟古九首》诗后的第二年,57岁的陶渊明又一次挥笔,以他所了解并印象深刻的张掖风土人情为原型材料,升华和勾画了寄托自己的社会政治理想,也为炎黄子孙梦寐以求的理想国"桃花源",并写下了不朽的传世之作《桃花源诗并记》。

据陈寅恪先生《桃花源记旁证》的考证,桃花源材料的主要来源和依据是西征将佐归来后所谈西北人民逃避苻秦暴政的情况,而其所寄托的社会理想成分,亦与《拟古九首》所述事相似。可惜的是陈先生的考证没有引起人们足够的重视。陈先生未明确指出"西

北"即张掖,固然是由于他治学严谨的原因。但先生未能深究《拟古九首》,对张掖地况缺乏实际体察,也可能是一些重要的因素。

总的说来,陶渊明时代的张掖,即未受前秦灭前凉、吕氏建后凉的兵事大灾,那么在物候优越的自然条件下,平畴沃野,阡陌纵横,富庶一方,便也是自然而然的。因而,历经战乱的陶公到达后把这里视作与世隔绝的人间仙境,也就不难想象了。至于后来陶渊明在他的作品中怀念张掖、艺术地再现张掖人民的生活并借以寄寓自己的理想,也就更可以理解了。

甘州三味

袁 泽

西北主食以面为主,甘州人也不例外。三味指本地的三种面食:臊面,面筋,炒炮。

河西走廊盛产优质小麦,小麦磨出的面粉绵软沙白,和面面筋韧,拉面面不断,吃起来有嚼头。去香港旅游,人到西安就馋得不成,先吃一碗刀削面解个馋,放醋放辣子刺激一下,回到家再美美吃碗拉条子过个瘾,然后吃羊肉面片子,吃凡是和面有关的饭食,像牛肉小饭(放牛肉片加牛肉汤下小面丁放粉皮的面食),搓鱼子(面捻成细条用手掌搓成鱼苗状佐菜肉的面食),鸡肠子(面搓成连绵不断的鸡肠状煮熟佐菜肉的面食)等。

但天天想着吃不烦的,我以为当属甘州三味。三味以面为主,点缀肉食蔬菜,吃饱吃好是第一,营养成分搭配不可考,成就了甘州食文化的特色,且让我们分叙细看。

吃一碗臊面

早上,学生拿着夹麻辣豆腐皮的饼边吃边往学校跑,机关的女职员喝一袋即开即饮的鲜奶打开电脑,习惯甜点的南方游客满世界找喝早茶的茶楼,早起的甘州人只想着吃一碗臊面二两包子。

臊面居甘州三味之首。说清它流传的渊源就像给夏商周断代一样困难。面自然用优质小麦磨成的面粉,汤由卤肉汁调成,用粉面勾芡成糊汤,加胡椒花椒鲜姜末、放豆腐片、打入鸡蛋讲究味鲜。勾芡糊汤和过去清贫的生活有关,传说大概是:小叔子的对象要上门看家,嫂子想把饭做丰盛一些,苦于家无多余的米面油肉,于是用淀粉勾芡的糊汤,手擀筋韧的面条做出一碗碗臊面,娘家客吃过后赞不绝口,小叔子的婚事便在嫂子的巧手中做成,嫂子做的这道面食也被叫成了臊面。发展起来的张掖兼容并包着南北饮食和风情。但一碗臊面却是本土嫡传的食文化象征。人们并没有忘掉曾经的贫穷。所以,“臊面情结”隐在甘州人的心里。

臊面的面分手擀和机制两种。手擀面和面时加蛋清,面擀到极薄时透明,面切得比韭菜叶稍宽,下锅煮一水后捞出,用温水稍激,入口就筋韧顺滑。手擀面受数量限制,新张掖餐厅去早了可以吃到。机制面适应形势,和面时加晒干磨成的菠菜粉,面煮出后呈微微的浅绿色。家常臊面和餐馆的臊面有区别,家常臊面的臊子除了炸豆腐丁外,还加

鸡丝、木耳、香菇和黄花，这是升级版的臊面，至于放洋芋将臊子混放在锅里，便成了陇东的臊子面，不等同于河西走廊的臊面，虽然多一子少一字，彼此却有着本质的区别。

浇面是大师傅才可以做好的事。看这道工序像看庖丁解牛，将技术提升到艺术的层面上。凭浇面可以探查入道的深度。浇面由以下环节组成：所谓一挑斩，面挑进碗中，筷子在碗边利索地横一抹斩断面条，碗里的面不多不少。二热冒，挑在碗里的面又被大师傅翻倒在漏勺里，在热水中颠两下，天寒时有暖胃的作用。三浇汤放浇头。浇面讲三勺：第一勺汤再预热；第二勺汤连带翻面防粘连；第三勺汤后放浇头，浇头即臊子。正宗的臊面只用油炸豆腐切丁和肉丁做浇头。看大师傅浇面递碗的动作，回环连转有节奏，无生涩遗漏之工序。这是检验甘州臊面是否正宗的关键，也是本帮饮食的一道金字招牌。

中和淳厚的臊面带着鲜美的诱惑开始浸润你的喉和胃了，挑第一缕升旋着热气的面入口中，感觉筋韧爽滑，味蕾被激活，呷一口酱色的汤，看到碗里点缀着金黄的豆腐丁，粉白相间的肉丁，绿芫荽叶和白葱末。用筷子再拨一点臊子咀嚼品味，鲜味能感觉到但又说不出。酒喝高了，醒酒最宜吃臊面，温和的汤能缓顺人紧揪的心，筋滑的面捋展酒后麻木的胃。而温胃养中的臊面还培植形体未充的孩子，挑起老人日渐寡淡的口味。臊面是河西混沌生活在饮食上的一个写照。

臊面的伴侣是包子，如兄弟或爱人的搭配恰到好处，所以不能不捎带提一下。

包子用精面发酵，馅分纯肉和韭菜两种，肉馅以皮冻熬汤拌肉馅最佳。韭菜馅是本地人的至爱。包子以刚出笼口感为最佳，咬第一口松软糯口，咬第二口菜色的油汁慢慢从嘴边溢出一点，抿一下收进口最好，三口四口后解了馋。韭菜入口即烂，肉馅入口即化是评选最佳的标准。至于油汁溅到腮旁，就是食客不雅的吃相和厨艺不精的表现了。至于菜叶在牙龈作了幌子，肉丝在齿缝间羁绊胃口，在正宗臊面包子“哥俩好”的配合中，是绝不应有的。

就这一碗臊面二两包子，引无数商家做食为天的文章。悠悠万事，唯早点最大，多少年来，商家在人无我有人有我新上下工夫，各具特色的臊面此起彼伏，惹多情馋嘴的食客满街转着打听，可着胃口品尝，完了啧啧称赞。七一食堂调汤放醋微香的历史结束了，清真羊肉臊面还独树一帜坚持着，从农村包围城市的黄红馆子舍得放浇头，正成实力派的新代表，而后面呼啦啦便紧跟了群雄割据、瓜分食客有其一的无数诸侯，但勾芡糊汤的特色没有改变。

臊面不是正餐，一碗臊面只是铺垫过渡一下，这极像一位谦虚好客的老人，好像轻轻拉着你的袖子提示了一下：吃了这地道的早点，你就迈进了张掖的第一个门槛了。然后，再介绍你坐到牛羊杂碎摊上，走进卤肉炒炮馆，去见识既有特色又兼容并包的更多吃食，至于看不看这城的新变化，就随你的便了。

粉皮面筋是念想

在张掖城里待久的人,清早起来,没理由,可还想吃个粉皮面筋。感觉有了一丝儿瘾,胃口便忍不住牵着人朝外走。

看,老地方早有人围着一口大铁锅了,忙碌的伙计拎着一桶糊汤往里倒,冒着热气的汤里,放好了牛肉和甘蓝菜,上面微微晃着的粉皮,像挺着个自豪的肚子!师傅还不断地撒下一把把面筋,用勺子在锅里转着搅一下。满当当的一碗粉皮面筋递在你面前,这要让用蚌壳盛菜的上海人第一回碰着,没感动会先吓着一跳,可在这城生活惯了的人们,对这份厚道的小吃早已习以为常。吃过后,想给家里的老人端一碗,递过一只锅,师傅全盛满,于是,这份温情又被传到了更大范围。日子久了,把粉皮面筋看成命的人,便在"面筋"前冠上个赵钱孙李的姓字,一份口碑就成了这道地方小吃的金字招牌。这不,我也是成百上千回头客中的一个。我喜欢面筋的一丝焦香味儿,当端了布满面筋的大碗落座时,这城待客的大气和厚道,就在我嗓子眼里打转呢。然后,在慢慢的咀嚼和美滋滋的体味中,我开始了一天好心情的生活。

是啊!天天念想粉皮面筋,看重的不就是这城的淳朴吗?

桌上,就一碗糊糊涂涂的粉皮面筋,它并没有多少视觉上的美感,不像汤鲜有点缀的臊面。喝着混沌的汤,我首先想到难得糊涂这四个字。嚼着粉皮面筋,我像找到了生活隐含的一种意义。一碗糊涂的粉皮面筋,再不放其他花哨的调头,一切都在成汤前加好实惠和可口。汤,是营养的基础和美味的前提。大师傅知道老人和小孩牙口差,便先把肉煮成有营养的汤,所有的关怀在汤中体现;牛肉和卷心菜兼容并包了日常生活中的极致对立;粉皮和面筋耐咀嚼能回味。它们掺和在一起,让生活有了混沌性,且可意会不可言传。是不是像生活久了没感觉?但这不是麻木,是平淡浸润下的不知不觉。现在,此时,你品尝时,味蕾被念想了好久的粉皮面筋激活时,口舌中,肉香下,筋韧的嚼头里,便有一丝和风吹拂送来的辣。这辣恰到提起你的胃口为止。开胃而不刺激的一种欲望,只用泡了辣椒的水便轻轻勾兑提吊起来,而火红热烈的辣椒像功成身退的名臣倒隐在后头。一碗糊涂着的、带些不修边幅的粉皮面筋,味道停在庸常的份上,中和的味道能够适应不能适应其他食物时的胃口,能够满足感觉不了其他生活方式时的满足。它接纳老人和孩子,并适合所有的人长久享用它。有辣参与,却绝不像有点热情就呐喊的麻辣烫,宣泄过后又萎落到平常层上。

粉皮面筋的制作与品尝,全与本乡本土的风土人情有关:实在的老乡用饱满的本地麦子磨成有嚼头的面,面再洗出筋韧的面筋,加自己晾晒出的薄粉皮,表明他们做人的一份实在和通透。粉皮面筋的汤,还是不能少了勾芡,且要比臊面汤更糊。过去饮食待客

上厚道的遗风,至今没有消散。外来人不喜欢粉皮面筋,可能与它的稠汤糊芡有关,认为汤像愚笨落后陷人的一个泥潭。其实,待久吃惯你就觉得:民俗风情的特质还就潜在这混沌的汤里,淳朴厚道从筋韧有嚼头中品味。就这样,这座城市的性格在对粉皮面筋的念想中渐渐凸现。当有一天,你到其他地方,发现其他地方也有这混沌与精粹并存的饮食,如西安的搅团,天水的糁饭等等,它们毫不自卑地代表着城市一隅的特色。毫无疑问,张掖的粉皮面筋也能担当上述相同性质的历史传承。张掖的粉皮面筋,凭它的亲和与调解,消融着不平衡发展下的狭隘心肠和偏激行为,从食文化上,能代表河西进步生活中毫不逊色的一份自信和从容,伴随着这城的存在发展而光大下去。它是这座城市的一份口碑和标志!

是的,这城是古朴方正的,而流传下来的粉皮面筋,还在混沌中掺着筋韧润滑被我们喜欢。这道地方小吃,在难得糊涂中彰显着大度下的一种精明,喜欢它的外来人一定会多起来。因为,这城用兼容并包接纳了更多的朋友,加盟进了他发展的圈子,朋友们带来多姿多彩生活的同时,本埠的粉皮面筋首先垫出了亲情的底子。当你最终品尝并爱上它时,一种念想自会慢慢浸润到你我他我们大家的心底。

图热乎吃个炒炮

炒炮只不过是河西张掖的一道面食,就是一盘炒面。和面,拉成长条,再揪成小炮仗似的面段儿,煮熟后掺卤汁烩进青菜粉条豆腐加卤肉片儿的一盘炒面。

可是,只有性情热烈的河西人,才把一盘炒面和无数炸开的炮仗联系在一起,咀嚼无数个面"炮仗"时,生命的活力也像在噼啪作响。导游笑着给外地游客解说时,河西人觉得这只不过是热乎的一道面食,只不过中饭提到早上,晚饭提到下午四点之前而已。炒炮的主体是面,面是北方也是河西的主产,诱惑胃口的卤肉只是锦上添的花。

一份炒炮,不在乎分量而在乎肉香,炒炮馆回头客多的秘诀全在卤上。而生意有多久卤就有多深,给肉进味上色的卤最少已经有二十年了。已记不清何年何月放进最初的调料包。正如可口可乐一样,赚钱的秘诀只在那神秘配方的百分之几组成上,炒炮所用的卤,有同等的奥妙和作用。

这才是炒炮馆红火热闹的关键所在。

因此,县府街拐角旁的炒炮馆,一年四季人满为患。

端面的窗口是展示壮观和精彩的所在:一口大锅,水永远沸腾着,揭开盖,数十个丫头小伙子开始围着大锅揪面。看啊,许多伸出的胳膊,像年轻的白杨树干,揪面甩开的十指,像风吹动着叶片,十指轮转时,被揪成炮仗似的面段就像炸开花的爆竹一样,从眼花缭乱的手丛中蹦进锅里,当面段儿开始上下浮沉,成千上万的精灵便在沸水中快乐地仰

泳泅渡。

五分钟或十分钟的揪面,如一阵嘈嘈急雨般暂歇后,新来的学徒用抹布抹掉了锅台上掉下的面段。虚心加耐力,这是虚心讨教的第一个表现呢。接着,干过一年的积安积慧兄弟俩撒下青菜盖上锅盖,又准备好碗碟盘掌,等着烩面,这是激越前的一个慢板。另一边,炉里漾着红红的火,火上的卤锅微微冒着泡,一丝袅袅的肉香开始诱惑我们的鼻子。领班李小乐用一只很大的笊篱开始翻抄捞出面段,在盆中加卤汁又接着烩面。只有干够三年的伙计,才能靠近老板干这道活。老板三十出头,刚接过老掌柜的钥匙,为家族承继着一件光宗耀祖的事。现在,他也跟学徒在一块,从一丝从容的举止神情可以认出他来。利用这个间隙,他端起大罐头瓶子喝了一口茯茶,压了压有些腻人的油烟气。我注意到,那杯壁附着厚厚的茶锈,二十年的岁月浸在茶中。最后,由他接过烩好的第一盘炒炮,手里的勺子像庄子《养生主》里的庖丁一样,凭神遇而不目视地划过一道弧线,恰到好处在面上铺垫出卤肉片儿,为今天无数盘中的第一盘面点了精彩的一笔。

窗口的许多眼睛和嘴,便垂涎着渴望已久的一盘面。手里的筷子开始伸向食欲集结的嗓子眼,一瓣剥掉紫皮的大蒜捏在食指和拇指间,眼口鼻舌甘愿在此时被诱惑而投降,放下端庄矜持的架子,全神贯注深呼吸,嗅一下升腾的一缕面气和肉香,啊——,炒炮。咬一口落进肚子似乎还要打几个滚儿似的面"炮仗"时,我对自己努力的人生目标又发了次誓。等舌头卷起一片肉片,咬一口蒜瓣,可口被一丝辛辣勾起后,我们内心充满着对幸福生活的无限感恩。

炒炮,这男人大快朵颐的战利品,没有谁会笑话这风卷残云如打扫战场一样的吃相,而女士呢,面对一盘超过食量的美味,也要预备暂时放下端庄淑仪的架子,细碎如贝的牙齿学会狰狞,预备要学古代女扮男装的花木兰,在现代的餐桌上会一会炒炮这个对手了。

炒炮,是西北人做人讲实在厚道的一个写照。河西人固执地认为,吃面叫充饥,嚼肉为享受。想不到,从浅显到深奥的这人生两端,让河西人用炒炮这道美食给协调得完美无缺。面尽肉完,喝一口汤吧!这是原汤化原食。最后,一出完美的体验由放下小巧的汤碗做了结束。

炒炮,这道面食让外人神奇得有些匪夷所思。男人吃完,吐一口气,开始吸饭后的第一支烟,鼻子里喷出些知足常乐,而女人们呢,出门前仔细用餐巾纸抹掉了唇边残留的些许口红,因热烈而多情的炒炮吻了她,她的唇上正充溢着健康的自然红哩!

吃过的人全觉得,一盘炒面,碧绿的青菜、晶亮的粉条和绵软的豆腐,展示了河西人清格亮豁的脾性和淳朴厚道的为人,加肥而不腻瘦而不柴的卤肉,聚全了河西人呵护自己也关爱别人的营养和口味。混沌中的快乐充溢在炒炮馆的每一个角落。想寻找与河西食文化的缘渊吗?吃炒炮吧!它对你的爱,实实在在。有限的时间和空间里,当你消受了

这盘平民的面食后，你就会想下一次，人的垂涎开始在想象中延伸，所以，炒炮馆里就永远是进进出出的人。

而我此时需要撩开那道帘子走出炒炮馆。

外面，阳光暖暖地照着人的前胸后背。匆忙或悠闲的各式各样的脚从我眼底走过。在炒炮馆中被火热蒸腾出的细汗，又被风吹向很远。一种平静从四处包围上来，粘上些吃过炒炮后的热烈，又朝更远处荡去。

这时，我又打了一个饱嗝。

这是一个舒适的生理反应。在生存的基础上，可以提升精神的需求。

身后，那口大锅的水还在沸腾着，伙计们又在下第二三四锅的面，面如细雨般落下炸开，无数的水花飞溅起来。享受口福的我们只隔了一层玻璃就看到，隐在精彩后面的是长久劳作。而茶杯的茶锈已过了二十年的坎。平常的生活没有高潮，一定要有，也只是外地客人看了一眼的惊叹。

点滴汇聚沧海。

创业聚财，从一盘面开始。

名望和品牌就会紧随其后。

奋斗前的苦难无处诉说，成功后，纷至沓来的赞美淹没了一切。面对荣耀，人唏嘘长叹。

和朋友喧高兴了，到炒炮馆吃一盘炒炮吧！细想一下，连炮都敢炒，还有什么不是在这儿生活下去的自信和豪情呢？

火热的炒炮，与自卑无干。

火热的炒炮，与冷漠无干。

到寒冷的西北，肚子饿了，吃一盘炒炮。

走出很远，手脚冷了，而想起河西，心是热的。

辍笔几年后的收束之语

辍笔，自以为沉思几年以后文思或灵感会灵动飞扬，岂不知是自欺欺人，从枯燥到懒散，倒是每天走过菜根香，进去，吃一碗臊面，想起旁边的百货大楼凤凰涅槃成新乐超市。走过孙记炒炮，金红是他的企业设计色，可孙家老掌柜在旁边的土平房起家现在人不知道，其实我自身也不老，是追忆 20 世纪 80 年代初的事，田浩面筋哪里寻？干饮食买卖太累，挣钱多了也是由苦撑着，老两口的疲惫可想而知，但还有人吃，所以甘州三味都撑着，有许多变种，吃一口味不地道就没下回，骨子里的筋道还在，眼光挑剔完全可以理解。这之后我走过南方北方，南方广州我热推越秀区某小路上的煲仔饭，地道的腊肉让

人对老板的女儿产生一相情愿的入赘联想,北京的炸酱面是好,但在破旧的胡同里吃,店铺里贴烟熏做旧的老北京画片,就他端面时将碗重重一墩让人眉头一皱,卤煮火烧就猪肠子肺子,多加点不许可,这京城过去也是农家出身。张掖人不排外,我有的自信让我对眼前的情景只微笑,两千公里之外,我没有动摇对出生地食物的衷情立场,我无法改变。据说,14 岁以后,喜欢米或衷情面的情感取舍已经牢牢和出生地的立场连在一起。从北京到河西,山势连绵,戈壁沙漠,宁夏沙坡头,阴山或大青山给游牧农耕划出了截然的分界线,倒是在河西走廊,开始了交会融合,历史远涉一千年。够长了,同样有一种自豪或自信在内心作祟或升腾。回来后,看夜色下的灯,缓缓亮着,涉及甘州三味的早中晚三餐的馆子人出出进进,我也将出行后形成的倾斜反差稍稍修正一些,我喜欢甘州三味,我喜欢吃饱喝足后慢慢溜达着看看,喜欢慢不意味着智力衰微吧?我同时主张一个观点,嗜好是戒不掉的,除非他身体生理反应不行了。别美其名曰意志,我结束了 26 年的吸烟历程后如实说。但人生的吃喝是贯穿始终的哲理,甘州三味是我喜欢一个生于斯长于斯的城市,包括他的优点缺点光鲜、黯淡、难言或沉默、积极或消极所有掺杂于其间的情感理智的一个理由。

人活着一日三餐,身后预备墓地在此,由他人对自己的生前作出总结性的发言。完了他人还是用牙齿咀嚼舌头品尝预备的食物。

而我,钟爱以上有意味的文字。

秋日笔记

尚建荣

打开窗户,我看见一只金铃子静静地伏在一盆早晚花的叶片上。要不是它轻轻挥动触角,我几乎就辨认不出它青绿、与花叶颜色极其相似的身子。我向前靠了靠,眼睛一眨不眨地盯着金铃子。

一缕阳光从对面的楼角斜剪过来搭上窗台。它一动也不动,头朝下静静地俯爬在叶片上。此刻,我看清了它细长的折叠起来的后腿有多健美——自关节折叠处始至腹部,它的圆润的腿骨就像一件用翡翠雕刻而成的品位极高的艺术品——在阳光的映射下,隐约可看到那透明的淡绿中一丝丝的血肉。大自然,才是一个被我们常常给忽视了的杰出的艺术家呀——这时你不由不去惊叹。

一点点秋风掠过,它细长而微微泛红的触角呈外八字轻轻舞动了一下,便一动不动了。

三个小时后,我去看它,它正把两条后腿开始缓缓地向后伸直,伸直,就像一个走累了的人躺在草地上舒展腰身。伸到极限,它又缓缓地蜷拢,蜷拢。如此伸缩了几个来回,它便把后腿的右足缓缓地搭上嘴巴轻轻地摩擦。

我突然想起如今已是秋天了。

在陇南,落过几场秋雨的早晨常常带着一层薄薄的无法拂去的寒意。也许,这是一只快要冻僵了的金铃子。它缓慢地蹬腿,摩嘴,就是在疏通经络以抵御这一丝严寒吧。此前,我真不知道这只金铃子曾栖在谁家的阳台或哪一片草丛,更不知道它是如何飞过林立的高楼降落到我家窗台的。

在距我住所不到一里的地方就是北山,山上长有洋槐、苦楝、臭椿、柏树、香樟和不少的茅草、羊胡子等乱七八糟的树木和野草,如果不出什么意外的话,那么,此前这只金铃子就一定生活在这些树木下的草丛中。

然而,秋天来了,寒意在一点点加重,这只金铃子,也许正是受不了这渐重的秋风才从山坡上一步步撤离的吧。

不由想起《豳风·七月》中的诗句:

七月在野,

八月在宇，
九月在户，
十月蟋蟀入我床下。

两千多年前，一群受不了寒寂之苦的蟋蟀离开野地迁往农家屋檐，又一步步移到屋内，最后，钻入主人的床下去躲避风寒。今天，这只金铃子说不定就是夹杂在当年这支撤退大军中的金铃子后代。也许，它同样是受不了外面的风寒才想钻进我的室内或躲到床下去的吧。

就这样，这只拿后足摩擦了一会儿嘴巴的金铃子可能感到了一丝暖意，它把后腿缓缓地放回到了花叶的原处，之后用带着锯齿的中足小腿翻转过去来来回回地摩擦后腿的根部和腰身。约摸过了半个小时，它停下来一动不动了。

看来，这是一只快冻僵了的金铃子。

十分钟过去了，我去看它，它伏在那里一动不动。

一个小时过去了，我去看它，它仍伏在那里一动不动。

三个小时过去了，我去看它，它还不声不响地伏在那里一动不动。

此时，我才看清，它有一对圆圆的泛着红光的眼睛，背上披着的绿色羽翎近乎有身材的两倍长。长衣托在身后，极像一个滑稽演员穿了件很不合身的蓑衣在观众面前表演。羽翎与身体的接合处，有一道极具装饰意味的褐色细线。

此后，直到那缕阳光从我家的窗台移向另一片楼群，我开始担心仍然一动不动的金铃子是不是真给冻坏了。我轻轻地吹了口气，忽一下，它竟然从一片花叶跳向另一片花叶。叶片上几只针尖大小的虫子被惊吓得不知所措地跑来跑去。

晚饭后，我去看它，它已从花叶的一端移向了另一端。我伸出手指想捉住它，好让它冻僵了的身子在我生有火炉的房间度过一夜。可我伸出的手指还未向它靠近，它便纵身一跃从五楼的窗台上义无反顾地跳下去消失得无影无踪了。

蓦然间，我心头涌上一股莫名的滋味。不是心与心的惜惜相怜，也不是杞人忧天的自作多情，更不是……我知道，我体内沉默已久的一根神经在那一刻突然就如同笔碰到纸而找到了一千个诉说的理由。

面对自然法则，以地球主宰者自居的人与卑弱微小的金铃子是多么惊人地平等啊——伸腿，摩嘴，搓身，这只在秋天深处快要冻僵的金铃子当找不到同伴时，它的内心会有多寂寞伤感呢？在科技和文明的花朵慢慢向人类绽放时，时空刹那间几乎化为乌有，可是，人与人之间的距离却在一步步无限延展。人对人的猜测、怀疑、提防，个体和集体信誉堤坝一次次的坍塌，这不能不说是人类自身的悲哀。如果有一天，让金铃子这样的小小生灵开始相信人类也有真诚和善意的一面而不是一举一动都蓄谋着算计和阴

谋,那,将是人类的万幸。

抓住一片花叶,就可能抓住一丝来自对方的温暖和希望,这是一片花叶所给予这只快冻僵了的金铃子的启示。而作为万物灵长的我们，所能给予这只金铃子的又是什么呢？面对秋寒的逼近,这只不曾发出一声哀叹的金铃子(一旦发声,那便是对生活的歌唱),它让我秋日里的生活从此黯然失色。

夜色流水一样缓缓地弥漫开来,“唧——唧——”,偶尔飘来的一两声秋虫鸣叫,无由间给这个秋天的黄昏涂抹了几许淡寞和虚无。我知道:在这由无数钢筋水泥和玻璃构建的密不透风的城市,无论这只金铃子和它的伙伴是如何迅疾,都是不可能像两千多年前的那群蟋蟀一样轻易地登堂入室了——仅仅薄薄的一层玻璃，它们便被永远地隔离在一个遥远的世界。

满城灯火次第亮起,今夜,这只金铃子将在这个城市谁家的屋檐下栖息？明天,它又将撤向哪里？

沧桑扁都峡

王振武

孩童时，听到“扁都口”，还是从父辈们的口中得到的。因父亲长年赶着四匹骡马拉的皮车不知要从扁都口进进出出多少趟。好多亲朋对我常常念叨着一句话：“你的爹把羊尕峡里的石头都踏平了。”话虽说得有些夸张，但充分肯定了父亲的艰辛和无奈。他们所说的羊尕峡，就是如今的扁都口峡。对我只是听说而已。

初识扁都口，是在20世纪70年代我刚小学毕业时。那一年暑假，父亲带着三个堂兄到青海祁连县的木雷河抓旱獭。后来一位堂兄赶着毛驴驮着旱獭回到家里后说，按照父亲的嘱托，他再进山时要我也要赶一辆毛驴车跟堂兄一同前往。年纪虽小但饱尝了家境贫寒生活艰辛的我，丝毫没有推脱的理由。动身的那一天早晨，天下着牛毛细雨，天地间大雾弥漫。我穿上毡袄，赶着一辆双套毛驴车就跟着堂兄上路了。急匆匆赶路半天工夫后，堂兄说已进了扁都口。由于是大雾天，还要急着赶路，也就顾不上仔细观赏扁都峡里的风光。当时只觉得我们是在山间狭路上行走，悬崖时隐时现，河水隆隆作响。饥肠辘辘不说，还冷得发抖。就在这样的细雨大雾天一直行走到了晚上十点多钟才赶到羊胸子庄，在父亲的一个朋友家的牛毛帐篷里歇脚过夜。第二天晨，天放晴了，我帮着堂兄把架子车寄存到煤窑上后，他就赶着四头毛驴继续向大山深处行进，我也于当日下午坐班车返回民乐。一路上的感觉与昨日大相径庭。同样长的路，汽车只走了两个小时就到了。天瓦蓝得出奇，石山高大险峻得无比。山路忽高忽低，悬崖绝壁几乎要压在自己的头顶，很是惊慌害怕。令人惊喜的是山间云雾缭绕，岚气蒸腾，氤氤氲氲。一到开阔地，便是另一番好景致，只见大片的茵茵绿草上，洁白的羊群悠闲自在地啃食着青草，成群的牦牛甩着尾巴享受着大自然的恩赐，调皮的牛犊蹦蹦跳跳地撒欢，偶尔还能听到藏族小伙子骑马驰骋时在山间飘来荡去的歌声。这样的景致在自己的脑海中印刻了好几年。

转眼间，随着年龄的增长，阅历的加深，时代的变迁，我深深感觉到扁都峡不仅仅是我初识时那样简单，那么缺乏厚重和魅力。我倒觉得她是一部厚厚的历史巨著，很值得仔细地鉴赏，慢慢地咀嚼，反复地回味，以至于不得不借用笨拙的笔墨一一道来。

丝路古道

地处祁连山北麓，北距民乐县城30公里的扁都口，就是现今连接甘青两省的咽喉。两山对峙，一水中流，地势极为险要。进入扁都口，便是南北长约28公里的扁都峡谷，隋时称大斗拔谷。由北向南，地势逐渐升高，山体愈加雄伟壮观。极险俊处，海拔4448米，峡谷两旁怪石嶙峋，巉岩欲坠。皑皑雪峰直插云天，谷底水声隆隆作响，气象万千，气势磅礴。谷底宽不过百米，最窄处仅15米左右。大有"一夫当关，万夫莫开"之险。早在西汉以前，峡谷只是匈奴民族人行马踏披荆斩棘而成的一条羊肠小道，是民族内部贸易往来的时断时续的便道。我们不妨追寻着历史的足迹设想一番，早在两千多年前，生活在祁连山一代的匈奴人，无论男女，无论老少或骑着剽悍的胡马，吼着粗犷的民歌，在高山峡谷中尽情地驰骋；或驱赶着成群的牛羊悠闲地放牧；或驮着成桶的奶酪和肥鲜的畜肉在峡谷两旁往来穿行，走亲访友；高兴时就聚集一堂，共享羊肥牛壮人欢马叫的幸福和喜悦。于是乎，个个右手牵一块烤炙的肥羊腿，左手端一碗纯真的烈酒，大口大口地吃一口羊肉就一口酒，等酒足肉饱之后便乘着酒兴欢快地跳上一阵胡旋舞，该是多么自在潇洒，又是多么豪爽壮观！然而，当好大喜功、穷兵黩武的刘彻小子成帝后，骠骑大将军霍去病的铁蹄踏破了匈奴人多年驻守西域的梦幻，将大批的匈奴人北逐到漠北高原。河西走廊被大汉天子屯兵垦荒、设郡控制后，扁都峡谷便也跟着大汉天子的声威，日渐变得热闹、繁荣起来。不知不觉间，便也沾上了"丝绸之路"的光气。于是乎，中原的骆驼商队便带着名贵的丝绸从西都长安出发，到甘肃经天水至临洮，再从临洮岔往临夏，在临津关渡黄河继续西北行至湟水谷地。再西行经青海民和、乐都到西宁，由西宁向北溯长宁谷(今西宁北川河)西北行，穿星岭，翻越大坂雪山，渡大通河至门源。然后再顺冷龙岭南麓西北行越景阳岭入俄博川，翻越俄博岭后进入扁都峡谷。出扁都口经民乐永固城、洪水城至张掖。然后再继续向西前行到达西域诸国。用名贵的丝绸换取西域的苜蓿、胡蒜、胡桃、胡麻、皮毛等物品，再驱赶着驼队昼夜兼程返回中原大地。西域的乌孙、匈奴、回鹘、突厥、吐蕃、羌人便也赶着驼队、马队，带着自己的特产沿此道向东昼夜兼程地行驶到中原大地换回自己所需要的生产生活用品。这样的多民族之间的贸易往来、文化与思想和谐交流沟通的融洽关系，一直延续了下来。其间虽然也发生过一些大大小小的民族征战，但和睦相处是其主流。这便是"丝绸之路"进入甘肃境内的"南线"之说。

伴随着历史长河的兴衰更替，东西南北商贸往来的日渐繁荣，民族征战与和睦相处的碰撞交融，险峻、难行、奇冷的扁都峡谷变得日渐畅通，曾引得皇帝、将军、学者们涉足穿行。因而也就派生出了霍将西征、法显西行取经、炀帝西巡、红西路军浴血奋战、王震大将解放民乐的动人历史或传说。加之历代对峡谷通道的开凿与拓宽，峡谷逐渐演变成

畅通无阻的227线国道，使得历史也不枉称道了一回“丝绸之路”。但未免有点令人大惑不解和深感遗憾的是，历代的华夏子民饱尝艰辛地开凿成功了这样一条举世震惊的国际大通道，竟然沿用的是19世纪70年代德国地理学家李希特霍芬提出的名称，当时的大清帝国统治者难道就不觉得汗颜吗？

军事关隘

扁都峡谷因着地势之险要，文化、商贸往来之繁荣，自古以来便是兵家必争之地，进而上升为著名的军事关隘，曾招引得历代统治阶级和征讨大军们演绎出了一幕幕“白骨抛旷野”、“胡儿眼泪双双落”等伤痕累累、悲欢离合的动人悲剧，逼迫一批又一批饥寒交迫的华夏子民因遭受兵燹、战乱的折磨而仰天悲泣。西汉时，一曲“失我祁连山，使我六畜不蕃息；失我焉支山，使我妇女无颜色”的匈奴古歌，就是统治阶级相互征战、杀戮的罪恶见证。历史不得不让我们的视线和思维跟着她的指挥棒来追忆那锈迹斑斑的踪迹，以至于重新审视“天下和顺在于民乐”的哲学真谛。

纵观历史长河，在史书上记载的与扁都口有牵连的军事征战约数十次。但影响深远、规模盛大、具有决定性作用的战争有三次。

汉武帝元狩二年(公元前121年)春，年轻有为、骁勇善战的冠军候骠骑将军霍去病，“将万骑出陇西”，溯湟水(青海湟水)而上，横穿祁连山，出大斗拔谷，“转战六日”攻陷了匈奴浑邪王原驻牧中心永固城(今永固镇)，抓获了浑邪王的儿子，俘获了浑邪王的相国、都尉，斩首八千余级。然后沿焉支山向东行“千里有余”至姑臧(今武威市)收休屠王的“祭天金人”，汉军大获全胜。从此后，匈奴人失去了多年来赖以生存的祁连山和焉支山。他们蕃息牛羊驼马的广阔天然牧场已化为乌有。水草丰美、森林茂密、处处花香、遍野牛羊的繁荣景象一去不复返了，匈奴的男女老少能不悲痛欲绝、仰天哀叹吗？霍去病奔袭河西的这一年仅仅20岁，但连年征战建奇功、扬武河西大地的一代战将，终因劳累过度而只狂飙到了24岁就饮恨沙场，岂不痛哉！惜哉！

在众人的心目中，隋炀帝是个荒淫无度、十恶不赦的暴君。最后被农民起义的烈火烧死，是他罪有应得，顺天意，合民心。但从他开凿大运河，巡视大江南北、塞外边陲的举措来审视，他也做了不少善事，而且也是勤政的一种表现。西巡张掖便是他一改江东诸帝“傅粉脂，坐深宫”的做法而行天子“巡守之礼”的勤政见证。隋大业五年(公元609年)，炀帝亲率四十万大军西巡河西亲征多年骚扰不断的吐谷浑，在外交分化东、西突厥的基础上，炀帝从长安出发溯渭河西上，经武功、扶风至天水，再经陇西、狄道(今临洮)出临津关，渡黄河，至西宁，大猎于拔延山(今化隆马场山)，长围周亘二百里。入长宁谷，度星岭，宴群臣于金山(西去西宁县治七十里)，调兵遣将包围吐谷浑王伏允于今八宝河

上游俄博河畔的俄博滩一带。炀帝获胜,并新开了西海、河源、鄯善、且末四郡。就在炀帝击溃伏允后,其先行队伍从俄博出发,经大斗拔谷鱼贯而出时,虽时值初夏,却遭遇了"风霰晦冥"的鬼天气,以至于"士卒冻馁死者十六七","马驴死者十八九"。而久居深宫高院、养尊处优的后宫妃主"或狼狈相失,与军士杂宿山间",损失极其惨重。而好大喜功的炀帝经民乐在张掖待了六天后于第七日到焉支山前召开规模盛大的国会,召见 27 国使者,演鱼龙曼延舞,以夸示他征战吐谷浑之大功,并向西域诸国警示扬威,显得志得意满,为此而龙颜大悦。从而使他成为到张掖来巡视的皇帝中最为排场、最为显赫的一位皇帝,在河西历史上留下了浓墨重彩的一大笔。

9 月 17 日,是民乐人民翻身当家做主的纪念日。而解放民乐的人民军队正是在鹅毛大雪飘、气温骤然下降的艰难困苦中翻越祁连山,取道扁都口一举攻克洪水城的。生活在和平年代的民乐人民当然不会忘记那段改天换地的动人历史。公元 1949 年 8 月,解放兰州的战役胜利后, 中国人民解放军野战军一兵团司令员兼政委王震率领的二军五师战士向青海追击前进。9 月 6 日解放西宁,12 日攻取大通、门源两县后,又马不停蹄地穿越祁连山向民乐进军。门源距民乐 220 多华里,且海拔 4000 多米,空气稀薄,天气变化无常,沿途荒无人烟。14 日,前卫 14 团向俄博挺进途中,鹅毛大雪漫天飞舞,身着单衣的 153 名英雄子弟兵被冻成冰尸,永远屹立在祁连山上。战士们含泪掩埋了烈士遗体,以每天步行 100 多华里的速度在高原雪泥中疾驰, 于第三天晌午过后就越过祁连山扁都口,进驻民乐炒面庄、张连庄一带,于 17 日拂晓将洪水城团团包围,打响了攻城战斗,取得了决定性胜利。部队高昂的斗志和大无畏的英雄气概,受到了彭德怀副总司令的驰电嘉奖:"雨雪交加,阻不住你们前进杀敌的勇气。"紧接着调兵遣将打援三堡村,歼敌六坝滩,于 18 日解放了民乐全县 ,五星红旗高扬在民乐大地。9 月 21 日,王震将军随军来到民乐县慰问了自己的指战员,安抚了原国民党民乐县县长张汝伟等投诚人员,并赋诗一首:"白雪罩祁连,乌云盖山巅;草原秋分狂,凯歌进新疆。"便又率部进军新疆,踏上了新的征程。民乐的历史从此翻开了崭新的一页。

历史因战争而辉煌,军事要塞因英雄豪杰的频繁登场而闻名遐迩。丝路关隘扁都口就是沾了历代英雄豪杰的光气才辉煌闻名了千百年。

石佛岩画

岩画,是世界艺术宝库中的瑰宝。文化内涵深厚的中国岩画,具有无穷的魅力,是世界岩画宝库中的一朵奇葩!在广袤的九州大地,属于全国重点文物保护单位的岩画有四处。它们分别是:宁夏贺兰山岩画,距今约四五千年;广西花山岩画,约出现在春秋战国时期;云南沧源岩画,出现在新石器晚期;江苏连云港将军崖岩画,出现在 4000 多年前

新石器时代。但扁都峡内的一幅岩画——石佛爷,却是在上面四处岩画中不曾有过的、独一无二的岩画。它仅仅是县级文物保护单位,虽然没有多大名声,但却以独特的魅力吸引众多游客乃至无数佛教信徒频频光顾,虔诚地顶礼膜拜。不知不觉间,它便成了扁都峡内一道独具魅力的旅游景观。

这幅泛称石佛爷的岩画坐落在羊尕峡石桥东侧的峭壁上,距地面约3米,画面约1.7平方米,隔童子坝河与国道227线相望。上刻一佛二弟子。佛乃释迦牟尼,二弟子乃迦叶、阿难。近观时,释迦牟尼结跏趺坐于莲台之上,高1.15米,背东面西,头戴三指冠,光芒四射。身披袈裟,前身裸露,双手合十。迦叶、阿难二弟子侍立于坐佛两侧,身高1.2米,头戴一指冠,附有光环,身披袈裟,也是双手合十,足下有莲台。左下方另有一幅小坐佛像。令人值得仔细端详的是,石佛下半身刻在未脱落的上层板岩上,上半身刻在上层板岩已脱落的下层板岩上,很容易让人产生误解,以至于不知情者认为剥落了上层石板上的佛像之后,下层石板上还有一层佛像,真是剥掉一层又一层,传说得极其玄乎、极其神奇。全幅岩画以阴刻线条流畅造型,身段比例合适形象,栩栩如生,艺术价值、欣赏价值并不亚于他处的岩画。就是这样一幅独特的岩画,有人说是魏晋时期的产物,在时间上与马蹄寺几乎等同,有人则说是刻于清代,或者还有其他的说法,令后人莫衷一是,尚不知它究竟成形于何时,又属何人之杰作。因为是佛爷,便招魂似的令众多信徒们时常有礼佛活动,于是先在佛像下面砌了石质供台,常有人在供台上焚香献果,香火十分旺盛。据民间传说,过往行人上香拜佛,其结果是相当灵验的。石佛爷恰处汉藏两族居住之交,于是便在佛像前方及周围挂满了绸缎被面和各色的经幡、哈达。峡谷起风时,丝丝缕缕的丝绸和哈达乘风起舞,上下翻飞,瑟瑟作响,好像是向南来北往的行人点头、招手。近年来,又有一位当老板的信徒施舍13万元钱在佛像前建造了9米多高的厢房,将佛爷罩了个严实,一则是让佛爷免受风吹日晒雨淋之剥蚀,一则是让香火越来越旺,信徒越来越多。露天的石佛岩画便成了一处袖珍的石佛寺,而且还有一位主持长年在寺里诵经说法,打坐参禅,接续香火,清净佛寺。石佛爷前的香火自然是越来越旺了,顶礼膜拜的人当然也就越来越多了。

娘娘芳魂

扁都口的西面由北向南依次排列着几条山谷,其中最南的一条山谷人们习惯上叫它娘娘坟沟。之所以这样称呼,是因为这条沟的西边山坡上有一座较大的坟墓,世代传说墓里葬着一位娘娘。这条本不引人注目的山沟也就因“娘娘”二字而变得与众不同,大有一番来历了。在古代,享有“娘娘”之尊称和美誉的人,必然与皇帝有关。而在历史上亲临过扁都峡谷的皇帝仅隋炀帝一人而已,那么这位娘娘也就与炀帝有着直接的牵挂了。

据《隋书·炀帝纪》载：隋大业五年，炀帝西巡突遇恶劣天气，穿行扁都峡谷时，“后宫妃、主或狼狈相失，与军士杂宿山间”，“士卒冻馁死者十六七”。《周书·皇后传》又云：炀帝西巡，随行乐平公主，系文帝之女，炀帝亲姐，北周宣帝宇文赟之天元皇后杨丽华，也“殂于河西”。由此可以推测，因冻饿或疾病而魂销香断葬于此地的“娘娘”要么是炀帝的后妃，要么是炀帝的姐姐，因为只有她们才够得上称呼“娘娘”的资格。既然是“娘娘坟”，那些盗墓贼便揣测到了随娘娘一起入葬的金银财宝。于是乎，“娘娘坟”于1995年被掘墓贼盗过一次。事发后在现场查看的人说，“娘娘坟”竖穴很深，墓很大，但里面没有任何碎片烂瓦，更无塑画及陪葬的值钱货，只有一具枯尸而已，而且还没有灵位。至于这具枯尸是不是炀帝的后妃或姐姐，更是没有确凿的证据。但既然称之为“娘娘坟”，它肯定有来头，只不过是世人没有搞清楚罢了。如今的“娘娘坟”紧邻国道227线，坟头及四周长满了绿茵茵的芳草，金露梅、银露梅之类的野花释放着淡淡的芳香，哗哗的流水似乎正在为墓中的娘娘诉说人世间的千年沧桑或悲欢离合。而且过往行人因着这“娘娘”的招牌都要到坟前驻足窥视，仰头观望，扼腕叹息一番，大有死葬扁都骨犹香之壮美，墓中的娘娘也该得到了些许安慰吧。

黑风洞·诸葛碑

扁都峡谷虽然地处林区，但方圆几十里松柏少见，这可以说是一个不争的事实。其中的原因似乎难以解释清楚。民间传说，这与扁都口附近的黑风洞有关。而有关黑风洞的传说，历来较流行的有两个版本。但无论是哪个版本，都缺乏一定的可信度。为了悦人耳目，不妨一一道来，以增添扁都峡谷的神秘色彩。

其一是说：汉武帝元狩二年，霍去病率大军穿行扁都峡谷，正行军至半峡中时，突然滚滚黑风大作，弥漫峡谷，山路不明，军士前往不得。霍大将登上山顶向四周一观，只见黑风从一个洞中逐浪排空般急急涌出。为了急行军直捣单于王的老巢，他不得不下令士兵砍伐四周树木以堵塞黑风。经过将士们一昼夜的奋力砍伐，成千上万的松柏把黑风洞堵了个严实，战胜了黑风，汉军才得以顺利出峡，大破匈奴军。

其二是说：宋朝杨家将西征时，派大将高旺为先锋。高旺率领大军逢山开路，遇水架桥，一路来到离黑风洞不远的永固一带，下令大军安营扎寨宿营。由于此地人烟稀少，气候恶劣，将士们顶着大风用了九牛二虎之力才搭起了帐篷。谁知到了夜晚，大风越刮越猛，安营的帐篷被大风拔起，害得将士们叫苦连天。高旺无奈，只得下令全军后退四十里，凭借破沟烂崖住宿了一夜。第二天，高先锋派人四处打听，才知道是黑风洞的黑风在作怪。为了保家卫国，让百姓们安居乐业，高先锋唯有想办法征服黑风。于是，他率领大军来到了黑风洞，在山头上扫视了一周，发现黑风洞两旁长满了松柏，不由得计上心来，

下令大军砍伐树木，堵塞黑风洞。军令如山倒，人多力量大，不几天就把方圆几十里的树木伐了个精光，黑风洞终于被堵住了。从此，这一带没有了恶风，人们才慢慢来到这里不断开垦，繁衍子孙，安居乐业。

以上两说，只是传说罢了。设若真是传说的那样，那我们的霍大将军或者是高先锋岂不成了千古罪人？为了战胜肆虐的黑风恶魔，他们竟然别无良策，甚至无能到了下令士兵大肆砍伐树木来堵塞黑风，以至于将我锦绣扁都峡糟蹋得秃岭光山头，行人没有落脚纳凉处，岂不悲哉！怨哉！

现在我们所看到的黑风洞，静卧在峡谷的陡壁上，洞顶自行风化脱落的黑土已将洞口下半部慢慢淹没了，早已失去了昔日的淫威，平息了恶魔般的黑风。四周生长的杂草灌木大有淹没黑风洞之势，已谈不上有什么神秘可言了。

危峰兀立，奇峰遍布，怪石嶙峋，千姿百态，是扁都峡谷之特征。但人们广为称颂的是与石佛崖隔河相望、遥遥相对的“诸葛碑”。其形状酷像诸葛亮端坐云端，正襟抚琴，是那样的临危不惧，镇定自若，气度不凡。这样的盛景，如果不是特殊的时间和特殊的天气状况是很难观赏到的。而事实上并非如此，人们所说的诸葛碑，其实是垂直耸立于高山之巅的一块长方体岩石，如若从谷底向上仰视，形状就是一座石碑。之所以有这样的美称，这与三国故事中诸葛亮六出祁山有关。当时的祁山就在现今的天水一带，并不是我们所拥有的祁连山。而诸葛亮也从来就没有率军征战过祁连山，只不过是个别人不懂历史，把祁连山讹传为祁山，因此上才将“诸葛碑”的传说广为流传到了现今。英雄豪杰对地域的影响之大由此可见一斑。

温馨家园

凭借着甘青咽喉之险要的地理位置，依靠着深厚历史文化积淀的渲染，伴随着众多英雄豪杰的巧妙打扮，扁都峡谷的形象已是声名远播、威震八方了。大凡到民乐来的客人，都要到扁都峡谷去观光探访一番，才觉得不虚此行。加之盛夏气温凉爽宜人，扁都口外 10 万亩的油菜花次第开放，遍地金黄，香气满乾坤，的确是游人避暑纳凉、观光游赏的人间仙境。一些有头有脑的汉藏居民便张罗着找一块上好的地盘搭建帐篷开办旅游景点，热情豪放地接待四方游客。近年由于地方政府的鼎力相助和致力开发，于是便有了现在的佛光旅游度假村和台坡东沟娱乐观光旅游区。目光向旅游观光区扫视一番，洁白的帐篷恰似盛开在绿色大草甸上的白莲，五色彩旗乘着山风上下翻飞，似乎伸展长长的手臂频频招呼着南来北往的游客尽情放飞理想和希望。无论你走进哪一家景点，穿着民族服装的姑娘便会舞着长袖向你敬献圣洁的哈达，双手端着一银碗纯真的青稞烈酒，唱着粗犷的山歌，劝你一饮而尽，以表示对你的热情欢迎。走进宽敞的帐篷落座，好像是

进到了自己温馨的家,清一色的沙发,紫红色的地毯,25英寸的彩电播放着草原上的奇特风情,一任你尽情观赏,尽情吼唱。上好的酥油奶茶,泛黄的面食麻花,再拌上一勺炒面,先让你的肚儿打个底,接下来你就可以轻松自如地打牌、玩耍、观景、唱歌、写生、拍照。约摸一两个小时,热气腾腾的手抓羊肉、烧烤牛排、清炖羊杂、蒸羊血便次第排摆在你的面前任你挑选,好让你大口大口地吃个够。等你肚儿滚圆时,打扮一新的藏族、裕固族姑娘便用银碗斟满青稞烈酒,一边唱着牧歌,一边虔诚地恭敬在你的手中,好让你喝个够。而且敬酒的规矩是歌声不断酒不断,直喝得你两腿发软、浑身冒汗方才罢休。一曲《裕固族姑娘人人爱》的旋律刚刚停止,一曲充满剽悍之壮美的《姐妹三个都嫁给你》又婉转悠扬起来,直唱得你心花怒放,浑身酥软。究竟是大碗的烈酒醉倒了你,还是动听的歌喉倾倒了你,就连你自己也说不清、道不明。当你还沉浸在裕固族姑娘美妙的祝酒歌中时,三三两两的藏族姑娘,在粗犷豪放之草原牧歌的伴奏声中,挥动着长袖长袍,扭动着腰板儿翩翩起舞。而你那颗按捺不住的心早已荡漾起来,让你不由自主地起身与舞蹈的姑娘成双成对地跳上一阵儿才能过足了瘾,按捺不住的心方能渐渐地恢复平静。临别时,品一碗尺二长的青稞面搓鱼就野菜,喝一碗喷香的酸奶拌白糖,并在《欢迎你》的歌声中再敬上一银碗青稞酒,好让你打着饱嗝儿,乘着酒兴儿,哼着小调儿,左右摇摆地行走在软绵绵的草地上,放眼饱览夕阳余晖下成群的牛羊和金灿灿的油菜花。

等月亮

王立泰

自从背着行囊，独行在河西走廊，月亮就成了我唯一的同伴。在月下而行，晶莹的月光把路面照得洁净和明亮，那是温暖的跋涉，尽管是在夜里，尽管是一个人的前行，月亮却给了许多安慰和鼓励，脚步虽有踯躅但还坚定。而许多时候，我总是在等月亮，尽管月亮每月都会如期而至，但还是感觉姗姗来迟。没了月的夜总是沉重和漫长，压得人喘不过气来。没了月的夜最怕前行，孤独和徘徊、忧虑和不安始终侵蚀着决心。独行的意义，如夜幕里偶尔传出的猫头鹰的叫声，不知是生存的困惑，还是理想的失落。

我常徘徊在西行的路上，以不同的期待等着月亮，曾不止数次在西行的火车里，窗外戈壁茫茫，夜幕深重得像海水一样，星星如贝壳般漂在车外，月亮却被抛到了山坳里。心也无所适适地，如车轮有节奏地震动，单调和困乏起来。我曾在沙漠戈壁里等月亮，沙漠的浩瀚和戈壁的苍茫，把天抬得很高很远。夜幕像缀满珍珠的盖头，把天空罩得严严实实，月亮就从天际线跳了出来，如冰雕似的晶莹剔透，像宝石般折射出银光。相约月光的心是激越的，也是踏实的，相伴月色的行程不再孤单，不再忧郁和不安。

同月相伴，我觉得月亮也是孤独的，尽管有月的天空星光点点，有月的天空不时还有祥云朵朵，但月亦如我，在孤独地前行。我常在等月，而月何尝不是寻我呢？月在天际又如人在旅途，月影中有浩瀚的宇宙，有无垠的银河，星星点点，仪态万千，而有几个才是月的伙伴、月的知己。芸芸众生中，结伴的行者或擦肩而过，或并肩而行，到头来又有谁关心你的远行，还有谁能不离不弃，有意无意地成就你的记忆、你的情感、你的爱恨情仇呢。也许佛对月要追问，月对佛要诉说，而我只是一个无觉的行者，在佛和月的目光里，孤寂地徘徊。

十年了，我还是初次在佛前等月亮。今天刚好是农历六月十五，喧闹的一天，大佛寺内寂静安详，大佛寺广场华灯初上。游客三三两两，或相拥而坐，窃窃私语；或相互携手，漫步交流。我一个人坐在佛前广场等月亮，虽看不到佛"视之若醒，呼之则寐"的目光，却能感悟到一种别样的神圣。虽没有身处寺院之中，也有一种朝圣的心境。仰首东望，夜幕初降，天空渐渐泛黄，月亮不知不觉中爬到了大殿之上。此时的月，如挂在佛前的灯笼，是糊了透光纸、点了蜡烛的宫灯，虽然又圆又大，透着橙黄富贵的光亮，却有些朦胧，有点神秘。此时的月一定和佛有关。我不知灯和佛的缘分，却知道光和佛永远相伴相生。我

知道光可以引领灵魂。人的灵魂要寻光而行,去实现生和死的转换,去完成投胎转世的轮回。佛讲因缘,月亮一定是佛教化人的明灯。一切因缘而起,因缘而生,结什么样的缘,就会出什么样的因,结什么样的果。圣人怕因,俗人怕果,也许圣人早就知道,在佛前点盏灯,就像在心中种月亮,无数的因缘际会却因此成就了。此时的月,一定也有佛的智慧。他是善良的,就连光都是柔和的。月已阅尽人间岁月,最知广结善缘和善有善报的因缘。他是温暖的,看上去像位沧桑智者,慈眉善目的。人们常说的月老一定是这种表情。他见过无数人间悲欢离合,最知相思之痛和相恋之苦,也最懂如何陪伴和安慰。月总能听懂的是相思的情,也有相别的苦,还有不解的怨。

在佛前等月亮,不经意间,月亮已翻过了大殿,挂到了天空中。月变得晶莹、透亮,如水洗过一样的洁净,在天际间大放光明。此时的月,让人迷离,更令人神往。也许月中嫦娥,是在这样的夜里,像我一样等月、盼月,毅然奔月而去的。这时的月,一定是天堂的窗,上帝关上一扇窗,总要打开另一扇窗,而月亮一定是为有情人打开的窗。我相信,爬进月亮,就一定能到天堂。月的阴晴是月的两面,一面是天堂的神圣,一面是凡间的世俗。这样的月是富有智慧的。如今晚的月光,皎洁空灵,千百年普照人间,让人学会珍惜,懂得理解,全心去爱。有多少的山盟海誓,有多少的生死相许,都和这样的月纠结在一起。这样的月是有灵性的。月圆月缺,潮起潮落,月下有无数的悲欢离合;月明月暗,相聚相别,月下有千古的爱恨情仇。诗人寄情以明月,才有了不竭的才情,千古的绝唱。情人寄情于明月,才有世间不尽的恩恩怨怨,分分离离。这样的月是包容的。月既已看透了人间的悲欢,也懂得了世俗的情仇。他知道爱与恨是人性的两面,包容和理解才会让爱走得更远。他知道爱、激情、浪漫、陪伴是相互在意的理由,但不论爱有多深,依然是隔着肮脏的玻璃看人,彼此间还会有模糊的屏障,有时也很难忘掉徘徊不去的怨恨。他知道美的动机和善的愿望,不完全能培养出美好和相亲,也有伤害留下的疤痕。就如十五的明月,也有阴影在明亮之中。

月过中天,是新的境界。此时的月,皎洁中有些朦胧,明亮里略有苍白,似情人的眼睛,有喜悦,有忧郁,还有爱恋。我总觉得,夜深人静的月是有思想和生命的。凝望着芸芸众生,月会笑,在团聚者的眼里,在恋人的注视中,带有朝露鲜花,娇艳迷人。月有时也哭,那是在背井离乡者的倒影中,在失恋忘情者的无言里,在情感纠结者的叹息中,月似受尽委屈的媳妇,满眼含泪,冷清和消沉。月是情的化身,情是月的投影。举头望明月,千里共婵娟。同一轮明月,让天下人品出了千种滋味,万种风情。同一轮明月,在千百年里反复吟唱着同样的旋律,而每个等月人,都在收获不一样的情意。

声闻四达钟鼓楼

岳西平

钟鼓楼位于张掖市城区中心,雄镇河西。明代赵锦有诗赞曰:“筹边雄镇有高楼,幸际唐虞日月秋。部落三千依积石,藩离百二壮雍州。龙沙贡使连翩至,青海耕夫汗漫游。眼底天戈平丑类,五云深处拱宸旒。”

张掖自古是西北重镇之一。从公元前111年(元鼎六年)汉武帝派骠骑将军霍去病出陇西建立张掖郡始,就成为历代中原王朝在西北的政治、经济、文化和外交活动的中心。特别是从军事观点看,张掖远控居延,西扼肃州,如唐朝的右拾遗陈子昂在《谏武后疏》中所说:“它是河西的咽喉要地。”因此,从西汉开始,历代王朝都在这里驻有重兵。明正德年间,朝廷分置甘肃巡抚,驻甘州,甘州在军事上的地位更加重要。据《甘州府志》记载,甘州城至迟在西夏之前就已建成。元朝大德年间进行过扩修,明初进行过大力拓展,明万历年间,都察院右副都御史石茂华奏请朝廷同意,用砖石包砌了甘州城墙,并进一步扩大了城池规模。有了壮丽雄伟的城墙,就需要壮观雄伟的钟鼓楼与之相匹配,于是钟鼓楼应运而生。

钟鼓楼,又名镇远楼,也称靖远楼。据“重修甘州吊桥及镇远楼记”石碑记载,明武宗正德二年(1507)巡抚才宽,在甘州城中央建起了壮观的镇远楼。清顺治五年(1648)四月,副将弥勒印作乱时焚毁。康熙七年(1668)经甘肃提督靖逆将军重建。以后乾隆、光绪时曾予维修。钟鼓楼总高28米,由楼台、楼阁两部分组成。楼台平面呈正方形,每边长32米,周长128米,高9米,全用青砖包砌,基部衬砌石条,台顶砌有1米高的女墙。楼台基部东、西、南、北四面中轴辟门,可供通行,四门上方嵌刻有匾额,东书“旭昇”,西为“宾晟”,南题“迎薰”,北刻“镇远”。楼阁建于楼台之上,共分两层,重檐四面坡,攒尖顶,楼顶覆盖青筒瓦,饰琉璃吻兽,飞檐翘角,雕梁画栋,四周围木构栏,十分壮美。楼面宽三间,进深三间,底宽16米,自底层至顶部面宽逐渐向里收进,完全是我国民间形式的传统建筑,据说是仿十三朝古都西安钟楼所建。楼上悬匾额四块:东“金城春雨”,西“玉关晓月”,南“祁连晴雪”,北“居延古牧”。清康熙年间重修后,置匾额为,东“九重在望”,西“万国咸宾”,南“声教四达”,北“湖山一览”。

楼上北面现置“重修甘州吊桥及镇远楼碑”一块,保存完好。东南角悬一古钟,系唐代铸造,故名唐钟。钟高1.3米,重约600公斤,钮高15厘米,孔高10厘米,唇厚9厘米,外

径 1.15 米，上细下粗，略呈喇叭形，下口六耳，弧度较直，合金铸成，略呈黄色又带铁青色，声响洪亮，音色优美，敲击时声传数十里。钟身外铸有图案，分三层，每层六格。上层六格，其中三格为头戴花冠、袒胸露脚、下着彩裙、手执花束、轻盈飘逸、形象优美的飞天，颇似敦煌莫高窟飞天风格。中层六格，其中三层为朱雀、玄武。朱雀长颈凤尾，振翅翱翔；玄武长嘴，长腿，展翅，作奔走状。下层亦六格，其中三格为青龙、白虎，龙腾虎跃，呈飞驰奔走状。整个唐钟铸造规整，造型优美，独具风格，已成为研究唐代金属铸造工艺的重要实物资料。钟上有诗一首，"通宵爆竹到清晨，又喜东风旧赞新。记得手携小儿女，鼓楼高处看迎春"，极写迎春盛事。从诗的内容看，唐朝时已有鼓楼巍然屹立，否则就不会有"鼓楼高处看迎春"的美妙诗句。究竟在才宽之前是否有钟鼓楼，史书无载。民间却流传着十分优美的故事。

很早很早以前，现在张掖城这一带是一个很大的湖泊，碧波浩渺，一望无际。几经沧桑，湖水渐渐干涸，露出了大片的沼泽湿地和平坦肥沃宜农宜牧的土地。与此同时，老张掖城，也就是现在张掖市西北黑水国一带，黑风漫卷，黄沙侵袭，水源断绝，环境恶化。隋朝时，大将韩世龙率兵驻扎在黑水国。有一天黄昏时分，一位须眉皆白的道人，双手空空在古城街上走着，一连声地喊"枣！梨！"等人们感觉有什么不对，想问个究竟时，道人已消失在殷红的夕阳晚霞之中。对老道唐突而神秘的举动，人们迷惑不解，韩世龙却悟出须"早离"此地，否则将大祸临头，遂当机立断，率领军民，扶老携幼，连夜弃城而去。在这天晚上，狂风大作，摧城拔屋，黄沙滚滚，一夜之间，黑水国就被埋没了。由于老道人的提醒，人们躲过了一劫。然而，新的家园又在什么地方，全城人的生活怎么解决，迫在眉睫的问题使将军愁肠百结。就在这时，从西边大路上蹒跚走来一位云游和尚。有人建议：高僧走南闯北，见多识广，何不请教于他。将军觉得有道理，立即下马上前叩问，请求帮助选定新城址。和尚听后笑了笑，从怀中取出一枚铜钱，说："我把这枚铜钱埋起来，你派人寻找，埋铜钱的地方，就是新城址中心。"将军听了十分高兴。但是，铜钱那么小，又没告诉方位，要找见它，岂不等于大海捞针。将军尽管心里犯嘀咕，但是病急乱投医，只好按和尚的吩咐，传令军民四处寻找。说来也怪，正当东西南北找遍，铜钱毫无着落的时候，那位须眉皆白的老道人出现了。将军心知是神人，不敢怠慢，下马就拜。道人见将军心诚，就和善地说，要找到铜钱，只需一根银针。将军即刻派人拿来银针，双手捧上。道人接过银针一声不响径直往东南走去。将军陪着小心，鞍前马后，不敢有丝毫冲撞。一时三刻来到一个去处，但见莺歌燕舞，芦荡飘香，春风阵阵，溪流潺潺，好一个人间仙境，神仙府邸。道人停住脚步，轻轻一挥手把银针抛向空中，正当人们诧异时，只听前方洼地里一声脆响，金光闪耀处，银针已不偏不倚，定在了铜钱眼里。验那铜钱，正是和尚所埋。张掖城址就这样选定了。和尚道士同时为张掖城选址，也决定了后来儒释道同处一城、共同发展、和谐相处的格局。

据说，银针落点正是钟鼓楼所在，铜钱则决定了钟鼓楼的方位。张掖城自古有江南水乡之称，古语说甘州不干水池塘，半城芦苇半城庙。因此，要建城首先要修钟鼓楼以镇水龙，而后四面扩展，城池才能稳固，百姓才能安居乐业。钟鼓楼踞东南西北四大街轴心，上承乾、下依坤，四面熠熠生辉，也保证着张掖城万代炎炎永昌。

传说归传说。整个钟鼓楼的确结构精巧，造型雄伟壮观，是河西地区现存钟鼓楼中规模最大的一座。1963 年被甘肃省人民政府公布为省级文物保护单位，1981 年 9 月 10 日，又被省人民政府再次重新公布为省级文物保护单位。新中国成立后曾多次维修、彩绘。特别是 1988 年进行全面加固维修，既保持了原貌，又焕然一新。

今日钟鼓楼下，游人络绎不绝。人们登高览胜，金张掖风光尽收眼底，祁连千秋雪，黑河北流去，忆古咏今，不由人不心潮澎湃。

我和一座古城

田　瞳

初次见到张掖古城的时候，我还是一个没见过世面的中学生。

小时候在中原平坦无垠的土地上长大，从未向西走过一步。那时候，我只在书本上知道丝绸之路，知道河西走廊，知道金张掖银武威。胸中总是装满了憧憬，幻想着有一天能插上翅膀向西飞，沿着唐僧取经走过的路走上一遭。

没想到那一年夏天真的有缘从中原远行五千里，踏上了丝绸路上的陌生土地。

那一次的丝路之游，脑海里留下的印象，这座名叫张掖的小城很遥远很古朴很幽深。东西南北四条街，中心一座钟鼓楼。比起我的中原家乡，这城就不大，街面很窄，街边房屋很低矮很拥挤，小巷里隐着涂满岁月痕迹的古旧老屋。不见有楼房高耸，也少见汽车疾驰。脑海里便映出一个句子：这就是遥远的丝绸古道啊！

我在古老的小城里漫步，在汉唐延伸而来的蜿蜒路径上寻找昔时张骞的足迹，寻找苏武的牧羊鞭，寻找霍去病的马蹄印……那时我忽然在一条街上惊喜地看到了一座古代传留下来的巍峨建筑，哦，这是什么地方？飞檐凌空的高大门楼内，一座幽深古老的大院，中部有牌坊，两边有阁楼，再往里是赫然入目的大殿。院内极为幽静，不见有人影走动。置身院中，真有步入圣地之感，心中顿生敬畏之意。不知这一院古建筑经历了多少岁月沧桑。说张掖是一座历史悠久的古城，这一院幽深肃穆的古建筑便是古城的缩影。

那时候年龄小，没想到去弄清这是一处什么所在，只是在脑海里留下了深深印记，再也抹不掉了。后来回到中原家乡，一想起张掖古城，那一处充满神秘色彩的古院便成为张掖的象征了。

人生像一只漂泊的船。当初哪能想到，后来我踏上生活之路时，竟如一片羽毛随风飘落在大西北，双脚再次踏上张掖坚实的地面，并且在这方土地上扎下了根。

更奇的是，因为文学之缘，我在张掖这地方写出了我文学生涯中的第一本长篇小说《沙浪河的涛声》，我就因之而成了一名张掖作家。命运之船带着我走进了市文化馆的大门，我一梦醒来，竟然正式成为文化馆的一员。而这座文化馆的所在地，正是当年深深刻印在我脑海里的那一处古院！

多么不可思议啊！当初，我第一次游历这座古城，初见这一院古建筑的时候，不管有多么丰富的想象力，恐怕也想象不到多年后这大院里便是我今生的生活工作之地。现在

每每回想起这段经历，都觉得实在是一种难以想象的奇缘！

我的人生道路和这一院古建筑紧紧结合在了一起。

我在这院古建筑群的环抱中生活。我住进大院深处一角的一个不起眼的小小房间。先是独自一人，而后有了妻，再后又生了子。一个天涯浪子，在古建筑的廊檐下筑巢，组成两人世界又发展为三口之家。这便是奇妙的人生啊！

我在这院古建筑所构成的特殊氛围里提炼灵感，握笔写作。我就坐在当初只能仰望而令我敬畏不已的小阁楼上。阁楼四壁全是配有雕花木框的玻璃墙，幽雅而明净。一张合意的写字台摆放在向阳一面的窗口前。推窗而眺，满院古色尽收眼底。我又在小楼上养了一群鸽，花色斑斓的鸽子在我身边咕咕嘟嘟叫着飞来跳去，幽净的小阁楼又有了一道充满生机的风景。我在这般境界里进入创作状态，觉得特别有想象力，下笔时如有神助。一年又一年过去，我在这小阁楼上写出上百篇长长短短的文学作品，其中有些篇章直接就以这座古院为背景。我的文学生涯与这古院已不可分开。

我在这块土地上落地生根，才真正一步步深入地认识了这座古城。我知道了张掖从汉武帝时开始设郡，距今有两千多年历史了，确实是一座悠悠古城。我也知道了历史上声名赫赫的隋炀帝曾不远万里巡幸张掖，在这座丝路重镇接见西域二十七国君主使臣，召开了有名的“万国博览会”……

少年时第一次游览张掖，只是匆匆一过，一点也不知道这地方有多少名胜古迹。待到真正认识了张掖，方惊讶这块宝地上有多么丰厚的历史文化积淀：名扬天下的全国第一室内大卧佛，稀世珍宝“大明北藏”佛经，艺术宝库马蹄寺石窟，神秘的黑水国遗址，至今尚未揭开历史真面目的汉墓群……

历史悠悠，古城悠悠！

当然，人们更看重的还是今天。我踏进文化馆巍峨的门楼，转瞬已过二十个春秋，正是古城发展变化最为神速的一段年月。我清楚记得，二十年前第一次登上钟鼓楼凭栏远眺，但见四周一片片低矮的泥顶土屋蔓延全城，小屋顶上又参差冒出一截截土坯烟囱，如同大片枯了枝叶的灌木林。如果不是登高一望，单从街面上看，这儿确实是一座很有内蕴的古朴小城。而从高处俯瞰全城，那般景象却是极其破旧粗陋，不禁令人联想到悠远的历史，旷远荒凉的大西北……那是昨天的印象了！二十个春秋一闪而过，今天再登鼓楼，古城却已脱胎换骨，一展新容。东西南北四条大街均已拓宽更新，街边的高楼已连片成林，楼群隙缝间偶尔现出小片土屋，已像残缺的古堡，零零散散了。二十年塑造了一座城市，巍巍鼓楼已陷入现代化楼群的重围之中，今日的钟鼓楼似乎比当年矮多了。要看城市全貌，需登上九层木塔了。再过若干年头，城内只有稀少的因保护历史文化遗产而留下来的古民居，将作为新兴城市中难觅的文物景点而供后人瞻仰了。

从荒芜的黑水国遗址到高耸入云的木塔，从低矮粗陋的老式土屋到描绘天空的现

代化楼群,可以想见我们这一座丝路古城穿越历史风烟走过了多么漫长的道路!昨日古城只留记忆中,未来明珠将更为璀璨!

散落在古城时光里的碎片

李腾贵

罗家伦先生“不望祁连山顶雪，错将张掖认江南”的著名诗句将古城景观描写得淋漓尽致。这里既有“千里冰封、万壑积雪”的北国风光，又有“田畴沃野、河渠纵横、鱼米之乡”的南国秀色。走进这座古城，在不经意间注视它的容颜，那一瞬间，会让人感到一种如诗如画、如烟如梦感觉，在那些晨曦微照的雕栏粉墙之上，在那些如血残阳湮没的阁楼塔影之下，曾经演绎了多少金戈铁马、荡气回肠的故事。千余年时光里，古城就这样从容淡定地走着，像一个牛背横笛的少年，携带着丝绸和尘土的光亮，走过了岁月的一天天，一年年……

高孟和他的总兵府

古城历史上曾经发生的一切，对于今人来讲，无非是飘荡在坊巷街闾间的笑谈而已，大多都已悄然湮灭在岁月的风尘之中。但说到古城的那座兵府，就不能不说起高总兵来。其实，在清朝的历史上，高总兵算不上一个叱咤风云的大人物。

我曾翻阅过《甘州府志》，志书上记载，高总兵名叫高孟，字浩然，甘州城东十三里处高家河湾（现甘州区上秦镇高升庵村）人。其“性耿直，精骑术，多力善搏”，自幼父母双亡，少年从军，熟读经书，且孔武有力，懂得兵书韬略，以英勇善战而威名大振。志书毕竟是志书，记载得很简略，曾经多少辉煌事，最终也就归结为了几行冷峻的文字。

西风残照，逝者如斯。作为一座西部重镇的总兵，坚守和退却，当会有多少惊心动魄的故事呢？但说来可怜，在古城探访高孟的遗迹，问及路人竟然都会摇头，不知高孟为何人，看得出他们的迷惑相当真诚。一个在故里做过总兵的人，而今的古城人对他却是那样的陌生，许多人都没听说过。在浮躁而功利性极强的现实生活中，人们大抵没有多少心思去关注一段遥远的历史记忆。

在古城的广场西侧，我见到了一位老人，他沉吟片刻，比画着对我说：“总兵府就在前面，不过现在成了图书馆，没有以前那么排场了。”我和一位爱好摄影的朋友顺着老人指引的方向来到总兵府所在的街巷民主西街。《甘州府志》上记载，总兵府由一座有府门、大堂、二堂、三堂、书斋、厢房和后宅一套庞大的双层楼阁式四合院（包括主楼、配楼、藏

书楼等)，以及亭台、泉池、园林组成。四合院楼阁歇山屋顶，青砖砌墙，双狮守门，中间是正堂，两边是七十二座虎头街门，飞檐雕柱，气势磅礴，煞是威严。府门内有砖雕磨塑的麒麟照壁。整个府邸设计独特，气势非凡，占据了甘州城里的一条大街。而今，走进这条街巷，从巷口望去两旁尽是一些简陋的商业门面，并没有发现那张扬着富贵气的门楼、石狮等。那些门面前边摆着一些小凳、小椅，上面晾晒着一些小儿的衣裤之类，一看就是寻常的百姓人家。正值晌午，几个老人坐在巷子里，闲谈着一些家长里短。进入图书馆的大院，环视四看，其实说来真没有什么可看的。当年那座富丽堂皇的总兵府邸，那种戒备森严的场面早已荡然无存，它的主人高孟也已在数百年前化作了尘埃。志书上所记载的那些照壁、大门、大堂和泉池园林等都已不复存在，有的建筑也已破败不堪，那些门楼已经坍塌，坍塌在了历史的风雨之中。但透过这些遗迹，总兵府当年的排场可以想见。站在这座府邸前，似乎可以依稀听到几百年前高总兵骑着战马从街巷深处嘚嘚走来的声音，那模糊的印象，竟然也变得逐步清晰起来，金戈铁马的杂沓之声，给这条小巷平添了许多铁血内涵和坚硬的元素。这里曾演绎着一个边关大员曾经的喜怒哀乐和生生死死，这里曾承载着锦花般的兴盛和无可奈何的败落。在这里，他曾导演过一场场战事，那壮岁旌旗、风云际会的大场景早已消散在了渐去渐远的历史涛声中，只留下了一些林林总总的传说，走在百姓的闲谈和志书当中。

走出总兵府的院子，看到来读书的人络绎不绝。我在那里徘徊了好久，当然不是为了怀古，也不是为了留恋景观，隐隐只觉得心头有一种欣慰之感，过去将军府邸，而今的图书馆，甚好，曾经的金戈铁马化作了今日的读书人潇洒的身影和笑声，凸显了几份历史的张力和文化气韵，我想这也不正是高总兵所期望的吗？

高孟本来可以走向文场，做一个潇洒自在的名士。在甘州古镇里，交几个文人学子，官僚商人，诗酒文字里往来，曲水流觞里惬意。当然他也可以走向妓院赌场，领略人生的另一种风景，“人间万事何须问，且向樽前听艳歌”。也许他更是一位农家好手，在祁连山下，黑河岸边把酒话桑田。但他走进了军营，康熙十四年(公元1675年)，高孟随军征讨平定了陕西叛清提督王辅臣。王辅臣有一部将名叫李甲，此人骁悍多勇，屡摧清军。一次，高孟与李甲对阵，他一箭射中李甲咽喉，立下大功，被朝廷提升为守备、游击。之后，调至四川平定川东之乱，继而远征滇南，平定了吴三桂叛乱。吴的部将唐四侯是一员猛将，号称“万人敌”。一次攻城中，高孟奋勇攀登进城，与唐四侯扭抱在一起，经过一阵滚爬撕拼，高孟用自己的头盔击碎了唐四侯的脑袋，围观的双方将士惊骇不已，从此高孟名声大振。高孟战功显赫，为清王朝立下了汗马功劳，被康熙皇帝封为延绥总兵。继而接任了川北、宁夏、凉州总兵。康熙三十年(公元1691年)，高孟大兴土木，在甘州城内(今民主西街西端)修建了富丽堂皇的总兵府。

“英雄亦到分香处，能共常人较几多？”对于生命力的衰竭，将军与普通人是一样的无

可奈何。关于高总兵的死，大都是一些民间的传说。一次，高孟在平寇中，抓获了寇营中的两位美貌女子，他把一位进献给皇帝，另一位留在自己府中。一天，康熙皇帝到三宫六院，偶尔发现高孟进献的这位美人长发飘逸，夸道："美人的金丝真长！"这位女子答道："多谢万岁爷夸奖臣妾，我的头发还不算长，我妹妹的才算长呢。"皇帝一听忙问："你妹妹在哪里？""我妹妹就是西北侯高总兵的小妾。"皇帝一听大怒："这还了得！这个高孟，竟敢把最美的女子留给自己，这不是欺君吗！"于是下旨问斩，早有监斩官领旨飞马直奔甘州而来。事后，康熙皇帝冷静一想，又觉高孟一向忠诚，且屡建战功，怎能草率定罪问斩？想到这儿，皇帝传旨收回成命。立刻派出免斩官飞出燕京，直奔甘州而来。谁知这匹坐骑到甘州城长沙门护城河偏偏要喝水，任凭免斩官怎么抽打，也无济于事，足足喝了半个时辰。待免斩官赶到高总兵府时，高孟的人头刚刚落地。皇帝惋惜之至，便传旨将甘州城南长沙门马喝过水的护城河赐名"饮马河"，同时在河上修建了一座桥，名曰"饮马桥"。传说归传说，但人死了，还留有这么多的说法，让后代人争论不休，想想高总兵真是不简单。

高孟死后葬于城东家乡高家河湾。墓地内置有神道碑、翁仲，因墓地雕置许多石人、石马、石骆驼、石狮子，故称"狮子坟"。一个黄昏，我曾探寻过一次高总兵的墓地。在淡淡的晚风和斜斜的夕晖下，狮子坟沉默不语，显得孤寂而落寞，往昔的辉煌和美丽已被岁月的流水湮没，砖石塌落，荒草萋萋，哪里还能看到志书上记载的影子。几度斜阳夕照，几度飞花落叶，凭吊者的梦已随风凋零，人们大抵早已忘了这里曾有的风景，忘了曾经锁在这里的故事。站在那里，我想了很多，一股沉雄苍凉的情感溢满着胸襟，数百年后的今天，若是高总兵在天有灵，不知他当作何感慨？

皇家寺院大佛寺

弯月如钩。

在淡淡的月光下，古寺的四周渐渐地蒙上了一层薄薄的岚霭，远处的祁连山，则更显得莽莽苍苍。大地熟睡了，群山熟睡了，先前还闪闪烁烁的几点农家灯火，也相继睡了，一切都是沉寂的，偶尔有几声狗吠从远处传来，更增加了夜的静谧。

突然寺内一声初生婴儿的啼哭，打破了这夜的沉寂。伴着哭声在寺内呈现的是佛光缭绕，瑞气飘飘。这是公元1320年的初秋的一个晚上，在大佛寺内诞生的这个小孩，就是后来的元惠宗。史载，南宋灭亡后，年仅六岁的小皇帝赵显被俘，被忽必烈带到大都，封为瀛国公。一日，忽必烈夜梦金龙绕殿柱，十分蹊跷，第二天早朝时，恰好赵显正好站在前夜所梦柱下，忽必烈疑虑顿生，想除掉这个后患，聪明的赵显为避祸而削发为僧，随后移居张掖大佛寺，因其身份特殊，娶一回族女子为妻，并生下一男孩。一年后，元仁宗

西巡到了张掖,在大佛寺拜谒时,忽见殿内一角香烟袅袅,五彩纷呈,一僧手托孩子,头顶有紫气笼罩,元仁宗觉得蹊跷,唤来问明缘由,当即认为义子,并带母子回宫,仁宗回朝不久便驾崩,经过朝政更迭的潇潇血雨和旖旎风华,这个小孩终于走上皇位,成为了元朝最后一个皇帝——元惠宗。因此有了"元朝天下,宋朝皇帝"的说法。这些传说故事给大佛寺罩上了一层神秘的面纱。后人为记这一故事,就在大佛寺塑了一条绕梁金龙,涂以金粉,格外耀眼。这就使大佛寺也成了一座名副其实的皇家寺院。

民间有另一传说:元世祖忽必烈的母后别吉太后来到甘州时,闻听卧佛寺有求必应,十分灵验,她带着身孕前往朝拜许愿,岂不知没走出山门就开始腹疼,只好在僧人照料下在寺内分娩了,这个孩子就是后来的元世祖忽必烈。史传,忽必烈母亲别吉太后死后,也埋葬在张掖大佛寺内。《元史》载:顺帝至元年三月,"中书省臣言甘肃甘州路十字寺奉安世祖皇帝母别吉太后于内,请定祭礼,从之",寥寥数语中,竟记录着一段生动的传奇。当然历史上关于元代王公大佐前往大佛寺朝拜的记述不少,这是历史的真实,还是虚妄的构想,我们无法考证,传说归传说,然而从西夏到清代,历史上有四位皇帝来敕赐寺名,这确是不争的事实,也足以证明历代王朝对大佛寺"恩宠有加":

公元1103年,西夏乾顺帝赐"卧佛"之额;
公元1419年,明成祖赐"弘仁寺"之额,
公元1427年,明宣宗赐"宝觉"之名;
公元1678年,清康熙帝赐"宏仁寺"之名。

这足以说明,大佛寺与皇家有着很深厚的缘渊。

"万道霞光遮凤辇,千条瑞气罩龙楼。"在近千年的岁月流转中,拨开历史的帷幔,翻捡一个又一个前朝旧事,其中有多少已被时间搅得支离破碎?当我们试图拼接,一定会还原为历史的真相吗?猜测这座寺院遥远的故事,谁又能完全地剥开岁月的斑斑锈锁呢?据16世纪到过这里的波斯商人哈智莫合美德记述,"该寺有僧人四五千人",过往僧众,成群结队,牛车马帮络绎不绝。由此可见早在500多年前,大佛寺气势恢弘,香火繁盛。而它的"三绝"更是名冠神州:国内唯一的西夏寺院建筑、亚洲第一大室内卧佛和保存最完整的《北藏》佛经及般若金经。

历史真是太沉甸,行云流水只瞬间,青史蜗喘却千年。东去西往的商旅,铃声响彻黄沙,流动的旌旗与颠簸的木车,共同于风沙之中鸣奏着粗犷和旖旎的音乐。所有的兴盛和繁华都是暂时的。大佛寺也是一样,在今天,早已没有了史书上叙述的金碧辉煌。院子里有几棵年逾百年的槐树,树干粗壮,要两人合抱,绿叶葱茏,鸟鸣啾啾。巨大的树冠如张开的巨伞,枝节横生,如同一座特别的建筑。

作为大佛寺的主体建筑的大佛殿，为重檐歇山顶的两层建筑，造型与古宫太和殿极为相似，殿宇巍峨壮观，飞檐斗角，周围木构廊庑，古木森然。大佛殿正门有楹联曰："创于西夏建于前明上下数百年更喜有人修缮果，视之若醒呼之则寐卧游三千世界方知此梦是真空。"正门的两边有两块珍贵的砖雕，为清代早期的雕塑。这两方砖雕和别的砖雕又有区别，它是由50块小方砖雕刻在一起，每一幅都成为一幅比较完整的经典国画。分别为《西方净土变相图》、《释迦柢圆说法图》，精巧逼真，彼俱神韵。谁能说这只是两块僵硬的砖雕呢？这里分明澎湃着生命的激情，这种题材和风格显得相对宽松，较好地凸现了艺术家们的自我创作意识，这时候，他们不只是按图雕琢的操作工，而是一群富于艺术个性的创作者，他们的气质、才华和时代的精神氛围取得了某种和谐的统一，相当顺畅地流进了砖雕那栩栩如生的线条之中，透出了一种佛家文化和西部文化相融合的精湛之气，流溢出了一种鲜活而生动的生命质感。

殿中彩绘泥塑31尊，正中佛祖释迦牟尼的涅槃像。卧佛安睡在大殿正中1.2米高的佛坛之上，佛身长34.5米，肩宽7.5米，耳朵长约4米，脚长5.2米。卧佛为木胎泥塑，金描彩绘，面部贴金，头枕莲台，侧身而卧，两眼半闭，嘴唇微启，造像丰满端秀，怡静安详。右手掌展放在脸下，左手放在大腿一侧，胸前画有斗大"卍"字符号。造像精美，比例协调，线条流畅，神态自然，相貌祥和，栩栩如生。站在睡佛面前，很难用几句现成的话来概括其中的内涵，我只觉得，那中间洋溢的是一份佛家才有的大安详、大自信。

把目光转向藏经阁，内有明英宗颁赐的佛经一部，计356种、685函、3584卷，分藏在殿内12个巨大的经柜内。另外还有明代正统初年泥金书写的佛经600卷，其中《大方广佛华严经》、《大方便报恩经》等，均陈于展柜之内。其经卷书法，结构严谨，笔力雄健，装饰典雅庄重，是经书之中的上乘之作。各经卷首、卷尾处，多有描金重彩插图，其风格有中原式与藏密式两种，尺幅虽小，但所绘人物、天神、莲台、宝顶建筑装饰等却精细准确，形神兼备，气韵流畅。置身其中，竹帛腐变的味道，使人呼吸沉重。在这里，每一幅图画，每一卷经书都是一曲生动壮美的乐章。

此时，正值盛夏，高大的殿宇之上，蓝天白云，似有瑞气缠绕。有鸟鸣从树冠上轻轻滑过，土塔高耸，风铃摇晃。寺内游人络绎不绝。当然大多数只是走走看看，散散心，既没有参禅悟道的灵性，也没有虔诚求佛的意愿。遥想当年，这儿留下过多少皇亲名臣的脚印。现在，陈音都已远去。在大佛寺的步行街上，我看到有一个妇女坐在门口专注的绣十字绣，夏阳慵倦，树影婆娑，那动作和神态，安闲得令人心折。还有几个文物店的店主们聚在一起打着牌，大声地嚷嚷和说笑，他们当然不知道，在身旁的这座寺院里，曾发生了多少荡气回肠的故事，那一声孩提的哭声，曾惊醒了多少人的梦。

日出日落，这座有着皇家意韵的千年古寺是古城厚重人文底蕴的标志，更是古城风云际会的历史见证。它像一个静寂的惮者，默默地向过往的人们述说着它曾经的沧

桑……

黑水国,一个忧伤的记忆

沙草迷离黑水边,何王建国史无传。
中原灶具长人骨,大吉铭文草隶砖。

这是古人描写“黑水国”的诗句。从甘州古城沿312国道西行十多公里,就会看到数段残垣断壁的古城墙、烽火燧静寂在沙砾之中,这就是“黑水国”古城遗址。《甘州府志》称:其地在唐为巩笔驿,元为西城驿,明则称小沙河驿,当地人呼之为“老甘州”或“黑水国”。

千年后的这个夏日,我脚步轻轻地来到了这里,带着祭奠的虔诚和庄重,走在黄沙茫茫的古城遗址上,仿佛怕惊醒什么,因为我知道。在我的脚下,沉睡着一座千年古城。这座古城的沉沦并不是由于铁血和马蹄的蹂躏,而是由于一场天灾。《抚新记程》载:“隋朝韩世龙守黑水国驻此,有古垒四,去后一夕为风沙所掩。”算起来,已有上千年的历史了。千百年里,多少樯橹灰飞烟灭,多少佳丽腐骨一堆。但我脚下的这座古城,静静地定格在沙砾之下,年复一年地看着江山易代,黑河西去。

在正午的阳光下,原始的黄土城池,只剩下一个基本的轮廓,四周的土墙高低不平。站在沙丘上眺望,远处祁连山青黛色的山峰依稀可见,山下绿色的屏障时隐时现。不是眼前被风蚀的断壁残垣,谁也不会相信这里在公元6世纪以前是一座名扬华夏神州的古城。《甘州府志》载,南北朝时,沮渠蒙逊建立北凉后,曾一度以这里为都城,几多辉煌,几多烽烟,墙里墙外,经年流沙淤积,堆至墙顶,越发衬托出遗址的苍凉、凝重。望着沉寂的古城,端详着满目秦砖汉瓦,历史感、沧桑感骤然凝于心头,一种沉甸甸的东西让我半晌无语。黄沙之下,曾经定然遍地深碧浅绿,万紫千红,天空飞鸟长鸣,流云聚散;荒芜之前,定然清流激荡,牛羊欢唱,汲水的女子一步一歌,唱着生活的安详。

欲问前朝事,无语对西风。来这之前,我已从《甘州府志》上见过古城的地图,大体的格局了然于胸。因此,在这灼热的烈阳之下,我在沙砾中的每一步都超越了时空的框范,在残垣断壁的城墙之上激趣悠远的回声。鸟鸣、燕叫、狗吠、羊咩,还有黑河的涛声、深巷卖花声、酒旗招展声、吆喝声以及古筝诗文,菜市粮肆,茶马交易……无数风景在回声中浮现,无数人间烟火、歌舞升平和繁华豪奢依稀可见。我似乎看到一位皓发白须的老人走在古城的街上,两手空空,却沿街叫卖“枣”、“梨”,呼叫过街,便杳然消失。之后,隋朝大将韩世龙率众扶老携幼匆匆忙忙撤离城堡,那时那刻,大家抹去眼角的泪珠,小心翼

翼地拆卸、用心细细地整理。邻里之间不再为方寸地基归属而争执，不再为门楣高低风水冲克而动怒。风沙漫漫淹没了小巷里的琐碎与狭隘，只留下患难与共的浓浓乡亲。可以想象得出，一座方圆数里的古城犹如沙器一般的脆弱，瞬间就被遮天蔽日的黄沙所淹没。那样的场景之下，会引发多少生离死别的故事情节，凸现怎样的人性弱点。一夜之间，功显名赫的"黑水国"毁灭了，毁灭在了滚滚沙尘里，一种生生不息、坚韧执著的地域性格完成悲壮的奠基。这里有他们祖辈的陵寝，是他们世世代代的奋斗和追求，也是他们剪不断、理还乱的是非恩怨。这里留下了他们开辟草莱、耕耘牧畜的历史，也留下了金戈铁马、刀光剑影的陈迹。

汉瓦秦砖埋故城，宫围轶事半分明。
当年果有神仙在，舍己匡人碑口存。

古城隐现在沙海和白云的孤寂之中，其间点缀着几处断墙、烽燧，当然还有瓦砾和瓷片，显得七零八落。数年之前，这里很可能是数楹老屋，一方庭院，也或许是一座府邸和兵营。如今，这里到外都是稀疏的黄沙和豁口裂裂的城墙，还有废弃的村庄遗址，黑水国永远地消失在了地底下。遗址面前，我很肃穆，我被他的遭遇震撼，看着眼前的一切，一幕幕曾经的画卷从遥远的史册深处飘来，又如浮云般从眼前飘去。只空余这片废墟令人凭吊，历史的斑斑陈迹，只能从散落在流沙荒草中的片片瓦砾去考证了。这是真正的历史，真正的历史容不得复原，时光已经将一切抛弃，他的面目在历史上存在过，留下的只有猜测和想象。

"落日三秋空眺望，边峰几度又存亡"，穿过坍塌的城门，仿佛穿越了历史的隧道，使人不由想到，古城的兴替是人之所为，而古城的沙毁难道不也是人之所为吗？破坏环境的苦果在上千年前就让我们的祖辈们品尝了。现在面对这座废墟，千年后的我们难道只能发出西风残照、汉家陵阙的感叹吗？行进在这弯弯曲曲、高高低低的小道上，面对这无始无终的时间，环顾这无边无际的空间，似乎听到了生命之钟计时的滴答之声。那么，就还是让它静静地埋在地底下吧，让那些遗落在时光村落里的绝响，静悄悄不需任何喧嚣藏匿在这厚厚的沙砾之下，让他给现在的人们更多的悬念和理性思考。

古人不见今时月，今月曾经照古人。宇宙是万物的旅馆，光阴是百代的过客。站在遗址上，茫茫旷野，天宽地广。纵目所及，沙枣灌木后面是田地、杨树还有悠闲的羊群和静寂的村落。走在这座废墟上时，分明感到这宁静中蕴藏着一股强劲的历史张力，不由得让人把脚步迈得很轻，很轻……

门晓峰散文

门晓峰

八声甘州

今天稍有点古典文学常识的人读宋词的时候，他的目光会不由得在柳永的名字前徘徊良久。因为是这位才情横溢、放荡不羁的词人将宋词由高端引向民间，并在民间广为传唱，所以才有了"凡有市井处必有柳永词"的说法。柳永对弘扬宋词作出了卓尔不凡的贡献。

柳永一生填词无数，而他独对《八声甘州》这个词牌情有独钟，八声甘州也因柳词而声名鹊起，被许许多多的文人墨客竞相填词吟诵，如同一种时尚风格被人们趋之若鹜似的效仿，最后成为一种经典留在了中国文学史上.

用一叹八韵去说明八声甘州这个词牌名是比较贴切的，八声甘州是词中慢词，一首词有八韵，此谓八声，朗诵八声要掌握其抑扬顿挫的韵律，才能品出诗词的各种韵味和情趣。柳永《八声甘州》里有这样的句子："对潇潇暮雨洒江天，一番流清秋，渐霜风凄紧，关河冷落，残照当楼。"苏轼评价说：人皆言柳耆卿词俗，然如此句，唐人佳处，不过如此。这是豪放派领袖对婉约派魁首最中肯的评价。八声甘州亦名甘州、潇潇雨等，它的出处来自敦煌曲子，是河西走廊强劲的春风将八声甘州这样的名曲吹向繁华的汴京，在那里逐步成为名调雅韵。唐诗宋词是华夏文学史上的奇葩，这个阶段也是经济比较繁荣、政治相对清明的时期。丝绸之路上商贾云集，地处河西走廊中部的甘州发挥着承东接西的作用，西凉文化已经发育成熟，民间文学不仅仅是口耳相传，诗歌词赋亦可车载斗量。有了文化的高度才能有城市的高度，吟诗诵词是品位的象征，甘州曲子已经在祁连山下孕育成一支名曲，它的韵律，它的仄仄平平令人耳熟能详，恰有余音绕梁的高超享受。过往的商旅便在漫漫旅途上哼着八声甘州的调子往长安、汴京去了，如一股来自乡野的清风吹遍了大江南北。八声甘州唱遍大河上下的时候，一支曲子成就了一个城市，使这个城市有了文学的光华，翻阅文学史它便如一颗钻石迸射的光芒刺痛阅读者的双眼，因为这个词牌名实在太耀眼夺目了。

唐诗、宋词、元曲、明清章回小说，文学亦步亦趋在繁衍着新的种类，并由此愉悦着读

者的心灵，启迪着人们的智慧，时风在变，山川在变，愈是如此，人们愈是想往一种意境优美、韵味悠长的生活境界，然而这种难觅的汉风秦月却成了永远的回忆，一代词人柳永仕途坎坷，一生潦倒，他并没有涉足西域、到过甘州，而他却像精神游侠，或许神游过甘州。在词人的心中甘州该是下着一帘薄薄的细雨，缓缓的流水漂荡着忧郁的杏花，红粉佳人痴痴的目光含情脉脉，纤纤细手轻轻挥舞着散发清香的手帕，倚在栏杆向远远的丝路望去，等待着远行的心上人骑一峰高大的骆驼缓缓从那里走来，在词人的心中无论向南向北，都涌出无限的诗情，柳永用他的盖世才华填写诗词甘州。他用八声甘州谱就的新调我们能理解多少，满腹华彩文章的词人娴熟地操练着八声甘州，尽情抒发着对生命的感怀，对生活的感悟，将一叹八韵的甘州抚摸得情真意切、情意绵绵，粗犷豪放的塞上甘州有了另一种性情，别样的风情，甘州的情感，如碧玉般细腻、温润。

不论时过境迁，不说物是人非，八声甘州，都永远是我们这个城市的荣耀。

诗词甘州

黑河如带向西来，河上边城自汉开。

甘州的历史文化是用一首首诗词串联起来的，如编年体的史记。

每一个章节都少不了精美诗词的铺垫。一个城市如果没有诗，这个城市多少会显得浅薄，不缺少诗的城市才显示出它的情调和魅力。

甘州从来不缺少赞美她的诗词和美文。这里雄浑的大漠戈壁、多情的三千弱水、晶莹的雪山冰川、瑟瑟的苇荻秋风，都是诗人笔下绝妙的素材。甘州是一个盛产诗词的沃土，今天当我们放眼回望过去，就会看见汉唐时节，在羌笛怨杨柳的塞外古道上，伴着叮当叮当作响的驼铃，走过一队队丝绸之路的旅行者。你一眼看见的那个大胡子便是边塞诗人王维，还有那个目光炯炯的壮年汉子，腰佩一把七尺长剑，抑扬顿挫地吟唱着“焉支山西酒泉道，北风吹沙卷白草，长安遥在日光边，忆君不见令人老。”他就是大诗人岑参，紧随其后的是元稹、马云奇、杜牧、李渔。因焚烧鸦片而获罪的林则徐满怀惆怅地向我们走来，他留恋于甘州淳朴的民风，随风而吟：“不解芸锄不耕田，一经撒种便由天，幸多旷土凭人择，歇两年来种一年。”这位在中国近代史上必须浓墨重彩大书特书的中华志士匆匆走过甘州，也许他想留下来与甘州人民共享塞外江南的美景，但王命难违的他还是朝伊犁去了。

甘州因诗词而扬名，甘州同样因诗而在中国的诗词史上有了自己显赫的地位。《八声甘州》这个词牌名便是闪耀在甘州大地上永远的光环，这份特殊的荣耀是华夏大地上的所有城市都该羡慕的，直到今天我们每看到这个“八声甘州”时都不由得怦然心动。

有诗的城市是有性情的，甘州之所以像明珠一样千百年来光彩依然，就是因为她有

优秀的儿女呵护着她，拥戴着她。唐朝的诗歌、宋代的词赋是中国文学史上的大观，甘州人也不甘寂寞，一位叫赵彦昭的甘州人以才高八斗、学富五车的实力跻身于唐朝的诗坛，那是一个群星荟萃的地方，诗仙、诗圣相争不下，何况来自遥远的甘州人能有容身之地吗？毕竟喝着弱水长大的赵彦昭是有才气的，最终走进了《全唐诗》，这是唯一进入《全唐诗》这部大典的甘州人。江山代有才人出。过了一千多年，一位叫陈秀勤的甘州女子又活跃在清朝的诗坛上，她的诗婉约深情："冬寒楼上下帘齐，把卷灯前看旧题，远听钟声何处寺，桃花庭院雨凄凄。"陈秀勤是一个感情细腻的女子，也是一个敢于冲破封建礼教的女子，这个灵秀聪慧的甘州女子最终在中国诗坛上找到了自己的位置，《中国古代女诗人诗选》里收录了她的诗作，这本书同样收录有李清照等大家的作品。

吟唱甘州的诗词浩如烟海，上下五千年的华夏文明史，每一个时期都有诗词文章将笔墨落在甘州。罗家伦先生的《五云楼远眺》将吟甘州诗推向了极致，这首意境高远的诗作堪称赞美甘州的千古绝唱："绿荫丛处麦毵毵，竟见芦花水一湾。不望祁连山顶雪，错将张掖认江南。"今天我们不计其数地引用罗先生的这首诗印证着甘州的繁华和美丽，他的诗词为甘州赢得了至高的荣誉，甘州因此闻名遐迩，甘州因诗而有了生命的激情，诗也使这个城市有了独特的个性和意境。诗词甘州，别有风韵。

水色甘州

在河西走廊，流传着这样一句古语"甘州不干水池塘，凉州不凉米粮川"，这句话形象地概括了旧日甘州的山川风貌，甘州地处祁连山和合黎山之间，两山夹峙形成的凹地，加上近千米的海拔落差，使它有效汇集祁连山的冰雪融水，久而久之形成了甘州泉水喷涌的自然景观。"苇席处处，古刹片片"，一片山光水色的甘州倒影在夕阳西下的黄昏，暖暖的色调，映入甘州人的眼帘，把一丝难得的温情久久地以诗的形式珍藏于人们的心间，别样的甘州因为有水的滋润显得楚楚动人。仁者乐山，智者乐水，有水的地方就显出了灵气。

祁连山有多高，甘州的水就有多长，两千多年前霍去病的铁骑还没有光顾河西的时候，逐水草而居的匈奴人便牧马扬鞭，活跃在甘州这方土地上，想必那时的甘州该是水草丰美，草木葱茏的世界，"天苍苍，野茫茫，风吹草低见牛羊。"遥远的诗人用最美的笔触，给这里的风光作了描绘，同样今天也可以使我们得以靠意境美的感觉去欣赏那时的美丽甘州。汉武大帝的嘶嘶马鸣打破了这里的宁静，帝王开疆拓土的文韬武略，使甘州扮演了河西走廊上的一个重要角色。河西四郡之一的张掖郡从此诞生了，游牧文化和农耕文化强烈的碰撞，奠定了甘州以农业生产为主的发展思维。直到两千多年后的今天，这种想法仍然根深蒂固，逐水草而居到春种夏收。甘州丰富的水资源得到了很好的利

用，自然的山水风光加上人工的刻意雕饰，肥沃的土地不但生产出为了生存所需的小麦,还有水稻,一种本来在河西少有的水生植物芦苇,被引种在甘州城乡郊野,甘州的风光就此显得生机勃勃,妩媚动人。芦苇是赋有性情的植物,它一旦找到合适的土地,扎下根去,便不屈不挠。年复一年在春天呈现出顽强的生命意志,芦苇的秉性不是那种植物都可以比拟的,生命力极强的芦苇依仗甘州的流水。在无数河滩洼地,肆意寻求展示生命的空间,或许是千百年来的前赴后继,甘州城乡的芦苇便繁殖了万亩之多,从黑河两岸到城市街巷都有芦苇的纤纤身姿。查阅甘州地方志,还可以看到南大池、北大池等这样的地名,就连甘州人引以为豪的中心广场过去都是一片翠色芦苇。在秋风乍起的寒风里,缕缕苇絮,沙沙风声,被文人墨客归纳为苇荻秋风,“半城芦苇,半城塔影”,该是多么惬意的风景啊！那时的甘州人足不出城,便可以在家门口欣赏山光水色的美景,即使今天游历江南看到的不也是小桥流水、稻田千里吗？自然的形态才是最美的风景,人们忘不掉的是深深镌刻在心底的,留在彩色照片上的只能是一种偶尔的回忆。

沧海桑田,人口的膨胀需要更多的土地和水源,一块块有形有神的芦苇被渐渐蚕食了,站起来的是钢筋混凝土构筑的森林,水鸟的欢唱没有了,满目的绿色没有了。尽管这时候的城市有了另一种风韵,人们的生活如快捷键一样可以直奔主题,但是对原生态的留恋依然浸透在每个人的血液里。城市的建设者们在努力寻求恢复古甘州的神韵,建设一个园林化的城市成为人们的共识,东环路的芦苇池得到了保护,这是令人欣慰的事。前不久到甘泉公园游玩,不经意间发现原本在这里消失许久的芦苇竟又萌生,不由得惊喜。这尽管是一个小小的变化,但是我们仿佛看见了旧日山光水色的甘州。至此,想起了一位著名城市建设专家所说的:我国北方的历史文化名城里,唯有甘州城里有芦苇。

印象临泽

刘爱国

夏季的临泽像被风吹皱的绿色的海洋一浪高过一浪，带着生命特有的绿舒展在河西大地，在这块神奇的土地上，天是碧蓝的，水是碧绿的，一切都生机勃勃，一切都显示着生长的力量。

夏天的临泽，自东向西的黑河、自南至北的大沙河里的水清澈透明，燕子轻轻地掠过水面，怕惊动水中鱼儿的梦，蜻蜓也不甘寂寞，站立于飘曳在河面的芦苇叶子上，在清风中低吟浅唱。河边的枣树上，滴滴溜溜的青枣挂在枝头，诱人得很。漫步黑河、大沙河，走上一天，满眼都是拔节生长的制种玉米，金黄的麦浪里有顶着草帽的庄稼人挥镰割麦。黑河湿地的芦苇丛、芦芽里，有一群羊儿在蓝天白云中行游，安详自然。等你的脚步和视线进入了临泽的湖泊、水库和网状的沟渠，它流淌着亮亮汪汪的清水，滋养着各种各样的植物和庄稼——高大的白杨、披挂的柳树、婆婆娑娑的枣树等植物大概也和人一样，喜欢喝清水。

在双泉湖，可能是因为湖水较深，水下有鱼有虾的缘故，水竟然是蓝氤氲的，这是水的更深邃的颜色。从祁连山飞奔而来的雪水聚集在双泉湖，忙时滋润着临泽的田园，闲时滋养着这片湿地，庄稼和湿地像一个母亲的两个像孩子紧紧地依偎在湖的怀中。

走进县城"氧吧"的颐和绿苑，走进充满诗意的黑河烟林，走进历史云烟的昭武故地，漫步乡村原野，仿佛走进了江南水乡。这里，绿色的树木，绿色的小草，绿色的玉米，绿色的稻田……跟江南毫无两样，"塞上江南"由此而名。因为绿色太多太多，对绿的底色又有点司空见惯甚至麻木了。惊诧于临泽的绿色，是在县城以北四十公里的巴丹吉林沙漠中的锁龙潭。

"一池绿水大漠抱，碧树参天沙中绕。"刚到"沙漠奇葩"的锁龙潭，交织着惊异与兴奋，我情不自禁地吟出了上面的诗句。走了没几步，鞋里装满了沙子，只得脱鞋行走。不一会，双脚就被沙棘扎得受不了，只好坐下休息。忽然间，我看到潭水上有成群的野鸭在茂密的芦草中探头露脸，脚下的沙土上，还长着些高只寸余、翠绿翠绿的小草。举目四周，尽是一排排枝繁叶茂的大树。沙丘上，满是人工栽植的仙子般的红柳、梭梭。置身于这里，除了脚下是沙，映入眼帘的，吸入鼻孔的，却满是绿。真让人无法相信，这黄沙之中，如何能长出这等绿色！

但我依然不能满足。其实,临泽还有最亮丽、最最醒目的一色,那就是地处祁连山下的倪家营南台的“七彩丹霞”。临泽丹霞以地貌色彩艳丽、层理交错、气势磅礴、场面壮观而称奇,是一种独特的地貌类型——彩色丘陵。色彩之缤纷、观赏性之强、面积之大冠绝全国,举世罕见,具有很高的科考和旅游观赏价值。被誉为“中国最美的七大丹霞”之一,“奇险灵秀美如画——中国最美的6处奇异地貌”之一。

中国丹霞地貌旅游开发研究会终身名誉会长、著名地理学家黄进教授称:“张掖彩色丘陵中国第一。”景区与周边的山峦、河流、田园、村庄、炊烟相辉映,宛如一幅风景名画,清晨、傍晚、雨后色彩更为艳丽。景区山市犹如:雄鹰展翅、神龟出海、孔雀饮水、万象奔腾、众僧拜佛等千姿百态、栩栩如生。最为经典的七彩屏、七彩峡、火海、七彩塔、七彩峰、七彩菇、大扇贝等景观,是丹霞景观中的精品、极品。

丹霞地貌作为古老的地质遗迹,是大自然留给临泽人民的一份宝贵的遗产。通过近年的开发,已成为科考、探险、旅游览胜、休闲度假、摄影采风、写生作画的理想之地。临泽丹霞既是大自然的杰作,也承载着丰厚的人文历史,《淮南子·天文训》说:远古时期,共工和颛顼这两个部族的英雄之间为了争帝,发生了一场惊天动地的战争,直打得天昏地暗,山裂地陷,日月星辰移位,把西天的天柱撞断了,西天开了一个窟窿,导致天倾斜而洪水漶漫。女娲娘娘补天来到西昆仑,从四面八方采集五彩石,用神力碾成粉末,用昆仑山的玉液琼浆调和,然后开始补天穹的窟窿。女娲将五彩粉末又聚拢在一起,但一部分附着在了山头上,把山染成了五彩灿烂的样子。为了防止恶魔继续捣乱,她安排两个侍女轮流值守。侍女一个叫朝霞,一个晚霞,按女娲娘娘的吩咐,昼夜不离,帮助女娲顺利补好了天上的窟窿。但朝霞和晚霞因劳累过度,长眠祁连。她们死后,化作霞光,早晚相映,为祁连山染上了神奇的霞帔,就是我们今天所看到的“七彩丹霞”。

穿越县城的大沙河上新建了10个微波粼粼的蓄水湖和3座亲水平台,形成了5公里的沿河森林、石林景观带,架设了3座彩虹般的大桥和几百盏立柱式高大景观灯,2公里的泄洪明渠把大雨后的洪水愉快地咽下,周边升腾起一座座擎天柱般的高楼大厦……

大沙河历史悠久,《创修临泽县志》载:“响山河在县城(今蓼泉)南九十里,又名梨园河。源出祁连山阿吉峡,汇合番地多流数泉,东北流经八个家、罗儿个家、大头目家等牧地,折北由梨园口出,经沙河镇,至鸭暖乡注入黑河。威狄(新华)乡及沙河之化音、辅加等渠,均籍灌溉。泛时可运巨木;冬季结冰,河水则干;夏秋以后,山洪暴发,辄阻行人;雨过天霁,洪水即干。河底卵石,下流系细沙。”“奔雷坠石,震撼天地。迥异常观,一白无际”,这是清代邑人申缅胥的《响山夏涨》。其实,今天的大沙河早已没有这样的水势了,但是每每读到这首诗,总是被昔日大沙河的浩荡和奔流所感染。清代临泽诗人申缅胥在诗作《沙河春望》中写道:“西望沙河春兴长,百般红紫斗菲芳。蝶衔葩蕊蜂衔粉,近是园

林远是庄。柳暗前村笼宿霭,花明曲坞映朝阳。此间行乐何如也?应觉他乡胜故乡。"申缅胥诗中的沙河美景,如今又赋予了新的时代内涵。一个颇具现代气息的沙河已是惠风和畅、花香人美、青风缭绕、碧水潺潺、千鸟啾鸣、万花盛开的人间仙境。

冬日独谒黑水国

东　潮

产生这个念头是毫无由来也毫无迹象的。很突然的，一种心情的驱使，瞬间爆发的冲动，荡起巨潮般难以遏制的欲望，决定了我的这次根本无法寄寓意义的探询与拜谒。

时令进入冬季，天空便不再那么明净，整日灰蒙蒙的，像罩着一层旧纱。尤其这个城市，原本四面有山的，可到了这样的季节，任你站得再高，目光尽处，依旧是迷茫茫一片，这迷茫茫一片，像一块环形的巨大的补丁，极勉强地把天地缝合在一起。

这样的境况，心情是怎么也好不起来的。

我这个人有时很奇怪，总是因为莫名其妙的原因，自己把自个儿搞得身心疲惫、心意消沉。我不知道这是自讨苦吃还是故作姿态，要么就是“为赋新词强说愁”的那种假惺惺。怨过自己恨过自己甚至骂过自己，可总是不能解救自己。一日日这么挨着过下来，每每想来，尽是那般无趣。

就因为接连遇到三位或多或少与我有些关联的人的离世，我竟是不能自已，连日消沉。

第一位是家乡邻家大妈的儿子，怀着谋求幸福生活的幻想，远去新疆打工，因意外的车祸事故，魂飘在外，尸埋异乡。

第二位是一位同事的父亲。他因脑溢血导致偏瘫，行动不便、语言不清，卧床已有五年。于自己、于子女都是一种痛苦，终于在近日摆脱了痛苦，无憾而去。

第三位是一位远在省城的领导，我也只是因为工作关系，陪着自己的领导同他吃过几次饭，酒桌上有过例行公事的交流和沟通，手头有他著写或主编的几本书。他从一个很显赫的位子上退下去，却不明不白死在自己家中。我只是在可惜了他那满腹的才华之后，想到他曾对我的赏识，惺惺相惜地独自伤感了很久。

就是这三个原本没有任何联系的人的离世，像土壤、水分和温暖的阳光，同时施于我悲天悯人的情感种子，生发出一枚感怀叹世的幼芽，冬日的萧条，偏偏又像和煦的春风，助长了芽的茁壮。于是，便结出了我离经叛道的独谒黑水国之行的涩果。

上午十时左右。走出家门，天空是那种欲阴未阴、欲明不明的黏稠，太阳懒懒地贴在黏稠后面，无精打采得像个破落潦倒的懒汉蹲守在倾颓的墙根。

走到街上，我像一片被冷风吹落的树叶，飘飘摇摇不知归宿在何处。原本像这样的

时候,我会找几个朋友喝喝酒、聊聊天。很多时候,朋友是化解愁绪的良药。可因为昨天与朋友们的一场猛酒,已经把胃伤了,今天依然在难受。酒是万万不能再喝了。如今,没有酒,即便是和朋友们坐在一起,也会渐渐苍白以至无语。

一辆出租车陡然停靠在茫然无措的我身旁,就在那一瞬间,诞生了一个奇怪的念头,我毅然决定:到黑水国去!

和出租车司机一番讨价还价后,说定35元钱送我去,待到我打电话时再来拉我。

向西,车驶出甘州城,驶上312国道,扑面而来的是另一番景象。收获后的田野安逸而宁静,如产后的母亲;初冬的农庄显得有些臃肿,神闲气定,是一幅知足而乐者的白描。在淡淡游走的轻烟薄雾中,他们无言地守望着不知历经多少岁月而依旧一成不变的那方天空,于路上的我和如我这般匆匆而过的人,他们无语缄默,像一位智者,又像一个懵懂初开者。

车行约十多分钟,向南,拐上一条土路。在车轮荡起的灰尘里,我已经嗅到了黑水国的气息。

车轮下的土路历经冬日焦渴,覆路黄土深厚松软,如稀粥般颠簸坎坷。路两旁的树木,一律是纤细而羸弱,一如它们周边的苍凉。思绪似乎也被这苍凉凝滞了,恍恍惚惚前行。时候不大,车在一个水渠边停下来,我掏钱打发了司机,作一番叮嘱,独自爬上水渠边的一堆黄沙,黑水国城墙就在我的脚下了。

举目,黑水国就在我眼里了。破败的城垣,和城墙一般高的黄沙,簇拥着、挤压着这方曾经显赫的城池,四望,瓦片残砖遍地,各种颜色的陶片,青灰色薄而长的汉砖,似乎在给我诉说这个古城的沧桑。看到满目的残垣断壁与散落的瓷片汉砖,连同四周绵延起伏的沙丘,我仿佛穿越了历史的隧道,天空开始喘息,脚下的城墙开始呻吟。幽暗中,我依稀听得战马嘶鸣中刀剑的碰击声,仿佛还听到市肆的叫卖声、茶楼的管弦声。倏然,骤风疾起,当年那些先民逃离古城时慌不择路的呼喊声充盈耳鼓。

关于这座城池的历史和典故,我是知道一些的。应该说,她比张掖的历史更为久远。相传西汉以前匈奴曾定国都于此。当地人把匈奴称为“黑匈”,故称为“黑水国”。又据民间传说:很久很久以前,黑水国一带是一望无际的沼泽湖泊。随着岁月的流逝,湖泊逐渐干涸而成为水草丰盛的平川,后来有个叫“月氏”的民族迁徙到这里,驻牧并屯田修城,建都立国。因傍依黑水,故得名黑水国。按《天下郡国利病书》引《杜氏通典》说,其地系汉时张掖古城。《甘州府志》称:其地在唐为巩笔驿,元为西城驿,明则称小沙河驿,当地人呼之为“老甘州”或“黑水国”。《扰新记程》载:“隋朝韩世龙守黑水国驻此,有古垒四,去后一夕为风沙所掩。”

黑水国因黑河而得名,也因黑河而盛衰。千百年来,黑水国几经变化,早已湮灭,只留下残垣断壁。在我生活的这片土地上的民间传说中,黑水国的消失与生态恶化有直接关

系。传说中，黑水国是一个小国，虽然版图小，但却很强盛。可是，有一天晚上却被突然而至的沙尘暴所掩埋，最后变成了废墟。

神秘的传说给人无尽遐思。可是，这些传说真是那样吗？这些传说背后隐藏着怎样的一个悲壮故事？当年那些面临黄沙的居民，究竟是如何逃生的呢？千年之后，这座古城仅仅剩下了大致的轮廓，城墙一角上的角楼，还在风沙中守望着空荡荡的城堡。

站在城墙上四面观望，沙丘上长着红柳，距离城墙几十米的地方就是农田，绿树成林，阡陌纵横。胡杨、红柳、榆树成林成行，我知道，这些都是今天的人们与风沙战斗的功绩，或者还可以说，是为了赢得今天的生存空间作出的挣扎。站在这儿，我仿佛站在了历史的高空，清晰地看到了月氏聚牧、汉匈争战、茶马交易、兵防屯驻、沙毁古城的漫漫岁月；看到了古城的繁荣、悲壮、沉稳和脆弱对历史的演绎；看到了遥远的汉唐，古城为丝绸之路上的商旅迎来了黎明，送走了夕阳。唯独，我看不到未来，这儿将会变成什么模样，是更繁茂还是最终会凋敝，是一种全新的格局还是会保留今天的情状？历史太深远，自然太神奇，变幻太莫测，在时光的巨剑下，未来的这儿谁知道会被砍砌成何状何貌，我真的无法得知。

千年风雨，树都成了古树，路也成了老路。这老路边上总有几多废弃的古城，沧桑无语，最迷人的是那落日照耀下的残垣断壁，及弥漫于残垣断壁之间的宁静，与其曾有过宫殿盛典的奢华，金戈铁马的喧嚣，形成鲜明的对照。谁又能说得清，我们现在栖居的闹市，过几百年、几千年到底是更靓的都城，还是后人凭吊的废墟？

突然就又想起离世的那三个人，他们来到这个世界，来了，活了，曾经风光或是苦难，又都走了。一座城池，是不是也和一个人一样，建起了，存在了，繁荣了，衰落了，最后也湮没了？实未可知啊！人走了，短时间内一定会有人祭奠，很长时间后呢？还有人记得并祭奠么？城没了，多年后也一定会有如我这样孑孓的身影前来拜谒，更多年后呢？也未可知啊！

一时间，时光好像停滞了一般，更强烈的苍凉感油然而生，一股冷气蛇蝎般萦绕在胸间，肠胃突然就痉挛起来，思维渐趋杂乱。

恍惚中，我转身离开这个残颓了的城郭。我不打算再叫出租车了，就这样徒步离开。

白云生处

——东大山行记

缪丽霞

清雅闲居

去东大山,途经一个叫野水地的村子,在野水地的居民点上,有一处居所叫“清雅闲居”。

清雅闲居是个干净而气派的农家小院。后院照例是圈养牲畜的地方,牛壮羊肥,还有几只肥鹅悠闲地踱着方步。前院却似一幢小小的别墅,客厅、回廊、卧室、盥洗室、书房、组合家具,一应俱全,设计巧妙,精致而又宽敞的感觉,大家都赞叹不已。

清雅闲居的主人爱生活,也爱文学。因此,才有了我们今天的相聚。我们几个爱文字的人,去东大山,在清雅闲居落脚。大块的手抓羊肉和大碗的啤酒都是主人盈盈的盛情,款款的心意。我们在肉的浓香酒的清醇中醉了。

先前的文学青年当了现在的村支书。痴爱的诗行就写在了野水地的庄稼地里,修渠、铺路、小康建设、学校投资是他夜夜构思的长篇小说,旧貌换新颜的居民点是他发表在生活这个大刊物上的作品。人人都看到了,人人都读懂了,他的执著,他的勤奋,他对于生活的爱——这爱,是具体的,是眼见为实的,是看得见,摸得着的,是长长久久地留在野水地的历史上的。

38岁的庄稼汉,黑生生的脸堂上透出太阳红,树一样结实健壮的身体。笑声是真正爽朗的那种。他说自己常常会感到寂寞,感到空虚——在大小事务占得满满当当的时间的空隙里。

寂寞感和空虚感,会让他把野水地变成一个大的清雅闲居的。他说没有时间看电视的时候,他就在身上带一个收音机,边忙,边听新闻,听外面的世界怎么精彩。

白云生处

野水地距离东大山还有一个小时的车程。

坐在进山的农用车上往前看,东大山似乎就是眼前的一幅画,那样清晰而纯净的一

种美丽。正午的太阳暖暖的,远处的山头上那层积雪白得格外炫目,我知道那是雪,但我更愿意一相情愿地将那灿烂的白当成是一抹白云。在青山深处酝酿,在青山头顶萦绕的一个梦。

一路上,一直看晶莹而炫目的白雪,一直想心中的那丝牵挂。天蓝得那样清澈纯净,树绿得那样清新纯粹,空气湿润润的,仿佛米酒般的清醇,让人微醉微醺。

一路的颠簸,居然没有扬起沙尘。如我们的心情。

这是雨过天晴的正午。站在东大山的脚下回望,我们居住的小城像是烟雨蒙蒙的一湾水,湿润了我的双眼。

闲云野鹤

闲云野鹤——一直挚爱的一个词,一直向往的一种生活,一直渴望的一种境界。身在红尘,这样的爱也只能是压在心底的一个旧梦,已被岁月洗涤得有点褪色了。不敢轻易翻出,免得伤怀。

白云生处真有人家。

一间低矮破旧的土屋,一条机敏的黑狗,一盘小小的石磨,还有几方田,一对平常朴实的夫妇,一个文静秀气的女儿,过着与世隔绝的简单安静的生活。

远远的,在空旷的峡谷中听见狗叫声,我们就有点兴奋,仿佛听到了最最纯净的天籁。仿佛我们此行的目的就是为了这白云生处的人家。

诗人梦魂说:“不知道他们缴不缴农业费?”

惹得大家都笑了。我们都知道他是社长。

我说:“我关心的问题是,他们的孩子怎么上学?”

广电局的付主任说:“这个地方能不能看上电视,收听到广播?”

在宣传部的柯英早已经走到前面去了,于是大家都推断他关心的问题可能是:这家人是否知道“三个代表”?

一路走,一路笑,清净的山谷中回荡着我们的声音。狗的叫声更大了。我们打扰了他们宁静的生活。

我们这些尘世中的人啊,总是以自己拥有的东西认定这个世界。尽管自己也许正被这样的拥有所牵绊所累。

白云生处的人家,过的并不是神仙般的生活,有的只是神仙般的淡定从容的心。

没有好奇,没有交谈,没有羡慕,也没有留恋。我轻轻地来,再轻轻地走开。就像一片路过的云彩,经过了,看到了,知道了,也懂得了。

这就够了,足以平淡我身在红尘难免要浮躁的凡心。

我一如既往地爱那个词——闲云野鹤。

轻风明月

清幽的深山里,一定有着古朴而沧桑的寺庙。山因寺而有了诗情,寺因山而多了画意。是那样相依相伴,不可分割的一种美丽。

想象中的东山寺,是历经了岁月的风尘和洗礼的,是那种铅华落净宠辱不惊的淡然悠远——无端地,总是喜欢年代久远的建筑,哪怕曾经的鲜艳绚丽已经无迹可寻,我也总能在斑斑驳驳的裂纹中想象出他们昔日的风姿。

顺着清清的小溪水往峡谷深处走,脚踩在石子上的声音清晰而空旷,在这空荡荡的山谷中,行走的声音那样真实而具体地回荡在耳中。

转过山头,看到了两处正在修建的庙宇——这居然就是传说中的东山寺。

心里多少有点失落。

正在参与修建的民工告诉我们这都是按原来的样子修复的。我不知道原来的古寺是怎样的,但新建的那些殿堂总让人想起穿着古装的现代女子,艳丽的衣服里面包裹的,是一个怎样粗糙肤浅的灵魂?那粗糙的壁画和建筑工艺是蹩脚的裁缝胡乱应付的针脚,每每让我看出不和谐来。

顺着陡峭的石阶上到山顶,站在东山寺前,看山中绿树青石,想象自己是一个出世的老僧,以淡然的心看春去秋来,看花开花落,看云卷云舒。在这样的山水之间久了,人还会有那么多贪婪的欲望和不能满足的忧伤吗?

出门来,看到观音殿前的柱子上,一副对联:

庙内无僧风扫地,
寺中少灯月照明。

心里的失落一下子烟消云散了。

只此一联,让东山寺有了一颗千年不变的禅心。而我,也在瞬间得了些许禅意。

绿水绕石

峡谷中,多是罕见的巨石。

人在这样的巨大的石块间穿行,觉得自己渺小得没有了任何思想,我想象不出这样大的石头从何处来,大自然的鬼斧神工怎样将他们雕琢成了我们现在看到的模样。

这身形各异的巨石以千年不变的姿势静默着,守望着东大山。看天上的流云悠然流过,听山涧的风呼啸而过,看季节的变换交替,看游人过客水一样穿过峡谷……

我想他们是不寂寞的,因为他们的身边有清清的溪水一直潺潺地流着,温柔而缠绵……

夕阳掠过明粮仓

孙　瑾

当洋人节的异常浓郁气氛铺天盖地地席卷了这个小城时，冬日的寒流也似乎忘记了它的职责，天空是那样的瓦蓝瓦蓝，空气是那样的清凉清凉，人流如潮的街道上，夕阳跟着我，我追着夕阳的余晖，拜谒向往已久的天下粮仓，一睹它饱经600多年的容颜。

陈封的记忆是我脚步的导游。当历史的书页翻过璀璨，现实侵蚀了辉煌，眼前只剩下苍凉，凭吊这段历史，让自己在尘世中日渐颓废的灵魂得以升华。

穿过东街十字，向北，拐进一小巷，“天下粮仓”四个遒劲的黑体大字赫然入眼，小巷里不见游人，不见行人，只碰到几个蹬三轮车拉货的司机。沿路的几家门店因为没有顾客的光临也和这柏油路一样的孤寂。

放眼院落，里面堆放着各种纸箱等杂物，几个正在装货的民工漫不经心地往三轮车上装东西，民工们箭一样射向我的目光让人感到好笑，他们弯腰抬箱的速度像碟片画面被卡壳时的镜头。整个院落静悄悄，民工们没有语言的身影活像话剧中使用的道具。

“天下粮仓”原来是一溜溜连成一体的土坯平房，呈一字队列，像耄耋的老人，几百年的风雨和沧桑将它们侵蚀得浑身伤痕累累，我数了数，共有九座，每一座都是木制的大门，吊一把大铁锁，门楼上各有命名的牌匾：广成、广寿、广丰、广禄、广积、广福、广恒、广泰、广被。门的中央有红墨水书写的5～13的编号，像一张张殷红的小花贴在门上，而每一扇门都有岁月剥蚀的缝隙抑或如“猫眼”的窟窿，我挨个走过，眼睛凑近透光的“猫眼”细细看，发现里面的空间很大，堆放着乱七八糟的货物，纸箱啊木板啊之类，叫人的心顷刻少了很多好奇。再看墙体，好些墙根都有脱落的土坯，但墙的底部依然很厚实，厚度让人汗颜，屋檐上露出的椽子，几百年的风雨将它们的肤色变得褐黄，皲裂了些许细微的口子，整个房子的构造都弥漫着原汁原味的泥土气息。

站在被历史洗劫过的古建筑面前，我的心却出奇的平静，我的脑海里闪过我们的祖先汗流浃背地和泥垒墙的情景，他们的脖子里都搭着一块变了色的白毛巾，当梁的木头也是他们破着嗓门喊着“一二三——”而抬上房顶的，汗水在他们古铜色的脸上流成了细小的河流……画面像慢镜头一样漫过脑际。

在夕阳下，我缓缓游走，观望伸手即触的“天下粮仓”。一辆通体木制的马车横卧在我的脚下，车身很大，车轱辘无一丁点铁的痕迹，整个车子全是木头铆套制衔接的，木板全

开了丝丝缕缕的裂缝,这些裂缝足以证明它曾经走过的无数风雨兼程,想必当年它在英姿勃勃的枣红马的驾驭下叱咤于人间的沟沟坎坎吧。我们的祖先是多么聪明,又是多么勤劳,能够用这样的车子不远万里地把土木运来修建了如此名扬天下的大粮仓!浮想联翩间,被眼前一块黑色的石碑吸引了眼球。

石碑是张掖市粮食局2002年立的,上面载有“天下粮仓”的简介:明朝洪武二十五年(1392年)甘肃都督宋晟始建,明弘治十六年(1503年)又建预备仓,清乾隆十八年(1753年)、二十八年(1763年)、四十一年(1776年)、四十四年(1779年)分别增建。光绪年间重建后形成了俗名“大仓”,旧名“甘州仓”,总名“广储仓”的“天下粮仓”,内有廒房22座,清乾隆年间系行都司衙署改建, 光绪年间, 知县喻炎炳重建廒房22座, 占地面积为20883.3平方米,其中廒房占地面积4659平方米,可储存粮食776公斤。西南面廒房年久失修,已被拆除。现存廒房9座54间,廒房长161.2米 ,宽12.3米,建筑面积1982.8米。廒房房顶屋架为“人”字形,由大梁、檩条、椽子通脚开铆套制而成,墙体为梯形状,总高度约6米 ,全部用土夯实打成,通风性能良好,可防潮、防鼠、防虫害、防霉变,是目前国内保存时间最长、最完整、能继续使用的古代仓廪之一。

读完碑文,我再次打量了一番这些连成一体的廒房,他们默默地站在这里,满身的疮痍与对面红瓦堆砌的库房以及四周林立的现代高楼格格不入,他是那么的贫瘠,那么的孤独,那么的衰败!

夕阳越来越淡,斑斑驳驳地洒在它的灰头土脸上,很快地溜到对面叠起的红瓦房上,怕沾着了尘土一样,又像在逃逸。一群麻雀悄悄地落下来,停在地面晒过玉米棒的地方,捡拾一粒粒金黄饱满的玉米籽儿,他们好像是这里的常客,面对丰盛的晚餐,没有惊喜的叽叽喳喳,只是很逍遥地一下一下啄着地面上的美味,对人也不怯生,我都快走到它们跟前了,它们才极不情愿地飞起来,落在旁边的红瓦房檐上,发出几声啁啁啾啾的鸣叫,贼溜溜的眼珠子盯着我,仿佛在说:你快走过去吧,我们要吃饭了。

天色渐渐暗了下来,寒冷开始沁心入肺,院落里只有我和这群麻雀。此刻,我的心是空旷的,而被誉为天下粮仓的明粮仓却是空寂的。在这样一个只有我和它守望的黄昏,落日的余晖写尽了它的苍凉,在我一步三回头的留恋里,包含了多少我想对它诉说的话语,没有了阳光普照的廒房,灰暗使它更加凄凉,落寞的独立在摩天大楼的空隙,它一定也有好多话语要向我倾诉, 诉说它曾经在600多年前也像如今整日将它包围的现代高楼一样辉煌过这座城市, 养育过生活在这里的臣民, 为华夏的子子孙孙立下过汗马功劳。而今,600多岁的天下粮仓老了,风吹日晒、风霜雨雪将它捶打得体无完肤,但它的脊梁依然强硬,像铮铮铁骨的汉子,在岁月的刀光剑影中书写着它生命的价值。

大地的雕塑

吴晓明

我们把自己放置在平山湖丹霞地貌的低处,似乎就有了一种寻根的感觉,好像要弄清楚这样美丽的地貌是怎么在这片大地上绽放的,而让她绽放的这片土地又有怎样的宽厚与博大。

仰首,是山的峭拔;低头,是湖的汹涌。

远观,是丹霞的海洋;近看,是雕塑的世界。

我伫立在峡谷里,我忽然就不知道把目光投向哪个位置,我的心情就可以平静。其实,我知道,只要目光所及之处,没有人的心情会平静,心情与方向没有关系,因为哪一个方向都会带给你相同的震撼。我的目光有点零散,蓝天之下,到处都是七彩丹霞的海洋;广袤的大地之上,随处都是峭拔的山的家园。

看着那些崎岖的沟壑,似乎都是水走过之后留下的深深浅浅的脚印,我深信,若干年前那里一定是一片瀚海的海洋,一定是一个水润的家园。大自然的鬼斧神工把那里雕塑成一座地球上最大也是最美丽的天然的雕塑陈列室。那是水的杰作?是风的大作?是地壳运动的结果?经过多少年时光的雕琢,经历多少岁月的精雕细琢才能有这样一幅惊世骇俗的作品?

同去的朋友或蹲或卧,从不同角度想把最美的风景最亮丽的色彩剪切到自己的镜头之中,他们内心的震撼一览无余以表情的形式彰显。也有朋友在深深感叹,从那个角度看山头像是一个发怒的雄狮,从那个角度看又像是一个哺乳的母亲,从那个方向看像是一群奔腾的野马,从那个方向看像是一只静卧的神龟……

其实,在那里,无须刻意想象,也无须让别人认同你的想象,你想什么她就像什么。因为不管从哪个角度看都是人间的奇观世间的绝景。你只要想象足够丰富,你想怎么联想都可以,那里的山是没有意见的,石头也是没有意见的,草木都是没有意见的。

大自然在雕塑这些杰作的过程中,一定别具匠心,因为没有重复的地貌,也许有些是精雕细琢的,无论从造型还是着色上,几乎无与伦比,色彩艳丽,浓淡相宜;也许有些作品是雕刻累了,随心所欲也自然随意,色彩随意泼洒,造型是任意摆弄。在那里,我也想把独特的地貌用一个浪漫的故事做背景,可是,我的想象走不远,感觉实在贫乏。

我的脚步有些缓慢,我喜欢看脚下的一块石子,一粒沙子,我喜欢看天空飞过的一只

鸟,喜欢地上奔跑的不知名的小动物。站在峡谷里,感觉天空并不高远,因为那些峭拔的山真的有一种“欲与天公试比高”的魄力,山峰直插云霄,似乎与蓝天接轨,与白云牵手。

当然大自然在雕塑的时候,本来就是以蓝天为背景,以七彩为颜料的。也许那个地方有点荒凉,大自然就给她着上了最艳丽的一笔,所以红色就是主色调。远处看,就是一片波涛汹涌的红色的海洋,那个红色的海洋里,还有其他的水草在摇曳,有各种海洋生物在游弋,自然有了其他的色彩,紫红、灰绿、灰白、灰紫色、橘黄等等,各种色彩斑驳着、交汇着、错杂着,是点缀也是渲染吧,看似随意而实则刻意,看似无心而实则精心。各种造型就像是各种海洋生物在漫游,我们似乎感觉潜伏在海底深处。

抬头是画,低头是诗。我知道,我们一行人走在峡谷中,似乎也是一行平仄的诗句,每一个人似乎又是一个行走的标点。在这样诗意的大地上,我们就是这个山谷里随风摇曳的芨芨草,一颗醒目的野果子。

伫立在深秋的风中,面对这如此壮观的地貌,忽然内心就涌动着一种深深的感恩。感恩大自然的鬼斧神工,也感恩那里的一棵芨芨草,一朵不知名的野花,一粒沙子,一株野草,我的心就一遍遍抚摸“平山湖”三个字,这三个字究竟蕴藏了多少博大精深的矿产又有多少的水产,我有点恍惚。几万年前,这里是什么样子,千年以前,这片土地上又生活着什么。可是,不管怎样,我坚信,这里一定有水的脚步欢快地奔流过,因为有水僵硬的脚步尚存,因为有水柔软的足迹尚在。

穿行在那些峡谷里,我的心是安静的。我抬头感觉到自己的渺小,我就像是一颗会行走的草一样,那些醒目的色彩充斥着我的视线,目光便显得有点柔软,视线就显得有点黯淡。

寂寞幽静的峡谷里,除了各种各样的石头之外,其实还有许多植物在那里自由自在地生长。芨芨草长得很繁茂,在明朗的阳光下自在摇曳,显得苗条而又丰腴,开出一朵朵不起眼的小花,淡淡的黄色的容颜似乎涂抹着秋天的色彩,我就想象,夏天的时候她们是何等的葱茏。

其实,峡谷里最抢眼的还是一树树的酸杞果子。我不知道她的学名叫什么,因为我们小时候就这样称呼她,我感觉也很到位。酸是味道,杞是她的特点,果实比枸杞小点,但是色彩确实很娇艳,有些树上树叶落了,只是挂了一树的小果子,像是一个个晶莹剔透的小珊瑚。可是叶子丛中长满了刺,以尖锐的方式保护这她的果实,如果你要摘一个,她会毫不留情刺痛你的手指;你吃一个,那种味道酸得很地道很纯粹,酸中透出淡淡的甜,里面还有小小的果核,果汁都是红色的,果核是小米一样的颗粒。有些树上果实红了,可是黄色的树叶依旧陪衬着,似乎不忍心远离,远处看,黄色柔和而显得有点沧桑,红色娇艳而多了几分妩媚,两种色彩诠释这果实与叶子的和谐。那一树树的果实就那样自开自落自芬芳。我想如果在开花的季节里,不知道那些小眉小眼的花朵会以什么样的

方式绽放。

还有一种植物上面开了一层茸茸的白花,远处好像是头顶上有融融的积雪,我叫不上名字,其实也无须知道她的名字。

一块石头,一株野草,都随心所欲地安放着自己。就像是大自然雕塑累了,随意碰翻了地下的颜料瓶,那里便有了一抹绿,一抹黄。也好像是雕塑完了对自己的作品太满意了,随意扔下了手头剩下的材质,变成了躺在峡谷里的一块石头,随手插下了手中的彩笔,就是一棵芨芨草,一树酸杞,那些都是大自然无心的杰作。

走在峭拔的山谷里,从下往上看,我只是看到一线天,那一抹湛蓝的天空就像是随意飘过的一朵蓝色的云朵,又像是巅峰之上飞扬的蓝色的丝巾,飘逸而又剔透。我们就在那里寂寞而又喧嚣地穿行,我知道,那些雕塑一直在等待,等待人们去欣赏他的大手笔。

在峡谷对面的山顶上还有几户人家,依旧过着原始而又简单,快乐而又知足的生活。我们在开阔的沟谷里仰望他们生活,他们的住房在高处,生活在当下。一个女人从对面的山坡上赶着一群羊。他们放着羊群,羊群喂养着他们。实际上,那里的山的植被确实很贫瘠,羊群混饱肚子也是不容易的。当然如果那样美丽的丹霞地貌被茂密的植被覆盖,那是上苍也不允许的。

我们是跟着那个女人到她的家的。那条通向她家的路上满是羊的粪便,难闻的味道充斥着我的嗅觉,门前面都是晒干的羊粪,他们用来取暖,也用来生火做饭。

家里的设施很简单,生活自然有诸多不便,以前的时候总是羡慕这样原生态的世外桃源的生活,可是实际上生活不是抽象的诗意,而是具体而琐碎的烦恼。屋外面的墙壁上是漂亮的书法作品,让那堵墙似乎熠熠生辉了。

家里简简单单的陈设和一般的庄户人家没有什么两样,我喝着淡淡的带着点鲜味的水心里涌动着一种酸楚。那样寂寞而又单调的生活, 如果一年半载也许是一种诗意,可是长年生活在那里就是一种坚守,那样的坚守需要勇气。但愿他们生活宁静,岁月安好。

走出她家的门,满眼都是阳光,都是阳光下那妖娆的红。美丽的丹霞就那样诗意得有些过分,深深的峡谷似乎又是石头的家园。我就想,是谁把庞大的石头带到了这里?是汹涌的水吧,因为只有水才有那么大的能量。可是汹涌的水呢?她是不是把这里用柔软而又坚硬的方式雕塑成了世间的绝景之后,就悄然离去了。

当我们站在山巅之上,我看那红色波涛汹涌,我感觉我是最伟大的收藏家了,所有的雕塑都囊括在我的视线中,我就是大自然的收藏者,那里属于我,是我一个人的丹霞,一个人的海洋。我的心是丰盈的,是湿润的,从心的罅隙里长出的丝丝缕缕的感动,就像是从岩石中长出的疏疏落落的那些野草一样,自在而张扬。

回来的时候，我的眼里装满了色彩，我的心里装满了雕塑，我的包里装了几枝酸杞果子，我要让娇艳的色彩涂抹这个秋天的脸颊，那酸酸甜甜的味道留住关于这个神奇而又美丽的丹霞地貌的记忆。

镇风塔

武强华

从党寨寻访镇风塔回来,突然有了一种遐想。

这种遐想掺杂着一丝神秘,还有一种开阔的时空跨度——三百多年前,让我们站在甘州古城钟鼓楼南门,随着一位深谙阴阳五行,须发飘飘老先生的目光,一直向南望去,深邃的目光穿过房屋,越过大片茂密的树木和繁盛的庄稼,把镇风塔和钟鼓楼紧密相连。

我们可以顺着这条遐想的直线追溯到三百多年以前。据说,位于甘州城中央的钟鼓楼建成以后,楼台基部东、西、南、北四面中轴辟门,可供通行,既寓通达之意,又方便百姓行走。那时西北风大,常常狂风大作,飞沙走石,有时甚至刮起黑风,摧城拔屋,死伤人畜无数,人们深受狂风肆虐之苦。一日,有一云游道人至此,在钟鼓楼下左转三圈,右转三圈,站在钟鼓楼中轴线上自言自语。好奇者见此道人银发白须,气质不同寻常,故上前询问,道人笑曰:“这楼固然雄伟壮观,造型奇峻,颇显古城灵气,然风沙袭来,穿洞而过,直达四方,无所阻挡,故风妖肆虐,需有镇风之物。”何为镇风之物?众人急忙追问,道人说“风来四方,需从四方镇之”,说完即飘然而去。好事者急忙将此事上报州府。府衙官长正苦于对防风镇沙之事无计可施,听闻此事便即刻召集全城熟悉阴阳五行之道的人齐聚钟鼓楼,商议镇风之事。然人多嘴杂,众说纷纭,有人建议干脆封了钟鼓楼东西南北四门,也有人说是在门洞下立个石碑。最后一个六十多岁的老者站了起来,他说在钟鼓楼上折腾,怕是会坏了钟鼓楼的风水灵气,不如以钟鼓楼为中心,放眼四方,寻找风水集聚之地,建塔镇风。大家一议,此计可行,于是,人们就在正对着钟鼓楼东西南北四个城门的地方建起了四座镇风塔,弥补了钟鼓楼“空洞”之缺,终于使风沙折腰,人民得以安定。但是,因为镇风塔均建在距城数十里之外的乡村地头,均是土坯塔身,经过数百年的风风雨雨,其中的三座早已毁坏,现已不知具体方位。保存下来的只有党寨镇下寨村六社的镇风塔与钟鼓楼南门遥遥相对。

党寨镇风塔,又叫镇风沙土塔。原为镇风沙塔寺内之塔(有塔有寺足见当时规模之盛),而今,寺已毁,塔残存。据考,塔建于清代,通体以土坯砌筑而成,总高约15米,喇嘛教式。塔基边宽为9×9米,高2米,方形台基上有须弥塔座,塔身为瓶形覆钵体,其上又有一层金刚须弥座,四面各开3个拱形小龛,内置佛像,座上建柱形相轮,塔顶上置瓷质

葫芦形宝瓶塔刹,瓶底有圆形宝盖。塔表以草泥裹面。总体上来看,与大佛寺内的土塔结构基本一致。据当地村民讲,在台基和二层方顿四角原各建有约 2 米高的小塔,共计 8 个,塔上挂有 18 个铜铃。据说镇风塔的铜铃曾经非常灵验,每当有风沙袭来时,铜铃总会在前一天叮当作响,提醒人们早做准备,防御风沙。后来经过风雨摧残,加上人为破坏,小塔被毁,铜铃也全部散失。

而今,镇风塔依然耸立于居民点后面的田间地头上。塔表历经风雨,且多有昆虫、鸟雀筑穴、栖息,粪便腐蚀,裹面泥皮掉落。台基四周常有啮齿动物打洞,又加之所处田间地头,常受浇地水浸泡,底部已是返潮酥碱坍塌。塔座东、南、西三面,土坯裸露,或有当地居民拆取土坯移作他用,或有欲谋盗宝的人在塔身中部凿开大洞,严重损坏了塔身,原十三层相轮现在只见十层。

在这里,残缺已不是美,镇风塔残缺的身躯,摇摇欲坠,也使它缺失了灵气。2003 年,原是风沙克星的镇风塔却在一场大风中被摧毁了塔刹。塔刹掉落,随之掉落的还有几本破损不堪一握的褐黄色经书,至于什么经,专家学者至今还未曾考证。经卷已被民间收藏,不曾见到,我只照着一张清晰的照片抄录了一段,曰:“是渚恒河所有沙数佛世界。如是宁为多。不堪多。世尊佛告须菩提尔。所国吐中所有众生若千种心。如来知。何以故。如来说诸心。皆为非心,是名为心。所以者何。须菩提。过去心不可得。现在心不可得。未来心不可得。须菩提于意。六何若有人满三千。大千世界。七宏以用布施。是人以是因缘……”原文偶有句号隔开,我用标点进行分句也不一定准确,看来似懂非懂,然“人心”几句,反复咏读,让人回味不尽,感觉甚妙。

新中国成立后,甘州历届政府曾对古建筑践行维修,一些大型古迹,如大佛寺、万寿寺木塔、钟鼓楼、西来寺、甘泉池等均曾拨专款加以修复。也许随着科学的发展人们已经不再相信土塔镇风之事,也许镇风塔的破败已不再让人们抱有幻想,也许关于镇风塔的历史传说已鲜为人知,总之寥落的镇风塔至今尚未得此眷顾。

据了解,镇风塔周围,党寨镇境内还有上寨村三层土台叠垒筑成的三塔墩,古汉墓群和武功庙遗址,当然这些古迹与大佛寺、黑水国遗址、木塔、土塔等比起来,影响甚微,但这是历史的痕迹,规模或大或小,都是生活在这片土地上的我们的先祖生产、风俗或思想的印记,值得我们去珍惜和保护。

所幸,在写镇风塔的时候,得知文物部门在文物普查时已将镇风塔各种资料详细记录在案,我想在国家不断加大文化建设投入的形势下,镇风塔得幸展新颜的日子应该不会太远了。

湿地雾凇

宋进林

2009年12月17日,这是一个令我难以忘怀的日子。

这天清晨,寒气袭人。在驱车前往乌江镇上班的路上,公路两旁那一棵棵洁白如玉的杨树,犹如银盔银甲的士兵,守护在路旁,树枝上挂满了亮晶晶的冰挂儿。"这是雾凇!"我情不自禁地叫了起来。我被这一排排整齐的雾凇惊呆了,简直不敢相信自己的眼睛!不知究竟是云游在童话世界,还是梦幻在蓬莱仙境?

车子行至国家湿地公园谢家湾段的新河桥头时,只见国道南北两侧的湿地人工湖面雾气氤氲,似真似幻;桥南侧人工瀑布水流作响,热气翻腾;杨柳树冠银枝素裹,如烟似雾;湿地湖草苍白、晶莹、闪亮。千姿百态的凇花,编织成一簇簇冰花雪莲,凝筑了一个透明清丽、澄澈晶莹的清凉佳境。黑河沿岸,河柳一朵连着一朵,圆圆大大的树冠,白白的,雾雾的,细细柳枝冰丝玉洁,远远看去像一团团白色丝制的绣球,神工鬼斧般的造型,令人感叹造化之功,更令人感慨天意之奇!镇政府门前,一棵棵垂柳伸出冰枝玉条,雪柳轻摇,玉树琼花映衬着数百年魁星古阁,给乌江文化综合广场增添了几分神秘的色彩。说实在的,我在乌江镇工作了整整6年,看到这么好的雾凇还是第一次。

乌江镇拥有湿地面积3.2万亩,是甘州区湿地面积最大的乡镇之一。乌江与雾凇的缘分,似乎是上天注定的,因为这里有一条源远流长的中国第二大内陆河——黑河,而乌江镇沿黑河而居,黑河及黑河支流马虎子河、柳河、麽河穿境而过,年平均径流量达到15.8亿立方米。镇域内1万多眼清泉星罗棋布,溪流淙淙,沼泽遍地。张掖国家湿地公园建成的大大小小的湿地人工湖,常年碧波荡漾。天然湿地、河流清泉和人工生态湖,滋润着这里的一草一木,成就着这里的生态景观,给这里带来了无限生机。正是由于水资源丰富这一优厚的自然条件,加之天公作美,才幻化出了一道人间奇景——湿地雾凇。

"雾凇"一词最早出现于南北朝时期吕忱所编的《字林》里,其解释为:"寒气结冰如珠见日光乃消,齐鲁谓之雾凇。"这是1500多年前最早见于文献记载的"雾凇"一词。宋末民间称雾凇为"梦送",意思是说它是在夜间人们做梦时天公送来的天气现象。

乌江湿地雾凇出现在年末岁初的严冬里。形成雾凇要具备足够的低温和充分的水汽,这两个自然条件极为苛刻而又互相矛盾。乌江是全区地势最低的地区,地面星罗棋布的清泉,溢出的泉水温度却在零度以上,向天空中蒸发出大量的水汽,而外界气温极

低，巨大的温差使水汽遇上湿地区域内的树木、芦草，就凝结成晶莹剔透的雾凇。湿地雾凇让人领略到了“忽如一夜春风来”的意境，也让人欣赏到了“千树万树梨花开”的景象。徜徉在这雾凇构建的冰雪世界里，宛如人间仙境，令你不知身在何处，不自觉地会发出“此景只应天上有，人间哪得几回览”的慨叹。

穿行在乌江镇的村社道路上，雪柳雾凇频频闪过，凇花似雪纷纷扬扬、潇潇洒洒飘然而下，像飞雪，又像落花。飘落在脸上，有一份清凉温馨的感觉；洒落在身上，你便与这银色的世界融为一体。雾凇，让人心旷神怡，也让人感慨万千，更让人感到生态湿地的美好情趣！融入雾凇的冰封世界，有诗，有画，也有歌，更有道不尽的湿地情愫。

乌江因雾凇而亮丽，雾凇则因湿地更自豪！认识了雾凇，你就真正意义上认识了张掖神秀湿地，认识了美丽的生态乌江！

沙井驿与西古城

张　军

当我直接或间接地观赏过享誉国内的一些村镇之后，收敛浮躁与虚华，平视生于斯长于斯的沙井古镇，才触摸到这块土地的丰腴而水灵、粗犷而豪放、苍远而厚重。

沙井古镇坐落于祁连山北麓，312国道中穿而过，享有“丝绸之路”重镇之美誉。它东依黑河，北接乌江，西望临泽，景色秀丽，生态宜人。早在远古时期，人类就在这块土地上繁衍生息。20世纪80年代，人们修挖水渠时，在该镇东面距黑水国遗址3公里处发现史前文化遗址，出土了一些石器，有关专家鉴定，为新石器时代产物。之后，省文物普查组又在该镇上游村护林站汉墓群发现了一批文物，研究显示，这一带在西汉时期经济文化就较为发达了。沙井是东西交通重要的枢纽之一。公元25年(建武元年)，时任张掖属国都尉的窦融下令修建了沙井驿站。从此，沙井驿就成了过往商旅物资交流之地，或者军队修养整顿之所。据说，初建的驿馆造型考究，规模庞大，占地面积达20亩，四周的围墙厚2米，高6米，用黄土夯实筑起。房舍和走廊的梁柱、门楣、窗棂上都刻着鸟兽花草。不少雕刻采用借喻或象征的手法，表达了当年过往商客美好的愿望和憧憬。

黑河绕镇而过，或梳洗着沙井古朴凄美的仪容，或轻扬着沙井缠绵幽怨的柔情，或证实着沙井坚忍不拔的风骨，而游僧夜宿沙井驿做梦兴建灵隐寺的传说，更给古镇增添了几分神奇。据说：北宋时期，有一位峨眉山的得道高僧要前往敦煌莫高窟讲经说法，路过甘州，在沙井驿夜宿，半夜时分做了一个梦，梦见驿馆西北方的夜空闪烁着七彩的佛光，佛光映照下，地面上有个喷泉水涌不断。梦里，依稀有神仙说，那儿是某个神仙诞生的显灵宝地，建寺供佛，有求必应，可保一方平安。早晨醒来，高僧觉得这梦很怪，便按照梦里的印象向西北方向寻找那块宝地，果然找到了一眼清泉。他就在那个地方住下来，四处化缘，在那儿建起了一个寺庙，将寺命名为“灵隐寺”。后来灵隐寺几经重建形成了现在的规模。就是今天，我们还可以看到高僧找到的那眼清泉。

黄土平阔，天雨惠泽，大自然用它那神奇的画笔描绘出这个河西古镇四季的景象，而历史的硝烟又使其显得雄浑与苍凉。春去秋往，悲欢离合，在这块土地上，祖先耕耘了无数代。而王维、陈子昂、郭登、谢历等古代名人在沙井驿的驻足，又给贫穷与富饶、闭塞与通达、润泽与干旱的古道重镇勾勒出厚重苍远的历史缩影。玄奘西游取经，张骞出使西域，霍去病北征匈奴，他们的脚印更给沙井驿平添了奇异的亮色和葱郁的枝蔓。据说，公

元737年的二月份，河西节度使崔希逸取道沙井驿驱逐匈奴于居延，打了胜战。三月份，王维以监察使的身份奉旨出塞，到河西慰劳军士。当时崔希逸驻军居延，王维经凉州，过甘州，在沙井驿停车过夜，第二日改道向北，过昭武古城，到达居延。留下了"征蓬出汉塞，归雁入胡天。大漠孤烟直，长河落日圆"的千古绝唱。

从现在的沙井集镇向北走七八公里，就到了一个名曰"西古城"的村子。据考证，这儿曾有一座古城。

在古城学校工作期间，我曾好多次站在遗址前，去面对它、触摸它、感受它，试图用目光戳穿它的千年面目。在一处庄稼地埂上，尚能看到一小段古城墙，这道墙像古城吃力地从历史深层抬起头来。当地农民在开渠挖沟时偶尔还能发掘出一些碎陶片、锈古钱之类的东西。

关于西古城，史料记载甚少。据当地人讲，西古城始建于北周时期，后陆续扩建，兴盛于唐代。在那遥远的唐代，这座小城巍然屹立在丝绸古道北侧，城墙的垛子上站着披甲带刀的将士，在苍远的暮色里，盔甲刀戈金光烁烁。古城的四周散落着三三两两的农舍和大片的田地。过往的商人牵着骆驼或骡马进出古城。城区里，酒肆饭店、旅馆当铺、商铺地摊一字儿排列在街道两旁。钉马掌的，卖布料的，换兽皮的，搞杂耍的，在各个角落张罗着自己的生意。卖唱声、讨价声、马蹄声、砸铁声掺杂在一起，一派热闹繁荣的景象。来自西域的卷头发高鼻子商人牵着骆驼溜达在大街小巷，驼背上驮着葡萄、兽皮等货物，只等从长安客商手里换些丝绸、茶叶等回去。

历史有时好似在奇妙地轮回，这座小城经过唐代的繁荣后，在宋朝、元代逐渐变得惨淡下来，继而人去城空，只留下残垣断壁端详着时间的静默与悠远。西古城消失的原因，当地人众说纷纭，史料上也没有记载。传闻大致有两种：一种说法是，历史上有十几年古城地带连遭风沙灾害，古城被"北滩"淤来的风沙逐渐掩埋；另一种说法是，南宋时期，河西行政建制调整，小城驻扎的军队和行政机构撤离小城，商旅也随之不再光顾，齐集甘州城，再后来古城地带风沙肆虐，居民陆续迁移，这儿变成了一座空城。

清代初期，这里雨水逐渐充足起来，西古城生态得到复苏，大片的林木覆盖坡头或沟壑，地上水草丰茂，农耕得到极大发展。听老人们讲，民国时候，西古城的门楼还在沙丘上探头张望呢。清代诗人张联元曾涉足西古城，并有诗曰："山光草色翠相连，万里云飞万里天。黎岭氛消兵气散，戍楼尘满月华妍。"

如今的西古城好像一部闭合的书，它沉默而从容地晾在那儿，没有虚饰，没有做作，让后来人去阅读它，剖析它。透过岁月的迷雾，在时光隧道的尽头，我似乎又看到一座鲜活的古城……

美哉，芦苇

王跃农

“蒹葭苍苍，白露为霜。”“苇荡无边碧水长，茫茫湿地鸟鸥翔。”每读这样的诗词，都会生出几分自豪与幸运，因为本人就生活在芦苇边上，走出家门没几步就能见到芦苇，就能闻到芦苇淡淡的清香。步行二十分钟左右就可以深入湿地，身入芦苇，神入胜境，尽情地游玩，尽情地欣赏，尽情地享受，尽情地陶醉……

每到春天，一株株芦苇就像一个个倒立的钢锥一样，顽强地刺破泥土，坚挺地向上，向上，高调地炫耀着勃勃生机。伴随着阵阵略带寒意的春风，芦苇一路疯长，疯长……颜色迅速地由白变成淡黄，变成淡绿，变成深绿，绿得发亮，翠得发光，个头一日高过一日，叶子一片盖过一片，迅速地由稀疏变得茂密，变得盖住了泥土，变得挡住了视线，变得密不透风了。芦苇用自己独特而顽强的生命力诠释着“野火烧不尽，春风吹又生”的丰富意蕴和人生哲理，给人以鼓舞，给人以惊喜，给人以力量，给人以信心，给人以憧憬。

到了四五月份，一人多高的芦苇犹如亭亭玉立的少女一样，向人们展示着自己日渐成熟的清纯、风韵和美丽。芦苇不仅净化了空气，美化了环境，形成了亮丽的风景，为大美甘州更添生机与活力，给整天忙碌的人们带来了美的轻松、美的愉悦和美的享受，更让人难以忘怀的是——这期间，总有一些人把长长的苇叶采摘下来，将糯米、红枣、白砂糖等原料紧紧包裹，用小火慢慢地焖煮出黏黏的、甜甜的、香香的粽子——为中华民族的传统节日端午节再添几多魅力、几多情调、几多诗意。

我们不能不惊叹大自然的神奇！是她的奇思妙想、倾情挥洒成就了这样一方流动的风景、生长的画卷。夏秋之交，簇簇芦苇更是姿态万千，风情万种——整齐如刀切过，但却不留人工修饰的痕迹；挺直如哨兵，但却没有单调死板的感觉；碧绿如刷了油漆，但却绿得自然纯正；茂盛得像用了生长素，但却长得错落有致；纯净得像用水洗过，找不到一点杂质。置身其中，虽然四周都是芦苇，但却环肥燕瘦，情态各异，一点也不单调，一点也不雷同——有的连成一片，密不透风，一眼望不到尽头；有的虽然只有几株或一簇，与周围的植物隔水相望，形断实连；有的看起来只是静静的芦苇而已，却猛然间会从芦苇丛里飞出几只水鸟，与游客嬉戏。刘晓东先生诗意地描摹了这种情景：“白鹭点波犹述志，黄莺啄葩总啭啾。痴情鹅鸭风流浴，热恋鸳鸯潇洒游。蝶吻葩心嗟往事，蜂亲栈道叹才优。”在这方宝地上，与芦苇同生息共荣枯的各类动物、植物分别多达124种和195种，

已经形成了一个完整、丰富、和谐的生物圈。在这个圈中，芦苇一点也不含蓄、一点也不谦恭、一点也不礼让，勇敢地演起了主角，占尽了风光。

深秋的苇地里，更是别有一种风情。苇叶虽然几近枯黄，没有了绿的生机与活力，没有了绿的耀眼与张扬，没有了绿的风情与诗意，但苇花却又在微风中摇曳出新的美丽——柔美、轻盈、含蓄、饱满、清爽又略带几分苍凉在里面，苇花特别像中国的传统女性，内敛、秀气、包容而不张扬，将连片的黄、淡雅的香、轻盈的舞，无私地奉献给大地，奉献给人们。王洪德先生诗赞道："秋雨潇潇渐转凉，微风过处带余香。天生就是清高物，哪怕污泥淤满塘。"这就是芦苇，不妖，不娇，不媚，不俗，不仅色艳、花香，而且志高、品洁。

欣赏芦苇，就像是品读一部厚实的长篇小说一样，每一株、每一簇芦苇都像是其中的一章一节，既可以独立成篇，又浑然成为一个整体。人们既可以集中精力品读其中的某个章节，又可以通读整部作品。不论是选读章节还是通读全篇，不论是初次读还是反复读，不论是默默玩味还是高声朗读，不论是独自欣赏还是与人讨论，都有一种入仙境、入梦境、入画境的美感，想不陶醉都难。特别是走在曲曲折折的木栈道上，行进在疏疏密密的芦苇丛中，更有一种别样的感受，眼睛是不够用的，相机的快门也是不够快的，该看的、该拍的实在是太多太多了……

美哉，芦苇！

落叶满甘州

刘希国

走进甘州，正是秋天的黄昏。

有淡淡晚风，斜斜夕晖。漫天落叶，飘旋着，舞蹈着，嘶啸着……

看不见平沙落雁，听不到清角吹寒，芳草覆盖了白霜，菊花瘦成了骨头。西风流云之下，千年的古城沉默不语。西边的祁连山云岫茫茫，还有隐约一弯冷月，静静地挂在天际，无声无息。晚归的紫燕，从橘黄的风里轻轻掠过，给渐趋冷清的街头洒一路啁啾。

谁还在唱《八声甘州》？谁还在弹琵琶羌笛？秦时的月能否照见汉时的关隘？大唐的月亮可曾潆洄弱水的波涛？

我跟着纷飞的落叶缓缓前行。是谁说的，一片白杨的叶子就是一颗心脏，跳动着相思，写满了忧愁，而我更愿把她想象成蝴蝶，在飘落之时，用短暂的美丽证明岁月的永恒。槐树落叶，梧桐落叶，楸树落叶，梨树落叶，红色的叶，橙色的叶，金黄的叶，淡紫的叶，纷纷扬扬，从苍老的枝头上飘落，恍惚幻化成万千蝴蝶，展开凄美的翅膀，覆盖了苍茫的时间，苍茫的历史，苍茫的人生，苍茫的星移斗转。

没有谁能真正地看到甘州古城的昨天。往昔的辉煌和美丽已被岁月的流水湮没。一部语焉不详的史话，几篇苍凉古朴的文章，数首意味隽永的诗歌，根本说不清边塞古城的邈远与沧桑。巍峨的城墙倒塌了，壮观的箭楼不见了，热闹的酒肆消失了，繁华的会馆沉寂了。所谓的风帘翠幕，亭台楼榭；所谓的参差人家，红装翠袖，都随着飘扬的秋霜落叶，渐渐远去。面对历史，千年后的我，只能发出西风残照，汉家陵阙的感慨。

高大的钟古楼依旧沉默无语。站在那里，依稀看见祁连山的雪，还有冰川云岫，苍崖绿树，再远处就是茫茫的青藏苍天穹庐了。在甘州，鼓楼像一个阅尽人间沧桑的老人，默默地见证着张掖的昨天和今天。我抬起头来，看见高翘的飞檐上落着几只野鸽，黄昏的天光里，它们在抖动翅膀，呢喃咕咕地叙说着白云苍狗的历史。百年过去，千年已逝，万年也是弹指一挥。在时光的隧道里，披一身风霜的鼓楼不知在思考着什么。达官贵胄、文人墨客去了来，来了走，没有留下任何足迹；敲钟的人睡了醒，醒了睡，在悠悠的钟声里寄托着自己空茫的心绪。几度斜阳夕照，几度飞花落叶，凭吊者的梦随风凋零，敲钟人的墓荒草萋萋，只有鼓楼还在那里守望，守望繁华过后的落寞，孤独过后的喧嚣……

落叶萧萧，佛刹寂寂。甘州的大佛寺之于我，是一部泛黄古旧的书。那里面充满了神

秘的传奇故事,飘荡着远离红尘的西天梵音。民间传说,有一僧人嵬咩在此地化缘,忽闻天外传来丝竹之声,就掘地三尺,挖出一翠瓦碧玉覆盖的玉佛,后来便建成了一座寺院。又闻元始祖忽必烈也诞生在大佛寺,落地时佛光缭绕,瑞气飘飘,一派天子气象,传说无史可证,只能供人猜测与想象。真实的人物是马可·波罗,那个金发碧眼的意大利探险家,曾用优美的文字描写了大佛寺,并借此把张掖介绍给了世界。

我轻轻地走进了山门。就是这一扇厚重的木门,隔开了喧嚣纷攘的红尘世间。外面是华灯璀璨,人流如潮;里面则是香火袅袅,梵音阵阵。寺院中的乔木被霜染过,叶子火焰般灿烂。落红满地,落叶飘飞,有几分岑寂,也有几分凄清。我随手拣起一片心形的白杨叶子,仔细看,那上面一半是绯红,一半是碧绿,隐隐的脉络间透着微微的蓝,仿佛是梦里蜿蜒的小河。佛说,一花一世界,一叶一菩提。也许是,那一片落叶里就隐含着生与死的玄机,有生命的指归和精神的向度。我突然想起大佛寺的一副楹联:“卧佛长睡睡千年永睡不醒,问者长问问百世永问不明。”千年佛陀沉睡不醒,香客来来往往,虔诚的膜拜之后,能问到今生来世的因果缘分吗?

秋风瑟瑟。

落叶飘飘。

从大佛寺里走出来,我的目光再次飘向那高高的木塔顶端,看得见落叶还绕着铁马飞舞,听得见风铃依旧在晚风中脆响,我想到的是,所谓信仰和憧憬,可能永远指向浩淼的苍穹……

玉界琼田三万顷

苇 叶

当我走出湿地，再一次回眸，把视线投向更远的地方，当然目光所及之处依旧是芦苇，芦苇的尽头就是蓝天，如果在芦花飘飞的季节，你就会怀疑那是被风撕扯下的小小的云朵。

这个夏日，尽管焦灼的阳光就如X光从我的眼睛辐射到我身体的每一个细胞，我感觉到我的细胞汗津津地舒张，我嗅到了阳光浓烈的芬芳。在大朵大朵的阳光下，那片苍茫的芦苇荡在湿漉漉的怀抱里灿然绽放。蜿蜒的栈道就像玉阶回环往复绵延到了苍茫的大海深处。那一瞬间冷落已久的名字和文字忽然鲜活在我的脑海：玉界琼田三万顷，著我扁舟一叶。素月分辉，明河共影，表里俱澄澈。悠然心会，妙处难与君说！

那一刻，我想用芦苇做浆，以荷叶做船，以蜻蜓做帆，在那片碧海上像鸟儿一样自由飞翔，像野鸭子一样遨游。那些阳光下绽放的各色太阳伞就像是烈日下绽放的各色的大朵大朵第次开放的太阳花一样，又像是大海里一叶叶风帆，那种心灵的愉悦是无法言说的。也许面对美景，我们都感觉到语言的苍白。

无言就是对自然深深的爱与敬畏吧。

一路上，我很沉默，我的目光在芦苇的肌肤上停留，但是不敢太久地停留，怕我贪婪的目光划伤了她柔嫩的肌肤；我的视线在她的纹理上跳跃，似乎听到她们生命中跳动的韵律。我相信她们身体内的每一寸肌肤都是舒张的，每一个细胞都是水润的。

其实，在这片芦苇荡里有各种品种的芦苇，她们就像是这个城市选出来的形象大使一样，都代表小城的形象，可是各有各的风格，各有各的味道。

芦苇已经开花了，有些一簇一簇在阳光的照射下发出耀眼的光，像麦穗一样摇曳着，更像是一首遵循平仄押韵的诗歌一样，心事含蓄而又张扬；也有些在宽大的叶子中间很简约地长出一根褐色的棒子，就像是一个烤肠，显得有点憨实，一脸的诚恳，似乎简单而又单纯，像是一篇格式公正的公文一样；当然还有一些个头矮点，可是一样的有个性，从抽穗的地方也结出了自己的果实，就像是个冰糖葫芦，显得有几分俏皮，纯粹而又诗意，就像是一首儿歌一样的。

当然，如果你仔细观察，你还可以看到各种不同的芦苇，似乎这里就是芦苇的家园了。我无法精确叫出她们的学名，我只是知道她们有共同的名字——芦苇。当然我更喜

欢蒹葭，也许因为“蒹葭苍苍，白露为霜”一直强悍地占据着我的记忆，丰满着我的想象。芦苇就像是一个人的姓名，直白而响亮，而蒹葭更像是一个笔名，总有几分含蓄的味道渗透其中。

目光铺张之处都是苍苍茫茫的绿，阳光洒在上面，一览无余的芦苇碧绿通透，你似乎看到她清晰的脉络；阳光透过树梢洒落的地方，绿得金亮，似乎阳光都把她的神韵折射出来了，我的心里是满满的震撼。其实来一次，心灵为之震撼一次，这样的切近就是一种灵魂的皈依，只剩下了一个空灵的自己。

我想起清代涨潮的《幽梦影》中说：“山水是大地的杰作，赏不尽，常看常新；文章是案头的山水，心思所聚，得失寸心知。”其实，这处风景，就是这个城市的大手笔，是不动声色的一种美丽，是无须炫耀的一张名片了。她的诗情画意穿越每一个季节，她吐纳着芬芳，呼吸着典雅。这篇大地上的杰作定是振聋发聩之作，是值得你字斟句酌的，是让人耳目一新的，我叹为观止。

如果茂密的芦苇就是书，那蜿蜒的栈道就是这部经典之作的注解，甚至一珠水草就是一个逗点，一片荷叶就是一个句号，一只蜻蜓就是一个破折号，鸭子划过的波纹就一串串意味深长的省略号……

行人三三两两，一脸的释然。大家似乎就有一种像快乐出发的愉悦，也有一种回到幸福老家的轻松。

穿越湿地，实际上我们穿越的是一种快乐，穿越的是一种心情，穿越的是一种和谐。几只黑鸭子在水中赛跑，也许那一缕清风就是他们的裁判，或者那一株水草就是他们的终点。他们不慌不忙，身边留下了美丽的涟漪，因为这样的比赛寻常不过。也许他们根本不需要比赛，他们就是花样游泳队。我们人类已经习惯了用自己的思维想鸟儿们的生活。有时候想想是真正的自作聪明，在他们的世界里也许才体现真正的和谐。朋友说，当动物不再会怕人类的时候，那就是真正的人与自然的和谐了。谐和就是如此简单，把属于谁的地盘还给谁，谁的活法谁做主。

栈道上，最多的小昆虫就是蜻蜓，红色的，湖蓝色的，黄色的，褐色的……好像在阳光的照射下它们会随时改变它们的着装一样的，轻盈地在水面上享受着点水的乐趣。

一片片的荷花就那么随意绽放在蒹葭的怀抱里，那些田田的叶子圆润地在水面上做着清凉的梦，我感觉荷塘月色不再是朱自清的笔下了，也不再是清华园，她已经属于这座小城，属于我们。

在水边上，几个小孩拿着许多乌龟一个个放入水中，乌龟缓慢而又自由游弋在水中，一会儿就不见影子了，孩子的脸上有一种轻松也有点不舍。我看到站在旁边的妈妈一脸的阳光。女人说，她每周都要买乌龟、金鱼、泥鳅等到那里放生，让小动物回归自然，回到属于自己的家园，也让孩子从小就懂得保护动物，爱护地球家园。孩子说：“这次我妈妈

买了50只乌龟,我一个一个放了。"看着那张可爱的小脸,心生爱怜。我说:"过几年,如果这里繁殖了大量的乌龟、泥鳅、金鱼,你就记住它们都属于你,这片水域就是你的了,你多富有。"孩子笑了,很灿烂的笑。那个妈妈穿着一条洁白的长裙,阳光洒在她的脸颊上泛着柔和的光芒,我忽然感觉那是一个最美丽的妈妈。

如果人都知道为动物放生,那么大自然一定懂得为人类让路的。

蒹葭苍苍,栈道弯弯,清澈的水中倒映着蓝天、白云、孩子的笑脸。飞鸟,野鸭子,各色浮游生物,水中又是何等生机勃勃的一个世界。

我想如果在中秋之夜,我悠然行走在栈道上,抑或是站在望月亭上,看一轮明月在空中独舞,把一地的清辉洒在苍茫的大海上,那时候的芦苇荡一定是波光粼粼。当然在大海深处,有白鹭、黄鹳、黑鸭子组合,他们也一定在那里组织各种小动物们举行一场拉力赛,因为那是他们的天堂。那一刻,也一定找到像词人泛舟洞庭湖的感觉,我会尽挹黑河,细斟北斗,感觉万象亦为宾客。也会像诗人一样寻梦,撑一支长篙,满载一船星辉,向青草更青处漫溯,我也甘心做一条水草。

那时候,我一定不知道到今夕何夕了!妙处自然是我的文字无能为力的。

我知道,你等待聆听我熟悉的脚步,就如我渴望呼吸你芬芳的气息一样,那是一种不需要时光的约定,不需要渲染的心情,你是属于你自己,我也只是属于我。把自然交给自然,把幽静交给幽静。

"胸藏丘壑,城市不异山林;兴寄烟霞,阎浮有如蓬岛。"也便是在这样的心境下自然而然的一种感触吧!

这个夏日,古老的小城就在芬芳的呼吸里做着丰饶的梦!

一帘幽梦

苏　黎

在一个秋高气爽的日子里，我走在黑河湿地公园的木栈道上，清风徐徐，水波荡漾，芦苇摇曳，水鸟嬉戏，干净的空气让人身心舒畅。

黑河湿地公园，就坐落在祁连山脚下。掠过不远处错落有致的高楼大厦，你就能看到祁连山顶上白茫茫的积雪，在秋日的照耀下发着亮光。

你看，那大把大把举着黄叶的榆树和槐树，半黄半绿的柳树低垂着头、斜倚着身子悠闲地沐浴在秋阳里，依地的苜蓿花还在葱绿中做着紫色的梦，梦着了春天的蜜蜂还是夏天的雨水？笑容满面。在花中飞来飞去传情达意的是稀稀拉拉的黄蝴蝶、白蝴蝶，这些花的使者，美的精灵，它们的翅膀，是一扇扇门扉吗，开合闭关，一次一次为谁打开又关上，关上又打开，我在想，我可不可以走进那扇门？那扇门里一定珍藏着一整个夏天里花朵的私密，那该是多么丰富多彩的世界呀！

黑河湿地公园，仿佛是人们编织出来的一幅挥洒自如的锦绣，而公园的人工湖和人工湖上面千曲百折的木栈道，当属这里最大的亮点。

湖水，犹如湿地里的一颗明珠，璀璨夺目，亦如大地的眸子，凝视着人间万象。

远看，满湖的水，在灿烂阳光的照耀下，像一池碎银一样闪闪发光。

沿木栈道而行。春天在天空里飞来飞去衔泥筑巢的那双小燕子呢？夏日里隐藏在槐花丛里鸣叫不止的布谷鸟呢？还有戏水的那些大雁呢，是不是南飞了？

一只薄翼的红蜻蜓，追着我，紧赶慢赶，赶在我的前面，为我引路，一会儿飞在我的左边，一会儿又飞到我的右边，它嗡嗡的叫声，是在和我叙语吗，只不过我听不懂它在说什么罢了。在它的引领下，又有几只蜻蜓排着整齐的队列跟在它的后面，追随在我的左右，我看着它们薄而透亮的翅膀，发着金属质地的光芒，一会儿俯冲，一会儿疾驰，一会儿停在空中一动不动，一会儿在空中翻几个跟头……它们多么像天空中翱翔的小小飞机呀，这些小飞机，只差屁股后面撒出五彩缤纷的烟雾了。

我碰到了一对依偎在座椅上亲昵的情人；碰到了绕湖骑着单车的一对父子；碰到了几个耳朵里塞着耳麦听音乐的学生；碰到了一家三口坐在湖边的长椅上乘凉，那位父亲挑逗着他的小女儿，那小女孩咯咯咯笑个不停，小女孩花朵一样的笑脸盛开在秋日的阳光下，是那么天真烂漫，那位母亲温娴地坐在旁边，一边喝水，一边伸出手来不时地抚摸

一下女儿的头，多么幸福安详的人们呀……我顺着木栈道走出好远了，还能隐隐听见那小女孩银铃一样的笑声。这个小女孩，一定是开在秋日湿地公园最幸福的花朵。

湖水里的水草半黄半绿着，湖水映着蓝天，白云从湖面上飘过，就像白云照镜子，在湖水里照见了自己的影子。突然从平静的水面上跃起一条鱼，打破了湖水的寂静，也打破了白云的镜子。平静的水面上掀起了无数的波澜，那一圈一圈的波纹，像是湖水漫开的思绪一样，你推我搡了一阵又平静了下来。有一个鱼的跳跃，别的鱼也一应而起，纷纷跃出了水面，这些练本领的鱼呀，它们不会是在练习跳跃龙门的本领吧？

木栈道一直通向湖的另一面，越往里走，湖水越清，水面上的水草越茂盛，水鸟也越来越多。刚开始水面上有三三两两的水鸟，它们一会儿把头伸进水里，一会儿把头抬出水面，高昂着头颅，像高傲的白天鹅一样在水里晃动着脑袋。后来，就有成群的水鸟结队而行。最有趣的是，我明明看到水面上一个水鸟从远处急驶而来，我以为它是一个落伍者呢，可快接近那一群水鸟时，它突然把自己藏进水里不见了，等它又一次现身的时候，它已经走到了那一群中的一个水鸟的身边，它们伸长了脖子，像是一对旧情人一样耳鬓厮磨了一阵后，它又迅速把自己埋进水里不见了，等它再次露出水面的时候，它早潜游到了另一只水鸟的旁边，又是同样的动作，亲热了一番后，留了下来，这次，它没有逃离，大概是找到了它的意中鸟吧，也许它们本来就是一对吧，它俩鸣叫着，一前一后，向远处游去了，我仿佛听懂了它们的鸟语，它们唱着："幸福的生活，比蜜甜！"

我看得正专注的时候，一个水鸟突然从我脚下平静的湖水里探出头来，甩了几下头上的水珠，然后在我眼前游来游去，我用石子驱逐它，它也不远去，仿佛专门是来给我表演的，一会儿把头伸进水里，在水里叼上一嘴食物，一会儿又把自己整个儿露出水面，偶尔还跃出水面，扑噜噜一声，飞离水面，以示它在水上的本领，真是太可爱了。在我继续向前走的时候，它还顺着湖水拐了几个弯，才游走了。

湖水里有三座小小的岛屿，你看它们站立在水的中央，像不像三个支锅的石头呀，那么到了晚上，天空就是它们支起来的大锅，锅里煮着星星。

这三座岛上长满了芦苇，那苍白的苇花，白茫茫一片，一如我对这片湿地苍茫的爱一样，随风飘荡。

天空中不时盘旋而过一只银白色的大鸟，我想那一定是海鸥吧，它才是这片湖水、这片天空真正的守护神呢。如果把这里的蜻蜓比喻成敏捷的战斗机的话，那么海鸥就是波音747，它在无声地飞行着、滑翔着，一会儿飞到高空，一会儿低低盘旋在水面上，巡视着整个湿地。

秋阳，像喝醉了酒的汉子，一再向西倾斜，不能再斜了，再斜就掉进湖水里了。

在斜阳的照耀下，我身穿薄衫，心无杂念，诚然如湖水般平滑如镜，即使有微风吹过，也只能泛起点点涟漪。

我坐在斜阳里,独自遐想。

我想,在这片湖水里有一片荷花就好了,即使那亭亭玉立的荷花早已败落,那碧绿的莲篷还可以蓬蓬勃勃;在湖水旁的那个小山丘下有一座小房子就好了,我要据为己有,定居这里,我要把我的屋檐让给小燕子筑巢,让它们生一大群儿女,把我高高的烟囱让给布谷鸟欢叫;我要在小木屋的房前栽上篱笆,养一群鸡,公鸡叫鸣,母鸡下蛋;我还要在屋后山坡上种上一片紫罗兰,一年四季开紫色的花,在紫罗兰的两边再种上两架芸豆,从春天一直绿到秋天,我要从早到晚为它们松土、铲除杂草;在小屋旁边有一座吱吱咛咛的老水磨就好了,就可以一年四季不停地转,磨历史的长河沉积下来的陈芝麻烂谷子;在老水磨的前面有两个碌碡就好了,就可以白天追随着太阳碾,晚上追着月亮碾,碾金(阳光)碾银(月光)碾这一整个湿地午后的寂静;在这周围再有几个旧草垛就好了,它们会像锁子一样,将往事尘封,不管是开心的事也好,不开心的事也好,只要是过去的事统统都被尘封,让一切从美好开始,这样,我们的生活就充满了快乐。

我想起了一首诗:"踩着时间的小径寻找过去/在沉默的楼前沉默/把过去尘封在过去的巷道/今天绽放在今天的枝头/鸽哨里响着鸽哨/阳光里跳跃着阳光/时间叠压着时间/脚步催促着脚步。"就让我们把过去尘封在旧草垛里,把幸福绽放在今天。

这里最迷人的当属黄昏,这是一个令人痴迷的时刻,使人个个毛孔都满溢着恍惚。这里不是阿尔,却有着凡·高笔下那令人目眩的金色黄昏。一切被夕阳镀了金,湖水是金黄色,芦苇是金黄色,水鸟是金黄色,树叶是金黄色,周边摘了苞米棒子的杆子和叶子也是金黄色,就连远处高高矗立在天幕下的祁连雪山也像是披了一件袈裟,熠熠生辉。

我,走在湿地的木栈道上,长裙飘逸,早已经与湿地融为一体。

南迁的雁阵,鸣叫着,从我的头顶飞过,那摆成V字阵容的大雁呀,请到这里歇歇脚吧,这里有清晨新鲜的空气一直能流淌到黄昏,有茂盛的树木,有适宜的气候,有宁静的湖水。

宁静而高远的天空下,水里自在的鱼儿,悠闲的水鸟,熔金的夕阳……这一切就像是脱离了尘世一样,无一不让人陶醉。

在这里,你可以独享一帘幽梦。

寻找红军杨

李　纲

昨天夜里，王主任打来电话，说北京的朋友想了解一下红军杨在张掖生长、分布的情况，让我去寻找一些样品。

今天早上，我便直接步行去王母宫一带寻找。

关于红军杨，小时候就有着很深的记忆。那年我五岁，还没有上学。清明节的时候，学校组织学生去高台烈士陵园扫墓，大哥、二哥回来后，告诉了我红军杨的故事，说他们亲眼看到了红军杨，还说只有红军牺牲过的地方才有那种神奇的树。于是，我幼小的心里顿时充满了向往。后来很长一段时间，再碰到杨树枝，我都会下意识地折断了来看看，希望能看到那个让人激动不已的红五星。

再后来，渐渐长大，也见识过了许多藏在白杨树枝里面的红五星，知道在大西北，这种土生土长的白杨，干枯后的细枝结头，芯子里都会有一个鲜红的五角星。我渐渐懂得，这样美丽的传说，其实是这方水土上养育的人们，对红军的一种深切怀念，是对那段悲壮历程的真情追忆。

每次，有外地朋友来到张掖，我们总会不可避免地谈及红军征战河西的那段历史，话题总是显得有点沉重。临了，一说到红军杨，气氛就一下子轻松起来。于是，大家兴高采烈地去四处寻找一些枯枝，然后掰开了比较一下谁手里的五星更规整、颜色更艳丽，仿佛找寻到的，正是那消逝在时间幕后的一个个红军战士和故事。在大佛寺正殿的北侧，还有一棵枝密叶茂的大杨树。每次国内外的游客来到这里，讲解人员都会郑重地给他们介绍红军杨的故事。很多人就在古树下寻觅枯枝，迫切地掰开了验证。当看到一个个红五星时，人群中不禁发出一片惊异的赞叹声。于是，这些因宗教信仰或古迹览胜而至此的游客，因此对河西走廊那段悲壮的历史产生了莫大的兴趣。很多人离开后，还在不断地询问：红军杨是真的吗？真的是只有红军牺牲过的地方才有红军杨吗？

不知何时，张掖的大街小巷忽然不见了那些高大的白杨，张掖的城郊也日益稀疏了这种杨树的身影。不知不觉中，我们渐渐习惯着车水马龙的喧闹，我们熟视无睹着长青的云杉、刺柏，我们日益麻木着路边精巧别致的园林小景……很久了，我们不再提起红军杨，仿佛那段历史早已经悄悄地淡出了我们的记忆。

然而今天，因着工作，我去寻找红军杨。踏着城郊的青绿，情感的大堤瞬间坍塌，沉积

的历史奔涌而来。耳畔,忽然响起了战马的嘶鸣;眼前,突然叠加着搏杀的画面。就这样,历史与现实奇异地交织在一起。一时间,我变得有些恍惚起来。是啊,历史不能忘记,历史不容忘记,历史也不曾忘记,而我们,真的不敢忘记!

很庆幸,在王母宫,在我们生活的这个城市边缘,竟然还完好地保留下了一些这样的树。沟渠边,草甸上,就是这种杨树,依然像记忆中那样,一身青翠,昂首云天,守护着身边的芊芊芦苇。历史,现实,未来,它们什么也不说,也不用再说。在树下,在草丛中,很容易就能找到那些被风摇落的碎枝。轻轻地拈起,找到那些曾经无数次掰过的结点,小心地掰开,那个熟稔的红五星再次绽开笑脸,我的心潮再次澎湃不已。想想近两年,因为红色旅游的兴起,网络上关于红军杨的话题被炒得很热,有些还被传得很神奇。其实,我也知道,这不过是大自然机缘造化的一种巧合,但在我的内心深处,我还是宁愿相信了,这就是红军将士的血,这就是西征勇士的魂,这就是张掖人民七十多年来不曾放弃的那份执著和坚守!想着那段悲壮的历程,想着那段曾经被曲解湮没的历史,我的心一阵又一阵痛。

仔细地将选好的样品装入一个纸盒,我甚至有些舍不得封住盒口。我知道,先烈们的英魂,一定也喜欢这样没有硝烟战火的阳光,一定也喜欢这样衣食无忧地悠闲漫步。因为当年,他们那样决绝的牺牲,那样义无反顾的冲锋陷阵,不就是为了换来今日这般平和恬淡的幸福生活?

在邮政局,负责寄件的小姑娘看到我填写的快件单,很是新奇,呼啦啦围了一堆,唧唧喳喳地嚷着要看红五星。看她们毛手毛脚的,我真怕她们损坏了样品,但又不忍心拂了她们这般的热切。于是,我简单地给她们说了说红军杨。看着那一张张因激动而红涨的脸,看着她们关注的表情,我忽然感到释怀。或许,对这些八零后、九零后,我们真的怀有太多的成见。

寻找红军杨,对我来讲,找到的不仅仅是记忆,也有历史,更是希望。我坚信,红军杨将永远长在我们一代又一代的心中!

甘州城北水云乡

西　坡

郁闷的公务了结了。晚风中,一个人很想登高透透气,静静地想想远远近近的事。在城市生活中浸泡久了,容易被俗世的尘埃蒙蔽心泉,眼界短了,心性粗了,需要看看它的外围,伸展伸展心怀。

独自登上木塔顶瞭望四野。怀古之幽情、感时之遐想,如风云流荡,际会心头。这座高33米的建筑,建于北周,民间流传的俗语说:“甘州有个木塔寺,离天还有七尺七。”这是形容其高。就我对甘州和河西走廊历史文化的了解中,这座木塔在20世纪六七十年代前,还称得上河西最高的建筑。1273年,意大利旅行家马可·波罗旅羁甘州一年,曾对这座塔建筑精巧赞不绝口。历代文人墨客赋诗著文美誉者更是举不胜举。我特意留意了一下东门的题额:“登极乐天”,暗暗会心一笑。

暮秋初冬,田畴高树删繁就简,素面朝天。在任何一个制高点瞭望甘州四野,都能清清白白地看透这座古城的五脏六腑。南面的祁连山,苍山黛雪,雪峰凝素,山下,荒原横陈,河流如带。北面的合黎山,铁骨铮铮,暮晖抚沐,山下,沃野平铺,湖泊清碧。我曾无数次亲密接触过祁连、雪峰、黑河、湿地、田畴等等自然万物,也曾无数次用浅陋的文字描述过这些给予我们生存和发展的山光水色,竟觉得没有多少爱与怜深入到骨头与血液里。此时,立于半空俯瞰大地,我竟然那么渴望闻一息泥土的醇香、拈一束野草的纤细、握一把水的滑腻、听一声鸟的脆鸣,是的,这方水土,已经是一份融于生命的深爱,只是平时身在其中不知其重罢了。

目光巡睃着这个熟悉而又日渐生疏的城市,不假思索地想起地方志上关于古城的记述:“一城山光,半城塔影,连片苇溪,遍地古刹。”其实,这几句话,稍有点文化的甘州人都知道。这曾是甘州人的骄傲和自豪。这水波涟漪的旖旎风光,被古时从南方来这当官的一些文人雅士称为“塞上江南”,今天的地方父母官陈克恭是一位专攻生态的博士,他从学术的角度把甘州地貌概称为“湿地之城”。

甘州是担得起这个雅称的。

关于甘州城,当地流传着这样一个传说:最早的甘州城在距今二十公里外的黑水国,有一天,半夜狂风大作,摧城拔屋,一夜之间,城池便被风沙掩埋。后来,一位郡王要建一座新城,为保安定,便四处请高人勘察风水。一天有个云游和尚经过,对郡王说,他有一

枚铜钱,把它扔出去,它落在哪儿,就在哪儿建城,可保金城永固。郡王心想,一枚铜钱能扔多远,找到还不是轻而易举。结果,和尚扬手一扔,铜钱凌空飞起,兵士拔腿就追,一直追出几十里,才见铜钱落在了一片苇溪之畔。溪水荡荡,芦苇密布,哪里找得出一枚铜钱?正当人们没主意的时候,来了一位道士,拿出一根银针随手一扬,插在地上,说:就在这儿了。人们连忙去挖,银针刚好插在铜钱的孔眼里。于是就在这建起镇远楼,以此为中心,修建了后来的甘州城。

这虽然是传说,却也符合甘州城的实际。甘州城区地势低平,形如盆地,平均海拔1400米左右,比周边地区低200～1000米,在西北高原地带算是低平的地势了。中国第二大内陆河——黑河从祁连山奔泻而出,地下径流顺势就低,汇聚这里,形成了苇溪连片、山光倒映的水韵之城,如同这里的民谚所说:"甘州不干水池塘。"据史料载,明、清时期,甘州城内水湖约占全城面积的1/3。我在明清时人编纂的地方志上看到过一幅旧时城区图,这座古城城外有护城河环绕,城内是湖泊遍布,庙宇林立,东、西、南、北的诸神庙上对天文下应时景,东面紫阳宫,西面文昌庙,南面火神庙,北面北斗宫,中间镇远楼,东教场的饮马池边是"马神庙",就连芦苇池边也有一座"芦爷庙",把"马"和"芦苇"尊为神位,建祠供奉,估计在其他城市的建筑中是少见的吧。看那些古代的规划设计师们运用中国深厚的风水"五行之术"构筑的方舆图,不得不叹服老祖宗的智慧。东方文明古国的文明辉光就连这样一个西北边陲小城也得以泽惠,足见中国古文化的传播深广。

在历代的志书上,我没见过有什么明水引入甘州城内,但城区内却是水泊荡漾,溪流纵横,这便有点蹊跷。有一次看城南甘泉遗址,"有本如是"的壁刻让我沉思良久,这偈语一般的四个字应该是有所指的,而指向什么呢?查"甘泉"的来历,方知这里正是城区水溪的主要源头:地下径流从祁连山一段的甘浚山流下来,千径万壑汇集于此,又分为"文流"、"武流",弥布城区,择地而出,因此,甘泉素有"河西第一泉"之称。城区湖中皆芦苇,春天碧波荡漾,垂柳依依;夏天绿苇茵茵,翠色浓郁;秋天荻花摇曳,鱼跃雁鸣;冬天冰河晶莹,积雪铺陈,甘州城区四季分明,水韵十足。

几年前的秋末冬初,甘州城地下水位突然上升,许多楼房地下室里积水汩汩涌冒,还有不少平房整个浸泡在地下涌出的水泊中,人们不得不举家迁居。处在祁连山地震带的甘州城,对于这一突如其来的"怪异"自然十分敏感,一时谣言四起,人心惶惶,当地政府出面辟谣,却又解释不清地下水上升的原理。直到一年后的城区北郊湿地恢复与保护工程开始,才找到原因。

原来是生态内循环系统出了毛病。地下径流同人体的血管一样,经脉不畅则溢。正如佛家所说,有因必有果。水有来处,必有出处。多年来的城市改造中,填湖造房,埋池造路,已经把一座古城修改得面目全非,注重了地面的日新月异,却忽略了地下的千疮百孔——这座城市的"经脉"已经被坚硬的钢筋水泥切割得七零八落,地下径流梗阻、堰塞

或破损，只有溢出地表才是它不得已的归宿。暮霭中，看着眼前这座饱经沧桑的城市，虽然处处繁华热闹，但我总是难释心中的隐隐不安。人类在向现代化迈进的进程中，总是急功近利，好大喜功，往往漠视自然规律办事，给后世留下无穷祸患。

甘州地势南高北低，城北自古就是一片天然湿地。城内的污水排放、丰富的地下径流，都在这低凹处汇集成湖泊，水鸟云集，鱼翔浅底，芦苇、菖蒲、水芹、灯芯草、水蜡烛、水车前、浮萍等湿地草木聚成一个庞大的部落，托举起众多生物和谐相处的屏障。二十年前，我在张掖师范上学时，无数个清晨或黄昏，我都徜徉在湿地之侧，在潋滟水光和悦耳鸟鸣中，一边诵读诗文，一边认知自然，这边湿地直观地教会了我对自然的热爱和思考。至今犹记得一座桥头的对联："桥头看月色如画，田畔听水流有声。"郭绅的一首诗："甘州城北水云乡，每至秋深一望黄。穗老连畴多秀色，实繁隔陇有余香。"西北内陆本不适宜种稻，但甘州城北常年溪流潺潺，构成了稻米种植的天然条件，早在唐朝武则天时代，甘州刺史李汉通就奉命在甘州屯田引种水稻，城北乌江的大米因光照充足，生长周期长，味道格外醇香，曾一度成为贡米，沿着丝绸之路远运长安。这一片古朴的水云乡，封存了甘州原始天然的地貌，记录着历史演进的痕迹，像一幅画深置于岁月深处，深藏于人们对一个城市的文化记忆中。

夕阳西下了，余晖返照的河西大地辽阔而安详，忙忙碌碌的芸芸众生各归其所，城市和乡村的轮廓成为大地上最显眼的事物，如果历史有声，应当能听到这座城市文明的步履。透过时光的尘埃，远溯洪荒初开，整个黑河流域都是一大片内陆湖泊，《山海经》中说这是西王母的领地："西海之南，流沙之滨，赤水之后，有大山，名曰昆仑山……其下有弱水之渊环之，其外有炎火之山，投物辄燃。有人戴胜，虎齿豹尾，名曰西王母。"从中可见，古时黑河流域称得上是水波滚滚、碧草连天的水泽之乡了。春秋战国时期的《禹贡》、《周礼》等文献上曾将黑河至居延泽的大片湖泊列为著名湖泊，称为"西海"。岁月的尘埃已经抹平了历史的记载，原始的水乡泽国已从汉武帝收复河西开始，逐渐变成了牧野农田，直至近五十多年，人口剧增，耕地倍增，一度时间，垦荒置地成为衡量地方官政绩的一个标尺，闲置的荒地、成片的湿地大都变成了耕地、房舍和道路，实在不能开垦的地方，则成了垃圾填埋地或污物倾倒场。曾经的"甘州城北水云乡"，早已淡出城市文化记忆，遗失在历史的时光中。

反思人类文明的发展，似乎在一个怪圈中循环往复。文明的摇篮起源于水草丰茂的地方，但随着农业文明和工业文明的发展，却又不得不以破坏生态为代价，而当一个国家或地区发展到一定发达阶段，细思生活的质量时，却又返归到恢复和保护生态上来。甘州是一个欠发达地区，城北湿地生态虽遭盲目开发的破坏，但还不至于沦为万劫不复的厄运。陈克恭博士初到张掖就任市委书记时，以独到的眼光发现了这座城市多少年来被忽视的地域特色，怀揣诗人情怀，提出倾力打造"湿地之城"的目标，赋予这座西北小

城鲜明的水韵底色。这是这年春天,历史带给这座老城的福音,是一座城市走向新生的开端。

我站在这座古代河西最高的建筑上,放眼千里,思接古今,心中那幅“水云乡”的图画仿佛正从遥远的岁月深处一点点浮现。我想,祖祖辈辈生生不息的这座城市,已经站在了历史的制高点上重新布局,精彩开篇。

甘州的柳树

鞠 勤

甘州的柳树颜色的变绿，是甘州春天来临的首要标志性象征。

俗语云："五九六九，隔岸观柳。"每年的这个时候，当你驻足远观的时候，柳树那一轮又一轮的绿晕让你折服于季节的变化，意识之中马上感到春天就快到来了。

甘州的柳树四街八巷、公园广场、茫茫湿地到处都是。那柳树品种有垂柳、馒头柳、金丝柳等多得令人难以计数，默默地玉立在甘州大地，改善着甘州的生态环境。

三月下旬，背阴处的冰雪还未化尽，冬的寒意还未全消，柳树却在春风的吹拂下，早已抽出了一条条鹅黄绿的枝条，吐露出一簇簇嫩绿的新芽。瞧，垂柳婆娑的身姿，宛若少女的美发在风中摇曳，远远望去像一团团随风飘动的薄烟轻雾，溢彩流苏。馒头柳从下面看倒像是少妇的乳房，源源不断地将绿化后的能量让大地吮吸，从空中看去，更像一面面扇子迎风翩翩。金丝柳从头到脚浑身的金色，令人想起了国外的碧眼金发女郎，她们那长长的、软软的枝条在平静的湖面上款款摇摆，动作是那样轻快，那样温柔，又像一排排整齐的队伍用优美的舞姿在欢迎春姑娘的到来呢！

在这春光融融、层林尽染、茫茫林海之中，细嫩的柳条在春雨的滋润下青翠欲滴，生机勃勃。这时，只要抬眼望去，枝梢间笼罩着一层淡淡的烟沙雾幔，那纤细的枝条上的一个个翡翠般的嫩芽，悄悄地给人间带来了美好的春的消息。告诉人们，新的一轮生命的季节开始了，一年之计在于春。

初春的柳树观赏最为雅致，春风吹拂下，柳树仿佛是一团淡绿的烟雾，则给人以清香、恬淡的感觉。这时的柳树柔细纤长，还带着细细的绒毛，像少女蒙眬的睡眼，无怪古人称之为"柳眼"。渐渐地，随着阳光雨露的滋润，柳条便泛绿了，千万条的柳枝，密密的，细细的，远看就像是一片缥飘渺渺的绿烟、微微游动的翠云；近看恰似绿珠儿串成门帘；倘使钻进去，则仿佛置身于少女绿色的秀发之中。

甘州的柳树，她没有杨树那样挺拔伟岸，气宇轩昂；也没有松树那样因为高洁，总让诗人吟咏、赞美。但是，柳树在蓝天、湖水的衬托下显得总是那样美轮美奂，生机盎然。

人各有志，也各有所爱。有人爱松树，因为它四季常青；也有人爱梅花，因为它傲雪独秀；有很多人爱奇花异草，因为它世间少有。而我却情钟柳树，因为经过一个冬季的煎熬，在年轮的第一时间，人生的第一瞬间，柳树给人们带来了春的讯息，带来了生命的颜

色。因为她的生存,才表现出了春的柔美。这些就连同和柳树一块生长的槐树都是自愧弗如的,它就没有感春的觉悟,常常对于春来说是迟到者,四月份了,还拖着一身灰蒙蒙的冬装,僵硬地站立在那里,静待春暖花开。

相传在清朝末年,左宗棠西进收复新疆的过程中,但见沿途"赤地如剥,秃山千里,黄沙飞扬",遂传令:"凡大军经过之处,必以植树迎候。"若干年后,在甘肃至新疆的漫长一线,已经根深叶茂,浓荫遮地,杨柳成荫,树木成行了。这一道柳树被人们称为"左公柳"。后来有个文人曾在一棵柳树上刻下一首诗:"大将筹边未肯还,湖湘子弟满天山。新栽杨柳三千里,引得春风度玉关。"

我不知道甘州古老的柳树能否称之为"左公柳",但现存的一株株柳树肯定能称得上左公柳的徒子徒孙了。树尚如此,默默地美化着山川大地。人也使然,积善成德,彪炳史册。难道我们今天生活在西北这块国土上的人们,在再造一个山川秀美的大西北这一过程中,还能无动于衷吗?有道是:有意栽花花不发,无心插柳柳成荫。劝君多栽几棵柳树吧,这可是功在当代、利在千秋的事业。

七彩丹霞 天上人间

刘红佳

曾漂流过江河湖海，也曾攀越过高山草原，而唯有这近在咫尺的七彩丹霞却无暇眷顾，想来令人莫名发笑。住在城里想丹霞。想它，不仅限于美丽的色彩和奇特的造型，更重要的是能够领略大自然给人类的无限赋予，让人在荡气回肠的感受中，品味人生无限的丰富性和无限的可能性。偶有机会，陪友人一行前往，赏人间胜景，尤感兴奋。

我们乘坐专线旅游车到达第一个观景点。

西边，一座座圆弧形山峦顶部，被自然濯成青铜锈迹般的湖蓝色，远远望去，就像是一幅幅用涂料泼上去的图画，显得随性又自然。我大声叫喊着称它为涂料山(后来得知这片山景叫做“大扇贝”)，朋友笑我给这山起的名缺乏浪漫色彩。而另一个朋友则面对着五彩斑斓的众多山体大声宣称：这是五花肉山。对此，同来的我们每一个人都大笑不已。这美丽的境地，竟然被我们一行人强行赋加了无限的人间烟味。而这些，却是支配我们每一个人在衣食住行中，在柴米油盐酱醋茶中，在喜怒哀乐和吃喝玩乐中不断前行的动力。也正是这些，支配着我们能够不顾寒冷的侵袭，执意要深入到初冬的山间，探寻和感受这美丽壮观的自然生态景观。

拾级而上，我们来到高处的观景台。指示牌显示：精灵闹海。

站在这里，四周是大小不一、跌宕起伏的山峦，对面是七彩屏峰，一侧是众僧拜佛的谷地。远远望去，七彩屏峰整块条型山体上，各种颜色层层递进，由上而下，色彩均匀，绚丽斑斓，犹如插在这万山丛中一块美丽的大屏风。而周边众多的小山峦则是无数翻涌的浪花，逶迤而进，托举着这块彩色屏风，像盛开的鲜花点缀着这片阴冷无边的山地，使它充满了勃勃生机。

在众僧拜佛的谷地，众多细碎的山体，呈现出各种大小不一、圆而凸起的造型。它们巧妙地组合，看上去却真似一个个胖僧人的身躯和头颅，而山体天然的褶皱，则是僧人们袈裟飘动着的流线。僧人们身披袈裟，虔诚地叩头跪拜着对面高山上一座天然的山体巨佛，让人仿佛感受到佛教寺院里千年飘荡的袅袅香烟和缓慢悠扬的唱经声。

在观景台和七彩屏峰之间的山地，有众多的山头，高高低低，形态各异。太阳还没有明艳的时候，每一座山头近顶部蜿蜒着一条线，像海潮般颜色偏暗。线体上部生发着一坨坨山体，好似从深海里涌出来的不同形态的生灵：像千年老龟，又如万年蟾蜍；像凶神

恶煞的夜叉，又似不知名的海怪，林林总总，不一而足。其呈现出一种阴阴森森、浩浩渺渺、雾气腾腾的幽幽氛围，令人感觉到了一个幽冥的精灵世界。而杂居其间的众多细碎山体，或高或低，纵横交错，鳞次栉比，就像海里炸开了锅一般，激卷的浪花，随时都有可能冲向更高的山头，去袭击和荡平由它们托起的众生灵。令这里充满着一种可怖的原始的血腥和律动。

当太阳升至半空的时候，气温依然很低，而此时的光线却渐渐地强烈起来。临近观景台一侧或断或续的山体，通身被一种近乎灰白色的线条上下均匀地东西方向涂抹着，一条、一条地伸展开去，展现出一种人类不可探知的神秘感。而此时，太阳斜射来的光线，在雾气蒸腾中恰好与山体上的自然流线重合。这一神奇现象，令我惊叹而又颇感迷惑：是山体天然如此，还是在亿万年的日光扫射下造就了这横亘千古的奇观？外象与内涵的延伸，令人亦幻亦迷，神情恍惚，混淆着现实与奇异之间的分界。在上苍的浩瀚和无限丰富性面前，人类显得是多么苍白和单薄啊！

经过七彩屏峰的背面时，我们再一次被大自然的神奇造化所震撼：在这儿，从山体一侧伸出众多小的椭圆形山体，颜色以黄绿色、深红色、褚红色和青灰白等色为主。一道一道的色彩，蜿蜒着齐整。整体看上去，这些小山体像一个个支架，又似一只只脚爪，从背后支撑着七彩屏；而独立看来，却又像一个个巨大的、色彩艳丽的海螺，被一种神秘的力量排列有序地置放在大山的脚下。

十一点钟左右，我们来到了夕晖归帆的标志点。

这是一处山坳，一个天然的背风凹地。黄色、绿色、黄绿色和橘红色线条相间，柔和的色泽均匀地横扫山体，在凹处聚集。重重帆影天然的避风港湾。我们想象着：夕阳下，在柔和至美的光影中，身挂七彩风帆的远航归船，缓缓驶进这甜美的梦之家乡。欢呼的人群站在海岸边，心情激动地等待着从远方归来的船员们，只待船一靠岸，就冲上去紧紧地拥抱久别的亲人。在这美轮美奂的憧憬中，让人由衷地感受到：在这无边的大海中，人们对美好生活的向往和追求是多么强烈啊！

弯弯曲曲的山路，像仙女浑身飘洒的彩绫，仙女随手一摆，就在这大山中荡出一条条颇具动感的山间小道。朋友猜测：这里有如此丰富的天然色彩，有如此丰富的天然线条，敦煌壁画是否从这里输送过矿物颜料以着色？壁画中人是否从这里撷取过点线面以点缀？

在这里，我们无从获取有关远古一星半点的信息，但是从这里，我们依然能够感知古人同我们一样，也曾不断地追求着物质和精神上的双重完美。

在夕晖归帆景点的对面，一个被称作仙女醉酒的山体上，显出的是一个面部微黑、醉眼蒙胧、斜卧沙梁的大美人。她痴痴地望着对面的山坳。在夕阳中，她是否也如安徒生童话里的美人鱼一样，面对大海，一生期盼着远洋航船快快归来？然而，她却没有等来春暖

花开，直至为爱定格成为这大山中永远的石雕，最后飞往她永恒的天堂！我不断地猜测着她的前世和今生会有一个什么样的因果轮回，宛如我不断猜测着在这大山内部还有多少鲜为人知的秘密一样令人兴奋着。

我们到达的第四个观景点，就是刀山火海的现场。

放眼望去，一片苍茫。远处的刀形大山，从远古横亘到现代，以静默的姿态展示着它的傲然不群。在刀山和观景台之间的地带，是各种高低不一、大小不同的山芽，在阳光的散射下，呈现出一种火焰般的褚红色，并升腾着一种似雾一样的气体，就像熊熊燃烧的火海，气势磅礴。它们与远处的刀山巧妙地组合在一起，恰好就是刀山火海，令人不容置疑。而近处，我们脚下缓缓的山地坡面上，却覆盖着一层我叫不出名字的小草，矮矮的，毛茸茸的，虽然枝叶已经干枯，但仍然像仙女们在大山肌体上绢绣的美丽绒花。

站在山梁，我们便能看见张艺谋电影《三枪拍案惊奇》的拍摄地点。那座有名的青砖灰瓦的麻子面馆，就立在这处山间的一片开阔地上，它是为拍摄这部电影而临时搭建的专用建筑。因为奇特的丹霞美景，这儿已经成为中国的西部影视基地之一。先后有《太阳照常升起》和《神探狄仁杰》(第三部)、《三国之见龙卸甲》等影视剧组来这里取景。不远处，一峰孤独的骆驼正在不紧不慢、无拘无束地觅食。由于天气寒冷，周围地带除了我们几个游人外，再也没有其他人影。

登上山顶，极目远眺，云雾弥漫的远山矗立不语，一种辽阔壮美的心绪由然而入。是的，山是永远的山，而人则是永远高于山的人。站在这里，我们回不到过去，也看不清未来，唯有踏着脚下这坚硬如铁的山石，追随着内心最本真的感受，体味着大自然的鬼斧神工，喟叹这瑰丽斑斓的色彩之美，变幻多姿的奇幻之美，让这无数无法言说的美丽深深震撼着、涤荡着、抚慰着日益浮躁的心灵。站在这里，当你微笑着面对尘世间的一切，彻底放松自我、解放自我、无畏无惧，整个世界就呈现在你的面前，豁然开朗。世界没变，而你的世界却变大了，生命的本质没有变，而你的生命内涵却无限延展了。在这个时候，你终于能够体味到一种宁静归心、欲望远去般的幸福。

回望远山，一切沉静如初。

然而，作为社会之人，无论快乐也好，幸福也罢，我们每个人的生存和发展都不可能脱离自身所处的环境而独立存在。在中国西部，虽然目前依然贫穷落后，但是，在国际化的进程中，国家基础设施的快速建设，互联网、大型超级连锁店、跨国公司等，不同形态的社会发展工具，以神奇的超能量滚动碾平着这个世界。在它面前，人们思想观念的差异、地域的隔距、生活方式的差距等等，统统可以被强行地缩减为最小。今天，当我们感受着这里的大山、天空、云层、雾霭和空气时，当我们感受这里的七色之彩与佛与仙与海灵精怪时，光与线，电影与传奇，在这里呈现出的则是一种无与伦比的精神向往。而这种向往，不但眼光穿越，而且附以脚步跟随！

置身在鬼斧神工的丹霞里，我看到的哪里只是自然界亿万年的造化，这里分明就是一个云烟缭绕的凡间世界。

谁说在中国的西部只有大漠驼铃，谁说在中国的西部只有戈壁荒山。七彩丹霞分明就是上苍在中国西部的神来之笔呀！

古堡情思

刘雪莹

如果建筑可以代表权力,那张掖的古建筑无一例外张扬着难以收敛的霸气。木塔的窗棂,镇远楼的飞檐,寺院的佛像,总兵府的楼梯,总有一点细节悄无声息地传承着岁月的感慨,还有游系在周围的苟延残喘的雄风。但目光的流转并没有停止在这些已被人们保护起来的文物上,更多的是在蔓延发散,踏着岁月的尘土,走近一个个荒芜的、貌似失去生命的古物,挖掘埋葬在历史中早已尘封的记忆。

有些已被人们忽略的石门总会不经意间打开,就像是位于小满镇的一个古城堡。也不知这黄土婆娑的古堡走过了多少岁月,没牙的老大爷说它是保卫小满的英雄,路过的大妈说这里曾经死过人,年轻的小伙子说这破烂的古堡上建起过舞厅,孩童时候经常上来玩耍。于是,听得多了,也就多了一份好奇,现在只剩下骨架的土堆里还有什么秘密?这既当过战堡,又当过舞厅,听说还死过人的地方有没有留下什么痕迹?当我抬起眼帘向他询问时,古堡什么也没有说,只是在傍晚的夕照下,伴着风吹过破房子的声响,扑簌簌地抖落几粒黄土,轻轻敲打着疑惑者的心扉。

对于有的人来说,当一个问题太久得不到回答就会放弃,而对于我这种刨根问底的人,只会激起我更加泛滥的好奇心。于是终于在某个正午的暴晒下,古堡抵不住我的坚持,从不起眼的一角敞开了黑漆漆的石门,像一位太久没有说话的老者,启开了干涸固执的嘴唇。

独自踏上破碎流离的楼梯,我不禁放慢了脚步,借着灼热的阳光,走过落满时间灰尘的暗阶。一步一步,穿过交叉的电线,绕过屋顶的瓦片,我站在了古堡的顶端,这位历经沧桑的老人在忽起的风中忍不住轻轻摇曳,战栗的身体显露了不安和紧张。我轻抚着古堡上的护栏,对他说:“我只是来探寻你的历史,打开心扉吧,任何人都带不走你的秘密。”古堡似乎放了心,任凭风声呜咽,静静等待来访者的找寻。

周围是大片的农田和镇上原本熟悉的景物,好在春天的点缀让斑驳的黄土地添了些生机,还有几棵梨树裹挟着白色的花瓣飘零,使本来死板的画面也多了些浪漫。古堡顶上原来曾用作舞厅的方子早已破败得不成样子,窗户上的玻璃成了阳光下闪烁的碎片,房子里的砖头像做游戏似的高低不平,只有房梁上飘着的诡异的丝带证明这个地方的过去。墙上形成的奇怪形状也多了些抽象,阴风阵阵的门口埋藏不肯言语的秘密,心

生胆怯的我最终还是没有跨入最后的门槛。

短暂的探险结束了，没有发现什么秘密，却收获了一肚子的想法。古堡依旧在白天与黑夜的交替中矗立，历史的尘埃只是垫高了记忆的年轮，却没有改变人们心中古堡的印象。其实任何古建筑物都代表了一种文化和情节，雄伟的留下震撼，破败的沉淀惆怅，他们的存在是人们对回忆最好的整理。没有人可以否定一段历史的存在，正因为时间的流逝是不受限制的，人们对历史的定位只会随着时间的脚步逐渐清晰。那些被时间风化了的，除了剥落的墙皮，除了坍圮的楼梯，还有从历史中走过的带着故事生活的人。从他们一遍又一遍的讲述中，把萧瑟的文物从悲凉的主题中拯救，重新在人们心中复活。所以，我懂得了古堡曾经真的保护着小满这片土地，他是一个地方繁荣过的标志；也懂得了在那个特殊的时期里，当地的一位大人物受不了莫大的冤枉和批判，把自己的生命悬挂在这最高处，也把这个故事留在了人们心中。

看吧，古堡不知道还要存在多少年，是不是有一天也会像一捧沙粒一样吹散在风中。但需要证明的是，这座古堡像每个人心中都拥有的一点美好，谁都不愿将这一部分轻易删除。就像一部黑白纪录片的镜头，不同时间段的不同印象早已深深嵌进曾经留恋过它的人们脑中，每当打开这部陈旧的放映机时，古老的影片还是会接着吟唱下去，直到一丝感动萦绕心间，像某日中午拂过面庞的清风一样，抚平那些布满蜿蜒皱纹的脸，触摸那些蹒跚老去的人们一颗怀念的心。

水乡人家

滕建民

坐落在黑河沿岸的乌江镇，享有河西走廊塞上江南的美誉。三月中旬的一个周末，我应朋友邀请来到了遐迩闻名的水乡。

春日的风轻轻掠过脸颊，给人一种温暖的感觉。但清寒的味道依然存留，一层薄冰将裸露的田野覆盖，在阳光的照射下泛着白光。荒草滩，林地，坦坦荡荡地躺在了天地之间，吐露出嫩黄枝丫的垂柳随风轻摇，拂动了我的心尖，好想抚摸枝叶的妩媚，亲吻枝头上那鲜嫩的花蕊，留一缕暧昧存放心间。

高楼林立的城市被我们渐渐抛在了身后。车七拐八弯，进了一个比较古朴的村庄，用土坯砌成的民房，家家户户房前屋后是婆娑的垂柳和挺直的白杨，空荡荡的打麦场周围是麦草垛，清粼粼的黑河水沿村庄日夜不停地缓缓流淌，这就是乌江镇的水乡。

我透过密密枝叶的间隙仰望天空，阳光从空中拽出一串金色的影子，湛蓝的天空变得透明，我深深地吸一口气，是那么的舒心惬意，蜗居了一冬的我，终于嗅到了久违的泥土香，浓淡适我心，令我特有亲情感。

我的家乡虽然也傍依祁连山，经常能看到对面山顶上终年不化的积雪，但是，我只能远眺，没有亲临的感受。春天，在我的视线里一直是冷风嗖嗖，风沙伴着黄土，给人压抑和沉闷的感觉。相距不到百公里，水乡却春意融融，和风暖人。祁连山融化的雪水一路奔放，从莺落峡流出汇集成黑河，一改她暴跳悬崖、穿山如雷的狂躁，如温顺的贤妻良母，平稳缓慢地进入河西走廊，浇灌着万亩良田，养育着沿岸的各族儿女，水流经过的张掖成为少见的沙漠湿地，独特的绿洲景观，黑河环绕的乌江镇是远近闻名的塞上江南水乡。

心儿跟着春天来了，告别昨日的沉重，数着自己的脚步，轻松地向前走着，环顾四周，这里风景怡人，宽阔的天地间，遍野的绿意滞留在我的周边，从心底淌溢出一股神圣，一股愉快，相交相融，美不胜收。不远处，一位老人屈身用脚使劲地蹬着手中的铁锨，翻晒黑油油的泥土，时不时高举铁锨狠狠砸在翻出的土块上。播种的季节到了，农人们在整地。我走上前去，和老人家打过招呼，他停下了动作，微笑着："是奔红棕鱼来的吧？"我也用微笑算是回答。是的，这个不大的村庄，来来往往的人群，进进出出的小车都是奔红棕鱼、金棕鱼、大雁、土鸡和品尝农家风味的饭菜而来。

对面祁连山冰雪的慷慨无私，恩惠与施舍和这片土地上开拓者世代洒下的汗水，使地处黑河的小镇，成为河西走廊静卧在沙漠中的一片绿洲，张掖的粮仓。

眼前是一片开阔的湿地，当地人称湖滩。我沿着一条土路一直向前走去，黑河水穿过湖滩，静静地流向村庄。河水经过的地方，丛草茂密，家养的大雁在湖滩里拍打着翅膀，安详地寻草觅食。它们的主人提着一个大篮子，在湖滩的深处收获大雁给予主人的回报，一个个圆而又大的雁蛋。得天独厚的自然条件，勤劳的人民，靠着政府富民的好政策，使生活在这片沃土上的人民个个成为致富能手。主人利用黑河丰富的水资源，搞起了养殖业。清澈见底的河水里，鱼儿摆着欢快的尾巴游来游去，红棕鱼，金棕鱼，各种花纹的鱼儿尽情地畅游；鸡儿、狗儿们在自由的天地里刨食、撒欢儿，看见陌生人，偶尔也会惊恐地扑棱一下或是"汪汪"地叫上两声，立即会遭到主人的呵斥，它们赶紧低下头知趣地离开。这些嘈杂的声音，给大自然，给生活在这里的人们增添了一份和谐的情趣。

主人的家，坐落在黑河边上，两层小楼被几棵粗壮的杨树环抱，一楼的厨房里，干净整洁的灶台旁，是我熟悉而又亲切的风箱，堆放在一边的柴草，是我早年抱惯了的麦秸秆、菜籽秆、玉米秸。上二楼是客房，供客人就餐、娱乐、休息，房间四面都有窗户，临窗而坐，微风吹得树叶沙沙地作响，惊得鸟儿们叽叽地乱叫，黑河的水也耐不住寂寞，哗哗哗哗一路欢唱，激情高昂地流向远方，流向它的归宿地——遥远的额济纳。

五口之家的主人，是一位种地能手，养殖经验丰富，很会理家的中年男人。他的老伴是很典型的农村家庭妇女，烧火、劈柴、杀鸡、宰鹅、喂养大雁、伺候牲畜，都由她一人承担。粗壮、结实的儿子是家庭的顶梁柱，开车、耕地、播种、收田、打场、修沟，放水，都由他包揽。年轻漂亮且又勤快的儿媳妇，活泼、大方，干练。每天都有客人光顾，做饭，招待客人，打扫卫生，端茶、倒水，坚实的脚步震得楼梯蹬蹬作响，矫健的身影在客座中间飘来飘去。在她身上既能看到年轻一代青春朝气的影子，又不失家庭主妇能干、泼辣、任劳任怨的传统美德。聪明伶俐的小男孩是全家人的掌上明珠，他写完作业后，奔跑着上楼下楼，帮妈妈取碗，放筷子，时不时还要陪前来做客的孩子们玩耍，上卫生间，逗鸡鸭猪狗嬉戏。

清香四溢的饭菜，是浸透到我骨子里的那种醇香、清淡的农家味道。酸酸的白菜，脆生生的萝卜，刺激的辣椒，绿茵茵的青菜，软绵可口的洋芋，热气腾腾的花卷……原汁原味的绿色食品，原始的做饭手艺，纯正的农家风味，留在心底最温馨的是水乡人家的朴实和宽厚。

当我们怀着依依不舍的心情和主人告别时，漫天的繁星眨着眼睛给我们送行，并带着微笑为我们引路。

像疾风掠过张掖

魏雄广

秋天的时候,我坐长途车赴张掖。从车窗外拥挤进来的风炽烈烘热,如同你不愿接受的一张肉乎乎的热情大脸。大地慵懒,漫山遍野的油菜花在风中摇曳,显得自得却又带着一分着急。它们铺满山谷,犹如铺天盖地的野性铃铛一起摇响,充盈我的耳目。这种沿途的印象一直填充着我的思维,就像一个隐喻,暗示了我在张掖的生活,热烈,喧闹,急速上演和推进,又迅速消逝。

一个人的青春时期,是很容易跟任何人群、任何事情融合的。我初到张掖,很快就淹没在校园里的青春海洋中。歌舞演出、讲演辩论、文体赛事、游山玩水——这些自不必说,还有追赶时尚、恋爱约会、周末斗酒、奇装异服这一类,也定在我们坦然挥霍并不以为怪的范围内。在一段时期内,我感觉自己就像是初入大海的一条小鱼,只想在这个浩瀚有趣又自由不羁的领域中放纵自己,并试图以此让自己在大海中成长为一颗众人瞩目的明星。然而这样的竞争似乎无休无止而且诚无良效,小鱼似乎仍然还是小鱼,甚至还有可能被抛出大海,打回原形。我的两位同学,都属行为怪异思想“超前”者,先后因为学业不佳、厌世恶校而被迫退学。

第一个学期下来,我庆幸自己找到了三个良师益友。

我爱读书,河西学院的图书馆是我十八岁之前见过的最大的图书馆。我觉得这才是我逍遥遨游的好去处。我几乎将图书馆的检索卡翻了一个遍,文学名著本来就是我们的必读书,我还广泛涉猎了哲学、心理学、历史、艺术理论,以及我喜欢的书法篆刻、山水地理。我每隔几天就要抱着一摞书还回图书馆,然后再抱着新借的一摞书走出图书馆宽宽的大门。宿舍里十点半是要熄灯的,我常常会待在教室里埋头读书勤奋笔记。如今我还保留着那时候做下的厚厚的笔记,仔细翻着,不免感慨:多年来我在工作中的许多收益,自认为首先要得益于那时候的广泛阅读。但是当年读书因为贪多务得,不免囫囵吞枣,常常是走马观花,犯了学而不思的大忌,使得后来总是感觉业不能精深,研难以自如,如今常自憾恨。一个温馨的记忆是,我在文科楼一楼那个熟悉的教室里夜读时,注意到了一位娴静端庄的女孩和我一样经常独自夜修,于是生长出了青春的相思。尽管这段爱情如同大多数大学时期的爱情一样悲苦夭折,但是她给我身心的裂变成熟却影响久远。现在,我把她也当做我青春时期阅读过的一本人生之书。

文学，是我从小就钟爱的梦想。十八岁，正是“为赋新词强说愁”的年龄，我们个个都是少年维特。青春激情和创作梦想使一些人走到了一起，我们创建了一个新的文学社，征文比赛，朗诵诗会，聆听讲座，品鉴影视，活动红红火火，日子充实高尚。我们时而凝神静思，时而奋笔而书，简直一副未来大作家的情态。在一起高谈阔论，激扬文字，俨然一群博古知今的弄潮儿。那种青涩年华中迸发出来的真挚文字和不知天高地厚的“雄心壮志”，恐怕会成为一生难忘的温暖回忆。我清楚地记得我们克服重重困难，油印了一本诗文集，叫做《丑石》(取自贾平凹散文名)，单面印刷，用手抚摸，会有油墨沾到手掌上。但我们敝帚自珍，那种兴奋愉快真是历久难忘。我们在文科楼前摆上一张桌子，将《丑石》以一元钱一本给同学们兜售，很快卖完！值得骄傲的是，我们的文学社被学校作为学生社团样本报送甘肃省，被评为“高校优秀学生社团”。多年过去，文学仍然是我心中不灭的一盏灯。我越来越感到，她让我的心灵保持纯净，使我能够在浮躁的生活中得到宁静和安慰。

我在张掖会常常去文化馆的那个木制小阁楼。走进高木葱茏的文化馆大院，在院子的右手边打开一扇破旧的小门，沿着窄窄的楼梯上去，张掖本土作家田瞳就在上面的一间斗室写作。除了简陋的桌椅，屋内别无陈设，唯有自由进出的鸽子咕咕鸣叫。红光满面的田瞳老师总是很热情地接待我们，对我们提出的讲座邀请、活动支持、文稿修改甚至生活困惑，一律不假思索地应承。他对文学之挚爱执著、勤勉认真，对文学青年不遗余力的扶持和指导，对张掖文学事业真诚厚道的心志和愿望，堪称张掖文学前辈之楷模！受他激励，宿舍熄灯后，我常会点起蜡烛，爬在床上读书或写作。有一次，我困极睡去，蜡烛不慎掉到了下铺。很快棉布的焦煳味和燃烧的烟气惊醒了我。我惊呼下视，看到下铺的师兄柯英依然在他的烛光下凝神创作，居然对自己脚尾的被子烧着一无察觉……业精于勤，师兄柯英的这种精神令我常自钦佩。现在他的文学道路越走越宽，成为张掖新一代作家中的佼佼者，真是为他骄傲。

流传在中亚细亚的奇书《福乐智慧》中这样说：

> 我放走了行云般的青春，
> 我结束了疾风般的生活。

这是令人忧伤的诗句。但我以为应是一种美丽的忧伤。对于时间的流逝，是谁也没有办法的事情。生命由无到有，然后经历生死，化为齑粉，这才是令人悲伤的事情。我们生命中的许多过程，就像一阵风吹过，是吹绿嫩梢吹雪起舞，还是吹沙起尘落红暗淡，却又不同。我的青春曾经像风一样掠过张掖，留下了一些踪迹，在我身上刻下了一些印记。这些踪迹让我回忆起来很美好，这些印记如同种子一般给我以后的生活酿造了一些果

实。常忆常新,使得我总是感受到一种活力。这种活力使我和许多人不一样,并不厌倦或畏惧新生的事物,能够保持人性中的纯正和美丽,珍视人生的种种美好,避免在抱残守缺中度过无聊的余生。现在,我每天走出家门,走到大街上,看着人们都阴沉着脸匆匆走过,看着大街上那些稀稀落落的树木孤独地黄黄绿绿,偶尔我会听见天空中一声鸟叫,我仰起头追寻,却渺无影踪。我加快脚步,四周的景物和我交错、流逝。我听见耳边呼呼的风响,感觉到我的躯体被时空的流体鼓满。我想起那些如风的时光,满脸笑容——我虽然不知道我最终会走到哪儿,但是我知道现在走在哪儿。

第二部分

吟咏甘州

祁连山下(组诗)

梁积林

驻马乌鞘岭

远望鄂博,经幡猎猎
大通河边汲水的,是我的梅朵

大梦敦煌
梦见了逃赖河边的一群羯羊
安西风大啊
我的身体上的一块创伤,好像是一扇旧报纸糊着的小窗

可以甘州啊
可以弱水
可以在马回回的面馆里吃上一碗牛肉拉面

可以凉州啊

可以祁连
今夜啊,我怀揣谁的天祝
把谁的西域灌醉

傍　晚

天还没有完全黑透
村庄四周的野地里
到处都是未化尽的旧雪的齿痕

一只乌鸦从一座坟头
飞到一棵树的巢穴中,哇哇地叫了两声
的确很美:
风吹着一墩芨芨的伤心
漫上坡地的沙棘上挂着渗血的
灯笼。数盏之多,一定会是一座泪水的城池
沟道里,附着的枯叶
和腐植气息。岸畔上,一个洞穴里
一只猫头鹰转动着眼珠
不能靠近,也不能远离
好像是一座壁钟

他老了,转动料场的门轴
骨骼声声,仿佛咬紧牙关对这个世界的一次次隐忍
点亮一盏灯:放大一根根银针
针灸着黑下来的夜空

张掖大佛寺

我必须热爱这个下午
热爱十一月的阳光,热爱你
热爱朱漆肃穆的大门和人间的门轴
热爱一声梵音之后的三二声鸟鸣
鸟鸣之后的叶落、风轻

一棵参天的杨树,仿若时间的锦囊
扛在大地的肩上
而睡着的大佛,像世界的中心

我告诉你:西夏的那一日,是一对镂空的银镯子
我告诉你:西夏的那一日,丽日碧空

我告诉你:西夏的那一日,我打坐念经

我告诉你:西夏的那一日,你点亮了一根蜡烛

我告诉你:西夏的那一日,大兴土木
我告诉你:西夏的那一日,我丢失了你

我告诉你:西夏的那一日,我去了贺兰山缺
我告诉你:西夏的那一日,你在祁连山下哭泣

我告诉你:西夏的那一日,我是佛的左眼
我告诉你:西夏的那一日,你是佛的右眼

左眼右眼,两滴大海一样的露珠

月出祁连

月出祁连,鹿鸣山涧。
一行勒勒车穿行于逶迤的峡谷之中。
一颗流星,肯定是坐在高岸上的那个养鹿的人烟锅里磕出的灰烬。

惊起的一只夜鸟,从一棵树上飞到了另一棵树上,仿佛一个老汉把腰间的烟袋,传换着,别在了另一个老汉的腰上。

这隼鹘。
犹如一柄黑钢钢的板斧。
砌去了一截夜的旧枝。

甘州:遍地诗意的眼睛

万小雪

甘州:湿地的眼睛

水葱　菖蒲　黑三棱　芦苇丛　那是一些
植物群落的眼睛
深情的,把湿地的苍茫和寂寥欲想一眼望穿
那上面,落下的第一层霜像第一声叹息
那根里,蓄积的第一轮日出像第一个客人的到来

为你而来,为我们看见的山河岁月而来
为你而来,为我们相遇在夕阳的河流而来

麻鸭　灰鹤　白尾雕　大天鹅　那是一双双
孩童般水禽的眼睛
迷离的,把湿地的温润和美欲说还休
翅膀的禅意天空里　荡起一片涟漪的家园
那里,一定深藏着我永不凋谢的归途

你在这里,捧出心的泉水为我洗尘
你在任意一个地方,捧出生命的圣杯为我接风

一步就是一个江山,我步步都踩在
你湿漉漉的灵魂上
一步就是一个尘世,我步步都敲击在
你白露为霜的梦境里
一双天下最美的眼睛　此刻　修补

大地的家谱……

啊,再茂密一些,让眼睛里的河流也看见藜科,豆科,禾本科
再多一些飞翔,让眼睛里的群山也栖息留鸟,夏候鸟,冬候鸟
这一切啊,多么像我故国的山河
一抹黛绿的历史
一轮靛青的车辙

我看见啊:你远古时期婴儿的脸颊和热气腾腾的诞生

甘州:芦苇荡秘密的眼睛

一本诗歌的经书在打开:芦花开出一段旧梦
十万芦管埋伏在冬日的胸膛
有什么在倾诉——
在霜色茫茫的清晨
哈着热气的芦苇荡　金色的影子
似乎是一次盛宴刚刚开始

一双双诗意的眼睛在睁开:老人的眼睛,孩子的眼睛
男人的眼睛,妇女的眼睛
慢慢从水域里浮现在我们的面前
它们一直沉浸在湿地的历史里　一半是星辰密语
一半是永恒
有什么在看见……
一颗心脏目睹另一颗心脏成长的婉转和爱
有一眼泉水走向另一眼泉水的清脆和幽静
而根就是秘密和快乐的家园

甘州啊,这么浩大的芦苇荡深深吮吸你的奶液
一个大地的奶缸
一个天空的奶缸
使我们愈来愈像一群迷途的游子

需要的是这芦苇的补丁
需要的是这眼睛的补丁

亲爱的故人,你看啊我像不像最初的小芦花
别在你的胸前,低到你的胸前
……如果,我是异乡的,我就从未离去
如果,我是这里的,我就从未归来

甘州:黑水国遗址的眼睛

那天,阳光围绕城墙走了一圈,麻雀有序地扑闪
像一张大网撒开,鸟鸣在质朴的田埂散落
金黄的玉米地怀抱浅浅的城池,怀抱一城人
夕阳里的眺望。它在梳理那场沙的风暴
整条街道繁华起来　灯影绰然

一个人间开始繁华起来,黑水国还在继续:
城墙上的那位将军来回踱步,看着他的人民
冒着热气,来回穿梭于市井
就像我　来回穿梭于一段隐秘的历史
现在,打开风,打开沙
在迟暮的黄昏归来

即使风抚平所有的道路和创伤
即使沙打磨所有的面孔和悲欢
渐渐平静下来的城池,依然像一只忧伤的眼睛
它睁着,那些呼吸就还在
它睁着,回家的脚步就会在某个夜晚响起

那天,我围绕城墙走了三圈,远处的麻雀
网一样撒开,阳光的水花溅起
一朵又一朵。走在前面的回过头来对我微笑

走在后面的把我的脚印修正,弥补
我在这里很久了,我眼睛里的梦想
牛皮纸灯一样彻夜明亮

也许,在我转身的刹那,一片繁华的遗址
还会长睡不醒
那些陶片,瓦片,绳床瓦灶会渐渐熄灭
一城人的眼睛

而那些被风吹远的眼睛,一夜之间
会开遍甘州大地的每一个角落

甘州:黑河的眼睛

顺着这条河流的方向,单于的胭脂临水梳洗
顺着祁连雪的清澈,羊脂玉遍地丛生

似乎是一段经文。一段黑河被剪裁,置于岸边我
潜入它,做一块有理想的鹅卵石

也似乎是一座宁静的寺院。顺着一片枣林的方向
一种芬芳走出一片村庄
顺着蓝色的方向,无穷日暮,边关乡愁

这一次我放开自己,黑发披肩,给我的山川一条道路
这一次,爱人从西边为我流淌,为我濯洗风尘

你相信吗?我的甘州,那明亮的眼睛为我而生　为我而点亮
那透明的骨骼,浪花的肌肤
几乎是　从你的疆域里很早诞生,我有平静的容颜
在这明镜的时光里,把长天看老
把秋水看老

顺着这条河流的方向,那毡房升腾起
两岸的人间,远方的故人
在朴素的天空下　拥有一份
晴朗的生活

顺着一条河流的真理,我们流出甘州吧
让河水上那缓慢消融的雪　天下一双最美的眼睛
浅浅映在水纹深处　惊心动魄

甘州:平山湖丹霞的眼睛

平山湖的风静静地吹着,先吹出一片丹霞
再吹出一座丹霞
亿万年　似乎是一个瞬间的逗留——

阳光从一个山坡到另一个山坡放牧
坡底的雪　一个一个小羊羔露出纯真的犄角
而那对面的丹霞,陡峭,孤独,决绝
在身体里,我摸见一片赭红的山峰,它曲线流觞
在骨骼的深处,我跳动一些岩石的脉搏,它大器晚成
那么多,还有那么多的苍凉
那么多,还有那么多的寂寞

平山湖的风静静地吹着,吹出一个我
再吹出你淡定的双眼
亿万年,我只在你的身边停留一生——

那漫山遍野的雪啊,那羊儿啃食过的青草
被冬日带来的丹霞,围拢成一个温暖的羊圈
天底下的梦　此刻　做成了
天底下的人　此刻　相见了
在我身体里,又多了一个亲人
在我的骨骼里,又多了一些美和缤纷

平山湖的风静静地吹着,大地流淌出一段悠闲的管乐:
那赭红的眼睛里,停泊下
人类最初的梦想和歌谣

甘州:大佛寺的眼睛

一朵莲花在甘州的冬日盛开,花瓣上你在微笑
尘埃降落,信仰升腾

大殿隐匿了一切人烟。我看着你入睡,禅定,冥思
我看着西夏剥落的靛青里　历史米黄
横卧一侧,你无限小
绕你一圈,你无限大
江山飘不动了,衣钵飘不动了
芒鞋已经幻化　枕着
甘州大地睡去

那眼睛合拢起来的是天地之道
那身体里隐去的是人间的悲悯和苦海

十万朵莲花在甘州的冬日盛开:你走下蒲团
你走出金线描绘的金刚经
这一切的神迹,只需一次意外的造访
就可以略微看见一些

那眼睛的深处:忧伤似乎可以永恒

甘州:山西或者民勤商人的眼睛

那会馆里有穿堂的风路过,它看见:
山西的商人来了,民勤的商人也来了
天底下的金钱和梦想都来了

在甘州，这是一次奇迹，那么多的智慧
涌入，飞溅，搭成一座桥

那会馆静静地　有鸟雀做窝：
山西的民风居住下来，民勤的方言居住下来
一片地域和另一片地域击掌为盟
他们带来了丝绸的软，茶叶的香
他们带来了佛教的远方，也带来了伊斯兰教的清澈
在甘州，那一烛香火的经文
刻在扇面的书香里

在甘州的会馆里，一个朝代悄无声息地发展，壮大
在一座心的闹市里
他们摩肩接踵地　把天下的生意做出了檀香的味道
一片宁静的河西走廊浮出月色的水面
月下，那入定的花圃和小径
无疑是他们忠实的耳朵或者眼睛

那会馆里的诚与信悠然　像两位默契的道士
穿墙而来
穿墙而去

唯一的心跳　是天地之间的一杆秤
在那寂静的殿堂里
一切似乎在等待重新开始

甘州：湿润的爱人的眼睛

米粒大的情书，是你写自甘州的第一封书信
没有驿站，没有落日的印戳
只在你散淡的方言里栖息着我的鸟

指甲花大的新娘，是你寄往玉门关的第二封书信

甘州大地上，那座银色的毡房还在——
老阿妈的奶茶　煮沸了你湿润的思念
你的心都长出了手
青藤的手　摸得见我的手

一张水墨的宣纸，是你发出河西走廊的第三封书信
雪静静地覆盖住你的影子
你在下面　却只字不提过往
让青草疯狂长出天涯　一个人的天涯
你的眼睛，我赞美过
你的气息，我得到过

那个夜晚，银色的，蓝色的，赭色的甘州
涌入我们的酒杯
大地上的盛宴　一朵马莲花
一朵水菖蒲——

惊醒　那只麻鸭的缱绻归途
柽柳群落，水禽们摇尾致意

甘州啊，那些遍地诗意的眼睛
是你寄往祁连山下的第五封书信
书信们带来了美和过往——

还有，一地的秘密和火焰

月光谣(组诗)

苏　黎

祁连日出

早起的云朵,阏氏的长袍上镶边
一根金线

叫醒帐篷
叫醒羊群

叫醒一杆长鞭
一束光芒
在河滩上饮水
傍晚焉支山
一声鸟鸣
叫醒了夜的大门

牧羊老汉手拄柴杖
似乎想把天和地撑住
好让黑一点一点
走进

羊呢
星星点点地
丢在了山那边的山顶
走在峡谷中的我
好像是夹在了暮晚的门缝

黑水国遗址

我走在风中,走在沙化了的土质上
一声鸟鸣,恍惚明朝门轴的转动声
飞扬的柳絮
是那些灵魂眨动的眼睛
晚风驮着夕光
晃晃悠悠走进古城
四千年前的
那扇门

深秋:焉支山

灌木,被秋洇染
那些在风中飘飞的黄叶
多么像太阳抛下的一枚枚金币

墨松
仿佛优雅儒士
步履蹒跚在秋阳下

如果不是翠鸟的一声啁啾
如果不是三两只食觅的羔羊
我以为我置身于大师级的油画中

牧羊老汉的一声吆喝,将
我的幻想戳穿

这不是罗森科的画布
我也不是画布上看风景的那个人

这是秋天的焉支深处

月光谣曲

月光,月光
门前马莲滩像一件没有收走的衣裳
我到场院旧草垛下等人
腕上的银镯也向远处瞭望

风吹草屑
月光的脚步婆娑

光溜溜的石碾子
一场院落叶的寂寞

如果你来了
躲在哪棵白杨树的后面

如果你没有来
夜风为什么揪我的衣裳

月光,月光
一只秋虫的忧伤在不停地闪亮

焉支山下的沉思(组诗)

倪长录

民乐:梨花醒了

燕尾犁开深深的阳光
五月,枝头上的一堆记忆
咿呀一声,花蕾往事的门就开了

民乐啊
让我突然看见雪影里掩着的一丝幽香
从妹妹发辫的叶穗上
推开粒粒鸟声

民乐民乐　裸现在
翅声里的笔画
让云朵在久违的怀想里干净地飘
让风中挺立的女子
满口生香

梨花醒了
山坡上走过白雪的影子

民乐:圣天寺的光

杏花开出一片佛光
民乐圣天寺,它们一簇一簇
是农家红衣的少女

粉红　温馨

尼姑庵这朵耐寒的花
正坐在五月乡村如琴如瑟的煦风里
眼帘下垂
焚淡淡情思

多么美好
当一些易碎的念头
打在尼姑善良的心上
我和我许的愿望
就杏花一样退回生活的宁静

山丹军马场：油菜花拎着露珠的芳香奔跑

头戴白色毡帽
高个子的祁连雪峰　健康　挺拔
一口洁美如冰的皓牙

山丹,佩刀的马场
没有见到马孤独的影子
油菜花拎着露珠的芳香在旷野奔跑
一大片一大片
啊　生活的队伍是如此浩荡

我听见了垦荒者
不老的歌声

焉支山:硕大的寂静咬疼我的内心

接纳雨接纳风接纳岁月的沉重
焉支山,神韵脱俗
敞开的胸怀曾辽阔了一个游牧民族灿然的梦

松涛峰峦叠翠
显现一座山的高度和气质
花草浅吟低唱
难掩记忆深处的忧郁

匈奴何在
公元609年,隋炀帝27国交易会的盛况何在
如今,在焉支山下
品嚼《西域图记》这道思想的盛宴
没想到硕大的寂静咬疼了我的内心

肃南草原:格桑花吹拂奶茶的清香

谁说一大片草原拴不住一只羊的渴望
谁说不是一根青草搂住了一大群羊

肃南
一块格桑花不断吹拂的地方
牧歌的穗子年年返青
一切都是轻盈的
一切都是雪怀念的珍贵
还有忘记飞翔的羊蹄子花
正嘹哨一样
开得响亮

与风和雨轮流对抗的四季里
牧歌静静流淌
奶茶返璞归真
我突然明白:雪在山岭羊在草坡
都是岁月抹不掉的芬芳

黑水国遗址:浮躁的心渐渐平静

千年废墟之上
时间燃烧得多么缓慢

秦车汉马遁迹
唐风宋雨远去
黑河　也带着一颗更加空寂的心
朝向雁翎指引的方向
静静地流去了

鹰翅拍动远山
黑水国遗址　像一位孤独的老人
身披一件寂寞的外衣
在天地间踽踽独行
它是在用时间的脚步
丈量内心的光明

远天滚动汁剂的花朵
矢车菊在古道的前沿
冷香燃尽。握住它
孤峦水光的声音
当淡淡的黄花注视我
坐在遗址旁
一颗浮躁

康乐:古河道,西风煮沸石头的清汤

在刚刚经过的一个路口
丹霞地貌扑入好奇的镜头
女教授的惊讶
引发一群诗性的观察

我的寂寞不幸落入干涸的河床
我读石头的野史
那些裸露的心灵。我喜欢看
每一块石头上铺着的粗糙的宁静

羊在不远的山坡吃草
楚楚动人的目光
被青草折射出异样的哲思
雪山的屋檐下　鹰还是鹰
不肯睡眠

当它的翅膀撞碎黎明前的钟声
我品尝被西风煮沸的石头的清汤
获得巨大的精神

三千年的桃花和温暖

紫凌儿

我还没有穿越过大漠、草原与戈壁
但我有黄土高原以及盛开三千年的桃花
那些过往的岁月并没有过往
我的骨与肉,我的夜与昼,我的血液
与清泪,满是故乡饱含炊烟的香
如同三月的桃林,风过处吹起的
缤纷色彩,是我遗传基因的千年守望

千年并不久远,祖先的气息依旧新鲜
扦插在时间的无数个节点发芽
成长一棵棵桃李一个个村庄,以及
村庄之后的城镇。无论洪水、干旱、冰霜
还是腥风血雨,村庄是最简陋又最顽强的
希望之地,总有更高远的希望在此孕育
崭新的生命和更蓬勃的成长。因此
春风依旧,桃花依旧,河水依旧
我的骨子里依旧是三千年的风霜和温暖

三千年的甘露和草叶依旧在每个清晨含羞
或沉默,而从未褪色的霞光和流云
舒卷爱恨情仇于平静,如同母亲擀面杖下
的风景,洁白的麦香滋养一个村庄的历史
所有的金戈铁马、刀光剑影止于枯水的河床
大漠因此壮观,草原因此辽阔,而戈壁
以雄性的宣言讲述。这是有关尘埃与繁荣的故事
呼啸的风由西向东,我的高原一日千里

而后肃立成五百米的深度和厚度

我们一直身在其中。在那片桃林里
沏一杯桃花茶，斟几盏碧桃酒，仰脖饮下
让心头嫣红起来。而后，顺着风的指向
在天际与眼底相连的那一刻，桃花的气息
会带着我们神游以往，聆听远古的声音
而后，闭上眼睛。便可以看到：一粒尘土
如何诞生一个生命，一颗种子如何装满
整个谷仓，一滴汗珠如何繁衍整个村庄

李祥林的诗

李祥林

大佛寺

秋风凋落
墙角的蛛网像是一册
禅意鼓胀的经卷

我佛睡下,睡即是醒
醒也是睡啊,门下的信徒
就是攀缘在一张蛛网上的
孤独的飞虫

佛的浅浅笑容
如一段黄金镏写的经文

山　丹

山是焉支山
丹是胭脂红

山丹就是胡女的化妆台

祁连如屏
黑河似带

单于的马群

挣脱了鞍厩

古长城遗址

点燃一株艾蒿
狼烟将道路抬高
阴山像麻袋一样敞开了口
匈奴像鹰一样俯冲了下来

大地突然隆起了腰脊

我坐在火车上
还看见烈日和飓风
在城墙上无始无终地厮杀

褐黄色的古长城
将一场哑然的战争
拖到了旅人的心里

甘州的天空(组诗)

苇　西

大佛寺

一小团皂青色
洇染着。缓缓地
走散的欲望又幸福地相遇

一棵枯黄的树一直醒着
擎着更大的灯盏
试图叫醒一个人和他体内的钟

其实,我说的是光芒
偌大的体温
从旧时光中抛出檀香的灰烬
点燃了一炷透明的灰白

谁在诵经——
谁在人群中迅速交换了灯盏
将另一颗心
慢慢地揉软

灰　陶

我看到一湾人间的爱情
被羽毛沾满了沉静
她还在等,一个灰暗的黄昏

淘出蝙蝠的眼泪

草色几近于无
汉代的露珠呈现出致命的裂纹
陶,谁碰了你凝固的内心
谁的手,翻开泥土
翻开了两千年前
你幼年的羞涩

我要摸摸你
摸摸我的前生来世和漫长的躯体
骨殖
以及寂寞的灰烬

黑水国遗址

一些人进去了
一座城开始重复人声、马鸣和孤独的市井

一定有一匹马先我奔去了
更远的边疆重镇
碎掉的江湖
在我们中间渗出了时间的沙粒

那些衰老的砖块,匈奴的子民
拼命抽打着北风
仿佛是它掳走了它们的孩子
年轻的灵魂和肉体

日光下
正午正在暗示一群器皿
把一根黑色的银簪
插入真相

黑河落日

暮色驾临
黑河之墨于瞬间皈依于刀鞘

风吹草动
迅速抽走了一个人身体里的热

若有所失的植物望着,两束光
摘走果实,摘走紫色的云彩
将一声孤单的鸦鸣扔在了原处

暮色遁入冰面
一个人的仰望抵达伤处
洇出黑色的汁液

我不可能抓住任意一只
湍急的目光。就像
暮色走了
我却搬不走河底那块墨绿的忧伤

明粮仓

正午无字
光线暗移

沉默如斗
密封着粮食

屋脊的空阔噙着
风声,三万石

谁的手碰了先民的升、斗、犁、耧
谁悄悄地攥住了一颗谷粒的呻吟
谁，把一升饥渴塞进了
石磙、石碾、石磨的腹中
谁
离开了又转过身来

哦
粮食，粮食！

正午：北武当

一

那个和尚
下山去了
一团灰白被他晃得趔趔趄趄
仿佛阳光只是扶着他的一双拐杖
而压弯他脊背的
是我注视着他背影的目光

这是春天的正午
风吹着，一粒尘埃脱去衣裳
一只羊擎着两湾泉水
把自己供在了庙堂之上

我的心
不再渴求清水
空着，或者已经
随着尘埃下山去了

二

只是正午,时间无关乎因果
只是一个肉体,一点四十五分的迟疑
遗漏了什么

但现在,回到午后两点
半坡庙宇是醒的
九九八十一级之上
岩壁上的八卦是醒的
一眼泉交给众神的乳房　哗哗
也是醒的

那么,到底是谁
嗅到了他躯体的空白
并注满了神的气息

平山湖:雪山和丹霞

向北二十里
人祖山口,一半的牛羊翻过山冈
驮着布匹、棉花和铁器去了阿拉善右旗
驼道隘口,唇红齿白
裸露着人间一处旧年的暗伤

峡谷让一颗土豆长出了嘹亮的蛙声
亿万年的海底,赭红色的网
将阳光、海龟、陶器和英雄
一网打尽

我爬上山冈
喊着鸟和碧蓝的伤口

草原的花朵,走出了孤单的小兽
我喊着嘶哑
内心的拥挤和沉醉
冰火两重天,涌出母性的好时光

我等着雪,一夜白头
一个古代的蒙古族骑士
打马走过
饮血为盟

行走张掖(组诗)

曹国魂

黑水国

一枝干沙棘
倏地
伸进我的裤腿
我的腿像是被捏疼了

一只沙棘一定是一只手
黑水国服役的士兵
可能　要我给他的家里捎个信
说　他还活着

西城驿

折断的汉砖
是一座古城行走时丢弃的鞋子
在西城驿
随便捡一块
就是抱着救生圈
从历史的海水里呛出来

黑水国的城墙上
一群黑色的甲虫
似乎是快要退役的巡逻兵
偶尔　也会靠着沙枣树的影子

兴奋地弹一曲断肠的思乡曲
饮牛河
一河无漾的水中
我听到一种动物的声音
由远及近

饮牛河

饮着流动的马群
和一群看天象的牛

多少次我抚摸日子
那一轮浸血的驼铃
绽在我生命的枝头
一棵栖息秃鹫的千年大树
像掌声一样
盘曲于记忆之处

禁不住
家园在走动
羔羊和牛似河流的形式而去
我在村子以西
我是一只朴实的鸟

饮牛河
我生命中最年轻的一部分
一泓放荡的绿思维
奔涌在河西生动的表情里

沙井驿

一群多年整理水的人
以水的风度死去

我们的祖先
紧操一柄镐头
从沙的涵洞中走出
他们与庄稼会合
他们的歌声和爱情
在器具里闪闪发光

沙的腹部
沿途向水滑去
倒下一群人以作河堤
他们的骨髓碾成面粉
我们听见面包里
溢出他三弦子的动听

我们无法猜想他们的一生
沙中蠕动的金子
是否还有铁蹄的长啸
是否还有猩红的血迹
印在驿处

梨园河

水　自始至终从山的羞怯处走来
水　自始至终距我们很远也很近

杯子里是水的建筑物
我们昼夜把水输给燃烧的庄稼
水的姿势
板结的日子尾随着牛
我们喧嚣一息的庄稼
种在梨园的襟中
自由自如且也能成长

梨园河
授给我们子孙的河流
水的姿势就是我们的姿势
我们默守梨子的品德
攀缘水的深度
火焰腾升

甘州，甘州（组诗）

万有文

甘 州

一眼泉，衍生了它的翅膀
翅膀下芦苇丛生
是它柔软的羽毛

甘州，从古时就穿上了理想的羽衣
在一条被称为河西走廊的长廊上
来回穿梭

丝绸古道被它走成一串驼铃
一串波斯文堆满的大街小巷
古文明被它运送成过往的
瓷器或珠宝

甘州，总是站在戈壁的深处
以一弯明亮的眼睛
瞅望过往的客商

今夜失眠

失眠的今夜，我独睡甘州
睡在古时的甘州
一轮明月上。思念的故乡
睡在宽阔的水域，摇着浅浅的船

梦回汉朝,梦回唐朝
梦在一个可以安睡的年代

睡在一条河上,来找回此生
流逝的梦境
睡在一座山干瘦的脊梁上
用一团火焚烧撕裂的疼痛

睡在一片吹皱的皮肤上
用冷风凝固起晚霜
睡在戈壁——

我用冷月光
安睡我前朝失眠的
那颗心

甘州,甘州

甘州,在你的琴声里
听出的也是水声
尽管荒沙弥漫,尽管
睁不开的那一只眼
已被黑河洗尽

风吹芦笛,摇曳历史的身姿
兵戈铁马,一夜冰河
从昨天梦回到今天

满身都是为国杀敌的豪情
满身的血流遍江山,却洇不透
这千里河西

找回甘州

从秦朝寻找甘州
它的身影扑朔迷离
隐在时间的背后
隐在历史不明朗的预言

当春风丝丝缕缕
惹绿甘州的黑河
缺失的鸟声为甘州
鸣响了锣鼓
一声甘州,叫得声嘶力竭
八声甘州,合奏成一曲
埋在那些苍翠的水韵间
离歌声不远

青龙山

屈　斌

一

这空。
这旷。
这雾岚。
这雨后的寺,花朵一样。这净
这柴棵上的一滴露珠——想飞呀!
想飞到谁的脚面……

二

勿吸烟,勿酒
这是一块不适宜张狂的地方
药师的眼神澄明
供堂上的两枚青梨
对望的眼睛……

三

我怀想的那两只未岁的小山羊
此时,不是夜路上的灯盏
她们,从山路上下来了

一边啃食人间的语言
一边擦拭我灵魂背面的那块

伤

四

一小块清潭
泊着几根菖蒲
依着云朵的
恋

五

我还是要提及那个
撬了功德箱的人的——
胆大,叛逆,和
又一个铁皮箱的加固,防止
神啊
面对这样的玩世
你是静观,是无奈
还是内心在一阵阵地疼……

六

我还是面对那个被撬开的
木质的功德箱,愣神
手捏一枚纸巾,攥紧的内心——
是投,是不投
投了,敬谁?
骗谁?

七

这沟道里的九眼小泉
燃烧了千年将熄的火焰

九股眼泪只洇染了一块巴掌大的绿茵，阳光下
像我还给你的心肠

山巅之上，禄寿千年的龟背上
驮着一只病龙
在云雾里，疾飞……

黑河(外一首)

鄂尔魂(裕固族)

我的黑河
我的身着炎黄龙袍读着内经
打马走过千山万川的河
我的拿着汉王诏书吃着甘州小饭
走过烽火岁月的河
我的修着木塔请来睡佛安营河西
断不了人间烟火的河
我的尧熬尔养马南山拎着狐皮
孕育了回纥王朝的河
我的背着星辰载着月亮
洗净玄奘法师一路风尘的河
我的明皇帝点着灯火修着长城
繁衍牲畜饮马长河的河
我的风风火火热热闹闹
同万片粮田唱着西北情歌的河

千年惆怅万年沧桑
愁白了你祁连南山白发三千尺的头
千年风沙万年寒风
吹瘦了你穿越五千里河西的腰啊
而你!
斟满一腔热血
载着我母亲一生的唠唠叨叨
将自己的头颅扔向北方的白天和黑夜
当我种下一棵嫩芽
用一弯月牙割下一片生命的色彩

当我翻着泥土淘着黄金
将又一个生命降生在你激情澎湃的身边
当我牵着牲口赶着落日
把一生的命运写在你酣畅淋漓的胸口
你的歌
你的泪
你的血
就是淹没我
金色胡杨的赞歌
我的黑河！

黑土地里的生活

父亲干裂的手
又一次翻醒脚下的黑土
他说这是一本书很厚
生活两个字就藏在里面
只有种上希望才能看见
我学着父亲的动作
剥开春天的外衣

我笨手笨脚的孩子
摆弄着蛐蛐秋天的歌喉
父亲挺了挺弯月般的腰
向身后撂倒一片金黄的喜悦
我的黑土地啊
在你如此厚重的身体里
怎就记载了这么多的惆怅
我以怎样的心情
才能读懂你
埋在心底的
词汇

我的甘州

舒　眉

黑　河

怀想和燃烧
我只取其中的一杯

黑河如黛
残阳似血
那么多白玉,那么多青石
那么多黄叶
飘飞着

十二月的风,吹轻
我们的脚步　呼吸
更轻　就像
离水最近的那棵白杨

不靠近
不湮没
比珍爱更珍爱

雪落木塔

在这里　仰望和倾听
都无须理由

初冬的清晨

雪落木塔　阳光清寒
我必须清空满腹心事
才能和你
对坐

燕子呢喃
注定要
想念　雪落木塔
我选择静默　选择
用一生的目光
体谅　或者
依恋

往事，或者薄如蝉翼的
未来

明粮仓

离开之前　我们必定会亲近它
就像亲近思想和呼吸

围住一个斛，围住一个芨芨草编成的筐
围住石磙、石碾、石磨
围住犁、耧
我们
说自己的想法
并想象
明朝时候　人们的
口味

说
从来没有去过的耕地里
镰刀和犁的摆放姿势

和用途

说那些
比我们幸福的老黄牛
他们和土地
是多么亲近

乌　江

安镇,广寨
大湾,小湾
这水边的村庄
幸福安详

路一弯再弯
两旁的稻茬地里
一对对水鸟偕行
十二月的乌江,静如薄冰的黄昏

被秋天遗忘的几颗红枣
等待谁点亮的
小小灯笼

魁星楼下
一湾水
一池绚烂的晚霞
金鳟穿梭
波纹

神沙窝

风吹着风
波纹连着波纹

时间跟着时间
苍茫连着苍茫

跪在沙梁上的一只白驼
几株梭梭草
一棵沙米的
忧伤

神沙窝
大地铺开烫金的宣纸
西行的夕阳
谁镌刻的一枚篆章
款款落下

初秋的坝庙

风吹过来,绿色的村庄
又绿了一些
青枣的目光　缓缓越过
无数次出走和回乡的欲望
初秋,冰草疯长
小河流水
薄荷青青

记忆打开
一片叶子上驻留的往事
等待谁收藏的
七十年时光

一条河的拐弯处
上坝庙　下坝庙
积雪抵达脏腑
炊烟飘起体香

春天来了（外一首）

宋　云

春天来了
雪花还洗礼着大地
我却看到了春天的影子
岁月结下的深情里
绿色正鸟声一样冒出泥土的皮肤
泥土酥软了
固守了一冬的防线
一下子沦陷

春天来了
鸟儿飞在空中
忽然停住
它落在了
阳光的树枝上
它的语言
在崭新的乐器上开放

春天来了
笑容一绽开
绿色就爬了上来
从脚趾到头顶
蓝天
有了羞涩的感觉
美人桃花
开始忸怩作态

春天来了
一些零星的残雪
还躲在山坡的背后
像一群爱玩的孩子
天晚了　还不回家

春天来的时候
一个村姑
大清早　从小路走来
她一定刚抚摸过自家的田地
还带着泥土的新鲜气息
她比我们提前
触摸到了春天的心脏

春天来的时候
我刚好站在屋外
长发　被春风吹散
心情
醉在了酒杯之外

春天的心绪

甘州的春天来得悄然
一场雪后的躁动
让冰裂一冬的小手
探出来
突如其来的
春寒
紧握每个人的热爱

这个春天我的心绪很乱
一会儿想起我的童年
一会儿想起我死去亲人的墓碑

一会儿感叹逝去的青春
一会儿迷茫未来的时光……
春天的诗已经被春天写满
我只有涂写春天的草叶和气息

在这个春天
抬头望天
天与地的接触
激烈而又纯粹
沿着季节之坡走下去
迎面就是等待

我把长满青苔的心绪
放在春天的荒野
在一个晴朗的午后
太阳为什么跑到云的后面
还带走了清风和白杨树的影子

这个春天
我还能做些什么呢
还能和谁一起拥抱春光和时间

河西走廊

杨永峰

秋风如马阵卷过河西走廊
雄壮的蹄音把夏日的生机啃食得
干干净净
马群过去之后
就剩下一堆堆大大小小的石子
坚守到最后的冬季

在那些干涸的河床
落叶像一尾尾老练的鱼
自在地游来游去
冬天与它们无关
除非有一场丰盛的雪
捂住它们的呼吸
散布在四周的作物黄熟之后
零落的村庄更加破旧不堪
寒风携着雪袭来时
它们就如一片片破碎的灰色布片
颤抖着啜泣　或者死去

而在晴朗的季节
在雪峰之上
是谁　奏响一支嘹亮而悠远的笛音
从西到东
一千公里的距离
流淌成一条闪亮的峡谷
雪水，溪流和瀑布
就是夏季浇灌生命的音乐

湿地春天

闫继来

虽然所有的冰依旧是冰的模样
那动人的绿还没有出现
但我分明已经看见蓬勃的生命
就隐藏在每一株
努力向上生长的枝条里
你相信吗
那哔哔剥剥的声音——
春天生长的声音
就在耳边

虽然风景还没有茂盛
野鸭子还有些孤单
但午后的阳光已经开始饱满
泥土的芬芳
已随着小溪的水
蘸满了田野

虽然远山的风还很轻很轻
像你的眼神很柔很柔
虽然近旁的树还很淡很淡
似你的微笑很浅很浅
但我已经从飞起的鸟的扇动中
发现了久违的春天
——春天,真的来了

河西的风

王　浩

河西的风啊
一年四季
颠沛着流逝的人生

春天里
不像朱自清《春》里的风
它漫卷黄沙
掠过树　掠过大地
树枝发芽了　大地绿了
身影婆娑的春天也就到了

夏天的风
经过春的洗礼
细微　温柔　敦厚　润心坎儿
给大漠的炎炎夏日
平添几份沁人心脾的凉意
坐在大树下乘凉的人
赤裸着膀子　摇着蒲扇　品着茶
不知不觉地品到了　秋天的味

秋风里
首先飘落的是杨树的叶子
不几天
所有树的叶子　黄了　落了

光秃秃的枝丫间
响彻的是一阵阵昏鸦的啼声
秋收后　装满粮仓的人们
围坐在庭院中
相互庆余的笑声
波似的　折射出冬天的阴影

暖融融的火炉里
冒出缕缕　熟透了　洋芋的味道
醇香　醇香的
外面的风
丝毫未影响室内的气氛
商贾吆喝的声音
在疾风中
微弱　微弱的
一会儿
火炉旁　围满了陌生的人们
因为冬天的风
熟透的洋芋　不够人均

河西的风
一年四季
颠沛着流逝的人生
曾听说
它将黄沙吹到过北京

后 记

甘州(又名张掖)这方古老而常新的西部热土,不仅风光旖旎,民风淳朴,而且在这里曾经发生过很多波澜壮阔的历史故事。从张骞出使西域到卫青、霍去病征讨匈奴;从隋炀帝举办万国博览会到唐僧取经;从马可·波罗畅游河西走廊到红西路军血染高台……从居延古牧到黑河涛声,从万寿寺到钟鼓楼,从黑水国到大佛寺(现更名为西夏国寺)……每一个历史故事,每一处自然景观,都给美丽富饶的甘州披上了一层神秘的面纱。甘州素有"半城芦苇半城塔,三面杨柳一面湖"、"不望祁连山顶雪,错将甘州当江南"之美誉,以其特殊的地域魅力,吸引着古今中外无数的探险者、朝圣者和普通游客。

今年,甘州区政府在坐落于张掖第二中学校园内的原民勤会馆的基础上,经过重新修缮整理和布置规划,筹建成立"甘州国学书院"。经过大家一番精心谋划,决定在正式开院之际,同时推出一套"甘州国学书院系列丛书"。书院筹委会委托我和系列丛书工作小组其他成员一起具体负责策划实施。其中甘州区作协副主席、张掖二中教师吴晓明女士负责编纂的丛书之一——《甘州文脉》一书,经过一段时间的紧张筹备之后,一本二十万字左右的诗歌散文集的书稿大样,就实实在在地摆在了我们面前。

吴老师率先把书稿拿给我看,并嘱我为本书写篇后记。

平心而论,我曾经也是一个文学的痴迷者,甚至是一个狂热分子。但由于种种原因,我却未能在文学创作的道路上一直走下去,而是在半道上来了一个绚丽转身,以书法篆刻创作和理论批评研究在中国书法界异军突起、横空出世,三五年之内迅速在全国书坛站稳了脚跟。我之所以能够走到今天这一步,并且时不时被全国各地的同道师友称为"书法评论家",甚至有时候还在前面加上"著名"二字,最终还是得益于对文学的爱好和长期的历练。其实对我的评价,人们姑妄言之,而我亦姑妄听之。我知道,自己只是取得了一点微不足道的成绩,今后还需要不断努力。我甚至以为,若非以往在文学方面的勤奋笔耕,决然不会在艺术评论上取得今日之成绩。只有把中国传统书画这朵艺术奇葩的根深深地沉浸在文学的汁液里,才能枝繁叶茂,常开不败。古人所谓"先文后墨"、"先器识而后文艺",即指此也。

正是带着这样的认识,怀抱着曾经的文学梦想,我以最快的速度浏览了一遍这本书的内容,并且特意仔细阅读了其中的几篇。本书收集了区内外四十多位作者的多篇散文

和诗歌作品，其中不乏在全国具有一定影响力的作者和很多精彩之作。在这些作者当中，大多数都是当地和本省文学创作方面的出类拔萃者。他们在各自的生活道路上认真体验，勤奋笔耕，用一支笔塑造着自己不一样的人生。也恰恰因为他们的存在和不断推出新作，才使得我们的生活，除了现实中这一个因为对金钱和权力近乎疯狂的追求而导致的喧嚣纷乱、声色撩人的世俗社会之外，还有另一个相对洁净的精神理想的天空，可以任由有心者自由呼吸，借此来舒展一下自己久已负重的身心，释放情怀，这就是文学和艺术。

然而，也正是因为时与世易，情随事迁，20世纪七八十年代的那种文学狂热到今天已经一去不复返了。越来越走向庸俗低级趣味的影视快餐文化充斥着我们生活的各个角落，而纯文学不再被社会所普遍看重，说明我们的国民总体审美品位在一度下滑。除了部分不乏固执地守望精神家园者之外，还有一些人，则在解决了温饱问题，进一步实现了小康生活之后，走向了灯红酒绿的风月场所，走向了打斗场，走向了麻将桌和更多不良场所，玩世不恭，玩物丧志，演绎着一个个使人痛彻心扉的故事……他们在成为物质上的富有者的同时，也毫无争议地成为精神上的贫困者。而他们的下一代，也难免会或多或少受其影响，由此形成恶性循环。

这个时候，就需要一种高雅的爱好和真善美的思想来对其进行拯救，而文学作品集思想性、教育性和艺术性于一体，最能有效地发挥这样的作用。

当我们在长期困身于钢筋混凝土构筑的使人近乎窒息的城市环境中，为了更好地生活而早出晚归地奔忙的时候，需要在某个雨夕雪夜，倚窗而坐，一缕书香在手，焚香品茗，清心展读，不时为书中的精彩言论和诗意述说而深深感染和打动，甚至心随情动，击节三叹，那将是何等的快意！而人的心灵在这种看似自然而寻常的阅读中得到净化和滋润，精神世界也开始由此慢慢丰富起来。

因此，文学不仅可以修身养性，愉悦身心，还担负着道德修复和社会拯救的时代重任。而这些从事文学创作的优秀作者们，则不由不使我们对他们满怀敬意！

甘州是一片神奇的土地，因为它的自然景观的奇丽和历史文化的厚重，既被誉为“塞上明珠”、“塞外江南”，又被命名为“全国历史文化名城”。它在改革开放春风的沐浴下，在新的历史时期，又谱写着新的壮美篇章。但经济的腾飞并不完全意味着文化的繁荣，它依然需要有识之士来加以倡导和弘扬。甘州国学书院的成立，就意味着我们的文化事业建设在不断进入一种良性发展的状态。尽管说，未来尚难预料，但这样的一个重大举措，毕竟是非常鼓舞人心的。

在《甘州文脉》一书里面，大部分作者，都怀着饱满的热情，述说着甘州古老的历史文化，讴歌甘州在新的历史时期所取得的伟大成就。从他们的字里行间，可以使人深切感受到作家和诗人们对甘州乃至张掖大地的那份发自内心的热爱之情。读他们的这些诗

歌散文作品，无疑使我再次重温了一下文学旧梦，往事并不如烟，山河依旧而柳暗花明。品之赏之，备感亲切。他们中的很多人，都是地地道道的张掖人，生于斯，长于斯，对养育自己的甘州大地饱含着一份深情。文学的低迷并没有使他们停止思考，放弃耕耘。而一代又一代的文人墨客在悄然崛起，他们前赴后继，甚至不顾世俗的嘲弄，始终如一地坚守在这个令人心醉的精神领地里，为人们奉献着一缕缕沁人心脾的书香。

在我看来，一个城市的文明，倒不完全在于修建了多少高楼大厦，修筑了多少道路桥梁，也不完全在于物质生活有多么富有，在于的反倒是国民文化素质提高了几何，自然生态是否得到了有效保护，也在于老百姓的幸福指数到底上升了几多。经济的发达固然可以使人们物质丰裕，而文化的繁荣则更能使人们精神富有，至少是不再空虚，它甚至可以跨越时空，成为新的历史积淀，造福于千秋万代。

近年来，我们欣喜地看到，甘州文学界的有识之士，在不断地发奋进取，把自己工作生活和学习当中的真诚体验与点滴感受，精心创作成文学作品，发表在各类报刊上，在不断成就自我的同时，也在激励着后来者。他们的劳动成果，不仅成为地域文化的财富，而且随着自身的发展壮大，进一步扩散到更为广阔的社会领域，为更多的热爱文化、喜欢读书的人所看好。

而梁积林、黄岳年、田瞳、柯英、东潮、吴晓明、刘爱国、曹国魂等等作者的名字一个个为人们所熟识。特别是像吴晓明这样的女性作者，能够走出传统世俗思想的限域，在教书育人的同时，勤于笔耕，创作出大量的文学精品，以自己的不懈努力，获得社会的另一种认可与尊重，这一点，我不仅感同身受，而且欣赏有加。

在这次的系列丛书编纂工作当中，她欣然受托，承担起了文学作品单册的采编任务。她在繁忙的教学工作之余，及时向区内外的作者约稿、组稿，在如此短的工作时间里，不仅约到了区内重点作者的稿子，也约到了很多在全国诗歌散文界和小说创作方面具有一定影响的知名作者的稿子，圆满地完成了书院筹委会交给她的任务，为大家献上了一本值得一读的好书。因此，我在这里先从个人的角度对她的工作表示充分的肯定！同时也希望她再接再厉，不断取得更多新成绩。

但毕竟由于时间仓促，本书还有许多未尽如人意之处、纰漏之处，在所难免，对此，吴晓明女士也深有同感。好在今后我们还有很多机会，因此，诚恳希望读者提出宝贵的批评意见，以利今后不断改进。

是为记。

时 2012 年 4 月 28 日，醉墨先生于古风堂西窗下。

傅德锋

（作者系书法家、艺术评论家、多家权威书画媒体专栏作家）